中国石油四川销售公司志

1989—2019

（上）

中国石油四川销售公司　编

石油工业出版社

图书在版编目（CIP）数据

中国石油四川销售公司志：1989-2019/ 中国石油四川销售公司编. —北京：石油工业出版社，2022.7

ISBN 978-7-5183-5069-8

Ⅰ. ①中… Ⅱ. ①中… Ⅲ. ①石油销售企业-概况-四川-1989-2019 Ⅳ. ①F426.22

中国版本图书馆CIP数据核字（2021）第 249000 号

中国石油四川销售公司志 1989—2019

ZHONGGUO SHIYOU SICHUAN XIAOSHOU GONGSI ZHI 1989—2019

出版发行：石油工业出版社

（北京安定门外安华里 2 区 1 号楼 100011）

网　址：http://www.petropub.com

图书营销中心：（010）64523731

编辑部：（010）64523591

经　　销：全国新华书店

印　　刷：北京中石油彩色印刷有限责任公司

2022 年 7 月第 1 版　2022 年 7 月第 1 次印刷

889 × 1194毫米　开本：1/16　印张：78.75　插页：28

字数：2000千字

定价（上、下册）：358.00元

（如出现印装质量问题，请与图书营销中心联系）

《中国石油四川销售公司志 1989—2019》

编纂委员会

编纂工作委员会办公室

编纂工作组

组　　长：林　辉　周运华

副 组 长：张　毓　王志勇

成　　员：吕鹏飞　刘书良　赵梦焰　缪　君　吴冰洁　邓　佳　李清秀　姚　娜　陈　晶　赵若杉　唐　佳　曾　宇　陈　亮

特邀专家：熊江华

特邀顾问：杨顺成　胡兴东　姚志强　田玉军

参编人员名录

宛　磊　罗　强　李鸿霞　周祚丞　黎　兴　陈晓瑞　石小雷　梁利军　杨　浩
黄文斌　姚　琦　隆　涛　赵百川　王雪莲　刘　洪　侯婧怡　解　冬　郑雅文
邓佩琳　刘海霞　尹华夏　逯环宇　李　超　徐　芃　梁　劼　薛智科　丁　军
宣然春　张　英　吴俊梅　邱丽惠　唐　建　宋　庆　韦　刚　朱家龙　张　勇
尹恒博　陈　茜　胡俊文　刘　莹　倪红丽　曾　妍　罗　鸣　万春晖　李　夏
周子牛　祝秋雨　谢明华　李灿辉　魏丽莎　秦玉松　康成炜　蒋　阳　刘佑玲
刘俪霞　罗　英　唐金凤　舒圆圆　孟颖秋　钟　琴　范成华　伍　娟　胡凤琴
何　薇　杨雪莹　何宇冰　李　勇　张　进　余玖龙　曹　阳　彭薇琳　罗祺舰
黄　丹　赵廷伟　何　佳　杜泽明　凌　莉　黄　娇　邓超龄　郭　希　马　成
袁素兰　冯　铭　徐纯涛　唐　锐　邹　霞　余劲松　谭永玲　冯　姝　丁光斌
陈应龙　闻静珊　吕　飒　张黎明　王亚光　邓文华　赖　祥　张咏梅　朱　荣
唐钰涵　汤　潇　游　芳　熊伟霖　王　颖　王俊杰　石小强　赵忠林　张　茜
王成祥　郑　勇　冯　彬　林　书　彭淑英　龚建鸿　郑常华　刘　旬　何仙仙
沈光强　赵晓姝　刘显明　吴燕飞　牟　静　赵小丹　周　玲　丁　伟　张　杰
李宁杰　万　蓉　王蔼婷　吴双全　何水鑫　熊　晗　赵紫芳　张雨琪　石维通
王晓燕　杨从强　肖立君　沈　冬　曹　远　张　奎　肖春梅　李　滔　谭卫东
曹　巍　蒋承斌　李华安　侯　伟　陈　艳　王　欣　张　晓　龙　斌　邓　鹏
王秋月　王　菲　袁晓涵　鄢维清　谢雨杭　刘寅莹　周雅琼　袁　娅　梁晓磊
杨　洋　刘　涛　白　芸　宋　勇　杜　娟　唐　恬　彭新竹　杨　汉　杨　倩
李康强　王倩茹　李　睿　段春燕　邱润娥　刘宏生　李亚萍　罗　浩　余　蔚
陈　剑　苏畅川　吴　曦　杜　玲　刘淑玲　何山美　郭陈琦　舒　娟　马朝辉
刘　艳　朱　斌　刘湘瑜　钟能昭　黎　莉　王怡娟　刘小峰　彭玉婷　刘　晋
夏思雨　黄雅睿　马成琦　张　婷（大）　张　婷（小）　周　涛　陈　娟
付川夏　张　清　武　玄　海雪柳　郭　璇　聂　凡　李　珂　李佳纯

凡　例

一、《中国石油四川销售公司志 1989—2019》坚持以马列主义、毛泽东思想、邓小平理论、“三个代表”重要思想、科学发展观和习近平新时代中国特色社会主义思想为指导，坚持辩证唯物主义和历史唯物主义立场、观点和方法，按照“实事求是”的原则和“广征、核准、精编、严审”的工作方针，真实、客观、全面地记录公司发展历史与现状，为公司高质量稳健发展提供科学依据和历史借鉴。

二、本志是第二部全面、系统记载公司发展历程的志书（第一部志书《四川省石油公司志 1952—1988》于 1990 年 11 月编纂完成，1992 年印刷），记事追溯至公司始建之初，上限起于 1989 年 1 月 1 日，下限止于 2019 年 12 月 31 日，个别发生在断限内的内容视情况适当上溯。

三、本志以述、记、志、传、图、表、录为框架，由篇、章、节、目四个逻辑层次构成，全志设 12 篇、49 章、215 节，志首列有序言、凡例、插图、总述、大事记，志末附有附录和后记，以总述为纲，以大事记为经，以各篇为纬，横列门类，纵述史实。根据内容需要，宜文则文，宜图则图，宜表则表，以求文图并茂。

四、本志地名均依当地地图标准称谓或当地习惯称呼。度量衡单位按照国务院 1984 年 2 月发布的《中华人民共和国法定计量单位》执行。文字用法，按 1986 年 10 月 10 日国家语言工作委员会重新公布的《简化字总表》执行。数字用法，以国家标准化管理委员会 2011 年发布的《出版物上数字用法的规定》为准。标点符号，按照 2012 年 6 月 1 日实施的《中华人民共和国标点符号用法》使用。

五、本志中“集团公司”指代“中国石油天然气集团公司”“中国石油天然气集团有限公司”，“股份公司”指代“中国石油天然气股份有限公司”，“销售公司”指代“中国石油销售总公司”“中国石油天然气股份有限公司炼油与销售分公司”“中国石油天然气股份有限公司销售分公司”，“四川销售公司”指代“中国石油天然气股份有限公司四川销售公司”“中国石油天然气股份有限公司四川销售分公司”。因公司在发展过程中名称多次变更，为简练文字，除大事记和组织机构使用全称或简称外，其余各篇章节若叙述中不产生歧义，原则上统一使用“公司”或“省公司”简称。

六、人物及荣誉篇主要收录自公司成立以来历任党政主要领导任职简介，公司 1989—2019 年获省部级以上主要荣誉及事迹突出、有较大影响的先进模范人物简介。

七、本志收录文献多为全文照录，重点收录涉及公司机构成立及调整的重要文件，部分在集团公司、销售公司重要会议上的发言材料、经验交流材料。

八、本志内容力求真实准确、全面客观，符合历史本来面目，所有内容均来源于公司档案和机关处室、二级公司提供的资料，志书内容及各项数据均由相关处室核实确认后予以采用。

九、本志中涉及的干部任免、任职时间均依据正式文件编录，少数干部的实际任命职务、实际履职时间等信息与正式文件内容不一致时，均以正式文件为准。

序

时光荏苒，见证创业画卷；岁月如歌，谱写壮丽诗篇。1952 年 9 月，伴随着新中国火热建设的雷鸣战鼓，四川省石油公司应运而生。70 年来，公司历届领导班子团结带领全体干部员工大力弘扬石油精神，前赴后继、薪火传承，果敢担负起“我为祖国献石油”的光荣使命，成功走过了“艰苦创业夯基础、改革开放创新路、融入中油大发展”三段不平凡的发展之路，毅然奏响了一曲曲荡气回肠的奋斗赞歌。

回望昨天，贵在总结；奋斗今天，矢志超越。70 年砥砺奋进，公司年销量从成立之初的 1.2 万吨成功跃上千万吨，建成中国石油首个千万吨级销售企业；加油站网点从零起步，历史性突破 2280 座，用 43% 的网络占比保障了全川 70% 的供油任务；新能源、新业务发展快速起步，形成了多点多极支撑的良好格局；“五个企业”建设成效明显，员工群众幸福感、获得感、安全感进一步提升。70 年的川销发展历程，演绎的是一部创业史诗，谱写的是一曲奋斗篇章，描绘的是一幅壮美画卷，需要予以翔实地记载与传承。

“挥毫泼墨学羲献，篆刻赋诗写春秋”，盛世修志是中国优秀的文化传统。时值公司 70 周年之际，为缅怀四川销售公司 1989 年以来这段激情燃烧的峥嵘岁月，致敬为公司发展挥洒热血的新老员工，记录公司 30 年来不平凡的奋斗之路，公司党委启动《中国石油四川销售公司志（1989—2019）》编纂工作，历经两年时间，全面完成此项工作。在此，向所有关心、支持修志的领导和同志们致以诚挚的敬意，向付出辛勤努力的全体编撰人员表示衷心的感谢！

“以史为镜，可以知兴替”。我们走过了 70 年的光辉岁月，创造了不平凡的工作业绩。当前，新时代、新征程的奋进号角激荡人心，再出发、接续干的壮阔航程风鹏正举，我们的事业方兴未艾、我们的未来光明可期。希望全体干部员工要以史为荣、以史为鉴、以史定辙，继承和发扬四川销售公司优良传统，坚持以习近平新时代中国特色社会主义思想为指导，深入践行“中国石油是党的中国石油、国家的中国石油、人民的中国石油”企业定位，坚定公司“11356”治企规划不动摇，奋勇开创四川销售公司高质量发展新局面，为集团公司建设基业长青的世界一流企业贡献力量！

中国石油四川销售公司

执行董事、党委书记

2022 年 7 月

1989 年 1 月 25 日，中共四川省委副书记、四川省人民政府省长张皓若（左一）看望四川省石油公司全省石油经理会议代表

1997 年 4 月 28 日，中共四川省委副书记杨崇汇（右一）在四川省石油集团成立大会上，向公司董事长、总经理杨顺成授牌

1998 年 2 月 26 日，中共四川省委副书记、四川省人民政府省长宋宝瑞（左二）在成都城北加油站检查指导

1999 年 2 月 4 日，四川省人民政府副省长王恒丰出席公司 1999 年工作会议并讲话

2002 年 2 月，中国石油天然气集团公司党组成员、副总经理，股份公司执行董事、高级副总裁任传俊（右三）到油库检查工作

2003 年 10 月 11 日，中国石油天然气集团公司党组成员、副总经理，股份公司总裁陈耕（前排左五）一行到公司调研

2009 年 6 月 29 日，中国石油天然气集团公司党组成员、副总经理曾玉康（右一）到成品油分公司武侯加油站调研

2010 年 7 月 27 日，中国石油天然气集团公司党组成员、副总经理喻宝才（右二）一行到仓储分公司 104 油库调研

2010 年 8 月 21 日，中共四川省委书记刘奇葆（右一）在检查指导清平小岗剑堰塞湖排险工作过程中慰问公司保供一线员工

2012 年 6 月 15 日，中国石油天然气集团公司党组成员、总会计师王国樑（右二）一行到公司调研

2015 年 2 月 10 日，四川省人民政府副省长刘捷到公司慰问

2016 年 1 月 26 日，中国石油天然气集团公司党组书记、董事长王宜林（前排左一）在四川调研期间，到成品油分公司水碾河加油站看望慰问一线员工

2016 年 10 月 19—20 日，中国石油天然气集团公司党组成员、副总经理徐文荣（右一）到公司调研并慰问一线员工

2016 年 11 月 24 日，中国石油天然气集团公司总经理章建华（前排左一）到成都分公司流花加油站调研

2017 年 3 月 9 日，中国石油天然气集团公司副总经理、股份公司总裁汪东进（右五）到成品油分公司元华加油站调研

2017 年 4 月 6 日，中共四川省委常委，省人大常委会副主任、党组副书记黄新初（前排左三）和人大代表到成品油分公司元华加油站视察工作

2017 年 9 月 28 日，中国石油天然气集团公司副总经理覃伟中（左一）到成品油分公司元华加油站调研

2018 年 11 月 3 日，中国石油天然气集团有限公司党组成员、副总经理刘宏斌（后排左六）一行到成品油分公司燕塘加油站调研

2019 年 3 月 4 日，中国石油天然气集团有限公司党组成员、总会计师刘跃珍（左一）到共享服务成都中心调研筹备情况

2019 年 3 月 21—22 日，中国石油天然气集团有限公司总经理、党组副书记张伟（右一）一行到成品油分公司元华加油站检查慰问

2019 年 9 月 30 日，中国石油天然气集团有限公司党组成员、副总经理焦方正（左一）到成都分公司流花加油站调研

2016 年 11 月 23 日，中国石油天然气股份有限公司副总裁、销售分公司总经理田景惠（左一）一行到岷江分公司迎宾加油站调研慰问

2018 年 10 月 16 日，中国石油天然气股份有限公司销售分公司党委书记廖国勤（前排左一）到成品油分公司仁和、青羊加油站调研

2019 年 10 月 30 日，中国石油天然气股份有限公司销售分公司总经理付斌（前排右二）到成品油分公司水碾河加油站调研

历届领导班子成员（从左至右）：温志新、王建中、刘世侯、宋学忠、申太林、孙家齐（拍摄于 1991 年 6 月）

历届领导班子成员（从左至右）：温志新、刘桂林、胡兴东、杨顺成、王建中、吕明清、叶学胜、温明友（拍摄于 1997 年 5 月）

历届领导班子成员（从左至右）：温明友、吕明清、王建中、杨顺成、胡兴东、温志新、叶学胜、刘桂林、刘安川（总经理助理）、王选全、涂安宁（总经理助理）（拍摄于 1999 年 10 月）

历届领导班子成员（从左至右）：涂安宁、刘桂林、杨顺成、胡兴东、叶学胜（拍摄于 1999 年 10 月）

历届领导班子成员（从左至右）：叶学胜、涂安宁、温明友、杨顺成、胡兴东、刘桂林、刘华治（拍摄于 2002 年 6 月）

历届领导班子成员（从左至右）：刘华治、涂安宁、王建中、杨顺成、胡兴东、温明友、叶学胜（拍摄于 2005 年 6 月）

历届领导班子成员（从左至右）：唐胜荣、涂安宁、温明友、姚志强、胡兴东、许强、叶学胜、刘华治（拍摄于 2010 年 4 月）

历届领导班子成员（从左至右）：张用军、杨侠、涂安宁、姚志强、田玉军、唐胜荣、刘星国（拍摄于 2014 年 3 月）

历届领导班子成员（从左至右）：田凤民、蒋胡民、田玉军、付斌、刘志强、杜庆华、房玉林（拍摄于 2017 年 1 月）

历届领导班子成员（从左至右）：房玉林、蒋胡民、付斌、刘志强、杜庆华、田凤民（拍摄于 2018 年 1 月）

历届领导班子成员（从左至右）：田凤民、杜庆华、刘志强、刘建明、孙晓岗、蒋胡民、房玉林（拍摄于 2018 年 5 月）

历届领导班子成员（从左至右）：房玉林、蒋胡民、刘彬、刘建明、孙晓岗、刘志强、杜庆华（拍摄于 2019 年 9 月）

公司总经理刘世侯（拍摄于 1991 年 1 月）

公司党委书记宋学忠（拍摄于 1991 年 1 月）

2006 年 1 月 26 日，公司总经理杨顺成在机关团拜会上讲话

2008 年 7 月，公司党委书记胡兴东到南充燕儿窝油库看望慰问一线员工

2013 年 8 月 24 日，公司总经理姚志强一行到泸州公司龙马加油站调研

2012 年 3 月 14 日，公司党委书记田玉军在资阳公司迎宾加油站调研

2014 年 11 月 18 日，公司总经理付斌在成都地区调研

2018 年 9 月 20 日，公司总经理刘建明到成品油公司元华加油站调研

2018 年 7 月 6 日，公司党委书记孙晓岗在内江公司调研

1997 年 4 月 28 日，四川省石油集团成立大会

1998 年 5 月 27 日，四川省人民政府和中国石油天然气集团公司在成都举行四川省石油公司划转签字仪式

2002 年 10 月 9 日，兰成渝输油管道配套 104 油库开始分输油品

2008 年 5 月 16 日，公司召开抗震救灾新闻发布会

2008 年 5 月 22 日，公司天山加油站为北京 120 救护车开辟抗震救灾绿色通道

2008 年 5 月 16 日，公司送“救命油”到北川救灾现场

2009 年 12 月 14 日，公司与成都消防在 104 油库开展消防应急联合演练

2010 年 12 月，中国石油西藏、四川、云南库站管理权划转签字仪式

2013 年 3 月 15 日，成都公司北干道加油站员工为顾客讲解油品数质量知识

2013 年“4·20”雅安芦山地震期间，公司青年突击队为抗震抢险车辆加油

2014 年 12 月 10—11 日，公司召开首届基层经理人大会

2017 年，公司燕塘加油站销量突破 7 万吨，蝉联中国石油最大单体站

2017 年，凉山公司联合盐源果农将糖心苹果推上优途 APP 销往广州、北京、上海等地

2018 年 11 月 8 日，公司举办第三届加油站经理论坛

2018 年 12 月 20 日，公司非油业务收入突破 20 亿元大关，非油业务利润跨上 2 亿元台阶

2018 年 12 月 28 日 15 时 17 分，公司汽油、柴油销售总量正式突破 1000 万吨，率先建成中国石油首家千万吨级销售企业

2019 年“6·17”宜宾长宁地震期间，公司抗震救灾突击队为灾区紧急运送油品

2019 年 8 月 2 日，公司举行新零售运作部揭牌仪式

2019 年 8 月 29 日，甘孜公司跑马山加油站经理身穿藏式工作服为客户推荐特色商品

2000 年 8 月 13—14 日，中国石油四川销售分公司工会第一次代表大会召开

2008 年 6 月 28 日，中国石油四川销售公司庆祝党的生日暨抗震救灾总结表彰大会召开

2008 年 7 月 28—30 日，中国共产党中国石油四川销售分公司第一次代表大会召开

2008 年 10 月 29—31 日，共青团中国石油四川销售分公司第一次代表大会召开

2013 年 6 月 26—27 日，中国共产党中国石油四川销售分公司第二次代表大会召开

2015 年 9 月 9—13 日，公司团委开展“重走长征路·共筑川销梦”主题活动

2018 年 8 月 27—28 日，中国共产党中国石油四川销售分公司第三次代表大会召开

2018 年 10 月，岷江公司团委到若尔盖占哇乡开展“金秋助学”活动

1992 年，公司举办首届行业工人技术竞赛开幕式

2005 年，四川省第二届职工职业技能大赛中国石油四川销售分公司第一届操作人员技术比武成功举办

2008 年 6 月 3 日，歌唱家李琼、胡燕到公司慰问员工

2009 年 9 月 25 日，公司庆祝新中国成立 60 周年文艺汇演在成都举行

2011 年 5 月 10 日，集团公司第 133 场“石油魂——大庆精神铁人精神”宣讲报告会在四川销售公司举行

2011 年 6 月 22 日，公司举办庆祝中国共产党成立 90 周年大会，会上揭晓“唱支红歌给党听”主题红歌比赛名次

2012 年 3 月 6 日，公司第一届“金花加油站经理”“银花加油站经理”合影

2012 年 8 月 9—10 日，公司成立 60 周年文艺汇演分别在成都和乐山举行

2012 年 9 月 8 日，庆祝公司成立 60 周年大会在成都举行

2013 年 2 月 22 日，中国文联、中国摄影家协会携手中国石油文联、中国石油摄影家协会到绵阳公司董家沟油库慰问

2013 年 5 月，公司举办“最美加油员”颁奖晚会

2014 年 9 月 13—15 日，中国石油文联“送欢乐下基层”文艺小分队到公司基层慰问演出

2015 年 4 月 29 日，公司表彰特等劳动模范、最美加（发）油员暨金牌客户经理

2015 年 9 月 23 日，公司举办首届十大道德模范颁奖仪式

2016 年 4 月 28 日，公司获得“昆仑杯”足球赛冠军

2016 年 8 月 16 日，公司经理人学院首期培训班开班

2018 年 3 月 7 日，公司总经理付斌为“金花加油站经理”颁奖

2019 年 9 月 27 日，公司召开庆祝新中国成立 70 周年暨首届“川销匠星”表彰大会，四川省总工会党组成员、副主席彭闯受邀参加活动

2004 年 4 月，公司获全国五一劳动奖状

2008 年 4 月，公司城北加油站获全国五一劳动奖状

2008 年 10 月，公司获“全国抗震救灾英雄集体”称号

2008 年，公司获中华全国总工会“工人先锋号”称号，油库员工合影

2009 年，公司获四川省五一劳动奖状

2012 年 4 月，公司龙马加油站获中华全国总工会“工人先锋号”称号

2014 年 4 月，公司获全国五一劳动奖状

2016 年 6 月，公司获中共四川省委颁发“全省先进基层党组织”称号

目　录

上　册

总　述……1
大事记……7

第一篇　组织机构

第一章　中国石油公司四川省公司……47
第一节　新中国成立前四川石油市场概况……47
第二节　新中国成立后四川石油市场概况……48
第三节　中国石油公司四川省公司成立……49
第二章　四川省石油公司……56
第一节　领导机构……56
第二节　群团组织……59
第三节　机关部门……60
第四节　二级单位……64
第三章　四川省石油总公司……66
第一节　领导机构……66
第二节　群团组织……71
第三节　机关部门……72
第四节　二级单位……75
第四章　四川省石油集团有限公司……77
第一节　领导机构……77
第二节　群团组织……85
第三节　机关部门……87
第四节　二级单位……90

第五章　中国石油天然气股份有限公司四川销售公司……95
第一节　领导机构……95
第二节　群团组织……97
第三节　机关部门……98
第四节　二级单位……99
第六章　中国石油天然气股份有限公司四川销售分公司……100
第一节　领导机构……100
第二节　群团组织……121
第三节　机关部门……124
第四节　二级单位……140

第二篇　成品油资源

第一章　成品油调运……149
第一节　成品油资源运输……149
第二节　成品油物流优化……163
第二章　成品油仓储……166
第一节　仓储发展……166
第二节　在营油库……167
第三节　油库收存发管理……178
第四节　数量质量监督管理……181
第三章　成品油配送……188
第一节　配送运行……188
第二节　公路配送管理……191

第三篇　成品油销售

第一章　体制机制……201
第一节　流通体制……201
第二节　营销机制……202
第二章　批发与直销业务……205
第一节　批发和直销业务发展……205
第二节　批直客户管理……211
第三节　客户经理管理……214

第三章 零售业务 ······ 218
第一节 零售业务发展 ······ 218
第二节 加油卡业务 ······ 225
第三节 零售运营优化 ······ 229
第四节 零售客户管理 ······ 244
第四章 销售基础工作 ······ 250
第一节 价格管理 ······ 250
第二节 市场情报 ······ 254
第三节 营销工具平台 ······ 256
第四节 销售考核激励 ······ 260
第五章 加油站管理 ······ 263
第一节 加油站规范管理 ······ 263
第二节 加油站服务管理 ······ 269
第三节 星（吨）级加油站培育 ······ 278

第四篇 非油品经营

第一章 非油经营体制 ······ 293
第一节 非油品公司 ······ 293
第二节 非油处 + 非油运作中心 ······ 294
第二章 非油商品购存管理 ······ 297
第一节 商品采购与配送 ······ 297
第二节 中央仓建设 ······ 300
第三节 便利店建设 ······ 304
第三章 非油品销售 ······ 308
第一节 润滑油和化工小产品销售 ······ 308
第二节 便利店商品销售 ······ 310
第三节 广告汽服业务 ······ 314
第四节 自有产品开发 ······ 317

第五篇 新零售业务

第一章 机制体制 ······ 323
第一节 创新实验室 ······ 323

第二节 数据中心 …… 324
第三节 新零售运作部 …… 324
第二章 新零售企业建设 …… 326
第一节 建设核心 …… 326
第二节 建设路径 …… 327
第三章 线上平台 …… 330
第一节 “中油优途”项目 …… 330
第二节 其他线上项目 …… 333
第四章 线下渠道 …… 336
第一节 “智慧加油站”项目 …… 336
第二节 形象大使“油优”项目 …… 341
第三节 移动公司合作 …… 343
第四节 中油九洲北斗 …… 343
第五节 ETC 卡业务 …… 344
第六节 1919 联营店 …… 345

第六篇 网络开发与建设

第一章 网络开发管理 …… 349
第一节 开发权限 …… 349
第二节 开发程序 …… 351
第三节 开发模式 …… 354
第四节 开发后评价 …… 356
第二章 规划计划管理 …… 360
第一节 规划管理 …… 360
第二节 计划管理 …… 363
第三章 工程建设管理 …… 367
第一节 制度与流程 …… 367
第二节 设计与造价 …… 369
第三节 招标与采购 …… 370
第四节 安全与质量 …… 372
第五节 工期与承包商 …… 373
第四章 建设项目 …… 375
第一节 新增及改扩建加油（气）项目 …… 375

第二节　重点工程项目 …… 381

第七篇　质量安全环保管理

第一章　体系建设 …… **387**
第一节　HSE 体系 …… 387
第二节　质量管理体系 …… 398
第二章　安全环保管理 …… **401**
第一节　安全教育 …… 401
第二节　风险管理 …… 402
第三节　隐患管理 …… 405
第四节　应急管理 …… 408
第五节　安全监督 …… 413
第六节　环境保护 …… 415
第七节　职业健康 …… 416
第八节　节能节水 …… 417
第九节　安保基金 …… 419
第三章　质量管理 …… **420**
第一节　化验室建设 …… 420
第二节　成品油进销存质量管理 …… 421
第三节　质量纠纷管理 …… 424
第四节　质量监督 …… 425
第四章　计量管理 …… **427**
第一节　计量交接 …… 427
第二节　检定工作 …… 429
第三节　损耗管理 …… 432
第四节　计量监督 …… 434

第八篇　企业管理

第一章　发展与改革 …… **439**
第一节　发展战略与目标 …… 439
第二节　石油产品经营管理体制改革 …… 448
第三节　承包经营责任制 …… 449

第四节　现代企业制度试点 …… 450
第五节　集团化改制 …… 452
第六节　县级子公司改革 …… 455
第七节　划归中国石油集团 …… 457
第八节　重组改制 …… 460
第九节　存续企业重组 …… 464
第二章　财务管理 …… 467
第一节　预算管理 …… 467
第二节　会计核算 …… 473
第三节　资金管理 …… 478
第四节　资产管理 …… 484
第五节　税务管理 …… 488
第六节　财务信息化 …… 492
第七节　财务稽查 …… 494
第三章　人力资源管理 …… 496
第一节　劳动用工 …… 496
第二节　绩效考核 …… 504
第三节　薪酬分配 …… 510
第四节　社会保险 …… 514
第五节　员工培训 …… 516
第六节　干部管理 …… 530
第七节　离退休及存续管理 …… 534
第四章　信息化建设 …… 541
第一节　信息管理机制体制 …… 541
第二节　信息网络（硬件）建设 …… 544
第三节　信息系统建设 …… 547
第四节　信息维护及安全 …… 554
第五章　企管法规 …… 558
第一节　制度建设 …… 558
第二节　法律管理 …… 561
第三节　合同管理 …… 567
第四节　证照标识管理 …… 569
第五节　管理创新 …… 573
第六节　股权管理 …… 576

第六章 企业文化……583
第一节 企业文化建设……583
第二节 新闻宣传……585
第七章 行政后勤……590
第一节 行政工作……590
第二节 后勤事务……605

第九篇 政治工作

第一章 党组织建设……621
第一节 基层党组织建设……621
第二节 党员管理……625
第三节 领导班子建设……627
第二章 思想政治建设……634
第一节 思想建设……634
第二节 政治理论学习……639
第三节 主题教育……643
第三章 纪检监察与审计……646
第一节 纪检监察……646
第二节 审计工作……660
第四章 群团工作……666
第一节 工会工作……666
第二节 共青团工作……674

第十篇 社会责任

第一章 保供救灾……683
第一节 抗震救灾……683
第二节 自然灾害……688
第二章 扶贫帮困……691
第一节 旭航助学……691
第二节 专项扶贫……692
第三章 企地共建……694

下　册

第十一篇　二级分公司及股权企业

第一章　二级分公司……699
第一节　成都分公司……699
第二节　成品油分公司……715
第三节　自贡分公司……726
第四节　攀枝花分公司……750
第五节　泸州分公司……769
第六节　德阳分公司……782
第七节　绵阳分公司……793
第八节　广元分公司……804
第九节　遂宁分公司……817
第十节　内江分公司……826
第十一节　乐山分公司……839
第十二节　南充分公司……847
第十三节　宜宾分公司……862
第十四节　广安分公司……877
第十五节　达州分公司……886
第十六节　巴中分公司……903
第十七节　雅安分公司……912
第十八节　眉山分公司……928
第十九节　资阳分公司……946
第二十节　岷江分公司……961
第二十一节　甘孜分公司……972
第二十二节　凉山分公司……984
第二十三节　非油品分公司……999
第二十四节　仓储分公司……1001
第二十五节　油料分公司……1008
第二十六节　房产管理公司……1021
第二十七节　成都深国贸物业管理有限公司……1023

第二十八节 四川省石油集团成都有限公司 …… 1024
第二十九节 成都七〇〇五油库 …… 1029

第二章 直管股权企业 …… 1031

第一节 四川蜀兴宝石花石油工程设计有限公司 …… 1031
第二节 四川中路能源有限公司 …… 1033
第三节 中石油四川铁投能源有限责任公司 …… 1035
第四节 四川交投中油能源有限公司 …… 1038
第五节 成都天投中油能源有限公司 …… 1041
第六节 四川中油九洲北斗科技能源有限公司 …… 1042
第七节 四川中油元通科技发展有限公司 …… 1044

第三章 二级公司托管股权企业 …… 1045

第一节 成都中油能源有限公司 …… 1045
第二节 四川川油长运油品销售有限责任公司 …… 1046
第三节 广元市石油有限公司 …… 1047
第四节 宜宾中港能源有限责任公司 …… 1049
第五节 四川省巴中市中运能源有限公司 …… 1050

第四章 二级分公司全管企业 …… 1051

第一节 成都分公司全管企业 …… 1051
第二节 成品油分公司全管企业 …… 1055
第三节 攀枝花分公司全管企业 …… 1058
第四节 泸州分公司全管企业 …… 1058
第五节 德阳分公司全管企业 …… 1059
第六节 绵阳分公司全管企业 …… 1060
第七节 遂宁分公司全管企业 …… 1064
第八节 乐山分公司全管企业 …… 1065
第九节 南充分公司全管企业 …… 1065
第十节 宜宾分公司全管企业 …… 1065
第十一节 广安分公司全管企业 …… 1066
第十二节 达州分公司全管企业 …… 1067
第十三节 雅安分公司全管企业 …… 1067
第十四节 眉山分公司全管企业 …… 1068
第十五节 资阳分公司全管企业 …… 1068
第十六节 岷江分公司全管企业 …… 1069
第十七节 仓储分公司全管企业 …… 1070

第十二篇　荣誉及人物

第一章　人物简介与名录……1073
第一节　公司历任党政主要领导简介……1073
第二节　劳模名录……1078
第三节　部分先进人物介绍……1080
第二章　先进集体与先进个人……1095
第一节　先进集体……1095
第二节　先进个人……1122

附　录

文件辑存……1160
经验交流材料……1182
管理创新成果及论文获奖汇总……1192

编后记……1231

总 述

四川省位于中国西南，地处长江上游，东西长1075余千米，南北宽900余千米，东连重庆，南邻云南、贵州，西接西藏，北界青海、甘肃、陕西三省，素有“天府之国”的美誉。面积48.6万平方千米，居全国第五位。地势总体上呈西高东低走势，地貌类型以平原、丘陵、山地和高原为主，气候温和、湿润，年平均气温14—19℃。野生植物资源种类繁多，高等植物约占全国总数的三分之一，居全国第二位。国家重点保护野生动物145种，占全国的39.6%，居全国之冠。能源资源以水能、煤炭和天然气为主，矿产种类齐全，是西部乃至全国的矿物原材料生产加工大省。旅游资源数量多、类型全、分布广、品位高，是旅游资源大省。

四川省辖21个市、州（其中地级市18个、自治州3个），183个县、市、区（其中市辖区53个、县级市17个、县109个、自治县4个），人口8500万人，是中国第三人口大省。主要民族有汉、藏、彝、羌、回、苗等53个，是中国第二大藏族聚居区，最大的彝族聚居区。2019年，四川省地区生产总值4.66万亿元，同比增长7.5%，增速高于全国平均水平1.4个百分点。截至2019年底，全省机动车保有量1767万辆，与2018年同期相比，增加105.84万辆、增长6.0%。其中汽车保有量1199.67万辆，同比增加109.65万辆、增长9.14%。

四川省作为传统的成品油高效市场，市场需求大，油品定价高，历来是国内各大石油公司的必争之地。整体上看，四川成品油市场呈现出由中国石油主导，中国石化、延长壳牌、社会经营单位（包括延长石油、中航油、中海油、交通油料、成都银龙、眉山金梦、龙鑫石化、德阳鑫业等）、地炼油（陕西、山东、宁夏）激烈竞争的市场格局。

截至2019年底，全省从事成品油批发业务的企业59家，其中中石油23家、中石化12家，其他拥有中转油库并从事成品油批发流动的企业24家；营运加油站4794座，其中中石油1771座（含特许44座）、中石化534座（含省中石化及中石化特许站）、延长壳牌228座、中航油74座（含特许）、中海油30座（含特许）、陆地石油54座（含特许）、社会加油站2103座（含国际能源品牌连锁98座、其他品牌连锁33座，个体加自有加油站1972座）。营运油库59座、175.15万立方米，其中：中石油22座，库容80.45万立方米；中石化12座，库容27.3万立方米；延长石油3座（含内江、凉山各租赁1座），库容16.7万立方米；社会营运油库22座（含国储），库容50.7万立方米。2019年，四川省成品油市场表观消费量约1530万吨，其中：中石油销售1021.1万吨，市场份额66.7%；中石化销售316.8万吨，市场份额18.7%（其中：中石化四川石油17.2%，四川省中石化1.6%）；延长壳牌销售88.3万吨，市场份额5.8%；社会经营单位及其他渠道流入170.0万吨，市场份额11.1%。

1952年，随着川东、川南、川西、川北4个行署合并为四川省，国家在原川西石油分公司的基础上，于9月1日组建中国石油公司四川省公司，即中国石油四川销售公司前身；1998年成建制上划中国石油天然气集团公司。主要从事成品油批发和零售业务，以及便利店、润滑油、天然气、广告和化工产品等非油业务，是四川成品油供应的主渠道。截至2019年底，公司有13个机关处室、26家二级公司、55家股权企业，拥有加油（气）站1892座，在用油库22座，库容80.45万立方米。

一

1952—1978年，拓荒创业时期。1952年9月1日，四川省石油公司成立。创立之初只有6个专营机构、169名职工、2万立方米库容、1.22万吨年销售量。老一辈四川石油销售人在一穷二白的困难条件下，披荆斩棘，艰难起步，经过26年的拼搏奋斗，让公司面貌发生历史性变化。组织机构经过20世纪50年代的增设下伸、政企合一，之后历经恢复专业公司和不断重组增设，到1978年已拥有包括省、地、县和二级站在内的79个石油专营机构及36个煤建、石油合营机构，基本形成覆盖全省的石油供应体系。油库建设初具规模，在公司成立之初仅有的重庆、万县从外商接收的3座油库基础上，经过20世纪五六十年代的攻坚克难，建成具有代表性的天回镇、董家沟、广元、吊黄楼、燕儿窝等一批大中型油库。70年代，在国家战备方针的指引下，公司掀起大规模修建油库的热潮，新建一批生产配套设施比较完善的新型油库，并在全省各县新建一批土油罐，到70年代末基本形成比较完善的油库布局。加油站从无到有，70年代初全省加油站建设开始起步，到70年代末结束过去车辆加油单纯依靠简易加油设施的历史。技术管理不断革新，从过去依靠手工操作、人工灌桶发展到60年代基本实现半机械化作业，到70年代末基本实现收发油和计量、消防设施机械化操作，一个覆盖全省各地、集公路铁路水路运输于一体、作业操作机械化的成品油收储运销体系初步形成。经营业务不断发展壮大，历经推销、计划供应、凭证供应、“两统一定”等阶段，在石油资源总体缺乏、市场供应紧张的条件下，有效保障全省工农业生产、交通运输和人民生活用油的需要，油品销售量从1952年的1.22万吨增加到1978年的上百万吨，为国家各个时期五年计划的实现作出历史性贡献。

二

1978—1998年，革故鼎新时期。随着市场经济理论在中国确立，绘就社会主义市场经济体制的基本框架，四川销售公司走过21年“改革开放创新路”探索发展期。沐浴着改革开放的春风，公司面向市场，积极探索，经历石油产品经营体制改革、承包经营责任制、成品油流通体制改革和建立现代企业制度等一系列重大变革。20世纪80年代中期，实现全省石油产品经营业务、人财物的统一管理，建成投用四川省首座现代意义的加油站，掀起第一轮加油站建设热潮，迈入四川省大型企业行列。80年代末期，公司在直属企业内全面推行承包经营责任制。以经济指标、安全管理、精神文明建设为主要内容，将承包任务逐级分解落实到各站、司，按承包任务检查考核结果。90 年代前期，随着我国计划经济体制向市场经济体制的转轨，公司围绕原油、成品油流通体制改革这一中心，针对资源、市场变化的特点，及时调整思路及营销策略，克服经营资金紧缺、成品油资源分散等困难，取得明显社会效益和较好的经济效益。90 年代中期，成功完成组建四川省石油集团有限公司的现代企业制度试点，摆脱传统的体制框架，实现经营机制转换和企业等级晋升，被评为“中国国有企业 500 强”，位列 295 位；大刀阔斧地实施产权制度改革和产业结构调整，为企业加速发展打下基础；克服资金不足等方面的重重困难，建成具有标志性意义的四川国际大厦，展示企业良好社会形象。企业经营范围不断扩大，形成多元开放经营格局，初步走出以石油主业为依托，以自备车运输、化工、石油液化气、房地产多头发展的路子。经过不懈努力，公司由传统计划经济逐步走向市场经济，建成适应市场经济要求的集团化管理体制和经营机制，公司上档升级为四川省大一型企业，打开了发展的新局面。

三

1998—2019 年，全面发展时期。1998 年，国务院对石油管理体制进行重大改革，按照“各有侧重、保持优势、有所交叉、有序竞争”的原则，将国内油田、炼化企业及省、地、县石油销售企业重组为两大集团公司，各省（市、自治区）石油公司按照区域全部划转到两大集团公司。6 月，四川省石油集团有限公司及其下属各级市（州）公司由四川省划归中国石油天然气集团公司管理。机构规格正局级，党组织关系隶属中共四川省委。1999 年 7 月，集团公司对四川省石油集团有限公司进行重组改制，将核心业务与非核心业务分开分立，核心业务部分组建中国石油天然气股份有限公司四川销售分公司，非核心业务部分仍由四川省石油集团有限公司管理。2001 年 8 月，集团公司对四川省石油集团有限公司和四川销售公司进行重组整合，将四川省石油集团有限公司的业务、资产和人员全面委托四川销售公司管理，实行一个领导班子、一套机关职能部门、一体化运作的管理体制，实现上市企业与未上市企业成品油经营业务的完全统一。2002 年 6 月，根据集团公司党组和股份公司的决定，四川省石油集团有限公司和四川销售公司领导班子实行整合。至此，公司翻开崭新历史篇章。从上划重组完毕至 2019 年，四川销售公司迈进“全面发展”的黄金时代，步入发展速度最快、发展质量最好、员工实惠最多的时期。

这一时期，油非互动，销售规模逐年增长　2002—2017 年，公司油品销售总量由 232.39 万吨增至 954.6 万吨。2018 年汽柴油销售量突破 1000 万吨，成为中国石油首个千万吨级销售企业，非油收入、利润分别超过 20 亿元、2 亿元，迈出转型升级的坚实一步。2019 年，成品油年销量再次突破 1000 万吨，实现“稳上”千万吨销售目标，综合业绩指标连续 9 年排名中国石油销售企业第一。面对零售终端价格肆意拼杀的残酷现实，树牢客户思维，整合营销要素，加快新零售企业建设，提升公司独特价值创造能力。迭代升级中油优途，开通一键导航、不下车加油、优途支付等功能，促进线上线下相互引流、油非客户双向转化。2019 年，中油优途注册会员突破 110 万人，交易量、消费量分别达 63.7 万笔、1.4 亿元，成为具有商业价值和知名度的线上平台。与金融、通信、航空等行业互换流量、共享积分，将引入的 2.2 亿元跨界营销资源整体打包回馈客户，引导客户从关注线下价格变化转向关注消费体验和经济价值提升，按照“油站 + 互联网 +N”思路，推进全业态经营、全路途服务，试点站外店、店中店模式，与1919合作开设40家联营店，实现覆盖区域“19分钟极速达”服务，全年引入川酒、餐饮、汽服等300多户商家入驻线上线下平台，“人·车·生活”生态圈初步搭建，客户消费体验再升级。四川石油销售人始终高唱“我为祖国献石油”主旋律，坚持以保障供应、服务发展为己任，为四川发展加油，为经济建设助力。特别是在资源紧张时期和急难险重的关键时刻，坚持保重点、保急需、保稳定，发挥成品油供应主渠道作用。

这一时期，稳健发展，综合实力实现跨越式提升 坚定“渠道为王、终端制胜”理念，销售终端建设扎实推进，加油站由1110座增至1829座，靠实网络新开发、新投运、品牌输出“三百”目标，持续提升零售终端市场控制力。建立土地出让信息监控机制，2019年全省规划网点控制率达86%。安全环保总体平稳运行，科学制定防渗治理提速计划，着力构建“提效率、控风险、保销量、追进度”的防渗治理管理体系。注重改造效率提升，采取安装橇装设备、推广预制化生产模块化施工等措施，最大限度地压缩建设工期。经济实力大幅提升，2019年销售收入突破700亿元大关，考核利润15.5亿元，连续5年实现利税20亿元以上，连续4年获得省政府销售收入跨百亿元奖励。

这一时期，精细管理，体制机制进一步完善 加强科学管理、持续深化精细管理，逐步形成“以营销和发展为中心、以财务管理为核心、以信息化为手段、以质量计量安全和三基工作为基础、以人为本”的集中管理模式，信息化建设迈入集成应用的新阶段。优化运行体制，以效率提升为导向，将加油站检维修、改造计划编制等业务划归零售专业线，油品损耗管理职责调至质安专业线监管、归类相关专业线实施，纵横管理界面更加清晰。把发展股权企业作为拓宽增量渠道、提升盈利空间的重要抓手，与政府投资平台、省属大型企业开展战略合作，共成立股权企业55家，参、控股加油站212座。探索以机构管理单元为主向团队管理模式转变，在省公司组建“油卡非润气”一体化运作中心、新零售运作部，优化处室4个。业务整合、机构重组大成都地区经营的5个单位，成立新成都公司。鲜明考核导向，完善激励机制，配套“决胜千万吨”“五大攻坚战”激励保障，围绕“直批、纯枪、非油”三大核心业务，放权基层、挂钩关键指标、试点社群营销，建立联客联量的超级薪酬分配机制，落实一线岗位和夜班津贴，一线员工收入稳步增长。

这一时期，固本强基，川销铁军日益强大 持续推进三基工作新的重大工程，加强基层组织建设，发挥党建思想政治工作优势，公司及一批基层单位荣获“全国五一劳动奖状”和“全国工人先锋号”。加强三支人才队伍建设，拥有3名集团公司管理专家，中高级技术人才比例达到15%，一批优秀市场化员工走上科处级领导岗位。坚持以大庆精神铁人精神铸魂育人，积淀具有四川销售公司特色的企业文化，公司荣获“全国企业文化建设优秀单位”。在抗击“5·12”汶川8.0级特大地震、“4·20”雅安7.0级大地震、“8·8”九寨沟7.0级大地震中，全体员工践行“山塌路断油不断”的庄严承诺，凝结“为祖国加油，为生命加油，为希望加油的爱国精神；舍小家为大家，以库站为家的奉献精神；技能过硬，临危不惧，忠诚石油的敬业精神；一方有难，八方支援，万众一心的协作精神”，成为公司宝贵的精神财富，书写从悲壮走向豪迈的壮丽篇章。公司两度荣获“全国五一劳动奖状”。2008 年公司被中共中央、国务院、中央军委授予“全国抗震救灾英雄集体”荣誉；2016 年公司党委被中共四川省委评为“先进基层党组织”，荣获“四川省综合成长型企业”“全国企业文化建设优秀单位”等多项殊荣，入选四川省大企业大集团培育名单；2019 年成功入围四川省大企业大集团百强榜单，名列第九位。

四

经过几代四川销售人的不懈努力，四川销售公司从小到大，从弱到强，从计划经济到市场经济，综合实力跨上新台阶，项目发展创出新成就，体制机制实现新突破，结构调整形成新格局，信息化建设实现新跨越，和谐企业建设取得新进展，员工队伍面貌呈现新气象，社会贡献创出新成就，公司发展步入历史最好时期，赢得中国石油销售企业排头兵的美誉。

风雨多经志弥坚，关山初度路犹长。稳上千万吨，只是四川销售公司万里长征走完的第一步，高质量建设世界一流新零售企业的宏大目标、伟大事业，正等待开启。尽管前进的道路上布满荆棘、充满考验，但是，再大的困难、再多的挑战也阻拦不了四川销售人铿锵有力、昂首前行的脚步。在“十三五”规划收官之年，四川销售公司将高举习近平新时代中国特色社会主义思想伟大旗帜，认真落实党的十九大会议精神，深入贯彻新发展理念，坚定公司“11333”总体方略，树牢客户思维，深化创新驱动，依托移动互联网、大数据、区块链等技术，联通线上服务，强化线下体验，促进线上线下与现代物流深度融合，全面转型新零售企业，打造独特价值、可持续价值创造能力。全体干部员工将在上级公司的正确领导下，在公司领导班子的坚强领导下，坚持在探索、实践中深化对市场的规律性认识，从容镇定、稳扎稳打，坚定信心、增强定力，砥砺前行、勇立潮头，奋力开创世界一流新零售企业新局面，为集团公司全面建成世界一流综合性国际能源公司再创新佳绩、作出新贡献！

大事记

1952 年

9 月 1 日　在中国石油公司川西分公司的基础上，合并中国石油川南分公司，成立中国石油公司四川省公司，业务属中国石油公司，行政属四川商业厅领导。

1953 年

2 月　中国石油公司四川省公司更名为中国石油公司四川省分公司。

4 月　中国石油公司西南区公司撤销后，中国石油公司四川省分公司的商品调、销、财、物权直属中国石油公司统一领导管理，机构的增撤由当地商业行政部门审批。

是月　继 1 月全国石油商业取消贸易金库制度后，四川省石油公司系统开始核定资金，实行经济核算制，并与人民银行建立信贷关系。

6 月　成立中共中国石油公司四川省公司党支部。

1954 年

8 月　全省召开石油经理会议，制定下半年供应措施。同时决定汽油、柴油统一由全省石油公司供应，私商不再经营。

11 月　中国石油公司系统包装开始执行“集中管理，统一使用”的管理原则，和“各省油桶移交一级站管理”的决定。

1955 年

1 月 1 日　中国石油公司四川省分公司更名为中国石油公司四川省公司，各专区级供应站统一更名为分公司，县级供应组更名为县公司。

1 月　中国石油公司提出“厉行节约，对石油采取控制供应”经营方针。省内根据具体情况制定的供应原则是：必须发挥现有的物资力量，优先适应重点用油的需要，改进动力油料的供应，按不同对象掌握供应和尽力缓和煤油供应紧张情况，停止扩展销售区域。

4 月 全国石油公司系统开始执行中国石油公司推行的油罐车计量方法。

10 月 西康省撤销并入四川省，原中国石油公司西康省公司相应撤销并入中国石油公司四川省公司，同时设立雅安分公司。

12 月 中国石油公司四川省公司将设在宝鸡的接油转运组随宝成铁路修建的延伸迁移到陕西省宁强县阳平关。

1956 年

1 月 国家实行对国营农场、拖拉机站（队）劳改农场等农业生产用轻柴油按当地牌价降低 24%，重柴油按当地牌价降低 3.5% 的优待政策供应。

11 月 成立中共中国石油公司四川省公司党总支。

1957 年

8 月 四川省人民委员会转发省商业厅《关于实行动力油料凭证限量供应办法的报告》，对未列入申请分配单位的用油由商业部门列入市场申请，省石油公司系统根据货源实行凭证限量记录供应。

1958 年

1 月 21 日 中国石油公司四川省公司与中国煤业建筑器材公司四川省公司合并为“四川省煤建石油贸易局”，5 月 17 日定名为“四川省商业厅燃料贸易局”。

5 月 成都天回镇油库修建的金属油罐（34350 立方米）竣工投产，开创了全省石油公司系统建设金属油罐库的范例。

1959 年

1 月 四川省计委、四川省商业厅根据国家计委、商业部《关于 1959 年石油分配供应的通知》要求，结合省内实际情况制发《1959 年四川省石油分配供应办法（草案）》，通知各地（市、州）计委、商业局贯彻执行。

8 月 国家计委、商业部《关于严格执行石油分配计划，不得动用国家库存的联合通知》规定，各地石油库存统一由商业部掌握，各省、市（区）无权动用。

10 月 为解决市场供应紧张情况，四川省委决定用地方外汇进口汽油 1 万吨。

1960 年

11 月 根据《四川省国营商业企业经营管理工作条例（试行草案）》，四川省商业厅燃料贸易局将重庆、万县、宜宾、绵阳等站的财权、商品权收归省上统一领导、管理、核算。

1962 年

7 月 1 日 根据国务院“关于商业系统恢复和建立各级专业公司，实行上级业务部门和当地商业行政部门双重领导”的决定和四川省商业厅文件要求，恢复中国石油公司四川省公司。是月，成立中共中国石油公司四川省公司党支部。

11 月 成立中共中国石油公司四川省公司党总支。

1963 年

6 月 四川省商业厅密 (63) 字 1574 号通知“……煤油由原凭证定量供应，改为凭证不限量供应”。同时，指示 1963 年煤油没有发证的地区，不再发证。

1964 年

4 月 原由四川省农机局统一申请分配给各地使用的农业用油，为减少层次，节约费用，及时满足生产上的需要，经四川省经委、中国石油公司四川省公司同意，从 1964 年三季度起改由四川省经委、中国石油公司四川省公司直接下达到各地分配。

1965 年

1 月 为使会计核算记账通俗化，按照《1965 年中国石油公司统一会计制度实施细则（试行方案）》，四川省石油公司系统开始运用“增加”“减少”为记账符号记账。

1966 年

3 月 国家计委通知积极试用农用柴油。中国石油公司下达《关于积极组织正 20 号农用柴油供应工作的通知》（（66）中石业字第 100 号）。四川省水电厅、四川省商业厅联合通知下发各地《关于积极推广使用农用柴油的通知》（（66）水电排灌字第 41 号、省商石（66）字第 359 号）。

1967 年

2 月 成都军区派军代表进驻中国石油公司四川省公司，并宣布对中国石油公司四川省公司及其直属成都储油所、批发站、营业部、汽车队、安装队等全部实行军管。

1968 年

1—3 月 交通运输极不正常，石油货源仍不能按时分期分批到达，市场供应不能缓解，采取了以进定销，按进货到达比例供油。

9 月 26 日 经四川省革命委员会批准，成立中国石油公司四川省公司革命委员会。

1969 年

12 月 中国石油公司四川省公司革命委员会组织本部大部分人员，到四川省弯丘“五七”干校进行斗批改和参加农业生产活动。

1970 年

解放军代表进驻中国石油公司四川省公司革命委员会，四川省弯丘“五七”干校分配一部分学员返回工作。

1971 年

5 月 四川省商业局在绵阳地区射洪县召开“全省石油商品土油罐建设现场会议”。

1972 年

12 月 商业部燃料局（72）商燃字第 74 号文通知：“从 1973 年起，代煤、代电、代煤气、代重油、代原油等用油，商业部不予供应。”

1973 年

6 月 根据商业部（73）商燃字第 36 号文《关于试行柴油计划分配供应办法的通知》，四川省计委、四川省商业厅及时联合转发了文件。四川省石油公司开始选点在县以下公社、生产队试行按机具定额及凭购油本供应的办法。试点地选在井研县周坡区、忠县官坝区、达县碑庙区、盐亭县富驿区、资阳县。

12 月 四川省商业局同意成立中共中国石油公司四川省公司党委。

1974 年

6 月 四川省商业局、四川省财政局联合通知，固定资产基本折旧基金年度综合折旧率，全省商业统一按 4.5% 提取，石油二级站自留 2%，其余 2.5% 上缴省级主管部门，各地（市）、县石油公司由当地主管部门自定留用比率。

1975 年

9 月 成立中国石油公司四川省公司团支部。

11 月 成立中共中国石油公司四川省公司党委

1977 年

8 月 四川省在天回镇油库、广元下西坝油库首次接卸成龙列车。

11 月 商业部（77）商燃字第 39 号文转发国务院国发〔1977〕136 号文批转商业部《国家对石油产品实行统购、统配、定量供应试行办法》。

12 月 四川省石油公司拟定统购、统配、定量供应草稿征求各地意见。

1978 年

2 月 四川省革委会以川革发〔1978〕12 号文批转四川省商业局制定的《四川省执行国家对石油产品实行统购、统配、定量供应试行办法的实施办法》和《四川省汽油、柴油车辆、机具定量参考标准》。全省全面执行统购、统配、定量供应。

6 月 四川省石油公司在南充市召开全省石油仓储会议，传达贯彻中国石油公司在太原召开的全国石油库管理会议精神，部署加强油库安全管理，开展技术革新、整顿库容等工作。

8 月 中国石油公司在成都召开“铁路专用线改造会议”。四川省根据会议精神，安排广元 3762 库、天回镇库、史家乡库、乐山 7102 库、绵阳库等将原有专用线改造为接卸成龙列车的专用线，提高这些重点油库的卸槽能力。

10 月 1 日 中国石油公司四川省公司革命委员会更名为中国石油公司四川省公司。

1979 年

11 月 四川省进行车辆、机具普查，建立档案，统一制发购油证，建立统购、统配、定量手续制度。

1980 年

4 月 召开全省石油经理会议，贯彻商业部燃料局原以拥有车辆、机具数量和历史耗油水平为主分配油料的办法，改为以生产任务为主并参考车辆、机具数量、历史耗油水平分配油料。

1981 年

5 月 中国石油公司四川省公司在内江市召开全省石油经理会议，评选出统购、统配、定量供应工作搞得好的 20 个县，计有资阳、中江、绵竹、武胜、达县、成都、宜汉、开江、万县、安岳、汉源、新都、射洪、蓬溪、大邑、永川、荣昌、岳池、仪陇、泸定，并颁发奖状。被商业部授予“两统一定”成绩显著奖旗的有资阳、中江、绵阳、武胜、达县。

9 月 中国石油公司四川省公司在自贡市召开全省石油仓储会议，传达贯彻中国石油公司在烟台召开的全国石油库管理会议精神，部署以后油库管理任务，强调进一步加强安全管理，建立以岗位责任制为中心的各项管理制度。

1982 年

1 月 国家对石油分配实行“两个包干”，即“计划包干”和“定量包干”。

2 月 中国石油公司四川省公司在绵阳召开全省各地（市、州）、县石油站（司）经理会议，贯彻落实“两个包干”，宣布四川省对各地（市、州）实行“计划包干”，各级石油供应部门对用油单位实行“定量包干”。

12 月 根据中国石油公司在哈尔滨召开的关于建造改装内浮顶油罐会议精神，中国石油公司四川省公司在永川地区召开“内浮顶油罐推广现场会”，掀起全省建造内浮顶油罐的热潮。

1983 年

1 月 根据四川省人民政府川府发〔1983〕54 号文，重庆市实行计划单列，原“四川省重庆石油采购供应站”撤销，另新组建“重庆石油采购供应站”，财务关系与中国石油公司四川省公司脱钩，从 1983 年 1 月 1 日起划归重庆市领导、管理、核算。

是月 四川省石油公司系统为贯彻财政部《关于国营企业利改税试行办法》，经四川省财政厅、四川省商业厅审定，开始实行利改税。

2 月 国家制定《关于高价原油加工和分配试行办法》，规定高价油供应范围、作价原则，高价油仍为统购、统配物资，视为平价油一样管理。平价油分配计划指标以 1982 年分配计划为基数。

3 月 国务院国发（83）28 号文下发《高价成品油供应和管理试行办法》。四川省计委根据文件精神相应制定《四川省高价成品油供应和管理办法》发全省各地执行。

4 月 四川省各地（市、州）石油供应部门开展高价汽油、煤油、柴油的供应。中国石油公司四川省公司召开全省各地（市、州）石油站（司）经理会议，重点研究高价成品油的经营管理和市场安排、全系统企业整顿、承包经营责任制等。

10 月 四川省商业厅转发商业部《关于印发全国通用汽油票、柴油票发行管理试行办法的通知》，从 1983 年 1 月 1 日起开始发行全国通用高价、平价汽油票、柴油票，在全国石油公司范围内实行。

1984 年

1 月 为贯彻执行中共中央、国务院《关于国营工业企业进行全面整顿的决定》及四川省人民政府《关于全面整顿商业企业的通知》精神，全省各石油二级站、分（市）公司开展企业整顿工作，促进石油商业改进经营管理，建立健全规章制度，调动职工积极性。

5 月 国务院 44 号电报和中国石油公司中石业（84）字第 78 号文通知“高价油实行敞开供应”。

1985 年

4 月 20 日 四川省人民政府川府发〔1985〕58 号文批转四川省计经委《关于改革我省石油产品经营管理体制报告》的通知，规定从 1985 年 1 月 1 日起，全省石油产品经营系统的经营业务和人、财、物统一由省石油公司管理，各地（市）、县石油公司应连同所属企事业单位成建制上划至中国石油公司四川省公司。

4 月 中国石化销售公司发布《关于加速加油站建设的通知》（中石化（85）销基字 104 号），掀起全省各地大规模修建加油站的热潮。

6 月 中国石化销售公司发布通知，通知要求“高价汽油由敞开供应转为控制供应”。

7 月 中国石油公司四川省公司更名为中国石化销售公司四川省石油公司，受中国石油化工销售公司和四川省人民政府双重领导，商品分配权属中国石化销售公司，人、财权仍由四川省人民政府管理。

1986 年

6 月 中国共产党四川省石油公司委员会更名为中国共产党中国石化销售公司四川省石油公司委员会。

1987 年

7 月 中国石化销售公司四川省石油公司根据省人民政府川府发〔1985〕58 号文精神，将全省 15 个地（市）公司（站）、1 个直属库和 71 个县（市）公司上划，财务关系由原来的分级管理改为省级核算、统一管理，并开始实行承包经营责任制，一定 4 年不变。

11 月 四川省人民政府川办函〔1987〕144 号文批准中国石化销售公司四川省石油公司为大型企业。

1988 年

3 月 为适应体制改革后承包经营责任制和对外业务联系，四川省人民政府同意取消公司“中国石化销售公司”头衔，恢复“四川省石油公司”名称，公司成为省直属经济实体。四川省商业厅任命刘世侯为四川省石油公司经理，同意四川省石油公司实行经理负责制。

是月 四川省石油公司按照大型企业内部机构设置，将原有科、室调整为处、室、所。

1989 年

3 月 四川省石油公司对机关部分处室进行调整充实：将办公室原管理的机关行政事务划出，新成立行政处；将原仓储处和基建处合并，新成立仓储基建处（原设计所与原基建处分离，继续保留）；将原审计室与财务会计处分离，新成立审计处；将人事处原管理的监察业务划出，新成立监察处（与审计处合署办公，两块牌子，一套人员）；将原仓储处管理的安全业务划出，新成立安全监察处（与保卫处合署办公，两块牌子，一套人员）；新成立自备车管理处。

是月 四川省石油公司直属站（司）除自贡、乐山等少数单位组建审计科，监察工作分别由纪检或人事部门兼管外，12 个单位组建监察、审计机构，形成监察审计网络。

4 月 3 日 四川省人民政府印发《关于对省级 64 户兼有行政职能公司的处理意见的通知》，四川省石油公司暂时保留其承担的部分行政职能，待国家有新的规定，再按新规定执行。

6 月 四川省石油公司印发《关于机关从业廉洁的八条规定》。

7 月 中共四川省石油公司第四届党员代表大会召开，会议选举产生中共四川省石油公司第四届委员会和中共四川省石油公司第二届纪律检查委员会，刘世侯当选为党委书记，温志新当选为纪委书记。选举结果经中共四川省商业厅机关委员会批复同意。

12 月 20 日　四川省石油公司机关从成都市中西顺城街 43 号迁到成都市鼓楼北二街 24 号业务综合楼办公。

是年　根据 1987 年实行的直属企业承包经营责任制（承包时间为 1987 年至 1990 年），四川省石油公司实施“工效挂钩承包方案”，签订承包协议，实行定编、定产、定站、定人的经营承包责任制。

是年　四川省石油公司政工专业职务评聘工作办公室成立。

1990 年

3 月　四川省统计局、四川省人事厅、四川省劳动厅印发《关于全民所有制单位经核定企业、事业、机关性质名单的通知》，四川省石油公司机关核定为商业机关，列入企业管理，其他 89 个下属单位核定为企业。

8 月　四川省石油公司印发《进一步推进厂务公开制度的实施意见》。

是月　四川省石油公司制定“八五”发展规划。

9 月　四川省石油公司对董家沟油库、成都天回镇油库以及广元、宜宾、泸州等地油库实施技术改造。

10 月　四川省标准计量管理局授权四川省石油公司科研所组建“四川省石油产品质量监督检验一站”，承担全省范围内石油产品质量监督检验任务，属执法性质机构。

11 月　四川省石油公司向中国石化销售公司递交“薄膜蒸发器用于废油再生工艺”科技成果登记的报告，并与解放军后勤工程学院完成“薄膜蒸发器用于废油再生工艺”项目全部研究工作。

是月　四川省标准计量管理局对四川省石油产品质量监督检验一站进行计量认证和质量监督检验机构认证预评审，规定“四川省石油产品质量监督检验一站承担的各种性质的商品质量检验，对来样独立出具公证检验数据，只对法律负责，不受任何行政干预”。全省各级石油站、司，都必须无条件地接受标准计量管理部门统一下达的石油商品日常监督检验、季度监督抽查、统一监督检验和市场商品监督检验。

12 月　中共四川省商业厅党组任命宋学忠为中共四川省石油公司党委书记，免去刘世侯的中共四川省石油公司党委书记职务。

是月　四川省石油公司直属企业第一轮承包经营完成。

是年　四川省石油公司 60 个单位建成文明单位，占创建数的 64.8%，其中省级 3 个、地市级 15 个、县级 42 个。

1991 年

1 月　四川省石油公司实行第二轮直属企业承包经营。承包时间为 1991 年 1 月至 1995 年

12月。

2月 四川省石油公司根据第二轮承包工作需要，对机关原有机构进行调整，设行政职能部门：办公室、劳动人事教育处、财务会计处、审计处（与财务会计处合署办公）、计划业务处、调运处、节约办公室、仓储基建处、保卫处、监察处（与保卫处合署办公）、多种经营办公室、行政处。设党委职能部门：党委办公室。设工会和职代会常设办事机构：工会办公室。设经营服务部门：石油产品调剂部、科技开发服务中心（归口管理设计所、科研所、计量室）。机关原有机构即行撤销。

3月29日 四川省石油公司印发《四川省石油公司关于经理任期目标和离任审计的规定》和《四川省石油公司内部审计工作实施细则》。

3月 四川省石油公司黔江分公司经四川省石油公司批复成立并正式挂牌办公，属四川省石油公司直属中型企业，原四川省石油公司涪陵分公司黔江办事处、四川省石油公司黔江支公司即行撤销。

4月4日 中国石油化工总公司发文撤销公司“中国石化销售公司”名称字样，公司仍由中国石油化工总公司和四川省政府双重领导。

7月 四川省商业厅批复同意四川省石油公司新一届领导班子聘任意见，聘任刘世侯为四川省石油公司经理。

是月 四川省石油公司工会委员会换届改选，选举产生四川省石油公司第三届工会委员会，吕明清当选工会主席。选举结果经四川省商业厅直属单位工会工作委员会批复同意。

11月 达县地区石油煤建公司上划到四川省管理，正式并入四川省石油公司直属企业。5日，更名为四川省石油公司达县分公司并挂牌办公。

12月 共青团四川省石油公司委员会换届改选，选举产生共青团四川省石油公司第五届委员会。

1992年

1月4日 四川省商业厅批复同意成立四川省石油公司石油化工贸易部，经营范围：成品油、石化产品、化工原料、五金交电、针纺织品、日用百货、服装、糖酒、食品、建材、皮革制品、现代办公用品、油库专用设备、部件及设备租赁。

1月 共青团四川省商业厅直属机关委员会批复同意共青团四川省石油公司第五届委员会选举结果。

2月 四川省石油公司对机关管理机构和经营服务部门设置如下：办公室、劳动人事教育处、财务会计处、审计处（与财务会计处合署办公）、计划业务处、调运处、节约办公室、仓储基建处、计量室（与仓储基建处合署办公）、保卫处、监察处（与保卫处合署办公）、修建处、行政处、党委办公室、工会办公室、设计所、科研所、石油产品调剂部（处级）、石化产品经营部（处级）、自备车油料运输部（处级）、石油化工贸易部、对外经济合作部（与石油化工贸易部两个牌子、一套人员，处级）、华西经营部（处级）、润滑油销售部（处级）、退离休工作科（副处级）、招待所（副处级）、蓉化经营部（副处级，隶属行政处），公司机关原有机构即行撤销。

3月12日 中共四川省石油公司委员会印发《省公司1991—1995年文明建设规划》和《省公司创建文明处室实施细则》通知。

4月1日 中共四川省石油公司委员会对机关在职5个党支部进行调整。润滑油部、计量室党员编入"业务党支部"；蓉化经营部、修建处、招待所、退离休工作科党员编入行政党支部；运输部党员编入调剂部党支部，更名为调剂运输党支部；原科技开发服务中心党支部更名为科技党支部；原多种经营党支部更名为石化党支部，包括原华西石油经营部、石化经营部、劳动服务公司党员，另将石化贸易部（含四海石化公司）党员编入；公司党员领导干部分别编入以上党支部。

4月5日 四川省商业厅同意四川省石油公司更名为四川省石油总公司。

4月22日 四川省石油总公司在内江召开全省油品质量管理和检测工作会。

4月 刘世侯任四川省石油总公司总经理。

7月31日 中共四川省石油总公司第五次党员代表大会召开，会议选举产生中共四川省石油总公司第五届委员会和中共四川省石油总公司第三届纪律检查委员会，宋学忠当选为党委书记，吕明清当选为纪委书记。

8月 中共四川省石油总公司第五次党员代表大会选举结果经中共四川省商业厅机关委员会批复同意。

1993年

1月 四川省石油总公司对机关各管理部门和经营机构进行调整：计划业务处、调运处、节约办公室合并为计划调运部；财务会计处、审计处合并为财务部；党委办公室、纪委办公室、工会办公室、保卫处、监察处合并为政治工作部；劳动人事教育处更名为人事处，原退离休工作科的工作并入人事处管理；保留办公室、仓储基建处、行政处、设计所、科研所；石油产品调剂部改为成品油销售公司，并将成兰展销部并入该公司；自备车油料运输部与四川省自备罐车运输公司实行"两个牌子，一套人员"；润滑油销售部改为润滑油销售公司；石化产品经营部改为石化产品销售公司，并与石油液化气公司实行"两个牌子，一套人员"；石油化工贸易部改为经济开发公司（保留对外经济合作部牌子）；储运物资公司与仓储基建处实行"两个牌子，一套人员"；劳动服务公司、华西石油公司、修建处暂保留。

2月20日 四川省石油总公司批复同意乐山公司作为发起人之一设立"四川省峨眉山石油化工股份有限公司"。

3月2日 1993年度全省石油经理会议召开。

3月4日 四川省石油总公司向四川省商业厅上报成立四川石化企业（集团）股份有限公司的可行性研究报告。

3月17日 中共四川省石油总公司委员会调整机关党支部。行政、业务、科技、石化、劳服司、退休干部、离休干部党支部名称不变，成立成品油销售公司党支部和自备车运输公司党支部，新组建东贸公司、四海公司、北海艾斯公司党支部。

3月20日 四川省商业厅通知，同意组建四川省石油总公司经济、工程两个中级职务评审委员会。

3月23日 四川省石油总公司向四川省体改委提交报告，拟将“四川省石油总公司”改制为“四川省石化企业（集团）股份有限公司”。

3月 组建四川省石油总公司经济、工程两个中级职务评审委员会。

4月21日 四川省商业厅致函四川省体改委，同意四川省石油总公司进行股份制试点。

5月11日 四川省石油总公司修订印发《四川省石油总公司计量检定管理办法》《四川省石油总公司检定收费管理办法》《四川省石油总公司检定收费标准》。

5月25日 四川省石油总公司印发直属企业承包经营奖励办法。

9月13日 四川石化交易市场工程党支部成立。

1994年

1月8日 四川省石油总公司批复同意万源市石油公司扩建卸油中转站项目立项，项目总投资1090万元，新建铁路专用线500米，扩建储油设施2900立方米。

1月11日 四川省商业厅批复同意成立四川石化企业（集团）股份有限公司筹备领导小组。

1月 四川省石油总公司对本部各管理部门和经营机构调整如下：设立办公室、市场综合处（内设信息科）、采调处、财务部（内设资金科）、人事处、政治工作部、仓储基建处、行政处、四川石化交易市场工程指挥部、科研所、设计所、成品油销售公司、润滑油销售公司、自备车油料运输部（与四川省自备罐车运输公司实行“两个牌子，一套人员”）、储运物资公司（与四川省三川实业公司实行“两个牌子，一套人员”）、劳动服务公司、华西石油公司，撤销计划调运部、石化产品销售公司、经济开发公司、修建处、成都成兰石化产品展销部。

4月7日 中共四川省石油总公司党委根据年初劳动组合及机构设置变动情况，对机关各党支部进行调整，设第一党支部（离休职工）、第二党支部（退休职工）、第三党支部（东贸、四海、劳服司、华美公司、温志新）、第四党支部（成品油、润滑油、益世得、永安公司、樊亮然）、第五支部（市场综合处、调运处、王建中）、第六党支部（行政处、办公室、叶学胜）、第七党支部（人事处、财会处、审计处、杨顺成）、第八党支部（监察、保卫处、政工部、向维铭、吕明清、宋学忠）、第九党支部（科研所设计所、仓基处、三川公司、刘世侯、申太林、王选全）、第十党支部（自备车运输公司、于莉萍、刘安川）、第十一党支部（四川石化房地产公司）。

4月26日 四川省石油总公司建立东贸、华美、北海、四海公司临时党支部委员会。

6月 四川省石油总公司广安分公司经四川省石油总公司批复成立，属四川省石油总公司直属企业，原广安支公司即行撤销。

7 月 6 日 四川省人民政府任命杨顺成为四川省石油总公司总经理，免去刘世侯的四川省石油总公司总经理职务。

7 月 四川省石油总公司在四川省特大夏旱期间，在四川省委、省政府领导下，密切配合省救灾办和农机局等有关部门做好救灾保供工作。

9 月 中共四川省委任命赵甫安为四川省石油总公司党委书记，免去宋学忠的四川省石油总公司党委书记职务。

10 月 25 日 四川省商业厅批复暂停组建“四川石化企业（集团）股份有限公司”，同意注销“四川石化企业（集团）股份有限公司”工商登记。

1995 年

2 月 24 日 四川省民政厅批复同意成立四川省石油流通协会。

2 月 四川省石油总公司成立审计处、监察处，将财务部、采调处、仓储基建处、科研所分别更名为财会处、调运处、仓储基建安全处、科研质检所。

3 月 2 日 四川省石油总公司机关实行目标责任制，将工作职责、目标任务、经济考核指标等与职工经济利益直接挂钩，年终考核，奖惩兑现。

3 月 13 日 四川省石油总公司东贸石化公司成立。

3 月 四川省石油总公司机关实行劳动合同制。

是月 四川省石油总公司四川石化房地产综合开发有限责任公司成立。

5 月 18 日 四川省石油总公司制订四川省直属石油企业清产核资工作方案。

9 月 中共四川省委任命杨顺成为四川省石油总公司党委书记。

11 月 16 日 四川省石油总公司制定《四川省石油总公司信息工作制度》，不定期发布省内各地市场运行情况、价格动态，全省分旬调、销、存情况，近期市场分析与建议。

12 月 13 日 四川省石油总公司印发《四川省石油销售系统 1996—2000 年职工教育规划》的通知。

是年 四川省石油总公司综合经济效益居四川省流通企业第一位，成为四川省最大的流通企业。四川省石油总公司进入“中国脊梁”国有企业 500 强之一，列第 295 位，居四川省入选 25 家企业的第十四位。

1996 年

2 月 四川省石油总公司制定《四川省石油总公司“九五”计划》。

4 月 四川省石油总公司编发《成品油市场动态》《四川石油流通信息》《市场销售价格信息》。

6 月 经共青团四川省石油总公司委员会换届改选，共青团四川省贸易厅直属机关委员会批复同意，成立共青团四川省石油总公司第六届委员会。

7 月 10 日　四川省人民政府批复（川府函〔1996〕472 号），同意四川省石油总公司为大一型企业。

8 月 13 日　四川省石油总公司颁发《四川省石油总公司石油库安全管理检查评比标准（修订）》。

10 月 30 日　经四川省人民政府批准，组建四川省石油集团有限公司，仍列为国有大一型企业，由四川省人民政府和中国石化总公司双重领导，行业归口省贸易厅。原四川省石油总公司全部国有资产按省国有资产管理局资产核定数转入四川省石油集团有限公司国有资产授权经营范围。

11 月　四川省石油总公司根据中国石化销售公司《加油站管理制度》和四川省石油销售系统实际情况，制定《加油站综合规范管理实施细则（试行）》，加强加油站规范化管理。

12 月　中共四川省纪律检查委员会同意组建中共四川省石油集团有限公司纪律检查组。

是月　四川省石油总公司科技润滑油处成立，撤销科研质检所，继续保留润滑油销售公司。

1997 年

1 月 1 日　万县石油站和涪陵、黔江石油分公司的成品油配置计划、调运计划、市场安排、市场管理等计划业务工作，统一由重庆市政府有关部门和重庆市石油公司代管。

1 月 14 日　中共四川省委同意，撤销中共四川省石油总公司委员会，建立中共四川省石油集团有限公司党组。杨顺成任党组书记。

1 月　杨顺成任四川省石油集团有限公司董事长、总经理。

4 月 28 日　受四川省人民政府委托，四川省国有资产管理局与四川省石油集团有限公司签署国有资产授权经营责任书，代表四川省人民政府授权四川省石油集团有限公司，统一持股经营管理授权范围内的全部国有资产，负责授权范围内国有资产的保值增值，依法行使授权范围内的国有资产出资权。四川省石油总公司改组为四川省石油集团有限公司，正式挂牌运作。

4 月　四川省石油集团有限公司对内部机构设置及直属经营单位进行调整。设管理部门、事业单位：董事会办公室、总经理办公室、研究室、市场综合处、调运处、人事处、财会处、投资管理处、审计处、仓储基建安全处、政治工作部、监察处、保卫处、行政处、科技润油处、科研质检所、设计所。设经营单位：自备车油料运输部、润滑油销售公司、成品油销售公司、劳动服务公司、生活服务公司。其中，董事会办公室与研究室实行“两块牌子，一套人员”；监察处与保卫处实行“两块牌子，一套人员”；科技润油处、科研质检所与润滑油销售公司实行“三块牌子，一套人员”；行政处与生活服务公司实行“两块牌子，一套人员”。

5 月 1 日　根据四川省石油集团有限公司和中国建设银行四川省支行签订的合作协议，四川省石油集团有限公司资金结算中心正式挂牌营业。

5 月　四川省贸易厅直属单位工会工作委员会批复，同意撤销四川省石油总公司工会委员会，同时组建四川省石油集团有限公司工会委员会。

6 月 12 日 四川省石油集团有限公司经四川省贸易厅转报四川省证券监督管理办公室，申请成为四川省 1997 年度新股（A 股）发行企业。

6 月 重庆直辖市政府机构正式挂牌，四川省石油集团有限公司主管的万县、涪陵、黔江 3 个地级公司及其下属 11 个县级公司划归重庆市石油公司管理。

是月 四川省石油集团有限公司将全资一、二级子公司更名为“四川省石油集团 ×× 有限公司”。

7 月 四川省石油集团有限公司第一次工会会员代表大会召开，会议选举产生四川省石油集团有限公司第一届工会委员会，吕明清当选为工会主席。选举结果经四川省贸易厅直属单位工会工作委员会批复同意。

10 月 四川省石油集团有限公司在眉山地区成立四川省石油集团眉山有限公司，为四川省石油集团有限公司直属一级子公司，撤销原为二级子公司的眉山有限公司（眉山采购供应站），直接管辖仁寿、彭山、洪雅、丹棱、青神有限公司。

12 月 22 日 四川省石油集团成都有限公司合并至四川省石油集团有限公司，四川省石油集团成都有限公司截至 1997 年 12 月的所有债权债务由四川省石油集团有限公司承担。

12 月 四川省石油集团有限公司与四川省石油集团成都有限公司实行合并后，对公司管理和经营机构进行调整。设管理部门：办公室、人事处、财会处、综合业务处、调运处、仓储安全处、政治工作部、审计处、监察（保卫）处、投资发展处、多种经营管理处、行政处。

是月 四川省石油集团有限公司成立成品油销售公司、成品油零售公司、润特油分公司、仓储分公司。

1998 年

1 月 5 日 四川省石油集团有限公司与燕山石油化工公司、兰州炼油厂、武汉石油化工厂签订油品资源供销协议，四川省石油集团有限公司调运处统一衔接计划、统一调运、统一结算（长江水运部分除外），系统各单位不再单独进行计划衔接、合同签订、调运及结算。

1 月 四川省石油集团有限公司对本部部分经营公司和管理部门内部二级机构进行设置。

5 月 12 日 国务院办公厅印发《关于组建中国石油天然气集团公司和中国石油化工集团公司有关石油公司划转问题的通知》，四川等 12 个省、直辖市、自治区石油公司和大连市石油公司及其下属各级石油公司和加油站，划归中国石油天然气集团公司。

5 月 24 日 四川省人民政府和中国石油天然气集团公司举行四川省石油集团有限公司划转交接会。

5 月 27 日 四川省人民政府和中国石油天然气集团公司在成都举行四川省石油集团有限公司划转签字仪式，签订《四川省人民政府与中国石油天然气集团公司关于四川省石油公司划归中国石油天然气集团公司管理的协商意见》。

6 月 3 日 国家发展计划委员会印发经国务院批准的《原油成品油价格改革方案》，国内汽柴油零售价由政府定价改为政府指导价。

6 月 5 日 中国石油天然气集团公司明确价格管理权限，将成品油出厂价、批发价的调整权限和零售价的浮动权限统一集中在中国石油天然气集团公司。

6 月 根据国务院关于组建石油、石化两家公司的要求，四川省石油集团有限公司及其下属各级市州公司由四川省划归中国石油天然气集团公司管理。机构规格正局级，党组织关系隶属中共四川省委。

7 月 1 日 四川省石油集团有限公司系统和中国石油在四川省经营单位所需的成品油资源，实行统一配置、统一调运、统一结算，上收各单位的资源自采自调权。对西北地区油田、炼厂在四川省经营单位和四川石油管理局销售公司的资源，实行统一配置、统一调运和统一结算。

7 月 根据中共四川省委组织部《关于四川省石油集团有限公司党组织关系和干部管理有关问题的通知》，四川省石油集团有限公司划归中国石油天然气集团公司，建立中共四川省石油集团有限公司委员会和纪律检查委员会，四川省石油集团有限公司的党组织关系由四川省领导；四川省石油集团有限公司所属市、地、州、县石油公司的党组织关系转由四川省石油集团有限公司党组统一管理；公司领导班子及其成员移交中国石油天然气集团公司管理，四川省委协管，所属市、地、州、县石油公司领导班子及其成员由四川省石油集团有限公司直接管理。

8 月 5 日 四川省石油集团有限公司加强直属企业职工总量控制和基本工资制度管理。

10 月 19 日 四川省石油集团有限公司办公地址由“成都市鼓楼北二街 24 号”迁入“成都市中西顺城街 1 号四川国际大厦”。

10 月 四川省石油集团有限公司开始在库站、办公楼统一使用中国石油服务商标，在全资加油站统一形象包装。

12 月 四川省石油集团有限公司所属市（地、州）、县石油公司团委、团支部、共青团员的组织关系，全部划转由共青团四川省石油集团有限公司委员会统一管理。

1999 年

3 月 四川省石油集团有限公司加强四川省内成品油市场规范管理，规定以行政区划为界限，一个地区只能由所在地石油公司负责本地区油品批发经营。

4 月 14 日 遵照中国石油天然气集团公司“规范区内”经营战略要求，四川省石油集团有限公司所属自贡公司、内江公司、广安公司、简阳分站以及成都石油联营公司停止在重庆市的批发经营活动，四川省石油集团有限公司在集团公司辖区内的成品油跨省经营业务全部终止。

6 月 1 日 公司全面推进成品油经营“资源统一配置、价格统一制定、运输统一管理、货款统一结算”的“四统一”运行模式。

7 月 中国石油天然气集团公司决定，对四川省石油集团有限公司进行重组改制，将核心业务与非核心业务分开分立，对从事油品批发经营、零售经营、油品储运以及相关管理机构的核心业务分立，成立中国石油四川销售公司，非核心业务部分仍由四川省石油集团有限公司管理。

7月19日 中国石油天然气集团公司重组设立中国石油四川销售公司，机构规格正局级，办公地址位于成都市青羊区顺城大街206号四川国际大厦。

7月26日 中国石油四川销售公司加强业务管理，严肃经营纪律，对从非配置渠道自采资源或擅自降价销售的违规行为，明确经济处罚标准。

7月30日 所属市（地州）公司全部结束重组工作。

8月5日 重组改制后的四川省石油集团有限公司正式运行，机关从成都顺城大街四川国际大厦迁往成都市鼓楼北二街24号办公。

8月18日 设立四川省石油集团川南有限公司，统一经营管理原四川省石油集团内江、泸州、宜宾有限公司的国有资产。

9月 撤销四川省石油集团有限公司党组、纪检组，成立四川省石油集团有限公司党委，党组织关系隶属于中国石油天然气股份有限公司四川销售公司临时党委。中国石油天然气集团公司党组研究并商得中共四川省委同意，决定杨顺成任中国石油四川销售公司经理、临时党委书记，温明友任四川省石油集团有限公司总经理、党委书记，免去杨顺成的四川省石油集团有限公司总经理、党组书记职务。

10月9日 设立中国石油四川销售公司川南分公司。

11月 中国石油天然气集团公司在重组改制的基础上创立中国石油天然气股份有限公司，设立中国石油天然气股份有限公司四川销售公司，行政上由股份公司直接管理，业务上由炼化与销售分公司归口管理，后改为由炼油与销售分公司管理。

12月1日 四川省石油集团川南有限公司在自贡挂牌成立并正式运行，宜宾、内江、泸州、自贡公司划归川南公司管理。

12月 中国石油天然气股份有限公司将“中国石油天然气股份有限公司四川销售公司”更名为“中国石油天然气股份有限公司四川销售分公司”。行政领导职务名称由经理、副经理改成总经理、副总经理。党组织关系隶属于中共四川省委。注册和办公地址设在四川省成都市青羊区顺城大街206号四川国际大厦。

2000年

1月1日 按照中国石油天然气股份有限公司安排部署，中国石油四川销售分公司实行全面预算管理，正式启动资金“收支两条线”运作方式。同日，全面推广财务信息管理系统。

5月29日 中国石油四川销售分公司决定设立审计室，人员编制为4名，隶属于审计监察处领导。

6月1日 中国石油四川销售分公司启用中国石油四川销售分公司收据，各二级公司原用收据停止使用。

7月13日 中国石油四川销售分公司决定，将中国石油四川阿坝州销售分公司与中国石油四川成都销售分公司管理的都江堰市石油公司进行重组，设立中国石油四川岷江销售分公司，将彭州市石油公司划归岷江分公司托管，岷江分公司机关设在都江堰市。

8 月 13—14 日 中国石油四川销售分公司工会第一次代表大会在成都召开，会议选举产生中国石油四川销售分公司工会第一届委员会，叶学胜当选为公司工会主席。

8 月 根据四川省工商行政管理局、四川省经济贸易委员会要求，中国石油四川销售分公司统一规范各直属公司的机构名称为中国石油天然气股份有限公司四川 ×× 销售分公司。

10 月 17 日 根据四川省工商行政管理局、四川省经济贸易委员会《关于中国石油天然气股份有限公司在川分公司登记注册的有关问题的通知》（川工商办〔2001〕63 号）要求，中国石油四川销售分公司各直属公司的机构名称统一规范为中国石油天然气股份有限公司四川销售成品油分公司、中国石油天然气股份有限公司四川销售石油产品分公司、中国石油天然气股份有限公司四川销售成品油零售分公司、中国石油天然气股份有限公司四川销售仓储分公司、中国石油天然气股份有限公司四川销售自备车运输分公司、中国石油天然气股份有限公司四川销售润特油分公司。

12 月 27 日 经四川省精神文明建设办公室复查、确认，四川省石油集团有限公司继续保持省级文明单位称号。

2001 年

1 月 5 日 中国石油四川销售分公司重新设立“中国石油天然气股份有限公司四川宜宾销售分公司”，将其从川南公司成建制划出。

是日 中国石油四川销售分公司决定将雅安公司所属乌斯河油库及该油库 2000 年底在册职工、雅安公司在甘孜境内的加油站划归甘孜公司管理；将雅安公司所辖汉源、石棉两个县公司划归甘孜公司托管；将甘孜公司在雅安市境内（汉源、石棉除外）的加油站划归雅安公司管理；将甘孜公司在成都市境内的加油站划归成都公司管理。

2 月 1 日 中国石油四川销售分公司对各二级公司新建（含续建）、技改加油站和油库工程审计实行统一管理。

2 月 2 日 中国石油四川销售分公司决定将中国石油四川销售成品油分公司和石油产品分公司合并，合并后的公司定名为“中国石油四川销售石油产品分公司”。原单位的全部人员、债权债务及对外连锁业务一并划入中国石油四川销售石油产品分公司，重新设置经营管理机构。

3 月 11 日 中国石油四川销售分公司与南充炼油厂、遂宁盛马炼油厂达成资源收购协议。

5 月 22 日 中国石油四川销售分公司决定设立加油站管理处，负责公司及所属单位加油站的经营管理。

5 月 23 日 中国石油四川销售分公司决定将资源配置处与自备车运输公司合并为“资源配置处”。成立信息管理中心（副处级）。

5 月 25 日 中国石油四川销售分公司决定成立审计室（副处级）。

8 月 24 日 根据中国石油天然气集团公司决定，四川省石油集团有限公司与股份公司四川销售分公司两个班子及机关部门合署办公，将四川省石油集团有限公司的业务、资产和人员全面委托股份公司四川销售分公司管理，实行一个领导班子、一套机关职能部门、一体化运作的管理体制。

8 月 28 日 根据中国石油天然气集团公司部署要求，中国石油四川销售分公司完成公司本部和 83 家未上市县公司、286 座未上市企业加油站主营业务的接管工作，实现上市企业与未上市企业成品油经营业务的完全统一。县公司自即日起停止油品经营。在县域市场设立县级销售分公司。

9 月 2 日 中国石油四川销售分公司在绵阳公司、乐山公司、南充公司开展成品油配送中心试点。

9 月 12 日 四川省工商局、四川省经贸委联合印发《关于中国石油天然气股份有限公司登记注册有关问题的通知》，对中国石油四川销售分公司新设立的县级销售分公司工商登记注册问题进行明确规定。

11 月 22 日 成都 7005 油库人财物成建制划归成都销售分公司管理。

12 月 1 日 绵阳、乐山、南充 3 个成品油配送中心正式运行。配送中心与原销售分公司实行两块牌子、一套人员的管理体制，按照精简、高效、便于管理的原则设置内部经营管理机构。

是年 四川销售公司完成成都市区加油站 IC 卡安装工作，开始推行加油站 IC 卡系统。

2002 年

1 月 3 日 中国石油兰成渝输油管道配套 104 油库改造工程正式动工。

2 月 6 日 中国石油四川销售分公司加强特许经营加油站规范管理，特许加油站实行统一编号，编号方式为“川 + 字母（同当地汽车牌照）+ 特许 ×××× 号”。

3 月 1 日 中国石油四川销售分公司干部大会召开，中国石油天然气集团公司、股份公司、炼油与销售分公司考核组组织四川销售分公司领导班子民主推荐、公开竞聘，整合中国石油四川销售分公司和四川省石油集团有限公司两个班子。是日，成都 7005 油库关闭。

4 月 中国石油配送改革现场会在绵阳召开。

4—9 月 泸州、资阳、川南、宜宾、德阳、遂宁、广元、达州、广安、岷江、巴中、雅安、凉山、眉山、成都、甘孜成品油配送中心陆续成立。截至 9 月底，全省 21 个市（州）和 180 个县域市场，按照合理经济流向，设立 20 个成品油配送中心和石油产品、零售、润特油、仓储等 4 个专业分公司。

5 月 22 日 股份公司决定，从 7 月 1 日起将南充炼油化工总厂成品油资源纳入“四统一”管理。11 月下旬，股份公司明确规定南充炼油化工总厂汽柴油资源除其加油站自销和自用部分外，全部纳入“四统一”管理，由中国石油四川销售分公司就地收购。

5 月 泸州分公司、资阳分公司从中国石油天然气股份有限公司四川川南销售分公司划出，分别组建为中国石油天然气股份有限公司四川泸州成品油配送中心、中国石油天然气股份有限公司四川资阳成品油配送中心并正式运行。

6月24日 中国石油天然气集团公司党组决定，胡兴东任中国石油四川销售分公司党委书记，杨顺成任中国石油四川销售分公司党委副书记。

6月28日 根据集团公司党组和股份公司的决定，四川省石油集团有限公司和中国石油四川销售分公司领导班子实行整合。整合后，四川省石油集团有限公司并入中国石油四川销售分公司管理，保留四川省石油集团有限公司牌子及其法人资格。

7月1日 中国石油成品油购销存信息系统正式投入运行。

8月2日 中国石油四川销售分公司第一次党建工作会议召开，传达销售公司党委书记会议精神，安排下一步党委工作。

10月19日 中国石油兰成渝输油管道配套104油库经过改造，开始分输成品油。

12月5日 中国石油四川销售分公司调整机关管理处室机构设置和主要职责，共设机关处室12个。

是年 中国石油四川销售分公司第一代视频会议系统、网络电话投入运行。

2003年

1月1日 启用中油FMIS6.0财务信息系统进行会计集中核算，中油FMIS6.0与中油FMIS5.0并行。

3月 中国石油四川销售分公司开通涵盖公司1个主会场和20个二级公司分会场的视频会议系统。

4月1日 成都、广元、岷江、德阳配送中心跨区配送试运行。

是日 中国石油四川销售分公司正式使用中油FMIS6.0系统，实现全省一套账进行会计核算和管理的新体制。

6月 中国石油天然气集团公司决定，任命杨顺成为四川省石油集团有限公司总经理。

7月15日 根据集团公司《关于未上市销售企业重组土地使用权处置的通知》精神，公司着手办理重组作价投入股份公司土地的变更登记工作。

7月29日 中国石油四川销售分公司印发《所属二级公司人员编制暂行管理办法》，明确二级公司人员编制原则和设置标准。

10月1日 中国石油四川销售分公司企业信息门户正式启用。

10月10日 经四川省政协经济委员会研究，聘任杨顺成为政协四川省第九届委员会经济委员会特邀委员。

11月20日 中国石油四川销售分公司第一批IC卡改造的38座加油站通过销售公司专家组验收并具备营运条件，标志着公司零售经营科技含量的提升和零售竞争手段的拓展。

11月26日 中国石油四川销售分公司首届职工代表大会成立暨第一次会议在成都召开。

是年 中共中国石油四川销售分公司委员会首次在干部员工队伍中深入开展“形势、目标、任务、责任”主题教育。

2004年

1月18日 中国石油四川销售分公司决定由仓储安全环保处直接管理科研质检所，中国石油四川销售润特油分公司不再承担管理职能。

2月8日 政协四川省第九届委员会常务委员会第五次会议通过，决定增补杨顺成为政协四川省第九届委员会委员。

3月2日 中国石油四川销售分公司要求加油站按统一格式建立“零售用户电子档案”。

4月20日 中国石油四川销售分公司决定各二级公司运输车队统一划归仓储安全部门管理。

4月28日 中国石油四川销售分公司荣获中华全国总工会授予的全国五一劳动奖状。

5月17日 中国石油四川销售分公司决定设立零售网点建设办公室，负责成都市区域内加油站的购建工作。

6月1日 中国石油四川销售分公司各二级公司统一启用合同专用章，不得再以行政章或其他公章订立合同。

7月28日 中国石油四川销售分公司决定按各地汽车牌号编排方式统一规范加油站编号。

9月17日 中国石油四川销售分公司决定在二级公司设立审计监察科，负责纪委日常工作及信访稳定、效能监察、经营管理审计和专项审计工作，由审计监察处对口管理。

11月1日 中国石油四川销售分公司正式发布QHSE管理体系文件并运行。

11月5日 中国石油四川销售分公司与四川省成都长途汽车运输（集团）公司达成协议，由中国石油四川销售分公司购买四川省成都长途汽车运输（集团）公司所属6座加油站50%股权，双方共同组建四川川油长运有限责任公司。

12月22日 经政协四川省第九届八次常委会通过，任命杨顺成为政协四川省委员会社会法制委员会副主任。

12月23日 中国石油四川销售分公司决定撤销四川天河石油设备工程部，其人员划归仓储分公司管理。

12月29日 中国石油四川销售分公司与四川省机场集团有限公司加油加气站经营合同签字仪式在成都举行。

是年 《为明天加油》确定为中国石油四川销售分公司企业之歌，该歌曲由公司总经理杨顺成作词、著名作曲家雷明作曲。

2005年

1月7日 中国石油四川销售分公司决定公司系统润滑油经营的协调工作由营销处归口

管理。

1 月 中国石油四川销售分公司在绵阳、泸州分公司进行为期 6 个月的成品油公路配送第三方承运试点。

3 月 29 日 四川销售公司科研质检所撤销，四川省石油产品质量监督检验一站职能由公司仓储安全环保处负责。

3 月 30 日 四川省经济委员会决定将中国石油四川销售分公司纳入全省重点企业信息系统管理。

3 月 中国石油销售企业内控体系建设现场会议在成都召开。

5 月 四川销售公司启动 109 座一类站包装计划。

6 月 9—13 日 四川省第二届职工技能大赛暨中国石油四川销售分公司第一届操作人员技术比武在成都举行。

6 月 中国石油四川销售分公司统一使用中国石油宝石花标识。

7 月 1 日 绵阳分公司、泸州分公司成品油公路运输第三方承运正式运行。

7 月 中国石油四川销售分公司 34 名离退休人员，荣获中华人民共和国国务院、中央军委颁发的“抗战老战士纪念章”。

9 月 中国石油四川销售分公司全面启动公路运输第三方承运。

10 月 20—23 日 中国石油四川销售分公司承办中国石油销售公司第三届操作人员技能竞赛，并获得团体第一名。

12 月 31 日 中国石油四川销售分公司调整加油站管理处和营销处工作职能。原加油站管理处承担的加油站零售计划、价格、定期结算审批、市场开发、客户管理、加油站租赁和非油品业务等职责调整至营销处，数量质量由营销处配合管理。加油站管理处承担加油站数量质量、日常安全、设施设备、隐患整改、形象包装、IC 卡建设、管理稽查、员工培训等规范管理，负责加油站投运和停业的审批。

2006 年

1 月 1 日 中国石油四川销售分公司启用电子公文系统（OA 系统）。

1 月 18 日 杨顺成当选为政协四川省第九届委员会常务委员。

5 月 中国石油四川销售分公司根据《中国石油炼油与销售分公司销售企业投资管理实施细则》和对炼油与销售分公司加油站模块化建设管理规定，在各分公司推荐和省公司资质审核的基础上，设立中国石油四川销售分公司评标专家库。

6 月 8 日 中国石油四川销售分公司成立培训中心，挂靠人事处管理，规格为副处级单位。

6 月 中国石油四川销售分公司对 11 类物资和供应商进行招标入围，并建立工程建设专家库，进一步规范招投标工作；确立设计方案会审制度、监理单位专项谈话制度，控制投资，统一标准，规范操作。

7 月 中国石油四川销售分公司全面实施公路运输第三方承运。

8 月 6 日 中国石油四川销售分公司以第一中标人资格取得成渝高速公路四川段（隆昌、内江、资中、资阳、石桥、龙泉 6 对服务区）12 个服务区加油站租赁经营权。

9 月 中国石油四川销售分公司首次启动企校办学计划，采取“订单式”培养和在岗送培方式培养学员。

9 月 18 日 四川省石油集团有限公司设计所更名为中国石油天然气股份有限公司四川省分公司设计所。

9 月 中国石油四川销售分公司启动企校办学计划，订单培训学员 350 名。

10 月 23 日 中国石油四川销售分公司颁布《加油站违章禁令》。

11 月 中国石油四川销售分公司为所属加油站配发《加油站工程模块化建设集中加工产品生产指导手册》，全年全省续建及新开项目 35 座加油站基本实施模块化建设，70 座加油站包装全面实施模块化管理。

12 月 中国石油四川销售分公司全面完成全省 21 个地（市）、州公司的公路运输第三方承运交接工作。公司明确规定数质量交接标准、程序、纠纷处理、责任划分，油库、加油站数质量管理工作得到提高。

2007 年

1 月 中国石油四川销售分公司明确二级公司片区职责。片区统一使用“中国石油四川 ×× 销售分公司 ×× 片区”名称。

是月 中国石油四川销售分公司建成首座样板站岷江迎宾加油站，该站位于都江堰市彩虹大道，占地 4739 平方米，为公司万吨级加油站。

6 月 中国石油天然气股份有限公司经研究并商得中共四川省委同意，任命姚志强为中国石油四川销售分公司总经理，杨顺成不再担任中国石油四川销售分公司总经理职务。

7 月 中国石油四川销售分公司经理办公室更名为中国石油四川销售分公司总经理办公室。设立中国石油四川销售分公司离退休人员管理办公室，与综合管理办公室合署办公。

8 月 四川省政府发布四川省培育大企业大集团入选名单，中国石油四川销售分公司作为全省流通行业的唯一代表，成为 79 家入选企业之一。

是月 中国石油四川销售分公司首届“订单式”绩效毕业生接收工作完成。

9 月 1 日 《四川销售报》创刊，版式为 8 开 4 版，普通打印纸印刷（半月刊）。

12 月 5 日 中国石油四川销售分公司荣获“四川省职工技术练兵技能比赛优秀组织奖”。

12 月 27 日 杨顺成当选为政协四川省第十届委员会委员。

12 月 根据集团公司对未上市企业成品油销售业务整合的统一部署，四川石油管理局物资总公司油料供销公司及所属 25 座加油站、6 座油库和 4 家成品油批发企业整体划入中国石油四川销售分公司。

是月 成立中国石油四川销售油料分公司。

2008 年

1 月 25 日 杨顺成当选为政协四川省第十届委员会常务委员，兼任政协四川省委员会社会法制委员会副主任。

3 月 13 日 中国石油四川销售分公司在原润特油公司的基础上，组建非油品分公司，正处级单位，为中国石油四川销售分公司具有非油品业务管理职能的二级分公司。

3 月 14 日 中国石油四川销售分公司调整机关组织机构及管理职能。

4 月 29 日 成品油公司城北加油站荣获“全国五一劳动奖状”。

5 月 12 日 四川汶川发生 8.0 级特大地震，中国石油四川销售分公司成立抗震救灾指挥部，众志成城、攻坚克难，在开展自救的同时，保证抗震救灾油品供应。

6 月 11 日 中国石油四川销售分公司与成都市公交集团公司举行合作签字暨合资组建四川中油公交能源有限公司仪式。

7 月 8 日 中国石油天然气集团公司决定，任命姚志强为四川省石油集团有限公司总经理，免去杨顺成的四川省石油集团有限公司总经理职务。

7 月 9 日 汶川大地震重灾区岷江公司员工过渡房安置点“中油爱心小区’举行竣工入住仪式。

7 月 15 日 全国首座全支付方式自助加油站——中国石油四川销售成品油分公司武侯加油站投运。

7 月 17 日 中国石油四川销售分公司、中国石油四川德阳销售分公司红白加油站被国务院国有资产监督管理委员会评为“中央企业抗震救灾先进集体”。中国石油四川绵阳销售分公司党委被国务院国有资产监督管理委员会评为“中央企业抗震救灾先进基层党组织”。

7 月 28—30 日 中共中国石油四川销售分公司第一次代表大会召开，会议选举产生中共中国石油四川销售分公司第一届委员会和纪律检查委员会，胡兴东当选为公司党委书记，叶学胜当选为公司纪委书记。8 月，选举结果经中共四川省国有资产监督管理委员会批复同意。

7 月 中国石油四川销售分公司首座便利店（武侯加油站便利店）正式挂牌营业。

8 月 30 日 攀枝花仁和区与凉山州会理县交界处发生 6.1 级地震。中国石油四川销售分公司第一时间启动应急预案，有序展开抗震救灾和油品保供工作。

9 月 中国石油四川销售分公司首座中央仓投入运营。

10 月 8 日 中共中央、国务院、中央军委在人民大会堂举行全国抗震救灾总结表彰大会，中国石油四川销售分公司荣获“全国抗震救灾英雄集体”荣誉称号。

10 月 30—31 日 共青团中国石油四川销售分公司第一次代表大会在成都召开，选举产生共青团中国石油四川销售分公司第一届委员会。

12 月 中国石油四川销售分公司营销调运指挥中心正式建成投运。

是年 四川销售公司在第九届中国西部国际博览会上与四川蓝剑饮品有限公司、可口可乐（四川）饮料有限公司等 10 家单位签订 2009 年意向性采购协议，金额共计 1.07 亿元。

2009 年

1 月 1 日 内江分公司从中国石油天然气股份有限公司四川川南销售分公司划出（人员、财务划转基准日为 2008 年 12 月 31 日），成立中国石油天然气股份有限公司四川内江销售分公司并正式运行。原中国石油天然气股份有限公司四川川南销售分公司变更为中国石油天然气股份有限公司四川自贡销售分公司。

1 月 15 日 中国石油四川销售分公司表彰首批劳动模范。

4 月 2 日 中国石油四川销售分公司荣获四川省人民政府“四川省 2008 年销售收入上（跨）百亿元台阶奖励”。

5 月 22 日 中国石油四川销售分公司首个下装发油系统在巴中公司乐坝油库启用。

9 月 中国石油四川销售分公司展览馆被命名为第四批集团公司企业精神教育基地。

10 月 中国石油四川销售分公司抗震救灾英雄集体事迹载入国务院及国务院国资委组织编纂的《汶川特大地震抗震救灾志・英模人物志》。

是月 中国石油四川销售分公司发行昆仑加油卡。

11 月 4—5 日 中国石油四川销售分公司分别与广元市人民政府、巴中市人民政府签署战略合作框架协议。

11 月 25 日 中国石油四川销售分公司与乐山市政府签署战略合作框架协议。

12 月 3 日 中国石油四川销售分公司与资阳市政府签署战略合作框架协议。

12 月 4 日 中国石油四川销售分公司与广安市政府签署战略合作框架协议。

是年 中国石油四川销售分公司自主开发的公路配送系统在四川省正式上线运行。

是年 中国石油四川销售分公司推行双向铅封管理。

2010 年

1 月 19—29 日 中国石油四川销售分公司先后与南充市人民政府、甘孜州人民政府、泸州市人民政府、眉山市人民政府、绵阳市人民政府签订战略合作框架协议。

3 月 15 日 《四川销售报》更名为《四川加油报》。

4 月 6—15 日 中国石油四川销售分公司分别与雅安、自贡、遂宁市政府在当地签署战略合作框架协议。

4 月 10 日 青海玉树地震发生后，甘孜公司启动救灾保供应急预案，彻夜加油保障抗震救灾车辆供应。

5 月中旬 中国石油四川销售分公司实现“汶川特大地震三年重建任务两年基本完成”目标。

7月 四川省工商行政管理局颁布《关于授予四川省2009年度省级“守合同重信用企业”称号（第二批）的决定》（川工商办〔2010〕196号），中国石油四川销售分公司再次荣获省级“守合同重信用企业”称号。中国石油四川销售分公司自2003年起连续4年被四川省工商行政管理局直属分局评为省属级“守合同重信用企业”。自2007年起，连续3年被评为省级“守合同重信用企业”。

8月21日 中共四川省委书记刘奇葆在视察清平小岗剑堰塞湖排险工作中慰问中国石油四川销售分公司抗洪救灾保供一线员工。

9月3日 中国石油四川销售分公司与阿坝藏族羌族自治州人民政府战略合作框架协议签字仪式在成都举行。

10月10日 中国石油四川销售分公司加油卡发卡量突破30万张。

10月20日 中国石油四川销售分公司与四川省农业厅签订战略合作框架协议。

10月 中国石油四川销售分公司设立运维中心，与信息管理处合署办公，实行一套编制两块牌子。

12月17日 全国地方志系统表彰先进大会在北京召开。中国石油四川销售分公司总经理办公室荣获“全国地方志系统先进集体”称号。

12月 根据集团公司部署要求，中国石油四川销售分公司顺利完成西藏销售成都采调处和所属1座油库、4座加油站及74名员工的整体划转接收工作。同时，四川销售分公司将云南地区6座加油站及43名员工整体划出至云南销售分公司。

是年 中国石油四川销售分公司全面推进质量管理体系建设，顺利通过ISO9001质量管理体系认证。

2011年

1月15日 在政协四川省十届委员会第四次会议上，公司党委书记胡兴东当选为政协四川省第十届委员会常务委员。

1月 中国石油四川销售分公司成立中国石油四川销售质量检测技术中心，同时挂中国石油四川销售分公司计量检定站、四川省石油产品质量监督检验一站、中国石油四川销售分公司防雷防静电检测中心3块牌子。

7月23日 在四川省推进新型工业化新型城镇化工作会议上，中国石油四川销售分公司荣获四川省2010年销售收入上（跨）百亿元台阶奖励。这是继2007年、2008年之后，公司第三次荣获四川省销售收入上（跨）百亿元台阶奖励。

8月 中国石油四川销售分公司获选四川省2011年度大企业大集团前10强，位列100强大企业大集团第九位。

9月9日 中国石油四川销售分公司与四川郎酒集团有限责任公司在成都举行战略合作框架协议签字仪式。中国石油四川销售分公司将郎酒集团确定为公司的VIP客户，为郎酒集团车辆、发电及项目建设等提供长期稳定的成品油供应保障。郎酒集团承诺，将中国石油四川销售分公司作为省内唯一油品供应服务商，并为中国石油四川销售分公司非油业务提供白酒营销、配送、结算等方面的优质服务。

9月16日 四川省政协十届第十五次常委会闭幕。省政协常委、公司党委书记胡兴东任政协四川省第十届委员会社会法制委员会副主任。成都公司副总经理李殿璞任政协四川省第十届委员会提案委员会副主任。

11月 中国石油天然气集团公司党组经研究并商得中共四川省委同意，任命田玉军为中国石油四川销售分公司党委委员、书记，免去胡兴东的中国石油四川销售分公司党委书记、委员职务。

12月8日 2011·中国·四川企业诚信峰会暨诚信体系建设年会在成都举行，四川省市场经济诚信建设促进会对29个省诚信示范单位和99个省诚信建设先进单位进行表彰，中国石油四川销售分公司荣获“四川省诚信示范单位”荣誉称号。

12月19日 中国石油四川销售分公司职业技能鉴定站顺利通过国家人力资源和社会保障部质量管理体系认证，成为全国11000家鉴定机构中第107家、石油销售企业第15家通过认证审核的鉴定机构。

12月25日 中国石油四川销售分公司财务管理团队荣获中国总会计师协会“2011年度最佳财务管理团队”荣誉称号。

2012年

1月 中国石油四川销售分公司工会第二届第四次会员代表大会召开，会议选举杨侠为公司工会主席。

2月24日 中国石油四川销售分公司物流仓储体系优化推进会在成都召开，标志着全省油库集中管理迈出重要一步。

6月29日 中国石油四川销售分公司与哈尔滨天源石化工程设计有限责任公司在成都签署合资合作协议。双方将以四川蜀兴宝石花石油工程设计有限责任公司为平台，深化在石油石化工程建设领域的合作，实现优势互补、互利共赢。

7月20日 中国石油四川销售分公司荣获四川省人民政府“四川省2011年度上（跨）百亿元台阶奖励”。这是公司继2007年、2008年、2010年后第四次荣获此奖励。

8月 明确成都分公司、仓储分公司总经理岗位享受中国石油四川销售分公司总经理助理级待遇。

9月 中国石油四川销售分公司举办庆祝公司成立60周年系列纪念活动。

10月26日 中国石油四川销售分公司与四川省公安厅签订石油公安保卫工作联系协调合作协议。

11月28日 “2012四川企业100强”发布暨企业发展峰会在成都召开。会上正式发布2012

年度四川省企业 100 强榜单，公司名列“2012 四川企业 100 强”第六位，这是继 2011 年后再次入围该榜十强。同时，在四川省企业联合会、四川企业家协会首次开展的“2012 四川服务企业 100 强”评比中，公司荣获第二名。

是年 中国石油四川销售分公司搭建信息系统集成平台，改变物流管理方式，运用产销不平衡运输模型实施油品调拨，降低物流成本，优化物流运输。

2013 年

1 月 28 日 中国石油四川销售分公司文学艺术工作者联合会第一届会员代表大会在成都召开，中国石油四川销售分公司文学艺术工作者联合会正式成立。

3 月 25 日 胡兴东任政协四川省第十一届委员会社会法制委员会特邀副主任。

3 月 四川省政协十一届一次会议选举大会上，中国石油四川销售分公司总经理姚志强当选为政协四川省第十一届委员会常务委员。

4 月 20 日 四川雅安芦山发生 7.0 级地震，中国石油四川销售分公司启动成品油供应应急预案，第一时间开展抗震救灾工作。

5 月 15 日 中国石油四川销售分公司首届“最美加油员”颁奖典礼在眉山市举行，评选出 12 名“最美加油员”和 20 名“明星加油员”。

5 月 28 日 中国石油四川销售分公司“4·20”芦山地震抗震救灾总结表彰大会在成都召开。会议回顾公司抗震救灾艰苦历程，总结科学救灾宝贵经验，部署灾后重建工作，表彰抗震救灾英模集体和个人。

6 月 中共中国石油四川销售分公司第二次代表大会召开，会议选举产生中共中国石油四川销售分公司第二届委员会和纪律检查委员会，田玉军当选为公司党委书记，杨侠当选为公司纪委书记。

7 月 1 日 在中国共产党 92 周年诞辰之际，中国石油四川销售分公司第一个加油站党支部——泸州分公司龙马加油站党支部正式成立。

7 月 3 日 中国石油四川销售分公司首批加油站（10 座）开始在成都地区销售 98 号汽油。

7 月 11 日 中国石油四川销售分公司与中国石油西北销售分公司在四川举行彭州油库和 102 油库移交签约仪式，彭州油库由中国石油四川销售分公司移交给中国石油西北销售分公司管理，102 油库由中国石油西北销售分公司移交给中国石油四川销售分公司管理。

7 月 16 日 中国石油四川销售分公司与四川省交通投资集团公司合作框架协议签字仪式在成都举行。双方将共同出资组建合资公司，建设和经营川高公司管理路段的服务区加油站。

8 月 5 日 四川省总工会印发《关于授予“4·20”芦山强烈地震抗震救灾先进集体、先进个人四川省五一劳动奖状、奖章和工人先锋号的决定》（川工发〔2013〕65 号），表彰一批在雅安芦山 7.0 级强震中冲锋在前、全力投入抗震救灾各项工作的先进集体和先进个人。雅安公司和仓储公司荣获“四川省五一劳动奖状”称号；雅安公司总经理蒋旭东、宝兴加油站经理李永芳荣获“四川省五一劳动奖章”称号；雅安公司和甘孜公司乌斯河经营部荣获“芦山地震抗震救灾工人先锋号”称号。

11 月 13 日 中国石油四川销售分公司对外批发销售国Ⅳ汽油，成都市三环路内（含三环路）61 座加油站全部完成油品升级置换，正式对外挂牌销售国Ⅳ汽油。

是年 中国石油四川销售分公司卸油不停枪课题小组成立，投入研究经费近 100 万元，与高新企业合作研制新型加油机防水除杂滤芯，确保卸油不停枪出机油品质量合格、计量准确、安全可控，解决加油站卸油停枪这一行业性难题。

2014 年

4 月 21 日 中国石油四川销售分公司党委成立“天府艺术团”，组织文艺小分队开展“送文化下基层，送欢乐到库站”活动。

4 月 中国石油四川销售分公司荣获中华全国总工会授予的全国五一劳动奖状。这是继 2004 年 4 月以后，公司第二次荣获“全国五一劳动奖状”。

8 月 27 日 中国石油四川销售分公司在雅安市举行汉源、石棉片区及乌斯河油库划转工作会，原甘孜公司所属汉源、石棉片区及乌斯河油库正式划转雅安公司属地管理，标志着中国石油四川销售分公司确定的“单体化”管理改革迈出实质性的步伐。

11 月 8 日 中国石油四川销售分公司召开干部大会，会议宣读集团公司党组任免文件。经集团公司党组研究，并商得中共四川省委同意，决定付斌任四川销售公司总经理、党委副书记，四川石油集团公司总经理；免去姚志强四川销售公司总经理、党委副书记，四川石油集团公司总经理职务。

11 月 22 日 四川省甘孜藏族自治州康定县发生 6.3 级地震。中国石油四川销售分公司随即响应，全力保障康定地震灾区油品供应。

11 月 四川省培育大企业大集团联席会议办公室发布四川省 2014 年度大企业大集团培育名单，中国石油四川销售分公司入选并位列第八。

12 月 10—11 日 中国石油四川销售分公司召开首届基层经理人大会。

2015 年

1 月 4—6 日 中国石油四川销售分公司与河北销售分公司开展加油站经理挂职交流活动。

1 月 20 日零时 公司国Ⅳ车用柴油升级置换工作结束，标志着全省 1391 座全资加油站及 80 余座参股加油站销售的油品全面达到国Ⅳ标准。

1 月 中国石油四川销售分公司汽柴油销量首破 80 万吨大关，达到 82.5 万吨，创下中国石油销售系统单月销量历史最高纪录。

4 月 中国石油四川销售分公司非油业务处成立。

5 月 13 日　四川省国资委党委通报中央在川企业和省属国有企业 2014 年度党建工作考核结果，中国石油四川销售分公司获得通报表扬，在受表扬的 23 家中央在川企业中排名第四。

5 月 26 日　中国石油四川销售分公司加油站经理人学院挂牌暨首期培训班开班仪式在广州石油培训中心举行。

8 月 5 日　公司与四川九洲集团公司在绵阳市举行《战略合作框架协议》签约仪式。

9 月 21 日　中国石油四川销售分公司与华油天然气股份有限公司签署《油气终端销售业务战略合作框架协议》。

9 月 23 日　中国石油四川销售分公司在成都举办“出彩川销人 · 重塑新形象”职工家庭才艺大赛决赛暨公司首届十大道德模范颁奖仪式。

9 月 29 日　公司藏区首座“宝石花 · 康巴情缘驿站”经过 63 天的硬件改造升级顺利投运，该站既能为机动车辆提供优质高效的油品保障，又能为游客提供具有康巴风情的特色服务。

10 月 12 日　四川首座集加油与充电一体的新能源充注站——泸州公司龙马域北加油充电站全面营运。这也是中国石油在泸州地区的首座商用充电站。

11 月 18 日　中国石油四川销售分公司创新实验室正式成立。

11 月 23 日　四川省公布新一轮大企业大集团培育 100 强名单，中国石油四川销售分公司排名榜单第八，位居中国石油在川企业之首。

12 月 30 日　成都公司燕塘加油站被中国石油四川销售分公司授予“全省销量冠军”奖牌。

2016 年

1 月 1 日　统计数据显示：中国石油四川销售分公司自 2009 年 10 月发行第一张昆仑加油卡以后，累计发卡 502 万张，其中记名卡发卡 403 万张，成为中国石油首家累计发卡突破 500 万张、记名卡发卡突破 400 万张的销售企业。

1 月 5 日　从天回镇车站发运南充燕儿窝油库的 10 车 0 号车用柴油（国Ⅳ）推进燕儿窝油库铁路专用线，标志着燕儿窝油库铁路接卸业务正式开通。

2 月 21 日　中国石油四川销售分公司创新实验室升格为中国石油销售公司创新实验室。

3 月 8 日　中国石油四川销售分公司首期“品牌体验日”活动在全省 15 座城市中心站点举行。是日，中国石油四川销售分公司举办第三届十大金花加油站经理颁奖仪式暨首届非油创意堆头金花团体赛。

3 月 9 日　公司与四川国储物流股份有限公司签订合作框架协议。根据协议，公司将作为第三方股东参股四川交投国储能源有限公司，与合资方共同建设经营合资公司所属 56 座高速公路加油站和 13 座城镇加油站；同时，双方还将利用各自优势资源，开展油库项目合资合作。

4 月 26 日　中国石油四川销售分公司与中国石油规划总院签订战略合作框架协议。这是中国石油规划总院首次与省区公司以签订战略协议的方式展开合作。

5 月 31 日　成都公司天府加油站汽服中心正式开业，标志着天府加油站成为成都地区首座集洗车、汽车维修、汽车维护于一体的综合性加油站。

6月2日 公司与四川仁寿视高天府投资有限公司合资合作签约仪式在仁寿县举行。此次合作采取“政府主导、部门协同、市场化运作和企业化管理”的模式，对天府新区视高开发区内部分加油加气站进行建设及运营管理。首期确定建设项目是在天府仁寿大道上新建加油站1座——视高A加油站，次年拟新建视高B加油站。“十三五”期间，将新开发LNG油气合建站2座以上。

8月15日 四川省培育大企业大集团联席会议办公室发布2016年度四川省大企业大集团100强培育名单，中国石油四川销售分公司再度入围，排名第九。

8月16日 四川销售经理人学院第一分院开班仪式在南充公司南干道加油站举行，经理人学院第一分院在全省率先建成开班。

8月 中国石油四川销售分公司申报的“摩托车自助加油机外观设计”获得国家知识产权局专利认证，被授予“外观设计专利权”（专利号：201630175509.X）和“实用新型专利权”（专利号：201620428460.9），实现公司国家发明专利“零”的突破。

9月24日 中国石油四川销售分公司与新华社新闻信息中心在泸州市联合举办“致敬历史·重走长征路”走进龙马加油站暨“纪念长征胜利80周年加油卡”发布仪式。周恩来总理之侄周秉和，贺炳炎上将之女贺北生、女婿谢长平等红军后人，新华社四川分社党组成员蒋作平、网上车市CEO徐翀等出席发布仪式；周秉和为公司题词“传承红军精神，放飞石油梦想”。

11月3—4日 中国石油四川销售分公司工会第三次代表大会在成都召开，会议选举产生中国石油四川销售分公司工会第三届委员会，田玉军当选为公司工会主席。

11月17日 中国石油四川销售分公司与四川九洲集团、西安北斗聚力公司股权合作意向协议签约仪式在绵阳举行，标志着三方在“互联网+北斗+能源+现代物流网”的新兴商业模式上，迈出实质性步伐。公司总经理付斌、四川九洲集团董事长杜力平、西安北斗聚力公司董事长张涛出席仪式，四川九洲集团总经理孙仲主持签约仪式。

11月21日 中国石油四川销售分公司与四川中烟有限责任公司战略合作框架协议签约仪式在成都举行，公司总经理付斌、四川中烟公司总经理彭传新出席仪式。

12月24日 中国石油四川销售分公司非油业务收入突破10亿元大关，实现收入10.02亿元，同比增加3.34亿元，增幅50%；利润13336万元，同比增加2267万元，增幅20%。

12月25日 中国石油四川销售分公司“中油优途”APP正式上线运行，标志着企业向“互联网+”转型迈出坚实的一步。

12月26日 成都公司传化燕塘加油站2016年累计销售汽柴油60000.04吨，继2015年跨过5万吨级台阶后成功跨越6万吨台阶，成为中国石油销售系统首座单站年销量突破6万吨的加油站。股份公司副总裁田景惠就燕塘站成为“中国石油销量最大单体站”发来贺信。

12月27日 中国石油四川销售分公司汽柴油销售总量突破900万吨，成为中国石油首个“破九”的省区销售企业。

2017 年

1 月 16 日 元华加油站技改完成并正式投运，成为中国石油四川销售分公司首座智慧加油站。

2 月 20 日 中国石油四川销售分公司与绵阳市人民政府签署深化战略合作暨四川中油九洲北斗科技能源有限公司项目协议。

3 月 10 日 “优途商城”正式接入“中油好客E站”APP，走出四川成为面向全国的线上商城。

4 月 14 日 共青团中国石油四川销售分公司第二次代表大会在成都召开，选举产生共青团中国石油四川销售分公司第二届委员会。

5 月 泸州分公司龙马连片管理团队负责人陈小玲当选中共四川省第十一次代表大会代表。

6 月 24 日 阿坝州茂县叠溪镇新磨村突发山体高位垮塌。灾情发生后，公司认真落实集团公司、销售公司领导救灾指示，成功向救援现场供应油品 5 万升，保障抗灾救灾用上及时油。公司抢险救灾保供小分队，受到中共四川省委书记王东明、省长尹力的亲切接见和高度赞扬。

6 月 28 日 公司与中国农业银行四川省分行在成都举行战略合作框架协议签约仪式。

7 月 19 日 公司召开干部大会。集团公司党组成员、副总经理刘宏斌出席会议并讲话。集团公司人事部副总经理黄革宣读集团公司党组对公司主要领导调整的决定：田玉军不再担任四川销售公司党委书记、工会主席、副总经理职务，付斌兼任四川销售公司党委书记。

8 月 2 日 公司与贵州黔通智联科技产业发展有限公司、贵州正元泰能源投资有限公司在贵阳签订战略合作框架协议。

8 月 8 日 阿坝州九寨沟县发生 7.1 级地震，公司立即启动自然灾害应急预案，排查受损情况。8 日晚 10 时许，沿途有条件的加油站已开辟加油绿色通道。公司组织首批 10 台油罐车连夜将 300 多吨油品送往灾区。

8 月 25 日 四川中油九洲北斗科技能源有限公司与宁夏交通投资集团有限公司战略框架合作协议签约仪式在银川举行。

9 月 6 日 四川中油九洲北斗科技能源有限公司在绵阳市安州区揭牌。标志着中国石油、九洲集团、西安聚力强强联合，跨界合作，创新北斗导航商业应用，共同构建“北斗 + 互联网 + 能源 + 物流 + 金融”的全新商业模式。

9 月 19 日 中国石油四川销售分公司与阿坝州慈善总会自然灾害油料捐赠仪式在马尔康市举行，中国石油四川销售分公司向阿坝州慈善总会捐赠 100 吨柴油（价值 60.5 万元），阿坝州政府向中国石油四川销售分公司颁发荣誉证书。

10 月 泸州分公司龙马连片管理团队负责人陈小玲当选中国共产党第十九次全国代表大会代表。

11 月 25 日 成都销售分公司全年累计纯枪销量突破 100 万吨。

12 月 19 日 中国石油四川资阳销售分公司与四川远德安防检测设备公司合作研发的

一种“油尽检测装置”，共同取得国家知识产权局下发的实用新型专利授权，专利授权号“ZL201720604284.4”。

12 月 27 日 全国第一座模块化建设加油站——中国石油四川销售分公司青羊加油站投运。

2018 年

1 月 30 日 中国石油四川资阳销售分公司与四川远德公司合作研发的“一种 RFID 油罐车监管系统”，共同取得国家知识产权局下发的实用新型专利授权，专利授权号“ZL201720897579.5”。

1 月 中国石油四川销售分公司总经理、党委书记付斌和四川蜀兴宝石花石油工程设计有限公司监事李殿璞担任政协四川省第十二届委员会常务委员。

3 月 12 日 中国石油四川销售分公司领导干部“不忘初心、牢记使命”主题教育培训班在中国红色革命圣地延安开班。公司领导班子成员、助理级领导和正处级干部 80 余人分两批接受为期 1 周的学习培训。

3 月 30 日 中国石油销售系统首家数据中心——中国石油四川销售分公司数据中心揭牌。

4 月 18 日 中国石油四川销售分公司召开干部大会，宣布集团公司党组关于中国石油四川销售分公司领导班子调整的决定，集团公司党组成员、副总经理喻宝才出席会议并讲话。会上，集团公司人事部副总经理李刚宣读集团公司党组任免文件。经集团公司党组研究，并商得中共四川省委同意，决定刘建明任中国石油四川销售分公司总经理、党委副书记，孙晓岗任中国石油四川销售分公司党委书记、副总经理、工会主席，付斌不再担任中国石油四川销售分公司总经理、党委书记，另有任用。

5 月 21 日 中油北斗平台首次实现柴机油销售 1131 桶，标志着中油北斗非油业务合作项目正式启动。

5 月 28 日 中国石油四川销售分公司与成都交投集团深化合作协议签约仪式在成都交投集团举行。

6 月 27 日 中国石油四川销售分公司与西南石油大学战略合作签约仪式在西南石油大学举行。刘建明与赵金洲代表企校双方签订《战略合作框架协议》。

8 月 28—29 日 中共中国石油四川销售分公司第三次代表大会在成都召开，会议选举产生中共中国石油四川销售分公司第三届委员会和纪律检查委员会，孙晓岗当选为公司党委书记，田凤民当选为公司纪委书记。

9 月 15 日—12 月 31 日 中国石油四川销售分公司开展为期 4 个月的“大干一百天、打赢攻坚战、决胜千万吨”主题活动，实现率先建成“安全、廉洁、可持续、高质量”千万吨级销售企业的既定部署。

10 月 26 日 中国石油四川销售分公司“中油优途”平台正式开通话费充值业务，客户通过平台话费充值模块，进行三网手机话费充值，实时秒到。

11 月 2 日 中油优途平台正式上线油卡充值功能。

11 月 28 日 中国石油四川销售分公司与中国华油集团有限公司举行战略合作签约仪式。

12 月 12 日 中国石油四川销售分公司与成都华川公路建设集团有限公司签订《战略合作框架协议》《营达高速服务区建设及经营权合同》。

12 月 20 日 中国石油四川销售分公司非油业务收入突破 20 亿元大关，非油业务利润跨上 2 亿元台阶，提前 11 天完成全年奋斗目标，创造公司非油业务 10 年发展史上新的里程碑。

12 月 28 日 15 时 17 分 中国石油四川销售分公司汽柴油销量成功跃上 1000 万吨，同比增加 63 万吨，增长 6.7%，实现历史性重大跨越，标志着中国石油首个千万吨级销售企业诞生。

2019 年

1 月 12 日 政协四川省第十二届委员会常务委员会第五次会议决定，增补中国石油四川销售分公司总经理、党委副书记刘建明为政协四川省第十二届委员会委员。

1 月 14 日 中国石油四川销售分公司总经理、党委副书记刘建明当选成都市第十七届人大代表。

1 月 18 日 政协四川省第十二届委员会第二次会议补选中国石油四川销售分公司总经理、党委副书记刘建明为政协四川省第十二届委员会常务委员。

1 月 23 日 中国石油四川销售分公司作为共享服务成都中心筹备期首家上线单位，在成都启动共享业务。

1 月 28 日 中国石油四川销售分公司总经理、党委副书记刘建明当选政协四川省第十二届委员会委员。

3 月 4 日 中国石油四川销售分公司在中国石油财务共享服务平台提报第一笔业务单据，标志着中国石油四川销售分公司从省级共享正式过渡到集团层面共享，迈入共享财务新时期。

4 月 10 日 中国石油四川销售分公司炳三区加油站获得全国妇联授予的“全国巾帼文明岗”荣誉称号。

4 月 29 日 中油铁投能源有限责任公司所属的地处贵州省遵义市习水县江习古高速公路习水、飞鸽子服务区 2 对 4 座加油站开业，开创中国石油四川销售分公司加油站跨省运营先河。

6 月 12 日 昆仑好客与 1919 公司首家联营店正式开业。

6 月 17 日 宜宾市长宁县发生 6.0 级地震，中国石油四川销售分公司积极应对并参与抢险救援。

6 月 中国石油四川销售分公司汽柴油月销量首破 100 万吨，达到 100.2 万吨，成为中国石油首个单月销量破百万吨的销售企业。

7 月 26 日 中国石油四川销售分公司与东方电气集团东方锅炉股份公司、东方电气（成都）氢燃料电池科技公司签订氢能合作框架协议。

7 月 29 日 中国石油四川销售分公司所属股权企业——四川中油元通科技发展有限公司在贵阳召开昆仑 ETC 卡首发仪式，率先在四川、贵州两地发行昆仑 ETC 卡。

8月2日 中国石油四川销售分公司举行新零售运作部揭牌仪式。

8月23日 中国石油四川销售分公司职业技能鉴定站顺利通过四川省人社厅评审备案。四川省人社厅认定，公司职业技能鉴定站具备加油站操作员、油品储运调和工、油品计量工及油品分析工4个工种职业技能等级认定资质。

9月25日 中国石油四川销售分公司新版中油优途APP在四川全省范围内进行公测。

11月7日 在第七届西部人力资本高峰论坛暨第二届四川品牌大会上，中国石油四川销售分公司经理人学院荣获“最具成长性企业大学”称号。

11月8日 中国石油四川销售分公司收购山东高速四川投资开发有限公司49%股权，乐宜、乐自高速10座服务区加油站由租赁经营转为股权合作。

11月19日 四川省经济和信息化厅公布2019年大企业大集团百强榜单，中国石油四川销售分公司成功入围并位列第九。

11月23日 集团公司正式命名首批34个“石油精神教育基地”，泸州分公司龙马加油站获此殊荣。中国石油四川销售分公司展览馆和104油库同步更名为“石油精神教育基地”。

11月 中国石油四川销售分公司开展站经理大轮训。公司上百名安全管理专家和安全内训师下基层、进库站，采取分片培训、现场讲解、实地演练等形式，对全省3000余名加油站经理、综合管理员及后备站经理等开展安全培训。

12月18日 内江市资中县发生5.2级地震，中国石油四川销售分公司第一时间启动抗震保供应急预案，成立抗震救灾指挥中心，从内外双线将救灾资源送达受灾地，支持抢险救灾。

是日 中国石油四川销售分公司召开组建新成都公司动员视频会，宣读《关于整合成都、成品油公司组建新成都公司的决定》。明确新成都公司经营责任区划分，将锦江、青羊、金牛、武侯、成华、龙泉驿、青白江、新都、温江、双流、郫都、邛崃、崇州、金堂、大邑、蒲江、新津、天府新区、高新区和经开区20个行政区的经营管理及市场网络开发业务，全部划归新成都公司统一管理。

12月20日 中国石油四川销售分公司中油优途APP注册用户破百万。

12月22日15时45分 中国石油四川销售分公司汽柴油销量再次突破1000万吨，提前“稳上”千万吨销售目标。

第一篇

组织机构

1952年9月1日，中国石油公司四川省公司成立，开启四川石油销售事业新纪元，伴随四川经济社会共同发展壮大，走过不平凡的历程。从1952年到1977年，走过“艰苦创业夯基础”的拓荒岁月，历经政企合一、恢复专业石油公司等数次机构变迁。从1978年到1997年，走过“改革开放创新路”的探索发展期，历经石油产品经营管理体制变革、承包经营责任制、现代企业制度试点、集团化改制等一系列重大变革，实现四川省石油经营系统经营业务和人财物统一管理，升级为四川省大一型企业。1998年后，迈进“融入中油大发展”的黄金时代，1998年成建制划归中国石油天然气集团公司，1999年重组改制设立中国石油天然气股份有限公司四川销售分公司，翻开新的历史篇章。企业规模效益持续发展壮大，从“跟跑”到“领跑”再到“持续领跑”，牢牢占据中国石油销售板块省区公司“排头兵”地位，2018年汽柴油销量正式突破1000万吨，率先建成中国石油首家千万吨级销售企业。

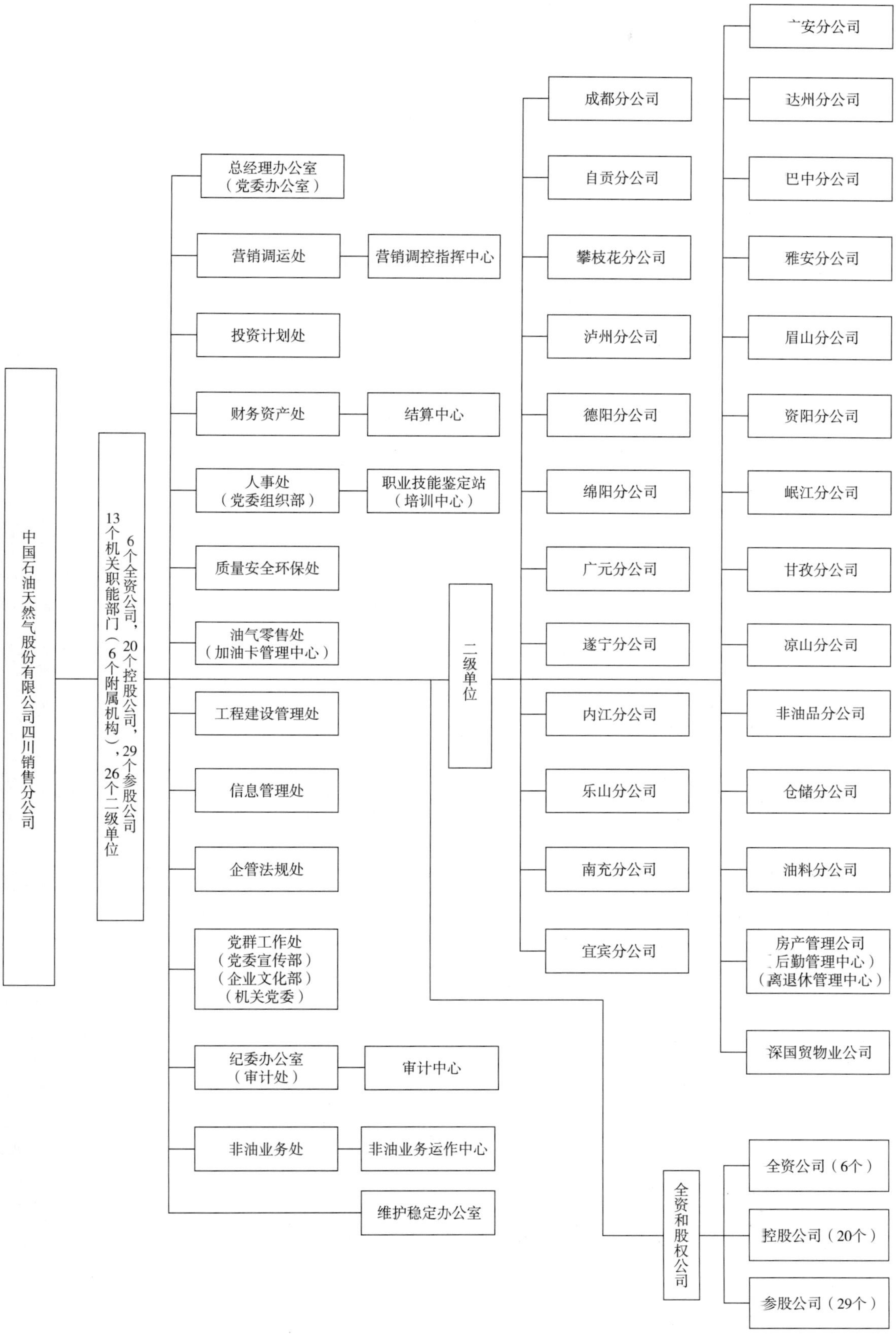

图 1-1　2019 年中国石油天然气股份有限公司四川销售分公司组织机构图

中国石油公司四川省公司①（1952年9月）

经　　理：李俊岑（1952年9月至1953年2月）

↓

中国石油公司四川省分公司②（1953年2月）

经　　理：李俊岑（1953年2月至1955年1月）

↓

中国石油公司四川省公司③（1955年1月）

经　　理：李俊岑（1955年1月至1958年1月）
党总支书记：李俊岑（1956年11月至1958年1月）

↓

四川省商业厅燃料贸易局④（1958年1月）

局　　长：王树香（1958年4月至1962年7月）

↓

中国石油公司四川省公司⑤（1962年7月）

经　　理：李俊岑（1962年7月至1968年9月）
党支部书记：李俊岑（1962年7—10月）
党总支书记：李俊岑（1962年11月至1968年9月）

↓

中国石油公司四川省公司革命委员会⑥（1968年9月）

主　　任：吴　超（1968年9月至1978年10月）
段星德（1971年6月至1973年12月）
党总支书记：李俊岑（1973年1月至1975年11月）
党委书记：李俊岑（1975年11月至1978年2月）
吴　超（1978年2—10月）

↓

中国石油公司四川省公司⑦（1978年10月）

经　　理：吴　超（1978年10月至1983年10月）
樊亮然（1983年10月至1985年7月）
党委书记：吴　超（1978年10月至1983年10月）
赵明辉（1983年10月至1985年7月）

↓

中国石化销售公司四川省石油公司⑧（1985年7月）

经　　理：樊亮然（1985年7月至1988年3月）
党委书记：赵明辉（1985年7—10月）
刘世侯（1985年10月至1988年3月）

↓

四川省石油公司⑨（1988年3月）

经　　理：刘世侯（1988年3月至1992年4月）
党委书记：刘世侯（1988年3月至1990年12月）
宋学忠（1990年12月至1992年4月）

↓

四川省石油总公司⑩（1992年4月）

总 经 理：刘世侯（1992年4月至1994年7月）
杨顺成（1994年7月至1997年1月）
党委书记：宋学忠（1992年4月至1994年9月）
赵甫安（1994年9月至1995年5月）
杨顺成（1995年9月至1997年1月）

↓

四川省石油集团有限公司⑪（1997年1月）

董 事 长：杨顺成（1997年1月至1999年9月）
执行董事：刘建明（2018年4月至2019年12月）
总 经 理：杨顺成（1997年1月至1999年9月）
温明友（1999年9月至2002年6月，原级别不变）
杨顺成（2003年6月至2008年7月）
姚志强（2008年7月至2014年10月）
付　斌（2014年10月至2018年4月）
刘建明（2018年4月至2019年12月）
党组书记：杨顺成（1997年1月至1999年9月）
党委书记：温明友（1999年9月至2002年6月，原级别不变）

↓

中国石油天然气股份有限公司四川销售公司⑫（1997年7月）

经　　理：杨顺成（1999年9—12月）
党委书记：杨顺成（1999年9—12月）

↓

中国石油天然气股份有限公司四川销售分公司⑬（1999年12月）

总 经 理：杨顺成（1999年12月至2007年6月）
姚志强（2007年6月至2014年10月）
付　斌（2014年10月至2018年4月）
刘建明（2018年4月至2019年12月）
党委书记：杨顺成（1999年12月至2002年6月）
胡兴东（2002年6月至2011年11月）
田玉军（2011年11月至2017年7月）
付　斌（2017年7月至2018年4月）
孙晓岗（2018年4月至2019年12月）

注：① 1952 年 9 月 1 日，中国石油公司四川省公司成立，业务属中国石油公司西南区公司、行政属四川省商业厅领导。

② 1953 年 2 月，中国石油公司四川省公司更名为中国石油公司四川省分公司。

③ 1955 年 1 月，中国石油公司四川省分公司更名为中国石油公司四川省公司。

④ 1958 年 1 月，中国石油公司四川省公司与中国煤业建筑器材公司四川省公司合并为四川省煤建石油贸易局。5 月，定名为四川省商业厅燃料贸易局，属四川省商业厅的职能部门。

⑤ 1962 年 7 月，恢复中国石油公司四川省公司。

⑥ 1968 年 9 月，成立中国石油公司四川省公司革命委员会。

⑦ 1978 年 10 月，中国石油公司四川省公司革命委员会更名为中国石油公司四川省公司。

⑧ 1985 年 7 月，中国石油公司四川省公司更名为中国石化销售公司四川省石油公司，受中国石油化工销售公司和四川省人民政府双重领导，商品分配权属中国石油化工销售公司，人、财权仍由四川省人民政府管理。

⑨ 1988 年 3 月，四川省人民政府同意取消中国石化销售公司的头衔，恢复四川省石油公司名称。

⑩ 1992 年 4 月，四川省石油公司更名为四川省石油总公司。

⑪ 1997 年 1 月，四川省石油集团有限公司正式挂牌运作。

1998 年 6 月，四川省石油集团有限公司由四川省划归中国石油天然气集团公司管理，机构规格正局级，党组织关系隶属四川省委。

⑫ 1999 年 7 月，四川省石油集团有限公司进行重组改制，将核心业务与非核心业务分开独立，核心业务部分组建中国石油天然气股份有限公司四川销售公司，机构规格正局级，非核心业务部分仍由四川省石油集团有限公司管理。

⑬ 1999 年 12 月，中国石油天然气股份有限公司四川销售公司更名为中国石油天然气股份有限公司四川销售分公司。

图 1–2　四川销售公司历史沿革和主要领导（1952 年 9 月至 2019 年 12 月）

第一章　中国石油公司四川省公司

中国是世界上发现和使用石油最早的国家之一。早在东汉时期，史学家班固在《汉书》中已记载石油的发现和使用。石油的正式名称是北宋沈括（1031—1095年）提出的。四川在明朝时候已发现石油，明朝进士曹学佺著《蜀中广记》一书记载："国朝（指明朝）正德末（1521年），嘉州（今乐山）开盐井，偶尔得水，可以照夜，其光加倍，沃之以水，则焰弥甚，扑之以灰，则灭……近复开出数井，官司主之，此乃石油，但出于井尔。"嘉州凿成的第一口石油竖井，深几百米，居当时世界第一，比欧美早300多年。

第一节　新中国成立前四川石油市场概况

煤油作为照明用商品进入中国市场，大约是在清朝末期。1840年鸦片战争后，外国石油商相继入华开辟市场，倾销煤油。

宣统二年（公元1910年），英荷垄断资本的英国海伦斯"壳牌"石油公司（亚细亚火油公司）率先进入重庆，该公司除在重庆设有经销机构5处外，先后在成都、遂宁、泸州、宜宾、自贡、万县等地发展经销机构90余处，再由经（分）销机构分区向周围的市、县、镇辐射发展为分（代）销店，使其销售网络遍及四川。至新中国成立前夕，在四川尚有其经（分）销处34家。

美国洛克菲勒财团的美孚石油公司，后于英国亚细亚火油公司进入四川，美孚煤油初由英商"隆茂洋行"代销出现在重庆市，1913年左右，大量运油入四川。美孚石油公司除在重庆市区内设有营业点4处和1家专营灯具的商店外，在江北、弹子石、双溪沟设小油库或堆栈，在大兴场、渔洞溪、磁器口等地设立分销店。同时，在四川各大市、县遍设经（分）销处80余家，在小县、镇由美孚行指定经（分）销商自设分（代）销店，使其销售网点覆盖较多区域。后在泸州、宜宾、乐山购地建库，在成都、南充、遂宁等地设堆栈，逐步向全四川扩展。至新中国成立前夕，在四川尚有其经（分）销处20家。

1928年，美商德士古油行继亚细亚火油公司、美孚石油公司之后进入四川，当即受到上述两公司的共同抵制，经过一段时间的激烈竞争，最后达成亚细亚、美孚各占40%，德士古占20%的经销比例，德士古开始在重庆站稳脚跟，设立储油栈，向省内市、县发展经（分）销处，分享在四川的部分利益。至新中国成立前夕，在四川尚有其经（分）销处14家。

各外商入川石油均经长江水路运入，故重庆成为全川石油集散地。

1930 年重庆初建公路后，汽油开始有销路。美孚石油公司捷足先登，指使陈作明开设鸿通油行，除推销汽油外，开办鸿通汽车行以扩大汽油销量。1931—1932 年，中国商人秦圣清入川经销“光华牌”俄油（又称“遍地红”俄油），由于英商、美商长期垄断市场，加之秦圣清自身实力不强，竞争失败而破产。

抗日战争开始后，汽油供应日趋紧张，当时重庆行营通令统治汽油，并指定亚细亚、美孚、德士古、中央信托公司为经销汽油的专卖单位，由行营发证，凭证购油。为弥补汽油不足，推行酒精、木炭、白煤等作为汽车代用燃料。抗日战争中期，武汉沦陷，长江航运被阻，英、美石油改道由滇缅、滇越公路和海防线进口，经广西、贵州入川，数量极为有限，加之军用及价格等原因，在品种上转为以汽油、机油（今润滑油）为主，直到海防线及滇缅公路被日本侵占，货源中断，外商被迫撤离，四川石油市场被外商把持的状况才告一段落。

1946 年，国民党资源委员会以甘肃玉门油矿为基础成立中国石油有限公司，将原甘肃玉门油矿改为甘青分公司，并在西南建立重庆营业所，经销玉门油矿的石油产品（称为“国光牌”汽油、煤油），进入重庆、成都市场。当时，玉门油矿规模较小、设备陈旧、工艺落后，其产品质量不佳且有臭味，俗称“矿油”，客户多不愿使用，销势不畅。新中国成立前，全国年产原油仅 12 万吨，成品油 3.5 万吨。

中华人民共和国成立前夕，国民党资源委员会对石油采用统治政策，在成都、重庆、万县等地再度控制消费，并以计划分配、凭证购油等措施加强管理，终因人心涣散、措施不力、规章制度和法规流于形式，未能见效。重庆、成都等一些私商油行，因货源中断，仅有少量存油应付市场，远不能满足市场需要。四川内部推行以部分地区制糖附产物酒精代替汽油使用，虽数量不大、质量次于汽油，但又优于木炭、白煤发生的煤气，在当时为弥补汽油的紧缺，起到一定作用。

第二节　新中国成立后四川石油市场概况

中华人民共和国成立后，石油极其短缺，是当时私商投机倒把、走私贩运的主要物资。为尽快恢复国民经济、发展生产、平抑市场物价、安定人民生活，1950 年 5 月，中央贸易部成立国营中国石油贸易公司，10 月改称中国石油公司，直接管理各大行政区石油公司。

1950 年 10 月 1 日，为响应中央贸易部决定，便于中央统一管理四川石油市场，进而对石油实行统一计划、集中调度，根据西南军政委员会命令和全国石油经营机构建立情况，经过 3 个月的筹建，在重庆成立中国石油公司西南区公司，办公地址位于重庆市五四路 70 号，其业务和行政分别属中国石油公司和西南贸易部双重领导，主要负责统一领导、管理、组织川东、川西、川南地区和云南、贵州等省的石油商品流通和调拨、供应以及经营重庆市石油商品的批发、零售业务、对私营改造工作。继西南区公司成立后，川西、川南、云南、贵州等分公司陆续成立。

1950年9月，为扩大国营石油商业阵地，加强石油市场管理，川西人民行政公署工商厅和中国石油公司西南区公司指示，筹建川西石油分公司。经过5个月的筹备，在川西各专业公司运输联合办事处基础上，1951年2月3日，中国石油公司川西分公司创建完成，办公地址设在成都外北曹家巷24号（李家花园）。中国石油公司川西分公司的“财、物、商品购销”权属中国石油公司西南区公司统一领导管理，人权和行政属川西人民行政公署工商厅领导，其职责是组织川西、川北地区石油商品流通，经营石油商品的批发、零售业务，供应范围有成都市、温江、绵阳、乐山地区、西康省等，同时贯彻执行国家对私营石油商业的利用、限制、改造政策。

1951年3月，奉川南财委和川南行署工商厅转中国石油公司西南区公司《关于在泸州设立川南石油分公司》的通知，由川南行署工商厅派员负责筹建工作。5月1日，中国石油公司川南石油分公司正式开业，办公地址位于泸州市大河街66号，其“财、物、商品购销”权属中国石油公司西南区公司统一领导管理，人权和行政属川南行署工商厅领导。川南石油分公司成立后，派人赴供应区进行调查。9月，在成渝公路中段内江市成立办事处。11月，在自贡市和五通桥分别建立推销组，开展石油商品销售业务。

四川石油市场在西南区公司建立后，受中国石油公司的统一管理，实行严格的计划经济模式，逐步趋于稳定。

第三节　中国石油公司四川省公司成立

一、中国石油公司四川省公司

1952年8月底，四川并省（川东、川南、川西、川北4个行政区人民行署合并成立四川省人民政府），中国石油公司川西分公司是川西行政区人民行署所辖区内国营商业企业机构，亦随之撤销。9月1日，中国石油公司四川省公司在原中国石油公司川西分公司的基础上成立，办公地址设在成都市外北曹家巷24号，是四川省经营石油的国营商业企业，又是全省地（市、州）石油商业企业的管理机构，同时兼管成都市的石油经营业务，其业务属中国石油公司西南区公司、行政属四川省商业厅双重领导。四川省人民政府任命李俊岑为中国石油公司四川省公司经理，温亦然为副经理。公司内设人事科、秘书科（含行政管理）、财会科、计划科、业务科、储运科6个科室和仓库、门市部、宝鸡转运站。中国石油公司川南分公司更名为中国石油公司四川省泸县分公司，所属机构内江办事处划归中国石油公司四川省公司直接领导。截至1952年底，全省有石油经营机构6个，即省公司、泸县分公司、广元办事处、内江办事处、自贡推销组、五通桥推销组，职工169人。

二、中国石油公司四川省分公司

1953年2月，根据中国石油公司关于全国石油机构名称“省级称省分公司，省以下称供应站，站以下称组”的决定，中国石油公司四川省公司更名为中国石油公司四川省分公司，泸县分公司、广元办事处、内江办事处更名为供应站，自贡推销组改为流动批发组，撤销五通桥推销组，增设乐山、宜宾两个推销组。4 月，为贯彻中央关于撤销大区行政机构及合并若干省市建制的决定，按照西南贸易部指示，中国石油公司西南区公司撤销，中国石油公司四川省分公司的商品调、销、财、物权直属中国石油公司统一领导管理，机构的增撤由当地商业行政部门审批。中国石油公司四川省分公司根据市场需要，有计划、有步骤地增设经销机构，扩大商业网点。5 月，四川省商业厅任命贺锦世为中国石油公司四川省分公司第一副经理，田立功为第二副经理。6 月，成立中共中国石油公司四川省分公司党支部，四川省各专业公司运输联合办事处和中国石油公司四川省分公司隶属一个党支部。9 月，任命李俊岑为中国石油公司四川省分公司经理（见图 1–3）；贺锦世、田立功为中国石油公司四川省分公司副经理。截至 1953 年底，四川石油系统有经营机构 12 个，职工 365 人。有中国石油公司四川省分公司（兼营成都市供应业务和温江、甘孜、阿坝、凉山、乐山等地石油调拨任务）；直辖机构包括东大街门市部、宝鸡转运站；地区级机构含泸县、内江（下辖自贡市流动批发组）、南充、万县 4 个供应站及绵阳转运站（兼营业务）、江津供应组、宜宾推销组、乐山批发组；1 个县级机构，即广元供应站。除上述专营机构外，其余县及县以下经营煤油，主要依靠县百货公司和县联社经营批发，基层供销社和私商经营零售。

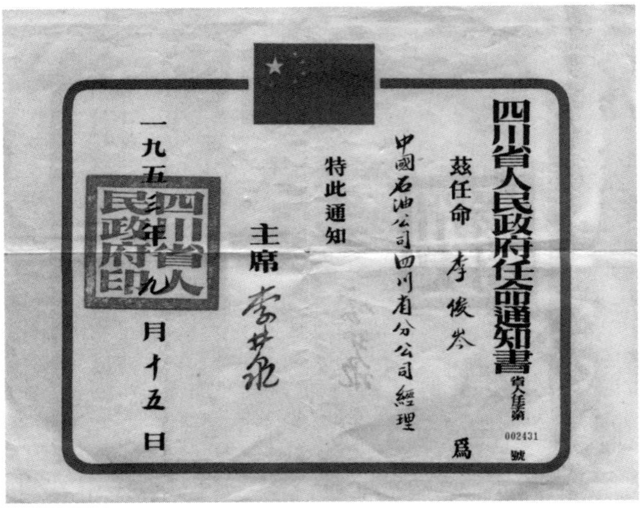
四川省人民政府任命通知書
省人任字第 002431 號
茲任命 李俊岑 為
中國石油公司四川省分公司經理
特此通知
主席 李井泉
一九五三年九月十五日
四川省人民政府印

图 1–3 中国石油公司四川省分公司经理李俊岑任命通知书

1954 年，四川省调整、新建一批机构，以扩大经营：将绵阳转运站和乐山、宜宾两个推销组改为供应站；在重庆成立转运组负责转运有关站和重庆市周围县、区油料；在成都外北李家巷成立第二门市部，专营批发业务和负责温江、甘孜、阿坝、凉山、乐山等地油料调拨任务；新增设涪陵、达县、大竹、遂宁、眉山等地区石油供应站。中国石油公司四川省分公司业务科内增设私营商业管理股，加强对私商的改造、管理。

三、中国石油公司四川省公司

1955 年 1 月，中国石油公司四川省分公司更名为中国石油公司四川省公司，各专区级供应站统一更名为分公司，县级供应组更名为县公司。10 月，西康省撤销并入四川省，原中国石油公司西康省公司相应撤销并入中国石油公司四川省公司，更名为中国石油公司四川省雅安分公司。随着四川省内行政区划的调整，眉山、大竹两个专区撤销，分别并入乐山、达县专区，眉山、大竹供应站改为乐山分公司眉山批发部和达县分公司大竹批发部，并增设江津分公司。截至 1955 年底，全省有石油专营机构 23 个，职工 1000 人。

1956年，中国石油公司四川省公司开始机构分细下伸，将内江供应站改为内江分公司，成立简阳县石油公司，属内江分公司领导；广元县公司业务划归绵阳分公司领导；在彭水、南川两县先后成立批发部，属涪陵分公司领导；原隆昌、眉山、长寿3个批发部改为县石油公司，分别属泸县、乐山、涪陵分公司领导。经省商业厅同意，撤销江津分公司。10月，中国石油公司将武汉石油采购供应站重庆储油所移交中国石油公司四川省公司领导，并将重庆储油所与重庆市石油公司合并成立“中国石油四川省重庆采购供应站”。11月，成立中共中国石油公司四川省公司党总支。

1957年，以公有制为主体的社会主义商品市场初步形成，国家对原有按专业设置的机构和隶属关系的组织形式，提出改革原则和要求。3月，为发挥好地方党政对商业工作的领导作用，国务院批准商业部《关于改进商业部系统组织设置和领导关系的报告》。根据报告的原则和要求，四川省商业厅制定下达《关于改进我省商业系统组织机构设置和领导关系的改革方案》，并在隆昌县进行体制改革试点。7月，中国石油公司四川省公司办公地址由外北曹家巷24号迁至城内东御街，年末由东御街迁至提督西街9号。截至1957年末，中国石油公司四川省公司内部机构10个：政治办公室、人事科、秘书科（含行政管理）、财会科、计划科、业务科、组织与技术科、批发部、仓库、加工部。公司直辖的地、市县级机构23个，即重庆采购供应站，万县、达县、涪陵、泸州、宜宾、内江、南充、乐山、绵阳、遂宁、雅安11个分公司，广元、大竹、隆昌、简阳、南部、长寿6个县公司，西昌供应站，成都、彭水、南川3个批发部和省公司直属的零售门市部。各经营单位的商品计划、财务均属省公司统一领导、管理、核算。其余县（市），由煤建、百货、民贸等公司兼营石油。

四、四川省商业厅燃料贸易局

1958年，根据中央“改革体制，精简机构，国企合并，撤销公司政企合一，将各级企业全部下放当地商业行政部门领导管理”的精神，全国进行商业体制改革，四川省调整商业机构。1月21日，中国石油公司四川省公司与中国煤业建筑器材公司四川省公司合并为四川省煤建石油贸易局，5月17日，定名为四川省商业厅燃料贸易局，实行政企合一体制，属四川省商业厅职能部门，相当于一个处，内设6个职能机构：办公室、计划科、业务一科、业务二科、储运科和财会科，局长为王树香，副局长为李俊岑、樊玉金、田立功，办公地址由提督西街9号搬至锣锅巷1号。原中国石油公司四川省公司兼营的成都市石油业务，下放成都市，成立四川省成都石油采购批发站，原中国石油公司四川省公司的批发部、仓库、加工部划归成都石油站，属成都市第一商业局领导。中国石油公司四川省公司撤销后，中国石油公司四川省公司党组织即不存在。各地、市、县石油机构相应合并、改组，划归当地商业行政部门管理，除商品计划仍自上而下逐级统一分配外，人员、财务核算与省上脱钩，变为地方企业，以块块领导为主。各地机构合并、改组后的情况如表1–1所示。

表 1-1　1958 年 8 月四川省石油机构合并、改组情况

省、地、市级机构	县级机构
四川省商业厅燃料贸易局	—
成都市煤建、石油批发站	—
重庆市煤建、石油公司	—
温江煤建公司	大邑煤建、石油公司　新都煤建、石油公司 双流煤建、石油公司　灌县煤建、石油公司 金堂煤建、木材公司　广汉煤建、石油经理部
达县地区煤建、石油分公司	—
万县地区燃料采购供应站	—
宜宾地区煤建、石油批发站	长宁石油、煤建公司
乐山地区煤建、石油分公司	乐山县煤建、石油站
内江地区煤建、石油分公司	资中县商业局煤建、石油专业股
南充地区煤建、石油分公司	武胜县煤建批发部　南部县燃料经理部
涪陵地区石油、煤建分公司	—
泸州地区燃料采购供应站	富顺、合江煤建公司　叙永煤管站 隆昌县商业局医药燃料经理部
绵阳地区煤建、石油分公司	绵阳、罗江煤建、石油经理部　江油煤建公司 广元县煤建、石油经理部
遂宁地区煤建、石油分公司	—
江津地区商业局石油煤炭科	江津石油、煤炭经理部　綦江石油、煤炭经理部 铜梁石油、煤炭经理部　璧山石油、煤炭经理部 永川石油、煤炭经理部　大足石油、煤炭经理部 合川石油、煤炭经理部
自贡市商业局石油、煤炭商店	—
雅安地区五金生产资料、石油分公司	—
西昌地区商业局石油科	—

五、中国石油公司四川省公司

1962 年 7 月，根据国务院关于商业系统恢复和建立各级专业公司，实行上级业务部门和当地商业行政部门双重领导的决定和四川省商业厅文件要求，恢复中国石油公司四川省公司。同时，与四川省成都石油采购批发站合并，中国石油公司四川省公司兼营成都市石油业务。李俊岑任中国石油公司四川省公司经理，曹效质任副经理。公司内部组织机构调整为人事科、办公室、财会科、计划统计科、业务科、储运科。是月，成立中共中国石油公司四川省公司党支部。万县、内江、绵阳、雅安、宜宾、西昌等地区石油与煤建先后分家恢复专业石油公司，重庆、涪陵、达县、乐山、南充、自贡等石油与煤建暂时不能分家的地区实行石油、煤建公司合署办

公，一套人员、两块牌子，分别核算。11月，成立中共中国石油公司四川省公司党总支，李俊岑任党总支书记。截至1962年末，全省有石油经营机构21个，即：中国石油公司四川省公司，5个二级站（重庆、成都、万县、内江、绵阳），9个分公司（南充、涪陵、达县、江津、乐山、雅安、宜宾、自贡、西昌），3个分站（简阳、广元、遂宁），4个支公司（彭水、大竹、泸州、隆昌）。

1963年4月，中国石油公司四川省公司将绵阳石油采购供应站调整为绵阳分公司；将绵阳采购供应站的广元分站升级为广元石油采购供应站，收归中国石油公司四川省公司直接领导；将宜宾分公司改为宜宾石油采购供应站。机构调整后，收为省属企业由中国石油公司四川省公司统一核算管理的二级站有成都储油所（省公司直属单位）、重庆石油采购供应站、万县石油采购供应站、内江石油采购供应站、宜宾石油采购供应站、广元石油采购供应站。其余地市石油机构属地方企业，由当地统一领导管理、核算。5月，中国石油公司四川省公司办公地址由锣锅巷1号搬至皮房街54号（今中西顺城街43号）。

六、中国石油公司四川省公司革命委员会

1967—1969年，全省石油系统机构瘫痪，正常工作秩序被打乱。1967年2月，成都军区派军代表进驻中国石油公司四川省公司实行军管。1968年9月，根据四川省革命委员会文件要求，成立中国石油公司四川省公司革命委员会。中国石油公司四川省公司原有的科室机构全部废弃，其工作由重新组建的政工、办事、生产三大组所取代。政工组主管全公司革命、政治、人事、保卫等工作，办事组主管公司秘书、行政等工作，生产组主管公司生产任务。四川省革命委员会任命吴超为中国石油公司四川省公司革命委员会主任。1969年12月，根据四川省革命委员会统一安排，中国石油公司四川省公司革命委员会“斗批改”组和公司本部大部分人员，赴西昌地区米易县四川省弯丘“五·七”干校，进行斗批改和参加农业生产活动。

1970年，解放军代表进驻石油公司，四川省弯丘“五·七”干校分配一部分学员回石油公司工作。1970—1972年，为适应省内少数民族地区生产发展的需要，按照四川省革命委员会文件精神，先后成立甘孜、阿坝、凉山州石油公司。1972年，温江地区撤销原商业局石油站，单独成立温江地区石油公司。以上新成立公司属地方企业，由当地统一领导、管理、核算。至此，全省18个地（市、州）均设有专门经营石油的机构，县一级由石油公司或石油、煤建公司经营，也有由五金、糖酒、供销、民贸、商业局等兼营的。

1973年10月，撤销中国石油公司四川省公司革命委员会内设的政工组、办事组、生产组。根据工作需要，重新分设政治办公室、保卫科、办公室、财会科、计划统计科、业务科、储运科、基建科、增产节约办公室和安装队10个部门。同时经省革委财贸组批复同意，将成都储油所和成都石油营业部从省公司划出，恢复成立四川省成都石油采购供应站，属二级站性质，由省公司直接领导，办公地址设在成都天回镇储油所内。是年，广元元坝新建储备库（三七六二库）建成投产使用，直属省公司领导。

1975—1977年，国家对农业机械化发展提出新要求。为方便农业用油供应，中国石油公司

四川省公司革命委员会发文，要求凡有条件的县均要设立专门石油经营机构。先后有资阳、苍溪、广汉、什邡、德昌、芦山、乐至、黔江、宜宾等县成立县石油公司。

七、中国石油公司四川省公司

1978 年，中国进行具有深远意义的改革开放。10 月 1 日，中国石油公司四川省公司革命委员会更名为中国石油公司四川省公司。截至年末，全省 19 个地（市、州）均设有石油专营机构，全省地区级以上有石油专营机构 23 个：中国石油公司四川省公司、三七六二储备库、七〇〇五储备库，6 个二级站，11 个分公司，3 个州公司。全省 214 个县（市、区）中单独成立石油专营机构的 56 个，石油、煤建合在一起的 36 个，其余未设石油专营机构的县，由“五交化”、糖酒、商业局、供销社系统或民贸等县公司兼营石油业务。

1979 年，中国石油公司四川省公司将原内部基建科改为科技基建科，加上原有办公室、政治办公室、节约办公室、中心计量室、业务科、财务科、计划统计科、仓储科、保卫科、训练班共 11 个科室，所有科室印章重新刊刻，取消原冠有的“革命委员会”字样。是年，四川省调整行政区划，将西昌地区并入凉山彝族自治州，州府所在地由昭觉迁到西昌市，原西昌地区石油公司随之改为凉山州石油分公司，原设立在普雄的凉山州石油分公司改为支公司，属州公司领导。

1983 年 1 月，根据四川省人民政府“将在渝的省属企事业、科研机构、学校下放至重庆市”要求，中国石油公司四川省公司将所属重庆采购供应站下放重庆市领导，并实行计划单列。是年，省内其他石油经营机构也随着行政区划的变动进行相应调整：永川地区并入重庆市，四川省石油公司永川分公司改为重庆石油采购供应站永川分公司；从宜宾地区划出泸州市、泸县、合江、纳溪、叙永、古蔺 5 县 1 市，成立泸州市，泸州市石油公司上升为地区级市公司；从绵阳地区划出绵竹县、中江县，从温江地区划出广汉县、什邡县，合并成立德阳市，原德阳县石油公司上升为地区级市公司；温江地区并入成都市，原温江地区石油分公司更名为成都市石油公司。按照商业部燃料局《特种油品经营管理办法》规定，四川省石油公司成都采购供应站特种油料服务部更名为成都特种油品服务部，仍属成都石油站领导。

7 月，中国石油化工总公司在北京成立，组织形式为部一级经济实体。10 月 19 日，国务院确定中国石油化工总公司统一管理全公司的产品销售、统一经营石油产品在国内的销售，各省（区、市）的石油公司从商业厅划出组成独立的石油产品销售公司，实行总公司和地方政府双重领导，业务管理以总公司为主。

1984 年，国务院批转《中国石油化工总公司关于国内成品油经营业务交接问题的通知》，把全国成品油经营任务由商业部划归中国石油化工总公司。经商业部与中国石油化工总公司协商一致，商业部直属石油经营企事业单位人、财、物、经营业务同机构将从 1985 年 1 月 1 日起，统一收归中国石油化工总公司领导管理。为做好划转交接工作，中国石油公司四川省公司对全省石油经营机构进行全面摸底和调查统计。截至年末，四川省有地区级以上石油专营机构 22 个，县级石油专营机构 103 个，县级兼营石油机构 81 个（其中煤建、石油公司 44 个，其他兼营机构 37 个）。

八、中国石化销售公司四川省石油公司

1985 年，四川省人民政府按照国务院规定，向全省各地批转四川省计划经济委员会《关于改革我省石油产品经营管理体制的报告》(见图 1–4)，确定除甘孜、阿坝、凉山州的石油经营维持现行管理体制，除重庆市的石油机构不上划中国石油公司四川省公司外，从 1985 年 1 月 1 日起，全省石油产品经营系统的经营业务和人、财、物统一由中国石油公司四川省公司管理，各地(市)、县石油公司连同所属企事业单位成建制上划至中国石油公司四川省公司。

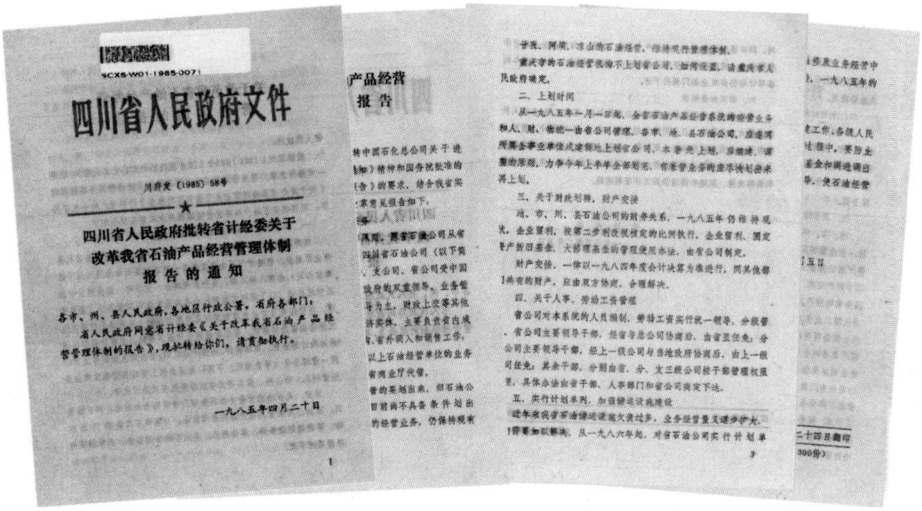

图 1–4　四川省人民政府批转《关于改革我省石油产品经营管理体制的报告》

1985 年 7 月，中国石油公司四川省公司更名为中国石化销售公司四川省石油公司，受中国石油化工销售公司和四川省人民政府双重领导，商品分配权属中国石化销售公司，人、财权仍由四川省人民政府管理。中国石化销售公司四川省石油公司负责四川全省石油产品的计划分配、销售、经营政策，编制和审批下达全省石油销售系统的商品流转计划和直属企业的财务计划、劳动工资计划、基本建设计划及物资申请计划。对直属企业人员编制、机构设置及其所属单位的经营业务和人、财、物实行统一管理。机关部门由原 11 个科室调整为 13 个，即：办公室、党委办公室、节约办公室、计量室、商品应用研究室、业务科、计划统计科、财务会计科、科技基建科、仓储科、劳动人事科、宣教科、保卫科。各地、市上划石油机构改称为分公司，原设在成都、万县、宜宾的二级站名称保留，设在广元、内江的二级站保留名称并兼分公司任务；县公司改称支公司。

1987 年 11 月，经四川省人民政府批准，中国石化销售公司四川省石油公司升级为大型企业。

第二章　四川省石油公司

第一节　领导机构

一、行政

1988 年 3 月，为适应体制改革后承包经营责任制和对外业务联系，四川省人民政府川办函（88）34 号文同意取消公司中国石化销售公司头衔，恢复四川省石油公司名称，成为四川省直属经济实体。同时，四川省商业厅同意四川省石油公司在全省石油系统实行经理负责制，省公司经理经职工民主评议后报上级任命，副经理经职工民主评议后由经理提名报上级批准任命，省公司正、副处长由经理聘任，一般工作人员实行优化劳动组合，由处长点名上岗。各分公司正、副经理由该公司职工民主评议后报省公司批准任命。四川省商业厅任命刘世侯为四川省石油公司经理，樊亮然、申太林、王建中任公司副经理。

1989 年 8 月，四川省石油公司调整领导分工如表 1–2 所示。

表 1–2　1989 年 8 月四川省石油公司领导分工

职务	姓名	工作分工
经理 党委书记	刘世侯	主持公司全面工作，具体分管财会处
副经理 党委委员	樊亮然	协助经理负责业务经营工作，具体分管计划业务处、调运处、调剂部、自备车辆管理处、成兰展销部、华西经营部
副经理 党委委员	申太林	协助经理负责安全、储运、建设、科技工作，具体分管仓储基建处、安全监察处、保卫处、节约办公室、科研所、设计所
副经理	王建中	协助经理负责管理工作，具体分管办公室、行政处、审计处、监察处
党委副书记 纪委书记	温志新	除负责党务、纪检工作外，受经理委托分管人事处、教育处

1989 年 12 月，四川省石油公司办公地址由成都市中西顺城街 43 号迁到成都市鼓楼北二街 24 号（见图 1–5）。

1990 年末，四川省石油公司完成第一轮承包经营。

1991 年，四川省石油公司与四川省财政厅签订新一轮承包经营协议（1991—1995 年）。7 月，四川省商业厅批复同意四川省石油公司新一届领导班子聘任意见，聘任刘世侯为四川省石油公司经理；同意刘世侯提名，聘任樊亮然、申太林、王建中、温志新 4 人任四川省石油公司副经理，孙家齐任四川省石油公司调研员（副经理级）。

表 1–3 所示为四川省石油公司行政领导及经理助理任职情况。

图 1–5 原成都市鼓楼北二街 24 号办公楼（拍摄于 1998 年）

表 1–3 四川省石油公司行政领导及经理助理任职情况

机构名称	职务	姓名	任职起止时间
四川省石油公司	经 理	刘世侯	1988 年 3 月至 1992 年 4 月
	副经理	樊亮然	1988 年 3 月至 1992 年 4 月
		申太林	1988 年 3 月至 1992 年 4 月
		王建中	1988 年 3 月至 1992 年 4 月
		温志新	1991 年 7 月至 1992 年 4 月
	调研员	孙家齐	1991 年 7 月至 1992 年 4 月
	经理助理	吕明清	1988 年 8 月至 1991 年 7 月
		刘安川	1992 年 2—4 月

二、党委

1988 年 3 月，中共四川省石油公司第三届委员会委员有刘世侯、樊亮然、孙家齐、吕明清、曹效质、陈占信、向维龙 7 人，刘世侯任公司党委书记，樊亮然任公司党委副书记。

4 月，经中共四川省石油公司党委研究决定，中共四川省商业厅直属机关委员会批复同意，增补向维铭为中共四川省石油公司党委委员并任公司党委专职副书记（享受副经理级待遇）。

7 月，经中共四川省石油公司第三届党员代表大会三次会议民主选举，中共四川省商业厅直属机关委员会批复同意，增选温志新为中共四川省石油公司党委委员。

1989 年 7 月，经中共四川省石油公司第四届党员代表大会民主选举，中共四川省商业厅机关委员会批复同意，刘世侯、温志新、樊亮然、申太林、孙家齐、吕明清、向维龙 7 人为中共四川省石油公司第四届委员会委员，刘世侯任公司党委书记，温志新任公司党委副书记。

1990 年 12 月，中共四川省商业厅党组任命宋学忠为中共四川省石油公司党委书记，免去刘世侯的中共四川省石油公司党委书记职务。

表 1–4 所示为四川省石油公司党委成员任职情况。

表 1–4　四川省石油公司党委成员任职情况

机构名称	职务	姓名	任职起止时间
中共四川省石油公司党委	书　记	刘世侯	1988 年 3 月至 1990 年 12 月
		宋学忠	1990 年 12 月至 1992 年 4 月
	副书记	樊亮然	1988 年 3 月至 1989 年 7 月
		向维铭	1988 年 4 月至 1989 年 7 月
		温志新	1989 年 7 月至 1992 年 4 月
	委　员	刘世侯	1988 年 3 月至 1992 年 4 月
		樊亮然	1988 年 3 月至 1992 年 4 月
		孙家齐	1988 年 3 月至 1991 年 7 月
		吕明清	1988 年 3 月至 1992 年 4 月
		向维龙	1988 年 3 月至 1992 年 4 月
		曹效质	1988 年 3 月至 1989 年 7 月
		陈占信	1988 年 3 月至 1989 年 7 月
		向维铭	1988 年 4 月至 1989 年 7 月
		温志新	1988 年 7 月至 1992 年 4 月
		申太林	1989 年 7 月至 1992 年 4 月
		宋学忠	1990 年 12 月至 1992 年 4 月

三、纪委

1986 年 4 月，中共四川省石油公司首届纪律检查委员会成立。

1988 年 3 月，中共四川省石油公司首届纪律检查委员会委员有温志新、陈公辑、曾祖瑶、刘国清 4 人，温志新任纪委副书记。

7 月，经中共四川省石油公司第三届党员代表大会三次会议民主选举，中共四川省商业厅直属机关委员会批复同意，增选向维铭为四川省石油公司纪委委员，并任公司纪委书记。

1989 年 7 月，经中共四川省石油公司党员代表大会民主选举，中共四川省商业厅机关委员会批复同意，温志新、王光臣、刘国清、陈公辑、谢前波 5 人为中共四川省石油公司第二届纪律检查委员会委员，温志新任公司纪委书记。

表 1–5 所示为四川省石油公司纪委书记任职情况。

表 1–5　四川省石油公司纪委书记任职情况

机构名称	职务	姓名	任职起止时间
中共四川省石油公司纪委	书　记	向维铭	1988 年 7 月至 1989 年 7 月
		温志新	1989 年 7 月至 1992 年 4 月
	副书记	温志新	1988 年 3 月至 1989 年 7 月

第二节　群团组织

一、工会

1986 年 3 月，四川省石油公司工会委员会成立。

1988 年 3 月，四川省石油公司工会委员会成员有吕明清、刘明秋、张宇、肖方玖、陈瑸、武玉盘、郑湘萍、胡启愚、熊官宝 9 人，吕明清任公司工会主席，刘明秋任公司工会副主席。

4 月，四川省石油公司工会委员会换届改选，选举产生四川省石油公司第二届工会委员会及主席、副主席。

5 月，四川省商业厅工会工作委员会批复同意，四川省石油公司第二届工会委员会由孙家齐、刘明秋、肖方玖、郑湘萍、吕明清、蒋继鹏、曾凡吉 7 人组成，孙家齐任公司工会主席（公司副经理待遇），刘明秋任公司工会副主席（公司正处级待遇）。

1989 年 7 月，刘明秋退休。

1991 年 7 月，经四川省石油公司工会委员会换届改选，四川省商业厅直属单位工会工作委员会批复同意，四川省石油公司第三届工会委员会由吕明清、曾凡吉、肖方玖、凌启德、杨华军、郝丽萍、孙自力 7 人组成，吕明清任公司工会主席，曾凡吉任公司工会副主席。

表 1–6 所示为四川省石油公司工会主席任职情况。

表 1–6　四川省石油公司工会主席任职情况

<table>
<tr><th>机构名称</th><th>职务</th><th>姓名</th><th>任职起止时间</th></tr>
<tr><td rowspan="5">四川省石油公司工会</td><td rowspan="3">主　席</td><td rowspan="2">吕明清</td><td>1988 年 3—5 月</td></tr>
<tr><td>1991 年 7 月至 1992 年 4 月</td></tr>
<tr><td>孙家齐</td><td>1988 年 5 月至 1991 年 7 月</td></tr>
<tr><td rowspan="2">副主席</td><td>刘明秋</td><td>1988 年 3 月至 1989 年 7 月（正处级）</td></tr>
<tr><td>曾凡吉</td><td>1991 年 7 月至 1992 年 4 月（正处级）</td></tr>
</table>

二、团委

1988 年 3 月，共青团四川省石油公司第三届委员会委员有谢前波、余瑞华、杨蜀光、海斌、游艳、陈雅丽、杜庆华 7 人，谢前波任公司团委书记，余瑞华任公司团委副书记。

1988 年 12 月，共青团四川省石油公司委员会换届改选，选举产生共青团四川省石油公司第四届委员会。郝丽萍、贾义平、赵淑玲、杨蜀光、吴世康、刘志强、雷开义 7 人当选为共青团四川省石油公司第四届委员会委员，选举郝丽萍为公司团委书记，贾义平、赵淑玲为公司团委副书记。

1989 年 1 月，选举结果经共青团四川省商业厅直属机关委员会批复同意。

1991 年 12 月，共青团四川省石油公司委员会换届改选，选举产生共青团四川省石油公司第五届委员会。郝丽萍、余瑞华、于丽萍、于光明、雷开义、张勇、赵志强 7 人当选为共青团四川省石油公司第五届委员会委员，选举郝丽萍为公司团委书记，余瑞华、于丽萍为公司团委副书记。

1992 年 1 月，选举结果经共青团四川省商业厅直属机关委员会批复同意。

3 月，经四川省石油公司党委同意，共青团四川省商业厅直属机关委员会批复，增补胡纯林为共青团四川省石油公司委员会委员，任公司团委专职书记（公司副处级），免去郝丽萍公司团委书记职务。

表 1–7 所示为四川省石油公司团委书记任职情况。

表 1–7　四川省石油公司团委书记任职情况

机构名称	职务	姓名	任职起止时间
四川省石油公司团委	书　记	谢前波	1988 年 3 月至 1989 年 1 月（副处级）
		郝丽萍	1989 年 1 月至 1992 年 3 月（副处级）
		胡纯林	1992 年 3—4 月（副处级）
四川省石油公司团委	副书记	余瑞华	1988 年 3 月至 1989 年 1 月
			1992 年 1—4 月
		贾义平	1989 年 1 月至 1992 年 1 月
		赵淑玲	1989 年 1 月至 1992 年 1 月
		于丽萍	1992 年 1—4 月

第三节　机关部门

1988 年 3 月，四川省石油公司名称恢复后，公司按照大型企业内部机构设置，将原有科、室调整为处、室、所。设行政职能部门：办公室、计划业务处、调运处、石油产品调剂部、财务会计处、审计室（与财务会计处合署办公，两块牌子，一套人员）、仓储处、基建处、设计所（与基建处合署办公，两块牌子，一套人员）、人事处、教育处（与人事处合署办公，两块牌子，一套人员）、保卫处、节约办公室、科研所。设党委职能部门：党委办公室。设职代会常设办事机构：工会委员会。4 月，按照实行经理负责制和政治体制改革的要求，成立党委办公室。

1989 年 3 月，为加强行业管理，提高办事效率，四川省石油公司对机关部分处室行进调整充实：将办公室原管理的机关行政事务划出，新成立行政处；将原仓储处和基建处合并，新成立仓储基建处（原设计所与原基建处分离，继续保留）；将原审计室与财务会计处分离，新成立审计处；将人事处原管理的监察业务划出，新成立监察处（与审计处合署办公，两块牌子，一套人员）；将原仓储处管理的安全业务划出，新成立安全监察处（与保卫处合署办公，两块牌子，一套人员）；新成立自备车管理处。4 月，公司印发《四川省石油公司机关机构设置、岗位划分及人员配置的意见》，设行政职能部门：办公室、行政处、计划业务处、调运处、石油产品调剂部、财务会计处、仓储基建处、设计所、安全监察处、保卫处（与安全监察处合署办公，两块牌子，一套人员）、审计处、监察处（与审计处合署办公，两块牌子，一套人员）、自备车管理处、人事处、教育处（与人事处合署办公，两块牌子，一套人员）、节约办公室、科研所。设党委职能部门：党委办公室。设工会和职代会常设办事机构：工会办公室。

1991 年 2 月，四川省石油公司根据第二轮承包工作的需要，为加强经营管理，对公司机关原有机构进行调整，设行政职能部门：办公室、劳动人事教育处、财务会计处、审计处（与财务会计处合署办公）、计划业务处、调运处、节约办公室、仓储基建处、保卫处、监察处（与保卫处合署办公）、多种经营办公室、行政处。设党委职能部门：党委办公室。设工会和职代会常设办事机构：工会办公室。设经营服务部门：石油产品调剂部、科技开发服务中心（归口管理设计所、科研所、计量室）。公司机关原有机构即行撤销。

1992 年 2 月，四川省石油公司为深化企业内部改革，逐步建立新的经营机制，以适应石化销售体制改革的需要，对公司机关管理机构和经营服务部门设置如下：办公室、劳动人事教育处、财务会计处、审计处（与财务会计处合署办公）、计划业务处、调运处、节约办公室、仓储基建处、计量室（与仓储基建处合署办公）、保卫处、监察处（与保卫处合署办公）、修建处、行政处、党委办公室、工会办公室、设计所、科研所、石油产品调剂部（处级）、石化产品经营部（处级）、自备车油料运输部（处级）、石油化工贸易部、对外经济合作部（与石油化工贸易部两个牌子，一套人员，处级）、华西经营部（处级）、润滑油销售部（处级）、退离休工作科（副处级）、招待所（副处级）、蓉化经营部（副处级，隶属行政处），公司机关原有机构即行撤销。

表 1–8 所示为四川省石油公司机关职能部门负责人任职情况。

表 1–8　四川省石油公司机关职能部门负责人任职情况

机构名称	职务	姓名	任职起止时间
办公室（1988 年 3 月至 1992 年 4 月）	主　任	王选全	1988 年 3 月至 1989 年 3 月
		范仁模	1989 年 3 月至 1992 年 2 月
		刘秉章	1992 年 2—4 月
	副主任	肖方玖	1988 年 3 月至 1990 年 4 月
		陈　竹	1988 年 3 月至 1992 年 4 月
		刘秉章	1990 年 4 月至 1991 年 2 月（处级）
			1991 年 2 月至 1992 年 2 月
		杜庆华	1992 年 2—4 月
人事处（1988 年 3 月至 1991 年 2 月）	处　长	温志新	1988 年 3 月至 1990 年 4 月
		王光臣	1991 年 2 月至 1992 年 4 月
劳动人事教育处（1991 年 2 月至 1992 年 4 月）	副处长	王光臣	1990 年 4 月至 1991 年 1 月
		曾祖瑶	1988 年 3 月至 1992 年 4 月

续表

机构名称	职务	姓名	任职起止时间
教育处 （1988 年 3 月至 1991 年 2 月） （与人事处合署办公）	副处长	刘明英	1988 年 3 月至 1991 年 2 月
财务会计处 （1988 年 3 月至 1992 年 4 月）	处　长	刘大吉	1988 年 3 月至 1992 年 4 月
	副处长	刘国清	1988 年 3 月至 1989 年 3 月
		刘华治	1989 年 3 月至 1992 年 4 月
审计室 （1988 年 3 月至 1989 年 3 月） （与财务会计处合署办公）	主　任	刘大吉	1988 年 3 月至 1989 年 3 月
	副主任	刘国清	1988 年 3 月至 1989 年 3 月
审计处（监察处） （1989 年 3 月至 1991 年 2 月） （审计处、监察处合署办公）	处　长	刘国清	1989 年 3 月至 1991 年 2 月
		刘大吉	1991 年 2 月至 1992 年 4 月
审计处 （1991 年 2 月至 1992 年 4 月） （与财务会计处合署办公）	副处长	陈先进	1991 年 2 月至 1992 年 2 月
			1992 年 2—4 月
计划业务处 （1988 年 3 月至 1992 年 4 月）	处　长	陈公辑	1988 年 3 月至 1991 年 2 月
		刘安川	1991 年 2 月至 1992 年 2 月
		刘明英	1992 年 2—4 月
	副处长	刘安川	1988 年 3 月至 1991 年 2 月
		刘明英	1991 年 2 月至 1992 年 2 月
		游贤敏	1991 年 2 月至 1992 年 4 月
		汪晓华	1992 年 2—4 月
	调研员	陈公辑	1991 年 2 月至 1991 年 8 月
调运处 （1988 年 3 月至 1992 年 4 月）	处　长	孟德远	1988 年 3 月至 1992 年 4 月
	副处长	帅　民	1988 年 3 月至 1991 年 7 月
		谭光著	1992 年 2—4 月
节约办公室 （1988 年 3 月至 1992 年 4 月）	主　任	邓本章	1988 年 3 月至 1991 年 2 月
		谢前波	1991 年 2 月至 1992 年 4 月
	副主任	谢前波	1989 年 3 月至 1991 年 2 月
	调研员	邓本章	1991 年 2—11 月
仓储处 （1988 年 3 月至 1989 年 3 月）	处　长	杨华军	1988 年 3 月至 1989 年 3 月
	副处长	张　宇	1988 年 3 月至 1989 年 3 月
基建处 （1988 年 3 月至 1989 年 3 月）	处　长	肖代书	1988 年 3 月至 1989 年 3 月
	副处长	陈　肃	1988 年 3 月至 1989 年 3 月

续表

机构名称	职务	姓名	任职起止时间
仓储基建处（1989年3月至1992年4月）	处　长	吕明清	1989年3月至1991年7月
	副处长	陈　肃	1989年3月至1992年4月
		张　宇	1991年2月至1992年4月
		杨胜奎	1992年2—4月
保卫处（1988年3月至1992年4月）	处　长	范仁模	1988年3月至1989年3月
		陈占信	1989年3月至1992年4月
安全监察处（1989年3月至1991年2月）（与保卫处合署办公） 监察处（1991年2月至1992年4月）（与保卫处合署办公）	处　长	陈占信	1989年3月至1992年4月
修建处（1992年2—4月）	处　长	蹇明成	1992年2—4月
	副处长	郑显骏	1992年2—4月
		李志义	1992年2—4月
行政处（1989年3月至1992年4月）	处　长	蹇明成	1990年4月至1992年2月
		肖方玖	1992年2—4月
	副处长	肖方玖	1990年4月至1992年2月
		凌启德	1992年2—4月
党委办公室（1988年4月至1992年4月）	主　任	陈占信	1988年5月至1989年3月
		王选全	1990年4月至1992年4月
	副主任	王光臣	1989年3月至1990年4月
设计所（1988年3月至1991年2月）（与基建处合署办公）1991年2月设为经营服务部门	所　长	肖代书	1988年3月至1991年2月
	副所长	李志义	1988年3月至1991年2月
	总工程师	刘年丰	1988年8月至1991年2月（副处级）
科研所（1988年3月至1992年4月）1991年2月设为经营服务部门	所　长	邓致礼	1988年3月至1991年2月
	副所长	刘　苏	1991年2月
		江梅秀	1991年2月
石油产品调剂部（1988年3月至1991年2月）1991年2月设为经营服务部门	经　理	胡　宾	1988年3月至1991年2月
	副经理	熊官宝	1988年3月至1991年2月
		杨华军	1991年2月
		向克坚	1991年2月
自备车管理处（1989年3月至1991年2月）	处　长	杨华军	1989年3月至1991年2月
	副处长	向克坚	1991年1—2月
多种经营办公室（1991年2月至1992年2月）	主　任	刘国清	1991年2月至1992年2月
	副主任	郑显骏	1991年7月至1992年2月

第四节　二级单位

1988 年 3 月，为适应体制改革后承包经营责任制和对外业务联系，四川省人民政府同意取消“中国石化销售公司”头衔，恢复四川省石油公司名称，成为省直属经济实体。截至年末，除达县地区石油煤建分公司当地未同意上划外，其余应上划为省属企业的 15 个地市的 11 个分公司、6 个二级站（库）和 72 个支公司（见表 1–9），全部上划成为四川省石油公司直属企业。四川省石油公司负责全省石油产品的计划分配、销售、经营政策，编制和审批下达全省石油销售系统的商品流转计划和直属企业的财务计划、劳动工资计划、基本建设计划及物资申请计划。对直属企业人员编制、机构设置及其所属单位的经营业务和人、财、物实行统一管理。

1991 年 3 月 13 日，四川省石油公司黔江分公司经四川省石油公司批复成立并正式挂牌办公，属四川省石油公司直属中型企业，原四川省石油公司涪陵分公司黔江办事处、四川省石油公司黔江支公司即行撤销。

11 月 1 日，达县地区石油煤建公司上划到省管理，正式并入四川省石油公司直属企业。5 日，更名为四川省石油公司达县分公司并挂牌办公。

1992 年 3 月，四川省石油公司所属分支公司统计情况如表 1–10 所示。

表 1–9　1988 年末四川省石油公司所属分支公司统计表

序号	分公司（17 个）	支公司（72 个）
1	四川省石油公司成都采购供应站	—
2	四川省石油公司成都七〇〇五库	—
3	四川省石油公司成都分公司	崇庆公司　邛崃公司　彭县公司　灌县公司　新都公司　新津公司　温江公司　双流公司　郫县公司　金堂公司
4	四川省石油公司自贡分公司	富顺公司　荣县公司
5	四川省石油公司攀枝花分公司	米易公司
6	四川省石油公司泸州分公司	—
7	四川省石油公司德阳分公司	什邡公司　绵竹公司　广汉公司　中江公司
8	四川省石油公司遂宁分公司	蓬溪公司　射洪公司
9	四川省石油公司内江采购供应站（兼分公司）	简阳公司　安岳公司　资阳公司　资中公司　乐至公司　隆昌公司　威远公司
10	四川省石油公司广元采购供应站（兼分公司）	苍溪公司　剑阁公司　旺苍公司　青川公司
11	四川省石油公司万县采购供应站	—
12	四川省石油公司宜宾采购供应站	—
13	四川省石油公司乐山分公司	犍为公司　仁寿公司　峨眉公司　眉山公司　丹棱公司　洪雅公司　井研公司　青神公司　夹江公司　彭山公司　五通桥公司

续表

序号	分公司（17个）	支公司（72个）
14	四川省石油公司雅安分公司	荥经公司　芦山公司　名山公司　天全公司　石棉公司　汉源公司
15	四川省石油公司南充分公司	南部公司　阆中公司　武胜公司　仪陇公司　西充公司　岳池公司　广安公司　营山公司　蓬安公司
16	四川省石油公司绵阳分公司	三台公司　盐亭公司　北川公司　安县公司　江油公司　平武公司　绵阳市中区公司
17	四川省石油公司涪陵分公司	垫江公司　南川公司　丰都公司　石柱公司　武隆公司　彭水公司　酉阳公司　黔江公司　秀山公司

表 1–10　1992 年 3 月四川省石油公司所属分支公司统计表

序号	分公司（19个）	支公司（71个）
1	四川省石油公司成都采购供应站	—
2	四川省石油公司成都七〇〇五库	—
3	四川省石油公司成都分公司	崇庆公司　邛崃公司　彭县公司　灌县公司　新都公司　新津公司　温江公司　双流公司　郫县公司　金堂公司
4	四川省石油公司自贡分公司	富顺公司　荣县公司
5	四川省石油公司攀枝花分公司	米易公司
6	四川省石油公司泸州分公司	—
7	四川省石油公司德阳分公司	什邡公司　绵竹公司　广汉公司　中江公司
8	四川省石油公司遂宁分公司	蓬溪公司　射洪公司
9	四川省石油公司内江采购供应站（兼分公司）	简阳公司　安岳公司　资阳公司　资中公司　乐至公司　隆昌公司　威远公司
10	四川省石油公司广元采购供应站（兼分公司）	苍溪公司　剑阁公司　旺苍公司　青川公司
11	四川省石油公司万县采购供应站	—
12	四川省石油公司宜宾采购供应站	—
13	四川省石油公司乐山分公司	犍为公司　仁寿公司　峨眉公司　眉山公司　丹棱公司　洪雅公司　井研公司　青神公司　夹江公司　彭山公司　五通桥公司
14	四川省石油公司雅安分公司	荥经公司　芦山公司　名山公司　天全公司　石棉公司　汉源公司
15	四川省石油公司南充分公司	南部公司　阆中公司　武胜公司　仪陇公司　西充公司　岳池公司　广安公司　营山公司　蓬安公司
16	四川省石油公司绵阳分公司	三台公司　盐亭公司　北川公司　安县公司　江油公司　平武公司　绵阳市中区公司
17	四川省石油公司涪陵分公司	垫江公司　南川公司　丰都公司　石柱公司　武隆公司　彭水公司　酉阳公司　秀山公司
18	四川省石油公司黔江分公司	—
19	四川省石油公司达县分公司	—

第三章　四川省石油总公司

第一节　领导机构

一、行政

1992 年 4 月，四川省商业厅印发川商管函（92）204 号文，同意四川省石油公司更名为四川省石油总公司。

1994 年 7 月，四川省人民政府任命杨顺成为四川省石油总公司总经理，免去刘世侯的四川省石油总公司总经理职务。

1994 年 8 月，四川省石油总公司聘任刘世侯为公司高级顾问。

1994 年 9 月，四川省石油总公司调整领导分工如表 1–11 所示。

表 1–11　1994 年 9 月四川省石油总公司领导分工

职务	姓名	工作分工
总经理	杨顺成	主持公司行政、经营、管理全面工作，主管人事、财会工作，联系人事处、财务部
高级顾问	刘世侯	分管部分经营实体，联系海南四海石化开发公司、华美公司
党委书记	宋学忠	主管党务、群团和思想政治工作，联系政工部
副总经理 党委委员	樊亮然	分管部分经营实体和科研工作，联系润滑油销售公司、科研所
副总经理 党委委员	申太林	分管部分经营实体和石化大楼修建工程，联系储运物资公司、三川实业公司、石化交易市场工程指挥部
副总经理 党委委员	王建中	分管业务、计划、物价、统计、调运工作。联系市场综合处、采调处，协助分管结算中心工作
副总经理 党委委员	温志新	分管部分经营实体，联系东贸石油化工公司、蜀延石油化工联营公司、劳动服务公司、华西石油公司
党委副书记 纪委书记 工会主席	吕明清	主管工会、纪检工作，协助党委书记抓党务和思想政治工作，分管机关后勤和部分经营实体，联系行政处、北海艾斯实业开发公司
副总经理	叶学胜	分管体改、文秘、行业管理和招商引资工作，联系办公室

1994年10月，四川省石油总公司聘任宋学忠为公司高级顾问，聘任赵甫安为公司副总经理（兼）。是月，四川省石油总公司调整领导分工如表1–12所示。

表1–12 1994年10月四川省石油总公司领导分工

职务	姓名	工作分工
总经理	杨顺成	主持四川省石油总公司全面工作，主管人事、财务工作，联系人事处、财务部
党委书记 副总经理	赵甫安	主管党务、群团、保卫、监察和思想政治工作，负责石化大楼的修建和开发经营，联系政工部
高级顾问	刘世侯	分管部分经营实体，联系海南四海石化开发公司、华美公司
高级顾问	宋学忠	协助抓直属企业的班子建设和思想政治工作
副总经理（常务） 党委委员	王建中	负责省公司的日常工作，分管业务、计划、物价、统计、调运工作，协助分管结算中心工作，联系市场综合处、采调处
副总经理 党委委员	樊亮然	分管部分经营实体和科研工作，联系润滑油销售公司、科研所
副总经理 党委委员	申太林	分管部分经营实体和石化大楼修建工程，联系储运物资公司、三川实业公司、石化交易市场工程指挥部
副总经理 党委委员	温志新	分管部分经营实体，联系东贸石油化工公司、蜀延石油化工联营公司、劳动服务公司、华西石油公司
党委副书记 纪委书记 工会主席	吕明清	主管工会、纪检工作、协助党委书记抓党务和思想政治工作，分管机关后勤和部分经营实体，联系行政处、北海艾斯实业开发公司
副总经理	叶学胜	分管体改、文秘、行业管理工作，协助分管人事处，联系办公室

1995年5月，刘世侯、宋学忠退休。

1995年6月，胡兴东、刘桂林、王选全任四川省石油总公司副总经理，免去王选全的总经理助理职务。是月，四川省石油总公司调整领导分工如表1–13所示。

表1–13 1995年6月四川省石油总公司领导分工

职务	姓名	工作分工
总经理 党委副书记	杨顺成	主持省总公司全面工作，主管人事工作，联系人事处
副总经理（常务） 党委委员	王建中	负责省总公司日常工作，分管业务、计划、物价、统计、调运工作，联系市场综合处、调运处
副总经理 党委委员	申太林	分管部分经营实体和油船修建经营，联系润滑油销售公司、四海石化开发公司
副总经理 党委委员	温志新	分管部分经营实体，联系东贸公司、蜀延石油化工联营公司、劳动服务公司
党委副书记 纪委书记 工会主席	吕明清	分管党务、群团、纪检、监察、保卫和思想政治工作，联系纪委、政工部、监察处

续表

职务	姓名	工作分工
副总经理	叶学胜	分管体改、文秘、行业管理工作，协助分管人事、劳资、职工教育和老干部工作，联系办公室
副总经理	胡兴东	分管石化大厦的修建、经营和海外企业，联系石化房地产综合开发有限责任公司、华美公司、美川公司
副总经理	刘桂林	分管财务、审计和机关后勤工作，联系财会处、审计处、行政处
副总经理 党委委员	王选全	分管安全、仓储、基建、技改、科研、设计和三峡库区涉及的生产经营生活设施搬迁工作，联系仓储基建安全处、科研质检所、设计所、三川实业开发公司

1995 年 7 月，樊亮然退休。

1996 年 1 月，王建中任四川省石油总公司常务副总经理，温志新、叶学胜、胡兴东、刘桂林、王选全任四川省石油总公司副总经理，申太林任四川省石油总公司副总经理级调研员，刘安川任四川省石油总公司总经理助理，免去申太林的四川省石油总公司副总经理职务。

1996 年 2 月，四川省石油总公司在原领导工作分工基础上，对部分工作分工调整如表 1–14 所示。

表 1–14　1996 年 2 月四川省石油总公司调整部分领导分工

职务	姓名	工作分工
副总经理（常务） 党委委员	王建中	除继续负责省总公司日常工作、分管业务、计划、物价、统计、调运工作，联系市场综合处、调运处外，分管部分经营实体，联系成品油公司
副总经理 党委委员	温志新	分管部分经营实体，联系润滑油销售公司、东贸公司、蜀延石油化工联营公司、劳动服务公司

1996 年 7 月，四川省人民政府批复（川府函〔1996〕472 号），同意四川省石油总公司为大一型企业。

1996 年 10 月，四川省人民政府批准四川省石油总公司《组建四川省石油集团有限公司的实施方案》，同意四川省石油总公司所有直属企业和控股企业成建制纳入四川省石油集团改组。四川省石油总公司改组为国有独资集团有限责任公司后，仍列为国有大一型企业，由四川省人民政府和中国石化总公司双重领导，行业归口四川省贸易厅。

表 1–15 所示为四川省石油总公司行政领导及总经理助理任职情况。

表 1–15　四川省石油总公司行政领导及总经理助理任职情况

机构名称	职务	姓名	任职起止时间
四川省石油总公司	总经理	刘世侯	1992 年 4 月至 1994 年 7 月
		杨顺成	1994 年 7 月至 1997 年 1 月

续表

机构名称	职务	姓名	任职起止时间
四川省石油总公司	副总经理	樊亮然	1992年4月至1995年6月
		王建中	1992年4月至1997年1月
		申太林	1992年4月至1996年1月
		温志新	1992年4月至1996年12月
		叶学胜	1994年8月至1997年1月
		赵甫安	1994年10月至1995年5月
		帅　民	1994年1月至1994年8月
		胡兴东	1995年6月至1997年1月
		刘桂林	1995年6月至1997年1月
		王选全	1995年6月至1997年1月
	高级顾问	刘世侯	1994年8月至1995年12月
		宋学忠	1994年10月至1995年12月
	调研员	申太林	1996年1月至1997年1月
	总经理助理	刘安川	1992年4月至1997年1月
		王选全	1992年12月至1995年6月
		帅　民	1992年12月至1994年1月
			1994年12月至1995年12月

二、党委

1992年7月，经中共四川省石油总公司第五次党员代表大会民主选举，宋学忠、吕明清、刘世侯、樊亮然、申太林、温志新、王建中、向维龙、王选全9人当选为中共四川省石油总公司第五届委员会委员，宋学忠为党委书记，吕明清为党委副书记。是年8月，经中共四川省商业厅机关委员会批复同意。

1994年9月，中共四川省委任命赵甫安为四川省石油总公司党委书记，免去宋学忠的四川省石油总公司党委书记职务。

1994年11月，经中共四川省石油总公司党委研究决定，中共四川省商业厅直属机关委员会批复同意，杨顺成增补为四川省石油总公司党委委员，任公司党委副书记。

1995年4月，向维龙退休。

1995年6月，经中共四川省石油总公司党委研究决定，中共四川省商业厅直属机关委员会批复同意，增补叶学胜、胡兴东、刘桂林3人为中共四川省石油总公司党委委员。

1995年9月，中共四川省委任命杨顺成为四川省石油总公司党委书记。

表1–16所示为四川省石油总公司党委成员任职情况。

表 1–16 四川省石油总公司党委成员任职情况

机构名称	职务	姓名	任职起止时间
中共四川省石油总公司党委	书　记	宋学忠	1992 年 4 月至 1994 年 9 月
		赵甫安	1994 年 9 月至 1995 年 5 月
		杨顺成	1995 年 9 月至 1997 年 1 月
	副书记	温志新	1992 年 4 月至 1992 年 8 月
		吕明清	1992 年 8 月至 1997 年 1 月
		杨顺成	1994 年 11 月至 1995 年 9 月
	委　员	宋学忠	1992 年 4 月至 1994 年 9 月
		刘世侯	1992 年 4 月至 1994 年 8 月
		吕明清	1992 年 4 月至 1997 年 1 月
		樊亮然	1992 年 4 月至 1995 年 6 月
		申太林	1992 年 4 月至 1996 年 1 月
		温志新	1992 年 4 月至 1997 年 1 月
		王建中	1992 年 8 月至 1997 年 1 月
		向维龙	1992 年 4 月至 1995 年 3 月
		王选全	1992 年 8 月至 1997 年 1 月
		赵甫安	1994 年 9 月至 1995 年 5 月
		杨顺成	1994 年 11 月至 1997 年 1 月
		叶学胜	1995 年 7 月至 1997 年 1 月
		胡兴东	1995 年 7 月至 1997 年 1 月
		刘桂林	1995 年 7 月至 1997 年 1 月

三、纪委

1992 年 7 月，经中共四川省石油总公司第五次党员代表大会民主选举，吕明清、陈占信、王光臣、白秉东、刘大吉 5 人当选为中共四川省石油总公司第三届纪律检查委员会委员，吕明清为纪委书记，陈占信为纪委副书记。是年 8 月，经中共四川省商业厅机关委员会批复同意。

1996 年 12 月，中共四川省纪律检查委员会批复同意，组建中共四川省石油集团有限公司纪律检查组（见图 1–6）。

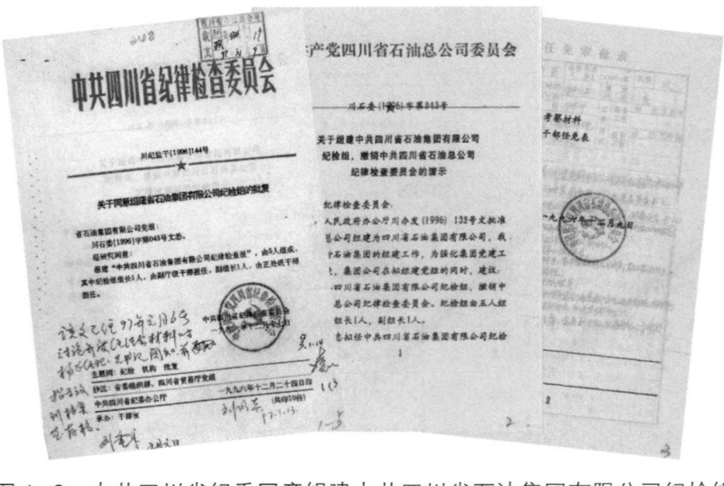

图 1–6 中共四川省纪委同意组建中共四川省石油集团有限公司纪检组

表 1–17 所示为四川省石油总公司纪委书记任职情况。

表 1–17 四川省石油总公司纪委书记任职情况

机构名称	职务	姓名	任职起止时间
中共四川省石油总公司纪委	书 记	温志新	1992 年 4 月至 1992 年 8 月
		吕明清	1992 年 8 月至 1997 年 1 月
	副书记	陈占信	1992 年 8 月至 1997 年 1 月

第二节 群团组织

一、工会

1992 年 4 月，四川省石油公司更名为四川省石油总公司，四川省石油总公司工会委员会由吕明清、曾凡吉、肖方玖、凌启德、杨华军、郝丽萍、孙自力 7 人组成，吕明清任工会主席，曾凡吉任工会副主席。

表 1–18 所示为四川省石油总公司工会主席任职情况。

表 1–18 四川省石油总公司工会主席任职情况

机构名称	职务	姓名	任职起止时间
四川省石油总公司工会	主 席	吕明清	1992 年 4 月至 1997 年 1 月
	副主席	曾凡吉	1992 年 4 月至 1997 年 1 月（正处级）

二、团委

1995 年 3 月，经四川省石油总公司党委同意，共青团四川省商业厅直属机关委员会批复，免去胡纯林公司团委书记职务，增补陈志为共青团四川省石油总公司委员会委员，任公司团委书记。

1995 年 6 月，经四川省石油总公司党委同意，共青团四川省商业厅直属机关委员会批复，增补范丽蓉、陈咏梅为共青团四川省石油总公司委员会委员，范丽蓉任公司团委副书记。

1996 年 4 月，经四川省石油总公司党委同意，共青团四川省贸易厅直属机关委员会批复，增补程懿为共青团四川省石油总公司委员会委员，任公司团委副书记。

1996 年 6 月，经共青团四川省石油总公司委员会换届改选，共青团四川省贸易厅直属机关委员会批复同意，共青团四川省石油总公司第六届委员会由程懿、余瑞华、范丽蓉、李宇红、谭红霞、黄键、孙红兵 7 人组成，程懿任公司团委书记（专职），余瑞华、范丽蓉任公司团委副书记。

表 1–19 所示为四川省石油总公司团委书记任职情况。

表 1–19　四川省石油总公司团委书记任职情况

机构名称	职务	姓名	任职起止时间
四川省石油总公司团委	书　记	胡纯林	1992 年 4 月至 1995 年 3 月（副处级）
		陈　志	1995 年 3 月至 1996 年 6 月（副处级）
		程　懿	1996 年 6 月至 1997 年 1 月（副处级）
	副书记	余瑞华	1992 年 4 月至 1997 年 1 月
		于丽萍	1992 年 4 月至 1996 年 6 月
		范丽蓉	1995 年 6 月至 1997 年 1 月
		程　懿	1996 年 4—6 月

第三节　机关部门

1993 年 1 月，四川省石油总公司为加快企业经营机制转换，适应社会主义市场经济体制的要求，对公司机关各管理部门和经营机构进行调整：计划业务处、调运处、节约办公室合并为计划调运部；财务会计处、审计处合并为财务部；党委办公室、纪委办公室、工会办公室、保卫处、监察处合并为政治工作部；劳动人事教育处更名为人事处，原退离休工作科的工作并入人事处管理；保留办公室、仓储基建处、行政处、设计所、科研所；石油产品调剂部改为成品油销售公司，并将成兰展销部并入该公司；自备车油料运输部与四川省自备罐车运输公司实行"两个牌子，一套人员"；润滑油销售部改为润滑油销售公司；石化产品经营部改为石化产品销售公司，并与石油液化气公司实行"两个牌子，一套人员"；石油化工贸易部改为经济开发公司（保留对外经济合作部牌子）；储运物资公司与仓储基建处实行"两个牌子，一套人员"；劳动服务公司、华西石油公司、修建处暂保留。

1994 年 1 月，四川省石油总公司为加快企业经营机制转换，适应社会主义市场经济体制要求，加强行业管理，对公司本部各管理部门和经营机构调整如下：设立办公室、市场综合处（内设信息科）、采调处、财务部（内设资金科）、人事处、政治工作部、仓储基建处、行政处、四川石化交易市场工程指挥部、科研所、设计所、成品油销售公司、润滑油销售公司、自备车油料运输部（与四川省自备罐车运输公司实行"两个牌子，一套人员"）、储运物资公司（与四川省三川实业公司实行"两个牌子，一套人员"）、劳动服务公司、华西石油公司。撤销计划调运部、石化产品销售公司、经济开发公司、修建处、成都成兰石化产品展销部。

1995 年 2 月，四川省石油总公司为加强对直属企业和全省系统的管理，促进经营业务的开展，成立审计处、监察处，将财务部、采调处、仓储基建处、科研所分别更名为财会处、调运处、仓储基建安全处、科研质检所。

1996 年 12 月，四川省石油总公司为强化企业内部改革、理顺关系、促进经营业务发展，成立科技润滑油处，撤销科研质检所，继续保留润滑油销售公司。

表1–20所示为四川省石油总公司机关职能部门负责人任职情况。

表1–20　四川省石油总公司机关职能部门负责人任职情况

机构名称	职务	姓名	任职起止时间
办公室（1992年4月至1997年1月）	主　任	刘秉章	1992年4月至1997年1月
	副主任	杜庆华	1992年4月至1995年12月
		杨泽元	1995年12月至1997年1月
		蒋胡民	1995年12月至1997年1月
市场综合处（1994年1月至1997年1月）	处　长	范仁模	1994年1月至1997年1月
	副处长	游贤敏	1994年1月至1997年1月
		郝丽萍	1995年3月至1997年1月
计划业务处（1992年4月至1993年1月）	处　长	刘明英	1992年4月至1993年1月
	副处长	游贤敏	1992年4月至1993年1月
		汪晓华	1992年4月至1993年1月
调运处（1992年4月至1993年1月）	处　长	孟德远	1992年4月至1993年1月
	副处长	谭光著	1992年4月至1993年1月
节约办公室（1992年4月至1993年1月）	主　任	谢前波	1992年4月至1993年1月
计划调运部（1993年1月至1994年1月）	经　理	孟德远	1993年1月至1994年1月
	副经理	谭光著	1993年1月至1994年1月
		汪晓华	1993年1月至1994年1月
		游贤敏	1993年1月至1994年1月
采调处（1994年1月至1995年2月） 调运处（1995年2月至1997年1月）	处　长	孟德远	1994年1月至1995年1月
		刘桂林	1995年1—6月
		谭光著	1995年6月至1997年1月
	副处长	汪晓华	1994年1月至1997年1月
		谭光著	1994年1月至1995年2月
			1994年1月至1995年6月
		贾晋宏	1996年2月至1997年1月
		杨树明	1996年4月至1997年1月
财务会计处（1992年4月至1993年1月）	处　长	刘大吉	1992年4月至1993年1月
	副处长	刘华治	1992年4月至1993年1月
财务部（1993年1月至1995年2月）	经　理	刘大吉	1993年1月至1995年2月
	副经理	刘华治	1993年1月至1995年2月
		陈先进	1993年1月至1995年2月（兼任）
财会处（1995年2月至1997年1月）	处　长	刘大吉	1995年2—12月
		杨　峰	1995年12月至1997年1月
	副处长	刘华治	1995年2月至1997年1月
		杨　峰	1995年7—12月（正处级）
		徐慧敏	1995年12月至1997年1月
		刘志强	1995年12月至1997年1月
	调研员	刘大吉	1995年12月至1996年8月（正处级）

续表

机构名称	职务	姓名	任职起止时间
审计处 （1992 年 4 月至 1993 年 1 月） （1995 年 2 月至 1997 年 1 月）	处　长	刘大吉	1992 年 4 月至 1993 年 1 月
	副处长	陈先进	1992 年 4 月至 1993 年 1 月
			1995 年 2 月至 1997 年 1 月
劳动人事教育处 （1992 年 4 月至 1993 年 1 月） 人事处 （1993 年 1 月至 1997 年 1 月）	处　长	王光臣	1992 年 4 月至 1997 年 1 月
	副处长	曾祖瑶	1992 年 4 月至 1993 年 2 月
		龙念成	1996 年 4 月至 1997 年 1 月
		董树元	1996 年 4 月至 1997 年 1 月
	调研员	曾祖瑶	1993 年 2 月至 1997 年 1 月（正处级）
党委办公室（1992 年 4 月至 1993 年 1 月）	主　任	王选全	1992 年 4 月至 1993 年 1 月
保卫处（1992 年 4 月至 1993 年 1 月）	处　长	陈占信	1992 年 4 月至 1993 年 1 月
监察处（1992 年 4 月至 1993 年 1 月） （与保卫处合署办公） （1995 年 2 月至 1997 年 1 月）	处　长	陈占信	1992 年 4 月至 1993 年 1 月
			1995 年 2 月至 1997 年 1 月
政治工作部 （1993 年 1 月至 1997 年 1 月）	主　任	刘明英	1993 年 1 月至 1997 年 1 月
	副主任	凌启德	1995 年 12 月至 1997 年 1 月
		陈　志	1996 年 6 月至 1997 年 1 月
	调研员	陈占信	1993 年 1 月至 1995 年 2 月（处级）
仓储基建处 （1992 年 4 月至 1995 年 2 月） 仓储基建安全处 （1995 年 2 月至 1997 年 1 月）	处　长	陈　肃	1992 年 9 月至 1994 年 1 月
		张　宇	1995 年 2 月至 1997 年 1 月
	副处长	陈　肃	1992 年 4—9 月
		张　宇	1992 年 4 月至 1993 年 2 月
		杨胜奎	1992 年 4 月至 1993 年 1 月
			1993 年 8 月至 1997 年 1 月
		郑朝军	1997 年 1 月
	调研员	张　宇	1993 年 2 月至 1995 年 2 月（正处级）
行政处 （1992 年 4 月至 1997 年 1 月）	处　长	肖方玖	1992 年 4 月至 1993 年 6 月
		曾凡吉	1994 年 7 月至 1997 年 1 月
	副处长	凌启德	1992 年 4 月至 1995 年 12 月
		杨树明	1995 年 12 月至 1996 年 4 月
		曹天顺	1995 年 12 月至 1997 年 1 月
修建处 （1992 年 4 月至 1994 年 1 月）	处　长	蹇明成	1992 年 4 月至 1993 年 1 月
		李志义	1993 年 1 月至 1994 年 1 月
	副处长	郑显骏	1992 年 4—10 月
		李志义	1992 年 4 月至 1993 年 1 月
科技润滑油处 （1996 年 12 月至 1997 年 1 月）	处　长	刘　苏	1996 年 12 月至 1997 年 1 月
	副处长	江梅秀	1996 年 12 月至 1997 年 1 月

第四节　二级单位

1992 年 4 月 1 日，四川省石油公司成都七〇〇五库成建制划归四川省石油公司成都采购供应站。

1993 年 7 月，为筹措资金，配合三峡工程建设，加快淹没区储运设施的搬迁、重建工作，四川省石油总公司成立四川涪陵三川实业公司（四川省三川实业公司）。该公司为独立核算、自主经营、自负盈亏的企业，实行董事会领导下的总经理负责制。

1994 年 1 月 1 日，四川省石油总公司成都七〇〇五库成建制地从四川省石油总公司成都采购供应站划出，由四川省石油总公司直接管理。

1994 年 6 月，四川省石油总公司广安分公司经四川省石油总公司批复成立，属四川省石油总公司直属企业，原广安支公司即行撤销。9 月，四川省石油总公司广安分公司正式挂牌办公。

1995 年 3 月，为扩大油品经营业务，拓展多元化经营，增加企业效益，四川省石油总公司先后成立四川省石油总公司东贸石化公司、四川省石油总公司四海石化开发公司。两公司属非独立核算的全民所有制企业，隶属省总公司领导，主要经营石油制品、化工产品、建筑材料等。是年，为加快“四川石化大厦”建设步伐，拓展以房地产经营开发为主的多元经营，提高经济效益，四川省石油总公司成立四川石化房地产综合开发有限责任公司，该公司隶属省总公司领导。

1997 年 1 月，四川省石油总公司改组为四川省石油集团有限公司。

表 1–21 所示为 1996 年末四川省石油总公司所属子公司统计情况。

表 1–21　1996 年末四川省石油总公司所属子公司统计表

序号	一级子公司（27 个）	二级子公司（73 个）
1	四川省石油总公司成都采购供应站	—
2	四川省石油总公司成都分公司	崇州公司　邛崃公司　彭州公司　郫县公司 新都公司　金堂公司　双流公司　新津公司 温江公司　都江堰公司
3	四川省石油总公司自贡分公司	荣县公司　富顺公司
4	四川省石油总公司德阳分公司	绵竹公司　什邡公司　广汉公司　中江公司
5	四川省石油总公司绵阳分公司	三台公司　盐亭公司　安县公司　北川公司 江油公司　平武公司
6	四川省石油总公司广元采购供应站	剑阁公司　苍溪公司　青川公司　旺苍公司
7	四川省石油总公司乐山分公司	仁寿公司　井研公司　夹江公司　彭山公司 青神公司　洪雅公司　丹棱公司　峨眉公司 犍为公司　眉山公司　五通桥公司
8	四川省石油总公司遂宁分公司	射洪公司　蓬溪公司　遂宁市中区公司

续表

序号	一级子公司（27个）	二级子公司（73个）
9	四川省石油总公司南充分公司	西充公司　南部公司　阆中公司　仪陇公司 营山公司　蓬安公司
10	四川省石油总公司雅安分公司	名山公司　荥经公司　汉源公司　石棉公司 天全公司　芦山公司
11	四川省石油总公司内江分公司	乐至公司　安岳公司　资中公司　资阳公司 隆昌公司　简阳公司　威远公司
12	四川省石油总公司泸州分公司	—
13	四川省石油总公司达川分公司	—
14	四川省石油总公司攀枝花分公司	米易公司
15	四川省石油总公司广安分公司	岳池公司　武胜公司
16	四川省石油总公司宜宾采购供应站	—
17	四川省石油总公司万县采购供应站	—
18	四川省石油总公司涪陵分公司	李渡公司　垫江公司　南川公司　丰都公司 石柱公司　武隆公司　彭水公司　酉阳公司 黔江公司　秀山公司
19	四川省石油总公司黔江分公司	黔江公司
20	四川省石油总公司成都七〇〇五库	—
21	四川石化房地产综合开发有限责任公司	—
22	四川省石油总公司四海石化开发公司	—
23	四川省石油总公司东贸石化公司	—
24	四川省石油总公司设计所	—
25	四川省石油总公司科研所	—
26	四川省石油总公司劳动服务公司	—
27	四川省三川实业公司	—

说明：四川省石油总公司劳动服务公司、四川省三川实业公司为控股子公司。

第四章　四川省石油集团有限公司

第一节　领导机构

一、行政

1997 年 1 月，四川省人民政府同意杨顺成为四川省石油集团有限公司董事长候选人、总经理人选。中共四川省委同意提名杨顺成任四川省石油集团有限公司董事长、总经理，原担任的四川省石油总公司总经理职务自然免除。是月，中共四川省委同意王建中、胡兴东任四川省石油集团有限公司副董事长、副总经理，叶学胜、刘桂林、王选全、温明友任副总经理，温志新任监事会主席，7 人原担任的四川省石油总公司职务自然免除。是月，中共四川省贸易厅党组批复，同意建立四川省石油集团有限公司董事会和董事会组成人选。

1997 年 4 月，受四川省人民政府委托，四川省国有资产管理局与四川省石油集团有限公司签署国有资产授权经营责任书，代表四川省人民政府授权四川省石油集团有限公司，统一持股经营管理授权范围内的全部国有资产，负责授权范围内国有资产的保值增值，依法行使授权范围内的国有资产出资权。四川省石油集团有限公司正式挂牌运作（见图 1–7），公司资产总额 21.067 亿元，净资产 6.365 亿元，拥有大中小油库 118 座、加油站 440 座、铁路运输自备车 450 辆、公路运输油罐车 480 辆，有职工 11857 人。四川省石油集团有限公司董事会由杨顺成、王建中、胡兴东、吕明清、叶学胜、刘桂林、杨志远、唐胜云、涂安宁 9 人组成。是月，四川省石油集团有限公司第一届一次董事会选举杨顺成为四川省石油集团有限公司董事长，王建中、胡兴东为副董事长。聘任杨顺成为四川省石油集团有限公司总经理，

图 1–7　1997 年 4 月 28 日，四川省委副书记杨崇汇（右一）在四川省石油集团有限公司成立大会上，向集团公司董事长、总经理杨顺成（左一）授牌

王建中、胡兴东、叶学胜、刘桂林、王选全、温明友为副总经理，刘安川、涂安宁为总经理助理。

1997年5月，四川省石油集团公司第一届一次监事会选举温志新为四川省石油集团有限公司监事会主席。

1997年5月，四川省石油集团有限公司调整领导分工如表1–22所示。

表1–22 1997年5月四川省石油集团有限公司领导分工

职务	姓名	工作分工
董事长 总经理 党组书记	杨顺成	主持集团公司全面工作，主管人事、财会工作，联系人事处、财会处
副董事长 副总经理 党组副书记	王建中	分管业务、计划、物价、调运、统计、信息和部分经营实体，协助总经理负责行政日常工作，联系市场综合处、调运处、成品油公司
副董事长 副总经理 党组副书记	胡兴东	分管石化房产公司、冻青树房产项目、美川公司工作，协助党组书记负责党建和精神文明建设工作，联系石化房产公司、美川公司、冻青树房产公司
纪检组长 党组成员 工会主席	吕明清	分管党建、纪检、监察、保卫和思想政治工作、工会工作，联系政工部、监察保卫处、工会、直属机关党委
副总经理 党组成员	叶学胜	分管办公室、体改、调研、老干部工作，协助总经理分管人事工作，联系董事会办公室、总经理办公室、研究室、人事处
副总经理 党组成员	刘桂林	分管投资管理、审计、机关后勤和部分经营实体，协助总经理分管财会工作，联系投资管理处、财会处、审计处、行政处、永安公司
副总经理 党组成员	王选全	分管仓储基建、安全、科研、数质量管理、设计、加油站规范管理和部分经营实体，联系仓储基建安全处、科技润油处、科研质检所、设计所、三川公司、东贸公司
副总经理 党组成员	温明友	分管四川省石油集团成都公司工作
监事会主席 党组成员	温志新	分管集团公司资产运作的监督工作

1997年12月，四川省石油集团有限公司调整领导分工如表1–23所示。

表1–23 1997年12月四川省石油集团有限公司领导分工

职务	姓名	工作分工
董事长 总经理 党组书记	杨顺成	主持集团公司全面工作，主管人事工作，联系人事处
副董事长 副总经理 党组副书记	王建中	分管成品油经营业务和部分经营实体，联系综合业务处、调运处、成品油公司

续表

职务	姓名	工作分工
副董事长 副总经理 党组副书记	胡兴东	分管石化大厦建设和营销工作，处理冻青树房产项目和美川公司的问题，协助党组书记负责党建和精神文明建设工作，联系石化房产公司、美川公司、冻青树房产公司
纪检组长 党组成员 工会主席	吕明清	分管党建、纪检、监察、保卫和思想政治工作、工会和共青团工作，联系政工部、监察保卫处、工会、直属机关党委
副总经理 党组成员	叶学胜	协助总经理分管人事工作，分管老干部、机关行政后勤和部分经营实体，联系人事处、行政处、东贸公司、蜀延公司
副总经理 党组成员	刘桂林	分管财务、审计工作和部分经营实体，联系财会处、审计处、永安公司、盖世得公司
副总经理 党组成员	王选全	分管仓储、安全、科研、数质量管理、设计、加油站规范管理和部分经营实体，联系仓储安全处、科研质检所、设计所、仓储公司、液化气站
副总经理 党组成员	温明友	分管办公室、改革、调研、投资发展、多种经营、油品零售和集体企业，联系办公室、投资发展处、多种经营管理处、成品油零售公司、集体企业
监事会主席 党组成员	温志新	分管集团公司国有资产运作的监督管理工作

1998 年 5 月 12 日，《国务院办公厅关于组建中国石油天然气集团公司和中国石油化工集团公司有关石油公司划转问题的通知》（国办发〔1998〕14 号）规定，各省、自治区、直辖市及计划单列市石油公司及其加油站，分别划归新组建的中国石油天然气集团公司和中国石油化工集团公司。内蒙古、辽宁、吉林、黑龙江、重庆、四川、西藏、陕西、甘肃、宁夏、青海、新疆等 12 个省、自治区、直辖市及大连市石油公司及其下属各级石油公司和加油站，划归中国石油天然气集团公司；吉林省吉化集团公司、吉林石油集团有限公司，划归中国石油天然气集团公司。北京、天津、河北、山西、上海、江苏、浙江、安徽、福建、江西、山东、河南、湖北、湖南、广东、广西、海南、贵州、云南等 19 个省、自治区、直辖市及宁波、厦门、青岛、深圳市石油公司及其下属各级石油公司和加油站，划归中国石油化工集团。上述石油公司及其加油站和有关企业的国有资产无偿划转到两大集团公司。

1998 年 5 月 27 日，四川省人民政府与中国石油天然气集团公司就四川省石油公司及其下属各级石油公司和加油站划归中国石油天然气集团公司管理的有关问题经反复磋商达成一致意见（见图 1–8）。四川省石油公司及其下属各级石油公司和加油站的国有资产无偿划转到中国石油天然气集团公司，资产总额以四川省财政厅批准或认可的 1997 年度企业决算数为准，不再进行资产评估和验资。划转基准时间为 1997 年 12 月 31 日，并相应变更财务隶属关系和产权关系。

1998 年 6 月，根据国务院关于组建石油、石化两家公司的要求，四川省石油集团有限公司及其下属各级市州公司由四川省划归中国石油天然气集团公司管理。机构规格正局级，党组织关系隶属中共四川省委。公司主要从事成品油批发和零售业务以及便利店、润滑油、化工产品等非油品业务。

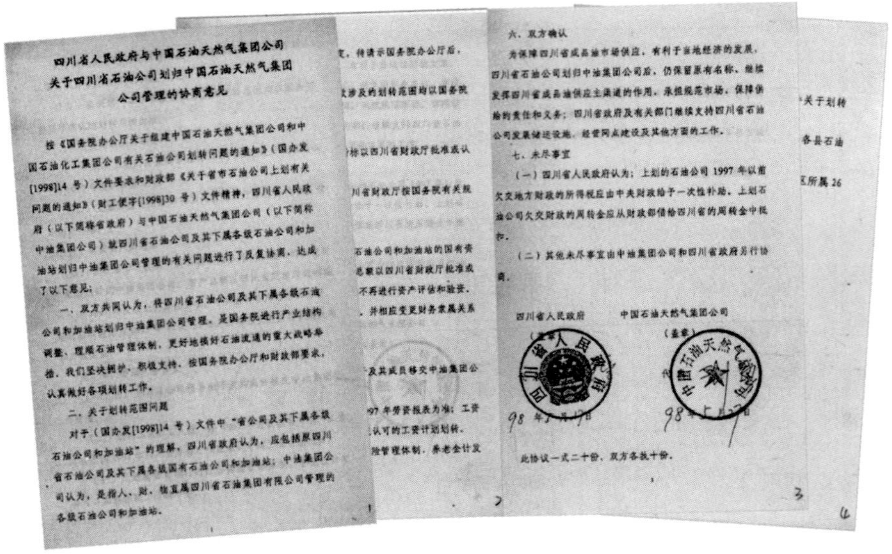

四川省人民政府与中国石油天然气集团公司
关于四川省石油公司划归中国石油天然气集团
公司管理的协商意见

按《国务院办公厅关于组建中国石油天然气集团公司和中国石油化工集团公司有关石油公司划转问题的通知》（国办发[1998]14 号）文件要求和财政部《关于省市石油公司上划有关问题的通知》（财工便字[1998]30 号）文件精神，四川省人民政府（以下简称省政府）与中国石油天然气集团公司（以下简称中油集团公司）就四川省石油公司及其下属各级石油公司和加油站划归中油集团公司管理的有关问题进行了反复协商，达成了以下意见：

一、双方共同认为，将四川省石油公司及其下属各级石油公司和加油站划归中油集团公司管理，是国务院进行产业结构调整、理顺石油管理体制，更好地搞好石油流通的重大战略举措，我们坚决拥护，积极支持，按国务院办公厅和财政部要求，认真做好各项划转工作。

二、关于划转范围问题

对于（国办发[1998]14 号）文件中"省公司及其下属各级石油公司和加油站"的理解，四川省政府认为，应包括原四川省石油公司及其下属各级国有石油公司和加油站；中油集团公司认为，是指人、财、物直属四川省石油集团有限公司管理的各级石油公司和加油站。

六、双方确认

为保障四川省成品油市场供应，有利于当地经济的发展，四川省石油公司划归中油集团公司后，仍保留原有名称，继续发挥四川省成品油供应主渠道的作用，承担规范市场，保障供给的责任和义务；四川省政府及有关部门继续支持四川省石油公司发展储运设施、经营网点建设及其他方面的工作。

七、未尽事宜

（一）四川省人民政府认为：上划的石油公司 1997 年以前欠交地方财政的所得税应由中央财政给予一次性补助，上划石油公司欠交财政的周转金应从财政部借给四川省的周转金中抵扣。

（二）其他未尽事宜由中油集团公司和四川省政府另行协商。

四川省人民政府（盖章）　　中国石油天然气集团公司（盖章）

98 年 5 月 17 日　　98 年 5 月 27 日

此协议一式二十份，双方各执十份。

图 1–8　四川省人民政府与中国石油天然气集团公司签署关于四川省石油公司划归中国石油天然气集团公司管理的协商意见

1998 年 7 月，四川省人民政府印发《关于认真做好我省县以上国有石油公司划转移交工作的通知》（川府发〔1998〕44 号），明确四川省县以上国有石油公司的划转范围为：四川省石油集团有限公司及其直属企业成建制划转；甘孜、阿坝、凉山州和巴中地区 4 个地级石油公司；成建制的国有县石油公司。

1998 年 7—8 月，四川省石油集团有限公司完成甘孜、阿坝、凉山州和巴中地区 36 个市（地、州）、县石油公司的划转接收。至此，四川省石油集团有限公司及其 20 个市（地、州）公司、93 个县公司、78 座油库和 617 座加油站、34 亿元总资产、1.7 万余名在册员工，全部无偿划转中国石油天然气集团公司。

1998 年 10 月，四川省石油集团有限公司办公地址从成都市鼓楼北二街 24 号迁入成都市中西顺城街 1 号（今成都市青羊区顺城大街 206 号）四川国际大厦。

1999 年 7 月，中国石油天然气集团公司决定，对四川省石油集团有限公司进行重组改制，将核心业务与非核心业务分开分立，核心业务部分组建中国石油天然气股份有限公司四川销售公司，非核心业务部分仍由四川省石油集团有限公司管理。重组后，非核心业务部分主要负责管理存续企业的资产和人员、股份，以及存续的离退休人员。

四川省石油集团有限公司负责管理的单位和人员有：未划入四川销售公司的原四川省石油集团有限公司离退休职工、内退职工、下岗分流职工及 82 个县公司的职工，以及原四川省石油集团有限公司所属的天河工程公司、技术服务中心、青年服务部、设计所和原四川省石油集团有限公司派往成都深国贸物业管理有限公司工作的职工。重组分开后，四川销售公司的离退休人员、下岗分流人员仍由存续省公司统一管理，其费用由四川销售公司承担，其标准按照中国石油天然气集团公司的有关政策规定执行。

1999 年 8 月，重组改制后的四川省石油集团有限公司开始正式运行，公司机关从成都市中西顺城街 1 号（今成都市青羊区顺城大街 206 号）四川国际大厦迁至成都市鼓楼北二街 24 号（见图 1–9）。

图 1–9　1998 年 6 月 28 日，四川省石油集团有限公司办公大楼落成

1999 年 9 月，中国石油天然气集团公司党组经研究并商得中共四川省委同意，决定温明友任四川省石油总公司总经理（原级别不变），王选全任四川省石油总公司副总经理（原级别不变）；免去杨顺成四川省石油总公司总经理职务；免去王建中、胡兴东、叶学胜、刘桂林 4 人四川省石油总公司副总经理职务（注：此处四川省石油总公司即为四川省石油集团有限公司）。

2000 年 6 月，中国石油天然气集团公司决定，温明友任四川省石油集团有限公司总经理（原级别不变）；王选全任四川省石油集团有限公司副总经理（原级别不变）。

2000 年 7 月，中国石油天然气股份有限公司炼油与销售分公司商得中国石油天然气集团公司人事劳资部同意，聘任刘安川为四川省石油集团有限公司副总经理（原级别不变）。

2001 年 8 月，中国石油天然气集团公司决定，对四川省石油集团有限公司和中国石油天然气股份有限公司四川销售分公司进行重组整合，将四川省石油集团有限公司的业务、资产和人员全面委托中国石油天然气股份有限公司四川销售分公司管理，实行一个领导班子、一套机关职能部门、一体化运作的管理体制。

2002 年 6 月，根据中国石油天然气集团公司党组和中国石油天然气股份有限公司决定，四川省石油集团有限公司和中国石油天然气股份有限公司四川销售分公司领导班子实行整合。中国石油天然气集团公司党组免去温明友四川省石油集团有限公司总经理职务，免去王选全四川省石油集团有限公司副总经理职务。中国石油天然气股份有限公司炼油与销售分公司免去刘安川四川省石油集团有限公司副总经理职务。整合后，四川省石油集团有限公司并入中国石油天然气股份有限公司四川销售分公司管理，保留四川省石油集团有限公司牌子及其法人资格。

2003 年 6 月，中国石油天然气集团公司决定，任命杨顺成为四川省石油集团有限公司总经理，刘华治为四川省石油集团有限公司副总经理。

2008 年 7 月，中国石油天然气集团公司决定，任命姚志强为四川省石油集团有限公司总经理，免去杨顺成四川省石油集团有限公司总经理职务。

2014 年 10 月，中国石油天然气集团公司决定，任命付斌为四川省石油集团有限公司总经理，免去姚志强四川省石油集团有限公司总经理职务。

2018 年 4 月，中国石油天然气集团公司决定，任命刘建明为四川省石油集团有限公司执行董事、总经理，免去付斌四川省石油集团有限公司总经理职务。

表 1–24 所示为 1997 年 1 月至 2019 年 12 月四川省石油集团有限公司行政领导及总经理助理任职情况。

表 1–24　1997 年 1 月至 2019 年 12 月四川省石油集团有限公司行政领导及总经理助理任职情况

机构名称	职务	姓名	任职起止时间
四川省石油集团有限公司	董事长	杨顺成	1997 年 1 月至 1999 年 9 月
	副董事长	王建中	1997 年 1 月至 1999 年 9 月
		胡兴东	1997 年 1 月至 1999 年 9 月
	执行董事	刘建明	2018 年 4 月至 2019 年 12 月
	监事会主席	温志新	1997 年 1 月至 1999 年 9 月
	总经理	杨顺成	1997 年 1 月至 1999 年 9 月
		温明友	1999 年 9 月至 2002 年 6 月（副局级）
		杨顺成	2003 年 6 月至 2008 年 7 月
		姚志强	2008 年 7 月至 2014 年 10 月
		付　斌	2014 年 10 月至 2018 年 4 月
		刘建明	2018 年 4 月至 2019 年 12 月
	副总经理	王建中	1997 年 1 月至 1999 年 9 月
		胡兴东	1997 年 1 月至 1999 年 9 月
		叶学胜	1997 年 1 月至 1999 年 9 月
		刘桂林	1997 年 1 月至 1999 年 9 月
		王选全	1997 年 1 月至 1999 年 9 月
		温明友	1997 年 1 月至 1999 年 9 月
		刘安川	2000 年 7 月至 2002 年 6 月（正处级）
		刘华治	2003 年 6 月至 2013 年 4 月
	调研员	申太林	1997 年 1—12 月
	总经理助理	刘安川	1997 年 1 月至 2000 年 7 月
		涂安宁	1997 年 4 月至 1999 年 9 月

说明：1999 年 10 月，王建中调任中国石油西南销售分公司党委书记；2013 年 4 月，刘华治调任中国石油西藏销售分公司党委副书记。

二、党组（党委）

1997 年 1 月，中共四川省委同意，撤销中共四川省石油总公司委员会，建立中共四川省石油集团有限公司党组（见图 1–10）。中共四川省委任命，杨顺成任中共四川省石油集团有限公司党组书记，王建中、胡兴东任党组副书记，吕明清、叶学胜、刘桂林、王选全、温明友、温志新任党组成员。

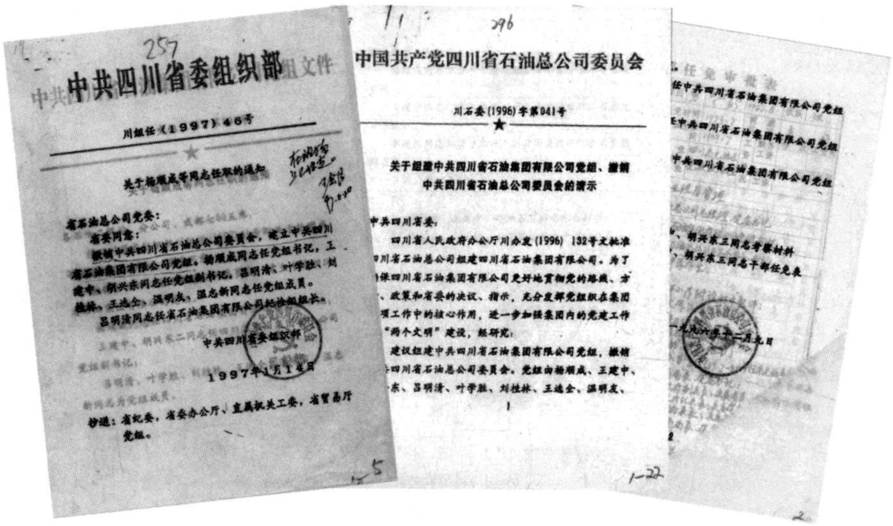

图 1–10　中共四川省委同意建立中共四川省石油集团有限公司党组

1998 年 7 月，中共四川省委组织部印发《关于四川省石油集团有限公司党组织关系和干部管理有关问题的通知》（川组办〔1998〕109 号），要求四川省石油集团有限公司划转中国石油天然气集团公司后，建立中共四川省石油集团有限公司委员会和中共四川省石油集团有限公司纪律检查委员会，公司党的组织关系由省委领导，筹建党委和纪委的工作由公司党组负责，待党委和纪委建立后，公司党组和纪检组即行撤销。公司所属市（地、州）、县石油公司的党组织关系转由四川省石油集团有限公司党委统一管理。四川省石油集团有限公司领导班子及其成员移交中国石油集团公司管理，省委协管，干部管理的有关事宜按中共中央组织部通字〔1991〕35 号文件精神执行。公司所属市、地、州、县石油公司领导班子及其成员由四川省石油集团有限公司直接管理。

11 月，四川省石油集团有限公司完成公司系统各级党群组织关系的划转。

1999 年 9 月，撤销四川省石油集团有限公司党组、纪检组，成立四川省石油集团有限公司党委，党组织关系隶属于中国石油天然气股份有限公司四川销售公司临时党委。中国石油天然气集团公司党组经研究并商得中共四川省委同意，决定温明友任四川省石油总公司党委书记（原级别不变），王选全任四川省石油总公司党委委员，中共四川省总公司党组、纪检组撤销，原党组、纪检组成员领导职务随即免除（注：此处四川省石油总公司即为四川省石油集团有限公司）。

2000 年 6 月，中共中国石油天然气集团公司党组决定，温明友任四川省石油集团有限公司党委委员、书记（原级别不变），王选全任四川省石油集团有限公司党委委员。

2000 年 7 月，中共中国石油天然气股份有限公司炼油与销售分公司委员会决定，刘安川任四川省石油集团有限公司党委委员。

2002 年 6 月，根据中国石油天然气集团公司党组和中国石油天然气股份有限公司决定，四川省石油集团有限公司和中国石油天然气股份有限公司四川销售分公司领导班子实行整合。中国石油天然气集团公司党组免去温明友四川省石油集团有限公司党委书记、委员职务，免去王选全四川省石油集团有限公司党委委员职务。中共中国石油天然气股份有限公司炼油与销售分公司委员会免去刘安川四川省石油集团有限公司党委委员职务。整合后，四川省石油集团有限公司并入中国石油天然气股份有限公司四川销售分公司管理，保留四川省石油集团有限公司牌子及其法人资格。

表 1–25 所示为 1997 年 1 月至 2002 年 6 月四川省石油集团有限公司党组成员任职情况。

表 1–25　1997 年 1 月至 2002 年 6 月四川省石油集团有限公司党组成员任职情况

机构名称	职务	姓名	任职起止时间
中共四川省石油集团有限公司党组	书　记	杨顺成	1997 年 1 月至 1999 年 9 月
	副书记	王建中	1997 年 1 月至 1999 年 9 月
		胡兴东	1997 年 1 月至 1999 年 9 月
	成　员	杨顺成	1997 年 1 月至 1999 年 9 月
		王建中	1997 年 1 月至 1999 年 9 月
		胡兴东	1997 年 1 月至 1999 年 9 月
		叶学胜	1997 年 1 月至 1999 年 9 月
		刘桂林	1997 年 1 月至 1999 年 9 月
		王选全	1997 年 1 月至 1999 年 9 月
		温明友	1997 年 1 月至 1999 年 9 月
		温志新	1997 年 1 月至 1999 年 9 月
		吕明清	1997 年 1 月至 1999 年 9 月
中共四川省石油集团有限公司党委	书　记	温明友	1999 年 9 月至 2002 年 6 月（副局级）
	委　员	温明友	1999 年 9 月至 2002 年 6 月
		王选全	1999 年 9 月至 2002 年 6 月
		刘安川	2000 年 7 月至 2002 年 6 月（正处级）

三、纪检组

1997 年 1 月，中共四川省委任命，吕明清任中共四川省石油集团有限公司纪检组组长。

1997 年 7 月，中共四川省石油集团有限公司党组研究决定，申瑄任中共四川省石油集团有限公司纪检组副组长（正处级），蹇明成、卢玉成任纪检组成员。

1999 年 9 月，撤销中共四川省石油集团有限公司纪检组。

表 1–26 所示为 1997 年 1 月至 1999 年 9 月四川省石油集团有限公司纪检组组长任职情况。

表 1–26　1997 年 1 月至 1999 年 9 月四川省石油集团有限公司纪检组组长任职情况

机构名称	职务	姓名	任职起止时间
中共四川省石油集团有限公司纪检组	组　长	吕明清	1997 年 1 月至 1999 年 9 月
	副组长	申　瑄	1997 年 7 月至 1999 年 9 月（正处级）

第二节　群团组织

一、工会

1997年5月，四川省贸易厅直属单位工会工作委员会批复，同意撤销四川省石油总公司工会委员会，同时组建四川省石油集团有限公司工会委员会。同意四川省石油集团有限公司工会委员会筹备组由吕明清、曾凡吉、凌启德、郝丽萍、杨蜀光、谢勇、杨洪彬7人组成，吕明清任筹备组组长，曾凡吉任筹备组副组长。四川省石油集团有限公司工会委员会接受四川省石油集团有限公司直属机关党委和四川省贸易厅直属单位工会工作委员会的双重领导，负责领导集团在蓉单位工会工作。

1997年7月，经四川省石油集团有限公司第一次工会会员代表大会民主选举，四川省贸易厅直属单位工会工作委员会批复同意，四川省石油集团有限公司第一届工会委员会由吕明清、曾凡吉、凌启德、杨蜀光、杨洪彬、郝丽萍、谢勇7人组成，吕明清任工会主席，曾凡吉、凌启德任工会副主席。陈先进、徐惠敏、蹇明成3人为四川省石油集团有限公司第一届工会经费审查委员会委员，陈先进为主任委员。

1998年8月，四川省石油集团有限公司工会委员会的组织关系和财务管理，从四川省贸易厅直属单位工作委员会转至四川省直属机关工会工作委员会，由四川省直属机关工会工作委员会直接领导和管理。是月，四川省石油集团有限公司工会委员会请示四川省总工会，将公司工会组织关系转由四川省总工会领导，并将公司所属的20个地（市、州）石油公司工会、93个县石油公司工会和16174名工会会员的组织关系从地（市、州）、县工会转由四川省石油集团有限公司工会管理。

1998年9月，四川省总工会印发《关于调整四川省石油集团有限公司工会组织关系的通知》，要求建立四川省石油集团有限公司工会委员会和经费审查委员会，明确划转后的四川省石油集团有限公司工会属四川省总工会直接管理的企业集团工会，接受四川省石油集团有限公司党委和四川省总工会的双重领导，以四川省石油集团有限公司党委领导为主；四川省石油集团有限公司所属市、地、州、县石油公司及省石油公司机关的工会组织关系转由四川省石油集团有限公司工会统一管理；四川省石油集团有限公司工会的财务管理按全国总工会和四川省总工会的有关规定执行；四川省石油集团有限公司所属基层单位工会的组织关系和财务交接，从1999年1月1日起执行。

1998年12月，经四川省总工会批复同意，成立四川省石油集团有限公司工会委员会筹备组，吕明清任筹备组组长，杨峰任筹备组副组长。

1999年7月，四川省石油集团公司重组改制，从事油品批发经营、零售经营、油品储运以及相关管理机构的核心业务分立，成立中国石油天然气股份有限公司四川销售公司。随后，经四川省总工会同意，四川省石油集团有限公司工会委员会筹备组更名为中国石油四川销售分公司工会委员会筹备组。

1999 年 9 月，中国石油天然气集团公司党组经研究并商得中共四川省委同意，免去吕明清四川省石油总公司工会主席职务（注：此处四川省石油总公司即为四川省石油集团有限公司）。

表 1-27 所示为 1997 年 1 月至 1999 年 9 月四川省石油集团有限公司工会主席任职情况。

表 1-27　1997 年 1 月至 1999 年 9 月四川省石油集团有限公司工会主席任职情况

机构名称	职务	姓名	任职起止时间
四川省石油总公司工会	主　席	吕明清	1997 年 1—7 月
	副主席	曾凡吉	1997 年 1—7 月（正处级）
四川省石油集团有限公司工会	主　席	吕明清	1997 年 7 月至 1999 年 9 月
	副主席	曾凡吉	1997 年 7 月至 1999 年 9 月
		凌启德	1997 年 7 月至 1999 年 9 月

二、团委

1997 年，四川省石油集团有限公司团委成员有程懿、余瑞华、范丽蓉、李宇红、谭红霞、黄键、孙红兵 7 人，程懿任公司团委书记，余瑞华、范丽蓉任公司团委副书记。

1998 年 8 月，共青团四川省委组织部批复，同意四川省石油集团有限公司团的组织关系转接到团省委，由团省委直属管理，同意四川省石油集团有限公司所属市（地、州）、县石油公司的团组织关系转由共青团四川省石油集团有限公司委员会统一管理。

1998 年 12 月，四川省石油集团有限公司所属市（地、州）、县石油公司共 18 个团委、171 个团支部、2059 名共青团员的组织关系，全部划转由共青团四川省石油集团有限公司委员会统一管理。

1999 年 3 月，依据共青团四川省委组织部批复，公司党组研究决定，成立共青团四川省石油集团有限公司委员会筹备工作领导小组，组长蔡向阳、副组长程懿，负责做好筹备工作。

1999 年 4 月，鉴于四川省石油集团有限公司所属市（地、州）、县团组织和团员的组织关系已全部上划管理，省集团公司团委属初建，根据工作需要，按照省委组织部、团省委川青联发〔1998〕27 号文第 14 条关于“团组织初建时，团组织负责人可以由同级党组织和上级团组织直接任命，待条件成熟后，再按规定选举产生”之规定，经公司党组研究决定，共青团四川省委组织部批复同意，蔡向阳任共青团四川省石油集团有限公司委员会书记，程懿、李波为副书记。

表 1-28 所示为 1997 年 1 月至 1999 年 9 月四川省石油集团有限公司团委书记任职情况。

表 1-28　1997 年 1 月至 1999 年 9 月四川省石油集团有限公司团委书记任职情况

机构名称	职务	姓名	任职起止时间
四川省石油集团有限公司团委	书　记	程　懿	1997 年 1 月至 1999 年 4 月
		蔡向阳	1999 年 4—9 月
	副书记	余瑞华	1997 年 1 月至 1999 年 4 月
		范丽蓉	1997 年 1 月至 1999 年 4 月
		程　懿	1999 年 4—9 月
		李　波	1999 年 4—9 月

第三节　机关部门

1997 年，四川省石油总公司改组为四川省石油集团有限公司，并正式挂牌运作。4 月，根据公司总经理提议，并经董事会研究决定，四川省石油集团有限公司对内部机构设置及直属经营单位进行调整。设管理部门、事业单位：董事会办公室、总经理办公室、研究室、市场综合处、调运处、人事处、财会处、投资管理处、审计处、仓储基建安全处、政治工作部、监察处、保卫处、行政处、科技润油处、科研质检所、设计所。设经营单位：自备车油料运输部、润滑油销售公司、成品油销售公司、劳动服务公司、生活服务公司。其中，董事会办公室与研究室实行“两块牌子，一套人员”；监察处与保卫处实行“两块牌子，一套人员”；科技润油处、科研质检所与润滑油销售公司实行“三块牌子，一套人员”；行政处与生活服务公司实行“两块牌子，一套人员”。

1997 年 12 月，四川省石油集团有限公司与四川省石油集团成都有限公司实行合并后，对公司管理和经营机构进行调整。设管理部门：办公室、人事处、财会处、综合业务处、调运处、仓储安全处、政治工作部、审计处、监察（保卫）处、投资发展处、多种经营管理处、行政处。

1998 年 6 月，四川省石油集团有限公司及其下属各级市（州）公司由四川省划归中国石油天然气集团公司管理。划转后，组织机构延续上划前设置，设 12 个处室：办公室、人事处、综合业务处、调运处、投资发展处、财会处、审计处、仓储安全处、监察（保卫）处、多种经营管理处、政治工作部、行政处。是年 10 月，为适应企业改革、加强专业管理的需要，成立政策法规处、劳动工资处。

1999 年 6 月，四川省石油集团有限公司成立再就业服务中心，挂靠劳动工资处，具体负责承办下岗分流各项日常工作。

1999 年 7 月，四川省石油集团有限公司进行重组改制，将核心业务与非核心业务分开分立，核心业务部分组建中国石油天然气股份有限公司四川销售公司，非核心业务部分仍由四川省石油集团有限公司管理。重组后，机关人员配置 30 人，其中领导职数 4 人。设经理办公室、财务资产处、人事劳资处（离退休人员管理办公室、再就业服务中心）、审计监察处、企业发展处、党委办公室等6个职能部门。其中，原人事处和劳动工资处合并为人事劳资处，原审计处和监察保卫处合并为审计监察处，原财会处更名为财务资产处，原办公室保留，撤销原调运处、政治工作部、投资发展处、多种经营管理处、行政处、政策法规处等6个部门，新成立企业发展处和党委办公室，原综合业务处、仓储安全处划入新成立的中国石油天然气股份有限公司四川销售公司。

1999年8月，四川省石油集团有限公司重组改制工作结束，所属单位机构、人员、资产全面分开。重组改制后的四川省石油集团有限公司开始正式运行，公司机关从成都市顺城大街四川国际大厦迁往成都市鼓楼北二街24号办公。

2001年8月，中国石油天然气集团公司决定，对四川省石油集团有限公司和中国石油天然气股份有限公司四川销售分公司进行重组整合，将四川省石油集团有限公司的业务、资产和人员全面委托中国石油天然气股份有限公司四川销售分公司管理，实行一个领导班子、一套机关职能部门、一套决策机制、一体化运作的管理体制。重组后，保留四川省石油集团有限公司牌子及其法人资格。8月24日，中国石油天然气股份有限公司四川销售分公司与四川省石油集团有限公司两个领导班子及机关部门合署办公。

2002年6月，根据中国石油天然气集团公司党组和股份公司的决定，四川省石油集团有限公司和中国石油天然气股份有限公司四川销售分公司领导班子实行整合，对机关处室正副职实行岗位竞聘，处室员工实行双向选择。整合后，四川省石油集团有限公司并入中国石油天然气股份有限公司四川销售分公司管理。

表1–29所示为1997年1月至2002年6月四川省石油集团有限公司机关职能部门负责人任职情况。

表1–29　1997年1月至2002年6月四川省石油集团有限公司机关职能部门负责人任职情况

机构名称	职务	姓名	任职起止时间
董事会办公室（1997年4—12月）	主　任	蒋胡民	1997年8—12月（兼）
研究室（1997年4—12月）	主　任	蒋胡民	1997年8—12月
	副主任	蒋胡民	1997年4—8月
办公室（1997年1月至2002年6月）	主　任	刘秉章	1997年1月至1999年8月
		曾凡吉	1999年8月至2001年5月
	副主任	杨泽元	1997年1月至1999年8月
		蒋胡民	1997年1—4月
			1997年12月至1999年8月（正处级）
		李　波	1998年6月至1999年8月
		刘华平	1999年8月至2002年6月

续表

机构名称	职务	姓名	任职起止时间
人事处（1997 年 1 月至 1999 年 8 月）	处　长	王光臣	1997 年 1 月至 1999 年 8 月
	副处长	龙念成	1997 年 1 月至 1999 年 8 月
		董树元	1997 年 1 月至 1998 年 12 月
	调研员	曾祖瑶	1997 年 1—12 月（正处级）
劳动工资处（1998 年 10 月至 1999 年 8 月）	副处长	董树元	1998 年 12 月至 1999 年 8 月
人事劳资处（1999 年 8 月至 2002 年 4 月）	处　长	杨蜀光	1999 年 8 月至 2002 年 4 月
市场综合处（1997 年 1—12 月） 综合业务处（1997 年 12 月至 1999 年 8 月）	处　长	范仁模	1997 年 1 月至 1998 年 12 月
	副处长	游贤敏	1997 年 1 月至 1999 年 8 月
		郝丽萍	1997 年 1 月至 1998 年 6 月
		何明慧	1998 年 12 月至 1999 年 8 月
		徐晓炜	1998 年 12 月至 1999 年 8 月
调运处（1997 年 1 月至 1999 年 8 月）	处　长	谭光著	1997 年 1 月至 1999 年 8 月
	副处长	杨树明	1997 年 1 月至 1999 年 8 月
		贾晋宏	1997 年 1 月至 1999 年 8 月
		汪晓华	1997 年 1—4 月
		尹显毅	1997 年 12 月至 1999 年 8 月
		王　芳	1997 年 12 月至 1999 年 8 月
投资管理处（1997 年 4—12 月） 投资发展处（1997 年 12 月至 1999 年 8 月）	处　长	杨　峰	1997 年 4—12 月
		杜树尧	1997 年 12 月至 1998 年 12 月
		杜庆华	1998 年 12 月至 1999 年 8 月
	副处长	吕家驹	1997 年 12 月至 1999 年 8 月
财会处（1997 年 1 月至 1999 年 8 月） 财务资产处（1999 年 8 月至 2002 年 6 月）	处　长	杨　峰	1997 年 1 月至 1997 年 4 月
		刘华治	1997 年 8 月至 1999 年 8 月
		陈先进	1999 年 8 月至 2002 年 6 月
	副处长	刘华治	1997 年 1—8 月
		刘志强	1997 年 1 月至 2000 年 7 月
		徐慧敏	1997 年 1 月至 1999 年 8 月
		陈运华	1997 年 12 月至 1999 年 8 月
审计处（1997 年 1 月至 1999 年 8 月）	处　长	陈先进	1997 年 8 月至 1999 年 8 月
	副处长	陈先进	1997 年 1—8 月
		梅学军	1997 年 12 月至 1999 年 8 月
审计监察处（1999 年 8 月至 2001 年 8 月）	处长	杨　峰	1999 年 8 月至 2001 年 8 月

续表

机构名称	职务	姓名	任职起止时间
仓储基建安全处（1997 年 1—12 月） 仓储安全处（1997 年 12 月至 1999 年 8 月）	处　长	张　宇	1997 年 1—12 月
		杨胜奎	1997 年 12 月至 1999 年 6 月
	副处长	杨胜奎	1997 年 1—12 月
		郑朝军	1997 年 1 月至 1999 年 8 月
		张永平	1997 年 12 月至 1999 年 8 月
监察处（1997 年 1 月至 1998 年 6 月）	处　长	陈占信	1997 年 1—8 月
		申　瑄	1997 年 8 月至 1998 年 6 月
	副处长	申　瑄	1997 年 5—8 月
保卫处（1997 年 4 月至 1998 年 6 月）	处　长	陈占信	1997 年 4—8 月
		申　瑄	1997 年 8 月至 1998 年 6 月
	副处长	申　瑄	1997 年 5—8 月
监察（保卫）处（1998 年 7 月至 1999 年 8 月）	处　长	申　瑄	1998 年 7 月至 1999 年 8 月
多种经营管理处（1997 年 12 月至 1999 年 8 月）	处　长	杨　峰	1997 年 12 月至 1999 年 8 月
	副处长	刘华平	1997 年 12 月至 1999 年 8 月
政治工作部（1997 年 1 月至 1999 年 8 月）	主　任	刘明英	1997 年 1—12 月
		杨蜀光	1997 年 12 月至 1999 年 8 月
	副主任	凌启德	1997 年 1 月至 1999 年 8 月
		陈　志	1997 年 1 月至 1999 年 8 月
行政处（1997 年 1 月至 1999 年 8 月）	处　长	曾凡吉	1997 年 1 月至 1999 年 8 月
	副处长	曹天顺	1997 年 1 月至 1999 年 8 月
科技润滑油处（1997 年 1—12 月）	处　长	刘　苏	1997 年 1—12 月
	副处长	江梅秀	1997 年 1—12 月
政策法规处（1998 年 10 月至 1999 年 8 月）	副处长	程　懿	1998 年 12 月至 1999 年 8 月
企业发展处（1999 年 8 月至 2002 年 6 月）	副处长	吕家驹	1999 年 8 月至 2002 年 6 月
		尹显毅	1999 年 8 月至 2002 年 6 月
党委办公室（1999 年 8 月至 2002 年 6 月）	副主任	凌启德	1999 年 8 月至 2002 年 6 月

第四节　二级单位

1997 年 1 月，四川省石油总公司改组为四川省石油集团有限公司，并于 4 月 28 日正式挂牌运作。公司拥有大中小油库 118 座、加油站 440 座、铁路运输自备车 450 辆、公路运输油罐车 480 辆。

1997 年 3 月 14 日，八届全国人大五次会议批准设立重庆直辖市，撤销原重庆市。重庆直辖市辖原重庆市、万县市、涪陵市和黔江地区。6 月 18 日，重庆直辖市政府机构正式挂牌。四川省石油集团有限公司主管的万县、涪陵、黔江 3 个地级公司及其下属 11 个县级公司划归重庆市石油公司管理。

1997 年 6 月起，四川省石油集团有限公司将全资一、二级子公司更名为“四川省石油集团 ×× 有限公司”。

1997 年 10 月，四川省石油集团有限公司在眉山地区成立四川省石油集团眉山有限公司，为四川省石油集团有限公司直属一级子公司，撤销原为二级子公司的眉山有限公司（眉山采购供应站），直接管辖仁寿、彭山、洪雅、丹棱、青神有限公司。12 月，四川省石油集团眉山有限公司正式挂牌。

1997 年 12 月，为深化企业改革，实行资产重组和结构调整，提高适应市场竞争的能力，四川省石油集团成都有限公司合并至四川省石油集团有限公司。是月，成立四川省石油集团有限公司成品油销售公司、四川省石油集团有限公司成品油零售公司、四川省石油集团有限公司润特油分公司；将四川省石油集团成都有限公司储油所从原单位划出，成立四川省石油集团有限公司仓储分公司。

1997 年 12 月 18 日，中国石化销售公司与四川省石油集团有限公司协商一致，四川省三川实业公司与四川省石油集团有限公司脱钩，其人、财、物由中国石化销售公司管理。

1998 年 6 月，四川省石油集团有限公司及其下属各级石油公司和加油站由四川省划归中国石油天然气集团公司管理。

1998 年 7 月，四川省人民政府印发《关于认真做好我省县以上国有石油公司划转移交工作的通知》（川府发〔1998〕44 号），明确四川省县以上国有石油公司的划转范围为：四川省石油集团有限公司及其直属企业成建制划转；甘孜、阿坝、凉山州和巴中地区 4 个地级石油公司；成建制的国有县石油公司。

1998 年 7—8 月，四川省石油集团有限公司完成甘孜、阿坝、凉山州和巴中地区 36 个地、州、县石油公司的划转接收。至此，四川省石油集团有限公司及其 20 个地市州公司、93 个县公司、78 座油库和 617 座加油站、34 亿元总资产、1.7 万余名在册员工，全部无偿划转中国石油天然气集团公司。上划后，四川省石油集团有限公司主要从事成品油批发和零售业务，以及便利店、润滑油、化工产品等非油品业务。

1999 年 7 月，集团公司决定，对四川省石油集团有限公司进行重组改制，将核心业务与非核心业务分开分立，核心业务部分组建股份公司四川销售分公司，非核心业务部分仍由四川省石油集团有限公司管理。

四川省石油集团有限公司即存续省公司负责管理的单位和人员是：未划入四川销售公司的原四川省石油集团有限公司离退休职工、内退职工、下岗分流职工及 82 个县公司的职工，以及原四川省石油集团有限公司所属的天河工程公司、技术服务中心、青年服务部、设计所和原四川省石油集团有限公司派往成都深国贸物业管理有限公司（控股）工作的职工。在册员工 9500 余人。重组分开后四川销售公司的离退休人员、下岗分流人员仍由存续省公司统一管理，其费用由四川销售公司承担，其标准按照中国石油天然气集团公司的有关政策规定执行。

2001年8月，根据集团公司和股份公司重组改革的部署，四川销售分公司与四川省石油集团有限公司两个领导班子及机关部门合署办公，实行一个领导班子、一套机关职能部门、一体化运作的管理体制，顺利完成对公司本部和83个未上市县公司、286座未上市企业加油站主营业务的接管工作，实现上市企业与未上市企业成品油经营业务的完全统一。

2002年9月30日，四川省石油集团有限公司及83个县公司的资产、负债、所有者权益（评估基准日为2002年3月31日）重组并入中国石油天然气股份有限公司四川销售分公司。

表1–30所示为1998年5月四川省石油集团有限公司所属子公司统计情况，表1–31所示为1998年末四川省石油集团有限公司所属子公司统计情况，表1–32所示为1999年7月四川省石油集团有限公司重组改制后所属单位统计情况。

表1–30　1998年5月四川省石油集团有限公司所属子公司统计表

序号	分公司（25个）	支公司（61个）
1	四川省石油集团成都地区有限公司	崇州公司　邛崃公司　彭州公司　郫县公司　新都公司　金堂公司　双流公司　新津公司　温江公司　都江堰公司
2	四川省石油集团自贡有限公司	荣县公司　富顺公司
3	四川省石油集团德阳有限公司	绵竹公司　什邡公司　广汉公司　中江公司
4	四川省石油集团绵阳有限公司	三台公司　盐亭公司　安县公司　北川公司　江油公司　平武公司
5	四川省石油集团广元有限公司	剑阁公司　苍溪公司　青川公司　旺苍公司
6	四川省石油集团乐山有限公司	峨眉公司　犍为公司　夹江公司　井研公司　五通桥公司
7	四川省石油集团遂宁有限公司	射洪公司　蓬溪公司　遂宁市中区公司
8	四川省石油集团南充有限公司	西充公司　南部公司　阆中公司　仪陇公司　营山公司　蓬安公司
9	四川省石油集团雅安有限公司	名山公司　荥经公司　汉源公司　石棉公司　天全公司　芦山公司
10	四川省石油集团内江有限公司	乐至公司　安岳公司　资中公司　资阳公司　隆昌公司　简阳公司　威远公司
11	四川省石油集团泸州有限公司	—
12	四川省石油集团达川有限公司	—
13	四川省石油集团攀枝花有限公司	米易公司
14	四川省石油集团广安有限公司	岳池公司　武胜公司
15	四川省石油集团宜宾有限公司	—
16	四川省石油集团眉山有限公司	仁寿公司　彭山公司　洪雅公司　丹棱公司　青神公司
17	四川省石油集团成都七〇〇五油库	—
18	四川省石油集团有限公司成品油零售公司	—
19	四川省石油集团有限公司成品油销售公司	—
20	四川省石油集团有限公司仓储分公司	—

续表

序号	分公司（25 个）	支公司（61 个）
21	四川省石油集团有限公司润特油分公司	—
22	四川省石油集团有限公司自备车运输分公司	—
23	四川石化房地产综合开发有限责任公司	—
24	四川省石油集团有限公司科研所	—
25	四川省石油集团有限公司设计所	—

表 1–31　1998 年末四川省石油集团有限公司所属子公司统计表

序号	一级子公司（29 个）	二级子公司（93 个）
1	四川省石油集团广元有限公司	苍溪公司　旺苍公司　剑阁公司　青川公司
2	四川省石油集团巴中有限公司	巴中市公司　平昌公司　南江公司　通江公司
3	四川省石油集团达川有限公司	达县公司　开江公司　宣汉公司　大竹公司　万源公司　渠县公司
4	四川省阿坝州石油公司	九寨沟公司　汶川公司
5	四川省石油集团绵阳有限公司	江油公司　三台公司　盐亭公司　平武公司　安县公司　北川公司
6	四川省石油集团南充有限公司	营山公司　蓬安公司　仪陇公司　阆中公司　南部公司　西充公司
7	四川省石油集团广安有限公司	武胜公司　岳池公司　华蓥公司　邻水公司
8	四川省石油集团德阳有限公司	广汉公司　绵竹公司　中江公司　什邡公司
9	四川省石油集团遂宁有限公司	遂宁市中区公司　蓬溪公司　射洪公司
10	四川省石油集团成都地区有限公司	双流公司　新都公司　新津公司　都江堰公司　彭州公司　金堂公司　郫县公司　邛崃公司　崇州公司　温江公司　大邑公司
11	四川省石油集团雅安有限公司	名山公司　荥经公司　汉源公司　石棉公司　天全公司　芦山公司
12	四川省石油集团眉山有限公司	仁寿公司　青神公司　彭山公司　洪雅公司　丹棱公司
13	四川省石油集团自贡有限公司	荣县公司　富顺公司
14	四川省石油集团内江有限公司	简阳公司　资中公司　资阳公司　威远公司　隆昌公司　安岳公司　乐至公司
15	四川省石油集团宜宾有限公司	高县公司　珙县公司　南溪公司
16	四川省石油集团泸州有限公司	合江公司　古蔺公司
17	四川省石油集团乐山有限公司	峨眉公司　犍为公司　夹江公司　五通桥公司　井研公司
18	四川省石油集团甘孜有限公司	甘孜公司　色达公司　巴塘公司　石渠公司　白玉公司　得荣公司　德格公司　丹巴公司
19	四川省石油集团凉山有限公司	雷波公司　美姑公司　木里公司　盐源公司
20	四川省石油集团攀枝花有限公司	米易公司
21	四川省石油集团成都七〇〇五油库	—

续表

序号	一级子公司（29 个）	二级子公司（93 个）
22	四川省石油集团有限公司成品油零售公司	—
23	四川省石油集团有限公司成品油销售公司	—
24	四川省石油集团有限公司仓储分公司	—
25	四川省石油集团有限公司润特油分公司	—
26	四川省石油集团有限公司自备车运输分公司	—
27	四川石化房地产综合开发有限责任公司	—
28	四川省石油集团有限公司科研所	—
29	四川省石油集团有限公司设计所	—

表 1–32　1999 年 7 月四川省石油集团有限公司重组改制后所属单位统计表

二级单位	县公司（82 个）	代管单位
四川省石油集团有限公司设计所	南部公司　阆中公司　营山公司　西充公司　蓬安公司　仪陇公司	南充公司
石油设备经营技术服务中心	富顺公司　荣县公司	自贡公司
四川天河石油设备工程部	岳池公司　武胜公司　华蓥公司　邻水公司	广安公司
石油产品青年经营服务部	遂宁市中区公司　射洪公司　蓬溪公司	遂宁公司
成都深国贸物业管理有限公司（控股）	美姑公司　雷波公司　木里公司　盐源公司	凉山公司
—	盐亭公司　三台公司　平武公司　北川公司　安县公司	绵阳公司
	高县公司　珙县公司　南溪公司	宜宾公司
	中江公司　什邡公司	德阳公司
	丹巴公司　德格公司　甘孜公司　白玉公司　得荣公司　石渠公司　色达公司　巴塘公司	甘孜公司
	温江公司　崇州公司　大邑公司　邛崃公司　郫县公司　新津公司　金堂公司　彭州公司	成都公司
	彭山公司　仁寿公司　洪雅公司　青神公司　丹棱公司	眉山公司
	达县公司　宣汉公司　大竹公司　万源公司　渠县公司　开江公司	达川公司
	苍溪公司　旺苍公司　剑阁公司　青川公司	广元公司
	合江公司　古蔺公司	泸州公司
	通江公司　巴中市公司　平昌公司	巴中公司
	资中公司　威远公司　安岳公司　乐至公司	内江公司
	汶川公司　九寨沟公司	阿坝州公司
	汉源公司　名山公司　荥经公司　天全公司　石棉公司　芦山公司	雅安公司
	井研公司　犍为公司　峨眉公司　夹江公司　五通桥公司	乐山公司

说明：2001 年 8 月，以上县公司由中国石油天然气股份有限公司四川销售分公司接管（包含新增的遂宁大英县公司，共计 83 个县公司）。

第五章　中国石油天然气股份有限公司四川销售公司

第一节　领导机构

一、行政

1999 年 7 月，中国石油天然气集团公司决定，对四川省石油集团有限公司进行重组改制，将从事油品批发经营、零售经营、油品储运以及相关管理机构的核心业务分立，成立中国石油天然气股份有限公司四川销售公司，领导职数 5 人，机构规格正局级。中国石油天然气股份有限公司四川销售公司办公地址位于四川省成都市青羊区顺城大街 206 号四川国际大厦。

1999 年 9 月，中国石油天然气集团公司党组研究并商得中共四川省委同意，决定杨顺成任中国石油天然气股份有限公司四川销售公司经理，胡兴东、刘桂林、涂安宁 3 人任副经理。

1999 年 10 月，中国石油天然气股份有限公司四川销售公司调整领导分工如表 1–33 所示。

表 1–33　1999 年 10 月中国石油天然气股份有限公司四川销售公司领导分工

职务	姓名	工作分工
经理 临时党委书记	杨顺成	主持公司全面工作，主管人事、财务工作，联系人事处、财务资产处
副经理 临时党委副书记	胡兴东	负责公司日常工作，分管党务、思想政治工作，分管部分油品经营业务工作和油品市场规范管理，分管改革、投资、石化大厦工作，联系办公室、储运安全处、成品油零售公司、四海石化公司、成都石化销售公司、石化房产公司、美川公司
副经理 临时党委委员	刘桂林	分管仓储安全工作，加油站规范管理和发展建设，协助分管财务资产工作，联系储运安全处、仓储公司、财务资产处、永安公司、成都石油产品联营公司、中铁石化销售公司、科研所、液化气站
副经理 临时党委委员	涂安宁	分管油品经营业务工作，联系综合业务处、资源配置处、成品油公司、自备车公司、东贸公司
临时纪委书记 临时党委委员 工会主席	叶学胜	主管纪委和工会工作，分管审计监察和群团工作，协助分管党务思想政治工作和人事劳资工作，联系党办室、审计监察处、人事处
	吕明清	协调做党务和思想政治工作

1999年11月，中国石油天然气股份有限公司四川销售公司上划中国石油天然气股份有限公司管理，作为股份公司地区公司，行政上由股份公司直接管理，业务上由炼化与销售分公司归口管理，后改为由炼油与销售分公司管理。主要从事成品油批发和零售业务以及便利店、润滑油、化工产品等非油品业务。公司下辖广元、巴中、达川、阿坝、绵阳、南充、广安、德阳、遂宁、成都、雅安、眉山、自贡、内江、宜宾、泸州、乐山、甘孜、凉山、攀枝花公司等20个市公司，加油站237座，在用油库36座，在册员工7210人。

表1-34所示为中国石油天然气股份有限公司四川销售公司行政领导任职情况。

表1-34 中国石油天然气股份有限公司四川销售公司行政领导任职情况

机构名称	职务	姓名	任职起止时间
中国石油天然气股份有限公司四川销售公司	经　理	杨顺成	1999年9—12月
	副经理	胡兴东	1999年9—12月
		刘桂林	1999年9—12月
		涂安宁	1999年9—12月

二、党委

1999年9月，中国石油天然气集团公司党组研究并商得中共四川省委同意，决定杨顺成任中国石油天然气股份有限公司四川销售公司临时党委委员、书记，胡兴东任中国石油天然气股份有限公司四川销售公司临时党委委员、副书记，叶学胜、刘桂林、涂安宁、温明友4人任中国石油天然气股份有限公司四川销售公司临时党委委员（见表1-35）。

表1-35 中国石油天然气股份有限公司四川销售公司党委成员任职情况

机构名称	职务	姓名	任职起止时间
中共中国石油天然气股份有限公司四川销售公司临时党委	书　记	杨顺成	1999年9—12月
	副书记	胡兴东	1999年9—12月
	委　员	杨顺成	1999年9—12月
		胡兴东	1999年9—12月
		刘桂林	1999年9—12月
		涂安宁	1999年9—12月
		叶学胜	1999年9—12月
		温明友	1999年9—12月

三、纪委

1999年9月，中国石油天然气集团公司党组研究并商得中共四川省委同意，决定叶学胜任中国石油天然气股份有限公司四川销售公司临时纪委书记（见表1-36）。

1999年12月，中共四川省纪律检查委员会批复同意，建立中共中国石油四川销售公司临时纪律检查委员会，由5名成员组成，其中，书记一正一副。申瑄任临时纪委副书记，杨蜀光、庞守国、李波 3 人任临时纪委委员。

表 1-36　中国石油天然气股份有限公司四川销售公司纪委书记任职情况

机构名称	职务	姓名	任职起止时间
中共中国石油天然气股份有限公司四川销售公司临时纪委	书　记	叶学胜	1999 年 9—12 月
	副书记	申　瑄	1999 年 12 月

第二节　群团组织

一、工会

1999 年 7 月，四川省石油集团公司重组改制，从事油品批发经营、零售经营、油品储运以及相关管理机构的核心业务分立，成立中国石油天然气股份有限公司四川销售公司。随后，经四川省总工会同意，四川省石油集团有限公司工会委员会筹备组更名为中国石油四川销售分公司工会委员会筹备组。

1999 年 9 月，中国石油天然气集团公司党组研究并商得中共四川省委同意，决定叶学胜任中国石油天然气股份有限公司四川销售公司工会主席（见表 1-37）。吕明清由于年龄原因不再担任中国石油天然气股份有限公司四川销售公司工会主席。

1999 年 12 月，为加快行业工会的筹备和组建工作，中共中国石油天然气股份有限公司四川销售公司委员会任命董树元为中国石油天然气股份有限公司四川销售公司工会委员会筹备组副组长。

表 1-37　中国石油天然气股份有限公司四川销售公司工会主席任职情况

机构名称	职务	姓名	任职起止时间
中国石油天然气股份有限公司四川销售公司工会	主　席	叶学胜	1999 年 9—12 月

二、团委

1999 年 9 月，中国石油天然气股份有限公司四川销售公司团委成员有蔡向阳、程懿、李波等人，蔡向阳任公司团委书记，程懿、李波任公司团委副书记（见表 1-38）。

表 1-38　中国石油天然气股份有限公司四川销售公司团委书记任职情况

机构名称	职务	姓名	任职起止时间
中国石油天然气股份有限公司四川销售公司团委	书　记	蔡向阳	1999 年 9—12 月
	副书记	程　懿	1999 年 9—12 月
		李　波	1999 年 9—12 月

第三节　机关部门

1999 年 8 月，中国石油天然气股份有限公司四川销售公司机关人员配置 70 人。设职能部门 7 个，即经理办公室（党委办公室）、财务资产处、人事处（党委组织部）、审计监察处、资源配置处、综合业务处、储运安全处（含防火管理）。各职能部门负责人任职情况如表 1–39 所示。

表 1–39　中国石油天然气股份有限公司四川销售公司机关职能部门负责人任职情况

机构名称	职务	姓名	任职起止时间
经理办公室（1999 年 8—12 月）	主　任	刘秉章	1999 年 8—12 月
	副主任	蒋胡民	1999 年 8—12 月（正处级）
		蔡向阳	1999 年 8—12 月
		曹天顺	1999 年 8—12 月
党委办公室（1999 年 8—12 月）	主　任	蔡向阳	1999 年 8—12 月
	副主任	李　波	1999 年 8—12 月
财务资产处（1999 年 8—12 月）	处　长	刘华治	1999 年 8—12 月
	副处长	陈先进	1999 年 8—12 月（正处级）
		刘志强	1999 年 8—12 月
人事处（组织部）（1999 年 8—12 月）	处　长	王光臣	1999 年 8—12 月
	副处长	杨泽元	1999 年 8—12 月
		董树元	1999 年 8—12 月
		龙念成	1999 年 8—12 月
审计监察处（1999 年 8—12 月）	处　长	申　瑄	1999 年 8—12 月
	副处长	梅学军	1999 年 8—12 月
资源配置处（1999 年 8—12 月）	处　长	谭光著	1999 年 8—12 月
	副处长	贾晋宏	1999 年 8—12 月
		杨树明	1999 年 8—12 月
		王　芳	1999 年 8—12 月
综合业务处（1999 年 8—12 月）	处　长	游贤敏	1999 年 11—12 月
	副处长	游贤敏	1999 年 8—11 月
		何明慧	1999 年 8—12 月
		徐晓炜	1999 年 8—12 月
储运安全处（1999 年 8—12 月）	处　长	杜庆华	1999 年 8—12 月
	副处长	郑朝军	1999 年 8—12 月
		张永平	1999 年 8—12 月

第四节　二级单位

1999 年 7 月，中国石油天然气集团公司对四川省石油集团有限公司进行重组改制，将从事油品批发经营、零售经营、油品储运以及相关管理机构的核心业务分立，成立中国石油天然气股份有限公司四川销售公司，主要从事成品油批发和零售业务，以及便利店、润滑油、化工产品等非油品业务，公司所属二级单位 28 个：广元销售公司、巴中销售公司、达川销售公司、阿坝州石油公司、绵阳销售公司、南充销售公司、广安销售公司、德阳销售公司、遂宁销售公司、成都销售公司、雅安销售公司、眉山销售公司、自贡销售公司、内江销售公司、宜宾销售公司、泸州销售公司、乐山销售公司、甘孜销售公司、凉山销售公司、攀枝花销售公司、七〇〇五油库、成品油零售分公司、成品油分公司 、仓储分公司、润特油分公司、自备车运输分公司、石化房地产公司、科研所（见表 1–40）。重组后，各有关市（地、州）公司名称暂定为中国石油四川销售公司 ×× 公司，暂不注册，对外仍使用原企业名称和印章。

表 1–40　1999 年 7 月中国石油天然气股份有限公司四川销售公司二级单位统计表

序号	二级单位	序号	二级单位
1	中国石油四川销售公司广元公司	15	中国石油四川销售公司宜宾公司
2	中国石油四川销售公司巴中公司	16	中国石油四川销售公司泸州公司
3	中国石油四川销售公司达川公司	17	中国石油四川销售公司乐山公司
4	四川省阿坝州石油公司	18	中国石油四川销售公司甘孜公司
5	中国石油四川销售公司绵阳公司	19	中国石油四川销售公司凉山公司
6	中国石油四川销售公司南充公司	20	中国石油四川销售公司攀枝花公司
7	中国石油四川销售公司广安公司	21	中国石油四川销售公司成都七〇〇王油库
8	中国石油四川销售公司德阳公司	22	中国石油四川销售成品油零售分公司
9	中国石油四川销售公司遂宁公司	23	中国石油四川销售成品油分公司
10	中国石油四川销售公司成都公司	24	中国石油四川销售仓储分公司
11	中国石油四川销售公司雅安公司	25	中国石油四川销售润特油分公司
12	中国石油四川销售公司眉山公司	26	中国石油四川销售自备车运输分公司
13	中国石油四川销售公司自贡公司	27	四川石化房地产综合开发有限责任公司
14	中国石油四川销售公司内江公司	28	中国石油四川销售公司科研所

第六章　中国石油天然气股份有限公司四川销售分公司

第一节　领导机构

一、行政

1999年12月，中国石油天然气股份有限公司将中国石油天然气股份有限公司四川销售公司更名为中国石油天然气股份有限公司四川销售分公司。行政领导职务名称由“经理、副经理”改称“总经理、副总经理”。中国石油天然气股份有限公司任命杨顺成任中国石油天然气股份有限公司四川销售分公司总经理，胡兴东、刘桂林、涂安宁任副总经理。

2000年7月，中国石油炼油与销售分公司同意聘任刘华治为中国石油天然气股份有限公司四川销售分公司副总会计师。

2000年8月，中国石油天然气股份有限公司四川销售分公司调整领导分工如表1–41所示。

表1–41　2000年8月中国石油天然气股份有限公司四川销售分公司领导及副总会计师工作分工

职务	姓名	工作分工
总经理 临时党委书记	杨顺成	主持公司全面工作，主管人事、财务工作，联系人事处、财务资产处
副总经理 临时党委副书记	胡兴东	负责公司日常工作，分管改革、业绩目标考核、审计、法律工作，公司本部成品油零售和四川国际大厦工程收尾、营销工作，协助总经理分管人事工作，联系办公室、审计监察处、成品油零售分公司、石化房产公司、成都石化公司、四海石化公司、美川公司、人事处
副总经理 临时党委委员	刘桂林	分管投资、仓储安全、数质量管理、环保卫生、节能降耗、成品油管道建设的配套工作，联系储运安全处、网建办、科研所、仓储公司、液化气站、成石联营公司
副总经理 临时党委委员	涂安宁	分管成品油经营工作（包括市场清理整顿、规范管理、统计和物价工作），联系综合业务处、资源配置处、自备车公司、成品油销售分公司、石油产品销售分公司、润特油销售分公司
临时纪委书记 临时党委委员 工会主席	叶学胜	分管党务工作、思想政治工作、监察工作和工会、共青团、女工工作，联系党委办公室、组织部、审计监察处
副总会计师	刘华治	分管公司资产管理、税收政策研究及执行工作，协助总经理抓好财务管理和预决算工作

2000年12月，中国石油天然气股份有限公司四川销售分公司调整领导分工如表1-42所示。

表1-42　2000年12月中国石油天然气股份有限公司四川销售分公司领导及副总会计师工作分工

职务	姓名	工作分工
总经理 临时党委书记	杨顺成	主持公司全面工作，主管办公室、人事、财务、审计等工作，联系办公室、人事处、财务资产处、审计监察处
副总经理 临时党委副书记	胡兴东	负责公司日常工作，分管成品油经营工作(包括市场管理、物价和统计工作)、信息系统建设和四川国际大厦工程收尾、营销工作，联系资源配置处、综合业务处、自备车公司、成品油公司、石油产品公司、石化房产公司、金荟公司、物业管理公司、美川公司
副总经理 临时党委委员	刘桂林	分管投资、仓储安全、网点建设、成品油管道配套建设及数质量管理、环保、节能降耗等工作，联系储运安全处、网建办、科研所、仓储公司、液化气站、成石联营公司
副总经理 临时党委委员	涂安宁	分管成品油零售工作、加油站综合规范管理和润滑油经营工作，联系综合业务处、储运安全处、零售公司、润滑油公司、成都石化公司、四海石化公司
临时纪委书记 临时党委委员 工会主席	叶学胜	分管党群工作、思想政治工作、监察工作，协助总经理分管人事工作，联系党委办公室、人事处、审计监察处
副总会计师	刘华治	分管资产管理、税收政策研究、欠款清收、西北油田炼厂在川储运设施划转遗留工作，以及存续公司的财务管理工作，协助总经理抓好财务管理和预决算工作

2001年1月，中国石油炼油与销售分公司决定聘任刘桂林兼任中国石油天然气股份有限公司四川销售分公司安全总监。

2001年8月，根据中国石油天然气集团公司和中国石油天然气股份有限公司有关重组改革部署，中国石油天然气股份有限公司四川销售分公司与四川省石油集团有限公司两个领导班子及机关部门合署办公，实行一个领导班子、一套机关职能部门、一体化运作的管理体制，顺利完成对公司本部和83个未上市县公司、286座未上市企业加油站主营业务的接管工作，实现上市企业与未上市企业成品油经营业务的完全统一。

2002年3月，中国石油天然气股份有限公司四川销售分公司干部大会在成都召开，中国石油天然气集团公司、股份公司、炼油与销售分公司考核组组织中国石油天然气股份有限公司四川销售分公司领导班子民主推荐、公开竞聘，整合中国石油天然气股份有限公司四川销售分公司和四川省石油集团有限公司两个班子。合并重组和班子整合本着精干高效、党政分设、竞聘上岗、整体优化、妥善安置的原则，对公司总经理、党委书记、纪委书记和工会主席实行民主推荐、组织考核，对公司行政副职实行全员竞聘上岗，并实行三年任期任届制。

2002年6月，根据中国石油天然气集团公司党组和中国石油天然气股份有限公司决定，四川省石油集团有限公司和中国石油天然气股份有限公司四川销售分公司领导班子实行整合（见图1-11）。中国石油天然气股份有限公司经研究，并与中共四川省委协商一致，决定杨顺成任中国石油天然气股份有限公司四川销售分公司总经理，胡兴东、温明友、刘桂林、涂安宁4人任中国石油天然气股份有限公司四川销售分公司副总经理，刘华治任中国石油天然气股份有限公司四川销售分公司总会计师。

图 1–11　2002 年 6 月 28 日，公司干部大会宣布中国石油集团公司党组和股份公司关于中国石油四川销售分公司领导班子调整的决定。在主席台就座的有：中国石油天然气集团公司党组成员、副总经理、股份公司执行董事、高级副总裁任传俊（左三），股份公司人事部总经理覃国军（右二），炼油与销售分公司副总经理田景惠（左二），四川销售分公司总经理、党委副书记杨顺成（右一），四川销售分公司党委书记、副总经理胡兴东（左一）

2002 年 7 月，中国石油天然气股份有限公司四川销售分公司调整领导分工如表 1–43 所示。

表 1–43　2002 年 7 月中国石油天然气股份有限公司四川销售分公司领导分工

职务	姓名	工作分工
总经理 党委副书记	杨顺成	主持公司全面工作，主管公司财务、企业发展规划、领导班子建设、年度预算和审计工作
党委书记 副总经理	胡兴东	主持党委全面工作，协助总经理抓企业经营和管理工作，负责公司日常工作，负责人事管理、劳动工资、业绩考核、经济活动分析、后勤和国际大厦管理工作，联系经理办公室、人事处、房产分公司、物业管理公司
副总经理 党委委员	温明友	分管油品经营业务工作，负责油品计划、调运、市场开发与规范管理、价格管理和统计工作，协助胡兴东抓经济活动分析，联系营销处、调度运输处、石油产品分公司
副总经理 安全总监 党委委员	刘桂林	分管投资计划、建设项目管理和仓储、运输、安全工作，负责销售网络的中长期发展规划、建设项目的可行性论证、投资计划编制、仓储运输安全和数质量管理工作，联系仓储安全环保处、投资与建设管理处、网建办、科研所、仓储分公司
副总经理 党委委员	涂安宁	分管油品零售业务和加油站管理，负责零售计划、零售价格管理、零售市场开发、加油站规范管理，协助胡兴东抓经济活动分析，联系加油站管理处、零售分公司
党委副书记 纪委书记 工会主席	叶学胜	主持纪委、工会工作，分管党务群团、监察工作，负责党建思想政治工作和企业稳定工作，联系党群工作处、审计监察处
总会计师 党委委员	刘华治	分管财务税收和存续的管理工作，负责财务预决算、资产管理、资金管理、会计核算、清欠、油品结算工作、税收工作、存续企业资产债权债务管理，协助胡兴东抓经济活动分析，联系财务处（含结算中心）、存续企业管理办公室

2002 年 9 月，中国石油天然气股份有限公司四川销售分公司整合企业资源，将全省 21 个市州和 180 个县域市场，按照合理经济流向，设立 20 个成品油配送中心和石油产品、零售、润特油、仓储 4 个专业分公司。

2005 年 5 月，中国石油天然气股份有限公司经研究并商得中共四川省委同意，任命王建中为中国石油天然气股份有限公司四川销售分公司副总经理。

2005 年 6 月，中国石油天然气股份有限公司四川销售分公司调整部分领导分工如表 1–44 所示。

表 1–44　2005 年 6 月中国石油天然气股份有限公司四川销售分公司调整部分领导分工

职务	姓名	工作分工
副总经理 党委委员	王建中	分管仓储、运输、安全、环保工作，数质量管理工作，住房制度改革工作，联系仓储安全环保处、仓储分公司、房改工作领导小组办公室

2005 年 12 月，中国石油天然气股份有限公司四川销售分公司调整部分领导分工如表 1–45 所示。

表 1–45　2005 年 12 月中国石油天然气股份有限公司四川销售分公司调整部分领导分工

职务	姓名	工作分工
副总经理 党委委员	温明友	分管油品批发、零售业务工作，负责油品计划与调运、油品销售业务管理、价格管理、业务新闻危机管理、非油品业务管理和销售业务统计工作，联系营销处、调度运输处、石油产品分公司、零售分公司
副总经理 党委委员	涂安宁	分管投资与建设管理、加油站管理，负责销售网络中长期发展规划、投资计划、建设项目管理、加油站规范管理（含加油站安全和数质量管理、加油站形象包装与设施设备管理、加油站员工培训工作），联系投资与建设管理处、加油站管理处、网点建设办公室

2006 年 8 月，中国石油天然气股份有限公司任命王建中为中国石油天然气股份有限公司四川销售分公司安全总监。

2007 年 6 月，中国石油天然气股份有限公司经研究并商得中共四川省委同意，任命姚志强为中国石油天然气股份有限公司四川销售分公司总经理；杨顺成不再担任中国石油天然气股份有限公司四川销售分公司总经理职务；许强任中国石油天然气股份有限公司四川销售分公司副总经理。

2007 年 7 月，中国石油天然气股份有限公司四川销售分公司调整领导分工如表 1–46 所示。

表 1–46　2007 年 7 月中国石油天然气股份有限公司四川销售分公司领导分工

职务	姓名	工作分工
总经理 党委副书记	姚志强	负责公司全面行政指挥工作，主管公司经营销售、发展规划、财务资产、人事劳资、审计监察、安全环保、企业管理等工作，与党委书记共同负责领导班子建设和企业稳定工作，协助党委书记负责企业文化建设及思想政治工作

续表

职务	姓名	工作分工
党委书记 副总经理	胡兴东	主持公司党委全面工作，主管公司党的建设、领导班子建设、思想政治工作、精神文明建设、企业文化建设及干部员工队伍建设、群众工作及稳定工作，分管公司日常行政工作、人事劳资、业绩考核、教育培训等工作，分管人事处、党委组织部
副总经理 党委委员	温明友	分管公司经营销售工作，负责油品计划与调运、油品批发与零售业务、润滑油经营业务、价格管理、资源及市场开发、营销信息及营销策略、客户管理及服务、经济活动分析及新闻危机管理，分管营销处、调度运输处、石油产品公司、成品油零售公司、润特油公司
副总经理 安全总监 党委委员	王建中	分管公司仓储安全环保工作，负责公司健康安全环保体系建设及运行，负责仓储管理、油品数量质量管理，负责节能减排工作，负责职业健康及劳动保护用品管理，负责设备管理及油库维修项目、安全措施及环保措施项目的整改实施，分管仓储安全环保处、仓储公司
副总经理 党委委员	许　强	分管公司公共关系及行政后勤工作，负责公司对外联络、地企关系及接待工作，负责生活服务、物业管理及基地建设工作，负责国际大厦管理工作，负责非油品业务开发管理工作，分管总经理办公室、后勤服务中心、房产公司、物业管理公司
副总经理 党委委员	涂安宁	分管公司投资及工程建设管理，负责公司发展规划编制、投资计划管理、招投标及造价管理，新建项目立项、设计、施工、竣工验收等管理，公司技术管理、新技术应用及技术成果评审，公司重点工程建设管理，加油站管理及包装工作，新建加油站（库）的前期开发工作，分管投资与建设管理处、加油站管理处、网点建设办公室、设计所
党委副书记 纪委书记 工会主席	叶学胜	主持公司纪委、工会和直属机关党委工作，分管党委日常工作、纪检监察工作、审计工作、企业文化建设、稳定工作和群团工作，分管党委办公室（党群工作处、企业文化处）、审计监察处（纪委办公室）
总会计师 党委委员	刘华治	分管公司财务资产和企业管理工作，负责公司财务资产及预算核算管理，公司企业管理、法律事务及信息化建设，公司内控体系建设，存续企业财务资产管理，离退休人员管理工作，分管财务处、内控管理办公室、企业管理处（信息中心）、四川省石油集团公司综合管理办公室

2008 年 4 月，中国石油天然气股份有限公司四川销售分公司调整领导分工如表 1–47 所示。

表 1–47　2008 年 4 月中国石油天然气股份有限公司四川销售分公司领导分工

职务	姓名	工作分工
总经理 党委副书记	姚志强	负责公司全面行政指挥工作，主管公司经营销售、规划计划、财务资产、人事劳资、工程建设、审计监察、安全环保、企业管理等工作，与党委书记共同负责领导班子建设和企业稳定工作，协助党委书记负责企业文化建设及思想政治工作
党委书记 副总经理	胡兴东	主持公司党委全面工作，主管公司党的建设、领导班子建设、党风廉政建设、精神文明建设、企业文化建设、干部员工队伍建设、思想政治工作、群众工作及稳定工作，分管公司人事劳资、业绩考核、教育培训等工作，分管人事处、党委组织部
副总经理 党委委员	温明友	分管公司油品营销工作和加油站管理，负责油品资源计划与调运，油品批发与零售业务管理、市场开发、营销信息及营销策略，油品价格管理、加油站管理、客户管理及服务、新闻发布和新闻危机管理，分管营销管理处、调度运输处、加油站管理处
副总经理 安全总监 党委委员	王建中	分管公司仓储安全环保工作和物资采购管理，负责公司健康安全环保体系建设及运行、油库管理、油品数质量管理、节能减排工作、职业健康及劳动保护用品管理、物资采购管理，分管仓储安全环保处、物资采购处、仓储公司

续表

职务	姓名	工作分工
副总经理 党委委员	许　强	分管公司行政后勤及非油业务工作，负责公司行政事务管理与公共关系、生活后勤服务管理、离退休人员管理、物业管理及国际大厦管理、非油品业务开发与管理；分管总经理办公室、后勤管理处、综合管理办公室、房产公司、物业公司
副总经理 党委委员	涂安宁	分管公司规划计划与工程建设管理，负责公司发展规划编制，投资计划与管理，销售网络建设与开发，招投标及工程造价管理，油库、加油（气）站及民用设施的工程建设管理与资质管理，新技术应用及技术成果评审，分管规划计划处、工程建设处
党委副书记 纪委书记 工会主席	叶学胜	主持公司纪委、工会工作，分管党委日常工作，负责公司党的建设，党风廉政建设及纪检监察工作，精神文明建设、企业文化建设及思想政治工作，稳定工作，工会、共青团等群团工作，分管党委办公室（党群工作处、企业文化处）、监察处（纪委办公室）、工会办公室、团委办公室、维护稳定工作办公室
总会计师 党委委员	刘华治	分管公司财务资产和企业管理工作，负责公司财务资产及预算核算管理、信息化建设与管理、内控体系建设与审计工作、法律事务与股权管理工作、经济活动分析，分管财务资产处、信息管理处、内控与审计处、法律与股权管理处

2009年4月，中国石油天然气股份有限公司经研究并商得中共四川省委同意，任命许强兼任中国石油天然气股份有限公司四川销售分公司安全总监，免去王建中的中国石油天然气股份有限公司四川销售分公司副总经理、安全总监职务。

2009年5月，王建中任中国石油天然气股份有限公司四川销售分公司巡视员。

2009年9月，中国石油天然气股份有限公司四川销售分公司调整领导分工如表1–48所示。

表1–48　2009年9月中国石油天然气股份有限公司四川销售分公司领导分工

职务	姓名	工作分工
总经理 党委副书记	姚志强	主持公司行政全面工作，主管公司经营销售、规划计划、财务资产、人事劳资、工程建设、审计监察、安全环保、企业管理等工作，与党委书记共同负责领导班子建设和企业稳定工作，协助党委书记负责企业文化建设及思想政治工作
党委书记 副总经理	胡兴东	主持公司党委全面工作，主管公司党的建设、领导班子建设、党风廉政建设、精神文明建设、企业文化建设、干部员工队伍建设、思想政治工作、群众工作及稳定工作，分管公司人事劳资、业绩考核、教育培训等工作，分管人事处、党委组织部
副总经理 党委委员	温明友	分管公司经营销售、油品调运、市场分析、价格管理、客户服务和加油站管理工作，负责新闻危机管理，分管营销管理处、调度运输处、加油站管理处
副总经理 安全总监 党委委员	许　强	分管公司安全环保、HSE体系建设、油库管理、油品数量及质量管理、节能减排、行政管理和生活后勤服务工作，负责公司应急管理工作，分管总经理办公室、仓储安全环保处、后勤管理处、房产公司、物业公司
副总经理 党委委员	涂安宁	分管公司规划发展、投资计划、销售网络建设与开发、工程建设管理和物资采购管理工作，分管规划计划处、工程建设处、物资采购处、科研设计所
党委副书记 纪委书记 工会主席	叶学胜	主持公司纪委、工会工作，分管党委日常工作和群团工作，分管党群工作处、监察处、维护稳定工作办公室
总会计师 党委委员	刘华治	分管公司财务资产、企业管理、内控体系建设、审计、法律事务、股权管理、信息化管理工作，分管财务资产处、信息管理处、内控与审计处、法律与股权管理处

2009年11月，中国石油天然气股份有限公司经研究并商得中共四川省委同意，聘任唐胜云为中国石油天然气股份有限公司四川销售分公司副总经理。

2010年1月，中国石油天然气股份有限公司任命涂安宁为中国石油天然气股份有限公司四川销售分公司安全总监，免去许强的中国石油天然气股份有限公司四川销售分公司安全总监职务。

2010年1月，中国石油天然气股份有限公司四川销售分公司调整领导分工如表1–49所示。

表1–49　2010年1月中国石油天然气股份有限公司四川销售分公司领导分工

职务	姓名	工作分工
总经理 党委副书记	姚志强	主持公司行政全面工作，主管公司经营销售、规划发展、财务资产、人事劳资、投资建设、内控体系建设、审计监察、安全环保、企业管理等工作，与党委书记共同负责领导班子建设和企业稳定工作，主管总经理办公室、内控与审计处
党委书记 副总经理	胡兴东	主持公司党委全面工作，主管公司党的建设、领导班子建设、党风廉政建设、精神文明建设、企业文化建设、员工队伍建设、思想政治工作及维护稳定工作，分管公司人事劳资、业绩考核、教育培训等工作，主管人事处（党委组织部）、党群工作处（维稳办）
副总经理 党委委员	温明友	分管公司经营销售、油品调运、市场分析、价格管理、客户服务和加油站管理工作，负责新闻发布和新闻危机管理，分管营销管理处、调度运输处、加油站管理处
副总经理 党委委员	许　强	分管公司规划发展、投资计划、销售网络开发、工程建设管理及工程造价、工程预算控制和决算管理工作，分管规划计划处、工程建设处、科研设计所
副总经理 安全总监 党委委员	涂安宁	分管公司安全环保、HSE体系建设、油库及管道管理、油品数质量管理、应急管理、节能减排和物资采购管理工作，分管仓储安全环保处、物资采购处
党委副书记 纪委书记 工会主席	叶学胜	主持公司纪委、工会工作，分管公司党委宣传及企业文化工作和群团工作，分管直属机关党委、党群工作处（党委办公室）、监察处
副总经理 党委委员	唐胜云	分管公司行政后勤服务、离退休员工管理、非油品经营管理业务、物业管理及国际大厦管理工作，分管综合管理办公室、后勤管理处、非油品公司、房产公司、物业公司
总会计师 党委委员	刘华治	分管公司财务资产、企业管理、法律事务、股权管理和信息化管理工作，分管财务资产处、信息管理处、法律与股权管理处

2011年8月，中国石油天然气股份有限公司经研究并商得中共四川省委同意，任命刘星国为中国石油天然气股份有限公司四川销售分公司副总经理，免去温明友的中国石油天然气股份有限公司四川销售分公司副总经理职务。

2011年11月，中国石油天然气股份有限公司经研究并商得中共四川省委同意，任命田玉军为中国石油天然气股份有限公司四川销售分公司副总经理；免去胡兴东的中国石油天然气股份有限公司四川销售分公司副总经理职务；免去许强的中国石油天然气股份有限公司四川销售分公司副总经理职务，另有任用。

2011年12月，中国石油天然气股份有限公司四川销售分公司调整领导分工如表1–50所示。

表 1–50　2011 年 12 月中国石油天然气股份有限公司四川销售分公司领导分工

职务	姓名	工作分工
总经理 党委副书记	姚志强	负责公司行政全面工作，分管总经理办公室、人事处、规划计划处
党委书记 副总经理	田玉军	负责公司党委全面工作，负责公司“三基”工作及和谐稳定工作，分管党委办公室（企业文化处、维稳办）、党委组织部
副总经理 安全总监 党委委员	涂安宁	负责公司安全环保、质量计量、物资采购、职业健康、应急管理、节能减排、标准化工作和设备管理工作，分管仓储安全环保处、物资采购处、质量检测中心
副总经理 党委委员	唐胜云	负责公司后勤服务、离退休管理、非油品业务管理、物业管理及国际大厦管理工作，分管房产管理公司、非油品公司、物业公司
总会计师 党委委员	刘华治	负责公司财务资产、企管法规、内控股权、信息化和工程建设及精细化管理工作，分管财务资产处、信息管理处、企管法规处、工程建设处
党委副书记 纪委书记 工会主席	杨　侠	负责公司纪委、工会、审计监察和直属机关党委工作，协助负责公司党委工作、群团工作，分管企业文化处（党委办公室、维稳办）、审计监察处（纪委办公室），协助分管总经理办公室
副总经理 党委委员	刘星国	负责公司营销管理、计划统计、仓储调运、市场价格、客户服务、油库和加油站管理工作，负责新闻发布和新闻危机管理，分管营销管理处、调度运输处、加油站管理处、仓储分公司、成都分公司

2012 年 12 月，中国石油天然气股份有限公司任命刘华治兼任中国石油天然气段份有限公司四川销售分公司副总经理，任命张用军为中国石油天然气股份有限公司四川销售分公司副总经理。

2013 年 1 月，中国石油天然气股份有限公司四川销售分公司调整领导分工如表 1–51 所示。

表 1–51　2013 年 1 月中国石油天然气股份有限公司四川销售分公司领导分工

职务	姓名	工作分工
总经理 党委副书记	姚志强	负责公司行政全面工作，分管总经理办公室、人事处
党委书记 副总经理	田玉军	负责公司党委全面工作，分管党委办公室（维稳办）、党委组织部、党群工作处（企业文化处）
副总经理 安全总监 党委委员	涂安宁	负责公司安全环保、质量计量、节能降耗、标准化及物资采购工作，分管质量安全环保处、物资采购处、质量检测中心
副总经理 党委委员	唐胜云	负责公司后勤服务、离退休管理、非油品业务管理、员工住房改善、国际大厦及物业管理工作，分管房改办、后勤管理中心、非油品公司、物业公司
副总经理 总会计师 党委委员	刘华治	负责公司财务资产、规划计划、工程建设、信息化建设及精细化管理工作，分管财务资产处、规划计划处、工程建设处、信息管理处
党委副书记 纪委书记 工会主席	杨　侠	负责公司党群、纪委、工会、审计监察、企业文化、思想政治工作及直属机关党委工作，分管审计监察处（纪委办公室）、审计监察中心，协助分管党委办公室（维稳办）、党群工作处（企业文化处）
副总经理 党委委员	刘星国	负责公司经营销售、市场价格、资源调运、加油站管理、新闻舆情、仓储及油库管理工作，分管营销管理处、仓储调运处、加油站管理处、仓储分公司
副总经理 党委委员	张用军	负责公司行政事务、劳动工资、员工培训、企管法规、内控及股权企业管理工作，分管企管法规处，协助分管总经理办公室、人事处

2013 年 4 月，中国石油天然气股份有限公司免去刘华治的中国石油天然气股份有限公司四川销售分公司副总经理、总会计师职务，另有任用。

2013 年 7 月，中国石油天然气股份有限公司四川销售分公司调整部分领导成员分工，杨侠协助分管总经理办公室（党委办公室）及维稳、保密工作；张用军分管工程建设处、信息管理处、企管法规处，协助分管人事处、规划计划处。

2013 年 8 月，中国石油天然气股份有限公司四川销售分公司聘任孙宝为调研员。同时规定，对退出实职的助理级领导聘任为公司调研员；退出实职的正处级干部聘任为所在单位（部门）调研员；退出实职的副处级干部聘任为所在单位（部门）助理调研员。

2014 年 3 月，中国石油天然气股份有限公司四川销售分公司调整领导分工如表 1–52 所示。

表 1–52 2014 年 3 月中国石油天然气股份有限公司四川销售分公司领导分工

职务	姓名	工作分工
总经理 党委副书记	姚志强	负责公司行政全面工作，分管总经理办公室、财务资产处、人事处、企管法规处
党委书记 副总经理	田玉军	负责公司党委全面工作，分管党委办公室、党委组织部、党群工作处（企业文化处）
副总经理 安全总监 党委委员	涂安宁	负责公司安全环保、质量计量、节能降耗、安全隐患管理、应急管理、标准化及安全质量监督工作，分管质量安全环保处、安全质量监督总站
副总经理 党委委员	唐胜荣	负责公司非油品业务管理、后勤服务、离退休管理、员工住房改善、国际大厦及物业管理工作，分管非油品分公司、后勤管理中心（房产管理公司、离退休管理中心）、物业公司
党委副书记 纪委书记 工会主席	杨　侠	负责公司党群、纪委、工会、审计监察、企业文化、维护稳定、扶贫帮困及机关党委工作，分管党群工作处（企业文化处）、审计监察处（纪委办公室）、审计监察中心、机关党委（维护稳定工作办公室）
副总经理 党委委员	刘星国	负责公司经营销售、市场分析、价格管理、资源调运、加油站管理、新闻舆情、仓储及油库管理工作，分管营销管理处、仓储调运处、加油站管理处、仓储分公司
副总经理 党委委员	张用军	负责公司规划计划、工程建设、物资采购、劳动组织、劳动工资及员工培训、股权企业管理、信息化建设管理工作，分管规划计划处、工程建设处、信息管理处

2014年6月，中国石油天然气股份有限公司四川销售分公司调整部分领导分工如表1–53所示。

表 1–53 2014 年 6 月中国石油天然气股份有限公司四川销售分公司调整部分领导分工

职务	姓名	工作分工
党委副书记 纪委书记	杨　侠	协助公司党委书记，负责公司党建思想政治、纪委、审计监察、企业文化、维护稳定及机关党委工作，分管党群工作处（企业文化处）、审计监察处（纪委办公室）、审计监察中心、机关党委（维护稳定工作办公室）
党委委员 工会主席	刘战明	负责公司工会工作、民主管理、劳动竞赛及扶贫帮困工作，分管党群工作处（企业文化处）

2014 年 7 月，中国石油天然气股份有限公司经研究并商得中共四川省委同意，决定免去刘星国的中国石油天然气股份有限公司四川销售分公司副总经理职务，调任中国石油天然气股份有限

限公司青海销售分公司总经理。

2014 年 10 月，中国石油天然气股份有限公司经研究并商得中共四川省委同意，决定付斌任中国石油天然气股份有限公司四川销售分公司总经理，免去姚志强的中国石油天然气股份有限公司四川销售分公司总经理职务。

2015 年 1 月，经研究并商得中共四川省委同意，中国石油天然气股份有限公司决定：刘志强任中国石油天然气股份有限公司四川销售分公司总会计师。

2015 年 2 月，中国石油天然气股份有限公司决定，唐胜荣退休。

2015 年 3 月，经研究并商得中共四川省委同意，中国石油天然气集团公司党组决定：次仁扎西任中国石油天然气股份有限公司四川销售分公司副总经理。

2015 年 7 月，中国石油天然气股份有限公司决定，刘战明退休。

2015 年 9 月，中国石油天然气股份有限公司决定：免去次仁扎西的中国石油天然气股份有限公司四川销售分公司副总经理职务。

2015 年 12 月，中国石油天然气股份有限公司经研究并商得中共四川省委同意，决定蒋胡民任中国石油天然气股份有限公司四川销售分公司副总经理、安全总监。是月，中国石油天然气股份有限公司决定，涂安宁退休。

2016 年 3 月，中国石油天然气股份有限公司经研究并商得中共四川省委同意，决定杜庆华任中国石油天然气股份有限公司四川销售分公司副总经理、安全总监，免去蒋胡民的中国石油天然气股份有限公司四川销售分公司安全总监职务。

2016 年 5 月，中国石油天然气股份有限公司四川销售分公司调整领导分工如表 1–54 所示。

表 1–54　2016 年 5 月中国石油天然气股份有限公司四川销售分公司领导分工

职务	姓名	工作分工
总经理 党委副书记	付　斌	负责公司行政全面工作，分管总经理办公室、人事处、审计监察处
党委书记 副总经理 工会主席	田玉军	负责公司党委和工会全面工作，分管党委办公室、党委组织部、党群工作处（企业文化处）、机关党委（维护稳定工作办公室）
纪委书记 党委委员	杨　侠	负责公司纪委工作，分管纪委办公室
副总经理 党委委员	张用军	负责公司规划计划、网络开发、非油品业务管理，协助分管薪酬分配，分管规划计划处、非油业务管理处、非油运作部（非油品公司）
总会计师 党委委员	刘志强	负责公司全面预算、财务资产及管理创新、企管法规、股权企业管理、后勤服务、离退休管理、员工住房改善、四川国际大厦及物业管理工作，分管财务资产处、企管法规处、后勤管理中心（房产管理公司、离退休管理中心）、深国贸物业公司
副总经理 党委委员	蒋胡民	负责公司经营销售、市场分析、价格管理、资源调运、加油站管理、信息化建设、新闻舆情、仓储及油库管理工作，分管营销管理处、仓储调运处、沚气零售处、信息管理处、仓储分公司
副总经理 安全总监 党委委员	杜庆华	负责公司安全环保、质量计量、节能降耗、安全隐患管理、应急管理、标准化及安全质量服务监督、工程建设、物资采购工作，分管质量安全环保处、工程建设处、安全质量监督总站、科研设计所（蜀兴宝石花石油工程设计有限公司）

2016年7月，中国石油天然气股份有限公司经研究并商得中共四川省委同意，决定房玉林任中国石油天然气股份有限公司四川销售分公司副总经理。

2016年8月，中国石油天然气股份有限公司四川销售分公司调整部分领导分工如表1–55所示。

表1–55 2016年8月中国石油天然气股份有限公司四川销售分公司调整部分领导分工

职务	姓名	工作分工
总会计师 党委委员	刘志强	负责公司全面预算、财务资产及管理创新、企管法规、股权企业管理，分管财务资产处、企管法规处
副总经理 党委委员	房玉林	兼任机关党委书记，负责公司维护稳定、后勤服务、离退休管理、员工住房改善、四川国际大厦及物业管理工作，协助负责公司民族地区事务协调工作，分管机关党委（维护稳定工作办公室）、后勤管理中心（房产管理公司、离退休管理中心）、深国贸物业公司
纪委书记 党委委员	田凤民	负责公司纪律检查、巡视工作，分管纪委办公室、巡视工作领导小组办公室

2016年9月，中国石油天然气股份有限公司决定：免去张用军的中国石油天然气股份有限公司四川销售分公司副总经理职务，调任中国石油天然气股份有限公司安徽销售分公司总经理。

2016年10月，中国石油天然气股份有限公司四川销售分公司调整部分领导分工如表1–56所示。

表1–56 2016年10月中国石油天然气股份有限公司四川销售分公司调整部分领导分工

职务	姓名	工作分工
副总经理 党委委员	蒋胡民	负责公司经营销售、市场分析、价格管理、资源调运、加油站管理、信息化建设、新闻舆情、非油品业务管理、仓储及油库管理工作，分管营销管理处、仓储调运处、油气零售处、非油业务管理处、信息管理处、仓储分公司、非油运作部（非油品公司）
副总经理 安全总监 党委委员	杜庆华	负责公司安全环保、质量计量、节能降耗、安全隐患管理、应急管理、标准化及安全质量服务监督、工程建设、物资采购、规划计划、网络开发工作，分管质量安全环保处、规划计划处、工程建设处、安全质量监督总站、科研设计所（蜀兴宝石花石油工程设计公司）

2017年7月，中国石油天然气股份有限公司经研究并商得中共四川省委同意，决定免去田玉军的中国石油天然气股份有限公司四川销售分公司副总经理职务，退出领导班子。

2017年11月，中国石油天然气股份有限公司四川销售分公司调整部分领导分工如表1–57所示。

2018年3月，姚志强退休。

表 1–57　2017 年 11 月中国石油天然气股份有限公司四川销售分公司调整部分领导分工

职务	姓名	工作分工
总经理 党委书记	付　斌	主持公司党政全面工作，分管总经理办公室（党委办公室）、人事处（党委组织部）、审计监察处
总会计师 党委委员	刘志强	协助总经理分管公司全面预算、财务资产及管理创新、信息化建设、企管法规、股权企业管理工作，分管财务资产处、信息管理处、企管法规处
副总经理 党委委员	蒋胡民	协助总经理分管公司经营销售、市场分析、价格管理、资源调运、加油站管理、非油品业务管理工作，分管营销管理处、仓储调运处、油气零售处、非油业务管理处、非油运作中心（非油品公司）
副总经理 安全总监 党委委员	杜庆华	协助总经理分管公司安全环保、安全隐患管理、应急管理、标准化及安全质量服务监督、规划计划、网络开发工作，分管质量安全环保处、规划计划处、安全质量监督总站
副总经理 党委委员	房玉林	协助党委书记分管公司党群工作、维护稳定工作，协助总经理分管公司后勤服务、新闻舆情、离退休管理、员工住房改善、四川国际大厦及物业管理工作、民族地区事务协调工作，分管党群工作处、机关党委（维护稳定工作办公室）、房产管理公司（后勤管理中心、离退休管理中心）、新闻中心、深国贸物业公司

2018 年 4 月，中国石油天然气股份有限公司经研究并商得中共四川省委同意，决定刘建明任中国石油天然气股份有限公司四川销售分公司总经理，孙晓岗任中国石油天然气股份有限公司四川销售分公司副总经理；免去付斌的中国石油天然气股份有限公司四川销售分公司总经理职务，调任中国石油天然气股份有限公司销售分公司总经理。

2018 年 5 月，中国石油天然气股份有限公司四川销售分公司调整领导分工如表 1–58 所示。

表 1–58　2018 年 5 月中国石油天然气股份有限公司四川销售分公司领导分工

职务	姓名	工作分工
总经理 党委副书记	刘建明	负责主持公司行政全面工作，分管总经理办公室（党委办公室）、人事处（党委组织部）、审计监察处
党委书记 副总经理 工会主席	孙晓岗	负责主持公司党委和工会全面工作，分管员工培训和实训基地建设、维护稳定、后勤服务、新闻舆情、离退休管理、员工住房改善、四川国际大厦及物业管理工作、民族地区事务协调工作，分管党委办公室（总经理办公室）、党委组织部（人事处）、党群工作处（企业文化处）、维护稳定工作办公室（机关党委）、房产管理公司（后勤管理中心、离退休管理中心）、新闻中心、物业公司
总会计师 党委委员	刘志强	负责协助总经理分管公司全面预算、财务资产及管理创新、信息化建设、企管法规、股权企业管理工作，分管财务资产处、信息管理处、企管法规处
副总经理 党委委员	蒋胡民	负责协助总经理分管公司经营销售、市场分析、价格管理、资源调运、加油站管理、非油品业务管理工作，分管营销管理处、仓储调运处、油气零售处、非油业务管理处、非油运作中心（非油品公司）
副总经理 安全总监 党委委员	杜庆华	负责协助总经理分管公司安全环保质量计量管理、安全隐患管理、应急管理、标准化及安全质量计量服务监督、规划计划、网络开发工作，分管质量安全环保处、规划计划处、安全质量监督总站
副总经理 党委委员	房玉林	兼任机关党委书记，负责协助总经理分管工程建设、物资采购、仓储及油库管理工作，协助党委书记分管精准扶贫工作，分管工程建设处、机关党委、仓储公司、科研设计所（蜀兴宝石花石油工程设计有限公司）
纪委书记 党委委员	田凤民	负责公司纪检和巡察工作，协助总经理分管监察工作，分管纪委办公室、巡察工作领导小组办公室

2018 年 9 月，中国石油天然气集团有限公司印发《关于推行企业和领导人员岗位分级分类管理的意见》，明确中国石油天然气股份有限公司四川销售分公司为一级一类企业。

2019 年 2 月，中国石油天然气股份有限公司四川销售分公司调整领导分工如表 1–59 所示。

2019 年 11 月，中国石油天然气股份有限公司四川销售分公司调整领导分工如表 1–60 所示。

表 1–59　2019 年 2 月中国石油天然气股份有限公司四川销售分公司领导分工

职务	姓名	工作分工
总经理 党委副书记	刘建明	负责行政全面工作，分管总经理办公室（党委办公室）、人事处（党委组织部）、审计监察处
党委书记 副总经理 工会主席	孙晓岗	负责党委和工会全面工作，分管员工培训和实训基地建设、维护稳定、后勤服务、新闻舆情、离退休管理、员工住房改善、四川国际大厦及物业管理工作、民族地区事务协调工作，分管党委办公室（总经理办公室）、党委组织部（人事处）、党委宣传部（党群工作处、企业文化处）、维护稳定办公室、后勤管理中心（房产公司、离退休管理中心）、物业公司
纪委书记 党委委员	刘　彬	负责公司党委纪检和巡察工作，协助总经理分管审计、监察工作，分管纪委办公室、巡察工作领导小组办公室
总会计师 党委委员	刘志强	负责协助总经理分管公司全面预算、财务资产、信息化建设工作，分管财务资产处、信息管理处
副总经理 党委委员	蒋胡民	负责协助总经理分管公司规划计划、网络开发、企管法规和管理创新、股权企业管理工作，分管规划计划处、企管法规处
副总经理 安全总监 党委委员	杜庆华	负责协助总经理分管公司经营销售、市场分析、价格管理、资源调运、加油站管理、非油品业务管理工作，负责安全环保质量计量管理、安全隐患管理、应急管理、标准化及安全质量计量服务监督工作，分管营销管理处、仓储调运处、质量安全环保处、油气零售处、非油业务管理处、非油运作中心（非油品公司）、安全质量监督总站
副总经理 党委委员	房玉林	兼任机关党委书记，负责协助总经理分管工程建设、物资采购、仓储及油库管理工作，协助党委书记分管精准扶贫工作，分管工程建设处、机关党委（维护稳定办公室）、仓储分公司、科研设计所（蜀兴宝石花石油工程设计有限公司）

表 1–60　2019 年 11 月中国石油天然气股份有限公司四川销售分公司领导分工

职务	姓名	工作分工
总经理 党委副书记	刘建明	负责公司行政全面工作和经营销售、资源调运、加油站管理、非油品业务管理工作，分管总经理办公室（党委办公室）、人事处（党委组织部）、审计处、营销调运处、油气零售处、非油业务处、非油运作中心
党委书记 副总经理 工会主席	孙晓岗	负责公司党委和工会全面工作，分管党委巡察、员工队伍建设、群团工作、后勤服务、新闻舆情、离退休管理、员工住房改善、民族地区事务协调工作，分管党委办公室（总经理办公室）、党委组织部（人事处）、党委宣传部（党群工作处、企业文化处）、后勤管理中心（房产公司、离退休管理中心）、物业公司
纪委书记 党委委员	刘　彬	负责公司党委纪检工作，协助分管党委巡察工作，分管纪委办公室（审计处）、巡察工作领导小组办公室
总会计师 党委委员	刘志强	负责公司全面预算、财务资产、信息化建设工作，分管财务资产处、信息管理处
副总经理 党委委员	蒋胡民	负责公司规划计划、网络开发、企管法规和管理创新、科技管理、股权企业管理工作，分管投资计划处、企管法规处
副总经理 安全总监 党委委员	杜庆华	负责安全环保质量计量管理、应急管理、标准化及安全质量计量服务监督工作，分管质量安全环保处、安全质量监督总站
副总经理 党委委员	房玉林	兼任机关党委书记，负责工程建设、物资采购、仓储及油库管理、维护稳定工作，协助分管精准扶贫工作，分管工程建设处、维护稳定办公室、仓储分公司、科研设计所（蜀兴宝石花石油工程设计有限公司）

表 1-61 所示为 1999 年 12 月至 2019 年 12 月中国石油天然气股份有限公司四川销售分公司行政领导及总经理助理任职情况。

表 1-61 1999 年 12 月至 2019 年 12 月中国石油天然气股份有限公司四川销售分公司行政领导及总经理助理任职情况

机构名称	职务	姓名	任职起止时间
中国石油天然气股份有限公司四川销售分公司	总经理	杨顺成	1999 年 12 月至 2007 年 6 月
		姚志强	2007 年 6 月至 2014 年 10 月
		付　斌	2014 年 10 月至 2018 年 4 月
		刘建明	2018 年 4 月至 2019 年 12 月
	副总经理	胡兴东	1999 年 12 月至 2011 年 11 月
		刘桂林	1999 年 12 月至 2004 年 11 月
		涂安宁	1999 年 12 月至 2015 年 12 月
		温明友	2002 年 6 月至 2011 年 8 月
		王建中	2005 年 5 月至 2009 年 4 月
		许　强	2007 年 6 月至 2011 年 11 月
		唐胜荣	2009 年 11 月至 2015 年 2 月
		刘星国	2011 年 8 月至 2014 年 7 月
		田玉军	2011 年 11 月至 2017 年 7 月
		刘华治	2012 年 12 月至 2013 年 4 月
		张用军	2012 年 12 月至 2016 年 9 月
		次仁扎西	2015 年 3—9 月
		蒋胡民	2015 年 12 月至 2019 年 12 月
		杜庆华	2016 年 3 月至 2019 年 12 月
		房玉林	2016 年 7 月至 2019 年 12 月
		孙晓岗	2018 年 4 月至 2019 年 12 月
	总会计师	刘华治	2002 年 6 月至 2013 年 4 月
		刘志强	2015 年 1 月至 2019 年 12 月
	安全总监	刘桂林	2001 年 1 月至 2004 年 11 月（兼）
		王建中	2006 年 7 月至 2009 年 4 月（兼）
		许　强	2009 年 4 月至 2010 年 1 月（兼）
		涂安宁	2010 年 1 月至 2015 年 12 月（兼）
		蒋胡民	2015 年 12 月至 2016 年 3 月（兼）
		杜庆华	2016 年 3 月至 2019 年 12 月（兼）

续表

机构名称	职务	姓名	任职起止时间
中国石油天然气股份有限公司四川销售分公司	正局级干部	胡兴东	2011 年 11 月至 2014 年 11 月
		姚志强	2014 年 10 月至 2018 年 3 月
		田玉军	2017 年 7 月至 2019 年 12 月
		杨　侠	2016 年 7 月至 2019 年 12 月
	总经理助理	唐胜荣	2001 年 1 月至 2002 年 6 月
		王选全	2002 年 7 月至 2008 年 6 月
		刘安川	2002 年 7 月至 2008 年 6 月
		蔡向阳	2006 年 9 月至 2011 年 8 月
		李　波	2008 年 6 月至 2019 年 12 月
		刘　苏	2008 年 6 月至 2016 年 3 月
		刘志强	2011 年 11 月至 2015 年 1 月
		张用军	2011 年 11 月至 2012 年 12 月
		林　辉	2013 年 6 月至 2019 年 12 月
		丁永和	2013 年 6 月至 2019 年 10 月
		陈　清	2018 年 12 月至 2019 年 12 月
		刘纯珂	2018 年 12 月至 2019 年 12 月
	副总会计师	刘华治	2000 年 7 月至 2002 年 6 月
	安全副总监	杜庆华	2006 年 3 月至 2016 年 3 月
	副总经济师	蒋胡民	2006 年 9 月至 2015 年 12 月
		孙　宝	2008 年 6 月至 2013 年 4 月
		徐英俊	2012 年 4 月至 2013 年 10 月
	总法律顾问	程　懿	2011 年 1 月至 2019 年 12 月

说明：唐胜荣曾用名唐胜云；2011 年 8 月，蔡向阳调任西北化工销售分公司党委书记、纪委书记、工会主席、副总经理；2011 年 11 月，许强调任中国石油天然气股份有限公司西南管道分公司筹备组副组长（正局级）；2013 年 4 月，刘华治调任中国石油天然气股份有限公司西藏销售分公司总经理、党委副书记；2014 年 7 月，刘星国调任中国石油天然气股份有限公司青海销售分公司总经理、党委副书记；2016 年 9 月，张用军调任中国石油天然气股份有限公司安徽销售分公司总经理、党委副书记；2018 年 4 月，付斌调任中国石油天然气股份有限公司销售分公司总经理、党委副书记。

二、党委

1999 年 12 月，中国石油天然气股份有限公司将中国石油天然气股份有限公司四川销售公司更名为中国石油天然气股份有限公司四川销售分公司，公司党组织关系隶属于中共四川省委。杨顺成任中国石油天然气股份有限公司四川销售分公司临时党委委员、书记，胡兴东任中国石油天然气股份有限公司四川销售分公司临时党委委员、副书记，叶学胜任中国石油天然气股份有限公司四川销售分公司临时党委委员、临时纪委书记、工会主席，刘桂林、涂安宁、温明友 3 人任中国石油天然气股份有限公司四川销售分公司临时党委委员。

2002 年 6 月，根据中国石油天然气集团公司党组和中国石油天然气股份有限公司决定，四川省石油集团有限公司和中国石油天然气股份有限公司四川销售分公司领导班子实行整合，成立中共中国石油天然气股份有限公司四川销售分公司委员会。中国石油天然气集团公司党组经研究并与中共四川省委协商一致，决定胡兴东任中国石油天然气股份有限公司四川销售分公司党委书记；杨顺成任中国石油天然气股份有限公司四川销售分公司党委副书记，免去其中国石油天然气股份有限公司四川销售分公司临时党委书记职务；叶学胜任中国石油天然气股份有限公司四川销售分公司党委副书记、纪委书记、工会主席；温明友、刘桂林、涂安宁、刘华治 4 人任中国石油天然气股份有限公司四川销售分公司党委委员。

2004 年 11 月，中共中国石油天然气集团公司党组决定，免去刘桂林的中共中国石油四川销售分公司委员会委员职务。

2005 年 5 月，中国石油天然气集团公司党组经研究并商得中共四川省委同意，任命王建中为中国石油天然气股份有限公司四川销售分公司党委委员。

2007 年 6 月，中国石油天然气集团公司党组经研究并商得中共四川省委同意，任命姚志强为中国石油天然气股份有限公司四川销售分公司党委副书记，许强任中国石油天然气股份有限公司四川销售分公司党委委员；杨顺成不再担任中国石油天然气股份有限公司四川销售分公司党委副书记、委员职务。

2008 年 7 月，中共中国石油天然气股份有限公司四川销售分公司第一次代表大会召开（见图 1–12），选举产生中共中国石油天然气股份有限公司四川销售分公司第一届委员会和纪律检查委员会，王建中、叶学胜、刘华治、许强、胡兴东、涂安宁、姚志强、温明友（按姓氏笔画排序）8 人当选为中共中国石油天然气股份有限公司四川销售分公司第一届委员会委员，选举胡兴东为党委书记，姚志强、叶学胜为党委副书记。是年 8 月，选举结果经中共四川省国有资产监督管理委员会批复同意。

图 1–12　中共中国石油四川销售分公司第一次代表大会

2009 年 4 月，中国石油天然气集团公司党组经研究并商得中共四川省委同意，免去王建中的中国石油天然气股份有限公司四川销售分公司党委委员职务。

2009 年 11 月，中国石油天然气集团公司党组经研究并商得中共四川省委同意，任命唐胜云为中国石油天然气股份有限公司四川销售分公司党委委员。

2011 年 8 月，中国石油天然气集团公司党组经研究并商得中共四川省委同意，任命杨侠为中国石油天然气股份有限公司四川销售分公司党委委员、副书记、纪委书记、工会主席；刘星国任中国石油天然气股份有限公司四川销售分公司党委委员；免去叶学胜的中国石油天然气股份有限公司四川销售分公司党委副书记、委员、纪委书记、工会主席职务，退休；免去温明友的中国石油天然气股份有限公司四川销售分公司党委委员职务，退休。

2011 年 11 月，中国石油天然气集团公司党组经研究并商得中共四川省委同意，任命田玉军为中国石油天然气股份有限公司四川销售分公司党委委员、书记；免去胡兴东的中国石油天然气股份有限公司四川销售分公司党委书记、委员职务，免去许强的中国石油天然气股份有限公司四川销售分公司党委委员职务。

2012 年 12 月，中国石油天然气集团公司党组任命张用军为中国石油天然气股份有限公司四川销售分公司党委委员。

2013 年 4 月，中国石油天然气集团公司党组免去刘华治的中国石油天然气股份有限公司四川销售分公司党委委员职务。

2013 年 6 月，中共中国石油天然气股份有限公司四川销售分公司第二次代表大会召开，选举产生中共中国石油天然气股份有限公司四川销售分公司第二届委员会和纪律检查委员会。田玉军、刘星国、杨侠、张用军、涂安宁、姚志强、唐胜荣（按姓氏笔画排序）7 人当选为中共中国石油天然气股份有限公司四川销售分公司第二届委员会委员，选举田玉军为党委书记，姚志强、杨侠为党委副书记。

2014 年 4 月，中国石油天然气集团公司党组经研究并商得中共四川省委同意，决定刘战明任中国石油天然气股份有限公司四川销售分公司工会主席、党委委员。

2014 年 7 月，中国石油天然气集团公司党组经研究并商得中共四川省委同意，决定免去刘星国的中国石油天然气股份有限公司四川销售分公司党委委员职务。

2014 年 10 月，中国石油天然气集团公司党组经研究并商得中共四川省委同意，决定付斌任中国石油天然气股份有限公司四川销售分公司党委委员、副书记；免去姚志强的中国石油天然气股份有限公司四川销售分公司党委副书记、委员职务。

2015 年 1 月，经研究并商得中共四川省委同意，中国石油天然气集团公司党组决定：刘志强任中国石油天然气股份有限公司四川销售分公司党委委员。

2015 年 9 月，经研究并商得中共四川省委同意，中国石油天然气集团公司党组决定：免去杨侠的中国石油天然气股份有限公司四川销售分公司党委副书记职务；免去次仁扎西的中国石油天然气股份有限公司四川销售分公司党委委员职务。

2015 年 12 月，中国石油天然气集团公司党组经研究并商得中共四川省委同意，决定蒋胡民任中国石油天然气股份有限公司四川销售分公司党委委员。中国石油天然气集团公司党组决定，涂安宁退休。

2016 年 3 月，中国石油天然气集团公司党组经研究并商得中共四川省委同意，决定杜庆华任中国石油天然气股份有限公司四川销售分公司党委委员。

2016 年 7 月，经研究并商得中共四川省委同意，中国石油天然气集团公司党组决定：房玉林任中国石油天然气股份有限公司四川销售分公司党委委员；田凤民任中国石油天然气股份有限公司四川销售分公司纪委书记、党委委员；免去杨侠的中国石油天然气股份有限公司四川销售分公司纪委书记、党委委员职务，任集团公司党组巡视组巡视专员。

2016 年 9 月，中国石油天然气集团公司党组经研究并商得中共四川省委同意，决定免去张用军的中国石油天然气股份有限公司四川销售分公司党委委员职务，调任中国石油天然气股份有限公司安徽销售分公司党委委员、副书记。

2017 年 7 月，经研究并商得中共四川省委同意，中国石油天然气集团公司党组决定：付斌任中国石油天然气股份有限公司四川销售分公司党委书记，免去田玉军的中国石油天然气股份有限公司四川销售分公司党委书记、委员、工会主席职务。

2018 年 3 月，姚志强退休。

2018 年 4 月，经研究并商得中共四川省委同意，中国石油天然气集团有限公司党组决定：孙晓岗任中国石油天然气股份有限公司四川销售分公司党委委员、书记、工会主席；刘建明任中国石油天然气股份有限公司四川销售分公司党委委员、副书记；免去付斌的中国石油天然气股份有限公司四川销售分公司党委书记、委员职务，调任中国石油天然气股份有限公司销售分公司党委委员、副书记。

2018 年 8 月，中共中国石油天然气股份有限公司四川销售分公司第三次代表大会在成都召开，会议选举产生中共中国石油天然气股份有限公司四川销售分公司第三届委员会和中共中国石油天然气股份有限公司四川销售分公司纪律检查委员会。中共中国石油天然气股份有限公司四川销售分公司第三届委员会由田凤民、刘志强、刘建明、孙晓岗、杜庆华、房玉林、蒋胡民 7 人组成（按姓氏笔画排序），选举孙晓岗为公司党委书记，刘建明为公司党委副书记。

2019 年 1 月，中国石油天然气集团有限公司党组决定：刘彬任中国石油天然气股份有限公司四川销售分公司党委委员、纪委书记；免去田凤民的中国石油天然气股份有限公司四川销售分公司党委委员、纪委书记职务，调任中国石油天然气股份有限公司辽宁销售分公司党委委员、纪委书记。

表 1–62 所示为 1999 年 12 月至 2019 年 12 月中国石油天然气股份有限公司四川销售分公司党委成员任职情况。

表 1–62　1999 年 12 月至 2019 年 12 月中国石油天然气股份有限公司四川销售分公司党委成员任职情况

机构名称	职务	姓名	任职起止时间
中共中国石油天然气股份有限公司四川销售分公司临时党委	书　记	杨顺成	1999 年 12 月至 2002 年 6 月
	副书记	胡兴东	1999 年 12 月至 2002 年 6 月
	委　员	杨顺成	1999 年 12 月至 2002 年 6 月
		胡兴东	1999 年 12 月至 2002 年 6 月
		刘桂林	1999 年 12 月至 2002 年 6 月
		涂安宁	1999 年 12 月至 2002 年 6 月
		温明友	1999 年 12 月至 2002 年 6 月
		叶学胜	1999 年 12 月至 2002 年 6 月

续表

机构名称	职务	姓名	任职起止时间
中共中国石油天然气股份有限公司四川销售分公司党委	书　记	胡兴东	2002 年 6 月至 2011 年 11 月
		田玉军	2011 年 11 月至 2017 年 7 月
		付　斌	2017 年 7 月至 2018 年 4 月
		孙晓岗	2018 年 4 月至 2019 年 12 月
	副书记	杨顺成	2002 年 6 月至 2007 年 6 月
		叶学胜	2002 年 6 月至 2011 年 8 月
		姚志强	2007 年 6 月至 2014 年 10 月
		杨　侠	2011 年 8 月至 2015 年 9 月
		付　斌	2014 年 10 月至 2017 年 7 月
		刘建明	2018 年 4 月至 2019 年 12 月
	委　员	胡兴东	2002 年 6 月至 2011 年 11 月
		杨顺成	2002 年 6 月至 2007 年 6 月
		叶学胜	2002 年 6 月至 2011 年 8 月
		温明友	2002 年 6 月至 2011 年 8 月
		刘桂林	2002 年 6 月至 2004 年 11 月
		涂安宁	2002 年 6 月至 2015 年 12 月
		刘华治	2002 年 6 月至 2013 年 4 月
		王建中	2005 年 5 月至 2009 年 4 月
		许　强	2007 年 6 月至 2011 年 11 月
		姚志强	2007 年 6 月至 2014 年 10 月
		唐胜荣	2009 年 11 月至 2015 年 2 月
		刘星国	2011 年 8 月至 2014 年 7 月
		杨　侠	2011 年 8 月至 2016 年 7 月
		田玉军	2011 年 11 月至 2017 年 7 月
		张用军	2012 年 12 月至 2016 年 9 月
		刘战明	2014 年 4 月至 2015 年 7 月
		付　斌	2014 年 10 月至 2018 年 4 月
		刘志强	2015 年 1 月至 2019 年 12 月
		次仁扎西	2015 年 3—9 月
		杜庆华	2016 年 3 月至 2019 年 12 月
		蒋胡民	2015 年 12 月至 2019 年 12 月
		田凤民	2016 年 7 月至 2019 年 1 月
		房玉林	2016 年 7 月至 2019 年 12 月
		刘建明	2018 年 4 月至 2019 年 12 月
		孙晓岗	2018 年 4 月至 2019 年 12 月
		刘　彬	2019 年 1—12 月

说明：唐胜荣曾用名唐胜云。

三、纪委

1999年12月，中共中国石油四川销售公司临时纪律检查委员会委员有叶学胜、申瑄、杨蜀光、庞守国、李波5人，叶学胜任公司临时纪委书记，申瑄任公司临时纪委副书记。

2002年6月，根据中国石油天然气集团公司党组和中国石油天然气股份有限公司决定，四川省石油集团有限公司和中国石油天然气股份有限公司四川销售分公司领导班子实行整合，成立中共中国石油天然气股份有限公司四川销售分公司纪律检查委员会。中国石油天然气集团公司党组经研究并与中共四川省委协商一致，决定叶学胜任中国石油天然气股份有限公司四川销售分公司党委副书记、纪委书记。

2002年12月，中共中国石油天然气股份有限公司四川销售分公司委员会研究决定，任命陈先进为中共中国石油天然气股份有限公司四川销售分公司纪律检查委员会委员、副书记，免去申瑄的中共中国石油天然气股份有限公司四川销售分公司纪律检查委员会委员、副书记职务。

2003年3月，中共中国石油天然气股份有限公司四川销售分公司委员会研究决定，陈先进由于年龄原因，不再担任中共中国石油天然气股份有限公司四川销售分公司纪律检查委员会委员、副书记职务。

2004年1月，中共中国石油天然气股份有限公司四川销售分公司委员会研究决定，申瑄任中共中国石油天然气股份有限公司四川销售分公司纪律检查委员会副书记。

2006年3月，中共中国石油天然气股份有限公司四川销售分公司委员会研究决定，任命蒋胡民、钟云环、张学梁为中共中国石油天然气股份有限公司四川销售分公司纪律检查委员会委员，免去杨蜀光、庞守国的中共中国石油天然气股份有限公司四川销售分公司纪律检查委员会委员职务。

2006年9月，中共中国石油天然气股份有限公司四川销售分公司委员会研究决定，任命徐晓炜为中共中国石油天然气股份有限公司四川销售分公司纪律检查委员会委员、副书记，免去申瑄的中共中国石油天然气股份有限公司四川销售分公司纪律检查委员会委员、副书记职务。

2008年7月，中共中国石油天然气股份有限公司四川销售分公司第一次代表大会召开，选举产生中共中国石油天然气股份有限公司四川销售分公司第一届委员会和纪律检查委员会，叶学胜、杜庆华、陈耿、徐晓炜、蔡向阳（按姓氏笔画排序）5人当选为中共中国石油天然气股份有限公司四川销售分公司纪律检查委员会委员，选举叶学胜为纪委书记，徐晓炜为纪委副书记。是年8月，经中共四川省国有资产监督管理委员会批复同意。

2011年8月，中国石油天然气集团公司党组经研究并商得中共四川省委同意，任命杨侠为中国石油天然气股份有限公司四川销售分公司党委委员、副书记、纪委书记、工会主席；免去叶学胜的中国石油天然气股份有限公司四川销售分公司党委副书记、委员、纪委书记、工会主席职务，退休。

2013年6月，中共中国石油天然气股份有限公司四川销售分公司第二次代表大会召开，选举产生中共中国石油天然气股份有限公司四川销售分公司第二届委员会和纪律检查委员会。帅虹、杜庆华、杨侠、罗绍华、徐晓炜（按姓氏笔画排序）5人当选为中共中国石油天然气股份有限公司四川销售分公司纪律检查委员会委员，选举杨侠为纪委书记，徐晓炜为纪委副书记。

2015 年 9 月，中国石油天然气股份有限公司研究决定，徐晓炜调任西南化工销售分公司纪委书记、党委委员。

2016 年 6 月，公司党委研究决定，任命张成斌为中共中国石油天然气股份有限公司四川销售分公司纪律检查委员会副书记。

2016 年 7 月，经研究并商得中共四川省委同意，中国石油天然气集团公司党组决定：田凤民任中国石油天然气股份有限公司四川销售分公司纪委书记、党委委员；免去杨侠的中国石油天然气股份有限公司四川销售分公司纪委书记、党委委员职务，任集团公司党组巡视组巡视专员。

2018 年 8 月，中共中国石油天然气股份有限公司四川销售分公司第三次代表大会在成都召开，会议选举产生中共中国石油天然气股份有限公司四川销售分公司第三届委员会和中共中国石油天然气股份有限公司四川销售分公司纪律检查委员会。中共中国石油天然气股份有限公司四川销售分公司纪律检查委员会由田凤民、刘纯珂、张成斌、陈咏梅、曾伟 5 人组成，田凤民为纪委书记，张成斌、曾伟为纪委副书记。

2018 年 9 月，公司党委研究决定，任命曾伟为中共中国石油天然气股份有限公司四川销售分公司纪律检查委员会副书记。

2019 年 1 月，中国石油天然气集团有限公司党组决定：刘彬任中国石油天然气股份有限公司四川销售分公司党委委员、纪委书记；免去田凤民的中国石油天然气股份有限公司四川销售分公司党委委员、纪委书记职务，调任中国石油天然气股份有限公司辽宁销售分公司党委委员、纪委书记。

表 1-63 所示为 1999 年 12 月至 2019 年 12 月中国石油天然气股份有限公司四川销售分公司纪委书记任职情况。

表 1-63　1999 年 12 月至 2019 年 12 月中国石油天然气股份有限公司四川销售分公司纪委书记任职情况

<table>
<tr><th>机构名称</th><th>职务</th><th>姓名</th><th>任职起止时间</th></tr>
<tr><td rowspan="2">中国石油天然气股份有限公司
四川销售分公司临时纪委</td><td>书　记</td><td>叶学胜</td><td>1999 年 12 月至 2002 年 6 月</td></tr>
<tr><td>副书记</td><td>申　瑄</td><td>1999 年 12 月至 2002 年 6 月（正处级）</td></tr>
<tr><td rowspan="10">中国石油天然气股份有限公司
四川销售分公司纪委</td><td rowspan="4">书　记</td><td>叶学胜</td><td>2002 年 6 月至 2011 年 8 月</td></tr>
<tr><td>杨　侠</td><td>2011 年 8 月至 2016 年 7 月</td></tr>
<tr><td>田凤民</td><td>2016 年 7 月至 2019 年 1 月</td></tr>
<tr><td>刘　彬</td><td>2019 年 1—12 月</td></tr>
<tr><td rowspan="6">副书记</td><td rowspan="2">申　瑄</td><td>2002 年 6—12 月</td></tr>
<tr><td>2004 年 1 月至 2006 年 9 月（正处级）</td></tr>
<tr><td>陈先进</td><td>2002 年 12 月至 2003 年 3 月</td></tr>
<tr><td>徐晓炜</td><td>2006 年 9 月至 2015 年 9 月（正处级）</td></tr>
<tr><td>张成斌</td><td>2016 年 6 月至 2019 年 12 月（正处级）</td></tr>
<tr><td>曾　伟</td><td>2018 年 9 月至 2019 年 12 月（正处级）</td></tr>
</table>

说明：2015 年 9 月，徐晓炜调任中国石油天然气股份有限公司西南化工销售分公司纪委书记、党委委员；2016 年 7 月，杨侠任中国石油天然气集团公司党组巡视组正局级专职巡视员；2019 年 1 月，田凤民调任中国石油天然气股份有限公司辽宁销售分公司党委委员、纪委书记。

第二节　群团组织

一、工会

1999年12月，中国石油天然气股份有限公司四川销售分公司工会委员会主席为叶学胜。

2000年4月，经四川省总工会批复同意，中国石油天然气股份有限公司四川销售分公司工会委员会筹备组调整由叶学胜、蔡向阳、董树元、杨蜀光4人组成，叶学胜任筹备组组长，蔡向阳、董树元、杨蜀光任筹备组副组长。

2000年6月，四川省总工会批复同意中国石油天然气股份有限公司四川销售分公司工会第一届委员会常委会组成方案、主席副主席候选人和经费审查委员会主任候选人。

2000年8月，经中国石油天然气股份有限公司四川销售分公司工会第一次代表大会民主选举（见图1-13），四川省总工会批复同意，中国石油天然气股份有限公司四川销售分公司工会第一届委员会由王福全、叶学胜、刘长均、刘易清、陈文强、陈宗兰、何明慧、杨清德、张景双、郑兵、罗光辉、苟威凤、武爱勤、欧良治、钟俊、贺泽勇、唐良贵、曹云仙、曾程、曾凡吉、董云嫦、董树元、窦学明、谭代兴、蔡向阳25人组成；叶学胜、陈文强、何明慧、罗光辉、曾凡吉、董树元、蔡向阳7人为常委；叶学胜为工会主席，曾凡吉、蔡向阳、董树元3人为工会副主席。中国石油天然气股份有限公司四川销售分公司工会第一届经费审查委员会由付家良、李波、陈运华、罗晓春、梅学军5人组成，梅学军为经费审查委员会主任。

2002年6月，中国石油天然气集团公司党组经研究并与中共四川省委协商一致，决定叶学胜任中国石油天然气股份有限公司四川销售分公司党委副书记、纪委书记、工会主席。

2006年6月，中共四川省总工会党组同意，陈国瑞任中国石油天然气股份有限公司四川销售分公司工会委员会副主席，免去董树元的中国石油天然气股份有限公司四川销售分公司工会委员会副主席职务。

2007年1月，公司党委研究决定，曾凡吉由于年龄原因不再担任中国石油天然气股份有限公司四川销售分公司工会委员会副主席职务。6月，公司党委研究决定，任命凌启德为中国石油天然气股份有限公司四川销售分公司工会委员会副主席。

2008年，换届改选产生中国石油天然气股份有限公司四川销售分公司工会第二届委员会，叶学胜为工会主席。5月，公司党委研究决定，任命陈国瑞、凌启德、蔡向阳、帅虹4人为中国石油天然气股份有限公司四川销售分公司工会委员会副主席。

图1-13　中国石油四川销售分公司工会第一次代表大会

2011 年 1 月，公司党委研究决定，任命韩前灯为中国石油天然气股份有限公司四川销售分公司工会委员会副主席，陈国瑞、凌启德由于年龄原因不再担任中国石油天然气股份有限公司四川销售分公司工会委员会副主席职务。

2011 年 8 月，中国石油天然气集团公司党组经研究并商得中共四川省委同意，任命杨侠为中国石油天然气股份有限公司四川销售分公司党委委员、副书记、纪委书记、工会主席；免去叶学胜的中国石油天然气股份有限公司四川销售分公司党委副书记、委员、纪委书记、工会主席职务，退休。是月，公司党委研究决定，免去蔡向阳的中国石油天然气股份有限公司四川销售分公司工会委员会副主席职务。

2012 年 1 月，中国石油天然气股份有限公司四川销售分公司工会第二届第四次会员代表大会选举杨侠为中国石油天然气股份有限公司四川销售分公司工会委员会主席。8 月，经公司党委研究决定，任命王芳为中国石油天然气股份有限公司四川销售分公司工会委员会副主席（正处级），免去帅虹的中国石油天然气股份有限公司四川销售分公司工会委员会副主席职务。

2014 年 4 月，经研究并商得中共四川省委同意，中国石油天然气集团公司党组决定：刘战明任中国石油天然气股份有限公司四川销售分公司工会主席、党委委员，免去杨侠的工会主席职务。

2015 年 7 月，中国石油天然气股份有限公司决定，刘战明退休。9 月，经研究并商得中共四川省委同意，中国石油天然气集团公司党组决定：田玉军任中国石油天然气股份有限公司四川销售分公司工会主席。

2016 年 1 月，经公司党委研究决定，任命郑婷婷为中国石油天然气股份有限公司四川销售分公司工会副主席（正处级），免去王芳的中国石油天然气股份有限公司四川销售分公司工会副主席（正处级）职务。11 月，中国石油天然气股份有限公司四川销售分公司工会第三次代表大会在成都召开，田玉军、韩前灯、郑婷婷、吴静、罗绍华、朱宏杰、如莫他、何平、马中德、陈小玲、何超 11 人当选为中国石油天然气股份有限公司四川销售分公司工会第三届委员会委员，田玉军为公司工会主席，韩前灯、郑婷婷为公司工会副主席；王燕、陈建梅、金婷婷当选为中国石油天然气股份有限公司四川销售分公司工会第三届经费审查委员会委员，王燕为经费审查委员会主任。

2017 年 7 月，经研究并商得中共四川省委同意，中国石油天然气集团公司党组决定：免去田玉军的中国石油天然气股份有限公司四川销售分公司党委书记、委员、工会主席职务。

2018 年 4 月，经研究并商得中共四川省委同意，中国石油天然气集团有限公司党组决定：孙晓岗任中国石油天然气股份有限公司四川销售分公司党委委员、书记、工会主席。10 月，经公司党委研究决定，同意韩前灯提前退出实职岗位申请，不再担任公司工会副主席职务；任命张学梁兼任公司工会副主席，免去郑婷婷的公司工会副主席职务。

表 1–64 所示为 1999 年 12 月至 2019 年 12 月中国石油天然气股份有限公司四川销售分公司工会主席任职情况。

表 1-64 1999 年 12 月至 2019 年 12 月中国石油天然气股份有限公司四川销售分公司工会主席任职情况

机构名称	职务	姓名	任职起止时间
中国石油天然气股份有限公司四川销售分公司工会	主 席	叶学胜	1999 年 12 月至 2011 年 8 月
		杨 侠	2011 年 8 月至 2014 年 4 月
		刘战明	2014 年 4 月至 2015 年 7 月
		田玉军	2015 年 9 月至 2017 年 7 月
		孙晓岗	2018 年 4 月至 2019 年 12 月
	副主席	曾凡吉	2000 年 8 月至 2007 年 1 月（正处级）
		蔡向阳	2000 年 8 月至 2011 年 8 月（正处级）
		董树元	2000 年 8 月至 2006 年 6 月（正处级）
		陈国瑞	2006 年 6 月至 2011 年 1 月（正处级）
		凌启德	2007 年 6 月至 2011 年 1 月（正处级）
		帅 虹	2008 年 5 月至 2012 年 8 月（正处级）
		韩前灯	2011 年 1 月至 2018 年 10 月（正处级）
		王 芳	2012 年 8 月至 2016 年 1 月（正处级）
		郑婷婷	2016 年 1 月至 2018 年 10 月（正处级）
		张学梁	2018 年 10 月至 2019 年 12 月（正处级）

二、团委

1999 年 12 月，中国石油天然气股份有限公司四川销售分公司团委成员有蔡向阳、程懿、李波等人，蔡向阳任公司团委书记，程懿、李波任公司团委副书记。

2001 年 8 月，经公司临时党委研究决定，共青团四川省委组织部批复同意，免去蔡向阳的公司团委书记职务，任命李波为公司团委书记。

2006 年 2 月，经公司党委研究决定，任命张学梁为公司团委委员、副书记。

2007 年 4 月，经公司党委研究决定，任命张学梁为公司团委书记，免去李波的公司团委书记职务，免去张学梁的公司团委副书记职务。

2008 年 10 月，共青团中国石油天然气股份有限公司四川销售分公司第一次代表大会召开（见图 1-14），选举产生共青团中国石油天然气股份有限公司四川销售分公司第一届委员会，张乃文、张学梁、张晋松、吴静、周全 5 人当选为第一届委员会委员，选举张学梁为公司团委书记，吴静为公司团委副书记。11 月，选举结果经共青团四川省企业工作委员会批复同意。

图 1-14 共青团中国石油四川销售分公司第一次代表大会

2012年3月，经公司党委研究决定，任命吴静为公司团委书记（正处级），免去张学梁的公司团委书记职务，免去吴静的公司团委副书记职务。

2013年3月，经公司党委研究决定，任命何永洪为公司团委委员、副书记。

2017年4月，召开共青团中国石油天然气股份有限公司四川销售分公司第二次代表大会，会议选举三保、马丽、邓琪昌、吕洪伟、李玥、杨夏、杨铖浩、何永洪、金婷婷、彭玉婷（以姓氏笔画为序）10人为共青团中国石油天然气股份有限公司四川销售分公司第二届委员会委员，何永洪为团委书记，吕洪伟、邓琪昌、李玥为团委副书记。5月，经公司党委研究决定，任命何永洪为公司团委书记（正处级），免去吴静的公司团委书记职务。6月，公司党委批复同意共青团中国石油天然气股份有限公司四川销售分公司第二次代表大会选举结果。

表1–65所示为1999年12月至2019年12月中国石油天然气股份有限公司四川销售分公司团委书记任职情况。

表1–65　1999年12月至2019年12月中国石油天然气股份有限公司四川销售分公司团委书记任职情况

机构名称	职务	姓名	任职起止时间
中国石油天然气股份有限公司四川销售分公司团委	书　记	蔡向阳	1999年12月至2001年8月（正处级）
		李　波	2001年8月至2007年4月（正处级）
		张学梁	2007年4月至2012年3月（正处级）
		吴　静	2012年3月至2017年5月（正处级）
		何永洪	2017年5月至2019年12月（正处级）
	副书记	程　懿	1999年12月至2008年11月
		李　波	1999年12月至2001年8月
		张学梁	2006年2月至2007年4月
		吴　静	2008年11月至2012年3月
		何永洪	2013年3月至2017年5月
		吕洪伟	2017年6月至2019年12月
		邓琪昌	2017年6月至2019年12月
		李　玥	2017年6月至2019年12月

第三节　机关部门

1999年12月，中国石油天然气股份有限公司四川销售分公司机关设职能部门8个，即经理办公室、党委办公室、财务资产处、人事处（党委组织部）、综合业务处、资源配置处、储运安全处、审计监察处。

2001年5月，中国石油天然气股份有限公司四川销售分公司机关设立加油站管理处，负责公司及所属单位加油站的经营管理。将资源配置处与自备车运输公司合并为资源配置处。成立信息管理中心（副处级）和审计室（副处级），在市州公司设审计员。

2002 年 6 月，中国石油天然气股份有限公司印发《关于调整四川销售分公司机关机构设置及人员编制的通知》，规范中国石油天然气股份有限公司四川销售分公司机关机构设置。是年 12 月，中国石油天然气股份有限公司四川销售分公司调整机关处室机构设置和主要职责，调整后设 12 个处室：经理办公室（设后勤服务中心，挂靠经理办公室）、营销处、调度运输处、仓储安全环保处、投资与建设管理处、加油站管理处、财务处（设结算中心，挂靠财务处）、人事处（党委组织部）、企业管理处（设信息中心，挂靠企业管理处）、党群工作处（企业文化处）、审计监察处、综合管理办公室（管理未上市企业人员）。

2006 年 6 月，中国石油天然气股份有限公司四川销售分公司成立培训中心，规格为副处级单位。

2007 年 7 月，中国石油天然气股份有限公司四川销售分公司设立党委办公室，挂党群工作处（企业文化处）牌子，合署办公。

2008 年 3 月，中国石油天然气股份有限公司四川销售分公司调整机关组织机构和管理职能。成立规划计划处、工程建设处、物资采购处；撤销零售网点建设办公室，撤销投资与建设管理处；撤销企业管理处下设的信息中心，成立信息管理处；企业管理处更名为法律与股权管理处，将股权管理职能从财务处划出，并入法律与股权管理处；将审计职能从审计监察处划出，并入内控管理办公室，内控管理办公室更名为内控与审计处；审计监察处更名为监察处，与公司纪委办公室合署办公；成立维护稳定工作办公室，与党群工作处合署办公；后勤服务中心更名为后勤管理处；营销处更名为营销管理处；财务处更名为财务资产处。调整后机关设 18 个处室，总经理办公室、营销管理处、调度运输处、规划计划处、财务资产处、人事处、仓储安全环保处、加油站管理处、工程建设处、物资采购处、信息管理处、内控与审计处、法律与股权管理处、党群工作处（与党委办公室合署办公，挂企业文化处的牌子）、监察处（与纪委办公室合署办公）、维护稳定工作办公室（与党群工作处合署办公）、综合管理办公室（挂离退休人员管理中心的牌子）、后勤管理处；6 个党群工作机构，7 个机关附属机构。公司机关总编制 175 人，其中机关各部门管理人员编制 153 人。

2010 年 12 月，中国石油天然气股份有限公司四川销售分公司调整机关及附属机构编制。机关机构调整内容：撤销内控与审计处，其审计职能调整到监察处；监察处更名为审计监察处，与公司纪委办公室合署办公，其内控管理职能调整到法律与股权管理处；法律与股权管理处更名为企管法规处。撤销综合管理办公室，其存续企业财务管理职责调整到财务资产处，人员及其余职责划入重组后的房产管理公司。撤销后勤管理处，人员及职责划入重组后的房产管理公司；直属机关党委、工会办公室、团委办公室与党委办公室合署办公；撤销原与党委办公室（企业文化处）合署办公的党群工作处。附属机构调整内容：维护稳定工作办公室调整为机关附属机构，归口党委办公室管理；成立结算中心，将结算职能由财务处调整到结算中心，归口财务处管理；报刊编辑部、北京办事处、兰州办事处人员关系划入重组后的房产管理公司，业务上分别由党委办公室、总经理办公室、调度运输处领导；仓储安全环保处所挂的油品计量检定站、质量检定站、防雷防静电检测中心整体划归新成立的质检技术中心。调整后公司机关设 14 个处室：总经理办公室、营销管理处（加油卡管理中心）、调度运输处、规划计划处、财务资产处、人事处（党委组织部）、仓储安全环保处、加油站管理处、工程建设处、物资采购处、信息管理处、企管法规处、党委办公室（企业文化处、工会办公室、团委办公室、直属机关党委）、审计监察处（纪委办公室）。设 5 个附属机构：营销调度指挥中心（归口营销管理处管理）、结算中心（归口财务资产处管理）、职业技能鉴定站、培训中心（归口人事处管理）、维护稳定办公室（归口党委办公室管理）。

2012 年 2 月，中国石油天然气股份有限公司四川销售分公司调整部分机构职能和名称，总经理办公室与党委办公室合署办公，维护稳定办公室更名为维稳和新闻办公室；原党委办公室更名为党群工作处，挂企业文化处牌子；零售业务管理和加油卡销售职能调整至加油站管理处，同时挂加油卡管理中心牌子；调度运输处更名为仓储调运处，兰州办事处更名为西北调运协调组；仓储安全环保处的油库管理职能整体调整到仓储分公司，仓储安全环保处更名为质量安全环保处，撤销油库管理科，增加质量计量科；仓储分公司增加油库管理职能；房产管理公司加挂后勤管理中心和离退休人员管理中心牌子。

2013 年 12 月，中国石油天然气股份有限公司四川销售分公司调整部分机构职能，将加油站管理处零售业务调整至营销管理处；加油站检维修业务职能从工程建设处划归加油站管理处；撤销物资采购处，其职能并入工程建设处；撤销维稳和新闻办公室；报刊编辑部更名为报刊影视编辑部；合并西北调运协调组和驻盛马炼油厂办事处，设立驻外调运协调组；撤销北京办事处。

2014 年 3 月，中国石油天然气股份有限公司四川销售分公司召开总经理办公会，专题讨论解决安全质量监督总站运行的问题。明确安全质量监督总站是公司直属机构，机构规格为正处级。业务上接受质量安全环保处指导，是公司安全质量监督体系中重要组成部分。职责上，质量安全环保处是公司安全环保质量计量体系、制度的建立、管理、指导部门。主要负责公司安全环保质量计量工作制度执行情况的监督巡查、监督 HSE 管理体系和质量管理体系执行情况、监督加油站服务质量及现场管理情况、监督施工工程质量等。

2015 年 4 月，中国石油天然气股份有限公司四川销售分公司为促进非油业务专业化管理，构建非油业务发展新格局，提高效率效益，设立非油业务管理处，作为公司非油业务的管理机构，履行全省非油业务管理职能，机构规格为正处级。非油运作部（非油品公司）作为公司直属机构，机构规格为正处级，业务上接受非油业务管理处的管理、考核和指导，对内称非油运作部，对外称非油品公司。

2015 年 6 月，中国石油天然气股份有限公司四川销售分公司按照《专业化管理、一体化运作实施方案》要求，将加油（气）站管理处更名为油气零售处，将非油业务管理处更名为非油业务处，对营销管理处、油气零售处、仓储调运处、非油业务处的具体职责进行调整，整合业务资源、调整运行机制，以市场为导向，以客户为中心，着力推进油卡非润及天然气业务专业化管理、一体化运作，持续提升企业盈利能力。

2016 年 8 月，中国石油天然气股份有限公司四川销售分公司根据营销业务发展和实际工作需要，对营销管理处、油气零售处、仓储调运处等部门内设机构及人员编制进行部分调整：在营销管理处设立综合业务科。调整后，营销管理处内设科室为销售管理科、市场情报科、综合业务科，归口管理营销调度指挥中心。营销管理处定员数调整为 13 人，其中科级职数 3 人。在油气零售处设立零售业务科，将油气零售处设备运行科和服务稽查科整合为运行管理科。调整后，油气零售处内设科室为零售业务科、运行管理科、加油卡业务科。油气零售处人员编制不调整，各科人员在现有编制内调剂使用，其中科级职数 3 人。仓储调运处定员数调整为 16 人，其中科级职数 3 人。拟在营销调度指挥中心增设 1 名总值班副主任（副科级），增设后营销调度指挥中心科级职数 2 人。

2017 年 4 月，中国石油天然气股份有限公司四川销售分公司印发《进一步完善非油业务运行有关问题的方案》，调整优化非油业务管理模式，在非油业务处挂非油品公司、润特油公司的牌子。对内，非油业务处不再按二级公司管理，作为机关职能部门，在公司班子的领导下开展工作。对外，由非油业务处以非油品（润特油）公司名义，对外开展业务联系、合同签订等工作。非油运作部更名为非油业务运作中心，归口非油处管理，在非油处的领导下开展工作，主要发挥保障和支持作用。

2017 年 5 月，调整非油处、运作中心内设机构及职能。非油处下设运营管理科、便利店管理科、电商及新业务科、综合管理科。并在非油处挂非油品公司、润特油公司两块牌子。非油处定编 12 人，处级职数一正两副，科级职数 4 人。非油业务运作中心内设 5 个机构，分别是便利店业务保障部、汽服广告部、信息及平台运营部、润油化工部、财务资产部。非油业务运作中心作为非油处的附属机构，归口非油处管理，定员 51 人，其中副处级职数 3 人、科级职数 15 人（含总经理助理 1 人）、一般工作人员 33 人。

2017 年 10 月，中国石油天然气股份有限公司四川销售分公司对审计监察处（纪委办公室）、审计监察中心部分内设机构及人员编制进行调整。在审计监察处（纪委办公室）增设联合监督室，主要负责大监督工作的组织协调、跟踪落实等工作；将监察科更名为信访与案件审理室，主要负责信访受理登记、案件审理工作；将审计监察中心监察室更名为执纪审查室，主要负责问题线索执纪审查、立案审查、党风廉政建设、综合管理等工作。调整后，审计监察处（纪委办公室）内设科室 3 个：联合监督室、审计科、信访与案件审理室。审计监察中心内设科室 3 个：执纪审查室、审计一室、审计二室。审计监察处（纪委办公室）人员编制增加 2 人，定编 8 人，其中处级职数 3 人、科级职数 3 人、一般管理岗位 2 人。内设机构中，联合监督室定编 2 人，其中科长 1 人；信访与案件审理室定编 2 人，其中科长 1 人；审计科定编 1 人（科长 1 人）。审计监察中心人员编制不调整。

2018 年 3 月，中国石油天然气股份有限公司四川销售分公司创新数据管理运行机制，搭建大数据经营管理架构，在中国石油销售系统首家正式成立数据中心。按照“不单设机构、人员专兼结合”的原则，公司数据中心与信息管理处合署办公，信息管理处原有的数据管理及应用等相应职责调整到数据中心。调整后，数据中心在公司大数据经营工作领导小组统一领导下，统筹负责公司数据管理工作。数据中心人员按专兼职结合方式配置：数据中心负责人由信息管理处负责人兼任；设专职副主任（正科级）1 人，由信息处相关岗位人员担任；设专职管理人员 1 人，在公司内部选拔产生。在调运、营销、零售、非油、财务、质安等部门设兼职数据分析应用人员，由各部门指定业务骨干兼任。兼职人员根据数据中心统一安排，负责所属领域需求分析，配合开展数据分析工作，同时承担系统测试、项目培训、权限管理等工作。二级公司不单设数据管理机构，由本单位信息部门牵头，与营销、零售、非油、财务、质安部门组建分析应用工作组，协同开展数据分析应用工作。

2019 年 2 月，中国石油天然气股份有限公司四川销售分公司调整规划计划处内设机构，在规划计划处设立计划管理科，规格为正科级，定编 2 人，其中科长 1 人。计划管理科主要负责投资计划管理、项目资金管理、投资管理系统、统计报表等工作。调整后，规划计划处内设科室 3 个，分别是规划科、投资管理科、计划管理科。规划计划处定编 9 人，其中处级职数 3 人、科级职数 3 人。

2019 年 4 月，中国石油天然气股份有限公司四川销售分公司将工程建设处与规划计划处合并，设立投资建设管理处，原工程建设处、规划计划处职责整体划归投资建设管理处。投资建设管理处暂设处长 1 人、常务副处长 1 人、副处长 2 人。处长负责处内全面工作，主要分管投资及规划计划管理相关工作；常务副处长主要分管工程建设及物资采购相关工作。投资建设管理处暂设规划科、投资管理科、计划管理科、综合业务科、施工管理科、物资采购科等 6 个科室。设两年过渡期，过渡期内内设机构及人员编制暂不调整。过渡期满后，根据企业改革发展需要和工作运行情况，再做调整。投资建设管理处主要负责公司发展规划、投资管理、网络开发、工程建设、物资采购、计划统计等工作。重点突出网络开发、项目建设及管理的统筹组织和全周期管理，努力实现效益最大、工期最短、成本最优。

2019 年 10 月，中国石油天然气股份有限公司四川销售分公司整合营销管理处和仓储调运处，设立营销调运处。营销调运处承担原营销管理处、仓储调运处职责。整合营销调度指挥中心和调控指挥中心。将原营销管理处归口管理的营销调度指挥中心和仓储调运处归口管理的调控指挥中心整合，设立营销调控指挥中心。营销调控指挥中心承担原营销调度指挥中心和调控指挥中心职责，归口营销调运处管理。营销调运处内设科室及职责优化整合后经公司批准设置。营销调运处设处长 1 人、暂定副处长 3 人，其他业务岗位由营销调运处内部优化使用。

是月，中国石油天然气股份有限公司四川销售分公司将审计监察处（纪委办公室）更名为纪委办公室（审计处），职责不变。将审计监察中心更名为审计中心，职责不变。

是月，中国石油天然气股份有限公司四川销售分公司撤销工程建设领导小组及其办公室，设立工程建设管理处，将投资建设管理处的工程建设、施工管理、物资采购等相关职能划归工程建设管理处。投资建设管理处更名为投资计划处。

是月，中国石油天然气股份有限公司四川销售分公司将机关党委、机关工会工作职责调整到党群工作处（党委宣传部、企业文化处）。党群工作处（党委宣传部、企业文化处）加挂机关党委牌子，在现有部门职责基础上增加 3 项职责：一是负责公司机关党的政治建设，贯彻落实党对国有企业的领导，传达贯彻党中央、集团公司党组、公司党委重大决策部署和工作要求；二是负责公司机关党委及机关各党支部组织建设、党员教育与管理，指导机关各党支部抓好思想政治建设，落实党建工作责任制并开展考核和督促整改工作；三是负责公司机关工会、共青团和女工工作等。保留维护稳定办公室，列机关附属机构。内设维稳信访安保科，具体承担公司维稳信访、安保防恐、社会治安综合治理等相关工作。

截至 2019 年末，中国石油天然气股份有限公司四川销售分公司设机关职能部门 13 个：总经理办公室（党委办公室）、营销调运处、投资计划处、财务资产处、人事处（党委组织部）、质量安全环保处、油气零售处（加油卡管理中心）、非油业务处、工程建设管理处、信息管理处、企管法规处、党群工作处（党委宣传部、企业文化部、机关党委）、纪委办公室（审计处）。附属机构 6 个：职业技能鉴定站（培训中心）、结算中心、营销调控指挥中心、审计中心、非油业务运作中心、维护稳定办公室。

机关各职能部门主要职责如下：

总经理办公室（党委办公室） 负责公司政策研究和调研工作。负责起草向集团公司、四川省委省政府、销售板块综合性汇报材料、重要会议报告，以及公司重要会议的文字材料及综合性文稿，审核公司重要文稿，编发公司简报。负责公司助理级以上领导日常办公和公务活动的安排，协调机关各部门工作运行。负责公司行政、党委重大决策部署及重要事项的督查督办。负责公司机关业务招待费、会议费和办公费的管理工作。负责草拟并组织实施公司行政、党委重大管理制度，编制公司年度工作计划。负责公司行政、党委印鉴及文书管理，公司公文收发、文电处理、公文核稿印发，文书档案及印信管理。负责公司公共关系协调、对外公关接待及联络工作，公司对外协会的加入和协调工作。负责公司党委机要、保密、密码管理工作和档案管理、史志编纂工作，指导所属单位档案和史志工作。负责公司志书编写工作。负责公司国家安全人民防线领导小组办公室日常工作。负责公司新闻舆情日常监测工作，公司重大突发新闻公关、协调、发布工作。负责公司与省委省政府、厅（局）、市州党委、政府公务往来的联系和协调工作。负责公司办公 OA 系统和档案系统的日常运行管理。负责公司应急系统启动解除工作，公司值班、应急、突发事件协调处置及上报信息的组织、报送。负责公司办公室系统 HSE 管理。完成公司领导交办的其他工作。

营销调运处 负责公司成品油经营业务的统筹管理和综合协调；负责公司成品油计划管理，包括资源需求计划和销售计划的上下衔接、统一平衡和考核检查；负责监测国际、国内、省内成品油市场及其他相关信息；负责公司营销策略的研究制定和组织实施；负责公司成品油价格管理，履行公司成品油价格领导小组办公室职责；负责公司库发销售业务管理；负责公司客户管理，指导二级公司开展客户开发与管理工作；负责公司成品油市场管理，包括与行业主管部门协调、市场调查、市场整顿、油品应急供应及新闻危机处理工作，负责对外供应业务联系和协调工作；负责公司成品油外采业务的日常管理；负责公司商流统计工作；负责公司成品油经营活动分析通报，牵头组织公司营销分析周视频例会；负责公司营销业务信息化建设工作；负责公司系统外油库的租赁管理工作；负责公司营销体制改革、营销业务制度建设、综合性业务材料起草工作；负责公司营销系统的 HSE 管理；负责公司营销调度指挥中心的归口管理工作；完成公司领导交办的其他工作。负责公司成品油资源调入、进出库管理及配送业务的统筹协调以及相关制度的制定和完善，并监督实施；负责公司调度指挥中心日常管理工作；负责制定公司一、二次物流优化运行方案，并组织实施；负责与上级管理部门、大区销售公司、铁路部门等相关单位的沟通协调工作；负责按照资源配置计划编报月度资源调入计划；负责向各油库下达接卸资源计划及指令，并组织资源调入；负责编制下达各二级公司月度资源出库计划；负责公路配送第三方承运商的协调、指导、监督和考核工作；负责公司二次配送的计划制订、组织运行和协调管理工作；负责公司运费预算的下达、稽核、结算和分析工作；负责公司成品油物流信息化建设工作，负责牵头组织一次物流系统、二次物流系统、油库管理系统以及 ERP 系统（调运部分）的培训、应用和考核工作；负责公司物流统计工作；负责牵头处理公司管道、铁路和公路等运输环节的数质量纠纷；负责公司西北调运协调组的业务指导和管理工作；负责参与编制公司成品油销售计划、油库及输油管线发展规划，公司年度预算编制和储运设施规划建设工作。

投资计划处 负责制定公司投资计划管理有关规章、制度、标准。负责编制公司中长期发展规划，指导二级公司规划编制工作，检查监督规划执行。负责组织公司权限范围内投资项目可行性研究报告审批。负责归口上报需股份公司或销售公司审批的投资项目。负责公司年度投资建议计划、分批次投资建议计划的编制、上报，对股份公司和板块下达的投资计划进行下达和控制。监督检查投资计划及项目执行情况。负责审核二级公司年度财务决算投资计划执行情况，并配合财务上报总部审核决算。负责投资项目立项批复并下达计划后，项目资金拨付计划的审查下达；经外委决算审计后，下达投资项目的最终审定批复。负责开展投资统计、投资活动分析；负责开展项目后评价；负责股份公司、板块及公司投资管理信息系统上传、统计和运行管理。

财务资产处 负责贯彻执行国家财经法律法规和上级公司方针政策、规章制度，组织开展公司会计核算和财务管理工作；负责组织制定或修订财务管理制度及业务流程、程序文件，按照公司统一要求构建公司财务内部控制体系，并监督实施，组织开展财务风险管控；负责按照集团财务共享框架，组织建立并实施公司会计核算体系，及时、准确提供会计核算成果，编制和报送财务会计报告；负责组织建立并实施公司内部结算体系，组织开展公司资金管理和产融结合工作，确保资金管理安全、有效；负责组织开展预算管理、开源节流、降本增效工作；组织开展财务预测和财务分析工作，为公司经营管理提供决策支持；负责组织开展资产管理及资产经营工作，保证资产价值安全，实现资产保值增值；负责组织开展税收和发票管理工作，合理开展纳税筹划；参与重大投资项目的研究论证，参与审核经济合同；负责协调公司内部关系及银行、税务等方面的外部关系；负责组织财务系统队伍建设，组织开展对财务人员的培训与业绩考核工作；按照“一岗双责”要求，负责部门相关安全管理和党建工作；负责完成领导交办的其他工作。

人事处（党委组织部） 负责认真贯彻执行国家有关人事法规、政策和上级有关规定；负责组织制订公司人力资源战略规划、年度工作计划、人才引进计划和管理人员培训计划，按照干部管理权限组织实施干部的考核、审批和聘任；负责组织制定公司薪酬分配和工资总额使用管理制度；负责组织机构编制、劳动组织、劳动定员定额管理工作；负责组织实施管理人员的调配、毕业生和退役军人的接收；负责组织实施公司专业技术人员的评聘和继续教育；负责组织实施技能操作人员技能鉴定工作；负责组织实施公司党组织建设和党员发展工作；负责监督指导机关部门和二级公司人事组织工作开展情况。

质量安全环保处　负责公司安全环保、质量计量、职业健康、节能节水、设施设备综合监督管理；负责公司QHSE体系建设和审核，组织编制规章制度、操作规程，并监督各单位执行；负责公司安全环保、质量计量、职业健康、节能节水、设施设备业绩指标监测及日常考核；负责重大危险源、重大隐患管理工作，监督指导各单位隐患管理工作；负责安全环保、质量计量综合监督检查；负责公司安保基金使用管理；负责组织或参与现场应急处置、事故调查处理。

油气零售处（加油卡管理中心）　负责贯彻执行国家、上级公司加油（气）站现场管理的法规、标准和规范，组织制定完善加油（气）站现场管理办法及实施细则；负责按照公司整体销售计划安排和分解二级公司油品纯枪、加油卡和天然气销售计划，并对二级公司计划执行进行监督、指导和考核；负责加油（气）站现场管理，包括现场规范管理、安全环保管理、质量计量管理、节能降耗、稽查管理和培训管理等，组织制定和完善加油（气）站现场管理办法及实施细则；负责加油（气）站内零售、加油卡等业务的反舞弊监督检查管理；负责加油（气）站零售业务的资金回笼管理及定期结算业务审批；负责加油（气）站现场服务质量提升管理工作，完善服务监督体系，指导二级公司处理客户现场投诉；负责加油（气）站效率提升工作，开展加油（气）站优化调整、自助加油推广、吨（星）级站及样板站培育、双低站治理、小站承包及其他涉站管理创新工作；负责按照公司客户开发服务体系建设总体安排，开展油品纯枪、加油卡、天然气客户的开发和日常维护工作，配合建立零售终端市场情报监测体系；负责按照公司油卡非润及天然气业务整体促销策划方案，组织加油（气）站现场促销活动；负责加油（气）站设备设施的日常管理，编制加油（气）站整改提升需求计划，提出加油（气）站设施设备、信息管理系统的运行维护及更新需求，并负责对维护更新结果进行验收和评价；负责提出加油（气）站新设备、新技术、新材料、新工艺等推广建议，负责加油（气）站、零售业务管理创新成果的推广应用；负责公司微信服务号等线上零售平台的运行管理，并对平台开发及完善提升提出业务需求；负责本部门HSE管理，牵头组织公司加油（气）站的HSE管理；参与加油（气）站新建和改造项目的设计与优化工作，负责审核项目可研销量指标，负责项目投运验收；负责提出零售业务专项培训需求，配合开展专项培训。对加油（气）站设施设备管理，由零售处提出运行维护及更新需求，工程建设处、信息管理处分别负责加油（气）站设施设备的运维和更新改造，零售处对维护更新结果进行验收和评价，充分发挥专业线业务驱动功能和综合部门保障服务职能。

非油业务处　作为非油业务的专业管理部门，负责全省非油业务发展规划、营销策略、促销组织、新业务拓展、预算分解及考核、线上线下融合、自有产品开发等工作，全面负责非油运作中心薪酬管理、业绩考核、社保管理、合同管理、档案及文件资料管理、印章管理、ERP人力资源系统管理、员工及干部管理、HSE体系建设及审核、内控管理、风险及合规管理、党团工会、信息及平台运营管理等综合事务工作。统筹专业线培训工作，实行专业线人才队伍动态管理，发挥专业线管理职能。负责协调地方政府及相关职能部门，助推非油业务发展。负责对接昆仑好客公司，贯彻落实昆仑好客公司、省公司关于非油业务经营管理方面的政策制度和工作要求；负责拟定非油业务发展规划和经营策略，将其纳入公司整体规划之中，并组织非油专业线贯彻实施；负责在非油运作中心配合支持下，实施非油各业务线进销存管理、日常规范经营、促销活动、劳动竞赛策划实施、信息化建设以及监督检查等，确保各项业务规范、有序、受控运行；负责根据经营管理工作需要，制定相关制度办法、业务流程，并不断修订完善；负责制订便利店、中央仓、中转仓总体建设规划，参与规划、工程部门组织的项目评审会，配合做好非油网点升级改造、隐患整改工作；负责做好专业线年度预算工作。向上对接总部预算，并进行分解；向下对分解预算进行下达，配合人事部门做好预算考核工作；负责非油业务各类统计报表、简报、经营动态制作，组织开展经营活动分析及通报，查找存在问题并制定整改措施；负责以电商、跨界经营为代表的新业务开发与拓展，促进线上线下融合，不断增强非油业务增收创效能力；负责自有产品开发及推广，提高非油业务盈利能力；负责配合人事部门，做好员工非油技能培训，总结推广行业、竞争对手、兄弟公司先进经验做法，做好非油系统专家队伍建设；全面负责非油运作中心薪酬管理、业绩考核、社保管理、合同管理、档案及文件资料管理、印章管理、ERP 人力资源系统管理、员工及干部管理、内控管理、风险及合规管理、党建及工会等综合事务工作；负责非油业务 HSE 管理，落实非油 HSE 专业分委会职责，做好顾客投诉、新闻网络舆情事件的处理，防范安全风险。做好公务车辆管理及调度工作；负责与地方政府或相关职能部门（如各级政府、街道、工商管理局、烟草专卖局、市场监督管理局、城管等）协调，推动非油业务健康快速发展。

工程建设管理处 负责公司油库、加油站新建、迁建、整体重建和改扩建等工程项目管理工作。负责组织制定公司工程建设管理制度、内控流程和管理办法。负责公司工程建设项目从初步设计到完工投运全过程管理。负责公司工程建设设计、施工、监理等承包商及供应商管理。负责组织开展集中采购物资以及 500 万元以上工程建设项目招投标工作。负责工程建设项目安全、质量、进度和成本控制管理。负责组织公司油库新建、扩容项目初步验收和竣工验收，监督指导二级公司开展加油站项目工程验收。负责工程建设项目档案资料管理。负责公司集中采购物资的管理，负责签订和履行采购合同，负责物资采购计划、采购实施、结算、验收和交接等管理。完成公司领导交办的其他工作。

信息管理处 负责公司信息化建设总体发展规划、年度计划的编制并组织实施；负责公司信息化工作相关制度的制定、信息系统内控体系管理和信息安全管理；负责公司信息化建设方案的论证和审查以及公司信息设备采购必要性、可行性审查；负责公司机房、网络系统、视频会议系统和其他应用系统的管理与运行维护；负责公司信息设备资产新增、调剂、处置方案审查；配合有关部门开展公司信息系统推广应用，并提供技术支持及维护；负责公司机关信息技术支持服务，提出信息设备配件、耗材的维修和更换需求；负责组织公司信息队伍建设、技术交流及培训工作；负责公司所属单位信息化工作协调和业务指导；负责公司运维中心管理；负责公司信息系统 HSE 管理；负责公司数据经营工作，提供数据分析服务，指导二级公司数据分析应用工作，向公司大数据经营工作领导小组汇报工作；负责公司数据经营整体规划、制度、流程、标准与考核办法制定；完成公司领导交办的其他工作。

企管法规处　负责制定公司法律事务、制度建设、股权管理及内部控制等规章制度；负责公司法律工作统筹规划、普法教育工作、法律风险源调研、重大法律风险防控机制、措施制定及协调法律事务；负责公司经济纠纷案件管理工作；负责公司合同管理、重大合同法律审查、公司合同专用章的使用和管理；负责公司招标管理工作，负责审查招标方案、可不招标事项、招标结果；负责对招标代理机构的委托、管理和考核；负责编制公司规章制度建设规划和年度计划，组织重要规章制度的法律论证，对机关各部门建设的制度进行审核、平衡和协调；负责公司工商登记、商标和商号管理；负责审核公司股权投资项目计划及可行性研究；负责股权企业预决算管理、股利分配、资产管理和投资建设；组织编制公司股权管理年度及专项工作计划并组织实施；参与股权企业内控体系规范建设；负责办理股权企业股东会、董事会、监事会议案的审批并做好相关文件和决议的收集归档；负责做好股东各方沟通协调，加强和规范股权管理和股权企业行为；负责股权信息系统、合同管理系统、纠纷管理系统、规章制度管理系统管理工作，建立并维护股权管理、合同管理、诉讼案件管理、规章制度管理档案资料；负责对董监事履职情况进行日常监督和管理；负责配合人事部门对派出的副处级以上领导人员进行绩效考核；负责对股权企业及托管单位业绩目标完成情况进行分析、考核和通报，并提出整改措施或方案；负责组织公司管理创新“项目制”课题立项、研究以及验收；组织公司管理创新成果评比及推荐上报；负责组织建立、运行和维护公司内部控制体系，组织收集风险信息，开展公司内部控制自我测试和运行评价工作，协助相关部门建立与完善控制措施。参与分析与处理重大风险事件；负责组织建立、运行和维护公司内部控制体系；负责公司业务流程归口管理。组织收集风险信息，组织相关部门开展风险评估，协助相关部门建立与完善控制措施。参与分析与处理重大风险事件；负责协调公司内部控制审计和管理层测试工作；组织开展公司内部控制运行评价工作；负责公司法律事务、制度建设、股权管理及内部控制等业务培训和队伍建设，负责对所属单位进行业务管理和指导；负责承办公司内控体系建设委员会的日常工作；完成公司领导交办的其他工作。

党群工作处（党委宣传部、企业文化部、机关党委）　负责认真贯彻执行国家、集团公司和上级部门有关宣传思想文化方面的政策及规定；负责制定公司意识形态工作、宣传工作、群团工作、思想政治工作、企业文化建设工作制度，构建科学完备的宣传思想文化工作体系；负责公司机关党的建设工作；负责公司中国石油报记者站工作；负责定点扶贫工作的组织、协调与实施；负责组织公司综合性先进单位、先进集体和个人的评选表彰，培育选树各层面先进典型；负责组织实施困难职工帮扶工作；负责新闻舆情管控工作。负责公司机关党的政治建设．贯彻落实党对国有企业的领导，传达贯彻党中央、集团公司党组、公司党委重大决策部署和工作要求；负责公司机关党委及机关各党支部组织建设、党员教育与管理，指导机关各党支部抓好思想政治建设，落实党建工作责任制并开展考核和督促整改工作；负责公司机关工会、共青团和女工工作等。

纪委办公室（审计处）　负责研究和制定公司党风廉政建设、纪检及审计工作的相关政策、制度与规定；负责建立和完善公司党风廉政建设责任制和内部监督制约机制，牵头组织实施公司构建“三不”有效机制工作；负责制订公司纪检和审计工作计划、方案及费用预算，并组织实施；负责组织开展执纪问责工作，受理反映公司员工违反党纪政纪行为的检举控告，并进行核查、处理，受理所属单位党组织、党员和监察对象对党纪政纪处分不服的申诉；负责组织开展大监督和电子监察工作，协调并督促机关各部门全面落实监督责任；负责合规管理监察工作，并对二级公司及机关部门履行职责与执行规章制度情况进行监督检查；负责监督审计意见和处分处理决定的执行情况，适时组织开展后续审计和专项监督检查；负责公司纪检和审计队伍培训、教育和管理，负责对所属单位进行业务管理和指导等。

表1-66所示为1999年12月至2019年12月中国石油天然气股份有限公司四川销售分公司机关职能部门负责人任职情况。

表1-66　1999年12月至2019年12月中国石油天然气股份有限公司四川销售分公司机关职能部门负责人任职情况

机构名称	职务	姓名	任职起止时间
经理办公室（1999年12月至2008年3月）	主　任	刘秉章	1999年12月至2002年10月
		蔡向阳	2002年10月至2006年9月
			2006年9月至2007年12月（兼）
		巩　凯	2008年1—3月
	副主任	蒋胡民	1999年12月至2001年8月（正处级）
		曹天顺	1999年12月至2002年12月
			2002年12月至2008年1月（正处级）
		蔡向阳	2001年8月至2002年10月
		杨保平	2002年12月至2005年12月
		刘华平	2002年12月至2008年3月
		刘纯珂	2006年5月至2008年3月
		巩　凯	2007年6月至2008年1月
党委办公室（1999年12月至2002年12月）	主　任	蔡向阳	1999年12月至2001年8月
		李　波	2001年8月至2002年3月
		杨蜀光	2002年4—12月
总经理办公室（2008年3月至2019年12月） 党委办公室（2012年2月至2019年12月）	主　任	巩　凯	2008年3月至2012年3月
		程　懿	2012年3月至2014年1月
		张学梁	2014年1月至2018年10月
		郑婷婷	2018年10月至2019年12月
	副主任	刘纯珂	2008年2月至2012年3月
			2012年3月至2013年3月（正处级）
		郑婷婷	2011年1月至2018年10月
		张晋松	2013年3月至2016年12月
		周运华	2018年1月至2019年12月
		石　磊	2019年3—5月

续表

机构名称	职务	姓名	任职起止时间
资源配置处（1999 年 12 月至 2002 年 12 月）	处　长	谭光著	1999 年 12 月至 2002 年 2 月
		庞守国	2002 年 2—12 月
	副处长	贾晋宏	1999 年 12 月至 2002 年 12 月
		王　芳	1999 年 12 月至 2002 年 12 月
		杨树明	1999 年 12 月至 2001 年 5 月
		帅　虹	2001 年 5 月至 2002 年 12 月
调度运输处（2002 年 12 月至 2012 年 2 月） 仓储调运处（2012 年 2 月至 2019 年 10 月）	处　长	庞守国	2002 年 12 月至 2011 年 1 月
		蒋胡民	2011 年 1 月至 2013 年 3 月（兼）
		贾晋宏	2013 年 3 月至 2019 年 10 月
	副处长	帅　虹	2002 年 12 月至 2008 年 1 月
			2008 年 1 月至 2012 年 3 月（正处级）
		贾晋宏	2002 年 12 月至 2008 年 1 月
			2008 年 1 月至 2013 年 3 月（正处级）
		张光辉	2012 年 3 月至 2015 年 12 月
		李斌刚	2013 年 1 月至 2019 年 10 月
		郭　博	2016 年 1 月至 2019 年 10 月
	处长助理	林思维	2014 年 3 月至 2019 年 10 月
营销处（2002 年 12 月至 2008 年 3 月） 营销管理处（2008 年 3 月至 2019 年 10 月）	处　长	蒋胡民	2002 年 12 月至 2006 年 9 月
			2006 年 9 月至 2008 年 8 月（兼）
		朱力洋	2008 年 8 月至 2012 年 3 月
		陈　清	2012 年 3 月至 2017 年 11 月
		杨　舰	2018 年 4 月至 2019 年 10 月
	副处长	何明慧	2002 年 12 月至 2004 年 12 月
		徐晓炜	2002 年 12 月至 2006 年 10 月
		曾令强	2005 年 6 月至 2008 年 1 月
		吴明文	2006 年 10 月至 2013 年 3 月
		陈　清	2008 年 1 月至 2012 年 3 月
		杨　舰	2012 年 3 月至 2018 年 4 月
		周　全	2013 年 1 月至 2016 年 1 月
		王　琦	2018 年 3 月至 2019 年 10 月
营销调运处（2019 年 10 月至 2019 年 12 月）	处　长	周　全	2019 年 11—12 月
	副处长	李斌刚	2019 年 10—12 月
		郭　博	2019 年 10—12 月
		代　丽	2019 年 10—12 月
	处长助理	林思维	2019 年 10—12 月

续表

机构名称	职务	姓名	任职起止时间
投资与建设管理处（2002 年 12 月至 2008 年 3 月）	处　长	杜树尧	2002 年 12 月至 2004 年 5 月
		张永平	2004 年 6 月至 2005 年 12 月
		刘　苏	2005 年 12 月至 2008 年 3 月
	副处长	张永平	2002 年 12 月至 2004 年 6 月
		杨洪彬	2004 年 10 月至 2008 年 3 月
		罗绍华	2007 年 6 月至 2008 年 3 月
规划计划处（2008 年 3 月至 2019 年 3 月）	处　长	刘　苏	2008 年 3 月至 2013 年 12 月（兼）
		蒋旭东	2014 年 1 月至 2019 年 3 月
	副处长	杨洪彬	2008 年 3 月至 2009 年 11 月
		周　柯	2009 年 5 月至 2019 年 3 月
		陈娅玲	2012 年 3 月至 2018 年 9 月
投资建设管理处（2019 年 4—10 月） 投资计划处（2019 年 10—12 月）	处　长	蒋旭东	2019 年 4—12 月
	常务副处长	李　勇	2019 年 4—10 月（正处级）
	副处长	周　柯	2019 年 4—12 月
		羊　柳	2019 年 4—10 月
财务资产处（1999 年 12 月至 2002 年 12 月） 财务处（2002 年 12 月至 2008 年 3 月） 财务资产处（2008 年 3 月至 2019 年 12 月）	处　长	刘华治	1999 年 12 月至 2000 年 7 月
		刘志强	2000 年 7 月至 2013 年 3 月
		陈　耿	2013 年 3 月至 2019 年 12 月
	副处长	陈先进	1999 年 8 月至 2002 年 12 月（正处级）
		刘志强	1999 年 8 月至 2000 年 7 月
		陈　耿	2000 年 7 月至 2008 年 1 月
			2011 年 1 月至 2013 年 3 月（正处级）
		张周平	2002 年 12 月至 2008 年 1 月
		程艳丽	2006 年 10 月至 2011 年 1 月
		王　雪	2006 年 10 月至 2012 年 8 月
			2012 年 8 月至 2015 年 12 月（正处级）
		毛麒麟	2006 年 10 月至 2013 年 3 月
		王　燕	2013 年 3 月至 2019 年 3 月
		吕洪伟	2016 年 1 月至 2019 年 12 月
		何晓东	2016 年 5 月至 2019 年 12 月
		苏　莉	2019 年 3—12 月
人事处（党委组织部）（1999 年 12 月至 2019 年 12 月）	处　长	王光臣	1999 年 12 月至 2002 年 2 月
		李　波	2002 年 3 月至 2008 年 8 月
		张用军	2008 年 8 月至 2012 年 12 月
			2012 年 12 月至 2013 年 3 月（兼）
		刘纯珂	2013 年 3 月至 2019 年 5 月
		吴明文	2019 年 5—12 月

续表

机构名称	职务	姓名	任职起止时间
人事处（党委组织部）（1999 年 12 月至 2019 年 12 月）	副处长	杨泽元	1999 年 12 月至 2004 年 2 月
		董树元	1999 年 12 月至 2002 年 4 月
		龙念成	1999 年 12 月至 2008 年 1 月
		吴　静	2006 年 5 月至 2012 年 3 月
		张　真	2008 年 1 月至 2012 年 3 月
		于　蓉	2012 年 3 月至 2013 年 3 月
		何　俊	2013 年 3 月至 2016 年 1 月
		刘　军	2013 年 3 月至 2018 年 11 月
		田玉龙	2018 年 1 月至 2019 年 12 月
		张乃文	2018 年 11 月至 2019 年 12 月
	处长助理	张乃文	2014 年 1 月至 2018 年 11 月
储运安全处（1999 年 12 月至 2002 年 12 月） 仓储安全环保处（2002 年 12 月至 2012 年 2 月） 质量安全环保处（2012 年 2 月至 2019 年 12 月）	处　长	杜庆华	1999 年 12 月至 2006 年 3 月
			2006 年 3 月至 2013 年 12 月（兼）
		孙永忠	2014 年 1 月至 2019 年 12 月
	副处长	张永平	1999 年 12 月至 2002 年 12 月
		郑朝军	1999 年 12 月至 2007 年 6 月
		朱宏杰	2002 年 12 月至 2008 年 1 月
		熊　明	2007 年 6 月至 2013 年 12 月
		罗元军	2008 年 1 月至 2012 年 2 月
		何建华	2012 年 3 月至 2019 年 12 月
加油站管理处（2001 年 5 月至 2015 年 6 月） 油气零售处（2015 年 6 月至 2019 年 12 月）	处　长	庞守国	2001 年 5 月至 2002 年 2 月
		董树元	2002 年 4 月至 2008 年 3 月
		朱宏杰	2008 年 3 月至 2012 年 3 月
		张成斌	2012 年 3 月至 2016 年 6 月
		吴明文	2016 年 6 月至 2019 年 3 月
		王　燕	2019 年 3—12 月
	副处长	朱力洋	2002 年 2 月至 2005 年 4 月
		王　芳	2002 年 12 月至 2012 年 8 月
			2012 年 8 月至 2014 年 1 月（正处级）
		罗绍华	2006 年 2 月至 2007 年 6 月
		潘晓丹	2012 年 8 月至 2019 年 12 月
		胡朝晖	2014 年 1 月至 2016 年 1 月
		彭　娴	2018 年 1 月至 2019 年 12 月

续表

机构名称	职务	姓名	任职起止时间
非油业务管理处（2015年4—6月） 非油业务处（2015年6月至2019年12月）	处　长	曹　阳	2015年4月至2016年1月
		帅　虹	2016年1月至2019年11月
		张晋松	2019年11—12月
	副处长	吴明文	2015年4月至2016年6月
		张晋松	2016年12月至2019年11月
		郑　斌	2016年9月至2019年12月
工程建设处（2008年3月至2019年3月） 工程建设管理处（2019年10—12月）	处　长	董树元	2008年3月至2013年7月
		李　勇	2013年7月至2019年3月
			2019年10—12月
	副处长	罗绍华	2008年3月至2011年1月
		朱华锋	2009年11月至2012年3月
		王怀炳	2012年3月至2016年12月
		羊　柳	2012年3月至2019年3月
			2019年10—12月
	处长助理	贺　芳	2014年1月至2019年3月
			2019年10—12月
信息管理中心（2001年5月至2002年12月）	主　任	曾凡吉	2001年5月至2002年12月（兼）
信息管理处（2008年3月至2013年12月）	处　长	曾令强	2008年3月至2012年8月
		李　健	2012年8月至2015年12月
		胡朝晖	2016年1月至2019年12月
	副处长	李　健	2008年3月至2012年8月
		梁晓程	2012年8月至2019年12月
	处长助理	何　迅	2014年1月至2019年12月
企业管理处（2002年12月至2008年3月） 法律与股权管理处（2008年3月至2010年12月） 企管法规处（2010年12月至2019年12月）	处　长	黄　斌	2002年12月至2005年12月
		张永平	2005年12月至2006年8月
		程　懿	2006年9月至2012年3月
		帅　虹	2012年3月至2016年1月
		曹　阳	2016年2月至2019年12月
	副处长	程　懿	2002年12月至2006年9月
		李　健	2006年9月至2008年1月
		张　真	2007年6月至2008年1月
		张周平	2008年1月至2011年1月
		蒋　敏	2011年1月至2019年12月
		王　琦	2019年10—12月
	处长助理	敖永东	2014年3月至2019年12月

续表

机构名称	职务	姓名	任职起止时间
党群工作处（企业文化处） （2002 年 12 月至 2010 年 12 月）	处　长	杨蜀光	2002 年 12 月至 2005 年 4 月
		陈国瑞	2005 年 4 月至 2010 年 12 月
	副处长	凌启德	2002 年 12 月至 2010 年 12 月
		张学梁	2003 年 5 月至 2007 年 4 月
			2007 年 4 月至 2010 年 12 月（正处级）
党委办公室 （2007 年 7 月至 2010 年 12 月） （与党群工作处合署办公） 党委办公室（企业文化处） （2010 年 12 月至 2012 年 2 月） 党群工作处（企业文化处） （2012 年 2 月至 2018 年 11 月） 党群工作处 （党委宣传部、企业文化部） （2018 年 11 月至 2019 年 12 月）	主　任 （处　长）	陈国瑞	2007 年 7 月至 2011 年 1 月
		蔡向阳	2011 年 1—8 月（兼）
		韩前灯	2011 年 10 月至 2018 年 10 月
		张学梁	2018 年 10 至 2019 年 12 月
	副主任 （副处长）	凌启德	2007 年 7 月至 2011 年 1 月
		张学梁	2007 年 7 月至 2012 年 3 月（王处级）
		韩前灯	2011 年 1—10 月（正处级）
		吴　静	2012 年 3 月至 2019 年 5 月（正处级）
		何永洪	2019 年 1—12 月
审计监察处 （1999 年 12 月至 2008 年 3 月） 监察处（纪委办公室） （2008 年 3 月至 2010 年 12 月） 审计监察处（纪委办公室） （2010 年 12 月至 2019 年 10 月） 纪委办公室（审计处） （2019 年 10—12 月）	处　长	申　瑄	1999 年 12 月至 2006 年 9 月
		徐晓炜	2006 年 10 月至 2015 年 9 月
		张成斌	2016 年 6 月至 2019 年 12 月
	副处长	梅学军	1999 年 12 月至 2002 年 12 月
		陈先进	2002 年 12 月至 2003 年 2 月
		钟云环	2002 年 12 月至 2008 年 1 月
		蒋　敏	2006 年 5 月至 2008 年 1 月
		何　俊	2009 年 5 月至 2013 年 3 月
		张周平	2011 年 1 月至 2012 年 3 月
		曾　伟	2012 年 8 月至 2019 年 12 月
		陈咏梅	2013 年 1 月至 2018 年 10 月
		董建勇	2019 年 11—12 月
物资采购处 （2008 年 3 月至 2013 年 12 月）	处　长	申　瑄	2008 年 3 月至 2012 年 3 月
		朱宏杰	2012 年 3 月至 2013 年 12 月
	处长助理	贺　芳	2013 年 4—12 月
内控管理办公室 （2006 年 6 月至 2008 年 3 月） 内控与审计处 （2008 年 3 月至 2010 年 12 月）	主　任	张永平	2006 年 8 月至 2008 年 3 月
		陈　耿	2008 年 3 月至 2010 年 12 月
	副主任	张周平	2006 年 8 月至 2008 年 3 月
		钟云环	2008 年 3 月至 2010 年 12 月
		蒋　敏	2008 年 3 月至 2010 年 12 月

续表

机构名称	职务	姓名	任职起止时间
维护稳定工作办公室（2008 年 3 月至 2010 年 12 月）（与党群工作处合署办公，2010 年 12 月调整为机关附属机构）	主　任	凌启德	2008 年 3 月至 2010 年 12 月（正处级）
综合业务处（1999 年 12 月至 2002 年 12 月） 四川省石油集团综合管理办公室（2002 年 12 月至 2010 年 12 月）	处　长	游贤敏	1999 年 12 月至 2001 年 8 月
			2007 年 1 月至 2008 年 5 月
		蒋胡民	2001 年 8 月至 2002 年 12 月
		曾凡吉	2002 年 12 月至 2007 年 1 月
		张永平	2008 年 1 月至 2010 年 12 月
	副处长	徐晓炜	1999 年 12 月至 2002 年 12 月
		何明慧	1999 年 8 月至 2002 年 12 月
		梅学军	2002 年 12 月至 2010 年 12 月
		吕家驹	2003 年 7 月至 2009 年 6 月
后勤管理处（2008 年 3 月至 2010 年 12 月）	处　长	曹天顺	2008 年 1 月至 2010 年 12 月
	副处长	刘华平	2008 年 1 月至 2010 年 12 月

第四节　二级单位

1999 年 12 月 1 日，四川省石油集团川南有限公司在自贡挂牌成立并正式运行，宜宾、内江、泸州、自贡公司划归川南公司管理。

1999 年 12 月 15 日，为更好地适应企业重组改制运行和发展需要，扩大经营规模，提高市场竞争能力，设立四川省石油集团有限公司石油产品销售分公司。

截至 1999 年末，公司所属二级单位 26 个：广元分公司、巴中分公司、达川分公司、阿坝州公司、绵阳分公司、南充分公司、广安分公司、德阳分公司、遂宁分公司、成都分公司、雅安分公司、眉山分公司、川南分公司、乐山分公司、甘孜分公司、凉山分公司、攀枝花分公司、七〇〇五油库、成品油零售分公司、成品油分公司、石油产品分公司、仓储分公司、润特油分公司、自备车运输分公司、石化房产公司、科研所。拥有加油站 237 座，在用油库 36 座。

2000 年 3 月，中国石油天然气股份有限公司四川达川销售分公司更名为中国石油天然气股份有限公司四川达州销售分公司。

2000 年 10 月，中国石油天然气股份有限公司四川销售分公司对所属各公司机构名称统一规范为中国石油天然气股份有限公司四川 ×× 销售分公司，对各直属公司机构名称统一规范为中国石油天然气股份有限公司四川销售 ×× 分公司。

2001 年 1 月 5 日，宜宾分公司从中国石油天然气股份有限公司四川川南销售分公司划出，重新设立中国石油天然气股份有限公司四川宜宾销售分公司。

2001 年 2 月，成品油分公司与石油产品分公司合并，合并后的公司名称为中国石油天然气股份有限公司四川销售石油产品分公司。

2001 年 8 月，中国石油天然气股份有限公司四川销售分公司与四川省石油集团有限公司两个领导班子及机关部门合署办公，实行一个领导班子、一套机关职能部门、一体化运作的管理体制，顺利完成对公司本部和 83 个未上市县公司、286 座未上市企业加油站主营业务的接管工作，实现上市企业与未上市企业成品油经营业务的完全统一。

2001 年 9 月开始，中国石油天然气股份有限公司四川销售分公司选择绵阳、南充、乐山等 3 个二级公司进行成品油营销体制改革试点。撤销其县级销售分公司，整合市、县两级公司资源和市、县两个市场，组建成品油配送中心，设置批发销售片区和零售经营片区，负责县域市场开发工作。

2001 年 12 月 1 日，中国石油天然气股份有限公司四川销售分公司成都七〇〇五油库的人、财、物成建制划归中国石油天然气股份有限公司四川成都销售分公司。

2002 年 3 月 1 日，中国石油天然气股份有限公司四川销售分公司成都七〇〇五油库正式关闭。

2002 年 4 月，中国石油天然气股份有限公司在四川绵阳召开“中国石油成品油配送中心建设与推广现场会”，全面推广具有代表性的“绵阳模式”。

2002 年 5 月 1 日，泸州分公司、资阳分公司从中国石油天然气股份有限公司四川川南销售分公司划出，分别组建为中国石油天然气股份有限公司四川泸州成品油配送中心、中国石油天然气股份有限公司四川资阳成品油配送中心并正式运行。

2002 年 9 月，结合成品油市场一体化的大环境，按照配送制改革总体思路和原则，中国石油天然气股份有限公司四川销售分公司取消 82 个县级分公司物流主体和管理层次，整合企业资源，将全省 21 个市州和 180 个县域市场，按照合理经济流向，设立 20 个成品油配送中心和石油产品、零售、润特油、仓储等 4 个专业分公司。

2007 年 12 月，根据中国石油天然气集团公司对未上市企业成品油销售业务整合的统一部署，四川石油管理局物资总公司油料供销公司及所属 25 座加油站、6 座油库和 4 家成品油批发企业整体划入中国石油天然气股份有限公司四川销售分公司，成立中国石油天然气股份有限公司四川销售油料分公司，负责成都、隆昌、资阳、川西南、川西北、川中等 6 个销售片区的油品销售业务。

2008 年 3 月，中国石油天然气股份有限公司四川销售分公司将零售分公司与石油产品分公司整合，成立中国石油天然气股份有限公司四川销售成品油分公司。是年，成立中国石油天然气股份有限公司四川销售非油品经营分公司，为具有非油品业务管理职能的二级分公司，原中国石油四川销售润特油分公司整体划归其管理。

2008 年 4 月，中国石油天然气股份有限公司四川销售非油品经营分公司更名为中国石油天然气股份有限公司四川销售非油品分公司。

2009 年 1 月 1 日，内江分公司从中国石油天然气股份有限公司四川川南销售分公司划出（人员、财务划转基准日为2008年12月31日），成立中国石油天然气股份有限公司四川内江销售分公司并正式运行。原中国石油天然气股份有限公司四川川南销售分公司变更为中国石油天然气股份有限公司四川自贡销售分公司。

2010年12月，根据中国石油天然气股份有限公司对西藏、四川、云南地区成品油销售业务整合工作部署，中国石油天然气股份有限公司西藏销售分公司成都采调处和所属1座油库、4座加油站及74名员工整体划入中国石油天然气股份有限公司四川销售分公司，同时将中国石油天然气股份有限公司四川销售分公司在云南地区的6座加油站及43名员工整体划转中国石油天然气股份有限公司云南销售分公司。

2011年1月，成立中国石油天然气股份有限公司四川销售质量检测技术中心，按二级公司模式进行管理，机构规格为副处级，主要负责系统内、外油品质量检测和计量器具检定工作，同时挂中国石油四川销售分公司计量检定站、四川省石油产品质量监督检验一站、中国石油四川销售分公司防雷防静电检测中心三块牌子，业务上接受仓储安全环保处指导。

2011年1月，对后勤处、综合办、房产公司实施合并，成立中国石油四川销售房产管理公司，对外名称为四川石化房地产综合开发有限责任公司。公司原后勤管理处、综合管理办公室（除存续企业财务管理职责外）的职责及人员整体并入该公司。公司报刊编辑部、驻京办事处和驻兰办事处的人员关系调整到该公司。业务管理上，报刊编辑部由公司党委办公室领导，驻京办事处由公司总经理办公室领导，驻兰办事处由公司调度运输处领导。在中国石油四川销售房产管理公司成立海南办事处，业务上由公司总经理办公室领导。中国石油四川销售房产管理公司定编55人，下设后勤管理科、房产管理科、车辆管理科和离退休人员管理科。

2013年3月，中国石油天然气股份有限公司四川销售油料分公司机构规格调整为正处级，领导班子职数5人。

2014年8月，按公司确定的“单体化”管理改革要求，将原甘孜分公司所属汉源、石棉片区及乌斯河油库正式划转雅安分公司属地管理。

2015年4月，调整非油品分公司组织架构及职能，非油品分公司职能调整为二级公司非油业务的服务支持机构，机构规格为正处级，加挂非油业务管理处、非油运作部，三块牌子一套人员，人员编制控制在非油品分公司现有编制内，人员不增，待遇不变。

2017年4月，中国石油天然气股份有限公司四川销售分公司印发《进一步完善非油业务运行有关问题的方案》，调整优化非油业务管理模式，在非油业务处挂非油品公司、润特油公司的牌子。对外，由非油业务处以非油品（润特油）公司名义，对外开展业务联系、合同签订等工作。

2019年4月，按照“物业服务整体移交、服务人员整体移交，物业收费标准暂不变、服务人员合同不变、岗位不变、待遇不变”的原则，成都深国贸物业管理有限公司负责的四川国际大厦物业管理业务移交给中国华油集团有限公司四川分公司管理，成都深国贸物业管理有限公司与中国华油集团有限公司四川分公司签订人员移交协议。

2019年4月，安全质量监督总站整体并入仓储分公司。仓储分公司增设常务副总经理1人、常务副书记 1 人。安全质量监督总站人员及编制纳入仓储分公司统一管理。安全质量监督总站作为仓储分公司下设机构，原监督管理职责不变，继续保留“安全质量监督总站”牌子，业绩考核、日常管理由仓储分公司负责，业务上接受质量安全环保处指导。同时，仓储分公司保留中国石油四川销售公司计量检定站、四川省石油产品质量监督检验一站、中国石油四川销售公司防雷防静电检测中心三块牌子和相关资质。

2019 年 11 月，中国石油天然气股份有限公司四川销售分公司逐步在甘孜、内江、自贡 3 家二级分公司试点“大部制”改革。

2019 年 12 月，中国石油天然气股份有限公司四川销售分公司整合成都分公司和成品油分公司，组建新的成都分公司，全面负责成都地区市场一体化运作（见图 1–15）。按照“单体运行”原则，将锦江、青羊、金牛、武侯、成华、龙泉驿、青白江、新都、温江、双流、郫都、邛崃、崇州、金堂、大邑、蒲江、新津、天府新区、高新区及经开区 20 个行政区的经营管理及市场网络开发业务，全部划归新的“成都公司”统一管理。岷江公司在新都区、郫都区的业务划归新的“成都公司”管理，保留都江堰市、彭州市业务；资阳公司在高新区（东区）的业务划归新的“成都公司”管理，保留简阳市的业务；油料公司所属成都地区油品直销与批发业务划归新的“成都公司”管理，零售及上游直供等业务维持不变。原成都公司、成品油公司托管的股权企业由新的“成都公司”承接，派出人员维持不变。新的“成都公司”下设市场运营中心、投资建设部、安全保障部、人力资源部（党建工作部）、财务资产部、综合管理部（党委办公室、纪委办公室），各中心、部门下设相关具体业务部门。

图 1–15　2019 年 12 月 18 日，公司召开组建新成都公司动员视频会

截至 2019 年末，公司所属二级单位 26 个：广元分公司、巴中分公司、达州分公司、岷江分公司、绵阳分公司、南充分公司、广安分公司、德阳分公司、遂宁分公司、成都分公司、资阳分公司、雅安分公司、眉山分公司、自贡分公司、内江分公司、乐山分公司、宜宾分公司、泸州分公司、甘孜分公司、凉山分公司、攀枝花分公司、非油品分公司、仓储分公司、油料分公司、房产管理公司（后勤管理中心、离退休管理中心）、深国贸物业公司。在册员工 10982 人，其中大专及以上学历 5948 人，中高级职称 862 人。公司党委下属党委 25 个、党总支部 1 个、基层党支部 271 个，共有党员 6263 名，其中在职党员 4506 人。拥有加油（气）站 1829 座，在用油库 22 座。

表 1–67 至表 1–69 所示分别为 1999 年末、2009 年末、2019 年末中国石油天然气股份有限公司四川销售分公司二级单位统计情况。

表 1-67　1999 年末中国石油天然气股份有限公司四川销售分公司二级单位统计表

序号	二级单位
1	中国石油天然气股份有限公司四川广元销售分公司
2	中国石油天然气股份有限公司四川巴中销售分公司
3	中国石油天然气股份有限公司四川达川销售分公司
4	四川省阿坝州石油公司
5	中国石油天然气股份有限公司四川绵阳销售分公司
6	中国石油天然气股份有限公司四川南充销售分公司
7	中国石油天然气股份有限公司四川广安销售分公司
8	中国石油天然气股份有限公司四川德阳销售分公司
9	中国石油天然气股份有限公司四川遂宁销售分公司
10	中国石油天然气股份有限公司四川成都销售分公司
11	中国石油天然气股份有限公司四川雅安销售分公司
12	中国石油天然气股份有限公司四川眉山销售分公司
13	四川省石油集团川南有限公司
14	中国石油天然气股份有限公司四川乐山销售分公司
15	中国石油天然气股份有限公司四川甘孜销售分公司
16	中国石油天然气股份有限公司四川凉山销售分公司
17	中国石油天然气股份有限公司四川攀枝花销售分公司
18	中国石油天然气股份有限公司四川销售分公司成都七〇〇五油库
19	中国石油天然气股份有限公司四川销售成品油零售分公司
20	中国石油天然气股份有限公司四川销售成品油分公司
21	四川省石油集团有限公司石油产品销售分公司
22	中国石油天然气股份有限公司四川销售仓储分公司
23	中国石油天然气股份有限公司四川销售润特油分公司
24	中国石油天然气股份有限公司四川销售自备车运输分公司
25	四川石化房地产综合开发有限责任公司
26	中国石油天然气股份有限公司四川销售公司科研所

表 1-68　2009 年末中国石油天然气股份有限公司四川销售分公司二级单位统计表

序号	二级单位
1	中国石油天然气股份有限公司四川广元销售分公司
2	中国石油天然气股份有限公司四川巴中销售分公司
3	中国石油天然气股份有限公司四川达州销售分公司
4	中国石油天然气股份有限公司四川岷江销售分公司
5	中国石油天然气股份有限公司四川绵阳销售分公司
6	中国石油天然气股份有限公司四川南充销售分公司
7	中国石油天然气股份有限公司四川广安销售分公司
8	中国石油天然气股份有限公司四川德阳销售分公司
9	中国石油天然气股份有限公司四川遂宁销售分公司
10	中国石油天然气股份有限公司四川成都销售分公司
11	中国石油天然气股份有限公司四川资阳销售分公司
12	中国石油天然气股份有限公司四川雅安销售分公司
13	中国石油天然气股份有限公司四川眉山销售分公司
14	中国石油天然气股份有限公司四川自贡销售分公司
15	中国石油天然气股份有限公司四川内江销售分公司
16	中国石油天然气股份有限公司四川乐山销售分公司
17	中国石油天然气股份有限公司四川宜宾销售分公司
18	中国石油天然气股份有限公司四川泸州销售分公司
19	中国石油天然气股份有限公司四川甘孜销售分公司
20	中国石油天然气股份有限公司四川凉山销售分公司
21	中国石油天然气股份有限公司四川攀枝花销售分公司
22	中国石油天然气股份有限公司四川销售成品油分公司
23	中国石油天然气股份有限公司四川销售非油品分公司
24	中国石油天然气股份有限公司四川销售仓储分公司
25	中国石油天然气股份有限公司四川销售油料分公司
26	四川石化房地产综合开发有限责任公司
27	成都深国贸物业管理有限公司
28	中国石油天然气股份有限公司四川销售分公司科研设计所

表 1-69　2019 年末中国石油天然气股份有限公司四川销售分公司二级单位统计表

序号	二级单位
1	中国石油天然气股份有限公司四川广元销售分公司
2	中国石油天然气股份有限公司四川巴中销售分公司
3	中国石油天然气股份有限公司四川达州销售分公司
4	中国石油天然气股份有限公司四川岷江销售分公司
5	中国石油天然气股份有限公司四川绵阳销售分公司
6	中国石油天然气股份有限公司四川南充销售分公司
7	中国石油天然气股份有限公司四川广安销售分公司
8	中国石油天然气股份有限公司四川德阳销售分公司
9	中国石油天然气股份有限公司四川遂宁销售分公司
10	中国石油天然气股份有限公司四川成都销售分公司
11	中国石油天然气股份有限公司四川资阳销售分公司
12	中国石油天然气股份有限公司四川雅安销售分公司
13	中国石油天然气股份有限公司四川眉山销售分公司
14	中国石油天然气股份有限公司四川自贡销售分公司
15	中国石油天然气股份有限公司四川内江销售分公司
16	中国石油天然气股份有限公司四川乐山销售分公司
17	中国石油天然气股份有限公司四川宜宾销售分公司
18	中国石油天然气股份有限公司四川泸州销售分公司
19	中国石油天然气股份有限公司四川甘孜销售分公司
20	中国石油天然气股份有限公司四川凉山销售分公司
21	中国石油天然气股份有限公司四川攀枝花销售分公司
22	中国石油天然气股份有限公司四川销售非油品分公司
23	中国石油天然气股份有限公司四川销售仓储分公司
24	中国石油天然气股份有限公司四川销售油料分公司
25	中国石油四川销售房产管理公司
26	成都深国贸物业管理有限公司

第二篇

成品油资源

20世纪50年代，四川省交通不便，成品油资源运输仅有两条路径，一条是重庆至武汉的长江航道；另一条是“蜀运难”的川陕公路。全省基本没有正式油库，大部分油料只能大桶包装，简易库房及露天堆码存放，接卸方式以人工操作，劳动强度大、现场条件差。60年代，宝成铁路通车后，以铁路由兰州站安排成品油资源计划从各有关炼厂直接发运，成品油资源的运输压力有所缓解，但资源入川仍受3个因素制约，即有车无油、有油无车、有车有油但无路（限制口通不过）。20世纪70年代至21世纪初，公司油库一座座拔地而起，成品油中转储存空间得到较大提高，公路、铁路飞速建设使蜀道油路不再艰难。

2002年，兰成渝管线开通，“油路”格局产生新的变化。公司紧跟时代步伐，完善改革，打造出一条属于四川销售公司的成品油组织调运“生命线”。2008年，公司营销调运指挥中心正式建成投运，是中国石油省区销售企业第一家打造的、统一的数据库平台，实现业务由分散管理向集中管理的转变。通过基础数据的集成，搭建统一信息系统平台，每日自动生成运行状况的关键指标体系，实现实时交互与共享。通过大厅里的视频系统，工作人员远程稽查全省所有油库、加油站现场，及时处理突发情况。

2014年，四川石化开通投产，调入来源结构发生根本变化，全年省内资源调入量达209万吨，占比约25%。2015—2019年，公司形成“以兰成渝管道和四川石化资源为主，以西北铁路和外采资源为辅”的资源格局。

至2019年底，公司成品油资源形成以“直炼为主、外采为辅、国储轮换、军企互补”的多元化保障体系，畅通“管道、铁路、公路”3个通道，全年成品油资源调入1025万吨，调入量为中国石油销售板块之最。

第一章　成品油调运

成品油资源组织围绕着“调、管、配、优”四字展开。调，是指一次资源调入管理，具体包括按照销售公司的成品油配置计划制订并提报到站计划、计划实施过程中的调整和变更、自备车返空管理、一次调入的数质量管理。管，是指油品的进出库管理，具体包括全省总体及各个油库的库存管理、进出库的指令下达及执行监控、铁路二次装车管理。配，是指公路配送管理，具体包括主动配送、运价及运费管理、运距管理、承运商管理、配送过程中的数质量管理（地罐交接使用、车载视频、双向铅封等）。优，是指物流优化管理，具体包括一、二次物流整体优化方案的制订印发、滚动更新、执行监督和效果评估等（见图 2-1）。

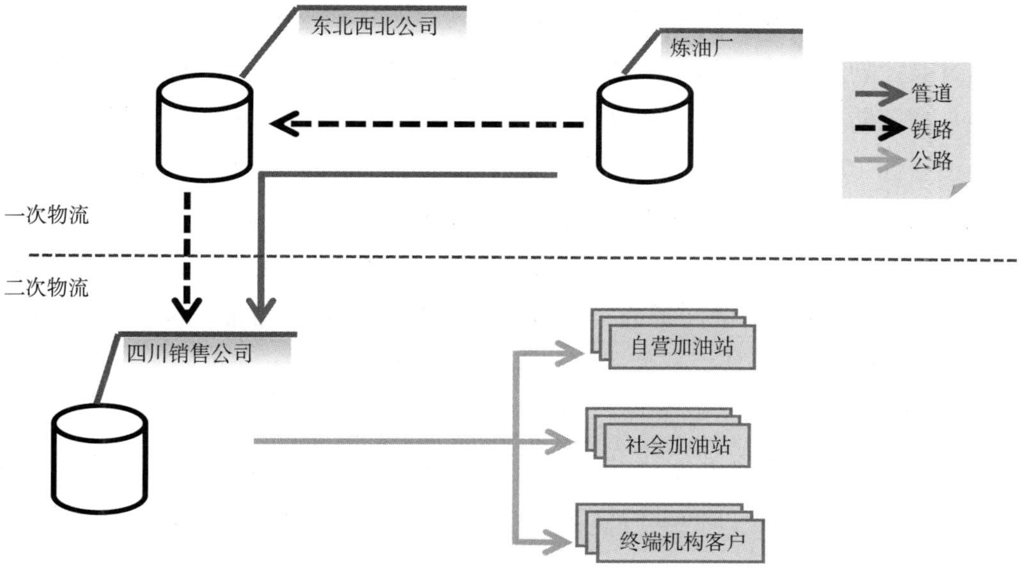

图 2-1　调运物流流程图

第一节　成品油资源运输

中华人民共和国成立后，四川成品油市场需求呈现三个阶段：新中国成立后至兰成渝管道开通前这一时期，属于供不应求阶段；兰成渝管道开通后至四川石化投产前的 10 余年间，是供需平衡阶段；云南石化、中国石化茂昆管道川渝延伸线建成投产后，则进入供大于求阶段，中国石油与中国石化、延长壳牌和社会经营单位的竞争更为激烈。公司根据全省供需情况组织成品油资源。

一、资源组织

1989年，国家分配计划内成品油同比减少，全省年计划较上年初减少20万吨，全省供需缺口在50万吨以上。公司多次向上级部门汇报，通过其他渠道得到部分弥补，争取调拨救灾油5.14万吨。开展物资串换油料和组织集资油工作，自采油料5万吨以上。开展外汇买油工作，购进成品油10万多吨，比1988年增加6万多吨。

是年，公司巩固调运分级负责体系，充实调运力量，采取新战术。三季度，接卸站减少，公司赶赴西北公司争取恢复部分到站。10—11月，进货计划衔接不达进度，公司配合西北、沈阳公司向兰州、锦西排送空罐专列。购买租用自备槽车，截至1989年底，有478辆自备槽车投入运营。全年调入各种计划内油料98.41万吨、计划外油料45万余吨，库存20万吨。

1990年3月，公司油品库存（包括代管和已售未提）37万吨，为当年历史最高水平，部分地区出现压车压船等情况。公司及时调整库存、库容结构，加强进货测算，按月摸清安全容量极限、销售进度、最大进货量，加强与各站司、炼厂、发货方、运输部门联系，适时调整运输计划和到站，部分单位发挥自备槽车运转代库作用，减少压船压槽、停装限装的情况。

4月，国家计划委员会下达1990年石油成品油分配计划，四川省按12%调减，资源合计108.94万吨。国家防汛总指挥部、中国石油总公司销售公司下达1990年防汛临时补助油料，四川省补助柴油指标1000吨，用于重点江河堤防、水库除险加固，水库工程修复和河道清障项目。农业用计划高价油一次性分配4000吨，主要补给农用柴油计划基数偏低、粮挂柴油少的省。支持贫困地区经济发展和生产建设，一次性增拨平价柴油6000吨，增拨救灾用平价汽油1200吨。

12月，成都市计划委员会同意成都石油站继续执行计划外石油成品油提取补助费。全年公司调入成品油160万吨，其中计划内成品油调入99.6万吨（不含重庆），完成年调入计划的96.8%，同比多调入1.13万吨，年底库存25万吨。

1991年3月，国家计划委员会下达1991年石油成品油分配计划，国家统配四大类成品油资源合计3152.4万吨，比1990年同口径资源3271.61万吨减少119.21万吨，下降3.6%。四川省按10.4%调减。

1992年，全省成品油市场波动较大，上半年受运输制约，资源较紧缺。3月，国家计划委员会下发1992年石油成品油分配计划，计划安排1607万吨原油转为高价，统配四大类成品油（汽油、煤油、柴油、润滑油）资源合计2968.85万吨，比上年同口径资源减少5.82%。5月，四川省计划委员会下达1992年石油成品油分配计划，四川省计划分配总量比上年下降12.61%，分配各地的煤油计划总量同比下降9.92%，高平比例大致三七开，平价计划实行计划分配和调销同数，各地不得超计划（包括粮、棉挂钩专项和救灾、扶贫等）销售。

9月，受全国资源偏紧和宝成线多次断道停运的影响，全省成品油供需矛盾十分突出。到11月底，全省成品油库存仅4万吨，出现成品油大面积脱销，价格大幅度上扬，影响全省工农业生产的正常进行。为保证市场基本供应，公司从上到下抓运输、找资源，及时采取紧急措施，解决货源和运输中的突出问题。各级人员积极主动向上级政府和有关部门请示汇报，引起高度关注，各站、司领导和业务人员长年累月来往于全国各供货和发运单位落实货源，衔接调运计划，驻站催调油料，积极落实外汇油。公司5次派员陪同省政府及有关部门领导到北京、新疆、兰州、铁道部汇报救援，先后向省委、省政府、国家计委、石化总公司等书面报告，请求解决资源、运输和资源导向安排问题。

是年，公司多次组织大型采购团，由领导带队，抽调业务人员和有关站司人员定向定点定任务落实货源，在经营工作中积极采取措施吸引社会资源和系统内部调剂余缺以及借购国家储备局油料，解决宝成铁路断道、农用急需以及元旦、春节和个别市地多次缺货的供应问题，发挥调控统筹作用。公司全年调入各种成品油150.2万吨（不含重庆），同比减少1.49%，其中计划内成品油40.86万吨，完成年调入计划的47.63%，计划外成品油109万吨，满足全省70%的用油需要。

1994年5月，公司向中国石化销售公司报告将三峡库区成品油资源计划单列。四川省沿江的万县、涪陵、黔江地处三峡工程淹没区，淹没搬迁任务繁重，搬迁油库10座、容量8万立方米，需资金3亿元，剔除国家赔偿性补贴和自筹资金，资金缺口2亿元。由于成品油经营体制的重大改革，为保证库区油料供应，资源配置得到优化，同时保持搬迁资金的不断投入，公司将四川省沿江的万县、涪陵、黔江地区每年27万吨（1993年数）成品油计划由销售公司单列，由公司结算中心统一对厂结算，由四川省三川实业公司负责实施，以享受国家对三峡库区的特殊政策，为三峡库区的油库搬迁筹集更多资金。

是年，公司组建调运中心和结算中心，实行资源“统一配置、统一调运、统一结算”，同时采取“两条腿”走路，与自采资源相结合。

1995年四季度，四川成品油库存薄弱，市场供应紧张，少数地区脱销、半脱销状态难以缓解，可靠性大的中部地区成品油资源配置总量越来越少。兰州以西的西部资源配置量虽较多，但受铁路天水口、上西坝口的制约，入川成品油总量难以有较大增加，致使西部炼厂配置计划兑现率较低。

1996年6月，四川省计划委员会下达1996年石油成品油分配计划，安排四川省成品油资源总量215.16万吨（不含重庆），其中包括中国石油天然气总公司直属销售机构经销专项指标6万吨（汽油、柴油各3万吨），中国石油化工总公司直属经营机构经销专项指标19.5万吨（汽油12.10万吨、柴油7.40万吨），实际由四川省计划委员会安排经销的资源总量189.66万吨。

由于受柴油配置计划兑现率不高、给四川省供油的部分炼厂受当地政府的制约，限制出省量或随意涨价、搭配供货以及西北片区部分炼油厂不执行配置计划等因素影响，导致四川省柴油库存下降，市场供求矛盾突出。从1996年10月开始，柴油资源调入困难，库存大幅度下降。11月统计报表显示，全省（不含重庆）22个市（地、州）中，9个市（地、州）柴油库存出现负数，全省实际库存不足1万吨。部分地区处于有价无货的局面，部分地区柴油销售价格达到国家规定的最高限价且无货供应。柴油市场形势极其严峻，已在一定程度上影响工农业生产的正常运行。面对四川省当时的客观情况，公司通过国家计委、中石化总公司和国家有关部门帮助协调解决柴油计划兑现和入川油品的运输问题，从兰州炼油厂调入一批柴油，总价款约2000万元。因公司流动资金非常紧张，而炼厂要求现款现货，公司向省工行直属支行申请贷款1000万元，专项用于购进此批柴油。

由于四川省油品市场变化、起伏较往年大，公司针对省内各个时期的不同情况，及时召开业务工作电话会议，多次专门印发文件，指导、安排全省市场供应工作，确保市场供应。同年参与全省成品油市场整顿工作和检查验收工作，促进经营稳步发展。各级石油公司发挥成品油销售主渠道作用，以对市场高度负责的态度，做好配置计划的申报、调运工作和市场供应保障工作，实现销售、购进同步增长。公司通过加大采调力度，主动协调好与炼厂、铁路运输部门的关系，把工作做在前面，及时通报四川省石油市场供应情况和调运中存在的问题和困难，以求得理解和支持。同时加强与中石化销售公司及大区公司的联系，为四川省尽可能多配资源、配好资源，争取把四川省资源最大限度地摆在兰州及兰州以东炼厂。组织力量驻厂催调，加强值班调度与炼厂、驻厂员及有关部门的联系。站司管理人员亲赴炼厂、铁路部门协调、疏通关系，做到“资源紧、市场责任不减，采调难、新的采调举措不断”。在艰难情况下，全年调进各类油品205万吨，同比增长12%，奠定市场基础。

1997年，四川省成品油市场变化异常。年初，市场供不应求、油价较高；二季度后直转急下，市场供大于求且市场持续疲软，油价一跌再跌，甚至出现倒挂，增资减利因素突出，经济效益下降。公司调整库存结构，择优购进适销对路的品种，以较低的库存成本优势去增效，同时利用时间差、地域差、品种差，抓住各个时点的反弹机遇去促销增效。

1998年1月，公司致函燕山石油化工公司、兰州炼油厂、武汉石油化工厂，根据先前达成的油品资源供销协议，公司二级单位不再单独与上述炼厂进行计划衔接、合同签订、调运及结算，由公司调运处统一衔接计划、统一调运、统一结算（长江水运部分除外）。5月后，公司将油品资源的调运规范到西部炼厂。6—10月，库存均在30万吨高位运行的情况下，为确保油田、炼厂的正常生产和后路畅通，公司严格执行中国石油销售总公司下达的配置计划，尽力接收西部炼厂配置油，受到中油集团公司、销售总公司的好评。

是年，根据集团公司“管住源头、理顺体制、理顺价格、抓住终端”的指导思想和“规范区内、开拓区外”的经营战略，公司印发《四川省石油集团有限公司配置中心管理办法》和《四川省石油集团有限公司调运中心管理办法》，规范公司上划集团公司后的成品油资源配置及调运工作。公司将全省成品油资源（除直供用户外）统一纳入配置计划，并将集团公司在川成品油经营单位一并纳入配置范围，对其统一配置资源，在销售业务、市场、价格等方面对其统一管理，按一级批发价执行其配置计划。在编制配置计划时，要求二级公司做好需求预测工作，按时向公司提报年度、季度及月需求计划，由公司根据销售总公司下达的年度资源配置计划，平衡后上报销售总公司和西南销售公司。在年度配置计划的总量内，二级公司根据市场情况做好季度配置计划的安排与衔接，季度配置计划季内有效，过期作废；年度和季度计划因特殊情况确需调整时，分别于每年6月10日前和每季度前30天向公司配置中心提出申请；二级公司月度要货计划根据季度配置计划均衡安排，一般掌握在季度配置计划的三分之一、上下浮动不超过10%的范围内，配置计划一经下达，没有特殊情况不得调整，并按时向公司报送配置计划执行情况。要求二级公司建立健全信息工作制度，利用现有信息网络，随时掌握省内外石油市场行情及其他相关信息，及时收集、上报成品油调运、销售、库存、价格和市场情况等信息，为经营决策服务，并按照统一统计口径，及时报送报表及有关资料，要求报送的报表主要有：年度资源需求表、季度资源需求表、成品油进销存旬报表、成品油进销存月报表、价格旬报表及中油销售总公司、西南销售公司和公司要求报送的其他报表。《四川省石油集团有限公司配置中心管理办法》和《四川省石油集团有限公司调运中心管理办法》的施行，标志着公司对各地区（县）石油公司的进销业务管理由指导性管理变为直接管理。

是年，为保证西部炼厂后路畅通和规范好省内市场，公司多次以文件和会议的形式，规定所属单位不得擅自到南方炼厂采调油品，公司所有油库一律停止对外接卸油料。

1999年，公司按照销售公司部署，推行“四统一”（资源统一配置、运输统一组织、价格统一制定、货款统一结算）运作办法，加强资源配置管理。5月，公司召开成品油“四统一”管理及零售工作会议，部署“四统一”管理工作，制定《四川省石油集团公司运输统一管理办法》和《四川省石油集团公司资源配置管理办法》。6月，公司把全系统进货全部改由公司统一组织，明确规定二级公司不得绕开公司自采资源。7月，公司印发《关于进一步加强业务管理严肃经营纪律的通知》，重申加强进货管理，严禁任何单位绕开公司调运中心从非配置渠道自采资源，对违规行为制定详细的处罚措施，保证全省油品销售的需要，解决过去多头采调资源、成本费用增大的问题。

是年，公司购进各类油品221.07万吨，同比增加2.05%，其中：汽油86.75万吨，同比减少10.36%；煤油2.46万吨，同比减少10.97%；柴油125.45万吨，同比增加13.36%；润滑油6.40万吨，同比减少0.45%。西部资源配置计划106.35万吨，实际完成170.24万吨，其中：汽油配置计划49.85万吨，完成65.42万吨；柴油配置计划5.30万吨，完成103.01万吨。从来源来看，由兰州调入59.34万吨，新疆调入74.40万吨，玉门调入2.34万吨，咸阳调入7.33万吨，南充调入0.73万吨；从中石化调入23.09万吨。

2000年，成品油市场行情起伏变化大，上半年资源紧张，供不应求；下半年资源充足，价格大幅下滑，油品滞销。上半年为争取资源，确保市场供应，公司主动向铁道部、销售总公司、省政府反映、汇报情况，通过省经贸委以省政府名义向铁道部汇报两次，通过省政府向铁道部报告情况一次，很大程度引起各方面重视，争取到相关政策，取得较好效果。

5月，铁道部为确保入川油品的畅通，成立专门领导小组，每月召集各局运输负责人到京汇报当月入川计划执行情况，兰州铁路局成立以兰州局为主，四川销售公司、西北公司及兰州局辖区内有关炼厂参与的调运工作领导小组，明确入川计划以公司安排的月度、旬发运计划为依据，确保入川成品油运输畅通。在销售公司支持下争取到东北及大港的资源，1—6月从东北、大港等地调入成品油13.54万吨，极大缓解当时全省成品油资源的紧张局面。同时采用各种手段，克服不利因素争取中石化资源，1—6月从中石化公司调入成品油资源9万吨，对极度紧张的市场供应起到良好效果。

7月，资源逐步增加，国内油价随国际油价大幅度上下波动，导致全省价格升降幅度的反差极大，影响用户购油积极性，社会库存减少，增加公司库存压力，且回流油及非标油大量入川，低价倾销，致使公司油品销售不畅，库存急剧增加，接卸困难，压槽数量增大，费用增加。

10月，为减少亏损，避免压槽安全隐患，公司本月起根据每月调拨价格的下调时间安排旬计划，尽量安排在降价后发运，并对压槽罐车进行合理变更。

是年，公司完善成品油“四统一”运行办法，统一资源配置，统一组织运输，加强对配置计划申报、资源分配的监督和管理。调运中心按照各二级公司申报的计划和市场情况合理分配资源，油品的月度计划、5日计划安排做到全省资源的综合平衡。同时，公司要求油品采调由调运中心统一对外，各二级公司不得对外采调油品，严格禁止二级公司绕开公司到各大炼厂进货，对不听招呼、无视纪律的单位负责人和有关责任人按照规定予以处罚。

2001年，公司坚持全省一盘棋原则，合理摆布库存，及时调整调运计划，减少油库胀库及压槽现象的发生，确保各库安全运行。

2002年初，成品油销售市场疲软，公司库存高达28.7万吨。公司及时调整要货计划和调运节奏，与西北销售公司资源配置处、兰州及乌鲁木齐铁路局和西北各炼厂协调计划及调运，减少进货资源量，1—2月共调运油品28.92万吨，仅占2002年调运总量的13.29%，规避二级公司市场风险，节约二级公司财务费用。3月油品销售市场转旺，公司加大资源配置力度，加快油品调运节奏，特别是四季度针对资源偏紧、价格上涨的市场环境，加大资源要货和调运力度。四季度调运油品67.93万吨，占年度调运总量的31.23%，基本保证市场的稳定供应，为公司取得良好的经营效益提供资源保障。

是年，公司油品调运发生两次重大变化。7月起，根据股份公司决定，公司收购南充炼厂生产的全部汽柴油，使得川东北片区达州、广安、南充、遂宁四地区油品供应方式转变为以南充炼厂油品为主；10月兰成渝成品油输油管线试运行后，公司油品运输方式由以铁路运输为主、南充炼厂为辅转变为管道运输、西北铁路直发、天回镇铁路二次装运和南充炼厂4种供应方式并行的新格局。面对复杂多变的市场环境和油品调运方式发生的两次重大变革，在资源配置计划管理方面，针对管输运行的特点，按照西北销售分公司《兰成渝管道运行调度联系制度》的规定，建立管输调度联系制度，制定《天回镇管输油品调运管理办法》，使管输油品和天回镇二次装车均有章可循。分析二级公司月度要货计划，在对市场形势进行科学判断的基础上，精心提报要货计划，科学平衡管道运输、西北铁路直发、天回镇铁路二次转运及南充炼厂油品4块资源间的关系，科学把握调运节奏。

2004年，全国经济持续高速增长，公司成品油销售总量创下历史最高纪录。在全年资源持续紧张的情况下，公司适时调整调运策略，精心组织，统筹安排，为扩大经营规模、做大销售总量提供有效的资源保障。加强对市（州）公司库存调控，做好到站平衡调剂，采取区别对待的方式，对销量大、价格到位率高的市（州）公司优先保证资源配置；组织天回镇二次装车，既保证市（州）公司的销售，又保证管输计划的落实。公司经受住全国资源普遍紧张、成品油配置计划兑现缺口较大的严峻考验，实现成品油调运总量的大幅度增长，保证市场供应。

2005年，全国经济持续高速增长，成品油需求旺盛、资源持续紧张、油价高位运行，公司成品油销售总量继2004年高速增长又创历史新高。组织104油库二次装车，提高二次装车量，既保证二级公司的销售，也为兰成渝管道疏通资源后路。

2006年，兰州炼油厂在检修和检修完工试车中发生事故，其作为“兰成渝”管道的唯一供应商，推迟近两个多月才恢复正常生产供油，不仅导致公司6月管输切块计划比正常月份切块减少3万—4万吨，而且下达的21.61万吨管输切块计划也只兑现15.54万吨，仅完成切块计划的71.91%，导致管道沿线分公司库存急剧下降，市场供应告急。公司积极向板块、西北公司反映情况，从东北公司两次发运11个班列进川，通过加大铁路发运力度和变更到站，加大公路运输方式来保证市场供应。对不能接卸铁路槽车的泸州、资阳公司，到相邻最近的宜宾、自贡等油库用公路运输保障市场供应。

随着兰州炼油厂正常生产恢复，“兰成渝”管道也恢复正常输油，为保证“兰成渝”管道安全运行，随即展开管道安全检修。随着管道检修频率加大，104油库支管线和其他地方管线发生堵塞，使104油库管输油品急剧下降，形成保公路运输就保不了二级公司铁路二次装车、保铁路二次装车就保不了公路发运的两难境地。为保证全省的平稳销售，公司采取成都分公司到德阳宝锋油库提油、零售公司到岷江天彭油库提油、104油库保二次装车到站的办法保障全川市场供应。在基本保证各二级公司销售的情况下，将资源优先调运到零售比重大、利润高的高效市场，实现效益最大化。

7—9月，四川遭遇百年不遇的暑热，104油库铁路接卸遇到困难。为保证成都及周边地区市场供应，将铁路接卸及公路发运改到成都分公司双流油库。双流油库职工战酷暑，坚持24小时不间断接卸和公路发运油品，保证市场供应和资产型加油站的销售。

1—11月，在“兰成渝”管道停输36次658.25小时的情况下，公司积极协调西北成都分公司、“兰成渝”管道分公司和西南配送中心，将管输、西北铁路直发、南充炼油厂、104油库二次装车有机结合起来，尽最大努力保障各地（市、州）公司的销售，共调入汽柴油367.87万吨，其中汽油119.17万吨、柴油248.70万吨，比上年同期多调入汽柴油49.06万吨，增长15.39%。

2007年，柴油和部分汽油资源紧张，公司组织资源保障市场供应，统筹全省资源，优化资源流向，合理调度资源摆布。建立营销、调运、销售工作例会制度，组织好特殊时期的经营工作。

2008年初，公司90号汽油和93号汽油安全库容比为1.21，而总部每月切块计划中90号汽油和93号汽油比一般在0.69左右，公司每月的90号汽油和93号汽油销售比为0.76左右，公司汽油库容结构与总部切块、炼厂汽油生产结构及公司的汽油销售结构存在矛盾。二级公司持续调整部分二级公司90号和93号汽油的安全库容。至10月末，公司形成90号汽油和93号汽油安全库容比为0.68的合理安全库容，共计调整90号汽油库容30872立方米，调整93号汽油库容22125立方米。

“5·12”汶川大地震造成兰成渝管道停输、宝成铁路停运，打乱既定调运计划，调运工作面临前所未有的压力和困难。公司统一指挥、统一安排、统一协调，确保特殊时期油品资源供应。

地震灾害发生时，公司柴油库存仅 4.8 万吨，剔除罐底油，仅能满足两天左右的正常销量。在铁路中断、管道停输、后续资源入川不明的情况下，公司第一时间控制 104 库资源出库，派专人驻守 104 油库，对油品出库实行签单审批，保证有限资源能用在最需要的地方。及时统计受灾形势和全省资源状况，制订应急救灾油品调运计划，在保证切块计划如期尽快兑现的情况下，落实从咸阳、储备局、任丘、华东、东北、甘肃等地追加资源计划。省公司派专人专门负责咸阳公路 2 万吨油品的入川调运工作，到现场组织协调西北公司西安分公司、中石油运输四川分公司、广元分公司和巴中分公司各方。面对广元油库库容小、没有公路接卸设施的情况，依靠广元分公司领导和广大干部员工，群策群力，一起研究制定出应急措施：用砂石填平栈桥铁路，使公路车辆能够用火车鹤位接卸；组织人员技术攻关，将卸油速度提高 4 倍，由一个鹤位一小时只能接卸一车油提高到一小时接卸四车油；在加大出库运输到广元分公司加油站的同时，向巴中分公司下达指令，立即停止从乐坝油库出油，到广元分公司油库提油至巴中分公司加油站。通过这些措施，解决了面临的一系列难题，保证救灾油品能够最大限度地从咸阳发至广元，为救灾队伍、车辆、机械机具提供 24 小时不间断的成品油保障。从地震发生到 5 月 21 日 9 天时间内，共从咸阳公路调入油品 10335 吨。

随着救灾工作的深入，97 号汽油库存急剧下降，在宝成铁路中断、西北 97 号汽油不能及时入川的情况下，由中石油中石化串换解决。调运处积极与中石化所属华南公司联系、沟通、协调，4 天后，一列 50 车 2292 吨 97 号汽油从茂名发运至天回镇 104 油库。通过类似的沟通协调、组织衔接，截至 5 月底，还从任丘调入油品 20337 吨，从甘肃紧急调运 2036 吨油品直接进入到重灾区阿坝州，从江油 255 处调运油品 9393 吨到绵阳、德阳等灾区。

5 月 15 日 17 时，国家储备局下文同意动用重庆九龙坡 157 处储备油救灾，省公司即刻派专人赶赴九龙坡，负责将油品发运入川。同时与西南油品配送公司就铁路运输相关事宜紧急磋商，达成一致意见，将大批铁路槽车调往重庆方向。在重庆九龙坡储备局油库现场，召开调运处、储备局、铁路部门三方参加的紧急协调会议，针对储备局和铁路部门提出的要求，按照求同存异和快速抢运入川的原则，明确各方职责，确定发运方案及细则。3 天从九龙坡发运 176 车计 9106 吨油品入川（19 日，集团公司下令将余下计划调整给重庆公司）。

在集团公司、西北公司和各兄弟单位的支持下，各方资源源源不断发运入川。因公司库容和接卸条件存在先天性不足，短时间内的集中发运为资源摆布带来严峻考验：除 104 油库能接卸大列和有发车能力外，其他分公司油库没有一家同时具备这两项功能，在兰成渝管道加大对 104 油库分输量的同时，大批铁路槽车也抵达天回镇，造成 104 油库铁路槽车卸不了、二次装车发不了，库存迅速上涨；93 号汽油大批量集中发运，一些分公司 93 号汽油面临压槽的危险。紧急时刻，公司积极采取措施予以应对：协调成都铁路局和西北销售川渝分公司允许 104 油库变更自备车，同时将路运车以二次装车的形式发运到其他分公司；协调开通史家乡油库铁路到站；调整部分分公司库容结构，将双流油库、史家乡油库、吊黄楼油库、金江油库、经久油库的库容做调整，增大93号库容，保证93号汽油的接卸；优化资源配置，对于97号汽油，分区域集中储存，有效释放各油库库存，增强库存接卸能力。通过这些措施，5月公司各油库顺利接卸各品种油品，无压槽压车情况发生。6—8月，平均每月向4座重灾区二级公司油库调入成品油8万吨，超出正常库存20%。

8月30日，攀枝花市会理县交界地区发生6.6级地震。地震发生后，公司成立油品保供指挥小组，制订应急预案，迅速反应，保障救灾用油。每天安排发攀西地区柴油20车1000余吨，增大攀枝花分公司和凉山分公司的柴油储备量，以防止较大余震致铁路中断，油品无法及时补充。同时制定铁路、川内公路、丽江至攀枝花公路在可能中断情况下的各种油料保供措施。灾区所有油库、加油站正常营业，加油秩序良好，攀枝花会理地区抗震救灾用油供应得到完全保证。使受灾的攀枝花分公司和凉山分公司在短短几天内，在全省库存薄弱、供应紧张的情况下，油品库存大幅上升。使攀枝花分公司、凉山分公司所属金江油库和经久油库持续保持高库存运转，为灾区的油品供应提供源源不断的资源跟进保障。

2009—2012年，公司坚持“直炼为主，外采为辅，国储轮换，串换调剂”的思路，多管齐下，建立和完善多元化的资源保障体系，既保证了效益提升，又做大了经营规模。

2009年1—11月，切块计划为496.26万吨，实际调入455.84万吨，完成切块计划的91.86%，其中：汽油157.36万吨，柴油298.48万吨。分渠道：管输262.47万吨，占调入总量的57.58%；西北、东北铁路直发100.7万吨，占调入总量的22.09%；南充炼厂53.47万吨，占调入总量的11.73%。因灾后重建用油增长，资源难以保证，公司报请总部同意后，开辟资源外采渠道，以保市场供应，调入地炼资源39.2万吨，占调入总量的8.6%。

2010年，公司通过合理安排、精心组织，采取“分片区、集中处理”的方法，在规定时间内将全省25座油库的国Ⅱ汽油全部置换完毕，达到总部的要求。经过多方协调和争取，以四川省经信委的名义组织召开成品油入川铁路运输协调会。省经信委、铁道部运输局、西安铁路局、成都铁路局等单位到会，与会单位达成共识，并由铁道部和省经信委联合印发会议纪要，要求各相关铁路局对发往中国石油四川销售公司的油品运输给予优先保证。

3月，面对高标号汽油供应吃紧而柴油却胀库压槽的老难题，除以往年度的解决方法外，公司开辟新径，重点发力地炼高标号汽油资源公路调入，打出新老措施“组合拳”，措施效果显著。1—10月，公司调入地炼油品80.16万吨，其中延炼76.92万吨、盛马3.24万吨，有效补充直属炼厂资源缺口，稳定市场供应。1—10月切块计划为475.6万吨，实际调入490.3万吨，完成切块计划的103.09%，其中汽油173.23万吨、柴油317.07万吨。资源调入量再创历史新高。分渠道：管输248.06万吨，占调入总量的50.6%；西北、东北铁路直发115.53万吨，占调入总量的23.56%；南充炼厂46.55万吨，占调入总量的9.5%；地炼80.16万吨，占调入总量的16.34%。

3月，ERP系统从实施阶段转向单轨运行阶段。

8月19日，四川境内发生洪涝灾害，石亭江铁路大桥垮塌，德阳分输管线冲毁，调运工作面临自然灾害的严峻考验。公司紧急成立调运处保供小组，人员迅速到位，接收指示，汇总情况，对接计划，有条不紊地展开应急调运工作；紧急向省经信委和铁道部门汇报，请铁道部以部令形式下达24列铁路入川计划，在管道停输的7天时间内，共计调入油品10.24万吨；抢调国储油品，在接到国储油品调运文件的当天，积极协调成都铁路局以“抢”字头组织班列，同时派专人赴157处和255处进行衔接，当天即将油品调出，在随后不到1个月的时间内，将6.13万吨油品计划全部调入完成，平稳度过应急调运期，保障市场供应，经受住洪涝灾害考验。

2011年，公司评估兰成渝管道阶段性停输、炼厂检修、油库技改等不利因素，确定将扩大资源规模和提高运作能力作为重点。直炼资源的主导地位得到强化，加强与西北公司协调，争取到将102油库资源绝大部分留川；争取到提高管道资源留川总量，前11个月管输油品同比增加16万吨；8月起，新开广西炼厂资源渠道。1—11月，共调入直炼资源472.89万吨，同比增加28万吨，兑现率98.61%，同比提高2.21个百分点。地炼资源的补充作用充分发挥，外采业务逐步从防御应对型向主动运作型转变，1—11月累计调入139.64万吨，同比增加52.7万吨，有力弥补直炼资源的缺口。

是年，国储轮换资源的重要性逐步强化，及时开辟广东资源“南进”通道，打破入川资源全部“北进”的传统格局，前11个月从国储、中海油和中石化调进油品17.86万吨，占调入总量的2.83%。通过以上各种渠道，公司深入实施资源市场战略，全年累计调入资源690万吨，同比增加95万吨。优先调入适销对路的品种，对当期及后期需求量大、替代性差、库存薄的品种，落实专人急催急调。尤其是10月中下旬，柴油资源供需矛盾突出、市场资源紧张，想方设法增调1.85万吨柴油入川，确保市场平稳供应。科学研判市场变化，坚持“油价上调前多调、下调前少调”原则，努力创造机遇效益。其中2月涨价前，超调5.53万吨，创造库存效益1935万元。充分利用延炼“量大价优”政策，6—9月共调入延炼高标号汽油15.32万吨，租赁255处油库接储超调汽油，节约购进成本3064万元。据统计，1—11月节约购进成本、创造机遇效益5200万元。

2013年4月20日，雅安市芦县山发生7.0级地震。公司再次做出“山塌路断油不断、保供责任大于天”的庄严承诺，立即启动成品油供应应急预案，紧急制定《“4・20”雅安芦山地震抗震救灾油品保供方案》。方案在总结2008年“5・12”汶川地震油品保供经验的基础上，从抢险救灾、恢复安置和灾后重建三个阶段对油品需求做出预测，构建三层保供圈。为保证资源充足，公司紧急协调138台油罐车，兵分两路向芦山、宝兴重灾区及周边区域抢运油品。公司在第一时间与成都军区、武警38师、四川省军区、内江武警、南充消防等部队衔接油品保供事宜，采取“先加油，后结算”的快速便捷方式，全力保障部队应急抢险用油。公司紧急安排17台小额配送车，满载油品紧随抢险救灾队伍，深入芦山县龙门乡、双石镇，宝兴县灵关镇、穆坪镇，将一升升“救命油”注入抢险救灾的大型机械设备中。

6月，公司调度台正式运行，加权运距同比降低2.08千米，吨油运费和公路运输损耗呈现下降趋势。调度台运行机制是公司在省区销售企业内率先推出的一种探索性机制，每日上午在库存报表生成后，由带班副处长定时组织召开调度日例会，进行各方信息融合，提高运营效率。调度台运行以后，凸显三大优势：落实全天候运行，当班的团队实行24（小时）×31（天）运行，每日在处理完相应的计划审批、下达及协调后才能离岗，处理不完不下班，处理不完不离岗，手机 24 小时开机待命，重要情况及时处理，突发情况随时处理，6 月累计处理 10 项非正常事项，保证资源调配不间断运行；加强一、二次融合，一次管理岗人员通力配合，保证物流优化方案落到实处，6 月优化配送率达 92.5%，特别是在下旬调度台运行正常、油库库存调整基本到位后，主力库出库率经常保持在 95% 左右；锻炼人才队伍，通过在一起研究资源调配运行，有效锻炼各岗位人员的复合能力，人员开始由单一岗位向一专多能转变。

是年，公司印发《关于进一步加快国Ⅱ柴油升级置换工作的通知》，明确国Ⅱ和国Ⅲ柴油置换方案，要求南充、遂宁分公司的高速公路加油站、市（县）主城区加油站不得销售国Ⅱ柴油，其他公司自 7 月 1 日起，不得销售国Ⅱ柴油。1—11 月，完成资源调入 682.3 万吨，同比增加 11.1 万吨；完成公路配送 600 万吨，同比增加 40 万吨；吨油运费 46.93 元 / 吨，在可比口径下，同比降低 6.1 元，比预算低 4.1 元，节约运费 3011 万元。公司灵活掌握调运节奏，综合运用超调、多接、代储、买断等措施，实现“价涨库升、价跌库降”，全年增加调运效益约 1.9 亿元。

2013 年，公司为净化市场，提升经营效益，发挥外采资源在弥补缺口、降低成本方面的优势，通过外采降低采购成本 1.05 亿元。

2014—2015 年，公司建立产销衔接机制，把外采作为优化销售策略、增强盈利能力的重要方式，在确保直炼资源销售的前提下，针对炼厂集中检修、局部地区和局部时段柴油供应短缺状况，择机实施外采，实现保供、创效一举两得。

2016 年，公司综合运用直炼和外采两种资源，公、管、铁三种运输方式，形成“以直炼为主、外采补充”“以管道运行为主，铁路和公路为补充”的运行格局。在管道长时间停输、降量的情况下，铁路运输量同比增加 49 万吨，增长 15.6%。外采调入量同比增加 34 万吨，完成资源调入 883.35 万吨，同比增加 17.03 万吨，其中：直属资源调入 777.33 万吨，完成比例 99.5%，同比减少 18.99 万吨；外采资源调入 106.02 万吨。完成公路配送 778.5 万吨，同比增加 22.2 万吨；实际吨油运费 63.76 元 / 吨，可比口径同比降低 2.92 元，较总部预算节约 1.16 亿元。

是年，为确保库站按期完成国Ⅴ车用汽柴油升级置换工作，公司按照“最大限度保障销售需求，最大限度减少置换损失”的指导思想和“先库后站，先铁路库后管输库，先小站后大站”的原则，营销、调运、财务、质安、零售、工程、信息和仓储公司、安监等部门共同编制《中国石油四川分公司国Ⅴ车用汽柴油升级置换方案》，成立相应的油品置换组织机构，明确管理责任，细化置换流程，确保按期完成置换任务。11 月，国家发展和改革委员会等 11 个部门联合印发《关于进一步推进成品油质量升级及加强市场管理的通知》，要求从 2017 年 1 月 1 日起，全国供应符合国Ⅴ标准的车用汽油、车用柴油。

2018 年，公司继续加强资源对接，细化管道每批次分输方案，管输量在配置计划的基础上，增加 70 万吨，达到 400 万吨以上。突破油库卸车能力瓶颈，制订“以卸定装”的铁路运行方案，科学测算请车基数，固化省内外铁路运行规律，建立与西北公司、铁路部门信息共享、互动共管的运行机制，发挥管道油库的铁路卸车能力，铁路资源调入 470 万吨以上。拓宽公路调入渠道，增加彭州公路移库功能，加大云南石化调入量，公路资源调入 110 万吨以上。

2019 年，在 5 月、8 月和 9 月管道停输累计 31.5 天的情况下，公司通过加大管输注入、增加公路地付以及公路移库等措施，确保市场平稳供应。

1989—2019 年，中国石油四川销售公司累计调入汽柴油 13690 万吨。

表 2-1 至表 2-3 分别为 1989—2013 年、2014—2016 年、2017—2019 年中国石油四川销售公司油品调入统计情况。

表 2-1　1989—2013 年中国石油四川销售公司汽柴油调入统计表

年度	总计	汽油				柴油			
		小计	90 号	93 号	97 号	小计	0 号	+5 号	-10 号
1989	143	—	—	—	—	—	—	—	—
1990	160	—	—	—	—	—	—	—	—
1991	152	—	—	—	—	—	—	—	—
1992	150	—	—	—	—	—	—	—	—
1993	147	—	—	—	—	—	—	—	—
1994	137	—	—	—	—	—	—	—	—
1995	183	—	—	—	—	—	—	—	—
1996	205	—	—	—	—	—	—	—	—
1997	193	—	—	—	—	—	—	—	—
1998	208	97	—	—	—	111	—	—	—
1999	212	87	—	—	—	125	—	—	—
2000	249	100	—	—	—	149	—	—	—
2001	204	73	—	—	—	131	—	—	—
2002	218	80	—	—	—	138	—	—	—
2003	257	93	—	—	—	164	—	—	—
2004	305	105	—	—	—	200	—	—	—
2005	350	120	—	—	—	230	—	—	—
2006	405	130	—	—	—	275	—	—	—
2007	445	137	—	—	—	307	—	—	—
2008	507	163	64	89	10	344	336	6	2
2009	508	172	54	103	15	336	328	7	1
2010	597	212	47	145	20	385	383	0	2
2011	690	244	21	193	30	446	443	1	2
2012	734	285	4	244	38	449	447	0	2
2013	763	302	0	250	52	460	459	0	1

表 2–2　2014—2016 年中国石油四川销售公司汽柴油调入统计表

单位：万吨

年度	总计	汽油				柴油			
		小计	98 号	93 号	97 号	小计	0 号	+5 号	−10 号
2014	845	359	1	287	71	486	485	0	1
2015	866	424	1	338	85	442	441	0	1
2016	884	455	1	352	102	429	427	0	1

表 2–3　2017—2019 年中国石油四川销售公司汽柴油调入统计表

单位：万吨

年度	总计	汽油				柴油			
		小计	98 号	92 号	95 号	小计	0 号	+5 号	−10 号
2017	944	496	6	369	121	448	447	0	1
2018	994	509	4	382	123	485	483	0	1
2019	1025	532	3	394	135	493	491	0	1

二、资源运输

2014 年，四川石化炼厂投产前，四川销售资源基本来源于省外，省内每年仅有盛马炼厂、国储等少量资源调入。2014 年四川石化开通投产，油品来源结构发生根本变化，公司油品资源来源由省外单向输入变为省外、省内共同调入。

公司按照中国石油西北销售公司（负责西北区域资源调运的专业公司）制订的成品油资源配置计划，将成品油调入四川销售油库或直接公路地付到站，这个过程称为一次调运。一次调运分为管道运输、铁路运输和公路运输三种方式。

管道运输　通过兰成渝管道输送，兰成渝管道全长 1250 千米，起点是甘肃临洮，终点是重庆伏牛溪，共经过 14 座油库，其中四川公司油库 9 座。管道运输具有每批次输送时间长、支线分输时间短、批量大、主管线排量大、支管线排量小、管径变化大、柴汽比高等特点。

铁路运输　通过省内和省外铁路，将成品油调入四川销售油库。铁路运输量占总成品油调入量的比例约为 38%，其中省内调入约 10%，省外调入约 28%。另外，104 油库为四川集散库，一次调入 104 油库的成品油会通过铁路的方式再发往四川销售其他油库（这种运输方式称为铁路二次装车），这种铁路运输方式用于四川销售内部油库成品油的转移。

公路运输　通过公路配送车辆，直接将中国石油西北销售公司所属油库成品油配送到四川销售加油站。年调入量占总调入量的比例约为 11%。为保证资源供应，公司集中外采油，加强与延长、盛马等重点地炼企业合作，积极拓展外采渠道，将部分国储油、盛马油及个别时段的延长油通过公路运输直接调入加油站。

三、调运流程

一次调运业务流程 公司先与销售公司对接月度成品油资源配置计划量，后根据销售公司下达的配置计划，与西北公司具体对接发站和到站计划，结合配置计划执行情况和实际需求情况，调整单站计划，再根据西北公司具体发运，向油库下达接卸计划，最后根据成品油出库需求，向油库下达出库计划（见图 2–2）。

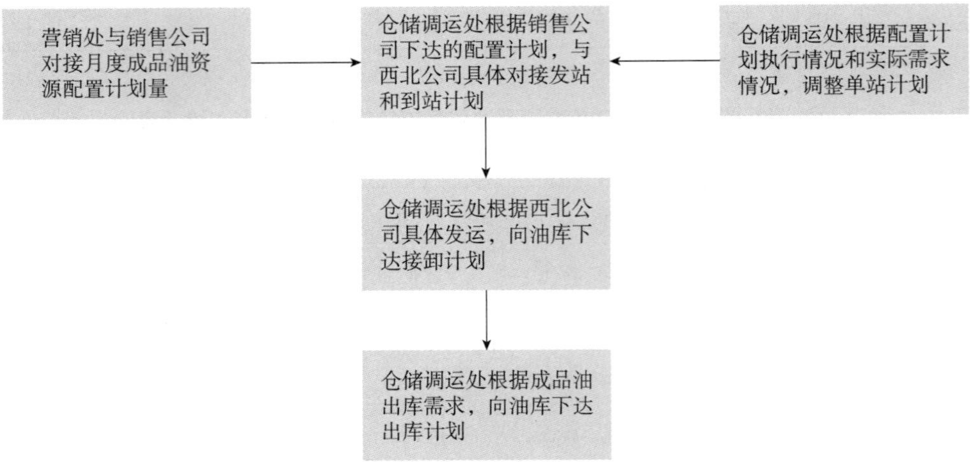

图 2–2　一次调运业务流程图

二次装车业务流程 公司根据 104 油库库存及其他铁路接卸油库资源情况，编制铁路二次装车计划；铁路二次装车计划经西北公司川渝分公司审核后传中国铁路总公司西南配送中心执行；中国铁路总公司西南配送中心安排发车计划；104 油库根据下达的铁路二次装车计划安排装车；104 油库装车后，向到站油库传递到站计划安排；到站油库根据 104 油库到站计划安排接卸（见图 2–3）。

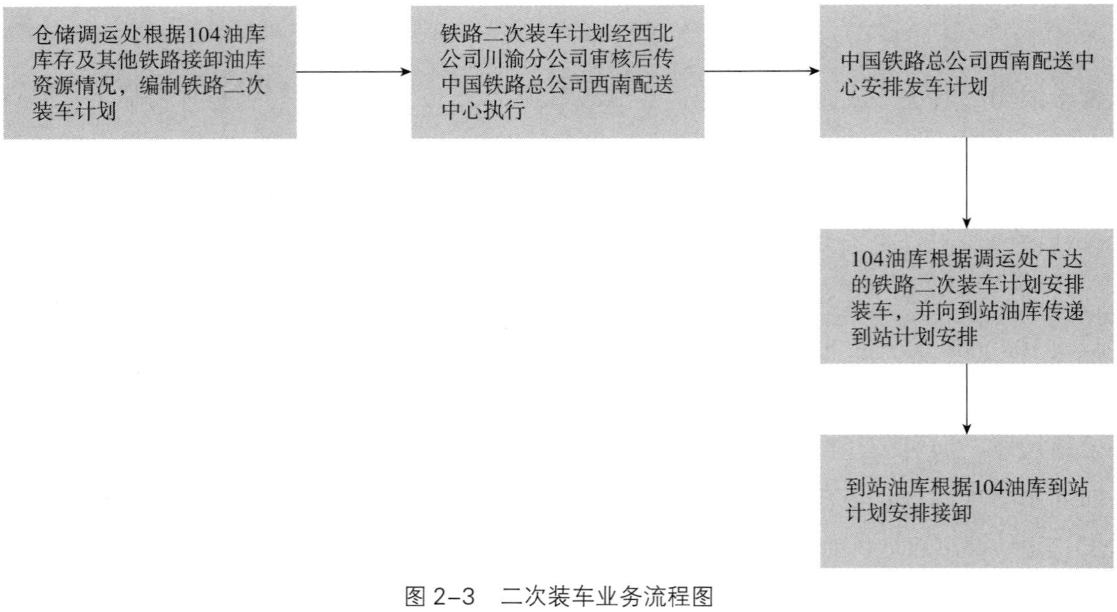

图 2–3　二次装车业务流程图

四、接卸方式

根据一次调运运输方式，油库接卸成品油方式分为三种：管输接卸、铁路接卸和公路接卸。其中公路接卸量较小，可以忽略，主要是管输接卸和铁路接卸，其中公司所有油库均支持铁路接卸，公司 9 座油库支持管输接卸。

第二节　成品油物流优化

1994 年 4 月，公司与民生轮船公司签署组建民生石化油运船队联合经营合同，双方投资 3800 万元人民币（公司占 40%），合营期限 15 年，组建进川成品油运输船队（船队由拖轮 1 艘、油驳 6 艘组成），用以扩大进川成品油运输量，实现成品油进口、运输、销售一体化经营，缓解四川能源供应不足情况。

1996 年 9 月，由于国家政策性因素，公司与民生轮船公司双方联合经营丧失合作基础，油运船队无法合作经营下去，经友好协商，公司与民生轮船公司终止合作。

2001 年 5 月，公司将调度运输处与自备车运输公司进行整合，集中两个部门的优势组成资源配置处，统筹安排资源配置和调运。

2003 年，股份公司在广州会议上明确提出积极推行第三方承运。为落实此项工作，公司在绵阳、泸州进行试点。为改革公路运输方式，公司探索第三方承运，即由物流劳务的供方、需方之外的第三方去完成物流服务的物流运作方式。推行成品油公路配送第三方承运，既有利于降低运输成本，又有利于规避运输过程中的安全风险。

2004 年 8 月，公司提出试点单位第三方承运基本思路。12 月，公司与中国石油天然气运输公司在成都召开公路配送第三方承运试点联席会议，确定以运输公司为第三方承运的承运商。公司加强公路运输管理，按照炼油与销售分公司关于公路运输专项整顿的有关要求，重点对公路运输成本进行清理，优化运输路线，提高运输效率，通过持续整治，公路运输管理水平有较大提高。全年配送油品 21535 万吨，配送里程 2753 万千米，单车日运行 1.73 次，比 2003 年提高 27.2%；全公司公路配送费 910302 万元，吨油费 42.27 元，单位运输成本 0.59 元/（吨・千米）。

2005 年 1 月，公司在绵阳、泸州分公司进行为期 6 个月的成品油公路配送第三方承运试点。

2009 年，公司实施区域配送优化，推进物流优化项目。在综合各方面因素的基础上，选定川东片区为区域配送优化试点区域。2—4 月对川东片区进行 3 次调研，5 月制订川东片区配送优化方案，同时，在南充市召开川东片区区域配送优化会议。6 月起，川东片区按照既定方案全面实施区域配送优化试点，在总结川东片区区域优化试点经验与不足的基础上，制订全省区域配送优化的初步方案，将全省初步分为 8 个配送区域，从 2010 年逐步在全省推广区域配送优化。

2010 年 4 月，郑州分输站至四川调运通道开通，缓解了西北各铁路发运点的压力。随着公司销量的快速增长，油品资源调运成为公司各项工作的重中之重。由于兰成渝管道油品输送能力已达极限，加之进川铁路运力持续紧张，严重制约公司资源调入。为破解这一难题，缓解西北兰州、新疆等地的铁路运输压力，增加公司资源调运总量，调运处协调西北公司，新增小李庄发货点，拓宽油品进川渠道，在增加铁路发货点方面实现新的突破，为实现调运总量600万吨的奋斗目标打下基础。

2011年，面对6座油库改造、库容短缺的困境，公司以统筹优化一、二次物流为抓手，精细管配资源。与成都铁路局达成协议，同意罐车入川后变更到站，既化解集中发运造成的堵库压槽矛盾，又平衡各地区资源摆布。为拓展有限库容，将部分90号汽油库容转换为93号和97号汽油库容，租赁储备局油罐等，最大限度地增强油库接储能力。在资源摆布上，尽量将0号柴油和93号汽油两项大宗油品一次摆布到位，节约二次配送费用。严格按照经济流向实行公路配送，加权平均运距74.83千米，剔除油库技改等导致运距增加的不可比因素，同比减少1.5千米；单车日运行效率1.99次，同比提高0.29次，剔除不可比因素，吨油配送费用控制在考核目标之内。

2014年，公司在全国系统率先开展主动配送试点，优化二次物流，平均上车率超过70%，车辆周转率达2.2次，平均提高3.5%，较预算节约运费1.1亿元。

2016年，为实现“跨千万吨级”目标，公司按照物流配送体系建设要求，实施精准配送，提高物流保障能力和服务水平。以“保重点”为切入点，对全省万吨级加油站进行摸查，陆续对111座万吨级加油站实施“私人订制”式的专项服务。专项服务的内容包括：专人监控，将重点加油站配送计划的执行作为调度人员日常主要工作内容，调度人员每日对重点加油站配送计划从计划制订、入库、在途及到站等环节全程监控，确保重点加油站配送计划执行到位；专车配送，设立相对固定车辆配送，确保配送保供稳定性，同时预留应急车辆应对突发情况；专线保供，根据每座重点站的实际，制定稳定的出库地点和配送路线，若油库资源等存在波动，则优先满足配送需求；专项流程，在配送计划执行上，根据实际需求，采用“补货制”与“要货制”双向结合，开通油库发油绿色通道，提高配送的准确性和及时性；专项考核，在脱销考核、计划考核管理方面，针对重点加油站，实施专项考核机制，加重处罚力度，形成“保重点”的考核导向。

2017年，公司举办智慧物流客户推介及品牌体验会，主要从“智慧物流系统”的系统构建和功能设置、优配APP功能介绍、现场演示收油等方面开展。智慧物流系统通过设置“电子围栏”对每座加油站规定对应油库的一条路径，当车辆偏离路线时后台将予以记录，并通过车辆入库时间、到站准点率、停车超时、阀门状态等进行风险评估，运用“电子铅封”将车辆罐体出油口全部锁死，车辆通过北斗定位坐标匹配时方可开启，有效保证油品的数质量风险管控。优配APP是加油站和客户实时掌握油品配送情况的一款掌上APP，是以满足加油站、客户需求为导向，以“北斗+大数据”为手段，为提升整体配送服务水平，实现物流全过程信息化、智能化“精准配送”的一个应用平台，有效保障从计划制订到在途管控，到超损耗索赔的全流程管控。

2018年，在进一步缓解铁路资源发运压力的同时，提高市场资源保障和创效能力，解决全省铁路卸车能力不足的短板，减少天回镇二次装车，实现整体优化。管道采取“有保有压”，利用各油库资源下载能力，提高管输资源调入量，在确保大排量输送的前提下有保有压，增加广元南、隆昌和102油库分输量，减少史家乡和104油库的管道资源，资阳油库和隆昌油库在满足日常出库量的同时作为管道资源储备库运行。铁路“以卸定装”，根据各油库卸车启泵数、容车数、推车能力，结合炼厂发运柴汽比及运行时间，形成各发货点的最佳请车数；通过大数据，引导西北公司按照“五定”模式发运，固化铁路运行规律，同时开通省内直达乌斯河、田家沟和燕儿窝的 VIP 通道，减少铁路二次装车，增加管输库的铁路到达，加强在途监控，预判变车，减少铁路拥堵，最终在发运流向、容车数、卸车能力、作业能力上形成契合和匹配，最大限度地提高铁路接卸效率，减少因停装、限装导致的资源供应问题。公路“稳中有增”运行策略，加大对国储、255 及延长等油品公路地采，针对成都地区双流、青龙场油库，其公路移库较铁路二次装车吨油运费分别节约 13.39 元和 19.74 元，对其开展公路移库业务。

2019 年，中石化串换统计口径发生变化，公司通过有针对性地对串换点位进行控制，实现“量减效增”。依托“优配”平台及电子铅封硬件功能，摒弃传统落后的运距测算方式，结合“一站一路”管控，使用电子地图，根据车辆实际运行线路，实时、动态、智能地更新运距信息，实现运距动态管理。

第二章　成品油仓储

第一节　仓储发展

1989—1997 年，公司隶属于四川省商业厅管理，实行省级、地市、县级三级独立法人管理，各级机构自主经营、自负盈亏，在资源的采购调运、运输协调、销售供应等方面各自为战、独立运行、相互竞争。各级公司从自身需求和规划发展出发，千方百计地自建油库，形成四川公司油库“小而散”布局特点。1997 年，公司改组为四川省石油集团有限公司后，全省系统有油库 118 座。

1998—2011 年，公司成建制上划中国石油天然气集团公司，加快县公司重组调整归口到地市公司统一管理的步伐，管理层级压缩为省市两级。1998 年，总部实施“四统一”（“资源统一配置、运输统一组织、价格统一制定、货款统一结算”）和“配送制”，将地市公司的采调业务归口到公司统一管理，成品油炼销衔接和运输组织逐渐规范化、标准化。在成立石油集团以及上划中石油后的 5 年间，四川公司根据油库所处位置和设施情况重新进行规划，集中关停县级油库 47 座。

2001 年，公司积极探索营销体制改革，在绵阳、南充、乐山三个单位进行组建配送中心的试点。同年 12 月 1 日，绵阳、南充、乐山三个试点单位的配送中心正式运行。

2002 年，公司推行配送营销体制改革，在总结完善绵阳、乐山、南充成品油配送中心的试点经验后，于同年 8 月底前，组建 20 个成品油配送中心。是年，中油股份公司在绵阳“成品油配送中心建设与推广现场会”上推广具有代表性的“绵阳模式”。

2012—2014 年，为使资源更加高效、规范、专业地进行调运配置，公司对油品进行专业化仓储管理，于 2012 年成立仓储分公司，将油库进行专业化管理。主要对成都地区油库安全、资产、人员和数质量进行直接管理，对四川其他地区油库成品油作业进行业务指导、监督管理和人员培训。油库集中管理后，通过对地理位置、辐射区域、运行效率等方面的分析，对油库进行整体规划和资源摆布，关停简阳、安宁、太和 3 座低效库，按照总部要求将建设中的彭州油库与西北销售 102 油库置换，公司油库区域分布合理，库存保障能力增强，大仓储格局基本形成。

2015—2019 年，仓储分公司发挥专业管理优势，突出安全和保供，不断提升油库安全管控、资源保障、优化运行、成本控制能力，努力构建“安全、质量、计量”三条红线、“入库、存储、出库”三大环节、“运量、效益、服务”三种要素统筹兼顾、有机融合的工作格局，最大限度地整合资源、提升效率、激发活力，树立可靠、高效、可信赖的油库管理形象，建设世界一流新零售企业仓储基地（图 2–4 所示为公司总经理付斌观看油库中央控制室的自动化流程展）。

图 2–4　公司总经理付斌（第一排左二）观看油库中央控制室的自动化流程展

截至 2019 年末，公司有省内在营油库 22 座，即 104 油库、102 油库、双流油库、青龙油库、天彭油库、资阳油库、广元油库、董家沟油库、宝峰油库、燕儿窝油库、田家沟油库、7101 油库、前锋油库、乐坝油库、史家油库、舒平油库、隆昌油库、吊黄楼油库、7012 油库、乌斯河油库、经久油库、金江油库。

第二节　在营油库

公司成立初，只有当时的重庆、万县从外商接收的 3 座油库，四川行政区划内油库布局还是空白。经过 20 世纪五六十年代的攻坚克难，建成具有代表性的天回镇、董家沟、广元、吊黄楼、燕儿窝等一批大中型油库。80 年代，公司对五六十年代修建的油罐进行改造，新建、改建、扩建油库 40 余座，明罐容积达到 20 余万立方米。

1988 年底，公司建成二级站和市（地、州）级油库 37 座，容积 70.72 万立方米，以油罐汽车运输入库。至 1998 年底，宜宾高县沙湾、珙县、乐山三王庙、自贡城区、成都犀浦等油库封存停用，同时对内江隆昌、简阳、泸州安宁、眉山太和、成都 7005、雅安青龙和广安猫儿沟等油库进行改造，当年在用油库达 78 座，库容 79.5 万立方米，保证油品供应需要。

1999 年，公司封存 5701、泸州配送中心西外、川南竹角冲等油库，停用成都唐场、十里坝和城关等油库，完成对西北油田和有关炼化企业在四川经营的 8 座油库接收工作。

2000 年后，铁路和高速公路愈加普及和高效，油品管道工程进入跨时代篇章，先后对兰成渝在川输油管道沿线的广元、绵阳董家沟、德阳宝峰、岷江天彭、成都 104、简阳红塔、资阳、内江史家和隆昌 9 座配套油库进行扩容改造。2008 年开展成乐管道配套油库扩容改造，2012 年开展彭州油库建设，共完成 104、双流、经久、7102、隆昌等 16 座油库改扩建工程，同时完成 22 座油库信息化环境改造、公路发油下装改造。至 2019 年末，公司在用油库 22 座，全省油库库容 80.45 万立方米，年吞吐量达 2005.71 万吨。

按照库容大小，油库分为 5 个级库：一级库为库容 10 万立方米以上（含 10 万立方米）油库；二级库为库容 10 万立方米以下、3 万立方米以上（含 3 万立方米）油库；三级库为库容 3 万立方米以下、1 万立方米以上（含 1 万立方米）油库；四级库为库容 1 万立方米以下、1000 立方米以上（含 1000 立方米）油库；五级库为库容 1000 立方米以下油库。

一、104 油库

始建于 1956 年，1958 年投产运行，位于成都外北郊凤凰山下天回镇杨家巷，占地面积 186 亩，北面为宝成铁路，西面是油库专用公路，全长 2040 米，距老成彭公路约 2 千米。1987 年，油库进行一期技改，建 5 座 5000 立方米轻油储油罐，配套改造轻油泵房、消防泵房、化验室、配电房及供水设施等。1990 年，进行油库二期技改，建 2 座 3000 立方米轻油储油罐、3 座 5000 立方米轻油储油罐，配套改造职工食堂、消防车库等。1997 年，更名为四川石油集团公司仓储分公司 104 油库。2001 年，参与兰成渝成都分输站至 104 油库分输管线建设。2002 年，进行兰成渝管输 104 油库配套技改，新建 4 座 2 万立方米储油罐、32 车位轻油发油站台、4 车位旁靠式润滑油发油台、轻油及润滑油装卸泵房、桶装库房、材料库房等；同年兰成渝输油管道 104 油库配套技改工程完工，管输入库一次成功。2006 年，进行技术改造新建轻油装卸泵房、环境整治工程。2007 年，新建 800 立方米油气回收装置，铁路自动化装车系统建成使用。2008 年，汶川特大地震发生后，油库员工坚守一线，在地震 2 小时后恢复生产，确保灾区用油；同年，开始实施油库 3 年规范达标项目，全面打造中国石油标准化油库。2009 年，完成视频监控和周界红外报警等安防设施；油库吞吐量首次突破 400 万吨大关。2010 年，进行周边环境整治，新建职工停车场、油罐车回车场，使油库周边建构筑物达到规范要求的安全距离；生产调控指挥中心建成投入使用。2011 年，完成公路下装发油系统一期改造工程。2012 年，公路下装发油系统二期改造工程完工。公路发油实现“管控一体化”，向数字化油库建设迈出坚实的一步。通过多次技术改造，104 油库具有管输收油、铁路收发油、公路发油功能，是四川销售作业量最大、功能最齐全的成品油集散库，承担着成都市及周边地区公路油品配送和省内 12 个市（州）及部分省外的油品铁路中转任务。

至 2019 年末，104 油库有成品油储罐 14 座，库容 12.47 万立方米，年吞吐量 512 万吨，是仓储分公司所属大型综合性石油储存仓库，属国家一级油库。

二、102 油库

始建于 1992 年，1993 年建成投产，投资 3000 万元。102 油库原隶属于中国石油西南销售公司，是中国石油天然气股份有限公司收购并控股的企业之一。2002 年，油库经过改扩建，新建两座 1 万立方米柴油储罐和管输阀室，并接入兰成渝输油管道，承担起向云、贵地区中转成品油的任务，是成品油进入西南市场的重要枢纽。2008 年 2 月，中国石油天然气股份公司实行内部调整，将 102 油库整体划拨，由中国石油西北销售公司管理。2013 年 7 月，102 油库划转至中国石油四川销售公司。

至 2019 年末，油库占地面积 96 亩，储油罐 7 座，库容 3.57 万立方米，2019 年吞吐量达到 104 万吨，属于二级油库。

三、双流油库

双流油库隶属于中国石油四川销售仓储分公司，位于四川省成都市高新区桂溪街道临江村2组，距成都市15千米。

双流油库由四川省商业厅甘孜州石油公司于1992年6月始建，1994年6月建成并投用。1996年12月初由中石油长庆石油勘探局为配套长庆咸阳助剂厂（现长庆石化公司），打开西南油品市场从甘孜州石油公司购买。1998年10月因企业改制，两大石油公司（中石油、中石化）成立，双流油库资产及部分人员一并划入中国石油天然气股份有限公司四川成都销售分公司。

2006年双流油库被列为成乐管线配套油库改扩建工程项目，油库改扩建工程于2009年3月2日正式动工，于2010年1月16日正式投入运行，总储量增至5.1万立方米。其中增加油气回收装置、调整发油方式为下装，统一自动化和信息标准。扩建后油库占地82亩，库容5.1万立方米，储油罐12座。油库自控系统由工艺自动化控制、业务信息管理、伺服式油罐自动液位监测计量、公路下装式自动化发油、防静电溢油联锁保护、消防手动报警、库区自动化工业电视监控及周界安防、安全巡检、油气回收等10个分系统组成，是一座集信息化、自动化、数字化为一体的油库。

2012年3月，因省公司大仓储物流战略的调整划入中国石油天然气股份有限公司四川销售仓储分公司。至2019年末，油库辐射成都市周边等9区6县4市，配送企业内部加油站200余座，配送半径50千米，以铁路接卸、公路出库作业方式为主。至2019年末，库容4.99万立方米，油库年吞吐量105万吨，属国家二级油库。

四、青龙油库

始建于1987年，1988年投产运行，库容2.45万立方米，位于四川省眉山市彭山区观音镇梓桐村二组，占地114亩。1995年，在原批准建设规模的基础上，新征土地6667平方米，并增加消防泵、消防管线等安全隐患整改内容，追加投资120万元。1996年，新建3000立方米内浮顶储罐4座。2005年，进行铁路收油区改造。2008—2009年，进行油罐区、发油区、辅助生产区、办公区改造，其中新建5000立方米储油罐10座，改造3000立方米储油罐4座，新建2000平方米综合办公楼和500平方米警消楼各一栋；新建下装发油台7个，上装发油台1个，并建立自动化、信息化操作平台，建成后的青龙油库总库容量为6.2万立方米，投资8610万元。

至2019年末，油库主要承担眉山市、雅安市、成都市和甘孜州部分地区的成品油仓储任务，油品入库方式为铁路，出库方式为公路，油库库容6万立方米，2019年吞吐量达到44.41万吨，属国家二级油库。

五、天彭油库

始建于1991年，1993年建成投产，位于彭州市天彭镇，占地3.7万平方米。2016—2017年，油库设置油罐高低液位联锁装置，投资123万元；进行下装及油气回收改造，投资1187万元。

2017—2018 年，进行二期下装改造工程，投资 182 万元。2019 年，开展天彭油库罐区安全隐患整改，其中增设储罐紧急切断联锁功能，罐区工艺流程自动化改造，增设管线安全压力、温度检测，设置独立的安全仪表联锁系统，投资 1020 万元。2019 年完成监理招标，2020 年 3 月 23 日完成开工审批，正式进入施工建设。天彭油库油品资源主要来自炼油厂，入库方式主要为管道、铁路、公路，出库方式为公路。有铁路专用线 1 条，长 697 米，栈桥 67 米，双侧共 12 个鹤位。兰成渝分输管道入库管线 2 条，分别为汽、柴油品种，公路发油货位 12 个，公路收油货位 1 个。

至 2019 年末，油库主要辐射四川省阿坝藏族羌族自治州及成都周边市县等地，中石油企业内加油站 100 多座，配送半径超过 500 千米。有立式储罐 12 座，设计库容 2.2 万立方米，在用库容 2.15 万立方米，年吞吐量 53 万吨，属国家三级油库。

六、资阳油库

1967 年投产运行，原址位于资阳市雁江区凤岭路，因城市扩建，2011 年实施搬迁改造，该搬迁项目是资阳市政府重点工程之一。设计库容 3.6 万立方米，比旧库增加 2.4 万立方米，设计年吞吐量为 100 万吨，投资 7813 万元。2012 年建成投运，现址位于四川省资阳市雁江区临江镇大堰村七组 88 号，占地 98.48 亩。

至 2019 年末，油库主要负责资阳市两县、一区和简阳市的成品油供应，油品进出库方式为纯管输入库，公路出库。有 8 座储油罐，总库容 3.78 万立方米，年吞吐量 33 万吨，属国家二级油库。

七、广元油库

始建于 1957 年，位于四川广元经济开发区下西坝明德路东段 6 号，是集成品油储存、收发为一体，主要储存汽油、柴油，具有管输收油、铁路收油、公路发油等功能的油库。1991—1992 年，油库拆除旧罐新建储油罐、润油罐，投资 650 万元。2001—2002 年，进行兰成渝输油管线改扩建工程，扩建油罐 4 个，罐容 1 万立方米，投资 2222 万元。2010—2012 年，进行震后恢复扩容工程，扩建油罐 3 个，罐容 3 万立方米，投资 6211 万元。广元油库主要承担广元地区及周边甘肃文县、九寨沟、巴中等地区的成品油配送业务，是兰成渝输油管道第一座入川分输油库。

至 2019 年末，油库占地面积 92.4 亩，储油罐 13 个，库容 5.24 万立方米，年吞吐量 103.08 万吨，属国家二级油库。

八、董家沟油库

始建于 1958 年，1963 年投产运行，位于绵阳市剑南路西段 133 号，占地面积约 8.2 万平方米。1978 年，油库新建 3 座 5000 立方米柴油拱顶罐。1984 年，新建 12 座润滑油拱顶罐。1990 年，进行储罐改造，新建 5 座 3000 立方米内浮顶罐、2 座 2000 立方米拱顶罐、15 座 50 立方米卧式储罐。1993 年，新建 5 座 60 立方米卧式储罐。2002 年，结合兰成渝输油管线建设，董家沟油库被列为全省 9 座技改油库之一，改造消防系统、发油岛、储罐安装液位仪，新增污水处理装置及库区绿化改造，投资 1072 万元。2005 年，油库进行铁路轨道升级改造，将淘汰的 P38 钢轨更换为 P50 钢轨，将木枕更换为水泥枕（道岔及桥梁处除外），提升铁路专用线安全性，投资 200 余万元。2007 年，拆除原轻油泵房、润油泵房、总配电间、警消队宿舍、液化气站消防间和锅炉房，新建综合楼、总配电间、卸油泵棚和应急缓冲池。2009—2010 年，油库进行灾后恢复重建，内容包括重建办公楼 1500 平方米，改建 2000 立方米消防水池一座，进行配套绿化和给排水系统改造，改建油库大门；改造公路发油设施，建立油库安全监控保障系统（包括闭路监视子系统、消防报警子系统、IC 卡门禁管理子系统）；改造库区照明系统，增加应急照明设施；更换自动程控电话系统 1 套，更换全库电话线 4500 米，新增油气回收装置 1 套，投资 2074 万元。2014 年，进行系统整合升级，新增二级公司周界防护系统、应急广播系统、消防报警系统，进一步完善二级公司视频监控系统和油气浓度检测系统，油库八大系统初步建成，投资 198 万元。2018 年，完成 8 座储罐高低液位联锁系统改造，投资 123 万元；完成消防管线隐患改造，投资 121 万元。董家沟油库主要负责接卸、储存、发放汽油、柴油、煤油、润滑油，担负绵阳市辖区及德阳、遂宁、广元、南充、岷江公司的油品出库任务。现有铁路专用线一条，总长为 1.671 千米，铁路栈桥配有 10 个卸油货位；设有 2 个上装式发油岛 8 个货位（已停用）和 3 个下装发油岛 8 个货位，日发油量 2000 吨左右。

至 2019 年末，油库有油罐 42 座，库容 3.1 万立方米，年吞吐量 113 万吨，是兰成渝输油管线四川境内 9 座管输油库之一，属国家二级油库。

九、宝峰油库

始建于 1986 年，1987 年投产运行，位于德阳市旌阳区千佛村 11 组，占地 75 亩。1992 年，改造 1 区油罐由卧式罐改为 4 座 2000 立方米立式油罐。1993 年，新建 2 区 6 座 1000 立方米立式油罐。1994 年，修建化验室。1995 年，新建 3 区 3 座 200 立方米立式油罐和 5 座 100 立方米立式油罐。2002 年，新建 4 区 2 座油罐，新增管输工艺，新建发油场上装自动化及相关工艺。2008 年，对油库栈桥卸油货位从原 15 座改造为 10 座并对栈桥进行维修加固，投资 142 万元。2010 年，改建下装 4 座发油岛及中心控制室安装东富发油系统，投资 1028 万元。2015 年，拆除原有半地下室轻油卸油泵房内除真空扫槽系统外的其他工艺设备设施，对地下泵坑进行回填后重建卸油工艺系统和相应配套土建、电气、1 区及 2 区地埋消防管线改造，投资 70 万元。2015—2017 年，新建油气回收装置，改造 4 座下装发油岛油气回收工艺，投资 206 万元。2018 年，新增 12 个油罐高低液位联锁装置，投资 112 万元；同年完成高、低液位联锁控制系统技改。2019 年，对 3 区、栈桥地埋消防管道渗漏隐患改造，投资 63 万元。

至 2019 年末，油库主要承担配送德阳市区、广汉市、什邡市、罗江县、中江县地区客户和加油站，进油为管道、铁路输入，公路发油。有立式油罐 20 座，库容 2.23 万立方米，年吞吐量 93.5 万吨，属国家三级油库。

十、燕儿窝油库

始建于1961年，1962年投产运行，位于南充市顺庆区石油后街3号，占地46亩。1992—1993年，新建2000立方米油罐1座、3000立方米油罐5座。2000—2001年，进行发油场改造。2013—2016年，进行铁路专用线技改，投资678万元。2018年，进行油气回收及下装改造，投资1040万元。

至2019年末，油库担负着南充、广安、达州、遂宁等地市的油料供应，油品进出库方式为铁路卸油、公路发油。油库在用储油罐9座，库容2.26万立方米，年吞吐量42.1万吨，属国家三级油库。

十一、田家沟油库

始建于1998年，2004年投产运行，位于遂宁市经济技术开发区北固乡玉堂村，占地64亩，拥有2000立方米内浮顶油罐6座，库容1.2万立方米，上装发油岛2座，计8个发油货位。2011年，油库进行1万立方米扩容改造，其中新增2个1000立方米、4个2000立方米内浮顶油罐，库容增至2.2万立方米，同时新增12套液位仪系统，新建3号下装发油岛，投资994万元。2016年，开展环境隐患治理工程改造，新增油气回收装置、污水处理装置各一套。2017年，完成发油1、2号岛下装改造，同时对油罐区工艺进行改造，增加部分储油罐倒罐互通工艺。2018年，完成12个油罐高低液位仪的安装，同时新增油罐区、铁路栈桥、油气回收、化验室油样间等区域25个油气浓度探头。

至2019年末，田家沟油库油品资源主要来自西北炼油厂、102油库、104油库，为一次中转库，油品进出库方式为铁路槽车入库，公路出库，主要辐射遂宁、南充、广安、达州、资阳、重庆部分地区，油库辐射加油站200余座，配送半径180千米。有储罐12座，库容2.24万立方米，发油岛3座共9个发油货位。2019年吞吐量37万吨，属国家三级油库。

十二、7101油库

始建于1971年，1982年投产运行，位于达州市通川区西外镇白庙社区，占地105亩，油库储油罐总容量5.32万立方米。2001年，油库进行卸油泵房、消防泵房改造，更换3台卸油泵，建0位罐10立方米4座，更换卸油鹤管，增设3台柴油内燃机消防泵；同年甲区停用。2006年，拆除乙区3座1000立方米储油罐，新建2座5000立方米储油罐、4座3000立方米储油罐，新建3000立方米缓冲池1座，新建污水泵房及改造发油设施，投资1200万元。2009年拆除乙区6座200立方米储油罐，新建3座3000立方米储油罐，投资900万元。2016年，化验室晋升为中国石油四川销售达州质检分站，成为川东北地区油品质量检测的一个重要单位，负责油库油品收、发、存以及达州公司66座加油站的油品质量监控。2017年，改造2套“一拖三”下装发油设备，增建油气回收装置，投资970万元。至2019年末，7101油库主要承担着达州市及周边地区的油品供应，是川东地区最大的成品油油库，油品进出库方式为铁路收油、公路发油。拥有成品油储油罐 9 座，总容量 3.13 万立方米，重油库房 2000 平方米，年吞吐量 65 万吨，属国家二级油库。

十三、前锋油库

始建于 1972 年，位于广安市广安区前锋镇前锋村。2017—2018 年，油库进行大型改造，更换油气回收及下装发油现场、储罐隐患整改及收油系统改造，投资 1540 万元。

至 2019 年末，油库收发油方式为铁路槽车入库、公路下装出库，占地 46 亩，有储油罐 8 座，库容 1.47 万立方米，年吞吐量 30 万吨，属国家三级油库。

十四、乐坝油库

始建于 1992 年，1995 年投产运行，位于南江县沙河镇瓦房湾社区富源街 398 号，占地约 30 亩，始建库容量 0.5 万立方米，原隶属于南江县石油煤建公司，1998 年整体上划中国石油四川销售分公司。2006 年改扩建后，库容达 1 万立方米，占地面积约 50 亩。2016 年再次进行技术升级改造，主要是更改上装发油鹤位、增加油气回收装置，投资 800 万元。

至 2019 年末，油库油品资源主要来自炼油厂和其他管输油库，集接卸、储存、发放为一体。油库主要保障巴中市及周边范围内成品油市场的平稳供应，入库方式为铁路，出库方式为公路，现有卸油鹤位 8 组，发油岛 3 个共 9 个货位。油库库容 1.02 万立方米，主要储存汽、柴油，年吞吐量超过 37.92 万吨，属国家四级油库。

十五、史家油库

始建于 1958 年，1965 年投产运行，占地面积 150 亩，位于四川省内江市市中区史家镇南美路 467 号。2001—2002 年，完成兰成渝分输管线改造，新建 6 个 5000 立方米储油罐，建设分输阀室和一幢 3 层 480 平方米办公楼，扩容至 4.2 万立方米，投资 2000 万元。2016—2017 年，进行下装及油气回收改造，安装油气回收装置和污水处理装置，新建一座二层 310 平方米中心控制室，安装发油岛自动化下装发油系统、油气回收、高低液位报警和安全联锁、视频监控系统、周界防范系统、可燃气体检测报警系统、消防报警系统、污水处理装置等，投资 1900 万元。

至 2019 年末，史家油库主要保障内江及其周边自贡、宜宾、资阳、泸州等地区的成品油供应。油库储运油功能以铁路收油、管输收油、公路发油为主，在用油罐 8 个，在用库容 2.82 万立方米，年吞吐量突破 90 万吨，属国家二级油库。

十六、舒平油库

始建于 1958 年，位于自贡市自流井区舒平街道上阳村，占地 113 亩。1989—1990 年，新建 3000 立方米储罐 1 座、300 立方米储罐 3 座、500 立方米储罐 4 座、200 立方米储罐 1 座。1996 年，油库进行技术改造，拆除原润滑油高架储油罐 17 个，总容量 510 立方米，在原址新建 200 立方米储罐 6 座，投资 40 万元。2005 年，进行铁路道口大修、铁路钢轨更换、卸油潜油泵安装、消防及配电系统改造，投资 456 万元。2006 年，进行上装发油自动化改造及环境隐患整改，投资 656

万元。2008年，进行库内消防工程、卸油鹤管改造、灾后维修加固、发电机组及配套配电设备改造，投资299万元。2009年，进行油库液位仪安装，投资159万元；完成拆除储罐12座。2010年，新建6座3000立方米储罐，投资1520万元。2016年，进行油气回收及下装改造，投资1450万元。

至2019年末，舒平油库主要承担自贡和宜宾地区成品油配送业务，库容2.98万立方米，储油罐12座，年吞吐量135.51万吨，属国家二级油库。

十七、隆昌油库

始建于1953年，1954年投产运行，位于隆昌市古湖区外站路1173号。1987年油库新建4座1000立方米油罐。1997年，新建1座3000立方米油罐。2002年，新建2座5000立方米油罐。2010年，新建2座5000立方米油罐、2座1万立方米油罐。2011—2012年，与油料分公司隆昌片区油库整合扩容（见图2-5），投资6100万元。

至2019年末，油库占地约80亩，库容量4.14万立方米，有轻（润）油罐7个（7号罐停用），发油岛4个，油品进出库方式为管道来油、公路发油。有两条4千米的输油支管线，油品主要供应地区为泸州市。年吞吐量58.42万吨，属国家二级油库。

十八、吊黄楼油库

1958年投产运行，位于宜宾市翠屏区岷江北路132号，占地122.3亩，如图2-6所示。吊黄楼油库长期担负着宜宾市7县3区及区外滇、黔部分地区油品保供任务。入库方式为铁路，出库方式为公路。原库容3.25万立方米，年吞吐量已达100万吨，属国家二级油库。由于吊黄楼油库建成时间久，整体规划布局和功能设施已不符合《成品油库建设标准》要求，为此，油库于2012年正式启动原址改扩建，项目总投资11284万元，于2019年开工建设。新建成油库总库容5.3万立方米，其中新建7000立方米油罐7座、2000立方米油罐2座、1000立方米消防水罐1座；新建发油岛5座、油气回收装置1套、铁路专用线复线1条；利旧改造两层综合办公楼、3000立方米消防水罐1座等，新油库建成后，主要设备、工艺将基本实现现代化、自动化、信息化，平面布局更为安全、合理。

图2-5 隆昌油库技改主体工程现场

图2-6 吊黄楼油库

十九、7102油库

始建于1971年，1977年投产运行，位于乐山市夹江县马村乡带河村。投运时该油库占地面积164.11亩，实际库容量1.57万立方米，储罐全部为覆土罐，是一座半自动化发油油库。1990年，油库扩建4个2000立方米油罐，增容至3.8万立方米。1999年因体制改革，从乐山石油公司划转至四川乐山销售分公司。2003年对发油场、进库公路进行技改，投资490万元。2007—2008年，进行成乐管输配套工程技改，投资8658万元，其中拆除1个3000立方米润滑油油罐、4个5000立方米覆土罐，新建5万立方米内浮顶油罐，改造扩容至6.5万立方米，同时新建油罐液位仪系统、油库视频监控系统和电气及路灯改造等。2009年，进行发油场下装改造，7102油库一直担负着乐山市境内交通、工农业生产的成品油供应任务。

至2019年末，该油库占地面积243亩，拥有铁路专用线0.67千米，卸油货位22个，有储油罐15个，库容5.83万立方米，发油货位12个，年吞吐量117万吨，属国家二级油库。

二十、乌斯河油库

1971年建设投产，位于雅安市汉源县乌斯河镇，成昆铁路旁的大渡河畔，占地19.2亩，系租用成铁分局用地。1992年，油库重建卸油泵房、消防泵房和发油台，新建3个1000立方米立式油罐。2005年，更换13个50立方米的卧式油罐，油库总容量达到4640立方米，年吞吐量17万吨。2015年进行系统升级改造，其中包括安装上装自动付油系统、周界报警系统、电子巡更系统、IC卡门禁系统、视频监控系统、火灾报警系统、可燃气体报警系统及油罐防腐、罐区地坪硬化，投资634万元。2018—2019年，进行油库改造，主要拆除18座储罐、更换油库相关配套设施，技改后油库库容3000立方米。

至2019年末，油库主要担负雅安市汉源、石棉两县，峨眉金口河、凉山甘洛以及甘孜18个县的成品油供给，油品进出方式为铁路收油、公路发油。有3个储油罐，库容0.3万立方米，年吞吐量为22.63万吨，属国家四级油库。

二十一、经久油库

始建于1967年，1973年投产运行，位于西昌市经久乡合营村，有3000立方米隐蔽罐6座、300立方米地埋卧式罐6座、100立方米地埋卧式罐8座、60立方米地埋卧式罐4座、50立方米卧式罐12座，库容2.144万立方米。1987—1991年，油库新建3座3000立方米拱顶罐。2005—2007年，隐蔽罐报废，卧式罐拆除，新建收油泵房、收油栈桥、配电房、消防泵房、发油岛（7个下装货位，9个上装货位）、3000立方米应急缓冲池1座、2000立方米浮顶罐2座、1000立方米浮顶罐2座。2008—2009年，新建3000立方米拱顶罐3座、3000立方米内浮顶罐3座。2010年，建成视频监控系统、液位仪系统、手动报警系统、办公楼、食堂、倒班楼、油气回收装置、污水处理装置。2015—2016年，进行发油下装改造、周界系统安装，投资762万元。

至2019年末，油库主要承担凉山州17个县、市的成品油供应，采用铁路入库、公路出库的作业方式。油库占地面积 383 亩，储罐 13 座，容量 3.3 万立方米，2019 年吞吐量 112 万吨，属国家二级油库。

二十二、金江油库

始建于 1967 年，1971 年投产运行，原名 6718 油库，于 1967 年经对外贸易部立项，是根据防空隐蔽要求设计的半隐蔽式中型战备储油库，位于攀枝花市仁和区金江镇，占地约 444 亩。1989—1990 年，金江油库全面展开乙区改造二期工程，新建铁路栈桥、润油发油间和放空罐等，投资 200 余万元。2006 年，建成应急缓冲池，解决大量跑冒油时无处存放油料的问题，投资 60 余万元；同年，建成污水处理泵房、污油池各一座，并完善库内排污管道，使油库清罐时产生的污油能通过密闭管道排入污水处理系统，解决以往污油无法及时处理的问题，投资 40 余万元。2007—2009 年，进行储存区历史上最大的一次技改工程，建成 12 具内浮顶储油罐达 4.5 万立方米的新储罐区，新建设施由汽柴油罐区、油气回收装置、润滑油库房、消防泵房、消防水池及配套设施组成，投资 5478 万元。2016 年，进行油库发油下装改造，实现 5 座发油岛全部密闭式付油，与油气回收装置配套使用，减少油气挥发损失及环保达标，全面实现发油自动化，投资 300 多万元。2018 年，完成油罐高低液位联锁报警系统、远程消防控制系统的改造，使油库预警预报、应急处置等自动化、信息化水平得到根本提升，投资 576 万元。

至 2019 年末，油库主要辐射攀枝花市三区两县及周边会理、会东和云南的华坪、元谋等地，是攀西地区乃至川滇交界区域历史最悠久、规模最大的成品油储备库，具有铁路收油、公路发油功能。有成品油内浮顶储罐 12 座，库容 4.33 万立方米，年吞吐量 90 万吨，属国家二级油库。

表 2–4 所示为 2002—2019 年中国石油四川销售公司油库统计情况，表 2–5 所示为 2019 年末中国石油四川销售公司在用油库统计情况。

表 2–4　2002—2019 年中国石油四川销售公司油库情况统计表

年度	在用油库（座）	库容（万立方米）	年吞吐量（万吨）	封存油库（座）
2002	31	69.2	—	31
2003	31	69.97	—	36
2004	30	68.56	—	38
2005	29	68.7	—	—
2006	—	66.4	—	—
2007	25	66.3	—	—
2008	25	70.65	—	—
2009	25	70.65	1186.78	—
2010	25	70.79	1319.84	—

续表

年度	在用油库（座）	库容（万立方米）	年吞吐量（万吨）	封存油库（座）
2011	25	73.26	1541.83	—
2012	25	80.96	1641.61	—
2013	27	85.34	1760.29	—
2014	23	79.87	1809.83	—
2015	23	79.87	1887.94	—
2016	22	81.28	1840.51	—
2017	22	81.28	1938.98	—
2018	22	80.45	1970.56	—
2019	22	80.45	2005.71	—

表 2-5　2019 年末中国石油四川销售公司在用油库情况统计表

油库名称	所属地市	油库等级	建设年代	投运年代	库容（万立方米）	2019 年吞吐量（万吨）	运营状态	入库方式	出库方式	资产性质
104	成都	一级	1956	1958	12.47	512.36	在用	管输 / 铁路	铁路 / 公路	全资
102	成都	二级	1992	1993	3.57	104.10	在用	管输	铁路 / 公路	控股
双流	成都	二级	1993	—	4.99	104.65	在用	铁路	公路	全资
青龙	雅安	二级	1987	1988	6.01	44.41	在用	铁路	公路	全资
天彭	岷江	三级	1991	1993	2.15	53.20	在用	管输 / 铁路	公路	全资
资阳	资阳	二级	1967	—	3.78	33.72	在用	管输	公路	全资
广元	广元	二级	1957	—	5.24	103.08	在用	管输 / 铁路	公路	全资
董家沟	绵阳	二级	1958	1963	3.1	113.42	在用	管输 / 铁路	公路	全资
宝峰	德阳	三级	1986	1987	2.23	93.05	在用	管输 / 铁路	公路	全资
燕儿窝	南充	三级	1961	1962	2.26	42.11	在用	铁路	公路	全资
田家沟	遂宁	三级	1998	2004	2.24	36.98	在用	铁路	公路	全资
7101	达州	二级	1971	1982	3.13	65.06	在用	铁路	公路	全资
前锋	广安	三级	1972	—	1.47	30.65	在用	铁路	公路	全资
乐坝	巴中	四级	1992	1995	1.02	37.92	在用	铁路	公路	全资
史家	内江	二级	1958	1965	2.82	89.51	在用	管输 / 铁路	公路	全资
舒平	自贡	二级	1958	—	2.98	135.51	在用	铁路	公路	全资
隆昌	内江	二级	1953	1954	4.14	58.42	在用	管输	公路	全资
吊黄楼	宜宾	二级	—	1958	3.09	4.27	在建	铁路	公路	全资
7102	乐山	二级	1971	1977	5.83	117.22	在建	铁路	公路	全资
乌斯河	雅安	四级	—	1971	0.3	22.63	在用	铁路	公路	全资
经久	凉山	二级	1967	1973	3.3	112.56	在用	铁路	公路	全资
金江	攀枝花	二级	1967	1971	4.33	90.88	在用	铁路	公路	全资

第三节　油库收存发管理

公司油库收、存、发生产作业实行总调度负责制，生产作业由总调度长统一指挥调度，调度长以生产作业板（操作卡）为载体进行调度指挥。油库每次收油、发油作业，具体由调度签发作业板（操作卡），按作业流程进行传递，实行环节间相互监控，保证单元作业任务安全顺利完成。

2006年6月，根据股份公司安排，四川销售公司以104油库为操作规程编写的试点单位，进行操作规程编写与试点。2007年4月，各油库将新编制的操作规程报公司审核、修订后，于同年5月正式发布运行。

一、铁路收油作业

在2002年兰成渝管道建设完成前，除南充燕儿窝油库油品入库方式为南充炼油厂管道输送外，其他油库入库方式均为铁路入库。2002年兰成渝管道投运后，除资阳、简阳、隆昌、燕儿窝油库外，其余油库具备铁路入库功能；广元、董家沟、宝峰、104、天彭、史家油库具备油品管道/铁路入库功能。铁路主要发运站点有银川、颖川堡、彭县、钦州港、延安北等。

铁路收油具体流程：油库调度室收到上级业务部门发来的“进货通知单”（在途电报单原件或复印件）后，根据“进货通知单”（在途电报单原件或复印件）内容和油罐动态情况，安排相关人员及时做好油品接卸、储存准备工作；及时向油库值班领导汇报。接车站货运室的到车通知后，调度员安排铁路运输员到车站货运室提取随车同行货票货物运单，同时与“进货通知单”（在途电报单原件或复印件）核对。铁路罐车到库后，计量员核对货物运单内容与来油罐车的车号、品名、规格等是否相符，核实油罐车所停靠的线路、货位，检查铁路罐车及铅封等情况。核对、检查确认无误后，调度员签发铁路收油作业板和操作卡。收油作业前，司泵员、油槽工再次复核确认来油车号、品名、规格，停靠线路、货位无误后，计量员计量验收铁路槽车油品数量；化验员检查随车同行质量合格证，采样验收油品质量；接卸班组做好收油准备，按规定开通工艺流程；收油（仓储）值班负责人、调度员复核工艺流程；一切无误后方能卸油作业。在卸油过程中，计量员按规定进行罐区、输油管路的巡视检查，并与中心控制室保持联系，掌握进油罐液位变化；油槽工观察油罐车、栈桥区域的设备状况，并与司泵员保持联系；中心控制室值班员对进油罐液位变化进行监控、记录，出现异常及时查明原因或报告；调度员、安全监督员对作业全过程监督控制。卸油完毕，扫净罐车底部余油，确认卸干卸净；设备及时复位；调度员、安全监督员检查、复核各岗位设备复位情况；相关人员到车站办理费用清缴手续。

2013年7月，原西北销售公司102油库（成都新成石化有限公司）划转四川销售公司。

2014年3月，关停安宁油库。4月，关停简阳油库。10月，关停太和油库。

2016年1月，燕儿窝油库恢复铁路到达。

2017—2019 年，全省无其他关停油库。

表 2-6 所示为 2012—2019 年中国石油四川销售公司铁路收油情况。

表 2-6 2012—2019 年中国石油四川销售公司铁路收油情况表

单位：万吨

年度	入库量	年度	入库量
2012	420.48	2016	484.85
2013	405.8	2017	500.16
2014	468.74	2018	535.15
2015	468.29	2019	554.68

二、管道收油作业

管道油品输送具有营运费低、能耗小、输送系统简单，运输量大、安全可靠、连续性强、作业率高、受地形限制少、占地少、有利于环境保护和生态平衡的优点。自 2002 年投运后，有效缓解四川油品资源铁路到达受地理环境复杂、恶劣气候影响制约的不利情况。

2002 年 10 月，兰成渝管线管输油注入，标志着公司首批管输油库顺利投用，沿线有广元、董家沟、宝峰、104、天彭、简阳、资阳、史家、隆昌 9 座油库。

2003 年 8 月前，管输油品为 0 号柴油、90 号汽油，8 月开始 93 号汽油的管输输送。

2014 年 3 月，彭州油库开始向兰成渝管道注入油品，对 104 油库、102 油库实行点对点管输。4 月，关停简阳油库，四川销售管输油库仍为 9 座。

2018 年，公司全年管输入库 449 万吨，占入库总量的 45.58%。

至 2019 年底，管输油库均正常运行，管输油品种为 92 号汽油、0 号柴油。

三、公路发油作业

2011 年前，油库发油均为上装发油。

上装发油流程 换票员核对提货单票据真伪，依据内部调拨单或发票，按照发油密度进行质量与体积的换算，开具油品灌装单。油库门卫做好提油车辆的出入库验货，填写出入库验货记录。发油员依据油品灌装单复核品名、规格、数量、罐车容积、发油货位等，装油前检查确认汽车油罐罐内清洁情况及技术状况（罐体完好、卸油阀关闭等情况）等，与提货人共同核对流量计起止数（手工发油油库流量计应单车清零），填写油库散装油品发油登记表。若发现罐内有水杂、罐车技术状况不良等影响油品数质量、行车安全等情况，不能装车。公路发油操作步骤具体执行各油库《公路发油操作规程》。单车发油完毕，提货人签字确认油品数质量，发油员对油罐车实施铅封（铅封号填入油品灌装单）。油品灌装单加盖付讫章，随货同行联、客户联、出门联交提货人，提货人凭油品灌装单出门联出库，门卫核对，情况无误放行。全天发油结束，发油员复位发油设备，将发油闸阀关闭上锁，清理作业现场；发油值班负责人、调度员复查流量计止数；计量员对发油罐动后计量，票据及数据汇总至油库统计员复核，填写公路发油作业板。

2012—2013年，104油库、资阳油库陆续实现公路下装发油，青龙、双流、董家沟、广元、宝峰、田家沟、资阳、7102、隆昌、经久、金江等油库实现部分货位下装发油。

2013年3月，公司印发《中国石油四川销售分公司成品油配送一卡通运行管理办法》的通知：在油库公路发油及成品油公路配送业务过程中，通过刷具有身份识别功能的IC卡，使配送计划、发油、收油记录等业务信息适时在各信息系统间共享和自动流转，实现对配送过程中车辆、人员以及接卸油过程自动管理。

2014年，公司印发《中国石油四川销售分公司关于进一步推进地罐交接工作的通知》，对地罐交接相关工作做出要求。

2015年6月，公司通过《多仓油罐车灌装管理办法》和《油罐车入库付油检查管理办法（试行）》，提升油罐车装车效率，加强油罐车安全管理。

2016年4月，公司印发《中国石油四川销售分公司关于持续开展油库商品对账清理相关工作的通知》，全面发挥ERP2.0系统的商品管理作用，加强油库商品管理，保证库存商品账实相符、账账相符，商品安全受控。

2017年5月，公司印发《中国石油四川销售分公司关于加强油库客存油提油单据管理的通知》，要求各油库加强营业室和油库换票室对票据的审核，严格履行票据的开票、签字、盖章等流程。

2018年8月，公司印发《中国石油四川销售分公司关于启动国Ⅵ油品置换工作的通知》，要求二级公司根据国家、四川省政府关于国Ⅵ油品置换的要求，结合板块国Ⅵ油品置换安排，统一思想，确保置换工作顺利开展。

2019年10月，公司印发《中国石油四川销售分公司关于进一步加强和规范公路配送承运商考核的通知》，进一步加强和规范公路配送承运商考核管理。

截至2019年底，全省油库全部实现下装发油。下装自助发油实施后，平均单车装油时间较手动发油提升付油效率50%。

下装发油流程 现场监督员引导车辆进入货位，沿油罐车仓位标志线停在适当位置。按仓储公司罐装前检查表逐项检查罐车接地拖带、消防器材、铅封是否完好有效，检查卸油阀是否关闭到位，驾驶员着装是否规范。其中任何一项不符合要求，不得进行灌装作业。受理提油卡时，发出提示语："请您注意安全、发油时请不要离开。"监督员核查提油内容：油品名称、数量，询问提油人员罐车容量，检查油品体积与罐车容量是否匹配。灌油准备工作（由驾驶员操作，现场监督员监护），触摸导静电装置释放人体静电，将发油岛上的防溢油静电探头从插座上卸下来，连接到罐车专用的防溢出静电插座上；并确认发油岛上的防溢油监测控制仪和静电监测控制仪是否显示允许装载（绿灯亮），把油气回收接头从停靠装置上卸下，将油气回收管线连接到汽车油罐上的油气回收接头上，并确认连接良好；依次把输油臂从停靠装置上卸下来，连接到相应的罐车隔仓下装接头上，核对输油臂与下装接头的油品标识是否一致；在操作编码器上刷IC卡按提示操作。核对无误后按"确认"键，开始灌装油品；灌油中随时观察大屏数字是否有规律变化、油泵及电液阀运转声音是否正常；油品灌装完毕后，静置 1 分钟，关闭输油臂上快速接头的球阀，关闭罐车底阀和油气排放阀；依次复位快速接头、油气回收接头、防静电溢油接头；现场监督员对装油口进行施封（电子铅封车辆除外），填写铅封登记记录；检查全部设备已经复位，引导车辆离开，驾驶员刷卡出库，单车发油作业程序结束。每天发油结束及时登记流量计底数，统计发油数据，与换票岗核对发油数量。自动付油实施后，平均单车装油时间较手动发油提升付油效率 50%。

四、库存管理

库存油品盘点采用"永续盘存制"（指通过设置存货明细账，对日常发生的存货增加或减少进行连续登记，并随时在账面上结算各项存货的结存数，定期与实存数对比，确定存货盘盈盘亏的一种制度），在财务、业务所有权库存核对一致的基础上，财务商品账与仓储保管盘点实物按以下关系进行核对，确定库存商品升损。

油库存货管理实行日盘月结制度，具体为动罐每一次作业前后计量，不动罐每 3 天计量一次，月盘点对所有罐进行计量。安装液位仪后，每日盘点除管输油罐外的动罐数据读取液位仪数据，每日油罐数据读取液位仪数据，每月盘点以人工计量方式进行。

2013 年 5 月，公司印发《中国石油四川销售分公司关于油库库存商品辅助管理信息系统上线试点运行的通知》，适应油库库存商品集中管理需要。

2014 年 12 月，公司印发《中国石油四川销售分公司关于加强月末油库商品对账工作的通知》，加强月末油库商品管理，保证库存商品账实一致、账账相符，商品安全受控。

2016 年 3 月，公司印发《中国石油四川销售分公司关于持续开展油库商品对账清理相关工作的通知》，全面发挥 ERP2.0 系统的商品管理作用，加强油库商品管理。

在月盘点时间上，2017 年 5 月之前油库盘点数据截止到每月 24 日 24 时；2017 年 5 月，中国石油四川销售分公司印发《关于调整油库商品对账盘点时间的通知》（油川销财〔2017〕9 号）后，实行油库盘点日期与财务扎账日期一致，截止到每月月末最后一天 24 时。

第四节　数量质量监督管理

2014 年初，为强化安全环保、油品质量计量及加油站服务质量监督管理，调动和发挥退出实职领导干部的工作积极性，公司在原质检中心基础上成立中国石油四川销售安全质量监督总站及川南、川东、川北、川西 4 个监督分站，着力解决过去安全管理工作深入基层不够、时间精力跟不上、监督检查覆盖面不足、安全工作落实不到位等问题。

2015—2018 年，为发挥总站异体监督检查职能，公司调整总站定位，坚持"监管分离、独立运行"原则，厘清专业部门、二级公司、总站之间的隶属关系，理顺总站运行机制，形成"独立、公正、权威、全面"的第三方监督检查机构，并构建公司专业部门、总站、二级公司之间监管分离、相互制约、相互评价的监督检查体系。四川销售安全质量监督总站为公司直属机构，按二级公司管理，受公司安全总监领导，是公司安全环保、质量计量、现场服务的监督检查机构，履行监督职能，下设监督科、标定科、检验科3个科室。

2019年，公司将安全质量监督总站整体并入仓储分公司，总站作为仓储分公司下设机构，原监督管理职责不变，保留“安全质量监督总站”的牌子，业务上接受质量安全环保处指导。

一、检验管理

2011年1月，为贯彻集团公司“诚实守信，精益求精”质量方针和“环保优先，安全第一，质量至上，以人为本”HSE理念，公司在原仓储公司数质量检定部的基础上成立中国石油四川销售质量检测技术中心，主要负责系统内、外油品质量检测和计量器具检定工作，业务上接受仓储安全环保处指导。其中在油品质量检验方面，履行公司中心化验室、仓储分公司化验室及质检一站的职能：负责104油库收、存、发等生产作业中油品质量监控工作；负责全省油库地炼油品的质量监控工作；负责全省二级公司加油站委托检验；每季度对二级公司开展抽查检验；负责外部委托检验。质量检测技术中心本着“中心具备汽柴油全项目、润滑油主要项目，分站具备汽柴油（除十六烷值外）全部项目，20个化验点具备汽柴油必检项目的检验能力”的思路，对中心、分站及油库化验室组织小班培训，举办一期国家标准宣贯培训班，联合东北销售质检中心开办一期化验员取证培训班，提高化验员必检项目操作技能。质量检测技术中心所辖质检一站，在前期积极开展整理资料、数据比对和能力验证等筹备工作后，于2011年3月5日顺利通过省质监局认证评审处的“计量认证”“审查认可”二合一检查验收，继续具备省级检测机构的法律效力。

2012年，质量检测技术中心强化二级公司油品质量抽检工作，在原有的基础上加大抽检力度，对质量管控存在问题的单位提交公司进行诫勉谈话、罚款、通报批评处理，形成一套“抽查—通报—反馈—整改”的模式，提升公司质量管理水平。根据公司“一个中心，五个分站”的规划要求，质量检测技术中心制订翔实的规划方案，在原定的攀枝花、遂宁、内江、绵阳、雅安5个质检分站安排下，为分站选配设备及指导后期投入，参与分站化验室现场规划，派遣技术骨干到站帮扶培训。质量检测技术中心积极开发质检信息管理系统，安排人员参与系统的使用培训，提高实验室的信息程度。

2013年，质量检测技术中心筹备实验室国家认可，前期进行化验室改造、进口设备安置、优化体系运行，根据中国合格评定国家认可委员会（CNAS）认可准则编制质检中心管理体系文件，包含质量手册1册、程序文件31个，整理检验方法、标准单行本40份，体系支持性记录95个。在此基础上开展内部审核两次，管理评审一次，接受认可委组织的文件审查两次，对体系进行持续优化。与拥有认可能力验证资质的山东省出入境检验检疫中心开展能力验证和实验室间技术比对。10月13—14日，顺利通过CNAS认可委现场评审，并于12月23日初次获得实验室国家认可。

是年，为规范分站管理，公司制定《质检分站管理办法》，协助分站所在二级公司拟订实施分站实验室环境改造方案，为分站统一采购化验设备，派出人员协助安装调试及培训人员逐步履行分站的区域质量监控职责。配合仓储公司按照“一站一策”原则，拟订实施油库实验室环境改造方案，对各油库化验室的布局及基础设施进行重新规划和改建。对油库化验室老化和报废设备进行统计，按照 2012 年质安处和中心联合编制的《质检分站和油库化验室改造方案》，为各化验室统一采购化验设备，保证基层质量工作的正常开展。同时，协助仓储公司完成 102 油库的技术改造。根据油库化验员需求，按初、中、高三个技能等级，组织油库化验室技能帮扶培训班，强化技能鉴定的理论知识理解及实验项目操作，提高人员基础水平，规范操作习惯。还针对分站站长和质量负责人举办一次培训班，提高实验室管理能力。并针对二级公司质量管理人员组织一次培训班，加强管理人员的油品质量及油品检测基础知识。配合公司相关部门，为采购盛马石化油品提供技术支持，为驻厂组提供 41 人次共 150 个课时的现场培训，与公司相关部门和厂方一起，制定盛马炼厂内部控制指标，根据监控数据对盛马炼厂的炼化工艺提出改进建议，在保证油品质量的前提下，根据实际情况优化驻厂组监控流程，确定油品配送方案。

2014 年 1 月，为强化安全环保、油品质量计量及加油站服务质量监督管理，调动和发挥退出实职领导干部的工作积极性，公司在原质检中心的基础上成立中国石油四川销售安全质量监督总站，下设综合办、监督科、检验科和标定科 4 个科室，主要负责油品质量检测、计量检定及安全质量计量服务监督工作，总站同时挂中国石油四川销售公司计量检定站、四川省石油产品质量监督检验一站、中国石油四川销售公司防雷防静电检测中心 3 块牌子。总站为保证四川石化配送油品的质量，提前介入四川石化油品质量摸底工作，通过检测彭州油库油品及时发现问题，与四川石化和西北销售公司联系，改进工艺和调和技术，确保后期油品供应及质量保障。中国石油四川销售安全质量监督总站为所辖四川省石油产品质量监督检验一站继续获得法定授权资质，精心组织、认真筹划、合理分工，同时，在原有基础上，根据现行国家标准及汽柴油发展趋势，采购或升级实验室仪器设备，组织人员参加培训，开展实验室比对和能力验证，最终于 3 月顺利通过四川省质监局认证评审组的现场“计量认证”“审查认可”，并扩大总站受认可的检测范围。

2015 年，为强化实验室水平，公司加强与山东检验检疫技术中心、上海通标技术服务公司（SGS）、四川省质量检测研究院、上海销售质检中心等先进实验室沟通联系，开展技术比对与能力验证，学习实验室管理理念，提高总站技术服务职能。联合西南石油大学，开展“调和油质量评价与控制研究”专项课题，检测分析全省 18 个地级市（不含甘孜、凉山、攀枝花）的加油站油品，历经 1 年零 4 个月，统计四川地区社会加油站油品质量状况，掌握成品油非常规主要组分及其影响规律，摸索出非常规组分的快速检测方法及技术要求，优化公司油品检测程序，形成研究成果及创新论文。

是年，销售公司组织开口营销技能竞赛，中国石油四川销售安全质量监督总站派出技术骨干担当教练员，做好大赛油品分析工工种比赛培训，并参与审核及修订油品分析工 27 个培训课件，为公司专业队伍培训提供技术支持和服务支撑，四川销售最终在大赛中赢得油品分析工种金牌的好成绩。公司激发青年员工干事创业的激情，撰写《对车用汽油全项目分析流程优化的探讨》《汽油烃含量测定两种方法比较》《浅谈通过多维气相色谱法测定烃类含量的谱图判定化工调和油》等优秀管理创新论文，推荐给集团公司“石油石化质量与可靠性学术论坛”。

2017年，中国石油四川销售安全质量监督总站接受国家实验室和四川省技术监督局资质认证认可复评审，分别于1月、3月顺利通过实验室国家认可和质检一站资质认证，继续获得检验检测机构资质认定及实验室国家认可。持续推进科研创新工作，通过开展实验、数据比对、分析原因、归纳总结、实例验证，形成《表面活性物质快速筛选技术革新》《废弃贵重耗材的“回春术”》等成果，在公司职工创新创客活动中取得优异成绩。

是年，国Ⅴ油品升级置换。公司对实验室仪器设备进行相应的升级换代，强化实验室检测能力，质安处、营销处与安全质量监督总站共同确定油品监控方案。国Ⅴ升级过渡过程中，及时调整人员，优化工作流程，在较短时间内完成过渡工作，为公司油品销售提供质量保障。

2017年，公司强化外采油品的质量监控。按照“培训者”角色定位要求，公司组织全省质检分站、油库化验室人员举办实验室检验技术培训班，邀请国家注册认可评审员、石化分标委会方法标准资深委员、实验室管理专家以及仓储公司分管数质量领导进行国家标准、质量管理、技术业务的培训，提高化验队伍的整体水平。

是年，达州质检分站硬件软件能力达到分站标准。

2018年，国Ⅵ油品升级置换。公司组织专业人员学习新标准及新设备，到厂家和先进实验室调查仪器设备，采购国Ⅵ设备，开展新旧差异分析，现场帮扶指导，顺利完成国Ⅵ油品升级过渡工作。公司配合省、市市场监督、安监、公安等政府执法部门，对系统外企业、个体加油站抽检抽查，打击不法商贩，为公司经营销售创造有利环境。

2019年，按照公司要求，安全质量监督总站整体并入中国石油四川销售仓储分公司，继续履行相关职能。

是年，安全质量监督总站迎接国家实验室认可复评审，根据新版认可准则对体系文件进行修订，形成1个质量手册、28个程序文件、33个作业指导书、108种运行记录的管理体系，对设备进行检定校准、期间核查，开展内部质量控制活动，参加权威机构组织的能力验证等，继续获得中国合格评定国家认可委员会认可资质。公司持续配合政府职能部门，形成联动机制，开设绿色通道，提供技术咨询支持，免费开展油品检验，响应政府“打三黑”行动，严惩不法商贩。二级公司与安全质量监督总站形成联动，暗查个体户、私企、中石化、壳牌等系统外加油站油品质量，发现问题及时向政府职能部门举报反映，维护成品油市场秩序。

二、监督管理

在安全质量监督总站成立的同时，公司设立川南、川西、川东、川北4个安全质量监督分站加强安全质量监督管理。安全监督分站归口总站管理，主要负责片区二级公司安全环保质量计量、HSE体系建设、油库加油站规范及服务、规章制度执行情况等监督巡查工作。分站执行总站的工作计划和安排，监督分站与所在二级公司无隶属关系。

川东分站（设在南充公司）负责达州、广安、巴中、南充、遂宁5个市驻地单位的监督巡查，川北分站（设在德阳公司）负责广元、绵阳、德阳、阿坝4个市（州）驻地单位的监督巡查，川南分站（设在自贡公司）负责宜宾、泸州、内江、自贡、资阳、乐山6个市（州）驻地单位的监督巡查，川西分站（设在眉山公司）负责攀枝花、凉山、甘孜、雅安、眉山5个市（州）驻地单位的监督巡查。

4个监督分站监督检查人员由固定部分人员和非固定部分人员组成。分站固定人员按3人配备，其中站长1名，由退出实职的二级公司总经理（书记）担任，主管1名，工作人员（含驾驶员）1名，在分站集中办公，通过借调方式归口总站管理，人事关系由所在分站二级公司管理；非固定人员从分站所负责区域二级公司退出实职处科级干部中选聘，一般为4—5人，保持原工作关系、收入待遇不变，根据监督任务具体安排监督检查工作。

为解决总站监督检查人员不足问题，发挥退出实职处科级人员熟悉业务政策法规、管理经验丰富，现场发现问题、沟通解决问题能力和责任心强等优势，在二级公司退出实职处科级人员中，通过推荐选拔、培训考核、重新聘用，充实和丰富安全质量监督队伍。截至2019年末，总站、分站聘用19名退出实职处科级人员从事安全质量监督工作。

四川销售按区域建设安全质量监督机构，形成一个监督总站、4个监督分站、5个油品质量检测分站、8个计量检定分站的“1458”安全环保质量计量监督检测体系，实现监督检查区域化、责任落实网格化，为开展安全质量监督工作打下坚实基础。此项举措在中石油销售企业中属于首创，得到总部肯定，2016年、2017年、2019年，公司安全质量监督总站获得集团公司安全监督机构安全生产先进监管部门称号。

三、标定管理

1990年，为开展计量检定工作，四川省石油公司中心计量室经政府计量行政主管部门考核合格，建立计量罐容积检定装置、二等金属量器标准装置等2套计量标准，在四川省境内对社会和系统内的立式金属罐容量、卧式金属罐容积、油流量计、汽车油罐容量4个项目开展计量检定工作。1998年，四川省石油公司上划成立中国石油天然气股份有限公司四川销售公司，四川省石油公司中心计量室更名为中国石油天然气股份有限公司四川销售公司中心计量室。是年，共建立2套计量标准，可开展4个项目的计量检定工作。

2000年，为使计量检定项目覆盖公司业务范围内的计量器具，公司中心计量室经四川省质量技术监督局考核合格，新建立标准水银温度计标准装置、二等密度计标准装置、钢卷尺标准装置3套计量标准，在四川省境内对系统内的玻璃液体温度计、石油密度计、钢卷尺3个项目开展计量检定工作。

2005年9月，根据四川省质量技术监督局提出设立专门检定机构的要求，公司成立中国石油天然气股份有限公司四川销售分公司计量检定站，下设宜宾分站、川南分站、广元分站、绵阳分站、岷江分站、南充分站、乐山分站、凉山分站8个分站。是年，共建立24套计量标准，可开展7个项目的计量检定工作。

2011年1月，公司设立中国石油天然气股份有限公司四川销售质量检测技术中心，计量检定站划归质量检测技术中心，质量检测技术中心挂“中国石油四川销售公司计量检定站”牌子。

设立标定科（副科级），为公司计量检定站本部，主要履行计量检定站的机构职责及管理职能。是年，共建立 24 套计量标准，可开展 7 个项目的计量检定工作。

2013 年 12 月，为满足公司业务需求，标定科作为公司计量检定站本部，经四川省质量技术监督局考核合格，在二等金属量器标准装置所开展的项目中新增质量流量计检定项目，在四川省境内对社会和系统内的质量流量计开展计量检定工作。是年，共建立 24 套计量标准，可开展 8 个项目的计量检定工作。

2014 年，公司设立安全质量监督总站，计量检定站划归安全质量监督总站，安全质量监督总站挂“中国石油四川销售公司计量检定站”牌子。设立标定科（科级），作为公司计量检定站本部，主要履行计量检定站的机构职责及管理职能。

2015 年 3 月，计量检定站配合公司拍摄《滴滴好油、满满诚信》宣传片，为专题展板、《顾客加油服务指南》、质量计量宣传单提供油品质量计量知识素材，并现场接受群众咨询上万人次。同时，在现场用隐蔽式抽检车与省局测试院专家共同对加油机进行抽校比对。四川电视台对此次活动进行全程跟拍，新华网四川分社、四川日报、成都日报、成都商报、华西都市报等多家报纸对此进行报道，受邀嘉宾和媒体记者均对此次活动进行高度评价。大力宣传公司品牌形象，提升公司诚信经营的美誉度，增强社会各界及广大消费者对公司油品质量计量管理工作的认同度。

2016 年 5 月，计量检定站接受四川省质监局组织的计量检定机构授权年审及计量标准考核，获得“法定计量检定机构计量授权证书”，24 套计量检定标准装置取得“计量标准考核证书”，顺利取得新一轮的计量标准和机构授权。

是年，计量检定站按照公司数量管理工作安排和四川省技术监督局计量发展规划要求，组织技术力量开展液位仪计量检定标准的建立工作。制订建立液位仪检定计量标准实施方案，并按照方案开展前期的需求调研、技术论证、设备考察等准备工作。

2017 年 8 月，计量检定站顺利通过四川省质量技术监督局 2017 年度计量检定工作质量监督检查。

是年，计量检定站开展隐患排查，查出部分分站汽车油罐容量检定台存在建筑物面积不足、无遮阳雨棚、平台长度不足（罐车越来越大型化）、无法安装保险绳支架等 74 项问题。制订整改方案，申请资金 56.9 万元，在计量检定站及 8 个检定分站开展技术改造，整改安全隐患，改善检定环境条件。

2018 年，按照新版机构考核、计量标准考核规范相关要求，再次修订质量手册、程序文件、作业指导书等计量检定管理体系文件。更换“公正性声明”“授权书”，完善组织机构及相关法律责任等内容，使检定站管理体系运行有章可循、合规有效。

是年，针对消费者提出油品计量方面的疑问，计量检定站编制印刷《油品质量计量常识》，向群众普及计量知识，宣传中国石油企业形象，发挥检定机构的专业技术作用。计量检定站结合新环保法要求，对计量检定站及各分站环保管理提出具体要求。组织人员逐站查明汽车油罐车检定用水排放情况，分析存在风险，制定《油罐车排污处理程序》，定点排放罐内检定用水，定期处理含油污水并做好记录，安排人员监督，确保排水环保达标。检定站对行业特点鲜明的立卧式油罐、汽车油罐等 5 个检定项目，举办人员取证培训并通过省局考核，19 人取得 48 个计量专业项目考核合格证。

2019 年，按照公司要求，安全质量监督总站整体并入中国石油四川销售仓储分公司，继续履行相关职能。9 月，计量检定站顺利通过四川省市场监督管理局 2019 年度法定计量检定机构检定工作质量监督检查。计量检定站完善监督体系，防控各类管理风险，落实监管职责，制订监督计划并按季度组织实施，进一步完善计量检定管理体系，建立常态化、长效化监督机制，有效防控检定费收取、检定印章使用、证书领用及差旅费报销等环节的风险。

第三章 成品油配送

第一节 配送运行

一、二次配送

二次配送是指从省内各油库通过公路运输方式将油品配送至加油站和客户的物流过程。其中一种配送方式为公路配送，即公路地付，是指从彭州油库和盛马炼厂等西北公司油库或外采供应商油库直接由公路配送到加油站的配送过程。公路地付对四川销售而言，可以享受在一定运距范围内免运费的优惠政策。

二、配送承运商

中国石油运输公司四川分公司是四川销售的唯一配送承运商，至2019年末，在全省有22个配送中心。

仓储调运处是承运商的归口管理部门，负责建立健全承运商管理办法；负责承运商的监督、检查、考核和协调；负责指导、监督二级公司与承运商签订相关合同，规范承运商行为。调运处与承运商建立合署办公室，负责全省公路配送运行管理。

仓储公司是承运商管理油库环节的考核管理部门，负责对承运商考核油库环节考核结果的收集、审核、上报；负责对承运商考核油库环节的督促、宣贯。

二级公司是承运商的属地管理单位。负责与相应车队签订承运合同，具体明确配送和安全有关事宜；负责对相应车队的考核监督及协调；负责对相应车队安全生产、数质量管理的监督检查；负责组织本单位各部门对相应车队定期或不定期开展车场检查和路检路查。

承运商具备企业法人营业执照、税务登记证、道路运输经营许可证等国家和地方法律法规规定的必须具备的证照；具备完善的公路成品油配送安全、环保管理体系；具有完善的各类突发事件应急预案，并定期开展演练；承运商应拥有完全满足市场需求的配送车辆、驾驶员、押运员和管理人员。

三、业务流程

二次配送以精准配送、保障需求为目标，利用二次物流系统、GPS系统等信息化手段，每日为加油站和客户制订配送计划（见图2–7）。

公司实行主动配送的配送模式，公路配送流程由以前的加油站要货制，转变为主动补货制。公司成立调控指挥中心负责主动配送工作，主要职能是负责全省公路配送计划的制订、运行管控、车辆调度。

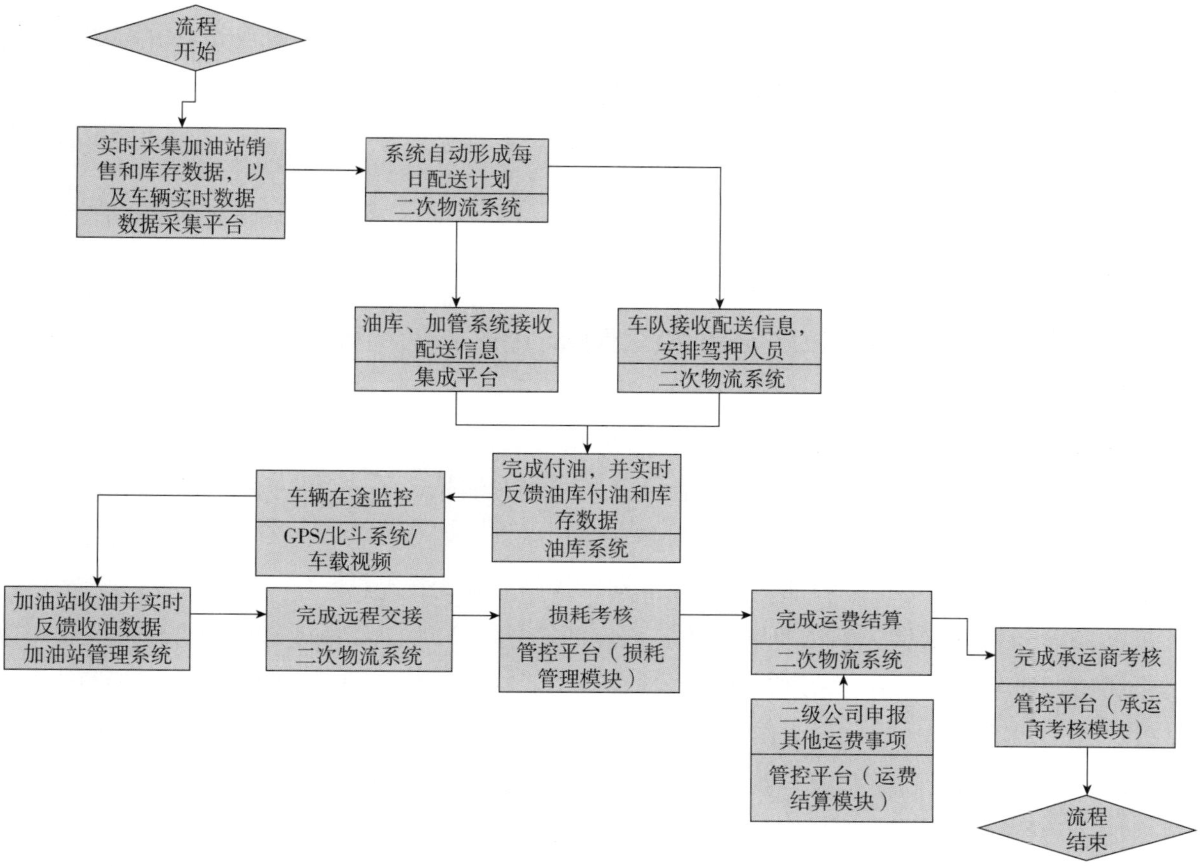

图 2-7　二次配送业务流程图

四、地罐交接

地罐交接是成品油公路配送到加油站后通过计量地埋储油罐油品标准体积来确定加油站实际收油数量的一种成品油交接方式。

2011 年，公司制定《中国石油四川销售公司成品油地罐交接实施办法（试行）》，与运输公司联合成立成品油地罐交接工作领导小组，负责统一规划、组织、协调地罐交接工作。按照“成熟一站，推广一站”的原则，公司对具备地罐交接条件的加油站，收油采用地罐交接验收。

地罐交接主要流程：运输公司各驾驶员按照配送计划到达油库装油，按照规定流程装油完毕，确认车辆装载油品数质量无误后离库，离库后数质量责任归车队，离库界面以油库大门为准。配送车辆到达指定加油站后，加油站计量员认真核对发油信息，确认配送油品品种、数量、卸油地点等信息与加管系统配送计划一致，确认罐车铅封（铅封是用于配送车辆卸油口封闭的钢丝拉锁，避免私自开启卸油，具有防盗功能）完好，铅封号与随车记录本上登记一致，具备条件的加油站还需确认车载视频无异常。加油站计量员从罐车底部抽样检查合格后，配送车辆按照有关安全规定准备卸油操作。

车队驾驶员连接卸油管线配送车辆端，加油站计量员连接卸油管线加油站地罐端，双方复核无误在卸油作业板上签字确认后，加油站计量员打开加油站地罐阀门，驾驶员打开罐车卸油阀开始卸油。卸油结束，达到稳油时间后，双方共同读取地罐卸油后液位仪收油数据，并与油库成品油配送单原发数据对比，计算出加油站收油损溢，查看有无异常，若无异常，加油站出具油品计量验收入库单，由加油站经理和驾驶员双方签字确认。

五、铅封管理

为确保成品油在配送途中数质量得到有效保障，配送车辆在油库付油和加油站收油的过程中实施拆封和施封。

油库付油铅封管理 装油前，油库人员检查铅封是否完好，铅封编号是否与铅封随车登记本上一致。铅封完好且编号一致，油库进行灌装，双方对油品数量进行复核，如无异议，油库人员对装油口施封，并将铅封编号登记在铅封随车登记本上，驾驶员检查，双方签认。铅封损坏或铅封编号不一致时，油库拒绝装油，并及时通知销售中心和配送车队。

加油站卸油铅封管理 配送车辆到达后，加油站计量人员首先要对铅封是否完好、铅封编号是否和铅封随车登记本上一致进行检查。检查后，铅封无损坏且编号一致，双方签字确认，加油站拆铅封、计量验收，数质量无误后进行接卸。油品卸净后，计量人员对卸油口重新施封，并将铅封编号登记在铅封随车登记本上，驾驶员检查，双方签认。检查后，发现铅封损坏或编号不一致，加油站拒绝接卸，将情况及时上报所在片区和销售中心处理。

六、运输损耗管理

运输损耗是指油品从发货点装入车（船）起至车（船）到达卸货点止，以及通过管道将油品从发货点输送至卸货点，整个运输过程中发生的损耗。运输损耗包括铁路运输损耗、公路运输损耗以及管道运输损耗。

管道运输定额损耗率为 0.2%。铁路运输距离 500 千米以下的，汽油运输定额损耗率为 0.16%；运输距离 501 千米至 1500 千米的，汽油运输定额损耗率为 0.24%；运输距离 1501 千米以上的，汽油运输定额损耗率为 0.3%。铁路柴油运输定额损耗率为 0.12%。铁路罐车运输损耗按批次计算，同批同品种发运的油品溢耗可以相抵，单车损耗超过 500 千克的应单独计算，不得相抵。

公路运输距离在 50 千米以下的，汽柴油运输定额损耗率为 0.01%；运输距离在 50 千米以上的，每增加 50 千米运距，运输定额损耗率增加 0.01%，不足 50 千米的按照 50 千米计算。

第二节　公路配送管理

公路配送是二次物流中的主要业务方式，根据“一体化物流，全过程管理，跨区域优化，规范化运作”的原则，由公司组织实施。跨省区合作配送由东北公司、西北公司协调完成。中国石油运输四川分公司负责按照指定时间、指定路线将指定油品配送到指定加油站或客户。

1990年8月，公司制订四川省石油公司系统“八五”发展规划。“八五”期间购置运油汽车200辆，投资1200万元。

1995年12月，中国石化销售公司印发《中国石油销售总公司成品油资源配置管理办法》。按照原油、成品油资源统一配置的原则，各炼油企业（包括石化总公司、石油天然气总公司所属炼油厂和地方炼油厂）生产的成品油和外商投资炼油企业经批准在国内销售的成品油全部纳入国家计划，由国家计委进行总量平衡、组织分配。国家计委会同国家经贸委汇总各方面提报的成品油资源，根据各地区、各部门提报的成品油需要量，经过综合平衡，编制年度成品油分配计划并核定石油天然气总公司和石化总公司销售系统等有关单位的成品油年度经销数量。石化总公司受国家计委、国家经贸委委托，根据国家计委编制的成品油分配计划和核定的经销数量，分季度制订成品油的具体调拨方案并组织实施。各炼油企业、销售企业和专项用油部门必须认真执行，接受石化总公司的统一安排，并按规定及时提报执行情况的有关资料。

1997年，实行自备车公司统一经营管理。自备车公司服从集团公司的统一指挥调动，确保市场供应。自备车公司必须确保集团公司下达的目标任务的完成。并且在确保每年分给每部车1万元的基础上，实行超利润再分配。在成品油紧张且价格基本一致的情况下，自备车公司在油源问题上首先必须先满足有车单位的需要。

1998年，配送各项工作围绕销售上量开展，强化配送服务意识和服务能力建设，增加配送运力，提高客户满意度。

1999年，配送量持续增长，公司加大配送运力投入。

2000年，各二级公司加强配送安全管理，部分单位采取每月例会制，确保平稳运行。

2001—2002年，公司在南充、绵阳和乐山公司开展成品油配送中心试点改革的基础上，成立20个成品油配送中心。成品油配送中心以四川省成品油市场一体化为前提，以油库为中心，按照合理经济半径和流向，重新划分并明确各配送中心的市场范围，实现销售、运输、服务一体化。

2003年，各二级公司加强运输环节的商品、损耗管理。部分二级公司依托小额配送车辆，大力发展直销业务。

2004年，公司加强公路运输管理，对公路运输成本进行清理，优化运输路线，提高运输效率。

2004—2005年，根据股份销售公司对销售系统运输整顿和推行第三方承运的要求，公司按照“片区试点、稳步推进”的原则，开展成品油公路运输第三方承运工作。

2005 年 1—6 月，绵阳公司、泸州公司第三方承运试点工作达到公司预期目标。绵阳公司配送油品 79655 吨，实际支付运输公司 325.83 万元，比公司测算口径运费 335.72 万元节约 9.89 万元。泸州公司配送油品 66794 吨，实际支付运输公司 379.98 万元，比公司测算口径运费 385.04 万元节约 5.06 万元。试点期间，公司制定《公路运输成本费用模型》《承运商管理手册》等文件。《承运商管理手册》体现公司对配送运输的全过程监管，包括双方职责的划分、车辆的管理、人员的管理、现场管理、数质量的管理、安全生产管理、绩效考核管理等环节，细化安全生产规范、安全生产教育培训制度、应急救援计划演练制度、安全生产检查制度、安全生产重大事故责任追究制度。制定《公路配送数质量交接管理办法》，明确规范数质量交接标准、交接程序、纠纷处理程序、责任承担。

7 月 1 日，绵阳、泸州公司公路运输第三方承运正式运行。8 月，公司制定《公路运输第三方承运方案》。9 月，公司全面启动公路运输第三方承运。10 月，公司全面开展公路运输第三方承运交接工作，承运商逐步接受各二级公司日常油品公路配送业务。截至 12 月，共有绵阳、泸州、广元、成都、德阳、凉山、攀枝花、南充、遂宁、广安、达州、乐山、眉山、雅安 14 个二级公司完成公路运输第三方承运交接工作。

2006 年，全面完成四川省 21 个地（市、州）公司的公路运输第三方承运交接工作。公司明确规定数质量交接标准、程序、纠纷处理、责任划分，油库、加油站数质量管理工作得到提高。有效控制公路运输费用，按照各二级分公司与承运商所签订的运输合同价格执行，从根本上消除二级分公司用运输费用变相降价或涨价的销售手段；按照结算管理要求，严控运费结算管理流程，确保资金安全，真实反映二级公司第三方承运后加油站配送费用。实施第三方承运后，油品配送比以前更及时、快捷。特别在相邻的地区间，承运商统一调配运力，实现车辆统一调度管理，打破行政区划，降低运输成本，对驾维人员的管理更加规范，业绩考核更加合理，承运商对安全更加专注。

2007 年，召开全省公路运输会议，进一步规范运费结算、资金审批流程，强化运费预算管理。

2008 年，按照总部专业化运输要求，将配送统一到中国石油运输公司四川分公司，但是在配送内容、配送流程、配送结算及配送信息采集等方面存在诸多问题。公司结合现实管理和信息化建设要求，对公路配送流程、风险管理、票据转接、运行效率进行优化改进。

按照简洁明确、风险控制的原则，结合公路配送实际，对执行的 2004 版流程进行梳理修正，“减”掉“营业室复核开内部调拨单”环节，并将“车队确认配送完成”与“销售中心审核运费”两个环节合二为一。依据流程主线增加具体执行步骤，明确岗位设置和对应的操作内容，增加对风险、控制措施、流程步骤、流程接口的明细和界定，同时增加 RCD（风险控制文档）。

2004 版流程中规定使用的票证有 6 种，反映数据 35 项，重叠项目 19 项。按照统一、单一化数据来源，一票到底的原则，将票证整合为一种单据——油品罐装及交接单，将配送过程中所有流转数据都反映在此单中，为各环节、各单位做账、对账提供统一且唯一有效凭证。此单的形成以配送软件系统作为唯一支撑，在油库营业室打印，能够有效控制油品出库风险。

在修订流程和整合票据的基础上，利用推进 ERP 使用的契机，开发具有管理功能的公路配送系统管理软件。该软件秉承“配套、延伸管理内容”“实用、适用”的原则，设置三项基本功能，即运行管理（包括计划管理和车辆调度）、运费管理、统计分析报表管理。公路配送系统管理软件将省区总部、地区销售、各配送油库、运输公司有效地整合到一个网络平台，配套并延伸 ERP 管理内容，加强对公路配送工作的控制管理功能。

是年，公司克服冰冻雨雪灾害、“3·14”事件的影响，确保资产型加油站油品配送。年初的冰冻雨雪天气给甘孜、阿坝、凉山部分地区的油品配送造成极大困难，道路结冰，车辆运行安全隐患极大。公司积极想办法，调集车况优良的车辆，配备技术过硬的驾驶人员，紧急购置配备防滑设备，并对驾驶员加强冰雪道路安全知识培训。通过一系列措施，油品被安全送至冰冻雨雪灾害受灾区，有效保障涉藏地区资产型加油站油品供应。

5 月，“5·12”汶川特大地震发生后，公司与中国石油运输四川分公司及时成立“车辆调度应急小组”加大应急油品调运和配送工作。同时，公司积极采取措施，安排甘孜公司及中国石油运输四川分公司积极探路，抽调部分车辆在甘孜公司车队重车待命，对西线沿途雅安公司、甘孜公司油库及加油站及时、突击安排资源，以保证在西线打通后，能给大批通过西线进入汶川的救援车辆提供及时稳定的油品供给。对西线的油品配送进行全程 24 小时监控，及时发现问题、解决问题。截至 5 月 31 日，共投入西线运输车辆 38 台，配送油品 2200 吨。做到救灾队伍挺进到哪里，油品资源就配送到哪里。震后进入重灾区阿坝州的车辆既要承担运输任务，又要充当临时加油站、移动加油站的角色，严重占用运力，导致本来就紧张的运力雪上加霜。面对这种意外情况，公司启用运输公司 123 台具有资质但还未罐检的车辆，以定装方式投入到灾区使用，有效缓解运力短缺之急。累计投入灾区 638 台大型车辆和 48 台小配车辆，为灾区配送油品 11.53 万吨，有力保障各级救灾办、应急指挥部的抗震救灾用油需求，有效保证抗震救灾工作顺利进行。

2009 年，公司自行开发的公路配送系统正式上线运行。公路配送系统的投入使用，成效明显，总部职能得到具体化；加强监管力度，各二级公司公路配送生产调度平台实现配送的商流、物流和信息流的有机统一；完全取消手工操作，有效防范出库风险，解决公路配送中的一些不规范和低效问题，运费结算更加透明，运费结算具有可追溯性。在此基础上，公司继续拓展公路配送系统功能，在公路配送系统中增加加油站使用界面，使配送的系统管理工作形成完整的闭环，有利于车辆运行控制，有利于财务、油库和加油站三方的对账，有利于配送的全过程管理。在公路配送系统中为 ERP 系统和财务 FMIS 提供数据来源及导入模板，消除因为时间差异、统计方法差异、人为操作差异产生的两套系统中数据不一致的问题，有利于推进 ERP 系统的单轨运行，自动生成 ERP 和财务 FMIS 使用所需的标准模板，将这两套系统的操作人员从大量的手工劳动中解脱出来。在公路配送系统与油库业务管理系统之间制作接口，解决因两套系统中发油单位不一致容易引起事故的安全隐患，大幅提升油库换票效率，以人为本解决重复操作问题，降低油库人员的劳动强度，同时使在用系统有进一步扩展空间。开发物流监控与应急指挥系统，展示库存、销售和配送的全景，为领导决策和应急指挥提供及时可靠的依据，为其他系统提供建设平台。

是年，公司推行双向铅封管理，对铅封实物进行统一招标采购，节约采购成本。在推行过程中，公司与中国石油运输四川分公司密切配合，帮助解决二级公司在推广工作中遇到的具体问题和困难，并及时将各二级公司的先进经验进行总结推广。根据实际运行中反映出来的各种问题，出台《关于进一步加强双向铅封管理的通知》，协助物采处对两家铅封实物供应商进行管理，淘汰不合格供应商；与供应商共同编制《施封手册》，印发全省所有资产型加油站、油库和二级公司相关部门，提升双向铅封的管理水平；针对钢丝铅封产生摩擦火花、影响安全的情况，与供应商一道对钢丝铅封进行包塑改进，消除安全隐患；对双向铅封管理及时进行总结，并协助法律与股权处进行石油企协2009年度管理创新成果申报和参评工作，取得行业部级二等奖。双向铅封管理取得较为明显的管理效益和经济效益，填补铅封管理制度缺失，从细节管理入手，解决管理中的大问题，保护公司与承运方相关员工。1—11月，加油站综合差量率月平均同比下降1‰，产生直接经济效益900余万元。

2010年，针对车辆配送在途安全监管难、数质量管理难的问题，公司引入车载视频管理系统，通过应用物联网、云计算、机器视觉、智能分析判断等技术，项目组开发车载视频智能分析系统、加油站智能分析与监控系统、自动排队系统、自动货位选择系统、道闸控制系统、大屏显示与控制系统等软件，并与二次配送系统、油库业务管理系统及自动化发油系统进行系统集成，提高配送效率，节约配送成本。

是年，公司率先在攀枝花公司试点运行连接油库、运输车队、油罐车、加油站的物联网。9月，物联网配送及车载视频项目在攀枝花公司通过试点验收，车载智能系统、自动排队系统、自动货位选择系统达到设计要求，人工节约、工作量削减、经济效益超过预期，在全省25座在用油库全部推广到位。

车载视频管理系统数据无线传递，杜绝人为故意干扰，保证数据的真实性和完整性；视频由软件智能分析，自动识别危险行为并报警，大幅减少人工识读工作量，保证识别的准确性；配送安全行为、配送油品的数质量实现全程监控，不留盲点。事故处理有据可查，对个别不法分子产生震慑作用，有效遏制偷盗配送油品行为。

配送计划实时传递至驾驶室显示屏；车辆入库系统自动识别；系统自动换取票据；货位由系统自动选择；货位号码和发油密码在车辆入场后数十秒内自动就发送至车辆驾驶室显示屏；车辆进入油库由道闸根据换票及排队情况自动控制；驾驶员自助装油；配送票据自动打印。在油库环节，换票时间大幅缩短，原人工换票时间平均每仓需要50秒，使用系统自动换票平均15秒，按平均每天配送加油站油料60仓计算，可节约35分钟时间，并且避免人工换票的错误，取消油品配送派车单后，调度岗每天节约30分钟的打印时间。发油作业减轻劳动强度。自动排队选鹤位系统会根据当前的鹤位使用情况，自动优化选择货位，并及时呼叫车辆入库装油，避免货位忙闲不均、入库装油时间点衔接不畅现象，油库每天发油作业时间平均缩短约60分钟。系统运行后，油库发油岗人员优化减少，油库换票室和营销管理科营业室整合为一个单位，油库每年可节约各种费用40万元。物联网配送运行后，运输车辆配送效率提高五分之一以上，配送成本全年减少800多万元，并通过车辆配送全过程的视频管理，严格堵塞油品配送途中的“跑、冒、滴、漏”，减少油品非正常损失。

是年，全年公路配送量467.95万吨，同比增加51.54万吨，配送量占销售量的比例为77.25%，占零售量的比例为95.9%；配送站点1926个，其中资产型加油站1248个；加权运距70.85千米，同比减少3.52千米；车辆的周转率1.89次/日，同比提高0.02次/日；运费3.47亿元，吨油运费57元/吨，同比增加1.84元/吨。

2011年，随着四川全省公路配送业务上收完成，公司进一步实施融合式发展，提高主动配送运行效率，成为承运商管理工作的重要内容。继续完善主动配送运行模式，推动调控中心调度人员与车队现场调度人员职能融合，强化车辆集中调度的同时，加强车队现场调度对车辆开班、维修、保养管理职能，形成公路配送运行上下一体化模式。在考核管理上，加深与运输公司人事管理相融合，通过细化全省调度人员考核指标，建立流程化的科学考核体系，激活调度岗位人员活力。针对运输公司车辆开班率低、维修保养不到位以及外协车辆管理滞后等问题，公司出台《公路配送车辆管理办法》，将车辆从投资计划到退出市场全周期纳入管控范围，提升车辆安全能力的同时，从本质上提高车辆运行效率。公司采取程序化管控模式开展损耗管理，从规范管理流程入手，建立起以加油站为起点，涵盖各二级公司、运输公司和公司在内的全流程分工协作制度，将运输损耗索赔和纠纷处理程序化，运输损耗管理迈入新轨道。

2012年，公司搭建信息系统集成平台，改变物流管理方式，运用产销不平衡运输模型实施油品调拨，降低物流成本，优化物流运输。五大系统整合后，油库库存量、加油站罐容体积得以及时反馈，二次配送系统根据需求，自动安排最优路线调拨油品，将二次物流与一次运输紧密结合。各加油站根据“保障需求、运距最短、运费最省”的原则实施全省加油站油品调拨，避免相向运输、绕道运输、迂回运输情况，优化配送环节。在优化工作中，主要是以二次物流为起点，以油库资源摆布为纽带，打破行政区划限制，打破油库与二级公司间的从属对应关系，以“运距最优、运费最省、效率最高”为原则，合理选择路径，准确测算运距，确定全省1350座营运加油站的主力、次优及辅助配送库。一次物流则是按照“流向最优、运费最省”的原则，准确把握需求，将资源合理摆布到各油库。将一次物流和二次物流结合起来，最终实现物流链整体最优。

2013年，公司全面推行资源集中统一调度，打破行政区划，实施以油库为中心的公路配送，加强运输损耗管理，分公司、分油库、分车队、分环节、分车辆建立损耗台账，通过数据对损耗进行密网立体分析，有侧重地进行管理。公司全年配送计划执行率99%，主力库配送率92.5%，同比节约运费2060万元。

2014年，公司在德阳、雅安、成都等8家公司开展“主动配送、卸油不停枪”试点工作，车辆周转率达到3.02次/日，提高30%，公路配送加权运距同比降低2.3千米，吨油运费比预算节约14.7元。全面部署省区公司主动配送上收工作，持续提升系统自动上车率；优化公路配送路线，平均运距同比减少13千米。针对川东北区域制定《跨区配送管理办法》，解决南充炼油厂停产后的资源保障问题，加强区域间协调配送。

是年，公司和运输公司联合设立专项奖金，鼓励公司全体员工和社会人员积极参与打击倒卖油品行为；与新闻媒体建立合作关系，利用新闻媒体的专业能力，对违规违法行为形成高压态势；建立单车损耗奖惩制度，树立先进典型。2014年，公司全年运输损耗综合差量率降低0.117%。

2015年，公司正式实施主动配送工作，实现被动要货制向主动送货制的转变。同时，公司启动《公路配送运价浮动方案》，采用“月度考核，月度兑现，年度清算”的模式，对承运商实施三级考核管理，即加油站和油库、二级公司以及公司调运处三级共同参与对车队运行情况进行考核。三级考核管理，有三个显著成效，既规范承运商管理，又提高车队服务质量，还提升加油站油品资源的保供能力。公司统筹车辆运力，实现集中管控。自承运商三级考核办法启动后，公司加大对配送车辆的掌控力度，全省运力水平得到普遍提升，车队平均车辆开班率由原来的80%提升至90%，配送计划执行率由93%提升至99%。

2016年，公路配送智慧物流系统在德阳公司开展试点，实现以物流优化和合理库存为指引，以风险受控运行为基础，实现物流调度全过程信息化、智能化的“精准物流”。该优化软件是销售公司引进ASPEN开发的一套公路配送计划预测软件，在同类软件中，它是2016年世界公认功能最为完善的软件。智慧物流系统是指以满足加油站、客户需求为导向，以“北斗+大数据”为手段，以物流优化和合理库存为指引，以风险受控运行为基础，实现物流调度全过程信息化、智能化的“精准物流”系统。公司以总部二次物流系统、油库系统以及运输公司GPS系统为基础，通过整合数据、挖掘调运数据背后的价值，明确界定智慧物流系统的内涵，按照“一站一路径”“一路一推送”“一单一评价”“一车一反馈”4个维度，推进智慧物流建设。物流业务每日都会产生海量的数据，受技术手段的限制，对这些数据的运用能力难以实现突破，海量数据中蕴含的经济、行为规律无法得到深入和有效探究。公司将大数据应用作为智慧物流系统的基础，将人、车、库、站等要素，以及这些要素相互作用产生的数据流进行分析、整合，形成对公路配送全过程的大数据分析“零的突破”。车辆在途管理既是公路配送管理的重点，也是难点，智慧物流系统通过“硬件+软件”的方式，全方位提升车辆在途管控能力，利用车载电子锁硬件装置实现对车辆的全程封闭运行、车辆运行状态实时监控，利用智慧物流系统软件功能实现“一站一库一路”运行方案，对每条运行线路设定电子围栏，记录车辆运行途中的非正常线路行驶、停车等运行状态，将车辆运行管理由事后检查转变为事前防控、事中监控，从本质上改变运输损耗管理模式。智慧物流系统实时集成总部二次物流系统、油库系统、加油站管理系统、运输公司GPS系统以及车载电子锁状态数据，将加油站库存及销量、车辆状态进行合成联动，实现调度人员对库、站、车等关键要素的实时掌握，加油站应急需求与车辆状态的自动优化匹配，调度人员指挥调度能力极大增强。

2017年，公司物流配送融入板块大物流运行，将104油库以北的7座油库纳入地付范围，开发智慧物流APP，实施多维度监管、全过程管控，全年吨油费用较预算节约8.78元，节约物流运费8392万元。推进一次物流、二次物流整体优化，地付量达到362.5万吨，同比增加60万吨，全年付费加权运距同比减少12.9千米，较预算节约运费8392万元，获得分享奖励3169万元。建立公路配送“六率”管理指标体系，狠抓油品损耗管理，公路运输损耗率同比下降0.08个百分点，创效4300万元，广安、泸州、巴中、甘孜等公司公路运输损耗率降幅均超过30%；零售损耗率同比下降 0.03 个百分点、创效 1600 万元，攀枝花、遂宁、凉山、南充等公司的零售损耗率降幅均超过 45%。

2018 年，以综合支撑平台及智慧物流应用为基础，建立“优客 + 优配”的服务机制，打造线上线下相结合的服务平台，在完成保障任务前提下，提高客户体验度。推行加油站配送“一站一路径”管理，即对油品库到站配送进行路径和停车地点标定，严禁配送车辆不按照规定线路行驶或未在指定地点进行违规停放。结合配送路径标定结果，各二级公司通过 GPS、北斗导航等技术设备，对配送路径全面开展运距普查，对于个别争议较大地区，采取跟车打表等方式进行复查。推广运用智慧物流 APP，强化物流过程监控，严防油品跑冒滴漏，严查违规舞弊行为，油品综合损耗率同比下降 0.03 个百分点。11 月 2 日，为加强油品运输损耗控制能力和管理水平，仓储调运处根据质量安全环保处制定的总体损耗控制指标，制定下发各二级公司管道、铁路和公路运输损耗月度考核指标并根据完成情况进行考核。全年在配送量增加 24.4 万吨的情况下，节约运费 5460 万元。

2019 年，针对吊黄楼油库技改以及青龙油库、天彭油库运行受限等问题，公司制订区域配送运行方案，加大运力投入，增加地付辐射能力，开展点对点的公路移库业务。与营销部门制定“一户一策”的客户配送策略，减少无效配送，提高配送费使用效率和质量。进一步规范和完善对外配送与销售价格挂钩机制，月均增效 100 万元。

表 2–7 所示为 1998—2019 年中国石油四川销售公司油品配送情况。

表 2–7　1998—2019 年中国石油四川销售公司油品配送表

年度	配送量（万吨）		
	合计	加油站	客户配送量
1998	91.5	—	—
1999	110.2	—	—
2000	118.8	—	—
2001	135.4	—	—
2002	148.8	—	—
2003	176.3	121.5	54.8
2004	218.9	177.8	41.1
2005	259.2	217.6	41.6
2006	296.9	264.9	32
2007	336.7	305.5	31.2
2008	400.7	381.7	19.1
2009	416.4	378.2	38.1
2010	467.95	418.3	49.64
2011	571.3	524.3	46.96

续表

年度	配送量（万吨）		
	合计	加油站	客户配送量
2012	612.7	554.3	58.4
2013	657.3	591.8	65.5
2014	691.12	608.2	82.9
2015	756.31	661.51	94.8
2016	778.5	694.3	84.18
2017	800.96	700.62	100.34
2018	825.41	693.46	131.92
2019	833.4	620.1	213.3

第三篇

成品油销售

公司面对复杂多变的成品油市场形势，坚决贯彻落实上级公司决策部署，健全营销机制，优化资源配置，坚持科学营销，为保障地方成品油市场供应、促进地方经济社会发展做出贡献。

1989—1998 年，公司面向市场，探索、经历石油产品经营体制改革、承包经营责任制、成品油流通体制改革和建立现代企业制度等重大变革，实现全省石油产品经营业务、人财物的统一管理，迈入四川省大型企业行列。

1999—2017 年，公司经营思路从过去主抓油品购进向主抓销售转变，从过去主抓批发向批零并重转变，从过去重视抓销售数量向重视抓销售效益转变，坚持以市场为导向、以效益为中心，在创新转型上加速，在精雕细刻上发力，突出精准营销、精确服务、精细管理，经营业绩实现持续增长，企业保持稳健发展态势。成品油销售总量由 1999 年的 229.6 万吨增加到 2017 年的 955.8 万吨，零售总量由 1999 年的 59.1 万吨增加到 2017 年的 666.7 万吨。

2018 年，公司坚持稳健发展方针，聚焦高质量发展，着力稳增长、促改革、补短板、防风险、提效益，汽柴油销售量突破 1000 万吨，率先建成中国石油首个千万吨级销售企业，非油收入、利润分别超过 20 亿元、2 亿元，迈出转型升级的坚实一步，奠定全面建设世界一流新零售企业的坚实基础。

2019 年，公司建设新零售企业的第一年。面对供需矛盾加剧、低价资源冲击、终端竞争激烈、自然灾害频发等严峻挑战，公司确立“稳总量、优结构、增效益”总体思路，继续保持决胜千万吨的豪情斗志，着力稳增长、促改革、补短板、防风险、提效益，全年销售汽柴油 1021.2 万吨，纯枪销售 662 万吨，非油毛利 2.6 亿元。按照“油站 + 互联网 +N”思路，推进全业态经营、全路途服务，试点站外店、店中店模式，全年引入川酒、餐饮、汽服等 300 多户商家入驻线上线下平台，“人 · 车 · 生活”生态圈初步搭建，客户消费体验再升级。

表 3-1 所示为 1989—2019 年中国石油四川销售公司汽柴油销量统计情况。

表 3-1　1989—2019 年中国石油四川销售公司汽柴油销量统计表

年度	汽柴油销售总量			年度	汽柴油销售总量		
	合计（万吨）	汽油（万吨）	柴油（万吨）		合计（万吨）	汽油（万吨）	柴油（万吨）
1989	150.00	—	—	2005	360.53	124.81	235.72
1990	153.50	—	—	2006	401.98	125.04	276.94
1991	148.00	—	—	2007	448.96	142.68	306.29
1992	161.00	—	—	2008	506.22	161.11	345.11
1993	136.00	—	—	2009	518.51	170.61	347.90
1994	151.00	—	—	2010	605.75	211.71	394.04
1995	170.00	—	—	2011	686.79	242.50	444.29
1996	182.80	—	—	2012	739.41	280.41	459.00
1997	168.77	—	—	2013	774.35	310.03	464.32
1998	190.92	—	—	2014	833.23	356.83	476.40
1999	229.60	—	—	2015	881.23	423.66	457.57
2000	240.70	93.94	146.76	2016	908.00	464.69	443.31
2001	215.48	80.81	134.67	2017	945.44	495.57	449.87
2002	232.36	83.62	148.74	2018	1,008.77	523.06	485.72
2003	251.38	93.07	158.31	2019	1,021.19	524.75	496.44
2004	311.12	107.04	204.08				

说明：1989—1999 年数据为全部汽柴油销量。

第一章　体制机制

第一节　流通体制

20世纪80年代前，中国石油市场处于计划管理时期。国家对石油销售实行严格计划经济，实施高度垄断政策。国家制定石油统购统销暂行办法，规定汽油、柴油、煤油、燃料油供应均由中国石油公司统一经营，各级石油经营部门严格实行定量供应，不能擅自跨出行政区域供应和经营，实现固定批发环节、固定供应范围、固定倒扣率的“三固定”。形成以大区和中心城市设立的一级站、在有关地县设立的二级站、三级站为主体的三级批发销售体系。

1980—1993年，国家对石油的计划管理有所松动。1981年，国家实施原油产量和加工量基数原油包干政策。超过包干基数部分允许石油企业出口或在国内按计划高价销售，其收入作为石油勘探开发基金。20世纪80年代末和90年代初，国家分别给予中石化和中石油成品油9%、原油5%的自销权。石油流通出现计划流通和市场流通并存的局面，价格也经历计划内平价、计划内高价和市场价以及两档四类价等过程。市场因素的增多，促进石油工业发展，但价格“双轨制”客观上难以确保市场的公平和稳定。

1994年，国务院发布《国务院批转国家计委、国家经贸委关于改革原油、成品油流通体制意见的通知》（国发〔1994〕21号），国家计委将国内生产和进口的原油、成品油一律纳入国家计划，实行总量平衡、统一配置，再由国家油品生产计划主管部门做出产品生产安排，各省油品销售主管部门与炼油企业衔接落实成品油资源品种、规格、数量。

1995年，成品油销售实行由国家计委会同国家经济贸易委员会编制年度成品油分配计划并核定成品油年度经销数量，由中国石油化工总公司分季度制订成品油调拨方案。公司根据销售企业所占市场份额、库存状况及可预见的市场变化因素编制四川成品油季度供应计划，于季前45天将成品油需求量分品种、分牌号书面上报中国石油化工总公司销售公司，批复后组织实施。在资源配置的实现方式上进行适应性调整，采取配置计划与自采相结合的办法，以配置为主、自采为辅，改“统一调运、统一结算”为两级调运和直接结算的方法。

第二节　营销机制

1989—1991 年，国家调控宏观经济，四川成品油市场呈现供需缺口现象。公司受中国石油化工销售公司和四川省人民政府双重领导，商品分配权属于中国石化销售公司。公司业务部门负责成品油批发和零售销售工作，主要以抓油品购进为主，平价油、议价油统筹安排，配比供应。

1992—1997 年，国家石油政策放开，货源、运输、竞争矛盾突出，四川成品油市场大起大落。公司以提高效益、稳定市场为重点，抓货源、扩销售，最大限度地占领市场。

1998 年，四川成品油市场供需总量基本平衡，买方市场初步形成，市场竞争日趋激烈。公司成建制上划中国石油集团公司管理，以扩销创效为中心，建立和完善采调销售经营体系，坚持批零并重、城乡并重，向销售要市场、要效益。

1999 年，公司确立“从过去主抓油品购进向主抓销售转变，从过去主抓批发向批零并重转变，从过去重视抓销售数量向重视抓销售效益转变”的经营思路，建立全新的销售运行机制，以扩大销售、提高市场占有率为中心，抓好销售工作。

2000 年，公司执行以“四统一”为核心的成品油销售运行机制，即资源统一配置、运输统一组织、价格统一制定、结算统一管理。

2001—2002 年，公司探索营销体制改革，组建 20 个成品油配送中心，全面推行配送制。配送中心取消县级销售分公司，以油库为中心，按照合理半径和经济流向划分销售区域，确定配送片区和零售片区，实行销售代表和片区零售经理负责制，确立销售在企业的中心地位。

同期，油品资源长期过剩，销售价格持续低迷，国家规定价格与实际市场价格相差较大，给公司完成销售任务、实现利润目标增加了很大的难度。小炼厂油品和回流油、非标油对四川省油品市场冲击很大，直接影响公司的销售和效益。面对上述不利的经营环境，公司坚持目标任务不动摇和全系统经营“一盘棋”思想，把握市场脉搏，研究制定不同时期的经营策略和价格策略，积极抢占市场、扩销创效，取得了明显的经营成绩。

2002 年 4 月，中国石油配送营销体制改革现场会在绵阳召开，公司试点的配送营销体制改革被誉为开启中国石油营销体制改革先河。

2003 年，公司引入市场细分与定位、科学营销、客户关系管理、服务价值等现代营销理念，确定“以市场为导向、以客户为中心”的营销定位。

2004 年，坚持“以科学销售、量效并重、效益优先”的经营方针，调整销售结构、营销策略，确立零售业务的核心地位，建设“主导区域市场、具有核心竞争能力和持续盈利能力”的成品油销售企业。

2005 年，成品油零售市场全面放开。公司以科学发展观统领全局，以结构调整为主线，做大做好销售，提高经营质量和效益，建设“零售型大公司”。

2006—2007 年，公司继续坚持“建设零售型大公司”的发展方向不动摇，深化营销体制改革，调整批零业务管理体制。建立大营销体制，由营销处和二级公司销售中心对销售业务实行集约化、一体化管理。树立理性营销、精细营销的观念，由“向批发要销量，向零售要效益”向“以批发为调控，向零售要量效”转变，保持销售业务稳定发展。

2008年，公司坚定不移地突出零售核心地位，突出重点市场开发，销售增长方式转变为以零售增长、汽油增长、人均增长、高效市场增长为主，提高营销质量和效益。

2009—2011年，面对国际金融危机冲击和价格形成机制调整的挑战，公司以“促销、上量、稳价、增效”的方针，适时把营销思路调整到“零售环节保效益、批发直销保份额、油非互动促销量、优质服务增客户”上来，提升市场竞争力和经营创效能力。

2012—2014年，公司突出零售、终端和汽油销售，以吨油利润最大化、整体效益最优化为目标，改善销售结构，提升创效能力。

2015年，为实现公司整体效益最大化，公司以市场为导向，以客户为中心，整合业务资源，调整运行机制，实行油卡非润及天然气业务专业化管理、一体化运作，持续提升企业盈利能力。

专业化管理是以客户为中心，基于组织架构和职能优化，理顺直销批发、油气零售、非油化工、物流调运等管理职能，实现专业化分工，对油卡非润及天然气业务分类进行需求预测、购进、存储、销售及售后服务等全周期专业化管理，构建“专业驱动、上下联动”的管理格局。专业化管理包括直销批发专业化、油气零售专业化、非油业务专业化和物流配送专业化。

一体化运作是以市场为导向，以客户为中心，打破单个部门、单个营销要素、各自为政的传统营销运作模式，整合油卡非润及天然气等内外部资源，统筹油气直销、零售、产品调运、批发各专业线，统一营销组织，对内实行专业化协作、上下联动，对外实现口径统一、客户感知一致，努力实现公司效益和客户价值最大化。一体化运作包括营销策划一体化、客户服务一体化、品牌宣传一体化和促销组织一体化。

2016—2017年，公司持续优化运行机制，推进内部运营市场化，健全情报体系、深化情报运用，为“以快制快、以变应变”的市场化运作提供科学数据支撑。遵循市场规律，完善销售价格、资源运作、资产经营等系列配套机制，快速应变能力增强。顺应“互联网+’热点，开展电子券营销，促进公司纯枪提量。

2018年，公司坚定“全面建设世界水平销售企业”总目标，实施大数据经营，构筑起数据化、平台化、智能化的数据经营生态体系。数据化：深挖数据价值、构建数据生态，为数据经营创造条件；以控制数据入口为重点，构建多渠道、精准化、实时性的数据采集体系。平台化：深度融合线上线下营销渠道，将加油站打造成“安全、便捷、绿色、智能、温馨”的综合服务体；以“好客e站、优途、官微”三个线上平台为依托，深化跨界合作，推进异业联盟，构建“全产品”“全路途”线上线下“全渠道”的商业新模式，满足客户多元化、个性化需求。智能化：运用大数据、智能视频、认知计算等技术手段改进经营管理，促进经验判断向智能分析转变、产品驱动向定制驱动转型。推进智能服务：建立健全“用数据说话、用数据决策、用数据创新”的管理机制，加快“进、销、存”全过程自动管理，提高企业全要素生产率，全面提升企业竞争力和盈利能力。

2019 年，公司围绕“建设世界一流新零售企业”总目标，重构商业模式，坚持以渠道为王，推进“油卡非润气电”一体化运作。把握新零售“生态性、无界化、智慧型、体验式”的本质特征，以消费者为核心，以加油站为依托，以智能设备为基础，借助大数据、云计算、人工智能等新技术，通过内拓和外扩，实施“技术 + 管理”变革、“商品 + 服务”优化，推动“线上线下互动延伸、油卡非润 +N”一体运营。坚持以渠道为王，明确凡是能卖出“油卡非润气电”的都属渠道，其本质是客户。以打造加油站黄金终端为根本，以发展其他交易渠道为补充，构建“1+N”渠道模式。

第二章　批发与直销业务

第一节　批发和直销业务发展

一、业务发展

1989—1991年，由于四川成品油市场存在供需缺口，批直业务处于卖方市场阶段，计划内平价油供应坚持“瞻前顾后、控制销售、留有余地”原则，自采油、计划内高价油、议价和加价油先到货，后销售。

1992—1997年，公司树立“以油为本”思想，稳定和扩大成品油购销业务，以资源为龙头，以市场为导向，与油田、炼厂、货源单位和大的用户实行广泛的联合联营。

1998年，公司成建制上划集团公司。针对市场疲软的状况，公司把销售作为经营工作的重中之重，通过加强销售力量、分析研究市场、稳定和扩大经销量，提高市场占有率。

1999—2002年，公司提出“从过去主抓油品购进向主抓销售转变，从过去主抓批发向批零并重转变，从过去重视抓销售数量向重视抓销售效益转变”的经营思路，制定下达年度销售任务，加大辖区市场开拓力度，下功夫深入研究市场、调查市场，改变“坐店经商”的官商作风，采取“走出去，请进来”的办法，深入到用户中，研究市场需求变化，研究消费心理，改进提高服务质量，抓住大客户，稳住老用户，开发新用户，抓好增量市场和农村区乡市场的占领和开拓，不断提高市场占有率。

2003—2007年，公司先后制定销售管理、价格管理、定期结算等20多项营销业务管理制度，形成较为完善的营销业务制度体系，促进营销业务的健康规范发展。

2003年，公司从企业内部资源调配、科学确定批零价差、掌握批零价格变动时机、把握好批零销售节奏以及内部激励约束机制导向等多角度、全方位入手，着力研究解决批零之间的矛盾，真正把零售工作置于企业经营管理的中心环节，牢固确立零售业务的核心地位。

2004年，公司开展内控制度审计，从油品销售、加油站管理两项效能监察入手，堵塞管理漏洞，提高经营效益。

2007年，公司各单位建立有利于汽油销售的考核分配机制和激励措施，鼓励加油站多销售汽油，加强高标号汽油宣传推介，与汽车销售商联合开展品牌宣传，占领好新增汽车用油市场，促进汽油销售快速增长。同时，加大中心城区和旅游沿线加油站汽油促销力度，打造一批汽油主销站。

2008 年，公司加强营销业务管理工作，确保各项营销业务管理制度落到实处，防范管理漏洞和运行风险。

规范销售行为，根据公司下达的月度销售计划，制订分环节、分客户对象的销售计划，同时采取与当期销售政策相一致的销售考核办法和激励机制，确保按计划均衡销售。批发（直销）销售必须逐笔逐单上报公司营销处审批，且只能按审批意见实施销售，未经批准不得销售。

加强定期结算业务管理，暂停审批新增定期结算销售业务，对于公司已经审批的定期结算客户，认真清理，与客户做好商洽工作，能够提前终止的，提前终止；不能提前终止的，尽可能缩短结算周期和降低结算金额。坚决杜绝擅自扩大定期结算范围和控制金额的情况发生，对超结算时限或超控制金额的，一律停止定期结算销售，落实责任人限期清收未结销售欠款。

停止油票、油卡、油本销售，对已经销售的，逐一登记造册，实行逐笔回收、逐个销号、用完即止。对已经印制的油票、油卡、油本，在本单位财务、审计等部门的监督下全部做封存处理。

加强营销业务基础资料管理，指定专人负责业务基础资料管理，按月度、年度对基础资料进行整理归类、装订成册、妥善保管，确保营销业务基础资料完整、清晰、易于查阅。公司把各单位基础资料管理作为营销业务检查的重要内容之一，组织实施检查。

是年，公司印发《成品油批发（直销）业务管理办法（试行）》，按照“岗位分离、内部牵制、相互制衡”原则理顺操作流程，防范经营风险，确保成品油批发（直销）业务受控运行。

成品油批发（直销）业务实行审批销售制度，由公司营销管理处负责集中审批。价格实行集中管理，管理权限在公司，由公司价格领导小组根据当期市场、资源情况制定阶段性批发（直销）价格或批发（直销）最低限价。对个别客户的批发（直销）价格折让和优惠由公司分管领导或价格领导小组办公室负责人审批。

成品油批发（直销）业务实行先款后货（经公司批准的直销业务定期结算销售除外）。销售人员（客户经理）只负责联系销售业务，根据客户需求提报销售申请，不得收取客户货款，不得代客户交付销售货款和领取销售发票等。成品油批发（直销）油品必须凭营业室开具的销售发票提货联办理出库手续，发票提货联是批发（直销）油品出库的唯一凭证。

开展批发（直销）业务实行实名制，做到销售审批对象、付款客户、发票客户名称、建账户头、出库单据客户名称和收货客户“六个一致”。由委托经办人办理的，必须持有客户出具的有效书面委托书，营业室将其作为附件保存。

是年，批发直销审批系统上线运行，批发直销审批由传真手工审批改为网络线上审批。

2009 年，公司开展情感营销。情感营销是以顾客内在情感为诉求，通过激发和满足顾客情感体验来实现营销目标的一种营销方法。与传统的营销方式相比，情感营销更具人性化，更能以情动人。

联络沟通：按一一对应原则落实固定客户联系人，建立固定客户联系制度，对单位客户重点联系该单位负责油品采购的主管人员及具体经办人员，了解其个人及家庭情况，包括姓名、职务、住址、电话、出生年月、教育背景、婚姻状况、家庭成员喜好、子女教育等，定期进行固定客户走访。

现场关爱：提倡微笑服务，强化与顾客的沟通，给客户发放温馨提示卡，提供温馨服务。

节日祝贺：每逢联系的顾客过生日、结婚、生子、子女考上大学、晋升、乔迁、开业等喜事，联系人要为顾客发一个祝福的短信或打一个祝福电话、写上一封贺信、送上一个花篮。每逢节日，联系人给顾客发一个节日祝福短信。

困难帮扶：向顾客发放断油救助联系卡（与温馨提示卡合二为一），对于顾客车辆断油抛锚或停工求救的，要想方设法第一时间提供断油救助服务。联系的顾客生病住院或家庭突发意外，在条件允许的情况下，要去医院或家中慰问，提供力所能及的帮助。

公益捐赠：当发生突发性灾情、灾害时，组织员工和客户为灾区捐款捐物，开展献爱心活动。

联谊活动：召开大客户座谈会、联谊会（一年不少于一次），以增进感情、稳定客户。

2010年，公司再次明确代储油管理。代储服务对象逐步压缩，原则上除部队、武警经公司批准同意外，其余代储服务对象，通过适度价格优惠转化为公司的零售固定客户或卡销售客户。代储业务与委托代储方签订代储协议，收取一定的服务费用，以弥补代储、代加、损耗等各项费用，收费标准参照公司与省军区协商的代供费用执行标准，即150元/吨。代储油入库进行严格的数质量验收，以保证油品质量，避免出现数质量管理问题。

2013年，公司规范批发直销业务申报审批程序，批发直销业务原则上要按照公司当期营销策略执行。市场竞争激烈时，在有效销售的前提下，可通过一单一议来稳定客户，防止市场份额丢失，需要申请销售价格优惠的，按规范程序上报，做到事前审批、流程规范。

是年，公司新增物流类直销客户超过500家，月销量涨幅1.2万吨以上。为规范物流类直销客户销售业务管理，公司采取以下有效措施：严格审核客户信息，对物流类直销客户信息档案除规定客户建档资料外，还要新增客户储油地点、储油设施及发油设备等基本情况及现场图片。现场核查客户信息，安排专人现场走访，核实客户储油设施、发油设备和购油用途是否真实。上报客户资料信息，各单位将物流企业的资质文件、现场照片及相关资料扫描后上报公司，对缺少客户信息的，公司严格控制其销售。严格执行税票管理，对开具增值税发票的物流类直销客户，严格实行转账付款，且必须做到销售审批对象、银行转账或汇票付款账户名称、发票客户名称、ERP系统客户名称、出库单据客户名称“五个一致”。

是年，公司按照“滚动结算、资产抵押、控制风险、均衡销售”的原则，规范再流通客户定期结算业务。再流通客户是指具有成品油零售经营资质，在公司购买油品用于自有加油站销售的客户。根据辖区市场情况及竞争态势，对经营正常、资信度高、诚实守信的，有定期结算需求的部分再流通客户，可适度开展定期结算业务。

对再流通客户实行定期结算，采取资产抵押的方式防范风险，抵押物原则上限定为与公司签订定期结算协议的相对方依法有权处分的国有土地使用权、房屋等不动产。抵押合同依法到相关机构（如国土管理部门、房产管理部门等）办理登记手续，不允许以其他方式（例如公证）来办理抵押手续，杜绝虚假证件、虚假抵押登记、重复抵押登记。

为降低货款回笼风险，实行定期结算的再流通客户原则上一旬一结算，即回款周期不超过一旬，跨月定期结算金额不超过该客户月度定期结算额度的30%。再流通客户定期结算的额度，原则上不得超过抵押物公允价值的50%，且单个客户定期结算额度不得超过100万元，实际可执行信用额度以批复为准。再流通客户定期结算过程控制，逐车开票出单，实施均衡销售的原则，不得在涨价前集中销售。

2016年，公司以“效益”观念统领销售，以精为主抓好直批业务。搭建《量、价、效、率动态管控测算模型》，结合不同时段的成本、资源、市场价格和销售目标，采取定量促销、单品促销、限时促销以及油卡非润组合营销的办法，实现稳量稳效。

2017—2019年，公司加快油卡非润气电一体化运作，搭建一体化营销平台，在市场研究、营销组织、竞争策略、客户服务、促销策划、分析评价等方面进行融合，打通部门间、上下级间的壁垒，发挥一体化营销的统筹优势。

二、批直销售策略

1989—1997年，公司营销工作以批发直销为主。

1998—2002年，公司坚持目标任务不动摇和全系统经营“一盘棋”思想，牢牢把握市场脉搏，适时研究制定不同时期的经营策略和价格策略，抢占市场，扩销创效，取得明显经营成绩。围绕全年目标任务，坚持每周一的经营活动分析会议和每季度全系统经济活动分析会议制度，及时分析市场走势，研究解决经营工作中存在的问题，经营工作的针对性、指导性得到加强。加大机构用户的配送直销，推行送货制，搞好承诺服务。

2003—2005年，公司紧盯资源供求变化及价格走势，努力实现均衡销售。在资源偏紧或价格上调时，对批发销售实行报批销售制度，严格控制批发销售的过快增长；在资源宽裕时，及时调整营销策略，制定促销措施，保持稳定的销售进度。

2006年，公司分清主次抓好市场保供工作，合理安排资源投放，下达销售控制指标，上收销售审批权限，跟踪检查执行情况，制定“五保一兼顾”的供应办法，全力保证重大工程项目、重点企业、春耕三夏和抗旱救灾油品的供应，市场未出现断档脱销。

2007年，加强与竞争对手的协调，实行竞合策略。通过分级协调、区域协调，加强与区内、周边经营单位同行的合作，重点是强化与中石化川渝公司的沟通协调，保持一致的营销策略，营造良好的经营环境，增强公司在四川市场的主导能力。

2008年，密切跟踪市场变化，强化销售过程监管，及时调整营销策略，坚持批发直销、客存销售和价格优惠的集中审批制度，实现由传统的手工传真审批向网上审批的转变。

下半年，四川出现大面积柴油供应紧张局面，中石化大部分加油站歇业整改，95%以上的社会加油站停供柴油，加油车辆排长队，主要交通干道堵塞，个别地区甚至出现打砸加油设施、打伤加油员工等恶性事件，严重影响企业的正常生产经营和社会秩序稳定。

公司及时调整营销策略，控制资源投放。出台“五停止”销售策略，即停止柴油批发销售、停止小额配送、停止客存油销售、停止灌注桶装油、停止对社会批发单位配置资源，将有限的资源集中供应资产型加油站。坚持有保有压，适当收缩柴油供应站点。根据加油站辐射范围，选择交通干道和主城区加油站作为重点保供加油站，实行24小时不间断加油，集中资源保证重点区域和重要干线稳定供应；细化限量标准，实行区域联动。对甘孜、阿坝、凉山等少数民族地区和路途偏远地区，适当提高限量标准或不限量，保证车辆正常行驶；对成都地区、攀西地区、成渝高速、川陕线等同一区域、同一线路的加油站执行统一限量标准，并绘制加油路线指引图，分散疏导滞留排队车辆，缓解交通干道拥堵压力和供应压力。建立政企协调机制，确保重点供应。对重点用油单位，如党政机关、公交环卫、重点工程、农副产品和客运车辆等，同政府一起，共同商定重点保供单位名单、供应顺序和供应数量，并采取开辟绿色通道、错开加油高峰、小额配送车送油上门等措施均衡安排供应。统筹全省资源，实行集中管理。根据供应紧张程度，与西北销售公司、兰成渝管道公司、中油运输公司紧密配合，合理安排运输计划，并通过二次装车、市（州）公司之间临时公路调拨等手段，平衡各地资源摆布，防止因地区间资源摆放不平衡而导致市场断档脱销。

2009—2011年，公司有针对性地实施差异化策略，零售着力于稳定性以提升经营效益，直销着力于灵活性以稳定客户群体，批发着力于竞争性以提升市场份额，达到稳客户、促销量、增效益的目的。

2012年，公司顺应市场变化，适时调整营销策略，实现量效双增。一季度油价高涨，公司坚持量效并重，采取控制资源投放、推价到位、汽柴油组合销售、差异化销售等策略，实现等量销售效益最大化。二季度终端需求不足、降价预期主导市场、市场竞争加剧，公司采取贴近市场作价、下调结算价、提高促销费计提比例和批发费用、开展“点对点”竞争等措施，鼓励二级公司参与竞争、争抢市场份额。

2013年，公司灵活制定差异化策略提升竞争力。在资源充裕、竞争激烈时期，密切关注市场变化，跟踪对手动态，参与市场竞争，通过不同客户实行差异化定价、量价互动、限时促销等营销策略，稳定客户，提升销量。针对汽油市场严重下滑，市场价差达1000元/吨以上的局面，利用外采盛马低价汽油资源，实施“低进低出”策略，提高市场竞争力。在资源紧张、需求旺盛时期，通过频繁推价、汽柴油组合销售等策略，以柴油带动汽油销售，提升汽油销量，上量增效，实现量效双丰收。推出高品质油品，编制98号汽油和国Ⅳ柴油上市推广营销方案，实行品牌营销，国Ⅳ柴油销售站点12个，98号销售站点43个，基本覆盖成都等经济发达地区。

2014年，公司在批发直销环节引入“点对点”竞争，汽油紧盯社会经营单位，柴油紧盯中石化，贴近市场作价，全力参与竞争。适时利用外采低价资源，实施汽油“低进高出”营销策略，弥补因柴油需求下降对销售的不利影响。

2015年，竞争对手频繁采取下调挂牌价、加大卡折扣、开展促销活动等形式对柴油客户进行争夺，公司先后组织开展4次点对点竞争活动。活动期间，参与站点柴油日均销量环比分别增加9.41吨、21.17吨、28.51吨和21.68吨。

2016年，公司紧盯市场变化，建立完善《直批业务量、价、效、率动态管控测算模型》。针对性采取定量促销、单品促销、限时促销、推价促销和周末错时促销以及油卡非润组合营销策略，控制负效销售，增强市场竞争力。

2017 年，公司坚持量效兼顾、以量为主，通过量价效率管控模型，运用综合业务支撑平台大数据，指导当期销售，达成量效目标。打好组合拳，丰富竞争手段，开展“大客户年终回馈暨智慧物流推介会”，试点在川东北地区推出“每周一惠”等促销方式。突出优势品种，利用汽油消费高峰和普柴资源，主要引导资源、政策向高效市场和优势品类倾斜。

2018 年，公司持续完善量价效额动态模型，研判市场走向，把握销售趋势，及时调整营销策略，综合价格到位率排名全国第四位。通过区域市场差异化作价、内采陕西公司低价资源等方式来支撑川东北地区市场竞争。

2019 年，公司持续与规划总院、昆仑银行等单位合作，借鉴云南“惠购油”平台经验，加快“中油直批”APP 上线推广，完善金融贷款、积分兑换、快速出库等业务模块。精研国际油价、税收改革、板块政策，完善市场情报分析机制，下先手棋、打主动仗，努力在短周期、小趋势的波动变化中获取价值，深化对不同区域、不同客户研究，实施差异化营销策略，实现川东、川北区域市场份额止跌回升。

2000—2019 年，公司批发环节汽柴油销售 3334.15 万吨，其中，汽油销售 953.87 万吨、柴油销售 2380.28 万吨（见表 3–2）。

表 3–2　2000—2019 年中国石油四川销售分公司汽柴油批发销量明细表

年度	汽柴油批发总量		
	合计（万吨）	汽油（万吨）	柴油（万吨）
2000	131.21	47.93	83.28
2001	114.94	32.57	82.37
2002	129.37	34.60	94.77
2003	120.07	37.87	82.20
2004	109.77	37.77	72.00
2005	102.06	40.06	62.00
2006	75.31	25.83	49.48
2007	90.42	26.79	63.63
2008	78.14	24.71	53.43
2009	109.50	18.57	90.93
2010	117.78	27.75	90.03
2011	145.71	29.46	116.25
2012	161.90	29.31	132.59
2013	160.11	23.72	136.39
2014	209.91	47.97	161.94
2015	244.94	74.46	170.48
2016	253.47	70.91	182.56
2017	279.27	86.04	193.23
2018	341.11	109.63	231.48
2019	359.16	127.92	231.24

第二节　批直客户管理

2001年，公司加大机构用户的配送直销，推行送货制，搞好承诺服务。对城市企事业单位、机关团体、宾馆饭店等油品消费大户进行逐一调查、统计，细分目标市场，建立长期稳定的供需关系，建立相应的配送体系，以巩固大用户、老用户，发展新用户。

2002—2003年，公司开发高效、量大、稳定的市场，巩固和发展稳固的用户群体，巩固机构用户，争夺社会加油站用户，开发政府采购用户，分门别类建立用户档案，占领好省内市场大本营。

2004—2008年，公司狠抓机构用户和大客户开发。建立全省100位批零大客户档案，直接管理重要客户。二级公司完善辖区市场客户档案，根据其需求大小细分客户级次，实行“定人联系、分级管理”。对重点大客户，二级公司经理及副经理进行定期走访，其余客户指定专人提供全方位服务。

2009年，公司发挥二级公司营销部门、片区客户经理、加油站经理在客户开发管理中的主体作用，推行增量客户开发责任制、存量客户流失责任追究制和重大用油项目负责制，全力抢抓省内拉动内需及灾后重建工程用油项目，全年机构用户销量同比增长30%。建立全省统一的客服中心和客户积分系统，公布免费投诉电话，努力把短期客户发展成长期客户，把流动客户发展成固定客户。

是年，公司制定《客户关系管理办法》，建立客户分级分类评价体系，细分客户群体，明确客户开发维护工作要求，以制度规范客户开发和管理。公司领导或处室领导带队，到德阳、攀枝花、凉山、乐山等市（州）拜访大客户，召开大客户座谈会，听取客户意见，改进经营管理做法，赢得客户高度认同。

2010年，公司采取分级分类制定客户开发和维护指导意见，采取合资、合作等方式，利用物资采购和外包服务等优势，以互采互供和战略合作等方式，锁定一批大型集团用户；发挥基层销售人员作用，加强现场服务和客户回访，稳定一批中小型用户；利用银行、保险、协会等非直接消费机构，以及拥有终端用户中间机构的客户资源、销售渠道和宣传窗口，有效发展第三方营销，联合开发一批潜在用户。

2011年，公司按照“突出重点、分类管理、定员定责”的要求，提高机构用户的资源保障和服务等级，稳定和扩大忠诚客户群体。在组织客户分层级拜访活动和全年省级VIP客户评价基础上，筛选价值贡献率最高、公司参与管理的2012年省级VIP客户，并开展有针对性的重点维护，由分管业务领导或营销部门负责人亲自上门拜访客户方关键人员，代表公司递送“致VIP客户感谢信”，并主动邀请客户参加次年3月举行的全省VIP客户座谈会，增进双方合作友谊。

2012—2014年，公司按照“服务导向、协调高效、统一规范、平稳有序”的思路，加快客户服务体系建设，形成以加油站员工和客户经理两支队伍为支撑，以加油站和客户服务中心两个营业场所为窗口，以昆仑加油卡和客户服务卡两套信息系统为载体的销售新模式。

2012 年，按照总部“两纵三横”营销新模式要求，公司推行零售业务和直销业务专业化管理，学习中国移动、中国电信等客户服务先进经验，高起点、高站位谋划客户服务体系建设工作，实现成品油销售由“产品营销”向“服务营销”的根本性转变。

是年，四川省政府新闻办、四川省发展改革委召开重大投资项目发布会，发布四川省重大投资项目名录（2012—2013 年），主要包括重大基础设施项目、重大产业项目、重大民生工程及社会事业项目、重大生态建设和环境保护项目。公司以此开展客户开发工作。

根据项目建设地址，归类整理所辖区域重大用油项目，其中跨区域的项目按照各个项目段所处区域归口负责：成都地区主城区以内，原则上由成品油公司负责；主城区以外的，由成都公司负责；对于交叉区域，相互协商，不留空白，谁主动谁受益。油料公司主要负责油气项目攻关。梳理内容包括在建和续建用油项目，含公司收集的项目和前期自行收集联系的所有（含省级以下）重大用油项目。

图 3–1 员工为直销客户配送柴油

根据项目用油规模、攻关难易、建设地址、工期长短等具体情况，将所有用油项目分解落实到具体岗位，专人跟踪落实（图 3–1 所示为员工为直销客户配送柴油）；根据项目重要性分级开发，从油站经理、客户经理、片区经理、部门负责人到分管领导等都要各负其责；“挂、包、帮”联系人和部门要发挥有效作用，对于特大用油项目，一把手要亲自参与，尽可能地开发维护客户，并实行客户流失责任追究制。同时，根据项目用油供应方式、用油量、服务要求等确定是库发业务还是站发业务，责任部门是营销还是加管，落实人是客户经理还是加油站经理。

2014 年，为保障公司和客户的正当利益，加强资金、税收、法律等经营风险管控，对违规行为形成威慑机制，健全风险管理长效机制，公司启动客户告知工作。客户告知工作是以客户告知书为载体，将公司与客户交易相关的一些重要的、长期有效的管理规定，以书面形式告知客户，通过强化内外部监督从而加强风险管控的一项预防性工作。客户告知书按照公司业务类别，区分批发（直销）客户和加油站零售客户分别制定。

2015 年，公司坚持以“物流配送体系、服务体系、客户开发体系”为支撑，用最高的效率、最优的服务，最大限度地满足客户需求、挖掘客户价值，持续增强市场控制力。借助大数据分析，开展客户价值评价，实行客户分级分类管理（见图 3–2），制订专属方案，实现“一对一”服务。

是年，公司强化市场份额红线意识，建立健全“横向到边、纵向到底、不留空白”的开发机制，确保客户开发全覆盖；坚持“守土有责、失土必究”的客户开发原则，把区域市场划分成一块块“责任田”，明确营销队伍属地责任，实现客户开发网格化；从市场划分、客户普查、客户开发、客户维护、考核评价五个方面着手，明确职责权限，细化工作流程，完善基础资料，确保个个市场有人管、家家客户有人问，将市场开发、客户维护责任制靠实落地。

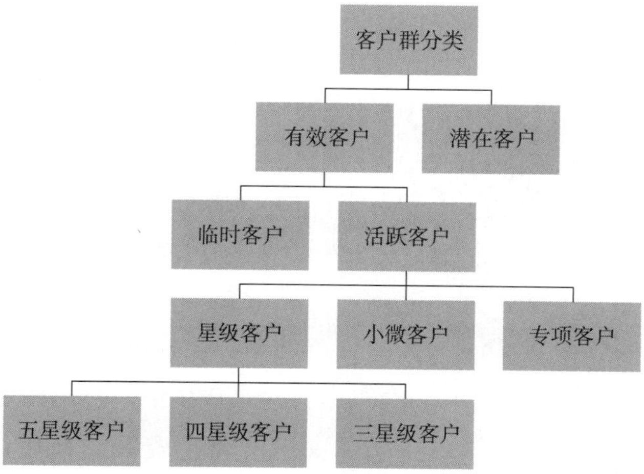

图 3–2　客户群体分类

2016 年，公司对 2014 年版《客户告知书》批发（直销）业务和加油站零售业务两个版本进行精简并统一为一个版本，修改后的《客户告知书》内容修改为“六项禁令”，内容侧重于销售业务重点风险的防范，以保障公司和客户的正当利益。

2017 年，为增强市场化运作能力、推广价值评价应用、有效实现差异化服务、提高客户忠诚度，根据公司《2017 年客户开发维护体系完善方案》与综合业务支撑平台中客户开发维护系统的应用功能（见表 3–3），在新的销售指导价定价原则以及 2016 年客户价值评价基础上，结合市场变化和权限下放的要求，制定《2017 年直销与批发客户分级价值评价及增值服务实施细则》。

表 3–3　客户开发维护系统功能模块表

基础信息	责任市场	销售动态	过程管控	分析评价	互动平台
营销队伍	大区级	当日销售	客户开发	单位排行分析	业务论坛
客户资源	地市级	累计销售	客户维护	客户排行分析	业务圈
仓储管网	片区级	价格行情	短信监控	经理排行分析	
		计划进度	工作轨迹	客户价值评价	
			投诉处理	业务证据表单	
			订单跟踪		
			设备监控		
			使用情况		

客户开发维护系统 V1.0 是公司“1234”治企方略中《客户开发维护体系》的信息化成果，以综合业务支撑平台为载体，将“全覆盖、网格化、责任制”贯穿设计始末，结合直销与批发经营管理实际，通过客户经理前端移动应用与后台管控系统相结合的方式以实现信息交互，搭建起移动办公与在线管控的新型运营模式，达到“精准营销、精细管理、精确服务”的目的。系统划分为基础信息、责任市场、销售动态、过程管控、分析评价、互动平台六大功能模块。

图 3–3　公司开展丰富营销活动提升客户体验

2018 年，公司坚持以市场为导向、以客户为根本，持续打造“安全、便捷、绿色、智能、温馨”综合服务体，满足客户需求（见图 3–3），坚定“服务创造价值、服务引领未来”，持续完善服务体系，丰富服务内涵，提升客户体验，增强客户黏性。

2019 年，公司构建会员制客户管理模式，聚合营销资源，把握用户需求，实施有效转化，搭建全渠道、全产品会员体系。在层级设计、权益回馈、客户维护上，深入开拓领域。

第三节　客户经理管理

2010 年，公司完善以客户为中心的营销体系，建立专业化的客户经理队伍，全面推行客户开发责任制和客户流失责任追究制。

2011 年，为提高公司核心竞争力，提升客户服务水平，开展面向高端客户、集团客户的专业化、个性化服务，公司建立专业客户经理队伍。在公司营销处、各二级公司营销科增设集团客户经理岗位。

客户经理主要负责开发、维护高端客户和集团客户；负责公司与高端客户、集团客户间的日常联系；负责加油卡集团客户开发、服务，收集市场与竞争对手策略信息及所辖区域市场动态，收集客户个性需求并制订解决初案。

客户经理任职条件：客户经理具有较强的责任心和事业心，爱岗敬业、诚实正直，恪守职业道德，有良好的团队协作精神，文化程度在大专以上；具有从事营销业务工作经验，熟悉成品油不同销售方式的运作流程与规范，原则上从事客户开发与维护工作时间应不少于 1 年，或从事其他销售相关工作时间不少于 2 年，对工作能力突出或具有专长者可适当放宽条件；具有对市场的敏锐洞察力和人际关系的把控能力；具有较强的语言沟通、文字表达能力和综合协调能力，能草拟合同、谈判方案、会议纪要等；熟悉电脑操作，特别是要能操作业务涉及的相关系统。

集团客户经理由各二级公司根据任职条件自行推荐，参加公司组织的统一培训，经笔试和面试考核合格后择优选用。

2012年，为推动公司客服体系建设的总体框架设计落地，加快客户经理队伍建设步骤，推进客户经理队伍向专业化、职业化发展，根据南京营销工作会议精神和销售公司《关于加快直销客户经理队伍建设的指导意见》，公司加强客户经理队伍建设。

客户经理配备遵循在现有编制人员中调剂使用的原则，通过竞聘等方式，选拔符合客户经理工作要求的人才充实到队伍中，优化客户经理队伍。通过传帮带，采取平稳过渡、逐步优化的方式，合理配置人员结构，使客户经理队伍专业化建设与公司销售发展和客服体系建设相匹配。

客户经理主要职责：

市场开发　定期摸底排查责任区域内的市场情况，全面掌握客户用油需求和购油渠道，通过销售ERP、审批系统建立完备的客户档案，制订目标客户开发方案并实施。维护现有客户，开发新客户，提高市场份额。

油品销售　按照公司下达的销售计划，依据公司当前制定的营销策略，严格遵守销售、财务、保密等相关规定制度，开展直销、小配、集团加油卡业务，兼顾再流通业务，完成当期销售任务。

客户服务　为客户提供市场信息和中国石油优质的品牌服务；实施定期拜访制度，建立客户拜访台账，了解客户对油品数量、质量、服务等方面的意见，为客户提供用油解决方案、配送、计量、信息咨询等全方位服务；妥善处理客户投诉，提高客户的满意度。

信息反馈　负责所辖区域的市场信息采集和反馈工作，解决客户需求，收集客户意见反馈，定期向主管部门反馈所收集的市场信息，及时反馈特殊市场变化情况。根据市场及价格变化情况，提出客户销售策略建议。

客户经理日常管理：

二级公司根据所辖区域市场情况，对市场容量较大、直销及小配客户数量和业务量较多、竞争激烈的地区，可设专职客户经理。专职客户经理的主要业务以直销、小配和集团加油卡业务为主，兼顾再流通业务，做好市场开发、客户维护和直销销售工作。对市场需求小、客户数量和业务量少、市场掌控力较强的区域，可设兼职客户经理，在做好客户经理主要业务的同时兼任其他岗位工作。

营销部门根据客户经理所辖区域的市场情况，以年、月、周为周期，分环节、分品种将销售任务下达至每一位客户经理；建立动态考勤制度，完善客户经理外出走访登记制度；建立客户经理工作日志制，实行客户经理周例会和月总结制度；定期考核客户经理的销量和毛利指标、客户的稳定率和新客户的增长率，检查客户经理对客户的回访率、客户的满意率与基础管理工作；定期组织客户经理进行技能培训和经验交流。

客户经理必须进行岗前培训，培训内容重点围绕职业操守、规章制度、业务流程、风险防范、油品知识和岗位技能等方面，经考试合格后，才能正式上岗，并由二级公司发放年度聘书。年度考核：客户经理每年与营销部门签订年度业绩合同，实行年度考评，对业绩合同中的销售完成情况及销售政策执行情况进行考核，对考核合格者发放年度聘书，不合格者实行转岗。薪酬考核：二级公司做好客户经理薪酬总额的年度预算，根据销售任务分解情况，在工资总额范围内预留客户经理的工资总额。客户经理每月薪酬原则上由岗位基薪和绩效工资两部分组成。绩效奖励：在岗位基薪、绩效工资之外，考虑客户经理工作实际，制定弹性薪酬奖励制度，如优质终端客户开发专项奖励、销售超量奖励、超价销售溢价提成奖励等。

客户经理风险管控：销售业务中严格执行财务管理和内控相关制度，严禁客户经理代收货款，销售货款只能由财务岗位人员负责收取，并由财务资金管理岗负责稽核审查；严格执行先款后货原则，财务审核确认资金到账后，营业室或客户中心岗位人员再根据业务流程开具单据，防范公司资金风险。加强销售业务流程宣传，增强客户风险防范意识，让客户及时了解公司相关制度要求，杜绝客户经理代收代办现象；在销售业务过程中，必须做到批发（直销）业务中的“六个一致”“五个一致”与“四个一致”，防范公司法律风险。加强票据开具、流转规范管理，特别是要按照相关法律法规要求，规范增值税发票开具程序，防范票据管理风险。加强油品数质量管理，提升油品配送过程中的管控手段，严格执行油品交接标准，防止数质量纠纷引发的社会风险。在完善客户经理建设的基础上强化客户研究，利用 ERP 系统的客户管理功能，实现公司和客户经理对客户的双线管理，加强客户分级管理，定期组织召开客户座谈会，完善客户维护机制，实现客户开发、维护责任制，将责任落实到具体人员，防范客户流失风险。主管部门从不同渠道收集客户经理的市场销售行为表现，通过公司一级的客户座谈会和客户回访，对客户经理在业务办理过程中的行为进行严格监控，及时发现异常行为，快速处理，防范违规销售风险。

2013—2014 年，为深化油卡非润一体化运行，公司持续加强客户经理队伍建设。

强化客户经理全产品销售管理，发挥客户经理客户资源优势，制订客户经理月度计划时包含非油业务指标，包括润滑油、尿素、团购等方面，配套非油绩效工资，同时将非油指标完成情况与油品吨油薪酬兑现情况挂钩，引导客户经理销售非油产品。在符合公司政策的前提下，引导客户经理将高价值终端客户转移至纯枪环节消费，并配套相关激励政策，实现批零互动、批零互促。

优化完善客户经理薪酬考核，各单位结合公司下发的客户经理薪酬考核指导意见，完善本单位客户经理薪酬考核细则，细化吨油薪酬标准，综合考虑销量、价格、客户对象、客户价值等，分客户对象、分价值高低制定吨油薪酬梯次标准。

规范客户经理基础管理，建立客户经理进出备案机制，各单位新增和淘汰客户经理均需上报公司备案。建立客户经理月度通报机制，各单位每月初定时上报“客户经理销售情况统计表”，公司每月对全省客户经理进行动态评价。

2015 年，强化客户经理日常管理，开展营销业务技能培训，两次修订客户经理薪酬考核办法，合理调整薪资系数激发客户经理潜在销售热情。是年，公司首次授予 6 名客户经理“金牌客户经理”荣誉称号。

2016 年，公司按照“量效兼顾、效益优先”的原则，开展客户经理价值评价。客户经理价值评价按照销量和经济价值分别评价。

客户经理经济价值指数 =（当期销售价格 – 当期西北调拨价）× 销量 /10000

公司根据客户经理价值贡献中经济价值评价的权重，制定有针对性、有激励作用的考核激励办法，提高销售价格，稳定市场份额。

2017 年，创新客户经理薪酬费用考核机制，制定《客户经理薪酬费用考核指导意见》，实行工资总额单列、配套差旅费等费用政策；优化人员结构，客户经理队伍文化程度结构、年龄结构、专职占比结构等得到极大优化，提升直批业务市场竞争力，调动客户经理积极性，对外直销批发同比增长达 18.4%。

2018 年，持续推行客户经理“底薪 + 提成”的薪酬模式，按照销售存量、增量差异化匹配差旅费与促销费，激励直销批发扩销上量，全年兑现直销与批发业务增量工资 2850 万元、匹配差旅费和促销费 230 万元，消除基层后顾之忧，增强营销队伍战斗力。

2019 年，为调整完善客户经理薪酬激励机制，打造“油卡非润”全产品销售团队，公司突出销量、非油、加油卡、费用等关键业绩指标，增强业绩考核和薪酬激励的效益效率导向，构建客户经理全产品考核兑现机制；强调多销多得、高效多得，强化业绩导向，建立“结构合理、激励导向、操作简便”的客户经理薪酬考核制度。按照“加大业绩挂钩、减少固定发放”的原则，全省统一客户经理的薪酬结构，实行“基本工资 + 绩效工资 + 津补贴”方式，薪酬考核与“油卡非润”全产品业绩指标挂钩。

第三章 零售业务

第一节 零售业务发展

一、业务发展

1989—1991 年，由于四川成品油市场存在供需缺口，零售业务处于卖方市场阶段。公司成品油销售由中国石油化工销售公司统一支配，计划内平价油供应坚持“瞻前顾后、控制销售、留有余地”的原则，自采油、计划内高价油、议价和加价油先到货，后销售。

1992 年，随着市场经营机制全面进入石油销售领域，石油市场放开、计划大幅度减少，社会经营渠道猛增。公司及时转变观念、拓展经营，参与市场竞争，扩大经营。但由于下半年资源紧缺，公司资源掌握不够，供需矛盾异常突出，11 月全省出现大面积脱销。

1993—1995 年，公司深化“以油为本”的思想，立足竞争，加强零售网点设施建设，扩大经营，提高效益的重点手段，增强竞争能力。并以资源为龙头，以市场为导向，与油田、炼厂、货源单位和大的用户实行广泛的联合联营，最大限度地占有资源，最大限度地占领市场。

1996 年，四川成品油市场出现全年资源趋紧、政策变化频繁、运输困难、市场变化大和竞争激烈、库存持续薄弱等许多不利因素。公司针对不同时期的不同情况，做到“思想、措施、指导”三到位，确保市场供应。

1997 年，四川成品油市场供大于求而且持续疲软，公司加大经营管理和促销工作力度，及时调整营销策略，零售销量有较大幅度增加。

1998 年，公司研究把握零售用户消费习惯和消费心理，在资源情况和零售价格发生变化时及时调整批发市场投放量，控制好零售销售节奏。

1999 年，公司提出“从过去主抓油品购进向主抓销售转变，从过去主抓批发向批零并重转变，从过去重视抓销售数量向重视抓销售效益转变”的经营思路，制定下达年度销售任务、零售增长率等主要业务经营指标，加大辖区市场开拓力度，下功夫深入研究市场，调查市场，改变“坐店经商”的官商作风，采取“走出去，请进来”的办法，深入到用户中，研究市场需求变化，研究消费心理，改进提高服务质量，抓住大客户，稳住老用户，开发新用户，抓好增量市场和农村区乡市场的占领和开拓，不断提高市场占有率。把零售经营的发展作为企业的“一把手工程”，列入领导工作的重中之重，形成一把手亲自抓、分管领导具体抓、上上下下一齐抓的工作格局。

是年，公司按照统一管理、统一进货、统一销价、统一形象、统一核算的“五统一”要求，推行连锁经营，延伸公司系统零售经营网络。在确保效益的前提下，适当开展联营，发展一批联营加油站。

2000年，公司紧抓股份公司投资扩张零售网络的历史机遇，将加油站购建作为“一把手工程”和“生命工程”，实现公司零售网络快速拓展，零售量首次突破100万吨，实现历史性突破。

2001年，公司转变“大批发”的传统经营理念，强化零售意识，加快零售网络建设，提高加油站单站日销量和零售比例，追求吨油利润最大化，向零售要效益。5月，公司设立加油站管理处，负责公司及所属单位加油站的经营管理。

2002年，公司按照“做强做大零售，全面提升零售竞争力”的工作思路，组织二级公司经理参观中油BP公司加油站，学习管理经验，研究做强做大零售的工作措施，集中力量发展零售业务，在公司占据主导地位和优势的“高效市场”，通过加大汽油尤其是93号、97号高标号汽油的销售力度，实现量效双增；在市场需求大、竞争激烈的“保量市场”，灵活地运用量价互动策略，基本实现保量；在系统外经营单位占据优势的低效市场，采取不退让、点对点、面对面、主动出击的策略，以灵活的营销策略全面与其竞争，扭转被动局面，夺回部分丢失市场。

2003年，公司把零售工作作为企业发展的第一要务，从企业内部资源调配、科学确定批零价差、掌握批零价格变动时机、把握好批零销售节奏以及内部激励约束机制导向等方面入手，着力研究解决批零之间的矛盾，把零售工作置于企业经营管理的中心环节，牢固确立零售业务的核心地位。

2004年，公司把经营工作重点放在调整销售结构、转变增长方式、提高经营质量和效益上，实现由以批发为主向以零售为主的根本性转变。坚持走“外延扩张与内涵发展并重”的零售发展之路，促进零售业务的快速成长，零售量、单站日销量、零售比重、零售市场份额迈上新台阶。

2005—2006年，市场开发稳步推进，销售结构得以改善，公司销售总量和零售总量实现大幅度增长。2005年，成都市场和县域市场销售总量双双突破百万吨大关。

2007年，公司继续坚持“建设零售型大公司”的发展方向，应对市场多变、油价高位的市场环境，适时调整营销策略，强化销售计划管理，做到控放有度、供应有序，实现销售平稳有效增长。

2008年，公司明确加油站不得开展直销业务，严格控制车辆加油以外的出机销售，确保市场平稳供应。规范销售行为，严禁柴油串品号销售、批零串客户对象销售、向再流通环节开展直销业务、违规收取运费等价格违规行为发生，坚决杜绝变相抬价销售。是年，公司在资源保障、人员选配、促销手段上最大限度地向零售环节倾斜，推动机构客户向零售客户转化升级。

2009—2010年，面对国际金融危机冲击和价格形成机制调整的挑战，公司实施“促销、上量、稳价、增效”的方针，将营销思路调整为“零售环节保效益、批发直销保份额、油非互动促销量、优质服务增客户”，继续在资源配置、任务分解、考核激励、人员选配、超销奖励等方面向零售环节倾斜，实现上量增效的既定目标。

2011年，公司零售业务逐步进入“卡营销”时代的发展趋势，按照“高点运作、拓宽渠道、规范管理、亲情服务”的要求，建立以加油卡销售为主的内涵增量长效机制。坚持优化调整销售结构，着力扩大零售，加强高标号汽油促销，努力提高价格到位率，销售质量和效益明显改善。

2012 年，公司推进营销职能体制机制调整，对零售和卡销售业务与加油站实行一体化管理。把零售作为增量增效的核心，完善“八个提量”措施，整治低量低效站，努力提高纯枪销量和单站日销量。2 月，公司将零售业务管理和加油卡销售职能调整至加油站管理处。

2013 年，公司以纯枪销售为重点，继续深化加油站“八个提量”工作，全面开展消高峰、优化交接班等工作。7 月，98 号汽油上市。为应对激烈的市场竞争，公司围绕“效率、效益、品牌”的要求，开展高标号汽油营销，争夺成品油市场高端客户，不断提升网络竞争能力和持续盈利能力。出台员工激励约束措施，提高吨油工资含量和考核指标权重，高标号汽油销量同比增幅靠前、计划完成率较好的加油站优先参与公司的先进加油站、先进个人评选。提供个性化专享服务。开辟 VIP 专用通道：选择城区重点站，在加油站现场立牌标示 97 号、98 号高标号汽油车辆 VIP 专用通道，提高客户满意度。提供更优质的服务：安排加油站服务明星、加油能手负责高标号加油机的服务工作；加强高峰期的引导，城区高标号汽油销售重点站做到一机一人加油服务。提供更便利的服务：高标号汽油加油机设置在靠便利店一侧，满足顾客非油购物、使用卫生间需求，同时方便付款。提供更快捷的服务：高标号汽油加油机尽量使用卡机连接多枪加油机，满足一台加油机一侧同时停靠至少两台车辆加油的需要。提供更舒心的服务：加强高标号汽油客户回访工作，尤其是留有通信方式的加油卡客户，可通过 95504 开展高标汽油用户的专项回访工作，征询客户满意度，掌握客户需求；定期在加油站开展客户满意度调查，根据客户回复意见调整服务内容。加强油品宣传与促销。多渠道宣传油品质量：通过站内广播、DM（直接广告）宣传单、站内广告位广告等；站外通过电台广播、报刊杂志等方式以全方位宣传高标号汽油的优势、特点，宣传不同类型的车辆使用什么品号的油品最为适宜，引导客户正确选择油品。刷卡消费享双倍积分：优化积分策略，长期实行持昆仑加油卡加高标号汽油双倍积分，体现加高标号汽油的优越感。开展高标号汽油促销：在现场营造商业氛围，合理画线，强化指引，重点位置悬挂对应阶段高标号汽油促销宣传画，加油赠送小礼品、抽奖、油非互动等方式开展促销。争取加客户第一箱油：通过汽车销售 4S 店、俱乐部、车友会等，通过“把第一箱油加在中国石油”等活动把新增高端汽油车辆客户抓住。12 月，公司将加油站管理处零售业务调整至营销管理处。

2014—2015 年，公司推行“一体化”营销模式，以加油站为载体，以加油卡为媒介，以落实站经理“五项权利”为抓手，实现营销策略同步、数据资源共享、广告宣传统一、促销费用统筹。坚持以市场为导向、以客户为中心、以零售为核心，努力构建“油卡非”三驾马车、“进销存”三大环节、“量价效”三种要素统筹兼顾、有机融合的工作格局。

2015 年 6 月，公司按照《专业化管理、一体化运作实施方案》要求，将加油（气）站管理处更名为油气零售处，对营销管理处、油气零售处、仓储调运处、非油业务处的具体职责进行调整，整合业务资源、调整运行机制，以市场为导向，以客户为中心，着力推进油卡非润及天然气业务专业化管理、一体化运作，持续提升企业盈利能力。

2016 年，公司树立“纯枪为王”的理念，突出纯枪核心地位，全面推进“全流程诊断与优化 2.0”，综合施策、重点培育，持续打造黄金终端，提升运营效率，按月考核加油站投运率及单站运营天数指标。以卡为媒，借力九洲集团锁定北斗导航用户群体；借助汽车生产厂、经销商、车管所等渠道，为客户办第一张卡、加第一箱油。

2017 年，四川成品油市场供需矛盾扩大、价格竞争升级、利润空间收窄、能源替代加快。为有效扭转不利局面，挽回客户流失减量减效，按照“贴近对手、梯次作价、增量增效”的原则，公司在进出川沿线区域实施交界市场零售竞争同价策略，提升交界市场份额。

是年，公司推行电子券业务，全面推进“油卡非润气电”一体化促销，实现自营加油站电子券营销全覆盖，带动油品关联交易量 7.9 万吨、非油关联收入 7489 万元。

2018 年，公司以效率提升为导向，优化运行体制，将加油站检维修、改造计划编制等业务划归零售专业线，油品损耗管理职责调至质安专业线监管、归类，相关专业线实施，纵横管理界面更加清晰。完善激励机制，配套“决胜千万吨”“五大攻坚战”激励保障，将板块额外量补贴、增量奖励、电子券政策放权基层，精准奖励纯枪上量、店销增收先进单位。

是年，公司建立纯枪、店销上量激励机制，坚持千万吨级销售目标不动摇，紧盯年度销售目标，加大纯枪销售和非油店销激励力度，重点对实现超量、超额销售的加油站和便利店予以奖励，最大限度地激发全员争做贡献的积极性，每月从工资总额中按时兑现，超奖欠罚，实现激励的及时性和有效性。

2019 年，四川省成品油市场供需矛盾加剧、低价资源冲击、终端竞争激烈、自然灾害频发。公司坚持“抢市场、提纯枪、控支出、增效益”的工作方针，坚持量效兼顾、效益优先原则，推进精益零售，优化营销支出结构，减少直降普降，集中促销资源实施精准策略，提升营销效果。按照加油站定位，在“量效双高”市场控制力较强的区域，原则上不得开展价格优惠促销，通过提升服务、管理等巩固或扩大优势地位；在“量低效高”“量效双低”市场控制力较弱的区域，精选竞争站点抢量增效；在“量高效低”的区域，全力处理好竞合关系，维护好市场秩序，提升整体效益。

二、零售策略

1989 年，公司重点保障平暴安民、救灾、支农、重要生产资料和生活资料运输、重要节日等用油需求。

1990—1998 年，公司在正常促销、安排市场供应的同时，开展上门开票、送货上门、延长营业网点时间、简化购油手续等便民服务，做好油品供应，稳定扩大油品销量。

1999 年，公司抓住市场机遇开展零售工作。一季度利用国家将开征燃油税的不明确信息，巧抓机遇，扩销创效。7—8 月，油品市场需求不旺、销售疲软，公司及时制定“定价定量”经营策略，9—12 月，针对销售形势趋旺，出现价量双增而资源趋紧的市场情况，采取以进定销的经营策略，提出销售工作中“三个严禁”（严禁赊销、严禁趸售、严禁卖负库存）的规定，确保重点用户和零售油品供应。

2000 年，公司网点设施快速发展，新建加油站 44 座，收购 190 座，控股 7 座，改扩建 1 座。零售量随着网点大增而大幅增长。

2001 年，公司宣传和推销高标号汽油，高标号汽油销售量达 18.14 万吨，同比增长 26.35%。注重正确处理量价关系，采取“零售价格保持相对稳定”的价格策略，提高吨油收入。

2002 年，公司在攀枝花召开首次零售工作现场会，总结推广代表公司零售经营管理水平的“攀枝花经验”，实行“加油站分类、市场分片、客户分群”的零售经营管理办法，研究制定按销售收入 1‰开支促销费的零售促销措施，终端环节效益贡献率有效提升。

2003—2006 年，公司探索零售上量增效的新途径，转换零售经营机制，提高零售增长率。开展加油站小额配送，实行 24 小时全天候送油上门服务，最大限度地将批发机构用户转化为零售客户。根据市场控制力和竞争激烈程度，因站制宜，实行一地一策、一站一策。对市场丢失严重、竞争激烈的零售市场，主动出击，采取一对一、点对点、片对片的竞争策略，通过价格和服务手段展开竞争，推动零售上量，提高零售市场份额。对市场控制力相对较强的零售市场，确保零售价格到位，促进零售增效。对口岸价值高、销售前景好的社会加油站，通过有意识地开展点对点竞争，创造条件进行收购，降低加油站收购成本，减少竞争对手。

2006 年，公司印发《加油站客户代存油集中管理办法（试行）》，规范客户代存油销售行为。加油站客户代存油专指在成品油零售业务中，客户已支付款项、所有权已发生转移，但根据客户要求由我方暂时保管、在以后时段分次提取的油料。客户代存油销售对象主要为党政机关、事业单位以及经营效益较好的大中型企业和重点工程施工单位等。

2007 年，公司突出零售工作重点，狠抓终端直销，狠抓出机销售，组织开展“零售促销上量劳动竞赛”活动，第一次组织全省性大规模的“加油站夏季酬宾促销”活动，经过认真策划、精心组织，活动取得较大成效。活动期间，参加酬宾促销的 450 座加油站出机量同比增加 3.1 万吨，增量带来效益 1566.6 万元，实现量效双增和扩大影响的预期目的。

2008 年，公司加强客存油销售管理，原则上停止客存油销售，对少数政府等单位确需销售的，必须上报公司营销处审批，其他客存油销售一律停止。对已经售出的客存油逐月减少、逐步消除，实现客存控制目标。清理冻结超过一年未发生变动的加油站客存账户，坚决杜绝加油站代收客存销货款和预收款、代客户保管发油凭证、串户发油以及负代存等违规行为。

针对不同时期的资源状况和市场形势，结合目标进度，公司合理下达月度控销计划或促销计划，每日编制销售计划执行检查表，每周编写一期市场动态，每月召开经营活动分析，实时跟踪计划执行情况。11 月出现全国性成品油资源短缺，公司及时启动应急预案，上下协同作战，加强资源调度和营销组织，加强内外协调、信息报送和应急值班等工作，维护市场稳定和舆情稳定，得到总部、各级党委政府和社会公众的好评，公司荣获中国石油销售公司“保供先进单位”称号。

2009 年，面对国际金融危机冲击和价格形成机制调整的挑战，公司实施“促销、上量、稳价、增效”的方针，开展“上销量、保增长，强基础、促发展”劳动竞赛，根据市场变化适时调整营销策略；通过强化终端销售、开拓机构用户、实施差异化营销、推动全员营销等措施扩销增效，市场份额77%，终端销售比例达89%，综合价格到位率达98.77%。

2010年，公司开展零售客存油销售业务转加油卡业务工作，规范发卡和刷卡管理，提高客户刷卡成功率，提升客户用卡满意度。

是年，为加快国Ⅱ汽油置换进度、改善汽油销售疲软现状，公司开展为期3个月的汽油促销活动，由公司提出整体方案和要求，各二级公司制定活动细则组织实施。

2011年，公司优化调整销售结构，扩大零售，加强高标号汽油促销，提高价格到位率，销售质量和效益明显改善，终端销售比例、零售比例和高标号汽油销售比例分别达到91.9%、84.1%、90.5%，综合价格到位率99.8%。

2012年，坚持以市场为导向、以客户为中心，创新客户服务管理体系，完善市场分析监测机制，开展"比学赶帮超"活动，市场竞争能力和持续盈利能力显著增强，成都公司销量超过百万吨，6家二级公司销量跨过35万吨。坚持优化结构、效益领先，终端销售比例、零售比例和汽油销售比例分别达到90.5%、82.7%和37.9%，综合价格到位率达100.3%。

2013年，公司提升零售业务质量，落实劳动竞赛、高标号汽油奖励等10项激励机制，开展"3·15消费者感恩回馈"等促销活动，单站日销量同比提高0.54吨，汽油纯枪量、高标号汽油纯枪量分别增长14.5%、35.8%。

2014年，公司以市场为导向，精心策划贺岁季、踏青季等六大主题促销活动，配套完善市场份额问责、超销奖励等激励政策，突出高标号汽油销售，全年新增97号、98号站点121座，销售高标号汽油69万吨，同比增长30.6%，其中98号汽油销量0.98万吨，增幅287.4%。

2015—2019年，公司坚持"量效兼顾，效益优先"原则，根据年度加油站促销活动总体方案，在全省开展系列主题促销活动，实施多元化促销提升销量。

2015年9月28日，支付宝服务窗"中国石油掌上营业厅"在全国正式上线，在支付宝九宫格中对客户开放。为发挥线上平台的作用，促进零售客户的开发和充值消费，公司与支付宝公司联合开展为期90天的"中国石油·支付宝为全国人民加油"支付宝加油卡充值促销和宣传活动。

2016年，公司应用市场价值贡献分析工具，完善量价效额分析模型，向目标市场、厚利产品精准发力，19家单位销量同比增长，成都、成品油、岷江、凉山等4家公司销量跨上新台阶，公司销售高标号汽油103.6万吨，同比增长18.9%。

2017年，突出高标号汽油销售，新增98号汽油站点211座，累计达到309座，实现销量4.3万吨，同比增长304.1%。

是年，结合公司电子券项目整体推进计划安排，公司开展电子券推广活动。电子券核销金额增长带动油品关联交易和纯枪销量提升，其中："金秋送爽"带动纯枪销量3.5万吨，同比增量7.8万吨，增幅5.2%；"岁末感恩"带动纯枪销量5.6万吨，同比增量2.7万吨，增幅3%。图3-4、图3-5所示分别为2017年公司开展自主销售活动成果及开展跨界合作情况。

2018年，电子券营销业务作为"油卡非润气"一体化营销的重要工具，在应对竞争、提量增效和油非互促等方面发挥重要作用。公司明确："一季度电子券兑现政策为关注、绑卡、充值三类，电子券在结算时抵现金使用，主要用于汽油和非油品的消费，区内公司电子券优惠幅度不超过 5%，区外不超过 10% 的电子券核销金额总部均予以认可。”公司 2018 年一季度充值赠券，个人记名卡充值金额 27.84 亿元，核销电子券 1.24 亿元，优惠幅度未超过 5%。

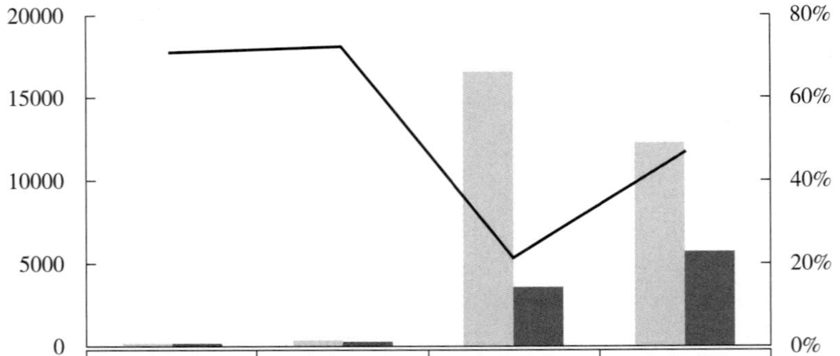

	踏青季	清凉一夏	金秋送爽	岁末感恩
送金额（万元）	58.11	322.79	16527.17	12233.26
核金额（万元）	41.15	232.7	3529.16	5663.82
核销率（%）	70.81	72.09	21.35	46.30

图 3–4　2017 年公司开展自主营销活动成果

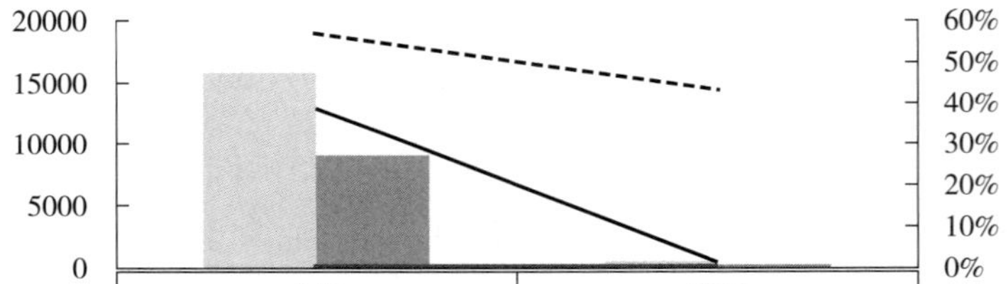

	人保	农行
派券金额（万元）	1584.3	50
核销金额（万元）	895.6	21.6
关联油品销量（吨）	1278.4	41.6
触达客户（万人）	1.2	0.1
核销率（%）	56.53	43.20

图 3–5　2017 年公司开展跨界合作情况

2019 年，公司强化市场、客户、对手、策略研究，精心定位每座站功能，实施“面稳点狠”进攻型、针对性策略，突出营销支出控制、客户开发、油站上档升级、服务质量提升，推动纯枪提量增效。开展“攻坚克难创佳绩·喜迎建国七十年”营销活动，全力拓市场、提纯枪、增效益，圆满完成各项攻坚目标，顺利实现“时间过半任务过半”，批零互动、扩量增效。

2000—2019 年，公司零售环节汽柴油销售（自营纯枪）8557.25 万吨，其中，汽油销售 4062.06 万吨、柴油销售 4495.19 万吨（见表 3–4）。

表 3-4　2000—2019 年中国石油四川销售分公司汽柴油零售销量明细表

年度	汽柴油零售总量（自营纯枪）		
	合计（万吨）	汽油（万吨）	柴油（万吨）
2000	109.49	46.01	63.48
2001	100.54	48.24	52.30
2002	102.99	49.02	53.97
2003	131.31	55.20	76.11
2004	201.35	69.27	132.08
2005	258.47	84.75	173.72
2006	326.67	99.21	227.46
2007	358.54	115.89	242.65
2008	428.08	136.40	291.68
2009	409.01	152.04	256.97
2010	487.97	183.96	304.01
2011	541.08	213.04	328.04
2012	577.51	251.10	326.41
2013	614.24	286.31	327.93
2014	623.32	308.86	314.46
2015	636.29	349.20	287.09
2016	654.53	393.78	260.75
2017	666.17	409.53	256.64
2018	667.66	413.42	254.24
2019	662.03	396.83	265.20

第二节　加油卡业务

一、加油站 IC 卡建设

2001 年，公司完成成都市区加油站 IC 卡的安装工作。

2002 年，为配合 IC 卡工作的实施，公司制定《加油站 IC 卡运行规程》，分两批次完成 853 座加油站 IC 卡改造工作。

2002—2004 年，加油站 IC 卡一期改造工程进入试运行阶段，实现股份公司与公司、公司与市（州）公司之间的主干网连接，初步建立企业的信息网络。

2003 年，公司第一批进行 IC 卡改造的 38 座加油站通过销售公司专家组验收，并具备营运条件，标志着公司零售经营的科技含量提升和零售竞争手段拓展。

二、加油卡业务推广

2006年，股份公司与中国工商银行联合召开牡丹中油卡项目电视会议，启动牡丹中油卡业务。

2006—2010年，公司宣传推广牡丹中油卡销售，执行股份公司规定的牡丹中油卡加油1%优惠政策，发展持卡用户，提高刷卡交易量。

2009年，根据集团公司《加油卡运行业务管理规程》和《成品油销售企业组织机构设置规范》相关规定，公司设立加油卡管理中心，主要负责加油卡需求统计、领用、保管、分发和生命周期管理，负责加油卡宣传和营销，负责加油卡客户开发、管理和服务，负责加油卡业务运行管理，负责清分管理，负责加油卡系统异常交易的调整等工作。按照“卡业务跟随零售业务走”的原则，营销管理处加挂加油卡管理中心的牌子。

11月，随着加油站管理系统部署建设的有序推进，公司完成加油站部署上线576座。公司制定《加油卡推广进度计划》，加强运行过程的监控，充实卡业务人员，明确加油卡业务各环节岗位人员职责，在运行过程中强化培训，确保推广过程的顺利进行。

2010年，公司确定中国石油加油卡推广三步走方案：第一步发内部员工，总结经验、发现并整改问题；第二步推广到中国石油系统的内部员工和单位；第三步再与媒体合作，宣传推广。

公司开展零售客存油销售业务转加油卡业务工作，规范发卡和刷卡管理，提高客户刷卡成功率，提升客户用卡满意度。开展“世博微笑服务”中国石油加油卡促销活动，推广中国石油加油卡，增加中国石油加油卡市场认知度，提高中国石油加油卡发卡量，促进零售增量。

公司确定加油卡折扣管理中加油卡消费折扣基本原则、折扣加油卡审核办理流程以及加强折扣加油卡消费监控等要求，加油卡系统中统一制定供单位客户或个人客户绑定的0.5%、1%、1.2%、1.5%、1.8%和2%等折扣合同。8月，公司正式启用加油卡业务分析监控系统。

10月，公司与四川省农业厅在成都签署《战略合作框架协议》，双方联合推出国内首张专门针对农民的多功能加油优惠卡——中国石油（四川）农机加油卡。

截至12月末，公司97%的加油站完成加管系统部署上线运行，有40余万张本地加油卡和部分外省加油卡在上线加油站使用。

2011年，公司紧抓加油卡销售业务，按照全年50万张的目标将发卡任务分解至各二级公司，再层层下达至片区、加油站，做到“站站有任务、人人有指标”，上下形成全员参与的销“卡”氛围。为防范加油卡违规套利，公司完善加油卡系统功能，对加油卡非正常使用进行日常监督和预警，严格权限管理，规范卡业务操作。

3月，公司正式制作新版昆仑加油卡，并根据辖区市场特点，利用新版昆仑加油卡深入开发卡的细分市场，推广卡业务。

9月，公司与四川省邮政公司达成关于“自邮一族”会员使用中国石油昆仑加油卡的相关合作事项，合作期限1年。

11月4日，公司发行昆仑加油卡达到100万张（见图3-6）。

12 月，全国昆仑加油卡积分正式启动。加油卡积分兑换商品业务进入实质性操作阶段。公司制订加油卡积分推广方案，严格执行积分只限于兑换 23 大类“积分兑换商品”的标准。积分兑换商品中的 POS 机小票和 EFT 小票全部由加油站留存。

图 3–6　2011 年 11 月 4 日，公司发行昆仑加油卡达到 100 万张

2012 年，按照“发展新客户，巩固老客户，挖掘潜在客户”的原则，公司做好加油卡新老客户开发维护工作，通过强化服务营销、完善增值服务功能来稳定和吸引客户（见图 3–7）。公司根据加油卡管理现状，规范加油卡申办及折扣申请审批流程，建立系统的卡客户档案。是年，公司在成都分公司金牛坝加油站、岷江分公司迎宾加油站、成品油分公司元华加油站试点使用加油卡自主服务终端（ACM 机），满足客户需求，降低发卡网点员工劳动强度。

2013 年，按照“加深合作、实现双赢”的原则，与四川省邮政公司合作推广昆仑加油卡。公司为邮政公司办理车队加油卡，其“自邮一族”VIP 会员所办加油卡为其名下车队加油卡附属司机卡。邮政公司办理的车队加油卡在合作时间内，原则上享受汽油每升 0.15 元的优惠，适用范围为公司所属各加油站，有效期为 2013 年 1 月 1 日至 12 月 31 日。

为保证四川省内农业生产用油供应，支持“三农”、服务“三农”，公司与四川省农业厅共同推进农机加油卡发放工作，明确在农忙时节，农机机主持加油卡加油，可优先保障供应，可获得公司加油站提供的送油下乡等增值服务；对不上路的农业机械，公司加油站设定专门的农机机主灌桶作业区。

为方便客户持卡消费，加油站可为客户代管加油卡。加油站为客户代管加油卡，是指忠诚机构大客户在公司办理昆仑加油卡车队卡后，因管理或业务运作需要，经双方协商后由公司指定所辖加油站为其保管加油卡；针对电信、移动等电子支付合作方，可由加油站使用代管卡刷卡支付分散客户的每笔加油交易。加油站为客户代管加油卡原则上仅限于昆仑加油卡车队卡客户。需代管加油卡的客户必须提出有效书面申请加盖公章，经二级公司审批同意，签署《授权委托书》后方可代管加油卡。代管加油卡客户原则上应是该加油站出机量前 50 位的忠诚大客户。

图 3–7　员工开展加油卡充值服务

9 月，随着加油卡业务的有序推进，

为方便客户，中国石油推出加油卡网上充值业务。公司作为第一批推广单位，开展加油卡网上充值业务的内部测试工作。加油卡网上充值作为一项新的业务受理渠道，相关部门掌握财务结算及充值资金账户创建规则，日常运行遵循《加油卡网上充值管理办法》要求，网上充值资金于充值次日由第三方供应商转到加油卡发卡归属地市公司对应银行账户，地市公司负责充值资金的日常核对工作。网上充值服务费即佣金由公司每月组织结算给第三方供应商。网上充值发票由客户持有效证件及加油卡到发卡地售卡充值网点领取。

2014 年，公司发行川藏线开通 60 周年纪念加油卡。

截至 2015 年 12 月 31 日，公司累计发卡 502 万张，记名卡发卡达 403 万张，成为中国石油首家累计发卡突破 500 万张、记名卡发卡突破 400 万张的销售企业。

2016 年，为共同推进公司与四川省邮政公司双方业务发展，利用双方的品牌优势和资源优势，共同延伸服务领域，经总部批准，公司制作一批“中国石油—中国邮政”联名加油卡（个人记名卡）在公司成都地区加油站进行发行。

2016 年 12 月至 2017 年，公司推广中油北斗联名加油卡业务。

2018 年，公司规范加油卡业务管理流程，全面清理加油卡系统角色权限，强化加油卡业务监控预警处理，堵塞管理漏洞，防范舞弊风险。

2019 年，为加快产融结合业务的推进，促进油卡非润一体化发展，销售公司与昆仑银行联合发行中国石油昆仑加油信用卡产品。昆仑加油信用卡实现信用卡与加油卡功能的融合，卡面搭载变形金刚、小马宝莉系列人气卡通形象，同时配备丰富的产品服务权益，发行初期仅针对公司内部员工办理。

6 月，针对市场出现的外部人员现金折价出让物流、商贸等性质企业办理车队司机卡现象，公司强化加油卡业务办理的合规性，加强监督检查，提升队伍执行力；加强培训教育，强化员工合规纪律，规避套取增值税专用发票的法律风险。

8 月，公司推广发行由中国石油与贵州黔通智联合作开发的昆仑 ETC 卡。昆仑 ETC 卡为单芯片双钱包模式，将 ETC 和加油卡功能整合在一个芯片内，同时具备全国高速公路通行付费和全国中石油加油站消费双重功能。

表 3–5 所示为 2010—2019 年加油卡销量统计情况。

表 3–5　2010—2019 年加油卡销量统计

年度	累计发卡（万张）		本年发卡（万张）		沉淀资金			卡销比（%）			加油卡折扣率（%）
	总发卡	记名卡	总发卡	记名卡	完成量（亿元）	同比增长（%）	同比增幅（%）	综合卡销比	分品种		
									汽油	柴油	
2010	43	43	43	43	4.8	—	—	12.89	—	—	—
2011	112	85	68	45	8.5	3.7	75.80	21.70	12.10	31.10	1.22
2012	178	138	67	52	11.0	2.5	29.80	28.90	14.40	41.80	1.18
2013	260	213	82	75	16.2	5.1	46.60	31.40	15.10	48.10	1.13

续表

年度	累计发卡（万张）		本年发卡（万张）		沉淀资金			卡销比（%）			加油卡折扣率（%）
	总发卡	记名卡	总发卡	记名卡	完成量（亿元）	同比增长（%）	同比增幅（%）	综合卡销比	分品种		
									汽油	柴油	
2014	352	298	92	85	20.9	4.7	29.10	38.90	16.90	65.10	1.23
2015	502	404	150	106	24.2	3.2	15.40	40.77	20.87	66.17	1.50
2016	619	500	117	96	25.0	0.7	2.99	39.71	22.19	67.05	1.51
2017	767	639	148	139	31.0	6.0	24.01	41.28	24.08	70.30	1.26
2018	954	821	187	183	34.6	3.5	11.20	45.30	28.40	75.30	1.11
2019	1181	1043	227	222	35.3	0.7	2.02	45.48	27.69	76.49	1.04

三、中国石油加油卡客服业务

2011 年，为规范加油卡客服业务运作，建立中国石油加油卡客服管理体系，明确客服部门及客服人员日常工作职责，建立统一客服标准，给客户感受统一的服务体验，提高服务质量。

客服业务目标 客服业务通过提高客户满意度、提升客户忠诚度，促进加油卡发行，提高零售盈利能力；通过便捷的服务渠道和多样的服务手段，缓解企业和消费者矛盾，避免产生极端事件，承担起企业的社会责任。通过客服业务的运作，建立“大客服”概念，重视客服工作，把提高客服质量，落实到管理制度和业务流程中，做到“服务领先”，提升客户忠诚度。

客服管理体系 客服业务管理组织体系贯穿于中国石油销售公司、地区公司、客服中心。中国石油销售公司是加油卡管理部门，负责组织、协调和归口管理客服业务。地区公司是加油卡管理部门，归口管理本地区客服业务，设置专岗，负责本级及二级单位的客服业务管理，接受中国石油销售公司加油卡管理部门的监督和指导。客服中心是中国石油销售公司的客服功能单元。

客服运作机制 加油卡客服业务采取“统一平台、集中受理、分级响应、全国联动”的运作模式，服务时制 7×24 小时。建立全国统一客服平台（设置在北京），集中受理全国各地 95504 客服电话。加油卡客服中心将为客户提供咨询、查询、挂失、客户信息修改、业务提醒关怀等服务，将集中受理全国客户的信息反馈。95504 统一受理各地区客户服务请求，客服中心通过与中国石油销售公司、各地区公司、二级单位、加油站 / 发卡充值点相互协同工作，联合处理问题，满足客户的服务要求。

第三节 零售运营优化

一、低销低效加油站治理

2002 年，公司加强对未营运加油站清理，需实行风险抵押、夫妻站、“三包五管理”等搞活经营方式的小站，实施方案经公司相关职能处室批准后执行。

2003年，公司探索和推广年销量500吨以下小站承包经营工作，实施“三包五管理”管理模式，即包销量、包费用、包吨油含量工资，管设备及安全、油品数质量、销售价格、加油站资产和规范管理。截至年末，公司推行小站承包经营的加油站260座，占全部营运加油站总数的24.73%，260座加油站承包后日均增加销量131.91吨，全年承包加油站实现零售增量1.88万吨。

2004年，公司全面推动加油站分级分类管理，按照“做强大站、整治小站、消灭亏损站”的工作思路，对小站和亏损站继续实施承包经营。

2005年，公司优化调整加油站。低效加油站大多位于偏僻乡镇，存在先天的设计缺陷和安全隐患，诸如安全距离不够、地上明罐或高架罐、加油机安放在室内或门面内。为数众多的低效加油站为“带病”或“带险”运行，日加油量偏低，人工费用在经营费用中所占的比例偏大，运营效益低下。关闭低效站可在一定程度上降低加油站运营成本，提升加油站的安全管理和规范管理水平。全年关闭低效低量站26座。

2008年，为增强零售网络竞争力，提升零售网络整体运行质量，提高加油站综合效益水平，降低加油站运营成本，根据销售公司《关于优化调整低效加油站的指导意见》要求，公司成立优化调整低效加油站工作领导小组，开展低效加油站优化调整。

优化调整范围为公司所属全资加油站和租赁加油站。优化调整的主要对象是低效加油站，低效站主要包括低量无潜力站、竞争无效站、运行亏损站三大类。低效加油站是指特定条件下形成的，位于一定区域内销量低、运营成本偏高、市场潜力差、创效能力低的加油站。

优化调整的基本原则：区域内零售市场不丢、单站日销量显著增加、零售总量保持正常的增长幅度、零售比例不降、销量不降、加油站运行成本有所降低、整体效益有所增长的原则，同时，能有效消除安全隐患，有利于提升公司整体形象，不影响社会责任的履行，各二级分公司交界市场能得到统筹优化以及能持续优化的原则。

优化调整主要方式：优化调整低效加油站的主要目的是解决“串糖葫芦型”、无前景和效益差的加油站。优化调整的方式采取关闭、停业、间隙开业、合并管理、退租等5种方式。

是年，公司梳理1430座自营加油站，对160座低效加油站采取关闭、停业和退租方式进行优化，对475座营运加油站采取合并管理、间隙开业、弹性排班等形式进行管理优化。优化调整后，公司自营加油站由1430座调整为1242座（含45对合并管理站，不含停业站79座），其中，全资站1166座、控股站19座、租赁站57座。优化后的单站日销量（出机量）由优化前的8.35吨提高到9.65吨，增幅15.57%。

2012年，公司对2011年出枪量在3000吨以下的590座低销加油站实行“两包两定一统一”承包经营管理，即包年度销售任务和吨油费用，定人员编制和吨油工资标准，统一管理标准。

以加油站上一年度完成销售量、结合连续两年销售增长比例为核定依据确定销售任务。对加油站的水电费、日常维修费、卫生费、差旅费、促销费实行定额承包。以承包前2年的实际支出为核定依据，测算月平均费用水平。在测算的平均费用基础上考虑物价因素，以缩减4%—8%为承包费用额度。一站一率，超额自付，结余奖励。按照“增人不增资、减人不减资、增量必增资”的原则，确定承包站用工人数和工资总额基数，以量定员、以量定资，按上一年度零售量为依据核定吨油工资基数。等同非承包经营管理加油站进行管理，执行加油站管理规范和公司各项规定。为保证加油站运营安全、管理标准不降低、服务质量不打折，加油站总人员至少保证3人，除承包经营管理者外，其余人员可采取不同用工方式予以保证。

承包经营管理合同一定3年，一年一签，签订年度《承包经营管理合同》和《HSE合同》，公司统一合同基础文本。当加油站年出机量超过3000吨时，相应调整定员标准、增加工资总额，原则上每增加800吨增加1人。

2013—2015年，公司开展低销低效加油站治理工作。低销加油站一般是指年销量在3000吨级以下的销量小站，低效加油站一般是指投资回报率低于5%的加油站（含亏损站）。由于形成原因不同，低销低效站采取不同的治理方法。2014年，公司低销站257座、低效站115座、负效站129座，分别比上年底减少116座、19座、169座。双低站治理贡献纯枪增量6.9万吨，账面减亏3717万元，公司获中国石油双低站治理先进单位。截至2015年底，公司低销低效加油站总数下降196座，减亏6000万元。

低销站开展全流程诊断与优化。低销站由于外部环境变化或内部管理水平等原因造成销售能力的下滑，因此低销站治理重点从提升加油站销量入手，从客户开发、现场作业、内部管理3个方面开展全流程诊断。通过量化指标测算，查找制约销量提升的瓶颈环节，科学制订增量提效方案，挖掘加油站销售潜力。其中，现场作业围绕“进站、停车、沟通、加油、消费、付款、开票、离站”8个环节，内部管理围绕“绩效管理、系统操作、站内巡检、计量盘点、交易支付、账表记录、接卸油品、清点现金、非油点货、设备管理”10项工作。

低效站做好加油站“四定四包”工作。低效站由于前期投入较大、运转成本较高，而经营收入却低于支出的原因造成创效能力低下，因此低效站治理重点从提升加油站效益方面入手，按照加油站经理责任制“四定四包双挂钩”模式，做好加油站单站核算，在加油站层面建立涵盖加油站销量、收入、成本、费用、价格、库存、利润等指标的预算管理体系，科学测算盈亏平衡点，寻找效率效益提升点，通过算好“量、本、利”三本账，挖掘加油站创效潜力。

2016年，根据销售公司《关于深化“十三五”期间双低站治理工作的指导意见》，公司制定《2016—2018年双低站治理工作方案》，推进双低站治理工作，加快企业转型升级发展步伐。

创新运营模式。持续完善经营目标责任制，约定经营目标及吨油兑现标准。通过竞标竞聘等方式，将加油站经营管理权承包给最适合的内部员工个人或团队，调动员工积极性，实现双低站绩效提升。推进集体企业委托经营，在所有权和经营权不变的前提下，将加油站服务与管理委托给公司下属集体企业运营，实现减员增效，2016年9月底前实现集体企业委托管理全省推广。探索实施员工转制委托管理，在所有权和经营权不变的前提下，通过签订委托管理合同，将加油站交给转制员工成立的服务公司管理，2016年底前，员工转制委托管理试点站达到10座。有序开展对外租赁，在公司加油站所有权和管理标准不变的前提下，将关停站或部分土地、房产、设备等租赁给第三方经营，盘活低效、负效资产。持续推进合资合作，以关停站、闲置土地或部分双低站等实物资产和中国石油品牌等无形资产作价入股，与具有较强经济实力的企业，成立类似于中油交投、中路能源的合资公司，共同经营加油站。尝试品牌输出模式，在全省选择15座销量较大、管理规范、硬件较好、与公司不形成竞争关系的社会加油站，按照互惠共赢原则，输出公司品牌、管理、技术和服务，独家供应成品油，实现零售网络的低成本拓展。

完善激励机制。充分调动各单位和广大干部员工投身双低站治理的积极性和主动性。在绩效考核方面，对班子继续实施治理业绩与年度合同挂钩考核办法，直接兑现奖惩，同时推行双低站滚动治理，将上年摘帽站点销项存档，将新增站点纳入下年度治理计划；对加油站经理和员工，实行增量增效梯次奖励，确保平均工资水平略高于同等规模站点。在财务费用方面，优先保证双低站隐患整改和设施设备配置需要，逐步建立从量从费、费随量走、量增费增、量减费减的动态费用管理模式。在人事劳资方面，对员工用工身份转换结余的工资总额，可按一定比例留给二级公司使用；对因网点增加和销量增加确需增加用工人数的站点，可按照增量增效与增人相匹配的原则适度予以增加。在选人用人方面，打破身份界限、单位界限和区域界限，竞聘竞标相结合、机关基层相结合、个人团队相结合、内部外部相结合，不拘一格选人用人。在其他方面，保持政策连续性，目标责任制期限一般为 3 年，员工转制委托管理首次合同期限一般为 5 年，鼓励员工安心经营；落实加油站经理五项权利，强化加油站经营管理团队和加油站经理的“商人”意识，扩大经营管理自主权，结合实际赋予用工自主权、二次分配自主权、包干范围内费用支配权和权限内的营销自主权，提升履职能力，着力打造一支职业经理人团队；完善评价体系，合同期满，评估达到标准的，优先续签合同；公司建立双低站治理成效季度分析通报制度，3 年期满对先进单位和个人予以表彰奖励。

优化运营网络。优化加油站网络布局，降低公司运营成本。对双低站开展全面系统的分析，量化评价其市场价值，明确方向和出路。对扭亏无望的，实施“迁建、租赁、关停”等策略；对有发展潜力或战略价值的，采取“改建、扩建、合作”等措施；对所处区域市场控制强、加油站密度大，单站日销量不足 1 吨、扭亏无望、无发展潜力的加油站果断关停；对处于偏僻乡村道路或夜间加油车辆少的双低站持续实行间歇停业；对因规划变更或公路改道形成的双低站，以及因销量萎缩关停的小站，主动与地方政府协商谈判，采取点位补偿置换、资产等价置换等方式，让低效无效资产重获新生。内部竞争相对激烈的部分站点，进行功能定位优化，采取租赁、股份制合作等形式，与昆仑能源、国家电网等内外部企业合作建设加气站、充电站；部分双低站改建为昆仑好客专营店、咔咔汽服店及特色非油店。

问诊优化现场。以挖潜增效为治理双低站的突破口，全面实施全流程诊断与优化 2.0 方案，对双低站进行“全网络、全生命周期、全产品价值链”诊断分析，建立台账，动态管理，持续优化。坚持加油站抓“初诊”、二级公司抓“复诊”、公司抓“确诊”的诊断优化工作思路，对每一个站点进行全流程诊断与优化。2016 年 9 月底前，所有双低站完成初诊。10 月底前，公司组织 100 位专家，对双低站进行会诊、确诊。查找影响效率效益提升的关键环节和部位，从技术改造、非油增收、形象提升、流程优化、强化服务、完善机制、机关帮扶、控费降耗、小额配送等方面开出“治病良方”，提升销量和效益。

营销增量增效。紧盯客户和竞争对手动态，按照“油卡非润一体化”模式，持续开展主题促销、组合促销、常态促销，按周进行增量效果评价，按月进行促销效益评价，适时调整促销策略，实现量效双增。片区与加油站大力实施站外营销，通过小额配送、桶装、关系营销等，延展加油站辐射范围，引导发展油非固定客户。认真分析双低站所处的市场环境，加强与周边加油站的联动营销，明确各个加油站的战术定位，用大站带小站、小站策应大战的方法，采取灵活的营销方式，整体提高市场竞争力。强化处于达销期的双低站治理，通过市场开发、提升服务、开业促销、油非互动等举措，力争第一年达销率实现 50%，第二年突破 80%，第三年 100% 达销，为双低站治理减轻压力。

节支降耗增效。在推行单站核算的基础上，同步开展双低站费用对标分析，围绕人工费、维修费、租赁费、油品损耗、折旧摊销等费用指标，与本单位的同吨级站指标进行比对，找准造成双低的主要病因，采取针对性措施，防止成本“高血压”，止住效益“出血点”。在日常经营中，通过优化排班、推广自助，减少用工和工资支出；通过班组间水电费交接，明确开关照明、空调时间，降低不合理水电费开支；定期检定计量器具，严格配送超耗索赔，严防油品跑冒滴漏，增加油品升溢；租赁站吨油租赁费偏高，销量提升有限，与出租方协商降低租赁费。坚决将明显高出正常水平的双低站费用控制下来。

技改增销提效。把双低站治理与网络开发结合起来，对市场容量大、发展前景好的区域，预计回报率达到投资标准的，根据本单位网络开发工作的整体安排，协调政府相关单位，尽快开展改扩建工作。对由于设备陈旧、形象差，通过包装改造能提升销量的加油站，投入专项资金进行整治。将拓展非油业务作为双低治理的有效途径，优先将闲置土地和站房改为便利店，加油站房间多、单间面积小的，腾空打通，增加非油营业面积，确保 2016 年双低站非油开店率达到 90%。同时，树立“早投运早创效，多运营多创效”意识，建立跨零售、工程、安全等专业线的一体化改造统筹机制，严格落实加油站运营天数管理方案要求，严控工期，严把工程质量，严格运营各环节的时间成本监管。

强化亏损站清理。把清退作为双低站治理的一种途径，落实资产轻量化的要求，对一些净现金流为负、连年亏损、多种方式治理无效、扭亏无望、转型无门的加油站，按规定进行资产处置。对无迁建、重启价值的闲置资产，以及长期关停、无恢复营运可能的加油站，财务部门按照资产轻量化要求，进行报废、转移或拍卖，回收部分资产价值。对投运满 3 年，亏损巨大、扭亏无望的亏损租赁站，依法进行清退，终止租赁合同，把损失降到最低。

精准组织“挂包帮”。按照公司党委精准“挂包帮”工作安排，两级公司领导班子成员和机关干部要定点帮扶 1 座双低站，3 年一轮换。帮扶干部严格落实“八必做”工作要求，即每季度到站做 1 次帮扶、做 1 次“形势、目标、责任、任务”主题宣讲、做 1 次全流程诊断与优化、做 1 次经营分析、做 1 次安全隐患排查、做 1 次员工访谈、做 1 次基础培训、做 1 次劳动帮扶，重点剖析加油站在油品销售、非油业务、现场管理等方面存在的短板和不足，列出问题清单，明确帮扶措施，督促整改落实，确保“双低站”摘帽。各单位党委根据公司《深化开展“挂包帮”活动帮扶责任目标管理考核办法》，对机关部门、直属单位开展“挂包帮”活动情况进行考核，考核得分实行与部门年度绩效挂钩、与干部年度述职述廉综合测评挂钩、与部门参与年度评先选优挂钩，并将新出现的双低站落实到没有“挂包帮”任务的领导和干部，一并纳入考核管理。

加强经理人队伍建设。培育团队经理人，参照泸州公司陈小玲团体管理模式，以现有加油站经理和有加油站经营管理经历的机关优秀员工为主体，培育团队经理人。完善基层导向机制，倡导机关人员选聘须有加油站工作经历、管理人员选拔须经加油站经理岗位锻炼的用人导向，促进机关和基层的合理流动，让优秀人才在基层锻炼，成长为职业化的加油站经理人。搭建发展交流平台，充分发挥经理人培训学院作用，经常性地开展“普及＋提升”式培训，定期开展专项业务培训，分期分批开展交流性的外出培训，继续组织跨省、地的加油站经理交流挂职活动，全方位提升加油站经理人的业务能力和团队管理能力。

抓实风险防控。双低站治理涉及安全、环保、数量、质量、法律、品牌、用工等多方面的风险。依托综合业务支撑平台，落实专人视频监控或现场巡查，及时制止“三违”行为。加强油品配送、加油卡业务、脱机销售等检查，定时组织计量器具自检、强检，不定时组织资金检查，落实客户告知工作，防范各类舞弊行为。与地方消防、派出所、社区联合，完善 HSE 应急预案，加强应急演练，杜绝 HSE 事故。加强设施设备检维修，落实资金，消除安全隐患，实现本质安全。强化租赁站清理、用工合同、租赁合同、委托管理合同等法律风险识别，做到防控制度化、流程化、实效化。对经营目标责任制加油站实行“跑动式”管理，员工培训实现定时化、规范化、达标化，杜绝以包代管损害企业品牌形象。

2017 年，公司推进第三批次委托站共 144 座，转移员工 681 人，节约工资约 2000 万元。2017 年纳入治理的 232 座双低站，同口径减少 145 座，其中低销低效站同口径减少 61 座，低销负效站同口径减少 84 座，减亏 2784 万元。综合指标排名板块第 8 位。

2018 年，公司推进双低站继续实施“3+1”治理模式和两级机关精准“挂包帮”，年初纳入治理的 174 座双低站，同口径减少 79 座，亏损额同口径减少 1144 万元。

是年，公司有 441 座加油站实行小站承包和委托管理。公司开展小站（承包站和委托管理站）治理工作，采取抓实安防保障、加强现场管控、严控资金风险、强化数质量管控、优化用工配置、优化激励机制、加强员工培训等有效措施，切实加强管理。截至 2018 年末，全公司 585 座小站，摘帽 44 座，完成小站治理攻坚目标。

二、效益提升

2008 年，随着网络技术在社会上的普遍应用、加油站管理系统等信息系统在加油站的全面推广使用，以及油品市场形势的变化，加油站营运手段和方式发生改变，公司集中优化加油站运营质量效果明显。

2012 年，为持续提升零售网络竞争力，控制加油站运行成本，提高加油站整体营运质量，公司制定《加油站运营质量优化指导意见》。二级公司根据加油站销售情况、盈亏水平、用工总量等实际，制定《加油站运营质量优化推进实施细则》。按照“成熟一座、优化一座”的原则，采取承包经营管理、合并管理、倒排班管理、间隙营业、新设备应用、停业及恢复营业等方式逐站优化。

是年，公司在全省部署使用加油卡自主服务终端（ACM 机），为加油卡用户提供 24 小时全天候的发卡、充值、圈存及查询服务，提高加油卡使用的便利性，减轻员工工作强度，吸引客户办卡充值，促进零售增量。

2013 年，公司制定《加油站综合效益提升指导意见》，通过加油站现场调研、收集加油站员工及顾客的建议意见，开展加油站经理座谈会、专项整改研讨会、现场实际勘测等措施，提出设计改造增效、形象建设增效、技术升级增效、关系营销增效、服务营销增效、油非互动增效、油外营销增效、站外营销增效、流程优化增效、排班优化增效、机制创新增效、全员提素增效等 12 项增效措施，实施加油站系统诊断和整改，指导加油站优化各项业务流程，挖掘加油站各环节的潜力，提高加油站运行效率和创效能力，巩固区域市场的主导地位。

2014—2015 年，公司推广快捷自助加油，快捷自助加油形式分为全自助和半自助两种主要类型，加油站根据实际情况“一站一策”开展服务。截至 2015 年末，加油站员工平均劳动强度（加油工操作次数及走动距离）下降 30%，劳动时间严格控制在规定时间内，人均纯枪零售量超过 700 吨，卡销比超过 40%。

2015 年，公司加强加油站运行效率管理，增加加油准平均运营天数考核指标。在推进油气回收改造和整改提升的基础上，加强与工程部门的对接，有序安排项目开工，严格开工审批。已竣工加油站及时投运验收，具备条件加油站加快投运，以提升公司销量。

是年，为细化加油站内地面划线细节设计，打造强大现场，有效提升加油站运营效率，公司制定《加油站地面划线指导意见》，分区位划分进出口、指引线、停车加油区域、通过车道、停车位、卸油停车区和禁停区，根据加油站销量和位置实行分类管理，有效促进加油站销量、效益提升。截至年底，纳入划线范围的加油站全部完成划线工作，划线后加油站全流程标准时间缩短 15 秒。

2016 年，公司强化加油站全过程运营天数管理，制定《加油站运营天数管理（实施）方案》，通过分析加油站从诞生开始的全过程停业停工影响因素，明确每一个因素合理的停业时间，细化每一个因素的优化控制措施，减少“站在而服务能力不在”的时间，让加油枪随时都处于可加油状态，从而提高单站运营效率，增加平均运营天数。

公司按月下达运营天数管理目标，并纳入二级公司班子绩效考核。由零售部门牵头统筹存量站改造，建立职能部门横向联合、两级公司纵向互动的一体化运营站改造机制，按照错峰、错时、错线原则，分批次、分重点安排油站改造项目，最大限度地压缩施工停业天数，减少销量损失。

2018 年，公司开展夜间歇业站优化，按照“恢复一批、延时一批、优化一批”的思路，指导二级公司通过缩短夜间歇业时间和推行叫醒服务等方式，对 563 座夜间歇业站逐站优化，197 座夜间歇业站恢复 24 小时营业，每日夜间贡献纯枪增量 61 吨。开展关停站再梳理再投运，对 53 座长期关停站进行分类处理处置，4 座重启，4 座迁建投运，20 座正在进行重启或迁建，25 座无法迁建或重启的，年底统一进行资产处置。

是年，公司结合加油站发卡实际，对 19 家二级分公司的 129 座加油站配置桌面式加油卡自助服务终端，提高加油站卡业务办理效率和服务质量。

三、消高峰

2012年，根据销售公司《加油站消高峰工作指导意见》要求，公司按照“整体布局、分站实施”的原则，制定《加油站消高峰实施细则》，首推样板站为试点加油站，按照“一站一策、因站制宜”的实施原则，客观分析试点站现状，逐站制订消高峰实施方案。实施消高峰试点加油站单站日均销量增加3吨，单次加油高峰期时间缩短近1个小时，有效降低员工劳动强度，加油服务质量和客户满意度明显提高。

实施场地划线，提高车辆通过率　通过反复测算和标定加油场地，科学划线、固定车位，实现一台加油机两侧同时停靠4辆车，做到前不挡路、后不堵车、里不受阻、外不越线，加油效率大幅提高，实现单车全部加油服务在5分钟内完成。在加油站进口和便利店门前适当位置增设非加油停车位，规范购物及办卡客户停车，避免现场拥堵。在进站地面设置汽油、柴油车道文字和箭头标识，在加油岛顶端增设汽柴油分区标识，实现车辆自助快速引导。实施高峰时期加油站管理人员引导和现场各机位员工引导的“1+N”服务法，并实行进站专职引导和现场机位引导的“双重引导”方式，实现车辆一次到位。通过实施地面划线和车辆引导，车辆驻站时间由原来的7分钟缩短为5分钟。

实施测试写实，优化排班结构　加油站以BW系统为平台，每日测定车辆进站率、单车加油量及加油高峰时段，准确界定加油站峰低谷时段，实施弹性排班，合理调剂峰低谷员工配置，适当增加高峰期员工配置，减少低峰期的现场员工，增加员工低峰时段的短时轮休频率，降低无效值守时间，有效减轻员工劳动强度，员工服务水平和现场服务效率大幅提升，客户满意度由原来的85%上升为97%，有效提升客户的忠诚度。

开展特约服务，分散加油高峰　为提高固定客户忠诚度，减少固定客户现场等候时间，加油站与固定大客户友好协商，对其实施特约服务，合理安排和调节大客户加油时段，将大客户分别安置在非高峰时段加油，将加油站的“低谷期”变为固定客户的“高峰期”，有效缓解高峰期加油压力，提高客户满意度，实现加油站运行效率与大客户满意度同步提高的“双赢”效果。

实行“错峰”配送，避免卸货影响　加强与中国石油运输公司及非油供应商协商，在确保油品和非油商品销售不断档脱销的前提下，优化调整成品油和非油商品配送时间，将资源配送集中安置在加油低峰时段，避开销售高峰期，实施“错峰”配送，有效降低因卸油作业停止发油对经营销售所造成的影响，加油站服务效率显著提升。通过开展错峰配送，加油站现场服务效率大幅提升，单站日均销量提高0.89吨。为缓解加油站高峰加油压力，公司通过实时监控相邻加油站高峰车辆流量，将加油站高峰时段车辆引导分流到相邻站加油，合理调节相邻站的高峰时段，降低高峰时段车辆的拥堵压力，有效提高加油站单站服务效率。

四、优化交接班

2012年，根据销售公司《优化加油站交接班工作指导意见》要求，公司制定《优化加油站交接班工作指导意见》，各二级公司因地制宜制定《加油站优化交接班实施细则》，通过优化加油站交接班时间，缩短顾客等待时间，提高工作效率和现场服务水平，提升加油站运行效率和创效能力。加油站交接班流程优化后，归纳为“班前三步曲”和“交接班四步曲”。

班前三步曲 第一步班前会，主要包括着装统一、工作分工等；第二步非油商品盘点，指接班加油员工对非油商品进行盘点，交班员工确认；第三步现场巡查，指交班前庭主管将本班次加油站的安全、设备、卫生、顾客数量变化等情况向接班前庭主管介绍，并共同对加油站重点部位进行巡查。

交接班四步曲 第一步系统班结，指交班加油人员和接班加油人员共同维护现场秩序，所有加油枪瞬间暂停加油，由当班前台终端操作人员点击系统班结操作，交接班双方前台终端操作人员对发票进行交接；第二步系统开班，指由接班前台终端操作人员点击系统开班操作，所有加油枪恢复加油，当班前台终端操作人员将营业现金足额投入保险柜并记录；第三步结账，指打印交接班记录，交班前台终端操作人员与核算员核对当班投币记录与油品交接班记录中现金项是否相符；第四步审签，指交接双方前庭主管核对油品交接班记录后签字确认。

经过优化时间，交接班平均用时由原来的 15 分钟减少至 5 分钟，班结锁枪时间由原来的 5 分钟控制在 1 分钟以内，加油站运行效率和创效能力得到提升。

2019 年，公司全面推广高效加油站交接班工作法，以提高加油站交接班效率，改善客户体验。

增加系统预班结环节，预班结在交班前半小时左右视客流量情况开始进行，根据系统显示问题，可提前进行处理，这是确保正式班结时能顺利快速完成班结的重要步骤。

细化非油商品盘点方式，各单位根据各站实际情况，选择采用满架交接、重点交接、图片交接、信任交接等盘点方式。

细化现场巡查交接，交接责任人为前庭主管。一般按照生产服务区域优先原则开展交接。可参照如下路线：前庭—油罐区—便利店 / 营业室—卫生间—配发电室—生活区—办公室—机房。

交接基本方式为“测、数、闻、摸”。“测”即测试，如对加油机开展提枪走字测试、应急照明等是否正常、其他设备开关是否正常等。“数”现场定置的设备是否有丢失。“闻”加油机内部、配电间是否有油气和焦糊味。“摸”现场是否还有卫生未清扫到位问题。

细化班前会内容。班前会由接班主管组织召开，如无特殊情况，站经理应参加，地点宜选择在满足安全条件的前庭区域。会议主要内容分为六个方面，即着装检查、跳热身操、前一班工作总结、传达分工、口号鼓舞、站经理讲话。

明晰交接手续。防止班组间或员工之间相互推诿，按设备、商品、系统、环境、问题 5 种项目进行交接，杜绝交接责任落实不清。

通过高效加油站交接班工作法的运用，万吨级及以上加油站交接班总时间控制在 30 分钟内，5000 吨级加油站控制在 25 分钟内，3000 吨级控制在 20 分钟内；3000 吨以下加油站控制在 15 分钟内。

五、全流程诊断与优化

2010 年，成品油零售市场竞争加剧。公司加大对市场形势的判断分析，利用加油站管理系统准确统计加油站营业峰谷时段，对符合条件的加油站继续推行弹性排班优化，集中人力，提高现场服务水平和服务效率。及时恢复营业市场环境发生好转的关停加油站，着力提升加油站整体运营质量。

2013—2014 年，公司采取加油站全流程诊断与优化，解决加油站零售工作存在的“大站销量接近饱和，缺少上量手段；小站销售能力较弱，缺少重点关注；油站上量依赖促销，可持续能力较弱”等问题。

加油站全流程诊断与优化是以实现零售业务效率、效益、品牌持续提升为目的，着眼于客户开发、现场作业、内部管理三方面的各个环节，运用量化指标，全方位诊断加油站各项业务流程，采取多种针对性措施，实现整体优化目的，并在实际应用中不断改进、提升的实践过程。其中，现场作业是核心，是决定内部管理优化方向和判断客户开发重点的主要依据。

加油站全流程诊断与优化按照“先试点、后推广”的实施步骤，“一站一策”的实施原则，采取“分析油站特点、梳理现有流程、明确诊断标准、查找问题不足、确定优化措施、实施效果评估”开展流程，通过量化指标测定和分析，形成统一的诊断标准，编制诊断书，确定优化方案，持续改进提升。

全流程诊断与优化从客户开发、现场作业、内部管理三方面，以测定“六个诊断指标”为切入点，定位加油站问题环节和优化方向，从“八个优化方面”全方位优化加油站各项流程。

六个诊断指标：

全流程标准时间：测定在加油站规范服务、通行顺畅的情况下，顾客从进站、停车、沟通、加油、付款（包含消费、付款和开票环节）到离站的全服务流程所需时间，是测算制约效率提升的关键环节，找到主要症结所在。

加油拥堵指数：根据拥堵程度及持续时间测定加油站拥堵指数。通过此项指标测算加油站车辆流动性和拥堵严重程度，确定加油站优化工作模式。

加油高峰期：测定大量车辆密集加油、加油站设施高频次运转、单位时间内员工工作强度明显加大的特定区间。通过此项指标能够准确掌握加油站高峰准确时长、期间车辆的进站频次和员工劳动强度。

现有服务能力：测定在全流程标准时间情况下的理论日销量，通过与实际销量差异对比，测算加油站现有接待能力和水平，来确定加油站优化提升的幅度。

加油枪效率：测定每把加油枪高峰期单位时间内加油枪实际提枪数与理论最优提枪数的比值，是指导品号与油枪、车位与油枪优化调整方案的指标。

潜在销售能力：测算加油站在现有条件下可能达到的最大销售量。通过此项指标测定来确定加油站提量目标，制定挖掘潜在客户、维系现有客户的策略。

八个优化方面：

初始设计优化：充分发挥零售业务的参与作用，加强设计的科学性，充分结合进站规律进行合理的油岛布局设计，目的是从源头上解决问题。

设备改造优化：以方便、快捷、尊重客户进站习惯为原则，以全力提效、上量为目标，做好出入口等现场设施，以及油枪、油机、油罐、POS 机等室内外各类设备的优化，目的是针对市场和需求变化进行调整。

标识设置优化：包括车位划线、车辆行进划线、油品分区划线，设置醒目的油品标识、进站标识、临时停车位、品号分布引导标识等，使客户进站第一时间了解相关信息，享受最快捷的服务。

工作流程优化：对引导、加油、收银、开票、充值的业务流程进行梳理，以客户需求为出发点，突出重点，规范管理，优化程序，提高效率。

岗位作业优化：结合销售规律和服务项目，对加油站岗位设置、排班规律和人员安排进行动态调整，目的是发挥岗位、班组、员工的最大潜能，达到负荷合理化、劳效最大化。

支付方式优化：研究室内支付、室外收银、混合支付、卡机连接、银行卡支付、自助加油等多种灵活的支付模式，根据加油站的实际情况合理运用，目的是方便客户付款，便于资金管理，保证资金安全。

客户挖潜优化：加强对站外周边客户的调研，主动走出去，到小区、车场、企事业单位进行走访，以此增加进站车次，目的是深挖加油站潜力，提升固定客户比例。

常态促销优化：根据不同季节、不同时段、不同节假日、不同市场，针对不同客户群体进行设计最优的促销方案，促销前，重测算，确定幅度和方式；促销中，重监控、保效果；促销后，重评价、总结和考核。以此形成常态化的规律，目的是全面提量创效，增强竞争实力。

截至 2015 年底，实施优化站点单站日销量同比提升 11.6%，人均零售量增长 12.3%，非油收入增长 15.6%，发卡量提升 19.2%，卡销比上升 5.7%。

2016 年，公司在传统全流程诊断与优化工作基础上，提出基于全网络、全生命周期、全产品价值链的加油站全流程诊断与优化 2.0 模板，主要从加油站内部经营管理、加油站外部环境和加油站业务流程三个方面对加油站开展综合评价优化，根据各项运行和价值指标，对加油站实施诊断优化（见图 3–8、图 3–9）。

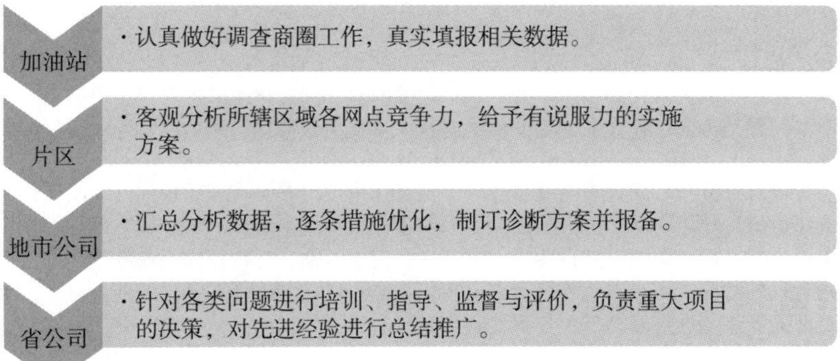

图 3–8 全流程诊断与优化 2.0 版流程

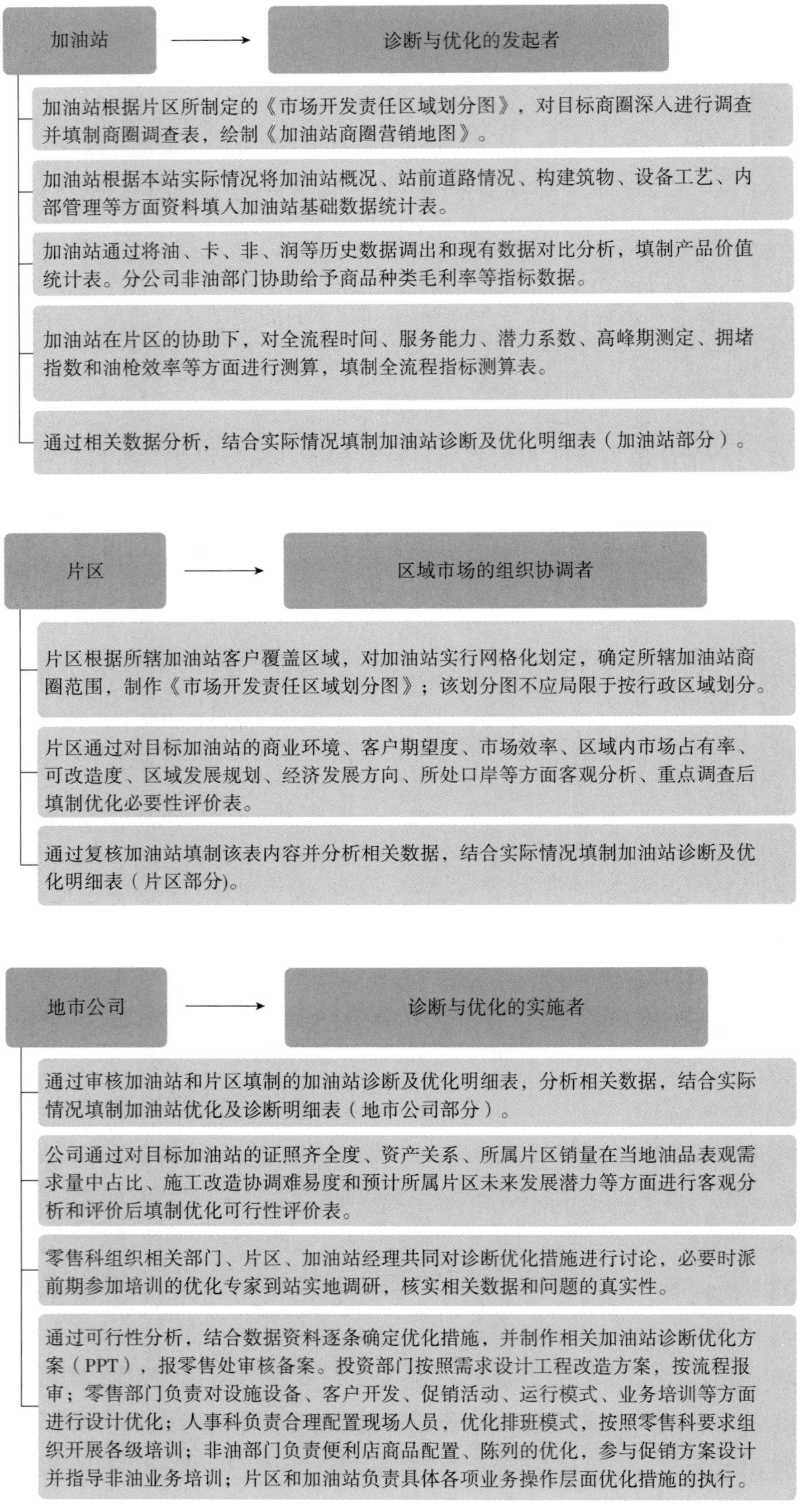

图 3–9　全流程诊断与优化 2.0 版步骤

是年，公司将全流程诊断与优化方案 2.0 版本作为加油站优化改造的前置程序，凡是未提交全流程诊断与优化方案的，一律不得进入立项审查审批流程。加油站工程改造方案设计，必须根据全流程诊断与优化方案进行。改造方案在满足相关设计要求、标准的同时，必须以解决加油站需求、优化功能布局、提升站内土地房屋设施设备利用效率为目的。

截至 2016 年末，公司开展全流程诊断站点 1126 座，完成全套优化方案站点 695 座，提出诊断问题 1.36 万项，实施优化站点 596 座，优化站点单站日销量增加 0.54 吨，相当于再造 6 座万吨加油站。

2017 年，公司全面开展线上全流程诊断与优化工作。线上全流程诊断与优化系统是销售公司根据零售业务需要，组织专业团队研发的加油站线上诊断与优化工具，已通过全国 148 座油站试点。可满足总部、公司、地市公司、加油站 4 个层级的查看及使用需求，包括数据导入、线上诊断、生成报告、使用情况统计等功能。公司 5000 吨级以上自营站每月诊断与优化一次，5000 吨级以下自营站每季度诊断与优化一次。截至年末，全省开展全流程诊断与优化站点 1357 座，占运营站的比例为 95.56%，3000 吨级以上站点全部开展线上诊断，实施优化站点 892 座，优化问题 6642 个，单站日销量增加 0.1 吨。

2018 年，公司全面开展全流程诊断与优化，诊断站点 1369 座，实施优化 845 座，优化问题 6791 个，单站日销量达到 0.1 吨，新增 7000 吨级及以上站 16 座，万吨级站 12 座。

六、卸油不停枪

2013 年，为解决城区、高速等大站卸油停枪时间长、客户流失的问题，挖掘加油站销售潜能，提升创效能力，公司成立卸油不停枪课题小组，投入研究经费近 100 万元，与高新企业合作研制新型加油机防水除杂滤芯，确保卸油不停枪出机油品质量合格、计量准确、安全可控，解决加油站卸油停枪这一行业性难题。

滤杂原理：新型滤芯外层的粗滤杂质结构为无纺纤维膜，通过其网状结构实现对大部分大颗粒杂质的阻挡；滤芯内层的精滤杂质结构为高精度燃油滤纸，其内部的滤纸纤维交叉缠绕，形成多层致密纤维网状结构，对细微固体杂质进行拦截和阻挡（图 3–10）。

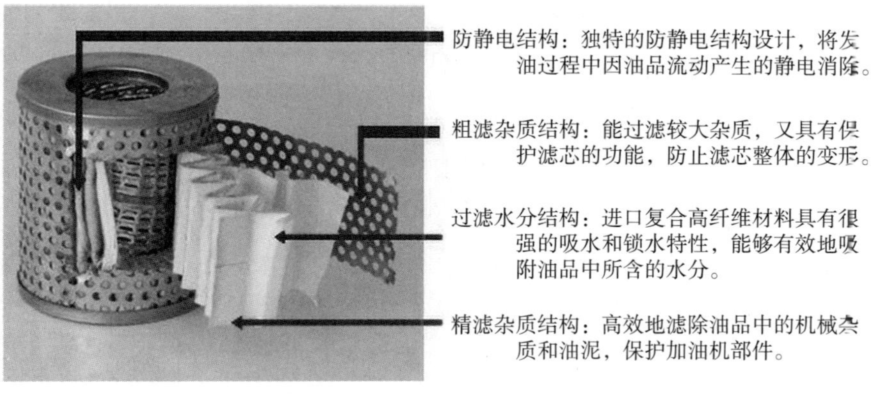

图 3–10　新型滤芯结构图

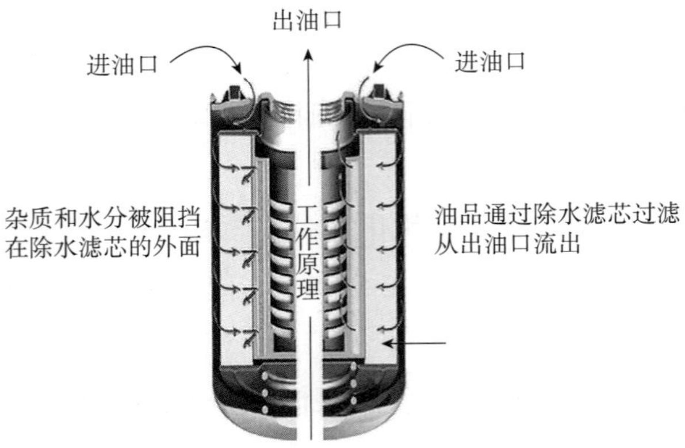

图 3–11　新型滤芯工作示意图

除水原理：新型滤芯第二层的过滤水分结构为高分子吸水材料，该材料是一种有机高分子聚合物，它的分子结构中有网状分子链，吸水材料的分子链上含有大量的亲水性官能团（如羧基等）；这些官能团通过氢键和水产生强烈的亲和作用，因而使其具有强烈的吸水性和保水性，能迅速吸收水分并产生膨胀；膨胀后的吸水材料可以堵塞油路，从而大大降低油品通过的速率和流量，外在表现为加油机加油流量的降低（见图 3–11）。

卸油不停枪基本操作流程仍按照“地罐交接”流程执行：

引导罐车进站：油罐车进站后，计量员引导油罐车驶入计量平台，并提示熄火。

安全检查：对驾驶员进行安全提示，检查卸油区和油罐车的安全设施是否齐全有效，确保罐区安全警示标志完好、齐全；周围无火种、无闲杂人员及无关车辆；罐车灭火器压力正常，铅封完好，保险销无锈蚀，抽取灵活；罐车车况良好，静电接地带与地面接触良好，卸油胶管跨接良好。

卸前准备：检查静电接地夹是否完好有效，并连接在罐车卸油口 1.5 米外与罐体接触良好的金属部位上；距离卸油口上风方向 10 米处放置 35 千克灭火器 1 具、石棉毯 1 床。

核对单据及铅封：计量员应做好三个复核，即配送单与二配系统中的配送计划核对，配送单与加油站管理系统的收油计划核对，配送单与罐车油品核对；确认罐车装油口、左卸油口、中卸油口、右卸油口、进线输油泵、出线输油泵、油泵底阀铅封完好，铅封号与随车记录本上登记一致；以上核对如果存在异常，启动应急程序。

质量验收：确认罐车已静置 5 分钟后，对油品进行质量验收。采用油罐车下部取样器取样后，检查水杂，对汽油进行水溶法检测，如发现异常情况，立即启动油品质量异常处理流程。

核对品种、连接管线：确认油品无质量问题后，核对汽车油罐内油品与即将卸入的储油罐所装品种是否一致，按工艺流程连接卸油管线。驾驶员和计量员双人核对油品品种、连接管线是否正确。

点击操作开始：卸油员通知前庭逐条锁住对应加油枪，在加管系统中录入相关数据，稳油 5 分钟后，由卸油员和驾驶员共同确认卸前高度，在站级系统后台油品收卸中点击操作开始；逐条解锁对应油枪，开始加油。在加管系统后台点击“油品补货 / 收货管理”中的“油品接收”，选择二配系统下发对应的油品接收单（如果二配系统有但加管系统无该笔单据，在接收界面中点击“新建”）；选择正确接卸油罐并核实油品品种，在油品单的“实际”一栏温度、密度、油品体积、原发重量内按照成品油配送单原发信息进行录入（系统有单据时，只在温度栏填“20”，在密度栏填“标密”）。核实无误后，点击“操作开始”，等待系统锁枪读数，确认卸前数据读取成功后点击“保存”。系统自动解锁，恢复正常加油。

卸油开始：计量员开启储油罐阀门，驾驶员缓慢开启罐车卸油阀；在卸油过程中，计量员和驾驶员不得离开现场，应集中精力监视卸油管线、相关阀门、过滤器等设备的运行情况，随时准备处理可能发生的问题。

卸后复核：卸油完毕，计量员登上罐车确认油品是否卸净，如已卸尽，关好阀门，拆卸连接管线，卸尽余油，盖严罐口处的卸油帽，拆除静电连接，整理好静电导线并对罐车施好铅封。

点击结束：卸油员应在余油回罐后通知前庭逐条锁住对应加油枪；稳油 5 分钟后，卸油员在加管系统中点击“收油结束”，输入视温、视密；逐条解锁相应油枪，开始加油。在加管系统后台对应油品单的“实际”和“油品密度”一栏中分别录入液位仪显示的实际油温和成品油配送单上的标准密度。

填写单据：审核系统收油单据，并打印加油站计量验收入库单，罐车驾驶员和计量员、监卸员共同签字确认实收数量。加油站计量验收入库单中的“差异量”升数不得大于公司规定的标准，如发生超损耗，按照公司《公路配送及零售损耗管理流程》执行。

引导离站，清理现场：引导油罐车离站，清理卸油现场，将消防器材放回原位，为卸油口上锁。

为保障新技术使用经济效益，公司规定在年纯枪销量 3000 吨以上，所销品种单罐运行，平均每 2 天卸油一车以上，卸油期间现场拥堵、存在客户流失，卸油不停枪期间销量超过 0.1 吨以上的加油站使用。其他加油站根据卸油停枪客户流失情况使用。实施卸油不停枪作业实现“三个降低四个提升”的效果：三个降低，即降低停枪时间、降低现场拥堵、降低客户流失；四个提升，即提升纯枪销量、提升客户满意度、提升企业竞争力、提升经济效益。

2014 年，公司 5000 吨以上加油站全部推行卸油不停枪作业，实现纯枪增量 5 万吨以上，卸油不停枪客户满意度达到 100%。

2015 年，公司在 673 座加油站实施卸油不停枪作业。

2017 年，公司 1240 座加油站实施卸油不停枪作业，同比增加 593 座，单站日销量平均贡献 0.11 吨，累计贡献纯枪销量 3.51 万吨。

七、上档升级

2019 年，为深入贯彻落实集团公司“四个高质量发展”和“当好四个标杆”要求，推动“线上线下互动延伸、油卡非润 +N”一体化运营，公司启动加油站上档升级工作。“上档”，是指销量效益上档，加油站纯枪销量跨台阶，双低站上量增效，持续提升纯枪规模和效益；“升级”，是指加油站服务功能升级，打造优质服务特色站，提升客户体验和品牌竞争力。

问诊优化现场　加油站全面实施全流程诊断与优化，重点查找影响量效提升、效率提升、服务体验等的关键问题，从技术改造、设备更新、流程优化、服务提升、功能完善等方面着手制定优化措施。对站前道路车流大，但场地狭小、布局不合理、枪量不匹配、运行效率不高、车辆进站率低的加油站，优先纳入防渗改造计划和一体化改造计划，实施技改、改建、扩建，推动量效提升和服务功能升级。对有增量空间，但人手不足、管理水平不高的加油站，通过优化管理团队、增加员工、推广自助等方式来提升运行效率。

完善激励机制 在吨油薪酬方面，加油站推行“基础量+增量”梯次吨油薪酬制，站经理和员工收入中吨油工资占比不低于50%，基础量以2018年平均单站日销量、非油收入结合年度实际运营天数确定，增量吨油薪酬比基础量吨油薪酬高10%以上。在人员聘用方面，以属地招聘为主，竞聘竞标相结合、机关基层相结合、大站小站相结合、个人团队相结合，建立完善大学生成才模式，鼓励机关管理人员到加油站建功立业。上档升级工作成绩突出的站经理优先提拔使用。推广加油站员工积分制，畅通员工晋升通道，业务外包的优秀员工可以转为公司员工，与各单位签订劳动合同。

强化精准促销 加油站上档升级量效是第一位的，在落实客户分级分类开发维护责任的基础上，紧盯加油站周边客户和竞争对手动态，按照“油卡非润一体化”运营要求，加强区域一体化统筹营销，持续开展主题促销、油非组合促销、电子券促销、跨界合作促销，按日进行促销增量评价，按周进行效益评价，适时调整促销策略，实现量效双增，促销幅度、周期可高于对手站点。加大会员客户自助促销力度，引导客户自助加油，提升客户忠诚度，降低员工劳动强度。拓展站外营销，通过一单一议、一客一议、满额优惠开展小额配送、桶装销售，扩大加油站辐射范围。

优化服务功能 围绕“人·车·生活”生态圈建设，以消费者为中心，持续完善加油站服务功能，结合防渗改造和一体化项目，逐步增加汽服业务、自助服务、语音互动、多元支付、智能媒体等服务项目，提升客户体验。各单位结合地域文化、民族特色、城市建设、旅游景点等实际，选择1—2座地处中心城区、交通要道或旅游景区，场地宽敞，2018年纯枪销量超过8000吨及以上的加油站，打造服务特色站，引领加油站服务提升。

组织精准帮扶 各二级公司将加油站上档升级目标站点分配给领导班子成员、机关部门和科级干部一对一定点帮扶，落实“八必做”要求，每季度到站做1次帮扶、做1次“形势、目标、责任、任务”宣讲、做1次全流程诊断与优化、做1次经营活动分析、做1次安全隐患排查、做1次员工访谈、做1次基础培训、做1次劳动帮扶，重点剖析增量增效、服务功能、现场管理等方面存在的短板，列出问题清单，明确措施，按月通报成效，推动加油站上档升级。

截至2019年底，公司加油站销量跨台阶，新培育万吨级站15座、7000吨级站20座、5000吨级站30座、3000吨级站35座。双低站治理摘帽，低销低效站同口径减少30座，低销负效站同口径减少55座，亏损金额减少2200万元。各二级公司分别打造出1—2座服务特色站。

第四节 零售客户管理

1989—1997年，由于成品油资源紧张，公司严格执行国家“控批保零”政策，按排队顺序分配供应零售客户。

1998—2001年，公司成建制上划中国石油集团公司。公司在集团公司业务指导下，逐步适应零售买方市场需要，转变“官商作风”，稳定推进对零售客户的开发，与零售客户建立长久、稳定的业务关系，通过开发零售用户，提升零售客户管理水平。

2002 年，公司开展“关系营销”，全面提高客户稳定率。树立科学的客户观，把客户作为企业的重要资源，高度重视现有客户保留，加强客户关系管理，落实客户定期回访制度，了解客户个人需求和爱好，将企业服务个别化、人性化，减少竞争对手获得客户的机会，防止客户流失，建立起企业与客户之间长期的利益共同体。

2003 年，公司转换零售经营机制，开展加油站小额配送，实行 24 小时全天候送油上门服务，最大限度地将批发机构用户转化为零售客户。

2004—2005 年，公司印发零售客户管理指导意见，在各二级单位落实客户管理人员，全面进行目标市场调查、客户调查和竞争对手调查。通过对客户资料的分析、整理，建立较为完整的全省零售客户电子档案，建立客户分级管理、联系挂钩和客户流失的责任追究制度，加强客户分析和拜访沟通，提高客户忠诚度。

2006 年，针对客户信息分散、不完整、信息有重复等问题，公司建立标准化、集中化、信息化客户信息库及关联人士名录库，收集完善客户信息，实现与销售公司客户编码和名称等信息统一。

是年 11 月，为规范客户代存油销售行为，公司制定《加油站客户代存油集中管理办法（试行）》。客户代存油实行集中管理、定点加油、额度控制、贷款收取原则，统一印刷实施证据，每月核对账务，定期与代存油客户核对签认代存油账务。

2007 年，公司开展多元化增值服务，提供延伸服务，稳定和扩大加油站定点采购客户群体；加大终端机构用户开发力度，确保把区域内新增的重点机构用户全部拿到手。

2008 年，公司加强客户管理和细分，制定统一的客户分类标准和客户关系管理办法，建立四级客户管理责任体系，推行分级管理、分类服务，稳定和扩大客户资源。重点做好大客户和高端客户开发，与省内重点工程、重大项目、重点企业建立紧密合作伙伴关系，同步提高客户占有率和收益率。

2009 年，公司印发《客户关系管理办法（试行）》，根据业务类型，将公司客户划分为再流通客户、直销客户和零售客户三大类。再流通客户是指取得成品油批发（零售）经营批准证书的批发或零售经营单位；直销客户是指所购油品从油库直接出库，价格按不高于零售价格执行的党政机关、企事业单位、工程建设等直接消费的终端客户；零售客户是指所购油品从加油机发出的终端客户。部分终端客户会随市场变化在直销与零售之间进行转换。根据客户对公司价值贡献率的高低，每一环节客户分为 VIP 客户、重要客户、次重要客户和一般客户四个等级。《客户关系管理办法（试行）》明确客户关系管理六原则。

终端客户优先原则　在客户开发过程中，要正确处理再流通客户与终端客户的关系，坚持以终端客户为主、再流通客户为辅的客户关系管理原则。

大客户优先原则　资源供应优先保证。在一般情况下，按 VIP 客户、重要客户、次重要客户、一般客户的顺序给予油品供应；在控销的情况下，VIP 客户由公司根据客户历史购油记录按比例分客户下达销售计划，重要客户、次重要客户由各单位根据客户历史购油记录按比例制订销售计划报公司批准销售。配送服务优先支持，价格优惠向 VIP 客户、重要客户倾斜。

分级管理原则 全省客户管理为四级管理体系，即公司、二级公司、片区、加油站四个客户管理级次，根据客户重要程度实行分级管理与联合管理。其中，VIP 客户由公司和二级公司双重管理；重要客户由二级公司管理（其中，对于再流通环节的重要客户，公司将专门建立客户档案，予以重点关注）；次重要客户由片区管理；一般客户由加油站管理。

客户等级动态管理原则 每年第一月对客户等级进行重新评定，根据评定价值做出相应的等级级别调整，执行对应的管理服务标准和营销策略。

统筹协调原则 同一客户对象原则上只能由一个单位进行管理，避免交叉。跨地区的客户由公司统一协调；跨片区的客户由二级公司统一协调；跨加油站的客户由所属片区统一协调。对跨区的同一客户，执行相同的销售、价格和管理服务策略。

同类价值客户执行同类管理原则 同类价值客户执行同一服务标准和同一营销策略、价格策略，在资源紧张时期，根据其历史购油记录按比例安排资源供应。

6 月，为配合营销调运指挥中心建设，公司启动全省统一的 4008 客户服务电话及呼叫平台（见图 3–12），每天 24 小时接听客户来电，按时段分为人工接听和系统自动应答。客户拨打 4008999666 按本地通话费用标准收取费用，其他长话等费用由公司承担。客服电话的受理内容分为业务咨询、业务投诉和业务受理三类，客服电话不接受媒体电话采访。该客户服务电话在四川正式开通中国石油 95504 服务热线后停用。

业务咨询的受理范围 对公司成品油业务及非油业务的当期销售政策和价格政策、业务办理流程、油品知识及数质量管理等方面的咨询。

业务投诉的受理范围 对公司经营业务办理、销售价格、服务，油品配送及油品数质量等方面的意见或建议，但不受理其他与经营业务无关的投诉。

业务受理的范围 客户需要购油或购货、送油或送货上门的服务，客存、预收款、定期结算余额等的查询业务及其他需要开展的相关服务。

2010 年 9 月，公司在全省范围内开展成品油“市场大调查、客户大普查”主题活动，全面排查市场与客户。公司把满足客户需求作为销售工作的宗旨，坚持诚信为本，不断完善服务体系，拓展服务功能，提供增值服务，以超越客户期望的优质服务创造客户满意，塑造品牌形象，努力把中国石油打造成客户信赖的首选品牌。

客户调查以加油站为基本单元，所属各单位根据辖区内客户分布密度划分责任区域，责任加油站对周边的企事业单位、汽车客运站、货运物流园、汽车 4S 店、居民小区、饭店酒店、建设工地、沙石厂、矿山、工业园区、农业产业基地、车友会、网友会等客户群体进行全面摸底，做到上门拜访、文明礼貌、方法得当、取得信任。将县域市场月需求量在 0.5 吨以上、中心城区市场月需求量在 1 吨以上的客户纳入调查范围，全面掌握客户或相关负责人的姓名、联系方式、用油机具、用油量、当前油品采购渠道及结算方式、其他需求等信息，并建立起客户信息档案。调研加油站商圈范围内（具体标准结合实际以不留空白为原则确定，如城区站可在周边 5 千米范围内）的旅游点、景区、住宿、餐饮、娱乐等旅游资源信息。对系统外加油站进行100%调查，采取逐站蹲点的方式，摸清加油站名称、所有权单位、地址、主要大客户和日销量情况，并建立起竞争对手信息档案。

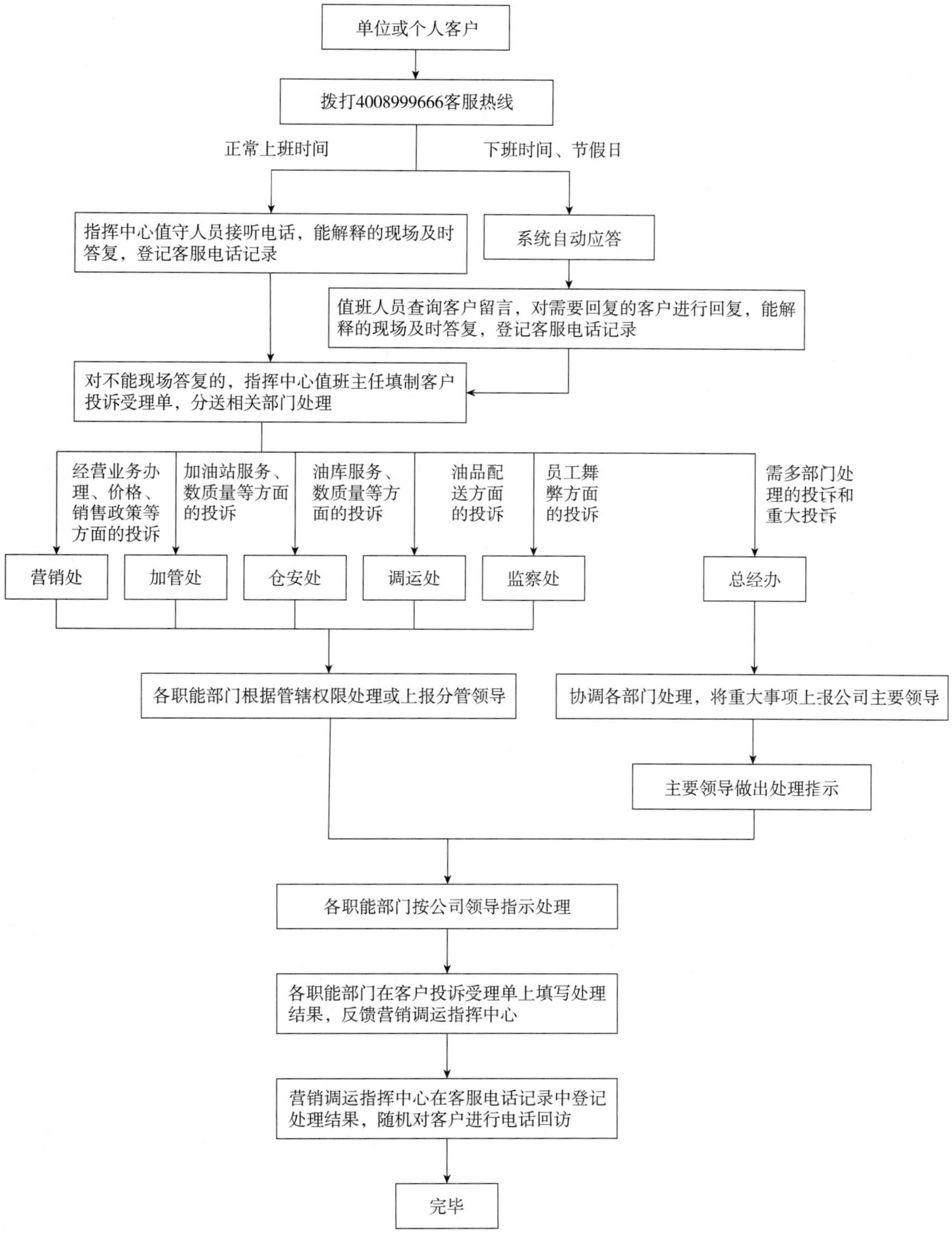

图3-12　中国石油四川销售分公司4008客服电话客户投诉受理流程图

2011 年，公司开展客户满意度测评工作，按照不同星级、类别等条件抽取营运加油站的 20% 作为调查样本，每座样本加油站随机挑选 2 名以上固定客户、5 名以上流动客户作为调查对象，了解客户对加油站服务、油品数质量方面的评价情况。为巩固全省客户资源，提升客户服务水平，公司抓住年末岁初的较好时机，组织开展年度客户拜访工作，衔接新一年购销计划。

2012 年，公司加快客户服务体系建设，开展客户数据收集、客户分级评价等工作，形成以加油站员工和客户经理两支队伍为支撑，以加油站和客户服务中心两个营业场所为窗口的销售新模式，实现销量和效益的稳步提升。

2013 年，销售公司启动昆仑加油卡客户升级工作。根据加油卡业务实际需求，加油站可为客户代管加油卡。

2014 年，为保障公司和客户的正当利益，加强资金、税收、法律等经营风险管控，对违规行为形成威慑机制，健全风险管理长效机制，公司启动客户告知工作。客户告知工作是以客户告知书为载体，将公司与客户交易相关的一些重要的、长期有效的管理规定，以书面形式告知客户，通过强化内外部监督从而加强风险管控的一项预防性工作。

客户告知书按照公司业务类别，区分批发（直销）客户和加油站零售客户分别制定。客户告知书的送达对象主要针对与公司保持经常性业务关系的批发（直销）客户和加油站零售客户。客户告知书采取两种方式告知客户：一是在公司的营业网点公开张贴，即分别在公司的批发营业室和各加油站的显著位置公开张贴固定格式的客户告知书；二是书面送达客户并由客户以签名、签章的方式签收。

2015 年，公司开展加油站客户普查活动，科学开展客户关系管理工作，摸清区域内客户和竞争对手基本情况，推动加油站上量增效。

2016 年，公司启动“市场大调查、客户大普查”活动，准确掌握四川省内成品油市场变化，跟踪竞争对手动态，夯实营销业务基础。搭建基于多元化需求的客户服务平台，坚持完善客户开发维护体系提升方案，实现客户开发维护全过程在线管理。将客户作为核心资产来经营，发挥加油站平台优势，推动其从单一的加油场所，向“绿色、安全、快捷、智能、温馨”的综合服务体转变。

是年，公司对 2014 年版《客户告知书》加油站零售业务进行精简，修改后的《客户告知书》内容修改为“六项禁令”，内容侧重于销售业务重点风险的防范，以保障公司和客户的正当利益。

2017 年，为提高客户信用管理信息化和规范化水平，公司根据股份公司统一安排，于 12 月正式启用司库平台客户信用管理系统。

是年，公司从信用管理的原则、信用评价标准及流程、客户授信的执行与跟踪以及违规行为与处罚等方面来构建客户信用管理循环体系，将风险防范从事后向事前转移，达到既利于扩大销售、又利于控制资金风险的双重目的。

2018—2019 年，按照油卡非润一体化管理提升方案要求，零售专业线开展年度零售客户普查活动，对党政机关、企事业单位、工程基建、工厂矿山、客货运输等与成品油消费紧密的单位和私营个体开展调查（私家车客户暂不纳入普查对象），全面掌握客户的车辆数量、用油机具数量、年用油需求量、办卡情况、消费动态、负责人及联系人等信息。

是年，公司做好技改站客户分流回流，技改前做好客户分流回流方案，报公司职能部门审查后实施；技改中做好围挡广告，组织员工开展站外发卡和非油销售；技改后通过定向电子券促销、媒体宣传、微信公众号、墙体广告等措施吸引客户回流，加油站零售客户流失率低于 30%，销量恢复时间再缩短 10 天。

第四章　销售基础工作

第一节　价格管理

一、国家成品油定价

1981年，国务院办公厅发布公告，成品油计划内生产部分由政府统一定价（平价油），超产部分按当时的国际油价对标出售（高价油），川内成品油价格呈现平价、计划内高价和计划外高价等多种价格并存的形式，实行“价格双轨制”，成品油逐渐形成流通市场。在双轨制运行过程中，各定价方式价格差距增大，各地开始出现非法倒卖和走私成品油现象。

1986—1988年，成品油市场出现疲软现象，油价较低，国家对成品油实行市场管制，政府定价，价格不变。自1986年起，国家允许油田企业和炼油厂将超计划加工的油品投放市场，价格随行就市。

1992年，国家放开成品油价格管制政策，四川成品油经销企业有9%的油品自销权。

1994年，国家实行成品油流通体制改革，取消石油价格“双轨制”，改为国家统一定价，其中原油、成品油的出厂价格和35个中心城市的成品油零售价格均由国家计委统一制定，35个中心城市的成品油批发价格和其他地区的批发、零售价格，由国家计委规定作价原则，各省市的物价部门具体核定。

1998年，原油和成品油价格逐渐和国际市场接轨。6月，国家计委发布《原油成品油价格改革方案》，对石油价格形成机制进行改革，规定国内原油、成品油价格主要参考新加坡市场油价，原油交易结算价格由中国石油和中国石化两大集团之间协商确定。价格由原油基准价和贴水两部分构成，原油贴水或升水部分和汽柴油出厂价格、批发价格、批零差率以及零售中准价格的5%以内，由两大集团自主定价；非化肥用重油、化工轻油、灯用煤油、液化气价格，除化肥、农膜料以外的化工产品价格，亦由两大集团自定价格。其中：

基准价 = 月均离岸价 × 桶吨比 × 汇率（原油关税为零）

结算价 = 基准价 ± 贴水

汽油、柴油零售价格由政府定价改为政府指导价，由国家发展计划委员会制定并公布各省、自治区、直辖市汽油、柴油（标准品）等零售中准价格，由中国石油、中国石化两个集团公司在上下8%的幅度内制定具体零售价格。

2001 年，国家计委下发《关于完善石油价格接轨办法及调整成品油价格的通知》（计电〔2001〕96 号），明确成品油零售价由中国石油、中国石化两大集团在规定范围内，浮动幅度由上下 5% 扩大为上下 8%。

是年，国家发展计划委员会调整油价机制，国内油价不直接与国际油价挂钩，在国际油价上下波动 5%—8% 的幅度内保持油价不变，从与新加坡交易市场一家挂钩变成与新加坡、鹿特丹、纽约三地市场价挂钩，中准价由原来的逐月调整改为不定期调整。将中国石油、中国石化两大集团公司的调价区间改为 8% 上下，超过这一范围时，由国家发改委调整国内成品油零售中准价。其中，航空煤油只接轨新加坡市场，国家只规定其出厂价。

成品油进口价计算方法：

进口到岸价 =[（离岸价格＋运费）× 吨桶比 × 汇率 ×（1 ＋关税税率）＋燃油消费税]×（1 ＋增值税率）＋港杂费

式中，汇率—人民币对美元；

吨桶比—依据油品的实际密度；

进口关税—汽油 5%，柴油 6%，航空煤油 6%；

燃油消费税—汽油 277.6 元 / 吨，柴油 117.6 元 / 吨；

增值税— 17%；

港杂费由港务部门具体确定。

汽柴油零售中准价价 = 进口到岸价 + 规定的进销差价

2006 年，国家发改委将国内成品油定价基准从新加坡、纽约和鹿特丹改为布伦特、迪拜和米纳斯三地原油加权平均价格，上下浮动 8% 确定零售价格。

2007 年，国际油价涨幅过大，为稳定国内油价，发改委将成品油政府指导价定得远远低于国际油价，国内炼油企业选择将成品油出口国外，国内市场出现柴油短缺。

2009 年，国家发改委制定新的成品油定价机制，国际油价连续 22 个工作日日均涨跌幅超过 4% 时，对国内成品油价进行调整。

2013 年，调价窗口缩短至 10 个工作日。

2016 年，国家发改委完善成品油价格机制，将调控的上下限分别设置为 130 美元 / 桶和 40 美元 / 桶，国内成品油零售价格对国际油价的体现更加完全，保证国内生产经济活动受极端情况影响有限。

二、公司价格政策

1989—1991 年，公司根据国家定价，统筹销售平价油、计划内高价油和议价油。

1992 年，四川省物价局下发改变计划外成品油批发作价办法和设立成品油价格调节基金的通知。从 9 月 1 日起，计划外成品油批发作价权下放给成品油经营企业，由企业根据市场情况自主定价。批发差率仍然维持按进价加运杂费的8%（含管理费、仓储费、资金利息、利润）不变。

1993年，根据国家物价局“对成品油现行计划内高价、限价，以及定向加价等多种价格实行并轨，一律执行统一的高价油价格”要求，公司计划内成品油保留三种价格形式，即平价、高价和市场价。平价只限保军队和农业用成品油（农业用柴油执行农柴价）；其他各单位用油一律执行计划内高价；对于保量、不保价的各单位用油，一律执行市场价，“三挂钩”柴油执行市场价。

1994年，成品油实行国家统一定价政策。根据市场变化情况，公司通过临时调整汽油、柴油结算价格的方式，规范销售和价格，主动与系统外经营单位协调销售和价格，维护共同市场和共同利益，杜绝互相杀价倾销现象。

1998年，国家推进成品油价格改革，规定在同一销售区域内，中国石油、中国石化两大集团在规定幅度内允许实行不同价格；同一集团在同一销售区域内必须实行统一价格，两大集团以外的石油产销企业按所在区域，执行两大集团油品价格。公司严格执行国家价格改革方案和中国石油天然气集团公司规定的批、零销售价格，实行全省一价、城乡一价、明码标价，任何单位都不准降价或变相降价销售油品，也不准超过规定的价格销售油品。

1999年，公司成品油销售实行“资源统一配置、价格统一制定、运输统一管理、货款统一结算”管理模式，系统内部调拨价与出厂价由公司统一制定，明确规定未经公司同意，任何单位不得擅自下浮。针对资源过剩、价格下滑、销售不畅的趋势，为防止低价倾销、效益流失，采取“稳价促销、小步快走”的价格策略，全年油品销售价格调整17次，每次平均涨幅汽油为3元/吨，柴油为25元/吨。

2000年，四川省物价局发布《关于贯彻〈国家计委关于调整成品油价格的通知〉的通知》（川价电发〔2000〕8号），将成品油价格调整为3个价区。公司实行差异性价格策略，按不同区域、不同品种、不同环节、不同时段制定价格标准。公司印发《关于加强销售价格管理，严肃经营纪律的通知》，要求所属分公司必须严格执行销售总公司和公司安排的批零价格，严禁任何单位擅自降价销售。

是年，公司按照销售公司要求，规范县公司成品油调拨价格：市州公司在公司结算价基础上，发货地至接卸点的运杂费由县公司承担，根据各县实际情况，再顺加合理费用，制定出实际调拨价；为保证各地规定价格的顺利执行，市州公司对县公司的实际调拨价格需报公司备案；县公司的销售价格必须按公司的规定执行；严禁公司直接与存续公司结算。

2001年，公司印发《关于对成品油结算价格有关问题的通知》，按照成品油价格统一制定的原则，各地成品油结算价格由公司综合业务处负责制定并报公司领导研究同意后，由综合业务处书面通知结算中心执行。成品油结算价格只限于公司结算中心与地（市、州）公司和本部经营单位及部分社会经营单位资源配置纳入公司计划管理的成品油。对各地成品油结算价格，按照批发价、零售价和对县公司调拨价同年度预算数量确定综合价格（含税）后倒扣预算确定的吨油费用和吨油利润制定。结算价格调整统一按销售公司或公司成品油销售价格调整日做相应调整。对社会联营单位结算价格，公司按照保持合理进销差原则，并按销售价格调整日做相应调整。

2002年，实行差异化的价格策略。公司根据不同时期、不同地区、不同环节、不同品种以及竞争对手的资源等，采取不同的价格策略，以确保销量和效益的同步增长。原则上，各品种的零售价格执行到位价并保持稳定；对竞争对手较少经营的高标号汽油的批发价格，保持较高价位；对普遍经营的 0 号汽油和 0 号柴油的批发价格，则适当贴近市场作价销售；对市场控制力较高的地区，制定相对较高的销售价格，以确保经营效益；对市场竞争激烈的地区，以确保经营规模。全年公司先后调整销售价格 34 次，其中上调销售价格 24 次，下调销售价格 10 次。

2003 年，国内成品油市场价格水平明显升高，西南地区受资源制约影响，价格高居全国首位。公司在市场、价格、需求等因素总体趋好的作用下，先后 20 次小幅调整汽油、柴油销售价格，多数时段坚持较高的销售价格，汽柴油批零价格到位率较好。

2004 年，国家先后 3 次上调国内成品油出厂中准价格和零售中准价格，公司也先后 14 次调整汽柴油批零销售价格。同年，制定《成品油价格管理办法》，从制度上界定价格管理权限，明确公司价格领导小组为唯一拥有结算价、销售价制定权和调整权的机构，二级公司无权调整油品销售价格。公司全年价格到位率比 2003 年有较大幅度的提高，批发环节柴油价格到位率为 99.87%。

2005 年，为明确价格管理事项，根据价格管理办法试行中反映的问题，公司修订《成品油价格管理办法（试行）》，增加润滑油价格管理条款。全省润滑油销售价格由润滑油分公司提出方案，报公司主管领导审批后执行；增加价格领导小组办公室主任的签批权限；狠抓价格的执行、监督和跟踪检查。

是年，国际油价持续走高，国家 5 次调整成品油零售中准价格，根据中国石油成品油调拨价格或国家油价调整情况，11 次对二级公司和联营单位的结算价格进行调整。

2006—2007 年，公司严格遵守执行国家的价格政策，主动与当地政府及物价部门沟通，配合当地政府做好成品油市场的稳定工作，提高吨油收入和价格到位率。强化营销风险管理，实行批发和直销业务集中审批，加大定期结算、价格执行、资源流向的监控力度，防止效益流失。

2008 年，公司根据不同时段的市场变化采取灵活的营销策略，最大限度地提高吨油收入水平，既不突破国家限价销售，又确保价格到位。在资源紧张时期，上收燃油清净剂价格管理权限，直销配送全部执行零售到位价，提升各个环节价格到位率，珍惜和卖好每一吨油。在疲软时期，坚持稳价推价的基本策略不动摇，批发直销针对固定客户、大客户灵活作价，同时分层次开展稳价协价工作，维护市场价格稳定，防止经营效益滑坡。

2009 年，公司对口协调中石化川渝公司、云川公司和延长集团，二级公司对口协调当地石化和社会经营单位，采取“有打有拉、打拉结合”的策略，联手稳价推价，有效防止市场价格大幅下滑。两次召开川渝地区石油石化企业价格协调会和西南地区中油销售企业协调会，达成联手推价基本共识。合理运用差异化价格策略提高市场控制力，零售价格着力于稳定性，按照最高限价要求保证价格到位率；批发价格着力于竞争性，主导市场价格；直销价格在不低于批发价的前提下着力于灵活性，稳定和扩大客户资源。

2010 年，公司严肃成品油销售价格纪律，凡是国家价格调整，必须按规定时点和价格及时准确对加油机、双立柱灯箱、物价公示牌的零售价格予以调整。加管系统已上线运行的加油站安排关键用户和运维人员进行现场监控，确保按系统要求正常调价。调价结束后，各二级分公司营

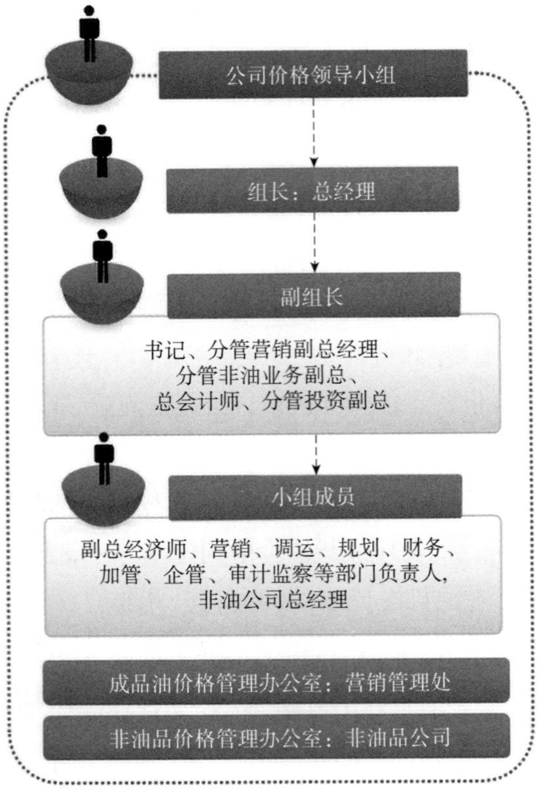

图 3-13　公司价格领导小组结构图

销管理科必须对零售价格调整情况进行复核确认。严格执行公司规定的批零价格，对客户的优惠折扣和“点对点”加油站执行价格，必须经公司批复同意后方能执行。

2011 年，公司强化价格策略的灵活性和有效性，在价格上行期，推价到位，效益优先；在价格徘徊期，量价互动，扩销上量；在价格疲软期，稳价推价，维护市场，确保批零价格到位率分别达到最高。

2012 年，公司修订《价格管理办法》，办法中明确：公司建立两级价格管理机构，负责公司价格管理工作。公司严肃经营纪律和价格纪律，管控跨地区销售行为，执行公司统一的价格策略，加大违反营销纪律的查处力度，全年综合价格到位率达到高位。

2013 年，公司成立价格领导小组，由营销管理处牵头，加管处、调运处、信息处、办公室参与（见图 3-13）。

2014 年，根据公司统一安排，零售变价工作移交营销管理处。根据实际情况，下调二级公司结算价格，如实施低进低出策略时，相应调整其结算价格。调整 97 号、98 号及国Ⅳ柴油等高标号油品的结算价格，调动各单位销售积极性。

2016 年，公司采取灵活营销策略，搭建以购进成本、市场价格和销售毛利为基础参数的量价管控模型，分区域、分品种、分时段，运用成本定价法、利润定价法和市场定价法，快速应对市场变化。

2018—2019 年，随着国家天然气竞价交易、成品油现货交易全面启动，原油期货即将上市、成品油零售价面临放开，油气价格将从国家定价向市场定价转变。公司采取分类制定股权企业新增站、存量站供应价格，帮扶、指导股权企业应对零售价格竞争。

第二节　市场情报

1989 年，四川成品油市场资源较紧，供需缺口较大。公司以确保油品供应为主，未开展市场情报收集。

1990 年，成品油市场议价油品出现滞销。为摸清市场变化，尽快扭转被动局面，公司开展市场信息调研，健全完善信息收集、分析、汇报制度，组织市场调查组到工厂、农村、用户、工作联系点，分析市场形势，掌握市场动态。

1991—1992年，成品油政策变化大、竞争激烈。公司定期收集销售趋势信息，及时报告市场变化，与省外公司、石化交易中心建立信息互换制度，做好信息的分析、处理和使用，增强信息的时效性，在经营中发挥作用。

1993—1994年，为适应石油市场从计划经济逐步转向市场经济的需要，使石油信息及时、准确地为经营活动服务，面对当时石油市场多家经营、价格混乱的客观现实，利用与全国不同类型石油市场信息网络逐步开通的有利条件，筹备并成立"成都石油信息公司"，隶属成都石油站，系实行独立核算、自负盈亏、具备法人资格的全民所有制企业，经营范围：主营石油市场信息的调查、收集、整理、发布。经营方式：利用计算机通信、传真等先进技术进行高效率的信息收集、处理和利用。

1995年，公司开始定期发布省内各地市场运行情况、价格动态，全省分调、销、存情况，近期市场分析与建议、国内成品油市场综合信息、国内各地油品出厂价格和市场销售价格、政策法规信息、国际油品市场信息和其他综合性信息等，为公司经营提供信息参考。

1996—1997年，公司开始编发《成品油市场动态》《四川石油流通信息》《市场销售价格信息》，及时分析各个时期的市场、价格变化，研究、制定对策，出台促销的奖励措施。按照市场经济要求，加强统计、物价等基础工作。

1998年，公司加强对零售市场的分析，减少零售经营盲目性。零售市场瞬息万变，通过收集零售市场信息，建立零售经营信息快速反应机制，对零售经营策略进行及时调整，提高对零售市场的控制力。

1999年，公司建立经营形势定期分析会议制度，认真研究市场变化动态，掌握市场信息和市场走势，及时调整经营工作重心，快速决策，灵活反应。

2000—2001年，公司建设运用成品油销售信息系统。

2002年，公司制定《关于加强价格信息工作的通知》，完善销售日报信息报送制，增加周边及省内主要竞争对手批零价格信息栏目，监控周边及省内主要竞争对手的价格变化情况，同时通过销售日报，监控各单位批零销售的变化情况。

2003—2004年，为争取经营工作主动，规避经营风险，公司高度重视市场信息工作，定期编写《四川成品油市场动态》和每周《市场快讯》，通报市场形势，改变凭"感觉""经验"开展营销的陈旧做法，分析研究市场信息，使信息为经营决策所用，科学提报要货计划，抢抓进货机遇效益。

2005—2006年，公司在广泛搜集研究市场信息的基础上，新增对竞争对手尤其是中石化四川公司信息的搜集和分析研究工作，主要对其资源到货、销售策略、价格变化、销售流向和库存情况等进行搜集和分析，提高信息搜集研究的针对性，新增《每日市场快讯》，改市场信息的周报制为日报制，及时反映省内市场动态变化，提高市场信息的时效性和针对性。

2007—2013年，公司强化市场监测和研究，为经营决策提供可靠依据。设置市场监测点，在总部建立"情报系统"之前，自行建立市场监测体系，从基层一线收集第一手资料，量化分析研究走在省区销售企业前列；省级部门及时跟踪国际、国内油价变化，特别是定价机制调整后，每日监控三地原油变化，及时传递给二级公司，指导二级公司开展业务工作。加强对国家宏观经济政策、能源政策、燃油税政策以及成品油定价机制变化的学习和领会，评估政策变化对成品油市场带来的各种影响，为经营工作提供支撑。加强对国际国内原油、成品油价格变化的监控，提前对市场走势做出正确判断，使资源调进、销售安排等工作具有前瞻性和科学性，牢牢把握市场先机。

2014—2016 年，公司优化完善市场情报收集，对收集渠道及内容进行重新定位和分类，减少二级公司重复报送工作量，同时制定市场信息工作考核机制，提升市场信息收集的及时性和准确性。

2016—2017 年，公司与规划院、经济院签订合作协议，开展合作，不定期会商国际国内市场态势研究，把握市场变化趋势。

2017—2019 年，为更加准确高效地开展市场信息监测工作，公司将市场数据纳入综合业务支撑平台实行定期维护，监测对象信息通过实地勘察、现场询问、数据报表等方式来进行收集，保证信息来源可靠。各片区做好责任区域划分，确保加油站收集信息不重复，提升公司市场决策的准确性和效率性。

第三节　营销工具平台

一、营销调运指挥中心

2008 年，公司营销调运指挥中心建成投用，实现管理手段由分散管理向集中管理转变、管结果向管过程转变、定性管理向定量管理转变，发挥了调度指挥、优化降费、过程控制、远程监管、快速反应等功能，促进企业精细化管理水平的持续提升，营销管理由传统营销向现代科学营销转变。

营销组织指挥功能：营销、调运、加管部门由分散办公变为集中办公，共享市场信息，共同分析市场变化，共同制定营销策略，解决职责分散、部门分割、各自为政的弊端，实现“大营销”业务的无缝衔接。建立日监测、周分析、月总结的业务运行机制、公司业务部门每日生产经营例会制度和省市公司上下业务部门实时沟通协调机制。

应急指挥和现场监督功能：通过加油站、油库视频系统，实现油库、加油站的实时监控，变过去单一的现场稽查为现场稽查与远程稽查相结合，公司每日进行抽查，二级公司每日全面检查，加油站定时巡查，拓展了稽查的范围、时间、频率，提高了稽查的针对性和实效性。通过加油站基础管理系统，实现设备的在线运维管理，设备日常运维和报废更新由过去现场查勘、层层报批变为在线预警、自动申报，确保设备及时维护更新，保证设备完好运行。通过视频系统，随时发现油库、加油站、车辆运行中存在的安全隐患和事故风险，及时处理、消除隐患和风险，实现突发事件的及时监控和有效处置。通过远程视频会议系统，针对突发事件，随时召开现场办公会议，组织指挥现场应急救援工作，及时解决应急调度过程中的问题，实现快速应急反应，强化抗风险能力。

客户服务功能：通过建立公司全省统一的 4008999666 服务热线，24 小时受理客户咨询、投诉、应急救援等服务事项，及时化解客户纠纷，有效防范新闻危机，提升客户满意度，树立良好品牌形象。建立电子客户档案系统，对客户开发、维护实现分级分类、定员定责的项目化管理，通过细分客户，实行差异化客户服务策略，为客户创造价值，不断巩固扩大忠诚客户群体。

信息系统运行保障功能：总部推广的网络运维管理系统，能够实时监控主干网整体链路状况，针对异常状况自动预警，缩短故障响应与处理时间。通过加油站在线运维管控系统，实现加油站网络和系统设备的在线运维管理，有效解决加油站管理系统上线后运维范围广、难度大、运维力量不足等问题。信息服务管理系统规范了信息设备实物管理，实现了信息设备自动报废更新。

二、综合业务支撑平台

2015 年，按照集团公司和销售板块的总体部署，四川销售确立“1234”治企方略，按照数据库统一设计、数据源规范单一、关联数据共享共用的原则，打造集市场分析、决策指挥、业务运行和风险管控于一体的“综合业务支撑平台”，横向打通油气业务、金融业务等业务数据孤岛，实现“一次采集、统一管理、各业务共享应用”的目标；纵向实现生产与非生产领域为一体的大数据集成共享体系。集成数据信息主要包括现有 21 个数据系统。

构建成品油基础信息大数据采集体系　数据采集体系主要以四川销售公司成品油业务运行中的商品购进、库存、配送、加油站零售、油品批发中产生的各类数据为主线，延伸采集客户消费、资金支付、价值贡献、管理运行等相应数据。通过统建五大系统及石油行业动态监测平台、公司自建销售审批、智慧物流等八大业务运行系统，以及集成采集的外部系统、内部使用数据，主要包括微信支付、银联卡、支付宝、GPS、GIS 等外部数据，构建整体业务运行的数据综合业务支撑平台，并将其作为业务运行大数据分析与应用的集成管理中心，进行数据管理和分析，实现业务运行管理、客户关系管理、量化考核管理、运行维护管理，使其有效支撑成品油、加油卡、便利店商品、润滑油、天然气（简称油卡非润气）一体化业务运行（见图 3–14）。

构建以业务运行与管理为核心的大数据决策分析体系　通过对各项系统数据信息的集成进行大数据分析，为各层面管理人员提供经营数据、财务数据、管理数据的准确分析，实现数据共享及业务报表自动生成，构建包括销售数据、库存数据、消费数据、设备维护使用、客户、过程监督等数据分析功能模块，其中销售数据分析是四川销售当前大数据分析与应用的核心内容。

构建完善的大数据决策智能化分析工具　数据的可视化是大数据应用分析的核心功能之一，将其零散的各类规范数据、结构化数据、非结构化数据、非直接相关数据等，通过建模的形式进行自动归类、智能处理，使得各种散放凌乱数据实现了标准化、可视化、规律化的应用观察。工具模型主要包括报表和图像展示等两个方面，内容有统计报表、综合分析、预测分析等。

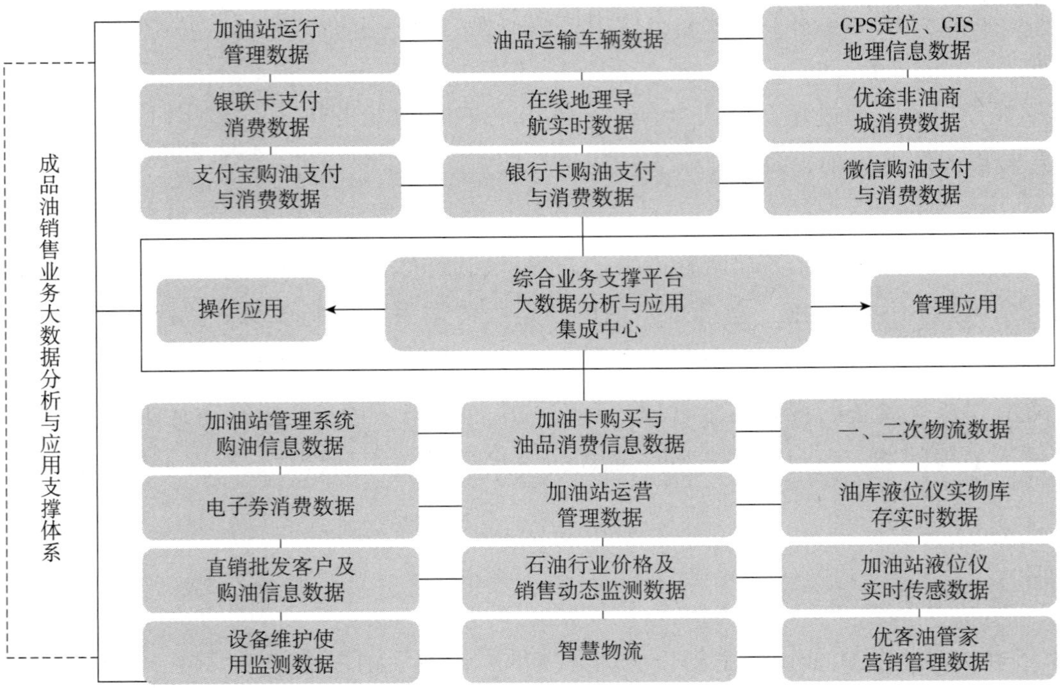

图 3–14　成品油销售业务大数据分析与应用支撑体系

基于数据信息的统计报表分析模型：系统数据可以自动实现成品油、非油、润滑油等在进销存各环节所需的各类报表。同时提供日常业务运行报表的创建、计算与查询功能（提供固定字段名称的组合查询）。这种模型报表可以让管理人员通过实现对各种销售数据的实时掌握，给出相应分析结论，帮助管理人员更快更好地进行科学决策。

基于数据信息的综合业务分析模型：主要将油品、非油商品、润滑油等产品从购进、销售、库存的全业务环节，按照时间序列实现分品种、分类别等模块化与模型化处理，并通过曲线、柱状、三维等图形化界面展示，分析研究按照时间序列变化数据后面的相关规律和因素，实现对数据判断的一键式浏览，主要包括销售量价关系、成本费用、利润结构等。量价联动分析：构建销售量与价格变化的对比分析模型，实现相关经营产品和销售价格与销量变化的规律分析。成本费用分析：构建加油站、油库、地市公司、省级公司等分级分类层面对选定时间段的业务经营各类成本及费用数据进行监测比较，让管理人员更加高效地找到成本控制的关键环节，并进行有效控制和管理。利润分析：通过采集的收入、成本、费用等数据，实现对分项目利润的各类影响因素进行分析，寻找利润最佳点。

基于数据信息的建模预测分析：销售量的预测，主要依据各类历史销售数据、影响因素、变化规律等相关指标，结合收集的外部宏观经济信息、道路交通信息、油品市场信息、经营同行库存、策略应用、油品季节性消费规律、气候变化因素等采集的各类数据信息，构建数学算法模型，通过数表和图形化的方式来呈现，对当期销售量进行预测分析和判断。效益预测依据销量预测、批零价差、市场价差、费用开支、油品升损益等，预测下期经营效益，并依据预测情况提出销售组合建议。

三、电子券系统

电子券是公司利用移动互联网技术向顾客提供的有价电子凭证。电子券作为新型业务形态，以新颖、时尚等优势无形中扩大了商家的客户群，逐渐成为市场主流营销工具。在加油站使用电子券方式，既经济实惠，又时尚便捷。

电子券系统主要实现电子券生成、查询、核销、统计、业务管理等功能，并与多渠道支付服务平台进行集成。电子券系统实现财务的自动对账，大大减轻财务人员的工作负担。电子券清算方式参照中国石油加油卡积分清算的方式，在地区、地市、加油站各层级进行清算，由此清算出来的成本应逐级上报并进行核实分摊。电子券全业务流程如图 3–15 所示，电子券网络架构如图 3–16 所示。

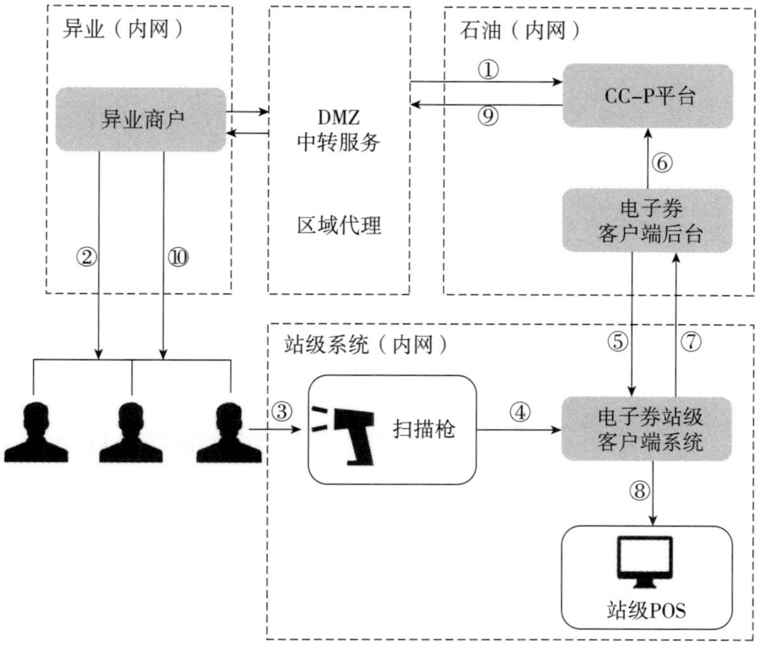

图 3–15 电子券全业务流程图

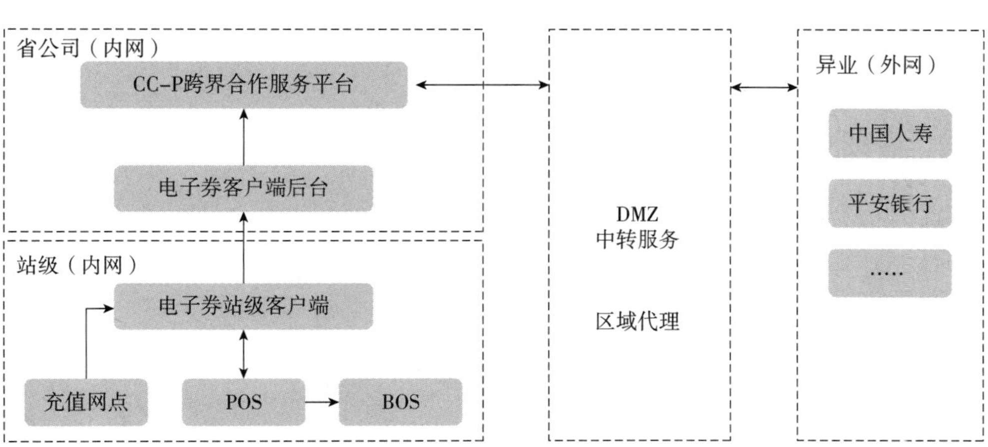

图 3–16 电子券网络架构图

2016年，公司在攀枝花分公司开展电子券业务试点。经过近5个月的推广，实现电子券发放、使用、核销等功能，并通过两次有针对性的小型促销活动测试消费者对电子券的接受程度。电子券的使用大幅提升客户使用感受，有效压缩舞弊空间、降低员工劳动强度，更有益于未来与其他商家开展联合促销活动。

2017—2018年，公司全面推进电子券项目，成立以公司领导班子为领导、部门负责人为成员的电子券项目组，边试、边总结、边推广。积极探索跨界合作，不断攻克技术难题，解决项目冲突，研究风险管控，利用电子券营销工具实现与保险、金融、航空行业的深度合作，累计引入跨界资源1亿余元，油品关联交易额突破3亿元，助力公司建成千万吨级销售企业。

2019年，公司将电子券作为公司重要营销抓手，完善系统架构，根据业务需求和技术手段，实现加油卡充值赠券、加油满额券、点对点竞争促销赠券、油非互动赠商品券、非油消费满额送现金券、非油商品提货码、异业合作券等新实用场景；开展电子券主题营销活动5期，尤其是加油站技改引流回流券，大幅降低公司效益损失，牢牢锁定客户消费周期，创造技改站开业4天恢复技改前销量的可喜成绩。同时，在跨界资源引入方面，电子券也发挥了积极作用，全年引入2.3亿元，提前锁定市场需求。

第四节　销售考核激励

2000年，公司初步建立以业绩为中心的考核评价体系，制定薪酬与经济效益挂钩及管理人员业绩考核暂行办法。与各市州公司签订业绩合同，并严格按业绩指标考核兑现，初步建立内部激励约束机制。在全系统加油站实行以销定员、以销定酬的办法，全面推行吨油含量工资制，将加油工的工资作为档案工资和今后晋级的依据，其实际收入全部与加油量挂钩考核。通过实行吨油含量工资制，逐步建立健全加油站营销工作的激励机制，充分调动加油员工的积极性，最大限度地挖掘现有加油站的销售潜力，努力扩大零售销量。

2001—2002年，适时完善薪酬与业绩挂钩考核的激励约束机制，有效调动职工扩销创效的积极性。公司按照年初与各单位签订的业绩合同，将各单位业绩目标完成情况与职工薪酬挂钩，逐月考核兑现；从9月开始，又实行职工薪酬与吨油销售收入和实现利润逐月考核的办法，促进企业经营效益的提高。

2003—2006年，公司持续完善以“吨油收入、利润”为考核标准的激励措施，持续性将经济效益摆在公司销售业务面前。

2007年，为提高销售计划执行的严肃性，科学把握销售节奏，公司将各二级公司销售计划执行情况与领导班子业绩奖金挂钩考核。

2008年，公司完善考核激励机制，科学分解零售、批发、直销各环节的任务和业绩分值，加大零售出机销售和汽油的考核权重，根据市场情况制定有针对性的激励措施，在促销期间超奖欠罚，在控销期间控奖超罚，充分发挥激励机制的引导作用。

2009—2010 年，公司先后出台多项促销激励措施，恢复吨油含量工资，按销售收入 1‰核拨使用促销费用，深入开展劳动竞赛，授权营销处在价格领导小组确定的价格原则上掌握作价，三次下调结算价格，8—9 月实行销售任务完成月度考核等，有效促进量效增长。以绩效考核为基础的激励体制和薪酬分配机制逐步完善。

2012—2013 年，公司研究完善控销与促销等不同市场状态下的考核激励机制，完善营销计划执行情况与资源配置计划、调拨价联动机制，增强营销计划的执行力。严肃经营纪律和价格纪律，严格管控跨地区销售行为，严格执行公司统一的价格策略，加大违反营销纪律的查处力度。

2014 年，公司继续推行跨台阶奖励，在政策上支持二级公司跨台阶。根据不同时期和业务需要，制定专项奖励。研究月度绩效考核，根据总部新的考核体系，重新制定考核指标和权重，避免公司间考核差异过大的情况。

2015 年，公司制订增量增费配套激励方案，围绕促销增量的目标，通过对地市公司实施有效激励，充分发挥杠杆作用，实现量效双增。

增量增促销费　对销量实现有效增长的地市公司，同比增量部分配套下达促销费额度。直批增量环节：对直批环节同口径同比增量部分（剔除参股单位销量及其他特殊因素），不分品种，按照 10 元 / 吨的标准，向地市公司配套下达促销费额度。

增客户增促销费　对新开发一定规模以上客户的地市公司配套下达促销费额度。

新增直销客户。对新增月均购油量 20 吨级（20 吨≤月均购油量＜ 30 吨）的直销客户（个人客户除外，下同），一次性配套下达促销费额度 2000 元 / 户；新增月均购油量 30 吨级（30 吨≤月均购油量＜ 40 吨）的直销客户，一次性配套下达促销费额度 3000 元 / 户。以此类推，最高可配套 5000 元 / 户。

新增再流通客户。对新增月均购油量 30 吨级（30 吨≤月均购油量＜ 60 吨）的再流通客户，一次性配套下达促销费额度 1000 元 / 户；新增月均购油量 60 吨级（60 吨≤月均购油量＜ 90 吨）的再流通客户，一次性配套下达促销费额度 2000 元 / 户。以此类推，最高可配套 5000 元 / 户。

增促销活动增促销费　为鼓励地市公司开展常态化促销活动，对开展促销活动的地市公司配套下达促销费。地市公司参加公司统一组织的全省性促销活动，按照每站次 1200 元的标准向地市公司配套下达促销费额度。

增沉淀资金增促销费　为促进地市公司提高发卡质量，增加沉淀资金，对新增沉淀资金的单位配套下达促销费额度。每季度根据上季度末的沉淀资金基数，按照新增沉淀资金的 1% 向地市公司配套下达促销费，按季度清算使用。如果本季度沉淀资金较上季度有所减少，则在后期予以扣减。

2016 年，公司修订完善增量增资、内部结算价、增量增费配套激励机制，细化公司内部市场化运作推进方案，结合内外部环境变化和预算机制，调整考核奖励参数，确保有效激励。下放直销批发和定期结算权限，高于指导价的由二级公司自主定价，二级公司根据《客户分级评价及配套激励方案（试行）》，结合辖区市场特点和客户情况，自行制定实施细则，开展客户分级分类，并结合客户类别自主确定资源保障、配送费用和价格优惠幅度，实现对客户的差异化管理；同时公司对小额定期结算业务实行总额控制，单个客户月内额度不超过 20 万元、跨月额度不超过 5 万元的定期结算业务由二级公司自行审批，报公司备案，充分调动二级公司扩销增效积极性。

2017 年，制定完善内部激励机制，出台 12 项配套机制，实施“基础量 + 额外量”政策，扩大直批毛利空间，配套增量激励、98 号专项奖励、油库增量增资激励等结算价政策。年中根据运行情况及时调整完善，将激励政策向零售倾斜，阶段性增设零售进步激励、加油站促销激励等政策。

2018—2019 年，公司修订完善内部激励机制，继续实施“基础量 + 额外量”政策，调整基础量基数、配套增量激励、高销奖励、电子券补贴及直销与批发增量增资等政策。

第五章　加油站管理

第一节　加油站规范管理

一、加油站标准管理

1989—1995 年，公司加油站管理工作受中国石化销售公司指导。

1996 年，为提高全省系统加油站综合管理水平，以适应社会主义市场经济需要，公司根据中国石化销售公司《加油站管理制度》和四川省石油销售系统实际情况，制定《加油站综合规范管理实施细则（试行）》，加强加油站规范化管理。

1998 年，公司成建制上划集团公司。公司加强对自有加油站的管理，收回对外出租的经营加油站，改变站容站貌，强化加油站规范服务，完善承诺服务制，不断完善按劳计酬的激励机制，最大限度地发挥加油站创效功能，提高零售比重和零售市场份额。

1999 年，公司发挥“中国石油”品牌优势，积极推行规范化管理，完善对外服务手段，提高加油站现场服务质量，强化激励约束机制，充分调动和发挥各个方面的积极性。对全系统 545 座加油站进行技术改造和形象包装，发挥“中国石油”的品牌效应，提高加油站知名度，增强吸引力。

2002 年，公司贯彻落实《加油站管理规范》，组织理论考试和开展业务大比武活动，对《加油站管理规范》基本做到应知应会。

2005 年，公司 109 座一类站启动包装计划。在更换标识工作中，加强对新标识更换后如何降低用电进行专题探讨和技术创新，在中油系统内率先提出至少降低加油站罩棚耗电 50% 以上的新包装方案并组织实施，在保证加油站亮化、美化的前提下，减少加油站夜间照明的电费支出，有效降低加油站运营成本。

2006 年，公司制作运用动画、图形、图像、文字、声音、视频等多种艺术表现形式的《加油站管理规范》多媒体培训教程，加强宣传贯彻力度。

是年，公司制定《加油站定置管理标准》，二级公司按照要求对加油站实施定置化建设，规范加油站物品配备，改善加油站的形象，提升加油站规范管理水平和形象。

2007 年，公司车用汽油执行 GB 17930—2006 标准，汽油销售时按照“90 号汽油（Ⅱ）、93 号汽油（Ⅱ）、97 号汽油（Ⅱ）”的名称进行统一标识，加油站凡涉及汽油名称的各类标志牌、价格牌等均按 GB 17930—2006 标准进行更换。

2007—2008 年，由于对定置管理标准的理解不同，各二级公司所配置物品的规格、材质等不尽相同，配置标准存在差异，没有从公司层面做到完全统一，总体效果不太理想。受资金限制，各二级公司的大部分加油站还存在新旧物品和新老标识混用现象。

2008 年，公司执行销售公司修订的《加油站管理规范》《加油站细节管理手册》。新版《加油站管理规范》分为管理和操作两个部分，层面清晰，利于操作；引入内控理念、措施和手段，梳理业务流程，内容更加清晰。《加油站管理规范》《加油站细节管理手册》告诉员工在日常工作中哪些能做、怎样去做，哪些不能做、禁止去做，并明确到每一个操作步骤和动作，对加油站现场配套服务设施和生活设施等提出更为详细的定置化要求。

2009 年，根据销售公司《加油站管理规范》《加油站细节管理手册》和公司《加油站定置管理标准》，公司编制《加油站标准化建设方案》。

基本原则 “五统一”原则：统一标准、统一制作、统一采购、统一配置、统一资金使用。“寿命”原则：对按照 2006 年公司《加油站定置管理标准》配备的定置设施，按照不同的使用寿命逐步淘汰更换。“分步实施”原则：按照加油站标准化建设不同等级，突出重点，分步实施。

等级划分 将加油站划分为三个标准化建设等级。一类配置符合四星级、五星级站条件。二类配置符合二星级、三星级站条件。三类配置：二星级站以下，以及其他未评定星级的加油站。

标准化建设标准 按加油站场地布局，将加油站标准化建设划分为四个区域，即加油区、油罐区、办公区和生活区。方案对四个区域的设施、物品配置标准进行规范。

2012 年，公司对全省加油站主要设备品牌，按照分区域、分品牌的原则进行集中统一配置。按照分期分批更换的原则，对加油机、发电机、液位仪及罩棚顶灯等设备进行逐步更换，实现同一区域同类设备统一品牌。

是年，为统一规范加油站店堂告示管理，公司制定《加油站店堂告示管理标准》，建立健全客户沟通机制，短暂停业或单品种停销超过 10 分钟以及重大事项需要提前告知客户时进行告示，维护、保障消费者合法权益，减少、消除服务纠纷。

2013 年，为解决个别加油站夜间形象差、照明亮度低、开关时间不统一、损坏维修不及时、消费者不易辨识等问题，制定加油站日常照明管理标准。加油站日常照明遵循“彰显形象、环保节能”原则，根据不同类型站点实际情况对照明设备进行科学管理，为顾客营造舒适的视觉环境，达到提高销量、提升品牌形象的目的。

2014 年，为营造卫生、健康、愉快的环境，以文明、清洁、节约理念提升企业品牌形象，公司制定《加油站卫生间管理标准》，规定加油站卫生间开放时间、清洁标准、管理责任、清洁用具配置标准、保洁操作标准程序、配套设施建设标准等管理要求。

是年，为提高中国石油加油站服务质量，更好地为客户提供指示服务，方便客户加油，公司设置加油站指示牌。

设置类型 在道路上设置指示牌的加油站类型：道路车行速度较快的站点；主标识牌不明显或受站前绿化树木严重遮挡的站点；所处位置不易被顾客发现且流动客户较多的站点；有岔路

口或道路复杂的站点等。重点是国省道站、高速出口附近站、旅游景区沿线站及乡镇站，以及需要设置的市区站点、竞争激烈的站点和其他站点。

设置距离　位于主干道上的加油站，在进站前200—500米设置；位于城区道路上的加油站，在进站前50—200米外设置。根据道路情况及需要，加油站指示牌可双向设置。

指示牌样式　加油站指示牌表面喷涂蓝底白字，采用荧光材料，具有夜间反光效果，牌面上有宝石花标识（或加油机）图示、指示箭头和距离。

2015年，公司印发《加油站细节管理标准》，全面启动6S管理，专题整治员工着装、仪容仪表、现场行为不规范现象。执行《自助加油站视觉形象规范》，将视觉形象规范中“自助加油”字样调整为“快捷自助”，规范、统一自助加油站视觉形象规范。

2015—2016年，按照销售公司关于规范加油站名称标准的文件精神，公司制定《规范加油站名称标准的工作方案》。

加油站名称命名原则　新名称应强化标志性和识别功能，且简单易记，并尊重客户认知习惯，以地理位置名称为基础，兼顾历史因素，进行名称变更。新名称符合相关法律法规，含义向上，与其他站点或公众组织名称尽可能不重复、不交叉。以编号命名的橇装装置等不固定位置站点的命名除上述原则外，应考虑服务对象及行业名称，重新进行设计。

命名方法　“中国石油天然气股份有限公司四川××销售分公司”+加油站所属县级行政区域简称+加油站名称+“加油站”。控参股公司加油站名称可参照该方法命名，例如：“中国石油天然气股份有限公司四川成都销售分公司龙泉长远加油站”，简称为“四川成都龙泉长远加油站”，在地市范围内简称为“长远加油站”，在省范围内简称为“成都龙泉长远加油站”。

各信息系统中按原公司统一命名规则：“中国石油”+四川销售+地市公司名称（或控参股公司名称）+加油站所属县级行政区域简称+加油站名称+“加油站”的无须再做改动。新建、迁建加油站在立项申报时应按标准命名方法命名。

名称变更结果以营业执照为准，营业执照变更与执照年检同步进行。名称变更要同步变更其他证照，确保一致，内部管理、外部宣传等涉及名称的标示标牌、信息系统、宣传物料、网上平台等同步修改。截至2016年6月底，公司所属加油站完成更名、执照变更工作。

2016年，为全面推行加油站标准化管理、提升加油站服务水平，公司制定《加油站细节管理标准》《推进加油站现场标准化管理工作方案》，坚持以提升加油站规范管理为核心，以强化现场管理、优化运行效率、提升员工素养为目标，通过采用“整理、整顿、清扫、清洁、素养、安全”6S管理方法，推进实施《加油站细节管理标准》，落实宣传到位、执行到位、建设到位、日常维护到位、奖惩到位，实现加油站现场标准化、规范化、常态化管理，全面提升加油站管理水平和执行力，树立良好的中国石油加油站窗口形象。

整理　对照《加油站管理规范》《加油站细节管理标准》全面排查加油站内各个区域，查找存在的问题及现状。一是清理不需要、可要可不要的各类办公生活物品，对记录在册的固定资产设备设施，由加油站或片区定期提报清理或报废申请，二级公司油气零售管理科负责审核，财务资产科负责账务处理；二是整理各类纸质表单，将未纳入综合服务平台的向相关职能部门反馈，整合到综合服务平台中，实现表单、审批信息化；三是清理无序张贴、不按规定张贴的广告海报、各类通知、公示文件，过期广告、宣传画、围栏广告；四是清理破损、老化、陈旧、损坏的设备设施，使用老旧标准和非标化的标识标牌；五是清理加油现场车辆乱停、闲杂人员随意通过或长时间滞留现象。

整顿 根据《加油站管理规范》和《加油站细节管理标准》，按照“定点、定容、定量”三定原则管理加油站各类物品。一是对经过整理阶段留下的办公生活区域各类必需物品、设备设施、标识标牌、电器布线、文档资料按照管理标准定位摆放、定人管理；二是规范与标准中未要求张贴和设置的标识、物品、公示等，但出于工作环境需要和政府要求确需设置的，按照分公司定置标准摆放和管理。

清扫、清洁 按照“责任包干、定岗定责”原则，制定《加油站属地责任区划分》和《加油站卫生管理制度》，合理划分加油站办公生活各区域，明确清扫区域、清扫物品、设备设施及标识标牌清扫周期和频率，确定清扫责任人，建立清扫标准和考核标准，实现全员参与加油站现场管理。按照《加油站管理规范》和《加油站卫生管理制度》维护标准，开展加油站常态化卫生清扫、环境治理和设施设备维护保养、杂物清理和环境死角清理。采用定点摄影方法，对各区域开展整理、整顿、清扫步骤后的加油站标准化成效，拍照留存。

素养、安全 实行“13101”岗位自我管理标准，即上班前用 1 分钟、下班前用 3 分钟，每周末用 10 分钟、每月末用 1 小时，按照《加油站细节管理标准》对岗位区域内的办公生活物品、设备设施、工作事项进行整理、整顿、清扫和每周巡检活动，按照标准化管理要求规范到位，促成良好工作习惯养成。建立“六交六清”的交接班制度，实现对加油站清洁、定置、物资、设备、问题和安全的“六交六清”；建立涵盖加油卡推介、非油促销、客户服务、安全操作、标准执行等在内的加油站月度考核奖惩机制，并与各岗位员工月度绩效奖金挂钩，强化员工执行力。坚持“每天一分享、每周一培训、每月一考核”，定期开展应知应会、标准培训、技能培训、服务培训和安全培训，提高意识和技能，养成良好工作习惯。

2017 年，公司印发《加油站卫生间管理标准》(2017 版)，规定加油站卫生间开放时间、清洁用具配置、清洁标准、管理责任及标准、设备设施维修时限标准等要求。

2018 年，根据国家及四川省政府对国Ⅵ车用油品升级置换的要求，从 2018 年 1 月 1 日起，全省停止销售国Ⅴ车用油品，全面使用国Ⅵ车用油品。公司制订国Ⅵ油品升级加油站标识标牌更换方案，确保加油站整体形象规范统一。

二、特许加油站经营规范

1999 年，公司按照统一管理、统一进货、统一销价、统一形象、统一核算的“五统一”要求，大力推行连锁经营，延伸公司系统零售经营网络。在确保效益的前提下，公司适当开展联营，发展一批联营加油站。

2005 年，公司根据市场、资源以及特许加油站管理现状，严把准入关，清理特许加油站，由年初的 100 座减少到年底的 39 座，有效控制特许加油站管理风险。

2008 年，公司建立健全特许加油站的培训、管理和监控的长效机制，加强特许加油站管理，规范经营行为。

严格按规范管理 严格贯彻落实《加油站管理规范》和《中国石油特许经营加油站管理暂行办法》有关要求，对特许经营实行“五统一”管理，即统一标识名称、统一配送油品、统一油品质量、统一油品价格、统一服务规范，对存在问题的特许站及时纠正。特别要在立牌上标明“特许”字样，以区别于自有加油站，并公布社会，告知消费者。

设立协调员制度 在管理标准上，将特许加油站视同自有加油站实行统一管理，设立兼职协调员做好特许加油站的现场管理工作。兼职协调员的主要职责是协助特许站贯彻《加油站管理规范》，重点抓好安全管理、数质量管理和服务质量管理等。协调员由就近的自有加油站站经理兼职。

按期收取有关费用 特许站须按合同约定的标准，按期缴纳特许加盟金和保证金、特许金等。对因受资源总量限制保证供应有难度的，经地区公司审批后，可以适当减免。

建立培训与联动机制 建立公司、特许加盟商的联动机制。将对特许站的培训纳入公司培训体系，组织开展定期培训。在供油量与销售量出现异常时，及时采取有效措施，确保特许站数质量和安全，确保不发生新闻危机。

2018 年，为适应企业内外部环境变化，发挥中国石油品牌价值，应对市场挑战，加快推进网络发展、优化网点结构，提升一体化运作理念，公司加快推进特许连锁经营业务，将部分质优量足的系统外加油站吸纳到公司零售网络体系。公司结合发展战略规划及市场发展形势，制定《关于发展特许连锁经营的指导意见》，规范特许连锁管理和服务。

2019 年，公司制定《特许加油站形象包装要求》，特许加油站形象标识执行板块《加油站细节管理手册》（2018 版）和四川公司《加油站细节管理标准》（2017 版）。在主标识立牌、檐口、站牌上增加“川 A 特许 000 号”标识。其中“川 A”中字母根据各地车牌号字母调整；“000”根据实际编号调整。增加文字字体均为汉仪大黑简体，其制作要求参照中国石油《加油站建设标准—模块化分册—2017 版》。

是年，公司修订《关于发展特许经营的指导意见（修订）》，加快推进特许经营业务，打造一批经营质量好、管理水平高、品牌形象佳的特许加油站。公司全年发展特许加油站 101 座，力争用 5 年时间将省内优质潜力站纳入特许经营范围，确保四川地区中国石油销售网点占比达到 50% 以上。

三、加油站细节管理标准

随着油品升级、现场管理实践和“油优”形象在加油站的落地运用，公司原有的部分加油站标准内容不能满足最新管理要求。

2016 年，为树立良好的中国石油加油站品牌形象，公司制定《中国石油四川销售分公司加油站细节管理标准》（见图 3–17），全面推行加油站标准化管理，提升加油站服务水平。

2017 年，公司遵循“客户至上、实用为先，美观实用、安全经济，因地制宜、发展创新”

的原则，补充和优化“油优”形象、油品品号颜色、油品号标牌、价格牌、证照牌等 30 余项内容，满足最新的管理要求，提升客户体验，方便员工操作，为客户呈现统一规范、安全便捷的加油站购物消费环境。

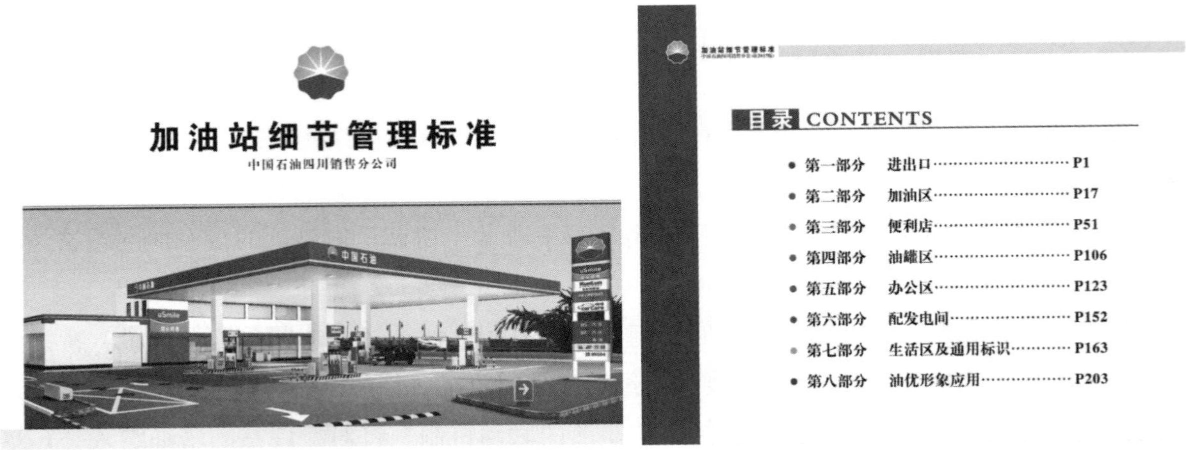

图 3–17　2016 年《中国石油四川销售分公司加油站细节管理标准》

四、加油站治理和监督稽查

2004 年，针对公司所属加油站在站容站貌、安全及设施设备管理、现场管理、加油站基础记录和台账、客户管理水平和服务水平上存在的问题，为消除各所属公司在加油站管理方面的地区差异和类别差异，促进加油站的协调和均衡发展，公司开展加油站专项整治工作，全面推行加油站稽查制度，加油站硬件档次、站容站貌、服务水平有明显改观，加油站管理和形象发生了新变化。

2007 年，公司建立“岗位分离、双向监督、相互制衡”的加油站监督约束机制，按照不相容原则，规范加油站管理岗位设置和人员配备，形成有效内部牵制，防止监管缺位。全面推行站务公开，重点加强对加油站经理权力运行的制约和监督，严禁加油站经理直接经手货款或账务。规范加油站管理岗位的岗位职责和管理权限，加强加油站管理岗位人员履职情况的监督检查，防止违规混岗、责任挂空。

2008 年，公司以股份公司 2008 年版《加油站管理规范》为标准，修订《加油站管理稽查暂行办法》，印发《加油站管理稽查标准及评分细则》。稽查内容包括人力资源管理、现场管理、客户服务与管理、油品管理、HSE 管理、设备管理、财务管理、非油品管理和文化建设共九类 233 项，稽查方式调整为日常稽查、常规稽查、暗访稽查及专项稽查。日常稽查、常规稽查主要对加油站服务质量、安全管理、计量管理、质量管理、业务管理、财务管理、设备管理、站容站貌等进行全面稽查和综合评估；暗访稽查，主要是从消费者的角度来查看加油站的站容站貌、现场安全、环境卫生和服务质量。公司强化对稽查问题的通报和各级管理层面稽查的作用，注重发挥片区的检查作用和加油站经理的自查作用，加油站稽查工作力度得到加强。

2010 年，公司发挥稽查队伍力量，深化专职稽查工作，采取以综合管理稽查为主、退出实职员工稽查为补充等方式，加大稽查的广度、深度及力度。重点对城市中心、高速公路、旅游景区加油站安全、服务质量进行稽查，保障边远站、县域片区站服务质量不留盲区。

2012年，公司建立视频远程稽查管理办法，落实管理责任，提高稽查管理质量，打造25座视频监控迎检示范站。结合明查和暗查、现场稽查和视频稽查，重点发挥网络远程稽查的优势，强化视频稽查的高效管理作用。

2016年，公司在四川省范围内推广神秘顾客工作，围绕效率、效益、品牌三大主题，逐步解决加油站管理服务“二元化”问题，全面提升企业整体形象水平。是年，公司推进服务体系建设，形成95504、神秘顾客访问、NPS（净推荐值）、公司安全质量监督总站检查等常态检查机制，考核通报服务问题整改落实情况，客户的体验感和满意度持续提高。

2018—2019年，公司对所属资产型加油站及参股企业加油站开展视频监控远程巡查，巡查内容包括员工形象、劳动纪律、服务规范、现场管理、便利店管理、安全管理、现场操作（加油操作、卸油流程操作、油品回罐等作业）、夜间值班值守和突发事件处置。

第二节　加油站服务管理

一、规范现场服务

2001年，公司在全省范围内实行规范化、标准化、优质服务，从加油站的外包装、员工的着装、加油站环境、服务用语、加油站配套服务上高标准严要求。规章制度和操作规程统一上墙。

2008年，根据销售公司统一部署，公司开展“微笑服务2008”系列活动，确保奥运会举办期间加油站安全平稳经营；建立加油站值班制度，加油、收银、非油服务等环节严格遵循服务规范；加油操作坚持“十三步曲”标准，高峰期等特殊时段体现团队“十三步曲”，确保奥运会举办期间加油站安全平稳经营，实现优质高效的服务。

2008—2009年，公司开展加油站服务和管理专题宣传活动。深化“奥运微笑服务年”活动、精品展建设，选树和宣传“微笑服务之星”“优秀加油站经理”活动，充分发挥宣传工作舆论引导、经验推广、团结鼓劲、形象塑造的作用，宣传各单位规范油站管理、推广亲情服务、强化客户管理等方面的经验，完善以微笑服务、温馨服务、快捷服务为主要内容的亲情服务体系，提升加油站品牌形象，提高车辆进站率、油箱加满率和客户回头率，指导加油站整体提高服务和管理水平。

2009年，公司开展情感营销，提倡微笑服务，强化与顾客的沟通，给客户发放温馨提示卡。提示卡的基本内容包括感谢语、温馨提示语（安全提示、汽车保养提示等）、断油救助联系电话、公司投诉电话、附近洗车修车行电话（需取得洗车修车行的同意）、中国石油在本条干线或区域的加油站分布图及站间距离等。残疾人摩托车进站加油，实行全程贴心服务。对于出租车和长途客车类顾客，加油站提供免费加开水服务。对于大货车顾客，加油站同时提供免费加水和水浇刹车片服务。加油站为顾客增设工具箱、小药箱、针线包、卫生间等便民服务项目，有条件的加油站还提供免费停车、餐饮免费加热服务。

2010 年，公司建立加油站服务管理长效机制，通过检查、评比、表彰、奖惩使得服务管理工作趋于常态。

2011 年，为加强加油站管理，规范员工操作行为，确保油品质量达标、油品计量准确、服务质量优良，公司发布《加油站质量计量服务六条禁令》：禁止加油不回零，多报加油量；禁止调整加油机计量元件；禁止加不合格油品；禁止加错油品；禁止虚开销售发票；禁止利用 IC 卡、银行卡套取折扣。员工违反上述禁令，给予行政处分；造成事故的，解除劳动合同。

2012 年，根据 2012 版《加油站管理规范》要求，公司开展宣贯和学习，确保新规范在加油站贯彻执行。加油站经理利用交接班例会、站务会等方式开展各种规范服务培训和服务案例分享，力求让每个员工能掌握其中的服务要领，不产生认识盲区和操作误区。现场服务做到来有迎声、问有答声、去有送声的“三声服务”标准，认真落实回零提示、加满提示、收银提示的“三个提示”要求，提高客户满意度和忠诚度。做到“四多服务”，即多说一句、多走一步、多做一点、多笑一点。对顾客提出的疑问和抱怨，耐心细致地做好解释宣传工作。

是年，为提高加油站服务质量和市场竞争力，公司制定《加油站服务十条禁令》，加油站执行情况作为评选年度先进加油站和达标创星依据之一。加油站服务十条禁令分别是：禁止无故拒绝客户加油要求和充值刷卡要求；禁止以交接班或设施设备检修为由让顾客长时间排班等候；禁止加油不回零或多收款；禁止员工与客户联手牟取不正当利益；禁止非油销售开具油品发票；禁止少加油多开发票；禁止转卖或转送加油发票；禁止加油卡调包和利用加油卡套利舞弊；禁止使用不合格计量器具；禁止擅自代储代加外单位油品。

2014 年，在《加油站管理规范》等制度流程的基础上，细化加油站现场服务管理，提高加油站现场作业的可执行性，公司制定《加油站现场服务标准》，规定加油站加油作业、便利店经营、售卡充值等现场服务环节的基本规范、操作流程和注意事项等经营管理要求（见表 3–6）。

表 3–6 2014 年中国石油四川销售分公司加油站现场服务标准用语

操作步骤	用语	忌语
	加油现场	
微笑迎接	欢迎光临！请问您加什么油品，加满吗？请问您有中国石油加油卡吗？	加什么油？
持卡客户引导	您可以在我们的快捷自助区域直接插卡加油，不用排队，还可享受挂牌价优惠	那边有自助，自己加就是
无卡客户引导	好的，× × 号油品，× × 元（升或加满），请向（前）开，驶入（前面的）车位	这边
加油前安全提示	请您熄灭发动机，请勿在现场使用手机	熄火！ 不要在这打电话！
预置归零	您请看，× × 号汽（柴）油数码表已回零	看下表！
加油过程中推荐	您可以在便利店内办理一张中国石油加油卡，最高 × × 元 / 升的折扣，在快捷自助区域加油，不用排队，还可以享受每升直降 × × 元的双重优惠（促销活动推荐）	—

续表

操作步骤	用语	忌语
加油结束	您请看，×× 号加油枪为您加 ×× 号油品 ×× 升（或 ×× 元）	加完
付款	请问您是现金还是刷卡？	—
现金支付	收您 ×× 元，正好（或找您 ×× 元，请拿好），谢谢	—
刷卡支付	请您到便利店收银台刷卡，请携带好随身物品，锁好车门	便利店去刷卡
便利店		
顾客进入便利店	欢迎光临，请问您加的几号枪？请问您有加油卡吗？您还需要其他商品吗？（促销活动和商品的介绍、加油卡的推荐）	多少号枪，刷卡吗？
数据核对	您在 ×× 号油枪加 ×× 号汽（柴）油 ×× 升（×× 元），请您确认	—
现金支付	收您 ×× 元，正好（找您 ×× 元，请拿好），谢谢	—
刷卡支付	请出示您的卡片。请输入密码。 请您在这里签字，这是您的回单和发票，请收好。 这是您购买的商品，请拿好	输密码！签字！
送行	请带好您的随身物品。再见，欢迎下次光临！	—

2015 年，按照销售公司“重塑中国石油良好形象”大讨论活动的实施意见和活动方案要求，公司开展“提升加油（气）站服务水平，树立良好的中国石油窗口形象”工作，制定《树立良好窗口服务形象活动方案》，组织服务意识大讨论、服务态度互查互纠，全面对照服务承诺，以诚信经营、竭诚服务为主题，以树立良好窗口服务形象为目标，以一年为周期广泛开展活动，督促加油站全面落实“三起来”标准，做到微笑服务笑起来、开口营销说起来、十三步曲动起来。公司万吨纯枪 95504 投诉次数控制在 0.2 次以内，客户满意率保持在 98% 以上。

是年，公司成立加油站优质服务示范队，由油气零售处直接管理，地市公司油气零售科负责属地服务示范队员的日常管理和活动组织。

工作体系：加强属地服务示范队员管理，做到有活动计划、有工作台账、有月度培训、有月度例会、有业绩考核、有工作交流。将加油站“油卡非润”销量提升、客户满意率提高、单位纯枪投诉率下降等作为检验服务示范队员工作效果的考核指标。

保障机制：为示范队员提供开展活动必要的时间、车辆和经费等保障，并按照标准给予相应误餐、出差等补贴。公司实施员工积分制管理后，各单位根据队员服务示范次数和工作效果给予相应的积分奖励。将服务示范工作作为评先选优、岗位晋升等重要依据。公司每年将组织部分优秀的示范队员到中油 BP 等先进单位参观学习。

开展活动：结合神秘顾客访问、安全质量监督总站检查、客户投诉等反映的服务类问题，组织示范队员每月一次全覆盖对属地加油站开展现场服务、开口营销、收银操作、自助推广、加油卡办理等示范、培训、演练、检查、评比、奖罚六步骤，每站次不少于 2 小时，循环反复，不断推进，提升加油站的整体服务水平。

动态管理：每年末对示范队员参加活动情况进行汇总分析、考核，对一些工作不负责、加油站不满意的队员进行提醒教育，甚至淘汰，并向公司推荐新队员，充实队伍。公司对地市公司

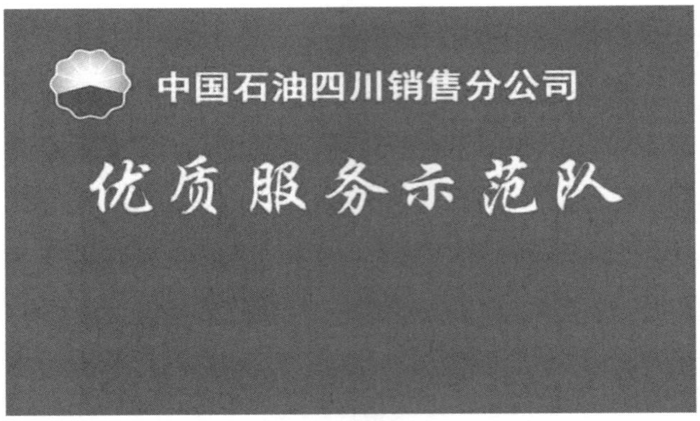

图 3–18 中国石油四川销售分公司优质服务示范队队旗

的组织管理工作进行评价考核，并纳入先进评比。

品牌宣传：公司统一设计加油站优质服务示范队队旗（见图 3–18），开展示范活动时展示在加油站现场，同时制作“中国石油四川销售分公司优质服务示范队”绶带，示范队员披戴上岗；借助报纸、手机、网络等打造服务品牌，宣传服务示范队的工作成果和先进人物事迹，营造浓厚氛围。

是年，公司制定“1242 服务管理体系”和实施方案，在春运服务日和服务质量月活动中，整改服务问题 7931 个；设立“零投诉奖”“服务委屈奖”，将投诉与促销费挂钩考核，每月兑现，正向激励做好服务。制定服务行为“十个杜绝”，强力推进“微笑、跑动、开口”工程，落实“四声”服务。组织开展一月一主题服务提升活动 8 期，编制加油岛上七句话、收银台上五句话，传递关键信息，提升客户的消费体验。开展“更多的惊喜”主题服务活动，每个加油站提供三种以上便民服务，5000 吨级以上加油站和县城、地市城区加油站必须提供免费无线 Wi–Fi 服务，有条件的加油站实行 Wi–Fi 全覆盖，五星级加油站配备纸巾和洗手液。

2016—2017 年，公司继续开展服务提升主题活动，每个季度确定一个主题，集中力量做实服务细节，打造人 · 车 · 生活的温馨驿站，彻底改善加油站服务质量和客户体验，提升品牌服务内涵。

2018 年，公司推进《加油站细节管理标准》实施，抓实“神秘顾客访问、95504 投诉、专业检查、政风行风测评”等服务问题整改，与石化、壳牌等同行开展服务对标，不断提升现场管理水平。

2019 年，公司为提升加油站窗口服务水平，打造服务品牌，重塑中国石油良好形象，实现服务提量、服务创效目标，加快世界一流新零售企业建设，开展加油站“为快乐加油 创美好生活”服务提升年活动，开展员工服务客户和机关服务基层两大活动。

员工服务客户活动包括四类：

快乐上岗：按公司规定统一着装，保持仪表端庄、仪态得体，展示员工良好风貌。

快乐服务：严格执行服务禁令，全面推广“跑动式”服务、快速加油六步曲，做到加油岛和便利店两个关键环节“四声服务”——来有迎声、问有答声、走有送声、加油和收银关键环节有提示声，待客一视同仁，服务便捷高效。

快乐营销：加油站经理组织好站内开口营销竞赛，宣贯奖励政策，严格考核兑现；结合促销活动，设计开口话术，力争简洁温馨，利用班前会反复练习，做到有问有答、对答如流，严禁步步相逼、强买强卖。

快乐环保：在持续做好进出口、加油区、便利店、饮水区清洁卫生的基础上，重点抓好卫生间清洁卫生，严格落实《加油站卫生间管理标准》，明确责任区、责任人，坚持不干扰顾客原则，随手清洁、定时清洁，垃圾桶内垃圾不超过二分之一，冲洗设备完好率要达到98%以上，确保加油站卫生间时刻保持整洁状态，无杂物、无异味、无蚊蝇、无蛆虫、无污迹、无蛛网。

机关服务基层活动包括六类：

持续优化业务流程：力争简便、快捷、高效，重点削减加油站手工报表，优化电子发票开票流程、加油卡充值开票流程等项目，提升工作效率和客户满意度。

完善服务平台功能：围绕“人·车·生活”生态圈建设，线下重点完善加油站服务功能，结合全流程诊断和防渗改造，逐步更新自助服务、语音互动、多元支付、智能媒体等设备；线上以优途APP为载体，实现线下业务线上化、会员服务、不下车支付、智慧物流、跨界促销等功能，提升客户体验。

畅通员工晋升通道：推广加油站员工积分制，畅通员工晋升通道。业务外包的优秀员工可以转为公司员工，与各单位签订劳动合同。

优化油站人员配置：各单位根据加油站油品销量、非油收入和其他业务量变化，逐站优化人员和排班，灵活配置，确保客户进站即享服务，减少客户等待时间。加油站夜间服务人员不得少于2人。

组织机关进站帮扶：两级公司安排机关人员进站劳动帮扶，特别是节假日，补充现场服务人员，及时了解加油站现状、客户关心的问题、员工关心的问题，快速予以解决。

打造特色服务站点：结合地域文化、民族特色、旅游景点等实际打造优质服务特色站，引领加油站服务提升。

二、规范现场管理

2001年，公司加大加油站日常管理、加油站消防安全管理、油品数质量管理、加油站设备管理的管理力度，有效提升加油站现场管理水平。

2003—2004年，公司加油站按照统一要求规范各种记录和台账，记录和台账填写规范、摆放整齐，管理制度和加油站平面图上墙。严格执行加油操作“十三步曲”，进行“动感”服务；加油站站容站貌整洁、亮化。

2005年，公司以《加油站管理规范》为标准，结合内控体系建设的要求，统一加油站实施证据，在进行调查研究并反复征求加油站员工和有关管理方意见的基础上，对加油站原有记录进行重新归并、简化和修改，制定加油站22个统一运行的实施证据并发布实施。

2006年，公司颁布《加油站违章禁令》：严禁向塑料容器加注汽油；严禁向未熄火的车辆加油；严禁在加油场地使用移动通信工具；严禁不按规定着防静电工作服；严禁班前饮酒进入生产作业岗位；严禁使用化纤抹布、拖把擦拭设备、器具和地面；严禁摩托车进站不熄火、加油后原地发动；严禁开放式、喷溅式卸油作业；严禁卸油作业中监控人员离开现场；严禁未经静置和释放静电进行卸油作业；严禁作业完毕设备不复位；严禁用油罐车自带泵直接抽排油罐底油；严禁在爆炸危险场所使用非防爆工具；严禁在爆炸危险区内用易产生火花的工具进行敲打作业或强行拆装设备部件；严禁未办理动火、进入有限空间、用电审批手续；严禁未制定安全措施进行动火、进入有限空间、用电作业。

2009—2010 年，结合四川省委、省政府开展的“综合治理城乡环境，建设清洁整齐优美家园”活动，公司开展加油站环境综合治理工作，确保加油站现场整洁，主城区、风景区沿线、高速公路以及进出口加油站的厕所干净卫生、无异味，员工现场服务流程执行到位，杜绝出现因服务和数质量纠纷等引发的新闻危机事件。

2010 年，地方媒体曝光外单位加油站员工与物流运输公司驾驶员勾结盗油套现的舞弊行为，引发新闻危机。为规避类似事件在公司所属加油站发生，避免新闻危机，公司强化加油站员工经营行为。

强化经营纪律执行力，组织开展全员普法再教育和规章制度再学习活动，把职业道德教育纳入到新进员工培训和日常培训之中，从思想源头规范员工的从业行为。采取会议、板报、读书、内网专栏、案例分析等多种形式，着力培养员工的执行力和法制观念，增强自觉抵制违纪违法的能力，围绕日常工作中容易出问题的环节进行重点教育，通过案例剖析，起到警醒作用。

加强重要经营环节管控，制定监管措施，重点防范内外勾结盗油套现或预收账套现、利用折扣卡套取优惠、加油前油枪不回零、虚开发票、非油消费开油品发票等违规舞弊行为发生。

完善加油站内部监督举报机制，保证内部举报渠道畅通、受理及时、调查彻底、处理严格。对举报有功人员给予鼓励和保护，形成良好的内部监督氛围；对有舞弊端倪的人员，加强教育，必要时进行岗位调整；对发生违规舞弊行为的员工坚决公开清理，以儆效尤；对触犯法律的移交司法机关处理。

协助客户管好油品，开展片区客户经理、加油站经理对客户的联系和拜访工作，增加联系拜访次数和对账次数，主动联系车辆多、消费量较大的客户，帮助用油单位分析车辆用油规律，共同管理好车辆油耗，定期为客户提供详细的加油明细账单，配合客户查看加油现场视频录像，坚决防范驾驶员与员工勾结舞弊。

2011 年，公司加强加油站现场规范管理工作，开展“三亮”“三评比”和“保障供应、便民惠民”活动。

“三亮”活动：加油站员工在工作期间统一在工作服左胸处佩戴党徽、团徽亮明身份；在加油站现场立柱与加油机平行面 1.8 米处、收银操作台张贴和摆放加油“十三步骤”和收银“六步曲”操作图，亮明服务标准；在便利店外立面右边墙上亮出《加油站“为民服务创优争先”公开承诺书》，接受群众监督。

“三评比”活动：加油站经理利用空闲时间，组织员工多样性地开展技能培训，强化员工对标准化服务流程的执行、对客户服务技巧的掌握和运用，每月在站务公示栏公示加油员的技能掌握、服务质量、个人销售情况，并对结果进行分析、评比和考核，在加油站形成浓厚的比技能、比服务、比业绩的良好氛围。

“保障供应、便民惠民”活动：在加油站开辟“绿色通道”等便民服务，保障油品供应紧张等特殊时期的特殊车辆油料供应。协调争取当地政府部门的支持和配合，与政府一道研究供应方案，派出秩序维护人员，确保在加油站现场不发生群体事件、治安事件，尽量避免大面积排队等候现象的发生。强化资源紧张时期的现场服务，增加保供站的人员配置，强化加油现场车辆次序管理，标准一致、耐心解释，引导车辆有序通过。

2012年，为提高摩托车加油效率，确保加油站安全运行，公司对摩托车加油服务进行规范。摩托车可停靠在加油岛，发动机熄火后，使用加油枪直接加油。摩托车加油后须推离加油机4.5米后方可启动。加油员收枪时注意滴净余油，枪口朝上复位，防止余油滴落。

2015年，公司强化站经理、值班经理的现场服务管理责任，所有加油站必须有值班经理24小时在站值班，站经理、综管员、主管合理排班、轮流驻站。按照定员标准配齐现场服务人员，高峰时段一人一机，实现三班倒，员工现场持续工作时间不超过8小时。强化加油站值班经理制度、现场带班制度，实施走动式管理，杜绝现场管理真空。

2016年，公司系统以外单位在公司所属加油（气）站开展经营业务或宣传推广业务，如汽服、广告、燃油精销售及银行、保险、电信等业务的推广，公司加强对外来业务及外来人员的现场管理。

外来业务单位持业务主管部门出具的外来业务进站工作通知单、进站人员培训合格证明、身份证原件和进站物品清单向加油（气）站值班经理报到，值班经理负责向外来人员开展包括安全、服务、环境等方面的交底，做好记录，协助开展工作。严禁外来业务单位擅自增加或更换进站人员，如确需增加或更换的，则需向该项业务主管部门和零售部门书面备案。无进站工作通知单和进站人员培训合格证明者，不得进入加油（气）站现场工作。

加油（气）站值班经理负责对外来业务单位的进站设备、物品、物料进行检查，确认其符合加油（气）站管理规范及细节管理标准要求，无安全隐患；如需上级部门做专业技术确认的，则报请上级专业部门确认。外来业务的设备、物品和物料未经检查确认，一律不得进入加油（气）站现场。

外来业务单位的进站设备需按规划位置安装安放，广告牌、展架尺寸及安放位置需符合细节管理标准规定，广告内容需美观大方且符合国家相关法规，桌子、椅子、遮阳棚需置于指定位置，商品陈列、堆码需在指定位置完成且美观整洁。严禁乱摆乱放，严禁影响站内人员及车辆通行，严禁影响消防器材取用，严禁阻塞消防应急通道。

进站设备、物品、物料在加油（气）站留存期间，由外来业务单位人员自行保管，原则上合作单位人员每日离场后，固定设备外的物品、物料不得留存在加油（气）站。

外来业务人员，原则上只能从事派出单位赋予的职能职责；因业务推广需要，从事加油等服务，则必须取得危化品从业资格证明。禁止外来业务人员从事收卸油操作、设备检维修、高空或进入受限空间等作业。外来业务人员不得着中国石油加油（气）站工装或颜色、样式相近的服装，上岗期间着派出单位工装上岗，佩戴工作牌，实行亮证服务。

加油（气）站值班经理或前庭主管有权监督、纠正并制止外来业务单位和人员的违规行为，有权临时暂停外来业务的开展，有权提出终止外来业务开展的建议，省市两级公司的领导和相关部门有权检查外来业务单位和人员的业务开展情况、规章制度遵守情况，有关人员可在现场做出处罚。

2014—2017年，公司启动“厕所革命”，先后开展卫生间硬件建设、规范管理、专项整治等工作，硬件设施和管理水平有较大改善，顾客体验持续提升，政风行风测评提升2个名次，神秘顾客访问卫生间得分由2017年初的76分提升到2018年5月的87分。

2016—2017年，公司参加四川省作风政风测评，通过四川人民广播电台来宣传中国石油，接受全川人民服务监督。

2017年，公司加油站现场管理、品牌形象和客户体验得到明显提升，在细节管理、夜间灯光、卫生间保洁、开口服务、便民服务、着装规范、商品陈列、促销氛围上变化大、进步多。2017年，在四川省政风行风测评活动中，公司得分提升近1分，排名同比提升2个名次。

2018年，为落实中央、四川省和销售公司关于“厕所革命”的工作部署，提升中国石油品牌形象，提升顾客进站体验，提升公司在四川省政风行风测评中的群众满意度，公司制定《2018年“厕所革命”实施方案》，加油站卫生间全面推行免费洗手液和卫生纸，809座重点加油站和12对高速公路服务区优化厕所设施设备，客户体验持续提升。

2019年，为保证中油优途APP不下车加油功能在加油站现场顺畅使用，提升客户体验，降低员工劳动强度，避免逃单行为，公司在站级软件中提供语音放行提示功能，原则上城区站点、交易流量较大站点、站区面积较大站点应配置不下车加油语音放行提示音响设备，已有语音广播设备的加油站，利用现有设备实现语音放行功能。

三、客户投诉处置

2011年7月,95504客服热线在四川地区正式开通。按照销售公司统一要求，公司在加油站、售卡充值点公示95504客服热线，加油站原有投诉电话转接到95504。

2011—2012年，公司开展95504服务标识专项检查，确保标识配置到位，做好加快客户诉求处理，避免新闻危机发生。

2012年，公司强化危机意识，按照“发现得早、疏导得快、控制得住、处理得好”的思路，有效处理现场服务中发生的问题。针对顾客的现场投诉以及网络舆情，各级管理层在第一时间响应，防止事态的蔓延；针对顾客的抱怨和投诉给予热情、诚恳的解释或引导。当出现纠纷时，加油站经理或带班人员要查清事情真相，及时纠正员工的错误并向顾客致以诚挚的歉意，点明顾客的误解，合理疏导顾客怨气，以免事态出现不可控性或扩大化，进而引发加油站新闻危机，及时、有效、合理地处理好各种投诉。

2013年，公司加强客户投诉管理工作，提升服务水平，提高客户满意度。

完善客户投诉管理机制。各二级公司明确客户投诉管理责任，建立片区经理、加油站管理科科长和业务副总经理三级责任体系，建立客户投诉主办、协作和督办体系，建立定期汇报和通报制度，建立上下贯通、平行沟通、主责明确和配合有力的运作制度，及时解决客户投诉。

完善服务质量评价机制，完善内部评价机制。围绕客户进出站的8个关键环节，即进站、停车、沟通、加油、购物、付款、开票和离站进行系统的服务诊断，找到服务质量短板，制订一站一策的整改方案。分析 95504 投诉占比、工单响应及时率、客户回访满意度和网络舆情数量等情况，查找问题，完善服务投诉管理评价考核体系。通过常态化的内部稽查和视频抽查等形式，不断督促加油站提高服务水平。完善第三方评价机制。不断完善神秘顾客访问机制，通过业务外包等方式以开展神秘顾客访问，坚持神秘顾客访问的神秘性和加油站问责制，提高第三方评价时效性。

优化客户投诉处理流程，处理客户投诉必须坚持“第一时间、第一现场和第一责任人”原则。第一时间为有效化解投诉、避免投诉升级的最佳时间，一般为投诉发生后的 15 分钟内；第一现场为投诉发生现场，当班管理人员通过与客户沟通协调可以快速化解投诉；第一责任人为得知投诉的各层级第一名管理人员，该管理人员须统筹安排工作，将投诉放在首要位置进行处理。客户投诉处理以 95504 投诉为主，其他投诉处理参照 95504 流程处理。二级公司负责处理 95504 二级和三级投诉；公司负责处理 95504 一级投诉和二级公司升级至公司的投诉。

2014 年，公司制定《客户投诉管理指导意见》，按照“四不放过”原则处理加油站客户投诉。设立客服专员岗位，具体组织实施本单位的客户服务管理工作。零售业务主管经理作为本单位的客服总监，全面负责客户服务管理工作。

投诉原因调查不清不放过。一旦发生投诉，必须立即介入，查清事实。如是误投诉或恶意投诉，客服专员要在第一时间向 95504 座席人员进行申诉，及时确定其为无效投诉；如是有效投诉，必须查明投诉经过，分析投诉发生原因，落实引发投诉的责任。调查一般由客服专员负责组织，同时视投诉内容，营销、财务、质安、党群等相关职能部门参与配合进行。

投诉责任者和员工没有受到教育不放过。每发生一起有效投诉，都编纂成案例分享，在加油站、片区、二级公司三个层面进行全方位的通报，对投诉事件进行全面剖析，使全体员工都受到教育，汲取教训，促进服务意识不断提升。原则上投诉案例通报应当在当周进行。

没有采取防范补救措施不放过。对发生的每一起有效投诉事件，各单位都结合本单位的区位和客户特点，制定出具有针对性的预防措施，宣贯到位。预防措施必须在一周内下发，所有加油站必须组织全体员工无盲区地学习、培训，加管部门定期汇总整理修订完善相关办法标准。

投诉责任者没有受到处理不放过。发生投诉后，二级公司对责任人按照责任认定进行严肃处理。加管部门调查投诉并提出处理意见，处理形式经规定流程审批后执行。对造成恶劣影响的投诉，公司追究分管领导或主要领导的管理责任。

2015 年，公司加强 95504 工单响应及处置管理。对于 95504 客服中心派发的投诉工单、支撑工单，各单位客服人员必须在规定时限内及时响应和回复，并对工单进行跟踪处置，确保响应不超时。

2016 年，根据销售公司 95504 客服中心对投诉工单无效申诉流程进行调整，由公司负责投诉工单无效申诉初审，销售公司根据公司初审意见进行复核和认定。

无效投诉申诉（不含数质量类投诉）：所有除数质量类之外的无效投诉申诉，均由二级公司发起，由公司审核，并在无效申诉工单的备注中登记“证据 / 情况是否属实和是否给予通过的”

批复意见，客服中心参考公司的批复意见进行审核确认。

数质量类无效投诉界定：数质量类无效投诉申诉由二级公司发起，并提供在有效期内的常规检测证明（数量类投诉需提供加油机的检测证明、质量类投诉需提供本批油品检测证明），公司在无效申诉的工单备注中登记“证据是否属实和是否给予通过的”批复意见，客服中心以公司批复意见进行登记。

对于数质量类投诉，如客户不配合检测，公司在无效申诉的工单备注中批复“情况是否属实和是否给予通过的”批复意见，客服中心以公司批复意见进行登记。

在发生数质量类投诉后，客户主动拨打95504撤销投诉，同时表示是自己问题或自己车辆问题与加油站无关的，95504客服中心确认原投诉内容、二级公司回单和客户后期撤诉内容三项内容表述一致，但不能证明属加油站原因的，客服中心予以通过。

第三节　星（吨）级加油站培育

一、达标创星

2001年，根据股份公司部署，公司开展“争创五千吨级和万吨级加油站”活动和“达标升级”活动，促进单站日销量提高。

2002年，公司制定《加油站达标创星考评办法》《加油站达标创星考评细则》，组织开展加油站达标创星工作。

2003年，经过销售公司专家组复评、“达标创星”领导小组审定，评定五星级加油站41座、四星级加油站76座，其中公司五星级加油站1座、四星级加油站1座。经公司评定的二星级加油站25座、一星级加油站15座、达标站201座。公司按照《加油站达标创星考评办法》，对创星达标加油站进行表彰奖励。

2004—2006年，公司切实开展加油站达标创星活动，组织加油站自查，具备申报条件的，研究确定申报等级和推荐意见上报。严格按照中国石油企业文化的总体目标打造星级加油站，将企业精神与企业核心经营理念充分融入到加油站达标创星之中，作为评定星级加油站应具备的条件之一。2006年，销售公司评审通过公司星级加油站共835座，其中，五星级加油站32座、四星级加油站59座、三星级加油站96座；公司评审通过的二星级加油站165座、一星级加油站203座、达标加油站280座（见表3-7）。

2006年，公司建立星级站升星、降星、摘牌的动态管理机制。对于考核合格的星级站保留荣誉称号并给予奖励，被降星或者摘牌的星级站进行处罚并实行责任追究。将星级加油站的维护与检查工作纳入加油站的日常管理当中，除接受上级管理层面组织的星级站管理考评检查外，还要接受与其他加油站同样的管理检查。充分发挥星级加油站在所在公司加油站管理工作中的示范引领作用，将星级站作为培训教育的基地，用一个点，带动一大片，促使整个加油站管理水平共同提高。

表 3–7　2006 年中油四川销售公司星级站及达标站汇总情况表

单位：座

单位	五星级	四星级	三星级	二星级	一星级	达标	总计
巴中	—	—	1	2	5	—	8
成都	4	9	12	28	22	34	109
川南	3	1	4	8	19	15	50
达州	—	3	2	12	3	12	32
德阳	1	3	3	11	12	33	63
甘孜	1	—	4	7	6	1	19
广安	—	2	3	3	9	13	30
广元	1	2	2	3	7	15	30
乐山	1	2	8	6	13	5	35
凉山	2	3	1	4	10	11	31
零售	7	14	9	23	6	1	60
泸州	1	3	5	4	22	12	47
眉山	—	1	7	8	4	8	28
绵阳	1	2	8	5	9	18	43
岷江	2	1	8	17	16	23	67
南充	3	—	2	7	11	27	50
攀枝花	2	3	4	5	9	24	47
遂宁	—	3	5	2	3	2	15
雅安	—	2	2	5	6	3	18
宜宾	2	3	6	2	6	14	34
资阳	1	2	—	3	5	9	20
总计	32	59	96	165	203	280	835

2008 年，公司星级加油站和服务明星通过销售公司验收，12 座加油站被评为五星级站，18 座加油站被评为四星级站，1 名加油工被评为微笑服务之星，1 名加油站经理被评为明星加油站经理。

2007—2009 年，经销售公司评审，12 座加油站被评为五星级加油站，18 座加油站被评为四星级加油站，84 座加油站被评为三星级加油站。经公司评审，86 座加油站被评为二星级加油站，86 座加油站被评为一星级加油站，84 座加油站达到达标加油站标准。

2010—2012 年，公司持续推进加油站达标创星工作，截至 2012 年末，经销售公司认定的五星级加油站 65 座、四星级加油站 100 座、三星级加油站 253 座，分别占运营站总数的 4.8%、7.39% 和 18.69%。

加油站达标创星工作开展 10 余年，公司星级加油站数量不断增加，星级加油站硬件形象和管理水平得到较大改善与提高，星级站的座数及软硬件水平基本反映了公司的加油站管理水平和服务能力。但伴随新技术、新设备的推广使用，原有的星级站考核及评定标准及评定方式已不适应公司的加油站管理需要。

二、样板加油站、大站培育

2004年，公司全面推动加油站分级分类管理，按照“做强大站、整治小站、消灭亏损站”的工作思路，对销售居前200位的大站进行重点培养。确定101座加油站打造样板站，发挥管理和服务的示范及标杆作用，带动和促进加油站整体管理水平提高。

2006年，公司在打造样板站的基础上，逐步对《加油站定置标准》手册划定的一类、二类加油站的迎检部分进行定制管理建设。

2009年，为完成年度加油站管理攻关目标，公司加大吨级加油站培育力度，制订年度吨级站培育方案，明确3000吨级以上加油站和三星级以上加油站培育计划。

2010年，公司围绕“科学营销、加快发展、强化管理、以人为本、安全稳定”的工作方针，本着节约的原则，选择33座地理位置优越、车流量大、交通方便、场地开阔，便于提升销量、宣传形象、学习培训、参观交流的新建、技改站作为样板培育站，打造布局合理、功能齐全、设备精良、环境优美、服务规范、人员优秀、管理精细、效益突出、位列全系统一流的样板加油站。样板加油站年油品销售量超过万吨、非油销售收入超过百万元、人均劳效超过500吨，各项经营管理指标位于所属公司前列。

2009—2010年，公司5000吨级以上加油站达到327座，较2008年底新增94座，占营运加油站的27%；其中万吨级加油站由42座增加到84座，增幅达100%。

2014年，公司开展大站培育工作，新增5000吨级加油站41座、7000吨级加油站30座、万吨级加油站20座，完成年度目标的102.5%、100%、200%。培育高端站、旗舰站各23座。

2015年，公司新培育万吨站15座、7000吨级站29座、5000吨级站37座，贡献增量7.3万吨，单站日销量达到13.15吨，同比增加0.2吨。

2016年，公司将2015年度未达到万吨、7000吨、5000吨级的具有市场潜力的加油站列入万吨级加油站培育名单，各二级公司制定具有针对性的增量提效、强化管理和提升服务的措施，确保2016年度零售量大于等于万吨或相应吨级，完成培育打造计划。

是年，公司狠抓成都区域示范站打造，借力加油站一体化改造和隐患治理，将细节标准和卡通形象与加油站新建、改造一并进行。成都区域示范站打造取得成效，共打造出成都流花、传化、长远、宝马、成品油浣花、都江堰迎宾等6座示范加油站。

2017年，公司打造成品油元华、泸州龙马、成都剑南、金牛坝、燕塘、凉山四公里半、绵阳花园、潼川、资阳新城、内江蓝盾、双苏等旗舰站11座，公司旗舰站达到21座。全年万吨站达到129座，同比增加8座；7000吨站达到172座，同比增加9座。

2018—2019年，公司持续开展全流程诊断优化、实施精准挂包帮，调配好促销、人力、费用等各种资源，利用防渗改造契机，确定增量潜力站“小改大”方案，强化大站培育。截至2019年末，公司共有万吨站137座、7000吨级站167座、5000吨级站216座（见表3-8）。

表 3-8 2019 年末中国石油四川销售公司加油站大站统计表

单位：座

单位	营运站	万吨站	7000 吨站	5000 吨站
广元	65	3	6	9
巴中	58	2	8	6
达州	67	5	6	5
岷江	100	7	8	17
绵阳	90	1	9	9
南充	85	3	15	11
广安	52	5	6	5
德阳	82	4	5	13
遂宁	55	3	6	7
成都	147	31	19	33
资阳	58	8	6	6
雅安	56	8	6	4
眉山	61	2	8	11
内江	56	5	5	6
自贡	50	2	6	10
乐山	77	1	8	5
宜宾	74	4	11	10
泸州	60	10	7	8
甘孜	33	6	3	7
凉山	70	6	5	11
攀枝花	62	3	4	9
成品油	75	16	8	12
油料	19	2	2	2
合计	1552	137	167	216

三、星级加油站动态管理

实施加油站星级动态管理，是改变销售公司对四星级、五星级加油站实施“两年一评选、三年内有效”的传统考核模式，通过建立符合公司实际的加油站达标创星考核办法，对四川省加油站实行一年一评定、一年一考核，将星级站的培育和管理纳入各二级公司、片区及加油站的年度考核，通过对加油站实施动态管理，增强各单位达标创星工作的积极性和主动性。

2012 年，为提升加油站管理水平，改善加油站硬件环境，扭转加油站管理粗放的问题，公司开展星级加油站动态管理前期准备工作。截至年底，公司组织相关专业人员对四星级、五星级加油站进行考评验收，评定五星级站 54 座、四星级站 92 座、三星级站 262 座、二星级站 205 座、一星级站 468 座，共 1081 座加油站，以此作为 2013 年星级站评定基数，将每年度考评验收结果纳入二级公司年度绩效考核。

2013年，为提高企业竞争力和市场领导力，全面提高加油站整体服务水平，打造形象精品、管理精品、服务精品和效益精品，实现加油站上档升级，公司根据《中国石油加油站达标创星考评办法》，制定《星级加油站动态管理办法》，将加油站分设为“五星级”“四星级”“三星级”“二星级”“一星级”“未达标”6个级别进行分类管理。制定《加油站创星考评细则》，作为加油站年度星级动态管理的标准。管理标准由经营管理、人力资源管理、现场服务及管理、客户服务及管理、油品管理、非油品管理、加油卡管理、HSE管理、设备管理、财务管理、信息管理、文化建设12大类考核指标289条考核内容构成，总分1000分。以加油站的地理位置、经营规模和管理情况作为星级动态考核的条件。按照“可升可降、可予可取、奖晋罚降、全员参与、加管主导”的动态管理原则，对全省加油站实施星级动态管理和考核，并将此项工作纳入各二级公司班子业绩考核合同，同时对星级站员工给予相应的津补贴待遇。截至年底，星级加油站比例由78.8%提高到83.9%。

2014年，公司结合检维修项目对161座二元化问题站进行形象包装、设施设备治理，公司五星级站达91座、四星级站147座、三星级站374座、二星级站249座、一星级站355座，星级站共计1216座，占运营站比例为87.4%。

2015年，公司星级加油站1291座，其中五星级97座、四星级136座、三星级447座、二星级295座、一星级316座，占营运站总数的90.9%，与2010年比增长50个百分点。

2016年，公司修订《星级加油站动态管理办法》，按照“零售主导、日常培育、全员参与、年度评审、可升可降、奖升罚降”模式运行，动态考核。考评细则由经营业绩、客户服务、现场管理、HSE管理等11大类考核指标200条考核内容构成，考核分值总分1000分（见表3–9）。参加星级加油站评定的加油站，经营的油品品类、非油商品要满足当地市场需要，需具备基本经营条件。

经营证照及手续 具备油品及非油业务的相关经营证照及手续，其他与安全、市政相关的手续，通过安全生产标准化三级以上达标验收，有便利店的还需具备食品、香烟的专卖等经营或卫生证照。

形象包装 符合《中国石油天然气股份有限公司视觉形象识别系统—4（加油站）》《加油站建设标准设计》《加油站细节管理手册》《加油站细节管理标准》的要求。

设备设施 符合《汽车加油加气站设计与施工规范》（GB 50156）相关标准；防雷防静电设施完好且检测合格；配套的办公和服务设施按《加油站管理规范》《加油站细节管理手册》《加油站细节管理标准》等要求进行配置。

加油站运营 纳入公司运营天数管理范围，操作标准符合《加油站运营天数管理操作手册》。

信息系统 综合业务支撑平台等信息系统操作娴熟，使用良好。

公司建立星级加油站奖惩激励机制，对三星级及以上加油站实行分级按月兑现的奖励制度。摘牌的加油站从摘牌之日起不给予奖励。

表 3–9　2016 年中国石油四川销售分公司加油站创星考评细则

序号	考核项目	考核内容	标准分
一	经营业绩		60
1	销售量	纯枪销量未完成（按照实际纯枪销量 / 计划纯枪销量），按未完成比例扣分	30
2		未完成非油年计划销售收入，按未完成比例扣分（按照实际收入 / 计划收入）	30
二	客户服务与管理		200
3	员工形象	上岗员工未规范着工装，未按规定佩戴工牌，每人次扣 1 分	20
4		工作服有明显污渍、破损，每人次扣 2 分	
5		上岗员工衣冠不整、不修边幅、佩戴饰物、过肩长发未盘起束于脑后，每人次扣 2 分	
6		上岗员工站姿、坐姿不端正，每人次扣 2 分	
7	服务态度	未做到微笑服务、主动招呼、礼貌待客、来有迎声、问有答声、走有送声的每处扣 5 分	30
8		以交接班或设施设备检维修为由让顾客长时间排队等候，未进行告知，扣本项全部分值（10 分）	
9		与顾客发生争执的，扣本项全部分值（30 分）	
10	服务语言	未使用敬语，每人次扣 2 分：使用忌语，扣本项全部分值 10 分	10
11		对顾客提出的合理要求未及时答复，每人次扣 3 分；对顾客提出的异议不予理睬，每人次扣 5 分	
12	加油服务规范	高峰期作业没有团队协作，每人次扣 2 分	40
13		不主动引导车辆；出现排队未主动招呼排队顾客；引车停泊不到位导致重新启动；每处扣 2 分	
14		未进行安全提示，每次扣 5 分；未礼貌询问加油品种、数量或得到确切回答后未复述，每次扣 5 分	
15		未提示数码回零，每次扣 10 分	
16		加油过程中未和顾客交流沟通，未礼貌推荐便利店商品、昆仑润滑油、加油卡业务，每次扣 1 分；强行推销或欺骗式推销，每次扣 10 分	
17		未提示顾客确认加油品种、数量或金额扣 5 分；未主动替顾客关好油箱盖，扣 2 分	
18		未礼貌致道别语，未提醒顾客带好随身物品，扣 1 分	
19	收银服务规范	未使用规范招呼语言的，每人次扣 1 分	20
20		未礼貌询问顾客加油枪号和付款方式，每人次扣 1 分；未向顾客推荐便利店商品、润滑油或其他特色服务，每人次扣 1 分	
21		收银时未双手接递票证、未唱收唱付、未礼貌询问是否需要开具发票，每处扣 1 分；收银错误扣 5 分	
22		未致送行语的，每人次扣 1 分；未提示顾客离开时带好物品的，每人次扣 1 分	
23	售卡充值服务规范	未礼貌招呼顾客的，每人次扣 1 分	20
24		办卡前未提示顾客阅读章程就填写表格的，每次扣 1 分；未逐一审核顾客的资料和证件及相关信息的，每人次扣 1 分	
25		未按照开卡操作流程操作的，每次扣 1 分	
26		未在系统中注明开票类型，每笔扣 1 分	
27		充值时未复述客户充值金额的，每人次扣 1 分；银行卡充值签购单未递交顾客签字确认的，每次扣 1 分	
28		充值完成后未请客户再次确认，每人次扣 1 分	
29		未致送行语的，每人次扣 1 分；未提示顾客离开时带好物品的，每人次扣 1 分	

续表

序号	考核项目	考核内容	标准分
30	便利店服务规范	未微笑招呼顾客的，每人次扣1分；未使用规范招呼语言的，每人次扣1分	10
31		未礼貌询问顾客需要购买的商品种类的，每人扣1分	
32		未向顾客推荐便利店商品及促销活动的，每人扣1分；对促销活动政策不熟悉的，每人次扣2分	
33		未致送行语的，每人次扣1分；未提示顾客离开时带好物品的，每人次扣1分	
34	客户关系管理	未按规定建立客户档案或档案内容虚假，扣10分	50
35		未制订顾客拜访计划、未按计划进行拜访或拜访内容虚假，扣5分	
36		未进行目标市场调查或调查记录内容虚假，扣10分	
37		未进行竞争对手调查或调查记录内容虚假，扣10分	
38	客户投诉管理	未公布客户服务电话95504，扣10分	
39		对顾客投诉处理不当（及时处理顾客投诉，直到顾客满意），每起扣10分	
40		年内发生三级“95504”客户投诉，经查实属于加油站主要责任的，每起扣10分；发生二级“95504”客户投诉，经查实属于加油站主要责任的，每起扣20分	
41		加油站发生较大以上舆情的，每次扣20分	
三	现场管理		100
42	形象标识标准	站内视觉形象不符合《中国石油天然气股份有限公司视觉形象识别系统—4（加油站）》要求，存在标识形状和颜色不标准、新旧标识混用、破损、褪色、滴漏等现象，每处扣5分	40
43		站内各种功能指示、警示标牌设置不规范、不醒目、有破损、不洁净，每处扣1分	
44		站内构建筑物有破损、沉降，每处扣1分；不清洁，有积尘、蛛网，每处扣2分	
45		站内照明灯不亮或破损，每盏扣1分	
46		地坪塌陷、破损2平方米以上，扣2分；墙、柱、地面出现超过3毫米宽、2米长以上裂缝，每处扣2分	40
47		罩棚檐口、主立柱灯箱的标识、灯带、灯具损坏或夜间未按规定（主立柱灯箱必开、檐口至少开启一面灯）要求开启的，扣10分	
48		未按《加油站细节管理标准》设置标识标牌的，每处扣1分	
49	定置化管理	未建立卫生责任制，扣5分；无仪表镜，扣3分；镜上有污渍，扣2分	60
50		办公室：营业执照、危化品经营许可证、成品油零售经营许可证未按规定上墙或悬挂不整齐，每个扣2分；办公桌、文件柜定置管理不到位，工作场所物品放置杂乱，每处扣2分	
51		营业室（便利店）：未做到整体清洁整齐，扣5分；报警监控提示牌未置于明显位置，扣1分；保险柜、验钞机、POS机等收银设施和对外提供的便利设施未确保齐全完好，每处扣2分	
52		加油区：场地零乱、不清洁，有杂物、积水、明显油污，扣5分；加油机或操作台上随意摆放杂物，加油胶管盘放不整齐，每处扣5分	
53		油罐区及卸油区：场地零乱、不清洁、有杂物，硬化场地有积水、油污，绿化场地有杂草、枯叶等，每处扣5分；操作井井盖安装不牢固，每个扣2分；品号标牌、卸油操作规程安装位置不规范，悬挂不整齐、不牢固，每块扣2分；静电接地夹不完好，扣5分	
54		配电室：整体不清洁、堆放杂物、操作规程安装位置不规范、应急照明灯不完好或安装不固定、绝缘垫和二氧化碳灭火器摆放位置不规范、门窗无防小动物措施、门向内开启、操作开关没有文字标注等，每处扣2分	

续表

序号	考核项目	考核内容	标准分
55	定置化管理	发电机房：整体不清洁、地面有油污、堆放杂物、操作规程安装位置不规范、应急照明灯不完好或安装不固定、二氧化碳灭火器摆放位置不规范、门窗有孔隙、门向内开启等，每处扣2分	60
56		员工休息室：房间不整齐、不清洁、有异味、有杂物堆放，床上用品不整齐、不清洁，洗漱用具摆放不规范整齐，每处扣1分	
57		员工厨房/餐厅：未设有消毒柜、抽油烟机或排风扇、冰箱或冰柜等设施，炊具用具不清洁，未有序放置，卫生条件不好，炊事员无健康证，未按规定着工装、工帽，每处扣2分；整体不清洁，扣5分	
58		洗手间：设施不全、设施有故障不能使用，每处扣2分；有积水、有杂物、有污渍，每处扣1分	
59		浴室：整体不清洁、有异味，每处扣2分；洗浴设施部分损坏，每处扣1分	
四	人力资源管理		20
60	员工考核	未建立员工考核实施细则或未执行二次分配，扣5分	20
61		各岗位人员不熟悉自己岗位职责和安全职责，每人次扣3分	
五	油品管理		150
62	进货管理	未按公司规定执行油品地罐交接，每次扣5分；加油站液位仪自动计量率低于90%的，扣10分	15
63		加油站原因造成油品脱销，每次扣10分	
64	油品接卸	罐车进站后，非指定人员卸油，每次扣2分；未做安全准备，扣本项全部分值（30分），未按规定进行计量和质量验收，每处扣5分	30
65		未按规定对储油罐进行“卸前计量”和“卸后计量”，每次扣2分	
66		计量验收入库单未及时打印或未签字确认，每次扣2分；若发生异常损耗未出具超损耗赔付单，每次扣5分	
67		加油站脱机销量占比大于0.5%的，扣10分；接卸过程中出现跑、冒、混油的，扣本项分值30分	
68		在卸油过程中，计量岗位人员或驾驶员不在现场，扣10分；无人在现场监控，扣本项分值30分	
69	销售管理	员工用支票、加油凭证套取现金或将溢余款项据为己有等违反经营纪律等行为，每人次扣20分	30
70		自用油、回罐油数据未记录，签字不全或逻辑不对，每次扣10分	
71		未经批准擅自开展促销活动，每次扣5分	
72		加油机显示价格与价格牌公布价格不一致，扣10分	
73	储存管理	未按月进行盘点，扣5分；盘点数据不真实，每处扣5分；账实不符，扣5分	75
74		未按规定核销损益，扣5分	
75		盈亏异常，无原因分析，扣20分	
76		计量岗位人员未按规定进行液位仪和人工计量比对，每次扣2分	
77		计量器具、储油罐、标准容器未经检定或超过检定周期，每（台）件扣5分	
78		随意拆动加油机铅封、改动电脑参数，加油机铅封不完好，扣除本项全部分值	
79		自检弄虚作假、记录不真实、签字不全，每次扣10分；自检油不回罐，每次扣30分	
80		加油机计量准确度超过 ±0.25%，未申请校验并继续使用，扣30分	
81		罐底水高超过30毫米未及时排水，扣50分	

续表

序号	考核项目	考核内容	标准分
六	非油品管理		70
82	基础管理	未按要求设置便利店，扣30分；未按便利店类型配备相应设备设施，每缺一项扣2分	40
83		未完成年非油销售计划，按未完成比例扣分，最高扣10分	
84		未按规定程序对配送商品数量、品种、保质期、包装等进行验收，每件扣1分	
85		未对入库商品在系统中进行收货处理，扣3分	
86		未扫码销售，每件扣5分	
91		未在系统中进行商品退换货、移库或调价，每件次扣2分	
87		货架上摆放过期、变质或损坏商品，扣除本项全部分值	
88	陈列管理	商品陈列、促销品堆头不符合标准，每件次扣2分；陈列商品和堆头包装不清洁、有破损，每件次扣2分	15
89		未制定便利店商品陈列图，扣5分；没有按照陈列图进行陈列，每件扣1分	
90		货架商品没有对应价格标签，每件扣1分；价格标签信息与系统不一致、价格标签位置摆放不正确，每件扣1分	
92	盘点管理	便利店商品表数据不真实、盘点账实不符，扣5分	5
93		库存盘点明细表有盈亏，未进行原因分析或原因分析不合理，扣10分	
94	存货管理	便利店仓库商品未分区、未分类存放，扣5分；货品杂乱、受压、破损等情况，扣2分	5
95	整体清洁	店面、货架不整洁、有污渍，天花板、墙面有蛛网和积尘，每处扣2分；货架商品不清洁，便利店内随意堆放杂物，每件扣1分；设施设备损坏，每件扣1分	5
七	加油卡管理		70
96	卡片管理	白卡未保存在保险柜内，扣5分；未建立卡片出入库管理台账，扣5分	20
97		UKey（优盾）未定期修改密码，扣5分；UKey丢失，扣15分	
98		未及时开展卡片盘点工作，每次扣2分；未及时上报盘点报表，盘点数据不准确，每次扣2分	
99		未在系统内进行卡片回收操作，实物卡片未上缴，每张扣1分	
100	运行管理	加油卡退款业务不符合要求，每张扣2分	10
101		加油卡充值资金未及时投入保险柜内，每次扣2分	
102		刷卡结算时，结算单持卡人未签字，每次扣1分	
103	客户档案	加油卡客户资料未妥善保管，造成客户资料丢失，每份扣2分；客户资料不齐全，每份扣1分	10
104	风险防控	搭车办理折扣卡，挂靠单位加油卡，虚假填报客户资料，每张扣10分	30
105		虚构业务数据，通过虚假增加折让获取更多优惠，虚假发卡、刷卡，虚造卡销比，每次扣30分	
106		未经有效审批代管客户卡，扣本大项全部分值（30分）	
107		利用折扣卡、充值赠送优惠套利；套取银行卡、加油卡优惠或积分；违法冒充客户退款，盗取资金；私自修改卡片权限；扣本大项全部分值（30分）	

续表

序号	考核项目	考核内容	标准分
八		财务管理	90
108	资金管理	营业款未及时投入保险柜、未及时存入银行（或上交主管公司），每处每次扣5分	50
109		备用金管理和使用不当，每次扣5分	
110		保险柜用于保管非加油站现金、支票、银行汇票等款项或物品，每次扣5分；发现坐支营业款或白条抵库，扣本项全部分值（50分）	
111		白卡、UKey、PSAM卡遗失，每次扣10分	
112		收银机（包）营业现金超限额，每次扣5分	
113		投币及银行缴款记录不及时、数据虚假、签字不齐全，每处每次扣5分	
114		营业款盘点时，未做到收银员或核算员、加油站经理（或指定人员）两人以上同时在场，并签字确认，每次扣3分	
115		银行实际上门收款程序不符合规定，扣5分	
116		未及时核对定期结算金额，未按期结清应收款项，造成资金不能及时回笼，每户每笔扣10分	
117	安全措施	投币式保险柜未按照要求实行嵌入式安装，保险柜密码与钥匙未分开保管，密码未定期更换，未按规定开启、管理保险柜，每处扣5分	15
118		营业室、财务室未安装安全监控及报警装置，每处扣10分	
119	发票管理	发票领用存管理不符合规定，每项次扣2分	25
120		非油商品开具油品发票、少加油多开发票或转卖（转送）发票，扣本大项全部分值（90分）	
121		虚开增值税专用发票，扣本大项全部分值（90分）	
九		HSE管理	100
122	安全组织	组织不健全或有组织而未开展活动，扣5分；人员不落实，扣2分；职责不明确，扣3分	10
123	安全教育	未按规定进行安全教育和考核，每人次扣2分	15
124		未对新上岗的员工进行岗前安全教育，每人扣5分	
125		加油站经理未取得相应安全从业资格证书，扣2分	
126		员工对本岗位主要安全风险及控制措施不解，每人扣3分	
127		员工不会使用站内消防器材，扣10分	
128	安全检查	未执行巡检制度，每次扣3分；记录内容不全或记录内容虚假，每次扣1分	15
129		对上级检查情况无记录、未按要求落实整改，每次扣5分	
130		具备整改条件的不符合项未按期整改，每处扣3分；隐患整改不彻底，每处扣5分	
131		对无力整改的隐患，无报告、无防范措施，扣5分	
132		现场安全员未戴标牌，扣2分	

续表

序号	考核项目	考核内容	标准分
133	安全作业	机动车不熄火加油，每次扣 10 分	30
134		爆炸危险区域内有车辆进行检修作业，扣 30 分	
135		顾客在站内吸烟、使用手机未及时制止，每人次扣 5 分	
136		直接向塑料桶或木质容器内加注汽油，扣 30 分	
137		加油时发生跑、冒，每次扣 5 分	
138		员工在站内吸烟、带手机收卸油及加油作业，每人次扣 10 分	
139		站内发现烟蒂、火柴杆，每个扣 2 分	
140		手电筒等移动照明用具不防爆，扣 3 分	
141		无证人员从事特殊工种作业，扣 30 分	
142		摩托车加油后，未推出 4.5 米或载人加油，每车次扣 5 分	
143	安全防范	重点防火部位的防范措施不符合安全要求，每处扣 3 分	15
144		站内施工作业未执行作业票制度，每次扣 5 分；施工现场不符合安全规定，每次扣 10 分	
145		未制定消防预案和治安预防措施、未定期进行演练，扣 10 分；演练要素不全，每处 2 分	
146		未建立健全消防档案，扣 3 分	
147	健康环保	无环境保护设施，扣 5 分；造成环境污染，扣 5 分	15
148		加油站排水沟未定期清理，存在排水不畅通现象，每处扣 2 分	
149		未按规定进行员工体检，扣 3 分	
十	设备管理		100
150	加油机	底座填沙不规范，接地不完好，每机扣 2 分	10
151		过滤器未按要求清洗（柴油 2 个月清洗或更换一次，汽油每 6 个月清洗或更换 1 次），每次扣 2 分	
152		各部位管线、接头、油封、密封垫有渗漏或视油器内有气泡等现象，每机每处扣 5 分	
153		外壳表面有油污、锈蚀，加油枪有渗漏，加油胶管有裂纹、破损，每机每处扣 3 分	
154		各零部件及机架固定螺栓有松动、脱落的情况，每机每处扣 3 分	
155		电脑部分的主板、显示板、按键板、背光灯等工作不正常、不显示或缺少笔画，每机每处扣 1 分	
156		各电气连接部位不符合防爆要求，每机每处扣 5 分	
157		潜泵加油机未安装紧急拉断阀装置或安装不规范，每机扣 5 分	
158	油罐及附件	所属部件连接不牢固、密闭不良好、不清洁，每处扣 3 分；通气管变形、有蛛网，每处扣 2 分；呼吸阀未定期清洗，扣 2 分	15
159		定期维护保养不到位、有渗漏，每处扣 3 分	
160		法兰螺栓安装不全，每个扣 2 分；五孔及以下法兰未进行跨接，每个扣 5 分；跨接不规范或未定期进行保养，每个扣 3 分	
161		卸油口、计量口未上锁，每个扣 2 分	
162		卸油口未规范设置汽、柴油阴阳端，每种油品扣 5 分	
163		操作井油气浓度超标，扣 10 分	

续表

序号	考核项目	考核内容	标准分
164	发电机	外观不清洁，铭牌内容不完整，附件不齐全，有渗漏现象，每处扣 2 分	10
165		安全防护罩及防烫伤装置不完好，扣 5 分	
166		传动皮带松紧不适宜、有毛边和裂纹，扣 3 分	
167		接地不完好，电气线路有破损、漏电现象，每处扣 5 分	
168		机组各连接处有松动、脱落，地脚螺栓不紧固，每处扣 2 分	
169		未定期进行试运行维护，每次扣 2 分；运行记录不全，每次扣 1 分；不能正常启动，扣 10 分	
170	配电柜和电器	外观有灰尘、锈蚀，手柄、漆层有变形和损伤；柜门（盖）上的开关、手柄的操作不灵活，柜内各开关标识不全，每处扣 2 分	10
172		电压表、电流表的示值不正常，指示灯显示异常，每处扣 2 分	
173		绝缘胶垫有破损，胶垫上、下有水渍、杂物、积尘，每处扣 5 分	
174		自备电源与供电网之间的转换闭锁保护装置不能正常工作，扣 5 分	
175		柜内电器元件外观有损坏、变色、凝露、浸水、异味和明显的放电痕迹，每处扣 5 分	
176		开关、插座、线路、灯具等安装不牢固不规范，接头不可靠、不完整、线路未穿管，有放电痕迹，每处扣 5 分	
177		有乱拉、乱接电线、通信线等现象，每处扣 3 分	
178		生活用电器在无人使用时处于开启状况，每处扣 3 分	
179		各类电器无法正常使用，每台（件）扣 3 分	
180	加管系统	设备未按规定进行摆放（前台 POS 机放置于便利店收银台；后台服务器、油品服务器、前庭控制器、网络设备、UPS 放置于机柜内），每台处扣 1 分	5
181		设备及线路未粘贴信息标签，扣 2 分	
182		连接线未捆扎、走线凌乱，每处扣 1 分	
183	油气回收系统	油枪及至真空泵的管线有过度折弯痕迹、破裂和泄漏气体，每处扣 5 分	5
184		未开启油气回收装置，扣 5 分	
185		真空泵工作不正常，扣 3 分	
186		油气处理系统工作不正常，扣 3 分	
187	液位仪	探棒及附件有损坏，跨接不完好，每处扣 3 分	5
188		与其配套的抗浪涌稳压器、串口光电隔离器连接工作不正常，扣 5 分	
189		操作井处液位仪的辅件（包括防爆软管、电缆密封、防爆接线盒等）连接不紧密，有松动、裂纹，防爆接线盒密封不完好，每处扣 3 分	
190	消防器材	配置不足或错误，每少 1 件扣 1 分	10
191		摆放不合理、取用不便，每件扣 1 分	
192		定期维护保养不到位，每处扣 1 分；失效，每件扣 3 分	
193	电气设备	浴室插座不防水，扣 5 分，电热水器未接地，扣 5 分	5
194		站内电气设备及生活用电安装不符合规范要求，每处扣 1 分	

续表

序号	考核项目	考核内容	标准分
195	报警和监控设备	报警系统不能正常使用，扣 2 分	5
196		监控系统工作不正常，图像不清晰、信号不稳定、存储时间不足 15 天、点位设置错误，扣 3 分	
197	防雷防静电	无检测报告，扣 8 分；接地装置不符合标准，每处扣 5 分	10
198		静电接地装置未按期测试，每处扣 3 分；阻值超标准后未及时整改，每处扣 5 分	
199		站内接地检测点没有明显标志，每处扣 2 分	
200		站内所有接地装置连接不可靠，有锈蚀、断线、松动、紧固件缺失等情况，每处扣 3 分	
201	管理要求	设备未执行“三定”管理，扣 10 分	10
十一	基础管理		40
202	信息系统	综合业务支撑平台等信息系统，不能正常使用的，每次扣 5 分，直至本项不得分	20
203	脱机销售	无客观理由发生脱机销售的每次扣 2 分，直至本项不得分	20

第四篇

非油品经营

非油品业务是依托加油站网络和客户资源，为客户提供燃油、燃气以外的商品或服务，以满足客户延伸需求的商业活动。非油品业务是伴随着加油站的发展而产生的，作为支撑未来发展的蓝海产业、朝阳产业，公司在遍布全川的加油站开展种类多样的非油品业务。

2007 年，集团公司确立非油品业务发展战略，成立专属机构开展以便利店业务为主的非油品业务，建立“uSmile 昆仑好客”品牌。

2008 年 3 月，公司在原润特油公司的基础上组建非油品分公司，立足库站网络，先后开展便利店、润滑油、广告、租赁、汽服等传统服务。7 月，公司首座便利店正式挂牌营业。9 月，公司首座中央仓投入营运。

2015 年 4 月，设立非油业务处。历经多次调整优化，形成“管理处室＋运作中心”的业务架构。非油处设运营管理科、便利店管理科、电商及新业务科、综合管理科等 4 个科室；非油运作中心设立便利店业务保障部、汽服广告部、信息及平台运营部、润油化工部、财务资产部 5 个部门。

经过 11 年的艰辛探索、奋力赶超，公司非油品业务逐步由衍生业务壮大为主营业务，成为支撑发展的重要基石。至 2019 年末，公司共有便利店 1397 座，其中百万元以上便利店 532 座，12 座便利店迈入千万元便利店矩阵；非油店销收入突破 15 亿元，非油业务毛利突破 2.6 亿元。

第一章　非油经营体制

第一节　非油品公司

2008 年 3 月，根据销售公司的整体战略部署，公司组建非油品分公司（正处级），为公司下属的具有全省非油品业务管理职能和自身经营职能于一体的二级分公司，主要负责便利店业务、汽车服务、广告位经营、餐饮住宿服务、润滑油及其他石化产品销售和其他非油品业务的开发与经营管理工作。公司坚持“以我为主，自主经营”的工作思路，在非油业务模式上主要突出“自主经营、因地制宜、规范发展、稳步推进”的发展思想，规范和优化整合现有的非油业务，统一运营管理、安全管理和服务管理，将公司放在全省非油业务的大局中进行定位，实现管理职能和经营职能的有机结合。

6 月，根据公司油川销人事函〔2008〕26 号文批复意见，确定非油品公司的机构设置及人员，共设综合办公室、财务资产科、业务管理科等 3 个管理部门，润滑油采调科、销售科、仓储科、便利店商品部、广告装饰部、化工产品部 6 个经营部门。

2008 年—2015 年 4 月，公司按照非油品公司架构运营。

2015 年 4 月，公司为促进非油业务专业化管理，构建非油业务发展新格局，提高效率效益，设立非油业务管理处，作为公司非油业务的管理机构，履行全省非油业务管理职能，机构规格为正处级。非油运作部（非油品公司）作为公司直属机构，机构规格为正处级，业务上接受非油业务管理处的管理、考核和指导，对内称非油运作部，对外称非油品公司。6 月，非油业务管理处更名为非油业务处。

2017 年 5 月，非油处下设运营管理科、便利店管理科、电商及新业务科、综合管理科。并在非油处挂非油品公司、润特油公司两块牌子。运作中心内设 5 个机构，分别是便利店业务保障部、汽服广告部、信息及平台运营部、润油化工部、财务资产部，作为非油处的附属机构，归口非油处管理。

第二节　非油处＋非油运作中心

一、“非油业务管理处＋非油运作部”管理架构

2015年4月，为促进非油业务的专业化管理，改变与其他二级分公司争利情况，构建非油业务发展新格局，提高效率效益，结合非油业务运行状况，公司印发《非油业务体制机制优化方案》，以流程再造为核心，以业务板块为主线，构建“非油业务管理处＋非油运作部”的管理架构，二级分公司则采用“非油品经营部＋便利店”的运行结构，基本实现权责统一、管运分离的优化目标。非油业务设立便利店、润油化工、广告租赁、汽服电商、采购配送五大业务板块，梳理完善业务流程和岗位职责，为推进专业化管理打下坚实基础。

非油业务管理处　非油业务管理处作为公司非油业务的管理主体，履行全省非油业务管理职责。

管理模式：非油业务管理处每年初下达考核指标到非油运作部、二级公司，月度考核、年度清算；每年制订劳动竞赛方案，按方案进行月度、季度、年度考核评比；每月召开经营分析会，围绕市场、经营、重点工作做出安排部署；每季度开展一次督导检查，指导二级公司经营工作；适时开展分季、分类促销；每年组织全省非油业务专题培训不少于2期。

非油运作部（非油品公司）　非油运作部（非油品公司）作为服务支持实体，是大宗物资集采集配中心，不以盈利为目的，以自身经营的润油化工业务、采购溢价（通过集中采购，使采购价格低于二级公司最低采购价的溢出部分）保留一定利润空间，消化自身运行费用，实现盈亏平衡。

管理模式：非油运作部（非油品公司）实行业务板块运行模式，构建“业务板块＋中央仓”的内部架构。根据业务发展需要，逐步建立覆盖全省的中央仓网络，最终形成中央仓分区域布局，实现全省集采集配，大宗商品直销配送到客户，便利店商品配送到店。非油运作部对内是服务中心，称非油品运作部，在非油业务管理处指导下，对二级公司提供业务支持和服务，不再下达管理指令。非油运作部对外是运营中心，称非油品公司。

通过将非油业务划分为五大业务板块，构建“业务板块＋中央仓”的运行模式，强化激励到位，实施项目攻关，实现集采集配、专业管理、运行高效。构建非油业务“金字塔”式的组织构架，推进非油各项业务的专业化管理，既是非油业务开辟新天地、释放新活力的根本之策，又是构建公司“大营销”格局、“油卡非润”一体化运作的必由之路。非油业务充分发挥“专业化＋一体化”的集约优势，保持纵向指令畅通、横向联动协调，寻求整体效益最大化。

二、“非油业务处＋非油业务运作中心”管理模式

2017年，根据公司“1234”治企方略总体部署，为完善非油业务管理架构，理顺事务流和信息流，推进制度流程再造，提高运行效率，促进非油超常规发展，公司印发《进一步完善非油

业务运行有关问题的方案》，按照“专业管理、统筹发展、管办分离、风险可控”的原则，进一步优化非油处与非油运作部的职能定位，调整非油业务事项决策机制，加强风险管控，形成“非油业务处 + 非油业务运作中心”的管理模式（见图 4–1）。

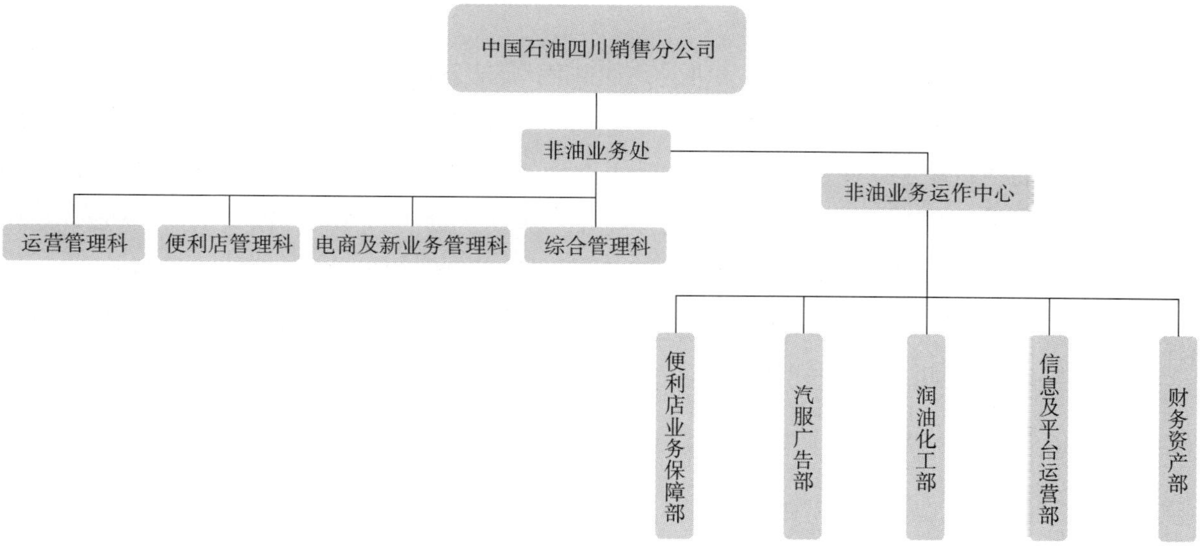

图 4–1　“非油业务处 + 非油业务运作中心”组织架构图

非油业务处　非油业务处作为非油业务的专业管理部门，发挥专业线管理职能：牵头制订非油业务规划，经公司批准后，纳入公司整体发展体系，并牵头组织实施。统筹编制非油业务营销策略和计划，融入公司整体营销体系，并配合组织实施。根据公司整体促销计划，组织、指导二级公司开展好非油促销和劳动竞赛。牵头组织汽服、广告、电商等新业务的合资合作及异业联盟，拓展非油业务销售及效益增长渠道。打造特色商品及自有商品销售网络，利用优途、油优及电子券等平台，增强线上线下销售互动和深度融合。强化业绩导向，牵头组织专业线业绩完成情况的通报、分析和考核，并将考核结果反馈人事处。

非油业务处挂非油品公司、润特油公司的牌子。非油处（非油品公司、润特油公司）不再按二级公司管理，作为机关职能部门，在公司班子的领导下开展工作。同时，由非油处以非油品（润特油）公司名义，对外开展业务联系、合同签订等工作。

根据非油处的定位及职能，设立运营管理科、便利店管理科、电商及新业务科、综合管理科 4 个内设机构。运营管理科主要负责制订全省非油业务发展规划、营销计划及实施方案，统筹非油各项业务推进。便利店管理科主要负责便利店业务管理提升和品类优化，推进落实全省便利店网点建设。电商及新业务科主要负责全省电商（优途）业务及非油新业务评估立项、统筹推进。综合管理科主要负责全省非油业务运行保障、制度建设、合同管理等工作。承办非油品（润特油）公司相关日常事务。

非油业务运作中心　非油运作部更名为非油业务运作中心，作为非油处的附属机构，归口非油处管理，在非油处的领导下开展工作，主要发挥保障和支持作用。由非油处授予运作中心一定权限，负责便利店业务的保障支持、商品配送、财务管理、信息运维、综合服务等工作。

将“优途”项目调整到非油专业线，由非油处负责项目管理，“优途”项目核心人员以竞聘方式选拔到运作中心相关岗位，充实和加强线上线下一体化营销。创新实验室其他人员继续做好“优途”项目的配合推进，并适时开展新项目孵化。根据“优途”平台建设和总部电商业务发展情况，再对项目运行人员进行优化调整。

根据运作中心的职能定位变化，相应调整运作中心的内设机构及职责。将采购配送部与便利店业务部整合，设立便利店业务保障部；将广告业务部和汽服电商部整合，设立汽服广告部，加强非油业务的信息化建设及应用，为线上线下业务融合提供支持；增设信息及平台运营部；保留润油化工部；保留财务资产部，财务资产部工作人员作为公司财务处的派出人员，在公司财务处的指导下，负责非油业务（非油品公司）的预算管理、账务处理、会计核算等工作。

2018 年 1 月 18 日，为适应非油品业务经营管理工作需要，公司遵照执行销售公司《中石油昆仑好客有限公司职能定位及非油品业务事权划分方案》。

第二章　非油商品购存管理

第一节　商品采购与配送

2008 年，公司采取集中采购和地方采购两种模式采购便利店商品。加油站便利店管理人员（或加油站经理）每周根据每种商品的销售状况、销售趋势及库存量，并结合市场信息，填制订单（要货计划），采购商品分为中央仓送货的商品和地采供应商直送的商品。

中央仓送货的商品　二级公司每周收集汇总一次所属便利店订单，由公司非油品管理部门审批后，于次周一上报非油品公司便利店商品部。便利店商品部每周二汇总各二级分公司的订单并传递至中央仓，每周三中央仓开始按订单发货、配送。

地采供应商直送的商品　二级公司定期收集汇总所属便利店订单，由公司非油品管理部门审批后，自行安排地采供应商送货。

商品差异处理　中央仓和便利店在验收供应商配送商品的过程中，若实物情况与配送单有差异，先向上级主管部门汇报，再按正常流程处理。若商品出现损耗、短少，由承运商现场按售价进行赔偿，便利店按配送数量入库；若商品长余，则按配送单数量进行验收，并拒收长余部分的商品。

10 月，在成都召开的第九届中国西部国际博览会上，公司与四川蓝剑饮品有限公司、可口可乐（四川）饮料有限公司等 10 家单位签订了 2009 年意向性采购协议，金额共计 1.07 亿元。

2009 年，在便利店商品统一采购的基础上，公司启用“奥博克商业管理信息系统”提交商品订单，保证便利店商品不脱销、不断档。

是年，为全面规范加油站便利店商品退换货程序，减少因商品退换造成的运输成本增加及各有关环节和部门人力资源的耗损等，公司印发《中央仓退换货管理（暂行）规定》。加油站如发现有商品滞销，及时报告市（州）分公司非油品管理部门，市（州）分公司优先考虑该商品在本管辖区内调剂销售。滞销商品确实不适宜在本管辖区内销售，便利店主管可将滞销或即将过期的商品（一般国内商品余保质期四分之一，进口商品余三分之一）填写退换货清单，经加油站经理审批后报送至市（州）分公司非油品管理部门。退换货清单经二级分公司审核汇总后报非油品分公司，经非油品分公司批准后的退换商品可返回中央仓（返仓商品数量不得超过该批次商品进货数量的 20%）。返仓商品应包装完好，根据品类保留一定保质期限。换货分为退货和收货两个程序进行处理。

2010 年，公司采取“三结合”的配送管理模式，实行集中统一采购，非油业务中央仓和物流配送管理逐步规范。全年共为四川省 13 家市州公司 83 个便利店配送商品 48.04 万件，整体物流费用控制在 3% 以内，初步发挥非油物流中枢效能。

2011 年，按照“集中采购与自主采购相结合”的商品组织采购原则，优化商品采购方式，优选质量好、价格低的商品，最大限度地降低商品进货成本。公司与全部供应商进行新一轮谈判，新签约供应商 63 家，毛利水平普遍提高；对部分同类商品进行竞标采购，引入差评淘汰制，降低进货成本，进一步提高经营效益。

是年，便利店商品均由第三方物流公司统一配送至加油站（燃油添加剂和堆头水除外），配送区域扩大为成都、成品油、油料及岷江公司 4 个区域，配送周期为一月七配，配送金额 5680.94 万元。中央仓实行每周配送，每周一和周二接收订单。商品出库时，中央仓将提前通知各公司非油部门，各公司非油部门需通知所属油站安排人员及时收货。出库商品使用周转箱配送，油站当场清点交接后周转箱立即随此配送车辆返回中央仓，未返周转箱，以 100 元 / 个收取费用。

2012 年，公司充分发挥集团采购优势，逐步扩大统采范围，全省统采比例逐步达到 60%。加强酒类商品配送管理，酒类商品供货配送签收实施备案登记制度和物流码管理制度，填写酒类商品配送随附单，详细记录酒类商品信息，附随于酒类流通的全过程，单随货走、单货相符，酒类商品自供应商到销售终端全过程流通信息可追溯性。中央仓及二级公司中转仓在与物流公司交接酒类商品时，必须双方同时核对和确认商品与酒类商品配送随附单，运送过程中实施单货同行。酒类商品配送随附单由物流公司配送人员负责随货送达和签收回执。中央仓、二级公司中转仓实施专人管理制度和定期盘点制度，加油站便利店实施交接班盘点制度。盘点时核对账目、实物、物流码三个方面，做到账目、实物、物流码统一。

2013 年，公司制定《便利店商品采购业务管理办法（试行）》和《非油品供应商管理办法（试行）》，实行全省饮料统采统配，采取厂家、总服务商、区域服务商三结合运作方式，统一确定采购价格、配送管理、资金结算、促销奖励等事项，降低购进成本，饮料销售综合毛利率同比提高 5 个百分点，平均综合毛利率达 28%。

饮料类商品的采购价格、指导零售价、配送管理、退换货、资金结算、促销奖励、市场推广等事项，由非油品公司与饮料生产厂家直接洽谈、统一确定，各二级公司严格执行落实。对已入围的饮料品牌实行“统一结算、分区域配送”和“分区域结算、分区域配送”两种管理方式。

统一结算、分区域配送　二级公司按照直送商品采购流程向非油品公司直送管理岗提出要货申请，直送管理岗通知厂家总服务商，总服务商负责将订单传达到各销售区域的配送服务商实施当地配送，结算由厂家总服务商与非油品分公司统一结算。

分区域结算、分区域配送　由二级公司向厂家指定的区域服务商直接订货，区域服务商实行当地配送，由厂家指定的各区域服务商与各二级公司按地采业务流程进行资金结算，二级公司根据实际发生的业务量申请地采资金。

是年，公司对未纳入全省统采范围的商品试运行地采业务管理。对地采供应商和地采商品实行准入审批制度，地采供应商和拟实施地采的商品报非油品分公司审批。审批同意后，二级分公司与供应商签订正式地采合同。地采商品在已签订地采合同的供应商以及地采合同约定的商品范围内实施采购。地采业务的采购计划必须经审批通过后，方可申报地采资金计划。

2014 年，公司制定《便利店商品统采统配业务实施细则(试行)》，规范便利店商品统采统配业务流程，强化运营管理，提高运作效率；完善供应商考评制度，严格考核其毛利贡献、促销支持、服务保障、商品退换货等指标，实行优胜劣汰管理。4 月 1 日，大成都区域的成都公司、成品油公司、岷江公司成都区域、油料公司成都区域正式执行便利店商品统采统配业务流程。从 4 月 1 日起，大成都区域各二级公司加油站便利店所销售商品（烟草除外）由中央仓负责统一采购、统一配送到各加油站便利店，停止所有商品直送和直送订单。针对中央仓正常配送的二级公司要货订单，免收二级公司物流配送费用。

2015 年，公司严格执行商品采购管理规范、采购集体决策制度，严格执行销售分析、市场询价、谈判议价、提供决策信息，所有商品采购的决策权限均集中于采购决策小组。结合油站实际情况，修订完善《便利店商品采购业务管理办法（试行）》《非油品供应商管理办法（试行）》和《便利店商品统采统配业务实施细则(试行)》。

2016 年，为理顺非油业务运作机制，提高二级公司工作积极性，公司取消向统采商品供应商收取返点费和配送费，有效降低二级公司商品采购成本，提高二级公司统采商品毛利空间。7 月 19 日，为保证非油滞销商品清理工作有序、高效地开展，公司将滞销品清理工作纳入月度考核。各二级公司根据《非油滞销商品清理方案》的相关要求，结合《非油滞销商品库存明细表—20160531》，按月制订本单位滞销品清理实施计划。统采和地采商品的认亏标准为：完成或超额完成月度计划，月度考核按 100% 认可处理亏损；未完成月度计划，月度考核按 70% 认可亏损；超计划期限处理的滞销品不再认可亏损；计划期内没有完成的单位，倒扣年终考核业绩分。12 月 30 日，销售公司下发《非油商品库存管理指导意见》，明确商品库存管理重点考虑库存周转天数、商品动销率两项指标，以及主要指标计算方法、全国平均库存参考值，规范商品进销存管理流程。

是年，公司实行购销双市场化，制定《便利店商品试销管理办法》，召开新品选评会，现场甄选 77 个品牌、315 个热销单品，对选择的试销新品，“让市场决定去留”；对销量好、毛利高商品给予引进，新增 10 个供应商、100 个单品。

2017 年，公司将集采统配范围由年初的 5 家二级公司、330 座加油站，扩展到 22 家二级公司、1436 座加油站，把配送内容延伸至线上商品、车用润滑油、车辅产品，基本实现四川省全覆盖，全年配送金额 1.42 亿元，同比增长 112%，毛利率较地采提高 7.6 个百分点。在泸州龙马站试点扫码收货，对大成都区域 5 家单位与大成都以外区域 17 家单位，实施双配送周期运行，平均配送到站时间分别达到 4 天 / 周期、10 天 / 周期，配送商品到货率 93%。

2018 年，销售分公司印发《成品油销售企业非油商品集中采购方案》，在销售公司实施非油商品集中采购，由销售公司归口管理，授权昆仑好客公司按照“集中市场、集中资源、集中信息”的思路统筹规划、组织实施，旨在发挥规模采购优势，有效降低成本，确保商品质量，实现综合效能最大化，培育长期战略合作供应商队伍。2018 年 4 月，昆仑好客公司在全国推行集采统配业务，全国知名品牌首次纳入集中采购行列，新增单品 306 个，可订货单品数达到 2321

个。在德阳、泸州等分公司启动试点“精益零售”，基于商圈分析、客户画像等大数据分析，实施店面分级分类管理，以客户体验为核心来规范陈列，以消费者需求为出发点来规划品类；紧扣“人—货—场”核心要素，因地制宜、因站施策，优化调整品类结构与陈列布局，核心品类以79.9% 的收入份额，实现 89.3% 的毛利占比，品效、平效分别同比提高 54.6%、69.4%，位居板块第一、二位。首次冲击自有商品全国 TOP 排名。有缘酒在 6 个省区公司上架销售，实现销量1057 万元、毛利 296 万元，其中有缘小酒以 37 万瓶销量位列酒类商品全国排名 TOP15。此外，U&U 系列纸实现销量 3150 万元、毛利 718 万元，武火传自热火锅、雅安藏茶进入总部首批“昆仑好客优选 +”认证名录。与五粮液达成合作协议，争取到资源保障、政策支持，构筑“川酒出川”通道进入初期运作，与 1919 开启“新渠道、新零售”项目论证。

2019 年，公司规范统采商品直配业务，在中央仓无法及时配送、难以满足业务需求的情况下，新开业便利店、加油站临时迎检、自用的劳保福利等特殊事项、各二级分公司自行开展的促销活动和对外开展的团购业务，二级分公司须向非油运作中心提报统采商品直配业务申请。非油运作中心、二级分公司建立直配业务台账，存档备查。

至 2019 年末，经过 11 年发展，采购商品达到 22 个大类商品 5826 个单品，采购模式从“统采 + 地采”演变为“集采 + 统采 + 地采”；配送模式从“统采直配 + 地采”演变为“集采统配 + 统采统配 + 统采直配”。

表 4-1 所示为 2008—2018 年中国石油四川销售公司非油采购金额统计情况。

表 4-1　2008—2018 年中国石油四川销售公司非油采购金额统计表

单位：万元

年度	采购金额	年度	采购金额
2008	586	2014	6712.2
2009	2696.5	2015	11096.7
2010	4977.46	2016	13836.9
2011	11198.1	2017	19421.8
2012	9706.06	2018	39981.7
2013	7854.8	—	—

第二节　中央仓建设

加油站非油商品进货渠道委托不同供应商采取分类、分批、分散的零担模式，成为制约非油业务发展的瓶颈。非油商品中央仓能整合非油商品计划、供应商供货及配送运输等资源，由中央仓集中储备非油商品、第三方专业物流公司进行商品分拣与配送，实现非油商品集中统一配送管理。

2008 年，公司正式启动四川中央仓。按照“先租赁、后建设”的原则，租赁五桂桥加油站闲置库房，作为非油商品自管库，面积约 40 平方米，实现临时配送仓的试运行，保障便利店的正常运营，为公司“第一座中央仓”。2008 年共配送区域 1 个，配送金额 38.55 万元，配送站点 23 个。

2009 年，按照“先租赁、后建设”的原则，公司利用 104 油库临时中央仓开展商品配送，租赁中储公司天回镇中央仓，与中国石油运输公司四川分公司签订商品配送协议，仓储和物流配送体系逐步完善。104 油库二楼中央仓，面积约 700 平方米，仓库根据商品分类进行分区。2009 年末，中央仓迁至天回二库，面积约 1000 平方米。2009 年，共为全四川省 12 家市州公司 70 余个便利店配送商品 44.4 万件，配送金额 246.43 万元。中央仓操作流程如图 4-2 所示。

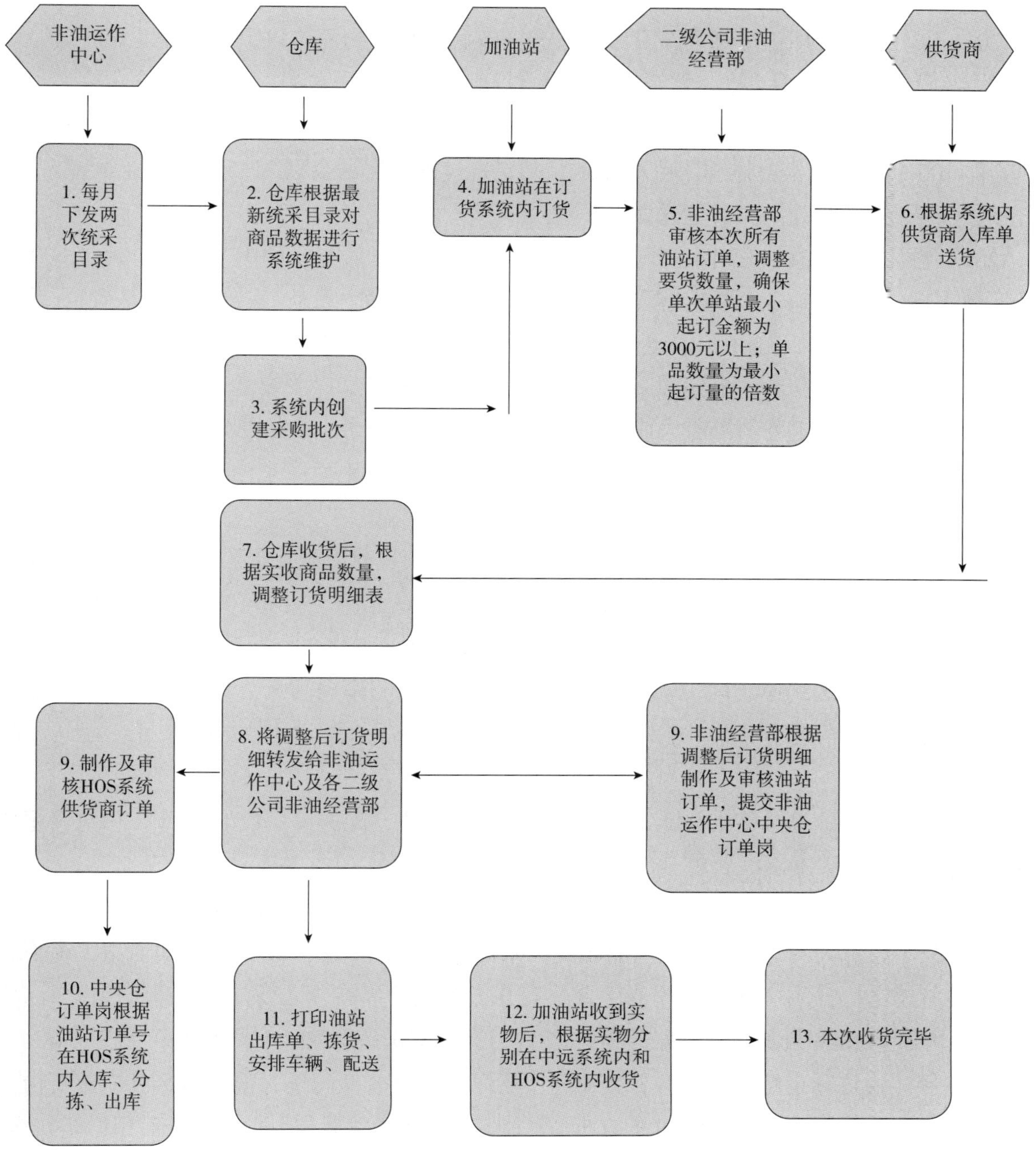

图 4-2　中央仓操作流程图

2010年，公司开展加油站样板便利店和简易中转仓项目建设计划，通过投资和费用两个渠道来解决加油站样板便利店建设资金，动用总部中央仓建设资金进行简易中转仓建设。是年12月，公司在全省有计划、分步骤地建设简易中转仓，逐步推行全省大宗商品的统一采购、统一配送，形成覆盖全省的非油业务供应链网络，保障全省非油品业务商品仓储和配送。第一批非油中转仓投资项目计划在绵阳、巴中、乐山、眉山、宜宾、泸州、南充、达州、内江等9个分公司建设非油中转仓。

是年，按照“三结合”的办法优化物流配送管理，全年中央仓为13家市州公司的83个便利店配送商品48.04万件，配送金额1013.21万元，初步发挥物流中枢效能。

2011年，公司与四川中邮物流有限责任公司签订仓储、物流协议，利用其高效的仓储运输网络由专业化人员管理中央仓。截至年末，全省已经建成中转仓6座，租赁中央仓1座。

2012年，公司与中国邮政物流公司续签合作协议，物流配送逐步优化。中央仓仓储商品品种达到1100余种，全年整体物流费用控制在2.24%以内。配送金额2235.63万元，配送站点75个，配送单品数1193个，共计配送213车次。

2013年，公司与成都龙泉宝湾国际物流有限公司签订仓储合同，中央仓面积增至2600平方米。调整中央仓运作模式，将物流配送外包富林同创管理咨询（北京）有限公司，从要货、送货、商品分拣、仓储等全流程优化，配送效率全面提升，大成都区域配送时限不超过96小时；商品到货率由70%提高到90%。仓储费用由30元/平方米降为27元/平方米。

是年，中央仓配送范围覆盖大成都范围，包含成都分公司、成品油分公司、非油分公司便利店。配送金额1604.72万元，配送单品数1049个；配送费率由原来的4.7%降为4.5%；中央仓配送站点数由前期的75座增至100座。

2014年，扩大统采直配半径，4月实现大成都区域全口径配送，资阳分公司、眉山分公司、德阳分公司于8月以及绵阳分公司于12月均纳入统采直配范围，实现100公里范围内的公司统采直配，覆盖网点达到405个，同比增加305个，配送费用占中央仓配送金额的3%，单品平均到位率为91%，配送到站时间为4.4天，毛利率较地采毛利率提高8个百分点，采购效益不断提升，物流配送成本逐步降低。中央仓统采统配金额2546万元，配送站点190个，配送单品数1498个。

2015年，公司配送金额4308.5万元，配送站点258个，配送单品数1222个。中央仓租赁及物流配送费同比下降30.24%，综合配送费率3.90%。

2016年，为实现全省统采统配，公司与第三方物流公司中远物流仓储配送有限公司合作，将统采统配区域扩大到200公里范围的雅安、乐山等13家二级公司、793座加油站，统采商品毛利率提高6%。实行中央仓自动分拣系统，配送效率大大提高，二级公司便利店在售单品数量由800种增加至1000余种。全年配送金额6703万元，配送站点326个，配送单品数1548个。

2017年，通过邀请招标的方式，公司与中远海运物流仓储配送有限公司签订仓储及物流配送服务合同，中央仓面积增至5600平方米。8月，根据业务发展需要，中央仓面积增至9700平方米。

是年，公司集采统配范围由 2016 年初的 5 家二级公司、330 座加油站，扩展到 22 家二级公司、1436 座加油站，把配送内容延伸至线上商品、车用润滑油、车辅产品，基本实现全省全覆盖。全年配送金额 1.42 亿元，毛利率较地采提高 7.6 个百分点。在泸州龙马站试点扫码收货，对大成都区域 5 家单位与大成都以外区域 17 家单位，实施双配送周期运行，平均配送到站时间分别达到 4 天 / 周期、10 天 / 周期，配送商品到货率 93%。

2018 年，为优化配送路线、降低运营成本，公司探索分仓建设，建立从仓到店的最短链条。以成都中央仓为核心（中央仓分布图见图 4–3），综合考量业务规模、辐射半径、路网环境、资产利用等因素，在南充、攀枝花等条件成熟的地区建立辅助性分仓，辐射周边地市。联合中远物流，在分拣、装卸、盘点等环节引入可视化、智能化操作系统，提高场地利用率、库存周转率、送达及时率。对五粮液、中粮红酒等重点商品探索厂家直配模式，在各分公司选择具备条件的站点作为中心站，由供应商组织配送、承担运费，减少流通环节和运营风险，确保轨迹溯源、产品保真。全年非油库存周转率达到 6 次，配送到位率提升到 90% 以上，实现从买到卖的最快送达。线上线下同步引入同城配送业务，在成都、泸州、攀枝花试点基础上，扩大美团项目推广范围，并尝试与京东物流等行业巨头进行深度合作，通过“中央仓代发 + 便利店自提 + 供应商直配 + 第三方闪送”的模式，着力解决“最后一公里”的痛点问题。全年配送金额 32736.3 万元，配送站点 1436 个，配送单品数 2321 个。

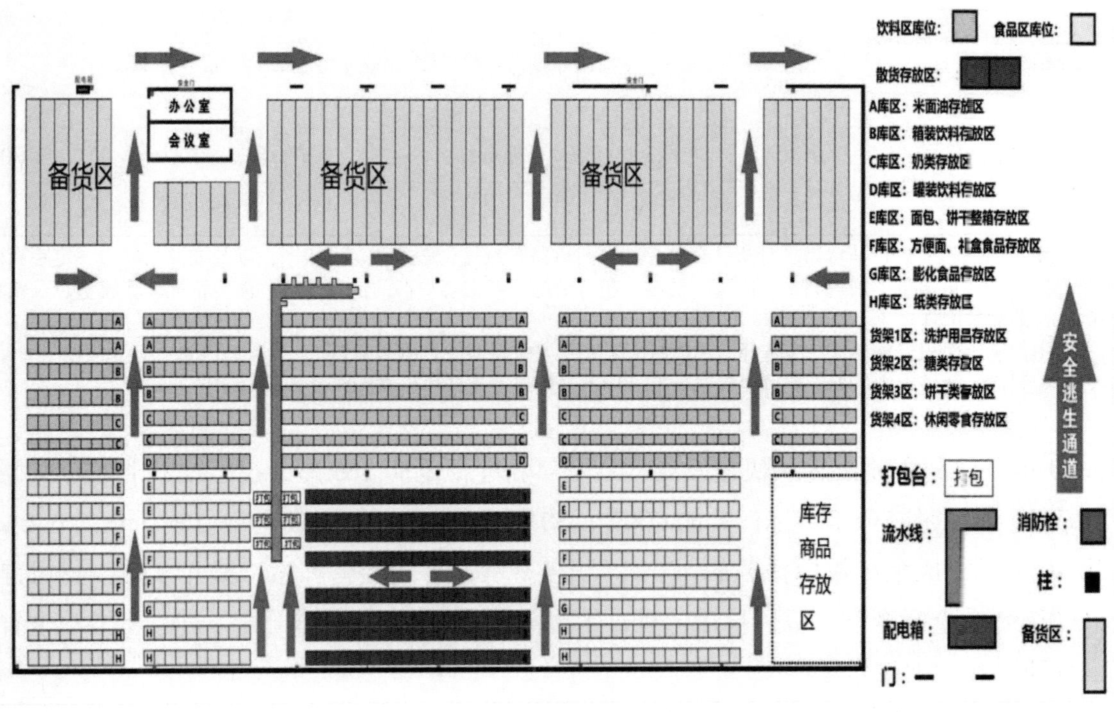

图 4–3　中央仓分布图

2019 年，公司与中远海运物流仓储配送有限公司在南充传化物流园联合举办中央仓（南充仓）开仓仪式，中央仓南充分仓试运营，南充、广安、达州等地区由原来的一月三配，优化为一月四配，极大地缩短配送周期，节约仓储配送成本。截至年末，公司与中远海运物流仓储配送有限公司实现覆盖全省 22 家地市公司的非油商品集采统配，配送金额由 6700 万元增长至近 3.5 亿元。

第三节　便利店建设

2008 年，公司下发《便利店装修标准》，完成 23 座便利店建设。便利店分类及规模情况如表 4–2 所示。

表 4–2　便利店分类及规模表

<table>
<tr><th colspan="2" rowspan="2">类型</th><th colspan="3">高级店</th><th colspan="2">标准店</th><th rowspan="2">基本店</th></tr>
<tr><th>高级店Ⅰ型</th><th>高级店Ⅱ型</th><th>高级店Ⅲ型</th><th>标准店Ⅰ型</th><th>标准店Ⅱ型</th></tr>
<tr><td colspan="2">参考面积（平方米）</td><td>≥ 140</td><td colspan="2">≥ 100</td><td colspan="2">≥ 60</td><td>< 60</td></tr>
<tr><td colspan="2">位置</td><td colspan="3">城市干道站 / 社区站 / 高速站</td><td colspan="2">城市站 / 郊区站 / 高速站 / 国道站</td><td>省道站 / 乡村站</td></tr>
<tr><td colspan="2">单品（个）</td><td>≥ 1000</td><td>≥ 1000</td><td>600—1000</td><td colspan="2">300—600</td><td>< 300</td></tr>
<tr><td colspan="2">便利店销售收入（万元 / 年）</td><td>≥ 300</td><td>200（含）—300</td><td>100（含）—200</td><td>50（含）—100</td><td>20（含）—50</td><td>< 20</td></tr>
<tr><td rowspan="2">油品指标</td><td>销量（吨 / 年）</td><td>≥ 10000</td><td colspan="2">5000（含）—10000</td><td colspan="2">3000（含）—5000</td><td>< 3000</td></tr>
<tr><td>汽柴比</td><td colspan="3">≥ 1</td><td colspan="2">≥ 1</td><td></td></tr>
</table>

注：1. 便利店面积应进行消费需求分析，充分考虑站前道路车流量、进站率、进店率，以及加油站周边一定距离内的企事业单位，居民区人口数量，周边超市、商场、油站分布等情况，考虑客户群的消费能力、消费特征、客流量以及便利店吸引消费的综合能力等因素。

2. 本表中便利店面积仅供参考，在选择时还应考虑未来发展的需要进行适当调整。

3. 设备配置以实际需求为依据，配置表仅供参考，设备设施尺寸规格详见本标准设备设施章节。

2009 年，便利店建设进入快速发展期。全年新建便利店 166 座，投运便利店 152 座，其中百万元店 21 个，完成全年目标任务的 700%；50 万元店 32 个，完成全年目标任务的 640%；30 万元店 40 个，完成全年目标任务的 400%。积极开展站外店经营探索，是年 4 月，公司首座站外店鼓楼街“昆仑好客”样板店投运，首日销售额 4430 元，实现开门红，进一步推动全省便利店标准化建设和管理工作。

2010 年，新建“昆仑好客”标准便利店 56 座，便利店总数达到 285 座，对营运加油站覆盖率达 22.1%。主动探索简易便利店和手推车销售项目，全年共建设简易便利店 65 座，投运“昆仑好客”标准便利店 211 座，统一制作发放销售手推车 68 台。

2011 年，全省建成“昆仑好客”标准便利店 225 个，建设简易便利店 130 座。非油收入百万元以上加油站 101 座、50 万元加油站 87 座、30 万元加油站 69 座。推进非油样板店建设，重点打造成都地区高新天山、金牛坝两座样板店，在各二级公司打造一批品牌形象标杆店。

2012 年，按照“科学谋划、因地制宜、全面推进”的非油网点开发战略目标，新增营运标准便利店 57 座、简易便利店 100 座。全省 50 万元以上便利店达到 255 个，其中百万元店达到 146 个、300 万元店达到 40 个。

2013 年，全省建成“昆仑好客”标准便利店 332 座、简易便利店 372 座，便利店数量同比增加 25%，百万元以上便利店 184 座、30 万元便利店 91 座。

2014 年，全省开展非油“二元化”治理，进行便利店业务全流程诊断，查找制约经营管理水平提升的各种因素，推动非油业务规范发展，持续提升便利店业务的运行效率和创效能力。截至 12 月，百万元以上便利店 156 座，其中 200 万元店 35 座、300 万元店 40 座，单店日均非油收入 2901 元。

2015 年，开展样板店复制推广、便利店“二元化”治理和销售提升三项重点工作，新增便利店 480 座，开店率达到 87%，同比提升 35 个百分点；新增 200 万元店 10 座、100 万元店 15 座。加大便利店整改提升，将闲置土地和站房改造为便利店，投入专项资金 3860 万元，完成 333 座便利店改造。是年 7 月，公司启动便利店开店率提升专项工作，通过深入了解顾客需求、摸清基建实际、准确测算指标，分公司、区域、油品销量，因地制宜地制订建店计划，下半年新增开店 362 座，开店率达 80%。年末，公司便利店总数达到 1212 座，开店率 87%，其中标准店 321 座、简易店 866 座、高级店 25 座。图 4–4 所示为加油站便利店现场。

图 4–4　加油站便利店现场

2016—2017 年，公司在便利店配备“优途推介”专柜，主打进口饮料、零食、饼干等商品。持续推进便利店改造提升，元华、燕塘两座加油站成功跨入千万元便利店行列。截至年末，100 万元及以上便利店达到 269 座，同比增加 93 座，增幅 52.84%，规模店占比、开店率分别提升到 60.37%、93.1%。

2018 年，突出规模店培育，百万元以上便利店新增 191 座，达到 461 座，10 座便利店迈入千万元便利店矩阵。

2019 年 5 月 21 日，中国石油昆仑好客第一家店外店入驻中国移动成都益州营业厅。2019 年末，中国石油四川销售公司在营便利店数量统计情况如表 4–3 所示，中国石油四川销售公司规模便利店统计情况如表 4–4 所示。

表 4-3　2019 年末中国石油四川销售公司在营便利店数量统计表

单位	便利店数（座）	在营便利店数量（座）				开店率（%）
		小计	高级店	标准店	简易店	
广元	58	58	4	11	43	100.00
巴中	47	47	1	6	40	92.16
达州	55	55	0	15	40	93.22
岷江	94	94	4	55	35	100.00
绵阳	76	76	0	28	48	95.00
南充	75	75	1	33	41	100.00
广安	47	47	0	6	41	100.00
德阳	81	81	3	18	60	100.00
遂宁	55	55	0	27	28	100.00
成都	145	145	9	66	70	91.19
资阳	54	54	6	17	31	90.00
雅安	51	51	7	15	29	98.08
眉山	55	55	1	14	40	98.21
自贡	41	41	0	24	17	87.23
内江	53	53	1	27	25	91.38
乐山	67	67	1	21	45	100.00
宜宾	70	70	4	23	43	98.59
泸州	57	57	6	19	32	100.00
甘孜	25	25	1	8	16	89.29
凉山	60	60	0	11	49	95.24
攀枝花	57	57	0	33	24	98.28
成品油	65	65	7	24	34	91.55
油料	19	19	0	7	12	90.48
合计	1407	1407	56	508	843	95.84

表 4–4　2019 年末中国石油四川销售公司规模便利店统计表

单位	便利店数（座）	规模便利店数量（座）					
		300 万元及以上店	200 万元店	100 万元店	50 万元店	30 万元店	30 万元店以下店
广元	58	2	4	11	16	17	8
巴中	47	1	2	11	7	12	14
达州	55	3	2	11	16	11	12
岷江	94	1	3	7	21	21	41
绵阳	76	2	4	12	22	15	21
南充	75	0	7	23	22	10	13
广安	47	1	3	6	10	7	20
德阳	81	2	3	19	31	17	9
遂宁	55	3	3	7	15	5	22
成都	145	17	17	46	27	20	18
资阳	54	2	5	10	18	11	8
雅安	51	1	6	10	17	9	8
眉山	55	4	1	4	16	10	20
自贡	41	2	3	11	4	5	16
内江	53	4	5	7	6	9	22
乐山	67	1	5	18	20	19	4
宜宾	70	5	3	6	23	12	21
泸州	57	2	4	10	12	13	16
甘孜	25	1	1	2	11	10	0
凉山	60	6	5	8	22	10	9
攀枝花	57	1	4	19	19	4	10
成品油	65	9	7	17	20	7	5
油料	19	1	0	1	5	2	10
合计	1407	71	97	276	380	256	327

说明：1.300 万元店、200 万元店、100 万元店、50 万元店、30 万元店、30 万元以下店按财务滚动数据划分归类；2. 便利店座数不含没有店面销售的便利店。

第三章　非油品销售

2007 年前，由于进加油站的顾客没有养成购买非油品的习惯，国内石油企业没有结合国内的零售市场形势、企业自身的优劣势、顾客消费习惯和需求对加油站非油品业务进行准确定位，经营及盈利模式缺乏研究，主要以润滑油化工销售为主，加油站非油品业务发展相对较慢。2007 年，中国石油确定非油品业务发展战略，成立专属机构开展以便利店业务为主、汽服广告等多种经营的非油品业务，建立的便利店品牌为“uSmile 昆仑好客”。

第一节　润滑油和化工小产品销售

润滑油和化工小产品业务属于老业务之一，销售各品牌润滑油、化工小产品及特种润滑脂等，以各个分公司为基点，以加油站为销售中心点，辐射式销售覆盖。

1991—2001 年，公司开拓新业务，下发多种经营工作意见，试行润滑油加工、销售、服务一体化经营，重点经营石化产品和化工原料。扩大生产市场短缺及有竞争力的润滑油产品。1991 年，多种经营利润净额 500 万元。

2002 年，公司设置润特油分公司，受公司委托授权，负责全系统润滑油经营的归口管理工作。所属公司设置润滑油分公司或经营部，根据工作需要配齐人员和必要的经营条件，人员实行定员定岗办法，润滑油分公司及经营部人员总数与负责人由各所属公司会同公司润特油分公司共同确认。

是年，公司印发《润滑油经营管理办法》，对全省润滑油经营实行“统一管理、双向考核”。全省所属公司润滑油资源统一由公司润特油分公司本着择优原则组织进货，实行统购分销。所属公司根据市场和用户要求，少量价格要求低、品牌要求不高或用户协议要求的润滑油，各单位向公司润特油分公司提报自采计划，经同意后方可就地自采。未经同意，一律纳入统采计划。

2003 年，公司修订《润滑油经营管理办法》，公司系统内润滑油经营业务实行“统进分销、分级管理、分级考核”办法。润滑油货源统一由润特油分公司本着择优原则组织进货，实行统购分销，各二级公司不得擅自自采。润滑油主要品种销售最低限价，品牌小包装零售最高限价。

2008 年，按照公司对非油品分公司的组织架构设计思路，建立起 3 个管理部门、4 个经营部门，经营范围包括润滑油、化工小产品、广告和便利店，初步形成非油品公司的内部组织结构，润滑油销售科也是4个经营部其中之一。下半年，针对国际原油价格不断下滑的市场形势，公司及时控制购进，努力降低库存，减小库存商品跌价损失。2008年“5·12”汶川大地震期间，公司第一时间向唐家山堰塞湖提供冲锋舟等救援工具所用润滑油。

2009年，面对市场竞争激烈、资源短缺、入川运输困难等不利因素，公司积极寻求质优价廉的资源，努力拓宽资源渠道，加大外采力度，全年购进润滑油及小产品5.67万吨，有效保障终端客户的稳定供应。强化终端销售，及时优化调整品种结构，利用成品油客源优势，开拓机构用户，新开发重庆现代石油、国电深溪沟水电站、成都通用变压器厂、成都特种变压器厂等终端用户，增加销量906吨。全年销售润滑油、小产品5.4万吨，完成全年目标任务的104%。

2010年，公司按照“以销定进，勤进快销”的原则，加大润滑油宣传力度，及时优化调整加油站润滑油品种结构，加强基础工作管理。对内强化管理，建立健全润滑油销售考核激励机制；对外挖掘客户，掌握客户需求信息，保障公司润滑油终端销量。对外销售润滑油、化工小产品2.91万吨；内部调拨润滑油及化工小产品2.73万吨。全年外销润滑油和化工产品2.91万吨，内调润滑油和化工产品2.73万吨；实现销售收入4.04亿元，实现毛利975.9万元。

2011年，公司强化润滑油销售管理，建立健全润滑油销售考核激励机制。积极挖掘客户，掌握客户需求信息，保障公司润滑油终端销量。是年，非油品分公司外销润滑油和化工产品2.89万吨，内调润滑油和化工产品2.86万吨，实现销售收入25506.7万元，实现毛利1103.65万元

2012年，四川润滑油市场出现燃油添加剂销售受阻、化工产品资源缺乏等不利因素。公司规范燃油精销售行为，与燃油精供应商签订补充协议，要求供应商督导培训，实施员工自身促销奖励，提高销售积极性。降低全省润滑油库存，同比下降16.4%，消化效益较低小产品，将6号溶剂油和MTBE（甲基叔丁基醚）全部清罐，数量达1922吨。全年销售润滑油、化工小产品23.82万吨。

2013年，由于全国经济形势继续普遍萎靡，经济下滑势态严重，各大炼油厂资源进行大规模减产，导致润滑油资源紧张，四川润滑油市场需求量大幅萎缩。公司积极协调省外各大炼油厂商，争取资源，成功开发重庆现代石油集团、广州柏德能源有限公司、绵阳启明星电力设备有限公司、大连冷冻机有限公司、乐山元吉石油化工有限公司、四川阿坝铝厂等终端用户。全年销售润滑油、化工小产品34.76万吨，同比增长45.91%。

2014年，公司启动车用尿素试点销售，在泸州、内江、资阳、成都、成品油、南充6家单位试点销售车用尿素，通过适时收集销售情况、定期召开销售讨论会，认真总结完善试销工作。全年销售润滑油和化工小产品7万吨，完成公司预算的116.67%，同比减少9.75%。

2015年，通过市场调研，公司对车用润滑油内部调拨试行0调拨计划，把利润让给各二级公司，以增加市场占有量和市场竞争力。

2016年，推广昆仑品牌产品，完成昆仑柴油尾气净化液的全覆盖、全替换。全年销量排名

板块第一。全省有序推进“昆仑之星”防冻液、玻璃水销售，燃油复合剂在成都、中油能源等公司范围内顺利试点，实现恢复性增长。通过“抓项目攻关、抓机构客户、抓专业培训、抓业务拓展”，全年销售润滑油化工产品 8.39 万吨，完成预算的 209.76%，同比增长 115.53%。

2017 年，公司与西南润滑油公司携手开展“自有品牌昆仑系列产品”促销活动，销售“昆仑天润系列”车用润滑油 6800 余听，销售量 23.88 吨，销售收入 74.03 万元。试点车用润滑油团购业务，启动“驾嗨”“加一保”合作项目，借力合作伙伴渠道优势，向 4S 店、汽修厂、物流中心等空白市场进军，销售车用润滑油 3148 吨，同比增长 94%。成功入围中国石油四川石化有限责任公司 2017 年蜡油供应商，年销售蜡油 6 万吨。润油化工业务全年实现销售收入 5.4 亿元，收入贡献率达到 37.4%。

2018 年，公司与中国石油西南润滑油分公司进行战略合作，共同开发四川地区的大型汽修厂与大型物流中心。组建成立柴油机油专项项目组，针对大型机构用户与大型物流社区进行开发。2018 年项目组负责的“传化柴油机油开发项目”与“中油九州物流开发项目”新增销售收入 1020 余万元。争取供应商全额投入撬装设备，在 50 座柴油型、主干道加油站提前布局车用尿素加注业务，带动柴油尾气净化液销售收入同比增长 55.8%。全年实现昆仑之星自有车辅产品销售收入 1.22 亿元。在市场格局被打破、经销节奏被打乱的艰难局面下，复合剂实现正向增长，以 0.8 亿元销售规模保持全国首位。

2019 年，针对车用润滑油市场只管销售、不管更换，客户购买机油后无法更换机油和维护车辆问题，公司在市场调研的基础上，以“优惠客户、实惠到家”的买油赠卡形式来弥补平衡客户购买后无法更换机油心理。5 月，公司在川南、川北两个地区各选择 5 家分公司，以高档昆仑汽油机油开展试点销售。针对柴油机油客户流动性大、针对性强、性价比要求高等特性，公司按照“精准对接，理财规划”营销思路，联合成都润滑油分公司及服务商，制订一对一的“理财方案”，为客户着想降本增效，使客户得到真的实惠。

第二节　便利店商品销售

2008 年，公司转发股份公司《非油品业务运作手册》《便利店装修标准》等标准，指导二级公司按要求进行规范操作、汇总报送各类数据，保证与总部的标准同步。5 月，率先在成都地区加油站网络开展饮料堆头代销试点工作。7 月，全省首座按照股份公司加油站便利店建设《中国石油原型设计图方案》包装改造的便利店亮相成品油公司武侯加油站。

是年，加油站便利店商品严格执行“钱货两清、现款现货”原则，当日营业结束后，综合管理员清点货款、存货、结算销售小票，编制便利店销售日报表，并将当班营业款交上门收款人员，及时入行。加油站经理审核银行存款进账单、便利店销售日报表。

2009 年，公司建立长效促销机制，开展非油业务促销工作。每月至少有一种商品进行促销。五一、十一、元旦、春节、清明、端午、中秋等法定节日，三八、六一等特殊节日，民族地区特有的传统节日以及情人节、圣诞节等时尚节日，有针对性地开展系列促销活动。开店促销根据业务发展需要，与新店开业同时进行，要求至少有 3 种以上促销商品。

2010—2012 年，公司推行陈列图管理（见图 4-5），实行“一站一策”的营销策略，完善定价机制，狠抓润滑油、香烟、酒类、堆头饮料、燃油精、食用油米等拳头商品销售，积极开展促销活动，实施“油非互动”策略。积极开展站内外促销，利用成品油大客户长期在公司购油的老关系，狠抓非油团购业务，依托地方名优产品资源，开展地方名特产营销活动。“后备箱计划”促销活动全年销售包装饮料 35 万余件，销售金额达到 1064 万元。地方名优白酒全年销售猛增至 1240 万元。相继与四川烟草公司、水井坊股份有限公司、剑南春集团和郎酒集团签订战略合作框架协议，为烟草、酒类等便利店主营商品的销售提供长期保障。

2012年，全年实现便利店商品收入3.54亿元，销售占比达50%，同比上升10个百分点。5月，组织召开酒类业务推进会，开展全省性促销降库评比竞赛，每月对酒类销售情况进行通报，加大酒类销售的监督和检查，5—12 月降库达 1593 万元，规避降价风险，取得显著成效。

图 4-5　加油站现场堆头

2013 年，坚持将拳头商品经营作为创效突破口，着力提升便利店销售收入。全年便利店收入 4.49 亿元，同比增长 26.9%。加强烟草公司协调力度，提高热销香烟品种配额，香烟销售同比增长 44.5%。抓住旺季全力销售饮料，饮料销售同比增长 21.5%。因地制宜、因时制宜制订促销计划，全年组织统一促销活动 12 次以上，与供应商积极配合，借助供货商人力、物力积极营造氛围，通过“月月有促销，周周有安排”的常变常新促销活动，有效吸引客户眼球，家庭食品、小吃等便利店商品销售同比增长 55.4%，促销增效效果明显。持续抓好酒类降库促销工作，降库金额达到 1366 万元。

2014 年，积极参与油卡非一体化促销方案的设计，与营销处、加管处联合组织开展“足球季”“金秋送爽”等油非主题促销 4 次，促销收入平均增幅达 12%。针对香烟库存较高，及时进行清理，香烟销售同比增长 10.14%，毛利同比增长 9.13%。根据区域不同，差异化开展“后备箱”促销活动，堆头销售收入同比增长 3.34%，毛利同比增长 21.71%。联合供应商开展买一赠一、捆绑销售、提供增值服务等日常促销 12 次，推动非油业务整体上量增效，便利店销售毛利同比增长 10.94%。持续抓好酒类降库促销工作，降库金额达到 1366 万元。

2015 年，非油与营销、零售部门联合实施“油卡非润”一体化运作，精心策划客户推介会和油非联动四季主题促销，组织开展非油日常促销以及与供应商联合促销，吸引客户进站消费，促销收入平均增长 13%。组织开展红牛杯竞赛、加多宝杯竞赛、创意堆头竞赛，以及后备箱促销、香烟库存优化促销、车辅产品全铺开等活动，全年香烟、堆头、燃油精等拳头商品收入同比增收 5802 万元，增长 75%。全年店销收入 4.15 亿元，同比增长 19.6%，店销收入占比达到 61%，同比提升 16 个百分点。

在提高开店率的同时，公司始终将店销提升、样板店打造及复制推广、“二元化”治理作为便利店三项重点工作来抓，通过启动开口营销季、氛围营造季一系列活动，突出便利店内涵发展。7—10 月，单月店销同比平均增幅达到 40%，特别是 8 月、9 月、10 月单月店销均达到 3900 余万元，较 6 月增长 18%，创单月店销收入历史新高。

2016 年，公司开拓店内与店外两个市场，精心组织“踏青季”“后备箱”等常态促销，饮料销售 6704 万元，同比增长 26.52%；推进厨房工程，中粮产品销售超 1500 万元，位于板块前列；针对性推出“惊爆价”商品，奶类等商品销售收入增幅近 7 倍；大成都香烟统采，销售收入同比增加 70%。探索“便利店 +”，试点火车票代售、车险代理、自动售卖机等业务，进店率、购买率显著提升，全年实现店销收入 5.95 亿元，同比增长 47.78%；纯枪吨油店销收入达到 87.45 元 / 吨，同比增长 37.29%。借鉴成品油大客户开发维护经验，拟定《非油集团客户开发维护管理办法》，积极走访在川石油企业，召开首次非油客户答谢暨团购商品推介会，洽谈非油业务合作事宜，全年团购业务收入近 1000 万元。

是年，全年实现店销收入 5.95 亿元，同比增长 47.78%；纯枪吨油店销收入达到 87.45 元 / 吨，同比增长 37.29%。打通电商流程，升级业务模式，利用优途项目探索“非油 + 电商”的超常规发展模式，非油电商业务实现从无到有，摸索和制定一整套服务于商城运营的营管模式，全年实现电商收入 519 万元。融合线下渠道，在大成都区域设立专柜，精选线上畅销商品，实行线上商城和线下便利店内“优途推介”同时销售，完成“线上购买、线下提货”“线下购买、线上优惠”等模式探索。

2017 年，公司实施品类管理优化升级，对非油商品实时全生命周期管理，让市场决定去留，全年清理 1086 种低销低效单品，同步引进 260 个畅销单品，腾出主数据空间 621 条，核心品类收入占比 89.1%，同比增加 2 个百分点；商品品效达到 623.8 元 / 个，同比增长 42.5%，排名跃居板块第二。把川烟、川酒、川茶、川景等作为开发重点，丰富商品线，拓展创效点，深化与四川中烟战略合作，与“行游天下”联合推出“油优”自驾游旅游护照，与成都有缘坊酒业携手开发专渠销售产品，商品线进一步丰富，创效点进一步拓展。全年实现店销收入 8.82 亿元，同比增长 48.17%；店销毛利 1.17 亿元，同比增长 40.79%。

2018 年，首次突破便利店传统模式，打造的首座“移动微店”落户成都公司，人脸识别、扫码盘点、电子价签自动维护等新技术投入试点；通过与昆仑燃气、钢城集团的店销业务合作，探索由“零售商”向“经销商 + 服务商”转型。聚焦“人—货—场”核心要素，因地制宜、因站施策，优化调整品类结构与陈列布局，核心品类以 79.9% 的收入份额，实现 89.3% 的毛利占比，品效、平效分别同比提高 54.6%、69.4%，位居板块第一、二位。

2019 年，紧扣精益零售核心思想，重构“人货场”，制定客户 52 周生活行事历，做到促销“月月有主题、周周有活动”；推进“昆仑好客会员日”，将促销由普惠制向目标群转变；全年开展 8 次省级促销活动、4 期自有商品销售竞赛，酒类、家庭食品收入增幅超 50%，毛利增幅超 40%。精心策划新业务新产品发布会、抖音争霸赛、第八代五粮液渠道发布会，增加客户触点，提升消费触达，核心品类毛利贡献率达到 56%，单店日均店销收入同比增长 56.3%。推进集采统配，新建南充分仓，全年中央仓配送金额 4.54 亿元，同比增长 10%，综合配送费率下降 1 个百分点，配送效益进一步提高。

表 4–5 所示为 2019 年中国石油四川销售公司便利店商品销售前 20 强。

表 4–5 2019 年中国石油四川销售公司便利店商品销售前 20 强

单位：万元

排名	商品	销售收入
1	武夷山 饮用天然矿泉水 513 毫升	3219.47
2	五粮液 52 度白酒 500 毫升	2794.80
3	金龙鱼 菜籽油 5 升	2280.02
4	红牛 维生素功能饮料原味型 250 毫升	2123.08
5	五粮液新品 52 度 500 毫升	1843.65
6	福临门 非转纯正菜籽油 5 升	1269.24
7	心相印 抽纸 130 张 / 包	1254.03
8	黑黑 轻脂饮品（黑芝麻+燕麦+黑豆）248m	1110.59
9	昆仑好客 U&U 印花抽纸 402 张 / 包	1101.53
10	泸州老窖 52 度国窖 1573　500 毫升	1009.49
11	小苏先生 苏打水饮料 360 毫升	1001.62
12	君乐宝 开啡尔发酵乳原味 200 克	898.91
13	金龙鱼纯香维生素 A 营养强化菜籽油（非转压榨）5 升	875.33
14	伊利 金典纯牛奶 250 毫升	837.19
15	昆仑好客 U&U 本色抽纸 402 张 / 包	778.23
16	光明 莫斯利安酸牛奶 200 克	702.59
17	雕牌 妙管家厨房重油污清洁剂 1×(660 克 ×2)	641.41
18	超能 AP 克薰衣草洗衣液 1.5 千克 ×2	639.63
19	金龙鱼 纯香菜籽油（非转）5 升	631.86
20	怡宝 纯净水 555 毫升	595.12

第三节　广告汽服业务

加油站广告业务在加油站这一特定环境中，具有网络覆盖广、形式多样、受众精准且规模庞大等特点，成为连接广告主和受众的纽带。

随着国外先进的加油站服务理念带入国内，加油站开始采用自营、合资合作和租赁等多种方式开展加油站服务业务。经过 10 多年的发展，加油站汽车服务项目已包含洗车、汽车美容、汽车商品、换油保养、轮胎快修等多种服务项目，服务范围和服务能力发生质的飞跃。

一、广告业务（2008—2016 年）

2008 年，公司成立非油品公司广告租赁部，主要负责四川全省加油站现场和便利店内两部分广告资源、利用加油站闲置位置开展平面广告和多媒体广告业务、宣传公司企业文化。

是年，公司开始广告设施建设和招商。以成都地区为重点，严格按照自主经营的要求，以加油站墙体灯箱广告为切入点，逐步开展加油站全方位广告业务（见图 4–6）。以成都绕城高速以内的加油站为先期开发目标，逐步向二级城市扩展。8 月，对多家广告公司制作的广告网络的策划、营销方案进行评选和招标，确定广告合作伙伴。

图 4–6　加油站广告业务

2009 年，广告租赁部积极开展广告媒介招商和广告项目建设，主动引导市州公司做好广告商推介和广告业务推广，全省有 10 家市州公司 202 座加油站开展加油机龙门、进出口墙体及灯箱等广告业务，全年实现广告利润 84.5 万元，合同款到账率 100%。

2010 年，公司成立广告业务推进领导小组，开展广告媒介招商和广告项目建设，做好广告业务推广，全省 22 家市州公司 1186 座加油站开展加油机龙门、进出口墙体及灯箱等广告业务，全年实现广告利润 259.06 万元，合同款到账率 91%。

2011 年，全省加油站开展加油站广告业务，实现广告业务收入 371.2 万元。

2012 年，公司加强对广告位的管理与广告位合同到期后的续租或转租工作，尝试开展加油站 DM 单业务工作，全年实现广告收入 420 万元。

2013 年，广告业务比选招商、有序投放 DM 单，实现毛利 524.44 万元，同比增长 23.24%。

2014 年，利用省市两级广告协会优选商家、规范流程，广告业务签约收入增幅超过 10%，探索便利店内刷屏机、DM 单等业务，全年实现广告位租赁收入 561 万元，同比增长 6.98%。

2015 年，拟定加油站广告位规范，利用加油站空闲广告位，增加广告收入 100 多万元。

2016 年，公司印发《关于将广告位租赁收入交由二级公司列账的通知》（油川销非油〔2016〕7 号），将广告位租赁收入直接交由各二级分公司列账处理，提高各单位对广告业务的积极性，避免非油公司与二级公司争利。将协调城管、安检等执法部门事宜交广告商，成都地区桁架广告位实现广告收入 271 万元。

是年，公司遵照执行销售公司《中国石油加油站广告位规范（2016 版）》。以《加油站细节管理手册》（2008 版）为基础，坚持顾客至上、平台价值最大化、积极传递品牌形象、统一规范与因地制宜相结合的原则，以最直观的形式，对加油站广告位予以科学可操作地规范，在顾客体验亲情化的规范服务中，传递企业文化，提升平台价值。

二、汽服业务（2011—2016 年）

2011 年，泸州分公司、巴中分公司、眉山分公司的洗车项目投入运行（见图 4–7）。

2014 年，公司启动汽服项目建设。9 月 18 日，南充市内已建成安汉 B 站、松林站、鹤鸣站 3 个站点开始试营业。

2015 年 1 月，建成 6 个站点：南充安汉 B 站、南充松林站、南充鹤鸣站、南充嘉陵滨江站、西充纪信站、阆中神门关站。

图 4–7　加油站汽服项目

三、汽服广告业务（2017—2019 年）

2017 年，公司成立非油运作中心汽服广告部，由原来非油公司的汽服电商部与广告租赁部合并而成。主管自有产品采购、配送、结算业务，涉及柴油尾气净化液、玻璃水、防冻液、复合剂等产品。主要负责指导二级公司做好汽服项目前期可行性分析、证照办理等工作，推进汽服项目落地；负责汽车用品的引进和采购计划；负责广告业务对外宣传，提高平台知名度和影响力，做好广告对外招商的前期准备工作；指导二级公司做好“昆仑之星”车辅产品的销售及售后服务。

是年，按照“将汽服业务作为主营业务的重要组成部分”的定位，借鉴日韩加油站汽服业务的先进模式，公司制订发展规划和推进计划，出台汽服的建设规范与服务标准，优选出爱义行、车享家等有实力的汽服企业，探索“规模化、连锁化、专业化”的合资合作之路，转型升级，抢占汽车后市场。将二级公司分散经营汽服转变为公司集中管理，由单一的租赁模式变为灵活的合作模式，将汽服业务过程推进前置到规划环节，占据主动权，提升话语权。

是年，公司厘清与广告公司的责权关系，将成都地区城管整治等问题交由广告公司自行协调解决，将加油站灯箱和加油机上方广告位捆绑打包租赁给广告公司，全年在大成都地区增加广告收入 270 多万元。

2018 年，非油品分公司与成都润滑油分公司共同成立“昆仑之星”柴油尾气净化液橇装项目推进领导小组，由签约供应商提供柴油尾气净化液橇装设备，在公司所属加油站进行橇装项目试点。截至 11 月末，有 11 座加油站完成散装撬装尾气净化液安装、运营（见图 4–8），完成销量 80 吨，实现销售收入 22 万元。

图 4–8　散装尾气净化液业务

是年，汽服广告工作调整战略，引入新的合作伙伴拓宽选择余地，允许二级公司引入当地具有实力且信誉良好的专业公司进行合作。组织各二级公司对可开发汽服业务的相关站点进行统一调研；在赴江浙、广西等地考察后大力推广建设自助洗车店；优选合作商家，以全省主城区为重点区域，与具有专业背景和资源优势的车享家、爱义行等连锁商家合作。截至年底，在汽服业务上有 9 家采用合作经营模式的主要合作伙伴，包括上汽车享家、爱义行、路通快捷、速喜、爱车会、四川经典、星辉、车便捷、金惠。在全省采用合作经营模式的站点共计有 82 座，采用租赁经营模式的站点共计有 12 座，运营站点共计 94 座，全年新增汽服站点 51 座，实现营业收入超过 6000 万元。

9 月，汽服广告部与凉山分公司通过沟通、对接，新增西昌市有家广告有限责任公司的广告款代收业务。

2019 年，抢滩布局汽服蓝海，加快推进加油站洗车业务，在营网点达到 143 座，实现车用产品收入 1.01 亿元、毛利 1867 万元，汽服实现收入 308.51 万、毛利 125.14 万元。转换思路，通过有实力的广告公司来加强与政府执法部门沟通协调，建立互惠互利的伙伴关系；破局广告业务，探索新媒体广告，便利店安装刷屏机、收银台上方电视联屏广告机，为下一步全省推广多媒体联屏广告奠定基础。广告实现收入 1040.35 万元，同比增加 203.42 万元；毛利 951.99 万元，同比增加 279.68 万元。

第四节　自有产品开发

一、开发概况

自有产品是指由中国石油昆仑好客公司主导或授权公司研发的自产自销商品，或者指定生产商生产、贴自主品牌标识、主要在自有门店和渠道进行营销，从设计、原料、生产到经销全程控制的商品。

2017 年，经过缜密的市场调研，公司制定《自有商品开发与运营规划》，基本确定自有商品开发的思路和发展方向，初步选定川酒、川茶、川味和竹浆纸等品类方向。

2018 年，中石油昆仑好客公司下发《关于印发 2018 年自有商品开发计划的通知》（昆仑好客函〔2018〕7 号），对各省区公司提报的开发计划审核后，确定新增的 43 款拟开发的定制、双品牌和自有商品，其中包括四川销售昆仑好客 U&U 纸和藏茶定制款。根据《中石油昆仑好客公司自有商品开发与运营指导意见》的要求，公司对各地区公司提报的开发计划综合评审，形成 2018 年自有商品开发计划。

2019 年，在总部集中开发自有酒品的情况下，有缘小酒作为全国唯一获批的自有商品白酒开发运营。武火传火锅获得总部审批通过，成为四川销售自有商品，将在省内旅游沿线站点和全国各省区进行重点推介。U&U 纸和有缘酒分别开展销售争霸赛，进行一、二季度销售大比拼，并在四川销售非油公司举办的自有商品座谈会上公布比赛结果。

表 4–6 所示为 2019 年末中国石油四川销售公司自有产品名录。

表 4–6　2019 年末中国石油四川销售公司自有产品名录

序号	商品名称	建议零售价（元）	毛利率（%）
1	昆仑好客 U&U 印花条巾 60 张（20 片）	1.50	36.0
2	昆仑好客 U&U 竹纤维原浆软抽 402 张 / 包（M 号，134 抽 / 包）	4.50	31.6
3	昆仑好客 U&U 印花软抽 402 张 / 包（升号，134 抽 / 包）	6.00	36.5
4	昆仑好客 U&U 竹纤维原浆卷纸（空芯）1700 克 / 提	33.00	31.5
5	昆仑好客 U&U 印花软抽 402 张 / 包（M 号，134 抽 / 包）	5.00	33.8
6	昆仑好客 U&U 竹纤维原浆纸手帕 10 包装	6.00	38.8
7	昆仑好客 U&U 竹纤维原浆条巾 45 张（15 片）	1.00	29.0
8	昆仑好客 U&U 竹纤维原浆软抽 318 张 / 包（S 号，106 抽 / 包）	3.00	29.3
9	昆仑好客 U&U 竹纤维原浆保湿型软抽 180 张 / 包（XS 号，60 抽 / 包）	4.00	41.0
10	昆仑好客 U&U 竹纤维原浆卷纸（无芯 12 卷 1800 克 / 提）	33.00	30.8
11	昆仑好客 U&U 竹纤维原浆洗碗纸（3 盒装）	50.00	45.5
12	昆仑好客 U&U 竹浆商用擦手纸（双层 200 抽 ×20 包）	160.00	24.1

续表

序号	商品名称	建议零售价（元）	毛利率（%）
13	昆仑好客 U&U 竹浆商用大盘纸（700 克 ×12 卷）	160.00	25.5
14	52 度有缘 浓香典藏 500 毫升	688.00	61.2
15	53 度有缘 酱香典藏 500 毫升	688.00	61.2
16	52 度有缘 品鉴 500 毫升	398.00	53.0
17	51.8 度有缘 年份陈浆 12500 毫升	228.00	47.8
18	46 度昆仑好客·有缘 小酒 100 毫升	15.00	40.7
19	52 度有缘 红瓶	168.00	35.7
20	有缘 52 度四星酒 480 毫升	158.00	72.7
21	武火传 番茄牛腩自热火锅 490 克	47.5	24.6
22	武火传 牛肉合集自热火锅 490 克	47.5	24.6
23	武火传 藤椒嫩肉自热火锅 490 克	47.5	24.6
24	武火传 畅游版 1 自热火锅 370 克	19.9	15.6
25	武火传 牛油火锅复合调味料 280 克	19.5	15.4

二、重点自有产品

2017—2019 年，公司从定制包装到双品牌，从开发到运营，形成极具四川代表特色的三大类自有商品，除昆仑好客 U&U 纸系列，公司结合自身经营情况和社会定位，侧重以四川特色商品、环保产品和明星产品为方向，以人无我有、人有我优的原则开始四川省区的自有商品，重点开发有缘系列酒、武火传系列自热火锅。

油优自驾车旅游护照　2017 年，公司与专业旅游集团联合打造定制版的油优自驾车旅游护照，油优护照以注册商标“油优”为专用标识，是四川销售首款定制类自有产品。旅游护照在全国合作的景区有 3000 余家，合作酒店 10000 多家，推出“持证免费，同行打折”的优惠政策，新增定制的油品、非油品消费优惠券 11 张，共计 170 元。2017 年 9 月底，油优护照在优途商城及 23 家二级公司的加油站便利店实现同步上架、同步宣传。

昆仑好客 U&U 全系列纸品　2017 年，公司相继引入 14 款 U&U 纸在全川便利店中进行销售，同时结合公司的油优主题形象，尝试打造首款四川销售定制手帕纸。

2018 年 1 月，昆仑好客 U&U 经总部评审通过，成为首批总部认证双品牌自有商品，批准进行双品牌自有商品开发。10 月，经过反复修改，简洁、大方、以几何图形为主的孟菲斯风格的新包装全面上市。2018 年末，昆仑好客 U&U 全系列纸品销售破 3000 万元，毛利 700 万元，同时销往青海、河南、内蒙古、黑龙江等多个省区。

有缘酒系列产品　2017 年，相继引入 6 款有缘酒，设计小酒独立包装，在全省线上线下同步销售。截至 2018 年 5 月 14 日，有缘酒系列商品实现销售收入 500 余万元，有缘小酒荣登总部酒类销售前 15 名。

“武火传”系列自热火锅　2017 年 4 月，公司引入的“武火传”系列自热火锅亮相全国昆仑好客南宁商洽会，同时在全川便利店销售。武火传自热火锅作为四川风味的代表，因其口味麻辣鲜香、操作简单、方便安全等特点获得省内外顾客一致好评。2019 年，武火传火锅获得总部审批通过，成为四川销售自有商品，在省内旅游沿线站点和全国各省区进行重点推介，至今已远销河南、青海等多个省区。

三、营销管理

2017 年，公司开展各省区推介及样品发放，参加辽宁、广西等展会，免费赠品派发至 10 多个省区。开展“加油站”纸品模型推广服务，厂家配套设计、制作、宣传、样品试用派发。

2018 年，参评昆仑好客公司举办的首届商洽会“昆仑好客优选 +”，武火传品牌系列产品成功成为中国石油昆仑好客旗下“昆仑好客优选 +”名录产品。且“武火传”系列自热火锅自上市之初就取得行业内由国家质检总局颁发的“质量先锋”认证。最终，武火传自热火锅系列和藏茶系列获评。

2018—2019 年，品牌推广“昆仑好客 U&U”，赞助成都车展、重要会议用纸赠品，配合公司参加政府组织的惠民年货节宣传和样品派发产品，开展一系列“上架竞赛”“销售竞赛”“抖音竞赛”推广比赛。

表 4–7 所示为 2019 年末中国石油四川销售公司自有产品销售概况，表 4–8 所示为 2007—2020 年中国石油四川销售公司非油主要指标。

表 4–7　2019 年末中国石油四川销售公司自有产品销售概况

单位：万元

自有产品	销售收入	毛利
昆仑好客 U&U 纸	4120	799
好客有缘酒	1000	226
武火传自热火锅	590	29

表 4–8　2007—2020 年中国石油四川销售公司非油主要指标

项目	非油收入（万元）	毛利		利润	
		完成数（万元）	毛利率（%）	完成数（万元）	利润率（%）
2007	199.00	174.00	87.44	160.00	80.40
2008	4281.11	716.39	16.73	657.20	15.35
2009	11102.43	1531.80	13.80	1190.31	10.72
2010	27797.26	3199.71	11.51	2497.17	8.98

续表

项目	非油收入（万元）	毛利		利润	
		完成数（万元）	毛利率（%）	完成数（万元）	利润率（%）
2011	43888.83	6129.59	13.97	4711.86	10.74
2012	59979.14	9010.20	15.02	6111.42	10.19
2013	75518.94	9698.37	12.84	6769.94	8.96
2014	66216.66	10622.50	16.04	7300.29	11.02
2015	67937.13	14345.14	21.12	11907.32	17.53
2016	103971.21	16265.35	15.64	14466.35	13.91
2017	144389.63	18290.22	12.67	16743.84	11.60
2018	159639.54	23348.29	14.63	20640.31	12.93
2019	159130.22	26137.11	16.42	9782.08	6.15
2020	183585.38	29695.69	16.18	13938.77	7.59

第五篇

新零售业务

以互联网为载体、线上线下互动的新兴消费日益受到人们追捧，传统零售商业模式面临考验，未来加油站不仅是油和非油的经营场所，又将是“人·车·生活”的综合服务体，成品油销售企业发展转型势在必然。

2015年，公司基于互联网+、大数据、人工智能、微商等信息技术和新商业模式，成立创新实验室，以“中油优途”和“智慧加油站”两个项目为平台，探索新零售业务发展。

2018年，集团公司党组提出“奋力建设具有全球竞争力的世界一流企业”战略目标。公司作为中国石油最大的成品油销售企业，瞄准“世界一流”目标，提出建设“世界一流新零售企业”战略愿景。“世界一流”是指各项指标走在世界同行业前列，在市场资源配置中占据主导地位，具有较强的定价权、充分的话语权、相当的影响力，成为行业的标杆和旗帜。“新零售”是以消费者体验为中心、以大数据应用为驱动、以“商品+服务”为核心，形成“线上+线下+现代物流”的商业新业态。

2019年，公司提出坚持稳健发展方针、聚焦高质量发展，稳准推进改革创新，成立新零售业务营运领导小组，下设新零售业务运作部，创建“线上+线下+现代物流”新型商业模式，推动企业质量变革、动力变革、效率变革，全面推进新零售业务发展。

第一章　机制体制

第一节　创新实验室

2015 年 11 月，“中国石油四川销售公司创新实验室”揭牌成立（见图 5-1）。创新实验室主要以“业务驱动孵化创新项目、培养建设具有互联网思维的技术运营团队”为目标，开展自有电子商务营销平台和融合信息技术的服务平台研究，探索经营发展新创意，将传统单一的线下销售模式扩展到线上，达到线上线下相互补充、互动营销、提升销量，将线下网点客户优势与移动互联网结合，提升客户体验，打造“人、车、路”在线综合服务平台，创建销售企业新业态。

图 5-1　2015 年 11 月公司创新实验室揭牌

创新实验室围绕“创新”，突出实验实践，对难度大、阻力多、需尝试的项目进行探索研究，逐渐形成全新的管理机制。

创新实验室实行人才“挖掘—培养—更新—提升”闭环管理机制。成员招聘报名不设门槛限制，在全省系统 1.5 万多名员工中公开招聘，竞聘采用 PPT 初选和无领导小组讨论相结合的全方位测评方式，确定团队基本人才。培养期结束后，采取末位淘汰形式，更新团队成员，创新实验室保持较强的竞争意识和创新意识。

创新实验室采取“团队成员 + 职能部门负责人组成的导师团队 + 外部专业支持团队”模式，集中传统企业精英、互联网专业运营团队和最富活力的创新团队三类优秀集体，借助外部技术和运营团队作为“孵化引擎”，带动项目，培养人才，沉淀经验，确保创新实验室高效运转。

创新实验室制定项目日常管理流程，形成诚信运营机制、舆情应对机制、人员激励机制和项目筛选、立项、运行、结项交接等机制，确保项目各个环节有序运转、协调推进，实现项目运作提质提速、优质高效。

2016 年 2 月，公司创新实验室升级为销售公司第一创新实验室。

第二节　数据中心

2018 年 3 月，公司打破传统部门壁垒，建立涵盖企业全局的数据、资源、人力等共享机制，成立大数据经营工作领导小组，设立中石油销售系统首家数据中心（见图 5-2），在信息管理处明确专职管理人员，在营销、调运、零售、非油、财务、质安等部门落实 8 名业务骨干为兼职数据分析人员，为公司深挖数据价值、推进数据经营提供较好的服务保障。

图 5-2　2018 年 3 月 30 日，中国石油四川销售分公司数据中心挂牌成立

第三节　新零售运作部

2019 年 8 月，为加快推进新零售建设，公司成立新零售业务营运领导小组，下设新零售业务运作部，归口营销管理处管理，从公司机关抽调专业人员集中办公、集中攻关；设立平台运营、数据分析等运行管理岗位，实行岗位淘汰制，突破现有薪酬体系，单独制定考核挂钩办法。图 5-3 所示为新零售运作部组织机构。

品牌规划　根据公司战略发展规划，研判市场趋势，分析行业特性，捕捉客户需求，参与品牌顶层设计，提出平台整体规划，明确具体的商业模式、业务流程、产品定位、发展路径与核心能力提升方向，制定平台战略和职能战略。制订资源链建设方案，开发、整合营销资源，并提出合理的资源分配建议，打造关联性商业联盟，组织协调相关部门实施招商论证。制订平台推广方案，把握项目发行节奏，组织并实施系统测试、员工培训、宣传发布、市场投运、项目验收等工作。组织协调运营、产品、科技工作组，商议制定阶段性业绩目标并实施考核。精准把握平台的用户定位、服务流程、渠道通路、产品状况、财务状况等方面，摸清运营现状及矛盾痛点，提出优化建议。负责品牌创意活动、品牌合作活动的策划与执行，扩大公司品牌及业务在行业中的影响力。

平台运营　负责会员体系的建立、维护与完善，对用户进行分层运营和全生命周期管理，有效提升用户忠诚度。持续挖掘用户需求，通过市场营销活动和用户运营工具，增强客户黏性，对用户转化、留存、促活、拉新负责。运用用户画像工具，分析平台内用户行为路径，对用户群体进行细分、挖掘、引导和维护，协同科技工作组构建用户关系管理模型。不断优化用户体验，通过与用户间多渠道多方式的沟通，收集汇总影响用户行为和使用体验的各类意见，并及时将获得的数据和分析结果反馈相关部门，有效推动营销活动和产品改进。针对不同用户群、不同活动，定期进行用户营销，通过多种形式对沉默不活跃用户进行召回，负责跟进执行，保证效果和质量。对平台用户数据进行分析与挖掘，研究用户在生命周期不同阶段、各流程节点的活跃度、留存率、流失率，分析流失原因，优化用户运营策略，为规划、产品工作组提供支持和建议。协同规划、产品、科技工作组，实施资源的落地工作，保证运营项目的顺利执行与业务目标的达成。

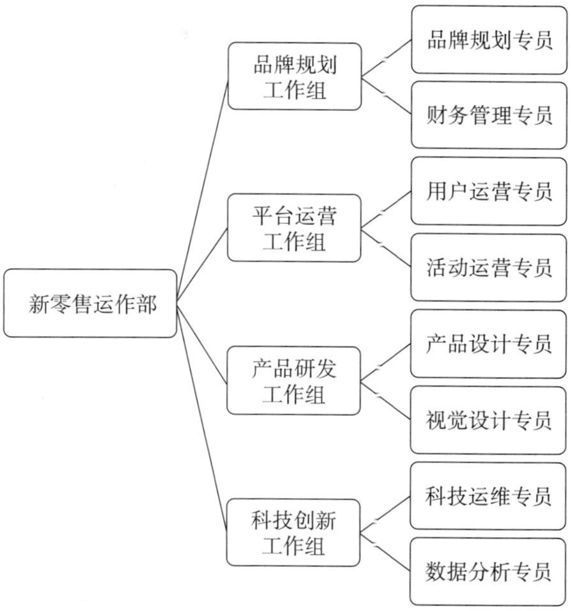

图 5-3　新零售运作部组织机构

产品研发　根据平台系列产品开发战略及规划，负责产品的需求分析、设计策划、质量验证、升级迭代、测试部署和售后服务工作，推动平台系列产品良性发展。深入了解用户需求，负责产品的功能设计、流程制定、交互设计，撰写完整的产品需求文档，协助开发团队理解和掌握需求，对产品需求方向和易用性负责。对产品运营数据进行监控、统计和分析，收集用户意见，结合运营实际与评价反馈，不断升级迭代产品功能与用户体验，进行产品生命周期管理。负责平台商城管理，监控产品库存，外协商品生产，把握服务质量，跟踪物流配送，配合产品活动的线上宣传及线下地推工作。参与系统功能验收工作，负责用户手册、产品功能培训资料的编写。

科技创新　负责平台系统的架构搭建和技术研发管理工作，制定并不断完善平台的技术框架、研发规范及流程，带领技术团队完成公司制定的开发目标。负责项目需求分析、可行性验证、成本估算、风险评估、设计、研发、测试等环节的全流程组织管控工作，对项目开发工期、运行质量、系统风险等负责。把握信息技术发展趋势，组织研究服务于用户需求和业务发展的技术规划。解决平台开发与运行中的技术问题，不断推动产品创新和流程优化，从技术层面来提升用户体验。对接平台接口、实施系统部署、协调服务器配置等技术保障工作，建立并组织实施平台日常运维工作，确保业务安全顺畅运行。负责核心代码、系统原型、技术标准等资料的收集归类与保密留存，并对相应知识产权进行申报注册。配合规划、运营、产品工作组，参与数据分析与挖掘工作。

第二章　新零售企业建设

第一节　建设核心

2018年，随着新能源迅猛发展，公司基于互联网+、大数据、人工智能、新零售等信息技术和新商业模式，提出建设“世界一流新零售企业”的战略愿景。2019年，公司提出建设“一轴、两翼、多维”生态能源企业的战略构想。“一轴”，形成四川销售独特价值创造能力和可持续价值创造能力的“价值轴”；“两翼”，打造油品增强极和非油增长极；“多维”，构建“人·车·生活”生态圈，推动公司从传统营销向平台经营、生态营销转变。

一、价值轴

价值轴的核心是进一步发挥公司品牌、网络、客户等优势，聚合资源要素禀赋，持续为客户创造价值、为员工创造价值，打造四川销售独特价值创造能力和可持续价值创造能力。

二、油品增强极

公司坚定“客户至上”的价值认同，重构商业模式、聚合资源要素，持续提升线上获客、固客、聚客能力。

客户在线化　围绕加油、购物、生活、支付等各类用户需求，不断升级迭代“中油优途”APP，先后推出不下车加油、一键导航、电子发票、优途钱包、加油卡移动支付等功能模块，配套形式多样的线上营销活动，促进线下流量向线上快速引流。中油优途APP注册会员达500万人，线上订单数1246万笔，交易额27亿元。

消费数据化　以“比客户更了解自己”为目标，构建全面、精准、多维的客户画像体系，实现标签化分类、差异化管理，截至2019年12月，公司通过客户属性、消费行为、活动区域等多个维度，初步形成具有“长途达人”标签的10万客户群、具有“都市白领”标签的30万客户群、具有“居家生活”标签的50万客户群等，为精准营销、定向维护提供有效支撑。

营销精准化　按照跨界共享、共生共长的互联网营销理念，积极引入金融、通信、航空等行业的营销资源，整体打包回馈客户，形成完整的价值闭环，引导客户从关注线下价格变化向关注综合价值体验转变，营销支出也同比下降。

三、非油增长极

公司紧随宅经济、到家服务成为主流的新发展趋势，围绕人的生活、车的服务，深挖客户油品之外的需求。

衍生泛客群　从卖货向人脉、流量带货生态发展。启动“社交零售”全员营销，打通与员工家庭、朋友关联的第二需求圈，以及无限扩大的朋友圈，试点 3 个月，吸纳推广会员 1000 余人，实现销售收入 100 余万元；搭建统一直播平台，承接央视“云游中国”四川站活动，开展“网络地摊节”“益路有礼，为爱拼单”等 9 场主题带货直播，观看人次达 760 万人次，位居销售系统第一。

拓展多业态　从单一购物向集购物、汽服、休闲、旅游于一体的多元化生态转变。推进汽服业务建设，在营网点达 181 座，布局肯德基、麦当劳快餐业务，引入百果园、卡乎咖啡等异业商家，与移动、1919 进行战略合作，在营“店外店”“联营店”126 座，以特色游、自驾游为核心卖点，个性化制订“吃住行玩购”一揽子服务方案，开通线路 10 条。

延伸新场景　从立足线下向“线上 + 线下 + 现代物流”的生态布局。以中油优途 APP 为载体，引入“京东专区”，打造 46 个特色店铺，开展企业团购、话费充值和积分兑换等增值服务，同步入驻天猫“昆仑好客旗舰店”“四川销售旗舰店”，打开非油发展的广阔空间。把握“油非互动互促”的内在黏性，开展线上线下一体化营销。发挥网点全覆盖、运营全天候优势，与 1919、京东、美团等试点 O2O 模式、搭建“211”配送到家体系，实现线上商城交易额 1465 万元。

公司坚持建设“一轴、两翼、多维”生态能源企业战略构想，加快推动公司“三步走”战略目标实现：力争到 2021 年，销售收入超过 1000 亿元，实现利润 20 亿元，建成千亿级销售企业；到 2035 年，销售收入突破 1500 亿元，实现利润 50 亿元，建成智慧生态能源销售企业；到 2050 年，销售收入达到 2000 亿元，实现利润 100 亿元，再造一个“四川销售”。

第二节　建设路径

2019 年，公司提出“平台 + 支付 + 客户”新零售路径。平台 + 支付是新零售核心，瞄准会员体系建设是终极目标。平台就是新零售的磐石，没有磐石就无法构建强大的商业体，支付就是磐石上的支柱，只有支付才能将平台上各个业务串联起来，同时连接客户；有了平台和支付，才能掌握客户信息，建立会员体系，将客户变为会员，锁定在公司渠道。

一、平台

新零售平台打造是重点依托加油站 3.0 线下实体和中油优途 APP 两大服务载体，构建线上线下一体化的新零售平台，整合跨界资源，打造人 · 车 · 生活生态圈，为公司持续发展赋能，为合作方创造更大价值，为客户美好生活加油（见图 5–4）。

图 5-4 新零售平台示意图

线上平台主要由主营业务 + 关联业务 + 异业服务三个功能模块构成。

主营业务 加油和购买便利店商品是公司的主营业务，将主营业务融合、实现在线化运营是夯实平台功能的主要工作之一。2017 年，公司上线“优途商城”，实现非油商品在线化销售。是年，公司推广电子券，实现油品业务线上线下互通。2019 年，中油优途 APP 开发加油卡充值查询功能，实现卡业务的在线化。三大主营业务相辅相成，提高平台客户黏性。

关联业务 关联业务是关联车、关联车上人的需求。2018—2019 年，公司将汽服、保险、车管服务和自驾游等关联业务纳入平台，作为重要的服务模块打造。公司与四川交警总队唯一授权的车管服务商“熊猫驾信”洽谈合作，将违章查询、快捷处理等功能移植到优途平台，获取车型、车牌、车龄等信息，建立人、车、消费一一对应的数据库。完成线上汽服模块功能调研和业务流程梳理，启动功能开发后，实现汽服服务在线化，同时以线上流量优势来吸引合作汽服店，和自有汽服店形成互补，完善汽服网络布局。以成都公司“昆仑车友会”为基础，开发优途旅游模块。

异业服务 引入异业商家，丰富平台服务类型，提升客户黏性。2017—2019 年，公司与中国移动四川公司合作，开展异业积分在优途、加油站两大平台兑换非油商品活动。以油站位置为中心，将油站周围的餐饮、娱乐优惠融入优途平台，使优途为“懒人”提供一站式的消费解决方案，将业务线延伸到其他消费场景，为公司带来更丰富、更全面的消费数据。

二、支付

“优途支付” 整合电子券、微信、支付宝多种混合支付方式，以聚合支付的方式打造“优途支付”工具。在扣款前，优途支付自动提醒客户选择可用的电子券、积分或以直接折扣的方式来实现混合支付。在聚合支付模式下，“优途支付”作为支付窗口，捕捉一手消费信息，不需再等待第三方支付平台给公司返回处理过的消费数据，所有消费数据关联到优途账号，通过客户消费行为来打通各个系统。

“优途钱包” 在“优途支付”上建立客户资金账户，增加充值功能，打造“优途钱包”，相当于通过打造一张虚拟银行卡，实现平台的金融属性。利用银行针对提高卡使用率和沉淀资金的优惠政策，结合自有优惠，给予客户更大的实惠。例如，同银行共建“优途钱包”平台资金池，给每个优途账户划分资金账户，银行负责资金管理。

三、客户

配套系统支撑 开发优途支付、多渠道支付和大数据平台三大系统，构建公司全渠道会员体系。以优途支付为基础打造虚拟会员卡，在客户使用“优途支付”付款时，能够自动识别客户的会员身份，并进行赠券、积分、折扣等系统处理。以电子券平台为基础，打造多渠道支付通道。在商品扫描环节，系统自动识别商品价格、属性等信息，并与客户虚拟会员卡进行匹配，收集客户消费明细。将消费信息归集到总部统一开发的大数据平台进行分析处理，形成完整的客户画像。

会员体系 将会员划分为普通会员、中级会员、高级会员和付费会员 4 个会员等级，通过积分进行升级，适时推出付费会员，按年缴纳费用，享受最高会员权益。根据客户消费动向，整合异业商家资源，争取优惠政策，设计月度营销主题，如旅游、亲子等主题活动，向客户提供多重叠加优惠。同时，不定期开展会员专属活动，如轮胎团购、自驾游等，不断将服务渗透到会员的生活。

第三章　线上平台

第一节　“中油优途”项目

一、项目开发

2015 年 9 月，公司总经理办公会议通过管理创新实施意见，明确公司创新实验室职能，制订实验室的第一个项目“中油优途”项目实施方案，开始探索电商营销的首次尝试。“中油优途”是一款将非油、油、卡等结合在一起，进行网上销售的平台。通过移动支付、异业优选、（加油）站内推送、非油—积分—油品、大会员系统（卡用户和用户拉新）等方式，推广公司的全路途保障与生活服务平台。

“中油优途”分三个阶段推进：第一阶段打造一个精选商城以实现非油商品的多元化营销，吸引用户注册；第二阶段通过积分的形式以打通非油商品和油品的互动，促进油非转化，提升用户黏性；第三阶段引入全领域的服务商家，实现全路途服务。

实验室团队用 1 个月的时间，完成系统底层构架搭建和前端呈现。完成“5 元秒杀星巴克咖啡”内测。9 月 25 日，推出“优途首发包”抢购活动，全面测试系统功能，及时修复漏洞，提升“中油优途”的用户体验。

12 月 25 日，创新实验室发布国内第一款由成品油供应商自主开发的移动端 APP——“中油优途”，向 1.4 万多名公司员工开放体验，并逐步在中国石油加油卡用户、社会用户中推广，有效解决线上、线下融合的问题，把企业现有的优势和新技术更好地融合。

2016 年，优途实现非油与油品联合上线，新开积分、油品折扣及支付功能模块，将非油积分与油品积分互通。探索服务号合作模式，商家广告信息首次入驻优途。合作供应商提供商家“拈一筷子”餐饮店相关图文素材，经过编辑登载至公众号平台《城市·生活》栏目，为商家与优途的合作开辟新的合作模式。

2017 年，优途 2.0 版正式上线，新版本商城功能实现升级，设立油卡充值、油卡绑定、优途支付和油站导航 4 个子模块，为客户提供便捷的加油服务；新增电子券功能、积分兑换功能、多样化活动和油站信息发布，突破公众号信息发布次数限制，使营销活动更具新颖度和趣味性；打造强大的异业联盟平台，关联公司内、外部业务，结合营销策略，在关爱客户的同时降低营销成本，扩大营销效果。

3 月，“中油优途”正式融入“中油好客 e 站”，正式成为中石油销售体系内唯一的线上商城。

在为期 5 个月的融合过程中，通过重构后台、界面，以 H5 的形式融入“中油好客 e 站”，最大限度地保留商城的自主性，省去总部统一升级环节，加快迭代进度，提高用户体验感。同时，解决“中油好客 e 站”新老版本兼容问题，为其他需融入“中油好客 e 站”的省区公司扫清功能障碍。“中油优途”正式融入“中油好客 e 站”标志着优途商城突破区域限制，开始面对全国客户，也使公司能够将已探索的电商运营模式在全国范围内运用推广，快速提升平台运营能力。4 月，优途 H5 商城在全国范围内开展连续性线上促销活动，以“小促销，大力度”的形式来扩大线上销售规模，形成平台消费数据。

12 月，完成优途 3.0 版本全面开放升级。新系统可承载百万级用户，首页实时可配与多平台无缝嵌入，优途商城中的每个商品都可以单独通过链接或二维码形式来进行专题宣传推广，平台各个专业模块、整个平台都可以直接嵌入公司的官微、中油好客 e 站宣传推介、其他业务合作单位的官网、APP 以及公众号服务号中；与 95504 用户体系全面打通，为用户提供统一登录的便捷；为用户提供与成品油促销信息查询、加油卡充值查询、油站位置导航等主营业务关联功能（手机界面如图 5–5 所示）；异业合作入驻为用户提供一站式的全路途服务，上线注册用户突破 100 万人，累计实现电商收入 2393.45 万元、利润 150 万元。

图 5–5　中油优途手机界面

2018 年，完成优途 3.0 版升级维护，开始话费充值、交通违章查询处理业务试点，开始从商城向平台化转型的第一步。11 月，优途平台正式上线油卡充值功能，成为首家开通油卡充值功能的省区公司，正式实现油品、非油两大主营业务在线服务化。

是年，优途平台开启异业合作通道，承接西部音乐节服务类业务，通过现场打造非油商品展区，开展音乐节门票、美食餐饮等各类代收代付业务。活动期间，展区实现销售金额 12 万余元，各类代收代付收入近 200 万元。开通西昌马拉松报名通道、探索机票业务，代收金额共 80 余万元。

2019 年，完成中油优途交通违章查询及处理模块——熊猫驾信项目探讨、技术对接和在非生产环境下的测试工作，在优途平台上线交通违章查询及处理模块，7 月 1 日，在德阳开展试点。9 月 25 日，新改版的中油优途 APP 正式推广。新版中油优途 APP 将原有的纯商城模式改版为综合性平台模式，把服务升级聚焦到客户体验上，打破现有服务场景，增加不下车加油、电子发票等功能模块，畅通汽服、航空、金融、通信等异业合作通道，不断以线上功能拓展解决线下痛点，补齐短板，形成高效、便捷、时尚的线上服务通道，提升客户消费体验。截至 12 月，新版“中油优途”APP 注册人数突破百万台阶，提前 13 天完成注册攻坚目标，累计交易金额 1.2 亿元、交易订单 55 万笔，复购率达 7%。

二、四大功能模块

中油优途规划建设功能模块包括加油模块、购物模块、出行模块和理财模块（见图 5–6）。

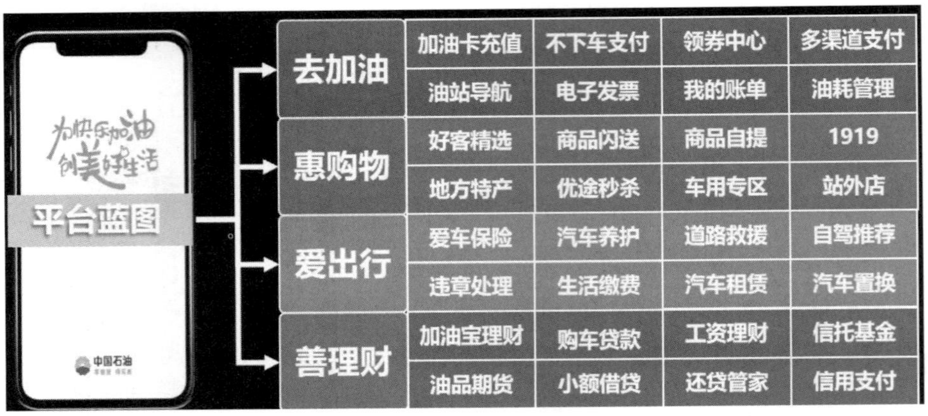

图 5–6　中油优途规划建设功能模块

加油模块　“为快乐加油、创美好生活”为客户提供更加便捷高效的加油服务体验，充值、导航、免费洗车，让每一次加油都更加从容。核心功能为不下车支付和加油卡业务。不下车支付模块重点针对加油站现金客户和微信、支付宝、银行卡客户。加油卡功能模块实现实体卡向虚拟卡转变，打通总部接口，通过加油卡移动支付，彻底打开平台流量入口，将 300 万活跃卡客户全部转移至平台管理。

购物模块　以地方特产、时令生鲜、扶贫产品和自有商品为主打，精心打造好客精选商城，满足客户消费升级的需要；在商品闪送方面，依托公司线下 2000 座门店的网络覆盖优势，构建快速物流配送体系，让用户足不出户享受品质商品；与 1919 平台合作，线下开设联营合作店，线上共同打造共享生活平台，共享用户资源，实现纵深行业领域的深度融合。

出行模块　让客户出行没有烦恼，成为自驾游客户的路途管家。打造围绕车辆的汽车养护、违章处理、自驾旅游等功能模块，打造旅游综合服务体，提供路途一揽子服务，发挥全省属地服务优势，客户路途遇到任何困难，公司都能及时解决。如与自驾游俱乐部合作，线上组织自驾游活动，线下在甘孜、阿坝等旅游沿线加油站为自驾游车辆提供快速加油、旅游补给、酒店住宿、特色餐饮、地方特产、温馨迎宾等服务项目，在提升客户满意度的同时，有效提升公司的油非销量。如自驾游散客，可以为他们提供加油导航、道路救援、酒店折扣等服务，同样可以提升客户的满意度。公司把中油优途平台的出行模块，打造成全省最具影响力的自驾游服务品牌。

理财模块　通过与银行合作，公司推出优闪付工具，通过充值赠券的方式，为客户降低加油成本。加油宝理财功能：提供加油卡线上理财服务，把存在加油卡里的钱转化成类似余额宝一样的理财产品，为客户增加额外的收益。信用支付：引入银行信用体系，让客户这个月加油、下个月付钱，便于公司长期锁定客户。

三、发展规划

中油优途发展规划三阶段如图 5-7 所示。

图 5-7　中油优途发展规划三阶段

第一阶段　2019—2020 年，通过打造流量入口，实现千万级线下客户向实名线上用户转换，开发全新的用户体系，利用标签分级分类、精准画像，实行全生命周期管理。同时由线下加油站普惠促销向线上深度运营转换，结合自营业态、商家赋能、平台合作，做好内容、用户、活动、产品的全方位运营。2019 年优途平台用户数达到 100 万人以上，2020 年达到 500 万；引入异业资源 3 亿元，实现与 1919、途虎养车等异业平台的跨界合作；新增银行、保险、航空公司等积分兑换业务，增设旅游、汽服、餐饮、酒店等业务模块。

第二阶段　2020—2021 年，健全异业生态，利用强大的线上数据资源为线下赋能，由产品售卖向“产品 + 服务 + 体验”模式转换，到 2021 年优途平台用户数达到 800 万以上。

第三阶段　2021—2025 年，建成生态闭环，线上线下做到无界融合，企业、用户、员工实现共建、共享、共生、共长的关系。

第二节　其他线上项目

一、全球购海淘项目

2017 年 6 月，创新实验室正式启动全球购海淘项目。95 个站点在售海淘商品，上架 212 种进口商品，并以“积木模式”的方式打造 45 座海淘精品店，累计实现销售金额 116.27 万元，毛利率达 21%。

商品陈列创新　传统的店面陈列货架用的都是中岛货架、背柜、端头货架，全球购海淘商品的陈列都是因地制宜，利用加油站现有的货架进行陈列，按照商品的陈列原则，下大上小、下重上轻、功能等因素，重点突出商品的特色来陈列。

模块化推广“一本一册，一带一片”，秉承“一带一路”的共商、共享、共建原则，彼此守望相助。“一本”：团购的精美宣传画册。“一册”：开店指导手册。“一带一片”：以一个站为中心，以模块化复制，向四周辐射，呈放射性发展，呈现形式直接复制粘贴，商品卖点站点之间各取所需，提升客户的消费体验感。

图 5-8 所示为中国石油四川销售公司资阳分公司南骏加油站陈列创新对比情况。

线上线下一体化　从 2017 年 6 月开始，开展多次线上线下一体化化促销，类似线下消费满 60 元赠线上券 20 元的活动，全球购海淘商品成为线上平台活动的主要支柱之一，以组合促销、直接折扣等方式来吸引线上的消费客户。在“双十一”欢乐购活动中，全球购商品就占活动商品的 90%，很多商品在活动一开始就被抢购一空。

图 5–8　资阳分公司南骏加油站陈列创新对比图

打通线上直营店模式　以海淘商品为契机，优途商城开设“直营店铺”，打造垂直电商的模式，其中全球购海淘商品 205 个 SKU（库存量单位），占直营店商品的 77%，商品上架 5 个月，线上销售金额达到 49.26 万元。

直采模式成就高毛利，高毛利商品成就分销渠道　以“绿标啤酒”为例，公司成为其在四川地区唯一的经销渠道，“绿标啤酒”成为分销项目成功案例。下一步主选品也会朝啤酒、红酒类超高毛利的分销商品考虑。

二、社交电商项目

2017 年，公司选取泸州、凉山、广元作为项目试点单位，率先在系统内尝试“社交电商”项目。创新实验室成员优选线上商品，统一制作宣传图文，员工利用碎片化时间进行朋友圈转发，打造“移动便利店”。截至 11 月底，40 人销售团队实现销售收入 30 余万元。

2018 年，公司发挥加油站平台优势与流量效应，与中国移动、云南通达、广告公司合作，1—3 月实现手机销售 113.36 万元、ETC 充值 460 万元，在广告市场持续低迷的困难情况下实现广告收入 370.28 万元。10 月，在“中油优途”APP 上开通手机充值服务。截至 2019 年 3 月底，共实现收入 5254.17 万元、毛利 13.96 万元。

是年，试运行社交电商——聚融零售，销售额 103 万元。

2019 年，正式启动社交电商——好客推手，通过各二级公司培训吸纳推广人员 1027 人，截至 6 月底，销售额达到 13 万元。

是年，在优途 APP 上设置旅游板块，客户可通过优途办理自驾游、国内游、出境游、签证等业务，付款账户连接公司账号；客户出发前与旅游公司签订合同；加油站作为线下宣传推广点，通过易拉宝、X 展架、二维码来进行宣传。主要客户群体为公司内部员工及在川石油企业员工，二级公司成品油、非油大客户及加油卡忠诚客户，异业合作服务商。打造“昆仑车友会”（见图 5–9）专属自驾游品牌，主打 2—3 天的周末短途自驾游服务。截至年末，已成功组织 40

多期自驾活动，3000多名车主参与，中油好客e站招募文章平均阅读量达60万人次，报名额达300余万元。

图5-9　昆仑车友会

三、“有车一族”全路途体验场景的消费生态圈

创新实验室借助“中国石油”的品牌价值，发挥100多万庞大、稳定的用户基数，分布全省1700个线下网点的优势资源，围绕“中油优途”项目，冲击跨界融合新领域，打造“有车一族”全路途体验场景的消费生态圈。

升级用户消费体验　通过“中油优途”O2O营销运营，为油品和非油建立双向转化打通业务通道，线上引进与汽车、路途相关产品和服务的品牌商家，线下根据加油站所处商圈，打造具有特色主题的便利店，比如进口商品专营店、汽服专营店等，用互补性的产品和服务扩大品牌的服务边际，升级消费体验，增强品牌吸引力。

跨界打造自主产品　挖掘受众广、品质高、潜力较大的新品牌，公司提供品牌、网点和客户资源，获得产品、渠道和价格的优势，各取所需、优势互补，打造公司线上线下具有自主定价权、利润高的优质产品和服务，实现合作共赢。

深度开发用户消费潜力　利用大数据采集分析，将客户数据与生产经营数据高度整合，关联客户车牌信息、虚拟账户信息和消费信息，分析其消费习惯、消费轨迹、消费趋势，完成客户画像，根据精准的数据为用户“智造”新的消费场景，深度开发用户消费潜力。

四、企业团购

2017年，创新实验室践行公司领导对非油业务提出的“从店内走到店外”的发展思路，利用优途平台开展企业团购。截至2019年11月底，累计新开发外部单位及个人客户90余家，团购销量达1248万余元，年底实现团购销量1450万余元。

五、自主公众号平台

2016年完成以“优途生活”为名的微信服务号申请及服务功能内容框架搭建，建立自主公众号平台。

第四章　线下渠道

第一节　“智慧加油站”项目

随着市场的逐渐开放以及线上商务巨头对零售业的侵入，成品油销售市场竞争不断加剧，面对新型能源和环保出行的快速发展以及互联网营销的冲击，传统加油站除大打价格战，再无其他出路，市场竞争正走入以价格为导向的恶性循环。因此，将加油站打造成为“安全、便捷、绿色、智能、温馨”的综合服务平台，是解决当前困境的重要手段。公司编制智慧加油站实施方案，并在部分加油站实现落地。

一、整体思路

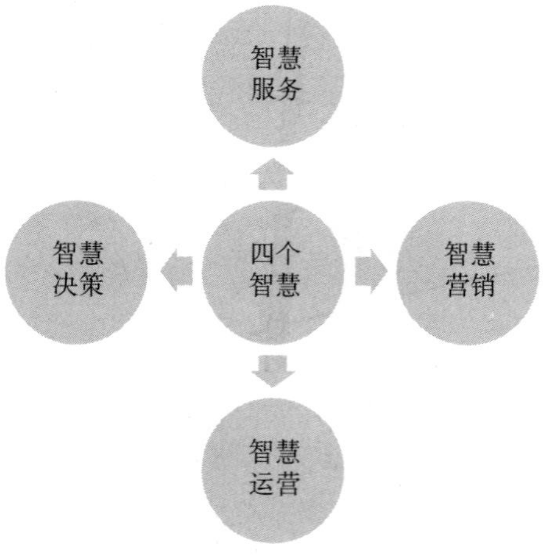

图 5–10　智慧加油站智能体框架示意图

智慧加油站是以客户体验、经营效率和数据运营为驱动，以“安全、便捷、绿色、智能、温馨”为目的，通过“智慧服务、智慧运营、智慧营销和智慧决策”四个模块（见图 5–10），结合互联网、自动化、大数据等技术打造的综合性多元化服务平台。

整体思路是基于移动互联、云计算等信息技术，创新线上 + 线下的营销模式，实现与客户的多线交互和渠道延伸；充分利用数字密度计、电动阀等新设备、新工艺，结合数字铅封、车牌识别匹配等新技术，实现生产管理自动化、智能化；挖掘、分析并整合站级信息资源，使孤立的信息形成有价值的数据，集成已有的数据平台，实现现有系统高效利用；结合大数据分析，关联客户的大量相关信息，深度挖掘生产经营数据反映的油品指标、非油指标和客户指标，建立生产经营数据分析模型，打造精准营销和精准运营。

二、框架构建

智慧加油站建设架构主要基于 1 个平台、2 个中心和 3 个系统打造 4 个“智慧”，即通过统一的智慧加油站管控平台，围绕生产运营中心和精准营销中心，综合生产业务系统、O2O 线上系统及数据应用系统，利用手机 APP、微信以及电脑终端作为交互界面，在线上购物、油站引导、多元化支付、便民服务、精准营销、安全预警、节能环保和管理决策等多个方面进行优化升级。主要包括“智慧服务、智慧运营、智慧营销和智慧决策”四个模块，共计 32 项功能。

三、智慧功能打造

智慧加油站功能分为智慧营销、智慧服务、智慧运营和智慧决策四大功能（见图 5-11）。

图 5-11　智慧加油站四大功能示意图

智慧营销模块　通过加油现场交互方式的改变，以及线上平台的打造，实现线上线下的初步融合。结合全新的支付方式和支付体验，提升加油站营销互动能力。

现场扫码快速支付：利用移动式扫码器在加油现场进行无线扫码支付，提升加油现场支付效率，提升高峰期车辆通过效率。

不下车加油快速结算：结合 RFID（无线射频识别技术），客户在办理会员时在优途账户进行充值并绑定一次性的RFID电子身份标签，并将标签粘贴在车辆内，通过加油机上方的识别天线，在加油时选择 RFID 加油方式，系统将自动识别客户身份并联动控制加油机进行加油和结算，全面提升现场支付效率。为保障资金安全，电子身份标签采用加密技术，不可复制，且一旦拆除随即失效。

电子优惠券应用：利用电子优惠券系统作为与异业商家合作的桥梁，利用优途 APP 作为与油站周边客户连接的纽带，实现自有营销经费及异业合作资源电子化，多平台集成，有效开展油非互促，线上线下投放，客户流畅消费体验。

多元化支付平台应用：在加油站前台 POS 机上新增支付模块，除支付宝、微信之外，还可以增加任何提供标准接口的支付方式，如优途线下支付、电信翼支付、银行积分消费、本地交通卡等，实现多种支付方式在加管系统中的集成与应用。

优途 APP 应用：将公司前期开发的优途 APP 作为智慧加油站的应用终端，衔接线上商城、快速支付和账户信息，以此为平台实现线上线下数据的统一和融合。

加油机营销功能应用：在加油机增设具备触屏功能的显示大屏，提升操作体验和人机交互体验，为加油现场精准推送广告、展开互动营销提供硬件条件。

现场互动营销：利用加油机多媒体触控屏幕与客户进行互动，客户在加油等待过程中可通过多媒体触控屏幕来进行互动，包括加油抽奖促销、客户满意度收集，通过互动以达成营销引导和信息收集。

多媒体营销内容管理：利用平台实现全站所有多媒体设备的集中管控，结合后台客户数据的统一分析，及时有效地推送广告和促销信息。

智慧服务模块 智慧服务，即优化客户在加油站的通行、消费、支付、积分等环节，提供便捷、多样化的服务体验，打造人・车・生活服务驿站理念。

自助发票服务：在便利店内安装发票自助服务终端，加油卡客户直接插卡识别信息，自助开具发票，减少不消费非油顾客的排队时间，将客户在站内的无效时间最小化。

增值税发票预约、排队开票服务：结合自助发票机，实现增值税发票开具的预约和排队服务，有序引导客户开票取票。

智能车辆引导：在罩棚立柱上设置 LED 引导指示屏，实时显示对应加油枪使用情况，帮助客户快速找到现场合适的车位，提升现场车辆到位效率。

加油机服务功能应用：加油机设置油品指示及确认按键，未确认的油枪无法启动加油；设置人员感应模块，客户或加油员接近操作时，屏幕由广告更换为欢迎界面和操作界面，开始油品选择；加油机配有语音对讲功能，客户加油时可随时与营业室沟通。

无线上网服务：经营区域设置无线 Wi-Fi 网络，客户通过验证后实现对油站的关注并获取免费上网权限，借助客户对此功能的依赖，获取客户数据。

打造便民生活服务区：便利店根据周边商圈调研和市场需求，设置自助发卡机、ATM 自助设备、生活服务便民充值设备，为进店消费客户提供多元化的生活服务平台。

便利店环境营造：优化便利店内货架，采用感应式灯光美化货架样式；立面顶部广告牌采用高透、高亮膜，提升客户进店视觉体验；顶部吊顶利用彩旗分季节和节假日打造便利店主题。

智慧运营模块 依托物联网技术、自动化管理手段、创新环保节能技术及数据分析，降低生产经营成本和安全风险。

安全环保监控功能：通过 PLC（可编程序控制器）来实现潜油泵、液位仪、电动阀、静电接地报警器、入侵报警监控、油气浓度检测器、双层油罐与双层管道在数据信号上的连接，实现设备间的互联互锁和实时报警。

智能照明控制：根据季节、时段、环境变化、客流量变化等因素，对站内照明进行自动调节控制，为客户提供更加直观体验的同时，达到节能降耗的目的。

智能空气调节：整站室内空调通风采用集中控制方式，室内设置必要的温湿度传感器及人员探测器，对通风空调系统进行自动智能调控。通过温湿度采集及分析，使室内环境保持在最佳消费环境。

节能泵应用：选用带智能变频技术的节能型潜油泵，油泵频率根据对应油枪提枪数量自动调节，从而降低生产能耗。

中水循环利用：将站房和罩棚顶，以及汽服洗车用水进行收集，通过多级处理的方式，实现站内中水的再利用。

卸油智能监控：管控终端实时获取液位仪、电动阀、密度计、静电检测控制器等信号，并从公司综合业务支撑平台获取卸油业务信息，实现卸油电动阀控制、油品密度在线检测、卸油过程中的异常报警联动功能。

加油机运营功能应用：加油枪具备无压、跌落、仰角、满溢自封油枪，使用更安全，同时操作键盘、油枪手柄具有静电释放功能，在操作时释放静电。

自动补货柜及冷柜：便利店货柜和冰柜采用后补式，节约仓储空间，降低员工劳动强度；货柜上的商品实现自动补货，确保立面视觉效果美观。

非油商品智能管理：应用基于 RFID 技术的非油商品管理系统，将改变传统的商品仓库管理的工作方式与流程，在存储货架、通道的关键位置，都通过 RFID 标签和读写装置进行定位和控制。不同类别的货品信息都可以存贮在 RFID 标签中。通过 RFID 技术可以轻松跟踪货品，实时定位商品所处区域。

主标识立牌油品价格智能显示：主标识立牌加入 LED（发光二极管）显示大屏，油品价格及时、准确显示，价格变化随零售管理系统自动更新。

非油商品智能电子价签：引入电子墨水屏的智能价签，自动显示商品价格，降低调价或者调商品时的员工劳动强度。

智慧决策模块 通过大数据分析，深度挖掘销量及生产效率等加油站运营 KPI（关键绩效指标），并形成经营分析、经营预警、经营预测等决策模型。公司管理层通过这些大数据模型快速发现经营短板，并针对性地对场地空间、硬件设备、营销手段等各方面的改善进行精准决策，确保加油站改造提升资金使用高效，并打造完善的运营管理体系。

经营统计分析：实时显示加油站前一日在油品、非油上的经营数据和管理目标，并形成日、月、年的变化曲线。统计单车加油量和客单价，以及卡销比和油非转化率等数据。

罐存智能优化：实时监控站内油品库存，通过油品的进、销、存数据以及配送信息分析，形成科学的配送建议，并对库存管理进行预警。

商品库存优化：非油商品库存按需管理，系统根据商品库存、销售规律、周转率等分析，自动提报最优的商品补给及调配需求；根据商品销售数据，自动提示货架及冷柜内商品剩余数量，短缺时自动提示补货；根据经营成果，生成销售分析报告，对热销商品进行统计分析。

效率诊断分析：通过对加油机、加油枪、车位的诊断分析，详细准确地展示高峰期各油品销售量、加油枪使用效率、车位利用率、提枪数和服务能力，为现场优化和油站改造建设提供数据支撑。

整站节能管控：在对加油站照明及空调系统实现智能调控的基础上，对各类环境参数、能耗设备及配电系统进行集中监测，安装必要的传感器及智能仪表，实现对整站节能进行集中管理。

客户行为分析：采集客户进站、进店以及消费习惯、消费方式、消费轨迹等数据，结合摄像头识别客户特征，采集用户信息并进行分析，为精准营销提供支撑。

四、智慧平台建立

基于众多独立功能的研发和应用，为发挥各功能效果，将各功能价值最大化，并形成智慧站在功能和管理的统筹管控体系，开发智慧加油站管控平台。该平台能够实现智慧加油站所有功能的控制，以及所有数据的采集、统计和分析，为加油员和站经理提供直观、形象的展示和应用界面。

智慧服务平台主要包括三项功能：

数据的整合。将平台作为线上线下、生产经营和客户营销等所有数据的统一入口，形成智慧加油站完整独立的数据库，利用数据库管理为各项数据和指标打上统一的标签，实现线上与线下数据的全通。

界面的统一。通过统一的展示界面将所有功能展现在平台上，优化各功能间的重叠部分，方便管理者在统一平台下实现所有功能的高效管控。

量化的分析。基于站级数据的高度整合，智慧服务平台能够展开对数据库中各类数据的融合和综合分析，并形成统一的分析模型。这些分析模型包括结合经营数据与现场数据得出的运营效率量化分析模型，例如加油站的油枪效率、车位效率以及客户的油非转化率和到站消费能力；也包括结合客户消费数据和经营数据得出的精准营销分析模型，例如客户消费倾向、客户级别、客户属性、客户类型等。

五、实践效果

2018—2019 年，公司在成品油分公司元华加油站实现 30 项功能的落地（见图 5–12），在包括材料、智能、绿色、安全、便捷 5 个方面共 13 项达到全国之最。

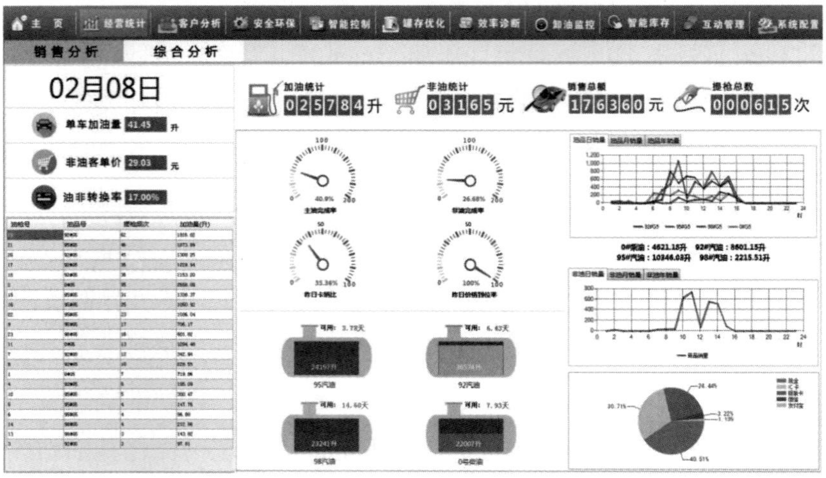

图 5–12　元华加油站智慧服务平台

新材料带来新效益　采用进口复合材料檐面，表面光亮度提升 30%，抗氧化能力提升 50%，色衰周期延长 1 倍，10 年以上不褪色；采用复合材料罩棚屋面，使用寿命延长 1 倍；采用复合材料的隔油池、化粪池进行模块化建设，安装工期节约 50%；采用钢结构设计，施工工期较标准混凝土站房节约 15 天。

好体验带来高销量　通过多重营销手段、站内智能引导、现场便捷的操作与交互体验以及浓厚的便利店商业氛围，元华加油站在油品销量和非油销量上实现重大突破。投运后，单月平均进站用户数量较改造前提升 32%；单月平均纯枪销量较改造前增长 100%；单月非油平均销量额较改造前增长 150%。

本质安全　通过设备间互联互锁，员工更能放心地执行经营操作，不用再担心卸错油、出现高低液位没人报警、人孔井油气浓度超标、卸油区非法入侵等异常情况无法及时处理。投运后，油品错卸率为 0，安全事故率为 0，油气浓度报警 11 次，多次避免安全隐患发生。

加油站从单纯油品服务窗口向综合服务平台转型　通过服务能力的横向提升，智慧加油站由单纯的加油场所逐步向具备便利店商品零售、多元化汽车后市场服务、便民生活服务以及临时休闲体验功能的综合服务平台进行转变，是公司实现产业转型的重要基础。

精准营销和精准运营　智慧加油站站级数据收集整站运营数据、站内管理数据和客户数据，包括销量、非油销售额、罐存、车流及进站情况、油枪使用情况、车位使用情况、卸油情况、客户特征、消费频率、客单价以及敏感点等。通过站级数据平台的统计分析，科学、精确地展开加油站现场经营效率的深度剖析和客户价值的挖掘，为下一步“千站千策”的精准运营和“千人千策”的精准营销提供重要基础。

第二节　形象大使“油优”项目

为树立加油站新视觉，提升公司以及中国石油品牌形象，公司设立形象大使“油优”项目，设计生动形象、有四川特色的卡通人物。通过半年的反复设计修改，2016 年 8 月 1 日，形象大使“油优”诞生（见图 5–13），2016 年 9 月 1 日首次发布。

图 5–13　形象大使“油优”六个卡通造型

“油优”是公司独立创作的卡通形象，也是中国石油销售企业第一个卡通形象标识。“油优”具有四大特点：

四川特色　“油优”以大熊猫为原型，而四川是熊猫的故乡。

形象契合　大熊猫自然健康的形象，与中国石油追求更清洁更环保的形象契合，与加油站员工应有的亲切热情的服务品质契合。

寓意丰富 “油优”寓意为油品质量优、现场感服务优、品牌形象优，“YOYO”为英文缩写。

辨识度高 根据应用情况，不断丰富它的内涵和形象，注入生命与个性，让“油优”达到一见倾心、一目了然、过目不忘的程度。

公司首推“油优”作为企业形象大使，不仅是对经营管理的促进，也是提升公司乃至中国石油品牌形象的一项重要举措。

2017 年 1 月，公司将“油优”卡通形象和“油优”商标向国家工商行政管理总局商标局提交商品注册申请，2018 年 2 月，取得商标注册证，注册日期 2018 年 2 月 7 日，有效期至 2028 年 2 月 6 日（见图 5-14）。“油优”卡通形象国际分类第 18 类，运用于购物袋、伞、旅行箱、登山杖、钥匙、公文箱等。“油优”商标国际分类第 37 类，运用于车辆服务站（加油和保养）、运载工具加润滑油服务、运载工具（车辆）故障救援修理服务、轮胎翻新、办公机器和设备的维修信息、室内装潢修理、电器设备的安装与修理等。

2017 年 5 月，“油优”卡通形象取得中华人民共和国国家版权局颁布的作品登记证书（见图 5-15）。

图 5-14 “油优”商标注册证

作品登记证书

登 记 号：国作登字-2017-F-00383538

作品名称：油优卡通形象　　作品类别：美术作品

作　　者：中国石油天然气股份有限公司四川销售分公司　　著作权人：中国石油天然气股份有限公司四川销售分公司

创作完成时间：2016年08月01日　　首次发表时间：2016年09月01日

以上事项，由中国石油天然气股份有限公司四川销售分公司申请，经中国版权保护中心审核，根据《作品自愿登记试行办法》规定，予以登记。

登记日期：2017年05月23日　　登记机构签章

中华人民共和国国家版权局 作品自愿登记专用章

图 5-15 “油优”卡通形象作品登记证书

2017—2019 年，“油优”卡通形象以及油优动画片和主题歌音乐视频广泛运用于加油站、油库和各类促销现场，展示公司新形象（见图 5-16）。

图 5-16 “油优展示牌”

第三节　移动公司合作

2016 年，公司与中国移动签署战略合作协议（见图 5–17），利用各自品牌、渠道、客户等优势，积极探索商业模式变革，在成都区域部分加油站试点移动业务办理。

图 5–17　公司与中国移动合作

2019 年，公司与中国移动四川移动公司推荐服务商——四川快马奔腾科技有限公司进行加油站便利店移动号卡销售业务对接，确定加油站便利店试点销售移动号卡相关业务模式，前期主要销售移动号卡 68 元、98 元套餐，为配合销售移动号卡，制定相关销售政策，首期主要以非油大礼包（价值 840 元）的形式对移动号卡进行捆绑销售。

5 月，首家中国石油昆仑好客便利店入驻中国移动成都益州营业厅。便利店占地 58 平方米，拥有单品数量 360 余种，店内还专门设立好客推手线下体验区、自有商品陈列专区，形成具有中国石油品牌特色的站外销售卖场。以零场租方式，在未上架销售香烟等拳头商品的情况下，单月销售收入近 12 万元。中国石油昆仑好客便利店入驻移动益州营业厅，是与移动公司构建渠道生态的重要里程碑，标志着双方业务合作的转型突破，进一步实现双方资源和优势融合互促，将有效促进双方异业融合和相互引流，极大地提升用户体验感知和服务满意度。

第四节　中油九洲北斗

2016 年 11 月 17 日，公司与九洲集团签署股权合作意向协议，成立中油北斗新时空能源科技公司，命名为“中油北斗”。“中油北斗”以“互联网 + 北斗 + 能源 + 现代物流网”的商业新模式出现在“互联江湖”，将逐步整合资源，不断推进更多产品在这个平台上实现交易，建成最有影响力的中国石油互联网物流服务平台。为尽快扩大用户群体，以卡为媒，打造让客户满意的加油卡服务，公司制定“统一策划、统一宣传、统一营销、统一客服、统一积分增值服务”的“五统一”九洲卡推广策略，开展推卡售卡业务培训，组织加油站经理学习联名卡的优势特点，培训一批宣传主力军。各加油站依据周边市场，迅速对周边潜在客户、竞争对手客户、流失客户进行联系，宣传促销政策。截至年末，中油九洲北斗加油卡累计销售 11.4 万张，开发物流客户 656 户，其中新增客户 334 户，柴油销量 11.2 万吨，充值总金额 8 亿元。

2017年3月，公司与四川九洲电器集团有限责任公司、西安北斗聚力能源科技有限公司共同出资组建四川中油九洲北斗科技能源有限公司。6月，经销售公司同意，公司与中油北斗签订油卡协议，绵阳分公司与中油北斗签订加油站租赁协议。7月，中油北斗油卡业务开始运行。8月，中油北斗开始测试运行油e贷线下业务。12月，中油北斗就“智慧物流项目”开始与公司、服务商家、合作商家进行工作对接。2017年，实现营业收入8.04亿元、利润8.47万元。

2018年1月，中油北斗推出中油北斗智慧物流服务平台微信客户端。3月，实施7×24小时全年无休和主卡托管服务。4月起，中油北斗先后与成都润滑油公司、中粮集团开展广告和电商业务合作。5月，中油北斗竞拍取得安州区货运大道加油（气）站建设用地。6月，中油北斗智慧物流服务平台被四川省经信委列入“四川省2025行动计划重点扶持项目”。8月，建行总部正式批复实施中油北斗“中油云贷”纯线上贷款项目，中油北斗线上纯信用贷款产品正式进入系统对接和开发。10月，中油北斗取得货运资质，与银河集团签订承运合同，正式启动驿运线下业务。11月，中油北斗驿运平台“中运宝”物流管理与运费结算产品正式进入产品研发期，并上线主卡托管2.0系统优化版。12月，中油北斗推出中油北斗智慧物流服务平台手机APP客户端。2018年，实现营业收入34.34亿元、利润455.01万元。

2019年1月，中油北斗驿运平台“中运宝”物流管理与运费结算产品上线试运行。3月，中油北斗启动“中油北斗”平台架构优化设计工作。5月，中油北斗推出互动营销平台业务，助力中国石油进行银行、保险、京东等各类大型企业促销礼品兑换和客户导流。6月，中油北斗与人寿财险四川分公司签订战略合作协议，正式开启保险业务。7月，中油北斗被四川省交通厅正式认定为无车承运人试点企业，中运宝正式上线，到年底，中油北斗中运宝产品用时5个月营业收入突破3亿元。11月，“中运宝”被四川省人民政府口岸与物流办公室认定为“四川省现代物流规划建设项目”。2019年，实现营业收入80.68亿元、利润1507.99万元。同年，中油北斗荣获四川省优秀服务业企业称号。

第五节　ETC卡业务

2018年，公司探索开展ETC、旅游、保险等延伸业务，与旅游、保险、高速公路旗下公司对接讨论业务流程，在成都分公司试点“车友会”模式的自驾游业务，在岷江分公司试点房车租赁业务，德阳分公司、甘孜分公司推出稻城、色达、新都桥8日游等精品路线。

2019年5月，中国石油天然气股份有限公司、贵州黔通智联科技产业发展有限公司、贵州正元泰能源投资有限责任公司三方共同出资，成立四川中油元通科技发展有限公司，重点抓好昆仑ETC卡发行。昆仑ETC卡是能源与交通行业跨界合作的创新产品，依托中国石油的渠道、品牌优势，集成贵州高速的路网、技术优势，历经半年多研发攻关而成，用大数据、人工智能、物联网赋能昆仑ETC卡，全面引领无人驾驶、智慧加油的新时尚，深度挖掘客户综合数据的新价值，精准掌握客户潜在的新需求，不断满足人民对美好生活的向往。昆仑ETC卡是“线上线下＋现代物流”新零售商业模式的有效载体，公司坚持以“人·车”为中心，深度挖掘昆仑ETC卡潜能，积极拓展“油、卡、非、润、气、电”全产品销售、“吃、住、行、玩”全路径服务，着力构建“人·车·生活”生态圈。昆仑ETC卡为保障客户出行、缓解道路拥堵提供新路径，为满足群众安全、便捷、环保、舒适、个性化消费需求提供新选择，为净化城市环境、促进节能减排、低碳环保提供新支撑。

是年7月，公司在贵州举行主题为“畅行高速·油惠相伴”的昆仑ETC卡全国首发启动仪式（见图5-18），昆仑ETC卡在贵阳首发、川黔试点。8月，公司确定设备管理业务流程，对全国31个省区公司的岗位人员进行操作培训，昆仑ETC卡微信公众号首次发布推文。10月，昆仑ETC卡发行数据查询系统正式上线运行，分配系统账号、编制操作手册，实现各省区、地市公司自行查询发卡数据。11月1日，昆仑ETC卡在全国全面推广，同时开发线上发卡功能。11月22日，第一张线上昆仑ETC卡成功办理。11月28日，昆仑ETC卡累计发卡量突破百万大关。截至年末，公司在全国26家省区公司的11541座加油站开展发卡业务，累计发卡186.71万张，其中中油渠道发卡81.37万张。

图5-18　昆仑ETC全国首发启动仪式

第六节　1919联营店

2019年，高新天山加油站昆仑好客与1919联营店正式营业（见图5-19），陈列面积50平方米，单品近200个，开业8天销售数量达到1157瓶，销售收入突破10万元。1919项目是公司未来酒类商品经营战略的重要实践，也是公司跨越新渠道、实现新零售的重要尝试。公司自身网点布局、客户流量、营业时间及品牌等优势与1919公司酒类管理经验、产品丰富度、产品保真、快速送货及先进的信息系统等优势实现优势互补，能为公司酒类业务快速发展提供支撑，进而逐步培养顾客在加油站购酒的消费习惯。双方以线下便利店为载体，建设融合互联网、大数据的“新零售、

图5-19　公司与1919合作

新渠道”非油创新营销模式。客户在“1919吃喝”APP线上下单，享受高新天山加油站联营店自提服务，或者19分钟配送到家的“即买即饮”消费场景，真正将联营店作为前置仓，打通服务“最后一公里”，同时基于双方品牌优势，打造客户信赖的高品质商品消费渠道。聚焦昆仑好客“优品、优质、优享”的价值定位，借助1919在酒饮流通行业厂家直采、扫码溯源、品质保真的运作模式，为客户提供既“好”又“真”的商品。12月，项目销售额成功突破100万元。双向打通1919吃喝平台和优途平台，完成客户共享与数据共享，通过异业合作优势，快速转换流量，提升店销收入。

第六篇

网络开发与建设

四川市场属于交界市场，是石油、石化两大集团争夺的前沿阵地，市场竞争特别是零售市场竞争十分激烈。在1998年上划前，四川省加油站总数5072座，而公司自有加油站仅为484座，占全省总座数比重9.5%。

1998年上划后，公司按照总部成品油整体销售三大战略方针，即管住源头、垄断批发、扩大零售，提出抓住历史机遇、把加快零售网络建设作为企业的“发展工程”“生命工程”来抓。公司随即建立健全网络开发建设组织机构，成立以“一把手”为组长的网建工作领导小组，落实投资管理部门负责归口管理网络开发工作，为四川销售公司加快零售网络发展提供组织保证和人力保障。公司按照“以城市及城市新区、高速公路、新建交通要道、旅游沿线为布局重点”的网建发展思路，并针对不同的历史时期，灵活运用新建、收购、租赁、股权、改扩等开发方式，抢占零售网络。

在2000—2004年的快速发展期，开展兰成渝管道配套油库扩容改造，累计开发并投运加油站986座，批零结构实现反转。2005—2009年的稳定发展期，完成加油站环境部署改造、成乐管道配套油库扩容改造。2010—2019年的强化开发期，全面完成“5·12”汶川地震灾后重建项目建设、加油站油气回收、防渗改造任务，开展彭州成品油油库建设、16座油库改扩建工程，同时完成22座油库信息化环境改造、公路发油下装改造。

至2019末，在营资产型加油站突破1550座。随着国家经济、道路的发展，公司零售网络不断完善，布局持续优化，基本形成与四川销售公司成品油销售主渠道地位相匹配的零售网络体系，以占全省总座数比重34.8%的加油站数量控制四川零售市场61%的份额，创造较高的市场有效度。网络建设的持续优化，为四川销售公司建设世界一流新零售企业奠定坚实基础。

第一章　网络开发管理

第一节　开发权限

1989—1993年，公司油品主要以供销批发为主，加油站网点开发建设尚在探索阶段，各地区加油站开发工作由各站、司自行评估审批，项目审批后抄报公司备案。

1994年，公司印发《省属石油销售企业新建项目和投资等权限及有关问题通知》。各项新建项目和投资等在筹划之前，应进行可行性论证，对项目的预期效益、风险情况、回收期等进行认真分析、测算。投资项目，其投资额在50万元以内（含50万元），由各站、司审批，并抄报省公司；超过50万元的，应报省公司审批。新建项目建成后，都应及时办理决算，经审计后才能转入固定资产。

2000年，公司印发《关于加油站建设项目投资管理的暂行办法》，要求加油站的收购价格在大中城市和经济较发达地区应控制在25万—30万元/吨，日加油量原则上应在6吨以上；偏远地区收购价格控制应在15万—20万元/吨，日加油量原则上应在4.5吨以上。原200万元以下为限下项目的规定取消。各单位在签订正式收购合同前，必须先向省公司申报立项，立项申请应详细注明收购价格、交易税费、加油站占地面积、房屋面积、站棚面积、加油机台（枪）数、油罐容量、技改项目及资金、日加油量、总投资等，待省公司批准后方可签订正式合同。租赁加油站其租赁时间在15年以上并一次付清租赁费的，可作为长期投资项目，列入投资计划。

是年，制定零售网络建设奖惩办法，全面完成目标任务的每座加油站奖励5000元，超额完成目标任务的，每超1座再奖励1万元；未完成目标任务的单位，除不兑现年度奖金外，其经理、分管经理自动辞职。

2001年，对投资管理权限做出规定，在板块审定的年度控制投资计划内，新建、收购、控股、长租的加油站项目，总投资额在1500万元（含1500万元）以下的项目为限下项目，由省公司审批；以上项目中，投资额在1500万—5000万元（含5000万元）的项目为板块权限项目，由省公司上报板块审批；总投资额在5000万元以上的项目为板块限上项目，由板块上报规划计划部审批。新建、收购、控股、长租的油库项目一律由板块审批。公司投资参股的加油站项目，投资额在500万元（含500万元）以下的项目为限下项目，由公司审批；公司投资额在500万元以上的项目为板块权限项目，由公司上报板块审批；投资参股油库项目由板块审批。油库、加油站的安全和技术改造、改扩建项目，公司投资额在500万元（含500万元）以下的油库和200万元（含 200 万元）以下的加油站项目为限下项目，由公司审批并报板块备案；公司投资额在 500 万元以上的油库和 200 万元以上的加油站项目为限上项目，由板块审批，其中油库扩容均由板块审批。

2003 年，公司印发《关于股权式网络开发项目合同签订程序的规定》，根据股份公司的一级法人体制以及油炼销授字〔2003〕第 5 号委托书的规定，二级单位以控股、参股形式设立的油气合资公司、收购的加油（气）站，该股份由四川销售分公司直接持有。设立公司和收购股份所涉及的合同、章程及相关法律文件、工商登记文件一律由四川销售分公司总经理签字，并加盖四川销售分公司公章。

2004 年，为抢占广大的农村市场，公司提前进行农村及边远地区的加油网点布局工作，在抓紧一、二类加油站建设的同时积极开展农村成品油加油网点的建设工作，就二级公司设立加油点的基本原则、基本条件、规模以及申办程序、项目审批程序等提出工作要求和指导意见。

2005 年，要求新购建的加油站单站可研销量要超过 4 吨 / 日，内部收益率超过 9%，3 年内达到可研销量。重点明确网络开发中谈判要保存原始记录，谈判内容必须真实并签字确认，收购项目必须进行资产预评估，并在项目立项后委托有资质的中介机构进行资产评估。

2006 年，加油站开发建设标准中可研销量需在 10 吨以上，2 年内达销。20 万元以下技改项目由公司分管投资的副总经理审批，限上项目报炼销分公司审批，限下项目报炼销分公司核准。

2007 年，板块对加油站的单站投资决策权限进行调整：成熟市场 2000 万元以下、开发市场 3000 万元以下为地区公司限下项目，由地区公司审查决策。

2009 年，公司根据集团公司、板块印发的新投资管理办法和投资管理实施细则，结合公司实际，细化、梳理流程，在原管理办法的基础上，修订四川公司《投资管理实施细则》《招投标管理办法》。公司持续开展内控流程梳理，不断细化投资业务流程，编制投资权限指引，明确业务界面，做到过程受控。

2010 年，板块将限下项目由原来的 3000 万元调整为 4000 万元，限上项目租赁费标准由原来的 200 万元 / 年调整为 260 万元 / 年，非年付租金项目调整为限上项目。

2014 年，根据销售公司印发的《关于调整地区公司投资决策和工程管理权限的通知》文件，公司属于 A 类加油站决策公司。为加强事中和事后监督管理，每年根据投资管理考核结果，按照有收有放的原则对地区公司投资决策权限进行调整，对投资决策权限实行动态管理。加油站项目投资决策权限与投资管理考核、后评价结果挂钩。根据新投运加油站考核达销率完成以及审计、后评价情况，对地区公司投资权限实行分类授权管理。强化新建站方案审批，下放改造站建设方案审批权限。所有新建（含迁建、重建）加油站、加气站、加油加气合建站、高速公路服务区项目，按决策权限完成可研审批后，建设方案由板块审批。加油（气）站改造项目建设方案由地区公司审批。地区公司要按规定履行“三重一大”等决策程序，在年度投资框架预算内优化投资结构，自主优选项目，项目列入股份公司投资计划后组织实施。

2015 年，公司制定《网络开发考核奖惩办法》。

2016 年，销售公司印发《关于调整销售企业投资项目决策权限的通知》，进一步简政放权，调整加油（气）站项目、油库项目和其他投资项目管理权限。在股权投资方面，股份公司资本运营部印发《关于开展股权投资转授权有关事项的回复意见》，明确投资在1000万元（不含）以内控股、参股的新设合资公司及增资扩股项目，由公司自行审批。根据股份公司股权管理的相关规定，由有资质的咨询机构编制可行性研究报告，根据项目需要出具法律意见书、审计报告、评估报告等，效益要达到股份公司投资回报标准；股权项目要严格执行备案、评审和‘三重一大”决策程序。项目可行性研究编制完成后，相关材料报销售公司规划计划处备案，备案通过后由销售企业执行评审和“三重一大”决策程序、项目批复后15个工作日内，通过中国石油国有产权管理系统报股份公司备案。

2017年，集团公司下调项目开发评价参数，提高汽油价差测算系数，下放投资项目审批权限。销售公司印发《关于调整销售企业投资项目决策权限的通知》，调整销售企业投资项目管理权限，包括加油（气）站、油库、股权投资项目和其他投资项目，其中区内省区公司对全资加油站项目投资审批权由5000万元提高到8000万元；有工程建设股权项目由3000万元增加到5000万元；无工程建设股权项目由1000万元增加到3000万元。是年，公司印发《中国石油四川销售分公司关于进一步规范投资项目审批流程及相关资料的通知》，再次补充完善新建、迁建、收购、租赁、股权、橇装、恢复营业等新开发加油（气）站投资项目相关流程及要求。

2019年，销售公司印发《关于调整销售企业投资决策权限和项目评价参数的通知》，在加油（气）站项目中，新建（含迁建）项目总投资10000万元以下（不含）、收购项目总投资8000万元（不含）以下、租赁项目以6%的贴现率贴现后总租金4000万元（不含）以下、纯加气站总投资3000万元（不含）以下的新建及收购项目、工程总投资（不含土地投资）1000万元（不含）以下的加油（气）站改扩建、工程总投资700万元（不含）以下的安全环保和节能减排项目、股权各类项目在项目总投资5000万元（不含）以下的均由省公司审批。在财务内部收益率指标中，全资新建、股权战略性项目适用6%，长租项目适用8%，扩建适用7%。

第二节　开发程序

一、项目全生命周期管理

项目全生命周期管理是公司贯穿“规划、方案可研、设计、施工、投运、验收、后评价”全过程的综合评价体系，推行终身追究责任制，提高项目决策者、建设者、管理者责任意识和风险意识。前期论证环节，对设计单位、评估机构和管理部门考评监督，各单位主要领导对项目可行性研究报告的主要内容和经济评价结论负责；项目实施环节，通过监管控制，强化中期审计；后期运营环节，持续滚动评价，跟踪运营效果，实行责任追溯。通过环环相扣、步步靠实的全程管理，通过投资回报与效益量化的考核评价，既调动项目开发的积极性，又抑制不合理的投资冲动；既突出项目的当期效益，又注重网络的可持续发展。特别是针对个别项目因班子换届、干部调整，造成落地难、推进慢、投运迟的，责任必须界定清楚，追责必须从重从严。

二、发展变化

1995年，公司印发进一步加强基本建设和技术改造管理工作规定。油库、加油站的新建和技改项目，必须交由省公司设计所设计。凡一次性投资在50万元及以上的项目，必须逐级上报省公司审批，必须出具方案、设计文件、资金证明，由仓储基建安全处主管，财会处、设计所参与，共同审核把关，批准后方可实施。在各直属企业内部，基建、技改及各种开发性建设，只能归口一个部门统一管理，而不得政出多门。

2000年，公司成立零售网络建设领导小组，由公司分管投资的副总经理和分管业务的副总经理担任正副组长，有关职能处室、经营部门的主要负责人为小组成员，负责指导全系统的零售网络建设工作。组建网络建设办公室，专门负责成都地区网络建设的具体工作，并对全省网络建设工作进行指导和协调。按照公司要求，全系统所属17个市级公司也相应成立领导小组和具体办事机构，各二级公司的领导小组正副组长由二级公司经理和分管副经理担任，网络建设办公室挂靠在储运安全部门，配备有专职人员，从组织上确保零售网络建设工作的顺利开展。在网点开发建设中，明确网点建设实行项目经理负责制，即谁谈判谁负责、谁签字谁负责。项目审批程序、口岸价值、建设成本、销售量、投资回报、遵纪守法等事项，运用集体审批制度，对加油站项目开发建设程序，如审批权限、资金拨付、应上报的相关资料等细节做出具体规定。其中，在收购项目中，各单位在签订正式收购合同前，必须先向省公司申报立项，立项申请详细注明收购价格、交易税费、加油站占地面积、房屋面积、站棚面积、加油机台（枪）数、油罐容量、技改项目及资金、日加油量、总投资等，待省公司批准后方可签订正式合同。在正式合同签订后，各单位将合同一式三份、项目评审表、立项申请原件一并报省公司，省公司即拨付资金。各项目的资产评估、财务审计、谈判纪要、可行性研究报告及资产转移证明材料等在收购完成后必须补报。在加油站项目谈判过程中，原则上必须有两个人以上方可进行谈判，不准一对一谈判。正式合同签订前应由律师把关，资产评估、财务审计、可行性研究报告和各项法律文件必须齐全，要以加油站为单位立卷归档，专人保管。

2001年，在项目的具体审批中，按照预可研、报建、审批、可研、前期准备、图纸会审、概算审批、按进度拨付工程款项、现场管理、竣工验收、决算审计、资料归档、后评价的程序规范运作，形成较为完善的项目审批程序。

2003年，公司重新制定《中国石油四川销售分公司投资项目管理暂行办法》，明确投资建设项目在前期工作阶段、建设阶段和后评价阶段的管理程序及职责；同时对投资建设项目的评审制、项目责任人负责制、项目初选和初步审查、项目建议书和可研报告、初步设计和概算、年度投资计划工程招标、工程管理、投资资金管理、竣工验收和审计、工程项目档案管理、项目后评价等具体环节制定详细的规定。

2004年，公司增加项目决策的透明度。为保证集体决策，零售经营部门参与决策、集体谈判和项目集体评审制度；为保证科学决策，在资产评估的基础上形成收购价格的管理要求，改变过去内部资产评估的做法；为保证项目实施过程中的安全，合同必须签署法律意见书，股权式项目由省公司直接控制。严把立项关，各二级公司必须按规定程序做好项目选点和前期调研工作，科学运用“加油站选址与效益测算模型”，保证加油站选址与效益测算贴近实际情况，提高前期工作的质量。鉴于公司股权式（控股、参股形式）网络开发项目逐步增加，公司印发《关于股权式网络开发项目合同签订程序的规定》，提供“股权式网络设施投资项目签约盖章申请表”，规定各二级公司在投资决策范围内的股权式投资项目的所有文件、表格必须上报省公司相关部门办理，明确投资决策责任，落实签约及工商登记程序。

2005 年，公司成立由有关领导和业务处室负责人组成的项目评审小组，负责全省投资项目的评审，各二级公司相应成立由有关领导和业务科室负责人组成的项目评审小组，负责本公司拟投资项目的初审。省公司投资与建设管理处负责全省投资项目的归口管理，仓储安全环保处负责新建、改扩建油库项目的方案审查和建设管理。投资项目实行项目责任人负责制。项目责任人对项目的可行性、可靠性和投资回报承担责任。各二级公司负责项目的初选，由所在单位项目评审小组进行集体评审通过，初选项目必须确定项目责任人和工程负责人，各二级公司初选通过的项目，即可正式向省公司报送该项目的项目建议书、由所有评审小组成员签字的项目评审表和项目可行性研究报告各 2 份，其中项目可行性研究报告基本参数需经有关职能部门确认。省公司投资与建设管理处对各二级公司上报的项目建设资料进行讨论后提出初步审查意见，并提交省公司项目评审小组进行集体评审，经评审小组同意后视为该项目通过评审。

2006 年，针对股份公司对公司重大项目稽查、项目后评价以及内控测试和遗留项目综合评价分析所反映的问题，在总结分析的基础上，公司对项目规划、可行性研究、资产评估、立项、谈判、设计和概算审查、投资计划、合同签订、工程招投标、物资采购、开工审查、施工管理、决算审计、档案管理和项目后评价及投资责任追究等各个环节的程序和职责进行细化和明确，形成比较完整的工作流程。

2007 年，公司项目程序主要包括项目规划、项目初选（初步谈判）、上报项目建议书（预可研报告）、项目初审、编制项目可行性研究报告和资产评估报告、项目评审及立项、项目初步设计和编制概（预）算、项目初步设计及概（预）算审查、项目投资计划、项目工程招投标及报建、项目开工审查、项目施工管理、项目竣工验收、项目档案管理、项目决算审计和项目后评价（投资活动分析）等工作环节。对于项目批复后 1 年之内没有启动的项目，要启动需重新报批。在收购项目谈判、资产评估中，遵循先意向谈判、评估、可行性研究，再决策的工作程序；公司参与谈判必须 3 人以上且应有纪检监察部门人员参加，谈判方要提供法人身份证明或法人授权委托书，谈判记录必须由双方谈判人员签字，并形成谈判纪要；资产评估由省公司审批同意的有资质的中介机构进行评估，要真实反映资产状况，评估所依据计算方法明确，《资产转让合同》主要资产以及资产交接清单内容要与《资产评估报告》评估的资产相符，实际收购溢价不得超过项目评审表上预估溢价的 10%，超过原预估溢价 10% 以上的项目，需经省公司投资管理委员会重新评审。收购项目要收集齐全 14 种法律证照，股权收购项目还要有正式财务审计报告、资产抵押情况说明、主要债权债务资料及各类有效证件，对法律证照不全又没有规避投资风险解决方案的项目，不予组织立项审查和评审。股权投资项目审批立项后，需填写股权投资项目备案表，报省公司财务处、投资与建设管理处。

2008 年，规划计划工作按照“突出项目抓发展”的要求，完善规划部门牵头、业务部门参加的规划计划体系，建立健全重大项目的前期规划、论证立项、设计审查、招投标和项目后评价的全过程项目管理制度，充分发挥“规划引领发展、项目支撑发展”的作用。

2009 年，公司投资项目决策实行“三级评审”制度，成立由分管领导为组长，各相关业务部门负责人为成员的投资评审委员会，成立由投资部门负责人为组长，各相关业务人员及外聘专家组成的 3 个专业评估组。层层把关，为总经理办公会决策提供科学依据。建立投资项目“承诺制”，确保投资回报最大化。在投资项目可研批复前，由各二级分公司总经理签订承诺书，承诺严格履行投资管理程序，强化项目全过程控制，严控投资，执行标准，按时投运，廉洁自律，并对投资项目的内部收益率、投资回收期、达销等可研重要指标做出承诺。

2014 年，公司规范投资项目前期工作、费用标准，引入“工作通知单”制度；印发股权合作、土地拆迁置换、投资建设权限指引和配套表单；严格可不招标事项的审批，规范招标代理机构的选择及使用。

2015 年，公司构建制定网络开发考核奖惩办法，把加油站开发纳入绩效合同管理，将任务落实到项目、细化到点位，实行季度考核、年度兑现。销售公司印发《销售公司 2015 年网络开发指导意见》，强化网络开发，规范投资行为，确保市场份额提升，分项目性质印发 8 个立项审批流程，对加油（气）站相关开发标准及政策做出明确规定，鼓励通过合资合作方式以开发零售网络，对未落地项目落实责任、逐月督办、季度通报、滚动销号；建立项目达销考核奖惩机制，坚持正反激励、奖惩对等的原则，编制达销考核运行大表，实施动态跟踪、低销治理、挂包帮等手段联动推进，促进加油站销量提升，公司全年投运加油站综合达销率达 98.4%。

2019 年，公司将加油站开发专项奖励由 150 万元提高到 400 万元，重奖有功人员。与此同时，加大问责考核力度，将网络开发作为市（州）公司领导班子绩效评价和约谈的重要依据之一，促使各级干部敢担当、善作为，争项目、抢网点，全年 100 座目标顺利完成。

第三节　开发模式

2000—2002 年，公司加油站开发方向以独资为主，按收购、控股、新建、租赁、连锁的先后顺序选取开发建设方式。重点发展一类、二类加油站，抢先控制市场前景好且符合城市、经济发展规划的社会加油站。同时，抓住西部大开发的有利时机，加大在城市新区、经济技术开发区、新建交通要道、旅游沿线、高速公路出入口等处选点新建加油站的力度。采取灵活的投资策略，对重点地区、高效市场适当倾斜，对经济不发达地区和纵深地区，除在速度上放缓外，在投资规模上也严格控制，努力提高单站日销量和投资回报。其中：加油站地理位置的选择以城市为中心，以市区、城郊结合部、国道旁（高速公路进出口）为主；加油站的布局与二级分销库配套，尽量在二级分销库合理配送半径内布置站点，以减少运费、降低成本，并保证有效供应；坚持成片开发的原则，力争通过在同一地区收购多座加油站等方式，形成在该地区零售市场占相对优势的零售网络；加油站开发建设方案因地制宜精心设计，加大城市中心加油站建设力度，以建设精品加油站、树中油品牌为目标，加油站建设规范、包装采用股份公司统一标识，并具有一定规模，国道旁的加油站，一般在距城区 50 千米范围内布置，以 5—7 座加油站控制该道路为宜；车流量较大的路段，提倡以“子母站”的形式卡住双向车道，力争垄断经营；以全面、长远的观点来分析加油站开发建设中遇到的问题；尽量一次性买断土地使用权，办妥土地使用手续。

2003 年，公司既重建设数量的扩张，更重投资质量的提高，坚持“高效市场多投入，低效市场少投入”的原则，严把零售网络建设选点关，将投资重点向城区及公路加油站倾斜。

2004 年，公司“以购为主，新建为辅，控股、租赁、联营、特许并举”的多元化网建发展方针，按照“合理布局、抓紧、抓早”的工作思路，重点在中心城市、高速公路和交通主干道上抢滩布点，立足于购建精品站、购建大站、购建高效站。

2005 年，公司采取多种形式开发的发展方针，重点抓好大中城市、城市中心、高速公路服务区以及关系中国石油形象和影响力的加油站点建设，严格控制国道、省道的加油站，杜绝乡村加油站。开发方式上根据具体情况采取独资、合作、控股参股、租赁、特许等。实现高效开发，把有限的投资资金向高效市场倾斜，网络建设工作从相对数量型转到追求质量型，从普遍布局转到重点突破上。

是年，根据国土资源部《关于新建加油站用地政策衔接问题的复函》规定，国家对中石油、中石化两大集团在成品油零售市场开放之前加快发展销售网络，给予政策扶持，允许两大集团的全资或控股建设的新建加油站用地采取挂牌出让的方式供应。

2006—2009 年，公司按照重质量、保数量，加快城市高效加油站开发的战略部署，坚持“统筹规划、合理布局、注重质量、积极有效”的原则，结合四川现有网络结构和区域特点，全方位、多元化加大协调攻关力度，进一步加快大中城市中心、城市新区、高速公路以及择优县城和旅游沿线加油站的开发。公司实施“突出项目抓发展”，大力推行网络开发责任制，对重点项目开展“四定”攻关（定项目、定人员、定目标、定奖惩），确保新规划主要城市城区和高速路服务区等高效站点不旁落。各二级公司以“守土有责、每站必争”的强烈责任意识，与地方政府密切合作，全力争取高效站点。公司高速路网点占有率从 2005 年底的 39% 提高到 2008 年的 75%，三年翻一番，中国石油供应主渠道地位进一步巩固；在高效加油站的强力带动下，投资资本回报率逐年攀升，2006 年、2007 年和 2008 年分别达到 22.6%、35.6% 和 57.4%。为抓好四川省灾后重建大规模投资的历史机遇，2008 年在各市（州）公司设立投资建设科，加强高效站点开发力量。

2010—2019 年，公司加大企地协调和股权合作力度，通过“以资源换网点、以投资换网点、以资产换网点、以效益换网点”等形式多措并举，抓住高速路发展高峰期机遇，实现优质项目整体开发。其中 2014 年，采取自建与合资双轮驱动，以高速公路、城市新区特别是国家级天府新区为网络开发重点区域，以存量挖潜、提量改造、租赁清退为网络优化的抓手，在项目发展上持续保持较高的速度、质量与回报。

2015年，采取“自建为主、深化合作、盘活闲置、租购并举、改造存量”的方式，重点面向成都地区、天府新区、高速公路等市场，抢滩布点优质高效网络。

2017年，重点面向成都、绵阳、德阳等经济发达区，以及川南城市群等高效市场、战略区域加密布点；根据公司年度工作会议考核量效挂钩的工作要求，为激励二级公司加大网络开发力度，提高投资效益，确保投资回报，公司印发《中国石油四川销售分公司网络开发建设量效挂钩考核办法（试行）》。

第四节　开发后评价

项目后评价工作是2003年由集团公司提出，对投资项目的前期决策、建设实施和生产运营等过程，以及项目目标、投资效益、影响与持续性等方面进行综合分析和系统评价的活动。项目后评价是投资项目闭环管理的重要环节，是完善投资项目监管体系、改善投资决策和管理、提高投资质量和效益的重要手段，是开展投资管理与投资效益监督考核和落实责任追究的依据。

主要是针对项目前期决策、建设实施、生产运营、投资与绩效等进行简要评价，简化后评价报告按照集团公司规定的相关模板编制。项目详细后评价是对典型项目的目标、过程管理、投资效益、持续性等进行综合分析评价，包括所属企业自我后评价和咨询机构独立后评价。主要评价内容有项目前期工作评价、建设实施评价、生产运营评价、投资与财务效益评价、影响与持续性评价和总体评价结论。项目后评价报告按照集团公司规定的后评价报告编制细则或大纲，应用后评价信息管理系统进行编制，具体内容可根据项目的规模、特点、委托要求和评价时点等有所区别和侧重。

项目后评价分析采用定性和定量相结合方法，主要包括调查法、对比法、逻辑框架法、项目成功度评价法等。其中，调查法包括资料查阅、现场检查、问卷调查、访谈和座谈、讨论会等，对比法包括前后对比、有无对比和横向对比方法。具体评价方法应根据项目特点和后评价要求，选择一种或多种方法对项目进行综合评价。

一、制度建设

2003年，股份公司印发《中国石油股份有限公司加油站项目后评价报告编制规定》（试行），加强加油站投资项目全过程管理，建立、健全和深化股份公司建设项目后评价制度，规范加油站项目后评价工作，总结加油站投资经验，指导新的加油站购建工作，提高加油站项目决策水平和投资效益。项目后评价基本内容包括项目决策评价、建设实施评价、运营评价、经济效益评价。原则上所有加油站项目建成投产1.5—2年后，都要进行后评价。

2006年，集团公司印发《中国石油天然气集团公司固定资产投资项目后评价管理办法》，要求进行后评价的项目需完工投产后经过审计部门审计和竣工验收、正式投产运营1—3年。

2009年，集团公司印发《中国石油天然气集团公司投资项目后评价管理办法实施细则》，要求简化后评价报告和归类汇总简表实行年度备案制度，当年6月30日前投用满一年的所有项目，需完成简化后评价报告或归类汇总简表，于当年9月30日前，按照投资项目分级管理权限，以所属企业文件形式统一上报备案。

2015年，集团公司印发《中国石油天然气集团公司投资项目后评价管理办法》，要求经集团公司、专业公司或所属企业批复可行性研究报告的所有项目，建成投产运行满1年均应及时开展简化后评价。

2017年，集团公司印发《中国石油天然气集团公司投资项目后评价管理办法实施细则》，要求所属企业按照集团公司各类项目简化后评价表，应用后评价信息管理系统在3个月内完成简化后评价表填报。

2019年，集团公司印发《中国石油天然气集团有限公司投资项目后评价管理办法》，要求项目后评价中心应用后评价信息管理系统，分析统计简化后评价表，对项目初期绩效进行分类分析和预警，定期完成简化后评价简报，报送规划计划部，同时抄送专业公司、所属企业。

二、地位及成效

公司是销售板块最早开展投资项目后评价的单位，后评价工作快速步入轨道并有效推进。一直以来，后评价工作走在销售板块前列并赢得集团公司规划计划部后评价处的充分肯定。公司先后参与集团公司销售项目后评价相关丛书、管理手册、工作制度、经典案例的编撰；协助集团公司后评价中心开展高速公路加油站项目、非油业务等专题后评价工作，协助开展评价人员的业务培训和辅导，并作为后评价中心专家组成员参与对吉林销售、山东销售、山西销售、贵州销售等详细后评价验收鉴定工作。

公司在集团公司“2015—2019年度后评价工作”表彰中，分别获得“优秀后评价成果一等奖”“后评价工作先进集体”和“后评价工作先进个人”三大奖项。

三、后评价成果

2003—2019年，公司投资项目简化后评价工作逐年、滚动开展，并适时开展租赁项目、改扩建项目等专项评价工作，公司简化后评价工作已经制度化、日常化，实现简化后评价项目的全覆盖。

2006年，公司对2000年以来销售网络投资从网络发展现状、投资效果、投资营运、综合评价等方面进行全面的投资分析。

2010年，公司对2006—2009年立项的高速公路加油站项目开展专题评价，包括成渝、攀西、隆纳、南渝、广巴、遂回等10条高速公路共45个加油站项目。

2012年，开展《2009—2010年加油站扩建项目专题后评价》，评价内容包括15个项目，其中2009年10个、2010年5个。

2014年，开展油气回收项目工程后评价工作。

2015年，公司对2007—2014年收购的和“十二五”以来投运的新开发项目进行专题评价。

2016年，协助集团公司后评价中心开展高速公路加油站项目专题后评价工作。

2019年，协助集团公司后评价中心开展非油业务专题后评价工作。

表6-1所示为2003—2019年中国石油四川销售公司简化后评价完成情况。

表6-1 2003—2019年中国石油四川销售公司简化后评价完成情况

单位：个

年度	合计	新建	收购	改扩建	迁建	租赁	股权	橇装
2003	18	8	10	—	—	—	—	—
2004	33	16	17	—	—	—	—	—
2005	327	138	162	27	—	—	—	—
2006	—	—	—	—	—	—	—	—
2007	42	13	25	4	—	—	—	—
2008	35	10	22	3	—	—	—	—
2009	38	11	23	4	—	—	—	—
2010	—	—	—	—	—	—	—	—
2011	47	20	7	—	—	15	5	—
2012	18	4	10	1	—	2	1	—
2013	62	23	14	—	—	20	2	3
2014	52	27	14	—	—	8	3	—
2015	61	18	29	—	—	—	2	—
2016	40	14	9	—	—	8	8	1
2017	36	22	8	—	3	2	1	—
2018	—	—	—	—	—	—	—	—
2019	48	15	10	—	4	10	6	3

详细评价工作按上级公司工作计划开展，从接受任务开始，通过梳理报告模板、清理项目资料、核实项目数据到撰写评价文稿、汇总分析结论，统筹并组织各项目所属单位及省公司相关处室开展自评价工作，编制完成自评价报告，接受集团公司专家组现场验收及鉴定评审，并按照专家意见完善整改。

2006年，开展《2003年建设项目详细后评价》，评价内容包括公司2003年新开发的158个加油站项目和1个油库收购股权项目。选取典型项目17个，包括加油站项目16个和油库项目1个，加油站项目中：新建6个，收购10个。评价工作得到鉴定组专家的充分认可和高度评价，认为：“报告是销售企业开展后评价工作以来不可多见的精品报告。”

2012年，开展《2009年销售网络开发项目详细后评价》，评价内容包括162个加油站项目，分别为收购15个、新建58个、改扩建89个，其中选取典型项目20个，分别为收购3个、新建13个、改扩建4个；开展《2005年以来投资项目评价分析》工作，评价内容包括379个项目，其中2005年35个、2006年34个、2007年41个、2008年23个、2009年40个、2010年106个、2011年100个。

2018年，开展《2014—2016年销售网络投资项目详细后评价》工作，评价内容包括162个加油站项目，分别为收购15个、新建58个、改扩建89个，其中选取典型项目20个，分别为收购3个、新建13个、改扩建4个。评价组织工作和自评价报告获得集团公司专家充分肯定和高度认可，报告得分和评级在销售系统排名第一。

第二章　规划计划管理

第一节　规划管理

1991 年，公司编制《四川省石油总公司“八五”规划》，成品油销售量在 1990 年的 153 万吨基础上，规划在 1995 年达到 175 万—180 万吨；利润从 1990 年的 9800 万元增长到 1.4 亿元。对油库设施进行建设和更新改造，扩大改造罐容 18 万立方米；修建加油站 70 座；修建铁路专用线 1.66 千米；购置油槽车 100 辆，购置运油汽车 200 辆。

1994 年，公司编制《四川省石油总公司 2000 年油库发展规划设想》，规划至 2000 年，全公司系统的年销售量为 324 万吨；在新修的成（都）—达（县）和泸（州）一隆（昌）铁路沿线修建 3 座地、市级中转油库，规划容量为 7.5 万立方米，在黔江、巴中新建 2 座中转油库，规划容量为 3.5 万立方米；三峡工程淹没区 9 座油库搬迁，新建库容 15 万立方米，较搬迁前扩容 8.7 万立方米；6 座地区级油库技改，技改容量为 12 万立方米，其中扩容 4 万立方米；20 座县级油库技改，技改容量 10 万立方米，其中扩容 4 万立方米。

1996 年，公司编制《四川省石油总公司“九五”计划》，规划到 2000 年，成品油销售总量达到 210 万吨，年均递增 5%；重点推进三峡工程淹没油库的迁建、老旧油库的改造、加油站和新建铁路沿线的油库建设等，共规划 200 余个项目，总投资额 2.9 亿元，其中新建油库 5—7 座、油库技改 2 座，新建和技改后新增库容量近 5 万立方米，新建加油站 160 余座。

1999 年，根据销售总公司“大力发展成品油终端销售”的要求，为加快零售网络建设，积极占领成品油终端市场，确立与稳定公司在零售市场的主导地位，提高经济效益，公司及其所属各单位在认真分析零售网络现状的基础上，科学论证、精心测算，按照大力收购、抢占口岸、鼓励租赁、适度联营、推广连锁、积极挖潜的零售网络发展原则，编制加油站三年规划：通过新建、收购、联建等形式以增加加油站数量，通过技术改造、包装现有加油站，提高设备技术水平和服务质量，到 2001 年 3 年内共新增加油站 286 座（其中：新建与收购 244 座、控股 21 座、联营 21 座），技改包装加油站 106 座；零售量达到 93 万吨，占同期总销售量的 42%，比 1998 年零售量增加 42.5 万吨，增长 84.1%，3 年预计总投资 3.392 亿元。

是年，公司召开“积极发展压缩天然气汽车加气站工作座谈会”，探讨发展天然气汽车产业对公司系统的影响，以及公司系统应采取的措施，建议各处于推广城市的公司，争取规划 2—4 座加气站，其余城市的公司也要根据当地规划，探讨与争取建加气站。

2000年，公司编制“十五”计划，规划到2005年，公司轻油销售量达到300万吨，年均增长4%。“十五”期间，公司拟投资10.79亿元，主要用于零售网络建设、兰—成—渝输油管道沿线油库配套建设、现有油库技术改造和运输工具配备等。抓住在省内各中心城市和市（州）公司所在地等经济密集区域，在国道、省道等交通干道的空白区域，在新兴经济开发区和新建城区的布点，5年拟新增加油站254座，改造加油站121座，与社会经营单位联营连锁加油站600座，并根据四川能源结构变化和城市发展对环保的要求拟建加气站22座。在“十五”期间，公司网络的快速扩张支撑零售业务的跨越式发展，奠定企业持续高效发展的根基。公司完成23.5亿元投资，其中销售网络投资21.9亿元（加油站投资19.97亿元、油库项目投资1.98亿元），用于网络建设的投资平均每年在4亿元以上，共开发743座加油站，实现加油站总量翻一番的目标，重点改造兰—成—渝管线配套油库9座，保证物流集散和油库安全平稳运行。强大的投入也为企业发展奠定基础，零售网络总体得到完善和优化，大中城市中心主要交通要道、高速公路出入口等黄金口岸牢牢控制在公司手里，高速公路服务区布点也卓有成效。

2005年，公司编制“十一五”规划。规划到2010年，成品油资源需求580万吨，其中西北调入530万吨（其中管输476万吨、铁路54万吨）、南充炼厂50万吨（管输30万吨、铁路20万吨）；天然气资源需求1.75亿立方米，由西南油气田供应；新开发加油加气站90座。规划执行期内，2008年发生汶川和攀凉地震，分别编制汶川和攀凉地震灾后重建规划，力争尽快完成恢复重建任务；规划2009年生产设施以整体重建和迁建为主，基本完成灾后重建规划主要任务，到2010年完成生产设施迁建和生活设施重建安置。在实际任务中，2008年零售量已达428.09万吨，销售总量突破500万吨，提前完成规划目标。到2010年末，累计投资35.5437亿元，共开展了19座油库的新建、迁建及扩容改造，公司油库总库容由“十一五”前的64万立方米增加到“十一五”末的79.9万立方米，为保障生产经营发挥重要作用；新开发加油站255座，投运196座，城区和高速路占开发站的比例由“十五”末的37%提高到69%，高速公路服务区加油站占有率由2006年的50%提高到72%，平均可研单站日销量由7.5吨提高到19.2吨；完成灾后重建项目1764个，其中加油站252座、油库5座、二级公司办公区5个和职工生活区8处，批复重建资金7.3亿元，灾区油库、加油站和办公区、生活区面貌焕然一新；实现销售收入407.13亿元，资产总额规模达75.23亿元。

2007年，公司编制《中油四川销售分公司成品油储运设施专项发展规划》，制定《中油四川销售分公司2008—2010年加气站发展规划》《加油机更新三年规划》《液位仪安装二年规划》，启动公司三年滚动发展计划的编制工作，为公司长远可持续发展打下规划基础。

2008年，公司编制《中国石油四川销售公司2008—2010年滚动计划》《加油站和油库规范达标三年改造规划》《油库发展规划》《中国石油四川销售公司“十一五”后三年及“十二五”发展规划》。重点做好灾后恢复重建各项规划，先后向省经委、发改委、能源办、集团公司、销售分公司、川渝协调组等报送《中国石油四川销售公司“5·12”汶川特大地震灾后恢复重建规划及实施方案》，规划用3年时间完成恢复重建工作。

2009年，根据股份公司成品油管网总体规划，公司统筹考虑资源流向、在建炼厂项目、各地经济发展和市场需求因素，编制《中国石油四川销售分公司四川省内成品油支管线规划》。

2010 年，公司围绕集团公司建设综合性国际能源公司的发展战略和公司加快建设国际水准油品销售企业的发展目标制订“十二五”规划，重点开发城区、城市新区和高速站等高效站，着重抓好成都地区的网络开发；县域及旅游沿线等增量市场应建尽建；稳健发展橇装加油设施，抢占空白市场；逐步推广自助半自助加油模式，提高劳效。深化落实与各市（州）的战略合作协议，创新开发模式，充分利用政策，推广先进经验，强化与有点位优势、资源优势的政府部门和大企业大集团的战略合作；采取控股、参股、资本运营、资产联合多措并举，力争整体开发和低成本开发；积极采取竞合策略，营造良好竞争环境，有效运用竞争技巧，确保销售网络开发任务全面完成。规划到 2015 年，成品油销量 1000 万吨；加油站单站日销量 13 吨；非油销售收入实现 8 亿元；新开发加油（气）站 400 座，安装橇装加油设施 120 台，对 113 座具有区位优势和发展潜力的加油站实施改扩；油库 31 座，库容达到 176.51 万立方米；新建彭—成—乐、内—宜、泸—隆、成—达、昆—攀—西 5 条成品油管线，资源需求 1000 万吨。在实际任务完成中，“十二五”期间，股权合作为公司的经营模式打开新的突破口，公司先后与四川交投、四川铁投、成渝高速、成都交投、传化集团、巴运司、绵投集团、攀枝花钢城集团、彭州统建等签订协议，在高速公路、天府新区、城市新区、物流基地等多个项目上达成合作；通过加强与各地市（州）政府战略合作，深化与大企业、大集团合资合作，高速公路网点实现快速增长，重点区域特别是成都地区、天府新区市场份额持续巩固，为公司提升市场竞争能力和经营创效能力提供网络支撑，实现优质项目的批次整体开发。2011—2015 年，公司共投资 56.96 亿元，新开立项加油（气）站 338 座，其中：新建 104 座、收购 58 座、租赁 52 座、股权 22 座、高速项目 54 座、迁建 24 座、橇装加油站 13 个，恢复营业等其他项目 11 座；建成投运 409 座加油站，完成 320 座加油站达标及局部改造、667 座加油站油气回收改造，加油站开发数量、完工投运数量每年均保持在 80 座以上；油库新建、扩容及下装改造 10 座，增加库容 62.6 万立方米。公司累计零售汽柴油较“十一五”增长 55.1%，累计总销量比“十一五”期间增长 57.8%。

2013 年，编制完成公司中长期股权企业发展专项规划，为公司实现低成本高效网点成片开发奠定基础。

2014 年，完成两级公司 3 年网络滚动发展规划，开展川东北油库优化方案编制，初步完成公司油库现状分析及发展规划，结合四川省清洁汽车能源现状及发展趋势，完成公司加气业务发展规划，开展充电、LNG 等清洁能源应用的调研论证；按照集团公司整体工作部署，完成公司中长期股权投资发展规划。

2016 年，公司编制《“十三五”发展规划》。在国家加快实施清洁能源替代战略发展形势下，CNG、LNG、电动汽车及配套产业快速发展，预计到 2020 年全国清洁能源将替代汽柴油约 4500 万吨；四川规划到“十三五”末将新增 CNG 加气站 120 座、LNG 加气站 280 座、充电站 180 座、充电桩 10 万个，传统成品油销售企业发展面临严峻挑战。在“十三五”规划上，公司坚持终端支撑发展不动摇、低成本发展不动摇，积极参与新能源站点开发。新开发加油站及加气站主要部署在成都地区、天府新区、高速公路和二级城市、旅游集中区，以及经济发达的县城，其间规划新开发加油（气）站 300 座；拟通过与华气公司合作，在公司现有站点闲置土地增设加气功能，规划建设 LNG 站 22 座、L-CNG3 座，按 50% 比例方式分利；通过盘活现有站点存量土地，规划 8 座站适当参与充电业务；分步实施吊黄楼、前锋、7101、燕儿窝、董家沟等 5 座油库的技改、迁建。至“十三五”末，全面完成改造任务，实现量、质、效同时提升，提高零售网络创效能力；持续经营加油（气）站的股权企业 50 个，加油（气）站 324 座，年销量 212 万吨；零售网点总数约 1800 座，汽柴油销量达 1020 万吨，持续巩固网点份额。

第二节　计划管理

1989 年，公司全年基本建设投资共 3952 万元，超过年投资 1500 万—2000 万元的考核指标。

1997 年，公司成立投资管理处，先后制定《基本建设和技术改造的管理办法》《四川省石油集团有限公司投资管理办法》，从投资范围、投资权限、报批决策程序等方面都做出明确规定，进一步规范投资行为。过去盲目投资、贪大求全、超标失控、造成严重负债的问题，得到有效扼制。

2000 年，在公司加油站开发建设总投资中，收购项目包括收购资金、应由公司缴纳的各种税费、必要的改造包装费用和 IC 卡系统费用（每枪 6000 元）；控股联营项目包括合同规定的全部投资及 IC 卡系统费用；新建项目包括报建的各种手续费用、征地费用、工程安装费用、形象包装和 IC 卡系统费用（每枪 6000 元）。在资金拨付上，所属各公司申请项目所需资金（对收购加油站按合同传真件和协议传真件拨付资金，对新建加油站按工程进度拨付资金），正式申请随后上报。申请中应分别列明日销量、土地、站棚、站房、油罐容量、加油机台数、交易税费、改造包装费用、IC 卡、其他等基本情况及各个分项所需投资，列明分期拨付资金的时间和金额。在加油站建设中，收购、控股的加油站中，确需改造的，其改造费用必须经严格测算后一并列入项目投资，报省公司批准。租赁加油站其租赁时间在 15 年以上并一次付清租赁费的，可作为长期投资项目，列入投资计划；设施设备需更新改造的，也按以上原则办理。

2001 年 2 月，销售公司印发《关于销售网络建设项目与投资计划管理的暂行规定》，其中对计划编制做出规定，要求公司对本地区销售网络建设规模必须以股份公司 5 年业务发展规划中确定的成品油资源总量、流向、流量及市场分布为依据，并根据现有网络能力提出相应的 5 年期间网络建设总体规划和方案；总体规划和方案得到销售公司确认后，纳入总公司 5 年业务发展计划；公司依据销售公司 5 年业务发展计划编制分年度销售网络建设建议计划；销售公司对公司提报的分年度销售网络建设建议计划进行审查、汇总、平衡并编制销售公司分年度销售网络建设计划。

2005 年，公司实行新建的加油站可以在征地后缓建、收购的加油站原则上在资金缓解后进行包装的做法，从根本上节约投资资金，缓解投资资金不足的矛盾。在投资资金管理上，按项目合同约定和工程进度通知拨付投资款项（股份公司网上采购项目由省公司统一结算）；新建加油站项目凭工程规划许可证、国土出让合同、省级有关部门批复、招投标文件和审计结论通知书分期付款（必须参加土地竞买的项目，经省公司分管投资的领导批准，可提前支付竞买保证金和购地款）；收购加油站项目凭收购合同、谈判记录、资产评估报告、过户手续和审计结论通知书分期付款；改造项目凭当地安监部门和建设管理部门批文、招投标文件和审计结论通知书分期付款；项目前期工作费用，按规定纳入项目总投资；工程竣工决算审计之前，各二级公司必须预留30%的工程款，余款待决算审计后支付，在支付工程余款时，必须按规定扣除工程质量保证金。项目（含收购后技改投资在30万元以上的项目）工程竣工后，由建设单位报请当地建设主管及相关部门组织工程验收。工程验收合格后，各二级单位向省公司审计监察处申请竣工决算审计，省公司投资与建设管理处凭审计结论通知书和竣工验收报告支付工程尾款。

2006年，公司印发《中国石油四川销售分公司关于进一步加强投资管理的意见》，针对投资管理中的薄弱环节，结合股份公司投资管理和内控建设要求，进一步规范化、程序化和科学化投资管理工作。公司投资计划管理程序分为实行规划、立项、投资计划、项目实施四步骤。项目初选初审，二级公司按编制的销售网络发展规划初选项目，向省公司提出项目建议书，经省公司投资与建设管理处组织相关部门现场考察和初审同意后，各单位组织编写可行性研究报告，经集体评审后，向省公司上报立项请示；收购项目初步谈判形成意向后，向省公司提出项目建议书，经省公司投资与建设管理处组织相关部门现场考察和初审同意后进行资产评估，并编制可行性研究报告，经集体评审后，向省公司上报立项请示。省公司投资管理委员会对上报的立项请示组织集体评审，通过后（20万元以下的技改工程项目由省公司分管投资的副总经理审批），限上项目报炼销分公司审批，限下项目报炼销分公司核准，核准通过后下达立项批复，否则即终止该项目前期工作。对于项目批复后一年之内没有启动的项目，要启动的，需重新报批。项目立项后，新建、改扩建项目在征地完成后进行初步设计，其初步设计和概算由省公司投资与建设管理处组织相关部门或专家审查同意后下达投资计划批复，列入年度投资计划（限上项目由炼销分公司组织审查）；收购项目组织正式谈判并签订合同，将合同报省公司投资与建设管理处审查后（有技改的同时提报技改设计方案），下达投资计划批复，列入年度投资计划；单项技改项目设计方案报投资与建设管理处审查后下达控制计划。各二级公司在年度投资计划范围内安排项目进度并组织实施。其中，设计概算不得超过立项批复投资估算的10%，对概算超估算10%的项目必须报省公司重新评审，对超过原可研投资估算10%的项目必须重做可研报批。

2007年，公司印发《中国石油四川销售分公司投资项目管理办法》，进一步加强投资项目管理，明确管理程序和职责，规范投资行为。在投资资金管理中，公司投资与建设管理处按项目合同约定和工程进度确认单（附工程形象图像资料）通知财务处拨付投资款项（股份公司网上采购项目由各单位申报和支付）。新建加油站项目凭工程规划许可证、国土出让合同（或土地租赁合同）、省级有关部门批复、招投标文件和项目审计结论通知书分期付款（土地招拍挂的项目可凭立项批复和土地招拍挂资料申请竞买保证金，凭招拍挂成交确认书或合同申请购地款）；收购加油站项目凭收购合同、谈判记录、过户手续和审计结论通知书分期付款；改造项目凭当地安监部门和建设管理部门批文、招投标文件和项目审计结论通知书分期付款。项目资金必须按项目进行管理和核算，财务部门列入在建工程成本金额即为投资完成额，各二级公司根据下达的总投资计划及年度投资计划安排工程进度（工程进度不能超省公司拨款进度与年度投资计划，禁止超工程进度付款），年底投资完成额必须控制在省公司下达的本年度投资计划之内，否则为超投资。投资资金专项、专款、专用，不得在项目间交叉使用，不得挤占和挪用，严禁将资金用于无计划投资及非生产性项目。公司财务处按照股份公司《基本建设投资会计核算与财务管理暂行办法》的规定对拨款、请款手续审核无误后，办理资金拨付并指导做好基本建设投资会计核算工作。各二级公司必须建立健全投资及项目资金管理制度和内部控制制度，确保项目资金安全和合理使用。项目前期工作费用，按规定纳入项目总投资，凭立项批复申请使用。项目评审未通过或立项后因规划等多种情形无法实施取消项目的，前期工作费用按财务制度处理。

是年，按照销售分公司要求，各二级公司在上报新开项目立项请示时，该项目同时在系统中“计划审核”状态列示，按程序评审和核准后，省公司按权限在系统中做相应同步审批。可研指标如发生变化，及时变更系统相关数据，通过该系统来真实反映项目进展情况（工程进度、投资计划、资金使用等）。项目终结审计完成，对系统中的实体表、项目表及其相关附表进行核对，修正后，连同项目审计结论通知书上报省公司。对项目投运后的相关营运指标，各二级公司在每个会计年度终结后，及时进行数据维护，保证系统资料的完整。

2008 年，公司强化基础管理，提升规划计划工作水平，完善投资建设系统的职能，实现投资工作归口管理。

2009 年，公司根据集团公司、销售公司印发的新投资管理办法和投资管理实施细则，结合公司实际，细化、梳理流程，在原管理办法的基础上，修订四川销售公司《投资管理实施细则》《招投标管理办法》。

2010 年，公司落实销售分公司《关于进一步加快零售网络开发的指导意见》精神，进一步调整和完善网络开发标准。除继续坚持大中城市、城市新区或高速公路服务区等高效站开发策略外，可以向经济发达的县城渗透，但要位于主城区或城区的主干道上，汽柴比由原来的 1.2 适当放宽，但不低于 0.5（含租赁）；实行乡镇网点开发数量与城市站开发数量挂钩制度，年度每开发 5 个地级以上的城市站可增加 1 个乡镇加油网点开发额度，乡镇加油站网点的开发宜采取橇装、小型等占地少、投资低、人工省的形式。调整销量标准：平均单站日销量由原来的 20 吨调整为城市站 12 吨、县城站 10 吨（3 年达销，含租赁）以上。调整评价标准：市场仍然要求投资回报率大于 10%，其中竞争激烈的交界市场可以适当调至 8%。同时提出了资金集中管理要求，投资、费用、改造和安全隐患治理等项目及资金归口计划部门统一管理。

2011 年，投资成本控制成为提升精细化管理的重点，通过对投资项目全过程进行流程梳理，制定《关于进一步加强投资精细化管理的指导意见（讨论稿）》，加强领导，落实责任，制定奖惩，在前期可研、优化设计、工程实施、决算审计等各环节严控投资成本。完成投资管理信息系统的开发及试运行，实现项目统一管理、信息实时共享，有效提高工作效率，提升管理水平。

2014 年，对 2007—2013 年开发项目落地率、开工率、投运率、达销率专题评价和重点督办，共督办项目 363 个，项目所在单位高度重视，督办取得较好效果，落地完成率 54%，投运完成率 28%，达销完成率 29%，平均达销率增幅 17%，“四率”攻关初见成效。

2017年2月4日，销售公司印发《关于下放部分四类项目投资计划管理权限有关事项的通知》，下放四类项目投资计划管理权限的范围。

表6-2所示为2000—2019年中国石油四川销售公司投资计划完成情况。

表6-2 2000—2019年中国石油四川销售公司投资计划完成情况

单位：万元

年度	上年结转计划	当年计划	当年完成
2000	0	60508	60508
2001	0	49830	49830
2002	0	46420	46420
2003	0	40984	40984
2004	0	66220	66220
2005	0	31903	31903
2006	0	38138	38138
2007	0	46675	45429
2008	1246	72710	70778
2009	3178	82285	81553
2010	3910	114807	113733
2011	4984	137678	132536
2012	10126	174307	171242
2013	13191	113793	109543
2014	17441	54602	2398
2015	69645	56548	29640
2016	96553	45625	61195
2017	80983	73416	117791
2018	36608	157719	155759
2019	38568	223781	232324

第三章　工程建设管理

工程建设管理包括油库、加油站等生产领域工程项目的新建、改扩建以及技术改造管理，旨在推动公司加速完善网络布局、提升运营规模、提高资产价值。

第一节　制度与流程

1989 年，公司印发《四川省石油公司直属企业基本建设及技术改造管理办法》的通知，对基建管理程序、建设物资材料管理、建设资金投资监督和统计报表等做出要求。

1999 年，公司按集团公司确定的企业形象包装方案和公司统一制定的《加油站形象包装工程承包协议》进行建设，对加油站分三类进行形象包装。

2000 年，公司对新建加油站进行分类，其中：一类加油站包括各省、自治区政府所在地，直辖市、计划单列市，中等城市，各公司、院机关所在地，机场、码头、车站、亘要路口、高速公路等重要繁华地段的加油站；各沿海城市的加油站；县级市销量较大的加油站；二类加油站为县城销售量较小的加油站及乡镇加油站。根据板块印发《成品油终端销售网络建设实施意见》，规定加油站建设中加油站的设计和施工安装要符合 GB 50156—1992 规范的要求，收购的加油站要具备营业执照及税务登记证、土地使用权证、房产证、建设规划许可证、消防合格证、环保合格证、防雷防静电合格证、计量验收合格证等经营手续。

是年，公司对资产型加油站实施统一形象包装工作，通过对服务性标识中英文字样和色调的规范统一，树立中国石油的整体形象，提高中国石油的社会知名度。对新购与更新的加油机，实施税控装置的安装并进行 IC 卡机联动改造。

2001 年，公司进一步规范新建（技改）加油站建设程序。具体程序为：报建；省公司批复后，即可开展项目前期准备工作；根据各地区公司向省公司报送的开工资料及征地合同，省公司拨付征地款、项目前期费用及部分工程款；各地区公司组织有施工单位、设计单位、质监部门等参加的施工图纸会审，并做好会审纪要；要求施工单位根据施工图纸和会审纪要编制工程预算；各地区公司向省公司申请预算审计；各地区公司将审计监察处出具的“工程项目审计资料接收清单”交省公司储运安全处，储运安全处收到“工程项目审计资料接收清单”后在估算投资的 70% 范围内按工程进度逐批支付工程款；各地区公司现场施工人员要按照会审以后的图纸监督施工，特殊情况做好现场签证，并做好签证记录的保管和归档工作；工程竣工验收后，向省公司审计监察处申请竣工决算审计；根据基本建设工程结（决）算审计报告，省公司支付全部工程款项，工程质量保证金（按工程造价的5%计算，土建工程1年，屋面防水工程3年，水电安装工程1年）由各分公司按照国家规定扣除。

是年，销售公司印发《中国石油天然气股份有限公司炼油与销售建设项目开工报告管理办法》。在管理职责中，项目开工报告审批实行销售公司和地区公司两级管理。限额以上建设项目开工报告的审批由销售公司负责管理，限额以下建设项目开工报告的审批由地区公司负责管理。

2002年，股份公司印发《炼油与销售工程建设项目招标投标管理办法》，对招投标管理工作实行两级管理制度。限上工程建设项目由股份公司批复初步设计的油库和加油站建设项目的招标投标工作由股份公司负责监督管理，由地区公司具体组织实施；限下工程建设项目，即销售企业未由股份公司批复初步设计的油库和加油站建设项目的招标投标工作由地区公司负责管理。股份公司负责限上工程建设项目的招标投标活动的监督和管理工作，地区公司负责组织本企业限下工程建设项目招标投标活动的管理工作。

是年，股份公司印发《炼油与销售工程建设项目竣工验收管理办法》，详细制定竣工验收标准、内容、程序等。凡限下工程建设项目，即未由股份公司批复初步设计的油库和加油站建设项目，由地区公司组织验收。竣工资料费和竣工验收费列入工程成本或费用。

2004年，要求各二级公司加油站建设施工统一执行四级二档的取费标准，以降低投资成本、强化造价管理。印发《关于下达〈加油站建设补充标准〉的通知》，为打造中国石油四川销售分公司加油站的品牌形象，在遵循《汽车加油加气站设计与施工规范》《加油站建设基础设计》《加油站管理规范》的基础上，对罩棚网架、加油岛、加油机、储油区、指示牌、警示标识、服务标识等加油站视觉形象识别系统的建设部分做了明确的补充规定。

2006年，为保证加油站工程模块化建设的稳步、有效实施，确保加油站工程集中加工产品质量标准、技术指标及视觉形象的统一，为全公司所属加油站订购《加油站工程模块化建设集中加工产品生产指导手册》，全年全省续建及新开项目35座加油站基本实施模块化建设，70座加油站包装全面实施模块化管理。

2008年3月，由公司总经理办公会研究决定并报销售公司批准成立工程建设处，与规划计划处、物资采购处及其他相关业务处室对公司工程建设项目共同履行管理职能。按照成立之初职能划分，工程建设处主要负责公司生产及非生产工程建设项目从施工图设计到竣工验收的全过程管控。

是年，公司全面实施工程建设模块化管理，强化工程建设归口管理，提高网建人员素质。工程建设进一步理顺体制机制，分别建立工程建设项目、检维修项目、包装及装饰装修项目的管理制度和相关流程，理顺公司和二级公司工作管理的职责和事权分划，实现对工程建设由从宏观指导向全过程管理的转变。

2013年，工程建设按照工程管理的要求，组织制定并实施承包商管理、工程建设HSE管理等9个工程建设管理办法，梳理17个业务流程，为工程建设管理工作顺利开展奠定基础。在项目推进过程中，编制印发《工程建设及物资采购制度汇编》，形成以《工程建设项目管理规定》

为总纲，覆盖工程建设、物资采购管理全过程，突出质量、安全、效率、成本四要素控制的制度体系。

2015 年，合并安全生产费用、维修费用、技改资金，纳入工程建设统筹使用。

2017 年，按照销售分公司《编制上报 2016 年加油站地下储罐防渗改造及油卡非润一体化改造建议计划的通知》要求，做好加油站改造工作，确保油卡非润一体化改造的统筹实施。

2018 年，为全面推进防渗改造，公司进一步明确防渗改造管理职责，成立防渗改造领导小组。办公室设在工程建设管理处，主要参与防渗改造年度实施计划的制订，安排项目设计方案评审和总经理办公会，统筹安排项目开工计划、项目投资估算审核、预算编制和开工审批，对施工安全、质量、进度进行指导、监督和现场抽查，督促项目结算，监督竣工验收等工作。编制《加油站专项防渗改造项目检查方法》，涵盖防渗改造全过程近 80 个管控要点，确保专业线各级干部员工检查督导有据可依，全面提升施工现场细节管理水平。

第二节　设计与造价

2000 年，公司转发《中国石油天然气股份有限公司关于严格控制工程投资和加强造价管理工作的暂行规定》，切实加强各所属全过程的工程造价管理，积极推行招标投标制和合同制，择优选择技术服务队伍，确保工程质量，降低工程成本。

2002 年，股份公司印发《炼油与销售工程建设项目施工图会审管理办法》，对施工图会审组织、内容、设计交底、步骤方法、责任等做出详细要求。

2007 年，根据集团公司视觉形象手册的统一要求，板块相继制定印发《加油站工程基础设计》《加油站建设标准》《加油站工程模块化建设集中加工产品生产指导手册》等 3 个加油站工程建设标准，对于规范加油站建设、统一建筑风格和形象、优化设计方案、控制与降低投资起到积极的指导作用。

2008 年，公司严格库站建设标准和规范，严控投资风险，转发股份公司《中国石油加油站建设标准和标准设计》和《中国石油油库建设标准和标准设计》，并按此标准组织相关部门和专家审查项目的初步设计方案和概（预）算，合理优化设计方案，科学平衡投资计划与实际造价。

2013 年，初步设计管理职责划转，由工程建设处主要负责公司油库、加油（气）站、高速公路服务区的新建、迁建、整体重建及改扩建等工程项目从初步设计到竣工验收的全过程管控。规范设计委托、合同签订、设计成果文件验收等程序，细化图纸审查标准，规范初步设计和施工图设计文件编制深度，建立两级审查机制与图纸审查闭环管理模式，使审查意见跟踪落实到位。建立全口径的预算审查模式，强化招标管理，扎实推进管理提升和增效攻关活动。

2014 年，精简优化流程，取消二级公司预算编报、初审及施工图预算外委审计环节，工程费用由公司直接核定下达，审批环节由 9 个精简为 3 个，缩短建设周期 45 天。

2015 年，为进一步突出建设标准指导性，全面推动加油站建设标准化，填补板块标准空白，编制下发《加油站摩托车加油岛建设标准》《加油站建设细节设计实施标准》，对加油站总平面布局、罩棚、卫生间、工艺、电气、监控、给排水系统以及高原站建设进行细化明确。

是年，制定印发网架、檐口包装及3种道路工程27类承重油罐区地基处理指导价，型钢、螺栓球网架预结算限价分别下降48%、17%，檐口包装下降12%。

2018年，为确保项目合规实施，保证工程质量，工程处统一关键节点设计、施工要求，印发《关于加强工程建设项目设计管理的通知》。对罐区验槽、油罐安装及沉降观测、加油机预留加油管道封堵、电线导管敷设做法、油气回收在线监测和三次油气回收系统等明确具体设计实施步骤和具体要求。

第三节　招标与采购

2000年，公司对系统内所使用的加油机实行集中采购，降低采购成本。确定广东恒山、沈阳太空、北京长空等3个品牌，所属各单位订购加油机需事前向省公司提出申请，由省公司统一采购、统一配送、统一结算。

2003年，公司印发《中国石油四川销售分公司招标投标管理暂行规定》，要求公司范围内开展的投资工程项目、技术改造工程项目、大宗物资采购以及其他需要进行招标的项目，达到标准之一的必须进行招投标：施工发包单项合同估算价在30万元及以上；重要设备、材料等货物的采购，单项合同估算价在20万元及以上；勘察、设计、监理等服务的招标，单项合同估算价在10万元及以上；单项合同估算价低于前3条规定的标准，但项目总投资额在100万元及以上，除中油集团、中油股份和炼销板块规定不需要进行招投标的项目外，都应当按此规定进行招标。

2004年，公司加强对建设市场的有序管理，从总体上控制参与建设的设计、施工、监理及非标设备制造单位的资质和能力，控制好工程的“投资、质量、工期、安全”四要素，实施工程建设项目准入证制度，对办理准入证的对象、范围、程序、时限、有效期、违规处罚等做出详细规定。整顿不规范建设行为，不断提高工程建设项目管理水平和工程质量，杜绝重大质量、安全事故的发生，确保各个建设项目按期投运，发挥投资效益。制定《中国石油四川销售分公司招标投标管理暂行规定》，成立招投标管理委员会和评标小组。规定油库及加油站项目建设施工和主要设备的采购，必须严格执行《中国石油四川销售分公司招标投标管理暂行规定》，实行公开招标；对国家规定可以不公开招标的项目，必须通过议标，选择具有相应资质、成本较低的施工单位进行施工。规范招投标程序，对30万元以上的工程，按照国家投资项目进行管理，全部实行公开招标，招标文件必须报省公司审查，未报送招标文件的项目，不予拨付工程款项。销售系统全面实行电子采购，省公司对油库、加油站建设中已确定的主要物资设备均在石油天然气电子商务能源一号网上选择入围厂商、实行上网采购，明确加油站设备上网采购程序和结算方式。

2005年，公司进一步规范建设项目和其他项目的招投标活动，结合实际，修订并印发《中国石油四川销售分公司招投标暂行管理办法》，对招标范围、招投标工作的管理及职责、招标方式及程序、标底、开标、评标、中标、罚则等做出明确规定。30万元以上的工程，按照国家投资项目进行管理，全部实行公开招标，招标结果报省公司审查。实行开工审批制度，规范项目建设过程和项目质量。严把建设质量关，强化工程质量监督管理，所有建设项目均确定有工程责任人，土建工程在50万元以上的项目实行社会监理。保证公司投资工程项目、技术改造工程项目、信息系统建设及维护、大宗物资采购等项目的公开、公平、公正。针对零售网络建设工作中暴露出的薄弱环节，公司进一步强化投资管理，着重强调必须坚持集体讨论决策制度。公司建设程序主要包括项目初选初审、上报项目建议书和可行性研究报告、项目评审及立项、初步设计、编制概（预）算、工程招投标、施工管理、竣工验收和决算审计等工作环节。

2006年，公司根据《中国石油炼油与销售分公司销售企业投资管理实施细则》和对炼油与销售分公司加油站模块化建设管理规定，在各分公司推荐和省公司资质审核的基础上，设立中国石油四川销售分公司评标专家库。

是年，除板块四类物资招标入围外，公司对11类物资和供应商进行招标入围，并建立工程建设专家库25人（含外聘），进一步规范招投标工作；确立设计方案会审制度、监理单位专项谈话制度，控制投资，统一标准，规范操作。

2007年，对于新建（改扩建）项目工程招标，各二级公司根据审查同意的设计方案和概算组织工程建设、设备采购、外委加工制造等专业招标。对炼销分公司或省公司确定的纳入模块化管理的物资采购及供应商选择，按要求进行网上采购或在入围单位中进行比选。工程项目200万元以上的必须实行公开招标，80万—200万元的由省公司组织招标和评标；80万元以下的，将招标方案报省公司审查同意后，由各二级公司按照招投标管理办法组织招投标，制定招标文件和评标办法，对投标单位进行资质审查并留底存档。投标书的内容规范完整并与招标文件吻合，评标小组人数必须为单数，应有监察、法律部门人员参与。招标方式和程序必须符合国家投资项目招投标管理相关规定，中标结果报省公司备案。通过比选或招标确定的施工、制造等单位参与项目的建设，并以合同方式明确合同双方的权利和义务。对于物资和服务采购，采购前需填报采购计划，按合同管理办法规定签订采购合同，收货后及服务采购完成后需进行验收，服务采购每半年编制“服务采购工作量确认单”并以此作为财务部门确认相关负债的依据。股份公司网上采购项目由各单位填报采购计划后上报省公司，由省公司统一审批并进行网上采购，各单位按照批准的采购计划分别签订采购合同。

2012年，全面推进物资采购信息化管理，通过健全物资集中统一采购管理机制、规范操作流程、优化采购方式，逐步建立并完善涵盖采购计划、采购实施、货款结算、物资验收和供应商管理等关键节点的物采管理信息系统，促进采购管理水平和工作效率的不断提升，采购流程更加透明，采购行为更加规范，为公司生产经营、推进项目发展、降低成本费用提供保障。

2014年，物资采购处职能整体并入工程处，机构调整后，工程处主要担负工程建设和物资采购两大职能。

2019年，为加强公司物资采购管理，规范采购操作，促进采购业务合规高效，公司印发

《物资采购操作指南手册（试行）》。适用范围为省公司机关及所属二级公司生产建设和经营管理所需的自用设备材料，不包括成品油、非油等再流通物资。物资采购操作包括物资采购计划管理、实施管理、合同及订单管理、验收及质量管理、供应商管理及资金支付管理6部分。

第四节　安全与质量

2008年，成立工程建设管理处，按照“直线责任”和“属地管理”的原则，明确施工安全管理职责和管理标准。建立安全监管责任分级制，落实二级公司分管领导、投资建设科长、现场管理人员三级管理职责，重点强化现场管理人员现场监管职能及管理权限；贯彻全过程安全管理理念，从项目建设初期地勘、周边环境调研等设计条件准备到施工图设计、施工过程管控、完工验收等全过程强化安全管理要求，落实安全措施，确保安全可控；提高安全意识，加强参建各方人员安全认同感，尤其对直接作业人员加强安全教育，定期开展安全知识和技能培训，强化开工前和过程中的风险识别并落实防范措施，严格作业许可管理，严禁盲目施工和冒险作业，督促施工单位以工地例会的形式贯彻安全要求，提高施工作业人员的本质安全意识；建立各环节安全检查标准，编制印发施工现场安全检查标准，逐步实现工程项目安全管理标准化，通过定期开展专项大检查、日常开展明察暗访、随机抽查、远程视频监控巡查等多种手段来强化施工现场安全管理，对违规行为一事一处罚，杜绝违章行为；加强重要时段的安全检查，重点对春节、国庆、重要会议召开等特殊敏感时期施工现场管理及停、复工程序进行规范和控制，对易发生安全事故的油气回收改造项目及时印发关键控制节点管控要求。

2009年，公司制定《风险、未遂事件报告及奖励办法》《建设工程施工及检维修作业停工管理办法》《承包商安全生产风险抵押金管理（暂行）办法》3项制度，堵塞工程建设安全管理漏洞。强化工程建设管理，明确施工现场甲乙双方监督专职人员，做到一个项目一个现场代表，确保施工安全监督管理到位。严格管理临时用电及电气设备，严查私拉乱接、无防雨水措施、不保护接零、电源箱柜裸露等现象，勒令施工方出具和补齐大型专业设备使用的有效证明及手续。规范资料管理，对安全检查记录、监理日志、安全教育记录、绝缘测试、油气浓度检测记录等进行完善和补充。严把施工质量，坚决杜绝不按规范和设计施工的行为。强化劳动保护措施，对防护支架、防护网、防护栏、隔离措施、警示标识、安全帽等不规范的地方进行整改。对施工现场风险进行再识别，增强应急预案的针对性和适用性，加大培训及预案演练力度，做到风险识别、安全提示和警示标识“三到位”。配齐消防设施设备，对过期失效的消防器具进行清理更换。加强承包商管理，与承包商签订HSE合同和施工安全服务合同，对没有工程工艺和电气监理资质的监理单位进行清退和撤换。规范作业票证及作业许可管理，清查特种作业人员上岗证，确保人证相符，做到作业票证与作业内容、时间相符，签字齐全，描述准确。

2014年，公司编制印发《施工现场质量管理手册》，规范现场检查验收标准；加大对监理人员现场履职的抽查，严格执行旁站式监理，加强对关键节点的检查、验收工作。对于关键环节及隐蔽工程的检查和验收，隐蔽工程和关键部位施工严格执行旁站监理，要求施工单位做好施工日志并保留影像资料，对未验收或验收不合格的，不得进入下一工序施工。

是年，编制下发《工程建设 HSE 管理规定》，对安全管理相关要求进行细化明确。

2019 年，公司建立工程质量跟踪回访机制，开展工程质量“回头看”工作，组织承包商对 2018 年防渗攻坚战以来 561 个项目的建设质量进行跟踪，重点对油气泄漏、罐区沉降、人孔井漏水等关键环节进行查验、复核，对问题及隐患立查立改，及时总结通报工程管理薄弱环节并纳入管理重点，持续提升工程建设管理水平。

是年，印发《投资建设专业线 QHSE 体系工作清单》，推广使用“安全风险识别卡”，对工程建设作业全过程安全管理要素进行系统化管理，从源头控制作业风险。

第五节　工期与承包商

2006 年，按照炼油与销售分公司《关于批准四川销售分公司加油站工程建设项目准入的函》对加油站建设项目施工单位、设计单位、监理单位的资质及等级的批复意见，经各二级公司推荐、省公司审查后初步确定 2004 年从事系统内建设工程的合格承包商，建立工程建设《合格承包商名录》，进入《合格承包商名录》的施工单位才能参与本年度系统内的建设二程投标和承揽系统内的建设工程，确保建设工程质量。

2008 年，成立工程建设处，建立形象进度周报、月报机制。形成各二级公司按月上报工程形象进度，重点工程按周上报的机制，对所有新建、技改、灾后重建等项目进展情况均实现上墙管理，进度滞后的项目进行跟踪检查，并派责任人到现场进行问题分析，制订切实可行的整改计划，确保计划完成。对工期进行动态管控，监理单位每周对工期计划的落实执行情况进行分析并上报，凡工期延误的必须向甲方报送分析报告和弥补措施，确保整体进度受控。采用阶段性目标管理，明确每一道工序的验收标准，严格执行验收程序，避免开工后停工、窝工现象。

是年，公司把分包商管理作为承包商管理的重点环节，对总承包商和分包商的信誉、资质、能力、业绩和从业人员的从业资格进行严格审查，严把施工管理“五关”，所有工程建设项目，不论项目投资大小，除政府职能部门有严格要求外，都必须在公司确定的入围承包商中选择施工单位，严禁总承包商违法转包、违规分包工程。公司定期对承包商分包情况进行监督检查，发现违规行为严肃处理，情节严重的纳入黑名单，暂停其参与公司工程建设活动资格。以承包商在工程项目质量、安全、进度、投资控制及诚信履约等关键环节管理情况为日常监管和考核重点，考核结果纳入年度考评，对考核排名落后的承包商进行约谈，促使其改进服务态度、提升服务水平。对考核不合格或发生严重违规行为的承包商实施清退或暂停其招投标资格。

2011 年，推行工程建设项目承包商信誉评价和资质管理，严把“五关”，施工组织效率进一步提高。

2014 年，按照项目性质分类建立工期控制标准，强化项目实施计划编制，加强关键节点实施时间控制，要求监理单位每周分析报送工期情况，出现工期延误的必须制定并报告弥补措施，确保工程进度总体受控；建立质量管理标准，重点对隐蔽工程验收、形象包装等关键环节进行监管。

2015年，出台库站整改提升管理办法，实施项目工期倒排管理，改扩建项目较标准工期平均缩短33.7天，做到早投入、早见效。

2016年，按照“用时间换销量、用效率换效益”思路，发明运营天数管理工具，大幅提升公司加油站资产运营效率，全年运营天数同口径同比增加2.3天，贡献纯枪增量4.25万吨，该项管理工具在全国进行推广应用。

是年，强化承包商安全准入，承包商主要管理人员均由省公司统一培训，持证上岗。

2017年，全面落实集团公司承包商施工作业安全准入管理相关要求，全面对承包商实行安全准入管理。省公司对承包商主要管理人员实行集中培训、锁证管理、持证上岗，对不合格的承包商及承包商队伍，严格“红、黄”牌制度，实行黑名单管理。

是年，推进模块化施工技术，对罩棚檐面、隔油池、化粪池、沟盖板等实行工程预制、现场安装，单站建设工期节约5天，相关材料检维修周期大幅延长；同时，全面深化“预制化生产、模块化施工”理念，制定《主城区加油站改造模块化建设指导意见》，对施工条件差、经营影响大、报建手续难的城区老站，采取预制化生产、模块化施工方式，其中青羊加油站作为试点站，停业改造时长仅48天，刷新全国纪录。

2019年，结合防渗改造全面推进，进一步优化建设工期标准，通过分班作业、错时施工，有效延长单日作业时长，针对特殊站点，将单站平均作业时间从原来的8小时延长到12小时；编制印发《加油站防渗改造工期优化控制标准》，制订统采物资保供预案提前备货，采用橇装设备辅助运营，采用内衬法加速改造，全年资产型专项防渗改造项目平均停业周期控制在28.7天，同比下降12.3天，较全国平均水平提速30%，较板块标准节约16.3天。

是年，集团公司及销售公司印发《关于进一步加强承包商施工作业安全准入管理的意见》、“10项强化措施、28条管理要求”等，对承包商要求更高、更细、更严。

第四章　建设项目

第一节　新增及改扩建加油（气）项目

20 世纪 80 年代起，公司对加油站建设进行规划，至 1988 年底，建成加油站 240 座，分布于四川省各地、市、州及大部分县城。

1990 年，公司拥有加油站 160 座，其中成都市已修建 7 座加油站，设置 15 个代加油点。当年完成基建技改投资 3.985 万元，建成投产加油站 16 座，在建加油站 22 座。

1992 年，公司全年新建加油站 25 个，已建成投产的加油站 209 座，超额完成公司年初提出 100 座的任务。

1993—1998 年，公司加快零售网络建设，积极占领成品油终端市场，截至 1998 年末，公司加油站总数 478 座，占市场份额 50% 左右。

1997 年，公司拥有加油站 482 座（其中一级子公司 158 座），占全省加油站总数（4267 座）的 11.3%（其中一级子公司约占 4%）。

1998 年，公司新建投产加油站 20 座，对 8 座油库和 15 座加油站进行技术改造。

1999 年，公司拥有加油站 623 座，占全省加油站总量的 17.6%。是年，公司建成加油站 22 座，收购加油站 8 座，对系统内 545 座加油站进行形象包装。

2000 年，公司新建加油站 44 座，收购加油站 190 座，控股加油站 7 座，改扩建加油站 1 座。

2001 年，公司新建及改扩建加油站 120 座，收购加油站 100 座。

2002 年，新增加油站 129 座，其中收购 71 座、新建 58 座；改扩建加油站 65 座，当年投运加油站 119 座。在 2002 年的新增加油站中，一类站 23 座、二类站 36 座、三类站 54 座、四类站 16 座。

2003 年，新增加油站 160 座，其中收购 96 座、新建 60 座、参（控）股 4 座、改扩建 1 座，当年投运加油站 16 座。在 2003 年的新增加油站中，一类站 44 座、二类站 57 座、三类站 53 座、四类站 6 座，其中位于市区的加油站 44 座，位于高速路服务区的加油站 14 座，位于国道、省道的加油站 68 座。

2004 年，新增加油站 216 座，其中收购 142 座、新建 63 座、参（控）股 11 座、改扩建 12 座、租赁 58 座，当年投运加油站 173 座。在 2004 年的新增加油站中，一类站 30 座、二类站 94 座、三类站 7 座、四类站 15 座，新增加油站中位于市区的加油站 30 座，位于高速公路服务区的加油站18座，位于国道、省道的加油站88座。

2005年，公司与省交通厅、省高速公路开发总公司建立协调机制，会同公司网建办和二级公司相关部门，开展收购成渝高速公路加油站的前期论证，完成收购新广公司加油站的可行性研究和前期上报工作，完成收购成南高速公路加油站的前期工作。

是年，公司新增加油站50座，其中收购11座、新建17座、控股3座、租赁19座，当年投运加油站67座。2005年的新增加油站中，一类站21座、二类站2座、三类站7座、四类站1座，新增加油站中位于市区的加油站有21座，位于高速公路服务区的加油站2座，位于国道、省道的加油站5座。

2006年，公司以第一中标人资格取得成渝高速公路四川段（隆昌、内江、资中、资阳、石桥、龙泉6对服务区）12个服务区加油站租赁经营权。全年新开发并经板块核准的41座加油站中，城市中心及新区站22座、高速公路服务区加油站19座；全年投运加油站50座，其中当年新开发加油站投运20座，以前年度项目投运30座。公司资产型加油站1410座，市场份额达到80%以上。

2007年，全年开发加油站77座，投运加油站75座，占销售公司下达全年44座任务的170%，占公司下达全年投运70座任务的107%，为公司每天新增551吨的零售能力。其中高速公路和中心城市站达到70%；新投运加油站75座，当年达销率达到75.6%，关闭低效低量站40座。宜宾公司有效开发城区高效站4座，南充公司新开发高速公路站4座，广安公司邻垫、达渝高速川渝界3座服务区站开发稳步推进，公司投资部门和攀枝花公司在与省交通厅高速公路开发总公司采取股权合作、整体开发高速公路服务区站方面创新模式，取得新的进展。

2008年，公司实施服务区整体合作开发，成功签订西攀、攀田等4对服务区加油站整体合作协议，邻垫、隆纳高速服务区各1对加油站以及广巴3对服务区和停车区的合作协议。与成都市公交集团公司组建四川中油公交能源有限责任公司，合资公司成立后，整合优化发展加油加气站网络，全面促进公司非油业务战略的实施。与成都交通投资集团签订合作协议，结成战略合作，共同开发成都三环路沿线加油站。公司以成都地区网络开发作为重点攻关项目，成立以总经理为组长的成都地区网络开发领导小组，加强同成都市政府的协作，采取与成都交通投资集团合资开发的方式，一次性取得成都市三环路10座加油站的开发经营权。全年新开立项加油（气）站51座，其中高速公路服务区加油站19座、城市等加油站19座。

2009年，公司与10个市（州）签订战略合作框架协议，企地合作发展模式更加巩固。成都地区网络开发成效显著，合作开发建设成都市三环路沿线10座加油站，完工7座；强力推进高速路服务区加油站开发，分别向省交通厅、高速公路开发公司、BOT（建设—经营—转让）项目业主呈函，并大力协调争取对省公司加油站建设的支持，积极协调签订整体合作框架，建立长效开发机制，其中绵遂（遂宁段）、宜乐、成绵复线等12座服务区加油站的协议和框架达成。全年落实新开发加油站65座，其中城区加油站18座、高速路加油站16座。开发性项目共投运加油站54座，全年下达加油站投资项目批复98座，完工投运103座，完成维修加固项目870项。网络发展质量明显提高，为完成“十一五”规划目标奠定坚实的基础。

是年，完成 1162 座加油站的加管系统环境部署改造任务。

2010 年，开辟网点开发竞争性项目投资决策应急通道，与城市公交、交投集团、物流中心、社会单位等进行资本运营和资产重组，成立参控股公司 6 个，实现新开发立项 121 座，签约或落地加油站 110 座，发展橇装加油设施 30 座，超额完成开发 80 座加油站的奋斗目标，完工投运加油站超过 100 座（其中开发性加油站 60 座），新增年零售能力 41.8 万吨，加油站开发数、投运数均创“十一五”新高。

是年，公司随着与绵阳、南充、甘孜、泸州、眉山、成都、德阳、内江、宜宾、达州、雅安、自贡、遂宁、阿坝人民政府先后签署战略合作框架，实现与全省所有 21 个市（州）的“牵手”合作，企地合作进入新的局面。各地方政府将根据协议优先支持公司在各地区建设油气储运设施、加油站网点和输油管道支线，公司认真履行好保障成品油供应等政治、社会责任。

是年，完成“5・12”汶川地震灾后重建项目建设任务。

2011 年，由公司统一部署，争取有利条件，正确研判形势，精心组织投标，成功取得成仁、绵广陕、内遂、广南、成渝、纳黔、成都绕城、遂资眉等 8 条高速公路 67 个服务区、停车区项目，占全省高速路项目 90% 以上。抓住资源紧张的有利时机，加大对具有口岸价值、增量空间大的社会加油站收购力度，在无法收购的情况下采取租赁方式，全年收购加油站 23 座，租赁 28 座。利用与政府签订战略框架协议契机，结合政府及行业新规划的出台，取得新规划点位 38 个，储备项目 31 个。与大企业、大集团开展合资合作，并利用合资公司优势，持续扩充发展网点，成功组建中路能源公司整体开发高速路项目，绵阳分公司通过开展集团合作整体开发北川新县城加油站。利用闲置土地及点位资源置换政府新规划的网点，争取一换一、一换多、劣换优，合法规避土地竞拍，盘活存量资产，优化现有网络，降低投资成本，置换新规划网点 23 个，节约投资 12079 万元。

是年，公司网络开发实现量质同增，全年实现开发加油（气）站 170 座（含租赁、橇装），平均单站日销量 21.97 吨，其中新开发立项及签约加油站 100 余座，完工投运 113 座，新增年零售能力 118.57 万吨。全年取得新规划点位 38 个，储备项目 31 个，新增股权项目 30 个。公司开发项目平均单站投资达 1700 万元左右，年均增幅达 23%。

2012 年，取得绵广陕、成仁、纳黔等 8 条高速公路共 67 座服务区加油站项目，占到全省新开高速公路项目的 90%。与四川省铁投集团签署战略投资合作协议，双方合作开展油气产品销售、车辆维护及便利店等综合服务业务，共同为高速公路和天府新区建设加油助力。

是年，公司新建、收购、租赁、股权合作、点位置换多管齐下，新开发立项加油（气）站 101 座，租赁加油站 28 座，橇装加油设施 11 座，服务区项目 30 座，完工投运加油站 113 座。

2013 年，全年新开发加油（气）站 83 座，完工 87 座，油气回收改造 290 座，新建、改建便利店 249 座，超额完成全年目标任务，新增投运站 58 座，为公司贡献零售量约 9.5 万吨。公司占领高效市场和高回报项目，新开发成都地区及天府新区加油站 28 座、高速公路服务区加油站 14 座，分别占新开项目的 33%、16%。把握加气业务这一新的量效增长点，新开发加气站 10 座，储备加气站项目 20 座。

是年，高速公路加气项目规划通过四川省发改委审核，纳入四川省高速公路加气业务发展规划。与四川省铁投集团组建合资公司，以高速公路服务区为依托，以中石油资源为保障，进行加油、加气站的建设。与四川省交投集团达成合作意向，双方共同出资成立四川交投中油能源有限公司，共同开发建设经营管理川交集团及其所属企业管理路段的高速公路服务区加油（气）站。与绵阳市投资控股（集团）有限公司签订合作协议，双方共同出资组建绵阳市绵投中油能源有限责任公司，同时根据绵阳市政府出具的现行用地通知书，先期启动二环路沿线条件相对成熟的绵三服务区 A、B 加油站项目，并将该项目作为合资公司的启动项目。与攀枝花钢城集团积极落实加油站网点，组建合资公司，合资公司租赁钢城集团土地，建设经营加油站。

2014年，全年新开发加油（气）站54座，改扩建加油站20座，年新增可研零售能力38万吨。公司按照“突出项目抓发展”的工作思路，创新开发模式，在网络开发上抢先机，在重点项目上下功夫，在挖潜增效上做文章，全年新开发城区、高速公路等高效市场网点 40 座，占开发总数的 74%。资阳分公司弥补网络短板，全年新开发加油站 7 座；绵阳分公司打破多年网络建设被动局面，加强与绵投集团合作，成功获取主城区 8 座高效网点及 LNG、充电等新能源项目布点规划；中油交投、中油铁投利用合资平台，发挥股东优势，加大网络开发力度，中油交投新开发高速公路加油站 19 座，中油铁投成功取得 3 条高速公路沿线 14 座加油站建设经营权。

2015 年，全年新开发加油（气）站 73 座，改扩建加油（气）站 27 座，新增成品油年可研零售能力 42.3 万吨，投运加油站 105 座，增加纯枪销量 7.16 万吨。公司加强与政府沟通协调，深化与国企民营资本合作，借力借势低成本发展网络，全年新开发合资合作加油站 18 座，较竞拍方式节约成本近亿元，其中与乐山三川永利、南充传化等单位合作开发加油站 6 座；与华气联合开发油气市场，落地 3 个 LNG 项目。介入新能源，在泸州试水充电业务，建成充电桩 30 个。巧用迁建，利用低效资产置换迁建加油站 9 座，节约成本约 4000 万元。盘活闲置，对 7 座关停站重启营业，年新增可研零售能力约 1 万吨。公司与华油天然气股份有限公司签署《油气终端销售业务战略合作框架协议》，双方将凭借各自的资源优势，建立全方位的战略合作关系。协议约定增设加油、加气设施的合作模式、利润分成比例、双方权利和义务等内容，是签约双方以后发展油气合建业务的指导文件。本次协议的签署标志着中国石油在四川省的油气合建业务正式启动，是对集团公司年初印发《中国石油天然气集团公司加油加气业务协调发展指导意见》的积极响应，对集团公司加油加气业务协调、可持续发展具有重要意义。

2016 年，全年新开发加油（气）站 65 座，年新增可研零售能力 37 万吨，非油可研收入 3100 万元，投运 146 座。其中泸州、绵阳、成都、乐山公司分别拿下网点 5 座以上；自贡、凉山分公司双双以 4 个项目打破开发困局；中油铁投成功签订江习古、攀大高速公路 6 对 12 座加油（气）站租赁经营合同；眉山分公司与四川仁寿视高天府投资有限公司实施组建中油天府视高能源有限公司，开发建设天府仁寿大道视高 A 加油站。强化资产运作，优先将闲置资产用于扩大经营，对 7 座关停站重启营业，迁建置换项目 9 个，较竞拍方式节约土地成本约 1 亿元。加油站油罐防渗治理改造工作将全面启动，为尽量减少改造停业对公司经营的影响，对存量加油站改造停业实施集中审批管理。完成提质改造站38座，成都分公司流花站、资阳分公司简皇站、宜宾分公司长宁站以“小投入”换取“大产出”，实现量效升级。

2017年，全省共有运营加油站4493座，其中公司运营加油站有1614座，占比35.9%。公司全年新开发加油（气）站66座，一体化改造立项209座，年新增可研零售能力56.9万吨；新增及存量改造投运229座，年新增零售能力12.88万吨。泸州分公司与地方工投公司合作开发8座站；凉山分公司采取租赁、恢复营业方式开发4座站；成都、成品油分公司紧盯天府新区、空港新城发展，分别投运2座站、布点2座橇装设施。集团公司与四川省人民政府签署《四川省人民政府 中国石油天然气集团公司战略合作框架协议》。

是年，完成24家单位18座油库和1324座加油站的油气回收检测工作；立项一体化改造加油（气）站209座，防渗治理项目完工投运168座，油品累计增量4.03万吨，非油增收3498万元。

2018年，制定未来6年年均开发100座加油站的滚动目标，层层传递压力、明确责任、加大奖惩，激发每站必争、寸土不让的决战动力，5000吨以上重点项目、关键网点全部收入囊中。全年新开发加油（气）站105座、同比增加39座，其中合资合作开发35座、发展特许加盟站20座，新增可研零售能力超过51.4万吨，同比增长31%；新投运加油（气）站71座，同比增加23座，贡献增量15.2万吨。公司执行“拆一还一、先建后拆”的迁建原则，注重新址选点的口岸价值，力争老站拆除补偿，加大政府协调力度，为低效站点升级提档寻找时机、创造条件，全年恢复和迁建站点18座，带动年纯枪增量3.3万吨。主动与具有一定规模、价值观趋同的社会站开展品牌输出，发展特许加盟站20座，网点占比进一步提高。公司兑现网络开发建设专项奖励396万元。

是年，公司与成都华川公路建设集团有限公司共同签署华川集团、营达高速与四川销售《战略合作框架协议》《营达高速服务区建设及经营权合同》。此次签约以营达高速公路服务区的合作为契机，整合优势资源，创新商业模式，拓展业务范围，实现多元产业相结合的创新发展。成品油分公司与成都国际空港新城投资集团有限公司新设成都国际空港新城中油能源有限公司。

是年，全年完成402座加油站双层罐更换，改造进度由年初的29%提高到55%，平均改造工期较板块标准节约5天，减少纯枪销量损失2.2万吨。

2019年，全年新开发加油（气）站106座，年新增可研零售能力53.1万吨，完成公司开发、落地“双百”任务，项目综合达销率122%，投资计划完成率92%。建立土地出让信息监控机制，全年成功竞拍土地30宗，通过强势维权中止27宗，新网点控制率达到86%。以时间换空间、以效率增效益，把网点项目快速转化为现实销量，全年新投运加油（气）站105座，同比增加53座，贡献运营天数1.5万天，实现纯枪量12万吨，5座历史遗留项目顺利投运，网络占比由36%提高到40%以上。成都分公司新增项目投运10座，位列全省第一；资阳分公司柠都大道站提前11个月投运，开业首日达销。与具有一定规模、价值观趋同的社会站开展品牌输出，全年发展特许站101座，贡献销量4.7万吨。

是年，公司与昆仑能源四川分公司签订《油气合作互促三年行动计划书》，双方决定在3年内，在四川全省建设100座集加油和加气于一体的油气合建站。双方商定将于2019年至2021年，利用双方油气网点和资源优势，在符合建设条件的加油（气）站，以联营的方式，共同开展油气站项目建设经营，促进天然气这种清洁、高效的能源在四川全省推广与发展。

是年，着力构建“提效率、控风险、保销量、追进度”的防渗改造管理体系。全年实施防渗改造项目达560座，公司防渗改造总实施进度由55%提升至91%。新增网点建成投运105座，全面完成新增投运100座目标，贡献新增销量达12.2万吨。

表6–3所示为2000—2019年中国石油四川销售加油站数量统计情况。

表6–3　2000—2019年中国石油四川销售加油站数量统计

单位：座

年度	加油站总数	在运营加油站	加油站性质				
			全资	控股	参股	租赁	特许站
2000	650	640	650	0	0	0	0
2001	1030	993	1030	0	0	0	0
2002	1110	911	1086	7	0	17	0
2003	1181	1051	1151	8	0	22	0
2004	1392	1244	1359	22	0	11	0
2005	1444	1301	1385	20	0	39	0
2006	1425	1384	1310	21	3	79	12
2007	1416	1367	1305	22	2	79	8
2008	1326	1275	1256	15	2	52	1
2009	1281	1215	1166	17	17	80	1
2010	1327	1243	1202	20	17	87	1
2011	1468	1357	1313	29	17	109	0
2012	1490	1369	1326	31	24	109	0
2013	1540	1430	1362	31	27	120	0
2014	1559	1458	1361	31	60	107	0
2015	1579	1508	1348	33	94	104	0
2016	1629	1581	1369	35	125	100	0
2017	1671	1614	1389	38	139	105	0
2018	1711	1657	1416	25	167	103	0
2019	1829	1771	1465	31	181	108	44

第二节　重点工程项目

一、三峡搬迁工程

根据国家三峡工程进度计划，1997 年长江截流，届时淹没公司巫山、奉节、云阳三个县公司以及在 90 米淹没水位的万县石油站聚渔沱油库和职工宿舍，加上已先期开工的黔江石油分公司西沱油库，共计油库 6 座、码头 6 座、加油站 7 座、生产用房 31994 平方米、生活用房 26034 平方米，淹没资产原值 5620 万元，评估价值 10735 万元。公司成立三峡库区淹没设施迁建工作办公室和三峡库区淹没设施迁建项目评审小组，制订搬迁规划，建油库 7 座、码头 6 座、加油站 9 座，生产、生活用房 53500 平方米，总投资 2.04 亿元。

二、彭州油库工程

彭州油库不仅是公司投资额最大、施工条件最艰苦、关联单位最多、协调难度最大、质量要求最高的一项高难度工程，也是公司补齐资源调配短板，提供稳定优质成品油资源，加快发展步伐的一项战略性工程。油库配送范围覆盖全省，集仓储、配送、调运于一体，其强大的仓储、调运功能，大大提高公司成品油销售网络的市场保供能力，减轻 104 油库的运营和安全压力，同时为四川石化公司有效疏通成品油后路。

彭州油库工程位于四川炼化一体化项目厂区内炼油区西南侧，油库总库容 52 万立方米，其中柴油 25 万立方米、汽油 23 万立方米、航空煤油 4 万立方米。按照《石油库设计规范》（GB 50074—2002）划分，彭州油库属国家一级油库。油库设计周转量为 656.65 万吨 / 年，其中柴油周转量为 357.63 万吨 / 年、汽油周转量为 199.02 万吨 / 年、航空煤油周转量为 100 万吨 / 年。油库的汽油、柴油及航空煤油通过汽车、铁路及管道运输到库外。主要设施规模：14 座储罐，包括 8 座 50000 立方米内浮顶储罐、6 座 20000 立方米内浮顶储罐；汽车发油棚 1 座；设置成品油泵棚 1 座；设置油气回收设施 1 套；设置综合办公楼 1 座；另设置营业室、控制室、变配电、通信、消防、污水预处理等辅助设施。

2009 年，彭州油库前期工作启动，取得油库及油库—兰成渝彭州分输站 19 千米管线规划，编制完成可行性研究报告上报总部。2010 年，项目完成可行性研究报告编制及安评、环评，取得政府规划立项审批并通过总部评审。2012 年 5 月 8 日，公司召开彭州油库工程开工启动会，并于 6 月 19 日破土动工。2013 年，彭州油库建设完工，并于 6 月完成中交，9 月移交西北销售公司。2014 年 2 月，彭州油库投入试运行。

三、成乐输油管道及配套油库工程

成乐输油管道投资约 7.5 亿元，是中国石油在四川建设的成品油输送战略性工程，不仅是公司首条管道项目，也是中国石油销售系统首条管道项目。成乐输油管道是兰成渝成品油输油管道西南走向的一条支线，管道起点连接四川石化彭州炼厂配套油库，终点是乐山公司的7102油库，途经成都、眉山、乐山三市，全长219千米，连接成都双流油库、雅安青龙油库、乐山7102油库和彭州炼厂配套油库，年输送成品油能力300万吨。管道建成后，所连接油库80%以上的油品变为管道运输，大大缓解对铁路运输的依赖，沿线地区的成品油供应能力得到进一步提升，对公司提高运输能力、优化仓储布局具有重要的意义。

公司接手成乐管道项目后，立即成立成乐管道项目领导小组和项目部，加速推进相关工作。2007年4月27日，股份公司正式批复兰成渝输油管道成乐支线成品油管道及配套油库工程的预可研报告。2009年，取得全线路由规划许可，路线走向设计方案获得成都市规划局通过。2010年10月12日，成乐管道项目安全设施设计审查顺利通过，该项目被列为四川省2010年度重大建设项目。12月，公司按总部要求对该项目进行项目移交，由管道公司投资、建设和运行管理。

四、四川国际大厦建设工程

为缓解四川省及西南地区石油供需矛盾，增加能源有效供给，四川省石油总公司、成都市干道建设指挥部、成都市第六建筑工程公司联合建设四川石化交易市场。

1993年，四川省计划委员会印发《关于四川石化交易市场项目可行性研究报告的批复》（川计〔1993〕市场第1340号），同意"四川石化交易市场"项目可行性研究报告，批复总建筑面积101073平方米（含地下建筑13195平方米），投资1.95亿元。

1994年，由四川省计委川计〔1993〕第359号文批准立项，于12月正式开工，列入四川省"九五"期间市场建设重点工程之一。

1995年8月，因公司和联建单位房屋分配格局的调整，工程停止施工。

1996年1月22日，公司向四川省建委报送《关于四川石化产品交易市场和顺城街拆迁相关工程项目初步设计（修改）申请审批的报告》（川石房产〔1996〕第024号），对该项目在实施过程中，因国家宏观调控、经济形势变化、合建单位分配格局调整等因素影响，必须调整规模、修改设计等情况进行汇报。该项目经修改后，总建筑面积66810平方米，总高度99.75米（不含地下室3层），投资1.55亿元。5月2日，石化大厦复工。

1998年10月19日，公司迁入"四川石化产品交易市场"。

1999年，"四川石化产品交易市场"更名为"四川国际大厦"。

五、迎宾样板加油站

岷江迎宾加油站（见图6-1）是公司打造的样板站，位于都江堰市彩虹大道（都江堰市二环路），建成于2007年1月，占地4739平方米，日均销量40吨，是公司万吨级加油站。原罩棚设计为川西民居风格，加油岛平面布局为矩阵式，设加油车道4个，易出现加油车辆拥堵，不利于该站进一步销量提升。迎宾加油站样板站打造工程于2011年10月启动，2012年1月19日动工，4月26日竣工投运。作为样板站，该站按照中国石油2010版《加油站建设标准设计》，占地8192平方米，设6岛36枪，加油区“L”形通过式布置，实现管理流程简化、现场优化、自助加油、卡机联动，大流量加油机、发卡充值点、非油便利店合理划线，以及科学排班等精细化加油站管理的基本模式。

图6–1　迎宾加油站

六、元华智慧加油站

元华加油站（见图6–2）是公司打造的首座智慧加油站，位于成都市武侯区盛和三路，建成于2009年8月，改造前日均销量60吨。面对新型能源和环保出行的快速发展及互联网营销的冲击，传统加油站走入以价格为导向的恶性循环。因此，提升客户体验、完善油非互动的营销体系，将加油站打造成综合服务平台的突围手段应运而生。

图6–2　元华加油站

该站于2016年11月9日停业实施技改，2017年1月16日投运营业。结合智慧加油站实施方案，从“安全、智能、便捷、绿色、温馨”五个方面入手，在元华加油站落地32项智慧功能：智能采集车辆进站与进店率，识别消费行为和消费轨迹，精确关联车牌信息与消费信息；精确识别客户进店率和过站消费率，全面掌握客户的消费行为数据；精准分析客户的消费规律和偏好，实现客户的精准营销；自动采集和分析加油站生产经营数据，实现加油站经营效率自诊断，为经营管理者提供营销决策方向；利用无线射频技术对贵重非油商品进行位置跟踪，实现自动盘点和防盗，大大减少员工劳动强度。

改造后经营效率和指标大幅提升，至2019年，该站日均销量65吨，非油收入实现翻番，成功迈入千万元大关，受到集团、板块及政府部门高度表扬，各兄弟公司纷纷到站学习。自元华加油站后，全国掀起智慧加油站建设热潮。

七、青羊模块化加油站

青羊加油站（见图6–3）位于成都市青羊区清江东路，建成于1987年，土地面积2.3亩，改造前日均销量31吨，其站外为成都市核心主干道，车流巨大。该站于2017年11月11日停业技改，为确保将一体化改造损失降到最低，通过预制化生产、模块化施工，于12月27日建成投运，总投资1005万元。该整体重建项目停业周期仅48天，较公司标准节约62天，其中站房主体封顶完工仅用19天，创历史纪录。加油站投运后第3天达到改造前销量，非油日均收入是过去的近4倍，

图 6–3　青羊加油站

节约的 62 天按停业前销量计算可贡献纯枪销量超 2000 吨，直接创效超百万元，创效金额实现全省之最。青羊加油站为全国第一座模块化建设加油站，实现全面采用模块化技术建设“零的突破”，并创下“五个最”：建设方式最新、贡献效益最高、功能布局最优、数据融合最深、推广价值最大。

第七篇

质量安全环保管理

公司质量安全环保管理工作历经传统管理阶段、综合管理体系阶段、两大体系独立运行阶段和全面改造提升阶段。

1989—2002年，为传统管理阶段，以责任制和监督检查为核心，专业管理相对粗放。2003—2008年，为综合管理体系阶段，以较为系统、全面、科学的体系思想实施质量安全环保管理，但未能更好地发挥两级机关职能部门作用。2009—2013年，为两大体系独立运行阶段，以顾客为关注焦点的质量管理体系与以风险防控为核心的HSE管理体系各自独立运行，为公司经营和发展提供较好的保障。2013—2019年，采用杜邦公司安全管理经验等世界范围内先进的管理工具、技术方法持续改造HSE管理体系，从管理理念、管理策略、管理工具、技术方法等全方位地跟上时代步伐，质量安全环保工作发挥出更好的作用，铸亮品牌，保障经营，促进健康发展。

第一章　体系建设

第一节　HSE 体系

一、安全生产责任制

安全生产责任制前身是 1962 年大庆油田“一把火烧出来的岗位责任制”，是企业岗位责任制的组成部分，安全生产责任制是经长期的安全生产、劳动保护管理实践证明的成功制度与措施。安全生产责任制明确规定，企业单位的各级领导人员在管理生产的同时，必须负责管理安全工作，认真贯彻执行国家有关劳动保护的法令和制度，在计划、布置、检查、总结、评比生产的同时，计划、布置、检查、总结、评比安全工作（“五同时”制度）；企业单位中的生产、技术、设计、供销、运输、财务等各有关专职机构，都应在各自的企业业务范围内，对实现安全生产的要求负责；企业单位都应根据实际情况加强劳动保护机构或专职人员的工作；企业单位各生产小组都应设置不脱产的安全生产管理员；企业职工应自觉遵守安全生产规章制度。

1989—1990 年，公司加强安全目标管理，落实安全生产责任制，推广油库总调度制和安全复检制。

1991—1995 年，公司认真贯彻国家有关政策、法规，坚持“安全第一，预防为主”方针，按照“谁主管、谁负责”的原则，重点抓“两制”建立健全安全生产责任制和油库总调度制，推行作为制度建设，公司仓储安全管理保持平稳发展态势。

1996—1997 年，公司有步骤地试行以“看板”管理为特征的油库总调度制，推行全目标责任制和以 A、B、C 分类“三定”挂牌标志的设备管理制度，加油站综合规范管理不断增强，管理制度得到健全完善，保持无重、特大等级事故的良好势头，较好地实现省政府下达的安全控制目标。

1998 年，公司认真贯彻落实安全生产“要敲起警钟，既要灭火救灾，更要强调预防”的重要指示，倡导“精细扎实，科学管理”理念，健全完善安全生产的规章制度和监督体系。全面落实安全生产责任制，签订安全生产责任书，单位主要负责人为安全生产第一责任人，对本单位安全生产和防范事故工作负总责，加强对安全生产工作的领导。油库、加油站各重点部位安全承包责任人加强对承包点的督查，把安全生产层层落实到每一个岗位和每一名员工，做到全员、全过程、全天候、全方位地保证安全生产。

是年，公司成建制上划集团公司。公司对安全工作提出“四不变”的要求：安全第一的思想不能变，企业法人代表是安全第一责任人及“谁主管、谁负责”的领导体制不能变，安全工作“警钟长鸣、常抓不懈、精益求精、万无一失”的要求不能变，各级领导、职能部门深入第一线督查安全工作的作风不能变。根据国家和中油集团公司有关规定，结合公司重组之后实际，成立“中油四川销售公司安全生产领导小组”。安全生产领导小组下设办公室，设在中油四川销售公司储运安全处。

地市州公司上划后，公司及时派人到新上划单位调查了解情况，组建其安全机构，健全、落实安全生产责任制，明确安全生产第一责任人的责任和目标。要求各级领导从讲政治、讲稳定、促发展的高度来认识安全工作，牢固树立“安全第一、预防为主”的观念，正确处理好安全生产与发展经济、安全生产与经济效益的关系，切实强化对安全生产的领导，并结合公司实际，做好职工的思想政治工作，特别是对油库、加油站职工的热点、难点、疑点问题做好耐心细致的思想工作，以稳定促改革，以稳定保安全，确保重组期间安全工作的平稳过渡。

是年，公司重点抓各项安全规章制度，特别是“岗位安全责任制”“看板作业制”“设备技术档案管理”“设备分类和挂牌管理”“主要设备安全操作规程”等制度的落实，并强化激励机制，切实做到奖惩分明，对发生事故的单位及责任人，严格按照“三不放过”的原则进行处理。

1999—2001 年，公司全面落实安全生产责任制，各单位主要负责人为安全生产第一责任人，对本单位安全生产和防范事故工作负总责，切实加强对安全生产工作的领导。油库、加油站各重点部位安全承包责任人加强对承包点的督查，安全生产责任层层落实到每一个岗位和每一名员工，做到全员、全过程、全天候、全方位地保证安全生产。层层签订安全生产责任书，落实安全生产责任制，使安全责任落实到每个环节、各个方面，并辅以奖惩考核，把安全工作与干部职工的利益挂钩，促使相关人员肩负起安全责任，形成健全可靠的责任网络。

1999 年，公司全面推行油库安全巡检看板制度，油库各环节遵循调度指令，接受调度监督，实行环节间互相监控的约束机制。在全省系统内开展领导干部承包油库、加油站等安全生产要害部位的活动。公司、各市州公司班子成员、部门负责人对要害部位进行安全承包，各要害部位、重要场所设置显示牌，明确承包人。承包责任人员做到定期到联系点督促检查，定期向本单位安全管理部门反馈安全生产中的情况，使要害部位、重要场所的安全监督得到落实。

2001 年，公司健全完善各种安全管理组织，明确安全生产委员会的职责和任务，每季度定期召开 1 次会议，由储运安全处将安全生产的开展情况、存在的问题等向安委会作汇报，安委会对安全生产中的重大问题做出决定，对全公司的安全生产工作做出安排。二级公司按照公司要求成立安委会，保证安全管理组织的有效运行。是年，公司被四川省人民政府、四川省安全生产监督管理局评为“安全生产先进单位”。

2002—2019 年，公司继续狠抓安全环保责任的落实到位，加强直线管理和属地管理责任的落实。各单位按照“谁主管、谁负责”和“一岗双责”的原则及要求，继续逐级、逐员、分岗位签订安全环保责任书，分管安全领导、安全管理人员还共同签署安全承诺书，明确各级、各岗位员工的安全环保责任，做到安全环保人人有责、目标层层传递、责任逐级落实，基本形成横向到边、纵向到底的安全环保责任体系。

二、HSE 体系建设

2000 年，根据集团公司、销售公司有关文件精神，公司成立 HSE 健康安全环境管理委员会，与安全生产委员会，实行两块牌子，一套人员，明确安委会和 HSE 委员会的职责和任务。公司总经理定期主持召开会议，由储运安全处将安全生产的开展情况、存在的问题等向两个委员会一并汇报，两个委员会对安全生产中的重大问题做出决定，对公司的安全生产工作做出安排。各市州公司也相应成立 HSE 委员会，部分二级公司成立安全督查或安全稽查考评小组，赋予奖罚权利，对库、站、队的安全生产实施全面督查，每月定期对各部门、各基层单位进行一次全面的稽查考核，奖惩兑现。

2001—2002 年，股份公司在总结体系建立试点的基础上，融合国际国内质量管理、职业卫生管理、环境管理体系的有益做法和先进经验，制定并发布《质量健康安全环境管理体系要求》（Q/SY 2.2—2001）综合管理体系标准。

2002—2003 年，公司建立健康安全环境管理体系，于 2003 年 10 月 16 日试运行。

2003 年，公司明确安委会和 HSE 委员会的职责及任务，每季度定期召开 1 次会议，由仓储安全环保处将安全生产的开展情况、存在的问题等向两个委员会作 1 次汇报，两个委员会对安全生产中的重大问题做出决定，对公司的安全生产工作做出安排。通过严密、严谨的安全组织、强化安全监督，依法健全安全监督机构，促进整体上安全监督水平和安全防范能力的提高，从源头上防止重大、特大事故。

2004 年，公司将质量管理体系与 HSE 管理体系整合形成 QHSE 管理体系，于 11 月 1 日运行。

是年，按照股份公司规定，公司将 HSE 管理委员会调整为 QHSE 管理委员会，实行两块牌子，一套人员，明确安委会和 QHSE 委员会的职责及任务，每季度定期召开 1 次会议，由仓储安全环保处将安全生产的开展情况、存在的问题等向两个委员会作 1 次汇报，两个委员会对安全生产中的重大问题做出决定，对公司安全生产工作做出安排。各二级公司也相应调整安委会和 QHSE 委员会，保证安全管理组织有效运行。

2007—2008 年，根据中国石油天然气集团公司《健康安全环境管理体系　第 1 部分：规范》（Q/SY 1002.1—2007）标准，公司按照“统一、规范、可操作”的原则修订完善 QHSE 管理体系，于 2008 年 6 月 11 日发布实施 HSE 管理体系（C 版），体系主要涵盖健康、安全与环境三部分。

2009 年，公司全年推广 HSE 信息系统应用，全面落实 HSE 管理 9 项原则，大力开展岗位风险识别与评价活动，全面推进“三卡一表”工作制度，深入贯彻落实“反违章禁令”，开展各项安全活动，切实加强 HSE 信息系统运行使用，有效提高管理水平。

2010 年，公司按照《HSE 管理体系建设推进计划》安排，以集团公司、销售公司的 HSE 体系文件为指导，启动公司 HSE 体系完善工作。11 月，公司发布实施 HSE 管理体系文件 D 版。

2011 年，公司在总结、借鉴、吸收的基础上，确立以“核心价值、HSE 方针、HSE 理念、HSE 目标”为主要内容的“四位一体”的 HSE 理念体系（见图 7–1）。

HSE 理念：以“核心价值、HSE 方针、HSE 理念、HSE 目标”为主要内容的 HSE 理念系统。

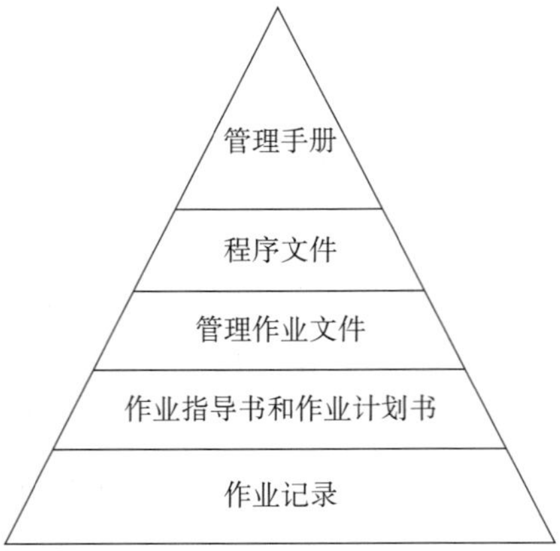

图 7–1　中国石油四川销售分公司 HSE 体系架构图

核心价值：安全责任为天，生命至高无上。

HSE 方针：以人为本、预防为主；全员参与、持续改进。

HSE 理念：“安全第一，环保优先”“一切事故都可以避免”。

HSE 目标：追求“零伤害、零污染、零事故、零数质量和新闻危机事件”为主要内容的“四零”目标，在健康、安全与环境管理方面达到国际同行业先进水平。是年，公司根据 HSE 体系运行的实际，提出“推行 3 项管理、建立 3 个系统、形成 1 套机制、推广 7 个工具、培育 1 种文化”的“33171”HSE 提升推进模式（见图 7–2）。

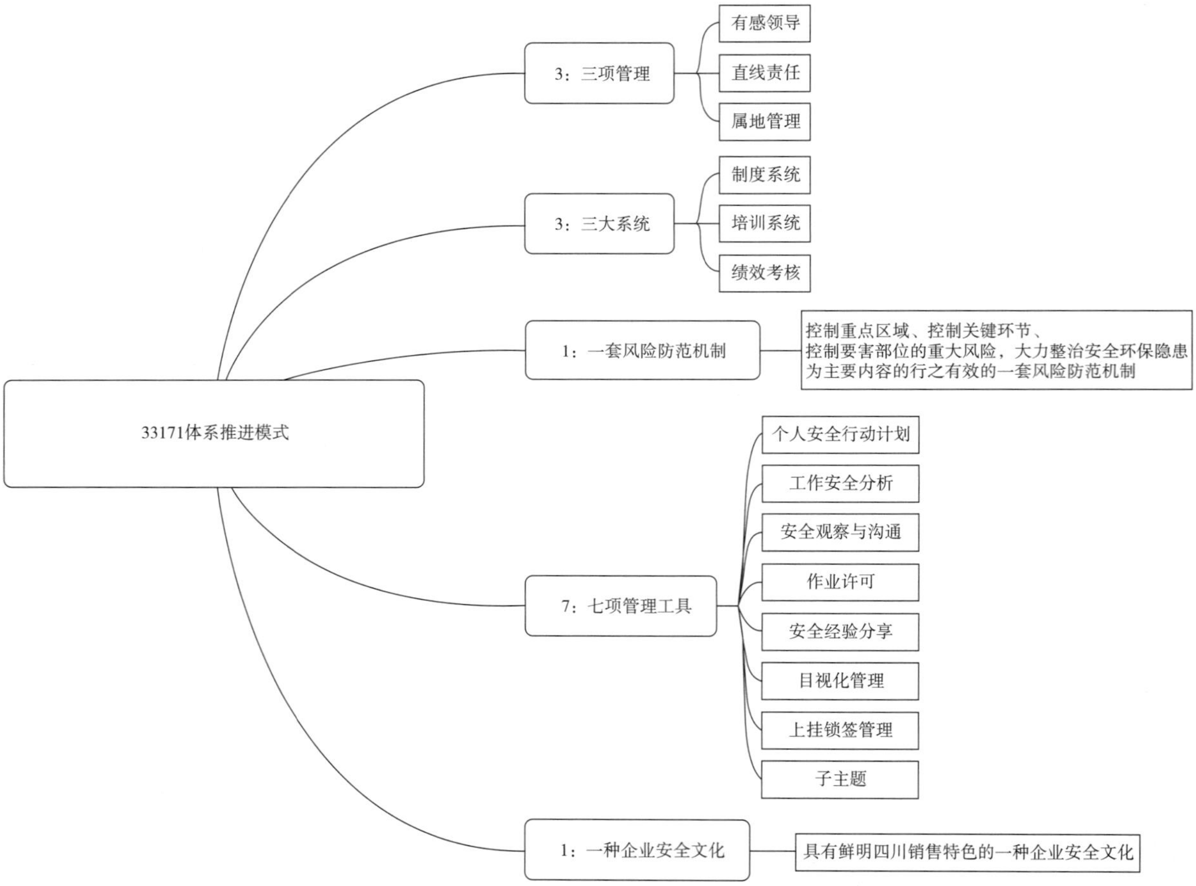

图 7–2　中国石油四川销售分公司 HSE 管理体系推进模式图

是年，为有效推进 HSE 管理体系，公司按照“试点引路、重点指导、全面推广”的思路，在成都、绵阳、南充、德阳、泸州、仓储等 6 个单位进行推进试点。试点单位分别制定本单位“体系提升推进工作计划”，落实机构、人员，及时召开启动会，在油库和加油站认真开展多层面培训、行为安全审核，理顺并明确领导层、职能部门的安全责任。

两级公司分别成立油库、加油站、工程建设、车辆交通等 4 个 HSE 分委会，强化专业线的管理。对公司正处级干部进行 HSE 管理专题培训，提高领导干部推动 HSE 的意识和能力；完成 50 名 HSE 培训师培训、考核工作；开展作业许可审批人培训，近 100 名作业许可直线审批人取得审批资格；开展岗位技能培训，提高基层岗位员工的安全操作技能。

2012 年，根据机构职责调整，公司修订更新 D 版体系文件。

2013 年，公司稳步推进 HSE 管理体系提升，扎实开展专项试点和体系内审工作，88 名 HSE 内审员和 59 名咨询师通过资质认证。

2014 年，公司按照集团公司《健康安全环境管理体系　第 1 部分：规范》（Q/SY 1002. 1—2013）标准，结合 HSE 管理体系提升推进工作，经过“策划与启动”“评价与修正”“培训与规范”三个阶段的系统推动，完成公司《HSE 体系管理手册》和 29 个程序文件、69 个管理作业文件的编制及完善工作，并发布实施。

2015 年，公司完成 HSE 体系文件第 5 次修订和质量体系文件第 2 次修订工作。修订并发布公司 1 个总体预案和 14 个专项处置预案，并获四川省安监局评审通过。是年，公司启动 HSE 信息系统 2.0 版升级试点。优化过程管理及数据统计功能，收集整理基础数据 9127 条，将公司管理实际与信息系统有机融合，增强系统的适用性。应用物联网技术，在 104 油库试点移动作业许可现场审批和现场监管。油料、遂宁、成都等二级公司每月对 HSE 信息系统录入使用情况进行考核，发挥信息系统的作用。

2016 年，为强化规章制度执行，杜绝违章行为屡查屡犯的现象，公司实施 HSE 管理负面清单制度。将油库、加油站、施工检维修、公务车辆和特种作业车辆等管理及作业过程中的严重和典型违章行为列入 HSE 管理负面清单，作为管理和操作禁止项。各级管理人员和岗位操作员工一旦违反清单中所列条款，严格按照对应标准进行处罚。

是年 5 月，为贯彻落实集团公司《基层站队 HSE 标准化建设工作实施意见》要求，满足国家安全生产标准化达标标准，推进公司 HSE 管理体系建设，规范基层 HSE 工作，公司制定《基层站队 HSE 标准化建设实施方案》。

实施思路　深化以风险管理为核心，以落实风险控制为重点，以标准规范为依据，以考核达标为手段，开展基层站队（指油库、加油站，以下同）HSE 标准化建设达标，建立以标准化现场、标准化操作和标准化管理为主的基层单位 HSE 体系运行管理，推进基层单位安全环保工作持续改进。

考核标准　考核标准分为否决项和评分说明两部分。否决项：如果库站某项重点 HSE 工作未落实，则对应要素不得分，甚至不得通过 HSE 标准化达标考评。评分说明：针对每个要素、细目给出的评分说明，基本给出打分原则。库站评定达标基准分值为 75 分，得分率在 75 分以上的库站评定为达标。在实际考评过程中，当库站不涉及某项考评内容时，该项内容不得分，计算综合得分时，该项考评内容所对应的分值也应在总分里减去，然后计算库站最终综合得分。

综合得分 = 实际考评表得分 /（总分 − 未涉及的考评项分值）×100。

考核机制 将基层库站 HSE 标准化建设达标纳入安全环保质量计量管理指标中进行考核，2016 年底前未按规定比例完成基层站队标准化达标建设的二级分公司，按《安全环保质量计量责任书》进行考核，对于取得 HSE 标准化建设达标站队称号的加油站、油库，有评选年度先进安全生产加油站、油库的资格。

2017 年，为增强 HSE 管理负面清单制度的适用性和合规性，公司修订完善 HSE 管理负面清单制度，于 2018 年 1 月 1 日起执行。

2019 年，为增强 HSE 管理负面清单制度的适用性和合规性，公司组织技术专家修订完善 HSE 管理负面清单，将 HSE 管理负面清单更名为“QHSE 管理负面清单”，新增库站环保、质量管理条款共 3 条，安全管理条款 1 条，删除合并非油管理条款 1 条，修订优化条款 8 条，并对相应的条文解释进行调整，强调环保管理和质量管理方面的内容。新版负面清单强调环保管理和质量管理方面的内容，条款的合理性和指向性更强（见表 7–1 至表 7–5）。

表 7–1 中国石油四川销售分公司加油站作业 HSE 管理负面清单

<table>
<tr><th colspan="2">内容</th><th>违规处理标准</th></tr>
<tr><td rowspan="4">通用项</td><td>进入爆炸危险区域未正确穿着防静电工作服、工作鞋</td><td>1. 加油站值班经理检查发现的，扣除责任人 200 元；2. 片区检查发现的，扣除责任人 200 元、加油站经理 200 元；3. 二级公司管理部门检查发现的，扣除加油站经理、片区经理各 200 元；4. 二级公司领导检查发现的，扣除片区经理、直线部门负责人各 200 元；5. 省公司检查发现的，扣除直线部门负责人、公司分管领导各 200 元</td></tr>
<tr><td>员工在加油作业区、卸油作业区和油罐区使用非防爆手机接打电话</td><td>1. 加油站值班经理检查发现的，扣除责任人 200 元；2. 片区检查发现的，扣除责任人 200 元、加油站经理 200 元；3. 二级公司管理部门检查发现的，扣除加油站经理、片区经理各 200 元；4. 二级公司领导检查发现的，扣除片区经理、直线部门各 200 元；5. 省公司检查发现的，扣除直线部门、公司分管领导各 200 元</td></tr>
<tr><td>加油站私自关闭监控摄像设备、私自调整探头监控位置</td><td>1. 加油站值班经理检查发现的，扣除当班人员各 400 元；2. 片区检查发现的，扣除当班人员、加油站经理各 400 元；3. 二级公司管理部门检查发现的，扣除加油站经理、片区经理各 400 元；4. 二级公司领导检查发现的，扣除片区经理、直线部门各 400 元；5. 省公司检查发现的，扣除直线部门、公司分管领导各 400 元</td></tr>
<tr><td>未按规定集中收集、贮存危险废物；未委托具备资质的第三方处置单位处置危险废物，私自转移、倾倒、掩埋、丢弃危险废物</td><td>1. 二级公司检查发现的，扣除片区经理、直线部门负责人各 1000 元；2. 省公司检查发现的，扣除直线部门负责人、公司分管领导各 1000 元</td></tr>
<tr><td rowspan="3">收油作业</td><td>卸油车辆未规范有效连接静电接地线，未合理布置消防器材</td><td rowspan="3">1. 加油站值班经理检查发现的，扣除责任人 400 元；2. 片区检查发现的，扣除责任人 400 元、加油站经理 400 元；3. 二级公司管理部门检查发现的，扣除加油站经理、片区经理各 400 元；4. 二级公司领导检查发现的，扣除片区经理、直线部门负责人各 400 元；5. 省公司检查发现的，扣除直线部门负责人、公司分管领导各 400 元</td></tr>
<tr><td>未使用下部采样器采样，未在卸油前开展油品质量表观验收，车用汽油未在卸油前进行水溶法检测</td></tr>
<tr><td>登罐作业时未规范佩戴安全帽，未升起罐车护栏</td></tr>
</table>

续表

内容		违规处理标准
收油作业	驾押人员代接油罐卸油口管线，双方未复核确认，卸油作业时现场无人监护	1. 加油站值班经理检查发现的，扣除责任人、驾押人员各200元；2. 片区检查发现的，扣除责任人、加油站经理、驾押人员各200元；3. 二级公司管理部门检查发现的，扣除加油站经理、片区经理、驾押人员各200元；4. 二级公司领导检查发现的，扣除片区经理、直线部门负责人、驾押人员各200元；5. 省公司检查发现的，扣除直线部门负责人、公司分管领导、驾押人员各200元
	油罐车卸油时打开操作井计量口及罐车计量口	1. 加油站值班经理检查发现的，扣除责任人200元；2. 片区检查发现的，扣除责任人、加油站经理各200元；3. 二级公司管理部门检查发现的，扣除加油站经理、片区经理各200元；4. 二级公司领导检查发现的，扣除片区经理、直线部门负责人各200元；5. 省公司检查发现的，扣除直线部门负责人、公司分管领导各200元
加油作业	给未熄火、乘客未下车的摩托车进行加油	1. 加油站值班经理检查发现的，扣除责任人200元；2. 片区检查发现的，扣除责任人、加油站经理各200元；3. 二级公司管理部门检查发现的，扣除加油站经理、片区经理各200元；4. 二级公司领导检查发现的，扣除片区经理、直线部门各200元；5. 省公司检查发现的，扣除直线部门、公司分管领导各200元
	以喷溅方式向小额配送车和油桶加注油品	1. 加油站值班经理检查发现的，扣除责任人200元；2. 片区检查发现的，扣除责任人、加油站经理各200元；3. 二级公司管理部门检查发现的，扣除加油站经理、片区经理各200元；4. 二级公司领导检查发现的，扣除片区经理、直线部门各200元；5. 省公司检查发现的，扣除直线部门、公司分管领导各200元
加油站设施设备	加油机内输油管道、油气回收管道、流量测量变换器等油气渗漏；油罐操作井内油罐附件渗漏	1. 加油站值班经理检查发现的，扣除巡检人员200元。2. 片区检查发现的，扣除加油站经理、巡检人员各200元。发现后没报修，处罚加油站经理200元。3. 二级公司管理部门检查发现的，扣除巡检人员、加油站经理、片区经理各200元。发现后没报修，处罚油站经理200元；报修后没处理，处罚设备管理部门负责人200元。4. 二级公司领导检查发现的，故障未查出，处罚巡检人员、加油站经理、片区经理各200元；未报修的处罚站经理200元；未处理的处罚加油设备管理部门负责人200元。5. 省公司检查发现的，故障未查出，扣除巡检人员、加油站经理、片区经理各200元；未报修的，处罚加油站经理200元；未处理的，处罚设备管理部门负责人和公司分管领导各200元
	防爆封堵失效	
	油气回收装置未正常运行	
防雷防静电测试	防雷防静电测试漏测点位、未断开防雷防静电接地断接卡测试	1. 二级公司人员检查发现的，扣除检测人员200元、加油站值班经理100元；2. 省公司检查发现的，扣除直线部门、公司分管领导各200元
计量器具管理	私自调整加油机计量元件、主板，损坏铅封	1. 加油站值班经理检查发现的，扣除责任人1000元；2. 片区检查发现的，扣除责任人、加油站经理各1000元；3. 二级公司管理部门检查发现的，扣除加油站经理、片区经理各1000元；4. 二级公司领导检查发现的，扣除片区经理、直线部门负责人各1000元；5. 省公司检查发现的，扣除直线部门负责人、公司分管领导各1000元；6. 私自调整加油机计量元件的，市场化员工解除劳动合同，合同化员工待岗6个月
非油业务	销售过期、变质非油商品	1. 加油站值班经理检查发现的，扣除责任人200元；2. 片区检查发现的，扣除责任人、加油站经理各200元；3. 二级公司管理部门检查发现的，扣除加油站经理、片区经理各200元；4. 二级公司领导检查发现的，扣除片区经理、直线部门各200元；5. 省公司检查发现的，扣除直线部门、公司分管领导各200元
内部质量监测	在接受外部质量抽检后，未送样检验；送检样品时，使用不符合要求的容器或送检信息填写不完整，导致样品无法使用	1. 加油站值班经理检查发现的，扣除责任人200元；2. 片区检查发现的，扣除责任人、加油站经理各200元；3. 二级公司管理部门检查发现的，扣除加油站经理、片区经理各200元；4. 二级公司领导检查发现的，扣除片区经理、直线部门各200元；5. 省公司检查发现的，扣除直线部门、公司分管领导各200元

表 7-2 中国石油四川销售分公司油库作业 HSE 管理负面清单

内容		违章处理标准
通用项	操作过程未正确穿着防静电工作服、鞋、安全帽（绳）及相关劳动防护用品	1. 属地公司、油库检查发现的，扣除驾驶员或操作人员各 200 元；2. 省公司各类检查发现的，扣除属地公司分管领导和油库主任、书记各 200 元
	油罐作业前未复核作业油罐容量情况	1. 属地公司、油库检查发现的，扣除油库调度、计量人员各 400 元；2. 省公司各类检查发现的，扣除属地公司分管领导和油库主任、书记各 400 元
	未按规定集中收集、贮存危险废物；未委托具备资质的第三方处置单位处置危险废物，私自转移、倾倒、掩埋、丢弃危险废物	1. 二级公司检查发现的，扣除油库主任、书记、直线部门负责人各 1000 元；2. 省公司检查发现的，扣除直线部门负责人、公司分管领导各 1000 元
公路发油作业	驾驶员入库未交出手机、火种、香烟等违禁物品	存在其中任何一项，车辆、驾驶员不准入库。入库后：1. 属地公司、油库检查发现的，扣除驾驶员、门岗人员、安全员各 500 元；2. 省公司各类检查发现的，扣除属地公司分管领导和油库主任、书记各 500 元
	车体存在油品和油气渗漏，阻火器失效、静电接地带失效，装卸油口未有效关闭，防溢探头短接	存在其中任何一项，车辆、驾驶员不准入库。入库后：1. 属地公司、油库检查发现的，扣除驾驶员、门岗人员、安全员各 1000 元；2. 省公司各类检查发现的，扣除属地公司分管领导和油库主任、书记各 1000 元
	驾驶员擅自动用与发油操作无关的设备	1. 属地公司、油库检查发现的，扣除驾驶员 800 元；2. 省公司各类检查发现的，扣除属地公司分管领导和油库主任、书记各 200 元
	灌装作业现场监护员、驾驶员未进行有效监护	1. 属地公司、油库检查发现的，扣除现场监护人员或驾驶员 200 元；2. 省公司各类检查发现的，扣除属地公司分管领导和油库主任、书记各 200 元
	上装作业发油员未有效连接防静电、溢油报警装置，上装作业喷溅式加注油品	1. 属地公司、油库检查发现的，扣除驾驶员、发油人员各 400 元；2. 省公司各类检查发现的，扣除属地公司分管领导和油库主任、书记各 400 元
	下装作业驾驶员未有效连接静电保护装置	
	上装作业操作人员上罐车操作未高挂安全绳，未升起护栏	
铅封管理	油罐车未经油库人员有效施封出库	1. 属地公司、油库在库区内检查发现的，扣除施封责任人和驾驶员各 500 元；2. 省公司在库区内检查发现的，扣除施封责任人和油库主任、书记各 500 元
	油罐车在运输途中或在加油站检查发现铅封失效或被破坏	省公司、属地公司在途中或加油站检查发现施封失效的，扣除驾驶员 500 元
铁路收发油作业	铁路收发油作业未有效系挂安全带	1. 属地公司、油库检查发现的，扣除操作人员 400 元；2. 省公司各类检查发现的，扣除属地公司分管领导和油库主任、书记各 400 元
	作业板传递过程中，未核对作业信息，未准确交接作业板	1. 属地公司、油库检查发现的，扣除相关操作人员各 200 元；2. 省公司各类检查发现的，扣除属地公司分管领导和油库主任、书记各 200 元
	未在作业过程中进行巡查	1. 属地公司、油库检查发现的，扣除岗位巡检人员 200 元；2. 省公司各类检查发现的，扣除属地公司分管领导和油库主任、书记各 200 元
管输收油、倒罐作业	未及时进行换罐、停泵，准确开关膨胀阀	1. 属地公司、油库检查发现的，扣除相关操作人员各 200 元；2. 省公司各类检查发现的，扣除属地公司分管领导和油库主任、书记各 200 元
上罐作业	上罐作业无人监护	1. 属地公司、油库检查发现的，扣除相关操作人员各 200 元；2. 省公司各类检查发现的，扣除属地公司分管领导和油库主任、书记各 200 元
防雷防静电测试	防雷防静电测试漏测点位、未断开防雷防静电接地断接卡测试	1. 属地公司、油库检查发现的，扣除相关检测人员各 200 元；2. 省公司各类检查发现的，扣除属地公司分管领导和油库主任、书记各 200 元

表 7–3　中国石油四川销售分公司施工作业 HSE 管理负面清单

内容		违规处理标准
通用项	未正确佩戴合格安全帽	1. 片区检查发现的，扣除现场安全监督员 600 元； 2. 二级公司管理部门检查发现的，扣除片区负责人 600 元； 3. 二级公司领导检查发现的，扣除项目主管部门负责人 600 元； 4. 省公司检查发现的，扣除公司分管领导 600 元； 5. 对施工方人员的处罚，执行公司《施工现场检查经济处罚标准》
	作业许可审批前未开展工作前安全分析	
	特种作业人员未持有效特种作业操作证或特种设备操作证作业	
管线打开作业	管线打开之前未进行有效泄压，有毒有害物质未进行有效清扫、置换	
进入受限空间作业	未检测氧气浓度、可燃性气体浓度	
	未系生命绳，未按规定佩戴空气呼吸器，未使用防爆工具	
	进入受限空间作业，现场无人监护	
动火作业	作业前未规范开展可燃气体浓度检测	
高处作业	未正确使用安全带，未设置操作平台、安全网或固定脚手架	
	使用直梯式移动脚手架	
	作业人员未下升降器或脚手架就擅自移动车辆或脚手架	
	施工人员从高空投掷工具、材料等杂物	
挖掘作业	挖掘前，未进行地下管网的排查和交接	
	存在垮塌风险的深基坑未设置临边警戒线或防护栏	
	使用挖掘机械进行油罐拆除作业	
临时用电作业	临时配电箱未接地，无漏电保护或漏电保护无效，通电线路线头裸露	
	作业现场未设置专职电工进行现场用电管理	
	架空线路违规架设在树木、脚手架及施工机具等临时设施上	
移动吊装作业	起重机吊臂工作半径范围内未设置警戒区域	
	起吊过程中有人员站立于易发生高空坠物或挤压伤人的区域内	

表 7–4　中国石油四川销售分公司加气站作业 HSE 管理负面清单

内容		违章处理标准
加气作业	加气车辆未熄火	1. 加气站值班经理检查发现的，扣除员工 200 元；2. 片区检查发现的，扣除员工、加气站经理各 200 元；3. 二级公司管理部门检查发现的，扣除加气站经理、片区经理各 200 元；4. 二级公司领导检查发现的，扣除片区经理、直线部门负责人各 200 元；5. 省公司检查发现的，扣除直线部门负责人、公司分管领导各 200 元
	为无技术监督部门检验合格证或合格证过期的气瓶充装	
	员工未持有有效的特种设备作业人员证	1. 加气站值班经理检查发现的，扣除员工 200 元；2. 片区检查发现的，扣除员工、加气站经理各 200 元；3. 二级公司管理部门检查发现的，扣除加气站经理、片区经理各 200 元；4. 二级公司领导检查发现的，扣除片区经理、直线部门各 200 元；5. 省公司检查发现的，扣除直线部门、公司分管领导各 200 元
	加气期间，加气员工离开现场，由其他人员代替操作、自行充装	
	加气管线未连接好就开启加气阀，加完气后未关闭加气阀就断开管线	
	加气车辆上的人员未全部下车并在站外等候	

续表

内容		违章处理标准
特种设备检维修	在未有效泄压的情况下打开压力设备管线	1. 加气站值班经理检查发现的，扣除责任人 400 元；2. 片区检查发现的，扣除责任人、加气站经理各 400 元；3. 二级公司管理部门检查发现的，扣除加气站经理、片区经理各 400 元；4. 二级公司领导检查发现的，扣除片区经理、直线部门负责人各 400 元；5. 省公司检查发现的，扣除直线部门负责人、公司分管领导各 400 元
	由非专业人员进行特种设备检维修作业	
储气及压缩机操作	深度脱水装置再生气路不畅通	1. 加气站值班经理检查发现的，扣除员工 200 元；2. 片区检查发现的，扣除员工、加气站经理各 200 元；3. 二级公司管理部门检查发现的，扣除加气站经理、片区经理各 200 元；4. 二级公司领导检查发现的，扣除片区经理、直线部门各 200 元；5. 省公司检查发现的，扣除直线部门、公司分管领导各 200 元
	关闭与安全阀串联的阀门	
	曲轴箱润滑油明显乳化，循环冷却水带油未及时发现	
	进气系统未定时巡检和切液，造成压缩机进气带液	
	压力管线、阀门、法兰等渗漏未及时修理	
	脱水设备未按规定及时切换和进行再生作业	
	超过额定工作压力 25 兆帕未及时停止作业	
	压力表、温度计、压力传感器等计量器具及安全附件未经有效检定，超出有效期或带病工作	
	压力设备操作岗人员脱岗、睡岗	
防雷防静电测试	防雷防静电测试漏测点位、未断开防雷防静电接地断接卡测试	

表 7–5　中国石油四川销售分公司公务车辆 HSE 管理负面清单

内容		违规处理标准
公务车辆	未办理内部准驾证驾驶公务车辆	1. 二级公司小车班检查发现的，按交管部门出具的处罚决定扣除驾驶员等额罚款；2. 二级公司小车班未执行处罚，由公司各级管理部门检查发现的，按交管部门出具的处罚决定扣除小车班负责人等额罚款；3. 二级公司小车班未执行处罚，由公司领导检查发现的，按交管部门出具的处罚决定扣除直线部门负责人和小车队负责人等额罚款；4. 二级公司小车班未执行处罚，由省公司各类检查发现的，按交管部门出具的处罚决定扣除公司分管领导和直线部门负责人等额罚款；5. 交管部门确定有处罚金额的，按确定的金额执行同等处罚，交管部门未确定处罚金额的，二级公司发现的，每例处罚 200 元，省公司发现的，每例处罚 300 元
	未经审批擅自动用公务车	
	未制止超员行为	
	驾驶人或乘坐人员未按规定使用安全带	
	行车时接打电话	
	超速驾车	
	酒后驾车	

是年 7 月，为解决重文件、轻执行、重结果、轻过程、重形式、轻实效等问题，公司制订 HSE 基础提升工作方案。

风险隐患管理　公司统一采用矩阵法，制定《风险评估矩阵标准》，明确分值对应评分内容，减少主观评分项，力求评估结果科学、合理、统一。合并《危害因素辨识与风险评价台账》与《隐患管理台账》，使用《风险识别与隐患管理台账》。建立隐患评估定级标准，设置“风险转隐患”界面，设施设备隐患均参照《库站常见隐患评估定级标准》《风险隐患管理责任层级划分表》，在新台账中确定隐患等级，明确对应的风险防控责任、管理责任、资金渠道及整改措施，并对应填入相应风险栏。建立隐患评审、报告、计划管理机制。落实两级公司质安部门隐患归口管理责任和相关业务部门直线管理责任，规范隐患管理流程。

安全记录资料　实行 QHSE 记录资料标准化管理，执行《HSE 基础资料管理手册》，统一基础资料编写、归档标准。实行 QHSE 记录资料信息化管理。分类整理 HSE 重要基础信息，启动综合业务支撑平台 HSE 相关模块的建设工作，健全信息化管理机制。

安全教育培训　实行安全教育培训计划管理。由两级公司质安部门制订年度培训计划，每年 3 月份之前印发各单位。大力推广实施基层岗位员工素质提升工程，分别针对新入职、转岗、新提拔员工规定培训内容，强化使用《HSE 培训矩阵》，针对薄弱环节，采取手机客户端、“送培训下基层”和“现场培训”等方式开展短课时培训，减少集中培训，提升培训实效。公司在 2 家单位开展试点，经评估后推广实施。

安全专项活动　实行安全专项活动计划管理。由质安处制订年度专项活动实施计划，规定完成时限、主要内容。年度计划内的专项活动不再制订活动方案，由各单位依据计划自行编制方案，明确组织机构、时间安排和组织方式，公司每半年组织检查考核。

安全会议　规范库站 HSE 会议。库站每月召开 HSE 会议，会议学习、培训、宣贯内容由各单位安全管理部门统一搜集、编制并印发库站，公司编印的每期“员工知识点解答”纳入必学内容。基层库站原则上不再召开其他 HSE 会议，相关工作与业务工作一并宣贯、安排，一并编写会议记录。规范 HSE（安全生产）委员会会议。两级公司每季度召开 1 次安委会，主要研究决策亟须解决的安全事项。不建议采取召开扩大会议的方式，尽量减少加油站人员参会次数并控制会议时间。经各单位安委会研究议定的事项，由 HSE（安全生产）委员会办公室形成纪要，各直线部门在开展检查时一并向库站进行宣贯。

安全监督检查　实行安全监督检查计划管理。由仓储分公司安全质量监督总站结合省公司各部门安全联系点、领导干部个人安全行动计划以及各部门业务需求，统筹安排综合检查、月度检查和专项检查，制订公司年度监督检查计划，公司领导、各部门依据年度计划开展监督检查工作。零售部门将安全检查内容纳入业务稽查范围，安全部门每半年开展 1 次全覆盖监督检查。片区每两周对属地加油站开展 1 次全覆盖监督检查，每周通过视频监控抽查属地加油站次数不少于 3 次。建立两级公司直线整改闭环、安全监督和纪检监察问责机制。规范二级公司 HSE 体系审核工作。质安处统一安排公司体系审核工作，原则上每年安排 1 次量化审核、1 次专项审核。

质量计量管理　调整加油站油高、水高比对频次。加油站地罐油高、水高比对检查由每周 1 次调整为每月 1 次（一般在月度盘点时进行）。特殊时期、暴雨后及时增加水高检测，每日加油站通过液位仪对水位情况进行观察；新更换地罐、液位仪的加油站，在第 1 个月内每周比对 1 次油高，待液位仪运行稳定后调整为每月 1 次。调整二级公司加油机自校比例。由“每月二级公司抽校不低于 10%、片区全覆盖自校加油机”调整为“每月二级公司、片区合计自校加油机比例不低于 20%，半年实现全覆盖”。二级公司质安科根据当月各站加油枪的提枪频次、加油站损溢情况编制下达次月自校计划。

三、HSE管理体系审核

2005—2019年，公司按照集团公司QHSE体系运行要求，每年组织2次体系审核，经过不断的摸索、实践，完善“先基层后机关、追根溯源查管理”的审核追溯方法，形成一套固定的审核模式。

审核内容及时间 坚持“一次全要素、一次专项审核”的原则，每年年初围绕集团公司年度重点工作安排，认真研究，坚持将隐患治理、承包商管理、高危作业现场管控和生产作业违章等内容作为审核重点，制订审核计划，确定审核重点内容，分别于上半年和下半年各开展一次体系审核。

审核库站 因公司加油站站点多，且较为分散，审核组审核时间和精力有限，因此，一般抽取3—5座加油站、1座油库、1—2个施工现场，每次做到油库审核全覆盖，加油站审核不重复抽样。以往审核由二级公司安全总监担任组长，根据审核重点内容，抽调安全、加油站、工程、油库、后勤等专业线相关人员组成6—8个审核组开展审核。

领导干部参与体系审核 在审核组组成上，由机关部门负责人轮流担任审核组组长，二级公司安全总监担任副组长，公司领导参与联系点的末次会，推动有感领导、直线责任的落实。

审核员队伍梯队建设 2019年，公司有审核员285人，涉及安全、加油站、油库、工程管理等不同专业线。审核结束后，由审核组组长对审核员的审核表现进行综合打分排名，实行分级管理，年终对参与审核的人员进行奖励，推动公司审核员队伍业务素质提升。

监督检查互补 每月安全质量监督总站检查发现的典型问题，纳入专项审核内容；每次审核问题整改后，由安全质量监督总站开展回头查，验证问题整改及效果。审核发现的问题不考核、不处罚，但由安全质量监督总站回头查，发现整改不力的单位，上报公司，纳入月度、年度安全环保质量计量考核。

系统分析 审核现场结束后，坚持召开审核小组汇报会。由公司安全总监主持，各小组审核（副）组长、审核骨干及公司机关职能部门负责人参与。在公司范围召开审核通报会，举一反三，促进管理提升。

第二节 质量管理体系

质量管理体系（Quality Management System，QMS）是指在质量方面指挥和控制组织的管理体系。质量管理体系是组织内部建立的、为实现质量目标所必需的、系统的质量管理模式，是组织的一项战略决策。它将资源与过程结合，以过程管理方法进行系统管理，根据企业特点选用若干体系要素加以组合，一般包括与管理活动、资源提供、产品实现以及测量、分析与改进活动相关的过程组成，可以理解为涵盖从确定顾客需求、设计研制、生产、检验、销售、交付之前全过程的策划、实施、监控、纠正与改进活动的要求，成为组织内部质量管理工作的系统要求。

2011 年，公司完善质量管理体系，强化体系运行，开展第三方审核认证，顺利获得 ISO 9001 质量管理体系认证。是年，为规范加油现场质量、计量、服务管理，公司制定并发布加油站质量计量服务“6 条禁令”，提升加油站质量、数量、服务水平。

2012 年，公司坚持以推进质量管理体系建设为抓手，以落实责任为保障，以筑牢各环节成品油质量防线为手段，持续加强油品质量管控，取得质量体系复审认证，质量管控体系逐渐完善。

8 月，公司印发《成品油质量事故管理规定》，严格质量计量事故责任追究，从严查处质量计量事故。成品油质量事故是指凡因违章作业、误操作、分析差错、容器管线不洁、成品油混窜等问题，造成所销售的成品油不符合质量标准（合同协议的质量要求）或降级降价的，以及用户因成品油质量问题要求退货或赔偿、对用户造成经济损失或被媒体曝光、质量监督抽查中成品油质量不合格事件。

质量事故按事故损失和影响程度分为特别重大质量事故、重大质量事故、较大质量事故、一般质量事故。

特别重大质量事故　包括直接经济损失在 500 万元及以上的质量事故；在社会上造成特别恶劣影响，严重损害公司形象的质量事故。

重大质量事故　包括直接经济损失在 100 万元及以上，500 万元以下的质量事故；在社会上造成重大影响、损害公司整体形象的质量事故；国家组织的产品质量监督抽查不合格或集团公司组织的产品质量监督抽查中同类产品连续 2 次不合格的质量事故。拒绝国家或上级部门质量监督抽查的按重大质量事故处理。

较大质量事故　包括直接经济损失在 30 万元及以上 100 万元以下的质量事故；经省（自治区、直辖市）、集团公司质量监督检验部门抽查不合格的质量事故；因所属单位质量问题发生退货赔偿或产生纠纷，涉及产品或服务价值达 30 万元及以上的。

一般质量事故　是指直接经济损失在 30 万元以下的质量事故；经（市、区县）质量监督检验部门抽查不合格的质量事故；因所属单位质量问题发生退货赔偿或产生纠纷，涉及产品或服务价值达 30 万元及以下的。

一般质量事故 A 级：造成直接经济损失在 20 万元以上 30 万元以下的质量事故；因所属单位质量问题发生退货赔偿或产生纠纷，涉及产品或服务价值在 20 万元以上 30 万元以下的。

一般质量事故 B 级：造成直接经济损失在 10 万元以上 20 万元以下的质量事故；经（市、区县）质量监督检验部门抽查不合格的质量事故；因所属单位质量问题发生退货赔偿或产生纠纷，涉及产品或服务价值在 10 万元以上 20 万元以下的。

一般质量事故 C 级：造成直接经济损失在 10 万元以下的质量事故；因所属单位质量问题发生退货赔偿或产生纠纷，涉及产品或服务价值 10 万元及以下的。

所有质量事故均应按照质量事故原因未查明不放过、责任人未处理不放过、整改措施未落实不放过、有关人员未受到教育不放过的“四不放过”原则进行处理。

2017 年，公司根据 HSE 管理体系审核情况，修订应急管理、设备检维修等体系文件，整改优化服务质量、资质证照等 117 项管理建议，通过 ISO 9001 质量管理体系第二次认证核查。

2018 年，公司优化非油质量、库站现场等 135 项管理措施，通过 ISO 9001 质量管理体系复审认证。

2019 年，公司完成质量体系转版，通过 ISO 9001 复核认证。

第二章　安全环保管理

第一节　安全教育

一、入职安全教育

公司始终坚持以满足法律法规为根本要求，开展新员工入职安全教育活动。人事处是员工培训工作的归口管理部门，负责协调培训资源，协助相关处室组织实施健康、安全、环保等技术培训，负责督促指导各单位开展员工安全教育培训工作。质量安全环保处是安全监督、油品计量、油品化验、设备管理、环保节能等专业技术培训的组织实施部门，负责识别培训需求，编制培训大纲，拟订健康、安全、环保、质量、计量等专业技术人员培训计划并负责组织或监督实施，负责核发相关专业技术证书、组织开展安全教育培训监督检查及考核。加油站管理处负责督促指导加油站开展安全教育培训，负责监督检查加油站人员持证上岗情况。

二、从业资格培训

危险化学品销售企业主要负责人、操作人员、安全管理人员和业务管理人员依法经过政府安全培训、取得从业资格证书是法律的基本要求。公司坚持依法合规经营，分级负责相关人员培训取证工作，省公司由质安处统一负责，库站及分公司管理人员由分公司安全部门负责。

公司自成立后，先后多次举办仓储管理干部、电工、计量员、化验员、计量员、HSE 专业培训，提高员工的业务技术素质和安全防范能力。

三、培训矩阵的开发应用

集团公司基层岗位 HSE 培训矩阵编制项目，是全面推进培训管理机制改革的重要举措，是系统解决培训运作管理模式各类问题的有力抓手。

2013 年，按照集团公司试点工作要求，公司成立工作小组，从梳理前期体系提升工作中完成的矩阵和课件入手，确定重点工作，拟订工作计划，为实施试点工作做好充分准备。

2014 年 5 月，集团公司在吉林油田召开基层岗位 HSE 培训矩阵模板编制培训研讨会，对试点工作进行总体部署，提出明确要求。四川销售作为项目单位，负责销售企业油库基层岗位矩阵和课件模板的编制工作。四川销售高度重视此次试点工作，公司领导将其确定为“基层员工素质提升工程”的基础性工作，并纳入公司 2014 年夯实“三大基础工程”的具体工作措施之中，在组织领导、资金保障、人员安排等方面进行周密安排，确保项目按计划稳步推进。

5月26—27日，公司在绵阳召开基层岗位员工素质提升工程项目培训研讨会。

2014年10月，公司以集团公司HSE培训矩阵及课件编制项目为切入点，把基层岗位员工的业务技能培训与HSE培训有机结合，编制培训矩阵31个、库站岗位培训课件188个，顺利通过集团公司项目专家组评审验收。

2015年，公司以培训矩阵为核心，在泸州、自贡、仓储、绵阳、资阳5家试点单位开展基层员工素质提升试点工作，试点单位系统编制培训计划、课件及配套题库，研究制定培训后评价机制。

2016年，公司完成集团公司基层站队培训矩阵31套，编制销售公司站经理HSE培训课件188个，纳入人事培训资料，用于全员培训。

2017—2018年，公司全面推广基层岗位HSE培训矩阵研究成果，将矩阵应用纳入月度考核，强化基层员工培训。

2019年，公司以培训矩阵为主导，结合班组安全活动、岗位练兵、案例分析、经验分享、应急演练等多种形式，对在岗员工周期轮训，将安全培训贯穿职业技能培训全过程。

四、HSE履职能力评估

2016年，公司按照集团公司工作安排，由人事部门牵头，安全部门组织，制订HSE履职能力评估方案，聘请第三方机构对处级干部、科级干部、油库主任和加油站经理进行评估。

2017年，公司对168名处级干部、389名科级干部开展安全环保履职能力评估，评估合格541人，合格率97.13%，所有被评估人员制订“弱三项”改进计划，70分以下的189名被评估人员重新进行培训和考核。

2018年，公司推进全员HSE履职能力评估，在2017年评估的基础上，开展岗位操作人员能力评估，转岗或新提拔到关键岗位的管理人员在培训与评估合格后方能上岗，确保能岗匹配。

2019年，公司对两级公司519名处科级干部开展HSE履职能力评估，对42名新提任处级干部开展安全管理培训。

第二节　风险管理

一、风险辨识及评价

1989—2001年，公司风险辨识及评价系统概念尚未建立，主要是逐库逐站地排查治理重大风险隐患，做好季节性安全防范工作。重点做好防火、防爆、防雷防静电工作、油品接卸中的防范工作，增强警消力量，开展经常性的检查、评比、考核，严格落实各项规章制度。

2002年，公司按照体系管理思想和要求，引进危害辨识及风险评价的概念和机制，开展危害识别及风险评价和环境因素识别与评价工作，对设施设备隐患、人的行为和管理进行全面识别，并按科学的方法进行评价，建立管理台账，制订管理方案。

2003年，公司发动各级管理人员和岗位员工开展危害因素识别与评价和环境因素识别与评价工作，建立完善风险管理和环境因素管理方案、管理台账及应急预案，并运用评价结果对隐患进行控制。

2004年，公司在认真抓好HSE管理体系试运行工作的基础上，建立质量管理体系，并与健康安全环境管理体系进行有机整合，开展过程识别与评价，完善风险管理。

2005—2008年，公司按照QHSE体系文件要求，继续开展危险因素识别与评价，完善风险管理台账，加强风险控制。

2009—2012年，公司开展岗位风险识别与评价活动，全面推进"三卡一表"工作制度。在公司的安排部署下，各单位组织岗位员工定期查找岗位风险，全年共查出各种风险8973条；在查找风险的基础上，加强风险、未遂事件管理，制定印发《风险、未遂事件报告奖励办法》；在7101油库试点成功的基础上，制定印发以"岗位风险卡、操作卡、应急处置卡和现场检查表"为主要内容的"三卡一表"制度。

2012年，公司采取切实有效的防范措施，加强各重点环节和关键部位的现场监管，有效控制各类风险，确保全年库、站、车、工、非无任何事故。

2013年，公司以"控制有效，精简实用"的原则，确定把人的不安全行为、设施设备的不安全状态、管理缺陷3个方面的风险作为控制重点，分别在省公司机关，仓储、成品油两个二级机关，104油库、双流油库及成品油高新天山加油站和浣花加油站3个层面优选安全观察与沟通、风险管理卡、安全检查表、工作前安全分析、危险与可操作性分析五项风险管理工具，开展试点推广工作，形成5个管理工具的使用标准及模板。

2014—2015年，公司推广使用"安全观察与沟通、风险管理卡、安全检查表、工作前安全分析、危险与可操作性分析"五项风险管理工具。

2016年，公司全面推进风险分级防控机制建设，逐级明确风险防控的主体责任、工作内容和程序；严控环保和职业健康风险油品质量计量风险非油商品安全环保质量计量风险。

2017年，公司深入推进风险防控体系建设，严格落实风险防控责任，对照《重要风险防控手册》中的264条风险，分别将控制、预警、监督责任细化到具体岗位和人员；优化完善预警机制，着力规范风险处置流程，分环节设置预警指标；完善监督考核机制，加大对风险防控工作落实情况的监督检查力度，对列入"重要"以上等级的HSE风险事项，纳入月度计划，重点督办；以《风险防控手册》《风险防控卡》《风险案例汇编》为主要内容持续深入开展全员宣贯培训。

2018年，公司结合集团公司风险分级防控和隐患排查治理双重预防机制创建工作，完善公司风险防控体系，在《风险防控手册》基础上，继续开展"安全风险大排查"活动，查找新增风险，完善风险台账。

2019年，公司强化过程管理，突出重点部位、关键环节风险管控，着力防范各类风险，狠抓库站生产作业风险管控，严控施工作业风险，严防环保风险，加强职业健康管理。

二、风险管理工具

2010 年 9 月，为学习先进单位的经验，促使公司新版 HSE 管理体系文件得到切实落实，公司决定在公司系统内推行“安全经验分享”“行为安全观察与沟通”“目视化管理”“上锁挂签管理”和“工作前安全分析”等 HSE 有效管理方法。

2011—2019 年，公司利用“安全经验分享”“行为安全观察与沟通”“目视化管理”“上锁挂签管理”和“工作前安全分析”等 HSE 有效管理方法，持续提升风险管理水平。

安全经验分享：安全经验分享是指员工将本人亲身经历或看到、听到的有关安全、环境和健康方面的经验做法或事故、事件、不安全行为、不安全状态等总结出来，通过介绍和讲解，在一定范围内使事故教训得到分享、典型经验得到推广的一项活动。通过长期坚持开展安全经验分享，启发员工互相学习，激发全员参与 HSE 管理，创造一种以 HSE 为核心的“学习的文化”，使员工自觉纠正不安全习惯和行为，树立良好的 HSE 行为准则，增强员工自主安全意识，形成良好的安全文化氛围，推动全员从“要我安全”向“我要安全”转变。

安全经验分享活动的内容包括：健康、安全和环境等方面的知识；工作中的 HSE 经验、做法；事故（包括未遂事故）事件；案例；“三违”行为；风险；隐患或问题；生活中的 HSE 常识等。主要做法是：在各种会议、培训班等集体活动开始之前或其他活动当中，用直接口述、展开讨论，借助多媒体、图片、照片等形式进行交流。同时，在报刊、板报、宣传板和门户网站上开辟安全经验分享活动专栏。

行为安全观察与沟通：行为安全观察与沟通是各级管理人员对员工工作行为进行仔细观察和认真思考，通过平等的、有效的沟通方式，对其安全行为进行肯定与鼓励，对不安全行为进行干预和纠正的管理过程。观察与沟通的主要内容有：员工的异常反应是否存在“蒸发效应”；员工的具体位置是否存在被伤害的风险；个人防护装备是否与工作相匹配；工具和设备是否存在安全隐患；员工的操作是否存在不安全行为；人机工程是否存在不合理的设计；作业环境是否存在安全风险等（见表 7–6）。

表 7–6　行为安全观察与沟通工作方法

步骤	名称	具体内容
第一步	观察与思考	确定沟通的内容
第二步	表扬与肯定	肯定员工的安全行为和工作表现
第三步	讨论与沟通	就具体的工作内容（工艺、设备、操作行为等）与员工进行平等讨论，分析存在的问题和潜在的危害，并与员工达成一致意见
第四步	启发与鼓励	引导员工全面地思考本岗位安全事宜，强化员工安全印记
第五步	感谢	由衷地感谢员工参与沟通和在岗位知识方面给予的指教
第六步	总结	定期对观察与沟通工作开展情况进行总结，并将统计分析结果作为 HSE 管理体系运行改进措施的决策依据

目视化管理：目视化管理是指通过简单易于辨别的方式，对作业现场人员、工艺、设备、作业工具进行色差标示，方便员工操作，防止发生意外事故，有效提高安全绩效的管理方式。公司通过几年来在油库、加油站标准化、定置化建设，在人员目视化管理和工艺目视化管理上，已经有很好的基础。在完善现有目视化管理细节的基础上，今后的重点将是从目视化管理向作业工具和检维修作业现场延伸，提高安全管理效率，打造安全、整洁、有序的生产作业环境。

上锁挂签管理：上锁挂签管理是指对作业现场重要的设施设备和工艺阀门进行上锁保护，防止未经许可作业从而引发事故的管理方式。公司目前在油库、加油站工艺管理方面已经普遍开展上锁管理，但部分单位做得还不到位，上锁挂签管理未落实，主要表现在上锁挂签制度不完善、该上锁的未上锁、施工检维修作业现场上锁管理差距大等。下一步的重点工作：要完善变配电设施的挂锁管理；要在施工检维修作业过程中引入上锁挂签管理方式，避免因沟通不足或交叉作业引发事故；要完善挂签管理制度，明确挂签管理责任，统一挂签操作程序和签牌格式；要加强相关业务培训，使员工正确掌握上锁挂签的工作方法，养成自我保护的良好习惯。

工作前安全分析（JSA）：工作前安全分析是一个事先或定期对某项工作任务进行风险评估的工具，是有组织对工作中存在的危害进行识别、评估和制定实施控制措施的过程，是将工作及任务风险最大限度的消除或控制的一种方法。其主要作用为：消除重大的危害；加深对危害的认识或增强识别新危害的能力；确保控制措施有效并得到落实；持续改善安全标准和工作条件；避免事故。

开展工作前安全分析，充分利用公司多年来开展危害因素辨识与风险评价的工作成果，将工作前安全分析与危害因素辨识结合起来，开展日常动态分析评价，以控制和消除重大安全隐患为首要任务，科学制订工作方案，防止在作业过程中发生事故。

第三节 隐患管理

一、隐患排查评估整改

1989—2002 年，为防患于未然，公司通过对各二级公司安全生产的各环节、各岗位进行定期或不定期的监督检查，对油库、加油站的隐患进行全面摸底调查，根据调查结果，建立隐患台账，列出整改计划，通过技术改造等手段来消除隐患。

1990—1991 年，公司对罐体锈蚀严重、穿孔变形的董家沟油库、成都天回镇油库以及广元、宜宾、泸州等地油库实施技术改造。

1992—1997 年，公司加强以油库、加油站为中心的各项安全管理，各单位加强对库站的检查进度，对隐患认真整改，对问题查处坚决。按照集团公司部署，开展危险化学品安全管理专项整治工作。公司对油库、加油站的隐患进行全面摸底调查，根据调查结果建立隐患管理台账，列出整改计划加以整改。

1998 年，公司采取抽查和普查相结合的方法，共组织检查油库 24 座、加油站 31 座，发现隐患问题365处，其中重大隐患16处。

1999年，公司进行油库、加油站的技术改造。针对一些市级公司油库设施、设备陈旧老化、技术装备水平较低、隐患较多的现状，重点加强对这些油库的技术改造工作，关闭隐患较多、利用率不高、效益低下的油库18座，促进油库安全管理水平提高。

2000—2004年，公司各单位坚持安全巡查和安全检查制度，及时整改隐患。针对部分加油站安全管理基础薄弱、隐患较多的情况，加强技术改造和安全隐患整改，确保加油站的安全生产。

2005—2006年，公司全面整治和消除事故隐患。公司对隐患分别采取制定控制措施进行监控和筹集技改资金进行整改的办法，一方面督促所属公司对隐患进行识别、评价和分类，制订出详细的整改计划，分项列出包括监控措施、技改内容、整改时间和整改责任人的具体方案；另一方面，公司加强隐患治理监控，定期对各单位隐患整改落实情况进行检查，督促整改落实到位，对全公司需要投入资金进行整改的隐患项目进行全面清理，建立油库和加油站的隐患管理台账，并按照“集中整改，分年实施”的原则制订分年整改计划，千方百计筹集整改资金进行整改。

2007年6月，公司按照《国务院安委会办公室关于在中央企业开展安全生产隐患排查治理专项行动的指导意见》要求，结合集团公司开展的“安全环保基础年”活动，认真组织安全生产隐患排查治理专项行动。

2008—2009年，公司在库站达标专项整改的基础上，继续开展事故隐患排查和整改工作，建立鼓励隐患发现、报告、治理和持续投入的长效机制。

2010—2011年，公司加强隐患治理力度，建立健全隐患分级管理责任制，继续深化隐患排查治理，健全隐患排查治理制度，多渠道筹集隐患整改资金，确保隐患整改工作稳步推进。

2012年，公司利用集团公司启动三年重大隐患项目治理计划的契机，完善隐患排查、建档、监管、整改责任制，对排查出的隐患，按轻、重、缓、急原则，制订“三年隐患治理计划”，根据资金投入情况分期实施整改。12月，启动安全生产“四不两直”暗查暗访工作，查隐患、找问题，督查督办隐患整改。

2013年，公司组织开展以“全覆盖、零容忍、严执法、重实效”为主题的安全生产大检查活动，抽调百人对两级机关、近千处生产作业现场进行拉网式大检查，对查出的3007个隐患、公司问题，建档立案，制定措施，明确责任，全力整改。

2014年，公司通过体系审核发现库站隐患1048处，批复隐患整改项目349个。

2015年，公司完成1353座库站的167.6千米管线、254座储罐的1.3万个点位检测，发现26处管线渗漏和防腐层破损点。

2016年，公司对防雷防静电不导通、防爆隔离失效、操作井油气浓度超标等隐患全覆盖排查治理。

2017年，公司持续开展隐患排查整改，完成污水处理设备、环保沟、隔油池改造扫尾工程，对15座站的油气回收设备进行治理，推进加油站防渗治理。

2018年，公司监督检查、体系审核发现设施设备问题共2732项。是年8月29日，公司印发《道路交通安全风险管控及隐患专项整治活动方案》，组织开展“道路交通安全风险管控及隐患专项整治活动”，整治道路交通安全隐患，有效减少道路交通事故，建立道路交通安全风险管控长效机制。

是年，公司全面梳理风险管理和隐患排查治理流程。

2019 年，公司明确 16 类 380 项隐患分级管控要求，规范隐患分类和基层资料管理。

二、隐患治理成效

1995 年，公司各单位把整改隐患作为安全管理工作的一项重要内容抓紧、抓实。雅安分公司投资 400 多万元用于青龙场油库油罐扩容、发油台新建，整改管线、配电间、消防设施中多年积存的重大除患。万县站面临淹没设施迁建的艰巨任务，仍挤出 100 多万元改造巨渔沱库的美孚罐，更换变压器、消防泵，新购化验设备。达川分公司投资 88 万元用于隐患整改和购置消防车。当年全公司系统仅用于新增消防设施（含消防跑道）设备、器材、泡沫液就在 500 万元以上。

1996—1997 年，公司无重、特大等级事故发生，实现四川省政府下达安全控制目标。

1998 年，公司采取抽查和普查相结合的方法，共组织检查油库 24 座、加油站 31 座，发现隐患问题 365 处，其中重大隐患 16 处、事故 3 起，整改率达 95%。

1999 年，公司狠抓隐患管理，全年无等级事故发生。

2000 年，公司未发生三级以上等级事故，继续保持安全生产良好态势。

2001 年，公司推行风险抵押金制度，建立安全巡查制度，提高安全保障能力，加强隐患整改和技术改造，共投资 832 万元用于油库隐患整改，技改工作进展顺利，隐患整改率达到 95% 以上。

2002 年，公司投资 900 万元对达州 7101 油库、乐山 7102 油库、凉山经久油库、宜宾吊黄楼油库进行隐患整改和技改。2002 年加油站隐患整改完成投资 876.7 万元，加油站技术改造完成投资 2312.65 万元；安排 963.68 万元对存续公司加油站进行技改。公司印发《关于加强加油站隐患整改确保营运安全的紧急通知》，从费用中挤出 1600 多万元对 100 多座加油站的部分隐患进行整改。公司投资 17751.5 万元对广元油库、绵阳董家沟油库、德阳宝锋油库、岷江天彭油库、成都 104 油库、简阳红塔油库、资阳卧龙桥油库、川南史家油库、泸州隆昌油库等 9 座兰成渝输油管道配套油库进行技术改造，新增库容 12.48 万立方米。所有油罐安装液位仪，公路发油实现自动控制，库内部分区域安装油气浓度报警装置，成都 104 油库还增设现场监控系统、消防系统，实现远程控制。

2003 年，按照炼油与销售分公司的安排，中国石油大学青岛欧塞斯环境与安全技术有限责任公司对公司 1031 座加油站、四川省林达安全咨询技术服务有限责任公司和四川省现代安全评价咨询事务所对公司 26 座油库进行安全评价。公司根据评价结果，对油库、加油站的隐患建立隐患台账，制订整改计划，落实整改资金、责任部门和责任人，并追踪落实整改情况。公司除安排技改资金对攀枝花金江油库、宜宾吊黄楼油库和部分加油站进行整改外，还安排费用 1500 多万元对 106 座加油站的隐患进行整改，整改率达 100%。

2004年，公司根据建立的隐患管理台账，制订整改计划，落实整改资金、责任部门和责任人，加大隐患整改力度，治理隐患。公司先后安排资金6580万元，对部分油库、200多座加油站的主要隐患进行整改。

2005年，公司投入上亿元进行隐患整改和标识更换，保证加油站和油库整体安全。

2006年，公司加大库站隐患整改力度，对25座油库、566座加油站进行安全环保隐患整改和技改，完成部分加油站的新标识更换和部分加油机更新。

2007年，公司对9座油库、1291座加油站进行隐患整改，隐患治理有明显成效。

2008年，公司对12座油库、114座加油站实施隐患治理，针对泸州分公司承包商事故认真开展施工安全专项整治，安全环保状况明显改善。

2010年8月16日，公司下达2010年安全环保隐患治理项目专项计划，要求各单位认真总结2006—2008年三年隐患专项治理经验，切实做好项目前期工作和基本建设程序，优化方案，强化过程控制，确保达到治理效果和目标。

2011年，公司安排1819万元资金用于44个办公区、生活区隐患治理和配套改造。

2012年，公司启动三年安全环保隐患治理计划，安排资金1.5亿元治理库站隐患项目241个。

2013年，公司投入隐患整改资金1.3亿元，对3000余个隐患和问题进行重点整改。

2014年，加大安全环保投入，完善三级四类隐患治理模式，落实库站油气回收改造资金1.3亿元，下达安全隐患项目批复1.1亿元。组织开展水环境风险、油气输送管线等隐患专项排查，对泸州、宜宾分公司5艘加油船下达关停令，对8座油库、46座加油站的排污达标隐患进行整改。

2015年，公司狠抓隐患排查治理，对存在垮塌或局部掉落风险的132座加油站罩棚实施改造，消除34座加油站承重式油罐隐患，完成1353座库站的167.6千米管线、254座储罐的1.3万个点位检测，处置26处管线渗漏和防腐层破损点。

2016年，公司统筹使用资金4.5亿元，治理390座库站的储罐、管线、罩棚等隐患，完成82座加油站、4座油库油气回收改造。

2017年，公司完成22座库、1310座站的埋地管线检测工作，完成对114座站的环保沟和隔油池、85座站的罐区防渗漏、50座服务区的环保风险隐患的全面治理，分步完成加油站旱厕改造，并持续开展罩棚、罐区操作井隐患排查治理。

2018年，公司审核检查发现较大及以上的隐患91个，对125名责任人进行问责。

2019年，公司对照危化品《重大隐患判定标准》《风险隐患排查治理导则》，排查发现隐患3861项、整改办结3837项。

第四节　应急管理

一、应急组织机构

组织体系　公司应急组织体系由公司应急领导小组、应急领导小组办公室、应急专业组（现场救灾组、应急信息组、油品保障组、物质保障组、稳定善后组）、应急专家组、现场应急指挥部和二级公司应急领导小组组成（见图 7–3）。

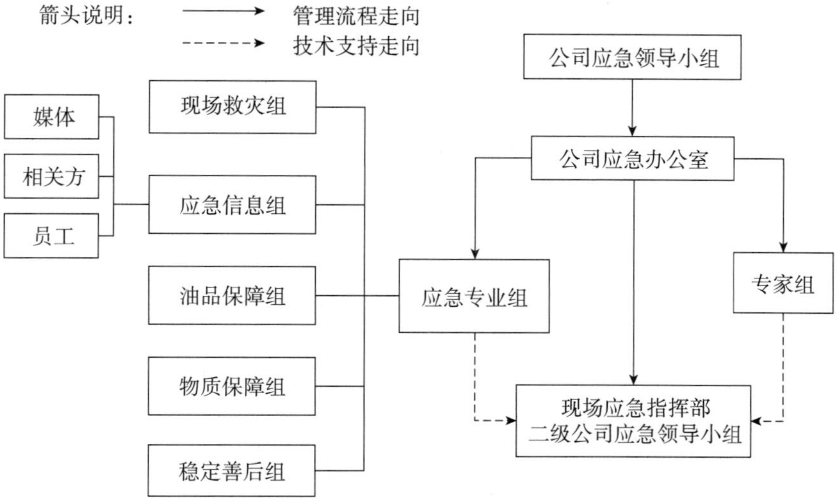

图 7–3　公司应急组织体系

应急信息报告流程　公司较大及以上突发事件应急信息报告流程图如图 7–4 所示。

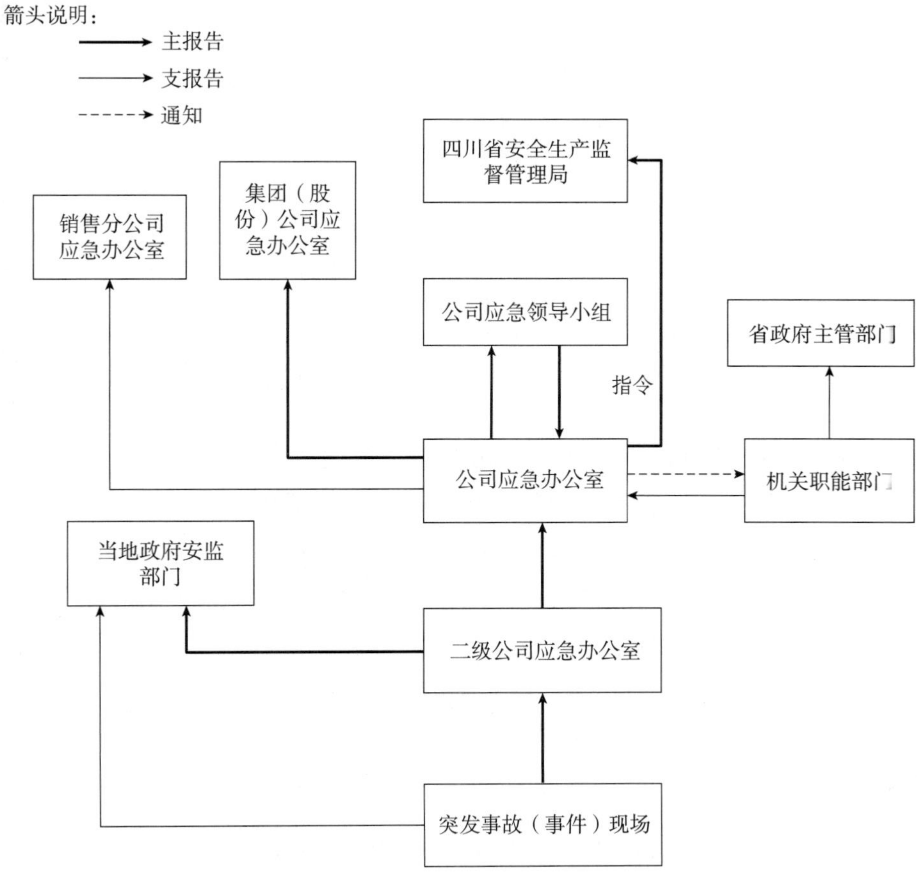

图 7–4　公司较大及以上突发事件应急信息报告流程图

应急指令下达流程 公司较大及以上突发事件应急指令下达程序流程图如图 7-5 所示。

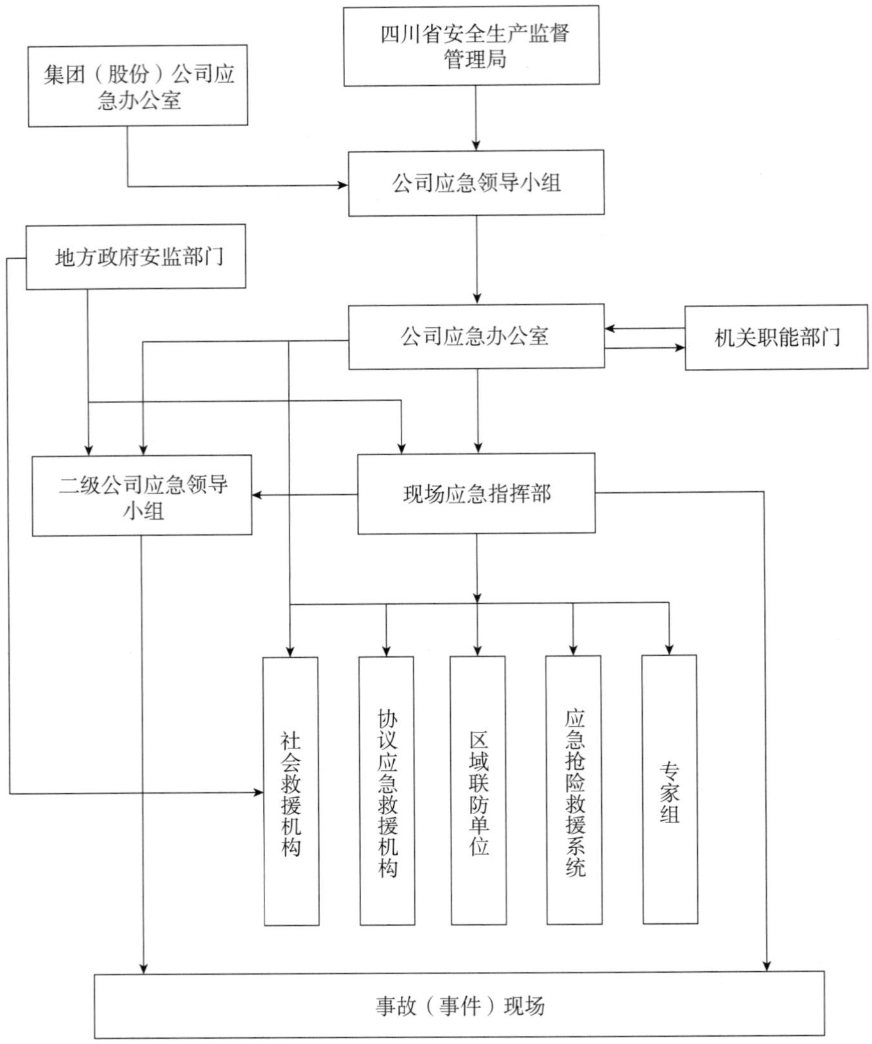

图 7-5 公司较大及以上突发事件应急指令下达程序流程图

公司应急领导小组由公司领导、机关职能处室主要负责人组成，是突发事件应急管理工作的最高领导机构。总经理任组长，党委书记、副总经理、党委副书记、工会主席、总会计师等班子其他成员任副组长，成员有安全副总监、总经理助理、副总师，总经理办公室、营销管理处、仓储调运处、人事处、财务资产处、质量安全环保处、加油站管理处、规划计划处、工程建设处、信息管理处、企管法规处、党群工作处、审计监察处、后勤管理中心、机关党委等部门负责人，非油分公司、仓储分公司总经理，安全质量监督总站站长。

二、应急管理体系

1989—2002 年，公司应急管理体系尚未建立，主要通过对库、站实行全过程、全方位、全天候的安全监督管理，开展夏防、冬防、安全生产周等活动方式保证库站安全平稳运行。

2003 年，公司根据股份公司要求，结合 HSE 管理体系的建立，对各种应急预案进行修改完善。公司制订针对所属单位发生突发事故后实施抢险救援的应急预案，明确公司领导、职能部门和相关人员的职责、上下联络方式、抢险救援措施和抢险救援物资准备等；各二级公司根据省公司要求制订相应应急预案；各油库、加油站针对各要害部位在原有灭火作战预案的基础上，制订分部位、分性质、分种类的应急预案，车队针对车辆运输途中和装卸油作业制订应急预案。

2004 年，公司根据国家安全生产监督管理局印发的《危险化学品应急救援预案编写导则》和炼油与销售分公司制定的《地区公司、油库、加油站三类重特大事故应急救援预案标准文本》，分别制定《中国石油天然气股份有限公司四川销售分公司重特大事故应急救援预案》《成都 104 油库事故应急救援预案》和《水碾河加油站事故应急救援预案》三类样本，并印发给二级公司。

2005 年，公司完善应急救援体系。按照股份公司的要求，公司组织各二级公司对应急救援预案进行修订和完善，加强现场演练，提高预案的有效性和可操作性，增强应急抢险救援和应对突发事故的能力。吉化“11・13”事故后，公司针对预案中人员配置、夜间实施救援以及事故次生出的环境污染控制等方面的问题，对原有应急救援预案进行完善，认真开展消防训练和应急演练，应急救援能力得到增强。

2006 年，根据集团公司《关于加强应急管理工作的意见》，公司修订应急预案体系，制定《应急管理办法》。

2007 年，公司编发总体应急预案及专项预案。

2008—2010 年，公司继续加强应急管理工作，按照公司总体预案修订完善基层库站应急预案，与地方和周边相关方建立起预警、接警、救援和恢复的联动机制，形成完整的应急管理体系。

2011 年，公司强化应急组织体系建设，各二级公司成立应急管理领导小组，设立应急工作办公室和应急协调办公室，统一协调指挥应急管理工作。按照“直线责任、属地管理”的要求，明确、落实两级职能部门、基层单位的应急管理职责。公司按照集团公司要求，对 2007 年 7 月版《中国石油四川销售分公司突发事件应急预案》进行修订，形成 1 个总体应急预案及 12 个专项应急预案。

2011 年 4 月 6 日，公司印发修改后的《中国石油四川销售分公司突发事件应急预案》，各油库、加油站针对不同的突发事件类型和部位，开展突发事件应急处置、岗位自防自救以及油槽和油桶灭火、“消防运动会”、“消防安全技能竞赛”等不同类型的应急演练。据不完全统计，公司各单位共开展各类演练 29800 多次，应急处置能力不断提高。

是年，公司利用现有调运指挥系统，整合油库、加油站视频监控，初步建成公司应急指挥平台。投入资金购置应急物资，初步建立省公司，104、南充、内江、绵阳、凉山等五个片区和库、站三级应急物资储备体系，增强应急保障能力。年底，顺利通过集团公司应急管理体系审核检查组的审核检查，并得到好评。

2012 年，公司修订完善各类应急预案，并及时在当地安监部门办理应急预案备案，取得备案通知书，强化应急培训和演练，着力提高应急处置能力。是年末，集团公司为公司配置一辆应急通讯车，公司建立应急通讯车相关制度，并确定季度拉练日常运行机制，与应急指挥平台融合使用。

2013 年，公司强化应急救援体系建设，经受住“4·20”强烈地震、“6·30”特大暴雨等重大自然灾害考验，在全国两会、集团公司领导干部会和财富全球论坛等特殊重要时期保持和谐稳定。

2014 年，公司发布新版“1+14”应急预案，修订应急物资配备标准，定期开展实战演练，成功应对 9 月川东北片区特大洪灾、“11·22”康定重大地震等自然灾害。

2015 年，公司印发新版《突发事件应急预案》。内容上从原先的“1+12”预案修改为“1+14”预案，新增《地震地质灾害专项应急预案》和《质量、计量专项应急预案》。

2017 年，公司各单位逐站逐库开展演练，完善处置程序与内容，提高应急处置能力，开展应急预案“一案一卡”修订与备案工作。

2018 年，公司以可接受风险评估结果为依据，开展应急预案修订与备案工作，构建油库、加油站应急管理情景再造模型，对公司应急预案进行系统化验证，确保预案科学有效。

2019 年，公司完善岗位应急处置卡，持续修订库站应急处置方案，确保应急处置程序和措施科学合理，加强应急预案编审及备案管理，确保合规，且地企对接有效。

公司应急预案体系构成图如图 7–6 所示。

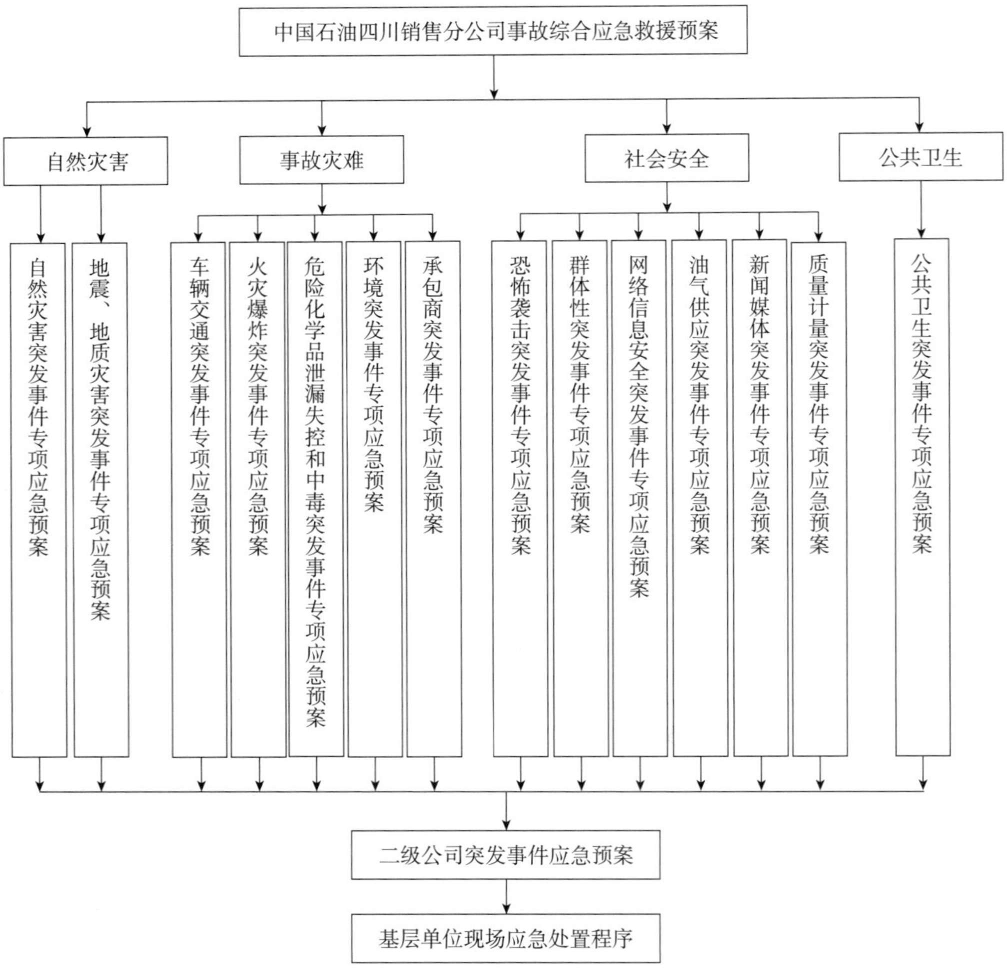

图 7–6　公司应急预案体系构成图

三、应急物资配备体系

公司按三级应急物资配备标准（省公司级、分公司级、基层库站级），储备应急救援所需的常用或特种设备设施、交通工具以及其他物资。质量安全环保处依据突发事件应急处置的需求，以二级单位为依托，做好应急物资动态管理。在应急状态下，由公司应急指挥部统一调拨使用应急物资。

省公司级配备体系　省公司级配备体系为“1+5+X”，其中“1”代表104中心储备库，是公司主要应急救援力量，配备各类物资。“5”代表绵阳、内江、南充、凉山和省公司库房5个应急储备分库，为所负责区域内各二级公司储备应急物资。“X”代表应急储备点，三州地区的偏远站是公司应急救援一大难点，将这类加油站作为一个小型应急储备点。

分公司级配备体系　公司将分公司应急物资和油库应急物资整合为一个标准，统一存放于属地油库，并由属地分公司指定一辆车作为应急物资运输车辆。成都、成品油、泊料、甘孜公司无属地油库的，自行安排地点存放，存放地点要方便调用。

基层库站级配备体系　加油站场地有限，仅配备初期处置类物资，等待二级公司应急救援。

第五节　安全监督

一、监督机制的发展

1989—2009年，以落实岗位责任制为主的安全大检查为主。

2010—2019年，转为以HSE管理体系审核为主的监督检查机制为主，每年组织2次体系审核。

二、重点时段检查

为有效保障春节、国庆、“两会”等重点时段的安全平稳运行，公司持续提前部署特殊时段重点工作，编发编制《升级管理实施方案》，落实升级管理8项具体防范举措。在升级严控期，采取停止休假、主要负责人值守、停止自助加油等严厉措施，落实散装汽油销售“六个必须”要求，保证安全平稳。针对性安排防盗抢、防恐、资源配送等重点工作。并对各单位及基层库站落实情况进行专项检查。狠抓各关键时段的安全环保监管。针对年初高库存运行，夏季高温、雷暴雨天气，新中国成立60周年大庆、新中国成立70周年大庆等关键时段，认真落实责任，制订针对性工作方案，并采取一系列保安全、保生产的措施，确保各关键时段安全管理。

三、专项检查督导

车辆安全管理　1989—1999年，公司车辆管理相对宽松，交通事故时有发生。

2000年，公司专门召开全系统车辆安全管理工作会议，加大车辆管理力度，理顺车辆管理体制，制定车辆安全管理实施细则，确保车辆营运安全。

2001—2002年，公司加大车辆管理力度，确保车辆营运安全。

2003年，公司生产车辆大量增加，油品配送任务十分繁重，尤其远距离运量增加，给交通安全工作增加很大困难，交通安全形势非常严峻，公司从各个方面加强交通安全管理，扼制重特大交通责任事故的发生。公司于7月重新制定《生产车辆安全管理规定》和《非生产车辆安全管理规定》，明确车辆安全管理职责，细化管理内容，增加处罚条款，并对私人车辆的安全管理也做出相应规定。

2004—2005年，在运量增大、运力不足等情况下，加大车辆管理力度，深入开展“车辆交通安全专项整治”活动。坚持安全教育和业务技能培训。

2005—2008年，公司大部分二级单位建立GPS汽车卫星定位调度系统，适时对运油车辆的运行速度、线路、位置、车辆状况等进行监控和管理，对行车途中的违章违纪问题及时进行处理。

2009年，公司狠抓车辆交通安全管理，按照集团公司的要求和部署，结合销售企业实际情况，公司制定印发《车辆交通安全专项整治方案》，组织开展十大不安全行为专项整治，严格驾驶员管理，并对酒后驾车行为做出专门规定，从严处罚酒后驾车等违章行为，有效确保车辆交通安全，未发生任何车辆交通事故。

2010—2012年，公司继续狠抓车辆交通安全管理，保证车辆运行安全。加强驾驶员的行车安全教育，驾驶员安全行车意识明显增强，特别是酒后驾车行为大大减少。开展“十大驾车不安全行为”整治活动，加大对违章行为的处罚力度，严查严处违章行为。严格执行内部准驾制度和车辆派遣制度，规范行车管理。加强车辆的日常检查、维修，车辆安全性能基本得到保证。加强小额配送车运行全过程监管，做到责任、制度、安全措施到位，有效确保小额配送车运行安全。

2013年，公司组织“车辆百万公里无事故”活动，提高车辆安全管理水平。

2014—2015年，公司严把承运车辆安全技术条件关，保证车辆安全设施有效。严格车辆安全管理，强化驾乘人员安全教育，严防事故发生。

2016年，公司制定《车辆入库检查标准》和《承运人员违章处罚标准》，联合运输车队全面开展车辆入库安全检查。

2017年4月，为强化成品油配送车辆安全管理，保证车辆入库、装油、到站、卸油全流程安全平稳受控，公司与中国石油运输公司四川分公司签订《成品油配送安全管理协议》。

2018—2019年，公司严把承运车辆安全技术条件关，保证车辆安全设施有效，严格车辆安全管理，强化驾乘人员安全教育，严防事故发生。

汛期灾害监督 针对四川汛期地质灾害、洪涝等自然灾害风险，公司编制《防汛抗洪特殊时段安全管理工作规程》，排查梳理汛期风险库站。实行三级分类管控，编制汛期防控计划，加油站、油库分委会实行分片联络，定责定人，配合做好重点库站的防汛工作。建立“日气象预报、周汛情分析”工作制度，做到汛情提前掌控、灾情及时处置，成功应对多起洪水、地震等自然灾害。

第六节　环境保护

一、油库三级防控

2007—2011 年，公司按照销售公司《关于加强污染治理设施运行管理确保稳定达标排放的通知》要求。每年对油库“三级防控设施”和加油站隔油池、加油船拦油设施的有效性进行检查，整改存在问题。

2012—2013 年，公司完善油库“三级防控”设施，加强含油污水处理、排放管理，使用油气回收装置，减少现场油气浓度。

2014 年，公司对 8 座油库的三级防控、46 座加油站的排污达标类隐患进行整改。

2015 年，公司 7 座油库三级防控隐患整改项目顺利竣工并通过验收。

2016—2019 年，公司累计筹措近 5 亿元资金，全面完成库站油气回收改造工程，更新库站污水处理设备，全覆盖安装设置环保沟、隔油池等环保设施。

二、环保治理

1999—2001 年，公司加强环保法律法规宣传，增强员工的环保意识。严格按照《建设项目环境保护管理条例》规定，加强油库、加油站建设项目的环境保护管理工作，强化环境影响评价，在对油库、加油站进行技改时，严格遵守“三同时”管理规定。

2002—2006 年，公司加大环境保护宣传力度，增强环境保护意识。以 HSE 管理体系建设为契机，在全体员工中宣传国家有关环境保护的法律法规，宣贯 ISO 1400 环境管理体系。推广使用燃油添加剂，降低油品燃烧的污染。11 月，公司开始在所有加油站加注清洁燃油添加剂，增加油品燃烧的抗爆性，减少油品燃烧的积炭，降低汽车排污。经过推广使用，用户普遍反映效果明显，政府相关部门满意。严格按照《建设项目环境保护管理条例》规定，加强油库、加油站建设项目的环境保护管理工作，强化环境影响评价和“三同时”管理，9 座管道配套技改油库进行环境评价，增加污水处理系统，对含油污水进行处理。

2007 年 6 月 14 日，为配合国家 5—12 月环保专项行动。公司按照股份公司在全公司范围内开展整治违法排污企业保障群众健康环保专项行动的要求，结合销售企业特点，在公司系统内开展整治违法排污专项活动。为确保加油站油气回收改造有序推进，公司制定《加油站油气回收改造工程实施方案》，并结合各公司生产经营实际情况，编制《加油站油气回收项目实施计划进度表》，开展沿江沿河油库和加油站的环境排查整治工作。禁止库站含油污水未经处理就直接向外排放，杜绝偷排漏排、擅自停用污染治理设施等行为，对不能稳定达标排放、存在重大环境隐患的库站要按国家有关规定限期整改；对涉及长江、岷江、沱江等环境敏感区域的油库和加油站，以及有可能影响饮用水源水质的环境污染隐患，进行集中排查整治，及时完善突发环境事件应急预案，确保环境安全。2007 年，公司在部分油库、加油站安装油气回收装置，对 205 座加油站实施隔油池改造，实现废水废气达标排放，公司荣获集团公司“环境保护先进单位”。

2014 年，公司加大安全环保投入，落实库站油气回收改造资金 1.3 亿元。组织开展水环境风险、油气输送管线等隐患专项排查，对泸州、宜宾分公司 5 艘加油船下达关停令，对 8 座油库、46 座加油站的排污达标隐患进行整改。

2015 年 10 月 19 日，公司向销售分公司提交《关于更换地下油罐为双层罐相关情况的报告》。因改造工作点多面广、资金投入大，恳请销售公司在 2016 年投资计划或利润考核中对该项资金支出酌情予以考虑。

2015 年，公司启动环保设施改造，91 座老旧站修建隔油池、环保沟，完成 726 座站、7 座油库油气回收项目。

2016—2019 年，公司全面实施排污达标升级计划，累计筹措近 5 亿元资金，全面完成库站油气回收改造工程，更新库站污水处理设备，全覆盖安装设置环保沟、隔油池等环保设施。贯彻落实“水十条”要求，遵循“风险优先、分类治理、有序实施”的原则，计划斥资 14 亿元逐步完成加油站双层油罐更新。

公司根据油罐与管线使用年限、周边环境要素等，实施水污染风险分类分级管理，对应落实防控措施。全面加强对地处环境敏感区域库站的人员配备与巡检巡查，编制油品渗漏风险专项应急预案并定期开展演练，坚持开展地埋管线检测，从未发生一起环境污染事件。

公司持续完善岗位责任考核监督制度，领导干部全面签订环保履职承诺书与责任书，将环保违法违规一并纳入环境事件管理，强化环保责任体系建设。制定并严格落实《环境管理负面清单》，实行照单违规处罚、管理人员连带追责，深化环保“反违章”。建立基础类、共性类、控制类和重点工作于一体的环保指标体系，对二级单位设置个性化指标，按月考核兑现。

公司抓住国家生态文明建设契机，制订地企环境保护协作方案，分享发展机遇、资源价值与技术。主动公开环境保护信息，自觉接受公众监督，践行企业承诺。启动绿色公益行动，举办“3·15”“环境日”主题活动，邀请人大代表、政协委员进库站，参加广播电台“阳光热线”栏目，深化企业微信、微博等自媒体运用，传播环保理念。

第七节　职业健康

1998—2019 年，公司始终关心员工的身心健康，为加强员工的健康教育和职业病防治，定期对员工进行体检，建立职工健康档案，对接触危害源的工种进行防护，为员工配置劳动保护用品，对员工进行健康教育，定期或不定期开展各种形式的文化体育活动，增强员工的身心健康。

2008 年，公司为做好员工职业健康和劳动保护，劳保服装发放标准由 1 年 1 套提高到 1 年 2 套，建立完善员工和离退休人员健康体检制度，提高健康素质。

2009 年，公司将 HSE 信息的录入和管理融入到职业健康业务活动之中。

2010 年，公司关注员工的健康素质，严格落实劳保用品、年休疗养、健康体检等制度，在看病就医、子女入学等方面拓宽“绿色通道”。

2011 年，公司机关的员工健康体检由工会移交到仓储安全环保处。

2012—2013 年，公司贯彻落实国家新修订的《中华人民共和国职业病防治法》，以员工的健康为本，加强职业健康管理。开展职业健康监护和职业卫生评价制度、规定的梳理清查工作，加强对各类工程建设项目职业卫生评价与“三同时”管理，严格履行建设项目职业卫生审核、报批和备案管理程序。开展油库、加油站作业场所和办公场所的职业病危害检测，对检测出的结果及时进行辨识，切实落实措施，加强作业场所噪声、粉尘和有害气体的治理与防护。组织开展“送健康到一线”活动，加强高温酷暑、低温严寒、高海拔等环境气候条件下员工的健康防护。

2014—2015 年，公司在年度安全工作控制目标中将职业健康体检率定为大于 98%，职业病危害因素检测率定为大于 98%。公司加强员工健康监护管理，定期组织员工体检，完善员工健康管理档案，跟踪员工健康恢复；开展员工心理健康咨询和心理健康疏导，保证员工身心健康。

2015—2019 年，公司继续规范建立职业病健康档案，将检测情况及时录入 HSE 信息系统，聘请专业机构定期分析体检数据，不断优化职业健康风险管控措施。

第八节　节能节水

一、目标指标管理

1989—2006 年，公司未对节能节水工作实施规范化专项管理，只在环境因素调查、经济活动分析和效能监察中不同程度提及。随着公司规模的扩大和基础管理的精细化，逐年加强节能节水治理工作。

2007 年 8 月 13 日，公司为加强节能减排工作的领导，推动节能减排工作的开展，按照集团公司要求，经研究成立公司节能减排工作领导小组。

2008—2019 年，公司严格按照《中国石油天然气集团公司节能节水管理办法》文件指示，在每年初，向各二级公司下达综合电耗、水耗、油耗控制指标，要求各二级公司分解下达到基层单位年度综合电耗、水耗、油耗控制指标，各二级公司还分环节、分类、分设备制定用电、用水、用油定额，建立健全电耗、水耗、自用油消耗台账，健全消耗与节约统计报表体系，从制度上对节能节水工作进行规范。公司每季度对节能节水管理工作作分析报告，每年度对节能节水工作作自评报告。

二、节能措施及成效

2009 年后，公司持续开展节能宣传教育，严明灯具开启管制，在坚决查处长流水现象的同时，探索实践节能技术应用。是年，公司在加油站推广使用节能灯，在 185 座加油站更换节能灯 551 组，节约电费近 15 万元。

2010 年，公司推广使用“节能灯具”“微控开关”“太阳能照明”“变频加油机”等节能新技术，运用信息化办公手段，减少办公纸张等耗材用量，降低公司系统能耗水平。

2011—2012年，公司开展“少用一度电、少用一滴水、少用一张纸”的活动，全员节能意识增强。细化能耗定额，初步完成库、站能耗标准的制定。继续推进加油站微控开关和节能灯改造、加气站用电工艺改造、油气回收装置优化用电等节能项目的实施，节能降耗成效较为明显。

2013—2016年，公司推进节能减排工作，推广节能新技术、新产品，淘汰低效、高耗能设备。加强用电设备，尤其是油气回收装置，加气站脱硫、压缩装置，洗车装置等高耗电设备的使用管理，科学制定开启时间，避免低负荷、低效运行。

2017—2018年，公司开展油气回收节能计量研究工作，评估能耗水平与创效能力。

2019年，公司实施一系列的节能降耗、节能减排措施（见表7–7）。

表7–7　2019年中国石油四川销售分公司节能降耗减排措施表

措施类型	内容
节电措施	根据自身每月用电实际情况，制定出翔实符合工作营运的用电次数、时间
	办公室内电脑、打印机等电器设备，在未使用时应关闭电源，尽量减少待机时间，严禁在办公室内使用大功率高电耗设备
	后勤管理部门控制办公室中央空调温度设置，夏季空调温度控制在26℃以上，冬季空调控制在20℃以下，要求各处室要做到无人时不开空调，开空调时不开门窗，下班前20分钟关闭空调开关
	在加油站用电管理方面，要求严格按照“先开油箱后提枪，先挂油枪后关箱”规范操作；罩棚采取隔行式或交叉式多路控制实行分散式照明；按照分路控制和分时段开启加油站照明灯；根据加油峰时实行分时段开机加油作业
节水措施	办公楼用水水龙头尽量开小，用完随手关闭，避免长流水；后勤管理部门经常检查供水设备，及时维修漏水设备设施
	用水区域张贴节约用水标语，从思想观念上提高员工节约用水的意识
	绿化用水鼓励使用雨水和符合水质要求的再生水，充分利用江河湖等自然水
	循环利用，加大用水次数。加油站利用洗菜洗米用水，对厕所进行冲刷
	对有条件的加油站尽量打井，使用井水作为生活用水
	严禁私自对外供水
节油措施	提高公务用车实载率，市区办事原则乘坐公共交通，骑共享单车，尽量减少使用公务车，在公司车辆派遣时执行“先登记、后派遣”的原则，把去同一方向处理公事人员安排同一辆车，最大限度减少重复派车，节省油耗，减少废气排放
	对油库、加油站设施设备“跑、冒、滴、漏”等现象，进行维修整改，节约能源，减少浪费
	加强维护保养生产生活设备
	加强加油机计量器具校验工作
	加强加油站自用油管理，严格按照自用油管理规定，加强加油站发电用油审批程序管理，片区与供电部门核对加油站停电时间以及核定发电机运行油料定额消耗，财务、审计部门对加油站进行重点抽查。加强自校用油回罐监控程序

第九节 安保基金

2000年，是股份公司实行安保基金的第一年。

2000—2013年，公司每年向股份公司上缴安保基金，股份公司按照上缴总额约40%比例返还安保基金。按照股份公司安保基金使用管理规定，公司将返还的安保基金按15%的比例用于安全教育培训，15%用于安全生产先进奖励，70%用于灾害损失不足5万元的赔付和隐患整改。灾害损失超过5万元的部分，公司向股份公司申请赔付。

公司按照股份公司的要求，每年组织人员对各单位安保基金的上缴和对部分单位理赔资金、隐患资金的使用情况进行检查，安保基金的上缴、使用没有违反有关规定。

2002年，公司接受股份公司委派审计单位对公司安保基金上缴和使用情况的审计，公司安保基金的上缴、使用及管理规范，得到审计单位的好评。

2014年至2019年6月，公司每年向股份公司上缴安保基金，股份公司按照上缴总额的60%比例返还安保基金。按照股份公司新的安保基金使用管理规定，公司将返还的安保基金按10%的比例用于安全教育培训，90%用于灾害损失不足5万元的赔付和隐患整改。灾害损失超过5万元的部分，公司向股份公司申请赔付。

2019年9月，股份公司印发《关于股份公司各单位停止计提安全生产保证基金的通知》：自2019年7月1日起，各相关企事业单位不再提取安全生产保证基金，7月1日后，已计提的在9月进行账务冲回处理，已上缴的安全生产保证基金总部将予以返还。同时废止《中国石油天然气股份有限公司安全生产保证基金管理办法》（石油质字〔2003〕119号）、《中国石油天然气股份有限公司机关安全生产保证基金使用管理暂行规定》（石油质字〔2003〕289号）、《中国石油天然气股份有限公司安全生产保证基金自然灾害及事故损失赔偿细则》（油质字〔2000〕127号）、《中国石油天然气股份有限公司安保基金预算管理暂行办法》（石油财字〔2003〕80号）等安全生产基金管理办法。

2019年9月后，公司不再向股份公司缴纳安保基金，灾害损失赔付与隐患整改费用由公司向股份公司申请。

第三章　质量管理

第一节　化验室建设

20 世纪 50—60 年代，四川省石油运输、储存以桶装为主，仓储条件差，对油品的养护管理不够重视，油品含水、含杂，乳化变质现象严重。“十年动乱”期间，从事化验、洗焊容器人员不少被调离改行，部分化验和清洗容器的设备被废弃，油品的收、发、存环节大都无章可循，或有章不循，串油、混油、变质及错发品种、牌号等事故时有发生。

1979 年，在国家商业部燃料局的重视和督促下，商品质量管理工作被提到议事日程。1980 年 5 月，燃料局颁发《石油商品质量管理试行办法》，于 8 月 1 日实行。图 7–7 所示为 1980 年公司石油化验班培训人员合影。

图 7–7　1980 年四川省石油公司石油化验班培训

1981 年，公司成立商品应用技术研究室，除阿坝、甘孜外的各二段站、地、市、州公司均恢复或建立化验室，测定 24 个基本化验项目。

1984 年 2 月，公司增设中心化验室，与商品应用研究室合并办公。

1987 年 6 月，公司撤销商品应用研究室，成立科研所，在科研所内保留中心化验室。

1990年10月，四川省标准计量管理局授权公司科研所组建“四川省石油产品质量监督检验一站”，承担全省范围内的石油产品质量监督检验任务，属执法性质机构。

是年11月，四川省标准计量管理局组织6位专家，对四川省石油产品质量监督检验一站进行计量认证和质量监督检验机构认证预评审，规定“四川省石油产品质量监督检验一站承担的各种性质的商品质量检验，对来样独立出具公证检验数据，只对法律负责，不受任何行政干预”。全省各级石油站、司，都必须无条件地接受标准计量管理部门统一下达的石油商品日常监督检验、季度监督抽查、统一监督检验和市场商品监督检验。

2001—2002年，公司合理安排基础设施投入，争取销售公司化验设备专项资金190万元，新增或更新化验仪器、设备202台，另拨出专项资金28万元对中心化验室进行改造装修，购置化验设备，公司化验工作的硬件设施和工作环境得到极大改善。

2010年，公司全面推进质量管理体系建设，顺利通过ISO9001质量管理体系认证。

2011年，公司成立质检技术中心，中心化验室、仓储分公司化验室整体划归质检技术中心，完成筹备5个区域质检分站，配备部分化验设备。经销售公司授权举办化验员持证培训，组织各油库化验人员赴104库跟班培训，质检中心定期开展内部油品质量抽检，油品检测把关能力明显增强。

2012年，公司加大油品收储销各环节的质量管控，加强公司“一中心、五分站、十九个化验室”成品油质量检测能力建设，提升检测水平。

2013年12月，公司质量检测技术中心通过中国合格评定国家认可委员会（CNAS）认可评审，证书编号CNASL6604。质检中心管理水平、检测能力以及硬件配置得到权威机构认可，正式取得中国合格评定国家认可委员会授权资质。

截至2019年末，公司油品质检系统拥有中心化验室1个、质检分站5个和油库化验室16个，其中，中心化验室是四川省内成品油销售企业中唯一一家获得国家认可资质的实验室，拥有一流的检验能力。

第二节　成品油进销存质量管理

一、成品油收油质量管理

接收成品油遵循“两不收”原则，即质量不合格不收、无质量合格证不收。接收系统外炼油厂的成品油时，必须进行全面分析化验。整装密封成品油和小包装成品油应附有产品质量合格证。雷暴大雨及不适合作业的天气暂停收油作业。

铁（公）路运输收油　铁（公）路罐车到达油库后，化验员根据计划部门或发货单位通知，核对车号、品名规格，检查铅封，提取随车“成品油质量检验报告单”，核实无误后，按入库必验项目取样化验。油库化验室必须按国家标准《石油液体手工取样法》（GB/T 4756）的规定进行取样，填写“油样标签”。接收铁路罐车时，取样应至少一式两份，每份不少于1000毫升，签封一份作为“收货样品”备查检验。

成品油按入库必检项目进行化验，确认检验指标是否合格，做好相关记录；质量检验必须在卸货前完成。特殊情况下不能及时检验的产品或项目，经主管领导批准后，可先放行，但必须留样检验，并对该批成品油做好记录和标识，一旦检验不合格或发现其他质量问题，应立即进行追溯处理。化验负责人对检验结果进行分析审核，签署“成品油质量化验结果通知单”，检验指标合格，在相关作业板上签署合格意见，相关作业人员进行收油作业。当发现质量不合格时，停止验收，上报所属单位仓储管理部门和营销管理部门，具体执行《成品油质量纠纷处理程序》。

管输收油 输油时，每日8时前由西北销售川渝分公司、分输站人员和油库化验员共同在分输油库取样。分输油库化验员对分输成品油按每4小时1次取样、留样、化验，出具“产品质量合格证（或检验报告单）”，作为油库对油质监测使用。每批次取样2份，每份不少于1000毫升，一份送分输库化验室进行成品油质量分析，1份现场封样留存分输站。填写“油样标签”，标签必须标明产品名称、规格牌号、样品编号、采样地点（罐、车、船、船仓号）、采样时间、采样人签名等，并用油样封条施封，并在标签上三方签字施封。出现成品油质量不合格，及时与分输站取得联系并报告西北销售川渝分公司和本单位仓储部门，申请停输或处理。

二、成品油储存质量管理

在成品油接卸、储运过程中，应按品种、牌号、质量等级等分类，实行“四专”（专泵、专线、专罐、专车）。若受客观条件限制，泵、罐、管线互用的，必须按规定进行容器清洗、置换和顶线，避免因成品油混装造成质量不合格。根据成品油类别制定油罐清洗周期，对成品油容器定期进行清洗和验收，并做好油罐清洗记录。油罐清洗周期一般为3至5年，如因容器和管线被污染或罐底水杂影响成品油质量或计量时，应及时清洗。清洗干净的容器须由质管部门验收签字后，方可重新使用。不同品种、不同牌号、不同质量等级的成品油应实行专罐储存。

散装轻质油 按照品种、牌号分罐储存。储油罐内严禁底部垫水，其他原因（新建、改建等）带入的积水应及时排除。储存期间应定期进行质量检验，质量检验周期：不动罐汽油和柴油为3个月，煤油、溶剂油为6个月。不动罐外采产品（包括地方炼厂的产品）的检验周期为1个月。周期检验应以罐或批为单位，按出库必检项目进行检验，在取样后15天之内完成，并封样留存。油库应建立“周期检验结果记录台账”，保存备查。油库可根据实际情况缩短检验周期，增加检验项目。

散装润滑油 不同品种、规格或同品种、规格但用不同配方、含不同添加剂生产的成品油均应分罐储存。储存期间应定期或不定期对储存油罐底部成品油进行抽样化验，发现问题及时处理或报告。

整装成品油 小包装和密封定量包装的成品油应分类、分厂堆码，分堆建立质量卡。各种中高档润滑油（脂）类、电容器油、汽轮机油、刹车油等听装成品油和直馏汽油等应在收货当时入库保管。不同品名规格的整装成品油要分别堆码，分类编号，分批建卡。桶装成品油暂时露天存放的，桶盖胶垫必须完好并且拧紧，油桶倾斜，口盖向上，加盖篷布。整装润滑油、脂必须进仓库分品名规格堆放，建立分堆质量账卡，包装表面无锈蚀、无渗漏、无灰尘、无油污。

三、成品油出库质量管理

成品油出库遵循“四不发”原则，即成品油质量不合格不发，装油容器不符合技术要求或不清洁不发，无质量合格证不发，成品油质量有疑问不发。发放成品油应遵循先进先出、优质后用的原则。成品油在出库前，必须对发油油罐进行取样化验，化验合格后成品油方可出库，并按有关要求留样，油样保存周期为燃料油类 3 个月、润滑油类 6 个月；对外发出成品油时，可根据实际情况在发油台采样，并与用户共同签字施封，如用户提出要求必须留样，存样周期为 7 天。

铁（公）路发油。向铁路罐车、汽车罐车等容器灌装成品油前，检查车体技术状况和容器的清洁度是否符合规定，确认合格并记录签字后方可灌装；有影响成品油质量、行车安全的情况不能装车。发出的成品油应按必检项目进行化验，合格后方能发油。出库成品油应向用户提供“产品质量合格证（或检验报告单）”。

四、成品油配送质量管理

配送主管部门加强配送员的经营纪律管理，杜绝造假掺假现象发生，造成损害客户利益而引起纠纷。加强配送员业务学习，提高业务素质，熟练掌握成品油质量管理基本知识，懂得质量感观好坏的正确判断以及盛装容器清洁与否。所属单位和基层单位加强配送车辆和配送容器的监督管理，在做好车辆和容器保洁工作的同时，指导或帮助客户做好成品油的保管与使用。所属单位监督承运部门配置符合国家标准的器具，避免成品油因盛装容器、温度发生变化等因素而造成成品油质量变质的问题。

汽车罐车运油原则上做到专罐、专品种、专牌号运输，在运输低牌号成品油后换装高牌号成品油时，必须清空低牌号成品油，并清洗罐车，达到罐内、管内无余油之后，再装运高牌号成品油。配送车辆严格执行“双向铅封”的规定，确保成品油在运输途中质量不因外因发生变化。

五、成品油零售质量管理

加油站站长（经理）是加油站成品油质量管理第一责任人，负责全站质量管理工作，监控收发油过程，检查制度执行情况，维护成品油质量。

加油站油品储存　加油站设立兼职质量管理员并建立产品质量管理台账。加油站售出成品油的质量必须符合现行有效的石油产品标准。加油站所售成品油由上级公司业务部门统一配置，不得擅自调和或外采成品油。加油站每周检测水杂、测量水高 1 次，在雨、雪后及时测定油罐中水位，油罐水位不得高于 50 毫米，如超过应及时做排除处理。如杂质较多，及时报告做清罐处理。加油站工艺实行专管、专罐专用，储油罐卸入口安装闸阀、过滤器，配戴防尘罩，并标明品名规格。加油站按规定定期对油罐进行清洗。

加油站卸油程序　收油人员验收成品油时对配送单与罐车油品核对、配送单与二配系统中的配送计划核对、配送单与加油站管理系统的收油计划核对。收油人员使用底部取样器从油罐车计量口抽取底部油样，按照“看、闻、摸、摇”的方法，对油品色泽、气味、水杂、黏度进行外观检查，并做好油品质量验收记录，发现异常，不得接卸，并立即向上级主管部门报告。收油人员认真做好卸前计量工作，实行油罐车计量交接的加油站，计量岗位人员通过液位仪或人工计量来确认卸入储油罐的空容量，防止跑冒油事故的发生；实行地罐交接的加油站，暂停对加油机加油，储油罐稳油 15 分钟，计量岗位人员使用加油站管理系统进行卸前计量，系统自动采集相应数据。卸油前核对汽车油罐内油品与即将卸入的储油罐油品品号一致，由驾驶员、收油员双人连接卸油管线，双人复核，双人现场监护。储油罐卸油结束待液面静止后，进行计量读数。

第三节　质量纠纷管理

成品油入库前的质量责任由发货方或承运方承担；成品油出库前的质量责任由油库承担；成品油出库后至加油站卸车前的质量责任由承运方承担；成品油在加油站卸车后的质量责任由加油站承担。

一、油库成品油质量纠纷处理

成品油入库验收质量纠纷处理　油库验收成品油出现质量问题，发生质量纠纷，立即上报所属单位仓储安全环保部门、营销管理部门和仓储分公司；所属单位核实情况后，及时上报质量安全环保处和营销调运处，并附《成品油入库验收质（数）量问题报告单》及质量检验报告等相关资料。质量安全环保处签署意见，经主管领导审核后，提交营销调运处。营销调运处及时将情况报西北销售川渝分公司（若为外采成品油，则直接联系炼油厂），并协调、督促西北销售川渝分公司（或炼油厂）处理成品油质量纠纷，相关情况及时反馈质量安全环保处。西北销售川渝分公司牵头组织炼油厂、四川销售分公司共同进行现场调查，通过协商，达成一致处理意见；若为外采成品油，由公司营销调运处牵头组织，质量安全环保处参与，与炼油厂共同进行现场调查，通过协商，达成一致处理意见。

成品油出库质量纠纷处理　油罐车出库前出现质量纠纷，油库及时（不超过 1 小时）上报所属单位仓储安全环保部门和仓储分公司，由所属单位仓储安全环保部门与承运方协商解决（其中，直属油库由仓储分公司与承运方协商解决），必要时双方共同取样施封，送法定检测机构进行仲裁检验。若成品油质量合格，由承运方承担检验及相关费用；若成品油质量不合格，则由油库承担检验及相关费用。

二、加油站成品油质量纠纷处理

加油站接卸成品油　加油站接卸成品油出现质量纠纷时，员工停止卸油，立即向加油站负责人汇报。加油站负责人重新检查成品油质量是否有异常，查明情况后及时处理；如不能协调处理，取样并签字封存油样，并立即向上级质量主管部门汇报。所属单位加油站管理部门和营销管理部门接到汇报后，于30分钟内回复处理意见；需到现场解决的，及时到达争议地点，查明原因，妥善解决或提出处理意见。所属单位营销管理部门与承运单位协商解决加油站成品油质量纠纷。

与顾客产生质量纠纷　加油站经理在接到客户质量投诉后立即与客户联系，核查投诉信息，及时将"问题油品"的样品送往有资质的化验室进行检验，确定无误后在24小时为及时上报上级质量主管部门。加油站经理在核查确认油品无质量问题之后，及时与客户沟通，向客户耐心解释，确保客户无异议。加油站经理在核查确认油品存在质量问题之后，立即停止营业，并向客户道歉，同时做好对客户的赔偿工作。加油站上级质量主管部门对存在质量问题的油品来源进行跟踪调查，追究相关责任人，并要求责任部门及时予以整改。坚决杜绝加油站经理隐瞒不报、虚报或故意拖延报告质量纠纷而引发新闻危机。

第四节　质量监督

一、公司成品油质量监督抽查管理

公司根据上年成品油质量管理情况及当年成品油进货来源情况等制订并下达年度定期监督抽查计划、不定期的抽查检验计划和专项抽查计划并委托相关检验机构开展成品油质量监督抽样检验。

承检机构指派至少2名抽样人员直接到现场抽样。现场抽样时，抽样人员应出示公司质量安全环保处开具的成品油质量监督抽查通知书和有效的身份证件。被抽查单位积极配合成品油质量监督抽查工作。被抽查单位无正当理由不得拒绝抽样。对每一个检验样品，承检机构出具检验报告单，检验报告单按照检验结果判定依据及原则，对被检样品做出合格与否的总体判定结论。样品检验结束后，承检机构将检验报告单寄送受检单位。

对不合格样品的检验结果，承检机构首先以电话、传真、电子邮件等方式通知公司质量安全环保处和受检单位。受检单位在收到承检机构的检验报告单后，如对检验结果有异议，在接到通知后10日之内，向承检机构提出书面质询。逾期未提出异议的，视为承认检验结果。

二、接受成品油质量监督抽查的管理

成品油质量监督抽查包括国家、行业、地方、公司等所属质量监督部门组织的定期或不定期的成品油质量抽查。

库站成品油质量受检工作程序　对抽检人员成品油质量抽查的资质证明进行验证，包括单位介绍信、抽检任务计划书以及抽检人员的工作证、身份证、资质证明及承检机构认证（认可）技术范围等。

及时、逐级向上级质量主管部门报告接受抽检情况。库站接受任何级别（国家、行业、地方、股份公司）质量监督抽查，必须报告上级质量主管部门，经同意并派员到现场后方能取样。

被检单位质量主管部门及时将抽检情况报公司质量安全环保处，并将抽检信息录入综合业务支撑平台；接受国家、行业级的质量监督抽查情况，由公司质量安全环保处报中国石油炼油与销售分公司质量技术监督处。

需要填报的抽检信息资料，须经分公司质量主管部门和分管领导审核后方可交付承检人员，受检库、站留存抽检信息资料原件，并将复印件报质量主管部门备案。接受外部质量抽检后，油库或加油站除按规定留油样外，还需另外自取油样 2—3 份，1 份封存备查，其余用于内部送检，以及时掌握被检成品油的质量。内部送检的项目，以市场监督管理部门公布的抽检实施细则为准。其中，二级公司所辖油库化验室具备检验能力的项目，由油库化验室完成。无检验能力的项目，送公司安全质量监督总站或质检分站完成。

查清被抽检成品油的来源（包括生产厂、交运地点、车辆、收货日期、成品油质量合格证等），并跟踪该批成品油的流向，以备发生质量问题后的调查处理。

对承检单位出具的质量抽查检验结果有异议的，必须在接到检验报告 15 天之内提出，必要时依法提请复检或仲裁。接受国家级、行业级以及股份公司质量监督抽查的，承检单位出具的质量抽查检验报告由公司质量安全环保处统一归档保存，各被检分公司留存检验报告复印件。各级政府行政职能部门、集团公司及股份公司组织的成品油质量抽查，被抽检单位应及时将一份留存油样送公司授权的质检机构进行检验。

第四章　计量管理

第一节　计量交接

一、油库收油计量管理

铁路收油　公司通槽点油库以铁路罐车计量数为准，交接双方采用静态容积法进行计量交接。油库配备最新有效版本的计量标准资料，用于油品计量及计算；铁路罐车油量计算可采用国家铁路罐车容积计量站编制的“铁路罐车计量软件”计算。

管输收油　管输油品的数量交接采用动态计量方式，以分输站质量流量计计量数为准。具体执行《兰成渝管道成品油计量交接协议》。

公路收油　油库接收公路运输油品的数量交接采用以汽车罐车计量数为准，交接双方采用静态容积法进行计量交接。

图 7–8 所示为油库收油后工作人员测量油品密度。

图 7–8　油库收油后工作人员测量油品密度

二、油库发油计量管理

铁路发油　铁路罐车运输的油品数量交接计量采用静态计量方式，交接地点为发货地，以装车计量数为准。

2002 年，公司参与《兰成渝输油管道管输油品交接协议》的制定，与管道公司、西北公司成都分公司，合理处理初期输油含水量测定，协调解决分输站流量计的计量误差，办理索赔，建立完善二次铁路装车发油交接制度，理顺管道分输油品计量交接，确保管输、铁路二次装车计量交接工作的顺利进行。

公路发油　公路运输油品数量交接采用动态计量方式，以发油流量计为准，交接界面为流量计下游法兰处。若流量计出现异常，采用汽车油罐手工计量交接（要求汽车油罐有合格检定证书、计量场地坡度不大于 5‰）。

2010 年 8 月 6 日，公司印发《关于进一步加强成品油公路运输数量交接管理的通知》，加强成品油公路运输损耗管理，降低油品运输损耗，为杜绝驾驶员盗油等人为损耗，强化各环节油品数量交接，加强油品损耗管理，严格执行超损耗赔偿制度，强化运油车辆全过程监督。

5 月 27 日—6 月 13 日，半年安全检查中组织对油库液位计安装、升级、调试及液位计自动计量取代手工计量等工作进行抽查验收，根据验收情况，公司决定在日常管理中启动液位计自动计量取代手工计量工作。

三、加油站收油计量交接

加油站地罐交接收油数量采用静态计量方式，数量单位“升（V20）”，加油站管理系统自动读取液位仪数据进行计量验收。加油站卸油作业按《加油站地罐交接卸油作业板》进行操作。

1989—2001 年，公司加油站多采用手工计量方式，由加油站计量员使用计量尺、密度计等工具完成收油交接工作。

2002 年，公司在部分加油站、油库安装液位仪。

2003 年 6 月，公司资产型加油站实行体积计量交接，各二级公司根据加油站运距、路况、气候、油罐等不同条件，分品种、季节制定不同类型加油站综合差量率，对加油站综合损益实行定额考核管理。

2005 年，公司严格推行体积计量交接。建立健全账务，规范体积计量交接，有效控制各环节损耗。对油品定期盘存，真实反映升损。为在资产型加油站推行体积计量交接，公司举办 11 期加油站计量员培训班和 1 期油罐容积表校正系统培训，参训人员 716 人，取证人员 682 人，并结合半年和年终安全生产大检查，到油库、加油站对计量管理等工作进行调查了解，使各加油站的综合差量率更科学，更符合实际，综合损耗大幅度下降。

2010 年 7 月 7 日，公司发布关于启动液位计自动计量取代手工计量的通知，其中 104 油库、金江油库、乌斯河油库、简阳油库、资阳油库、史家油库、舒平油库、青龙油库、乐坝油库、天彭油库、双流油库 11 个油库在 7 月 25 日的日常管理中液位计自动计量逐步取代手工计量工作，油库日常计量管理数据直接由业务系统自动读取液位计数据，日常计量不再进行人工计量；前锋油库、燕儿窝油库、宝峰油库、董家沟油库、田家沟油库 5 个油库部分油罐、部分参数不能满足条件的，继续用手工测量数据录入业务系统，满足条件的油罐在 7 月 25 日盘点后自动计量逐步取代手工计量工作；吊黄楼油库、经久油库、广元油库、隆昌油库、7101 油库、7102 油库 6 座油库按照进度完成液位计的安装和调试。

是年，公司在乐山召开地罐交接推进现场会，推动地罐交接工作的开展。

2011 年，公司全面启动并开展地罐交接工作，有 21 家单位完成 796 座加油站地罐的标定工作，227 座加油站实行双轨运行，59 座加油站实行单轨运行。并于 12 月在乐山召开地罐交接推进现场会，有力推动地罐交接工作的开展。

2012 年，公司推进加油站地罐交接，顺利完成地罐交接推进工作，具备条件的加油站已全面实现地罐交接，降低运输损耗，提高油品配送效率。

2013 年，公司持续推进地罐交接工作，对不具备地罐交接条件的加油站结合隐患整改、技改，加快设施设备的改造，实现地罐交接。加快已实行单轨运行的加油站与二配系统、加管系统的无缝连接，实现配送、数据管理的信息化。

2014 年，公司持续推进地罐交接工作，编制工作计划，建立周例会和通报工作制度，及时协调解决各类问题，推进工作有序进行。

2015—2017 年，改进地罐交接收油、零售损耗及油库数据管理模块，实现分层级查询监管功能和油库内部数据采集分析功能，切实提高油品损耗信息化管理水平。

2018—2019 年，推广油罐检定新技术、新模式，试点推行自动化检定和大容量地罐校准技术，提高校准效率和准确度，减少计量纠纷和员工劳动强度。

第二节　检定工作

一、管理体制

公司计量检定站（原名四川省石油公司中心计量室，以下简称计量检定站）成立于 1990 年，是中国石油四川销售分公司经四川省市场监督管理局授权建立并经政府计量行政部门组织考核合格的计量检定机构（见图 7–9）。计量检定站建立长度、力学、热学三大类五项企业最高计量标准，进行量值传递，按照四川省市场监督管理局的授权要求，在四川省境内对社会的汽车油罐车容量、油流量计、质量流量计、立式金属罐容量、卧式金属罐容量及对系统内的钢卷尺、工作用玻璃液体温度计、石油密度计等 8 项计量器具开展强制检定工作。

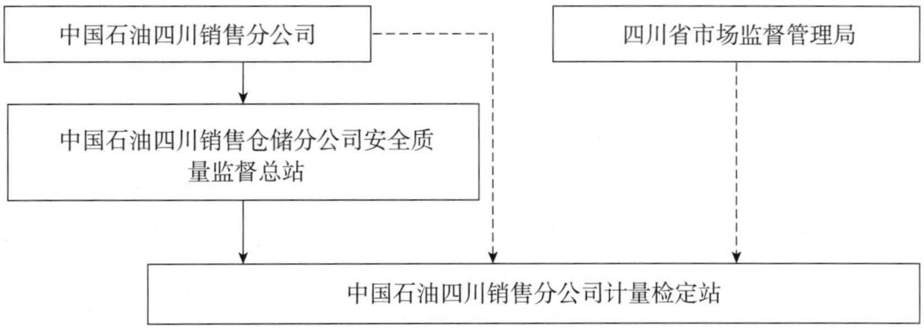

图 7–9　公司计量检定站组织机构图——外部

计量检定站在四川省分片区下设 8 个计量检定分站（见图 7–10），全站现有员工 40 人，拥有固定资产 460 万元，计量标准装置 24 套，价值 186 万元。房屋面积 1200 平方米，其中办公用房 350 平方米，实验室 850 平方米。

8 个计量检定分站分别是中国石油四川销售分公司计量检定站宜宾分站（简称宜宾检定分站）、中国石油四川销售分公司计量检定站川南分站（简称川南检定分站）、中国石油四川销售分公司计量检定站广元分站（简称广元检定分站）、中国石油四川销售分公司计量检定站绵阳分站（简称绵阳检定分站）、中国石油四川销售分公司计量检定站岷江分站（简称岷江检定分站）、中国石油四川销售分公司计量检定站南充分站（简称南充检定分站）、中国石油四川销售分公司计量检定站乐山分站（简称乐山检定分站）、中国石油四川销售分公司计量检定站凉山分站（简称凉山检定分站）。

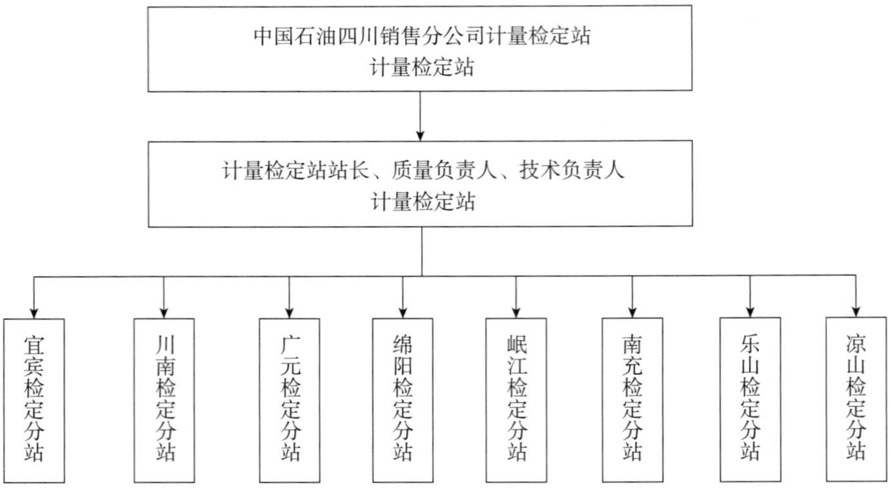

图 7–10　公司计量检定站组织机构图——内部

公司计量检定站依据《法定计量检定机构考核规范》（JJF 1069）和《计量标准考核规范》（JJF 1033）要求，不断提高工作质量和服务水平，按照"公正准确、高效优质、持续改进、顾客满意"的质量方针运行，达到预期的质量目标。

二、能力认证

计量检定站在四川省市场监督管理局、中国石油四川销售分公司的指导和中国石油四川销售仓储分公司安全质量监督总站的领导下，已建立起较为完善、科学的计量检定和计量管理体系，确保检定工作的公正、准确、高效、优质。检定站共有二级注册计量师 13 人、公司内部技师 3 人、专家 2 人。2016 年 4 月，公司计量检定站站长、副站长等 2 人成为四川省计量协会理事，并在 5 月的四川省计量协会第五届会员代表大会暨理事会换届改选会议上分别当选常务理事、理事。计量检定站于 1990 年、1993 年、1996 年、1998 年、2002 年、2005 年、2008 年、2012 年及 2016 年连续通过四川省市场监督管理局对授权机构进行的考核和验收。计量检定站先后于 2007 年、2011 年、2012 年、2014 年、2016 年、2019 年依据《法定计量检定机构考核规范》（JJF 1069）和《计量标准考核规范》（JJF1033）要求、检定规程的更替，结合管理体系的运行情况 6 次修订体系文件，持续完善管理体系。

三、检定工作成效

1990 年，公司全年组织检定油罐 407 座，容量达 20 万立方米，检定油罐汽车 73 台，容量达 500 立方米。

1995 年，公司为全系统检定油罐 14 万多立方米、汽车罐 800 立方米、上千件计量器具。

11 月 20 日，四川省技术监督局根据公司的计量授权申请（复查）报告，按照四川省计量量值传递规划布局需要，组织有关专业技术人员对公司申请项目考核合格，同意授权公司（包括所属各下设检定点），在规定范围内开展“金属计量罐”“汽车油罐”“40 毫米公称通径及其以上的油流量计”（按各地与当地技术监督局协商规定的范围执行）、“石油密度计”“玻璃水银温度计”“带锤钢卷尺”（量油尺）的计量检定工作。有效期 3 年，所出具证书具有法律效力。

2001 年 9 月，公司 8 个检定点 5 个检定项目 22 套计量检定标准装置通过四川省技监局组织的复查验收，取得合格证，为申请下一轮检定授权打下基础；认真开展检定工作，8 个检定点共检定流量计 387 台次、汽车油罐 345 台次、温度计 820 只、密度计 1361 只、量油尺 397 把、立卧式油罐 759 座 33645 立方米。

2003 年，公司争取四川省质量技术监督局对公司 9 个计量检定点的复查授权，顺利得到授权，并组织 9 个计量检定点按照四川省质量技术监督局授予的计量检定项目和范围开展计量检定工作，全年共检定立卧式油罐 683 座 11862 立方米、汽车油罐 45 辆、流量计 506 台次、密度计 49 支、温度计 385 支；对各类计量器具做到按期送检，保证计量器具量值传递的准确性和有效性。

2004 年，公司开展计量检定工作，对立卧式金属计量罐、汽车油罐、油流量计、石油密度计、温度计、量油钢卷尺等计量器具进行计量检定，保证计量器具的准确、合法，全年未发生因计量器具检定准确度问题引起的计量交接纠纷，促进公司系统内油库、加油站油品数量精细化管理的提高。全年检定立式油罐 65 座、185180 立方米，卧式油罐 559 座、16545 立方米，汽车油罐 333 辆、569.44 立方米，油流量计 462 台次，石油密度计 1072 支，温度计 668 支，量油钢卷尺 504 把，总计 3663 台次，计 202294.4 立方米。

2005 年，公司投入 60 多万元资金更新、添置检定场所部分设施设备，新建油罐车检定台一座、维修检定台及场地 5 座，添置计量标准器 24 个和其他计量标准或工作用计量器具 40 余件套，为提高检定准确率创造条件。2005 年，公司扎实开展计量检定工作。对计量标准、器具按期送检，送检率达 100%，保证计量器具的准确、合法，全年未发生因计量器具检定准确度引发的计量交接纠纷，促进公司油库、加油站油品数量精细化管理。全年检定立式油罐 10 座，计 12000 立方米；卧式油罐 490 座，计 12408 立方米；汽车油罐 400 辆，计 2386 立方米；油流量计 565 台次，石油密度计 2034 支，温度计 1397 支，量油钢卷尺 1062 把，总计 6033 台次。与上年相比，增加检定工作量 2.7%。

2009 年 12 月，公司计量检定站申请成为四川省计量协会会员及团体会员。

2011 年 6 月，组织开展常见车辆油箱实际容量调查，初步掌握 110 余种省内常见车辆油箱的实际装油情况，编制《常见车辆油箱标称容量与实际容量对比表》。

2012 年 5 月，在四川省质监局组织的省级授权计量检定机构检测工作整顿活动中，计量检定站被评为授权计量检定机构检测工作整顿的样板站，在承办整顿活动现场会上作经验交流发言。

是年，公司总计检定油罐汽车 368 台、流量计 596 台、密度计 600 支、量油尺 575 把、温度计 894 支、卧式油罐 133 座、立式油罐 21 座，共检定各类计量器具 3168 台次、校准卧式油罐

1206 座。未发生一起检定质量事故和安全事故，有效保证量值传递的合法性和准确性。

2013 年，检定计量器具 3802 台次，全年未发生检定质量事故和安全事故，有效地保证了量值传递的合法性和准确性。其中，检定油罐汽车 483 台、流量计 602 台、密度计 1045 支、量油尺 560 把、温度计 770 支、卧式油罐 213 座、立式油罐 129 座，校准卧式油罐 140 座、抽校计量器具2995台次，抽查加油枪2906支，抽校流量计89台。共查出超公司内控指标（不超国家标准）加油枪 124 支，因设备老化、出油异常等情况超差加油枪 4 支。

2014 年，全年检定计量器具 3471 台次，全年未发生检定质量事故和安全事故，有效地保证量值传递的合法性和准确性。

2015 年，共检定计量器具 4136 台次。

2016 年，共检定计量器具 4051 台（件）。其中，汽车油罐 716 台、流量计 591 台、温度计 814 支、密度计 1179 支、钢卷尺 469 支、卧式油罐 249 座、立式罐 33 座。检定范围覆盖四川、西藏、新疆、宁夏、天津、湖南等省内外多家单位，计量检定法定授权影响力显著增强。

2017 年，共检定计量器具 5138 件（次）。其中，汽车油罐 410 辆、流量计 539 台（次）、温度计 1228 支、密度计 1747 支、钢卷尺 905 支、卧式油罐 235 座、立式罐 74 座。

2018 年，共检定计量器具 3946 件（次）。其中，汽车油罐 442 辆、流量计 659 台（次）、温度计 746 支、密度计 1135 支、钢卷尺 607 支、卧式油罐 308 座、立式罐 49 座。

2019 年，全年顺利完成计量器具检定 4050 件次。其中，汽车油罐车 228 台（次）、流量计 710 台（次）、温度计 978 支、密度计 1232 支、钢卷尺 715 支、卧式油罐 137 座、立式罐 50 座。

第三节　损耗管理

油品损耗是指油品在运输、收卸、贮存直至销售的过程中，由于各种原因造成质量的降低和数量的减少，进而导致其经济价值的损失。公司自成立以来一直强化油品损耗管控，从各个环节努力降低油品损耗。

公司质安处负责牵头组织油品损耗专项治理工作，油品损耗管理包括油库发油、公路配送、加油站零售环节油品损耗管理，其中油库发油和公路运输环节油品损耗由公司仓储调运处负责治理工作，零售环节油品损耗治理工作由公司油气零售处负责。

一、各环节油品损耗管理

公司高度重视油品各环节损耗管理，落实损耗管控的责任，建立损耗分析机制，强化油品损耗考核，各环节损耗控制成效显著。公司在油库发油、公路配送和零售环节还存在不少问题，主要表现在：油库保管损溢差距过大、公路配送损耗较大且远低于销售企业平均水平、公路超耗索赔不逗硬、零售损耗考核不到位及计量设施设备监管不严格等问题，为此，狠抓关键环节整治，努力降耗增效（见表 7–8）。

表 7–8　中国石油四川销售分公司各环节油品损耗管理措施表

管控环节	风险点	管控措施
油库发油环节	油库付油环节数量不足、发油不稳定	对油库流量计准确度进行全覆盖检查，凡工况不稳、误差较大的流量计要视情况停用、校验、维修或更换，确保每支在用流量计精度准确
		加大对油库付油温度、密度及更换频次的监督检查，严禁计量岗位人员擅自调整温度、密度，确保每天付油温度、密度准确
		规范油库发油数量交接管理，承运方驾驶员出库前必须确认罐车装油数量，若数量不足，经双方确认后补足数量后出库；若驾驶员未确认数量就出库，数量不足的部分由驾驶员承担。通过从设备、管理及承运方监督等方面全力整治，保证油库足量、稳定发油
公路配送环节	运输途中偷盗油、跑冒油	开展公路运输损耗专项治理，严厉防范打击运输途中偷油、驾驶员与加油站员工联手盗油等行为
		建立路查路检监督机制，将运输车辆及在途日常监督检查与定期路检路查相结合，重点查看车辆异常停驶、信号屏蔽、设备断电、偏离路线、铅封是否完好锁实、卸油罐口是否松动、罐体有无改装痕迹等违规情况。凡运输车辆存在违规行为，按照相关规定严肃处理
		强化运输车队管理，建立违规车辆黑名单制度，凡纳入黑名单的驾驶员一律取消配送服务资格。建立偷盗油举报奖励制度，鼓励公司员工及社会力量对运输车辆配送过程进行监督，形成严厉打击偷盗油品的高压态势
加油站收油环节	收油验收、库存、自用油及加油机误差	规范加油站收油计量交接管理，油品交接计量以液位仪为主，加快清理手工计量，取消加管系统中人工录入收油数据的权限，若因特殊情况需手工计量收油，必须建立严格的审批监督制度，堵塞管理漏洞
		认真落实收油验收责任，加油站作为收油验收责任主体，对收油数量逐一核对、验收、签认，任一环节没执行到位导致超耗，由加油站相关责任人员承担责任
		凡固定或活动铅封被破坏、铅封号不一致的，一律不得收油，并及时上报管理部门
		建立加油站库存损耗核查机制，对加油站交接班盘点损耗逐日进行核查，发现异常及时分析、查找原因，确保账实相符、账账相符
		认真开展清罐、回罐和自用油检查，严格作业管理，发现违规行为，严肃查处
		做好加油站计量设施设备管理，严禁私自调整加油机流量计误差值、私自拆换主板、调换编码器、安装脉冲器，严禁人为脱机操作加油机和液位仪人为脱机操作，严格储罐计量口、卸油口上锁管理，加强油罐区、收发油现场等特殊区域的视频监控，严格执行定期加油机抽检自校机制，坚决把好每一道数量关
		持续做好地罐标定工作。对于因安装油气回收、沉降、时间超期等造成容积发生变化的油罐，必须重新校准或修订容积表；对目前容积表偏差过大、综合差量率签订过大的地罐重新标定并签订差量率，确保油罐综合差量率控制在汽油 0.12%、柴油 0.15% 以内

二、超损耗索赔管理

在超损耗索赔管理方面，公司重点整治公路运输和零售损耗超耗索赔不逗硬等问题（见表 7–9）。

表 7–9　公司各损耗环节超损耗索赔措施表

损耗环节	措施
公路运输超耗索赔	建立超耗索赔台账，各单位公路配送管理部门按月建立公路运输超耗索赔台账，对于超损有争议并提出复检申请的，由计量管理部门复检审核
	加大超耗赔付力度。凡超耗无争议或复检后责任方为承运方驾驶员的，各单位公路配送管理部门严格按照“日清、周核、月结”的方式从当月运费中扣减超耗赔付金额，严禁任何方式的现场赔付
	明确索赔时限，超耗索赔工作实行“月清月结”，当月产生的超耗必须在本月以内赔付到位，凡当月赔付未了结的，公司将根据相关规定进行严肃处理
	强化超耗索赔考核。建立“公路配送超耗赔付到位率”与各单位工资总额挂钩考核机制，凡超耗赔付不到位将扣减本单位工资总额

续表

损耗环节	措施
零售环节超耗赔付管理	结合加油站实际，按照“一站一率”的原则合理测算零售损耗定额标准
	建立健全零售损耗考核机制，修订完善加油站零售损耗考核办法，按月下达损耗考核指标，按月考核兑现
	完善损耗考核指标，将零售损耗率、公路配送损耗率和加油机超差率等指标一并纳入加油站全员绩效挂钩，与属地管理片区绩效挂钩，与直线管理部门绩效挂钩，分比例进行赔付，严考核、硬兑现

三、专业线分析考核管理

损耗数据统计口径：加油站地罐收油数据以加油站管理系统为准，公路配送损耗以综合业务支撑平台数据为准，杜绝人为干扰因素，确保数据真实准确。

分析模式：公司各单位在目前每月损耗分析的基础上进行完善，逐站逐库对其进、销、存等各环节进行全面分析，特别对加油站根据其温度、销量、距离等各种影响因素进行综合分析，摸清规律、不留死角，及时发现并解决问题。

异常分析：公司运输、仓储、零售专业线及分公司建立和完善定期分析通报制度，对超耗突出和出现异常损耗的，责成相关单位查找分析原因，制定改进措施。对损耗排名或管理持续靠后的，单位分管领导到省公司进行专题分析汇报。

损耗考核指标：公司质安、调运、零售、人事等部门研究修订考核内容，将“公路配送损耗率、零售损耗率、油库保管损耗率、公路配送超耗索赔到位率、高低液位收油率、液位仪完好率”等指标纳入相关部门业绩合同进行考核，加大油品损耗过程管理在公司业绩考核体系中的权重。公司各单位根据公司下达的指标分解到机关相关部门、片区、油库及加油站，纳入绩效合同层层签订，督促各级管理人员落实责任。

第四节　计量监督

公司计量监督工作一直由计量检定站（原名四川省石油公司中心计量室，以下简称计量检定站）负责，计量检定站通过抽检加油机和流量计，切实履行计量检定职责，发挥检定机构的专业技术作用，保障公司数量交接的合规合法，助力企业诚信经营，为公司树立“诚信经营、质优量足”的品牌形象发挥重要作用。计量检定站通过抽查手段，发现加油机和流量计的超差、负差问题，为公司损耗管理提供数据支撑，助力企业降本增效。

1990 年 10 月 31 日，四川省标准计量管理局授权公司对四川省范围内金属计量罐、计量罐车、40 毫米公称通径以上的油流量计开展社会强制检定工作，所出证书具有法律效力，有效期 5 年。

1995 年，公司仲裁和参与解决系统内影响较大的数量损耗纠纷，配合四川省技术监督局开展“四川省第一届成品油销售行业计量信得过”单位活动，评选出 121 家“计量信得过”单位。

是年，公司加强公司系统的损耗管理，在新形势下使公司系统损耗管理更加完善，重新制定印发《关于加强油品损耗管理的补充规定》。

2002 年，公司按照股份公司《关于对所属加油站开展计量专项监督检查的紧急通知》，对公司在用的 3737 台加油机进行计量检查，未发生一例计量纠纷和计量违法事件。争取四川省质量技术监督局对公司 8 个计量检定点的复查授权，顺利得到授权，并增加凉山公司检定授权，组织 9 个计量检定点按照四川省质量技术监督局授予的计量检定项目和范围开展计量检定工作，2002 年共检定立卧式油罐 505 座 37.665 万立方米、油罐汽车 419 辆、流量计 348 台次、密度计 762 支、温度计 423 支、钢卷尺 294 把。

2005 年，公司加强油品运输转运各环节的监控。严把库、站收存发运四关，做到不合格油品不出入库、站。加强工艺管道、阀门等的检查，对关闭不严、容易引起混（窜）油的阀门定期试压或更换，严格专管、专罐、专泵专用制度，加强库、站油罐水杂的检查，及时排水，定期清洗油罐，推广南充加油站清罐方法。继续加强与四川省工商局、四川省质检院协调，处理好油品质量抽检工作。

2009 年，公司规范油品数量管理，有效控制油品升损。在坚持月度实物盘点和三账核对制度的基础上，对升溢油处理不规范行为进行查处，完善油品数量、升溢油报告制度，按月准确核算油品各环节升损，配合业务部门加强油库客存油管理，堵塞管理漏洞，促进公司效益增长。

2010 年 3 月 10 日，公司召开质量计量工作视频会，通报内蒙古销售公司质量事件情况，并决定 3 月 10 日至 4 月 10 日在全公司开展“油品质量计量专项整治”活动。

2011 年 5 月 23—31 日，为加强加油机计量及便利店食品质量安全管理，公司组织开展为期一周的加油站加油机计量及便利店食品质量安全专项检查。由仓储安全环保处、质检技术中心和非油品公司组成联合检查组，抽调业务骨干组成 4 个检查小组，对 12 家单位进行专项抽查，内容包括加油机示值误差、加油机周期检定等管理情况，便利店食品标签标识、食品进货及食品保质等情况。共抽查 139 支加油枪的计量准确情况及 33 座便利店食品质量安全管理情况。

是年，公司加强计量器具自检自查，严控库站流量计（表）误差。积极争取支持，合理测定油品吨升折算系数。加大运输途中油品数量监管，严肃查处多起运输途中盗油事件。测试、整理并发布 121 种汽车油箱实际容量与标称容量对比表，有效地避免加油现场计量纠纷。

2012 年 3 月，四川省质监局针对加油站计量违法行为事件印发《关于开展打击加油站计量违法行为专项整治的通知》（川质监办函〔2012〕108 号）。公司按照销售公司《关于开展春季质量计量及安全生产检查活动的通知》安排，组织开展 2012 年春季质量计量及安全生产检查活动。

2012 年 3—4 月，四川省质监局在全省开展打击加油站计量违法行为专项整治行动。为此，2012 年 3 月 19 日至 4 月 6 日，公司根据四川省质监局安排，结合公司《关于组织开展 2012 年春季质量计量及安全生产检查工作的通知》（油川销仓安〔2012〕11 号）要求开展加油站加油机专项排查工作，排查公司各单位所有加油（气）站、加油船在用加油机、加气机及计量设备。排查内容包括：查阅加油机设备管理台账、自用油和回罐油记录，检查加油机示值误差，检查加油机是否强检，在检定周期内是否定期进行自检，加油机维修后是否经法定计量检定机构重新检定检查，加油机计量器、主板及编码器铅封是否完好，有无人为调动或破坏等。

2012年，公司开展计量专项整治，完成1102座加油站地罐交接单轨运行，提高计量精确化水平。公司坚持开展“诚实守信、依法经营”教育，加大加油站“质量计量服务六条禁令”执行力度，从严查处不回零加油等违规违法行为。公司建立油库、加油站计量器具精度内控标准，加强加油机、流量表计量抽检，对查出的加油机误差超标单位进行通报，对相关责任人进行处罚。下半年，抽检情况明显好转，加油机误差大幅度减少，初步扭转加油机使用不规范行为。

是年，公司为加强车载系统应用，切实发挥系统作用，防范在途油品数质量风险，与中国石油运输四川分公司共同在全省推广车载视频管理系统，完成20个车队、613台油罐车的设备安装和调试，车载系统由实施推广阶段转入到使用运行阶段。

2013年3月，四川省质量技术监督局印发《关于表彰2012年省级计量授权检定机构先进单位的决定》，授予中国石油四川销售计量检定站先进单位荣誉称号。

是年，抽校计量器具2995台次。其中，抽查加油枪2906支，抽校流量计89台。共查出超公司内控指标（不超国家标准）加油枪124支，因设备老化、出油异常等情况超差加油枪4支。

2014年，抽校加油机流量计示值误差2838台次。其中，抽查431座加油站2475支加油枪，流量计363台次。

2015年，抽校加油机流量计示值误差4842台次。其中，抽查662座加油站4180支加油枪，流量计662台次。

2016年，对35座（次）油库355台（次）流量计准确性进行抽查，抽检合格率为99.4%；对515座加油站3309支加油枪进行示值误差抽校，合格率99.4%。

2017年，对41座油库209台（次）流量计准确性进行抽查，抽检合格率为99.52%；对539座加油站3596支加油枪进行示值误差抽校，合格率99.72%。

2018年，对55座油库285台（次）流量计准确性进行抽查，抽检合格率为100%；对574座加油站3299支加油枪进行示值误差抽校，合格率99.91%。

2019年，对13座油库160台（次）流量计准确性进行抽查，抽检合格率为100%；对521座加油站3706支加油枪进行示值误差抽校，合格率99.54%。

2014—2019年，为确保油品计量精准，公司完善计量监管机制，开展反舞弊风险专项治理和计量管理责任追究，实现各级计量风险全面受控。严格设备选用：公司严格设备选用，加油站设施设备均采自国内大型专业厂家，性能稳定，专业维护，到期更换，精度可靠。严格强制检定：采取“四不两直”的方式对加油站进行暗查暗访，定期或不定期组织油品质量计量监督抽检，从严打击违规违法行为，通过多层次、多形式的抽查、督查，有效确保加油机计量精度。严格自检管理：公司内部建立计量器具自检制度，由片区计量管理人员每月对所辖范围的加油站加油机进行自校，发现误差异常立即停止使用，重新申请复检，避免加油站人为调整计量器具，确保销售油品数量准确。严格监督管理：构建完善的质量计量监督管理体系，制定印发《成品油计量工作责任追究暂行规定》和“质量计量六条禁令”，明确管理责任和各类计量舞弊行为的处罚尺度。

第八篇

企业管理

1989—1991年，公司开展上等升级活动，从严治理，强化各项基础管理，改革挖潜，提高经济效益。1992—1997年，公司实施精细管理、科学管理，撤并管理部门，精简行政人员，实施人事用工分配等制度改革，推动企业上等升级。1998—1999年，公司成建制上划中国石油集团公司，企业管理体制发生变化。为适应市场竞争和上级公司运行机制的需要，公司加强基础管理工作，修订完善企业内部财务、人事等各项管理制度，使企业内部管理体制与建立现代企业制度要求相一致。2000—2012年，公司紧紧抓住企业存在的突出问题和薄弱环节，开展制度建设、标准化管理，夯实基础工作，促进企业管理上水平上台阶。2013—2019年，公司把精细管理作为提升核心竞争力的关键举措，聚焦发展瓶颈和主要矛盾，持续开展管理提升活动，改进管理方式，推进管理创新，企业保持稳健发展态势。

第一章　发展与改革

1952年9月1日，中国石油公司四川省公司成立。作为四川省成品油主渠道供应商，历经石油产品经营管理体制变革、集团化改制、划归中国石油集团、重组改制等一系列重大变革，公司从成立之初仅有经营机构6个、员工169人、成品油年销量1.2万吨的国营商业企业，到率先建成中国石油首家千万吨级销售企业，68年沧桑巨变、踏浪潮头，伴随四川经济同生共长。

第一节　发展战略与目标

1996年1月，四川省石油总公司提出，"九五"期间要努力把全公司系统建设成为充满生机活力具有雄厚发展潜力的企业集团。

指导思想：以邓小平建设有中国特色社会主义理论和党的基本路线为指导，按照发展社会主义市场经济和现代化建设的要求，积极推进两个转变，进一步深化企业改革，加快现代企业制度建设步伐；以市场为导向，以服务为手段，增强整体竞争能力，最大限度地掌握成品油资源，不断提高市场占有率；立足主业，分流人员，积极稳妥地拓展多元经营；强化企业内部管理，切实提高企业经济效益，不断增加企业积累，促进全系统健康稳步发展，使直属企业中的大部分单位到2000年基本形成自我积累、自我发展的良性循环机制。

主要奋斗目标和任务：深化企业改革要以建立现代企业制度为契机，按照省政府要求，在试点的基础上，努力探索和加快建设集团化企业的途径和步伐，力争到2000年将公司建成内外协调、运转有序的现代企业集团。

成品油销售总量年均递增5%，到2000年全省系统（不含重庆）达到210万吨。不断提高市场占有率，成品油销售中大力发展零售经营业务，零售比重大幅度提高，"九五"期间，零售量年均增长10%。

销售收入总额（全省直属企业系统）到2000年达到57亿元，5年中累计利润总额达到2亿元，利税总额力争达到6.5亿元，资产负债率逐年下降，职工收入和福利随企业的发展、效益的增长而逐年有所提高。

"九五"期间，多元经营要在大力挖潜育人、减轻企业负担的前提下积极慎重发展，力争有大的突破，部分项目要形成一定规模。

基本建设和技术改造主要保证成品油储存中转及部分扩容，扩大零售市场的网点建设及经论证可行的多元经营项目开发投入，重点是三峡工程淹没油库迁建、老旧油库改造、加油站和新建铁路沿线的油库等。

人才培训要在“九五”期间加大力度，努力提高全系统职工的政治、文化、业务技能等综合素质。

精神文明建设，继续坚持“两手抓、两手硬”的方针。开展广泛的群众性精神文明建设活动，到2000年全省直属企业文明单位要在巩固提高的基础上力争达到总数的93%，省、地市级文明单位也要逐年增加并努力再上新台阶。

企业管理着重于提高企业整体素质，“九五”期间全省直属企业在各项基础工作、专业管理方面要有明显加强，重点是提高现代化管理水平，并按现代企业制度要求逐步规范全系统的体制和管理，力争到2000年全省直属企业系统建成具有现代企业制度的运行体制。

2000年，中国石油天然气股份有限公司四川销售分公司提出，将以不断提升公司价值为根本目标，建立起适应股份制企业运作和市场竞争的新机制，不断运用现代科技成果，全面提高企业现代化管理水平，力争到2005年将公司建成具有国际大石油公司的经营管理水准，销售网络布局合理，市场占有稳固，有较强盈利能力和回报能力的区域性销售企业。

2001年，中国石油天然气股份有限公司四川销售分公司首次提出“科学销售”理念，明确牢固树立企业长远发展观点、效益观点、目标观点和危机观点，任何时候都要将效益放在第一位，在销量与效益发生矛盾时销量必须服从效益。努力实现盈利能力的最大化，努力实现“十五”计划良好开局，为股份公司成为世界一流大石油公司做出积极贡献。要求牢固树立市场观念、效益观念，一切工作服从服务于市场，服务于经营，巩固和提高市场主导地位，谋求区域市场份额最大化、经营效益最大化。既要发挥各个企业自身经营的灵活性，又要注重发挥集团化经营整体优势，确保整体效益最大化。树立“得零售者得市场、得效益”的思想观念，切实把经营工作重心放到抓好零售上来，改变加油站服务方式，培育稳定的固定用户群，把“中国石油”品牌优势转化为销售优势。正确处理市场与效益、推价与促销、批发与零售、成本与利润的关系，把握最佳结合点，最大限度地把效益拿到手，实现利润最大化。强化以财务为核心的管理，使财务管理工作真正发挥参谋、监督、服务功能。

2004年2月，中国石油天然气股份有限公司四川销售分公司2004年工作会议暨第一届职工代表大会第二次会议确立企业发展战略目标定位和企业发展战略重点。

企业发展战略目标定位：“建设主导区域市场、具有核心竞争能力和持续盈利能力的成品油销售企业。”通过3—5年的努力，市场占有率保持80%以上；销售年增长率保持5%以上；零售市场占有率达到70%以上；销售利润率达到4%—5%；吨油现金营销成本最终控制在200元以内。

企业发展战略重点：大力实施“市场开发、管理增效、人才强企、企业文化”四大发展战略。

——市场开发战略。市场开发的支撑在网络，重点在终端，核心在零售，关键在客户。努力实现网络开发的超常突破，有效开发终端市场，高度重视客户开发，大力提高弱势市场的占有率。

——管理增效战略。必须长期坚持管理服从服务于经营的思想，坚持以营销管理为重点，以财务管理为中心，以信息化技术为手段，建立“简洁、直接、高效”的扁平化管理运行体系，实现集约化经营，实现低成本发展，实现管理数字化。

——人才强企战略。今后3—5年，必须加强人才资源能力建设，致力于打造一支精明的经营管理者队伍、职业化的加油站经理人队伍、专业化的技术骨干队伍、富有团队精神的员工队伍。

——企业文化战略。弘扬“爱国、创业、求实、奉献”的企业精神，树立“诚信、创新、业绩、和谐”的核心经营管理理念。结合企业实际，从经营管理实践中总结、提炼企业营销理念、管理理念、服务理念、竞争理念等，作为指导全体员工行为的准则。

2006年1月，中国石油天然气股份有限公司四川销售分公司2006年工作会议暨第一届职工代表大会第四次会议提出，今后一个时期，公司发展战略目标是：全面建设主导区域市场、具有核心竞争能力和持续盈利能力的成品油销售企业。在未来发展中，大力推进“市场领先、体制创新、管理增效、人才强企、文化兴企”五大发展战略。

“十一五”时期企业发展基本思路：坚持科学发展，坚持科学销售，统筹发展速度与发展质量的关系，统筹经济责任与政治责任、社会责任的关系，统筹企业发展与员工全面发展的关系，统筹发展规模与管理能力的关系，提高企业成长性和永续发展力，实现企业更快更好发展。

“十一五”时期基本任务：

——巩固区域市场主导地位。保障四川成品油市场安全稳定供应。规模实力显著增强，实现2010年销售收入、销售总量比2003年翻一番，销售收入达到200亿元以上，销售总量达到535万吨以上，市场份额进一步巩固和扩大。

——终端竞争力和盈利能力大幅提升。销售网络明显优化，力争建成成都至乐山、内江至宜宾成品油分输管线，到2010年加油（加气）站突破2000座。实现2010年资产型加油站零售量比2004年翻一番，达到430万吨以上，零售市场份额达到80%以上。销售利润率保持在4%以上，吨油利润水平处于销售企业领先地位。

——企业创新能力和管理能力明显提高。现代营销体系基本建立，信息化程度明显提高，QHSE管理体系和内控体系有效运行，加油站管理水平位居销售企业前列。

——创建节约型企业和构建和谐企业取得显著成效。成本费用得到有效控制，重特大安全环保事故和大规模群体性上访事件得到有效杜绝，实现企业节约、安全、清洁、稳定发展，实现生产与安全、能源与环境、企业与社会的和谐。

——企业凝聚力和影响力进一步增强。员工收入稳步增长，工作环境和生活质量明显改善，企业发展成果惠及全体员工。员工队伍整体素质明显提高，实现员工全面发展。企业文化具有广泛影响，团队意识不断增强，品牌形象大幅提升。

2007年7月，中国石油天然气股份有限公司四川销售分公司2007年半年工作会议提出，今后一个时期公司发展目标是：全面建设一流油品供应服务商。第一，要实现公司全面协调可持续发展，全面争当销售企业排头兵。统筹发展速度与发展质量，统筹经济责任与政治责任、社会责任，统筹企业发展与员工全面发展，统筹发展规模与管理能力，提高企业永续发展力。第二，要实现又好又快发展，争创一流，追求卓越。培养一流的团队，塑造一流的管理，提供一流的服务，创出一流的业绩，把公司打造成为中国石油销售企业的先行样板。第三，公司作为中石油在四川重要国有骨干企业，是四川成品油供应的主渠道，是中石油提高销售收入的主渠道。既要主导区域市场、实现国有资产保值增值，又要服务四川经济社会发展、保障成品油供应安全，使公司成为全面履行三个责任的优秀企业公民。第四，销售业务是中石油与社会和消费者联系最紧密的前沿业务。必须为用户提供高品质产品和优质服务，把卖产品与卖品牌、卖服务有机结合，把油品销售服务与综合性增值服务有机结合，建设守法诚信企业，让油库、加油站成为展示中国石油品牌的示范窗口。

围绕上述目标，着力实施“五大战略”。市场营销战略：坚持以市场为导向，以营销为中心，营销工作必须快速反映市场变化，管理工作必须服从和服务于市场营销。把资源放在营销工作的首位，通过资源的科学调运、合理投放，最大限度保障市场供应，把资源做得最优化、最经济、最有效益。坚持一手抓资源、一手抓市场，最大限度争夺高端大客户，有效占领终端高端市场。终端网络战略：突出项目抓发展，加快加油（加气）站发展与优化布局，加快管网建设与油库优化布局，完善与市场目标和业务规模相匹配的销售网络体系。继续推进零售型大公司建设，着力打造黄金终端，提升品牌价值。低成本战略：全力促销、推价、降费、增效，实现成本费用均衡受控，追求高质量、高盈利、高回报的经济目标，确保成本费用与销售规模相适应，在市场竞争中实现成本领先。人才强企战略：协调推进经营管理人才、专业技术人才、技能操作人才三支队伍建设，全面实施人才培养工程，形成骨干人才梯队和与之相适应的激励政策及分配制度。文化兴企战略：建立既具有中国石油共性又具有四川石油销售特色的企业文化，在员工中形成统一意志和行为规范，用先进文化主导和改变人的行为，用文化力促进营销力、塑造管理力、提升执行力。

在业务发展布局上，要牢固树立大市场、大营销、大流通的观念，统筹规划各项业务布局与业务重点，建立起市场渠道完善、主导地位巩固、主营业务突出、多元集约经营的业务发展体系。

在转变发展方式上，要突出科学发展、又好又快的主导思想，建设效益型、集约型、节约型、创新型企业。

在构建和谐企业上，要坚持以人为本、企地结合、共建共享，实现企业与员工、干部与群众、生产与生活、能源与环境、企业与社会的全面和谐。

在管理体系上，要以效能效率为目标，建立“集中管理与层级管理相结合，以集中管理为主”的管理模式，实行系统管理、精细管理、过程管理的管理方法。建设以质量健康安全环境为内容的 QHSE 体系；建设以财务、预算、投资、资金、商品、价格为重点的内部控制体系；建设以资源、网络、客户、服务为中心的营销体系；建设以片区、加油站、油库为主体的基础管理体系；建设以三支队伍为核心的人力资源管理体系；建设以审计监察、法律监督和民主管理为主要形式的内部监督管理体系；建设以基地后勤服务为载体的服务支持体系；建设以基层党建和企业文化建设为支柱的发展保障体系。

2010 年 1 月，中国石油天然气股份有限公司四川销售分公司 2010 年度工作会、党建思想政治工作会暨第二届二次职工代表大会提出，根据中国石油集团公司 2010 年工作会议和油品销售工作会议新任务新要求，结合公司面临的新形势新变化，从公司肩负的战略使命和责任出发，2010 年及“十二五”期间，公司的发展目标是：努力建设效益领先、规模发展、管理科学、服务优良的国际水准油品供应服务商。

效益领先：把效益作为销售工作的落脚点，科学组织营销，优化物流运行，合理控制成本，努力挖潜增效，追求吨油利润最大化和公司整体效益最大化，努力使主要经济指标达到国内国际石油销售企业先进水平。

规模发展：坚持规模、速度与质量效益相统一，快速扩张零售网络，全力做大销售规模，着力提升市场份额，构建与市场主导地位相匹配的零售网络体系，销售总量保持与四川 GDP 同步增长，保证直属炼厂资源后路畅通，服务好集团公司资源市场战略。

管理科学：强化内控制度建设，强化三基基础，强化激励约束机制，提高执行能力，努力完善“以营销和发展为中心、以财务管理为核心、以安全环保为基础、以信息化为手段、以人为本”的管理模式，完善“业绩导向、程序至上、注重执行、效率优先”的管理方法，不断提高管理效率和效益，努力使企业管理达到国内国际石油销售企业先进水平。

服务优良：把满足客户需求作为销售工作的宗旨，坚持诚信为本，不断完善服务体系，拓展服务功能，提供增值服务，以超越客户期望的优质服务让客户满意，塑造品牌形象，努力把中国石油打造成客户信赖的首选品牌。

为实现公司发展目标，指导思想上坚持“三个不动摇”：坚持增加销售规模，巩固提高 85% 以上的市场份额不动摇；坚持量效并重、量为基础、效益领先的方针不动摇；坚持加大网络开发，提高仓储能力，推进管道支线建设不动摇。在发展方式上，做到“两个结合”：做大销售规模与提高营销质量相结合，巩固已有市场与开拓新市场相结合。在市场开发上，突出“两个重点”：以成都市场和高速公路网络市场为重点，同时不放弃每一个有效的增量市场；以加油站网络开发为重点，着力做大零售规模，提高市场控制力。

2011 年 1 月，中国石油天然气股份有限公司四川销售分公司 2011 年工作会议暨第二届三次职工代表大会提出，“十二五”时期，公司发展的总体思路是：全面贯彻党的路线方针政策，认真执行集团公司部署安排，紧紧围绕“发展、转变、和谐”三件大事，认真落实‘科学营销、加快发展、精细管理、安全环保、以人为本、和谐稳定”的工作方针，全面完成“十二五”规划目标，努力把公司建成效益领先、规模发展、管理科学、服务优良的国际水准油品销售企业。

发展：以科学发展为主题，坚持突出项目抓发展的总体思路，持续加大投资力度，加快营销网络和储运设施建设，赶超竞争对手发展速度，构建与市场主导地位相匹配的网络体系；以提升市场份额为首要任务，坚持巩固已有市场和开拓新市场相结合，突出成都市场和高速公路网络市场，不放弃每一个有效的增量市场，实现销售总量与四川 GDP 同步增长；加快完善业务布局，努力实现油品业务、非油业务和新能源业务协调发展。

转变：以转变发展方式为主线，坚持规模速度与质量效益相统一，突出抓好成本费用控制，努力提高投资回报，不断增强企业低成本发展能力和价值创造能力；持续完善“以营销和发展为中心，以财务管理为核心，以信息化为手段，以人为本”的管理模式，完善“业绩导向、程序至上、注重执行、效率优先”的管理方法，保障销售业务平稳受控协调发展；把效益作为销售工作的根本目标，科学组织营销，改善销售结构，优化物流运行，主要经济指标达到国际先进石油销售企业水平。

和谐：以和谐稳定为主旨，坚持把安全环保作为硬指标和第一要求，以管理制度健全、基础工作扎实、专业管理到位、现场管理规范、安全责任落实为标准，促进企业绿色发展；把稳定作为硬任务和第一责任，构建企业关爱员工、员工忠诚石油的用工分配机制，不断改善员工生产生活条件，促进企业可持续发展；把公共关系作为重要的工作着力点，加强亲情服务体系建设，加强与政府和新闻媒体的沟通协调，为社会、客户和利益相关者创造更大价值，促进企地共同发展。

2013 年 1 月，中国石油天然气股份有限公司四川销售分公司 2013 年工作会议暨第二届五次职工代表大会提出，必须坚持发展是硬道理的本质要求，坚定不移地朝着建设“效益领先、规模发展、管理科学、服务优良、团队优秀、环境优美”的国际水准油品销售企业目标不断迈进。

效益领先：把效益作为销售工作的出发点和落脚点，不断提升经营质量和效益，主要经济指标中油排头、全国领先。

规模发展：销售总量保持与四川 GDP 同步增长，市场份额在 80% 以上，构建与市场主导地位相匹配的库站网络体系。

管理科学：管理体系和管控模式优化完善，新的三基工作全面加强，五大体系运行顺畅，效率和效益显著提升，吨油成本处于中石油销售系统较低水平。

服务优良：“服务至上，客户为天”的服务理念深入人心，客户服务体系运行高效，“三条红线”有效管控，公共关系和谐友好，客户满意度保持在 95% 以上。

团队优秀：经营管理队伍精干高效，专家级技术人才队伍初具规模，操作技能队伍整体优良，员工队伍素质与企业发展要求相适应。

环境优美：设备设施达到国际先进水平，星级站和样板站比例超过 40%，惠民工程全面落实，工作环境、生活环境全面改善，和谐幸福指数巩固提高。

2014 年 1 月，中国石油天然气股份有限公司四川销售分公司 2014 年工作会议暨第二届六次职工代表大会提出，要以党的十八大和十八届三中全会精神为指导，认真贯彻集团公司各项工作部署，坚持“稳中求进、改革创新、从严治企、安全稳定”的工作方针，着力在“突出质量效益、推进改革创新、打造地市公司升级版、加强领导班子作风建设”四个方面下功夫，动员全体干部员工振奋精神，坚定信心，迎难而上，为建设“以零售为核心，以效益为目标”的国际水平油品销售企业而努力奋斗。

2015 年 2 月，中国石油天然气股份有限公司四川销售分公司 2015 年工作会议暨第二届七次职工代表大会提出公司“1234”治企方略:“坚定一个目标、统筹两个发展、搭建三个体系、坚持四个不动摇”，顺势而为、逆势而上，努力实现公司更好更快发展。

坚定一个目标：矢志不渝地朝着全面建成“效益领先、规模发展、管理科学、团队优秀、服务卓越、环境和谐”的世界水平销售企业目标全速迈进。

统筹两个发展：坚持发展依靠员工，发挥员工聪明才智，推动企业“有质量、有效益、可持续”发展；坚持发展为了员工，发展成果惠及员工，促进员工收入有增长、技能有提升、事业有进步。

——到 2017 年，力争规模达到国内先进水平，相对指标达到中石油先进水平。

——到 2020 年，力争全面达到国内先进水平，部分指标达到或接近世界水平。

搭建三个体系：坚持以“物流配送体系、服务体系、客户开发体系”为支撑，用最高的效率、最优的服务，最大限度地满足客户需求、挖掘客户价值，持续增强市场控制力。

——建立“保障有力、服务到位、成本最优、高效运作”的物流配送体系。

——建立“领导围着员工转、机关围着基层转、员工围着客户转、一切围绕效益转”的服务体系。

——建立“全覆盖、网格化、责任制”的客户开发维护体系。

坚持四个不动摇：始终把安全、效益、终端、队伍作为企业的生存之本、发展之基，在任何时候、任何条件下，都要齐头并进抓统筹、坚定不移抓落实。

——坚持以安全保障发展不动摇，坚决不以牺牲环境和人的生命为代价，去换取一时的量效业绩，不断促进人与自然、企业与社会和谐相处，夯实可持续发展根基。

——坚持以效益引领发展不动摇，把效益放在经营管理的核心位置，作为一切工作的出发点和落脚点，着力培育和扩大效益增长点，深入实施低成本发展战略，努力实现等量销售效益最大化。

——坚持以终端支撑发展不动摇，紧紧抓住四川大发展的机遇期，以只争朝夕、时不我待的紧迫感，全力以赴优化网络布局、深挖存量潜力，持续提升投资质量，增强市场控制力。

——坚持以队伍推动发展不动摇，持续强化人才强企战略，把基层经理人队伍建设作为当前和今后一个时期的重中之重，不断在畅通道、增收入、提素质上下功夫，全面调动身处“炮火一线指战员”的主动性、创造性，把人才优势转化为发展优势。

2016 年 1 月，中国石油天然气股份有限公司四川销售分公司 2016 年工作会议暨第二届八次职工代表大会提出，公司“十三五”期间指导思想是：全面贯彻党的十八届五中全会精神，按照集团公司党组重大决策和销售板块工作部署，遵循创新、协调、绿色、开放、共享发展理念，坚定公司“1234”治企方略和党委“1125”工作部署不动摇，深入实施安全环保、和谐稳定、反腐倡廉三大基础性工程，着重从“稳健、转型、创新、合规、精进”五个维度发力，持续提升经营效益和发展质量，增强企业的服务能力、竞争能力和盈利能力。

围绕公司总体战略，按阶段、分步骤发展：2016 年，推进企业创新转型，构建内部市场化机制，助推活力和竞争力“双提升”；2018 年，率先建成中国石油千万吨级销售企业，非油利润超过2亿元，实现企业规模、效益同步发展，企业转型取得初步成效；2020年，“油、非、气、电”结构趋于合理，力争非油利润占比提高到30%，企业转型基本实现，达到国内先进水平，部分可比指标达到世界水平。主要目标：

——销售规模稳步增长。市场份额稳定在80%左右，汽柴油销售总量超过1150万吨；纯枪销量820万吨以上，单站日销量14.2吨以上；非油收入达到30亿元。

——创效能力持续增强。利润突破22亿元，总资产负债率控制在48%以内，平均投资资本回报率超过9%，经济增加值持续增长。

——终端网络布局优化。新开发加油站260座，加油站总数达到1800座以上；便利店营业面积6.7万平方米；新建成品油库容13万立方米，总库容突破100万立方米。持续关注加气站、充电站建设。

——队伍结构不断改善。用工总量控制在1.3万人内，库站外用工比例控制在18%以内，人均劳效指标保持板块先进行列。

——发展基础更加牢固。努力实现“四个为零”，即零伤害、零污染、零事故、零质量计量和新闻曝光事件。

实现“十三五”发展目标，破解发展难题、厚植发展优势，坚定战略自信，保持战略定力，着重在“五个维度”上同向发力、同步推进。

坚持稳健发展：重在解决科学发展、平稳发展问题，杜绝发生系统性、颠覆性事故事件。必须保持业务运行平稳，妥善应对“低油价、低增长、低效益”严峻局面，处理好发展速度与发展质量的关系，力求量效指标稳中求进，防止出现“过山车”现象。必须保持企业运转平稳，千方百计筑牢安全环保、和谐稳定、反腐倡廉等发展根基。

坚持转型发展：重在解决可持续发展问题，力求形成新的效益增长点。要向新型商业模式转型，坚持油为基础、壮大非油，重视气、关注电，促进“油、非、气、电”与“线上线下”深度融合。加快服务型企业转型，坚定服务是销售企业的本质特征、竞争制胜的有效法宝，着力在服务提质提效上下功夫、求实效，推动加油站从单一的加油场所向综合服务平台转变。

坚持创新发展：重在解决企业活力问题，避免发展动力衰减。必须加快体制创新，构建扁平化管理模式，实施“省公司—二级公司—基层经理人”三级联动，形成快速响应市场的强大活力。深化机制创新，尊重员工首创精神，激活员工创造潜能，营造创新氛围、培育创新土壤。推动管理创新，对影响企业效率、效益提升的深层次问题，进行专项攻关，不断优化营销结构。

坚持合规发展：重在解决违法违纪问题，保障企业受控运行。必须确保制度合规，全面落实依法治企工作实施方案，定期对公司现有管理制度进行合规性、适用性评价和修订，保证制度与法律法规不冲突、制度间不交叉。确保行为合规，构建“财务、法律、内控、审计、纪检”大监督体制，完善内部纠错机制，促使合规成为习惯和常态。

坚持精进发展：重在解决企业能力提升问题，摒弃规模速度型粗放增长。必须在投入上精进，牢固树立长期过紧日子思想，立足低油价的底线思维，用好低油价形成的倒逼机制，大力实施低成本发展战略，着力提高单位费用使用效能。在产出上精进，以提升企业全要素生产率为目标，大力实施精准营销、精确服务、精细管理，充分挖掘业务增长空间、价值创造潜力。

2017年1月，中国石油天然气股份有限公司四川销售分公司2017年工作会议暨第三届一次职工代表大会提出，必须按照党中央和集团公司党组深化改革创新的决策部署，坚定稳健发展方针，牢牢把握“坚持党的领导、强化顶层设计、突出问题导向、实施统筹推进”的基本原则，紧紧围绕公司“1234”治企方略和党委“1125”工作部署，着力搭建以油为主、跨界经营的服务平台，完善紧盯市场、提升效率的体制机制，塑造阳光运营、共建共享的发展生态，用改革劈山、靠创新铺路，全速迈向千万吨级销售企业，加快世界水平销售企业建设进程。

2018年1月，中国石油天然气股份有限公司四川销售分公司2018年工作会议暨第三届二次职工代表大会提出，2018年是贯彻落实党的十九大精神的开局之年，更是公司率先建成千万吨级销售企业的决胜之年，公司工作的指导思想是：坚持以习近平新时代中国特色社会主义思想和党的十九大精神为指引，全面落实集团公司2018年工作会议决策部署，按照销售板块的要求，坚定公司“1234”治企方略不动摇，实施大数据经营，持续优化“四大机制”（风险防控机制、市场化机制、激励约束机制、创新机制），推动高质量发展，不断释放动力活力，提高效率效益，提升核心竞争力，坚决完成千万吨销售任务，为全面建设世界水平销售企业奠定坚实基础。

7月，中国石油天然气股份有限公司四川销售分公司2018年领导干部会议提出，按照集团公司党组“奋力建设具有全球竞争力的世界一流企业”战略目标，四川销售作为中国石油最大的成品油销售企业，必须全面落实党组决策部署，瞄准“世界一流”这个目标，向建设“世界一流新零售企业”的战略愿景全速迈进。

2019年1月，中国石油天然气股份有限公司四川销售分公司2019年工作会议暨第三届三次职工代表大会提出，要坚持以习近平新时代中国特色社会主义思想为指引，深入贯彻集团公司党组决策部署，认真落实王宜林董事长提出“千万吨既要上得去、还要稳得住”的重要指示，紧紧围绕销售公司工作安排和公司“1235”总体思路，牢牢把握稳中求进工作总基调，坚持稳健发展方针，聚焦高质量发展，稳准推进改革创新，创建新型商业模式，推动企业质量变革、动力变革、效率变革，努力当好“做强做大、经营创效、队伍建设、品牌形象”四个标杆，奋力开创世界一流新零售企业新局面。

2020年1月，中国石油天然气股份有限公司四川销售分公司2020年工作会议暨第三届四次职工代表大会提出，今后一个时期指导思想是，高举习近平新时代中国特色社会主义思想伟大旗帜，深入贯彻新发展理念，坚定公司“11333”总体方略，树牢客户思维，深化创新驱动，依托移动互联网、大数据、区块链等技术，联通线上服务，强化线下体验，促进线上线下与现代物流深度融合，全面转型新零售企业，打造独特价值、可持续价值创造能力。

“11333”总体方略：“为快乐加油，创美好生活”，是企业的终极价值使命；建设世界一流新零售企业，是推进公司治理体系和治理能力现代化的战略举措；客户、员工、企业三者协同发展，是构筑价值圈、动力圈、生态圈的核心所在；人才、市场、创新三大战略，是加快发展的效能驱动；党建引领、渠道拓展、风险防控三个坚持，是推进公司战略部署的根本保障。“11333”总体方略中的五个部分，互为补充、相互依存，构成一个有机整体。

基于总体思路和战略部署，综合分析内外部形势和发展条件，从2020年到本世纪中叶，分三个阶段来推进世界一流新零售企业建设。

第一个阶段，到2021年建党100周年时，建成千亿级销售企业。到那时，加油（气）站突破2000座，uSmile便利店达到2000座，销售收入超过1000亿元，线上平台收入占比超过10%，实现利润20亿元，优途会员突破1000万人。

第二个阶段，到2035年，建成智慧生态能源销售企业。到那时，综合能源补给站突破3000座，生活体验馆达到4000座以上，销售收入突破1500亿元，线上平台收入占比超过30%，实现利润50亿元，线上会员达到2000万人。

第三个阶段，到2050年新中国成立100周年时，全面建成世界一流新零售企业。到那时，公司主要指标达到世界同行先进水平，销售收入突破2000亿元，利润达到100亿元，线上平台收入占比超过50%，再造一个“四川销售”。

第二节　石油产品经营管理体制改革

1983年2月，中共中央、国务院决定组建中国石油化工总公司，组织形式为部一级经济实体。7月，中国石油化工总公司在北京成立。1984年，国务院批转《中国石油化工总公司关于国内成品油经营业务交接问题的通知》，把全国成品油经营任务由商业部划归中国石油化工总公司。经商业部和中国石油化工总公司协商一致，商业部直属石油经营企事业单位人、财、物、经营业务同机构，从1985年1月1日起统一收归中国石油化工总公司领导管理。

1985年1月，四川省人民政府按照国务院国发〔1984〕142号文件关于“各省（区、市）的石油公司，根据政企分开的原则，从商业厅划出，组成独立的石油产品销售公司，实行总公司和地方政府双重领导，业务管理以总公司为主，各省（区、市）的石油公司统一管理县及县以上石油经销业务及经营单位的人、财、物”的要求，对全省石油产品经营管理体制进行改革，制发川府发〔1985〕58号文件，决定“全省除甘孜州、阿坝州、凉山州的石油经营维持现行管理体制，重庆市的石油机构不上划中国石油公司四川省公司外，从1985年1月1日起，全省石油经营系统的经营业务和人、财、物统一由中国石油公司四川省公司管理。各地、市、县石油公司应连同所属企事业单位成建制地上划中国石油公司四川省公司”。

7月，中国石油公司四川省公司更名为中国石化销售公司四川省石油公司，受中国石油化工销售公司和四川省人民政府双重领导，商品分配权属中国石油化工销售公司，人、财权仍由四川省人民政府管理。原设在各地、市、县的石油机构，除成都、万县、宜宾3个二级站保留原名称，广元、内江两个二级站保留原名称兼分公司外，其余地、市级机构一律改为分公司，县级机构改为支公司。中国石化销售公司四川省石油公司负责省内石油产品的计划分配、销售、经营政策，编制和审批下达全省石油销售系统的商品流转计划和已上划分公司的财务计划、劳动工资计划、基本建设计划及物资申请计划，对已上划地区分公司的人员编制、机构设置及其所属单位的经营业务和人、财、物实行统一管理。

1987 年 11 月，四川省人民政府川办函〔1987〕144 号文批准中国石化销售公司四川省石油公司为大型企业（二类）。为适应体制改革后实行经营承包责任制的需要，便于对外业务联系，1988 年 3 月经四川省人民政府同意取消中国石化销售公司的头衔，将中国石化销售公司四川省石油公司更名为四川省石油公司。

1989 年 4 月 3 日，四川省人民政府关于对省级 64 户兼有行政职能公司的处理意见通知，四川省石油公司暂时保留其承担的部分行政职能，待国家有新的规定时，再按新规定执行。

1990 年 3 月，四川省统计局、省人事厅、省劳动厅印发关于全民所有制单位经核定企业、事业、机关性质名单的通知，四川省石油公司机关核定为商业机关，列入企业管理，其他 89 家下属单位核定为企业。

第三节　承包经营责任制

1987 年，为深化企业改革，完善企业经营机制，增强企业活力，中国石化销售公司四川省石油公司在直属企业内全面推行承包经营责任制。以经济指标、安全管理、精神文明建设为主要内容，将承包任务逐级分解落实到各站、司，按承包任务检查考核结果。承包范围：省直属各二级站、分支公司、成都七〇〇五油库。承包时间：从 1987 年 1 月至 1990 年 12 月底止。承包形式：基数包干，超收分成，欠收自补。承包方法：在直属企业内部实行逐级承包、层层承包，省公司以省直企业实现利润数（每年 5747 万元）、上缴财政数（每年 4409 万元）、自组计划外资源（每年 15 万吨），三项指标向省财政和省政府承包。实行经营承包责任制后，中国石化销售公司四川省石油公司为解决富余劳动力和待业青年，报经省商业厅川商办（88）171 号文批准，开办“四川省成都华西石油经营部”，属中国石化销售公司四川省石油公司领导，为集体所有制企业，实行独立核算，自负盈亏，照章纳税。四川省成都华西石油经营部于 1988 年 10 月 20 日正式营业。

1988 年 3 月，为适应体制改革后承包经营责任制和对外业务联系，四川省人民政府同意取消中国石化销售公司的头衔，将中国石化销售公司四川省石油公司更名为四川省石油公司，成为省直属经济实体。四川省商业厅同意四川省石油公司在全省石油系统实行经理负责制，省公司经理经职工民主评议后报上级任命，副经理经职工民主评议后由经理提名报上级批准任命，省公司正、副处长由经理聘任，一般工作人员实行优化劳动组合，由处长点名上岗。各分公司正、副经理由该公司职工民主评议后报省公司批准任命。

1991 年，根据《国务院批转国家体改委关于在治理整顿中深化企业改革强化企业管理意见的通知》（国发〔1990〕33 号）和四川省政府完善承包经营有关文件精神，四川省石油公司在直属企业内实行第二轮承包经营。承包原则：统筹兼顾，不挤不让。承包时间：1991 年 1 月至 1995 年 12 月。承包范围：省属大中型盈利企业和小型企业；四川省石油公司本部和成都七〇〇五库单独承包。承包形式：省直属企业实行“两包一挂”，包上交利润、包技术改造投资任务，实行工资总额同经济效益挂钩。其中省属大中型企业和小型企业上交利润实行税利分流、税后利润定额承包、超收全留、欠收自补。四川省石油公司本部和成都七〇〇五库的亏损实行定额包干，由省财政厅退库解决。承包基数：省属大中型企业和小型企业承包基数以 1987 年至 1989 年 3 年财务决算的平均数确定，一定 5 年不变。承包指标的分解落实和清算：省财政厅对四川省石油公司实行总承包。直属各石油二级站、分支公司、成都七〇〇五库的承包经营责任制方案经省财政审查后，由四川省石油公司发包。各石油支公司由上一级分公司代表四川省石油公司发包，层层签订承包合同。

2 月，四川省石油公司根据第二轮承包工作需要，为加强经营管理，对公司机关原有机构进行必要调整，设办公室、劳动人事教育处、财务会计处、审计处（与财务会计处合署办公）、计划业务处、调运处、节约办公室、仓储基建处、保卫处、监察处（与保卫处合署办公）、多种经营办公室、行政处 12 个行政职能部门。

3 月 8 日，四川省商业厅印发《四川省商业厅一九九一年商业体制改革安排意见》，强调完善承包经营责任制，搞好两期承包的衔接工作，落实第二期（或延续）承包。要求实行“税利分流、税后还贷、税后承包”试点的企业，要在实践中总结经验，提出改进和完善的建议。对一些不实行承包的企业，可以实行目标管理，企业对国家照章纳税或利润分成。已经签订新的承包（或目标管理）合同的，要在企业内部组织落实，坚持和完善各种责任制，加强管理，努力完成和超额完成合同规定的各项任务。

1992 年 4 月 5 日，四川省石油公司更名为四川省石油总公司。10 月，四川省石油总公司印发《关于直属企业承包经营考核兑现办法的通知》（川石办〔1992〕408 号），细化奖惩并完善承包经营考核兑现，有效调动各级企业经营积极性，更好地完成企业承包经营管理任务。

1995 年，四川省石油总公司系统第二轮承包经营结束。

第四节　现代企业制度试点

1993 年，四川省石油总公司经过 40 年的建设和发展，已成为以经营石油产品为主体的国有大型企业。公司直属 18 个分公司（二级站）、73 个支公司，有职工 11500 名，净资产总额 7.81 亿元（评估基准日 1993 年 3 月 31 日），大、中、小油库近 200 座，库容量 72 万多立方米，各类加油站 400 余座，铁路自备槽车 450 余辆，油罐汽车 500 多辆，机油船舶 30 多艘。1987 年以来，年销售油品 150 多万吨，年创税利一亿多元。在改革开放新形势下，企业经营范围不断扩大，多元开放经营格局已经形成，初步走出以石油主业为依托、自备车运输、化工、石油液化气、房地产多头发展的路子。同时利用四川和自身的优势，拓展边贸外贸业务，实行内外贸结合，全方位开发，先后在美国旧金山、泰国曼谷和国内海口、北海市、绥芬河开办窗口企业，投资（参股）海南成都企业集团、北海四川国际经济开发招商股份有限公司。四川省石油总公司已具备较强经济实力和发展后劲，为组建企业集团，发挥在集团中的龙头作用打下坚实基础。

为深入贯彻中共十四大精神，加快改革开放步伐和转换企业经营机制，充分利用四川省石化销售行业资金、设施、人才、技术集团优势，吸引省外部分油田、炼油厂成品油资源和社会闲散资金，开发建设四川石化产品销售市场，拓展多元经营，促进四川省经济发展，四川省石油总公司根据四川省人民政府〔1992〕126号文件关于组建石油专业集团公司的要求，和四川省副省长刁金祥1992年11月5日来公司检查指导时的指示精神，对组建四川石化企业（集团）股份有限公司进行反复研究，并召开全省石油销售系统二级单位经理会议，统一思想、专题布置，并就一些具体设想请示省级有关部门，向愿意参与集团和需定向募集股份的单位征求意见。经过研究论证和综合测算，四川省石油总公司认为组建集团公司，并进行股份制试点，一是有利于解决四川省油源短缺的矛盾，更好地为发展四川经济服务；二是转换企业经营机制，加强横向经济联合，推动四川和整个西南的经济发展，必须走“集团化、股份化、多元化、国际化”的道路；三是有利于开拓四川及西南石化市场，完善社会主义市场体系。公司提出组建以四川省石油总公司为主体，以资产联结为纽带的“四川石化企业（集团）股份有限公司”方案。方案草稿上报四川省政府后，由省政府副秘书长李朝浦召集省财办、省体改委、省国资局、省财政厅、省商业厅、四川省石油总公司研究后，同意四川省石油总公司改制成“四川石化企业（集团）股份有限公司”。

3月4日，四川省石油总公司向四川省商业厅上报《关于成立四川石化企业集团股份有限公司的可行性研究报告》。3月23日，四川省石油总公司向四川省经济体制改革委员会上报《关于申请将四川省石油总公司改制为四川省石化企业（集团）股份有限公司的立项报告》。4月21日，四川省商业厅函致四川省经济体制改革委员会，表示原则同意四川省石油总公司进行股份制试点。9月17日，四川省商业厅函致四川省经济体制改革委员会，推荐四川省石油总公司进行股份制试点。

1994年1月11日，四川省商业厅批复同意成立四川石化企业（集团）股份有限公司筹备领导小组，刘世侯任组长。1月20日，四川省石油总公司成立四川石化企业（集团）股份有限公司筹备领导小组，组长为刘世侯，副组长为宋学忠、王建中，成员有王选全、刘秉章、刘大吉、王光臣，筹备领导小组下设办公室，由杜庆华任主任。筹备期间，公司摸清家底，处理历史遗留问题，对职工进行股份制和现代企业制度的学习教育，为公司建立现代企业制度做好工作上和思想上的准备。

1月26日，经四川省国有资产管理局审核验证，以1993年3月31日为评估基准日，四川省石油总公司及其直属企业国有净资产总额为78102.38万元。1月27日，四川省国有资产管理局批复，同意四川省石油总公司部分改组股份制，组建四川石化企业（集团）股份有限公司。

2月1日，四川省经济体制改革委员会批复同意四川石化企业（集团）股份有限公司由四川省石油总公司独家发起进行定向募集股份制试点。公司股本金总额50000万元人民币，其中国家股30000万元人民币，占60%；法人股18750万元人民币，占37.5%；个人股1250万元人民币，占2.5%。2月26日，四川省经济体制改革委员会批复同意四川省石油总公司开展股份募集和托管工作。

4月5日，国务院颁发《国务院批转国家计委、国家经贸委关于改革原油、成品油流通体制意见的通知》（国发〔1994〕21号）。6月13日，四川省政府印发《四川省人民政府贯彻〈国务院批转国家计委、国家经贸委关于改革原油、成品油流通体制意见的通知〉的通知》（川府发〔1994〕93号）。出台实施原油、成品油流通体制改革，石油流通企业经营的成品油已纳入国家统一配置，按照国家统一政策、统一价格、统一调拨、统一质量标准的原则进行经营，并赋予各级石油公司主渠道地位和保市场供应的责任。

5月28日，四川省石油总公司根据新情况，对后几年的业务发展计划进行调整，向四川省商业厅上报《关于调整四川石化企业（集团）股份有限公司股权结构的报告》，恳请对四川石化企业（集团）股份有限公司股权结构进行调整，调整为股本总额28350万元人民币，其中：国有法人股20000万元人民币，占股本总额的70.5%；法人股7641万元，占股本总额的27%；个人股709万元，占股本总额的2.5%。5月30日，四川省商业厅函致四川省经济体制改革委员会，同意对四川石化企业（集团）股份有限公司股本总额和股权结构进行调整。四川省经济体制改革委员会随后批复，同意对四川石化企业（集团）股份有限公司股本总额和股权结构进行调整。

截至6月24日，四川省石油总公司顺利完成股份募集与托管工作，共募集股本金总额28350万元。其中，发起人认购20000万元，占股本总额的70.5%；向社会法人募集法人股7641万元，占股本总额的27%；向内部职工募集个人股709万元，占股本总额的2.5%。所募法人股和内部职工个人股均为应募数额的100%，并已全部划拨到位。

《国务院批转国家计委、国家经贸委关于改革原油、成品油流通体制意见的通知》（国发〔1994〕21号）、《四川省人民政府贯彻〈国务院批转国家计委、国家经贸委关于改革原油、成品油流通体制意见的通知〉的通知》（川府发〔1994〕93号）颁布后，面对变化的政策和经营形势，四川省石油总公司分别召开二级站司经理、机关中层干部和领导班子会议，对公司改组股份制的有关问题进行认真研究，一致认为公司根据当时的石油经营政策确定进行改组股份制试点，是符合企业实际的，是正确的。但鉴于当前国家对石油经营政策的重大调整，公司已不适宜继续进行定向募集股份有限公司的改组。1994年9月2日，四川省石油总公司向四川省商业厅申请停止组建“四川石化企业（集团）股份有限公司”。10月25日，四川省商业厅批复同意暂停组建“四川石化企业（集团）股份有限公司”，注销“四川石化企业（集团）股份有限公司”工商登记。11月21日，四川省石油总公司对原已募集到账的股本全部进行清退，并在四川省工商局注销四川石化企业（集团）股份有限公司的法人营业执照，妥善处理各种善后工作，此项工作得到四川省各有关部门和公司职工的理解与支持。12月14日，四川省商业厅向四川省经济体制改革委员会转报四川省石油总公司停止组建四川石化企业（集团）股份有限公司及善后事宜的处理情况。

第五节　集团化改制

1985年，四川省政府对全省石油产品经营体制进行改革，将全省（不含重庆）大部分县及县以上石油经营单位的经营业务和人、财、物上划归四川省石油总公司（当时公司名称为中国石化销售公司四川省石油公司）统一管理，并实行计划单列，四川省石油总公司系统已经具备集团体系的雏形。此后，四川省石油总公司对没有上划的省内各地（州）、县石油公司成品油业务，实行有效的行业管理和业务指导。

1995 年，四川省石油总公司直属企业销售成品油 140 万吨，销售总额 46.8 亿元，税利总额超亿元，资产总额 23.3 亿元，其中净资产 6.4 亿元。1995 年，四川省石油总公司被国家国有资产管理局、中国经济效益纵深行组委会按照国家财政部发布的企业经济效益评估指标体系，以资产总额、负债总额、负债率、销售收入、销售税金及附加、利润总额、实际上交利润总额、资本保值增值率、销售利润率、资本收益、流动比率等综合指标评选进入“中国脊梁”国有企业 500 强第 295 位，居四川省入选 25 家企业的第 14 位。1995 年、1996 年综合经济效益居四川省流通企业第一位，是四川省最大的流通企业。1995 年四川省政府再次将公司列为四川省重点培育的大型商贸企业集团之一。

1996 年 1 月 24 日，四川省石油总公司根据中共十四届五中全会通过的“国民经济和社会发展‘九五’计划和 2010 年远景目标的建议”，四川省“九五”计划及十年发展规划确定的目标、原则，结合成品油资源、市场的发展变化趋势和公司系统改革发展需求，制定《四川省石油总公司“九五”计划》（川石办〔1996〕第 031 号），明确公司“九五”期间深化企业改革要以建立现代企业制度为契机，按照四川省政府要求，在试点的基础上，努力探索和加快建设集团化企业的途径与步伐，力争到 2000 年将公司建成内外协调、运转有序的现代企业集团。

2 月 9 日，为落实中共十四届五中全会提出的实现经济体制和经济增长方式的两个转变，四川省经济委员会、四川省工商行政管理局在国家有关规范办法未出台前，为便于调整企业组织结构，发展企业集团，根据四川省各地实际，按照社会主义市场经济的要求和建立现代企业制度的需要，印发《四川省经委四川省工商行政管理局关于组建企业集团有关的几个问题的通知》（川经〔1996〕企管 322 号），就四川省企业集团组建（组织）与管理提出具体意见，明确组建企业集团的原则、必须具备的条件和设立企业集团的程序。

2 月 23 日，四川省商业厅印发《关于印发 1996 年全省商业工作要点的通知》（川商办（96）25 号）。提出商业改革要继续按照“抓大、放小、建新”的思路深化，要按照川府办〔1995〕137 号文件精神，抓好培育 26 户大型商贸集团的工作，要求各地按照规范化、高起点、求实效原则，上报列入试点范围企业集团的组建方案，争取尽快正常运行。并鼓励和提倡有实力的企业兼并亏损企业，进行存量资产的流动和重组，逐步形成集团，扩大生产、经营规模，成为当地经济发展的龙头企业。

7 月 10 日，四川省人民政府批复（川府函〔1996〕472 号），同意四川省石油总公司为大一型企业。

8 月 26 日，四川省石油总公司根据《四川省人民政府办公厅转发省财办等单位关于加快发展我省大型商贸企业集团的意见的通知》（川办发〔1995〕137 号）要求，在四川省贸易厅和省级有关部门的直接指导下，结合企业实际情况，向四川省人民政府上报《四川省石油总公司关于组建“四川省石油集团有限公司”实施方案的报告》（川石办〔1996〕第 244 号），拟以原四川省石油总公司为主体，组建具有投资、控股性质的国有独资集团有限责任公司，实行国有资产授权经营，兼备资产经营和生产经营双重功能。并以新组建的“四川省石油集团有限公司”为核心，以直接投资和国家授权形成的资产产权为纽带，联结原四川省石油总公司直属各石油二级站、分公司及其所属各支公司，建立规范的母子公司体制，从而以此为核心构成完整的“四川省石油集团”组织体系。随后按照《中华人民共和国公司法》有关规定，对子公司及孙公司实行改制、改组和改造工作，在确立投资主体的基础上，强化资产联结纽带，建立母子公司管理体制，完善法人治理结构，形成具备多层次组织结构，符合现代企业制度要求，逐步拥有流通、投资、融资、科技、信息、进出口贸易等多种功能的现代化大型商贸企业集团。

10 月 18 日，四川省贸易厅印发《关于进一步深化商业企业改革的意见》（川贸政体法〔96〕117 号），根据中共十四届五中全会关于“抓大、放小”的精神和川委发〔1996〕22 号文件精神，对进一步深化改革提出具体意见：要求抓好大型商贸企业集团的培育工作，大力发展连锁经营，继续推进现代企业制度试点的工作和公司制改造的步伐，加快批发企业改革的步伐，加快县属商业企业产权改革的步伐，民贸企业要区别不同层次、不同情况继续推进改革，既要借鉴内地的改革经验，又要注意适应民族地区的特点。

10 月 30 日，四川省人民政府正式批准四川省石油总公司《组建四川省石油集团有限公司的实施方案》，四川省政府办公厅川办发〔1996〕132 号文件转发各市、州、县人民政府，各地区行政公署，省政府各部门。强调组建四川省石油集团有限公司，是按照省委、省政府“抓大、放小”和建立现代企业制度的要求，根据《中华人民共和国公司法》进行的一项重大改革，对于推进四川省石油行业的“两个根本转变”，加快成品油销售企业产业化、集团化、现代化发展步伐具有重要意义。由于四川省石油总公司企业分布面广，涉及方方面面，要求各地区、各部门要统一认识，加强领导，积极支持和帮助搞好这项改革工作。改革后四川省石油集团有限公司仍是成品油市场流通的主渠道，仍担负着保证工农业生产用油和救灾、战备需要的重要任务，要求各有关部门继续认真贯彻执行省政府川府发〔1994〕93 号文件精神，对集团公司予以大力支持和帮助。四川省政府同意原四川省石油总公司所有直属企业和控股企业成建制纳入四川省石油集团改组。原四川省石油总公司改组为国有独资集团有限责任公司后，根据川府函〔1996〕472 号文件精神，仍列为国有大一型企业，由四川省人民政府和中国石化总公司双重领导，行业归口省贸易厅。原四川省石油总公司全部国有资产按省国有资产管理局资产核定数转入石油集团国有资产授权经营范围。

截至 1996 年末，四川省石油总公司（不含已划重庆企业）拥有直属企业 85 个，职工 13000 余人；大小油库 118 座，总库容 80 万立方米；铁路专用线 25 千米；自备槽车 450 辆，油罐车 480 辆；加油站 440 余座；拥有资产总值 24.77 亿元，企业净资产 5.92 亿元。成品油年销售量由 1952 年的 1.2 万吨，增加到 1996 年的 170 万吨；年销售收入近 50 亿元。经过 40 余年的经营发展，四川省石油总公司在四川省内已形成网点布局基本合理、经营设施比较齐全、购销渠道基本稳定的格局，培养出一批懂经营会管理的人才。

1997 年 1 月，设立四川省石油集团有限公司章程。

1 月 14 日，中共四川省委同意撤销中共四川省石油总公司委员会，建立中共四川省石油集团有限公司党组。

1月15日，四川省贸易厅《关于印发〈一九九七年商业体制改革工作要点〉的通知》（川贸政体法〔1997〕011号）要求：商业体制改革工作要继续以建立现代企业制度、形成适应社会主义市场经济的新型商品流通模式为目标，以转换企业经营机制、转变国有商业经济增长方式、强化企业管理为重点，抓好现代企业制度试点，推动企业的组织创新，推进县属商业及商业小型企业改革，继续搞好流通体制综合改革试点，搞好食品企业和民贸企业改革，商业行政部门要切实转换职能。

2月16日，四川省省长宋宝瑞到公司视察时指出："省石油集团要进一步扩张发展，一要扩大规模，二要上效益，三要上水平。"

2月24日，四川省国有资产管理局批复，同意四川省石油集团有限公司实施国有资产授权经营试点。

3月21日，四川省石油集团有限公司在四川省工商行政管理局登记注册。

4月13日，四川省经济体制改革委员会印发《关于我省以发起设立方式设立股份有限公司有关问题的通知》（川经体改〔1997〕040号），明确凡达到《中华人民共和国公司法》规定的关于以发起设立方式设立股份有限公司条件的企业，均可提出申请，对其中以原省属企业为主要发起人发起设立的，应由省级行业管理部门转报省体改委；其他企业的申请由各市、地、州体改委（办）转报省体改委。

4月28日，受四川省人民政府委托，四川省国有资产管理局与四川省石油集团有限公司签署国有资产授权经营责任书，代表四川省人民政府授权四川省石油集团有限公司，统一持股经营管理授权范围内的全部国有资产，负责授权范围内国有资产的保值增值，依法行使授权范围内的国有资产出资权。四川省石油总公司改组为四川省石油集团有限公司，并正式挂牌运作。公司资产总额21.067亿元，净资产6.365亿元，拥有大中小油库118座、加油站440座、铁路运输自备车450辆、公路运输油罐车480辆，有职工11857人。

5月28日，四川省石油集团有限公司按照现代企业制度要求，在广泛征求意见并经董事会讨论通过，制定印发《四川省石油集团有限公司生产经营管理办法》《四川省石油集团有限公司财务管理制度》《四川省石油集团有限公司劳动人事管理暂行办法》《四川省石油集团工资管理试行办法》；8月22日，制定印发《四川省石油集团有限公司内部审计规定》和《四川省石油集团有限公司投资管理办法》。四川省石油集团有限公司一系列相配套的管理办法及制度，为整个企业集团的规范运作打下基础。

6月起，四川省石油集团有限公司将全资一、二级子公司更名为"四川省石油集团××有限公司"。

第六节　县级子公司改革

1995年，中共四川省委、四川省人民政府在部署四川省小企业改革工作时，明确提出用三年左右的时间即1997年底基本完成全省小企业的改革工作。

1996年，中共四川省委、四川省人民政府印发《关于进一步放开放活国有小型企业的意见》（川委发〔1996〕22号），指导全省小企业改革工作。

1997年，中共十五大召开后，中共四川省委、四川省人民政府要求进一步解放思想，大胆探索所有制的多种实现形式，加快小企业改革步伐，通过抓重点、攻难点，打开改制转机的新局面，努力促进资产大重组、结构大调整、机制大转换、经济大发展。四川省石油集团有限公司认为，县级石油公司要求得生存和发展，必须走改革之路，由于县级石油公司的规模属小型企业，其职能、地位与其他县属企业相似，因此县级石油公司的改革也应按照省委、省政府有关小型企业的改革办法来进行。四川省石油集团有限公司成立政策研究室，在反复调查研究的基础上，起草《关于加快省石油集团二级子公司改革的意见》和《关于加快省石油集团二级子公司改革的实施办法》，为推进县级子公司改革做好准备工作。

10月21日，四川省人民政府副秘书长、省财办主任司沛文，召集省财办、省体改委、省财政厅、省贸易厅、省国资局等部门和四川省石油集团有限公司有关负责人专题研究深化四川省石油集团公司内部改革和加快其集团化发展进程问题。与会人员一致认为，按照十五大精神深化四川省石油集团内部改革，尤其是二级子公司的改革，对于加快四川省石油集团的发展具有重要意义。会议议定，四川省石油集团要结合最近省委、省政府提出的“资产大重组、结构大调整、机制大转变”的精神，加快企业集团化改革进程。二级子公司改革要放在企业集团化发展的总体框架内统筹考虑，从产权调整、资产重组上提出思路和意见。改革的主体是四川省石油集团公司，公司对此要有健全的组织领导和具体的改革方案，特别是资产处置、人员安置问题要处理好。对61个二级子公司实际有多少净资产，一定要摸清，并在方案中反映出来。改革的形式可多样化，如股份合作制、参股、租赁、出售等。省级有关部门（包括银行、劳动部门）和各地县政府要支持四川省石油集团二级子公司的改革。凡是省政府和各地政府出台的深化国有企业改革的有关政策，原则上四川省石油集团二级子公司都可以享受。对该公司产权调整、资产重组的问题，财政、国资部门要予以支持。整个改革要高度重视和解决好两个问题。一要保证平稳过渡，不能出现社会动荡。资产处置要相对集中，抽肥补瘦，把人员安置好。二要保证地方石油供应，支持地方经济建设。对四川省石油集团二级子公司现有改革方案，参会单位要认真修改，尽快将意见返回省贸易厅，省贸易厅修改和完善后报省政府批转执行。

11月12日，四川省石油集团有限公司根据中共十五大精神，结合全国正进行结构大调整、资产大重组和四川省石油集团实际，向四川省贸易厅上报《关于加快省石油集团公司资产结构调整的报告》，提出拟加快四川省石油集团有限公司集团化改革进程，对公司资产结构和布局进行调整，尽快改变当前公司特别是设在县（区）的子公司资产分布过散、结构不尽合理、负债率偏高的状况，使公司真正形成有较强竞争实力的市场主体。一方面，对集团公司和设在市（地）的子公司，经国家批准后，逐步改为多元投资主体共同持股的股份制企业；另一方面，对集团公司设在县（区）的子公司，要加快改革步伐，调整资产结构。是日，四川省贸易厅向四川省人民政府上报《关于加快省石油集团公司资产结构调整的报告》。

12月19日，四川省人民政府办公厅《转发省贸易厅关于加快省石油集团公司资产结构调整的报告的通知》（川办发〔1997〕157号），明确省石油集团公司资产结构的调整，对于加快其集团深化改革、促进四川省经济发展具有重要意义。要求各级政府和省级有关部门要将此项工作作为本地深化改革、促进经济发展的重要内容列入议事日程，予以积极支持，帮助协调解决其改革中的困难和问题。并同意四川省石油集团有限公司实施改制或出售子公司，可享受中共四川省委、四川省人民政府《关于进一步放开放活国有小型企业的意见》（川委发〔1996〕22号）的有关政策。

1998年1月4日，四川省石油集团有限公司为加快县级子公司改革步伐，优化调整其资产结构，使四川省石油集团真正形成有较强竞争实力的市场主体，根据四川省委、省政府关于进一步放开搞活国有小型企业的指示精神，向四川省贸易厅上报《四川省石油集团县级子公司改革实施方案》，提出对四川省石油集团有限公司所管辖的61个县级子公司，采取改制、改组、兼并、合并、股份合作、出售等符合“三个有利于”的改革形式进行产权制度改革，提倡将企业净资产有偿转让给内部职工、法人及社会上其他自然人，从而将县级子公司改制、改组为有限责任公司或股份合作制企业。1月21日，四川省贸易厅批复同意四川省石油集团县级子公司改革实施方案。

2月6日，四川省国有资产管理局批复，同意对四川省石油集团有限公司所属61个县级子公司全部资产现值进行价值评估，准予立项（川资评管〔1998〕13号）。

2月18日，四川省石油集团有限公司印发《关于省石油集团县级子公司改革工作安排意见的通知》（川石办〔1998〕第060号），对县级子公司改革有关工作进行安排部署，就成立改革工作机构、提出改制申请、县级子公司清产核资和资产评估、拟制上报改革方案、方案审批、组织实施改革方案、组织检查验收提出具体要求。按照县级子公司改革总体部署，四川省石油集团有限公司对部分县级子公司开展资产评估和清理工作，并进行产权制度改革。

1999年6月，公司取消隆昌、资阳、简阳3个县公司法人资格，并入内江分公司；取消广汉、绵竹2个县公司法人资格，并入德阳分公司；取消都江堰、双流、新都3个县公司法人资格，并入成都分公司；取消江油公司法人资格，并入绵阳分公司；取消米易县公司法人资格，并入攀枝花分公司。

第七节　划归中国石油集团

1998年，中共中央、国务院为加快石油、石化工业发展，加快社会主义市场经济体制建设步伐，做出对石油、石化工业进行重组改制的重大决策。

5月12日，国务院办公厅印发《关于组建中国石油天然气集团公司和中国石油化工集团公司有关石油公司划转问题的通知》（国办发〔1998〕14号），规定：将各省、自治区、直辖市及计划单列市石油公司及其加油站，分别划归新组建的中国石油天然气集团公司和中国石油化工集团公司。内蒙古、辽宁、吉林、黑龙江、重庆、四川、西藏、陕西、甘肃、宁夏、青海、新疆等12个省、自治区、直辖市及大连市石油公司及其下属各级石油公司和加油站，划归中国石油天然气集团公司；吉林省吉化集团公司、吉林省石油集团有限公司，划归中国石油天然气集团公司。北京、天津、河北、山西、上海、江苏、浙江、安徽、福建、江西、山东、河南、湖北、湖南、广东、广西、海南、贵州、云南等19个省、自治区、直辖市及宁波、厦门、青岛、深圳市石油公司及其下属各级石油公司和加油站，划归中国石油化工集团。上述石油公司及其加油站和有关企业的国有资产无偿划转到两大集团公司。要求自本通知印发之日起，各省、自治区、直辖市及计划单列市人民政府和两大集团公司要紧密配合，抓紧做好交接工作，争取在1998年6月30日前完成。

5月14日，四川省人民政府办公厅将国务院办公厅《关于组建中国石油天然气集团公司和中国石油化工集团公司有关石油公司划转问题的通知》(国办发〔1998〕14号)，电传至各市(州)人民政府、各地区行政公署、省级有关部门执行。

5月16—17日，四川省石油集团有限公司召开直属企业工作会议，传达学习国务院办公厅《关于组建中国石油天然气集团公司和中国石油化工集团公司有关石油公司划转问题的通知》(国办发〔1998〕14号)精神，强调改革重组的重大意义，表明四川省石油集团有限公司党组坚决拥护党中央、国务院的重大战略决策，坚决按照国务院办公厅通知精神和中国石油天然气集团公司的部署、要求，做好四川省石油集团有限公司的划转工作，并对公司体制划转各项事宜进行安排部署。

5月20日，中国石油天然气总公司函致各有关省(市、自治区)及计划单列市人民政府：国家关于组建石油、石化两大集团公司的决定，是按照社会主义市场经济的要求，加快发展支柱产业的重大举措，是实现石油、石化上下游、内外贸、产销一体化，增强整体实力，同国外大公司竞争的一项重大决策，请相关省区市政府有关部门及各市县政府密切合作，以顺利完成石油公司及其加油站的划转工作。

5月24日，四川省人民政府与中国石油天然气集团公司在成都举行四川省石油集团有限公司划转交接会。

5月27日，四川省人民政府与中国石油天然气集团公司就四川省石油公司及其下属各级石油公司和加油站划归中国石油集团公司管理的有关问题进行反复协商，达成一致意见，在成都举行划转签字仪式。(一)双方共同认为，将四川省石油公司及其下属各级石油公司和加油站划归中国石油集团公司管理，是国务院进行产业结构调整、理顺石油管理体制，更好地搞好石油流通的重大战略举措。(二)关于划转范围问题，对于国务院办公厅《关于组建中国石油天然气集团公司和中国石油化工集团公司有关石油公司划转问题的通知》(国办发(1998〕14号)文件中"省公司及其下属各级石油公司和加油站"的理解，四川省政府认为，应包括原四川省石油公司及其下属各级国有石油公司和加油站；中国石油集团公司认为，是指人、财、物直属四川省石油集团有限公司管理的各级石油公司和加油站。双方商定关于划转范围的确定，以国务院办公厅的解释为准，并一致同意各项条款涉及的划转范围均以国务院办公厅确认的划转范围为准。(三)有关财政划转事宜：有关上划的主要财务指标以四川省财政厅批准或认可的1997年度决算数为准，上划事宜由财政部和四川省财政厅按国务院有关规定协商办理。(四)有关资产的划转：

四川省石油公司及其下属各级石油公司和加油站的国有资产无偿划转到中国石油集团公司，资产总额以四川省财政厅批准或认可的1997年度企业决算数为准，不再进行资产评估和验资。划转基准时间为1997年12月31日。并相应变更财务隶属关系和产权关系。（五）有关劳动人事事宜：四川省石油公司领导班子及其成员移交中国石油集团公司管理。划转国有职工人数，按1997年劳资报表为准；工资总额依据1997年四川省劳动厅核定或认可的工资计划划转。凡划转公司现行的社会保险管理体制、养老金计发办法、离退休职工待遇不变。（六）为保障四川省成品油市场供应，有利于当地经济的发展，四川省石油公司划归中国石油天然气集团公司后，仍保留原有名称，继续发挥四川省成品油供应主渠道的作用，承担规范市场、保障供给的责任和义务；四川省政府及有关部门继续支持四川省石油公司发展储运设施、经营网点建设及其他方面的工作。是月，四川省石油集团有限公司按照协商意见进行系统的划转移交。

7月1日，中共四川省委组织部印发《关于四川省石油集团有限公司党组织关系和干部管理有关问题的通知》，就划转后的四川省石油集团有限公司党组织的设置、隶属关系和干部管理等有关问题做出规定：要求建立中共四川省石油集团有限公司委员会和中共四川省石油集团有限公司纪律检查委员会。公司党的组织关系由省委领导。筹建党委和纪委的工作由公司党组负责，待党委和纪委建立后，公司党组和纪检组即行撤销。四川省石油集团有限公司所属市、地、州、县石油公司的党组织关系转由四川省石油集团有限公司党委统一管理。四川省石油集团有限公司领导班子及其成员移交中国石油集团公司管理，省委协管，干部管理的有关事宜按中共中央组织部通字〔1991〕35号文件精神执行。四川省石油集团有限公司所属市、地、州、县石油公司领导班子及其成员由四川省石油集团有限公司直接管理。

7月9日，四川省人民政府印发《关于认真做好我省县以上国有石油公司划转移交工作的通知》（川府发〔1998〕44号），明确四川省县以上国有石油公司的划转范围为：四川省石油集团有限公司及其直属企业成建制划转；甘孜、阿坝、凉山州和巴中地区4个地级石油公司；成建制的国有县石油公司。

7月21日，《国务院关于组建中国石油天然气集团公司有关问题的批复》（国函〔1998〕57号）明确中国石油天然气集团公司是国家在原中国石油天然气总公司基础上组建的石油石化企业，中国石油集团公司的成员企事业单位包括：原中国石油天然气总公司直属的12个油气田企业，从原中国石油化工总公司划入的14个炼油化工企业和5个销售公司，从地方划转的12个省、自治区、直辖市及1个计划单列市的石油公司及其下属各级石油公司和加油站，吉林石油集团有限责任公司、吉化集团公司，以及原中国石油天然气总公司直属的其他企事业单位。从地方划转的省级石油公司及其下属各级石油公司和加油站有：黑龙江省石油化工销售总公司及下属的各级石油公司和加油站；吉林省石油总公司及下属的各级石油公司和加油站；辽宁省石油总公司及下属的各级石油公司和加油站；大连石油集团公司及下属的各级石油公司和加油站；甘肃省石油总公司及下属的各级石油公司和加油站；陕西省石油总公司及下属的各级石油公司和加油站；新疆维吾尔自治区石油总公司及下属的各级石油公司和加油站；四川省石油集团有限公司及下属的各级石油公司和加油站；重庆石油（集团）有限公司及下属的各级石油公司和加油站；内蒙古自治区石油总公司及下属的各级石油公司和加油站；宁夏回族自治区石油总公司及下属的各级石油公司和加油站；青海石油（集团）有限公司及下属的各级石油公司和加油站；西藏自治区石油总公司及下属的各级石油公司和加油站。

7—8 月，四川省石油集团有限公司组织 4 个接收小组，由公司领导带队分赴甘孜、阿坝、凉山及巴中地区等地开展交接工作，顺利完成甘孜、阿坝、凉山和巴中地区 36 个地（州）、县石油公司的划转接收。至此，四川省石油集团有限公司及其 20 个地（市、州）公司、93 个县公司、78 座油库和 617 座加油站、34 亿元总资产、1.7 万余名在册员工，全部无偿划转中国石油天然气集团公司。

11 月，四川省石油集团有限公司按照省委组织部《关于四川省石油集团有限公司党组织关系和干部管理有关问题的通知》要求，顺利完成公司系统各级党群组织关系的划转。

第八节　重组改制

1999 年，为解决石油工业内部体制、机制和结构上的深层次矛盾，促进国有石油、石化企业改革和发展，经国务院批准，根据《中华人民共和国公司法》和《国务院关于股份有限公司境外募集股份及上市的特别规定》，中国石油天然气集团公司进行大规模资产重组和改制上市，将石油勘探开发、炼油化工及销售、管道运输等核心业务及相关的资产、人员分离出来，注入新成立的中国石油天然气股份有限公司，统称为上市公司；其他业务及相应的资产、人员留在原企业，统称未上市企业。

6 月 21 日，根据党和国家关于国有企业改组、改造的要求，中国石油天然气集团公司印发《中国石油天然气集团公司关于进行企业重组的意见》（中油办字〔1999〕第 300 号），决定对所属石油石化企事业单位进行重组改制，以提高集团公司整体效益，增强集团公司发展后劲。企业重组，主要包括产业、资产、组织机构和队伍四个方面的重组。

6 月 23 日，四川省石油集团有限公司转发《中国石油天然气集团公司关于进行企业重组的意见》（川石办〔1999〕第 259 号），要求所属各单位不仅要按规定认真办理，而且还要根据本单位实际，拓宽分流渠道，特别是困难、亏损企业更要加大力度，切实搞好分流工作。离岗退养职工的待遇要按中国石油天然气集团公司企业重组的意见，最高不超过本人工资 80% 的标准，各单位可根据自身的承受能力确定本单位离岗退养人员的待遇比例。关于核心业务的机构设置和人员编制，要坚决按四川省、集团公司的“传真”意见严格执行，不得突破。各市、地、州石油公司领导班子原则上都要保持相对稳定。

按照中国石油天然气集团公司重组与上市筹备组对重组工作的总体部署和要求，四川省石油集团有限公司成立重组改制工作领导小组，总经理杨顺成任组长，副总经理叶学胜、温明友任副组长，办公室、财会处、劳资处、组织部、法规处等职能部门负责人为成员，负责公司重组改制的组织领导，方案制订和具体的实施工作，各市（州）公司成立由经理为第一负责人的重组改制工作领导小组，具体负责本单位重组改制工作。公司分别召开领导班子会议、中层干部会议和各市（地、州）公司经理、书记会议，进行学习、部署，认真研讨重组改制工作。7月2日，四川省石油集团有限公司经过调查研究，结合企业实际向中国石油天然气集团公司重组与上市筹备组上报《四川省石油集团有限公司关于重组改制方案的报告》（川石办〔1999〕280号）。

7月16日，中国石油天然气集团公司下达《关于对四川省石油集团有限公司重组方案的批复》（中油办字〔1999〕第364号），同意重组设立中国石油四川销售公司，人员总数控制在7519人以内。县公司经整顿规范后，分步并入核心业务公司。在过渡期间，其核心业务和整顿工作由市（地、州）级核心业务分公司代行统一组织管理，现企业名称及规格保持不变。非核心业务的机关机构设置，由现企业负责做相应调整。核心业务与非核心业务财务资产的分开与划拨，以经集团公司批准的中介机构评估、审计结果为准。

中国石油天然气集团公司批复下达后，四川省石油集团有限公司分别召开领导班子会议、重组改制工作领导小组会议、市（地、州）公司领导干部会议，传达学习中国石油天然气集团公司对公司重组方案的批复精神和中国石油销售总公司对重组改制工作的具体要求，研究确定四川省石油集团有限公司重组改制实施意见。

7月21日，四川省石油集团有限公司印发《关于对市（地、州）公司进行重组改制的实施意见》（川石办〔1999〕第293号），按照中国石油天然气集团公司关于核心业务与非核心业务分开的要求，将广元、绵阳、乐山、眉山、雅安、攀枝花、凉山、自贡、宜宾、内江、泸州、遂宁、南充、达川、广安、阿坝、德阳、成都等18个市（地、州）公司以及成都七〇〇五库中从事油品批发经营、零售经营、油品储运以及相关的管理机构工作人员、资产划入核心业务，将上述单位中多种经营产业的人员、资产、负债划入非核心业务。坚持债权、债务一起划分原则，多种经营业务划出后与市（地、州）公司彻底脱钩，由存续省公司直接管理。各市（地、州）公司所管理的集体企业在重组中，与市（地、州）公司彻底脱钩，真正成为自主经营、自负盈亏的经济实体。重组后各有关市（地、州）公司名称暂定为中国石油四川销售公司××公司。暂不注册，对外仍使用现企业名称和印章。企业重组后，现企业的名称、法律地位、产权关系都不变，对外签订的合同、协议继续有效。对自愿有偿解除劳动关系的职工，按照中国石油集团公司中油人劳字〔1999〕第337号文件规定给予一次性经济补偿后，与企业解除劳动关系。对于此次重组没有划入中国石油四川销售公司的巴中、甘孜地、州公司和县公司，经整顿规范后，再分步并入中国石油四川销售公司。在过渡期间，巴中、甘孜两个公司由中国石油四川销售公司代行管理，巴中、甘孜所属的县公司仍由巴中分公司、甘孜分公司管理，其余的县公司由所在市（地、州）公司代行管理。

随即，四川省石油集团有限公司召开市（地、州）公司工作会议进行部署，确定重组实施工作日程，并按日推进工作，所属各单位严格按日进度推进重组方案实施工作。公司机关和各市（地、州）公司结合自身实际情况，分别召开领导班子会议、中层干部会议、职工大会、离退休人员座谈会等不同层面的会议，进行学习、宣传和思想发动工作。把重点放在提高对重组工作必要性和紧迫性的认识上，针对职工思想动态，注意做好引导、疏导工作，理顺职工情绪。并通过板报、墙报及企业内部的“情况简报”等各种宣传手段和途径，进行思想发动工作。着重讲清三个问题：为什么要进行重组？怎样进行重组？重组后企业的发展前景如何？通过宣传教育和深入细致的思想政治工作，企业内部形成关注重组、支持重组、参与重组的良好氛围，为搞好重组改制工作提供有力的思想保证。同时全面收集各市（地、州）公司和四川省石油集团有限公司本部的各类基础性数据，反复核对、归纳分析、摸清家底，认真做好资产评估的各项准备工作。中国石油天然气集团公司批准的中介机构进场后，按要求及时准确、真实详尽地提供各类资料，确保资产评估和审计快速、高质量完成。7月27日，四川省石油集团有限公司派出3个工作组，每个工作组由1名副总经理带队，分赴有关市（地、州）公司具体指导重组工作。在实施中国石油天然气集团公司重组改制批复方案的过程中，四川省石油集团有限公司结合企业实际，为更好地占领四川石油销售市场，通过加大职工下岗分流力度，在不突破中国石油天然气集团公司批准进入中国石油四川销售公司总人数的前提下，把巴中、甘孜两个地（州）公司纳入中国石油四川销售公司，保证四川石油销售市场的完整性。截至7月30日，四川省石油集团有限公司所属市（地、州）公司全部结束重组工作。

7月30日，四川省石油集团有限公司印发《关于四川省石油集团有限公司本部重组改制的实施意见》（川石办〔1999〕第311号），确定四川省石油集团公司本部留在存续省公司的单位是设计所、石油设备经营技术服务中心、天河石油设备工程部、石油产品青年经营服务部，上述单位的人员、资产、负债全部留在存续省公司。四川省石油集团公司派往成都深国贸物业管理有限公司工作的职工全部划归存续省公司。四川省石油集团公司本部机关管理人员30人划入存续省公司。除上述划入存续省公司的单位、人员以外，其余的划入中国石油四川销售公司。留在存续省公司的资产净值1765万元。四川省石油集团公司本部的应付工资余额、应付福利费余额，按照四川省石油集团公司本部职工人数平均分配后，分别划入中国石油四川销售公司和存续省公司。除留在存续省公司上述资产、债务外，其余的资产和债务全部划入中国石油四川销售公司。四川省石油集团公司本部分开、分离后，其法律地位、产权关系保持不变，对外签订的合同、协议继续有效。新设立的中国石油四川销售公司暂不注册，对外仍使用四川省石油集团有限公司的名称和印章。中国石油四川销售公司和存续省公司分别设立党委，中国石油四川销售公司党委对存续省公司党委的工作实行统一领导。重组前四川省石油集团公司本部的离退休人员、内退人员、下岗分流人员由存续省公司管理。分开后中国石油四川销售公司和存续省公司的离退休人员、内退人员、下岗分流人员仍由存续省公司统一管理，其费用由中国石油四川销售公司和存续省公司分摊，具体标准按照中国石油天然气集团公司的有关政策规定执行。

8月2日，四川省石油集团有限公司召开机关职工动员大会，进行公司本部资产、机构、人员实施重组的思想动员。8月3日，四川省石油集团有限公司印发《关于四川省石油集团有限公司本部重组后机关人员划分的通知》（川石劳资〔1999〕第318号），对重组后的中国石油四川销售公司和四川省石油集团有限公司的机关各部门编制及具体人员进行划分。8月4日上午，四川省石油集团有限公司本部召开职工大会，宣布资产、机构、人员重组意见，下午进行工作交接。8月5日，四川省石油集团有限公司所属各单位机构分立、人员分开全面结束，中国石油四川销售公司和四川省石油集团有限公司（存续省公司）开始正式运行，存续的四川省石油集团有限公司办公地点从成都市中西顺城街1号（今成都市青羊区顺城大街206号）四川国际大厦迁往成都市鼓楼北二街24号。

原四川省石油集团有限公司本部中从事油品销售、油品储运及相关管理机构工作的在岗人员、资产、负债和21个市（地、州）公司的全部在岗人员、资产、负债划入中国石油四川销售公司。划入中国石油四川销售公司的职工7210人，占1999年5月末原四川省石油集团有限公司职工总数的41.89%。划入中国石油四川销售公司的资产287115万元，负债229776万元，所有者权益54946万元。划入中国石油四川销售公司的油库36座，库容70.17万立方米，铁路专用线23.22千米，加油站237座（独资177座，联营36座，租赁及其他24座），自备槽车462辆，油罐汽车245辆。

中国石油四川销售公司机构规格正局级，机关人员配置70人，其中领导职数5人。设职能部门7个，即经理办公室（党委办公室）、财务资产处、人事处（组织部）、审计监察处、资源配置处、综合业务处、储运安全处（含防火管理）。中国石油四川销售公司下辖21个分支机构，即广元、巴中、达州、阿坝州、绵阳、南充、广安、德阳、遂宁、成都、泸州、宜宾、自贡、内江、雅安、眉山、乐山、甘孜州、凉山州、攀枝花分公司，成都七〇〇五库，由原来的21个市（地、州）公司改组而成。21个分支机构管理人员（含领导职数）660人。根据各公司不同情况，管理人员最多的配置35人，最少的配置20人。其中领导职数视不同情况分别配置3—5人。管理部门设置5个科室，即经理办公室（党委办公室）、业务科、财务资产科、人事科、储运安全科。

原四川省石油集团有限公司所属的82个县公司和原四川省石油集团有限公司本部的多种经营企业、集体企业的人员、资产、负债全部划入存续的四川省石油集团有限公司。划入存续的四川省石油集团有限公司职工9593人，占1999年5月末原四川省石油集团有限公司职工总数的55.74%。划入存续的四川省石油集团有限公司资产45840万元，负债40461万元，所有者权益5379万元。

存续的四川省石油集团有限公司机关人员配置30人，其中领导职数4人。设职能部门6个，即经理办公室、财务资产处、人事劳资处（退离休人员管理办公室、再就业服务中心）、审计监察处、企业发展处、党委办公室。存续省公司负责管理的单位和人员是：未划入中国石油四川销售公司的原四川省石油集团有限公司离退休职工、内退职工、下岗分流职工及82个县公司的职工，以及原四川省石油集团有限公司所属的天河工程公司、技术服务中心、青年服务部、设计所和原四川省石油集团有限公司派往成都深国贸物业管理有限公司工作的职工。重组分开后中国石油四川销售公司的离退休人员、内退人员、下岗分流人员仍由存续的四川省石油集团有限公司统一管理，其费用由中国石油四川销售公司承担，具体标准按照中国石油天然气集团公司有关政策规定执行。

在此次重组改制中，按照集团公司中油办字〔1999〕第300号文件规定，办理职工自愿与企业解除劳动关系和调出、退休等原因减少人员408人，占1999年5月末原四川省石油集团有限公司职工总数的 2.37%。

9 月，撤销四川省石油集团有限公司党组、纪检组，成立四川省石油集团有限公司临时党委，党组织关系隶属于中国石油四川销售公司党委。

11 月，中国石油四川销售公司上划股份公司管理，作为股份公司地区公司，行政上由股份公司直接管理，业务上由炼化与销售分公司归口管理，后改为由炼油与销售分公司管理。主要从事成品油批发和零售业务以及便利店、润滑油、化工产品等非油品业务。

12 月，中国石油天然气股份有限公司将“中国石油天然气股份有限公司四川销售公司”更名为“中国石油天然气股份有限公司四川销售分公司”。行政领导职务名称由“经理、副经理”改称“总经理、副总经理”。党组织关系隶属于中共四川省委。

第九节　存续企业重组

1999 年，中国石油天然气股份有限公司重组时，由于历史原因，下属销售公司的县级公司及县级公司加油站未进行重组，仍为中国石油天然气集团公司下属的独立法人企业，由中国石油天然气股份有限公司进行业务管理。

2001 年，中国石油天然气集团公司党组决定，自 2001 年 7 月 1 日起由股份公司对未上市销售企业实施全面接管。

四川销售公司按照工作部署，在接管存续企业前，配合中介机构完成对存续公司的审计和资产评估、土地评估工作，对存续公司资产、负债及潜亏情况进行清理，准确上报审计、评估报表，为中介机构提供翔实的审计、评估依据。

8 月 24 日，四川销售公司分别召开领导班子扩大会议和机关中层干部会议，传达贯彻炼油与销售分公司未上市销售企业重组工作会议精神，决定自即日起四川销售公司与四川省石油集团有限公司两个班子及机关部门合署办公。实行一套决策机制、一套运行方案、一套班子、一套机关的管理体制，原来两个班子成员分工原则上不变。是日，四川销售公司与四川省石油集团有限公司联合发出《关于认真做好存续县公司油品经营业务交接工作有关问题的紧急通知》，将盘存交接时间调整为 8 月 28 日。

8 月 28 日，四川销售公司共接管存续县级石油公司 83 个、存续企业加油站 286 座。实现股份和存续企业油品经营的一体化管理。四川销售公司按照部署，对存续企业从事油品经营的资产实行租赁经营，股份企业支付存续企业资产租金；对存续企业库存油品，按当时公司对存续企业的调拨价格由股份企业予以收购；对存续企业的员工保留原身份，由股份企业择优录用。

8 月 30 日，四川销售公司召开接管存续企业主营业务工作会议，贯彻落实中国石油天然气集团公司党组关于未上市销售企业重组有关问题的决定和炼油与销售分公司销售工作会议精神，安排部署四川销售公司存续企业重组工作，合署办公后的四川销售公司与四川省石油集团有限公司班子成员，机关处室负责人，市（州）公司经理、书记、县公司经理参加会议。会议确定将县级公司主营业务纳入股份公司运作，实行租赁经营，并在原县域市场成立县级销售分公司，作为市（州）公司的派出机构，对原县级公司的主营业务及其他业务进行管理，原县级公司的法人地位、产权关系和债务关系不变；推进市（州）、县两级营销体制改革，全面推行配送制；新设立的县级销售分公司作为非独立核算、报账制经营单位，实行属地纳税，与存续县公司实行两块牌子、一套人员的管理机制。

在接管存续企业主营业务中，四川销售公司坚持“四个不变”和“五个统一”的原则，即“原存续县公司的名称和法人资格不变、债权债务关系不变、职工劳动关系不变、职工工资关系归口管理不变”“市级分公司对县级分公司实行市场统一管理、资源统一配送、价格统一调控、财务统一管理、用工统一管理”。接管存续企业主营业务后，原存续县公司停止成品油经营，由市（州）公司相应设立县级销售分公司对其资产实施租赁经营，双方签订租赁合同，租赁期1年。县级销售分公司负责当地县域成品油市场的批发和零售业务，与存续县公司实行“两块牌子、一套人员”的管理体制。为加强县级销售分公司管理，四川销售公司印发《关于加强对县域销售网点成品油经营业务管理的通知》《关于加强县级销售分公司人事、劳动、薪酬管理的暂行办法》等管理制度。在业务上，县域销售网点执行统一的业务管理办法，资源由市（州）公司统一配置、统一配送、统一结算，执行公司制定的统一销售价格，经营性有效资产如油库、加油站、油罐汽车、办公场所等统一调度。在财务上，县级销售分公司的会计核算和财务管理集中由市（州）公司财务部门负责，应支付给存续县公司的租赁费由市（州）公司统一监管实行报账制。在人事用工分配上，县级销售分公司员工由市（州）公司统一聘用，签订短期用工合同，员工薪酬与业绩指标完成情况挂钩考核，奖惩兑现。

接管存续企业后，四川销售公司为有效占领县域市场，保持业务经营的平稳过渡，设立83个股份县级销售分公司。9月，进行配送改革试点的绵阳、南充、乐山3个公司，率先撤销县级销售分公司，整合市、县两个市场，整合市、县两级公司资源，组建成品油配送中心，设置批发销售片区和零售经营片区，负责县域市场开发工作。10月，四川销售公司印发《县销售分公司成品油经营业务暂行管理办法》，加大管理力度，建立健全管理制度，严格执行股份公司“成品油经营管理办法”和财务“收支两条线”规定。

2002年1月，中国石油天然气集团公司工作会议提出，要在继续深化股份公司内部改革和规范运作的同时，突出抓好存续企业的改革工作，要在结构调整、主辅分离、专业化重组、公司制改造和配套改革上迈出大的步子，取得大的突破。1月30日，中国石油天然气集团公司印发《关于存续企业深化改革的若干意见》。

3月，中国石油天然气股份有限公司炼油与销售分公司电传《关于做好未上市销售企业重组准备工作的通知》，要求加快未上市销售企业的资产重组工作。四川销售公司及所属市州公司随即成立存续企业重组工作领导小组，并按时间进度要求开展存续企业土地、房产证办理和审计评估准备工作。

4月，中国石油天然气集团公司召开未上市销售企业重组工作电话会议，明确下一步工作重点主要是完成资产重组工作，即由中国石油天然气股份有限公司整体购并未上市销售企业。按照集团公司党组确定的“确保重组成功、有利对外披露”原则，集团公司总经理办公会决定：股份公司承担未上市销售企业的全部债务和安置人员所需费用，集团公司将全部资产重组进入股份公司，包括1999年已经评估但未进入股份公司的土地和未上市销售企业目前所占用的全部土地资产；未上市销售企业员工由股份公司统一管理，承担全部费用；在炼油与销售分公司设立销售企业管理机构，负责重组后留在未上市部分的权属不清的土地及相应地面资产、内退职工和离退休人员以及承继法律纠纷和遗留问题的处理。审计评估基准日由2001年6月30日调整到2002年3月31日。四川销售公司随即召开存续企业重组工作电话会议，部署落实存续企业重组工作，并制定印发《关于当前未上市企业重组工作的安排意见》，要求所属各单位按照要求集中时间、集中精力抓好未上市销售企业重组工作，确保重组和经营两不误。

6月，根据中国石油天然气集团公司党组和中国石油天然气股份有限公司决定，四川销售公司和四川省石油集团有限公司领导班子和机关人员实行整合。

按照中国石油天然气股份有限公司对未上市销售企业进行重组的要求，北京中企华资产评估有限责任公司、中地不动产评估有限公司和普华永道会计师事务所，对四川省石油集团有限公司及其所属83个全资子公司的资产和负债进行审计评估，评估基准日为2002年3月31日。截至2002年3月31日，四川省石油集团有限公司和83个县公司评估后的资产总额71935万元、负债总额56348万元、所有者权益15587万元（其中：油库55座，在用加油站250座，资产型加油站250座）于2002年9月30日重组并入四川销售公司。

第二章　财务管理

财务管理始终坚持贯彻执行国家和地方相关法律法规及集团公司有关规定，主动服务企业生产经营工作，伴随企业业务不断发展壮大，逐步延伸到生产经营各个环节，为企业持续健康发展提供支持和保障。构建和完善以价值创造为导向的财务管理体系，提升质量效益，释放动力活力。以市场为导向，降低经营成本，提升成本管控能力，巧打“降本增效”组合拳，挖掘经营潜力，努力实现效益最大化。紧盯影响成本的重点部位和关键环节，精打细算通过标准成本管控、定额费用管理等方式，千方百计降低成本费用；狠抓开源节流降本增效工作，督促和动员全体员工狠抓开源节流降本增效工作。2019 年，公司实现营业收入 729.1 亿元，账面利润 10.1 亿元（同比增加 5.9 亿元、增长 141.4%），考核利润 15.5 亿元（同比增加 9.1 亿元、增长 142.2%），名列销售系统前茅。

第一节　预算管理

一、财务预算管理

1989—1997 年，公司隶属四川省商业厅管理。每年公司向四川省财政厅上报企业年度财务计划，由四川省财政厅下达省级商贸企业财政收入任务指标。公司根据下达的任务目标制订工作计划，全力完成全年目标任务。

1998 年，根据销售公司《预算管理办法（试行）》有关规定，按照“统一管理、分级预算”的总体原则，公司及所属各单位分别成立预算委员会。7 月，公司编制 1998 年预算方案，这是公司第一次编制预算。1998 年底，按照以效益为中心、以降低成本为目的和“收入打足、支出打紧”的原则，各单位编制 1999 年财务预算，向公司预算委员会汇报。

1999 年，股份公司按照“结合国际大石油公司的运作方式、克服和纠正传统财务管理中存在弊端”的原则，确定“实施全面预算管理，实行资金、债务、会计核算三个集中，实现财务管理的统一、规范、高效运行”的财务运行管理体制。

同年，公司加强预算管理，将 1999 年度目标任务分解下达到各二级公司和各管理处室，实行预算月度考核。建立责、权、利相结合的激励约束机制，将目标任务完成情况与经营者和职工收入挂钩，建立经营风险抵押制度和浮动工资制度，年底审计后兑现。

2000 年，按照股份公司要求，自 1 月 1 日起，公司开始实行全面预算管理和业绩合同制。

根据销售公司下达的预算指标，公司组织相关部门对销售量、利润、费用、投资资本支出等指标进行分解，在年初工作会议上下达各公司的全年预算目标并签订业绩合同。公司制定《成本费用预算与核拨暂行办法》，规定成本费用预算的依据和预算的内容，各二级公司将年度成本费用预算层层分解，逐项落实到每个部门、每个班组、每个人员，建立成本费用考核指标体系，成本费用预算作为年度考核和个人收入奖惩兑现的重要指标。各二级公司按月依据年度预算编制月度成本费用计划，公司以此作为对二级公司月度费用的考核依据。

2001 年，公司全面实施“收支两条线”运作。各二级公司“滚动预算”，日常预算费用实行“固定费用按进度分月下拨、变动费用与销量挂钩”，以此作为月度现金性费用下拨依据，每月滚动清算，对超预算的现金性成本支出下月扣减预算资金。9 月，公司将月度吨油收入与月度利润完成情况按 70% 和 30% 的权重与职工当月薪酬总额挂钩，实行按月考核预兑现、年终总清算的员工薪酬考核办法，使业绩指标完成情况与职工收入挂钩，增加职工完成业绩指标的动力和压力。

2002 年，按照股份公司预算管理的有关规定，公司制定《预算管理暂行办法》，对预算管理组织机构的设置和职能、预算编制原则、预算编制内容、预算编制方法、预算的执行及考核等作明确规定，强化内部管理和控制，确保实现企业发展战略目标和经营目标。公司以销售公司下达的各项预算指标为依据，编制年度预算，并分解下达各二级公司各项年度预算指标，实行月度考核评比、半年预考核、年度综合考核相结合的方式监督检查预算执行情况。

2003 年，公司严格按照销售公司下达的各项预算指标，制订销售计划、调运计划、投资计划、成本费用控制计划预算分解方案。公司综合平衡各二级公司的损益预算、投资预算、债务预算和现金流量预算，交预算管理委员会审查后，批复下达各二级公司。

2004—2006 年，公司坚持“一盘棋”经营理念，按照“贴近实际，先进合理”原则，加大公司在销售价格、费用和利润等方面的调控力度，在保证各二级公司正常生产经营的前提下，从严控制各二级公司费用总额。

2007 年，公司贯彻实施财务“三统一”战略，实行“按月考核、按月兑现”、业绩考核与主要预算目标挂钩、公司机关处室与二级公司领导班子同步考核、基本目标与奋斗目标相结合的考核办法。

2008 年，按照“四个结合”的要求，公司进一步完善业务预算和滚动预算管理机制，推行机关和油库费用定额管理，推广网上财务报销，成本费用管理逐步制度化、规范化。

2009 年，公司初步建立公司财务总管与二级公司分管相结合、业务预算与财务预算相结合、专业部门的专业管理与财务部门的预算管理相结合、三年滚动预算与年度预算相结合、年度预算与月度预算相结合的预算管理新机制，基本形成投资、薪酬、效益一体化，全面覆盖远、中、短各时期，涵盖生产经营各环节，各类业务统筹协调发展的大预算管理框架。

2010 年，公司强化月度预算，初步建立投资增效还贷挂钩机制，初步形成费用标准化体系，预算控制趋于规范化、科学化。建立健全预算考核机制，实行按月考核、按月兑现、公司机关处室与二级公司领导班子同步考核、管理攻关目标与攻关项目单独考核、费用定额节奖超罚的考核制度，预算控制力和执行力显著提高。

2011 年，公司全面实施 EVA 指标考核，优化资源配置、提高营销质量、强化成本控制和提升资产利用效率，提升企业的核心竞争力和可持续发展能力。

2012 年，公司强化预算管理价值驱动作用，从量、效、费、投资联动关系入手，建立增量增效与增费挂钩机制、加油卡沉淀资金增量与促销费挂钩机制、投资节约奖励机制等 7 项预算激励政策，充分调动各级领导的积极性和创造性。

2013 年，公司依托集中报销平台，优化费用管控方式，费用预算由年度控制调整为月度控制，加强费用支出的监控力度；形成对库站以及设施设备“保养为主、维修为辅”“以养代修、以修代换”的费用管理模式，科学安排维护保养费用。

2014—2015 年，公司坚持以效益为中心，完善以工效挂钩为核心的预算激励约束机制，将班子、员工的薪酬与盈利能力相挂钩，工资水平的增长与当年效益增长相挂钩。加强月度预算与季度预算、季度预算与年度预算的管理考核，发挥预算导向作用。

2016 年，公司调整预算考核措施，突出解决二级公司之间争分类、争上位的矛盾。围绕二级公司经营效益和管理能力，在年度绩效合同设置基础指标和重点指标，突出各单位增效攻关重点。调整利润总额考核方式，分档设置基准完成率和封顶完成率，取消企业类别差、体现贡献差，鼓励二级公司拟超额完成目标任务，真实体现各二级公司创效能力，科学评估当期效益，由调整考核利润改为在年末调整利润预算。

2017—2019 年，公司坚持高质量发展目标，推行量效平衡的预算管理机制。突出预算引领，按照“一切以纯枪为中心”的管理思路配置预算资源和设置考核指标，强化预算激励，驱动预算靶向引力，全面激发基层单位创效活力。2019 年，公司实现利润 10.1 亿元，同比增加 5.9 亿元，预算完成率 129%；员工成本同比增长 6%，实现“企业增效、员工增收”目标。

表 8-1 所示为 1998—2019 年中国石油四川销售分公司财务指标汇总情况。

表 8-1　1998—2019 年中国石油四川销售分公司财务指标汇总表

年度	销售总量（万吨）	完成年度预算（%）	考核利润（万元）	完成年度预算（%）	销售收入（亿元）	同比增长（%）
1998	190.92	115.71	-1171	—	—	—
1999	229.6	120.24	102	—	76	42.98
2000	248.02	100	5242	187.21	—	—
2001	220.34	88.14	3067	204.46	60.35	—
2002	232.39	109.96	24999	—	65.49	8.52
2003	259.32	111.35	35479	290.81	—	—
2004	319.26	123.30	107700	598.58	112.5	40.59
2005	365.46	121.82	73300	229.06	149.04	32.48
2006	407.68	118.23	87600	159.22	196.86	32.09
2007	456.53	112.24	107700	192.32	230.14	16.91

续表

年度	销售总量（万吨）	完成年度预算（%）	考核利润（万元）	完成年度预算（%）	销售收入（亿元）	同比增长（%）
2008	513.94	119.52	180100	240.13	304.33	32.02
2009	524.92	107.35	115100	—	302	—
2010	609.58	111.15	122800	—	407.13	34.69
2011	690.6	112.60	129300	—	537	31.94
2012	760.1	105	127000	—	605.9	12.83
2013	805	103.90	130980	—	634.4	4.70
2014	851.8	105.50	150500	110.70	652.8	2.90
2015	881.2	101.30	170500	106.60	547	—
2016	910.3	—	134000	—	538.4	—
2017	954.6	100.50	116000	111.10	626.5	16.36
2018	1008.8	—	64000	—	739.4	18.02
2019	1023.3	—	155000	—	729.1	—

二、财务分析

1989—2007年，公司开展半年度、年度经营活动分析，通过对比预算、同比等方式，通报经营生产中销售总量、自营纯枪量、利润总额、非油收入、非油利润等各项指标完成情况，查找经营活动中存在的各类问题，提出改进建议，为领导经营决策提供相应依据。

2008年，公司全面开展对标分析，外部对标单位选择同一地区的中石化四川销售公司，内部对标单位选择总量、利润等部分指标相近的辽宁销售公司，通过开展对标分析，促进公司确立目标、查找问题、缩小差距。

2010—2012年，公司建立以月度分析通报与季度分析例会为载体，以财务分析与对标管理为手段，以量价效关系平衡为重点，以效益分析与专题分析为主要内容，以提升决策质量为目的的涵盖公司、二级公司、片区和加油站的多层次的财务分析体系架构，分析水平和分析质量大幅提高，较好地支持和指导生产经营。

2013—2014年，公司聚焦企业管理难点和热点，开展财务专题分析，有针对性地对公司经营生产影响较大的问题进行专题分析，查找原因，制定对策，提出措施建议，服务企业管理决策。

2015—2016年，公司突出财务价值管理职能和实时决策信息支持作用，经营活动分析从季度专题分析、数据常态化研究向周预测、月分析、年评价方式转变，提高分析时效性和参与性。财务分析强化与业务部门的沟通交流，提高因素探析的准确性。

2017年，公司开展三层级对标分析。公司层面，对外与中石化四川公司和浙江公司对标，对内与系统内的先进单位对标。二级公司层面，以“比、学、赶、帮、超”竞赛活动为载体开展对标，定期组织学习标杆单位管理实践，制定追赶路线图、跨越时间表，消除短板，提升管理水平。加油站层面，每个站至少选择一座系统内对标站、一座系统外主要竞争对手站开展站级对标。

2018—2019 年，公司深化专题分析，聚焦公司新业务和重点项目，开展电子券风险舞弊、一体化投运后评价、应收应付票据创效、小站治理等专题分析，及时反馈运行效果，优化管理机制，为增强公司创效能力和风险防控发挥积极作用。强化对标分析，开展与中石化四川公司、浙江公司、江苏公司对标，扬长避短提高竞争能力；与系统内先进单位对标，改进措施缩小差距；建立完善二级公司、片区、库站三级对标体系，促进各单位整体提升、全面进步。

三、开源节流、降本增效

1989—1997 年，公司按照“勤俭节约、增收节支”的治企要求，制定挖潜增效措施，开展节支工作。

1998 年，公司从严从紧压缩可控费用，建立“总量控制、定额包干、一支笔审批”制度，重新修订通信工具、小车使用、差旅费、业务费、维修材料、办公用品等管理办法，大幅度压缩可控费用支出，全公司系统管理费用比 1997 年减少 1485 万元，减幅 8.90%。

1999 年，公司坚持“一支笔”审批制度，进一步细化费用开支标准、费用审批程序和权限，对可控费用实行集中统一管理。

2000—2009 年，公司开展挖潜增效活动，从降本压费入手，执行费用定额管理办法，统一差旅费、会议费、接待费、通信费等开支标准；重点压缩财务费用、办公费、水电费、维修费等各项可控费用；采取合理组织运输，最大限度地减少迂回运输，降低运输费用等措施压缩各项管理费用，降低经营成本，实现费用均衡受控运行。

2010 年，公司将精细化目标与公司“十二五”规划目标有机衔接、对接一致，组织各部门制订精细化实施方案，分远、中、短期落实 11 大类、50 项精细化管理目标，制定 8 项安保本压费措施，挖潜增效 3.19 亿元。

2011—2012 年，公司开展涵盖“财务管理、规划管理、工程管理、物流配送、优化用工、质量计量管理、法律股权和风险管理、信息化建设”8 个方面的管理创效攻关，推进标准化费用体系建设，成本费用均衡受控。2011 年，吨油营销成本较预算节约 25.1 元，实现 EVA 考核值 7.2 亿元。

2013 年，公司开展“营销增量、非油增收、物流优化、预算降本、节能降耗、用工优化、投入产出、信息化应用、管理提升”9 项增量增效攻关，管理创效能力巩固提升，增效超过 4 亿元。利用经营活动分析开展“双低站”、非油库存和用工劳效等专题分析，立足管理薄弱提出优化建议，全年负效站税前利润亏损额较 2012 年下降 2580 万元；人均利润同比提高 1.3 万元 / 人。规范会议接待和“三公”消费，杜绝铺张浪费，压缩非生产性支出，全年五项费用同比下降 31.2%。

2014 年，公司按照集团公司开源节流、降本增效活动要求，开展“营销增量、物流优化、单站核算及双低站治理、加油卡销售、非油增收、节能降耗、预算降本、投入产出、优化用工、股权增收、信息化应用、集中采购、审计监察、督查督办及节约费用、劳动竞赛及创先争优”15项专题增效攻关活动，实现降本增效4.2亿元。

2015年，公司牢固树立“长期过紧日子”思想，把低成本发展战略贯穿到每个环节，落实到每个岗位，重点抓好降本增效、节能降耗、增收节支工作，实现控费创效。以量、距、费为核心确定“一站一库一费”物流优化方案，采取“主抓进货渠道、用好外采资源、优化配送流向和节约费用共享”的措施优化物流成本，全年公司列支运费5.6亿元、吨油运费68.8元/吨，较预算节约0.49亿元、9.2元/吨。全面推行油库费用定额和油库修理费集中管控，强化油库运行费用的标准化、科学化，油库运行成本同口径下降760万元。制定职务消费管理办法，严控非生产性费用，细化标准、规范凭据，五项费用同口径同比降低430万元。

2016年，公司把低成本发展作为应对低油价“寒冬”的重要举措，精打细算、深挖潜力，形成“人人讲降费，事事求增效”良好氛围。制订年度“开源节流、降本增效”实施方案，严把费用总体控制、部门控制、专业归口部门控制三道关口，梳理各专业线增效攻关重点工作42项，制定72个攻关考核指标，实施费用标准化管理，吨油费用354.30元/吨，同比下降3%，库站可控费用同比下降897万元，五项管理性费用同比下降19.6%，全年累计创效4.55亿元。

2017年，公司以优化费用管控机制和强化关键费用管控为抓手，持续推进降本增效工作。按“目标、执行、考核”三位一体运行模式，对重点费用实施管控。强化非生产性费用管控，五项费用同比下降7.5%。扩大二级公司费用管控自主权，除重点费用外，其他费用二级公司据实合规列支，不受费用明细预算控制。在成品油公司和南充公司开展费用放权政策试点，在完成年度利润预算的前提下，对管控费用以外的费用项目拥有自主使用权，按超预算利润的50%调增费用预算，即按照生产需要、节约合规的原则，据实列支生产经营所需费用。

2018年，公司实施低成本战略，突出物流优化降费和财务费用管控，全年实现降本创效2.9亿元，全口径费用总额32.7亿元，吨油费用323元/吨，吨油费用同口径同比下降8.9元。坚持贯彻中央八项规定精神，出台《支出项目支付和报销审核规范》，全面梳理报销流程、规范和开支标准，五项费用同比下降361万元。充分解读税收政策，争取税务部门各类减免政策，实现减负增效3000万元。持续完善资产经营创效长效机制，灵活运用置换、自营、合资合作等方式，实现资产经营创效9068万元。强化商品管理，助推“一库一率”“一库一策”控耗措施落地，强化零售环节损耗管理，零售损耗率同比降低0.06个百分点，商品管理创效2042万元。电子发票全面上线，节约印刷成本、运维费用483万元/年。

2019年，公司严格执行“开源节流、降本增效”工作总体部署，持续推进开源节流、降本增效工程。制定《2019年开源节流降本增效实施方案》，将有限资源发挥最大效能。通过合资合作、富余资产租赁、资产置换等措施，实现资产创效9083万元。加强资金运作创效能力，低费率支付和票据结算节约财务费用800万元；香烟结算由预付款向透支付款转变，减少资金占用5000万元。进一步贯彻落实中央八项规定的精神，2019年业务招待费降幅6%，会议费降幅18%。紧跟政策变化，合法合规降低企业负担，年降低公司税负约1600万元。加强商品损耗治理，坚持超耗索赔与分环节损耗管控，全年综合损耗率同比下降 1.3 个千分点，损耗量减少约 1.3 万吨，商品节耗 4.5 亿元，同比减少损耗 0.8 亿元。

第二节　会计核算

一、财务核算管理

1989—1997 年，公司直属企业实行承包经营责任制。根据责权利相结合的原则，各直属企业打破过去统筹统支的管理方式，实行内部独立核算，在企业内部建立健全岗位责任制和经济责任制，建立资金、财产、费用、盈亏考核制度，基本建成会计独立核算体制。

1998 年，按照四川省政府《会计基础工作规范化实施意见的通知》要求，公司成立“会计基础工作规范化协调小组”，负责公司会计基础工作规范化的规划、部署、考核和确认工作。

1999 年，根据集团公司统一安排，财务核算采用中油 FMIS5.0 财务信息系统单机版对成品油进销存等业务进行核算，各单位财务核算岗根据加油站手工日报表及相关单据，在财务信息系统录入手工进销存凭证。

2001 年，公司制定《内部会计核算规范》，统一规范主要经济业务事项的会计核算方法和核算口径：统一月度结账、对账时间、库存商品的入账价值确认标准、费用项目的核算口径和范围、零售环节的成本、费用和损益的核算口径、主营业务与附营业务的核算范围、资本性支出与收益性支出的划分标准等主要经济业务事项的核算口径、核算方法，便于会计信息的前后一致、相互可比，满足预算管理和财务分析的需要，提高会计信息质量。

2002 年，公司制定《账务处理程序制度》《成本核算制度》《“减值准备”计提与核销管理办法》等制度，统一成本、费用、资产和负债各方面的核算，规范公司的会计核算行为。

2003 年，公司正式启用中油 FMIS6.0 财务信息系统代替中油 FMIS5.0 财务信息系统进行会计核算。印发《关于规范会计集中核算和进一步强化批零分开环节核算的通知》《零售 IC 卡系统管理及会计核算办法（试行）》《预提费用核算办法》等制度，对成本费用、资产和负债各方面的核算进行规范和统一。

2004 年，公司在中油 FMIS6.0 财务信息系统基础上，对账套进行改进、优化设置：增加使用“内部物资采购”“内部销售收入”等科目简化内部往来核算；将润滑油设置为“产品核算”减少科目级数；减少责任中心个数，由原来分片区划分责任中心改为按批发、零售环节划分责任中心；增加专项及台账设置使用等。

2005 年，公司实行跨责任中心制证，减少全省会计人员的核算工作量，节省信息系统资源。

2006 年，公司严格执行股份公司《销售公司批发零售业务核算管理办法（试行）》（油财字〔2003〕217 号）文件规定，“对所属加油站送货发生的运输费，全部归集到批发业务”。纠正“运输费用放在零售环节核算”的问题，对批发、零售核算中需要调整核算口径的，上报至股份公司财务部获得批准后进行。

2007年，按照股份公司关于一级核算后及时进行凭证审核的规定，公司规范日常会计核算中存在账务处理错误的修改，提出记账凭证审核要求，保证凭证稽核工作的专业化和常态化，确保上传总部凭证的质量。使用“短期负息资金拨款”“短期负息资金”和“长期负息资金拨款”“长期负息资金”科目，用以核算各二级公司负息资金的增减变动情况，准确反映各二级公司长短期负息资金整体占用和日常增减变动的情况，便于公司对各二级公司负息资金占用进行考核计息，促进各公司提高资金运行效率。

2008年，随着加油站便利店业务发展规划，为规范、统一加油站便利店业务、财务管理，控制财务风险，公司制定《加油站便利店财务管理及核算办法（试行）》。按照股份公司收支两条线管理的规定，二级公司非油品业务收取的销售货款，必须每日、足额存入各公司收入账户，不允许单独开设账户进行货款归集。

2009年，股份公司通过FMIS融合账套，对ERP系统和FMIS两套系统进行集成与融合，保证系统数据的集成与共享。为确保ERP系统与融合账套的一致性，直观反映出公司的各项经济业务，公司调整现有部分业务、财务运行模式及核算规范，以适应ERP及FMIS融合应用。ERP系统并行期间，业务数据以ERP系统为准，财务数据以FMIS系统为准。

2010年，公司取消各二级公司间跨责任中心制证（包括公司与二级公司之间、各二级公司之间），仅保留二级公司内部跨责任中心制证权限，以真实反映各二级公司的资产负债变动情况。

2011年，根据股份公司关于卡系统清分规则及卡积分管理规定，结合核算、清算及对账工作的实际情况，公司制定《加油卡会计核算实施细则》。加油卡核算统一通过设置预收账款—加油卡—加油卡核算、预收账款—加油卡—加油卡清分、短期负息资金拨款—加油卡、短期负息资金—加油卡等科目进行会计核算，在各二级公司零售责任中心进行账务处理。加油卡充值、消费核算与每天加油站销售日报处理同步，在每天资金分解中完成。

2012年，为适应公司推行油库库存商品集中管理以及信息系统集成需要，规范油库商品核算账务设置，公司制定《油库库存商品核算规范》，账账核对，确保账账一致、账实相符和商品安全，提高商品管理效率。

2013年，公司实施加油站单站核算，对加油站单站全口径收入成本费用进行核算，全面反映加油站盈利水平，推进加油站单站业绩考核。

2015年，按照销售公司建设“三集中”工作要求，公司推进资金集中支付、费用集中核算及结算业务集中，由会计共享中心实现资金支付、费用核算、总账报表管理等工作。

2018年，公司制定公路运输损耗及油库收油环节损耗核算范围，加强商品损耗科学管理。

2019年，公司作为集团共享建设首批上线单位，于3月正式从“三集中”省级共享模式过渡到集团共享模式。公司资金支付、费用核算、收付款业务、报表编制等逐步移交给共享服务成都中心完成。

表8-2所示为1998—2019年中国石油四川销售分公司损益及利润基本情况。

表 8-2　1998—2019 年中国石油四川销售分公司损益及利润基本情况表

单位：万元

年度	营业收入	税前利润	净利润
1998	—	-1171	—
1999	—	9191	—
2000	641288	-10883	—
2001	603477	112015	—
2002	654970	12832	—
2003	810871	6210	-1913
2004	1124956	89214	—
2005	1490426	43758	—
2006	1968566	77512	—
2007	2305194	83986	331
2008	3043362	111362	1561
2009	3022645	78296	785
2010	4071283	106218.8	777
2011	5368703	110076.3	2062
2012	6058357	122738.2	—
2013	6343556	130985.4	1683
2014	6528242	150467.3	1990
2015	5469183	154395.8	4718
2016	5384100	120077.3	2995
2017	6265189	116079	36306
2018	7392763	41710.9	—
2019	7291420	100730.3	54151

二、报表编制管理

1989—1999 年，财务报表主要依托手工编制，由各单位编制报表报至公司财务处，再由财务处编制合并报表底稿，根据底稿出具公司财务报表。

2000—2007 年，公司实施会计一级集中核算后，全省财务报表由财务处根据集中核算账务数据直接编制并上报股份公司，报表编制及时性和准确性得到提高。

2008—2015 年，FMIS7.0 系统上线后，公司搭建“责任中心 + 会计科目 + 辅助核算”账务体系，通过设置合并抵销责任中心，期末合并抵销业务以会计分录的形式录入到账务系统，合并报表的编制从表抵法变更为账抵法。

2016—2019 年，公司坚持每月末进行账务清查，及时进行会计差错更正，保证财务报告的及时准确编制与上报。

三、财务对账管理

1989—1999年，财务人员主要依托手工方式开展对账工作。

2000—2007年，按照集团公司要求，财务人员通过中油FMIS系统进行成品油进销存核算，公司和各单位财务核算岗根据加油站手工日报表及相关单据，在财务系统录入手工进销存凭证。财务对账通过中油FMIS系统数据和加油站手工报表进行核对。

2007年，按照股份公司关于一级核算后期末对账的规定，每月月末，在当期全部业务完成并记账后，及时与总部系统对账，有差异部分，列出差异并及时上报总部协助处理，基本实现公司会计核算数据与总部数据一致。

2008年，公司逐步推广非油业务后，财务核算对账内容增加非油品业务。

2009年，公司加油卡系统、ERP系统和HOS系统全面上线，财务系统不断升级优化，各类系统运行逐步稳定，财务对账主要依托各系统间数据与加油站手工表进行核对。

2010年，公司针对加管系统对账工作制订日结对账、月结对账等详细方案，数据差异问题由财务部门会同业务部门分析查找原因。

2012年，公司实现二配系统、油库系统、ERP系统、加油站管理系统四大系统集成。为适应系统对账工作的新变化，公司制定集成后系统对账规范（见表8–3）。

表8–3　2012年中国石油四川销售公司系统集成后对账规范表

业务流程	内容	变化及要求
批发销售业务流程	业务人员收款后，在ERP系统中创建销售方式为“21”的批发销售订单，经过订单审核并创建付油通知单后，财务人员在ERP系统做出库转客存和结算操作，业务人员在金税系统开具增值税专用发票。自提部分减少客存并传递到油库系统做油品出库，客户配送部分也同样将客存出库信息发送到二配系统形成配送单后再传递到油库系统做油品出库	ERP系统自动将客存出库信息发送到二配或油库系统，实现系统间的数据自动传递。各单位业务、财务部门应逐日检查批发销售订单是否全部进行ERP系统出库和结算操作，确保每天所有业务处理完毕，财务收入、成本匹配
小额配送业务流程（新增）	业务人员收款后，在ERP系统中创建销售方式为“22”且区分自提或配送的小额配送订单，经过订单审核并创建付油通知单，同时在金税系统开具增值税专用发票后，ERP系统自动将自提或配送信息传递到油库系统或二配系统，油库系统自提或配送出库后，自动将出库信息反馈到ERP系统；财务人员随后在ERP系统内做结算操作	小额配送流程只能全额出库，不能转客存分批次出库。先开增值税专用发票，待油品出库后再做财务结算。由于小额配送流程与原手工操作流程变化较大，因此业务、财务部门应逐日检查小额配送订单是否全部进行实物出库和结算操作，确保每天小额配送业务处理完毕，财务收入、成本匹配
加油站内部配送业务流程	业务人员在二配系统编制配送计划并发送到油库系统，油库系统完成油品出库后将出库信息传送到ERP系统中，ERP系统自动创建销售方式为“24”的内部配送订单，业务人员在ERP系统内根据自动产生的内部配送订单完成创建付油通知单操作；财务人员在ERP系统中做出库和结算操作	主要差异是：一是原配送流程业务发起端在ERP系统，由业务人员在ERP系统中录入内部配送订单，现流程以二配系统配送计划为起点，按照配送流程将油库系统出库信息传递到ERP系统生成内部调拨订单；二是加油站在途油品确认上，原手工配送流程可以以加油站收油信息在ERP系统做内部配送操作，在途全部计入油库库存，现流程由于是油库出库时自动将信息传到ERP系统产

续表

业务流程	内容	变化及要求
加油站内部配送业务流程		出内部配送订单，所以在途全部计入加油站库存。财务部门应以 ERP 内部配送数据为基础在每月盘点日前与加管系统收油数据进行核对
加油站内部配送变站业务流程	业务人员根据变站情况在二配系统中发出变站指令，二配系统将变站信息传递到油库系统，油库系统冲销原出库信息并产生新的出库信息，油库系统将冲销信息和变站信息发送到 ERP 系统中，ERP 系统据此调整加油站的入库信息	现流程变站业务是通过二配系统发出变站指令，油库系统调整出库信息，再传到 ERP 系统修改业务库存来实现的；当 ERP 系统变站修改业务库存后，财务凭证无法自动生成，财务人员需要在 FMIS 中根据二配系统提供的变站信息处理调整凭证并传输到 ERP 系统中。财务人员应逐日核对、及时调整加油站变站信息，做到账实一致

2013 年，根据股份公司关于加强内部对账的要求，为持续做好内部交易行为，推动内部欠款清理取得实效，公司进一步规范内部对账及结算工作。凡双方往来签认一致的，付款方按合同、协议或双方约定尽快付款；凡双方往来签认不一致的，付款方按双方协议一致的金额尽快付款。

2014 年，公司持续强化油库商品月末对账工作，保证库存商品账实一致、账账相符，商品安全受控。

2016 年，公司全方位梳理规范公司成品油对账方法及实施要求，满足 ERP2.0 上线后库存商品管理及相关的油品账务核对工作的变化。

2017—2018 年，针对商品管理风险，公司开发推行商品对账系统，融合系统间数据差异。对账系统利用信息技术将“预警、分析、处理、审核、跟踪、销号”完整的闭环管理机制固化至系统中，改变过去由结果倒推差异的做法（见图 8-1）。系统按日自动比对差异，处理前置、实时监督，将操作、审核、监控等关键节点留下“痕迹”，实现责任可追溯、结果可验证，聚焦反复出现差异的情况和管理漏洞，关口前移、抓在日常、反复推进，以责任到位推动问题解决。

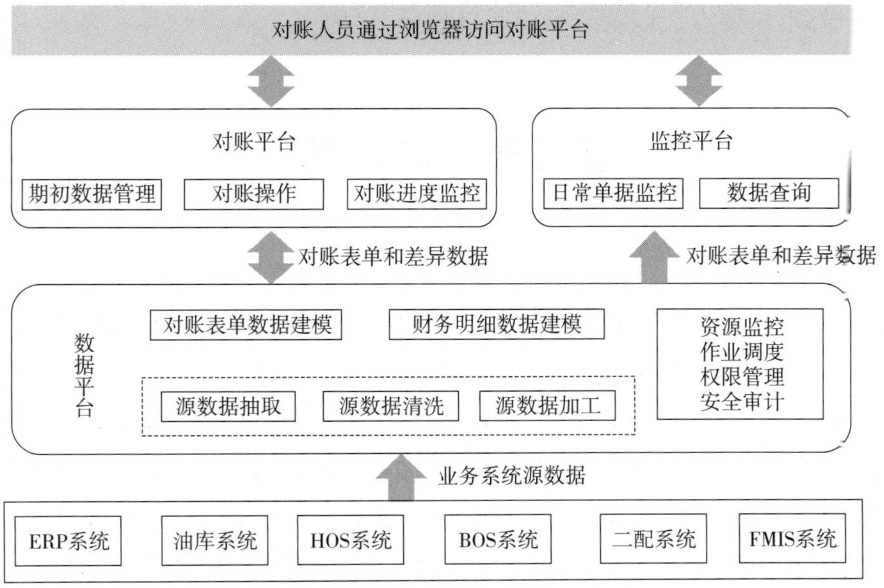

图 8-1　中国石油四川销售分公司商品对账系统流程图

2019 年，为准确反映购买日及购买日后每一资产负债表日子公司及其与母公司组成的企业集团的财务状况，公司规范非同一控制下企业合并账务处理及合并报表编制。FMIS7.0 财务管理信息系统账务体系设置为“责任中心”+“会计科目”+“辅助核算”。各单位新增控股公司，在所属公司责任中心下同时申请控股公司、控股公司合并抵销两个明细责任中心。控股公司业务在控股公司责任中心下核算，控股公司与母公司之间进行合并抵销的业务在控股公司合并抵销责任中心下核算。FMIS7.0 财务管理信息系统采用账抵法编制合并报表。

四、共享中心建设

2015 年 5 月，按照销售公司统一部署，公司启动会计共享中心建设工作，明确两级财务管理职责界面，制定共享业务流程，规范资金集中支付审核标准，全力打造四川销售特色财务共享模式。

2016 年，在资金集中支付的基础上，进一步完成费用报销审核及费用核算集中。集中核算后，从二级公司单据提报到共享中心完成资金支付，平均周期由 5—7 天缩短到 1—3 天。全公司系统财务人员从 436 人减少至 402 人，下降 7.8%。

2017 年，公司以共享业务为抓手，不断提升财务合规化管理质量，定期通报费用报销等业务中存在的问题，促进二级公司规范管理。

2018 年，公司全力支持配合集团公司共享业务建设，为共享服务成都中心提供过渡期临时办公场所，并推荐优秀财务骨干参与集团公司共享筹建。

2019 年，为进一步规范公司财务共享业务填单操作，明确审核职责，规避财务风险，提升工作效率和质量，按照集团公司财务共享业务推进的总体部署，以及公司财务风险管控要求，结合财务共享业务上线实施情况，公司与成都共享中心共同编写《财务共享业务操作及审核手册》，涵盖公司已上线共享业务，剔除部分功能单、不适用项目，共计编写 102 项。主体内容包括“单据填报要点”“全部审核要点”以及“审核职责划分”等。

第三节 资金管理

一、银行账户管理

1989—1997 年，公司及所属地市（州）公司分别设立银行账户，自行管理。

1998 年，公司调整资金结构，撤并银行账户 200 个，通过资金集中管理，利用贷款种类及资金的时间差、空间差，加强资金调度。4 月 1 日，为提高资金使用效益，降低资金使用成本，根据公司和中国建设银行四川省铁道专业支行签订的合作协议，公司成立“四川省石油集团有限公司资金结算中心”，集团公司所属各成员单位开立账户，5 月 1 日正式挂牌营业。

1999 年，销售公司下发《关于严肃财经纪律、规范经营行为的通知》（销字〔1999〕第 22 号），要求各公司严格遵守在银行开户实行备案制的规定，对所有已开设的账户要报上一级财务机构备案，新开设账户要报上一级财务机构批准，基本账户和油款结算账户必须在中油财务公司或工行、建行、中行、农行及交行开设，清理撤销其他金融机构开设的账户。3月，集团公司要求银行账户要集中，撤销多余的账户。一个单位除可保留基本账户和一般结算账户外，其他资金都要集中到中油财务公司开户。

同年，公司彻底清理现有银行账户，实行银行开户备案制。原则上一个单位只保留1—2个银行账户，无贷款业务的银行账户原则上撤销。各二级公司开设账户报公司备案，未经同意，不得随意开设新账户，清理县公司开设的账户，并报各二级公司备案。

2000年，按照股份公司的统一安排和部署，自1月1日起，公司正式启动新的资金集中管理模式，即公司内部实行资金“收支两条线”、对上实行“差额上交”的运作方式，强化资金管理，有力控制资金规模，减少资金占用，堵塞资金管理中存在的漏洞：按规定开设一个结算账户和一个基本账户，清理撤销过多的不合规定的账户，根据需要开设必要的结算辅助账户和基本辅助账户。至2000年末，公司系统共开设结算账户22个，结算辅助账户149个，基本账户20个，基本辅助账户46个。在按规定开设账户的同时，清理撤销152个不合规定的银行账户，基本解决银行账户开设的随意性，防止资金多头存款，减少资金占压，降低资金管理的难度，有效地保证资金安全。

2002年，按照销售公司要求，公司撤销设在光大银行、中信实业银行、商业银行、招商银行及其他金融机构的各类账户。

2003年，按照新的资金收支两条线银行账户的设置方案，公司对银行账户进行清理，共撤销银行账户104个。

2004—2018年，公司及所属二级公司按照《资金管理办法》规定，收入账户和支出账户符合收支两条线规定，严格按计划使用资金，按日核对银行存款并编制余额调节表，封闭结算户、纳税专户、运费专户等专用账户并实现“零余额”。2017年2月，公司梳理统计全系统在用银行账户共计224个，其中表内账户190个、表外账户34个。

2019年，公司加强账户风险管控，凡是未纳入司库2.0账户管理模块备案的银行账户，通过账户管理模块申请备案，保证账户模块信息与公司实际银行账户情况一致。建立沟通反馈应急处理机制，法律管理部门（岗位）将法律诉讼事项可能涉及公司账户（资金）冻结的情况，及时向财务部门反馈；财务部门安排专人密切跟踪本单位有关法律诉讼事项，关注法院裁定结果是否有涉及冻结公司账户（资金）的可能性。如有冻结可能性，需提前做好预案，采取措施解决问题，避免账户资金风险，杜绝因本单位诉讼事项危害总部账户安全的事项发生。纠纷案件不论金额大小，各单位在收到人民法院应诉通知书、传票和举证通知书之日向公司企管法规处口头报告，5个工作日内，通过OA系统向公司书面报告。各单位主动诉讼的，在决定起诉之日起10个工作日内书面报告。同时，在诉讼或仲裁案件处理过程中，重大事项及时上报，特别是在收到各种裁定、调解书、一二审判决书及再审通知书后，应立即向公司报告。法院判决或裁定中出现冻结公司各类账户（资金）情况，各单位必须立即向公司企管法规处、财务资产处报告，避免因账户冻结事项影响公司正常生产经营用款。

二、资金收支管理

1989—1998年，公司及各二级公司的现金收入和现金支出使用同一个账户管理。

1999年，销售公司出台《资金管理暂行办法》《资金管理暂行办法实施细则》《资金预算管理暂行办法》等制度，采取“收支相抵、差额上交”和“收支两条线”的办法，实行资金集中管理，销售公司与公司之间资金按“收支相抵、差额上交”的方式运行，公司与各二级公司之间资金按“收支两条线”的方式运行，即收入全部上缴，费用由上级公司按预算进度核拨；各二级公司货款结算和银行开户，实行分项核算、分户管理；公司的货款结算在中油财务公司的货款封闭运行网络中进行。

同年，公司制定《资金收支两条线管理办法》，对所属公司的现金收入和现金支出实行分户管理。所属单位在银行开设两个银行账户，即结算账户、基本账户，当地税务机关有要求的，可开设税务专户。各单位与银行签订《银企合作协议书》，所有现金收入存入结算账户，并实时汇划到公司指定账户；所有现金支出实行预算管理，定期核拨到各基本账户，按月进行考核；税务专户所需资金，按公司核拨的资金从基本账户转入。核定所属公司结算账户、基本账户日均存款限额，其中全省结算账户不得突破4150万元，全省基本账户不得突破200万元限额，超出部分按每日万分之五交纳罚款。

2000年，为保证资金收支两条线的安全有效运行，公司与工商银行四川省分行签订《银企合作协议》，协调省工行系统在短期内开设必需的银行账户、开通“实时汇划”系统，解决同城加油站现金入行问题和异地加油站银行上门收款等问题。在资金收支划转程序上，基本理顺货款回笼方面由各结算辅助账户每日划转结算账户，再由结算账户每日划转公司指定账户的运作方式，并制定结算账户存款限额，防止资金的无效占压。资金支出按预算规定分次拨到支出账户，由二级公司按预算列支。建立资金和预算核拨审批制度，资金支出坚持按预算执行，每月分三次向各公司基本账户拨付预算支出，实际拨付参照各二级公司基本账户存款余额，采取灵活的手段拨付。为确保资金安全，保证费用预算、资本支出预算、润滑油等商品购进款的准确下拨，公司制定《资金收支、预算费用拨付程序管理办法》，明确资金处置权限，保证资金拨付的正常运转。

2001年，公司加强对“资金收支两条线”和银行存款、现金等货币资金的内控制度的建立和执行情况的监督检查。坚持按项目计划和拨款程序拨付资金，完善项目资金拨付的审批、复核程序，加强对资金拨付的监督；对项目资金使用进行日常监控，坚持投资项目资金“专款专用”制度。对超过投资计划的项目，坚决不予拨款；对挪用资金和无计划项目使用资金的，扣拨预算资金。

2002年，公司制定《资金收支两条线管理办法》《资金管理中心暂行办法》《投资资金管理办法》等制度，下拨各二级公司预算资金、税金以及基建等其他资金。9月，公司与工商银行四川省分行签订《资金结算网络协议书》，开通工行网上银行，上收二级公司结算资金，实现对二级公司预算等资金的自动下拨。

2003年，公司与工商银行四川省分行签订《资金结算协议书》，围绕“资金收支两条线”工作，进一步规范公司收入资金的归集和费用等预算资金的支付，设置二级公司工行的集团账户和利用工行网上银行的贵宾室业务功能，基本实现二级公司工行收入账户资金“零在途”上收，二级公司支出账户为零余额，大大压缩资金滞留环节，进一步加快资金的周转速度。

同年8月，按照股份公司的要求，公司进一步完善“资金收支两条线”，对各二级公司的预算费用、税金等所有支出资金全部实行计划管理。资金计划审核后，按照“一月一下、按日分配、当日结清、固定三次追加日用资计划”的方式，通过银行对各二级公司设置透支额度。二级公司支出账户支出资金实行“先使用，后清算，透支总额控制”，每日终，二级公司开户银行将二级公司当日使用资金向公司支出账户进行清算。次月，公司对各二级公司上月资金使用情况进行清算，以确保资金的专款专用。

2005年，按照股份公司《在途应收账款管理暂行规定》和公司《定期结算管理办法》，公司针对部分信誉较好的客户，建立定期结算审批制度，采取“既管得住又灵活机动”的原则，在严格执行股份公司相关规定的前提下，支持经营业务有效开展。定期结算分为“月内定期结算”和“跨月定期结算”两种方式，对实行“月内定期结算”的，批复定期结算单位和明确欠款责任人；对实行“跨月定期结算”的，除批复定期结算单位和明确欠款责任人外，还对定期结算数量和结算金额进行控制，定期结算实行严格审批，严格监督执行情况，防止定期结算管理失控。

2006—2010年，公司推广应用资金管理平台，实现资金收付年、月、周要素计划管理，形成资金管控集中化、资金支付网络化、监督检查常态化的资金管控模式。

2011—2017年，公司逐步实现对公、对私业务同行支付、跨行支付、同城支付、异地支付等多种方式银企直连付款。

2018年，根据集团公司司库建设整体工作安排，公司制定《司库2.0上线方案》，完成2.0方案设计、账户梳理、用户培训、系统初始化、数据补录及测试等工作。

2019年，公司完成与四川省五家合作银行（工商银行、农业银行、中国银行、建设银行、昆仑银行）总分联动账户体系搭建，实现收支两条线账户体系转变为总分联动账户体系。

三、资金使用和风险管控

1989—1994年，公司内部资金实行定额管理、有偿使用。各经营服务部门借款定额指标由财务部根据各部门的经营和效益情况核定，但使用资金时仍应逐笔审查核贷并按规定办理各种手续，超过定额部分为临时借款。

1995年，为规范企业经营行为，加强省直属石油企业财务管理，确保国有资产的保值、增值，经四川省财政厅、四川省国有资产管理局审查同意，公司制定《四川省直属石油企业内部财务管理办法》。建立资金筹集制度，采取多渠道筹集资金，降低资金成本。企业营运资金来源有银行贷款、内部集资形式筹集资金、向社会公开发行企业短期融资券或企业建设债券等。

1996年，公司以资金管理为中心，加强同金融部门的联系，多渠道、多层次、多形式筹集资金，基本保证经营业务和建设对资金的需求。各单位狠抓资金营运、货款回笼、费用控制及从严控制基本建设投资。

1997 年，公司印发《财务管理制度》，规范财务行为，加强内部财务管理，保证国有资产保值增值。8 月 7 日，公司核拨四川石化房地产综合开发有限责任公司持有集团公司法人资本额 1000 万元，核拨四川省自备罐车运输公司持有集团公司法人资本额 150 万元，其会计报表按合并报表的规定仍并入集团公司本部。

1998 年，公司以资金、费用为重点狠抓财务管理，通过采取控制借款规模、坚持勤借勤还、利用降低利率的有利时机、调整资金使用结构、清理银行户头等有力措施，提高资金的使用效益。该年公司财务费用大幅度下降，全年实际开支财务费用 8723 万元，比上年下降 25.85%，比预算减少 87 万元。重视资金筹集，全年共筹资 14.2 亿元，保证经营、建设对资金的需求。

1999 年，公司设立资金中心，负责所属公司的资金和债务管理，对所属公司存款和贷款实行存贷分户管理，控制负债规模，降低资产负债率。制定《资金中心管理暂行办法》，加强资金集中管理，加快资金周转，减少资金沉淀，保证企业经营、发展所需资金，切实降低融资成本。

2000 年，股份公司实行债务集中管理。按照债务集中管理的原则，公司提前履行借款合同的还款义务，加快银行借款的置换速度。该年置换各银行的长、短期借款共计 8.04 亿元，其中，提前归还未到期银行借款 2.05 亿元。因提前置换银行借款，使公司借款结构发生较大变化，短期付息资金比重加大，利率水平平均下降 1 个百分点，节约借款费用 220 万元。

2001—2002 年，公司与工行四川省分行签订《银企合作协议》，由工行四川省分行及所属分支机构对公司及所属二级公司各站、点的销售货款实行上门收款服务，并在每个工作日下午 3 时 30 分前自动划到公司指定账户，加快资金汇划速度，减少资金沉淀。

2003 年，公司与工行四川省分行签订《加油站收款服务协议》，工行对公司所属加油站采取各种形式实施全面收款服务。至年末，实施工行收款的加油站达到 723 座。

2004 年，公司推进银行上门收款工作，加强与工行四川省分行及其基层银行的沟通与协调，对工行无法上门收款的，原则上由工行委托他行收款或实行储蓄代收。至年末，公司 1259 个加油站及批发网点中，实行上门收款的站点 1025 个，上门收款率 85%，其中工行覆盖网点上门收款率达 92%，眉山、广元、宜宾、乐山、资阳、川南、绵阳、成都、凉山、零售公司等 10 个二级公司加油站上门收款率达到 100%。

2005 年，按照股份公司《在途应收账款管理暂行规定》和公司《定期结算管理办法》，公司针对部分信誉较好的客户，建立定期结算审批制度。定期结算分为“月内定期结算”和“跨月定期结算”两种方式，对实行“月内定期结算”的，批复定期结算单位和明确欠款责任人；对实行“跨月定期结算”的，除批复定期结算单位和明确欠款责任人外，还对定期结算数量和结算金额进行控制，定期结算实行严格审批，严格监督执行情况，防止定期结算管理失控。至年末，公司货款全部收回，确保 2005 年无新增欠款。

同年，公司制定《资金管理考核办法》，加强资金日常管理工作考核，对资金计划上报及时性、计划执行准确性、紧急用款使用情况、基建项目拨款明细使用情况进行综合考核评分，量化评价资金管理工作情况，予以定期通报，同时将其纳入会计基础工作考核范围，进一步推动资金管理工作水平提高。

2006年，根据国家税务总局“逐步取消手工开具发票”的相关文件精神，参考北京、广东、海南、重庆等地石油销售公司机打普通发票的成功经验，结合实际情况，公司推广机打发票并统一发票格式，由四川省国家税务局直属税务分局监制，公司统一印制和分发。

2007—2012年，公司加强发票管理相关法律、法规、制度的学习，严格制度执行，相互牵制、制约到位。严肃追究发票管理责任。对于违反发票管理规定，影响企业声誉的，一经查实，予以严肃处理，分管财务、业务的领导承担管理责任。

2008年，公司推广应用财务网上报销系统，实现财务报销预算编制—业务申请—单据传递—在线审核—电子支付的全过程信息化管理。

2013—2014年，公司实施集中报销支付业务。各单位用户将原始附件扫描至影像系统，稽查岗审核单据，待单据审批完成，根据各单位提交的付款明细，通过检查影像系统内扫描单据，在资金平台完成凭证制作并提交审核岗；审核岗确定达到付款条件后，提交出纳岗；出纳岗根据付款明细、报销单及资金平台电子付款单的信息进行三方核对，确保付款对象信息无误后提交付款环节初核岗初审；付款环节初核岗核对资金平台付款信息与审批单信息一致后提交付款环节审核岗复审；出纳岗查询款项支付是否成功。

2015年，根据股份公司《应收款项管理办法》（石油资金〔2015〕119号）和应收款项管理相关规定，公司制定《应收款项管理实施细则》，对往来款项实行责任人备案表管理制度，明确往来款项责任部门和责任人员，避免呆账坏账的发生。

2016年，公司与工行四川省分行协商，在成都和成品油两家单位试点实行POS机与加管系统扎账时间同步运行并取得成功，解决银行POS机扎账时点与加管系统不同步导致的资金核对难题。4月，公司在全公司范围内实行POS机与加管系统扎账时间同步运行。

2017年，公司办理“三证合一”，自7月1日起，依据新的开票信息正确开具或取得发票。8月，公司上收全省资金支付方式管理权限，规范19种加油站资金支付方式，包括现金、转账、工行POS、微信、支付宝、翼支付、总部电子券、四川公司电子券、政府采购、建行POS、农行POS、邮储POS、内部结算、定期结算、人保积分、银行承兑汇票、消费返利、促销、其他。为准确核算反映业务资金数据，按照“业务数据即财务数据”的管理思路，公司在“其他货币资金—加油站资金”科目下建立与业务资金口径完全一致的19种资金科目。在规范的19种资金支付方式之外，二级公司需要新增其他支付方式的，必须提前报公司零售处和财务处审批同意，公司在加管系统和卡系统中增加对应资金支付方式，并在FMIS系统中搭建集成凭证模板后正式使用。

2018年，公司在加油站推行低费率结算方式，提高加油站资金结算效率和降低收款成本。

2019年，公司完善在途资金月度清查机制，二级公司在每月5日前，根据银行实际到账情况或相关核销依据，将上月结转的在途资金余额按成本中心和资金项目进行清理核销；每月7日前向公司上报在途资金月度清理表，对上月各项在途资金余额按成本中心进行分析说明，并由财务负责人和总会计师审核签字把关。强化日常运行机制监控，公司资金管理岗按月收集二级公司上报的在途资金月度清理表，在与账务核算、相关系统数据审核通过后通知相关二级公司开账处理当月资金凭证。在途资金月度清理表作为资金监控的重要实施证据，由各二级公司财务科和公司财务处按月打印并签字存档。二级公司分管资金财务负责人履行审核监督职责，按周检查资金运行监督岗对公司工作要求的履职情况，确保在途资金实现“周周清理，周周结清”，对通过每周清理发现的异常在途资金应及时跟踪处理；同时按月审核其他货币资金余额调节表，对出现的未达账要分析其合理性，并及时跟踪处理，不允许出现跨月未达账。

是年，公司按照“立足防范、从严治理、业财结合、集中管控”的工作原则，建立票据业务风险防范岗位责任制，按照“谁收取、谁负责”“谁签字、谁负责”的原则，各单位负责落实本部门、本单位的票据风险防范工作，做到一级抓一级，层层落实责任。坚决禁止对外收取商业承兑汇票；坚决禁止对外收取财务公司（中油财务公司除外）承兑汇票；坚决禁止收取农村商业银行、农村信用合作社、村镇银行等已列入集团公司票据承兑人负面清单金融机构的电子银行承兑汇票。财务部门应设置票据管理岗对所属企业的票据收取实施统一管理，并对所有票据的签收进行审核确认，并加强票据单据、印鉴、密码密押、凭证、司库系统 Ukey 的管理，严格执行“印鉴、密码密押、Ukey”分管专用制度。

第四节　资产管理

1989—1994 年，公司资产管理工作由四川省商业厅指导管理。

1995 年，为摸清家底和理顺产权关系，根据国务院和四川省人民政府关于清产核资工作的有关决定，公司制定《四川省直属石油企业清产核资工作方案》，成立清产核资领导小组，全面摸清经营性固定资产的存量、结构、分布和效益状况，彻底清查企业资产、清理债权债务；界定产权，明确企业法人占有财产的产权界限；对主要固定资产价值进行重估和对土地进行估价；核实企业法人财产占有量，核定国家资本金；推动国有资产优化组织和合理流动。清产核资工作范围包括公司本部、各石油二级站（库）、分公司本部及所属支公司。

1997 年，四川省人民政府办公厅同意并转发四川省贸易厅《关于加快四川省石油集团公司资产结构调整的报告》，同意公司实施改制或出售子公司，其所得税可享受中共四川省委、四川省人民政府《关于进一步放开放活国有小型企业的意见》（川委发〔1996〕22 号）的有关政策，有关税务变更和历年欠税清缴应按税收政策规定办理；对子公司实行转制、出售后的新企业，缴纳营业税确有困难的，可实行“先征后返”的办法；对土地资产的处置，依照四川省国土局《关于进一步盘活存量土地支持我省企业改革的通知》（川国土发〔1997〕213 号）执行。同时，公司在改革过程中按照川委发〔1996〕22 号文件精神，妥善处理好债权债务关系，防止债务悬空，妥善安置人员，确保社会稳定。

4 月 28 日，受四川省人民政府委托，四川省国有资产管理局与公司签署国有资产授权经营责任书，代表四川省人民政府授权公司，统一持股经营管理授权范围内的全部国有资产，负责授权范围内国有资产的保值增值，依法行使授权范围内的国有资产出资权。

1997—1998年，为理顺产权关系，明确隶属关系，简化投资结构，规范投资行为，公司清理、撤并所属各单位兴办的“两属两制”企业、城镇集体所有制企业以及股份制企业，先后注销合并集体企业66个，与全民脱钩22个，出租、转让33个，保留26个，有效防止国有资产转移和流失。针对公司本部集体企业比较多、经营不力、管理不善的实际，撤销、合并大部分集体企业，只保留少数集体企业。全面清理审计撤销合并的集体企业资产、账务、债权债务等，清理过去形成的坏账、死账，追收各项应收款项，统一账务处理，做到账务不乱，保证撤并工作的顺利进行，完成集体企业清产核资工作。

1997年5月21日，四川省国有资产管理局、四川省财政厅批复，同意公司将夹江石油支公司油库经评估确认价值人民币18054159.20元的资产，依法整体或部分转让。8月29日，公司将持有的北海国际招商股份有限公司法人股284.31万股和北海四川经济开发股份有限公司法人股381.3万股，以协议方式转让给北京蜀海冰经贸有限责任公司，转让金额为人民币1000万元整。9月9日，四川省国有资产管理局批复，同意公司将持有的北海四川国际招商股份有限公司法人股284.31万股，以协议方式转让给北京蜀海冰经贸有限责任公司。

1998年1月20日，公司将持有的海南兴源股份有限公司法人股567万股，以人民币1417.5万元金额协议转让给海南万恒投资有限公司。3月23日，公司出资人民币100万元，认购四川新时代股份有限公司股份100万股，成为该公司发起人股东。至年末，公司资产总额26.78亿元，净资产6.25亿元，资产负债率为76.66%，净资产利润率为–1.81%，公司有息负债为15.61亿元，有息负债率为58.29%。

1999年，集团公司运行“四统一”政策。按照销售公司决定，公司完成西北地区部分油田、炼厂在川建设的成品油储运设施和加油站的划转工作，接收8座油库、30座加油站，其资产、负债、权益和联营企业的股权等并入公司账务。划转给公司全资企业资产总额12836.89万元、负债总额6820.53万元、所有者权益6016.36万元。其中，实收资本3459.03万元、资本公积3696.82万元；联营企业股本金4978.71万元。1999年末，公司资产总额达到23.49亿元，净资产5.43亿元，资产负债率为76.84%，净资产利润率达16.92%，有息负债为16.09亿元，有息负债率为68.5%。

2000年，按照股份公司要求，对中国石油四川销售分公司1999年度决算未纳入股份公司的资产，划归四川省石油集团公司管理。中国石油四川销售分公司和四川省石油集团公司共同组成资产清理小组，清理应划资产，派出工作组到各二级公司进行资产的移交、接收工作，妥善处理资产重组遗留问题。2000年末，公司资产总额29.07亿元，净资产4.72亿元，资产负债率为83.77%，净资产利润率达到11.02%，有息负债为20.88亿元，有息负债率为71.83%。

2001年，公司加强固定资产管理，明确固定资产实行“统一管理，分级负责”的管理原则，规范固定资产的购建、核算及报废程序，建立固定资产卡片账，落实监督管理部门和责任人，保证资产完好，提高资产利用率。

2002年，公司按照股份公司对未上市销售企业进行重组的要求，对四川省石油集团有限公司及其所属的83家全资子公司的资产和负债进行审计评估，评估基准日为2002年3月31日。

该年9月30日重组并入中国石油天然气股份有限公司四川销售分公司。

是年，公司制定《固定资产管理办法》，固定资产实行“统一管理、分级负责”管理，规范固定资产的购建、核算及报废程序，建立固定资产卡片账，落实监督管理部门和责任人，保证资产的完好。定期清理固定资产，按照股份公司《固定资产报废及处置实施细则》规定处理报废资产。该年公司清理并上报股份公司和税务机关批准处理的报废资产净值为7289万元。

2003年，公司修订《固定资产管理办法》，规范固定资产的管理，建立固定资产卡片账，落实资产的监督管理部门和责任人，保证资产的安全、完整。定期清理固定资产和无形资产（土地），对需要报废和处置的项目上报股份公司。该年，股份公司审批固定资产报废损失7180万元，处置无形资产损失783万元，计提无形资产减值准备和存货跌价准备10669万元，核销坏账982万元，核销投资50万元，共计处理损失和减值准备19664万元。公司制定《账外资产管理办法》，统一账外资产的处置办法，保证使账外资产管理制度化、规范化。该年清理出账外资产约2590万元。

2004年，公司加大闲置县公司资产的清理处置工作力度，进一步清理账外资产。全年公司清理并上报股份公司批准处理的资产报废损失2823万元，计提固定资产减值准备6245万元。到2004年末，公司资产总额34.36亿元，净资产17.69亿元，资产负债率为48.53%，净资产利润率达到59.86%，有息负债为9.47亿元，有息负债率为27.57%，负债规模得到有效控制。

2005年，公司采取报废、处置、提取减值等方式消化资产包袱，有效更新、购建资产，资产质量显著提高，资产结构明显改善。

2006—2008年，公司按照集团公司资产集中管理的总体部署，以AMIS系统为平台，实现资产信息集中管理。依托AMIS实物资产系统，有效提升公司实物资产管理水平，解决资产价值管理与实物管理相分离的根本性问题。

2009年，资产管理信息系统与ERP融合账套对接，管理更加规范、统一，资产信息更加准确、有效。

2012年，公司实施油库资产集中统一管理，明确仓储公司和各二级分公司的资产管理职责，制定《油库资产集中管理实施方案》。在有效保障固定资产管理需求的基础上，进一步规范固定资产报废、处置及油库在建工程转资核算，印发《油库资产管理暂行规定》，继续强化资产核算规范。

2013年，在实物资产系统平稳上线运行的基础上，公司持续加强实物资产系统建设及应用工作。进一步推广实物资产系统，启用实物资产调拨模块，逐步实现实物资产“全员”管理的目标，资产管理信息化建设得到提升。

2014年，公司完善《固定资产实施细则》，健全实物资产管理责任机制，强化资产的管理责任，优化资产审批程序和方式，规定资产取得、应用、报废、处置等的各个环节的管理规范。规范土地置换流程，兼顾土地置换规范性和可操作性，实现管住、管好公司土地。

2015年，公司印发《闲置土地利用管理办法》，制定固定资产、土地考核奖惩条款，建立资产盘活的激励约束机制，推动全省资产轻量化管理。通过出租、置换、处置、合资合作、调剂等多种方式，盘活及处置资产收入共 20985 万元，通过置换方式盘活闲置库站 14 座，节约投资成本 4271 万元。开展库站闲置土地全面清理，创新性地将在营加油站富余用地纳入盘活范畴。对闲置的 66 宗、面积 2365 亩的油库土地、190 余亩加油站土地（含在营富余用地）制订盘活总体规划。

2016 年，公司修订完善《固定资产管理实施细则》，增加实物资产管理的相关规定，细化固定资产管理各职能部门的职责，新增资产盘活、资产评估的相关内容，细化非安装设备的购置管理、强化转资的过程管理，修订固定资产盘盈盘亏的管理内容，优化固定资产报废审批流程，简化技改或整改涉及的库站相关资产的报废处置流程，下放资产租赁、部分资产报废和资产处置权限，增加资产报废更新的指导性标准。

6 月 30 日，公司制定《资产经营创效工作指导意见（暂行）》，明确规定资产经营创效范围及原则、资产经营创效部门职责、资产经营创效方式、资产经营创效工作程序、资产经营创效审批权限、闲置资产经营创效评价与考核、监督等工作，降低闲置资产保有成本和相关闲置风险，实现资产潜在价值，提高资产经营效益。

2017 年，公司通过合资合作方式，盘活整体效益逐年下滑的 51 座高速公路加油站，解决公司已有高速公路服务区及加油站项目租期短、租金高、投资大、管理难、回报低等问题，实现按不低于 70% 份额低成本成片开发未来高速优质网点，形成直接处置效益约 5859 万元，形成后期间接收益约 20 亿元。

2018 年，公司参与集团公司修订资产目录及转资指南，提出复合型资产价值确定及报表列示、复合型资产与其明细资产的设置、资产目录类别及年限等重要建议并被总部采纳。

2019 年，公司作为销售板块首个试点单位，参与总部新资产目录试用，发现不足、积累经验，为新资产目录正式上线奠定坚实的基础；参与总部租赁资产模块功能设计，在流程管理、递延所得税事项处理等方面提出合理化建议并被总部采纳。

表 8-4 所示为 1999—2019 年中国石油四川销售分公司固定资产总额变化情况。

表 8-4　1999—2019 年中国石油四川销售分公司固定资产总额变化情况表

单位：万元

年度	固定资产原值	固定资产净值
1999	152082.06	107505.88
2000	190084.42	132418.60
2001	208167.00	150721.00
2002	221811.00	159095.00
2003	233986.00	168034.00
2004	260382.00	185719.00
2005	272434.00	187228.00
2006	289800.00	192563.00
2007	285114.00	179375.00

续表

年度	固定资产原值	固定资产净值
2008	282569.62	170068.35
2009	332551.15	210661.23
2010	384040.31	248008.21
2011	442761.72	285931.02
2012	509825.43	328925.65
2013	627585.30	409667.36
2014	679150.17	425849.35
2015	723488.74	434727.51
2016	754134.53	420851.54
2017	755163.13	412233.35
2018	812463.29	440935.05
2019	901200.85	516112.02

第五节　税务管理

1989—1998 年，公司隶属四川省商务厅管理。公司税务工作在四川省财政厅的指导下开展。

1993 年，经公司报请四川省财务厅批准，自 7 月 1 日起，原在企业留利基金一职工奖励基金中开支的工资基金全部计入成本，其工资基数暂按省石油总公司川石人〔1992〕第 391 号文件要求计算，待 1992 年度效益工资清算后再予调整。税前还贷按公司核定的指标归还。

1994 年，原《四川省财政厅、四川省石油公司 1991 年至 1995 年承包经营协议书》停止执行。自 1 月 1 日起，公司及直属站、司改按新的统一税率 33% 缴纳所得税，并以省级“石油化学工业所得税”科目就地缴入四川省金库，取消四川省财政亏损退库和税前还贷政策。

1998 年，四川省地方税务局批复，同意公司 1998 年度以集团公司内一级子公司年销售收入的 5‰收取集团公司管理费（按成品销售数量提取管理服务费不再执行）。各一级子公司上缴的管理费在计算应纳税所得额时准予税前扣除。

1998 年，公司成建制上划中国石油天然气集团公司后，所得税由地税局征收改为国税局征收，但所得税纳税地点不变，税款仍然采取就地入库方式。所属各单位所得税从划转到国税部门纳税之日起，入库科目采用“国有石油工业所得税”、预算级次“中央级”，11 月完成移交和变更税务登记工作。

1999 年，公司成立结算中心。公司向四川省国税局直属分局申请新税号，专门用于成品油结算，同时使用电脑开具增值税发票。在资产减值、盘亏等方面取得税务局的理解和支持，利用当期实现的效益在税前列支各种潜亏 9088 万元。

2000 年，按照国家税务总局《关于中国石油天然气股份有限公司缴纳企业所得税问题的通知》(国税函〔2000〕559号)的精神，自1月1日起，公司按照“统一计算、分级管理、就地预交、集中清算”的原则，实行合并缴纳企业所得税。所属二级公司所得税预征率确定为60%，集中到省、地两级纳税解缴，避免因所得税解缴体制的变化给企业带来的不利影响。按照《国家税务总局关于中国石油天然气股份有限公司免征印花税问题的通知》(国税函〔2000〕162号)的精神，对集团公司及其子公司在重组过程中向股份公司转移资产所签订的产权转移书据免征印花税。按照《国家税务总局关于免征中国石油天然气股份有限公司契税的通知》(国税函〔2000〕56号)的精神，全额免征中国石油天然气股份有限公司组建过程中承受集团公司土地使用权和房屋产权应缴纳的契税。按照《四川省国家税务局关于中国石油四川销售分公司改制中有关税收问题的通知》(川国税发〔2000〕028号)精神，对公司因实行“资金收支两条线”的财务运作方式造成在同一时间内开具发票的时间与付款时间不一致、发票金额与付款金额不一致情况，允许抵扣进项税额。

2001年，四川省国家税务局根据《国家税务总局关于中国石油天然气股份有限公司缴纳企业所得税的通知》(国税函〔2000〕559号)中对中国石油天然气股份有限公司及所属全资子公司、分公司，按照“统一计算、分级管理、就地预交、集中清算”，实行合并缴纳企业所得税的规定，对公司缴纳企业所得税问题提出补充意见。规定独立核算的公司本部以及所属二级公司(川南公司和岷江公司本部及其所属的独立核算的单位)为企业所得税的纳税人，就地按季预缴应缴企业所得税额的50%(其中，公司本部按40%预缴)，并办理年度50%的年度清算。

2002年，四川省国家税务局下发《关于中国石油天然气股份有限公司四川销售分公司系统增值税纳税问题的通知》(国税函〔2002〕209号)，明确规定从2002年1月1日起，对公司系统增值税税款缴纳方式实施“先预征后结算”的集中解缴办法，即在预征环节，所属二级公司按当月取得的销售收入(不含系统内调拨)依1.7%的预征率计算预征税额，在当地主管税务机关申报缴纳税款；在结算环节，公司作为系统税款的结算中心，按月汇总全系统的销项税额、进项税额后计算应纳税额，扣除所属公司的预征税额后的余额作为结算税款，在四川省国税局直属征收分局申报缴纳增值税。公司下发《关于实施增值税“先预征后结算”有关问题的通知》，对销项税处理、进项税抵扣、税金清算和会计核算等问题进行明确规定，解决纳税点多、银行账户多、会计核算账套多、报表汇总级次多等问题，为公司实现省一级集中核算奠定基础。该年公司企业所得税清算比例由2001年的50%上升到60%。

是年，根据股份公司《关于填制所得税缴款书有关问题的通知》(油财字〔2002〕32号)，从2002年起，公司所属各分公司在填制所得税缴款书时，预算科目的各项必须统一填写编码048305，名称为中国石油天然气股份有限公司所得税，级次为中央级。根据股份公司《关于调整有关财务规定的通知》(油财字〔2002〕42号)，自2002年起，对地区公司的预算亏损以上交折旧为限，由总部对上交折旧以内的预算亏损额均无偿补充现金流，预算亏损超过上交折旧的部分和超预算亏损，总部仍补足付息资金；改变预算亏损补充现金流规定后，对财务费用的影响在2002年考核时予以剔除。根据国家税务总局发布的《成品油零售加油站增值税征收管理办法》(国家税务总局令第2号)，成品油零售加油站一律按照《国家税务总局关于加油站一律按照增值税一般纳税人征税的通知》（国税函〔2001〕882号）认定为增值税一般纳税人，对统一核算且经税务机关批准汇总缴纳增值税的成品油销售单位跨县市调配成品油的，不征收增值税，发售加油卡、加油凭证销售成品油的纳税人在售卖加油卡、加油凭证时，应按预收款方法做相关账务处理，不征收增值税。

是年，根据财政部、国家税务总局《关于加油机安装税控装置有关税收优惠政策的通知》（财税〔2002〕15号），具有增值税一般纳税人资格的加油站外购税控加油机和税控装置，可凭购进税控装置和税控加油机取得的增值税专用发票所注明的增值税税额，计入该企业当期的增值税进项税额予以抵扣。2002年3月1日前外购税控加油机和税控装置未取得增值税专用发票的，可凭外购上述货物的普通发票，按照该货物的适用税率计算抵扣进项税。根据国家税务总局《关于中国石油天然气集团和中国石油化工集团使用的"成品油配置计划表"有关印花税问题的通知》，对两大集团之间、两大集团内部各子公司之间、中国石油天然气股份有限公司的各子公司之间、中国石油天然气股份有限公司的分公司与子公司之间互供石油和石油制品所使用的"成品油配置计划表"（或其他名称的表、证、单、书），暂不征收印花税。

2003—2005年，公司协调税务关系，争取税务部门的理解和支持，为公司创造良好的内外部财务管理环境。集中缴纳所得税。针对原分级预缴、分级清算所得税以及所得税税前扣除政策执行不统一等诸多问题，公司加强与四川省国税局和四川省国税直属分局的协调，提出的全省集中缴纳和清算所得税的办法，得到税务机关的支持，减轻企业清算工作量和所得税政策协调难度，统一政策口径，提高所得税清算效率。

2006年，根据《国家税务总局关于中国石油天然气股份有限公司合并缴纳企业所得税问题的通知》（国税函〔2004〕1072号）规定，自2006年起，公司所属全资子公司或分支机构，就地预缴企业所得税应纳所得税额60%的20%，年终在省上办理应纳企业所得税额60%的清算。

2007年，根据国家税务总局、财政部、信息产业部、国家质量监督检验检疫总局联合下发的《关于推广应用税控收款机加强税源监控的通知》（国税发〔2004〕44号）中"在适合使用税控收款机系列机具行业普及使用税控收款机"的要求，经四川省国家税务局同意，公司在所属加油站购置税控发票系统设备，共计1537台套，累计金额1105万元（不含税），全部投入正常使用。

是年，按照《四川省国家税务局关于中国石油天然气股份有限公司四川销售分公司等三户企业增值税纳税问题的通知》（川国税函〔2007〕230号）规定，公司分支机构缴纳增值税实行按应纳税款分配的办法。公司作为结算环节按月汇总计算出全省应纳增值税后，按应纳增值税的10%向四川省国税局直属分局申报缴纳增值税。下属各二级分公司每月按应纳增值税扣出结算环节应纳税款后，按预征环节实现的销售收入比例进行税款分配。各预征环节按公司分配的增值税再向当地主管税务机关申报纳税。

是年，为解决公司增值税超缴税款的问题，四川省国税局调整公司所属分支机构预征增值税的办法，由原来固定的预征率调整为按应纳税款分配的办法，即每月全省有应纳税款，各二级公司才能分配到应纳税款，避免出现超缴税款现象。四川省国税局对公司所属加油站纳税的日常检查，除举报外，原则上由四川省国税局统一组织安排，减少各二级公司迎接检查的工作量和协调难度。

2011 年，按照《国家税务总局关于中国石油天然气股份有限公司中国石油化工股份有限公司企业所得税征管问题的通知》（国税函〔2010〕263 号）的规定，自 2011 年起，各二级分公司不再就地申报、预缴企业所得税，统一由公司进行企业所得税的汇算清缴工作，每年年度终在主管税务局办理预缴比例为 50% 年度所得税清算，剩余 50% 由股份公司汇算清缴。是年，根据国家税务总局规定，统一发票专用章式样为椭圆形，为财务报销环节取得发票，减少虚假发票风险。

2013 年，公司取得四川省地税局关于公司重组改制承受的土地减免契税的批复文件，节约契税 2122 万元，推进公司重组土地的土地证变更登记工作的审核速度。落实安全防范用地城镇土地使用税减免政策，每年节约土地使用税 2000 余万元。8 月 1 日起，全国推行营业税改征增值税试点。公司做好政策宣贯，分析利弊，主动防范税收风险。

2014 年，公司推行发票责任制管理。公司与二级公司、二级公司与客户经理、片区和加油站层层落实发票管理责任，签订发票管理责任书，减少特殊交易行为，杜绝不规范开票行为，严格控制涉税法律风险。

2015 年，公司完成 2011—2013 年国税现场检查。针对多个重大税收争议问题，公司与国税部门沟通协商，达成一致意见，为公司节约税款 9500 多万元。其中关于劳务派遣用工涉及的劳务费争议问题，国家税务总局充分采纳公司的意见并发文（国家税务总局公告 2015 年第 34 号）予以明确，废止原来引起争议的老文件条款。

2016 年，为规范加油站纳税申报用印管理，防范纳税和用印相关风险，自 3 月 1 日起，凡需要以加油站名义纳税的纳税申报资料不得加盖加油站和片区的任何印章，也不得加盖公司行政公章和部门公章，只能加盖分公司的财务专用章（不包括印鉴章）。5 月 1 日，全国范围内全面推开营业税改征增值税试点，营业税税种消失。公司及时修订规定，要求费用报销原则上应取得增值税专用发票，以利于公司抵扣增值税，充分享受政策红利。

2017 年，按照国家税务总局《关于落实“三证合一”登记制度改革的通知》，税总函〔2015〕482 号）要求，公司于 6 月把营业执照、组织机构代码证和税务登记证进行“三证合一”，变更后工商注册号、组织机构代码、纳税人识别号合并为统一社会信用代码。8 月 7 日，公司规范发票备注，要求合规开具或取得增值税发票，防范发票备注栏不规范带来的增值税进项税不能抵扣和企业所得税不能扣除的风险。

是年，按照真实开票、系统管控的思路，公司开发运用加油站联机开票系统，强化加油站发票开具管控，有效避免虚开、错开发票的管理问题，同时减少开票机约 1000 台，每年节约开票机服务费 72 万元。

2018 年，公司作为四川省首家全省通用电子发票的成品油试点企业，实现加油站统一使用公司税号的电子发票，由公司统一领取、缴销，避免地市甚至区县一级领取、缴销且不能跨地区开具问题。分公司各级发票管理部门不再进行加油站发票的申领、分发、保管等工作，减轻基层工作量，提高工作效率。

3 月 1 日，公司所属加油站全部上线电子发票，完全取代纸质的卷式普通发票。

5 月 1 日，根据《关于调整增值税税率的通知》（财税〔2018〕32 号），增值税应税销售行为原适用 17% 和 11% 税率的，税率分别调整为 16%、10%。10 月，针对电子发票的全面推广，公司启动四级筛查机制，形成“监督—再监督”两级稽查闭环机制，实现全环节防范虚开发票风险。开发电子发票监控小程序，自动比对、筛查异常开票数据，通过实施诫勉谈话、通报处分、经济处罚等不同追责方式进行处理，有效遏制虚开发票的混乱局面。

2019 年，公司执行《关于深化增值税改革有关政策的公告》（财政部 税务总局 海关总署公告 2019 年第 39 号）规定，自 4 月 1 日起，增值税应税销售行为原适用 16% 税率的，税率调整为 13%；原适用 10% 税率的，税率调整为 9%。

第六节　财务信息化

一、电算化网络建设

1989—1995 年，公司系统内财务工作实行手工财务处理，工作量大，效率较低。

1996 年，四川省财政厅批复同意雅安、德阳等公司以计算机代替手工进行账务处理，工作效率逐步提高。

1998 年，公司投入财力、物力、人力改善工作条件，从硬件、软件角度推动工作效率提高，逐步批准以会计电算化代替手工会计核算，建成包括油库、加油站、综合业务、会计、统计等在内的企业局域网络，以适应集团公司、销售公司的高效率工作节奏。

2000 年，按照中油财务系统对系统硬件平台的配置要求和账套设置需要，公司添置硬件设备，建立 26 个核算局域网络，完成硬件平台的安装调试以及中油财务系统的安装及账务初始化，确保中油财务系统的运行。

2001 年，公司制定五项财务信息系统管理制度，加强对会计电算化工作的指导，不断提高中油财务信息系统的操作熟练程度，发挥其各项功能，满足公司系统会计核算和财务管理工作的需要。

2002 年，公司建立和完善集中核算的硬件及网络系统。选定四川省广电网络有限公司作为通信网络服务商，租用 20 条到各市（州）公司的 2 兆 SDH 光纤电路，较为稳定的会计电算化网络基本形成。

2007 年，基于会计一级核算要求，公司购置 SunFireE6900 服务器和 SunStorageTek6140 磁盘阵列，用于更新数据库服务器，以增强系统网络和硬件环境配置，提升财务信息系统硬件水平。

二、中油 FMIS 财务信息系统

2003 年，公司启用中油 FMIS6.0 财务信息系统，制定科学合理的集中核算方案和管理制度，

规范统一各项核算政策，加强集中核算的稽核工作，确保新旧信息系统的顺利过渡。

2004 年，中油财务系统服务器由 SUN4800 升级为 SUN6800，将原 SUN4800 改为复制服务器。硬件设备的升级，使系统的运行效率得到很大提高，增加系统的稳定性，并保障数据的安全性。

2005 年，公司正式使用 FMIS 资金管理信息子系统，系统包含票据管理、加油站收款管理、账户管理、资金计划管理、网上对账等多项管理功能。由于资金管理子系统的启用，便于总部和公司及时掌握汇票持有、背书、抵押、贴现、承兑、退票情况，了解加油站上门收款的相关信息，了解银行账户的动态情况，增强月度资金计划和资金执行情况上报的及时性及准确性，实现与总部往来账的每日核对和签认。

2008 年，公司启用 FMIS7.0（AMIS7.0）系统，执行股份公司会计一级集中核算报告流程、业务流程、会计报表、标准化体系等方面的规定。原有的 FMIS6.0（AMIS6.0）系统仅供查询历史数据使用。

2009 年，公司开发启用公司财务稽核系统及财务审批系统，强化稽查及资金管控。启用财务网上报销系统与 FMIS7.0 接口功能，通过网上报销系统提交的费用均采用自动生成凭证方式制证。

2016 年，搭建工会、食堂及参股企业一级集中核算 FMIS 账套，提高工会、食堂及参股企业账务信息化、自动化水平，加强风险管控。

三、财务相关系统

2009 年，公司自行开发的财务审批管理系统试运行。系统共分为系统管理、基础设置、业务流程设计、业务管理、计划管理、统计分析报表六大功能模块，对资金、MIS 系统、资产三大类业务 28 个审批事项明确申请审批流程。提交审批的申请人或申请部门只要网上提出申请，审批流程便开始自动流转。各审批部门或审批人对该申请单进行审核和签署意见，提交下一流程，并生成申请审批报表数据。系统还具有任务提醒、任务催办功能。每一个审批流程超过规定审批时限后，流程管理员将主动提醒审批部门或审批人进行审批。9 月初，财务审批管理系统正式运行。

2010 年，公司启用销售企业预算信息系统，提高预算工作的准确性和及时性，做到“上下理解”和“左右理解”，实现公司上下全面参与和业务预算与财务预算的有机结合，使预算工作更好地为生产经营服务。按照股份公司推广应用资金管理平台的工作要求，公司全力推进资金管理平台实施，不断优化资金计划、资金结算、往来管理等，提升资金风险管控水平。

2011 年，公司规范财务信息系统基础工作质量、工作流程以及信息系统维护管理，日常运维工作表单化、模式化，更准确、及时地为财务管理提供信息数据。

2012 年，公司成立财务信息系统运维和研发中心，理顺财务信息系统与关联业务系统之间、财务信息系统各个功能模块之间的关系，扫除会计凭证自动生成的系统障碍。推广应用实物资产管理信息系统，实现实物资产全员、全要素、全生命周期管理，加强状态管理，不断提高资产使用效率和效益，将资产价值管理延伸至实物管理。

2013 年，公司启用油库商品辅助管理信息系统，实现全省油库商品损耗自动分摊。

2014 年，根据集团公司部署安排，公司启用财务信息系统统一界面，实现财务管理系统用户的集中管理，实现统一入口管理、统一身份认证管理、统一权限管理、统一用户登录，实现对财务信息系统的集成访问。

2016 年，公司开发启用会计共享单据分拣系统，实现共享业务单据在二级公司与会计共享中心之间的业务流转。

2018 年，按照集团公司司库 2.0 工作安排，公司完成司库 2.0 方案设计、账户梳理、用户培训、系统初始化、数据补录等工作，并完善收支两条线转总分联动账户模式切换工作。

2019 年，公司开发启用商品对账系统，成品油及非油商品自动对账、差异监督跟踪及处理，实现痕迹化管理。

第七节　财务稽查

1989—1998 年，公司隶属四川省商业厅管理，年度财务收支报告交由四川省审计局审计，并下发结论和决定。经过财务审计，公司内控制度逐渐完善，会计核算组织形式健全完整，财务档案装订整齐、美观。

1998 年，公司上划中国石油集团公司，财务稽查工作由公司财务部门负责，不定期开展财务稽查。

1999—2002 年，公司相继开展投资、基建、资金管理、担保、银行账户等专题检查。

2003 年，根据《中华人民共和国会计法》《会计基础工作规范》规定，公司财务部门设置专职稽核人员，制定《内部牵制制度》《稽核制度》《原始记录管理制度》等相关制度，加强财务公司内部控制，防止会计核算工作的差错和有关人员的舞弊，保证会计信息的真实、完整。

2004—2013 年，公司财务稽查常态化，组织开展专题和定期财务稽查工作，发现经营活动中存在的问题，查找深层次原因，提出应对措施，从根本上堵塞管理漏洞。

2008 年，公司全面完成加油站综合管理员和营业室收款员划归财务系统管理。

2014 年，公司加大对经营现场稽查的频率和力度，采用日常检查和不定期抽查等方式对下属片区、加油站和营业室进行现场稽查，覆盖率达 100%。发现各类涉及加油站问题共计 2400 余项，对检查发现的问题及时通报，制订整改方案，跟踪落实整改情况，做出相应处罚规定，有力防范加油站经营风险，充分发挥财务稽查的事后监控职能。

2015—2016 年，公司通过日常稽查和专项稽查，对资金管理、商品管理、发票管理、便利店业务管理、卡业务管理等 32 个方面进行稽查，实现稽查范围全覆盖。两级稽查人员共进行 262 次稽查，发现问题 1338 个，其中日常管理问题 492 个、专项稽查问题 846 个，发现问题得到全面整改。启用加油站商品资金稽查模块，关注加油站油罐商品减少数与应收货款的差异，在对资金平台监控作用予以补充的同时，尽早发现问题，稽查工作更加全面有效，实现稽查工作向业务前端延伸，保证加油站商品资金安全受控。

2017 年，公司开发 V2.0 财务检查系统模块，整合传统的检查计划下发、问题记录、整改通知等环节，利用 V2.0 财务检查系统实现线上传输，提高稽查效率。全年发现问题 1987 个，发现的问题全面整改。

2018 年，公司优化 V2.0 财务检查系统模块，对加油站稽查问题分类分析，建立稽查结果跟踪、复核、抽检、责任追究机制，关注加油站问题整改进度，先复查后检查，逐步减少问题重复出现，发挥多层次、常态化的联合稽查效应。该年度两级稽查人员共稽查 1164 次，发现问题 2547 个，所有问题全面整改，实现稽查工作从事后监督向事中监督转变。

2019 年，公司开发电子发票稽查信息系统，实现“数据筛查—人工初判—预警下发—情况核实—情况反馈—情况记录—追责管理—监督考核—统计分析”的全流程管理，提升电子发票风险管理效能。管理流程运用“自动 + 手动”双重异常预警机制，且灵活设置预警阈值，有效控制全省预警信息总量，为稽查人员提供精确的“制导”平台，大量缩减前期筛选识别时间，将有效的人力资源精准投放到风险核查环节，严守发票红线，维护企业利益，规避企业风险。

第三章　人力资源管理

人力资源管理坚持控总量与调结构并重，进一步完善“三集中”管控机制，从严控制用工总量。贯彻落实“市场、人才、创新”三大战略，调整完善考核指标体系，发挥激励约束作用。强化收入凭贡献、增资靠业绩的分配导向，统筹实施量效挂钩，工资总额向高效市场倾斜。坚持人才强企战略，强化教育培训，加强党员干部、管理人员和基层员工三支队伍建设，以“80后”优秀年轻干部为重点，择优筛选优秀储备人才和后备干部，开展三州与州外地区公司年轻干部双向挂职锻炼。持续推进人才强企工程，着力打响四川销售经理人学院品牌，持续提升培训质量效益。2019年，公司经理人学院在第七届西部人力资本高峰论坛暨第二届四川品牌大会上荣获“最具成长性企业大学”称号。

第一节　劳动用工

一、用工管理

1989—1991年，根据四川省商务厅管理要求，公司实行职工计划管理，职工以正式职工为主，根据工作实际需要聘用临时用工的单位，经上报请示，获得批复后，方可聘用临时用工。

1991年，四川省劳动厅印发《关于实行“四放开”的国营商业企业工资分配和劳动用工放开的实施意见》（川商劳〔91〕192号）。“四放开”即经营范围放开、商品价格放开、工资分配放开和劳动用工放开。

1992年，公司印发《关于搞活企业内部用工制度和分配制度的试行意见》（川石人〔1992〕第82号），以在编职工人数为基数，根据工作性质、任务，定岗、党员、定职责，实行“双向选择、择优上岗、合理组合”的用人机制。

1995年，经四川省劳动厅批复同意，公司实行全员劳动合同制，成立实行全员劳动合同制领导小组，职代会通过《机关实行劳动合同制的实施细则》《机关关于优化劳动组合的办法》《机关关于辞退违纪职工暂行规定》。5月，公司印发《关于实行劳动合同制若干问题的意见》，明确劳动合同制实施范围包括直属各二级站、分公司、支公司及其所属机构所有与企业建立劳动关系的劳动者，即国有企业原固定职工，原按国务院〔1986〕77号文件招收签订劳动合同已到期的合同制工人和1971年11月30日前参加工作的长期临时工。12月，公司系统全面实行全员劳动合同制。

1996年，公司转发并执行劳动部《关于实行劳动合同制度若干问题的通知》，明确企业在实行劳动合同制度过程中出现的22个问题。

1997年，根据国务院国办发〔1998〕14号文精神，公司115户企业（原直属89户企业及36户地方石油公司）成建制划转公司管理，划转职工人数17162人。是年，按照现代企业制度要求，公司深化内部改革，实行“在岗、试岗、待岗”的用工激励机制，完善竞争上岗、双向选择，实施提前5年内退的减人增效办法。

1998年，公司成建制上划至中国石油集团公司。四川20个市、地、州石油公司及93个县石油公司、1个直属油库（成都7005油库）以及公司本部成为中国石油集团公司的全资子公司。集团公司提出：坚持以效益为中心，把提高劳动效率和经济效益放在首位，通过优化岗位设置和资源配置，盘活用好现有队伍，创造更高的效率、更好的效益。

1999年，公司实施劳动用工制度改革，通过采取停止招工、委培、控制政策性接收安置任务、鼓励职工自谋职业、内部退养、有偿解除劳动合同等多种措施，有效控制职工总量。按照“定编、定岗、定员”的原则，采取职工择优上岗、中层干部竞聘上岗的用工办法，推动人事制度改革的进一步深化。

2000年，按照股份公司劳动管理要求，公司制定《劳动合同管理暂行办法》（川销人〔2000〕第498号），下发《关于重签劳动合同有关问题的通知》（川销人〔2000〕第917号），对劳动合同签订、变更、续订、解除和终止等约定条款等事项进行动态管理，依法签订劳动合同，维护劳动合同当事人权益，建立稳定和谐的劳动关系。

签订劳动合同的人员范围包括：原有职工，即1999年4月9日前在集团公司系统内工作的在册人员；新增职工，即列入股份公司劳动力计划管理，1999年4月9日及以后新参加工作的人员和从集团公司系统外调入人员；短期合同工，即在公司下达的年度计划内由各企业自行对外公开招聘的各类临时性、季节性用工。对重签劳动合同的合同期限做出明确规定：一般管理、操作服务人员5年；科级干部、已聘任中级专业技术人员、技师8年；处级干部10年；领导班子副职无固定期限；新增职工（1999年4月9日以后进入本企业）在操作服务以及一般性管理、专业技术岗位的，劳动合同期限不得超过3年；在中级以上管理、专业技术岗位、工人技师及以上岗位的，劳动合同期限不得超过5年，高层次管理、专业技术人员和关键岗位主要操作人员，劳动合同期限由用人单位根据实际需要，经双方协商确定，但原则上最高不得超过8年；50岁（含）以上或已离岗退养的可以签订无固定期限劳动合同。按照规定，统一组织下发劳动合同样本，并具体指导落实整个合同的签订及管理工作，与9608名（含内退2378人）职工签订劳动合同。

2001年，公司全面推行以“定员、定编、定岗、定责、定岗位规范”为核心的五定工作，油库按库容与吞吐量、加油站按加油量进行重新定员。对油库的警卫、消防、门卫人员实行警消合一，压缩加油站作业班次，按销售量进行定员。针对零售网点的不断增多需要大量的外聘短期合同工的情况，公司加强对外聘短期合同工的管理，下发《关于加强短期合同用工的通知》，对所属公司短期合同工聘用提出明确要求和规定。

2002年，公司加强市场化用工聘用规定，明确严格的招聘条件。新增员工和调入员工自报到之日起15日内签订劳动合同，短期合同工由推荐员提供担保，增强依法用工的意识，规范劳动合同管理。

2003年，公司持续加强对社会用工的管理，坚持总量控制与客观需求相结合，根据公司《关于下达2003年社会用工劳务费总额计划的通知》和《关于进一步加强和规范社会用工管理的通知》等文件精神，对各单位申报的社会用工计划进行重新审核。坚持管好与用活相结合，采取不同形式搞活内部分配，调动社会用工的积极性，充分发挥社会用工在企业的重要作用。

2004年，根据股份公司定员标准，公司制订定编定员方案，按机关管理部门、加油站、油库、车队、零售片区、销售代表、财务核算人员、润滑油公司、后勤服务人员、销售中心、临时机构等类别分别定员。管理机关根据企业规模、管理幅度、员工总量等因素定员25—35人；加油站根据股份公司定员标准，对年销量小于500吨的承包站定员2人；油库在股份公司定员标准的基础上，根据实际情况做适当调整，对年吞吐量20万吨以上的油库，每增加5万吨增加2人，对库容量在9万吨以上、年周转次数在10以上的酌情增加编制，对库容量在2万吨以上、年周转次数低于5次的部分，每降低1次减小2人。关闭油库根据库容量分为1万吨、1万—3万吨、3万吨以上三档，分别定员2—3人、3—5人、5—8人。车队根据股份公司标准定员，其中车队管理人员和维修人员按照车辆台数和年收入额定员。零售片区根据年销量4000吨以下、4000—7000吨、7000吨以上三个档次分别定员1—2人、3人、4人。同时对销售代表、润滑油公司、财务核算人员和机关后勤人员分别定员。

是年，公司进一步规范市场化用工管理，二级公司招聘市场化用工必须经公司审批，由公司按用工计划、用工条件等进行严格审核同意批复后才能组织上岗。

是年，根据《中华人民共和国劳动法》和股份公司《劳动合同暂行办法》，公司与正式员工（含内退人员）、市场化用工均签订《劳动合同书》和《安全生产合同书》，对新进员工及合同期满、调出单位和辞职的员工，及时签订和变更劳动合同，并报经劳动部门办理鉴证手续。所属二级公司设立专兼职人员管理劳动合同，保证劳动合同管理的正常运行。该年，公司从石油院校和重点高校引进优秀毕业生46人，接收安置军队退役人员32人。

2005年，公司有计划、有步骤地开展人员编制调整工作，调整各二级公司机关管理部门、加油站、油库、车队、零售片区、销售代表、财务核算人员、润滑油公司、后勤服务人员、销售中心、临时机构等11个组织机构的岗位编制。再次规范市场化用工招聘管理，明确招聘岗位、招聘条件、招聘程序、招聘权限，按照逐人审批的办法，各二级公司新增市场化用工必须按相关程序上报公司，经公司对市场化用工数量、录用条件进行审核批准后方可进行聘用。

2006年，公司建立与市场经济相适应、符合销售企业特点的用工机制，制定《市场化用工管理暂行规定》，对市场化用工招聘、合同、待遇、使用、培训、管理等方面做比较详尽的规定，统一市场化用工的劳动合同和担保书文本格式，降低用工法律风险。加强公司机关市场化用工管理，由人事处统一归口管理公司机关市场化用工的招聘、薪酬、合同、社保、档案等工作，将敏感性较强、涉及员工切身利益的工资关系、基本社会保险和住房公积金实行人事处直管，初步理顺市场化用工日常管理工作程序。市场化用工管理逐步制度化、规范化，基本实现市场化用工劳动合同签订率100%、市场化用工岗前培训率100%、市场化用工基本社会保险和住房公积金建立率100%、市场化用工人事档案建档率100%。

2007年，公司印发《所属市（州）公司定编定员暂行规定》，完善"定编、定岗、定责、定员、定岗位规范"的五定管理，通过内部挖潜、调剂、补充、替代，有效控制队伍规模，压缩用工总量。建立完善人员流动退出机制，将流动退出与定期的绩效考核相结合，对达不到要求的人员，依据不同程度采取降职、调岗、内部待岗、离岗培训、解聘等措施，不断改善人员结构和人员素质。

2008年，公司逐步完善"优胜劣汰，能上能下"用人机制，出台《加油站经理任职资格制度》，所有现任和拟任加油站经理竞聘上岗前必须通过任职资格考试。制度规定，凡符合申报条件的员工均可参加一年一度的"加油站经理任职资格考试"。考试合格取得"加油站经理职业资格证书"后，方可参加加油站经理岗位竞聘。现任加油站经理未能取得任职资格的，将被免除职务。资格证和加油站经理任期均为三年，期满后应按有关规定重新考试和竞聘。该制度是公司加强基层建设、提高一线队伍素质的又一举措，目标是三年内使获得加油站经理任职资格的员工达到现有加油站经理数量的两倍，从而做好零售环节的人才储备。

2008—2013年，公司认真落实"三控制一规范"工作，按照"五定"要求，完成公司机关一般岗位人员双向选聘，规范二级公司机构、岗位设置和人员职数，进一步完善以市场化用工为重点的薪酬分配制度。

2008年，公司按照"本人意愿与工作需要相结合，部门推荐与组织决定相结合"的原则，公开岗位、岗位职数、岗位职责和聘用条件，采取竞聘上岗的方式开展公司机关管理人员岗位选拔。通过公开竞聘、双向选择、择优聘用，合理配置人力资源，充分发挥人才优势，最大限度地调动员工的积极性，建设一支作风过硬、办事高效、素质较高的机关管理人员队伍。

2010年，经四川省人力资源和社会保障厅批复，公司部分岗位职工实行特殊工时制度。高中级管理人员（包括公司机关、二级分公司、片区正副经理、片区正副书记、油库正副主任、加油站经理），加油站（库）安全管理员、食堂工作人员、小车驾驶员，县级市（区、县）城区及国道、偏远乡镇、农村网点加油站的销售员（加油员、加气员）等岗位职工实行不定时工作制；加油站（库）的付油员、调度员、化验员、计量员、泵工、电工、焊工、维修员、警修员、接卸工（车船）、管输巡线员、综合管理员、核算员、水手（船员）、特型车驾驶员、机动车驾驶员、门卫，以及高速公路、省会城市、市（州）城区环城快速加油站的销售员（加油员、加气员）等岗位职工实行以月为周期的综合计算工时工作制。对实行特殊工时工作制的员工，合理确定其劳动定额和考核标准，按照国家有关规定及公司依法制定的工资分配办法按时足额计发工资；对实行综合计算工时工作制的职工，在综合计算周期内超过法定标准工作时间的部分，应按规定支付加班工资。四川省人力资源和社会保障厅要求公司根据《中华人民共和国劳动法》第一章、第四章的有关规定，在保障职工身体健康并充分听取职工意见的基础上，采取相对集中工作、集中休息、轮休调休、弹性工作时间等适当的工作和休息方式，保证职工的休息休假权利和工作任务的完成，集中休息时间不能代替职工带薪年休假。

公司加强特殊工时制的考勤管理，严格执行考勤签字制度，完善员工签字考勤手续，建立员工考勤台账。尤其是库站实行弹性排班的岗位，每天必须由员工本人对工作时间进行签字确认，企业留存备案，切实维护企业与员工的合法权益。

2013年，在成都、凉山、自贡、遂宁、乐山等5家公司试点的基础上，公司全面推行加油站经理负责制，加油站经理作为加油站提量创效、客户服务和团队建设的第一责任人，构建责任明晰、运作高效的制度体系，按照业绩导向、权责对等、动态管控的原则，将加油站经理薪酬与其业绩挂钩考核，实施薪酬动态管理，实现成本费用全员管控。加油站经理负责制赋予站经理客户开发政策及价格建议权、选人用人权、员工考核分配权、日常费用支配权和突发事件处置权。加油站经理履行“四定四包”责任:“四定”即是定销售总量、定销售收入、定可控费用、定效益利润;“四包”即是包数质量管理、包安全环保、包优质服务、包管理提升。加油站经理从现场管理员变成“当家做主、自主经营”的职业经理人。

2014年，按照“依法规范、以人为本、科学适用、逐步完善”的原则，以国家劳动用工法律法规为指针、以用工管理制度为核心、以劳动合同管理为基础，公司全面规范劳动用工管理，完善制度体系，构建用工形式规范、劳动关系清晰、总体和谐稳定的劳动用工管理新格局。

规范劳动用工形式 公司劳动用工形式统一规范为全日制用工、劳务派遣用工、非全日制用工三类。各级管理岗位、主营业务岗位原则上使用全日制用工，包括公司、二级公司机关及片区管理岗位，油库领导及核心运行岗位，加油站经理及综合管理员、收银员、便利店营业员、加油员等岗位。全日制用工是公司主要用工形式。在临时性、替代性、辅助性岗位使用劳务派遣用工。加油站、油库的后勤辅助岗位，加油站夜间值守以及高峰期人手不足，可使用少量非全日制用工。

规范劳务派遣用工管理 按照《中华人民共和国劳动合同法》要求，将劳务派遣岗位严格限定在“三性”范围内。用工单位与派遣单位签订劳务派遣协议，明确双方的权利义务。劳务派遣单位必须具有各级政府劳动行政主管部门批准的派遣资质。各单位原则上不得再新增劳务用工。对不符合“三性”规定的劳务用工，在本单位用工总量控制计划内，通过考试、考核等方式，将表现优秀的人员逐步转为市场化员工，办理聘用手续前报公司审批，聘用后按新入职员工管理。

规范非全日制用工管理 非全日制用工平均每天工作时间不超过4小时，每周累计不超过24小时，每15天支付一次工资并购买工伤保险。通过业务外包、使用非全日制用工等方式，为加油站提供保洁、工作餐等辅助后勤服务，减轻员工工作负担。夜间歇业站、承包站使用非全日制用工承担夜间值守工作，延长加油员休息时间。非全日制用工经培训合格，在夜间值守期间可为客户提供加油服务，按工作量给予报酬。招用非全日制用工由各单位人事部门统一组织，片区、加油站或承包人不得自行聘用非全日制用工，杜绝法律风险。

2015年，公司根据加油服务外包试点经验，结合各二级公司实际情况，按照先易后难、稳妥的原则，逐步推行整站整片业务外包。

2015—2018年，经过4年运行，公司建成直接用工与三方用工互补、人工成本与技术服务费联动的管理模式。截至2018年底，三方用工占全口径用工的28.5%，平均使用加油外包从业人员2490人。（注：三方用工是指本单位范围内的劳务派遣用工和业务外包用工，不包含非全日制用工和其他短期、临时性用工；劳动关系转换是指从三方用工转为公司市场化员工。）

2019年，公司畅通三方用工人员发展通道，规范三方用工人员劳动关系转换。劳动关系转换的适用范围包括：加油站三方用工已竞聘到加油站经理、综合管理员、便利店主管及机关、片区等管理岗位的人员；油库三方用工中竞聘到核心操作岗位及其他管理岗位的人员。公司每年对基层三方用工劳动关系转换申请下达控制计划，原则上各单位全年合计不超过50名。

二、减员分流

1998年6月，根据党中央和国务院决定，公司成建制上划集团公司管理。企业重组后，机构臃肿庞大，员工队伍固化，富余人员多，冗员包袱重，用工成本高，劳动效率低，严重制约企业的发展。减员分流，控制用工总量，成为提高企业效益、推进企业发展的必由之路，势在必行。

是年，集团公司《关于调整队伍结构、减员增效、实施再就业工程的意见》（中油劳字〔1998〕第68号）提出“一个中心、五个坚持”原则：坚持以效益为中心，把提高劳动效率和经济效益放在首位，通过优化岗位设置和资源配置，盘活用好现有队伍，创造更高的效率、更好的效益；坚持与组织结构、资产结构调整结合进行，以产业结构调整为先导，整体设计、整体推进、力求实效；坚持与深化劳动制度改革、加大“上岗、试岗、待岗”三岗制工作力度结合进行，建立起职工择优竞争上岗、富余下岗、合理流动的动态运行机制；坚持与实施再就业工程结合进行，统筹考虑，合理兼顾，开辟新的经济增长点，拓宽就业门路，为下岗职工重新就业创造条件；坚持与加强转岗培训、提高职工素质结合进行，通过培训提高下岗人员再就业竞争能力；坚持与控制用工总量、清退外雇工结合进行，通过清理、清退，为下岗职工腾岗、让岗。

集团公司减员增效工作的安排部署，公司下达职工总量控制目标，在操作上坚持“把住入口、畅通出口”的原则，全年监控；将职工总量控制目标纳入企业领导任期目标责任制；普遍实行定岗、定编、定员，精简机构，减少管理层次，精干管理队伍，充实加强经营生产第一线。

是年，公司印发《关于加强公司直属企业职工总量控制和基本工资制度管理的通知》（川石人〔1998〕第269号），规定公司直属企业劳动用工和工资管理等有关问题，严格控制员工总量，合理配置劳动力资源，打破一岗定终身的用工制度。

暂停执行关于招工、补员的规定（川府发〔1986〕185号）和关于对家居农村老工人实行换工的规定（川府发〔1992〕24号）。企业因新、扩建生产（经营）设施征地搭配的人员，通过协商严格控制总量，能一次性经济补偿解决的，则采取经济补偿的办法解决；必须通过招工解决的，按规定程序报经公司批准后执行。

全面清退临时用工和返聘退休人员。对企业生产、经营需要使用临时用工的，必须报经公司批准后执行，纳入企业劳资部门进行统一管理。企业与临时工签订的劳动合同不得超过11个月，临时工的年龄应限制在男不超过50岁、女不超过45岁。企业管理岗位一律禁止使用临时工。

全面清退集体企业在国有企业混岗的人员。

严格控制系统外人员调入和接收各类院校毕业生。对企业确需引进的专业人才和上级组织安排的领导干部调入，仍按规定程序报公司批准后再办理调动手续，除中国石油直属院校外，严格限制接收各类院校毕业生。

各单位采取竞争上岗、风险抵押、效益承包等办法，对干部普遍实行聘任制，并进行年度考核聘任；推行“在岗、试岗、待岗”的用工制度；建立企业内部有效的分配机制，完善吨油效益工资和吨油毛利工资含量、包死基数、超收分成等分配形式，以完成目标任务、实现经济效益、费用包干来挂钩取酬，调动职工积极性，增强企业活力。通过实行定编、定员、定岗、定责等有效措施，使公司系统职工总量呈现小幅下降趋势。

结合企业实际，制订并实施“下岗分流、减员增效”的改革方案，采取内部退养、停薪留职、有偿解除劳动合同、转岗分流、鼓励非骨干人员离岗自谋职业等多种办法分流人员，1998年共分流职工3321人，其中提前离岗退养1232人、离岗自谋职业657人、下岗746人、其他方式分流人员686人。

1999年，集团公司印发《关于严格控制职工总量增长，坚决纠正擅自招工补员现象的紧急通知》（销字〔1999〕第45号），重申减员增效，公司加强下岗分流工作：严格控制新增人员，坚决纠正突击补员，坚持实行不招工补员政策，改革现行用工制度，实行职工总量控制责任制。在机构设置、定编、定员等问题上，做到公开、公正、公平。

7月，集团公司下发《关于职工与企业自愿解除劳动关系有关问题的暂行规定》（中油劳字〔1999〕第337号），就有关职工与企业解除劳动关系自谋职业问题做出规定，明确自愿解除劳动关系人员适用的原则、范围、审批程序及相关政策。职工解除劳动关系应坚持职工本人自愿、与用人单位协商一致、签订协议、法律公证的原则。职工解除劳动关系适用的人员范围为：1998年底以前进入本企业的在册职工；距国家规定退休年龄5年以上的职工；所在单位人员富余，工作岗位离得开的职工；对于具有中、高级专业技术职称以及已取得工人技师、高级技师任职资格的人员，应从严控制。职工解除劳动关系的审批程序为：职工本人以书面形式向所在单位提出解除劳动关系申请；经所在单位研究与本人协商一致后，上报企业人事劳资主管部门；企业人事劳资部门同意后，与职工签订解除劳动关系协议，并到当地公证部门予以公证。

是年，公司引入竞争机制，部分市（地、州）公司采取竞聘上岗，能者上、平者让、庸者下。1999年，全系统下岗分流职工2731人（含内退人员），占职工总数的16.7%，超额完成下岗分流10%的目标任务。

2000年，公司认真贯彻落实集团公司、股份公司、销售公司减员增效工作部署，根据集团公司《关于存续企业减员增效的实施意见》（中油人劳字〔2000〕第115号）、股份公司《减员增效工作的若干意见》（石油人字〔2000〕第125号）、销售公司《销售企业员工有偿解除劳动关系实施办法》（油炼销字〔2000〕第190号）精神，按照“以经济效益为中心，深化劳动用工制度改革，加快人力资源配置市场化，分流富余人员，压缩用工总量，降低人工成本，提高劳动效益”的指导思想，坚持“统筹兼顾、整体推进和公开、公平、公正”的原则，确保减员增效工作的平稳运行。公司制定《关于减员增效工作的实施意见》（川销人〔2000〕第497号）、《有偿解除劳动关系实施细则》（川销人〔2000〕第535号），用好股份公司有偿解除劳动关系的政策，全系统减员增效工作取得重大进展。截至2000年末，全公司系统办理有偿解除劳动关系1491人，占职工总数的20.4%，完成股份公司下达的3年减员任务的278%；存续县公司减员5515人，占职工总数的59.36%。同时，按照股份公司《员工内部退养暂行规定》（石油人字〔2000〕第127号），实行内部退养政策，1999年至2000年共办理内部退养2378人。

2001年，公司制定《减员增效工作实施方案》《员工有偿解除劳动关系实施办法》。在实施过程中做到“两个坚持”：坚持职工自愿的原则，坚持操作规范，依法办理一切手续。各二级公司主动与保险部门、就业部门等有关部门联系，帮助有偿解除劳动关系人员办理养老保险、人事档案的交接和转移手续。

8月，销售公司印发《2001年销售企业员工有偿解除劳动关系实施办法》，坚持企业与员工双方自愿、协商一致、签订协议和依法公正的原则，销售股份和存续企业在册并签订1年以上有固定期限或无固定期限劳动合同的合同期内正式员工，除《中国石油股份有限公司劳动合同管理暂行办法》第二十五、二十六、二十七条规定的人员外，凡距国家法定退休年龄5年以上，所在单位人员富余，生产（工作）岗位能离得开的员工，均可列入有偿解除劳动管理范围。根据股份公司有偿解除劳动关系的政策规定，2001年裁减员工1993人，其中股份公司减员887人，减员幅度16.9%，存续公司减员1106人，减员幅度32.4%。

2002年，公司重新核定各二级公司社会用工总量，强调社会用工计划申报与工资总额、业绩奖金挂钩考核制度，严格定编定岗定员。对于新增网点急需社会用工的，及时下达新增用工计划，保证生产经营的正常开展。2002年社会用工由5914人减少为5663人。

2003年，按照股份公司有效控制员工总量，创建高效、有序、精简的管理机构和员工队伍的要求，为合理利用人力资源，降低人工成本费用，公司有计划有步骤地开展定编定员工作，从收集整理二级公司基础数据资料入手，制定下发《所属二级公司人员定编暂行规定》（川销人〔2003〕838号），下达二级公司机构设置和定员的指导数，拟订详细的试行方案，组织召开20个市（州）公司和6个直属经营单位参加的视频会议，对市（州）公司定编定员的试行方案进行认真审定，通过定编定员，共减员928人（其中清退社会用工4人）。

三、加油服务外包

2014年，按照集团公司工作部署，公司启动加油服务外包工作。8月，公司按照加油服务外包入围招标的结果，将四川省新力劳务有限公司、四川省万林劳务服务有限责任公司、四川通发广进人力资源管理咨询有限公司、四川省通信产业服务有限公司和四川豪鹏建筑劳务有限公司作为公司2014年加油服务外包入围服务商。是年10月，为进一步推进劳动用工市场化改革，不断提高全员劳动生产率水平，根据集团公司《关于促进开展业务外包工作的指导意见》（中油办〔2014〕152号）精神，公司开展加油服务外包试点，首批试点选定绵阳、巴中、雅安、德阳、巴中、攀枝花6个单位共12座加油站。

2015 年，根据试点经验，结合各二级公司实际情况，公司按照先易后难、积极稳妥的原则，在其他二级公司逐步推行整站整片业务外包。

2016 年，公司印发《关于规范加油服务外包工作的指导意见》，按照“四统一、四防控”模式，规范、有序推进实施外包业务。统一入围招标、二级公司自主谈判比选，防控违规风险；统一按业务量和吨油费率结算，杜绝“假外包、真派遣”；统一界定业务外包范围，交服务不交管理，防止管理标准下降。统一《业务外包合同》《HSE 协议》两个合同模板，厘清主体责任，防控用工和法律风险。公司建立“两个机制”——定期检查考核机制、人员费用联动管理机制，确立“六条红线”。

2 月，公司印发《关于规范加油站服务外包工作的指导意见》，对加油站服务外包工作进行规范：实施加油服务外包的业务范围，主要包括加油操作、现场服务、油卡非润商品的现场促销推荐，以及加油员岗位应当承担的其他工作（加油设备、服务现场、卫生间、宿舍、小食堂的日常保洁保养，非油商品堆头管理，绿化带管理，不设便利店主管的加油站便利店商品管理及收银服务等）。加油站经理、综合管理员、便利店主管等后台岗位承担的工作职责不纳入外包范围。加气站的加气服务暂不纳入外包范围。实施加油服务外包，原则上应整站、整片开展。加油服务外包以业务量为外包标的，不得以业务外包的名义开展岗位外包，不得在同一站内长期存在市场化加油员与外包人员的“混岗”现象。外包费用以“吨油费用”的方式计算，应纳入二级公司全口径成本管理，列入年度预算。建立二级公司外包费用与人工成本、工资总额联动机制。二级公司与承包商应同时签订《加油服务外包协议》和《HSE 协议》。

2016 年，根据中国石油兰州精细化会议精神，开展加油站集体企业委托管理业务，截至 2019 年 12 月，集体企业委托管理员工 1109 人。

截至 2019 年末，公司实施服务外包业务加油站共计 600 余座，外包用工 3200 人，全年完成纯枪销量 180 万余吨。

第二节　绩效考核

1989 年，根据 1987 年实行的直属企业承包经营责任制（承包时间为 1987 年至 1990 年），公司实施“工效挂钩承包方案”，签订承包协议，实行定编、定产、定站、定人的经营承包责任制，充分调动职工的生产积极性。

1990 年，公司转发劳动部、财政部、国家计委《国营企业工资总额同经济效益挂钩实施办法的通知》，地区、部门企业工资总额同经济效益挂钩范围：所属全部预算内、预算外全民所有制企业，不包括三资企业，不包括关、停、撤、转制和实行家庭承包制的企业，也不包括实行企业化管理的事业单位。

1991 年，公司与各站、司及直属企业签订第二轮承包经营责任合同书，承包时间为 1991 年至 1995 年。

1992 年，公司与各站继续实行承包经营责任制，年度按照合同完成定额上交利润数，实现利润数（含网点建设基金和价格调节基金及其他按政策规定提取的费用和基金）和其他合同规定的承包任务。

1993 年，随着市场经济发展，成品油市场竞争更加激烈，四川省石油销售企业成品油经营难度增大。公司调整直属企业承包经营奖励办法，实现利润超过考核基数部分，公司按超额数 1 万—100 万元为 10%、101 万—200 万元为 15%、201 万—300 万元为 20%、301 万—400 万元为 25%、401 万元以上为 30% 分档核定奖金，奖励承包班子和职工。其中，对承包班子的奖励由各站、司从提出的奖金总额中按上述实现利润超基数部分各档次计奖的同样比例提出上交省总公司，由省总公司奖励各站、司承包班子。

1995 年，公司系统第二轮承包经营全面结束。在第二轮承包期间，各站、司实行承包经营责任制，基本完成下达的各项目标任务，根据合同和奖励办法，兑现工资和奖金。

1996—1998 年，为更好地适应建立现代企业制度和企业发展的需要，公司在直属企业内实行目标责任制管理，下达年度主要目标任务及奖惩办法，以油品销售量、实现利润及税后上交利润、安全生产和精神文明建设等为主要考核指标的目标任务，年终进行考核，根据完成任务情况对各站司及班子给予奖惩。

是年，根据各单位经营状况和效益情况，公司对直属企业分别采取按“两低于”和“工资总额包干”两种分配调控形式，既调动职工的积极性，又增强企业的活力：未完成下达的销售量任务，按同比例扣减目标奖基数，其他主要考核的目标任务未完成的，每一项按 5% ~ 10% 扣减目标奖基数。完成公司下达的利润目标任务，按实际完成数的 1% 计提奖金，给予各二级站司班子奖励；凡实现利润超过省总公司下达的任务，按超额部分的 1.5% ~ 3% 给予二级站司班子奖励。对未完成省总公司下达的利润目标任务，但未出现亏损的二级站司，按实际完成数的 0.8% 计提奖金，给予二级站司班子奖励。省总公司给予各二级站司班子的奖金，法人代表按高于班子其他成员的 30% 核发，其他成员奖金由班子研究确定，并依法解缴个人收入所得税。

1997 年，公司下达年度直属企业主要目标任务及奖惩办法，在直属企业中继续实行目标责任制管理，下达以油品销售量、实现利润及上交税后利润、安全生产和精神文明建设等为主要考核指标的目标任务，年终进行考核并根据完成任务情况对各站司及班子给予奖惩。

1998 年，公司首次将直属企业银行借款规模、财务费用、管理费用压缩额、清收欠款等指标纳入考核。

1999 年，公司建立健全企业内部有效的激励约束机制，制定各市、地、州公司（含县级公司）经营管理考核奖惩办法，企业考核指标体系包括基本考核指标和辅助考核指标。

基本考核指标为：实现利润额、上交管理费额、上交利润额。辅助考核指标为：销售量完成情况、配置计划兑现情况、负债规模、清欠指标、安全生产指标、职工总数控制数。在销售公司对公司工资总量宏观控制下，对各企业实行年度工资总额与年度考核指标挂钩：将企业年度工资基数的 60% 作为基础工资，保障职工的基本生活，不与企业考核指标挂钩；将企业年度工资基数的 40% 作为浮动工资，其全额与企业考核指标挂钩浮动，视各企业完成各项考核指标的情况，决定是否兑现或部分兑现浮动工资；企业当年新增工资作为效益工资，其全额与企业考核指标挂钩。盈利企业完成实现利润指标，根据其人均利润额兑现一定额度的新增效益工资。把完成年度各项考核指标同企业、职工与企业经营者的切身利益挂钩，在企业之间拉开档次，改变分配上吃“大锅饭”的状况。

2000 年，公司制定《薪酬与经济效益挂钩及管理人员业绩考核暂行办法》（川销人〔2000〕第 116 号），在领导班子成员中推行业绩考核。（注：业绩考核是指管理人员通过签订内部合同的方式，确立管理人员应完成的主要业绩指标，并按照一定的程序和方法，对履行业绩合同的情况进行考核、评价，并以此作为管理人员任用、培养和奖惩的主要依据。）

考核指标体系分为企业工效挂钩考核指标和管理人员业绩考核指标。业绩合同的考核指标包括效益类、营运类、组织类关键业绩指标（KPI）。效益类（KPI）主要包括投资资本回报率、利润总额及自由现金流，分别占权重为 20%、15%、10%。营运类（KPI）分四类：成本费用控制指标，如吨油现金营运成本；经营类指标，如批发销售量（额）、零售量等；投资指标，如实际资本支出与预算的差异、加油站建设数量等；质量安全环保控制指标，如重大事故次数。组织类（KPI）主要包括职工总量控制指标、职工队伍稳定，占权重 10%。管理人员业绩考核指标权重根据不同岗位、不同职务的管理人员确定不同的指标权重。

为全面实现业绩指标，公司分别测算所属公司的效益、营运、组织三大类共 11 项指标（投资资本回报率、利润总额、自由现金流、吨油现金营运成本、销售量、零售量、实际资本支出与预算的差异、加油站建设数、重大事故次数、职工总量、职工队伍稳定），确定各单位的业绩合同预算指标，制定下发业绩合同样本与各市（州）公司签订业绩合同，并严格按业绩指标考核兑现，初步建立内部约束机制。同时制订 52 个管理岗位业绩考核方案和 30 个工种操作服务人员的绩效考核方案。

2001 年，公司制定《管理人员业绩考核实施意见》，建立起以合同为基础和以业绩为重点的管理人员业绩考核制度，组织二级公司班子、公司中层干部签订业绩合同。

2002—2003 年，公司坚持薪酬与业绩挂钩考核制度，进一步完善以合同为基础、以业绩为重点的业绩考核制度，制定《薪酬总额与综合业绩分值挂钩办法》，实行逐月考核、季度检查、年终清算制度，建立以合同为基础和业绩为重点的管理人员业绩考核制度。继续执行薪酬与吨油销售收入和实现利润挂钩考核办法，根据不同的业务性质、工作职责和工作重点，合理确定业绩考核指标体系、指标值和权重比例，突出考核重点，加大利润、零售量指标的权重，普遍推行工资同经营目标挂钩考核的分配办法，实行吨油薪酬、费用包干的分配机制，把业绩指标落实到每个员工，把员工的利益与业绩的完成情况紧密结合，充分调动员工的工作积极性。

2004—2007 年，公司为健全以合同为基础、以业绩为重点的业绩指标和业绩考核制度，根据业务性质、工作职责和工作重点，突出考核重点，加大利润和零售的权重，合理确定各单位和部门的业绩考核指标体系、指标值和权重比例，与各二级公司党政一把手和公司机关各处室主要负责人签订业绩合同目标责任书。严格业绩合同管理，坚持公正、公平的原则，对业绩指标的完成情况进行多方审核，层层把关，完成各二级公司领导班子成员的业绩奖金兑现工作。

2008 年，绩效合同参考股份公司绩效合同的指标设置，增加“客户服务满意度”指标考核，增加“考核频率”。对各二级公司的考核中，取消“资产型加油站汽油零售量”和“资产型加油站柴油零售量”两个指标，使用“全员人均资产型零售量”来考核零售量和员工总量两个指标，鼓励各二级公司注重企业发展质量和提高劳动生产率。对机关处室考核中，新增部分“专业管理”和“可控费用”的指标。调整直属经营单位考核办法，与公司管理机关、市（州）公司同一考核形式，签订绩效合同。

2009 年，公司印发《中级管理人员绩效考核办法（试行）》（油川销发〔2009〕29 号），绩效合同分为年度绩效合同和任期绩效合同。其中：年度绩效合同以公历年为考核期，考核指标主要包括当年经济效益、营运管理、人员管理等。任期绩效合同以三年为考核期，首次任期绩效考核期起始时间为 2008 年 1 月 1 日至 2010 年 12 月 31 日，考核指标主要包括资产保值增值、经营管理运行质量和可持续发展能力。关键绩效指标涵盖受约人考核期重点工作和岗位主要工作职责，分为效益类、营运类、服务类、人员类和安全环保类指标。中级管理人员绩效考核分为定量考核和定性评价。

定量考核适用于易量化评价的指标，包括效益、成本、销量等结果性指标，绩效分值按下列公式计算：单项指标绩效分值=（指标完成值 ÷ 指标目标值）×100

（适用于定量考核指标中目标值为正数的增长性指标）。

或：单项指标绩效分值= 100 +[1 －指标完成值 ÷ 指标目标值]×100（适用于定量考核指标中的控制性指标和目标值为负的增长性指标）。

定性评价适用于不易量化的指标，包括服务（客户、员工）满意度、工作能力等，依据绩效合同约定和受约人实际表现，由公司主要领导、分管领导、同级、下级等按 7 级评分标准测评得出（见表 8–5）。

表 8–5　2009 年中国石油四川销售分公司评分等级、标准和评价分具体对应关系表

评分等级	一级	一级	一级	四级	五级	六级	七级
评分标准	不合格	需重大改进	需要改进	合格	良好	优秀	杰出
评价分	0—59	60—69	70—79	80—89	90—99	100—109	110—130

定性考核指标绩效分值计算公式：

单项指标绩效分值=（∑指标评价分 × 评价者权重）/ 评价人数

绩效合同综合绩效分值按下列公式确定：

综合绩效分值=∑（单项指标绩效分值 × 指标权重）

绩效考核结果与中级管理人员业绩奖金挂钩。

2010年，公司对具有股权投资指标的单位调整“股权投资收益”指标。在“股权投资收益”指标的基础上，新增四类综合指标，分别为股权投资、股权处置、股利分配、配合专职董监事工作。考核办法调整为：完成股权投资收益得2分，未完成股权投资收益扣2分；以上5类指标出现扣分事项，导致集团公司扣减公司年度绩效考核分值的，一次性扣完2分分值。

2012—2014年，公司执行《关于加强全员绩效考核工作的指导意见》，坚持“战略导向、全员全覆盖、突出关键指标、绩效考核公平公正、激励约束并重”的原则，开展全员绩效考核。绩效考核指标分为效益类、营运类、服务类和人员类，考核方法以定量考核为主、定性评价为辅，根据管理人员和操作服务人员的岗位特点分类实施绩效考核。考核结果分为优秀（A）、良好（B）、胜任（C）、不胜任（D）等不同等级，绩效结果应用包括绩效奖金兑现、职级升降、岗位退出、培训发展、非物质奖励等。

2015年，根据企业发展战略和2015年执行预算目标任务，公司以“业绩导向、夯实基础、量化细化、弱化类别”为原则，印发年度《绩效考核方案》，绩效合同实行计分制，基础分值100分，共由四个方面指标体系构成。

基础指标。分值合计60分，包括效益类指标和营运类指标，主要反映当期经营成果。效益类指标2个，分值共30分，其中：利润总额分值20分；非油利润分值10分。利润总额以账面利润为基础进行考核。营运类指标4个，分值共30分，其中：汽柴油销量，分值10分；汽柴油纯枪销量，分值12分；直销量分值3分；费用总额（不含盘盈）分值5分。

共性指标。分值合计25分，主要反映企业潜势发展成果，包括加油卡业务类指标、投资及工程建设类指标、“三控制一规范”工作评价指标。因二级公司工作现状及管理重点各有侧重，三类指标具体内容有所差异。加油卡业务类指标，分值5分，分为新增有效记名卡、沉淀资金、卡销比三个指标。投资及工程建设类指标，分值10分，分为新开发加油（气）站座数、完工加油站座数、新增投运站座数三个指标。“三控制一规范”工作评价指标，分值10分，分为员工总量、库站外用工比例、辅助业务外包用人等指标。

个性化重点工作指标。分值合计15分，根据公司总经理年度工作报告部署任务，结合机关各专业线重点关注工作及二级公司自身存在的发展短板，分别确定个性指标和分值。

控制类指标。控制类指标主要考核安全环保质量计量、加油站服务质量、党风廉政建设、审计监察、维稳舆情、达销及工期质量控制、内控法律风险防范、督查督办、“挂包帮”活动等基础性工作运行情况。主要包括：安全环保质量计量，过程性管理封顶扣10分，事故事件扣分与过程性指标扣分累加，封顶加分3分。加油站服务质量，结合95504投诉、新闻舆情反馈、安全质量监督总站及神秘顾客访问等综合检查结果，封顶扣10分，封顶加分3分。对违纪违法案件、审计问题整改、维稳舆情等工作，发生问题的，进行控制性扣分，不设加分。投运加油站综合达销率，封顶扣5分，封顶加分2分。同时，明确库站项目从落地到开工、新建迁建、改扩建、油气回收等项目工期，封顶扣10分，封顶加分2分。对纠纷案件损失、资金安全事件、新闻舆情、督查督办、信息系统应用评价、“挂包帮”活动，未达到预期目标的，进行控制性扣分，不设加分。

2017年，公司成立绩效考核委员会，强化绩效奖惩考核，优化业绩考核指标，将业绩指标从20多项压缩到11项，促使考核更加聚焦、更加精准。加大非油考核力度，将二级公司非油指标考核权重从10分提高到22分，促进非油超常规发展。推行增量增资、增效增资，切块1.8亿元对利润、纯枪、店销收入等业绩指标予以硬性挂钩。用好专项奖励，拿出1500万元对数据营销、创新项目、工程建设等方面的突出贡献进行精准激励。是年7月3日，公司印发《客户经理薪酬费用考核指导意见》，进一步调整完善客户经理薪酬激励机制，调动客户经理队伍积极性，打造“油卡非润”全产品销售团队。

是年，公司推行加油站员工积分制管理模式，通过积分这一载体对加油站员工的素质能力、行为表现、工作业绩等进行全方位量化考核评价，以积分来衡量员工的价值贡献。管理模式依托综合业务支撑平台，内部开发积分管理模块，外部开发手机积分APP，以信息系统为支撑，通过系统取数和加油站经理人打分，生成员工积分，真实反映和考核员工的综合表现，并将各种福利待遇与积分挂钩，向高分员工倾斜，从而达到正向激励员工、改进绩效的目的。

2018年，公司配套“决胜千万吨”“五大攻坚战”激励保障，将板块额外量补贴、增量奖励、电子券政策放权基层，建立纯枪、店销上量激励机制，设纯枪、店销上量专项奖励总金额1750万元，对加油站、便利店超量部分进行奖励，多超多得，上不封顶。每月从工资总额按时兑现，超奖欠罚，实现激励的及时性和有效性，进一步激励纯枪、非油店销增量增收，调动广大干部员工的积极性和主动性，全力做好扩销增量工作，确保公司率先建成千万吨级销售企业。

6月，为调动二级公司网络开发的积极性和主动性，完成网络开发目标任务，提高网络占有率，增强公司核心竞争力、市场控制力和品牌影响力，公司制定强化网络开发激励机制，以目标导向、超额奖励，在二级公司完成网络开发基础目标的前提下，实施超额滚动奖励。按照“谁开发、谁受益”原则，根据网络开发超额贡献奖励到二级公司，分配项目参与人员，打破“大锅饭”和平均主义，实现奖励的精准激励；全过程考核、分环节奖励，按网络开发项目分环节考核兑现，覆盖项目立项、落地、投运、达销全过程，促进二级公司不断提升项目质量和投资回报。网络开发激励范围包括新建、收购、租赁、股权、合作经营、迁建、关停恢复的加油加气站项目。奖励对象为二级公司主要负责人、投资建设工作分管领导、投资建设科科长和相关项目参与人员，以及在项目开发中做出贡献的其他有功人员。公司相关部门直接开发的项目，比照奖励机制予以专项奖励。网络开发专项奖励基数为400万元，对网络开发超额座数进行奖励，多超多得，上不封顶。

2019年，公司创新激励机制，打破用工身份界限，公司机关率先实现同效同奖；构建差异化考核体系，按业绩对二级公司领导班子分ABCD四档进行考核，推行部门目标与公司目标、岗位目标与部门目标“双挂钩”考核机制；切块1.55亿元工资对毛利、纯枪、店销等关键指标硬性挂钩，收入凭贡献的价值导向更加鲜明，一线员工收入同比增长12%。

11月，公司印发《优化绩效考核体系深化收入分配改革实施方案》。方案坚持“收入凭贡献、成长靠品质”的价值导向，围绕线上线下业务运行要求，业绩考核重点突出效益导向和可持续发展，业绩考核指标以分解公司年度经营业绩目标和生产经营计划为主，注重指标的先进性和成长性，重点衡量经营效益、营运质量和运行效率。按照“干什么考核什么”的要求，简化考核指标，聚焦关键指标，突出利润、纯枪、配置计划执行率“三个红线”指标，持续增强考核的针对性和有效性。将党建责任制考核纳入业绩合同，实现党建工作与生产经营管理工作深度融合。

第三节　薪酬分配

1989—1996 年，公司隶属于四川省商业厅管理。四川省商业厅每年下达公司系统晋级指标，计入国家规定的标准工资和列入企业成本。年度工资总额的提取、使用需经四川省劳动厅、四川省财政厅考核认定是否符合两厅审批方案，是否符合“两低于”工资提取、使用原则。

1997 年，公司职代会一致通过《岗位结构工资试行方案》，印发《工资管理试行办法》，坚持按劳分配原则，将职工的劳动报酬与本人劳动技能、劳动强度、劳动责任、劳动质量、劳动效率以及劳动条件联系起来，合理拉开苦、脏、累、险、技术相对较复杂岗位与一般岗位的工资差距，拉开劳动效率高、质量好与劳动效率低、质量差的工资收入差距，拉开复杂劳动和简单劳动的工资差距。所属单位进行分配制度改革，将职工的工作量（销量）与收入挂钩，完善吨油效益工资，包死基数，超收分利等分配形式，较好地调动职工的积极性，促进企业发展。

1998 年，公司成建制上划中国石油集团公司管理。集团公司对公司工资下达工资总额计划，根据指标完成情况适当调整工资兑现总额。

1999 年，公司实行“工资总额计划与工效挂钩双控”的办法，管理工资总额。公司下达年度工资总额临时计划，包括两部分：一部分为基础工资（计划的 60%），保障在职职工的基本生活，不与企业的考核指标挂钩；另一部分为浮动工资（计划的 40%），全额与考核指标挂钩浮动。年终考核提取清算。

2000 年，公司加强各所属企业基本工资集中统一管理，制定《岗位基薪工资制度细则》（川销人〔2000〕第 113 号），在岗位归级的基础上，按照统一的制度、原则和方案，完成 8 个地市（州）公司、82 个县级公司 16016 名职工的岗位基薪工资套改工作，首次在全公司系统实行统一的基本工资制度。

岗位基薪工资制度的构成包括：岗位基薪工资单元，根据油品销售企业的岗位设置，在岗位归级的基础上，共设 9 个岗类，每岗设 3 档制度标准。工龄工资单元，按照职工的连续工龄（不含折算工龄）确定，从参加工作次年起，每工作 1 年，每月工龄工资标准为 2 元，逐年增加，直到离退休时为止。效益工资单元，即奖金，根据企业经济效益及职工的业绩贡献在核定的工资总额内确定，随效益上下浮动。

工资套改基数按照职工 1999 年 6 月应发工资中的部分工资项目相加，再加调整工资增资额确定。套改办法是在确定套改基数后，按照“就近平高套”的原则套入与现任岗位相对应的岗位基薪工资标准。

2001年，公司在所属全资、控股、租赁加油站全面推行吨油含量工资制，即在加油站以销定员的基础上，实行以销定酬的分配办法，将加油工原来的工资作为档案工资和今后晋级的依据，实际收入全部与加油量挂钩考核，建立起透明、公开、公平的分配机制，充分调动加油工的积极性。在推行吨油含量工资制的同时，规定在加油工提供正常劳动的情况下，其工资收入不得低于当地最低工资标准的120%。吨油含量工资制，适当考虑职工的累计贡献，在收入上拉开差距，实行收入和加油量挂钩，达到“增量、增效、增收”的目的。

是年，根据股份公司规定，从2001年1月1日起，企业领导班子成员业绩奖金由上级统一考核、兑现和拨付。加大工效挂钩力度，实行薪酬与效益考核挂钩办法，坚持严考核、硬兑现。单项奖、专项奖、一次性奖等各种奖金由人事部门归口管理。按每个人的岗位重要程度和贡献大小，特别是结合实际完成业绩合同指标的情况兑现奖金，变“分奖金”为“考核兑现奖金”。销售公司对各单位薪酬总额实行工效挂钩提取与计划管理相结合的双重调控办法。薪酬总额内的一切开支，均由人事劳资部门归口管理。

2002年，公司加强薪酬分配规范管理，组织制定《薪酬总额与综合业绩分值挂钩办法》，实行逐月考核、季度检查和年终清算办法；继续推行薪酬与吨油销售收入和实现利润挂钩考核办法，全面试行工资同经营目标挂钩考核的分配办法。

2003年，按照股份公司规定，公司成立工资制度改革领导小组，制定《基本工资制度改革方案》《机关基本工资制度改革实施细则》和《所属二级公司岗位基薪工资制度实施细则》，人事部门负责基本工资制度改革的具体实施工作。改革后的基本工资制度包括年薪制、岗位等级工资制、岗位技能工资制、岗位基薪工资制、协议工资制等五种基本工资制度。

公司领导班子成员实行年薪制，年薪由岗位基薪、效益年薪构成；公司机关管理岗位人员即总经理助理（副总师）、处长、副处长、高级主管、主管、主办和助理主办统一实行岗位等级工资制，岗位等级工资制由岗位工资、工龄津贴和奖金三个单元构成；公司机关小车驾驶员岗位操作人员实行岗位技能工资制，岗位技能工资制由岗技工资、工龄津贴和奖金三个单元构成。

二级公司员工（含存续企业）即机关管理人员（经理、管理人员、专业技术人员）、操作人员统一实行岗位基薪工资制。岗位基薪工资制由岗位基薪工资、津（补）贴和奖金三个单元构成；对企业需要的特殊紧缺人才可实行由单位与本人双方协商、按照劳动力市场价位确定、以合同形式予以明确的协议工资制。

2004年，公司实行差异化的薪酬管理办法。公司管理机关和油库员工的薪酬分配与签订的业绩合同指标挂钩，按月考核兑现。加油站员工实行吨油含量工资制。公司实行加油站销售量与员工个人收入挂钩的动态管理，确定挂钩基数，按照加油站当月实际销售量计算吨油工资标准。改变以往年初确定挂钩基数后不再变化并按销售任务量计算吨油工资标准的做法，每月按实际销量对应加油站的类别确定工资挂钩基数，避免因销售任务下达不科学、不能真实反映加油员工工作业绩的情况出现。

是年，市场化用工的薪酬纳入薪酬总额管理，薪酬总额计划包括正式员工薪酬总额和市场化用工薪酬总额。

是年，公司制定《关于新进人员薪酬待遇有关问题的通知》，将高校毕业生的薪酬待遇统一纳入公司基本工资制度管理，规范和提高高校毕业生的薪酬待遇。

2005 年，公司制定《高等院校毕业生薪酬待遇暂行办法》《市场化用工薪酬指导标准》《星级加油员管理暂行办法》等文件，对二级公司按不同的发展程度并结合当地劳动力市场价位制定不同人员类别、不同岗位人员的薪酬标准，对市场化用工的薪酬管理提出较为科学、合理的管理办法。

是年，公司争取到股份公司对公司艰苦地区生活补贴的政策支持，对符合补贴条件的甘孜、凉山、阿坝三州地区员工实施地区补贴制度，切实体现企业对艰苦地区员工的关心和爱护，进一步稳定艰苦地区员工队伍和调动员工积极性。

2007 年，公司调整市场化用工薪酬指导标准，制定《一线岗位上岗津贴管理暂行办法》，进一步完善市场化用工薪酬体系，提高生产一线、技术骨干、关键岗位和艰苦地区员工的收入待遇。制定加强退出实职处级干部管理、加强基层领导班子建设、二级公司科级干部退出实职等制度，加强干部管理，优化干部队伍结构，促进干部队伍新老交替。

2009 年，为进一步发挥薪酬保障激励作用，健全工资晋升机制，公司制定《调整和完善市场化用工薪酬制度方案》。进一步理顺各类市场化用工的工资关系，调整工资结构，设置岗位工资、技能工资单元，建立充分体现岗位价值、结构完善、功能清晰的市场化用工工资制度。完善工资制度覆盖面，增加副科级以上市场化用工管理人员工资标准，理顺高校毕业生工资关系，建立与三支队伍建设相适应的管理、专业技术、操作技能人员工资通道。健全工资晋级制度，建立工资定期考核晋档与岗位变动调资相结合的工资增长机制。方案规定，市场化用工薪酬由基本工资、津补贴、奖金三个单元构成，分为管理、专业技术和操作技能人员三个序列。市场化用工岗位工资、技能工资实行动态运行，岗变薪变，易岗易薪。明确全日制高校毕业生工资待遇、基本工资首次套入办法、动态运行办法及其他福利待遇。

2016 年，公司进一步优化一线分配机制，完善油非绩效工资制，加油员工资结构从 14 项精简为 3 项，浮动工资挂钩比例达到 60%；深度应用“价值贡献评价应用”工具，推行店销收入百元含量工资与商品毛利挂钩浮动，非油含量工资标准从每百元固定奖励 2 元扩大到 2—6 元，员工非油工资占比超过 30%。建立“油卡非润气”一体化销售责任制，引导员工从单一的油品销售向全产品销售转变。员工通过当天工作量计算出当天的收入，每个工作日的绩效收入加上津补贴和福利，基本就是员工的当月和全年收入，充分体现“按劳分配、按量取酬”的原则，达到及时激励工作积极性的作用。公司健全员工成长激励机制，在德阳、成品油、广安、泸州、攀枝花公司等 5 个二级公司试点加油站员工积分制，成为销售系统首家对加油站全员探索实施积分管理的企业。

5 月，为进一步规范总经理奖励基金管理，明确相关要求和流程标准，发挥奖励的激励作用，公司印发《总经理奖励基金管理办法（试行）》。总经理奖励基金使用原则是业绩导向、突出主业，定期激励、强化过程，明确标准、规范流程。项目设置为二级公司班子绩效奖金、公司年度综合奖励、季度专项奖励、月度专项奖励、专业线年度先进奖励和上级及外部单位奖励。总经理奖励基金归口人事处统一管理。

2017 年，公司印发《关于进一步规范股权企业干部人事管理实施意见的通知》（油川销人事〔2017〕38 号），公司托管的参股企业管理层人员与公司签订业绩合同。由企管法规处牵头组织月度、年度绩效考核，考核结果提交公司领导审定后，由派出单位兑现业绩奖金。绩效奖金兑现标准参照与管理幅度、总体规模和管理难度相近的二级公司执行，月度、半年和年度绩效奖金均按同级公司标准考核兑现。公司机关及二级公司派出到参股企业的其他管理人员及操作服务人员，由参股企业负责实施考核，并向托管单位反馈考核兑现意见。

2018 年，公司取得率先建成千万吨销售企业攻坚战胜利，公司对在“决胜千万吨”“五大攻坚战”中做出贡献的单位，在工资总额分配中，重点按“四个突出”的原则实施重点奖励：突出业绩为王的导向性，决胜千万吨排名靠前；突出销售贡献的重要性，五大攻坚战中贡献突出；突出跨阶晋级的成长性，量效油非指标跨台阶；突出全员受益的公平性，先进单位和人均收入偏低单位予以倾斜。

12 月，根据集团公司《关于调整完善基层一线关键艰苦岗位有关津贴标准等事宜的通知》（中油人事〔2018〕484 号）文件精神，公司调整完善基层一线岗位上岗津贴、夜班津贴标准，规范津贴补贴管理。调整上岗津贴和夜班津贴的起始时间为 2018 年 1 月 1 日。

2019 年，公司将线上客户开发维护引入升油工资改革试点，首批选取成都公司大件路、广都、城东、成双、岷江和彭镇 6 座加油站进行试点，通过将客户开发数、客户消费量与加油站员工收入挂钩，激励员工引导客户由线下向线上转化，筑牢公司新零售建设的客户资源基础。

4 月，公司进一步规范二级单位领导人员薪酬福利管理，二级单位领导人员薪酬项目和标准根据公司基本工资制度、个人履职岗位、业绩考核结果等因素定期兑现发放，其中业绩奖金由公司按现行业绩考核办法，集中核定、统一拨付。除公司核定发放的薪酬外，各单位不得擅自增设收入项目或提高标准，未经报批报备不得向领导人员发放任何收入。二级单位领导人员基本养老保险、基本医疗保险等社会保险及住房公积金、企业年金、补充医疗保险等有关待遇，应严格按照国家和公司现行有关政策规定执行。不得由单位出资缴纳应当由个人承担的个人所得税、社会保险和住房公积金等，不得超标准为领导人员缴纳住房公积金和企业年金。各单位不得为领导人员购买商业性补充养老保险。对派驻股权企业的副处级以上领导人员严格执行名义薪酬制规定，实行收入清算制度。

11 月，公司印发《总经理奖励基金管理办法》。总经理奖励基金归口人事处统一管理。设置绩效奖金、公司年度综合性奖励、专项奖励、上级及外部单位奖励和其他奖励。绩效奖金，由人事处根据各单位、各部门绩效合同完成情况，严格按照月度、季度、年度绩效考核结果兑现。公司年度综合奖励，由公司相关部门负责组织评选，报经公司总经理办公会审批后兑现。所有专项奖励均由人事处呈报公司主要领导审批。

第四节　社会保险

1989—1997 年，全国社会保障管理体制处于改革探索阶段。公司按照国家和四川省社会保障部门规定，为职工购买社会保险。

1998 年，公司遵照执行《四川省人民政府贯彻国务院关于建立统一的企业职工基本养老保险制度的决定的通知》和《四川省贯彻统一的企业职工基本养老保险制度实施办法》两个社保制度。

基本养老保险的实施范围　企业及其全部职工（企业全部职工是指与企业形成劳动关系的全部劳动者，包括合同期在 1 年以下的临时工、农民合同工等）；城镇个体工商户及其从业人员、自由职业者等非工薪收入者；企业离退休人员、城镇个体劳动者退休人员。

基本养老保险费的筹集　基本养老保险费由参加基本养老保险的企业和个人共同缴纳。企业按全部职工缴费工资总额的一定比例缴纳基本养老保险费。企业缴费的具体比例按四川省政府或其授权的地区政府的规定执行，企业缴纳的基本养老保险费包括社会统筹基金和划入个人账户部分；职工按本人缴费工资的一定比例缴纳基本养老保险费。职工一般以本人上一年月平均工资作为缴费工资。职工本人上一年月平均工资超过上一年全省职工月平均工资 300% 以上部分不计入缴费工资；低于上一年全省职工月平均工资 60%，按 60% 计算缴费工资。从 1998 年 1 月 1 日起，职工按本人缴费工资 4% 的比例缴纳基本养老保险费，以后个人缴纳比例，一般每两年提高 1%，在工资增长较快时，可加快提高个人比例，最终达到本人缴费工资的 8%。职工缴纳的基本养老保险费不计征个人所得税。

基本养老保险个人账户　按照社会统筹与个人账户相结合的原则，从 1998 年 1 月起，由社会保险机构按照国家技术监督局发布的社会保障号码，为每个参加基本养老保险的人员建立基本养老保险个人账户，原已从 1996 年 1 月起建立的个人账户与此合并；职工基本保险个人账户按职工缴费工资的 11% 建立，包括：职工个人缴纳的基本养老保险费；从企业缴纳的基本养老保险费中，按职工个人缴费工资一定比例划入的部分。从 1998 年 1 月起，从企业缴费中划入的部分按职工个人缴费工资的 7% 计入，以后随个人缴费比例的提高，从企业缴费中划入的部分逐步降至 3%。基本养老保险个人账户的储存额按规定的记账利率，每年计算一次利息，所计利息并入个人账户。职工基本养老保险个人账户的储存额，只能用于职工本人退休后支付基本养老金，不能提前支付或移作它用。根据国家关于社会保险的有关政策，公司办理职工的养老、大病统筹、失业等保险，按照社会保险缴费比例，按时缴纳各种社会保险费用，为职工建立起基本养老、医疗和失业保险。

1999—2001 年，根据国家关于社会保险的法律法规和有关政策，公司执行《职工公费医疗的管理办法》，办理职工的养老、医疗、失业、工伤和生育保险，按照国家关于社会保险缴费比例，按时缴纳各种社会保险费用。

2002年，公司妥善处理存续县公司拖欠社会保险费等遗留问题，在认真核实的基础上，及时与当地社保部门沟通、协调，完善衔接续保手续，明确规定从2002年起，各单位必须依法足额及时缴纳各种社会保险，任何单位不得再发生新拖欠社会保险费。

3月，四川省劳动保障厅召开由各地市（州）劳动局、社保局和公司及所属分公司参加的有偿解除劳动关系人员失业保险金协调会，公司系统内及时办理有偿解除劳动关系人员的失业补偿金，进一步做好有偿解除劳动关系人员的人事档案、组织关系转移以及社会保险的接续等工作。

2003年，公司与四川省劳动保障厅联合召开解决公司有偿解除劳动关系人员失业补助金问题协调会，解决公司有偿解除劳动关系人员失业补助金问题。8月，按照与政府部门达成的解决方案和办理程序，公司对全系统8852名有偿解除劳动关系人员发放失业补助金。

2004—2008年，根据《中华人民共和国劳动法》和国家有关政策法规要求，按照属地管理原则，公司为全体员工建立各类基本社会保险，市场化用工社会保险建立率达100%。缴费比例为：养老保险单位缴费20%，个人缴纳8%；医疗保险单位缴费6%—7.5%，个人缴费2%；失业保险单位缴费2%，个人缴费1%；工伤保险单位缴费1%—1.5%；生育保险单位缴费0.6%—0.8%。

2009年，根据国家和集团公司补充医疗保险有关规定，公司本着“以人为本，企业发展成果由员工共享”的理念，建立统一的补充医疗保险。补充医疗保险作为基本医疗保险的有力补充，覆盖全体在岗、内退、离退休人员，个人门诊报销额度逐年提高。

2013年，公司报经股份公司人事部审批同意，建立企业补充医疗保险制度，制定《职工补充医疗保险实施办法（试行）》，进一步完善补充医疗保险方案。在原有模拟账户式补充医保的基础上，新增住院医疗和特病门诊医疗保险、重大疾病公共保险等险种，进一步减轻员工重特大疾病的费用负担。

2014年，公司印发《职工补充医疗保险实施办法（试行）》及补充规定，完善统一的企业补充医疗保险制度，构筑多层次医疗保障体系，按照“按需提取、收支平衡、略有结余”的原则，依据上级政策按上一年度员工工资总额的5%计提，从成本或费用中列支补充医疗保险资金，减轻员工医疗费用负担，逐步提高员工和退休人员医疗保障水平。

2015年，公司调整年度补充医疗保险方案，增加自费医疗费用30%赔付，将起付线赔付比例从50%提升至80%。根据集团公司调整人力资源系统社会保险及企业年金管理方式规定，公司按照员工本人上一年度月平均工资确定社会保险缴纳基数，从2015年1月起将企业年金个人缴费比例统一调整为2%，确保工资发放表扣缴额与企业年金客户端系统的数据保持一致。

2016—2019年，公司补充医疗保险延续2015年度方案，与中意人寿续签合同。

2018年，各二级公司补充医保公共账户纳入公司统一管理，补充医疗保险本年度报销限额要在本年度中使用。公司为全体在职员工建立团体重大疾病保障，保额为10万元。在职员工一旦确诊罹患重疾并符合标准，中意人寿一次性100%定额赔付重大疾病保险金。如罹患重疾轻症，中意人寿一次性定额赔付重大疾病保险金的20%。

2019年，在职员工补充医疗保险方案中提高非因公意外伤害保险保额，提高交通工具意外伤害保额。是年，根据《企业年金办法》和《关于中央企业规范实施企业年金的意见》，企业年金企业缴费统一按 8% 的比例按月收缴。

第五节　员工培训

一、教育培训

基础培训　1989—2000 年，公司把职工教育纳入企业总体规划，制定职工教育“七五”（1996—1990 年）、“八五”（1991—1995 年）、“九五”（1996—2000 年）规划，持续做好工人中级业务技术培训，开展工人技术等级达标考核、“油品储运工”“油品供销作业工”技术竞赛，采取“多渠道、多层次”办法，提高职工文化素质。据不完全统计，“七五”期间送培大专及以上学历者 477 人，送培中等学历者 760 人，举办各类业务、政治培训班 350 期，培训 20823 人次，培训分公司级及以上领导干部 82 人次。“八五”期间送培大专及以上学历者 940 人，送培中等学历者 790 人，举办各类业务、政治培训班 823 期，培训 23493 人次，培训县（支）公司及以上领导干部 388 人次，企业职工队伍整体素质得到较大提升。

1998 年，公司成建制上划中国石油集团公司管理。公司组织新上划的 36 个地州县公司经理集中进行学习和培训。举办油库管理、泵工、行业电工、普通电工、通信员等培训班，对有关人员进行专业知识和技术培训。

1999 年，公司举办无铅车用汽油知识、财会电算化、油品化验、计算机应用、计量等培训班，大大提高员工专业理论水平和操作技术水平，对提高员工整体素质起到积极作用。

2000—2004 年，为适应股份公司新的管理体制，提高职工队伍文化结构和整体素质，公司每年制订年度员工培训计划，提出教育培训工作的目标和措施，有序组织库站和各专业培训，选送参加上级公司组织的各类培训班，提高各类专业人员的业务素质和专业技术能力（见表 8–6）。

表 8–6　2000—2004 年中国石油四川销售分公司培训统计表

单位：人次

年度	自培	送培（系统内）	送培（系统外）
2000	1080	160	—
2001	2058	—	—
2002	1002	53	100
2003	330	32	65
2004	690	65	71

2001 年，根据销售公司安排，公司组织师资力量远赴雪域高原，为中油西藏销售分公司培训 98 名加油站站长，使西藏分公司加油站站长的理论水平和操作技能有较大提高（见图 8–2），

受到上级的肯定和赞扬，《中国石油报》和炼油与销售分公司还以“万里援藏路漫漫，言传身教情深深”作专题报道。

图 8-2　加油机搬进培训室

2004 年，公司实施“创建学习型企业计划”，在二级公司班子成员和公司机关管理人员中，开展员工学历教育和专业技术继续教育，制定《关于专升本学历教育有关事宜的通知》（川销人〔2004〕257 号），与西南石油学院联合举办管理人员市场营销专业专升本学历教育班，并组织各单位符合条件的 88 名处、科级干部报名。举办 69 人脱产参加的考前培训班，在参加成人高考的 63 人中，有 50 余人达到规定录取线。

2005 年，按照公司未来三年及中长期人才发展要求，公司启动员工学历教育及专业技术继续教育工程。100 名员工参加西南石油大学举办的财务和市场营销专升本培训；举办 1008 人次油库管理人员安全资格培训、生产总调度员培训、交接计量员培训、油库自动化维护培训和加油站计量员培训；35 名会计人员参加会计专业技术中级职称考试培训；53 名专业技术人员参加中油集团公司职称外语考试；组织选送 75 人参加股份公司培训，95 人参加中油系统外培训。

2006 年，公司首次启动企校办学计划，办学以与成都市高级技工学校合作的“定单式”培养和与四川省委党校、西南石油大学和四川商务职业学院合作的在岗送培两种方式进行，定单培养学员 350 名。

2007 年，公司企校办学第二期开班。本期开办加油工和库站维修工两个专业培训班，仍然采取“属地招生、属地就业”的方式，学制全日制，学期一年，共招 5 个班 250 人。在岗员工送培方面，分别举办处级干部培训班、仓储管理人员培训班、加油站经理培训班、片区经理培训班。

2011 年，根据公司构建客户服务新体系（注：以加油站员工和客户经理两支队伍为支撑，以加油站和客户服务中心两个营业场所为窗口，以昆仑加油卡和客户服务平台两套信息系统为载体的销售新模式）需要，公司举办首届集团客户经理培训班，重点围绕石油发展历史、四川成品油市场客户管理特点、大客户营销管理及服务技巧、业务系统功能与应用开展培训。培训后的集团客户经理率先为年需求 500 吨以上的机构客户和一批集团客户提供油品供应解决方案、产品咨询、油品配送、加油卡管理、企业油耗管理等“一站式”、一对一服务。

2012—2013 年，公司为基层库站一线员工配置学习机，配置 1 张移动电话卡，由公司承担部分话费，满足员工日常的学习交流需求。2013 年 7 月，公司开通短信及彩信平台，采取彩信手机报等形式，每周定期向员工学习机发送四川加油报、公司工作动态及重要通知等信息，实现信息移动化、沟通信息化。

2015 年，根据销售公司安排，公司派出 30 名站经理到河北公司挂职锻炼（见图 8-3），将

图 8–3　2015 年四川—河北公司加油站经理对口挂职活动总结会

公司在现场服务、油站管理、营销技巧等方面的经验带到河北，开展帮扶活动，同时学习河北销售好的做法和典型经验，形成加油站整体管理水平提升的可行性建议。

2017 年，为强化师资队伍建设，公司印发《经理人学院师资队伍建设暂行意见》，按照“专兼结合、规模适当、结构合理、素质优良”的原则，结合专业线培训需求，从公司干部员工中选拔培养内训师。

2018 年，随着经理人学院快速发展，为打造一批适应发展需要、综合素质过硬的内训师队伍，公司修订印发《经理人学院内训师管理办法》，规范开展内训师选拔、培养及管理。是年，公司聘任一批具备任职资格的内训师。

2019 年，公司印发《员工教育培训管理办法》。员工教育培训工作坚持“服务发展、培训先行、突出重点、学用一致、注重实效”的原则，实行统一规划，分级管理。依照人事部门主管、业务部门主导、各单位分级负责的管理体制，按照“谁主管、谁负责”的原则，实施三级培训，即公司级培训、二级单位培训及片区和库站培训三个层次。根据集团公司有关规定，公司员工培训经费按工资总额的 2.5% 计提，二级公司培训费提取比例为 2%，公司统筹使用 0.5%，用于全省重点培训，员工教育培训经费应本着“合理、合规、有效、经济”的原则管理和使用。

经理人学院　2016 年 3 月，公司启动经理人学院实体化建设工作。是年 6 月，为增强经理人学院功能，加快培养造就高素质经理人队伍，提升企业终端创效能力，促进企业稳健发展，公司制定印发《经理人学院实体化建设方案》，根据全省员工分布及地域情况，构建网格化的培训网络。通过实体化建设，进一步增强学院功能，形成“立足基层、内外结合”的培训格局，即以基层经理人、班组长为重点培训对象，逐步向机关人员培训延伸；立足内部培训，拓展外部培训市场，实行市场化运作，塑造四川销售经理人学院的品牌。

图 8–4　中国石油四川销售分公司经理人学院第一分院

8 月，公司经理人学院南充第一分院正式开班运行（见图 8–4）。2016 年共组织 4 期加油站经理培训班，培训在职站经理 186 人，整体合格率 86%，优秀率 9%。学院建设取得多项成果。

课程体系初具川销特色　课程分院内、院外两部分和站经理、前庭主管、客户经理 3 个层次，补齐“油卡非润”全产品培训、政策宣贯理解、创新能力和综合服务能力四块“短板”，实操课程比例按不低于 60%

搭配，培养现场服务和解决问题的能力。2016 年 8 月至 2019 年 12 月，公司经理人学院影响力逐年扩大，除公司加油站经理参训外，先后还有重庆、安徽等 17 家兄弟省区销售企业的站经理 1269 人参训（见图 8–5、图 8–6），为公司创造效益 294 万余元。

图 8–5　中国石油四川销售分公司经理人学院南充分院首期培训班开班仪式

图 8–6　中国石油四川销售分公司经理人学院上课现场

基本建成师资队伍　学院选拔业务能力强、理论功底厚的专业线专家、技能专家组建内训师团队。为配优、配强队伍，学院通过全省公开竞争上岗，选拔 4 名年轻人担任分院院长，聘请长期从事员工培训、工作经验丰富同志为学院院长，同时从基层选拔优秀员工、培训骨干、专业线专家担任教学主管、运行主管。通过定期座谈会和现场答疑，建立培养加油站经理的长效平台，“微课堂”对加油站普遍存在又亟待解决的问题提供线上与线下的专业解答。学院还将继续推进分院和本部的实体化建设，并在制度建设、课程体系完善、特色班打造、学员跟踪等方面进行投入和创新，为实现公司转型升级贡献创新力量。

2017 年 5 月，公司经理人学院第二分院——小玲分院开班运行。分院以全国劳动模范、集团公司十大特等劳动模范、四川省三八红旗手、龙马连片管理团队负责人陈小玲命名。

2019 年 11 月 7 日，第七届西部人力资本高峰论坛暨第二届四川品牌大会在成都召开。大会对人力资源工作表现突出的单位进行表彰，公司经理人学院荣获“最具成长性企业大学”称号。

经理人论坛　2014 年 9 月，销售公司在广州举办主题为“打造强大现场，服务创造价值”的第一届加油站经理人论坛。公司总经理姚志强、加油站管理处处长张成斌及 7 位加油站经理代表参加此次论坛。公司团队紧扣零售核心油卡非一体化营销这条主线，从开口营销、现场氛围营造、客户开发维护、高端站打造、创新营销、员工激励、全流程诊断、“双低站”治理等话题出发，开展丰富生动、开放自由的交流、辩论和实践活动，打造“干中悟、赛中悟、论中悟、辩中悟、动中悟”的全新学习模式。最终公司获得论坛优秀组织奖；以浣花加油站经理邓琪昌为队长的辩论队获得全场最佳辩论团队；分论坛中，燎原加油站梁梦芝、迎宾加油站晋雄获演讲比赛第二名，龙马加油站陈小玲获第三名。

是年 11 月，为将经理人论坛精神落到实处，探索四川销售公司基层经理人独特的职业内涵和发展道路，公司举办主题为“培育杰出油站经理，打造黄金营销终端”的四川销售公司第一届加油站经理人论坛。此次论坛与品牌营销、文化营销、造势营销有机结合，全面展示职业经理人的学习适应、市场拓展、协调沟通、管理执行和风险控制“五种能力”，全面提升加油站经理人队伍素质。

2016年，销售公司在合肥举办第二届加油站经理人论坛，公司总经理付斌在论坛发表题目为《服务为本 基层是根》的演讲，提出加油站是最核心的经营资产，站经理作为最重要的人力资源，是核心中的核心。如何围绕站经理、服务站经理，让其活力最大释放、作用最好发挥，是公司面临的一个重大课题。通过搭建“两个平台”、建立“四项机制”、定制“三项工具”，全心全意为站经理服好务，让经理人干得更顺畅、更有劲、更科学，推动企业实现稳健发展。

2017年4月，公司召开四川销售公司第二届加油站经理人论坛暨金牛奖、金鹰奖、金牌客户经理表彰会。131名加油站经理、客户经理以及油库主任参加会议。销售公司副总经理苗堃，公司总经理付斌、党委书记田玉军，副总经理蒋胡民、杜庆华、房玉林，部分助理级领导，机关各处室主要负责人及二级公司党政主要领导及分管营销副总经理出席会议。此次论坛推选出101名优秀基层经理人、主论坛5名“魅力之星”、9个营销金点子，微信投票现场评出10名杰出基层经理人和20名明星基层经理人，以及30名金牛奖、10名金鹰奖、5名金牌客户经理、5个优秀组织奖，并予以表彰。

2018年11月，销售公司在北京举办主题为“打造强大现场，服务创造价值”，副主题为“中国石油全面开启加油站3.0时代”的第三届加油站经理人论坛。主论坛上，公司总经理刘建明发表题为《决胜千万吨 当好排头兵》的演讲，四川销售公司团队6名加油站经理人代表在分会场分别作了经验分享演讲。此次论坛对销售系统优秀个人及团队进行表彰，公司流花加油站经理李维获“十大模范加油站经理”，巴塘站益西拉姆获“十大感动人物”，北新加油站经理周兴军获“十大创新标兵”，泸州公司总经理曾小刚获“十大模范经理人”，凉山公司客户经理何文林获“十大模范客户经理”，104油库余兴武获“十大模范油库主任”，元华加油站获“十大标杆加油站”。

高学历人才培养 2007年7月，股份公司决定选拔一批优秀安全生产管理人员攻读中国石油大学（华东）安全工程硕士学位，公司选送1名员工参加。8月，公司选送2名高级管理人员参加由股份公司组织的清华大学工商管理高级课程培训。

2008年6月，公司选送1名高级管理人员参加由集团公司举办的第二期局级干部全球能源管理硕士（GEMBA）学位班。

2012年，公司选送3名员工参加集团公司组织的在职人员攻读硕士学位工作，3名员工分别到北京大学法律专业、北京国家会计学院会计专业、北京理工大学项目管理专业深造。

2009—2016年，公司为提高管理人员的综合素质，培养和储备高层次应用型管理人才，适应发展战略需要，分别于2009年、2011年、2014年开展在职人员报考、攻读西南石油大学工商管理硕士（MBA）学位工作，共推选87名员工参加，其中2009年推选23名员工参加，2011年推选34名员工参加，2014年推选30名员工参加。培训时间为3年，培训方式采用定期集中脱产培养方式，凡被西南石油大学录取为工商管理硕士研究生（MBA）的参训员工，公司承担培训费用的 80%，员工承担 20%；因个人情况未取得硕士学位的，由员工承担培训费用的 80%，公司承担 20%。

中青年干部培训　2007—2019 年，公司举办中青年干部培训班共 10 期，培养和储存公司后备干部力量（见表 8–7）。

表 8–7　2007—2019 年中国石油四川销售分公司中青年干部培训班汇总表

期数	培训时间	培训人数	培训地点	培训班特点
第一期	2007 年 9—10 月	—	四川省委党校	增强处级干部的政治意识、大局意识、责任意识、法制意识和创新意识，切实提高处级干部政策理论水平、经营管理能力及综合素质
第二期	2008 年 8—9 月	45	四川省委党校	系统学习马列主义、毛泽东思想、邓小平理论、“三个代表”重要思想及科学发展观的基本内涵和精神实质，营销管理、财务管理、领导能力建设和法律专业知识
第三期	2009 年 8—9 月	45	北京石油管理干部学院	由中央党校、国防大学、集团公司、石油干部管理学院的专家授课
第四期	2012 年 4—5 月	42	北京石油管理干部学院	学员中既有 1970 年左右出生的副处级干部和相对成熟的后备干部，又有 1980 年左右出生的科级干部，平均年龄是公司四期中青班中最小的一期
第五期	2013 年 10—11 月	54	四川省委党校	—
第六期	2014 年 11—12 月	45	广州培训中心	培训内容包括专家教授理论讲座、现场教学课程、干部人文素养训练和管理能力提升。教学方式综合运用讲授式、案例式、体验式，把听课、读书、思考、研讨、答疑、分析、论坛、交流等有机结合，取得好的教学效果
第七期	2015 年 11—12 月	48	广州石油培训中心	公司实施优秀储备人才库后的首次培训，学员全部来自基层二级公司，既有副处级干部，也有优秀储备人才。培训增加互联网 + 与石油销售企业关系和领导力发展项目研讨两个专题培训项目，教学内容更加丰富，培训更具前瞻性
第八期	2017 年 10—11 月	40	广州石油培训中心	—
第九期	2018 年 11—12 月	—	广州石油培训中心	培训内容包括习近平新时代中国特色社会主义思想和党的十九大精神、党纪党规、领导力发展、团队管理、营销管理、非油品业务、新零售、大数据营销、财务价值创造、现场教学等
第十期	2019 年 7—8 月	50	四川省委党校	公司建成千万吨级销售企业后举办的第一期中青班，各专业线之间、基层与机关之间人员比例协调适当，课程新增“不忘初心、牢记使命”主题教育、国企改革等理论知识和新零售、5G 应用等前沿教学

二、技术比武和技能竞赛

员工技能竞赛活动是促进技术（能）人才成长的有效手段之一，也是充分发挥员工积极性、主动性的动力源泉。2003 年，公司以技术比武和技能竞赛为契机，积极参加行业和销售公司竞赛活动，组织公司系统内技能竞赛，引导员工学习技术知识，钻研技能，实现人才可持续发展。

行业和销售公司竞赛活动　2003 年，根据销售公司《关于下发西部地区销售公司技术比武实施方案和裁判工作方案的通知》（油炼销人字〔2003〕28 号）精神，公司参加炼销板块西北片区在兰州举办的职工技术比武，取得团体第三名、电工个人第一名和第三名的好成绩，为调动员工学知识、练技术、学本领的积极性起到良好作用。

2005年，公司选送优胜选手参加公司承办的销售企业第三届操作人员技能竞赛，取得加油工、计量工、分析工、驾驶员和电工等全部比赛项目的一等奖，8个二等奖和15个三等奖。

2007年，公司参加由四川省总工会、省劳动和社会保障厅共同组织的四川省百万职工技术练兵技能比赛活动，公司荣获“四川省职工技术练兵技能比赛优秀组织奖”，2名参赛员工荣获“四川省职工技能比赛技术能手”称号,4名参赛员工荣获“四川省职工技能比赛优秀选手”称号，展现石油人奋发进取的精神风貌和过硬的职业素质。

2008年，公司参加集团公司举办的成品油销售系统职业技能竞赛。公司荣获加油站操作员工种团体总分第一名，油品储运调和操作工团体第二名，油品计量工团体第六名，个人单项金牌5枚、银牌7枚、铜牌3枚，其中5名选手获得加油站操作员工种竞赛金奖，被授予“集团公司技能能手”称号，公司获得优秀组织奖。

2015年，公司参加销售系统“开口营销”服务技能竞赛，荣获个人金牌3枚（加油工种1枚、油库工种2枚）、4枚银牌（加油工种3枚、油库工种1枚）、2名优秀选手（加油工种）、“油站梦工场”投票“最佳人气奖”；在团体最高奖项中，获得油库杰出班组1枚、加油工杰出班组1枚、优秀组织奖1枚，共获13个奖项，获奖数列销售公司第一，总成绩排位第一。

公司组织的竞赛活动 2005年，公司举办第一届操作人员技术比武活动。此后每两年举办一届操作人员技能竞赛，全面检验公司库站员工技能水平。

2007年，公司举办第二届操作人员技能竞赛，21个参赛代表队的295名选手参加油品计量工、油品分析工、电工、司泵工、安全监督、加油工6个项目角逐。竞赛设主会场和4个分赛场，进行理论考试和实际操作比赛，全面考核库站员工技能水平。

2010年，公司举办2010年度岗位练兵和第三届操作人员技能竞赛，将综合管理员岗位练兵、财务和审计人员知识竞赛纳入竞赛范畴。11000名一线操作员工参与到技能竞赛和岗位练兵中，创下“选手最多、规模最大、项目最齐、水平最高”的四个之最。

2011年，公司举办首届组织人事系统岗位练兵活动，本着“干什么学什么、缺什么补什么”的原则，分笔试和实际操作两部分进行考核。组织人事系统岗位练兵在中国石油销售企业尚属首家。

图8-7 中国石油四川销售分公司第四届操作人员技能竞赛开幕式

2012年，公司举办六大系统岗位练兵活动和第四届操作人员技能大赛（见图8-7），包括质量安全环保系统、法律系统、投资建设系统、党群系统、营销系统、财务系统以及加油站、油库多岗位，基本实现各系统的岗位全覆盖。

2013年，公司举办第一届办公室系统岗位练兵活动。岗位练兵分为理论考试和实际操作两部分，在总成绩中的权重比为理论考试 40%、实际操作 60%。理论考试为行政事务工作、机关档案工作、综合信息工作、会务接待工作等内容。实际操作为文秘写作，以电子文档形式答题。公司特邀相关院校专家、教授进行独立阅卷和评分，评选出团体综合奖 9 个、优秀组织奖 7 个、优秀选手奖 14 名。

图 8–8　油库司泵工比武现场

2014 年，公司举办第二届办公室系统（会务接待）岗位练兵活动，岗位练兵分为理论考试和实际操作两部分，分设团体奖和个人单项奖。经过独立阅卷和评分，评选出团体综合奖 9 个、优秀选手奖 17 名、优秀领队奖 7 名。

10 月，公司举办第五届操作人员技能竞赛，设立加油站和油库两个工种的团体和个人奖项（见图 8–8）。

三、技能鉴定及职称评聘

职业技能等级认定工作是国家推进职业资格制度改革，完善技能人才评价制度的重要内容，是公司加快技能人才培养、搭建技能人才成长平台的重要举措。截至 2019 年，公司鉴定站成为省内成品油销售行业唯一一家被四川省人力资源和社会保障厅认定的具备加油站操作员、油品储运调和工、油品计量工及油品分析工 4 个工种职业技能等级认定资质的单位。

评聘机构　1989 年，公司成立四川省石油公司政工专业职务评聘工作办公室。

1993 年，经四川省商业厅同意，公司组建经济、工程两个中级职务评审委员会。组成公司工程技术中级职务评审委员，分别负责经济专业人员经济师职务任职资格的评审和工程技术人员工程师职务任职资格的评审。

1999 年，公司组建职称改革组织机构，报经销售公司批准，成立工程技术和政工专业中级评审委员会，按照“严格条件、坚持标准和量化评审”的办法，开展评审工作。

2006 年，公司成立培训中心，负责员工培训及技能鉴定、技能竞赛等工作。

2008 年，公司全面开展专业技术职务评聘、职业技能鉴定工作，全员持证上岗。

2009 年，公司职业技能鉴定站通过学习借鉴、初稿编制、实践验证和对标查补等方式，探索质量管理体系建设。

2011 年，职业技能鉴定站于 7 月正式发布质量管理体系，8—9 月实施试运行鉴定。12 月，职业技能鉴定站顺利通过国家人力资源和社会保障部质量管理体系认证，成为全国 11000 家鉴定机构中第 107 家、石油销售企业第 15 家通过认证审核的鉴定机构。

2013 年，职业技能鉴定管理系统正式投入使用。该系统以 ERP 人力资源管理系统数据为依据，可实现鉴定报名、资格审查、成绩查询、数据分析等功能，系统主要由考生、二级公司人事部门管理人员和鉴定站管理人员三大操作板块组成。该系统的开发及使用，实现对参加鉴定的报名考试人员资格进行自动化审查，提高审核的正确率和鉴定前期准备工作效率，强化对参加鉴定的报名考试人员信息的全过程管理，为鉴定工作实现创新化、信息化管理打下坚实的基础。

2019 年，为进一步加强国有企业职业技能人才队伍建设，提升企业员工技能水平，四川省人力资源和社会保障部办公厅正式启动企业职业技能等级认定机构评审备案工作。8 月 23 日，公司职业技能鉴定站顺利通过四川省人社厅评审备案，认定公司职业技能鉴定站具备加油站操作员、油品储运调和工、油品计量工及油品分析工 4 个工种职业技能等级认定资质，公司成为四川省内成品油销售行业首家具备职业技能等级认定资质的单位。公司作为四川省人社厅指定的第三方职业技能等级认定机构可为省内其他成品油经营企业开展职业技能等级认定有偿服务。

技能鉴定 2005 年 5 月，在公司第一届操作人员技能竞赛中，293 名操作技术人员分别通过中国石油西南职业技能鉴定中心的高、中、初级技能的考核鉴定，并获得职业资格证书，其中，获得高级工职业资格证书 50 人，中级工职业资格证书 193 人，初级工职业资格证书 50 人。

2007 年 10 月，公司第二届操作人员技能竞赛 5 名获奖选手被推荐报集团公司批准技师资格，202 名优胜选手晋升中级工、高级工职业资格。

2008 年 2 月，经集团公司审批，荣获集团公司成品油销售系统职业技能竞赛个人单项金牌的 5 名员工取得本专业的技师资格，开创中国石油销售系统员工被集团公司授予技师资格的先河。公司员工技师职业资格实现零的突破，标志着公司首批高技能人才的诞生。11 月，集团公司 2008 年成品油销售系统职业技能竞赛各工种前三名的优胜选手直接晋升技师，其他获得金银铜牌的优胜选手晋升一级职业资格。

2009 年，公司技能鉴定站到基层单位鉴定 24 次，范围涵盖所有具有鉴定能力的鉴定点，共鉴定一线员工 5232 人次（其中加油站操作员中级工 146 人），完成年度计划的 105%。广大一线员工对鉴定工作表示出较高的认同感和满意度，满意率达到 98% 以上。

2019 年 11 月，公司在成都、达州、宜宾、攀枝花等地开展首次员工职业技能等级认定实操鉴定，共有来自 27 家单位、2075 名员工参加。此次鉴定认定合格的员工，由人社部颁发职业技能等级证书，与国家职业资格证书享有同等效力，可享受当地政府对技能人才的政策红利，实现“五个升级”，即鉴定人数升级、鉴定类型升级、鉴定形式升级、考评模式升级、考评内容升级。

表 8-8 至表 8-11 分别为 2007—2019 年中国石油四川销售公司技师等级、高级工等级、中级工等级、初级工等级数据汇总情况。

表 8-8 2007—2019 年中国石油四川销售分公司技师等级鉴定数据汇总表

鉴定年度	职业（工种）	人数
2007	加油站操作员	1
	油品分析工	1
	油品计量工	1
2009	加油站操作员	4
	油品储运调和工	4

续表

鉴定年度	职业（工种）	人数
2014	油品储运调和工	2
2015	加油站操作员	4
	油品储运调和工	5
	油品分析工	7
	油品计量工	4
2017	加油站操作员	16
2018	加油站操作员	14
2019	加油站操作员	18
	油品储运调和工	4
	油品分析工	2
	油品计量工	2

表 8–9　2007—2019 年中国石油四川销售分公司高级工等级鉴定数据汇总表

鉴定年度	职业（工种）	人数
2010	加油站操作员	7
	油品储运调和工	2
	油品计量工	12
2011	加油站操作员	54
	油品储运调和工	20
	油品分析工	4
	油品计量工	11
2012	加油站操作员	78
	油品储运调和工	20
	油品分析工	7
	油品计量工	15
2013	加油站操作员	129
	油品储运调和工	22
	油品分析工	7
	油品计量工	9
2014	加油站操作员	65
	油品储运调和工	29
	油品分析工	3
	油品计量工	3
	油品分析工	6
	油品计量工	1

续表

鉴定年度	职业（工种）	人数
2015	加油站操作员	74
	油品储运调和工	6
	油品分析工	4
	油品计量工	4
2016	加油站操作员	42
	油品储运调和工	5
2017	加油站操作员	15
	油品储运调和工	2
	油品分析工	1
	油品计量工	3
2018	加油站操作员	27
	油品储运调和工	3
	油品计量工	3
2019	加油站操作员	135
	油品储运调和工	42

表 8–10　2007—2019 年中国石油四川销售分公司中级工等级鉴定数据汇总表

鉴定年度	职业（工种）	人数
2009	加油站操作员	92
2010	加油站操作员	772
	油品储运调和工	96
	油品分析工	24
	油品计量工	35
2011	加油站操作员	611
	油品储运调和工	57
	油品分析工	3
	油品计量工	12
2012	加油站操作员	644
	油品储运调和工	51
	油品分析工	9
	油品计量工	15
2013	加油站操作员	708
	油品储运调和工	50
	油品分析工	5
	油品计量工	7

续表

鉴定年度	职业（工种）	人数
2014	加油站操作员	274
	油品储运调和工	21
	油品分析工	10
	油品计量工	7
2015	加油站操作员	185
	油品储运调和工	12
	油品分析工	3
	油品计量工	11
2016	加油站操作员	136
	油品储运调和工	9
	油品分析工	1
	油品计量工	9
2017	加油站操作员	106
	油品储运调和工	9
	油品分析工	2
	油品计量工	1
2018	加油站操作员	92
	油品储运调和工	5
	油品分析工	1
	油品计量工	1
2019	加油站操作员	697
	油品储运调和工	16
	油品分析工	3
	油品计量工	18

表 8–11　2007—2019 年中国石油四川销售分公司初级工等级鉴定数据汇总表

鉴定年度	职业（工种）	人数
2008	加油站操作员	352
2009	加油站操作员	3834
	油品储运调和工	46
	油品分析工	3
	油品计量工	6
2010	加油站操作员	873
	油品储运调和工	143
	油品分析工	6
	油品计量工	21

续表

鉴定年度	职业（工种）	人数
2011	加油站操作员	677
	油品储运调和工	35
	油品分析工	4
	油品计量工	1
2012	加油站操作员	918
	油品储运调和工	52
	油品分析工	4
	油品计量工	14
2013	加油站操作员	726
	油品储运调和工	40
	油品分析工	15
	油品计量工	12
2014	加油站操作员	365
	油品储运调和工	26
	油品分析工	6
	油品计量工	19
2015	加油站操作员	342
	油品储运调和工	19
	油品分析工	9
	油品计量工	13
2016	加油站操作员	178
	油品储运调和工	11
	油品分析工	7
2017	加油站操作员	234
	油品储运调和工	8
	加油站操作员	234
	油品储运调和工	8
2018	加油站操作员	417
	油品储运调和工	15
	油品分析工	1
	油品计量工	6
2019	加油站操作员	405
	油品储运调和工	22
	油品分析工	7
	油品计量工	6

职称评定

申报人员范围：符合《中国石油天然气集团公司专业技术职务任职资格评审工作管理规定》（中油人事〔2008〕367号）第五条的规定申报参评人员。具体申报范围如下：

（一）申报工程（不含以考代评）、政工专业初级、中级、副高级职称的专业技术人员。

（二）申报会计、经济、统计、审计专业副高级职称的专业技术人员（申报会计、审计、统计专业副高级职称人员需取得全国高级会计师、审计师、统计师任职资格证书）。

（三）确定初、中级职称的专业技术人员

1. 通过全国职称考试并取得会计、经济、统计、审计专业初、中级资格证书的人员（确定初级人员可凭会计、经济、统计、审计中级证书确认）。

2. 通过国家注册安全工程师初、中级考试并取得相应国家注册安全工程师证书的人员。

（四）申报安全工程专业副高级职称的专业技术人员（由集团公司高级职称评审委员会集中评审）。

学历资历条件：

严格按照《中国石油天然气集团公司专业技术职务任职资格评审工作管理规定》（中油人事〔2008〕367号）第八条、第十一条的规定审核申报参评人员。

参评人员应具备国民教育系列所规定的本专业或相近专业学历。所学专业与所从事专业在同专业类别内为相近专业（理、工类学历从事经济、统计、档案、政工、教学等专业工作可按相近专业对待）。各种结业证书和专业合格证书不能作为评审的学历依据。党校学历在评审政工专业职务任职资格时视为具备规定学历。

职称水平考试要求：（一）参加集团公司工程、经济、会计、统计和审计专业系列评审的人员（不包含以考代评取得资格人员）自愿选择是否参加集团公司外语水平考试（2018年以后考试成绩长期有效，以往取得的在有效期内的合格成绩继续有效）。

（二）参加政工专业评审人员应参加集团公司政治理论水平考试并达到60分及以上，成绩5年有效。

2007—2019年中国石油四川销售分公司员工等级鉴定数据如表8–12所示。

表8–12　2007—2019年中国石油四川销售分公司员工等级鉴定数据汇总表

年度	职称级别人数		
	初级	中级	高级
2009	247	20	—
2010	307	47	—
2011	195	50	—
2012	284	64	2
2013	271	47	6
2014	275	76	3

续表

年度	职称级别人数		
	初级	中级	高级
2015	250	40	—
2016	182	59	—
2017	276	212	7
2018	177	101	10
2019	86	86	6

专家聘任 2012 年，集团公司人事部下发《管理专家的通知》，公司总经理助理蒋胡民、刘苏、刘志强 3 人分别被聘任为中石油营销管理专家、中石油战略管理专家、中石油财务管理专家。公司管理专家人数由 1 名增至 3 名。

2013 年 1 月，公司召开管理技术专家座谈会，向首批 10 名管理技术专家颁发聘书。10 名管理技术专家分别是：市场营销管理专家宛磊、梁利军，财务管理专家范成华、银利，人力资源管理专家刘军，HSE 管理专家郭昌伟，工程项目管理专家唐卫国，信息运维技术专家张中淋，行政与法律管理专家陈玲，党群管理专家何永洪。管理专家任期为 3 年，各领域专家在课题研究、参谋论证、巡视和咨询、骨干带头和培养人才方面发挥示范带头作用。

2017 年 8 月，按照公司《专业线带专家队伍管理办法》规定，公司对专业线专家进行年度考核。人事处负责牵头组织召开专业线专家年度考核会，各专业线分别对专家的履职情况进行打分评价，考核总分为 100 分，审计监察处派员全程监督。考核总分在 95 分以上且报请公司领导批准的，聘任为优秀专家，原则上每条专业线可评选 1 名优秀专家；考核总分在 60 分以下的，经公司领导研究后，解除专家聘约。晋升副处级岗位、已离职的，自动解除专家聘约。

第六节　干部管理

1989—1997 年，公司干部管理权由四川省人民政府管理。

1998 年，四川省人民政府和集团公司在成都签订《四川省人民政府与中国石油天然气集团公司关于四川省石油公司划归中国石油天然气集团公司管理的协商意见》，公司成建制上划集团公司管理，干部管理执行集团公司相关制度。

是年，为发挥领导班子的整体效能，公司加强对中层领导班子的考核考察工作，严格按照考核程序对各个班子进行考核，做到考核前给被考核班子的主要成员说明考核时间、方法、步骤，考核时由考核组负责人带领考核组成员听取班子及成员的述职报告，通过民主测评、座谈、个别谈话等形式，全面考核中层领导班子，提高班子的整体素质。

1999 年，公司加强领导班子的考核与建设，在领导班子和领导干部中广泛开展“四好”活动即学习、团结、勤政、廉洁和“三讲”即讲学习、讲政治、讲正气”教育，坚持班子考核与建设并重。

2000年，按照股份公司《关于加强领导班子建设的若干意见》提出的“领导班子职数要精干，宜兼则兼、宜专则专，分工要科学合理，避免职责重叠，实现高效运转”的要求，公司制定《关于加强领导班子建设实施办法》(川销人〔2000〕第481号)，规定地市（州）公司领导班子配置职数。通过采取班子述职、民意测评、个别谈话（250人次）等形式广泛听取干部职工意见，选拔年富力强的同志充实进入班子，提高班子整体战斗力。

7月，根据销售公司《关于后备干部队伍选拔、培养和管理工作的暂行规定》(油炼销字〔2000〕105号）精神，公司制定《关于后备干部选拔培养和管理工作的实施细则》(川销人〔2000〕第522号)，明确后备干部人选的选拔条件、选拔程序、培养和管理等方面内容。公司按照“公开、公平和公正”的原则，后备干部按领导班子党政正职1:2，副职1:1的比例，选拔88名后备干部（其中：党政正职11名、党政副职73名和总会计师4名)，初步建立起一支专业配套、门类齐全的后备干部队伍。

2001年，公司印发《关于严格科级机构设置和科级干部管理的通知》，根据业务范围和工作性质，不随意增设科级机构。除经营部门根据工作需要设立二级科室外，机关各管理处室原则上不设立二级科室。确需设立二级科室的，应严格按报批程序书面报告人事处审批。根据管理范围、目标任务和人员多少确定科级干部配备。原则上只设一个科级干部职数，确需设立的，应严格按报批程序书面报告人事处审批。各部门严格按照干部任职条件和规定程序考核，并报人事处审批。因机构撤并、人员精简或工作岗位调整的科级干部，应根据部门的需要和科级干部限额确定是否任用科级职务，未继续任用的，不再保留职务和级别。

2002年，公司推行差额竞聘制，逐步对市（州）公司的领导班子副职实行公开选拔竞聘上岗，对拟聘人员进行任期公示。全年共派出考核组39人次，对10个市（州）公司领导班子进行考察和民主测评，先后对8个市（州）公司班子进行充实调整，有15名优秀年轻干部走上领导岗位，94名市（州）公司班子成员的平均年龄由46.9岁下降到42.8岁，大专以上学历的比例由45%提高到54%。建立70名后备干部人才储备库，对2001年选拔交流到市（州）公司班子副职岗位的14名具有大学本科学历的年轻干部进行考察，根据考察结果，10人被提拔任用为市（州）公司班子副职，1人被提拔任用为市（州）公司班子正职。

是年，按照“总体推进、分类指导、分步实施”的原则，公司制定《加油站站长竞聘实施办法（试行)》《处级干部岗位竞聘实施办法（试行)》和《机关管理处室全员岗位竞聘实施方案》，19个市（州）公司614名中层干部、销售代表、零售经理和年加油量3000吨以上加油站站长岗位竞聘上岗，公司机关进行处级干部岗位竞聘和一般管理人员双向选择。打破干部与工人、正式员工和社会用工身份界限，基本建立起“能者上庸者下、干部能上能下”的选人用人新机制，极大地调动员工积极性。

2003年，公司继续抓好领导班子“考察配备、跟踪考核、教育管理”三个环节，制定《干部任免和人事调配审批程序暂行管理办法》，采取岗位竞聘、实地考核、跟踪考察、谈心交心等形式，狠抓企业领导班子建设，使二级公司领导班子的经营管理水平整体增强。公司坚持“总体推进、分类指导、分步实施”的工作方针，严格控制领导班子职数，制定下发《关于二级公司领导班子职数设置的通知》，在二级公司逐步推行行政副职竞聘工作。制定《关于后备干部选拔、培养和管理工作的实施细则》等文件。

5月，公司组织召开公司领导成员、二级公司党政主要领导和公司各部门负责人参加的后备干部推荐会议，采取无记名投票办法，推荐10名公司党政正副职后备干部人选，为公司领导班子建设做好人才储备。通过主民主推荐、组织考察等程序，公司系统推荐98名二级班子党政正副职的后备干部，建立二级公司的后备干部人才储备。

2004年，根据销售公司《销售企业职工代表大会民主评议领导干部实施办法》（油炼销党字〔2004〕36号）的规定，公司组织开展两级班子述职和测评工作。

2005年，按照股份公司《关于进一步加强和改进领导班子及领导人员年度考核工作的通知》精神，公司领导班子成员在职工代表大会上进行年度述职述廉，接受民主测评和评议。班子民主测评的“好”和“较好”得票率97%，党政一把手“优秀”票得票率均在95%以上。由人事、审计监察、党群等部门组成的考评小组，通过座谈会和个别座谈等方式广泛听取职工代表的意见和建议，及时向领导班子成员反馈代表们反映的问题和建议，并向股份公司和销售公司上报考核工作情况。

是年，公司把领导管理能力的提高作为考核各级领导班子建设的重要内容和干部使用的重要依据，狠抓“考察配备、跟踪考核、教育管理”三个环节，坚持“班子建设与班子考核并重、严格教育与严格监管并重”，采取岗位竞聘、实地考核、跟踪考察、谈心交心等形式，狠抓企业领导班子建设，创建“政治素质好、经营业绩好、团结协作好、作风形象好”领导班子，提高各级领导班子引领企业发展的能力，维护安全和稳定的能力，科学、民主、制度化决策的能力，培育先进企业文化的能力和拒腐防变的能力。

2008年，公司实行处级干部三年任期任届制。处级干部每个任期为三年，时间从任命之日算起，任届期满进行述职和考核。

2010年，为进一步帮助机关管理人员掌握基层情况，更好地为基层服务，公司开展机关管理人员到基层挂职锻炼工作。挂职锻炼时间一般为一年，根据工作需要可相应延长挂职锻炼时间。挂职锻炼人员原则上平职或低职挂任，不占挂职锻炼单位编制和领导职数。

2013年，站经理负责制将业绩与薪酬待遇和职业晋升“双挂钩”，打破站经理职业晋升通道的“天花板”，加油站经理可以通过努力，参与领导职务选拔，实现职务的晋升。

2014年，为加强领导班子和干部队伍建设，为改革发展选好干部、用好干部，公司党委印发《关于进一步加强所属单位领导班子建设实施细则》《关于所属单位党委进一步发挥政治核心作用的实施细则》《所属领导班子和领导人员综合考核评价暂行办法》《关于贯彻落实集团公司干部教育培训实施意见的实施细则》，充分体现党的十八大以来，中央和集团公司对加强领导班子和干部队伍建设提出的新要求、新举措，总结公司在领导班子和干部队伍建设中形成的有效做法，是公司党委加强领导班子和干部队伍建设的重要规章制度。

2015—2017年，公司强化后备干部动态管理，推行3年备用有效期制度，保持后备干部队伍的活力。坚持以“人品好、懂市场、能吃苦、敢担当、善创新”为导向，甄别发现年轻干部苗子，把优秀储备人才作为后备干部的有益补充，将储备对象延伸至副科级干部，将年龄硬性规定为正科级45岁以下、副科级35岁以下，加大市场化后备干部的推荐力度，要求二级公司至少推荐2名40岁以下、本科学历的优秀市场化正副科级干部。

2015年，公司印发《关于处级领导人员退出领导岗位有关问题的通知》，对距退休正处级4年、副处级5年的干部，转任非领导职务从事专项工作。针对部分因身体情况不宜担任现职的处级干部，经审批后可提前一年退出岗位。公司创新人才培育机制，建立三级人才储备体系，将专业线专家、处级后备干部、基层经理人纳入后备人才库管理，成梯次优化干部结构。

是年，公司将后备干部推荐范围放宽至二级公司副科级市场化年轻干部，加强后备干部动态管理，推行3年备用有效期制度，保持后备干部队伍活力。启动优秀储备人才竞聘工作，二级公司共推荐优秀储备人才159名，形成“年龄递进、层级分明、衔接紧密”的后备干部梯次结构。

2016年，公司创新干部选拔机制，严格落实好干部标准，打破用工身份、专业线、机关与基层之间选人壁垒，突出业绩导向，绩效表现占干部推荐权重的25%，引导干部靠能力、凭实绩晋升，先后选拔多名业绩优秀的机关副处级干部到二级公司担任主要领导。

9月，为进一步加强公司异地交流干部探家和住房管理，在对二级公司异地交流干部问卷调查的基础上，结合中央八项规定精神及公司实际情况，公司制定印发《异地交流干部探家和住房管理办法》。

是年，公司加强年轻干部培训。对照好干部“五条标准”和企业家群体“十六字要求”，把优秀年轻干部教育培养纳入公司干部教育培训年度计划，安排处科两级年轻干部，进入领导干部读书班、中青班学习，选派年轻干部参加专业培训班、进入经理人学院学习。

2017年，根据集团公司要求，公司完成科级干部、一般管理人员、专业技术人员人事档案的改版工作。创新人才培育机制，采取“分专业、定岗位、担实责、不占编”的方式，公开选聘20名二级公司“80后”助理副总师级优秀年轻干部进行交流使用，给予实岗实责重点培养。

是年，公司印发《关于进一步规范股权企业干部人事管理的实施意见》，充分调动股权企业增量增效的积极性，解决部分股权企业存在的管理主体责任落实不到位、领导人员考核监督不到位、人事业务管理不到位等问题。

2018—2019年，公司积极开展问责干部纪律处分决定，落实自查自纠，确保与处分决定配套的职级管理、薪酬待遇执行到位。

同期，公司制定《关于加强后备干部队伍建设实施方案》，每年动态掌握15名左右党政正职和20名左右党政副职后备人选，为干部队伍接续提供支撑。定期更新二、三级干部名册，扩大直接掌握干部范围，每年更新补充后备干部库。

2018年，根据《关于新形势下党内政治生活的若干准则》（以下简称《准则》）和中央组织部、集团公司党组有关规定，公司明确所属二级公司领导班子成员分工调整报备有关问题，对报备制度、要求、程序做详细要求：

实行分工调整报备制度。《准则》中明确提出“领导班子成员分工按规定向上级党委报备，无正当理由、未向上级党委报备不得调整”。严格执行《准则》，履行报备程序，是全面履行从严治党、从严管理干部、严肃党内政治生活的具体体现，也是加强领导班子日常管理监督的需要。

分工调整报备要求。公司所属二级公司领导班子成员分工调整，在党委研究提出意见后，应及时向公司党委报备，经同意后方可调整。在报备同意前，领导班子成员按原分工继续履行职责，并严格遵守有关工作纪律，因特殊情况急需调整分工的，可先由领导班子成员临时代管相关工作。领导班子成员因外出参加学习培训等情形需要临时调整班子成员分工的，可在调整后向公司党委报备。

分工调整报备程序。二级公司党委研究提出领导班子成员分工调整意见后，向公司人事处报送备案报告，备案报告中应说明分工调整意向、调整理由，并附党委会议纪要、党委会议记录等；人事处电话答复同意后，二级公司方可正式调整分工，并向公司总经理办公室、人事处报送分工调整文件。

2019 年 10 月，公司修订印发《领导人员管理规定》，突出从严从实导向，聚焦集团公司和公司巡视巡察中发现的选人用人、日常管理以及领导人员担当作为等方面的问题，从完善选人用人机制、严格管理监督、推动担当作为、强化正向激励等方面综合施策。

第七节　离退休及存续管理

一、离退休管理

1989—1997 年，离退休管理工作受四川省商业厅指导，离退休待遇等问题需报请四川省商业厅批准后执行。

1998 年，公司成建制上划中国石油集团公司，离退休管理工作遵照国家政策、集团公司文件制度执行。

1999 年，公司认真贯彻国务院《关于切实做好企业离退休人员基本养老金按时足额发放和国有企业下岗职工基本生活保障工作》的要求，把做好离退休人员基本养老工作作为维护社会稳定、促进企业改革和发展的大事来抓。1999 年社会保险拨付的基本养老金 1457.47 万元。

2000 年，中共四川省委办公厅、四川省人民政府办公厅印发《关于解决我省企业与机关、事业单位离休干部离休金平衡问题的意见》（川委办〔2000〕79 号），明确规定：企业离休干部的离休金按照机关、事业单位同时期参加革命工作、同职级离休干部离休金的平均水平一次性补差拉平。今后企业离休干部离休金的调整，参照机关、事业单位同时期、同职级离休干部增加离休金的平均水平进行，不再执行企业退休人员养老金调整办法。

是年，中国石油四川销售分公司与四川省石油集团有限公司签订的《关联交易协议》规定：1999 年 12 月 31 日以前四川省石油集团有限公司本部的内退人员，除其工资由中国石油四川销售分公司承担以外，其余各项费用由四川省石油集团有限公司承担；2000 年 1 月 1 日以后，中国石油四川销售分公司的内退、下岗人员由中国石油四川销售分公司委托四川省石油集团有限公司进行管理，管理费用由中国石油四川销售分公司按每人100元标准支付给四川省石油集团有限公司，其他发给个人的费用按四川省石油集团有限公司对其内退人员发放的标准由中国石油四川销售分公司支付给四川省石油集团有限公司。根据《关联交易协议》，中国石油四川销售分公司和四川省石油集团有限公司全部离退休人员由四川省石油集团有限公司进行管理，应由企业承担的各项费用由四川省石油集团有限公司予以承担。2000年，公司共有离退休人员3161人。从股份企业离退休的1889人（其中退休1787人、离休102人）由存续公司管理，由股份企业承担统筹外费用。从存续公司离退休的1272人（其中退休1215人、离休57人），由存续公司管理并承担统筹外费用。

2002年，按照中共四川省委组织部《关于提高部分离退休干部待遇的通知》（川组老〔2001〕44号），公司调查摸底所属单位（含县公司）离退休干部情况，严格执行“尚未享受副县级待遇的离休干部，可享受副县处级政治待遇和工资、医疗待遇”的规定，对63位符合条件的离退休干部落实待遇。按照中共四川省委组织部、老干部局，四川省人事厅、财政厅、劳动和社会保障厅联合印发的关于调整离退休干部特需经费标准的通知（川人发〔2002〕70号），对离退休干部的特需经费进行调整。

2003年，公司采取“统一领导，分级管理”的形式，各市（州）公司明确一名班子成员分管离退休工作，并落实1—2名专职管理人员负责离退休人员的日常管理工作。制定《离退休和内退人员费用管理暂行办法》《离退休人员来信来访跟踪督办制度》《离退休和内退人员统计报表制度》《离退休人员走访慰问制度》。各市（州）公司对离退休的活动费、企业自付统筹外生活费、医疗等费用，年初向公司上报当年费用预算，经公司审核确认后，公司按审核认定的预算按月拨付。认真落实离退休人员政策，印发《存续公司内退和离退休人员费用管理暂行办法》，对离退休和内退人员的“两项待遇”、活动组织、支部建设及思想工作等提出明确要求。截至年末，公司系统离退休人员3557人，其中离休人员139人、退休人员3418人。

2004年，公司完善离退休人员数据库资料，结合实际，修改完善《离退休人员走访慰问制度》等21个离退休人员管理制度，印制《离退休及存续企业财务管理工作手册》下发给市（州）公司分管领导、专职管理人员、兼职会计以及相关人员。在离退休人员管理工作中坚持“以人为本”的思想，除定期和不定期地以党支部或片区活动组开展的活动外，利用元旦、春节、国庆和“重阳”等节日，采取座谈会、茶话会、新春联谊会以及到医院和家里看望住院及长期有病在家的离退休人员等形式，广泛开展走访慰问活动。2004年走访慰问离退休人员1800余人次，发放特困补助金150余万元。

10月，集团公司人事劳资部下发《关于印发〈企业离退休人员生活补贴发放暂行办法〉的通知》（人劳字〔2004〕220号）和《关于印发〈企业离退休人员生活补贴发放管理程序（暂行）〉的通知》（人劳字〔2004〕242号），通知规定在集团公司所属企业离退休且仍领取基本养老金的原全民所有制职工，从2004年1月起开始发放生活补贴。发放标准为：局级岗位月补贴标准800元，正高级专业技术岗位月补贴标准650元，处级岗位月补贴标准550元，副高级专业技术岗位、高级技师岗位月补贴标准 450 元，科级岗位月补贴标准 350 元，中级专业技术岗位、技师操作岗位月补贴标准 300 元，其他岗位月补贴标准 260 元。

2005 年，根据中国石油集团公司人劳字〔2004〕220 号《关于印发〈企业离退休人员生活补贴暂行办法〉的通知》、中国石油集团公司人事劳资部《关于印发〈企业离退休人员生活补贴发放暂行办法〉有关问题的处理意见》和《中国石油四川销售分公司人事处关于对已办理退休手续的有偿解除劳动合同人员发放生活补贴的会议纪要》等文件精神，公司对已办理退休手续的有偿解除劳动合同人员发放生活补贴。

在中国人民抗日战争胜利 60 周年纪念日来临之际，中华人民共和国国务院、中央军委于 2005 年 7 月颁发"抗战老战士纪念章"，公司系统有 34 名离退休人员荣获"抗战老战士纪念章"。

2006 年，公司制定《离退休老领导住院、逝世报告及处理暂行办法》，及时规范报告，妥善处理公司机关副厅级及以上的离退休人员和担任过公司主要领导的住院、逝世及其他重要信息。

2007 年，公司对 22 家二级公司的离退休活动中心进行改造，为广大离退休职工提供娱乐健身活动场所。

2008 年，集团公司印发《离退休职工管理信息系统管理办法》，规范集团公司离退休职工管理信息系统应用及运行维护工作，保障信息系统安全稳定运行，促进离退休职工管理业务的顺利开展和服务管理水平的提升。

2012 年，公司界定后勤管理中心（离退休管理中心、房产公司）主要职责，涉及离退休管理工作包括负责机关离退休职工活动中心的管理。负责制订离退休年度财务计划并组织实施。负责离退休、内退人员及相关费用的管理与统计。协助做好离退休党支部、内退员工党支部建设；配合做好离退休和内退人员的思想稳定工作；配合做好离退休人员生活补贴的发放；协助办理机关内退人员退休手续；协助办理机关离退休、内退死亡人员的丧葬费、抚恤金等相关事宜。负责指导二级公司离退休、内退人员的管理和相关费用的申报、使用及管理工作。

2013 年，公司进一步明确处、科级干部退休问题，按照国家有关退休文件规定，凡达到政策规定退休年龄的处、科级人员，均要按时办理退休手续。各单位处级人员退休手续办理完毕后，要在当月以文件形式向人事处报备。

2015—2017 年，公司经民主程序审议通过《离退休人员统筹外项目管理暂行办法》，并报经集团公司批复同意执行。办法适用于公司离退休员工（合同化），按照统一制度、统一管理、规范项目、平稳过渡的原则，2014 年 12 月以前退休的员工按原方式发放；2015 年 1 月退休以后的员工由按月发放改为每年发放，即从员工退休的次月（从社保领取退休工资的当月）开始，一次性发放第一年的金额，间隔 11 个月发放第二年的金额，以此类推。

2018—2019 年，公司印发《关于进一步加强和改进公司离退休职工服务管理工作的实施意见》，加强和创新离退休职工党组织建设，把离退休职工党组织建设纳入本单位党建工作年度安排，进一步落实组织部门、离退休工作部门党建工作责任，选配党性强、威信高、身体好、经验丰富、乐于奉献的离退休职工党员担任离退休职工党支部书记和支部委员。加强离退休职工党员教育管理、思想政治工作，完善和创新离退休职工服务管理工作，加强离退休职工活动阵地、学习阵地建设，激励广大离退休职工为公司建设世界水平销售企业贡献智慧和力量。

二、存续管理

1998 年，四川省石油集团有限公司及其 20 个地市（州）公司、93 个县公司，17162 名在职职工、2726 名离退休职工，34.49 亿元总资产、9.83 亿元所有者权益，全部无偿划转中国石油天然气集团公司。

1999 年，集团公司对四川省石油集团有限公司进行重组改制，将核心业务与非核心业务分开分立，核心业务部分组建中国石油天然气股份有限公司四川销售公司，非核心业务部分仍由四川省石油集团有限公司管理。

是年末，企业重组改制后，非核心业务部分的公司机关本部和 82 个县公司划入存续企业。为加强销售存续企业的管理工作，集团公司和股份公司授权，公司 82 个存续县公司由所在各市（州）公司托管。县公司的领导班子由市（州）公司管理，征求上级存续企业意见，抄报上级存续企业备案，其他干部由县石油公司管理，按程序备案。存续县公司劳动力、劳动工资和工资总额、职称评定、职工培训，由上级股份企业归口管理。存续企业副局级以上干部由集团公司管理，股份企业协管；存续公司助理及人事、财务、审计、纪检监察部门的正职由存续企业提出人选，股份企业审核，报销售总公司审批。其他干部由存续企业管理，按程序备案。从事非油品业务的多种经营、社会服务、生活后勤单位，由存续公司负责管理。存续企业自行运作、独立核算、自负盈亏，继续经营和管理企业的业务、人事、财务及资产。

2000 年，存续县公司销售业务由销售总公司和进入股份公司的省、市（州）石油公司（股份企业）按照“发展统一规划，市场统一规范，网络统一布局，资源统一配置，调运统一协调，价格统一管理，结算统一组织”的原则进行管理。未进入股份公司的存续县公司，其销售业务仍按重组前的办法由股份企业［市（州）公司］统一管理。县公司向市（州）公司申报销售计划，经逐级审核后，由四川销售分公司上报销售总公司，同对抄送四川省石油集团有限公司。经批准后通过四川销售分公司、市（州）公司下达实施。股份企业根据销售计划向存续县公司供应油品，并尽可能保证存续县公司有一定数量的配置油。石油产品的价格和运费标准，由股份企业统一制定。存续县公司按四川销售分公司的要求，直接与市（州）公司结算石油产品货款和运输费用。其价格由市（州）公司在四川销售分公司对市（州）公司的结算价的基础上加收合理费用后制定出调拨价，不能把给存续县公司价格与社会用户等同。股份企业对区域市场开发负全责，存续县公司在市（州）公司的领导下组织本区域的市场开发。存续县公司不得自行对外组织销售油品。股份企业按计划保证存续县公司的油品供应，存续县公司必须只销售股份企业提供的油品，仅使用股份企业提供油品的品牌、标识和商标。存续县公司的业务发展计划和投资计划由市（州）公司统一组织编制和实施。

2000 年，中国石油四川销售分公司和四川省石油集团有限公司正式分开建账。公司按照集团公司和销售公司对存续企业财务管理的要求及有关财务制度规定，加强存续县公司财务管理。市（州）公司加强对存续县公司的资金管理，建立健全资金管理制度，督促资金管理制度贯彻落实，防止出现资金流失。存续县公司现有的银行存款账户报各市（州）公司审查，不需保留的，一律撤销。凡需新增银行账户，报市（州）公司批准；销售必须钱货两清，不能赊销；一律不得新增贷款，如因生产经营需要确需新增贷款的，应由四川石油集团有限公司转中国石油四川销售分公司报中国石油销售总公司批准。现有银行贷款到期后，如需续贷，应报市（州）公司审查批准；不得以任何形式对外担保（含相互担保），不得对外投资。各存续县公司发生的坏账损失报当地国税局审批后方可核销。

存续县公司按照股份企业的统一要求，编制财务预、决算，由市（州）公司审核并逐级上报，销售总公司汇总后报集团公司，经批准后由销售总公司、四川销售分公司下达并组织实施。存续县公司的财务管理工作具体归口四川省石油集团有限公司管理并受中国石油四川销售分公司的领导；进入股份公司的市（州）分公司具体实施对存续县公司的财务管理。各市（州）分公司按照四川省石油集团有限公司的安排统一组织编制存续县公司购进、销售、费用和利润预算。由各市（州）分公司将存续县公司预算报四川省石油集团有限公司审核后，转中国石油四川销售分公司批复。各存续县公司一切财务收支全部纳入预算并严格按批复的预算执行。各市（州）分公司督促存续县公司建立健全内部财务制度，加强对存续县公司的预算考核力度，定期检查预算的分解、落实和完成情况，帮助存续县公司加强财务管理工作。按照规定要求，存续县公司的预决算编制完毕后，报所属市（州）分公司，各市（州）分公司上报四川省石油集团有限公司后，转报中国石油四川销售分公司汇总上报销售总公司。

2001 年，根据集团公司和股份公司重组改革部署，公司接管存续企业的主营业务。8 月 24 日，中国石油四川销售分公司与四川省石油集团有限公司两个班子及机关部门合署办公。合署办公后，四川销售分公司和集团公司实行一套决策机制、一套运行方案、一套班子、一套机关的管理体制，原来两个班子成员分工原则上不变。

是年，公司按照“四个不变”和“五个统一”（“四个不变”即原存续县公司的名称和法人资格不变、债权债务关系不变、职工劳动关系不变、职工工资关系归口管理不变，“五个统一”即市级分公司对县级分公司实行市场统一管理、资源统一配送、价格统一调控、财务统一管理、用工统一管理）原则，接管存续企业主营业务。原存续县公司停止成品油经营，由市（州）公司相应设立县级销售分公司对其资产实施租赁经营，双方签订租赁合同，租赁期一年。县级销售分公司负责当地县域成品油市场的批发和零售业务，与存续县公司实行“两块牌子、一套人马”的管理体制。制定《关于加强对县域销售网点成品油经营业务管理的通知》《关于加强县级销售分公司人事、劳动、薪酬管理的暂行办法》等管理制度，加强对县级销售分公司的管理。在业务上，县域销售网点执行统一的业务管理办法，资源由市（州）公司统一配置、统一配送、统一结算，执行公司制定的统一销售价格，经营性有效资产如油库、加油站、油罐汽车、办公场所等统一调度。在财务上，县级销售分公司的会计核算和财务管理，集中由市（州）公司的财务部门负责，应支付给存续县公司的租赁费由市（州）公司统一监管实行报账制。在人事用工分配上，县级销售分公司员工由市（州）公司统一聘用，签订短期用工合同，员工薪酬与业绩指标完成情况挂钩考核，奖惩兑现。

是年底，公司完成对四川省集团公司本部和83个存续县公司、286座存续企业加油站主营业务的接管工作，在县域市场设立县级销售分公司，实现股份企业与存续企业成品油经营业务的完全统一。

2002年，按照股份公司要求，四川省石油集团有限公司重组整合，存续县公司资产被收购和剥离，不再独立进行财务核算，各市（州）分公司不再单独设立财务核算机构，其被收购的部分纳入股份公司各市（州）分公司核算，被剥离部分统一纳入公司核算。按照销售公司《关于下发销售企业财务管理暂行办法的通知》要求，公司认真组织财务核算，实行全面预算管理。除分解和核算离退休人员安置费用外，还核算资产（办公楼、门面、油罐汽车等）出租收入、固定资产折旧和无形资产摊销、应收、应付往来以及资产出租收入税金的计提和解缴等。

是年，四川省石油集团有限公司主要职责为，负责存续离退休人员管理和未上市资产管理；经营收入是房屋出租收入。为加强存续企业职工和资产的管理，集团公司党组和股份公司决定，以集团公司名义在股份公司设立专门管理机构，负责存续业务的运作。12月，组建四川省石油集团有限公司综合管理办公室，作为中国石油四川销售分公司机关职能部门之一。各市（州）公司专职管理人员挂靠人力资源部，业务工作接受公司综合管理办公室领导。综合办主要职责是：负责编制和执行存续企业财务预算；负责存续企业土地、地面资产和资金的管理；负责离退休和内退人员的管理；负责存续企业内退和离退休人员费用的使用与管理；负责存续企业在岗职工劳动合同的管理；负责存续企业人员、费用的统计和财务报表工作；负责处理承继性法律事务等遗留问题；负责离退休和内退人员的其他工作。

2003年，公司对存续企业资产清理管理，尤其是固定资产和无形资产的清理。通过调查统计、电话询问和实地查看等方式，基本弄清这些资产的状况、种类、使用情况，为领导经营决策提供可靠的信息，为加强资产经营和盘活闲置资产奠定良好的基础。截至2003年6月30日，存续企业固定资产和无形资产账面值7462.71万元，净值5932.36万元。其中固定资产账面原值7377.67万元，净值5847.22万元，无形资产账面余额85.04万元。在固定资产原值7377.67万元中，经营性资产4945.77万元，非经营性资产2431.90万元。

是年，面对公司重组整合后部分剥离资产存在法律证件不齐和权属不清以及债权债务、对外担保法律纠纷等问题，公司对存续资产进行清理、归类、造册，建立基础数据资料。为规范对存续企业在岗员工的劳动合同管理，四川省石油集团有限公司与中国石油四川销售分公司签订《委托代管协议》，委托股份公司与存续在岗员工签订劳动合同。在岗员工由中国石油四川销售分公司整体使用，人工费用由股份企业支付并核算，其工资执行股份公司统一标准。同时，在工作安排、提拔使用、职称评定、工资福利、保险制度、指标考核、工资发放等管理与股份公司员工同等对待。各市（州）公司根据上报并经公司审核批准的安置费用预算指标，由公司按月拨付（其中2003年3月31日以后办理内退手续的，其生活费用由股份企业承担）。内退人员生活费根据股份公司规定按月发放，公司为其缴纳基本社会保险并建立住房公积金。提取基本社会保险的比例执行地方有关规定。2003年6月，公司下发《关于存续企业在岗员工签订劳动合同有关问题的通知》。截至2003年7月底，四川省石油集团有限公司在岗员工按规定全部签订劳动合同。

同时，内部退养员工也比照在岗员工签订方式签订劳动合同。

2004—2007年，公司按照销售公司《销售存续公司人事管理暂行办法》规定，坚持存续企业在岗员工由股份公司统一管理和使用，按照“三个一样”的管理原则，在工作安排、工资福利以及员工的考核指标体系等方面与股份公司职工同等对待，且工资费用均由股份公司支付。

2008—2018年，公司在《四川省石油集团有限公司资产使用和管理暂行办法》（川石办〔2003〕724号）基础上，强化存续企业资产使用和管理，确保国有资产保值增值。存续公司分布在各市（州）公司的有效资产，采用委托管理的方式，继续由各市（州）公司管理。完善更新资产卡片信息，进一步明细固定资产所处的地理位，房屋明细到场、镇门牌号码，土地明细到乡、村。要求各类资产每年至少盘点一次，并与四川省石油集团有限公司核对，做到账与账、账与实相符。进一步完善资产处置程序，资产的置换、出售、盘亏、报废、转让必须事前报公司审批。得到批复后，方可进入资产处理程序；未经批准，各单位不得擅自处理。对已到报废期的油罐车，由公司统一委托中国石油天然气集团公司指定的中介评估事务所对残余价值评估后，集中统一处理，各单位不得擅自处理。委托管理资产的对外出租合同用统一的“租赁合同”格式，合同原件由公司统一存档，租赁收入必须及时入账，不得挪作他用或私设小金库。

2019年，四川省石油集团有限公司实现房屋租金收入276.31万元，营业总成本-33.69万元，投资收益1298.57万元，实现利润总额1718.34万元、净利润1613.40万元。

第四章　信息化建设

信息化建设紧紧围绕经营管理中心工作，不断推进技术创新、业务流程优化和管理升级，助力各项业务高效开展。融入管理提升，推进合同管理系统、人力资源管理系统、财务信息系统、协同系统等系统应用，提升管理工作效能。聚焦销售业务，强化销售企业资源计划系统、加油站管理系统、物流管理系统、客户关系管理系统等一批统建系统的推广应用，规范业务整体运行流程，为经营业务的高效运行提供坚强的信息技术支持。加强信息安全管理，开展全员信息网络安全教育和演练，升级信息网络系统和设备，推进信息安全防护体系建设。2017 年，及时有效采取信息安全防护措施，成功打赢比特币勒索病毒攻击保卫战。2018 年 3 月，在销售系统率先成立数据中心，作为销售系统试点单位，在全省 1500 余座加油站全面上线电子发票系统。信息化工作多次获得集团公司、股份公司年度信息化工作先进单位。

第一节　信息管理机制体制

一、管理机构及职责

1989—2000 年，公司机关及下属单位的信息相关管理工作均由办公室管理，信息设备使用以单机配置运行为主，主营业务未形成系统性联网管理，信息工作未专设部门管理。

2001 年，销售公司印发《关于地区销售分公司设立信息管理中心的通知》，在地区销售分公司设信息管理中心。是年 5 月，公司成立信息管理中心（副处级），定员 5 人。信息管理中心主要职责是：提出信息化与网络建设的规划建议；负责区域内的局域网络建设与管理；负责股份公司开发的各类业务信息系统的管理；负责本单位购销存系统和零售系统的运行管理；负责区域内计算机网络及软硬件维护，做好网络安全与数据保密工作；指导下属单位开展信息化和网络管理工作，为机关提供信息支持与服务；协助有关部门进行计算机知识普及和应用系统培训等。

2002 年，为适应销售企业重组整合及强化管理需要，信息管理中心更名为信息中心，由企业管理处归口管理，在各二级公司设立信息系统管理员岗位，配备专兼职信息系统管理人员 25 名。

2008 年，公司加强信息化建设与管理工作，撤销企业管理处下设的信息中心，成立信息管理处，专业归口管理信息化工作，在集团公司信息化建设规划下，以“建平台、搭框架”为指导思想，推进以 ERP 系统为核心、以营销调运指挥中心为平台的四川销售特色的信息化建设。

2010年，公司成立运维中心，与信息管理处合署办公，实行一套编制两个牌子。是年10月，公司调整机构编制，信息管理处下设运维管理科、信息系统建设科。

2012年，公司印发《机关管理部门及附属机构主要职责》，明确各部门主要职责。信息管理处负责公司信息化建设总体发展规划、年度计划的编制并组织实施；负责公司信息化工作相关制度的制定、信息系统内控体系管理和信息安全管理；负责公司信息化建设方案的论证和审查以及公司信息设备采购必要性、可行性的审查；负责公司机房、网络系统、视频会议系统和其他应用系统的管理与运行维护；负责公司信息设备资产新增、调剂、处置方案审查；配合有关部门开展公司信息系统的推广应用，并提供技术支持及维护；负责公司机关信息技术支持服务，提出信息设备配件、耗材的维修和更换的需求；负责组织公司信息队伍建设、技术交流及培训工作；负责公司所属单位信息化工作的协调和业务指导；负责公司运维中心的管理；负责公司信息系统的HSE管理；完成公司领导交办的其他工作。

2013年，公司调整部分机构职能及编制。信息管理处（运维中心）在原有职责基础上增加机械设备、电气设备、信息设备的运行维护职责。

2014年，公司在信息管理处（运维中心）增设运维中心副主任岗位（正科级），主要负责公司信息系统、基础设备设施、加油站信息系统的运行维护及管理。

6月，公司明确信息系统总体控制岗位人员及职责。信息系统管理岗位划分为应用系统负责人、应用系统管理员、数据库管理员、操作系统管理员等，按信息系统总体控制有关职责分离要求，每个岗位拥有相应的事务管理和操作权限。应用系统负责人由应用部门的分管信息负责人担任，应用系统管理员由应用部门的关键用户担任，数据库管理员、操作系统管理员由信息部门的运维人员担任。

2018年3月，公司成立大数据经营工作领导小组，在信息管理处明确专职管理人员，并在营销、调运、零售、非油、财务、质安等部门落实8名业务骨干为兼职数据分析人员。3月30日，公司数据中心揭牌仪式顺利举行，数据中心正式成立，属中国石油销售系统首家。

二、制度及管理

2003年，根据股份公司《信息化工作暂行管理办法》，公司制定《信息化工作暂行办法》，对信息化工作的原则、管理机构和职责，以及网络建设、信息资源建设、信息与系统安全、设备采购及经费、信息技术培训、信息化工作年度计划和考核等，作详尽规定和明确要求。

2006年，为加强信息化管理工作，推进信息化建设与应用，公司转发《中国石油天然气集团公司信息化工作管理规定》《中国石油天然气集团公司信息技术项目计划管理办法》《中国石油天然气集团公司信息技术项目招标管理办法》《中国石油天然气集团公司信息技术项目实施管理办法》《中国石油天然气集团公司信息技术项目验收管理办法》等文件，要求各单位遵照执行。

2009年，为加强和规范四川销售分公司信息化工作管理，推进信息化建设与应用，公司制定《信息化工作管理办法》。信息化建设遵循集团公司和股份公司“统一、成熟、实用、兼容、高效”的指导方针，建设网络畅通、安全可靠、统一集成、先进实用的信息平台，支持和促进公司业务发展。

2010年，公司下发《关于加快各项业务信息系统建设的通知》，要求各二级公司夯实信息系统建设基础，加快各项业务信息系统建设。

2011年，为统一信息系统项目的计价标准，合理确定和有效控制投资，公司印发《关于发布应用信息系统项目计价标准（试行）》。

2012年，集团公司上线运行信息系统应用考核平台，23项系统纳入考核平台（见表8-13），考核结果自动发布、自动排名。

表8-13 2012年中国石油四川销售分公司信息系统考核明细表

序号	系统名称	主要应用部门
1	加油站管理系统	加管处
2	销售ERP系统	营销处
3	投资计划管理系统	规划处
4	人力资源管理系统	人事处
5	电子公文系统	总经办
6	企业信息门户系统	总经办
7	合同管理系统	企管处
8	法律管理系统	企管处
9	健康安全环保系统	质安处
10	监察管理系统	审计处
11	审计管理系统	审计处
12	信访管理系统	审计处
13	财务网上报销系统	财务处
14	财务部门辅助管理系统	财务处
15	信息化管理平台	信息处
16	局域网	信息处
17	数据中心	信息处
18	电子邮件系统	信息处
19	视频会议系统	信息处
20	身份管理与认证服务平台	信息处
21	网络安全域	信息处
22	桌面安全管理系统	信息处
23	公共数据编码平台	信息处

2013 年，公司按照市场经济法则，遵循公开、公平、公正和关联交易单位同等优先的原则，修订《信息技术实施商管理办法》，建立公平竞争、优胜劣汰、统一开放的信息技术实施商准入体系，规范运作、有序竞争，保证公司的利益最大化。

2014 年，公司发布信息办公设备配置标准，遵循“必要、实用、节约”原则，科学合理核定信息办公设备配置，减少闲置和浪费，提高设备使用效率。

2015 年，公司调整信息系统及设备运维运作模式，通过内部职能调整和人员整合，建立界面清晰、运作高效、保障有力的内部一体化运维体系；明确设备供应商具体要求，加强考核评价，实现响应及时、服务优良、成本节约的外部运维资源最优配置；整合与优化内外运维，降低运营成本，提高企业核心业务保障能力和竞争力。

2019 年，公司印发《加油站管理系统 TS 账号管理办法（试行）》，加管系统 TS 账号管理遵循“谁审批谁负责，谁使用谁负责”的原则，实行“集中管理、审批使用、用后追溯”闭环管理模式，对“非正常业务操作类”“信息系统类”“手工收油”“手工调价”4 类账号使用流程进行规范，确保加管系统数据真实准确，杜绝加油站使用 TS 账号修改加管系统数据而发生的舞弊行为，有效防控加油站经营风险。

第二节 信息网络（硬件）建设

1990 年，公司制订“八五”发展规划。“八五”期间，办公现代化逐步实现各站、公司机关全部使用“四通”打字机、全自动油印机等比较现代化办公设施；全系统地、市、州以上单位，安装使用图文传真机和逐步开通电传；省和市、地、州间通过微机远程联网，实现财会、统计、劳资的微机管理，拓宽微机的运用，进一步提高工作效率和工作质量，加速信息传递。

1994 年，四川省商业厅批复同意成立成都石油信息公司，隶属成都石油站，系实行独立核算、自负盈亏、具备法人资格的全民所有制企业，经营范围为主营石油市场信息的调查、收集、整理、发布；经营方式是利用计算机通信、传真等先进技术进行高效率的信息收集、处理和利用。

1996 年，自贡公司投资 30 多万元对该公司购、销、存及资金运转等进行微机联网管理，做到“心中有数”、科学决策。

2000 年，公司建立 26 个核算局域网络，添置硬件设备，建立较完善的信息管理网络系统，形成公司与各二级公司的局域网，实现与股份公司、销售总公司的联网，及时传递各种信息参数、资源共享，提高经营决策水平和劳动生产率。

2002 年，公司通过租用电信两兆 DDN 专用线路，实现公司与股份公司的网络互联互通。11 月，公司租用四川省广电公司 20 条两兆 SDH 专用线路，实现公司到各二级公司的网络互联。专用网络的开通为财务集中核算系统、视频会议系统、内部 IP 电话系统、信息门户系统、电子邮件系统的投入运行创造有利条件。

2003 年，公司完成机房建设和搬迁工作，通过租赁天府热线数据中心 VIP 机房，实现对现代化机房的规范管理，充分改善公司机关的网络通信状况。

2005 年，公司系统内广域网建设取得较大进展，公司与 9 座管输油库（广元分公司广元油库、绵阳分公司董家沟油库、德阳分公司宝峰油库、岷江分公司天彭油库、仓储分公司 104 油库、资阳分公司简阳红塔油库、资阳分公司卧龙桥油库、川南分公司史家油库、泸州分公司隆昌油库）以及成都双流油库实现 2 兆带宽专线联网和业务数据适时传输，与西南油气田区域数据中心实现 4 兆带宽双链路联网。

是年，在启用连接股份公司新专用线路的基础上，公司配置和优化全省网络，使各二级公司机关均具备使用信息门户、中油内部邮件及视频系统等内网资源的条件，开通专线使油库可直接访问公司信息门户及股份公司信息门户。各二级公司以专线替代拨号方式实现数据传输，使购销存系统基本实现数据按时上传，及时汇总。试点油库液位仪数据远程实时监控、视频信号远程监控，形成大库存系统第一代雏形。

2007 年，公司实施广域网改进项目，更新公司核心网络设备，形成双核心、双链路、双运营商冗余结构；更新各二级分公司路由器，新增电信 2 兆 SDH 链路，形成双链路、双运营商冗余结构；扩大网络覆盖范围，所有 25 座油库联网。对所有加油站采用电信 ADSL 专网形式接入各二级分公司（见图 8–9）。

图 8–9　2007 年加油站办公设备

是年，公司同步股份公司和公司系统两套视频会议系统，公司与各二级公司同时参加集团公司视频会议，实现“总部—公司—二级公司”三级视频会议系统联通。参会会场由公司 1 个扩展到全省 21 个，参会规模由 60 人增加至 480 人，更多的干部员工直接聆听集团公司会议内容。三级视频会议系统的联通不仅降本压费、提高工作效率，而且进一步提高公司信息化水平。

2008 年，公司建成具有生产调度、应急指挥等功能的营销调运指挥大厅，在“5・12”汶川地震中，公司通过视频会议系统与总部联动。同年，公司核心机房建成投月（见图 8–10），机房位于四川成都顺城大街 206 号四川国际大厦 5 楼，机房建设面积约 220 平方米，规划为钢瓶间、操作间、设备间。钢瓶间装置七氟丙烷气体钢瓶（HFC–227ea）4 个，与前端独立的传感装置和控制报警装置构成整个机房的 3CA 气体灭火系统；操作间设操作位 4 个，并在操作位背面沿墙购置文件杂物柜一组；设备间划分为配电区、空调区、主机区、小型机区、ODF 配线区。

2009 年，公司优化加油站网络结构，增配加油站路由器，实现加油站内部加管网络与办公网络 VLAN 隔离。对骨干链路升级带宽，各二级分公司上联公司广电、电信链路分别由 2 兆扩容为 4 兆。

图 8–10　中国石油四川销售分公司机房

2010 年，公司与中国电信四川公司在成都签订战略合作框架协议。公司借助中国电信的先进技术和网络优势，加快推进集中统一的信息平台建设，密切市场竞争中的跨行业合作，实现双利互赢。年底，公司系统内 130 座重点加油站升级为电信 2 兆光纤链路。

2011 年，公司实施总部双机房改造项目，核心机房扩容改造，升格为西南区域中心网络备份机房，负责西南五省一市（川、黔、滇、藏、桂、渝）区域内石油企业网络 B 侧接入。优化加油站组网方案，新建 MSTP 组网架构，首批 130 座光纤站转换为 MSTP 组网，ADSL 专网与 MSTP 并行共存。自主创新推广实施在线运维管控平台，对加油站网络进行在线监测管理。

2012 年，集团公司配发移动应急通信车，公司建立四川销售移动应急通信系统。

2014 年，公司引入中国移动参与加油站链路建设。加油站链路由“统谈统签”改为“统谈分签”，下放加油站链路管理权限，实行属地化管理。实施加油站“光进铜退”计划，公司系统加油站链路全面升级 MSTP 光纤链路，传统的 ADSL 铜缆链路逐步退出使用。单站链路带宽由 0.5 兆提升至 2 兆，加油站链路总带宽增加至 3.1 千兆。实施骨干网络“带宽倍增”计划，各二级分公司上联公司链路带宽由双 4 兆扩容为双 8 兆。双流油库试点油库“双路保障”，由单条 2 兆链路改为双链路双运营商模式，形成双路保障。

2014 年，公司规范信息办公设备配置标准，提高设备使用效率，科学合理地核定信息办公设备配置，减少闲置和浪费。

2015 年，加油站链路带宽由 2 兆升级到 4 兆，实现“再翻番”。公司机关大楼 Wi–Fi 建成投用。

2016 年，公司实施总部局域网项目，更新公司核心网络设备。

2017 年，公司至二级公司骨干链路升级，启动电信 SDH 链路转换 MSTP 工作，引入移动 PTN 链路作为骨干链路补充，首批开通成都地区范围内仓储公司、成都公司、成品油公司、岷江公司大带宽移动链路。

2018 年，加油站 Wi–Fi 项目在成品油所属加油站启动试点。眉山公司试点加油站“服务采购”更新视频监控项目，开通加油站视频专网，单站采用电信 100 兆 MPLS 链路另行组网。

2019 年，骨干链路启动广电侧 SDH 链路转换 MSTP 工作，带宽由 8 兆提升至 22 兆。成都公司、成品油公司开通加油站视频专网。开展油库双链路建设，油库按照属地化原则就近接入，另行开通广电 10 兆 MSTP 形成双链路。

第三节 信息系统建设

一、营销调运业务类平台

成品油销售业务信息系统 2000 年，为配合国家开展燃油税征收工作，公司推广“成品油销售业务信息系统”，数据采集、传输、处理及时准确，实现权限信息共享。组织研制开发远程网络程序——业务信息管理系统，通过网络传输交换市场信息和价格信息，实现信息传递的微机联网，提高信息的传递速度，加快公司系统业务信息联网步伐。4 月，公司完成“成品油销售业务信息系统”推广工作。

成品油购销存信息系统 成品油购销存信息系统是销售公司信息化建设的一项重要内容。该系统由北京创今世纪科技有限公司开发，自 2000 年开始在公司建设，范围包括全省 22 家二级单位。2001 年，公司推行成品油购销存信息系统，141 个营业室和 35 个油库安装系统。

2002 年 2 月，成品油购销存信息系统投入试运行。是年 7 月，成品油购销存信息系统正式投入运行。按照销售公司要求，公司举办成品油信息系统管理员培训、软件升级培训，开展系统软、硬件的调试安装工作和系统数据的初始化，确保系统正常运行。

2004 年 7 月，针对购销存系统存在的问题，公司到部分二级公司实地调研，查明购销存系统不能正常运转的原因，针对性地与有关业务部门解决。购销存系统运行平稳。

二次配送管理系统 2008 年，公司在成品油公路配送优化管理的基础上，自主开发二次配送管理系统，根据内控管理规范，打通库站、二级公司、车队之间信息壁垒，实现配送主体间数据实时交换，减少票据传递，将成品油公路配送从手工操作转为信息系统管理，通过配送计划下达、车辆调度匹配、计划执行反馈、运费核算等功能，实现成品油物流配送优化运行，解决以前配送中存在的流程长、效率低、储运成本高、资源无法集中管理等问题，形成一套国内领先的、完整的、系统的、科学的成品油公路配送管理模式。

ERP 系统 2008 年，按照股份公司推广实施 ERP 系统部署要求，公司成立项目经理部，确定项目章程。经过组织实施蓝图设计、报表收集、用户权限整理、关键用户培训、业务及财务模块模拟运行等实施工作，系统于 12 月 1 日正式上线运行。

2010 年 3 月，公司在全省范围内正式实施 ERP 系统业务单轨运行方案。方案中包括调运入库、调运出库、铁路变车、库到站调拨、批发直销（含小额配送）、客存、零售等七大关键业务处理。

成品油审批管理系统 2009 年，针对全省批发直销客户分散，销量、价格不受控等特点，公司开发成品油审批管理系统 1.0 系统，实现对全省批发直销客户的价格、销量、出库量的全过程管控。

物联网配送及车载视频 2010 年 9 月 28 日，公司物联网配送及车载视频项目在攀枝花公司通过试点验收：车载智能系统、自动排队系统、货位自动择选系统达到设计要求，人工节约、工作量削减、经济效益均超过预期。年底前，该项目在 104 油库的试点也已经通过，将逐步推广到全公司所有在用油库。

调运综合管理系统 2012 年，公司开发应用调运综合管理系统，完成一次资源管理、二次配送管理、库存管理（油库、加油站）、物流应急管控、数据智能分析、系统接口管理、基础数据管理的建设，实现调运业务综合管控功能，进一步提升调运管控能力。

成品油审批管理系统 2.0 2014 年，公司开发成品油审批管理系统 2.0，实现成品油批发销售审核流程管理、销售开票管理、油品出库管理、分公司月度销售计划管理等功能。

综合业务支撑平台 2015 年 4 月，公司启动"综合业务支撑平台"建设，完成综合业务支撑平台 V1.0 版招标选商，10 月完成主要功能开发，12 月完成德阳公司上线试运行工作，主要包括油品业务、油卡业务、决策支持、考核评价等七大功能。

2016 年 3 月，公司完成综合业务支撑平台 V1.0 全省 23 家二级公司共 1516 座加油站的部署推广工作，实现 V1.0 版的省市两级公司和库站全覆盖。5 月，完成综合业务支撑平台 V2.0 版招标选商。10 月，完成公司综合业务支撑平台设备管理子系统（综合大屏、人事积分、加油站运营天数、设备管理等子系统）的开发及试点工作，建立全省加油站设备信息数据库，实现省市两级公司对加油站相关设备的在线监控预警、智能分析、优化调配和系统报修等管理功能。是年 12 月，完成平台 V2.0 开发，主要功能包括加油站员工积分管理、运营天数管理、设施设备管理、客户维护系统等子功能模块。截至 12 月 30 日，平台用户总数达 3208 人，日均登录用户 5400 余人次，周平均产生各类预警流程近 1.4 万多条，事件处理率达 98% 以上。

2017 年，公司完成综合业务支撑平台 V2.0 主要功能推广，1 月完成设施设备管理及维护子系统的上线运行，实现加油站设备的全生命周期管理功能。8 月完成商品账务管理子系统上线运行，非油品业务管理子系统完成框架开发（见图 8–11）。

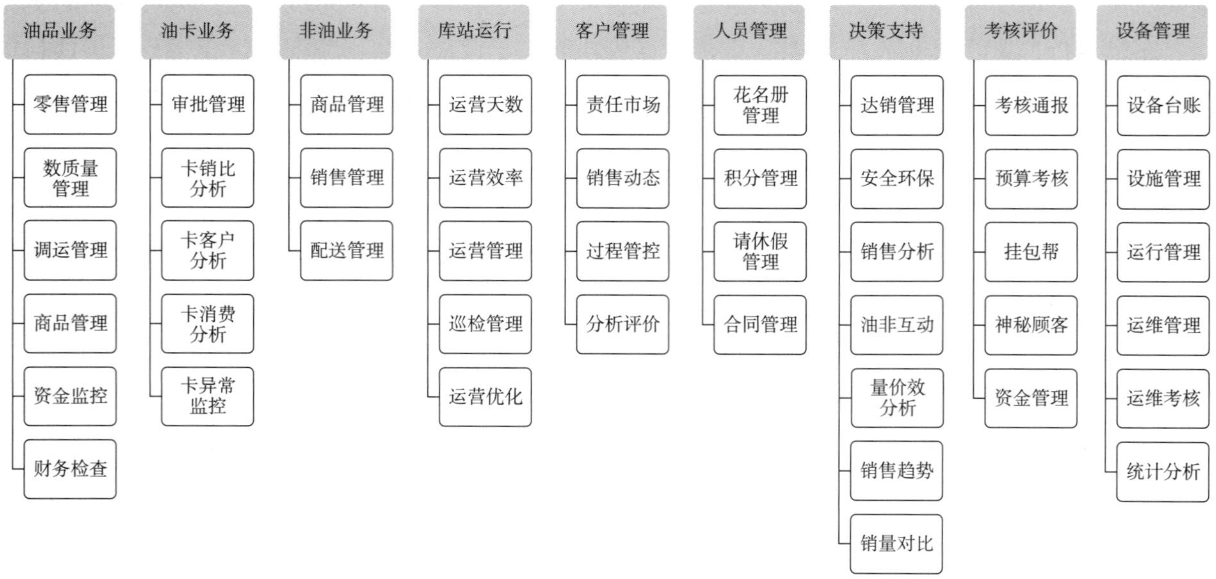

图 8–11 综合业务支撑平台功能架构

统建系统数据资源　2018年，公司申请五个大数据平台节点资源，获得较完整的加管、ERP、加油卡、物流、互联网应用等统建系统数据资源，并有一定的存储资源和数据分析工具，为四川销售开展大数据经营工作奠定坚实基础，节省建设费用近百万元。

二、加油站管理类平台

加油站IC卡系统　2001年，公司完成成都市区加油站IC卡的安装工作，推行加油站IC卡系统。加油站IC卡系统由北京中软金卡科技有限公司开发，该系统在成都市范围內的42个全资加油站中进行安装、调试。

零售业务数据管理系统　2007年，公司启用零售业务数据管理系统，取消手工上报加油站销货日报表和交接班记录，业务、财务数据统计均不再使用传真机传递，减轻加油站人员工作量。

加油站管理系统　2009年，按照销售公司要求，公司启动加油站管理系统推广实施工作，为公司加油站搭建统一的销售业务平台，油品、非油和卡业务在系统中实时运行，实现人工控制向系统自动控制、分散管理向集中管理的转变，截至2009年底，系统上线1189座加油站。

2010年4月，公司进入加管系统单轨试运行阶段。单轨试运行即零管系统（手工）与加管系统严格的同步运行，形成相应的证据样本，作为申报单轨运行依据。

2012年6月，公司完成加油站管理系统与ERP系统、资金平台系统、FMIS系统、二配系统的集成，加强和规范油品、非油品在系统中的进、销、存、量、价等各项业务操作。

2016年8月，根据集团公司云计算规划和应用系统运行需求，公司配合总部项目组完成加油站管理系统第一批次云化迁移和部署工作，以支持加管系统2.0项目实施和吉化数据中心系统的搬迁。

9月，公司完成全省1494座加油站管理系统2.0两批次迭代升级工作。系统升级以成品油、非油品、昆仑卡业务为核心，拓展系统对业务的覆盖面，支持对不同股权类型、不同经营方式加油站的管理，对系统各个功能进行增强，通过基础设施虚拟化、数据库优化、代码优化等手段以实现系统性能优化，通过引入互联网应用、增加积分互换、多方银行接入等功能，加强对客户服务的支撑，拓展客户服务渠道。

2017年5月，公司完成全省1510座加油站加管系统3.0版本升级工作。主要实现油品满金额享受折扣促销流程，优化油非互动促销处理方式；增加购买非油赠送油品促销流程，支持非油与油品之间折扣分摊；实现营改增商品税率按省统一调整功能；实现按省授权维护商品采购价格清单，统一管理价格；优化大单销售等功能；实现与物流系统EWM集成优化中央仓业务流程并在部分省中央仓上线；实现代收费服务业务处理流程；实现天然气商品、价格、进、销、存全业务链管理；实现对多股权业务的信息化管理；新增与上汽2S服务集成业务管理平台；新增非油物流业务管理平台集成等14项功能。

7月，根据集团公司云计算规划和应用系统运行需求，公司配合总部项目组完成加油站管理系统第二批次云化迁移工作，其间组织油品及非油品关键用户完成系统迁移前数据截取及迁移期间数据核对工作。

加油站基础管理系统 2009年，公司开发加油站基础管理系统，规范站级基础管理业务流程，健全基础管理运行机制，达到基础工作、设备管理、现场管理的建设需求。通过系统实现库站作业流程审批及信息的统计、分析，取消20种手工记录、表单，减轻员工劳动强度，提高工作效率，节约管理费用，实现加油站日常管理工作信息化。

加油站视频监控系统 2007年，公司建成加油站视频监控系统。2010年，公司库站监控设备选用霍尼韦尔的集成平台，接入1300多座加油站、9座油库，共计7800多个监控点，实现全省三级管理模式。2010年6月，公司视频监控平台正式启用投入运行，范围包括两级机关和全省所有片区、油库加油站。视频监控平台采用标准化、模块化方式进行开发和建设，充分考虑系统的先进性、成熟性、实用性、开放性、安全性等诸多方面，集库站现场监控、视频储存回放、应急指挥、安全报警、电子地图等功能为一体，系统操作简单易懂，能直观地、实时地监控库站关键场所运行情况及事后事件分析、查找管理盲点等，是公司提高库站管理水平、控制现场风险的重要工具。

加油站辅助管理系统 2013年，公司开发加油站辅助管理系统，实现销售业务各作业单元相关生产动态数据的一次采集、统一管理、多业务应用。

加油站服务管理智能系统 2014年，公司开发加油站服务管理智能系统。该系统改变加油站营销的工作方式，在不增加员工系统维护工作量的前提下，通过车牌识别、客户分级分类、高峰分析和安全预警等一系列自动功能，分析客流大数据，发挥人工智能分析模块、自动分析和提醒作用，确定关注的客户群体，开展精准营销，大大提高营销活动的精准性和可衡量性。系统还自动分析客流，提示现场高峰低谷的状况，为组织人工服务提供科学的支撑。在安全管理方面，依托高清视频监控，实现危险区域闯入报警、高峰预警等对异常事件主动控制。

站级系统升级 2014年6月，为配合公司卸油不停枪及多仓多油品同时卸油工作的推进，公司对111座试点加油站进行站级系统升级，为业务运行提供有力保障。

三、油库管理平台

油库库存信息系统 2005年8月，公司率先在销售企业中开发“油库库存信息系统”。成立由信息部门、相关业务部门组成的项目工作小组，经过调研、论证、评审、开发等环节，于当年12月1日在四川省25座在用油库上线试运行。该系统在管输油库业务信息系统基础上实行功能扩展和信息集成，利用Oracle数据库和ASP.NET网页设计等技术，通过“公司查询平台”自动汇总各油库出入库、客存、账存、实存等基础数据，根据需要可实时查询每一个油罐的库存数据和每一个代存客户的相关资料，实现公司对二级公司油库库存的实时查询和实时监控。二级公司也可查询本单位油库相关数据，该数据由“油库业务管理信息系统”自动生成，相对真实。油库库存信息系统的建成，标志着油库、二级公司、公司油库业务三级联网的管理模式基本形成，为提高油库信息化水平、准确掌握公司库存情况、实现科学决策提供有力保证。

油库基础管理系统 2010年，公司启动油库基础管理系统开发和试用，完善油库基础管理工作，完成全省171个油罐液位仪调试和校准。仓储公司完成油库调度控制中心的建设试点，新建应急预案演示系统，整合104库各项自动化设备，优化信息资源配置，逐步实现“分别管理、集中监控”的集约化安全管理模式，提升油库基础管理和安全管理水平。

油库商品辅助管理系统　2012年，公司开发油库商品辅助管理系统，主要功能包括业务异地出库、体积交接差异弥补、盘点升损分摊、公司间商品签认、实时监控出具油库盘点表等内容，实现对油库的管理和清算工作。

四、财务类平台

中油财务管理信息系统　2000年，公司全面推行中油财务管理信息系统。公司完成硬件平台的安装调试及中油财务系统的安装及账务初始化，确保中油财务信息管理系统的全面推广和运行。

2001年，公司建立财务信息系统网上查询系统、自动计息系统，利用互联网建立企业邮箱，提高办公自动化水平，方便信息的传递。

资金管理平台　2010年9月，公司启动资金管理平台项目。公司作为股份公司首批上线单位之一，按照集中领导、分级负责、分步推进的项目实施原则，分阶段完成本单位用户权限设置、内部培训、数据补录、系统并行和内控测试，是年12月1日全面实现正式上线运行。公司资金全面集中、统一规范管理，经济运行质量和企业管理水平得到提升。

资金管理平台以优化现金流运行为目标，以FMIS为基础，与加管系统、ERP系统、网上报销系统、投资计划系统、合同系统、预算系统以及商业银行的银企互联系统进行接口，真正实现资金集中、数据共享、统一管理。资金管理平台是对ERP系统的必要补充，与一级核算平台共同构成FMIS体系核心。资金管理平台与会计一级核算采用相同的技术架构，操作一个系统，用户一次登录，数据一次录入，信息多维共享，并通过FMIS与ERP融合方案实现与其他系统数据交换，使FMIS体系更加完善、优化、先进，建立起业务运行与资金循环相互衔接、相互控制的信息化渠道，完善ERP系统应用。

支付平台　2016年9月，公司1478座加油站全部实现微信支付和支付宝支付等互联网支付新功能，顾客可在公司任意加油站通过微信或支付宝进行消费，公司加油站全面进入移动支付时代。

2018年3月，公司作为销售系统试点单位，全省1548座加油站部署上线电子发票系统。

2019年，为落实国家税率政策调整，公司对全省在营1548座加油站电子发票系统客户端进行版本升级工作。完成加管系统400帮助热线系统升级，语音系统和SM9系统集成至云化服务器，提高运维工作效率，降低信息系统运维服务成本。完成1473座加油站加管系统“不下车支付”配置工作。

五、运营保障类平台

运维职能应答系统　2016年，公司自主设计研发的运维智能应答系统在内江公司运行（见

图 8-12）。用户关注内江公司企业号，管理员确认绑定后，点击进入用户对话界面，输入问题后系统会自动分析，返回用户图文详细操作教程。系统新增报送图片功能，直接呈现故障情形，弥补以往电话报送的不足。系统系统能形成运维知识库，基层和新进员工线上查询省时省力。管理员在后台管理系统补充知识点，对培训的内容进行针对性调整。加油站人员通过系统自行处理问题率近 80%，一年节约人工成本、培训费、差旅费等各类费用近 15 万元。

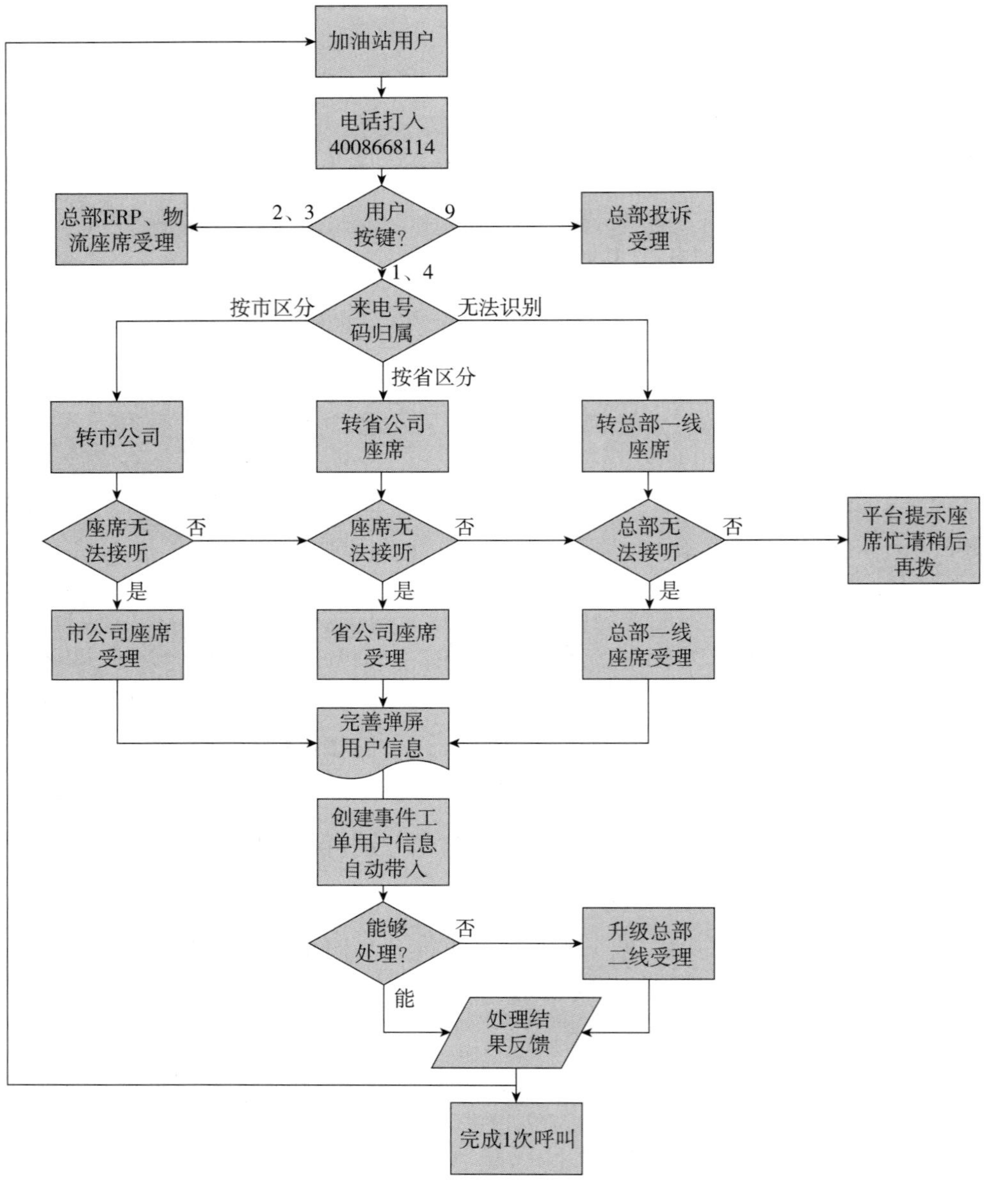

图 8-12　运维应答系统流程图

投资项目管理系统　2012 年，公司开发投资项目管理系统，实现从项目立项、项目审批、项目进度、资金预算等管理功能。

质量计量管理系统　2012 年，公司开发质量计量管理系统，建立检验业务的网上统一管理系统，实现系统内外检验业务的快速录入、质量判断、逐级上报、网上审批和报告发布等。

六、行政人事类平台

中油电子邮件系统　2003年，公司启动中油电子邮件系统的推广应用工作，至2003年3月顺利完成第一批邮件账号的编制和上报，从股份公司邮件项目组获得第一批邮件账号认证。8月，信息管理部门运用中油邮件系统管理软件，自行管理公司范围内的邮件账号申请、认证和维护等工作。2003年底，公司中油邮件账号数量达到965个，进一步提高工作效率，公司被股份公司科技信息部评为“中油电子邮件推广应用”先进单位。

2004年3月，公司印发《关于进一步做好电子邮件和信息门户系统推广应用工作的通知》，建立通过中国石油电子邮件系统进行公文网上交换制度，实现公司与二级公司公文网上快速传递，解决公文信息获取滞后的问题，提高工作效率。2004年，中油电子邮件使用率大幅提高。全年新增第三期用户数量1320个，比2003年底邮件账户613个增长115%，基本涵盖各级机关人员和油库、加油站骨干人员，并要求内部传递资料和信息不得使用其他电子邮件系统，必须使用中油电子邮件系统，有效提高资料、信息传递的快捷性、安全性。

电子文件系统　2005年，完成总部电子文件系统第一期推广实施工作，实现省公司总经理办公室与总部电子文件收发。

2006年2月，按照股份公司《关于启动电子系统第二期推广工作的通知》（油办字〔2006〕2号），公司被列为第二期电子文件系统推广单位。5月，完成省公司机关14个处室共141条流程配置及实施工作，5月25日通过股份公司项目组测试并提前迁移，当天发出第一份正式文件。7月完成成都公司、绵阳公司两家二级公司试点。8月，公司在绵阳公司召开电子文件系统推广暨培训会，对全省20余家二级公司办公室主任、技术人员及文书共计100余人开展为期7天的培训。10月31日，完成所有二级公司正式环境的迁移。11月1日，公司印发《关于二级公司正式启用电子文件系统的通知》，在全公司范围内正式启用电子文件系统，取消纸质文件（行政公文）。

合同管理系统　2003年5月，公司顺利完成合同管理系统第一版试运行。试运行期间，主要解决结合业务实际和计算机硬件配置的问题，明确和落实合同信息的管理和维护责任。6月，合同管理系统正式运行。

2005年，公司完成股份公司合同管理系统第二版推广工作。

人力资源管理系统　2007年9月，公司启动人力资源管理系统项目，开展数据采集，共录入系统在册员工1.7万次、人事数据160多万条，完成业务差异分析、数据采集、数据导入、薪酬核对等阶段工作。

2008年11月，公司人力资源管理系统正式上线。人力资源管理系统内实现组织、人事、考勤、薪酬、三支队伍、制度报表等多项人事业务，逐步改变依靠传统手段重复处理人事数据的工作局面，更为有效地监督、管理各项人事事件，提高决策的科学性、准确性。

领导干部管理系统　2013年，公司开发领导干部管理系统，实现对全省副处级以上领导干部成员现状、指标趋势、班子结构的信息化管理。

督查督办系统 2012年，公司开发督查督办系统，实现对公司重大决策和重要事项全程跟踪和精细化管理。

企业信息门户 2003年6月，公司启动企业信息门户建设。7月完成项目需求调研和门户栏目设计。9月，首期建成公司总门户1个与12个部门门户。10月，公司企业信息门户正式启用。12月，制定《信息门户管理办法（试行）》，企业信息门户成为企业信息发布的统一渠道，提供集宣传、学习、管理、业务为一体的信息平台。2004年底，股份公司开展“企业信息门户建设、运营和运用评比”活动，公司荣获企业信息门户优秀组织奖。

视频会议系统 2002年，公司第一代视频会议系统、网络电话投入运行。

2003年，在全省广域网开通的基础上，公司按照统一规划原则，建成涵盖公司主会场1个和20个二级公司分会场的视频会议系统。系统使用标准视频通信产品进行视频终端设备和主控设备的配置，以DSTH.323MCS为多点控制器，主会场和各分会场使用TANDBERG视频终端。3月，公司举行全省视频会议开通仪式。

2004年，公司视频会议系统运行稳定。全年共召开视频会议55次，运行时间约115小时，参会人员达8680人次，节约大量人力物力和财力。

2005年，公司至股份公司主干网以及公司至各二级公司骨干网，线路运行通畅，无长时间网络中断现象。9月，利用公司到104油库2兆SDH专线，实现远程图像传输，可实时监控104油库发油、收油和罐区现场状况。

2013年4月，按照集团公司规范和要求，公司完成总部视频会议系统的高清改造。

2017年10月，完成全省各二级公司高清视频会议系统升级建设，新建公司机关视频会议室和会商室。

网络电话 2003年8月，公司IP电话系统建成并投入使用。IP电话安装范围覆盖公司、各二级公司的经营和管理部门，全省共安装IP电话1200余部，有效降低企业通信费用。

2004年，公司针对IP电话系统存在的问题，向机关和各二级公司发放68份使用意见反馈表，在大范围收集意见的基础上，经集中整改，通话质量基本达到设计要求。到12月底，全年共计通话（主叫次数）167038次，通话时间4654.47小时，节约费用约18万元。

第四节 信息维护及安全

一、计算机千年问题

计算机2000年问题，是指现有的一些硬件和软件中，由于只能识别两位数的年份，使得在2000年以后出现时间混乱的问题。集团公司重视解决计算机2000年问题，确定各单位的主要领导为计算机2000年问题第一责任人，各专业部门起指导作用，采取“谁使用，谁负责”的分级负责原则处理计算机2000年问题。

根据国务院和集团公司2000年问题工作小组的要求，公司专题研究制订应急计划，成立解决计算机2000年问题领导小组，限期强制解决计算机2000年问题。制定《限期解决计算机2000年问题的若干通知》和《解决计算机2000年问题技术方案》，凡涉及有计算机的各部门，领导小组统一组织测试，逐台检查，计算机软、硬件不合格的，立即采取措施予以解决。各市、地、州、县公司计算机2000年问题实行法人代表负责制，负责处理本单位计算机2000年问题。

2000年，公司系统内未出现计算机2000年问题。

二、防病毒工作

2002年11月，公司完成SYMANTECE防病毒系统的安装工作。

2005年，公司通过引入网络环境监测和故障追踪、分析、评测软件系统，及时对网络漏洞、黑客攻击、病毒入侵做好防护，强化网络管理员的工作职责，最大限度地保障公司各类网络系统和应用系统的正常运行。

2006—2014年，二级公司配备防病毒服务器，所有终端安装股份公司统一的SYMANTEC防病毒软件。

2015年，受全球性暴发的勒索病毒影响，公司部分加油站站级系统出现故障。按照应急响应预案，根据病毒暴发的特点及受影响的范围，公司及时制定下发《勒索病毒事件应急状态运行方案》，确保公司库站业务的正常运行。

2017年5月12日22时19分，德阳公司旌阳东城加油站遭到恶意勒索病毒攻击，随后，陆续有186座加油站、5座油库受到病毒不同程度的影响。12日23时5分，公司紧急采取“断网”“清网”等多项措施，有效控制“勒索病毒”的传播。13日9时，公司下发《网络病毒攻击应急处置方案》至各个二级公司，各专业线会同规划院外部团队夜以继日开展处置工作，指导受感染的加油站开展脱机加油作业，对未受感染的站点保留站内网络，依靠加管系统开展加油及销售等基本业务。在经过持续近36小时的网络安全加固措施后，14日凌晨恢复油库网络，保障油库配送、收发油业务顺利进行。14日12时，公司所有站点开始联网运行，并在19时全部恢复第三方支付业务。截至18日凌晨2点，完成对受病毒感染的186座加油站的近800台设备的操作系统重装和加管系统数据配置，恢复上线。

2018年1月，公司完成1533座加油站加管系统360防护软件部署工作，对加油站服务器进行安全加固。5月，配合集团公司及公安部“护网2018”行动，成立网络安全领导小组，对公司机关及分公司所有信息系统、机房、服务器、办公电脑、网络设备进行全面检查并加固，圆满完成“护网2018”行动。

2019年6月，在集团公司及公安部“护网2019”行动中，公司积极配合、主动防御，采用三方服务单位的网络安全设备对公司服务器及办公终端进行全面防护，全面加固自建信息系统服务器及公司办公终端，加强网络安全宣贯，顺利完成“护网2019”行动。

三、防泄密工作

2004年，公司实施《网络管理实施细则》，物理隔离公司机关及各二级公司内部网络与国际互联网，明确网络管理基本要求及内外网物理隔离制度，确保网络安全保密、有效畅通。

2005年，系统内发生假票提油事件。公司结合油库库存信息系统建设，升级批发开票系统，增加油库直接查询批发开票系统的接口功能，使有条件的油库能实时查询、核对批发开票系统的相关数据和资料，作为防止假票提油而增加的一种预防手段。

2010年，公司将信息维护管理岗位纳入2010年公司岗位练兵活动范围，竞赛内容包括加管HOS系统岗位、加管系统站级岗位、信息技术岗位等三个岗位操作内容。

2016年，在网络安全领域加强与外部服务商的合作，部署中油瑞飞公司开发的终端安全基线核查修复工具，对公司办公终端进行全面修复加固。

2017年，完成总部桌面安全管理系统（2.0）部署实施工作，全省4922台办公电脑全部完成桌面安全管理，部署实施率100%。9月，完成加管站级操作系统安全基线第二轮整改实施工作，共配置1505座加油站站级系统服务器和1109个充值发卡网点电脑。10月，引入中油瑞飞为重要信息系统提供信息安全检测服务，完成四川销售好客驿站上线前安全检测工作，包括代码审计、渗透测试、安全加固等。至此，公司重要信息系统在上线前均需要进行信息安全检测工作。

2019年7月，按照国资委《关于全面加强国有企业网络安全等级保护工作的通知》，公司开展等级保护定级备案工作，保证公司信息系统符合国家等级保护要求。

四、信息系统控制

2005年，信息系统总体控制（GCC）和应用系统控制（AC）纳入内控体系建设。对照内控管理要求，对信息系统和应用系统的日常管理工作进行全面的差距分析，完成股份公司内控项目组组织的测试工作。对存在的问题，分部门、按人头全面落实整改责任。

2006年，公司启动信息系统内部控制实施工作，开展信息系统总体控制及信息系统应用控制相关实施办法的宣贯和培训，明确落实相关人员的岗位职责和任务。在德勤、毕博等专业公司指导下完成信息控制首次测试。1月，信息系统控制正式执行，全面开展自我测试和例外事项整改。经过多次培训、测试和整改，公司达到信息系统总体控制及信息系统应用控制的管理控制要求，顺利通过股份公司管理层测试和外部审计。

2007年，公司全面启动信息系统安全等级保护定级工作。9月21日，完成信息系统摸底调查和确定定级对象。9月30日，完成初步确定定级工作。10月30日，完成向集团公司、公安部门的备案工作。11月初完成定级工作总结报告。该项工作的实施，优化信息安全资源的配置，重点保障基础信息网络和重要信息系统的安全，为信息安全建设和管理提供系统、有效的指导和服务。

2012年，根据股份公司信息系统总体控制及信息系统应用控制的相关要求，制定《中国石油西南区域网络中心应急预案》，对区域网络中心机房的安全管理、突发事件分类、应急响应做出明确要求，确保公司机房的物理安全。根据四川地区地质灾害较多的特殊情况，集团公司为公司配备应急通信保障车，公司配套制定《应急通信保障预案》《车载应急通信系统管理办法》，公司响应及应急通信能力得到极大的提升。

2014年，制定公司《网络信息安全突发事件专项应急预案》，对公司网络安全突发事件分类、响应做出明确规定。

五、安全管理

系统数据安全　受科技发展的限制，中国石油信息化建设中的核心技术、产品和服务严重依赖国外。总部各类管理系统及“五大系统”上线运行，成为保障公司业务经营管理的重要支撑，数据接口使用及数据库访问的规范性及安全性尤为重要。2017年，集团公司启动国产替代升级计划，对邮件系统、OA系统、网络系统等开展系统升级。自建信息化项目使用国产自主知识产品及正版化软件。执行互联网出口安全管理规定。公司所属油库、加油站要关闭自建互联网出口，增强油库管理系统、加油站管理系统等系统的防护能力，确保系统的安全稳定运行。严格遵守计算机和信息系统密码使用规则，对计算机和信息系统密码要按规则使用和定期更换，不使用弱密码。持续完善信息安全通报及事件处理机制，对发生的信息安全事件及时上报和处置，及时堵塞信息安全漏洞，进一步提高信息安全防护的意识和能力。

网络安全属地管理　信息系统及网络安全保障工作遵循“谁主管谁负责，谁运行谁负责”原则，明确责任，实行属地管理。网络管理员必须全天24小时保持通信畅通，对发现的大面积网络故障、异常病毒等情况及时上报。制订安全保障方案，确保信息系统及网络安全。清理核查并更新各库站视频监控基础信息，视频监控基础信息准确率达到95%。

对外合作项目信息安全管理　业务合作单位搭建的信息系统平台（包括各种测试系统、网站、APP等），经公司授权后，方可使用“中国石油”商标、标志性图案。业务合作单位出具安全保密承诺函，承诺采取足够的安全保密措施对合作过程中获取、产生的数据及信息进行保护，加强系统管理，采取必要的信息安全防护手段，及时更新补丁，消除操作系统和数据库漏洞，做好用户权限及密码管理等，防止发生数据泄露等信息安全事件并对后果承担责任。

第五章　企管法规

企管法规工作以完善依法合规长效机制为主线，深化制度与合规管理，优化提升法律业务，营造依法合规文化氛围，整体推进企业依法合规管理上水平。30年来，立足企业实际，坚持依法治企、合规管理，服务和保障企业有质量有效益可持续发展，重要经营决策、经济合同等法律审核率100%，荣获集团公司2017年度“法律工作先进单位”称号，2007年起连续13年荣获四川省“守合同重信用企业”。推行股权预算管理，规范预算编制分解，加强股东方、股权企业沟通交流，进一步推动股权企业良性发展，荣获集团公司2011—2014年度“资本运营先进单位”称号。推进制度创新、科技创新、文化创新，荣获“全国石油石化企业管理创新工作优秀组织单位”。参与外部“三评”,2009—2019年累计荣获行业部级及以上成果与论文204项。2019年,“国内首创摩托车自助加油机及配套设计的创新研究与实践”获“全国石油石化企业技术创新一等奖”，领跑销售系统。

第一节　制度建设

一、制度制定

1989—1995年，公司坚持从严治理，强化制度建设，相继制定基建技改、油品掺配、举报监察、从业廉洁、安全操作、岗位职责、工效挂钩、财务处理、办事公开、油料批供、业务费开支、职工教育等方面的规章制度。

1996—1998年，公司以企业改革、改制工作为中心，按照现代企业制度要求，制定配套管理办法，陆续下发财务管理、生产经营、劳动、人事、工资、投资和审计监督等管理办法，确保企业集团化规范运作。

1999年，公司重组改制。为使企业内部管理体制符合建立现代企业制度的要求，公司依据集团公司、销售公司的管理制度，修订完善财务、业务、人事、投资等各项管理制度。

2000—2002年，按照股份公司运行机制，公司建立与股份公司要求相适应的新的管理体制和运行机制。完善投资管理体制，理顺投资决策程序，严把投资审批关，在构建加油站工作中坚持投资回报原则和投资项目负责人制度，避免投资决策失误。

2003年，公司开展“六查六整顿”活动，针对企业突出问题和薄弱环节，新建完善规章制度506个，制定《规章制度管理实施细则（试行）》，推动企业制度建设和基层管理、基础管理工作。

2004—2006年，公司针对企业存在的管理缺陷，完善、整合、废止财务、业务、投资等制度。在835座加油站全面推行加油站稽查制度，加油站硬件档次、站容站貌、服务水平得到提升，加油站管理和水平发生新变化。

2007年，公司按照股份公司要求，清理2000年至2007年颁布的制度，共清理、收集公司级规章制度203项。其中，办公管理33项、财务管理62项、人事管理35项、市场营销24项、投资与网络建设10项、调运管理5项、加油站管理5项、仓储安全管理1项、法律与信息管理7项、企业文化与党建8项、审计与监察12项、存续企业管理1项。清理工作历时1个月，是公司历年来最规范、最全面的一次规章制度清理工作。9月15日，规章制度管理信息系统正式上线启用，员工能快速高效检索和查询公司规章制度。

2009年，公司按照“重复的取消、矛盾的统一、过时的废止、分散的合并、不全的补充”原则，以“内控审计处和法律处牵头，各处室具体负责”的方式开展公司规章管理制度梳理工作。清理废止管理制度21项，修订管理制度8项。全面启动业务流程规范化工作，以“流程统一、控制集中、界面清晰、简洁高效”为目标，修订和新增57项规章制度，废止22项制度，梳理完善451项业务流程，编制《业务流程规范》。

2010年，公司开展规章制度清理评价和三年规划工作，分年度提出2011—2013年的规章制度制定、修订计划，明确责任部门和完成时间。公司机关评价梳理范围以2009年股份公司规章制度管理信息系统录入的制度为基本范围，包含2010年1—5月新出台的制度。各二级分公司评价梳理范围包括以分公司或分公司部门名义颁发的、有效的全部规章制度，不包括普通规范性文件、技术标准、操作规程、作业指导书等。7月，公司废止规章制度11项。

2011年，按照《销售公司管理手册对接工作实施方案》要求，公司分析对照销售公司下发的17项管理手册和公司制度、流程，修订制度34个、流程16个，其中新增制度9个、修改制度25个，新增流程7个、修改流程9个。

是年，为规范和加强控股公司的内部控制管理工作，提升控股公司的风险防范能力和经营管理水平，公司制定《控股公司内部控制管理办法》，发布《法律风险岗位防控指引》《使用法律法规目录》《行政许可事项一览表》，确保风险防控工作落到实处、见到实效。

2012年，公司颁发《管理制度与业务流程（2012版）》，共有分册12个，涉及职能处室16个、管理制度202个、业务流程491个、实施细则15个。

2013年，结合集团公司《规章制度管理规定》，公司调整2003年印发的《规章制度管理实施细则（试行）》部分条款，修改内容6项，新增内容9项。实施细则严格按规定程序审议颁发的制度，涉及调整内控相关业务流程的，同时提出业务流程的修改和完善意见。

12月，公司围绕解决“四风”方面突出问题，按照于法周延、于事简便的原则，梳理已有制度，建立健全反对“四风”的制度规定，加大监督检查力度，及时发现制度执行中的问题，督促整改落实。截至12月31日，公司规章制度管理系统共有384个管理制度，其中办公管理类39个，市场营销管理类28个，仓储调运管理类15个，投资与网络建设管理类10个，财务管理类 88 个，人事管理类 62 个，质量安全环保管理类 23 个，加油站管理类 24 个，工程建设管理类 9 个，物资采购管理类 3 个，信息管理类 10 个，企管法规管理类 38 个，企业文化与党建管理类 9 个，审计监察管理类 11 个，房产、后勤和离退休管理类 15 个。

2014 年，公司开展对已有的 384 个管理制度自我评价工作：判断制度的有效性和严谨性，查找现行制度运行中的“瓶颈”和“障碍”，分析是否存在管理交叉和管理空白；判断制度的符合性，现行制度（整体或个别条款）是否符合上级公司有关规定，是否符合公司的经营决策，是否符合当前工作实际情况等。自我评价工作确保公司规章制度的先进性、时效性和可操作性，为公司经营管理活动有序运行提供保障。

2015 年，按照《全面推进依法治企工作实施方案》要求，公司梳理和简化库站提升、非油体制改革、“油卡非润”一体化等 3 类专项业务制度流程，调整更新管理制度与业务流程，确保制度流程简洁、高效。

2016 年，公司加强规章制度审查流程，严格按照规章制度分类进行程序送审。规章制度按审议程序分为一般性规章制度、重要性规章制度和全局性规章制度三种类型。一般性规章制度是指由单个部门管理，涉及管理事项范围窄的规章制度；重要性规章制度是指涉及多个管理部门，管理事项范围广的规章制度；全局性规章制度是指涉及公司经营、管理重大事项的规章制度。一般性规章制度审议由承办部门提出，主管领导审核，总经理审批。重要性规章制度审议由承办部门提出，报总经理办公会审议。提交审议前，承办部门应于会前 1 个工作日将规章制度草案送交参会人员。全局性规章制度审议程序，执行公司《关于落实“三重一大”决策制度实施细则》规定。

2017 年，公司将党建工作要求写入公司章程。中国石油绝对控股或具有实际控制权的股权企业，在公司章程中明确党组织发挥领导核心和政治核心作用，把方向、管大局、保落实，明确党组织的机构设置和基础保障；明确董事会决定公司重大问题，应事先听取公司党组织的意见；明确党组织设置及主要职责。11 月 29 日，根据集团公司、股份公司废止规章制度目录以及规章制度建设的要求，公司清理评价各专业线规章管理制度和规范性文件，废止不再适用的制度 98 个。

2018 年，根据集团公司《关于继续试点推进企业管理体系融合的指导意见》要求，公司作为第三批体系融合试点单位，编制印发《四川销售公司建设企业管理体系工作方案》，按照“顶层设计、借鉴经验、稳步推进”的工作思路，基于 ISO 管理体系文件总体架构，以业务流程为主线，以风险管控为核心，以职能落地为目标，以信息平台为支撑，融合公司规章制度、HSE、质量、内控、法律防控、惩防等六大管理体系及风险防控手册的管理要素，形成一套全省统一、覆盖党建工作及全部业务活动，并能满足各专业体系管理要求的企业管理体系文件，将管理责任落实到岗位，实现风险防控的自动化、智能化预警，建立以内部纠错为节点的“小闭环”、以事故事件应急处置为节点的“大闭环”的综合监督检查机制，不断增强自我免疫、自动修复机能，持续提升公司管理水平。5 月，公司印发《关于对公司部分专业线工作中涉及的总经理审批权限进行调整的通知》，调整公司总经办、财务、企管、审计、后勤 5 个专业线工作中涉及的总经理审批权限。

2019年，公司规章制度管理系统共有380个管理制度，其中办公管理类21个，市场营销管理类14个，非油品业务管理类17个，仓储调运管理类15个，规划与计划类4个，财务管理类58个，人事组织管理类51个，质量安全环保管理类45个，加油站管理类35个，工程建设管理类17个，企业文化管理类10个，信息管理类11个，企管法规管理类20个，党建管理类13个，审计监察管理类35个，房产、后勤和离退休管理类14个。

二、"三重一大"决策制度

"三重一大"决策制度是指，国有企业凡属重大事项、重要人事任免、重大项目安排和大额度资金使用必须由领导班子集体做出决定的制度。

2010年，根据集团公司要求，公司印发《关于落实"三重一大"决策制度实施细则》(油川销党〔2010〕10号)，贯彻执行党的民主集中制，实现重大问题决策民主化、科学化、规范化。6月，公司开展"三重一大"决策事项流程梳理工作，共梳理重大决策事项49项，结合各职能部门意见，在进一步明确业务流程中重大决策事项的范围和审批程序与权限的基础上，形成《"三重一大"决策事项与业务流程修订对照表》，新增"SP01.02.05.01重大事项、重大项目安排、大额资金使用决策等程序""SP01.02.05.02重要人事任免决策程序""SP01.02.05.03'三重一大'决策监督程序"等三个业务流程规范。

2012年4月，根据集团公司、股份公司和销售公司进一步完善"三重一大"决策制度要求，公司修订并印发《关于落实"三重一大"决策制度实施细则》(油川销党〔2012〕41号)，规范决策范围、决策形式、决策程序及规则、决策执行、决策监督、责任追究等内容。

2018年2月，公司修订印发《关于落实"三重一大"决策制度实施细则》(油川销发〔2018〕7号)，增加总法律顾问决策前审查环节，明确"三重一大"决策的具体事项，进一步规范决策行为，提高决策水平。

2019年9月，公司修订印发《"三重一大"决策制度实施细则》(油川销发〔2019〕29号)，共八章三十二条，主要包括总则、决策范围、决策主体及权限分配、决策程序、组织实施、"三重一大"制度体系建设、监督检查、附则等内容，决策事项共70项。实施细则突出党的领导，明确"三重一大"事项决策主体为公司党委和行政领导班子，要求履行党组织前置程序和签署书面意见。

第二节　法律管理

一、依法治企

1989—1995年，公司按照国家"一五"(1986—1990年)、"二五"(1991—1995年)普法的要求，组织学习宪法、刑法、民法通则等"十法一条例"有关基本常识，树立法制观念，逐步树立依法管理本职工作的观念，探索依法管理企业途径，推动企业依法管理和治理整顿。

1996—2000年，是国家“三五”普法的五年。公司制定《普法教育第三个五年规划》，把“三五”普法工作纳入领导议事日程，建立和完善普法机构，公司、市（州）公司、县公司分别成立“三五”普法领导小组，加强对“三五”普法工作的领导，初步形成“党政工团各部门齐抓共管”的普法领导体制和工作机制。同时，把“三五”普法教育同企业建设结合起来，在巩固中提高、在结合上创新，形成“理论—实践—理论”的良性循环。“三五”普法期间，公司系统累计开展普法宣传简报40余期，订阅《法制日报》等报纸2000余份，订阅各种普法知识读本万余册，开办普法知识讲座152次，开展各类普法活动66次；县级文明单位45个，市级文明单位32个，省级文明单位14个，省级最佳文明单位3个。

1998年，公司设立政策法规处，隶属经理办公室管理。企业法律工作主要由办公室、清欠部门或纪检部门人员兼职负责。政策法规处主要工作职责：研究、分析企业经营管理中涉及的有关政策、法律问题，提出维护企业合法权益的对策；负责公司本部及系统所属企业的法律顾问工作、合同管理工作和普法教育工作；具体参与公司联营、兼并、分立、融资、转让、招投标、设备订购等重大合同项目的谈判、审查工作；非诉讼法律事务工作；协助外聘律师处理诉讼事务工作。

1999年，公司重组改制，撤销政策法规处，成立法律顾问室，负责公司法律事务。

2001—2005年，根据国家“四五”普法的统一规划和普治结合的要求，公司广泛开展“四五”普法，建立公司法律业务与各项经营管理业务相结合的工作机制。各二级公司依据“四五”普法规划和依法治理指导意见，结合各自实际情况研究制定本单位推进依法治理工作的具体措施。

2002年，公司根据股份公司要求，建立健全法律工作业务体系、管理体制、运行机制，配备专职法律工作人员。在管理体制方面，按照股份公司一级法人体制和防范风险的要求，二级公司法律业务由公司和二级公司双重管理，法律机构对公司和二级公司领导双向负责，初步形成法律工作双重管理和双向负责、内部法律业务相对集中管理的新的法律工作管理体制和工作机制。在业务建设方面，初步形成以合同管理为主的民事法律工作格局，以安全、环保、质量等业务为主的行政法律工作体系。

2004年，公司要求各二级公司必须至少设置一名专职法律工作人员，负责本单位法律事务工作，由本单位综合管理部归口管理，实现企业法律工作机构、人员、责任“三落实”，为企业开展“依法治企”工作提供必要的组织保证。至2004年末，公司系统共配备法律专兼职人员30名，其中专职23名、兼职7名。

2006—2010年，按照“五五”普法依法治企规划要求，公司以安全生产、清洁生产、合同、担保、招投标、知识产权保护、商业秘密、劳动用工等与企业经营管理密切相关的法律制度为重点，加强领导干部和经营管理人员学法用法守法，提高法律风险意识和依法经营管理、依法决策、依法维护企业合法权益的能力。针对管辖地域面较广、人员分散、法律工作人员较少和不能专职、处理法律事务较多的特点，每年举办法律业务培训班，学习《中华人民共和国公司法》

《中华人民共和国合同法》，厘清企业法律风险防控和企业法律工作事务，加强法律队伍素质建设，提高法律风险防控和依法经营管理水平。

2011—2015 年，公司组织参加全国企业法律顾问执业资格考试和全省企业法律顾问继续教育培训、注册备案工作，提高法律岗位人员整体素质。

2011 年，公司在总结总会计师授权的方法、程序与经验的基础上，开展法律顾问授权，梳理完成 48 条职责和管理权限。

2012 年，根据集团公司要求，公司配备总法律顾问，制定《总法律顾问岗位职责和权限指引》，加强公司管理，强化总法律顾问岗位职责与权限管理，更好地履行总法律顾问的权利和义务。6 月，公司开展法律系统岗位练兵活动，练兵以笔试为形式，包括国家法律法规及地方性法规、企业法律案例、股权管理、合同知识等内容。经过角逐，德阳公司荣获团体一等奖，广安公司、成都公司荣获团体二等奖，绵阳公司、凉山公司、宜宾公司荣获团体三等奖。

2015 年，根据近年来国家法律法规、相关政策出台较多以及各种标准规范更新较快的情况，公司全面梳理经营过程中所遵循的法律法规和其他要求，建立《适用性法律法规和其他要求清单（2015 版）》，保障公司生产经营活动依法规范运行。清单涉及法律法规及其他要求共 686 项，其中法律 80 项、行政法规 67 项、地方法规 30 项、部门规章 187 项、地方规章 25 项、司法解释 29 项、标准规范 268 项。

2016 年，根据中央办公厅、国务院办公厅《关于推行法律顾问制度和公职律师公司律师制度的意见》，公司强化总法律顾问岗位职责，加强外聘律师管理，督促外聘律师尽职尽责，为公司提供优质法律服务。

2017—2019 年，公司持续加强法律风险防控工作，通过诉讼等形式依法维护企业正当权益。二级公司聘请具有资质的法律事务所作为本单位法律顾问，提供及时、准确、完整的法律服务，最大限度地维护公司的法律权益。

二、内控与风险管理

2003 年，股份公司董事会决定以国内和上市地法规的颁布为契机，以提高自身管理水平为动力，按萨奥法案要求建立内部控制体系。12 月成立内控项目组。

2004 年，股份公司内控项目组召开内部控制体系建设启动大会，部署内部控制体系建设。3 月，按照股份公司的工作安排，公司成立内控体系建设工作领导小组，落实项目组工作人员，正式启动内控体系建设工作。

是年 5 月，根据股份公司下发的标准业务流程目录，确定公司的一级流程 13 个、末级流程 278 个。7 月，根据股份公司下发的风险数据库，公司建立风险数据库，并对风险控制文档进行描述，达到股份公司规定的进度和工作要求。9—11 月，按照股份公司内控项目组提出的修改意见，修改完善业务流程、风险数据库和风险控制文档。

2005 年，股份公司确定公司为成品油销售企业内控建设试点单位。公司成立内控项目建设委员会，组成内控项目组，专门从事内控体系建设工作。2 月，编制《内部控制体系建设实施方案》，将内控体系的执行情况纳入到各部门及部门负责人的业绩考核体系，制定下发《关键控制点责任划分情况表》，将关键控制点按责任划分到相关的职能部门，强调岗位职责；二级公司与所属下级和各部门负责人签订内控体系执行承诺书，确保内控体系的执行有效。

3—4月，按照股份公司内控体系建设要求，公司进行内控体系建设自我评估测试和股份公司内控体系建设验收测试。公司采取二级公司交叉测试的方式，对各二级公司进行关键控制和控制环境测试。测试中查阅相关记录和资料共计访谈947人次，实际抽取样本量2005个，发现例外事项2894个，例外事项比例为14%。配合股份公司内控项目组到成都公司进行验收测试的试点工作，率先一次性通过股份公司内控项目组的验收。

2005年，按照股份公司内控体系建设要求，公司两度修订内控管理制度。原始运行文件中78个末级流程、198个重要风险、208个关键控制，调整为76个末级流程、115个重要风险、119个关键控制。关键控制调减89个，主要分布在“建设过程”5个、“产品销售”14个、“存货管理”10个、“投资管理”5个、“人力资源与薪酬管理”4个、“健康、安全、环保管理”1个、“财务资产”44个、“合同与纠纷”6个。将应用系统控制融入到关键控制管理文件中。在内控体系建设过程中修订管理制度13个，新增制度7个，审定关键控制208项和实施证据150个。

2006年，根据《2006年内部控制体系执行计划》（油控字〔2006〕84号），普华永道公司对公司进行内控审计，审计内容包括公司层面控制、业务活动层面控制（含信息系统应用控制）和信息系统总体控制。

2007年，根据集团公司《关于对四川销售分公司内部控制的改进意见》，公司认真分析原因，查找问题存在的根源，并根据改进意见要求，制订具体整改方案，并逐项落实。

2008年，公司在总结法律风险防控实践的基础上，制定《法律风险防控体系手册四川销售分册（文档分册）》。该分册坚持法律管理与业务管理相结合、法律风险防控与制度建设、内控体系相结合，进一步加强法律风险防控机制建设，依法规范经营管理，提高依法治企水平。

2009年，公司以“全面风险管理、全部业务流程、全过程控制”为目标，扎实推进以风险管理为核心的内控体系建设。根据财政部《企业内部控制基本规范》、国资委《中央企业全面风险管理指引》和股份公司《内部控制管理手册》以及公司其他管理规章，制定《内部控制与风险管理办法（试行）》，公司及二级公司分别设立内控与风险管理委员会，作为内部控制管理的领导机构，公司内控与审计处为公司内控与风险管理委员会的办事机构，负责内部控制日常管理工作。内控与风险管理委员会由公司领导班子成员和各管理部门负责人组成。公司、二级公司的总经理负责按照上级公司的部署组织建立并实施内部控制体系，对内部控制承担组织、领导责任，是内部控制的第一责任人。公司、二级公司的总会计师负责协助总经理管理内部控制工作，对内部控制承担分管责任。公司、二级公司的各职能管理部门是分管业务领域内部控制的直接责任部门，负责建立并实施本部门分管业务领域的内部控制。按照股份公司内部控制体系框架建立内部控制体系，按照不相容相分离的原则设置经营管理机构和岗位。按照股份公司制定的风险评估办法，结合具体业务和管理事项的特点与要求，及时进行风险评估。

9月，公司召开业务流程规范发布会，《中国石油四川销售分公司业务流程规范》正式发布，共涉及21个一级流程、451个末级流程，标志着公司业务流程管理以及内控体系建设跨上新的台阶。

是年，公司在机关、成都、德阳、攀枝花、巴中、广安、乐山、南充、遂宁及川油长运油品销售分公司10家单位开展内部控制自我评价抽查测试。测试内容涵盖公司层面控制、业务活动控制、信息系统总体控制及应用系统控制。接受由审计部派出的股份公司内控管理层测试，管理层测试小组采取“部分信赖和抽查测试”相结合的方式，查阅公司的自测记录，抽查二级公司4个。公司内控与风险管理工作被集团公司评为六级优秀单位。

2010年，公司作为集团公司推行全面风险管理的试点单位，于2010年开始评估公司层面的重大风险，制定重大风险应对策略，编报年度风险管理报告，对企业的战略风险、经营风险、报告风险、法律风险进行全面的管控。开展公司层面风险评估工作，发布《2010年度企业风险管理报告》（油川销发〔2010〕90号），识别30个重要风险和7个重大风险，作为重要风险和重大风险进行重点管理。推行“重点风险防控承诺书”制度，在已开展的业务层面和公司层面风险评估的基础上，对一些发生概率高、容易发生资金（资产）损失、容易产生负面声誉影响的高风险，统一制作成“重点风险防控承诺书”，从公司到二级公司、从管理岗位到操作岗位，层层签署“重要风险防控承诺书”。

2011年，根据集团公司法律风险防控体系建设的统一部署，公司发布运行《法律风险防控岗位指引》《使用法律法规目录》《行政许可事项一览表》。组织公司机关管理人员签署《法律风险岗位防控责任书》，明确岗位工作职责、主要法律风险源点、法律后果、防控措施、实施证据和制度依据等内容，法律风险防控到岗到人。

2012年，在绵阳公司试点的基础上，公司全面推进法律风险防控工作，各二级公司启动防控指引编制工作，进一步细化法律风险源点、法律后果、风险防控措施、相关法律法规和制度规定等内容，分解落实到具体岗位。按照“先重点后一般、先易后难”的原则，以高风险业务领域和管理岗位为重点，逐步向其他领域和操作岗位拓展，最终实现全面覆盖、全员参与。

是年，根据股份公司内控手册修订要求，公司更新2012版《四川销售分公司内控分册》。公司业务流程由2011版手册的491个变化为504个，其中按照股份公司预算、安保、质量流程规范以及非油站级流程规范修订流程6个，新增流程9个，按照非油公司业务变化情况新增流程6个，合并控制内容相似的流程2个。按照股份公司关键控制管理要求，将股份公司与公司确定的关键控制进行区分，总部确定的关键控制在风险控制文档中带有“K”点标志，公司确定的关键控制去掉“K”点标志，并在控制措施中增加“四川销售关控点”字样。调整后总部的关键控制点431个（其中手工244个、自动187个），公司关键控制点452个。

2013年，按股份公司要求，公司规范专业线业务流程，简化、优化公司重点、难点业务流程。结合多次内控测试、审计等检查结果，以及合同管理专项治理工作，对容易出现问题的业务流程认真调查研究、理顺关键环节，优化原有控制措施及关键步骤，形成简洁、高效的业务流程。

2014年，随着国家法治化进程的加快和全面深化改革，公司面临法律风险不断变化的新情况和新趋势。为进一步完善法律风险防控机制，公司规范统一法律风险源点140个，涉及业务领域共8项，修订完善岗位防控指引，落实法律风险防控责任，有效防控各类风险，确保企业合法合规经营。

2015年，根据法律环境变化和经营管理特点，公司持续深入推进法律风险防控工作，全面开展法律风险梳理排查，突出敏感度较高、影响面较广的重要风险因素，着重反商业贿赂、反利益输送、反垄断、反不正当竞争、网络开发、劳动用工、质量计量、承包及租赁经营、服务及非油业务外包、特许经营、直销业务、股权管理、印章管理、证照管理和商标维权等风险排查，找准风险源点，进一步健全完善法律风险防控机制，建立法律风险防控责任追究机制，强化各级员工的防控责任意识，严格执行防控措施，有效规避经营管理风险。

2016年，公司首次将风险防控专题会与半年工作会合并召开，深入分析风险防控的严峻形势，进一步厘清思路、明确目标，建立健全风险防控体系，制定公司防控指导思想，拟订三年三步走计划，持续夯实全面建设世界水平销售企业发展根基。

7月，制定《〈风险防控手册〉实施工作方案》，建立健全全面风险防控体系和风险防控工作机制，增强全员风险防控意识。

2016年，公司以HSE和内控体系建设为主干，以全面启动依法治企、合规管理为契机，将2016年半年工作会主题确定为风险防控体系建设，公司风险防控的指导思想是：认真贯彻国务院国资委风险防控总体部署，全面落实集团公司风险管理各项要求，坚持依法治企和稳健发展方针不动摇，坚定公司“1234”治企方略和党委“1125”工作部署不懈怠，用三年左右的时间，建立健全风险防控体系和工作机制，运用风险手册、管控卡、事故案例、评估报告等风险防控工具，实施多角度防范、系统性控制，不断增强自我免疫、自动修复机能，全力加快世界水平销售企业建设进程。

围绕公司风险防控的总体思路，结合依法治企工作的具体安排，按年度、分步骤滚动推进：

——2016年，初步完成风险防控体系建设，将风险防控责任细化到流程、落实到岗位，并以四大风险防控工具的学习和运用为重点，增强全员风险防控意识、防范技能，杜绝发生系统性、颠覆性风险事故。

——2017年，将风险防控纳入年度预算，实施绩效考核，编制管理体系与岗位职责高度融合的风险防控执行手册，全面落实“公司、二级公司、基层单位”三级防控责任，杜绝重大风险事故发生。

——2018年，以综合业务支撑平台为依托，开发风险管理信息系统，广泛收集、分析比对内外部信息，及时发现潜在问题，实现风险的自动化、智能化预警，形成“突出重点、分级管理、立体防控”的风险管理格局，企业风险全面受控。

2018年，按照集团公司要求，公司全面配发新版《诚信合规手册》，通过集中学习和自学相结合，采取培训座谈沟通等方式，确保每名员工全面掌握《诚信合规手册》规定，知悉合规要求，组织全员签订合规承诺书，引导广大干部员工树立合规理念，提高合规意识，全面推进公司依法治企和合规管理工作。

2019 年 1 月 1 日起，公司执行《中国石油天然气股份有限公司内部控制管理手册（2019 版）》，确保公司内控体系有效运行。

第三节 合同管理

1989—1998 年，依据国家法律法规和企业业务要素，公司自行拟制合同文本，系统内部未形成统一的合同文本模板。

1999 年，销售公司印发标准合同管理，包括连锁经营、资产收购、股份收购、成品油购销、成品油仓储、加油站租赁、有限责任公司、有限责任公司章程等 8 类合同样本，规范企业经营、投资等经济行为，维护企业的合法权益。公司严格参照标准合同样本对外签订各项合同，确保每一份合同的合法性和有效性。

2000—2001 年，根据股份公司《合同管理暂行办法》，公司修订完善《合同管理制度》《台账式合同管理办法》和《纠纷处理制度》。

2002 年，公司按照“事前预防为主，加强事中控制”的原则，全面加强合同管理，建立合同管理制度和管理流程，形成统一管理、归口审查、分级负责的管理格局。完善签约授权制度，所有合同及协议性文件都须经总经理书面授权，所有授权都对签约人的权利、义务做明确的规定，没有越权签约情况。当年，公司签订各类合同 825 件，按规定进行法律、经济、技术审查 730 件，占合同总件数的 88%以上。

2003—2007 年，股份公司法律事务部和集团公司标准化所先后 7 批颁布 71 种常用合同标准文本，内容涵盖企业生产经营活动中的买卖、工程、运输、合资合作、租赁、购并、服务、劳动用工等各个领域。公司按照合法有效、真实准确、齐全完备的要求，统一、规范使用标准合同文本。

2003 年，公司重点开展合同管理规范化建设，印发《合同管理实施细则》，强化合同签订流程中的“专业技术、经济商务和法律”三项审查制度，严格合同授权管理及签订的审批程序，重点加强专业技术可行性论证、经济效益分析，合同相对人资质、信用等级、法律风险等的审查力度。法律部门定期对履行合同情况进行检查，对重大合同，法律部门全过程参与，发现问题及时纠正，最大限度地降低经营风险。9 月 1 日，公司正式启用合同专用章。加强合同履行的监督检查，全年公司机关共审查各类合同 633 份，二级公司审查合同 1360 份。

2004 年，公司严格落实合同三项审查制度，全面审查合同的送审条件、合同相对方资质是否具备、手续是否齐全、主体资格是否合法。在审查过程中，坚持“三不”原则，即未按程序签订的合同不予审查，明显有损企业利益的合同不签，事后合同不审。根据实际情况，对三项制度审查表进行修改完善，增设招投标管理意见栏，更新合同管理台账，建立健全合同管理档案，进一步规范和完善合同管理工作流程。当年共审查修改合同 1407 份，合同总金额 43854.04 万元，合同审查率达 100%，实现本年度签订合同纠纷率为零的管理目标。

是年，根据《中国石油天然气股份有限公司合同管理暂行办法》第二十六条“签订合同必须使用合同专用章印章，不得用行政印章或其他公章代替”的规定，经股份公司授权，各二级公司合同专用章由公司统一刻制，6 月 1 日起正式启用合同专用章。

2005 年，按照股份公司要求，公司正式启用股份公司统一制定、颁发的第四批合同标准文本。在合同管理三项制度审查方面，增加招投标办公室的审查意见栏，同时加大对合同相对方资质审查的力度，对凡是不能按照公司内控管理要求提供有关资质证明材料的合同相对方，在合同承办部门送审合同时，不予法律审查，有效防范法律风险。

6 月，公司正式运行“合同管理动态运行系统”，实现合同在网上的起草申报、审查审批、签订管理、数据统计、分析汇报等功能，提高工作效率，节约管理成本，增加合同管理透明度，加强合同管理监督能力。该年共审查各类合同 2000 份，合同总金额 3.46 亿元，合同审查率达 100%，实现年度合同纠纷率为零的管理目标。

2006 年，公司重点防控合同管理三项审查管理、合同签订授权管理、合同履行监督管理等 3 个风险点，进一步明确合同未经专业部门、财务部门、法律部门三项审查，强制规定未经得到公司领导有效授权一律不得签订和不予加盖合同专用章。法律审查从原来的重点对合同文本的法律审查，前调至对合同相对方签约资格、资信程度、履约能力的审查，对较大项目的谈判，从原来对合同文本的审查调整为全过程参与。

2009 年，公司统一使用集团公司颁布的 16 种合同标准文本，范围为：委托技术开发合同、合作技术开发合同、建设工程造价咨询合同、建设工程施工图审查合同、出版合同、印刷合同、建设工程招标代理合同、工程类项目招标文件、中标通知书、履约保函、咨询服务合同、装修装饰合同、办公室物品及设备搬迁服务合同、一人公司章程、中外合资经营企业合同和中外合资经营企业合同。

2010 年，公司调整合同管理信息系统审批流程，在系统合同申报程序模块中增设“总会计师审查审批流程”。公司总会计师合同审批权限为标的金额 1000 万元以上（含 1000 万元）的合同（包括二级公司上报公司审批的合同），二级公司总会计师合同审批权限为标的金额 200 万元以上（含 200 万元）的合同。审查步骤固定设置在法律审查之后、分管领导审批之前。

2012 年，公司继续开展合同文本标准化工作，组织编制并统一使用建设工程设计合同、建设工程施工合同、建设工程监理合同等 3 种标准文本，适用范围为公司各二级公司成品油库、加油（气）站、服务区等新建（含整体重建）、技改、迁建、停业维修工程项目。

2013 年，公司调整合同管理信息系统审批流程，在系统合同申报程序模块中增设“总法律顾问审查审批”流程。公司总法律顾问合同审批权限为标的金额 1000 万元以上（含 1000 万元）的合同（包括二级公司上报公司审批的合同）。审查步骤固定设置在法律审查之后、总会计师审查审批之前。10 月 1 日，公司施行新修订《合同管理办法》，加强合同管理，防范企业风险。《合同管理实施细则》（川销企管〔2003〕181 号）同时废止。

2014—2015 年，公司明确，所有具有共同意思表示并对当事人各方具有约束力的合同、协议、契约、章程、备忘录（包含补充合同、补充协议）等，必须严格执行公司《合同管理办法》

的相关规定，必须通过股份公司合同管理信息系统进行合同三项审查。未经网上审查的合同，一律不得加盖合同专用章，一律不得作为财务结算的依据，相关部门应当拒绝办理付款手续。

2015年，公司修订《合同管理办法》(油川销发〔2013〕66号)，印发《合同管理实施细则》(油川销发〔2015〕62号)，界定管理层面，明确管理职责，提高管理效能，防范和控制交易风险。

2016年，公司修订并统一使用《建设工程施工合同》示范文本，该文本适用范围为公司各二级公司加油（气）站新建（含整体重建）、改扩建、达标改造等工程项目，油库项目参照执行，进一步加强公司合同文本标准化管理，防范和控制合同法律风险。

2017年，公司明确，所有公司及各单位与其他自然人、法人或其他组织之间，以及各单位相互之间具有共同意思表示并对当事人各方具有约束力的合同、协议、契约、章程、备忘录、意向书（包含补充合同、补充协议、框架协议）等，都属于公司合同管理范畴，必须严格执行公司《合同管理实施细则》相关规定，必须通过股份公司合同管理信息系统进行网上合同三项审查。从10月1日起，凡涉及需签订合同的经济事项，各二级公司在进行集中报销平台单据提报时，必须在“备注”栏注明经合同系统有效审批后的合同编号。公司财务处共享中心在进行单据审核时，检查该合同编号是否真实，检查该合同编号对应的合同系统中的电子合同文档与集中报销平台提报的纸质合同扫描件是否一致。未经网上审查的合同，一律不得作为财务结算的依据，相关部门应当拒绝办理付款手续。

2018—2019年，按照合同管理有关规定和内控相关要求，公司组织开展上一年度合同履行情况检查，检查内容为各单位在上一年度签订的各类合同以及往年尚未履行完毕的合同，检查采取各单位自查与公司抽查相结合的方式，进一步加强公司合同履行动态监督和管理，确保合同全面履行，控制和防范合同法律风险。

2019年，公司被集团公司纳入第一批财务共享试点上线单位。合同信息管理系统作为财务共享平台重要数据来源和支付依据，公司完成系统设置和存量合同推送等集成工作，确保上线对接工作平稳有序进行。是年，合同管理系统与财务共享系统实现对接。

第四节　证照标识管理

一、证照管理

1989—1999年，公司及所属单位按照国家相关规定办理公司各类证照。证照由各单位建立管理台账，自行保管。

2000年，根据国家工商行政管理局《关于中国石油天然气股份有限公司、中国石油化工股份有限公司的分公司登记注册有关问题的通知》(工商企字〔2000〕第115号）及中国石油天然气股份有限公司石油法字〔2000〕第160号文，公司受股份公司及其法定代表人的委托，在川申办股份公司下属各级分公司工商登记注册。由于股份公司设在北京，股份公司授权公司的授权委托书统一交由四川省工商行政管理局备案。各地、市、州石油公司及其直属企业、分支机构和加油站的工商登记由各地、市、州石油公司统一负责，经公司及其负责人转委托授权，直接向各地工商行政管理机关申请办理登记注册。

是年，公司注销37个原省石油总公司、成都石油站法人执照和营业执照。对公司所属经营单位需要变更名称的673个单位办理名称变更，受到股份公司表彰。

2005年，根据《中华人民共和国公司法》和《中华人民共和国公司登记管理条例》及股份公司的相关规定，公司制定《工商登记管理暂行办法》，加强工商登记标准化管理，规范工商登记行为，防范法律风险。公司工商登记实行“统一管理、归口把关、分级负责”管理机制，因生产经营需要办理独立法人、非独立法人企业的设立、变更、注销工商登记事项的，都需要按照《工商登记管理暂行办法》执行。

是年，根据股份公司《法人授权转委托书》，公司下发《关于进一步完善授权管理的通知》《关于进一步规范授权管理的通知》，完善和规范签约授权管理的范围、权限、办理程序等，明确工作职责，提高工作效率。

2006—2013年，按照《中华人民共和国企业年度检验办法》规定，公司及所属单位每年3月1日至6月30日，向当地工商部门提交年检材料，接受政府职能部门的监督管理。

2014年，根据国务院《企业信息公示暂行条例》等规定，企业年度检验制度改为企业年度报告公示制度。按照工商管理机关的要求，公司及所属单位在每年6月30日前，向工商管理机关报送企业上一年度的年度报告，并向社会公示。

2015年，公司进一步强调工商登记工作，各单位办理油库、加油站分支机构或托管的参控股企业的设立、变更或注销登记时，都必须向公司提供相应的审核资料，包括书面请示、前置许可证照、相关业务部门的会签审批意见等，由公司企管法规处进行备案审查后统一出具工商登记批复和总部工商登记授权书。

8月，公司规范证照使用管理，企管法规处归口管理6类证照，包括：公司营业执照（正、副本）；公司组织机构代码证（正、副本）；公司成品油批发经营批准证书（正、副本）；股份公司营业执照（副本复印件）；股份公司组织机构代码证（副本复印件）；集团公司、股份公司商标注册证（复印件）。明确因公（私）申领公司证照原件或复印件程序，提高工作效率。

2016年，公司所属单位及库站共需办理证照26种，其中17种与安全环保、质量计量相关，均有不同程度存在缺失。公司按照“谁主管、谁负责”的原则，进一步明确证照归口管理部门，全面建立各专业线各负其责的证照管理模式。各单位安全总监对在营加油站安全环保、质量计量相关证照办理情况负总责，安全管理部门及时补办缺失证照，建立台账，实行动态管理。

2017年，按照销售公司关于全面应用协同办公系统证照管理模块的要求，公司从3月7日起，正式启用协同办公系统证照管理模块，防范证照缺失、管理不善等引起的合规风险。

是年，公司借助四川省工商局内部信息系统，清理全省所属机构和单位经营异常情况，共清理出23家被列入经营异常名录单位和80家已吊销营业执照但未办理注销手续单位。其中，经营异常单位涉及二级分公司1家、经营（门市）部3家、加油站19座；已吊销营业执照但未办理注销手续的机构和单位涉及油库1座、加油站60座、运输公司（车队）8个、宾馆（招待所）3个和分公司（经营部）8家。6月30日，涉及异常的单位全部完成所属经营异常及吊销未注销营业执照的处理工作。

2018年，协同办公系统证照管理模块纳入公司信息系统周考核。每周对各二级公司证照数量、维护率、缺失证照数量、缺失率进行考核，对考核排名靠后的5家单位点名通报。

2019年，协同办公室系统证照管理模块录入证照23973个，维护率99.34%，证照缺失率0.66%。

二、标识管理

1989—1997年，公司受中国石油化工销售公司和四川省人民政府双重领导，商品分配权属中国石化销售公司，人、财权仍由四川省人民政府管理。库站、办公楼统一使用中国石油化工销售公司标识。

1998年，公司上划中国石油集团公司管理。库站、办公楼统一使用中国石油服务商标，全资加油站统一形象包装。

1999年，公司规范“中国石油”品牌标志及联营企业冠名权使用。由公司控股且使用“中国石油”品牌标志的联营加油站，在制定联营协议、联营章程和进行工商登记的过程中，依法使用“中国石油”品牌标志作为无形资产投资计入公司出资总额，从而有偿使用无形资产、避免无形资产流失。

2001年，公司开展保护“中国石油”服务商标、股份公司名称专用权工作，维护股份公司合法权益。争取地方政府和工商管理部门的支持，严厉打击盗用“中国石油”“Petrochina”商标的现象，收集各类侵权证据，计算侵权所造成的利润损失，提起侵权诉讼。对干扰公司正常经营活动、损害股份公司商业信誉、给消费者造成混淆和误解、严重扰乱市场秩序的单位和个人，均要求取缔并停止侵害、限期拆除和赔礼道歉。

2003年，公司印发《商标管理实施细则（试行）》，明确规定使用股份公司注册商标的条件、使用范围、签订许可合同的权限等。7月底，公司与各二级公司签订《服务商标再许可合同》。

2004年，公司在辖区范围内开展打击侵犯中国石油注册商标和企业标识的专项整治活动。四川省工商行政管理局向各市（州）工商局下发《关于开展打击擅自使用“中国石油”商标及将其特有的标识作相同或近似使用的行为的通知》，将股份公司红底、黄杠、白字的形象识别系统与注册商标一并纳入保护范围，各地工商部门组织执法力量，加大打击力度，严肃查处侵害“中国石油”商标及特有标识的行为。是年，各地工商部门共出动执法人员1238人次、执法车辆203台次，检查加油站486户，清查出侵权加油站119座，立案查处71座（占侵权总数的60%），涉及侵权、自行整改的加油站31座（占侵权总数的26%）。对拒不停止侵权行为的2座社会加油站依法起诉。

是年，按照股份公司《视觉形象识别手册》的要求，公司清理和规范资产型加油站、特许加油站、油库、机关办公场所等使用中国石油企业标识的情况，把贯彻落实股份公司《视觉形象识别手册》和《商标管理办法》与开展“中国石油”注册商标、标识专项清理整治活动结合起来，组织员工认真学习《中华人民共和国商标法》《中华人民共和国反不正当竞争法》《中华人民共和国消费者权益保护法》以及股份公司《视觉形象识别手册》《商标管理办法》和公司《商标管理实施细则》，增强员工自觉维护企业形象意识，向社会展示中国石油良好形象。

2005 年，公司统一使用中国石油宝石花标识。6 月，统一更换将库站、办公场所以及办公用品、会议用品标识，通过在旅游热点地区设立大幅广告牌等形式向公众宣传新标识，树立中国石油统一品牌，充分发挥中国石油的无形资产价值。

2007 年，公司开展清理滥用商标商号专项活动，采取“限时间、定方案、定专人”的方法，清理辖区内加油站商标商号情况，排查发现侵权社会加油站 12 座，配合工商行政部门进行侵权处理。

10 月，公司向各二级分公司和公司直属经营部门发放授权转委托书，将股份公司（2007）股份法授字第 108 号《授权委托书》6 项授权事项的前 3 项予以转委托。根据授权，各单位可就商标侵权行为直接向工商行政管理机关投诉，可直接申请和参加相关听证，并对行政处理决定提起行政复议。

2011 年，公司与集团公司、股份公司签订 2011—2013 年度《服务商标许可使用合同》。与二级公司统一签订 2011—2013 年度《服务商标许可使用合同》，与股权企业签订《服务商标转许可使用合同》。

是年 12 月，针对中国石油商标使用不规范现象，公司进一步规范集团公司“”图形商标和“中国石油（cnpc、petrochina）”文字商标的使用要求。公司系统内油库及全资加油站形象包装、成品油储运设施、办公场所、办公用品等应规范使用集团公司“”图形商标和“中国石油”文字商标，应符合集团公司《企业形象识别系统手册》执行标准。对违规情况及时进行清理、取证和整改，对清理发现的社会加油站商标侵权行为进行监督和严厉打击，切实捍卫中国石油的合法权益，维护中国石油企业品牌形象。

2012—2017 年，公司加强商标使用管理，认真履行与集团公司、股份公司签订的《服务商标使用许可合同》，加强对二级公司、特许加油站使用商标的指导监督，规范正确使用中国石油商标。持续开展中国石油商标标识宣传和侵权专项清理维权活动，维护中国石油企业品牌形象和合法权益，规范成品油市场经营秩序。

2015 年，公司严格执行集团公司统一视觉形象识别系统的规范要求，在法律许可的使用范围内，严格按照商标注册的颜色、元素位置、比例关系等要素，依法规范地使用商标。

2017 年，在与集团公司、股份公司完成 2017—2019 年度《服务商标使用许可合同》签订工作后，按照有关商标转许可使用的程序和条件，公司组织签订 2017—2019 年度《服务商标使用转许可合同》。

2018—2019 年，公司遵照执行集团公司《石化产品使用昆仑商标实施细则》（品牌办〔2017〕2 号），进一步规范石化产品使用昆仑商标管理。

第五节　管理创新

一、管理创新制度

1989—2006年，公司围绕经营管理工作，以创新的思维、方式方法，重点解决制约企业发展的矛盾和问题，逐步提升管理水平、提高工作效率。其间，管理成果、小发明、小成果以自发的形式在本单位（部门）运用。

2007年，公司启动管理创新工作，先后出台《企业管理现代化创新成果管理办法》《科技创新管理暂行办法》，设立企业管理现代化创新成果评审委员会，每年评审奖励一次，鼓励和引导企业积极推进管理创新、强化科学管理，激励各单位应用现代经营管理理念，改革管理组织，改善管理方法，改进管理手段，完善管理制度，推进全公司管理现代化创新工作。

2013年1月，公司在管理创新成果评审中设立“四小”成果奖，提倡和鼓励广大员工立足本职、立足岗位广泛深入开展“小发明、小改造、小革新、小设计”活动，进一步调动和发挥公司广大员工创新积极性和主动性。

2015年10月，公司印发《管理创新工作实施意见》，建立专家微信群，创新推送模块，创新公共邮箱和灵感在线，建立创新实验室，为员工、专家、管理者全方位搭建创新交流和探索实践的平台。建立完善项目推进机制和创新季经理机制，营造“人人参与创新、处处都有创新”氛围。

2017年，公司印发《关于开展2017年企业创新项目立项申报工作的通知》，改变原管理创新成果申报评审的单一模式，实行创新成果“项目制”研究模式，使创新管理工作更加贴近、服务生产经营，提高公司创新项目质量和水平，促进公司企业管理水平提升。

2018年，公司实行管理创新“项目制”与成果“申报制”双轨并行的管理模式。申报单位结合公司中心工作和管理创新重点，围绕生产经营管理中遇到的重点难点问题，提出拟开展的管理创新研究与实践项目立项申请。项目选题突出解决实际工作层面的管理问题，成果具有推广应用价值。经机关部门、二级分公司申报，公司批准立项研究的创新项目，拨付经费用于研究，对研究进度进行监督。项目研究完成后，公司统一组织项目验收，验收合格的成果参与当年优秀成果评选。

二、行业部级及集团公司参评

参评行业部级奖项　2009—2019年，公司向中国石油企业协会申报参评管理创新成果、论文及著作，累计荣获优秀成果一等奖6个、二等奖14个、三等奖27个；荣获优秀论文一等奖25篇、二等奖34篇、三等奖44篇，优秀著作特别奖1个（见表8-14）。

参评国家级奖项　全国企业管理现代化创新成果评审是在国务院国有资产监督管理委员会、工业和信息化部等国家部委的指导下，由全国企业管理现代化创新成果评定委员会主办，旨在提升企业自主创新能力和管理现代化水平。

表 8-14　2009—2019 年获得中国石油企业协会管理创新成果及论文（行业部级）奖项情况汇总表

年度	优秀成果			优秀论文			优秀著作
	一等奖	二等奖	三等奖	一等奖	二等奖	三等奖	特别奖
2009	1	2	1	1	2		1
2010		2	2	3	1	1	
2011	1	2	2	5	1	6	
2012	1	2	6	2	5	9	
2013	1	2		4	7		
2014		2	2	3	5	6	
2015	1	1		6			
2016			4	3	5	6	
2017	1		2		1	6	
2018			5	1	5	5	
2019		1	3	2	2	5	
合计	6	14	27	25	34	44	1

2008 年，《长效保供机制先行》被中国管理科学研究院评为“中国科学与人文社会科学优秀创新成果”一等奖。

2009 年，《基于信息化平台的成品油公路配送优化管理》被全国企业管理现代化创新成果评定委员会评为第十六届全国企业管理现代化创新成果二等奖。

2012 年，公司管理创新成果《省级成品油应急供应保障体系建设》荣获第十八届国家级企业管理现代化创新成果二等奖。全国审委会专家认为，该管理创新成果代表中国石油履行社会保障供应责任和水平的最新趋势，是中国管理科学发展的成功案例，具有普遍推广价值。

2016 年，公司管理创新成果《基于“互联网 +”的成品油微信营销》获 2016 年度国家级企业管理现代化创新成果二等奖。

2019 年，《国内首创摩托车专用自助加油机及配套设计的创新研究与实践》获得“全国石油石化企业技术创新一等奖”，入选石油工业出版社《2019 年全国石油石化科技创新发展论文集》，是公司首次获得国家级技术创新类嘉奖。

参评中国企业联合会、中国企业家协会奖项　2011 年，国家企业管理权威机构中国企业联合会、中国企业家协会发出通知，颁布荣获“全国企业文化优秀论文”的 22 篇获奖论文。公司论文《国有成品油销售企业社会责任研究》，作为石油石化行业管理创新优秀论文，经中国石油企协推荐参评，荣获“全国企业文化优秀论文”奖。

参评集团公司、销售公司奖项　2011 年，销售公司开展“十一五”期间科技成果和优秀论文评比。公司推荐的 8 项管理科技成果和 3 篇论文全部获奖。在销售公司公布的 20 项科技成果奖中，公司推荐参评的项目占全部获奖成果总数的近半数，其中，一等奖 2 项、二等奖 4 项、三等奖 2 项；优秀论文 3 篇，其中，一等奖 2 篇、三等奖 1 篇。

2016 年，向集团公司申报参评项目，获奖 9 项，其中：优秀成果二等奖 4 个、三等奖 1 个；优秀论文一等奖 1 个、三等奖 3 个。

2017 年，运维智能应答“机器人”，荣获集团公司“五新五小”创新成果。该成果借助微信企业号开发，无初期投入成本，通过远程就可以对员工进行操作培训，可全天候指导加油站员工用手机 APP 解决系统故障。简单易学，“随叫随到”，实现高效运维，一年可节约人工成本、培训费、差旅费等各类费用近 10 万元。

2017 年，公司《加油站员工积分制管理模式的创新与实践》《企业形象大使“油优”的创建和使用》分别获得获集团公司优秀成果一等奖和三等奖，其中，《加油站员工积分制管理模式的创新与实践》是销售企业中唯一获得集团公司创新管理一等奖的项目。

2018 年，公司《加油站模块化建设研究与应用》获集团公司优秀成果二等奖。

三、公司管理创新评审

2008—2009 年，公司与西南石油大学共同召开科技研究项目研讨评审会，就公司自主立项的《成品油油气回收技术应用研究》《成品油库排污处理技术研究》《成品油库管输油头处理技术研究》科研项目以及油库管输油头处理技术、油库排污系统技术研究、油气回收技术应用等三项研究课题进行研究讨论和评议。

2008—2019 年，公司企业管理现代化创新成果评审委员会专业评审组组织开展企业管理现代化创新“三评”工作。管理创新项目评审工作按照年度工作计划，坚持成果质量与工作推进相结合的原则，“突出成果质量，兼顾创新工作持续开展”的原则，采取“差额推荐、专家评审”的方式，从创新性、实践性、经济效益、难易程度、报告质量等五个方面严把质量关，历经立项、申报、评审三个阶段，评选出管理创新优秀成果和管理创新优秀论文（见表 8-15）。

表 8-15　2008—2019 年中国石油四川销售分公司管理创新优秀成果和优秀论文数量汇总表

年度	优秀成果（奖次）						优秀论文（奖次）				优秀著作	四小成果
	小计	特等	一等	二等	三等	四等	小计	一等	二等	三等		
2008	34		3	4	13	14						
2009	33		5	8	20		36	5	9	22		
2010	50	1	9	16	24		42	6	14	22		
2011	51		7	15	29		46	7	12	27	1	
2012	53		10	17	26		43	9	14	22		
2013	46		6	18	22		33	5	8	20		18
2014	48		10	16	22		52	9	16	27		15
2015	45		9	14	22		28	5	8	15		15
2016	25		4	8	13		15	3	5	7		
2017	24		5	7	12		24	4	6	14		
2018	28		3	9	16		32	5	10	17		
2019	27		3	10	14		28	6	9	13		

2014年，公司表彰质量计量优秀“四小”成果，对在实践中取得显著成效的“滤油操作法”“卸油作业四个‘K点’控制法”和“地罐容积标定法”三项优秀“四小”成果分别命名为“杜兵尧”滤油操作法、“烟草岗加油站”卸油4K关键控制法、攀枝花公司地罐容积标定法。

2016年，公司在工会第三次代表大会上评选出首批“创新创客”成果，这也是公司首次举办“创新创客”评选活动。在“创新创客”动员期间，共收到来自27家单位62项参赛作品，经过评委现场评选，新闻中心《“油优”形象大使》等8项作品获得“创新成果”一等奖，泸州公司《油站连片管理模式创新》等8项作品获得“创新成果”二等奖。为充分调动创新创客热情，达到“创新成果”目的，体现“创新成果”价值，公司将62项参赛作品制作成《职工创新创客成果集萃》供各二级公司学习借鉴。

四、科技成果和专利申报

1990年11月，公司向中国石化销售公司递交“薄膜蒸发器用于废油再生工艺”科技成果登记的报告。公司与解放军后勤工程学院“薄膜蒸发器用于废油再生工艺”项目已完成全部研究工作，于1991年7月20日通过技术鉴定。

2016年8—9月，公司所属资阳公司申报的“摩托车自助加油机外观设计发明专利”和“摩托车自助加油机实用新型发明专利”，由国家知识产权局审核通过（专利号分别为201630175509.X、201620428460.9），标志着公司在摩托车自助加油领域实现重大革新突破。

2017—2018年，资阳公司与四川远德公司合作研发成品油公路运输安全管控方面专利，共同取得“成品油公路运输安全管控平台”“一种油尽检测装置”“一种RFID油罐车监管系统”实用新型专利授权。

第六节　股权管理

股权管理包括控股股权管理、参股股权管理。其中，控股股权管理通过战略管控、运营管控、财务管控，实现集团化发展，获得股东回报。参股股权管理通过股东大会、外派董监事参与运营决策，通过协助被投资企业项目开发，促进股权价值提升，获取共赢投资收益。公司股权管理起步于2004年，经过15年的发展，管理体系逐步完善。

一、股权管理制度

2004年，公司遵照执行股份公司《股权管理办法（试行）》《股权处置实施细则》，进一步规范股权管理行为，提高对外投资回报率，降低对外投资风险。

2005年，根据股份公司要求，公司制定《股权管理实施细则》，对股权管理涉及的项目前期工作、派出人员管理、日常事项管理、股权处置等工作内容提出具体要求和规定，明确对参、控股公司的管理政策，规范派出人员薪酬标准及考核，对派到股权企业的人员薪酬待遇实行按月由股权企业发放，年终考核后，由原单位按本单位同岗位同职级人员进行清算补差。将会计集中代理核算和资金收支“两条线”管理作为一项基本要求纳入对控股公司的管理策略中，提升投资回报率。

2008年，公司印发《股权管理实施细则》《专职董监事业务管理细则》，对股权企业管理机构与职责、股权投资、股权日常管理、股权处置、派出人员管理、考核与监督、专职董监事业务内容及工作程序、绩效考核都进行规范。10月，公司成立专职董监事办公室，共向20个股权企业推荐8名专职董监事。对所属34个股权项目开展股权项目法律鉴定工作，根据公司股权管理现状，查清股权项目演变过程，完善相关管理资料，消除法律隐患，股权管理组织机构和规章制度进一步健全。

2013年，公司印发《股权管理权限指引（模板）》，以控股企业四川川油长运油品销售有限责任公司为试点单位，从股权企业内部管理、托管单位管理、省公司部门管理直至公司领导审批等环节的权限进行梳理，共梳理涉及公司治理结构、销售管理、财务管理、工程建设、增资扩股、人力资源管理、采购管理、合同与纠纷管理、信息系统管理等9个方面89条管理权限。所属控参股企业根据实际情况，建立适合自身需要的管理权限指引，报董事会审议后逐步推广实施。

2014年，公司遵照执行集团公司《股权管理系统管理细则》。

2017年，公司印发《关于进一步规范股权企业干部人事管理的实施意见》，明确对规模较大（销售收入达到5亿元及以上或成品油销售总量达到10万吨及以上、利润总额达到5000万元及以上），或跨区域经营的股权企业，原则上由省公司托管，其他股权企业由二级公司托管。同时明确专职董监事办公室更名为股权管理办公司，负责牵头统筹和协调全省股权企业的预决算、运营、投资建设等管理。股权管理办公室归口企管法规处，业务上与省公司相关专业处室协调对接。

2018年，为强化股权管理职能、提升股权管理效率，按照“抓大放小，统一标准，分级管理，严格考核”原则，公司印发《中国石油四川销售分公司关于试行股权企业分级分类管理的通知》，以股权企业的站点数量、销售规模、创效质量、发展趋势等为主要指标，根据股权企业现状，分为省公司直管、二级公司托管和二级公司全管等三类股权企业进行差异化管理。

规模大、跨区域经营，或专业性强、市场潜力大，符合公司转型发展方向的股权企业（四川交投中油能源有限公司、四川中路能源有限公司、四川蜀兴宝石花石油工程设计有限公司、中石油四川铁投能源有限责任公司、四川中油九洲北斗科技能源有限公司以及成都天投中油能源有限公司6家企业）纳入省公司直管，由省公司具体负责其日常行权管理事项，董监事和高级管理人员由省公司负责委派并组织考核。

经营规模较大，经营范围在同一地市的股权企业（成都中油能源有限公司、四川川油长运油品销售有限责任公司、广元市石油有限公司、宜宾中港能源有限责任公司以及四川省巴中市中运能源有限公司5家企业），沿用“省公司集中统一领导，托管单位具体组织实施，专职董监事和派出管理人员进行督促落实”的管理模式，董监事和高级管理人员由省公司和二级公司共同委派并组织考核。

规模小、盈利能力一般、网点少且短期无扩张趋势的企业，授权二级公司全权管理，省公司不再参与该类企业的日常行权管理事务，仅对该类企业年度业务发展和投资计划、利润分配、重大资金出借、债务性融资等重大事项进行统一、集中管理，董监事和高级管理人员由属地二级公司委派，省公司不再委派董监事，相关人选由各二级公司推荐，经股权管理办公室审核合格后报公司领导审批，最后按干部管理权限，由省、市两级公司人事部门出具推荐函，考核由二级公司自行组织（除省公司直管和二级公司托管外的其余股权企业）。

8 月，公司印发《关于股权企业油品价格市场化供应结算的通知》，按照“老站老办法、新站新办法、新站促老站”的原则，制订对交投中油、中路能源、中油铁投、天投中油、中油能源、川油长运、川油成运、兴光华、公交能源的市场化价格执行方案，意在解决公司与股权企业在油品供应价格和渠道方面的矛盾。

二、股权管理基础工作

2005 年，按照总部全面推进股权管理信息系统建设的要求，公司加快进度完善各投资项目的基础信息和投资资料，纳入信息管理平台。通过切实加强股权管理基础工作，建立健全股权管理制度，逐步落实向被投资单位选派人员和推行派出人员业绩考核等措施，公司股权管理工作总体上有大的改观。对持股比例超过 20% 的投资项目进行全面清理，对照会计制度的有关规定调整核算方法。

2007 年，按照股份公司《关于进一步加强股权管理工作的通知》（石油资〔2007〕7 号）要求，公司组成股权投资清查工作小组，对受托管理的股权投资项目进行全面清理。

2010 年，公司组织开展专职董监事调研检查工作，对托管单位股权管理工作开展情况、对外投资项目经营管理中的重大事项、股权管理中存在问题的整改落实情况，网点扩张、规模扩大、员工积极性调动、强化与股东方的沟通等方面的内容进行调研检查。是年，公司现有股权项目 28 项，股权企业销售油品约 13 万吨，同比增加 4 万吨，实现利润 2000 多万元。

2011 年，公司召开 2011 年股权企业座谈会，总结 2010 年公司经营情况及股权企业发展情况。公司紧紧围绕“发展、效益、规范”的方针，进一步夯实股权管理基础，提升股权创效能力，确保实现销量增幅不低于 20%、利润增幅不低于 15% 的目标，实现股权投资收益。

2013 年，公司设立专职董监事办公室，主要负责公司股权管理，制定公司股权管理规章制度，组织编制股权投资收益预算，指导规范股权企业行权管理，参与公司股权投资计划及可行性研究。专职董监事办公室与企管法规处合署办公（不作为独立机构），日常业务归口企管法规处。制定《股权管理考核办法（试行）》（油川销发〔2013〕8 号），加强股权管理。

2014 年，公司召开股权企业专业线管理专题研讨会，对股权企业专业线管理提出“区别对待、抓大放小、突出重点、注重制度、强化执行”的专业线管理原则，严格按照《中华人民共和国公司法》、股权企业章程、合同等文件，充分发挥派出人员的载体作用，通过“三会”、议案等方式对股权企业依法合规管理，解决管理权限不明的问题。

2016 年，按照集团公司资本运营部《关于编报 2017 年度股权投资收益预算的通知》要求，公司结合实际情况，编制 2017 年股权投资收益预算。是年 11 月，公司开展 2016 年股权管理考核工作，其中，托管单位考核内容主要是效益类指标、股权管理机构和人员指标、股权投资管理指标、日常管理指标、股权处置指标等五大类指标。股权企业考核内容主要是效益类指标、管理机构和人员指标、投资管理指标、日常管理指标、中介机构服务指标等五大类指标。

2017 年，严格执行股权企业股东会、董事会及监事会“三会”议事制度。

会议的准备　正式召开“三会”前，股权企业要做好各项会议准备工作，包括拟定会议通知、征集和拟定会议议题、与各位董监事做好会前沟通等工作，确保“三会”顺利召开。

会议的召开　股权企业严格按照《中华人民共和国公司法》和章程所规定的股东会、董事会及监事会的职权、议事范围和会议流程召开股东会、董事会和监事会。原则上，除有争议且无法表决通过的议题可暂缓表决外，股东会、董事会、监事会对其他所有列入会议议事日程的议案应当进行充分讨论并逐项表决，不得随意搁置、不予表决。

会议决议的落实和反馈　原则上，股东会形成的决议，由董事会负责组织贯彻，并按决议的内容和责权分工责成经理等高级管理人员具体实施承办；股东会决议要求监事会办理的事项，直接由监事会召集人组织实施。董事会做出的决议，属于经理层职责范围内或董事会授权经理层办理的事项，由经理层组织贯彻实施，并将执行情况向董事会报告。监事会的决议由监事执行或者监事会监督执行，并由指定的监事将最终执行结果报告监事会。公司派出的专职董监事负责将股权企业会议决议及其他有关情况向公司股权管理部门反馈，并跟踪会议决议的落实情况。

2018 年，公司以股权企业的站点数量、销售规模、创效质量、发展趋势等为主要指标，将股权企业分为省公司直管、二级公司托管和二级公司全管等 3 个类型进行差异化管理。

省公司直管类股权企业　将规模大、跨区域经营，或专业性强、市场潜力大，符合公司转型发展方向的股权企业纳入省公司直管，由省公司具体负责其日常行权管理事项，董监事和高级管理人员由省公司负责委派并组织考核。该类企业现有四川交投中油能源有限公司、四川中路能源有限公司、四川蜀兴宝石花石油工程设计有限公司、中石油四川铁投能源有限责任公司、四川中油九洲北斗科技能源有限公司以及成都天投中油能源有限公司 6 家企业。

二级公司托管类股权企业　经营规模较大，经营范围在同一地市的股权企业，沿用“省公司集中统一领导，托管单位具体组织实施，专职董监事和派出管理人员进行督促落实”的管理模式，董监事和高级管理人员由省公司和二级公司共同委派并组织考核。该类企业现有成都中油能源有限公司、四川川油长运油品销售有限责任公司、广元市石油有限公司、宜宾中港能源有限责任公司以及四川省巴中市中运能源有限公司 5 家企业。

二级公司全管类股权企业　规模小、盈利能力一般、网点少且短期无扩张趋势的企业，授权二级公司全权管理，省公司不再参与该类企业的日常行权管理事务，仅对该类企业年度业务发展和投资计划、利润分配、重大资金出借、债务性融资等重大事项进行统一、集中管理，董监事和高级管理人员由属地二级公司委派，省公司不再委派董监事，相关人选由各二级公司推荐，经股权管理办公室审核合格后报公司领导审批，最后按干部管理权限，由省、市两级公司人事部门出具推荐函，考核由二级公司自行组织。该类企业现为除省公司直管和二级公司托管外的其余股权企业。

2019年，公司各托管单位清理股权企业章程，明确将党建工作写入股权企业章程。明确党组织发挥领导核心和政治核心作用，把方向、管大局、保落实，明确党组织的机构设置和基础保障；明确董事会决定公司重大问题，应事先听取公司党组织的意见；明确党组织设置及主要职责。修订的股权企业章程提交股东会审议，并提交工商部门备案。

表8–16所示为2019年末中国石油四川销售分公司股权企业情况汇总情况。

表8–16　2019年末中国石油四川销售分公司股权企业情况汇总表

序号	公司名称	股比	管理形式
1	中石油四川铁投能源有限责任公司	参股	直管
2	四川交投中油能源有限公司	参股	直管
3	四川蜀兴宝石花石油工程设计有限公司	参股	直管
4	四川中路能源有限公司	参股	直管
5	四川中油九洲北斗科技能源有限公司	参股	直管
6	成都天投中油能源有限公司	参股	直管
7	四川中油元通科技发展有限公司	参股	直管
8	四川省石油集团有限公司	独资	托管
9	成都深国贸物业管理有限公司	独资	托管
10	泸州华油压缩天然气有限责任公司	独资	托管
11	遂宁博傲新能源科技有限公司	独资	托管
12	四川石化房地产综合开发有限责任公司	独资	托管
13	丹棱县大棱加油有限公司	独资	托管
14	四川利达金盆石化有限公司	控股	托管
15	武胜县创新压缩天然气有限责任公司	控股	托管
16	成都金宏运油品贸易有限责任公司	控股	托管
17	四川川油成运油品有限责任公司	控股	托管
18	四川中油南星能源有限责任公司	控股	托管
19	大竹中油海华能源有限公司	控股	托管
20	四川中油兴光华能源有限公司	控股	托管
21	成都市蒲江朝阳燃油有限责任公司	控股	托管
22	四川川油长运油品销售有限责任公司	控股	托管
23	彭州市中油统建能源有限公司	控股	托管
24	成都一〇四库保和加油站	控股	托管
25	盐亭县创新压缩天然气有限责任公司	控股	托管

续表

序号	公司名称	股比	管理形式
26	四川中油天府视高能源有限公司	控股	托管
27	四川中油洪安能源有限公司	控股	托管
28	绵阳市绵投中油能源有限公司	控股	托管
29	四川中油悟达能源有限公司	控股	托管
30	成都新成石化有限公司	控股	托管
31	泸州市江阳区百子图石化有限责任公司	控股	托管
32	四川中油公交能源有限公司	控股	托管
33	四川中油德源能源有限公司	控股	托管
34	成都市兰津飞天石化有限责任公司	控股	托管
35	简阳市中油简投能源有限责任公司	控股	托管
36	绵阳川盟商贸有限公司	控股	托管
37	广元市石油有限公司	参股	托管
38	四川省巴中市中运能源有限公司	参股	托管
39	资阳中油空港能源有限责任公司	参股	托管
40	泸州工投中油能源有限责任公司	参股	托管
41	成都中油能源有限公司	参股	托管
42	宜宾中港能源有限责任公司	参股	托管
43	北川中油能源有限责任公司	参股	托管
44	成都传化石油销售有限公司	参股	托管
45	遂宁中油鑫兴元能源发展有限公司	参股	托管
46	成都空港中油能源有限公司	参股	托管
47	乐山中油广生能源有限公司	参股	托管
48	成都市华阳二江寺天山加油站	参股	托管
49	绵阳中油交通能源有限责任公司	参股	托管
50	德阳中油德投能源有限公司	参股	托管
51	成都交运压缩天然气发展有限公司	参股	托管
52	成都中川天然气有限公司	参股	托管
53	四川中油钢城能源有限公司	参股	托管
54	中石油凉山国投能源有限责任公司	参股	托管
55	南充传化石油销售有限公司	参股	托管

三、股权收益

公司按照“谁托管、谁负责”的原则，指导和统筹股权企业编制年度预算。按月分析股权企业销量、费用、利润等25项主要指标完成情况、按季度通报，实时监控股权企业经营动态，强化专业线帮扶指导，确保各项预算指标顺利完成（见表8–17）。

表 8–17　2015—2019 年中国石油四川销售公司持续经营股权企业销售表

年度	股权企业数量	销售量		利润		投资收益（万元）
		总量（万吨）	公司总额占比（%）	总额（万元）	公司总额占比（%）	
2015	25	96.11	10.77	31704	7.46	12046
2016	29	102.32	11.24	35910	11.67	14045
2017	30	99.42	10.49	36753	11.65	13525
2018	33	106.19	10.74	40146	36.56	15254
2019	55	109.57	10.66	53506	20.67	20820

第六章　企业文化

第一节　企业文化建设

2001年6月，公司举办“爱党爱国、风险企业”演讲大赛，并从获奖选手中选拔出6名优秀选手组成巡回演讲团，到各市（州）公司及公司机关进行巡回演讲，从不同侧面生动讲述先进人物和先进事迹，讴歌企业两个文明建设取得的成就。

2003年5月，公司根据中国石油天然气集团公司《企业文化建设纲要）（试行）》，在调查研究的基础上，制定《省公司2003—2007年企业文化建设规划》。《规划》提出公司2003—2007年企业文化建设的长期目标和阶段目标。从“人本文化、营销文化、管理文化”来界定公司企业文化的内容。提出“实施一把手工程，明确工作责任；立足两个层面，实现上下联动；抓好三个区位，做到同步推进；创新活动开展，丰富载体；突出重点，夯实基础”五个方面的措施。公司决定每年9月1日为企业节，并谱写企业之歌，制定企业文化手册。企业文化建设目标是：2003年、2004年力争文明班组、文明加油站、文明油库、文明汽车队、文明科（处）室等文明细胞创建率达70%以上。每个二级公司至少确立1个文化建设基层示范单位，省公司文化建设重点放在万吨级加油站、104油库和绵阳董家沟油库上；2005年抓好3—5个二级公司试点，建好5000吨级以上加油站和广元、德阳等7座管输油库，力争90%以上二级公司建成市级以上文明单位；2006年，建设重点放在中心城市、主要交通干道加油站、2000吨级以上加油站和其他油库上，力争2/3以上二级公司建成省级文明单位；2007年，力争全系统建成省级以上文明行业。

2004年，公司总经理杨顺成作词、著名作曲家雷明作曲的歌曲《为明天加油》，确定为中国石油四川销售分公司企业之歌，公司在大型会议、重要活动、纪念庆典等场合组织职工演唱，以鼓舞士气，增强企业的向心力和凝聚力。

在企业文化建设中，公司以“六个一”先进选树活动为切入点，认真组织开展先进典型“选树”活动，坚持用榜样的力量感召职工，确立“发现典型，培养典型、激励典型、保护典型”的先进管理理念，大力培养各方面的典型，激发广大职工爱岗敬业、奋发向上的热情。涌现出以中国石油天然气集团公司“百面红旗单位”绵阳董家沟油库、“全国五一劳动奖章”获得者李勇为代表的一大批先进集体和个人，有5个先进单位、5个先进油库、7个优秀加油站、5名杰出加油站长和5名加油状元受到省公司表彰。4月，公司组织先进事迹报告团，在公司机关和二级公司巡回报告20场，在系统内掀起“爱中油、学典型、创佳绩”的热潮。

2004年，公司从服务规范、营销礼仪、职业道德培训等方面入手，加强对职工的职业素养教育，“持续满足客户需求”的文化管理理念日渐成为多数职工的自觉行动，塑造中国石油的良好形象。

2005年，公司推进先进典型选、树、学活动。公司党委认真组织“全国劳动模范”“四川省劳动模范”“集团公司劳动模范”“集团公司先进单位”等先进集体和先进个人的评选、推荐和申报工作，在全司上下进一步掀起“学习先进典型、弘扬劳模精神”的活动热潮。涌现出一批先进集体和个人，公司总经理杨顺成同志被评为“2005年度四川省劳动模范”，德阳公司广汉片区客户经理刘晓红同志荣获“全国劳动模范”称号，成都分公司蜀龙加油站被评为“全国模范职工小家”，德阳公司被评为“集团公司2005年度先进集体”，成都公司刘少业被评为“集团公司2005年度劳动模范”。

8月，公司举行保持共产党员先进性教育活动“榜样与力量”先进模范事迹报告会，全司700余名党员代表通过视频收看聆听先进模范事迹报告。“全国劳动模范”、德阳公司广汉片区客户经理刘晓红，“中国石油百座红旗加油站”、岷江公司西羌加油站经理、优秀共产党员陈剑，四川省“先进油库”“先进党支部”川南公司史家油库党支部副书记李长咸，“全国五一劳动奖章”获得者、攀枝花公司零售部副主任、共产党员李勇，集团公司、股份公司老干部管理工作先进个人、甘孜公司综合办公室主任、共产党员朱志民等5位公司先进代表在会上作了精彩感人的先进事迹报告。

2007年9月，公司建成中国石油四川销售公司企业文化展览馆，该馆占地面积近600平方米，主要展示四川销售从1952年成立以来取得的成就。主展内容分为川渝地区网点布局沙盘、四川销售发展历程、先进人物荣誉展区。2008年，在汶川大地震的抗震救灾工作结束后，由中共中央、国务院、中央军委授予公司的“全国抗震救灾英雄集体”荣誉奖牌也陈列于该馆内。

同月，中国石油四川销售公司文体活动中心顺利竣工并投入使用，该活动中心集合了健身房、乒乓球室、桌球室、篮球场等多种活动项目，装修简洁大方，功能齐全，重点对室内装修、健身器材等硬件设施进行规划布置，配备动感单车、跑步机、椭圆机、五人站综合训练器、坐式划船器等健身器材。同时，专门制定管理制度，指定专人负责管理维护，切实为员工营造干净整洁、安全舒适的健身环境。

2008年1月，公司建成四川销售公司机关食堂，该食堂占地约600平方米，可同时容纳200人就餐，为公司员工提供安全卫生、温馨舒适的就餐环境。机关食堂的投入使用，不仅解决职工就餐难的问题、保证职工餐饮安全，同时也是落实以人为本、关心职工的具体体现，受到全体干部员工的高度赞扬。

2015年，由四川省总工会主办的第三届“颂歌献给党·同圆中国梦”职工歌手大赛在四川省劳动人民文化宫举行。此次比赛设美声、民族、通俗3个组别，市（州）总工会、企业集团（公司）工会的36个代表队共161名选手参加比赛。成都公司员工杨陆蕴参加民族组比赛，以9.85分获得民族唱法组银奖。

是年，公司党委召开三季度党建工作联席会。党委书记田玉军主持会议，党委副书记杨侠、巡视员王建中参加会议。会上，党委办公室、党委组织部、党群工作处、纪委办公室、机关党委分别汇报二季度工作完成情况和三季度工作安排。杨侠、王建中分别对各部门的二作作了点评，对下一步重点工作提要求。田玉军指出，二季度党建工作实现“一个重大突破”：成功选树宣传全国劳模、集团公司特等劳模陈小玲。取得“四项重点成果”：对集团公司党的专项巡视配合有力，“三严三实”专题教育扎实开展，队伍培养力度持续加强，机关“能力素质提升年”活动成效明显。强化“四个保障”：督查督办工作给力，宣传和文化建设影响力增强，共青团协作区工作有特色，维稳工作总体平稳。

2019 年，公司以庆祝祖国 70 周年华诞为契机，精心筹备并组织开展系列活动，召开“川销匠星”表彰大会，拍摄发布《我和我的祖国》音乐电视，邀请公司老领导和“油三代”访谈，举办“见证油我”主题图片展，凝聚祝福祖国、感恩奋进的磅礴力量。

是年，公司党委以广大干部职工为主体，聚焦创新思维方法和提升管理水平，开展“小发明、小改造、小革新、小设计”创新创效活动，收集上报 51 个，仓储公司《优化系统防“甩仓”》等 5 个项目已试行推广，有效激发广大干部员工的创新热情。召开先进事迹报告会，以甘孜色达金马加油站经理泽仁娜姆为代表的 7 名先进典型，通过视频直播面向职工讲述感人事迹，传递向上正能量。一批先进集体和个人受到上级表彰，广安公司荣获“四川省五一劳动奖状”，攀枝花炳三区加油站被授予“全国巾帼文明岗”，和爱加油站经理杨君被授予“全国五一巾帼标兵”。完成企业文化展览馆一期改造工程，展览内容更新迭代。泸州龙马加油站达标验收，成为公司第 3 个石油精神教育基地。《占哇的春天》荣获亚洲微电影艺术节金海棠奖、集团公司新媒体大赛一等奖，《超级油站女管家》荣获“中国梦・劳动美”第六届全国职工微影视大赛纪录片金奖，《决胜》荣获“中国石油电视好新闻专题类二等奖”。

第二节　新闻宣传

一、专题宣传

2008—2016 年，公司党委结合不同时期重点工作，以提高宣传质量，突出宣传效果为目的，深入开展专题宣传工作。其间，公司内部刊物《四川加油报》先后对“中国石油榜样”、全国劳模陈晓玲、专题劳动竞赛、作风建设等重点工作展开专题宣传。

2008—2014 年，公司专题宣传突出重点工程、重要会议和重大活动，先后策划开展“坚定信心、科学发展”“山塌路断油不断保供责任大于天”“精细为赢、管理创效聚焦”“撸起袖子加油干”投资工程系列报道等 20 个专题，全方位宣传公司经营重点、亮点工作。2012 年 9 月 7 日，在汶川地震发生后，公司党委迅速组织宣传力量，整合宣传平台，震后 8 小时，在公司门户网站开设“抗灾救灾专栏”，刊发稿件 138 篇，推出简报 3 期，彰显国企责任，鼓舞队伍士气。

2015—2019 年，公司党委在丰富宣传内容、改进形式手段、建立健全机制上下功夫，专题宣传进入新发展时期。两级新闻宣传工作者深入采访、精心写作，“问道龙马”“山塌路断油不断保供责任大于天”等专题宣传报道先后在《中国石油报》头版、《油商周刊》专刊刊发，有力提升公司美誉度。

二、主流媒体宣传

2007—2019 年，公司党委把握新闻宣传工作力度、角度，拓展对外宣传广度、深度，抓牢主流媒体宣传，弘扬企业形象，形成重大会议活动专刊报道，重大管理活动专题报道、重大事件专栏报道的新闻宣传新格局，2000 余篇稿件先后在新华网、人民网、中央电视台、凤凰网、《中国石油报》《汽车生活报》等主流媒体上重点报道，正面舆论宣传有新突破。“汶川地震”“摩托车自助加油”“中国石油忙调配”“旭航助学”“精准扶贫”“转型新零售”等一大批围绕油品保供、无私奉献、爱心救助、企业转型的主题报道在中央人民政府网、中央电视台、新华网、人民网等全国 30 余个主流媒体报道。

三、新闻宣传媒介发展

报纸　为凝聚公司发展动力，引导公司发展舆论，及时宣传公司各项方针、政策，报道生产经营管理过程中的工作经验和工作亮点，活跃员工队伍文化生活。2007 年，公司成立以来的第一张自办内部报纸——《四川销售》创刊，版式为 8 开 4 版，普通打印纸印刷（半月刊），由公司党群工作处主办，下设编辑部。2010 年，公司党委下发《关于〈四川销售〉改版的通知》，报纸由 8 开 4 版改版为 4 开 8 版，157 克铜版纸印刷，为周刊。《四川销售》正式更名为《四川加油报》并在党群工作（企业文化处）下设采编室，办刊宗旨为“紧扣销售脉搏、构建信息平台、交流经营之道、传承文明新光”，报刊 4 开 8 版，157 克铜版纸印刷，为内部发行和销售企业内部交流。

2019 年初，公司内部刊物《四川加油报》年初改版发行，从 8 小开版更改为 4 大开版，新版面包括企业要闻、经营管理、党建工作、川销风采等内容，布局内容更加合理。2019 年，共出版《四川加油报》47 期。复刊《四川石油销售》杂志，以“七一”建党节、公司务虚会等重要节点为契机，累计出刊 3 期。

图 8-13 所示为高原地区的员工读公司内部刊物，图 8-14 所示为公司内刊演变历程。

图 8-13　高原地区的员工读公司内部刊物

网站　信息门户是公司实现“统一管理信息资源，统一搭建信息平台，实现管理、业务集成以及知识共享”的信息系统。

2002 年，公司建立上行销售公司的专线网络，开始与集团公司、股份公司广域网互联互通。

2004 年 3 月，在销售公司推广企业信息门户建设工作的基础上，公司门户、各处室及各单位门户建设完成，门户网站成为公司范围信息发布和资源共享平台。

图 8–14　公司内刊演变历程

2005—2009 年，公司门户网站新闻宣传信息由总经理办公室（党委办公室）负责维护。

2010—2012 年，根据部门职责调整，公司门户网站维护管理权限调整至党群工作处（企业文化处）。其间，集团公司从网站建设、运行维护、网站管理、信息安全四个方面，对集团总部机关和企事业单位内部网站、外部网站进行综合评估，评估结果分为 A、B、C、D、E 五类。公司评估结果排名 E 类，在中国石油系统排名第 163 位，在销售企业中排名第 31 位。

2013 年 10 月，公司门户网站在集团公司第三次网站评估中，晋级为 B 类，排名 B 类第 8 位；在石油系统 169 家企事业单位排名第 48 位，在销售企业中排名第 10 位。

2014—2018 年，根据集团公司办公厅出台的《中国石油网站设计规范及用户浏览视觉效果》要求，公司门户网站本着突出“石油味、民族风，时尚感”，突出公司业务特点和企业文化特色，便于为用户提供业务查询、资源共享、互动交流等服务，服务中心工作，提高信息量、增强可读性、提升互动性，先后 3 次进行改版。

2018 年 1 月，公司新版门户网站正式上线，将公司微信公众号、企业号等新媒体资源融合到门户网站首页展示，同步扩大新闻宣传影响力。

2019 年，公司党委按期完成公司门户网站优化设计，结合阶段重点工作，推出“公司 2019 年工作会”“新零售企业建设”“‘不忘初心·牢记使命’主题教育”等栏目专题，做到栏目更科学、重点更突出、信息更聚集。

新媒体　随着互联网广泛应用，把握新媒体时代新趋势，公司致力于打造具有“石油味、民族风、时能感”的川销特色融媒体平台，推出微信号、微博、抖音等新媒体平台。通过新媒体平台唱响发展主旋律，汇聚发展正能量。加强企业与客户之间的信息沟通，将经营发展中的好经验、好案例及时进行宣传推广。

2013 年，公司“加油微报”企业号上线运行，进一步提高“互联网 + 新闻宣传”工作水平，为公司发展营造良好舆论氛围。截至 2020 年 10 月，公司企业号共推出微信 1300 余条，其中原创微信700余条。

2016年，公司开通官方微博“中国石油四川销售公司”，实时更新公司动态新闻、文化资讯，让企业声音进入公众视野，在网言网语中增强客户黏度。其中，发布的员工原创视频流量破3万，《公司有序处置西昌山火》新闻转发量上千，登上同时段热搜，央企企业形象进一步彰显。

2019年4月，公司官方抖音号正式上线，主要通过抖音平台传播企业文化、营销活动、社会责任等短视频，展现公司的良好形象。截至2019年底，拥有粉丝量2500余人，上传视频160余条，点赞量2万多次，阅读量超过30万次。

四、新闻宣传工作体系建设

制度建设　2007年，公司党委印发《四川销售公司“宣传报道先进单位”和“优秀通信员”评选表彰暂行办法》，推动各单位宣传责任落实，建立宣传队伍，健全宣传网络，明确各单位选拔3—6名宣传报道骨干，推进新闻宣传工作。

2007—2009年，公司党委印发《关于切实做好新闻宣传工作的通知》，进一步强调发挥新闻宣传工作在公司改革发展和稳定中的重要性和必要性。

2010年，公司党委印发《关于进一步加强和规范新闻宣传工作的通知》，对公司内部创办刊物实施规范管理。

2010—2012年，公司党委印发《中国石油四川销售公司新闻宣传管理办法（暂行）》《中国石油西南销售公司宣传报道稿费发放办法》，明确新闻宣传工作流程，强化经费保障，加强和规范新形势下的新闻宣传工作。

2013年，公司党委整合《中国石油四川销售公司新闻宣传管理办法（暂行）》《中国石油四川销售公司宣传报道稿费发放办法》，制定印发《中国石油四川销售公司党委新闻宣传管理工作办法》。

2014年，公司党委修订印发《中国石油四川销售公司门户信息运行维护实施细则》《中国石油四川销售公司新闻危机舆情处置预案》等相关制度，从阵地建设、舆情防控等方面，持续加强新闻宣传工作。

2007—2018年，公司党委每年对《中国石油四川销售公司新闻宣传工作管理办法》进行完善，与时俱进做好新闻宣传工作制度保障。

队伍建设　2007—2018年，公司新闻宣传队伍培训以内部培训为主，公司党委每年举办一次新闻宣传通信员培训，累计培训700余人次。

2010—2019年，公司党委坚持表彰年度“新闻宣传工作先进集体”及“新闻宣传工作先进个人”，并选送基层优秀通信员参加由集团公司、销售公司、《中国石油报》《汽车生活报》等单位组织举办的宣传思想及新闻工作培训，累计参训200余人次，提升新闻宣传队伍整体素质。

2015—2017年，公司连续3年获得中国石油报“六星级”记者站荣誉。

五、舆情防控

1999—2010年，基于发展需要，公司舆情防控工作主要以事前预防为主。通过完善网络舆情信息报送、分析、责任追究和新闻发言人制度，强化舆情管控和新闻危机处置体制机制保障；坚持每日舆情监测分析，建立舆情监测台账，将舆情处置由事后处置转变为事先预防。

2011—2018 年，公司坚持每年与新华社四川分社签订合作协议，双方在智库咨询、专题资讯、舆情监测等领域开展合作。

2016 年，公司加强网络舆情管理，组建网评员队伍，建立公司、各单位和外部主流媒体三级舆情防控网络，围绕群众关心的热点问题和重大突发事件、复杂敏感问题，用正确思想、准确事实，解读国家政策，阐释问题疑惑，牢牢掌握网络舆论主导权。公司党委理论学习中心组特邀四川省网信办舆情工作负责人，组织公司两级领导班子开展互联网舆情专题学习。截至 2018 年 12 月，网评员队伍先后转发扩散主流信息 140 余条，宣传覆盖超百万人次，宣传主流思想，传承石油精神，深化舆论引导，提升品牌形象。

2019 年，强化舆情监管，坚持日监测、周研判、月通报，实时监控涉及公司正面、负面网络舆情情况，全面掌握，及时应对。重大舆情处置得当，客观回应公众质疑，为公司高质量发展营造和谐舆论环境。

第七章　行政后勤

行政工作始终围绕经营管理中心，不断加强自身建设，创建高效的内部运行机制，在企业发展各个时期有效发挥参谋助手、督促检查、综合协调等作用。多次荣获集团公司、股份公司公文管理先进单位。后勤部门强化专业线管理，完善办公用房和食堂管理，开辟就医绿色通道，和谐管理离退休职工队伍，加强非生产区域管理和公务车辆安全运营，分六批次推进完成“三供一业”分离移交项目。2019 年，上线运行离退休职工管理办公平台，39 名离休干部（含 2 名建国前工人）荣获“庆祝中华人民共和国成立 70 周年”纪念章。

第一节　行政工作

一、公文管理

1989—1991 年，公司按照文件办理和公文运转制度，对来文和发文做纸质登记签收和流转，收发文登记簿（台账）每年成册归档。

1992 年，公司统一机关机构收发文编号中收发文部门简称，使收发文工作（包括正式公文和便函）与部门设置相适应。

1993—1999 年，公司规范来文登记签收、公文格式和行文流程，加强机关文件办理和公文运转的管理工作，促使公文处理工作规范化、制度化、科学化，提高机关办事效率和公文质量。

2000—2004 年，公司制定《公文处理实施细则》（油川销〔2004〕979 号），规范文件传递方式，保障文件传递的协调规范、准确及时。

登记编号　各部门收到的上级（集团公司、股份公司、销售公司、省委省府及其有关部门）下发的各类文件（含传真、电子邮件），以及下属各级单位上报的各类文件（含请示、专项报告等），必须立即送办公室、登记编号处理。

文件传送　办公室收到各类文件后，先进行筛选，凡上级下发的各类重要文件、资料和下级上报的重要报告、请示都先送公司主要领导（主要领导外出时，送在公司主持工作的领导）阅批，再按领导阅批意见分送有关领导和部门办理。

文件承办　凡领导批示班子成员传阅、某某部门承办的文件，由办公室先送承办部门承办，在办理中由承办部门送领导班子成员传阅。由办公室送有关部门承办的文件，各承办部门应向分管领导汇报并指定专人负责管理文件，每季度将办理完的文件如数退回办公室。凡办公室送部门和领导传阅的文件，原则上当天退回办公室，机要文件必须当天退回。

资料存档　外出参加会议，凡会议发的重要文件（会议报告、政策规定、实施意见办法等），在传达贯彻后送交办公室统一保管存档。

2005年，根据《国家行政机关公文处理办法》《国家行政机关公文格式》和股份公司有关规定，公司执行《公文处理实施细则》，印发公文版式，规范公司及二级公司公文处理和公文格式，进一步提高公文质量。

2006—2012年，公司启动运行电子公文系统（OA系统），收发文工作陆续实现网上阅办、审批和处理，各部门、二级公司不再以纸质形式报送文件。

2013年，公司遵照执行《党政机关公文格式》（国家标准GB/T 9704—2012），上报集团公司的正式上行文件（函件）使用新的公文格式。是年2月，公司党委制定《关于改进工作作风、密切联系群众的实施细则》，精简文件简报。

控制发文数量　无实质内容、可发可不发的文件一律不发，能以部门名义印发的文件不发公司文件，可用电话、传真、便函等方式解决的问题不发公文。公司领导讲话不发正式文件。

提高发文质量　严格执行公文行文规则和公文格式规定，规范文件起草、审核、签发程序，不合规的公文坚决退文。

规范文件报送　根据隶属关系和职权范围确定行文关系，不得多头或越级向上级单位报送文件，不得向公司领导个人报送文件，不得越级请示问题。

精简各类简报　公司简报归口办公室统一编发，各部门及各类领导小组、委员会不再单独印发纸质简报，基层单位原则上不向公司报送简报。

2014年，公司修订执行《公文处理办法》（油川销发〔2014〕45号），规范公文处理程序，提高公文办理质量和效率。办法共分8章62条款，重点规定公文种类、发文形式、公文格式、行文规则、收发文办理、公文归档、公文管理。

2015—2019年，公司按照《公文处理办法》（油川销发〔2014〕45号）的规定，严格实行不规范公文退办通报制度，加强对公文质量的审核检查力度，每年对公文质量情况进行审查通报，评选"公文管理先进单位"，公司整体公文管理水平逐年提升。

二、印章管理

企业印章作为企业身份和权利的证明，是企业在经营管理活动中行使职权的重要凭证和工具。印章的合法性和权威性代表企业的责任和权益。

1989—1997年，公司印章由办公室保管，使用印章由负责人签批，印章使月台账按年归档。

1998—2003年，公司成建制上划中国石油集团公司，印章管理遵守集团公司管理要求：对需以公司名义上报的请示、报告联系、商洽的函件，下发文件、便函、贺电，因业务工作的函件报表，办理有关资产事项需使用印章时，严格执行印章使用的签批程序，管理部门和人员认真检验签批手续，做好登记，确保公司印章的严肃性和权威性。

2004—2005年，公司制定执行《印章管理规定》，规定印章的式样、制发、启用、使用、保管、停用与销毁、罚则等；要求印章管理应严格管理、合法用印、专人负责；明确印章主要包括行政印章、电子印章、钢印、专用印章（如财务、合同专用章）、经理手章和名章、机关部门印章，保证印章使用的合法性、严肃性和权威性，维护公司合法利益。

2006 年，公司启动运行电子公文系统（OA），使用电子印章和电子签名。

2007—2013 年，公司严格执行印章专人专柜保管制度、用印审批登记制度，加强印章刻制、启用、停用、销毁环节的管理，严格印章刻制、用印等各环节的管理，加强电子印章和电子签名管理。

印章专人专柜保管制度 公司各类印章应由印章管理部门指定专人负责保管。不相容岗位使用的专用印章，必须按照岗位不相容原则指定专人分开保管。印章保管人员必须亲自保管印章，不得将印章擅自交给他人代管，严禁将印章借给他人。公司各类印章必须存放在密码保险柜内，不得存放在普通加锁铁皮柜内，存放印章的密码保险柜应由印章保管人员定期更换密码。每次用完印章后，应将印章及时存入密码保险柜，不得将印章随意放置在办公桌或敞开密码保险柜，严防印章丢失或被盗。印章保管人员临时请假离开单位时，必须按规定严格履行印章交接手续，由印章管理部门负责人指定专人负责印章的临时保管，并由印章保管人员按规定填写公司印章交接登记表，注明编号、交章时间、交章人、接章人、监交人、移交印模，交章人、接章人、监交人要亲自签字。印章保管人员调离本岗位时，也应办理相应的印章交接手续。

用印审批登记制度 除公司公文和一般性文书经公司领导签发后即可用印外，其他文书需要用印的都必须履行审批手续。需要加盖公司行政印章或经理名章的有关法律、财务资产和其他事项的文件，如授权委托书、转授权委托书、合同审批件、答辩状、申请书、说明书、承诺书、确认书、保函、审批件、章程、决议、营业执照复印件、企业登记申请变更、工商登记申请登记书、权属登记、权属变更、经济担保书、资质证明、免税证明、纳税证明、贺电、慰问信等，应由用印部门经办人填写公司印章使用签批单，经用印部门领导审核，报公司领导签批。其中，涉及法律事项的文件，应经法律部门领导会签；涉及财务资产事项的文件，应经财务部门领导会签。需要加盖合同专用章的各种合同、协议书，应先按规定程序进行合同三项审查，然后再由合同专用章保管人员在股份公司合同系统中认真查验合同管理三项审查情况，经确认审查签批手续无误并由双方合同签约人签署合同文本后方可用印，用印后合同专用章保管人员应及时登记。合同、协议书需要同时加盖公司行政印章或需要加盖经理名章的，应由合同专用章保管人员先加盖合同专用章，再由公司行政印章、经理名章保管人员用印，用印后印章保管人员应及时登记。除公司公文用印、开具介绍信用印外，使用印章应严格执行用印登记制度。印章保管人员在用印时，应逐项填写印章使用登记表或合同专用章使用登记表，并由用印部门经办人签字。

印章刻制、用印等各环节的管理 加强公司印章刻制、启用、停用、销毁环节的管理。公司机关部门印章、各二级分公司行政印章、合同专用章，必须按照《关于规范印章治安管理信息系统入网印章印模格式的通知》（川公治发〔2003〕55 号）规定的入网印章印模规格、式样、材质，由公司经理办公室统一刻制、统一启用，严禁各部门、各二级分公司自行刻制或启用。印章的刻制、启用、停用、销毁要严格执行《中国石油四川销售分公司印章管理规定》，并逐一进行登记，由经理办公室（综合管理部）或其他印章管理部门的印章保管人员填写中国石油四川销售分公司印章管理登记表。印章遗失或被盗，必须立即在相当范围的报刊上声明该印章作废。印章停用后，应及时送交印章颁发单位封存或销毁，各单位、各部门不得自行销毁。严格用印环节的管理。印章保管人员在用印前要严格审查和查验签批手续，凡是没有履行签批手续或签批手续不全的一律不得用印。加盖印章必须由印章保管人员亲自用印，严禁委托他人用印，严禁在空白的信笺、便函、介绍信、合同、协议书上用印。印章使用应做到章不出屋、人不离章，确需会章或套印的，印章保管人员必须随章签印或随章监印，严防印章盗用或滥用。切实加强印章档案管理。刻制印章请示、印章启用或停用通知、印章使用签批单、印章交接登记表、印章使用登记表、合同专用章使用登记表、印章管理登记表、印章遗失登报声明、销毁印章证明等均应交档案部门立卷归档，永久保存。

电子印章和电子签名管理 严格电子印章和电子签名的采集与制作。电子印章和电子签名的制作或更换，由各单位经理办公室（综合管理部）负责采集，向公司经理办公室提出申请，由公司经理办公室会同信息部门审查后，统一报股份公司总裁办公室制作或更换。各单位、各部门不得自行制作或更换电子印章、电子签名。采集的电子印章印模必须与启用的实物印章印模一致，采集的电子签名必须是本人的亲笔签名，严格电子印章的启用与停用管理。电子印章、电子签名的效力等同于实物印章和签名，电子印章与实物印章同时启用、同时停用。当实物印章遗失、被盗或损坏等原因停止使用后，电子印章应同时停用，各单位、各部门不得继续使用已停用的电子印章，确保电子印章的合法性。严格电子印章和电子签名使用管理。电子印章由各单位、各部门指定专人负责使用与管理。电子印章、电子签名的使用人员、管理人员应妥善保管电子软证书，定期更换个人账号的口令并注意保密，严防被他人盗用个人账号和口令。电子软证书、个人账号和口令不得交无关人员使用。印章管理人员加盖电子印章时必须认真审查领导签批意见和电子签名，领导签发同意后方可加盖电子印章。未经领导签发同意的电子文件，不得加盖电子印章。已加盖电子印章后，发现电子文件内容需做修改的，应先将电子文件退回印章管理人员，由印章管理人员删除电子印章，然后再由拟稿部门修改后呈公司领导重新签发，领导重新签发同意后再送印章管理人员加盖电子印章。电子印章、电子签名使用人员、管理人员离开计算机时，应及时退出电子文件系统，以防他人盗用电子印章或电子签名。电子印章管理人员临时离岗时，不得擅自委托他人代管，必须由印章管理部门负责人指定被委托人员，并由电子印章管理人员严格按规定填写电子文件系统中“个人授权”事项；电子印章管理人员回岗后，应及时撤销被委托人员的权限。电子印章管理人员调离岗位时，应及时告知本单位信息部门，由信息部门更换电子印章管理人员权限。电子印章管理人员使用的计算机严禁与外网连接，确保电子印章的绝对安全。

2014年，公司修订并印发《印章管理规定》，规范印章制发、启用、废止、领用和保管、使用，强调公司机关各部门、各二级分公司行政印章、党委印章、合同专用章统一由办公室在成都市公安机关指定的承制点刻制。各二级分公司钢印由各单位负责刻制，印模报办公室备案。各二级分公司机关各部门及直属单位印章由各二级分公司办公室统一制发。停止使用的印章，由制发印章的办公室统一废止、缴销。

2015 年，公司认真吸取岷江分公司光辉加油站经理罗申宝利用旧公章非法牟取公众存款事件的教训，进一步规范公司印章使用与管理，严格印章刻制、用印流程的管理，如因单位撤销、名称改变或换用新印章而停止使用时，应及时送交印章颁发单位封存或销毁，不得自行销毁，并留存实施证据。端正、清晰、规范地加盖印章，印章不得加盖在空白文纸上。对外签署的合同或协议、各类业务报表及其他需用印章的文本等，须在合缝处加盖印章。印章档案立卷归档，永久保存。严格印章专人专柜保管制度，严格印章管理人员的选拔使用和日常考核，印章管理人员因事、病、休假等不在岗位时，印章管理部门应指定代管人。印章使用实行审批登记制度。片区、油库、加油站、营业室所有印章（包括但不限于行政章、党工团章、合同章、业务及财务专用章等），一律统一收归地市公司；除确有需要且经公司正式批复同意保留的外，一律登记造册后按照制度流程予以集中销毁。未经公司正式批复同意的，新设片区、油库、加油站、营业室一律不得制发印章。

2016 年，公司规范加油站纳税申报用印管理，需要以加油站名义纳税的纳税申报资料，不得加盖加油站和片区的任何印章，也不得加盖公司行政公章和部门公章，只能加盖分公司的财务专用章（不包括印鉴章），以防范纳税和用印相关风险。

2017—2019 年，按照销售公司协同办公系统实施要求，公司正式启用协同办公系统印章管理模块。各单位行政章、党委章、工会章、团委章、纪委章、合同章、财务章、部门章、负责人名章等的盖章申请，统一纳入协同办公系统的印章管理模块进行应用。电子公文系统盖章因使用电子印章，不纳入协同办公系统管理。

三、档案管理

档案工作是企业重要的基础性工作，承担维护企业历史真实面貌，为机关和所属各单位提供档案信息服务的职责。

文书档案 1989—1997 年，公司制定《会议档案管理办法》《机关档案工作细则》《照片档案管理规范》《机关文件档案保管期限表》《档案管理制度》，对档案收集、归档、保管、利用、销毁等工作进行规范，确保档案工作有章可循、有据可依。

1998—2000 年，公司机关办公地点由鼓楼北二街搬迁至中西顺城街 1 号四川国际大厦，公司档案室随之搬迁。按照集团公司档案工作要求，公司机关档案室接收档案 431 卷，规范查阅档案流程。按照《会计档案管理办法》，审批、监销二级公司超期会计凭证、账簿等。

2001 年，公司制定《公司本部机关档案管理暂行办法》，明确档案实行集中统一、分级分类管理的原则。实行以件为保管单位立卷。凡建购加油站，安装税控装置，新建、扩改建油库建设项目竣工后，必须形成完整的各类档案资料，资料不全的必须收集齐全，及时移交档案管理部门。

2002—2007 年，公司实行集中统一、分级分类管理的档案管理体制。总经理办公室负责公司档案的归口管理，会计档案由财务部门管理，干部人事档案由组织人事部门管理。对人事档案实行两级管理体制，公司负责本部人员和市（州）公司领导班子成员的人事档案管理，各市（州）

公司负责本公司及其所属单位人员的人事档案管理。实现计算机辅助立卷、编目、检索、调阅、统计管理。

2003 年，根据股份公司的要求，各二级公司档案工作统计年报统一使用国家档案局开发的档案年报软件，公司办公室汇总后统一报股份公司文档处。

2005 年，公司按照国家档案局提出的有关要求，推进档案信息化、数字化工作，采集、归档、存储和管理计算机系统及数字设备中的电子文件，执行规范为四川省档案局档案数字化技术规范。

2006 年，根据国家档案局《全国档案事业统计年报制度》要求，公司使用《全国档案事业统计年报》计算机管理系统 V1.0 软件报送统计年报，避免填报年报中存在的失误，提高全国档案事业统计年报的质量。

2007 年，根据中共四川省委办公厅、四川省人民政府办公厅关于全面开展四川省第二轮修志工作的安排，中石油、中石化在川企业成立联合编纂委员会，下设编辑部，集中开展《四川省志・石油天然气志》（1991—2005）编纂工作。公司按照志书编纂要求，撰写成品油销售章节内容。

2008 年，国家档案局印发《关于做好汶川地震灾后恢复重建时期档案工作的意见》，公司收集和归档抗震救灾及恢复重建阶段的档案资料，确保受灾地区二级公司档案安全。12 月，集团公司档案管理系统项目正式启动，公司被列为集团公司档案管理信息系统的试点单位之一。

2009 年，公司成立档案系统信息化管理项目指导委员会和项目组，推动档案信息化管理项目开展。是年，公司“全国抗震救灾英雄集体”先进事迹载入国务院及国务院国资委组织编纂的《汶川特大地震抗震救灾志・英模人物志》。

2010 年，档案管理系统（E6）与电子公文系统（OA）实现接口自动归档，OA 系统公司间办结一件，E6 系统归档一件。

2011 年，为适应档案信息化建设需要，进一步规范档案基础业务，提高档案管理水平，公司依照执行集团公司《档案管理手册》（2010 版）。投资 150 余万元修建档案库房、安装密集架，配备计算机、空调、除湿器、灭火器、消毒柜、24 小时监控设备等设施设备，改善档案保管条件。

2012 年，公司投资 300 余万元，全面升级改造四川销售展览馆和 104 油库展览室。

2013—2014 年，公司开展档案数据化建设，完成档案数字转化，实现公司档案统一管理和在线利用。

2015 年，公司制定《档案工作突发事件应急处置预案》，档案工作突发事件应急处置坚持“统一领导、分级负责、以防为主、合作互助”的原则，成立档案工作突发事件应急处置领导小组，分别设置突发事件预警机制、防灾减灾机制、资金和物质保障机制以及救灾装备和人力资源保障机制等四个应急运行保障机制。档案库房、档案临时存放地为一级应急处置区域。根据灾情大小，划分三级档案工作突发事件应急响应，规范灾情核定与上报，有效预防、及时处理和解决档案管理工作中的突发事件，维护档案工作正常秩序，确保档案资源的安全。

2016—2019年，公司做好年度文件资料归档工作，确保各类档案完整归档，实现“应收尽收、应归尽归”。截至2019年，公司档案室收藏各类档案62743件（卷）。所属单位档案“省级一标”档案室9个、“省级二标”档案室4个、“省级三标”档案室1个。

财务档案管理 1989—1999年，会计资料（包括会计凭证、账簿、报表及其他类）均采取纸质归档形式，手工完成归档。

2000—2007年，公司逐步推行财务档案信息化工作，部分会计资料实现影像化存档及查阅。

2008年，公司建立清欠档案，包括债权债务凭据、诉讼材料、往来签认函、与该笔欠款回收有关的其他资料等。加强应收款项清理力度，规范和提高清欠管理基础工作。

2011—2016年，ERP系统及FMIS融合系统的使用，促使会计记账凭证数量成倍增长，为有效提高全省会计基础工作质量，公司对会计档案的归集、整理及归档进行优化。

2017—2018年，公司优化会计档案及基层营业网点的凭证资料，降低财务人员及营业网点人员手工打印、整理、装订档案资料的工作量，减少冗余、重复性单证，提高档案资料的管理效率，降低管理成本。推广电子会计档案管理，实现电子会计资料形成、办理、归档的全过程管理以及记账凭证、会计账簿、会计报表及其他会计资料的电子归档，逐步取消纸质归档。调整公司会计档案装订格式，制定A4格式会计档案粘贴、装订及归档管理规范。

2019年，根据电子会计档案实施情况，修订完善公司《会计档案管理办法》，7月，执行《电子会计档案推广实施方案》。

表8–18所示为中国石油四川销售分公司电子会计档案归档范围。

表8–18 中国石油四川销售分公司电子会计档案归档范围表

档案名称	保管期限	来源	归档形式
会计凭证			
记账凭证	30年		电子或手工归档
原始凭证	30年		
外部取得原始凭证	30年	外部单位	纸质归档，待总部开发报销系统集成接口后纸质或电子归档
内部产生原始凭证			
已集成附件（出入库单等）	30年	ERP	电子归档
待集成附件（收付款单、转账单、银行电子回单）	30年	加管系统、司库系统（建设中）	纸质归档，开发完成后电子归档
会计账簿			
总账	30年	FMIS系统	电子归档
三栏账（明细账）			
科目三栏账	30年	FMIS系统	电子归档
往来单位三栏账	30年	FMIS系统	电子归档
个人往来三栏账	30年	FMIS系统	电子归档

续表

档案名称	保管期限	来源	归档形式
产品核算三栏账	30 年	FMIS 系统	电子归档
其他业务项目三栏账	30 年	FMIS 系统	电子归档
其他辅助核算三栏账	30 年	FMIS 系统	电子归档
日记账			
现金日记账	30 年	FMIS 系统	电子归档
银行日记账	30 年	FMIS 系统	电子归档
其他货币资金	30 年	FMIS 系统	电子归档
内部存款	30 年	FMIS 系统	电子归档
固定资产卡片	报废后 5 年	ERP 系统	电子归档（明细表）
财务会计报告			
月度、季度、半年度财务会计报告	10 年	FMIS 系统	电子归档
年度财务会计报告	永久	FMIS 系统	纸质 + 电子归档
其他会计资料			
银行存款余额调节表	10 年	FMIS 系统	纸质 + 视情况电子归档
银行对账单	10 年	外部单位	纸质 + 视情况电子归档
纳税申报表	10 年	外部单位	纸质 + 视情况电子归档
库存现金盘点表	10 年	自制	纸质归档
银行承兑汇票盘点表	10 年	自制	纸质归档
商业承兑汇票盘点表	10 年	自制	纸质归档
企业所得税汇算清缴表	10 年	外部单位	纸质归档
资产清查报告	10 年	自制	纸质归档
企业资产损失税前扣除申请表	10 年	外部单位	纸质 + 视情况电子归档
会计档案移交清册	30 年	档案系统	纸质 + 电子归档
会计档案保管清册	永久	档案系统	纸质 + 电子归档
会计档案销毁清册	永久	档案系统	纸质 + 电子归档
会计档案鉴定意见书	永久	档案系统	纸质 + 电子归档
固定资产调拨单	10 年	资产系统	集成后电子归档
资产折旧（摊销）申请单	10 年	自制	纸质 + 视情况电子归档
资产减值准备检查表	10 年	自制	纸质
电子档案建立相关档案	永久	自制	纸质 + 电子归档

四、保密工作

1989—1997 年，公司遵照执行《国家秘密保密期限的规定》《国家秘密文件、资料和奇特物品标志的规定》、商业部《商业涉外工作保密规定》《商业工作中国家秘密及其密级具体范围的规定》。

1998 年，按照《中华人民共和国保守国家秘密法》和《中共中央关于加强新时期保密工作的决定》，结合新时期保密工作的新特点，公司进一步完善机关涉密文件登记保管机制，对销毁的文件进行登记造册。

1999 年，按照《关于加强中国石油天然气集团公司重组与上市保密工作的通知》规定，公司加强集团公司重组与上市中发放的有关涉密文件、资料的保密管理。任何部门、中介组织，未经集团公司或筹备组主要领导批准，不得向任何单位和个人披露因业务需要接触到的集团公司保密资料和有关数据；未经集团公司批准不得接受石油系统外部新闻单位采访；如有违反，一经查实，将按照有关规定予以严肃处理。加强对各项评估工作中保密管理的指导监督、协调和检查；按照提供资料保密工作的基本程序，严格把关，防止泄密问题的发生。集团公司重组期间，公司未发生泄密事故，切实保障企业重组工作的顺利进行。

2001—2002 年，公司印发《“四五”普法期间继续深入开展保密法制宣传教育规划》，提出根据各项业务工作需要，以领导干部、重点保密人员、专兼职保密干部为主要对象，有针对性地开展保密法制宣传教育，努力提高保密法制宣传教育工作的质量和效果，把保密法制宣传教育与保密工作的依法行政、依法管理有机地结合在一起，为保密法制建设奠定坚实的基础。

2003 年，公司印发《机关商业秘密管理规定》《员工保密守则》，各二级公司参照公司制定的规定，制定本单位商业秘密管理实施细则，结合各单位实际对员工进行保密教育。

2004 年，为推进企业商业秘密管理工作制度化、规范化、法制化，根据集团公司要求，公司制定《商业秘密“四定”方案》，开展商业秘密“四定”工作（商业秘密内容、重点涉密部门、重点涉密岗位、重点涉密人员），与 2079 名涉密人员签订保密协议，明确党政主要领导是本单位保密工作的第一责任人，各部门主要负责人是本部门保密工作的第一责任人。制定公司《机关商业秘密密级项目及保密期限表》《商业秘密管理规定》《秘密载体管理规定》《涉密会议保密规定》，健全企业商业秘密管理规章制度，商业秘密工作走上制度化、规范化、法制化的轨道。

是年，按照集团公司《关于加强计算机网络安全保密管理的紧急通知》，公司印发《网络管理实施细则》。是年 7 月 13 日，公司内部专用网络与国际互联网等公共信息网络断开，新建立一个完全与内部相隔离的局域网，安装物理隔离卡进行物理隔离。全系统统一采用中油内部邮件进行信息的交换，不允许任何联入内部的计算机与非内部计算机交换信息，保证公司计算机网络安全管理。

2005 年，公司制定审议《秘密载体保密管理规定》《商业保密管理规定》《涉密会议保密管理规定》3 个制度，3 月 1 日正式实施。公司秘密载体保密管理实行统一领导、分级管理、分工负责，对秘密载体的制作、收发与传递、使用、复制、保存、销毁等做具体的规定。商业秘密保护工作实行统一领导、分级管理、分工负责的领导体制和工作机制，推行首长负责制，即党政主要领导是本单位保密工作的第一责任人，机关各部门主要负责人是本部门保密工作的第一责任人，遵循“业务谁主管，保密谁负责”和“谁涉密、谁负责”的原则，对商业秘密管理机构和职责、商业秘密范围和密级划分、商业秘密的标识和保密期限、商业秘密的保护措施、公司员工的保密义务和权利、奖惩等做明确的规定。

2006年，针对某油田勘探开发研究院一名高级工程师计算机泄密事件，集团公司印发《关于加强涉密计算机系统保密管理的通知》，要求各单位按照“谁主管、谁负责”原则，查找保密管理中的薄弱环节和漏洞，加大重点涉密人员保密教育力度，定期进行计算机安全知识培训，增强技术防范能力。

2007年，公司修订《商业秘密管理规定》，制定《涉密文件资料定点统一销毁规定》《涉密人员保密管理规定》《保密提醒制度》等，使各项重点工作和关键环节的保密管理得到事前控制。合理界定保密范围、知悉范围、涉密点、密级和保密期限，进一步加强涉密载体的保密管理，所有涉密文件必须由专人管理，集中存放，做到签收逐一登记、复制严格审批、发放按时回收、销毁履行手续，不得以任何借口擅自翻印、复制、汇编涉密文件，严格控制涉密文件知悉范围。对涉密计算机要采取严格的物理隔离措施，严禁用涉密计算机上国际互联网。公司机关各部门负责对本部门上网信息的审查，做到“秘密不上网，上网不涉密”“谁上网，谁负责”。严格涉外保密管理和新闻信息保密管理，部门未经保密初审或未提交本单位保密办公室进行保密审查而造成泄密的，按照有关规定追究本部门主要负责人、兼职保密人员和作者本人的责任。

2008年，按照集团公司保密委员会和国家保密局有关要求及规定，公司确认机关保密要害部门8个，保密要害部位8处。保密要害部门：公司领导班子成员办公室、总经理办公室、营销处、规划计划处、财务资产处、人事处、信息管理处、党委办公室（维稳办）。保密要害部位：总经理办公室机要室、总经理办公室密码传真室、总经理办公室档案室、总经理办公室文印室、营销处营销大厅、财务资产处档案室、人事处档案室、信息管理处计算机房（数据中心）。机关相关职能部门根据确定的保密要害部门及部位，按照有关保密规定签订保密责任书，明确涉密人员及岗位职责，加强涉密人员的教育培训，强化技术防护手段，加强保密检查，杜绝失密、泄密现象。

2009—2014年，公司在全省范围内开展年度保密工作自查，重点检查11个方面的内容：保密工作组织机构是否健全，专兼职人员是否是合同制员工、是否持证上岗，新进入重点涉密岗位人员是否签订保密协议；保密责任制落实情况，保密工作职责分工是否到位，是否明确职责，是否签订相关责任书及保密协议；保密工作制度是否健全，是否依法依规确定本单位国家秘密、企业商业秘密的密级范围和保密期限等；是否制订保密教育培训计划和落实措施，员工参加保密教育是否达标，培训效果评估情况如何；保密要害部门部位和保密重点单位管理是否符合保密要求，人员配备是否审查合格，环境是否具备相应的保密条件；涉密计算机及移动存储介质等涉密载体是否符合信息系统涉密等级要求，载体的采购、标识、使用、保管、备案、销毁等是否符合保密要求；信息化建设中，办公专网信息点是否进行有效保密管理，还存在哪些隐患和问题，有无创新举措；涉密文件、资料的管理是否符合保密要求，是否专人管理、集中存放、统一销毁；办公设施设备及手机保密管理是否配备齐全，是否采取必要的保密技术防范措施，有无管理机构和人员，日常检查落实情况如何等；重大涉密活动、会议、项目保密管理中，是否研究制订保密工作方案或要求，保密审查和防护措施是否落实，文件资料是否按规定标密及管理，是否采取电磁信号屏蔽等技术防范措施，是否发生泄密事件，发现泄密事件是否按规定及时报告、查处和采取补救措施，对发生泄密事件的原因是否认真分析、总结教训并采取措施堵塞漏洞，有关责任人是否受到处理与教育。

2015年，中共中央办公厅、国务院办公厅印发《党政领导干部保密工作责任制规定》，明确党政领导保密工作责任内容以及监督、考核与责任追究等。

公司严格执行保密工作责任制，明确党政主要领导干部是保密工作第一责任人，对本单位保密工作负总责；分管保密工作的党政领导干部对保密工作负具体领导责任；分管业务工作的党政领导干部在职责范围内对保密工作负直接领导责任。严肃保密纪律，党政领导干部在进行个人述职、参加民主生活会时，将履行保密工作责任制情况列为述职和报告内容；党政领导干部履行保密工作责任制情况，应当纳入领导班子和领导干部综合考核评价的内容。

2015—2019年，公司机关各部门、各二级分公司每隔两年签订商业秘密保密协议、保密责任书和保密承诺书。副处级以上领导干部、各级保密要害部门部位全员签订商业秘密保密协议，所有领导干部签订保密责任书和保密承诺书，各级保密要害部门部位全员应签订保密责任书，退休、离职领导干部应签订离岗保密承诺书。公司机关、各二级公司党政主要领导"两书一协议"的签订工作，由公司保密委员会办公室组织；其余由各二级公司自行组织，并在本单位保密管理部门做好备案。

2017年9月，公司印发《保密管理规定》，保密工作实行统一领导、归口管理、分级负责、各司其职的体制。实行保密工作责任制，与业务工作同研究、同部署、同检查、同考核、同奖惩。所有员工都有保守秘密的义务，不得泄露所知悉的国家秘密和商业秘密。实行统一定密制度，严格按规定确定秘密范围及密级，根据岗位涉密程度的不同、接触知悉国家秘密和商业秘密数量的多少，涉密人员分为核心涉密人员、重要涉密人员、一般涉密人员、核心商密人员、普通商密人员五类。涉密人员按不同涉密等级，实行任用、上岗、离岗（离职）、出国（境）全过程管理。公司及所属单位保密办依法依规对保密工作开展监督检查。

2019年，公司遵照执行集团公司《商业秘密保护管理办法》。商业秘密保护工作，坚持依法规范、企业负责、预防为主、突出重点、便利工作、保障安全的方针，实行主要领导负责制。保密委员会办公室作为保密委员会的日常办事机构，负责依法依规组织开展商业秘密保护教育培训、保密检查、保密技术防护和泄密事件查处等工作。实行统一的商业秘密定密制度，坚持"最小化，精准化"的定密原则，严格按规定确定商业秘密范围及密级，不得随意扩大或缩小秘密范围，不得漏定、错定或者提高、降低密级，既确保商业秘密安全，又便利信息资源合理利用。

五、接待和会议工作

接待管理 1989—1997年，公司对外接待主要是业务单位之间的往来、重要会议的接待。

1998—2006年，公司成建制上划中国石油集团公司，接待工作遵守集团公司接待管理相关规定，外部接待主要承接政府、职能部门及业务单位的往来业务，内部接待主要承办上级公司调研、兄弟单位学习等业务。

2007年，公司规范业务接待工作，业务招待费严格控制在预算范围内，财务部门按照预算指标严格监督控制。各二级公司控制外部接待标准，从简内部接待，尽量减少陪同人员。

2008年，接待工作由总经理办公室集中归口管理，分为公司层业务接待和部门接待两部分。接待任务由总经理办公室或各部门负责。根据接待业务制定详细的接待服务标准，内容包括酒店入住和用餐类别划分、费用标准、接待活动内容及范围等。

2009年，公司从建立费用标准化控制体系入手，以机制求规范，以制度强管理，以考核促控制，制定《接待工作管理规定》和《机关办公费用管理办法》，对业务招待费和机关办公费实行年度预算与月度预算相结合、定额管理与系数控制相结合、总经办集约管理与业务部门控制相结合，实行管理费用与部门业绩挂钩考核，依法依规进行奖惩。在业务接待管理方面，规范公务接待活动，分级分类别明确接待标准，统一实行事前集中审批；在机关办公费管理方面，分部门核定月度定额，实行集中核算、集中采购、统一领用，并推广无纸化办公，普及内网IP电话和集团V网电话，从节约一滴油、一张纸、一度电、一滴水做起，过好紧日子，确保完成预算目标任务。

2010年，为全面落实集团公司《关于印发〈关于切实改进公司领导同志到基层考察调研接待工作的规定〉的通知》和《内部接待管理暂行办法》文件精神，进一步加强和规范公司内部接待工作，改进工作作风，提高工作效率，公司制定《内部公务接待管理办法》，对住宿、餐饮、车辆交通等进行规范。明确公司领导到基层调研、考察，二级公司不得在交界处组织欢迎仪式，不得在加油站、油库等地组织列队欢迎或献花仪式，不在检查地和住宿地悬挂欢迎标语。公司领导班子成员原则上不参加未经公司批准举办的剪彩、奠基、开业、庆典、颁奖等活动和各类招投标、成果评审等会议。接待单位应当严格按照接待标准做好服务，不得超标准接待，不得组织到营业性娱乐场所活动，不得以任何名义赠送礼金、有价证券和贵重礼品、纪念品。

2013年，按照全过程、全方位、全员、全要素的成本管理理念，公司进一步加强公务接待开支，严格规范公务接待、会议差旅和职务消费等活动。严格执行接待、差旅等活动的住宿餐饮标准，接待单位优先安排在系统内部宾馆或签约酒店，房间内不额外配置洗漱包，不赠送纪念品或土特产；严格控制餐费标准，接待餐饮从俭安排，以家常菜、自助餐为主，杜绝奢侈浪费。停止接待公务用酒集中采购。因接待需要采购酒水的，原则上自行购买且不购名酒。

2月，公司党委制定《关于改进工作作风、密切联系群众的实施细则》，规范接待住宿标准，倡导节俭就餐，严控接待活动。接待活动需要安排住宿的，接待单位优先安排在系统内部宾馆或签约酒店。副局级以上领导和集团公司专家可安排普通套间，副处级以上干部可安排单间，其他人员安排两人一标间。严格控制餐费标准和陪同人员，杜绝奢侈浪费。菜品以家常菜为主，积极倡导客人自主点菜、剩余打包。每次公务接待原则上由公司安排一次就餐，杜绝领导和部门重复宴请。从简安排各项活动，不到娱乐、休闲、保健等经营场所消费。不得用公款搞走访、送礼等活动，不得赠送现金、有价证券、支付凭证和商业预付卡及其他贵重物品。

2014年，根据集团公司《公务接待管理规定》，公司制定《公务接待管理规定》，进一步规范公司公务接待管理，厉行勤俭节约，反对铺张浪费，加强党风廉政建设，改进工作作风。

2017年，按照集团公司《公务接待管理规定》精神，公司实行商务接待单独管理。商务接待，是指除公务接待外，公司在对外交流、交往过程中，因拓展业务、开发市场、维护客户等工作需要所开展的包括餐饮、住宿、纪念品等内容的接待行为。商务接待必须坚持“确有必要、符合礼节、有利工作、从紧安排”进行，接待费用要用于对外业务联系，严禁内部相互宴请，不得多开发票虚报多报。商务接待一般应安排在与公司签有协议的饭店及酒店。商务接待费用全部纳入预算管理，禁止在接待费中列支应当由接待对象承担的差旅、会议、培训等费用；禁止以举办会议、培训为名列支、转移、隐匿接待费开支；禁止向下级单位及其他单位、企业、个人转嫁接待费用。商务接待人员按照规定程序办理审批手续，每笔商务接待费支出之前，认真填写商务接待审批单，经批准后方可列支，未经批准一律不得报销，报销凭证中，必须附有财务票据和商务接待申请审批单。接待标准及规格、费用管理、考核监督等要求，按照《领导干部履职待遇、业务支出管理规定》（油川销发〔2015〕44 号）、《公务接待管理规定》（油川销发〔2014〕24 号）文件执行。禁止借商务接待名义列支其他支出。

2019 年，公司印发《机关办公费用管理办法》，遵循集中管理、严格预算、事前审批的原则，对印刷费、办公电话费、邮电费、路桥停车费、文具纸张费、其他办公费用六个类别的机关办公费用进行规范。机关办公费用列入年度财务预算。由办公室会同财务部门根据公司五项费用整体预算和上一年度办公费用使用情况，确定本年度办公费用预算，包括计划、审批、购买、验收、报销五个流程，报销办公费用必须统一填写中国石油四川销售分公司办公费审批单。机关办公费用每年度进行考核，主要考核办公费用预算与实际支出情况。考核结果纳入办公室年度业绩目标责任制考核。

3 月，公司停止接待用酒集中采购，各单位因商务接待需要使用酒水的，自行采购，并分接待批次按规定标准据实报销。凡接待集团公司系统内部单位（含集团总部、销售公司、兄弟单位）时，严禁设宴、严禁饮酒、严禁上烟。接待期间应统一在公司食堂或内部酒店用自助餐，如特殊原因在外部酒店（餐馆）用餐，需在报销时附上情况说明，并严格按照陪同人数、用餐标准等要求执行，不得超标准接待。

会议管理 1989—1997 年，公司会议归口办公室管理。

1998—2006 年，公司成建制上划中国石油集团公司。公司逐渐形成会议制度，召开会议前编制预算，经有关程序审批，财务部门严格按照会议预算进行审查报销。参会人员逐步压缩，会议规格逐步降低，对一般性的会议原则上采取视频会议的形式，逐步提升办会效率。

2007 年，根据集团公司《党组和领导班子工作制度》、股份公司《领导办公制度》和有关规定，公司制定《会议制度》，规范和完善党政领导班子联席会、总经理专题办公会、党委会、总经理办公会、公司工作会、党委工作会、公司工作例会、经营销售例会、HSE 委员会会议召开的时间、参会人员、会议主持和会议内容，明确会前准备事项，建设公开、透明、科学、民主的决策机制和工作机制，提高工作效率和水平。

2008 年，根据集团公司关于企业形象管理的有关规定，公司加强视频会议室标准化管理，统一规范各二级公司视频会议室的标识及硬件环境，明确会议室背景板企业名称及字号颜色、摄像头拍摄范围、室内光线等。

2009—2012年，公司从建立费用标准化控制体系入手，以机制求规范，以制度强管理，以考核促控制，制定《会议管理办法》，对会议费实行年度预算与月度预算相结合、定额管理与系数控制相结合、总经办集约管理与业务部门控制相结合，实行管理费用与部门业绩挂钩考核，依法依规进行奖惩。严格按年度计划召开会议，会议费分类别核定预算，减少异地开会，控制参会人员，缩短会议时间，坚持从简办会，提倡召开视频会。

2013年，按照全过程、全方位、全员、全要素的成本管理理念，公司进一步加强会议费开支，严格规范会议差旅和职务消费等活动。坚持勤俭办会，控制办会经费，所有主办会议需事前审批，禁止在风景名胜区办会；会场布置简朴，不制作背景板，不摆花草、水果、干果，取消各类茶歇。不额外配备资料袋、笔记本等办公用品。严禁发放纪念品。严格控制公务、会议接待经费开支，不得超标准接待，不得组织到营业性高消费的娱乐、健身场所活动，不得以任何名义赠送现金、有价证券、支付凭证和商业预付卡及其他贵重物品。严格执行会议住宿餐饮标准，接待单位优先安排在系统内部宾馆或签约酒店，房间内不额外配置洗漱包，不赠送纪念品或土特产。

是年，公司党委制定《改进工作作风、密切联系群众的实施细则》，严控会议活动，精简会议活动。能不开的会坚决不开，能合并的会坚决合并。公司年度工作会暨职代会、党代会等会期不超过2天；系统工作会原则上每年不超过1次，会期不超过1天。除国家明确要求或经上级公司批准外，原则上不举办无实质内容的庆典、剪彩活动，不参加与收费、赞助挂钩的成果发布、评奖和论坛等活动。简化会议形式。公司季度工作会、各部门业务会及临时性会议用视频会召开，在不涉密的情况下，视频会可直接开到片区。提高会议质量。上班子会讨论事项，材料提前两天送达参会领导。需深入讨论的会议，发言要开门见山、谈深说透，禁止拖泥带水，不作客套性评价。坚持勤俭办会。所有主办会议需进行事前审批，能在机关开的不在基层或酒店开，禁止在风景名胜区办会。严格审定参会人员，不得带助手或随行人员。会场布置要简朴，会议文件材料一律采用普通纸张黑白印刷，不配备资料袋、笔记本。会议原则上统一安排自助餐，严禁发放纪念品。

2014年，公司修订《会议管理办法》，规范会场布置标准、住宿标准、用餐标准、会议材料和安全保卫。

2017年，按照集团公司《公务接待管理规定》精神，公司实行商务接待，进行单独管理。商务接待，是指除公务接待外，公司在对外交流、交往过程中，因拓展业务、开发市场、维护客户等工作需要所开展的包括餐饮、住宿、纪念品等内容的接待行为。商务接待坚持“确有必要、符合礼节、有利工作、从紧安排”原则，接待费用用于对外业务联系，严禁内部相互宴请，不得多开发票虚报多报。商务接待一般应安排在与公司签有协议的饭店及酒店。商务接待费用全部纳入预算管理，禁止在接待费中列支应当由接待对象承担的差旅、会议、培训等费用；禁止以举办会议、培训为名列支、转移、隐匿接待费开支；禁止向下级单位及其他单位、企业、个人转嫁接待费用。商务接待人员按照规定程序办理审批手续，每笔商务接待费支出之前，认真填写商务接待审批单，经批准后方可列支，未经批准一律不得报销，报销凭证中，必须附有财务票据和商务接待申请审批单。接待标准及规格、费用管理、考核监督等要求，按照《领导干部履职待遇、业务支出管理规定》(油川销发〔2015〕44号)、《公务接待管理规定》(油川销发〔2014〕24号)文件执行。禁止借商务接待名义列支其他支出。

2018年，公司印发《关于进一步贯彻落实中央八项规定精神实施细则》(油川销党〔2018〕1号)，对会议活动数量、时间和规模进行规定。严控会期，公司Ⅰ类会议参会代表人数不超过200人，会议费用每人每天上限标准190元；公司Ⅱ类会议参会代表人数不超过120人，会议费用每人每天上限标准150元。运用现代信息技术手段，公司范围内的一般性会议尽可能采用视频会议形式召开。视频会议的主会场和分会场都要控制规模、简化形式，因地制宜、精简节约。

2019年，公司修订印发《会议管理办法》。坚持节俭办会，会议文件和材料除特殊需要外，采用普通纸张黑白双面印刷。会场布置要简朴，不制作背景板，不摆花草、水果、干果，不提供各类茶歇，不发放纪念品。严禁组织旅游、休闲和高消费娱乐等与会议无关的活动。提倡视频会议。充分运用现代化信息手段改进会议形式，能以视频形式召开的一律召开视频会。传达、布置类会议应优先采取视频会议。在不涉密且技术条件允许的情况下，视频会议可直接开到基层。会议实行分类管理，根据会议性质和重要程度，确定参会人员和会期。每年12月底前向本单位办公室提报年度会议计划表，办公室汇总报本单位领导审核通过后按计划执行。原《中国石油四川销售分公司会议管理办法》(油川销发〔2014〕23号)废止。同时，《关于进一步贯彻落实中央八项规定精神实施细则》(油川销党〔2018〕1号)中控制会议活动数量、时间和规模的相关规定一并废止。

六、督查督办

督查督办是领导决策得到有效落实的重要保证。用好督查督办，能推动公司决策顺利实施，推动职能部门上通下达、闭环反馈。

1989—2006年，随着现代化企业管理发展，公司逐步重视议定的重要事项、部署的重点工作、上级交办的任务落实情况的跟进和督促。办公室通过收集工作总结、电话询问等方式开展督办，未形成统一的制度流程。

2007年，为提高督查督办工作的实效性，公司印发《行政督查督办管理暂行办法》，明确督查督办原则、内容、管理部门、流程及事项办理程序。督查督办按照考核事项和各单位完成情况，督查考核结果分为优、良、中、差四个等次，对年度内有两次以上未按时完成督查督办任务或三次以上(含三次)无故不按时反馈督查督办事项办理结果的部门(单位)，取消有关部门(单位)及其行政主要负责人和经办人员当年公司级评先选优的资格。

2008—2011年，根据行政督查督办实施办法，公司督查年度重要事项落实情况。督查工作实行主管领导负责制和主办单位负责制，明确任务、明确责任、明确时间进度，落实过程中涉及的复杂问题，由总经理办公室统一协调，提交相关会议决定。以落实管理措施、实现管理目标为首要任务，紧紧围绕“重要会议决策、重点建设项目、重点管理课题”等三个方面，印发年度督查督办工作要点，建立督查项目与业绩考核体系结合的关联机制，全面促进重点工作又好又快地完成。

2012—2014年，销售公司每年印发《销售企业重点工作督查表》，公司对照督查表，结合工作安排，进一步细化落实方案，明确工作目标、进度要求和责任部门，加强督导检查，各项工作落到实处、见到实效。

2015年，公司形成督查督办事项办理情况通报机制，通报结果作为年度系统评先选优的内容。对没有明确说明不能按时完成原因或在落实重要事项工作中谎报、虚报、瞒报的，经查实将对责任单位及责任人予以通报批评；对承办重要事项完成不力，并对全公司工作造成重大失误和影响的，将追究相关人员责任。

2017—2018年，按照销售公司协同办公系统实施要求，公司正式启用协同办公系统督查督办管理模块。公司督办任务由总经办通过协同办公系统发起，公司各部门及二级公司总经办作为承办部门，按任务要求在系统中及时反馈承办情况。公司督办任务不再由自建的督查督办系统发起。公司各部门月度工作计划的制订及月度工作完成情况的提报，仍通过公司自建的督查督办系统完成。

2017年，公司共下发各类督查督办1482项。其中，全年主要目标、重点任务分解96项；监督制订机关部门月度工作计划1206项；基层问题回复意见154项；专项督查督办通知单26项。从整体执行质量和效率来看，各单位领导高度重视、高效执行、落实有力，确保各项重点工作圆满完成。

2018年，公司分解下发全年主要目标、重点任务86项，并通报季度完成情况4期；收集基层问题59项，全部进行反馈；下发专项督查督办通知单10项，监督制订机关部门月度工作计划720项，均按时限督促完成。此外，办公室还围绕“决胜千万吨”主题活动，通报督办情况13期；根据公司第三次党代会精神，分解下发5年党建工作主要目标及重点任务72项。

2019年，根据集团公司《关于加强督促检查工作实施办法》（中油党组〔2017〕195号），公司制定《督查督办工作管理实施办法》，遵循“围绕中心、突出重点；改进创新、注重实效；协调服务、责权清晰；严细管理、认真考核”的原则，对七类事项开展督查督办。督查督办工作实行部门（单位）主要领导负责制和逐级负责制。对年度内有两次以上未按时完成督查督办任务或三次以上（含三次）无故不按时反馈督查督办事项办理结果的部门（单位），取消有关部门（单位）主要负责人和经办人员当年公司级评先选优的资格。

第二节　后勤事务

一、办公用房

1989年12月20日，公司机关从成都市中西顺城街43号迁到成都市鼓楼北二街24号业务综合楼办公。

1998年10月19日，公司地址由“成都市鼓楼北二街24号”迁入“成都市中西顺城街1号”。

2008年12月18日，公司召开岷江、广元、德阳、绵阳、遂宁等5个二级公司机关综合办公楼灾后重建专题会议，研究确定办公楼灾后重建标准。汶川大地震发生后，岷江、广元、德阳、绵阳、遂宁等5个二级公司办公楼严重受损，被地方房屋安全鉴定评估机构鉴定为D级危房。会议根据各单位实际受损情况和重建条件，研究确定办公楼灾后重建方式、建设规模、工程造价、内外装修、办公室主要功能等具体标准，确定征地、建设时间表。

2010年5月，公司实现“三年灾后重建任务两年基本完成”目标。2009—2010年，公司累计完成灾后重建投资8.44亿元，完成重建项目1718个，灾后重建整体进度达到95%；重建迁建加油站150座，恢复受损油库5座，建成办公楼5座。

2018年1月，公司印发《关于进一步贯彻落实中央八项规定精神实施细则》（油川销党〔2018〕1号），严格办公用房配置：党委书记、总经理办公室（含休息室、卫生间，下同）使用面积标准不超过60平方米，其他领导班子成员标准不超过45平方米，助理级领导办公室不超过40平方米，正处级干部办公室不超过35平方米，副处级干部办公室不超过25平方米，处级以下人员办公室不超过14平方米。未经批准不得租用宾馆、酒店房间作为办公用房。

二、员工住房

1989—1991年，公司开展职工住房分配工作。成都市住房制度改革领导小组对住房制度改革中几个政策问题进行相关规定。明确租房、买房都是住房制度改革的形式，房改中职工可根据个人的实际情况或租或买自愿选择。职工购买住房以户为单位，每户只能享受一次购买一套住房的优惠。住房售价一律由房屋产权监理处统一评估，单位自身确定的优惠价无效。买房分期付款，首次应不少于总房价30%的现金，余款部分除每月以当月住房券冲抵外，还应拿出占家庭工资收入10%—15%的现金交纳。对于提前付清房款的应给予优惠，延期付清的应加付利息。单位出售住房应先到房屋产权监理部门申报登记，未获得产权证的住房不得出售。出售给职工个人的住房，一次性付清房款的，可办理产权证；分期付款者，待全部房款付清后方可办理产权证。产权证办理程序按房产监理部门规定执行。

1992年，公司机关执行住房公积金办法，凡具有本市常住户口的固定职工、劳动合同制工人、轮换工均实行公积金办法，新参加工作的职工在参加工作的下月起实行公积金办法。临时工、离退休职工不实行公积金办法。

1996年，省级机关房改办审查批复公司机关继续向职工出售共有住房事项。1988年、1992年公司房改向职工出售部分公有住房。根据川府发（1995）180号和成府发（1995）60号文件精神，公司继续向职工出售公有住房，并根据自愿申请，将原购房的部分产权转为全产权，出售住房为四道街15号、中同仁路39号等公司新建职工住房和忠烈祠西街80号等腾空房。

2001年，按照集团公司《关于深化住房制度改革实行住房分配货币化的实施方案》（中油房改办〔2001〕1号）的要求和部署，公司启动全省（不含县公司）住房分配货币化工作。成立住房制度改革领导小组，负责对全省系统住房制度改革工作的组织指导。各市（州）公司于2001年12月中上旬分批将住房分配货币化有关基础资料报送公司房改办，公司房改办严格进行审查。至2001年底，完成企业住房、职工住房普查和职工住房信息数据录入工作（不含县公司）。从统计结果来看，公司对10025名职工进行住房普查（建立职工住房档案10025册），其中住房已达标职工5126人，无房职工2918人（其中在职职工1625人，离退休人员38人，有偿解除劳动合同人员955人），住房未达标职工1981人（其中在职职工1044人，离退休人员460人，有偿解除劳动合同人员477人），同时对职工住房的相关资料进行分类、整理、造册、归档。

2002年，住房分配货币化改革的基础工作（不包括县公司）准备就绪。

2006年，根据建设部、财政部、中国人民银行《关于住房公积金管理若干具体问题的指导意见》（建金管〔2005〕5号）以及销售公司《关于落实集团公司关于住房公积金管理意见的通知》（油炼销字〔2005〕366号）的精神，公司市场化用工原有住房公积金缴交比例由10%调至12%，维护市场化用工合法权益，提高市场化用工购房支付能力，改善市场化用工住房条件。

3月，公司经过前期准备、住房普查、审核确认、确定标准、报批方案、发放实施等阶段的工作，完成一次性住房补贴和2006年12月31日以前累计月住房补贴资金的发放工作，建立职工住房档案，规范住房补贴发放的日常管理工作。在房改范围、补贴对象、补贴标准、计发办法、审批程序等方面，严格执行集团公司政策规定，不擅自突破政策界限。

2007年，遵照集团公司、股份公司和销售公司住房分配货币化工作的统一部署，公司印发《职工住房分配货币化月补贴发放管理暂行办法》，住房月补贴的发放范围为：全民所有制在职职工中现已发放住房月补贴但累计未满25年的；全民所有制新进职工本人及配偶未享受过福利分房或住房补贴，也未以普通租金标准承租公有住房的。住房月补贴的标准按中油集团公司批复的标准执行，即基本补贴额标准：成都主城区400元，其他地区170元。其计算公式为月住房补贴额＝（基本补贴额＋工龄补贴额）× 住房补贴建筑面积标准 ÷300。调离本单位或开除、除名、辞退、辞职人员，从开除、除名、辞退、辞职或调离本单位的次月起停止发放住房月补贴。职工退休或去世的，从退休或去世的次月起停止发放住房月补贴。职工住房月补贴每月随工资发放。新调入职工的住房月补贴从起薪的当月开始发放。

2008年，公司在2007年6月住房补贴资金发放情况审计的基础上，对20个所属二级公司及公司本部一次性住房补贴资金的管理与发放情况进行补充审计。此次审计依据房改办提供的相关资料，以询问、复核、查看方法，采取后续跟踪审计方式，重点审计房改基础工作的开展情况、住房补贴的实行时间及依据，补贴范围、补贴标准、补贴资金来源、年度补贴金额、实际发放补贴资金的情况及会计处理等内容。公司兑现一次性住房补贴资金发放情况于2008年1月清算完毕。

是年，根据中国石油天然气集团公司房改办字〔2006〕14号《关于四川销售分公司住房分配货币化实施办法的批复》，同意四川销售公司基本补贴成都市主城区（含金牛、青羊、武侯、锦江、成华、高新六区）按照经济适用住房价格1600元/平方米、房改成本价800元/平方米计算；除成都市主城区外，全省其他所有地区按照经济适用住房价格840元/平方米、房改成本价500元/平方米计算。

2009年，公司加快推进生活区灾后重建工作。生活区灾后重建工作“五个结合”原则：灾后重建与消除安全隐患相结合；灾后重建与生活区的适度集中相结合；灾后重建与适当解决员工

图 8-15　2009 年汶川特大地震岷江公司中油爱心小区竣工入住仪式

住房困难相结合；自建与组织团购相结合；灾后重建与货币化补助相结合。图 8-15 所示为 2019 年汶川特大地震岷江公司中油爱心小区竣工入住仪式。

5 月，为规范生活区管理，维护生活区正常秩序，创建宜居环境，公司制定《生活区域管理试行办法》。公司系统办公区域的管理职能归口公司后勤管理处，二级分公司的行政后勤管理部门是本单位办公区域的具体管理部门。各单位要在辖区派出所和社区的指导下，建立生活区治安联防机制。生活区要制定外来人员登记制度，加强对各生活区的环境整治和管理。建立健全消防管理制度，全面负责消防安全管理，建立和完善公共设施设备管理台账。

2010 年，灾后重建主体完工职工住宅 108 套。6 月，公司系统内首个大学生周转房在甘孜公司投入使用。按照灾后重建有关精神，公司共启动 18 个二级公司和公司机关的大学生周转房项目恢复重建计划，截至 2010 年底，有 6 个改造项目和 1 个新建项目投入使用。

2011 年，公司实施《机关周转房管理暂行规定》。周转房的入住，由大学生本人提出书面申请，如实填报住房情况，经所在部门和人事部门审核、确认，提交行政后勤审查、提出意见，报经行政后勤分管领导批准，办理相关手续，签订有关租房入住协议后，由行政后勤部门统一安排。协议一年一签，不满一年的按协议终止月签订。周转房最长租住期限为 5 年，延期居住需要重新申请、审批。周转房入住人员学历为本科以下（含本科）的 2 人 1 间，学历为研究生以上（含研究生）的 1 人 1 间。周转房室内公用设施、家具家用电器按统一标准配备。

2012 年，公司成立住房改善领导小组，加强公司员工住房管理，切实推进公司员工住房改善工程。住房改善领导小组下设办公室，内设综合、土地、资金、设计建设等 4 个小组，为临时机构暂列公司职能部门序列。

4—9 月，为解决四川石油集团员工居住分散、交通不便等困难，成都同源与四川石油集团公司接洽，历经 5 个月的项目考察、技术研讨及招标谈判，最终与成都中丝园达成合作意向，定制建设中石油员工住宅小区。10 月，公司总经理办公会专题研究成都地区职工住房改善项目选址、售配方案等事宜，同意选择“中丝园”项目作为主推项目，原则通过《成都地区职工住房改善配售方案》，要求认真严肃地签订具有法律效力的项目合作协议。10 月 16 日，四川石油集团与成都同源丝绸文化产业公司签订《成都・中丝园项目战略合作协议》，标志着中丝园定制团购项目正式启动。11 月 19 日，总经理办公会同意中丝园项目规划设计方案。2013 年 1 月 8 日，举行成都中丝园项目奠基仪式。1—3 月公司购房职工集中选房。2014 年 9 月 25 日，成都中丝园住宅主题结构全面封顶。2015 年 8 月 30 日，成都中丝园全面完工并通过政府有关部门及相关检测机构的验收，达到交付条件，竣工交房。

2013 年，为理顺职工住房改善工作职责和管理界面，优化人员配置，公司整合后勤管理中心、住房改善领导小组办公室。后勤管理中心承担住房改善领导小组办公室职责。在后勤管理中心增设住房改善管理科，定编 3 人，其中科级职数 1 人。

10 月，公司总经理办公会审议通过《关于雅安芦山“4・20”地震 D 级危房重建安置方案》，自管房重建安置实施原址重建、异地迁建或货币补助终结 3 种方式。

2014 年，根据公司《关于雅安芦山“4・20”地震灾区受灾员工过渡安置的通知》（油川销后勤〔2013〕3 号）、《关于加快实施雅安芦山“4・20”地震受损房屋维修加固的通知》（油川销后勤〔2013〕4 号）、《关于雅安芦山“4・20”地震 D 级危房重建安置的通知》（油川销后勤〔2013〕5 号）的灾后恢复重建政策，公司组织审核受灾人员及基本情况。经审核，雅安公司上报 601 户，合格 404 户，符合补助条件的人员补助金额为 5054848 元；甘孜公司上报 77 户，合格 53 户，符合补助条件的人员补助金额为 479000 元；仓储公司上报 13 户，合格 13 户，符合补助条件的人员补助金额为 212000 元。公司分 3 批次拨付过渡安置及住房恢复重建补助费用。

2016 年 9 月，在对二级公司异地交流干部问卷调查的基础上，结合中央八项规定精神及公司实际情况，公司印发《异地交流干部探家和住房管理办法》，进一步加强公司异地交流干部探家和住房管理。异地交流干部探家使用公共交通方式，对距离较远、交通相对不便的攀枝花、凉山、甘孜 3 个市（州），可以选择乘坐飞机经济舱，尽量购买打折机票。对使用公共交通工具探家的，往返机场、车站的路程可安排所在单位公务车辆接送。对极少数因公共交通不便或特殊情况需要使用公务车辆探家的，经公司后勤管理中心审批后，可以选择所在单位公务车辆接送。探家费用支出按照公司差旅费管理办法，可凭票报销每月不超过两次探家往返发生的交通费用。严禁报销非本人探家发生的费用，严禁搭车报销非正常交通费用，严禁将探家费用作为异地交流干部变相津补贴，固化为异地交流干部隐形福利。

通过租房方式解决异地交流干部住房问题的，按照集团公司及销售公司文件规定，处级领导干部租房建筑面积不超过 100 平方米，科级领导干部租房建筑面积标准不得超过 80 平方米。对已租住房超过规定上限的，所租住的房屋在合同期限范围内的，对超出规定面积部分的费用自行承担，合同期满后，应重新选择合适的租赁房屋。异地交流干部任职所在单位有空置公有住房（原则上不挤占大学生中转房），且满足居住条件的，可选择空置公有住房。各单位加强对异地交流干部履职及效能情况的日常监督，全面从严管理。

2018 年，根据集团公司《关于进一步规范企业领导人员异地交流期间周转住房管理等有关问题的通知》（房改办〔2016〕13 号）、《关于规范企业领导人员异地交流期间周转住房管理的补充通知》（房改〔2017〕2 号）及《关于调整企业领导人员异地交流期间周转住房租金标准等问题的通知》（房改〔2017〕10 号）等文件精神，公司进一步明确异地交流干部交流期间周转住房管理。

异地交流干部周转住房原则上在单位自有房源中解决，自有房源不足或不能满足基本工作和生活需要的可承租市场房源。异地交流干部及配偶在交流地有住房的，单位不再为其提供周转住房。异地交流干部周转住房的面积标准为：处级干部建筑面积不超过 100 平方米，助理级干部建筑面积不超过80平方米。其中租住单位自有住房的，面积可根据房源情况适当浮动。周转住房为单位自有房源的，居住人在有效期内可不交纳租金和物业费，其他费用自理。周转住房为租住市场房源的，租金（含税价）标准成都地区：正处级3000元/月，副处级2500元/月，助理级2000元/月。成都以外地区：正处级2400元/月，副处级2000元/月，助理级1600元/月。异地交流干部居住周转住房的物业费由公司承担，水费、电费、气费、网络费等其他费用由使用者承担。异地交流干部自行租赁市场房源的，可按上述租金标准凭租房发票报销租金，凭物业费发票报销物业费。对已租住房超面积和超租金标准规定的，所租住房屋在合同期限范围内的，从2018年7月1日开始对超出规定部分费用由居住人承担，合同期满后，应重新选择合适的租赁房屋。

是年，公司印发《周转房管理办法》，周转房入住人员范围为新招聘大学生和异地调入（含借调）且在调入地无住房的在职职工。周转房居住人员办理入住时应提出书面申请，周转房租期为3年，特殊情况经公司主要领导审批同意后，可适当延期居住，延期居住不能超过2年。

是年5月，针对公司机关本部职工家属区既有房改房，又有公有房，权属不清、随意占用等实际，为切实清查公有住房遗留问题，规范公有住房合规化管理，公司对机关公有住房进行专项清理清退。机关本部3处公有住房，共85套（间），按照相关政策，对凡参加房改、领取住房货币补贴、有自有住房（商品房、团购房等）或虽未参加房改但已不在本单位工作等情况进行清理清退。

三、车辆管理

1989—1997年，公司配置公务车辆，由后勤部门统一归口管理，印发《车辆管理规定》《机关车辆情况及处理意见》《机关车辆使用管理试行办法》等制度，保障各项业务正常运转。

1998—2005年，按照“统一管理、分级使用、独立承担责任”的原则，后勤管理部门加强对公务车辆的使用管理，精心组织、认真安排、协调配合，完成各项重大任务的用车保障工作。

2006年，公司发布《车辆安全违章禁令》。禁令共十条：严禁酒后驾车、超速行驶、疲劳驾驶；严禁车辆带病运行和超期运行；严禁无证开车或私自开车；严禁车辆运行中消防器材不全或失效；严禁装卸作业中驾驶员离开现场；严禁车辆运行中将静电接地线收起；严禁搭乘无关人员；严禁车辆乱停乱放；严禁在不具备安全条件的情况下进行装卸油作业；严禁迫使、纵容驾驶员违章开车。

2007年，公司印发《机关非生产车辆管理办法》，明确机关非生产车辆管理部门及职责、驾驶员管理和安全管理，对无责任事故、次要责任事故、等同责任事故、主要责任事故、全部责任事故分别明确赔偿及处罚金额。

2008年，针对个别二级分公司因管理不力，导致公务车辆被盗问题，公司加强公务车辆安全管理工作，集中开展驾驶人员安全行车教育，严格执行专职驾驶人员制度、内部准驾制度和派车制度，节日期间和双休日车辆必须实行“三交一封”，严禁公车私用。公务用车车辆外出，不得擅自改变行车路线和时间，不得因私事绕道行驶，严禁搭乘与公事无关人员。车辆必须在正规停车场停放，并履行相关停车手续，严禁将车辆交给他人代为停放。严格落实车辆安全管理责任，谁批准谁负责，实行专车专人定责，严肃责任追究制度。各级行政后勤管理部门要加强车况和车辆运行情况检查，从严查处违法违规行为。

2009年，公司印发《非生产性车辆管理试行办法》，公司系统非生产性车辆管理职能归口公司后勤管理处，二级分公司的行政后勤管理部门是本单位办公区域的具体管理部门。仓储安全环保部门是交通安全管理的监管和业务指导部门。按照“集中管理、领导审批、统一调度”的原则，公司车辆由车管部门统一调度使用。公司实行《内部准驾证》制度。驾驶公司车辆，必须持有内部准驾证；车管部门负责内部准驾证的核发。公司专职驾驶员每年初必须与车管部门签订安全责任书。责任书中，要明确双方对行车安全和车辆安全管理的责任与义务。驾驶员是所驾驶车辆行车安全的第一责任人。《非生产性车辆管理试行办法》还对安全教育、事故责任及考核处罚进行明确。

2010年，高空作业车在各二级公司投入使用。高空作业车属特种专用设备，主要用于油库、加油站罩棚、灯具更换等高空作业。公司开展高空作业车操作人员培训，旨在提高专职驾驶员对高空作业车的技术性能、操作规程及维修保养理论知识的理解，掌握作业现场安全监护的方法和要求，强化升降机械实际操作。培训合格后，由高空作业车生产厂家颁发操作许可证。

2011年，公司遵照集团公司《关于规范公务车辆租赁管理的通知》要求，严格控制租赁车辆来源和租赁公务车辆标准，任何单位不得超标准、超规格租赁公务车辆，公务交通费补助与公务车辆不重复享受。

2012年，公司印发《公务用车辆报废更新管理实施细则》，细则明确公务用车辆的正常报废标准和非正常报废标准，规范车辆报废及更新流程。

2013年，为贯彻落实中央关于改进工作作风、密切联系群众“八项规定”，根据销售公司《加强销售企业领导干部职务消费等非生产性费用管理的若干意见》中“严格公务用车管理，领导干部离职或退休，原乘用车必须收回”的要求，公司收回公司及所属二级公司已退出实职及退休的领导干部原乘用车。收回车辆交还车辆管理部门统一使用。

2017年，公务用车实行编制核定管理。领导班子成员按职数核定公务用车数量，保障履职需要；保障机关工作人员正常工作需要保留11辆公务用车；机关机要通信保障车原则上不超过3辆；保密、执纪、监察车原则上不超过4辆；应急保障车原则上不超过6辆；适当配置商务接待和公务周转用车。二级公司公务用车实行现有车辆总量控制。二级公司领导班子成员，原则上按照正职每人核定1辆、副职每两人核定1辆。二级公司机关公务用车按每两个科室核定1辆，甘孜、阿坝、凉山等特殊地区可再增核1—2辆，保留必要的通信保障、应急保障、保密、执纪和公务接待等车辆。二级公司下属机构（含片区、油库）可以核定公务用车1辆，销量较大的片区视情况可以增核1辆，副处级油库可以增核1辆，交通车视需要申请核定。明确公务用车配置标准：公司领导班子在公务用车改革后保留的轿车型经营和业务保障用车中配置，原则上不高于排气量2.0升、购车价格（不含车辆购置税，下同）28万元以内的公务用车。公司机关配置排气量1.8升（含）以下、价格18万元以内的轿车型公务用车；商务车型和业务保障用车按排气量

3.0 升（含）以下、价格 38 万元以内配置。二级公司领导班子配置排气量 1.8 升（含）以下、价格 18 万元以内的公务用车。二级公司机关及所属片区、油库配置排气量 1.6 升（含）以下、价格 16 万元以内的公务用车；商务车型和业务保障用车按排气量 3.0 升（含）以下、价格 38 万元以内配置。

2018 年，公司全面排查二级公司车辆，报废处理超过使用年限、易发生安全风险的车辆。与中国石油运输公司达成租赁协议，为多家二级公司租赁配备皮卡车等生产用车 38 辆，有效缓解公司生产经营用车。租赁车辆业务开启用车新模式。

是年，为规范公司机关公务车辆加油和燃油管理，有效控制公务用车油料消耗，降低经营管理成本，公司印发《机关公务车辆燃油管理暂行办法》。

所有公务车辆统一使用“中国石油加油卡车队卡”（以下简称车队卡）加油，利用加管系统管理平台对公务车辆加油进行支付、统计、分配、限制等管理。车队卡含主卡、副卡，原则上一家单位办理一张车队主卡，归单位公务车辆管理人员使用，用于资金分配、查询统计、设定限制、办理副卡等管理功能，但不能用于公务车辆加油。一辆公务车办理一张车队副卡用于本车加油，卡面注明车牌号码，并限制品种、非油消费，每季度设定加油限额。车队主、副卡应由单位指定人员管理和使用，其支款项由使用单位承担，卡内金额不计利息，不能提现，不得退款，不得透支、转借或转让他人使用，如有违反，发生的一切损失由持卡人承担。车队卡为先充值、后使用。

公务车辆实行燃油定额管理。公司参照公务车辆车型厂家使用说明书、百公里油耗实际用量等综合情况进行测算，本着既保证公务车辆执行公务用油的需要，又要鼓励驾驶员勤俭节约的原则，制定并实行公务车辆百公里油耗定额标准。车辆管理部门应建立健全油料单车台账，严格执行公司公务车辆百公里油耗定额标准，每季、月按实际运行里程进行单车油耗统计工作，按时与业务和财务部门进行油料结算工作。公务车辆燃油消耗控制。按照制度化管理和定额化考核要求，实行节约有奖、超额处罚的考核原则，以利于提高节油降耗工作积极性。归口管理部门应根据单车百公里油耗定额标准按月进行单车油耗考核登记，年终对节油或超耗的公务车辆专职驾驶员进行奖惩。归口管理部门拟定奖惩办法，由人事、财务部门执行。

是年，公司印发《关于进一步贯彻落实中央八项规定精神实施细则》（油川销党〔2018〕1 号），严格公务用车配置：领导班子成员配备标准为排气量 2.0 升（含，下同）以下、购车价格（不含车辆购置税，下同）28 万元以内；机关各部门及各二级公司公务用车配备标准为排气量 1.8 升以下、购车价格 18 万元以内。不得超标准配备公务用车，不得增加高档配置或豪华内饰。达到更新年限仍能正常使用的公务用车，要继续使用。已购置使用的公务用车超过规定配备标准的，仅用于生产指挥、应急、公务接待、外事等用途。

2019 年，公司每季度根据车辆 GPS 监控系统提取数据，对各二级公司公务车辆违规情况进行抽查和通报。

四、三供一业

2015 年 11 月，为平稳有序推进国务院国资委关于分离移交中央企业“三供一业”（供水、供电、供热和物业管理）工作有关文件精神，公司启动“三供一业”分离移交工作。

2016 年 9 月，为全面推进“三供一业”移交工作，公司遵照执行集团公司《关于推进“三供一业”分离移交工作的指导意见（修订版）》。

2017 年 3 月，按照国务院国资委、四川省委省政府和集团公司有关文件精神，公司研究制定《“三供一业”分离移交工作实施办法》，推动公司所属职工家属区“三供一业”分离移交工作。

2018 年 4 月，集团公司原则同意公司《职工物业费货币化补贴实施方案》，补贴面积原则上按照集团公司规定标准执行。7 月 4 日，集团公司同意公司《关于第二批三供项目调整的说明》。9 月 20 日，按照集团公司对“三供一业”分离移交项目的支持政策，集团公司领导批准，先拨付公司第三批“三供”业务分离移交项目改造费用的补贴资金共计 472.05 万元，其余资金 117.98 由公司自筹。11 月 21 日，集团公司下达《关于同意开展四川销售第四批“三供”业务分离移交工作的通知》（矿服〔2018〕656 号），同意公司开展第四批“三供一业”分离移交工作。将 1214 户供水、819 户供电、748 户供气和 721 户物业管理等 26 项业务移交给当地专业公司运营。分离移交完成后不再以任何方式承担相关费用。11 月 27 日，公司印发《职工物业费货币化补贴实施意见》，实施物业费货币化补贴。

2019 年，公司分片召开“三供一业”推进会、集中召开视频会，了解基本情况，解决实际问题，强力推进 6 批次 90 个“三供一业”分离移交项目施工改造。截至 2019 年末，所有项目全面完工，排销售系统第一名。表 8–19 所示为中国石油四川销售分公司“三供一业”项目一览表。

表 8–19　中国石油四川销售分公司“三供一业”项目一览表

所属单位	项目名称	类型	移交户数（户）	项目金额（万元）	接收方
合计			14144	8172.12	
第一批项目小计			1037	841.71	
内江	内江公司所有家属区供电业务分离移交	电	495	588.78	国网四川省电力公司内江供电公司
	内江公司内江市区家属区供水业务分离移交	水	262	96.17	内江市水务有限责任公司
成都	成都公司来凤路、航天路小区供水业务分离移交	水	135	88.55	成都市温江区自来水公司
岷江	岷江公司都江堰市十八套供水业务分离移交	水	16	5.38	都江堰市自来水公司
资阳	资阳公司雁江片区车城大道、外西街家属区供电业务分离移交	电	129	62.83	国网四川省电力公司资阳市雁江供电分公司
第二批项目小计			1870	648.99	
内江	内江公司资中县职工家属区供水分离移交	水	64	33.95	资中县供排水总公司
	内江公司隆昌县职工家属区供水分离移交	水	120	51.92	隆昌市自来水公司

续表

所属单位	项目名称	类型	移交户数（户）	项目金额（万元）	接收方
凉山	凉山公司盐源县职工家属区供电分离移交	电	13	7.97	国网四川盐源县供电有限责任公司
眉山	眉山公司东坡长安中路生活区供水分离移交	水	81	1.78	眉山市供排水总公司
	眉山公司东坡区通惠街生活区供水分离移交	水	40	5.43	眉山市供排水总公司
自贡	自贡公司自贡富顺县生活区供电分离移交	电	38	12.3	国网四川富顺县供电有限责任公司
南充	南充公司仪陇片区城北宿舍、办公楼宿舍、油库宿舍供电分离移交	电	7	0.65	国网四川省电力公司仪陇县供电分公司
	南充公司仪陇片区城北宿舍、办公楼宿舍、油库宿舍供水分离移交	水	12	3.48	仪陇县方州自来水有限公司
德阳	德阳公司德阳市旌阳区华山北路191号、209号生活区供电分离移交	电	79	14.23	国网四川省电力公司德阳供电公司
	德阳公司德阳市本部生活区供气分离移交	气	133	82.19	德阳市振兴国有资本投资运营有限公司
	德阳公司什邡市雍城西路589号供水分离移交	水	60	20.12	什邡市供排水公司
	德阳公司什邡市雍城西路589号供气分离移交	气	60	39.78	什邡市现代农业投资发展有限公司
	德阳公司广汉市东西大街东一段41号供水分离移交	水	60	30.05	广汉市自来水公司
	德阳公司绵竹市通汇路129号、老龙潭供水分离移交	水	47	10	绵竹市供排水总公司
宜宾	宜宾公司南溪区职工家属区供水分离移交	水	50	27.68	宜宾市南溪区供水排水有限公司
	宜宾公司南溪区职工家属区供电分离移交	电	50	5.34	国网四川省电力公司宜宾市南溪供电分公司
	宜宾公司珙县职工家属区供水分离移交	水	22	12.76	珙县自来水公司
	宜宾公司翠屏区吊黄楼职工家属区供电分离移交	电	16	15.27	国网四川省电力公司宜宾市江北供电分公司
	宜宾公司翠屏区柑子园职工家属区供电分离移交	电	41	38.84	国网四川省电力公司宜宾市江南供电分公司
	宜宾公司翠屏区真武路职工家属区供电分离移交	电	27	2.81	国网四川省电力公司宜宾供电公司
	宜宾公司翠屏区下渡口等6个职工家属区供水分离移交	水	214	20.46	宜宾市清源水务集团有限公司

续表

所属单位	项目名称	类型	移交户数（户）	项目金额（万元）	接收方
遂宁	遂宁公司船山职工家属区供气分离移交	气	187	41.35	遂宁兴业资产经营公司
	遂宁公司船山职工家属区供水分离移交	水	187	37.64	遂宁兴业资产经营公司
	遂宁公司船山职工家属区供电分离移交	电	187	84.15	遂宁兴业资产经营公司
	遂宁公司蓬溪职工家属区供电分离移交	电	75	48.84	国网四川省电力公司蓬溪县供电分公司
第三批项目小计			1568	590.03	
广元	四川销售广元公司本部利州区等6个职工家属区供水分离移交	水	332	94	广元市供排水（集团）有限公司
乐山	四川销售乐山公司市中区7个职工家属区供电分离移交	电	232	116.02	国网四川省电力公司乐山供电公司
内江	四川销售内江公司隆昌县职工家属区供气分离移交	气	117	56.98	内江市天润投资管理有限公司
	四川销售内江公司市区职工家属区供气分离移交	气	237	98.72	内江市天润投资管理有限公司
	四川销售内江公司资中县职工家属区供气分离移交	气	64	28.89	内江市天润投资管理有限公司
资阳	四川销售资阳公司雁江片区2个职工家属区供水分离移交	水	129	74.81	资阳市国有资产投资管理有限责任公司
凉山	四川销售凉山公司木里县职工家属区供水分离移交	水	33	19.14	四川省木里藏族自治县自来水厂
自贡	四川销售自贡公司城区及荣县职工家属区供电分离移交	电	230	88.52	国网四川省电力公司自贡供电公司
	四川销售自贡公司自贡城区职工家属区供水分离移交	水	194	12.95	自贡水务投资集团有限公司
第四批项目小计			4261	2108.93	
巴中	四川销售巴中公司江北大道职工家属区供水分离移交	水	63	34.42	巴中圣泉水务股份有限公司、巴中市国有资产经营管理有限责任公司
公司	四川销售成都地区职工家属区供水分离移交	水	759	392.94	成都环境投资集团有限公司
成都	四川销售成都公司华阳职工家属区供水分离移交	水	15	5.12	成都市自来水有限责任公司、成都市岷江自来水厂
	四川销售成都公司新都片区2个职工家属区供水分离移交	水	94	50.93	成都市新都区自来水公司

续表

所属单位	项目名称	类型	移交户数（户）	项目金额（万元）	接收方
达州	四川销售达州公司本部职工家属区供水分离移交	水	242	139.03	达州水务集团有限公司
	四川销售达州公司职工家属区供电分离移交	电	287	131.53	达州市国有资产经营管理公司
	四川销售达州公司职工家属区供气分离移交	气	283	129.5	达州市国有资产经营管理公司
	四川销售达州公司职工家属区供水分离移交	水	51	27.47	达州市国有资产经营管理公司
	四川销售达州公司职工家属区物业分离移交	物业	721	540.75	达州市国有资产经营管理公司
德阳	四川销售德阳公司绵竹片区 2 个职工家属区供气分离移交	气	47	8.62	绵竹市剑南镇人民政府绵竹中民燃气有限公司
	四川销售德阳公司中江片区职工家属区供气分离移交	气	86	39.26	中江县新兴经营投资有限公司
广元	四川销售广元公司旺苍片区职工家属区供水分离移交	水	18	10.44	旺苍县自来水公司
	四川销售广元公司昭化元坝职工家属区供电分离移交	电	320	41.18	国网四川省电力公司广元供电公司
凉山	四川销售凉山公司西昌片区 7 个职工家属区供水分离移交	水	375	222.79	西昌市供排水总公司
眉山	四川销售眉山公司彭山职工家属区供电分离移交	电	40	35	国网四川省电力公司眉山市彭山供电分公司
	四川销售眉山公司彭山职工家属区供水分离移交	水	37	14.36	四川彭山供排水有限公司眉山市彭山区水务局
岷江	四川销售岷江公司彭州天彭职工家属区供气分离移交	气	48	21.97	彭州华润燃气有限公司、彭州市国有资产经营管理有限公司
	四川销售岷江公司彭州天彭职工家属区供水分离移交	水	48	18.83	北控彭州自来水有限公司、彭州市国有资产经营管理有限公司
南充	四川销售南充公司顺庆区 2 个职工家属区供水分离移交	水	84	28.39	南充水务投资（集团）有限责任公司、南充市国有资产投资经营有限责任公司
	四川销售南充公司顺庆区 3 个职工家属区供电分离移交	电	160	54.74	国网四川省电力公司南充供电公司
	四川销售南充公司西充片区 3 个职工家属区供水分离移交	水	81	10.55	西充县泓源水务发展有限公司市政建设分公司
资阳	四川销售资阳公司简阳片区 2 个职工家属区供水分离移交	水	68	10.05	简阳市水务投资发展有限公司
	四川销售资阳公司简阳片区 4 个职工家属区供气分离移交	气	124	28.64	简阳市水务投资发展有限公司

续表

所属单位	项目名称	类型	移交户数（户）	项目金额（万元）	接收方
资阳	四川销售资阳公司乐至片区2个职工家属区供气分离移交	气	31	16.2	乐至县民生投资有限公司
	四川销售资阳公司乐至片区2个职工家属区供水分离移交	水	38	9.17	乐至县民生投资有限公司
	四川销售资阳公司乐至片区职工家属区供电分离移交	电	12	6.03	国网四川省电力公司乐至县供电分公司
	四川销售资阳公司雁江片区职工家属区供气分离移交	气	129	81.02	资阳市国有资产投资管理有限责任公司
第五批项目小计			1697	1242.71	
成都	四川销售成都公司新都2个职工家属区供电分离移交	电	72	61.2	国网新都电力分公司
德阳	四川销售德阳公司广汉片区职工家属区供气分离移交	气	60	11.73	四川国科资产管理有限公司
	四川销售德阳公司职工家属区物业分离移交	物业	372	279	德阳市元安物业有限公司
乐山	四川销售乐山公司井研职工家属区供水分离移交	水	10	3.53	井研县兴业供水有限责任公司
遂宁	四川销售遂宁公司职工家属区物业分离移交	物业	387	290.25	遂宁市鑫虎保安服务有限公司
资阳	四川销售资阳公司雁江职工家属区物业分离移交	物业	129	96.75	资阳国有资产投资管理有限责任公司
	四川销售资阳公司乐至职工家属区物业分离移交	物业	36	27	乐至民生投资有限公司
岷江	四川销售岷江销售分公司石油街25号及中山路186号十套家属区物业分离移交	物业	158	118.5	都江堰新城建设投资有限责任公司
广元	四川销售广元销售分公司职工家属区物业分离移交	物业	473	354.75	广元市城市建设综合开发公司物业管理分公司
第六批项目小计			3711	2739.75	
凉山	四川销售凉山公司职工家属区供电分离移交	电	368	337.86	凉山州国有投资发展有限责任公司
雅安	四川销售雅安公司南二路职工家属区供电分离移交	电	82	69.45	国网四川省电力公司雅安供电公司
乐山	四川销售乐山公司夹江职工家属区供电分离移交	电	42	38.64	乐山市国有资产投资运营（集团）有限公司
成都	四川销售成都公司新津职工家属区供水分离移交	水	147	73.03	新津县水务局
	四川销售成都公司邛崃职工家属区供水分离移交	水	26	11.21	邛崃市建设投资集团有限公司
	四川销售成都公司金堂职工家属区供气分离移交	气	64	31.98	成都兴金能源开发有限公司
	四川销售成都公司金堂职工家属区供水分离移交	水	64	26.18	成都天府水城城乡水务建设有限公司

续表

所属单位	项目名称	类型	移交户数（户）	项目金额（万元）	接收方
成都	四川销售成都公司新都职工家属区供气分离移交	气	78	32.62	成都市新都区神龙投资有限公司
	四川销售成都公司温江职工家属区供气分离移交	气	92	57.78	成都三联物业管理有限公司
岷江	四川销售岷江公司彭州职工家属区物业分离移交	物业	108	81	彭州市国有资产经营管理有限公司
南充	四川销售南充公司职工家属区物业分离移交	物业	764	573	四川新华物业有限公司南充分公司
内江	四川销售内江公司内江城区职工家属区物业分离移交	物业	314	235.5	内江市东和旅游投资有限公司
	四川销售内江公司隆昌市及资中县职工家属区物业分离移交	物业	181	135.75	内江市东和旅游投资有限公司
广安	四川销售广安公司职工家属区物业分离移交	物业	317	237.75	四川新华物业有限公司广安分公司
巴中	四川销售巴中公司职工家属区物业分离移交	物业	202	151.5	巴中兴城物业管理有限公司
凉山	四川销售凉山公司城区职工家属区物业分离移交	物业	368	276	凉山州国投物业服务有限责任公司
公司	四川销售青羊区职工家属区物业分离移交	物业	235	176.25	成都市青羊区国投建设发展有限公司
自贡	四川销售自贡公司职工家属区物业分离移交	物业	259	194.25	四川新华物业有限公司自贡分公司

第九篇

政治工作

1989—2019 年，公司党委坚持发挥党的领导核心和政治核心作用，融入中心、服务大局，不断强化战略引领，改进党建思想政治工作，以领导班子建设为重点，抓牢领导班子政治建设、组织建设、思想作风建设，先后深入开展“三讲”“两学一做”“不忘初心、牢记使命”等主题教育活动。致力基层党组织发展与壮大，做好党员发展及教育管理，积极探索创新基层党建工作，先后推进西南党建先锋工程基层党建创新、党建量化考评、党建信息化平台运用，持续做好干部队伍选拔、任用、培养、考核，提升干部队伍建设水平。公司基层党组织队伍不断壮大、组织结构持续优化、党建基础工作巩固提升，党组织凝聚力和战斗力不断增强。

第一章　党组织建设

第一节　基层党组织建设

1989—1996 年，四川省石油公司由中共四川省石油公司委员会和中共四川省商业厅直属机关委员会共同领导。

1997 年，经中共四川省委同意，撤销中共四川省石油总公司委员会，建立中共四川省石油集团有限公司党组。

1998 年，公司成建制上划中国石油天然气集团公司，建立中共四川省石油集团有限公司委员会和中共四川省石油集团有限公司纪律检查委员会，公司党的组织关系由四川省委领导，筹建党委和纪委的工作由公司党组负责，公司党组和纪检组即行撤销。公司所属市（地、州）、县石油公司的党组织关系转由四川省石油集团有限公司党委统一管理。四川省石油集团有限公司领导班子及其成员移交中国石油集团公司管理，省委协管，干部管理的有关事宜按中共中央组织部通字〔1991〕35 号文件精神执行。公司所属市（地、州）、县石油公司领导班子及其成员由四川省石油集团有限公司直接管理。

1999—2003 年，公司党委积极探索区外销售企业党建思想政治工作方法，加强基础工作，创新工作方式，不断建立健全党组织机构，力争做到经营活动开展到哪里，党的组织就建立到哪里，党的活动就开展到哪里。

2001—2002 年，公司深入开展创先评优活动，各级党组织通过划分党员责任区，建立党员先锋岗，将创先争优活动引向深入。2001 年 4 月，公司印发《关于加强基层党工团组织建设有关问题的通知》，组织引导各单位加强基层党工团组织建设，规范开展党工团活动，推动企业精神文明建设。2002 年 8 月 2 日，公司召开第一次党建工作会议，传达销售公司党委书记会议精神，安排下一步党委工作（见图 9–1）。

图 9–1　中国石油四川销售分公司第一次党建工作会议现场

2003 年 9 月，公司开展创建“标准党支部”活动，通过规范基层党支部建设，增强党支部凝聚力和战斗力。

2004—2008年，公司党委结合经营网络不断扩张的实际，自上而下加强党的基层党组织建设。

2004年3月，公司印发《两级党委成员党建工作联系点制度》，完善党建工作领导体制和工作机制，加强两级党委成员对基层党支部的联系和指导，形成领导班子成员齐抓共管的“大政工”格局。

2005年，公司党委把开展党员先进性教育活动与加强基层党组织建设、健全党的组织生活紧密结合，认真贯彻落实《集团公司基层建设纲要》，创建“标准党支部”。

2006年4月，公司党委印发《关于开展“四川销售先锋工程”活动、大力推进党的基层组织建设的实施方案》，开展以创建“四好”领导班子、创建“标准党支部”、争做“党员先锋”为主要内容的“四川销售先锋”工程活动。11月，公司首期党支部书记、工会主席培训班在成都举办，40余名专兼职党群干部参加培训。

2007年，公司党委启动基层党组织目标管理，对8个基层单位党组织目标管理情况进行全面考核，按照“思想好、素质高、业绩优”的“党员先锋”标准，开展“党员先锋岗”“党员示范区”等创建活动，促进党员带头抓生产、带头比服务、带头促经营。3月，公司开展“四川销售先锋工程”活动考核验收；5月，公司党委印发《关于开展“党员先锋示范区”活动的指导意见》；10月，公司党委印发《四川销售公司基层建设实施意见》。

2008年7月，公司首届基层党委（总支）书记培训班在北京石油管理干部学院开班，14人参加培训。截至2008年底，公司共有基层党委3个、党总支8个、党支部87个、党员1136人、专兼职党务工作者143人。

2009—2013年，公司党委严格落实“三同时”原则，做到党建工作与行政工作同步安排、同步推进、同步检查，探索设立片区党支部、机关与基层联合党支部、重点工程项目甲乙方联合党支部、重大工作项目党支部等多种组织形式。

2009年，公司连续三年开展“四好”领导班子创建，加强各单位党政领导班子建设，开展“五好”党支部创建活动，加强基层党组织建设，开展“六好”党员争创活动，加强党员队伍建设。

2010年，公司深化“公推直选”党支部书记工作，提出3000吨及以上加油站“站站有党员”的目标，表彰15个先进党组织和59名优秀共产党员。

2011年，公司推进“党支部建设进库站”工作，明确“十二五”期间实现“站站有党员，5000吨级以上加油站建立独立党支部”的奋斗目标。2012年，公司党委全面启动“4455”基层党建工程，形成新时期加强基层党组织建设完整体系；新调整、成立基层党委10个，培育选树表彰“先进基层党组织”、先进党支部“十面红旗”、优秀共产党员“十大先锋”“十佳党务工作者”“十佳创先争优示范岗”和“优秀共产党员”。

2012年，公司党委持续开展深入学习实践科学发展观活动，以“深入贯彻落实科学发展观，推进建设国际水准销售企业”为主题，先后印发《关于在公司党组织和党员中深入开展创先争优活动的实施方案》《四川销售公司“为民服务创先争优”活动实施意见》《四川销售公司2012年

“为民服务创先争优”活动实施方案》《四川销售公司2012年基层组织建设年活动实施方案》，将为民服务创先争优、基层组织建设年活动引向深入；推进“戴党徽、亮身份、明示识、树形象”活动常态化，促进服务质量、管理水平、经营业绩提升。

2013年，公司党委印发《四川销售公司深入开展党的群众路线教育实践活动实施方案》，深入开展党的群众路线教育实践活动；致力“转文风、改会风、强作风”，公司文件、会议同比减少16%、35%，两级机关深入150座加油站挂（蹲）点，帮助基层解决问题200余项。截至2013年底，公司共有基层党委18个、党总支14个、党支部170个、党员1454名。

2014年，公司有基层党委19个、党总支13个、党支部194个、党员1522名。公司党委印发《基层党委书记量化考评标准》，开展“三服务三促进”基层服务型党组织建设活动，新建基层党支部27个，万吨级加油站、5000吨级油站独立党支部覆盖率分别达86%，28%；坚持“融入中心抓党建、抓好党建促发展”思路不动摇，持续反“四风”，全面落实中央八项规定精神、集团公司党组二十条要求，持续巩固党的群众路线教育实践活动成果，表彰11个“践行群众路线、为民务实清廉”政研成果。

2015年，公司有基层党委19个、党总支13个、党支部198个、党员1573名。举办基层党支部书记培训班，推动基层党组织管理工作上台阶，以开展“三严三实”专题教育为主线，先后组织开展“三送一提升”、党员带头“四个一”、机关挂点基层驻站帮扶等工作，全年基层挂点驻站帮扶748人次，解决实际问题830余件，印发《四川销售公司开展“重塑中国石油良好形象大讨论”活动实施方案》，开展铸魂育人“五个一”、主题签名承诺、“滴滴好油、满满诚信”等活动，实现塑形象、亮品牌、扩销量、增效益。

2016年，公司有基层党委26个、党总支12个，党支部189个、党员1568名。12月27—28日，公司召开中国共产党中国石油四川销售公司第一次代表大会，115名党员代表参加会议。公司党委书记田玉军作题为《深化全面从严治党、改进加强党的建设，为公司稳健发展提供坚强保障》的工作报告，纪委书记田凤民作《全面从严治党、强化执纪问责》，为公司实现“十三五”发展目标保驾护航。与会代表听取并审议公司党委工作报告、纪委工作报告，审查公司党费收缴使用管理的情况报告，按照程序选举产生中国共产党中国石油四川销售公司第一届委员会、中国共产党中国石油四川销售公司第一届纪律检查委员会。新一届党委和纪委分别召开第一次全体会议。

2017年，公司所属基层单位党委分别召开党员大会，按照程序选举产生基层党的委员会、党委书记、党委副书记、纪律检查委员会、纪委书记。公司党委印发《关于开展“践行四合格四诠释，弘扬石油精神，喜迎党的十九大”岗位实践活动实施方案》，着眼提升党员身份意识、责任意识、担当意识，积极开展“四合格四诠释”岗位实践活动；印发《中国石油四川销售公司党委关于推进“两学一做”学习教育常态化制度化实施方案》《关于进一步规范和严格党内政治生活制度的通知》，深入推进党员教育，严肃党内政治生活。

是年，公司党委深入学习贯彻党的十九大精神，坚持问题导向，解决基层党建工作中存在的突出问题，建立健全党建工作长效机制，努力把党支部建设成为教育党员、管理党员、监督党员和组织群众、宣传群众、凝聚群众、服务群众的坚强堡垒，深入推进基层示范党支部建设。

11月，公司党委印发《关于加强基层党支部建设的实施意见》，明确以“一个好班子、一支好队伍，一个好阵地、一套好载体、一个好机制、一个好业绩”为建设目标，以“科学设置支部、配齐支部班子、选好支部书记、建强党员队伍、规范阵地建设、加强制度建设、优化支部职能、完善工作机制、创新工作载体、强化党内监督”十项工作举措全力加强基层党支部建设，各基层党支部开展打造工作，全面提升基层党支部战斗堡垒作用。

2018年，公司基层党委健全优化党务工作机构设置，在党委组织部增设党建工作科，党群工作处加挂党委宣传部牌子，党建工作职责分工更加清晰。

是年，公司党委印发《示范党支部验收标准》，组织党建思想政治工作检查组到各单位开展工作验收，进一步加强和改进新形势下的党支部建设。

是年，按照集团公司党组“集团建网、党委靠网、支部用网、党员上网”要求，公司党委从6月起开展党建信息化平台“石油党建”全面推广应用工作，先后举办13期应用推广使用培训，覆盖全体党员。实现党务信息、党费缴纳、支部生活、党员学习、交流互动“五项全面上线”。

是年，公司党委建立“四川销售公司党建”公众号，推出一系列党建经验、专题活动、优秀征文等主题宣传报道，文末评论区成为党员学习交流互动专区。公司策划推出创新栏目，以视频、音频等创新展现形式，增强平台内容吸引力和广大党员参与度。《讲述》栏目被集团公司党建公众号连载，累计浏览量突破6万人次。公司党委通过党建信息化平台开展党的十九大精神知识竞赛活动，被集团公司党建平台采纳信息并进行推送，当天阅读量突破11万人次。

是年，公司党委按照“明确性、可量化、可实现、相关性、时限性”原则，系统梳理党建思想政治工作和党风廉政建设各项工作，将其纳入公司业绩合同，以重点工作、创新性工作、常规工作推进月度考核，将党建思想政治工作和党风廉政建设与生产经营工作一体化考核，提升各级党组织和党员干部抓党建的责任意识。

是年11月，公司党委印发《中国石油四川销售公司党建工作责任制考核评价实施细则（试行）》，根据中央重大决策部署、集团公司党组和四川省国资委党委工作要求、公司党委重点工作任务安排等相关内容，以自查自评、考核评价、分值评定、整改提升等工作步骤，开展各基层党委年度党建工作责任制定量和定性考核。

考核评价体系包括定量考核评价指标和定性考核评价指标两类，权重分别为70%、30%。评价指标根据党中央重大决策部署、集团公司党组和四川省国资委党委工作要求、公司党委重点工作任务，动态调整评价指标、评价要点、评价依据及标准、评价方式等，以年度为单位印发。定量考核评价指标，分为基本考核项和专项考核项，共有7个一级指标、18个二级指标，实行千分制考核。其中，基本考核项包括6个一级指标、16个二级指标；专项考核项包括1个一级指标、2个二级指标。设激励约束项，包括加分、减分、降档。

2019年，公司狠抓基层党支部建设，开展党建工作千分制考核，完成公司机关党委、241个基层党支部换届改选，评选25个示范党支部，梳理132类党建问题清单，“三基”建设进一步夯实。主动破解干部断层难题，提拔使用25名处级干部，75后处级干部比例由19%提高到27.8%。

第二节 党员管理

1989—2008年，公司党委立足公司发展需要，坚持“青年、一线、一流”方针，强化入党积极分子队伍培养，重点在管理人员和业务骨干中发展党员，公司党员比例逐年提升。2002年，公司认真做好入党积极分子培养工作，发展党员3名，为公司党组织建设注入新活力。2005年，公司加强发展党员工作流程管理，党委组织部对各单位主动填写入党申请书的人员、入党积极分子重点发展对象进行摸底调查，从入党条件、程序上严格把关，指导各单位及机关严格遵循“坚持标准、保证质量、改善结构、慎重发展”十六字方针，积极规范做好党员发展工作，全年培养入党积极分子125人，发展党员73人，党员达514人。2006年6月，按照《中国共产党章程》《中国共产党发展党员工作细则（试行）》有关规定，公司党委授予所属各党总支审批发展党员权限，全年培养入党积极分子364人，发展党员178人，党员总数达768人，占员工总数的9.2%。2007年，公司培养入党积极分子600人，发展党员232人，党员总数达1041人。2008年，公司培养入党积极分子488人，发展党员159人，党员总数达1136人，占员工总数的13%。

1989—2008年，公司党委组织开展“三讲”教育、“三个代表”重要思想学习教育活动，以及保持共产党员先进性教育活动、学习实践科学发展观活动，以“带头学习讲政治、带头干事谋发展、带头创新建佳续、带头自律树形象”积极发挥作用。党支部充分利用“三会一课”，面向党员开展学党章、学法规、学党纪理论教育，引导广大党员干部树立正确的世界观、人生观和价值观。公司党委先后印发《中国石油四川销售公司党支部工作职责》《党员管理办法》《党员责任区制度》《党支部“三会一课”制度》《党支部思想政治制度》等多项制度，规范党员日常教育管理。

2009—2016年，围绕公司发展目标，公司党委先后以学习实践科学发展观活动、创先争优活动、党的群众路线教育实践活动、“三严三实”专题教育、“重塑中国石油良好形象”大讨论、“两学一做”学习教育、“四合格四诠释”岗位实践等活动为主线，组织开展党员学习教育。2011年，公司党委将“学习型”党组织建设与创先争优活动相结合，深入开展“读书年”“学习在石油，每日悦读十分钟”活动，每季度党群工作例会对学习情况进行点评，探索建立党课进加油站长效机制，推广党员学习日、早班学习等，两级党委委员带头讲党课，形成“党员人人上讲台、广大员工齐参与”的氛围。2013年，公司将学习贯彻党的十八大精神与学习业务知识、大庆精神、铁人精神相结合，编印学习十八大精神，争当二次创业先锋，学习业务知识，争当管理提升和优质服务标兵；学习大庆精神、铁人精神，争当艰苦创业节能降耗模范等党课教材，在全体党员中开展“三学三争当”专题学习教育。

2009年，公司党委严格落实上级党组织关于加强新形势下党员发展和党员管理工作要求，正确处理发展党员数量和质量的关系，把政治标准放在首位，持续提升发展党员工作水平。

2010年，公司推进落实“把党员培养成骨干，把骨干发展成党员”的“双培”工程，持续优化新发展党员的年龄、性别、文化结构等，注重在基层库站关键岗位、党工团干事、岗位能手等优秀青年群体中发展党员，提高库站员工中党员比例，全年培养入党积极分子 169 人，发展党员 110 人。

2011 年，全年培养入党积极分子 475 人，发展党员 200 人。

2012 年，公司着力在库站员工中发展党员，全年共培养积极分子 216 人，发展党员 294 人。

2013 年，落实中央关于加强发展党员和党员管理工作要求，严把“政治关、培养关、程序关、纪律关”，公司两级党委举办入党积极分子培训班 14 期，培养入党积极分子 279 人，发展党员 35 人。

2014 年，抓好《中国共产党党员工作细则》的学习培训和贯彻落实，认真贯彻“控制总量、优化结构、提高质量、发挥作用”总要求，全年培养积极分子 292 人，发展党员 75 人。

2016 年，严把党员“入口关”，从入党申请书书写规范性、入党积极分子确定和培养教育、发展对象确定和考察、预备党员接收、预备党员教育考察和转正等环节从严把关、层层负责，保障发展党员质量；落实入党积极分子“推优”制度，推行“三谈三评三审”党员发展模式，健全党员发展票决制，建立入党志愿书使用台账，加强党员档案管理；坚持“四个不发展”要求，即凡是没有参加入党积极分子和发展对象培训的不发展、没有进行政审或政审不合格的不发展、手续不完备的不发展、群众反映问题没查清或党内意见不一致的暂不发展，全年共培养积极分子 165 人，发展党员 70 人，党员总数达 1500 人，实现 80% 以上 3000 吨及以上加油站“站站有党员”。

2017 年，通过年度党建思想政治工作调研，加强发展党员工作的督促检查，保证发展党员工作质量，全年培养积极分子 115 人，发展党员 50 人，党员总数达 1541 人。

是年，公司党委深入开展学习贯彻落实党的十九大精神活动，开展“喜迎十九大，永远跟党走”知识竞赛及网上答题，持续丰富教育手段及载体，提高党员教育覆盖面；在全体党员中重点开展“践行四合格四诠释，弘扬石油精神，喜迎党的十九大”岗位实践活动，围绕党员学习教育、岗位建功立业、基层党建工程等内容，组织开展优秀党课评选、党员“读书演讲竞赛”学习、党员“工作学习、经营管理、文化生活、生活困难”四维度帮扶等 12 项岗位实践活动，切实提升党员队伍整体素质。

2018 年，公司强化制度建设，印发《党员管理办法》，明确“谁培养、谁发展、谁负责”的主体责任，规范发展党员工作流程，全年共培养积极分子 338 人，发展党员 128 人，党员总数达 1517 人。

2018 年，针对公司站点分散、党员队伍年轻、集中学习难等实际问题，依托集团公司党建信息化平台，利用互联网优势，建立党建公众号，搭建党员学习交流网上平台，先后印发《党员管理办法》《党员教育管理实施细则》，规范工作流程，提升党员学习教育工作水平。

2019 年，公司党委严格落实上级党组织关于加强新形势下党员发展和党员管理工作要求，正确处理发展党员数量和质量的关系，全年共培养积极分子 327 人，发展党员 97 人。

2019 年，公司高质量高标准推进“不忘初心、牢记使命”主题教育，在抓实四项规定动作的同时，注重将主题教育与“四个诠释”岗位实践活动有机结合，紧紧围绕营销攻坚，打造融入载体，助力销售增量。7 月 23 日，作为 5 家局级单位之一，在集团公司“四个诠释”成果交流会上作现场交流发言。特别在第二批主题教育期间，强化问题整改落实的通报、公示和宣传，在《四川加油报》开设 7 期“以解决问题实效检验主题教育成效”专栏，编撰《工作动态周报》10 期、《进展情况通报》16 期，对整改情况进行通报，各级党组织及时对问题整改情况进行公示，营造上下联动整改的良好氛围。截至 11 月 29 日，第一批主题教育班子检视问题 103 个，完成整改 99 个，整改率 96.1%；第二批列出整改整治问题 3468 个，完成整改 1955 个，整改率 56.4%。集团第七指导组用“高标准高质量”“走在所指导单位前列”“印象深刻”给予肯定；第四指导组用“高度重视、周密部署、督导到位、亮点纷呈”和“高水平单位”给予肯定。

表 9-1 所示为中国石油四川销售分公司 2016—2019 年党员统计情况。

表 9-1　中国石油四川销售分公司 2016—2019 年党员情况统计表

单位：人

项目	2016 年	2017 年	2018 年	2019 年
总数	6301	6319	6320	6263
男	4222	4178	4211	4277
女	2079	2141	2109	1986
少数民族	228	288	298	265
35 岁及以下	1343	1203	1144	1111
大学专科及以上学历	3516	3619	3764	3909
发展党员	84	115	128	97
入党积极分子	315	338	338	327

第三节　领导班子建设

1989 年，公司召开第四届党代会，刘世侯代表党委作《在中共四川省石油公司第四届代表大会上的工作报告》，温志新同志代表纪委作《在中共四川省石油公司第四届代表大会上的纪委工作报告》。

1990 年底，公司有 60 个单位建成文明单位，占创建数的 64.8%，其中省级 3 个、地市级 15 个、县级 42 个。

1990 年，公司机关及直属单位共有党员 293 人，正式党员 292 人、预备党员 1 人。其中职工 232 人、离休干部 19 人、退休职工 42 人。

1991 年，公司印发审计工作意见通知，要求各单位审计工作围绕治理整顿、深化改革、完善约束机制，严格财经纪律，加强廉政建设，进一步加强对各项资金的管理和各项经济活动的审计监督。使审计工作逐步走向经常化、制度化、规范化，为企业扩大经营、提高经济效益服务。

1992 年，公司党委上报四川省商业厅党组、直属机关党委 1991 年工作总结。公司党委以党的“一个中心，两个基本点”基本路线为指导，认真贯彻党的十三届七中全会、八中全会和中央工作会议精神，紧紧围绕深化企业内部改革、提高企业经济效益开展工作，党的建设、思想政治工作、精神文明建设取得新的进步和成效，突出表现为“一个下降”“两个增加”“三个稳定”。全系统发生违纪违规和治安案件比 1990 年下降 23.3%，处理违纪违法人员下降 36.8%；1991 年，全系统县级以上文明单位 91 个，比 1990 年增长 21.3%，全年收到入党申请书 153 份，比 1990 年累计数增长 41.1%，其中青年增长 62.1%；实现内部政治、职工思想和企业效益三个稳定。

是年，公司党委印发 1992 年工作要点。1992 年是“转变观念、转换机制、深化改革”开始攻坚的一年，抓好党员干部基本理论教育，深入进行社会主义思想教育和反和平演变教育，做好经常性的思想政治工作。以加强党支部建设为基础，抓好党的基层组织建设。以“学习、团结、勤政、廉洁”为主要内容，抓好各级领导班子自身建设。进一步加强党风、党纪和廉政建设，更加扎实地抓好精神文明建设，加强群团工作领导是党建工作重要抓手。

是年，公司党委印发《省公司 1991—1995 年文明建设规划》和《省公司创建文明处室实施细则》通知。目标是 1995 年前建成区（县）级以上文明单位。主要任务是：加强思想政治工作，努力提高职工的政治思想道德素质；加强党的建设和领导班子建设；认真贯彻执行党和国家的路线、方针、政策，完成和超额完成上级下达的各项经济指标及工作任务；努力提高全体职工的科学文化素质；倡导文明、健康、科学的生活方式，积极开展企业文化、体育活动；积极开展社会主义劳动竞赛和“三优一学”活动；不断改善职工的物质生活。

是年，公司党委转发商业厅直属机关党委“在厅直各单位建立党支部工作目标管理制度的通知”。对党支部工作实行目标管理，各级党委（支部）务必按照定量、定性的标准和要求，抓紧付诸实施，指定专人，认真详细填写党支部工作目标管理工作情况登记簿。

是年，公司召开中共四川省石油总公司第五次党员代表大会。自 1989 年 7 月以来，在党的“一个中心，两个基本点”基本路线指引下，通过认真贯彻落实党的十三届四、五、六、七、八中全会，九一年中央工作会议和政治局全体会议以及中发〔1992〕2 号文件精神，紧紧围绕治理整顿、深化改革、扩大经营、提高效益等中心工作抓党的组织建设、思想建设、作风建设，抓职工思想政治工作和精神文明建设，取得一定的成绩。

1993 年，召开 1993 年度全省石油经理会议，总结 1992 年工作，围绕企业转换机制、开拓经营，加强思想政治工作。各个单位从适应形势变化、服务经济建设中心出发，紧密结合行业实际和职工现实思想，开展思想政治工作。上半年集中力量组织职工认真学习贯彻邓小平南方谈话、中央 2 号文件和各级政府一系列开放开发的政策，开展“改革宣传教育月”和“进一步解放思想大讨论”活动。下半年重点抓“十四大”文件的学习宣传，使广大职工加深对建设有中国特色的社会主义的理解和认识，提高贯彻执行党的基本路线的自觉性。围绕企业转换机制的需要，针对职工在走向市场、参与竞争，及改革人事、用工、分配制度、建立激励和约束机制中反映出来的各种思想认识问题，进行有说服力的教育，澄清对深化改革的模糊认识和畏难情绪，参与改革的心理承受能力普遍增强，广大职工为企业开拓经营、提高效益而真抓实干，积极奉献的精神进一步发扬光大。12 月，公司在达县组织召开系统基层政治思想工作会，以“十四大”精神为指引，认真总结全年政治思想工作的经验，积极探索向市场经济体制过渡条件下思想政治工作的途径和方法，按照商品经济发展和企业转换机制、走向市场的客观要求，确定思想政治工作的目标和任务。使各级领导进一步加深新形势下思想政治工作也需要改革开放、转变观念的认识，为在国家经济建设中真正发挥保驾护航作用打下基础，推动系统思想政治工作向新的层次发展。

1994 年，公司党委印发 1993 年党委工作总结及 1994 年工作要点。1993 年，公司党委以贯彻落实党的十四大和十四届三中全会精神为主线，以改革为动力，以提高企业经济效益为中心，继续贯彻“两手抓”的方针，在向市场经济转变的历史条件下，真抓实干，积极发挥党组织的战斗堡垒作用和党员的先锋模范作用，调动广大干部、职工的积极性，从而促进企业内部改革、规范经营管理工作。使公司两个文明建设取得较好成绩。圆满地完成上级下达的各项任务。1993 年，公司实现税利 1.69 亿元，比 1992 年增长 20%，全省 91 个直属企业所获文明单位称号达 73 个，占企业总数的 80.2%。省石油总公司获得“九三年度全省财贸系统先进单位”称号。

1995 年，公司召开 1995 年度全省经理人会议，指出：1994 年，公司全面经历国家财税、金融、外贸、投资等宏观经济体制改革和原油、成品油流通体制改革，在成品油经营内外环境发生重大变化、全省石油销售企业遇到前所未有的挑战下，全省系统购进各类油品 137 万吨（不含重庆），比上年同期下降 6.5%，销售 151 万吨，增长 11%，直属企业实现税利 11884 万元，下降 24.5%，其中实现利润 3098 万元，下降 61%。公司围绕经营积极开展思想政治工作，促进企业精神文明建设。注重开展政治经济形势和决策的教育。继续在职工中开展从业清廉、忠诚企业的教育，针对干部职工在新旧体制转换时期特别针对成品油经营政策变化、企业效益大幅度下降、职工收入减少的现状，教育职工正视困难、发展自己。在领导班子中开展创“四好”活动，加强班子建设，先后对 15 个二级公司班子进行考核调整，充实干部队伍。以创建“精神文明单位”为契机，促进全系统的精神文明建设，直属企业文明单位总数达到企业总数的 89.1%。

是年，公司印发 1994 年党委工作总结和 1995 年工作要点。公司指出：1994 年公司党委以贯彻党的十四大和十四届三中、四中全会精神为主线，紧紧围绕经济抓党建、抓好党建保经济的建党方针，牢固树立企业党组织与经济目标同向。工作同步的指导思想，以保证搞好企业改革、转换经营机制、提高经济效益作为党的工作的出发点和落脚点，抓好党组织的自身建设、思想政治工作和两个文明建设，使党组织在企业的核心作用、保证监督作用、党员的模范先锋作用、群团组织的桥梁纽带作用得到较好的发挥，保证党的路线、方针、政策在企业的贯彻执行，有效地促进企业改革和企业效益的提高，推动两个文明建设，使企业各项工作任务较好完成。1994 年，全省石油系统购进各类成品油 137 万吨（不含重庆下同），销售 151 万吨，比 1993 年增长 11%，直属企业实现税利 1.19 亿元，全省直属企业中有 82 个单位获得文明单位称号，占 92 个企业的 89.1%，原来已取得省级文明单位的继续保持光荣称号。围绕企业改革生产经营，认真抓好党的建设，认真抓好党的思想、组织、党风廉政建设。紧贴企业改革和经营管理，开展职工思想政治工作，较好地调动广大职工的积极性，增强企业的凝聚力。坚持解决思想问题同解决实际困难相结合，增强思想政治工作的实效性。认真开展领导班子创“四好”活动，充分发挥班子的整体优势。狠抓精神文明建设，加强对群团组织的领导，较好地发挥群团组织的作用。

是年，公司文明单位建设做到在巩固中发展，在发展中巩固提高。公司直属企业县级（含）以上文明单位92个，占98个单位的93.9%，比1994年增加10个，其中省级文明单位10个（比1994年增加2个），占92个单位的11%；市级文明单位38个（比1994年增加3个），占92个单位的41.3%；县级文明单位44个（新创4个，恢复1个），占92个单位的47.7%。成都七〇〇五库新创建为市级文明单位，省公司和成都石油站经市文明办复查验收合格，保持市级文明单位称号。这些成绩的取得，是由于各级领导班子重视文明单位创建工作，在狠抓企业经济效益和经营管理的同时，始终坚持“文明单位重在建设、贵在坚持、旨在提高、注重实效”的原则，注重两个文明一起抓、两个效益一起上，做到一把手抓“两手”、一班人两手抓；有比较健全的文明建设领导机构和办事机构。1995年，公司文明建设领导小组曾先后两次调整，使创建工作始终有强有力的组织保证；狠抓文明处室、文明楼院、五好家庭、文明职工的创建活动，通过文明细胞建设，不仅提高职工的文明程度，更重要的是夯实文明单位的创建基础；继续深入、广泛地在省公司系统内开展“红旗加油站”评比竞赛活动，1995年底评出59座全省“红旗加油站”。

1996年，公司党委印发《四川省石油总公司机关学习考勤办法》，规范省公司机关单位中心组学习、省公司机关日常学习、党组织学习、工会组织学习、团组组织学习类别及范围，使机关各种学习制度化、规范化，加强公司机关职工思想政治工作，提高公司机关职工思想政治素质，促进企业精神文明建设。

1998年，公司思想政治工作和精神文明建设进一步加强。围绕学习贯彻十五大精神，公司认真开展邓小平理论的学习和培训，深入开展“三讲”教育。开展“爱岗敬业、忠诚企业”的活动，在系统内发起“向灾区人民献爱心”捐助活动，共捐款617718.40元。按照省委组织部〔1998〕109号文件要求，完成公司系统各级党群组织关系的划转。对攀枝花、成都、广元、南充、泸州、宜宾、雅安等14个班子进行全面考核，并对其中的10个班子25名成员进行调整充实，异地交流4名领导干部，提高班子的整体素质。深入推进反腐倡廉工作，重点抓全系统226名副处级以上领导干部的廉洁自律、自查自纠工作，召开专题民主生活会。严肃查处一批违法违纪案件，为企业挽回经济损失42万元。各级机关、基层党组织和工会、共青团组织还特别注意把做好经常性思想工作同解决职工实际困难、尽力改善职工福利紧密结合起来，使企业在极度困难的情况下始终保持团结稳定的局面。

1999—2003年，公司着手以系统借聘、民主推荐、考核选拔等方式，选齐配强各级领导班子，加强领导班子组织建设。1999年，公司从集团公司系统内部12个单位借聘40余位业务骨干到公司工作，重点抓好区外全资、控股公司领导班子建设，向4家控股公司派出8名领导班子成员。2000年，公司持续完善向控股公司民主推荐班子成员程序，采取年度领导干部述职测评、组织考核等形式，抓好两级领导班子组织建设。2001年，公司明确从政治纪律、班子团结、工作业绩、经营管理、联系群众、坚持民主集中制等方面开展领导干部评议工作的具体标准，采用个别谈话等方式开展评议工作。2002 年，公司在所属各二级分公司先后组建党委，配备专职党委书记。2003 年，公司注重提高两级领导班子素质，建立领导干部与加油站责任联系制度，坚持领导干部定期外送培训，开展干部交流和领导人员年度考核。

1999—2003 年，公司认真落实党中央及上级党组织关于进一步加强领导班子思想政治建设、提高领导干部思想政治素质工作部署，以贯彻落实党的十五大、十六大精神为主线，深化理论指导，强化两级领导班子政治建设。建立党委理论学习中心组学习制度，两级领导班子深入开展“三讲”教育、“三个代表”重要思想学习教育活动。在“三讲”学习教育中，公司突出“四个重点”，坚持“四个结合”，采取“四个措施”，即把两级领导班子和处级以上干部作为重点，把江泽民“七一”讲话、《国有企业“三讲”学习教育必读》等材料作为学习重点，把向职工群众学习宣传作为重点，把发动群众积极参与作为重点，通读与精读相结合，集体学习与专题讨论相结合，提高认识与联系实际相结合，自检自查与征求群众意见相结合，采取“印发征求群众意见表、召开各类座谈会、设立意见箱、公布专线电话”工作措施。在“三个代表”重要思想学习教育活动中，公司党委结合实际，印发《关于认真学习“三个代表”重要思想学习纲要的通知》，就认真学习“三个代表”重要思想做出部署。公司领导班子围绕管理体制和部门职能定位、专业线管理沟通思想，开展专题研讨，以政治引领推进公司科学发展。

2004—2008 年，公司党委持续加强制度建设，实施选人用人改革创新，全面加强领导班子组织建设，贯彻落实党的十六大、十七大精神，先后组织学习《中国共产党章程》、社会主义荣辱观、销售公司《关于进一步加强领导班子思想政治建设》等内容。2004 年，在各单位领导班子建设中推行“双向进人、交叉任职”，完善省级分公司党政领导分设、交叉任职制度，对具备一定经营规模和员工人数的配送中心、零售片区及其他经营单位实行党政领导分设、交叉任职制度。3 月，建立两级党委委员党建工作联系点制度，完善公司党建工作领导体制和工作机制。2005 年，为建立能上能下、竞争择优的选人用人新机制，公司党委推进用人制度改革，在公司机关举行首次行政副职和副处以上领导干部竞聘。深入开展以“政治素质好、经营业绩好、团结协作好、作风形象好”为主要内容的“四好”领导班子创建活动。2006 年，公司党委持续开展中层干部竞聘上岗工作，印发《中国石油四川销售公司省级分公司领导班子成员竞聘实施办法》，对省级分公司领导班子党政正职由公司领导班子研究后，直接进行任命和聘任，副职采取竞聘上岗方式选拔，竞聘岗位为省级分公司副经理岗位、省级分公司总会计师岗位。公司建立领导班子成员重点工作责任制，在领导班子建设中全面落实安全生产责任制，建立领导干部安全生产联系点制度，在各单位配备安全总监，班子结构不断优化，强化领导班子能力建设，加强任期考核管理，逐步推行干部任期任届制，根据业绩表现等情况及时进行调整，加大干部交流力度。2008 年，公司党委以科学发展观为指导，深入学习贯彻党的十七大精神，坚持用科学理论武装头脑、指导实践、推动工作，解决公司改革发展与经营管理难题。按照“四川销售先锋工程”三年规划总体要求，全面抓好“四好”领导班子创建，坚持党委理论学习中心组学习和民主生活会制度，不断完善自身建设，在参与公司经营管理发展等重大问题决策中，着重进行政治性、政策性把关，确保各项工作贯制落实。

2009—2013年，公司党委持续贯彻落实党的十七大、十八大精神，深入开展学习实践科学发展观活动，全面加强“学习型”班子建设。2010年，印发《党委理论学习中心组学习制度》，选编学习资料21期75篇，对两级领导班子、机关处室负责人进行综合素质和领导能力轮训。2011年，开展“专题学习月大讲堂”，对两级领导班子进行脱产培训。2012年，组织两级领导班子赴大庆油田开展集中培训。2013年，在党的群众路线教育实践活动中，通过集中学习、专题讨论、专题辅导等形式，系统学习党章、党的群众路线理论、中央八项规定、集团公司党组二十条等内容，两级领导班子累计组织集中学习110次、专题讨论51次。

2009—2013年，公司以“四好”领导班子创建为引领，加强领导班子组织建设。2009年，按“年龄结构、知识互补、专业配套，气质相融”原则，采取公开选拔、竞争上岗、轮岗交流、任职考评等一系列措施，先后对机关处室、州分公司、市分公司班子进行充实调整，优化领导班子结构，33名优秀年轻干部走上领导岗位。2010年，公司党委修订《领导人员管理暂行办法》，明确领导人员管理权限和职责、任期、选拔方式、考核评价、交流、回避、退出、责任追究、纪律监督以及后备人员管理。2011年，公司党委修订《领导班子碰头会制度》《公司领导人员管理暂行办法》，规范决策程序，明确领导人员管理权限和职责、任期、选拔方式、考核评价、交流、回避、退出、责任追究、纪律监督及后备人员管理、引进人员任职管理等内容，形成领导人员系统、规范的管理体系；结合公司发展需要，对29名机关处室负责人和基层单位领导班子成员进行调整，从中国石油系统内企业引进业务骨干26名，使基层领导班子年龄、知识、专业结构进一步优化。2012年，公司党委印发《关于调整公司领导人员公开选拔方式等内容的通知》，规范领导人员任职资格、选拔方式，对引进领导人员实行试用期，取消临时负责人、协助负责人岗位设置，干部选拔工作更为科学合理。2013年，公司党委优化领导干部选聘机制，加强领导干部交流，调整选拔方式，优化调整调运处等9个处室、非油品公司等15个基层单位的领导班子，44名综合素质好、业绩突出的中层干部走上领导岗位。

2014年，按照集团公司干部选拔任用新要求，公司党委先后印发《领导人员管理暂行办法》《领导班子和领导人员综合考核评价暂行办法》；优化领导班子结构，调整23个基层单位、机关处室领导班子，42名综合素质好、业绩突出的干部走上领导岗位，按照业务、管理、监督三大职能调整基层单位领导班子分工，形成营销、零售业务由1人分管，审计监察业务由党政正职分管，安全业务原则上由党委书记分管的业务分工格局。

是年，公司党委坚持用理论学习统一思想，抓实党的十八大精神学习，建立网络党校，组织党的十八届三中全会精神、习近平总书记系列重要讲话精神专题辅导班，增进两级领导班子对党的路线、方针、政策理解，进一步认清公司发展形势，统一思想，明确任务。

2015年，公司党委突出中国石油优良传统再教育，深入学习贯彻习近平总书记重要指示精神、党的十八届五中全会精神，落实集团公司2015年领导干部会议精神，将“三严三实”专题教育、“重塑中国石油良好形象”大讨论活动与科学谋划“十三五”发展相结合，持续加强“忠诚、干净、担当”的领导班子建设，推动公司合规、健康、持续发展。

2015年，公司党委持续优化干部队伍结构，对成品油等5家分公司机构升格后的领导干部进行职级晋升民主推荐，组织开展部分领导岗位竞争上岗，优化调整8个基层单位、2个机关处室领导，14名综合素质好、业绩突出的干部走上领导岗位。

2016年，公司党委开展“两学一做”学习教育，通过组织开展党委理论学习中心组学习、专题研讨等方式，传达学习党的十八届六中全会精神、《习近平总书记“七一”讲话》《关于新形势下党内政治生活的若干准则》《中国共产党党内监督条例》、集团公司领导干部会议精神等内容，引导领导班子增强政治意识、大局意识、核心意识、看齐意识，自觉在思想上、政治上、行动上同党中央保持高度一致，推动公司又好又快发展。

2017年，公司党委先后印发《党建工作责任制实施意见》《关于公司党委班子成员工作分工的通知》，明确党建责任内容，齐抓共管、各负其责的大党建工作格局初步形成。修订《领导人员管理办法》，制定《领导人员选拔任用工作规范》，优化基层各单位领导班子结构。

是年，公司党委坚持把思想政治建设摆在首位，以组织学习党的十八届六中全会精神、习近平总书记专题研讨班重要讲话精神、党的十九大精神等为重点，坚持推进“两学一做”学习教育常态化、制度化；组织开展“践行四合格四诠释、弘扬石油精神、喜迎党的十九大”岗位实践。

2018年，公司党委以深入学习贯彻党的十九大精神为主线，开展以习近平新时代中国特色社会主义思想为主要内容的专题学习；在昆明市委党校举办两期领导班子党的十九大精神学习研讨班；公司党委理论学习中心组开展习近平新时代中国特色社会主义思想专题学习研讨，坚持用中国特色社会主义理论最新成果武装头脑，加强领导班子政治建设，指导公司按照“五大发展理念”，实现高质量稳健发展。

2019年，公司党委坚持把“不忘初心、牢记使命”主题教育作为首要政治任务来抓，做实规定动作，创新特色载体，公司主题教育得到集团公司第四、第七指导组高度评价。突出真学真信。坚持读原著、学原文、悟原理，深入系统学习习近平总书记系列重要讲话、重要论述及党章党规等规定篇目，引导党员领导干部围绕发展困局找问题、谈体会、讲党课，党员干部“四个意识”不断增强，“四个自信”更加坚定，“两个维护”更加自觉。注重边查边改。以解决问题的实效检验主题教育的成效，坚持问题导向，开展专题调研，两级公司班子成员累计调研289次、1067座库站，346个急难愁盼问题得到解决，一线生产生活条件有效改善。刀刃向内召开找差距剖析会、专题民主生活会、组织生活会，检视问题3789项，整改3368项。狠抓实绩实效。把主题教育与“四个诠释”、献礼新中国成立70周年主题营销活动有机结合，引导党员干部在拓市场、提纯枪、增效益等方面勇担当、做表率。全年组织党员干部进站帮扶3500多人次，帮扶站纯枪同比增长6%以上。

第二章　思想政治建设

第一节　思想建设

针对企业经营改革的热点难点和职工群众关心的疑点问题，坚持以正面教育为主，切实加强和改进职工思想政治工作。在企业重组改制和营销体制改革过程中，坚持“以人为本”的原则，做好舆论宣传和思想发动，采取多种形式做好宣传解释工作，保证改革的顺利进行。大力宣传企业的改革、生产经营、稳定等方面取得的成绩，大力宣传身边的先进集体和先进个人，积极组织职工参加炼油与销售分公司组织的“销售风采”演讲比赛，发挥好典型的示范和引导作用。2002 年，公司有 69 篇宣传企业经营管理成果，宣传企业先进集体、优秀职工的先进典型事迹的稿件被《中国石油报》《工人日报》《四川工人报》《四川经济日报》刊载。大力弘扬“铁人”精神、“三老四严”的优良传统，继续实施“新世纪石油员工素质计划”和“面向新世纪、学习知识、普及新技能”的活动。组织机关领导干部学习 WTO 规则，公司系统有 3000 余人参加省委组织部等六部门组织的“WTO 与四川”知识竞赛，努力提高员工队伍的整体素质，激发广大干部职工立足岗位建功立业的热情。公司党委高度重视稳定工作，召开稳定工作会议，对企业稳定工作做出安排部署，公司成立维护稳定工作领导小组，下设维护稳定工作办公室，日常工作由党群工作处负责。由于历史原因，部分存续县公司存在欠缴社会保险金、拖欠职工集资款等问题，部分有偿解除劳动合同人员提出发放失业保险金等问题，2002 年 12 月出现两次集体上访事件。公司及时向四川省委、省政府和上级公司汇报，采取多种形式做好政策的宣传解释工作，积极同社保等部门协调，妥善解决县公司历年拖欠的社会保险、集资款问题，积极协调解决有偿解除劳动合同人员的失业保险金问题，理顺情绪，化解矛盾，保持企业和员工队伍稳定。

1999—2003 年，公司党委把开展“三讲”学习教育作为加强党员领导干部思想政治建设的重要举措，提升服务意识，推动领导班子思想作风转变。按照上级公司要求，从 2001 年起，公司处级以上党员领导干部民主生活会改为一年召开一次。公司党委把 2002 年定为两级机关“工作转变作风年”“调查研究年”“为基层服务年”，重点做到“两深入、三减少、三碰硬”：深入基层、深入实际；减少会议、减少文件、减少应酬；在解决经营扯皮问题上要碰硬，在清收欠款问题上要碰硬，在反腐倡廉和执行纪律上要碰硬。2003 年，公司党委建立党委委员党建工作联系点制度，及时了解掌握联系挂点党支部所在单位党建工作和其他方面情况，指导帮助其做到党的基层建设和经营管理有机结合，促进物质文明和精神文明共同发展。

2001年，公司党委组织各级党组织认真学习“三个代表”重要思想及党的十五大和十五届五中全会精神。按照中国石油炼油与销售分公司党委《销售企业领导班子及成员“三讲”学习教育活动安排意见》，省公司领导班子成员于2001年9月3日至24日，历时21天，认真开展“讲学习、讲政治、讲正气”集中学习教育活动，公司党委还先后于9月14日、18日和19日3次召开专门会议，召集班子全体成员和有关部门负责人认真听取群众反馈意见，9月23日召开领导干部专题民主生活会，炼油与销售分公司党委书记李润生等4位同志专程到会进行指导，对公司情况和班子工作给予高度评价。各单位举办学习“三个代表”、“七一”讲话座谈会、心得交流会。根据省委、省直工委的要求，公司制定《2001年“四好”活动计划》，公司按照“学习好、团结好、勤政好、廉洁好”四个方面要求，组织开展领导班子“四好”活动，紧紧围绕企业改革发展稳定工作大局和领导班子思想政治作风建设，以实施股份公司四大发展战略为重点，努力开创新世纪企业改革发展的新局面；进一步强化组织纪律观念，不断增强各级领导班子的凝聚力和战斗力；以推行企业双廉责任制为重点，切实推进企业党风廉政建设。公司党委加强创建活动的检查和指导，严格组织考核评比，及时总结推广创“四好活动”的典型经验，推动市州公司领导班子创“四好”活动广泛、深入地开展，促进各级领导班子创“四好”活动取得新成效。根据中央组织部、中央宣传部联合印发的《关于加强和改进党委(党组)中心组学习的意见》，公司党委制定《中国石油四川销售分公司党委2001年党委中心组学习安排意见》，对中心组学习目的、学习内容及主要篇目、学习时间及人员、学习方式、组织领导、学习要求等进行安排部署，各单位按照公司党委的要求分别组织党委中心组成员包括党委成员、经理、副经理或副经理级干部、总会计师(副总会计师)、总经理助理，每月集中学习一次，全年集中学习时间不少于12天，中心组成员每月至少抽半天时间自学。通过开展“三讲”教育活动、领导班子创“四好”活动和中心组学习，公司领导班子和党员领导干部受到一次深刻的马克思主义自我教育和“三个代表”思想教育，提高理论素养，统一思想认识，振奋工作精神，明确改进重点，对加强和改进公司系统各级班子建设、促进企业各项目标任务的圆满完成起到积极的推动作用。

2003年，公司各级党组织带领广大干部职工认真学习贯彻党的十六大精神，认真学习领会胡锦涛总书记在“三个代表”重要思想研讨会上的重要讲话，掀起学习贯彻“三个代表”重要思想新高潮。10月，公司举办领导干部学习“三个代表”重要思想培训班，总经理杨顺成作《认真实践“三个代表”重要思想　奋力推进企业持续有效快速发展》的报告，党委书记胡兴东作《用“三个代表”重要思想统领企业党的建设为推动公司发展实现新的跨越提供坚实的保证》的讲话。各级领导干部结合企业改革发展和基层党的建设实际，深入贯彻十六大精神和“三个代表”重要思想。12月，根据四川省委省企业工委关于领导班子创“新四好”的要求，公司党委制发《关于以“三个代表”重要思想为指导，进一步深化领导班子“四好”活动的意见》，在各级班子中开展“学习团结、勤政为民、清正廉洁”的“新四好”活动。各单位认真落实公司党委《关于认真学习贯彻十六大精神的通知》和《关于认真学习(“三个代表”重要思想学习纲要)，兴起学习“三个代表”重要思想新高潮的通知》精神，以深入学习党的十六大精神为重点，以全面贯彻“三个代表”重要思想为主线，采用中心学习组学习、集中培训、个人自学相结合的方式，充分利用电视、网络、报纸、板报等宣传媒体，以读书会、报告会、座谈会、党支部组织生活、上党课、职工政治学习、知识竞赛、学习心得、成果交流等形式，认真抓好党员领导干部和职工群众的政治理论学习，深刻领会十六大精神和“三个代表”重要思想的精神实质与科学内涵。在组织干部职工理论学习中，始终坚持把学习党的十六大精神和“三个代表”重要思想同研究解决企业改革发展和企业党建实际问题结合起来，围绕公司年度工作目标任务，认真开展“管理增效年”活动、“六查六整顿”活动、挖潜增效活动和树立新形象活动，极大地增强企业的竞争力和创造力；坚持把学习党的十六大精神和“三个代表”重要思想同加强基层建设结合起来，各级党委和领导干部切实转变思想作风和工作作风，深入基层、深入群众，充分掌握基层建设实际情况，提出基层建设新思路。

2004—2008年，公司党委不断加强领导班子思想作风建设，引领企业持续有效快速协调发展。2004年，公司深入开展保持共产党员先进性教育，各单位党委书记为第一责任人。2005—2006年，以创建“四好”领导班子为目标，深入贯彻落实党的十六届四中全会和集团公司党组《关于加强各级领导班子领导管理能力建设的意见》。2007年4月，公司领导班子召开以“加强领导干部作风建设”为主题的党员领导干部专题民主生活会。2008年4月，公司党委印发《开展“牢记两个务必，加强作风建设”主题教育活动实施方案》，组织开展解放思想大讨论活动，持续转变思想作风，提升工作效能。

2004年，公司党委认真学习“三个代表”重要思想和党的十六大、十六届三中全会、十六届四中全会精神，以集中学习培训、中心组学习等形式，重点抓好省、市公司两级班子成员的学习。在领导班子中，广泛开展以“学习创新、民主团结、勤政为民、清正廉洁”为主要内容的“新四好”活动。2月，举办处级以上干部“发展观、政绩观、人才观、群众观”集中学习教育。9月15—16日，举办领导干部党风廉政建设专题学习班，进一步增强领导干部廉洁自律的自觉性，提高拒腐防变能力。12月2—3日，公司召开基层建设暨党风廉政建设工作会议，会议以“三个代表”重要思想和十六届四中全会精神为指导，着重研究部署基层建设和党风廉政建设工作，推动基层建设上水平、上台阶，大力提升企业素质。党委书记胡兴东同志在会上作题为《与时俱进真抓实干，不断推进基层建设和党风廉政建设工作深入开展》的讲话。认真做好保持共产党员先进性教育活动的准备工作，在全体党员中开展党员问卷调查工作，围绕改进和创新基层党支部建设、党员教育管理、党组织活动方式、党内民主建设、群团组织建设，开展一次调研，摸清基层党建和党员队伍的基本情况，为开展保持共产党员先进性教育活动奠定基础。

2005年，公司认真贯彻落实集团公司党组《关于加强各级领导班子领导管理能力建设的意见》，按照“坚定、勤勉、团结、清廉”的总要求，以提高领导班子领导管理能力为重点，加强领导班子建设，促进领导干部领导管理能力的提高和创建“四好”领导班子活动的深入开展。特别是在保持共产党员先进性教育活动中，两级公司党委多次组织中心组学习（扩大会），省公司党委分别于7月22日、27日和8月5日3天组织集体学习、重点学习《保持共产党员先进性教育读本100问》等必读篇目。9月15日，公司党委召开领导班子专题民主生活会，7位班子成员分别在会上作党性分析报告。班子成员在党性分析报告中，结合自己的思想和工作实际，认真查找存在的差距和不足，重点从理想信念、宗旨意识、组织观念、廉洁自律和立足本职发挥作用等方面查找存在的问题和差距，并从世界观、人生观、价值观、科学发展观和政绩观等方面认真查找存在的问题和不足，明确今后努力的方向。

是年，公司党委组织党员和广大干部职工认真开展学习党的十六届四中、五中全会精神和胡锦涛总书记关于坚持科学发展观等重要讲话，印发《关于转发〈关于认真学习贯彻党的十六届五中全会精神的通知〉的通知》，结合企业发展"十一五"规划和2005年目标任务，广泛深入地进行企业面临的形势和机遇、改革发展目标和保证措施等教育，引导广大干部职工正确把握科学发展观的精神实质、深刻内涵和本质要求，正确认识和处理发展速度与发展质量、企业物质财富增长和人的全面发展、企业经济责任与社会责任、企业发展与安全稳定等"四个关系"。2005年4月开始，在全公司范围内开展"中油发展我发展，企业发展我受益"的主题教育活动。公司以油川销发〔2005〕42号文，对主题教育活动进行安排部署，要求各单位在4月底以前召开一次干部职工大会，对广大干部职工进行一次"形势、目标、责任"主题教育，主要领导亲自作一次企业发展形势的主题报告，引导广大干部职工正确认识企业发展形势，珍惜企业当前来之不易的大好形势，自觉维护企业利益，自觉维护企业形象，热爱中油，热爱企业，珍惜岗位，建功立业，为实现企业的发展战略目标而不懈奋斗。省公司总经理杨顺成亲临广安公司作形势报告，全面剖析企业的发展形势，要求广大干部职工找准自身的差距，明确今后努力的方向；要求各级班子集中精力研究好企业的长远发展，认真研究制订好本单位的"十一五"发展规划。

2009—2013年，公司党委以服务基层、服务员工，服务发展为主线，以转变观念、提高效率。转变作风为重点，领导班子率先垂范，强化机关作风建设。2009年，公司党委印发《开展机关作风建设年活动实施意见》，以争创最佳"五型"部门为目标，全面开展争创"学习型、服务型、效能型、廉洁型、和谐型"为主题的"五型"机关建设活动。2010年，公司党委开展"基础管理年""作风建设年"活动，先后印发《"三重一大"决策制度管理实施细则（试行）》《公司两级机关管理人员基层挂点（蹲点）管理实施细则（暂行）》，实施首问负责制、限时办结制、责任通究制，两级机关管理人员全年完成基层挂（蹲）点648人次，解决各类问题1187个，对17名领导干部和管理人员进行责任追究，提升各级领导干部责任意识及服务意识。2011年，公司党委召开作风建设年活动推进视频大会，在两级机关开展"一字之差、谬之千里"作风建设大讨论，发扬以人为本、执政为民理念，开展以"密切联系群众优良作风"为主题的活动，公司党委大力倡导"开短会、讲短话、发短文、简办事"的"三短一简"工作作风，从严控数量、压缩规模、规范审批程序入手精简会议。压缩文件，公司会议文件同比减少5.5%，倡导"答案永远在现场"的管理理念，公司两级机关管理人员深入基层库站开展挂（蹲）点工作，全年累计挂（蹲）点1222人次，为基层解决问题1728个。2013年，公司党委印发《四川销售公司转文风、改会风、强作风的规定》，坚持用作风建设强化宗旨意识，以为民务实清廉为主题，开展党的群众路线教育实践活动；启动制度梳理立项工作，着手建立反对"四风"（形式主义、官僚主义、享乐主义、奢侈之风）、密切联系群众的长效机制，推进专项整改活动，以"加强自身建设、狠抓作风和基础管理"为主题，组织召开两级班子民主生活会，领导干部作风进一步转变。

2014年，公司党委坚持用作风建设提升两级班子的领导能力，狠抓党的群众路线教育实践活动相关问题整改，公司领导班子制定四个方面67项整改措施，完成问题整改62项；各单位领导班子制定507项整改措施，完成问题整改478项；坚持问题导向正风肃纪，在两级机关开展“责任、制度、执行、协作”主题大讨论，引导两级机关解决工作流程不顺、配合不畅、制度不严、执行不力、责任心不强等问题，共梳理并整改问题439项。

2015年，公司党委深入开展“三严三实”专题教育，两级领导班子围绕“严以修身、严以用权、严以律己，谋事要实、创业要实、做人要实”，查问题、定措施、促整改，共制定整改清单111份。公司领导班子召开“三严三实”专题民主生活会，努力推动形成积极向上、干事创业、风清气正的政治生态。

2016年，公司党委深入开展“两学一做”学习教育，从开展专题学习教育、廉洁教育、选树先进典型、强化教育培训、问题查摆和整改、高质量召开专题民主生活会、培育打造党建知名“品牌”、实施“三个培养”工程、推进“大监督”体系建设等方面，将学习教育引向深入，两级机关持续开展以创建“学习型，服务型、创新型、廉洁型、和谐型”机关和为基层办实事为主要内容的“五型”机关建设活动，领导班子成员率先垂范，推进服务型机关转型，切实提升管理人员服务基层、服务一线能力水平。

2017年，结合“四合格四诠释”岗位实践活动、公司党委聚焦领导班子、机关处室带头等措施转变工作作风；启动基层评议机关作风建设活动，针对机关各处室及机关处室长（正职）一年来的服务意识、服务态度、服务效率、作风形象和廉洁自律情况进行评议。

2018年，公司党委印发《两级领导班子基层党建联系制度》，在开展“党委（总支）委员联系党支部、党支部委员联系班组、党员联系生产经营岗位”的党建“三联”责任示范点工作基础上，明确领导班子成员须选择一个基层党支部作为联系点，每年至少到联系点调研检查指导一次党建工作，讲一次专题党课，定期宣讲解读政策，调研解决问题，督促落实责任，总结推广经验。公司党委在两级党委班子、党支部和全体党员中深入开展以“三联三争”为载体的“决胜全年争先锋”劳动竞赛活动，有效促进公司年度目标的全面完成。

2019年，公司党委坚持突出教育引领，凝聚思想共识，加强意识形态管控。对照《意识形态工作责任制实施办法》，建立任务清单和负面清单，组织签订意识形态工作责任书，签订完成率达到100%。撰写《意识形态工作责任制落实情况报告》，定期向集团公司和公司党委报告意识形态工作落实情况。强化舆情监管，坚持日监测、周研判、月通报，成功处置中国财经网质疑、成都非油答谢会、乐山石油大院办公楼火灾等重大新闻舆情，为新零售企业建设营造和谐舆论环境。抓实党委理论中心组学习，着力推进党委理论学习中心组学习制度化、规范化运行。制订年度学习计划，安排专题学习12期，重点学习党的十九大和十九届四中全会精神，以及《习近平新时代中国特色社会主义思想学习纲要》《习近平致大庆油田发现60周年的贺信》《做到“两个维护”》等内容，及时传达贯彻党中央、四川省委、集团公司党组有关会议精神，进一步夯实党员领导干部共同的思想基础。开展庆祝新中国成立70周年系列活动。以庆祝祖国70周年华诞为契机，精心筹备并组织开展系列活动，召开“川销匠星”表彰大会，拍摄发布《我和我的祖国》

音乐电视，邀请公司老领导和“油三代”访谈，举办“见证油我”主题图片展，凝聚祝福祖国、感恩奋进的磅礴力量。精心组织“形势、目标、任务、责任”主题教育。以宣传贯彻年度工作会议精神为主线，严格执行开展专题学习、分层宣讲、主题讨论、答题活动“四个规定动作”，利用网站、报纸、企业号、视频播报等平台，全面解读年度工作会议精神，推进主题教育走深走细走实，形成全员学精神、筑梦新零售的集体力量。加强党建工作课题研究。公司党委《党建工作深度融入生产经营的探索与研究》、岷江公司党委《关于川西北藏区企业党建工作的探索与实践》两个研究项目，分获中国石油第九届（2016—2019 年）党建思想政治工作优秀研究成果二等奖、三等奖，公司党委荣获第九届党建思想政治工作优秀组织单位奖。在集团公司宣传思想文化工作会议上，公司党委作题为《奏响三部曲、跃上千万吨》的经验交流。

第二节　政治理论学习

1993 年，公司召开年度全省石油经理会议，围绕企业转换机制、开拓经营、加强思想政治工作。各个单位从适应形势变化、服务经济建设中心出发，紧密结合行业实际和职工现实思想，开展思想政治工作。上半年集中力量组织职工认真学习贯彻邓小平南方谈话、中央 2 号文件和各级政府一系列开放开发的政策，开展“改革宣传教育月”和“进一步解放思想大讨论”活动。下半年重点抓“十四大”文件的学习宣传，使广大职工加深对建设有中国特色的社会主义的理解和认识。围绕企业转换机制的需要，针对职工在走向市场、参与竞争，及改革人事、用工、分配制度、建立激励和约束机制中反映出来的各种思想认识问题，进行教育，澄清对深化改革的模糊认识和畏难情绪，参与改革的心理承受能力普遍增强，广大职工为企业开拓经营、提高效益而真抓实干，积极奉献的精神进一步发扬光大。

1994 年，公司全面经历国家财税、金融、外贸、投资等宏观经济体制改革和原油、成品油流通体制改革，在成品油经营内外环境发生重大变化、全省石油销售企业遇到前所未有的挑战下，围绕经营积极开展思想政治工作，促进企业精神文明建设。注重开展政治经济形势和决策的教育。继续在职工中开展从业清廉、忠诚企业的教育，针对干部职工在新旧体制转换时期特别针对成品油经营政策变化、企业效益大幅度下降、职工收入减少的现状，教育职工正视困难、发展自己。在领导班子中开展创“四好”活动，加强班子建设，先后对 15 个二级公司班子进行考核调整，充实干部队伍。四是以创建“精神文明单位”为契机，促进全系统的精神文明建设，直属企业文明单位总数达到企业总数的 89.1%。

1995 年，公司党委以贯彻党的十四大和十四届三中、四中全会精神为主线，紧紧围绕经济抓党建、抓好党建保经济的建党方针，牢固树立企业党组织与经济目标同向。工作同步的指导思想，以保证搞好企业改革、转换经营机制、提高经济效益作为党的工作的出发点和落脚点，抓好党组织的自身建设、思想政治工作和两个文明建设，使党组织在企业的核心作用、保证监督作用、党员的模范先锋作用、群团组织的桥梁纽带作用得到较好的发挥，保证党的路线、方针、政策在企业的贯彻执行，有效地促进企业改革和企业效益的提高，推动两个文明建设，使企业各项工作任务较好完成。1994年，全省石油系统购进各类成品油137万吨（不含重庆下同），销售151万吨，比1993年增长11%，直属企业实现税利1.19亿元，全省直属企业中有82个单位获得文明单位称号，占92个企业的89.1%，原来已取得省级文明单位的继续保持光荣称号。围绕企业改革生产经营，认真抓好党的建设，认真抓好党的思想、组织、党风廉政建设。紧贴企业改革和经营管理，开展职工思想政治工作，较好地调动广大职工的积极性，增强企业的凝聚力。坚持解决思想问题同解决实际困难相结合，增强思想政治工作的实效性。

1996年，公司党委印发《四川省石油总公司机关学习考勤办法》，规范省公司机关单位中心组学习、省公司机关日常学习、党组织学习、工会组织学习、团组组织学习类别及范围，使机关各种学习制度化、规范化，加强公司机关职工思想政治工作，提高公司机关职工思想政治素质，促进企业精神文明建设。

1998年，公司按照上级党委的要求，紧紧围绕企业改革、发展、稳定的工作大局，坚持“两手抓，两手都要硬”的方针，狠抓党建工作，党组织的政治核心作用得以较好发挥。各级党组织团结带领广大干部职工克服困难、奋力拼搏，保证企业改革发展各项工作目标任务的完成。职工队伍思想稳定，精神文明建设在巩固的基础上不断向前推进。

1999—2003年，公司党委坚持对员工进行以党的路线、方针、政策为主要内容的思想政治教育。坚持每周四理论学习制度，集中宣贯学习党的十五大、十六大精神，配发辅导读本，引导员工高举邓小平理论伟大旗帜，紧紧围绕经营业务开展政治理论学习教育，探索新形势下的思想政治工作方法。

2000年，公司系统各级党组织按照集团公司党组、销售总公司党委和四川省委的工作部署，紧紧围绕企业改革、发展、稳定的工作大局，坚持“围绕经营抓党建，抓好党建促经营”的指导思想，在继承的基础上积极探索新形势新体制下企业党建工作的新路子，保证企业改革重组的顺利进行，促进企业经济效益的全面提高，推动企业两个文明建设同步协调发展。

2001年，公司党委组织开展“股份公司新体制下企业党建工作大调研”，重点围绕在股份公司新体制运行条件下企业党建工作面临的新情况新问题、企业党的建设存在突出问题及薄弱环节进行调研，总结交流一批基层党建工作者的新鲜经验，提出在股份公司新体制下加强和改进企业党建工作的思路和措施。公司党委在德阳召开系统党建工作会议，党委书记、总经理杨顺成同志在会上作《在继承中创新，在改进中加强，努力开创新形势新体制下企业党建工作的新局面》的工作报告。会议分析当前企业党建工作面临的形势，对股份公司新体制下企业党建工作做全面的安排部署。有针对性地做好企业改革中的思想政治工作，确保减员增效工作的顺利实施和企业的稳定，在减员过程中没有发生大的思想波动和不稳定的情况。公司取得两个文明建设的成绩，涌现出一大批受到上级表彰的先进集体和个人。

2002年，针对企业经营改革的热点难点和职工群众关心的疑点问题，坚持以正面教育为主，切实加强和改进职工思想政治工作。在企业重组改制和营销体制改革过程中，坚持“以人为本”的原则，做好舆论宣传和思想发动，采取多种形式做好宣传解释工作，保证改革的顺利进行。大力宣传企业的改革、生产经营、稳定等方面取得的成绩，大力宣传身边的先进集体和先进个人，积极组织职工参加炼油与销售分公司组织的“销售风采”演讲比赛，发挥好典型的示范和引导作用。2002 年，公司有 69 篇宣传企业经营管理成果，宣传企业先进集体、优秀职工的先进典型事迹的稿件被《中国石油报》《工人日报》《四川工人报》《四川经济日报》刊载。大力弘扬“铁人”精神、“三老四严”的优良传统，继续实施“新世纪石油员工素质计划”和“面向新世纪、学习知识、普及新技能”的活动，组织机关领导干部学习 WTO 规则，公司系统有 3000 余人参加四川省委组织部等六部门组织的“WTO 与四川”知识竞赛，努力提高员工队伍的整体素质，激发广大干部职工立足岗位建功立业的热情。公司党委高度重视稳定工作，召开稳定工作会议，对企业稳定工作做出安排部署。公司成立维护稳定工作领导小组，下设维护稳定工作办公室，日常工作由党群工作处负责。由于历史原因，部分存续县公司存在欠缴社会保险金、拖欠职工集资款等问题，部分有偿解除劳动合同人员提出发放失业保险金等问题，2002 年 12 月出现两次集体上访事件。公司及时向四川省委、省政府和上级公司汇报，采取多种形式做好政策的宣传解释工作，积极同社保等部门协调，妥善解决县公司历年拖欠的社会保险、集资款问题，积极协调解决有偿解除劳动合同人员的失业保险金问题，理顺情绪，化解矛盾，保持企业和员工队伍稳定。

2004—2008 年，公司党委围绕经营管理中心任务，对“三个代表”重要思想学习纲要分阶段进行学习，以两级领导班子中心组集中学习、聘请党校教授上辅导课等方式开展以“三个代表”重要思想、党的十六大精神为主要内容的政治理论学习，促进员工思想政治素养提升。2007 年 10 月，公司组织两级干部员工学习党的十七大精神。11 月 29 日，公司邀请四川省委党校教授到公司开展题为《高举旗帜，深入贯彻落实科学发展观，推动经济社会大发展》的专题讲座。

2004 年，公司思想政治工作坚持以人为本，始终把“三个代表”重要思想作为思想政治工作的重要指针。公司广泛深入开展“形势、目标、责任”主题教育活动，确立企业改革发展新思路，有力推进企业管理进步和挖潜增效目标的实现。为保证主题教育活动有效开展，公司成立主题教育活动领导小组，印发《“形势、目标、责任”主题教育活动实施方案》，采取多种形式，引导员工“从我做起”“从现在做起”“从岗位做起”，以主题教育活动真正把各级领导班子和全体共产党员、共青团员、干部职工思想统一到实现 2003 年工作目标上来，把力量凝聚到推动企业发展上来。通过主题教育活动，各级领导干部自觉转变过去“重批发、轻零售”“重个体局部效益、轻整体全局效益”等不合时宜的经营观念，逐步确立“零售是核心竞争力”“得终端者得天下”“集约化经营”等经营理念，全司系统经营重心进一步转移到零售上。公司干部职工积极为“做强做大零售，突破零售瓶颈”献计献策，自觉把“能否提高零售量、提高零售比重、提高单站日加油量”作为检验零售经营管理工作水平的试金石。

针对有偿解除劳动关系人员和工资制度改革等难点热点问题，及时了解掌握职工思想动态，化解矛盾，引导广大职工理解、支持改革，自觉投身企业各项改革和经营管理工作。2004 年 1 月，部分有偿解除劳动关系的人员集体到公司上访，提出医疗保险、失业补助金、补偿标准等问题。公司领导和相关部门负责人依据政策对上访人员进行耐心地解释和疏导工作。经与有关部门积极协商，公司及时召开市州公司经理、书记会，对维护企业稳定工作进行安排部署，对有偿解除劳动关系的人员发放失业补助金。

2005年，公司党委在全体干部员工中继续深入开展“形势、目标、责任”主题教育活动和“居安思危、居安思进”教育活动。在主题教育活动中，坚持理论联系实际，不断赋予新的内容，调动干部员工参与经营管理的积极性。在全司干部员工中开展以学习《细节决定成败》《执行力》和《没有任何借口》三本书为内容的读书征文活动，共收到征文41篇，其中有5篇推荐到股份公司参加征文活动，受到股份公司表彰。公司始终坚持稳定压倒一切的工作方针，牢固树立“员工利益高于一切，造福员工重于一切”的治企理念，依法为市场化用工缴纳社会保险，落实领导干部联系困难员工制度，开展为贫困员工子女上学捐款等“送温暖”活动，注重解决基层一线员工的工作和生活中的实际困难，企业和员工队伍保持稳定。

2005年4月开始，公司开展“中油发展我发展，企业发展我受益”的主题教育活动。公司以油川销发〔2005〕42号文，对主题教育活动进行安排部署，要求各单位在4月底以前召开一次干部职工大会，对广大干部职工进行一次“形势、目标、责任”主题教育，主要领导亲自作一次企业发展形势的主题报告，引导广大干部职工正确认识企业发展形势，珍惜企业当前来之不易的大好形势，自觉维护企业利益，自觉维护企业形象，热爱中油，热爱企业，珍惜岗位，建功立业，为实现企业的发展战略目标而不懈奋斗。省公司总经理杨顺成亲临广安公司作形势报告，全面剖析企业的发展形势，要求广大干部职工找准自身的差距，明确今后努力的方向；要求各级班子集中精力研究好企业的长远发展，认真研究制订好本单位的“十一五”发展规划。

2009—2013年，公司党委把深入开展学习实践科学发展观活动作为一项重要政治任务，紧紧围绕“党员干部受教育，科学发展上水平、员工群众得实惠”总要求，突出实践特色，重在解决问题，圆满完成学习调研、分析检查、整改落实三个阶段各项任务。2009年，公司邀请北京石油管理干部学院等系统内外知名专家举办专题讲座，累计举办学习培训班47次，形成调研报告113篇，撰写体会文章2044篇。引导带动广大干部员工积极思考和探讨科学发展之路，在广泛征求基层各方面意见建议基础上，形成《公司党委贯彻落实科学发展观情况的分析检查报告》。2012年，以“三学三争当”活动为载体，把学习党的十八大精神与学习业务知识、大庆精神、铁人精神相结合，通过组织开展专题党课、知识竞赛、先进事迹报告会等形式，系统学习党章、党的群众路线理论、中央八项规定精神等内容，引导动员员工学理论、强本领、当标兵，投身公司发展实践。

2014—2018年，公司党委以制度保障政治理论学习有序开展，紧紧围绕服务公司发展，线上线下同步开展学习，以专题党课、专家讲座、配发专题读本、集体研讨等多种形式，引导干部员工深入学习党的十八大以来习近平总书记系列讲话及提出的重要战略思想、重大理论观点，团结带领广大干部员工聚焦公司稳健发展目标，持续提升各级党组织战斗力，为公司“十二五”完美收官、“十三五”开局起步奠定思想基础。

2017年10月，公司党委深入开展党的十九大精神学习，外请四川省委党校教授到公司开设党的十九大精神专题辅导讲座。11月，公司编制《四川销售公司学习贯彻党的十九大精神专题辅导宣讲提纲》，开展学习贯彻党的十九大精神宣讲活动。11月27日，集团公司学习贯彻党的十九大精神宣讲组走进四川，为中国石油驻川企业进行十九大精神专题宣讲。公司党委在宣讲报告会上要求各单位牢牢把握习近平新时代中国特色社会主义思想这条主线，通过多种形式学习，多种手段营造舆论氛围，引导党员干部全面准确学习领会党的十九大精神，指导和推动公司各项工作，不断开创中国石油驻滇企业发展新局面，为集团公司建设世界一流综合性国际能源公司做出新的更大贡献。各单位党政工团同步发力，以专题辅导、重温入党誓词、青年大讲堂、学习心得分享等多种形式，掀起学习贯彻党的十九大精神热潮，两级领导班子成员带队赴基层开展宣讲130场次，实现基层全覆盖。

2018年，公司党委以两级领导班子、副处级以上领导干部为重点，开展以习近平新时代中国特色社会主义思想为主要内容的学习教育，将学习党的十九大精神贯穿两级领导班子党委理论学习中心组学习，以个人自学、集体讨论、撰写学习心得等方式引导领导干部学原著、读原文、悟原理，采取即学即考、教学互动、班子成员上讲台等形式增强政治理论学习成效，抓好学习成果实践运用，坚持用中国特色社会主义理论最新成果武装头脑、指导公司发展实践；同步开展主题征文、知识竞赛、线上答题等活动，引导广大员工参加学习，提升公司全员学习贯彻党的十九大精神的热度、广度、深度。

2019年，公司党委扎实做好党建信息化平台应用，在职党员答题率达80%，切实提升党员政治素养；每月对二级公司党费收缴、党员登录、“三会一课”、在线答题等情况进行通报，切实提升平台应用活力。完成2018年度党内年报，确保上报数据准确无误、账实相符。对党费的缴纳、管理和使用情况进行全面清理，并在党建会上进行公示。强化党建理论研究，在中国石油企业协会、中国石油教育学会、石油工业出版社有限公司联合主办的“庆祝新中国成立70周年石油企业党建及组织人事创新案例与优秀论文”征集活动中，共有4篇创新案例和论文获奖，其中党委组织部撰写的《落实全面从严治党主体责任的思考和实践》荣获一等奖。

第三节　主题教育

一、“大庆精神、铁人精神”主题教育

1989—1998年，公司党委认真贯彻落实集团公司党组战略部署，坚持融入中心、服务大局，发挥党的领导核心和政治核心作用，不断强化战略引领，团结带领各级党组织、全体党员和广大干部员工，推进素质提升工程，通过开展“三讲”教育、“三个代表”重要思想学习教育活动，保持共产党员先进性教育活动、学习实践科学发展观活动、党的群众路线教育实践活动、“三严三实”专题教育、“重塑中国石油良好形象”大讨论、“两学一做”学习教育、“践行四合格四诠释、弘扬石油精神、喜迎党的十九大”岗位实践等活动，加强党的思想建设；以“形势、目标、任务、责任”主题教育及“大庆精神、铁人精神”教育推进员工思想教育，以报刊、网站、微信平台“三位一体”做实做活新闻宣传，内外联动，加强新闻舆情防控；持续探索特色企业文化建设，形成一批企业文化作品。公司思想政治工作求新求变，有力推动公司科学发展。

1999—2008 年，公司党委注重开展“大庆精神、铁人精神”主题教育活动，初步构筑广大员工共同的价值观和思想基础。利用专题学习、宣讲教育、典型学习事迹报告会、组织观看影片《铁人》等形式，深入推进“大庆精神、铁人精神”教育。

2009—2013 年，公司党委持续开展“大庆精神、铁人精神”再学习再教育宣讲，印发专题学习教材，组织学习王进喜、王启民、秦文贵的先进事迹，把学习“大庆精神、铁人精神”作为引导员工推动公司持续发展的政治优势。2012 年 8 月 30 日，公司党委召开“弘扬大庆精神铁人精神”学习成果汇报会，对两期专题培训班进行总结，7 名优秀学员代表进行汇报交流。

2014—2018 年，公司党委突出中国石油优良传统再教育，多载体深层次开展“大庆精神、铁人精神”主题教育。2014 年，把学习党的十八大精神与“大庆精神、铁人精神”相结合，通过组织开展专题党课、知识竞赛、先进事迹报告会等活动，引导员工学理论、强本领、当标兵。

2015—2016 年，深入开展“重塑中国石油良好形象”大讨论活动，以知识竞赛、微信接力签名、主题演讲等活动为载体，引导广大干部员工重温“大庆精神、铁人精神”。2017 年 6 月 23 日，由集团公司思想政治工作部组织的中国石油“弘扬石油精神、重塑良好形象”报告团在成都举行专场报告会，系统内 5 名劳动模范作主题报告，公司 230 余名员工现场聆听劳模先进事迹。8 月 20—23 日，公司党委结合发展实际，以宣贯集团公司 2017 年领导干部会议精神、公司半年工作会精神以及践行“四合格四诠释，弘扬石油精神，喜迎党的十九大”岗位实践活动为主要内容，在公司范围内开展“弘扬石油精神，重塑良好形象”主题宣讲活动。主题宣讲团成员历时 23 天，行程 8000 余千米，宣讲 15 场次，受众员工逾千人。

2018—2019 年，公司党委坚持上线下结合，利用线上闯关游戏知识问答、线下组织学习讨论等形式，深入开展“大庆精神、铁人精神”主题教育。

二、“形势、目标、任务、责任”主题教育

2003 年，公司党委围绕中心工作，首次在干部员工队伍中深入开展“形势、目标、任务、责任”主题教育，有针对性地做好思想政治工作，凝聚广大干部员工智慧力量，服务公司发展。

2004—2008 年，公司党委定期组织开展“形势、目标，任务、责任”主题教育，传达上级公司及公司年度发展目标、重点工作安排，统一思想认识，增强员工对加快公司发展的紧迫感、责任感和使命感。

2009—2013 年，公司各级党组织采取专题党课、报告会、群众性大讨论等多种方式，深入开展“形势、目标、任务、责任”主题教育，累计开展宣讲300多场次，覆盖一线库站近万人次。

2011 年 2 月，公司举办“新形势、大规划——公司发展战略与四川省发展战略的联系”专题培训讲座。2012 年，公司党委先后 3 次汇编印发专题学习资料，指导各单位开展主题教育。公司及所属各单位深入开展员工思想动态调查分析，形成两个层面《员工思想动态调查分析报告》，为公司两级管理决策提供依据。2013 年，公司党委通过发放知识读本、组织巡回宣讲、制作宣传看板，面向一线开展“形势、目标、任务、责任”主题教育，凝聚员工力量，推动“黄金十年”二次创业，累计宣讲近 200 场次，覆盖 3500 余名员工。

2014—2015年，公司党委持续面向基层开展“形势、目标、任务、责任”主题教育。2015年，开展“认清新形势、明确新任务、抢抓新机遇、再谋新发展”为主题的“四新”主题教育活动，通过员工集中学、领导专题讲、宣讲集中讲、座谈针对谈等方式开展“形势、目标、任务、责任”主题教育，在公司完成“十二五”规划的收官之年，凝聚员工力量，助力公司发展。

2016年，公司党委将“形势、目标、任务、责任”主题教育与各项重点工作有机结合，提升宣讲效率，扩大覆盖面，形成“时时、处处、人人”的教育格局，主题教育有机融入“两学一做”学习教育活动，两级领导班子成员带头深入基层宣讲，结合工作调研、帮扶慰问等工作，在库站通过座谈、现场交流、一对一访谈等形式开展形势任务教育。全年两级领导班子深入库站调研访谈21次，以座谈会、宣讲会等形式开展宣讲300余次。

2017—2018年，公司党委将“形势、目标、任务、责任”主题教育与深入学习贯彻党的十九大精神相结合，通过组织开展党委中心组理论学习、党委委员赴基层讲授专题党课、平台阵地集中宣传、举办主题知识竞赛活动等形式，将主题教育与日常思想政治工作相结合，与促进员工个人成长及公司发展相结合，与当前各项重点工作相结合，引领全体员工认清发展形势，聚焦发展目标，明晰发展任务，找准责任定位。2018年12月，集团公司表彰第16次“形势、目标、任务、责任”主题教育活动评选出的100篇优秀宣讲课件、100名优秀宣讲员。

2019年，公司党委持续发力，精心组织“形势、目标、任务、责任”主题教育。以宣传贯彻年度工作会议精神为主线，严格执行开展专题学习、分层宣讲、主题讨论、答题活动“四个规定动作”，利用网站、报纸、企业号、视频播报等平台，全面解读年度工作会议精神，推进主题教育走深走细走实，形成全员学精神、筑梦新零售的集体力量。

第三章 纪检监察与审计

第一节 纪检监察

一、党风廉政建设

公司认真贯彻落实中央纪委和集团公司纪检监察组关于党风廉政建设和反腐败工作的总体部署，坚持融入中心、服务大局，聚焦全面从严治党，严格监督执纪问责，坚持把纪律和规矩挺在前面，深入推进党风廉政建设各项工作。紧紧围绕《中国石油天然气集团公司党风廉政建设责任制实施办法（试行）》，将党风廉政建设责任制的贯彻落实作为重要抓手，研究制定中国石油四川销售分公司《党风廉政建设责任制实施细则》《党风廉政建设责任制责任追究办法（试行）》等制度规定，编制下发公司《党风廉政建设责任清单》及与之配套的《年度工作清单》，坚持不懈抓廉洁从业教育，积极推进廉洁文化建设，持续巩固落实党风廉政建设和反腐败工作成果，保障公司持续健康发展。

1989 年，公司印发《关于机关从业廉洁的八条规定》，公司不准接受下属单位上送的土特产品；公司职工特别是领导干部下基层检查指导工作或进行调查研究，一律不准接受宴请；公司召开的各种会议，严格按规定的会议开支标准办理；禁止乱收费用；对零星油料的批供，要建立严格的、便于群众监督的批供制度；公司领导干部不准利用职权为配偶、子女及其亲友在就业、上学、调资、提拔等方面谋取特殊照顾；一律不购买进口轿车；认真抓好公司系统贪污、受贿、投机倒把、以权谋私等各类违纪、违法案件的查处。

1991 年，根据《关于加强党风和廉政建设的意见》《中华人民共和国行政监察条例》以及四川省政府、总公司有关规定和省公司经理会议的要求，结合公司系统实际情况，公司制定《1991 年度监察工作意见》，关于监察工作，按照“一要坚决，二是持久”的方针，狠抓思想教育，狠抓措施落实，切实纠正行业不正之风，继续把廉政建设抓好。

1998 年，公司狠抓领导干部廉洁自律和自查自纠工作。公司以中层以上干部为重点，组织集中学习《中国共产党党员干部廉洁从政若干准则（试行）》《中共中央国务院关于党政机关厉行节约制止奢侈浪费行为的若干规定》《四川省石油集团有限公司关于厉行节约、制止奢侈浪费行为的八条规定》《直属企业经营活动的十条规定》，并从职权运用、艰苦奋斗、厉行节约、制止奢侈浪费、执行“四项”制度上，是否存在以权谋私等问题，认真进行对照检查。公司系统 336 名副处级以上领导干部都按规定参加专题民主生活会，并开展自查自纠。

1999—2001 年，公司集中开展党风廉政制度建设，制定《党员干部诫勉谈话制度》《领导干部廉洁自律“十不准”》等各项制度，完善建立财务管理、投资管理、价格管理、人事管理、合同管理、工程招投标管理等制度。

2002 年，公司进一步加强纪检监察组织建设，在成都、宜宾、绵阳三家分公司设立纪检审计监察科，配备 12 名专职工作人员、16 名兼职工作人员，举办纪检审计监察专兼职工作人员培训班；制定印发《关于加强纪检审计监察部门案件管理严肃工作纪律的通知》等 11 个廉政制度规定，严肃工作纪律。

2003 年，公司印发《关于纪检审计监察工作人员若干纪律的规定》《关于纪检审计监察工作考核办法（试行）》《审计监察处工作制度职责和程序》3 个制度，明确具体工作流程，强化纪检监察部门内部建设，增强各级管理人员廉洁从业风险防控能力。

2004 年，公司结合《中国共产党纪律处分条例》《中国共产党党内监督条例》的颁布，开展形式多样的学习“两个条例”活动；举办两期公司机关正副处室长、经营部门正副经理和各市州公司党政一把手和专职副书记参加的领导干部党风廉政建设专题教育学习班；编印下发《领导干部廉洁自律制度手册》2000 册，并以处级以上干部为重点组织学习教育。实行“廉政承诺”制度，公司党委、行政班子率先向干部职工作出五条廉政承诺，现职副处级以上干部随之作出廉政承诺并交由公司纪委存查；建立“廉政谈话”制度，制定下发《中国石油四川销售分公司关于实行党风廉政谈话的暂行办法》，全年共计开展廉政和诫勉谈话 12 人次；在工程建设和物资采购等经济活动中积极推行“廉洁契约”制度，要求在签订经济合同的同时签订《甲乙双方廉洁契约》，对促进领导干部和重要岗位管理人员公正廉洁履职起到积极作用；建立“纪检监察审计工作联系”制度，下发《关于加强各市州公司审计监察工作的意见》，利用各单位审计监察科成立的有利时机逐一进行面对面的工作交流和探讨，使公司纪检监察审计工作形成网络体系。

2005 年，公司创新思维，在建立和完善“三个机制”、规范“四种权力”的源头治理上下功夫。狠抓正反两方面的教育，提高党员干部思想道德素质；签订党风廉政建设责任书和领导干部廉洁自律承诺书各 88 份，覆盖面达 100%；多次与省检察院进行沟通、交流和探讨，于 3 月中旬召开预防职务犯罪工作联席会议，达成四点共识，各二级公司按照要求相继开展检企共建工作，部分单位与当地检察机关建立工作联系制度并签订《共同开展预防职务犯罪工作的意见》。

2006 年，公司根据内控体系建设和《实施纲要》要求，制定公司《实施方案》，大力推进惩防体系建设，将党风廉政建设责任制在格式和内容上进行规范和丰富，加大对二级公司“一把手”的监督力度。二级公司党风建设责任书签到科级，全年公司党风廉政建设责任书和廉洁自律承诺书共签订 1011 份，签订率达 100%。在传统节假日期间加强廉洁教育，印发 14 篇案例剖析材料，全年领导干部主动上交礼品、礼金 6 人次，金额 3.1 万元；积极开展家庭助廉教育工作，组织参加四川省廉政文化进家庭知识竞赛活动，共 1055 名副科级以上干部参加答题。深入推进检企共建工作，与省检察院联合下发《关于共同开展职务犯罪预防工作的实施意见》，探索从源头上预防和减少职务犯罪的有效途径；按总部要求建立副处级以上干部廉洁从业档案 160 余卷，并要求二级公司对副科级以上干部全部建立廉洁从业档案。

2007年，公司对党风廉政建设责任书和廉洁自律承诺书在形式和内容上进行修改完善，明确各级领导班子和领导干部的责任范围，责任网络覆盖到加油站和油库等基层单位及重点部位，责任制的考核和责任追究环节也愈加完善，确保党风廉政责任自上而下落实到位，省、市两级公司共签订“两书”3385份，签订率100%。5月，公司研究制定《廉洁文化建设实施意见》，促使公司廉洁文化建设走向正常化、规范化和制度化。根据四川省委、四川省国资党委和集团公司党组有关安排，公司党委下发《关于集中开展领导干部作风整顿建设活动的实施意见》，2—4月集中开展处级以上领导班子和领导干部作风整顿建设活动，全面加强思想作风、学风、工作作风、领导作风和干部生活作风建设，有力促进领导干部作风的明显好转。

2008年，公司组织1213名科级干部、186名副处以上领导干部签订党风廉政建设责任书，同时签订廉洁自律承诺书1799份，全年有3名领导干部因违反责任制规定而受到责任追究。深入学习贯彻集团公司《建立健全惩治和预防腐败体系2008—2012年工作规划》，结合实际拟定公司《2008—2010年惩防体系规划》和《惩防体系2008—2010年度推进计划》，上半年对各部门2007年惩防体系完成情况进行检查考核，促进惩防体系建设的深入开展。反腐倡廉教育、作风建设成效明显，全系统共组织1300余人次观看警示教育片，编制并印发廉洁从业教育学习读本758册，组织开展“加油站经理廉洁从业教育周”主题教育活动，对新提拔的33名处级领导进行任前廉洁谈话。组织完善“三重一大”、领导干部选拔任用、述职述廉、个人重大事项报告等管理制度，建立健全科级以上干部廉洁档案，按照中央纪委对国有企业领导人员廉洁自律“七项要求”开展专项检查。

2009年，公司下发《关于认真学习贯彻中央四个重要法规和文件的通知》，对贯彻落实中共中央办公厅、国务院办公厅颁发的《国有企业领导人员廉洁从业若干规定》等四个文件进行安排布置。组织187名副处级以上领导干部和1370副科级以上干部和关键岗位人员签订“两书”，机关部门、所属各单位1417名科级以上干部开展述职述廉，对3个单位扣减业绩分值。积极推行“一岗双责”制，把惩防体系建设纳入各单位、部门党风建设责任制一并考核，进一步完善惩防体系建设的责任机制。在重大节日前或特殊时期，重申“八禁止、一严格”等规定，落实监督检查措施，党员领导干部拒收、上交礼金的现象增多，6名领导干部上交礼品礼金（折合人民币3.2万元）。

2010年，公司组织1476名副科级以上干部和关键岗位人员签订党风廉政建设责任书和廉洁自律承诺书，对2个单位扣减业绩分值；持续推进惩防体系建设，积极开展惩防体系与内控体系有机融合的探索实践，促进修订完善制度52项；制定下发公司“三重一大”决策制度实施细则，促进“三重一大”决策制度的贯彻执行；参与对二级公司班子及班子成员、机关副处级以上干部的年度考核、选拔任用等监督工作；以开展“五个一”教育活动为契机，组织专题学习27场次，召开专题学习讨论会40余场次，配发学习读本600余册，组织召开述廉议廉专题民主生活会26场次。全年共有12名领导人员申报个人重大事项，5名领导干部上交礼品、礼金、有价证券等（折合金额11.5万元）。

2011年，公司认真贯彻落实集团公司下发的《党风廉政建设责任制实施办法》，积极推行

“一岗双责”，将党风建设和反腐倡廉工作纳入领导班子业绩合同，层层签订责任书1400余份，严格考核兑现。制定《惩防体系建设2011—2012年推进计划责任分解表》，将92项内容分解落实到15个机关处室和部门，把反腐倡廉要求落实到经营管理和权力运行的各个环节。开展“忠诚事业、承担责任、艰苦奋斗、清廉奉献”主题教育活动及“为民服务创先争优”活动，扎实推进领导干部作风建设。全年两级公司开展警示教育58场次，参加人数3688人次，有1名领导人员申报个人重大事项，8名领导干部上交礼品、礼金、有价证券等（折合金额6.1万元）。

2012年，在销售板块全面撤销基层单位纪检审计监察机构情况下，经总部批准，公司于6月率先成立审计监察中心，隶属审计监察处附属机构，定编9人，集中两级公司监督骨干力量，加强“上对下”监督。组织1100余名副科级以上干部和关键岗位人员签订党风廉政建设责任书和廉洁自律承诺书，做到将党风廉政工作与公司中心工作同部署、同落实、同检查、同考核。做好集团公司惩防体系建设第一个五年规划收官工作，五年来公司惩防体系建设全面完成任务218项，实现“初步建成惩防体系基本框架”的工作目标。紧紧围绕规范人财物事“四项权力”，健全完善涉及“四项权力”的重点领域管理制度43项，积极构建廉洁风险防控体系。把反腐倡廉教育纳入干部教育培训规划，重点对新录用、新入党、新提拔及关键岗位等人员进行廉政教育，全年组织开展反腐倡廉专题学习213场次，参加人数7228人次，警示教育170场次，参加人数6010人次；共有245名领导干部向职代会述职述廉，27人次主动上交礼品、礼金、礼金和有价证券等，折合金额14.1万元。

2013年，公司不断健全党风廉政建设责任制和廉洁风险防控机制，组织1400余名副科级以上干部和关键岗位人员签订“两书”，对5个单位扣减业绩分值；配合集团公司开发“联合监督信息系统”平台，梳理营销、物资采购、加管等10个业务层面108个风险点，深入推动“制度+科技”廉洁风险防控新模式；围绕集团公司党组、公司党委重大决策部署，重点开展贯彻落实中央八项规定精神专项检查、企业领导人员职务消费专项自查，对3名违反“八项规定”及廉洁自律规定的领导干部进行严肃处理。增强宣传教育针对性，组织党员干部学习《中国共产党党员领导干部廉洁从政若干准则》《中国共产党廉政若干规定》和集团公司“5条禁令、20个不准”等制度38场次，参观警示教育基地1500人次，配发警示教育读本230份，组织参加廉洁从业先进事迹报告会和预防职务犯罪专题宣讲会900人次；在党的群众路线教育实践活动中，专题组织两级班子召开反腐倡廉专题学习讨论会，切实筑牢党员干部拒腐防变的思想道德防线。全年共有53名领导干部和关键岗位人员主动上交礼金、礼品、商业借记卡，折合金额22.85万元。

2014年，公司编制惩防腐败体系实施意见和年度推进计划，将反腐倡廉具体任务分解到各部门、各单位，进一步推动反腐倡廉建设制度化。强化“一岗双责”，制定下发《党风廉政建设责任制“一岗双责”实施细则》和《责任追究及处罚办法》，创新在两级公司领导班子和机关部门开展“一岗双责”责任分享和案例分享活动，组织全公司1163名处科级干部开展述职述廉，签订党风廉政建设责任书1400余份，对不正确履职的6个单位扣减业绩分值。建立分类施教机制，组织开展党政主要领导讲党课、观看反腐倡廉教育片等活动217次，参加人数1万余人，全年有34名领导干部和关键岗位人员主动上交礼金、礼品、商业借记卡，折合金额16万余元。认真落实纪检监察“三转”责任，纪检监察部门退出24个议事协调机构，由原来参与的36个议事机构缩减为12个；推进审计监察中心建设，新增3个编制，充实纪检监察力量；加强二级公司监督力量，探索在销售规模35万吨以上的二级公司设立专职纪委副书记，其他二级公司设立兼职纪委副书记。

2015年，公司制定党风廉政建设约谈、责任追究、检查考核等配套制度，对责任落实情况实行台账管理，约谈6个二级单位，对16名党员干部进行诫勉谈话。印发《纪委工作制度》《纪委议事制度》，规范纪检工作程序和流程。开展学习《中国共产党廉洁自律准则》《中国共产党纪律处分条例》活动，两级公司6411名党员参加两部法规知识竞赛答题活动；积极开展警示教育活动，组织82场次、3800余人次参观警示教育基地和观看警示教育片；对新提任处科级干部持续开展反腐倡廉教育，营造遵纪守法、廉洁从业的良好氛围。组织开展领导人员收送红包礼金问题专项整治、领导人员及其亲属经商办企业情况登记申报工作，科级以上干部1521人次进行登记申报和承诺背书；修订监督部门联席会议制度，加强与企管、财务、人事等监督部门的沟通与协调，有效预防违纪风险。强化纪委组织建设，研究制定《所属单位纪委副书记提名考察办法》，实行纪委委员报备制；公司纪委会同组织人事部门对二级公司提名人选进行全面考察，25名专兼职纪委副书记及纪委委员全部配备到位。

2016年，公司成立反腐倡廉建设工作领导小组和反腐败协调小组，对纪委领导班子进行届中调整；健全纪委请示报告制度，确保责任层层传导、逐级落实；配合组织人事部门研究制定党建工作责任制《实施方案》和《检查考核办法》，将党风廉政建设责任制内容全部融入其中，纳入公司绩效考核；制定5份个性化责任书模板，组织全覆盖签订党风廉政建设责任书和廉洁自律承诺书1891份；将廉洁风险防控融入公司风险防控体系，从领导人员、管理人员、操作人员三个层面制定三项承诺书，组织全员签订13415份，成为传统“两书”的有益补充。制定运用监督执纪“四种形态”的实施意见，细化7个方面、112个约谈提醒必谈问题清单，着力推进“第一种形态”常态化。这一做法在集团公司2017年反腐倡廉工作会议上作了大会交流。评选表彰十八大以来4个纪检监察工作先进集体和20名优秀纪检监察干部。两级公司全年累计开展廉洁教育活动317场次，6358人次参加。

2017年，公司编制下发党风廉政建设党委主体、纪委监督、部门监管、领导干部“一岗双责”等“四个责任”清单和年度工作清单，将“四个责任”全面融入公司党建工作责任制考核体系，分层级全覆盖签订党风廉政建设责任书和廉洁从业承诺书3287份，同时开展发约人与受约人集体谈话。制定下发《纪委书记全过程监督企业选人用人工作实施办法（试行）》《关于严格落实中央八项规定精神对违规违纪行为加强监督检查的办法》《关于规范领导干部亲属经商办企业行为的规定（试行）》《关于规范党员干部操办婚丧喜庆事宜实施细则》等制度规定，扎紧织密制度的笼子。以“七个平台”为依托，发挥“大宣教”优势，有力促进党员干部“三不腐”思想和廉洁从业意识的增强。持续深化“三转”，明确退出6个管理领域16项日常经营业务，更好聚焦主业主责。

2018年，公司编制下发构建不敢腐不能腐不想腐有效机制工作推进方案，明确党委、行政、纪委“三方责任”和具体工作任务，建立起“三不腐”体制机制；制定下发公司各级党组织党建工作责任清单，全覆盖签订党风廉政建设责任书1155份，开展发约人与受约人集体谈话3287人次，组织开展年度党风廉政建设责任制落实情况考核，对7家单位、1个机关部门领导班子扣减业绩分值；制定下发《中国石油四川销售分公司激励干事创业创新发展容错纠错实施办法》，鼓励领导干部放下包袱、干事创业；深入治理违规经商办企业问题，两次组织公司管理人员申报本人及亲属经商办企业情况；依托宣传教育“九个平台”，组织2次对党纪处分条例和监察法的集中学习、2次网络答题活动，有针对性地开展节日廉洁教育提醒7次，教育引导党员干部牢固树立“四个意识”，有力发挥大宣教作用。

2019年，公司全力推动党中央重大决策部署和习近平总书记对中国石油重要指示批示精神在企业落实落地，确保政令畅通、令行禁止。扎实开展纪检系统“不忘初心、牢记使命”主题教育，推动解决一批制约纪检工作高质量发展的难题。推进全面从严治党向基层延伸，分层级签订党风廉政建设责任书2874份，全覆盖开展发约人与受约人集体廉洁谈话；组织开展党风廉政建设责任制落实情况考核，对履责不力的7家单位和25名领导人员扣减业绩分值或奖金。严格落实纪检监察组集中整治形式主义官僚主义工作部署，督促各级党组织落实为基层减负13项措施，着重解决文山会海、检查考核过多过频、过度留痕等问题，取得积极效果。持续发挥大宣教作用，分层分类组织开展1期处级干部警示教育、2期新提任干部“六个一”廉洁教育、3期加油站经理合规管理培训教育，开展专业线党风廉政教育宣讲4次，及时转发集团公司通报的81起典型案例，下发2期内部通报，形成遵规守纪人人皆知、人人有责、互相监督的浓厚氛围。

二、巡视巡察

巡视是党章规定的一项重要制度，是全面从严治党的重大举措，是党内监督的战略性制度安排。巡察是巡视向基层的延伸和拓展，是党内监督和群众监督相结合的有效形式，是推动全面从严治党向纵深发展、向基层延伸的有力抓手。

四川销售公司自2012年以来开展党内巡察。公司党委坚持以习近平新时代中国特色社会主义思想和党的十九大精神为指引，深入学习贯彻习近平总书记关于巡视工作的重要论述以及关于国有企业和中国石油的重要指示批示精神，认真学习领会党中央对巡视工作的部署要求，贯彻落实集团公司党组历次巡视工作动员部署会和巡察工作现场推进会精神，认真学习贯彻集团公司党组巡视巡察工作规划和制度规定，牢牢把握“两个维护”根本任务，坚守政治巡察定位，强化政治监督，坚持问题导向，坚守人民立场，增强“四个意识”，坚定“四个自信”，做到“两个维护”，扎实推进巡察工作高质量发展，为公司全面建成世界一流新零售企业提供坚强政治保障。

2012—2017年，实现对所属25家二级公司党委第一轮巡察全覆盖。2018年启动第二轮巡察，确定到2022年实现第二轮巡察高质量全覆盖的目标任务。

2012年，公司成立由党委书记任组长，总经理、纪委书记任副组长，党委组织部、纪委办负责人任成员的党委巡视工作领导小组；在公司纪委办公室设立巡视工作领导小组办公室，负责巡察日常工作；成立巡视组，由公司原班子成员、副局级巡视员任巡视组组长，党委组织部、纪委办负责人任巡视组副组长，党委组织部、纪委办相关人员任成员，负责开展对基层党组织的巡察工作。

10月31日至11月30日，先后对德阳、绵阳分公司党委开展巡察，重点监督检查被巡察党委领导班子及成员贯彻执行上级重大决策部署情况、落实民主集中制情况、落实党风廉政建设责任制和廉洁从业规定情况、作风建设情况、选拔任用干部情况等，共发现问题18个，提出巡察意见建议9条。

2013年，公司党委对巡视工作领导小组成员进行调整，组织制订《四川销售公司巡视工作办法（试行）》，明确巡察工作中长期规划，建立健全工作推进、工作协调、重要信息专报、成果运用和日常监管等机制，整合利用各方力量，增强工作效果，保障巡察工作健康开展。全年先后对雅安、南充、凉山分公司党委开展巡察，共发现问题15个，提出巡察意见建议22条。

2014年，公司党委先后对眉山、广元、油料、攀枝花、岷江、泸州分公司党委开展巡察，共发现问题38个，提出巡察意见建议47条。通过巡察，有力促进被巡察单位的领导班子建设和干部队伍建设，推动公司党风廉政建设和反腐败工作，提高企业规范管理水平，取得较好的成效。

2015年3—5月，集团公司党组第四巡视组对公司党委进行专项巡视，反馈8个方面21个问题，公司党委切实履行党委整改主体责任，成立以党委书记和总经理任组长、纪委书记任副组长的巡视整改工作领导小组，制订巡视反馈问题整改落实的总体方案和专项方案，细化问题整改措施81项；成立党委主体责任落实、纪委监督执纪问责落实、选人用人问题、投资和工程问题、中央八项规定精神和“四风”问题、资金管理和非油经营问题等6个专项整改工作组，党委委员根据职责分工分别担任各组组长，牵头部门主要负责人任副组长，推动有关部门和二级公司各负其责、抓好整改，按期向集团公司党组报送巡视整改情况报告。

是年，公司党委不断提高巡察工作质量，配备财务审计人员全程参与巡察，增强从财务审计角度发现问题的能力；巡察组常规配备从4人增加到5—6人，强化巡察力量；巡察民主测评方式从“面对面”变为“背对背”，查阅资料范围扩展到财务账目层面。全年先后对乐山、达州、巴中、成品油、自贡、仓储、内江分公司党委开展巡察，共发现问题60个，提出巡察意见建议57条。

2016年，公司党委对巡视工作领导小组成员进行调整，确立由公司党委书记、总经理任组长的“双组长”制，公司纪委书记任副组长，党委组织部、纪委办负责人任成员。完善巡察管理制度，制定《中国石油四川销售分公司巡视工作办法》，配套完善《巡视组工作规则》和《巡视工作程序指引》，明确巡察工作的职责、范围、内容和权限，规范巡察工作的方法和程序，确定公司党委班子成员任巡察组组长带队巡察的工作机制，有效增强巡察工作的权威性和威慑力。全年先后对成都、资阳、广安、遂宁、甘孜、宜宾、非油品分公司党委开展巡察，共发现问题338个，提出巡察意见建议59条。

2017年，公司党委完善“巡察运行闭环管理工作流程”，固化巡察前、巡察中、巡察后及问题整改跟踪落实程序和时间要求；以立行立改、即知即改、持续整改、复查验收和责任追究

“4+1”模式，强化专业监督和属地责任，分类处置问题，强化跟踪整改和建章立制，进一步提高巡察规范化水平。在前4年完成25家单位党委巡察全覆盖的基础上，将工作重点放在监督检查巡察整改落实情况上，先后对岷江、眉山、达州分公司党委开展巡察“回头看”，对成都、成品油、眉山、油料、广安、仓储、自贡分公司党委开展巡察反馈问题整改情况复查验收，共发现问题314个，提出意见建议23条，推动巡察整改落实到位，做好巡察“后半篇文章’。

2018年，根据《中共中国石油天然气集团公司党组关于企事业单位党委建立巡察制度的意见》精神，公司党委成立以党委书记、总经理为组长，纪委书记为副组长，党委组织部、纪委办、巡察办相关同志为成员的巡察工作领导小组；设立党委巡察办公室，与纪委办公室合署办公。制定公司党委巡察工作规划（2018—2022年）、巡察工作实施细则、被巡察党组织配合公司党委巡察工作规定，以及巡察工作领导小组工作规则、巡察工作领导小组办公室工作规则、巡察组工作规则、党委书记听取巡察汇报情况报备制度等7项巡察制度，为巡察工作高质量开展提供组织保障和制度保障。建立涵盖纪检、人事、党群、财务等专业线优秀处科级干部的巡察人才库，配强配优巡察组，不断加强巡察队伍建设。

是年，公司党委启动第二轮巡察，全年先后对德阳、泸州、广元、凉山分公司党委开展巡察，对成都、宜宾、眉山分公司党委就“关于违反中央八项规定精神的共性问题”自查整改情况开展“机动式”巡察，对公司机关党委和党委办、财务处、组织部、宣传部、后勤中心5个机关党支部开展专项巡察，共发现问题274个，提出巡察意见建议30条。

2019年2—3月，集团公司党组巡视反馈问题整改南方片区督导组对公司党委进行现场督导，通报4个方面8个问题。公司党委高度重视巡视督导反馈问题整改工作，党委书记组织制定《关于整改集团公司党组巡视整改督导通报问题的方案》，对督导通报的问题逐项逐条落实责任、制定措施、确定时限，先后两次召开党委专题会议，对整改情况进行讨论研究，按期向集团公司党组巡视办上报全面整改情况报告，推动巡视整改持续深化。

是年，公司党委认真贯彻落实销售系统巡察工作现场推进会精神，政治巡察不断深化。全年先后对雅安、油料、南充、仓储、绵阳分公司党委开展巡察，共发现问题246个，提出巡察意见建议33条。推进利剑直插基层，巡察组全年走访1个党总支、50个党支部、14座油库和167座加油站，访谈基层员工547人，发放调查问卷676份，党支部覆盖率达到100%，加油站覆盖率达到70%，全面了解基层党支部履行职能职责、社保公积金缴纳、薪酬分配、机关作风建设及基层“微腐败”治理情况，切实做到上面的问题在下面找表现，下面的问题在上面找根源。狠抓巡察整改和成果运用，构建党委主体责任、党委书记第一责任人责任、班子成员“一岗双责”、纪委监督责任、纪检和组织部门日常监督责任的“五责协同”巡察整改责任落实机制，有力推动整改责任落实到位，2019年被巡察党组织平均整改率超过90%，健全完善管理制度39项。公司党委在销售系统巡察工作现场推进会上作经验介绍。

三、案件查办

按照集团公司纪检监察部门有关信访举报、案件查办工作规定，公司以构建惩治和预防腐败体系为主线，坚持“标本兼治、综合治理、惩防并举、注重预防”的方针，坚持“有信必核、有案必查”，不断加大查办案件工作力度，保持查办案件的高压态势，通过坚决惩治腐败行为，密切党群关系、干群关系，有力地维护企业的稳定。2000年以来，特别是党的十八大以来，公司持续保持高压态势，对有令不行、顶风违纪的，一律从严查处，形成有力震慑。

1998—2000年，公司认真贯彻中纪委、股份公司有关精神，坚持“双打双保”的方针，严格执纪，积极查办案件，维护企业正常的生产经营秩序，为企业健康稳定地向前发展提供政治纪律保证。

2001年，公司根据《中国共产党纪律检查机关控告申诉工作条例》《监察机关举报工作办法》和《中国石油天然气股份有限公司纪检监察信访工作暂行规定》，结合本单位实际，制定和印发《中油四川销售分公司纪检监察信访工作实施办法(试行)》，明确纪检监察信访的指导思想、原则、工作程序及职责，促进公司系统纪检监察工作规范化、制度化，提高纪检监察信访工作质量。

2002年，公司认真组织纪检监察人员学习集团公司《信访工作暂行规定》《案件检查工作暂行规定》《案件管理工作规定》，不断提高办案水平，认真受理群众来信来访，加大案件查处力度，为企业改革发展与稳定提供政治纪律保证。

2003年，根据中纪委《关于加强纪检监察基层信访举报工作的意见》和《中国石油天然气股份有限公司纪检监察部门信访工作暂行规定》的要求，认真受理群众来信来访，尤其是对群众反映的热点、敏感问题进行调查核实，有效化解矛盾，把问题解决在内部和基层，越级信访大为减少。

2004年，公司纪委受理信访举报36件，自办案件2件。6月10日，绵阳分公司发生财会人员携款潜逃案件。绵阳“6·10”案件案发后，公司纪委迅速组织力量调查、核实案情，给予相关责任人党纪政纪处分，并对案件进行通报和剖析。

2005年，公司纪委共收到信访件35件次，其中检举控告类29件次、申诉类5件次、批评建议类1件次，初核了结21件，其中公司纪委直接安排初核15件，转二级分公司纪委核实6件。对存在问题现象的单位分别进行诫勉谈话，提出要求，限期进行整改，既化解矛盾，也维护企业稳定。

2006年，公司坚持以高度的责任心、使命感和对企业负责的态度，认真对待职工群众信访举报，仔细排查线索，认真组织调查核实，严肃纪律，化解矛盾，维护企业的稳定。全年受理信访件56件次（含重复件5件），初核了结46件，初核了结率90.2%，其中37件举报失实，9件做了适当处理；立案2件，行政处分2人。

2007年9月，公司纪委召开信访及稳定工作专题会议，针对信访案件中暴露出的问题，认真分析原因，研究制定防范措施，针对近年公司信访件较多的情况，研究减少信访尤其是越级信访的措施，维护企业稳定和发展。全年受理群众来信28件，初核了结22件，转办4件。

2008年，公司党委高度重视查办案件工作，加强组织领导，支持纪检监察部门依纪依法办案。全年受理群众来信24件，初核了结22件。查办案件5件，其中大要案1件，为企业挽回直接经济损失550余万元。2008年组织查办乐山公司违规处理升溢油案件，广元、广安和巴中分公司加油站经理挪用货款、携款潜逃案件，并对相关责任人采取组织措施，进行严肃处理，维护党纪政纪的严肃性。

2009年，公司纪委受理信访举报42件（含重复举报23件），都进行直接核实或跟踪落实，全年信访办结率100%。全年立案1件，3人受到党纪政纪处分，其中科级干部1人，其他人员2人，有力维护纪律的严肃性。

2010年，公司纪委受理信访举报31件（含重复件4件），全部初核了结，信访举报办结率100%；立案3件，结案3件，案件结案率100%。给予党纪政纪处分3人，其中：涉及处级干部1人、科级干部2人，被司法机关追究刑事责任2人；剖析重大违纪违规典型案件2起，并有针对性地提出监察建议。在集团公司2010年查办案件工作推进会上，乐山公司升溢油案专案组被评为优秀办案组一等奖。

2011年，公司纪委受理信访举报27件，其中重复件6件，全部初核了结，立案3件，结案3件，处理违规违纪人员14人（其中处级干部4人、科级干部8人、一般管理人员2人）。坚持“五个直接办”的信访制度，坚持“一案两报告”制度，对2011年2起典型案件进行深入剖析，查找管理漏洞，提出整改意见。

2012年，公司纪委受理信访举报22件，立案查处3件，协办案件1件，给予党政纪处分3人。坚持用“身边事”教育“身边人”，对典型违纪案例，认真剖析案件，以案示警，及时开展案情剖析，并在全公司范围通报，达到查处一人、教育一群，查处一案、教育一片的效果。

2013年，公司纪委受理信访举报18件次，初核案件12件，立结案件4件（含安全事故案件2件），其中，自办案件3件、司法机关直接查处1件。结案处分20人，其中处级干部7人、科级干部10人、一般干部1人、其他人员2人。

2014年，公司纪委把违反中央八项规定精神、“四风”方面的问题作为查处重点，全年受理各类信访举报11件，直接初核5件，立案查处3件，结案4件（含安全事故2件），给予党纪处分5人、政纪处分21人，组织处理4人，经济处罚24人，处罚金额6.7万元。做好查办案件“后一步”工作，下发案例通报3起，用身边人身边事开展警示教育，积极推进惩治成果向预防成果转化。

2015年，公司纪委受理信访问题线索28件，组织核查中央和集团公司巡视移交问题线索15件、集团公司纪检监察中心督办问题线索7件。全年立案7件，处理25人，其中处级干部17人、科级干部5人、一般人员3人。严格“一案双查”，对2起案件中落实“两个责任”不到位、监管不力、工作失职的3名责任人，严肃追究问责，提升各级党员干部认真履职、依规治企的自觉意识。

2016年，公司纪委受理信访线索43件，立、结案11件，给予党纪政纪处分65人、组织处理34人、经济处罚7人、移送司法机关2人，收缴违纪所得19万余元，挽回经济损失338万余元，释放出执纪必严、违纪必究的强烈信号。认真落实纪律审查措施，严肃追责问责，倒逼责任落实，不断巩固落实中央八项规定精神成果，纪律审查工作取得新成效。

2017年，公司纪委受理信访线索47件，了结43件，信访线索了结率91%；立、结案5件，综合结案率100%；给予党纪政纪处分9人，其中重处分1人、轻处分8人，组织处理6人，经济处罚5人，收缴违纪所得1.25万余元。坚持“三挂钩”，严格纪律处分执行，制定印发《执行党纪政纪处分决定的实施办法》，集中组织开展处分决定执行情况专项检查，坚决维护纪律处分严肃性。

2018年，公司纪委受理信访举报30件、问题线索12件，立案16件、结案16件，给予党纪政纪处分44人，组织处理21人，经济处罚10人，收缴违纪所得9.22万元。在集团公司2018年党风廉政建设和反腐败工作会议上，公司审计监察处（纪委办公室）被集团公司党组授予“中国石油天然气集团有限公司纪检监察系统先进集体”荣誉称号，曾伟同志被党组授予“中国石油天然气集团有限公司纪检监察系统先进工作者”荣誉称号，遂宁加油站虚开发票案纪律审查组被党组纪检组授予“集团公司优秀纪律审查组一等奖”荣誉称号。

2019年，公司信访举报、处置线索、立案审查、处分人数等主要纪律审查指标，保持高位运行，全年受理信访举报30件、问题线索46件，立案11件，给予党政纪处分39人，组织处理14人，收缴违纪款项17.1万元，挽回经济损失157万元。精准运用“四种形态”，妥善处理达州公司加油站经理盗卖油料案，避免造成颠覆性影响。

四、效能监察

公司始终围绕企业改革和发展的中心任务，抓住经营管理重点部位和关键环节，开展效能监察及大监督工作。二级公司效能监察工作由内控与审计科负责。2011年3月，二级公司撤销内控与审计科，将内控职能并入财务科、审计职能并入党群工作科，仅岷江公司、成都公司仍保留内控与审计科机构及人员编制。2012年6月，审计监察中心批准成立，隶属审计监察处附属机构，负责效能监察工作的组织协调、指导实施等工作。2017年10月，按照新时代监督工作的新要求，公司在审计监察处增设联合监督室，将效能监察纳入大监督统筹管理，并轨运行，实现专项监督与日常监督高度融合、协同推进，监督资源得到有效整合，监督成果得到高效利用。

1999年6月，公司以成品油销售和资金管理效能监察为重点，多次展开对市场规范管理、内部业务经营纪律、配置计划执行、销售价格、结算资金管理、固定资产投资管理等方面的监督检查，对违规单位和人员及时进行处罚，针对管理上的薄弱环节，完善企业内部的各项规章制度，保证集团公司、销售总公司各项战略决策得以全面贯彻落实。

2002年，公司按照“围绕中心、突出重点、筑分结合、注重实效”的工作方针，采取“以点带面，解剖麻雀”的思路，结合工作重点，开展成品油效能监察、加油站管理效能监察，为规范企业经营管理行为、扩销促效和实现经营目标发挥积极有效的作用。开展成品油效能监察。是年上半年，成品油市场供大于求的矛盾突出，价格波动较大，为加强对销售价格的监督，防止擅自降价或变相降价，公司对所属分公司的成品油配置计划销售价格进行监督和检查。针对部分单位变相降价销售行为，加大油品销售效能监察的力度，对成品油销售中的不规范行为进行通报批评，并要求及时整改，完善有关制度。通过成品油效能监察，堵塞企业“跑、冒、滴、漏”的现象，规范企业经营行为。

2004年，公司针对成品油资源紧张、销售价格持续上涨的情况，对成品油销售纪律和销售价格的执行情况进行效能检查。针对存在的问题，下达监察建议书和监察决定书，对低价销售油料的直接责任人和分管领导按照价差损失金额，分别处以30%的罚款，全部罚款上缴省公司财会处入账。指导二级公司重点围绕加油站经营管理、资金管理、成品油销售管理、劳动用工管理等环节实施效能监察，共立项38项，结项38项，基层效能监察覆盖率达到100%。共发现问题544个，问题金额614万元，其中违法违纪金额31万元，共有68人受到责任追究。

2005年，公司进一步规范“四项权力”，加快建立“三项机制”，加大效能监察工作力度，促进企业内控制度的健全和完善，规避经营风险，堵塞管理漏洞，严防违规违纪问题的发生。公司开展效能监察项目11个，发现问题526个，涉及资金565.03万元，避免经济损失238.5万元，挽回经济损失80.5万元。提出监察建议234条，采纳建议208条，协助建章立制19个，二级公司开展效能监察覆盖率达到100%。

2006年，按照股份公司《关于2006年效能监察工作的安排意见》要求，结合公司实际，以规范经营管理行为、提高经济效益为重点，对照销售企业容易发生腐败和不廉洁行为的8个重点部位和29个关键点，有针对性地展开效能监察工作。二级公司共立项目30项，所有项目全部完成，发现问题204个，问题金额499.75万元，整改问题个数170个，整改问题金额313.19万元，避免经济损失35.89万元，挽回经济损失2.13万元，共有34人受到责任追究。提出建议118条，采纳建议104条，协助建章立制10个，基层效能监察覆盖率达到81%。

2007年，组织开展加油站资金管理效能监察，二级公司自查加油站331座，发现加油站在销货款收取、保管、缴存及其他方面存在大小不同的问题933个。审计监察处在复查中，抽查加油站93座，发现加油站在销货款收取、保管、缴存及其他方面问题37类共344个。组织两个监察小组，分别对泸州、宜宾、绵阳、乐山分公司2006年至2007年8月自用油使用及管理情况进行效能监察，发现内控制度存在空档及可操作性不强、对自有车辆的用油考核不严格及落实不到位、以自用油名义列支对外业务协调用油等问题。

2008年，根据集团公司效能监察工作安排，以促进企业管理、提高经济效益为出发点，下发2008年效能监察工作要点。先后组织开展重大项目投资建设管理效能监察、自用油管理效能监察。针对乐山、广元、广安和巴中分公司在库存商品管理、加油站资金管理和油品销售方面暴露出的问题，组织开展油库商品管理、加油站资金管理和产品销售效能监察。“5·12”汶川特大地震发生后，为加强对救灾款物的监督检查，组织部分单位开展灾区款物发放管理效能监察。2008年全司共立项目11项，发现问题144个，问题金额153.39万元，已整改问题141个，整改问题金额150.85万元，避免经济损失150.85万元，提出监察建议102条，协助建章立制10个。

2009年，公司统一立项4项，对16家二级公司开展加油站灾后重建项目管理、水电费使用管理、加油站资金商品管理和物资集中采购管理效能监察，发现问题156个，问题金额109.06万元，已整改问题148个，避免经济损失98万元，提出监察建议98条，协助建章立制9个。

2010年，公司围绕工程专项治理，以招投标、供货商选择、物资采购、工作量核实、工程结算和项目廉洁建设六个关键环节为监督重点，对685个建设项目开展自查和复查，发现各类问题172个。同时，对4个所属单位开展重大工程项目管理效能监察，对4个所属单位开展成品油销售管理效能监察，对6个所属单位升溢油管理情况进行专项检查，共发现问题69个，问题金额345.25万元，已整改问题48个，整改问题金额177.36万元，避免经济损失177.36万元，提出监察建议27条，协助建章立制4个。

2011年，公司突出监督防范，规范权力运行。继续推进工程建设领域突出问题专项治理工作，制定整改落实措施45条，并对35项重点工程建设项目进行检查，提出整改意见6条，对2家施工单位给予经济处罚。同时，组织开展加油卡管理、油库改扩建项目管理2项效能监察；各二级公司结合实际，自立效能监察项目7个，共发现问题49个，涉及问题金额1246.8万元，整改问题金额724.36万元，避免经济损失10.36万元，协助建章立制1个。

2012年，公司抓住经营管理中的关键环节开展效能监察，对3个所属单位的7座加油站及1座油库的在建工程项目开展监理商履职情况的效能监察，发现各类问题30个，提出建议6条。为进一步推进非油商品采购管理按制度规范运作，重点针对公司非油商品采购开展效能监察，同时加强对非油商品采购人员履行职责的监督检查，强化非油商品采购环节资金过程监控，发现各类问题15个，提出建议5条。

2013年，公司推广使用新版《效能监察工作规范》，促使效能监察工作更加规范、有序、高效，建立“制度+科技”监察机制，加强效能监察工作动态管理，实施有针对性的指导、监督和检查。针对刷卡套现、虚开发票、偷盗油料等加油站员工利用职务或工作之便谋取私利的突出问题，成立以公司党政一把手为组长，审计监察处牵头，加管、质安、调运、财务、企管以及党群处主要负责人为领导小组成员的专项治理领导小组，开展加油站反舞弊专项治理，给予3名加油站人员经济处罚，批评教育加油站员工5人。开展网络投资管理效能监察项目，共发现问题79个，涉及金额4亿元。开展小站承包管理效能监察项目，调动小型加油站员工积极性，提高加油站运行效率和质量，促进承包模式的优化和加强对小站承包经营的管理。

2014年，持续推进加油站反舞弊专项治理，围绕刷卡套现、虚开发票等重点环节，查处各种舞弊行为51起，处理109人次，加油站舞弊行为明显减少。开展促销费管理使用效能监察项目，对全省25家单位的促销费管理使用情况进行摸底调查，对6家单位的促销费管理进行现场监察，发现问题34个，涉及金额924.95万元。组织开展“小金库”自查自纠专项治理活动，规范资金管理和用权行为，采取自查和复查相结合的方式，针对隐匿收入、虚列支出、转移资产及其他形式设立“小金库”进行检查，覆盖面达100%。通过检查，发现问题单位4家，问题7个，问题金额9.51万元，纠正金额6.94万元。

2015年，为形成统一领导、优势互补、成果共享的监督体系，公司将效能监察更改为合规管理监察。组织开展租赁加油站合规管理监察项目和预算执行情况等13个监督项目，共发现问题390个，移交问题线索2个，下发监察建议书3份，严肃责任追究。依托集团公司联合监督信息系统，发挥业务部门专业优势，协同推进公司综合业务支撑平台开发建设，实现对加油卡、油品损耗、资金缴存等关键环节的适时监督。深入推进加油站反舞弊专项治理，两级公司组织开展专项检查300余次，查处违规违纪问题94起，处理318人次。强化对招投标、物资采购、谈判询价等业务环节的过程监督，全年参与现场监督27次，涉及金额7120万元。

2016年，公司发挥综合效能，尝试开展合规管理审计监察项目。为强化安全环保、质量计量、现场服务监督、管理运行过程监督，推进安全质量监督管理工作规范运作，公司对安全质量监督总站2015年1月以来的安全质量监督工作情况进行专项检查和效能评价。这是公司首次尝试开展合规管理审计监察项目，体现审计、监察职能的高度融合。

2017年10月，公司成立以党委书记、总经理任组长，纪委书记任常务副组长，班子其他成员为副组长，助理级领导及机关各部门主要负责人为成员的联合监督工作领导小组，在审计监察处增设联合监督室，"大监督"体制机制初步建立。围绕经营管理中的营销业务风险、廉政与维稳风险等七大风险，明确19个部门和专业线共158项监督管理责任，编制并印发《月度监督检查计划表》《季度监督检查问题清单》《专项监督检查问题清单》《监督检查发现问题转交整改清单》和《监督检查整改建议书》"四表一书"管理工具，形成以二级公司、专业线为主体，以内部纠错为节点的"小闭环"管理；以执纪监督部门为主体，以问责追责为手段的"大闭环"管理，确保发现问题及时、整改问题有效、问责处理到位。自大监督运行以来，机关各职能部门开展专项监督检查51项，实施约谈12次，经济处罚3.6万元。

2018年，公司持续深化大监督格局建设，以统一归口组织领导、统一确立监督责任、统一制订监督计划、统一实施监督检查、统一问题线索处置、统一整改执纪问责、统一讲评通报考核"七统一"体系，推进监督工作深入扎实开展。先后开展落实中央八项规定精神情况自查工作；对成都、成品油、油料公司开展国庆节党风督察；牵头组织营销处、零售处、财务处对资阳和眉山公司电子券异常核销情况进行专项监督检查。全年，机关各部门开展重点监督检查6项、专项监督检查12项、日常监督检查248项，共发现问题437个，跟踪整改问题412个，移交问题线索14个，两级公司问责处理违规人员24人，约谈171人次，经济处罚50人共计7.66万元，收回违规款82.72万元，促进完善规章制度15项，大监督的作用和威慑力得到充分发挥。《构建高质量大监督格局的建设与实践》荣获公司2018年度企业管理现代化创新优秀成果二等奖。

2019年，公司纪委持续深化领导人员及其亲属违规经商办企业问题专项整治工作，对公司二级正职及以下、加油站经理以上共4808名管理人员、37035名亲属的个人信息进行全覆盖核查。及时发现和纠正12名领导人员和管理人员应报未报、不如实报告、未及时清退亲属违规经商办企业问题。《基于新时代国有企业数字监督的探索与实践》荣获公司2019年度企业管理现代化创新优秀成果二等奖。

五、履职行为规定

2016年，结合专业线实际和部门职责特点，公司印发《纪检监察及审计人员履职行为十条规定》，禁止不履行全面从严治党、守法经营、合规管理、风险防控监督责任或者履行监督责任不力；禁止收受礼品、礼金，消费卡、会员卡等有价证券；禁止接受与履职有关的聚会、宴请、健身、旅游、娱乐等活动；禁止利用职权或者职务影响进行营利活动或为他人谋取利益；禁止违规干预、插手或者影响执纪活动；禁止不报告或者不如实报告应当报告的事项；禁止隐瞒违规违纪线索信息，压件、压案不报，故意拖延信访案件调查；禁止在履行监督职责中采取违规方式收集取证，违规使用“两规”措施；禁止打听、泄露或者扩散履职中接触的尚未公开的信息；禁止向基层单位和群众提出任何与工作无关的要求。

第二节　审计工作

一、审计依据

公司审计工作围绕中心工作和重点部位，以国家法律法规和集团公司、公司各项规章制度为据开展审计监督和服务。开展审计工作所依据的主要法律法规、规章制度有《中华人民共和国审计法》《审计署关于内部审计工作的规定》《中国石油天然气股份有限公司内部审计管理办法》《中国石油天然气集团公司审计项目质量管理办法》《中国石油天然气集团公司审计项目管理办法》《中国石油天然气集团公司建设项目审计管理办法》《中国石油天然气集团公司审计购买服务管理办法》等。

二、审计内容

公司审计部门根据公司年度工作部署和年度审计工作计划开展审计工作，审计内容包括：

经济责任审计。根据公司人事处委托，对各单位离任（任期）负责人进行经济责任审计，主要包括重大经济决策的制定和执行，业绩考核指标完成，财务收支的真实、合法和效益，资产管理、使用及质量变动，内部控制制度建立健全和执行，遵守有关廉洁从业规定等情况，评价单位负责人任期经营绩效，督促任职者认真履行职责，加强和改善经营管理，为考核干部提供依据。

工程建设项目审计。依照国家有关法律法规和股份公司有关制度，对公司新建、改扩建、技术改造、安全隐患治理、检维修等工程性建设项目从立项至竣工验收各阶段的真实性、合法性、合规性和效益性进行的监督、评价和建议，主要依托中介机构进行。

财务审计。主要包括被审计单位资产、负债、所有者权益和损益真实性、合法性、合规性，对被审计单位财务状况确认和评价；重点检查财务收支及有关经营管理情况真实性、合法性、合规性。确认和评价被审计单位在一定期间财务收支核算及相关控制管理情况，主要是聘请中介进行审计。

其他审计。集团公司或公司制度规定的需要对非油品管理、加油卡管理、合同管理、信息系统管理、表外资金、政府补助、保险、职工福利费、货币资金内部控制等资金使用管理及执行情况进行专项审计监督和评价。

三、审计方法

公司重视审计独立性，强化审计工作和审计队伍建设，坚持以风险和问题为导向，以管理需求为基础，以价值增值为目标选题立项，充分发挥内部审计职能作用。执行公司《内部审计管理办法》，不断规范内部审计行为，提高审计工作成效，对企业经营管理、风险管理、控制及治理过程等进行客观监督、确认与评价，促使审计工作常态化、制度化、法制化、规范化，一般采取就地审计方式，采用审阅、核对、盘存、访谈、分析性复核等方法开展工作。重要风险是：审计计划未经有效审批，审计人员发现问题未及时上报公司领导，审计报告未征求被审计单位或人员的意见，审计实施中发现的违纪违规问题未依法依规给予处理、处罚，需要移送纪检和责任追究部门的未进行移送。

内部审计程序一般包括审计计划、审前准备、审计实施、审计审理、审计处理、审计终结六个阶段。具体程序为：

审计计划，包括制订年度审计计划和审计项目计划。

审前准备，包括制定审前调查、收集被审计单位资料（风险评估与分析）、编制审计方案、审前培训和下发审计通知书。

审计实施，包括召开进点见面会、审计访谈、现场实施审计、形成审计工作记录、审计工作底稿、分析复核、签署审计底稿、编写审计要情、审计方案调整、审计过程监督、形成审计报告初稿、审计发现问题清单。

审计审理，包括上报审计业务信息、审计审理（书面征求审计意见）、集体审理、出具审理意见书。

审计处理，包括形成审计意见及决定、审计信息系统录入、审计复议。

审计终结，包括审计整改、整改关闭、审计项目质量控制、审计档案管理等。

以上程序及质量标准执行集团公司内部审计规范及相关要求。审计报告征求被审计单位意见，被审计单位应当自接到审计报告征求意见书之日起十日内，将其书面意见报送征求意见的审计机构。在审计项目实施过程中，审计部门可视具体情况决定是否实施审前调查、后续审计等程序。

四、历年审计工作

自公司成立后，审计工作以服务公司整体发展为主题，认真履行内部审计“评价、监督、控制和咨询”的职能，紧紧围绕“改革、质量、效益”这个中心，以问题和风险为导向，加强审计监督，充分发挥审计服务职能，创新审计工作方法，直面敏感领域，围绕热点难点和关键环节，加强内部控制，促进合规管理，加大经济责任审计力度，打造审计铁军队伍建设，为公司决胜率先建成千万吨级销售企业提供保障，开展一系列专项审计工作，取得较好的效益。

1989 年 3 月，公司将原来挂靠在财务处的审计室分出来，独立组建监察处、审计处，实行两块牌子、一套人马。直属站、司除自贡、乐山等少数单位组建审计科，监察工作分别由纪检或人事部门兼管外，12 个单位组建监察、审计机构。配备监察、审计人员 32 人，占应配人员 41 人的 78%。部分支公司也配备专兼职监察、审计人员 45 人，占应配备人员 72 人的 62.5%。初步形成监察审计网络，为进一步开展审计监察工作提供组织保证。

1989—1998年，公司审计工作受四川省审计局指导，遵照执行《省属企业实施社会审计查证制度》，强化内部审计监督机制，对离任公司及所属单位经理开展离任经济责任审计。

1995—1996年，为充分发挥内部审计的职能作用，加强财务管理与监督，公司设置审计处，各站、司审计机构从财会部分分离出来单独设置。

1998年，公司成建制上划中国石油集团公司，公司认真贯彻执行集团公司《财务收支审计规范》《建设工程项目竣工决算审核规范》《审计事项评价规范》《审计处理处罚规范》4个审计规范，继续加大内部审计监督力度，规范公司内部审计工作，提高审计工作质量，促进公司经营管理规范化。

2001年，为提高内部审计工作质量，加强内部审计管理，根据股份公司《关于适当充实加强地区公司内审力量的通知》精神，公司成立审计室（副处级），负责所属单位经营管理的内审工作，人员从具有会（审）计师以上任职资格人员或担任财会科副科长以上人员中选任，在审计室直接领导下开展工作，行政、工资、福利等关系仍在原单位。是年，公司开展管理审计工作。

2003年，公司设置专职审计员。印发《中国石油四川销售分公司内部审计工作暂行规定》。

2004年，公司对2003年度预算执行情况和成本费用审计、7个（离任）经济责任审计，开展内部控制制度评审，股份公司委托的股权投资项目审计1个，参与内部控制制度建设，销售网络建设项目外委审计的组织协调和工程决算确认。共审计21个单位，已审单位资金总额353922万元，审计单位覆盖率100%，审计出违纪违规金额1929.04万元，已纠正处理违纪违规金额1929.04万元，提出审计建议43条，均得到有效采纳。审计工作取得经济成果1509.14万元，人均取得直接经济成果50.69万元，审计发现线索转纪委立案调查1件。

是年，公司为充分发挥纪检监察和内部审计在经营管理中的监督作用，在所属二级公司设立审计监察科，归口省公司审计监察处管理。各二级公司审计监察科人员编制依据本单位员工总量、总资产、总销量、零售总量和利润总额及管理幅度等因素确定，广元、达州、岷江、绵阳、南充、德阳、成都、川南、乐山公司人员编制为3人，巴中、广安、遂宁、资阳、雅安、眉山、宜宾、泸州、甘孜、凉山、攀枝花公司人员编制为2人。

2005年，公司对2004年度的预算执行情况、财务收支的真实性、合规性、网络投资建设，以及加油站专项整治、隐患整改等方面的情况进行审计。审计工程造价36934万元，审减金额3342万元，综合审减率9%。同时为适应招投标管理的要求，开展招投标前的工程预算审计，已审计4个项目，审核预算787万元，审减72万元。

是年，公司为配合股份公司内部控制建设，审计部门作为内控项目组成员之一，积极主动地参加到这项工作中，派出专门工作人员进入项目组，参加控制环境方面的制度建设、跟单作业测试和关键控制测试方案的设计、培训等工作。参与公司《内部控制体系建设实施方案》的制定；印发《信访举报工作实施办法》和《反舞弊工作制度》；依据《内控体系管理制度汇编》，编写《管理人员违纪违规问题处理处罚指引》，充分体现出审计监察部门既是内部控制体系的重要组成部分，又是促进和保证内部控制体系有效遵循和不断完善的重要手段。

2006年，公司开展2005年度预算执行情况审计、二级分公司领导干部离任审计、加油站经营管理专项审计等项目 8 个，共发现各类问题 31 个，提出审计建议 24 条；配合投资部门完成对投资项目的确认工作，全年共送审工程项目 186 个，工程总造价 8660 万元，取得直接经济成果 420 万元。

是年，公司开展内部控制测试。为及早发现和整改各单位内控体系执行过程中存在的问题，保证内控体系有效运行，组织 270 余人于 3 月 8 日至 26 日对省公司机关本部和各二级公司进行内部控制自我测试，测试内容包括公司层面控制测试、业务层面控制测试和信息系统控制测试三项内容。同时按照股份公司审计部的统一安排，抽调 10 名内审人员，参加对华东、华南分公司和中油碧辟销售的管理层测试工作，圆满完成审计部下达的测试任务。派出的 10 名内审人员均被股份公司审计部评为管理层测试工作先进个人。

2007 年，公司开展 2007 年度预算执行情况审计、经济责任审计 2 个（离任：南充、广安）、住房补贴资金发放情况、安全环保隐患治理资金使用情况专项自查、加油站经营管理等专项审计 3 个，固定资产投资使用管理审计调查 1 个、内控测试 1 个。审计单位覆盖率 100%，审计出违纪违规金额 2820.95 万元，已纠正处理违纪违规金额 2820.95 万元，提出审计建议 23 条，均得到有效采纳。审计工作取得直接经济成果 2142.85 万元，人均取得直接经济成果 38.27 万元。

2008 年，公司开展 2007 年度预算执行情况审计、经济责任审计 10 个、添加剂使用情况、抗震救灾恢复重建项目支出、加油站反舞弊、经营管理效益评价、网络建设投资效益等专项审计、总部委托对山东销售分公司成本费用和托管的莱芜中油石油销售有限公司 2006—2007 年度的经营管理、资产负债损益及托管单位股权管理情况进行就地审计。截至 2008 年 11 月 1 日，外委审计共送审工程项目 36 个，送审金额 6230.74 万元，审减金额 401.43 万元，综合审减率 12.27%。

2009 年，公司开展 2008 年度预算执行情况审计、经济责任审计 5 个、商品与资金、经营管理效益评价审计 2 个专项审计、内控测试审计 1 个。按照集团公司“先审计、后招标”的要求，自 2009 年下半年开始实施建设工程项目预算审计，规范投资行为，控制投资成本。在中介机构（工程造价事务所）的配合下，共委托竣工决算审核项目 20 批次 1555 个项目（省公司批复项目），审计批复资金 28530.28 万元。

2010 年，公司开展 2009 年预算执行情况审计、销售情况专项检查、灾后重建工程项目审计、加油站盈利能力评价审计等项目 4 个；经济责任离任审计项目 2 个。完成工程预算审计 67 个项目，实施竣工决算审核 1062 个项目，送审金额 45558.8 万元。

2011 年，公司开展 2010 年预算执行情况审计、经济责任审计 6 个；合同管理、非油业务优化与效益提升集约审计等专项审计 2 个、柴油销售纪律专项检查 1 个、工程项目（预）决算外委审计 4 个。审计论文荣获中国内部审计协会石油分会优秀论文二等奖 1 篇。

是年，公司采取外部委托的方式，加强对工程建设的事前、事中、事后监督，对公司的工程建设投资项目全部实施（预）决算审核。近 3 年，共审核决算项目 3242 项，送审金额 154120.32 万元，审减额 13575.44 万元，综合审减率 8.8%；审核预算项目 217 项，送审金额 81745.89 万元，审减额 4250.44 万元，综合审减率 5.2%。

2012 年，公司开展财务经营审计 1 个、经济责任审计 7 个、建设工程审计 3 个、各类专项审计 2 个、内控测试审计 1 个。审计项目领域涉及公司所有二级单位，审计覆盖率为 100%。审计查证资金 74.15 亿元，审计发现问题金额 12121 万元，提出有价值审计建议 73 条，审计建议采纳率 100%，取得直接经济成果 5156 万元。审计项目荣获集团公司优秀审计项目三等奖 1 个。

8 月 27 日，公司成立“审计监察中心”，公司机关附属机构序列，机构规格为副处级，业务上接受审计监察处指导。主任和副主任分别由公司审计监察处处长和副处长兼任。内设审计一室、审计二室和监察室 3 个室（正科级），科室人员编制控制在 9 人以内，其中科级职数 3 人。

2013 年，公司开展经济责任审计 9 个、各类专项审计 5 个、建设工程审计 4 个。审计项目领域涉及公司所属二级公司及控股企业共 24 家单位，审计覆盖率为 92.31%，审计查证资金 114.63 亿元，审计发现问题金额 1.49 亿元，提出有价值审计建议 151 条，审计建议采纳率 100%，促进建立完善规章制度 9 项，取得直接经济成果 6275.70 万元。审计论文获得集团公司三等奖 1 篇，审计项目获得集团公司优秀审计项目三等奖 1 个。

2014 年，公司开展经济责任审计 8 个，预算执行、加油站达销、表外公司、维修费专项审计 4 个，建设工程审计 5 个、审前检查 3 个，总部委托对江苏销售公司开展成品油外采及非油业务专项审计项目 1 个，开展审计问题专项整治和“小金库”自查自纠专项治理活动，规范资金管理和用权行为。审计项目涉及所属二级公司 25 家，审计覆盖率为 100%，取得直接经济成果 3637.02 万元，提出有价值审计建议 78 条。审计论文获得石油企业行业部级三等奖 2 篇，内部审计协会石油分会 2014 年优秀论文二等奖 3 篇、三等奖 1 篇，两个审计项目分别获得集团公司优秀审计项目二等奖、三等奖。

2015 年，公司开展经济责任审计 2 个、预算执行情况审计 1 个、困难职工帮扶资金自查、销售费用管理情况、租赁加油站效益评价专项审计 3 个、建设工程审计 5 个，摸底清查所属 7 家集体企业资产财务状况，参与集团公司加油卡审计项目，涉及所属二级公司 25 家，审计覆盖率为 100%，审计资金 160 亿元，取得直接经济成果 4611 万元，提出有价值审计建议 91 条，促进完善管理制度 8 项。制定下发《中国石油四川销售分公司审计整改工作管理办法（试行）》。审计论文获得石油企业行业部级三等奖 1 篇，集团公司三等奖 1 篇。

是年 3 月 24 日，公司印发《中国石油四川销售分公司审计整改工作管理办法（试行）》的通知（油川销审监〔2015〕7 号），以健全和完善公司审计整改工作机制，加强审计监督，落实审计整改责任，加大问责和追究力度，促进审计结果的有效运用，推进公司反腐倡廉建设，确保各项决策部署、制度规范执行到位，提升企业合规管理水平。

12 月 14 日，公司印发《中国石油四川销售分公司审计发现问题考评办法（试行）》，以增强各级管理人员合规经营和规范管理意识，提高企业总体管理水平，减少或杜绝审计屡查屡犯问题发生。

2016 年，公司开展经济责任审计 7 个、存货管理、预算审计发现问题跟踪、促销费使用情况、加油卡运营情况专项审计 4 个、建设工程审计 5 个，试点收入分配在线审计 1 个。涉及所属二级公司 25 家，审计覆盖率为 100%。发现问题 225 个，问题金额 11733 万元，提出审计建议

225 条，取得直接经济成果 4346 万元，完成业绩目标进度的 165.56%。审计论文获得集团公司一等奖 1 篇、二等奖 2 篇、三等奖 2 篇，在销售企业中参评数量最多、获奖率最高。

2016 年，10 月 13 日，公司印发《中国石油四川销售分公司工程建设项目竣工决算委托审计管理办法》的通知，以加强工程建设项目决算委托中介机构审计的管理，进一步明确委托审计管理职责，规范业务流程，保证审计质量，防范审计风险。

2017 年，公司开展经济责任审计 4 个、离任审计发现问题跟踪、内部控制制度建设评价、工会经费和党团活动费、重大项目应收款项专项审计 4 个、建设工程审计 6 个。此外，开展加油站油品损耗管理、后勤服务合规管理、存续企业摸底调查 3 个专项检查，并协助西南化工销售完成 3 家单位的经济责任审计项目。审计发现问题 313 个，问题金额 3548.89 万元，提出审计建议 133 条。审计发现问题整改 140 个，整改金额 2885.39 万元，取得直接经济成果 4607.89 万元。审计论文获得石油企业行业部级三等奖 1 篇，集团公司三等奖 1 篇，同时被四川省内部审计协会评为“2014—2016 年度内部先进集体”，派出 10 名审计人员参与总部开展的审计项目，均获得集团公司优秀审计项目二等奖。

2018 年，开展经济责任审计项目 6 个，成品油损耗、非油业务、工会经费和党团活动费跟踪、劳务费管理专项审计以及物资采购合规监察等 5 项，建设工程审计 6 项，共发现问题 153 个，审计金额 16.48 亿元；问题金额 2008 万元，取得直接经济成果 4500 万元，提出管理建议 35 条。

公司 3 篇论文获得审计部优秀论文三等奖，3 篇论文在国家级和其他刊物公开发表；2 名同志分别评定为高级会计师和考取国家注册安全工程师；审计项目获得集团公司优秀审计项目三等奖 1 个；审计监察处被集团公司审计部授予“2015—2018 年度审计先进集体”。

2018—2019 年，开展各类审计项目 34 个，取得直接经济效益 1.18 亿元；提出有价值审计建议 63 条，审计建议采纳率 100%。

第四章　群团工作

第一节　工会工作

1991年7月，四川省商业厅直属单位工会工作委员会批复改选四川省石油公司工会委员会报告，同意四川省石油公司工会委员会（第三届）由吕明清、曾繁吉、肖方玖、凌启德、杨华军、郝丽萍、孙自力7人组成，吕明清任省石油公司工会主席（省石油公司副经理级），曾繁吉任省石油公司工会副主席（省石油公司处级）。

1992年7月，公司召开中共四川省石油总公司第五次党员代表大会。宋学忠受第四届党委委托，向大会作工作报告：自1989年7月以来，在党的“一个中心，两个基本点”基本路线指引下，通过认真贯彻落实党的十三届四、五、六、七、八中全会，九一年中央工会议和政治局全体会议以及中发〔1992〕2号文件精神，紧紧围绕治理整顿、深化改革、扩大经营、提高效益等中心工作抓党的组织建设、思想建设、作风建设，抓职工思想政治工作和精神文明建设，取得一定的成绩。3年来累计实现税利43097万元，新增固定资产投资1亿多元，职工人平均年收入由1988年的1470元增加到2000余元，使企业有发展，职工收入有增加，对国家的贡献增大，做到国家、企业、职工个人三满意。企业党的建设有加强，较好地发挥党组织的战斗堡垒作用和党员的先锋模范作用。企业思想政治工作有成效，内部政治稳定，职工思想稳定。企业精神文明建设有进步，全系统共建成县级以上文明单位91个。

1995年2月，公司工会印发1995年工会工作要点。认真学习《邓小平文选》一至三卷，引导职工全面理解掌握建设有中国特色社会主义理论。积极组织动员全体职工振奋精神、立足本职、勤奋工作，努力为完成公司当年的工作任务多做贡献。1995年，省司直属企业的目标任务是：销售各类成品油145万吨，实现税利15000万元，其中利润5000万元，降低费用水平0.5%，完成企业内部三项制度改革。公司贯彻《中华人民共和国劳动法》，实行劳动合同制。为使此项改革能顺利进行，工会积极参与改革，切实维护职工合法权益。切实加强工会自身建设，关心职工生活，努力为职工说话办事，解除职工的后顾之忧。

1996年2月，公司工会印发《四川省石油总公司工会九六年工作要点》（川石工〔1996〕字第003号），对积极配合党政做好职工宣传教育和思想政治工作，围绕公司奋斗目标开展工会各项工作，继续抓好《中华人民共和国劳动法》的宣传贯彻，切实代表和维护职工群众的合法权益，加强企业民主管理、全面履行职代会职责，开展好建设职工之家活动，不断加强工会自身建设，提高工会工作的整体水平，关心职工生活，维护职工的合法权益，积极为职工说话、办实事等方面进行安排。6月，公司党委印发《四川省石油总公司机关学习考勤办法》，规范省公司机关单位中心组学习、省公司机关日常学习、党组织学习、工会组织学习、团组织学习类别及范围，使机关各种学习制度化、规范化，加强公司机关职工思想政治工作，提高公司机关职工思想政治素质，促进企业精神文明建设。

1997年5月，四川省贸易厅直属单位工会工作委员会批复，同意撤销四川省石油总公司工会委员会，同时组建四川省石油集团有限公司工会委员会。四川省石油集团有限公司工会委员会接受四川省石油集团有限公司直属机关党委和四川省贸易厅直属单位工会工作委员会的双重领导。7月，四川省石油集团有限公司工会召开第一次会员代表大会（见图9–2），吕明清、曾凡吉、凌启德、杨蜀光、杨洪彬、郝丽萍、谢勇等7人当选为四川省石油集团有限公司第一届工会委员；陈先进、徐慧敏、蹇明成等3人当选为四川省石油集团有限公司第一届工会经费审查委员会委员。同日，四川省石油集团有限公司第一届工会委员会、工会经费审查委员会分别召开第一次会议，同意吕明清为该届委员会主席，曾凡吉、凌启德为该届委员会副主席，陈先进为该届工会经费审查委员会主任委员。

图9–2 公司机关第一次工会代表大会

1997年7月，四川省贸易厅直属单位工会工作委员会批复，同意四川省石油集团有限公司工会委员会、工会经费审查委员会成员组成情况。10月28日，公司工会批复同意四川省石油集团有限公司女工委员会由郝丽萍、罗修俊、蒋庆玲、韩建明、姚萱等5人组成，郝丽萍任主任，罗修俊任副主任。

1998年，公司思想政治工作和精神文明建设进一步加强。围绕学习贯彻十五大精神，公司认真开展邓小平理论的学习和培训，开展“三讲”教育。开展“爱岗敬业、忠诚企业”的活动，在系统内发起“向灾区人民献爱心”捐助活动，共捐款617718.40元。按照四川省委组织部〔1998〕109号文件要求，完成公司系统各级党群组织关系的划转。对攀枝花、成都、广元、南充、泸州、宜宾、雅安等14个班子进行全面考核，并对其中的10个班子25名成员进行调整充实，异地交流4名领导干部，提高班子的整体素质。深入推进反腐倡廉工作，重点抓全系统226名副处级以上领导干部的廉洁自律、自查自纠工作，召开专题民主生活会。严肃查处一批违法违纪案件，为企业挽回经济损失42万元。各级机关、基层党组织和工会、共青团组织还特别注意把做好经常性思想工作同解决职工实际困难、尽力改善职工福利紧密结合起来，使企业在极度困难的情况下始终保持团结稳定的局面。

1998年8月，四川省直属机关工会工作委员会批复（川直工组〔1998〕111号），同意将四川省石油集团有限公司工会委员会和四川省石油公司成都7005库工会委员会的组织关系和财务管理，从1998年8月1日起，从四川省贸易厅直属单位工会工作委员会转至省直工会，由省直工会直接领导和管理。

1998年，公司工会工作高举邓小平理论伟大旗帜，认真学习贯彻党的十五大精神、全国总工会十三大会议精神，围绕提高企业经济效益这个中心，突出重点，切实履行工会的四项职能，在企业改革和经营管理工作中更好地发挥作用，各级工会组织团结动员广大职工，为圆满实现公司全年的各项目标任务而努力奋斗。

是年，公司为适应上划后的工作需要，经四川省总工会批准（1998年12月29日批复）成立公司工会筹备领导小组，四川省总工会1998年9月8日印发《关于调整四川省石油集团有限公司工会组织关系的通知》(川工发〔1998〕16号)，公司建立工会委员会和经费审查委员会，公司工会属四川省总工会直接管理，接受公司党组和四川省总工会的双重领导，公司所属市、地、州、县石油公司及公司机关工会组织关系转由公司工会统一管理。推行厂务公开，基层民主监督、民主管理工作逐步加强。选举产生60名公司第一届职代会代表，其中副处级以上干部14人，占代表总数的23%，女职工代表20人，占代表总数的33.3%(川石工〔1998〕第010号)。大力开展社会主义劳动竞赛，在全体职工中开展以“爱岗敬业、忠诚企业”为主题的职工演讲活动，争创“红旗加油站”和“信得过加油站”的评比竞赛活动，“优秀职工之家”“职工小家”的创建活动，公司有15座加油站被中国石化销售总公司评为中国石化销售系统“信得过加油站”，公司工会荣获四川省直机关工委开展社会主义劳动竞赛活动先进单位，有2个单位荣获四川省直机关工委开展社会主义劳动竞赛组织奖，公司工会和成都公司工会被四川省直机关工委评为“先进职工之家”，成都七〇〇五库工会被四川省直机关工委评为“职工之家”。组织职工开展丰富多彩的文体活动，举办纪念改革开放二十周年、庆祝建国四十九周年“职工文艺汇演”，以及球类、棋类、游艺等活动，组队参加成都市足球比赛，为职工搞好图书、VCD借阅和集邮的服务工作。为保护职工身体健康，组织职工进行疗养。在1998年的特大洪灾中，广大职工积极参与“向灾区人民献爱心”活动，共有11835人向灾区人民捐款共计617718.4元。

是年，公司工会女工委员会在公司党组、四川省总工会、四川省妇联的领导下，坚持以邓小平理论为指导，结合公司实际紧紧围绕企业经营效益开展女职工工作，充分发挥女职工的作用。按照《妇女权益保障条例》《女工劳动保护条例》做好女职工的劳动保护工作，维护女职工的特殊权益。各级女工组织以“四赛四比”达标为主要内容，开展“巾帼建功”“五好文明家庭”等活动，有35名女职工被公司评为先进女职工，16名女职工被公司评为先进女职工工作者，18名职工被公司评为女职工之友，大大提高女职工素质。

1999年，公司工会工作高举邓小平理论伟大旗帜，认真贯彻党的十五大精神，按照全国总工会十三大和四川省总工会十大的工作部署，围绕中心、服务全局，强化机制，突出维权，狠抓各级工会领导班子和职工队伍建设，团结动员广大职工，为圆满实现公司全年的各项目标任务而努力奋斗，以优异成绩向建国50周年献礼。

公司为适应上划后的工作需要，经四川省总工会批准成立公司工会筹备领导小组。大力推行厂务公开，基层民主监督、民主管理工作逐步规范化、制度化，制定印发《四川省石油集团公司关于实行厂务公开，加强民主监督、民主管理工作的意见》(川石党组〔1999〕第027号)。

1999年10月1日，是中华人民共和国成立五十周年纪念日，9月27—28日公司举办“庆祝共和国50华诞，展现石油人时代风采”为主题的庆祝建国50周年职工文艺汇演，有21个单位的47个节目、251人参加演出，有9个优秀文艺节目分别获得一、二、三等奖；举办“看企业改革变迁，展石油职工风采”书法、绘画、摄影作品展，共132幅作品参展，有22幅书法、绘画、摄影作品分别获奖一、二、三等奖；组织500名职工参加“新中国建国50周年经济建设成就知识大赛”并开展评奖活动，有10人荣获一等奖、15人荣获二等奖、25人荣获三等奖，5个单位荣获组织奖；还组织参观“天府50年——建国以来四川经济社会发展成就展”，激发广大干部职工的爱国热情。

是年，公司工会女工委员会坚持以邓小平理论为指导，深入贯彻中国工会十三大和四川省工会十大精神，认真贯彻“两法一纲”，结合公司实际紧紧围绕企业经营效益开展女职工工作，以维护女职工权益为重点，大力提高女职工素质，团结和引导女职工为完成公司的各项任务做大量工作。组织女职工学习中国妇女八大会议精神，继续抓好“四赛四比”“巾帼建功”“五好文明家庭”等活动，为创建“文明单位”“文明行业”发挥企业女职工的积极作用。

2000年，公司工会工作以邓小平理论和党的基本路线为指导，认真贯彻党的十五届四中全会、中国工会十三大和全总十三届二次执委会议精神，围绕企业改革发展和经营效益这个中心，实施“新世纪石油职工素质计划”，实施“群众性扩销创效工程”，继续深化“巾帼系列行动”，努力实现工会工作的“五突破一加强”，在推进建立现代企业制度、实现企业经营效益目标中充分发挥工人阶级的主力军作用。

2000年8月，公司工会召开第一次代表大会。四川省总工会党组书记及常务副主席胡先春、副主席林绍忠、巡视员李家钊等领导同志和省公司全体党政领导亲临代表大会。

2001年，为适应工会组织关系上划后工会工作新的形势，做好工会各项工作，公司工会制定印发《创建职工之家考核办法》《女职工“四赛四比”达标竞赛考核办法》《工会财务工作竞赛综合竞赛办法》《实行行政拨交经费有关问题的通知》等规范性指导性文件，对上划后工会工作逐步实现规范化、制度化管理起到较好的推动作用。公司工会始终把维护职工的合法权益当作工会最重要的工作来抓，在全系统范围内积极推行职工民主管理、民主监督、厂务公开制度，建立健全职工代表大会。公司机关和18个市州公司开展民主管理、民主监督、推行厂务公开制度达100%。《中国石油报》《四川工人报》对公司实行职工民主管理工作进行采访报道。在销售板块召开的工作会上，公司进行经验交流。

2003年，公司各级工会加强自身建设，在单位党委的领导下紧紧围绕企业中心工作，全心全意依靠职工办企业，认真履行工会“维护、建设、参与、教育”四项职能，突出“维护”基本职能，发挥桥梁和纽带作用。着重抓好民主管理、民主监督、厂务公开、岗位练兵、劳动竞赛和扶贫帮困工作，继续推进“五突破一加强”工作。公司工会荣获四川省总工会2002年工会工作竞赛二等奖、工会干部教育培训工作先进单位、工会财务工作竞赛一等奖、工会审计工作综合二等奖和单项三等奖、工会统计工作一等奖、工会女职工工作优胜奖。根据中共中央、国务院办公厅有关文件精神，调整公司厂务公开领导小组，由党委书记胡兴东任组长，总经理杨顺成，党委副书记、纪委书记、工会主席叶学胜任副组长，成立职工劳动保护监督检查委员会，由工会副主席董树元任主任。针对有偿解除劳动关系后人员的变化情况，各级工会组织及时调整补充工会委员会和职工代表大会代表，认真落实职代会职权，把厂务公开工作落到实处。各单位普遍坚持一年内召开两次以上职工代表大会，职工代表认真听取单位行政领导关于经营管理、重大经营决策的报告，重点审议职工福利、业务费招待费开支情况，并对领导干部进行评议。

2003 年，公司广大女职工在公司各级工会女工委员会的带领下，结合企业中心工作，围绕开拓市场、扩大销售、安全生产、优质服务、管理上水平，广泛开展“群众性扩销创效工程”“巾帼文明岗”和“面向新世纪，适应新体制，学习新知识，掌握新技术”活动。

是年，公司各级工会工作坚持以邓小平理论和“三个代表”为指导，深入学习贯彻党的十六大精神，认真执行《中华人民共和国工会法》和《四川省〈工会法〉实施办法》，建立完善职工代表大会制度，加大民主管理、民主监督力度，充分发挥工会在促进企业改革发展、维护稳定方面的作用。公司厂务公开的内容不断充实，厂务公开工作不断向油库、加油站、车队延伸，厂务公开工作形成制度化、规范化。通过听取、审议、企业负责人的工作报告、企业中长期规划、企业重大经营决策、业务费使用情况、评议领导干部等，强化企业内部监督机制。公司进一步加强工会组织建设，按规定落实工会干部的政治经济待遇。各级工会认真履行“四项职能”，增强工会组织的吸引力凝聚力，初步建设成为组织健全、维权到位、企业支持、职工信赖的“职工之家”。大力实施“送温暖”工程，建立帮扶基金和特困职工档案、生活困难补助制度。各级工会积极捐资助学。

是年，公司首届职代会第一次会议审议通过《中国石油四川销售分公司职工代表大会实施细则(试行)》。该《细则》规定职代会行使下列职权：审议建议权，听取、审议总经理的工作报告；审议省公司长期发展计划、年度发展目标、生产经营情况、安全生产情况；审议财务预、决算；审议集体合同履约情况；审议职工教育培训计划；审议省公司工资改革方案、重组改制方案及劳动保护措施；审议其他与职工切身利益有关的方案、措施和制度；听取业务招待费使用情况报告。审查同意或否决权，审查同意或否决集体合同草案；审查同意或否决劳动模范候选人；审查同意或否决职工奖惩办法及省公司重要规章制度；建立、修改和废除；审查同意或否决职工文化娱乐设施建设；审查同意或否决其他有关职工生活福利方面的重大事项。对厂务公开落实情况进行监督、检查；督促检查职代会和代表提案的贯彻、落实情况。公司首届职代会第一次会议选举杨顺成、胡兴东、温明友、刘桂林、涂安宁、叶学胜、刘华治、沈前高、刘少业、罗元军、李勇 11 人为主席团成员，选举产生首届职工代表大会联席会议和生产委员会、规章制度委员会、提案审理委员会、劳动争议调解委员会等专门委员会组成人员。

2004 年，公司工会认真履行各项职能，加大维护职工合法权益的力度。采取各种形式广泛宣传党和国家的方针政策，组织员工认真学习《中华人民共和国劳动法》和《中华人民共和国工会法》，切实加强民主监督、民主管理，深入推行厂务公开制度。2004 年，省公司和各二级公司召开职工代表大会，两级公司领导班子成员在职代会上作述职述廉报告，职工代表对领导干部进行民主测评。各单位都健全完善厂务公开制度和职工代表大会制度。11月，省公司工会组织职工代表对部分市州公司维护职工权益情况的巡视，在职工中深入开展“安全就是健康，安全就是效益”的宣传教育和“安康杯”安全生产知识竞赛。大力开展劳动竞赛、技术创新、提合理化建议等活动，分别有1个单位和1名员工被评为四川省第八届职工职业道德先进单位和先进个人。开展扶贫帮困的工作，在重大节日对特别困难的职工进行慰问、补助，对22名困难职工子女上学进行资助。

2005年，公司工会进一步坚持和完善职工代表大会制度。在油库和加油站等基层单位设置库、站事务公开栏，实行目标任务、费用支出、绩效考核、薪酬分配、评先选优等“五公开”，工作透明度进一步增强。认真起草《中国石油四川销售分公司集体劳动合同》，并于2005年1月在公司第一届职工代表大会第三次会议通过。公司行政与工会签订集体劳动合同，充分发挥工会组织在协调劳动关系、维护职工群众利益方面的重要作用。建立职工代表定期、不定期对公司和各二级公司经营管理活动进行巡视制度，完善职工代表提案处理及回复机制。公司工会先后对成都、德阳、眉山、遂宁等二级公司的厂务公开、库（站）务公开、工会经费开支以及维权工作等方面的情况进行检查，重点抓二次分配情况公开、管理人员选拔公开、库站日常事务管理公开和学习培训机会公开等方面的检查指导，对依法维护好职工的合法权益起到积极作用。

是年，公司切实履行女职工委员会工作职责，把广大女职工最大限度地团结和调动起来，紧紧围绕企业中心，充分发挥女职工的积极性和创造性，在改革、发展、参与和帮扶中维护好女职工的合法权益，在职工素质工程中提高女职工的岗位技能和业务能力，不断提高女职工适应市场发展、企业改革的需要，充分发挥“半边天”作用。

2007年9月，公司工会建立起“情系困难员工”爱心扶贫帮困基金，建立相关管理程序，规范公司扶贫帮困资金的管理使用，先后开展元旦、春节、国庆、中秋节扶贫帮困，形成对困难员工帮扶的长效机制。全年投入扶贫帮困基金71.76万元，募集捐款9.8万元，帮助困难员工819人次。

是年，公司组织开展以“增强女职工素质，适应企业发展要求”为主题的大讨论活动，并利用板报、专刊、会议、内部局域网等各种宣传形式，将女职工在生产、经营、发展中的成功经验通过理论提升展现出来，对指导实践工作起到积极作用。工会女职工委员会始终把“女职工建功立业工程”和“女职工素质提升工程”作为女职工工作的长期战略任务抓紧抓好，将实施女职工素质工程与群众性的经济技术创新工程结合起来、与“女职工双文明建功立业”竞赛活动结合起来、与女职工自学成才结合起来，在各单位开展的岗位练兵、技术比武中有许多女职工成为标兵、能手，成为学习型、知识型、技能型职工，实现一岗多证、一专多能，增强适应能力、竞争能力。

2008年5月，汶川地震发生后，员工家庭遭受地震灾害直接影响，房屋倒塌墙体开裂无法居住，公司及时为受灾员工拨付救助款。8月，公司工会印发新修订的《“情系困难员工”爱心扶贫帮困资金管理程序》。

2009年6月，公司修订印发《公司员工代表大会条例实施细则》。细则明确公司员工代表大会是实行民主管理的基本形式，是员工行使民主权利的机构，公司工会是公司员工代表大会的工作机构，负责员工代表大会的日常工作。员工代表大会的职权范围是：听取和讨论公司总经理年度工作报告，对公司发展和经营管理中的重大决策、重大事项提出意见和建议；讨论通过公司涉及员工切身利益的重要改革方案（如劳动保护措施、奖惩办法等）以及其他重要规章制度或重大事项；评议和监督公司领导干部，并按规定的民主程序提出奖惩和任免（聘任或解聘）建议，同级职代会评议同级领导干部，每年评议一次；听取公司业务招待费使用情况报告；审议和决定其他法律、法规规定的须经员工代表大会审议和决定的事项。《公司员工代表大会条例实施细则》同时对员工代表条件、产生程序、任期、权利、义务、员工代表大会组织制度、基层民主管理进行管理范围界定及内容明确。

是年，公司工会完善扶贫帮困长效机制建设，所属单位全部建立扶贫帮困资金。在春节、中秋等传统节日，各级组织深入开展扶贫帮困送温暖活动，全年发放帮困资金5778万元，帮扶困难员工455人，其中为楚雄地震困难员工家庭拨出专项资金和捐款20.8万元。6月，公司印发《扶贫帮困资金管理办法》，对扶贫帮困人员范围界定及资金使用管理进行明确。

2010年，公司工会持续完善扶贫帮困资金管理制度，建立扶贫帮困长效机制，积极开展扶贫帮困、送温暖活动，划拨帮困资金近140万元，帮扶困难员工1000余人次；组织开展“员工同心互助金”捐助活动，2300余人参加，捐款近14万元；对遭受旱灾、洪涝灾害的95名员工家庭及时发放专项困难补助；各单位陆续建立扶贫帮困资金，为帮扶活动开展提供保障。

2011年11月，公司修订印发《中国石油四川销售公司员工代表大会条例实施细则》，根据员工代表大会条例管理内容识别风险和执行要求，增加“重要风险”内容，主要为未按相关程序组织召开员工代表大会；对制度语言进行规范化和信息化描述，按规章制度模板对内容的“适用性”及“附则”进行明确；在“术语和定义”中，增加对员工代表大会制度的定义。

2011年元旦、春节期间，公司两级领导班子成员赴一线库站特别是偏远库站进行慰问，为461名困难员工、61个困难群体发放59.01万元困难补助。公司和各单位在落实扶贫帮困的同时，为一线库站划拨219万元的伙食补助，用于丰富节日期间员工餐桌；国庆、中秋双节期间，公司两级领导班子奔赴一线慰问，一周内走访慰问偏远库站199座，慰问员工近2900人，为47名困难员工、84个困难群体发放4881万元困难补助。12月，公司建立“员工同心互助金”捐款机制，开展“员工同心互助金”捐款活动，合计捐款22.6万元。

2014年6月，公司工会委员会关于同意公司候选人的批复。经公司工会研究决定：同意罗绍华为机关工会主席候选人，同意罗绍华、郑婷婷、王燕、刘军、张光辉为机关工会委员会委员，同意王燕为机关工会经费审查委员会主任，同意王燕、曾伟、蒋敏为机关工会经费审查委员会委员，同意吴静为机关工会女工委员会主任，同意吴静、何俊、郑婷婷为机关工会女工委员会委员。8月，公司工会制定印发《四川销售公司“金秋助学”帮扶工作方案》，并组织开展中秋、国庆期间扶贫帮困送温暖活动。12月，公司组织开展2014年“员工同心互助金”捐款工作，合计捐款31.95万元。

2015年9月，在中华人民共和国成立66周年即将到来之际，公司在成都举办“出彩川销人·重塑新形象”职工家庭才艺大赛决赛暨公司首届十大道德模范颁奖仪式，14个精彩绝伦的节目角逐最佳，10名感人至深的道德模范人物被授予荣誉称号。四川省总工会党组成员、副主席彭闯，四川省国资委群工处处长朱庭春，公司总经理付斌、党委书记田玉军、副总经理张用军、总会计师刘志强等在家领导班子成员，部分机关处室相关负责人和员工代表，部分二级公司员工代表、离退休老同志代表和参加销售公司服务技能竞赛的教练员、选手，共计近600名观众现场观看比赛和仪式。

2016年8月、公司工会进一步规范加强非职业健康体检管理工作，预防、控制和消除非职业健康危害，落实“以人为本”的员工关怀政策，构建非职业健康管理体系，明确非职业健康管理工作重点。12月，公司员工同心互助金合计捐款33.13万元。

2017年8月，为加强盛夏季节基层一线员工的劳动保护和防暑降温工作，有效预防高温中暑及安全事故的发生，确保高温期间基层一线员工的生产安全、身体健康，公司党委组织开展“战高温、斗酷暑、送清凉、保安全”活动。

是年，公司工会系统持续深入开展“春送慰问、夏送清凉、金秋助学、冬送温暖”员工四季关怀帮扶活动。两级工会元旦、春节、国庆、中秋累计组织140支慰问队伍，走访库站1074座次，慰问困难员工196人次，发放帮扶资金160.91万元。专项划拨防暑经费149万元，发放助学金94万元，将10名员工子女纳入四川省总工会2017年度金秋助学名单。6月，公司深入实施扶贫帮困送温暖工程，完善工会帮扶体系，解决困难员工家庭成员上学难的问题，帮助困难员工家庭成员圆上学梦，开展“金秋助学”活动。12月，公司员工同心互助金合计捐款30.99万元。

2018年，公司工会秉承“快乐工作，健康生活”理念，全面构筑员工“EAP关怀体系”，不断改善员工工作生活环境，提高员工幸福指数。公司持续深入开展员工常态化关怀工作，确保发展成果惠及员工，努力构筑“和谐家园”。两级公司工会元旦、春节、国庆、中秋累计慰问困难员工3600人次，发放帮扶资金278.59万元。专项划拨防暑经费149.8万元，发放助学金14万元，将7名员工子女纳入四川省总工会2018年度金秋助学名单。

2019年，公司工会坚持开展帮扶慰问。在春节、国庆等重大节假日期间，走访慰问离退休老同志和基层职工，全年使用帮扶金298万元，帮助职工2860人次。特别是宜宾长宁“6·17”地震发生后，公司工会心系灾区，深入库站一线和受灾职工家中慰问，发放慰问金13.72万元，帮助灾区职工渡过难关。重点关注深度贫困地区的帮扶项目，全年向12家二级公司拨款198万元，雅安瓦子村知青文化旅游打造、宜宾龙宝村肉羊养殖等一批产业项目顺利落地。积极做好对口帮扶，向若尔盖县毕岗村投入资金40万元，用于修建溶洞景区生产生活便道，助力旅游发展。关怀困难群众，春节前夕为贫困户送去米、面、油等生活用品，向毕岗村捐赠260件棉大衣，向占哇乡中心小学捐赠一批文化体育用品。全年投入资金150万元，资助贫困高中生450名。开展高考志愿服务活动，《中国石油商报》派出记者全程报道。举办“旭航”奖学金发放仪式，河北、青海等6家销售公司现场观摩，学习交流经验。

第二节　共青团工作

1992 年 1 月，公司团委向四川省商业厅直属机关团委报告公司第五届团委选举结果。公司第五次团员代表大会 1991 年 12 月 25 日以无记名投票方式，差额选举出 7 人组成第五届团委会。共青团四川省商业厅直属机关委员会 1992 年 3 月 19 日批复同意。

1995 年 6 月，公司团委评选四川省石油总公司劳动服务公司团支部、成都石油站机关团支部、成都石油站零售部团支部、成都石油站储油所团支部、成都七〇〇五库团支部为先进团组织。

1996 年 6 月，公司团委在公司六楼会议室召开共青团四川省石油总公司第六次团员代表大会，会议审议第五届团委工作报告、第五届团委团费、青年活动费收支情况报告，选举第六届团委，表彰先进团组织、优秀团干部、优秀共青团员。

1998 年 8 月，共青团四川省委组织部批复（川青组复〔1998〕13 号），同意四川省石油集团有限公司团的组织关系转接到团省委，由团省委直属管理，同意公司所属市、地、州、县石油公司 18 个团委 171 个团支部共计 2518 名团员的组织关系转由共青团四川省石油集团有限公司委员会统一管理。

1999 年 3 月，依据共青团四川省委组织部 (川青组复〔1998〕133 号) 文件要求，经公司党组研究决定，成立共青团四川省石油集团有限公司委员会筹备工作领导小组，组长蔡向阳、副组长程懿。5 月，经团省委同意成立公司团委。公司共青团工作以邓小平理论和党的十五大精神为指导，深入贯彻党的十五届四中全会和中油集团公司、股份公司工作会议精神，认真落实团中央、团省委的工作部署，紧紧围绕企业改革发展和经济效益这个中心，启动实施“新世纪石油青年素质计划”，大力推进“双争双创”活动，转发中油集团公司党组《关于进一步加强青年工作的意见》，全面推行基层团组织整体化建设目标管理，团结带领广大团员青年为石油企业改革发展做出新的贡献。

2000 年，公司共青团工作按照集团公司政治思想工作部青年工作部、股份公司党群工作部、销售总公司党群工作处和团省委的工作部署，在公司党委的领导下，紧紧围绕企业改革发展和经济效益这个中心，积极组织和带领广大团员青年，全面推行基层团组织整体化建设目标管理，大力实施“新世纪石油青年素质工程”，广泛开展“双争双创”活动，积极投身企业改革和发展，充分发挥生力军和突击队作用，促进企业经济效益的提高，推动企业两个文明建设同步发展。

2001 年，公司大力实施“新世纪石油青年素质工程”，全面提高团员青年素质。深入学习“三个代表”重要思想，以庆祝建党 80 周年为契机，大力开展“理想、责任、奋进”主题教育活动。广泛实施“新世纪石油青年扩销创效工程”，继续深入开展争当“青年岗位能手”活动、“青年营销能手”活动、“青年创新创效”活动、争创“青年文明号”活动。大力实施“新世纪共青团整体化建设工程”，努力增强团组织的凝聚力和战斗力。认真贯彻落实团省委“党建带团建”工作会议精神，大力加强基层团组织建设，继续开展“基层团组织整体化建设目标管理”达标创先活动，继续深入开展以“班子建设好、主题活动好、支部建设好、活动阵地建设好”为主要内容的创建“五四红旗团委”“五四红旗团支部”活动。攀枝花公司团委被共青团四川省委授予“四川五四红旗团委称号”，眉山公司团委书记张学梁被共青团四川省委评为四川省优秀团干部。公司扎实抓好团费和团的活动经费的收缴、管理和使用工作，进一步加强团干部队伍建设，努力提高各级团干部素质，在纪念“五四”青年节期间，各级团委组织形式多样的纪念活动。

2002 年，公司逐步建立健全团的组织机构，下设两个基层团委和两个直属团支部，抓牢为青年员工服务的工作主线，做好 1823 名团员青年的教育服务工作，将团的工作融入库站经营管理和员工工作生活。

2003 年，公司共青团深入贯彻“三个代表”重要思想，认真贯彻团省委《进一步加强青少年思想道德建设的意见》，继续实施“新世纪石油青年素质工程”，广泛开展“颂党恩、跟党走、举团旗、建功业”主题教育活动。大力实施“新世纪石油青年扩销创效工程”，继续开展争当“青年岗位能手”活动、“青年营销能手”活动大力开展“青年文明号”创建活动。实施“新世纪共青团整体化建设工程”，加强和改进团的作风建设，坚持党建带团建，实行基层团组织整体化建设目标管理。公司共青团工作以“三个代表”重要思想为指导，认真贯彻落实党的十六大和共青团十五大精神，积极探索企业改革后的共青团工作新路子，创新企业共青团工作方法、活动方式，建立新的共青团工作机制。公司团的工作按照团省委和四川省企业团工委的要求，夯实基础，把“青年成才工程、青年内聚力工程、青年文明工程、青年双创工程、青年服务社会工程”作为载体，全面推进公司团的工作，充分发挥青年生力军和突击队的作用，在企业改革和发展中建功立业。

2004 年，公司团委以邓小平理论和“三个代表”重要思想为指导，深入贯彻团第十五次代表大会精神，认真贯彻落实上级团委和中油四川销售分公司党委的工作部署，紧紧围绕建设“主导区域市场、具有核心竞争能力和持续盈利能力的成品油销售企业”这一战略目标，继续实施“新世纪石油青年素质工程”“新世纪石油青年扩销创效工程”和“新世纪共青团整体化建设工程”，全面增强团组织的吸引力、凝聚力、战斗力。兴起团员青年学习贯彻“三个代表”重要思想新高潮，全面提高团员青年思想道德素质。公司团委分别选派 3 批团干部参加团省委、集团公司举办的理论培训班学习，不断提高团员青年的综合素质。深入开展新世纪石油青年职工创新创效活动，开展争当“青年岗位能手”“青年营销能手”活动和争创“青年文明号”活动，省公司水碾河加油站通过集团公司“青年文明号”的考核验收。以改革的精神推进团的建设，建立完善党建带团建工作机制，加强团的基层组织建设。宜宾、泸州、攀枝花、成都等二级公司团委按期进行换届选举。在纪念“五四”青年节期间，各级团委都开展丰富多彩的纪念活动。

2005 年，公司加强共青团工作，发挥广大青年员工在企业改革发展中的主力军作用。共青团组织开展争创“青年文明号”“青年岗位能手”“岗位技术能手”等活动，零售分公司水碾河、青羊加油站荣获“全国青年文明号”称号，成都分公司蜀龙加油站荣获四川省国资委“四川省青年文明号”，绵阳分公司魏兴同志被四川省国资委评为“青年岗位能手”。进一步加强团干部队伍建设，努力提高各级团干部素质，派遣多名团干部参加团省委、省国资委团委的培训。在纪念“五四”青年节期间，各级团委组织形式多样的纪念活动。

2006 年 4 月，资阳分公司团委书记张学敏被评为四川省国资委系统企业优秀共青团干部，成都分公司员工陈可被评为四川省国资委系统企业优秀共青团员。

9 月，公司党委根据《国家国资委党委、共青团中央关于国资委监管企业共青团工作有关问题的通知》（国资党发群工〔2006〕6 号）文件精神，制定印发《关于进一步加强企业共青团工作有关问题的通知》（油川销党〔2006〕56 号），对公司基层团组织建设、团委书记配备、团干部待遇、党建带团建、团的自身建设等五个方面提出具体要求。

2007 年 4 月，公司党委调整公司团委负责人，张学梁任公司团委书记。9 月，公司团委在成都举办团支部书记培训班，各二级公司基层团支部书记 70 余人参加培训（见图 9–3），此次培训班是公司团委促进基层建设工作的一项重要举措。公司党委副书记、纪委书记、工会主席叶学胜出席开班仪式并讲话。培训班组织学员收看专题片《铁人王进喜》，邀请四川省团校和成都市团校的教授就团干部意识和青年工作、塑造阳光心态两个专题为学员授课，向学员传授很多具体工作技巧。集中讨论时，参训学员踊跃发言，积极交流，提出很好的工作建议。公司团委书记张学梁回答讨论中提出的问题，就如何当好团支部书记进行阐述，并对下一步的团支部工作进行安排。是年，成都分公司蜀龙加油站被共青团中央、集团公司联合命名为 2007 年度全国青年文明号称号。成品油分公司水碾河加油站、青羊加油站继续被认定为全国青年文明号。

图 9–3　公司团支部书记培训班现场

图 9–4　公司第一次团代会现场

2008 年 8 月 8 日，公司团委书记张学梁作为中国石油优秀青年代表出席北京奥运会开幕式。10 月，共青团中国石油四川销售分公司第一次代表大会召开（见图 9–4），共青团四川省委副书记周键，共青团四川省委城市青年工作部部长刘泽斌，川庆钻探工程分公司、重庆销售分公司团委负责人等到会祝贺。公司总经理姚志强，党委书记胡兴东，副总经理王建中、许强、涂安宁，党委副书记叶学胜，总经理助理蔡向阳、李波，总经理办公室、党委组织部、党委办公室主要负责人出席开幕式。会议选举产生共青团中国石油四川销售分公司第一届委员会，张乃文、张学梁、张晋松、吴静、周全 5 人当选为第一届委员会委员，张学梁当选为公司团委书记，吴静当选为公司团委副书记。

2009 年 11 月，公司在泸州举办团支部书记培训班，来自各二级公司的 90 余名团干部参加培训，公司总经理、党委副书记姚志强出席开班仪式并讲话，公司团委书记张学梁主持开班仪式。此次培训主要采取公司团委委员轮流授课的形式，重点对党的十七届四中全会精神、企业青年工作和文化建设、薪酬制度和青年成长通道建设、商务接待和礼仪基础、公文材料和新闻稿件写作，以及如何提升团干部综合素质等方面进行专题辅导。培训班还邀请泸州公司领导做青年团干部如何成长成才的专题辅导。8 个单位作团建工作经验交流分享。培训期间还组织团干部参观泸州公司北郊加油站。

2010 年 4 月，公司团委书记张学梁带队赴大庆接受石油精神、大庆精神和铁人精神洗礼（见图 9–5）。5 月，公司团委召开团干部座谈会，公司党委书记胡兴东、副书记叶学胜应邀出席并讲话。座谈会上传达中共中央总书记、国家主席、中央军委主席胡锦涛给中国农业大学师生的回信。总书记的亲切问候与殷切希望在团干部中引起极大反响。

图 9–5　赴大庆接受石油精神、大庆精神和铁人精神洗礼

2011 年 7 月，公司在绵阳北川举办 2011 年团干部培训班。各二级公司 90 余名团干部参加培训。公司党委副书记、纪委书记、工会主席叶学胜，总经理助理、党委办公室主任、企业文化处处长蔡向阳出席开班仪式并讲话，公司团委书记张学梁主持开班仪式。培训班上，组织团干部们分别观看胡锦涛总书记在庆祝中国共产党成立 90 周年大会上的讲话视频、省委书记刘奇葆在国防大学的演讲实况《从悲壮走向豪迈》和公司“唱支红歌给党听”主题红歌会实况，并参观北川地震遗址及新北川灾后重建成果。培训期间，公司团委对 5 个“五四红旗团委”、10 个“五四红旗团支部”、10 名“优秀共青团干部”、24 名“优秀共青团员”进行表彰。11 月，公司团委作为先进团组织，团委书记张学梁代表公司团委在集团公司青年工作会上作交流发言。

是年，公司团委选送的基层单位两项成果受到集团公司思想政治工作部表彰。其中成都公司任政聪提出的《加油站生活废水循环利用系统》荣获集团公司青年百项优秀“五小”成果，广元公司张玉萍提出的“双枪一车”加油法荣获集团公司青年百项优秀创新工作法。

2012 年 3 月，国务院国资委授予公司团委书记张学梁中央企业优秀青年工作者荣誉称号。5 月，公司召开庆祝建团 90 周年暨“十佳青年”表彰大会，弘扬“五四”光荣传统，引导广大团员青年积极投身到建设国际水准销售企业的火热实践中来。公司总经理姚志强、党委副书记杨侠、相关处室负责人、各二级公司团委书记、受到表彰的“十佳青年”在公司主会场参加会议。各二级公司分管共青团工作的领导，党支部书记、团委委员、团支部书记和部分青年员工代表在分会场参加会议。

2013 年，为深入贯彻落实党的十八大精神，积极践行习近平总书记提出的“中国梦”理念，按照四川省国资委党委、集团公司团工委和公司岗位要求，结合企业实际，团委启动“为中国梦加油、为川销梦助力、为青春梦喝彩”主题教育实践活动。活动推出十项具体措施，内容包括：开展宣讲交流和主题团日活动，围绕经营管理中心工作开展主题活动，开展优秀青年典型选树和青年励志故事讲述活动，开展新媒体系列活动，开展团干部“学理论、强党性、铸信仰”活动，推进青年创新创效活动，推进青年安全生产实践活动，推进青年文明号创建活动，推进青年志愿者活动，切实做好服务青年工作等。

2014 年 4 月，共青团中央发出《关于表彰 2013 年度“全国优秀共青团员”“全国优秀共青团干部”“全国五四红旗团委（团支部）”的决定》，内江公司信息中心副主任杨铖浩被授予 2013 年度“全国优秀共青团员”称号。5 月，集团公司团工委表彰首批优秀团组织、团干部和团员青年，四川销售公司团委、乐山公司团委被评为“集团公司五四红旗团委”；成都公司新都片区团支部、成品油公司浣花加油站团支部、雅安公司金鸡关加油站团支部等 3 个基层团组织被评为“集团公司五四红旗团支部”；宜宾公司团委书记牟静、资阳公司团委书记陈柯伊等 2 名团干部被评为“集团公司优秀共青团干部”；眉山公司快乐加油站计量安全员熊强等 3 名团员青年被评为“集团公司优秀共青团员”。

2015 年 7 月，公司团委召开二级公司团委书记座谈会。公司团委书记、团委副书记、机关团委和各二级公司团委负责人共计 29 人参加会议。会议由公司团委书记吴静主持。会上，组织学习《中共中央关于加强和改进党的群团工作的意见》《习近平在中央党的群团工作会议上的讲话摘要》，安排部署“管理创新 · 青年先行”主题实践活动和“提销量增效益 · 青年志愿者在行动”主题实践活动。各单位团委负责人发言，并提出工作建议和意见。公司团委副书记何永洪用“拓展新平台、应用新媒体、倡导新作风”点评上半年共青团和青年工作，要求团干部强化角色意识、种好责任田，强化服务意识、找准着力点，强化落实意识、筑牢压舱石，强化创新意识、练就撒手锏，强化学习意识、夯实基本功，真真切切地干点事、实实在在地出点活，为公司发展贡献青春力量。

2015 年 9 月。由公司团委举办“重走长征路 · 共筑川销梦”主题活动。60 名青年员工参加出征仪式。公司总经理付斌为队员壮行并授旗。此次活动旨在纪念抗日战争胜利暨世界反法西斯战争胜利 70 周年，弘扬伟大的抗战精神、长征精神、大庆精神、铁人精神、抗震救灾精神和志愿者精神，不断汇聚重塑中国石油良好形象的正能量。据悉，活动将坚持远程志愿帮扶和接受红色教育相结合，60 名青年分成“宝石花”和“昆仑”两支纵队，重点对甘孜分公司和岷江分公司沿途 7 座加油站进行实地帮扶，为高原油站送知识、送技能、送文化，帮管理、帮优化、帮提升，助力加油站综合提升，重温革命传统，畅谈心得体会，激发工作热情和斗志。付斌在出征致辞中鼓励队员，公司正处于全面建设世界水平销售企业的关键时期，确定“1234”治企方略，制定“两步走”发展路径。实现这些目标，需要包括青年在内的广大干部员工，保持弘扬伟大的长征精神、大庆精神、铁人精神和抗震救灾精神，在公司改革发展的新征途上，不断建功立业。

2015 年下半年，在公司团委的统一策划安排下，公司共青团五大协作区先后举办 5 场精彩纷呈的主题活动，为公司团委下半年及全年的系列活动画上圆满句号。11 月 19—20 日，川南协作区在资阳率先举办“重帮扶献爱心 · 论成长塑形象”主题活动。团员青年走进资阳市雁江区花金沟小学支教帮扶，为孩子们送去体育用品、学习用具，为孩子们上了一堂堂生动的课。在希望加油站，团员青年们参加非油堆头创意及促销海报创作大赛。11 月 24—26 日，川西南协作区在眉山开展“快乐运动 · 追梦眉山”主题活动。团员青年们到城北、眉州、晶贸加油站开展开口营销比赛和五人制足球赛。12 月 10—11 日，川东北、川西、成都三个协作区同时发力。川东北协作区在南充开展“学习思德精神、践行为民服务”主题活动。团员青年们参观朱德故里、张思德故里，走进加油站开展非油专项诊断和定向帮扶，到老年公寓看望慰问孤寡老人。川西协作区在德阳举办“道德讲堂暨创意堆头 PK 赛”主题活动。团员青年们着汉服、诵经典，参观德阳文庙，听国学文化。成都协作区在新都举办“展中油新形象 · 扬青春新风采”主题活动。通过现场抽签和问题抢答环节，5 家公司的团员青年分为新年、圣诞两支主题队开始比拼，倾力打造非油卖场。

2017 年 4 月，共青团中国石油四川销售分公司第二次代表大会在成都召开。大会回顾总结近年来公司共青团工作，明确当前及今后一个时期的奋斗目标和主要任务，选举产生新一届团的委员会。公司总经理付斌在大会开幕式上致辞，党委书记田玉军在大会闭幕式上讲话。集团公司团工委向大会发来贺信，热烈祝贺大会召开。团省委副书记张荣出席会议并讲话，充分肯定公司共青团工作，并从加强思想引领、服务党政大局、推动改革创新、坚持从严治团等四个方面提出工作要求。在团委第二届委员会第一次全体会议上，选举新一届团委书记、副书记，对优秀共青团员、优秀共青团干部和优秀青年代表进行表彰。

2018 年 5 月，公司举办“践行新思想、建功新时代”的主题团日活动。公司党委书记孙晓岗、副总经理房玉林等公司领导和两级公司团干部、优秀青年代表参加活动。活动在重温入团誓词的庄严氛围中开始，全体参会人员观看两个短视频《青年榜样习近平》和《窑洞里的读书人》，学习习近平总书记 5 月 2 日在北京大学师生座谈会上的讲话要点。9 位公司团干部和团员青年代表分享感悟。房玉林在交流中，结合自身成长经历，提出走心、做实和创新的三点要求，鼓励公司青年在决胜千万吨的征程中成长成才、建功立业。孙晓岗代表公司党委，向公司全体团员青年致以节日的问候。

2019 年 5 月，公司团委召开专题学习推进会，学习贯彻《习近平总书记在纪念五四运动 100 周年大会上的讲话》精神，公司团委书记、副书记、团委委员、各二级公司青年团员代表 90 余人参加，公司团委副书记李玥主持会议。会上集中观看《纪念五四运动 100 周年大会在京隆重举行习近平发表重要讲话》新闻报道。15 名青年代表围绕习总书记讲话精神，结合自身岗位实际，谈学习体会、个人感悟和下一步的工作打算。公司团委书记何永洪领学《习近平总书记在纪念五四运动 100 周年大会上的讲话》精髓要义，并安排下一步公司团委具体工作。

第十篇

社会责任

公司作为中央国有企业，在履行社会责任、构建和谐社会中承担着重要使命。自成立以来，在做好投资经营、提升企业效益，加快自身发展的基础上，始终牢记“奉献能源，创造和谐”的企业宗旨，坚持讲政治、顾大局，履行社会责任与承担政治责任、经济责任相结合，在抗洪、抗旱、抗震等急难险重时刻，投入人力、物力、财力驰援保供，抗灾救灾；深入开展以生活帮扶助脱贫、就学帮扶助脱贫、就业帮扶助脱贫、公共设施建设助脱贫为主要内容的活动，助力地方精准扶贫，打赢脱贫攻坚战；贯彻落实“创新、协调、绿色、开放共享”的发展理念，深化企地共建，构建和谐企业，树立中国石油品牌形象，得到政府和社会的认可。

2008 年汶川地震中，公司勇担责任、全力救灾的行动以及感人至深的先进事迹和人物，受到中央电视台、人民网、新华网、路透社等国内外众多主流媒体的广泛关注，公司先后被评为国务院国资委“抗震救灾先进集体”、中国石油集团公司“抗震救灾先进集体”。李明、席成燕荣获中央企业 2008 年抗震救灾先进个人，四川绵阳销售分公司党委荣获中央企业 2008 年抗震救灾先进基层党组织，余永明荣获中央企业 2008 年抗震救灾优秀共产党员。

第一章　保供救灾

第一节　抗震救灾

一、2008 年四川汶川 8.0 级特大地震

2008 年 5 月 12 日下午 2 时 28 分，四川省汶川发生 8.0 级特大地震，5 万多公顷耕地被毁，1400 多万人需要转移安置，2 万多家企业受损，数千家工厂停产。公司在 2 万多员工及家属受灾，直接经济损失 9 亿多元的情况下，以大局为重，不惜代价抗震抢险，勇担政治责任和社会责任，充分发挥国有企业骨干作用，抽调 160 名员工，集结 50 台移动加油车、239 台大吨位油罐车，随道路工程队和救援队同步挺进，全天候跟进供油，力保抗震救灾油料供应。5 月、6 月，中国石油向四川调入成品油 103.8 万吨，使四川销售的库存达到 30 万吨，创下调油入川的历史之最，为救灾供油提供充分的物资保障。同时，全公司党员、职工踊跃捐款捐物，共计 260 余万元。

四川汶川 8.0 级特大地震发生后，公司领导班子在余震不断的危险时刻，立即启动紧急预案，部署救灾保供的五项措施，确保灾区的震后救灾供应（见图 10–1）。

公司成立以姚志强为总指挥、胡兴东为副总指挥、其他班子成员、总经理助理、安全副总监、副总经济师为成员的抗震救灾总指挥部，下设 5 个工作组，明确分工。13 日午后，姚志强总经理赶回公司后，立即到设在国际大厦负一楼的抗震救灾总指挥部，指挥抗震救灾工作。

公司抗震救灾指挥部与各市州公司领导一道始终战斗在抗震救灾工作的一线（图 10–2 所示为抗震救灾应急分队准备出发），有力、有序、有效地担当起这项光荣而艰巨的任务。受地震影响，兰成渝输油管线停输，铁路运输入川受阻。公司在火速取得集团公司 10 万吨资源的支持后，立即派出分管领导赶赴炼厂和铁路部门，协调关系，组织紧急追加资源入川。由于柴油资源紧张，公司停止对社会单位批发和直销供油，确保有限的资源无条件投放到地震灾区。

图 10–1　集团公司副总经理、党组成员、抗震救灾领导小组副组长王宜林一行在公司负一楼的抗震救灾指挥部看望震后一直紧张工作的公司员工

图 10-2 抗震救灾应急分队准备出发

图 10-3 送到救灾前线的油品

经集团公司的协调组织，管道、铁路、公路多路油品继续驰援四川。集团公司平均每月调油入川 43.53 万吨，公司成品油库存平均保持在 22.5 万吨，超出正常库存 15%。公司坚持资源集中调度，优先向广元、绵阳、德阳、岷江等重灾区二级公司倾斜油品，增加广元、董家沟、宝峰、天彭等油库管道输油切块计划，保证灾区用油（见图 10-3）。平均每月向 4 座重灾区二级公司油库调入成品油 8 万吨，超出正常库存 20%。各油库坚持 24 小时发油，保证灾后重建油品供应不断档、不脱销。公司还积极发挥地处成都城郊的 104 油库中心库作用，合理二次调节分配资源，应对突发事件。

公司除每天向省委、省政府和集团公司报告灾情及救灾保供的动态外，还特别规定：汶川、都江堰、茂县、北川、绵竹、什邡、平武等重灾区的所属公司必须即情即报。在移动、联通等通信网络出现故障的情况下，岷江、德阳、绵阳、广元等公司与当地政府联系，迅速进入当地救灾通信网络，确保信息畅通。成都分公司从 5 月 12 日下午 3 时起，在成都市区通往都江堰、汶川的沿途 10 余座加油站，悬挂起“抢险救灾加油站”横幅，所属各公司迅即启动救灾保供加油“绿色通道”。

由公司领导带队组成 4 个前线工作组，深入重灾区指导工作；迅即组织 13 支搜救队，奔赴重灾区搜寻下落不明的员工；从各市州公司抽调 150 名加油员组成抗震救灾援助队，援助重灾区加油站救灾保供；从各市州公司抽调 50 辆移动加油车、11 辆大吨位油罐车及 160 名驾驶员、押运员和加油员奔赴重灾区为救灾车辆流动加油；抽调 19 人组成加油站设备抢修队奔赴受灾加油站，抢修设备恢复生产。

公司将防火、防爆、防泄漏和防范恐怖袭击作为重要工作来抓，由市州公司抽组机关人员，组成精兵强将深入库站，紧密配合库站员工指挥车辆、疏散交通、严防死守，确保救灾保供和安全防范万无一失。公司领导深入库站带班带岗，在指挥保供救灾工作的同时，关心员工生活和安全，及时给受灾库站员工提供饮水和方便食品。公司领导多次冒着余震危险，深入岷江、德阳、绵阳、广元等公司慰问员工，检查安全工作，在抗震救灾的危难时刻，凝聚人心、鼓舞斗志。

二、2010 年青海玉树地震

2010 年 4 月 17 日上午 7 时 49 分，青海玉树地区发生 7.1 级地震。地震造成 2220 人遇难，失踪 70 人，上万人在地震中受伤，造成直接经济损失约 228 亿元。由成都经国道 318 线—石渠县—青海玉树县的道路，成为由四川进入玉树救灾的“生命通道”。成都军区、四川省卫生厅、省矿山救护队、省综合应急救援大队……数百辆救灾车辆经此线驰援青海玉树，急需油品保障。

4 月 14 日上午，公司在沿途二郎山、康巴、川藏、折多山、新都桥等 20 座加油站开辟抗震救灾绿色通道。沿线的甘孜、雅安公司实行 24 小时值班，抽调机关、片区骨干人员到加油站帮助工作。沿途加油站全部实行 24 小时营业，明确专人为救灾车辆提供一对一服务。为提高夜晚加油效率，加油站员工人手一把手电筒，确保救灾车辆第一时间加油。

4 月 16 日 17 时，仓储公司在完成当天的油品装卸车计划后，又接到公司“现请现装”紧急装车令：立即向甘孜州装配 10 车 93 号汽油、10 车 0 号柴油。接令后，油库立即与西南油品调配中心、天回镇火车站紧急协调，调运槽车入库。生产运行部员工顾不得一刻休息立即投入到装车作业中，两个多小时完成 20 辆槽车近 1000 吨油料的装车任务。青海玉树地处高原，救灾车辆紧缺低凝点柴油。15 日凌晨 2 时，一辆装载 11 吨 10 号柴油的运油车从成都出发，经过上千千米长途跋涉，于 16 日晚抵达震中玉树。

震后一周，公司紧急向沿途的雅安青龙油库、甘孜乌斯河油库增调油品 3100 多吨，两座油库库存达到 3.4 万吨，比平时增加三成。甘孜、雅安分公司对沿途加油站的供应量、库存量实施全天监控，每日早、中、晚三次报送库存情况，并在二郎山加油站建立车辆监测点，统计经过 318 国道抗救灾车辆的数量，随时补充油品。

三、2013 年雅安地震

2013 年 4 月 20 日 8 时 2 分，四川芦山发生 7.0 级地震，共计造成 196 人死亡，失踪 21 人，11470 人受伤，造成直接经济损失 38.65 亿元。公司以快速高效的应急响应能力和集团联动优势，所有在川企业，按照集团公司董事长、党组书记周吉平的指示要求，行如迅雷，众志成城，为芦山地震筑起一条震不垮阻不断的油气保供之路，央企脊梁在灾难洗礼中再次得到淬炼。

“5・12”汶川地震后，公司高度重视突发应急管理的科学建设，先后投资完善应急和信息化设备，让此次芦山抗震救灾行动有强有力的科技支持（见图 10–4）。应急指挥车作为“震中枢纽”，发挥重要作用。应急指挥车自备柴油发电机组、卫星通信系统和视频会议系统，以及车载高清摄像、车载标清摄像、单兵摄像装置，在灾区断水、断电、断气、断通信的极端条件下，实现抢险现场与集团总部、企业机关指挥中心的实时对话、视频传输和信息交换。4 月 26 日，应急指挥车共与营销调度指挥中心视频连线 45 次，回传信息 525 条，回传图片 1189 幅，为科学救灾提供准确翔实的信息保障和决策参考。液位仪实时查看加油站库存状态。通过加油站液位仪

图 10–4　为前往芦山救灾车辆加油

系统，后方可以实时查看灾区加油站油品库存情况，即使在通信中断的情况下，不用申报，调运部门可自行安排油品补给。“4·20”雅安地震后，所有灾区加油站全部高库存运行，没有一座加油站断档脱销。加油站视频监控第一时间传递现场信息。四川销售所属1400多座加油站全部安装视频监控系统。

“4·20”地震发生后，通过营销指挥中心，在网络连接的情况下，指挥部第一时间切换震中5座加油站画面，确认员工伤亡情况，指挥现场抢险，第一时间恢复营业，指挥效率大幅提高。震后第二天，四川销售在抗震救灾立体保供体系建立运行起来的同时，快速组织党员突击队、青年突击队，有序赶赴震中，接替坚守的震中加油站员工。关键时刻站得出来，危难之际冲得上去。面对突如其来的地震灾害，公司各级党组织第一时间竖起旗帜、到达现场组织救援，成了抗震救灾的“先锋队”、员工群众的“主心骨”和受灾员工的“贴心人”，用实际行动彰显党的先进性。

公司党委快速反应、果断决策，第一时间启动应急预案，迅速成立以公司总经理姚志强为组长、党委书记田玉军为副组长的抗震救灾指挥部，广泛动员组织基层党组织和共产党员紧紧围绕救灾与保供两条主线，全力投入抗震救灾。公司以党员为主的百人抗震救灾突击队、百车供油突击队、百万救灾物资运输队、汶川地震英雄党员突击队等4支突击队连夜组建，急奔灾区，参与抗震救灾。地震发生时，适逢周末，通信中断，身处重灾区的四川销售雅安分公司党员干部凭着特有的政治敏锐，迅速向组织靠拢，奔赴岗位，争分夺秒。雅安分公司党委立即召集全公司干部员工，科学安排部署救援工作，组织党员干部迅速到受灾库站开展抢险救灾工作，第一时间排查灾情，第一时间报告情况，第一时间采取措施，救人、救灾、保供三措并举，奏响抗震救灾最强协作曲。与震中龙门乡相离不到10公里的雅安分公司芦山宝兴片区，受灾最为严重。地震发生后，已成危房的芦山宝兴片区办公楼门前，片区班子成员不约而同汇集在一起，片区党支部书记张光新立即召开有史以来最短的一次党支部会议，在进行简单分工后，就立即分赴各加油站开展救灾保供工作，陆续赶来的党员不断壮大队伍。“党的组织建起来，党员身份亮出来，党的旗帜飘起来。”公司党委在重灾区加油站成立7个临时党支部，建立健全临时党支部联系群众制度，充分发挥党的思想政治优势、组织优势，确保党员有组织、员工有依靠，党的组织和党的工作在灾区实现全覆盖。

四、2017年九寨沟地震

2017年8月8日21时19分，阿坝州九寨沟县发生7.0级地震，造成25人死亡，525人受伤，6人失联，176492人受伤，造成直接经济损失224.5亿元。公司立即启动应急预案，成立抗震救灾应急小组，制订应急预案，全面安排救灾保供工作。公司第一时间组织地处灾区的岷江分公司对所属九寨沟片区员工和加油站设施设备受灾情况进行排查。九寨沟片区 11 座加油站无人员伤亡，未发生房屋坍塌；阿坝州内 4 个片区 46 座加油站 265 名员工全部平安。公司连夜组织 21 台油罐车、500 余吨油品，从绵阳、理县、甘肃 3 个方向送往灾区。但因震中临近景区，当地政府要求以疏散人员为主，沿路实施交通管制，油品配送暂无法进入灾区。公司时刻待命，待人员疏散后第一时间进行油品配送，确保抗震救灾油品供应。截至 8 月 9 日 12 时，公司九寨沟片区 11 座加油站已全部恢复营业，库存共计 562 吨，可满足疏散车辆用油；11 座加油站与国道 213 沿线 13 座加油站一道，已开通抢险绿色通道，24 小时为救援车加油。截至 8 月 11 日 16 时，已向九寨沟片区加油站安排配送车辆 38 台，配送油品 1114 吨，其中已完成 29 台罐车 874 吨油品接卸。该片区 11 座加油站库存共计 870 吨，较震前增加 220 吨，能满足 6 天以上抗震救灾油品供应。因余震不断，公司新增损失 500 万元，32 座加油站及 1 座油库合计损失 3341 万元。

2017 年 8 月 14 日，按照四川省政府和中国石油集团公司党组的统一部署，公司继续做好九寨沟抗震救灾工作。突出救灾保供，8 月 9—13 日，公司三层保供圈 210 座加油站已累计供应油品 3980 吨，位于震中核心圈层的九寨沟片区 11 座加油站供应油品 504 吨。与此同时，加大资源调配力度，截至 14 日 15 点，九寨沟片区 11 座加油站库存油品共计 1021 吨，较震前增加 371 吨，预计能满足 10 天以上抗震救灾油品供应需求。狠抓现场服务，积极发挥加油站人员聚散功能，免费向救灾人员和疏散游客提供价值 6 万余元食品饮料。组建保供突击队，选派 131 人驻站帮扶，有效避免员工疲劳作业，确保服务水平不降低。

五、2019 年宜宾地震

2019 年 6 月 17 日 22 时 55 分，四川宜宾市长宁县发生 6.0 级地震，震源深度 16 千米，造成 13 人死亡，200 人受伤，直接经济损失 59 亿元。地震导致公司部分库站及员工房屋不同程度受损（无人员伤亡）。

灾情发生后，集团公司党组成员、副总经理焦方正作出重要批示，代表党组向宜宾长宁“6・17”地震中受灾的员工表示慰问，要求组织抓好对地震损坏的加油站罩棚、房屋等维修和监管，进一步抓好隐患排查，防范地震余震，做好人员防护，全力抓好灾区油品保供服务，彰显石油形象。同时，销售公司总经理付斌也作出批示，要求注意生产经营和员工安全，防止次生灾害的发生。

震后第一时间，公司启动地震、地质突发事件专项应急预案，成立以总经理刘建明任组长，分管营销、安全班子成员任副组长的抢险救灾领导小组，下设灾区救援、油品保障、后勤保障、信息通联等 4 个工作小组，并从公司机关零售、安全、宣传等部门抽调精兵强将，奔赴灾区帮扶指导救灾工作。震区加油站员工迅速排查灾情，仅在震后半个小时就恢复营业，全力满足救灾用油需求。宜宾分公司轮休员工积极响应公司党委号召，连夜重返工作岗位，编入 3 个青年应急小分队进驻震区加油站，彻夜奋战在抗震抢险保供一线（见图 10–5）。

公司以保供责任大于天的担当情怀，积极向西北销售、铁路集团汇报灾情、提报资源计划，主动协调当地政府、交管部门申请临时通行证，确保满载 400 吨油品的 15 台应急罐车连夜

图 10-5　宜宾分公司抗震救灾突击队为灾区抢险救灾车辆送油品

抵达灾区；将宜宾周边的舒平、隆昌、资阳、7102、史家等 5 座油库作为应急保障库，开展梯次配送，做到随到随装，安排 2 台罐车作为灾区资源配送专供车辆，指定 10 台罐车随时待命。

为确保抗震救灾用油有序供应，公司划定三个保供圈层，将宜宾公司所属 72 座加油站确定为核心保供圈，自贡、泸州、乐山、内江 4 个二级公司的 216 座加油站划定为辅助保供圈，保供辐射范围延伸至交投中油、中路能源等参控股企业 38 座加油站，通往长宁、兴文、珙县、翠屏等片区公路沿线加油站全部开通抢险救援绿色通道，优先满足应急消防车、120 急救车、电力公司抢险车等车辆、机具加油需求，并免费为救援人员、灾区群众提供饮水、食品等服务。

灾区油品供应平稳，未发生脱销断档情况，公司抗震救灾保供工作受到地方政府及社会各界一致好评，新华社、新京报、半月谈网、经济参考网等主流媒体相继报道公司保供事迹，中国石油央企大写形象得到充分彰显。

长宁地震发生后，珙县等地相继发生 5.1、5.3 级地震和多次余震。公司 69 座库站、27 名员工房屋不同程度受损。为严防余震次生灾害，公司提升警戒等级，要求受灾库站设立警戒线、危险标志，指派专家对所有管线、罩棚等关键部位开展隐患排查，评估受损等级，堵塞安全漏洞。公司坚持以人为本保民生，时刻心系灾区干部员工的冷暖和安危。灾情发生后，紧急调拨照明灯、帐篷、棉被、发电机等应急物资，以及牛奶、面包、矿泉水、方便面等应急食品，免费送达灾区一线，消除员工后顾之忧。

第二节　自然灾害

1990 年 5 月，公司与四川省农业机械管理局联合下达救灾柴油分配指标。四川省内各地均不同程度发生了一些自然灾害，为帮助做好抗灾救灾工作，决定分配 2000 吨救灾柴油。8 月，公司与水利电力部长江流域规划办公室重庆水文总站下达防汛测报用油通知，追加防汛专项用油 30 吨。与四川省防汛抗旱江河管理指挥部下达防汛抢险临时补助油料的通知，汽油 150 吨、柴油 500 吨，用于抢险救灾防汛备料江河堤防水毁工程恢复等项目。10 月，下达补助四川防汛用汽油 170 吨，柴油 400 吨。

1994 年入夏以后，四川省出现 40 年不遇的特大夏旱，干旱持续时间长、范围广、程度重，为建国以来所罕见。面对灾害，公司系统干部职工在四川省委、省政府的领导下，密切配合四川省救灾办和农机局等有关部门，群策群力，坚待“三个不动摇”，认真搞好救灾和农业用油的货源调运和组织供应工作，以实际行动支援工农业生产。为保证旱灾抽水和农业生产用柴油的供应工作，公司随时注意掌握了解灾情的发展变化，及时向中石化销售公司和西北、中南公司汇报灾情，给铁道部发电报，尽力争取有关部门的支持和帮助，全省共调入平价柴油 12 万吨左右，其中救灾油 10800 吨，较好地保证救灾和农业生产的急需。

从 2007 年 12 月初开始，公司精心策划、精心组织，将元旦、春节的市场保供责任、树立大公司形象作为重要工作来抓，采取强有力措施增加资源调运和投入量，确保节日期间不出现断档、脱销、排队加油的现象。落实资源保供应。节日期间出行车辆多，油品需求量较大，保障市场稳定供应，关键是资源要有保障。公司领导带领多路人马分赴西北各炼厂、管道公司及铁路部门组织资源，保证资源充沛、品种齐全。12 月，总经理姚志强提前到中国石油南充炼油化工总厂进行新年拜会，落实资源，并加强与地方盛马化工炼厂的合作力度。目前，已组织专供节日资源 2 万余吨，足以保证全省节日市场供应。为确保节日供油，公司特别细化节日保供预案，成立应急指挥部，各级领导轮流值班，节日期间深入加油站慰问值班员工，并协助解决问题。特别加大对川渝、川陕、川藏、川滇等四川境内的高速公路和中心城区的资源投放量，各加油站实行 24 小时节日油品供应情况信息快速反馈制，及时报送油料贮存、市场供需等情况。为保证全省最偏远的加油站 10 小时内能及时补充资源到位，公司调集 40 多台小额配送车，24 小时待命，确保所属加油站“两节”期间油品充足供应。优质服务树形象。安全和服务是加油站永恒的主题，确保节日安全更能展示中国石油的良好形象。公司未雨绸缪，多次召开专题会议研究部署，节前对所有小额配送车、油库和加油站等相关设施进行拉网式的安全大检查，确保万无一失。同时，以“三保、两好、一满意”为宗旨，加大对进出油品的数质量和价格执行情况的检查力度，保证节日期间供应的油品质优、价稳。

2008 年 7 月，距严冬还有 5 个月的时间，让受灾群众有临时住所成了时不我待的攻坚战。一时间，帐篷、活动板房等各种援建材料以及特种作业机械源源运进四川灾区。为让援建物资以最快速度运往灾区，公司把位于川陕、川渝、川滇等交通要道和通往重灾区道路上的 400 余座加油站，作为援建物资保供站，开辟绿色通道，优先保障所有运送重建物资的车辆随来随加，并在加油站出入口摆放明显标志，免费为客户提供加水、药品供应等服务。为防止供油出现盲点，公司还精心绘制雅安至汶川、绵广高速等重要干线的加油路线图，标示加油站联系电话，在沿线加油站张贴和散发。

2010 年 8 月，四川连续强降雨引发 75 处大规模地质灾害，死亡 16 人，失踪 66 人，39.4 万人因灾转移。灾情发生后，四川销售迅速启动重大自然灾害 1 级应急预案，号召全体员工发扬“山塌路断油不断”的抗震救灾精神，坚守岗位，连续作战，全力确保抗洪救灾用油，确保所属油库、加油站不发生安全事故和环境污染事件。

8 月 19 日，兰成渝管道主线因灾停输，宝成铁路下行线石亭江段损毁后改为单线运行。在集团公司、销售公司领导的要求下，紧急调油入川，铁路发运计划由原 4.9 万吨 / 月增加到 10 万吨 / 月。西北销售公司 102 油库 6000 吨柴油全部留在四川。南充炼厂原油加工量提高到 3700 吨

/ 日，全力以赴增产保供。协调陕西延长等地方炼厂，增大公路发运量。协调国家发改委，在必要时动用国家储备局四川江油油库和重庆黄谦油库资源，加紧检修加固兰成渝管道，重点确保四川抗洪抢险用油。8 月 22 日，成都、德阳、绵阳、广元、岷江（辖阿坝州、都江堰、彭州）等灾区单位汽柴油库存 8.63 万吨，占库存总量的 41%，可确保 15 天供应量。同时，调集汽柴油 3000 吨从甘肃绕道运入阿坝州保障救灾和维稳工作用油，在都江堰储备 200 吨油品保障龙池、映秀及国道 213 县 16 个救灾点用油需求，安排 200 吨油品发往九寨沟旅游环线保障道路抢通用油，并在蒲江、绵竹以及地质灾害易发区储备充足救灾油品。

灾情发生后，公司有 79 座加油站不同程度进水，3 座油库部分被水淹，数百座加油站处于地质灾害易发区。公司为确保员工及生产作业安全，防止发生水污染等次生事故，细化公司、油库、加油站三级防污染、防泄漏、防洪、防泥石流应急预案，加强预案的实战演练，并根据灾情动态提前制定油库、加油站、办公区和生活区的人员转移路线图。当财产安全和人员安全发生冲突时，首先确保人员安全。进一步强化重点部位的监控力度，对有可能被淹没的油库、加油站提前采取断电、封堵油罐量油口、关闭阀门等防范措施，防止油料泄漏引发次生事故。停止加油船营业，制定并落实停止营运、防洪抗灾的应急措施，确保加油船不发生倾覆、不发生油品泄漏事故。应急物资按照集中采办和就地采办相结合的方式保障救灾急需，有员工因灾转移的单位妥善做好员工及家属的安置工作。

四川销售抗洪救灾工作得到中共四川省委、省政府领导的充分肯定。四川省委书记刘奇葆在前往重灾区绵竹清平时专门慰问和感谢战斗在一线的中石油员工。四川省委副书记在一线视察时称赞："中国石油油品保障工作做得好，为抢通'生命线'提供了宝贵的'生命油'。"

2010 年，四川全省旱情严重。公司向四川省抗旱办和地方政府汇报公司抗旱救灾工作和资源储备情况，积极为地方政府分忧解难；加大资源调入力度，积极协调铁路、管道等部门，1—3 月累计调入油品 140 多万吨，库存增加至 37 万吨以上，优先保障攀枝花、凉山等旱情重灾区的油品供应，一季度累计向攀西地区调运油品 7.55 万吨；开展送油下乡支持抗旱救灾和农业生产，组织 200 多台次小额配送车深入抗旱现场和田间地头，为水利工程建设、农业灌溉等现场加油 300 余吨。

第二章　扶贫帮困

第一节　旭航助学

2008—2014年，公司向257名员工送去“金秋助学”金，先后投入200多万元，解决一大批困难家庭子女上学难问题，兑现公司“不让一名困难员工子女因家庭经济困难而失学”的庄重承诺。在总结以往成功经验的基础上，加大工作力度，使“金秋助学”活动更见成效。为全面、准确地掌握困难员工家庭及子女上学情况，将助学金真正发放给最需要帮扶的对象。各二级公司工会积极响应，及时按九年义务教育、高中和高中应届毕业生3个层次对本单位困难员工子女就学情况进行摸底，做到“四个弄清”，即弄清享受低保的困难员工子女数，弄清伤、病、残、意外灾害困难员工子女数，弄清单亲家庭造成困难的员工子女数，弄清其他原因造成的员工困难的子女数，并逐一建立困难员工档案，确保助学对象的准确性。与此同时，部分二级公司工会还扩大助学对象，从帮扶资金中拨出一定资金，对部分享受政府优惠政策后经济及就业等方面仍有困难的应届、往届高校毕业生发放求职补贴。

2015年5月，中国石油“旭航”助学自主公益项目“一升油、一生情”主题活动，在成品油公司元华加油站、成都公司金牛坝加油站进行试点，活动正式在四川地区启动。集团公司办公厅副主任李荡，销售公司副总经理张宏及总部相关部门负责人，公司总经理付斌、助理级领导及相关处室、单位负责人，到元华加油站参加启动仪式。“旭航”助学是集团公司开展的爱心公益活动，旨在资助贫困高中生完成学业。8月，中国石油“旭航”助学项目（四川）奖学金发放仪式在巴中市通江县通江中学举行。在奖学金发放仪式中，44名考取二本以上的高三毕业生优先受益，每人获赠奖学金5000元。

2016年5月，中国石油“旭航”助学项目“一升油、一生情”公益活动，在岷江公司迎宾加油站和巴中公司东兴加油站相继启动。“旭航”助学项目是中国石油与中国扶贫基金会共同发起的专注于教育领域的公益项目，通过学习生活方面的资助，帮助贫困学生完成学业。

2019年，公司继续实施“旭航”助学。全年投入资金150万元，资助贫困高中生450名。开展高考志愿服务活动，《中国石油商报》派出记者全程报道，河北、青海等5家销售公司到现场观摩，学习交流经验。

第二节 专项扶贫

2015年7月，公司下发《关于同意拨付攀枝花公司民胜村对口帮扶资金的批复》的通知。批复结果为：同意从省公司2015年度对外捐赠资金预算中拨付10万元，用于攀枝花市国胜乡民胜村的扶贫帮困工作。8月7日，公司下发《关于同意拨付巴中公司精准扶贫资金的批复》的通知。批复结果为：同意从省公司2015年度对外捐赠资金预算中拨付20万元，用于巴中市恩阳区石梁子村、通江县毛浴乡川云村、恩阳区舞凤乡鸡山村、平昌喜神乡社口村的扶贫帮困工作。

2016年6月，公司下发《关于同意拨付凉山公司精准扶贫资金的批复》的通知，同意从省公司2016年度对外捐赠资金预算中拨付10万元，用于凉山州宁南县倮格乡梨树村的扶贫帮困工作。8月，公司下发《关于同意拨付岷江公司精准扶贫资金的批复》的通知，同意从省公司2016年度对外捐赠资金预算中拨付60万元，用于若尔盖县毕岗村的扶贫帮困工作。9月，公司下发《关于同意拨付巴中公司精准扶贫资金的批复》的通知，同意从省公司2016年度对外捐赠资金预算中拨付20万元，用于巴中市恩阳区石梁子村、恩阳区鸡山村、通江县川云村、平昌县社口村等4个贫困村的精准扶贫工作。10月，公司下发《关于同意拨付达州公司精准扶贫资金的批复》的通知，同意从省公司2016年度对外捐赠资金预算中拨付10万元，用于达州市庙坡乡大坪溪村的精准扶贫工作。

2017年5月，公司下发《关于同意拨付攀枝花公司精准扶贫资金的批复》的通知，同意从省公司2017年度对外捐赠资金预算中拨付10万元，用于攀枝花市盐边县新建村和小槽村的精准扶贫工作。下发《关于同意拨付雅安公司精准扶贫资金的批复》的通知，同意从省公司2017年度对外捐赠资金预算中拨付7万元，用于雅安市雨城区南郊乡太源村的精准扶贫工作。6月，公司下发《关于同意拨付广安公司精准扶贫资金的批复》的通知，同意从省公司2017年度对外捐赠资金预算中拨付10万元，用于广安市邻水县梁板乡曙光村、岳池县大佛乡凤凰村的精准扶贫工作。7月，公司下发《关于同意拨付广元公司精准扶贫资金的批复》的通知，同意从省公司2017年度对外捐赠资金预算中拨付10万元，用于广元市苍溪县元坝镇上石村、高桥村、铜鼓村等贫困村的精准扶贫工作。8月，公司下发《关于同意拨付岷江公司精准扶贫资金的批复》的通知，同意从省公司2017年度对外捐赠资金预算中拨付50万元，用于阿坝州若尔盖县夏德村的精准扶贫工作。8月，公司下发《关于同意拨付达州公司精准扶贫资金的批复》的通知，同意从省公司2017年度对外捐赠资金预算中拨付10万元，用于达州万源市庙坡乡大坪溪村的精准扶贫工作。

2018年2月，公司印发《专项扶贫项目资金管理暂行办法》，对项目及资金申报的范围、规格、步骤等提出明确要求，确保所选项目符合实际、切实需要、能够给当地群众带来实惠。7月，公司召开总经理办公例会，专题研究对外捐赠有关事宜。会议同意拨付凉山公司30万元、巴中公司10万元、广元公司10万元、达州公司10万元、宜宾公司5万元、绵阳公司6.5万元、自贡公司5万元、遂宁公司20万元、甘孜公司5万元，用于各地的精准扶贫工作任务，总计101.5万元。

2019年，公司重点关注深度贫困地区的帮扶项目，全年向12家二级公司拨款198万元，雅安瓦子村知青文化旅游打造、宜宾龙宝村肉羊养殖等一批产业项目顺利落地。积极做好对口帮扶，向若尔盖县毕岗村投入资金40万元，用于修建溶洞景区生产生活便道，助力旅游发展。关怀困难群众，春节前夕为贫困户送去米、面、油等生活用品，向毕岗村捐赠260件棉大衣，向占哇乡中心小学捐赠一批文化体育用品。

第三章　企地共建

1989年8月，中共南充地委、南充地区行政公署向公司致感谢信。1989年7月，南充遭受特大暴雨，降雨达400—500毫米，损失严重，感谢公司在抗灾救灾中亲切关怀慰问、支持和帮助。

2006年9月，四川省委副书记、省长张中伟在省委常委会议室召开会议，研究四川经济社会发展油气保障及中油在川企业发展和项目建设等有关事宜。四川省委副书记甘道明，省委常委、秘书长、办公厅主任晏永和，副省长王怀臣，省政府秘书长、办公厅主任王东洲，省委副秘书长颜家瑾和省政府有关部门领导出席会议。中国石油四川销售分公司党委书记、副总经理胡兴东，党委副书记叶学胜、总会计师刘华治参加会议。会议听取中国石油在川部分企业的工作汇报，对企业提出的问题进行研究，其中对切实保障全省成品油市场安全稳定供应、高速公路加油站建设、成都至乐山成品油分输管道建设等问题进行研究。会议要求四川省级有关部门要大力支持中国石油在川企业的发展，积极协调解决企业生产经营中存在的困难和问题，努力创造良好环境。

是年，公司按照四川省委、省政府及各地方党委、政府和有关部门的要求，积极支持四川省新农村建设和实施工业强省战略，在成品油供应方面做了大量工作，提出“五保一兼顾”的供应办法（保证农村用油、保证工矿企业和重点单位重点工程用油、保证大中城市中心城区用油、保证抗旱救灾用油、保证自有加油站敞开供应、兼顾其他）。

2007年，根据《四川省政府关于印发〈四川省大企业大集团工作实施意见〉的通知》（川府发〔2007〕27号）和《四川省培育大企业大集团联系会议办公室关于开展大企业大集团培育申报工作的通知》的要求，四川销售公司对照申报条件认真进行自我评价。经评价后符合四川省大企业大集团申报条件，向四川省大企业大集团联系会议办公室申报作为四川省大企业大集团培育对象。

是年，国内成品油资源紧张，四川成品油市场供应出现严峻局面，引起各级地方党政的高度关注。公司在集团公司、股份公司和销售公司的大力支持下，经过全公司干部员工的共同努力，使四川成品油市场供应趋于好转，受到四川省委、省政府和各级地方党委、政府的高度评价。四川省委书记杜青林、省长蒋巨峰、副省长黄彦蓉分别作出批示，对四川销售公司对稳定市场供应所做的工作表示肯定和感谢。

8月，四川省人民政府副省长黄彦蓉在省政府会议室听取中国石油四川销售分公司领导班子的工作汇报。黄彦蓉在听取汇报后，对四川销售公司的工作给予充分肯定，并寄予殷切希望。黄彦蓉提出，四川销售公司为四川经济发展、人民生活水平提升做出巨大的贡献，目前发展状况很好，发展理念、发展思路和发展效果都符合中央提出的坚持科学发展观、构建和谐社会的主题，四川迎来新一轮的发展，希望公司与四川携手共谋发展。11 月，公司在成都召开与四川省重大项目重点企业心连心联谊座谈会上，通报当前成品油供应紧张情况及原因，宣传供应政策，对事关四川经济发展、社会和谐稳定的重点用户的供应政策，听取重点用户对当前四川销售成品油供应服务工作的意见和要求。

2008 年，四川省先后出现从未有过的柴油供应紧张局面，川南、攀西、川北等地区又遭遇 50 年不遇的冰冻雨雪灾害。面对供应危机和冰冻雨雪灾害，公司各单位按照工作部署，认真落实“保障平稳供应责任状”要求，密切配合，精细制订供应方案，强化现场秩序维护，确保去冬今春省内市场的安全平稳供应和抗灾救灾油品需要，充分履行“三大责任”，受到省、市各级党委政府和社会公众的高度赞誉，树立中国石油的良好形象，公司荣获中国石油销售公司“保供工作先进单位”称号。

8—9 月，公司累计销售柴油 20.8 万吨，满足秋收农用机具的用油。交通要道专线供。汶川特大地震后，四川迎来一个难得的粮食大丰收。8 月中旬以后，来自安徽、江苏、河南等地近万辆联合收割机蜂拥入川。公司及早安排，位于川陕、川渝、川滇等出入川交通要道的加油站，及时开辟绿色通道，优先保障所有农用机具随来随加，并在加油站出入口摆放显著标志，免费为跨区作业的收割机手提供加水、药品供应等服务。

2011 年，针对四川“柴油荒”的传闻，公司提出坚持以社会责任为先，结合实际库存，筹措后续资源。通过争取增大兰成渝管输量、增大西北铁路运输量、从广西石化增供三大措施，增加 4 万吨的柴油供应量，申请到 1.7 万吨国储油资源投放市场，稳定供应。

2014 年，公司深入贯彻落实中央提出的“四个全面”战略部署，选派四川销售巴中分公司通江片区支部书记何忠林到四川省巴中市通江县毛浴镇川云村任第一书记职务。

2015 年，公司选派四川销售巴中分公司平昌片区支部书记李景平到四川省巴中市平昌县喜神乡社口村任职第一书记；选派四川销售广元分公司苍溪片区客户经理罗松德到四川省广元市苍溪县元坝镇照观村任职第一书记；选派广元销售分公司苍溪片区副经理赵启山到四川省广元市苍溪县元坝镇土门村任职第一书记。

2016 年，公司选派四川销售巴中分公司营销科科长、离退休支部书记邓渝到四川省巴中市明阳镇石梁子村任职第一书记。

2017 年，公司选派四川销售巴中分公司党群科科员杜晓峰到四川省巴中市舞凤乡鸡山村任职第一书记。

2018 年 5 月，公司召开总经理办公例会，专题研究对外捐赠有关事宜。会议同意向岷江公司拨付专项资金 43.5 万元，用于帮助公司精准扶贫工作联系点——若尔盖县占哇乡毕岗村发展藏香猪养殖，完善旅游服务中心后续配套设施、特困户俄尖作玛居住环境改善等项目；拟向资阳公司拨付专项资金 5 万元，用于帮助资阳市乐至县大佛镇抗旱减灾和解决居民基本生活用水问题。10 月，公司总经理刘建明、党委书记孙晓岗一行到对口帮扶联系点若尔盖县占哇乡调研慰问，并参加占哇乡毕岗村乡村旅游服务中心揭牌仪式和扶贫帮困座谈会。座谈会及挂牌仪式上，占哇乡党委书记介绍中石油四川销售扶贫项目的推进情况，四川销售积极做好扶贫资金落实和扶贫干部驻村帮扶等工作，毕岗村旅游基础设施建设、产业发展、就业帮扶等收到良好成效。

2019 年，公司选派成都销售分公司内控审计监察科（纪委办）副科长罗熠到阿坝州若尔盖县麦溪乡泽修村任职第一书记；选派遂宁销售分公司营销管理科科长兼团委书记罗佳棋到阿坝州若尔盖县嫩哇乡塔哇村任职第一书记。

是年，公司在阿坝州若尔盖县中学、巴中市通江县中学和凉山州冕宁县中学分别设立服务点，组织青年志愿者为广大考生和家长提供现场服务。针对部分考生住家较远、交通不便的困难，公司开展爱心车队服务行动，免费接送考生 400 余人次。阿坝、巴中和凉山州所属加油站以“一升油・一生情”为主题，开展“旭航”助学宣传活动。中国扶贫基金会和《石油商报》派出记者，全程跟踪采访公司在若尔盖县的志愿服务活动。若尔盖县电视台、《凉山日报》等地方媒体，也对活动开展情况进行报道。

表 10-1 所示为四川销售公司选派驻村第一书记信息统计情况。

表 10-1 四川销售公司选派驻村第一书记信息统计表

姓名	性别	年龄	原岗位及职务	原职级	派驻地
罗佳棋	男	32	遂宁销售分公司营销管理科科长兼团委书记	科级	若尔盖县嫩哇乡塔哇村
罗　熠	男	32	成都销售分公司内控审计监察科（纪委办）副科长（主持工作）	副科级	若尔盖县麦溪乡泽修村
邓　渝	男	51	四川销售巴中分公司营销科科长、离退休支部书记	科级	巴中市明阳镇石梁子村
杜晓峰	男	49	四川销售巴中分公司党群科科员	无	巴中市舞凤乡鸡山村
何忠林	男	45	四川销售巴中分公司通江片区支部书记、副经理	科级	巴中市通江县毛浴镇川云村
李景平	男	52	四川销售巴中分公司平昌片区支部书记、副经理	科级	巴中市平昌县喜神乡社口村
罗松德	男	44	四川销售广元分公司苍溪片区客户经理	科级	广元市苍溪县元坝镇照观村
赵启山	男	45	广元销售分公司苍溪片区副经理	副科级	广元市苍溪县元坝镇土门村

中国石油四川销售公司志

1989—2019

（下）

中国石油四川销售公司　编

石油工業出版社

图书在版编目（CIP）数据

中国石油四川销售公司志：1989-2019/ 中国石油四川销售公司编. —北京：石油工业出版社，2022.7

ISBN 978-7-5183-5069-8

Ⅰ.①中… Ⅱ.①中… Ⅲ.①石油销售企业-概况-四川-1989-2019 Ⅳ.①F426.22

中国版本图书馆CIP数据核字（2021）第 249000 号

中国石油四川销售公司志 1989—2019

ZHONGGUO SHIYOU SICHUAN XIAOSHOU GONGSI ZHI 1989—2019

出版发行：石油工业出版社

（北京安定门外安华里 2 区 1 号楼 100011）

网 址：http://www.petropub.com

图书营销中心：（010）64523731

编辑部：（010）64523591

经 销：全国新华书店

印 刷：北京中石油彩色印刷有限责任公司

2022 年 7 月第 1 版 2022 年 7 月第 1 次印刷

889 × 1194毫米 开本：1/16 印张：78.75 插页：28

字数：2000千字

定价（上、下册）：358.00元

（如出现印装质量问题，请与图书营销中心联系）

《中国石油四川销售公司志 1989—2019》

编纂委员会

编纂工作委员会办公室

编纂工作组

组　　长：林　辉　周运华

副 组 长：张　毓　王志勇

成　　员：吕鹏飞　刘书良　赵梦焰　缪　君　吴冰洁　邓　佳　李清秀
姚　娜　陈　晶　赵若杉　唐　佳　曾　宇　陈　亮

特邀专家：熊江华

特邀顾问：杨顺成　胡兴东　姚志强　田玉军

参编人员名录

宛　磊　罗　强　李鸿霞　周祚丞　黎　兴　陈晓瑞　石小雷　梁利军　杨　浩
黄文斌　姚　琦　隆　涛　赵百川　王雪莲　刘　洪　侯婧怡　解　冬　郑雅文
邓佩琳　刘海霞　尹华夏　逯环宇　李　超　徐　芃　梁　劼　薛智科　丁　军
宣然春　张　英　吴俊梅　邱丽惠　唐　建　宋　庆　韦　刚　朱家龙　张　勇
尹恒博　陈　茜　胡俊文　刘　莹　倪红丽　曾　妍　罗　鸣　万春晖　李　夏
周子牛　祝秋雨　谢明华　李灿辉　魏丽莎　秦玉松　康成炜　蒋　阳　刘佑玲
刘俪霞　罗　英　唐金凤　舒圆圆　孟颖秋　钟　琴　范成华　伍　娟　胡凤琴
何　薇　杨雪莹　何宇冰　李　勇　张　进　余玖龙　曹　阳　彭薇琳　罗祺舰
黄　丹　赵廷伟　何　佳　杜泽明　凌　莉　黄　娇　邓超龄　郭　希　马　成
袁素兰　冯　铭　徐纯涛　唐　锐　邹　霞　余劲松　谭永玲　冯　姝　丁光斌
陈应龙　闻静珊　吕　飒　张黎明　王亚光　邓文华　赖　祥　张咏梅　朱　荣
唐钰涵　汤　潇　游　芳　熊伟霖　王　颖　王俊杰　石小强　赵忠林　张　茜
王成祥　郑　勇　冯　彬　林　书　彭淑英　龚建鸿　郑常华　刘　旬　何仙仙
沈光强　赵晓姝　刘显明　吴燕飞　牟　静　赵小丹　周　玲　丁　伟　张　杰
李宁杰　万　蓉　王蔼婷　吴双全　何水鑫　熊　晗　赵紫芳　张雨琪　石维通
王晓燕　杨从强　肖立君　沈　冬　曹　远　张　奎　肖春梅　李　滔　谭卫东
曹　巍　蒋承斌　李华安　侯　伟　陈　艳　王　欣　张　晓　龙　斌　邓　鹏
王秋月　王　菲　袁晓涵　鄢维清　谢雨杭　刘寅莹　周雅琼　袁　娅　梁晓磊
杨　洋　刘　涛　白　芸　宋　勇　杜　娟　唐　恬　彭新竹　杨　汉　杨　倩
李康强　王倩茹　李　睿　段春燕　邱润娥　刘宏生　李亚萍　罗　浩　余　蔚
陈　剑　苏畅川　吴　曦　杜　玲　刘淑玲　何山美　郭陈琦　舒　娟　马朝辉
刘　艳　朱　斌　刘湘瑜　钟能昭　黎　莉　王怡娟　刘小峰　彭玉婷　刘　晋
夏思雨　黄雅睿　马成琦　张　婷（大）　张　婷（小）　周　涛　陈　娟
付川夏　张　清　武　玄　海雪柳　郭　璇　聂　凡　李　珂　李佳纯

凡 例

一、《中国石油四川销售公司志 1989—2019》坚持以马列主义、毛泽东思想、邓小平理论、“三个代表”重要思想、科学发展观和习近平新时代中国特色社会主义思想为指导，坚持辩证唯物主义和历史唯物主义立场、观点和方法，按照“实事求是”的原则和“广征、核准、精编、严审”的工作方针，真实、客观、全面地记录公司发展历史与现状，为公司高质量稳健发展提供科学依据和历史借鉴。

二、本志是第二部全面、系统记载公司发展历程的志书（第一部志书《四川省石油公司志 1952—1988》于 1990 年 11 月编纂完成，1992 年印刷），记事追溯至公司始建之初，上限起于 1989 年 1 月 1 日，下限止于 2019 年 12 月 31 日，个别发生在断限内的内容视情况适当上溯。

三、本志以述、记、志、传、图、表、录为框架，由篇、章、节、目四个逻辑层次构成，全志设 12 篇、49 章、215 节，志首列有序言、凡例、插图、总述、大事记，志末附有附录和后记，以总述为纲，以大事记为经，以各篇为纬，横列门类，纵述史实。根据内容需要，宜文则文，宜图则图，宜表则表，以求文图并茂。

四、本志地名均依当地地图标准称谓或当地习惯称呼。度量衡单位按照国务院 1984 年 2 月发布的《中华人民共和国法定计量单位》执行。文字用法，按 1986 年 10 月 10 日国家语言工作委员会重新公布的《简化字总表》执行。数字用法，以国家标准化管理委员会 2011 年发布的《出版物上数字用法的规定》为准。标点符号，按照 2012 年 6 月 1 日实施的《中华人民共和国标点符号用法》使用。

五、本志中“集团公司”指代“中国石油天然气集团公司”“中国石油天然气集团有限公司”，“股份公司”指代“中国石油天然气股份有限公司”，“销售公司”指代“中国石油销售总公司”“中国石油天然气股份有限公司炼油与销售分公司”“中国石油天然气股份有限公司销售分公司”，“四川销售公司”指代“中国石油天然气股份有限公司四川销售公司”“中国石油天然气股份有限公司四川销售分公司”。因公司在发展过程中名称多次变更，为简练文字，除大事记和组织机构使用全称或简称外，其余各篇章节若叙述中不产生歧义，原则上统一使用“公司”或“省公司”简称。

六、人物及荣誉篇主要收录自公司成立以来历任党政主要领导任职简介，公司 1989—2019 年获省部级以上主要荣誉及事迹突出、有较大影响的先进模范人物简介。

七、本志收录文献多为全文照录，重点收录涉及公司机构成立及调整的重要文件，部分在集团公司、销售公司重要会议上的发言材料、经验交流材料。

八、本志内容力求真实准确、全面客观，符合历史本来面目，所有内容均来源于公司档案和机关处室、二级公司提供的资料，志书内容及各项数据均由相关处室核实确认后予以采用。

九、本志中涉及的干部任免、任职时间均依据正式文件编录，少数干部的实际任命职务、实际履职时间等信息与正式文件内容不一致时，均以正式文件为准。

序

时光荏苒，见证创业画卷；岁月如歌，谱写壮丽诗篇。1952 年 9 月，伴随着新中国火热建设的雷鸣战鼓，四川省石油公司应运而生。70 年来，公司历届领导班子团结带领全体干部员工大力弘扬石油精神，前赴后继、薪火传承，果敢担负起“我为祖国献石油”的光荣使命，成功走过了“艰苦创业夯基础、改革开放创新路、融入中油大发展”三段不平凡的发展之路，毅然奏响了一曲曲荡气回肠的奋斗赞歌。

回望昨天，贵在总结；奋斗今天，矢志超越。70 年砥砺奋进，公司年销量从成立之初的 1.2 万吨成功跃上千万吨，建成中国石油首个千万吨级销售企业；加油站网点从零起步，历史性突破 2280 座，用 43% 的网络占比保障了全川 70% 的供油任务；新能源、新业务发展快速起步，形成了多点多极支撑的良好格局；“五个企业”建设成效明显，员工群众幸福感、获得感、安全感进一步提升。70 年的川销发展历程，演绎的是一部创业史诗，谱写的是一曲奋斗篇章，描绘的是一幅壮美画卷，需要予以翔实地记载与传承。

“挥毫泼墨学羲献，篆刻赋诗写春秋”，盛世修志是中国优秀的文化传统。时值公司 70 周年之际，为缅怀四川销售公司 1989 年以来这段激情燃烧的峥嵘岁月，致敬为公司发展挥洒热血的新老员工，记录公司 30 年来不平凡的奋斗之路，公司党委启动《中国石油四川销售公司志（1989—2019）》编纂工作，历经两年时间，全面完成此项工作。在此，向所有关心、支持修志的领导和同志们致以诚挚的敬意，向付出辛勤努力的全体编撰人员表示衷心的感谢！

“以史为镜，可以知兴替”。我们走过了70年的光辉岁月，创造了不平凡的工作业绩。当前，新时代、新征程的奋进号角激荡人心，再出发、接续干的壮阔航程风鹏正举，我们的事业方兴未艾、我们的未来光明可期。希望全体干部员工要以史为荣、以史为鉴、以史定辙，继承和发扬四川销售公司优良传统，坚持以习近平新时代中国特色社会主义思想为指导，深入践行“中国石油是党的中国石油、国家的中国石油、人民的中国石油”企业定位，坚定公司“11356”治企规划不动摇，奋勇开创四川销售公司高质量发展新局面，为集团公司建设基业长青的世界一流企业贡献力量！

中国石油四川销售公司

执行董事、党委书记

2022年7月

目　录

上　册

总　述……1
大事记……7

第一篇　组织机构

第一章　中国石油公司四川省公司……47
第一节　新中国成立前四川石油市场概况……47
第二节　新中国成立后四川石油市场概况……48
第三节　中国石油公司四川省公司成立……49
第二章　四川省石油公司……56
第一节　领导机构……56
第二节　群团组织……59
第三节　机关部门……60
第四节　二级单位……64
第三章　四川省石油总公司……66
第一节　领导机构……66
第二节　群团组织……71
第三节　机关部门……72
第四节　二级单位……75
第四章　四川省石油集团有限公司……77
第一节　领导机构……77
第二节　群团组织……85
第三节　机关部门……87
第四节　二级单位……90

第五章　中国石油天然气股份有限公司四川销售公司 …… 95
第一节　领导机构 …… 95
第二节　群团组织 …… 97
第三节　机关部门 …… 98
第四节　二级单位 …… 99
第六章　中国石油天然气股份有限公司四川销售分公司 …… 100
第一节　领导机构 …… 100
第二节　群团组织 …… 121
第三节　机关部门 …… 124
第四节　二级单位 …… 140

第二篇　成品油资源

第一章　成品油调运 …… 149
第一节　成品油资源运输 …… 149
第二节　成品油物流优化 …… 163
第二章　成品油仓储 …… 166
第一节　仓储发展 …… 166
第二节　在营油库 …… 167
第三节　油库收存发管理 …… 178
第四节　数量质量监督管理 …… 181
第三章　成品油配送 …… 188
第一节　配送运行 …… 188
第二节　公路配送管理 …… 191

第三篇　成品油销售

第一章　体制机制 …… 201
第一节　流通体制 …… 201
第二节　营销机制 …… 202
第二章　批发与直销业务 …… 205
第一节　批发和直销业务发展 …… 205
第二节　批直客户管理 …… 211
第三节　客户经理管理 …… 214

第三章 零售业务……218
第一节 零售业务发展……218
第二节 加油卡业务……225
第三节 零售运营优化……229
第四节 零售客户管理……244
第四章 销售基础工作……250
第一节 价格管理……250
第二节 市场情报……254
第三节 营销工具平台……256
第四节 销售考核激励……260
第五章 加油站管理……263
第一节 加油站规范管理……263
第二节 加油站服务管理……269
第三节 星（吨）级加油站培育……278

第四篇 非油品经营

第一章 非油经营体制……293
第一节 非油品公司……293
第二节 非油处 + 非油运作中心……294
第二章 非油商品购存管理……297
第一节 商品采购与配送……297
第二节 中央仓建设……300
第三节 便利店建设……304
第三章 非油品销售……308
第一节 润滑油和化工小产品销售……308
第二节 便利店商品销售……310
第三节 广告汽服业务……314
第四节 自有产品开发……317

第五篇 新零售业务

第一章 机制体制……323
第一节 创新实验室……323

第二节　数据中心 …… 324
第三节　新零售运作部 …… 324
第二章　新零售企业建设 …… 326
第一节　建设核心 …… 326
第二节　建设路径 …… 327
第三章　线上平台 …… 330
第一节　“中油优途”项目 …… 330
第二节　其他线上项目 …… 333
第四章　线下渠道 …… 336
第一节　“智慧加油站”项目 …… 336
第二节　形象大使“油优”项目 …… 341
第三节　移动公司合作 …… 343
第四节　中油九洲北斗 …… 343
第五节　ETC 卡业务 …… 344
第六节　1919 联营店 …… 345

第六篇　网络开发与建设

第一章　网络开发管理 …… 349
第一节　开发权限 …… 349
第二节　开发程序 …… 351
第三节　开发模式 …… 354
第四节　开发后评价 …… 356
第二章　规划计划管理 …… 360
第一节　规划管理 …… 360
第二节　计划管理 …… 363
第三章　工程建设管理 …… 367
第一节　制度与流程 …… 367
第二节　设计与造价 …… 369
第三节　招标与采购 …… 370
第四节　安全与质量 …… 372
第五节　工期与承包商 …… 373
第四章　建设项目 …… 375
第一节　新增及改扩建加油（气）项目 …… 375

第二节 重点工程项目 …… 381

第七篇 质量安全环保管理

第一章 体系建设 …… 387
第一节 HSE 体系 …… 387
第二节 质量管理体系 …… 398
第二章 安全环保管理 …… 401
第一节 安全教育 …… 401
第二节 风险管理 …… 402
第三节 隐患管理 …… 405
第四节 应急管理 …… 408
第五节 安全监督 …… 413
第六节 环境保护 …… 415
第七节 职业健康 …… 416
第八节 节能节水 …… 417
第九节 安保基金 …… 419
第三章 质量管理 …… 420
第一节 化验室建设 …… 420
第二节 成品油进销存质量管理 …… 421
第三节 质量纠纷管理 …… 424
第四节 质量监督 …… 425
第四章 计量管理 …… 427
第一节 计量交接 …… 427
第二节 检定工作 …… 429
第三节 损耗管理 …… 432
第四节 计量监督 …… 434

第八篇 企业管理

第一章 发展与改革 …… 439
第一节 发展战略与目标 …… 439
第二节 石油产品经营管理体制改革 …… 448
第三节 承包经营责任制 …… 449

第四节 现代企业制度试点 …… 450
第五节 集团化改制 …… 452
第六节 县级子公司改革 …… 455
第七节 划归中国石油集团 …… 457
第八节 重组改制 …… 460
第九节 存续企业重组 …… 464
第二章 财务管理 …… 467
第一节 预算管理 …… 467
第二节 会计核算 …… 473
第三节 资金管理 …… 478
第四节 资产管理 …… 484
第五节 税务管理 …… 488
第六节 财务信息化 …… 492
第七节 财务稽查 …… 494
第三章 人力资源管理 …… 496
第一节 劳动用工 …… 496
第二节 绩效考核 …… 504
第三节 薪酬分配 …… 510
第四节 社会保险 …… 514
第五节 员工培训 …… 516
第六节 干部管理 …… 530
第七节 离退休及存续管理 …… 534
第四章 信息化建设 …… 541
第一节 信息管理机制体制 …… 541
第二节 信息网络（硬件）建设 …… 544
第三节 信息系统建设 …… 547
第四节 信息维护及安全 …… 554
第五章 企管法规 …… 558
第一节 制度建设 …… 558
第二节 法律管理 …… 561
第三节 合同管理 …… 567
第四节 证照标识管理 …… 569
第五节 管理创新 …… 573
第六节 股权管理 …… 576

第六章 企业文化 …… 583
第一节 企业文化建设 …… 583
第二节 新闻宣传 …… 585
第七章 行政后勤 …… 590
第一节 行政工作 …… 590
第二节 后勤事务 …… 605

第九篇 政治工作

第一章 党组织建设 …… 621
第一节 基层党组织建设 …… 621
第二节 党员管理 …… 625
第三节 领导班子建设 …… 627
第二章 思想政治建设 …… 634
第一节 思想建设 …… 634
第二节 政治理论学习 …… 639
第三节 主题教育 …… 643
第三章 纪检监察与审计 …… 646
第一节 纪检监察 …… 646
第二节 审计工作 …… 660
第四章 群团工作 …… 666
第一节 工会工作 …… 666
第二节 共青团工作 …… 674

第十篇 社会责任

第一章 保供救灾 …… 683
第一节 抗震救灾 …… 683
第二节 自然灾害 …… 688
第二章 扶贫帮困 …… 691
第一节 旭航助学 …… 691
第二节 专项扶贫 …… 692
第三章 企地共建 …… 694

下　册

第十一篇　二级分公司及股权企业

第一章　二级分公司 …… 699
第一节　成都分公司 …… 699
第二节　成品油分公司 …… 715
第三节　自贡分公司 …… 726
第四节　攀枝花分公司 …… 750
第五节　泸州分公司 …… 769
第六节　德阳分公司 …… 782
第七节　绵阳分公司 …… 793
第八节　广元分公司 …… 804
第九节　遂宁分公司 …… 817
第十节　内江分公司 …… 826
第十一节　乐山分公司 …… 839
第十二节　南充分公司 …… 847
第十三节　宜宾分公司 …… 862
第十四节　广安分公司 …… 877
第十五节　达州分公司 …… 886
第十六节　巴中分公司 …… 903
第十七节　雅安分公司 …… 912
第十八节　眉山分公司 …… 928
第十九节　资阳分公司 …… 946
第二十节　岷江分公司 …… 961
第二十一节　甘孜分公司 …… 972
第二十二节　凉山分公司 …… 984
第二十三节　非油品分公司 …… 999
第二十四节　仓储分公司 …… 1001
第二十五节　油料分公司 …… 1008
第二十六节　房产管理公司 …… 1021
第二十七节　成都深国贸物业管理有限公司 …… 1023

第二十八节　四川省石油集团成都有限公司 …… 1024
第二十九节　成都七〇〇五油库 …… 1029
第二章　直管股权企业 …… 1031
第一节　四川蜀兴宝石花石油工程设计有限公司 …… 1031
第二节　四川中路能源有限公司 …… 1033
第三节　中石油四川铁投能源有限责任公司 …… 1035
第四节　四川交投中油能源有限公司 …… 1038
第五节　成都天投中油能源有限公司 …… 1041
第六节　四川中油九洲北斗科技能源有限公司 …… 1042
第七节　四川中油元通科技发展有限公司 …… 1044
第三章　二级公司托管股权企业 …… 1045
第一节　成都中油能源有限公司 …… 1045
第二节　四川川油长运油品销售有限责任公司 …… 1046
第三节　广元市石油有限公司 …… 1047
第四节　宜宾中港能源有限责任公司 …… 1049
第五节　四川省巴中市中运能源有限公司 …… 1050
第四章　二级分公司全管企业 …… 1051
第一节　成都分公司全管企业 …… 1051
第二节　成品油分公司全管企业 …… 1055
第三节　攀枝花分公司全管企业 …… 1058
第四节　泸州分公司全管企业 …… 1058
第五节　德阳分公司全管企业 …… 1059
第六节　绵阳分公司全管企业 …… 1060
第七节　遂宁分公司全管企业 …… 1064
第八节　乐山分公司全管企业 …… 1065
第九节　南充分公司全管企业 …… 1065
第十节　宜宾分公司全管企业 …… 1065
第十一节　广安分公司全管企业 …… 1066
第十二节　达州分公司全管企业 …… 1067
第十三节　雅安分公司全管企业 …… 1067
第十四节　眉山分公司全管企业 …… 1068
第十五节　资阳分公司全管企业 …… 1068
第十六节　岷江分公司全管企业 …… 1069
第十七节　仓储分公司全管企业 …… 1070

第十二篇　荣誉及人物

第一章　人物简介与名录……1073
　　第一节　公司历任党政主要领导简介……1073
　　第二节　劳模名录……1078
　　第三节　部分先进人物介绍……1080
第二章　先进集体与先进个人……1095
　　第一节　先进集体……1095
　　第二节　先进个人……1122

附　录

　　文件辑存……1160
　　经验交流材料……1182
　　管理创新成果及论文获奖汇总……1192

编后记……1231

第十一篇

二级分公司及股权企业

第一章　二级分公司

第一节　成都分公司

一、基本情况

中国石油天然气股份有限公司四川成都销售分公司（简称成都分公司），前身是“温江地区石油公司”，于1972年5月成立；1983年地市合并，更名为“四川省成都市石油公司”；1985年10月上划至四川省石油公司，更名为“四川省石油公司成都分公司”；1992年，四川省石油公司更名为“四川省石油总公司”，成都公司随之更名为“四川省石油总公司成都分公司”；1997年10月，作为四川省现代企业制度试点单位之一，改制为“四川省石油集团成都地区有限公司”；1998年，国家对石油石化工业进行战略重组，成都分公司上划中国石油天然气集团公司；2000年10月正式更名为“中国石油天然气股份有限公司四川成都销售分公司”。2019年12月18日，中国石油四川销售分公司印发《关于整合成都、成品油公司组建新“成都公司”的决定》，对成都、成品油公司进行整合，组建新“成都公司”，全面负责成都地区市场一体化运作。

截至2019年末，成都分公司机关设“一中心五部”——市场运营中心、投资建设部、安全保障部、人力资源部（党委组织部）、财务资产部、综合管理部（党委办公室、党委宣传部）；下辖17个片区——新都、青白江、郫都、金牛、新津、武侯、金堂、双流、龙泉、崇州、温江、锦华、成华、邛崃、蒲江、大邑、青羊；拥有金宏运油品贸易、朝阳燃油、川油长运司、川油成运司等16个股权企业；共有加油站237座，其中在营站228座；在岗员工2737人，其中库站员工2053人。

表11-1、表11-2所示分别为1973—2019年中国石油四川成都销售分公司行政领导任职情况、党组领导任职情况。

表11-1　1973—2019年中国石油四川成都销售分公司行政领导任职情况表

机构名称	职务	姓名	任职起止时间
温江地区石油公司	经理	杨作霖	1973—1983年
	副经理	彭宗文	1973—1983年
四川省成都市石油公司	经理	杨作霖	1983年至1985年6月
	副经理	彭宗文	1983年至1985年10月

续表

机构名称	职务	姓名	任职起止时间
四川省石油公司成都分公司	经理	陈鸿鸣	1985—1991 年
		彭宗文	1991—1992 年
	副经理	彭宗文	1985 年 10 月至 1991 年
		郑显俊	1989—1992 年
		庞远书	1991—1992 年
		郑忠全	1991—1992 年
四川省石油总公司成都分公司	经理	彭宗文	1992 年至 1993 年 9 月
		高志斌	1993 年 9 月至 1997 年 10 月
	副经理	郑显俊	1992—1996 年
		庞远书	1992—1996 年
		郑忠全	1992—1996 年
		曾夏忠	1996 年至 1997 年 10 月
四川省石油集团成都地区有限公司	经理	高志斌	1997 年 10 月至 2000 年 10 月
	副经理	曾夏忠	1997 年 10 月至 2000 年 10 月
		刘长均	1998 年 2 月至 2000 年 10 月
		韩前灯	1998 年 1 月至 1999 年 12 月
		郑忠全	1998 年 2—6 月
		曹　阳	1998 年 6 月至 2000 年 10 月
		谭振平	1998 年 6 月至 2000 年 4 月
中国石油四川成都销售分公司	经理（总经理）	高志斌	2000 年 10 月至 2001 年 7 月
		杨志远	2001 年 12 月至 2005 年 12 月
		刘星国	2005 年 12 月至 2012 年 3 月
		丁永和	2012 年 3 月至 2019 年 10 月
		刘纯珂	2019 年 10—12 月
	总会计师	陈咏梅	2002 年 7 月至 2013 年 3 月
		毛麒麟	2013 年 3 月至 2019 年 11 月
		谌宜男	2019 年 11—12 月
	安全总监	杨直刚	2008 年 5 月至 2013 年 3 月（兼）
		李　坚	2013 年 3 月至 2019 年 6 月
		马　勇	2019 年 6—12 月
	副经理（副总经理）	曾夏忠	2000 年 10 月至 2002 年 7 月
		刘长均	2000 年 10 月至 2007 年 1 月
		曹　阳	2000 年 10—12 月
		罗富顺	2001 年 12 月至 2002 年 3 月
		付　强	2002 年 9 月至 2005 年 12 月

续表

机构名称	职务	姓名	任职起止时间
中国石油四川成都销售分公司	副经理（副总经理）	刘绍业	2003年1—3月
		杨直刚	2005年11月至2012年12月
		陈　清	2006年4月至2008年5月
		杨道广	2007年1月至2012年12月
		胡国强	2009年5月至2012年3月
		李殿璞	2009年6月至2013年12月
		傅佑明	2012年3月至2013年3月
		唐福宇	2013年3月至2016年1月
		王汶远	2014年1月至2018年11月
		周　全	2016年1月至2018年11月
		莫　非	2018年11月至2019年12月
		何伟强	2019年11—12月
		龚丽娟	2019年12月
		陈祖洪	2019年12月

说明：2008年，行政领导职务名称由“经理、副经理”改称“总经理、副总经理”。

表11-2　1973—2019年中国石油四川成都销售分公司党组织领导任职情况表

机构名称	职务	姓名	任职起止时间
中共温江地区石油公司党委	书记	朱学庸	1977—1983年
中共四川省成都市石油公司党委	书记	陈鸿鸣	1985年
中共四川省石油公司成都分公司党委	书记	陈鸿鸣	1985—1989年
		高志斌	1989—1992年
中共四川省石油总公司成都分公司党委	书记	高志斌	1992年至1997年10月
中共四川省石油集团成都地区有限公司党委	书记	高志斌	1997年10月至2000年10月
中共中国石油四川成都销售分公司党委	书记	高志斌	2000年10月至2001年7月
		杨志远	2001年7月至2003年2月
		刘绍业	2003年2月至2007年12月
		申　瑄	2007年1月至2008年3月
		杨保平	2008年3月至2013年3月
		罗绍华	2013年3—12月
		朱宏杰	2014年1月至2019年10月
		陈咏梅	2019年10—12月

二、市场营销

1989年，成都分公司设计划业务科；1999年7月，根据《关于对市（地、州）公司进行重组改制的实施意见》（川石办〔1999〕第293号）要求，设业务科；2009年1月，业务科更名为营销管理科，负责开展成都公司成品油销售经营工作。

（一）经营策略及业绩

1989—1997年，所属加油站均采用自负盈亏模式自主经营。

1998年，通过全力扩销、加大调运、抓住机遇、谋求效益、扭亏增益等措施，减亏280万元。

1999年，推行“四统一”经营方式，制定相关纪律监督机制，积极保价推价，理顺成品油经营秩序。

2000年，着力提高配置资源兑现率，利用火车站临时接卸点接卸柴油槽车352个，确保主市场供应。

2001年，制定《成都公司加油站管理实施细则》《县级分公司零售业绩试行办法》《润滑油管理办法》《润滑油核算办法》等管理文件，提升公司管理水平。

2002年，实施油品配送制。完善市场信息收集整理，建立市场信息收集制度，为营销策略的制定提供可靠依据。

2005年，坚持“科学销售、量效并重、效益优先”的经营方针，销售总量名列省公司系统第一名。

2010年，按照“圈层经济”细分区域市场，采取5项市场控制措施，通过“三稳定”“三争取”加大竞争力度，全年终端销售比例达到94.67%，单站日销量提高到12.05吨。准确把握市场脉搏，合理调控销售节奏，制定“市场下行、预降先销，市场上行、促价上量”的销售策略，控制销售节奏，确保量价齐增，吨油利润达到173.93元/吨，超预算48.73元/吨。

2011年，坚持突出零售核心的经营策略，以“闪电战”的思维，抢抓销售先机；坚持“争取和维系客户”的工作宗旨，通过与竞争对手比质量、比服务，扩大客户队伍；抓好站内销售，拓展站外市场，发展团购业务，13个片区非油业务收入超额完成，非油业务得到较快发展。

2012年，连续3个月总量突破9万吨大关。全年成品油销售总量历史性突破百万吨大关。

2015年，国际油价持续波动、市场需求持续下滑、客户购油热情低迷。结合市场变化情况，在追赶欠量、解决供销矛盾、修订业务操作流程等方面进行针对性部署和调整，全年纯枪销售总量跨入百万吨台阶。按省公司职能划分相关文件要求，自7月起零售业务由营销管理科划分至油气零售科管理。

2016年，按照总部销售应用集成项目推进及省公司油库商品对账清理要求，逐笔、逐户核对油库客存油ERP系统数和手工台账，找出并调整差异，实现商品和实物账账相符。是年，在油品销售、油卡非润一体化促销、资源保障及风险防控等方面进行针对性部署。强化营销钻研，撰写《全媒体在加油站营销中的应用》论文。结合“市场大调查，客户大普查”成果，制作《成都公司营销业务基本情况》年册，为公司掌握市场现状、部署营销工作提供有力支撑。

2017 年，建立市场信息分析机制，撰写《成都市新型交通模式对成品油消费需求的影响》《滴滴加油项目对成品油消费影响》调查报告，开展 98 号汽油转换率测试，提供针对性营销依据。积极推进石油市场行业监测平台站点监测工作，持续覆盖竞争对手市场情况，累计新增监测点 237 座，逐步形成全方位、多维度、多层次的市场情报系统。

2018 年，全年实现销售总量 160.85 万吨，连跨两个 10 万吨台阶。完善综合业务支撑平台竞争对手信息管理模块，新录入 279 座竞争对手加油站信息，通过实地调研准确维护油站信息，在地图中精准体现站点位置，并将各个站点与行业监测平台中竞争对手加油站相关联，迅速掌握辖区市场零售竞争态势，第一时间做出有效分析预判。先后 12 次与成都市公安局联合开展打击劣质油品销售专项行动，查封涉嫌非法经营窝点 13 家，挡获犯罪嫌疑人 70 余人，各类涉案车辆 43 辆、储油罐 42 具，缴获涉案油品 1300 余吨，净化辖区市场，维护成品油市场正常经营秩序。

2019 年，定期与中石化、延长、交通油料等成都区域主要经营单位沟通讨论油品资源、区域市场价格、打击“三黑一票”等工作，共同维护市场稳定。密切配合政府职能部门持续打击“三黑一票”油品，参与专项行动 8 次，查封涉嫌非法经营窝点 8 家，涉案车辆 12 台，涉案储罐 4 具，缴获劣质柴油 60 余吨。

表 11-3 所示为 1998—2019 年成都分公司经营业绩统计情况。

表 11-3　1998—2019 年成都分公司经营业绩统计表

年度	零售纯枪（万吨）	批发直销（万吨）	成品油汇总（万吨）	加油卡发卡（万张）
1998	—	—	10.75	—
1999	4.66	—	18.14	—
2000	4.48	—	5.98	—
2001	8.26	—	16.19	—
2002	10.92	—	17.83	—
2003	12.99	—	28.44	—
2004	20.35	—	30.98	—
2005	25.77	—	36.2	—
2006	33.94	6.08	40.02	—
2007	39.08	6.53	45.6	—
2008	49.69	4.86	54.55	—
2009	52.73	8.59	61.33	0.01
2010	65.42	13.26	78.68	4.98
2011	79.58	10.71	90.28	8.91
2012	85.99	16.36	102.35	8.44
2013	93.99	17.38	111.36	11.54

续表

年度	零售纯枪（万吨）	批发直销（万吨）	成品油汇总（万吨）	加油卡发卡（万张）
2014	98.79	21.96	120.75	12.76
2015	102.95	24.68	127.63	33.39
2016	111.05	25.48	136.53	26.49
2017	112.09	30.99	143.08	41.83
2018	107.02	53.83	160.85	64.71
2019	147.99	90.09	238.09	82.40

说明：2019 年，含原成品油公司销量、岷江公司划转站销量。

（二）促销活动管理

1989—2000 年，受供需关系影响，未开展促销活动相关事项。

2001 年，印发《中油四川成都销售分公司加油站促销办法〈试行〉》，首次对公司促销活动进行阐述并规范。

2003 年，印发《加油站促销费、促销品使用管理办法》，明确促销费及促销品管理规范，促销活动开展更加合规。

2007 年，继续开展牡丹中油卡 1 季度专项促销。

2010 年，推出互补销售模式，与移动公司开展“打电话、存积分、换油品”活动，与首创共同推出“荣誉联享卡”，开拓渠道共享、优势互补的巨大空间，新增销量 70 余万升。

2001—2013 年，由于依然处于供小于求的供需关系中，公司仅根据试行办法，不定期偶尔组织促销活动。

2014 年，先后开展 3 次“点对点”促销，得到客户较高评价。参与省公司贺岁季、踏青季、端午季、足球季、送爽季等大型主题系列促销活动，对参加活动的加油站进行不同规格的包装宣传，突出现场服务，营造购买氛围。

2015 年，与成都电视台签订战略合作协议，共同研发“加油成都”项目。是年底，与利宝保险有限公司签订战略合作协议，探索向新媒体营销模式转型，启动“加油成都 · 利宝”项目，19 天销售汽油 14.8 万升，收入 81 万余元。11 月，召开“金秋送爽、岁末感恩”油卡非润产品推介会，得到客户好评。

2016 年 3 月起，在片区定期开展品牌体验日活动，首次实现油卡非润一体化促销。4 月，“加油成都”项目落地白伦加油站。5 月，逐步引入第三方合作商，资源互换开展跨界合作；邀请加油卡大客户、直批忠诚客户参加“六一乐翻天”亲子活动，促销形式向多元转变。7 月，编制“油卡非润”一体化促销方案，统一策划、组织、宣传，实现内部资源整合。

2017 年 2 月，省公司电子券业务在成都分公司内测，其间组织员工测试 6 次、省公司主题促销 3 次；全年发放电子券 21.75 万张、金额 816.87 万元，核销电子券 104 万张、金额 1719.83 万元。5 月，将品牌体验升级为“超级 10 惠”。6 月，组织召开年中回馈暨智慧物流推介会，当日实现直批销售 2.16 万吨。8 月，联合爱奇艺视频首次尝试互联网广告推广；组织首期昆仑车友会川西自驾游。中油好客 e 站粉丝 49.2 万人，粉丝总量位列全省第一。

2018 年 4 月末，建立昆仑车友会粉丝福利群、昆仑车友会公众号。8 月，改变“超级 10 惠”抽奖模式，彻底区分油品直降、优惠购环节，打造每月 20 日便利店会员日；打造金牛坝站为雷锋行动示范站，开展爱老敬老活动。全年发放电子券 107.53 万张、金额 3522.63 万元；核销 142.53 万张、金额 5186.66 万元。大力推进异业合作，同具有强大品牌效应和活动号召力的企业联合开展主题促销，助力企业新零售转型，3 月 22 日携手陆虎公司，6 月 13 日、10 月 17 日联合非油供应商召开客户推介会，共实现直批销售 4.6 万吨、非油收入 60 万元，节约推介费用近 20 万元。

2019 年 3 月末，昆仑车友会升级为昆仑旅游，全面运营旅游业务，全年组织自驾游 25 次，昆仑旅游会员发展至 4 万余人，年收入突破百万元；5 月末上线优途商城，正式纳入非油收入。4—5 月，与中国邮政在微信开展线上推广，活动期间推文曝光 43 万余次。

（三）配送管理

1989 年至 2005 年 10 月，成都公司成品油配送业务由新津车队（成都公司自有车队）执行。加油站配送任务由车队全部执行；批发业务根据客户需求，采取客户自提和车队配送相结合的方式开展配送。

2005 年 10 月，中国石油四川运输公司正式接管成都公司成品油运输业务；同期，成都公司自有车队上划，不再拥有运输车辆。

2007 年，试点实施双向钢丝铅封。

2008 年，省公司二次配送综合管理平台上线，成都分公司随即开始应用，配送计划实现系统化运行。

2010 年，运输公司试点运行物联网车载管理系统，成都分公司积极协助，加强配送业务规范化管理。

2011 年，物流管理系统 1.0 作为集团五大统建系统上线运行，成都分公司积极推进应用，更加精准开展分析，运费结算效率提高，配送业务管理成效提升。

2012 年，正式推行车载视频系统，提升油配车辆监管力度。

2013 年，将小配业务转移至运输公司，至此成都分公司所有配送业务均转移至运输公司；配合加油站、客户，与运输公司协调用油配送相关事项。8 月，制定印发《成品油公路配送管理办法实施细则》，明确部门权责，公正公平实行考核。

2014 年，省公司在成都、岷江、成品油、德阳、雅安 5 家单位率先试点成品油主动配送。成都分公司单车周转率从 3 车次 / 天提高到 4—4.5 车次 / 日。

2016 年，实现超损耗索赔在运费中扣减，规避资金风险。

2017 年，完成国Ⅴ油品置换。1 月，发布《中国石油四川成都销售分公司公路配送浮动运价实施方案》；上线二次物流 2.0 系统，实现配送全系统集成；实行地付库出库，运费全部由中国石油西北销售分公司支付，大幅降低运输成本。2 月，印发《中国石油四川成都销售分公司成品油公路配送管理办法实施细则》。11 月，印发《中国石油四川成都销售分公司直批环节配送管理办法》，明确配送流程及各环节责任。

2018 年 3 月，完成自有油罐车清理，实现全部运输业务资产清理。5 月，协助成都市政府后续处置“三黑”油品，印发《成品油市场专项整治处理流程》。

2019 年 1 月，完成国Ⅵ油品置换。3 月，试点运行“六定班列”配送模式。

（四）客户经理队伍建设及客户管理

1989—1999 年，有购油需求的客户自行到成都分公司付款购油，无专职人员维护管理。

2000—2005 年，分片区设立销售代表，负责各区域市场客户维护工作，不允许销售代表跨区域进行销售，销售对象主要为社会加油站客户。

2006—2011 年，推行客户经理制与客户建档制，客户经理践行以客户为中心的服务理念，开展市场摸排及需求开发，客户经理帮助客户在公司建档后，才可进行后续销售业务。

2012 年，推进客户服务中心建设。中心隶属于营销管理科，主要负责制订、实施直销计划，建立、开发客户档案，维护客户等。取消原按行政区域划分的销售片区，根据成都市场特点和客户分布情况，设立 9 个销售区域，由营销管理科直管。

2013 年，印发《客户经理管理考核办法》。

2015 年，多次修订《客户经理管理考核办法》，实现“油卡非”全产品一体化考核目标。

2016 年，为加强市场研究，贯彻落实省公司对区域市场“全覆盖、网格化、责任制”工作要求，在 14 个片区开展为期 3 个月的“市场大调查，客户大普查”工作。

2017 年，修订《客户经理管理考核办法》，首次将客户经理绩效考核与任务完成率 100% 挂钩，激发客户经理销售热情，全年销售成品油 17.58 万吨，同比增加 7.76 万吨，增幅 78.99%，月均收入增幅 112.75%。在省公司第二届基层经理人论坛暨金牛奖金雄鹰奖金牌客户经理评选表彰大会上，黄雅婷荣获“金牌客户经理”，张大鹏荣获“魅力之星”“杰出基层经理人”。

2018 年，修订《客户经理管理考核办法》，将绩效工资与季度完成率挂钩，同时增设奖项，进一步激发销售热情，全年销售成品油 30.84 万吨，完成任务的 112.81%，同比增加 13.27 万吨，增幅 75.48%。5 月，优客油管家项目在成都、成品油、南充、绵阳 4 家公司试点运行，设计线上购油、预约配送、客存查询等新功能。11 月，修订《直销与批发业务客户分级分类管理办法》，重新完善星级客户价值评价标准，对星级客户实施差异化增值服务方案。

2019 年，修订《客户经理管理办法》，建立客户经理区域优选机制，进一步激发客户经理队伍的活力与战斗力，增设以润滑油及大宗产品团购为主的非油销售奖励，推动客户经理由油品销售向“油卡非润”全产品销售转型。

（五）特许经营工作

2018 年 9 月起，接洽谈判 13 家社会经营单位，未达成合作。

2019 年 2 月，召开特许经营推进会，各片区签订发展责任令。9 月，制定《关于特许经营发展的管理办法（试行）》。当年摸排梳理区域内 100 余家社会加油站，与 6 家单位达成合作。

三、加油站管理

（一）制度建设

1989—1998 年，积极探索建立健全制度机制，在持续推进日常管理、日常监督、日常工作开展和加油站信息统计等工作研究的基础上，形成以加油站为中心、领导带队调研、专家视察、反映加油站信息等方面的办法规定，初步完成加油站日常监督、检查等工作。

1999—2000 年，贯彻落实“安全第一、预防为主”的方针，管理组织机构不断健全，强化加油站安全生产事故预防，突出以结果为导向的管理。

2000—2005 年，进一步贯彻落实集团公司、省公司相关要求，研究形成一系列加油站管理办法，丰富加油站日常工作内容，规范加油具体操作程序等。周密制订加油站年度工作计划，紧扣公司目标，精选优秀加油站为迎检站，对每个加油站日常工作的开展方式、组织实施等，做出具体安排，推进加油站制度建设有序开展。

2006 年 12 月，为保证加油站子系统的正常运行，科学、规范地使用加油站子系统，制定《加油站子系统（试行版）操作规范》。

2008 年 5 月，对所属部分加油站实行停业和夜间歇业，提高加油站综合效益水平；制定《加油站设施设备管理实施细则（试行）》。6 月，发布《加强员工工作时间外行为规范》，提高员工安全意识。7 月，陆续对一批加油站进行关闭和停业，制定《规范关闭、停业加油站相关善后工作通知》。11 月，制定《加油站自用油及回罐油管理办法》。

2009 年 1 月，明确营业加油站施工项目管理职责，进一步规范营业加油站施工项目管理程序。6 月，制定《加油站综合考评方案》，全面建立“劳动纪律、安全监管、安全操作、站容站貌、定置管理、细节规范、优质服务、账册记录”八个常态化管理长效机制，使加油站管理由分散向集中转变。

2010 年 1 月，印发《加油站视频监控系统使用管理办法》《加油站液位仪使用和管理办法》。4 月，制定《高空作业车使用管理办法（试行）》；落实四川省委、省政府“综合治理城乡环境”工作要求，制定《加油站卫生间管理办法（试行）》，深入开展加油站环境卫生综合治理活动。5 月，制定《加油站管理稽查经济处罚细则》。

2011 年 1 月，制定《成品油卸油作业违规操作处罚细则》。3 月，制定《片区级样板站创建方案》，打造具有成都分公司特色的精品终端。9 月，通过《加油站基础管理系统管理办法（试行）》，实现加油站信息及时共享。

2012 年 2 月，通过《机关、片区定点挂钩帮扶管理办法》。9 月，成立检维修中心，负责片区和加油站的检维修工作。

2013 年 3 月，印发《样板加油站培育实施方案》。4 月，制定《加油站站务公开实施办法》，建立完善加油站站务监督机制。10 月，修订《加油站视频监控系统管理办法》，进一步明确加油站、片区和公司三级管理职责。

2014 年 5 月，制定《销售片区及加油站管理综合考评办法（试行）》，建立加油站常态化管理机制。

2015 年 4 月，制定《加油站经理岗位竞标实施方案》，建立站经理岗位“能者上、平者让、庸者下”的选人用人机制。5 月，制定《夜间全自助加油站管理办法（试行）》，稳步推进夜间全自助加油工作。

2016 年 2 月，制定《员工加油卡管理办法（试行）》。3 月，制定《加油站全流程诊断与优化 2.0 实施方案》。12 月，印发《旗舰加油站日常维护管理办法》。

2017 年 8 月，制定《加油（气）站外来增值业务现场管理办法（试行）》，实现资产创效最大化与现场规范有序的有机统一。

2018 年 3 月，印发《滴滴加油业务管理办法》。7 月，印发《旗舰加油站日常维护管理办法（修订）》。8 月，印发《销售片区及加油站管理综合考评办法》。

2019 年 5 月，印发《加油站柴油小额配送专项奖励制度》，按照一客一议、一单一议原则，鼓励加油站大力开展柴油小配及灌装打桶业务，快速提升柴油纯枪销量。

（二）现场管理

1989—1998 年，探索加油站现场管理体系。建立健全制度机制，针对加油站在人员配备、设施设备管理，以及日常工作中发现的问题进行梳理，并逐个解决，持续推进加油站现场管理规范化。

1999—2000 年，重点强化加油站现场管理，贯彻落实以顾客为中心、服务至上的管理理念，在全部加油站张贴投诉电话。

2000—2008 年，研究形成一系列加油站现场管理办法，鼓励所属各加油站争取创星升级，选取、打造优秀站点成为旗舰站，并将旗舰站打造为公司形象招牌。

2009 年 6 月 15 日至 9 月 15 日，开展加油站管理“提速上水平”活动，查找基层管理中存在的差距和问题。6 月，印发《对加油站便利店、视频监控系统以及信息化环境改造项目进行验收的通知》，确保工程建设符合要求。

2010 年 3 月，制定《加油站环境综合治理活动方案》。6 月，制定《严肃经营纪律和提高服务水平专项整治活动实施方案》。8 月，制定《加油站管理两极分化专项整治活动实施方案》。11 月，全面运行加油站基础管理系统。

2011 年 3 月，制定《完善和落实加油站服务责任制的实施方案》。6 月，为防止盗抢、恐怖、滋扰事件发生，就加油站日巡检工作提出要求。7 月，在所属加油站开展“立足岗位，战高温创先，赛服务争优”优质服务月活动。

2012 年 4 月，制定《2012 年纯枪零售增量专项劳动竞赛方案》。

2013 年 1 月，制定《“二元化”加油站治理工作实施方案》，进一步落实国资委和集团公司管理提升活动要求。4 月，制定《卡机联动自助加油推广方案》。8 月，制定《95504 客户投诉管理办法》，进一步加强加油站规范管理与服务。10 月，在 35 座加油站试点开展全时全自助加油业务。

2014 年 7 月，制定《加油卡全流程自查自纠工作实施方案》，进一步规范加油卡业务运作，防范经营风险。

2015 年 1 月，开展“服务质量月”活动，制定《加油站服务质量月活动方案》。2 月，印发《2015 年加油卡业务月度考核办法》。5 月，印发《加油站服务质量提升活动工作方案》；制订成都分公司领导服务日实施方案。6 月，制定《加油站收发油同时作业管理办法》。11 月，开展“强管理、提服务、树形象”加油站管理专项整治活动。

2016 年 1 月，制定《加油站细节管理标准》《推进加油站现场标准化管理工作方案》，全面推行加油站标准化管理。

2017 年 7 月，制定《2017 年百日服务提升专项劳动竞赛工作方案》，扭转公司在四川省政风行风群众满意度测评中得分偏低、排名靠后的不利局面。

2018 年 4 月，编制《成都公司零售客户普查表》。

2019 年，编制现场导流图，通过导流图、定点电子券、加油卡限定站点等方式，最大限度降低技改站客户流失。3 月初，邀请省公司规范管理专家、职能部门管理岗位人员对片区、加油站进行规范重点工作培训，提升加油站规范管理水平。

（三）加油卡管理

2009 年，正式推广使用加油卡。

2011 年，开展加油卡促销活动，推进加油卡管理科学化、制度化建设。

2012 年，制定《加油记名卡销售和沉淀资金月度促销奖励办法》，新建金牛坝、黄忠两站加油卡售卡充值大厅，加大售卡力度，累计发放加油卡 4.07 万张，充值金额 9.08 亿元。6 月，制定《加油卡推广流程及规范用语》。

2013 年 3 月，制定《2013 年度记名加油卡促销奖励办法（试行）》。8 月，制定《规范单位加油卡客户开具增值税发票管理办法》《加油卡管理办法》。

2016 年 12 月，与传化物流公司签署《加油卡合作协议》，拓展专门针对物流公司的发卡业务。

2017 年 2 月，开始推行“六进”站外促销发卡业务。

2018 年 3 月，创新开展“加油卡会员日”，编制加油卡省钱宝典并印制成册派发给进站客户。

2019 年，充分利用中油北斗、传化两大发卡平台，共享客户资源，提升卡业务质量，全年通过两大平台办卡 47.4 万张，累计充值 70.37 亿元。参加“成都汽车消费节”“成都国际车展”布展，推介油卡非业务。

四、非油品业务

2007 年，成立成都公司润滑油分公司，开始开展非油品业务，主营润滑油及汽车用品。截至 2019 年 12 月 31 日，成都分公司共有 239 座加油站开展非油业务，其中 218 座便利店，包含 14 座租赁便利店及 3 座站外纯便利店。400 万元店 1 座，300 万元店 6 座，200 万元店 20 座，百万元店达到 67 座（实际店销）。

（一）基础建设

2008年，成都分公司非油业务以润滑油销售为主，主要针对柴油机油，抗磨液压油进行销售，年销售收入不足1000万元。

2009年，改组成立非油品经营部，销售品类开始拓展，新增加烟草、酒类、雪糕、零食、家庭食品、代收代付等品类，便利店逐渐向人、车、生活一体化服务驿站转变。

2010年，非油业务继续发展，基本实现烟草销售全站点覆盖，初步形成以22个非油品大类销售为主的销售模式。

2011年9月，开始以扫码枪进行系统销售，非油业务进入全系统进销存管理。

2012年，开始对便利店库房进行改造，分类摆放便利店库存商品，减轻库存盘点压力及陈列困难。完成加油岛堆头改造，配置堆头展板，完善加油岛包装饮料销售条件。

2013年，引进化工产品销售，年销售额4000万元，补全非油业务化工板块。

2014年，对全公司加油站进行便利店改造，制订全面的便利店改造方案，强化便利店销售环境，提升加油站形象。打造出金牛坝、柳永南、蜀龙等优秀便利店。

2015年，把具备便利店条件的加油站逐一改造为简易便利店，开展非油销售业务。同年，便利店座数突破100座。

2016年，开始以店销为中心开展非油工作。重新梳理全公司闲置资产，重新招标，全年闲置资产租赁收入超400万元，同比增幅100%。

2017年，根据公司打造百万吨级销售企业要求，成功打造传化燕塘千万元级便利店。9月，公司非油店销首次突破1亿元。

2018年末，股权变更使得部分便利店不再具有商品经营资质，把便利店业务从股权加油站剥离，租赁便利店作为全资便利店进行管理。是年，协助省公司在新会展中心开展优途品牌展销，展会期间，销售额超80万元。6月起，与花舞人间景区合作开展非油业务跨界合作，带来非油收入40余万元。

2019年6月，省公司推行对账业务平台，成都分公司开始应用。购进方式发展为省公司统一采购配送，降低商品损耗率及配送成本、采购成本；昆仑好客公司对部分商品采取集中采购，跳过供应商环节，直接与生产厂家对话，进一步降低商品采购成本价格，规范商品统一标准。成都分公司店销年收入首次突破2亿元关口。

（二）项目拓展

2012年，汽服业务起步，主要以打包洗车场地出租的模式开展经营。

2015年，研究制定非油促销办法，印发《非油业务促销管理实施细则》，完善促销流程。

2016年，逐步摸索汽服经营模式，开始合作经营，汽服业务年收入超千万元。

2017年，在剑南及金牛坝建立汽服业务旗舰站，年营业额超过100万元。是年，便利店餐饮业务起步，主要经营快餐、小吃，收入547.44万元、毛利27.62万元。

2018年1月，把油非互动促销由线下开展变为线上开展，强化监管。建立促销分析机制，按市场、区域制定促销策略；引入便利店竞争概念，每月评比便利店营销情况，依此调整政策。

是年，从单纯降价促销拓展到油非促销、非非促销等多种方式联合促销。

2019 年，在成都市武侯区西部智谷建成第一座无人值守智能化便利店，日销售额 500 元。6 月起，在便利店经营新鲜水果销售业务。

五、网络开发建设

（一）网络开发

1989—1999 年，由省公司仓基处负责设计，成都分公司组织下属各县（支）公司进行加油站建设、开发。双流、温江、郫县、大邑、新都、金堂、邛崃、新津等 8 家县（支）公司共有在营加油站 26 座。

1999 年 5 月，成立网点建设办公室，主要负责公司发展规划、投资计划、招投标、工程造价等工作。

2000 年，动员全体员工参与收购加油站，成立 5 个收购项目领导小组，全年共收购加油站 38 座。

2009 年 1 月，网点建设办公室更名为投资建设科。是年，转变投资战略思路，与具有合作优势的政府平台公司组建合资公司，共同开发、经营加油站。

2016 年，参与政府土地竞拍。5 月，成功竞拍邛崃夹关加油站。

2018 年 5 月，成功竞拍成都沙西加油（加气）站；9 月，成功竞拍大邑新场加油站；11 月，成功竞拍大邑天新加油站。

2019 年 4 月，成功竞拍青白江祥龙加油站、青白江同旺路 LNG 加气站。

2019 年，共有加油站 189 座、油气合建站 5 座，共计 194 座。其中在营站 164 座、关停站 21 座、代管站 4 座、在建站 5 座，在营站中万吨加油站 27 座。20 年间，成都公司新开发项目 168 座，平均每年新开发 8.4 座，网点开发保持稳定增长。

（二）工程建设

1999 年，收购金堂加油站并完成技改。

2000 年，新建金堂九龙等 3 座加油站，并完成成都白伦等 46 座加油站收购后技改。

2001 年，新建金堂白果等 3 座加油站，完成大邑大新等 9 座加油站收购后技改，并完成成都金沙加油加气站股权投资技改。

2002 年，新建蒲江梁江等 3 座加油站，完成郫县唐昌等 3 座加油站收购后技改。

2003 年，新建崇州道明等 2 座加油站，完成大邑安仁等 6 座加油站收购后技改。

2004 年，完成崇州交通等 15 座加油站收购后技改，并完成成都金宏运等 3 座加油（加气）站股权投资技改。

2006 年，新建双流万里等 2 座加油站，并完成成渝高速龙泉服务区等 3 座加油站收购后技改。

2007 年，完成新都新兴等 2 座加油站收购后技改。

2008 年，完成“5·12”灾后重建加油站项目 5 个，非生产区重建、整改项目 18 个，灾后加油站局部维修项目 94 个。

2012 年，开始实施加油站一、二次油气回收专项改造，至 2013 年 6 月，共计改造加油站项目 134 个。

2015 年，开始实施双层罐专项改造，至 2019 年 12 月，共计改造项目 160 个。

2016 年，对流花加油站实施“智慧化”转型升级改造，该加油站是西南地区第一座“智慧化”样板加油站。

2019 年，借助政府“水污染防治行动计划”等政策推进契机，带动加油站防渗改造工作走入政府绿色通道，调和历史遗留问题和企业快速发展间的矛盾。

六、质量安全环保

（一）安全管理工作

以 HSE 管理体系运行为抓手，牢固树立安全环保红线意识，不断夯实安全环保质量计量基础工作。全面落实“党政同责”“一岗双责”，建立健全岗位安全生产责任制，实现安全环保责任全覆盖，加强重点作业、关键环节风险辨识和关键设施设备巡检维保工作，施行检查、考核和正向激励，促进全员自主参与安全环保管理。

1989—1998 年，不断探索油库和加油站安全环保管理，从实践中摸索管理经验，初步完成安全管理制度搭建，突出安全监督检查、隐患治理、应急管理等工作，员工逐步了解和掌握危化品安全管理知识。

1999—2000 年，贯彻落实“安全第一、预防为主”的方针，安全管理组织机构不断健全，强化安全生产事故预防，突出以结果为导向的安全管理。

2000—2007 年，贯彻落实集团公司、省公司安全管理新要求，建立完善安全环保制度体系、应急管理体系、责任考核体系，扎实开展“安全生产基础年”“安全生产月”“百日安全生产”等活动，不断推进安全管理规范化，安全管理基础工作得到较快提升。

2008—2009 年，面对“5·12”汶川大地震，积极开展抗震救灾工作，全面开展隐患排查和治理，探索油库、加油站防灾减灾应急管理体系建设，修订完善自然灾害应急预案；做好北京奥运会期间等特殊时期安全环保及安保防恐工作。组织开展“平安成都公司”劳动保护安全知识竞赛活动、举办安全生产知识论坛活动，提升员工安全生产意识。

2010—2011 年，成立安全监督组，退出实职干部负责开展日常现场安全检查，制定出台《安全督查管理实施办法》；组织开展“强化执行力、查找管理漏洞”安全管理专项整治活动，提升各层级安全管理执行力；组织开展“生命之歌”安全歌曲大赛、安全生产知识竞赛等活动。

2012 年，启动安全生产标准化达标创建工作，成立领导小组和具体实施方案，完善基础管理工作，公司及所属加油站取得二级标准化达标建设；组织开展安全环保岗位练兵竞赛，强化安全队伍能力提升；启动“安全文化建设年”活动，突出安全文件建设和示范引领。

2013—2014 年，组织开展“安全生产集中整治行动”“安全警示教育”活动，不断夯实安全管理工作。

2015年，组织开展“我为安全做诊断”主题演讲比赛，补充完善企业安全文化载体；开展安全生产大检查及打非治违专项整治，强化依法合规经营理念，逐步整治安全环保隐患。

2016年，为强化安全专业化管理，片区设置专职安全监督岗，负责片区日常安全管理工作。

2017年，通过推行安全文化建设，积极开展安全演讲比赛等系列安全生产活动，以安全文化示范引领安全管理，被成都市评为“安全文化示范单位”。

2018年，印发《安全环保质量计量事故隐患问责实施细则（试行）》管理制度，开展“反违章、严惩处、强执行，提升现场安全作业水平”专题活动，突出安全环保责任落实，促进履职尽责、失职追责。

2019年，编制《加油站工程建设项目安全环保验收标准》，强化工程建设项目验收组织实施，倒逼工程建设质量；开展“我身边安全微故事”岗位讲述活动，强化事故事件预防。

（二）HSE体系推进工作

2002—2004年，通过对HSE管理体系初步认识学习，结合实际情况开展体系转换吸收，编制第一版HSE管理体系文件。

2005—2006年，调整公司QHSE委员会成员，发布实施《油库违章禁令》《加油站违章禁令》《车辆安全违章禁令》，强化各环节违章处罚处理。

2007年，突出施工项目安全管理，编制《建设工程安全监督办法》；实施隐患风险排查正向激励机制，印发《安全隐患、“三违”、事故发现报告奖励办法》；进一步落实领导干部安全责任，实施领导干部安全联系点制度。

2008—2009年，发布《健康安全环境管理体系（HSE）管理作业文件（补充）、作业指导书》，共形成34个管理作业文件和50个作业指导书；组织开展“学禁令、定措施、保安全”活动，规范员工日常安全行为。

2010年，推行运用岗位“安全承诺”“个人安全行动计划”“安全经验分享”“安全观察与沟通”等HSE管理工具，提升岗位安全责任意识；编制《油库安全生产管理考核实施细则》，强化对油库的安全生产管理工作。

2011年，按照“33171”推进模式，作为省公司首批试点单位，全面做好HSE管理提升推进工作；推行领导干部“七个带头”工作，成立油库、加油站、工程建设、车辆交通4个HSE专业委员会。

2012年，结合《中华人民共和国安全生产法》及安全生产标准化达标建设相关要求，按照“一岗双责”要求编制岗位《安全生产责任制》；编制印发《作业许可管理规定》，强化对8项非常规作业风险管控。

2013—2014年，开展岗位员工培训需求调查，制订培训计划、HSE培训矩阵，编制相关培训课件300余份，开展安全培训300余次，对1600余名员工开展安全培训教育，员工持证上岗率100%。

2015年，编制印发《安全员管理办法》，开展安全管理人员测评，强化安全队伍建设；组织开展HSE培训师培训班，组建HSE培训师队伍。

2016年，编制印发《HSE绩效考核办法》《反“三违”管理办法》，强化安全环保过程性管理，突出从“事后”向“事前”的转变。

2017年，修订完善HSE体系文件，发布《健康安全环境管理体系（HSE）管理作业文件（补充）、作业指导书》；编制修订应急预案，形成1项综合预案、14项专项预案的预案体系，制作加油站岗位应急处置卡，全面提高加油站应急管理能力；组织实施“负面清单”管理，对突出违章、隐患进行集中治理。

2018年，向全体员工征集企业安全文化理念活动，开展HSE管理体系量化审核，开展加油站经理安全履职能力评估，提升企业风险管控水平。

2019年，通过对安全生产标准化、量化审核等各项管理进行梳理，优化加油站各类基础管理台账记录，减轻基层负担，建立《加油站HSE基础管理手册》并在全省推广运用。

（三）环保和数质量管理工作

1989—2000年，在满足正常油品销售的情况下，探索油罐标定、加油机检定等油品数质量管理工作。

2000—2006年，逐步建立完善油品数质量和环保管理规章制度、标准，建立交接管理标准，突出进、销、存各环节管理，实现由粗放式管理向精细化管理转变。

2007年，开展整治违法排污专项整治活动，提出建设项目环保“三同时”相关要求。

2008年，组织实施工程质保期满质量验收相关规定，进一步强化对工程建设质量的管控。

2009年，强化加油站油品数量风险管控，落实《加油站油品数量舞弊风险防范暂行规定》。

2010年，公司成立质量管理领导小组，突出油品质量、工程建设质量、非油商品质量的管理；强化运输环保油品数量管控，明确运输数量交接管理标准。

2011年，试点开展油品地罐交接工作，制订并发布地罐交接推广方案，培训地罐标定、液位仪调校技术人员，成立地罐推进工作小组，完成137座加油站地罐单轨运行。

2012年，成立质量计量管理中心机构，负责油品质量计量管理工作，提升专业管理水平；组织开展加油站计量员培训，开展“质量、计量、服务”专项整治活动，开展质量管理体系内审，提升基层单位质量计量管理。

2013—2014年，按照成都市全球财富论坛会议相关要求，强化加油站环保隐患治理，完成油气回收装置安装及环保沟、隔油池等隐患治理。通过跟车比对、复核等，完成488具地罐综合差量率签订。

2015年，编制印发《加油站油品损（溢）管理办法》，加强油品损耗规范化、精细化管理。

2016年，召开油品损耗专项治理工作会议，以问题为导向，集中治理油品损耗管理中存在的问题，优化加油站地罐交接综合差量率。编制印发《加油站服务治理管理考核办法》，加强日常服务过程中的管理。

2017年，开展加油站环保基础普查，开展加油站环评及验收补办工作，编制环保管理应急预案，建立实施《环保管理（暂行）办法》《环保管理负面清单》《油气回收使用风险及管控要点》，逐站完善环保管理档案，填补环保制度空白，启动地埋油罐防渗治理；推行实施油罐车电子铅封管理，强化运输环保损耗管控。

2018年，完成在营加油站环保验收手续，完成147座加油站环保应急预案编制和备案。实现危险废物合规管理，转运危险废物21.11吨。采用大容量校罐法，完成143座加油站500余个地罐标定工作，精准地罐交接标准，损耗管理成效显著。

2019年，针对加油站油气回收系统三项指标运行不稳定的现状，开发油气回收在线自动化管控平台，在洞子口加油站上线运行效果较好；由安全、零售、营销及运输单位组成损耗仲裁小组，实行联合办公，强化运输环节油品损耗管控，开展联合仲裁，有效管控油品损耗。

第二节　成品油分公司

一、基本情况

中国石油天然气股份有限公司四川销售成品油分公司（简称成品油分公司）成立于2008年3月，由中国石油四川销售石油产品分公司与中国石油四川销售成品油零售分公司整合而成。

成品油分公司原下设经理办公室、党委办公室、人事科、财务科、销售中心、投资建设科、加油站管理科、安全环保质量科、审计监察科等9个科室和城东、城南、城西、城北4个片区，对所辖56座加油站实行分片区管理。根据省公司规定，于2009年1月增设信息管理科；2009年2月增设非油业务科，调整机关管理部门名称及主要职责，成立组织科、纪委办公室、工会办公室和团委办公室，并对公司所属53座加油站进行更名；2012年4—10月再次对机关部分机构职能和名称、片区及所辖加油站进行调整，设有总经理办公室（党委办公室）、营销管理科、加油站管理科、财务科、人事（组织）科、质量安全环保科、党群工作科（纪委、工会、团委）、投资建设科8个管理科室，信息中心、非油品经营部2个直附属机构，锦龙、武青、金郫、成青和高新5个片区，下辖58座加油站，外派部分管理人员，对省公司下属的四川川油长运油品销售有限公司、四川川油成运油品有限责任公司、四川中油公交能源有限公司、四川中油兴光华能源有限公司、成都104库保和加油站5个控股公司进行委托管理。2015年7月，根据省公司“油卡非润和天然气”专业化管理、一体化运行要求，将加油站管理科更名为油气零售科。截至2019年12月17日，成品油分公司机关设有总经理办公室（党委办公室）、营销管理科、油气零售科、财务科、人事（组织）科、质量安全环保科、党群工作科（纪委、工会、团委）、投资建设科8个管理科室和信息中心、非油品经营部2个直属机构，客服中心、配送中心和后勤及小车班3个附属机构，设锦龙、武青、金郫、成华、高新、青白江6个片区，按照省公司“抓大放小，统一标准，分级管理，严格考核”原则对四川川油长运油品销售有限公司进行委托管理，对四川川油成运油品有限责任公司、四川中油公交能源有限公司、四川中油兴光华能源有限公司、成都104库保和加油站4个股权企业进行全托管理，营销网络遍布成都市主城区。

表 11-4、表 11-5 所示分别为 2008—2019 年中国石油四川销售成品油分公司行政领导任职情况、党组织领导情况。

表 11-4　2008—2019 年中国石油四川销售成品油分公司行政领导任职情况表

机构名称	职务	姓名	任职起止时间
中国石油四川销售成品油分公司	总经理	朱力洋	2008 年 1—8 月
		付　强	2008 年 8 月至 2013 年 3 月
		杨保平	2013 年 3 月至 2019 年 12 月
	副总经理	杜树尧	2008 年 1 月至 2012 年 3 月
		张晋宏	2008 年 1 月至 2010 年 7 月
		欧　松	2008 年 1 月至 2012 年 3 月
		张兆克	2008 年 1 月至 2012 年 3 月
		刘　迅	2010 年 5 月至 2013 年 12 月
		胡国强	2012 年 3 月至 2013 年 12 月
		陈祖洪	2014 年 1 月至 2019 年 12 月
	总会计师	江　敏	2008 年 1 月至 2012 年 3 月
		龚丽娟	2012 年 3 月至 2019 年 12 月
	安全总监	张晋宏	2008 年 1 月至 2010 年 7 月（兼）
		张兆克	2010 年 7 月至 2012 年 3 月（兼）
		胡国强	2012 年 3 月至 2016 年 12 月（兼）
		陈祖洪	2017 年 1 月至 2019 年 12 月（兼）

表 11-5　2008—2019 年中国石油四川销售成品油分公司党组织领导任职情况表

机构名称	职务	姓名	任职起止时间
中共中国石油四川销售成品油分公司党委	书　记	杜树尧	2008 年 5 月至 2012 年 3 月
		江　敏	2012 年 3 月至 2015 年 12 月
		何　俊	2015 年 12 月至 2019 年 12 月
	副书记	王瑞华	2008 年 5 月至 2013 年 7 月

二、市场营销

（一）营销管理

2008 年，成品油分公司重组整合正式成立后，实现批零业务一体化管理。“5·12”大地震发生后，成立成品油供应应急领导小组，制订专门的应急预案，突出供应保障重点，开展差异化服务。特别是在抗震救灾以及迎奥运等特殊时期，发挥成都地区成品油供应主渠道作用。全年实现批发直销销量 19.02 万吨。

2010 年，完善营销管理考核体系，制定《销售代表考核办法》《加油卡管理办法》等 5 个业务制度，对批发环节“六统一”进行补充完善。全年实现批发直销销量 20.11 万吨。

2011 年，修订《配送管理办法》，调整配送计划的安排方式，根据加油站库存及销售情况，制订每日加油站配送计划并监控执行情况，加强与加油站、承运方的对接沟通，实现被动配送向主动配送的转变，确保油品及时配送。坚持“104 库为主、双流库补充、其他油库应急”的工作思路，缩短运输距离和时间，实现降本增效。全年实现批发直销销量 17.86 万吨。

2012 年，设立片区客户经理岗位，明确片区客户经理直销与集团大客户加油卡推广职责，建立零售与直销分工明确的协作机制，通过管理体制的调整来实现对业务的优化运行。下半年分步实施有序开展完成国Ⅲ车用柴油的置换工作。全年实现批发直销销量 14.87 万吨。

2013 年 3 月，国家出台新型油品定价机制，新机制出台后油品消费发生显著变化。加大对市场的动态监测，初步建立信息收集、反馈、研究评估、决策（领导）流程。11 月，完成所属加油站国Ⅳ 93 号、97 号汽油置换工作以及创利较高的 98 号汽油的试点推广工作。全年实现批发直销销量 13.8 万吨。

2014 年，严格按照公司“降本增效”工作要求，采取优化配送路线、加强对配送计划下达的管理及加强运费运距管理等 3 项措施合理安排配送工作，加大彭州油库出库量。1—10 月累计在彭州油库出库 5.1 万吨，由中国石油西北销售分公司结算的运费达到 354.7 万元，为公司创造直接效益。10 月 1 日前顺利完成公司所有加油站国Ⅳ柴油升级置换工作。全年实现批发直销销量 18.76 万吨。

2015 年，根据省公司印发的《2015 年增量增费配套激励方案》的相关内容，制定《2015 年增量增费配套激励方案》。全年实现批发直销销量 14.61 万吨。

2016 年，努力挖掘机构用户，加大柴油销售力度，实现扩销上量，1—10 月直销柴油总量同比增量 9464 吨，增幅 39.27%。由成品油分公司牵头、成都配送中心 104 车队协作的智慧物流试点工作有序开展，系统完善更新持续推进。智慧物流平台系统实现物流调度全过程信息化、智能化的“精准配送”，采用科技手段改变原有事后管理模式，事前从源头上杜绝油品在途人为舞弊。全年实现批发直销销量 17.02 万吨。

2017 年，于 11 月提前完成全年直销与批发考核目标任务，全年完成跨 20 万吨台阶。全年实现批发直销销量 21.21 万吨。

2018 年，通过采取明确销售目标、有效分解任务、追踪销售进度、建立通报机制等措施，提前完成全年直批销售任务。全年实现批发直销销量 29.92 万吨。

2019 年，与成都市消防救援支队成功签订成都消防救援社会联勤保障协作协议，指定承运油料配送。全年实现批发直销销量 18.16 万吨。

（二）客户经理队伍建设与管理

2008 年，实现批零业务一体化管理。对加油站零售终端客户实行分级管理，将原批发的直销客户分解给片区和加油站，社会加油站批发客户由销售中心进行统一销售和管理。

2011 年，加快客户服务体系建设，形成以加油站员工和客户经理两支队伍为支撑，以加油站和客户服务中心两个营业场所为窗口，以卡系统为载体的销售新模式。

2012 年，调整人员职能，搭建直销业务体系。按照销售公司印发的《关于构建销售企业直销业务体系的指导意见》，制订直销业务发展计划，逐步建立客户经理人队伍，重新制定直销激励考核办法。

2013 年，完善客户经理管理激励办法，引入淘汰机制，先后选调加油站经理 4 人充实到客户经理队伍。在以老带新、以战代练的方式下，迅速提升新进客户经理业务能力，初步形成一支新老结合、分工明确、知识化、专业化的营销队伍。

2014 年，修订完善《客户经理管理办法》，从岗位设置及职责、市场划分、考核三个方面对客户经理的管理进行细化与完善，转变激励办法，细化考核机制。客户经理月度、年度绩效奖金作为考核基础，与月度、年度任务完成率挂钩考核，上不封顶、下不保底，实现多劳多得。

2015 年，构建客户经理“油卡非润”全产品销售挂钩考核机制，重新修订并完善客户经理管理办法。对客户经理岗位进行公开竞聘，8 名员工进入到公司客户经理人队伍。

2016 年，修订完善《客户经理管理办法》，加大全产品客户经理销售考核力度。销售指标的权重考核由 85% 提高为 95%，其中油品销售任务指标由 75% 降低为 55%，加油卡销售任务指标由 2% 提高为 5%；非油品销售任务指标由 8% 提高为 35%。客户经理按月度任务完成率实行末位淘汰制，即连续 3 个月月度任务完成率排名末位或一年累计 4 个月月度任务完成率排名末位的客户经理，调离客户经理岗位，另做其他岗位安排。

2017 年，修订客户经理管理考核实施细则相关内容，由 2016 年的“客户经理收入由月度收入、绩效考核收入、吨油含量收入三部分组成”修订为“客户经理薪酬由基本工资、绩效工资、津补贴三部分组成”，突出销量、非油、加油卡等关键业绩指标。

2018 年，修订完善《客户经理管理考核实施细则（试行）》，新增非油经营部按月分解客户经理非油销售任务，客户经理每月汽柴油吨油含量工资中的 1500 元作为月度非油考核基数，月度非油绩效按非油月度销售任务完成率考核兑现，月度销售任务完成率高于 130% 的，按 130% 兑现，季度清算。

2019 年，加强客户经理业务工作内控管理，规范客户经理票据交接，营销科将原来每季度检查客户经理票据交接记录工作更改为每月进行检查。

（三）客户管理

2008 年，主动加强与中石化和社会批发经营单位协调沟通，分层次稳价协价。抓住成都地区多项重点工程开工时机，积极争取，11 月新开发客户 16 家，新增 2009 年度协议用油 1.2 万吨。

2009 年，把建立客户关系管理和三级分析制度作为 2009 年营销工作的重点。通过对全市所有批零客户的拉网式排查，收集建立客户基本档案。制定《客户管理实施办法》《销售代表业绩考核办法》，基本实现客户分级分类管理和客户流失责任追究制度。全年共新增直销客户 26 户，新增加油站固定客户 289 户，增加销量 6000 余吨。

2010 年，以“市场大调查、客户大普查”活动为契机，完善客户档案和竞争对手档案，建立客户消费分析制度和零售日常监控制度。

2011 年，建设“一站式”服务的客户服务中心，对营业室重新进行功能区域划分，为客户提供油品直销、加油卡销售等业务办理和咨询服务，为客户提供集中、便捷、优质的服务，为客户提供一站式窗口。加快建设加油站售卡中心，不断提升客户服务水平。开发直销客户短信平台，及时向客户发送服务短信，通过增值服务提高服务质量。

2012 年，加大客户拜访力度，提高批直任务完成率。梳理前期客户购油情况，走访销量、忠诚度下降的客户，了解客户需求，提高客户忠诚度。

2013 年，根据对成都市场主要社会加油站的摸排情况，确定温江、双流、新都、彭州、新津、崇州 6 个区县为再流通客户重点区域开发市场。根据重点掌握的潜在的直销客户资源，确定龙泉驿区、高新区、青白江区、彭州 4 个区域为直销客户重点区域开发市场。新增批发客户 31 家、直销客户 112 家。

2014 年，召开大客户座谈会，了解客户的油品需求、客户对公司提出宝贵的意见及建议，邀请中国人民武装警察部队成都市消防支队、成都市汽车运输（集团）公司物资油料分公司、四川省汽车运输成都公司、成都市青羊区城市管理局等 45 家单位负责人。

2015 年 9 月，根据省公司提出的差异化营销策略，在全省率先召开忠诚客户油非产品推介会，共有 57 家批发、直销客户参加。此次活动共销售汽柴油 3335 吨、酒类产品 460 瓶、香烟 28 条、车辅产品 40 件、润滑油 30 件。

2016 年，客户开发维护系统及客户经理终端上线使用。

2017 年，充分利用节假日等有利时期，通过对客户拜访、开展促销活动，深挖社会加油站客户，针对其游离性特点，利用好贴近市场作价的有利政策，将促销、配送、资源保障等营销策略向客户倾斜，加大客户全方位开发、维护，充分掌握成都市重点工程项目进度情况，实现站点全覆盖、对手全覆盖、客户全覆盖，着力激发客户购油积极性，提升品牌控制力和影响力，强化市场主导地位，实现市场份额稳中有升。

2018 年，有效直批客户共计 347 家，同比增加 62 家，有效客户平均购油量由上年的 704 吨增长到 851 吨。

2019 年，制定《直销与批发客户分级维护实施细则（试行）》。

三、加油站管理

（一）制度建设

2009 年，以《商品管理办法》为依据，全面实行“一站一月一率”的商品损耗管理方式，责任落实到人，并将损耗纳入季度考核，形成站经理、综管员相互监督、相互制约的商品管理机制，所属加油站全年盘盈商品数量 283 吨、金额 155 万元。

2014 年，加大双低站治理力度，将小站承包范围扩大到部分 3000—5000 吨级加油站，共完成 16 座加油站的承包经营。

2016 年，“6S 管理”、加油站细节管理标准和全流程诊断与优化 2.0 在 28 座加油站落地，完成 ERP 系统 2.0 上线运行，加油站运营天数管理全面实施，为公司经营管理带来极大便利。

2017 年，加大双低站治理力度，货运 A、文安、西江、香岛加油站共计减亏 101.64 万元。

2019 年，强化零售考核激励，制定《加油站月度纯枪专项激励方案》，对同比增量和开发小额配送的加油站和片区进行奖励。

（二）现场管理

2008 年，城北加油站被授予"全国五一劳动奖章""全国工人先锋号"，羊西、绕城 AB 加油站被评为省公司抗震救灾先进集体。

2010 年，以达标创星活动为抓手，强化加油站管理，三星级以上加油站 41 座，占加油站总数的 65%，其中五星级站 10 座、四星级站 15 座，四星级以上加油站数量和比例均列全省第一。

2013 年，开展服务质量提升年活动，完善神秘顾客访问制度，设立"总经理投诉专线"，95504 投诉量同比减少 55%，网络舆情同比减少 65%。

2015 年，大力推广自助加油业务，在武青片区试点夜间连片自助加油，开展自助加油业务的加油站 60 座，占到营运加油站的 88%，自助加油量占比达到 20.15%。

2017 年，投资 25 万元，对 35 个加油站厕所进行全面整治，加油站服务形象得到提升。积极开展加油站服务提升劳动竞赛，全年加油站神秘顾客访问平均得分为 83.1 分，同比提高 4.3 分，加油站的服务质量得到提升。

2018 年，继续推进"厕所革命"，对 60 座加油站卫生间进行整治，提升加油站形象。

2019 年，开展"为快乐加油　创美好生活"服务提升年活动，1—12 月神秘顾客访问平均得分 88.4 分，同比增加 7.1 分。编制《加油站快速班日结手册》，缩短班日结时长，提高效率。

（三）销售管理

2008 年，绕城 AB 加油站成为 2 万吨级加油站，万吨级站达到 12 座、7000 吨级站 10 座、5000 吨级站 16 座。全年实现纯枪销量 38.8 万吨。

2009 年，全年实现纯枪销量 38.62 万吨。

2010 年，全年实现纯枪销量 41.59 万吨。

2011 年，针对罐容与销量的矛盾，对 31 座加油站的品种结构进行优化，实现内涵增量。销售总量、零售量再创新高，销售收入跨上 50 亿元台阶，人均销量、单站日销量保持全省第一。全年实现纯枪销量 46.38 万吨。

2012 年，全年实现纯枪销量 50.72 万吨。

2013 年，全年实现纯枪销量 49.44 万吨。

2014 年，坚持油卡非一体化营销，同时打造具有社会认知度的"贺岁季""踏青季""足球季"等油卡非主题促销活动。全年实现纯枪销量 47.4 万吨。

2015 年，积极应对竞争对手下调挂牌价的挑战，在城厢、金府、界牌等 18 座加油站采取"点对点"竞争，单站日均增加 1.05 吨。全年实现纯枪销量 51.07 万吨。

2016 年，销量突破 70 万吨，荣获省公司 2016 年先进单位和销售跨 70 万吨台阶奖励。全年实现纯枪销量 54.53 万吨。

2017 年，全年实现纯枪销量 52.63 万吨。

2018 年，全年实现纯枪销量 52.30 万吨。

2019 年，全年实现纯枪销量 29.62 万吨。

（四）加油卡管理

2009 年，全年发卡 559 张。

2010 年，全年发卡 52884 张。

2011 年，全年发卡 55978 张。

2012 年，公司通过卡机连接改造、场地科学画线、弹性排班、增加刷卡设备等措施提高营运效率，全年发卡 8.03 万张，沉淀资金达到 1.45 亿元。

2013 年，全年发卡 124862 张。

2014 年，记名卡发卡量突破 15 万张，达 16.79 万张，新增沉淀资金 6387 万元。

2015 年，全年发卡 136828 张。2016 年，全年发卡 145034 张。2017 年，全年发卡 164046 张。2018 年，全年发卡 124783 张。2019 年，全年发卡 80020 张。

四、非油品业务

（一）基础工作

2008 年，成品油公司非油业务实施统一规范管理，非油业务规范平稳起步。水碾河加油站和高新天山加油站分别以 24.15 万元和 14.73 万元位列全省加油站 2008 年非油销售收入前两位。同年 10 月，成品油分公司非油业务科正式组建。全年实现非油收入 212.86 万元，利润 49.78 万元。

2009 年，确定以堆头饮料、润滑油、便利店、燃油添加剂和广告业务为主线的非油业务发展方向，落实非油业务网点规划，加快便利店建设进度。营运加油站 57 座，其中 53 座开展非油品销售业务，非油品销售业务铺开率达到 93%。53 座加油站中有 51 座加油站开展堆头销售业务和烟草销售业务，2009 年初，陆续办理 51 座加油站的烟草专卖许可证。50 座加油站开展润滑油销售业务，48 座加油站开展广告业务，33 座加油站开展燃油添加剂销售业务。15 座便利店投入运营。全年实现非油收入 870.53 万元，利润 110.33 万元。

2010 年，出台《非油商品管理办法》，建立非油商品账务体系，细化操作流程，明确管理职责。非油业务销售收入同比增长 102.66%，成功打造 150 万元店 1 座、100 万元店 2 座、50 万元店 4 座。全年实现非油收入 1770.6 万元，利润 245.94 万元。

2011 年，全年实现非油收入 3158.4 万元，利润 154.46 万元。

2012 年，首次提出“三个统一”要求，规范堆头商品陈列，统一规范陈列标准，统一定制展板和价格牌以及开展现场指导。逐步在加油站开展非油业务定制化和陈列图管理，实行“一站一策”，细化陈列图制度，实现按图订货、按图交接班，确保标准店非油商品单品数量不少于 600 种、高级店不少于 1000 种。成功打造 400 万元店 1 座、300 万元店 1 座、200 万元店 2 座、100 万元店 4 座。全年实现非油收入 4392.4 万元，利润 300.75 万元。

2013 年，积极和川渝中烟公司合作，搭建形象统一的香烟销售平台，由川渝中烟公司出资金，为各加油站统一制作 60 个现场香烟展示柜。同年，出台《加油站非油销售激励奖金分配指导意见》。全年实现非油收入 5246.7 万元，利润 317.55 万元。

2014 年，全年实现非油收入 3928.1 万元，利润 76.13 万元。

2015 年，全年实现非油收入 3439.5 万元，利润 465.78 万元。

2016 年，全年实现非油收入 4219 万元，利润 675.93 万元。

2017 年，全年实现非油收入 6333.2 万元，利润 723.4 万元。

2018 年，非油收入首破亿元大关。非油销售收入 1.3 亿元，非油利润 1304.79 万元。在具备条件的 6 座加油站开展汽服业务，在 1 座加油站探索充电业务，73 座加油站全部开展非油业务，按照“以商圈定顾客，以顾客定需求”的方式制订个性化促销方案，开展“个性化”促销 119 站次，增收 360 万元。

2019 年，非油销售收入 1.03 亿元，非油毛利 1805.35 万元。

（二）便利店建设

2008 年 7 月 15 日，全省首座按照股份公司加油站便利店建设《中国石油原型设计图方案》包装改造的便利店亮相武侯加油站。

2011 年 4 月，全省样板站便利店高新天山站昆仑好客便利店正式投运，与工商银行成都春熙支行沟通协商，在天山站便利店安装 ATM 取款机和多媒体自动终端机，成为全国首个安装 ATM 取款机的昆仑好客便利店。天山站非油销售年收入超过 200 万元。

2014 年，新增开发和金彭加油站便利店 2 座，公司投运便利店数量已达到 27 座。

2015 年，通过改造新增诸葛庙、双楠、机场、货运 AB、新成绵等加油站便利店 20 座，投运便利店数量达到 47 座，便利店开店率达到 80%。

2016 年，对货运 AB、文家、浣花便利店进行整体形象升级，对蜀欣、高新天山、海地通等 10 座加油站便利店实施灯光亮化工程及局部改造提升。

2017 年，对元华、浣花、铁佛、城南等 6 座加油站便利店进行整体升级改造，改造之后，便利店平均销量增幅达 78%。

2019 年，对二环、双楠、城北、蜀欣等 12 座加油站进行便利店专项治理，便利店整体形象进一步提升。

（三）项目拓展

2014 年，浣花加油站投运成品油分公司首座咔咔汽车服务项目，结束公司没有汽服项目的历史，并按照引进第三方经营的模式，每年带来 18 万元纯利润。

2016 年，与中国移动、建设银行、中意财险、香薰山谷开展跨界营销，非油增收 80 万元、毛利 30 万元。开展“厨房工程”，在文家、铁佛等 10 个便利店打造“放心厨吧”米面油专柜。在省公司一楼安装全省首台自动售货机。

2017 年，首个充电项目在川油成运司城南加油站正式投入运行，填补新能源发展上的空白。

2019 年，全省首个咖啡店中店、“1919”店中店投入运营。

五、网络开发建设

2008—2019 年，成品油分公司加油加气站由 52 座发展到 76 座，网络触角遍及整个成都地区，不断完善零售网络布局，持续提升市场竞争能力和经济效益。

2008 年 3 月，成品油分公司下属 52 座加油站，其中万吨加油站 12 座。

2009 年 1 月，省公司机场加油站转入成品油分公司；5 月，省公司元华加油站转入成品油分公司；6 月，租赁石羊加油站；12 月，西区加气站投运。成品油分公司下属 56 座加油加气站。

2010 年 10 月，租赁文安加油站，成品油分公司下属 57 座加油加气站。

2011 年 1 月，租赁高同一加油站、高同二加油站；3 月，租赁安靖加油站；9 月，红砂南加油站、红砂南加气站投运。成品油分公司下属 62 座加油加气站。

2013 年 5 月，新普加油站投运、成绵加油站迁建投运；6 月，货运大道 A 加油站、货运大道 B 加油站投运；8 月，西江加油站投运；11 月，安西加油站投运；12 月，香岛加油站投运。成品油分公司下属 68 座加油加气站。

2014 年 9 月，兴义加油站投运，成品油分公司下属 69 座加油加气站。

2015 年 2 月，苏坡天山加油站投运；10 月，铁佛加油站投运；12 月，租赁好运加油站、花中加油站。成品油分公司下属 73 座加油加气站。

2016 年 2 月，文安加油站租赁转收购；3 月，日新加油站投运。成品油分公司下属 74 座加油加气站。

2018 年 9 月，青南加油站投运；11 月，花龙门加油站投运。成品油分公司下属 76 座加油加气站。

2019 年 2 月，秀城加油站投运；5 月，百花加油站迁建投运，石羊加油站退租。

六、质量安全环保

（一）安全管理

以 HSE 体系建设为抓手，全面落实安全环保监管责任，深入开展各类专项活动，持续推进隐患排查治理，始终以最坚决的态度坚守红线、底线，以最严格的要求落实责任，以严抓严管的态势，确保各环节风险管控到位，为公司生产经营保驾护航。坚持“以人为本、预防为主、全员参与、持续改进”的 HSE 方针，层层落实安全生产责任制，不断深化体系运行，巩固发展根基，关注重点时段和关键环节，防范各类风险，保证加油站安全运营。

2008 年，“5・12”大地震后，迅速对加油站进行全面细致的隐患排查，评估受损情况，提出整改方案，最先恢复加油站营业，并设立抗震救灾绿色通道和救灾军队专用加油站。

2009 年，深入开展“安全生产月”“百日安全专项整治”，全面签订“安全环保责任书”，逐级落实安全环保责任制，对 18 座加油站进行隐患整改。组织安全培训班 45 期，参训人员 2000 人次；完善安全基础资料，HSE 管理体系、HSE 信息系统逐步正常运行。

2010 年，大力推行有感领导、直线责任和属地管理。开展加油站环境综合治理，对加油站日常管理提出“八不准”工作要求。持续开展加油站达标创星工作，以“打造精品站，狠抓后进站，培养合格站”为目标，在每个片区打造一座精品加油站，以点带面促进加油站规范管理水平整体提升。

2011 年，制订总体应急预案和 12 个专项预案，加强危害识别、作业审批等安全培训，分季节、分时段开展防恐反恐、防火、防盗抢等应急预案演练，成功处置 12 起突发事件。

2012 年，按照“33171”模式扎实开展 HSE 体系提升，强化“三项管理”，落实直线责任，分岗位签订“两书”。制定《属地管理办法》，在城北、高新天山加油站试点。开展安全经验分享，组织安全培训 37 期，员工安全意识和操作技能得到提高。理顺职能部门、片区及加油站之间施工安全管理关系，确保施工安全。

2013 年，开展安全教育培训 22 次，编制 HSE 培训课件 12 个，培训总人数 1212 人次。制定 4 个风险管理工具的管理办法，在高新天山加油站试行，通过集团公司专家组验收。开展安全生产标准化工作，顺利通过安全生产标准化二级企业达标评审。

2014 年，修订完善《领导干部安全联系点管理办法》《未遂事件报告及奖励管理办法》等 7 个体系文件，HSE 风险管理工具在 20 座加油站得到运用。

2015 年，修订安全生产岗位职责。持续开展“严管理、转作风、抓落实”主题活动，严肃整治 9 个杜绝项问题，强化生产现场安全。

2016 年，修订、完善管理办法 3 个。公司总经理、党委书记开展重要风险防控培训 3 次，累计培训 198 人次；各专业线开展风险防控培训 15 次，参训人员 621 人次；片区、加油站按要求组织加油站风险防控培训，覆盖率 100%。形成 400 题风险防控题库，分专业线抽取 14 套试题，组织全员闭卷考试。协调市安监局，将一线员工外部安全培训改为公司内部培训，节约费用 20 万元。定期开展各层级、不同形式、不同主题应急预案演练，泰祥加油站成功处置油罐车自燃事件，受到省公司嘉奖。

2017 年，制定《副科级以上领导干部责任挂钩分配表》，落实挂钩加油站的安全环保、防汛、数质量、维稳防恐、施工安全监管责任。

2018 年，修订完善《安全生产职责》《卸油负面清单》《损耗管理办法》等文件。开展卸油环节专项整治和“反违章、强惩处、严执行，提升现场安全作业水平”专项整治。组织 112 人开展履职能力测评，186 人进行卸油操作理论及实操考核。

2019 年，修订《安全环保质量计量事故隐患问责实施细则》《加油站安全监督检查管理办法》等 4 项规章制度。细化通用安全生产职责、岗位生产职责、业务风险管控职责，制定具体工作标准，形成完善的全员安全生产责任体系。

（二）环保管理

坚持合规管理，严格执行国家环保法律法规及上级公司环保规章制度要求。不断完善各项环保制度、手续及加油站环保设施设备，通过培训以提高员工对环保工作的认识，夯实管理基础。

2013 年，72 座加油站陆续完成油气回收系统改造。

2014 年，制定《质量事故责任追究管理办法》《卸油作业违规操作处罚细则》等 4 项质量计量管理制度。

2016 年，完成加油站隔油池、环保沟整治工作。

2017 年，为 61 座站配置危废处置箱；51 座站取得环评验收批复。制定《加油站油气回收系统管理规定》《加油站油气回收装置操作规程》。整理出外部环保检查中最易被提问、关注度最高的 20 项问题，编制《加油站环保迎检应知应会》，组织各层级员工进行环保迎检应知应会培训。加油站每日对照《油气回收系统日常巡查登记表》巡检巡查，发现问题立即维修整改。

2018 年，委托第三方编制环境应急预案，完成 64 座加油站向属地环保局的备案。对 47 座加油站油气回收装置进行整改。

2019 年，取得 8 座技改站环评报告，召开现场评审会 2 次，6 座站进入公示阶段，取得环评验收批复 3 份。完成 13 座技改站建设项目环境影响登记表备案。

（三）数质量管理

牢固树立“质量至上、计量准确、诚信经营”理念，不断增强依法经营、诚信经营意识，强化质量计量工作管理风险控制，视质量计量规定为“高压线”，严禁掺杂使假、克扣用户，坚决杜绝油品数质量事件。

2008 年，在全省率先实施加油站收油环节二次施封措施。

2010 年，深入开展质量计量专项整治活动，通过专题会、讲座、板报等形式以宣传国家法律法规和公司油品数质量管理相关规章制度。开展内部油品质量普查和质量隐患排查，逐站进行油品接卸验收、油罐水杂、计量器具检定及非油商品等检查，过程监督进一步强化。

2012 年，开展油罐容积标定和数据上线工作，推进地罐交接，37 座加油站实现单轨运行。

2013 年，为加油站配备油品采样器，科学抽查罐内水杂。继续推进地罐交接，加油站保管环节油品损耗同比下降 35%。

2014 年，出台《加油机计量抽检自校管理办法》《事故责任追究管理办法》等办法，加强质量计量管理人员执行力。组织质量计量相关知识培训 3 期，培训人数 216 人次。与运输公司签订地罐交接配送协议，重新确认 35 座站的综合差量率。

2016 年，持续加强卸油作业规范管理，严格执行“三双”“三核对”操作规程接卸油品，排查卸油作业风险。

2017 年，针对新投运的金府、文家等加油站液位仪收油不准问题，进行液位仪校准，确保液位仪准确读取数据，精确计量。

2018 年，修订完善《加油站油品零售损耗管理实施细则》《油品损耗考核补充规定》，超损耗核算与赔付制度更加完善。对 50 座站的液位仪和地罐交接综合差量率进行重新校准和确认，分析超耗站损耗原因，制定整改措施。

2015—2019 年，连续承办省公司“滴滴好油满满诚信”“3·15”消费者权益日宣传咨询活动，宣传诚信经营、绿色环保的企业形象，收到良好的舆论效果。

第三节　自贡分公司

一、基本情况

中国石油天然气股份有限公司四川自贡销售分公司（简称自贡分公司）成立于1962年，前身为自贡市煤建石油公司，1978年其业务上划四川省石油公司管理，组建自贡市石油公司。1985年，因石油流通体制改革，“自贡市石油公司”上划四川省石油公司，更名为“四川省石油公司自贡分公司”；1992年更名为“四川省石油总公司自贡分公司”；1997年组建为四川省石油集团自贡有限公司；1998年石油石化体制改革，成建制上划中国石油天然气集团公司。

为优化资源配置，试行区域公司管理体制，1999年12月1日，四川省石油集团川南有限公司在自贡挂牌成立并正式运行，宜宾、内江、泸州、自贡公司划归川南公司管理；2000年，更名为“中国石油天然气股份有限公司四川川南销售分公司”；2001年，按上级公司要求，将原四川省石油集团宜宾有限公司划出组建为中国石油天然气股份有限公司四川宜宾销售分公司；2002年，根据上级公司要求，按经济流向一分为三，分别组建中国石油天然气股份有限公司四川川南、泸州、资阳销售分公司；2009年，按上级公司要求，由中国石油天然气股份有限公司四川川南销售分公司分立组建为自贡、内江销售分公司。

截至2019年底，自贡分公司设有总经理（党委）办公室、营销管理科、油气零售科、财务科、人事（组织）科、仓储安全环保科、党群工作科、投资建设科等8个科室，信息中心、非油品经营部等2个直属机构（信息中心、非油品经营部）、1个油库（舒平油库）和4个片区（贡井片区、荣县片区、富顺片区、大安片区），在营加油站50座。员工545人，其中库站员工381人。

表11-6、表11-7所示分别为1989—2019年中国石油四川自贡销售分公司行政领导任职情况、党组领导任职情况。

表11-6　1989—2019年中国石油四川自贡销售分公司行政领导任职情况表

机构名称	职务	姓名	任职起止时间
四川省石油公司自贡分公司	经　理	胡兴东	1989年1月至1992年4月
	副经理	吴庆和	1989年1月至1992年4月
四川省石油总公司自贡分公司	经　理	胡兴东	1992年4月至1995年5月
		吴庆和	1995年5月至1997年6月
	副经理	吴庆和	1992年4月至1995年5月
		段大昌	1992年6月至1997年6月
		刘　跃	1995年9月至1997年6月

续表

机构名称	职务	姓名	任职起止时间
四川省石油集团自贡有限公司	经　理	吴庆和	1997 年 6 月至 1999 年 11 月
	副经理	段大昌	1997 年 6 月至 1999 年 11 月
		刘　跃	1997 年 6 月至 1999 年 11 月
四川省石油集团川南有限公司	经　理	吴庆和	1999 年 11 月至 2000 年 10 月
	副经理	廖中文	1999 年 11 月至 2000 年 1 月
		周书平	1999 年 11 月至 2000 年 1 月
		王金良	1999 年 11 月至 2000 年 10 月
	总会计师	刘　跃	1999 年 11 月至 2000 年 10 月
中国石油四川川南销售分公司	经　理 （总经理）	吴庆和	2000 年 10 月至 2008 年 12 月
	副经理 （副总经理）	王金良	2000 年 10 月至 2001 年 2 月
		朱　维	2001 年 1 月至 2003 年 12 月
		段大昌	2001 年 2 月至 2007 年 1 月
		魏修田	2001 年 2 月至 2002 年 4 月
		方正荣	2007 年 1 月至 2008 年 12 月
		付家良	2008 年 5 月至 2008 年 12 月
		潘述良	2008 年 5 月至 2008 年 12 月
	总会计师	刘　跃	2000 年 10 月至 2007 年 1 月
中国石油四川自贡销售分公司	总经理	吴庆和	2009 年 1 月至 2010 年 12 月
		刘　跃	2011 年 1 月至 2014 年 1 月
		朱　维	2014 年 1 月至 2019 年 12 月
	副总经理	付家良	2009 年 1 月至 2014 年 1 月
		潘述良	2009 年 1 月至 2011 年 1 月
		袁　莉	2011 年 1 月至 2019 年 12 月
		如莫他	2012 年 8 月至 2013 年 3 月
		刘　迅	2014 年 1 月至 2016 年 4 月
		陶俊波	2014 年 1 月至 2019 年 12 月
		钟跃萍	2016 年 11 月至 2019 年 3 月
	总会计师	潘述良	2011 年 1 月至 2019 年 12 月

说明：2008 年，行政领导职务名称由“经理、副经理”改称“总经理、副总经理”。

表 11-7　1989—2019 年中国石油四川自贡销售分公司党组织领导任职情况表

机构名称	职务	姓名	任职起止时间
中共四川省石油公司自贡分公司党委	书　记	胡兴东	1989 年 6 月至 1992 年 4 月
	副书记	王仲诗	1989 年 1 月至 1992 年 4 月
中共四川省石油总公司自贡分公司党委	书　记	胡兴东	1992 年 4 月至 1995 年 5 月
		吴庆和	1997 年 2 月至 1997 年 6 月
	副书记	王仲诗	1992 年 4 月至 1997 年 6 月
中共四川省石油集团自贡有限公司党委	书　记	吴庆和	1997 年 6 月至 1999 年 11 月
	副书记	王仲诗	1997 年 6 月至 1999 年 11 月
中共四川省石油集团川南有限公司党委	书　记	黄宗会	1999 年 11 月至 1999 年 12 月
		周书平	2000 年 1 月至 2000 年 10 月
	副书记	吴庆和	1999 年 11 月至 2000 年 10 月
		罗光辉	2000 年 1 月至 2000 年 10 月
中共中国石油四川川南销售分公司党委	书　记	周书平	2000 年 10 月至 2001 年 1 月
		王金良	2008 年 5 月至 2008 年 12 月
	副书记	吴庆和	2000 年 10 月至 2008 年 12 月
		罗光辉	2000 年 10 月至 2001 年 1 月
		王金良	2001 年 2 月至 2008 年 4 月
中共中国石油四川自贡销售分公司党委	书　记	如莫他	2009 年 1 月至 2013 年 3 月
		傅佑明	2013 年 3 月至 2014 年 1 月
		刘　迅	2014 年 1 月至 2016 年 5 月
		钟跃萍	2016 年 11 月至 2019 年 3 月
		朱　维	2019 年 3 月至 2019 年 12 月
中共中国石油四川自贡销售分公司党委	常务副书记	袁　莉	2019 年 3 月至 2019 年 12 月
	副书记	吴庆和	2009 年 1 月至 2010 年 12 月
		刘　跃	2011 年 1 月至 2014 年 1 月
		朱　维	2014 年 1 月至 2019 年 3 月

二、成品油批发与直销

（一）市场环境及竞争情况

自贡市位于四川盆地南部，东邻隆昌市、泸县，南界泸州市、宜宾市，西与犍为县、井研县毗邻，北靠仁寿县、威远县、内江市，是闻名全国的盐之都、龙之乡、灯之城，工业以盐化工、机械制造、新材料、环保产业为主。全市总面积 4381 平方千米，下辖 4 区（自流井、贡井、大安、沿滩）、2 县（荣县、富顺县），人口约 324 万人。

至 2019 年末，自贡市共有成品油批发经营单位 4 家，其中中石油 2 家、中石化 1 家、社会经营单位 1 家；营运加油站 140 座，其中中石油 51 座、中石化 9 座、延长壳牌 6 座、社会加油站 74 座；营运油库 3 座，其中中石油 1 座（舒平油库，3.1 万立方米）、中石化 1 座（成渝能源舒平油库，1.1 万立方米），社会油库 1 座（川渝南方隆昌桐梓园油库，1.1 万立方米）。

主要批发竞争对手情况。自贡辖区系统外批发经营单位主要有中石化自贡石油化工有限公司、四川富顺川渝南方石油有限公司以及中石化内江石油有限公司，批发销售辐射自贡区域。

——中石化自贡石油化工有限公司：主营汽柴油批发（无零售网点），以毗邻自贡公司舒平油库的 1 座 1.1 万立方米油库为依托（铁路库），辐射整个川南市场，竞争实力较强，年销售汽柴油 7 万余吨，辖区市场份额 17.7%。

——四川富顺川渝南方石油有限公司：汽柴油批零兼营，拥有隆昌 1.1 万立方米油库（铁路库）1 座，现主要为中海油销售四川分公司、中国航油集团四川铁投石油有限责任公司代储油品。年成品油销量 3 万余吨，资源以地炼为主、中石油少量购入，辖区市场份额 7.7%。

主要零售竞争对手情况。自贡辖区系统外零售经营单位主要有中石化内江石油分公司、延长壳牌（四川）石油有限公司、中国航油集团四川铁投石油有限责任公司、中海油销售四川有限公司以及其他社会站抱团经营的锦乐石油、永瑞石油等。

——中石化内江石油分公司：在自贡辖区有加油站 9 座，年纯枪销售量 3.17 万吨，油品资源主要由自有车辆在泸州油库及中石化成渝能源舒平油库配送，辖区零售市场份额 10.3%。

——延长壳牌（四川）石油有限公司：2010 年起，在自贡先后租赁加油站 5 座，年销售量 1.26 万吨，油品资源为中石化成渝能源舒平油库代储，部分从延长壳牌龙泉油库出库，辖区零售市场份额 4.1%。

——中国航油集团四川铁投石油有限责任公司：2014 年起，在自贡新建成自泸高速路自贡服务区对站、自隆高速沿滩服务区对站，年销售量 1.27 万吨，资源为四川富顺川渝南方石油有限公司代储代配送，少量在公司购买，辖区零售市场份额 4.1%。

——中海油销售四川有限公司：2017 年起，在自贡先后租赁或特许加油站 8 座，年销售量 1.47 万吨，一部分资源为四川富顺川渝南方石油有限公司隆昌油库、中石化自贡石油化工有限公司舒平油库代储代配送，一部分在自贡公司购买（含资源互供）。辖区零售市场份额 4.8%，随着其租赁、特许加油站数量增加，市场份额呈逐年上升趋势。

（二）销售策略

20 世纪 80 年代以前，石油作为国家重要物资，一直实行计划控制，在没有上划省公司以前，石油的购销计划由自贡市计委下达；1985 年上划省公司后，石油的购销计划由省公司下达。

1985 年，省公司扩大企业自主权，允许企业自组货源，使公司看到生机、激起公司拓展经营、促进发展的热情。调整增加外采人员，购销量有所突破。

1992 年 3 月，根据细分市场经济理论的要求，组建采调经营科，专司货源采购和外销市场，组建特油部（后改名为润滑油公司），专司润滑油和特种油料销售。经营机构的调整，更加坚定以经营为中心、壮大主业不动摇的信心，更加主动积极地适应市场经济的需求，努力提高经济效益，企业的经营得到快速、持续、稳定发展，公司的主要经济指标达到省公司系统先进水平。在销售上，除牢固占领本地市场、辐射周边市场外，还安排采调经营科主动在成都、重庆、广元设立办事处，负责油品销售，并向云南、贵州以铁路罐车形式发运销售。

1995—1999年，在销售策略上，充分利用货源优势、价格优势、运输及服务优势占领市场、吸引用户。在拓展市场上，坚持“人无我有、人有我优”的货源优势调节市场。

2000—2008年，川南公司成立以后，对于营销工作倾注大量心血，多管齐下严肃经营纪律，规范经营秩序，拓宽销售渠道，调配销售力量，甚至在分配上向进销人员倾斜。这些措施办法对于规范川南地区的销售市场、把握销售节奏、促进销售拓展起到积极作用。2002年，川南公司在销售中心设置销售代表，按片区开发维护客户，履行销售职责。

2009年，以科学发展观为统领，按照省公司“主导市场、量效并重、规范受控、协调发展”的方针，全面贯彻落实省公司工作会议精神及各阶段工作部署，创新工作思路，切实以科学营销拓市场、抓客户、促销量、强终端、增效益，努力提高经营创效能力。

2010年，坚持以科学发展观为指导，以建设国际水准油品供应服务商为目标，坚持“零售环节保效益、批发直销保份额、油非互动促销量、优质服务增客户”的营销工作方针，上销量、增份额、促零售、保价格，着力提升市场竞争力和经营创效能力。

2011年，以科学发展观为指导，按照省公司“量效并重、量为基础、效益领先”的营销工作方针，把“日跟踪、周分析、月总结”落到实处，密切监测市场变化，适时调整营销策略，提高对渠道和价格的控制力。

2012年，克服市场需求低迷、油价波动频繁、资源宽松短缺快速转换等矛盾，坚持“突出效率效益，坚持做精做优”工作思路，提升发展质量，加强科学营销。

2013年，面对国内宏观经济形势低迷、市场需求不旺、油价持续波动、市场竞争加剧等严峻形势，自贡分公司以科学发展观为指导，紧紧围绕“12345”发展目标，强化发展意识，提升效率效益，做大做强销售，保持销售总量与自贡辖区GDP同步增长。

2014年，面对经济下滑、油价深跌、竞争激烈的成品油市场形势，公司坚持以效益为中心，谋发展、拓市场、争效益，以提升盈利能力为重点，积极实施差异化营销战略，塑造品牌形象，实现质量效益发展。

2015年，建立市场供需变化、反应机制，建立月初、月中会商制度，坚持全覆盖、网格化、责任制市场开发原则，加强营销业务保障能力建设，立足区域市场实际，强化不同市场、不同时段的需求研判、统筹运作，切实把握销售节奏，实施精准营销策略。

2016年，建立健全市场营销情报机制，从市场、客户、竞争对手三个维度出发，持续开展客户大普查和市场大调查工作，提高市场掌控的深度与广度，深化市场动态分析，密切关注供需、库存及价格动态，实施更加积极主动的营销策略。

2017年，面对供需矛盾、竞争升级、能源替代等不利形势，公司紧紧围绕省公司批发直销重点工作，围绕“质量、效益”核心，科学分析形势，精心研判营销策略，统筹量价效关系，在保证盈利的同时，全力实施精准营销。

2018年，面对油价宽幅震荡、市场竞争激烈、能源替代加快等严峻形势，围绕“创新、效率、效益”核心，按照“油卡非润气”一体化营销理念，主动应对市场挑战，实施“一户一策”“一品一策”等精准营销策略，决胜“千万吨”攻坚目标。

2019 年，牢固树立效益核心理念，坚持量效兼顾、以效为先的原则，以市场为导向，紧紧围绕客户、价格、质量、资金、服务五大要素，实施客户网格化管理、专业化维护、个性化定制、差异化营销。

（三）价格管理

1989—1998 年，成品油价格由国家确定，往往是一次调整，长时期内不变。到 1998 年，随着中国石油、中国石化两大集团重组，油价改革也拉开序幕。

1998—2001 年，国内成品油价格管理体制改革大致经历三个阶段，包括与国际市场的接轨阶段，即国内成品油价格随国际市场油价变化相应调整。汽油和柴油开始实行国家指导价，中国石油、中国石化集团在此基础上可上下浮动 5%。

2002—2008 年，成品油定价机制又有新的变化，改每月调整为按照国际市场油价波幅不定期调整。

零售价格管理变化情况：

2009 年加油站管理系统上线前，营销管理科价格管理人员在收到省公司调价文件后，编制公司调价文件，经公司价格领导小组审核后报公司领导签发；营销管理科牵头组织相关人员分组到各加油站抄加油机起止数，并监督调价情况。

2009 年加油站管理系统上线后，营销管理科价格管理人员在收到省公司调价文件后，编制公司调价文件，经公司价格领导小组审核后报公司领导签发。其中，省公司油气零售处在加油站管理系统设置油品变价单，自动印发到各加油站，加油站在规定时间点前对加油站管理站级系统做班结，并核实加油机油品变价情况，对因系统或网络问题不能自动变价成功的，由公司信息运维人员在系统中做人工变价处理。

批发价格管理变化情况：

2013 年成品油批发销售审批系统上线前，营销管理科价格管理人员按照省公司营销管理处通知价格政策，编制批发价格单通知客户经理（销售代表）执行，若有特殊价格情况，填报“价格优惠申请”经公司领导签字审核，报营销管理处审批同意后执行。

2013 年成品油批发销售审批系统上线后，省公司营销管理处通过成品油批发销售审批系统印发直销与批发指导价格，营销管理科按照指导价格通知客户经理执行，若有特殊价格情况，填报“一单一议优惠申请”经公司领导签字审核，报营销管理处审批同意后执行。

（四）客户管理

1989—1994 年，根据“两个统筹”的要求，认真做好计划内、计划外油料的安排，在保证农业、能源、交通等重点建设的同时，不断探索符合计划经济与市场调节相结合的分配供应模式，充分利用计划内资源优势安排好市场，促进计划外油品销售，并积极推行油货挂钩、协议供货等形式，保证市场稳定。

1995—1998 年，公司设置销售机构主要有：业务科、采调经营科、营业部、润滑油公司、运销公司以及属于集体所有制企业的石化经济贸易公司和宏源公司，各部门按照业务分工和市场划分开展油品销售工作。

1999—2001 年，设置销售分公司，负责统筹各经营部油品销售工作。

2002—2005 年，在销售中心设置销售代表岗位。销售代表在经授权区域市场内，直接面向客户群体，负责对管辖区域的客户进行开发、维护，负责按照公司规定履行销售职能，负责管理客户档案资料。

2006—2011 年，将销售代表调整到销售片区，销售代表负责管辖区域的直销、批发和零售终端大客户，负责按照公司规定履行销售职能，负责管理客户档案资料。2008 年，销售 ERP 系统上线，所有客户资料录入销售 ERP 系统，直销与批发客户资料实现系统管理。

2012—2019 年，在营销管理科设置客户经理岗位。客户经理在经授权区域市场内，直接面向客户群体，代表公司提供“油卡非润”全产品服务，主要承担情报收集、市场普查、客户开发、全产品销售、全过程服务的职责。其中：2013 年，成品油批发销售审批系统上线，客户档案资料及直销与批发销售通过成品油批发销售审批系统来管理。2014 年，与中国航油集团四川铁投石油有限责任公司合作，其成自泸高速自贡服务区对站和自隆高速沿滩服务区对站由公司销售并配送到站。2018 年，与中海油销售四川公司合作，在资源互供计划外，适时在公司购买油品。2019 年，开展特许连锁经营项目，自贡市鹏涛高新商贸有限公司、富顺琵琶加油站、贡井成佳加油站相继与公司签订特许经营合同。

（五）配送管理

1999—2001 年，零售分公司配送管理岗负责收集汇总加油站报运计划，仓储分公司配送管理岗负责收集汇总销售代表所报的客户配送计划，交由自贡分公司所属自贡车队完成配送任务。

2002—2003 年，零售管理部配送管理岗负责收集汇总加油站报运计划，仓储管理部配送管理岗负责收集汇总销售代表所报的客户配送计划，交由自贡分公司所属自贡车队完成配送任务。

2004—2005 年，销售中心配送管理岗负责收集汇总加油站报运计划和销售代表所报的客户配送计划，交由自贡分公司所属自贡车队完成配送任务。

2006—2007 年，销售中心配送管理岗负责收集汇总加油站报运计划和销售代表所报的客户配送计划，交由第三方四川成长运输有限公司完成配送任务。

2008—2010 年，营销管理科配送管理岗负责收集汇总加油站报运计划和销售代表所报的客户配送计划，交由第三方中油运输有限公司四川分公司负责成品油配送。其中：2008 年，省公司仓储调运处开发二次配送管理系统，公路配送工作开启系统管理。

2011—2014 年，销售公司开发二次物流管理系统，营销管理科配送管理岗负责审核印发加油站库存与销量，负责收集汇总加油站报运计划，通过二次物流管理系统优化模块以生成正式配送计划。其中：2012 年，二次物流管理系统与销售 ERP 系统集成，营销管理科配送管理岗负责收集汇总客户经理上报的客户配送计划，在第三方承运商安排执行车辆后在二次物流管理系统拆单，审核印发后交由承运商驾驶员执行。

2015—2019 年末，公路配送实现主动配送，营销管理科配送管理岗负责审核印发加油站库存与销量，负责收集汇总加油站报运计划，由省公司调控指挥中心调度岗在物流管理系统优化模块中自动生成加油站配送计划，输出后由承运商驾驶员执行。客户配送由营销管理科配送管理岗负责收集汇总，报省公司调控指挥中心调度岗审核后，在二次物流管理系统拆单，审核印发后交由承运商驾驶员执行。

表 11-8 所示为 2011—2019 年中国石油四川自贡销售公司公路配送统计情况。

表 11-8　2011—2019 年中国石油四川自贡销售公司公路配送统计表

年度	配送量（万吨）			加权运距（公里）	车辆周转率（次 / 日）	吨油运费（元）
	合计	内部	外部			
2011	14.5	13.2	1.3	40.49	2.96	35.26
2012	16.2	13.9	2.3	41.5	2.76	34.7
2013	18.5	15.3	3.2	41.5	2.87	36.13
2014	20.4	17.0	3.4	37.18	3.38	39.55
2015	20.5	17.1	3.5	37.62	2.73	38.99
2016	21.2	17.9	3.3	37.87	2.17	33.98
2017	21.2	17.6	3.6	65.8	2.70	40.02
2018	22.4	17.8	4.6	68.46	2.22	31.47
2019	24.0	18.0	6.0	105.59	1.98	38.88

（六）统计管理

1999—2001 年，设置综合业务部，履行公司统计管理职能。销售分公司、零售分公司、润滑油公司各专业线统计岗将各经营数据报综合业务部，综合业务部向省公司报送日报、周报和商流统计月报，向地方政府职能部门（商务局、统计局、物价局、经信局）报送公司月度、季度、年度统计报表。

2002—2007 年，综合业务部并入销售中心，零售管理部、润滑油公司各专业线统计岗将各经营数据报销售中心综合统计岗，综合统计岗向省公司报送日报、周报和商流统计月报，向地方政府职能部门（商务局、统计局、物价局、经信局）报送公司月度、季度、年度统计报表。

2008—2011 年，加油站管理科、非油品经营部统计岗将经营数据报营销管理科统计岗，营销管理科统计岗向省公司报送日报、周报和商流统计月报，向地方政府职能部门（商务局、统计局、物价局、经信局）报送公司月度、季度、年度统计报表。

2012 年，省公司开发经营信息统计管理系统，同时向省公司报送电子版日报和系统日报确认，报送电子版商流统计月报。其中，通过联网直报平台向统计局报送公司月度、季度、年度统计报表，企业统计数据联网直报改变中国统计发展的历史。

2013—2019 年，省公司完善经营信息统计管理系统，销售数据由省公司营销管理处导入系统，营销管理科统计岗每日在日报系统中确认或补录，商流统计月报通过经营信息统计管理系统填报。

表 11-9 ~ 表 11-12 所示为 2001—2019 年中国石油四川自贡销售公司统计情况。

表 11-9　2001—2005 年中国石油四川川南销售公司销售统计表

年度	市场表观消费量	公司系统销量			
	合计（万吨）	销量小计（万吨）	汽油（万吨）	柴油（万吨）	市场份额（%）
2001	15.46	12.69	4.35	8.34	82
2002	16.70	12.18	3.99	8.19	73
2003	18.06	12.79	4.22	8.57	71
2004	19.50	17.17	5.51	11.66	88
2005	21.27	18.70	5.40	13.30	88
合计	90.99	73.53	23.47	50.06	81

说明：“十五”期间统计为川南公司（自贡、内江）数据。

表 11-10　2006—2010 年中国石油四川自贡销售公司销售统计表

年度	汽柴油销量					
	小计		汽油		柴油	
	销量（万吨）	增幅（%）	销量（万吨）	增幅（%）	销量（万吨）	增幅（%）
2006	9.51	10.1	3.09	3.4	6.42	13.7
2007	10.51	10.6	3.45	11.6	7.07	10.1
2008	11.33	7.8	3.71	7.7	7.62	7.8
2009	11.45	1.0	4.01	7.9	7.44	-2.4
2010	13.4	17	4.67	16.5	8.73	17.3
合计	56.20	—	18.93	—	37.27	—

表 11-11　2011—2015 年中国石油四川自贡销售公司销售统计表

年度	汽柴油销量					
	小计		汽油		柴油	
	销量（万吨）	增幅（%）	销量（万吨）	增幅（%）	销量（万吨）	增幅（%）
2011	17.4	29.5	5.4	15.0	12.0	37.3
2012	18.9	8.7	6.8	25.8	12.1	1.1
2013	20.1	6.5	8.4	24.9	11.7	-3.7
2014	22.0	9.4	10.2	21.0	11.8	0.9
2015	22.5	2.5	11.4	11.8	11.1	-5.8
合计	100.9	—	42.2	—	58.7	—

表 11–12　2016—2019 年中国石油四川自贡销售公司销售统计表

年度	汽柴油销量					
	小计		汽油		柴汨	
	销量（万吨）	增幅（%）	销量（万吨）	增幅（%）	销量（万吨）	增幅（%）
2016	22.7	0.7	12.4	9.0	10.3	–7.7
2017	23.2	2.5	14.0	12.6	9.6	–6.3
2018	25.1	7.8	12.7	–9.3	12.4	28.8
2019	28.1	11.9	14.3	12.6	13.8	11.3
合计	99.1	—	53.4	—	46.1	—

三、成品油零售

（一）市场环境及竞争情况

自贡市下辖四区两县，人口约 324 万人，公路总里程 6552.3 千米，其中：高逗公路 235.8 千米，一级公路 128.6 千米，二级公路 177.3 千米，三级公路 317.1 千米，四级公路 5287.4 千米，等外公路 406.1 千米。

20 世纪 80 年代中后期，国家根据成品油市场需求逐年看好的情况，逐步放开市场，除平价油以外，推出高价、议价油，但高价和议价油仍然按计划控制。1989 年，全市零售站点近 300 座，其中自贡公司主要从事批发业务，自营加油站仅有 3 座，其余站点主要是农机、交通系统加油站和私人加油点。

1993 年，为深入贯彻四川省政府 154 号文件精神，自贡分公司积极配合政府部门，对系统外加油站进行清理整顿，依法取缔不合格网点 5 座。

1994—1999 年，石油流通体制改革政策还未完全到位和落实，资源分散的情况继续存在，西部地区供大于求，竞争加剧。其间，根据上级要求，自贡分公司再次配合政府部门对系统外加油站进行清理整顿，取缔不合格网点 33 座。全市零售站点从 285 座下降到 252 座，其中自贡分公司站点 25 座（含两县县公司）。

通过网点建设与市场整治两手抓，在全省石油公司零售市场占有率不到 60% 的情况下，自贡分公司零售市场占有率一直保持在 85% 以上。

2000—2004 年，中石化成立富顺南方石化公司，在隆昌兴建油库，通过租赁社会加油站大举进入自贡市场。截至 2004 年末，全市共有加油站 194 座，其中自贡分公司目营 36 座，占比 18.6%；社会站 136 座，占比 69.6%；中石化 16 座，占比 8.2%；其他中石油在自贡加油站 7 座，占比 3.6%。

2010 年，延长壳牌（四川）石油有限公司通过租赁社会加油站，开始进入自贡市场。中石化逐步减少与富顺南方石化公司合作，改为通过其泸州（后改为内江）石油分公司收购租赁加油站并直接经营。截至 2010 年末，全市共有加油站 152 座，其中自贡分公司自营 38 座，占比 25%；社会加油站 107 座，占比 70.4%；中石化 5 座，占比 3.3%；延长壳牌 2 座，占比 1.3%。

2014 年，中国航油集团四川铁投石油有限责任公司在自贡新建高速路服务区加油站 4 座。2017 年，中海油销售四川有限公司在自贡租赁或特许加油站 8 座。自贡纯枪零售市场竞争日趋激烈。

截至 2019 年末，全市共有营运加油站 140 座，其中中石油 51 座（含油料公司 1 座），占比 36.4%；社会加油站 74 座，占比 52.9%；中石化 9 座，占比 6.4%；延长壳牌 6 座，占比 4.3%。

（二）运行管理

1988 年末，为加大零售管理力度，统一加油站规范管理，自贡分公司成立专门从事零售业务、加油站管理的部门——营业部。营业部承担公司零售业务和对加油站全面管理的工作，实行内部独立核算，自负盈亏。营业部成立后，建立健全零售管理体系，拓展零售业务，零售市场占有率达 85%。

在市场经济逐步形成的过程中，成品油市场发生急剧变化，为增强企业市场竞争能力，自贡分公司大力加强网点建设，为进一步拓展零售业务打下坚实基础。1989—1993 年，在营加油站从 3 座增加到 8 座。此外，富顺、荣县支公司也建成加油站 8 座。以上加油站的建成，使公司在自贡市场的零售市场网络基本形成，为市场竞争创造先决条件。在全省石油公司零售市场占有率不到 60% 的情况下，自贡分公司零售市场占有率一直保持在 90% 以上。

1994 年，改进加油站发油设备，实现城区加油机全部电脑化的目标，同时在油库和加油站安装发电设备，提升服务能力。

1995—1999 年，自贡分公司高度重视零售终端销售工作，把零售终端销售作为经营工作的主攻方向，并将其列为公司的生命工程、饭碗工程。始终坚持以市场为导向，用优质服务占领市场，努力将营运的 10 座加油站打造成为形象工程，并通过深化内部改革，对加油站实行目标分解、量化指标考核，全员签订安全责任书，开展服务承诺等措施，调动干部职工积极性。为进一步占领市场，争夺客户，1997 年投入 80 余万元，引进深圳华源磁电有限公司研发的《MIC—810BIC 卡加油管理系统》成套设备（该套设备是当时国内最先进的加油设备），安装在公司城区 8 个加油站的 40 台加油机上，1998 年 3 月 5 日 IC 卡自动加油系统正式运行后，以方便、快捷、安全、可靠等优点得到广大消费者的认可。

1999 年 12 月组建川南销售分公司后，设置零售分公司，下辖内江零售部、宜宾零售部、泸州零售部、直属零售部，负责管理所属加油站的零售业务。为进一步提高零售市场占有份额，自贡分公司以健全零售网络为重点，着力抓好加油站的建设和管理。加强零售工作的领导，调整、充实零售分公司人员；把加油站购建工作作为“生命工程”来抓，加大对口岸好、车流量大的加油站购建力度，增强零售市场控制力；努力提高单站日加油量，通过积极开展争创 5000 吨级、万吨级加油站活动和加油站“达标升级活动”，进一步挖掘加油站的销售潜力；在各加油站推行“吨油工资制”，有效调动加油站员工的工作积极性、主动性，增强员工的紧迫感和竞争意识；全面推行以“站立服务、持枪加油、文明用语”为主要内容的规范化服务，对现有加油站进行技改包装和站容站貌整治，实施光亮工程、“畅通工程”，以崭新的面貌和良好的“中国石油”形象赢得更多用户；在有条件的加油站开展“洗车、润油小品种经营”等业务，增加加油站的服务功能；

在省公司规定的零售价格内灵活作价，运用价格杠杆积极参与零售市场竞争。

2000 年，认真规范市场，对外积极配合各地成品油市场整顿办清理整顿辖区内油品市场，对内制定《关于市场划分和价格管理的规定》，严格执行国家价格政策和省公司制定的销售价格，规范系统内的经营行为，杜绝内部杀价和异地销售油料现象。建立以投资回报率为首要标准的投资决策机制，抓住机遇，努力抓好加油站建设工作。全年收购加油站 20 座，并基本完成技改包装、资产移交和投产工作，完成省公司下达的年度目标任务，成为新的效益增长点。

2001—2004 年，始终把零售网络建设当成企业生存发展的大事来抓，努力从合理布局、科学运作上下功夫，将购建与技改加油站有机结合，使零售网络建设取得实质性进展。资产型加油站由 2001 年初的 32 座（含存续）发展为 2004 年末的 86 座，增加 54 座，增幅 169%。

2005 年，进一步整合批发销售代表职能，切实做到“批零互动”，要求销售代表在协助零售片区经理抓好终端销售的同时，抓好小额配送的机构客户直销的转换工作；协助公司网建办抓好县域市场和农村市场的开发，抓好社会加油站的收购、租赁和代销工作。

2006 年，在销售片区设置客户经理，对固定客户实行客户经理、油站经理、加油员三级负责制。加大县域市场的培育力度，县域市场占有率明显提升，成为川南公司零售规模增长的主要来源。

2007 年，采取“划片切块管理”办法，公司领导、销售中心经理、片区经理、客户经理、加油员工按客户管理办法的规定，各负其责，着力将批发客户转化为零售客户，全年新增固定零售客户 139 个，客户管理得到强化。同时加大汽油销售力度，健全汽油销售激励机制，下达租赁加油站柴汽比，发挥牡丹卡优惠政策等，全年汽油销售同比增幅 15%。

2008 年，全面推行零售 POS 机刷卡业务，刷卡交易客户大幅提升，减少资金管理风险。大力推进“五小工程”建设，为油库员工值班寝室安装空调，为加油站配齐生活设施，一线员工的工作生活条件进一步得到改善。

2009 年，川南公司拆分，自贡分公司组建运行，设置加油站管理科，成立直属、荣县、富顺三个零售片区，负责管理所属加油站的零售业务，通过“发卡增量”“机构增量”“挖潜增量”“品牌增量”“管理增量”，努力做强零售。加油站管理系统、二次配送系统上线运行，精细化管理工作稳步推进。

2010 年，把企地战略合作作为加快零售网络开发和储运设施建设的平台，加强向自贡市委、市政府及相关职能部门汇报协调，积极介入乐自高速公路、工业集中开发区、东延线等油气网络的规划和立项，为解决零售网络不足创造条件。

2011 年，建立、施行三级设备维护保养制度，有声有色开展“一月一专题”活动，加大隐患整改和硬件形象提升力度，潜心开发终端客户，努力打造“黄金零售终端”。同年，在自贡市长途客运总站内设置汇东加油站撬装加油点，用最小的投入解决加油站合并管理的问题，用信息化手段助力内涵效率型基层销售企业建设。

2012 年，对年销量 5000 吨以下的 19 座站实施分级分类承包，取得良好工作成效。

2013 年，优化销售结构，加强出机和汽油销售，深入开展老站挖潜、新站提量和双低站治理，提高单卡储值、消费、沉淀水平。

2014 年，统筹、平衡资源，协调零售、直销和批发业务发展，实现批零直销、油卡非互动。

2015 年，扎实开展“开口服务”“仪容仪表”“标识标牌”等月度主题服务活动，设立领导服务日、明星经理服务日，扎实开展机关负责人“挂包帮”、机关管理人员到库站送培训等活动，实现服务提升、品牌塑造。

2016 年，对年销量 3000 吨以上的 24 座加油站经理进行公开竞聘，对年销量 3000 吨以下的 22 座加油站实行竞标承包，增强加油站经理的责任意识、危机意识和目标意识。将帮扶频率与帮扶站出机指标、基础管理纳入“挂包帮”部门绩效考核，按月通报考核兑现，发挥“挂包帮”促量增收载体作用。

2017 年，认真组织开展“踏青畅游”“清凉一夏”“金秋送爽”“岁末感恩”和“10 惠”等主题促销活动，走进党政机关、企事业单位和社区，积极推广加油卡及非油商品，保证零售任务的完成。

2018 年，积极开展站外直销、异业合作、电子券推广、站外发卡，助推纯枪稳量增量。运用运营天数管理工具，对新增、改造、营运加油站关键节点实施严格管控。严格库站超耗赔付，加强承运商损耗管控，全年零售损耗考核排名全省第 6，运输超耗赔付同比增长 20.83%。

2019 年，按照省公司“稳总量、优结构、增效益”总体思路，坚持零售扛大势，精益零售促纯枪。安排人员每日收集竞争对手信息，及时优化营销策略，全年调整加油站促销政策 17 次，较好地稳定销量；与中石化、中海油、延长壳牌召开座谈会 3 次，与龙石油等竞争对手直接协调 20 余次，妥善处理竞合关系，辖区零售市场基本平稳；委托专业公司线上精准推送促销信息 4 期，覆盖 42.5 万人次，仅开支促销费 1.2 万元；逐户逐站审核消费返利、油非互动业务，分别取消消费返利 18 户、油非互动站 5 座，在出机销量同比增长 3.59% 情况下，全年吨油营销支出同比减少 43.26 元，其中汽油营销支出同比下降 34.5%；通过支付平台与工行、建行等金融企业开展异业电子券合作，实现资源共享、成本共担，全年累计核销异业电子券 2558.7 万元，节约营销成本 510.9 万元；将银行 ETC 促销资源最大限度地转化为公司充值卡、加油卡、油优电子券等产品，在增加客流量的同时降低营销成本，全年利用异业合作方促销资金达 252 万元。

（三）纯枪业务

“十五”至“十三五”期间，中国石油四川自贡销售公司纯枪零售（统计）情况。

表 11-13 “十五”期间（2001—2005 年）中国石油四川自贡销售公司纯枪零售（统计）表

年度	市场表观消费量（万吨）	公司系统销量			
		销量小计（万吨）	汽油（万吨）	柴油（万吨）	市场份额（%）
2001	14.00	6.00	2.56	3.44	43
2002	15.12	5.35	2.46	2.89	35
2003	16.23	7.17	2.58	4.59	44

续表

年度	市场表观消费量（万吨）	公司系统销量			
		销量小计（万吨）	汽油（万吨）	柴油（万吨）	市场份额（%）
2004	16.74	11.68	3.36	8.32	70
2005	18.77	15.00	4.32	10.68	80
合计	60.48	45.20	15.28	29.92	75

说明："十五"期间统计为川南公司（含自贡、内江）数据。

表 11-14 "十一五"期间（2006—2010 年）中国石油四川自贡销售公司纯枪零售（统计）表

年度	零售量（万吨）	市场份额（万吨）	零售比例（%）	"十一五"规划（万吨）
2006	8.99	83.63	85.78	8.35
2007	9.25	82.15	77.73	8.98
2008	10.72	85.28	89.41	9.63
2009	9.96	78.43	87.00	10.28
2010	11.2	82.23	81.75	10.98

表 11-15 "十二五"期间（2011—2015 年）中国石油四川自贡销售公司纯枪零售（统计）表

年度	小计		汽油		柴油	
	销量（万吨）	增幅（%）	销量（万吨）	增幅（%）	销量（万吨）	增幅（%）
2011	13.2	37.0	4.7	20.1	8.5	48.5
2012	14.3	8.2	6.0	26.9	8.3	–2.1
2013	16.5	15.6	7.5	26.2	9.0	8.0
2014	16.9	2.9	8.5	12.5	8.5	–5.1
2015	17.0	0.5	9.6	13.6	7.4	–12.8
合计	77.9	—	36.3	—	41.7	—

表 11-16 "十三五"前四年（2016—2019 年）中国石油四川自贡销售公司纯枪零售（统计）表

年度	小计		汽油		柴油	
	销量（万吨）	增幅（%）	销量（万吨）	增幅（%）	销量（万吨）	增幅（%）
2016	17.9	5.2	11.0	14.4	6.9	–6.4
2017	18.1	0.9	11.1	0.6	7.0	1.4
2018	18.2	0.6	11.0	–0.6	7.2	2.4
2019	19.4	6.8	11.5	4.2	8.0	10.9
合计	73.7	—	44.6	—	29	—

（四）客户管理

1989 年起，自贡分公司狠抓规范服务，初步建立起“以诚待人、以情感人、以优服人”的服务机制，形成在激烈的市场竞争中主要靠优质服务取胜的共识。开展用户电话、信函订货、上门开票、送货上门、代组织小品种零星油料等服务项目；加油站坚持昼夜营业，开设用户休息室、洗手处、饮水处、急救箱、针线包以及维修油桶等服务设施；冬季为驾驶员和乘客提供开水，夏季准备消暑中药汤、洗漱设施，吸引过路车辆加油。关外加油站被省公司评为红旗加油站。

1995—1999 年，制定《规范化服务条例》，对加油站员工的“站立服务、统一着装、持枪加油、文明用语、环境卫生”等方面做规范，实行现金、油票、代客保管（加油本）、代管油票和 IC 卡加油等灵活多样的促销手段，最大限度地吸引客户。1998 年 3 月，在全省石油销售系统率先推出的“IC 卡电脑加油系统”正式运行，极大地方便客户加油，增强客户黏性。

2000—2005 年，在销售片区设置销售代表，负责管辖区域内直销、批发和零售终端大客户，按照公司规定履行销售职能，负责客户开发维护。

2006—2012 年，公司以加油站为“原点”、辐射市场为“半径”设置区域客户经理，实现客户开发的一一对应。持续推进加油卡营销。2012 年累计发卡 2.2 万张，完成预算的 169%，卡销比 42%，超预算 14 个百分点。

2013 年，提高单卡储值、消费、沉淀水平，累计发行记名卡 2.2 万张，完成预算的 157.1%，同比增长 34.4%；沉淀资金 4654 万元，同比增加 1128 万元，增幅达 32.0%。

2014 年，公司将目标任务层层分解落实到片区、加油站和客户经理，统筹、平衡资源，协调零售、直销和批发业务发展，实现批零直销、油卡非互动，被省公司评为“加油卡”推进工作先进单位。

2015 年，设立零售和非油品客户经理，完善加油站、客户经理、片区、零售科“四级”客户开发维护机制，强化重点客户的开发和维护，靠实“全覆盖、网格化、责任制”客户体系建设，新增大山铺铁路物流园等站外直销、零售加油客户 25 户。

2016 年，制定考核办法，按月分析通报考核，自 5 月起，加油站神秘顾客访问考评得分保持全省前五名；强化加油现场服务培训提升，积极与客户沟通协调，全年实现 95504 零有效投诉。年末活跃记名卡 3.78 万张，同比增长 3.5%；卡沉淀资金 6223 万元；卡销比 40.7%。

2017 年，组织对辖区 151 个重大工程项目进行细分，邀请 22 个重要客户参加“油库化验室开放日”活动。认真组织四川省政风行风测评，逐月开展神秘顾客考评通报分析，全年实现 95504 零有效投诉。

2018 年，根据需求特点和竞争态势，分点、线、面精准实施“一客一策”“一品一策”“限时特惠”“满额梯次优惠”等策略，统筹处理量价效关系；积极开展站外直销、异业合作、电子券推广、站外发卡，助推纯枪稳量增量。运用 ERP 及业务支撑平台数据“油卡非润气”一体化开发客户，与 33 家厂矿、工程、物流等客户签订年度成品油供需协议，锁定客户购油。

2019 年，精心制订改造站点客户分流、回流方案，提前进行分流告知，实施限时优惠、电子券促销等，客户流失率控制在 30% 以内；深入开展市场排查，完善客户档案，分门别类梳理客户类型和性质，组织加油站成立攻关小组，将潜在客户作为挖掘重点，精准运用“一户一策”实施开发，全年新增零售客户 120 个，纯枪同比增量 1.24 万吨。

四、非油品业务

（一）基础工作

2008 年，遵照省公司非油业务指导意见的安排部署，川南公司（自贡公司前身）成立非油品经营部。按照“自主经营、因地制宜、规范发展、稳步推进”的总体要求，以市场为导向，科学开展加油站各项非油业务及润滑油经营业务，自此，非油业务进入高速发展阶段。

2009 年，针对非油业务网点少、经营规模制约非油业务发展的突出问题，对各加油站进行实地调查，根据第一手数据分析，论证开展各项非油业务的可行性，提出加油站非油业务发展思路，并制定《非油品暂行管理办法》《非油考核细则》等管理制度，使非油业务工作有据可寻，步入正常的经营轨道。

2010 年，在管理上，自贡分公司积极推广加管系统应用，使非油业务均在加油站管理系统线上操作完成，有效提高便利店业务管理水平；通过送培、现场指导培训、集中统一培训等方式，使员工对加管系统非油操作运用、非油业务流程、商品知识、商品陈列、营销技巧等实用知识有了更新、更深刻的认识，业务素质得到提高。在销售上，抢抓春节、国际恐龙灯会开幕等商机，采取多项经营措施，组织火边子特色牛肉、牛佛烘肘、天车牌香辣酱等具有自贡地方特色的礼品装商品，不仅满足外地来自贡观灯游客的购物需求，还让客户对昆仑好客（uSmile）“让顾客微笑、满意”这一品牌形象有更深的认同。

2011 年，坚持“科学营销、加快发展、精细管理、安全环保、以人为本、和谐稳定”的工作方针，转变发展方式，深化精细管理，以经济效益为中心，以利润最大化为目标，制定完善《加油站非油盘点及商品损耗办法》《便利店商品促销奖励办法》《非油品商品管理办法》《非油业务稽查实施细则》等管理制度，实现非油业务精细管理、规范管理。

2012 年，采取“建、改、挤、并”等多种举措增设非油业务站点，为非油业务拓展提供硬件支撑。不断强化服务意识，突出服务功能，努力打造“以人为本，顾客至上”的经营理念，针对便利店消费群体、消费需求多样化特点，开展灵活的服务营销，为顾客提供多元化、个性化的优质服务，在提高非油创效能力的同时，树立良好的企业形象。

2013 年，本着“提速发展 跳起摸高”的工作要求，以“力求做大，更求做好，努力建设内涵效率型幸福自贡公司”为宗旨，全力拓展非油业务，力求达到提升中国石油品牌形象、为顾客提供增值服务、为企业创造效益的目的。

2014 年，坚持以市场为导向，突出油卡非互动，开展非油“二元化”治理，着力提升小站经营潜力，夯实非油发展基础。以规范管理为要求，及时制定《燃油添加剂管理办法》，组织签订《燃油添加剂人员服务承诺书》，规范燃油添加剂进、销、存管理，进一步理顺管理机制，杜绝员工、销售人员违规违纪事件的发生，对在销售过程中引发的新闻舆情事件实行“零容忍”。

2015 年，以“规模、质量、效益、规范”为主线，做好体制机制优化、采购配送管理、强大现场打造、实质销售扩展、经营风险管控、队伍素质提升等各项重点工作。

2016 年，按照省公司“效益、非油、创新”指导原则，结合非油业务实际，修订完善《非油销售激励实施方案》，采取便利店承包经营、非油工资挂钩经营、小站非油百元工资、润滑油工资 4 种模式调动员工非油销售积极性。4—10 月每月便利店店销收入稳定在 190 万元以上，特别是 7 月突破 220 万元历史新高，员工非油收入同比增长 10% 以上。

2017 年，遵照省公司“1234”治企方略，以“油卡非润气”一体化营销为主线，扎实开展样板店复制推广、便利店“二元化”治理和销售提升三项重点工作。

2018 年，着力做好采购配送管理、强大现场打造、实质销售扩展，全力提升非油业务规模和效益。一是试点专职非油运维小组，抽调人员专职负责片区便利店培训、资源配置、数据分析、促销竞赛等工作，店销收入增幅明显。二是在各片区及加油站组织开展省公司、公司各类主题促销活动、争霸赛、劳动竞赛等，大力促销自有品牌商品，非油业绩大幅提升，创效能力进一步增强。

2019 年，紧紧围绕“提升质量效益、聚焦高质量发展”工作方针，着力强化非油核心业务，紧盯“店销收入、店销毛利”两项关键性指标，组建片区非油运维团队，建立起“凡促必竞，凡竞必奖”和站外销售的常态化机制，努力提高全员、全产品销售能力，确保非油店销高质量发展。

（二）便利店建设

2008 年，新规划建设加油站便利店 5 座，完成非油销售收入 253 万元，实现毛利 20 万元，非油业务合规有序拓展。

2009 年，开设便利店 9 座（其中昆仑好客标准便利店 4 座），实现非油销售收入 319 万元，完成预算的 122.7%。

2010 年，开设便利店 9 座（其中昆仑好客标准便利店 5 座），实现非油销售收入 835 万元，完成预算的 151.78%，同比增长 162%，其中：便利店直接收入为 243 万元，完成预算的 143%，同比增长 80%；实现非油毛利 169 万元，完成预算的 165%，同比增长 218%（其中：便利店毛利 22 万元，完成预算的 130%，同比增长 26%）。成功打造 100 万元便利店 2 座、50 万元便利店 1 座。

2011 年，开设便利店 12 座（其中昆仑好客标准便利店 7 座），实现非油销售收入 3311 万元，同比增长 57%，其中物业租赁收入 866 万元，同比增长 219%；润滑油及化工小产品销售 1262 吨，完成预算的 115%，同比减少 10%。成功打造 100 万元便利店 2 座、50 万元便利店 2 座、30 万元便利店 1 座。

2012 年，开设便利店 17 座（其中昆仑好客标准便利店 12 座），实现非油销售收入 3912 万元，完成预算的 108.7%，同比增长 18.1%。成功打造 200 万元便利店 2 座、100 万元便利店 1 座、50 万元便利店 3 座。

2013年，开设便利店27座（其中昆仑好客标准便利店21座），实现非油销售收入4576万元，完成预算的114.4%，同比增长17.0%。

2014年，开设便利店35座（其中昆仑好客标准便利店21座），实现非油收入4332万元，完成预算的117%；实现非油利润718万元，完成预算的110.5%，其中：非油便利店销售收入1661万元，润滑油销售收入558万元，资产出租收入672万元，天然气销售收入1440万元；实现非油利润678万元，完成省公司预算进度的104.3%。

2015年，开设便利店36座（其中昆仑好客标准便利店21座），实现非油收入2690万元，完成预算的79.1%；实现非油利润802万元，完成预算的111.3%，同比增长17.3%。

2016年，开设便利店34座（其中昆仑好客标准便利店20座），实现非油收入3271万元，完成预算的113%，同比增长22%；实现非油毛利955万元，完成预算的102%，同比持平。

2017年，开设便利店34座（其中昆仑好客标准便利店20座），实现非油销售收入3976万元，完成预算的100.66%，同比增长21.55%；实现非油毛利928万元，完成预算的92.78%，同比下降2.53%；实现考核利润2405万元，完成预算的99.33%，同比增长24.40%（省公司客观分析市场特殊因素后，调整二级公司考核指标，公司经营指标全面超额完成）；实现店销收入2681万元，完成公司预算进度99.3%，同比增长16.6%；实现店销毛利247万元，完成公司预算进度74.8%，同比增长5.1%；实现润滑油销售收入717万元，同比增长165%。

2018年，开设便利店37座（其中昆仑好客标准便利店23座），实现非油销售收入6544万元，完成预算的103.1%，同比增长64.59%；实现非油毛利1112万元，完成预算的101.04%，同比增长19.80%。

2019年，开设便利店40座（其中昆仑好客标准便利店25座），实现非油销售收入4718万元，完成预算的58.3%，同比下降7.8%；实现非油毛利1148万元，完成预算的95.7%，同比增长3.3%。

（三）项目拓展

2008年，随着四川销售非油品分公司的成立，川南公司（自贡公司前身）非油品工作从无到有，进入全面发展、规范管理阶段。便利店开展多种商品经营，在原经营小商品基础上新增堆头饮料销售、香烟销售，利用节假日工会搞活动开展便利销售。全年实现非油品销售收入245万元，实现销售毛利22万元，同比增长20.0万元，其中小商品收入26万元，同比增长9.1万元。

2009年，是自贡与内江分公司分立重组的一年，自贡分公司非油业务主要经营烟草、堆头水以及小商品等400余个品种，较2008年增加200余种。非油业务覆盖面达94.28%，其中，非油新业务覆盖面达71%。

2010年，通过对加油站及周边消费环境的实地考察调研，分析、论证加油站开展各项非油业务的可行性，在加油站硬件条件暂时不允许的地方利用便利推车、便民小烟柜等设施，合理灵活地开展加油站非油业务。开展便利店经营业务的站点共9座（其中昆仑好客形象店5座），开展促销堆头水销售业务的站点18座，较上年增加6座，开展烟草销售业务的站点28座，较上年增加11座。另新增彩票经营站点6座。针对季节变化以及不同顾客群体，调整商品经营结构，增加适销对路的经营品种，丰富服务项目，推出新的非油业务——即开型体育彩票“顶呱刮”，新增冷饮机、咖啡机、饮料暖房等服务项目。各加油站便利店商品品种也由2009年初的200余种，增加到目前的800余种，涵盖家庭食品、休闲饮料、酒类饮料、烟草、洗涤日化、小家电、土特产等多种类型，满足不同顾客群体的消费需求。

2011年，以做精做细管理为主题，全力拓展非油市场。在口岸较好的便利店增设“昆仑之星”汽车用品专柜，弥补加油站无汽车配套用品销售的空白。4月，先后在汇东、汇西、附西等9个站点推出燃油精业务，半年时间实现销售收入33万元，成为非油业务新的效益增长点。

2012年，相继在加油站便利店增设洗车服务、土特产网店等新业务，特别是11月，在淘宝网开设“Usmlie网络小店”，专营自贡刀刀爽火边子牛肉、冷吃兔、久大浴盐等地方特色产品，将市场扩展到全国各地。

2013年，为丰富经营项目和品种，根据客户需求加大新业务开展力度。在城区及两县片区较大加油站增加机打型体育彩票和即开型刮刮卡体育彩票业务，大大提升客户购买欲，销售各类体育彩票30万余元；根据客户需求，开展移动空中充值业务，弥补充值业务销售的空白，为用户提供便利服务。

2015年，通过发展车用尿素新业务，实现销售收入59.3吨、毛利4.41万元；利用广告协会优选广告商家，广告业务签约收入增幅超过10%，探索站内闲置土地出租、DM单等业务增收5万余元；积极发展汽车服务项目，9月底建成投运汇西洗车项目；利用公司微店APP线上销售平台，多渠道发布促销信息，形成立体促销氛围，提升公众认知度，扩大“昆仑好客”影响力。

2018年，积极探索开展跨界跨平台合作经营模式。与自贡四达汽贸合作开展全省整车销售业务，利用加油站闲置场地开展小型车展、广告宣传，实现整车销售，赢得更广阔的销售市场，截至11月实现整车销售收入850万元，为公司非油超常规发展奠定坚实的基础。

2019年，通过布点散装尿素加注机，在附西、东环两站成功投运，车用尿素每月增量2000升；推进1919酒类直销平台网点布局，年底汇西、仁和1919联营店成功开业，酒类经营业务实现新突破。

五、投资建设管理

（一）投资计划管理

规划管理 1989—2019年，自贡分公司投运加油站由3座发展到50座，实现零售网络的快速扩张，完善主城区和两县的网络布局。

1992—1993年，新建邓关、沿滩、恐龙、夏洞寺、周家冲5座加油站。

1995年，新建南环路、阳功桥、贡井黄泥岩加油站；投资开办北海、成都、重庆窗口企业。

2000年，成立零售网络建设领导小组，负责零售网络建设工作，加油站网络扩张进入快速增长期。

2000—2005年，开发加油站26座。

2006—2015年，零售网络建设办公室调整为投资建设科，继续大力开发加油站网络，通过收购、租赁和新建等方式开发加油站 11 座。截至 2015 年底，在营加油站 44 座。

2016—2019 年，竞争对手进入自贡市场，加油站网络竞争越发激烈，自贡分公司顶住压力，紧盯重点市场区域，先后建设并投运东环线加油加气站、东延线南加油加气站、东延线北加油加气站、南湖加油加气站，新开发舒坪东加油加气站、芝溪加油站等项目，经营网点扩展至 50 座，弥补空白市场区域短板，为公司发展奠定坚实的加油站网络基础。

计划管理　1999 年 12 月公司上划中国石油后，按照股份公司的要求，每年制订投资框架计划，次年向省公司申请进度计划，年底再对年度计划进行调整。

项目后评价管理　按照项目后评价管理办法，按照省公司统一安排，在项目投运后一年对项目进行后评价。

（二）工程建设

工程管理　所有工程项目逐站明确关键环节时间，逐项制订推进计划。严格落实现场代表监督管理制度，严把材料入场关和分部分项工程验收关，强化隐蔽工程实时取证，确保质量和隐患不传递到下一工序。从严控制高边坡、高挡墙、深基础、高处、动火等危险作业，严格作业审批，落实旁站管理，确保本质安全。

油库建设　1990 年，修建舒平油库储油设施 6100 立方米，储油量达 3 万立方米，有效增加油库的储油量和周转能力；1991 年，新增铁路专用线 85 米，并改造卸油栈桥，进一步增强油库卸收能力；2010 年，累计投资 1725 万元对舒平油库进行技改扩容，有效库容增至 3.22 万立方米，解决舒平油库接卸、付油和安全环保能力不配套的问题；2016 年，投资 1450 万元对舒平油库进行油气回收和下装改造，进一步提升油库硬件设施。

加油站建设　1999 年 12 月上划中国石油后，按照中国石油加油站建设标准对新建、技改加油站进行设计和施工，对租赁和收购加油站进行改建。2014—2016 年，完成 46 座加油站油气回收改造工作；2015—2019 年，完成所有全资型加油站防渗改造工作。

造价管理　强化施工过程监管，严格经济签认和设计变更，工程完工后对所有建设项目进行审计。

六、质量安全环保

（一）安全管理

1989 年，四川省石油公司自贡分公司出台《经理工作条例实施细则》，明确实行“公司—油库（营业部）—股室—班组（加油站）”四级安全管理，有关科室受经理委托负责安全管理的检查指导监督工作，设置仓储基建科、保卫科；4 月 20 日，自贡市遭受罕见的特大风雹袭击，舒平油库和富顺支公司米市、赵化、城区油库等受灾严重。

1991 年，《经理任期目标责任制方案》中明确“安全管理目标”：加强安全管理和组织领导，力争不发生单项损失在一万元以上的责任事故，加强治安管理。10 月 25 日，自贡分公司“八五”规划中“主要工作目标”将安全工作放在第一位，要求建立较为完善的安全管理体系，确保车辆安全行驶，加强治安安全管理。

1992年，仓储基建科与保卫科合署办公，实行“两块牌子、一套人马”。

1994年，自贡分公司投资30余万元，更换1台消防车。

1995年，修订完善《商品管理制度》《安全工作管理制度》；自贡分公司被自贡市人民政府授予“冬季防火安全活动先进集体”荣誉称号。

1996年1月，自贡分公司在省公司仓储安全工作会议上作题为《开拓经营、安全行车、提高经济效益》的经验交流发言；《1996年机构设置及定编方案》中明确仓储基建（保卫）科职能职责，定编8人。

1997年，制定《关于油库、加油站发生等级事故和车辆发生责任事故的处理办法》，明确油库、加油站火灾事故（含跑、冒、混油事故）和公司车辆行车责任事故的等级、责任确认和划分、处理范围和处理办法；6月27日，一场百年不遇的特大暴雨袭击自贡地区，舒平油库和关外、汇东、夏洞寺等加油站、石化商品库房等受灾严重，直接损失约50万元。

1999年，印发《关于内部机构改革及其职能职责调整的实施方案》，明确仓储基建科、保卫科合署管理，负责公司仓储安全、基本建设、内部保卫、质量管理等工作，人员编制3人；印发《关于内部机构定编、定岗、定责的意见》，设立储运安全部，主要负责川南公司所属油库、加油站安全管理，油品收、发、存及数质量管理，基建、技改以及公司内保社会治安综合治理、各种警用器材管理等工作，人员编制7人。副经理段大昌分管仓储、安全、保卫、基建及技改工作；印发《关于成立各级安全组织的通知》，部署安全组织工作；印发《关于领导干部定点承包安全生产要害部位的通知》，对领导定点承包安全生产要害部位进行明确分工。

2000年，按照“谁主管、谁负责”原则，层层签订安全生产目标责任书，细化落实安全生产责任制；强化安全宣传、培训教育，加大油库、加油站安全检查力度，整改隐患350余项；开展“安全生产，优质服务流动红旗”“设备星级管理”等形式多样的安全生产竞赛活动。

2002年，整改隐患加油站25座。

2003年，印发《非生产车辆安全管理规定》，加强非生产车辆及驾驶员交通安全管理。

2004年，印发《关于深入开展“安全生产管理年”活动的实施意见》，在全公司系统开展“强三基、反三违、除隐患、保安全”“安全生产管理年”活动；设置安全总监，储运安全部、零售管理部、油库各配备一名专职安全监督，所属油库（车队）、加油站各班组和施工现场按要求配备兼职安全监督员；与自贡市巡警支队建成“警企共建”联系单位；对库站开展9次隐患大排查，共查出安全隐患及问题1109项，投入隐患整改资金681.17万元；对公司176个应急预案进行重新修订和完善。

2005年1月，川南公司在省公司2005年工作会上作题为《夯实基础、严反“三违”，努力建设本质安全型企业》的经验交流发言。

2006年4月，川南公司投入40余万元资金，对舒平油库消防系统进行改造；投入46余万元资金，对21座加油站安全隐患进行整治。

2007年，全面落实安全生产责任制，扎实有效开展安全活动，制定《“三违”行为警示录》《反“三违”禁令》《反“三违”奖惩条例》，实行“安全责任连带制”。

2008年，以开展“两防、三活动”为载体，逐级签订安全环保责任书，修改、完善油库、加油站应急预案，重新聘任史家、舒平两座油库安全监督，片区配备安全员；《反违章禁令》、“安全环保基础年”“一月一专题”等活动有声有色开展；“3·14”“5·12”及奥运会、残奥会等特殊时期安全生产活动扎实有效；隐患治理力度加大、现场监管进一步理顺；“警企联防”“站村联防”模式得到推广。

2009年，修订完善HSE体系文件，着力推行“两书一表一单”和“三卡一表”管理；签订安全环保责任书、交通安全责任书及《房屋租赁安全环保责任合同》；严把施工项目“五关”，落实“施工七不准”，施行“四重”监管机制；推行“安全经验分享”和油库“6S”管理，在库站开展结对、互帮互学活动；建立重点要害部位联系制度。

2010年3月16日，召开2010年安全环保仓储工作会议，副总经理、安全总监付家良作题为《明确目标、真抓实干，全面提升公司安全环保管理水平》工作报告；荣县恒益、长山加油站先后完成技改或隐患整改并投运。

2011年，印发《关于成立“三基”工作领导小组的通知》，编制《关于2011—2013年推进“三基”工作的实施方案》，“三基”工作有序推进；严格HSE月度例会，落实HSE教育培训，开辟网上HSE提升推进专栏，开展质量计量服务专项整治；对库站、工程建设、检维修等事故多发部位加强监控，开展“十大驾车不安全行为”专项整治，执行作业许可现场审核、审批制度，加强承包商监督管理。

2012年，在施工安全管理上出台“工程项目意见书”，规范工程管理各要素；建立工程项目现场管理“三级检查”制度；对重大施工作业，公司班子成员必须带领职能科室深入施工现场，识别风险，审核安全施工作业方案，开展作业前安全分析。自贡分公司被省公司评为“年度安全生产先进单位”。

2013年，构建四级防控机制，推进安全生产标准化达标建设，HSE“四位一体”理念、“33171”推进模式全面融入实践；开展百日安全生产、“4·20”应急抢险与隐患排查、安全生产大检查等一系列活动。自贡分公司被省公司评为“年度安全生产先进单位”。

2014年，开展驾押人员、油罐水杂、加油机排查等专题培训，提升员工岗位操作、岗位风险辨识、风险防控能力；开展两节、两会、百日安全生产、“6＋2”杜绝性项目整治等一系列活动，把控春节、清明等重要时段安全；建立承包商“入厂（场）证”，严把“五关”，做到工程项目“四个坚持”，严格“九部门竣工综合验收”，对排查出的隐患和问题实行挂牌督办与销项闭环管理。自贡分公司被省公司评为“年度安全生产先进单位”。

2015年，自贡分公司领导带头开展安全检查12次，全年各级领导开展行为安全审核1769人次，发现并整改安全隐患及问题812项；强化《中华人民共和国安全生产法》《中华人民共和国环境保护法》、省公司《E版HSE管理体系》、自贡分公司油气回收系统管理等专题培训；开展防雷防静电、罩棚隐患、承重式油罐隐患等专项排查整治，落实作业许可管理和现场全程监护。

2016年，突出“主管”“监管”两大职能，健全设备、考核、培训三大保障体系，运用风险手册、管控卡、事故案例、评估报告等防控工具，严控健康、安全、环境、质量、计量五类风险；在库站关键岗位、操作环节全面开展“手指口述”安全确认操作法，推行库站、施工作业和公务车辆 HSE 管理负面清单制度等。

2017 年，制定实施《片区安全员管理实施细则》；分层级开展新版负面清单、加油站油气回收、安全巡检、中央环保督察迎检准备等专题培训；修订完善环保管理制度，投资 5.5 万元完善危废设施设备，集中组织 37 座加油站环评验收；执行“两书一表”，现场确认“六到位”，强化非常规作业管理；严格落实“升级管理期”“升级严控期”各项部署；22 名正科级及以上干部积极参加安全环保履职能力评估，取得较好成绩。自贡分公司被省公司评为“年度安全生产先进单位”。

2018 年，修订完善管理办法、文件，发布 2018 新版体系文件；对 1 个综合预案和 14 个专项预案进行修订完善并备案；对照国家和集团公司较大及以上事故隐患判定标准，开展培训和自查整改，主动落实隐患排查和重大隐患治理“双报告”制度；依法合规处置危废物 13.98 吨；建立、落实风险分级防控和隐患排查治理双重预防机制；严管“负面清单”“三违”行为，共处罚金 1.64 万元；建立四级监督机制，以现场签票方式落实作业许可管理规定。自贡分公司被省公司评为“年度安全生产先进单位”。

2019 年，编制发布 109 个岗位安全生产责任清单；成功承办省公司油库基础管理提升推进会、自贡市安全生产清单制管理工作现场会；完善 1220 余条风险台账，实施分级管理；依法合规转运库站危废 15.4 吨，开展库站环境监测和油气回收检测；全年处罚负面清单、三违等 82 笔共 4.69 万元。自贡分公司被省公司评为“年度安全生产先进单位”。

（二）油库建设

1989 年，舒平油库实行总调度制，对要害部位实行定人、定点、定措施管理。

1990 年，舒平油库开展第二期扩容技改工程，修建储油设施 6100 立方米，通过扩容技改，公司储油量达到 3 万立方米。

1994 年，自贡分公司出台《油库管理制度》共 10 章 206 条。

1996 年，舒平油库被省公司评为“一九九五年度一等奖先进油库”“全省石油销售系统一九九五年度全面质量管理工作先进单位”。

1997 年 6 月 17 日，舒平油库同自贡市消防支队联合举行“庆七一、迎回归消防实战联合演习”，自贡市政府领导和有关部门负责人观看演习；公司在油库实行总调度制，增设总调度室和总调度长；在物流作业过程中实行“看板”作业；被省公司评为“一九九六年度安全管理先进单位”。

2000 年，舒平油库党支部被评为省公司先进党组织。

2001 年，舒平油库党支部获四川省“先进党组织”称号和省公司“先进党支部”称号。

2002 年，舒平油库获省公司“先进油库”称号。

2003 年，舒平油库被评为省公司先进油库二等奖。

2004 年，舒平油库被评为省公司先进油库三等奖。

2010 年，舒平油库扩容改造及隐患整治于年底完工并完成内部初验，油气终端销售网络及储运设施进一步改善。

2011 年，舒平油库在槽车油品卸收环节，采取“一唱一和”双人操作模式（栈桥上插卸油鹤管的人员“唱出”卸收油的品名，栈桥下开启闸阀的人员“附和”油品名，并与所开启的闸阀是否与所说的油品名相符进行核对），避免开错闸阀，造成混油。

2016 年，舒平油库实施油气回收改造和下装改造。

2017 年，舒平油库持续强化体系建设，管理水平和队伍素质不断提升，成功防范“6・19”输入性混油事件，得到省公司高度认可。

2018 年，舒平油库吞吐量跨上百万吨台阶，被省公司评为“先进油库”。

2019 年，舒平油库加强专职警消队伍处突能力培训，在油库演练中有效发挥作用；在油库关键场所和区域设置风险防控“告知牌”“防控牌”；成功承办省公司油库基础管理提升推进会。

（三）商品管理

1990 年，印发《商品管理制度》，明确从商品购进、商品质量、商品储存、商品销售、商品盘存五个环节管理，促进商品管理的制度化、规范化。

1991 年，自贡分公司“八五”规划中要求：切实加强商品数质量管理。数量管理要做到准确计量、家底清楚、秤斤稳准。在质量上要严格化验标准和程序，做好油料维护保养，杜绝重大质量事故。

1995 年，开展创建石油经销企业“经营质量信得过”单位活动，5 个经营部门、8 个加油站均获得“经营质量信得过”单位荣誉称号；自贡分公司被省公司评为“全省石油销售系统一九九五年度全面质量管理工作先进单位”。

1996 年，完成 1989—1995 年用户存油数量清理工作，为业务系统上线打下基础。

1998 年上半年，舒平油库就化验油品中不合格油品 4 批次做退货处理，为企业挽回经济损失，维护公司的信誉和用户的利益。

2005 年 11 月，举办加油站计量员、综合管理员等 10 多期培训班，培训员工近 400 人次。

2008 年，油品数质量管理进一步加强，节能降耗效果明显。

2009 年，狠抓商品损耗管理，落实加油站“一站一月一率”标准和油库分环节商品损耗考核制度，严格考核兑现；坚持推广双向铅封，逐车计量，卸干卸尽，降低运输损耗。油品数质量管理、损耗管理进一步加强，全年节损率达 0.43%。

2010 年，开展质量计量整治活动，确保油品质量合格、计量准确，树立企业良好形象。

2012 年，全面启用车载视频系统监管运油过程，杜绝油品“走路”；实行超耗预赔付制；在具备条件的 37 座营运加油站全面实行地罐交接。顺利通过 ISO9001 质量管理体系第三方认证初审。

2013 年，全年送检汽柴油 68 批次，抽检 116 座站次、1050 枪次，确保油品质量合格、计量准确，自贡分公司被省公司评为年度“计量管理先进单位”。

2014 年，强化质量计量隐患排查与整改，严控油品收、存、发、运各环节损耗管理，被省公司评为“安全生产先进单位”和“地罐交接推进工作先进单位”。

2015年，修订完善《损耗管理办法》等4个质量计量管理制度，严格执行《加油站卸油申报管理办法》，全年实现商品管理效益877万元。顺利通过IS09001质量管理体系第三方认证复审。

2016年，综合升溢率0.61%，天然气损耗率1.19%，运输超耗索赔8.96万元。自贡分公司被省公司评为“计量工作先进单位”。

2017年，累计向承运商索赔超耗赔付款17.38万元，同比增长115%。

2018年，举办加油站计量员培训班2期，参训人员160人次；公司综合损溢率1.15%，排名全省第一；零售损溢率0.03%，排名全省第六，汽柴油升溢54.9吨，创效约38万元；运输超耗赔付21万元，同比增长20.83%；顺利通过IS09001质量管理体系第三方认证复审。

2019年，共发现6人次疑似盗油，处罚驾押人员16人次，罚金2.56万元；严格运输超耗仲裁与核定，累计向承运商索赔34.8万元。强化零售损耗管控力度，收紧考核指标，做好日常分析，堵塞管理漏洞，共28站次超耗赔付0.89万元，全年零售升溢率排名全省第四，综合损溢率排名全省第一。

（四）节能降耗

1989年，派出专人组成调查组，对全市耗油大的上百家企业的耗油情况进行调查，帮助用油单位健全节能管理办法和考核制度，制定自贡市车辆、机具、船舶油耗定额，推动节油工作开展；切实抓好废油回收和再生利用工作；加强仓储管理，降低油料损耗。

1990年，废油回收268吨，再生成品油收购136吨，全面完成“四车三机”改造任务，推广清洗剂54.717吨，可代替洗件油1367吨，应用减磨剂720筒，全年社会节油量1784吨。

1991年，自贡分公司对节油工作提出意见：强化节油降耗意识；加强管理，降低油耗，提高效益；发展节油科研，推进技术进步；加强废润滑油回收工作管理；节油工作是一项系统而艰巨的工作；进一步做好石油系统节能升级（定级）和考评工作。

2009年，制定《降本增效实施意见》，要求加强水电管理，降低水电耗用。

2015年，仓储安全科陈志奎荣获集团公司节能节水先进个人。

2016年，自贡分公司副总经理、安全总监袁莉荣获集团公司“节能节水先进个人”称号。

第四节　攀枝花分公司

一、基本情况

中国石油天然气股份有限公司四川攀枝花销售分公司（简称攀枝花分公司）是中国石油天然气集团公司在攀枝花市的分支机构，主要从事成品油批发和零售业务，是攀西和滇西北地区最大的成品油销售企业。初创于1965年2月，按其隶属管理关系分为7个时期。1965年2月，渡口贸易商店成立，商店下设石油经销部，从事本地区石油批发、零售业务，是为该市石油经营之始；1966年1月，渡口贸易商店撤销，石油经销部独立升格为渡口市石油公司；1966年7月，渡口市石油公司并入渡口市贸易公司，贸易公司下设石油批发站；1970 年 9 月，渡口市贸易公司撤销，石油批发站与煤建公司合建渡口市煤建石油公司，煤建石油公司下设石油经营部；前 4 个时期属市属企业。1985 年 12 月，国家决定上收石油管理权，市石油公司与市煤建公司分离，四川省将石油成品油销售管理权上收划转四川省石油公司，市石油公司更名为四川省石油公司渡口分公司；1987 年 1 月，渡口市更名为攀枝花市，公司随之更名为四川省石油公司攀枝花分公司；1992 年 4 月，公司更名为四川省石油总公司攀枝花分公司；1998 年 5 月，公司更名为四川省石油集团攀枝花有限公司；1998 年 7 月，国家对石油石化工业进行战略重组时，公司成建制上划中国石油天然气集团公司，行政和党群关系隶属四川省石油集团有限公司；1999 年 7 月，中国石油集团组建中国石油天然气股份有限公司，在纽约和香港上市时，公司再次被重组入中国石油天然气股份有限公司，行政和党群关系隶属中国石油天然气股份有限公司四川销售分公司，定名为中国石油天然气股份有限公司四川攀枝花销售分公司，属于中央在攀企业。近年来，先后荣获“全国安康杯优胜单位”“四川省五一劳动奖状”“四川省最佳文明单位”“集体公司先进基层党组织”等称号；多次荣获“四川销售年度先进单位”“四川销售党建工作先进单位”“四川销售工会工作先进单位”等称号。

截至 2019 年底，攀枝花分公司设有人事（组织）科、总经理（党委）办公室、营销管理科、财务科、非油业务科、油气零售科、党群工作科、投资建设科、安全环保仓储科。直属单位 9 个：非油经营部、信息中心、金江油库、江南片区、江北片区、米易片区、仁和片区、盐边片区、西城片区。在营加油站 62 座。在册员工 457 人，其中库站员工 311 人。

表 11–17、表 11–18 所示分别为中国石油四川攀枝花销售分公司行政领导任职情况、党组织领导任职情况。

表 11–17　1986—2019 年中国石油四川攀枝花销售分公司行政领导任职情况表

机构名称	职务	姓名	任职起止时间
四川省石油公司渡口分公司	经　理	向维铭	1986 年 1—12 月
	副经理	梁　钧	1986 年 1—12 月
四川省石油公司攀枝花分公司	经　理	杜学明	1986 年 12 月至 1992 年 4 月
	副经理	梁　钧	1987 年 1 月至 1990 年 12 月
		王兴华	1986 年 12 月至 1992 年 4 月
		袁光成	1989 年 3 月至 1990 年 12 月
		杨华章	1990 年 11 月至 1992 年 4 月
四川省石油总公司攀枝花分公司	经　理	杜学明	1992 年 4 月至 1994 年 3 月
		杨华章	1994 年 3 至 1998 年 4 月
	副经理	王兴华	1992 年 4 月至 1998 年 5 月
		杨华章	1992 年 4 月至 1994 年 3 月
		刘廷荣	1995 年 11 月至 1998 年 5 月
		陈荣芳	1998 年 4—5 月

续表

机构名称	职务	姓名	任职起止时间
四川省石油集团攀枝花有限公司	经　理	刘少业	1998 年 5 月至 1999 年 7 月
	副经理	王兴华	1998 年 5—12 月
		刘廷荣	1998 年 5 月至 1999 年 7 月
		陈荣芳	1998 年 5 月至 1999 年 7 月
中国石油四川攀枝花销售分公司	经　理（总经理）	刘少业	1999 年 7 月至 2003 年 1 月
		张成斌	2003 年 4 月至 2012 年 3 月
		王　梅	2012 年 3 月至 2017 年 11 月
		侯玉民	2017 年 11 月至 2019 年 12 月
	副经理（副总经理）	林　辉	2001 年 2 月至 2002 年 7 月
		王　梅	2002 年 9 月至 2008 年 5 月
		杨建军	2004 年 4 月至 2008 年 5 月
		刘四新	2008 年 1 月至 2011 年 12 月
		周荣华	2009 年 5 月至 2016 年 1 月
		侯玉民	2012 年 3 月至 2017 年 11 月
		李　洪	2012 年 8 月至 2016 年 11 月
		贺泽勇	2014 年 1 月至 2018 年 11 月
		王先华	2016 年 11 月至 2018 年 12 月
		罗　飚	2018 年 11 月至 2019 年 12 月
		杨晓宾	2019 年 11—12 月
	安全总监	刘廷荣	2002 年 3 月至 2009 年 5 月
		周荣华	2009 年 5 月至 2016 年 1 月
		贺泽勇	2017 年 2 月至 2018 年 11 月
		罗　飚	2018 年 11 月至 2019 年 12 月
	总会计师	彭勇军	2004 年 4 月至 2009 年 5 月
		苏　莉	2011 年 1 月至 2019 年 3 月

说明：2008 年，行政领导职务名称由“经理、副经理”改称“总经理、副总经理”。

表 11–18　1986—2019 年中国石油四川攀枝花销售分公司党组织领导任职情况表

机构名称	职务	姓名	任职起止时间
中共四川省油公司渡口分公司委员会	书　记	杜学明	1986 年 1—12 月
	副书记	郭荣双	1986 年 1—12 月
中共四川省石油公司攀枝花分公司委员会	书　记	杜学明	1987 年 1 月至 1992 年 4 月
	副书记	袁光成	1986 年 12 月至 1992 年 4 月

续表

机构名称	职务	姓名	任职起止时间
中共四川省石油总公司攀枝花分公司委员会	书　记	杜学明	1992 年 4 月至 1994 年 3 月
		袁光成	1994 年 9 月至 1998 年 5 月
	副书记	袁光成	1992 年 4 月至 1994 年 9 月
		杨华章	1994 年 9 月至 1998 年 5 月
中共四川省石油集团攀枝花有限公司委员会	书　记	袁光成	1998 年 5 月至 1999 年 7 月
		杨华章	1998 年 5—11 月
	副书记	刘少业	1998 年 8 月至 1999 年 7 月
中共中国石油四川攀枝花销售分公司委员会	书　记	袁光成	1999 年 7 月至 2000 年 6 月
		刘少业	2001 年 5 月至 2003 年 2 月
		杨建军	2004 年 4 月至 2008 年 5 月
		王　梅	2008 年 5 月至 2012 年 3 月
		李　洪	2012 年 3 月至 2016 年 11 月
		侯玉民	2016 年 11 月至 2019 年 12 月
	副书记	刘少业	1999 年 7 月至 2001 年 5 月
		张成斌	2001 年 5 月至 2012 年 3 月
		王　梅	2012 年 3 月至 2017 年 11 月
		兰　宇	2019 年 11—12 月

二、市场营销

（一）市场环境及竞争情况

1986 年，石油制品还是执行统购统配政策，攀枝花全市用油统一由石油公司供给，虽然当时仁和县、米易县、盐边县都分别成立石油公司，但是货源还是由市石油公司供应。

1991 年，位于密地桥北的密地加油站建成开业，对缓解全市加油难起到一定作用。随着计划内指标的逐年削减和计划外油料的逐渐增加，石油价格由计内计外双轨制逐步转为单一的市场调节。

1992 年，国家对成品油市场逐步放开，加上 1992 年下半年石油供应十分紧张，10 月，攀枝花市政府决定将石油经营放开，凡具备经营条件经工商部门批准的国营、集体和个体都可以经营石油；放开后，有 30 多户申请经营油料，大企业的自用加油站改为对外加油，有 10 多个单位和个人申请新建加油站；从而打破攀枝花市石油以往的构成体系。

1994 年，是攀枝花石油经营放开后竞争最激烈的一年，主要经营方分属石油系统和非石油系统。石油系统是攀枝花市石油经营的主渠道，包括上划省属的四川省石油总公司攀枝花分公司、米易支公司和市属的攀枝花石化销售公司、攀枝花石油开发有限公司、仁和石油公司、盐边县石油公司。非事业系统销量较大的有市汽运公司、南方燃料公司、西昌铁路分局多种经营办事处和格里坪加油站。竞争结果，石油系统占据石油市场的 70%，非石油系统（含攀钢等大企业自组自用）占 30%。

1995 年，攀枝花市成品油市场竞争激烈，除价格竞争和经销手段竞争外，购买取向更注重油品质量和数量。石油公司以质优量足固守主渠道地位。年内油品市场稳定，11 月前货源充足，年末趋紧，油价年初和年末两头较高，中间走低。

1998 年，攀枝花成品油市场竞争异常激烈，在市内从事油品批发的经销商多达 20 家，受全球经济增长缓慢、亚洲金融危机影响，在国际油价继续暴跌、国内进口猛增、走私猖獗、成品油流通体制及价格运行机制改革的大环境下，攀枝花市及毗邻周边地区成品油市场竞争无序，供需变化频繁。第三季度，资源严重过剩，供大于求，销售疲软，竞争激烈；第四季度出现短时间的资源调进困难，供不应求。

2001 年，攀枝花市政府领导小组组织成立成品油市场整顿小组。根据国务院办公厅《关于清理整顿小炼厂和规范流通秩序》的文件精神及国家经贸委实施意见，攀枝花市政府成品油市场整顿领导小组，组织市经贸委、工商局、税务局、物价局、公安消防支队、技术监督局、中石油攀枝花销售分公司，对攀枝花成品油市场进行清理整顿，查处 5 家违规社会经营单位，规范成品油流通秩序，净化成品油市场环境。

2003 年，成品油专项整治小组 4 次对全市石油经营单位及加油站进行集中调查清理，对 3 个无证个体加油点予以取缔，查处 5 家违规社会经营单位，对违规经营、建设手续、经营证照不全，冒用“中国石油”“中国石化”品牌标志，油品计量不准、质量不合格，偷税逃税的加油站进行治理，关闭盐边桑园大桥加油站，取消 3 座违规新建加油站的报批，1 座违规加油站的批报，其余有问题的加油站限期整改，仍达不到规定标准的，取缔或停业。到 2005 年，攀枝花市成品油市场已经规范。

2005 年以后，攀枝花成品油销售市场主要由中国石油四川攀枝花销售分公司、中石化川渝攀枝花分公司、中石化云南省公司和天成石化等社会经营单位组成，主要的竞争点在零售方面，其中中国石油四川攀枝花销售分公司零售市场占有率为 84%，中石化川渝攀枝花分公司和中石化云南省公司零售市场占有率为 10%，社会经营单位零售市场占有率为 6%。

2007 年，成品油市场出现冰火两重天的局面，二、三季度资源供大于求，攀枝花成品油市场竞争异常激烈；一、四季度资源紧张，供不应求，油价高位运行，保供压力异常艰巨。

2008 年，前三季度国际油价高位运行，国内成品油资源空前紧张，奥运会和历时近半年的两次抗震救灾给保供工作提出更高要求。“5·12”地震期间，兰成渝输油管道受损，攀枝花一度成为“能源孤岛”。四季度受国际金融危机影响，成品油资源过剩，市场需求相对疲软。面对急剧变化的市场需求形势，奋力开拓市场，优化销售结构，进一步完善“四定”销售模式，开展零售促销上量劳动竞赛活动，有效巩固企业在成品油市场的主导地位，市场占有率达 80%。

2009 年，由于金融危机影响，加上国家对成品油实行最高限价政策，在成品油市场份额争夺“白热化”、销售形势“复杂化”、替代能源发展“产业化”时期，众多非标油、地炼油通过各种非法渠道以低于市场价 600 ~ 900 元 / 吨的价格冲击攀枝花市场，严重扰乱攀枝花市成品油经营秩序。2009 年成品油市场出现多年来罕见的低迷，攀枝花市 130 家规模以上工矿企业开工率不足 60%，最多时 74 家全面停产，成品油销售市场疲软，市场表观需求同比下降 12%。

2010—2016 年，攀枝花地区参与市场竞争的成品油经营单位是中石化四川攀枝花分公司、中石化云川分公司、攀枝花天成石化公司、攀枝花三众石化公司、攀西永郎能源有限责任公司（成都铁路局下属企业）、西昌天华、中石油云南丽江分公司等。

2017 年，随着国务院《石油天然气体制改革总体方案》全面放开成品油市场，意味着油气价格将从国家定价向市场定价转变。中石化茂昆管道川渝延伸线、云南石化相继投产，云南安宁炼厂其富余资源辐射川南及周边市场，资源过剩，攀枝花首当其冲，供大于求市场格局更为严峻，批零价差拉大将成为常态化。大量的成品油资源也从云南楚雄、昆明等低价区域流入攀枝花地区，大量的非法经营户也通过各种方式介入成品油经营业务、资源渠道。四川省石油制品协会、国家能源投资集团、温州中油公司以及遂宁船山区多家化工企业进入市场抢占市场份额，“油串串”大肆抢夺客户，扰乱市场。

2018 年，延长石油集团租赁永郎油库正式进入攀枝花市场，以价格优势大量抢夺客户，市场竞争激烈程度前所未有。新能源技术驱动，成品油市场面临更大的挑战。能源革命正推动交通工具战略转型，使用加气、充电、加氢的新能源汽车逐渐成为发展新趋势。2018 年已投入 230 余台气电混合动力公交车，70 余台出租车改加气，新能源汽车必将快速增长，企业保增长、保效益的压力更加突出。政策调整倒逼压力增加，国家对油气行业政策环境约束的趋紧和监管的从严，违规处罚力度的加大，对企业依法合规经营提出更高要求，投资建设、经营管理成本将越来越高，形势将越来越严峻。

2019 年，主要竞争对手中石化挑起价格战。汽油最高降 0.5 元 / 升，柴油降 0.7 元 / 升，降价站点最高时段达到 12 座。云南区域柴油直降 0.78 元 / 升，汽油直降 0.5 元 / 升。面对主要竞争对手挂牌价直降挑衅，攀枝花分公司一方面积极强化经营同行竞合协调、市场竞争力度监测，保持“内部 + 外部”的会商机制；另一方面，从点、线、面精准施策打好主动仗，最终选取能遏制竞争对手的 5 座加油站开展点对点竞争，以最小的竞争成本赢取市场份额，确保竞争优势地位不动摇，倒逼竞争对手回到谈判桌。最终在 9 月底，攀枝花市场恢复到零售挂牌价。面对市场激烈竞争和成昆铁路断道等内外因素，攀枝花分公司全面打赢“量效”攻坚战，市场营销富有成效，全年汽柴油销量突破 40 万吨，达到 40.51 万吨，同比增长 4.46%，完成预算的 103.88%，完成攻坚目标的 102.04%，其中纯枪销售 23.39 万吨，同比增长 7.64%，完成预算的 105.64%，完成攻坚目标的 104.42%。非油收入破亿元，达到 1.25 亿元，同比增长 36.4%，完成预算的 104.2%；非油店销收入 5452.05 万元，同比增长 18.32%，完成预算的 111.27%；非油毛利 1180 万元，完成预算的 107.27%。实现利润 1 亿元，完成预算的 147.26%。汽柴油销售总量、非油收入双双实现历史性跨越。

（二）价格管理

1986 年起，开拓议价油市场，按市物价局批准的议价公式作价，进货价各异，高进高出，实行一批一价。

1998 年，油价波动频繁、幅度大，1—9 月需求不旺、销售疲软、价格暴跌，年初柴油批发价 2450 元 / 吨，9 月跌至 1940 元 / 吨；汽油除 93 号无铅油外，平均每吨下降 400 元。至 11 月，采取停批发保零售、保重点用油的措施，维持全市工农业正常生产。70 号汽油、90 号汽油价格也相继回涨，但货源充足，全年 93 号无铅汽油和各种油的零售价格稳定；此外首次与国际接轨并实行城乡统一价格，省级销售区域统一价格。

2002 年，国家起用新的成品油调价机制，根据国际油价的起伏变化和国内成品油市场需求，攀枝花市全年调价 2 次，与 2001 年相比，油品价格平均上涨 368 元 / 吨，上涨幅度为 9.5%。

2004—2005 年，实施灵活的价格措施，牢牢掌握市场竞争的主动权。在资源紧张或价格上涨期间，先涨批发价，后涨零售价，对批发实行限量供应，防止社会加油站囤积居奇，给零售造成冲击；在价格下滑期间，先降零售，再降批发，防止社会加油站甩卖；同时合理控制批零价差，大大削弱社会加油站低价竞争的优势。至 2007 年，攀枝花分公司没有发生任何一起因价格引起的纠纷事件。

2008 年底，省公司试运行批发销售审批系统；2009 年 3 月，省公司正式上线运行批发销售业务审批系统。攀枝花分公司直批销售价格严格按照省公司体系审批价格执行，这一政策的启用避免相邻的地市州公司利用价格恶性竞争，规范直批市场价格。2009 年，按照国家发改委通知，成品油价格调动 3 次。2010 年，按照国家发改委通知，成品油价格调动 4 次。

2013 年 3 月 26 日开始，国家发改委完善成品油价格形成机制，将成品油计价和调价周期由现行的 22 个工作日缩短至 10 个工作日，并取消上下 4% 的幅度限制。这一规则的改变有利于攀枝花分公司在零售环节应对恶意降价的社会站点，直批环节的销售节奏把控难度进一步加大，客户购油周期变短、购买频率增大。

（三）销售策略

1991 年，石油公司销售各种油料计 66385 吨，比历年销量最高的 1990 年增长 2.5%。签订第二轮承包合同，年承包利润由第一轮的 360 万元增加到 444 万元。

1992 年，因石油经营放开，攀枝花石油公司的市场占有率缩小、销量下降，省公司将承包利润调减为 400 万元，税后上缴 140 万元。全年实际完成利润 406 万元，超额 1.5%。

1995 年，攀枝花石油公司集中油罐汽车，开始销售、运输一条龙服务。用户将货款转到石油公司账户，石油公司按用户电话提供的收货地点、数量、品种和时间，将油和发票送上门。实行电话购油，采购员省去往返开票找车，省时省力、方便快捷。全年电话购油销售 1500 余吨，受到用户欢迎。1995 年 12 月，巴斯箐加油站建成，为五十一公里至大渡口片区车辆加油提供方便。

1998 年，认真落实集团公司“规范区内，开拓区外”的要求，积极主动争取地方政府、职能部门的支持，大力宣传国家油品流通体制、价格运行机制改革政策，整顿和规范市场取得初步成效。适应消费者买涨不买跌的心理，在涨价时小步快跑，降价时一步到位，同时加强营销队伍建设，改进服务措施，开展电话购油和销运一条龙服务，积极拓展区外市场，抓住四季度个别品种短缺和传闻燃油税出台的时机，引导消费，扩大销售，全年销售成品油 8.62 万吨，其中零售汽柴油 1.76 万吨，区外销售成品油 1.24 万吨，通过电话购油和销运一条龙服务销售 1.19 万吨。

1999 年，攀枝花分公司适应市场变化，转换观念，从主抓批发转到批零并重上来，落实销售目标，层层分解任务，实行考核奖惩兑现机制，因地制宜采取灵活的营销策略。

2000—2001 年，大力拓展内外销售，积极推行配送制，大力倡导“上岗靠能力，收益凭贡献”的竞争精神。坚持“一站一策”营销策略，大力开展延伸服务，努力营造良好加油环境。

2002 年，坚持“量价并重、效益优先”的经营方针，通过实行差异化价格策略、人性化营销组合，引导高标号汽油消费、配送服务，与中石化云南公司签订跨区联手推价协议，促进区域市场有序发展。

2003—2011 年，大力实施“立足区内、深挖县域、拓展区外”的市场开发策略，牢固树立攀枝花成品油市场的主导地位，销售总量和零售量快速增长。2011 年与 2003 年相比，汽柴油销售总量、零售量分别跨上 30 万吨级和 20 万吨级台阶，销售总量由 11.33 万吨增加到 30.93 万吨，增幅 172.99%；资产型加油站零售量由 6.68 万吨上升到 24.28 万吨，增幅 263.47%。市场份额大幅提高，市场控制能力明显增强。零售市场占有率由 2003 年的 63% 提高到 2011 年的 82%，提高 19 个百分点。

2012—2017 年，坚持“直销批发保份额、零售纯枪保效益”的经营思路，持续实施“立足区内、深挖县域、拓展区外”的市场开发策略，累计实现直销批发 71 万吨，相对市场份额保持在 71.29% 以上。突出“外延式”发展营销思路，着力向区外市场要增量，实现区外销售 16.53 万吨。面对“柴油需求持续下滑、汽油增量空间受限”的严峻形势，积极调整经营思路，以建设龙井“智慧加油站”为契机，实施“加油站 +”营销方针，与人保、银行、电信等单位开展“跨界组合”营销，率先开展“多渠道”支付工具，增强客户黏性，推动零售业务发展，强化零售的核心地位。攀枝花分公司零售相对市场份额从 76.64% 提高到 80.63%，2017 年纯枪销售突破 20 万吨。认真落实“柴油不足汽油补”的工作思路，坚持把常态化促销、电子券促销、消费返利、满额自惠等作为汽油上量的有力抓手，汽油销售量由 2012 年的 7.8 万吨增加到 2017 年的 10.94 万吨，其中高标号汽油贡献率达到 12.51%。

2018 年，在精准选择合作伙伴上下功夫，以积分兑换、电子券、充值卡、优惠券为纽带，转嫁促销费用，共享促销资源。从攀枝花市总工会引入 123 万元跨界合作活动资金，成功锁定 1500 万元的零售成品油消费，花惠卡从合作前的 4000 张，提升到 1.7 万张；电信翼支付满 1000 送 40 元，引入活动金额 31.6 万，实现翼支付 IC 卡充值金额约 1264 万元，每月引流近 1100 名充值加油，拉动非油收入 38.90 万元。邮储 9 元惠满 100 送 9（每月 3000 个名额），每月引入资金 2.7 万元，每月引流近 3000 名用户进站加油，带动 30 万吨成品油销售。

2019 年，克难奋进主动营销，着力构建涵盖各个层面、全体员工的激励体系，制定“劳动竞赛”“50 日阶段性攻坚战”“再接再厉创佳绩、献礼新中国成立七十年”等多个激励方案，有效激发员工扩销动力，21 座加油站全年纯枪同比增长 10% 以上。强化服务品牌营销。围绕“车”与“人”的需求，持续推进跨界引流，将合作方的积分兑换、礼品赠送转为公司电子券、充值卡，引导客户更加关注线上综合价值提升，全年引入外部促销费用超过 544 万元，拉动成品油销售 4900 余吨。做优“好客 e 站、优途、官微”三个线上窗口，发挥“商家”平台优势，将商家资源与自主资源深度融合，实现优途粉丝注册数量近5万，汽柴油销售总量首次突破40万吨。

表11-19所示为1991—2019年中国石油四川攀枝花销售分公司成品油销售统计情况。

表11-19 1991—2019年中国石油四川攀枝花销售分公司成品油销量统计表

单位：万吨

年度	销售总量	纯枪销量	直批销量
1991	6.64	—	—
1992	6	—	—
1993	9	—	—
1994	8	—	—
1995	7.5	—	—
1996	7.61	—	—
1997	9.84	—	—
1998	8.62	1.76	6.86
1999	9.77	2.38	7.39
2000	8.17	5.44	2.73
2001	8.9	4.41	4.49
2002	10.7	5.41	5.29
2003	11.33	6.68	4.65
2004	14.6	11.58	3.02
2005	20.17	15.35	4.82
2006	22.56	19.09	3.47
2007	24.62	19.23	5.39
2008	27.12	21.6	5.52
2009	22.18	18.06	4.12
2010	26	20.96	5.04
2011	30.93	24.28	6.65
2012	33.48	27.52	5.96
2013	35.17	29.91	5.26
2014	35.82	23.04	12.78
2015	32.15	19.91	12.24
2016	33.9	19.61	14.29
2017	36.51	20.32	16.19
2018	38.78	21.73	17.05
2019	40.51	23.39	17.12

（四）客户管理

1986—2002 年，攀枝花分公司不断通过信息平台来管理客户。

2003 年，逐步实现建立成品油购销存管理信息系统，开始对客户实施系统化管理。

2006 年，攀枝花分公司对重点客户开展定期结算模式，稳定客户。

2008 年，省公司召开 2009 年度 VIP 联谊座谈会，攀枝花分公司推荐攀钢汽运公司和公交客运公司参会。进一步加强与客户的沟通，增进感情友谊，实现互利共赢。

2009 年，省公司制定《客户关系管理办法（试行）》。根据该办法，制定攀枝花分公司客户关系管理实施细则（试行）。2009 年 3 月印发《客户经理考核办法（试行）》，公开竞聘大客户经理和片区客户经理，正式建立客户关系管理的机制。

2010 年，与公交公司正式签订《战略合作协议》和《成品油资源供应合同》。公交公司将所属动力站加油站承租给公司经营管理，其拥有炳草岗、大渡口 2 座加油站，只满足其机关及直属车队加油。其余分公司车队全部在攀枝花公司所属的 6 座加油站和租赁公交动力站加油，从而与公交公司建立战略分销系统。2010 年 10 月 11 日，成立“市场大调查、客户大普查”活动领导及考评小组，目的是夯实零售基础、推进精细化管理，落实市场分片、客户分群、加油站分类营销策略，实现加油站客户开发、服务、维系水平再上新台阶。

2012 年，根据客户经理分类管理要求，结合攀枝花市场实际，完善“六级”客户开发管理体系。定期梳理批发与直销客户，将客户按不同区域和类别分解到各级管理人员和营销人员头上，“一对一”开发维护。

2013 年，与中石化、攀钢集团正式运行“统谈分签”业务合作，将其用油量最大的 6 家分公司纳入统采范围，按照一个调价周期谈判一个价格，6 家分公司统一执行一个价格，自行到中石油和中石化采购。2013 年 8 月 1 日起，国家开展交通运输业和部分现代服务业营改增试点，以减轻企业税负。随着政策推行，公司物流、商贸、化工类客户数量和购油量大幅增加，给公司带来发票管理、舞弊等方面的潜在风险。

2014 年，正式启动客户告知工作管理工作，从源头上管控客户资金风险。

2016 年，正式启动销售企业客户信用系统推广上线，主要功能包括客户信用评级授信管理、客户信用风险监控、应收账款催收管理、黑名单客户管理等。为促进直销与批发业务发展，提升客户关系管理水平，2016 年 10 月启动客户开发维护系统与优客移动应用，客户经理步入移动销售新模式。同期启用司库平台客户信用系统，防范坏账损失风险，提升客户信用管理工作标准化、信息化水平。

2017 年，为提高零售比例，降低直批规模，优化销售结构，锁定零售客户，攀枝花分公司正式启动一对一的消费返利政策，成功将 13 家直销客户转为零售纯枪客户。拓展云南楚雄区域云鑫、云特社会加油站市场，扩大公司区外发展的空间。

2018 年，攀枝花分公司荣获公交客运总公司“优秀合作供应商”称号。12 月召开 2018 年泸州老窖专场品鉴会，邀请 110 名零售客户共同参加品鉴会。

2019 年，立足客户精准营销。紧锁消费主体需求变化，综合利用电子券、满额优惠、一户一策、增值服务等方式，加强客户开发维护力度，持续增强客户黏性。用活综合业务支撑平台，对 543 家直批客户实施分级分类管理，全年拜访客户 2100 余次，新开发客户达到 180 余家。11 月 21 日，正式启动直批销售 APP 线上推广，线上一键操作实现在线购油、预约提油、信息查询等功能，实现客户体验全面升级，以完善的服务链确保营销全过程资金可控、科学定价、促销规范、服务高效、客户满意、业务合规。截至 2019 年底，完成 124 家直批 APP 在线认证，通过 APP 线上销售 166 笔有效订单，共计 1436 吨，实现销售金额 1062 万元。同年 9 月，省公司推行中油优途 APP（具备不下车加油、支付、电子发票开具等功能），实现会员制管理增强客户黏性，客户消费数据全面实现线上全流程追踪管理，系统智能跟踪分析会员客户消费习惯与客户忠诚度，为深度开发维系客户提供精准的数据支撑。截至 2019 年底，攀枝花公司完成新注册人数 13519 人，消费 1.05 笔，油品交易金额 231 万元。

（五）加油卡管理

2009 年，攀枝花分公司在银江加油站和巴斯箐加油站上线加油卡核心系统，当年发放单位卡 110 张，充值 4560 元，消费 2354 元，开始涉足加油卡业务。

2009—2018 年，攀枝花分公司共部署 69 个发卡充值网点，发行加油卡 271760 张，其中个人记名卡 96192 张、单位记名卡 128894 张、不记名卡 46674 张。

2010 年，为吸引攀枝花出租车客户，以单位卡的形式办理出租车卡 1302 张。

2012 年，首次与人保合作，以单位卡形式办理人保会员 1 万多张。

2013 年，率先在炳草岗、巴斯箐、龙井上线柜式自助终端机，在城关、河石坝上线桌面式自助终端机，减少顾客排队充值和办卡时间。截至 2018 年底，攀枝花分公司全面上线除拉拉、动力、中禾（业务不需要）以外的自助终端设备，共上线 58 台设备，让客户能更方便快捷地办理卡相关业务。

2015 年，通过加油卡折扣清理，将出租车、人保客户转为个人卡客户，通过上门办卡，到学校、医院、事业单位、攀钢等建立分类客户组 14 个。2018 年，与工会合作开展花惠卡业务，截至 2018 年底，14 个客户组共计办理个人客户卡 15938 张。

2016 年，加油卡充值方式增加翼支付、微信、支付宝等多元化充值支付方式，后在 2019 年因护网行动，网络不支持，此充值方式全部取消。

2018 年，发卡 34458 张，同比增加 2600 张，增幅 8.16%，其中不记名卡 1276 张、记名卡 33182 张（同比增加 2655 张，增幅 8.69%）。

2019 年，发卡 37204 张，同比增加 2746 张，增幅 7.97%，其中不记名卡 2226 张、记名卡 34978 张（同比增加 1796 张，增幅 5.41%）。2019 年 1 月，省公司与昆仑银行联合发行中国石油昆仑加油信用卡产品，昆仑加油信用卡拥有昆仑银行信用卡账户和中国石油昆仑加油卡账户，这两个账户相互独立运作又可进行信息交互。2019 年仅公司在册并具有人事 ERP 编码员工可以办理，2019 年共办卡 125 张。2019 年，省公司与贵州黔通智联合作开发“昆仑 ETC 卡”，2019 年 8 月 15 日，攀枝花分公司办理第一张昆仑 ETC 卡，2019 年发卡 11232 张，全省排名第二。

三、加油站管理

（一）制度建设

1989—1997 年，各加油站相对独立，管理制度以公司制定和各站结合实际分别制定为主。

1998—2007 年，上划后，加油站制度由攀枝花分公司统一制定，标准一致。

2008 年，编制印发较为系统的管理标准《加油站管理规范》，对加油站站容站貌、员工形象与行为规范、加油站安全管理、人员配备等各方面有系统的规范指导。

2009—2011 年，加油站管理系统上线，预示着加油站进入信息化时代。

2012—2015 年，开始启动神秘顾客考核、2015 版 6S 管理手册完善印发。

2016 年，建立《企业标准自助加油操作规程》《中国石油四川攀枝花销售分公司加油站服务暨现场管理考核办法（试行）》。

2017 年，建立《加油站经理负责制实施细则》《加油站值班管理规定》《片区负责人下站检查指导管理暂行办法》。

2018 年，建立《片区管理人员值班管理办法》。

2019 年，建立《加油站油品配送及零售损耗管理流程》《加油站经理跟班学习管理制度》《加油站车罐交接（泵卸）卸油作业操作规程》《加油站地罐交接卸油作业操作规程》《加油站车罐交接卸油作业操作规程》《加油站抽样、发电机用油及脱机加油管理制度》。

（二）现场管理

经营管理模式转变　1989—1997 年，攀枝花分公司狠抓执行、深挖潜力，形成一种精益求精的管理文化，现场管理制度、客户管理体系、激励配套政策不断完善。

1998—2002 年，省公司在攀枝花召开全省零售工作现场会，向全省系统推广“攀枝花经验”。通过导入“CI”战略，对加油站进行规范包装、绿化、美化，在重大节日营造节日氛围，宣传中国石油品牌。推行星级服务、特色服务、情感服务、承诺服务，在加油站开设洗车、加水、长途司机休息、冲凉、送小礼品等服务项目。

2003—2008 年，从以前的零售公司集中统管、站长负责到目前的职能部门、片区划分管辖；从以前单一的站长、核算员、计量员岗位管理到目前的多岗位员工多元化管理；从以前的标准站、乡村站逐步向星级站、样板站、旗舰站打造；2008 年开始执行加油站“五小”工程，为提升加油站整体站容站貌、标准化管理提供保障。

2009—2019 年，从以前的单一加油服务到油卡非润、汽服、餐饮、自助洗车、自助消费等一体化服务。

员工队伍建设　1989—2007 年，通过不断完善激励约束机制和人才培养机制，培养了一批高素质的中坚中层、营销团队和站经理队伍，为公司发展提供人才保障。

2008 年，开展员工技能竞赛、岗位大练兵以来，逐渐增加班组比拼、交流学习、师带徒培训、员工风采展示等多元化活动，将加油站员工从以前的单一加油员、计量员、销售员逐渐转变为全技能、精管理、多角色的综合性岗位人才。实施加油站星级员工评定及加油工职业技能鉴定。

2009—2019 年，送培、交流培训、技术大比武、挂职锻炼等多形式的培训升级模式，让员工的职业通道得到扩张。员工晋升门槛逐渐降低，大大提升员工队伍的归属感。

加油站形象升级 1989—1998 年，加油站建设以大站房、小现场为主，罩棚低矮，配置收银亭，还未形成加油站品牌意识。

1998—2006 年，上划后，加油站有中国石油统一标识，员工有统一工作服，初步形成统一标准，品牌形象更加立体。

2007 年，中国石油有了统一标识——“宝石花”，加油机被逐步更换为潜油泵加油机，现场收银亭被逐步取消，现场布局不断优化。

2008 年，自加油站管理规范标准实施以来，攀枝花分公司一直以高标准、严要求为管理目标。从加油站硬件改造、星级站点评定、旗舰站样板站打造、全流程诊断与优化、6S 管理、员工服务标准培训等方面入手，逐步对加油站整体形象升级、现场亲情服务、站内规范管理进行提质升档。

2009—2011 年，开展加油站全流程诊断与优化，不断提升服务效率与站容站貌。

2012—2019 年，全流程诊断与优化 1.0 升级到 2016 年的 2.0 版本，逐步优化诊断项目，从细节中帮助加油站提质、提量、提效；2012 年开始逐步投入卡机连接加油机使用，2019 年自助加油开始逐步推广，加油站进一步实现现代化。

四、非油品业务

（一）基础工作

2008—2019 年，攀枝花分公司秉承商品优质、客户至上的原则，11 年间，在攀枝花区域内打造 63 座昆仑好客便利店。树立炳三区、老街、龙箐等多座非油样板标杆站。

2014 年，梳理润滑油账务处理系统，使流程更加完善、规范、方便监督；实行每月抽查盘点、季度盘点的制度，监督便利店商品管理，有效管控非油商品管理漏洞；对中央仓实行月度清盘，定期更换人员负责监管，互相监督管理。

2015 年，初步实现商品科学订货管理。针对便利店商品易出现断货、商品陈列较差、退换货频繁、加油站员工工作烦琐的现状，改善订货管理流程，实行主动订货及配送管理。根据配送路径制定单站订货周期，分析单站单品销售、库存数量，结合配送周期制定订单，印发到加油站，加油站只需要对订单是否合理进行审核和反馈意见即可。依据数据分析实行统一订货管理，减少加油站的工作量，并促进订货的科学管理。

2016 年，创新“加油站＋业务部门”的营销模式，了解客户需求，准确收集促销需求，加强促销方案目标制定、方案设计、宣传造势、店面氛围打造、调动一线员工积极性、促销业绩跟踪、促销效果回顾等工作。合理分解销售目标，将促销活动分解至片区、加油站，推动全员营销，全力争取供应商的促销支持。加大奖励的透明、及时性。以正面激励为导向，缓解员工销售压力，调动员工积极性，增强主动参与度。营造季节性现场商业氛围。根据季节特点分别制订

“贺岁季”“暖冬欢乐购”“踏春季”“清凉一夏畅爽到底”促销活动方案，设计便利店吊旗、地贴、堆头陈列、加油岛现场广告宣传画面，营造浓厚的商业销售氛围。开展形式多样的培训和竞赛活动。分片区、服务区开展开口营销培训、便利店商品陈列、开口营销竞赛、创意陈列竞赛、车用尿素业务知识、润滑油产品及销售技巧等活动。同时邀请到云南销售资深开口营销培训师开展培训。

2017 年，结合加油站自身特点，采取“分组对标法”下达销售目标。以年汽柴油出枪量为标准，将加油站分为 3 个组别，分别为油品年销量大于 5000 吨站、3000—5000 吨站、3000 吨以下站进行同组对标分析，将同类组别站点按加油站柴汽比、地理位置、本组站点吨油店销收入水平等指标测算店销潜力，分组下达纯便利店销售收入指标。开展开口营销竞赛活动，各片区抽取员工参与现场的加油、充值、非油销售等环节的竞赛活动，提高加油站开口营销服务技能。协助省非油公司开展便利店商品 ABC 分析及订货培训、集采统配订货及配送、润滑油知识及开口营销等 3 期培训，培训 300 多人次。分片区在加油站开展润滑油和车辅产品实操培训，共 102 人次参加培训及考核。

2018 年，在完成基本任务的同时，新开通老街、巴斯箐、龙箐、南山、河石坝便利店体彩业务，使攀枝花分公司开展体彩业务便利店达到 6 个，沙沟加油站和攀枝花和顺服务区引进 ETC 办卡充值业务，通过 ETC 云通卡充值业务增加服务区超市和加油站的服务功能，增强客户黏性，引客进站，增加非油收入，提升便利店便捷服务功能。化工产品销售作为 2018 年重点工作。7 月，中标攀钢集团西钢钒硫酸铵 300 吨，销售收入 33 万元；10 月，中标西钢钒和攀钢钒硫酸铵 1680 吨，预计实现销售收入 169 万元。在营 58 座加油站灯箱和墙体广告位成功租赁给攀枝花市星皓文化传播有限公司，广告收入 20 万元，同时破损或有安全隐患的加油站灯箱和墙体广告及时维修和更换画面，不再影响加油站的整体形象。

2019 年，优化非油百元工资激励机制，充分发挥业绩导向作用，完善非油百元工资阶梯奖励机制。将月度销售收入完成率达到 85% 以上的奖励标准由原来的 4% 提升至 6%，引导员工关注月度销售任务，多销多得，调动一线员工增效创效积极性。为营造良好的销售氛围，提升客户进站体验，以“油卡非润一体化”为中心，积极协调统采供应商参与活动制定，借机传统节日等商机开展促销活动 70 余次，共计实现促销收入 429 万元。聚焦客户，借力“美团”拓展线上销售渠道和线下服务半径。开发 5 公里配送半径的客户销售渠道，加强线上、线下一体化营销。开展“双品牌”合作。联合“1919”酒类供应商，在有条件的便利店，联合开设“1919”酒类专卖店中店。发挥对方 SKU（库存保有单位）数量优势、充足货源优势，弥补公司酒类经营上的短板，打造多元化店面形象。拓展无人智能自助便捷洗车服务，提升加油站服务功能。开展自助洗车业务，在三区两县 9 座加油站铺设自助洗车设备，积极推动业务转型。打造“人·车·生活”生态圈，构建“1+N”渠道模式建设。联合“千里马”轮胎攀枝花总代理在 7 座柴油站进行大车轮胎的铺货销售工作。

（二）便利店建设

2008 年，根据企业战略规划及统一部署，攀枝花分公司在东风加油站打造投运第一座非油便利店。

2009 年，为保证非油业务发展，攀枝花分公司在施工现场开现场会，部署落实便利店建设工作，完成 15 座加油站便利店的开业工作。为 8 座加油站办理烟草专卖许可证，为 5 座加油站办理化肥农资商品的经营许可。通过经营许可证照的办理，为非油业务的多元化经营打好基础。

2011 年，进一步扩大经营规模，攀枝花分公司新增非油业务的加油站 5 座，新增便利店 3 座。共计开展非油业务加油站 50 座，占在营业加油站的 92%，昆仑好客便利店加油站 33 座，开店率在全省中排列前位。全年实现非油销售收入 2300 万元，同比增长 204.99%，各项指标自开展非油业务以来均创新高。

2012 年，持续扩展经营项目，发展汽服项目，东风加油站“咔咔”汽车美容项目落地经营。加强企业合作，与攀枝花钢城集团贸易有限公司签订全年聚丙烯合作协议，实现新增非油销售收入 65 万元。全年实现非油业务销售收入 3514 万元，润滑油及化工小产品 1930 吨。开展非油业务加油站 53 座、便利店 45 座。

2013 年，积极探索非油业务发展增长点。积极推动米易服务区餐厅业务的开展；利用润滑油配送车辆及时补充配送非油商品到服务区便利店，扩大经营范围，增加非油销售收入规模。积极开展项目招商，全年新增时鲜水果销售约 40 万元。全年，高速片区实现非油销售收入 900 余万元，约占非油总销售收入的 22%。开展非油业务加油站 53 座、便利店 48 座。

2016 年，大力加强店面形象提升，坚持规模和效益并重，不断提升非油业务质量。对南山、宝鼎等 11 座便利店形象改造，对巴斯箐、南山等 10 座站收银区进行改造，更换红格等 14 座站店面货架，增加垭口等 7 座站库房货架安装，使公司便利店整体形象得到较大提升。全年实现非油销售收入 4332.9 万元，同比增加 502 万元；开展非油业务站点 61 座，其中开设便利店 58 座。

2017 年，加强便利店规范化建设，优化增加便利店设施设备，提高店面形象，配合投资科完成 18 座加油站的店面升级改造工作。

2018 年，为扩宽非油业务经营范围，在沙沟站等 11 座加油站铺设尿素加注机项目。

2019 年，为打造强大现场，积极向省公司申请改造加油站便利店投资计划，学习云南销售店面优化，对便利店内灯光照明、区域合理布局、科学选品等进行优化提升。结合双层罐改造，全年共完成密地、东风、棉纱湾、玉泉、凤凰、炳三区、老街、典所等 8 座便利店升级改造。

（三）项目拓展

2017 年，加大润滑油、车辅产品客户市场开发力度，积极加大客户维护，全年实现非油收入 4832.86 万元。

2018 年，打破销售商品单一模式，用好用活“共享思维”，搭建加油站综合营销平台。加强与银行、保险、电信等合作，开展邮储 9 元惠、翼支付红包、人保钻石积分等消费体验活动，借助第三方优势，为客户提供更多优惠的增值消费体验。增设 ETC 云通卡充值业务网点 2 座，综合利用加油站便利的口岸价值，增强加油站的服务功能，引流进站，实现平台收入 3226 万元。全年累计共实现非油收入 9165 万元，同比增幅 89.7%。非油收入指标自开展非油业务以来达到历史的新高度。

2019年，以渠道优势互补，实现渠道的跨界和融合。先后与电信、小米公司等开展跨界销售。在电子产品上，共实现收入28.18万元。其中手机业务实现销售收入17.8万元。与“美团”合作，延伸公司线上非油销售渠道。开展美团的站点已增加到15座。拓展无人智能自助便捷洗车服务，炳三区站、棉纱湾站、龙箐站、玉泉站等9座站投运30台自助洗车设备。开展油品、便利店等多种商品捆绑促销活动，实现促油、促店销销售增长。对外多渠道合作，与攀枝花影城、GOGO攀枝花、银行、保险公司等异业商家合作。将电影票等相关第三方实物在网站商城上兑换销售。将保险公司、银行赠送客户的洗车服务引流进来，同时做到资源互换相互引流相互截流，扩宽公司服务销售半径。扩宽销售种类，提升加油站服务功能。联合“玲珑”轮胎、“千里马”轮胎攀枝花总代理在柴油站进行大车轮胎的铺货销售工作。已在格里坪站、清乌站、银江站、三堆子站、马店站、老河湾站6座加油站完成轮胎的铺设工作。

表11-20所示为2008—2019年中国石油四川攀枝花销售分公司非油销量统计情况。

表11-20　2008—2019年中国石油四川攀枝花销售分公司非油销量统计表

单位：万元

年度	非油销售收入	非油店销收入
2008	688.38	554.2
2009	643.67	542.86
2010	1123.57	1102.57
2011	2348	2316.1
2012	3514	3481.31
2013	4321.43	4197.7
2014	3751.55	2999.69
2015	3830.8	2910.97
2016	4333	3100
2017	4833	3790.6
2018	9163	5724
2019	12500	5452.05

五、网络开发建设

1986年，投资200万元新建炳草岗加油站投运。

1987—1989年，无新增投资、改造等。

1990年，选址立项1座加油站。

1991年1月，投资260万元新建密地加油站投运。

1992 年，选址立项 1 座加油站。

1993 年 7 月，投资 300 万元新建河石坝加油站投运。

1994 年，选址立项 1 座加油站。

1995 年 10 月，投资 350 万元新建巴斯箐加油站投运。

1996—1998 年，无新增投资、改造等。

1999 年 4 月，召开零售战略专题研究会，制定当前及未来零售发展战略目标。全年投资 499 万元，技改 3 座加油站，收购 2 座加油站，租赁 2 座加油站，选址立项 2 座加油站。马坎加油站建成投运。

2000 年，全年完成投资 2200 万元，购建沙湾、荣将、红格、新康、宝鼎、昔街、弄弄沟等 10 座加油站，同时租赁 2 座口岸价值较好的加油站。

2001 年，投资 1402.5 万元，新建加油站 5 座，收购加油站 2 座，租赁 1 座，技改加油站 3 座。

2002 年，全年投资 1940 万元，新建加油站 3 座，收购加油站 6 座，技改加油站 6 座。

2003 年以后，积极争取上级公司的支持，先后 2 次对油库进行技改、扩容改造，经过扩容升级改造后金江油库库容量提高到 4.5 万立方米。形成比较完善的成品油接卸、储存、销售网络配套体系，保障供应能力和经营创效能力明显提高。

坚持“数质量并重、质量优先”的开发方针，始终把投资重点放在终端建设上。在网络快速扩张时期，2003—2011 年，累计完成投资 42675 万元，其中终端网络投资 36209 万元，占总投资额的 84.85%。2003—2011 年，共开发加油站 42 座。2011 年与 2002 年底相比，加油站座数由 29 座跃升至 71 座，加油站占有率从 33% 上升到 67.6%。

2012—2017 年，是平稳发展时期，完成投资 1.87 亿元，新开发加油站 9 座，投运率 100%。先后开发拉拉、五星、黎屯加油站，实现科研年增量 1 万吨以上。坚持“优势互补、合作共赢”发展思路，推动集团合作，与钢城集团合作成立合资公司并运营。加强与矿山企业合作，建设中禾、龙蟒、迤资撬装站，实现销售柴油 3.4 万吨。积极盘活闲置资产，通过资产置换迁建加油站 2 座，关停站打开 1 座。

2018 年，把网络建设作为企业“生命工程”“一把手工程”，打好网络开发攻坚战，不断巩固发展基础。坚持守土有责、寸土必争，全年投资共计 4881 万元，成功开发麻陇、格萨拉 2 个新站点，取得花城新区加油加气站建设用地，全市新增网点一个未丢。打好防渗治理攻坚战，全年完成 12 座站双层罐改造，总体完成率达到 59%。金江油库油罐高低液位连锁系统、自动远程消防控制系统和清罐作业全部顺利完成。

2019 年，继续打好网络开发攻守战，不断开疆扩土，为公司持续发展奠定市场基础，全年投资 9558 万元，成功开发立项阳光、典所，恢复投运 2 个站点，取得西佛寺、金滩、新山加油加气站建设用地，全市当年新增网点全部取得。继续打好防渗治理攻坚战，全年完成 23 座站双层罐改造，总体完成率达到 86.6%。

表 11-21 所示为 1986—2019 年中国石油四川攀枝花销售分公司加油站座数统计情况。

表 11-21　1986—2019 年中国石油四川攀枝花销售分公司加油站座数统计表

单位：座

年度	新增投运加油站	在营加油站	累计拥有加油站
1986	0	1	1
1987	0	1	1
1988	0	1	1
1989	0	1	1
1990	0	1	1
1991	1	2	2
1992	0	2	2
1993	1	3	3
1994	0	3	3
1995	1	4	4
1996	0	4	4
1997	0	4	4
1998	0	4	4
1999	1	5	5
2000	12	17	17
2001	4	21	21
2002	8	29	29
2003	6	29	35
2004	8	37	43
2005	2	39	45
2006	0	39	45
2007	5	44	50
2008	1	45	51
2009	2	47	53
2010	2	49	55
2011	3	52	58
2012	1	53	59
2013	2	55	61
2014	0	59	61
2015	6	59	67
2016	1	59	68
2017	2	61	70
2018	1	61	71
2019	2	62	73

六、质量安全环保

（一）HSE 体系建设

2000 年，开始开展 HSE 体系建设，成立 HSE 委员会，不断夯实安全环保管理根基，实现企业可持续健康发展。

2004 年，先后组织修订 HSE 体系文件 8 次，共有程序文件 101 个、管理文件 122 个，确保制度建设更加科学和合理。

2013 年，成立食品安全、投资、加油站、油库等 4 个分委会，开展以“33171”为主要内容的体系提升推进工作，推行管理评审和 2 次体系审核，体系审核模式逐步由“全面审核”向“量化 + 专项”转变。

2019 年，接受销售公司量化审核，审核得分 89.1 分，企业由严管监管向自主管理转变。

（二）安全管理

1986 年，公司、油库、加油站多次被评为安全生产先进单位、旱季防火先进单位、先进油库等称号。

1987 年，建立金江油库中转罐区，形成二级发油，确保发油更加安全可靠。

1990 年，开展金江油库库容改造，主要内容包括专用线、泵房、货位等内容，提升仓储能力。

1990 年，金江油库发生混油、中转罐跑冒等 2 起事故。

1997 年，金江油库发生轻拖润滑油跑冒事故。

1998 年，将仓储基建科、保卫科合并为仓储安全科。

1999 年，巴斯箐加油站发生重大混油事故，造成直接经济损失 32 万元。

2001 年，设立安全总监、安全督察和安全检查员，初步形成三级安全监管体系。

2002 年，将油库、车队、仓储安全科、投资科合并成立储运安全部。

2004 年，将储运安全部分为油库、车队、仓储安全科、投资科。金江油库造成 2000 余吨油品混油事故。

2006 年，将安全监督扩展到投资、总经办、加管、片区、油库等业务部门，实现直线责任落实更加到位。

2008 年，投入 5803 万元完成金江油库整体改扩建。

2014 年，金江油库及 55 座加油站完成二级安全标准化建设，有效提升风险防控能力。

2016 年，投入 69.29 万元完成永富、观音等 13 个加油站灾害恢复。

2018 年，投入 137.45 万元完成金江油库高低液位连锁重大隐患治理。

（三）环保管理

2006 年，投入 378.83 万元完成金江油库环境隐患改造。

2009 年，投入 483 万元完成金江油库油气回收装置改造。

2014 年，投入 1740 余万元完成 58 座加油站油气回收改造。

2014—2015 年，完成 35 座加油站环保验收批复补办，实现企业环保管理合法合规。

2015 年，正式将《环保管理规定》《油气回收操作规程》等环保管理制度纳入 HSE 体系范畴，规范 12 类环保基础资料，有效提升环保基础管理工作。

2015 年，完成金江油库下装改造 478.94 万元。

2016 年，完成 59 座加油站和 1 座油库环境应急预案备案。

2017 年，投入 56 万元完成服务区污水、油烟等环保隐患治理。

2016—2019 年，投入 4500 余万元完成 56 座加油站双层罐防渗改造。

（四）应急管理

2007 年，投入 16.56 万元完成所有库站视频监控系统的安装。

2009 年，投入 12.13 万元完成金江油库周界系统安装。

2016 年，攀枝花地区出现特大暴雨灾害，成功应对永富、观音、弯丘等出现的险情，切实提升应急处置能力。

2018 年，投入 426 万元完成金江油库远程消防系统改造。

2018 年，投入 4.2 万元完成所有库站防恐反恐器材配置，完善各类物防措施。

（五）数质量管理

2003 年，将平均温度引入零售损耗考核。

2005 年，零售损耗考核执行“月度考核、年度兑现”和“3521”赔付机制。

2007 年，加油站零售损耗扭亏为盈。

2006 年，加油站开始实施卸油看板作业，历经 2008 年、2011 年、2015 年、2017 年、2019 年等 5 次修订，确保卸油各环节风险管控到位。

2010 年，开始试点运行地罐交接，2014 年在攀枝花召开全省数质量管理现场会，在全省推广地罐交接模式。杜兵尧滤油法、卸油作业板 K 点控制等荣获四小发明，车用柴油闪点风险防控、成品油零售损耗管理体系的构建与实践等相关研究荣获企业管理现代化创新优秀成果，实现油品各环节损溢多年保持全省先进水平。

2014 年，投入 64.18 万元完成质检分站升级改造，具备油品全项目分析能力。

2015 年，加油站汽油卸油环节增加水溶法测试，确保油品质量管控到位。

第五节　泸州分公司

一、基本情况

中国石油天然气股份有限公司四川泸州销售分公司（简称泸州分公司）前身为“川南石油分公司”，成立于 1951 年 5 月。泸州分公司历经行政区划改变，同时为适应各时期经济体制而进行相应调整：1986 年 1 月，上划四川省石油公司，组建四川省石油公司泸州分公司；1993 年 1 月，更名为四川省石油总公司泸州分公司，并单独成立泸州市石化销售分公司、四川省石油总公司泸州江北公司、四川省石油总公司泸州润滑油销售公司；1997 年 4 月，变更为四川省石油集团泸州有限公司；1998 年 6 月，泸州分公司及其所辖的县公司随四川省石油集团有限公司一道划入中国石油天然气集团公司；1999 年 7 月，根据中国石油天然气集团要求，四川省石油集团泸州有限公司核心业务划转中国石油天然气股份有限公司，成为中国石油天然气股份有限公司在川设立的市级分公司；1999 年 11 月，为规范川南地区成品油市场，合并到四川省石油集团川南有限公司；2002 年 5 月，从川南公司划出，组建为中国石油天然气股份有限公司四川泸州成品油配送中心；2005 年 6 月，更名为“中国石油天然气股份有限公司四川泸州销售分公司”，至今一直承担着泸州市四县三区的成品油供应。

截至 2019 年底，泸州分公司设总经理（党委）办公室、营销管理科、投资建设科、财务科、人事（组织）科、安全环保仓储科、油气零售科、党群工作科（纪委办公室）等 8 个科室，非油品经营部、信息中心等 2 个直属机构，下辖隆昌油库和龙马潭片区、纳溪片区、泸县片区、古叙片区、合江片区等 5 个销售片区。所属隆昌油库库容 4.3 万立方米，年吞吐量超 58 万吨，承担着区域内成品油资源供应和泸州、内江、自贡、宜宾等毗邻地区部分油品周转与配送任务。泸州分公司拥有在营加油站 58 座，CNG 加气站 1 座。管理控股公司 3 个：四川中油新能源有限公司、泸州市江阳区百子图石化有限责任公司、泸州华油压缩天然气有限责任公司。参股公司 1 个：泸州工投中油能源有限责任公司。泸州分公司共有在岗员工 786 人（市场化 132 人、合同化 265 人、第三方用工 389 人），离退休员工 142 人；有 10 个党支部，199 名中共党员，其中在岗员工党员 145 人。

表 11–22、表 11–23 所示分别为中国石油四川泸州销售分公司行政领导任职情况、党组织领导任职情况。

表 11–22　1986—2019 年中国石油四川泸州销售分公司行政领导任职情况表

<table>
<tr><th>机构名称</th><th>职务</th><th>姓名</th><th>任职起止时间</th></tr>
<tr><td rowspan="5">四川省石油公司泸州分公司
（1986 年 1 月至 1992 年 12 月）</td><td>经　理</td><td>刘永述</td><td>1986 年 1 月至 1992 年 12 月</td></tr>
<tr><td rowspan="4">副经理</td><td>谢炳清</td><td>1986 年 1 月至 1992 年 12 月</td></tr>
<tr><td>杨汉中</td><td>1986 年 1 月至 1992 年 12 月</td></tr>
<tr><td>刘世荣</td><td>1987 年 1 月至 1992 年 12 月</td></tr>
<tr><td>马良银</td><td>1987 年 1 月至 1988 年 8 月</td></tr>
<tr><td rowspan="6">四川省石油总公司泸州分公司
（1993 年 1 月至 1997 年 4 月）</td><td rowspan="2">经　理</td><td>易长生</td><td>1993 年 1 月至 1997 年 4 月</td></tr>
<tr><td>李建生</td><td>1997 年 4 月</td></tr>
<tr><td rowspan="4">副经理</td><td>刘世荣</td><td>1993 年 1 月至 1996 年 11 月</td></tr>
<tr><td>陈桂芳</td><td>1993 年 1 月至 1997 年 4 月</td></tr>
<tr><td>罗信友</td><td>1993 年 1 月至 1997 年 4 月</td></tr>
<tr><td>杨汉忠</td><td>1993 年 1—6 月</td></tr>
</table>

续表

机构名称	职务	姓名	任职起止时间
四川省石油集团泸州有限公司（1997年4月至1999年11月）	经　理	李建生	1997年4月至1998年12月
		廖中文	1999年1—11月
	副经理	兰明平	1998年1月至1999年11月
		陈桂芳	1997年4月至1999年11月
		罗信友	1997年4月至1998年5月
		管泸川	1998年6月至1999年11月
中国石油四川泸州成品油配送中心（2002年5月至2005年5月）	经　理	林　辉	2002年7月至2005年5月
	副经理	彭昌富	2002年7月至2005年5月
		如莫他	2002年7月至2005年5月
	总会计师	何先美	2002年7月至2005年5月
中国石油四川泸州销售分公司（2005年6月至2019年12月）	经　理（总经理）	林　辉	2005年6月至2008年3月
		刘　跃	2008年3月至2011年1月
		罗绍华	2011年1月至2013年3月
		赵晓帆	2013年3月至2016年1月
		曾小刚	2016年1月至2019年11月
		李　勇	2019年11—12月
	副经理（副总经理）	彭昌富	2005年6—12月
		如莫他	2005年6月至2009年4月
		李殿璞	2006年1月至2008年3月
		廖运祥	2008年4月至2012年3月
		王正琼	2008年4月至2009年5月
			2011年1月至2013年12月
		梁　文	2009年5月至2019年12月
		庞西明	2013年3月至2019年3月
		彭勇军	2013年3月至2014年1月
		吴家良	2014年1月至2018年12月
		钟跃萍	2019年3—12月
		李兰塔	2019年3—12月
	总会计师	何先美	2005年6月至2009年4月
		谢丽萍	2009年5月至2013年3月
		蔡露生	2013年3月至2019年12月
	安全总监	梁　文	2014年1月至2019年12月

说明：2008年，行政领导职务名称由“经理、副经理”改称“总经理、副总经理”。

表 11-23　1986—2019 年中国石油四川泸州销售分公司党组织领导任职情况表

<table>
<tr><th>机构名称</th><th>职务</th><th>姓名</th><th>任职起止时间</th></tr>
<tr><td>中共四川省石油公司泸州分公司党总支
（1986 年 1 月至 1987 年 6 月）</td><td>副书记</td><td>张金珠</td><td>1986 年 1 月至 1987 年 6 月</td></tr>
<tr><td rowspan="3">中共四川省石油公司泸州分公司党委
（1987 年 6 月至 1992 年 12 月）</td><td rowspan="2">书　记</td><td>张金珠</td><td>1987 年 6 月至 1992 年 12 月</td></tr>
<tr><td>易长生</td><td>1992 年 12 月</td></tr>
<tr><td>副书记</td><td>何治英</td><td>1990 年 6 月至 1992 年 12 月</td></tr>
<tr><td rowspan="2">中共四川省石油总公司泸州分公司党委
（1993 年 1 月至 1997 年 4 月）</td><td>书　记</td><td>易长生</td><td>1993 年 1 月至 1997 年 4 月</td></tr>
<tr><td>副书记</td><td>何治英</td><td>1993 年 1 月至 1997 年 4 月</td></tr>
<tr><td rowspan="3">中共四川省石油集团泸州有限公司党委
（1997 年 4 月至 1999 年 11 月）</td><td rowspan="2">书　记</td><td>李建生</td><td>1997 年 4 月至 1998 年 12 月</td></tr>
<tr><td>廖中文</td><td>1999 年 1—11 月</td></tr>
<tr><td>副书记</td><td>何治英</td><td>1997 年 4 月至 1998 年 6 月</td></tr>
<tr><td rowspan="2">中共中国石油四川泸州成品油
配送中心党委
（2002 年 5 月至 2005 年 5 月）</td><td>副书记
（主持工作）</td><td>林　辉</td><td>2002 年 7 月至 2005 年 5 月</td></tr>
<tr><td>副书记</td><td>管泸川</td><td>2002 年 7 月至 2003 年 5 月</td></tr>
<tr><td rowspan="8">中共中国石油四川泸州销售
分公司党委
（2005 年 6 月至 2019 年 12 月）</td><td rowspan="6">书　记</td><td>林　辉</td><td>2005 年 6 月至 2008 年 3 月</td></tr>
<tr><td>刘　跃</td><td>2008 年 3 月至 2011 年 1 月</td></tr>
<tr><td>赵晓帆</td><td>2011 年 1 月至 2013 年 3 月</td></tr>
<tr><td>彭勇军</td><td>2013 年 3 月至 2014 年 1 月</td></tr>
<tr><td>庞西明</td><td>2014 年 1 月至 2019 年 3 月</td></tr>
<tr><td>钟跃萍</td><td>2019 年 3—12 月</td></tr>
<tr><td rowspan="2">副书记</td><td>陈桂芳</td><td>2006 年 5 月至 2009 年 5 月</td></tr>
<tr><td>王正琼</td><td>2009 年 5 月至 2011 年 1 月</td></tr>
</table>

二、市场营销

（一）市场环境及竞争情况

1989 年，国民经济结构继续调整，根据国民经济发展的需要，基础建设项目增加，能源、交通运输、化肥等重点工程速度加快，同时，泸州地区的车辆在不断增加，计划内油料不断削减，供求矛盾突出。

1990 年，新情况、新矛盾交织出现，工业生产滑坡、交通运输量大幅度下降，给成品油市场带来一定的疲软，出现相对的供过于求局面，要求从过去千方百计保障市场，转变为千方百计稳定市场。

1991 年，社会总需求大于总供给，计划油削减较大，进货价格高，增大市场供应的难度。

1992—2002 年，随着国家社会主义市场经济体制改革整体推进，石化销售系统面临前所未有的困难。成品油流通体制改革，进货成本猛增，进销差大幅度缩小，市场长期供大于求，销售十分疲软。受国际油品市场变化影响，国内总量控制，结构调整迟缓，市场波动不断。加之泸州分公司地理位置条件有限，地区之间、毗邻之间竞争更加激烈，经营效益滑坡和国家金融体制改革影响，加大企业困难。

2003—2009 年，泸州分公司市场占有率稳步扩大，经济效益明显好转，扭转不利局面。同时，成品油市场呈现“冰火两重天”，社会加油站和泸州市场上的中石化加油站停供、停业，毗邻的云南、贵州出现油荒等因素影响，泸州分公司保供压力加大，通过保供控销或促销上量等有效手段，有效缓解油品供应紧张，做到控放有度、供应有序、上量有效，取得社会效益与经济效益的双丰收。

2010—2013 年，国际、国内油价持续攀高，成品油市场呈现出资源供应紧张、价格高位运行的态势，同时中石化入驻泸州。泸州分公司积极调动全员力量，建立上下联动机制，做好每日市场信息收集，及时调整营销策略，经营实现量效双增。

2011—2012 年，隆昌油库停业技改，泸州分公司采取强化资源调配、优化资源运转、严格销售纪律，加强与铁路调度、104 油库、延长炼油厂联系，充分利用外调资源等有效措施，确保泸州、隆昌市场供应平稳有序。

2013—2014 年，国际油价一路下滑，市场资源充裕，为应对不断加剧的市场竞争，泸州分公司落实片区客户经理为片区市场价格的收集人员，对辖区内在运营的 157 座社会加油站进行重新摸底排查，建立稳定的市场信息收集渠道。

2014 年，泸州地区油品资源持续紧张，为保证油品供应，泸州分公司与中国石油西北销售分公司和川南 4 家公司召开川南资源协调会，协商解决资源问题，柴油管输量调整上升 1500—4500 立方米，汽油调整上升 1500—2500 立方米，有效保证泸州地区油品供应及销售。

2015 年，泸州分公司依托在营 65 座加油站，充分发挥市场监测平台 19 个监测站点的作用，对辖区内 188 座竞争对手的价格信息实施动态监控，对重要网点实现情报实时监测。

2016 年，泸州地区市场疲软、竞争加剧，泸州分公司紧盯竞争对手 30 座中石化、6 座壳牌、2 座中海油、124 座社会站的零售价格变化，客户经理紧盯重庆等社会经营单位的销售政策变化，主动出击制定措施应对变化，为争夺直批和零售市场打下坚实的基础。

2017 年，国内经济呈现新常态，经济转型。泸州分公司更加注重创新驱动发展，充分激发营销战线员工的积极性，依托市场监测平台，对中石化、重庆 157、隆昌百川通每日价格进行上报，最大幅度地掌握竞争对手价格信息，为及时调整销售策略提供有力依据。

2018 年，泸州地区中石化、中海油及社会批发经营单位不断调整销售策略，价格一日三变，泸州分公司从政府部门、客户、竞争对手合作单位、竞争对手内部等方式获取信息，定站、定人、定时间、定监测对象，全面收集油品走势、周边资源情况。

2019 年 9—10 月，受国际原油量影响，西南地区整体处于缺油状态。泸州分公司坚持做好市场需求收集并上报，在保障加油站油品供应前提下，针对批直客户科学制订月度需求计划，以创效为中心制定营销策略，改善销售结构，提高销售计划的科学性和执行力。

（二）价格管理

1989—1990 年，从重点抓货源转变到重点抓销售上来，采取各种有效措施，降低进货成本，多次深入厂矿、企业、各县区进行调查了解，在反复征求用户意见后，对成品油分配办法进行适当的调整，实行“计划内外统筹安排，指令性计划和指导性计划同步分配”的办法，使销售价格降低34%，很大程度缓解企业资金困难，减少资金外流，扩大成品油销售。

1991—1996年，采用较为灵活的价格策略，通过加强市场信息收集，根据市场变化调整价格策略，以不同的价格适应不同区域的用户。在油料价格上升期，精心测算进货成本、费用，以稳定的价格去争取市场。

1997—2008年，在销售价格上实行两个价，即零售价和批发最低限价。任何单位都不得低于最低限价，既便于经营单位、业务人员开展工作，由避免各经营单位相互杀价。2003年，对不同区域市场采取不同的定价办法，实施片区差别定价和与社会加油站之间进行“点对点”的竞争，以贴近竞争对手的价格优价促销，收到良好的效果。

2009年至2018年6月，采用新的成品油定价机制，执行国家发改委22日移动平均单价计算方式，落实每日编制《移动平均价—三地变化率》工作制，为有效控制销售节奏提供理论支撑。

2010—2012年，联合社会加油站，与低价倾销的中石化加油站进行博弈，开展协价推价工作，迫使中石化将其零售价格与公司的零售价格差异0.5元/升缩小到0.2元/升。

2011年，受中东局势动荡影响，国际油价不断上涨，四川省内因兰成渝管道技改，成品油市场出现资源紧张局面，泸州分公司不断根据市场变化调整销售价格策略，建立市场反应灵敏、工作高效的业务运作机制。

2012—2014年，加强与区内中石化和社会经营单位的价格协调，保证泸州市场内加油站维持一致的挂牌销售价格，充分发挥公司辖区市场主导作用。

2013年，实施“打假、商标清理、清查税收”三大重拳，对辖区内仿冒公司商标的加油站进行梳理，查处黄舣等4座加油站的侵权行为，对柏杨坪等11座社会加油站进行抽样检查，为泸州市场区域的零售价格管理做出贡献。

2014—2018年，为积极应对低价竞争，规范市场秩序，多次主动与中石化、壳牌协调价格，相继开展贺岁季、踏青季促销活动，千升满额、百升满额优惠，对新开业加油站实行降价促销等策略，多措并举开展油卡非润一体化促销，引进移动、联通、银行等异业合作单位，对大客户实施消费返利。

2019年，受国外原油市场局势影响，国际油品短缺，西南片区几大油库不间断缺油，油品价格后期始终维持在较高位置。为维护市场稳定，泸州分公司针对超出运输车距80千米的卸油地点增加运输费用，对销售价格进行管理，用来控制客户购油量，达到用则购、不存货的策略，以达到满足大多数客户购油需求。

（三）销售策略

1989—1993年，始终抓购销这个中心环节，以改促销、以销促进、以销促效。提出“面向市场、面向用户”“转变观念、转变经营方式、转变工作中心”“强化优质服务、强化双增双节、强化安全意识、强化思想作风”等经营思路。

1994年，积极参与开展整顿流通市场工作，全市319家经营成品油单位，取缔105家不合格的，停业整顿57家。

1995—1997年，运用价格杠杆的作用，采取划片包干负责的促销措施，积极探索各种有益、灵活的销售策略。立足本地狠抓省外成品油市场销售，把毗邻的云南、贵州市场作为销售工作的重点。严格执行“五个统一”，即“统一经营、统一管理、统一分配、统一价格、统一资金使用”。加大清欠力度，严禁赊销，减少风险，加快资金周转。

1998—2004年，立足于市场竞争，坚持以扩销为中心，灵活经营，以销促购，城乡并重、省内外并重的经营策略。紧抓大客户、老客户，积极发展新用户。开展云南镇雄、贵州毕节等地的扩销工作，建立良好销售关系。

2005—2008年，积极改善经营品种结构，加大高标号汽油销售力度。利用柴油资源紧张控制销售的时机，采用捆绑销售促进汽油增量，积极入围泸州市政府集团采购，建立政府公务用车定点加油站，提高零售市场占有率，确保市场供应平稳有序。

2009—2013年，深化市场调研，实施营销视频会议制度，探索新型销售模式，筹划和拓展燃料油业务领域，开发中海沥青（四川）有限公司等水上用油客户，增强长江水上加油船的竞争力。

2010—2016年，坚持“以零售为中心、机构客户为重点、批发销售为补充”的经营思路，采用“一户一策”“一站一策”的销售策略，采用“租赁反承包”等方式，增大终端市场的控制力度，实现效益的最大化。

2011—2017年，按照省公司“停批、保零、保重点”的总体工作方针，以零售为中心、以工程客户为重点狠抓经营工作，将零售业务调整至营销管理科全面负责，日算账、周分析、月总结，抓住柴油保供期间严格灌桶审批的契机，建立健全灌桶客户档案，确保零售业务销量稳步提升。

2012年，围绕紧抓零售客户，建立完善覆盖片区、加油站专（兼）职销售人员队伍，坚持“科学营销、量效并重”的经营指导思想，完善《客户流失追究制度》《集团客户经理考核制度》，稳定区内80%的直销客户。

2013年开始，改变小额配送管理模式，解决客户配送难题。以“利润最大化”为导向，创新直销销售方式，引导客户到加油站灌装油品，当年直销客户转至加油站纯枪达240余家。

2014年，提出“打主动仗、下先手棋”的营销思路，坚持“全覆盖、网格化、责任制”九字方针，用好用活销售策略，实现增量增效。

2015年，建立营销、配送、加管、信息等多个微信群，及时反馈市场信息和客户开发维护进度，提高营销决策准确性。

2016年，完善客户经理队伍建设，调整经理设置及考核，对于超任务销售，实行奖励机制，调动客户经理积极性，对区外客户提供“一对一”服务。

2017年，加大“中油好客e站”、优途APP以及公司微信公众号宣传力度，增加线上平台关注度、微信绑卡数，加大电子券使用率，全年公司官微关注数增加1.5万户。

2018年，积极响应参与省公司年销售千万吨的目标策略，先后制定“一单一议”“一客一议”

销售策略，成立3个由“营销科+客户经理+片区”组成的区外市场攻关小组，针对区外客户制定“价格优惠、优化配送、周到服务、信息互通”的销售策略，提前完成省公司下达的“大战一百天”销售任务。

2019年，按照“新零售”销售模式，构建“传统营销+互联网营销”组合，9月完成“中油优途”APP不下车加油内测，10月完成不下车加油APP公测，为客户带去最大便利，提高“中国石油”品牌影响力。

三、加油站管理

（一）现场管理

1989—1993年，随着成品油市场竞争的不断加剧，优质服务意识逐渐加强。开展以“服务第一、质量第一”为内容的优质服务活动，延长加油站营业时间，随到随发，增设加油站开票点，增设意见箱、咨询台，坚持挂牌服务，在油库、车队、加油站开展“双十佳”竞赛活动。

1994—1996年，下大力气改变服务态度，结合成品油流通体制改革，在职工中开展“假如我是客户”“效益、收入从何而来”等专题讨论，使广大职工认识到成品油流通体制改革不是独家经营，而是市场、计划的有机组合。

1997年，为加强管理，确保零售量上升，成立“零售经营部”，负责对全全司加油站的统一领导和管理，狠抓服务质量提高，工作人员一律持证上岗，从加油程序到文明用语都实行规范化服务；增设灯箱、路灯等设施，将部分加油站的加油机改为电脑加油机，将公斤油票换为公升票，昼夜加油大大方便客户。

1998年起，更换加油站普通加油机为电脑加油机，规范加油服务秩序，使用文明用语，开展昼夜加油。

2001年起，改进加油站服务方式，提高加油站规范化管理水平。实施加油站“畅通工程”“光亮工程”“绿化工程”等改善加油站外部形象。

2003年，积极开展“小站承包”，大力开展小加油站“风险抵押、费用承包经营”，提高小型加油站的人均劳效，收到明显效果，承包站零售量、总量上升，单站日销量提高，经营费用下降。以“十三步骤”为突破口，狠抓加油站规范管理和优质服务工作，规范管理水平进一步提高。

2006年起，实施以“物品管理定置化、现场管理规范化、内务管理军事化、基础管理专业化、能耗管理精细化”为主要内容的“五化”管理模式，提高加油站精细管理程度，并定期进行预案演练。

2007年起，完善片区管理和运行机制，有计划分步骤实施加油站定置管理。建立“岗位分离、双向监督、相互制衡”的加油站监督约束机制。在所属6个片区设立专职核算员。在片区和加油站全面推广应用“零售管理信息系统”。

2008年起，强化加油站的综合检查，将检查重点由城市中心站向城郊边远加油站转移。实行加油站员工岗位轮换和交流心得体会的制度，在公司内部选择管理好和管理差的加油站，召开对标现场会和技术交流。在百子图加油站开展弹性排班制的试点。

2011年，启动“加油站优质服务整治”活动、“提高加油站规范服务水平”活动，对所属加油站罩棚隐患进行逐一排查，改善夜间服务环境，亮化美化加油环境，为员工、顾客提供便利舒适的工作、加油环境。

2012年，在3000吨级以上加油站实行科学排班、优化交接班，增加加油高峰时段服务人手，低谷时段安排员工休息，提升加油站服务质量。

2013年，试点推进自助加油，采取全自助、半自助、分时自助多种方式相结合的方式，在试点基础上充分考虑客户流失风险，做好效益评估，成熟后再分区布点，逐步推广。引入神秘顾客对加油站进行检查，提高加油站服务水平和质量。

2014年，对32座加油站开展全流程诊断与优化，对18座加油站实施优化交接班，对23座加油站地面画线，调整21座加油站加油枪布局，改造柴油大流量加油枪42支。

2015年，为进一步提高加油站员工的服务水平和质量，在加油站实施神秘顾客访问。

2016年，持续开展全流程诊断与优化，推广自助加油业务，在加油现场开展“开口营销、微笑服务”“提篮销售”等活动。

2017年，为提高加油站服务质量，减少顾客在加油站卸油时段的排队等候时间，开展卸油不停枪服务。

2018年，对所属在营加油站实施全覆盖检查，共检查加油站260余站次，开展专项培训3场，每月对神秘顾客访问中的共性问题、维修工检维修进行培训，各类培训合计达705人次。

2019年，启动“为快乐加油·创美好生活”服务提升年活动，持续提升现场服务形象，以优质服务赢得客户认可；通过吨级站培育增强加油站综合管理水平，提升加油站竞争力。泸州分公司神秘顾客访问平均得分92.6，全省排名第5，多年来95504保持零有效投诉。此外，围绕现场服务及岗位技能提升等目标，开展以加油站操作员岗位练兵、零售业务专项培训、加油卡培训、现场服务培训等为主题的专题培训共计12次，培训员工810人。

（二）制度建设

1989—2008年，严格落实上级各项规章制度，重点对照《加油站综合经营规范管理实施细则》《加油站管理规范》《细节管理手册》等做好加油站管理。

2009—2011年，先后修订《加油站稽查管理办法》《加油站稽查标准》《加油站设备管理办法》《加油站设施设备维修办法》《加油站员工培训方案》《加油站员工交流培训制度》《四个主要岗位工作流程》《加油站经理（综合管理员、前庭主管）值班管理办法》等10余个管理制度。依据《加油站建设标准》和新版《加油站管理规范》，组织编制泸州分公司《加油站三年达标规划方案》。

2012年建立完善员工培训体系，印制《加油员工作手册》，提高员工应知应会能力和操作技能。发挥龙马加油站培训基地作用，采取“请进来、走出去”的培训方式，将龙马加油站先进的管理理念推广运用到各加油站。

2013—2014年先后制定和完善《加油卡管理办法》《加油卡库存管理及发放领取管理办法》《代保管》等管理制度，规范卡业务运作管理。

2018 年，修订完善《稽查检查管理办法》《加油站综合管理检查考评细则》《加油站神秘顾客访问管理及考核办法》，明确片区、加油站、安全员包括问题申诉、整改、问题追踪等方面相关职责。

2019 年，制定零售潜在客户开发、加油站季度纯枪增量、片区季度纯枪增量流动红旗、加油站年度纯枪跨台阶、加油站服务提升等多项奖励，以此带动员工销售积极性，全年共计兑现员工奖励 17.08 万元。为满足加气站安全管理需要，自主完成加气站管理制度编制。编制完成加气站 HSE 管理制度 22 个、岗位 HSE 职责 11 个、操作规程 13 个、加气站综合预案 1 个、专项预案 3 个、现场处置方案 14 个，在 3 个月的管理运行中反复论证、评审、再修订完善，形成一套可检验、可操作、可论证的管理制度。

（三）加油卡

2009—2019 年，泸州公司共发行加油卡 476035 张，其中记名卡 379734 张、不记名卡 96301 张。到 2019 年，实现卡销比 46.72%，沉淀资金 138650689 元，活跃记名卡 98256 张。

四、非油品业务

2008 年，积极推动非油业务发展，完成营运资质和证照的办理，加油站便利店建设和堆头销售起步良好。

2009 年，设立非油经营部，在 18 座加油站开设便利店业务，泸州分公司正式开启非油业务。

2010 年，在 60 座加油站开设非油品业务，便利店座数由 18 座扩大到 20 座，便利店销售额达 232.64 万元。全省首届非油品工作会在泸州召开，龙马加油站开始试点自营洗车美容业务，20 座加油站开设彩票销售业务，迈开多元化经营第一步。

2011 年，便利店座数增加至 31 座，便利店销售额达 318.64 万元。川大、合江胜利、大川、立交桥 4 座便利店迈入百万元店行列，龙马迈入五百万元便利店行列。

2012 年，大力实施非油业务网络发展战略，便利店座数增加至 40 座。高级便利店达到 3 座，标准便利店 6 座，简易便利店 34 座。在 18 座便利店开设积分兑换专区，在龙马、北郊、川大试点开展热饮销售，百万元便利店座数达到 8 座。制定《便利店商品陈列管理办法》《非油品业务酒类销售任务分解及绩效考核办法》《加油站便利店商品进销存管理暂行办法》《加油站站级系统非油业务操作规范》等管理制度，提升非油业务管理水平。

2013 年，非油整体销售收入达 433.43 万元，百万元便利店座数达 14 座。除火炬、毗卢 2 座站外，其余 69 座加油站全部开展非油业务。为进一步扩大非油业务体量，建立润滑油客户档案 96 户、团购客户档案 25 户。

2014 年，在 42 座站点开展车用尿素销售工作，统一技改便利店 5 座，统一制作香烟陈列壁柜 24 个，更换堆头价牌 63 个、堆头饮料现场陈列架 13 个，增设品牌饮料陈列冰柜 6 个，便利店商品陈列更规范、美观。修订完善《加油站卷烟销售管理办法》《非油促销费考核使用管理办法》等 10 个非油业务管理制度，非油管理更加规范。

2015 年，新增游湾、汤圆店、绿绿、太平 4 座便利店，便利店座数增加至 51 座，对川大、福集、江北、灯杆山等加油站进行升级改造，龙马、杨桥、鱼关等3座加油站现场增设非油商品展示柜，龙马、杨桥、百子图、川大等8座加油站铺设冷冻食品销售业务，推进便利店经营类型的多元化。

2016年，对部分便利店货架更换为灯带货架，并铺设“有机牧场”“我家厨房’等特色商品专区，让便利店更加温馨舒适。引进“F2C”厂家直面消费者经营模式，与乐扣乐扣、特美刻等品牌开展折扣专区模式试点，以销定进、实销实结，确保5%毛利；龙马加油站开设微店“龙马小短腿”并开展送货上门服务；与中国电信、中国移动等客户开展深入合作，向企业食堂员工供应米油，进一步打通企业客户。

2017年，修订完善《团购业务管理办法》《香烟管理办法》《加油站非油品业务日常运用及操作流程》《非油商品报废管理办法》等管理制度，确立“香烟销售做规模，自有产品做毛利”的经营思路。对龙马、百子图、川大等35座标准店优化店面布置，龙马（综合体）汽服业务与川大洗车业务于12月正式投运，龙马开展海淘销售业务。当年泸州分公司自发成立分销项目组，进一步扩大销售渠道。

2018年，便利店开店率提升至100%，其中千万元便利店2座，500万元便利店1座，百万元便利店14座，50万元便利店28座，30万元及以下便利店12座，店销规模全省排名第7名。建立巡店管理长效机制，每月一重点、季度全覆盖开展巡店，有效解决便利店“二元化”问题。美团超市正式营业，ETC业务、散装车用尿素开始铺开，经营模式更加多元化。大力攻关团购销售业务，做大做强销售规模。

2019年，紧盯非油店销、毛利增长，及时调整工作思路，明确以“店内＋店外”“线下＋线上”“油非共促”相融合的非油发展工作思路。撬动考核激励机制，推行“KPI+n”考核模式，配套“百元工资”提成奖励、香烟及润滑油专项奖励等多项激励措施，明确党支部书记或副经理为非油具体负责人，13座加油站设便利店主管。2019年非油结构不断优化，毛利实现大幅增长，店销占比同比提升14%。

五、网络开发建设

1989—1999年，泸州分公司下属运营小市、东升桥、江北、蔺阳、笔架山、马街、三江、叉路口等8座加油站，洞宾岩、二道溪、邻玉、安宁等4座油库。其中，二道溪油库于1996年关停，邻玉油库于1997年关停。

2000—2002年，通过收购、新建等方式加快网点建设。2000年，收购南城、北郊、云锦、立石、渠坝、玄滩等6座加油站，新建金鸡、游湾等2座加油站。2001年，收购大环、江门等2座加油站，新建安宁加油站。2002年，新建鱼关加油站，收购大洲驿加油站。2002年，经兰成渝输油管道配套油库改造，隆昌油库第一次技改投运。

2003—2005年，采取新建、收购、租赁、控股、联营等多种形式加快网点建设，其中2003年增加25座，中国石油在泸州、隆昌市场基本占据主导地位。截至2005年末，泸州分公司运营加油站57座。洞宾岩油库于2003年关停。

2006年1月，龙马城北加油站投运。6月，川大加油站投运。7月，龙马胜利加油站投运。8月，隆昌高速服务区加油站投运，泸道油驳2号加油船退租。截至年末，泸州分公司运营加油站61座。

2007年1月，西沿线、黄土坡等2座加油站投运，长航加油站停业。5月，三江加油站停业，富民加油船关停。截至年末，泸州分公司运营加油站61座。

2008年3月，付家桥加油站退租。5月，江北永川立石加油站投运。截至年末，泸州分公司运营加油站61座。

2009年1月，渔箭加油站投运。9月，灯杆山加油站投运。10月，天兴加油站投运。截至年末，泸州分公司运营加油站64座。

2010年9月，毗卢、三友加油站投运。截至年末，泸州分公司运营加油站66座。

2011年1月，晏五里、黄土坡等2座加油站永久停业。7月，一碗水加油站投运。10月，通滩、金兰等2座加油站投运。截至年末，泸州分公司运营加油站67座。隆昌油库经第二次整体技改投运。

2012年1月，成渝高速隆昌服务区加油站A、B站由省公司统一划归交投公司。12月，杨桥加油站投运。截至年末，泸州分公司运营加油站66座。

2013年1月，天桥加油站投运。2月，长三桥加油站投运。3月，乐只加油站投运。截至年末，泸州分公司运营加油站69座。

2014年1月，隆纳高速胡市加油站A、B站，隆纳高速白塔加油站A、B站，由省公司统一划归交投公司。截至年末，泸州分公司运营加油站65座。安宁油库停止接卸、储存成品油，水上、鹏飞加油船关停。

2015年12月，华龙加油站停业。截至年末，泸州分公司运营加油站64座。

2016年5月，隆昌片区工业园区加油站投运。8月，隆昌片区立交桥、汤元店、绿绿、太平、渔箭、白水滩、鑫兴、乐只、工业园区、桐梓园等10座加油站全部划归内江公司。11月，笔架山加油站因道路修建停业。12月，沙湾加油站投运。截至年末，泸州分公司运营加油站55座。

2017年1月，瓦子加油站投运。7月，泸州分公司与工投集团组建联合体成功竞得千凤路加油站土地，成立“泸州工投中油能源有限责任公司”，共同开发、经营泸州市成品油市场。7月，火炬加油站停业。12月，青龙加油站投运。截至年末，泸州分公司运营加油站56座。

2018年1月，石屏加油站投运。2月，石寨加油站投运。截至年末，泸州分公司运营加油站58座。

2019年7月，收购“泸州华油压缩天然气有限责任公司”，100%控股，所属城北CNG加气站投运。截至年末，泸州分公司运营加油站59座。12月，泸州分公司与四川天康燃气技术有限公司成立“四川中油新能源有限公司”。

六、质量安全环保

1989—2001年，始终将安全管理工作作为头等大事抓紧抓好，强化员工安全意识，推进“谁主管、谁负责”原则，建立健全安全组织机构，层层签订责任书和实行风险抵押金制度。贯彻“安全第一、预防为主”的方针，将安全重点转移到预防为主上来，坚持做好消防、夏防、冬防工作，抓好对重大隐患的控制和治理，有效将事故隐患消灭于萌芽状态。加强安全制度建设，完善安全岗位责任制、安全操作规程，使各项工作能在一个良好的环境下顺利运行。

2002—2019 年，以 HSE 管理体系为抓手，不断完善公司 HSE 补充管理作业文件、作业指导书等管理制度；细化分解各岗位安全环保质量计量过程性指标，逐级签订安全环保质量计量责任书，分级对全员 HSE 工作绩效进行考核；持续开展安全监督检查，建立问题整改销项台账，每月通报安全生产情况及问题，总结工作亮点，推广好的做法，明确努力方向。不定期开展专项整治，实现“检查有依据，整改有措施，责任有落实”的无缝管理。严格秉承“诚实守信，精益求精，持续改进，追求卓越”的方针，以“零事故、零缺陷，国内领先、国际一流”为目标，贯彻落实省公司《质量管理体系》和相关通知要求，做好管理过程中的数质量控制。

2008 年，强化 HSE 信息系统上线工作，组织片区、油库的信息管理员进行信息系统上线培训，保证 HSE 信息系统的正常运行；大力宣传贯彻落实“禁令”，积极推动反“三违”工作开展；制定《技改（投资）隐患工程项目管理卡》《施工作业 HSE 管理卡》，将施工审批、日常施工安全管理纳入看板管理。

2009 年，推行“三卡一表”管理制度，修订完善各单位的“岗位风险管理卡”“岗位操作卡”“应急处置卡”以及“HSE 检查表”。组织各油库、片区 HSE 信息系统管理员多次进行 HSE 系统培训，定期对系统运行情况进行检查、分析、每月通报，对落后单位进行点对点帮扶，规范 HSE 信息系统运行。

2010 年，制定、完善《反“三违”奖励实施办法》《加油站管理稽查实施细则》《加油站管理稽查标准及评分细则》等 10 余个管理制度及规范；深刻汲取系统内外多起油品数质量事件的教训，进一步加强油品质量计量管理，开展为期一个月的“油品质量计量专项整治”活动。加强工程安全管理，确保施工作业及生产经营安全受控，安全平稳完成隆昌油库一体化技改工程，荣获省公司 2009 年度企业管理现代化创新优秀成果三等奖。

2011 年，作为省公司系统 HSE 体系推进试点单位，积极推广“推行 3 项管理、建立 3 个系统、形成 1 套机制、推广 7 个工具、培育 1 种文化”的“33171”HSE 提升推进模式。泸州分公司荣获省公司系统 2011 年度安全生产先进单位荣誉称号，为顺利实现“十二五”规划目标开好局奠定坚实的基础。

2012 年，推行属地管理，按照每位员工的岗位职责和所负责的区域划分，明确相应的安全环保管理责任，员工逐渐树立起“我的属地我主管，保证安全是关键”的属地意识，促进基层员工由岗位操作者向属地管理者的转变；印发《地罐交接跟车比对管理办法》和《成品油地罐交接实施方案》等，正式启动地罐交接工作。

2013 年，作为省公司系统加油站安全自主管理试点单位，拟定安全自主管理建设方案和审核评分标准，各基层单位有效开展创建工作，自主管理意识得到提升，申报的《自主管理建设在加油站的实践与创新》获得省公司管理创新成果二等奖；明确《地罐交接实施细则》和《地罐交接操作指导书》，泸州分公司 174 个地罐正式单轨运行。

2014 年，组织开展安全自主管理审核，促进安全自主管理创建，推广安全管理实践，加油站员工自主安全管理意识得到提升。

2015 年，作为省公司系统培训矩阵试点单位，泸州分公司结合培训矩阵优化培训计划表，规范实施 HSE 培训，提升岗位培训实效。创新员工培训记录，融合矩阵、培训、验证、评估等环节，将其作为员工的成长手册。根据加油站 45 个操作类培训课件，配套编制题库和操作评价表，形成“一个课件、一套题库、一个操作评价表”的培训模式，为实施培训效果评估打下坚实的基础。泸州分公司荣获省公司系统安全生产先进单位称号。

2016 年，成立数质量督查小组，专项督查管理罐车公路运输损耗、地罐校准（运行）、卸油操作执行、回罐油自用油督查等工作，全年零售环节同比降耗 193.2 吨，成效显著。

2017 年，利用各层级培训宣贯，对申报达标站帮扶培育，完成 80% 库站达标任务。积极开展环保隐患治理，对 54 座加油站油气回收装置存在问题进行整改，对 13 座加油站隔油池、环保沟隐患进行完善。6 月起试运行罐车电子铅封，配套制定印发《电子铅封运行管理细则》和《直批客户数质量交接管理办法》，进一步规范罐车合规运行，全年零售环节实现降耗 305.5 吨。泸州分公司获省公司系统安全生产先进单位称号。

2018 年，建立岗位 HSE 能力评估标准，编制培训课件、理论测试题库和操作项目评估清单，开展全员 HSE 履职能力评估，荣获省公司系统内安全生产先进单位。

2019 年，组织参加集团公司 HSE 论文征集活动，鼓励员工参与管理创新，结合体系建设，总结提炼好方法、新观点，向上级公司推荐论文 20 篇，5 篇论文在集团公司获奖，展现公司较好的 HSE 文化基础。泸州分公司获省公司系统内安全生产先进单位。

第六节　德阳分公司

一、基本情况

中国石油天然气股份有限公司四川德阳销售分公司（简称德阳分公司）成立于 1983 年，前身为德阳市石油公司（1983 年 10 月至 1984 年 12 月）。因发展需要，先后更名为四川省德阳市石油公司（1985 年 1 月至 1988 年 3 月）、四川省石油公司德阳分公司（1988 年 4 月至 1994 年 11 月）、四川省石油总公司德阳分公司（1994 年 12 月至 1997 年 7 月）、四川省石油集团德阳有限公司（1997 年 7 月至 2000 年 10 月），2000 年 10 月，由四川省石油集团德阳有限公司更名为中国石油天然气股份有限公司四川德阳销售分公司。

经 2014 年 4 月大部制改革后，到 2019 年底，德阳分公司设综合管理部、营销部、投资工程部、财务资产部、人力资源部、安全运行管理部、党群工作部 7 个管理部门，下辖宝峰油库，旌阳、广汉、绵竹、什邡、中江、罗江 6 个经营部，在营加油站 82 座，员工 682 人，其中库站员工 556 人。

表 11–24、表 11–25 所示分别为中国石油四川德阳销售分公司行政领导任职情况、党组织领导任职情况。

表 11-24　1983—2019 年中国石油四川德阳销售分公司行政领导任职情况表

机构名称	职务	姓名	任职时间
德阳市石油公司	副经理	贾强太	1984 年 12 月至 1984 年 12 月
		钟义春	1984 年 12 月至 1984 年 12 月
四川省德阳市石油公司	经　理	王学廷	1985 年 1 月至 1985 年 10 月
	副经理	王学廷	1985 年 10 月至 1988 年 3 月
		王大义	1985 年 10 月至 1988 年 3 月
		贾强太	1985 年 10 月至 1988 年 3 月
四川省石油公司德阳分公司	经　理	贾强太	1988 年 4 月至 1993 年 11 月
		刘易清	1993 年 11 月至 1994 年 11 月
	副经理	王学廷	1988 年 4 月至 1993 年 11 月
		王大义	1988 年 4 月至 1993 年 11 月
		代发国	1991 年 1 月至 1994 年 11 月
		刘兴贵	1993 年 11 月至 1994 年 11 月
四川省石油总公司德阳分公司	经　理	刘易清	1994 年 12 月至 1997 年 7 月
	副经理	代发国	1994 年 12 月至 1997 年 7 月
		刘兴贵	1994 年 12 月至 1997 年 7 月
四川省石油集团德阳有限公司	经　理	刘易清	1997 年 7 月至 1999 年 12 月
		刘星国	1999 年 12 月至 2000 年 10 月
	副经理	代发国	1997 年 7 月至 1998 年 3 月
		刘兴贵	1997 年 7 月至 2000 年 10 月
		吴照东	1998 年 3 月至 2000 年 10 月
		曾昌金	1998 年 3 月至 2000 年 10 月
中国石油四川德阳销售分公司	经　理 （总经理）	刘星国	2000 年 10 月至 2005 年 12 月
		曹　阳	2005 年 12 月至 2007 年 6 月
		吕　力	2007 年 8 月至 2013 年 3 月
		付　强	2013 年 3 月至 2019 年 12 月
	副经理 （副总经理）	吴照东	2000 年 10 月至 2001 年 8 月
		刘兴贵	2000 年 10 月至 2004 年 12 月
		曾昌金	2000 年 10 月至 2009 年 5 月
		兰鸣平	2001 年 8 月至 2007 年 1 月
		江中涛	2007 年 1 月至 2019 年 1 月
		杨　莉	2009 年 5 月至 2016 年 1 月
		杨建军	2012 年 8 月至 2013 年 3 月
		吕　力	2013 年 3 月至 2014 年 1 月
		何　君	2014 年 1 月至 2018 年 3 月
		刘晓红	2016 年 1 月至 2017 年 9 月
		王　栋	2018 年 11 月至 2019 年 12 月
		陈乔乔	2019 年 6 月至 2019 年 12 月

续表

机构名称	职务	姓名	任职时间
中国石油四川德阳销售分公司	安全总监	曾昌金	2006 年 6 月至 2009 年 5 月
		江中涛	2011 年 3 月至 2014 年 6 月
		何　君	2014 年 6 月至 2016 年 2 月
		江中涛	2016 年 2 月至 2019 年 3 月
		王　栋	2019 年 3 月至 2019 年 12 月
	总会计师	江　敏	2003 年 12 月至 2008 年 1 月
		罗晓春	2008 年 1 月至 2009 年 5 月
		何先美	2009 年 5 月至 2014 年 1 月
		崔乃茸	2014 年 1 月至 2016 年 1 月
		何先美	2016 年 1 月至 2016 年 5 月（兼）
		范成华	2016 年 5 月至 2019 年 12 月

说明：2008 年，行政领导职务名称由“经理、副经理”改称“总经理、副总经理”。

表 11–25　1983—2019 年中国石油四川德阳销售分公司党组织领导任职情况表

机构名称	职务	姓名	任职时间
德阳市石油公司党支部	书　记	贾强太	1984 年 7 月至 1984 年 12 月
中共四川省德阳市石油公司党委	书　记	杨洪坤	1985 年 10 月至 1988 年 3 月
中共四川省石油公司德阳分公司党委	书　记	杨洪坤	1988 年 4 月至 1994 年 11 月
	副书记	贾强太	1990 年 6 月至 1993 年 12 月
中共四川省石油总公司德阳分公司党委	书　记	杨洪坤	1994 年 12 月至 1997 年 7 月
中共四川省石油集团德阳有限公司党委	书　记	杨洪坤	1997 年 7 月至 1998 年 3 月
		刘易清	1998 年 3 月至 1999 年 1 月（兼）
			1999 年 12 月至 2000 年 10 月
	副书记	刘星国	1999 年 12 月至 2000 年 10 月
中共中国石油四川德阳销售分公司党委	书　记	刘易清	2000 年 10 月至 2007 年 6 月
		吕　力	2007 年 6 月至 2008 年 5 月
		杨建军	2008 年 5 月至 2013 年 3 月
		吕　力	2013 年 3 月至 2014 年 1 月
		何先美	2014 年 1 月至 2019 年 12 月
	副书记	刘星国	2000 年 10 月至 2005 年 12 月
		曹　阳	2005 年 12 月至 2007 年 6 月
		吕　力	2007 年 8 月至 2013 年 3 月
		付　强	2013 年 3 月至 2019 年 12 月

二、市场营销

（一）市场环境及经营策略

1989 年，在车辆机具及工农业快速发展的背景下，供需矛盾异常突出，德阳分公司通过多方协调自采油品 16000 吨，有效保障地方农用生产物资、运粮、政府、运输等市场供应。

1990—1991 年，受国家宏观经济调控影响，石油市场出现销售不畅、库存剧增局面。德阳分公司制定“以销促进，薄利多销”经营决策，工作重心由“货源调进”转化到销售。计划内油料，向农业用油和重点工业项目倾斜；计划外用油，与炼油厂签订计划外油料购销合同，专业销售组深入用油大户，服务上门。

1992—1993 年，上半年德阳分公司、广汉支公司与新疆区公司建立两个联营企业，新增润滑油经营企业和其他集体性质企业 4 个，与农机系统建立购销关系。

1994 年，度过财税、金融等宏观经济体制改革和原油、成品油流通体制改革第一年，成品油长期供大于求，德阳分公司采取“大统小活、统采协销”经营策略，多种措施扩大销售。

1995—1996 年，克服国家政策变化频繁、入川铁路运输困难、市场变化大等不利因素，坚持以销定进，以进促销，领导亲自带队到各炼油厂采购油品。

1997—1998 年，以购销经营为中心，健全销售责任制，制定任务分解到各经营单位，坚持“经营围着市场转，价格围着行情变”的经营策略，在市场疲软时，采取以销促进、勤进勤销、薄利多销、低库存运行的经营方式；在销售较好时，采取以进促销、稳中求利的经营方法。

1999 年，经营工作以批发为主转变到批零并重，实行油票联网加油。对接收的油田、炼厂在川的各单位经营行为和经营渠道进行规范。

2000 年，是股份公司成立运作的第一年。德阳分公司密切注意市场行情的变化，主动与物价部门联系，推动销售价格到位。

2001 年，全面实行配送制，做到“制票、运输、收款”一条龙服务，加油站同时开展批发业务，能以零售价执行的，执行零售价，不能执行零售价的，则低于零售价执行。

2002—2004 年，德阳吸引中石化川渝公司、龙鑫、新广、德航、成铁局 5 家实力对手相继落户。德阳分公司坚定“主导区域市场”定位，率先抢占有利口岸，优先向新辟市场、增量客户分配促销资源，将资源优势、网络规模优势转化为市场份额优势。

2005—2007 年，结合市县域发达特点，重点抓县域农村市场。农业机械化快速推进，柴油需求猛增，而汽油因车辆进行“油改气”而增幅缓慢，其中 2006 年全市“油改气”车辆达 1.4 万辆，天然气替代汽油 2.09 万吨。

2008 年“5·12”期间，在抢险自救同时，组织调配资源，保障市场供应，得到德阳市委、市政府高度评价。1—9 月确保工农业生产及抗震救灾、灾后重建用油。9 月下旬，通过开展劳动竞赛、恢复关停加油站等措施，克服 13 座加油站受损停业、46 座加油站隐患整改等困难，圆满完成全年销售任务。

2009—2010 年，落实“主导市场、量效并重、规范受控、协调发展”的方针，制定一片一策、一站一策，梯次推进区域定价的差异化竞争策略，零售环节价格到位率达到99.41%。较好完成促销增量和抗洪抢险、柴油资源紧张时期的保供任务。

2011—2012年，面对市场需求增幅放缓、区域竞争日益加剧的局面，营销工作紧紧围绕“效率、效益、品牌”三大主题，加强市场研究，推进客户服务体系建设。

2013年，推行公司、片区、加油站三层级经营活动分析，“一站一策”分站制定营销计划书。所属38座加油站均开展小额配送业务，全年站发小额配送总量达到3200吨。

2014年，实施“协价协销”“分客户作价”等差异化营销策略，市场份额巩固提升。所属站点全面铺开站外销售，销售总量达到1.25万吨，同比增长94%。

2015—2016年，直面柴油市场需求萎缩和激烈竞争，营销策略从单一“点对点”向“满额优惠、限时优惠”组合促销转变；实施“柴油不足汽油补”策略转向。建立“公司—经营部—加油站”三级月度分析制度，“一站一策”制定营销计划书。设置加油站上档、客户经理跨级奖，月度公示完成进度和排名，畅通零售、直销、批发三条增量通道。

2017年，运用49个监测点收集情报，划分市场类型，差异化实施“点对点”“满额优惠”策略。建立量效分析模型，关注竞争站点销量和效益，调整竞争策略。

2018年，积极争取政府支持，开展黑加油车、黑窝点及销售调和油行为整治。试点推行特许连锁经营模式，中江西山站成为德阳首家特许网点。

2019年，建立与中石化、中航油等集团单位常态化沟通机制。积极争取政府支持，开展“三黑”打击，组建石油流通协会。开展中油优途APP推介，通过邀请专家培训、下达考核任务，全年累计优途注册人数达2.1万人。

（二）客户经理队伍建设与管理

2002—2003年，建立销售代表责任制，将德阳划分为6个销售片区，设7名销售代表。实行开票、发票、送油、收款一条龙服务，对政府机关、大中型企事业，分别组织业务副经理、销售中心主任上门拜访，签订《战略合作意向书》。

2004—2005年，将销售代表责任制拓展为客户经理责任制，变销售代表为客户经理，由销售片区和零售片区进行双重管理。将机构客户分为重点客户和一般客户（年消费量达到200吨为标准）开发：重点客户，由客户销售中心开发；一般客户，将直销任务层层分解到片区、加油站，与片区领导奖金和加油站吨油工资挂钩。

2012年，建立以客户经理为主的批发直销队伍，选拔大客户经理6名，针对潜在客户开发分类、确定开发对象、制订开发方案、登门拜访、客户维护等方面进行培训。

2015—2016年，研究制定内部增量增资机制，组建分区域、全覆盖客户经理队伍。开展后备加油站经理和后备客户经理竞聘，7名后备人员分别走上站经理和客户经理岗位。

2017—2018年，根据辖区内竞争对手油库、加油站分布情况，多密布网设立情报信息采集点，客户经理定期收集并反馈社会油库铁路每批次到货量、发货量，了解竞争对手进货渠道、价格政策以及延长、山东地炼等单位到货价。统一客户经理吨油薪酬标准。

2019年，重新制定客户经理基础工作管理制度。

三、加油站管理

（一）加油站运行管理

1996 年，各加油站正式开展以质量、计量、物价、安全、服务等 5 个方面的“承诺服务”，实现规范化管理。

1997—2000 年，对加油站进行工作作风、站容站貌规范和工作纪律整顿。

2001 年，初步建立购销存信息网络，共在全市设信息点 7 个，配备计算机 8 台，编制专职信息员 6 人。

2002 年，建立德阳成品油配送中心。将所属加油站分为市区型、城郊及国道型、一般交通干线型、偏僻乡镇和乡村型四类。对一、二类加油站，在品牌和服务上下功夫；在三、四类加油站探索所有权与有限经营权“两权分立”的路子，试点实行公开竞标经营权，在缴纳一定风险抵押金的基础上承包经营，公司拥有加油站的所有权。建立各站独立账套。

2003 年，制定价格电子申报单和动态信息表，由各加油站每日上报加油站挂牌价、小额配送价、批发价和竞争对手销售价，分析价格与销量的动态关系。

2004 年，开展加油站创建升级、达标创新活动，投入 460 万元对站点安全隐患、视觉形象、服务规范等方面进行整治，推行“现场管理规范化、内务管理军事化、基础管理专业化、能耗管理精细化”的加油站四化管理。

2006—2008 年，在油库、加油站分别制定 16 种和 3 种岗位作业指导卡。在加气站，制定“压缩机作业指导卡”“加气作业十九步骤”。制定《加油站夜间实施细则》，规定夜间频率和检查内容，组建夜间稽查组；修订加油站稽查管理办法和加油站经理值班制度。

2009—2011 年，维修整改 46 座加油站，均达到“外观形象、质量标准、安全设施、基本配置”四统一。实施以加油站管理人员值班制度为重点的加油站管理机制。进一步规范库站及工程现场安全管理，加大违章处罚力度。

2012—2013 年，推进加油站消高峰、交接班优化工作，20 座试点加油站平均单站日纯枪量达到 25 吨，日均增量 5.5 吨。开展低量、低效站治理，采取“四定一统一”方式，对销量 3000 吨以下的 19 座加油站实施小站目标管理。

2014 年，实行机构改革，加油站管理科与仓储安全环保科合并，实现“油卡非”一体化运作和加油站安全管理、设备设施日常维护等集约化管理。

2015—2016 年，“综合业务支撑平台”获行业部级三等奖，“可视 + 互动”式风险防控等项目获得省公司工会表彰。全面完成营销指挥大厅改建及机关、加油站 6S 定置化打造，“2+N”开口营销术语得以广泛运用。

2017 年，制定下发加油站考核实施细则，明确加油站现场服务、商品陈列等日常管理标准，开展月度、季度全覆盖检查。

2018 年，开展现场服务提升专项劳动竞赛，同时将神秘客户访问得分纳入经营部考核，月平均得分达 88 分。《可视化在促进加油站常态化管理中的应用》获得省公司管理创新三等奖。

2019 年，开展“安全环保基础年”活动和“为快乐加油、创美好生活”服务提升年活动。《数据在促进加油站油品损耗管理中的应用》获得省公司管理创新三等奖。

（二）加油卡管理

2009 年，德阳分公司在旌阳东城站上线发卡系统，成功销售第一张中国石油加油卡。旌阳东城站设为德阳第一家成立独立发卡网点的加油站。全年售卡 252 张，单位卡 252 张。累计充值 20960 元，累计消费 4398 元。

2010 年，全年发行加油卡 2.43 万张，完成计划进度（1.7 万张）的 143%，旌阳片区发卡量突破 1 万张。

2011 年，销售加油卡 5.2 万张，沉淀资金 8000 万元，卡销比 22%，卡优惠率 0.8%。

2012 年，把加油卡业务作为新的效益增长点，推进售卡充值网点的建设，全年发放加油卡 4.4 万张，超任务（3 万张）1.4 万张，沉淀资金 9973 万元。

2013 年，旌阳东城站和广汉交通站安装第一批试运行加油卡自助充值机器，提高充值效率。

2014 年，持续以卡为媒，吸引客户、回馈客户、锁定客户，销售记名卡 4.9 万张，沉淀资金 1.7 亿元，卡销比达到 44%。

2015 年，发卡 7.6 万张，不记名卡 11273 张，记名卡 64976 张，沉淀资金 1.79 亿元，卡销比达到 42%。发卡小分队走进政府机关、学校、医院等单位宣传推卡。

2016 年，发卡 8.1 万张，不记名卡 3000 张，记名卡 7.8 万张，卡销比达到 45%。5 月，在旌阳旌湖站开始销售加油卡充值卡，累计销售 28.3 万元充值卡。

2017 年，推出汽油个人卡充值换购活动，新增汽油个人卡 2.1 万张，单卡充值金额突破 1300 元，汽油卡销比提升至 24%。

2018 年，开展“电子券 + 加油卡”组合营销，吸引客户办卡充值，新增汽油个人卡 3.7 万张，汽油卡销比提升至 30%。

2019 年，持续开展 ETC 卡推介，加大会员开发，全年累计发放 ETC 卡 1233 张；与地方商圈深度融合，开展“电信入宽带送油礼”“办邮政信用卡送加油充值卡”活动，吸引邮政储蓄、农商银行、总工会等异业充值 780 万元，公司汽油卡销比突破 30%。

四、非油品业务

（一）基础工作

2010 年，非油业务初步形成便利店、润滑油、广告和化工产品销售同步发展的经营格局。

2011—2014 年，非油业务建立完善多项制度体系，制定《非油品管理办法》，利用自主采购优势拓展市场，东城便利店成功跻身 400 万元样板店行列。

2015—2016 年，强化现场打造，制定“一对一”分级月度考核办法，实现全岗位覆盖。开展非油单品促销擂台赛、创意堆头专项竞赛。“非油三卖”获得省公司工会表彰奖励。

2017—2018 年，制定下发《非油销售业务管理实施细则》，理顺商品“进销存”流程。建立月培训机制，开展现场氛围打造、开口营销等培训。制定下发考核实施细则，开展月度、季度全覆盖检查。

2019 年，探索实施定制产品自动化，实现系统自动测算各类站点品类及订货数，创新优化销售报表，增加毛利及品类分析，实现各站品类销售情况快捷查询。

（二）便利店建设

2008 年 6 月初，在东城加油站启动加油站非油试点，全年非油堆头销售收入 29.02 万元，位居全省二级公司五甲之内，实现非油经营良好开端。

2009 年，便利店及堆头销售加油站均实现零的突破，分别达到 5 座和 36 座。非油销售总收入达到 596.88 万元，实现毛利 64.97 万元。

2010 年，新建 10 座便利店全部投运，开展非油业务加油站占总营运加油站座数的 98.4%，基本形成全面覆盖的网络体系。

2012 年，11 座站非油销售收入均突破 100 万元，其中八角、东城站分别达到 781 万元、525 万元。实现非油业务总收入 3365.8 万元，同比增长 30.8%；实现毛利 359.6 万元，完成预算的 119.9%，同比增长 53.9%。

2013 年，实现非油业务总收入 5048 万元，同比增长 50%，完成预算的 103%；实现非油利润 500 万元，同比增长 39%，完成预算的 116.3%。

2014 年，设置现场展示柜，改造“简易”便利店。全年实现非油考核利润 552 万元，同比增长 8%，完成预算的 127.7%。纯便利店收入 1661 万元，同比增长 35.2%。

2015 年，非油利润 431 万元，同比增长 30.3%，完成预算的 113.3%。全年实现纯店销收入 2188 万元，同比增长 35%。

2016 年，设置加油站上档、非油超销奖，月度公示完成进度和排名。引入车险、汽服等新业务，非油销售收入同比增长 40% 以上，店销收入达 3014 万元，同比增长 37.6%。

2017 年，分站确定香烟基础库存，设立“中转站”加大周转，香烟销售额同比增长 37%，月销售收入最高突破 180 万元。8 月奶类销售 84 万元，创历史最高纪录。

2018 年，根据各加油站便利店面积、销售规模，按销定量确定各站非油商品基础库存。绵竹停车区、广汉城西等 3 座便利店迈入 300 万元台阶，百万元店达到 30 座，成为全省 6 家非油销售收入“破亿”单位之一。

2019 年，选取饮料、奶类等高毛利商品作为卖点，通过市场比价以压低供货商价格，促销品毛利率提升至 12%。对外出租便利店场地，增收 48 万元。全年非油毛利突破千万元大关，便利店增长到 82 座。

（三）项目拓展

德阳分公司持续推进“油卡非润”一体化营销管理，2014 年实现“油卡非”一体化运作。

2016 年，开设首座汽服站点；与中国人寿跨界合作开展车险业务，实现车险销售 200 余万元。

2017 年，推进昆仑品牌润滑油销售，取得西南润滑油公司德阳地区代理权，全年车用润滑油销售 166.3 万元，同比增长 100%。

2018年，与汽修厂合作，执行“收入+毛利”提成奖励机制，新开发工业润滑油大客户8家，实现润滑油销售收入1179万元，同比增长6.2%。社交电商新业务顺利起步，销售额排名全省第三位。

2019年，新增汽服站点4座。9月与口碑餐饮商家联合开展“1499”充值送礼活动，40天销售1500单，充值150万元。

五、网络开发建设

1989年，扩建宝峰油库二期工程，新增库容9600立方米；新建川疆联营综合营业用房2000平方米并投入使用；新建什邡、绵竹加油站2座。

1991年，完成基建投资182万元。完成7座加油站征地工作，分公司宝峰油库扩建征地工作落实。

1994年，完成天元、八角加油站的征地工作和旌阳石油经营处技改工程的准备工作。

1995年，基本建设和技改工程投资近300万元，完成东城及天元加油站和宝峰油库化验室建设、消防水池扩容改建、煤油设施技改工程。

1996年，宝峰油库新建200立方米的立式拱顶油罐3座、100立方米的立式内浮顶油罐5座，并完成泵房、输油管线、消防管道等配套设施改造安装工程。完成八角开发区泰南加油站的建设，并对千佛、秦宓、天元、东城加油站增加93号汽油设施。总投资约160万元。

1997年，投资188万元对宝峰油库储发油设施和东城、秦宓、天元、千佛加油站进行技术改造；绵竹支公司新建东城加油站并投入使用。

2000年，成立网点建设领导小组，对直属零售网点和加油站进行统一包装改造。

2001年，成立招标委员会，择优选择施工单位，大型项目委托市招标办招标，对加油站网架、加油机、纸张等办公用品公告公示，集团采购。

2003年，全年新购建加油站7座，营运加油站总数达61座，其中资产型加油站58座、租赁加油站3座，特许加油站12座。

2004年，坚持“以购为主、新建为辅、技改并举”的网建方针。全年新购建加油站11座，营运加油站总数67座，其中资产型加油站64座、租赁加油站3座。

2005年，将中心城市和交通要道作为选址布局的重点，新构建加油站4座。

“十五”期间，德阳分公司加油站总数由2000年的28座发展到71座。

2008—2009年，灾后核准维修加固和恢复重建项目90个，落实资金7141万元，维修加固项目完成90%以上。完成18栋宿舍楼的维修加固、水电气改造和环境整治。维修后的46座加油站均达到四统一。

2010年，投资0.33亿元。新开发立项加油站4座，包括成绵复线绵竹停车区加油站2座、广汉广青路加油站1座、广汉高雄路加油站1座。完工投运加油站9座：什邡土堂、迎宾、旌阳、秦宓、广汉城西、新丰、罗江回龙、城东、万佛站。

2011年，利用闲置土地“以少换多”开发中江团结、宏图，广汉高雄、鑫达，罗江淑惠5

个网点。

2012年，全年完成投资5208.6万元。利用闲置土地开发绵竹凉水井加油站，收购中江龙华加油站；广汉蜀汉、广汉成都路新建项目完工，罗江罗绵路加油站投入运营；广汉广青路、绵竹城北、绵竹凉水井3个项目主体完工。

2013年，广汉油库"以一换五"点位靠实，其中1座正式投入运营，4座取得广汉市建委规划许可及规划红线。合资公司获市政府批准，金沙江路油气站成为首个启动项目。

2014年，全年新增投运站4座，新增销量0.7万吨，上年收购的广汉西外加油站，弥补公司在汉彭路区域盲点，单站日销量达9.7吨。合并油气回收改造和卡机连接改造项目工期，完成39座加油站项目改造，节约施工成本近百万元；综合业务用房交付使用。

2015年，完成广汉"以一换五"布点，竞得旌阳区内2宗拍卖土地建设使用权，全年开发加油站7座，投运2座。完成30座站油气回收改造、33座站卡机连接改造。

2016年，开发金沙江LNG项目、收购滦河加油站。中江团结等3座站顺利投入运营，完成20个"一体化"改造及检维修项目，绵竹加油站被省公司评为"精品工程"，剑南加油站双层罐改造提前20天完工。库站油气回收项目通过地方职能部门验收，获得政府奖励392万元。

2017年，通过明确工程责任人、倒排工期、组织交叉施工等手段，双燕、金沙江、华山南路加油站按期建成投运。

2018年，开发长春路油气合建站、什邡马井CNG等项目5个。德投公司成立，首期项目珠江加油站运转顺利。油库营业室升级改造按期竣工，龙泉等19座站双层罐改造完成。

2019年，德阳分公司与政府平台、实力国企联手，开发德阳高新、三绕德简及经开金井等项目11个。与华气公司合作，公司首座LNG项目金沙江顺利投运，日销达15吨。"一站一策"制订施工方案，园盛等3站按期完工，新增运营天数547天，贡献销量4480吨；秦宓等30座防渗改造站累计节约工期218天，居全省第一。截至2019年底，德阳公司拥有在营加油站82座，网络触角遍及整个德阳地区。

六、质量安全环保

（一）安全管理

1989年，企业内部推行多种形式承包责任制：一是全面承包，实行安全工作逐级承包；二是单项承包，将宝峰油库二期工程承包给基建科；三是工作任务、经济指标承包，对节油办定经济指标目标，对汽车队定安全、定产值、定利润任务，签订承包合同；对库、站科室实行目标管理，定期检查。

1990年，广汉支公司自筹260万元新建铁路专用线和输油管线。

1994年，消防安全"十项标准"验收全部合格。德阳分公司荣获德阳市商业局系统安全工作全优单位。

1995—1996年，执行《中华人民共和国计量法》和《中华人民共和国产品质量法》及行业标准，完善仓储安全管理制度，严把油品在采购、运输、收、贮、发各个环节的数、质量关。

1997—1998年，对库站进行“五查”“安全生产周”“夏防”检查并提出整改意见。

1999—2001年，实行安全抵押金制度，将安全管理制度按照中油集团公司的规定进行修改。对仓储人员进行系统培训，对接收的油田、炼厂、在川油库、加油站进行仓储安全检查，派经验职工直接参与管理。

2003—2005年，建立安全目标责任体系、应急预案管理体系、施工作业安全责任追究体系、员工检举反馈体系、事故指挥救援体系。

2006年，制定《各场所、岗位“三违”行为及处罚标准》，当发生“三违”行为时，按照标准扣减基础分和进行经济处罚，入本人“三违积分台账”。

2008年，推进“安全环保基础年”“反违章禁令”等系列活动。确保年初冰雪灾害、抗震救灾及灾后重建时期安全生产，确保“两奥”及改革开放30周年期间的安全稳定。

2010年，面对“8·13”清平特大泥石流灾害和“8·19”输油管道险情，昼夜排查安全隐患，确保抗洪救灾用油，库站无人员伤亡、无安全事故、无环境污染事件。

2011—2013年，严格执行“四高四严”，实现“四零”目标。其中2013年安排482万元对38座加油站进行隐患整改。

2014年，对油罐卸油口进行全面改造，防止混油事故发生，严把油品入库关，成功阻止一批质量不合格油品入库。

2015年，建立“制度约束—全面轮训—强化检查—违规处罚”执行力建设体系。完成《责任追究考核、处罚实施细则》制度修定。德阳分公司连续5年荣获“德阳市安全生产先进单位”。

2016年，分季度确定安全检查重点、实施计划，落实经营部、加油站主体责任和运管部监管责任，每季度进行问题“回查”和整改通报。

2017年，完成36座站隔油池、环保沟改造，6座站双层罐改造，对82座站环评手续予以补办。

2018年，将加油站收卸油、施工现场等纳入可视化监管范畴，每天全覆盖轮查，结果纳入库站考核。对42座站消防器材柜实施环保及标准化整改。

2019年，开展“安全环保基础年”活动，实施加油站全覆盖量化检查，制定加油站夜间运行标准，开展季度全覆盖夜查。

（二）数质量管理

1991年，组织评选全市节油降耗能手，开展全市百日节油降耗竞赛活动，全市共节约汽油1367.9吨，节约柴油987.4吨。

1997年，全部站点获得“计量信得过单位”称号。

1998年，对6座油库和10座加油站的柴油质量进行化验，并对加油机、流量表等计量器具按检定周期进行检定。

2002年，编制油罐车“单车考核表”“损益表”，实行内部独立核算。

2004年，加强管输油品数量监控，发现异常启动短少索赔程序，并组织加油站油品升溢定点跟踪计划。

2010—2012 年，完成地罐交接，实施油温“双复核制”；修改数质量管理办法，执行超耗赔付制度。

2013 年，编制《加油站成品油数量管理办法》，每月加油枪自校、驻站跟踪油品损耗，全年加油站实物盘点综合损耗率为 2.4‰，较 2012 年下降 22.6%。

2014 年，逐站测定油罐差量率，为各经营部均配备 50 升标准罐，每季度兑现超损赔付，加油站油品综合损耗率由 2013 年的 2.3‰下降至 2014 年的 1‰。

2016 年，制定完善《成品油数质量管理办法》，油品较上年同期降损 462 吨，增效 348 万元。

2017 年，修订油品损耗考核办法，重新确定各品种定额损耗率，商品损耗管理贡献利润 1619 万元，同比增长 1.5%。

2018 年，与运输公司重新签订地罐交接差量率；全力加大协调，获得管道公司无偿赠予油品 395 吨。德阳分公司全面实现“四零”目标，荣获省公司“计量管理先进单位”荣誉称号。

2019 年，重新调校流量计，并坚持人工复检，管输损耗控制由全省末位升至全省第一；强化零售环节损耗过程监管，加大运输环节超耗赔付，零售损耗率 0.12%，同比下降 0.05%。

第七节　绵阳分公司

一、基本情况

中国石油天然气股份有限公司四川绵阳销售分公司（简称绵阳分公司）成立于 1954 年。1988 年 3 月，更名为四川省石油公司绵阳分公司；1992 年 4 月，更名为四川省石油总公司绵阳分公司；1997 年 1 月，更名为四川省石油集团绵阳有限公司；1998 年 6 月，随四川省石油集团有限公司划入中国石油集团公司；1999 年 7 月，重组改制；2000 年 10 月，更名为中国石油天然气股份有限公司四川绵阳销售分公司。截至 2019 年 12 月 31 日，绵阳分公司共有 8 个职能部门、1 个直属机构、4 个附属机构、1 个油库、7 个片区、7 家托管股权企业。共有各种所有制在营加油加气站 106 座，其中：全资加油站 76 座、控股加油站 11 座、租赁加油站 4 座、参股加油站 4 座、特许经营加油站 7 座、外租加油站 1 座、全资加气站 1 座、控股加气站 2 座。在册员工 632 人，其中加油加气站员工 385 人。

表 11–26、表 11–27 所示分别为 1989—2019 年中国石油四川绵阳销售分公司行政领导任职情况、党组织领导任职情况。

表 11–26　1989—2019 年中国石油四川绵阳销售分公司行政领导任职情况表

机构名称	职务	姓名	任职起止时间
四川省石油公司绵阳分公司 四川省石油总公司绵阳分公司 四川省石油集团绵阳有限公司	经　理	周维耀	1985 年 12 月至 1994 年 11 月
		唐胜荣	1994 年 11 月至 2000 年 10 月

续表

机构名称	职务	姓名	任职起止时间
四川省石油公司绵阳分公司 四川省石油总公司绵阳分公司 四川省石油集团绵阳有限公司	副经理	袁自力	1988 年 7 月至 1995 年 12 月
		朱节恩	1987 年 5 月至 1991 年 1 月
		姜连弟	1991 年 1 月至 1992 年 7 月
		唐胜荣	1993 年 2 月至 1994 年 11 月
		刘少业	1993 年 2 月至 1998 年 9 月
		王明礼	1995 年 12 月至 2000 年 10 月
		韩　勇	1998 年 10 月至 2000 年 10 月
中国石油四川绵阳销售分公司	经　理 （总经理）	唐胜荣	2000 年 10 月至 2001 年 1 月
		曹　阳	2001 年 1 月至 2005 年 12 月
		朱　波	2005 年 12 月至 2013 年 3 月
		柏　刚	2013 年 3 月至 2019 年 3 月
		谭　宏	2019 年 3—12 月
	副经理 （副总经理）	王明礼	2000 年 10 月至 2005 年 4 月
		韩　勇	2000 年 10 月至 2008 年 3 月
		曹　阳	2000 年 12 月至 2001 年 1 月
		朱　波	2001 年 2 月至 2005 年 12 月
		蒋志宏	2004 年 6 月至 2019 年 12 月
		刘　跃	2007 年 1 月至 2008 年 1 月
		黎　鹏	2008 年 1 月至 2013 年 7 月
		刘红梅	2008 年 4 月至 2009 年 5 月
			2013 年 7 月至 2018 年 2 月
		王瑞华	2013 年 7 月至 2018 年 5 月
		刘　军	2018 年 11 月至 2019 年 12 月
		刘小宁	2018 年 11 月至 2019 年 12 月
	总会计师	孙红雁	2004 年 9 月至 2019 年 12 月
	安全总监	韩　勇	2002 年 3 月至 2008 年 3 月
		刘红梅	2013 年 7 月至 2018 年 5 月

说明：2008 年，行政领导职务名称由“经理、副经理”改称“总经理、副总经理”。

表 11-27　1989—2019 年中国石油四川绵阳销售分公司党组织领导任职情况表

机构名称	职务	姓名	任职起止时间
中共四川省石油公司绵阳分公司党委 中共四川省石油总公司绵阳分公司党委 中共四川省石油集团绵阳有限公司党委	书　记	唐风山	1987 年 3 月至 1991 年 1 月
		周维耀	1991 年 1 月至 1995 年 11 月
		唐胜荣	1996 年 1 月至 2000 年 10 月
	副书记	周维耀	1987 年 3 月至 1991 年 1 月
		唐克良	1991 年 11 月至 1997 年 12 月
中共中国石油四川绵阳销售分公司党委	书　记	唐胜荣	2000 年 10 月至 2001 年 1 月
		曹　阳	2001 年 1 月至 2005 年 12 月
		刘　跃	2007 年 1 月至 2008 年 5 月
		黎　鹏	2008 年 5 月至 2013 年 7 月
		王瑞华	2013 年 7 月至 2018 年 5 月
		柏　刚	2018 年 11 月至 2019 年 3 月
		谭　宏	2019 年 3—12 月
	常务副书记	刘　军	2018 年 11 月至 2019 年 12 月
	副书记	曹　阳	2000 年 12 月至 2001 年 1 月
		王明礼	2005 年 4 月至 2009 年 5 月
		朱　波	2005 年 12 月至 2013 年 3 月
		刘红梅	2013 年 3 月至 2018 年 11 月
		柏　刚	2013 年 3 月至 2018 年 11 月

二、市场营销

（一）市场环境及竞争情况

1989—1991 年，国家计划经济时期，绵阳分公司实施定点、定向、定人和任务包干，组织和调运计划内外油品，按计划比例分配保障区域工农业生产、交通、消防、医疗急救用油，完成社会节油工作任务。

1992—1998 年，社会主义市场经济体制逐步确立，区域内多形式、多渠道成品油经营并存的市场格局初步形成。资源长时间供大于求，价格下滑，供需矛盾初显。绵阳分公司持续转变经营思想，多举措抑制各类石油经营机构快速增长势头，巩固主渠道地位。

1999—2000 年，执行集团公司和省公司资源调进“四统一”政策。组织营销团队奔赴乌鲁木齐石化和兰州炼油厂调油，克服多年罕见的成品油资源紧张局面，保障内部加油站供应。

2001—2007 年，按照集团公司和省公司统一部署，试点油品销售配送制改革。把握并适应成品油零售市场全面放开新形势，应对主要竞争对手低价策略和油价“过山车式”起伏变化，发挥主渠道作用，履行政治、经济、社会三大责任。坚持进销平衡、量效平衡，保障区域市场供应稳定。

2008—2009 年，完善“科学营销创效益，参与竞争促销售，强化管理谋发展，保障供应稳市场”营销理念，克服“5・12”汶川特大地震自然灾害影响，抢抓绵阳市灾后重建机遇，量效显著提升。

2010—2013 年，主要竞争对手加大促销优惠力度，竞争异常激烈。绵阳分公司狠抓销售管理，全力稳固市场份额，提出纯枪上 30 万吨、总量上 40 万吨的“十三五”奋斗目标。

2014—2018 年，成品油消费需求持续回落、油品经营利润空间收窄，各类外资、民营、地炼资本快速进入区域市场，竞争加剧。绵阳分公司提升以成本、质量、服务、品牌为要素的核心竞争力，牵头成立包括竞争对手在内的绵阳市石油流通行业协会，配合政府开展成品油市场专项整治，着力竞合发展、共同发展，为省公司总量上千万吨做出贡献。

2019 年，提出精准营销、精细管理、精细施策的“三精”理念，主动应对市场需求减缓，竞争加剧，为省公司实现“千万吨既要上得去，还要稳得住”目标做出贡献，实现销售总量 41.11 万吨，站稳 40 万吨台阶。

（二）价格管理

1989—1998 年，优惠大用户、老用户，形成对竞争对手不对称价格优势。统一制定进货最高限价和销售最低限价，引导各经营实体择优进货、勤进快销、薄利多销，保持区域价格基本一致、价格升降步调一致。

1999—2000 年，价格季度微调，以“小步快跑”方式改变用户买涨不买跌心理。面向市场，推行一对一价格策略。

2001—2012 年，执行并争取省公司价格政策，立足研判市场资源、价格信息，保持价格贴近市场、细分客户、灵活快速。

2013—2018 年，争取省公司促销政策支持，批发直销贴近市场作价，必要时一单一议。加大沟通协调，与主要竞争对手保持合理价差水平，批发直销全省“锅底价格”局面得到彻底扭转。

2019 年，认真研究省公司营销政策，以配套方案为指挥棒，直批环节努力提高销量和单价，争取结算价奖励，创造毛利 953 万元；零售环节从以量为主的销售激励思路调整为量效均分的销售激励，引导加油站算账经营，纯枪价格到位率达到 98.83%，高于全省平均水平 0.87 个百分点。

（三）销售策略

1989—1999 年，畅通上游供货渠道，组织质优价廉计划内外油品，辩证量效与市场、责任与发展两大关系，配合政府净化市场，取缔非法经营。首创并践行“快半拍”“锅底”“跳楼”三大营销理念，把握 1999 年国家“费改税”政策利好，批发市场占有率一度达到 90%。

2000—2001 年，严格执行统采分销和“五不准”经营纪律，建立任务目标责任制，推行月度经济活动分析例会制度化、精细化，逐个单位检查预算指标执行情况。

2002—2003 年，按照销售、运输、服务一体化运作模式，重塑销售业务流程，推行“一站式”客户服务。抓住美伊战争油价上涨机遇，实施大购大销销售策略。

2004—2007 年，坚持“科学销售、量效并重、效益优先”十二字方针，推行“深度、速度、绿色、精细”四种营销方式，层层分解销售任务，层层传递压力。资源向高效市场倾斜，把销售代表、片区经理、油站经理的工作重心调整到区域市场和客户资源的深度开发上。

2008—2009 年，应对并把握“5·12”汶川特大地震及灾后重建对市场影响，组织“敢死队”送油至北川、安县、平武等重灾区和唐家山堰塞湖排险现场。主动衔接山东、辽宁、河南等对口灾后重建建设单位，签订用油合同，勇挑救灾保供重担。

2010—2013 年，在分解下达月度销售计划基础上下达周计划、日计划，追踪考核销售进度，竞聘选拔组建全新客户经理团队，拨付专项费用于市场和客户开发。

2014—2018 年，贯彻落实省公司“保增长、保效益”工作部署，牵头成立绵阳市石油流通行业协会，发挥会长单位优势，促进市场各经营主体间的良性竞合。参照科级干部收入标准，优化调整营销经理吨油薪酬分配，激发营销经理销售热情。利用限时促销、限量促销、批发点对点促销、灵活报价等多重手段全面开展竞争。

2019 年，推进世界一流新零售建设，提出“批发保量，零售创效，燃气发展”营销策略。加大中油优途推广推介，开发优途会员 1.87 万户，利用各种异业资源增量增效。大力发展特许经营，提升批发直销，配合政府打击“三黑一票”。

（四）客户管理

1989—1999 年，逐步推进综合营业部“开票、收款、换油票、托收、衔接运输车辆”一体化，简化结算手续。采取“请进来、走出去”方式，定期召开用户座谈会，密切客户联系，稳固业务关系。

2000—2002 年，依托配送制试点改革，集中与 68 家社会用户签订供货协议。建立完善配送服务承诺体系，确保客户在商品数量、质量、配送时效等方面服务得到有效保证。

2003—2008 年，把握市场资源紧张形势，与机构用户洽谈签订购销合同 1338 份。推行客户分级管理，建立 10 吨以上大型客户档案 53 户、5 吨以上中型客户档案 161 户。

2009 年，成立专职负责批发直销的营销队伍，攻关竞争对手大客户。清理分类绵阳灾后重建项目信息，先后与 23 家灾后援建单位签订供油合作协议。

2010—2012 年，公开竞聘上岗 10 名营销经理，推行横向到边、纵向到底的客户开发模式，开展“市场大调查，客户大普查”，全年新增直销机构客户 28 家。

2013 年，运用价格策略、配送政策和调价机遇，开发定期结算客户 8 家，开发中铁十七局等 72 家机构大客户，实现终端直销新增 3.41 万吨。

2014—2017 年，按照“全覆盖、网格化、责任制”模式完善客户服务体系，制定客户 6S 管理办法，实施针对性、个性化营销服务，成功开发中铁十九局等一批大客户，销售审批系统建档大客户资料 161 户。

2017—2018 年，分区域召开客户座谈联谊会，巩固大客户关系。提升服务客户效率和质量，解决客户配送及时性问题，落实配送车辆电子铅封使用，用高科技手段解决运输环节偷盗油品顽疾，争取用户信赖，销售审批系统新建档客户 213 户。

2019 年，客户经理人均拜访客户 500 余人次，新开发社会加油站有效客户 31 户，市场占比达49%。大力开发并新增特许加油站4座，获得省公司劳动竞赛一等奖。

三、加油站管理

（一）现场管理

1989—1994年，不断适应从计划经济到市场经济过渡的市场环境，发挥加油站窗口示范效应，提升优质文明服务水平。1991年，以直属花园加油站为示范，率先推行夜间加油，带动各县支公司陆续开展加油站24小时全天候服务。1994年，以优质文明服务为宗旨，着力加油站窗口建设。围绕用户信得过（价格、数量、质量）、靠得住（品类齐、昼夜服务），建设硬软件过硬的花园式加油站。

1995—1999年，推行以承诺服务为载体的加油站优质服务，美化企业形象。坚持有诺必践，不断延伸承诺制内容，在语言行为、质量效率、环境设施等方面下功夫，使承诺制得到深化。从视觉识别系统入手，加强对加油站形象包装和宣传。为加油站制作大型广告牌、价格牌、站名标牌，征集广告语，增设夜光指示牌，培植草坪、盆花，悬挂彩旗，突出企业品牌特征。

2000—2003年，深入贯彻落实《加油站管理规范》，建立省公司系统首个员工培训基地——新桥培训基地，举办4期培训班，对油站一线员工进行集中脱产培训311人次，促进规范贯彻落实。

2004—2008年，深入开展加油站专项整治和达标创星活动，推行“神秘顾客访问制”，推行交叉考评方式，促进加油站现场规范管理水平进一步提升，圆满完成省公司加油站定置管理试点工作。围绕“三保两好一满意”，着力提高加油站“四个综合水平”。分类设立标杆站，将规范管理内容纳入加油站经理任职资格考试范畴，推动加油站现场管理常态化。

2009—2012年，开展“加油站现场管理达标”主题活动，建立亲情服务体系，推行岗位员工“三卡一表”。采取“突袭＋曝光”办法，提升现场管控水平。开展达标创星和吨级站培育工作，努力实现“大站做大做强，小站做精做细”管理目标。

2013—2015年，强化加油站“二元化”和“双低站”治理，在5000吨以上加油站落实消高峰措施，试点弹性排班。采取一站一策、全流程诊断等措施治理26座“双低站”，实现扭亏649.87万元，“双低”站治理经验在销售公司推进会上受到表彰。对73座加油站进行全网络、全生命周期、全价值链、全流程的“四维诊断”，整理并改进问题1314个。相继开展“一月一主题”“服务技能竞赛”“送培训到基层”等系列服务提升活动，成功举办首届加油站服务技能大赛暨客户体验活动。

2016—2019年，在圣水等6座站试运行高清视频抓拍和大数据分析处理系统，探索以大数据运用为基础的智慧油站建设。运用全流程诊断2.0工具，对38座加油站油品布局进行优化。狠抓现场服务提升和客户投诉管理，实现95504零有效投诉。围绕加油站基础管理提升年活动，升格神秘顾客访问管理，倡导“快乐加油”理念和“四声服务”，切实提升加油站服务质量。

（二）制度建设

1989—1999 年，先后制定完善《加油站管理工作评比条例细则》，按月、季、年进行加油站管理综合考核评价，组织由各部门负责人、有丰富加油站管理经验站长组成的联合工作小组，进行加油站定期巡检，现场指导。围绕热情服务客户，先后制定《加油站十不准》《加油站服务规范》《门市部工作职责》。

2000—2012 年，先后制定《加油站规范服务实施细则》《内部规范服务考评办法》，规范员工服务行为和语言，严格考核监督。加强对省公司《加油站管理规范》和《加油站细节管理手册》的宣贯学习，制定《部分加油站夜间歇业实施方案》，提高运营效率与效益。制定《加油机检测及自校暂行办法》，建立月度加油站商品损耗管理工作例会制度，执行超损耗赔付。加强加油站稽查，制定《加油站稽查管理暂行办法》。

2013—2019 年，明确十条服务禁令五十项具体行为和加油站 50 项具体行为相关监管职责，进一步提升服务质量。制定《加油站服务投诉管理办法》，规范客户投诉管理工作和处理流程，提升客户满意度。根据省公司《加油站神秘顾客检查标准》，制定《神秘顾客访问考核办法》。制定《加油站优化夜间运营指导意见》，优化加油站运营时间管理，避免低效运行，追求效率、效益最大化。

（三）加油卡管理

绵阳分公司以加油卡营销为中心，结合新零售平台的推广使用，扩大忠诚卡客户群。引导客户关注中油好客 e 站，使用中油优途 APP，增强客户消费体验与黏性，提高卡销比。

2010—2012 年，开展劳动竞赛，推动中油加油卡销售，实现发卡量 16498 张，充值金额 2.06 亿元。

2013 年，正式组建卡业务中心，把卡销售、卡销比和沉淀资金纳入片区及油站业绩考核范畴。

2014—2015 年，推广“中油好客”微信公众号，推动油、卡、非一体化运行，销售加油卡 4.49 万张，沉淀资金 1.19 亿元。与绵阳市九洲集团公司联合发行“中国石油 – 九洲北斗”加油卡，销售加油卡 1.35 万张，卡沉淀资金 1655 万元。成功承办省公司系统卡业务现场会，卡业务管理、全自助加油等经验在全省推广。

2016—2017 年，加油卡销售“进社区、进小区、进机关、进企业、进学校、进部队”活动与品牌体验日、“10 惠”等活动深度融合，卡销比同比增长 1.16%，纯枪销量同比增长 2.45%。依托中油九洲北斗科技能源公司平台，拓展加油卡发售渠道，全省累计售卡 11.42 万张，开发物流客户 656 户，充值总金额 8.36 亿元，沉淀资金 0.81 亿元，为全省柴油纯枪稳量、增量做出突出贡献。

2018 年，坚持做好油卡非一体化销售，累计举办上门促销专场活动 69 次，办卡 4745 张。

2019 年，活跃记名卡保有量 39.99 万张，同比增长 123.5%；卡销比 47.91%，完成年度目标的 100.7%。与中油九洲北斗紧密合作，提高加油卡的重复使用率，活跃记名卡同比增加 8.58 万张，增幅 27.41%。

四、非油品业务

绵阳分公司持续以打造“人・车・生活”驿站为目标，大力实施“油卡非润”一体化经营，践行“互联网 +”战略，推动非油品业务超常规发展。

（一）基础工作

2008 年，制定《非油业务管理办法》，筹备成立非油品销售中心。

2009—2011 年，正式组建非油品经营部，明确“强基础、强标准、强管理，非油品销售方式多头并进”的经营发展思路，发展地采供应商，建立并运行非油品中转仓，推行商品集中配送，便利店商品种类达 500 余种。

2012—2013 年，设立片区非油专员，确立以燃油精、酒类、饮料、香烟为拳头产品的销售政策，先后 7 次开展专项促销，在 55 座站开展统采饮料堆头销售，发展 21 家地采供应商，商品种类达到 1000 余种。建立《非油业务稽查考核试行办法》，形成非油稽查常态化。

2014—2015 年，建立供应商考核机制，形成地采商“一主五辅”竞争局面，便利店商品平均毛利率达到 22.6%。调整考核比例，将加油站经理非油工资考核比例从 10% 调整到 20%，非油百元含量工资按收入 4% 计提，油卡非有效联动带动店销收入持续提高，创下单月店销 202.87 万元的历史最高。

2016—2017 年，围绕店面要“净”、商品要“丰”、陈列要“靓”、氛围要“浓”、激励要“活”非油发展新思路，强化非油基础建设。新增单品促销和一单一议，设立三大非油销售竞赛奖项，非油收入跨台阶。

2018 年，坚持便利店促销常态化、形式多样化，持续开展 18 次非油专项促销活动，烟草销售收入同比增长 97%；奶类年收入 685 万元，成为公司便利店第三大核心品类，在省公司非油经营例会上作奶类销售经验交流发言。

2019 年，精心策划常态化月度促销和传统节日促销 18 次，开展“开学季”“夏你一跳”等专题促销和大礼包活动 6 次；组织开展创意堆头大赛、抖音争霸赛、U&U 产品销售竞赛等造势活动，吸引顾客进店消费。充分利用股权企业、特许站、员工朋友圈等资源，拓宽非油业务站外销售覆盖范围。

（二）便利店建设

2008—2011 年，在 14 座油站试点推广非油品业务，在花园站等 6 个站点建设第一批昆仑好客标准便利店。2011 年末，成功打造花园加油站便利店为绵阳分公司首座 300 万元店。

2012—2015 年，全面推进简易店建设，建成便利店 35 座，占在营油站 55.56%。推进非油“二元化”治理，投入资金 150 余万元，升级改造 44 个便利店。首座服务区——安县服务区投入运营，当年实现纯利润 10 万元。非油业务获得省公司奖项 14 个，各项业务蓬勃发展。

2016—2018 年，非油“二元化”治理取得初步成效，商品品类管理和便利店销售结构进一步优化，30 万元以下店增收创效能力明显增强。按照形象、进货、管理“三统一”原则，探索特许和股权站便利店合作经营，拓展便利店网络。特许园艺东升站和股权交通加油站当年实现销售收入86万元。利用“10惠”活动，打造“移动便利店”，将便利店移动到加油卡“六进”现场，移动便利店单店日销售最高达1.5万元。

2019年，推广昆仑润滑油和“昆仑之星”自有产品，开展与合作方的资源互换，形成叠加优势，在5座站开展撬装尿素业务，在5座站增设洗车设施，全年店销预算进度完成率达100.56%。

（三）项目拓展

2010—2011年，将部分润滑油及煤油纳入公司非油收入。以整体出租形式，在25个站开展进出口墙体广告，在37个站开展加油机龙门位广告业务。在高新站引进中国银行ATM机，成为四川销售首座引进银行取款机的油站。

2012—2015年，与江油川西北利通实业公司合作，顺利开发燃料油业务，当年实现燃料油销售收入1290万元。在园北站和高水站试点快餐服务，在园北站和游仙站试点土特产品销售，经营梓潼酥饼等5个品种。在花园、园北等16个站点试点彩票代销业务经营。

2016—2019年，推动非油业务互联网+战略，先后同电信翼支付、国家福利彩票、保险业务对接合作，迈出非油业务跨界营销第一步。与中油九洲北斗科技能源有限责任公司合作，将昆仑润滑油、车用尿素、轮胎等产品进行北斗平台推介销售，提供65座加油站线下提货站点，首笔柴机油实现销售1131桶。陆续在6座加油站引进并推广汽服业务，新增车享家汽服门店、车便捷共享洗车和快速自助洗车业务，并多次与供应商联合开展开业促销活动。2018年，实现汽服收入967万元。

五、网络开发建设

1989—2019年，绵阳分公司拥有加油站扩展到91座（不含参股、特许、外租），网点遍布绵阳城乡，销售和市场控制能力不断增强。

2000年，把握股份公司扩张零售网点机遇，开展全地域、撒网式加油站收购工作。新建加油站2座，收购6座，租赁存续县公司加油站15座。

2001—2002年，紧盯并围绕高速公路出入口、新建干道公路和新兴经济开发区空白点，新购建加油站20座，租赁存续县公司加油站23座。

2003—2007年，坚持“寸土必争”，针锋相对，抢滩布点。争取政府政策，遏制竞争对手抢占网点进攻态势。购建、租赁、控股加油站24座，在营加油站占有率达21.94%。

2008—2010年，把握“5·12”汶川特大地震灾后重建政策，获得成绵复线松树梁子一对加油站（服务区）建设经营权，实现高速公路项目零的突破。与绵阳市投资控股建设集团有限公司签订合作开发二环路服务区6座加油站战略框架协议，与北川县政府签订联合开发、建设和经营北川新县城3座加油（气）站的合作开发框架协议。

2011—2012年，灵活应用新建、收购、控股、参股、租赁和联合等多元化的开发模式，加大有价值网点的收购、置换力度，新开发加油站6座，租赁4座。

2013年，创造政策环境，促成市政府以会议纪要形式明确绵阳分公司仓储基地和网点开发建设项目。成功开发梓潼文昌等2个加油站项目，收购并投产安县明泉加油站。组建工程建设项目部，建成投运成绵复线安县服务区等3座加油站，启动董家沟油库迁建工作。

2014年，为促成项目建成投运，北川向阳站等3座油站顺利投运。以混合所有制形式拓展网络开发新路径，与梓潼石油燃建公司等3个单位陆续开展混合所有制合作谈判。

2015年，挖掘有潜力的私营加油站，投运三台城北等2座加油站，加油站数量达到77座。

2016年，在项目开发上“下先手棋”，提前介入有潜力的私营加油站收购项目，成功开发高川明华加油站收购项目，与三台花园加油站达成收购意向。完成与梓潼南星能源合作项目评审，打包开发加油站6座。

2017年，推动项目开发、开工、建设和投运。完成续租玉泉加油站、组建中油九洲北斗合资公司、收购三台花园加油站等新开发项目7个，新增投运三台花园等9座站，加油加气站数量达到90座，任务完成率233%。松垭加气站的投运，结束绵阳分公司没有全资加油加气站的历史。

2018年，抢抓项目开发储备，与中投华油公司合作成立合资公司，打捆开发盐亭南圳、盐亭八角及茂县锦汇3座加油站；收购绵阳川盟商贸有限公司50%股权，成功开发一对高效加油加气站网点。新增投运长坪、新桥、丰谷3座加油站，各种所有制在营加油站超过100座。

2019年，提前布局LNG网点开发，开发立项秀水明泉等5座站增设LNG加气装置项目。魏城等2座关停站通过综合论证，成功立项恢复营业。获得省公司网络开发落地类劳动竞赛一等奖。

六、质量安全环保

安全管理 绵阳分公司以持续推进HSE管理体系为抓手，牢固树立底线、红线意识，夯实安全管理基石。以“一岗双责”为载体，深化直线责任，落实安全环保责任全覆盖，实现质量安全环保管理的全员化、制度化、体系化。2019年，绵阳分公司成为省公司系统唯一获得“四川省安全文化建设示范企业”荣誉称号的二级公司。

1989—1998年，贯彻“安全第一、预防为主”工作方针，做实安全生产责任制，形成专项整治、监督检查、隐患治理三大管理特色，安全运营得到有效保障。

1999年，推行重大安全生产事故“一票否决制”，按照“谁主管，谁负责”原则，对要害部位和关键装置实行责任承包，形成严密安全监管责任网络。

2000—2007年，适应上划后集团公司和省公司安全管理新要求，推动安全管理规范化。调整安全六大组织，在要害部门设立安全监察员岗位，积极开展“安全生产基础年”活动，制订各类安全生产应急预案，建立员工上岗安全资格认证体系。

2008年，积极应对“5·12”汶川特大地震后复杂安全管理局面，落实灾害应急抢险，及时排查库站隐患，有效杜绝次生灾害事故发生。

2009—2011年，以公司领导和部门负责人为重点，制订年度安全行动计划。落实“一岗双责”，践行“有感领导”，全面推行 7 个管理工具，强化对重点环节的安全监管。先后组织开展不安全行为辨识、安全隐患大排查、全员 HSE 承诺、安全经验分享案例征集等活动，归纳识别不安全行为 2992 项。

2012—2015 年，着力施工作业过程受控，总结推行施工安全管理“543211”模式，全面推行“两书一表一卡”，落实“一岗双责”，推动全员安全意识从“要我安全”到“我要安全、我会安全、我能安全”转变。

2016—2018 年，定期举办安全生产论坛，加强安全理论研讨和安全经验交流，储罐人孔警示架等 6 项小制作被四川销售列为安全创新小发明。坚持严管重罚，对触及“红线”行为保持零容忍，确保生产作业过程受控。组织开展安全检查 7000 余库站次，纠正查处“三违”行为 374 起，开具 HSE 负面清单处罚通知书 89 份。公司取得安全生产标准化二级企业资质。

2019 年，推行“一岗一清单”制度，在体系实际运行过程中陆续完善一系列安全管理制度，安全生产管理工作有效开展。

安全教育培训　1989—2003 年，绵阳公司广泛开展安全知识技能和员工 HSE 知识普及培训，为实施 HSE 管理体系奠定基础。

2004—2013 年，持续组织《中华人民共和国安全生产法》活动月活动，定期举办 9 期消防培训班，参训人员 800 余人，合格率 100%。探索 HSE 培训新模式，开发常规作业等 3 个培训课件。

2014—2018 年，积极配合四川销售开展“基层岗位员工素质提升工程项目”工作试点，组织开展安全培训 650 人次，开展应急演练 1042 站次。针对安全生产关键环节，开展各级 HSE 培训 104 次，提升全员安全意识。

2019 年，开展加油站经理人安全管理常态化培训，组织开展以卸油作业、损耗管理、施工安全为重点的公司层面集中培训 3 次，各基层单位以安全论坛为载体开展各类培训 96 次，安全文化进一步入脑入心。

QHSE 体系管理与应急管理　2002—2003 年，绵阳公司董家沟油库被四川销售列为 HSE 管理体系试点单位，先后组织修订完善《健康安全环境管理手册》《程序文件》《管理作业文件》，公司 HSE 管理体系步入试运行阶段。

2004—2009 年，将 QHSE 体系建设与“严管理、查隐患、反三违、增效益”活动有机结合。先后 3 次就 QHSE 管理体系文件进行部门意见征集、反馈并修改，完善体系文件的有效性和可操作性。

2010—2012 年，完善 HSE 管理体系三级监控，实现体系文件网上运行和实时更新。组织《HSE 管理体系提升推进三年规划与 2011 年实施方案》的编写和会审。编制《HSE 管理体系提升推进部门任务分解表》，制定《体系提升推进计划》，制定 38 项相关制度，修改完善 56 项 HSE 管理作业文件。

2013—2018 年，修订完善预案，形成 1 个总体预案、12 个专项预案的新预案体系，组织演练 1399 次。

2019年，以“专项检查+量化审核+复查验证”方式，持续推进HSE体系建设。审核发现问题852项，完成整改847项，梳理25个培训矩阵和188个课件。以防油气泄漏等7个方面的风险为重点，开展“四个一”“危险化学品企业安全风险隐患排查治理”等隐患排查治理活动，有效保障“建国70周年大庆”等特殊敏感时段安全生产。

第八节　广元分公司

一、基本情况

中国石油天然气股份有限公司四川广元销售分公司（简称广元分公司）成立于1952年1月。1951年底，川西石油分公司接管玉门油矿天水运销站在广元的办事处。1952年1月1日，川西石油分公司广元办事处正式挂牌营业，业务属省管，承担着广元区域成品油资源供应和四川巴中、南充、广安、阿坝及甘肃陇南等毗邻地区部分油品的周转与配送任务。1952年，川东、川南、川西、川北合并为四川省。1953年1月，广元办事处更名为广元石油采购供应站。1955年，改名为中国石油公司四川省广元县公司，隶属绵阳石油分公司。1957年，广元县石油、煤建两公司合并为四川省广元县石油煤建公司，党政归属广元县商业局领导。1959年，改为绵阳石油批发站广元分站，行政、业务归绵阳站领导。1963年，改名为中国石油公司四川省广元采购供应站（二级站），业务归四川省石油公司领导，行政由绵阳地区商业局代管，党政关系在中共广元县委。1978年，改名为四川省石油公司广元采购供应站。1985年，广元建市后，成立广元石油分公司，全市所辖旺苍、青川、剑阁3个石油支公司。1986年6月，苍溪石油支公司由南充分公司划归广元石油分公司管理。1997年7月，更名为四川省石油集团广元有限公司。1998年3月，石油、石化工业体制改革，随省公司一起上划。1999年6月，更名为中国石油天然气股份有限公司四川广元销售分公司。

2019年末，广元分公司设总经理（党委）办公室、营销科、投资科、财务科、人事组织科、质安科、油气零售科、党群工作科等8个职能科室，利州、昭化、苍溪、剑阁、旺苍、青川6个销售片区，以及非油品经营部、信息中心、广元油库和参股的广元市石油有限公司。共有在岗员工617人，离退休员工254人；有10个党支部，259名中共党员，其中在岗员工党员153人。所属广元油库经震后扩容技改，库容达5.2万立方米，年吞吐量超过100万吨，是兰成渝输油管线入川的第一座分输油库，承担着区域内成品油资源供应和四川巴中、阿坝及甘肃陇南等毗邻地区部分油品的周转与配送任务。拥有账面资产型加气站2座，营运加油站62座，以不到40%的加油站座数，承担近90%的市场供应任务，为广元地区经济发展提供成品油资源保障。

表11-28、表11-29所示分别为1985—2019年中国石油四川广元销售分公司行政领导任职情况、党组织领导任职情况。

表 11-28　1985—2019 年中国石油四川广元销售分公司行政领导任职情况表

机构名称	职务	姓名	任职起止时间
四川省石油公司广元分公司（广元采购供应站） 四川省石油总公司广元分公司（广元采购供应站）	经　理	蔡洁明	1984—1991 年
		杨　峰	1991 年至 1995 年 7 月
		易孔泽	1995 年 7 月至 1997 年 8 月
		虎　华	1997 年 8 月至 1998 年 5 月
	副经理	杨　峰	1984 年 4 月至 1991 年
		邱盛林	1984 年 4 月至 1991 年
		李继荣	1988—1991 年
		王树和	1989—1991 年
		易孔泽	1991 年至 1995 年 7 月
		郭训臻	1991—2000 年
		虎　华	1994 年 5 月至 1997 年 7 月
	总会计师	梁尚清	1994 年 2 月至 1998 年 4 月
四川省石油集团广元有限公司	经　理	谭明贵	1998 年 5 月至 1999 年 6 月
	副经理	王文陆	1999 年 4 月至 1999 年 6 月
		吕　力	1999 年 4 月至 1999 年 6 月
中国石油四川广元销售分公司	经　理（总经理）	谭明贵	1999 年 7 月至 2002 年 2 月
		王新全	2002 年 3 月至 2005 年 12 月
		杨保平	2005 年 12 月至 2007 年 12 月
		杨万彬	2008 年 1 月至 2012 年 3 月
		何永政	2012 年 3 月至 2016 年 4 月
		刘　迅	2016 年 4 月至 2019 年 12 月
	副经理（副总经理）	王文陆	1999 年 4 月至 2009 年 5 月
		吕　力	1999 年 4 月至 2002 年 5 月
		杨万彬	2000 年 9 月至 2008 年 1 月
		何永政	2002 年 6 月至 2007 年 1 月
		鲜　新	2008 年 1 月至 2012 年 3 月
		董　建	2009 年 5 月至 2017 年 9 月
		龚新民	2012 年 3 月至 2019 年 12 月
		王晓军	2018 年 1 月至 2019 年 12 月
	总会计师	刘金先	2007 年 1 月至 2012 年 3 月
		章　劲	2013 年 3 月至 2016 年 4 月
		王利明	2016 年 4 月至 2019 年 12 月

说明：2008 年，行政领导职务名称由“经理、副经理”改称“总经理、副总经理”。

表 11-29　1985—2019 年中国石油四川广元销售分公司党组织领导任职情况表

机构名称	职务	姓名	任职起止时间
中共四川省石油公司广元分公司（广元采购供应站）党委	书　记	蔡洁明	1986 年至 1993 年 2 月
		杨　峰	1993 年 2 月至 1995 年 7 月
中共四川省石油总公司广元分公司（广元采购供应站）党委	副书记	李继荣	1986—1993 年
		陈宗兰	1993 年至 1998 年 7 月
中共四川省石油集团广元有限公司党委	书　记	谭明贵	1998 年 7 月至 1999 年 6 月
	副书记	陈宗兰	1998 年 7 月至 1999 年 6 月
中共中国石油四川广元销售分公司党委	书　记	谭明贵	1999 年 7 月至 2002 年 2 月
		王新全	2002 年 3 月至 2005 年 12 月
		杨保平	2005 年 12 月至 2008 年 5 月
		何永政	2008 年 5 月至 2012 年 3 月
		鲜　新	2012 年 3 月至 2019 年 5 月
		刘　迅	2019 年 5—12 月
	副书记	陈宗兰	1999 年 7 月至 2007 年 12 月
		杨万彬	2008 年 5 月至 2012 年 3 月
		何永政	2012 年 3 月至 2016 年 4 月
		刘　迅	2016 年 4 月至 2019 年 5 月

二、油品销售

1989—1990 年，在计划经济与市场经济双轨运行背景下，广元分公司按照经济体制改革委员会要求，通过合理确定承包基数、合理使用企业留利、健全考核指标体系、完善工效挂钩和对经营者的奖惩等办法，全面推行承包经营。

1991 年，成品油流通领域变化较大，年初市场疲软，年中计划变动频繁，年底运输紧张，货源不足。广元分公司按照“参与竞争、扩大经营、深化内改、提高效益”原则，组织发货源、重视销售市场基础工作。全年调入各类油品 79672 吨，调销各类油品 90172 吨。

1992 年，提出“一业为主、多元经营、一企两制”改革方针，转换企业经营机制，千方百计组织油料，拓展市场。全年调入各类油品 7.96 万吨，调销各类油品 9.01 万吨。

1993 年，按照油料统一采购，分片销售量承包，对加油站采用销售油料吨平费用包干办法，对独立核算的加油站按代销额的一定比例给手续费办法，激发加油站员工的创造性和积极性，全面完成承包任务。全年调回适销对路油料 7.56 万吨，销售各种油料 6.44 万吨。

1994 年，按照“统采协销、大统小活、统分结合”办法，坚持以销定进、以销促进，各加油站、经营部及各支公司所属经营点执行统一零售价格，减少内耗。全年调进各种油料 82239 吨，销售各种油料 82465 吨。

1995 年，是成品油流通体制全面进入市场经济运行轨道的第一年。广元分公司加快内部改革，完成机制转轨，强化以财务为中心的企业管理，将扩销增效与个人利益挂钩，把任务逐级分解落实到经营部、支公司、加油站。全年调进各类油料 91617 吨，销售各类油料 97316 吨。

1996 年，实现经济体制和经济增长方式“两个转变”，对下属各单位实行销量、利润、费用、货款回笼、清收欠款等方面的量化目标管理。全年购进各类油料 93947 吨，销售各类油料 96648 吨。

1997 年，将购进油料作为业务经营活动的中心，坚持以进促销，重视市场信息的收集和整理，由零售管理科对加油站实行归口管理，加油站逐步向专业化管理方向迈进。全年购进各类成品油 92304 吨，销售各类成品油 86961 吨。

1998 年，国家改革石油管理体制和原油、成品油顺价。广元分公司整体上划集团公司，对所属 14 座加油站改过去分散管理模式为零售分公司统一管理的办法，执行统一的销价、统一的管理制度、统一的服务规范。全年调进各类油料 80940 吨，销售各类油料 78298 吨。

1999 年，围绕经济效益中心开展各项工作，着力在企业资产重组、扩销增效、规范市场、优化组合和职工下岗分流等方面下功夫，对所属单位下达经营管理及目标任务，完善奖惩制度。全年购进各类油料 8.82 万吨，销售各类油品 9.51 万吨。

2000 年，围绕经济效益中心，以财务管理为核心，推行以预算控制为手段的管理模式，在坚持执行“四统一”“三集中”前提下，制定停批保零、稳定市场等策略。全年销售各类油品 83697 吨。

2001 年，在深化改革基础上，树立以零售为本的经营观念，实行抓大、保重、稳小经营策略，重点开拓国道 108 新线零售市场，夺回旺苍丢失市场，稳住 212 线零售市场份额。全年销售各类油品 78930 吨。

2002 年，坚持量效并重原则，完善成品油配送运行机制，积极推进成品油市场整顿，坚持每月一次业务分析会，依据周边市场油品库存、价格信息，合理组织油品购进，科学安排库存结构，降低油品库存跌价风险，确保不脱销、不亏损、有利润。全年销售各类油品 78316 吨。

2003 年，坚持科学销售、效益优先的经营方针，面对“非典型肺炎”疫情影响，坚持以市场为导向，把上量增效作业经营工作的出发点，组织购进、稳价促销。全年销售成品油 8.21 万吨。

2004 年，以“等量销售利润最大化”为经营目标，坚持做大零售，确立科学销售、量价并重、效益优先的原则，以加油站专项整治工作为契机，强化加油站基础管理。全年销售各类油品 81703 吨。

2005 年，坚持做好零售基础工作，不断拓展零售空间，推出《五星级加油员的考核评比办法》，改革站长竞聘机制，全员关心零售、重视零售，创新对乡镇小站实行小站承包经营新模式。全年销售各类油品 12.28 万吨。

2006 年，坚持把保障成品油市场安全平稳供应放在经营工作的首位，超前衔接资源配置计划，全力保障重点部门、重点工程和农业生产抗旱救灾的用油需求，油品市场供应未出现断档脱销，为广元“工业强市”和新农村建设做出应有贡献，得到当地党委、政府的好评。在苍溪、剑阁旱灾和青川水灾期间，先后组织送油突击队，确保抢险用油，树立公司负责任的社会形象。全年销售汽柴油 13.99 万吨，同比增长 14%，零售汽柴油 13.24 万吨，同比增长 34.28%。

2007 年，牢固树立发展是第一要务理念，认真分析判断市场走势，超前反应，提早安排。10 月在油品供应紧张状态出现后，率先采取限额加油，实行汽柴油分开加油，局势在较短时间内得到有效控制，发挥成品油供应主渠道作用。坚持零售的核心地位不动摇，对 22 个小型加油站实行费用承包经营，达到减少用工、增加销量、提高效益的目的，推行零售数据信息系统、POS 机刷卡和加油站集中收款工作，零售环节的营运效率有所提升，零售比重达到 90.43%，零售价格到位率为 100.95%。全年销售汽柴油 15.57 万吨，同比增长 11.29%；零售汽柴油 14.08 万吨，同比增长 6.34%。

2008 年，油价高位运行，资源持续紧张，市场需求旺盛。广元分公司严格执行省公司控销政策和销售计划，采取有保有压策略，市场供应平稳有序，确保全市抗震救灾、恢复重建、工农业生产、重点工程、重点部门用油。特别是“5·12”地震发生后，紧急启动应急预案，不到一个小时加油站恢复营业，是广元市内最先恢复营业的经营单位之一。以党员为主的送油小分队冒着余震不断、山体滑坡的危险，及时将“救命油”送到救灾最前线。广元油库接到公路配送两万吨救灾油的指令后，发扬“有条件要上，没有条件创造条件也要上”精神，在不到一周的时间内圆满完成两万吨公路配送油品的接卸任务，保证救灾油品及时有效供给，得到当地政府和群众的称赞。抗震救灾取得阶段胜利后，及时向地方政府汇报，恢复因地震关停的加油站点，并采取领导班子挂包片区、全员参与责任促销、恢复吨油含量工资考核等办法，促进销量增长，新安、剑门关加油站年销量均突破 2 万吨大关，全年销售汽柴油 21.37 万吨，首次突破 20 万吨大关，同比增幅 37.3%；零售汽柴油 19.42 万吨，同比增幅 37.93%。

2009 年，按照“科学营销、管理创效、重建发展、安全稳定”的工作方针，以“上销量、保增长，强基础、促发展”劳动竞赛为抓手，全面推行“责任营销、点子营销、情感营销”，积极化解成品油市场需求疲软、陕西延长集团油品猛烈冲击、社会加油站低价竞争等不利因素，全年销售汽柴油 26.51 万吨，同比增长 24.24%；零售汽柴油 23.01 万吨，同比增长 18.48%。

2010 年，面对上半年成品油市场需求低迷、下半年需求快速上升、四季度柴油供应持续紧张的市场形势，广元分公司提前研判市场，适时调整策略，全年销售汽柴油 30.94 万吨，同比增长 16.7%；零售 28.03 万吨，同比增长 21.78%。

2011 年，落实“科学营销、加快发展、精细管理、安全环保、以人为本、和谐稳定”工作方针，采取保民生、保重点、保应急、保畅通、开辟绿色通道等措施，确保区域市场油品稳定供应。全年销售汽柴油 33.92 万吨，同比增长 9.63%；零售 31.32 万吨，同比增长 11.76%，实现“十二五”良好开局。

2012 年，面对区域油品需求增速放缓、灾后重建和次级交通枢纽建设机遇增量消失、油库技改带来资源调运困难、中石化全面进入等不利局面，广元分公司牢牢把握“稳中求进、高效发展”的总基调，认真落实“稳增长、抓发展、强管理、保安全、惠民生、促和谐”的工作方针，全年销售汽柴油 35.50 万吨，同比增长 4.68%；纯枪销量 29.11 万吨，同比增长 6.12%。

2013 年，是广元分公司从高速发展期向巩固发展成果期的转型调整年。面对区域油品需求减弱、销售规模增速放缓的不利局面，牢固树立危机、市场、责任意识，积极调整发展思路，参与市场竞争，在巩固基础上求发展，销售规模与质量同步提升。全年销售汽柴油 36.87 万吨，同比增幅 3.84%；纯枪销量 30.16 万吨，同比增幅 3.61%。

2014 年，是广元分公司由规模发展向效率发展转变的第一年。面对区域经济增速放缓，油价急剧下跌，中石化、延炼、陕西汉中低价油不断冲击市场，以及高速服务区加油站划转等内外不利因素，积极牢牢把握“稳中求进、改革创新、从严治企、安全稳定”的工作方针，全力打好规模“攻坚战”和效益“保卫战”，全年销售汽柴油 37.32 万吨，同比增幅 1.24%；其中纯枪销量 22.35 万吨，同口径同比减幅 1.97%。

2015 年，是广元分公司由规模发展向效率发展转型的关键之年。面对宏观经济持续下行，柴油表观需求急剧下滑，延炼、汉中低价油长期冲击市场，中石化等竞争对手不计成本降价竞争等新形势、新变化、新常态，广元分公司围绕市场、客户“两个”中心，批发直销环节按照“谁开发谁受益”原则，实现“专业”向“专业+全员”营销模式转变；零售环节重点开展向“八个方面”要销量活动，全年销售汽柴油 38.3 万吨，同比增幅 2.62%，其中纯枪销量 22.9 万吨，同比增幅 2.48%。

2016 年，“十三五”开局之年，也是广元分公司探索发展转型方向之年。广元分公司认真落实省公司“1234”治企方略和“1125”总体部署，积极探索企业突破困局、实现转型发展的新机制、新思路、新措施，突出主动营销，打赢“斗严寒”攻坚战。全年销售汽柴油 38.21 万吨，同比降幅 0.23%，交投中油同比减量 9210 吨，其中纯枪销量 23.5 万吨，同比增幅 2.64%。

2017 年，面对高速输入增量锐减、区内表观需求持续下行、价格竞争不断升级、高速服务区包袱依然沉重、转型发展刚刚起步等内外不利局面，广元分公司力求主动变革，积极应对市场竞争，制定《客户经理考核办法》和《加油站油非绩效工资实施细则》，释放两支营销队伍活力。全年销售汽柴油 37.71 万吨，同比降幅 1.33%，交投中油同比减量 13181 吨，其中纯枪销量 24.33 万吨，同比增幅 3.49%。

2018 年，面对低价资源侵蚀、高铁客户分流、交投持续减量、暴雨极端天气等多重压力，广元分公司主动求变，精准营销，坚持经营周例会机制，出台《油卡非润一体化提升方案》，修订《客户经理考核办法》，制定“大干一百天”重奖重罚等一揽子激励政策，调动全员销售积极性。全年销售汽柴油 38.59 万吨，同比增幅 2.36%，其中纯枪销量 24.81 万吨，同比增幅 2%。

2019 年，强化新零售建设，出台《油卡非润一体化提升方案》，利用“一客一议”“一客一策”“一单一议”，改变促销活动“普惠制”，提升营销工作质量，修订《客户经理考核办法》，努力拓展区外直批销售，以弥补区内表观需求下降。全年销售汽柴油 37.35 万吨，同比降幅 3.21%，其中纯枪销量 24.78 万吨，同比降幅 0.11%。

表 11-30 所示为 1991—2019 年中国石油四川广元销售分公司成品油销量统计情况。

表 11-30　1991—2019 年中国石油四川广元销售分公司成品油销量统计表

年度	销量（万吨）	同比增幅（%）
1991	9.02	—
1992	9.01	-0.11
1993	6.44	-28.52
1994	8.25	28.11
1995	9.78	18.55
1996	9.66	-1.23
1997	8.70	-9.94
1998	7.83	-10.00
1999	9.51	21.46
2000	8.37	-11.99
2001	7.89	-5.73
2002	7.83	-0.76
2003	8.21	4.85
2004	8.17	-0.49
2005	12.28	50.31
2006	13.99	13.93
2007	15.57	11.29
2008	21.37	37.25
2009	26.51	24.05
2010	30.94	16.71
2011	33.92	9.63
2012	35.50	4.66
2013	36.87	3.86
2014	37.32	1.22
2015	38.30	2.62
2016	38.21	-0.23
2017	37.71	-1.31
2018	38.59	2.33
2019	37.35	-3.21

三、非油品销售

2008 年，广元分公司非油业务起步。非油业务立足于现有加油站网络，逐步开展润滑油、便利店、汽服、广告、租赁等传统服务。是年，5 座加油站增设便利店，开展堆头销售，实现非油销售收入 226.96 万元，非油业务实现起步。

2009 年，按照“自主经营、因地制宜、规范发展、稳步推进”的指导思想，在广元市城区开发广告业务，在高速路加油站提供餐饮、加水、土特产销售等服务，不断拓展非油新业务，增加非油收入。全年实现非油业务收入 507 万元。

2010 年，加大便利店培育力度，润滑油、烟草、燃油精销售与广告业务协调稳步推进，成功培育 2 座百万元店。全年实现非油业务收入 984.22 万元，完成年计划的 115.79%；非油毛利 107.30 万元，完成年计划的 95.81%。

2011 年，将非油业务作为业绩上台阶的强劲引擎，更加注重一站一策、拳头产品优势和促销激励兑现，新安加油站创下日销非油 5.04 万元的可喜成绩，成功打造东坝等 5 座百元级便利店，雪峰加气站日销天然气万立方米以上。广元分公司提前 3 个月完成非油销售任务与利润目标，实现规模效益大转变。全年实现非油销售收入 3294.60 万元，完成年计划的 153.24%；非油利润 231.37 万元，完成年计划的 257.08%。

2012 年，非油业务实现跨越式发展，百万元便利店达到 7 座，创新服务区“331”经营管理模式，将新安服务区打造成全国样板，受到集团公司、销售公司领导的赞扬和省公司的嘉奖。全年实现非油收入 5582.76 万元，同比增长 69.45%；非油考核利润实现 404.85 万元，同比增长 74.98%。

2013 年，通过完善服务区管理机制、发放 30 辆手推车拓展非油网络、狠抓拳头商品、向供应商要效益等方式，圆满完成年初服务区收入超 2000 万元、新增 1 座百万元便利店、利润率提高 2 个百分点的目标计划。全年实现非油业务收入 6464.83 万元，同比增幅 15.8%；实现非油考核利润 505.34 万元。

2014 年，通过推广完善新安模式，做强服务区；通过“一站一策”，做精样板便利店；通过手推车销售，做细承包小站。广元陵江、东坝、广巴、广场、剑阁下寺、旺苍白马、苍溪滨河、高速新安、中子等 9 座便利店收入超百万元；则天、迎宾、清江、青竹、新竹等 5 座便利店收入达到 50 万元。全年实现非油业务收入 6192.25 万元，同比减幅 4.22%；非油考核利润 599.55 万元，同比增幅 17.48%。

2015 年，重点强调提升便利店开店率，实现站站开展非油业务；通过机关、基层同步下达任务，同步通报考核，营造全员重视非油销售氛围。全年实现非油业务收入 5210.34 万元，完成预算任务的 91.41%；实现非油考核利润 713.07 万元，完成预算任务的 118.85%。

2016 年，以全流程诊断 2.0 为抓手，理顺非油经营各层级职能职责，重点强调现场服务效率和运营天数管理，对 11 座便利店进行改造升级，吨油纯枪非油收入达到 244.47 元。全年实现非油业务收入 5746 万元，同比增幅 10.28%；实现非油毛利 1007.07 万元，同比增幅 41.23%。

2017 年，进一步树立非油主营业务地位，通过破解管理存在问题、营造卖场氛围、加强服务区管控、拓展经营项目，实现多元化经营。全年实现非油业务收入 6300 万元，同比增幅 9.65%。

2018 年，按照“先做大、后做强、再做专”的发展思路，坚持强店内、拓店外，成功打造 1 座 700 万元店、1 座 400 万元店、2 座 300 万元店，百万元便利店达到 15 座；6 座加油站开展洗车业务；新开发 9 家非油机构客户。全年实现非油业务收入 1.01 亿元，非油业务收入突破亿元大关。

2019 年，按照“优品类、强现场”的总体思路，注重核心品类的培育，通过“视频＋巡店”的方式，督查便利店商品陈列。按照“大业务、大品种、大平台”发展思路，加大团购业务、拳头商品开发，注重“青川系列”自有产品开发与推广。全年实现非油店销收入 5630 万元，完成年度任务的 115%；实现非油毛利 1479 万元，完成年度任务的 106%。

表 11-31 所示为 2008—2019 年中国石油四川广元销售分公司非油业务收入统计情况。

表 11-31　2008—2019 年中国石油四川广元销售分公司非油业务收入统计表

年度	收入（万元）	同比增幅（%）
2008	227	—
2009	507	123.35
2010	984	94.08
2011	3295	234.86
2012	5583	69.44
2013	6465	15.80
2014	6192	-0.22
2015	5210	-15.86
2016	5746	10.29
2017	6300	9.64
2018	10100	60.32
2019	5630	口径变化

四、网络建设

1989—2005 年，在计划与市场经济双轨运行情况下，广元分公司网络更多属分散管理模式。直到 1998 年，才对所属 14 座加油站改过去分散管理模式为公司统一管理模式。

2006 年，在中国石油加油站建设战略重点转移大背景下，广元分公司积极争取上级部门支持，保住旺苍县域市场两个加油站建设项目。积极争取资金，加大油库、加油站隐患整改力度，全年争取 271 万元专项资金用于 24 座加油站的隐患整改，争取 166 万元用于广元油库的环境隐患整治，顺利完成棋盘关加油站的技改工程，并如期投入营运，圆满解决剑阁片区原存续公司 3 座加油站的收购技改。

2007 年，经过多方艰苦努力，拿下雪峰加气站、滨江加油站、旺苍红旗加油站 3 个项目。如期完成加油站形象包装工作，先后争取近 300 万元资金用于油库规范化建设和加油站隐患整改，更换 32 台加油机，对所有加油站的一些隐患进行整改，同时开始逐步规划加油站的“五小”工程建设。

2008 年，本着“守土有责”的原则，拿下绵广高速公路到广元市区唯一快速通道上的迎宾加油站和雪峰加油加气站两个项目，填补公司无加气业务的空白。广巴高速公路服务区项目已列入 2008 年项目，广陕高速中子服务区项目列入 2009 年重大攻关项目。广南高速、兰海高速广元段项目进行前期接触。完成广元油库技改扩容可行性研究立项，新征 23000 多平方米（35 亩）土地正式签约。

2009 年，获得广巴高速两对服务区、1 对停车区加油站建设经营权，推进广陕高速中子服务区和兰广、广南高速服务区加油站项目。利用灾后市县城市规划调整，与国土、城建等部门联系，将加油站建设纳入地方行业规划中，将市县城市道路改造或规划调整拆除占用的昭化油库、加油站土地等值置换到高速公路出入口、各区县城区和风景名胜点。雪峰加气站顺利投运，广元油库扩容技改工程完成项目初设预审，机关办公楼重建进展顺利，金山、井田加油站重建后开业，12 座灾后重建加油站竣工运营。

2010 年，按照“主攻高速站、拓展城市站、发展潜力站”开发思路，在全市县区、高速公路和县乡主要交通要道建有加油（气）站 79 座，其中租赁 1 座、收购 4 座、橇装 5 座、技改 41 座、重新建 28 座，较 2005 年增加 21 座，形成“以高速路加油站为中心，以城区站为核心，以固定加油站为主体，以橇装加油设施为补充”的网络格局，以区域内 1/3 的加油站数量占领 90% 以上的市场份额。

2011 年，重建技改的陵江、剑金、环城加油站恢复营业，收购青溪、增辉加油站经过改造投入营运，城北、工农等 8 座等值置换拆迁加油站衔接落实，大学生周转房和职二培训中心正进行室内外装修，广元油库震后扩容技改项目完成发油台、办公楼、消防设施、万方储油罐等主要工程。京昆高速绵广段新安服务区改扩建项目推进顺利，新安加油站按计划投运，广巴高速旺苍、元坝服务区全面完工。取得广陕高速朝天中子服务区、广元西停车区和广南高速杨家咀、徐家河两对服务区、苍溪停车区及剑门关服务区改扩建项目。

2012 年，完成朝天大巴口、剑阁拐枣 2 座加油站的土地置换；完成苍溪歧坪、广元城北加油站 2 个新项目立项；落实广元市城区 116 厂二环北路、广甘高速北出口瓷窑铺、袁家坝工业园区 3 座主城区网点规划。完成中子服务区、杨家咀服务区规划手续办理、设计、施工单位招投标。利用加油站现有土地资源优势，与中油华油集团接洽 LNG、CNG 加气站项目合作。

2013 年，针对“增站不增量”的现况，采取“有保有压”工作思路，对高速、主城区、主干道等对公司发展具有重要支撑作用的站点，每站必争，成功从竞争对手夺回袁家坝、北二环 116 厂、浩口村 3 处站点。对重要县域市场，将网点主动纳入地方建设规划，利用土地置换项目，取得朝天大巴口、城北、青川新竹 3 个项目；利州加油城、王家营、青川青竹、昭化油库 4 宗土地项目得到落实；新城、南方、凤凰、南区 4 个项目达成意向。采取“有取有舍”思路，对零售起重要支撑的中子服务区，实行倒排工期制，抢在五一前投运；以土地出租方式，与中油华油集团协商中子服务区建成 1 座 LNG 加气站。

2014 年，坚定“有取有舍”网络开发思路，利用与广元市委、市政府签订的《合作框架协议》《土地置换会议纪要》，完成剑门关、歧坪 2 个续建项目；新竹、大巴口、宏达 3 个新建项目；

旺苍东河、苍溪东溪、青川木鱼3个新立项项目，超额完成业绩合同任务，储备项目达10个。

2015年，按照“项目促发展”理念，围绕业绩指标，旺苍宏达、青川木鱼、利州城北和大巴口按期投运，4站累计实现销量6039吨，完成新投运站全年销量任务的264.64%。加强与省公司和剑阁县相关部门协调，剑阁拐枣项目顺利立项，旺苍东河站项目已取得规划许可。加快推进置换项目法律手续完善工作，广元北二环项目签订《国有建设用地使用权出让合同》，昭化服装工业园区项目已取得土地确权手续，南区、王家营、万龙、苍溪龙王、昭化红岩等项目取得建设部门规划红线图，3762油库土地置换项目与政府达成意见。完成34座加油站、1座油库油气回收改造、56座库站隐患整改项目工程。

2016年，制定广元分公司“十三五”网络开发战略。利用土地置换纪要，促成北二环、昭化服装工业园区、曹家河、苍溪龙王沟油库等项目落地；通过招拍挂，竞拍旺苍东河项目；通过谈判，成功收购苍溪青茨垭项目。在新开发项目上，北二环项目进行方案设计，中子LNG项目已进入地勘设计及报建阶段，苍溪青茨垭收购项目完成资产交接。在建项目上，严格施工安全管理，确保在建工程安全、质量、进度“三不误”。卫子加油站提前一周投入营运，日销量同比增加3吨左右；东河加油站投运日销量近5吨；拐枣加油站打围进场。

2017年，修订“十三五”网络布局，加快推进北二环、爱国路、广南高速苍溪出入口等重点项目，超额完成新开发1座、投运3座加油站的网建任务。拐枣、青茨垭站如期投运，日均新增销量15吨，填补市场空白，提升零售控制力。严控改造项目周期，对9座站更换双层罐，7座站进行一体化改造，利州陵江、剑阁普安、苍溪滨河等站实现提前投运。强化项目审计管理，22个油气回收项目、12个隐患整改项目完成审结。

2018年，增强投资工作紧迫意识，转思路、换频道，在省公司6年网建规划基础上自我加压，提出6年目标4年完成，新开发13座加油（气）站网建新规划。利用土地置换纪要，实现江南项目落地；通过招拍挂，成功竞得大石、纺织大道、旺苍三江3宗项目；通过谈判，成功收购木鱼等项目。紧盯业绩任务指标，在新开发项目上，木鱼站项目已经按期落地；江南、三江、赤化、大石站正在办理省经信委核准手续。在建项目按照同区域错峰、错时改造原则，在保证质量基础上，严控改造时间。全年新开发加油（气）站5座，投运17座防渗改造站，均超额完成省公司下达目标。

2019年，按照“项目攻坚年”总体要求，立足网络开发“6年规划4年完成”目标，成功开发天符、三清等5座加油（气）站，落地河西、拐枣LNG加气站等6座加油（气）站，开发、落地分别超年度目标3座、4座。启动河西加油站和拐枣LNG加气站项目，保证5座投运站指标完成。累计完成22座加油站防渗改造，其中川北、增辉、普济、新竹、青竹5站改造期间利用橇装设施销售油品1470吨，实现防渗改造站不关、量不减。构建“1+N”泛渠道销售模式，落实《油气站合作项目开发三年行动计划书》，成功盘活关停多年的雪峰CNG加气站，日均销量超过1万立方米；与昆仑燃气公司合作开发首座LNG加气站正式投入营运，日销量超过20吨。推进品牌输出，完成永福、华路经贸等5座特许站。

五、安全环保

1989—2005 年，在计划与市场经济双轨运行情况下，库站虽分散管理，安全工作一直坚持教育与目标责任制相结合，坚持检查与整改相结合，坚持按章办事，坚持防患于未然，保持安全平稳运行。

2006 年，制定“三违”处罚条例，修订完善各类应急预案，对非生产用车实行集中统一管理。加强对施工作业现场的监管，在油库、加油站大面积隐患整改、技改的情况下，确保油库、加油站的主体安全。

2007 年，逐级签订安全责任书，全员签订安全合同，把安全生产责任落实到每个岗位、每个环节。强化安全第一、环保优先、以人为本的理念，油库推行油库新版操作规程，加油站每月稽查，对发现问题进行通报，定人定时进行整改。与公安部门、维稳办、信访办建立联动维稳机制，营造和谐的内外环境。

2008 年，在部门、片区、加油站、工程建设部门、非生产管理部门、小车管理部门设置安全管理员，明确管理责任和考核办法，安全管理覆盖公司所有管理范围。组织库站员工参加市地方危化品知识培训，开展 HSE 系统信息录入工作。地震后及时组织人员进行隐患排查，对危险建筑物进行拆除，对危险地带设立安全警示标志，针对堰塞湖制订切实可行的预案，确保不发生次生事故。广元油库接到公路接卸任务后，精细制订安全预案，严格落实现场安全防范措施，严把每个操作细节，保证每天 100 多车公路配送油品的及时安全接卸。

2009 年，坚持“谁主管、谁负责”的原则，加强直线管理、属地管理和岗位安全管理。干部员工形成“科学发展首先应实现安全发展”“安全发展既是本职工作又是政治要求”共识，提高员工对“我要安全”的认识。创办广元分公司《安全环保月报》，加强应急预案演练，应急处置能力进一步增强，确保国庆 60 周年庆典、“两会”以及生产经营和谐稳定。成功抗击“7・16”洪灾，未发生人员伤亡和油料泄漏。

2010 年，逐级签订安全环保责任书，层层传递安全压力，深入开展“三违”识别、“零宽容”签字、安全专项整治等系列活动，推进 HSE 管理体系有效运行，加大施工安全监管力度，实施现场叫停和经济处罚，确保“库、站、车、工、非”等领域重点部位、关键环节安全受控，公司实现安全发展、清洁发展。“安全发展既是本职工作又是政治要求”“有感领导、直线责任、属地管理”的共识已在干部员工中全面形成。

2011 年，针对施工建设点多面广、油库边生产边技改等难题，广元分公司强化“有感领导、直线管理、属地管理”要求，开展全员 HSE 承诺、安全知识竞赛，督促整改综合检查和专项检查的各类安全隐患，加大对施工环节违章操作惩处力度，安全环保工作实现“四个为零”。成功处置旺苍山体滑坡、三方运输油罐车油品泄漏、清江加油站货车自燃等突发事件，联手公安打击三方驾驶人员偷油事件，威慑和警醒违法人员，维护公司与用户的权益。

2012 年，落实安全生产责任制，管理界面更加清晰。召开 HSE 提升动员大会，制订 HSE 体系三年提升推进计划，在副科级及以上干部队伍中实施“个人安全行动计划”。重点工程建设安全监管不留死角，特别是油库技改坚持科学施工，顺利实现生产、技改施工与油罐隐患整治工作“三不误”。在数质量管理上，加油站实行周检测、月度盘点分析、异常超损耗赔偿制度，完成55座在营加油站、191个油罐单轨运行任务，提高数质量管理水平，防止安全、数质量、环保及新闻危机事件发生，公司荣获“省级安全文化建设示范企业”称号。

2013年，按照“严管重罚”要求，制定《质量计量安全环保考核实施细则》，明晰各层级管理界面。组建HSE内训师队伍，开展培训20余期，参训人员1000多人次，通过“百日安全生产”“安全生产月”等活动，强化全员安全意识。58座加油站达到安全生产标准化二级标准，3座达到三级，达标率100%。按正科级待遇，成立专业部门，对数质量实行专业管理。油品抽检合格率达100%，损耗同比下降50.29%，未发生一起数质量投诉及新闻危机事件。

2014年，按照“一岗双责”要求，明确党政主要负责人的安全责任，将安全环保工作做到与晋升考评、奖金收入直接挂钩，一票否决。开展“安全生产标准化达标创建”活动。全面分析库站及非生产区域风险等级，强调卸油看板作业、作业票现场签认和属地责任人现场监管制度。针对反恐形势，为库站配备相应防恐器械，安全防控能力明显提升。加强隐患排查和专项整治，投入382.80万元，60个隐患得到整改，降低安全风险。对违章行为严管重罚，先后查处各类违章事件8人次，罚款7000多元，2名站经理撤职，3名中层管理干部诫勉谈话。

2015年，成立安全管理专业队伍，在加油站开展“6+2”专项整治活动，危险作业坚持作业许可票现场签认和属地责任人现场监管制度，接卸油实施运维中心远程复核制度。针对自助加油新业务，完善风险管理台账2项，制定削减措施6条，提升重点环节安全防控能力。全年累计清洗油罐43批次，一级动火1次，三级动火42批次，高处作业20余次，动土作业50余批次，临时用电上百次，在重大安全管理压力下，守住“三条红线”。

2016年，调整安全环保质量计量组织机构，重新梳理安全环保责任书，开展接卸油专项整治活动，整改违规HSE负面清单行为67起；先后投入830万元，100个隐患得到整改，降低安全风险。按照“奖罚分明”原则，先后发放奖金2.75万元；对6名干部员工进行诫勉谈话或通报批评，累计罚款5万余元。认真落实省公司油品损耗专项治理工作，全年自校加油机600余次，412把油枪完成法定检定，油品质量内部抽检合格率和监管部门抽检合格率均达到100%。

2017年，与18个部门重新签订安全环保责任书，争取700多万元资金消除高速服务区环保隐患，完成60余座库站突发环境应急预案评审备案，补办环保验收手续36个，顺利通过“史上最严”环保督察。与辖区公安建立联防机制，组建联合巡逻队，确保党的十九大等特殊时段库站安全。针对施工作业，制定主要领导、责任部门、项目经理、现场代表“四级”责任管理机制，对现场实行区域包干、责任到人的管控模式。对损耗实行分环节管控，全年追索赔付金额10余万元，综合损溢率控制到0.35%，通过落实赔付机制，倒逼数质量管理水平提升。

2018年，创新例会安全经验分享，每周深入现场开展安全检查，对“四类事故”实行升级管理，加强与政府安全监管部门沟通，建立以大数据、信息化、智能化管理的“双控”体系，确保22处施工现场、200余项重大作业安全受控。加强超损耗赔付，倒逼收油作业管理，全年综合损益同比增加891吨，全省排名同比提升7位。制定印发《加油站电子券等新业务风险防控措施》，对广巴站 3 名违规员工进行严肃处理。建立微型消防站，开展专项演练上千次，成功应对 50 年一遇的持续暴雨、外省油罐车泄漏以及加油车辆冒烟起火等突发事件。加强合规管理信息系统应用，进行全员合规管理在线培训，合规承诺书签订率达到 100%。

2019 年，修订《安全制度汇编》《环保制度汇编》，建立各岗位安全生产责任清单。重要会议、经营例会会前安全经验分享成为制度，将分享案例进行归类整理，制作《安全经验分享手册》，初步形成公司安全教育案例库。按政府和省公司部署，广元油库和 63 座在营加油（气）站全省率先上线双控平台 APP，库站实现“事前预防、事中控制、事后治理”风险管控模式，为全省提供“双重预防机制建设”信息化经验。狠抓合规管理，全年无线下合同，将事后合同控制到 2% 以内，有效规避经营法律风险。

第九节　遂宁分公司

一、基本情况

中国石油天然气股份有限公司四川遂宁销售分公司（简称遂宁分公司）是中国石油天然气股份有限公司在四川遂宁设立的成品油销售直属分支机构。公司前身为中国石油公司四川省分公司遂宁石油供应站，成立于 1954 年 1 月。1988 年 3 月更名为四川省石油公司遂宁分公司 ,1992 年 4 月更名为四川省石油总公司遂宁分公司，1997 年 1 月成建制改组为四川省石油集团遂宁有限公司，1998 年 6 月上划中国石油天然气集团公司，1999 年 7 月重组改制 ,2000 年 10 月更名为中国石油天然气股份有限公司四川遂宁销售分公司。

截至 2019 年 12 月末，遂宁分公司设有总经理（党委）办公室、营销管理科、油气零售科、财务科、人事（组织）科、安全环保仓储科、投资建设科、党群工作科 8 个管理科室，1 个非油经营部、1 个信息运维中心，下辖 4 个销售片区；共有员工 481 人，其中合同化员工 114 人、市场化员工 169 人、三方用工 198 人；拥有在用油库 1 座，库容 2.2 万立方米；资产型加油站 55 座；资产总额 6.17 亿元，资产负债率 67.59%。

表 11–32、表 11–33 所示为中国石油四川遂宁销售分公司行政领导任职情况、党组织领导任职情况。

表 11–32　1989—2019 年中国石油四川遂宁销售分公司行政领导任职情况表

<table>
<tr><th>机构名称</th><th>职务</th><th>姓名</th><th>任职起止时间</th></tr>
<tr><td rowspan="6">四川省石油公司遂宁分公司
四川省石油总公司遂宁分公司</td><td rowspan="2">经　理</td><td>邓尚林</td><td>1989 年 1 月至 1996 年 6 月</td></tr>
<tr><td>唐良贵</td><td>1996 年 6 月至 1997 年 1 月</td></tr>
<tr><td rowspan="4">副经理</td><td>唐良贵</td><td>1989 年 1 月至 1996 年 6 月</td></tr>
<tr><td>张含浩</td><td>1989 年 5 月至 1990 年 12 月</td></tr>
<tr><td>郭栋华</td><td>1991 年 8 月至 1997 年 1 月</td></tr>
<tr><td>岳敦泽</td><td>1992 年 10 月至 1997 年 1 月</td></tr>
</table>

续表

机构名称	职务	姓名	任职起止时间
四川省石油集团遂宁有限公司	经　理	唐良贵	1997 年 1 月至 1997 年 8 月
		杨万彬	1997 年 8 月至 2000 年 5 月
	副经理	唐良贵	1997 年 8 月至 2000 年 5 月
		李中文	1997 年 8 月至 2000 年 10 月
		郭栋华	1997 年 1 月至 1997 年 8 月
		岳敦泽	1997 年 1 月至 1997 年 8 月
		黎　鹏	1998 年 6 月至 2000 年 6 月
中国石油四川遂宁销售分公司	经　理（总经理）	何光荣	2000 年 10 月至 2007 年 4 月
		彭昌富	2007 年 4 月至 2012 年 3 月
		孙永忠	2012 年 3 月至 2013 年 12 月
		张　真	2014 年 1 月至 2016 年 11 月
		黄奇山	2017 年 12 月至 2019 年 12 月
	副经理（副总经理）	李中文	2000 年 10 月至 2009 年 6 月
		鲜　新	2000 年 10 月至 2008 年 5 月
		彭昌富	2005 年 12 月至 2007 年 4 月
		徐启昌	2007 年 4 月至 2008 年 5 月
		何　信	2009 年 9 月至 2016 年 11 月
			2018 年 11 年至 2019 年 12 月
		王建明	2009 年 5 月至 2015 年 10 月
		李　嵋	2012 年 4 月至 2013 年 12 月
		黄奇山	2016 年 11 月至 2017 年 12 月（主持工作）
		王　强	2015 年 10 月至 2019 年 11 月
		洪琪福	2014 年 1 月至 2019 年 11 月
		陈崇林	2019 年 11 月至 2019 年 12 月
	总会计师	黎仁周	2000 年 10 月至 2002 年 6 月
		赵蓉斌	2007 年 6 月至 2009 年 5 月
		龙承运	2009 年 5 月至 2010 年 11 月
		李志英	2011 年 2 月至 2013 年 3 月
		胡　腾	2013 年 3 月至 2016 年 11 月
			2018 年 3 月至 2019 年 12 月
	安全总监	李中文	2002 年 3 月至 2009 年 6 月（兼任）
		王建明	2009 年 6 月至 2013 年 12 月（兼任）
			2014 年 1 月至 2015 年 10 月
		王　强	2015 年 10 月至 2019 年 11 月

说明：2008 年，行政领导职务名称由“经理、副经理”改称“总经理、副总经理”。

表 11-33　1989—2019 年中国石油四川遂宁销售分公司党组织领导任职情况表

机构名称	职务	姓名	任职时间
中共四川省石油公司遂宁分公司党委 中共四川省石油总公司遂宁分公司党委	书　记	张含浩	1989 年 1 月至 1994 年 5 月
		邓尚林	1994 年 5 月至 1996 年 7 月
		唐良贵	1996 年 7 月至 1997 年 1 月
	副书记	杨华章	1989 年 1 月至 1990 年 6 月
		李中文	1993 年 10 月至 1997 年 1 月
中共四川省石油集团遂宁有限公司党委	书　记	唐良贵	1997 年 1 月至 2000 年 5 月
		何光荣	2000 年 5—10 月
	副书记	李中文	1997 年 1—12 月
		杨万彬	1997 年 12 月至 2000 年 5 月
中共中国石油四川遂宁销售分公司党委	书　记	何光荣	2000 年 10 月至 2005 年 12 月
		彭昌富	2005 年 12 月至 2012 年 3 月
		张　真	2012 年 3 月至 2013 年 12 月
		洪琪福	2016 年 1 月至 2019 年 11 月
		黄奇山	2019 年 11—12 月
	副书记	李　嵋	2002 年 7 月至 2012 年 3 月
		张　真	2014 年 1 月至 2016 年 11 月
		洪琪福	2014 年 1 月至 2016 年 1 月（主持二作）
		黄奇山	2016 年 11 月至 2019 年 11 月
	常务副书记	陈崇林	2019 年 11—12 月

二、市场营销

市场经营环境　1989—1991 年，计划经济时期，遂宁分公司根据计划组织和调运油品，按比例分配油品，保障油品需求。

1992—1997 年，随着改革开放进程的不断深入，成品油流通领域也发生深刻变化。由过去的一家独大，逐步发展为多形式、多渠道成品油经营并存的市场格局，价格呈下滑趋势，供需矛盾初显。

1998—2000 年，遂宁分公司在 1998 年 7 月上划中国石油天然气集团公司，经重组改制组建中国石油天然气股份有限公司四川遂宁销售分公司。在此期间，执行省公司资源调进政策，保障区域内所属加油站油品供应。

2001—2010 年，成品油零售市场逐步开放，区域内社会加油站、中石化加油站等零售竞争对手不断增加。

2011—2016 年，主要竞争对手为抢占零售市场，加大营销力度，零售市场竞争加剧。中石油、中石化、壳牌以及各社会加油站更加重视现场规范管理及现场服务。

2017—2019 年，成品油消费需求增长趋势放缓，随着竞争加剧，油品经营利润空间收窄。

冠德、东明石化、亚汇石油等民间资本快速进入区域市场，竞争进一步加剧。

油品销售 1989—1999年，在计划经济与市场经济双轨运行背景下，按照经济体制改革委员会要求，遂宁分公司畅通上游供货渠道，围绕“参与竞争、扩大经营、深化内改、提高效益”这一中心，组织货源，重视销售市场基础工作，拓展市场。加快内部改革，完成机制转轨，强化以财务为中心的企业管理，将购进油料作为业务经营活动的中心。坚持以进促销，重视市场信息的收集和整理，加油站逐步向专业化管理方向迈进。

2000—2003年，紧紧围绕以经济效益为中心，以财务管理为核心，推行预算控制管理模式，高度重视零售市场的开发和维护，实行零售市场开发策略，不断拓展市场。2003年底，全年销售汽柴油5.64万吨，其中零售市场销售汽柴油4.89万吨，占比86.70%。

2004—2006年，坚持持续做大零售，确立科学销售、量价并重、效益优先的销售策略，以加油站专项整治工作为契机，强化加油站基础管理，不断拓展零售空间。按照省公司的管理要求，改革加油站管理模式，推出《五星级加油员的考核评比办法》，促使全员关心零售、重视零售。2006年底，全年零售汽柴油7.84万吨。

2007—2008年，成品油市场需求旺盛，油品价格保持高位运行，资源相对紧张。遂宁分公司严格执行省公司控销政策和销售计划，牢固树立安全发展的理念，认真分析判断市场走势，超前反应，提早安排。采取有保有压策略，市场供应平稳有序，确保抗震救灾、工农业生产、重点工程用油。2008年底，全年销售汽柴油10.38万吨，首次突破10万吨大关。

2009—2010年，积极化解成品油市场需求疲软、社会加油站低价竞争等不利因素，积极主动采取应对措施，适时调整市场策略，圆满完成公司销售目标。2010年全年销售汽柴油13.11万吨，其中零售汽柴油10.99万吨。

2011—2012年，落实“科学营销、加快发展、精细管理、安全环保、以人为本、和谐稳定”工作方针，狠抓加油站现场管理及服务规范，精准收集市场信息，主动开展市场竞争，牢牢把握市场竞争的主动权。2012年全年销售汽柴油16万吨，其中纯枪销量12.61万吨。

2013—2014年，面对区域经济增速放缓，油价急剧下跌，中石化、延炼低价油不断冲击市场等不利因素，遂宁分公司积极牢牢把握稳中求进的工作方针，积极调整发展思路，参与市场竞争，全力打好市场竞争攻坚战。2014年全年销售汽柴油17.77万吨，其中纯枪销量15.86万吨。

2015年，是遂宁分公司规模发展的关键之年。面对市场需求不旺、竞争对手低油价冲击市场，遂宁分公司加大客户开发力度，直批和纯枪两手抓，两方面要增量。全年销售汽柴油20.01万吨，总量首次突破20万吨大关，其中纯枪销量17.54万吨。

2016年，是“十三五”开局之年，遂宁分公司认真落实省公司“1234”治企方略和“1125”总体部署，积极探索企业突破困局，实现转型发展的新机制、新思路、新措施，开展精准营销。全年销售汽柴油20.80万吨，其中纯枪销量18.1万吨。

2017—2018年，面对低价资源冲击、区域内汽柴油需求不旺、价格竞争不断升级的不利局面，遂宁分公司力求主动变革，应对市场竞争，重新组建客户经理队伍，制定《客户经理薪酬考核办法》《加油站薪酬考核办法》，充分调动直批和纯枪销售队伍活力，释放战斗力。2018年，全年销售汽柴油 23.97 万吨，其中纯枪销量首次突破 20 万吨关口，达到 20.01 万吨。

2019 年，强化推进新零售建设，加大中油优途推广推介，制订油卡非润一体化方案，更加精细灵活采用“一户一议”“一户一策”“一单一议”等销售策略，将粗放式营销转变为精细营销，提升营销工作质量。全年销售汽柴油 24.86 万吨，同比增长 3.71%，其中纯枪销量 20.46 万吨，同比增长 2.3%。

三、加油站管理

现场管理　1989—1994 年，不断适应从计划经济到市场经济过度的市场环境，发挥加油站窗口示范效应，提升优质文明服务水平。以主城区开善寺加油站为样板，推行服务标准化，树立窗口形象。

1995—1999 年，推行以承诺服务为载体的加油站优质服务，美化企业形象。在开善寺、太和、赤城、城北、南津桥等站制作大型广告牌、价格牌、站名标牌，增设夜光指示牌，培植草坪、盆花，悬挂彩旗，突出企业品牌特征。

2000—2003 年，为贯彻落实《加油站管理规范》，在遂宁市委党校举办加油站经理培训班，对油站片区管理人员、加油站经理及部分优秀一线员工进行集中脱产培训 60 人次。

2004—2008 年，开展加油站专项整治和达标创星活动，推行“神秘顾客访问制”，在大英县片区办公楼设立培训学校，集中对管理层、加油站经理、综管员、一线操作工开展 8 期培训，总培训 400 人次。推行理论加实操考评方式，促进加油站现场规范管理水平进一步提升，分类设立标杆站；将规范管理内容纳入加油站经理任职资格考试范畴，推动加油站现场管理常态化。

2009—2011 年，开展“加油站现场管理达标”主题活动，建立亲情服务体系，推行岗位员工“三卡一表”。开展公司、部门、片区三级稽查制度，采取四不两直的方式，着重对现场设施设备管理、现场服务、当班人员在岗情况进行检查，提高一线服务水平。

2012 年，开展专项整治活动，推进 6S 定制管理。规范加油站物品的摆放，规范现场服务，规范着装等，营造整洁、规范、统一的现场氛围，努力提升中国石油窗口形象。

2013 年，推进 95504 规范化管理，在加油站张贴 95504 告示牌，设立客服中心，专职解决客户反映的问题及其投诉建议，从机制体制上提高加油站员工的服务态度和服务技能。

2014 年，建立“客户经理面对面”制度，在加油站张贴客户经理面对面告示牌，客户有政策咨询、投诉建议等，均可拨打客户经理电话。对投诉类问题，限时到现场处理，提升提高客户的体验感。

2015 年，开通总经理投诉电话。在加油站公布总经理投诉专线，设置专人负责受理，24 小时服务，主要收集客户的意见、建议、投诉等，进一步提高现场服务水平。

2016—2018 年，推进 MMP（神秘顾客考核）。由三方机构负责对加油站现场服务、规范服务进行考评，将考评结果与 KPI 挂钩，提高员工服务质量；结合存在的问题，逐站进行整改，提高规范化水平。

2019 年，推进“为快乐加油　创美好生活”服务提升年活动。通过培训、比武、评先选优等方式，营造比学赶拼的氛围，提高加油站服务水平。

加油卡管理 遂宁分公司以加油卡营销为中心，结合新零售平台的推广使用，扩大忠诚卡客户群。引导客户关注中油好客 e 站，使用中油优途 APP，增强客户消费体验与黏性，提高卡销比。

2010—2011 年，开展劳动竞赛，推动中油加油卡销售，印发宣传单到各企事业单位进行上门宣传，提高顾客知晓度和认可度。

2012—2015 年，突出以加油卡销售和发卡质量的提升。借力活动促发卡：把加油卡销售作为零售业务发展的重中之重，全力促进以销油为主向以销卡为主的转变；抓住节假日促销活动之机，借助开展“建司六十周年感恩回馈主题”活动东风，加大加油卡销售力度；走进社区、机关、展会，与平安、移动等战略合作单位共享客户资源，扩大发卡覆盖面。注重加强卡业务监管：从单纯注重发卡量向量质并重转变，更加注重提高卡销比，提高沉淀资金，提高使用率，控制折扣率。遂宁分公司卡中心设专人进行“日跟踪、周分析、月考核”，及时发现和纠正加油卡运行中的问题，提高有针对性的分析能力，形成卡监控的常态化工作机制，确保发卡业务健康发展。

2016—2017 年，为进一步发挥加油卡稳定客户的功能，加大力度推进加油卡发放工作，同时针对加油卡舞弊，建立日常监督机制，开展多次专项稽查，做到有奖有罚：对加油卡完成任务的，每张奖励 2 元，超任务部分，每张奖励 5 元，激发基层员工主动售卡积极性，其间共计发放奖励约 22 万元；加强加油卡舞弊的监督检查，落实专人负责，每日对异常卡进行筛查，追踪，以视频监控为主要依据，加大基层腐败治理力度，共计开除员工 23 人，处罚金额 11 万元。

2018—2019 年，为全面提高发卡质量，以卡为媒锁定目标市场，成立 4 个片区专业发卡小分队，通过专职发卡人员深入到厂矿、企事业以及政府单位，宣传中石油品牌，现场为客户办理加油卡，用加油卡锁定客户，从而提升加油站销量；截至 2019 年 12 月 31 日，站外新发卡合计 4560 张，充值资金 895 万元。

四、非油品业务

遂宁分公司致力于非油发展壮大，自 1989 年以来与时俱进，不断丰富发展业务内涵，扩大非油业务领域。至 2019 年，配合省公司进一步探索“线下 + 线上”“实体 + 虚拟”，向电商、代收代缴等新兴领域扩展，逐步推进落实“人・车・生活”生态圈。

1989—2007 年，成立“润滑油公司”，仅开展润滑油销售业务，主要以门市经营部及加油站兼营销售。

2008—2010 年，以省公司非油业务发展理念为指导，成功办理罗家湾 A 站、开善寺站等第一批加油站烟草销售许可证及副食品经营许可证，开展以香烟、包装饮料、预包装小食品为主要经营产品的非油销售业务。

2011 年，开展首批“昆仑好客”便利店形象打造，2012 年起开始规模性打造便利店，并在新建站点坚持新发展理念，将“昆仑好客”便利店作为加油站整体建设的主要部分进行投建。

2010—2012 年分别实现非油销售收入 631 万元、883 万元、1833 万元。

2013 年，逐步进行规模店打造，逐步开拓非油销售新领域。香烟销售网点达到全覆盖，全年实现销售收入 1608 万元。扩大便利店销售品类，单品数量最高值可达近 4000 个，包括润滑油类、酒类、家庭食品、香烟、日化用品等。同时，创建 50 万元便利店 3 座、30 万元便利店 5 座、20 万元便利店 4 座。

2014—2016 年，加油站非油销售商品类别有所增加，新增汽车用品、清洁用品及汽服业务。销售结构出现变动，香烟销售比例大幅提升，团购业务也朝着多元化方向发展。为提升 uSmile 昆仑好客便利店知名度，引入知名时尚品牌并开展促销活动。非油收入 4733 万元，建设 7 座 50 万元便利店、4 座非油收入超 100 万元以上便利店、1 座非油收入超 200 万元便利店、1 座非油收入超 300 万元便利店。

2017 年，积极宣传“10 惠”等品牌营销活动，因站制宜，打造同频共振的活动商品，有效提升顾客黏度；对城区加油站进行便利店升级改造，强化营销氛围布置，拉动非油增长，全年实现非油店销 2552 万元，同比增长 58%。继续开辟新业态，引入自有品牌等新品类商品进行跟踪分析，打造“人・车・生活”生态圈。5 座非油收入超 100 万元以上便利店，2 座非油收入超 200 万元便利店，1 座非油收入超 300 万元便利店。

2018 年，开展拓展非油业态，尝试开展异业合作，开展四季主题活动和“油非互促活动”，培养顾客消费习惯，提升油非转换率。对便利店布局进行优化，提升客户体验。逐站实地勘察，大胆尝试，运用异型堆头等方式增加对客户的吸引力。开发工业润滑油销售市场，填补工业润滑油空白区域。非油收入达到 5341 万元，同比增长 109.2%，销售收入创下历史新高，8 座非油收入超 100 万元以上便利店，5 座非油收入超 200 万元便利店，5 座非油收入超 300 万元便利店，30 万元以上便利店达到 36 座。

2019 年，推进异业合作，开展移动积分兑换、汽服、广告租赁等业务，并通过精细管理以提升店销收入及毛利，扩大外沿市场的控制力度，强化团购业务的开展，借助 U 途、中油好客 e 站等平台开展“互联网 +”相关业务。全年非油销售收入 5118 万元，其中店销收入 4814.4 万元，完成预算的 102.4%，非油毛利 741.1 万元，完成预算的 92.6%，均按照预算进度较好地完成非油任务。

“油卡非润”一体化营销管理　积极推进“油卡非润”一体化营销管理，严格遵循《加油站宣传促销活动现场布置指导方案》，按加油站级别和活动开展的类别，在活动开展前布置现场环境，营造良好的活动氛围。

利用“中油好客 e 站”微信公众服务平台和昆仑加油卡移动应用 APP，统一发布最新优惠政策和昆仑加油卡活动内容，发挥互联网营销和移动营销的优势，加油站通过微信、QQ、抖音等社交平台搭建自有客户圈，随时发布遂宁分公司促销政策，通过充值送电子券开展油非互促。

上架多款自有品牌，并着力推广，利用汽服合作拓展增值服务项目，增强客户体验，提升客户忠诚度。以加油卡为载体，积极策划特色活动，如“金秋送爽，油礼有你”等站级营销，进一步提升油卡非润一体化营销水平。

考核管理 逐站分析销售数据，调控商品购进数量，降低库存周转天数；指导便利店分析商品贡献率，关注重点商品及畅销商品，提高商品品效；通过排查筛选滞销商品，并协助加油站开展油卡非互动促销，处理积压滞销商品，减少滞销商品数量。

2019年，平均油非转换率由8.31%提升至16%，高于省公司平均值7%；滞销商品减少36%，商品品效提升。非油经营部根据遂宁分公司非油激励制度指导意见，制定详细的非油奖励发放细则，将各站奖励分为日常奖励与增效提级竞赛两部分，充分调动员工的积极性。每年初通过职代会讨论完成非油奖励新标准制定，与各加油站经理就综合业绩及非油奖励二次分配进行充分讨论，确保奖励实施到位，最大限度地激励加油站员工非油销售热情。

五、网络开发建设

1989—2019年，遂宁分公司在营加油站55座，网点分布于遂宁城乡，网点占比约60%。

2000—2008年，抢抓发展机遇，零售网点开发取得良好效果。新建加油站7座，收购14座，存续县支公司加油站16座。

2009—2010年，紧盯遂宁环线高速公路开发空白区域，实现高速公路项目零的突破。与四川遂宁绵遂高速公路有限公司签订绵遂高速公路服务区、停车区建设及经营权租赁协议，新建沿线高速加油站6座。

2011年，开发有潜力的市县主城区、乡区站点3座，遂宁分公司加油站数量为46座。

2012年，借势遂宁作为四川交通枢纽和国家级经济开发区规划建设的重大发展机遇，顺利实现高速公路、新区网点新发展。成功开发遂宁国开区流通坝加油站项目；取得重庆建工集团四川遂资高速公路有限公司所属遂资眉高速公路服务区加油站建设经营权，新建沿线高速加油站6座，遂宁公司加油站数量为51座。

2013—2014年，借助与地方政府的良好合作基础，成功开发大英环城路及多功能服务中心项目1座。

2015—2016年，转变开发思路和方式，混合所有制改革、关停站置换实现零的突破。成功开发大英中盛能源控股项目、射洪河东鑫兴元参股项目2座，迁建安居磨溪加油站1座，桐子垭加油站顺利恢复营业。

2017年，以遂宁市政府还建明月桥加油站为契机，将不具备修建条件的流通坝项目打包置换到国开区有利地段，积累遗留项目处置新经验。

2018年，探索丰富开发模式，成功收购遂宁博傲、道博新能源科技有限公司100%股权，新建2座加油站项目；提前布局加气网络开发，取得绵遂高速遂宁东AB服务区2座加油站，增设LNG加气装置备案批复，遂宁公司加油站数量为54座。

2019年，坚持“守土有责、寸土必争”，加大新建、调换、联合开发力度，成功开发蓬南乐安新建项目1座，有效遏制竞争对手对重要市场的蚕食；由政府主导，将红江加油站调换到有利位置，质量效益显著提升；罗家湾A加油站增设LNG加气装置取得省公司立项批复，为更好地服务地方经济社会发展奠定基础。

六、质量安全环保

遂宁分公司以持续推进 HSE 管理体系建设为工作重心，以库站标准化建设为抓手，不断夯实安全环保质量计量工作基础，时刻牢记安全生产理念，树立红线意识，努力维护整体安全平稳的生产运营环境。始终与时代接轨，不断创新安全环保质量计量管理方式，适应内外部安全监管环境。在强化安全生产责任方面狠下功夫，结合“一岗双责”的管理要求，将安全责任层层细化、安全压力逐级传递，形成横向到边、纵向到底，不留死角的责任管理体系。

1989—2005 年，始终坚持以“以人为本、预防为主、全员参与、持续改进”的 HSE 方针，持续提升基层安全管理水平，合理运用安全监督检查和安全观察与沟通等科学方法，降低库站各类风险，排查治理各类隐患。

2006 年，根据省公司指导意见，修订“三违”处罚条例，让各类违章处罚有章可循。积极开展“安全生产基础年”活动，制订各类安全生产应急预案，根据政府相关要求建立员工上岗安全资格认证体系。

2007 年，成立加油站稽查小组，采取不定时对加油站进行安全监督检查，有效防范加油站各类违章，确保加油站安全生产。对新进大学生进行安全教育专项培训，并将大学生分配到库站开展安全基础和文化建设。成立大英安全培训学校，进一步促进员工安全业务技能提升。

2008 年，积极应对“5·12”汶川特大地震灾后安全生产工作，成立地震隐患排查小组，全面开展库站隐患排查，严防次生灾害的发生。多次开展应对地震等一系列自然灾害的应急演练。

2009 年，增设加油站液位仪等设施设备，逐步完善加油站数量自动化管控。开展安全环保质量计量管理提升研讨会，确保国庆 60 周年庆典、“两会”以及遂宁公司安全生产。

2010 年，针对每年防洪防汛、冬防等特殊时节，根据库站特点，重新修订《防洪防汛指导手册》《冬防指导手册》，有针对性地指导库站积极应对各类自然灾害。开展员工安全培训需求调查工作，收集到员工培训需求 68 份，并根据培训需求重新修订 20 个培训矩阵和 45 个培训课件。

2011 年，加大对承运方的处罚和监管力度，制定《路检路查实施方案》，坚决打击油品偷盗行为，显著震慑承运方驾驶员。按照政府相关工作要求，开展危化品经营企业事故隐患专项整治，对所属库站进行详细隐患排查，排查出各类隐患 24 个，识别出各类新增风险 38 条，油库完成扩容改造。同年接受通过 ISO9000 质量认证审核。

2012 年，开展全年违章整治专项行动，不断强化“有感领导、直线管理、属地管理”要求，组织开展全员 HSE 承诺、安全知识竞赛，督促整改综合检查和专项检查的各类安全隐患，加大对各环节违章操作惩处力度，实现全年“四个为零”。全年共处罚 46 人次，处罚金额 32500 元。同年开展加油站地罐交接工作。

2013 年，开展卸油专项治理行动，严厉打击卸油违章操作，对 4 个习惯性违章制作课件进行分享，不断提升员工规范操作的意识。组建库站内训师队伍，从各部门、油库和加油站悉心挑选出业务精英，制定库站安全环保质量计量管理相关课件，开展15期培训，参训人员452人。开展国内油品国Ⅴ换号工作。

2014年，遂宁分公司作为受邀嘉宾参加遂宁市政府举办的“安全生产月”等活动，并进行安全管理先进经验分享。开展质量计量大比武活动，组织油库、片区参加，设立一、二、三等奖项，通过比武的形式提升员工业务技能。同年被省公司评选为质量管理先进单位。

2015年，开展库站消防器材、厕所专项整治行动，强化库站应急物资管理水平，提升公司形象。结合省公司QHSE体系文件对遂宁分公司管理文件、作业指导书等体系文件进行修订和印发，并组织培训和学习修订后的体系文件，提升体系运行水平。同年被省公司评选为质量管理先进单位。

2016年，重新修订印发《员工手册》，指导库站员工认真学习，严格按手册中的可视化操作步骤进行操作，进一步提升库站员工操作标准化水平。同年，遂宁分公司机关、油库、加油站应急预案进行备案。修订公司、油库、加油站等各级应急预案并成功在当地安监局备案，促进合规管理水平。

2017—2018年，加大对承包商考核力度，严格执行施工作业审批制度，将南津桥加油站打造成标准化施工现场示范站。增强施工现场风险管控，各个施工项目有序开展，未发生任何施工事故。2018年，重新修订副科级以上干部安全联系点制度，将56座库站“挂包帮”工作落实到公司各级管理层。同年，HSE委员会分委会增设信息与设备分委会。油库完成下装改造。完成55座加油站油气回收、防渗漏改造，全面达到国家环保管理要求。环城路加油站顺利通过中央环保督察并赢得好评。开展国内油品国Ⅵ换号工作。同年被省公司评选为质量管理先进单位

2019年，紧紧围绕“防风险、保安全、迎大庆”工作任务，到库站安全监督检查114站次，检查并整改问题130项，确保建国70周年大庆期间库站安全平稳。建立《风险分级管控和隐患排查治理》双重预防机制，提升遂宁分公司风险管控、隐患排查治理工作水平。制定印发安全生产责任制清单，实行清单制管理，进一步落实各级安全生产管理责任。接受通过ISO9000质量认证审核，质量体系持续改进有效运行。

第十节　内江分公司

一、基本情况

中国石油天然气股份有限公司四川内江销售分公司（简称内江分公司）前身是中国石油公司内江办事处，1951年9月21日正式批准筹组建立，公司名称先后变更为中国石油公司内江办事处、中国石油公司四川省分公司内江供应站、中国石油公司四川省内江分公司、四川省内江煤业建筑器材石油分公司、四川省内江专区燃料采购供应站、四川省内江石油采购批发站、四川省内江专区石油煤建公司、中国石油公司四川省内江采购供应站、内江地区燃料公司、中国石油公

司四川省内江采购供应站、四川省石油公司内江采购供应站。1985年1月1日起，内江各县（市）石油公司成建制划归中国石油公司四川省公司后，成立四川省石油公司内江分公司，与四川省石油公司内江采购供应站合署办公（两块牌子，一套人员），下辖简阳分站和资中、资阳、威远、隆昌、安岳、乐至6个支公司。1992年更名为四川省石油总公司内江分公司，1997年组建为四川省石油集团内江有限公司，1998年成建制上划中国石油天然气集团公司。1999年7月，根据中国石油天然气集团公司要求，重组改制实现上市和非上市企业分开分立。1999年11月，内江分公司及存续县支公司合并至四川省石油集团川南有限公司。

2002年4月，因行政区域的变化及经营管理需要，将原内江分公司所属隆昌支公司的人、财、物统一划归泸州配送中心；资阳设市后，设立资阳配送中心，将原内江分公司所属简阳、资阳、安岳、乐至支公司的人、财、物划归资阳配送中心管理。2009年1月，中国石油四川内江销售分公司挂牌成立，原内江公司所属威远、资中县支公司的人、财、物一并划归内江公司管理，公司主要负责内江市市中区、东兴区两区及资中、威远两县的成品油供应。

截至2019年12月，内江分公司设8个职能部门、2个附属机构、4个片区、7个党支部。有油库1座，加油站60座，在岗员工497人，离退休人员184人。

表11-34至表11-37所示分别为1985—1999年、2009—2019年中国石油四川内江销售分公司行政领导任职情况、党组织领导任职情况。

表11-34　1985—1999年中国石油四川内江销售分公司行政领导任职情况表

机构名称	职务	姓名	任职时间
四川省石油公司内江分公司（四川省石油公司内江采购供应站） 四川省石油总公司内江分公司（四川省石油公司内江采购供应站）	经　理	周大源	1985年1月至1992年5月
		谢治德	1992年6月至1996年5月
		黄宗会	1996年6月至1998年6月
	副经理	胡克祥	1985年1—2月
			1985年11月至1992年6月
		洪泽良	1985年1—2月
			1989年9月至1990年11月
		吴明学	1985年11月至1998年6月
		王金良	1988年1月至1998年6月
		谢治德	1990年12月至1992年5月
		郑　兵	1994年10月至1998年6月
四川省石油集团内江有限公司	经　理	黄宗会	1998年7月至1999年11月
	副经理	吴明学	1998年7月至1999年7月
		王金良	1998年7月至1999年11月
		郑　兵	1998年7月至1999年11月

表 11-35　1985—1999 年中国石油四川内江销售分公司党组织领导任职情况表

机构名称	职务	姓名	任职时间
中共四川省石油公司内江分公司（内江采购供应站）党委 中共四川省石油总公司内江分公司（内江采购供应站）党委	书　记	王子培	1985 年 1 月至 1992 年 6 月
		洪泽良	1992 年 7 月至 1998 年 6 月
	副书记	胡克祥	1985 年 1—11 月
		洪泽良	1985 年 11 月至 1992 年 6 月
中共四川省石油集团内江有限公司党委	书　记	洪泽良	1998 年 7 月至 1999 年 1 月
		黄宗会	1999 年 2—7 月
中共中国石油四川内江销售分公司党委	书　记	黄宗会	1999 年 8—11 月

表 11-36　2009—2019 年中国石油四川内江销售分公司行政领导任职情况表

机构名称	职务	姓名	任职时间
中国石油四川内江销售分公司	总经理	蔡　力	2009 年 1 月至 2010 年 12 月
		徐启昌	2011 年 1 月至 2013 年 7 月
		蒋　涛	2013 年 7 月至 2019 年 12 月
	副总经理	朱　维	2009 年 1 月至 2012 年 3 月
			2012 年 8 月至 2013 年 12 月
		刘俊良	2009 年 1 月至 2013 年 12 月
		王　宇	2012 年 3—7 月
		欧良治	2013 年 7 月至 2019 年 12 月
		罗永奇	2014 年 1 月至 2016 年 2 月
		代　丽	2018 年 2 月至 2019 年 5 月
	常务副总经理	罗俊刚	2019 年 6—12 月
	安全总监	刘俊良	2009 年 1 月至 2012 年 7 月
		王　宇	2012 年 8—12 月
		罗永奇	2014 年 1 月至 2016 年 1 月
		欧良治	2018 年 5 月至 2019 年 12 月
	总会计师	王怀炳	2009 年 5 月至 2012 年 2 月
		崔乃茸	2012 年 3 月至 2013 年 12 月
		黄　云	2014 年 1 月至 2019 年 12 月

表 11-37　2009—2019 年中国石油四川内江销售分公司党组织领导任职情况表

机构名称	职务	姓名	任职时间
中共中国石油四川内江销售分公司党委	书　记	王金良	2009 年 1 月至 2012 年 3 月
		朱　维	2012 年 3 月至 2013 年 12 月
		李　洪	2016 年 11 月至 2019 年 5 月
		蒋　涛	2019 年 5—12 月
	副书记	蔡　力	2009 年 1 月至 2011 年 1 月
		徐启昌	2011 年 1 月至 2013 年 7 月
		蒋　涛	2013 年 7 月至 2019 年 5 月
		钟跃萍	2014 年 1 月至 2016 年 11 月

二、经营销售

（一）市场营销

1989—1999 年，经历计划经济与市场经济的大背景，内江分公司按照经济体制改革委员会要求，在省公司的领导下，负责内江市市内成品油的计划分配、市场安排、调运和销售工作。管辖简阳、资中、资阳、威远、隆昌、安岳、乐至支公司。

2009 年，提出“分月下达指标，按月小结通报，分析查找不足，提出改进措施”的营销方式，及时调整策略，规范预收账款、代客存油、定期结算等业务经营行为，严格“价格、销售、客存、库存”关键点的控制执行，在稳定和拓展销售业务的同时，杜绝管理漏洞。

2010 年，落实协价稳价工作，通过与中石化云川、中石化川渝、社会加油站等竞争对手的协调，进一步稳定市场价格秩序，初步建立价格协调机制。

2011 年，按照“精简层次、专业管理、明晰职责、优化运行”的思路，对营销体制机制调整到位。

2012 年，按照省公司统一部署和要求，及时完成营销机制调整，业务实现专业化管理。修订完善《成品油主动配送实施细则》《批发（直销）配送操作流程》《成品油配送铅封管理实施细则》和《联合跟车稽查制度》等 24 个业务制度，营销机制逐步完善。

2013 年，加快建立完善涵盖区外竞争对手的信息库，拓宽竞争对手信息的收集和反馈渠道。与区内中石化、川渝能源公司、壳牌加油站等竞争对手达成稳固的购销协议，促成区域成品油价格的相对稳定，提高直批市场占有率。

2014 年，认真落实经营活动分析和例会制度，提高经营决策的预见性、针对性和灵活性，大力实施“一户一策”“一站一策”差异化营销，科学组织“低进低出”，加大对片区、油站每日销售进度的跟踪分析力度。

2015 年，积极实施营销大部制改革试点，科学整合营销资源，实现“批零一体化、油卡非一体化”协调高效运行。以资源“一盘棋”运作为基础，以效益为导向，推动用好两个市场、两种资源综合创效。保持合理批零价差，控制低价资源释放，减少再流通环节销售。

2016 年，按照“专业化管理、一体化运作”要求，分专业线成立“分管领导 + 部门负责人 + 专业线专家 + 数据信息分析人”的政策研究组，深度研究“9+3”配套方案，吃透“增量增资、增效增资、增量增费”的原则精神和考核方法，明确“智慧营销”的目标指向，创新“智慧营销”的体制机制。

2017 年，探索建立油卡非润一体化“大营销”新机制和“量价效率”动态管控测算模型，建立分线路、分地区、分加油站、分品种、分客户的销量变化预警及分析机制，精准开展“市场 + 政策”的专题分析调研，精细制定与省公司配套激励政策及营销导向相适应、相匹配，贴近市场的实施办法，指导“大营销”以市场和客户需求为导向，科学把握批零结合点和量效平衡点，精确实施“一对一”个性营销服务。

2018 年，持续推进油卡非润一体化“大营销”机制，全年实现“五个首次突破”，即总量首破“30万吨”、直批销量首破“10万吨”、非油收入首破“6000万元”、内江两区销售总量首破“10万吨”、蓝盾加油站便利店销售首破“500万元”。恢复组建以来，首次荣获省公司“决胜千万吨·迈向新零售”先进单位，营销科科长荣获杰出贡献奖，营销科和蓝盾、双苏、城北加油站荣获先进集体。

2019年，面对跌宕起伏的市场环境，坚强应对供需矛盾持续拉大、低价资源强烈冲击、防渗改造任务繁重等严峻挑战，坚持“稳中求进”工作总基调，着力稳总量、优结构、增效益，公司上下不畏艰难、勇敢拼搏，各项工作稳步推进，企业实现安全、廉洁、和谐发展。

（二）客户经理队伍建设与管理

2011年，推行客户经理负责制。制定《客户经理管理办法》，细化客户经理工作范围、内容和指标，定期进行考核，做到分工明确、责任到位、奖惩兑现，形成市场分片、客户分类的工作负责制和客户开发责任制。

2012年，全面实施四级客户开发维护项目责任制，强化客户经理考核，落实重点客户开发责任制和客户流失追究责任制。

2013年，坚持实行营销科负责人每周末轮流值班制度，推行客户经理“亮牌”制度，确保营销工作天天有人抓，时时有督促。

2014年，整合资源推进“批零一体化”运作。考察选拔10名油站经理为兼职客户经理，将辖区市场细分为10个责任区，配套完善客户经理管理办法和薪酬考核分配制度，初步实现市场与客户管理全覆盖、无交叉，为推行“批零一体化”运作创造条件。

2015年，进一步推进客户经理负责制度，强调实时性，确保准确把握机构客户、重点项目集中采购的时间节点，紧盯威钢、归连集团等VIP客户生产经营的变化趋势，强化相关信息收集与研判，主动出击，主动竞标，签约订单，锁定客户。

2016年，修订《客户经理管理办法》，全面清理年度重点工程项目，重新选聘客户经理，将目标市场细化分解到每位基层经理人。进一步完善“全产品、全方位、一体化”的客户经理动态考评和激励机制，将销量分解到每月每天，将目标任务和控制类指标纳入考核内容，实行月度考核年终清算，努力拓展区外市场销售，扩大直销终端用户量和用油量。

2017年，深入实施“全产品”客户经理制，健全“一体化”客户档案，有效延长服务链，深挖“油卡非润一体化”综合创效的能力。着力形成公司、片区（客户经理）、加油站、客户之间全方位立体化格局。

2018年，强化客户经理分片、包干制管理，实行专项考核、重奖重惩，突出贡献激励，纳入年度业绩指标考评，与年终奖励挂钩，并以此作为片区副经理岗位竞聘的重要考核指标，有效驱动客户经理团队激活存量市场、拓展潜力市场。4名客户经理完成直批销量6.56万吨，同比增长36.1%；直批销售11.89万吨，同比增长21.5%，完成省公司预算的115.2%。

2019年，加强市场情报收集分析，狠抓片区、客户经理与客户的纵向联系，抢抓价格和需求节点，根据客户等级分类施策，全年新增有效客户98名，增量1.1万吨，交界市场增量1067吨，增幅10.33%。以《年度目标责任令》压实任务，突出阶段考核和贡献激励，4名客户经理完成直批销量7.09万吨，同比增长8.08%。配合政府开展打击“三黑”行动25次，查获非法储油窝点14个，缴获非法油品224吨，有效净化市场环境。

（三）客户开发和维护

2009年，完善客户分级分类管理机制，建立工作目标问责制，与川威集团、内江四桥工程项目部、双苏工业园区、天宫堂水电工程、归连铁路等客户建立长期稳定的合作关系，衔接好内遂高速、成自泸高速、防洪堤工程、再生能源基地等新增客户的工程用油，月增销量240余吨。

2010年，综合分析每片市场、每类用户区域市场特点、竞争对手策略、客户构成及特点等多方面的因素，分片分类制定营销策略，全面推进不同群体客户的差异化营销，实现扩销增量。强化客户关系管理，健全和落实客户负责制，采取分级维护的方式，为客户提供满意服务，客户满意度达到98%。

2011年，通过管理创新，积极寻求优化资源配送的有效手段，通过实践主动配送、地罐交接、物联网、小额配送等创新方式挖掘潜力，大幅提高资源运力，扩大销售半径，确保全年调入汽柴油21.6万吨。

2012年，狠抓管理与服务促销，充分利用二次物流管理系统优化模块功能，全面推行主动配送。发挥小额配送优势，狠抓直销客户转换，将库发变站发，挖掘纯枪销售潜力，全年共组织站发小额车配送448车次，增加纯枪销量2473吨。

2013年，狠抓四级客户开发维护项目责任制的落实，实施重大用油客户跟踪开发工作，建立营销部门与片区之间、与油站之间的市场排查、开发、维护联动机制，确保区域市场重大项目客户的开发和维护全覆盖。

2014年，推动全员促销，设立大客户开发专项奖、超量奖和上台阶单项奖，鼓励全员促销，客户经理促销费使用实行“按月保底、超量定额追加”，促销政策积极向客户经理、片区和加油站倾斜，将有限的资源用在刀刃上，调动全员促销积极性。

2015年，将现有4个片区、10个责任区进一步细化分类为“培育区、成长区和成熟区”，有针对性地策划实施不同的客户营销策略。加强客户开发维护，按照“全覆盖、网络化、责任制”的要求，协同开展统一的市场普查。争取与银行、移动公司开展跨界合作，共享客户资源，并全面实施客户忠诚度计划，全过程掌握客户消费动态，挖掘客户潜在需求，实现对客户全生命周期管理和服务，及时挽回由客观因素可能流失的客户。

2016年，修订出台《客户开发维护体系实施办法》，锁定改制后的川威集团、内江绕城建设单位等用油大客户，提前制订销售计划，强化项目跟踪管理。以绩效合同定责任，着力向新增市场、竞争对手要增量，全年新增客户48家，新增销售2800吨。严格落实公路配送路检路查制度，加强对油罐车辆运输途中的监控，抓实承运车队对加油站断档脱销赔偿的考核兑现。

2017年，以综合业务平台和客户开发维护系统为支撑，强化客户分类分级管理，初步实现对客户经理开发维护动态的全过程指导和管控。逐步推行客户经理“多销多得、油卡非润全产品销售”考核模式，促进营销先头兵“主动出击”，抢抓价格和客户需求节点，制订三星级以上客户维护计划，开展“免费配送”“一户一策定价”等服务，全年新增客户138户，增量1.1万吨。

2018 年，紧盯区内市场，在积极配合政府开展专项整治行动的同时，针对竞争对手价格、促销手段和客户多元化购油需求，实施分级、差异化营销，全年新增有效客户 170 个，增量 3.15 万吨，牢牢掌控区内市场主导权。着眼区外市场，抓住国家大力开发页岩气的有利契机，落实客户经理重点攻关、跑动服务，外延拓展四川与云南、重庆、贵州的交界市场。

2019 年，成立新零售办公室，进一步整合“油卡非润”资源策划、业务运作、业务拓展、品牌宣传等职能，致力打造优质的平台线上推广和客户线下体验。强化异业合作，汇集银行、房地产、保险等行业促销资源 293 万元，核销平台合作电子券 170 万元。

表 11–38 所示为 2009—2019 年内江分公司主要经营指标完成情况。

表 11–38 2009—2019 年内江分公司主要经营指标完成情况表

年度	汽柴油销量（万吨）	非油利润（万元）	利润（万元）
2009	15.31	60.64	540
2010	18.26	92.51	1097.5
2011	20.04	151.93	1756.9
2012	20.05	82.82	1510.96
2013	20.32	138.45	–1697.91
2014	20.85	184.72	870
2015	21.16	299.70	255
2016	22.03	974.96	632
2017	26.84	543.79	1076
2018	30.22	741.58	665.22
2019	30.97	242	1315

三、加油站管理

（一）经营管理

2009 年，按照“主导市场，量效并重，规范受控，协调发展”的方针，实现销售质量和经营能力的同步提升。同时通过在加油站开展“管理执行年”“分站帮扶”和“管理规范”等活动，加油站综合管理水平、综合形象水平、综合服务水平、综合效益水平明显提高，自营加油站汽柴油零售量 11.59 万吨，零售比重达 75.7%。

2010 年，在市场急剧变化、自然灾害频发、竞争日益加剧的情况下，适时调整营销策略，强化销售目标管理，坚持开展每月经营活动分析，落实“促销增量、分站帮扶”的工作举措，全年实现零售汽柴油 14.4 万吨，同比增长 24.25%。

2011 年，以科学决策为先导，制定《加油站包干经营管理办法》，对 7 座加油站实行包干经营，减少人员 7 人。调动包干站积极性，提高人均劳效，打破“小站低效”的局面，实现人均自营加油站零售量 371.72 吨，同比增加 75.45 吨，全年实现零售汽柴油 16.58 万吨，同比增加 2.19 万吨，增幅 15.21%。

2012 年，按照省公司统一部署和要求，及时完成营销机制调整，零售业务实现专业化管理，采取“两定两包一统一”的模式，对 2000 吨级以下共 17 座加油站全部实行包干经营，销量同比最大增幅 226%；完善落实创吨级加油站培育机制，全年培育 5000 吨级加油站 6 座。积极探索交接班优化方案，试点站高峰期加油效率提升 5%，减少顾客等候时间 10—15 分钟，试点站日均纯枪销量增长约 2 吨，增幅 11%，客户满意度和忠诚度有效提升。全年实现纯枪销售 12.9 万吨，完成预算的 102.7%，同比增长 13.47%。

2013 年，以零售为核心，以效益为目标，千方百计“保增长、保份额”，多措并举“挖潜力、增效益”，有针对性地开展“点对点”价格竞争，科学组织“低进低出”；推行“大站带小站、城区站带城郊站、非承包站带承包站”联站管理新模式，“双低站”治理成效明显，负效站同比减少 15 座。全年实现纯枪销售 13.62 万吨。

2014 年，积极寻求新发展，加快建设“精、优、特”升级版内江分公司。大力实施“一站一策”差异化营销，精细策划实施“组合营销”，主动与联通公司携手开展“用沃支付，加中石油每升省 5 毛”联合促销，在城区站探索实行“感恩回馈、周末有礼”常态化促销。全年日均纯枪销售同比增加 15.3 吨，增幅 4.1%；全年实现纯枪销售汽柴油 14.24 万吨，完成年度预算的 102.42%，同比增长 4.5%。

2015 年，在宏观经济增速放缓、市场需求总体疲软的情况下，调机制做优增量，试点推行内江市中区片区整体承包，推行“大站创优、小站搞活”，威远南门加油站“以小博大”成功抢占对手汽油销售市场，汽油每月增量达 165 吨。多措并举开展“双低站”治理，其中龚家站“前站 + 后园”不仅重塑油站形象，更实现纯枪同比增长，全年实现纯枪销量 14.71 万吨，完成预算的 100.06%，同比增长 3.32%。

2016 年，在省公司“1234”治企方略和省公司党委“1125”工作部署的坚强指引下，内江分公司抓零售保效益，向 5000 吨级及以上和创 5000 吨级的“9+5”加油站下达《年度销售目标责任令》，设立纯枪销售上台阶专项奖励，层层传递压力，站站激发活力。同时借力隆昌片区回归，新增零售网点 11 个，新增零售规模 9937 吨，全年实现纯枪销量 15.38 万吨。

2017 年，紧紧围绕“改革劈山、创新铺路”这一主题，强化落实“智慧营销提能力，精细管理强素质，科学实施“周末限时特惠”，牢牢锁定周末客户出游和返程的“第一桶油”；大力实施节日促销吨油单项奖励政策，“国庆、中秋”双节期间纯枪销售同比增长 8.45%，其中汽柴油分别同比增长 10.19%、5.4%；新布局 98 号汽油站 8 座，达到 9 座，占比 16.07%，98 号汽油销售 519 吨，同比增幅 311.65%；全年实现纯枪销量 17.09 万吨，完成预算的 106.15%，同比增长 6.2%，完成率全省排名第一。

2018 年，内江分公司瞄准新零售企业建设，乘势而上、开拓创新，将“智慧营销”思路贯穿始终，锁定电子券核销目标，强化宣传培训、部门帮扶、亮化考核“三管齐下”；对大单客户“一事一报”，采取“自助 + 满额 + 卡优惠”组合模式应对区域激烈竞争，优化“一站一策、一单一议、一客一策”，24 座站实现增量，双低站同口径同比减少 3 座。纯枪销量 18.33 万吨，完成预算的 103.6%，同比增长 7.3%，完成率全省排名第四。

现场管理 内江分公司持续推进加油站基础工作，提高精细化管理水平，向精细化管理要效益。贯彻落实好《加油站管理规范》，积极推行加油站定置化管理，统一执行加油站账、表、册，强化加油站数质量管理、票据管理、资金管理、设备管理、安全管理与账表管理，做到卫生管理经常化、业务管理表格化、报表填制标准化、数据传递信息化，不断提升加油站规范化、精细化管理水平，努力实现“老站要有新水平、新站要有新面貌”。完善加油站经常化、制度化的稽查体系，采取视频扫站、明查、夜查、抽查、复查相结合的方式，每月对所有营运加油站检查不少于1次。强化服务监督考评，综合运用神秘顾客访问及“95504”等监督手段，积极探索引入媒体等第三方机构监督；严考核硬兑现，强力推进“四声”服务，确保“十个杜绝”，让优质服务成为员工的习惯养成，以服务促进销售、创造价值；持续深入开展“服务质量月”活动，分层级明确服务对象，固化服务标准，优化服务流程；总结推广好的经验做法，使周到服务、微笑服务、快捷服务为主要内容的亲情服务成为“中国石油”加油站的服务特色，努力提高车辆进站率、油箱加满率和客户回头率。

（二）加油卡管理

2009年11月，完成卡系统的部署和内测，并在双苏加油站售出第一张昆仑加油卡，也标志着内江分公司正式面向市场发行昆仑加油卡。

2010年，加强“加油卡”宣传推广，全年售卡1.05万张，累计卡充值1.56亿元，累计卡消费1.45亿元。

2011年，有效制定IC卡促销方案，同时沟通银行、交通、水电等协作单位，强化合作，加大联名卡、礼品卡发行力度，实现全年累计发卡1.77万张，充值3.17亿元，沉淀资金2041万元。

2012年，把大力发展加油卡营销作为提升终端市场控制力和拓展新的零售业务增长点的重要手段，加快城市站售卡中心建设，完善移动发卡和门店式发卡点，增加发卡充值网点、卡机连接、自助终端等设备。

2013年，进一步强化“大营销”理念，整合“油+卡+非+供货商”及战略合作伙伴多种资源，多种营销方案组合实施，多渠道拓展非油终端销售。

2014年，推进“油卡互动”促销，全年累计销售卡2.58万张，同比增长14.01%，卡充值6.91亿元，沉淀资金4621万元，同比增加1224万元。

2015年，着力“油+卡+非”的互动促销策划，持续加强与通信、保险等第三方企业的合作，进一步扩大合作领域，共享客户资源，拓宽销售渠道，全年累计卡充值6.02亿元，沉淀资金4918万元。

2016年，注重加油卡发行质量，打造专职推卡队伍，通过与集团客户、电商传媒、汽车维修商户、旅游景点、餐饮酒店等产业间的跨行合作，同时以服务促销，完成蓝盾、马鞍山、城南等10座加油站加油卡自助终端安装部署。活跃记名卡保有量34494张，沉淀资金4792万元。

2017年，坚持“推卡、推自助、推高端”，走进政府机关及联合银行、保险公司，推动充值卡销售220余万元；在个别站点推行自助优惠和试点“一机两枪两价格”包装，利用价差刺激客户办卡自助；新部署自助终端站点10座，达到34座。活跃卡4.46万张，沉淀资金5669万元，完成预算的 113%；卡销比 50.19%，完成预算的 115.38%。

2018 年，制定《上门推卡促销方案》，设置单项奖，公司党委、团委助力攻坚，走进政府机关等单位推卡 23 次，办理加油卡 733 张，充值 123 万元，活跃卡总数达到 5.25 万张，同比增长 18.2%，沉淀资金 7164 万元，同比增长 26.4%，卡销比 52.1%，同比增加 3.4 个百分点。

2019 年，常态化推卡推自助，党团青上门推卡 932 张、充值 100 万元，自营加油站卡销比 55.31%、沉淀资金 6848 万元，汽油卡销比 31.95%，同比增加 1.47 个百分点，卡业务贡献纯枪销量 10.35 万吨，同比增量 1.09 万吨，公司具备自助加油功能的站点实现全覆盖。

四、非油业务

2009 年 1 月，内江分公司正式组建运行，非油品经营部相继成立运行。实现非油业务收入 324.34 万元，完成预算的 135.14%，超额 84.34 万元。按照“自主经营、因地制宜、规范发展、稳步推进”的总体要求，积极构筑“油非并重为一体”的销售格局。确立因地制宜、因时制宜、因人制宜，多元开展非油业务，确立逐次开店，成熟一个开张一个，逐步扩展非油基础建设思路。引进蓝剑、统一、多路片燃油精等特色产品，

2010 年，实现非油业务收入 883.51 万元，同比增长 172.40%，完成预算的 160.64%；实现非油毛利 101.23 万元，同比增长 65.11%，完成预算的 101.23%。打造双苏加油站首座标准化便利店。将便利店和润滑油管理纳入加油站管理范畴，制定完善各项规章制度，明确落实岗位责任制。增加广告、彩票、烟酒等新业务，积极推行省公司百元非油销售收入含量工资制度，加油站每销售非油商品 100 元，员工工资增加 2 元，以此提高员工非油工作的积极性和主动性。

2009—2010 年，共开设标准便利店 5 座，简易便利店 2 座，13 座加油站开展堆头销售，43 座加油站开展润滑油销售业务，销售商品近 400 个，非油业务得到较快发展。

2011 年，实现非油业务收入 1447.95 万元，完成预算的 131.63%，实现非油业务利润 149.37 万元，完成预算的 149.37%。秉承油与非油同时安排、同时落实、同时检查和同时考核的“四同时”原则，形成非油业务“领导重视、非油牵头、部门配合、全员参与”的齐抓共管新格局。新增便利店 5 座，培育 50 万元以上便利店 6 座。大力推动堆头饮料、香烟、润滑油、便利车等非油业务项目。

2012 年，实现非油收入 1944.42 万元，完成预算的 121.53%，非油业务利润 104.43 万元，完成预算的 261.08%。成渝高速内江服务区全面投运，以提升管理服务理念、明晰机构体制建设、优化招商、合理营销、明确责权、强化治理为重点开展服务区的经营管理，打造“精品”服务区。实施“卡非互动、油非互动”，狠抓非油团购业务，提高拳头商品销售力度，大力拓展非油新业务，全年增加非油网点 2 个。

2013 年，实现非油业务收入 3358 万元，完成预算的 104.94%，同比增长 74.88%；实现非油利润 136.43 万元，完成预算的 113.69%，同比增长 70.13%。在非油品经营部推行非油业务员，推行便利店主管资格认证、任命和退出制度。新建便利店 3 座，培育打造 50 万元以上便利店 3 座、100 万元便利店 3 座。修订完善《加油站便利店商品管理办法》《非油品业务稽查考核实施

细则》《饮料堆头管理实施细则》《润滑油自用油管理办法》等管理制度。实施多元化经营，启动燃料油等新业务开发，月均燃料油销售 300 吨。

2014 年，实现非油利润 184.72 万元，完成年度预算的 142.09%，同比增长 17.33%。新建便利店 2 座。以片区为单元打造“样板便利店”，以点带面，狠挖油站大卖场潜力。充分发挥油库区位、仓储和运输三大优势，建成投运煤油中转基地。利用油站闲置场地开发广告业务，与“平安保险”合作开展积分兑换，因地制宜在乡村店开设农用器具专柜。

2015 年，实现非油销售收入 1805 万元，完成预算的 78.48%，非油利润 290 万元，完成预算的 111.54%。精心打造双苏、蓝盾、星桥、城南加油站便利店非油商品大卖场，新建标准店 2 座、简易店 25 座，开店率达到 82.2%。因地制宜调整产品结构，新增非油单品近 100 个。积极探索提高进站购物率、油箱加满率的油非互动机制，开展常态化促销活动，充分利用加油站闲置场所开展广告业务。

2016 年，实现非油销售收入 2477 万元，完成预算的 107.67%，同比增长 39.21%；实现非油利润 375 万元，完成预算的 96.14%，同比增长 29.31%。在 8 座油站试点推行非油业绩考核二次分配，在 14 座加油站实施便利店销售目标责任令。组织开展便利店“369”操作规范及开口营销技巧等有关非油业务知识的培训。通过闲置土地租赁，先后在内江蓝盾、星桥、资中笔架山、威远竹角冲开展汽车洗车项目，实现公司汽服业务零的突破。在三元井加油站探索开创“便利店 + 快餐店”“一站两店”新模式，实现“1+1 > 2”的新效益。

2017 年，实现非油销售收入 3291 万元，完成预算的 106.16%，同比增长 32.86%；实现非油毛利 580 万元，完成预算的 115.97%，同比增长 35.83%。非油利润贡献率从 2016 年的 28.01% 增长到 50.37%，增幅 79.86%。精心组织实施蓝盾旗舰店、双苏及城北高标准店和永安标准点建设。在双苏加油站继续推行“一站两店”非油业务拓展模式；在蓝盾便利店内开创“洗衣”、蛋糕”门店的“店内店”新模式。推行非油绩效工资制。设立非油业务稽查岗，制定《非油业务日常管理考核标准》，加大非油业务日常规范管理、安全经营的督促检查和指导。

2018 年，实现非油销售收入 6310 万元，完成预算的 103.4%，同比增长 91.7%。实现非油毛利 790 万元，同比增长 35.1%。坚持以客户为中心，立足店销，量效并重。以省公司油卡非润四季主题促销活动主线，着实发挥电子卷促销作用，衍生“10 惠”活动客户体验感和认同感，精心策划、周密组织开展“旺年油礼”“券恋春天”“2018・昆仑相随”“YOU 惠・过足瘾”“盛夏有礼清凉伴随”“岁末感恩・亲情回馈”等系列主题促销活动，不断推进促销活动常态化，实现便利店收入量效双增。以“汽油满额赠送商品”“加油满额换购促销”“个人、单位充值赠送商品”等多种形式的“油非互动”，推进油卡非深度融合、油品及非油品销售双增收。

2016—2018 年，推进便利店“标准化、品质化、形象化”建设。先后升级打造内江蓝盾加油站旗舰店、内江双苏、三桥，资中笔架山、银山、龙江、威远两河口、南门，隆昌太平、桐梓园加油站进行形象升级打造，改造后的便利店销售同比增幅均达到 50% 以上，城区店基本实现翻番。新建设便利店 21 座。

截至 2019 年 12 月，拥有 53 座便利店，其中：旗舰店 1 座、标准店 27 座、简易店 25 座；

100 万元以上便利店 12 座（400 万元店 1 座、300 万元店 1 座、200 万元店 3 座、100 万元店 7 座、50 万元店 9 座、30 万元店 9 座），规模店站大幅提升，非油业务基础发展迅速。

五、网络开发建设

内江分公司紧紧围绕省公司总体目标，科学规划，外拓内挖，突出重点，网络开发取得突破，以内江城市发展建设的规划和进度，攻坚城区和高速路站点，城市站点、存量挖潜等方面取得新突破，不断优化和完善营销网络布局。内江分公司由 2009 年的 39 座加油站增加到 64 座，其中投运 60 座，新开发网络 17 座，投运 13 座，新增隆昌片区 11 座次。2009—2019 年新开发加油站 15 座。新开发加油（加气）站主要部署在内江、资中和威远城区、高速公路、312 国道、省道等。

2011 年，新建威远新金泰加油站 1 座，租赁威远新店加油站 1 座，一举扭转网络开发被动局面，同时完成租赁改造成渝高速内江上下行服务区，项目总投资 6000 万元。9 月，设立成渝高速公路内江服务区。

2012 年，完成收购项目 1 座，租赁项目 2 座，其中收购内江顺风加油站，租赁小河交通、联谊加油站。

2013 年，恢复营业平安加油站 1 座，收购金钟加油站 1 座，存量挖潜取得新进展，积极盘活闲置资产。

2014 年 6 月 25 日，内江服务区公共服务项目移交四川蜀厦实业有限公司管理。12 月 9 日，内江分公司通过技术优化改造首座全自助加油站——马鞍山加油站正式投入营业。

2014—2015 年，完成油气回收改造 38 座次，完成马鞍山、樟木、南门、凉风、星桥加油站局部改造及防渗改造项目 5 座次。

2016 年，隆昌片区回归内江分公司，新增隆昌片区加油站网点 10 座次，完成联谊加油站租赁转收购 1 座次，完成加油站局部防渗改造 7 座次（平桥、双苏、永安、三元井、城北、龚家加油站）。结合每站实际情况，为进一步挖潜增效、消除安全环保隐患、扩大终端销售，利用地理优势，开展非油业务，增收增效，确保投资回报。

2017 年，取得迁建项目 2 座，新建加油站 1 座，租赁加油站 2 座，新江迁建、滨江加油站建设用地取得立项及落地。通过竞拍，以合理价格取得七星椒加油站新建项目；通过强化与地方政府的协调，成功解决 2 宗土地遗留问题，加油站置换多年遗留问题也得到彻底解决。租赁资中太平、隆昌桂花愿加油站 2 座，防渗改造 5 座次，彻底消除蓝盾、立交桥、连界、笔架山、龙结等安全环保隐患。

2018 年，取得新建隆昌界市加油加气项目 1 座，防渗改造项目 13 座次。截至年底，全年投运加油站 60 座。

2019 年，新开发加油（气）站“5+2”座、项目落地 7 座，分别超年度目标 3 座，完成特许经营站目标 5 座。完成防渗改造 24 座，超年度目标 5 座；新增投运 6 座，超年度目标 2 座。攻坚克难，解决历史遗留问题，停滞 8 年的石子站收购项目在诉讼维权后顺利接站并技改投运。

六、质量安全环保

2009 年，与全体员工、施工方或承租方签订安全生产合同和安全工作责任书，加强安全管理与监控管理，实现生产区域、非生产区域和车辆的安全“受控”，防范保护措施落实至现场，做到零事故，零污染。贯彻执行《反违章禁令》，严惩“三违”行为。“站村联防”模式落地，先后与关停或技改停业的加油站所在村社签订治安联防协议。建立公司、片区（油库）和加油站（岗位）三级应急联动机制，健全应急组织体系，持续完善总体、专项、现场应急预案和岗位处置程序。

2010 年，发布并实施 39 个安全环保管理办法和 57 个管理作业文件，认真履行安全环保职责。

2011 年，针对各岗位实际需要编制安全教育培训大纲和培训教材。

2012 年，培训选拔 33 名 HSE 内训师，初步建立覆盖公司各层面、各环节的 HSE 内训师队伍。

2013 年，全面完成各级领导、直线部门、属地单位、岗位员工的安全生产职责的修订和确认工作，配套制定奖惩条款和考核办法。

2014 年，组织 HSE 培训需求调查，编制 HSE 培训矩阵，组织全员参加专题培训 1926 人次。制定出台《加油站油品升损奖惩方案》，严格执行损耗定额管理和超损耗赔偿制度，加大违章行为的查处力度，保证公司安全环保质量计量工作总体受控。

2015 年，全面强化落实“一岗双责”，公司领导、中层管理干部制订个人安全行动计划，层层签订 445 份安全环保质量计量责任书，做到职责明确。细化安全环保质量计量考核办法和标准，开展专项检查 5 次、日常检查 195 次，发现问题 820 个，完成整改 521 个，其余问题纳入隐患管理台账。落实部门负责制，完成史家油库铁路栈桥、轻油泵房、罐区“三级防控”隐患治理工作。全部运营加油站完成油气回收系统安装工程。同年，创新工作例会形式开展“安全论坛”。

2016 年，全面推行 HSE 管理负面清单制度，完善隐患治理 5 年滚动计划，持续开展管线、油罐专项治理改造。史家油库推进下装技术改造及库站提升项目。技改后，信息化系统由技防代替人防，油库安全环保得到进一步加强，发油效率明显提高。

2017 年，接受并通过各级政府及地方职能部门环保检查 14 次，实现零处罚的工作目标。史家油库开展一系列安全管理专题活动，新增识别风险 79 条，查摆问题和隐患 264 项，并逐一制定预防和整改措施。夏季防汛安排专人 24 小时轮流盯防，确保公司所有加油站安全度汛。

2018 年，落实线上与线下全方位监督检查，排查整改不稳定因素，保证库站安全运营。

2019 年，从严落实安全监管，从严落实风险防控，从严落实数质量管控，齐心协力确保库站管控运营。全年油品综合损溢率 0.88%，零售实物损溢率 0.06%，全省排名分列第四、第三位。

第十一节　乐山分公司

一、基本情况

中国石油天然气股份有限公司四川乐山销售分公司（简称乐山分公司）成立于1953年4月，前身为中国石油公司四川省分公司乐山石油批发组。1954年4月，“四川省分公司乐山石油批发组”更名为“四川省分公司乐山石油供应站”。1956年1月，更名为“四川省乐山分公司”。1958年4月，石油公司与煤建公司合并为“乐山煤业建筑器材石油分公司”。1959年10月，更名为“四川省乐山石油采购批发站”。1961年9月，恢复成立“乐山煤建石油公司”。1962年11月，增挂“中国石油公司四川省乐山分公司”牌子。1978年1月，七一零二油库建成，移交乐山分公司。1985年1月，乐山地区石油公司上划给四川省石油公司统一管理，改称为“四川省石油公司乐山分公司”。1985年10月，在地改市和石油机构上划以后，将“四川省石油公司高墩子油库”改建为“四川省石油公司乐山分公司经营部”。1992年7月，更名为四川省石油总公司乐山分公司。1998年7月，四川省石油集团乐山有限公司及其所辖的支公司随四川省石油集团有限公司一道划入中国石油天然气集团公司。1999年7月，更名为中国石油天然气股份有限公司四川乐山销售分公司，注册和办公地址位于四川省乐山市市中区翰园街255号。

截至2019年底，乐山分公司在册员工617人，设机关职能部门7个：总经理办公室（党委办公室）、营销部、财务科、人事科（组织科）、仓储安全环保科、党群工作科、投资建设科。附属机构1个：后勤服务部。直属机构2个：信息中心、非油品经营部。下设4个片区：乐沙片区、峨夹片区、五井片区、犍沐片区。1个油库：7102油库。

表11-39、表11-40所示分别为1989—2019年中国石油四川乐山销售分公司行政领导任职情况、党组织领导任职情况。

表11-39　1989—2019年中国石油四川乐山销售分公司行政领导任职情况表

机构名称	职务	姓名	任职起止时间
四川省石油公司乐山分公司	经　理	王述平	1989年1月至1990年11月
		杨志远	1990年11月至1992年6月
	副经理	杨志远	1989年1月至1990年10月
		余邦明	1990年11月至1992年6月
		刘宇国	1992年1—6月
		付光勇	1992年5—6月
		王新全	1992年3—6月

续表

机构名称	职务	姓名	任职起止时间
四川省石油总公司乐山分公司	经　理	杨志远	1992 年 7 月至 1998 年 6 月
	副经理	刘宇国	1992 年 7 月至 1995 年 3 月
		余邦明	1992 年 7 月至 1995 年 2 月
		付光勇	1992 年 7 月至 1995 年 12 月
		黄宗会	1993 年 4 月至 1995 年 4 月
		王新全	1992 年 7 月至 1998 年 6 月
		陈文强	1995 年 2 月至 1998 年 6 月
		陆明全	1996 年 10 月至 1998 年 6 月
四川省石油集团乐山有限公司	经　理	杨志远	1998 年 7 月至 1999 年 7 月
	副经理	王新全	1998 年 7 月至 1999 年 7 月
		陆明全	1998 年 7 月至 1999 年 7 月
		陈文强	1998 年 7 月至 1999 年 7 月
中国石油四川乐山销售分公司	经　理（总经理）	杨志远	1999 年 7—12 月
		黄宗会	1999 年 12 月至 2005 年 12 月
		王新全	2005 年 12 月至 2008 年 3 月
		丁永和	2008 年 3 月至 2012 年 3 月
		彭昌富	2012 年 3 月至 2018 年 11 月
		何伟毅	2018 年 11 月至 2019 年 12 月
	副经理（副总经理）	王新全	1999 年 7 月至 2002 年 3 月
		陈文强	1999 年 7 月至 2008 年 10 月
		陆明全	1999 年 7 月至 2001 年 2 月
		沈茂加	2002 年 4 月至 2009 年 5 月
		徐启昌	2008 年 4 月至 2010 年 12 月
		王新全	2009 年 6 月至 2011 年 5 月
		李继舒	2008 年 5 月至 2014 年 1 月
		潘晓丹	2011 年 1 月至 2012 年 8 月
		杨启慧	2014 年 1 月—2019 年 12 月
		赵学锋	2012 年 8 月至 2019 年 10 月
		朱　波	2013 年 3 月至 2018 年 11 月
		彭　冲	2018 年 11 月至 2019 年 12 月
	总会计师	郑井平	2001 年 2 月至 2003 年 12 月
		陆明全	2003 年 12 月至 2009 年 5 月
		彭勇军	2009 年 5 月至 2013 年 3 月
		李　锐	2013 年 3 月至 2019 年 12 月

说明：2008 年，行政领导职务名称由“经理、副经理”改称“总经理、副总经理”。

表 11-40　1989—2019 年中国石油四川乐山销售分公司党组织领导任职情况表

机构名称	职务	姓名	任职起止时间
中共四川省石油公司乐山分公司党委	书　记	王金荣	1989 年 1 月至 1992 年 6 月
		杨志远	1996 年 6 月至 1998 年 6 月
	副书记	王述平	1989 年 1 月至 1990 年 10 月
中共四川省石油总公司乐山分公司党委	书　记	王金荣	1992 年 7 月至 1995 年 4 月
		黄宗会	1995 年 4 月至 1996 年 6 月
		杨志远	1996 年 7 月至 1998 年 6 月
	副书记	杨志远	1992 年 10 月至 1996 年 4 月
		陈文强	1996 年 4 月至 1998 年 6 月
中共四川省石油集团乐山有限公司党委	书　记	杨志远	1998 年 7 月至 1999 年 7 月
	副书记	陈文强	1998 年 7 月至 1999 年 7 月
中共中国石油四川乐山销售分公司党委	书　记	黄宗会	1999 年 7 月至 2008 年 3 月
		王新全	2008 年 3 月至 2009 年 5 月
		丁永和	2009 年 5 月至 2011 年 5 月
		王新全	2011 年 5 月至 2013 年 3 月
		朱　波	2013 年 3 月至 2018 年 11 月
		何伟毅	2018 年 11 月至 2019 年 12 月
	副书记	陈文强	1999 年 7 月至 2005 年 12 月
		王新全	2005 年 12 月至 2008 年 3 月
		李继舒	2008 年 5 月至 2011 年 5 月
		丁永和	2011 年 5 月至 2012 年 3 月
		彭昌富	2012 年 3 月至 2018 年 11 月
		彭　冲	2018 年 11 月至 2019 年 12 月

二、成品油销售

1989—2007 年，在计划经济与市场经济双轨运行背景下，乐山分公司按照经济体制改革委员会要求，通过合理确定承包基数、合理使用企业留利、健全考核指标体系、完善工效挂钩和对经营者的奖惩等办法，全面推行油品销售业务。

2008 年，柴油资源异常紧缺出现“油荒”，乐山分公司坚持“控批、保零、保重点”的营销方针做好保供工作，充分履行公司社会和政治责任。“5 · 12”汶川地震和北京奥运会期间乐山分公司保证抗震救灾油品供应，确保市场安全平稳运行，得到政府和社会高度肯定。销售方面，成品油批发直销并入片区，推行批零一体化管理，并设置集团客户经理岗位，取消销售代表，销售队伍愈加专业化。

2009 年，开展加油卡业务，第一张加油卡售出标志着开启卡时代，通过加油卡优惠进行客户绑定，取缔油票业务和零售客存油业务，全年发行加油卡 401 张。批发方面，制定“市场细分区域”，落实“定项目、定责任人、定开发时间”的三定原则，落实区域市场和客户维护职责。同年，站发小额配送车辆划归中油运输公司，纳入专业化管理，提高专业化运行程度，降低安全风险。

2010年，重新梳理销售流程，规范运行，完善批发直销业务管理制度，严格执行“六个一致”，客户关系管理更加规范。加油站配送油料从手工计划向二次物流系统开展线上配送转变，极大提升配送效率和线上控制。加油卡业务快速发展迅速“破万”，达到2.56万张。成品油销售驶入快车道，比2009年增量近5万吨，同比增幅近20%，首次迈上30万吨的台阶。

2011年，加强加油站远程在线管理，首次使用营销指挥大厅功能监控加油站，加油站管理更加规范。抓住乐雅、乐自高速公路等重大工程项目积极联系，牢牢抓住增量市场，全年成品油销售超过35万吨，比2010年增量近5万吨。

2012年，省公司成立60周年大庆，乐山分公司开展“风雨六十载，油中来感谢”活动。将片区批发业务上收营销科统一管理，客户经理编制调整为营销科，由营销科统一安排指挥。在全省率先推行油罐车“地罐交接”，实行铅封管理，配合省公司在岷江三桥加油站召开现场会，为全省推行“地罐交接”打下基础。

2013年，首次制定印发《站发小额配送业务管理办法》，33个配送车辆完成车载视频上线工作；制定印发《车载视频运行管理办法》，配送车辆在途监控更加安全可控。建立片区经理、加油站管理科科长和业务副总经理三级客户投诉管理责任体系，对亲情承包加油站以外的37位加油站经理全部实行考核轮岗。首次增设乐山城北等3座站高标号汽油销售，利用高标号汽油打开市场，全年98号汽油销售120吨。

2014年，持续抓好高速公路等重点工程项目用油，零售方面丰富促销手段，成品油销量不断增加，全年汽柴油销售顺利跨上40万吨台阶，零售跨上30万吨台阶，创造“双跨”的辉煌成果。

2015年，建立客户网格化开发机制，在营销部设立零售网格化开发岗，各加油站按划定的市场网格完善客户资料；当年开展全流程优化诊断，开始推广自助加油，全年共41座加油站实现半自助；首次对19座5000吨以上加油站实行卸油不停枪，提升服务效率。业务线员工参与省公司加油站服务技能竞赛，获得班组服务、加油服务、收银服务三个项目第一名。

2016年，开展客户大普查工作，建立与中石化、延长壳牌不定期沟通机制，避免价格恶性竞争；做好国Ⅴ油品置换工作，加强神秘客户和95504投诉管理，加大双低站治理，2016年底双低站7座，比2015年底减少10座。

2017年，面对成品油市场乱象，乐山分公司率先发起“三黑”打击工作，与经信、公安、工商等部门联系，打击非法营运小油罐车，当年峨夹片区查处4辆，犍沐片区查处2辆，取缔物流公司、沙石厂、矿山工地等私自安装储油罐16个。

2018年，年末活跃记名卡突破8万张，沉淀资金突破9000万元；开始发展电子券业务，锁定客户消费，核销27万张、金额1022万元。对严重扰乱市场的非法油罐车和储油罐等市场秩序破坏者进行联合打击，共打击“三黑”12处，收缴油品15吨。

2019 年，通过对设施设备优化完善，自助加油站点覆盖率 100%。打好宣传牌、旅游牌、未来牌、服务牌，大力发展新零售建设，推进“中油优途”上线工作，9 月完成第 1 笔客户优途交易，由此进入良性发展势头，当年实现优途粉丝 15413 人，累计消费 307.47 万元。开始实行加油站特许经营，涌江加油站成为乐山分公司第一座特许经营加油站。打造第一座集当地文化为一体的“文创加油站”五通加油站。乐山分公司销售再次跨上 40 万吨台阶。

表 11–41 所示为 2007—2019 年中国石油四川乐山销售分公司成品油销量统计情况。

表 11–41　2007—2019 年中国石油四川乐山销售分公司成品油销量统计表

年度	销量（万吨）	同比增幅（%）
2007	23.53	—
2008	25.88	10
2009	25.20	–2.62
2010	30.18	19.76
2011	35.02	16.04
2012	37.33	6.6
2013	37.17	–0.43
2014	40.64	9.34
2015	38.34	–5.66
2016	38.42	0.21
2017	37.31	–2.89
2018	38.44	3.03
2019	40.09	4.29

三、非油品销售

2003 年 2 月，成立润滑油经营部。

2009 年 4 月，成立非油品经营部，主要职能包括便利店业务、汽车服务、广告位经营、餐饮住宿服务、润滑油及其他石化产品销售、其他非油品业务的进销存管理、促销活动等。

2010—2011 年，立足于现有加油站网络，逐步开展润滑油、便利店、汽服、广告、租赁等传统服务，配合省公司探索“线下 + 线上”，向电商、旅游、代收代缴等新兴领域扩展。

2012 年，开展便利店店面装修，首次新建市中区通顺、鸿运加油站 2 座标准便利店；对月销量 200 吨以上没有标准便利店的加油站配备 2—3 个手推车货柜；中央仓品种不少于 1000 种，高级店品种不少于 800 种，标准店品种不少于 600 种；加大团购促销力度，团购销售达到 950 万元。

2013 年，加快便利店店面装修，新建市中区城北加油站、犍为大桥加油站、夹江天山加油站、市中区白燕加油站等 4 座标准便利店。

2014—2015年，开展灯光改造和加油站陈列规范管理，完成8座站灯光改造和19座站陈列规范，使加油站形象得到大幅度改善；开展酒类重点品类郎酒、水井坊等产品专项促销活动。

2016年，除高速服务区加油站外，实现昆仑好客便利店全覆盖。在省公司指导下开展集采集配业务，进一步降低商品成本及运输成本。开展车用尿素品牌置换工作，全面置换泸天化系列产品，上架昆仑之星车用尿素。全年汽车用品销售237.75万元，同期增长170.41%；毛利65.64万元，同期增长232.51%。

2017年，建立乐山销售微信公众号，将非油品分类附上详细介绍和团购、促销等活动价格信息，实现顾客随手全面掌握便利店商品种类和价格。利用中油好客e站、中油优途两大中油的APP，完善线上线下非油业务的联合促销。全年非油店销销售收入跨过5000万元，同比增长40%；吨油非油收入226.1元，同比增幅22.1%；吨油店销201.8元，同比增幅37.7%。

2018年，改变以往"一杆子"促销政策，根据地理位置、市场环境、消费群体等因素，在油品、电子卷业务的配合下，深度挖掘站内烟酒、奶类、饮料、个人护理等商品的销售潜力，实行一站一策促销活动。打造乐山分公司首座千万元级便利店城西加油站。注重开发工业润滑油业务，全年销售工业润滑油497.2万元，同比增幅133.5%。新增五通站等4座站自助洗车项目，建设城西站、三桥站综合汽服项目，新增沐溪站等6座站撬装尿素加注机项目，不断完善加油站服务品类。全年店销大幅增长53%。

2019年，非油大力实施异业合作，改变传统营销模式，降低营销成本，引入异业营销资源200万元以上。建立中油优途APP线上商城，引入翘脚牛肉、钵钵鸡、罗城牛肉等地方特色商品，将地方特产推出乐山，走向全国。顺应市场变化，开启直播带货业务与地摊销售，开设昆仑好客地摊店外店。全年店销收入超过7000万元，毛利超过1200万元，两项指标提前完成全年任务，非油综合指标排名全省第一。

四、质量安全环保

安全环保管理 2000年，乐山分公司建立HSE管理体系，将安全检查、体系审核、各项管理文件进行整合，首次启动安全管理系统化、体系化、标准化。

2002—2003年，7102油库发油场实施改造，实现下装发油。

2005年，7102油库油罐区实施改造，油罐污水进行集中处理，实现罐区雨污分流，提高环保能力。

2006—2008年，7102油库实施成乐管输改造，从原有3.8万立方米扩容至6.5万立方米，为乐山、眉山、雅安等多区域配送提供有利保障。

2008年，启动安全环保基础年活动暨"六条禁令"，全面实施反违章六条禁令，形成严管重罚的安全态势。首次通过HSE信息系统各项信息录入，实行监督检查系统化、应急演练规范化。

2009年，建立健全安全环保工作责任体系，首次细化安全环保责任指标、责任范围明确、责任追究到位的要求，着力抓安全环保责任体系的健全完善和责任落实。

2011年，启动HSE管理体系提升推进工作，提出"33171"体系推进模式，系统规范安全环保管理流程和操作规程。

2012 年，以 HSE 管理九项原则为指导，编制印发乐山分公司 D 版 HSE 体系文件，持续改进体系运行绩效，获得省公司质量安全环保系统岗位练兵团体三等奖。

2013 年，大力推进“三项管理”，成立四个分委会，通过大力实施 HSE“2111”工程，成立 HSE 内训师队伍 18 人；通过开展培训需求分析、建立培训矩阵，开启乐山分公司 HSE 系统培训新篇章。仓储安全环保科被评为 2013 年度省公司先进安全环保部门。

2014 年，建立“一岗双责、管行业管安全 、管工作管安全”的安全责任体系，全体员工编制本岗位安全生产职责，营造上下齐抓共监督的良好安全氛围，乐山分公司被评为 2014 年度省公司安全生产先进单位。

2015 年，制定 HSE 考核管理办法，对过程性指标进行逐项修订，根据各部门工作职责和岗位安全职责进行量身打造，更新印发 E 版 HSE 管理体系文件，发布新版总体应急预案和 11 个专项应急预案，形成完善的 HSE 考核管理体系和应急管理体系。2013—2015 年，完成 72 座加油站油气回收工艺改造，库站全面实施一次、二次油气回收环保工艺。

2016 年，规范库站环保管理制度，签订危废协议，建立库站危废品台账，对 76 座加油站进行环境应急预案备案，对危险废物、油气回收、环保沟、隔油池等环保设施进行规范化制度化合规化管理。组织开展“安全风险大排查”活动，查找风险 890 条，有效落实双重风险预防机制，获得省公司安全风险大检查优秀组织奖。

2017 年，推进重大风险专项治理，投入 6 座加油站污水处理装置隐患整改，取得 71 座加油站补办环评手续，环保管理全面合规。获得省公司 2017 年度安全环保质量计量先进单位。

2018 年，编制印发 HSE 负面清单，形成监督检查闭环管理机制；公司机关、7102 油库、69 座加油站通过安全标准化二级企业评审，7 座加油站通过三级企业评审。

2019 年，组织制定并发布实施领导班子成员、机关各部门、油库、片区及加油站共 87 个岗位《安全生产责任清单》；成立综合稽查组，实行加油站分级管理，实现每半年全覆盖稽查加油站；组织成立义务应急救援小组，形成轮流值班制度，组织应急小组对“8・5”暴雨洪涝灾害进行快速有效的抢险救援工作；组织开展全员安全履职能力评估和安全管理轮训工作，全面提升管理人员安全履职能力。

质量计量管理　1989—2008 年，严格按照各项规章制度进行计量监管，做好油品的质量、计量管理工作。

2009—2012 年，乐山分公司将 QMS 体系建设与“严管理、查隐患、反三违、增效益”活动有机结合。就 QMS 管理体系文件进行部门意见征集、反馈并修改，完善体系文件的有效性和可操作性。

2013 年，成立乐山成品油质量检测分站，在门户网站开设“质量计量管理宣传专栏”，把质量管理法律法规、体系文件及质量事故、未遂事故案例上传到专栏中供员工下载学习。举办 3 期质量管理体系培训班、1 期加油机示值误差自检培训班。在加油站卸油口“大小接口”管理的基础上对 31 座加油站 97 号汽油卸油口进行“阴阳接口”改造，实现加油站各品种油品卸油口口径的唯一化，乐山分公司被评为省公司2013年度计量管理先进单位。

2014年，成立加油站地罐交接领导小组，召开质量计量管理专题会议，厘清质量计量管理流程，通过提升各级管理责任心和工作效率，促进质量计量管理制度得到有效落实，获得省公司系统地罐交接工作先进单位称号，质检分站获得省公司检定分站先进集体称号。

2015年，强化公路运输损耗管控，严格执行地罐交接赔偿协议、对油罐车不定期不定时的跟车稽查；建立车辆、地罐误差“数据库”；建立《加油站地罐交接超耗索赔兑现统计台账》；制定印发《车载视频考核管理办法》，向社会发放3.9万份“告客户书”，鼓励举报偷盗油料行为，对发现偷油行为的每笔处罚2万元，对举报人奖励1万元。

2016年，制定《油品损耗专项治理实施办法》，在每周一例会上对损耗专项治理工作情况进行通报，针对出现的问题制订落实解决方案，进行销项管理。发明加油站底部取样器，在全省推广使用，获得省公司最受基层欢迎发明表彰。

2017—2018年，首次邀请安监、环保、质检相关政府部门参加在城西加油站开展的滴滴好油、满满诚信“天天3·15”主题宣传活动；对公路运损管控过程中存在的问题及困难及时与车队沟通，在第一时间内解决问题。2017年检定分站获得省公司年度计量检定分站先进集体称号，2018年乐山分公司获得省公司质量管理先进单位。

五、投资建设管理

1999年上划中国石油后，按照股份公司的要求，每年制订投资框架计划，次年向省公司申请进度计划，年底再对年度计划进行调整；按照中国石油加油站建设标准对新建、技改加油站进行设计和施工，对租赁和收购加油站进行改建。

1999—2008年，加快网点建设，拓展终端销售，抢占零售市场，采取以收购为主、新建为辅的策略，坚持“速度与质量并重”的要求，着力抓好区域市场的零售网络建设，有效地推动加油站购建工作的开展，从20座加油站发展至68座。

2013年油气回收改造全面启动，至2015年全面完成所属加油站改造。

2014—2015年，通过公开竞买取得峨眉符溪加油站建设用地，成功竞得该宗土地，打击土地竞拍中的不正之风。开展加油站库站提升改造工程，拉开加油站一体化改造序幕。与四川三川永利能源投资有限公司合资组建乐山中油广生能源有限责任公司，是乐山分公司首个成立的合资企业，为多渠道合作模式打开新局面。

2016年，长期停业的乐青加油站恢复投运。

2017年，荣获销售公司“网络开发先进团队”称号。

2018年，完成市中区城西、乐山等14座加油站一体化改造，打造人·车·生活生态圈，提升加油站形象。城西加油站为首座采用玻璃幕墙的加油站。以土地基准价取得犍为四坪加油加气站建设用地（2016年成功与政府签订《项目投资协议书》，最终以低成本取得土地），同时该项目取得LNG加气项目批复，为乐山分公司首座LNG加气站。

2019年，开发网点11座。收购山东高速四川投资开发有限公司49%股权，与山东高速深度绑定，实现租赁亏损向股权收益利好的转变。乐山分公司控制网点总数突破 80 座，荣获省公司“双百之师”先进单位称号。

第十二节　南充分公司

一、基本情况

中国石油天然气股份有限公司四川南充销售分公司（简称南充分公司）成立于 1953 年 2 月，前身为中国石油公司四川省公司南充供应站，行政上受地方行政部门管理，业务上直属省石油公司管理。1955 年更名为中国石油公司四川省南充分公司，1955—1978 年，先后更名为四川省南充煤业建筑器材石油公司、四川省南充石油煤建分公司、中国石油公司四川省南充分公司。1978 年更名为四川省南充地区石油公司。1985 年 6 月，上划中国石化销售公司四川省石油公司，更名为四川省石油公司南充分公司。1992 年 11 月，更名为四川省石油总公司南充分公司。1998 年 3 月，更名为四川省石油集团南充有限公司；5 月，划归中国石油天然气集团公司管理；6 月，石化经销公司和聚源公司两直属集体企业划归四川省石油集团南充有限公司。1999 年 7 月，四川省石油集团南充有限公司核心业务划转中国石油天然气股份有限公司管理，成为中国石泊天然气股份有限公司在川设立的市级分公司。2001 年 1 月，更名为中国石油天然气股份有限公司四川南充销售分公司。

截至 2019 年底，南充分公司设有 9 个科室、1 个直属机构、1 个油库和 8 个片区，代管经理人学院第一分院及川东北质监站，在营加油站 85 座；员工 815 人，其中库站员工 628 人；管辖范围包括顺庆区、高坪区、嘉陵区、阆中市、南部县、西充县、营山县、蓬安县及仪陇县。

表 11-42 所示为 1987—2019 年中国石油四川南充分公司行政领导任职情况，表 11-43 所示为 1985—2019 年中国石油四川南充分公司党组织领导任职情况。

表 11-42　1987—2019 年中国石油四川南充销售分公司行政领导任职情况表

机构名称	职务	姓名	任职时间
四川省石油公司南充分公司	经　理	刘大魁	1987 年 4 月至 1992 年 11 月
	副经理	李宗权	1987 年 3 月至 1989 年 1 月
		曾友廷	1985 年 7 月至 1992 年 11 月
		顾锵民	1985 年 7 月至 1992 年 11 月
		林茂华	1985 年 7 月至 1992 年 11 月
		温明友	1991 年 12 月至 1992 年 11 月
四川省石油总公司南充分公司	经　理	刘大魁	1992 年 11 月至 1994 年 6 月
		温明友	1994 年 6 月至 1996 年 1 月
		林茂华	1996 年 2 月至 1998 年 1 月
		沈前高	1998 年 1—3 月

续表

机构名称	职务	姓名	任职时间
四川省石油总公司南充分公司	副经理	曾友廷	1992 年 11 月至 1994 年 6 月
		顾锵民	1992 年 11 月至 1994 年 6 月
		林茂华	1992 年 11 月至 1996 年 2 月
		温明友	1992 年 11 月至 1994 年 6 月
		谭明贵	1994 年 6 月至 1998 年 3 月
		廖中文	1996 年 2 月至 1998 年 3 月
		张笃勋	1996 年 2 月至 1998 年 1 月
		沈前高	1996 年 8 月至 1998 年 1 月
		何光荣	1998 年 1—3 月
		冯家财	1998 年 1—4 月
四川省石油集团南充有限公司	经　理	沈前高	1998 年 3 月至 2001 年 1 月
	副经理	谭明贵	1994 年 6 月至 1998 年 3 月
		何光荣	1998 年 3 月至 2000 年 5 月
		廖中文	1998 年 3 月至 1999 年 3 月
		冯家财	1998 年 3 月至 1999 年 2 月
		张笃勋	1999 年 3 月至 2001 年 1 月
		黎　鹏	2000 年 7 月至 2001 年 1 月
中国石油四川南充销售分公司	经　理（总经理）	沈前高	2001 年 1 月至 2016 年 7 月
		付　强	2006 年 7 月至 2008 年 8 月
		兰鸣平	2008 年 8 月至 2013 年 12 月
		伍　念	2014 年 1 月至 2017 年 11 月
		陈　清	2017 年 11 月至 2019 年 2 月
		张光辉	2019 年 2—12 月
	副经理（副总经理）	张笃勋	2001 年 1 月至 2004 年 11 月
		黎　鹏	2001 年 1 月至 2008 年 1 月
		伍　念	2001 年 5 月至 2008 年 8 月
			2009 年 5 月至 2013 年 12 月
		付　强	2005 年 12 月至 2006 年 7 月
		刘　迅	2008 年 1 月至 2010 年 5 月
		杜丽霞	2008 年 5 月至 2009 年 5 月
		何伟毅	2010 年 5 月至 2013 年 12 月
		李　非	2014 年 1 月至 2017 年 11 月
		李　嵋	2014 年 1 月至 2015 年 11 月
		郑　斌	2014 年 1 月至 2016 年 8 月
		刘小龙	2016 年 1 月至 2019 年 12 月
		康　泽	2018 年 11 月至 2019 年 12 月
		梅青松	2018 年 11 月至 2019 年 12 月
	总会计师	张　颢	2008 年 1 月至 2013 年 12 月
		廖玉蓉	2014 年 1 月至 2019 年 12 月

说明：2008 年，行政领导职务名称由“经理、副经理”改称“总经理、副总经理”。

表 11-43　1985—2019 年中国石油四川南充销售分公司党组织领导任职情况表

机构名称	职务	姓名	任职时间
中共四川省石油公司南充分公司党委	书　记	范法轩	1985 年 7 月至 1986 年 7 月
		刘大魁	1986 年 7 月至 1992 年 11 月
	副书记	赵怀茂	1989 年 12 月至 1992 年 11 月
中共四川省石油总公司南充分公司党委	书　记	刘大魁	1992 年 11 月至 1995 年 7 月
		温明友	1995 年 7 月至 1996 年 1 月
		赵怀茂	1996 年 2 月至 1998 年 3 月
	副书记	赵怀茂	1992 年 11 月至 1996 年 2 月
		林茂华	1997 年 3 月至 1998 年 2 月
		沈前高	1998 年 2—3 月
中共四川省石油集团南充有限公司党委	书　记	赵怀茂	1998 年 3 月至 1999 年 2 月
		沈前高	1999 年 3 月至 2001 年 1 月
	副书记	沈前高	1998 年 3 月至 1999 年 3 月
		张景双	1999 年 7 月至 2001 年 1 月
中共中国石油四川南充销售分公司党委	书　记	沈前高	2001 年 1 月至 2005 年 12 月
		付　强	2005 年 12 月至 2007 年 1 月
		兰鸣平	2007 年 1 月至 2009 年 5 月
		伍　念	2009 年 5 月至 2013 年 12 月
		李　非	2014 年 1 月至 2017 年 11 月
		陈　清	2017 年 11 月至 2018 年 11 月
		康　泽	2018 年 11 月至 2019 年 12 月
	副书记	张景双	2001 年 1 月至 2002 年 4 月
		汪治江	2002 年 9 月至 2007 年 3 月
		沈前高	2005 年 12 月至 2006 年 7 月
		付　强	2007 年 1 月至 2008 年 3 月
		伍　念	2008 年 7 月至 2009 年 5 月
		杜丽霞	2009 年 5 月至 2016 年 11 月
		伍　念	2014 年 1 月至 2017 年 11 月

二、市场营销

（一）市场环境及竞争情况

截至 2019 年底，南充市机动车保有量 92.6 万辆，其中汽车保有量 57.1 万辆，同比增加 5.6 万辆，增长 10.8%。南充市共有成品油批发经营单位 3 家，其中中石油 1 家、中石化 1 家、社会经营单位 1 家（中孚石油）；营运加油站 283 座，其中中石油 100 座（南充分公司 84 座、交投中油 8 座、油料公司 1 座、中铁投 4 座、传化 1 座、合能 2 座）、中石化 10 座、延长壳牌 11 座、社会加油站 162 座；营运油库 1 座（中石油燕儿窝油库 2.5 万立方米）。2019 年，南充市成品油市场表观消费量 65 万吨，其中：中石油销售 49.5 万吨（含参控股单位），市场份额 76%；中石化销售 3.8 万吨，市场份额 6%；延长壳牌销售 2.5 万吨，市场份额 4%；社会经营单位销售 9.2 万吨，市场份额 14%。

（二）销售策略

1989—2014 年，南充分公司面对铁路运输困难、油料滞销、进价上浮、毛利减少、区外客户大量流失等困难，坚持以改革促发展，不断推进管理体制和经营机制的调整与革新。业务人员转变观念，及时调整营销思路，积极应对资源、市场、价格变化，实施以客户为中心、以市场为导向的销售策略，通过优质规范服务来扩大客户群体，提升企业核心竞争力和经营创效能力。各部门之间加强配合协作，注重信息收集，做好市场预测，认真分析市场运行规律，把握市场主动权。积极开发县域市场，抓住区内工程用户，不断延伸小额配送服务链，使主力市场作用得到充分发挥。

2015 年以来，南充分公司克服南充炼油厂停产、资源紧缺、损耗增加、市场竞争加剧等不利因素，主动作为，认真贯彻落实党的十八大、十九大精神和省公司各项决策部署，不断增强经营创效、管理增效能力，推动企业高质量发展，为打造地市级销售企业排头兵奠定坚实基础。抓市场开发，油品销售稳定增长，从 2015 年的 40.55 万吨到 2019 年的 47.02 万吨，零售规模稳居全省前列，仅次于成都地区公司；抓规模效益，非油业务快速发展，非油收入从 2015 年的 4554 万元增长到 2019 年的 7986 万元；抓投资建设，夯实企业发展根基，完成多座加油站防渗改造，积极推进油库迁建项目；抓精细管理，发展质量持续提升，坚持把管理作为提高发展质量、增强创效能力的重要途径，深化“开源节流、降本增效”活动。2019 年，南充分公司实现油品销售 47.02 万吨，创历史新高，运营加油站达到 84 座，非油店销实现 7525 万元。

（三）客户管理

1989 年，加强业务人员的思想政治工作，进一步改善服务态度，提高服务质量。

1990 年，组织干部下站促销，改善服务态度，增加服务设施，延长营业时间，千方百计方便顾客。

1991—1993 年，油料紧缺时期，南充公司注重质量，讲信誉，合理分配，照顾老用户，支持困难户，赢得良好声誉。

1994—1996 年，搞好优质服务附加服务，采取灵活多样的促销手段，提高市场占有率。

1997 年，深入开展市场调查，逐步规划建立一些区乡网点、周边网点，从总量上提高区内市场占有率。

1998 年，加大广安市场工作力度，巩固扩大广安市场销售规模。零售方面建立用户档案，定人包干，加强联系，上门服务，稳住老用户，争夺新用户。

1999—2003 年，南充公司在抓好大工程大项目的批发业务上取得显著成绩，扩大市场占有率。零售方面建立定时上门服务，进一步做好常用客户档案，公司信誉度明显提高。

2004 年，完善四级客户管理体系和管理办法，制定客户丢失责任追究制度。

2005 年，坚持和完善客户管理体系，实行客户丢失责任追究制度，利用 2004 年资源紧张、油价高位运行的有利时机，广泛宣传中油品牌，使南运集团、川中油气矿等客货运输大户中流失的客户又回到公司定点加油，并签订供油协议，为零售增量提供保证。

2006—2007 年，进一步完善加油站、片区、销售中心三级客户资源数据库，建立加油站量化分析模板，强化加油站、片区和公司三级客户分析制度，业务人员深入市场，对客户实行一对一开发管理，巩固和扩大客户群体，扩大销售规模。

2008 年，深化客户关系管理，落实客户分级管理责任，全面收集客户信息资料，利用节假日拜访固定大客户 80 多户，新开发 2 家用油大户，新增销量 2500 吨，加油站出机量保持稳定，直销、小额配送业务逐步恢复。

2009 年，进一步完善客户管理，开展客户普查工作，明确加油站、片区和公司三级客户经理职责，针对批发、直销和加油站零售客户，分别制定客户普查表。与辖区内社会经营单位和机构用户签订供油协议，明确双方权利与义务，加强履约监督。

2010 年，完善客户分级分类管理办法，对重点工程实行客户开发项目负责制和客户流失追究制，签下南广（元）高速 5 个标段用油协议。正确处理量效关系，对不同市场和客户实行差异化营销，加大县域市场开发力度，通过市场调研和效益测算，恢复 3 个供油点，每月新增零售量 200 吨。

2011 年，抓住资源总体偏紧的有利时机，严格按纯枪销量考核片区和加油站，根据市场情况逐月细化零售激励措施，上半年组织市场大调查、客户大普查，认真开展油非互动促销活动，把直销用户转化为零售客户，将现金客户发展为持卡客户。

2012 年，按照省公司“服务导向、协调高效、统一规范、平稳有序”的思路，进一步健全客户开发维护责任制和考核奖惩机制，按照客户性质、类别，分别建立零售、批发直销客户服务体系。

2013 年，强化客户开发，坚持公司、片区、加油站三级客户分析制度，开展“比记客户”及回头看活动，客户数量同比增长 18%。

2014 年，把客户作为营销工作的关键，分级分类落实客户开发维护责任，开展“比记客户”活动，提高客户工作质量。进一步落实发卡推卡责任，综合运用现场发卡、上门售卡、合作推卡、网络销卡等方式拓宽销售渠道，提高发卡质量。

2015 年，加强辖区内客户基本情况梳理，完成“成品油（批发直销）市场表观调查表”基础数据的录入，全面掌握辖区内市场信息。稳定加油卡消费群体，逐步推进自助加油，部分加油站自助加油延长至晚间 10 时，提升品牌美誉度和服务满意度。

2016 年，持续推进加油卡，以卡为媒，锁定客户群体，同时，围绕加油卡开展满额优惠、消费赠礼、充值赠礼等活动，固化客户群体。

2017 年，开展“订单式”销售，在每次调价前后及时联系客户，促进订单落地，有效维系忠诚客户。

2018 年，南充分公司营销科下设客户服务中心，将营业室、专职客户经理、外部配送专属车辆一并纳入其统筹管理。用数据分析驱动精准营销，整合油卡、优途、好客 e 官微、优客等客户资源，深度挖掘客户消费行为及价值贡献，实施客户精准画像，为开展差异化营销提供支持。

2019 年，开展大数据分析，利用批发直销审批系统和综合业务平台销售数据，针对性制定营销策略，最大限度挖掘销售潜力。积极推进新零售建设，大力推广中油优途，促进客户由线下向线上转移，拟通过数据收集实现精准营销。

三、加油站管理

1989 年，开展创“安全文明标准”班组活动，推动安全生产。

1990 年，坚持以“防火为中心，防重大案件为重点”的指导思想，狠抓安全教育和制度落实，加强加油（经营）站安全工作。

1991 年，支公司实行节油承包，开展创节能先进活动。

1992 年，加强管理推动节油工作深入开展，做好石油商品质量，严把“三关”。

1993 年，认真执行《油品质量监督管理实施细则》，把质量优和服务优相结合，开展售前、售中、售后技术服务工作，改善服务态度，提高服务质量。

1994 年，在国家石油、财税等重大政策改革的新环境下，围绕“抓销售、促管理、顺关系、上效益”的指导思想开展经营活动。

1995 年，进一步强化石油商品质量监督管理，紧紧围绕“抓销售，促管理，练内功，上效益”的指导思想，外抓销售，内抓管理。

1996 年，围绕“狠抓购销，强化管理，抓主促副，保安增效”指导思想，开源节流，扩销增效。

1997 年，为适应企业发展需要，在一级子公司实行目标责任管理，下达销售量实现利润及上税后利润、费用压缩指标、安全生产和精神文明建设等主要考核指标的目标任务。

1998 年，认真贯彻执行“安全第一，预防为主”“谁销售，谁负责”的方针，制定安全生产目标管理责任书。

1999—2003 年，立足市场，着力抓好扩销增效、强化销售、扩展终端，有效提高市场占有率，改进和提高服务水平，全面树立“中国石油”企业形象。

2004 年，对 30 座加油站进行软硬件整治，开展达标创星活动，36 座加油站被评为星级加油站。

2005 年，以树立“依法经营，诚信经营”为根本，通过强化加油站细节管理和优质服务，树立中国石油稳健、诚信、负责任的大公司形象。

2006 年，统筹兼顾规模与速度、质量与效益，坚持量效并重、效益优先，不断完善内涵增量增效的发展模式，实现有质量有效益可持续发展。

2007 年，按照“把握大局，稳定供应，保证质量，诚信服务”的要求，根据市场变化及时调整营销策略，确保成品油市场安全稳定供应。

2008 年，坚持开源与节流并举，在做好做大销售业务的同时努力强化精细管理、过程管理，降低企业运行成本。

2009 年，坚持“稳价、促销、上量、增效”的营销方针，实施以客户为中心、以市场为导向的销售策略，突出抓好零售核心业务。

2010年，突出效益、注重质量、关注规模、重视速度的发展理念深入人心，终端销售比例提高。积极应对市场变化，确保供应，总销量、零售量、汽油销量、非油销售收入等多项指标创历史最好水平。

2011年，开展劳动竞赛、精细化管理和创先争优活动，超额完成奋斗目标，在年度业绩考评中，列全省第三名。

2012年，围绕“拓市场，提效益，扩网络，强管理，保安全，促和谐”指导思想，完善考核激励办法，按纯枪销量考核片区和加油站，根据市场情况逐月细化零售激励措施。

2013年，积极应对需求不旺、油价波动的市场形势，突出零售核心地位，建立健全油卡非一体化促销模式，狠抓客户开发、现场服务、规范管理，实现量效双增。

2014年，以零售为核心，以效益为目标，努力打造公司改革发展升级版。

2015—2016年，在国民经济总体下行、工程开工不足和成品油市场受外部低价资源冲击与需求下滑的不利局面下，采取灵活多变的零售策略，开展形式多样的专题促销活动，积极实施市场整顿，广泛参与市场竞争，促进加油站提量增效。

2017年，强化激励考核，开展优质服务百日提升活动。加油站开展不定期夜间巡查，遏制加油站夜间不营业加油乱象和值班站经理夜间脱岗现象。

2018年，制订零售业务配套方案，修订完善《加油站薪酬考核方案》和油卡非润等激励措施，充分调动员工的工作积极性，最大限度激发员工创效活力。

2019年，紧盯竞争对手和市场变化及时跟近调整营销策略，通过内涵和外延增量发展，较好实现零售经营目标，以“为快乐加油　创美好生活”服务提升年活动为载体，促进提升客户满意度和忠诚度。

表11-44所示为2009—2019年中国石油四川南充销售分公司加油卡业务情况。

表11-44　2009—2019年中国石油四川南充销售分公司加油卡业务情况表

年度	加油卡			卡销比（%）	沉淀资金（万元）
	记名卡（张）	不记名卡（张）	合计（张）		
2009—2012	70330	16481	86811	27.70	2212
2013	40815	992	41807	26.80	4597
2014	46397	2410	48807	35.50	7198
2015	43000	20000	63000	43.40	9645
2016	32323	389	32712	42.90	9823
2017	42029	2093	44122	44.80	13044
2018	30809	515	31324	43.90	11831
2019	24100	200	24300	45.20	12255

说明：2009—2012年，卡销比、沉淀资金为截至2012年底数据；2017年初安装第一批加油卡自助终端充值机。

（一）制度建设

1989—1999 年，南充分公司遵照省公司加油站管理规定，在推进加油站网点建设的同时，建立并完善加油站管理制度，践行站长责任制，加强加油站资金、商品管理，严格执行加油站收卸油制度及营业款收缴制度等。

2000—2012 年，南充分公司先后制定《加油站规范服务实施细则》《加油站规范服务考评办法》，按照省公司要求，在加油站推广加油站管理系统，开展加油站管理系统培训，印发《加油站管理系统实施细则》。为规范加油站员工行为，树立中石油良好形象，制定并印发《关于加强加油站现场规范管理的通知》。为全面提高加油站现场服务质量和服务水平，增强加油站市场竞争力，根据省公司《加油站服务禁令》并结合加油站现场服务工作的实际情况，有针对性地制定《加油站服务禁令管理实施细则》。

2013—2019 年，为认真贯彻落实新版《加油站管理规范》，持续提升加油站经营管理水平，根据省公司对加油站综合稽查管理的有关规定，南充分公司制定并印发《加油站稽（检）查挂钩考核管理办法》。为进一步规范加油卡业务流程，强化加油卡运行管理，防止利用加油卡优惠和促销激励政策发生套利舞弊行为，根据省公司相关文件规定，南充分公司制定并印发《加油卡反舞弊管理实施办法》。同时，为提升公司加油站整体服务质量，强化公司 95504 客服管理工作，保障公司 95504 客服系统有效运转，根据省公司服务体系相关文件精神，南充公司修订并印发《95504 客服管理（暂行）办法》。

（二）现场管理

1989—1999 年，严格按照省公司相关规章制度，加强加油站现场管理，将加油站安全放在首要位置，通过预案演练、安全巡查等，切实贯彻公司相关安全制度。同时，积极倡导微笑服务，通过技能培训、岗位练兵等方式来提高员工服务技能，增强员工服务意识，切实提高现场服务水平。

2000—2008 年，深入贯彻落实《加油站管理规范》，对加油站员工开展加油站管理专项培训，促进加油站管理上台阶。同时，深入开展加油站专项整治和达标创星活动，推行“神秘顾客访问制”，推行交叉考评方式，促进加油站现场规范管理水平进一步提升。

2009—2015 年，开展加油站环境综合治理，通过地面划线、全流程诊断等，提升加油站现场车辆通过率和加油效率。为提高加油站规范管理和经营服务水平，发挥加油站达标创星对加油站管理提升的作用，促进星级站培育工作常态化，对加油站实行星级动态考评管理。为提升加油站经营质量，提高零售市场占有率，突出销量大站的核心地位和表率作用，不断夯实零售发展根基，实行吨级站培育计划。在部分加油站，推行小站承包，进一步优化调整营销方式，收到减人、降费、增量的良好效果，实现企业员工双赢。

2016—2019 年，在加油站安装高清视频，通过手机巡站，实现对加油站 24 小时销售监控。运用全流程诊断 2.0 工具，对 45 座加油站油品布局进行优化。狠抓现场服务提升和客户投诉管理。围绕加油站基础管理提升年活动，升格神秘顾客访问管理，倡导“快乐加油”理念和“四声服务”，在公司范围内开展“三声服务暨开口营销”主题实践活动和“为快乐加油　为祖国献礼”

开口营销竞赛活动，切实提升加油站服务质量和服务技能。

四、非油品业务

2008年，在原南充分公司润滑油公司基础上成立南充分公司非油公司，非油工作人员28人，简易便利店3座，实现销售200万元、利润20万元。

2009—2011年，以“促发展、上规模、增效益”为目标，实现跨越式发展，连续三年蝉联省公司先进集体荣誉称号。

2012年，狠抓润滑油销售，逐渐把昆仑润滑油品牌汽机油打入市场，拓开销售范围。

2013年，面临酒类市场压缩，转战香烟客户开发，成功实现拳头产品转型，获省公司先进集体荣誉称号。

2014年，打造多座标准便利店，获省公司先进单位称号。

2015—2017年，狠抓汽服项目，扩大拳头产品香烟销售范围，加大集采产品引入，推广自有产品有缘酒销售，非油销售稳步上升。2017年6月，在全省开展的有缘酒竞赛活动中取得销量占比全省33%的优异成绩。

2018年6月，非油公司转型为非油业务科与非油经营部，非油业务科成员共计7人，非油经营部成员3人。同年，非油业务实现双突破，销量破亿元，毛利破千万元。获省公司一体化运营组织先进集体荣誉称号和挖潜增效先进集体荣誉称号。

2019年，面临国家香烟销售政策调整，狠抓店销，切实将量效双增落到实处，在逆境中站稳脚跟，双指标超量完成省公司任务进度。

五、网络开发建设

南充分公司秉承外延扩张与内涵挖潜并重，通过建立滚动机制、每周督导机制、考核激励机制等，持续优化、完善零售网络布局。

1999年，对国道和主要口岸加油站的外部形象进行统一包装，更换老式加油机等设施设备。

2000年，把零售网络建设作为“一把手工程”“生命工程”，全年收购加油站11座，购建加油站总数16座，共投资3971.43万元。

2001年，购建加油站21座，其中新建加油站11座，收购10座，超额完成购建任务，2001年末公司拥有资产型加油站50座。

2002年，确定“占领高速公路沿线、县域片区黄金口岸为主要目标”的网络建设方针，当年新建4座、收购1座、技改1座加油站，完成投资额1071万元。2002年末，南充分公司拥有资产型加油站54座。

2003年，网建工作的人员增至6人，通过加强与政府相关职能部门的协调，了解政府城市规划，在重点地区、交通要道、黄金口岸选点建站。全年新建、收购加油站9座，营运资产型加油站达到67座。

2004年，紧抓南充市“以江为轴，北拓南延，跨江东进，拥江发展”城市规划发展方向和

"三环六轴"的交通网络规划，认真做好选点布局工作。营运资产型加油站达到69座。

2005年，以"统筹规划，合理布局，注重质量，提高效率"为方针，收购1座加油站，新建4座加油站。完成5座站的改扩建及续建项目。完成燕儿窝油库收发油工艺和消防系统改造。

2006年，取得新建3座加油加气站、1座技改加油站的立项批复，由于规划调整，拆除小龙、阆中白塔站。营运资产型加油站67座。

2007年，实现高速公路零的突破，全年新开发加油站6座，技改加油站1座。将已关停的蓬安城东、城南站置换至新规划加油站口岸。营运资产型加油站68座。

2008年，在大灾面前齐心协力赶时间、抢进度，积极推进在建站建设进度，完成3座加油站投运，营运资产型加油站达到68座。

2009年，根据省公司要求，工程项目实行归口管理，按照投资、工程建设管理两条主线，积极探索，加强施工现场管理，完成3座加油站灾后重建立项，新投运4座加油站，营运资产型加油站达到72座。

2010年1月，省公司与南充市政府签订战略合作框架协议，双方的合作发展进入新阶段。嘉陵滨江加油站土地证办理项目、嘉陵二洞桥加油站土地退款项目、安汉AB加油站规划调整项目及燕儿窝油库搬迁、选址、规划等前期工作项目均列入督办事项，得到落实，解决立项多年无法实施的遗留难题，网络建设取得新进展。全年新立项3座加油站、2座撬装站，灾后重建1座，新投运2座加油站，营运资产型加油站达到74座。

2011年，全力推进项目开发和续建加油站的建设进度，取得南广高速三对服务区、一对停车区加油站的建设及经营权，为南充分公司在十二五规划期间的发展奠定坚实的基础。全年新立项加油站6座，新投运加油站3座，营运资产型加油站达到76座。

2012年，推行项目负责制，提升投资建设精细化管理水平，全年新立项加油站1座，新投运加油站4座，营运资产型加油站79座（拆除西河支路加油站）。

2013年，坚持"以资源换网点、以投资换网点"，利用闲置、低效网点，借助政府规划调整时机，以现有资源争取城市干道、城市新区、高速公路出入口规划点位，网络布局得到优化。蓬安、西充、南部、阆中、高坪区6宗地置换取得7个点位。全年新开发加油站2个，改扩建加油站2个，完工投运加油站5个，营运资产型加油站82座。

2014年，开始对全部加油站实施油气回收改造，全年完成34座加油站的油气回收改造，新立项开发加油站4座，局部改造1座。因交投公司成立，南充分公司6座位于高速公路服务区的加油站划转交投公司后，营运资产型加油站76座。

2015年，完成新开发加油站4座，改扩建加油站2座，传化物流园加油站的立项实现南充公司合资项目零的突破。全年新增投运加油站1座，营运资产型加油站75座（拆除蓬安开发站、定水站）。

2016年，完成4个项目立项工作，超额完成1个开发立项。同年，结合防渗治理开始实施一体化改造，立项5个一体化改造项目。全年新增投运加油站1座，营运资产型加油站76座。

2017 年，以局部改造项目为重点工作，新开发项目 1 个，整体重建 3 个，局部改造 8 个，新增投运 2 个，改造投运 9 个，营运资产型加油站 77 座。

2018 年，加快防渗改造实施进度，完成 6 个项目的立项上报，新建投运 3 个加油站、2 个改扩建项目，完成 17 座加油站防渗改造工程。营运加油站达到 80 座。

2019 年，建立“公司领导现场勘查、专业科室集体会审、片区油站全面参与”的审核模式，创新遗留问题解决思路；通过与政府组建合资企业，落实高坪白塔等 6 个遗留问题解决方案；完成防渗改造 35 座站，开发立项 7 座，新建 5 座，签订特许经营 7 座。营运加油站达到 85 座。

六、质量安全环保

南充分公司以 HSE 管理体系建设为工作出发点，以库站标准化建设为抓手，不断夯实公司安全环保质量计量工作基础，同时积极应对“5·12”汶川大地震和“4·20”雅安市芦山县地震灾害突发事件。2001—2009 年蝉联省公司安全生产达标单位称号，2011 年被评为省公司安全生产先进单位。2012 年省公司对油库实行集中管理。2013 年启动安全生产标准化建设工作，本部、油库及西河、二桥等 60 座站顺利评为二级安全生产标准化建设达标单位，其余站被评为三级达标站。

（一）制度建设

1989—1990 年，坚持安全教育与检查相结合，落实安全生产责任制，确保安全管理不留空白。

1991—1995 年，贯彻落实国家和上级公司有关的政策、法规，坚持“安全第一，预防为主”方针，按照“谁主管、谁负责”的原则，保持企业平稳安全运行。

1996—1997 年，在省公司的指导下，推行目标责任制和以 A、B、C 分类“三定”挂牌标志的设备管理制度，并在油库实行“看板”管理总调度制，使库站规范管理与各项制度不断趋于完善，保持企业安全平稳运行的总体态势。

1998 年，逐步健全完善安全生产的规章制度和监督体系，全面落实安全生产责任制，签订安全生产责任书，把安全生产层层落实到每一个岗位和每一名员工，做到全员、全过程、全天候、全方位地保证安全生产。

1999—2001 年，层层签订安全生产责任书。“按属地原则”将安全生产责任层层落实到每个环节、各个方面，并把安全工作与奖惩考核挂钩，形成全方位的安全责任网络，做到全员、全过程、全天候、全方位地保证安全生产；制定油库发（加）油操作规程、泵房转油操作规程和齿轮泵操作规程等库站制度。

2002—2019 年，为加强直线管理和属地管理责任的落实，按照“谁主管、谁负责”和“一岗双责”的原则，逐级层层签订安全环保责任书，分管安全领导、安全管理人员签订安全承诺书。进一步完善各项管理制度，公司相继出台《反违章禁令》《商品数质量管理奖惩办法》《外派小额配送车安全管理办法》《加油站消防器材摆放办法》《岗位安全抵押金考核管理办法》《反“三违”奖惩实施细则》《安全生产职责》《加油站损耗管理办法》《公路运输超损耗数据清理工作方案》

《成品油地罐标定实施方案》《加油站回罐油管理办法》《自用油料管理办法》《南充公司 HSE、QMS 考核管理办法》《外派驻库计量人员管理办法》《服务区管理办法》《“一岗双责”管理制度》《设备管理办法》，制作“加油站三色管理卡”，出台“六条安全红线”，完成“三卡一表”制作（风险管理卡、员工操作卡、应急处置卡、HSE 检查表），并在实际工作中对制度进行逐步修订，以各项制度为准绳，为安全管理工作“保驾护航”，逐渐形成横向到边、纵向到底的安全环保责任体系。

（二）HSE、质量体系管理

1989—1999 年，坚持对库站进行安全检查工作。

2000 年，成立安全督查考评小组，按月度、季度、年度对库站进行监督检查，并与业绩考核挂钩，奖惩兑现。

2001—2002 年，按照省公司发布的 Q/SY 2.2—2001《质量健康安全环境管理体系要求》，成立安委会并明确安委会和 HSE 委员会的职责，每季度召开 1 次会议。

2003—2004 年，试运行健康安全环境管理体系，质量管理体系与 HSE 管理体系整合，形成 QHSE 管理体系并运行，并调整安委会和 QHSE 委员会职责及任务，保证体系有效运行。

2007—2008 年，结合实际修订完善顺利完成 2008 版 HSE 管理作业文件、程序作业文件及表格的修改工作，并在日常工作中实施 HSE 管理体系（C 版），体系主要涵盖健康、安全与环境三部分。

2009 年，按照 PDCA 循环模式运行，按照 HSE 管理 9 项原则，大力开展岗位风险识别与评价活动，全面推进“三卡一表”工作制度，确保安全管理工作在体系内运行。同年 5 月、11 月进行两次 HSE 体系内部审核。

2010 年，修订和完善 HSE 管理体系文件、HSE 信息系统基础工作，实施并运行 HSE 管理体系文件 D 版。

2011—2014 年，围绕“核心价值、HSE 方针、HSE 理念、HSE 目标”“四位一体”的 HSE 核心管理理念体系，确保 HSE 体系管理良好运行。

2015 年，完成 HSE 体系文件第 5 次修订和质量体系文件第 2 次修订工作，配合省公司启动 HSE 信息系统 2.0 版升级试点。

2016—2019 年，在坚持按照 QHSE 管理体系要素对库、站、片区、机关进行绩效考核的基础上，以编制实施个人安全行动计划为载体，推动各级管理人员认真贯彻落实 HSE 管理原则，遵守 HSE 制度，开展安全经验分享，讲授安全课，开展安全观察沟通，提高全员 HSE 履职能力，实现 HSE 工作从“重视”向“重实”转变，建立安全生产长效管理机制，推动安全环保管理上新台阶。

（三）风险管理

1989—2001 年，严格落实各项规章制度，定期对库站进行安全排查，并将检查与日常考核、评先选优相结合。

2002 年开始，对库站开展危害辨识及风险评价工作，主要内容包括设施设备隐患、人的行为和管理，并建立风险管理台账。

2003 年，各级管理人员和岗位员工参与到危害因素识别与评价和环境因素识别与评价工作，进一步建立完善风险管理和环境管理方案、管理台账及应急预案。

2004—2011 年，坚持将风险与隐患管理纳入各类安全大检查（节前安全检查、小额车辆专项检查、施工专项检查和春季安全生产活动等）与活动中（“百日安全活动”“学禁令、识风险、反三违”活动），利用视频对加油站卸油实施监控，加大对各类风险的监督、检查、整治力度，并积极配合支援抗震救灾工作。

2012—2019 年，在全面启动库站“安全生产标准化达标建设”工作的同时，抽调 3 名专业人员组成视频监控小组，24 小时负责对加油站现场、便利店、卸油作业、散装汽油销售等实行监控。继续深化“两书一表”管理，以现场在岗辅导为主、课堂培训为辅，采取多种方式大力开展岗位技能培训和能力评估，不断提高岗位操作人员风险识别、控制和应急处置能力，实现生产和作业活动全面受控。

（四）隐患管理

1989—1991 年，通过对库站的监督检查，建立隐患台账，列出整改计划并逐级上报。

1992—1999 年，开展危险化学品安全管理专项整治工作，加强对库站的监督检查，并根据逐步完善的隐患管理台账，列出整改计划并上报，通过费用预算、争取上级专项资金等形式，整改库站部分陈旧老化的设施设备与技术装备。

2007 年，申请专项资金 19.7 万元对燕儿窝油库围墙、大门等隐患进行整改。申请专项资金 10.43 万元对 72 座加油站、油库、2 座租赁加油站开展电气安全检测。

2008 年，因“5・12”汶川特大地震，申请库站维修加固资金 370.04 万元。

2009 年，投入 48.12 万元对河溪、沙溪、汉塘站等 16 座加油站整改隐患。同时申请安保基金赔偿 32.685 万元整改加油站灾害隐患。

2010 年，集中开展治安隐患和恐怖袭击风险排查。

2011—2012 年，先后组织 16 次稽查及“电气隐患排查”等 7 次专项检查。

2013 年，开展专项治理“八小”隐患工作。

2014—2015 年，持续开展隔油池、环保沟的治理，并投入 140 多万元对 80 座站新建环保沟。

2016 年，积极组织加油站安装油气回收系统。

2017—2018 年，对加油站防渗改造进行专项治理，投入 4000 多万元对 80 座站更换双层油罐，投入 1100 万元整改燕儿窝油库油气回收系统和汽油下装发油系统，开展操作井油气渗漏和油气回收设备治理。

2019 年，强化安全风险防范意识，从生产作业各方面细化、分析存在隐患，完善风险控制措施。通过制订安全风险控制计划、实施、检查、处理的方案并进行不间断动态循环（简称 PDCA 循环），使得作业过程中的安全系数持续升高、风险系数逐步降低，从而达到确保企业安全平稳运行的目的。

（五）设备管理

1989—2006 年，对库站设施设备实行集中运行、分散管理，坚持巡查巡检与维护保养，保持安全平稳运行。

2007—2008 年，投入 12.16 万元将油库 10 台 0.5 级流量计更换为 0.2 级流量计，完成油库油罐防腐。

2009 年，对鹤鸣加气站压缩机进行维修。

2010 年，开展在用高耗低效机电设备调查。

2007—2017 年，按期对气站压力容器进行检测、大修；油库每 4 年对油罐进行防腐。

2018 年，对油库进行下装发油设备的改造。

2019 年，进一步加强对库站设施设备进行综合管理，将精心维护与科学检修相结合，采取专业管理与专人管理相结合，有效控制因设备管理不善造成的环境污染，为企业的经营发展与经济效益保驾护航。

（六）应急管理

1989—2002 年，将日常检查与夏防、冬防、安全生产周等活动相结合，对库站实行全过程、全方位的安全监督管理，保证库站安全平稳运行。

2003—2004 年，结合 HSE 管理体系的建立，逐年按期修订完善各类应急预案和突发事故后实施抢险救援的应急预案，明确公司领导、职能部门和相关人员的职责、上下联络方式、抢险救援措施和抢险救援物资准备等；同时组织库站员工每月 2 次演练，提高应急处置能力。

2005—2008 年，结合环境污染等方面，公司编制总体应急预案及各个专项预案，并与当地政府建立起应急联动机制，形成完整的应急管理体系；督促库站加强现场演练，提高预案的有效性和可操作性，增强应急抢险救援和应对突发事故的能力。

2009 年，举办南充分公司第一届安全运动会，增强全员参与的安全意识，在提高安全防范能力的同时，进一步提升安全管理水平。

2015 年，对总体预案、分预案、油库、加油站预案修订完善，报南充市安全生产监督局备案并取得回执。

2017 年，结合安全生产月、百日安全生产、夏防等开展应急管理工作，组织各种应急演练达 2100 多次。组织演练机关大楼火灾预案演练、地震逃生演练。

2018 年，成功处置 5 起客户车辆在加油站自燃事件和一起山林火灾。在营 33 座加油站全部建有微型消防站；针对汛期发布预警信息 20 多次，逐库逐站修订防汛预案。

2019 年，大东、大湾、立山站被确定为一级防汛重点站。南充分公司通过与政府部门的联动，进一步完善应急管理体制，建立健全预警机制、突发事件应急机制和社会动员机制，持续提高公司处置突发事件的能力，最大限度地预防和减少突发事件及其造成的损害和影响，保障员工的健康与安全。

（七）职业健康

1989—2015 年，南充分公司始终把员工的身心健康放在各项工作的首位，严格落实员工体检规定，每年定期对员工进行体检。建立职工健康档案，对接触危害源的工种进行防护，为员工配置劳动保护用品；同时对入职、离职人员均安排岗位职业病体检，未发现职业病病人。每年聘请第三方机构对库站职业危害因素进行检测，通过检测，库站职业危害为一般。为加强员工的健康教育，定期或不定期开展各种形式的文化讲座与体育活动，增强员工的身心健康。

2015—2019 年，坚持“预防为主、防治结合”方针，结合《中华人民共和国职业病防治法》《作业场所职业健康监督管理暂行规定》《作业场所职业危害申报管理办法》等法律法规，采取统一安排、分类指导、集中培训等，组织学习职业卫生相关知识，并结合 HSE 体系与安全标准化工作对职业卫生相关制度进行梳理、补充完善，全力预防、控制和消除职业病危害，防治职业病，确保员工的职业健康安全。

（八）质量监管方面

对系统外油品，南充分公司均送省公司中心化验室检测。

1989—2003 年，油品由外出采购逐渐发展到由南充分公司自有车队配送。

2004 年，车队统一上划到中油运输公司管理

2004—2012 年，开始对配送车的卸油口、计量口实行铅封管理；在配送上实行“专罐专运”“换罐清洗”的制度。加油站严格落实卸油操作规定，针对调和油问题，在卸油环节增加表关验收、水溶法检测等规定，并列入负面清单管理。

2013 年，启动国Ⅳ汽油置换工作，有序开展油品升级置换工作。

2015 年 1 月 1 日起，全面销售国Ⅳ汽油。

2016—2017 年，启动国Ⅴ油品置换工作。

2018 年，启动国Ⅵ油品的置换工作，从 2013 年到 2018 年完成油品从国Ⅲ到国Ⅵ升级，车用油品指标、环保指标均达到正在实施的欧Ⅵ标准。2011 年、2014 年、2017 年顺利通过北京三星认证中心的质量管理体系认证。

2019 年，加强南充成品油市场的日常监管工作。及时掌握成品油市场动态，经常与公安、安监、工商、税务等相关部门联系协调，积极配合，打击无照非法经营，确保公司加油机计量正确、质量可靠，维护中国石油的品牌信誉。

（九）计量监管（损耗管理）

1989—1999 年，严格按照规章制度进行计量监管（损耗管理）。

2000—2009 年，每年开展加油站计量员培训。加油机、流量计每季度均由南充市技术监督局检定合格后使用。南充计量检定分站每年按照加油站座数的 30% 抽检。

2010 年，成立地罐交接领导小组，抽调专人负责地罐交接试点。配备 50 升的公平罐用于片区每月不少于一次加油机自校；对计量标准、器具按期送检，送检率 100%。

2011 年，对 140 名片区、加油站管理人员进行地罐交接培训。

2013—2018 年，进一步规范“一站一率”考核管理，对 265 个油罐确定地罐交接综合差量率。与三方承运单位签署《加油站地罐交接油罐综合差量率确认书》。

2019 年，对南充分公司 270 个油罐聘请第三方机构重新检定，安排专人跟车比对。零售损

耗全省排名同比上升 7 位。

第十三节　宜宾分公司

一、基本情况

中国石油天然气股份有限公司四川宜宾销售分公司（简称宜宾分公司）成立于 1954 年，前身是中国石油公司四川省分公司宜宾石油供应站。公司名称曾先后变更为中国石油公司四川省宜宾分公司、四川省宜宾煤建石油批发站、四川省宜宾石油批发站、四川省宜宾石油采购批发站、中国石油公司四川省宜宾分公司、中国石油公司宜宾采购供应站、中国石油公司四川宜宾采购供应站、中国石油公司四川省宜宾采购供应站革命委员会；1978 年 10 月，更名为四川省石油公司宜宾采购供应站；1993 年 5 月，更名为四川省石油总公司宜宾采购供应站；1997 年 6 月，更名为四川省石油集团宜宾有限公司；1998 年 6 月，公司上划中国石油天然气集团公司；1999 年 7 月，重组改制，实现上市和非上市企业分开分立；1999 年 11 月合并到川南公司；2001 年 1 月从川南公司划出成立中国石油四川宜宾销售分公司。

宜宾分公司下设 8 个职能部门、3 个直属单位，下辖 8 个片区。代管宜宾中港能源有限责任公司（股权 30%）、中油地方石油公司（股权 5%）两个参股企业。截至 2019 年 12 月，资产总额 7.29 亿元，现有油库 1 座，共有资产型加油站 81 座，在营加油站 75 座。员工总数 710 人，其中硕士研究生 3 人、本科 83 人、大专 136 人；中级职称 17 人；技师 2 人，高级技工 19 人，中级技工 149 人；党员 251 人，团员 62 人。

表 11–45、表 11–46 所示分别为 1985—2019 年中国石油四川宜宾销售分公司行政领导任职情况、党组织领导任职情况。

表 11–45　1985—2019 年中国石油四川宜宾销售分公司行政领导任职情况表

机构名称	职务	姓名	任职起止时间
四川省石油公司宜宾采购供应站	经　理	王三元	1985 年 7 月至 1987 年 1 月
		赵蕴光	1987 年 1—11 月
		王炳联	1987 年 12 月至 1993 年 4 月
	副经理	赵蕴光	1985 年 7 月至 1987 年 11 月
		张兴贵	1985 年 7 月至 1993 年 4 月
		孙毓淳	1985 年 7 月至 1993 年 4 月
		李云堂	1985 年 7 月至 1990 年 11 月
		彭乾华	1987 年 7 月至 1993 年 4 月
四川省石油总公司宜宾采购供应站	经　理	王炳联	1993 年 4 月至 1995 年 3 月
		刘启银	1995 年 3 月至 1997 年 5 月

续表

机构名称	职务	姓名	任职起止时间
四川省石油总公司宜宾采购供应站	副经理	张兴贵	1993 年 5 月至 1995 年 3 月
		孙毓淳	1993 年 5 月至 1997 年 5 月
		彭乾华	1993 年 5 月至 1997 年 5 月
		刘启银	1993 年 9 月至 1995 年 3 月
		周书平	1995 年 12 月至 1997 年 5 月
四川省石油集团宜宾有限公司	经　理	刘启银	1997 年 6 月至 1999 年 1 月
		周书平	1999 年 1—11 月
	副经理	彭乾华	1997 年 6 月至 1999 年 11 月
		周书平	1997 年 6 月至 1999 年 11 月
		罗光辉	1998 年 3 月至 1999 年 11 月
		蔡　力	1998 年 7 月至 1999 年 11 月
中国石油四川宜宾销售分公司	经　理（总经理）	周书平	2001 年 1 月至 2002 年 4 月
		张景双	2002 年 4 月至 2011 年 1 月
		蔡　力	2011 年 1 月至 2014 年 1 月
		傅佑明	2014 年 1 月至 2016 年 1 月
		谭　宏	2016 年 1 月至 2019 年 3 月
		庞西明	2019 年 3—12 月
	副经理（副总经理）	蔡　力	2001 年 1 月至 2005 年 12 月；2014 年 1—9 月
		王　宇	2001 年 2 月至 2012 年 3 月
		黄长明	2005 年 12 月至 2011 年 1 月
		钟跃萍	2008 年 5 月至 2014 年 1 月
		廖运祥	2012 年 3 月至 2014 年 1 月
		张周平	2012 年 8 月至 2014 年 1 月
		何伟毅	2014 年 1 月至 2018 年 11 月
		冷晓亮	2014 年 1 月至 2018 年 11 月
		王怀炳	2016 年 12 月至 2019 年 12 月
		吴　勤	2019 年 3—12 月
		周　航	2019 年 3—12 月
	总会计师	谢丽萍	2005 年 10 月至 2009 年 5 月
		罗晓春	2009 年 5 月至 2018 年 4 月
		陈　英	2018 年 4 月至 2019 年 12 月
	安全总监	王　宇	2002 年 3 月至 2012 年 3 月
		廖运祥	2012 年 3 月至 2014 年 1 月
		冷晓亮	2014 年 1 月至 2015 年 11 月
		何伟毅	2015 年 11 月至 2018 年 11 月
		吴　勤	2019 年 3—12 月

说明：2008 年，行政领导职务名称由“经理、副经理”改称“总经理、副总经理”。

表 11-46 1985—2019 年中国石油四川宜宾销售分公司党组织领导任职情况表

机构名称	职务	姓名	任职起止时间
中共四川省石油公司宜宾采购供应站党委	书　记	王炳联	1987 年 1 月至 1993 年 4 月
		刘启银	1993 年 4 月至 1997 年 11 月
	副书记	王炳联	1985 年 7 月至 1987 年 1 月
		赵蕴光	1987 年 1—11 月
		谢怀森	1987 年 7 月至 1993 年 4 月
中共四川省石油总公司宜宾采购供应站党委	书　记	王炳联	1993 年 5 月至 1996 年 12 月
	副书记	谢怀森	1983 年 5 月至 1997 年 5 月
		刘启银	1995 年 7 月至 1997 年 5 月
中共四川省石油集团宜宾有限公司党委	书　记	刘启银	1997 年 11 月至 1999 年 6 月
		周书平	1999 年 6—11 月
	副书记	谢怀森	1997 年 6 月至 1999 年 6 月
		刘启银	1997 年 6—11 月
		罗光辉	1999 年 6—11 月
中共中国石油四川宜宾销售分公司党委	书　记	周书平	2001 年 1 月至 2004 年 10 月
		罗光辉	2008 年 2 月至 2012 年 3 月
		张周平	2012 年 3 月至 2014 年 1 月
		蔡　力	2014 年 1—9 月
		谭　宏	2016 年 1—12 月
		王怀炳	2016 年 12 月至 2019 年 12 月
	副书记	罗光辉	2001 年 1 月至 2008 年 2 月
		张景双	2002 年 4 月至 2004 年 11 月
			2004 年 11 月至 2008 年 2 月（主持党委工作）
			2008 年 2 月至 2011 年 1 月
		蔡　力	2011 年 1 月至 2014 年 1 月
		傅佑明	2014 年 1—10 月
			2014 年 10 月至 2016 年 1 月（主持党委工作）
		谭　宏	2016 年 12 月至 2019 年 3 月
		庞西明	2019 年 3—12 月

二、经营销售

1989—1991 年，国家计划经济时期，宜宾分公司接受宜宾市商务局和省公司双重领导，实施定点、定向、定人和任务包干，组织和调运计划内外油品，按计划比例分配保障区域工农业生产、交通、消防、医疗急救用油，完成社会节油工作任务。

1992—1998 年，市场经济体制逐步确立，区域内多形式、多渠道成品油经营并存的市场格局初步形成。宜宾分公司上划省公司，持续转变经营思想，多举措抑制各类石油经营机构快速增长势头，巩固主渠道地位。

1999—2000 年，执行集团公司和省公司资源调进“四统一”政策。组织业务部门从兰州、乌鲁木齐、广州、北京等炼油厂调油，克服多年罕见的成品油资源紧张局面，保障内外加油站供应。

2001—2007 年，试点油品销售配送制改革。把握并适应成品油零售市场全面放开新形势，应对主要竞争对手低价策略和油价“过山车式”起伏变化，发挥主渠道作用，履行政治、经济、社会三大责任。坚持进销平衡，量效平衡，保障区域市场供应稳定。

2008—2009 年，政府为提高产能，煤矿运输方式从以公路运输为主调整为以铁路运输为主，公路运输车辆减少 70%。宜宾作为产煤重地，重点产煤区汽柴油日出机量减少 50 吨左右，加之受国际金融危机影响，天原化工、丝丽雅、芙蓉矿业等大型企业均处于部分停产、半停产状态，川云中路、内昆高速车流量减少 1/3 左右，市场急剧萎缩。竞争对手营销手段灵活，开展低价倾销竞争。宜宾分公司积极转变经营理念，由“坐商”变“行商”，调整批发直销业务管理体系，实现区域市场整体开发管理，对客户实行三级维护管理制度，积极开展市场竞争，实行“一对一或二对一”的竞争策略，主动协调政府，积极配合成立成品油市场管理工作小组，重点配合工商、交警等职能部门规范、净化宜宾市成品油市场。尽管全力以赴组织经营工作，但在 2009 年末，全年汽柴油销量为负增长，也是宜宾分公司自上划中油集团后，年度销量首次负增长。

2010—2013 年，主要竞争对手的发展步伐加快，市场竞争进一步升级。建立覆盖全市范围的内、外部信息监测点和四级监测体系，为不同时期营销策略的制定提供依据。建立和完善《客户经理薪酬考核指导意见》，理顺经营激励机制，逐步构建营销业务新体系。2012 年，参加全省营销系统岗位练兵比赛，2 人分获全省二等奖和三等奖。

2014—2018 年，成品油消费需求持续回落、油品经营利润空间收窄，各类外资、民营、地炼资本快速进入区域市场，竞争加剧。宜宾分公司提升以成本、质量、服务、品牌为要素的核心竞争力，配合政府开展成品油市场专项整治，着力竞合发展、共同发展。

2019 年，国际原油价格整体先扬后抑，市场供应明显供大于求。吊黄楼油库正式停业技改，宜宾分公司成品油配送工作面临前所未有的挑战。在市场不确定因素增多情况下，公司通过盯油价走势、盯省公司政策、盯客户售后，把控住销售节奏，实施精细营销，实现增量目标。

（一）市场监测

2010 年，省公司建立市场监测平台以后，宜宾分公司专门成立市场监测管理小组，由零售部门牵头，加油站经理为第一责任人，以加油站为中心，原则上将加油站半径 10 千米范围内的系统外加油站作为竞争对手，全部纳入监测范围，单位辖区内中石化、壳牌、中航油、中海油等连锁加油站监测比例达到 100%。2011—2019 年，修订完善《加油站竞争对手划分表》《境内高速服务区（加油站）统计表》《国省道加油站量效区域布局划分》《加油站商圈站点统计表》《加油站分区域位置图》等，同时加油站在综合业务支撑平台商情数据和地图信息组织开展加油站促销活动时，必须充分使用石油市场动态监控平台和综合业务支撑平台商情数据和地图信息，明确对手，预测效果，避免内耗。

建立市场监测体系以来，宜宾分公司利用体系及时掌握市场变化、对手动向，快速应对市场变化，及时调整营销策略，争取最佳效益，为实施精准营销、提升营销效果、制定营销策略提供有力支持，同时确保市场占有率稳中有升。

（二）价格管理

1989—1998 年，优惠大用户、老用户，形成对竞争对手不对称价格优势。统一制定进货最高限价和销售最低限价，引导各经营实体择优进货、勤进快销、薄利多销，保持区域价格基本一致、价格升降步调一致。

1999—2000 年，价格季度微调，以“小步快跑”方式改变用户买涨不买跌心理。面向市场，推行一对一价格策略。

2001—2012 年，执行并争取省公司价格政策，立足研判市场资源、价格信息，保持价格贴近市场、细分客户、灵活快速。

2013—2018 年，争取省公司促销政策支持，批发直销贴近市场作价，必要时一单一议。加大沟通协调，与主要竞争对手保持合理价差。

2019 年，认真研究省公司营销政策，以配套方案为指挥棒，直批环节努力提高销量和单价，争取结算价奖励；零售环节从以量为主的销售激励思路调整为量效均分的销售激励，大量减少内部加油站各种优惠政策或下调优惠幅度，引导加油站算账经营。

（三）客户经理队伍建设与管理

2010 年 3 月，成立直销攻坚小组，明确小组成员，制定目标任务、开发责任、考核标准，为探索客户经理队伍奠定一定基础。

2011 年，完善分级分户管理，对 273 个批发直销客户（其中直销客户 88 个、批发客户 185 个）进行梳理，明确在资源松动时做到“抓牢现有客户，紧盯流动客户，勇争流失客户”。下半年，成立加油卡客户服务中心，承担客服质量管理，制定有效措施促进服务质量改善，制定逐级考核办法。

2012 年，设置客户经理岗位，成员由营销管理科副科长和 7 个片区经理（兼职）构成。客户经理团队由营销科统一管理，业务管理上执行营销管理科和片区双重管理。营销管理科及各片区分别设置一名客户经理，具体负责直销管理工作。

2013 年，设置 7 名专职客户经理，明确岗位设置及职责、目标市场划分、薪酬考核等内容，精心设置业绩合同指标，突出对汽柴油销售指标考核，注重对价格到位率的管控，强化对客户经理的日常管理。

2014 年，市政建设加快步伐，直销工程类客户增多，配送量增大，但成品油资源供应充足，市场竞争较强。现有客户经理队伍受入职时间、文化程度、学习积极性、培训方式等因素的影响，综合素质存在一定缺陷，离公司要求有较大差距，其岗位能力不能与严峻的市场形势完全匹配。

2015 年，积极推进客户体系建设试点工作，制定辖区市场及管理责任书，对客户经理区域市场进行明确划分，补充完善客户信息收集表、竞争对手调查表等 5 项档案资料，从客户开发维护计划、客户分级评价、投诉处理、客户经理考核评价等十个方面入手，强化客户经理队伍建设。

2016 年，修订《客户经理薪酬考核办法》，月度薪酬考核以吨油费用考核为基数，与零售、加油卡、非油（含润滑油）任务完成率、基础工作考核、片区工作考核相挂钩的方式，促进客户经理多销多得。

2017 年，制定《客户经理薪酬和费用考核修订办法》，根据客户经理实际情况，调整客户经理边际系数，增加费用考核，同时增加 2 名年轻客户经理充实队伍。

2018 年，调整客户经理吨油考核系数，打造“油卡非润”全产品销售团队，提升市场开发的广度和深度，实现客户经理队伍向职业化发展。

2019 年，成立 2 个客户经理攻坚小组，主要针对跨区域较难开发的客户、区外客户的开发与维护实施攻坚，特许经营业务的推进。组长负责制订季度客户开发与维护计划，并落实、推进工作的开展。同时，增设优价创效奖励、再流通客户销售奖、跨区域销售分配等奖励，进一步激发客户经理销售热情。

（四）客户开发和维护

2012 年，调整业务职能后，实现加油站管理和零售业务、卡销售业务一体化、专业化管理，完善客户管理制度体系。全面梳理零售客户情况，做到心中有数，为各个时期有序供应奠定基础。与移动、电信等集团客户深度合作，拓展客户网络，并与申蓉、和田等汽车销售行业建立良好的合作关系，开展购车送加油卡等联合活动。

2013 年，结合加管系统、卡系统分级分类对固定客户、潜在客户进行分析，片区、加油站抓好现场推销，采取电话沟通、上门拜访稳定老客户，开展与大集团五粮液、电信、医院等合作，开展联合发卡活动。通过卡积分升级、兑礼，“春节”“3·15”“暑期”“中秋”加油送礼、抽奖、客户拜访等促销活动的开展，让老客户得到更多实惠的同时吸引更多潜在客户办卡加油。通过开展加油站销售半径的调查收集，详细了解竞争对手采取的策略、煤矿业恢复进度，在抢夺客户尤其是工程桶装客户上有针对性地开展竞争。全年新增单位固定客户 273 户，加油卡纯枪量 8.5 万吨，卡销比达到 34.8%，有效控制零售市场，零售市场份额占到 75% 以上。

2014 年，以卡为媒，联合商家拓展增值服务，积极联系邮储银行、交通银行、中交车联、嘉记旅游等单位，利用各自宣传路径扩宽宣传渠道，打造联合营销模式。

2015 年，全力促零售上规模，积极提高零售业务，把直销转纯枪工作作为上量切入点和突破口，站经理与客户经理走访客户、走进工矿工程，严格执行“开发有计划、销售有跟踪、售后有回访、事后有总结”的策略，强化客户沟通，挖掘直销客户的潜在消费能力，力求将直销量转入纯枪最大化。全年实现新增零售出机大客户 15 户，实现新增量 5000 吨，为实现全年目标任务打下坚实基础。

2016 年，强化客户档案清理，着重加强客户关系管理。通过对加油站客户档案的清理，确定开发维护及挂钩责任人，对固定客户、流动客户进行分析，对现有客户及潜在客户制订拜访计划。同时跟进对分类分油品市场的调查力度，大力挖掘汽油上量空间，及时收集市场需求变化，制定有效措施抓住市场机遇，当年汽油销售同比增加 8541 吨，增幅达 6.4%。

2017 年，结合市场实际，科学下达目标任务，定期收集、分析市场变化，紧盯任务进度。

吹响机关、片区、基层三级联动跑客户的攻坚冲锋号，带动机关跑油站、员工跑客户跑工地的良好氛围，以面带点抓住有利时机促销上量，全年新开发年消费100万元以上大客户宜宾纸业、四通物流、戎通客运、翠屏区政府、宜宾竹之琨林业有限责任公司等大批客户。

2018年，面临防渗改造、每月2～3个停业站改造的空前压力，积极寻找突破口，新开发目标大户兴文和良建材有限公司、兴文科运物流有限责任公司、四川安畅物流有限公司、厚载运业有限公司、青岛公路建设集团有限公司、南溪恒通运输公司以及页岩气矿区等一大批工程客户，实现新增量15000余吨。

2019年，面临27座加油站防渗改造和“6·17”长宁6.0级地震双重压力，为全面完成省公司下达的攻坚目标任务，宜宾分公司全力以赴，一边努力抢抓防渗改造站点进度，一边抓抗震救灾和灾后重建工作。按照省公司零售提量增效的经营方针，在积极向省公司各职能处室汇报，争取政策支持的同时，转换促销方式，全面取消油非互动促销活动。通过加油卡消费返利、将工程和物流等大客户升级为小额配送卡、将部分原批直客户引导转移加油站打桶装油，最大限度地稳定和留住客户，不断提高零售纯枪出机量，实现稳量增量的目的和效果。截至12月31日，加油站柴油站发小配销售合计20079吨，较上年同比增长276.5%。

表11-47所示为2004—2019年中国石油四川宜宾销售分公司经营指标统计情况。

表11-47　2004—2019年中国石油四川宜宾销售分公司经营指标统计表

年度	经营类			效益类				纯枪价格到位率（%）
	销售总量（万吨）	零售纯枪（万吨）	非油收入（万元）	账面利润（万元）	费用总额（万元）	吨油费用（元）	人工成本（万元）	
2004	13.25	9.08	—	441.19	4207.47	—	—	—
2005	16.21	12.75	—	120.32	4893.45	—	—	—
2006	20.1	17.05	—	868.89	5492.94	—	—	—
2007	22.49	18.91	—	1241.68	6831.27	—	—	—
2008	25.91	22.13	—	3446.71	8482.02	—	—	—
2009	24.55	19.37	492.76	580.18	6627.11	269.94	3277.81	98.7
2010	28.16	23.34	1205.01	904.49	7726.20	274.37	3967.24	98.69
2011	31.87	27.78	2112.19	4147.84	9412.46	295.34	4467.30	99.59
2012	34.06	28.56	2920.68	3758.88	9556.08	280.60	5044.36	99.56
2013	36.90	27.03	3791.70	407.96	11158.57	302.42	5298.87	99.47
2014	42.76	26.04	2629.32	—2371.67	11433	290.40	5639.81	99.45
2015	40.88	26.81	2404.97	1924.69	12262	337.05	5970.19	99.95
2016	41.79	27.70	3209.05	1667.42	11968	286.40	5751.82	97.94
2017	41.58	28.53	4295.64	492.51	13260	315.64	5986.76	97.86
2018	44.41	29.77	8046.70	1845.06	13401	295.98	6558.26	97.42
2019	44.11	30.54	6507.82	4336	15363	372.86	6842	98.31

三、加油站管理

（一）经营管理

1989—1999 年，计划经济及市场经济转型时期，宜宾分公司加油站仅有 9 座，通过转换企业经营机制，千方百计组织油料，拓展市场，努力实现经济体制和经济增长方式“两个转变”。

2000—2012 年，随着网点的快速增长，持续强化加油站精细化管理和油品数质量管理，制定《加油站客户服务管理暂行办法》，规范员工服务行为和语言，严格考核监督。加强对省公司《加油站管理规范》和《加油站细节管理手册》的宣贯学习，制定《加油站基础管理系统运行（暂行）管理办法》《加油站视频监控管理办法》《业务统计基础工作管理考核暂行办法》《加油站设备维修管理（暂行）办法》《停业加油站守护管理（暂行）办法》等，提高运营效率与效益。制定《加油站管理稽查暂行办法》《加油站交叉稽查暂行办法》，加强加油站稽查力度。

2012 年，市场变化频繁，汽柴油资源阶段性紧缺，宜宾分公司严格按照省公司销售政策，坚持每日收集、每周分析制度，将经营分析工作常态化，认真分析宜宾成品油零售市场，抓住有利时机促销上量，采取贴近市场作价、点对点竞争、一站一策、油非互动、现场促销活动等有效措施，巩固主导区域市场，提高零售销售能力和盈利能力。全年汽油纯枪销售 25.88 万吨，其中汽油 9.20 万吨、柴油 16.68 万吨；完成省公司考核任务 26.4 万吨年度任务进度的 98.0%，同比增加 1.02 万吨，增长 4.1%。汽油销量增长 20%，达到历史最高水平。

2013 年，按照保增长、保效益的经营工作重点，紧紧围绕年度纯枪目标任务，开展全员促销上量攻坚战活动，强化加油站规范管理，促进零售经营业务，提升油站增量创效水平，切实增强部门管理能力，规范运作。全年销售汽柴油 27.03 万吨，其中汽油 11.00 万吨、柴油 16.03 万吨；完成省公司考核任务 27.6 万吨年度任务进度的 98.0%，较上年同比增加 1.15 万吨，增长 4.5%。

2014 年，全面落实全流程诊断与优化工作，加强工作跟踪落实问题解决的实际情况及效果，重点推进消高峰和优化排班。通过全流程诊断与优化工作的切实开展，加油站进站率较优化前提高 7% 以上。2014 年加油站纯枪销售量同比增量 1.34 万吨，增幅 5.4%。

2015 年，认真贯彻落实省公司年度工作会、营销工作会议精神，紧盯“纯枪销量 26.7 万吨，力争 28 万吨”的年度销售目标，围绕“效率、效益、品牌”零售工作主线，潜心研究市场变化，精心组织油站经营管理工作，努力优化销售结构，呈现出量效双增的良好势头。2015 年纯枪销售汽柴油 26.81 万吨，完成省公司考核任务 26.7 万吨年度任务的 100.41%，较上年同比增加 7696 吨，增长 2.96%。

2016 年，紧紧围绕“提质增效”的工作重点，认真贯彻落实省公司年度会议精神，以年度任务为目标，科学制定纯枪、加油卡考核指标，在省公司下达任务基础上，加码下达奋斗目标；同时深入推进“油卡非润”一体化运作，积极参与市场竞争，深入开展优质服务，提高创效能力，提升油站规范服务管理。结合省公司激励配套方案，先后出台《零售业务营销激励办法》《大站培育跨台阶奖励办法》《加油站月度评优管理办法》和《“冲刺四季度”油卡非促销上量劳动竞赛》等激励办法，通过劳动竞赛的指标考核，奖励向一线倾斜，兑现奖励 14.38 万元，较好地完成全年目标任务。

2017年，在经营业务上深度跨界合作，开创营销新模式。先后与宜宾邮政、货车兄弟APP和自助洗车进行深度跨界合作。当年争取跨界补贴265万元。与网络平台货车兄弟APP合作后，仅在11个试点站即消费213.7万元，抢挖竞争对手固定客户52名，实现加油业务4402笔，达到两笔以上黏性客户203位。为进一步提高加油站土地利用率，为客户提供便捷、实惠、多元化的增值服务，选择部分城区站试点开展24小时共享自助洗车服务，客户进站消费即可体验自助洗车，享受一站式加油、购物、DIY洗车的乐趣。开设自助洗车服务点的5个加油站，从日洗车不到30辆飙升到平均每天洗车70辆，累计洗车超过5000辆，同时油品销售日均环比增长近10吨。

2018年，紧紧围绕“增量创效、挖潜增效”的工作重点，按照省公司“大干100天打好五大攻坚战”主题活动动员会精神以及“决胜千万吨　建功新时代”主题活动方案的安排，积极参与市场竞争，进一步强化加油站经营管理，全面促进量效提升、管理提升，为全速冲刺千万吨级销售企业目标而奋勇拼搏，取得较好成效。

2019年，坚持“一切以纯枪为中心”和“纯枪销售创效”的经营思路。为落实集团公司“千万吨上得去、稳得住”的指示、销售公司扩销降库和省公司开展的上半年“攻坚克难创佳绩，喜迎建国七十年”扩销上量营销活动的工作要求，确保顺利实现“时间过半、任务硬过半”目标，实现高质量、可持续发展，制定“攻坚克难创佳绩，喜迎建国七十年”《50天零售纯枪攻坚活动实施方案》，全力开展零售攻坚扩销上量活动。全年实现零售30.54万吨，较上年同期增加7753吨，增幅2.6%。

（二）加油卡管理

2010—2019年，制定《加油卡业务管理办法》，共发行加油卡34.3万张，其中昆仑记名卡28.8万张、不记名卡5.5万张，到2019年实现卡销比48.2%，沉淀资金12476万元，卡折扣率1.03%，到2019年底活跃记名卡7.1万张。

2012年，突出以加油卡销售和发卡质量的提升。把加油卡销售作为零售业务发展的重中之重，全力促进以销油为主向以销卡为主的转变，抓住节假日促销活动之机，借助开展“建司六十周年感恩回馈主题”活动东风，加大加油卡销售力度；走进社区、机关、展会，与平安、移动等战略合作单位共享客户资源，扩大发卡覆盖面。从单纯注重发卡量向量质并重转变，更加注重提高卡销比，提高沉淀资金，提高使用率，控制折扣率。卡中心设专人进行“日跟踪、周分析、月考核”，及时发现和纠正加油卡运行中的问题，提高有针对性的分析能力，形成卡监控的常态化工作机制，确保发卡业务健康发展。全年售卡30383张，其中个人卡14605张、单位卡12403张、不记名卡3365张。

2013年，围绕信息管理提高卡监控。把信息化运用与业务技能的提高作为岗位人员培训的重要工作来抓，认真开展加油卡业务工作，通过各级培训，督促加油站加强系统运行操作。规范网点规范服务，对外公示充值时间、监督电话，推动加油站反舞弊工作开展；加大督查片区自查加油卡反舞弊行为，充分发挥三级监控机制，规范员工生产经营行为。全年售卡31487张，其中个人卡 16895 张、单位卡 13131 张、不记名卡 1354 张。

2014 年，持续推进卡业务工作。科学制定加油卡营销考核指标，在省公司下达发卡量及沉淀资金任务基础上，增加对加油卡折扣率和卡销比指标的考核，力求在提升发卡数量和质量上共下功夫。结合市场实际合理下达片区、加油站年度及月度任务，紧盯卡指标任务进度，加强跟踪分析，与各片区、重点加油站及时分析市场和客户，立足加油站现场现金客户转化为卡客户，指导并督促欠量单位追赶进度。及时调整加油卡优惠政策，控制折扣优惠幅度，逐步降低加油卡折扣率，通过油卡非"贺岁季""踏春季""足球季""醉美大西南"等主题活动的开展，增强服务意识，灵活推销、稳定客户。以卡为媒联合商家拓展增值服务，积极联系邮储银行、交通银行、中交车联等单位，利用各自宣传路径扩宽宣传渠道，打造联合营销模式。先后对具备自助加油功能的 24 座加油站开通自助与半自助加油模式，现场营造浓郁的宣传氛围，通过员工口头告知、现场标识、海报展架、微信等让客户了解自助加油的优点及特点，引导其主动接受；借助促销活动，开展办卡、充值送礼，增加客户办卡的积极性，提升客户自助体验度，加快推行自助加油业务。全年售卡 27362 张，其中个人卡 15971 张、单位卡 10119 张、不记名卡 1086 张。

2015 年，为进一步推进一体化促销活动的开展，统筹制订节假日、自助优惠、新站酬宾等油卡非促销活动方案，安排开展"贺岁迎春""踏青畅游""清凉一夏""纪念抗战""金秋送爽"等促销宣传活动，广泛宣传月月抽大奖活动，适时开展"3・15"油品鉴别、积分全兑换、加油卡支付宝充值等品牌宣传和非油供应商促销活动，有效促进发卡质量的进一步提升。全年记名卡发卡 3.1 万张，其中有效记名卡 2.8 万张，完成年度 2.15 万张任务进度的 130%。较上年同比增加 5191 张，增幅 20%。卡销比 45.2%，较上年同比增加 6 个百分点；12 月末公司实现沉淀资金 7121 万元，完成年度任务 6400 万元的 111.27%，较年初增加 965 万元，增长 15.67%。

2016 年，把系统信息化运用与业务技能的提高作为岗位人员的重要工作来抓，同时通过各级培训，督促加油站加强系统运行操作。全年累计记名卡发卡 33475 万张，有效活跃卡 52621 张，累计卡销比 46.68%，同比增加 1.43 个百分点；累计卡折扣率 1.64%，同比提高 0.19 个百分点。

2017 年，积极开展主题活动实现油卡非润互动。通过油卡非润一体化营销，联合促销开展"贺岁迎春""3・15""踏青畅游""金秋送爽""98 号专题促销""岁末感恩"以及组织开展"弘扬石油精神、重塑良好形象"等零售专题促销主题活动；将省公司月度品牌体验日与"月月抽奖"的主题活动有机结合，走进 4 个党政企事业单位，开展战略合作单位"送福利"活动，推进油卡非润一体化营销，以加油卡锁定目标客户，并在 52 座加油站安装加油卡自助服务终端，覆盖率提高到 76% 以上。全年售卡 39994 张，其中个人卡 20345 张、单位卡 13229 张、不记名卡 6420 张。全年加油卡累计充值 8.5 亿元，累计消费 11 亿元。

2018 年，认真做好油卡非润一体化营销工作，联合促销开展"旺年油礼""3・15""券恋春天""98 号专题促销""清凉季""双 11"等零售专题促销主题活动；将省公司月度品牌体验日与"月月抽奖"的主题活动有机结合，走进党政企事业单位，开展战略合作单位"送福利"活动，推进油卡非润一体化营销，以加油卡锁定目标客户，稳定并吸引客户持续消费。全年售卡 37307 张，其中个人卡 18130 张、单位卡 12609 张、不记名卡 6568 张。全年加油卡累计充值 10 亿元，累计消费 15 亿元。

2019 年，为全面提高发卡质量，以卡为媒锁定目标市场，除固定在 18 个主力站点开展每周一和周四超级品牌体验日活动外，成立 8 个片区专业发卡小分队，通过专职发卡人员深入到厂矿、企事业以及政府单位，宣传中石油品牌，现场为客户办理加油卡，用加油卡锁定客户，从而提升加油站销量；截至 12 月 31 日，站外新发卡合计 9912 张，充值资金 2386.26 万元。全年销售发放记名加油卡 39346 张，同比增加 2039 张；卡销比 48.31%，同比下降 2.91 个百分点；折扣率 1.03%，较上年增加 0.03 个百分点；现有售卡充值网点 63 个、自助终端 62 台，占运营站总数的 84.9%。

（三）计量、稽查监管管理

2001—2009 年，认真落实《油品计量管理实施细则》，每年均开展加油站计量员培训。2005 年设立宜宾计量检定分站。对计量标准、器具按期送检，送检率 100%。规范体积计量交接，有效控制各环节的损耗，有力促进公司库站油品数量精细化管理。2010 年公司成立地罐交接领导小组，抽调专人负责地罐交接试点。

2011—2012 年，对 120 名员工进行加油站计量员培训。

2013—2018 年，进一步规范“一站一率”考核管理，全面运行地罐交接，对 271 个油罐进行重新检定并确定其地罐交接油罐综合差量率。与三方承运单位签署《加油站地罐交接油罐综合差量率确认书》。

2019 年，成立油品损耗监督管理小组，明确 15 项重点监管内容，确定 3 人每周五上午开展油品损耗仲裁，在营加油站 271 个油罐平均地罐交接综合差量率低于 0.17%。1—6 月，公路运输超损耗同比减少 2.465 万升，零售溢耗同比减少亏损 56.563 吨；1—6 月，零售损耗全省排名第 10 位，同比上升 7 位，基本落实管理创效要求。

四、非油品业务

（一）非油业务及活动开展

2008 年，筹备成立非油品销售中心。

2009 年 3 月，成立非油品经营部，与原润滑油经营部两块牌子、一套人员。

2010 年，有 50 座加油站开展非油业务。其中便利店 8 座（标准店 4 座、非标店 4 座），实施便民车服务 13 座，开展燃油精和小包装润滑油 45 座，开展堆头销售及彩票销售 10 座。全年实现非油销售收入 1205 万元，利润 125 万元。蜀南加油站非油收入超 300 万元，南岸加油站非油收入超 150 万元。

2011 年，狠抓非油制度建设，将非油各项指标纳入月度考核，完善百元工资制和促销奖励制度。8—9 月开展酒类促销活动，取得显著成果，活动期间酒类销售收入达到 172.85 万元。全年实现非油销售收入 2112 万元，利润 140 万元。便利店达到 16 座，其中 300 万元店 1 座、200

万元店 1 座、150 万元店 1 座。

2012 年，紧紧围绕“以拳头商品为重点”的工作方针，开展分片区竞赛、评比奖励等工作措施，紧抓节假日、油非互动等促销活动契机，进一步巩固润滑油、烟、酒拳头商品的主导地位，逐步发展包装饮料、家庭食品等品类向拳头商品过渡，形成稳定的拳头业务发展链条。全年实现非油销售收入 2920 万元，利润 340 万元。蜀南站销售收入超 500 万元，七星路站和西区站销售收入超 300 万元，南岸站和两路桥站销售收入超 200 万元。

2013 年，继续抓好香烟、家庭食品、包装饮料销售不放松的同时，开展阶段性的业务拓展工作，寻求非油量效新的突破和增长点。创新燃油精销售模式，鼓励自销，实现专销模式向两者相结合的模式转变。实施自销 8 个月，实现收入 12 万元。在蜀南、淯江等旅游沿线便利店开设土特产、礼品包业务，在城区站开展“双色球”“七乐彩”等彩票业务。把握机遇抓促销，促进香烟、家庭食品等商品全年增收 288.6 万元。全年实现非油销售收入 3792 万元，利润 322 万元。

2014 年，确定以便利店零售为重点开展工作，筑牢非油业务稳健发展基础。把握“非油二元化治理”契机打造店面，共梳理关于经营证照、设施设备、现场陈列、经营管理、服务管理、账务管理等方面共 259 个问题，督促完善 47 座加油站相关证照办理，为夕佳山、新南等 6 座加油站新增便民车和香烟柜，为巡场加油站改建仓库，对蜀南、西区等 3 座便利店进行现场布局研究与调整，大大提高非油设备利用效率。全年实现非油销售收入 2614 万元，实现毛利 279 万元。

2015 年，继续开展便利店二元化治理，优化店面布局、商品陈列、商品选择，实现 56 个便利店开店经营，开店率 83.5%。修订完善《非油业务奖励办法》《非油大店培育奖励办法》，按照“谁销售，谁受益”的原则，指导加油站严格兑现百元工资和促销奖励，将过去“完成任务”奖调整为“同比增量”奖。对 50 万元以上的便利店设立专职主管，并增设主管津贴补助薪酬政策，强化主管指标考核。实现非油销售收入 2405 万元，其中店销收入 2080 万元，利润 377 万元。

2016 年，制定《2016 年非油业务增收创效激励办法》，完善规模店培育增收、百元工资增收等 6 个方面的配套激励措施，将百元含量工资提升到 4%，兑现对象由基层员工转变为公司所有员工，促进全员销售非油。围绕“有站就有店，每个片区至少一个形象店”的目标，结合加油站条件，充分挖掘现有空间，积极盘活加油站的闲置场地，有效开店率从 83.5% 提升到 100%。全年实现非油销售收入 3299 万元，其中便利店店销收入 3082 万元，利润 414 万元。

2017 年，针对潜力较大的站点在设备配置、店面形象等方面实施标准改造，先后完成东环等 3 座加油站的新店建设、蜀南等 4 座便利店升级改造高级店，平和等 9 座标准店的扩建改造。在店面布局调整、商品选择、现场陈列和氛围营造等方面分阶段、分区域实施店面优化工作。在东环、西郊等 5 座加油站增加便民洗车、简易自助洗车项目。全年实现非油销售收入 4296 万元，利润 605 万元。

2018 年，着重在健机制、抓宣贯、激活力上下功夫。针对非油业务瓶颈，鼓励高效商品增收增效，研究制定《2018 年非油业务考核奖励办法》，出台《“大战一百天、打赢攻坚战、决胜千万吨”非油攻坚方案》，百元工资结合店销当月毛利率最高每百元 7 元，兑现奖励大大高于省公司标准；百日攻坚新增月度片区任务完成率奖惩按月兑现，各级管理人员及油库员工人人扛下非油任务纳入工资奖惩，人人开口营销，为全面发展非油提供机制保障。全年实现非油销售收入 8046 万元，店销收入 5594 万元，利润 740 万元。

2019 年，非油业务保持超常规发展态势，克服拳头商品香烟投放量大幅收缩的困难，针对机油份额小、员工开口难的问题，实施店面分级分类管理，推出品牌体验日精选应季商品、自有商品开展促销；通过加油满额、优惠换购、充值赠礼等油非互促方式，在品牌和推广上持续发力；在新零售的商业创新模式下，探索“资源互换，成果共享”机制，优选异业合作伙伴，深挖油品关联客户，寻求非油商品契合点。是年，在营加油站便利店 74 座，实现非油店销收入 6095.62 万元。

（二）“油卡非润”一体化营销管理

2014—2018 年，迅速转变经营思路，按照“油、卡、非”一体化营销指导方案，积极开展主题促销活动。历年来，先后开展“旺年油礼”“贺岁迎春”“券恋春天”“踏青畅游”“3·15”“清凉季”“98 号专题促销”“双 11”“金秋送爽”“岁末感恩”以及“弘扬石油精神、重塑良好形象”等全系统内大型促销活动 30 余次、2800 站次。进一步提升油卡非润一体化营销水平。

2019 年，大力推进“新零售”业务发展，扎实做好昆仑 ETC 发卡工作。在精心做好各项发卡准备工作的同时，开展全方位、多渠道广告宣传动员和培训工作，高效有序开展昆仑 ETC 发卡工作；结合“六进”发卡工作要求，在所有人工售卡充值网点和安装有自助终端的加油站，利用加油站场景现场全力推卡；成立以片区发卡小分队以及客户经理为主体、各加油站抽选员工为兼职发卡员的发卡攻坚小组，组织开展站外多场景发卡。截至 12 月 31 日，共发行安装昆仑 ETC 卡 3687 套。扎实抓好中油优途 APP 全面公测。从 9 月下旬开始，中油优途 APP 在经过前期全省内测，省公司对中油优途 APP 进行全面问题排查和技术升级，不下车加油、电子发票开具等功能逐步稳定的基础上，按照省公司《关于开展中油优途 APP 全面公测的通知》的工作计划和相关要求，将轻量化新版中油优途 APP 在公司加油站面向广大客户开展全面公测。截至 12 月 31 日，宜宾分公司优途 APP 注册数累计达 9702 个，累计平台消费金额 253.88 万元。

五、网络开发建设

1989—2000 年，在计划经济与市场经济双轨运行情况下，宜宾分公司多属分散管理模式，直至 2000 年在营加油站仅有 9 座，网点占有率低，市场空缺大。

2001 年，宜宾分公司紧抓股份公司扩张零售网点机遇，开展全地域、撒网式加油站收购、新建工作，开始大规模扩张，增加站点。从 2002 年到 2011 年的 9 年期间，加油站站数由 32 座增至 72 座，大量填补市场空白，带动当地经济发展，拉动成品油需求。

2012 年 12 月，宜宾分公司下属 72 座加油站，其中营运加油站共 63 座，包括加油泵船 3 座、高速路服务区加油站 2 对、自助加油站 4 座，保障承运油料的运输车辆 30 多台。代管宜宾中港能源有限责任公司、宜宾地方石油公司两个参股企业。

2013年，平和、湝江、古河、大塔A、大塔B、落润加油站建成投运，宜宾分公司所属加油站78座。

2014年，转出高速路服务区加油站两对，新建罗龙南加油站，下长、吉祥加油站以租赁方式进行营业，宜宾分公司所属加油站77座。

2015年，3座加油泵船永久性停业，梓桐加油站新建投运，宜宾分公司所属加油站78座。

2016年，新市加油站因政府施工，停业迁建，新建书楼加油站，宜宾分公司所属加油站78座。

2017年，李场、双河口加油站建成投运，转出分水岭加油站、宜宾中港能源有限责任公司。宜宾分公司所属加油站79座。

2018年，农利、宜长加油站建成投运，宜宾分公司所属加油站81座。

2019年，完成27座加油站存量改造，所有在营站存量改造全面收尾。喜捷加油站建成投运（图11-1），股权单位中港能源有限责任公司租赁南江加油站，设置凉姜沟、宜宾港新建橇装加油设施，大冲头加油站新增LNG加气设施项目投运。宜宾分公司所属加油站82座。

图11-1　2019年建成的喜捷加油站

2012年至2019年底的8年间，宜宾分公司由72座加油站拓展到82座加油站，网络触角遍及整个宜宾地区，为守点拓展不断攻坚克难。

六、质量安全环保

（一）安全管理

1989—2000年，严格遵守各项安全规章制度，每年开展安全检查，保证企业安全平稳运营。

2001—2019年，在历届班子的领导下，宜宾分公司先后荣获省公司2009年度、2013年度、2015年度“安全生产先进单位”荣誉称号，以及每年度“宜宾市安全生产先进单位”荣誉。安全环保工作表现为“整体可控、重点突出、持续提升、问题时现”。整体可控突出表现在：认真组织开展安全阶段性活动，各专业线认真开展安全专项检查，认真开展“反违章”活动，强化施工作业风险管控，强化输入风险管控，加强非生产区域的安全监管，2019年2月老旧吊黄楼油库开始整体拆除重建，对股权企业中港能源公司加油站按照中油统一标准组织检查。“重点突出”主要表现在：突出安全监督检查的作用，突出时间节点的管控，突出隐患治理的管控，突出对重大风险点的管控，积极落实安全“物防”“技防”装备，狠治环保督察隐患，夯实管理基础。“持续提升”突出表现在：细化优化《安全环保质量计量责任书》，持续推进“一岗双责”落实，合规管理意识有效提升，加强安全员队伍建设，使工作有抓手、有重点、有目标，有考核。“问题时现”主要表现在：虽然历年来安全工作见到一定成效，但严格监管阶段所反映出的执行不到位、突发事件时有发生的问题仍然有所体现。2014 年太平加油站发生油品泄漏事故，2019 年平和加油站发生施工质量事件，这两起事故均为承包商事故。

（二）安全教育培训

1989—2001 年，多次组织人员参加省公司举办的电工、计量员、化验员、HSE 专业培训等各类培训。

2002—2016 年，制订年度 HSE 培训计划，做到培训工作化、工作培训化。认真抓好日常安全教育，搞好事故案例教育，大力实施岗位练兵活动，全面推行师带徒的岗位培训方式，开展内训师培训，选拔兼职内训师。每年组织上万人次参与系统内外各种安全教育、培训、考核，每月 HSE 培训次数一直位居省公司第一。

2017 年，在宜宾分公司内网建成安全题库，全员学习并考核合格。开设加油站经理人培训班，持续提升加油站经理人队伍素质。

2018—2019 年，在库站组织全员分岗位按培训矩阵开展 HSE 培训。通过强化 HSE 培训，员工的岗位安全意识、安全操作技能不断增强，安全素质得到极大提高。

（三）HSE、质量体系管理

1998—2003 年，上划中国石油集团以来，通过几年实践，逐步在企业全面推广集团公司以风险管理为核心、以强化基层为重点、逐级落实安全环保责任为主线的 HSE 体系管理理念。

2004—2007 年，启动 HSE 体系建设试点。

2008 年，发布宜宾分公司第一版体系文件共 14 本。

2013 年，制定《HSE 管理体系提升推进工作计划》和《HSE 管理体系提升推进进度表》，把提升推进工作落到实处。

2014—2018 年，宜宾分公司及下属油库、加油站顺利通过四川省安监局安全生产标准化二级达标专家评审。新成立非油、信息检维修两个 HSE 分委会，2016 年以来，系统梳理加油站较大风险 275 条，编制加油站 47 类风险管控卡，对 2017 年以后参加竞聘干部人员开展安全履职能力评估。每年定期开展两次 HSE 内审和一次管理评审，对审核发现的问题进行追溯整改。2018 年，公司全部在营加油站参加并通过集团公司基层站队 HSE 标准化达标创建。

2019 年上半年，接受第三方 HSE 量化审核，得分 78.4 分，取得较好成绩。

在质量体系建设方面，宜宾分公司先后调整并成立“质量计量管理委员会”“安全环保质量计量管理绩效考核领导小组”。从标准化现场方面、标准化操作方面、标准化管理方面入手，细化管理措施，形成闭环管理。宜宾分公司以较好成绩在 2011 年、2017 年顺利通过三星九千质量体系外审。

（四）应急管理和作业书签订

2001—2015 年，认真按照政府部门、上级公司要求，逐年按期修订完善应急预案，组织员工学习、加强演练，提高应急处置能力。组织各单位认真学习并推行非常规作业办理作业票制度。

2016年，全面修订加油站生产安全事故应急预案，并顺利通过专家评审，取得市安监局颁发的《生产经营单位生产安全事故应急预案备案登记表》，节约10余万元专家评审费用；建成公司机关应急物资库，配备相应应急物资设备，进一步增强公司应急保障能力。组织开展防汛演练223次，机关青年突击队5次做出应急响应，突发事件处置能力明显增强。全年签发各类作业票83份，保持平安无事故。

2017年，先后成功处置6起客户车辆在加油站自燃事件。共开具各类作业票68份，均严格执行升级规定，安全顺利实施。

2018年，重点加强输入性风险预案的学习培训，全年成功处置9起加油站输入性事件。“7·12”爆燃事故当晚，在班子的直接领导下，仓安、零售、营销、油库、片区密切配合，圆满完成政府交办的增援任务。公司共签发作业票326份，未发生任何工程施工事故。

2019年上半年，成功处置平和加油站油品泄漏承包商事故。6月17日，长宁发生6.0级地震，宜宾分公司各级迅速启动，主要领导靠前指挥，职能部门分工协调，片区库站积极救灾，抗震抢险取得决定性胜利。

第十四节　广安分公司

一、基本情况

中国石油天然气股份有限公司四川广安销售分公司（简称广安分公司）成立于1972年，前身为广安县石油支公司。1994年，经广安地区行政公署向四川省政府申请，在原支公司的基础上组建四川省石油总公司广安分公司（6月开始筹建，9月正式挂牌）。1997年7月，四川省石油总公司广安分公司更名为四川省石油集团广安有限公司。1998年7月，四川省石油集团广安有限公司及其所辖的支公司随四川省石油集团有限公司一道划入中国石油天然气集团公司。党组织关系隶属中共四川省石油集团有限公司。1999年7月，根据中国石油天然气集团要求，四川省石油集团广安有限公司核心业务划转中国石油天然气股份有限公司，成为中国石油天然气股份有限公司在川设立的市级分公司，公司名称为“中国石油天然气股份有限公司四川广安销售分公司”。

截至2019年底，广安分公司在册员工521人，设机关职能部门8个：总经理办公室（党委办公室）、营销管理科、加油站管理科、财务科、人事科（组织科）、仓储安全环保科、党群工作科、投资建设科。直属机构1个：运维中心。附属部门1个：非油品经营部。公司党委下设党支部9个，共有党员189名。拥有油库1座（前锋油库，库容1.6万立方米）、在运营加油站50座、便利店50个。

表11-48所示为1985—2019年中国石油四川广安销售分公司行政领导任职情况，表11-49所示为1989—2019年中国石油四川广安销售分公司党组织领导任职情况。

表 11-48 1985—2019 年中国石油四川广安销售分公司行政领导任职情况表

机构名称	职务	姓名	任职时间
四川省石油公司广安支公司	经　理	王德勇	1985 年 7—9 月
		李建生	1985 年 9 月至 1994 年 7 月
	副经理	李洪尤	1988 年 1 月至 1994 年 7 月
四川省石油总公司广安分公司	经　理	李建生	1994 年 7 月至 1997 年 4 月
		胡凌虹	1997 年 4—7 月
	副经理	胡凌虹	1994 年 7 月至 1997 年 4 月
		万剑波	1994 年 10 月至 1995 年 12 月
四川省石油集团广安有限公司	经　理	胡凌虹	1997 年 7 月至 1999 年 7 月
	副经理	杨　涛	1997 年 10 月至 1998 年 7 月
		李建华	1998 年 3 月至 1999 年 7 月
		黄　毅	1998 年 3 月至 1999 年 7 月
		夏永才	1999 年 4—7 月
中国石油四川广安销售分公司	经　理（总经理）	胡凌虹	1999 年 7 月至 2000 年 11 月
		廖中文	2000 年 11 月至 2003 年 1 月
		吕　力	2003 年 4 月至 2007 年 6 月
		蒋旭东	2007 年 6 月至 2011 年 1 月
		李　非	2011 年 1 月至 2012 年 3 月
		张学梁	2012 年 3 月至 2013 年 12 月
		谭　宏	2013 年 12 月至 2016 年 1 月
		何　凌	2016 年 1 月至 2019 年 11 月
		吴家良	2019 年 11—12 月
	副经理（副总经理）	杨　涛	2000 年 11 月至 2011 年 1 月
		兰鸣平	2000 年 11 月至 2001 年 1 月
		谭代兴	2000 年 12 月至 2006 年 4 月
		李　非	2002 年 4 月至 2011 年 1 月
		吕　力	2003 年 1—4 月
		曾小刚	2006 年 4 月至 2013 年 3 月
		康　泽	2008 年 1 月至 2013 年 12 月
		胡朝晖	2011 年 1 月至 2013 年 12 月
		李良彬	2013 年 3 月至 2019 年 12 月
		付　刚	2018 年 4 月至 2019 年 12 月
	总会计师	黎仁周	2002 年 7 月至 2016 年 11 月
		银　利	2016 年 11 月至 2019 年 12 月
	安全总监	杨　涛	2002 年 3 月至 2011 年 1 月
		胡朝晖	2011 年 1 月至 2013 年 4 月
		李良彬	2013 年 3 月至 2019 年 12 月

说明：2008 年，行政领导职务名称由“经理、副经理”改称“总经理、副总经理”。

表 11–49 1989—2019 年中国石油四川广安销售分公司党组织领导任职情况表

机构名称	职务	姓名	任职起止时间
中共四川省石油公司广安支公司党支部（党总支）	书 记	胡伦仲	1985 年 7—10 月
		席德森	1985 年 10 月至 1989 年 1 月
		李建生	1989 年 1 月至 1994 年 9 月
中共四川省石油总公司广安分公司党委	书 记	王文安	1994 年 9 月至 1996 年 3 月
		谭代兴	1996 年 3 月至 1997 年 7 月
中共四川省石油集团广安有限公司党委	书 记	谭代兴	1997 年 7 月至 1999 年 7 月
	副书记	胡凌虹	1997 年 8 月至 1999 年 7 月
中国石油四川广安销售分公司党委	书 记	谭代兴	1999 年 7 月至 2006 年 4 月
		李 非	2006 年 4 月至 2011 年 1 月
		曾小刚	2011 年 1 月至 2013 年 3 月
		康 泽	2013 年 3 月至 2018 年 11 月
		何 凌	2018 年 11 至 2019 年 11 月
		吴家良	2019 年 11—12 月
	副书记	廖中文	2000 年 11 月至 2003 年 4 月
		吕 力	2003 年 4 月至 2007 年 6 月
		蒋旭东	2007 年 6 月至 2011 年 1 月
		李 非	2011 年 1 月至 2012 年 3 月
		张学梁	2012 年 3 月至 2014 年 1 月
		谭 宏	2014 年 1 月至 2016 年 1 月
		何 凌	2016 年 1 月至 2018 年 11 月
		吴家良	2018 年 11 月至 2019 年 11 月
		王先华	2019 年 11—12 月

二、主要经营业务

（一）市场营销

1989—2019 年，广安分公司市场营销主要工作从拓展进货渠道、降低进货成本，到围绕客户、服务客户，在积极参与成品油市场竞争中，不断学习先进的营销模式经验，从营销理念、营销策略、营销工具、技术方法等全方位地跟上时代步伐，营销模式的不断更新转变，为企业健康发展保驾护航。

（二）销售策略

1989—1998 年，分解目标任务，拓展进货渠道，降低进货成本。在原有进货渠道的基础上，开辟新的进货渠道，使进货有更大的选择余地，规定不采二手油，尽量不发生点装费用，降低进货成本。

1999年，严格执行“四统一”。

2000年，争取到中国石油集团绵阳优特润滑油公司在广安市的唯一代理代销权，全年共销售润滑油2334吨。

2001年，积极参与成品油市场的规范与整顿。积极配合广安市有关部门，对广安市范围内的大量个体、私营加油站进行明察暗访，取得第一手资料。

2003年，认真分析市场，适时调整经营策略，将各加油站站长片区销售代表、零售经理一并纳入信息员队伍，实行24小时信息上报制度。

2004年，进一步完善《业绩考核奖惩办法》，全面推行业绩合同营销。

2005—2012年，利用小平故里红色旅游事业方兴未艾的大好时机，在区县市等中心城区和黄金旅游线路等高效市场加大高标号汽油的推介和销售力度。以“资源、市场、客户”为三条业务主线，加大营销力度，想办法、添措施、抓落实。

2013年，争取2013年新开工的广遂、广巴、渝广三条高速路施工路线销售；实施《加油站配送计划营销办法（试行）》；出台《2013年度销售激励方案》。

2014年，制定《促销奖励办法》。

2015年，成立创客创新实验室，积极探索创新互联网营销新模式。

2016年，以“一对一竞争”“以打促谈”“一单一议”“情感营销”等多项措施开展营销活动，实现增量上效，对外直批销售同比增幅6.35%。

2017年，武胜、岳池、邻水片区对外批直同比增幅均在50%以上，邻水片区总量同比增幅15.5%。

2018年，深入开展市场大调查、客户大普查工作。建立客户详细基础资料，根据客户的需求量、购油量、配送频率等基础数据，分析客户购油周期及购油特点。

2019年，策划开展“清明节”“超级会员日”“限时优惠”“攻坚克难创佳绩·喜迎建国七十周年”等系列促销活动，主动应对竞争；坚定实施“一站一策”“一户一策”，优化竞争策略。

（三）客户营销

1989—1998年，以服务客户为中心，加强客户资料营销，建立客户档案，跟踪大客户需求。

1999年，加强对重点工程的供应，及时送货上门。向广安火电厂一、二号机组供应点火用油3000余吨。

2000年，建立大客户资料档案，对广安制药厂、火电厂、川东高速公路工程公司等大客户一直坚持服务上门，保持长期的业务关系。

2001—2003年，同广安火电厂、广安建材集团、华蓥煤矿、渠江水泥厂等一批重点客户建立稳定的业务关系。与广安火电厂、广安建材集团、广南及达渝高速公路施工单位等一大批重点用油客户签订供油协议。

2004年，固定客户销量占零售量的80%以上。

2005—2012年，与一批重点客户建立稳定的战略关系。突出抓好大客户的销售工作，扩展区外客户，坚持“区内区外两个市场并重”的经营思路，使批发直销量有了稳步增长。

2013 年，出台《客户经理营销考核办法》，通过各片区竞聘，组成客户经理队伍。

2014 年，完善《客户经理营销考核办法》，最大限度调动客户经理的销售积极性。

2015 年，开展客户属地营销，将小额配送车划归各片区使用。

2016 年，实行大客户营销领导责任制，总经理、党委书记带头攻关大客户，销售柴油近 500 吨。成立营销小分队，凝聚销售队伍合力，抢占市场份额。

2017 年，客户经理共完成销量 17531 吨，同比增加 3111 吨，增幅 21.57%。

2018 年，制定《客户经理营销与考核实施细则》《客户经理专项奖惩办法》，拿下海晶石油、攀能集团、中亿石化、全玉加油站、宸源建材等客户大单业务，新增销量 6000 余吨。

2019 年，拜访社会加油站 67 座，新增客户 67 户，新增批直销量 1.15 万吨。

截至 2019 年底，广安市表观需求量达 39.2 万吨，广安分公司市场占比 67.7%。随着国家对成品油市场准入资质的放开，市场资金大量涌入成品油市场，广安市社会加油站 64 座，占比 46%。面对不断升级的竞争压力，广安分公司仍坚持市场主导地位，且销售量逐年递增（见表 11–50）。

表 11–50　2009—2019 年主要经营指标统计表

年度	纯枪（万吨）	批直（万吨）	成品油汇总（万吨）	非油收入（万元）	加油卡发卡（张）	非油品利润（万元）
2009	10.42	2.51	12.93	223.72	151	21.5
2010	11.14	3.09	14.23	521.53	12258	99.92
2011	14.49	2.46	16.95	3289.4	18798	338.93
2012	16.54	3.22	19.76	3202.3	20908	357.17
2013	18.62	3.06	21.68	3513	22510	340.42
2014	17.06	6.37	23.43	3230	23659	329.9
2015	17.06	6.57	23.63	1448.1	58988	283.14
2016	17.54	7.08	24.62	2003.7	26661	79.12
2017	18.10	6.65	24.75	2522.8	29963	368.27
2018	18.8	7.64	26.44	4289.5	23565	612.1
2019	19.93	6.60	26.53	4102.8	24307	343.10

三、加油站管理

（一）制度建设

1989—1998 年，广安分公司油品销售实行计划与市场经济双轨运行，成品油更多实行计划经济配置资源，主要职责是组织资源、成品油计划配置，保障市场供应。

1999 年，广安分公司将原贸易公司撤销后，组建负责本部零售工作的零售公司，对其班子进行重新配备。6 月，零售公司推行吨油工资含量考核办法，工资奖金与加油量挂钩考核兑现。

广福加油站实现销售 3700 吨，创历史最高纪录。

2000 年，建立每周业务分析会制度和销售情况日报表制度。

2001—2002 年，制定《吨油工资含量标准和费用管理办法》。

2003 年，将各加油站站长、片区销售代表、零售经理一并纳入信息员队伍，实行 24 小时信息上报制度。

2004 年，进一步完善《业绩考核奖惩办法》，全面推行业绩合同管理。

2005—2013 年，实行“控批保零”“停批保零”的销售策略，抢占零售市场。

2014 年，制定《加油卡业务反舞弊管理办法》。

2015 年，制定《加油站设施设备维修管理补充办法》《加油站稽查管理办法》。

2016 年，制定《综合业务支撑平台使用及加油站运营天数管理月度考核（暂行）办法》。

2016—2017 年，制定《加油站回罐油及发电自用油管理办法》。

2018 年，修订《加油站回罐油及发电自用油管理办法》《加油站停业管理规范》《加油站稽查管理办法》。

2019 年，制定《促销品赠送管理办法》。

（二）现场管理

1997—1999 年，部分加油站安装洗车设备，增加洗车服务。

2000 年，挖掘现有加油站扩销功能，坚持主动上门服务；分析市场特点，灵活促销。

2001—2002 年，对加油站提出“站容站貌标准高，数量质量安全好，三声三水加微笑，又快又好又周到”的服务总体要求。

2003 年，万盛、协兴等 11 座加油站被省公司评为达标站，广福站被省公司评为二星站。

2004 年，坚持走内涵增量的零售发展之路。深入推广加油站包干经营模式，强化小额配送工作，开展点对点竞争，拓展市场份额。

2005—2015 年，抓高标号汽油销售，充分利用小平故里红色旅游事业方兴未艾的大好时机，在区县市等中心城区和黄金旅游线路等高效市场加大高标号汽油的推介和销售力度。

2016—2017 年，制定《加油站神秘顾客评价结果考核细则（试行）》。

2018 年，修订《加油站神秘顾客评价结果考核细则（试行）》。

截至 2019 年 12 月，广安分公司共有在营加油站 49 座（图 11-2 所示为广安分公司广安片区四号路加油站），控股加气站 1 座；油气纯枪销售 20.28 万吨，其中，CNG 销售 0.34 万吨，全年任务完成率排名全省第 5 位。

四、非油品业务

（一）便利店打造

2009 年，在省公司的批准下成立广安分公司非油经营部，秉承以“加油站 + 便利店”为主要形式的非油品业务。

2009—2019 年，在广安辖区内打造 47 座便利店、5 座标准便利店，其中店销收入 300 万元级以上 5 座、200 万元级 3 座、100 万元级 7 座。

（二）制度建设及稽查管理

2013 年，出台《加油站非油业务促销奖励新办法（试行）》。

2017 年，出台《非油业务日常经营及分析运行管理办法》和《非油业务稽查管理办法（试行）》。

2018 年，出台《非油业务日常经营及分析运行管理办法》《烟草专项管理办法》《促销管理办法》《外服人员进站管理办法》和《非油品业务稽查管理办法》等 5 项管理办法。

2019 年，出台《非油业务考核奖励办法（暂行）》。截至年末，实现非油店销收入 3777.95 万元，完成全年预算进度的 102.11%，同比增长 7.92%，全省排名第 12 名；实现毛利 687.34 万元，同比增幅 6.03%，完成预算进度的 98.19%，全省排名第 18 名。

图 11–2　广安分公司广安片区四号路加油站

五、网络开发建设

1989—2019 年，广安分公司由 37 座加油站拓展到 67 座加油站，其中运营加油站 50 座，网络触角遍及整个广安地区，为守点拓站不断攻坚克难。

1989 年，广安分公司下属 37 座加油站。

2000 年，收购广安城北、高垭、东风路、玉荷、华蓥城南、同兴、庆华、协兴等 8 座加油站，新建溪口、代市、万盛等 3 座加油站，广安分公司下属 48 座加油站。

2001 年，收购长胜、新桥、伏龙、广安城南、老屋嘴、万隆等 6 座加油站，新建广华、长安、坛同、红星、农林等 5 座加油站，广安分公司下属 59 座加油站。

2002 年，新建武胜、苟角、顾县、前锋、龙庭等 5 座加油站，广安分公司下属 64 座加油站。

2003 年，新建汉渝、东环、银城等 3 座加油站，广安分公司下属 67 座加油站。

2004 年，收购三合、赵家桥加油站，新建神龙山、振兴路、镇龙 A、镇龙 B 等 4 座加油站，广安分公司下属 73 座加油站。

2005 年，新建长乐加油站，广安分公司下属 74 座加油站。

2006—2007 年，高滩等 18 座加油站因低效和市政规划调整等相继停业，其中合流、东风路、广安城南等 3 座加油站永久关停，广安分公司下属 71 座加油站，其中运营加油站 56 座。

2008—2012 年，新建翔凤加油站投运，广安分公司下属 72 座加油站，其中运营加油站 57 座。

2013—2014 年，原高速片区及其 12 座高速路服务区加油站划转至广安交投集团，广安分公司下属 60 座加油站，其中运营加油站 45 座。

2015—2016年，新建浓洄上、下加油站投运，广安分公司下属61座加油站，其中运营加油站46座。

2017年，原神龙山加油站扩建为神龙山上、下加油站，广安分公司下属61座加油站，其中运营加油站46座。

2018年，新建四号路加油站投运，原邻水猫儿沟油库置换为迎宾、文星2座加油站（待建），广安分公司下属64座加油站，其中运营加油站47座。

2019年，高垭、庆华2座关停加油站恢复营业，向岳池发建公司租赁取得中和加油站经营使用权，成功竞买两河、港前2座加油加气站建设用地，与广安交投集团签订合作框架协议，为下一步成立合资公司奠定基础，广安分公司下属67座加油站，其中运营加油站50座。

六、质量安全环保

（一）HSE、质量体系管理

1999—2005年，为自然本能阶段，安全管理相对较为粗放。

2005—2009年，为严格监督阶段，体系思想开始植入实施质量安全环保管理，但未能更好地发挥两级机关职能部门作用。

2010—2019年，广安分公司专注开展HSE体系建设推进，引用世界先进的安全管理理念、管理工具，持续改造安全管理体系，从管理理念、管理策略、管理工具、技术方法等全方位地跟上时代步伐，质量安全环保工作发挥出更好的作用。各个管理环节尽职履职，安全基础工作进一步夯实，持续实现公司HSE“四零”目标。

（二）安全环保管理

1989—2011年，安全监管以月度检查、季度检查、年度检查为主；每年各类节假日，均要组织开展安全教育培训及节前安全检查活动；根据安全管理的重点、难点，不定期组织开展安全专项检查和隐患排查，并督导问题整改和隐患治理。

2011年，广安分公司开始推进HSE体系建设，完善HSE管理委员会并成立油库、工程建设、加油站管理、车辆及非生产区域4个HSE分委会，开始实施个人安全行动计划；维护运行HSE信息系统，并将监督检查、应急演练、安全培训、事故事件等纳入HSE信息系统日常维护内容。

2012—2015年，设定机关各部门安全联络员，各片区、油库发文任命安全员，确保安全工作及时、有效开展。

2014年，改造、增设油气回收系统，并每年邀请第三方检测公司对加油站、油库的油气回收系统进行检测，分批次向政府部门申请油气回收系统验收，于2018年全部通过验收。

2015年，收集整理环评资料，统一补办加油站环境影响评价报告；制定危险废物管理措施，强化危险废物管理。

2016年，运行HSE管理负面清单制度，对违反负面清单项目严格处罚。制订基层站队HSE标准化实施推进方案，2018年所属加油站基本实现HSE标准化达标建设，计划到2020年所属加油站 100% 实现 HSE 标准化达标建设。清查加油站环保沟、隔油池修建情况，并分批次对不符合要求的环保沟、隔油池进行修建、改建。对未取得环保验收的加油站进行环保验收手续补办，计划于 2020 年完成全部加油站建设项目环评验收。

2017 年，加快进行基层站队 HSE 标准化建设，并为加油站配备危险废物暂存箱，结合防渗改造，统一危废暂存间的改建。下半年开始着手前锋油库油气回收系统与下装发油技术改造。

2018 年，第二次修订完善安全环保职责，将安全环保职责纳入每位员工的岗位职责，全面实现“一岗双责”。完成坛同、河西、老屋嘴、天池、代市安装生活污水一体化处理设备。将危险废物管理纳入负面清单。基本完成加油站环保沟、隔油池的修建、改建。完成前锋油库下装发油和油气回收改造，并通过政府油气回收系统验收。启动双层罐改造项目，计划到 2020 年全面完成所有加油站双层罐改造，并安装油罐和管线泄漏检测仪。

2019 年，制定企业主体责任清单、岗位员工安全环保责任清单，确保符合国家法律法规的规定。开展加油站环保验收工作，全年完成 20 座加油站环评验收。启动前锋油库应急缓冲池修建。

（三）职业健康管理

1989—2012 年，由人事（组织）科管理职业健康体检。

2013 年，职业健康体检纳入安全环保仓储科管理，每年对接触职业病危害因素的员工进行全覆盖的职业健康体检。

2014 年，全面核查公司接害人员岗位，将接害人员录入 HSE 系统。

2015 年，完成前锋油库及所属在营 46 座加油站职业病危害因素现状评价。

2016 年，对在营库站开展作业场所职业危害因素检测。

2017 年，开展职业健康规范化管理。

2018 年，组织加油站、油库管理人员参加由政府牵头举办的职业健康培训并考核，取得资格证。通过广安市安全生产监督管理局职业健康规范化管理示范企业验收。

2019 年，职业病危害因素网上申报由应急管理局调整到卫计委。

（四）质量计量管理

2011—2013 年，广安分公司实行地罐交接卸油工作。

2013 年，发布《质量管理体系文件（A 版）》。

2014 年，制定地罐卸油操作规程。

2015 年，取得质量体系认证。

2016—2017 年，开展损耗治理工作。

2018 年，修订地罐卸油操作规程，发布《质量管理体系文件（B 版）》。

2019 年，再次取得质量计量体系认证。截至年末，广安分公司加油站运行安全可控，未发生一起亡人事故、环境事件及较大质量计量事件，努力实现“四零”目标。

第十五节 达州分公司

一、基本情况

中国石油天然气股份有限公司四川达州销售分公司（简称达州分公司）是中国石油天然气股份有限公司四川销售公司在达州设立的成品油销售直属分支机构，主要从事成品油批发和零售经营业务。前身是原达县地区石油煤建公司，成立于1954年2月14日，从成立到20世纪90年代初，一直由地方政府管理，办公地址也从开始的达县箭亭子，先后搬迁或更名为达县文化街35号、达县布市街33号、达县新兴路102号、达县红旗路102号、达县市来凤路92号。1991年11月，上划中国石化销售公司四川省石油公司，之后先后更名为四川省石油公司达县分公司、四川省石油总公司达川分公司、四川省石油集团达川有限公司。1998年7月，随四川省石油集团有限公司划转中国石油天然气集团公司。1999年7月重组改制，其核心业务组建中国石油天然气股份有限公司四川达川销售分公司。2000年，更名为中国石油天然气股份有限公司四川达州销售分公司。

截至2019年底，达州分公司机关设10个科室，即总经理(党委)办公室、营销管理科、油气零售科、财务科、人事科（党委组织部、维稳办）、仓储安全环保科、党群工作科、投资建设科、信息管理科、非油科，下辖7101油库和非油品经营部2个直属单位，达开、宣汉、万源、大渠、大竹5个片区，加油站70座，职工总数1013人。

表11–51所示为1954—2019年中国石油四川达州销售分公司行政领导任职情况，表11–52所示为1962—2019年中国石油四川达州销售分公司党组织领导任职情况。

表11–51 1954—2019年中国石油四川达州销售分公司行政领导任职情况表

机构名称	职务	姓名	任职起止时间
中国石油公司四川省达县分公司	经 理	郝林泉	1954年2月至1955年1月
		赵明远	1955年1月至1958年11月
		桂岳臣	1958年11月至1964年10月
		刑及坤	1964年10月至1970年8月
		纪中元	1970年8月至1971年2月
	副经理	郝林泉	1955年1月至1958年8月
		李先廉	1955年1月至1958年11月
		唐炳寅	1958年11月至1960年2月
		孙明全	1960年2月至1962年8月
		王仁魁	1964年12月至1971年2月
		蒋学群	1969年8月至1970年8月
		黎锡政	1970年8月至1971年2月

续表

机构名称	职务	姓名	任职起止时间
四川省达县燃料批发站	经　理	程一万	1961年10月至1969年8月
		孙立义	1969年8月至1971年2月
	副经理	谢际新	1962年8月至1963年9月
		李安民	1963年9月至1964年12月
		原金照	1962年7月至1969年8月
达县地区石油煤建公司	经　理	孙立义	1971年2月至1976年2月
		文昌茂	1976年2月至1983年11月
达县地区石油煤建公司	经　理	魏德昌	1983年11月至1991年11月
	副经理	王仁魁	1971年2月至1978年3月
		黎锡政	1971年2月至1979年2月
		廖永乐	1971年5月至1973年2月
		王振云	1973年2月至1983年11月
		贾修德	1978年8月至1981年5月
		王玉荣	1981年5月至1983年11月
		蒋应效	1983年11月至1991年11月
		李祥珍	1983年11月至1991年11月
		曹文寿	1983年11月至1991年11月
		常　烈	1985年2月至1989年12月
		范平万	1988年4—12月
		何国胜	1988年12月至1991年11月
		向　东	1991年10—11月
四川省石油公司达县分公司 四川省石油总公司达川分公司 四川省石油集团达川有限公司	经　理	魏德昌	1991年11月至1995年1月
		曹文寿	1995年1月至1999年7月
	副经理	蒋应效	1991年11月至1995年12月
		李祥珍	1991年11月至1998年7月
		曹文寿	1991年11月至1995年1月
		何国胜	1991年11月至1998年7月
		向　东	1991年11月至1998年7月
		潘广全	1998年12月至1999年7月
		柏　刚	1998年12月至1999年7月
中国石油四川达州销售分公司	经　理 （总经理）	曹文寿	1999年7月至2001年6月
		杨树明	2001年6月至2013年3月
		唐　飞	2013年3月至2019年5月
		何　凌	2019年10—12月

续表

机构名称	职务	姓名	任职起止时间
中国石油四川达州销售分公司	副经理（副总经理）	何国胜	1999 年 7 月至 2001 年 1 月
		潘广全	1999 年 7 月至 2010 年 7 月
		柏　刚	1999 年 7 月至 2009 年 1 月
		李良彬	2001 年 2 月至 2002 年 8 月
		吴鹏天	2009 年 5 月至 2013 年 3 月
		万　里	2013 年 3—12 月
		卢兴奎	2011 年 1 月至 2013 年 3 月
		张希旭	2011 年 1 月至 2016 年 12 月
		罗俊刚	2016 年 2 月至 2018 年 12 月
		代　丽	2019 年 5—10 月
		唐豫军	2018 年 2 月至 2019 年 12 月
	总会计师	黄景英	2000 年 11 月至 2002 年 7 月
		唐　飞	2004 年 9 月至 2011 年 1 月
		廖玉蓉	2012 年 3 月至 2013 年 12 月
		邱明东	2014 年 2 月至 2019 年 12 月

说明：2008 年，行政领导职务名称由“经理、副经理”改称“总经理、副总经理”。

表 11-52　1962—2019 年中国石油四川达州销售分公司党组织领导任职情况表

机构名称	职务	姓名	任职起止时间
中共中国石油公司四川省达县分公司党支部	书　记	桂岳臣	1962 年 7 月至 1964 年 5 月
		蒋学群	1964 年 5 月至 1971 年 2 月
	副书记	王仁魁	1965 年 5 月至 1971 年 7 月
中共四川省达县燃料批发站党支部	书　记	程一万	1962 年 6 月至 1965 年 4 月
		孙立义	1965 年 4—7 月
		程一万	1965 年 7 月至 1971 年 2 月
	副书记	李安民	1963 年 11 月至 1965 年 5 月
		孙立义	1965 年 7 月至 1971 年 2 月
		原金照	1965 年 7 月至 1971 年 2 月
中共达县地区石油煤建公司党总支	书　记	孙立义	1971 年 2 月至 1976 年 2 月
		文昌茂	1976 年 2 月至 1991 年 11 月
	副书记	王仁魁	1971 年 2 月至 1985 年 3 月
		王振云	1971 年 11 月至 1983 年 11 月
		杜　胤	1979 年 9 月至 1985 年 3 月
		王兴权	1985 年 3 月至 1991 年 11 月
		魏德昌	1983 年 11 月至 1991 年 11 月
		陈林举	1991 年 10—11 月

续表

机构名称	职务	姓名	任职起止时间
中共四川省石油公司达县分公司党委 中共四川省石油总公司达川分公司党委 中共四川省石油集团达川有限公司党委	书　记	文昌茂	1991 年 11 月至 1993 年 12 月
		魏德昌	1993 年 12 月至 1995 年 12 月
		曹文寿	1995 年 12 月至 1998 年 7 月
	副书记	王兴权	1991 年 11 月至 1993 年 12 月
		魏德昌	1991 年 11 月至 1993 年 12 月
		陈林举	1991 年 11 月至 1993 年 12 月
		袁宗奎	1992 年 6 月至 1998 年 7 月
中共中国石油四川达州销售分公司党委	书　记	曹文寿	1999 年 7 月至 2002 年 5 月
		何光荣	2007 年 4 月至 2009 年 5 月
		杨树明	2009 年 5 月至 2011 年 1 月
		唐　飞	2011 年 1 月至 2013 年 3 月
		卢兴奎	2013 年 3 月至 2019 年 12 月
	副书记	袁宗奎	1999 年 7 月至 2000 年 4 月
		钟　俊	2000 年 4 月至 2009 年 5 月
		杨树明	2001 年 6 月至 2009 年 5 月
		卢兴奎	2009 年 5 月至 2011 年 1 月
		杨树明	2011 年 1 月至 2013 年 3 月

二、市场营销

（一）市场环境及竞争情况

1989—1991 年，国家计划经济时期，达州分公司实施定点、定向、定人和任务包干，组织和调运计划内外油品，按计划比例，分配保障区域工农业生产、交通、消防、医疗急救用油，完成社会节油工作任务。

1992—1999 年，社会主义市场经济体制逐步确立，区域内多形式、多渠道成品油经营并存的市场格局初步形成。资源长时间供大于求，价格下滑，供需矛盾初显。达州分公司持续转变经营思想，多举措抑制各类石油经营机构快速增长势头，巩固主渠道地位。

2000—2004 年，受国际政治形势影响，成品油市场跌宕起伏，资源供应忽紧忽松，油品价格忽高忽低，市场竞争异常激烈。又遇国道在达州市境内全线改造，公交、出租车“油改气”等，经营举步维艰。面对严峻的经营形势，达州分公司紧跟省公司经营节奏，结合自身实际，狠抓生产经营，守目标、转观念、强服务、拓市场，巩固批发业务，稳定市场占有率。做好工农业生产用油正常供应的同时，将销售价格上扬，建立配送制，实施油库租赁和加油站连锁经营整合战略，增强市场控制力，实现扩销增效，成效明显。

2005—2007 年，成品油价格高位震荡，市场需求旺盛，资源趋紧，竞争激烈。达州分公司持续转变经营思想，全面建设控制市场，增强竞争力，现代营销体系基本建立，信息化程度明显提高，实现“四增一降”的目标，保障达州成品油市场安全稳定供应。

2008—2009年，强化责任意识，应对市场变化，及时调整营销策略，克服“5·12”汶川特大地震自然灾害影响，抢抓灾后重建机遇，切实履行“三大责任”，保市场供应平稳有序，控制经营风险，促销上量，提升量效。

2010—2013年，切实制定营销策略，突出目标任务，体现责任效益，强化考核激励，具体细化措施。加大客户开发，认真开展客户资源调查，准确掌握客户资源现状，全力稳固提升市场份额，提出纯枪上27.2万吨、总量上37.4万吨的“十三五”奋斗目标。

2014—2016年，面临经济增长减速、资源供大于求、竞争主体多元化、国际油价多次下跌大幅缩水等不利因素，达州分公司紧紧围绕“调结构、增效益、提质量”工作目标，以市场和客户为中心，以增量增效为目标，在市场研究、业务运作、客户开发与维护等方面狠下功夫，为建设“以零售为核心，以效益为目标”的一流油品销售企业和打造“升级版”地市公司而贡献“达销”力量。

2017—2018年，达州分公司地处川陕渝鄂四省市结合部，主要竞争对手持续发力，各类外资、民营、地炼资本大量冲击区域市场，竞争加剧。达州分公司积极配合政府职能部门，净化成品油市场环境，治理成品油市场乱象，牢固树立“守土有责、寸土必争”的责任意识，主动作为，全力参与市场竞争，以质量、服务、品牌为主要核心竞争力，紧紧把握经营方针，调节经营节奏，灵活促销，拓展销售规模，效益再上新台阶。

2019年，成品油消费需求持续回落，油品经营利润空间收窄。达州分公司积极研判市场，精准营销，精准施策，抢抓销售契机，主动应对市场需求减缓，上下联动抓客户，高效运作抢机遇，快速传达销售政策，对外销量稳步增长，继续提升客户服务管理水平，优化客户结构，量效兼顾。做大业务规模，全力提升市场份额，紧紧围绕省公司“1235”总体思路，突出建设世界一流新零售企业目标及高质量发展要求，向各项目标任务努力奋进。

（二）价格管理

1989—1998年，优惠大用户、老用户，形成对竞争对手不对称价格优势。统一制定进货最高限价和销售最低限价，引导各经营实体择优进货、勤进快销、薄利多销，保持区域价格基本一致、价格升降步调一致。

1999—2000年，价格季度微调，以“小步快跑”方式改变用户买涨不买跌心理。面向市场，推行一对一价格策略。

2001—2012年，执行并争取省公司价格政策，准确收集周边市场价格信息，详细研判市场，及时调整销售策略，保持价格贴近市场，确保有计划的销售。

2013—2018年，精准把握行业动态，多方位收集价格情报，加大沟通协调，积极争取省公司促销政策支持，批发直销价格贴近市场作价，大单客户实行“一单一议”；找出与主要竞争对手之间的优势卖点，促销上量。

2019年，紧跟省公司经营节奏，制定“接地气”的营销政策，直批环节努力提高销量和单价，争取结算价奖励，创造毛利925万元；零售环节精准营销抓纯枪稳量效，引导加油站精准施策；实施“走出去、请进来”策略，大力开展站外小额配送，全年销售 1.2 万吨。

（三）销售策略

1989—1999 年，畅通上游供货渠道，组织质优价廉计划内外油品，辩证量效与市场、责任与发展两大关系，配合政府净化市场，取缔非法经营。

2000—2001 年，严格执行统采分销和“五不准”经营纪律，建立任务目标责任制，推行月度经济活动分析例会制度化、精细化，逐个单位检查预算指标执行情况。

2002—2005 年，全面把握市场动态，适时调整经营策略和价格策略，强化优质服务，积极抢占市场，赢得用户，扩销增效。抓住效益主体，扩大零售销量，努力提高零售市场占有率。加大零售市场的培育工作，细分市场，灵活作价，寻找新的利润增长点。加强营销理念的培育，实现营销方式从管理型向经营型的转变。坚持零售经营的分析工作，定期召开分析会，研究市场新动态，及时做好市场调查，摸清用户、市场容量、竞争对手等情况，建立并完善用户档案，坚持用户回访制度，有针对性地开展“亲情服务”等促销活动，不断提高客户的满意度和忠诚度。

2006—2007 年，坚持“夯实基础、创新管理、做大经营、加快发展、构建和谐”二十字方针，把握难得的市场机遇，按月下达任务，主要领导亲自抓，分管领导具体抓，层层分解销售任务，层层传递压力。整合营销机制，及时形成大营销格局，着力提高营销质量。在“大业务”的基础上，总结“批发”和“零售”业务统一协调，注重把握销售节奏，转变营销方式，突出对市场的适应力和控制力。

2008—2009 年，应对“5・12”汶川特大地震及灾后重建对市场的影响，向重灾区派出 3 支救援队伍，出色地完成抗震救灾任务。切实履行“三大责任”，保市场供应平稳有序。在资源紧张时期全力控销保供，把控销售节奏，合理投放市场，采取领导分片区指导，机关部门包加油站，片区组织突击人员，加强现场管理，维护供应秩序，有力处置可能出现的突发问题，确保冰雪灾害和抗震救灾用油，保障达州成品油市场稳定供应。

2010—2013 年，狠抓资源到位，强化资源保障，继续优化销售结构，努力提升销售质量。着力研究规模和价格、份额和效益的关系，弱化批发销售，加强直销配送，提高终端比例，全力做大做强终端业务。分析研究市场和客户需求的变化，适时开展组合销售，提高高效品种的销售量。突出零售支撑，增强创效能力。坚持“纯枪上规模、直销占市场、批发控总量”的营销策略，搭建客户服务体系，提速客户经理队伍建设。细分客户群体，建立完善客户档案库，加强服务技巧和服务水平的培训，建立完善客户经理管理制度和激励机制。

2014—2018 年，以做大直批市场、锁定纯枪客户、拓展非油销售为切入点，压实责任，精准营销，着力全省千万吨攻坚。“抓重点”直批上规模增销量。抓住降价节点和省公司促销机遇，采取一单一议、一户一议等措施，坚定不移抓重点工程和新增项目用油，做大直批市场。对客户经理制定“早安排、午检查、晚总结”的“三步走”管理模式，精准引导客户经理进行个性化营销，充分利用限时促销、限量促销、灵活报价等多重销售策略全面开展区域市场竞争。

2019 年，围绕省公司决策部署，克服油价频繁波动、低价资源冲击、客户争夺激烈等考验，精准营销，努力提升整体销量。锁定客户抓直批保份额，开展新客户开发与流失客户召回工作，全年实现新增客户 62 户，增量 0.74 万吨；辖区内再流通客户同比增量 5847 吨；成功签约 4 座特许经营站，迈出以特许经营抢占市场的第一步，稳定销售油品 3800 余吨；持续开展打击“三黑一票”行动。零售环节精准营销抓纯枪稳量效，引导加油站精准施策；实施“走出去、请进来”策略，大力开展站外小额配送，全年销售 1.2 万吨，相当于增加一座万吨级站；加大中油“优途”推广推介，开发优途会员 1.06 万户，利用各种异业资源增量增效。

表 11-53 所示为 2008—2019 年中国石油四川达州销售分公司主要经营指标情况。

表 11-53　2008—2019 年中国石油四川达州销售分公司主要经营指标情况表

年度	零售纯枪（万吨）	批发直销（万吨）	成品油汇总（万吨）	非油收入（万元）	非油品利润（万元）	销售收入（万元）
2008	17.85	2.94	20.79	26.6	-0.13	122436
2009	16.36	3.93	20.30	427.6	7.16	116348
2010	19.21	4.71	23.92	797.1	18.76	157087
2011	24.72	5.33	30.05	1596.3	79.84	229141
2012	26.74	5.47	32.21	1834.8	168.08	253418
2013	26.97	5.09	32.06	2785.0	179.66	250321
2014	22.57	12.17	34.74	1790.3	223.80	258603
2015	23.53	10.78	34.32	1315.8	325.02	205320
2016	23.64	11.25	34.89	2800.7	412.34	199247
2017	24.31	8.89	33.20	3609.9	483.92	216969
2018	25.60	10.34	35.94	6952.7	781.43	267196
2019	24.48	9.09	33.57	5398.6	498.17	238936

三、加油站管理

（一）制度建设

1989—1998 年，达州分公司油品销售实行计划与市场经济双轨运行，成品油更多实行计划经济配置资源。

1999—2001 年，坚持量入为出、讲求效益、合理规划、统筹安排、集中保重的原则，抢摊布点，完善零售网络体系。制订发展零售网点的三年规划和近期计划，成立零售网络建设领导小组，在具体工作中做到“三集中”：集中领导、集中精力、集中时间。

2002—2003 年，提出“抓建设，扩网点，增后劲”的思想，把加油站建设纳入重要议事日程。成立网点办公室，由一名领导具体分管。

2004—2005 年，开展“加油站规范管理月”和“加油站规范服务提高月”活动，对加油站经理进行一次大轮训。成立加油站稽查小组，加强加油站各项基础工作的综合检查评比，使加油站规范化管理实现由“强制执行”到“理解执行”的转变。

2006—2007 年，在零售经营上，采取“控、放、保”的营销策略。“控”即对县域的乡镇加油站实行下达计划，控制资源的配置；“放”即对所有车辆油箱的加油一律不限；“保”即对位于城区、高速路上的加油站必须重点保证，不能脱销。

2008—2009年，切实制定营销策略，突出目标任务，体现责任效益，强化考核激励，具体细化措施，积极实行全员薪酬挂钩考核。认真落实新版《加油站管理规范》。

2010—2013年，着力发挥公司、片区、加油站三级营销联动机制，继续推行“一站一片一市场”的经营策略。

2014—2015年，修订完善《加油站运输及零售损耗“一站一率”实施细则》，设立公司、片区两级数量监督岗，加强加油站商品损耗管理。

2016—2018年，逐月落实任务，逐站落实市场，逐客落实策略，实现纯枪销售汽柴油同比双增长，达开片区连续4年跨越新台阶。

2019年，成立网点办公室和加油站稽查小组，修订完善《加油站运输及零售损耗“一站一率”实施细则》，设立公司、片区两级数量监督岗，继续推行“一站一片一市场”的经营策略。

（二）现场管理

1989—1998年，达州公司油品销售实行计划经济与市场经济双轨运行，成品油更多实行计划经济配置资源，公司主要职责是组织资源、成品油计划配置，保障市场供应。

1999—2001年，按照集团公司的要求，对全系统的油库、加油站进行统一包装，树立“中国石油”品牌形象。

2002—2003年，统一要求所属各加油站油品必须向销售中心申报，车队车辆负责配送，加强油品配送管理，杜绝混拉油品的现象。

2004—2005年，调整销售结构，整合零售片区，积极推行加油站差异化管理，打造星级或达标站27座。成立加油站稽查小组，加强内部加油站规范化管理。

2006—2007年，打造三里坪、16公里、邻水等3座三星级站，胡家、南坝等4座二星级站，檀木、徐家坝等12座达标站，北外加油站和大竹服务区加油站通过省公司四星级加油站的验收。

2008—2009年，深入开展“加油站管理执行年”活动，打造样板站，完成3座万吨级站、7座5000吨级站、14座3000吨级站的打造任务。

2010—2012年，狠抓施工安全，实行“三定三到位”，开展风险评价和安全教育，严防各类事故发生，做到安全、生产、建设三不误，施工质量符合国家施工技术规范要求，工程安全有序推进。

2013年，完成北外、16公里A站、16公里B站等3座加油站达标改造；物流港加油站已开工建设；完成万源城北加油站拆迁。

2014年，在13个加油站设置摩托车专用加油棚，规范摩托车加油，将摩托车与汽车进站加油分流，提高车辆进站加油的速度；打造朝阳、徐家坝、白塔等9个样板站。

2015年，扎实开展加油站全流程诊断与优化，打造杨柳垭、东南等站，使标杆站增加到12座，确保县域市场扩销上量。

2016—2017 年，在加油站实施油卡非润一体化改造，油气回收改造达 80%。被销售公司评为“工程建设优秀团队奖”，凤凰加油站被省公司评为精品工程。

2018 年，围绕“效率、效益、品牌”，重点整治加油站形象，打造促销氛围，认真开展站经理值班和员工服务专项整顿活动，努力提升加油站服务能力和服务效率。注重服务窗口建设，突出服务升级，积极倡导热情服务、开口服务、微笑服务，积极践行“三声”服务。

2019 年，重点梳理排查辖区社会加油站客户，召开再流通客户座谈会 5 次；成功签约 4 座特许经营站，迈出以特许经营抢占市场的第一步；持续打击“三黑一票”油品，全年参与 8 次专项行动，查封涉嫌非法经营窝点 4 家、非法加油点 7 处，涉案车辆 8 台，涉案储罐 7 具，缴获劣质柴油 122 吨。加大中油优途 APP 推广，致力于为客户提供更方便快捷的一站式服务体验。完善 95504 客户平台服务，不断提升客户满意度。图 11–3 所示为达州分公司达开片区朝阳加油站新貌，图 11–4 所示为达州分公司达开片区凤凰加油站新貌。

图 11–3　达州分公司达开片区朝阳加油站

图 11–4　达州分公司达开片区凤凰加油站

（三）销售管理

1989—1998 年，达州分公司油品销售实行计划经济与市场经济双轨运行，成品油更多实行计划经济配置资源。

1999—2000 年，达州分公司整体上划中国石油集团公司正式营运后，由双轨运行向市场化运行转型，调整经营方针和各项措施，对加油站改过去分散管理为统一管理模式，逐步适应成品油市场变化，不断开拓经营，扩大销售。

2001 年，认真按照省司出台的润油管理规定，理顺体制，转换机制，全面展开润滑油经营工作收到实效。消化 2001 年高库存油料 638 吨；在 2001 年减亏的基础上盈利 11.9 万元；开拓特种油料的销售市场。全年共购进油料 1291 吨，销售各种油料 1796 吨，其中：润滑油 1421 吨，超额完成省司下达的润滑油销售任务。

2002—2003 年，实施“倒计时”工作法，拟定时间进度表，定期或不定期进行现场督查。对按期按质完成施工任务的，给予一定的奖励；对达不到进度要求的，片区责任人和施工员只发给基本工资或基本生活费。

2004—2005 年，采取“定人、定目标、定奖惩”的办法，加快加油站投资速度，提高投运率。在达渝高速公路达县、大竹、邻水服务区上成功修建 3 对姐妹站。

2006 年，在特大旱灾面前，达州分公司实施“五保一兼顾”的供应措施，即保救灾用油，保重点工程用油，保中心城市用油，保高速公路用油，保大客户用油，兼顾小客户和一般用户。

2007 年，高速路片区积极打造高速公路上加油站的增量点，有力推动促销上量活动的开展，16 公里加油站创下年销 1.3 万吨的历史新高。加油站单站日销量达到 9.19 吨，同比增加 2.06 吨。对加油站原有便利店进行彻底清理，在城区型的 5 个加油站展开饮料堆头销售业务，两个多月时间里，堆头销售各种饮料达 6.57 万元。

2008—2009 年，宣汉片区弘扬一站一片一市场的营销精神，贴近县域市场，扩大销售半径，形成区域销售特色，以 20% 的加油站数量占据区域内 60% 以上的市场份额。

2010 年，采取“停批保零、以进定销”的营销策略，定点定量配送，重点“保民生、保中心城区、保重点工程”。

2011 年，制订吨级站的培育和低销站的治理计划，18 座培育站实现纯枪销售 13.12 万吨，同比增长 41.54%；22 座低销站实现纯枪销售 4.54 万吨，同比增长 39.29%。

2012 年，推进加油卡发行从数量向质量转变，全年发行加油卡 2.6 万张，完成预算的 123%；卡交易额 6.62 亿元，卡销比 29%，沉淀资金 2718 万元。因地制宜打造便利店网络，顺势而导培育拳头产品，积极谋划拓展外销市场，重点推进营销代表制，全年销售烟酒类商品 467.3 万元，同比增长 43.9%；小商品销售收入 242.6 万元，同比增长 113%；销售润滑油 1426 吨，完成预算的 199%，完成预算比排全省第四。

2013 年，积极发挥加油卡管理和锁定客户作用，卡销比 34.6%，较 2012 年底增加 5.62 个百分点；沉淀资金 4406 万元，比 2012 年底增加 1688 万元；记名卡单卡沉淀资金 485 元，超省公司目标 35 元。

2014—2015 年，细化时间节点，确保人员、责任、进度、目标的四落实，成立项目部，加快推进项目建设进程。

2016—2017 年，突出服务升级提增销量。结合达州实际开展“加油送好礼 畅游万花谷”“蒲家牡丹节”“庙坝桃花节”“渠县郁金香节”“最红星期五”等特色促销活动 37 批次。纯枪销售实现汽柴油双增长，同比增加销量 7200 吨，增长 3.1%，其中汽油增幅高出省公司平均水平 3.78 个百分点。在抓好站内服务的同时，主动出击走访客户，积极抢抓市场需求，全年站外销售近 2 万吨，相当于 2 个万吨级加油站的销量，26 座加油站销量同比增长。

2018 年，开展差异化促销，借助与达州电台车友会、交通银行最红星期五等周末跨界联合促销活动，并利用达州电台、电视台、达州日报、微信、达州邮电微信公众号等媒体平台滚动宣传。

2019 年，坚持渠道为王，终端制胜，积极实施新站投运增销量。新投运的二号干道、塔石路、日鑫 3 座加油站分别销售 9094 吨、4700 吨、1075 吨，增加销量 14869 吨，纯枪贡献率 5.81%。在不断改造硬件的基础上，大力实施软实力建设，加油站核心竞争力明显增强，望溪、万达、物流港、罗文、双河、东风坝站销售增长50%以上。

（四）加油卡管理

为适应市场环境变化，提升油品销量，达州分公司于2009年推行昆仑加油卡服务（见表11–54）。

表11–54 2009—2019年达州分公司昆仑加油卡销售情况表

年度	个人卡（张）	不记名卡（张）	单位卡（张）	合计发卡（张）	卡销比（%）
2009	—	—	101	101	1.20
2010	12667	1590	5146	19403	15.52
2011	13665	6369	7437	27471	39.09
2012	15982	2303	7715	26000	41.38
2013	14865	451	13119	28435	34.64
2014	13612	392	19447	33451	40.71
2015	15432	6752	19131	41315	44.01
2016	19609	12467	22925	55001	47.76
2017	19845	1080	21289	42214	42.78
2018	16713	197	22584	39494	39.11
2019	17819	119	18018	35956	40.25
合计	160209	31720	156912	348841	39.10

四、非油品业务

（一）基础工作

2008年，非油业务起步。立足于现有加油站网络，逐步开展润滑油、便利店、汽服、广告、租赁等传统服务，配合省公司探索“线下＋线上”“实体＋虚拟”模式，向电商、旅游、代收代缴等新兴领域扩展。

2009年，因地制宜，采取责任、制度、人员“三落实”措施，成立非油品经营部，迅速启动非油业务。

2010—2011年，非油形成《推行“3322”管理，提升商品质量和防伪管理水平》的长效管理机制，获得省公司管理创新成果三等奖。

2012—2016年，始终坚持油非互动、以油促非的经营策略；实施三步走战略，因地制宜打造便利店网络，抓陈列助销，顺势而导培育拳头产品，积极谋划拓展外销市场，重点推进营销代表制。

2017年，实施“因地制宜、一站一策”经营思路，加大站外销售力度。不断优化产品结构，开展全员竞赛活动。

2018年，举办非油开口营销培训7期，邀请非油销售明星到加油站现场教学，强化员工非油业务知识和开口营销能力，实现加油站员工全覆盖培训。建立非油常态化促销机制，制定新开业站、主城区站、国道站、区乡站等不同的客户群体和销售特性差异化促销政策。全年非油综合排名全省第三。

2019年，抓激励奖惩调整，调动员工积极性；抓客户多元需求，积极开展组合营销；抓拳头产品培育，加大团购业务拓展。

（二）便利店建设

2008年，对加油站原有便利店进行彻底清理，在城区型的5个加油站展开饮料堆头销售业务，堆头销售各种饮料达6.57万元。

2009年，打造4座标准化加油站便利店，33座加油站开展润滑油业务，22座加油站开展堆头销售。

2011年，全年打造简易店27座，提升标准店6座，目标培育50万元店3座、100万元店2座。

2015年，非油开店率达84.75%。

2017年，在营加油站63座，其中61座开展非油业务。经营润滑油加油站61座，标准化便利店14座，简易便利店49座。

2018年，新诞生300万元、200万元、100万元便利店各1座、9座、13座，跨台阶55座。

（三）项目拓展

2015年，积极盘活利用闲置资产，增加非油收入30万元。

2017年，加大与烟草公司协调力度，建立紧俏香烟供给绿色通道，提高热销香烟品种配额，香烟销售收入1085万元，销售占比35%。全年积极组织外销团购业务，有力促进外部市场的拓展，进社区、工矿企业、学校、机关事业单位开展非油商品促销成为常态化。

2019年，进单位进社区10次采取办卡锁定客户，对达州市机关事务管理局、市司法局等机构客户实行重点攻关。家庭食品销售1137.78万元，包装饮料销售466.06万元，汽车用品销售328.83万元，均同比快速增长。

五、网络开发建设

1989—1998年，在计划经济与市场经济双轨运行情况下，公司网络更多属分散管理模式，直到1998年，公司才对所属36座加油站实行统一管理模式。

1999年，共投资225万元，先后在宣汉、开江布点新建4座加油站。投入83万元，对7101油库乙区消防设施进行技改。

2000年，全年投资1741万元，新建加油站4座（松林坡、新宁、徐家坝、金山），收购加油站4座（金竹、大众、蒲家、红岛）。投资405万元，完成7101油库乙区固定消防设施一期技改工程。

2001年，结合达州市经济交通发展实际情况，制订2001—2004年网点建设规划，合理布局。全年网点投资达943.14万元。全年完成新建、收购和技改加油站6座，新建渠南、川陕加油站，收购亭子加油站，技改马踏洞加油站。针对7101油库二期技改工程，技改投资额571万元，完成7101油库5座立式钢油罐主体工程。

2002 年，全年完成投资额达 1659.52 万元，7101 油库技改工程全部竣工并投入运行，彻底结束一库两区的历史，完成 7101 油库铁路专线平交道口技改工程。在建、新建、收购和技改加油站 15 座，新建渠西、南坝、柳杨、城北加油站，收购白塔站，续建永安、双河、营渠、三汇、三里桥加油站，技改海棠、北外、三里坪、双马、东南加油站，隐患整改加油站 9 座，更换加油站包装 20 座。

2003 年，全年总计投资 1422 万元。新建、收购、续建和技改加油站 17 座（其中：收购加油站 2 座，新建加油站 5 座，续建工程 4 座，技改 6 座），新建站比上年增长 75 %，公司营运加油站总数达到 59 座。完成对渠县物存储油库的技改，提出新建万源油库的可行性报告。

2004—2005 年，新增加油站 9 座，加油站总座数达到 70 座，占全市加油站总数的 29%。投资 18.82 万元对 7101 油库大门进行改造。

2006 年，总计投资 1576.66 万元。其中：网络建设投资 1210 万元，朝阳加油站支付土地款 650 万元，塔石加油（气）站支付土地款 560 万元；投入 7101 油库罐区防火堤、缓冲池和油污处理房等环境隐患整改资金 366.66 万元。提前终止租赁物重储油库的协议，于 2006 年 12 月 31 日将物重储油库移交给成都亨源实业有限责任公司。关闭西外加油站。

2007 年，营运加油站 70 座，资产型 7101 油库 1 座。

2008—2009 年，完成投资 1790.78 万元，投资计划完成率 97% ；完成安全隐患整改 689.33 万元。在投资建设上以达州城市中心、高速公路和交通要道上开展选址定点，一批新建技改站陆续投运；7101 油库扩容技改已全面动工；完成加油站“五小工程”和隐患整改。

2010 年 5 月，新建金龙加油站投运，达州分公司下属 62 座加油站。

2011 年 4 月，收购跃明加油站投运；10 月，按省公司要求，新建达渝高速 16 千米（左）加油站、达渝高速 16 千米（右）加油站、达渝高速大竹区（左）加油站、达渝高速大竹区（右）加油站、达渝高速邻水区（左）加油站、达渝高速邻水区（右）加油站移交四川交投中油能源有限公司管理，达州分公司下属 57 座加油站。

2012 年，加快潜力旧站的改造，提高发展质量。顺利完成南坝、石桥等 2 座加油站技改项目。按照工期、质量、成本、安全“四控制”的要求，优化施工组织，加快项目建设，新建曹家沟和 6 座达标改造站有序推进。

2013 年，全年新开发加油站 4 座，整体改扩建加油站 3 座，储备项目 6 个，新建达州石桥加油站投运，达州分公司下属 59 座加油站。

2014 年，完工投运杨柳垭、城西、檀木、柳树垭 4 座技改站和物流港新建站；竞拍到绕（环）城公路 A、B 站点和凤凰大道西延线加油站点；开工渠县汇西站迁建，达万高速开江服务区 A、B 站建设；万源石塘站和大竹朝阳站已达成资产置换意向协议，网络建设步入快速发展之路。

2015 年，新建完工达万高速公路开江服务区 A、B 站；迁建完工渠县新汇西站、万源新城北站；完成金竹、任市站技改；凤凰站开工建设。

2016 年，与政府职能部门沟通协调，优化网络布局，服务地方经济发展，开发加油站 4 座，建成完工投运加油站 6 座。

2017 年，完成 7101 油库下装改造和油气回收改造并投入使用，单车发油时间节约 15 分钟左右；12 座加油站实施油气回收改造，公司所有在营加油站改造率达 100%，保障油库、加油站依法合规运行。与政府部门积极沟通协调，解决达川区石梯加油站、通川区塔石路站、达川区二号干道加油加气站、海棠站置换等因适应市政规划调整方面形成的遗留问题。北外加油站被全国总工会授予“巾帼标兵岗”称号，这也是截至 2017 年达州市唯一获此殊荣的单位。

2018 年，开发加油加气站 13 座，超省公司任务 7 座，这是达州分公司历史上最大的网络开发丰收之年，为全年增量增效和稳健发展奠定坚实的基础。2018 年建设加油站 5 座，防渗治理加油站 6 座。

2019 年，优化网络布局，服务地方经济发展，大力开展合资合作，收购海华加油（加气）站，租赁大树加油站，股权合作周家加油站、张家加油站，获得营达高速公路涌兴、管村 2 对服务区的独资建设及经营权。全力支持政府规划建设，积极开展 7101 油库搬迁工作；26 座加油站实施防渗改造，所有在营加油站设立便利店。全年网络开发 6 座，新增投运 5 座，项目落地 11 座，防渗改造 26 座加油站，公司在营加油站 66 座。

六、质量安全环保

（一）安全管理

1989—1999 年，在计划经济与市场经济双轨运行情况下，库站虽分散管理，安全工作一直坚持教育与目标责任制相结合，坚持检查与整改相结合，坚持按章办事，坚持防患于未然，保持安全平稳运行。

2000 年，安全工作的重点是“重安全、严防范、灭事故”，开展“远学绵阳，近学海棠”的活动，全年安全生产无三级以上责任等级事故，7101 油库安全生产达 4237 天，连续 11 年保持“先进油库”称号。石油车队安全行驶 23.5 万公里，货运量达 3.6 万吨。

2001 年，全年无三级以上等级事故，1 万元以上经济责任事故为零，1 万元以上环保污染责任事故为零，全年油品质量监督抽查合格率为 100%。7101 油库安全生产累计达 4602 天，连续 12 年保持“先进油库”称号。利用形式多样的宣传手段进行安全知识教育活动，对《石油库管理制度汇编》和《汽车加油站管理暂行规定》中应知应会知识进行考试，合格率达 100%。

2002 年，全年共整改各类隐患 171 个，其中：油库 27 个，加油站 144 个。采取送培与自培相结合，采用“走出去”和“请进来”的方式，组织 7101 油库到广安前锋油库参观学习，掀起“近学广安、远学绵阳”的氛围，全年储运送培达 17 人次。加强车辆管理。严格执行“车辆安全十大禁令”和车辆责任事故个人赔偿制度，出车有派车单，节假日实行“三交一封”。车队汽车运输安全行驶 30.03 万千米，货运量达 4.2 万吨。7101 油库安全生产累计达 4967 天，连续 13 年保持“先进油库”称号。全年无三级以上等级事故，1 万元以上经济责任事故为零，1 万元以上环保污染责任事故为零，全年油品质量监督抽查合格率为 100%。

2003 年，树立“安全第一，预防为主”的思想，贯彻落实股份公司提出的“五严”要求，开展“严管理、反三违、查隐患、保安全、增效益”活动。贯彻“谁主管、谁负责”的安全管理原则，签订安全责任书，缴纳风险抵押金，实行责任追究制。7101 油库安全生产累计达 5332 天，连续 14 年保持“先进油库”称号；车队汽车运输安全行驶 53.4 万公里；全年实现无等级责任事故、交通责任事故和环保污染事故。按照省公司 HSE 工作的统一部署，成立 HSE 管理体系领导小组。

2004 年，推行 QHSE 管理体系，制定作业管理文件 23 个、作业指导书 39 个，修订和完善各类应急预案 190 多个。在遭受“9・3”特大洪灾后，采取“定人，定责任，定任务”的办法，对 35 座加油站全面实施整改。

2005 年，与全体员工签订《员工安全生产合同》，与管理人员签订安全生产目标责任书，与施工单位签订《工程服务安全生产合同》，实行目标化管理。7101 油库推广“总调度制”和“看板作业”，实行“早提示，晚点评”，修订应急预案，实行“挂牌翻牌”管理。开展车辆交通安全专项整治，完善非生产经营车辆的管理办法。7101 油库实现安全生产 6033 天，连续 15 年被省公司评为“综合管理先进油库”。

2006 年，制定《安全检查实施细则》1000 多条指导表，列举油库、加油站、办公场所、车辆管理设施设备 664 条，操作行为 568 条。投入资金 798.58 万元，用 4 个月的时间对 7101 油库铁路专用线、卸油栈桥、卸油泵房、发油场等进行技术改造，于 2006 年 10 月 31 日安全顺利地完成主体工程建设，比计划提前一个月投入使用。投入资金 143.11 万元对加油站隐患进行整改。全年 QHSE 管理体系运行通过省公司的验收。

2007 年，强化现场管理和过程监督，定期组织油库、片区、加油站安全大检查，对检查中发现的问题按照《反三违实施细则》予以公示，建立扣分台账；建立规范完善的安全环保规章制度，通过省公司 QHSE 管理体系运行的验收。

2008—2009 年，按照“谁主管谁负责”和“有感领导、直线责任、属地管理”的原则，层层落实安全责任制。以开展“百日安全”“安全生产月”活动为契机，全面实行自查、互查等多种方式，加大检查和“三违”处罚力度。加强特殊敏感时期的安全保卫和反恐防恐工作，圆满完成国庆六十周年安保工作任务。完成 55 座加油站管理系统站级部署环境改造和加油站视频监控系统安装，加油站管理系统全面上线运行。

2010 年，在安全管理工作中，做到“三重”，即重教育、重监督、重实效。在油库推行“观察与沟通”的检查方式，通过 8 类“评价指标”，结合“一岗一职一责”，形成“8+1”的执行绩效评价标准量化考核，实现年度安全平稳运行。

2011 年，成立油库、加油站、施工、车辆交通 4 个 HSE 分委会，全面开展 HSE 管理体系提升推进工作，颁布 D 版 HSE 管理作业文件 29 个、作业指导书 77 个，印发《HSE 管理体系知识学习手册》680 册、《安全生产月报》12 期，举办 2 期 HSE 宣传专栏。通过省公司年终安全生产管理考核，被评为“安全生产达标单位”，7101 油库被评为“安全生产先进油库”，金龙加油站被评为“安全生产先进加油站”。

2012 年，积极践行“七个带头”，制订“个人安全行动计划”，签订“安全承诺书”，强化安全培训，修订完善公司层面应急预案 12 个，对 7 座加油站进行安全评价。

2013 年，机关、油库和 61 座加油站，被省、市安监部门评为安全二级标准化企业，在全省属首家二级公司通过考评。

2014 年，开展公司、片区、加油站三级安全培训，共计培训 2200 人次。

2015 年，开展送培训到基层，培训一线员工 300 余人次，一线员工培训覆盖率 100%。开展“杜绝项”专项整治，强化“红线”意识和“底线”思维，修订完善反“三违”实施细则和数质量管理办法。

2016 年，投入资金 1600 万元，顺利完成所有加油站国Ⅴ油品升级置换。开展“守规章、重落实，反违章、保安全”和“规范管理、安全操作”专项整治活动及各类专项检查 147 站次，暗查暗访 82 站次、夜查夜访 63 站次，对发现问题及隐患及时进行整改。

2017 年，制定《环保管理制度》《环保专项应急预案》等规章制度，所有加油站和油库增设固体废物处置箱和液体废物处置桶等危废暂存设施 62 套，制作《危险废物管理规定》标识牌 70 个；完善 10 座加油站环保沟和隔油池，库站环保设施配置率达到 100%，运行使用率达 100%。

2018 年，修订编制新《油库下装、油气回收操作规程》及其配套的新版应急预案，使安全管理工作“有规可依”“有章可循”。安全科及投资科每周开展 3 次现场督查，着力管控重大施工安全风险。编制《加油站环保基础信息台账》64 份，并将数据录入综合业务支撑平台，组成加油站环保信息“大数据”。

2019 年，以体系建设为主线，强化员工教育培训，强化直线管理、属地管理责任，强化应急预案演练，连续 10 年保持“四零”目标。抓实基础培训，邀请省公司专家组织开展 13 次专题培训，共计 1775 人次参加培训；7101 油库及部分片区同当地消防部门、企业开展联合演练和实战演练 6 次。

（二）质量管理

2000 年，在油品质量管理方面，坚持对入库油品按规定进行化验，定期对库存油品进行检验，定期抽检加油站油品，做到“两不收”“四不发”。全年共采样 316 个，严把油品收发存质量关，全年油品质量事故为零。

2001 年，严格执行《中华人民共和国计量法》《中华人民共和国产品质量法》，严把“收、发、存”三关，确保油品质量。

2002 年，严把油品质量关，坚决杜绝不合格油品入库；全年清洗油罐 4 座，油桶 500 多只，采油样 273 个，油品质量没有受到一起消费者的投诉，技术监督局抽样全部合格。

2003 年，加大业务技能培训力度，33 人次参加省公司仓储管理干部、计量人员和 HSE 等培训；在达州市安全生产知识“地电杯”电视大奖赛中，达州分公司参赛队获得三等奖。

2004 年，持续推进安全环保质量计量工作上水平，加强数质量管理。

2005—2006 年，在油库、车队、加油站严把“收、发、储、销”四道关口，全面推行体积交接法，具体落实“一站一率”的数质量管理办法，数质量管理水平迈上新台阶，达州分公司被达州市质量技术监督局授予“质量管理先进企业”称号。

2007 年，改进《加油站综合损耗率》，落实《加强运输及零售损耗“一站一率”管理办法》，无油品质量问题投诉，质量满意率达 100%。

2008—2011 年，持续推进安全环保质量计量工作上水平，加强数质量管理。

2012 年，全面推进地罐交接工作，53 座加油站实现单轨运行，完成率达 100%。达州分公司被四川省人民政府安全生产委员会授予“省级安全文化建设示范企业”。

2013 年，开展数质量专项抽查，严格处罚，持续深入开展“诚实守信、依法经营”教育，加大质量计量服务“六条禁令”执行力度，三条“红线”受控。

2014 年，对其中 11 座站的 20 个油罐进行清洗；确保“四零”目标的实现。达州分公司连续 15 年获得省级“重合同守信用”荣誉称号。

2015 年，扎实开展油品日常抽样化验工作，全年共抽检 55 个加油站 116 个样品；送省公司安全质量总站化验 17 个样品，抽检合格率 100%。

2016—2017 年，对 60 座加油站、198 条加油枪进行抽检，合格率为 100%；全年持续推进安全环保质量计量工作上水平，保持“四零”目标。

2018 年，油库化验室对加油站油品质量进行全覆盖抽检，235 个油样分析化验结果均合格；工商部门抽检油品 11 批次，合格率 100%。在国Ⅵ油品置换过程中，时间紧、任务重，抽检化验油样 252 个，确保按时、顺利置换。

2019 年，对 65 座加油站、218 条加油枪进行抽检，合格率为 100%；持续推进安全环保质量计量工作上水平，加强数质量管理。

（三）计量管理

2000 年，油品损耗管理坚持按月盘点，按规定及时处理升损；坚持按规定周期送检计量器具，确保准确性。

2001 年，全年共采油样 222 个，完成 1482 个化验项目，合格率为 100%。

2002 年，投入营运的 43 座加油站全部被评为“计量信得过加油站”。

2003 年，认真执行油品体积计量交接，健全完善各种账表记录，严格升损处理管理办法，堵塞漏洞的发生。

2004 年，持续推进安全环保质量计量工作上水平，加强数质量管理。

2005—2006 年，达州分公司被达州市质量技术监督局授予“计量工作先进单位”称号。

2007 年，改进《加油站综合损耗率》，落实《加强运输及零售损耗“一站一率”管理办法》。

2008—2011 年，持续推进安全环保质量计量工作上水平，加强数质量管理。

2012 年，开展“质量、计量、服务”专项整治和加油站“十项服务承诺”，实施加油机检定双铅封管理。

2013 年，达州分公司连续 14 年获得省级“重合同守信用”荣誉称号。

2014 年，组织人员对 34 座加油站和 87 条加油枪进行抽查检测，合格率 100%；对 55 座加油站、186 个油罐全面排查水杂，对 43 座加油站的油品进行抽样，119 个样品合格率 100%。

2015 年，通过“四不两直”的方式对各加油站进行抽检，共抽检 5 个片区 52 座加油站，抽检加油枪 225 把，抽检合格率为 100%，有效保证计量准确，全年未发生质量计量纠纷，确保“四零”目标。

2016—2017 年，对 60 座加油站、198 条加油枪进行抽检，合格率为 100%；全年持续推进安全环保质量计量工作上水平，保持“四零”目标。

2018 年，持续开展油品质量计量检验，对 65 座加油站进行全覆盖加油枪示值误差抽检，抽检率 100%，示值误差均控制在省公司规定范围内。

2019 年，对 65 座加油站、218 条加油枪进行抽检，合格率为 100%；持续推进安全环保质量计量工作上水平，加强数质量管理。

第十六节　巴中分公司

一、基本情况

中国石油天然气股份有限公司四川巴中销售分公司（简称巴中分公司）成立于 1993 年 12 月，前身是四川省巴中地区石油公司。1998 年上划中油集团更名为四川省石油集团有限公司巴中分公司，1999 年 7 月更名为“中国石油四川销售分公司巴中分公司”。

截至 2019 年 12 月 31 日，巴中分公司下设 8 个职能部门、2 个直属单位，下辖 4 个片区。代管四川省巴中市中运能源有限公司（股权 49%）1 个参股企业。资产总额 2.3 亿元，现有油库 1 座，共有资产型加油站 56 座，在营加油站 59 座。用工总数 528 人，其中硕士研究生 1 人、本科 42 人、大专 137 人；中级职称 17 人；技师 3 人，高级技工 10 人，中级技工 119 人；党员 168 人，团员 87 人。

表 11–55、表 11–56 所示分别为中国石油四川巴中销售分公司行政领导任职情况、党组织领导任职情况。

表 11–55　1994—2019 年中国石油四川巴中销售分公司行政领导任职情况表

机构名称	职务	姓名	任职起止时间
四川省石油公司巴中分公司	经　理	吴照东	1993 年 12 月至 1998 年 5 月
	副经理	杨松柏	1994 年 1 月至 1997 年 11 月
		毕君华	1994 年 2 月至 1998 年 5 月
		洪俊成	1993 年 12 年至 1998 年 6 月
		杨白华	1994 年 2 月至 1997 年 11 月
		杨清德	1997 年 11 月至 1998 年 5 月
		王志成	1997 年 11 月至 1998 年 5 月

续表

机构名称	职务	姓名	任职起止时间
四川省石油集团巴中有限公司	经　理	何永政	1998 年 6 月至 1999 年 6 月
	副经理	毕君华	1998 年 6 月至 1999 年 6 月
		杨清德	1998 年 6 月至 1999 年 6 月
		王志成	1998 年 6 月至 1999 年 6 月
		洪俊成	1998 年 6 月至 1999 年 6 月
中国石油四川巴中销售分公司	经　理（总经理）	何永政	1999 年 7 月至 2003 年 9 月
		郭玉林	2003 年 10 月至 2008 年 12 月
		柏　刚	2009 年 1 月至 2013 年 2 月
		曾小刚	2013 年 3 月至 2015 年 12 月
		李　健	2016 年 1 月至 2019 年 2 月
		姚松柏	2019 年 3—12 月
	副经理（副总经理）	杨清德	1999 年 7 月至 2010 年 8 月
		王志成	1999 年 7 月至 2012 年 3 月
		毕君华	1999 年 7 月至 2002 年 6 月
		洪俊成	1999 年 7 月至 2001 年 10 月
		陈　波	1999 年 10 月至 2003 年 6 月
		谭　宏	2003 年 11 月至 2011 年 1 月
		何　凌	2011 年 2 月至 2014 年 1 月
		贾闽川	2012 年 3 月至 2016 年 8 月
		李　涛	2014 年 1 月至 2018 年 7 月
		郑仕丽	2014 年 1 月至 2019 年 12 月
		杜寒春	2016 年 11 月至 2019 年 12 月
		李　非	2017 年 11 月至 2019 年 10 月
	总会计师	姚松柏	2008 年 1 月至 2014 年 1 月
	安全总监	王志成	2002 年 1 月至 2012 年 3 月（兼）
		贾闽川	2012 年 3 月至 2014 年 6 月（兼）
		郑仕丽	2014 年 6 月至 2019 年 12 月（兼）

说明：2008 年，行政领导职务名称由“经理、副经理”改称“总经理、副总经理”。

表 11–56　1994—2019 年中国石油四川巴中销售分公司党组织领导任职情况表

机构名称	职务	姓名	任职起止时间
中共四川省石油公司巴中分公司党委	书　记	吴照东	1994 年 7 月至 1998 年 5 月
中共四川省石油集团巴中有限公司党委	书　记	何永政	1998 年 6 月至 1999 年 6 月
中共中国石油四川巴中销售分公司党委	书　记	何永政	1999 年 7 月至 2003 年 10 月
		郭玉林	2003 年 11 月至 2009 年 1 月
		柏　刚	2009 年 1 月至 2012 年 3 月
		谭　宏	2012 年 4 月至 2013 年 12 月
		姚松柏	2014 年 1 月至 2017 年 10 月
		李　非	2017 年 11 月至 2019 年 10 月
		姚松柏	2019 年 11—12 月
	副书记	杨清德	1999 年 9 月至 2010 年 9 月
		谭　宏	2011 年 2 月至 2012 年 3 月
		曾小刚	2013 年 3 月至 2015 年 12 月
		李　健	2016 年 1 月至 2019 年 2 月
		姚松柏	2019 年 3—10 月
		关　惠	2019 年 11—12 月

二、油品销售

1994—2019 年，巴中分公司经营经历曲折发展的历史阶段。以 1998 年 7 月全区石油系统上划前后为界，前期以地方管理为主，实行双重领导，分级负责，企业稳步发展；后期实行垂直管理，企业规模扩大，改革步伐加快，业务拓展，效益增加。在体制变化、全面放开的石油市场中，面对行政事业、农机、供销、交通运输、集体、个体和毗邻地区的竞争对垒，制定“立足本地两眼向外”的经营策略，着重在“争、优、延、活、定”五字上下功夫，下决心依靠自己的力量走出一条适应市场经济发展的路子。

1989—1998 年，油品销售实行计划与市场经济双轨运行，成品油更多实行计划经济配置资源。

1999—2005 年，整体上划中国石油集团公司正式营运后，由双轨运行向市场化运行转型，调整经营方针和各项措施，对加油站改过去分散管理为统一管理模式，逐步适应成品油市场变化，不断开拓经营，扩大销售。

2006 年，坚持把保障成品油市场安全平稳供应放在经营工作的首位，超前衔接资源配置计划，全年销售汽柴油 7.56 万吨，同比增长 13.17%；零售汽柴油 6.42 万吨，同比增长 23.70%。

2007 年，充分发挥品牌优势，吸引客户。延伸服务、拓展客户。进入 10 月，资源供应紧张，采取收取客户定金并签订供油协议方式，开发新客户，稳定老客户，拉回流失客户；与工行联手宣传推介中油牡丹卡，新增卡户 2000 余户。全年销售汽柴油 7.56 万吨，同比增长 13.17%；零售汽柴油 6.42 万吨，同比增长 23.70%。

2008 年，认真落实“停批、保零、保重点”的经营方针，严格控制对社会再流通环节的批发销售，将资源重点投放到零售环节，并着力调整销售结构，优先保证重点工程、工农业生产生活用油和抗震救灾油品供应的需求，把握好控销节奏，合理掌控资源投放，全年销售汽柴油 10.2 万吨，同比增长 34.92%；零售汽柴油 8.11 万吨，同比增长 20.84%。

2009 年，大力开展“上销量、保增长，强基础、促发展”劳动竞赛活动，大力发扬“四千精神”，成立项目小组，落实重点客户开发的工作机制，强化客户开发和管理责任的落实，全年销售汽柴油 10.73 万吨，同比增长 5.20%；零售汽柴油 8.72 万吨，同比增长 7.52%。

2010 年，落实竞合营销策略，通过点对点竞争，有力抵制竞争对手的低价竞争策略，加强与竞争对手的协调，实现联手推价。加大加油卡的发放力度，全年完成加油卡销售 10524 张。夯实客户关系管理，加强客户开发，全年新增客户 180 家。全年销售总量 12.02 万吨，完成预算的 107.35%，同比增长 12.03%；零售 10.09 万吨，完成预算的 110.85%，同比增长 15.68%。

2011 年，坚持“量效并重、量为基础、效益优先”的方针，经营业绩再创新高，零售增幅位居省公司系统前茅。销售总量 14.78 万吨，同比增幅 22.97%；零售 13.35 万吨，同比增幅 32.40%；纯枪销售 11.85 万吨，同比增幅 29.08%。

2012 年，全年销售总量 19.2 万吨，同比增幅 29.83%；零售 17.56 万吨，同比增幅 31.50%。销售、零售的完成率和增幅位居全省第一，实现跨越台阶销售。纯枪销售比重同比提升 5.17 个百分点，人均纯枪销售居全省第一。

2013 年，加大资源计划和调运协调力度，建立油库库存预警机制，组建专职客户经理队伍，开展纯枪上量劳动竞赛和各类主题促销活动，一站一策挖掘吨级站潜力，实施星级站升级改造，销售汽柴油 21.09 万吨，同比增长 9.87%；零售汽柴油 19.7 万吨，同比增长 12.2%。汽油销售总量、零售量同比增速名列全省第一。

2014 年，强力整治脱销，出台《加油站脱销认定与责任追究管理办法》，严格责任追究。加强客户经理队伍建设，定期召开客户经理座谈会，制定《客户经理薪酬考核管理办法》，复制“王家湾模式”，采取“农村包围城市”的推广策略，率先在通江片区 6 个站点连片推广自助加油。先后改造 30 座加油站 122 台卡机连接加油机，19 座加油站实现自助加油，培育 7000 吨级加油站 1 座、5000 吨级加油站 3 座。全年销售汽柴油 21.41 万吨，同比增长 1.51%。纯枪销售 19.25 万吨，同比增长 2.31%。

2015 年，面对经济持续下行、油价低位运行、市场需求不振、行业竞争升级等严峻考验，巴中分公司突出效益，狠抓服务。全年销售汽柴油 23.04 万吨，同比增长 7.61%；纯枪销售 19.71 万吨，同比增长 3.81%；公司荣获计量管理先进单位。

2016 年，全年销售汽柴油 24.46 万吨，完成预算的 102.77%，同比增长 6.16%；纯枪销售 20.22 万吨，完成预算的 101.11%，同比增长 2.59%。

2017 年，突出效益中心，定位市场坐标，抓牢抓实“稳增长、增效益、强管理、惠民生、保稳定”各项工作，全年实现汽柴油销售 24.12 万吨，其中纯枪销量 20.53 万吨，同比增长 1.53%；

2018 年，分片区召开客户座谈会，举办大客户答谢会，全年直批销售 5.49 万吨，同比增长 54.47%，其中对外直批 3.66 万吨，同比增长 74%。成立 4 个片区站外售卡小组。与 1 座社会加油站成功开展特许经营合作。加大打击“三黑”力度，捣毁黑窝点 12 个，查扣黑油罐车 4 台，市场净化初见成效。全年实现汽柴油销售 25.55 万吨，同比增长 5.97%；纯枪销售 19.91 万吨，同比下降 3.04%。

2019 年，实现汽柴油销售 25.57 万吨，完成预算的 100.29%；纯枪销售迈上 20 万吨台阶；账面利润 3432 万元，考核利润 3970 万元，完成预算的 111.69%；员工工资总额增长 9.5%。面对交界市场激烈竞争，巴中分公司新班子用“八大战略”破解销售困局。组建营销一体化办公室，设立市场情报小组，构建高效运作、上下联动、快速响应的市场应对机制。精准灵活施策，开展组合促销，桃园等 4 座沿边站柴油同比增量 6258 吨，增幅 132%。新增大客户 41 个，贡献销量 5700 吨。成功发展 2 座特许经营站，贡献销量 2010 吨。成立视频扫站小组，促进服务质量提升，95504 实现零有效投诉，平均得分 92.62 分，较上年提高 3.58 分。积极推广昆仑 ETC 卡，办卡 4053 张，排名全省第八。与广电网络、平安保险、工商银行跨界核销电子券 1440 万元，售卡 10.89 万张，贡献纯枪量 2030 吨。

三、非油销售

2008 年，公司非油业务起步。立足于现有加油站网络，逐步开展润滑油、便利店、汽服、广告、租赁等传统服务，配合省公司探索“线下 + 线上”“实体 + 虚拟”模式，向电商、旅游、代收代缴等新兴领域扩展。2010 年非油销售收入 442.98 万元。

2009 年，按照“自主经营、因地制宜、规范发展、稳步推进”的指导思想，在巴中市城区开发广告业务，在高速路加油站提供餐饮、加水、土特产销售等服务，在区乡加汩站销售以化肥为主的化工产品，不断拓展非油新业务，增加非油收入。

2010 年，香烟、广告业务在加油站得到普遍开展，土特产在部分加油站上架销售。全年非油销售收入 442.98 万元，完成预算的 110.75%，同比增长 153.67%。

2011 年，加强非油业务基础管理，对拳头商品加大销售力度，烟草业务做到全覆盖，白酒销售力度加大，加大与集团客户的合作力度，先后给中国移动、中国电信、工行、烟草等集团客户销售非油商品 60 万元；便利店培育目标完成，西华山、东兴场加油站迈入百万元店行列，另有 50 万元店 3 个。非油收入 855.54 万元，同比增幅 93.13%；非油收入和利润接近翻倍增长，非油业务全面提速。

2012 年，优化非油商品配送管理，依托运输公司向区乡站点配送非油商品。对和平服务区、汉王庙、望王等站便利店做改造。加大对燃油精和拳头商品的销售与考核力度，百万元店、五十万元店分别达到 4 座和 6 座。全年非油收入 1181.43 万元，同比增幅 38.04%，非油提速有新突破。

2013 年，进一步拓展非油业务发展，全年洗车、彩票、空中充值等销售收入贡献率达 12%。非油收入 1567 万元，同比增长 33%，实现非油利润 146 万元。

2014 年，提升非油经营质量，重点在狠抓拳头商品销售、挖掘厚利业务潜力、规范非油业务运行管理上狠下功夫。通过颁布“七条禁令”“稽查管理细则”，强化非油业务管控。成功与鼎汉大唐传媒签订两年零五个月的广告位租赁合同，租金年递增 18%。积极推广车用尿素销售，9月、10 月销量排名全省第一。

2015 年，加快非油发展，增设 24 个简易便利店，开店率达 80%。东兴加油站完成百万元店升级改造，成为巴中分公司首个样板店。非油销售收入 1336.59 万元，非油销售利润 262.86 万元，同比增长 76%。

2016 年，牢固树立“超常规发展”理念，加快非油业务发展，增设片区非油客户经理和 5000 吨级以上加油站便利店主管，全面完成便利店整改提升项目改造，完善配套功能，新增便利店 16 个。紧盯店内销售，规范季节性和特色性商品陈列，推广“369”操作，便利店销售收入同比增长 36%；全年非油收入 1780 万元，同比增长 33.17%；非油利润 340 万元，同比增长 29.35%。非油业务步入快车道。

2017 年，采取超常规发展思路，通过店面改造、功能完善、技能培训，开店率达 89.36%，百万元便利店 4 座，实现店销收入 1984 万元，同比增长 49.13%；全年非油收入 2358 万元，同比增长 32.5%，其中非油毛利 467 万元，同比增长 36.4%。

2018 年，推动非油超常规发展，加快便利店上档升级，店销收入同比增幅 87.61%。在望王站试点汽服业务，“水约巴山”矿泉水成功纳入 U 途商品线上销售。非油收入 5043 万元，完成预算的 101.89 %，同比增加 2685 万元，增幅 113.87%；非油毛利 531 万元，完成预算的 106.12%，同比增加 64 万元，增长 13.7%；

2019 年，非油店销收入 3730 万元，完成预算的 106.58 %；非油毛利 604 万元，完成预算的 100.61%。大力推动非油销售，全年香烟销售突破 1500 万元。开展阶段性促销和全员营销，分别增加非油收入 180 万元、100 万元。全年非油店销收入增幅 22.9%，毛利增幅 13.7%，在省公司非油劳动竞赛中综合排名第七。

截至 2019 年底，巴中分公司有便利店 47 座，其中，300 万元及以上店 1 座、200 万元店 2 座、100 万元店 11 座、50 万元店 7 座、30 万元店以下店 14 座。在营便利店 47 座，其中高级店 1 座、标准店 6 座、简易店 40 座，开店率 92.16%。

四、网点建设

1994—2005 年，在计划经济与市场经济双轨运行情况下，公司网络多属分散管理模式。直到 1998 年，巴中分公司才对所属加油站改过去分散管理模式为公司统一管理模式。截至 2019 年底，在营加油站 51 座。始建于 1992 年、1995 年投产的乐坝油库，库容总量 5620 立方米，有各类储油罐 50 个，占地面积 25.8 亩，有专用线 298 米，收、发油鹤管 10 组，输油管线 4086 米。2000 年，接卸各类成品油 47271 吨，发出各类成品油 46242 吨。实现吞吐油料总量 93513 吨，实现费用总额 400915 元。1994 年底，同广元车务段合作，引进资金，征地 3 亩，投资 861026.50 元，用 9 个月时间建成大佛寺加油站和 500 立方米储油站 1 座。1996 年初，争取商业网点建设贷款 80 万元，建成江北加油站，当年投入营运。总投资 889053.37 元，其中土建工程 392097.55 元，待摊投资

425852.74 元，其他工程 71103.08 元。占地 720 平方米，储油量为 45 立方米。

2005—2008 年，采取多种措施，加快新建、收购、租赁加油站步伐。成立以公司经理为组长、分管领导为副组长、职能部门参加的零售网点建设领导小组和专职办公室，形成领导班子重点抓、分管领导具体抓、职能部门专职抓的格局。确立以新建、收购口岸好的加油站为主，以技改扩容为辅的工作方针。坚持严格执行投资、基建技改程序，加油站点合理，口岸敞亮，“中国石油”形象鲜明的总体布局。克服困难，抓紧时间，力求收到实效。在加油站收购上，采取分片负责的办法，对全市 35 个社会加油站从建设规划、土地使用、房屋面积，日销量、出售报价等重要环节进行摸底调查。对口岸好、日销量在 2—5 吨的永华、玉皂、桃园、中嘴加油站达成收购协议。在加油站新建、技改包装上，坚持班子多次深入实际、调查市场、规划选点、制订方案、主持可行性论证和班子集体研究集体决策原则，选点论证通江城西、平昌城中、巴中恩阳、梁永、回风加油站，并通过立项申报，得到省公司的批复。同时，为加强投资项目的监督力度，成立以审计、纪检、仓储等部门人员组成市场监督调查小组，凡是涉及采购材料项目价格的，必须经调查小组先进行市场调查，形成书面报告，报班子集体研究，再选择合理价格进行承包。

2009 年，牢牢抓住灾后重建机遇，向省公司争取项目资金 1884 万元，通江片区综合楼、平昌片区蜂窝煤堡坎、南江住宅楼堡坎维修加固等 10 个灾后维修加固项目总投资 574.12 万元全面完工，与巴中市政府签订战略合作框架协议，为企业发展赢得和谐新局面。

2010 年，东兴场加油站投入营运；新建的木门 A、B 站正在落实工艺安装；大学生周转房全面完工；水宁寺、五星桥、断渠等加油站的灾后重建任务全面完成；成功租赁桂花加油站，完成对顺达加油站的续租。参与市县成品油分销体系“十二五”规划的编制工作，将拟开发的兴文油库、各高速路出入口加油站、城市环线等加油站纳入行业“十二五”规划。

2011 年，全面完成加油站重建任务，巴（中）达（州）高速公路平昌大宁村和天生村两个出口加油站获得行业批复，启动兴文油库建设工作，北龛寺项目和股权合作项目前期工作有序进行。

2012 年，分别与通江、南江县政府和巴运集团、巴中置信签订战略合作框架协议，提升地企合作层次。与运输公司的股权合作草签出资协议，项目完成可行性研究。完成王家湾加油站的迁建任务，技改响滩加油站，在南江和兴文分别安装橇装加油设施，桃园培训中心建成投运。牛项颈加油站完成项目立项。

2013 年，坚持“合作优先、自建为主”，与巴中交建签订《建设经营战略合作协议》。在三县两区共争取到加油（气）站政府规划储备项目 8 个。通过土地置换在巴中经济开发区获得一座加油站规划选址；落实巴达高速平昌东出口大宁加油站和雷坡石加油站搬迁选址规划；江北加油站搬迁规划取得实质性进展。

2014 年，以挂牌价取得巴中东出口、平昌金宝两宗加油站用地。落实江北加油站和东华加油站搬迁的规划选址。完成巴中分公司“十二五”末及“十三五”前三年发展规划的编制。

2015 年，加快项目落地，网络开发快速推进。全年争取投资计划 5164 万元，新立项开发加油站 2 座，完工投运加油站 5 座（其中股权 4 座），改扩建加油站立项 2 座，油气回收改造加油站 25 座。

2016年，突出规划引领，完成巴中分公司“十三五”总体发展规划和巴中网络现状分析及滚动发展规划编制。完成平昌金宝加油站的新建投运、望王加油站的技改投运，断渠、小江口、新场3座加油站的一体化改造，乐坝油库下装发油和油气回收系统效能提升改造。成功租赁通江利琼加油站。取得北龛寺、佛江路、津桥湖3个迁建项目的选址规划。完成与巴中市运输（集团）公司股权合资项目的注资和资产划转，中运能源有限公司正式挂牌运作。获得省公司批复恢复东方、元潭2座站。

2017年，全年新开发立项北龛寺、桃园加油站2座；完工投运元潭、小江口、南坝、渔溪、东方撬装等加油站（点）5座；落实江北、大佛寺等2座加油站搬迁规划；利用平昌蜂窝煤厂土地置换，取得白家嘴和百花村等2座加油站选址规划；成功阻止清江、恩阳等2座站土地挂牌出让，并成功取得桥亭站土地使用权；出台定人、定责、定目标、定时限的“四定”投资建设管理责任制，完成南坝、渔溪等6座加油站升级改造。深入地企合作，平昌闲置土地置换2座站，通江泥溪关停站置换恢复。

2018年，结合县区规划制定巴中分公司未来6年12座加油（气）站的开发目标。以置换方式落实拆除长达6年的江北加油站搬迁用地。抓住政府收购平昌蜂窝煤厂闲置土地机遇，“以一换二”方式成功置换两座加油站。成功租赁平昌得胜明清加油站和续租通江顺达加油站，三江、光辉站恢复改造取得立项批复。与平昌宜佳、巴中欣恒签订合资开发加油（气）站的框架协议。全年新开发加油站5座，超任务2座，完工投运14座，圆满完成投资建设任务。

2019年，立项6座，落地2座，新增投运5座，存量改造16座，圆满完成投资建设任务。低成本竞得平昌土兴加油（气）站建设用地。与秦巴新城股权合作，成功竞得兴文东出口加油加气站建设用地。取得北出口迁建项目用地规划和行业立项批复。拟订与巴中交投合资开发巴城南、西、北三条环线的加油（气）站合资开发经营方案。与通江工旅实业就通江春在、巴万高速通江东西出口及芝苞出口加油加气站签订股权合作协议。加快推进与平昌宜佳和四川欣恒燃气的股权合作，拟订先期启动大宁、金宝和林家坝加油站的LNG和CNG加气站项目规划。

截至2019年12月，巴中分公司在营加油站共有59座，其中资产型加油站56座，租赁加油站3座。

五、安全管理

1994—2005年，在计划经济与市场经济双轨运行情况下，库站虽分散管理，安全工作一直坚持教育与目标责任制相结合，坚持检查与整改相结合，坚持按章办事，坚持防患于未然，保持安全平稳运行。

2006年，制定“三违”处罚条例，修订完善各类应急预案，对非生产用车实行集中统一管理。加强对施工作业现场的监管，在全年油库、加油站大面积隐患整改、技改的情况下，确保油库、加油站的主体安全。

2007年，按照“制度完整、流程清晰、规程适用、便于操作、无缺陷、无漏洞和统一规范”的要求，对现有的管理制度、操作规程、作业流程、应急预案等进行清理、修订和完善。清理和审定管理制度 38 个、操作规程 12 个，新增消防、污水处理管理制度和操作规程 7 个。编写油库新版操作规程并组织培训和全面实施。

2008 年，通过开设“学禁令，反违章，保安全”专栏和印制学习卡片、编发简报、书面考试、员工互查互纠等方式，开展多层次、多角度的安全教育，形成上下讲安全、人人重安全的良好氛围。加大油库隐患整改力度，安全完成油库技改主体工程，全年未发生任何安全环保责任事故，实现零事故、零伤亡。

2009 年，举办安全管理员培训班和计量员培训班，对新进员工开展安全消防知识培训。举行“安全伴我行”演讲比赛、HSE 知识竞赛和消防实战演练等活动。在“百安活动”中，撰写心得体会、安全寄语等 200 余篇。

2010 年，按照“谁主管、谁负责”和直线责任、属地管理的原则，将安全环保责任指标进行细化分解，把直线责任和属地管理落实到管理层面和操作岗位。对 HSE 信息管理员进行专题培训，规范体系的录入和运维管理。在油库全面实施“三卡一表”制度，按岗位分别制定风险管理卡、岗位操作卡和应急处置卡。组织开展“油品质量计量专项整治”活动，对营运的 43 座加油站实行诚信计量承诺挂牌，16 座加油站被授予“诚信计量示范单位”。

2011 年，成立 4 个 HSE 分委会，班子成员和各职能部门负责人均制订落实个人安全行动计划，签订 HSE 承诺书，认真践行“有感领导”。按月出刊《安全生产动态》，广泛开展安全经验分享活动，加强案例学习分析。争取 150 万元的加油站隐患整治资金；修订管理作业文件 1 个，完善管理制度 2 个，修订公司总体预案和专项预案，更新和完善 46 座加油站的应急处置预案及油库防山洪应急预案；油库标准化建设全面推进，完成油库信息管理系统 8 个项目的改造；完成铁路栈桥改造工程；完善油库 6S 考核细则，油库基础管理信息系统上线运行。

2012 年，严格落实体系提升推进计划，开展体系提升培训和内训师培训，加强个人安全行动计划的落实考核，促进“三项管理”“九项原则”全面落实。严格落实地罐交接计划，39 座加油站实行单轨运行，运行率达 95%。投资 6 万余元对油库和王家湾、东兴、汉王庙等 3 座加油站实施改造，推行目视化管理；组织员工收集撰写身边事例 331 条，编印安全经验分享书籍。

2013 年，持续推进 HSE 管理体系提升，制定巴中分公司《HSE 绩效考核办法》，修订《反“三违”管理实施细则》。扎实开展安全生产标准化达标创建工作，以 89.8 分顺利通过达标评审。巴中分公司被省公司评为安全生产先进单位。

2014 年，投入 11.5 万元，10 座加油站实现与公安局 110 指挥大厅联网视频报警。推行安全自主管理，率先在东兴、望王、断渠、王家湾、汉王庙等 5 座加油站和油库 1 个班组试点推行，并开展 4 期安全自主管理培训。

2015 年，修订完善《HSE 绩效管理考核办法》，新增 4 座加油站和油库 3 个班组进行安全自主管理。加强新“两法”学习宣贯，开展 HSE 信息系统 2.0 版培训，加快新版系统的试点推广运用。全面推行 7 项管理工具应用，全年开展各层级行为安全审核 5181 人次，开展“6+2”杜绝性项目安全专项整治，开展库站整改提升，加大施工违章作业处罚力度，开展运输环节盗卖油专项治理。

2016 年，投入安全生产费用 185.14 万元，对库站 24 个安全环保隐患项目实施整改。深入开展HSE管理负面清单制度宣贯，对36座加油站开展环境影响补评工作。加大库站油品质量管理，运用水溶法实验、质量表观验收等方式，确保油品质量合格。购置2台移动式计量车，对26座加油站58个油罐容积进行复检校准和容积修正。

2018年，开展新版HSE负面清单、站队HSE标准化建设与培训。认真落实安全总监周查制度，共检查库站100余次，发现问题365个，查出违反HSE管理负面清单24起，处罚金额1.15万元。接受省公司和安全监督总站检查9次，迎接国家环保督察、省市专项检查8次。完善环保设施，完成26座站的油气回收装置的维修整改和库站危废物清理。加大隐患治理，完成乐坝油库边坡隐患治理、高低液位连锁预警装置安装、油气浓度报警装置改造和职工家属区隐患整改，为所有公务车辆安装GPS监管平台。

2019年，进一步完善制度建设，强化体系推进，完成全部岗位安全生产责任清单编制和培训。全覆盖开展安全环保履职能力评估，合格率100%。全年开展行为安全审核6229人次，完成率102%。举行反恐防恐暨消防应急大型综合演练，邀请消防、公安、医院等单位参演，提升员工联动协调应急处置能力。投入4.5万元为库、站统一配置反恐防恐器材。强化监督检查，扎实开展质量计量专项检查、危化品专项整治和体系内审工作，问题整改达99.8%。认真落实“防风险、保安全、迎大庆”专题工作部署，保障庆祝新中国成立70周年特殊时期安全稳定。加大运输损耗管控力度，全年运输损耗量同比下降92%，索赔油品5.6万升，金额37.5万元。严把合同审查关，杜绝线下合同，事后合同同比减少69%。全年顺利实现“四零目标”。

截至2019年末，巴中分公司安全平稳受控运行，未发生重大安全生产责任事故。

第十七节　雅安分公司

一、基本情况

中国石油天然气股份有限公司四川雅安销售分公司（简称雅安分公司）成立于1955年1月，原名为西康省雅安石油公司。1955年10月，川康并省，按照川商办要求更名为四川省石油公司雅安分公司；1962年7月，更名为中国石油煤业建筑器材公司四川雅安分公司。1978年9月，根据雅安地委、行署决定，撤销雅安石油分公司革命委员会名称，恢复四川省石油公司雅安地区石油分公司名称。1985年7月，更名为四川省石油公司雅安分公司。1992年11月，更名为四川省石油总公司雅安分公司。1997年，组建为四川省石油集团雅安有限公司。1998年6月，随同四川省石油集团有限公司上划中国石油集团。1999年重组改制，核心业务划转中国石油天然气股份有限公司。2000年10月，更名为中国石油天然气股份有限公司四川雅安销售分公司。

2001年1月，省公司将雅安分公司所属乌斯河油库全部资产和2000年底的在册职工，以及雅安分公司在甘孜州境内的加油站全部划归甘孜分公司经营管理；将川藏、金跃、双流加油站划归成都公司经营管理；将雅安市汉源、石棉两个县公司划归甘孜分公司托管；将甘孜分公司在雅安市境内的加油站全部划归雅安分公司经营管理。2011年2月，西藏公司青藏加油站划转至雅安分公司。2014 年 9 月，省公司将甘孜分公司汉源、石棉片区及乌斯河油库划转至雅安分公司。

截至 2019 年底，雅安分公司下设总经理（党委）办公室、人事（组织）科、党群工作科、财务科、营销管理科、油气零售科、投资建设科、质量安全环保科、信息管理科、非油业务科等 10 个职能科室，雨城东、雨城西、荥经、天全、芦宝、汉石等 6 个销售片区，1 个直属部门（非油品经营部），56 座营运加油站，1 座油库，合同化员工 87 人，市场化用工 231 人，第三方用工 248 人。

表 11–57、表 11–58 所示分别为 1989—2019 年中国石油四川雅安销售分公司行政领导任职情况、党组织领导任职情况。

表 11–57　1989—2019 年中国石油四川雅安销售分公司行政领导任职情况表

机构名称	职务	姓名	任职起止时间
四川省石油公司雅安分公司 四川省石油总公司雅安分公司 四川省石油集团雅安有限公司	经　理	陈利全	1989 年 1 月至 1992 年 11 月
		王国华	1992 年 11 月至 2000 年 10 月
	副经理	王国华	1989 年 1—10 月
		钟　陶	1989 年 1 月至 1995 年 9 月
		李行蛟	1989 年 1 月至 1995 年 9 月
		李兴才	1991 年 11 月至 2000 年 10 月
		何　琳	1991 年 1 月至 1995 年 9 月
		刘星国	1994 年 2 月至 1999 年 12 月
		虎　华	1998 年 6 月至 2000 年 10 月
中国石油四川雅安销售分公司	经　理 （总经理）	王国华	2000 年 10 月至 2001 年 1 月
		万剑波	2001 年 1 月至 2003 年 12 月
		韩前灯	2003 年 12 月至 2011 年 1 月
		蒋旭东	2011 年 1 月至 2014 年 1 月
		彭勇军	2014 年 1 月至 2015 年 2 月
		王　宁	2015 年 2 月至 2017 年 11 月
		如莫他	2017 年 11 月至 2019 年 5 月
	副经理 （副总经理）	李兴才	2000 年 10 月至 2011 年 1 月
		虎　华	2000 年 10 月至 2001 年 8 月
		王　宁	2002 年 8 月至 2013 年 7 月
		傅佑明	2007 年 11 月至 2008 年 5 月
		陈崇林	2011 年 1 月至 2019 年 10 月
		罗　让	2013 年 5 月至 2019 年 12 月
		石　磊	2019 年 5—12 月（主持工作）
	总会计师	杨雪林	2006 年 4 月至 2008 年 5 月
		傅佑明	2007 年 11 月至 2011 年 1 月
		赵媛媛	2011 年 1 月至 2019 年 12 月
	安全总监	李兴才	2008 年 5 月至 2011 年 1 月
		陈崇林	2011 年 1 月至 2013 年 12 月
		罗　让	2013 年 5 月至 2019 年 12 月

说明：2008 年，行政领导职务名称由“经理、副经理”改称“总经理、副总经理”。

表 11-58　1989—2019 年中国石油四川雅安销售分公司党组织领导任职情况表

机构名称	职务	姓名	任职起止时间
中共四川省石油公司雅安分公司党委 中共四川省石油总公司雅安分公司党委 中共四川省石油集团雅安有限公司党委	书　记	陈利全	1989 年 1—10 月
		王国华	1989 年 10 月至 2000 年 10 月
	副书记	王国华	1989 年 1—10 月
		张　玲	1989 年 1—2 月
		董云嫦	1993 年 2 月至 2000 年 10 月
中共中国石油四川雅安销售分公司党委	书　记	王国华	2000 年 10 月至 2001 年 1 月
			2003 年 12 月至 2008 年 5 月
		万剑波	2001 年 1 月至 2003 年 12 月
		韩前灯	2008 年 5 月至 2011 年 1 月
		钟云环	2011 年 1 月至 2013 年 12 月
		陈　鸣	2014 年 1 月至 2017 年 11 月
		姚松柏	2017 年 11 月至 2019 年 3 月
		吴　静	2019 年 5—12 月
	副书记	董云嫦	2000 年 10 月至 2003 年 3 月
		韩前灯	2003 年 12 月至 2008 年 5 月
		陈崇林	2008 年 5 月至 2011 年 1 月
		蒋旭东	2011 年 1 月至 2014 年 1 月

二、市场营销

（一）主要经营指标完成情况

1989—2019 年，雅安分公司年销售总量呈上升趋势，从 1.5 万吨增加到 31.96 万吨，其中 2014 年首次突破 20 万吨，2015 年首次突破 30 万吨；利润从 1989 年 156.62 万元增长到 2019 年 5815.1 万元。雅安分公司自 2007 年 12 月起开展非油销售业务，至 2019 年非油业务收入达到 4867.10 万元；自 2009 年起推行加油卡业务，发卡量从 2009 年的 55 张增加到 2019 年的 25630 张（见表 11–59）。

表 11–59　雅安公司主要经营指标完成情况

年度	零售纯枪量（万吨）	批发直销量（万吨）	销售总量（万吨）	非油收入（万元）	非油利润（万元）	利润总额（万元）	费用总额（万元）	加油卡（张）
1989	—	—	1.5	—	—	156.62	—	—
1990	—	—	—	—	—	182.41	—	—
1991	—	—	1.62	—	—	344.45	—	—
1992	—	—	1.61	—	—	74.4	—	—
1993	—	—	—	—	—	—	—	—

续表

年度	零售纯枪量（万吨）	批发直销量（万吨）	销售总量（万吨）	非油收入（万元）	非油利润（万元）	利润总额（万元）	费用总额（万元）	加油卡（张）
1994	—	—	—	—	—	73.33	—	—
1995	—	—	7.79	—	—	331.19	—	—
1996	4.76	7.65	12.41	—	—	10.13	4969.52	—
1997	3.71	8.9	12.61	—	—	−17.11	4968.91	—
1998	2.91	9.32	12.23	—	—	−177.69	4788.78	—
1999	5.45	1.64	7.09	—	—	71.43	4731.47	—
2000	3.15	8.71	11.86	—	—	−222.05	3058.76	—
2001	3.15	5.45	8.91	—	—	−868.61	1376.52	—
2002	2.77	5.68	8.45	—	—	9.19	2451.46	—
2003	4.03	4.43	8.46	—	—	38.89	2426.91	—
2004	5.51	3.82	9.33	—	—	70.93	2612.59	—
2005	7.34	2.68	10.02	—	—	−633.39	3385.38	—
2006	10.37	1.23	11.64	—	—	−1641.08	4432.79	—
2007	3.22	0.14	3.37	0.02	−0.80	187.46	1627.11	—
2008	13.48	0.94	14.42	63.02	7.19	1994.41	4004.13	—
2009	11.95	1.90	13.85	258.24	4.05	351.52	4625.02	55
2010	14.35	1.36	15.71	588.58	12.89	587.19	6199.44	6867
2011	16.40	1.53	17.92	921.18	69.04	1325.54	7787.38	21260
2012	16.01	1.94	17.95	1201.52	141.61	1650.71	5997.03	12997
2013	17.30	2.60	19.91	1476.59	127.99	−23.69	5008.24	15985
2014	23.78	2.78	26.56	1582.88	176.11	3483.77	6246.31	23349
2015	27.06	4.13	31.18	1957.86	297.66	4969.48	7974.06	54455
2016	25.27	5.23	30.50	2102.37	320.40	4102.94	8735.73	21260
2017	25.09	5.76	30.84	2646.02	468.52	3501.16	9312.66	29968
2018	24.84	6.28	31.12	4622.19	665.94	1625.45	8556.30	21777
2019	25.9	6.06	31.96	4867.10	887.19	5815.1	10802	25630

（二）价格管理

1989—1993 年，按照国家政策执行价格双轨制，对计划内油品执行平价销售，计划外油品通过采购价加其他成本价上报地区物价局审批后执行批发销售价格。

1999—2000 年，尽力与炼厂协调好结算价格，运用好优惠价政策，降低进货成本，同时做好延付货款的解释说明工作。

2002 年，灵活运用价格政策，处理好量价关系。根据不同时期的价格情况，在不违背省公司规定价格的前提下，适时灵活调整价格，在积极做好稳价保价工作的基础上，充分发挥油库地理位置优势，按照统一价格原则开展销售工作。

2003 年，组建快速信息反馈体系，业务销售每日反馈市场信息，加油站和片区经理每 2 日反馈市场和销售信息，通过客户反馈信息，并根据市场变化客观规律，及时分析把握价格变化趋势、市场走势。

2008 年 8 月 1 日，正式上线运行中国石油批发销售审批系统，当期直批价格按系统内价格执行，对大客户和忠诚客户通过审批系统向省公司申请一单一议价格，保证区内客户不流失。

2010—2013 年，加强协价稳价工作，稳定市场价格秩序。加大主要竞争对手中石化云川公司的价格协调力度，尽力缩小双方价差。继续协调社会加油站和社会经营单位努力上调价格，对拒绝上调价格的，向省公司申请适当开展“点对点”竞争。

2013 年至 2019 年末，加管系统上线后，价格管理人员在收到省公司调价文件后，编制公司调价文件，经价格领导小组审核后报领导签发。其中，省公司油气零售处在加油站管理系统设置油品变价单，自动印发到各加油站，加油站在规定时间点前对加油站管理站级系统做办结，并核实加油机油品变价情况。

（三）销售策略

1989—1997 年，雅安分公司实行自主经营管理，承担雅安地区主要成品油销售，同时覆盖雅安周边市场。雅安地区成品油市场整体供需平衡，雅安分公司发挥主观能动性，多方调配资源，有力保障雅安成品油销售，创造较好经济效益。

1998—1999 年，坚持“稳住批发，拓展零售”的经营策略和“大小兼顾，突出重点”的方针，抓好区内各县级子公司、直属加油站及社会直供用油单位的批发业务，占领和巩固好区内市场。

2000 年，准确掌握市场动态、及时调整经营策略，在油价变化的不同阶段采取不同的购销策略。立足本地，着眼区外，积极主动占领市场，努力提高市场占有率，充分发挥业务科、青龙油库和乌斯河油库 3 个批发点作用，主动出击，拓展省外市场，并抽调业务人员组建对外市场发展部。

2001 年，在积极做好稳价保价工作的基础上，根据不同的市场情况采取不同的营销策略，抓好区内社会经营单位和直供大用户的批发业务，通过签订供货协议、送货上门等措施，千方百计控制区内批发市场。

2002 年，狠抓区内社会经营单位和直供大用户的批发业务，巩固和护大县乡市场。通过签订供货协议、送货上门、联络感情等办法，减少周边系统外单位低价销售油料带来的影响，全年共配送汽柴油 56675 万吨。

2003 年，对部分小型加油站实行“夫妻承包经营”和“利润承包经营”，逐步抢占丢失市场，同时针对网点支撑不足、市场及价格等因素，实行“一站一策”，在市场竞争激烈的重点区域与社会加油站开展竞争，并取得较好效果。

2004 年，把稳价促销放在第一位，消化高价位库存，增加吨油销售收入，严禁调价前大量销售，杜绝调价后销售受阻现象。为增加直销量，有针对性地适时改进结算方式，在维护好大机构用户服务的同时，坚持对零星量少的用户送货上门，拓宽销售渠道。

2007年，针对油价多变、销售不畅的市场形势，雅安分公司领导与销售中心、片区以及加油站的同志一道多次拜访客户，组织召开客户座谈会，不断调整营销策略，扩大市场影响，增强市场竞争能力。

2008年，执行“资源为重、稳中求进、控放结合、量效并重”的营销工作方针，认清市场形势，履行保供责任，理性营销、精细营销。

2009年，坚持“科学营销”的经营方针，结合实际调整营销策略，在应对市场变化、克服市场疲软上采取“六攻六抓”具体措施。

2010年，将扩销上量作为首要任务，继续实行任务层层分解制度，加大片区扩销上量力度，用活用好促销费，实行点对点竞争，加大油非互动力度。

2012年，坚持“稳中求进、高效发展”的工作思路，以“资源、市场、客户”为三条业务主线，加大营销力度，想办法、添措施、抓落实，努力提升市场竞争能力和经营创效能力。

2013年，坚持“力求做大、更求做精”的工作方针，围绕发展目标和战略定位，优化营销结构，狠抓终端市场，提升服务质量。面对国道318线道路不畅、“4·20”芦山强烈地震等不利因素，及时转变营销观念，制订分环节、分品种年度销售计划，建立以直销、零售为“两纵”的营销体系。

2015年，把增量增效作为营销工作重点，坚持以经营创效为中心，围绕市场抓销售。

2016年，将扩销上量作为营销工作的重点，全面开展市场大普查、客户大调查，对接区域内重点工程用油。以“一对一竞争”“以打促谈”“一单一议”“情感营销”等多项措施开展营销活动，实现增量上效，销量保持30万吨级。

2017年，面对供需矛盾、竞争升级、能源替代等不利形势，雅安公司紧紧围绕省公司批发直销重点工作，开展“一体化”营销，精心研判营销策略，统筹量价效关系，在保证盈利的同时，全力实施精准营销。

2018年，面对油价宽幅震荡、市场竞争激烈、能源替代加快等严峻形势，建立客户详细基础资料，根据客户的需求量、购油量、配送频率等基础数据，分析客户购油周期及购油特点，踩准销售节奏，做到精确营销。

2019年，围绕“献礼祖国七十年主题营销活动”，将价格策略、配送政策、促销资源向社会加油站、终端客户和忠诚客户倾斜，抓刚需、消泡沫、稳客户，切实巩固规模、扩大份额。

（四）客户管理

1989—1993年，根据大客户往来账建立大客户档案资料，并对客户需求品种、数量及季节需求情况进行分类管理，保证计划外油品采购的准确性。

1995—2003年，建立大客户资料档案，在销售中心设置销售代表，以青龙油库为辐射区开发维护客户，坚持对黔眉能源有限公司、乐山汽车运输公司加油站、邛崃交通加油站等大客户上门服务，保持长期业务关系。

2001 年，始终坚持“用户第一”的服务宗旨，从顾客的角度出发，不断改进服务，以优质的服务和良好的经营信誉，积极拓展市场 。

2002—2006 年，加大客户开发力度，增强市场控制力。在各销售终端开展“开发客户，留住客户，最终拥有客户”的客户开发工作。对重点工程项目、工矿企业、公交公司、宾馆饭店和政府机关等用油大户采取主动上门联系，及时建立客户档案，开展全程服务等措施。

2008 年，销售 ERP 系统正式上线，将所有客户资料录入销售 ERP 系统，实行分级管理。

2009 年，制定《客户关系管理实施细则》，完善客户分级分类管理制度，制定《客户流失追究责任制》；针对客存油管理薄弱环节，对客存油进行全面清理，实行客存集中发油，统一管理。

2010 年，进一步加强客户管理，把重点工程、新兴市场分片包干到片区和加油站，实行定点联系责任制。

2012 年，突出抓好大客户销售工作，在巩固老客户的同时注重新客户开发，扩展区外客户，抓好区内重点领域的市场维护和客户开发工作。

2013 年，设立专职客户经理，坚持“区内区外两个市场并重”的经营思路，批发直销实现稳步增长。

2014 年，立足区内市场，紧盯大型重点工程项目，采取“一户一策”措施，为客户量身定制供油服务方案，取得区内新开工的 351 国道、雅康高速和锅浪跷电站等灾后重建及重点工程 90% 以上的油品供应份额。

2015 年，实行客户属地管理，加强客户经理人队伍建设，增配 4 名客户经理，明确责任市场，修订完善并执行新的客户经理考核办法，激发客户经理的销售积极性；加强对区域内及周边交界市场再流通经营单位和工程、厂矿等机构客户的开发维护力度，对现有直销批发和零售客户进行分级评价，落实客户维护责任人，全年新增批发直销客户 106 家，增加销量 4900 吨。

2016 年，抓好区内市场客户，开展客户拜访和座谈会，走入区外市场，抢抓潜在客户。加强对区域内及周边交界市场再流通经营单位和工程、厂矿等机构客户的开发维护力度，新增客户 73 家，其中 26 家为区外客户。

2017 年，强化客户经理人队伍建设，修订完善《客户经理管理考核办法》，实行底薪 + 提成工资分配方式，费用全额与业绩挂钩，调动客户经理积极性；开展市场大调查、客户大普查工作，高度关注区域内重点项目名单，针对客户个性化需求，开展差异化服务，全年新增直批客户 80 个。

2018 年，拓宽市场、深挖潜力，将在建或即将启动的川藏铁路、雅眉乐自铁路等作为重点客户，组成“攻坚小分队”，深入到每一个工程，通过沟通交流、情感营销等方式顺利拿下川藏铁路、峨汉高速两个已开工项目。

2019 年，开展并推进区域内特许经营业务，先后与汉源县莹利加油站、宝兴县沙湾加油站签订《加油站特许经营合同》，有效保证区内社会加油站资源不流失。

三、加油站管理

（一）制度建设

1989—1999年，建立基本管理制度及要求，重点对安全、经营、资金、调度等进行管理，整体实现有效管控。

2007年，制定《加油站稽查管理及奖惩办法》及《加油站稽查标准》，加强加油站规范管理，提升加油站综合管理水平，确保加油站安全平稳、规范运行，形成规范管理的长效机制。

2010年，制定《加油站综合管理月度考核办法》，2012年对办法进行修订。

2013年，制定《加油站规范管理考核办法》，提升加油站综合管理水平，确保加油站安全平稳、规范运行，形成规范管理长效机制。2014年，为进一步完善客户投诉管理机制，制定《客户投诉管理实施办法》；同年结合雅安分公司卡业务运行过程中出现的具体问题，制定《加油卡管理暂行办法》，明确加油卡业务各层级、各岗位人员责任，规范加油卡业务操作流程。

2016年，雅安公司制定《加油站值班经理管理办法》，进一步增强加油站管理人员特别是加油站经理责任意识，保证加油站安全平稳营运。

2018年，重新修订《季度稽查管理办法》，编制《加油站安全规范检查细则》，设置212条检查细项，涵盖安全环保、质量计量、规范操作、优质服务、现场管理、设备管理等方面主要内容，规范检查流程，提高检查水平。同年制定《加油站电子券业务管理办法（试行）》。

（二）现场管理

1989—1999年，雅安分公司由加管科主要负责对加油站实施管理，通过不断强化监督检查，改进管理方式方法，加油站整体管理水平不断提高。

2002年，设置零售管理部，负责加油站管理。组织加油站站长竞聘，对加油站站长实行吨油工资考核办法。

2003年，零售管理系统正式上线。同年，雅安分公司对部分小型加油站实行“夫妻承包经营”和“利润承包经营”，取得较好效果。

2004年，成立加油站管理科，主要负责加油站规范管理、形象包装、检维修。同年，第一批模拟视频监控上线。

2005—2006年，为统一形象标识标准，树立良好的中国石油加油站窗口形象，开始逐步对加油站罩棚形象包装进行统一打造。

2008年，ERP系统上线，实现信息及时共享。同年9月，卡系统上线，为客户的精细化管理提供数据支撑。

2010年，零管系统和ERP系统联通运行，原来每天手工导入加油站零售数据的台账改成直接由零管系统数据接口至ERP系统，极大提高工作效率。

2013年，加管系统上线，ERP、HOS等系统同时并入其中，提高做账、取数、核对、分析工作效率。

2014年，加油站损耗管理职责调整至质量安全环保科；同年，逐步推行自助、半自助加油方式，缩短客户排队加油时间；在5000吨以上加油站试点运行卸油不停枪，增加加油站正常运营时间，避免客户流失。

2017年，加油站管理科更名为油气零售科，负责加油（气）站纯枪销售、规范服务、安全环保等管理。

2019年，开展加油站“为快乐加油、创美好生活”服务提升年活动，增强员工服务意识，提升客户体验。

（三）加油卡管理

2008年，加油卡系统上线，截至2019年12月31日，累计发放昆仑加油卡233601张，其中个人卡126391张、单位卡53580张、不记名卡53630张。

2013年，加油卡系统上线以来，截至2013年12月31日，累计发放昆仑加油卡突破5万张大关，共计56718张，其中个人卡32768张、单位卡10723张、不记名卡13227张。

2014年，安装第一批试运行加油卡自助终端，极大程度地减少顾客排队充值现象，提高充值效率。同年，制定《加油卡管理暂行办法》，有效提升加油卡业务管理水平。

2015年，雅安分公司加油卡沉淀资金突破5000万元大关，截至年末，加油卡沉淀资金5792万元。同年，组织各片区、加油站进入企事业单位、医院、学校开展站外发卡活动，有效提高卡销比与客户黏性。全年累计售卡44781张，同比增幅20.3%，其中个人卡发卡量20232张，同比增幅48.1%。

2016年，雅安分公司昆仑加油卡累计发放量突破15万张大关，截至年末，累计发售154226张，其中个人卡79127张、单位卡28338张、不记名卡46761张。

2018年，首次实行对各片区下达外出发卡任务，根据各片区销量、市场规模等进行任务量划分，2018年全年累计售卡35897张，其中个人卡15414张，同比增幅10.5%。同年，雅安公司昆仑加油卡累计发放量突破20万张大关。

2019年，雅安分公司中标“雅安市本市级2019—2021年度公务用车定点加油项目”供应商资格，有效锁定优质用户。全年累计售卡24305张，其中单位卡5766张、个人卡18539张。

四、非油品业务

（一）基础工作

2007年2月，雅安分公司成立非油品经营管理部，对所辖区内非油品业务进行统一管理，非油品业务正式开始起步。

2008年，充分利用雅安本地知名景区，进一步搞好雅安市城区中心站以及旅游沿线重点站的“uSmile—昆仑好客”非油形象店建设和管理，到2010年底所有3000吨以上加油站都建立较为完备的非油业务硬件。随后，在国道108线、318线以及城区市场加油站全部开展以香烟、润滑油、蓝剑矿泉水为主力商品的非油品业务。

2009年，制定《供应商管理（暂行）办法》，规范供应商退换货相关流程。

2013年，雅安分公司润滑油公司与非油品经营部合并，成立雅安分公司非油经营部。

2014年，为强化基础工作管理，实现业务受控运行，制定《非油业务商品价格管理暂行办法》《非油业务稽查管理办法》等管理制度，实现非油业务商品采购、销售、库存、价格、资金管理等全流程规范运作，受控管理。

2018年，为提升员工对非油商品的感知度，非油经营部首次在春节前，在机关及基层所有员工中开展为期15天的“内购会”“员工限时抢购会”活动，共计实现销售收入30.26万元，取得良好效果。4月，非油经营部更名为非油业务科。至年末，实现非油店销收入5360.16万元，完成率101.14%，同比增幅101.5%，销售收入首破5000万元，成功实现销售规模翻一番。共有10座加油站非油销售收入实现跨台阶、换字头，其中花园站连跨两级台阶，迈入400万元便利店队伍。非油业务科获得省公司2018年“决胜千万吨”先进集体。

2019年，制定《非油商品团购业务管理办法》，促进非油团购业务规范发展。

（二）便利店建设

2007年，雅安分公司建立第一座简易便利店——碧峰加油站。

2008年，雅安分公司成立非油经营部，负责除润滑油、车服产品外的非油业务。润滑油、车服由润滑油公司负责。

2009—2011年，非油经营部逐步在加油站开设便利店，逐步增加烟草、食品、饮料等非油业务，推进非油业务开展。

2012年，经营非油品业务加油站34座，非油业务覆盖率94%；有便利店加油站23座，占营运加油站的65%，其中：标准便利店3座，简易便利店20座。有便利店加油站中，百万元便利店3座、50万元便利店1座，占营运便利店的13%。为强化业务流程和非油基础工作管理，相继出台《非油业务考核激励办法》《加油站非油品进销存操作流程》等制度和标准，为保障业务稳健、规范、有序发展奠定基础。

2013年，雅安分公司建立第一座标准便利店——金鸡关加油站，该站也是首次异业合作投运的汽服业务网点。

2016年，雅安分公司有高级便利店2座、标准便利店9座、简易便利店35座。其中，200万元便利店1座、100万元便利店3座、50万元便利店7座。便利店在售单品数量由869种增加到1265种。同年对清溪加油站、碧峰加油站的闲置场地进行对外出租，进一步提高非油毛利。

2017年，200万元便利店2座，100万元便利店8座，50万元便利店7座。

2018年，400万元便利店1座，200万元便利店5座，100万元便利店7座，50万元便利店14座。

2019年，300万元便利店1座，200万元便利店2座，100万元便利店11座，50万元便利店19座。

（三）项目拓展

2015年，与中国工商银行达成合作，将沙湾加油站站房租赁用于安装“工商银行ATM机”，成为雅安分公司首座具备金融服务功能加油站。

2018年，与广西车便捷环保科技股份有限公司合作，在雅安分公司三雅、城南、碧峰开展自助洗车业务，打破公司汽服业务零纪录。

2018 年，采购一台自助售货机，安装于公司机关 1 楼，尝试开展无人销售业务。

2019 年，与“雅安第二届熊猫灯会”票务销售商合作，首次开展灯会门票销售代收代付业务，不断丰富加油站服务功能。成功与雅化集团旗下雅化锂业有限公司和雅安科元电力公司两家大型用油单位签订协议。首次开展杜康酒大礼包异业合作形式联合促销，实现非油收入 15.36 万元；同年二季度，与富安娜继续开展礼包促销，实现非油收入 10.5 万元。开展跨界销售，借助银行大推 ETC 业务契机，将银行 ETC 资源最大限度地转化为公司非油产品，向工商银行配送 6400 袋大米，创造非油销售收入 16 万余元；同年 8 月，雅安宝兴境内遭遇大范围持续强降雨，受灾地区部分单位面临设备需检修困境，主动到宝兴、芦山等受灾区域，向需要检修设备单位推销润滑油，成功与雅电集团响水滩电站、庆源水能有限公司等 4 家单位合作，实现销售收入 14.07 万元。

五、网络开发建设

1989 年至 2019 年末，雅安分公司由原有的 7 座全资加油站拓展为 56 座加油站，网点销售遍布整个雅安地区（见表 11–60）。

表 11–60　2000—2019 年中国石油四川雅安销售分公司加油站投运情况表

加油站名称	投运时间
荥经加油站	1990 年
名山加油站	1991 年
始阳加油站	1993 年
沫东、天全向阳加油站	1994 年
兴星、泗坪加油站	2000 年
斗胆、西区等 8 座加油站	2001 年
碧峰、青石等 3 座加油站	2002 年
龙岗、灵关等 5 座加油站	2003 年
川藏、严桥等 8 座加油站	2004 年
雨城、安顺等 2 座加油站	2005—2008 年
百丈、乌斯河等 3 座加油站	2009 年
青龙油库改建工程	2009 年
金沙、安达 2 座加油站	2010 年
青藏、东区等 3 座加油站	2011 年
茅河、清溪 2 座加油站	2012 年
新店加油站	2013 年

续表

加油站名称	投运时间
附城加油站	2014 年
挖角加油站	2015 年
岩子、汉碑 2 座加油站	2016 年
工业园区加油站	2017 年
龙湾、姜城 2 座加油站	2018 年
租赁曙光加油站，乌斯河油库技改	2018 年
经开区加油站、附城加气站、灵关大溪加油站共 3 座	2019 年
成立控股的四川中油洪安能源有限公司	2019 年
汉源莹莉特许经营加油站	2019 年

2000 年，投运兴星、泗坪 2 座加油站，2001 年投运斗胆、西区等 8 座加油站，2002 年投运碧峰、青石等 3 座加油站，2003 年投运龙岗、灵关等 5 座加油站，2004 年投运川藏、严桥等 8 座加油站，2005—2008 年投运雨城、安顺等 2 座加油站。

2008 年“5・12”、2013 年“4・20”地震受灾后，雅安分公司对受灾的 30 座加油站进行整体灾后重建和局部灾后重建，2015 年 4 月完成灾后重建工作。

2009 年，成乐管线青龙油库改扩建工程顺利完成，将青龙油库原有 2.5 万吨库容，扩建为 6.2 万吨库容。

2009 年投运百丈、乌斯河等 3 座加油站，其中重点工程是青龙油库改建工程，雅安公司克服困难，在时间紧、任务重的情况下，青龙油库技改工程按期全面完工。

2010 年，投运金沙、安达 2 座加油站。

2011 年，为积极履行国有企业政治、经济和社会三大责任，保障偏远地区民生用油需求，雅安分公司第一座橇装加油站——严桥加油站正式投运。同年，投运青藏、东区等 3 座加油站。

2012 年投运茅河、清溪 2 座加油站，2013 年投运新店加油站，2014 年投运附城加油站，2015 年投运挖角加油站，2016 年投运岩子、汉碑 2 座加油站，2017 年投运工业园区加油站，2018 年投运龙湾、姜城 2 座加油站，并成功租赁曙光加油站，同时对乌斯河油库进行技改。

2014 年至 2019 年 6 月，按照国家大气污染和“水十条”治理要求，雅安分公司完成 34 座加油站油气回收改造、47 座加油站双层罐改造。雅安市政府为表彰中石油在油气回收改造做出的突出贡献，对雅安分公司兑现 22 万元奖励，该奖励主要用于油气回收改造费用支出。

2019 年，投运经济开发区加油站、附城加气站、灵关大溪加油站共 3 座。实现三个“突破”：投运雅安分公司第一座合作经营荥经附城 LNG 加气站，成立第一个控股经营的四川中油洪安能源有限公司，签署第一座汉源莹莉特许经营加油站。

2000 年至 2019 年末，政府征用、停业、搬迁加油站共计 13 座，运营加油站共计 56 座。雅安分公司加油站投运座数情况见图 11-5。

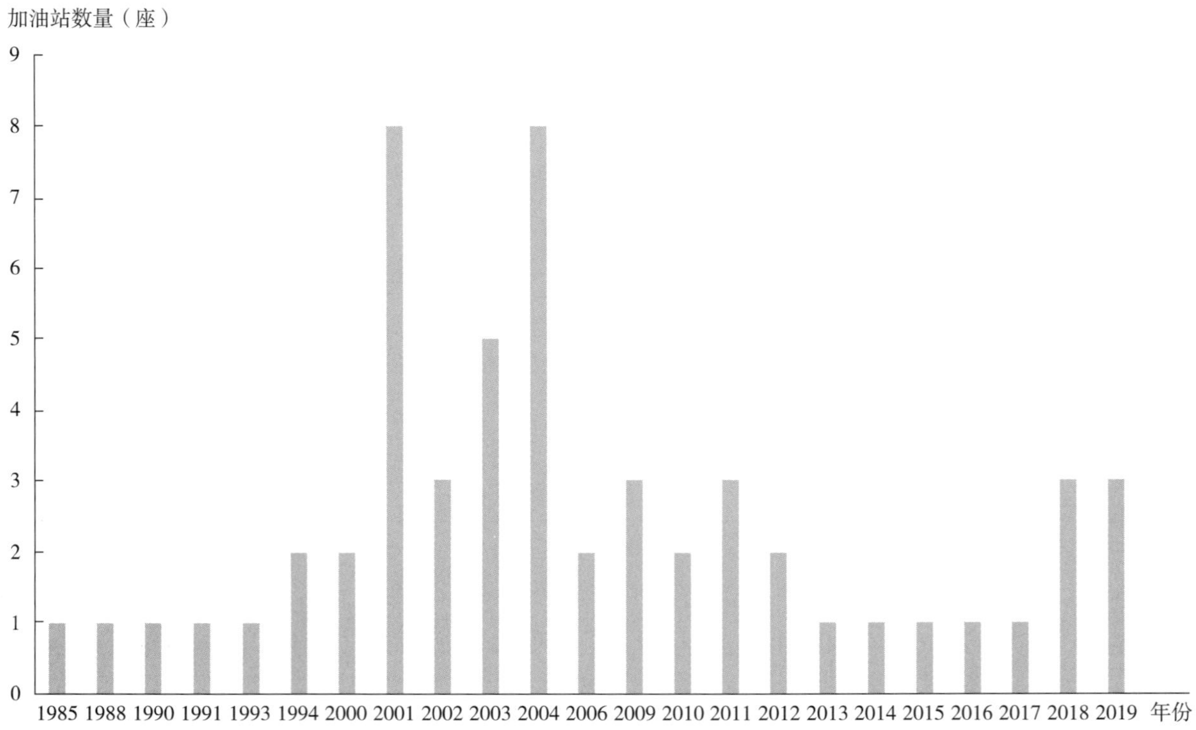

图 11-5　雅安公司加油站投运座数情况（1985—2019 年）

六、质量安全环保

（一）安全管理

1989—2006 年，在计划经济与市场经济双轨运行情况下，雅安分公司安全工作一直坚持目标责任制与培训教育相结合，坚持监督检查与整改提升相结合，坚持按章办事，坚持防患于未然，确保安全平稳运行。

2006 年，执行《中国石油四川销售分公司“三违”行为及扣分处罚标准》，对“三违”行为进行管控。雅安市召开全市质量工作总结表彰大会，被四川省质量技术监督局授予“四川省企业质量信誉等级 AA 级企业”。

2007 年，成立 HSE 管理体系推进工作领导小组和编写小组，制订 HSE 管理体系推进工作实施方案，并认真组织体系文件编写工作。印发《关于设立片区专职安全管理员职责的通知》，在片区层级成立专职安全管理人员，搭建机关与基层的安全桥梁。

2008 年，以“强三基、反三违、除隐患”为切入点，构筑安全环保管理长效机制。重新修订完善《健康安全环境管理体系（HSE）管理作业文件、作业指导书》。组织学习印发省公司《施工作业安全管理工作要点》，将施工作业安全纳入重点管控。

2009 年，加大反“三违”工作力度，有效遏制施工安全风险，确保施工现场安全受控。加大隐患整改力度，减少危险因素，对“5・12”地震中受损的蒙阳、宝兴、名山、新南、百丈等加油站进行灾后重建。修订编制《临时用电管理规定》和《工程建设 HSE 管理实施细则》。

2010 年，制订《“关爱生命、我要安全”活动实施方案》，通过开展“关爱生命、我要安全”活动，强化员工的安全意识、责任意识和自我保护意识，提高安全保障能力，使习惯性违章行为得到有效控制，杜绝人员伤亡和生产事故（事件）的发生。

2011 年，成立由分管领导牵头的油库、加油站、工程建设、非生产区及车辆交通等 4 个 HSE 分委会，按照 4 条专业线进行 HSE 管理，推动职能部门由 HSE 管理参与者向责任者转变，做到 HSE 工作管理到位、监督到位、执行到位，强化属地管理的落实到位。

2012 年，按照省公司“33171”体系推进模式，成立 HSE 体系提升推进工作领导小组、续建体系推进办，将本部门直线责任及自身的 HSE 职责、HSE 目标、指标纳入其中。制定《HSE 管理体系三年推进规划与 2012 年推进计划》，重新修订发布 HSE 管理体系文件。同年被省公司评为“安全生产达标先进单位”。

2013 年，经四川省安全科学技术研究院评审，雅安分公司及 32 座站达到二级标准化企业，有 4 座站达到三级标准化企业。“4·20”地震发生后，立即启动应急预案，在实施抗震救灾的同时，及时印发《关于进一步做好抗震救灾、油品保供及安全工作的紧急通知》《关于抗震救灾期间安全生产工作的紧急通知》，对抗震救灾及次生灾害防范进行安排部署，确保无人员伤亡、无次生灾害发生。被省公司评为“安全生产达标先进单位和先进安全环保部门”。

2014 年，制定宣贯新《安全生产法》实施方案，提高全员安全生产遵法守纪意识。强化“6+2”专项整治工作，以检查与培训相结合的方式将此项工作落到实处。

2015 年，落实直线责任和属地管理，落实工程项目三级安全监管责任。共印发、转发各类安全环保文件 80 余份，报送《安全生产月报》12 期，实现安全环保工作上传下达、横向沟通和上下联动。

2016 年，持续抓好安全环保“一岗双责”修订和落实工作，形成层次清晰、分级负责、覆盖全员的安全生产责任体系。

2017 年，持续推进 HSE 管理体系提升，严守“质量、计量、安全”三条红线，深入开展“安全生产大检查”“油品损耗专项治理”“环保督察”“特殊时期升级管理”等活动，狠抓库站等关键环节、主要部位安全环保监管，加大隐患整改力度。顺利完成油库技改、加油站防渗一体化改造、加油站环保沟、加油站隔油池建设。同年，执行干部履职能力评估制度。

2018 年，修订完善全员《岗位安全职责》和库站《操作规程》。建立和完善《远程视频安全巡检制》《承重罐操作》等安全制度和操作规程 6 个，全员分层级签订安全责任书 483 份。组织开展 2 次 HSE 量化审核工作，促进 HSE 体系提升。

2019 年，开展 HSE 自审，完善相关记录 216 个，建立 HSE 专栏文件传输协议（FTP）。接受省公司半年 HSE 量化审核，全省排名第 3。

（二）安全教育培训

1989—2003 年，广泛开展各类安全知识技能和员工 HSE 知识普及的培训，为保障企业安全运行、实施 HSE 管理体系奠定基础。

2007 年，举办各类安全知识、技能培训班 42 期，参训 1033 人次，另选送省公司培训 15 人，市安全部门安全培训 88 人，大大增强员工安全意识，提高员工队伍素质。组织参加省公司第二届操作人员技能比武，2 名选手进入前十名，荣获省公司“优秀选手奖”。

2009 年，举办各类安全知识、技能培训班 64 期，参训 2352 人次。深入开展“安全生产月”和“百日安全专项整治”活动，共撰写安全体会 170 多篇，编写安全寄语 600 多条、安全培训课件 2 个，印发安全知识宣传资料 1500 多份，编制各类宣传板报 73 期，报送“百日安全专项整治”活动工作简报 11 期。

2011 年，抓好新版 HSE 体系文件的培训工作。在库站开展岗位技能培训，新上岗和转岗员工必须接受“三级安全教育”，未经考核合格，不得上岗操作。

2012 年，举办各类安全知识、技能培训班 124 期，参训 1853 人次。参加雅安市安监局安全管理资格证再培训 18 人、安全资格证书培训 68 人，市消防支队培训 50 人，另送上级公司培训 63 人次。

2013 年，举办各类安全知识、技能培训班 64 期，参训 1127 人次，市消防支队培训 50 人次，上级公司培训 30 人次。

2014 年，举办加油站计量员培训班，培训计量员 95 人。开展以《接卸油及储油罐计量操作》《清洗加油机过滤器》《处理数质量投诉》为内容的岗位技能比武。

2015 年，举办各类安全知识、技能培训班 26 期，参训 656 人次。与消防支队联合举办消防安全培训班，有 60 人参训，另送雅安市安监局安全管理资格证复训 93 人，送四川省气象局防雷防静电测试培训 6 人次，上级公司培训 27 人次。

2016 年，开展化验人员的培训学习，组织员工进行计量作业、地罐交接流程、密度检测、化验班培训等，提升员工的数质量安全意识和管理水平。

2017 年，举办防雷防静电检测及质量计量风险管理培训班，开展送培训下基层活动 24 次，分别到油库、片区开展 HSE 负面清单、环保管理要点、加油站巡检、水溶法测试等培训，解决日常工作中遇到的安全疑点、难点。

2018 年，举办操作规程、隐患识别、安全负面清单等培训 7 次，培训 300 余人次，同时开展驾驶人员、施工方培训 3 次。组织部门编制负面清单考题 5 套，并运用网上答题形式，收集考试答卷 865 份。完成全部 52 名加油站经理安全履职能力评估。5 人参加集团公司作业许可审批人考试，均取得作业审批资格。8 人取得 LNG 操作人员相关资质。3 名电工持特种作业证上岗。

2019 年，全年开展 HSE 培训共计 24 次，参训 350 余人次。分别对雅安公司各部门、油库、片区、加油站及施工单位开展 HSE 专项培训、综合技能培训、加气站联合培训、安全宣讲、风险识别矩阵培训、体系审核专项培训、施工专项培训、安全履职能力评估培训、负面清单培训等，解决日常工作中遇到的安全疑点、难点。组织安全管理人员及加油站经理参加职业卫生管理人员培训 37 人、安全管理人员新训 51 人、安全管理人员复训 39 人，均考试合格取得资格证书。

（三）环保管理

1989—2003 年，雅安分公司环保管理工作始终坚持合规合法的原则，将日常管理与治理整改相结合。

2010 年，加强油库隔油池的日常检查及维护保养工作，沿江沿河及城区加油站无隔油池的增设隔油池，存在隔油池的位置不合规的及时整改。

2014 年，开展环保设施设备隐患排查工作。对员工开展新环保法律法规的宣贯培训，增强各级管理人员和操作人员的环保意识。

2017 年，根据《中华人民共和国环境保护法》，并结合雅安分公司环境保护实际情况，制定《环境保护责任制度》《危险废物管理办法》《加油站、油库环境保护预防消减措施》等一系列相关制度文件，并对全公司范围内环境影响因素进行识别，逐项制定控制措施。配置危废处置容器，建立危废集中暂存点，对 12 座加油站进行规范危废暂存间改造。启动加油站双层油罐改造，完成 13 座，并制订计划在 2020 年前陆续完成。

2018 年，签订《危险废物处置协议》，及时处置油库、加油站危废物 36.2 吨。

2019 年，完成运营 54 座加油站防雷防静电检测、油气回收检测、职业危害因素检测工作。签订《2019 年危险废物处置协议》，及时处置加油站危废物 1.17 吨。开展乌斯河泊库环保自主验收，推动环保手续补办。

（四）数质量管理

1989—2003 年，雅安分公司数质量工作坚决遵守国家计量、质量法规法律，按流程对商品数质量进行把关，定期开展加油机检定，满足经营需要。

2009 年，油库严把油品收、发、存三关，坚持不合格油品不入库、不出库；对入库油品先化验后入库，库存油品定期化验，投产以来油库共收油 4.11 万吨，发油 2.62 万吨；积极与第三方承运单位协调，加大运油车辆双铅封管理制度落实的监管。

2010 年，推进液位仪取代手工计量工作，提升管理水平。

2011 年，制定《青龙油库公路发油数质量交接流程》，进一步规范油库公路发油数质量交接流程。为确保地罐交接工作顺利实施，成立地罐交接推进工作领导小组及办公室，并设立地罐交接推进工作技术小组。

2012 年，对运行 35 座加油站进行全面排查，从中确定具备地罐交接的油罐 129 个，组织技术人员对油罐液位仪进行测试校正，对油罐逐个进行容积检定，并重新制作油罐容积表。对青龙油库全部流量计重新进行检定，并对运油车辆及加油站储油罐进行逐车逐罐比对，确定加油站成品油地罐交接一罐一率，通过实行地罐交接和加强商品数质量管理，加油站油品损耗率同比下降 2.3‰。

2013 年，开展加油站计量器具自检 342 项次，将加油机铅封管理纳入公司、片区、加油站三级计量管理重要内容。

2014 年，雅安分公司共有 145 个油罐，全部签订《加油站综合运输损耗率》，并实行地罐交接单轨运行。运输交接环节平均损耗率为 1.65‰，同比下降 2.3‰，实际运输交接环节损耗有效控制在核定综合运输损耗率平均触发点内，稳定在起赔点左右，达到板块的要求和销售公司的控制目标范围。获得省公司“计量工作先进单位”和“计量管理先进单位”称号。

2015 年，在碧峰、斗胆等 6 座加油站设立油品密度监测点，对公路运输油品密度进行实际测量。强化油品运输环节监管，对彭州油库发油进行跟踪检测，有效减少综合运输损耗，全年零售损耗率控制在 1.80‰。因在质量计量工作中成绩突出，被省公司评为“计量管理先进单位”。

2016 年，开展全覆盖质量计量专项检查活动。加强进、销、存油品环节监控和乌斯河油库环节油品数质量管理。持续开展跟车比对和油罐校准，逐步缩小定额综合损耗率，严格执行运输超耗索赔和零售损耗考核制度。全年零售损耗率 –0.19%，排名全省第九位；综合损耗率 0.89%，排名全省第二位。获得省公司 2016 年度“计量管理先进单位”称号，这也是雅安分公司连续第四次获得省公司“计量管理先进单位”称号。

2017 年，截至 11 月零售损耗率 –0.09%，同比下降 0.06%，控制在省公司规定范围内，实际运输损溢率 –1.9‰，同比下降 0.11‰，雅安分公司实际运输交接环节损耗有效控制在核定综合运输损耗率平均触发点内，稳定在起赔点左右。

2018 年，做精做细管理，零售损耗率 0.3‰，同比减少 0.6‰，降幅 66%，将运输赔付等进行折算，损溢率降为 0.1‰。对财政部要求的 6100 条损耗赔付数据进行清理。被省公司评为“计量管理先进单位”。

2019 年，完成检定油罐 97 个。创新设计结合损耗量和损耗率的平均损耗率超差分析法，将分析粒度精确到每个站单个品种单个油罐、每辆运输车以及各油库各品种，确定超差量短板。根据平均损耗超差量，实行公司、片区、加油站三级整改责任制。

第十八节　眉山分公司

一、基本情况

中国石油天然气股份有限公司四川眉山销售分公司（简称眉山分公司）成立于 2000 年 11 月，前身为四川省石油集团眉山有限公司。1997 年，眉山公司随眉山地区建立而成立；1999 年 7 月，按照中国石油天然气集团对市（地、州）公司进行重组改制的实施意见，四川省石油集团眉山有限公司核心业务划转中国石油天然气股份有限公司，成为中国石油天然气股份有限公司在川设立的市级分公司。2000 年 11 月，正式更名为中国石油天然气股份有限公司四川眉山销售分公司，注册地：眉山市东坡区眉州大道长安中路，销售网点遍布眉山市境内二区四县，担负着眉山市成品油主渠道供应任务。

截至 2019 年底，眉山分公司机关设总经理办公室、营销管理科、油汽零售科、仓储安全环保科、财务资产科、人事（组织）科、投资建设科、党群工作科、信息管理科、非油业务科 10 个职能部门；下设东坡、彭山、青神、洪雅、仁寿 5 个销售片区。拥有员工 644 人，其中离退休、内退职工 108 人，市场化用工 431 人，合同化用工 105 人。企业资产总额近 3 亿元。

表 11-61、表 11-62 所示分别为 1997—2019 年中国石油四川眉山销售分公司行政领导任职情况、党组织领导任职情况。

表 11-61　1997—2019 年中国石油四川眉山销售分公司行政领导任职情况表

机构名称	职务	姓名	任职起止时间
四川省石油集团眉山有限公司	经　理	万剑波	1997 年 12 月至 2000 年 11 月
	副经理	李敬华	1997 年 12 月至 2000 年 11 月
		韦　奇	1997 年 12 月至 2000 年 11 月
中国石油四川眉山销售分公司	经　理（总经理）	万剑波	2000 年 11 月至 2001 年 1 月
		王国华	2001 年 2 月至 2003 年 12 月
		刘　苏	2004 年 1 月至 2005 年 12 月
		黄　斌	2006 年 1 月至 2015 年 12 月
		钟云环	2016 年 1 月至 2019 年 12 月
	副经理（副总经理）	李敬华	2000 年 11 月至 2012 年 12 月
		韦　奇	2000 年 11 月至 2004 年 12 月
		周志君	2005 年 1 月至 2012 年 12 月
		李　洪	2011 年 1 月至 2012 年 3 月
		郑井平	2012 年 8—12 月
		钟云环	2014 年 1 月至 2016 年 1 月
		贾　进	2014 年 1 月至 2018 年 2 月
		高佳宾	2011 年 1 月至 2019 年 12 月
		蒲祖军	2018 年 5 月至 2019 年 12 月
	总会计师	陆明全	2001 年 2 月至 2003 年 12 月
		郑井平	2003 年 12 月至 2011 年 1 月
		金利歆	2012 年 3 月至 2018 年 3 月
	安全总监	韦　奇	2001 年 11 月至 2004 年 12 月
		李敬华	2004 年 12 月至 2012 年 7 月
		高佳宾	2012 年 8 月至 2019 年 12 月

说明：2008 年，行政领导职务名称由“经理、副经理”改称“总经理、副总经理”。

表 11-62　1997—2019 年中国石油四川眉山销售分公司党组织领导任职情况表

机构名称	职务	姓名	任职起止时间
中共四川省石油集团眉山有限公司党委	书　记	万剑波	1997 年 12 月至 2000 年 11 月
	副书记	董晓安	1997 年 12 月至 1999 年 6 月
中共中国石油四川眉山销售分公司党委	书　记	万剑波	2000 年 11 月至 2001 年 1 月
		王国华	2001 年 2 月至 2003 年 12 月
		刘　苏	2004 年 1 月至 2005 年 12 月
		黄　斌	2005 年 12 月至 2011 年 1 月
		郑井平	2011 年 1 月至 2012 年 12 月
		钟云环	2014 年 2 月至 2015 年 12 月
		李　俊	2016 年 1 月至 2019 年 12 月
	副书记	张学粱	2001 年 2 月至 2003 年 5 月
		李　洪	2003 年 12 月至 2011 年 1 月
		黄　斌	2011 年 1 月至 2012 年 12 月
		钟云环	2016 年 1 月至 2019 年 12 月

二、市场营销

（一）市场环境及竞争情况

眉山分公司在 1997 年随着眉山地区建立而成立，1999 年由县级单位成为中国石油天然气股份有限公司在川设立的市级分公司。在地方经济持续高速发展的同时，地域成品油市场杂乱无序。眉山分公司在县域市场控制力极为低下，零售比例极低，社会加油站瓜分大部分零售市场。网点严重不足严重制约公司未来发展。

2000 年，社会加油站以低价大肆冲击市场，眉山分公司网点不足造成市场驾驭能力不强，面临前所未有的挑战。

2001 年，社会加油站低价冲击市场的现状较上年并未发生显著变化，眉山分公司面临形势依旧严峻。

2002 年，眉山市成品油市场表观需求量为 10.3 万吨，全市范围内加油站共 250 座，其中，眉山公司仅有 35 座，占比 14%，市场份额丢失严重，在激烈的市场竞争中处于极为不利的地位。

2003 年，成品油市场供需情况发生变化，油价不断上升，给公司发展带来良好的发展机遇。

2004 年，眉山市境内从事成品油批发经营的有中油西藏太和油库、眉山黔眉公司、岷江公司 3 家，年批发总量约占眉山社会需求总量的 20%。从事零售的加油站 240 座，眉山分公司运营加油站有 40 座。眉山分公司销售总量占眉山社会需求量的 80%，逐步在市场中发挥出主导地位。

2005 年，眉山市年成品油需求总量预计为 16 万吨，其中柴油约 11.2 万吨，汽油约 4.8 万吨，成品油需求年增长幅度 5%—8%，境内及周边市场从事成品油批发经营的单位，除眉山分公司外有 8 家。眉山分公司营运加油站 51 座，占全市加油站座数的 23%。中石化乐山公司和中石化云南昭通公司于当年登陆眉山，抢占口岸，大肆收购加油站 15 座，与眉山分公司在零售市场展开竞争。零售市场竞争十分激烈，经营市场环境十分恶劣。眉山分公司控制和驾驭市场能力较为薄弱。

2006 年，眉山经济持续快速增长，对能源需求的拉动进一步增大。另外，资源极度紧张，油价持续高位运行，为眉山分公司跨越式发展带来难得的市场机遇。

2007 年，眉山市提出“工业强市”的发展战略，全市固定资产投入将达到 100 亿元，全市经济增长达到 14.5% 以上。成品油消费量较上年增加 2 万吨以上，为眉山分公司加快发展带来市场机遇。同时，随着 WTO 过渡期结束和《成品油市场管理办法》《原油市场管理办法》实施，油源渠道和经营主体逐步多元化，壳牌、中航油逐渐进入眉山县域市场，眉山分公司在眉山成品油市场的主导地位受到严重冲击，竞争压力加大。

2008 年，机遇与挑战并存，8 月以前在油价高位运行，资源持续紧张，给眉山分公司销量持续快速攀升提供机遇。但 9 月后，地炼资源大量入川冲击眉山市场，销售面临巨大的挑战。

2009 年，国家成品油定价机制和税费政策调整对市场环境造成较大影响。成品油定价机制调整后，市场格局发生明显变化，多元经营格局形成；中石化和地炼资源不断放大，眉山分公司资源优势被严重削弱；社会单位经营毛差增加，扩大竞争空间，市场竞争极为激烈。

2010 年，眉山经济形势总体向好，为眉山分公司实现经营提速增效提供较好的市场机遇。同时，中石化、壳牌等国内外大型企业当年陆续投巨资在眉山市境内新加油站，对眉山市成品油市场形成一轮巨大的冲击波，市场竞争再次短兵相见，进入白热化。

2011 年，眉山市经济增幅保持在 10% 以上，经济发展继续拉动成品油消费需求增长，为眉山分公司全面建设优质公司提供有力保证。

2012 年，在资源趋紧和高油价环境下，眉山分公司保障成品油安全、稳定供应的责任和压力进一步增大，但国家和当地经济的发展，继续拉动成品油消费需求增长，为眉山分公司发展提供市场空间。发展基础不断夯实，2012 年新增投运加油网点数量达到 9 座，为零售上量提供有力支撑，全年新增网点贡献零售增量 2 万吨以上。

2013 年，随着经济结构调整和市场决定价格机制逐步完善，成品油销售行业开始进入微利时代，眉山分公司着重在强化管理、降低成本、提升效益方面下功夫，提升企业竞争力。

2014 年，天然气、LNG 项目、甲醇乙醇、电动汽车等替代能源的发展优势越发明显，成品油行业进入微增长、微利化时代，但国家西部大开发战略加快推进、四川一系列“稳增长、促发展”政策措施的实施、眉山招商引资力度加大、重点建设项目启动等利好因素叠加，又给眉山市场成品油需求带来强劲刺激和较大发展空间。

2015 年，受眉山经济增速放缓影响，成品油市场供大于求以及低油价的冲击，加之天然气、LNG 项目、电动汽车等替代能源逐步崛起，眉山分公司成品油销售遭遇前所未有的挑战。同时，眉山成品油市场更加开放，中石化、中航油、陆地石油和民营企业纷纷采用价格竞争手段，市场竞争激烈程度达到历年高点。

2016 年，眉山市委市政府提出建设“天府新区增长极、大都市区新高地”的战略定位，加快眉山与成都和天府新城的无缝对接，将建成网络城市群和成都大都市区发展格局，给眉山分公司带来千载难逢的历史机遇。同时，眉山区域市场竞争升级、油价持续走低、需求日益疲软，眉山分公司转型压力巨大。迎宾加油站在点对点竞争中，首开降价幅度1元的先河。

2017年，是实施“十三五”规划的重要一年，也是推进改革创新的深化之年。随着成都大都市和综合交通网的形成，区域市场竞争进一步升级，同时国际油价断崖式下降，延长壳牌、东明石化、中石化及社会经营单位均在加快实施网点扩张计划，导致眉山区域抢滩布点竞争异常激烈，打好市场份额保卫战与实施低成本发展面临严重挑战。

2018年，随着国家全面放开成品油市场和成品油价格逐步向市场化定价机制转变，加之大成都经济圈的逐步延伸，眉山日益发达的交通环境已经成为众多成品油经营企业积极抢占的市场之一，成品油资源多方流入辖区市场，客户选择服务对象多元化，“群雄逐鹿”的激烈局面愈演愈烈。

2019年，随着成品油市场进一步开放，辖区内日益发达的交通路网已经成为众多成品油经营企业积极抢占的市场之一，不断涌入的竞争对手逐步呈现出集团化、规模化、品牌化的对抗竞争特质，加剧以价格战为主导的畸形市场竞争态势。

（二）价格管理

1997—1999年，坚持业务例会制度，及时分析研究市场变化，根据库存情况、油价走势情况，制定合理价格。

2000年，根据市场变化，积极争取政策，制定贴合适应市场的价格。

2001年，打击黑市油，确保价格执行到位。

2002年，针对“高效市场”“保量市场”“低效市场”和不同的客户群体，积极向省公司争取价格政策，采用灵活多变的价格吸引客户，做大做强零售。

2003年，在资源紧张时，停批保零；当资源足、市场价格低时，批零并重，积极推动价格到位。

2004年，严格执行省公司定价机制，确保批零价格执行到位，价格到位率98.92%，比2003年提高0.43个百分点，利润取得历史性突破。

2005年，努力规范市场，提高区域市场价格主导能力，积极主动配合当地执法部门，通过打击社会油罐车辆，加强对非标油品的监控，使非标油在市场上没有销售空间，达到净化市场、规范市场的目的，确保零售市场上执行省公司的销售价格得以保障。

2006年，针对资源偏紧、成品油需求旺盛的市场环境，确保价格按照省公司要求全面到位。

2007年，上半年在资源充足、市场疲软情况下，用好用足已有的价格政策和零售促销费，杜绝违规降价让利，最大限度确保价格执行到位；下半年在资源持续紧张的市场环境下，充分发挥资源优势，确保价格全面到位。

2008年，积极应对市场变化，把握好控销保供与促销上量的关系，确保价格执行到位，保持经营业绩平稳快速增长。

2009年，严控批零环节，批发价格到位率达到99.5%，零售价格到位率达到100%，实现销售规模和经营质量的统一，实现等量销售效益最大化。

2010 年，结合市场形势，谨慎执行省公司规定的降价策略，不盲目跟风降价，特别是严格控制低于省公司结算价销售的数量，千方百计保证效益，努力实现效益最大化。

2011 年，考虑市场环境，以占领市场作为优先考虑，确保全面价格到位率在 99%。

2012 年，紧跟市场信息，灵活运用价格政策，价格到位率控制在省公司规定范围内。

2013 年，进一步提高油品批发直销、纯枪零售价格到位率，全年价格综合到位率达到 99.6% 以上。

2014 年，综合价格到位率 98.97%，高于全省平均水平 0.11 个百分点，剔除 2、3 价区后在全省排名第 7 位。

2015 年，成立成品油价格领导小组和非油业务价格领导小组，有效管控成品油及非油商品价格变化。

2016 年，加强市场情报体系建设，将监测点扩大至 34 个，通过监测平台、微信群等渠道及时进行信息反馈分析，动态跟踪竞争对手策略变化，把牢应对市场主动权，确保价格到位。

2017 年，适时采取竞合策略，全力规范成品油市场，价格到位率得到有效控制。

2018 年，坚持营销、价格等权限指引，确保价格受控。

2019 年，把握量价效平衡点，算好量效账，采取一站一策、一品一策、一客一策精细销售措施，杜绝“普惠制”直降，最大限度拿回纯枪效益。

（三）销售策略

1997—1999 年，根据市场供求关系，不断改变营销策略。供大于求时，以销定进，立足终端市场，主动进工厂、下农村，全面促销；供小于求时，以进定销，积极组织货源，积极配合物价部门推动价格到位。

2000 年，眉山作为农业市，农村、县域市场发展潜力巨大，眉山分公司把工作重心放在对县域市场的开发上，将县域市场扩销上量作为销量新的增长点。

2001 年，优化销售结构，加大对高标号汽油的宣传，努力扩大高标号汽油销量。

2002 年，针对县域市场竞争情况、竞争对手发展和变化不同，采取针对性的销售策略，使各县域加油站销量明显提升。

2003 年，采取“点对点”竞争销售策略，加油站日销量显著提升。

2004 年，调整销售结构、转变增长方式、提高经营质量和效益，实现从以批发为主向以零售为主的根本性转变，批零结构得到改善，零售销量迈上新台阶。全年终端销售比例达到 67.3%。

2005 年，加强市场分析，正确把握购销节奏。针对国内汽柴油总体偏紧、省内柴油供需矛盾尤为突出、汽油资源相对宽松的特点，在有效地保证资源储备的基础上，严格控制柴油批发销售；在柴油价格即将上涨时，坚决停止批发；在保证资产型加油站零售的同时，尽可能将柴油资源后移，努力谋求效益最大化。

2006 年，把保障市场供应作为经营工作的首要政治任务，全力协调各方，加大调运力度，以服务眉山“工业强市”和新农村建设为己任，合理调度投放资源，灵活调整营销策略，全力保证重大工程项目、春耕、“三夏”和抗旱救灾等油品供应，防止市内市场出现断档脱销，受到眉山市委、市政府主要领导的充分肯定。零售市场占有率达到 80.5%。

2007 年，加大汽油特别是高标号汽油的销售力度，积极引导客户消费，扩大汽油销售范围，并在城区、国道、省道以及旅游路线的各加油站打造一批汽油主销站。在柴油资源偏紧时，以柴油销售带动汽油销售。

2008 年，在油价高位运行、资源持续紧张、自然灾害频发的情况下，眉山分公司把保救灾、保重点、保民生作为营销工作的重点，全力保障市场平稳安全供应。特别是“5・12”地震发生后，把保救灾用油作为一项重要的政治任务来抓，在眉山市委、市政府的支持下，积极向省公司争取资源。在全省资源极其紧张的情况下，资源投放量由每天 350 吨增加至每天 500 吨，为社会各界抗震救灾提供必需的能源保障，得到眉山市委、市政府的充分肯定。

2009 年，针对不同市场特点制定差异化营销措施，同时在有一定消费潜力的区乡加油站增加汽油品种的投放，积极引导客户消费品种升级，汽油零售量继续保持增长。高标号汽油销售 3.42 万吨，同比增长 18.6%。

2010 年，坚持量效并重、效益优先的销售原则，加强市场预测，准确掌握市场动态，及时采取灵活多样的营销对策，在多卖油、卖好价上下功夫。

2011 年，主动应对市场变化，确定有针对性的营销策略。在资源紧张时段，突出“效益优先”原则，确保销售价格到位；在竞争激烈时段，突出“市场优先”原则，确保主导市场控制力不下降。

2012 年，大力提高汽油销售比例。加大加油站纯枪环节汽油销售，利用加油卡折扣和积分促销等销售策略，提高汽油客户的入站率和加满率。

2013 年，认真研制“波段营销”预案，以计划定预案，以预案迎变化。抓住涨价前和跌价后客户购油热情高涨的特点，加强加油站库存管控，通过合理调控库存和调配运力，实现效益大幅增长。

2014 年，深入开展“贺岁季”“踏青季”等主题促销活动，准确把握涨跌价前后客户需求情况，实行量价联动、梯次作价、一站一策、勤销快销。

2015 年，积极应对国内成品油市场需求低迷，尤其是柴油销售严重乏力等局势变化，全力以赴抓好油卡非润业务及加油站管理短板提升工作。加大纯枪环节组合营销策略的应用，根据周边环境和竞争对手情况，对新建、技改的新营业站适时采取挂牌优惠、站外销售满额折扣和差异化的卡折扣策略，积极抢占市场份额。

2016 年，把精准市场分析作为重要基础性工作来抓，持续完善市场监测分析机制，扩大日常监测范围，精确情报信息内容，为营销决策提供数据支撑，市场反应灵敏度持续提高。

2017 年，抓住零售纯枪增量创效这个中心，采取主动出击与既打又和的战术，实施“点对点”竞争与满额折扣 131 站次、油非互动促销 192 站次，确保零售市场相对份额保持在 72% 以上。

2018 年，积极开展“点对点”竞争促销抢夺市场增量，纯枪销售计划完成率全省排名第 10

名，纯枪增幅 3.8%，全省排名第 9 名；制定量、价、效综合分析评估机制，不断提高经营决策的准确性和前瞻性，促进营销策略从“经验依赖主观型”向“精准数据智能化”转变。

2019 年，坚持“面稳点狠、以打促谈、以和为上”的原则，由“红海厮杀”转变为“合纵连横”，在稳价稳量上下功夫，妥善处理好竞合关系，有效杜绝价上量下、量增效降。

（四）客户管理

1997—2000 年，主动作为，走进工矿厂房，主动联系开发大客户，了解客户用油需求，逐步建立客户档案。

2001 年，实行客户回访，采用回馈客户方式，提升忠诚度。

2002 年，建立客户档案，根据客户用油量，片区经理或分管领导按月进行回访，建立客户开放奖励办法，召开座谈会、联谊会联系新老客户，实现固定客户 1615 户，较上年增加 780 户。

2003 年，销售代表和加油站对各自辖区的机构用户进行一次性拉网式调查，建立用户档案，逐户上门公关，新增用户 251 个。

2004 年，持续开发区内外大客户，确保大客户定点消费稳定。

2005 年，认真研究客户需求，加大客户开发力度。组织片区客户经理、加油站经理对加油站服务区域半径内的客户进行“拉网式”拜访，在建立详细客户档案的基础上，根据客户需求量大小分别由大客户经理、经营部门负责人、加油站经理分级开发。

2006 年，加大客户回访力度，在资源紧张期间，资源优先向忠实客户倾斜，提升客户对中国石油的价值认同度和忠实度。

2007—2008 年，积极开展多元化销售增值服务，提供延伸服务，稳定和扩大加油站定点采购客户群。2008 年，进一步完善客户经理管理办法，加大客户经理开发终端机构用户力度，确保把区域内新增的重点机构用户全部拿到手。

2009 年，强化竞争意识，立足买方市场和持续低油价，抓住重点用户、重点工程，把增量市场份额全部拿到手。

2010 年，加大对大客户的回访率，稳定大客户群体，提升忠诚度。

2011 年，重点开发机构客户，新增机构客户年新增销量 2 万吨以上。

2012 年，抽调得力人员组建客户服务中心，负责批发直销业务。

2013 年，在产品同质的趋势下，更加关注客户、强调服务，通过差异化营销、品牌服务，赢得客户信赖，谋求竞争优势。

2014 年，通过资产置换方式，加快推进客户服务中心建设步伐。通过专门的组织机构，提升客户服务专业化管理水平。深入开展客户服务明星、销售冠军等典型选树活动，完善“加油绿色通道”“送油到田间地头”等保供措施，推进项目营销、文化营销和情感营销。扩大与保险、邮政、运输等行业的合作范围，建立渠道共用、客户共享、互惠共赢的联合营销模式。

2015 年，把销售量、有效客户数量作为客户经理核心考核指标，销量与客户数量的考核权重分别按 80% 和 20% 实施。把月销量 10 吨以上的客户纳入重点跟踪管理和维护范畴，确保全年新增优质客户 30 户以上，新增销量 2000 吨以上。坚持客户回访制度，扩大与保险、邮政、运输等行业的合作范围，建立渠道共用、客户共享、互惠共赢的联合营销模式。

2016 年，细化完善片区、客户经理与加油站经理的市场区域和指标任务，确保网格化、责任制、全覆盖的客户开发体系落地生根，分管领导和营销部门带队开发直销大客户并做好定期维系，确保客户不丢、份额不减。

2017 年，全面推行零售客户分级管理，完善客户基础档案资料，积极探索与第三方合作开展营销活动宣传，与滴滴快车、眉山在线官方微博等互联网平台商谈，通过 APP 及网络方式将公司促销活动、价格政策、优惠方式、非油商品、卡业务宣传等信息定期传递给客户，提升品牌影响力和客户感知度。

2018 年，突出客户网格化管理，针对不同客户类型实施精准促销和服务设置，开展上门拜访、“四季促销”等系列活动，客户黏性不断增强。

2019 年，坚持领导带头、机关部门先行、片区联动，联合攻关零售大客户。灵活实施“一客一议”策略，新开发零售固定客户 26 家。

三、加油站管理

（一）制度建设

1997—1999 年，认真落实《中油销售总公司加油站生产管理制度》，对个别违章操作、值班脱岗等行为严肃处理。

2000 年，认真落实省公司关于加油站的相关规范，进一步规范员工操作，提升服务质量。

2001 年，制定《加油站规范管理细则》，提升中国石油形象。

2002 年，认真贯彻执行中国石油公司《加油站管理规范》，开展加油站员工脱产培训 2 期，参训人数达到 200 人。

2003 年，根据各片区自身情况，制定相应的管理办法，对不规范行为进行处罚。

2004 年，全面推行加油站稽查制度，依法开展“中国石油”注册商标及特有标识维权专项行动，协同工商部门对侵害“中国石油”注册商标及其标识的 22 座社会加油站进行查处，有力净化市场。

2005 年，积极探索加油站精细化、标准化管理的新思路、新办法，在加油站推行市场开发员、计量安全员、账务内勤员、政工员“四大员”管理模式，细化加油站工作职责，使加油站的各项工作发生明显变化，加油站的优质服务水平明显提高。

2006 年，完成 51 座加油站零售信息管理系统的推广应用，逐步实现相关信息系统的整合与对接。

2007 年，推行加油站经理交流制。制定切实可行的办法，鼓励经营管理水平较高的加油站经理交流到低效站和亏损站任职，做好扭亏工作。对效益低、亏损站制定一站一策、多站一策，实现销量稳步提升。

2008 年，在库站推行“菜单式”管理模式，使整个业务链处于受控状态，快速提升管理效率。

2009 年，加油站管理系统提前上线运行，推行加油站菜单式常态化管理。

2010 年，加油站“三位一体”稽查方式荣获省公司 2010 年度企业管理现代化创新优秀成果二等奖。

2011 年，落实加油站稽查制度常态化，全年检查加油站 426 站次，共查出问题 1412 项，整改率达到 90% 以上。

2012 年，全面推行“神秘顾客访问、远程视频监控、库站临时稽查”三位一体的现场监督考评机制，进一步强化对加油站综合考评。以神秘顾客访问为核心的加油站稽查机制获省公司管理创新三等奖。

2013 年，优化加油站库存结构，最大限度挖掘库存机遇效益。

2014 年，持续推进双低站治理，把加油站全流程诊断优化工作、小站承包经营与双低站治理有机结合，修订完善《加油站全流程诊断及低销低效站治理方案》，通过关停、并站管理、间歇营业、自助加油等方式，稳步提高加油站营运效率和质量。

2015 年，全面落实“三位一体”的稽查巡查机制，现场管控能力得到强化，重新修订《加油（气）站检查及处罚实施细则》。

2016 年，认真研判省公司五个维度的现场服务考核管理新形势，修订完善 95504 及神秘顾客访问考核办法，以“双低站”治理为推手，深入开展全流程诊断与优化，促进低效向高效、小站向大站转变。

2017 年，进一步修订细化 95504 及神秘顾客访问考核细则，全年 95504 有效投诉为零，神秘顾客访问综合平均得分 88.19 分，高于全省平均分 3.85 分，全省排名保持在前 6 位。制定出台《便利店现场管理办法》，规范便利店管理，引导员工规范操作，打造强大服务现场。全年新增东坡城北、眉州、彭山城南等 3 个百万元级便利店，30 万元级规模店占比达到 70% 以上。

2018 年，建立微信“曝光平台”，对好的服务典型与做法进行表彰，对发生的客户投诉事件和检查发现的问题进行曝光，及时找准原因并制定改进措施，在月度考核中严格兑现奖惩，强化现场管理力度。

2019 年，强化企业内部规范化、精细化、效益化管理，针对技改的 14 座加油站，严格执行停业审批流程，优化分流回流方案 13 个，技改站投运 14 天后恢复到技改前销量。

（二）现场管理

1997—1998 年，逐步建立加油站现场管理规范，强化员工培训。

1999 年，投入资金 60 余万元对 12 座加油站进行统一包装，改善加油站的外观，提升中国石油的品牌形象。

2000 年，对加油站员工进行标准、合规操作培训，提升现场服务质量。

2001 年，投入资金对 10 余座加油站进行形象整改。

2002 年，成立加油站服务规范小组，对照样板加油站检查标准检查，采取暗访、交叉检查、定期和不定期检查的方式，对违规者进行处罚。

2003 年，落实“加油十三步骤”，规范员工行为。

2004年，投入543万元对41座加油站进行集中整治，加油站硬件档次、站容站貌、服务水平有明显改观，加油站管理和形象发生新变化。

2005年，加强现场管理，严格按照省公司《加油站稽查处罚标准》，对加油站员工进行奖惩，有力地提高加油站员工服务水平，提升中国石油品牌形象。

2006年，零售管理信息系统建设正式启动。严格执行《加油站管理规范》，严格按照加油站“十三步骤”进行规范服务，全力打造“设备精良、队伍精干、环境优美、服务一流”的“中国石油”加油站。

2007年，全公司加油站实现零售管理信息系统、集中收款和税控收款机三项工作率先推广到位，省公司在眉山召开现场会，推动三项工作在全省的开展。为所有在营50座加油站配备冰箱、消毒柜、热水器、电饭煲和抽油烟机，改造部分加油站及油库员工宿舍，加油站“五小”工程建设初具雏形。

2008年，“五小”工程建设全面完成，为加油站配置“流动图书箱”及文化体育活动器材，进一步丰富库站员工业余文化生活。狠抓精品加油站建设工作力度，5000吨级以上加油站7座，同比增加2座，3000吨级以上的加油站13座，同比增加1座，为实现万吨级加油站零的突破打下坚实基础。

2009年，加油站规范管理进一步加强，参加省公司举办的“加油站规范管理知识竞赛”荣获团体三等奖，加油站“五小”工程建设提前完成。

2010年，加油站管理系统和ERP系统运行稳定，全省每周检查排名保持在前6位。加油站基础管理系统顺利上线运行，7座加油站申报为三星级以上加油站。

2011年，积极开展加油站规范化管理，95504客户投诉大幅减少。

2012年，卡机联动自助加油模式在东坡城北、城西、快乐等12座加油站开展试点。95504客户投诉事件同比大幅下降，投诉率低于全省平均水平。

2013年，坚持以神秘顾客访问为核心的“三位一体”加油站监督考核机制。加大对加油站的巡检力度，规范加油员工行为，大幅提升服务水平，全年95504客户投诉6通，同比下降2通，投诉率低于全省万吨纯枪投诉率控制线0.34个百分点。

2014年，持续推进以加油站卫生间整治、全流程诊断现场优化、二元化治理等为核心的加油站综合治理工作，关停低销站，退租负效站，对双低站采取间歇营业、优化排班、打捆承包等方式进行优化治理。

2015年，全年优化、关停、退租加油站4座，加油站单站平均运营天数349天，同比增加10天。全面落实“三位一体”的稽查巡查机制，现场管控能力得到强化，重点对18种违规行为进行严管重罚。

2016年，狠抓定置化管理，持续抓好卫生间专项整治，进一步优化现场服务环境；强化“开口营销”宣贯、培训、演示和推广，95504有效投诉同比下降67%。

2017年，深入开展“弘扬石油精神，塑造良好形象”品牌体验暨服务承诺活动，中国石油品牌形象、油品数质量及诚信服务得到广泛认可。

2018 年，严厉打击员工刷卡套利、套券、加油不回零等违规违纪行为，积极应对化解服务投诉，神秘顾客综合考核得分 89.16 分，高于全省平均分 2.48 分，排全省第 8 名，实现连续两年 95504 有效投诉为“零”的优质服务目标。开展“双低站”治理，2 座“双低站”摘帽。

2019 年，优化站经理、综管员考核机制，上调现场服务监督考核权重，把神秘顾客访问得分、95504 投诉作为站经理、综管员任职重要考核依据。深入开展“为快乐加油、创美好生活”服务提升年活动，切实提升优质服务水平，神秘顾客综合考核得分 92.85 分，高于全省平均分 4 分，排全省前 6 名。

（三）加油卡管理

2008 年，加强对卡系统的学习，做好售卡准备。

2009 年，加强员工对加油卡的学习，强化员工站内推卡，全年销售加油卡 132 张。

2010 年，加大推广加油卡销售工作力度，实现卡用户 3000 户以上。

2011 年，坚持将中油 IC 卡作为提高客户忠诚度的重要载体，积极推进卡业务发展。全年，发行 IC 卡 2.68 万张，超过全年任务的 73%，沉淀资金 2871 万元。

2012 年，通过加油卡促销活动，设置全员促销、纯枪增量、卡销比增长、沉淀资金增长、卡业务运行质量等奖励措施，调动全员促销积极性。全年发卡 2.77 万张，完成预算的 162%；充值金额 5.7 亿元，消费金额 5.68 亿元，同比增长 41%；沉淀资金 4322 万元，全省排名第 7 名。加油卡运行管理质量进一步提升，增效 100 万元以上。

2013 年，全年新增发卡充值点 10 个，发卡充值覆盖面达到 62%。全年卡业务创效 150 余万元。加油卡业务获省公司 2013 年劳动竞赛第一名，在全省工作会上作书面经验交流，获总部 2013 年劳动竞赛先进集体。

2014 年，全年发放记名卡 2.59 万张，卡沉淀资金 6650 万元，排名全省第 10 位，加油卡业务继续保持全省先进单位称号。开展加油卡管理专项治理活动，因违规违纪解除劳动合同 3 人，收缴违规套利及经济处罚 1.17 万元。

2015 年，发放有效记名加油卡 2.92 万张，沉淀资金 7596 万元。

2016 年，加快推进合作伙伴、直销客户和机构用户的转卡办卡，巩固固定客户群体。调整加大有效记名卡发放数量、沉淀资金、卡销比等指标考核权重，考核范围细化到卡中心、片区和加油站充值网点，确保加油卡充值网点覆盖率达到 80% 以上。

2017 年，全年新增 15 座加油站推广使用员工卡，持续提高卡销比重。每月扫查 3—4 座加油站，严防卡舞弊行为，持续降低卡折扣率。推行“规模小区”计划，组成流动式发卡队伍，现场宣传推介办卡，全年新增记名卡 4.3 万张，沉淀资金同比增加 2019 万元，卡销比 44.39%，完成预算的 117.43%，预算进度完成率全省排名第 1 位，卡业务指标提前 3 个月超额完成年度目标任务。

2018 年，以卡为媒促销量，打造推卡充值“升级版”，全年累计发卡 2.86 万张，活跃卡保有量 4.79 万张，活跃卡增幅排全省第 9 位，沉淀资金 9280 万元。

2019 年，完善“六进”推卡配套政策，活跃卡保有量增加 2019 张，增幅 4.4%，居全省第 4 名。

四、非油品业务

（一）基础工作

2007 年，积极探索非油品业务经营方式，研究制订非油品业务发展规划。大力扩大“昆仑”润滑油销售，提高高档润滑油销售比例，扩大润滑油市场份额。

2008 年，非油业务在摸索中开展，在 43 座加油站投放便民车和堆头，销售共 6 大类 56 个品种，推开面达到 90% 以上，实现销售收入 57.44 万元，毛利 6.2 万元。非油业务一些探索性做法在全省进行推广。

2009 年，开展“油非互动”促销活动，推动非油业务的快速增长。全年实现非油销售收入 285.7 万元，完成预算任务的 114.3%，打造 50 万元销售额便民店 1 座，获得省公司劳动竞赛表彰。

2010 年，进一步完善“油非互动”促销模式，形成有别于竞争对手的促销策略，实现非油业务协调发展，确保三大类商品销售快速增长。

2011 年，非油指标全面超额完成，利润、润滑油及小产品销量两项主要考核指标分别达到 196.89% 和 207.67%，完成情况居全省前列。酒类销售工作在全省作经验交流发言并在全省酒类促销竞赛中获得二类片区二等奖。

2012 年，抓好便利店和润滑油销售，积极采取油非互动等办法，严格进货渠道管理，推进地方名优产品销售；加大汽车美容中心市场培育力度，拓展有竞争力的产品和服务组合，将洗车客户转化为消费其他产品和服务项目的长期客户，大幅增加营业收入。

2013 年，非油新业务持续快速发展。全年非油新业务增收 443.6 万元，同比增长 91.7%，非油新业务比重 22.76%，同比提升 11 个百分点。全年加气站实现销量 411.8 万立方米，通过加强协作与沟通，加气站站内损耗由亏转盈，全年实现正升溢 4.05 万立方米，增效 30 余万元。

2014 年，加大非油部门、各片区非油新业务考核权重，片区的考核权重由 5% 提高到 10%，并实行月度考核。

2015 年，在所有的区乡加油站增设便利店，加大开店力度，开店率上升至 86%。非油收入 1661 万元，非油利润 309.9 万元。非油毛利率 18.7%，同比增加 3.5 个百分点，全省排名第 9 位。

2016 年，加大商品结构与陈列布局优化，引入地方土特产品上架销售，打造“东坡味道”新卖点。通过持续提升店销工作质量，全年便利店销售收入 2030 万元，同比增长 42.93%；新增 30 万元级店 10 座、50 万元级店 7 座，快乐加油站纯店销额突破百万元，成为眉山分公司首个百万元级便利店。

2017 年，深入推进非油“超常规发展”战略，打造转型发展新引擎。全年实现非油销售收入、非油毛利分别突破 3000 万元和 500 万元大关，提前一个月完成全年非油销售任务。

2018 年，深化非油体制机制改革，创新非油考核激励机制，摸索异业合作模式，推进与邮政、农行、人保、移动、平安、车享家以及地方农产品生产合作社等单位异业合作，试点推进 2

座汽服项目投运，新动能逐步集聚。非油总收入从2017年的3000万元跃升至2018年的6500万元，同比实现翻番，非油超常规发展动力强劲。

2019年，探索试点跨界营销，大力推出油卡非大礼包等跨界商品组合，引导客户消费非油商品并办卡充值，摊薄营销成本。搜寻优质跨界资源，加强与中国邮政、上汽车享家、西南润滑油、携程旅游等单位的经营互动，异业合作持续深化。

（二）便利店建设

2007—2009年，加快便利店建设，实现11座便利店运营。

2010年，新增便利店4座。

2011—2014年，新增设便利店7座，非油新业务占比达到40%以上。

2015年，在36座加油站增设便利店，当年打造100万元级店1座、50万元级店6座、30万元级店3座。

2016年，通过场地改造与优化的方式，新增便利店6座，开店率93%，同比增长7个百分点。

2017年，坚持升级改造与店面创效并重，全年新升级和微改造便利店13座，升级后的便利店增收125万元，每平方米创效30%以上。全年新增30万元及以上规模店数量达到5座，规模店占比70.6%，全省排名第6位。

2018年，推进店面升级，300万元店增至3座，200万元店增至3座，100万元店增至14座，30万元至100万元店增至24座，规模店占比98.21%，为推进非油跨越式增长奠定坚实基础。

2019年，积极打造新零售发展阵地，全面启动建设集量贩购物、汽服、租车、卡业务、油品批发直销、线下体验等功能为一体的VIP客服体验中心。

（三）项目拓展

2008年，在加油站开展香烟销售和堆头饮料销售业务。

2009年，在东坡区10座加油站试点体育彩票销售业务。

2010年，在丹棱开发区、彭山青龙2座加油站试点化肥销售业务。

2011年，眉州汽车美容中心竣工开业，非油多元化经营雏形形成。

2012年，新区CNG加气站投产，加气业务纳入非油收入口径。

2014年，在区乡加油站全面推广非油业务，实行一站一策、因地制宜，眉山分公司所属加油站非油业务覆盖面达到100%。

2015年，以省公司调整和增加加油卡积分兑换便利店商品种类为抓手，在汽车用品、润滑油、日用品、个人护理用品四类商品的基础上，新增清洁油品、药品保健、书刊杂志、办公用品、农资等五大品类商品。

2016年，上汽车享家汽服项目在东坡胜利加油站开建。

2017年，加强与中国邮政、中国联通、上汽车享家、西南润滑油等单位业务互动，对客流和产品进行互引互促，拓宽非油销售渠道。在快乐加油站试点鲜果及农副产品销售。

2018年，按照“搭平台、店中店”的理念，在眉州加油站打造集量贩购物、汽车服务、京东用品线下体验、整车销售、VIP 卡业务办理、油品批发直销等功能为一体的客服体验中心。

2019 年，加快建设眉州生活品位馆，积极开展招商、选商，成功引进“有车邦”洗车、“1919”酒类直供、京东汽车商城等配套业务功能单元，有力推动眉州站向“人·车·生活”综合服务驿站转变。

五、网络开发建设

1997—2001 年，抓住总部加强销售企业网络建设的有利机遇，做好市场布局。

2002 年，新建加油站 8 座，投运 6 座。

2004 年是眉山分公司的“加油站超常规建设年”，着力优化网络布局，注重购建质量，规范办事程序，千方百计在中心城市和交通主干道抢滩布点，实现零售网络的快速有效扩张，全年新购建加油站 12 座、续建 3 座、投运 15 座。

2005 年，省公司调整购建投资项目的标准和出台加气站规划方案，眉山分公司及时调整工作策略，将购建加油加气站的重点放在高速公路和眉山市中心城区上，主动协调申报东坡区新北加油站迁建，在南北干道上新建 2 座加油站以及将新区加油站改建为加油加气站的投资项目；彭山城南加油加气站进入报建和设计阶段；向洪雅县政府申报位于乐雅高速公路和省道 106 线交叉口的洪川加油站新建项目。认真做好投资项目资料的清理、归档和历史遗留问题的处理工作，已对 42 座加油站的资料进行归档处理。清理遗留问题 227 条，处理 85 条。同时，对 14 座加油站进行审计。

2006 年，受省公司购建投资项目收紧政策原因，网点建设相对滞后。

2007 年，网建工作取得实质性的突破，全年新增 2 座加油站，完成 1 座加气站和 1 座加油站的选址、报批、立项工作，为企业可持续发展创造条件，增强后劲。

2008 年，受“5·12”地震影响，网络开发工作放缓。

2009 年，新增加油站 3 座，其中收购 1 座、租赁 2 座。眉山分公司首座加气站顺利开工。

2010 年，获省公司批复项目 14 个，实施 5 个，在建项目 11 个（其中，续建项目 2 个），储备项目 18 个，有力阻止中石化、壳牌等竞争对手的扩张。

2011 年，新增网点项目 11 个（其中新增立项加油站 5 座、撬装加油站 3 座、租赁加油站 3 座），超额完成省公司下达目标。通过与仁寿、洪雅县政府签订战略合作框架协议，避免同中石化、壳牌等单位的投标竞拍，以较低成本顺利拿下遂资眉高速洪雅段、乐雅高速洪雅段、成赤高速仁寿段出入口加油站 3 座，节约投资 4000 余万元。

2012 年，抓住天府新区和过境高速公路建设时机，成功抢占成赤、乐雅、遂资眉等 3 个过境高速公路出入口网点。积极协调东坡区委政府，利用尚义加油站拆迁机会，等价值置换 1 座加油站（含 LNG），定向（与区经信局签订协议）在眉山工业大道上取得 1 座加油站（含 LNG）规划项目，达到“以一换四”效果。以土地成本价定向取得成赤高速仁寿入口迎宾站新建项目。镇江、三宝两座撬装加油站投入运营，弥补撬装加油的空白。

2013 年，全年新增加油站 1 座，以唯一竞拍人身份成功竞拍东坡岛加油站土地，新增成赤高速仁寿段服务区、停车区 2 对加油站。完工项目 11 个，投运 4 个，争取投资资金 6456 万元，投资计划完成率达 104.04%。与中路能源公司合作委托管理的成赤高速公路汪洋服务区 A、B 两座加油站已投入运营。与天府新区仁寿视高管委会合资合作的两个加油站（含 LNG）项目已开始进入实质性实施阶段。眉山分公司网点建设工作获省公司 2013 年劳动竞赛“网络开发类先进单位”。

2014 年，全年争取投资资金 1799 万元，计划完成率 66.87%，新增立项加油（气）站 1 座，完成投运 3 座。东坡岛加油站新建项目启动施工图纸设计，东坡尚义、彭山彭祖、青神城北等“以一换二”方案与当地政府签订协议或达成共识，简蒲高速服务区项目已进入细节谈判，仁寿视高 A、B 站股份合作项目已进入报批实施阶段。东坡胜利等 13 座第一批油气回收改造工程全面完成。

2015 年，新开发加油网点项目 3 个，完工投运 3 个，平均投资资本回报率 9.35%。累计完成油气回收改造加油站 42 座。

2016 年，通过提早介入、准确研判和实地勘查，眉山分公司以较低价格取得 1 座新开发加油站土地，1 个加油站新建项目完成招标及前期报建工作，2 座加油站迁建项目完成报规审批。同时，持续推进合资合作项目，为低成本开发网点、提升市场份额增强动力。

2017 年，全年新增投运加油站 2 座，完成一体化技改加油站 5 座，推动有历史遗留问题的洪雅奇运加油站收购项目进入司法程序，最大限度地通过法律武器维护企业合法权益。注册完成中油天府视高能源有限公司合资项目，签订完成中油悟达能源合资项目合作框架协议，为企业发展增强后劲。

2018 年，首对高速路服务区加油站——黑龙滩 A、B 站以及首座全自助加油站——东坡岛加油站投产。积极对接眉山市“两横五纵”高速公路网和“一横八纵”一级公路网，紧盯天府新区、岷东新区及两区四县战略要地，抢滩布点，网络布局不断优化。坚持亮剑维权，抢夺核心网点，通过法律、纪检等多种途径，依法合规成功阻止回击仁寿天府大道南延线两个网点的定向招拍挂，公司话语权有效提升，争取未来更广阔的发展空间。

2019 年，新开发天宫驿站、仁寿顺祥天府、顺祥陵州等 3 座加油站，新增投运加油站 2 座。顺利完成大棱公司 100% 股权收购。历史遗留问题取得阶段性突破，仁寿城东加气站待取得充装证后即将投入运营，洪雅奇运加油站合同纠纷案取得最高人民法院判定合同有效的民事裁定书。

六、质量安全环保

1997—1998 年，抓好全员安全教育，经营生产安全无事故。

1999 年，开展安全教育，举办“百日安全无事故活动”，强化员工安全意识，加强安全检查，投入 30 余万元对隐患进行整改，加强车辆安全管理，确保出行安全，全年基本做到安全无事故。

2000 年，全面落实安全生产责任制，明确各级部门安全责任，开展隐患大排查，确保生产经营安全无事故。

2001年，针对加油站、油库设施陈旧老化，仓储部门和领导定期深入油库、加油站检查，共检查11次，查出问题100余项，整改80余项，确保库站安全平稳运行。

2002年，坚持各项检查制度，全年共组织检查14次，整改134项。

2003年，积极推进HSE体系建设，举办危害辨识和风险评价，制定《风险管理台账》。

2004年，开展“安全生产管理年”活动，积极向省公司争取资金进行油库、加油站隐患整改，开展安全上岗资格取证培训，制订事故应急预案，加大QHSE管理工作力度，全员安全意识得到增强。特别是针对安全生产的薄弱环节，开展安全生产专项整治，进一步落实安全生产责任制，确保油库、加油站以及车辆安全平稳运行。

2005年，以开展“安全生产基础年”活动为契机，牢固树立“以人为本”抓安全的观念，高度重视安全工作，围绕安全责任到位、安全制度落实到位、安全监管落实到位、隐患整改到位“四个到位”开展工作，不断夯实安全生产根基。全年没有发生任何安全生产事故，企业保持良好的安全生产态势。全年投入整改资金131.3万元，整改53座加油站和2座油库的隐患。

2006年，开展以“强三基、反三违、严达标、除隐患”为主题的“安全环保基础年”活动，在全年库站隐患整改量大面广的情况下没有发生安全环保事故，库站安全管理工作有了新的进步，新蜀油库在全省的安全检查评比中得分由2005年的91.3分提高到96.08分。

2007年，全面推行加油站“一站一率”损耗管理制度，切实加强数质量管理，加油站油品升溢比上年增加50%以上，未发生数质量事件。安全监督员落实到位，片区安全管理有新的进步，彭山销售片区的安全管理工作得到省公司领导的充分肯定，并被评为全省“安全先进片区”。

2008年，进一步夯实安全环保基础工作，在奥运特别重点阶段做到安全稳定工作万无一失。扎实推进HSE管理体系建设，深入贯彻落实六条“禁令”，修订、完善施工、运输、反恐防恐、意外灾难等方面的安全制度和应急预案，安全环保基础进一步打牢，年度安全综合检查考评分数逐年上升，2008年列全省第8位，连续4年被评为眉山市安全生产先进单位。

2009年，制定并发布《高空作业车管理细则》《加油站损耗管理细则》等7个管理作业文件，库站现场操作安全得到有效保障。全年库、站、车辆安全运行，没有发生任何事故。

2010年，进一步强化和落实安全生产责任制。在全公司构建起“谁主管、谁负责”的安全环保责任体系。进一步明确直线责任、属地管理责任，大力推行有感领导，全力推进HSE管理体系运行，安全环保基础工作得到加强。全年，“库、站、车、工、非”等生产和管理环节安全运行，没有发生一起责任事故。连续两年被评为省公司系统“安全先进单位”，两个油库的管理排名大幅提升。

2011年，提高安全监管能力，形成安全检查和加油站稽查联合检查稽查机制。营销指挥大厅由领导班子成员轮流值班进行视频检查，进一步提高安全监管能力。及时排查出库、站、车、非、工重点部位存在的安全隐患并制定切实有效的防范措施和整改方案，全年投入整改资金661

余万元，实现“四零”目标。

2012 年，认真践行有感领导、直线责任和属地管理，深入开展 HSE 体系提升推进工作，全面抓好库、站、车、工、非等关键环节的安全监管，严把油品入库、储存、运输、接卸、销售及自校等环节的监督管理，全年实现零伤害、零事故、零污染、零重大数质量事件及新闻危机的目标，获省公司通报嘉奖。

2013 年，56 座加油站分别通过国家安全生产标准化二、三级评审。深入开展“全覆盖、零容忍、严执法、重实效”安全生产大检查，落实资金 221.16 万元对查出的 318 个隐患问题进行整改落实。持续抓好 HSE 体系推升、风险识别和应急管理工作，全年保持“零伤害、零事故、零污染、零重大数质量事件及零新闻危机”的良好态势。

2014 年，建立安全总监每周向公司主要领导报告工作制度和新蜀油库管理人员每周向公司分管领导报告工作制度。全年安全环保、质量计量工作实现“四零”目标。

2015 年，全年落实资金 842 万元，治理各类隐患 432 项。修订完善公司及基层现场应急处置预案。荣获“眉山市安全生产先进单位”“四川优秀诚信企业”等称号。

2016 年，紧盯“本质安全型、环境友好型”目标，持续提升 HSE 管理水平。严格落实“一岗双责、党政同责、齐抓共管”的要求，扎实践行有感领导。强化对运输、回罐、自校、检维修等环节监管，坚决杜绝卸油违规操作和计量舞弊行为，确保油品合格率 100%。

2017 年，突出抓好重点时段、关键环节的应对预防工作，强化应急预案的修订与演练，全年确保“库站车工非”安全平稳受控。积极协调地方安监环保等部门，统筹安排加油站环保沟、隔油池及双层罐改造（2017—2020 年）实施计划，得到地方政府及相关职能部门理解支持，顺利通过国家及地方环保部门检查验收，经营网点更加符合国家“新两法”《中华人民共和国安全生产法》《中华人民共和国环境保护法》要求，安全发展、绿色发展理念得到落实。

2018 年，坚持以提升本质安全保障能力水平为目标，以“责任清单”为抓手，深入开展“大学习、大检查、大反思”活动，认真落实隐患排查治理和重大隐患治理情况“双报告”制度，切实履行企业主体责任。积极协助彭山区政府，紧急转运受洪水袭击社会加油站油品，星夜驰援东坡区油罐车闪爆事故应急处理，央企担当形象有力彰显。黑龙滩 B 站被省公司评为“安全生产先进加油站”。

2019 年，开展全员危害因素辨识与风险评价，编制完成《安全生产事故风险评估报告》。完善安全生产责任体系，制定《安全生产责任清单》《加油站油罐车下部取样器安全操作规程》等多项制度、流程，确保风险管控制度无缺陷和遗漏。积极探索建立“四不两直”的全方位稽查模式，深入推进可视化巡查，制定检查标准，建立远程稽查和现场稽查要点清单，落实人员每日对加油站接卸油、加油、便利店现场等进行全覆盖轮查，确保“四零”目标实现。

第十九节　资阳分公司

一、基本情况

中国石油天然气股份有限公司四川资阳销售分公司（简称资阳分公司）成立于2002年5月，前身为1972年成立的资阳县煤建公司，1975年2月与煤建公司分家，成立资阳县石油公司，隶属内江市石油公司。1985年7月，按照四川省政府58号文件精神，成建制上划归口四川省石油公司统管，名称变更为四川省石油公司资阳支公司，成为专营成品油的省属经济实体企业。1992年9月，名称变更为四川省石油总公司资阳支公司。1999年11月，划归新成立的四川省石油集团川南有限公司统一管理，更名为四川省石油集团川南有限公司资阳分公司。2002年5月，由原中国石油天然气股份有限公司四川资阳销售分公司、简阳销售分公司从中国石油四川川南销售分公司分离出来，组建中国石油四川资阳成品油配送中心（后划入乐至、安岳存续县公司）。机关所在地设在资阳市，设置11个部门，有员工178人。2003年9月2日，因发展需要，更名为中国石油天然气股份有限公司四川资阳销售分公司，主要从事成品油批发、零售经营和非油业务，为资阳、简阳、安岳、乐至等市县及周边社会经济和人民生活提供能源保障。2005年1月，设立雁江、简阳、乐至、安岳4个销售片区，撤销相应的4个零售片区。2006年8月10日，根据股份公司企业管理要求，注销“四川省石油集团乐至有限公司”和“四川省石油总公司安岳支公司”。

截至2019年底，资阳分公司设有总经理（党委）办公室、党群工作科、人事（组织）科、财务科、仓储安全环保科、油气零售科、投资建设科、营销管理科、非油科、信息中心等10个科室，非油经营部1个直属机构，拥有1座油库资阳油库和4个销售片区，在营加油站60座，在册员工329人，其中库站员工174人。

2002年5月至2019年12月，资阳分公司主要经历中国石油四川资阳成品油配送中心和中国石油四川资阳销售分公司两个时期，17年多来，省公司先后任命15人在公司担任处级领导职务。表11-63、表11-64所示分别为2002—2019年中国石油四川资阳销售分公司行政领导任职情况、党组织领导任职情况。

表11-63　2002—2019年中国石油四川资阳销售分公司行政领导任职情况表

机构名称	职务	姓名	任职起止时间
中国石油四川资阳成品油配送中心	经　理	魏修田	2002年7月至2003年9月
	副经理	赵晓帆	2002年7月至2003年9月
		方正荣	2002年7月至2003年9月
	总会计师	洪琪福	2002年7月至2003年9月

续表

机构名称	职务	姓名	任职起止时间
中国石油四川资阳销售分公司	总经理	魏修田	2003年9月至2005年12月
		蔡　力	2005年12月至2009年1月
		郭玉林	2009年1月至2013年6月
		黎　鹏	2013年6月至2019年12月
	副总经理	赵晓帆	2003年9月至2011年1月
		方正荣	2003年9月至2007年1月
		魏修田	2005年12月至2008年5月
		李宽之	2007年1月至2016年6月
		罗俊刚	2011年6月至2016年1月
		李　非	2012年8月至2014年1月
		张周平	2014年1月至2019年12月
		唐福宇	2016年1月至2019年2月
		陈　斌	2018年3月至2019年12月
		李　达	2019年3—12月
	总会计师	洪琪福	2003年9月至2014年1月
		任　勇	2016年4月至2018年11月
	副总会计师	任　勇	2014年3月至2016年4月
	安全总监	方正荣	2002年7月至2007年1月
		李宽之	2007年1月至2016年6月
		陈　斌	2018年3月至2019年12月

说明：2008年，行政领导职务名称由“经理、副经理”改称“总经理、副总经理”。

表11-64　2002—2019年中国石油四川资阳销售分公司党组织领导任职情况表

机构名称	职务	姓名	任职起止时间
中共中国石油四川资阳成品油配送中心党委	书　记	魏修田	2002年7月至2003年9月
中共中国石油四川资阳销售分公司党委	书　记	魏修田	2003年9月至2012年4月
		李　非	2012年4月至2014年1月
		张周平	2014年1月至2019年12月
	副书记	蔡　力	2005年12月至2009年1月
		郭玉林	2009年1月至2013年6月
		黎　鹏	2013年6月至2019年12月

二、市场营销

（一）主要经营销售指标完成情况

资阳分公司成立后，面对复杂多变的宏观经济形势和竞争日趋激烈的市场经营环境，坚持以市场为导向，以营销为中心，以效益为目标，以零售为核心，极力拓展区域市场，打开区外市场，持续提升销售质量和效益，不断增强核心竞争力，企业经营业绩逐年增长，有效保障区域工农业生产和城市建设保供任务。2009 年，首次荣获省公司年度先进单位；2016 年，纯枪销售突破 20 万吨；2017 年，汽柴油总量突破 30 万吨；2018 年，直批销量突破 10 万吨，简阳片区成为第一个突破 10 万吨的片区。2017—2019 年实现省公司综合先进“三连冠”。

表 11–65 所示为 2002—2019 年中国石油四川资阳分公司财务汇总情况。

表 11–65　2002—2019 年中国石油四川资阳分公司财务指标汇总表

年度	销售总量（万吨）	同比增长（%）	零售（万吨）	同比增长（%）	考核利润（万元）	同比增长（%）	销售收入（亿元）	同比增长（%）
2002	7.19	—	2.76	—	435	—	1.98	—
2003	8.67	20.58	4.33	56.88	237	–45.52	2.68	35.35
2004	10.05	15.92	6.64	53.35	768	224.05	3.56	32.84
2005	11.16	11.04	8.42	26.81	726	–5.47	4.59	28.93
2006	12.59	12.81	10.47	24.35	256	–64.74	6.11	33.12
2007	13.44	6.75	11.06	5.64	476	85.94	6.76	10.64
2008	14.82	10.27	12.95	17.09	1381	190.13	8.74	29.29
2009	15.10	1.89	12.06	–6.87	691	–49.96	8.62	–1.37
2010	17.29	14.50	14.31	18.66	1562	126.05	11.49	33.29
2011	19.78	14.40	17.42	21.73	1462	–6.40	15.24	32.64
2012	21.40	8.19	16.55	–4.99	1406	–3.83	17	11.55
2013	22.03	2.94	17.02	2.84	1119	–20.41	17.43	2.53
2014	23.77	7.90	17.35	1.94	1886	68.54	18.08	3.73
2015	24.48	2.99	18.42	6.17	1292	–31.50	14.90	–17.59
2016	25.94	5.96	20.20	9.66	2157	66.95	15.24	2.28
2017	30.47	17.46	21.90	8.42	2410	11.73	19.65	28.94
2018	33.47	9.85	23.28	6.30	1504	–37.59	24.50	24.68
2019	34.84	4.09	24.15	3.74	4478	197.74	24.52	0.08
合计	346.49	—	259.29	—	24246	—	221.09	—

（二）市场环境及竞争情况

2002 年，面对三年零售市场开放、五年石油市场全面开放的形势，资阳分公司确立“立足本地，辐射周边”的销售方针，积极转变“座店经商”观念，建立油品配送制，推行以客户为中心，销售、运输、服务一体化的成品油营销模式，巩固雁江、简阳市场，提高乐至、安岳市场，并辐射仁寿、金堂、内江等周边地区。

2003 年，抓住零售龙头，做大零售市场，优先确保零售环节资源投放，零售比重从年初的 38% 提升到年末的 49%。建立健全销售代表营销体制和客户档案制度，完善“配送制”模式，大力开展直销配送业务，努力扩大配送规模。

2004 年，持续将销售重心转向零售市场，零售市场占有率达到 66%，同比提高 17%，零售总量同比增幅 64%。在安岳片区部分加油站开展“点对点”竞争，提高公司弱势市场的销售份额。

2005 年，面对中石化进入资阳地区的竞争态势，资阳分公司坚持批发为零售让路，确保零售优先增长，以 48 座加油站、30.8% 的网络占有率，占据 92% 的零售市场份额。迎宾、城西、西门 3 座加油站年销量突破 5000 吨，改写资阳分公司没有 5000 吨大站历史。

2006—2007 年，面对全面放开的成品油市场和市场竞争新一轮升级，建立大营销体制，对营销业务实行集约化、一体化管理，坚持把经营中心转向零售，实行“联量、联利、联费”考核办法，鼓励多销汽油特别是高标号汽油，实现等量销售利润最大化。

2008 年，狠抓抗震救灾保供，重视油品资源调入，全力保障资阳地区灾后重建和工农业生产用油。逐步开展批发直销，优化调整关闭 8 座低效站。

2009 年，资阳地区中石化和社会加油站利用低油价、资源足的机会，分流客户，侵食市场，给稳定价格和市场秩序带来压力。资阳分公司抓住资阳“两区一带”、简阳“两湖一山”、安岳“两城一带”和乐至“两镇一带”建设机遇，加快县域市场开发，依托零售网络，开展小额配送，拓展服务半径，保证市场份额不流失。

2010 年，面对竞争激烈、价格波动等困难，资阳分公司抓住资阳建设“十区一带”和“一区两带四基地”发展机遇，灵活用好促销优惠政策和促销费用，坚持以卡为媒，加大 IC 卡促销推荐力度，大力开发培植机构用户、工程客户。

2011 年，面对上半年促销上量和下半年限量保供急剧变化的市场环境，以及资阳油库迁建，总库容骤减近 50% 的难题，资阳分公司极力拓展县域市场，抓牢高速公路、快速通道等大型工程建设客户，不断占领和延伸销售市场。

2012 年，新建的资阳油库完成自动化发油系统调试发油，从根本上解决资阳分公司库容偏小的仓储瓶颈。同时将零售业务管理职能由营销管理科调整到加油站管理科，实现零售管理与加油站现场管理一体化运作。

2013 年，成品油市场需求增幅放缓、价格调整频繁、资源供应松紧快速转换、市场竞争异常激烈，资阳分公司统筹安排仓储资源，精心组织二次配送，实现车辆“一次往返两次配送”，提高运行效率。同时抓实政府采购，加大转卡推卡力度，进一步巩固零售市场占有率。

2014 年，区域内中石化、壳牌加油站已达 31 座，市场份额被挤占，资阳分公司紧紧抓住成都第二绕城高速和第三绕城高速、成都第二机场、天府新区、安岳气田等历史性机遇，制定“两步走”发展战略和“12373”工作方略，全力打造独具区域特色的“升级版”地市公司。

2015年，坚持以顾客为中心，采取特色化服务、专题性活动、一客一议等多种方式，制订客户开发计划，掌握客户购油渠道，提供自身油品、价格等信息，不断健全客户档案和“三级维护体系”，持续扩大稳固高效的客户消费群体。安岳片区批发实现零的突破。

2016年，面对经济下行、油价低迷、集团“寒冬”的严峻形势，资阳分公司主动策划20次主题促销活动，通过开展“点对点”竞争、建立“库发小配”新模式，多措并举提量增效。

2017年，面对中石化20万立方米的简阳油库投运，延长壳牌借用养马油库拓展批发业务对批发市场带来的冲击，资阳分公司坚持抓机遇上台阶，实施客户经理市场化薪酬制、红橙黄绿“四牌”考核制，突破直批徘徊不前的瓶颈。采取“点、线、面”细分市场，利用“短、频、快”营销战术，推广集约化管理，纯枪、批发同比增幅排名全省第一。

2018年，转变“普惠制”直降方式，实施一站一策、一客一策精准促销。坚持向县域市场要增量，深挖38座乡镇站潜力，全年乡镇站增量1.1万吨，同比增长10.3%。

2019年，坚持寻求多元化、多极化的增长集合点，拓展区外，成渝市场销量首次突破万吨；突出中油优途、昆仑ETC卡推广，全年中油优途注册1.08万户，昆仑ETC卡推广3118张；加快加气新业务布局，即将投建南市站LNG项目、柠都大道站CNG项目。

截至2019年末，资阳市有系统内外及社会加油站187座，其中资阳分公司有营运站60座，占全市总数的32.09%，成品油销售分别占市场总量、零售份额的61.79%和62.62%，持续发挥区域成品油市场主渠道作用。

（三）价格管理

2002年，资阳分公司注重把握进货节奏，价格上紧跟成都及周边市场，资源丰富时以价格取胜，价格不占优势时以服务取胜。积极协助政府职能部门整顿辖区市场，抵制低价伪劣资源侵蚀，查处7座社会加油站经营不合格油品，查处不合格柴油600吨、汽油144吨、外进柴油64.5吨。

2003年，处理好与竞争对手的竞合关系，建立价格协商机制和有序的市场竞争秩序，联手推价，合作共赢。

2004年，坚持“科学销售、量价并重、效益优先”的经营方针，认真做好稳价推价工作，严格执行销售纪律，价格到位率达到99.99%。

2005年，与地方工商和计监部门配合开展“注册商标”整治活动，查处社会违规单位2个、商标侵权单位2个。全年综合价格到位率达到99.66%。

2006—2007年，面对供需进一步增大、批零价差进一步调整的形势，坚持稳价推价策略，用好用足价格政策，卖好当期最好价格。

2008年，认真做好国家发改委上调价格时的市场稳价工作，积极组织人员到重点加油站驻守，做好宣传解释，主动与市公安局联系，调集警力巡逻，避免调价中客户群体可能出现的过激行为和抢购存油现象，确保市场稳定供应。

2009年，受国际金融危机影响，国家出台《石油价格管理办法（试行）》，成品油价格形成机制调整，价格调整频率加快。资阳分公司依托品牌优势，针对不同的客户群，提供差异化服务，做好稳价促销，保证吨油利润和价格到位率，尽可能增加总体利润。

2010 年，市场形势发生逆转，资阳分公司坚持把价格到位率作为衡量掌控市场能力的标准，不盲目开展“点对点”降价竞争，积极与社会加油站协调沟通，联动推价。

2011 年，紧紧抓住“停批发、控直销、保零售”的控销政策，围绕全年目标任务，及时调整制定科学的营销策略，坚持把工作的着力点转到推价、稳价、协价、提升效益上来，积极应对市场变化。

2012—2014 年，按照“贴近市场、量价互动、积极有效”的要求，积极实行“量价互动、量效并举”的营销措施，统筹处理好销量、价格、份额、效益的关系，有效控制资源进入再流通环节，确保价格上推到位。针对客户忠诚度、消费量、消费心理的差异，实施差异化定价策略，价格更加贴近市场。

2015 年，坚持以顾客为中心，采取特色化服务、专题性活动、一客一议等多种方式，制订客户开发计划，掌握客户购油渠道，提供自身油品、价格等信息，不断健全客户档案和“三级维护体系”，持续扩大稳固高效的客户消费群体。

2016 年，强化市场整顿，联合政府相关部门抽检 11 座社会加油站油品，2 座不合格，处罚 3 万元，对 3 个工地的非法储油行为进行取缔。

2017 年，面对重庆市场价格冲击，实施一客一策，从以价格需求为主逐步转化为以客户内在需求为主的策略，提高交界市场直批销量。

2018 年，面对中石化、延长壳牌、社会库及山东地炼等竞争对手，精准施策，科学划分竞争区域，综合运用价格策略，全力争夺批发客户。妥善处理竞合关系，与中石化、延长壳牌等协调建立自律机制，维护市场价格。

2019 年，用好“一户一议”销售策略，加强工程客户开发。加快组建资阳市石油流通协会，构建利益共同体、命运共同体，维持市场价格和良好的竞争态势。

（四）销售策略

2002 年，资阳分公司成立后，建立和完善高效快捷的物流渠道和销售渠道。7 月 5 日，成立资阳成品油配送中心汽车队，调入原简阳销售分公司汽车队 10 辆油罐车统一管理。10 月 20 日，资阳油库、简阳油库作为兰成渝输油管线配套油库，工程技改完成后实现管输收油，结束铁路运输、油槽车卸油收油的历史。

2003 年，针对网络占比不高的短板，将油站构建重心转移到零售市场薄弱的安岳、乐至两县，投资 1880 多万元，新购建加油站 10 座，全部投入营运，公司加油站占有率提升到 22.6%。

2004 年，将资源配置重点放在资阳市雁江区和简阳市两个工农业经济比较发达的地区，全力保证区域中心城市和工矿企业用油需要，有效扩大市场份额，市场占有率达到 80% 以上。

2005 年，坚持转变销售增长方式，大力调整销售结构，将盈利模式从批零并进转到以零售为主上来，从以低利率品种为主逐步向以高利率品种为主转变，坚定不移地向建设零售型公司迈进。零售比重从 2002 年的 38% 提高到 2005 年的 75%，汽油销售从 2.08 万吨增加到 3.6 万吨，增长 73%。

2006年，积极在各销售片区探索点对点竞争、小额配送、特色服务的经营促销策略，加大机构用户向终端用户转变的工作力度，不断提高单站销量和效益。

2007年12月29日，终止成品油公路配送业务，从2008年1月1日起，由中国石油运输公司四川分公司接替。2007年，资阳分公司被评为A级纳税信用等级纳税人。

2008年，销售模式逐渐从“卖方市场”转为“买方市场”。在产品质量上，坚持诚信经营，重视数质量检验，赢得消费者信任，首获省级“重合同守信誉企业”称号，此后连续10年获此荣誉。

2009年，积极拓展新兴业务，大力推动非油便利店建设，截至2019年，打造便利店59座。在各站安装液位仪，与信息系统对接，实时监控库存，实现主动配送，确保配送及时，满足市场需求。

2010年，积极开展劳动竞赛和对标竞赛，制定出台《加油站促销上量奖惩管理办法》《零销单项奖励实施细则》等激励政策，提升销售士气和效益意识，资阳分公司各项经营指标均优于同类企业平均值。

2011年，转变观念，加强与移动、保险、酒业等地方企业强强合作，与移动公司联合开展“存话费送加油卡”促销活动。全年售卡1.8万余张，任务完成率120%，实现消费5.7亿元。积极承担国企责任，争做行业引领标兵，荣获资阳市营业税收收入“双十强”企业，并被评为“服务业百佳企业”。

2012年，充分发挥ERP系统、加管系统、加油卡管理系统、二配物流系统、车载视频物联网系统等在经营管理工作中的自动化和规范化功能，加强系统的科学应用，提高使用效率，逐步实现经营管理工作的信息化。

2013年，按照“服务导向、协调高效、统一规范、平稳有序”的思路，加快客户服务体系建设。高度重视妥善处理95504客户服务热线，最大限度地减少客户投诉。

2014年，把机制改革作为增量主攻方向，通过“一站一策”“加油站倍增计划”、“双低站”治理、全流程诊断、关停站盘活、吨级站培育、自助站推广等有力措施，全力挖潜扩能，提量增效。

2015年，狠抓新增网点增量，全年开发、技改投运站点6座、形象提升20座、油气回收改造25座加油站，80%的加油站形象得到有效提升。创新加油卡业务，借助微信营销、电子支付平台，瞄准政府、物流企业、私家车主三大客户群，加强与移动、邮政、联通等战略合作伙伴的强强合作、联合售卡，锁定用油客户。

2016年，突出纯枪核心地位，持续在全流程诊断、吨级站培育、自助站打造、高效品种推广、夜间市场、小站提量等环节下功夫。狠抓存量站改造增量，完成西门、南骏等5座站点的细节标准化改造，技改投运简皇、顺发等4座加油站。

2017年，坚持以服务树品牌，赢得群众满意、社会满意、政府满意，获资阳市“消费者满意度十佳企业”。加快汽服业务布局，截至2019年末，在15座加油站建有汽服网点。

2018年，坚持把政府作为最大的客户来开发，积极与地方政府投资平台公司合作，组建合资公司，合作开展相关业务，拓宽销售渠道，实现网点扩张。加强与昆仑燃气四川分公司合作，推动 CNG、LNG 加气业务布局，积极向油气兼营、油气互促转型。

2019 年，加快推进新零售建设，运用优途 APP 平台、中油直批 APP 平台、异业资源整合平台，做好优途注册推广，加大客户开发，减少营销支出，实施线上线下一体化运作。全年中油优途注册数 10772 户。

（五）客户管理

2002—2012 年，为积极应对市场竞争，进一步加大客户开发与维护力度，资阳分公司始终将重点放在创新客户服务、满足客户不同层次需求上，通过制定成品油配送制度，建立销售代表营销体制，加大对机构用户的开发与管理，开展“六查六整顿”，优化油品配送线路，实现最优配送，提高运行效率和效益。成立小额配送直销部，负责小额配送车的安全和经营。不断探索客户维系办法，提高销售质量和能力。

2013 年，成立专业的客户经理队伍，并在营销管理科设立客户管理岗，建立直销与批发客户档案，运用“一客一策”，开发维护客户，提高客户忠诚度。

2014 年，实行客户经理月度考核机制，对客户经理实行星级评定，进一步提升服务水平。

2015—2016 年，通过“私人定制、管家式”服务，狠抓客户开发，安岳片区批发销售实现零的突破。

2017 年，通过公开竞聘，充实 7 名客户经理，建立专业化的客户经理队伍，实施客户经理市场化薪酬制、红橙黄绿“四牌”考核制，客户经理销售同比增长 103.60%，突破直批徘徊不前的瓶颈。

2018 年，立足“油卡非一体化”营销，紧盯客户经理队伍建设，进一步完善客户经理制，利用系统中的客户大数据，优化客户分级分类管理和等级评定体系，实现客户分级管理、全产品营销，全年直批销售首次突破 10 万吨。

2019 年，抓住成都东进、重庆西拓契机，拓展重庆市场，深挖简阳市场，做大做强直批，实现批发直销 10.69 万吨。

三、加油站管理

（一）现场管理

2004 年，强化《加油站管理规范》，坚持管理过程的“高、严、细”标准，狠抓达标创星工作，创一星级加油站 5 座、二星级 3 座，创达标加油站 6 座。

2005 年，在所有加油站推行内务半军事化管理，加强加油操作十三步、规范服务、安全操作、油品知识、礼仪知识等培训，员工操作技能、服务意识明显增强。

2006 年，坚持达标创星，打造标杆样板站，西门加油站创五星级加油站，迎宾、城西创四星级加油站。

2007 年，以创“五型”加油站、实施“五小工程”建设为契机，改善油站基础设施，提高管理水平。

2008 年，优化调整低效加油站，确定 12 座加油站实行停业、19 座实行夜间歇业，部分加油站进行弹性排班，提升加油站综合效益水平。定做加油站“一日一问答题卡 500 问”共 60 套，不断加强油站“五型”班组建设软实力。投入 102 万元为 26 座加油站配置办公桌、冰箱、空调等工作生活设施，改善员工工作和生活环境。

2009 年，开展“加油站管理执行年”活动，持续推进达标创星和吨级加油站培育，全面完成加油站视频、液位仪安装工程及信息化改造工作，不断提高加油站综合管理能力和水平。组织开展加油站管理能力知识竞赛，获得省公司知识竞赛三等奖。

2010 年，制定《加油站管理稽查暂行办法》《加油站管理稽查标准及评分细则》，加强稽查管理，加油站精细管理、规范管理得到进一步提高。

2011 年，坚持“三违”行为曝光和处罚制度，制订完善《加油站管理处罚标准》，规范员工行为，加强员工“反三违”意识。制定《加油站管理系统和 ERP 系统考核奖惩办法》，实现两套管理系统考核成绩稳定在双满分。

2012 年，实行零售专业化管理，将零售业务管理职能由营销管理科调整到加油站管理科，实现零售管理与油站现场管理的一体化运作。

2013 年，大力开展 3000 吨以下加油站承包经营，顺利推行加油站商品管理辅助系统运行。坚持把“五型”班组创建同达标创星、青年文明号创建相结合，带动现场管理、基础管理、设备管理水平的提高，“五型”班组创建率达 100%。

2014 年，开展加油站全流程诊断与优化推进工作，稳步推进“双低站”治理，全年消除低销站 2 座、低效站 4 座、负效站 8 座，全部消除低效站及负效站，亏损金额减少 136 万元，资阳分公司获 2014 年度双低站治理工作先进单位。

2015 年，召开首次加油站经理大会以及小站承包经营竞标会，对 30 座年出机量在 3000 吨及以下的加油站进行内部承包。制定《开口营销活动方案》，开展员工仪容仪表、开口营销、促销技巧等综合培训，在南骏、贾家站推行“旧 + 新 + 高”“1+2”连片管理模式，努力打造卖场氛围，客户满意度得到较大提升。

2016 年，引入神秘客户考核，明确考核细则，并纳入薪酬考核范畴。制定 6S 管理加油站分类标准，不断提升定置化、规范化程度，持续打造黄金服务终端。

2017 年，将不停枪卸油普及至 2000 吨以上加油站。把单一的零售稽查改为油卡非“7×24 小时”联合督查形式，全年开展稽查 268 站次，进一步提升油站执行力。

2018 年，修订《加油站综合考核考评办法》，对站经理、综合管理员、前庭主管进行履职能力评分、红线评分的“双指标”任职资格考核，建立基层管理人员能上能下机制。

2019 年 4 月，开展“为快乐加油，创美好生活”服务提升年活动。制定《服务基层实施办法》《星级加油员管理办法》，推行 AB 班考核模式，促进员工提高服务技能和水平，增强班组竞争力。

（二）加油卡管理

2009 年，资阳分公司加油卡系统在迎宾加油站首次上线运行，发售出第一张加油卡，全年设立充值网点 6 座，售卡 96 张。

2010年，全年售卡12185张，其中个人卡7312张、单位卡4873张，累计充值23593.94万元，累计消费21912.09万元。

2011年，全年售卡18564张，其中个人卡8293张、单位卡6656张、不记名卡3615张，累计充值52514.58万元，累计消费53243.73万元。

2012年10月，少林加油站和内遂高速加油站实现卡机联动自助加油，成为首批具备该功能的加油站。全年售卡20397张，其中个人卡10302张、单位卡5648张、不记名卡4447张，累计充值63561.11万元，累计消费67011.68万元。

2013年，成立加油卡管理中心，对大额刷卡、违规刷卡、一卡多刷、长期深夜刷卡等交易进行有效监控。全年充值网点达到16座，售卡21620张，其中个人卡9042张、单位卡12196张、不记名卡382张，累计充值57344.12万元，累计消费72428.55万元。

2014年，在普州、迎宾两站新增自助圈存机。全年售卡22206张，其中个人卡8394张、单位卡13305张、不记名卡507张，累计充值54265.78万元，累计消费66650.57万元。

2015年，充值网点达到24座，在4座站点建有自助圈存机。全年售卡51629张，其中个人卡15716张、单位卡29013张、不记名卡6900张，累计充值60761.71万元，累计消费76556.81万元。

2016年，利用中国电信“车改”契机，成功签约中国电信资阳分公司油卡业务，首次办卡242张，完成转账41万元。全年售卡43686张，其中个人卡10847张、单位卡9661张、不记名卡23178张，累计充值57299.66万元，累计消费65632.06万元。

2017年，充值网点达到32座，在25座站点建有自助圈存机。全年售卡35921张，其中个人卡14854张、单位卡19815张、不记名卡1252张，累计充值70641.44万元，累计消费99420.65万元。

2018年，全年售卡35875张，其中个人卡25431张、单位卡7877张、不记名卡2567张，累计充值97109.96万元，累计消费117369.41万元。

2019年，全年售卡49946张，其中个人卡16379张、单位卡31402张、不记名卡2165张，累计充值67594万元，累计消费111580万元。

2009—2019年，资阳分公司不断新增客户发卡量，稳步提高加油卡沉淀资金余额，共发放加油卡318930张，其中个人卡126756张，单位卡146969张，不记名卡45205张。截至2019年末，实现卡销比51.33%，沉淀资金6190万元，活跃卡保有量41259张。

四、非油品业务

（一）基础工作及便利店建设

2008年，资阳分公司对开展非油业务的45座加油站营业执照变更增项登记，完成迎宾、刘家湾、城西加油站便利店设计方案。

2009年4月27日，资阳分公司第一个标准店迎宾加油站便利店开业。12月在22座加油站开展饮料堆头销售，在投运的4座“昆仑好客”便利店开展烟草专卖、福利彩票、话费充值等增值业务，大力拓展非油业务。

2010 年，出台《非油业务考核办法》，制定《便利店七天主题工作日制度》，对便利店一周工作设定商品价格日、店内卫生日、仓库整理日、采购订货日、商品陈列日、商品品质日、机动调整日 7 个主题，制作《便利店七天主题工作日检查表》，有效加强便利店管理。7 月，迎宾加油站非油销售收入 107 万元，成为资阳分公司首座百万元便利店。

2011 年，建设标准便利店 4 座，在 19 座加油站开展堆头销售，销售品种近 700 个，47 座加油站全部开展润滑油销售业务，促进非油业务持续平稳发展。

2012 年，新增便利店 9 座，开店率达到 62.2%。

2013 年，突出发展燃油添加剂等高效产品，加快烟草特许证照办理，在 44 个站点全部设置烟草专卖，全年实现香烟收入 716 万元，同比增长 71.34%。

2014 年，积极推动车用尿素销售，加快便利店建设，全年新建便利店 11 座、堆头水销售点 10 个，实现营运站非油销售全覆盖。

2015 年，落实便利店提升计划，实施“一店一策”，全年新增及改造便利店 19 座，开店率达到 86%。全部加油站网点实现统采统配。

2016 年，与泸州老窖股份有限公司签订合作协议，成为泸州老窖全省系统总代理。资阳分公司荣获 2015 年度非油业务先进单位。

2017 年，在泸州召开的中国国际酒业博览会期间，泸州老窖股份有限公司召开年度经销商表彰会，资阳分公司荣获 2016 年度“优秀经销商市场管控奖”“优秀配送商市场成长奖”两项殊荣。全年新增、技改便利店 5 座，打造百万元店 7 个，并设立“海淘”商品、“全球购”专区专柜，助推店销快速增长。

2018 年，建立非油业务科、非油经营部、片区、加油站非油业务四级管理层级，开展润滑油百日争霸赛，非油收入提前一个月完成全年任务、跨上 6000 万元台阶。

2019 年 6 月，携手泸州老窖在资阳成功举办主题为“你能品味的历史”的 VIP 客户答谢会，会议当天实现油品批发销售 2000 吨，非油销售 8 万元。全年在西门等 4 座站点投运昆仑好客、1919 专柜，酒类销售进入天津、北京、西藏市场。截至年底，资阳分公司打造便利店 59 座，覆盖率达到 93.65%。

（二）项目拓展

2017 年 8 月，资阳分公司首个“中油咔咔 · 爱义行”汽服门店在希望加油站正式投运。11 月“中油咔咔 · 车便捷”资阳仙鹤店正式开业，是投运的第二个汽服站点，全年投运汽服标准店及自助洗车店 3 座。

2018 年 8 月，两台尿素加注机在内遂高速加油站顺利上线，填补散装尿素加注空白，成为全省第二家拥有散装尿素加注机的二级公司。南骏加油站自助洗车项目正式开业，这是资阳分公司第七个汽服网点。

2019 年 1 月，刘家湾加油站“速喜 · 中油咔咔”汽服门店正式开业，这是四川速喜与资阳分公司继新城、少林之后，合作的第三个汽服门店，也是资阳分公司投放的第八个汽服门店。8 月

“中油咔咔·川裕盛”资阳蜀乡加油站快速洗车岛正式营业，这是资阳分公司投入运营的第九个咔咔门店。12 月，柠都大道加油站及城北加油站汽服项目同日正式营业。截至年底，资阳分公司已在 15 座加油站建有汽服网点，全力为纯枪业务引流，为非油业务增效，助推油非量效双增。

表 11–66 所示为 2009—2019 年中国石油四川资阳销售分公司非油指标汇总情况。

表 11–66　2009—2019 年中国石油四川资阳销售分公司非油指标汇总表

年度	销售收入（万元）	同比增长（%）	店销（万元）	同比增长（%）	便利店（个）	开店率（%）	汽服网点（个）	同比增长（%）
2009	274	—	232	—	4	8.5	—	—
2010	580	111.68	533	129.74	15	31.9	—	—
2011	1259	117.07	1212	127.39	19	40.4	—	—
2012	2628	108.74	2470	103.80	28	62.2	—	—
2013	3545	34.89	3288	33.12	35	77.8	—	—
2014	2078	–41.38	1913	–41.82	42	89.36	—	—
2015	1616	–22.23	1404	–26.61	44	86.2	—	—
2016	2258	39.73	2051	46.08	47	90.38	—	—
2017	3028	34.10	2813	37.15	49	90.74	3	100
2018	5608	85.20	5455	93.92	50	94.34	7	133
2019	6008	7.13	5738	5.19	59	93.65	15	114
合计	28882	—	27109	—	59	—	15	—

五、网络开发建设

（一）网络开发建设

1985 年 4 月，第一座集体性质的“资阳石油公司加油站”（现西门加油站）正式开业。

1991 年 8 月，第二座集体性质的东门加油站开业。

1994 年 12 月，西门、东门两座加油站合并管理，成立资阳石油支公司加油站。

2000 年，成立川南公司资阳分公司网络建设工作领导小组。同年，投资 390 万元，在资阳市城区修建孙家坝、宝莲加油站，在丹山镇修建丹山加油站，结束公司成立以来没有新增加油站的历史。

2001 年，收购集体性质的西门、东门加油站。

2002 年 5 月，资阳成品油配送中心成立，下辖雁江片区东门、西门、宝莲、孙家坝、丹山、迎接、祥符、刘家湾，简阳片区城东、城西、回龙寺、西峰岭、阳安、城北、城南、长星、贾家、东溪、棉丰、石盘、十里坝、柏林、石板，乐至片区仙鹤、城东、童发、宝林，安岳片区普州、龙台、岳城、永清 31 座加油站。12 月收购平泉、保和加油站。全年运营加油站 33 座。

2003 年 1 月，东峰加油站开业；2 月，迎宾加油站开业；3 月，收购巨帆、文峰、碑记加油站；5 月，收购顺发、鑫源、平安、乐至（乐运司）加油站；7 月，收购通贤加油站。

2004 年 8 月，收购简皇、星光、阳光、施家、金银坡、西禅、石佛加油站；12 月，收购石坝子（城北）加油站。

2005 年 3 月，新建南骏加油站，因城市规划拆迁关闭东门加油站。

2006 年，租赁成渝高速资阳服务区 A、B 加油站，石桥服务区 A、B 加油站。

2007 年，新建南市加油站，12 月收购新城加油站。

2008 年 9 月，注销东门加油站，成渝高速资阳服务区 A、B 加油站技改投运；10 月，新建投运南骏加油站。

2009 年 12 月，省公司与资阳市人民政府签署战略合作框架协议，签约仪式在资阳举行。

2010 年 6 月，与简阳市政府签订战略合作框架协议。收购少林加油站。

2011 年，在全省系统率先完成与所属市县区签订《2011—2013 年中国石油项目目标责任书》，落实“十二五”期间建设 1 座油库、10 座加油站的发展规划。成渝高速资阳服务区 AB 加油站、石桥服务区 AB 加油站移交新成立的四川中路能源有限公司经营。12 月，新建投运少林加油站。在“促发展、上规模、增效益”劳动竞赛中，资阳分公司被省公司评为网络开发类“先进单位”。

2012 年，获得内遂高速公路安岳服务区、遂宁安居和安岳文峰停车区经营权。6 月，资阳分公司开发的第一个 BOT（建设－经营－转让）高速公路服务区项目——内遂高速公路安岳服务区投运。

2013 年，收购安岳西禅、人和加油站。

2014 年 2 月，与四川阳安交通投资有限公司签订战略框架协议。7 月，新建投运希望加油站。9 月，收购石羊加油站。10 月，巨帆、西禅加油站投运。12 月，投运首座橇装站柏林加油站。

2015 年 6 月，南骏客运撬装站正式开业运营，该站与南骏加油站实行并站管理。在网络开发综合考评中，被四川销售公司评为 2015 年度投资建设先进单位。

2016 年 6 月，新建投运滑石加油站，技改投运简皇加油站。12 月，新建投运帅乡加油站。

2017 年 7 月，停业近 10 年的石佛加油站完成改造恢复营业。12 月，新建投运简蒲高速公路江源服务区 A、B 加油站。

2018 年 8 月，天童 A 加油站新建投运。12 月，资阳分公司与资阳空港投资有限责任公司签订战略合作协议。

2019 年 1 月，租赁资阳环卫处停车场场地，投运环卫撬装加油站。3 月，第一座特许经营站三岔润力加油站营运，填补品牌输出空白。4 月，收购技改投运蜀乡大道（洪大加油站）、保相寺加油站。6 月，新建投运柠都大道加油站，开业第一天达销。8 月，与安岳县元坝、富强加油站签订特许经营协议。9 月，与资阳市雁江区建设投资集团有限公司、四川聚丰之源新能源科技有限公司签订战略合作框架协议。10 月 8 日，合资公司资阳中油空港能源有限责任公司新建的第一座加油站资阳市临空经济区撬装加油站开业，正式为临空经济区建设供油。

2002—2019 年，资阳分公司加油站由 31 座发展到 60 座，逐步建立起遍布区域城市和主要乡镇的加油站网络，促进销售与市场占有率逐年提高，巩固资阳分公司在资阳地区成品油市场的主导地位。

（二）仓储设施建设

1965 年 5 月，地处简阳县简城镇花园街，占地面积 83 亩的简阳油库（原红塔油库）开工建设，10 月建成投产。

1967 年，地处资阳县雁江区城西村七社的资阳油库（原卧龙桥油库）开工建设。

1970 年，资阳油库建成投产。

1986 年，简阳油库进行第一次技改。

2002 年，简阳油库、资阳油库改建，由槽车入库变成全管输入库，属兰成渝输油管线配套油库。10 月 31 日至 11 月 2 日，两座油库首次进行兰成渝管输油料接收工作，资阳油库入库油品 3004 吨，简阳油库入库油品 3870 吨。

2003—2007 年，兰成渝配套油库开始信息自动化建设，简阳油库、资阳油库经多次升级改造，不断提高生产作业自动化程度，实现油库人员生产作业、安全监控的统一管理。

2008 年，因主城区快速扩张，资阳油库被商住区包围，安全问题日显突出。4 月 22 日，资阳分公司向省公司正式提交资阳油库迁建报告。

2009 年 2 月，资阳市政府召开资阳油库搬迁工作专题会议。

2010 年 4 月，省公司资阳油库搬迁工程和隆昌油库整合扩容技改工程初步设计预审会在资阳召开；6 月，资阳油库搬迁工程初步设计方案通过销售公司评审会。

2011 年，资阳油库迁建至资阳市雁江区临江镇大堰村七组，3 月实施搬迁改造停运。简阳油库承担资阳分公司全部油品进销存任务，油库采取少流量、多批次的接卸方法，保障资源的进出平衡、不断档脱销，获省公司先进油库荣誉。4 月，资阳油库开工建设；12 月 27 日，搬迁工程主体完工，通过初步验收。

2012 年 3 月 20 日，资阳油库迁建竣工投运剪彩仪式在临江镇大堰村举行。油库迁建工程占地面积（98.48 亩），总投资约 7798 万元，是第一座完全采用中国石油最新建设设计标准建成的丘陵地区样板油库，库容由 1.28 万立方米扩大为 3.6 万立方米，较原油库库容扩大近 2 倍，收储油及安全视频监控、红外线周界报警系统、巡更系统、消防应急系统等“五大安防系统”全部实现自动控制。消防应急系统采取“一键启动”，配备高低液位连锁功能，是当时全省设施设备最先进、自动化程度最高的二级管输油库系统，被省公司列为重点工程、效率工程、效益工程和示范工程，提升资阳地区的成品油保障能力。

2013 年 2 月 15 日，资阳油库首批次 97 号汽油 1000 立方米安全管输完毕，结束资阳分公司所需 97 号汽油从 104、史家等油库进行公路运输的历史。9 月，资阳油库、简阳油库推行“扁平化”管理，实行“大班制”，撤除股室，合并班组。12 月，简阳油库因山体滑坡造成分输油支管线渗漏停运。

2014 年 3 月 31 日，按当地政府要求及西南管道公司有关建议，经省公司研究决定，同意简阳油库关停。8 月，资阳油库通过二级安全标准化达标验收。

2015 年 1 月，资阳油库对“大班制”进行优化，对相关班组、岗位人员的设置、职能进行再调整。

2016 年 1 月，资阳油库油气回收系统建成投运。

2017 年 11 月，资阳油库高低液位连锁报警、紧急切断阀顺利完成安装投运。

2018 年 6 月，资阳市政府组织市消防大队、市 120 应急指挥中心、市交警支队与资阳油库联合开展油罐火灾事故应急演练，演练方案还作为范本在全市推广。在油库油样间安装可燃气体报警装置，从源头消除安全隐患。

2019 年，资阳油库扎实开展基础管理年活动，推进应急库房标准化达标建设，落实化验室设施设备“三色”管理，按照分组定岗、责任细分原则建立“应急处置卡”。

六、质量安全环保

2002 年，资阳分公司全员签订《安全环保质量计量责任书》，组织开展岗位危害因素辨识活动 18 次，共识别评价各类风险 786 条，逐项对应落实防控责任及防范措施。建立资阳油库油品质量化验室，组建化验班，配备油品必检项目化验设备，坚持每月对 10% 加油站油品抽样化验，确保所售油品质量合格。

2003 年，制定《安全教育培训计划》，组织员工学习《中华人民共和国消防法》《中华人民共和国安全生产法》等规章制度和操作规程，促进员工从“要我安全”向“我要安全”转变，提高“我会安全”的能力。

2004 年，广泛开展“严管理、查隐患、反三违、保安全、增效益”活动，全年查出各类安全隐患 136 处，整改率 100%。加强安全生产事故应急预案实战演练，组织实战演练 324 次，参加人员 1920 人次，提高干部员工应急救援能力。

2005 年，在资阳油库、简阳油库总结提炼安全管理“五法”——提问法、跟班法、书面法、演练法、考核法，以及安全生产“三观念、三转变”先进经验。全年查出和整改各类安全隐患 270 项，开展应急演练 230 次，投入安全隐患整改资金 150 万元。

2006—2008 年，全面推行 HSE 管理体系运行，健全完善公司领导干部、各部门及岗位 HSE 工作职责，制定 HSE 管理制度和操作规程，推进落实“有感领导、直线责任、属地管理”三项管理原则。制定《反违章实施细则》，规范员工操作行为，强化员工安全意识。特别是“5·12”汶川地震后，加大检查和监控力度，共查出隐患问题 621 个，整改 620 个。

2009 年，制定《员工八小时外行为公约》，丰富企业安全文化内涵，规范干部员工“八小时外”行为操守。

2010 年，被资阳市政府授予“2009 年度安全生产工作先进集体”。

2011 年，成立油库、加油站、车辆信息后勤、工程建设 4 个 HSE 分委会，开展双审核。开展危害因素风险辨识、质量计量服务“六条禁令”、“十项驾车不安全行为”和库站“车工非”安全隐患排查整治活动。全年对库站“车工非”各区域审核出不符合项 286 处，整改 286 处。按照“成熟一站，推广一站”要求，对达到地罐交接要求的加油站实行地罐交接。

2012 年，制定《HSE 管理体系三年提升推进工作方案》，建立完善 HSE 三大系统：制度标准系统、HSE 培训系统、绩效考核系统。当选第二届资阳市安全生产协会常任理事单位。制定

《成品油损耗管理办法》《地罐交接管理办法》，完成加油站所有地罐标定。

2013 年，扎实开展安全生产标准化达标创建活动和安全生产大检查活动，共查出并整改问题 838 个，顺利通过安全生产标准化达标二级评审。

2014 年，制定印发《岗位 HSE 职责》和部门安全生产职责 112 个，开展各类安全检查 941 站次，纠正查处违规行为 68 起。

2015 年，加大隐患整治力度，利用库站提升和油气回收工艺改造，投入改造资金 1226 万元，整改加油站 32 座，整改率达 60%，有效解决严重的二元化现象。

2016 年，以南市加油站员工虚开普通发票典型案件为契机，开展“鸣警钟”警示教育和风险防控专项检查，修定《加油站风险防控手册》，编发《风险防控典型案例汇编》，印发《加油站禁令实施细则》，划出 10 个方面 42 条高压红线，新增风险点 187 个、防控措施 501 条、风险防控卡 28 张。强化油品数质量管控，创新开展油品损耗现场赔付，并与运输公司车队签订赔付协议，确保油品卸干卸尽。资阳分公司荣获 2015 年度计量先进单位。

2017 年，完成所有在营加油站油气回收改造，制定《设施设备运维管理办法（试行）》，进一步提高运维效率及运维质量。举办加油站计量员持证培训，64 人取得加油站计量证书。制定《TS 权限使用管理办法》，加强油品收油风险管控，实行日清、周核、月赔付制度，定期考核通报。

2018 年，制定《电子券业务运行监督管理办法》，对电子发票、电子券、汽服洗车等新业务风险进行及时研判、防患未然、规范运行。全年开展各类安全教育培训 735 人次，开展安全检查 2204 次、各类预案演练 1338 次。

2019 年，积极践行“负面清单”制度，编制公司领导班子成员、机关部门、库站《安全生产责任清单》，构建完善以生产经营安全风险管控为核心的全员安全生产责任体系。按照《中华人民共和国安全生产法》有关规定，开展安全负责人及安全管理人员持证培训 132 人，持证率达到 100%。通过技术革新，在加油站推广油罐高低液位语音报警仪，设置预警库存，从源头消除安全隐患，并完成 51 座加油站的防渗改造。

第二十节　岷江分公司

一、基本情况

中国石油天然气股份有限公司四川岷江销售分公司（简称岷江分公司）的前身是四川省阿坝州石油公司。1998 年 8 月，阿坝州石油公司上划中国石油天然气集团公司，由四川省石油集团有限公司管理，同时将原县级政府管理的九寨沟、汶川县石油公司划入阿坝州石油公司。1999 年中油集团第二次重组，组建中国石油天然气股份有限公司，同年 11 月 28 日，阿坝州石油公司整体划入股份公司，隶属中国石油四川销售分公司。1999 年 12 月 5 日，中国石油四川销售分公司将原成都分公司管理的都江堰经营部划归阿坝州石油公司管理，将彭州市石油支公司划归阿坝州石油公司代管。2000 年 7 月 13 日，中国石油四川销售分公司将阿坝州石油公司更名为中国石油天然气股份有限公司四川岷江销售分公司，并于2000年11月16日在都江堰市注册登记，现地址为都江堰市彩虹达到南段599号。

岷江分公司坐落在世界文化旅游名城都江堰市，承担着阿坝州、都江堰市、彭州市三地成品油供应，区域面积约8.6万平方公里，居住着藏、羌、回、汉等各族人民。零售网点分布在州内十三县及都江堰市、彭州市等区域，加油站座数达90余座，销售覆盖面积广，零售网点多、战线长，保供责任重。

截至2019年底，岷江分公司设有11科室、7个片区，在营加油站87座，员工717人，其中库站员工575人。

表11–67、表11–68所示分别为1989—2019年中国石油四川岷江销售分公司行政领导任职情况、党组织领导任职情况。

表11–67　1989—2019年中国石油四川岷江销售分公司行政领导任职情况表

机构名称	职务	姓名	任职起止时间
阿坝州石油公司	经　理	曹远森	1989年1月至1992年10月
		孙　宝	1992年10月至2000年7月
	副经理	欧宝林	1989年1月至1993年1月
		孙　宝	1989年1月至1992年10月
		陈祖平	1989年1月至1995年12月
		谢长军	1993年2月至1995年12月
		王瑞林	1995年6月至1998年5月
		杨建军	1998年4月至2000年7月
		张　平	1998年4月至2000年7月
		王汶远	1999年12月至2000年7月
中国石油四川岷江销售分公司	经　理（总经理）	孙　宝	2000年7月至2012年3月
		申　瑄	2012年3月至2019年3月
		刘纯珂	2019年3—9月
		曾小刚	2019年9—12月
	副经理（副总经理）	杨建军	2000年7月至2004年4月
		张　平	2000年7月至2011年1月
		王汶远	2000年7月至2014年1月
		黄奇山	2012年3月至2016年11月
		何　丹	2014年1月至2019年12月
		杨廷富	2014年1月至2019年12月
		何　信	2016年11月至2018年11月
		周　全	2018年11月至2019年9月
		赵学锋	2019年9—12月
	总会计师	田全锋	2004年4月至2018年11月
		任　勇	2018年11月至2019年12月

说明：2008年，行政领导职务名称由“经理、副经理”改称“总经理、副总经理”。

表 11–68　1989—2019 年中国石油四川岷江销售分公司党组织领导任职情况表

机构名称	职务	姓名	任职起止时间
中共阿坝州石油公司党总支	书　记	曹远森	1989 年 1 月至 1993 年 7 月
		孙　宝	1993 年 7 月至 1995 年 11 月
	副书记	王瑞林	1989 年 1 月至 1993 年 7 月
		陈祖平	1989 年 1 月至 1993 年 7 月
		李芳荣	1993 年 7 月至 1995 年 11 月
中共阿坝州石油公司党委	书　记	孙　宝	1995 年 11 月至 2000 年 5 月
		唐良贵	2000 年 5—7 月
	副书记	李芳荣	1995 年 11 月至 1998 年 4 月
		王瑞林	1998 年 4 月至 2000 年 7 月
		王汶远	1998 年 6 月至 2000 年 7 月
		孙　宝	2000 年 5—7 月
中共中国石油四川岷江销售分公司党委	书　记	唐良贵	2000 年 7 月至 2008 年 5 月
		张　平	2011 年 1 月至 2013 年 3 月
		如莫他	2013 年 3 月至 2017 年 11 月
		申　瑄	2017 年 11 月至 2019 年 3 月
		刘纯珂	2019 年 3—9 月
		曾小刚	2019 年 9—12 月
	副书记	孙　宝	2000 年 7 月至 2010 年 12 月
		王瑞林	2000 年 7—12 月
		向　芳	2008 年 5 月至 2010 年 12 月

二、市场营销

1989—1999 年，严格贯彻执行国家和四川省的各项政策规定，确保物价政策的正确实施。四川省物价局、四川省石油集团公司发出公告，根据国务院批准的国家发展计划委员会成品油价格改革方案，集团公司制定四川省全省统一执行的成品油批发、零售价格。省公司要求所属各级石油公司积极协助当地物价检查部门加强对成品油价格的监督检查，对违反成品汨价格政策的要按照有关规定从严查处。

2000 年，省公司印发《关于调整汽、柴油销售价格的通知》，根据中油石油财传字〔2000〕第 3 号、中油集团炼油销传字〔2000〕第 20 号和省物价局川价字工〔2000〕第 25 号关于贯彻《国家计委关于整顿成品油价格秩序调整成品油价格的通知》精神，决定从 2000 年 2 月 20 日起调整汽、柴油销售价格，对全省各价区成品油销售价格在调整后中准价基础上按上浮 5% 的幅度进行调整，由集团公司下达执行。批发执行价按零售执行价倒扣 5.5% 的批零差率确定。全省划分为两个价区，甘孜、阿坝为二价区，其余地区为一价区。

2001 年，正确处理销售量与销售价格的关系，针对销售不均衡和竞争对手的冲击，结合不同地区市场接受程度，采取灵活的价格策略，按照宜高则高、宜低则低的原则，响应省公司“差异价格”“贴近市场作价”“最低限价”“零售价格保持相对稳定”等价格策略，及时与相关部门联系后调整销售价格，以达到向批发要销量、向零售特别是高标号汽油零售要效益的效果。

2002年，研究分析市场与价格、销量与效益的关系，根据岷江分公司在营销实践中逐步形成阶梯定价、量价互动、保价增效的经营思路，进一步提升零售市场份额，实现效益最大化的经营目标。

2003年，响应省公司“点对点竞争”“零售价格保持相对稳定”等价格策略，及时与相关部门联系后调整销售价格，以达到向批发要销量、向零售特别是高标号汽油零售要效益的效果。逐步建立以客户为中心的销售体系，加大配送力度。

2004年，科学预测销售区内的购销计划，按照区内正常需求保留合理的库存。将市场、销售和服务三个环节紧密结合起来，着眼于客户关系管理，通过对老用户、潜在用户、机构用户及合作联营加油站的基本情况及需求趋势分析，与其建立长期而稳固的关系。

2005年，以实现零售的快速增长为工作核心，积极有效地开发终端市场。通过对老用户、潜在用户、机构用户及合作联营加油站的基本情况与需求趋势分析，与其建立长期而稳固的关系并保持对用户的联系与关注，了解其需求以把握市场机会，提高用户对岷江分公司的忠诚度。

2006年，对机构用户做好动员解释工作，宣传油品定价机制，使其尽量转化为零售客户。加大客户回访力度，在资源紧张期间，资源优先向忠实客户倾斜，进一步让客户感受到作为中石油客户的优越感，提升忠实度。

2007年，成立成品油供应领导小组，由经理任组长，实行销售一支笔审批制。统筹安排资源投放，保证农业、工业，尤其是重点工程的生产用油。

2008年，严格执行省公司不同时期的销售策略，在油源紧张时期，按照“控销、停批、限供、保重点”的经营方针。进一步细化梳理客户档案，对重点机构用户、忠实客户在10月中旬召开两次座谈会。

2009年，在加强稳价协价的基础上，分地区、分客户、分品种、分环节和分时段，及时采取有针对性的差异化价格策略，抢抓客户。重点保证灾后恢复重建及扩大内需等重点工程项目用油，对其他机构用户在有资源余量的情况下可适当供应。

2010年，研究分析市场形势和价格情况，因地制宜，分时分段做好销售工作。紧盯灾后重建和基建项目，指定专人进行开发维护，认真落实用油项目负责制，加强对项目责任人的考核和奖惩。

2011年，建立信息联动机制，确保市场信息反馈及时有效，增强营销工作的针对性和前瞻性。针对机构客户、零售大客户建立月购油分析制，全面掌握这部分群体的购油动态，有的放矢地进行客户维系。

2012年，坚决贯彻执行省公司和岷江分公司的营销策略，深入市场，研究分析市场形势和价格情况，因地制宜，分时分段做好销售工作，建立客户经理队伍。“走出去”与“请进来”相结合，融洽客户关系，尽力为客户排忧解难，根据工程客户需求，积极联系第三方运输公司，为客户提供配送等相关服务。

2013年，客户经理在所属销售区域内以片区为单元开展客户调查工作，通过实地调查走访，真实解客户信息，进行周期分析。创新客户管理作为促销增量和稳定区内市场的突破口。对客户进行分类，并创新尝试VIP客户管理模式，制定大客户管理办法。

2014年，深入开展“贺岁季”“踏青季”等主题促销活动，准确把握涨跌价前后客户需求情况，实行量价联动、梯次作价、一站一策、勤销快销。制定《客户经理考核办法》，对新竞聘的客户经理针对业务流程、制度、如何开发、维护客户等知识进行培训。

2015年，强化客户经理日常管理，两次修订客户经理薪酬考核办法，合理调整薪资系数，激发客户经理潜在销售热情。根据社会加油站购油渠道和喜好，选择合适的客户经理，点对点跟踪沟通，并找准时机，引导社会加油站购油。

2016年，鼓励加油站走出去，采取“站不长腿人长腿、小额配送补短板”的营销思路，近距离与客户沟通联系，凭借小额配送灵活机动、服务高效的特点，为开拓市场蹚出新路子。选择旅游沿线，抓住“春节”“清明”“五一”“端午”小长假旅游高峰时期车流量增加的契机，为促销取得实效奠定有力的基础。

2017年，坚持“紧盯市场、以我为主”的经营思路，强化市场情报收集，及时掌握竞争对手变化，用好用活省公司营销策略和普柴优势。成功获得四川大渡河流域双江口水电站枢纽工程和双江口水电站枢纽工程马尔康足木足大坝筑坝工程柴油供应两个大型项目，年用油需求量在1.5万吨左右。

2018年，通过展销进行产品推广，内涵挖潜，外扬影响力，推荐自有优质产品，引导消费，充分发挥中国石油品牌优势和加油站线下平台优势，全力整合资源，开展跨界营销。

2019年，重新修订客户经理管理办法，提高提成标准，充分调动客户经理积极性。用好综合业务支撑平台，对313家直批客户实施分级分类管理，全年拜访客户938余次。全力开发特许经营加油站，成功开发特许加油站4座。阿坝州地区生产总值306亿元，同比增长3.9%；州外都江堰、彭州、郫都区地区生产总值合计1376亿元，同比增长7.03%。2019年，辖区成品油市场表观消费量87.65万吨，其中：岷江分公司销售45.99万吨，市场份额52.47%；成都分公司销售6.99万吨，市场份额7.97%，成品油分公司销售2.64万吨，市场份额3.01%；中石化销售9.14万吨，市场份额10.42%；延长壳牌销售11.41万吨，市场份额13.02%；陆地石油销售2.16万吨，市场份额2.46%；社会经营单位销售9.32万吨，市场份额10.63%。在州内市场，辖区成品油市场表观消费量26.29万吨，其中：中石油销售18.62万吨，市场份额70.82%；中石化销售1.86万吨，市场份额7.07%；延长壳牌销售1.32万吨，市场份额5.02%；社会经营单位销售4.49万吨，市场份额17.07%。在州外市场，辖区成品油市场表观消费量61.36万吨，其中：中石油销售37.18万吨，市场份额60.59%；中石化销售7.28万吨，市场份额11.86%；延长壳牌销售10.09万吨，市场份额16.44%；陆地石油2.16万吨，市场份额3.52%；社会经营单位销售4.65万吨，市场份额7.57%。

三、加油站管理

1989—1996年，新建漩口、岷江、永兴、国旅，租赁鱼嘴，收购太平驿、金府、紫坪铺等加油站，截至1996年底，加油站发展至13座。

1997年，为做好马尔康地区成品油供应，提高质量和市场占有率，租赁阿坝军分区所属阿坝军分区加油站，为便于管理，将马尔康地区的加油站名称变更为马尔康第一（现马尔康加油站）、第二（原阿坝军分区加油站）、第三加油站（现小水沟加油站）。

1998年，与马尔康县石油公司达成协议，兼并马尔康县石油公司阿底加油站。根据马尔康地区实际，将马尔康一、二、三站及阿底加油站等4座加油站优化重组为马尔康阿底加油站和小水沟加油站。

1999年，在世界自然遗产区九寨沟县境内投资新建3座现代化一流的九寨沟沟口加油站、九寨沟漳扎加油站、九寨沟安乐加油站。

2000年，在阿坝州、都江堰市、彭州市、郫县等国道和省道的较佳口岸兴建8座加油站，收购19座加油站，共增27座加油站。

2001年，为充分发挥加油站扩大零售的载体作用，采取一系列组织措施，强化对加油站的规范管理。成立加油站管理科，专门分管加油站的内部建设，根据区内点多面广、信息不畅的特点，设立阿坝州、都江堰、彭州、郫县4个片区加油站管理中心。

2002年，岷江分公司确定为加油站管理年，认真贯彻落实《中国石油加油站管理规范》，将其作为提升加油站管理水平和服务水平的工作指南，作为加油站员工的行为准则，作为检查和考核加油站工作的主要依据，努力提高加油站的管理水平和服务水平。

2003年，继续贯彻落实《加油站管理规范》工作，提高零售经营管理水平，促使加油站切实转变“座店经商、等车加油”的零售经营观念，树立“以客户为中心”和“服务立站、服务创效”思想，提高管理水平。

2004年，针对部分加油站在站容、站貌、安全管理、现场管理、服务质量、基础工作等方面存在的问题，为进一步提升对加油站整体管理水平，塑造加油站良好形象，逐步开展加油站整治工作，从软硬件两个方面入手，对大部分加油站进行包括加油机、罐区、操作井、配电房、卸油现场、办公室、厕所等设施设备及场所的整治维护。

2005年，鉴于地处川西北高原的阿坝、若尔盖、红原三县加油站数量的增加，组建红原片区零售管理中心，负责管理阿坝、若尔盖、红原三县的加油站，同时组建汶川、马尔康、九寨沟三个片区零售管理中心。

2006年，为加强加油站的综合管理，配合内控体系的建立与完善，在7个片区配备片区综合管理员，印发《销售片区综合管理员工作职责》。围绕加油站管理规范化、标准化的工作目标，坚持以加油站规范管理为主线，以定置化管理为标准，大力加强宣传，制订加油站定制管理标准分类建设计划。

2007年，严格执行《加油站管理规范》《加油站定置管理标准》，有计划有步骤地实施加油站管理标准建设。加强对加油站的检查监督，深化加油站规范管理长效机制，完善加油站综合检查制度，组织定期不定期的检查、各片区交叉检查、专项检查、综合检查等。

2008年，贯彻销售公司2008年版《加油站管理规范》和《加油站细节管理手册》，成立开展学习新规范领导小组。以强化思想道德建设作为提高员工素质教育的着眼点，以强化岗位技能培训作为提高员工素质教育的切入点，以强化思想政治工作作为提高员工素质教育的着力点，切实加强员工素质教育，增强法律意识，强化员工专业技术培训，提高业务技能。

2009年，通过标准化制度的建设以强化规范加油站管理工作，制定《加油站日常维修费补充管理办法》《片区、加油站评优选优管理办法》，修订完善《加油站稽查管理办法》等制度。通过开展“加油站规范管理执行年”活动，强化管理执行力，巩固加油站规范管理水平。

2010年，完善稽查暂行方法，提高加油站稽查质量。根据新版“规范”，修订《加油站管理稽查暂行办法》，制定《加油站管理稽查及评分细则》和《片区、加油站评先选优管理办法》作为稽查补充标准。把“卖服务”作为零售环节“上量、创效”的有力手段，实施以“微笑服务、温馨服务、快捷服务、特色服务”为主要内容的亲情服务体系，突出“客户服务、现场安全和环境卫生”三大要点，强化现场安全和环境整洁的重要性。

2011年，开展加油站标准化制度建设，建立健全加油站管理规章制度，并对已有制度不断地优化、完善。制定《加油站安全管理制度》《加油站防雷防静电管理办法》等安全类制度13个；制定《加油站消防器材管理办法》《加油站设备维护手册》等设备类制度3个；制定《加油站办公室管理办法》《加油站卫生责任划分办法》等基础管理类制度5个。以总部四种“规范”为蓝本，按照“五统一”的原则和“五位一体”的要求，强力推进加油站标准化建设，建立健全加油站标准化、规范化建设方案。按照《加油站规范建设标准》对16座加油站进行“新标识”包装，倾力打造标准站，制订完善样板站打造方案，全力组织开展样板打造。

2012年，制定印发《反服务违章奖惩条例》，对照加油、收银服务过程的关键环节，细化奖惩措施，通过服务条例来规范员工服务行为，减少客户投诉，并加强对违章行为责任人处罚力度。以培训为先导，促进“三级”培训工作扎实开展，全年围绕企业文化、加油站规范和服务、细节管理手册、加管系统、卡系统、员工实操等内容共计培训员工541人次。围绕增加发卡量、提高沉淀资金及提升卡销比三方面开展工作，通过建立客户档案、挖掘潜在加油卡客户，圆满完成发卡目标任务，确保沉淀资金和卡销比的稳步增长。

2013年，分析加油站现场管理现状，从解决少数干部履职不到位、加油站管理不规范、违规操作、基层员工庸懒散、工作标准低、执行力差、加油站客户服务意识差等方面入手，制定《加油站管理专项治理方案》，明确治理目标，细化治理措施。组织开展加油站优质服务月活动，进一步提升片区管理人员对加油站的管理能力、服务意识，增强片区管理团队建设，并先后举行以学习《加油站管理规范》《加油站细节管理手册》等业务知识为主要内容的片区规范管理岗业务技能培训班。截至年末，岷江分公司营运加油站94（不含撬装站）座，共设加油卡消费站点74座，占比78.7%。

2014年，制定印发《反服务违章奖惩条例》《客户服务投诉管理办法》，对照加油、收银服务过程的关键环节，细化奖惩措施，通过服务条例来规范员工服务行为，减少客户投诉，并加强对违章行为责任人处罚力度。制定《加油站管理专项治理工作要点》，指导各片区、加油站开展治理工作，加油站现场管理水平得到有效提升。累计记名卡发卡量32375张，完成全年任务的161.88%，沉淀资金为8116.48万元，完成全年任务指标的133.06%。

2015年，修订完善《加油站经理（综合管理员、前庭主管）值班管理办法》，建立片区管理人员值班制度，确保加油站安全平稳运行。强化营销指挥大厅的管理，修订营销大厅管理办法，制作营销大厅监控指南，丰富检查内容，同时设立兼职稽查人员，不定时抽检加油站现场服务管理情况，及时处理发现的问题，努力建立加油站管理的常态机制。开展加油卡大客户满意度调查活动。通过现场填写调查表的方式，从油品数量、油品质量、加油卡功能、服务质量、方便快捷等方面对客户的满意程度进行调查，收集客户宝贵的意见和建议，客户满意度达98.79%，其中油品数量、油品质量、服务质量三方面客户满意度达100%，加油卡功能及方便快捷方面的满意度分别为94.20%和98.55%。

2016年，制定《加油站服务质量管理考核办法》，建立涵盖神秘顾客访问、95504投诉、新闻媒体监督三个指标的服务专项考核制度。构建以加油站管理月度考核、神秘顾客访问调查、加油站基础管理系统为基础的加油站立体式稽查管理体系，持续强化加油站现场管控和执行力。与邮政、平安银行等大企业跨行业互惠合作，抓住车改机会吸引公务员办卡，并新增与绵阳九洲集团公司、运输车队等大客户合作业务。截至12月31日，转到绵阳九洲公司的单位客户共47家，转卡后充值金额累计为4537.134万元。

2017年，宣贯和执行《负面清单管理制度》，通过学习和检查各单位培训现场照片、培训记录和询问加油站当班员工的形式强化培训监督。完成全分公司2600吨以上加油站水探测型滤芯升级改造工作，有效杜绝油罐底部水杂加注到客户油箱，为加油站因意外导致的数质量纠纷配备上坚固的盾牌。在7个片区开展“亮品牌，树形象，促发展”专项活动，着重对汽油客户承诺提供优质服务、普及国Ⅴ油品知识和加油卡优惠政策，通过活动的开展进一步稳固汽油卡客户。

2018年，完善加油站日常稽查、专项检查效果评价制度，对现场检查、指导工作实现“发现问题、整改问题、情况反馈、随机复查”的工作流程优化，确保稽查实效。定期召开片区业务经营分析会，有针对性地对片区在经营管理中的市场管理、客户开发、促销活动、现场服务等方面进行分析通报，帮助片区、油站查找症结、对症下药，利用每月10日“十惠”活动契机，强化加油站现场服务帮扶，有效提升现场服务管理。强化发卡业务。上半年，以片区为团队，逐月深入医院、学校、大型厂矿等开展上门办卡业务，有效提升活跃记名卡、沉淀资金增量。

2019年，结合站经理履职能力管理办法，制定《加油站关键岗位人员驻站值守管理办法（试行）》，进一步增强加油站管理人员的责任意识。出台“为快乐加油，创美好生活”服务提升年活动方案，筑牢提升服务基础。依托加油卡优惠促销政策，加强对外宣传，加强与企事业单位沟通联系，推进上门办卡工作，开展昆仑ETC卡业务推进工作，全力抓好昆仑ETC卡发放，抓住当前的窗口期快速获客，迅速占领市场。

四、非油品业务

2009 年，成立非油品经营部，在迎宾加油站、牡丹加油站打造便利店。实现非油收入 409.45 万元、毛利 18.18 万元。

2010 年，42 座加油站开展非油业务。其中便利店 8 座（标准店 4 座、非标店 4 座），开展燃油精和小包装润滑油 42 座，开展堆头销售 20 座。全年实现非油销售收入 1069 万元、毛利 129 万元。

2011 年，建立和完善非油业务的各项管理制度、办法和工作流程。将非油各项指标纳入月度考核，完善百元工资制和促销奖励制度。全年非油销售收入 1525 万元、毛利 135 万元。

2012 年，紧紧围绕“上规模、强管理”的工作方针，迎宾加油站作为销售板块精细化管理推进会的示范站，在省公司及岷江分公司的共同努力下，打造成为拥有快餐服务、自助缴费、取款服务以及畅销商品 1800 余种的加油站便利店。同时新增地方采购 5 家供应商，做全产品供应链；打造 15 家规模店，做好经营证照的办理，同年实现都江堰、郫县地区加油站开通烟草货款对公转账业务。实现非油销售收入 2031 万元、毛利 165 万元。

2013 年，及时调整经营思路，一方面继续抓好拳头商品、家庭食品、包装饮料销售不放松，另一方面寻求非油量效新的突破和增长点。同时通过大量的客户拜访，深入厂矿企业、工业园区，了解客户需求，积极宣传润滑油产品。加强与非油公司的沟通、协调，积极争取相关政策和支持，先后成功与阿坝铝厂、百花水泥厂等大型厂矿企业达成供销协议。实现非油销售收入 2661 万元、毛利 211 万元。

2014 年，确定以“效益优先、强化管理”为重点开展工作，把握“非油二元化治理”契机打造店面，积极优化非油经营结构，推进促销方式的多样化，积极开展“贺岁”“踏青”“端午”“足球季”等各项主题促销活动。同时积极拓展广告租赁业务的创效能力，实现广告业务的全覆盖。实现非油销售收入 1728 万元，实现毛利 244 万元。

2015 年，继续开展二元化治理，围绕“精细营销”，修订完善《非油业务运行管理办法》，厘清业务运行中存在的流程与盲区。努力打造岷江特产销售便利店，持续跟进红原奶粉、雪松牛肉等阿坝特色商品进店。实现非油销售收入 2405 万元，其中便利店店销收入 2080 万元、利润 377 万元。

2016 年，引入上汽车享家合作开发区域内汽服网点，同年都江堰、迎宾、天府、经济开发区 4 座加油站汽车服务中心已投入运营，并在 2016 年 10 月 8 日在迎宾加油站召开双方合作衍生商品“昆仑、车享家”润滑油双品牌发布会，合作得以深入。2016 年实现非油收入 2868.71 万元，实现毛利 636.99 万元。

2017 年，调整非油销售结构，持续提高经营质量，积极开展各种促销活动，油非互动效果更加显著。结合本地市场情况，开展一系列油非互动、卡非互动、润非互动的促销活动，实现月月有促销、逢节有实惠的促销氛围，客户体验进一步提升，油品销量、非油收入实现双赢双增，在省公司各项非油专题争霸赛中均获得奖励。实现非油收入 4640 万元，实现毛利 660 万元。

2018年，详细学习和研究省公司配套方案，针对非油业务瓶颈，制定《2018年非油业务考核奖励办法》，出台《"大战一百天、打赢攻坚战、决胜千万吨"非油攻坚方案》。制定百元工资3元与5元的梯度奖励办法，兑现奖励大大优于省公司标准。新增二王庙汽服中心店，门店功能新增钣金、喷漆服务，汽服生态圈建设初具锥形。积极开拓代收代付业务，树立异业合作为企业"转型"的方向。全面深化异业合作，整合区域内各渠道资源，梳理业务流程，探索多元化发展的可能性，搭建双方、多方合作的平台，全年实现非油销售收入8827万元、毛利828万元。

2019年，开展"会员日"活动11次，实现非油店销同比增收237.88万元。全年升级改造便利店33座，累计日均店销提升0.86万元，进店率提高3%。相继投运4座1919店中店，单月成交7.83万元。新增5座加油站自助洗车机网点和1座充电桩项目，全年带动店销增收47万元。试点引入都江堰市"蒲公英扶贫计划"，开创企业"良心农场"品牌，促进店销增收44.3万元。联合中粮名酒汇、泸州老窖开展客户答谢会，积极融入"都江堰旗袍节""双遗马拉松"和"红原雅克音乐节"等地方大型活动，实行挎包销售、展台营销，非油增收67万元，创效能力不断提升。

五、质量安全环保

1989—1999年，岷江分公司高度重视安全工作，始终把安全工作摆上重要议事日程，不断加强安全管理工作。设立安全保卫科，各库站成立安全小组，建立警消组织，坚持"预防为主、防消结合"的消防方针，以"全员、全过程、全方位、全天候的管理原则"使安全工作做到常态化、制度化。

2000年，坚持"安全第一，预防为主，防消结合"的安全工作方针，全员、全天候、全方位、全过程抓安全生产。

2001年，贯彻落实"安全第一、预防为主"的安全工作方针，加强对全公司要害部门、重点单位的安全管理工作。

2002年，贯彻"安全第一，防患于未然"的安全工作方针，年初调整充实"安全生产委员会"，经理与所属各单位、机关各科室负责人签订年度安全、内保综合治理工作责任书，落实安全目标责任。

2003年，以"五严"为安全生产管理基本指导方针，严格执行国家有关法律、法规以及股份公司、省公司的有关规章、制度，从安全思想层面来决定安全管理的高度和深度，将安全意识教育和安全技能培训作为安全管理的重要环节抓安全工作。

2004年，分三个阶段在公司范围内开展"严管理、查隐患、反三违、保安全、增效益"活动。

2005年，贯彻落实股份公司确定的以"强三基、反三违、除隐患、保安全"为主题的"安全管理年"活动。

2006年，按照"安全第一、环保优先、以人为本"的安全环保工作方针，扎实开展以"强三基、反三违、严达标、除隐患"为主题的"安全环保基础年"和"安全生产月"活动。从安全生产责任制落实、安全生产管理基础工作、安全监督体制建设和运行、安全检查和专项整治、施工现场安全管理、教育培训等方面抓安全生产工作，从源头上遏制认识不到位、责任制不够落实等五个方面问题的发生。

2007 年，树立“安全就是政治，安全就是效益”的理念，进一步夯实安全环保基础工作，严格按照“制度完整、流程清晰、规程适用、便于操作、无缺陷、无漏洞和统一规范”的要求，对原有的管理制度、操作规程、作业流程、应急预案等逐项进行补充修订和完善，消除制度未涵盖的盲区，细化操作规程，使之更加具体、可操作、符合生产实际，作业流程更加完善合理。

2008 年，贯彻省公司 2008 年安全环保仓储工作会议精神，以开展“安全环保基础年”活动为主线，以“强三基、反三违”为切入点，组织员工开展各项安全环保活动，牢固树立“安全第一、环保优先、以人为本”的理念，严格遵循“严、细、实、真”的工作要求，加强执行力建设。

2009 年，为适应震后稳定工作和反恐防恐工作要求，强化反恐防恐工作贯彻落实，确保安全生产、企业和员工队伍稳定，按照省公司要求制定《安全稳定工作实施方案》，明确责任，成立以反恐防恐、维稳保供为主要职责的安全维稳领导小组。春节及国庆前后对片区、油库进行安全维稳值班，现场指导油库、片区安全维稳工作，收集并及时上报各种反恐防恐信息，防止各类安全恐怖事件发生，督促指导片区加油站根据具体情况制订反恐防恐应急预案，加强预案演练和夜间、白天巡检次数，严格执行信息报送和重大情况请示报告制度，加强与地方政府维稳办、公安机关、维稳部队的沟通、联系和协调，促进信息交流，做好联动防范工作。

2010 年，岷江公司落实车辆交通安全责任，治理车辆交通安全隐患，加强车辆安全管理，构建交通安全长效机制，遏制车辆交通事故多发势头，制定《2010 年车辆交通安全专项整治工作方案》。

2011 年，开展“安全生产月”活动，进一步加强安全环保管理。印发《车辆安全管理实施细则》，强化非生产性车辆及驾驶员的安全管理。7 月，汶川境内罗圈湾山洪泥石流灾害中，岷江分公司应急保供用油应对正确、组织到位、安排有序、保障有力，圆满完成抢险救灾和应急保障用油，得到当地党委政府的高度评价。

2012 年，开展安全生产领域非法违法生产经营和违规违章行为专项整治活动，结合“百日安全生产”活动，认真组织开展以“防火、防爆、防静电、防交通事故、防泄漏、防滑和防中毒窒息”等为重点的安全生产检查，并对问题和隐患进行整改。开展管理提升和“挂、包、帮”活动，针对管理提升和“挂、包、帮”活动中所发现问题和加油站二元化问题，在基层开展加油站基础管理达标工作，管控水平大幅提升。

2013 年，制定《2013 年安全生产大检查活动方案》，分加油站自查、全面排查、大面积抽查、回头查回头看等四个阶段，采取边查边整改、边查边总结提高，扎实开展安全生产大检查工作，不断夯实安全环保工作基础。

2014 年，扎实开展水环境风险排查工作，对涉及饮用水、供水管网、重点河流、重要湖库、自然保护区等环境敏感地区的加油站，特别是岷江河沿线和九寨沟、黄龙景区以及四姑娘山等旅游沿线的加油站，重点对管线、隔油池等设施设备的环境风险及其防控措施进行了全面排查评估。岷江分公司及所属90座加油站获得四川省安全生产监督管理局颁发的安全生产标准化二级企业授牌、证书。

2015年，开展杜绝性项目整治活动。制定方案、落实责任，加强检查，配合督促小组和职能部门对各片区、加油站开展的工作进行监督检查，以“四不两直”的方式进行“回头查、回头看”，全年组织安全检查16次。

2016年，开展罩棚隐患排查，结合年度一体化改造计划，落实油罐清洗计划，全面排除隐患问题。在阿坝地区无水源、高海拔、寒冷地区的6座加油站修建泡沫封堵型卫生间，实现了部分加油站厕所零污染排放。

2017年，在各片区开展“滴滴好油 满满诚信”为主题的“3・15”油品质量计量专题宣传活动；面对“6・24”茂县滑坡、“8・8”九寨沟地震，及时启动应急预案，采取有效应急措施，为抢险救援用油提供最大程度的保障，同时妥善应对次生灾害，所属加油站、施工现场未出现人员伤亡和财产损失情况，受到当地政府高度肯定。

2018年，完成所属96座加油站油气回收检测工作；完成41座加油站双层罐防渗治理工作。

2019年，科学应对“8・20”特大暴雨灾害，及时启动自然灾害突发事件专项应急预案，快速部署油品应急保供工作，成立应急保障小组，各专业线分工明确，全面掌握道路、库存、配送、应急及风险隐患等信息，有效应对自然灾害，得到汶川县政府肯定。

第二十一节　甘孜分公司

一、基本情况

中国石油天然气股份有限公司四川甘孜销售分公司（简称甘孜分公司）成立于1970年10月，前身为甘孜州商业局下属单位，名称为甘孜藏族自治州石油公司，主要从事甘孜州成品油批发和零售业务。1998年7月，原甘孜藏族自治州石油公司成建制划归中国石油天然气集团公司，更名为四川省石油集团甘孜有限公司。1999年7月，重组改制，核心业务划转中国石油天然气股份有限公司管理。2000年10月更名为中国石油天然气股份有限公司四川甘孜销售分公司。2001年，为保障甘孜藏族聚居区成品油供应，支持民族地区经济建设，经中国石油四川销售分公司研究，将原隶属雅安分公司管辖的汉源、石棉两个县公司及乌斯河油库一并划归甘孜分公司统一管理和经营，甘孜分公司成为跨区域管理的地市公司。2014年8月，按照省公司“单主体”的总体部署，将汉源、石棉片区及乌斯河油库划归雅安分公司。

截至2019年底，甘孜分公司设有业务运作部、安全质量工程部、财务部、综合管理部、党建工作部、客户服务中心6个部门，下设泸定、康定、南线、北线4个片区，在营加油站33座，员工339人。

表11-69、表11-70所示分别为1970—2019年中国石油四川甘孜销售分公司行政领导任职情况、党组织领导任职情况。

表 11-69　1970—2019 年中国石油四川甘孜销售分公司行政领导任职情况表

机构名称	职务	姓名	任职起止时间
甘孜藏族自治州石油公司	经　理	刘罗生	1970 年 1 月至 1977 年 9 月
		刘百文	1977 年 9 月至 1979 年 10 月
		蒲祥云	1979 年 10 月至 1986 年 8 月
		张焕龙	1986 年 8 月至 1993 年 2 月
		高泽林	1993 年 2 月至 1998 年 7 月
	副经理	张佳峪	1972 年 4 月至 1981 年 7 月
		聂云发	1979 年 10 月至 1985 年 12 月
		泽　里	1979 年 10 月至 1982 年 7 月
		高泽林	1987 年 10 月至 1993 年 2 月
		曹云仙	1993 年 6 月至 1998 年 7 月
		宋作伟	1996 年 4 月至 1997 年 5 月
四川省石油集团甘孜有限公司	经　理	高泽林	1998 年 7 月至 2000 年 7 月
		兰鸣平	2000 年 7—10 月
	副经理	曹云仙	1998 年 7 月至 2000 年 10 月
中国石油四川甘孜销售分公司	经　理（总经理）	兰鸣平	2000 年 10 月至 2001 年 9 月
		虎　华	2001 年 9 月至 2004 年 4 月
		陈　鸣	2004 年 4 月至 2013 年 12 月
		薛　建	2014 年 1 月至 2019 年 3 月
		李学科	2019 年 3—12 月
	副经理（副总经理）	曹云仙	2000 年 10 月至 2003 年 2 月
		陈　鸣	2001 年 1 月至 2004 年 12 月
中国石油四川甘孜销售分公司	副经理（副总经理）	文运乾	2004 年 11 月至 2012 年 3 月
		薛　建	2005 年 6 月至 2013 年 12 月
		罗　让	2012 年 3 月至 2013 年 7 月
		廖　丹	2012 年 8 月至 2019 年 12 月
		辜燕彬	2014 年 1 月至 2019 年 12 月
		吴香贵	2014 年 3 月至 2019 年 12 月
		刘　波	2016 年 1 月至 2019 年 12 月
中国石油四川甘孜销售分公司	总会计师	蒋旭东	2001 年 2 月至 2007 年 6 月
		李　俊	2007 年 6 月至 2013 年 12 月
	安全总监	陈　鸣	2002 年 3 月至 2004 年 4 月
		文运乾	2004 年 11 月至 2012 年 3 月
		罗　让	2012 年 3 月至 2013 年 7 月
		廖　丹	2012 年 8 月至 2019 年 12 月

说明：2008 年，行政领导职务名称由“经理、副经理”改称“总经理、副总经理”。

表 11-70 1970—2019 年中国石油四川甘孜销售分公司党组织领导任职情况表

机构名称	职务	姓名	任职起止时间
中共甘孜藏族自治州石油公司党委	书　记	刘百文	1970 年 1 月至 1979 年 10 月
		蒲祥云	1979 年 10 月至 1986 年 8 月
		张焕龙	1986 年 8 月至 1993 年 2 月
		高泽林	1993 年 2 月至 1998 年 7 月
	副书记	陈玉珠	1971 年 8 月至 1979 年 3 月
中共四川省石油集团甘孜有限公司党委	书　记	高泽林	1998 年 7 月至 2000 年 10 月
	副书记	曹云仙	1999 年 7 月至 2000 年 10 月
中共中国石油四川甘孜销售分公司党委	书　记	高泽林	2000 年 10 月至 2001 年 9 月
		虎　华	2001 年 9 月至 2004 年 4 月
		陈　鸣	2004 年 4 月至 2005 年 10 月
		蒋旭东	2005 年 10 月至 2007 年 6 月
		陈　鸣	2007 年 6 月至 2012 年 3 月
		薛　建	2012 年 3 月至 2013 年 12 月
		李　俊	2014 年 1 月至 2016 年 1 月
		李学科	2016 年 1 月至 2019 年 12 月
	常务副书记	李　勇	2019 年 3—12 月
	副书记	曹云仙	2000 年 10 月至 2003 年 3 月
		蒋旭东	2003 年 3 月至 2005 年 10 月
		朱志民	2007 年 1 月至 2013 年 12 月

二、市场营销

（一）市场环境及竞争情况

1989—1995 年，甘孜分公司经历高度集中的社会主义计划经济时期的起步阶段、计划与市场互补的社会主义商品经济时期的发展阶段、全面开放的社会主义市场经济时期的阶段。企业从过去完全依靠手工操作、人工灌桶、计划供应、凭证供应的传统体制，转变成操作机械化、管理信息化、供应市场化的市场经营体制。

1995—1998 年，受石油市场处于供大于求、价格低迷、需求不足的影响，经营处于困难局面，甘孜分公司加强与省公司、炼厂、铁路部门的衔接，把适销对路的油品及时调运甘孜州内，有效保障市场供应。1998 年，甘孜分公司受亚洲金融危机、进口油、走私油冲击，公司生产经营遭遇前所未有的困难。甘孜分公司将油品采调任务与采调人员的工资、差费挂钩，调动其工作积极性，保障优质油品在甘孜州销售。

1999年，针对油品调运艰难的实际，对调进甘孜州内的油品采取直发雅安分公司乌斯河油库，减少在成都中转，降低运输成本，每吨油品节约公路运费170元左右。

2000年，针对甘孜州政府招商引资、旅游观光人员、生产机具不断增多的实际，对组织结构和人员进行优化，将懂业务的人员充实到销售一线，扩大销售队伍规模。

2001年，根据省公司要求，将雅安分公司所属乌斯河油库及汉源、石棉两个县公司的全部资产和人员划归甘孜分公司经营和管理。

2002年，甘孜州内改、扩建公路，给成品油运输造成极大的困难。甘孜分公司对受改道影响的油罐运输车采取在乌斯河油库二次调配，合理避开通车管制时间，保证零售和机构用户的油品供应。

2003年，抓住瀑布沟电站的开工及甘孜州内上千里道路改造工程的机遇，努力扩大机具用油销售量，全力做好市场稳定供应，发挥成品油供应主渠道作用。

2004年，着重分析辖区成品油市场走势、市场需求、市场价格，及时准确确定当期调运计划和资源摆布，紧紧抓住竞争对手判断失误的时机，打好品种差、时间差，寻找利润空间，有效促进量效增长。

2005年，应对油价高位运行、资源持续紧张的市场形势，坚持资源调入符合均衡性、计划性和效益性的原则，正确处理批零关系，科学划分批零市场，对批零营销体制进行整合，批发环节客户逐步向零售环节移交，突出零售的核心地位。

2006年，准确预测市场走势，采取停批保零、限批保零等措施，全力以赴开拓县域市场，县域市场的开发、巩固和占领得到有序发展。

2007年，在资源紧张、油料调运地点变动频繁的情况下，甘孜分公司以服务甘孜州“环贡嘎山两小时旅游经济圈”和机场、水电重点工程为己任，合理调度投放资源，灵活调整营销策略，全力保障重大工程项目的油品供应。

2008年，在资源极度紧张、油价高位运行、汶川“5·12”特大地震的波及下，按照“资源为重、稳中求进、控放结合、量效并重”的营销工作方针，加大调运力度，开辟绿色通道，将有限的资源投放到重点加油站、重点工程，最大限度地满足甘孜州及汉源、石棉两地抗震救灾油料供应。

2009年，面对资源宽松、需求低迷、竞争激烈的市场形势，甘孜分公司按照“效益为重、稳中求进”的营销工作方针，将资源合理投放到重点加油站，尽最大努力满足甘孜州及汉源、石棉两地柴油供应。

2010年，面对国际形势复杂多变、原油价格持续震荡、市场需求波动频繁、柴油资源持续紧张、运输力量薄弱等诸多困难，甘孜分公司始终坚持树立经营“一盘棋”的思想，全方位组织柴油资源，加大运输力量，合理安排资源投放，提高销售规模。

2011年，面对经济增速放缓、油价宽幅波动、市场需求疲软的不利形势，甘孜分公司全方位组织资源调入，精心安排二次配送，基本保证州内各站油品库存充足。

2012年，受国际宏观调控、国际油价频繁震荡等因素的影响，甘孜分公司管辖区域市场需求时好时坏，特别是在雅西高速公路通车后，汉源、石棉销售市场受到严重影响的情况下，科学研判市场走势，汽柴油销售突破20万吨，实现历史性跨越。

2013年，在国内市场价格波动、竞争加剧及汉源、石棉市场下滑等诸多不利因素的情况下，抓增量、抓服务，经营业绩指标得到稳步增长，保持良好的发展态势。

2014年，面对国内经济增速放缓、成品油价格持续走低、州内维稳形势严峻、汉源和石棉片区划转、康定“11·22”地震等重重考验，着力在“突出零售核心，提升管理质量，深化体制改革，打造和谐团队”等方面下功夫，全力打好“保增长、保供应、保安全、保稳定”的攻坚战，促进企业健康稳步发展。

2015年，面对市场经济形势下行、成品油需求降低的实际，甘孜分公司通过与省公司调运处、运输公司协调和现场办公，有效解决配送与需求之间的矛盾，基本保证油料供应。

2016年，面对经济增速放缓、油价急剧下跌、竞争全面升级等不利局面，甘孜分公司提出建设“升级版”藏区公司的总体目标，全力稳增长、保效益，企业保持平稳运行。

2017年，应对维稳形势严峻、竞争不断加剧、百年不遇洪水等不利形势，坚持优化资源配置，及时将石渠加油站油品配送油库调整为青海公司果洛油库，提高吨油毛利500元。

2018年，雅康高速泸定段贯通、康定及泸定地区低价资源泛滥、大型交通水电工程陆续完工、折多山路段大雪封山、金沙江堰塞湖自然灾害频发，甘孜分公司全力稳增长、追进度、防风险、提效益、保安全，企业保持稳健发展的良好态势。

2019年，坚持稳健发展方针，聚焦高质量发展，着力提份额、增效益、强管理、促发展，全面完成各项业绩指标，取得20万吨销售的跨越性胜利。

（二）价格管理

1989—1998年，上划前，甘孜州内无社会加油站，甘孜分公司所有销售站点油品均为计划供应、凭证供应。

1999—2002年，甘孜分公司坚持凭票提货，严禁赊销、涨价前趸销及大单销售。直销油、代存油实行集中管理，避免油品跑、冒、滴、漏，确保资金商品安全和价格到位率。

2003—2019年，甘孜分公司将泸定、康定、关外3个区域进行划分，分别确定为一价区、二价区、三价区，为防止企业效益流失发挥作用。

（三）销售策略

1989—1998年，甘孜分公司处于依靠手工操作、人工灌桶的传统供应模式。1998年，实行销售目标责任制，层层分解落实销售目标任务，工资收入与销售任务挂钩。同时，实行吨油工资制，超销奖励，少销受罚，严格奖惩措施，有力地促进销售量增长。

1999年，认真抓好区域市场的预测、分析和调运结算工作，按照“四统一”规定，规范经营管理，严格控制进货渠道，防止劣质油品进入甘孜市场，维护辖区成品油市场秩序。

2000年，与符合条件的社会经营单位开展连锁经营，把一些口岸好、销售量大的社会加油站纳入甘孜分公司的供应渠道，为扩大销售打下良好基础。

2001年，采取“量价互动、小步快跑”策略，认真把握销售节奏，努力增加吨油销售收入，实现量效并重。实行吨油工资考核制度，坚持按劳分配、按量分配，充分调动员工销售积极性。

2002 年，针对 108 国道和 318 国道线改、扩建公路的严重影响，及时改进经营思路，主动上门服务，情感营销，坚持配送制，抓好承诺服务，努力提高改道沿线加油站的销售量。

2003 年，改变劳动用工机制，推行“同工同酬”，极大地调动员工销售积极性。

2004 年，针对资源紧张时期，全面停止批发，保证资产型加油站不脱销、不断档，保证甘孜州沿线市场的稳定供应。

2005 年，突出零售核心地位，科学把握销售节奏，采取停批保零、限批保零等措施，全力以赴开拓县域市场，企业销售规模实现由重批发向重零售的转变。

2006 年，坚持把有效资源投放到效益好、销量高的加油站，努力提高零售销量。全年，零售量首次突破 10 万吨大关，为创建零售型公司奠定坚实的基础。

2007 年，以服务甘孜州“环贡嘎山两小时旅游经济圈”和机场、水电重点工程为己任，合理调度投放资源，灵活调整营销策略，全力保障重大工程项目的油品供应。

2008 年，转变经营观念，采取稳价促销、送油上门等方式，加大对当地机构用户的油料供应，有力地保障全年销售目标任务的顺利完成，全年销售汽柴油 16.22 万吨。

2009 年，开展“市场大普查、客户大调查”活动，进一步摸清和掌握市场形势及客户需求，同时在竞争激烈的汉源市场开展“点对点”竞争，以价区优势全力促销，保证销量的全面完成。

2010 年，在资源极度紧张时期，指定滨河、九襄、康巴、跑马山等加油站为柴油应急专供站，开辟“鲜活农产品运输车辆绿色通道”，将有限的资源合理投放到重点加油站，尽最大努力满足甘孜州及汉源、石棉两地柴油供应。

2011 年，始终把保供作为首要政治任务，及时优化油料配送方案，并在州内无中国石油站点的县域市场设立小型油罐车服务点，既保障特殊时期维稳用油，又提高公司销量。

2012 年，始终坚持发展才是硬道理的思想理念，提出“州外创效稳客户、州内增量拓市场”的经营理念，促进量效双增，除汉源、石棉两个片区外，仅甘孜州内销售量就达到 12.92 万吨。

2013 年，全力抓好自助加油销售，通过在泸定康巴、康定跑马山 2 座加油站试点开展自助和半自助加油，既有效促进人均销量稳步提升，又确保人工成本、现金交易得到有效控制和保障。

2014 年，在新都桥、丹巴、稻城等旅游沿线加油站增设 97 号高标号汽油销售，既提升销售效益，满足市场需求，又维护企业良好形象。全年累计销售高标号汽油 7500 吨，同比增长 31.58%。

2015 年，完善薪酬机制带动销量增长，对二郎山等 4 座承包站实行吨油含量考核制，实行超产奖励。在泸定桥加油站试点升油含量工资制，实行“升油工资 + 固定工资 + 津补贴”的分配模式，调动员工积极性，促进销量增长。

2016 年，认真分析市场变化和需求走势，开发雅康高速等大型直销客户，旅游旺季全力做好油品供应。完善激励机制，制定并实施《加油站工效挂钩考核方案》和《专项奖励方案》，促进销量提升。

2017 年，开展“全员营销”和“百日大会战”活动，充分调动员工的工作积极性和主动性。加大高标号汽油销售力度，在康定、泸定片区间隔取消 95 号汽油并上线 98 号汽油，全年 98 号汽油销售 1626 吨，占汽油总销量比重的 2.4%，汽油销量比重位居全省前列。

2018 年，开展决胜千万吨活动，与片区及业务部门负责人签订“冲刺最后阶段责任令”，实行重奖重罚，奖惩兑现，有效保障销售目标任务完成，为省公司决胜千万吨做出贡献。

2019 年，开展“大战 60 天 跨上新台阶”活动，在姑咱、理塘等加油站采取直降方式开展点对点竞争，促进销量稳步提升。

（四）客户管理

1989—1998 年，把经营工作重点从原来的采调转移到客户开发上来，加强客户开发，扩大销售队伍。

1998 年，将外采人员充实到客户开发销售部门，从各职能部门抽派人员充实到销售部门和加油站，加大客户开发，全年新开发客户在公司购油 6600 吨。

1999 年，切实改善服务态度，提高服务质量和水平，全力保障油品质量和数量，以优质服务赢得大型工程客户，提升零售量。

2000 年，克服看摊守业、坐店经商的不良风气，主动联系老客户，发展新客户。全年与麦科金矿、海螺沟冰川公司等大用户建立供货关系。

2001 年，建立市场调研组，对市场及客户情况进行全面普查，首次建立客户档案，为抓好客户开发工作打好基础。

2002 年，建立以市场为导向、以客户为中心的营销机制，优化成品油配送，树立诚信服务理念，全年新增大型工程客户 6 户。

2003 年，抓住瀑布沟电站的开工及州内道路改造的良机，努力扩大机具用油销售量，保证大型工程客户用油，提升公司销量。

2004 年，把对企业具有较高忠诚度和回报的客户作为重点，建立客户关系分级动态机制。

2005 年，把销售增长方式转变到以高效品种为主的轨道上，开展直销配送，开拓机构用户，实现市场份额与企业整体效益同步增长。

2006 年，坚持强化加油站规范管理和优质服务，进一步稳定和扩大客户资源，全年新增客户 20 户。

2007 年，实行情感营销，免费为工程电站检修加油及储油设备，免费为用户加水，提供送货上门服务，促进销量的稳步增长。全年新开发客户 13 户。

2008 年，在自然灾害频繁、维稳保供形势严峻的情况下，采取稳价促销、送油上门等方式，加大对当地机构用户的油料供应。全年新开发客户 10 户。

2009—2012 年，在高效市场及营业室设置市场信息监测点，在跟踪、分析的基础上，采取

“点对点”竞争策略巩固市场。

2013年，以“突出效益，突出优质客户，突出高效产品”为出发点和落脚点，加大与国电猴子岩电站、大塘长河坝及雅江二滩电站等客户的合作，促进销量稳步增长。全年销售油品22万吨，其中，大型水电客户购油2万吨。

2014年，加强与“两江一河”等大型客户的交流与合作。全年，猴子岩、雅砻江、长河坝、黄金坪4家水电客户需求量达3.63万吨，相当于再造3座万吨站。

2015年，通过协助机构用户办理安评、环评、消防意见书，共同排查工地安全隐患等，牢牢锁定大型机构用户。全年，大塘长河坝、猴子岩、二滩两河口3家机构客户购买量达4万吨。

2016年，与雅康高速等大型直销客户衔接，全力做好该大型工程油品供应，为雅康高速公路正式通车起到保障作用。

2017年，加大客户开发，制定《批发直销业务激励方案》，激励片区、加油站开发直销客户，全年新开发客户34户，增量6245吨。瓦泽、海螺沟、色达、得荣、雅江A、理塘、丹巴等加油站主动走出站外，开展直销业务，全年新开发的客户当中，仅加油站开发客户就达20户。

2018年，所属加油站主动走出站外，开展直销业务。全年，新开发客户70户，实现增量1.37万吨；加大市场调查，大量拜访社会加油站，成功开发社会加油站22座，累计在公司购油1986吨。

2019年，把社会加油站作为直批增量的突破口，成功开发四川国储等社会加油站15座，累计购油2650吨。

三、加油站管理

（一）制度建设

1989—1998年，加强企业内部管理，抓好各项管理制度的落实，明确岗位职责，抓好基础管理工作，适应管理需要。

1998年，建立加油站销售目标责任制，层层分解落实销售任务，实行工资收入与销售任务挂钩，为充分调动员工促销积极性起到制度保障。

1999年，制定加油站劳动用工、业务经营、服务质量、环境卫生等方面的管理措施和加油站员工岗位责任制，规范经营管理行为。

2000年，在加油站全面推行以“统一着装、配证上岗、持枪加油、文明用语”为主要内容的规范化服务，倡导“以诚感人、以情感人”的服务精神，展现中国石油良好形象。

2001年，积极开展加油站达标创星活动，加强对加油站经理及员工培训，加油站服务和管理水平进一步提升。

2002年，加强加油站服务规范工作，每月开展服务提升月活动，提升加油站服务水平。

2003年，制定《同工同酬薪酬分配机制》，将合同化员工的基本工资剥离，与市场化用工同样进行销量挂钩，增强企业的凝聚力。

2004 年，甘孜公司加强加油站设施设备维护和保养，加大设备的巡视检查，落实设备管理看板作业，提高设备的使用效率。

2005 年，认真宣贯最新的加油站管理规范和加油站“四综合”工作实施纲要，全面开展加油站规范管理提高月活动，促进加油站管理水平提升。

2006 年，坚持强化加油站规范管理和优质服务，稳定和扩大客户资源。

2008 年，先后投入资金 383.8 万元，对所属加油站实施“五小工程”建设。

2009—2016 年，陆续修订完善《加油站数质量管理办法》《加油站客存油集中管理办法》《加油站营业时间管理办法》《综合管理员管理实施细则》《加油站情感营销管理实施细则》《加油卡暂行管理办法》等制度，用制度管人、管事、管物，业务管理实现制度化、流程化、精细化。

2017 年，强化加油站规范管理，建立《加油站日常工作稽查机制》，安排专人跟踪、监督站内日常工作，提高加油站整体运营效率。

2018—2019 年，制定加油站管理机制，对加油站日常规范服务、散装油加注、卸油操作、值班值守等情况进行微信扫站和电话监督，按期进行通报，有效把控加油站整体运营情况。

（二）加油卡管理

2009 年，甘孜分公司在具备条件的市场安装 POS 机，并正式启动推广刷卡业务，全年 13 座加油站实现充值刷卡业务。2010 年，在 20 座加油站推广刷卡业务。2011 年，完成 36 座加油站工行电子转账设备（EFT）的安装，提升 IC 卡刷卡量，进一步减少营业现金交易，有效降低资金管理风险。2013 年，创新采集办卡客户资料新模式，由传统复印采集模式改为电子化自动采集，既节约办公用纸，又提高发卡效率和车辆通过率。2009—2019 年中国石油四川甘孜销售分公司加油卡充值明细如表 11-71 所示。

表 11-71　2009—2019 年中国石油四川甘孜销售分公司加油卡充值明细表

年度	记名卡数量（张）	充值金额（万元）	沉淀资金（万元）	卡销比（%）
2009	3848	3016	452.3	0
2010	4685	4213	573.81	0.0037
2011	2573	17737.11	1404.07	11.94
2012	8549	9133.11	940	11.43
2013	91543	39379.82	2922.84	25.71
2014	8985	49700	4045	33.87
2015	5432	29000	4521	34.40
2016	7791	29700	4337	37.63
2017	6834	34000	4976	42.97
2018	7995	37000	5200	39.30
2019	7183	31300	5194	39.84

四、非油品业务

（一）基础工作

2013 年，通过多次谈判，与丹巴革什扎水电站成功签订吉牛水电站防锈汽轮机油采购合同，与康定民贸公司成功签订便利店商品采购合同，为州内开展非油业务做好铺垫。

2014 年，成功与康定陈三锅庄签订土特产采购合同，并加强与民贸公司、烟草公司等供应商的谈判，争取最低采购价格，有效降低销售成本。

2015 年，与非油公司、西南润滑油厂、大岗山电站等单位协调，确保 3 批汽轮机油的顺利配送和抽样检测。

2016 年，实行升油与非油“双考核”，做到超产奖励、低产减资，带动员工非油促销积极性。

2017 年，强化员工非油营销意识，引导员工开口营销、站外营销，同时制定《非油百元工资奖励办法》，有效激发员工促销积极性。

2018 年，加强与烟草公司的沟通协调，争取到特殊客户待遇，长效高毛利品种货源得到有效保障，同比销量增长 71%。

2019 年，调整非油店销收入、毛利考核指标，给予站经理二次分配权，奖勤罚懒，充分调动员工积极性。

（二）便利店建设

2013 年，先后在花园、清溪、泸定桥、跑马山、康巴等 7 座加油站陆续推行非油业务，突出抓好花椒、香烟等特色产品销售。全年实现非油业务收入 485 万元，非油利润 48.4 万元。

2014 年，新增 10 个非油网点，非油网点达 14 个，其中便利店 8 个，实现非油收入 566.5 万元，实现利润 43 万元。

2015 年，先后在二郎山、贡嘎、瓦斯沟等 7 座加油站新开展便利店业务，非油网点达到 18 个。全年实现非油收入 994 万元，非油利润 106.5 万元。

2016 年，先后开设鸳鸯坝、稻城、折多山、炉霍 4 座加油站便利店，实体便利店达 19 个，非油网点达 21 个，全年实现非油收入 1073 万元，非油利润 204 万元。

2017 年，新开设德格等 5 个便利店，便利店总数已达到 24 个，全年实现非油收入 1368 万元，非油利润 255 万元。

2018 年，新开发便利店 1 座，技改优化便利店 4 座，便利店总数达到 25 个，全年实现非油收入 2630 万元，非油利润 394 万元。

2019 年，新开新都桥壹站、马尼干戈、新龙便利店 3 个，技改优化便利店 7 个，便利店总数达到 28 个，开店率达 85%。全年实现店销收入 2242 万元，非油毛利 499 万元。

（三）项目拓展

2014 年，在非油网点增设干菌、牦牛肉干、天麻、红景天等高原土特产品，发挥品牌效应，为支持当地旅游业发展注入新的元素。

2015 年，将瓦斯沟加油站打造成为全省首家集“加油、购物、住宿、餐饮、休闲”为一体的“人·车·生活”服务驿站。

2016年，持续深入加大对瓦斯沟服务驿站的打造，开设中油天竺藏饰品专柜，驿站非油收入达202.7万元，成为甘孜分公司首个二百万元店。

2017年，在新都桥、瓦斯沟、泸定桥等9座加油站开设“圣洁甘孜”土特产专柜，有效带动非油收入提升。

2018年，探索旅游业务，通过对“中油甘孜放心游”公众号的开发、自驾游线路的设计与宣传、与旅游公司的业务洽谈等，为加油站发展旅游业务积累宝贵经验。

2019年，在15个县域与50余家宾馆、餐饮及海螺沟、木格措、鱼通土司官寨、稻城亚丁等景区达成异业联盟，进行跨界合作，异业引流。同时，将跑马山加油站打造成为全省首座全域旅游服务站，设立旅游服务咨询台，增设扶贫专柜，为游客提供预订酒店、预订餐饮、文创产品销售等。该站自2019年5月1日投运以来，店销收入达150万元，同比增长91%。

五、网络开发建设

1989—1997年，甘孜分公司管辖液化气公司、雅安商贸公司3个分公司，下辖甘孜、色达、巴塘、石渠、白玉、得荣、德格、丹巴8个县级公司，共9座加油站。

1998年，在川藏线上选点建站，修建大塘加油站和康定吉祥加油站，加油站座数达到11座。

1999—2000年，收购康定鸳鸯坝、色达金马加油站，加油站座数达到13座。

2001，加大网点建设，集中力量在交通要道抢滩布点，全年新增石棉挖角和向阳2座加油站，加油站座数达15座。

2002年，采取收购和新建结合方式加快网络建设，全年收购石棉兴达和康定福源2座加油站，新建德格和白玉2座加油站。

2003年，新增加油站7座，其中，新建新龙、巴塘、跑马山3座加油站，收购康定白塔、甘孜雅桥、汉源九襄、泸定二郎山4座加油站。

2004年，新增理塘、康巴、瓦斯沟、折多山4座加油站，关闭大塘和康定吉祥加油站。

2005年，收购石棉安顺场加油站1座，新建得荣太阳谷加油站1座。

2006—2007年，新建稻城和贡嘎温泉2座加油站。

2008年，新建九龙加油站1座。

2009年，新建雅江加油站1座。

2010—2013年，新建汉源清溪和康定新都桥加油站2座。

2014年，按照省公司“单主体”的总体部署，甘孜分公司原管辖的汉源、石棉片区及其10座加油站和乌斯河油库整体划转雅安分公司，甘孜分公司加油站座数减少至26座。当年，新建新都桥瓦泽和德格雀儿山加油站2座。

2015年，新建炉霍加油站。

2016—2017年，新建道孚加油站，石渠加油站正式恢复营业。

2018年，收购德格马尼干戈加油站，加油站总数达到31座。

2019 年，新建马尼干戈、新都桥 LNG 加气站、改扩建新都桥壹站等加油站 3 座，加油站总数达到 33 座。

六、质量安全环保

1989—1998 年，加强库站安全管理，落实安全承包责任制，加强县公司加油站管理，有效防止安全事故发生。

1998 年，重点抓好各项安全管理制度和措施的落实，强化全员安全意识教育，加大加油站检查力度，保证库站不发生等级事故。

1999 年，加强仓储安全技术骨干队伍的培养，加大管理人员的技能培训，同时抓好存续县公司安全管理，对基础薄弱、消防设施陈旧老化等问题进行整改。

2000 年，按照分级管理原则，层层落实责任，明确奖惩，确保油库、加油站安全无事故。

2001 年，与油库、加油站、车队、县级分公司层层签订安全生产合同，实行月检和日检，内部防范得到加强，全年未发生安全环保事故。

2002 年，吸取两起社会加油站夜间被抢事故教训，对所有加油站值班室安装防盗栅栏，增加夜班守护力量，杜绝被偷盗抢事故的发生。

2003 年，成立健康、安全、环境管理委员会，并于当年 10 月试运行。同时，在汉源、石棉、康定、泸定地区实行体积计量管理。

2004 年，开展“严管理、查隐患、反三违、保安全、增效益”安全生产管理年活动，加大员工培训和油库、加油站隐患排查，确保安全无事故。

2005 年，加大员工安全培训教育，先后举办 5 期岗位技能培训，组织 307 名员工进行岗位大练兵，增强员工处理突发事故的能力。

2006 年，修订完善《安全环保长效机制》及《安全警示手册》，加大隐患排查力度，全面整改和消除加油站、油库安全隐患，保证油库、加油站主体安全。

2007 年，先后修订完善 HSE 管理体系作业文件、油库新版操作规程、管理作业文件及作业指导书。投入隐患整改资金 145 万元，对油库和部分加油站进行安全环保隐患整改。

2008 年，对机关和跑马山等 8 座加油站安装安全防护监控系统，并对汉源城区、石棉向阳加油站安装阻隔防爆系统，为企业生产经营提供安全保障。

2009 年，加大油品数质量监督和查处，严厉打击储、运、销等环节的盗油行为。全年，经群众举报、公安侦查、公司配合，共查处运输车辆盗油事件 3 起，为有效打击盗油行为起到震慑作用。

2010 年，先后组织开展风险识别、HSE 管理体系等教育培训 89 期，组织开展各类预案演练 268 次，对重点领域和场所开展安全检查 116 次，实现“四零”目标。

2011 年，按照“成熟一站、交接一站”的原则，全力推进地罐交接工作，全年有 24 座加油站 101 个油罐实现地罐交接，为降低商品损耗起到有效作用。

2012 年，开展安全培训 109 期，开展各类演练 358 人次，进一步提高全员安全防范意识。

2013 年，成功应对雅安芦山地震，石棉挖角“7・18”洪涝灾害，有效杜绝和防止次生灾害及环境污染事故的发生。

2014 年，开展加油站安全检查 37 次，累计投入隐患整改资金 199.48 万元，完成海螺沟、巴塘等 16 座加油站的隐患整改，确保加油站安全生产。

2015 年，将企业安全纳入国家安全系统管理，与甘孜州国家安监局签署战略合作框架协议，在信息、技术、安全等方面建立长效合作机制。

2016 年，加强油品损耗控制，制定《油品损耗专项治理方案》，对 115 个油罐容积表进行重检修正，全年剔除温度、运输环节损耗量及索赔后，实际损耗 364.39 吨，同比下降 174 吨；损耗率 2.19‰，同比降低 1.8‰。

2017 年，先后 57 次对加油站进行安全大检查，发现隐患 832 项，已整改 795 项。

2018 年，开展安全生产大检查，全年，累计开展各类安全检查 47 次，查出问题隐患 732 项，已整改 695 项。

2019 年，启动 QHSE 监管“风暴行动”，全覆盖、无死角地开展综合大检查。全年累计检查 35 次，查出问题隐患 454 项，已整改 432 项。

第二十二节　凉山分公司

一、基本情况

中国石油天然气股份有限公司四川凉山销售分公司（简称凉山分公司）始建于 1955 年，于 1955 年 1 月成立西康省西昌地区石油采购供应站。1955 年 6 月，因西康、四川两省合并，改名为四川省西昌地区石油采购供应站。1959 年 9 月，经四川省商业厅批准成立四川省西昌石油采购批发站。1979 年，西昌地区石油公司和凉山彝族自治州石油公司正式合并，企业全称定名为四川省凉山彝族自治州石油公司，经营汽油、煤油、柴油和润滑油等四大石油产品，党政关系属地管理，业务工作接受省石油公司领导，实行条块结合，双重管理。1991 年 1 月，复称原名凉山彝族自治州石油公司。1998 年 7 月 1 日，凉山彝族自治州石油公司正式划转中国石油天然气集团公司，划转时凉山分公司机关设有办公室、政工科、财务科、储运科、保卫科、业务科、总支办和工会 8 个管理科室及普雄支公司、炼油厂、液化气公司和石油招待所 4 个下属单位，划转接收雷波、美姑、木里、盐源 4 个县公司。

截至 2019 年末，凉山分公司拥有在营油库 1 座、加油站 73 座（其中：全资 59 座、租赁 11 座、参股加油站 1 座、特许加油站 2 座），下设 10 个管理部门、6 个销售片区。在岗员工 630 人（其中合同化 118 人、市场化 194 人、劳务派遣及业务外包 318 人），平均年龄 37.45 岁，大专以上学历占 45%，离退休 226 人。

表 11–72、表 11–73 所示为中国石油四川凉山销售分公司行政领导任职情况、党组织领导任职情况。

表 11-72　1985—2019 年中国石油四川凉山销售分公司行政领导任职情况表

公司名称	职务	姓名	任职时间
凉山彝族自治州石油公司	经　理	周宗林	1985 年 1 月至 1990 年 3 月
		格坡阿支	1990 年 3 月至 1998 年 6 月
	副经理	蒋荣华	1985 年 1 月至 1990 年 6 月
		杜文玉	1985 年 1 月至 1990 年 6 月
		格坡阿支	1986 年 12 月至 1990 年 3 月
		陈加顺	1988 年 12 月至 1990 年 3 月
		王斯鑫	1989 年 12 月至 1990 年 3 月
		唐永华	1990 年 3 月至 1993 年 9 月
四川省石油集团凉山有限公司	经　理	格坡阿支	1998 年 7 月至 1999 年 6 月
	副经理	杜文玉	1998 年 7 月至 1999 年 6 月
		吉甫日	1998 年 7 月至 1999 年 6 月
中国石油四川凉山销售分公司	经　理（总经理）	格坡阿支	1999 年 7—12 月
		韩前灯	1999 年 12 月至 2003 年 12 月
		马中德	2003 年 12 月至 2013 年 12 月
		王　宁	2014 年 1 月至 2015 年 2 月
		张光辉	2015 年 3—12 月（副处级主持工作）
		张光辉	2016 年 1 月至 2019 年 3 月
		唐福宇	2019 年 3—12 月
	副经理（副总经理）	孙兆兰	1999 年 7 月至 2007 年 12 月
		郭玉林	2002 年 7 月至 2003 年 12 月
		蒋　涛	2003 年 12 月至 2007 年 12 月
		吴鹏天	2006 年 6 月至 2009 年 5 月
		蒋　涛	2008 年 1—5 月
		冉崇刚	2008 年 1 月至 2011 年 1 月
		何　平	2011 年 1 月至 2015 年 12 月
		董建勇	2011 年 1 月至 2019 年 11 月
		罗永奇	2009 年 5 月至 2013 年 12 月
		罗　飚	2014 年 1 月至 2018 年 11 月
		谭　嘉	2018 年 11 月至 2019 年 12 月
		何雅丽	2019 年 11—12 月
	总会计师	苟威凤	2001 年 5 月—2011 年 1 月
		董建勇	2011 年 1 月至 2019 年 11 月
	安全总监	罗永奇	2009 年 5 月至 2013 年 12 月
		罗　飚	2014 年 1 月至 2018 年 11 月
		谭　嘉	2018 年 11 月至 2019 年 12 月

说明：2008 年，行政领导职务名称由“经理、副经理”改称“总经理、副总经理”；格坡阿支曾用名蒋阿支。

表 11-73　1985—2019 年中国石油四川凉山销售分公司党组织领导任职情况表

公司名称	职务	姓名	任职时间
中共凉山彝族自治州石油公司党总支	书　记	蒋荣华	1985 年 1 月至 1990 年 6 月
		马中德	1998 年 4 月至 1999 年 6 月
	副书记	马中德	1993 年 9 月至 1998 年 4 月
中共中国石油四川凉山销售分公司党委	书　记	马中德	2000 年 5 月至 2006 年 8 月
		蒋　涛	2008 年 5 月至 2013 年 7 月
		王　宁	2013 年 7—12 月
		何　凌	2014 年 1 月至 2015 年 12 月
		何　平	2016 年 1 月至 2019 年 12 月
中共中国石油四川凉山销售分公司党委	副书记	韩前灯	2000 年 5 月至 2003 年 12 月
		马中德	2008 年 5 月至 2013 年 12 月
		王　宁	2014 年 1 月至 2015 年 2 月
		张光辉	2016 年 1 月至 2019 年 3 月
		唐福宇	2019 年 3—12 月

二、市场营销

（一）市场竞争情况及销售策略

1955—1990 年，资源分配及产品消费主要依赖政府主导和指令性计划，随着传统计划经济向市场经济转换，市场对成品油需求处于供不应求的状态。

1990—2008 年，随着市场经济的逐步深入，凉山分公司转变思路，调整理念，主动承担起中国石油的“三大责任”，把助力凉山扶贫攻坚、保障工农业生产和人民群众生活用油、维护民族地区安全稳定放在各项工作的首位，以优质的油品和温馨的服务诚信经营，实现民族地区保供任务。

2009 年，凉山分公司与凉山州人民政府签署战略合作框架协议。

2010—2016 年，凉山分公司顺应成品油市场改革，紧跟市场需求，以客户为中心，逐步打造以加油站为单元的“人・车・生活”驿站，推行“油卡非润互动”，各项业绩指标逐年攀升，实现“快乐加油”。

表 11-74、表 11-75 所示分别为中国石油四川凉山销售分公司主要经营指标情况、成品油销售汇总情况。

表 11-74　2015—2019 年中国石油四川凉山销售分公司主要经营指标情况表

项目	2015 年	2016 年	2017 年	2018 年	2019 年
零售纯枪量（万吨）	15.30	16.72	18.17	26.53	28.96
批发直销（万吨）	21.32	23.54	23.94	20.08	23.40

续表

项目	2015 年	2016 年	2017 年	2018 年	2019 年
汽柴油销量（万吨）	36.62	40.26	42.12	46.61	52.36
加油卡充值（万元）	55649.38	57932.28	63365.88	68053.00	86339.49
成品油利润（万元）	679.98	2886.22	5,727.49	5,836.06	14800.10
非油收入（万元）	1792.94	3246.87	4181.67	6472.37	7015.00
非油品店销（万元）	1047.32	2584.41	4077.37	6313.18	6869.00
非油品利润（万元）	1792.94	3246.87	472.58	745.8	171.14
利润总额（万元）	2472.92	6133.08	6200.08	6581.87	14971.24
营业收入（万元）	219137.10	226227.18	265900.48	335786.75	363334.72
资产总额（万元）	30503.78	32915.28	38240.51	45145.78	51904.04
资产利润率（%）	8.11	18.63	16.21	14.58	28.84

表 11–75　2007—2019 年中国石油四川凉山销售分公司成品油销售情况汇总表

年度	成品油总量（万吨）	纯枪总量（万吨）	直批总量（万吨）	加油站（座）
2007	19.17	15.9	3.27	48
2008	21.43	18.3	3.13	49
2009	20.89	17.1	3.79	41
2010	24.06	19.35	4.71	51
2011	27.73	23.29	4.44	51
2012	30.83	26.06	4.77	54
2013	31.65	26.83	4.82	56
2014	33.36	22.65	10.71	52
2015	36.62	21.32	15.3	55
2016	40.25	23.54	16.71	57
2017	42.11	23.94	18.17	57
2018	46.61	26.53	20.08	63
2019	52.36	28.96	23.4	73

2017 年，凉山分公司创新营销模式，开展特色组合促销，“嫁接”民族文化，吸引客户眼球。在旅游沿线站点销售当地特产、彝族漆器、配饰及纪念品，打造民族风情氛围，吸引顾客进站消费，实现提量增效。四公里半加油站仅用 38 天时间打造成为攀西地区首座集智能和民族特色的标杆站，利用“品牌体验日”吸引客户，活动当天实现汽柴油销量 53.1 吨，创单站日销量新高；活动当日邀请西昌电视台、凉山日报等媒体进行跟踪报道，有力提升中国石油的品牌形象和知名度，活动效果持续升温，加油站知名度大幅提升。

2017 年，在会理、会东、盐源、雷波等县针对新开发客户开展小额配送试点工作，与运输车队签订《小额配送合同》，针对工地、矿山、沙场等实体客户，按照“一站一策”“一户一策”的原则制订新客户开发计划，根据客户实际用油量向省公司申请不同折扣的“小额配送专属卡”优惠政策，积极拓展站外销售。

2018 年 8—12 月，开展“我为纯枪做贡献，每天多加 200 升”劳动竞赛、“送油下乡、精准扶贫”主题活动，分别为凉山州周边 35 个乡镇配送油品共 750 吨，持续践行央企责任，助力脱贫攻坚。与当地各级政府及相关部门沟通协调联系，针对凉山境内非法“三黑”销售现象，配合经信、工商等部门，查扣非法经营柴油车 39 台，封存柴油 480 余吨、非法储存车用柴油油库 3 个，拆除无证经营黑加油站 3 座，借打击非法“三黑”之机，新增热河撬装加油站 1 座。

2019 年，将“成交为王”和“精益营销”相结合，纯枪和直批保持 12 个月“箭头向上”。在直批上，坚持“保量稳利”不动摇的原则，与川渝石化、攀枝花石化建立协商机制，将多方挂牌价协调保持在合理降价范围内；全力打击“三黑”市场，共查获、封存成品油约 1400 吨，成品油市场份额较年初增长 2 个百分点。在纯枪上，聚焦效率效益，找准重点“关口”，实施“高精”战略，以商人思维细算经济账，科学划定高价区、促价区和竞价区，全力推行“一区一策”“一站一策”差异化精准营销，按片区、按油站组织分机直降、会员赠礼、时点优惠、“充值赠”“加满赠”“月末返利”、一单一议等活动，吨油营销成本同比降低 26.95 元，吨油毛利 764.45 元 / 吨，排名全省第 2 位，实现量效双增；与中石化联合“稳价推价”，与福建商会、民营商会进行价格协调，价格到位率达 99.05%，排名全省第三，费用总额、吨油营销成本实现“双下降”。油品销售提前 23 天跨上 50 万吨新台阶；直批销售提前 68 天、纯枪销售提前 19 天完成目标任务；利润总额首次突破亿元大关。纯枪总量完成率排名全省第一；纯枪年计划进度完成率排名全省第二；票据创效连续三年稳居全省第一。

2019 年末，凉山州全年地区生产总值（GDP）达到 1676.30 亿元，增长 5.6%，排名全省第九。凉山州机动车保有量 71.2 万辆（其中：汽车保有量 38.8 万辆，同比增加 2.2 万辆，增幅 5.67%）。共有成品油批发经营单位 5 家（其中：中石油 1 家、中石化 1 家、社会经营单位 3 家）；营运加油站 248 座（其中：中石油 82 座、中石化 38 座、社会加油站 134 座）；营运油库 7 座（其中：中石油 1 座、中石化 3 座、社会油库 3 座）。成品油市场表观消费量 71.6 万吨（其中：中石油凉山公司销售 52.4 万吨，市场份额 73.18%；中石化销售 15.7 万吨，市场份额 21.93%；社会经营单位及省公司系统兄弟单位销售 3.5 万吨，市场份额 4.89%）。

（二）客户管理

结合凉山州点多面广战线长的特点，将市场细分为东西南北四个区域，按照用油量划分客户等级，定期开展客户大普查，建立客户档案、细分客户需求，通过客户座谈会、上门拜访、电话回访等方式以增强客户黏度；吃透用活省公司促销政策，把准客存油结构，分级分块主动维护，分别制订大中小微客户开发计划，精准出击，按“定客户、定方式”的拜访计划实行开发跟踪。以“三个当好”全力开发维护客户，一是当好客户的“油管家”。及时把凉山分公司的销售政策、资源情况、价格信息等送达客户，做客户的“价格分析师”，让客户提前掌握价格市场走势，做客户的“库存管理员”，随时掌握客户的客存情况，引导客户理性安排资金购油，做客户的“情报收集员”，每天收集竞争对手各种信息，通过微信、电话、QQ 等告知客户市场动态，为客户购油提供可靠的情报，帮助解决购油过程中的支付方式、货款查询、油品配送计划、运力安排、油品接卸过程中的过磅计量、定损赔付等问题，成为客户心目中的问题解决“专家”。二是当好客户的“贴身管家”。帮助客户解决孩子入学、医疗就医、车票机票购买等各种难题，根据客户性格、喜好等为客户制作个人档案，定时为客户及家人送上生日祝福和节日问候，客户经理亲情、真诚、精细的服务得到客户的一致认可和好评。三是当好客户的“档案管理员”。深入开展“客户大普查”工作，打破客户经理销售区域分块模式，坚持“抓大不放小”的原则进行客户全域开发，2013 年至 2019 年末新增有效客户 446 户，新增销量 18 万吨。

（三）客户经理管理

2013 年，成立客户经理岗位，对客户经理薪酬实行“零底薪、全挂钩”，年初只确定吨油薪酬指标，月度根据省公司的激励政策、市场情况确定超欠任务吨油薪酬变动比例，幅度与省公司的奖惩力度、完成任务的难度挂钩。在薪酬杠杆调节下，5 位客户经理年销售油品 12.8 万吨，占全凉山分公司总销量的 31.84%，销量同比增长 1.2 万吨，客户经理收入同比增长 38%。

2014—2015 年，逐步取消兼职客户经理，打造一支专业化客户经理队伍，负责凉山分公司所有直批客户的开发维系工作，通过定期召开客户座谈会、收集客户意见、了解市场情况、帮助客户解决实际问题等，联系感情，切实提高客户忠诚度。特别是充分利用省公司“低进低出”的有利政策，下先手棋、打主动仗，从市场和竞争对手手中抢回 8200 吨的硬增量。

2016 年，从总经理奖励基金中拿出专项奖金，在销售最为困难的 2 月、4 月、8 月和 10 月，直接、精准地奖励营销部门，全年对营销部门奖励金额 9.2 万元，促进直销与批发销售 16.71 万吨，同比增长 1.4 万吨，增幅 9.15%，凉山分公司销售总量跨上 40 万吨台阶。

2017 年，通过竞聘建立起一支业务精的客户经理队伍，重新调整划分连片区域，充分调动销售积极性，其中销售最高的客户经理年薪酬高达 20.3 万元。

2018 年，下达攻坚战直批经营目标责任令，分别与营销科正副科长、客户经理挂钩，凉山分公司拿出 10 万元工资总额作为专项奖励。完成目标责任令的，客户经理奖励 2 元 / 吨，超任务部分再奖励 5 元 / 吨，分管科长奖励 1 万元；未完成任务的，客户经理按 4 元 / 吨进行扣罚，分管科长处罚 1.5 万元，实现直批销售 18.1 万吨。

2019 年，将“科室负责人 + 客户经理捆绑销量”挂钩考核，对完成率靠后的客户经理进行岗位调整，对科室负责人进行诫勉谈话和经济处罚，对客户经理推行“基础工资 + 销售提成 + 促销费政策”的新客户经理考核机制，吸引年轻员工加入客户经理队伍；建立红、橙、黄、绿牌考核淘汰机制，对红牌客户经理直接淘汰到加油员岗位；根据客户经理销售贡献量、任务完成率、同比增长量等指标，建立“初、中、高、首席”四级客户经理晋升通道，全方位、全时段激活客户经理干事创业积极性。6 月，实现直批销售 3.14 万吨，创有史以来单月历史新高。

三、加油站管理

（一）现场管理

1989—1999 年，凉山分公司齐抓共管零售工作，定期到各站检查指导工作，现场解决问题，因地制宜制定零售上量的措施和策略，促进零售业务新的增长。

2000 年，充分利用零售网点，在资源紧张的情况下果断采取“暂停批发、确保零售”的经营策略，努力扩大零售业务，在激烈的市场竞争中站稳脚跟。

2001 年，围绕“扩大零售上销量”的零售工作思路，把零售工作作为经营工作的重中之重来抓，加大对加油站站长的培训力度，选送 16 位加油站站长参加省公司举办的加油站站长培训。在加油站定期开展优质服务活动，使加油站的服务质量有质的提升，2001 年凉山公司零售量完成情况位居全省第一。

2002 年，加大加油站规范管理力度，建立健全各种管理制度，完善各种账册和记录。积极开展达标创星活动，在员工中开展“三心”服务理念和《加油站管理规范》操作竞赛等活动，使加油站服务水平和管理水平不断提高。

2003 年，根据自身实际延伸服务范围，因地制宜开设便民店、免费住宿、自助洗车等，最大限度地满足客户需求，积极开展小额配送、小站承包和点对点竞争，实现零售的新突破。

2004—2005 年，按照“建设零售型公司”的发展方向，科学把握销售节奏，着力改善批零结构，努力提高经营质量，经营业绩再创历史最高纪录。

2006—2007 年，加大监管力度，每月对加油站稽查通报，提升加油站管理水平，打造环境优良的加油站。

2008 年，加强加油站回罐油品管理，任何人不得假借回罐、校机、修机及其他用油为名，直接套取油票及现金。加油员有权拒绝任何人提取票款，如不按规定私自提取票款者，则对当事人处以票款金额两倍的罚款并报公司做下岗处理。

2009 年，贯彻执行《加油站管理规范》，积极参与市场竞争，以优质产品和专业化服务赢得客户，取得较好的销售成绩。

2010 年，加强资金管理，防范资金风险，确保财产安全，杜绝资金安全事故，制定《加油站保险柜管理制度》。

2011 年，围绕“科学营销、加快发展、强化管理、以人为本、安全稳定”的工作方针，全力打造“服务型、信息型、安全型”终端，培育一批布局合理、功能齐全、设备精良、环境优美、服务规范、人员优秀、管理精细、效益突出、位列全系统一流的样板站，推动凉山分公司加油站整体管理水平和服务质量再上台阶，将西昌北片区长安加油站培育为样板站，同时比照样板站标准对盐源片区四栏桠加油站进行打造。

2012 年，成立优化加油站交接班工作及消高峰工作领导小组。

2013 年，规范非油业务管理，提高便利店商品信息化管理水平，确保非油商品进销存数据准确，制定《加油站便利店信息系统操作规范及考核办法》。

2014 年，加强 ERP 系统、加油站管理系统和油库管理系统运行管理工作，规范业务流程，提高系统运行效率，保障系统长期稳定、高效运行，制定《ERP 系统、加油站管理系统和油库管理系统运行管理考核实施细则》。

2015 年，营销指挥大厅成立，从加油站抽调骨干员工 4 人，利用远程视频，对加油站现场进行 24 小时监控巡查和前沿指挥。主要对加油站卸油作业进行全过程监控，并通过视频监控系统对加油站现场操作行为进行滚动式抽查监控，及时掌握加油站现场各种信息，详细记录加油站检查情况，并对检查存在的问题情况进行分析、整改。

2016 年，运用神秘顾客访问评价，提升加油站综合服务水平。开展神秘顾客访问专题分析会，帮助片区、加油站查找不足，落实整改措施。制定《神秘顾客访问考评奖惩办法》，明确奖励和处罚标准，增强加油站管理人员和一般人员的服务意识。开展“零售培训及神秘顾客访问专题分析会”，对考核明细逐条分析解剖；宣传神秘客户访问考核制度，并结合神秘顾客开展开口营销、非油陈列培训。

2017 年，凉山分公司“享看”手机视频监控系统正式运行，“千里眼”覆盖凉山分公司 64 座加油站。在 2017 年全省 23 家兄弟单位电脑遭病毒袭击时，凉山分公司监控视频却依然安全运行，是唯一一家成功躲避网络病毒攻击的二级分公司。

2018 年，为进一步激发加油站员工工作积极性，提高现场营销能力，促进油箱加满率，开展“我为纯枪做贡献，每天多加 200 升”劳动竞赛。每月向加油站下达当期目标任务，在加油站自行任务基础上日均增量 200 升作为竞赛考核目标，凡完成当月竞赛任务的，即可获得奖品一套，并有机会参加抽奖活动。持续加强与当地各级政府及相关部门的沟通协调联系，针对凉山境内非法“三黑”销售现象，配合经信、工商等部门，查扣非法经营柴油车 39 台，封存柴油 480 余吨、非法储存车用柴油油库 3 个，拆除无证经营黑加油站 3 座。凉山分公司借打击非法“三黑”之机，新增热河撬装加油站 1 座。

（二）加油卡管理

2007—2009 年，成立加油卡管理机构，加油卡业务归口营销管理科管理。主要负责卡系统日常运行管理，负责发卡储值点和加油站卡业务指导工作，负责与信息、财务及非油部门进行日常工作衔接等。

2010 年，加油站严格按照卡业务运行管理规程规定，收银岗与发卡岗实现岗位分离，发卡岗和复核岗实现岗位分离，各自履行资金管理责任。加油站复核岗应每日审核充值网点的班结情况，核对充值现金、单据、报表，发挥现场监控作用；加油站各充值网点的 U-key（电子密钥）和密码由发卡岗和复核岗分开保管。当充值发卡岗和复核岗发生人员变动时，向接替工作人员出具书面授权委托书，以便分清责任。

2011 年，开展加油卡充值劳动竞赛，明确奖惩，有效调动员工工作积极性。

2012 年，明确责任，加强加油卡业务管理；落实专人，严格 U-key 和操作密码管理；规范操作，严格加油卡充值管理；强化审批，严格加油卡刷卡冲销和消费管理；加强监督，严肃纪律，防范风险。

2013 年，持续开展半年时间的加油卡充值劳动竞赛，根据每月完成情况兑现奖惩。

2014 年，规范加油卡业务管理工作，提高加油卡销售质量和业务运营效率，在加油站管理科下成立加油卡管理中心。

2015 年，推进定期结算转卡工作，共有州检察院、市检察院、财政局、政府、政协等 267 家单位成功转卡，为凉山分公司稳定集团优质客户奠定坚实基础，同时新增加油卡 856 张，新增沉淀资金 285 余万元。上半年成立以部门负责人为主导的“卡客户经理”营销队伍，在社区、学校、厂矿等地开展“加油卡驻点服务”，持续壮大客户朋友圈；制作服务名片，为客户提供非油商品送货上门、加油卡办理、油价信息变动、季节性水果代购等服务，搭起维系客户的桥梁和纽带；上半年组织办卡活动 10 余次，活动新增记名卡 1953 张。

2016 年，采取移动售卡、预约上门办卡等形式，锁定高端、高效客户。全年记名卡发卡量达 2.87 万张，沉淀资金 7323 万元。

2017 年，坚持以客户为中心、加油站为平台、加油卡为媒介，实现油卡非润一体化营销，以油带非、以油提润、以非促油，全年凉山分公司活跃记名卡 42919 张，卡销比 33.45%。

2018 年，发卡小分队为州、市、县级政府提供上门办卡服务。截至 12 月，凉山分公司卡销比 44.5%，较上年同期增长 11 个百分点。

2019 年，与凉山州农商银行以充值卡、电子券形式开展跨界合作共推 ETC，提前锁定 400 万元纯枪汽油销量。

四、非油品业务

（一）基础工作

2009 年，开展非油业务，为调动员工销售非油的积极性，制定《非油业务奖惩办法》，取得较好的成绩。

2010 年，制修订非油供应商管理办法、便利店管理办法、商品采购管理办法等九项相关制度，提升非油管理水平。

2011 年，规范非油业务健康、持续发展，包括销售纪律管理、便利店商品管理、进货管理。

2012 年，认真贯彻落实省公司非油业务工作会议精神，研究探讨促进非油业务发展的措施和办法，明确工作任务，进一步动员全体干部员工统一思想、坚定信心、攻坚克难，努力开创非油业务发展新局面。

2013 年，非油业务开展逐渐成熟，通过多次公开竞聘，组建起“非油科 + 非油经营部 + 中转仓”的梯级管理队伍，实行“底薪 + 提成”的挂钩薪酬考核，打造出一支复合型管理团队。

2014 年，因地制宜，采取灵活多样的促销策略，在加油站开展“油卡非”互动销售，加大加油卡销售力度，增加纪念品、酒水、地方土特产、单位团购销售等多项非油业务，努力实现量效并举。

2015 年，非油业务健康、有序、快速发展，为充分调动员工销售非油商品的积极性，提高便利店店销收入，结合凉山分公司实际情况，制定《非油业务经营管理办法》。

2016 年，狠抓非油发展，层层分解任务，出台《非油经营部薪酬考核办法》，公开竞聘产生非油经营部员工，有效促进油非转型升级。全年凉山分公司非油收入 3247 万元，增幅 81.09%。

2017 年，壮大非油业务，探索电商、汽服等新业务，满足客户多元需要，助推非油超常规发展，优化盈利结构。借助与凉山国投成立合资公司的优势，拓展气电业务，全力抢占新能源消费市场制高点。

2018 年，优化绩效考核机制，结合省公司 12 项配套措施，制定《非油业务激励考核实施细则》，新增跨台阶奖励、昆仑自有产品专项提成奖励，超销越多，提成越高。加强卖场打造，结合客户需求开展四季专题促销活动 4 次、主题促销及劳动竞赛 7 次，销售非油商品 1998.05 万元。在省公司组织的"非油销售争霸赛"中，获得社交电商个人销售第一名和油优护照销售第一名。

2019 年，从形象、库存、陈列三方面入手，进一步优化便利店布局，规范商品陈列，最大限度地发挥"眼球效应"，把便利店打造成有品质有特色的"精品小店"。强化加油站仓库和非油中转仓的管理，分析研究好各站对商品品类的个性化需求，实行物资集中仓储、一货一位、归类管理，提高仓库利用效率。结合凉山分公司实际，围绕中心城区、高速公路、旅游景区加油站，大力开展四季活动及各类劳动竞赛，全力打造黄金卖场氛围，让非油销售"火"起来。

（二）便利店建设

2009 年，非油经营部成立，仅销售润滑油，便利店开店率不足 35%，凉山分公司克服加油站网点分散、非油销售意识弱、地域政策环境差等不利因素，迅速扩张便利店网络。

2009—2014 年，年均销售仅百万元。

2015 年，新增便利店 35 座，开店率达 95%，非油销售收入突破 1000 万元。

2016 年，提升整改 22 座便利店，非油销售收入突破 3000 万元。

2017 年，便利店达 55 座，实现开店全覆盖。非油利润增长 228.83%，除撬装加油站外，便利店开店率达到 100%。非油店销收入跨 3500 万元台阶，非油业务综合排名从全省倒数第一上升到全省第六。

2018 年，以促转型增效益的理念着力在"提升店内、扩展店外、拓宽渠道"上下功夫，凉山分公司非油销售从 2009 年的仅百万元增长至 2018 年的 7080 万元。

2019 年，非油业务真正在凉山地区呈"遍地开花"态势，始终聚焦有质量、有规模的发展思路，全力创效增收。创新"分班制"便利店管理，提升客户体验感；组织摸排团购客户，与国安局、州环卫处等 8 家团购客户达成供货协议；将以往的普惠制促销转变为加油卡会员制、重点客户的专项促销，精准让利加油卡客户，并以"超值大礼包"的促销模式锁定卡客户；全面开展非油月度综合劳动竞赛，将收入、毛利、专项攻关、新业务发展等纳入综合评选进行奖励，有针对性地开展"新春感恩、豪礼相送""迎新传心意、惊喜数不尽""缤纷十二月、好礼齐分享""润滑油销售能手奖"等主题竞赛和促销活动店销收入 6869 万元，完成预算的 122.66%，同比增长 8.8%；非油毛利 981 万元，完成预算的 103.3%，同比增长 23.08%。

（三）项目拓展

2016 年，与中国电信、凉山烟草、中国邮政等建立合作关系。

2017 年，“中油”与“中邮”达成协议，将中国邮政靠近市区 200 平方米的闲置库房以 3000 元 / 月的价格租赁成立中央仓，开展“凉山快递”，委托邮政物流负责便利店商品的配送，有效解决凉山地区加油站分布广、配送不及时的问题，节约物流成本约 80 万元 / 年。

2018 年，在省公司组织的“非油销售争霸赛”中，获得社交电商个人销售第一名和油优护照销售第一名的好成绩，便利店销售 5569.2 万元，同比增加 1978.48 万元，增幅 55.1%，百万元店达 19 座，其中 300 万元以上便利店 3 座。打破传统经营模式，构建异业联盟，推进跨界营销，利用优途全力销售凉山特产，实现石榴、苹果、脐橙、青花椒等几十种土特产销售 21.6 万元。全年实现非油销售收入跨入 7000 万元新台阶，店销收入跨上 5000 万元台阶，收入完成率、毛利完成率、利润完成率、店销收入完成率排名均在全省前列。2018 年上半年，维护团购客户 32 家，实现团购业务收入 368 万元。

2019 年，以车辅产品为着力点，将其定位为企业持续发展的“助力棒”。汽车用品销售收入 360.13 万元，增幅 72.25%，毛利 81.5 万元，同比增幅 90.01%，实现销售业绩直线上升。随着国家环保要求的日趋严格，车用尿素正迎来市场需求的爆发期，凉山分公司抢抓机遇，抓网点布局，不断扩大区域市场辐射效果，成效显著。为抢抓高速站点、国省道站点的车用尿素销售龙头市场，凉山分公司率先在国省道、景区加油站布局安装散装车用尿素加注机 16 座，尿素销售收入 280 万元，中泽橄榄油、汇荞苦荞茶列入全国 2020 年自有产品开发计划。在彝族年期间，非油商品走进国际文化戏曲节展销会平台。与水果种植户合作，将脐橙、苹果、石榴等生鲜水果、特色产品推上优途 APP 平台，全年实现特色农产品销售 134.15 万元。非油店销收入 6869 万元，完成预算的 122.66%，同比增长 8.8%；非油毛利 981 万元，完成预算的 103.3%，同比增长 23.08%。

五、网络开发建设

1989—1999 年，凉山分公司把零售网络建设工作作为重点工作来抓，建立起与现代企业制度相适应的经营机制，增强市场竞争力，逐步控制重要县域市场的零售网络体系，对州内零售市场的控制能力有所提高。

2000 年，成立网点建设领导小组，下设“一室二组”，制订网点建设年度工作计划和五年规划，按照“以购为主，新建为辅”的网建工作思路，全力以赴展开网建工作。

2001 年，以西昌市为轴心逐步建立起覆盖全州的零售网络体系，基本占领西昌市及新凉山三县的零售市场，掌握对州内油品市场的控制权。同时狠抓加油站的技术改造和站容站貌的整治，对新收购的加油站分期进行全面改造。

2002 年，按照“以购为主，新建为辅”的网点发展思路加快加油站购建步伐，在加油站建设中做到科学选址，从严控制单站投资规模，严格执行规范建设标准。

2003 年，采取强有力措施，调整健全网建机构，成立“一室四组”，加强对网建工作的领导，把任务细分落实到小组个人，严格兑现奖惩。

2004—2005 年，把网络发展思路调整到“购、建、租并重，控股、参股、技改兼顾”的轨道上，结合凉山州拓展“两线”、开发“三江”、发展“三带”的经济发展战略，加快在中心城市、高速公路、旅游景区网络开发的步伐，并将加油站投运率作为硬指标列入业绩考核，保证续建工程和加油站技改工作的顺利进行。

2006年，经久油库实施技术改造，每月班子成员到现场办公2天，相关职能部门每月不少于2次抽查，并填写确认单，及时解决技改中存在的问题。

2007年，成立加油站工程建设标准执行情况自查迎检领导小组，下设办公室。

2008年，规范投资及施工现场管理，规避投资风险，降低工程成本，增强科学决策性，提高投资回报率，制定《工程建设管理办法》。

2009年，结合省公司要求，制定《工程建设领域突出问题专项治理工作实施方案》。

2010年，成立经久油库油罐清洗及配套安装液位仪工程领导小组，下设办公室。

2011年，加强各建设工程的现场管理力度，制定《建设工程现场管理办法》。

2012年，加强工程建设项目市场的有序管理，规范承包商项目经理及总监理工程师管理，保障参与工程建设承包商项目经理和总监理工程师的履职能力，提高承包商服务水平，从省公司印发名单中选择合作商。

2013年，凉山州实施公路建设“交通大会战”，政府加快形成西昌至成都、攀西地区与成都经济区的第二高速通道网络建设，西昌—泸沽湖高速公路项目、西昌—昭通高速公路、宜宾—攀枝花高速公司、泸沽—黄联关高速公路加宽改造项目实施，大力发展通道经济，以交通提速带动地方经济提速，给凉山分公司开发终端网络提供机遇，由此设置“投资建设科”。

2014—2015年，始终把网点开发作为生命工程和饭碗工程来抓，紧盯市场薄弱点，锁定开发目标站，利用独特的地理位置因地制宜，灵活市场开发战略，精细网络开发投资。同时深挖内部潜力，对口岸位置好、功能不健全、上量潜力大的站点实施整改提升和技改扩能。

2016年，全年新增项目4个，新增投运加油站2座，技改投运加油站4座。深化合资合作，与凉山国投成立合资公司，联合优势互补，形成规模效益；与运输集团合作，大力扩张外延，以授权价格的67%成功取得冕宁森荣加油站建设用地使用权；成功租赁会理黄泥岗加油站，在竞争激烈的“两会”市场有效掣肘对手，改变被动的市场格局；在西昌市区两大汽车客运站内分别安装撬装加油装置，至2019年末两座撬装站日销量已达15吨以上。德昌永春加油站6月完成局部改造投运，次月便销售汽柴油231.9吨，增幅234.24%；35天拿下泸沽湖加油技改项目，刷新全省技改投运纪录，加油站改造投运后第三天，销量已达2015年同期水平的138%。盘活闲置资产，将德昌河东加油站迁址至省道219线、德州加油站迁至国道108线上，节约土地费用180万元，奠定凉山分公司可持续发展的基石。

2017年8月13日，对辖区内的29座加油站进行油气回收改造，原定于42天的工期仅用22天就圆满完成，保质超额完成计划，创造“凉山速度”。

2018年，全年新开发加油站10座，存量站改造16座，新增投运6座，新开发加油站超任务4座，居全省第一。调剂一名副科级青年干部到投资科，专职负责网点开发．成立网络开发组、工程建设组和内务支撑组，负责网点动态监控、土地招拍挂信息收集、工程项目管理、施工管理等工作，为网络攻坚提供坚实的队伍支撑。与片区签订“网络开发责任书”，根据《网络开发考核奖惩办法》，重点激励对项目做出突出贡献的有功人员，2018 年全年兑现网点开发专项奖励 15 万元。借力凉山州脱贫攻坚的大背景，在木里县、德昌县成功新建 3 座撬装站项目，在会理县建成投运 1 座加油站，成功拔掉德昌县热河镇两座非法运营加油站，提高凉山分公司市场控制力。协调当地政府，顺利完成兴航站的改造恢复运营，对失去口岸优势的德昌河东站，通过与政府的沟通协调，置换取得德昌德州高效站点。面对中缅油气管道修建至攀枝花的时机，成功完成德昌德州、冕宁城东南加气站的审批立项。与昆仑燃气达成合作协议，达成两个 LNG 项目合作意向。

2019 年，盐源友源加油站开业，单日销量达 48.8 吨；紧盯国土资源网，及时收集网点信息，全力维护企业合法利益，成功阻止违规出让国有建设用地 3 宗，全年竞拍成功加油（气）站建设用地 3 宗；精心改造存量加油站，技改完工加油站 12 座均全部投入运营；持续加大闲置土地置换和低效无效网点迁建的协调力度，停业多年的机场路站恢复营业，沙湾加油站迁建手续落实落地。

表 11–76 所示为 1999—2019 年中国石油四川凉山销售分公司加油站开发情况。

表 11–76　1999—2019 年中国石油四川凉山销售分公司加油站开发情况表

年度	项目类型	数量	加油站
1999	自建	4	长安、四公里半、西宁、高枧
2000	收购	9	礼州、兴航、黑沙河、海南、德昌凤凰、会理通发、漫水湾、西木、机场路
2001	收购	4	德昌河东、德昌南坛、会东顺河、德昌永春
	新建	2	会理沙湾、西昌西高
2002	收购	3	泸沽、经久、德昌德州
	新建	1	迎宾
	技改	2	长安、四公里半
2003	收购	5	宁南城北、越西城南、越西城北、林里、黄联
	新建	1	德昌德州
	技改	2	长安、四公里半
2004	收购	3	泸沽、经久、德昌德州
	新建	1	迎宾
	技改	3	美姑俄普、盐源四栏桠、木里核桃湾
2005	收购	10	螺髻山、喜德城关、黄水、溪洛渡、大河坝、温泉、会东大桥、甘洛城关、川兴
	新建	2	西宁高速 A 站、西宁高速 B 站
	技改	1	西宁
	租赁	1	锦屏

续表

年度	项目类型	数量	加油站
2006	收购	1	航天城
2007	收购	1	佑君
	新建	2	德昌高速 A 站、德昌高速 B 站
	技改	2	海南、漫水湾
2008	技改	3	越西城北、会东顺河、经久
2009	灾后重建	2	会理沙湾、会理通发
2010	收购	5	甘洛红岩湾、金阳城关、布拖城关、昭觉南坪、昭觉城东
	租赁	1	西客站撬装加油站
	新建	3	泸沽湖海门桥、工业园区、太阳能
2011	收购	1	马道
	新建	1	越西滨河
	租赁	2	会理旺达、会理沙坝
	技改	1	德昌凤凰
2012	新建	1	迎宾搬迁新建
	收购	1	会理益门
2013	收购	1	布拖则洛
	新建	1	德昌德州搬迁
2014	无	0	无
2015	租赁	1	杨房沟
	技改	1	德昌永春
2016	新建	3	与凉山州国投成立中油凉山国投能源有限公司合资西部新区、冕宁森荣、德昌王所
	租赁	1	客运中心撬装
	技改	2	西客站撬装、长安
2017	租赁	3	会理鱼鲊、会理川云、会理黄泥岗
	技改	14	兴航、越西城南、越西滨河、礼州、太阳能、德昌彩虹、会理通发、布拖城关、甘洛城关、喜德城关、四公里半、川兴、马道、泸沽湖
2018	租赁	5	喜德冕山续租、会东小坝、木里博科撬装、木里列瓦撬装、德昌热河撬装
	新增加气功能	2	德昌德州、冕宁城东南
	技改	1	布拖则洛、漫水湾、会东大桥、会理旺达、会理沙坝、黄联、黄水、工业园、林里、凤凰、经久、海南、南坛
	恢复营运	1	黑沙河
2019	新开发	7	西昌机场路、会东满银沟撬装、会东松坪、会东小街、雷波金堰加气站、会理木古、会理天宝山
	特许站	1	会理众亿加油站
	新增投运	8	西昌黑沙河、冕宁森荣、盐源友源、会东满银沟撬装、西昌机场路、会东小坝、会东松坪、德州 LNG 加气站

六、质量安全环保

1991—1992 年，先后转发省公司《油品质量监督管理条例》，成立“凉山州石油公司油品质量管理领导小组”，开始重视加强油品质量监管，不断加强油品质量管控力度。

1993—1995 年，针对季节性风险开展专项检查，对所属加油站和油库就明火、用电、各类设备设施等方面进行检查。

1996—1997 年，设立计量监督员，着力加强油品数量管理。

1998 年，建立以法人代表为安全第一责任人、分管领导具体抓、职能部门负责落实的分级安全责任制，层层落实各项安全管理制度，保障安全责任落实。

1999 年，全面落实安全生产责任制度，健全安全管理责任体系，同时投入 41 万元资金对油库消防公路、泵房进行全面整改，并建立健全安全管理制度，成立防火、防洪组织机构。

2000—2001 年，高度重视安全检查和隐患排查治理，成立安全领导小组同职能部门对库站开展检查。其中 2000 年共计油库安全检查 64 次、加油站安全检查 86 次，共整改各类隐患 60 余项，经久油库成功跨入省公司先进油库行列。2001 年凉山分公司加大安全检查和隐患整改力度，共计开展自查达 896 次，到库检查 78 次，到站检查 126 次，共计整改不安全因素和各类隐患 170 余项。

2002 年，全面推行安全生产合规管理，将安全生产纳入依法管理轨道。同时开始重视安全培训，不断加大安全管理培训力度，举办两期加油机维修培训班、26 名站长和维修人员参加培训，选送 13 名员工参加 HSE 管理等专业培训，120 余名员工参加地方安全消防知识培训。

2003—2004 年，加快应急救援体系建设，建立完善安全生产事故应急预案，逐步建立安全生产事故应急救援体系。同时严格落实安全工作“五严”方针，签订员工安全生产合同，学习贯彻《中华人民共和国安全生产法》。

2005—2007 年，油库一期技改，新建 4 个油罐、1 座发油台、1 台消防泵、1 间发配电室。

2008—2010 年，油库二期技改，新建 6 个罐区，延长收油栈桥，下装发油改造，1 座办公楼、食堂和员工住宿楼。

2011—2012 年，重新制订个人安全行动计划，推进 HSE“三项管理”（有感领导、直线责任、属地管理）深入贯彻落实。

2013 年，参加雅安市芦山 7.0 地震抢险并获得感谢信。

2014 年，凉山州西昌市经久乡马鞍村发生森林火灾，由于现场风大林密，火势迅速向泸山方向蔓延，火灾形成的烟雾向城区扩散。经久油库响应政府应急预案，库区设置 20100 平方米防火隔离带及修建围墙。

2015 年，对所属加油站进行全面的油气回收系统改造。

2016 年，严格落实跟车对比损耗的措施，加强油品损耗管理。

2017 年，对所属加油站进行双层罐改造，同时不断加强环保设备设施管理，定期开展油气回收系统检测。3 月，凉山分公司被西昌市安全生产监督管理局评为“西昌市 2016 年度重点监管行业安全生产先进单位”。

2018 年，通过不间断的油品损耗管理，综合损耗由 2014 年的全省排名第 20 位跃居至全省第 5 位。

2019 年，所属库站油气回收检测均达合格标准；开展库站环境监测，对不达标库站积极采取对应的措施进行整改，确保凉山分公司安全环保运行。

第二十三节　非油品分公司

一、基本情况

2008 年 3 月，省公司根据销售公司整体部署，从非油业务发展战略出发，在全国省区公司中创新成立集管理职能和经营职能于一体的中国石油四川销售非油品经营分公司（简称非油品分公司），为具有非油品业务管理职能的二级分公司，机构规格正处级，主要负责便利店业务、汽车服务、广告位经营、餐饮住宿服务、润滑油及其他石化产品销售和其他非油品业务的开发与经营管理工作，注册和办公地址位于成都市青羊区鼓楼北二街 24 号。原中国石油四川销售润特油分公司整体划归其管理，其级别、业务范围不变。2008 年 4 月，中国石油四川销售非油品经营分公司更名为中国石油四川销售非油品分公司。2015 年 4 月，调整非油品分公司组织架构及职能：设立非油业务管理处，作为省公司非油业务的管理机构，履行全省非油业务管理职能；非油品分公司作为二级公司非油业务的服务支持机构（省公司直属机构），履行大宗物资统采统配，为二级公司提供专业化指导和服务等职责，对内称非油运作部，对外称非油品分公司。2017 年 4 月，完善非油业务管理架构，在省公司非油业务处挂非油品公司、润特油公司的牌子，对外由非油业务处以非油品（润特油）公司名义，开展业务联系、合同签订等工作；非油运作部更名为非油业务运作中心，归口非油业务处管理，主要发挥保障和支持作用。

截至 2019 年 12 月，非油品分公司（非油业务处、非油业务运作中心）设科室 4 个：运营管理科、便利店管理科、电商及新业务管理科、综合管理科。设附属机构 5 个：便利店业务保障部、汽服广告部、信息及平台运营部、润油化工部、财务资产部。在册员工 57 人。

非油品分公司主要工作开展情况详见本志书第四篇“非油品经营”。

二、历任领导

表 11-77、表 11-78、表 11-79 所示分别为 2008—2019 年中国石油四川销售非油品公司行政领导任职情况、润特油公司行政领导任职情况、非油品公司党组织领导任职情况。

表 11-77　2008—2019 年中国石油四川销售非油品分公司行政领导任职情况表

机构名称	职务	姓名	任职起止时间
中国石油四川销售非油品分公司	总经理	曹　阳	2008 年 3 月至 2016 年 2 月
		帅　虹	2016 年 2 月至 2019 年 11 月
		张晋松	2019 年 11—12 月

续表

机构名称	职务	姓名	任职起止时间
中国石油四川销售非油品分公司	副总经理	冯　杰	2008 年 3 月至 2010 年 7 月
		马建成	2009 年 5 月至 2013 年 12 月
		赵淑玲	2009 年 5 月至 2014 年 1 月
		杨　杰	2010 年 7 月至 2019 年 3 月
		吴明文	2014 年 1 月至 2016 年 6 月
		付家良	2014 年 1 月至 2019 年 4 月
		郑　斌	2016 年 11 月至 2019 年 12 月
		张晋松	2016 年 12 月至 2019 年 11 月
		何　君	2018 年 4 月至 2019 年 12 月
	总会计师	杨雪林	2008 年 3 月至 2016 年 2 月
		崔乃茸	2016 年 2—9 月
		陆建乐	2016 年 12 月至 2019 年 12 月

表 11-78　2008—2009 年中国石油四川销售非油品分公司润特油公司行政领导任职情况表

机构名称	职务	姓名	任职起止时间
中国石油四川销售非油品分公司润特油公司	总经理	范养民	2008 年 1 月至 2009 年 5 月
		曹　阳	2009 年 5 月至 2016 年 4 月
		帅　虹	2016 年 4 月至 2019 年 11 月
		张晋松	2019 年 11—12 月
	副总经理	马建成	2008 年 1 月至 2009 年 5 月
		赵淑玲	2008 年 1 月至 2009 年 5 月

表 11-79　2008—2019 年中国石油四川销售非油品分公司党组织领导任职情况表

机构名称	职务	姓名	任职起止时间
中共中国石油四川销售非油品分公司党委	书　记	范养民	2008 年 3 月至 2012 年 3 月
		曹　阳	2012 年 3 月至 2013 年 12 月
		吴明文	2014 年 1 月至 2016 年 12 月
		张晋松	2016 年 12 月至 2017 年 5 月
	副书记	曹　阳	2008 年 3 月至 2012 年 3 月
			2014 年 1 月至 2016 年 1 月
		帅　虹	2016 年 1 月至 2017 年 5 月
中共中国石油四川销售分公司机关委员会非油党支部	书　记	张晋松	2017 年 11 月至 2019 年 12 月
	副书记	帅　虹	2017 年 11 月至 2019 年 12 月

说明：2017 年 5 月，撤销中共中国石油四川销售非油品分公司党委；2017 年 6 月，成立中共中国石油四川销售分公司机关委员会非油党支部。

第二十四节　仓储分公司

一、基本情况

中国石油天然气股份有限公司四川销售仓储分公司（简称仓储分公司）成立于 1998 年 6 月，前身为四川省石油集团有限公司仓储分公司。1999 年 11 月，四川省石油集团有限公司仓储分公司因发展需要更名为中国石油天然气股份有限公司四川销售仓储分公司。

截至 2019 年末，仓储分公司下设 7 个职能管理科室（综合管理科、仓储运行科、质量安全环保科、工程设备科、财务科、人事（组织）科、运维中心），1 个挂靠机构（驻厂办）；安全质量监督总站 1 座，下设 4 个职能管理科室（综合办公室、安全质量计量监督科、检验科、标定科）；直属油库 5 座（104 油库、102 油库、双流油库、青龙油库、天彭油库），代管油库 17 座（资阳油库、广元油库、董家沟油库、宝峰油库、燕儿窝油库、田家沟油库、7101 油库、前锋油库、乐坝油库、史家油库、舒平油库、隆昌油库、吊黄楼油库、7102 油库、乌斯河油库、经久油库、金江油库）。在册人数共 386 人，其中，机关 80 人，直属油库 279 人，安监总站 27 人。

表 11–80、表 11–81 所示分别为中国石油四川销售仓储分公司行政领导任职情况、党组织领导任职情况。

表 11–80　1998—2019 年中国石油四川销售仓储分公司行政领导任职情况表

机构名称	职务	姓名	任职起止时间
四川省石油集团有限公司仓储分公司	经　理	陈道根	1998 年 6 月至 1999 年 11 月
	副经理	何光秋	1998 年 6 月至 1999 年 11 月
		左名宇	1998 年 6 月至 1999 年 11 月
		杨成全	1998 年 6 月至 1999 年 11 月
		杨宪林	1998 年 6 月至 1999 年 11 月
		杨洪彬	1998 年 6 月至 1999 年 11 月
中国石油四川销售仓储分公司	经　理（总经理）	陈道根	1999 年 11 月至 2008 年 5 月
		林　辉	2008 年 5 月至 2017 年 11 月
		马中德	2017 年 11 月至 2018 年 11 月
		冷晓亮	2018 年 11 月至 2019 年 12 月
	副经理（副总经理）	何光秋	1999 年 11 月至 2007 年 6 月
		左名宇	1999 年 11 月至 2013 年 3 月
		杨成全	1999 年 11 月至 2008 年 1 月
		杨宪林	1999 年 11 月至 2010 年 7 月
		杨洪彬	1999 年 11 月至 2000 年 4 月
		李志义	2001 年 3 月至 2009 年 6 月

续表

机构名称	职务	姓名	任职起止时间
中国石油四川销售仓储分公司	副经理（副总经理）	于光明	2008 年 1 月至 2012 年 2 月
		于光明	2012 年 2 月至 2013 年 3 月
		陈娅玲	2009 年 5 月至 2012 年 3 月
		陆明全	2009 年 5 月至 2013 年 3 月
		罗元军	2012 年 2 月至 2019 年 12 月
		李　勇	2012 年 8 月至 2013 年 7 月（正处级）
		李　坚	2012 年 8 月至 2013 年 3 月
		赵蓉斌	2013 年 3 月至 2018 年 3 月
		张兆克	2014 年 1 月至 2017 年 1 月
	常务副总经理	熊　明	2019 年 4—12 月
	总会计师	陆明全	2009 年 5 月至 2013 年 3 月
		赵蓉斌	2013 年 3 月至 2018 年 4 月
		金利歆	2018 年 4 月至 2019 年 12 月
	安全总监	杨成全	2002 年 3 月至 2008 年 5 月
		于光明	2008 年 1 月至 2012 年 2 月
		罗元军	2012 年 2 月至 2013 年 3 月
		于光明	2013 年 3 月至 2019 年 12 月（正处级）

说明：2008 年，行政领导职务名称由“经理、副经理”改称“总经理、副总经理”。

表 11-81　1998—2019 年中国石油四川销售仓储分公司党组织领导任职情况表

机构名称	职务	姓名	任职起止时间
中共四川省石油集团有限公司仓储分公司党总支	书　记	詹树圣	1998 年 6 月至 1999 年 6 月
		陈道根	1999 年 6 月至 1999 年 11 月
	副书记	陈道根	1998 年 6 月至 1999 年 6 月
中共中国石油四川销售仓储分公司党总支	书　记	陈道根	1999 年 11 月至 2003 年 12 月
		万剑波	2003 年 12 月至 2007 年 9 月
	副书记	陈道根	2004 年 1 月至 2007 年 9 月（兼任）
中共中国石油四川销售仓储分公司党委	书　记	万剑波	2007 年 9 月至 2009 年 5 月
		林　辉	2009 年 5 月至 2010 年 5 月
		张维新	2010 年 5 月至 2013 年 12 月
		马中德	2014 年 1 月至 2017 年 11 月
		王　梅	2017 年 11 月至 2019 年 12 月
	副书记	陈道根	2007 年 9 月至 2008 年 5 月
		林　辉	2008 年 1 月至 2009 年 5 月（兼任）
			2010 年 5 月至 2013 年 12 月
		向　芳	2013 年 8 月至 2016 年 12 月
		冷晓亮	2018 年 11 月至 2019 年 12 月
	常务副书记	朱　波	2019 年 4—12 月

二、油库管理

1985年前，全省油品系统由各地方政府属地管理。

1985年7月，由中国石油化工销售公司和四川省人民政府双重领导，商品分配权属中国石油化工销售公司，人、财权由四川省人民政府管理。

1998年，国务院对石油管理体制进行重大改革，按照“各有侧重、保持优势、有所交叉、有序竞争”的原则，将国内油田、炼化企业及省、地、县石油销售企业重组为石油、石化两大集团公司，各省区市石油公司按照区域全部划转到两大集团公司；6月，四川省石油集团公司及其下属各级市州公司由四川省划归中国石油天然气集团公司管理。储油所从原成都石油采购供应站划出，成立四川省石油集团有限公司仓储分公司。仓储公司成立后，员工总人数230人，下设经理办公室、标准化管理办公室、财会科、设备科、警卫消防队、发油科、仓储办公室、化验室、车辆管理办公室、保卫科、行政科共11个科室。

1999年11月，四川省石油集团有限公司仓储分公司更名为中国石油天然气股份有限公司四川销售仓储分公司。

2000年4月，中国石油股份在海外上市成功，企业管理体制和管理方式以及经营目标发生较大的变化。为加强人事管理及费用管理，建立与之相适应的人事管理运行机制，油库人员调往加油站工作以充实零售队伍，同时推行有偿解除劳动关系政策，截至2001年，员工总数由原来的218人下降到107人。与此同时，仓储分公司及时优化劳动组合，实行一人多岗、一岗多能，做到人员减少、安全机构不散，组织不松、岗位不少，保证油库安全生产平稳运行和企业改革的顺利进行。

2004年，依照“干部员工能上能下”“管事先管人，管人先管思想，管人先管干部，先抓管理者”的管理理念，进行“人尽其才、全员竞聘上岗”的双向选择。20名有知识、懂业务的员工走上中层干部岗位，一般员工在科室与自愿选择的前提下，进行科室与员工上岗的双向选择。

2009年7月，经省公司批准，仓储分公司管理体制由省公司直属单位调整为按二级公司管理，调整后，仓储分公司由管理部门和生产运行部门组成。管理部门设总经理办公室、财务科、人事科、安全管理科4个行政管理部门，设党委办公室、组织科、纪委办公室、工会办公室、团委办公室5个党群部门，生产运行部门设统计部、生产运行部、设备维护部、数质量鉴定部、公路发油部、警卫消防队6个部门。12月，为进一步理顺部门工作职责，将信息管理工作从总经理办公室划出，调整到设备维护部；将视频监控工作职责从警消队划出，调整到安全科。部门工作职责调整后，信息管理人员调入设备维护部工作，视频监控人员调入安全科工作。此次组织机构的调整，进一步明确管理部门和生产部门，使管理部门责任更加清晰，生产部门职责更加到位。

2010年11月，为保证信息系统建设顺利推进和正常运行，提升信息化和运维管理水平，仓储分公司成立运维中心。2011年1月，中国石油天然气股份有限公司四川销售质量检测技术中心（以下简称“质检技术中心”）成立，仓储分公司数质量检定部整体划归质检技术中心。

2012年2月，仓储物流体系优化推进会召开，仓储分公司增加油库管理职能。3月，顺利完成双流、天彭、青龙3座油库的划转工作，负责对成都地区油库人、财、物实行集中管理，至此仓储分公司下属104、双流、青龙、天彭4座直属油库。5月，根据《物流仓储体系优化推进方案》精神，对仓储分公司的职责及机关编制做出调整，人员编制控制在20人以内，其中科级职数10人；撤销仓储分公司统计计划部、生产运行部、公路发油部、设备维护部、警消队5个部门，设综合管理科、人事（组织）科、仓储运行科、工程设备科、质量安全环保科5个职能部门；明确仓储分公司职能为全面负责所属油库的资产、设施设备、油品收发存、安全、数质量、人员和薪酬管理等工作，同时履行全省油库（含股权库、租赁库、代储库）的专业化管理职能。同年8月，中国石油四川销售仓储分公司彭州油库成立，机构规格为副处级，隶属仓储分公司，设业务运行部、生产运行部、设备安全部和综合办公室4个部门。

2013年1月，仓储分公司顺利完成其余20座油库的资产划转，大仓储格局基本形成。7月，高质量、高标准完成彭州油库建设工程，并根据总部对油库归属管理调整的安排，将彭州油库移交西北销售公司管理；同时，原西北销售公司102油库划归四川销售公司管理。至此，仓储分公司下属104、102、双流、天彭、青龙5座直属库及20座代管库；仓储分公司员工总数384人，机关57人，其中领导职数6人。

2019年3月，安全质量监督总站整体并入仓储分公司，依托仓储分公司管理力量，促进监督工作更加精细高效发展。整合后，监督总站人员及编制纳入仓储分公司统一管理；安监总站作为仓储分公司下设机构，原监督管理职责不变，继续保留“安全质量监督总站”的牌子，业绩考核、日常管理由仓储分公司负责，业务上接受质量安全环保处指导。同时，仓储分公司保留“中国石油四川销售公司计量检定站”“四川省石油产品质量监督检验一站”“中国石油四川销售公司防雷防静电检测中心”三块牌子和相关资质。

三、网络开发建设

1987年，104油库进行一期技改，建5座5000立方米轻油储油罐，配套改造轻油泵房、消防泵房、化验室、配电房及供水设施等。

1990年，104油库进行油库二期技改，建2座3000立方米轻油储油罐、3座5000立方米轻油储油罐，配套改造职工食堂、消防车库等。

2002年，104、102、天彭油库进行兰成渝管道配套技术改造，上线上装自动发油系统、液位自动计量系统、可燃气体报警系统以及火灾报警系统，104油库上线视频监控系统。

2007年，104油库新建800立方米油气回收装置、铁路自动化装车系统建成使用。

2008年，104、天彭油库进行安防系统改造，上线天彭油库视频监控系统，改造104油库视频监控系统，新上线两座油库周界防范系统和电子巡更系统。

2010年，青龙、双流油库完成自动化改造，上线下装自动发油系统、液位自动计量系统、视频监控系统、周界防范系统、可燃气体报警系统、电子巡更系统以及火灾报警系统。同年，仓储分公司生产调控指挥中心投用，上线104油库三维应急救援培训演练系统。

2011—2012 年，104 油库完成下装自动发油系统改造。104、102、天彭、双流、青龙油库完成油库管理系统上线，进行配套自动化改造及数据集成，上线 5 座油库 IC 卡门禁系统。

2013 年，102 油库进行管控一体化改造，上线消防自动化系统，拆除上装发油装置，升级油库公路下装自动发油系统、液位自动计量系统以及视频监控系统。

2016—2017 年，天彭油库完成下装自动发油系统改造。

2017 年，完成《油库自动化设备及信息系统运维手册》编制，并发放至全省油库。

2018 年，结合公安部开展“2018 护网行动”实网攻击演习部署要求，仓储分公司成立网络安全领导小组，全面组织开展网络安全自查工作，在为期两个月的“护网行动”期间，未发现严重漏洞，未遭受网络攻击，通过实网攻击演习的考验，推进网络信息安全管理升级。

2019 年，以“基础管理提升年”活动为切入点，持续加大油库老旧信息设备改造力度，更新全省油库部分老旧液位仪、液位仪后台服务器、计算机等基础信息设备。同时在 104 油库实现出库自助打票，降低营业室人员劳动强度。

四、质量安全环保

（一）HSE 管理体系

1994—1998 年，四川省石油集团有限公司仓储分公司成立规范化管理办公室，建立健全、梳理完善油库安全环保、操作规程、应急预案等制度规范，推行总调度制度，实行看板作业。四川省石油集团有限公司仓储分公司规范化管理办公室变更为标准化管理办公室，以适应当时国家推行的标准化管理相关职能。

2002—2004 年，省公司开始建立健康安全环境管理体系，仓储分公司抽调多名业务骨干参与编制，于 2003 年 10 月 16 日试运行，仓储分公司同步开始实施并编制运行《仓储分公司 HSE 管理体系文件》。省公司将质量管理体系与 HSE 管理体系整合形成 QHSE 管理体系，于 2004 年 11 月 1 日运行，仓储分公司同步开始实施。

2007—2010 年，对《HSE 管理体系文件》进行第一次修订发布和运行。省公司《HSE 管理体系文件 D 版》发布，仓储分公司在参照执行的同时，对《HSE 管理体系文件》进行修订，于 2011 年发布和运行。

2012 年 2 月，仓储物流体系优化推进会召开，仓储分公司增加油库管理职能，管理职能进一步明确。3 月，根据省公司《物流仓储体系优化推进实施方案》精神，成立质量安全环保科；5 月，质量安全环保科全面负责 104、双流、天彭、青龙 4 座油库的数质量管理工作，同时履行全省油库（含股权库、租赁库、代储库）的数质量专业化管理职能。同年 3 月，根据省公司机构职责调整，对 D 版体系文件进行修订更新，仓储公司同步开始实施。

2013 年 7 月，原西北销售公司 102 油库划归四川销售公司管理。至此，仓储分公司全面负责 5 座直属库安全环保管理工作及 20 座代管库数质量专业化管理工作。

2014 年，第二次修订《HSE 管理体系文件》，并发布实施。

2015 年，省公司《HSE 管理体系文件 E 版》发布，仓储分公司同步开始实施。

2017 年至 2019 年 1 月，第三次修订《HSE 管理体系文件》，并发布实施。仓储分公司全面开展“油库基础管理提升年”活动，进一步强化油库标准化建设工作，对安全管理统一管理标准，按照标准规范化运行。

（二）数质量管理模式

1989 年，省公司建立岗位操作“巡回复检制度”，制定《油库主要工种安全操作规程》。

1997 年 12 月，中国石油、中国石化两大集团公司重组后，成都石油采购供应站与四川省石油集团有限公司合并，划归中油集团公司。储油所从原成都石油采购供应站划出，成立四川省石油集团有限公司仓储分公司。仓储分公司成立后，设立仓储办公室、化验室负责成品油数量和质量工作。

1998 年，四川省石油集团有限公司仓储分公司成立后，设立仓储办公室、化验室负责成品油数量和质量工作。

1999—2001 年，为深化企业改革，适应安全生产的需要，仓储分公司进一步完善、调整组织机构。按照《石油库安全生产管理》的要求，根据人员变动情况全面调整健全油品质量领导小组，进一步明确各自职责，落实责任。兰成渝管输配套 104 油库技改工程拉开序幕。

2002 年，股份公司投资 7131.95 万元对兰成渝输油管道配套 104 油库进行技术改造，并同步启动 104 油库改扩建工程。技改对自动化发油系统、阀室、液位计及信息管理等系统进行改造，标志油库的数质量管理向现代化、科学化步伐迈进一大步。6 月 30 日，技改任务顺利完成。10 月 19 日首次输油一次成功，圆满完成省公司下达的各项目标任务。

2003 年，经过两年的兰成渝管输配套技术改造，104 油库成为新设备、新工艺、新技术的新型现代化中转油库。人均油料吞吐量也由过去的 0.53 万吨，上升到近 2 万吨，劳动生产率大幅度提高。经过技术改造，104 油库的职能、管理方式、作业方式、作业量、作业环境发生巨大变化，按照 HSE 管理体系要求，统一思想，转变观念，确立精细高严抓管理，创新务实争第一的管理目标和以人为本科学系统的管理观念。

2005—2009 年 7 月，全面推行 QHSE 管理体系，做精做细各项管理工作，完善管理制度，并在实际运行中对不符合规范的制度、规定进行全面修订，QHSE 文件持续完善。2 月，根据国家相关规定，重新调整安全监督机构。本着“安全第一、预防为主、以人为本”的安全生产管理基本方针以及仓储安全管理的实际需要，设立安全管理科，对生产作业数质量实施全过程监控。经省公司批准，仓储分公司管理体制由省公司直属单位调整为按二级公司管理。调整后仓储分公司设数质量检定部，纳入生产运行部门管理。同年，油库管理系统正式上线运行，油库数质量管理更加科学高效。

2009 年，104 油库创造建库 53 年来完成吞吐量的历史新纪录。全年完成吞吐量 419.39 万吨，同比增加 44.17 万吨，增长 11.77%，完成省公司下达任务 360 万吨的 116.5%，同时实现重大质量责任事故为零的目标。

2011 年 1 月，质检技术中心成立，仓储分公司数质量检定部整体划归质检技术中心。全面推进地炼油品入库质量全项目分析和统采油品必检项目分析，油品质量得到全面管控。

2012年，仓储分公司成立质量安全环保科，全面负责仓储分公司下属104、双流、天彭、青龙4座直属油库数质量管理工作，同时履行全省油库（含股权库、租赁库、代储库）的数质量专业化管理职能。

2013年7月，原西北销售公司102油库划归四川销售公司管理。至此，仓储分公司全面负责下属104、102、双流、天彭、青龙5座直属油库数质量管理工作及20座代管库数质量专业化管理工作。

2014年10月23日，第五届油库工种操作人员技能竞赛在仓储分公司圆满落幕。仓储分公司与质检联队单项荣获3金6银4铜、团体参赛队一举包揽前4名的好成绩。

2015年，按照省公司"开源节流、降本增效"的工作部署，以降耗增效为目标，推进损耗专项治理工作，严格管控油库各环节油品损耗，确保各油库油品损耗管理有序平稳。

2016年3月，组织直属油库在青龙油库召开化验室标准化建设启动会，发布《油库油品实验室规范化管理手册》并在青龙油库进行试点运行。青龙油库化验室通过标准化改造后，在化验室布局上更加合理科学，设施设备摆布更加规范标准，管理制度更加清晰完善，为全省油库化验室标准化建设奠定基础。

2016—2019年，全省油库通过上装改下装，推广使用油气回收装置等方式从工艺上减少油气挥发造成的损耗；通过对常态化流量计校验标定，手工计量密度、温度公示，计量器具、流量计的周期强制检验、定期盘点核对商品实物账、超耗索赔等管理制度的不断完善，使数量管理更加科学、合规、高效，全省油库保管损溢率始终控制在0.27%～0.33%规定范围内。

2019年1月，全面开展"油库基础管理提升年"活动，进一步强化油库标准化建设工作，对化验室统一管理标准，按照标准规范化运行。

（三）油库安全管理

1989年，建立以主要领导负责的安全生产领导小组，设置专门机构，安排专职人员，生产班组和关键岗位配备安全员和监督人员，同时保证人员、物力和财力到位。

1991年，逐步形成一整套完善的安全生产监督体系，在明确各级安全监管人员职责的同时，将办公区、生活区和非生产现场纳入安全监管范围，对生产作业科室设置专职安全监督员进行异体监督，其他科室设立兼职安全监督员。

1994年，成立规范化管理办公室，建立健全、梳理完善油库安全环保、操作规程、应急预案等制度规范，推行总调度制度，实行看板作业。

1997年，规范化管理办公室变更为标准化管理办公室，以适应当时国家推行的标准化管理相关职能。

2002年，省公司开始建立健康安全环境管理体系，仓储分公司抽调多名业务骨干参与编制，于2003年10月16日试运行，仓储分公司同步开始实施并编制运行仓储公司HSE管理体系。

2004年，省公司将质量管理体系与HSE管理体系整合形成QHSE管理体系，于2004年11月1日运行，仓储分公司同步开始实施。

2007年，组织专业人员编制"油品储运系统操作规程"，并作为中国石油销售板块首家试点单位进行试点，试点后的成功经验很快在系统推广并应用。

2010年，省公司《HSE管理体系文件D版》发布，仓储分公司在参照执行的同时，对《仓储分公司HSE管理体系文件》进行修订，于2011年发布和运行。

2012年2月，仓储物流体系优化推进会召开，仓储分公司增加油库管理职能。3月，根据省公司机构职责调整，对D版体系文件进行修订更新，仓储分公司同步开始实施。

2013年7月，原西北销售公司102油库划归四川销售公司管理。至此，仓储公司全面负责下属104、102、双流、天彭、青龙5座直属库安全环保管理工作。

2014年，《仓储分公司HSE管理体系文件》进行第二次修订，并发布实施。

2015年，省公司《HSE管理体系文件E版》发布，仓储分公司同步开始实施。3月，仓储公司组织直属油库以102油库应急器材、消防器材管理为模板，按照全省油库库区普遍布局，编制发布《油库消防应急器材规范管理手册》并在102油库进行试点运行。102油库通过标准化改造后，在消防应急器材管理库房布局上更加合理科学，便于应急取用，设施设备摆布更加规范标准，管理制度更加清晰完善，为全省油库消防应急器材管理标准化建设奠定基础。

2017年，《仓储分公司HSE管理体系文件》进行第三次修订，并发布实施。

2019年1月，仓储分公司全面开展“油库基础管理提升年”活动，进一步强化油库标准化建设工作，对安全管理统一管理标准，按照标准规范化运行。

第二十五节　油料分公司

一、基本情况

中国石油天然气股份有限公司四川销售油料分公司成立于2005年1月，前身是四川石油管理局物资总公司油料供销公司，2007年12月整体划入中国石油四川销售分公司，更名为四川销售油料分公司（以下简称油料分公司）。

2005年2月，成立之初设置5个职能部门、7个库区、分公司2个、股级油库5个，管理40座加油站、15座油库和5个具有成品油经营批发资质的经营公司。

2007年12月，划转四川销售公司后升级为副处级单位，下设5个管理部门和6个销售片区，管理25座加油站、6座油库和4家成品油批发企业。

2009年8月，机关部门调整为8个科室。

2012年4月，进行机构调整，机关设置7个职能部门、1个直属机构、4个附属部门。

2013年3月，由副处级单位升格为正处级单位。12月，进行机构调整，机关设置8个职能部门、2个直属机构、4个附属部门，下设6个片区。

2015年7月，加油站管理科更名为油气零售科；12月，成立集体企业综合管理科。

截至2019年12月，油料分公司有员工431人（合同化240人、市场化72人、劳务派遣119人），拥有油库7座（已关闭4座，停业3座），库容3.22万立方米，加油站23座（包括集体企业入股的天山站）。所属库站分布在成都、内江、泸州、自贡、资阳、绵阳、南充、遂宁8

个地市，油田市场已拓展到川、陕、甘、蒙、青、新、晋、滇、渝、鄂、苏、冀、辽等13个省（自治区、直辖市）。

表11-82　2008—2019年中国石油四川销售油料分公司行政领导任职情况表

机构名称	职务	姓名	任职起止时间
中国石油四川销售油料分公司	总经理	李亚明	2008年1月至2019年10月
		徐启昌	2019年11—12月
	副总经理	补明生	2008年1月至2009年5月
		何　丹	2008年1月至2014年1月
		杨　路	2008年9月至2019年11月
		刘锡金	2013年3月至2019年12月
		刘文彬	2019年11—12月
	总会计师	赵蓉斌	2011年1月至2013年3月
		曾利华	2013年3月至2019年12月

表11-83　2008—2019年中国石油四川销售油料分公司党组织领导任职情况表

机构名称	职务	姓名	任职起止时间
中共中国石油四川销售油料分公司党委	书　记	张生权	2008年1月至2011年1月
		冉崇刚	2011年1月至2013年3月
		张　平	2013年3月至2019年5月
		如莫他	2019年5—12月

二、市场营销

（一）市场环境及竞争情况

2008年，坚持科学营销，狠抓加油站配置资源的计划申报、资源兑现工作和油品销售计划管理，做好二勘资源分配。全年完成新疆二勘、内蒙古苏里格项目等区外油供应4.39万吨，平均购销差约400元/吨。同时，积极做好5·12抗震救灾用油保障工作。

2009年，在市场极度疲软的情况下，以生产专项油供应为重点，制定增量客户开发责任制和存量客户流失责任追究制，全年销售成品油14.85万吨，完成绩效合同目标值的110%；实现利润308万元，完成绩效合同目标值的308%。

2010年，积极开拓外部市场，取得西部钻探克拉玛依钻井公司在重庆合川构造的油品供应。努力推动集体加油站租赁工作，支持外定加油站工作和“卡业务”的推广。

2011年，积极应对人工成本过高和油田钻探业务外移、竞争加剧等不利形势，重点做好合川构造、罗家寨构造的油品增量供应工作，稳定内蒙古苏里格项目的油品供应。

2012年，按照省公司制定的“量效兼顾、以量为主、量效双增”营销工作方针，结合生产经营实际，坚持以资源调入为先、保生产为立足之本，积极拓展直销零售业务，狠抓营销基础工作。

2013年，积极向省公司争取价格政策扶持，实施向高效市场倾斜、营销组合等策略，拓展油田区外业务。

2014年，积极拓展川渝、川滇交界市场及内蒙古苏里格、新疆等区外市场，取得区外石油企业入川页岩气项目的油品供应。

2015年，抓好“物流配送、服务、客户开发”三大体系建设，坚持效益优先、规模发展、创新营销、做强终端、赢在服务的总方针，积极拓展直销业务，严格控制营销成本，着力提升市场竞争力和经营创效能力。

2016年，开辟云南昭通、内蒙古苏里格、甘肃庆阳、山西临汾等多个高效油田市场。

2017年，将供应业务由单一的柴油直销延伸到纯枪、加油卡、润滑油全产品销售。积极开展委托管理、检维修、外租站、物采流通等业务，有序推进业务转型。

2018年，面对油价剧烈震荡、市场竞争升级、网络发展受限等不利因素，主动作为、砥砺前行，圆满完成各项目标任务，KPI指标创历史新高。

2019年，认真履行油田专项油归口管理责任，通过加大油田客户拜访、跟进钻井业务需求、扩大以区内市场（川中磨溪—高石梯、广元双滩—剑滩构造以及川南页岩气区）为基础的四川周边区块项目油品供应；围绕区外已有项目，抓牢并拓展油田保供业务。油品业务发展到集团公司五大工程技术服务企业。

（二）价格管理

2008年，按照“一客一议”方式，主动出击创造销售机遇，加大限时段促销，挖掘周末增长点。

2009年，设立纯枪完成率攻坚目标，大力开展攻坚活动。

2010年，在零售价格政策方面建立市场反应灵敏、工作高效的业务运作机制。

2011年，以“零售为中心，大客户为重点”的经营思路，加强对零售工作的部署，保持价格到位率。

2012年，坚持把优化结构、稳定价格、提高效益、规范受控贯穿营销工作始终。

2013年，利用资源、价格杠杆，做好新客户的开发维护工作，保证油品销售进度。

2014年，全年累计为油田供应汽柴油5.63万吨，确保四川地区油田市场占有率100%，维持川渝地区油田关联交易价格7年不变。

2015年，争取有利的油品价格、出库、结算等各类优惠政策，加强客户沟通和维护，采取“一户一策”、梯次作价、组合销售等营销策略，努力扩大油品销售。

2016年，通过资源运作、价格管理、升损管控、政策引导等举措，着力平衡量效关系。

2017年，坚持“稳区内、拓区外、抓项目”的营销策略，基本维持四川油田市场份额100%和关联交易价格稳定。

2018年，围绕综合业绩、跨台阶、纯枪完成率、特许经营等攻坚目标，大力开展攻坚活动，增大终端市场的控制力度，在确保目标任务完成的前提下，实现效益最大化。

2019年，采取一单一议、按量优惠、梯级价格等方式，做好客户维护开发，实施精准促销。

（三）销售管理

2009年，加强市场需求跟踪分析，成功争取到重庆合川等构造上的部分用油项目，新增广元、西昌等油品出库地点。配合川庆钻探公司做好省外、区外的物探、钻探油品供应工作，采取代垫资金、代办业务、代理结算的外定加油站业务模式，累计为川庆公司在内蒙古、黑龙江、吉林、四川外定加油站80座，实现车辆设备加油1万余吨。与西部钻探公司、长庆总公司等外部钻井队签订年度油品供应合同，全年累计为外部钻井队供应油料1600多吨。八里庄加油站实现5000吨级加油站的目标，李家沱、惠通、卫坪、天时、城南等5座加油站实现3000吨级加油站目标。

2010年，坚持差异化营销策略，根据各片区的价格、资源情况，合理安排销售，经营质量明显提升，主要考核指标名列省公司前茅。采取调整奖金分配、提取部分促销费等激励措施，抓好零售促销活动，扩大汽油销量，设立零售、汽油等单项考核，在超销奖励方面向零售环节倾斜。

2011年，通过优化物流配送、合理调配资源、强化应急保供等措施，积极做好油气田生产用油的保供。以深入开展劳动竞赛为契机，积极创新考核分配激励机制，做精做细零售增量工作。

2012年，在全省率先调整营销、加管职能，优化营销架构，不断完善营销体制机制。利用信息化手段在片区、油站设点，建立“日监测、周分析、月通报”的监测机制。克服油品资源紧张时成品油供应不足和供应库点受限等困难，全力协调各方，优化物流配送，全年调入油品资源19.89万吨。组织开展劳动竞赛活动，完善加油站绩效考核办法。累计为油田企业供应油料6.39万吨；增设8家外定加油站；批发直销量7.5万吨。全年销售总量、零售量、非油业务等经营指标均创历史新高。

2013年，统筹协调配置资源和外采资源，通过集体企业外采成品油3081吨，18座在川油库出库20.7万吨，确保成品油销售。充分利用成都和4家集体企业的地域优势，采取区域价格、汽柴油组合等营销手段，促进上量增效。

2014年，打造加油站现场，组织各类促销活动，实行零售增量、发卡、加油卡充值额度等多重奖励；通过加油站营运优化，开展加油站全流程诊断、双低站治理等活动，提高单站增量创效水平。

2015年，坚持“稳区内、拓区外、抓项目”的营销策略，抓牢油田市场，生产专项油供应量同比增长8%。修订完善纯枪、加油卡、沉淀资金激励政策，组织开展各种主题促销、节日促销和劳动竞赛活动，持续开展加油站全流程诊断与优化，不断提升出机量。积极开展成品油外采业务，全年完成成品油外采4.92万吨，实现毛利948.12万元。

2016年，开辟云南昭通、内蒙古苏里格、甘肃庆阳、山西临汾等多个高效油田市场，全年油田生产专项油供应4.7万吨。重点培育出中和万吨级站，城南、卫坪7000吨级站，开展各类主题促销、品牌体验日活动，狠抓95504投诉、神秘顾客访问、全流程诊断与优化、6S推广、运营天数管理、油站提升改造等工作，推进纯枪上量，纯枪量同比增长 6.4%，汽油销量增幅 23.73%。

2017 年，采取“稳区内、拓区外，大小统揽”的经营策略，将油田市场拓展到陕、甘、蒙、青、新、晋、滇、渝、鄂等 9 个省（自治区、直辖市），全年油田专项油供应 10.9 万吨，其中区外 5.56 万吨，同比增长 4 倍。积极推动小额配送，主动到油田、地方企事业单位办卡，锁定核心客户，逐站细分客户，抓好电子券粉丝关注和电子券核销工作，落实各站挂牌让价、后台、自助和卡折扣等优惠活动。

2018 年，抓牢“宜宾—威远、高石梯—磨溪”等探区为重点的区内油田核心业务，开辟西北、华北、华东、东北、西南油田新市场，油田市场已拓展到全国 13 个省市，全年油田专项油供应 15.6 万吨，同比增长 42.07%。狠抓 95504 投诉、神秘顾客访问、全流程诊断与优化、运营天数管理、油站提升改造，组织实施加油站精准促销、站外销售、大站培育、小站帮扶和“油卡非润”全产品销售，纯枪首次突破 8 万吨，卫坪站成功迈上万吨级台阶。

2019 年，采取“拓区内、稳区外、抓项目”的策略，落实区内油田业务归口管理，筑牢油田核心业务，专项油同比增长 9.11%；采取“精准促销、站外增量、优化运营”的销售手段，补足纯枪增量短板，纯枪同比增长 2.36%；采取“一单一议”的方式，利用 4 家集体企业区域市场及成都中心城市竞争优势，努力提高直批销量，直批同比增长 24.83%；全年汽柴油销量破 30 万吨，新发展特许经营站 2 座。

表 11-84 所示为 2008—2019 年中国石油四川销售油料分公司经营业绩统计情况。

表 11-84　2008—2019 年中国石油四川销售油料分公司经营业绩统计表

年度	油品销售总量（万吨）	汽柴油销量（万吨）	零售汽柴油销量（万吨）	润滑油及化工产品销量（万吨）	销售收入（万元）	考核利润（万元）	非油收入（万元）	非油利润（万元）
2008	2.88	2.86	0.16	0.02	1.78	−279.47	1.3	0.86
2009	17.41	14.84	2.82	2.57	8.55	93.7	58.14	5.72
2010	16.51	16.32	5.56	0.19	10.74	507	389.25	49.97
2011	18.34	18.06	6.37	0.28	13.72	897.64	764.12	186.07
2012	33.89	20.77	7.37	13.13	23.12	1123.76	1294.07	438.11
2013	42.7	21.36	7.79	21.34	26.26	696.75	3321.88	382.86
2014	35.2	20.38	7.25	14.82	22.04	277.14	1496.54	295.75
2015	18.42	18.26	7.34	0.16	10.87	613.95	2133.29	275.55
2016	19.1	18.94	7.81	0.16	10.77	1782.7	3053.62	374.9
2017	23.04	22.9	7.96	0.14	14.24	683.91	4230.31	603.17
2018	28.07	27.77	8.05	0.3	19.57	1569.47	6368.62	814.31
2019	30.44	30.01	8.24	0.43	20.89	4782.61	7633.75	976.14

（四）客户管理

2011 年，做好客户维护，对 132 家批发直销客户进行分类管理，合理调配有限资源，争取利润最大化。

2012 年，通过分类管理、动态跟踪、大力促销、责任到人等方式稳定和发展直销客户 141 家。

2013 年，强化客户经理队伍建设和绩效考核，扎实推行项目负责制和客户管理责任制。

2014 年，落实“公司领导、业务科室长（片区负责人）、客户经理、加油站经理”四级客户开发维护制度，实现市场开发“一对一”、客户服务“一对一”，各有侧重地满足客户在价格、资源、服务等方面的诉求。

2015 年，开展客户大普查和市场大调查，基本掌握加油站周边区域竞争对手信息，建立加油站客户档案卡 135 张，摸清零散客户聚集单位 35 个。根据客户用油需求，将客户划分为重要客户、次重要客户和一般客户三种，实行分级管理与联合管理。油田客户由公司以及所在地片区进行维护管理，单位大客户由片区进行维护管理，其他单位客户由加油站经理进行维护管理，个人客户由前庭主管进行维护管理。

2016 年，将直批作为扩销重点，强化专业队伍支撑，按照“全覆盖、网格化、责任制”的要求，以片区为单位配置 1 名客户经理，加强市场划分，落实客户分级管理，并利用好省公司出台的单独薪酬、促销费、差旅费与销量挂钩的激励配套专项政策，全面提高客户经理的销售热情。

2017 年，重点从如何满足客户多元化、个性化需求，如何做优服务入手，持续完善服务体系，丰富服务内涵，切实提高“数据化、平台化、智能化”水平，努力实现“质量变革、效率变革、动力变革”。

2018 年，强化成品油区域市场和客户分析，利用资阳油库资质优势，积极参与油田市场开拓。通过线上营销、异业合作等平台，实现资源共享、数据归集，全面掌握客户需求以及竞争对手资料，进行全覆盖锁定式开发管理，开展精准促销。

2019 年，组织加油站定期对客户进行普查和拜访。对 50 余家油田零售定期结算客户，专人管理，负责办卡、充值、分配、对账等工作，抓牢油田客户。

三、加油站管理

（一）现场管理

2012 年，采取调整倒班、弹性排班、插班、梭班、夜间歇业等措施，优化加油站运营质量，先后实行弹性排班 8 座、夜间歇业 1 座、间歇营业 2 座、小站承包 2 座。

2013 年，实行“一站一率”升损管理，全年油品综合损耗率同比下降 1.48‰，加油站损耗率同比下降 37.5%。持续密切关注油品损益分摊情况，全年各油库分摊升溢油 422.02 吨，增加效益 300.18 万元。

2015 年，强化加油站规范管理，坚持视频监控、神秘顾客访问，定期不定期检查、暗访，开展员工思想引导和业务技能培训，持续强化加油站现场管控，保持 95504 零有效投诉。

2016 年，定期开展对标分析，对加油站管理查漏补缺，严厉查处加油站习惯性违规违章行为，对加油站及相关责任人共处罚金 2 万余元，对 1 名站经理进行免职处理，对 2 名站经理进行诫勉谈话。

2017 年，通过季度稽查及其他相关检查，定期抽检片区对加油站进行巡检，及时通报检查结果，处理相关责任人 30 名，加油站及相关责任人共处罚金 1.3 万。

2018 年，深化业务信息系统应用，强化商品、资金、票据等关键环节管理，聚焦卸油作业、电子券舞弊等重点风险，提升管理效能，全年实现 95504 零有效投诉、零舆情，神秘顾客平均成绩同比增加 1.4 分。

2019 年，以服务提升年为契机，持续提升加油站现场服务形象，通过开展加油站岗位技能培训与考核，提升员工综合技能；通过吨级站培育以增强加油站综合管理水平，提升加油站竞争力；通过设置销售跨台阶奖，调动加油站销量跨新台阶、上档升级的积极性，促进纯枪销售业务发展。

表 11–85 所示为 2008—2019 年中国石油四川销售油料分公司加油站制度统计情况。

表 11–85　2008—2019 年中国石油四川销售油料分公司加油站制度统计表

制度名称	责任科室	运行状态
中国石油四川销售油料分公司固定资产管理暂行办法	财务科	现行有效
中国石油四川销售油料分公司 POS 机刷卡结算业务管理办法	财务科	现行有效
中国石油四川销售油料分公司情感营销实施方案	营销管理科	现行有效
中国石油四川销售油料分公司资金管理办法	财务科	现行有效
中国石油四川销售油料分公司加油站保险柜使用管理办法	财务科	现行有效
中国石油四川销售油料分公司节能降耗实施细则（试行）	后勤中心	现行有效
中国石油四川销售油料分公司发票管理实施细则	财务科	现行有效
中国石油四川销售油料分公司综合管理员集中管理办法	财务科	现行有效
加油站电器使用管理办法	油气零售科	现行有效
中国石油四川销售油料分公司加油站月度奖金考核办法	油气零售科	现行有效
中国石油四川销售油料分公司绩效考核办法	人事组织科	现行有效
加油站自用油、回罐油管理办法	油气零售科	现行有效
加油站商品管理实施细则	油气零售科	现行有效
中国石油四川销售油料分公司加油卡业务发票管理暂行办法	油气零售科	现行有效
中国石油四川销售油料分公司加油站费用管理实施细则	油气零售科	现行有效
加油站季度稽查、视频稽查、夜间巡查管理（暂行）办法	油气零售科	现行有效
中国石油四川销售油料分公司证照管理办法	总经理办公室	现行有效
中国石油四川销售油料分公司加油站奖金考核办法	人事（组织）科	现行有效

续表

制度名称	责任科室	运行状态
资金计划和使用管理考核办法	财务科	现行有效
中国石油四川销售油料分公司加油站成本费用标准化建设实施细则	财务科	现行有效
加油站经理负责制实施（暂行）办法	油气零售科	现行有效
中国石油四川销售油料分公司管理提升活动考核与评比实施细则	财务科	现行有效
安全环保质量计量管理绩效考核办法	仓储安全环保科	现行有效
中国石油四川销售油料分公司加油站油品损耗管理办法	仓储安全环保科	现行有效
中国石油四川销售油料分公司非油业务考核办法	非油经营管理部	现行有效
中国石油四川销售油料分公司加油站堆头销售管理办法	非油经营管理部	现行有效
中国石油四川销售油料分公司定期结算客户加油卡预充值业务管理办法	油气零售科	现行有效
中国石油四川销售油料分公司新闻危机管理实施细则	总经理办公室	现行有效
中国石油四川销售油料公司非油品业务激励措施及奖惩管理办法	非油品经营部	现行有效
中国石油四川销售油料分公司加油站零售业务考核考评实施办法	油气零售科	现行有效
中国石油四川销售油料分公司客户经理薪酬考核管理（暂行）办法	营销管理科	现行有效
中国石油四川销售油料分公司促销费管理办法	营销管理科	现行有效
安全环保质量计量管理绩效考核办法	安全环保仓储科	现行有效

（二）加油卡管理

2011 年，采取“内部圈存，定期结算”IC 卡预充值模式，为川庆钻探公司、西南油气田分公司等 5 个局级单位办理加油卡，全年销售加油卡 10179 张，卡销比达 30%。

2012 年，大力推行加油卡业务，发卡 7580 张，完成年度计划的 126.33%，卡销比 41.14%。

2013 年，大力宣传加油卡活动，发行加油卡 10742 张，卡销比 43.08 %，沉淀资金 3525 万元。

2014 年，做优加油卡充值、圈存、刷卡服务，累计销售加油卡 9759 张，卡销比 49.59%，沉淀资金 4078 万元。

2015 年，在扩大零售加油卡宣传的同时，加大单位卡销售力度，累计发售有效记名卡 9686 张，完成预算的 129.15%。

2016 年，不断扩大加油卡销量，助力零售增量，累计发放有效记名卡 13869 张，沉淀资金 4660 万元，卡销比 44%。

2017 年，做好预收款客户的转卡和新客户开发工作，累计发放有效记名卡 15488 张，沉淀资金 5816 万元，卡销比 48.2 %。

2018 年，做好加油卡充值业务，累计发放有效记名卡 11864 张，沉淀资金 5370 万元，卡销比 48.8%。

2019 年，结合加油卡推行昆仑 ETC，累计发放有效记名卡 28960 张，沉淀资金 5633 万元，卡销比 48.74%。

四、非油品业务

（一）业务开展

2008 年，按照省公司要求积极探索开展非油业务，并在成都地区进行试点销售。

2011 年，坚持“油非并重”，大力拓展非油业务，提前 3 个月完成全年非油利润指标。

2012 年，非油业务经营指标创历史新高，抓住省公司与盛马化工公司战略合作的机遇，与盛马化工公司、霍尔果斯中油国际事业公司达成燃料油采购和供应事宜。

2013 年 1 月 28 日，设立非油品经营管理部，主要负责非油品、润滑油及化工产品的经营管理。制定完善 6 项非油工作管理制度，规范非油业务流程 17 个，涉及关控点 13 个。

2014 年，获得中国石油集团公司昆仑润滑油一级供应商资质，取得西南油气田分公司部分单位润滑油及川庆钻井液公司白油供应业务；盘活闲置资产，成功租赁成都天回油库及泥河油库场地，并收取租金 89.9 万元。

2015 年，积极推进样板站打造、便利店整体提升及便利店二元化治理工作，通过油卡非润互促，开展促销活动，稳定油田润滑油市场，加大对便利店仓库改造，荣获川西赛区非油堆头最佳创意奖、嘉年华视频节目第一名，中油优途推荐商品全部上榜。

2016 年，取得克鲁伯、阿特拉斯、英格索兰、寿力、FAG 和宝亚润滑油等 6 种特种润滑油商品代理资格，川渝油田润滑油市场占有率由不足 50% 提升到 65%。成都、隆昌片区加油站开展广告业务，收取广告位租赁费 16.17 万元。盘活闲置资产，租赁成都天回油库、川西北油库及资阳油库，收取租金 208 万元。

2017 年，取得 2017 年集团公司昆仑润滑油一级供应商资质，全面取得西南油气田分公司润滑油供应。做好油卡非润一体化营销、便利店提升改造以及提升商品管理水平等工作。

2018 年，提前两个月完成年度任务，纯店销收入突破 850 万元，培育百万元级便利店 3 座、五十万元级便利店 5 座，取得集团公司昆仑润滑油一级供应商资质及昆仑润滑油入围代理商资格，与渤海钻探、长城钻探、大庆钻探所属单位达成润滑油供应协议，开辟新疆派特罗尔有限公司和新疆贝肯公司区外润滑油供应，全年与系统内单位相继签订 65 份润滑油销售协议。

2019 年，促进客户体验一站式消费，实现油卡非润一体化经营，新增油田润滑油客户 6 家，销售润滑油 4337.92 吨，同比增长 43.82%；启动汽服项目 3 个，其中投入运营 1 个。

（二）便利店建设

2012 年，利用自身优势，积极走访客户，先后与 4 家民营企业发展业务，同时不断强化加油站“小非油”业务，新开标准便利店 1 座、简易便利店 3 座。

2014 年，利用现有油站设施，改建投运 2 座便利店，新增 4 座加油站的堆头销售。

2015 年，投入资金 140 余万元新增简易便利店 8 座，增设改造堆头 6 个，开店率由 47% 提升到 87%，店销收入同比增长 37.75%。

2016 年，恒峰加油站、万林加油站和柏林加油站新建便利店。

2017 年，隆昌城北加油站新建便利店。

2018 年，泸州邻玉加油站、隆昌黄土坡加油站、明月新城加油站便利店提升改造。

2019 年，成都李家沱加油站便利店提升改造。

（三）考核管理

2014 年，制定《油料分公司非油业务考核办法》和《四川销售油料分公司非油品业务稽查管理实施细则》。

2015 年，规范考核制度，严格进行考核，累计奖励加油站 46000 元，累计扣罚加油站 12000 元。

2016 年，修订完善非油业务考核办法，将加油站、片区的非油考核权重从 10% 分别提高到 25% 和 27%；将店销收入百元工资从 2.5 元调整到 4 元，兑现基层一线非油奖励 24.5 万元，其中百元工资奖励 22.5 万元、促销返点费 1.3 万元、堆头返点费 0.7 万元。

2017 年，将加油站、片区的非油考核权重调整为 30%、18%，全年向基层一线发放非油百元工资 23.3 万元，包装饮料、尿素等促销返点及堆头费 2.46 万元。向省公司兑现非油考核工资 174.64 万元。

2018 年，将加油站、片区的非油考核权重调整为 30%、23%，兑现基层一线非油奖励 39.05 万元，其中百元工资奖励 37.67 万元，包装饮料促销返点及堆头费共计 1.38 万元。

2019 年，调整非油考核权重，做大润滑油，狠抓店销提升，积极开拓团购业务，多渠道增加非油收入，全年兑现非油各类奖励 25.72 万元。

五、网络开发建设

2009 年，完成 13 座加油站静电断接卡改造、14 座加油站管理系统环境部署改造、惠通加油站灾后局部重建及资阳雁城加油站站房改扩建等 5 项重点工程。

2010 年，完成雁城站安全隐患治理工程以及省公司下达的各类油站隐患与检维修项目；成功收购新津凤凰加油站，实现油料分公司划转以来网络开发零的突破。组织考察自贡、江油、遂宁等片区所在地的加油加气站规划及建设。

2011 年，成功租赁技改运营恒峰加油站，做好江油 1 个收购项目和 1 个橇装项目工作，收购凤凰加油站，完成成都、资阳、川西北片区油库安全整改及城南加油站隐患整改项目。

2012 年，实地考察 30 余个网络开发项目，储备可供开发加油加气站 6 座，成功收购江油阳亭加油站，新建川西北石油基地橇装加油站。中和站隐患整改于 11 月开工建设，凤凰站征地事宜取得新进展。

2013 年，实地考察网络开发项目 13 个，储备可供开发项目 6 个。与南充嘉陵区就燕南站的迁建达成协议，完成天时、八里庄、邻玉 3 座站的达标和油气回收改造工作，实施 3 座站技改工程、4 座站达标改造项目。完成成都红花堰、隆昌两道桥生活区供水供电管线及排污管网改造项目。租赁投运明月新城站，网点增量 3149.6 吨。

2014 年，实地考察网络开发项目 12 个，储备可供开发项目 6 个。争取凤凰加油站新征土地、燕南加油站土地调整规划的落实。完成李家沱加油站改扩建、5 座加油站罩棚整改和凤凰、邻玉、黄土坡等6座加油站油气回收改造工作。

2015年，实地考察项目5个，落实凤凰站地面资产权属问题和柏林站迁建，参与燕南站土地竞拍，完成川西北撬装站搬迁至苏里格的安装调试，完成并投运油气回收改造项目11个、库站整改提升项目6个、加油站隐患整改项目2个、便利店整改提升项目5个。完成集体企业环保治理项目1个、油气回收改造项目4个、隐患整改项目2个。完成17座站的卡机联动改造和31条内网链路建设。

2016年，完成柏林站的迁建、3个一体化提升改造项目、迎接站提升改造等项目。实地考察网络开发项目6个，完成集体企业油气回收改造项目5个。

2017年，完成万林、阳亭、天时、中兴、雁城隐患整改及隆昌城北加油站整体改扩建项目。

2018年，完成水晶、古城、黑水3座加油站特许经营立项申报。凤凰站已在土地指标、出让方式的协调中，燕南站的迁建维权案件已走完司法鉴定程序。完成6座加油站防渗治理改造工作。完成邻玉、黄土坡局部改造项目及卫坪加油站技改项目。

2019年，完成板栗湾、城东及惠通站的双层罐防渗治理工程，完成中和加油站复合管线改造工程，重点抓好隆昌城南加油站整体技改工程，新建站房，对便利店按照最新标准进行包装，更换双层地埋油罐以及部分加油机。

六、质量安全环保

2008年，全年接受各类安全检查78余次，共排除安全隐患116项，待批复5项，隐患整改率99%。加大对“三违”现象的处罚力度，全年共处罚“三违”人员8人次，扣13分。加大安全隐患整治投入，全年共投入资金1400万元，对37个库、站进行安全整改，为14座油库、加油站安装监控系统。

2009年，认真开展“安全经验分享”“集团公司HSE九项管理原则”等一系列活动。印发《油库、加油站生产作业主要风险及危害》《安全管理人员操作人员安全技能题库》和本公司制作的“三卡一表”，使库站风险人人皆知。全年共查出安全隐患202个、不安全行为3起，已整改175个，查处“三违行为”7起。

2010年，成功处置未遂事故4起，整改各类问题和隐患248项。投入隐患整改费用182.7万元，处罚“三违”行为10次，罚款1572元。重点制订隆昌油库整改项目专项维稳应急预案，较好地处理隆昌油库整改项目涉及27名员工的安置和员工退伍子女安置，确保员工队伍的整体稳定。

2011年，施工作业管理严格“两书一表”和“作业票证”管理，车辆交通安全管理严格执行车辆派遣制度、乘车人员安全负责制和“两交一封”制度，确保全部检维修和17台车辆安全无事故。抓好隐患排查整改，全年开展4次定期安全检查、2次专项检查，查出各类问题273个，整改212个，安全环保平稳受控。

2012年，全年搜集安全经验分享案例408个，开展HSE知识培训638人次，查出各类问题和隐患326项，投入整改资金242.27万元，查处“三违”行为43人次，处罚金3350元。严格执行加油站质量计量服务“六条禁令”，做好地罐交接工作，完成7座站地罐的清罐作业和标定校准工作，实现 8 座站单轨运行。

2013 年，开展安全生产大检查、视频扫站及 HSE、质量管理体系内审，累计发现问题 488 项，整改率达到 91.8% 以上，查处“三违”行为 20 人次，处罚金额 3650 元。开展各类预案演练 534 次，成功处置未遂事件 3 起。

2014 年，发挥营销指挥大厅实时监控作用，落实 2 名专人值守，随机抽查加油站 300 余座次，发现问题 56 个。全年组织开展综合性检查 10 次，查出各类问题和隐患 318 项，投入整改资金 125.61 万元。处罚“三违”人员 22 人次，处罚金额 3200 元。狠抓油品损耗管理，在省公司和地方部门的抽检中，油品均未出现数质量问题。

2015 年，全年开展 2 次 HSE 管理体系和质量管理体系审核、10 次专项检查，查出各类隐患和问题 197 项，完成整改 174 项，整改率 88%；举行各类预案演练 758 次，成功处置未遂事件 9 起。通过地罐交接、有奖举报等措施，油品损耗减少 46.06 吨，加油站油品综合损耗率同比下降 0.68‰，成功索赔 3285 元。公司 QC 成果《李家沱加油站油品损耗分析及控制》荣获集团公司三等奖，被省公司评为 2015 年度“质量管理先进单位”。

2016 年，全年组织开展各类安全培训 3766 人次，查找整改各类隐患和问题 736 项，查处“三违”和 HSE 管理负面清单行为 27 起，罚款 10100 元。加强应急体系建设及预案演练，各层级举行各类预案演练 898 次。狠抓油品损耗管理，自 8 月开展加油站油品损耗专项治理以来，较上年同期降低损耗 32.17 吨，成功索赔 19029.78 元。

2017 年，全年开展安全环保培训 514 人次、预案演练 833 次，成功处置未遂事件 7 起，查找整改各类隐患和问题 756 项，查处“三违”和负面清单行为 36 起，处罚金 4570 元，取得 8 座加油站环保验收批复。统筹安排完成城北加油站整体改扩建和迎接、万林、阳亭、百胜 4 座加油站的防渗治理和局部改造，仅迎接站改造后日均销量较技改前增长三成，增效约 24 万元。

2018 年，全年查出各类隐患和问题 1183 个，整改 1154 个。深刻汲取黄土坡“5·4”卸油事故教训，下狠手强力整治有章不循、有禁不止的行为，全年成功处置未遂事件 19 起，查处“三违”和负面清单行为 20 起，处罚金 6900 元。

2019 年，组织开展量化及专项审核工作，共发现隐患及问题 352 项；先后开展施工作业专项检查、节前安全专项检查、质量计量专项检查等活动，查出各类隐患和问题 634 个，整改 631 个；查处“三违”和 HSE 管理负面清单行为 9 起，处罚金 1800 元。

七、集体企业

油料分公司辖 5 家独立法人集体企业，分别为成都市川油八里庄商贸中心、四川省隆昌石油物资公司、川西南石油物资供销公司、四川石油管理局资阳油库（以下简称“资阳油库”）、江油川西北利通实业总公司（以下简称“利通公司”），主要负责集体企业油品批发直销、劳务外包、库站检维修、油站委托管理等业务。

2013 年，通过集体企业外采成品油 3081 吨，18 座在川油库出库 20.7 万吨，销售汽柴油 6 万吨、润滑油及燃料油 1.16 万吨，实现销售收入 4.95 亿元、利润总额 65.44 万元。以利通公司为载体，争取到省公司库站检维修业务，完成利通公司营业执照增项和税务登记变更，组织开展库站检维修业务，全年完成检维修工作量 894 万元，分流仓储公司检维修人员 10 人。

2014 年，集体企业利润总额亏损达 88.12 万元，加上往年亏损，累计亏损 1356.44 万元。利用集体企业的资质，通过合资、联营、租赁多种方式，盘活资产，创造效益。全力推动检维修业务，在成都、绵阳、广元、达州等 12 家单位开展场地画线和清罐作业，全年完成检维修工作量 1228 万元。

2015 年，开展集体企业经营资质增项，于年底组建集体企业综合管理科，对 5 家集体企业实施“资源、财务、人员”三集中统一管理，集体企业销售油品 7.82 万吨，实现营业收入 52296.15 万元、利润总额 720.04 万元，做好全省系统内 87 个库站检维修项目，争取到石油销售系统外检维修项目 2 个。全年累计完成检维修工作量 2409.49 万元，同比增长 96.21%，实现利润 72.67 万元。

2016 年，主动探索集中运维、劳务服务、产品代理、闲置资产利用等业务，有序推进集体企业业务转型。集体企业销售油品 40.37 万吨，实现营业收入 202012.08 万元、利润总额 2724.54 万元。全年外采油品销售给省公司 34.2 万吨，实现毛利 3571 万元；组织 3 家集体企业与 8 家二级公司开展 104 座加油站委托管理业务；签订检维修项目合同 72 个，实现结算收入 1272.4 万元，实现利润 58.04 万元；出租闲置资产，实现收益 387.14 万元。5 家集体企业累计盈利 1855 万元，为省公司分流人员 640 人，治理双低站 17 座，节约人工成本 3704 万元。

2017 年，助推业务转型，从 13 家二级公司“租赁 + 代管”加油站 6 座，“委托管理”加油站 242 座；新增利通公司“建筑工程施工总承包叁级”和“钢结构工程专业承包叁级”两项资质，利润总额 1599.34 万元（检维修业务盈利 61.13 万元、委托租赁业务盈利 1055.98 万元、集体企业本部盈利 482.23 万元）。全年签订检维修项目合同 62 个，工程总量 2090 万元；利用闲置资产出租，实现年租金收益 262.39 万元。尝试开展劳保服装采购、加油机设备代购等业务，实现收入 70 余万元。

2018 年，利用资阳油库资质优势，积极参与油田市场开拓，集体企业销售油品 16.17 万吨，实现营业收入 11.66 亿元、利润总额 1436.37 万元（检维修业务盈利 266 万元、委托租赁业务盈利 524.60 万元、集体企业本部盈利 645.77 万元）。全年签订检维修项目合同 101 个，合同金额 2689.36 万元（其中系统外合同 33 个，合同金额 1205.6 万元）。规范委托管理业务，将服务企业从 4 家精简到 2 家，完善 11 个地区分支机构设立，为省公司分流人员 1233 人，为集体企业创利 607.47 万元。

2019 年，集体企业销售油品 17.92 万吨，实现销售收入 11.37 亿元、毛利 5197.15 万元、利润总额 1455.13 万元（检维修业务亏损 92.54 万元、委托租赁业务盈利 1061.09 万元、集体企业本部盈利 486.42 万元）。新增利通公司“石油化工总承包三级”建筑资质，积极争取系统外工程项目，全年签订检维修项目合同 75 个、合同金额 2300.6 万元。优化规范委托管理业务，委托管理业务为省公司分流人员 1145 人，承担人工成本 1.08 亿元，同时配合中介机构完成改革方案的编制及集体企业初步审计工作。

第二十六节　房产管理公司

一、基本情况

中国石油四川销售房产管理公司的前身是四川石化房地产综合开发有限责任公司，1995年4月，由省公司与四川石化销售三川公司（以下简称三川公司）共同出资创立。省公司出资900万元，持股比例90%；三川公司出资100万元，持股比例10%。2009年4月，省公司协议收购三川公司持有的上述股权后，出资比例为100%。2011年1月，省公司对后勤管理处、综合管理办公室、四川石化房地产综合开发有限责任公司实施合并，将四川石化房地产综合开发有限责任公司对内更名为中国石油四川销售房产管理公司（以下简称房产管理公司）。公司定编55人，下设后勤管理科、房产管理科、车辆管理科和离退休人员管理科4个科室。将省公司原后勤管理处、综合管理办公室（除存续企业财务管理职责外）的职责及人员整体并入房产管理公司；将报刊编辑部、驻京办事处和驻兰办事处的人员关系调整到房产管理公司。在业务管理上，报刊编辑部由省公司党委办公室领导，驻京办事处由省公司总经理办公室领导，驻兰办事处由省公司调度运输处领导；在房产管理公司成立海南办事处，业务上由总经理办公室领导。2012年2月，省公司调整部分机构职能和名称，房产管理公司加挂省公司后勤管理中心和离退休人员管理中心的牌子，对内称后勤管理中心（离退休管理中心、房产管理公司），其职能、内设机构和人员编制不变。

房产管理公司主要工作开展情况详见本志书第八篇（企业管理）第三章（人力资源管理）第七节（离退休及存续管理）、第八篇（企业管理）第七章（行政后勤）第二节（后勤事务）。

二、历任领导

表11-86、表11-87、表11-88所示分别为2011—2019年中国石油四川销售房产管理公司行政领导任职情况、2012—2019年后勤管理中心（离退休人员管理中心）行政领导任职情况、2011—2019年中国石油四川销售房产管理公司党组织领导任职情况。

表11-86　2011—2019年中国石油四川销售房产管理公司行政领导任职情况表

机构名称	职务	姓名	任职起止时间
中国石油四川销售房产管理公司	总经理	曹天顺	2011年1月至2013年12月
		杨万彬	2014年1月至2018年10月
		陈继光	2019年3—12月
	副总经理	梅学军	2011年1月至2013年3月
			2013年3月至2016年10月（正处级）
		刘华平	2011年1月至2012年3月
			2014年1月至2015年6月（正处级）

续表

机构名称	职务	姓名	任职起止时间
中国石油四川销售房产管理公司	副总经理	郭应钊	2014 年 1 月至 2018 年 12 月
		张　真	2016 年 11 月至 2019 年 3 月（正处级）
		陈继光	2018 年 4 月至 2019 年 3 月（正处级）
		朱宏杰	2019 年 10—12 月（正处级）
		胡纯林	2019 年 11—12 月

表 11-87　2012—2019 年后勤管理中心（离退休人员管理中心）行政领导任职情况表

机构名称	职务	姓名	任职起止时间
中国石油四川销售房产管理公司	主　任	曹天顺	2012 年 3 月至 2013 年 12 月
		杨万彬	2014 年 1 月至 2018 年 10 月
		陈继光	2019 年 3—12 月
	副主任	梅学军	2012 年 3 月至 2013 年 3 月
			2013 年 3 月至 2016 年 10 月（正处级）
		刘华平	2014 年 1 月至 2015 年 6 月（正处级）
		郭应钊	2014 年 1 月至 2018 年 12 月
		张　真	2016 年 11 月至 2019 年 3 月（正处级）
		陈继光	2018 年 4 月至 2019 年 3 月（正处级）
		朱宏杰	2019 年 10—12 月（正处级）
		胡纯林	2019 年 11—12 月

表 11-88　2011—2019 年中国石油四川销售房产管理公司党组织领导任职情况表

机构名称	职务	姓名	任职起止时间
中共中国石油四川销售房产管理公司党支部 中共中国石油四川销售分公司机关党委后勤管理中心党支部 中共中国石油四川销售分公司后勤管理中心（离退休管理中心、房产公司）党委	书　记	赵正前	2011 年 1 月至 2012 年 3 月（正处级）
		曹天顺	2012 年 3 月至 2013 年 3 月
		梅学军	2013 年 3 月至 2016 年 10 月（正处级）
		张　真	2016 年 11 月至 2019 年 3 月（正处级）
		陈继光	2019 年 3—10 月（正处级）
		朱宏杰	2019 年 10—12 月（正处级）
	副书记	曹天顺	2011 年 1 月至 2012 年 3 月
		陈继光	2019 年 10—12 月（正处级）

说明：2019 年 10 月，成立中共中国石油四川销售分公司后勤管理中心（离退休管理中心、房产公司）党委。

第二十七节　成都深国贸物业管理有限公司

一、基本情况

成都深国贸物业管理有限公司成立于 1998 年 8 月，由四川石化房地产综合开发有限责任公司与深圳市国贸物业管理公司按股份比例合作组建，注册资本金 100 万元，四川石化房地产公司持股比例 60%，深圳市国贸物业公司持股比例 40%。主要业务是四川国际大厦的物业管理工作，下设办公室、财务部、工程部、客户服务部 4 个部门。2006 年 11 月，深圳市国贸物业管理公司将所持有的 40% 股权转让给四川石化房地产综合开发有限责任公司，成都深国贸物业管理公司成为四川石化房产公司的全资子公司。2007 年 11 月，四川石化房地产综合开发有限责任公司将所持有深国贸物业管理公司的 100 万元股权转让给省公司，成都深国贸物业管理公司成为省公司的全资子公司。是年，实行总经理负责制。2019 年 4 月，按照“物业服务整体移交、服务人员整体移交，物业收费标准暂不变，服务人员合同不变、岗位不变、待遇不变”的原则，成都深国贸物业管理有限公司负责的四川国际大厦物业管理业务移交给中国华油集团有限公司四川分公司管理，成都深国贸物业管理有限公司与中国华油集团有限公司四川分公司签订人员移交协议，其中：22 人续签劳动合同划转到中国华油集团有限公司四川分公司，23 人分两批与成都深国贸物业管理有限公司有偿解除劳动合同。

二、历任领导

表 11–89、表 11–90 所示分别为成都深国贸物业管理公司行政领导任职情况、党组织领导任职情况。

表 11–89　1998—2019 年成都深国贸物业管理有限公司行政领导任职情况表

机构名称	职务	姓名	任职起止时间
成都深国贸物业管理有限公司	董事长	杨顺成	1998 年 6—8 月
		胡兴东	1998 年 8 月至 2007 年 11 月
	副董事长	刘传树	1998 年 6 月至 2006 年 11 月
	监事长	周胜银	1998 年 6 月至 2006 年 11 月
	执行董事	胡兴东	2007 年 11 月至 2017 年 4 月
		房玉林	2017 年 4 月至 2019 年 4 月
	总经理	帅政建	1998 年 6 月至 2004 年 10 月
		李　彪	2004 年 10 月至 2013 年 3 月
		曹天顺	2013 年 3 月至 2019 年 4 月
	常务副总经理	帅政建	2004 年 10 月至 2006 年 5 月

续表

机构名称	职务	姓名	任职起止时间
成都深国贸物业管理有限公司	副总经理	周胜银	1998 年 8 月至 2004 年 7 月
		李德明	1998 年 9 月至 2013 年 3 月
		陈正强	2001 年 1 月至 2002 年 8 月
		余瑞华	2007 年 4 月至 2015 年 12 月
		冉崇刚	2014 年 1 月至 2019 年 4 月

表 11-90　1998—2019 年成都深国贸物业管理有限公司党组织领导任职情况表

机构名称	职务	姓名	任职起止时间
中共成都深国贸物业管理有限公司党支部	书　记	李　彪	2011 年 1—3 月
		王镇西	2011 年 3 月
		冉崇刚	2013 年 3 月至 2019 年 4 月
	副书记	李　彪	2011 年 3 月至 2013 年 3 月
		曹天顺	2013 年 3 月至 2019 年 4 月

第二十八节　四川省石油集团成都有限公司

一、基本情况

四川省石油集团成都有限公司原名成都石油批发站，成立于 1958 年 1 月。1958 年 5 月，成都石油批发站与成都市煤建公司合并为成都煤建、石油批发站。1962 年 5 月，经上级批准，撤销成都石油、煤建批发站，分别成立成都石油采购批发站和成都市煤建公司；是年，四川省商业厅撤销成都采购批发站，将其人、财、物全部并入省公司，成都市石油业务由省公司兼营。1973 年，省公司将成都储油所和成都石油营业部划出，恢复成立独立核算的四川省成都石油采购供应站，属二级站性质，由省公司直接领导。1974 年 1 月 1 日，四川省成都石油采购供应站正式成立，办公地址设在成都外北天回镇储油所内，自此，省公司不再兼营成都市石油业务。1978 年 10 月，四川省成都石油采购供应站更名为四川省石油公司成都采购供应站。1993 年更名为四川省石油总公司成都采购供应站。1997 年 6 月更名为四川省石油集团成都有限公司。1997 年 12 月，四川省石油集团成都有限公司合并至四川省石油集团有限公司。合并前，四川省石油集团成都有限公司下设办公室、人事部（含党委办公室、离退办）、监察科、保卫科（与监察科合署办公）、财会部、审计科、行政科、仓储安全科、基建开发部、集体企业管理办公室、集体企业财会科、计量室、业务部（统计、节油、物价、信息）、储油所、零售部、润滑油分公司、特油部、联运公司等部门及机构，有油库 1 座（天回镇油库，现名 104 油库）、加油站 22 座（含联营站）。

表 11–91、表 11–92 所示分别为 1989—1997 年四川省石油集团成都有限公司行政领导任职情况、1989—2019 年四川省石油集团成都有限公司党组织领导任职情况。

表 11–91　1989—1997 年四川省石油集团成都有限公司行政领导任职情况表

机构名称	职务	姓名	任职起止时间
四川省石油公司成都采购供应站 四川省石油总公司成都采购供应站 四川省石油集团成都有限公司	经　理	刘罗生	1989 年 1 月至 1991 年 1 月
		向维龙	1991 年 1 月至 1992 年 11 月
		杜树尧	1992 年 11 月至 1994 年 1 月
		帅　民	1994 年 1—8 月
		李有福	1994 年 9 月至 1996 年 1 月
		温明友	1996 年 1 月至 1997 年 12 月
	副经理	白秉东	1989 年 1 月至 1990 年 12 月
		向维龙	1989 年 1 月至 1991 年 1 月
		赵大前	1991 年 1 月至 1997 年 4 月
		周田宽	1991 年 1 月至 1995 年 2 月
		何明详	1991 年 1 月至 1993 年 2 月
		何云生	起始时间不详至 1995 年 2 月
		杜树尧	1994 年 1 月至 1995 年 12 月
			1997 年 4—12 月
		张永平	1997 年 4—12 月
		梅学军	1997 年 4—12 月
		陈道根	1997 年 4—12 月
		陈国瑞	1997 年 4—12 月

表 11–92　1989—2019 年四川省石油集团成都有限公司党组织领导任职情况表

机构名称	职务	姓名	任职起止时间
中共四川省石油公司成都采购供应站党委 中共四川省石油总公司成都采购供应站党委 中共四川省石油集团成都有限公司党委	书　记	刘罗生	1989 年 1 月
		李有福	1989 年 1 月至 1991 年 7 月（代理）
			1991 年 7 月至 1996 年 12 月
		温明友	1996 年 12 月 1997 年 12 月
	副书记	王定荣	1989 年 1 月至 1992 年 12 月
		向维龙	1989 年 1 月至 1994 年 9 月
		杨蜀光	1994 年 9 月至 1997 年 12 月

二、市场营销

1989年，石油供需矛盾突出，自然灾害相继发生，以稳定石油市场为中心，以抓管理、上等级、全面提升企业素质为重点，开拓经营业务，强化内部管理，全年购进各类油料18.99万吨，其中计划内油料15.75万吨、计划外油料3.24万吨，全年销售各类油料19.53万吨，其中计划内油料15.65万吨。

1990—1991年，在计划经济与市场调节相结合的原则下，许多外单位受高利润吸引，跨行业涉足成品油经营，盲目竞争，导致成品油市场流通秩序混乱，抑制了主渠道作用的发挥。

1990年3月，在成都石油器材经营部原有服务项目基础上，增设煤油零售业务。

1991年，按照国家计划实现比例，坚决兑现平价油料，做好农业、交通运输等关系民生及社会安定的重点行业用油安排，在统筹计划内外油源的基础上，分别采取订购、销售、联营、联销和向外辐射等各种促销方法，扩大销售。充分发挥业务协调小组的作用，统一指挥油料进销工作，提高企业经济效益。全年调销各种油料19.1万吨，实现商品销售24694万元，创利润1625万元。

1992年2月，特种油品服务部在原经营批发业务的基础上，增加零售业务。

1992年6月以后，随着社会主义市场经济体制的逐步建立，成品油从计划经济转向市场经济，经营形势和经营环境发生了变化，企业在经营上面临许多困难，导致经营状况严重恶化，经济效益急剧下降。

是年，重新调整设置营销机构：撤销原“成都石油站营业部”；成立“成都石油站第一经销部”，经营计划内和计划外的轻质油料，负责计划内油料的组织、调拨和分配供应；成立“成都石油站第二经销部”和“成都石油站第三经销部”，经营计划外轻质油料，负责计划外油料采调、销售业务。

1993年，随着国家经济体制改革不断深入，石油市场全部放开，出现大批单位经营成品油料。系统内省、地、市、区、县30多家石油公司在成都开业经营石油，系统外物资、农机、供销、商业、军队、学校、政府等部门共300多家企业也插足成都市石油经营。这些单位不仅涉足批发业务，而且占据绝大部分零售市场，给企业业绩带来极大影响。1—6月，购进2.3万吨油品，比1991年同期减少近8万吨，下降78.4%；受购进影响，销售量比1991年同期减少8.9万吨，下降86.5%，利润减少约700万元。

1994年，在资源供大于求、竞争压力大、销售困难的情况下，立足成都市场，发挥自身优势，挖掘市场潜力，疏通各种渠道，千方百计狠抓销售，扩大市场占有率，全年销售各类成品油10.98万吨，完成省公司下达的任务指标。

1995年，继续克服市场竞争激烈、经营价差很小等困难，积极调整经营策略，努力扩大购销业务，全年采调油料9.96万吨，销售10.63万吨，批发8.16万吨，加油站零售2.07万吨。

1996年，在石油市场竞争异常激烈、运输货源较为紧张的情况下，把占领市场、争创效益作为根本任务。在中转接卸环节，104油库在确保安全的基础上，发挥自身优势，坚持以质量管理和优质服务为先导，一改多年午休不发油的习惯，实行全天候服务，赢得了较好的社会效益和经济效益，全年吞吐油料73万吨。在零售环节，投入50万元提升站容站貌，以数量、计量、物价、安全服务等多项内容向社会公开承诺，大力开展“单位创红旗，个人当明星”争先创优活动，取得显著成效，全年加油站零售2.83万吨。在批发环节，坚持以市场为先导，不断调整经营策略，先后分设批发经营网点6处，在油料采购和销售上实行定人定员、定任务、定奖惩机制。全年购进油料11.93万吨，同比增长19.78%；销售11.82万吨，同比增长11.19%；批发8.52万吨，同比增长4.45%；加油站零售2.83万吨，同比增长36.83%。

1997年，狠抓零售油环节，加大采调力度，在轻质油采调及销售环节加强管理，及时调整营销策略，积极组织适销对路的油品，保证市场供应，调整库存结构，择优购进适销对路的品种，抓住各个时点的反弹机遇促销增效。

三、多种经营

1991年，在发挥原有多种经营企业作用的同时，新组建“蓉石石化经营部”和“成都石油设备工程部”，进一步拓宽经营门路。

1992年，面对市场经营机制全面进入石油销售领域，导致石油市场放开、计划大幅度减少、社会经营渠道猛增、市场分割严重、价格波动很大、利润大幅下降等情况，及时研究对策，转变经营策略，努力巩固和拓展市场阵地，着力提高整体效益。以“油”为本，借助主业创造效益，充分运用现有的技术、资金、设备、人才优势，大力发展多种经营，围绕省公司提出的“油、化、车、气、房”多头发展的要求，结合企业自身实际，开展与主业相关联的化工建材、汽车配件、液化气的经营和房地产等其他产业经营。

是年1月，成立“四川省大华石化发展公司”，该公司主营计划外成品油、石油器材、石油设备制作安装、化工原料液化气，兼营日用百货、服装、鞋帽、针纺织品、家用电器、建筑五金、建辅材料、汽车零配件、日用化妆品、中药材、糖酒副食品、干杂土特产品、香烟。

1993年，为发展社会主义市场经济，更好地引进资源，做好市场供应，多措并举，扩大经营网点，提高经济效益。2月，成立“成都石油站机关服务公司”，主营范围包括建筑材料、建筑装饰材料、建筑五金、石油制品、石油器材设备、化工原料、日用百货、针纺织品、服装鞋帽、家用电器、电线电缆、照明器材、医疗器械、中医药材、文体用品、书刊字画、工艺美术制品。3月，成立“成都石油站武汉经营部”，参加中南石化物资交易中心活动，成立“成都采购供应站西南润滑油公司”，作为下属分支机构，主营各类润滑油（脂），兼营石化产品。4月，成立成都石油采购供应站华川润滑油公司，主营各类润滑油（脂），兼营石化产品。5月，成立“成都石油站兰州经营部”，参加西北石化物资交易中心活动。9月，成立“成都石化物资公司”，经营范围包括油库、加油站的设备及配件、建辅材料、钢材、化工产品、土特产品等。

1994年，成立“成都石油信息公司”，主营石油市场信息的调查、收集、整理、发布，经营方式为利用计算机通信、传真等先进技术进行高效率的信息收集、处理和利用。

是年，为适应形势发展，理顺内部经营体制，强化经营管理，于4月撤销“成都石油站武汉经营部”和“成都石油站兰州经营部”，成立成都采购供应站润滑油分公司（保留成都特种油品服务部牌子及印章），负责润滑油和特种油品的购销工作，并于4月23日起撤销原润滑油销售部、润油分公司、特油部。

1996年10月，开辟第三产业，同意“天斑园”管委会在天斑公路二公里处筹建成都“天斑园”度假村，主营餐饮娱乐经营业务。

四、网络开发建设

1989年，狠抓生产经营设施建设，投入大量财力、人力，取得较好效果。完成两座5000立方米油罐的安装及油库第二期技改的立项审批手续。

1990—1991年，从理顺基建、技改管理工作出发，调整公司基建结构，恢复基建科，发挥基建管理的职能作用。

1991年，设立油库和城区两个技改组，分别负责油库和新五区的基建技改工作，完成104号、105号罐的新建工作和油库、水塔、浴室、锅炉房、职工食堂的新建改建工作，在新五区完成9座联营加油站的签约征地工作。

是年3月，与成都市武侯区簇桥乡农机管理服务站联营簇桥加油站。4月，修建苏坡加油站，该站与成都市青羊区苏坡农机管理服务站联合经营，属于集体经济所有制体制。5月，与成都市青羊区文家农机站联建文家加油站。8月，与永丰乡农机站联营武侯区高新加油站。9月，与成都市成华区圣灯乡农机管理站联营圣灯加油站。11月，与锦江区琉璃农机管理服务站联营琉璃加油站。12月，与成都市成华区保和乡农机管理站联营新华加油站。

1992年1月，与成都市金牛区天回乡人民政府联营天回加油站。

1994年，为适应市场经济发展、加快经营网点建设，与成都市保和企业总公司联建联营“成都市104库保和加油站”。

1996年，投资50万元，对所属加油站的围墙、道路、标志标牌进行整改，提升加油站的站容站貌。

是年11月，在成都市羊市街西延线新建红色村加油站。

1997年1月，承包经营五块石加油站。6月，天回镇油库采用的低气压辅助卸油新工艺通过省公司审批。12月，在合并前共有加油站22座（城北、城南、武侯、青羊、金牛、二仙桥、望江、红色村、水碾河、成华、天回、文家、琉璃、五块石、簇桥、成华、浣花、苏坡、新华、高新、保和、圣灯）。

五、质量安全环保

1989年，在创安活动中经成都市人民政府创安领导小组考核验收获得96分；油库在全省石油系统油库检查评比中获得90.3分，进入先进油库行列，并在重点单位消防工作十项标准复查验收中获得95分，其专职消防队在企事业专职消防队检查考评中获得81.2分；营业部在十项标准复查验收中获得96分。

1990—1991 年，坚持“预防为主，安全第一”的方针，确保企业安全。在安全教育方面，既抓日常教育又抓典型教育，提高广大职工的安全意识。坚持定期和不定期的安全检查，发现隐患及时整改，增强企业安全防范能力。同时，根据机构调整和人员变动情况，及时对两级生产安全和治安安全领导机构进行调整充实。

1991 年，为加强武装护库能力，组建经济民警中队。

同年，在全省油库安全大检查中，104 油库取得 93 分的优异成绩。

1995—1996 年，坚持安全工作“谁主管、谁负责”原则，明确企业法人是第一责任人，严格按上级要求，逐级签订安全管理目标责任合同。未发生火警、火灾、重大伤亡及其等级事故。油库在连续两年的安全检查中，分别位列全省第七名和第四名，油库和加油站均被评为“物价、计量信得过单位”。

1996 年，为防止溢油事故、确保油库安全，在天回镇油库发油高架安装电子液位高度显示仪。

1996—1997 年，着眼油库长远规划，以“总体规划，分步实施”为原则，对天回镇油库进行技改，拆除天回镇 6 座油罐，利用金属油罐综合长效防护（油罐再生）技术改造 2 座旧油罐，改造工程于 1997 年 6 月竣工。

第二十九节　成都七〇〇五油库

一、基本情况

成都七〇〇五油库位于成都青白江区仁和乡，始建于 1970 年 6 月，1978 年 8 月竣工投运。该油库原属中商部战略储备库，仅起调节四川省内石油余缺之用，后划转于四川省商业厅，由四川省商业厅划转至四川省石油公司，更名为四川省石油公司成都七〇〇五库。1992 年 4 月 1 日，成都七〇〇五库成建制划归四川省石油公司成都采购供应站。1994 年 1 月 1 日，成都七〇〇五库成建制从四川省石油总公司成都采购供应站划出，仍由四川省石油总公司直接管理。1997 年，更名为四川省石油集团成都七〇〇五油库。2000 年，更名为中国石油天然气股份有限公司四川销售分公司成都七〇〇五油库。该库库容 5.5 万立方米，有铁路专用线 1782 米，设行政办公室、财务资产科、人事劳资科、经营管理科、仓储科、警卫、消防队、成都招待所、加油机经销维修部共 9 个部门，有员工 28 人。2001 年 12 月 1 日，该油库的人、财、物成建制划归中国石油天然气股份有限公司四川成都销售分公司管理。2002 年 3 月 1 日，正式关闭。

二、历任领导

表 11-93、表 11-94 所示分别为 1989—2002 年成都七〇〇五油库行政领导任职情况、党组织领导任职情况。

表 11-93　1989—2002 年成都七〇〇五油库行政领导任职情况表

机构名称	职务	姓名	任职起止时间
四川省石油公司成都七〇〇五库 四川省石油总公司成都七〇〇五库 四川省石油集团成都七〇〇五油库 中国石油四川销售分公司成都七〇〇五油库	主　任	段绍根	1989 年 1 月至 1997 年 5 月
	副主任	陈　明	1989 年 2 月至 1995 年 12 月
		曾　程	1991 年 1 月至 1995 年 12 月
			1997 年 5 月至 2002 年 2 月
		罗富顺	1997 年 5 月至 2002 年 2 月（主持工作）

表 11-94　1989—2002 年成都七〇〇五油库党组织领导任职情况表

机构名称	职务	姓名	任职起止时间
中共四川省石油公司成都七〇〇五库党支部 中共四川省石油总公司成都七〇〇五库党支部 中共四川省石油集团成都七〇〇五油库党支部 中共中国石油四川销售分公司成都七〇〇五油库党支部	书　记	张永平	1989 年 1—3 月
		段绍根	1989 年 3 月至 1997 年 11 月
	副书记	陈　明	1989 年 3 月至 2002 年 2 月
		罗富顺	1997 年 12 月 2002 年 2 月（主持工作）
		谢　勇	1995 年 6 月 2002 年 2 月

第二章　直管股权企业

为强化股权管理职能、提升股权管理效率，按照“抓大放小，统一标准，分级管理，严格考核”原则，省公司对股权企业实行分级分类管理，以股权企业的站点数量、销售规模、创效质量、发展趋势等为主要指标，根据股权企业现状，分为省公司直管、二级公司托管和二级公司全管等三类股权企业进行差异化管理。

省公司将规模大、跨区域经营，或专业性强、市场潜力大，符合公司转型发展方向的股权企业纳入省公司直管，由省公司具体负责其日常行权管理事项，董监事和高级管理人员由省公司负责委派并组织考核。直管的股权企业有四川蜀兴宝石花石油工程设计有限公司、四川中路能源有限公司、中石油四川铁投能源有限责任公司、四川交投中油能源有限公司、成都天投中油能源有限公司、四川中油九洲北斗科技能源有限公司、四川中油元通科技发展有限公司等7家企业。

第一节　四川蜀兴宝石花石油工程设计有限公司

一、股权结构

四川蜀兴宝石花石油工程设计有限公司（以下简称“宝石花”公司）前身是四川省石油集团有限公司直属单位——科研设计所，成立于1986年。

2009年12月，根据中华人民共和国住房和城乡建设部《建设工程勘察设计资质管理规定》（建设部令第160号）等文件要求，科研设计所改制为四川省石油集团有限公司全资子公司——四川蜀兴宝石花石油工程设计有限公司，取得独立企业法人营业执照，注册资本100万元。

2012年9月，四川省石油集团有限公司与哈尔滨天源石化工程设计有限责任公司签订合资协议，实现增资扩股，注册资本由100万元增至500万元，其中，四川省石油集团有限公司出资250万元，占注册资本的50%；哈尔滨天源石化工程设计有限责任公司出资250万元，占注册资本的50%。

二、经营发展及现状

2009年至2012年8月，宝石花公司主要承担中国石油四川销售分公司系统内油库、加油站的规划、设计工作。2011年，公司荣获中国石油天然气集团公司先进科技工作集体荣誉称号。

2012年，宝石花公司合资后，设立设计部、市场经营部、财务资产部、综合管理部等4个职能部门。完成近20座油站设计、12座油库达标改造及隐患治理项目的可行性研究、初步设计等，全年销售收入1432万元，实现利润429万元。

2013年，公司通过整合资源、提高经营意识、积极拓展市场业务，坚持以“品牌、效益、效率、和谐”的发展方针，扩增项目管理服务、工程总承包服务、信息系统集成服务等经营范围，组建工程项目管理部，承揽库站项目EPC（设计采购施工）总承包。2013年承接库站设计项目240余项、工程项目2项，全年销售收入2276万元，实现利润355万元。

2014年，公司获得GC2压力管道设计资质许可，逐步推广复合管线、双层罐、配电系统统一、节能设备、加油站监控及客户管理系统、自动化控制系统及信息系统等新技术，配合省公司及二级公司油站、油库的选址、方案、可行性研究等前期工作，为库站网络建设做好技术支持。2014年，公司承接库站设计项目460余项，新建及整体重建项目24座、油气回收321座，全年销售收入1808万元，实现利润1.55万元。

2015年，公司采用先进理念、全新设计及新技术为销售增量、创效提供技术保障，德阳黄河加油站新建项目日销量由改造前27吨增加到31吨，非油销售由改造前127万元增加到157万元。公司根据双业务发展定位，总结工程管理经验，使项目管理实现全过程管理，充分发挥EPC总承包优势，有效控制工程项目成本、进度、质量及安全风险。2015年，公司承揽库站设计项目572项，组织实施油气回收341座，改扩建油库2项，新建3万立方米油库1项、EPC工程2项；系统外新建、改建、油气回收等设计项目91项。全年销售收入2260万元，实现利润234万元。

2016年，公司参与编制《四川销售公司加油站细节设计手册》《四川销售公司摩托车加油设计手册》《卸车栈桥雨棚设计方案》等，以及新材料、新工艺应用研讨，智慧加油站技术方案、高寒高海拔地区加油站设计指导意见等，协助仓储公司完成11座油库罐容优化设计。承揽设计项目475座加油站、EPC总承包项目4项，完成加油站设计相关工作共计1322项。全年销售收入2754万元，实现利润247万元。

2017年，公司业务由加油站施工图设计拓展为油库、油站、气站的全过程设计、课题研究以及EPC总承包业务，同时推动自动化系统集成及智慧油站、油站零管系统的应用；服务对象由单一股东四川销售发展到包括中石化、中航油、延长壳牌在内的20多家能源企业。全年销售收入2642万元，实现利润406万元。

2018年，四川销售提出大数据经营理念，将加油站打造成从单一加油向“安全、便捷、绿色、温馨”转变的综合服务体。宝石花公司迅速响应，优化设计理念，提高设计水平，实现传统设计到全新设计的转变、工程设计到商业设计的转变。公司打造宜宾西区加油站、成都沙西线加油站等重点站，进行加油站方案指导手册、油库提升改造标准、柴油尾气净化技术等近30项专题研究，为工程建设提供有效的技术支撑。全年完成施工图445套，完成EPC项目9项。全年销售收入3705万元，实现利润608万元。2018年，宝石花公司被评为中国石油四川销售公司优秀承包商。

2019年，公司围绕“创新、品牌、专业、和谐”的八字战略，拓展股权可行性研究编制、标准专题研究、智慧站及油站3.0建设等多元化业务，完成包括“SF油罐装配式基础研究”“地下水监测井降水方案”“关于高海拔地区加油站配置供氧设备技术方案研究”等在为的课题研究项目12项，为中石油四川销售公司的加油站建设理念升级、思路拓宽、标准化建设提供有效助力。公司还致力于打造课题研究中心、技术咨询中心，针对客户的个性化需求、行业的共性化难题，以课题形式进行专项研究；打造工程管理中心，在有效满足客户设计服务需求的基础上，引导客户改造投资意向，以推动加油站智慧化、油库信息化改造升级。为确保全省防渗改造工程顺利实施，宝石花公司组织设计大会战，完成379座加油站防渗改造设计任务。2019年完成施工图445套、EPC项目9项。全年销售收入2626万元，实现利润680万元。

截至2019年末，公司业务范围涵盖油气站设计、咨询、油库设计、建设标准编制、油库自动化数字化、加油站智慧化、行业大数据分析与应用技术研发及油站油库EPC工程总承包等。服务区域立足四川，辐射西南，面向全国。

第二节　四川中路能源有限公司

一、股权结构

四川中路能源有限公司成立于2011年6月。注册资本5200万元，其中：成都蜀海投资管理有限公司出资2652万元，持股51%；中国石油天然气股份有限公司出资2548万元，持股49%。公司经营范围：危险化学品经营，成品油经营，能源项目投资，商务信息咨询和商品批发与零售。2017年12月，经公司2017年度第五次股东会议通过，成都蜀海投资有限公司将持有中路公司51%的股权无偿划转给四川成渝高速公路股份有限公司。

二、经营发展及现状

公司内设综合部、财务部、业务部、安全工程部和党群监察（审计）部5个职能部门，拥有营运的加油站27座，其中成渝高速公路12座、成仁高速公路6座、仁寿迎宾加油站1座、遂广遂西高速公路6座、成乐高速公路2座。

2011年6月，公司取得工商营业执照，充分依托四川成渝高速公路股份有限公司在高速公路区位、人才、技术方面的优势，以及依托中国石油天然气股份有限公司在管理、上游资源及相关业务领域的优势，共同打造高速公路加油站领域旗舰企业。成立之初，公司设置综合部、财务部和业务部三个职能部门，经营管理成渝路沿线6对12座加油站，全年销售汽柴油1.21万吨，实现销售收入0.92亿元，实现利润总额182.40万元。

2012年，公司陆续在成仁高速公路永兴、文宫和汪洋服务区建设6座加油站。全年销售汽柴油7.57万吨，实现销售收入6.06亿元，实现利润总额2112.89万元。

2013年，公司通过仁寿县政府公开招拍挂，取得仁寿县珠嘉乡响水村一块5亩的加油站商用土地。公司龙泉加油站员工向晓兰被中石油四川销售公司表彰为最美加油员工。成仁高速公路永兴、文宫和汪洋服务区6座加油站相继投入运营。全年销售汽柴油7.92万吨，实现销售收入

16.56 亿元，实现利润总额 2246.01 万元。

2014 年，公司组队参加省公司第五届加油站操作人员技能大赛，中路公司荣获团体三等奖，陈公平、杨敏、彭璇三名选手获得个人单项二等奖。公司隆昌加油站经理丁巧被省公司评为“十大金花加油站经理”，公司综合部主任李春红被成渝公司评为“优秀共产党员”。完成成渝高速资中服务区加油站拆迁建工程。全年销售成品油 12.74 万吨，实现营业收入 16.83 亿元，实现利润总额 3307.91 万元。

2015 年，公司中标“遂广遂西高速公路加油站”项目，获得蓬溪、蓬南和飞龙服务区加油站建设经营权。公司永兴加油站经理陈忠宝获得中国石油 2015 年度“保后路、增份额、增纯枪、增效益”先进个人，资阳服务区加油站员工杨敏获得省公司评选的“最美加油员”称号。资阳服务区加油站荣获中石油四川销售公司“挂包帮优秀成果奖”。全年销售汽柴油 13.8 万吨，全年实现销售收入 23.36 亿元，实现利润总额 3396.86 万元。

2016 年，随着公司业务经营的发展需要，公司董事会审批通过成立安全工程部。全年公司实现“四零”安全工作目标。公司在永兴服务区加油站打造高速公路 6S 标准化管理第一站，得到股东双方的高度赞扬。成乐高速公路夹江天福服务区加油站完成交接，由中石油乐山销售分公司正式划转至中路公司经营管理。由成渝公司团委主办，中路公司团支部承办的成渝公司团委 2016 年“中路杯”乒乓球比赛，公司代表队荣获此次比赛团体第一名的好成绩。公司论文《财务口径与加油站管理口径相结合的损耗分析模式的构建》获得省公司 2015 年管理创新优秀论文三等奖。《移动 APP 服务平台》获得省公司 2015 年管理创新“四小”成果奖。公司资阳加油站经理刘光菊获得中石油四川销售公司“银花加油站经理”光荣称号，隆昌加油站经理丁巧被成渝公司党委表彰为“优秀共产党员”，公司业务部经理杨瀚被成渝公司评为“经营管理能手”。全年销售汽柴油 14.62 万吨，实现销售收入 21.49 亿元，实现利润总额 2827.30 万元。

2017 年，公司完成股权划转工作和工商变更登记相关事宜，公司股东方由成都蜀海投资有限公司变更为四川成渝高速公路股份有限公司。公司全面改革并不断完善《加油站薪酬管理制度》，形成以“油品销售、优质服务、安全管理、损耗管理”为一体的考核机制，结束二级公司长达 6 年时间代发员工工资的历史，为直管打下基础。因业务发展需求，通过公司董事会审批成立党群监察（审计）部。公司仁寿迎宾加油站隆重开业，迎宾站的建成投产标志着公司从高速路加油站经营管理向路外延伸，为探索路外加油站经营积累宝贵经验。成渝公司党委副书记林滨海带队，中路能源公司董事长黄洪舟、总经理黄斌随行，到西安与陕西中油延长销售公司就化工产品业务相关事宜进行洽谈。全年安全环保实现“四零”目标，公司首次被中石油四川销售公司评为全省“安全生产先进单位”。95504 有效投诉为零，第三方神秘顾客访问分值、顾客满意度等多项指标名列省公司系统前茅。被省公司评为“百日服务提升劳动竞赛”先进单位。业务部经理杨瀚被成渝公司评为“成渝 20 年最佳员工”，综合部主任毛佳被省公司评为“股权管理先进个人”，龙泉站经理廖金伟获得省公司“金牛奖”，石桥站樊林获得“优秀基层经理人”光荣称号。全年销售汽柴油 15.47 万吨，实现销售收入 21.95 亿元，实现利润总额 2566.56 万元。

2018 年，经公司董事会同意，聘任樊刚同志为中路公司副总经理、安全总监。成渝公司董事长周黎明带队在中路公司主要领导陪同下，前往西安与陕西中油延长销售公司就能源及化工业务相关合作事宜进行洽谈。公司在中石油四川销售“神秘顾客访问”中得分继续名列前茅，全年100分以上23站次，特别是龙泉下行站在9月获得神秘顾客访问全省最高得分。公司党支部赴阿坝县达格娘村开展为期3天的对口帮扶慰问活动。由成渝公司工会委员会主办、中路公司工会委员会承办2018冬季“迎春杯”乒乓球邀请赛，公司代表队荣获此次比赛男子团体赛一等奖。在“3·15新消费专题宣传活动”中，公司汪洋加油站、文宫加油站、迎宾加油站荣获“文明诚信经营示范单位”称号。公司成仁高速汪洋服务区加油站荣获中国石油四川销售分公司“决胜千万吨·迈向新零售”先进加油站。全年销售汽柴油14.38万吨，实现营业收入14.25亿元，实现利润总额3455.42万元，创公司成立以来新高。

2019年，公司销量、利润在2018年创新高的基础上再创历史新高，获成渝公司当年绩效考核竞争类公司第一名，取得中路公司成立8年以来的最佳成绩。积极与成渝公司沟通汇报，公司全员纳入四川省国资系统统一管理。汪洋加油站成为公司首对销量过两万吨的万吨级站点。隆昌加油站创造中路公司站点单日销量突破100吨的最高销量纪录。公司优质服务得到社会认同，迎宾加油站荣获仁寿县经营管理“十佳”站点，天福加油站荣获乐山市“质量信誉服务金口碑单位”称号。组织员工参加成渝公司第二届、交投集团第三届职工运动会；承办成渝公司围棋邀请赛，并获得团体第一名；举办公司冬季运动会，丰富员工业余文化生活，凝聚正能量，有效激发全员活力。公司持续保持安全“四零”态势，首次获得四川省应急管理厅颁发的“安全生产标准化二级企业”认证。公司营销指挥大厅正式启用，《安全管理AI人工智能预警系统》在永兴站成功试点，实现公司本部对站点全覆盖的直线管理。公司与华油然气股份有限公司签订LNG加气站项目战略合作框架协议，全力推进LNG项目在高速路服务区实施落地，绘就“油气互促发展”蓝图。全年实现成品油销售总量15.94万吨，实现销售收入12.74亿元，实现利润总额5938.99万元。

第三节　中石油四川铁投能源有限责任公司

一、股权结构

中石油四川铁投能源有限责任公司成立于2013年8月，由中国石油天然气股份有限公司与四川广润投资发展集团有限公司（以下简称广润集团）共同出资组建，注册资本金1.6亿元，双方各持股50%，财务报表合并到广润集团。

2012年5月，中国石油天然气股份有限公司四川销售分公司（以下简称省公司）与四川省铁路产业投资集团有限责任公司（合资公司原股东，以下简称铁投集团）签署《战略投资合作协议》，确立双方的合作方式、内容及机制。

2012年8月，股份公司与铁投集团共同签署《合资合作协议书》。经股东双方协商确定合资公司《公司章程》（草案），以规范合资公司的组织和行为，维护合资公司和股东双方的合法权益。

2013年4月，中石油以石油资〔2013〕108号文，对省公司《关于合资组建中石油四川铁投能源有限责任公司的请示》（四川销售〔2012〕139号）做出批复，同意组建合资公司。合资公司由中国石油天然气股份有限公司四川成都销售分公司（以下简称成都公司）代管。5月，四川省政府国有资产监督管理委员会以川国资改革〔2013〕27号文，对铁投集团《关于与中国石油天然气股份有限公司共同出资设立合资公司的请示》（川铁投〔2012〕138号）做出批复，同意合资组建合资公司。6月，股东双方根据《合资合作协议书》及合资公司《公司章程》约定，拟定合资公司机构设置及人员配置。7月，股东双方资金先后到位，筹备组迅速落实专人完成验资报告等法律文书的准备工作。8月，合资公司完成工商注册登记手续，先后领取企业法人营业执照、税务登记证、组织机构代码证。10月，经由主管税务机关认定，合资公司取得增值税一般纳税人资质。

2018年7月，为明确和落实党组织在国有企业公司法人治理结构中的法定地位，将党建工作统一纳入《公司章程》进行修订。

2019年5月，因铁投集团新成立广润集团并将其持有合资公司50%的股权划转至广润集团，合资公司完成股东变更。

二、经营发展及现状

公司设董事会、监事会和经营班子。现有董事会成员5人，中石油方选派2人、广润集团方选派3人（含职工董事）；监事会成员3人，中石油方选派2人（含职工监事）、广润集团方选派1人；经营班子3人，中石油方选派2人、广润集团方选派1人。

公司成立之初，设立运营部、投资部、财务部、综合部等4个职能部门；2017年，随着公司业务拓展，将运营部细分为营销部、加管部；2018年，为加强公司质量安全环保管理工作，公司新增质量安全环保部（以下简称质安部）。2019年底，公司共设营销部、加管部、投资部、财务部、综合部、质安部等6个职能部门。

2013年10月，为尽早取得成品油经营许可证和危化品许可证，合资公司与成都分公司协商一致，确定租赁成都分公司龙泉国威加油站开展经营业务，并于2014年1月顺利完成交接，于2017年1月返还成都分公司。2013年12月，合资公司取得巴广渝高速公路4对（计8座）加油加气站土地的建设和经营项目。浓溪及营山服务区加油对站于2016年4月建成投运，曾口服务区加油对站于2017年1月建成投运，马鞍服务区加油对站于2018年10月建成投运，其中曾口服务区对站于2020年6月升级为加油加气站（LNG站）并正式投运。

2014年2月，合资公司取得内威荣高速公路1对（计2座）加油加气站土地的建设和经营项目，并于2016年5月建成投运。

2016年4月，合资公司取得江习古高速公路线上3对（计6座）加油加气站土地的建设和经营项目，后由于政府政策等原因，项目数量调整为2对（计4座），该项目已于2019年2月建成投运。4座加油站地处贵州省遵义市习水县，开创四川销售系统加油站跨省运营的先河。2016年5月，合资公司取得攀枝花至大理高速公路（四川境）线上2对4座及连接线上1对2座加油加气站租赁经营权，后由于地理位置等原因，项目数量调整为1座，该项目已于2020年5月开工建设。

合资公司坚持多元发展、坚持规模与效益并重、坚持经营与管理并重，主要开展直销油业务、加油站零售业务、沥青销售业务及大宗商品业务：

2013年公司累计销售油品243吨，实现营业收入179万元、毛利9.5万元，实现吨油毛利393元，为公司业务开展打造流程和样板。

2014年，公司全面完成各项任务指标。全年，公司计划销售成品油15000吨，实际完成17628吨，完成年度预算的113%，其中直销油业务完成16904吨，完成年度预算的111%。公司全年实现销售收入12567万元；全年费用开支398万元，较预算节约42.34%；实现利润总额505万元、净利润417万元。

2015年，公司全面完成各项任务指标，继续保持稳中快进的发展态势，总销量突破20万吨，其中：成品油1.94万吨、沥青2.35万吨、轻质燃料油等15.82万吨。汽柴油总销售量1.94万吨，完成年度任务1.83万吨的106%，较上年同期增长10%；实现销售收入8.63亿元，完成年度任务5亿元的173%，较上年同期增长587%；实现毛利1302万元，完成年度任务968万元的134%，较上年同期增长42%；实现利润总额752万元，完成年度任务101万元的745%，较上年同期增长49%；实现净利润558万元，完成年度任务76万元的737%，较上年同期增长34%；费用总额控制在527万元，占年度预算的61%。

2016年，全年产品总销量达到24.44万吨，销售汽柴油1.54万吨，完成年度任务的40.48%，其中直销油销量1.14万吨、加油站零售销量0.4万吨；销售沥青3.76万吨，完成年度任务的104.36%；销售轻质燃料油、聚丙烯等19.14万吨；实现销售收入9.32亿元，完成年度任务的31.02%；实现毛利1438万元，完成年度任务的54.16%；实现利润总额305万元，完成年度任务的160.47%。

2017年，公司汽柴油销量2.01万吨，完成年度预算的75.29%，同比增长30.57%。全年直销柴油0.84万吨，欠年度预算0.61万吨，同比减少0.3万吨；公司投运加油站8座，汽柴油零售量1.17万吨，完成年度预算的95.63%，同比增长192.54%。销售沥青1.65万吨，超过年度预算的106.25%，同比下降2.11万吨。公司在合法合规、风险可控的前提下，开展燃料油、混合芳烃等商品销售，全年销量112.78万吨，同比增加93.64万吨，增长489.1%。

2018年，全年产品总销量达到80.52万吨，其中直销油销量14479吨，完成年度任务的135.68%，较2017年同期增长55.83%；加油站零售销量13648吨，完成年度任务的80.28%，较2017年同期增长25.83%。全年实现销售收入34.89亿元，完成年度任务的116.29%，较2017年同期减少30.73%；实现毛利2482万元，完成年度任务的83.6%，较2017年同期增长14.6%；实现利润总额425万元，完成年度任务的109.34%，较2017年同期增长16.85%。

2019年，公司围绕全年目标任务，积极争取政策支持，拓宽经营渠道，把握进销节奏，实现各类产品总销量82.84万吨，销售收入47.13亿元，预算完成率117.68%，同比增长35.07%；实现成品油直销批发20026吨，预算完成率124.8%，同比增长38.32%；加油站零售量18225吨，预算完成率 91.13%，同比增长 33.54%。实现利润总额 502 万元，预算完成率 100.48%，同比增长 18.32%。

第四节　四川交投中油能源有限公司

一、股权结构

2013 年 7 月 16 日，中国石油天然气股份有限公司四川销售分公司与四川省交通投资集团有限责任公司就高速公路服务区加油站的投资合作事宜签订《合作经营框架协议》。8 月 8 日，四川省交通投资集团有限责任公司批复同意组建四川交投中油能源有限公司。9 月 17 日，中国石油天然气股份有限公司批复同意组建四川交投中油能源有限公司。10 月 29 日，四川交投中油能源有限公司成立，注册资本 1.46 亿元，由中国石油天然气股份有限公司与四川交投实业有限公司共同出资组建，四川交投实业有限公司出资 7446 万元，占 51% 股份，中国石油天然气股份有限公司出资 7154 万元，占 49% 股份。

2018 年 7 月 26 日，公司股东会召开 2018 年第一次临时会议，同意将公司注册资本由 1.46 亿元增至 2.46 亿元，变更后公司注册资本为 2.46 亿元。双方股东按持股比例增加出资：四川交投实业有限公司持股比例为 51%，现金方式出资 5100 万元；中国石油天然气股份有限公司持股比例为 49%，以高速公路加油站实物方式增加出资 4900 万元。其中四川交投实业有限公司实缴时间为 2018 年 6 月 12 日，中国石油天然气股份有限公司实缴时间为 2015 年 7 月 10 日。

二、内部组织机构

2013 年 11 月 11 日，公司设立 6 个部门、5 个加油站管理片区，分别为：综合办公室、营销管理部、财务审计部、人力资源（党群工作）部、工程建设和安全环保部，川西片区、川东片区、川北片区、川南片区、攀西片区。

2014 年 1 月 1 日，原由中国石油四川销售分公司经营的 42 座加油站整体划归四川交投中油能源有限公司经营。其中 2014 年 1 月 1 日至 4 月 30 日，加油站由各二级公司代管经营。2014 年 3 月 31 日，公司与省公司正式签订《高速公路加油站人员划转协议》。根据协议，中石油四川销售分公司原所属 42 座高速公路加油站及相关片区人员一并划转至交投中油公司。2014 年 11 月 28 日，公司本部设立加油站管理部，将公司招投标管理业务划归综合办公室；在营销管理部内设立信息管理中心。2014 年 12 月 26 日，公司增设川中片区。调整后的片区为川西片区、川中片区、川东片区、川南片区、川北片区、攀西片区。

2015 年 12 月 30 日，公司召开第一届董事会 2015 年第二次临时会议，一致同意调整公司内设管理机构的议案，决定将人力资源（党群工作）部（原两部门实行合署办公）分立为人力资源部和党群工作部，并将党群工作部更名为监察审计部，监察审计部行使纪检监察与审计职能，财务审计部更名为财务资产部。调整后的职能部门如下：综合办公室（招投标办公室）、营销管理部（信息中心）、财务资产部、人力资源部、加油站管理部、工程建设部、安全环保部、监察审计部。

2016 年 3 月 24 日，公司监察审计部更名为纪监审计部。调整后的职能部门如下：综合办公室（招投标办公室）、营销管理部（信息中心）、财务资产部、人力资源部、加油站管理部、工程建设部、安全环保部、纪监审计部。9 月 6 日，公司机构调整：党群工作部分立，负责原人力资源部的党务、群团、工会、妇女工作和综合办公室的宣传工作。10 月 24 日，将公司信息中心调整内设至安全环保部，调整后，"营销管理部（信息中心）"更名为"营销管理部"，"安全环保部"更名为"安全环保部（信息中心）"。

2019 年 12 月 29 日，设置 QHSE 监督中心，挂靠安全环保部（信息中心），独立开展工作。

三、经营发展及现状

2013 年 10 月 29 日，公司在成都市锦江区正式注册成立，并于当年初步完成公司的组织机构、建章立制等工作。2013 年 9 月至 12 月，在中国石油四川销售分公司相关处室协助下，公司筹备组成功开发综合业务管控平台，解决参股企业不能使用中油 ERP 系统带来的问题，于 2014 年 1 月 1 日零时实现加油站系统数据的顺利切换。

2014 年，依托股东双方平台优势，在省公司的大力支持下，公司围绕"改革创新、强化管理"的工作主线，以提量增效为目标，以管理创效为重点，开拓进取、加压奋进，利用交投方的客户资源，积极开拓直销客户；优选相邻中石化及省界加油站，有针对性地持续开展"满额优惠""满额送礼"等促销活动，积极开展车用尿素销售的非油业务。全年共销售成品油 37.57 万吨，实现营业收入 32.82 亿元，实现利润 1.02 亿元。全年完工投运 6 座（碧龙、杨家昍、纳溪），截至 2014 年，公司拥有 49 座加油站，用工人数达 556 人。

2014 年 12 月，在中国石油四川销售分公司召开首届经理人论坛上，公司邓冬梅被评为杰出经理人，何恒、陈振伟被评为明星经理人，杨东被评为优秀经理人。在首届经理人论坛上，公司"聚友站高峰期大循环加油法"和"新安站李俊夜间叫醒和温馨提示服务"被大会评为微创新成果。

2015 年，公司始终坚持市场导向，全力抓好主营业务，有针对性地持续开展"满额优惠""满额送礼"等促销活动，新开发固定客户 7 家，定点加油站车辆新增约 400 台；开展"百万大奖等你拿"的员工激励活动，有效提升经营效益。全年共销售油品 44.24 万吨，营业收入 35.67 亿元，实现利润 1.43 亿元。全年完工投运 8 座加油站（流马、夹江、下八庄、盐亭对站），截至 2015 年，公司拥有 57 座加油站，用工人数达 644 人。

2015 年 5 月 29 日，公司获得西部大开发税收减免申请，减免 2014 年度所得税 1320 万元。2015 年 9 月，在中国石油四川销售分公司举办的首届加油站服务技能竞赛大会上，公司以成都赛区第二名的成绩晋级，在总决赛中获得团体三等奖。

2016 年，公司围绕"高位求进、勇争一流"的工作基调，开拓进取、加压奋进，在 23 对站开展"春季踏青"、9 对站开展"夏季送清凉"、63 座站开展"金秋送爽"和"大干一百天 百万大奖等你拿"等促销激励活动，在省交界处与区域市场竞争激烈的 16 对站，有针对性地开展"点对点”竞争；建设完成非油管理系统，进一步加大非油业务的推进力度，非油销售取得优异成绩。全年共销售油品47.3万吨，营业收入34.06亿元，利润总额1.62亿元；完成25座站烟草经营许可证办理、19座站烟草入场销售工作，实现非油收入537万元。公司新投运加油站6座（攀枝花西、开江、高桥对站），截至2016年，公司拥有63座加油站，用工人数达634人。

2016年9月1日，公司《参股企业“物资信三流合一”实时经营管理模式的探索与实践》获得2016年中国石油石化企业信息技术交流大会优秀论文一等奖。2016年12月28日，公司绕城东加油站获得共青团四川省委“四川省青年文明号”称号。

2017年，公司团结带领全体干部员工，积极衔接省公司相关业务部门，逐步对接推进市场化方案，适时开展“点对点”竞争，组织开展“弘扬石油精神、筑梦善道交投”“清凉一夏、扫码赠礼”等促销活动，以及“提销量、增效益、强服务”劳动竞赛，努力提升纯枪销量。共销售汽柴油41.27万吨，完成营业收入35.02亿元、利润总额1.52亿元。加强与交投蜀越公司的协同合作，大力开展车用尿素、燃油添加剂、香烟等非油业务，全年实现非油收入860万元。公司新建投运加油站5座，截至2017年，公司拥有68座加油站，用工人数达634人。

2017年6月5日，四川省省委书记王东明、省长尹力到公司视察公司指挥中心。2017年4月25日，在中国石油四川销售分公司召开的第二届经理人论坛暨金牛奖金雄鹰奖金牌客户经理评选表彰大会。公司李俊荣获金牛奖，邓勇荣获首届金雄鹰奖，蒋夏雨被评为明星基层经理人，田鑫、邓力被评为优秀基层经理人。公司荣获中国石油四川销售分公司2017年度“安全先进生产单位”称号。

2018年，公司围绕“高位对标、加压奋进”的工作主线，团结拼搏、创新实干，灵活实施“满额赠礼”“开业优惠”“点对点竞争”等促销策略，上线电子券系统，实现油非互促。深化落实“挂帮包”制度，向小站治理要增量。全年共销售成品油43.25万吨（含直销），实现营业收入42.44亿元，实现利润1.62亿元。扎实抓好车用尿素、燃油添加剂、香烟、便利店、地方特色商品等非油销售，非油收入首次突破1000万元大关。公司新投运加油站6座（南江、槐树、元坝对站），截至2018年，公司自营加油站74座，用工人数达646人。

2018年10月25日，公司建司召开5周年大会。公司成立以来，按照股东双方的战略构想和经营要求，确立“建设全国一流成品油销售企业”的奋斗目标。5年来，在营加油站由42座扩展至74座，拥有万吨级加油站7座，经营网点覆盖全川16个市州、35个区县、18条高速公路，网点规模较成立之初扩大76.2%，成为省属规模最大的成品油零售企业。连续5年累计减免税费7166.72万元。信息化建设处于行业一流地位，2项创新成果（论文）荣获行业部级表彰，预警平台、电子巡检、回罐油监控、自动校罐等系统成为石油销售企业首创。

2018年3月6日，公司获得“2017年产业生态圈建设突出贡献企业”称号。2018年5月2日，公司被成都市国税局评为“2017年度纳税信用等级A级企业”。2018年12月，《加油站智能巡检新模式建设与运用》荣获2018年第三十一届全国石油石化企业管理现代化创新优秀成果三等奖。公司荣获中国石油四川销售分公司2018年度“安全先进生产单位”称号和四川省交投集团公司2018年度“安全先进生产单位”称号。

2019 年，公司团结带领全体干部员工，攻坚克难、逆势前行，积极推进新零售建设，携手四川电信开展跨界合作的车辆识别智能系统试点项目，车辆进站匹配率达到 81% 以上。开展“攻坚克难大干 50 天”主题营销活动、“清凉一夏”电子券专题促销活动，全年销售成品油 40.49 万吨，实现营业收入 38.84 亿元，实现利润 1.62 亿元。全面接管 59 座交投蜀越公司便利店，实行自主经营，并采取优化进货渠道、扩大品种覆盖面、提高消费体验感、及时兑现非油奖励等举措，全年实现非油收入 1566 万元。4 月 17 日，省交投集团安全风险分级管控和隐患排查治理双重预防机制建设现场会在公司绕城东加油站召开，公司展示自主研发的风险分级管控预警系统、隐患排查治理系统、加油站卸油操作及风险管控系统。2019 年 10 月，宜宾加油站被四川省总工会授予“司机之家”称号。公司《基于大数据运用的预警平台的建设与应用》荣获 2019 年度全国石油石化企业管理现代化创新优秀成果三等奖。公司荣获中国石油四川销售分公司 2019 年度“安全先进生产单位”称号。截至 2019 年，公司拥有加油站 74 座，用工人数达 642 人。

第五节　成都天投中油能源有限公司

一、股权结构

成都天投中油能源有限公司（以下简称公司）于 2015 年 3 月 31 日登记成立，由中国石油天然气股份有限公司与成都天投实业有限公司共同出资组建，注册资金 4000 万元，其中，中国石油天然气股份有限公司出资 1960 万元，占注册资本的 49%，成都天投实业有限公司出资 2040 万元，占注册资本的 51%，主要承担着天府新区加油加气站建设及成品油供应任务。

二、经营发展及现状

2015 年 3 月 31 日，成都天投中油能源有限公司正式成立，按照新设公司管理流程，股东双方完成合资合作协议书、公司章程签订，积极搭建管理框架，全力推进前期筹备工作。

2016 年 7 月 8 日，公司实现集中办公，设立综合管理部、生产运营部、投资部、财务资产部 4 个职能部门。2016 年 8 月，租赁中国石油四川成都销售分公司籍田加油站，经营业务初步打开。2016 年 8—12 月，公司实现汽柴油销售总量 2874.62 吨，净利润 –88.49 万元。

2017 年，公司加快推进项目建设，在股东双方的大力支持和统筹协调下，相对固化以公交配套建站方式，低成本投入加油站营运。12 月，海昌、鹤林 2 座加油站建成并移交投运；根据股东双方合资合作协议，中国石油四川成都销售分公司万里、华阳加油站经营权对等移交，有力支撑公司的可持续发展。截至 2017 年末，公司运营加油站 5 座，全年销售成品油 6806.26 吨，实现净利润 –282.25 万元。

2018 年，公司根据生产经营需要，增设安全环保部，进一步理顺安全环保与经营销售工作界面，全面推进安全风险防控和隐患排查治理“双体系”构建工作，公司安全环保管理更加专业化、规范化。面对经济增速放缓、油价频繁波动、竞争全面升级、暴雨极端天气频发等不利局面，公司积极开展新站开业酬宾、“3·15 滴滴好油，满满诚信”“情漫中秋、欢度国庆”等主题促销活动，强化品牌宣传，提高竞争实力。不断优化加油站吨油绩效考核办法，激发全员扩销创效活力，推动公司实现量效双增。2018 年，公司累计销售成品油 5.94 万吨，实现净利润 2657.54 万元。

2019 年，公司紧紧围绕年初既定目标，积极做好网络开发、扩销增效、服务提升、固本强基“四篇文章”，全体干部员工积极奋战、共同努力，扎实推进各项工作。抢抓新区发展窗口机遇，新开发云龙、新兴工业园区 2 个点位，保水加油站于 2 月份正式投运，宝马加油站经营权同步移交给公司；万里、华阳 2 座加油站完成防渗改造，公司零售网络支撑更加强劲有力。全力推进销售上量，量效指标实现快速增长，市场份额不断扩大。启动“为快乐加油、创美好生活”服务提升年活动，开展服务明星、快乐驿站评比，以及全流程诊断工作，公司全年神秘顾客访问得分位列全省第一。狠抓隐患治理，安全环保平稳受控；强化基础管理，守住风险防控底线，保障公司合规健康运行。截至 2019 年末，公司运营加油站达到 7 座。全年累计销售成品油 8.08 万吨，实现利润 6664.75 万元。

第六节　四川中油九洲北斗科技能源有限公司

一、股权结构

四川中油九洲北斗科技能源有限公司（以下简称中油北斗）于 2017 年 3 月在绵阳市安州区注册成立，由中国石油天然气股份有限公司、四川九洲电器集团有限责任公司、西安北斗聚力能源科技有限公司共同出资组建，注册资本 2000 万元，中国石油天然气股份有限公司出资 960 万元，占注册资本的 48%；四川九洲电器集团有限责任公司出资 640 万元，占注册资本的 32%；西安北斗聚力能源科技有限公司出资 400 万元，占注册资本的 20%。总经理（法人代表）由中石油委派，中石油对该公司拥有实质控制权。

中油北斗设有股东会、董事会、监事会、经营班子和部门等 5 级机构，其中股东会 3 人，中国石油天然气股份有限公司委派 1 人，四川九洲电器集团有限责任公司委派 1 人，西安北斗聚力能源科技有限委派 1 人。董事会 5 人，中国石油天然气股份有限公司委派 2 人，四川九洲电器集团有限责任公司委派 1 人，西安北斗聚力能源科技有限公司委派 1 人。中油北斗通过职工大会选举推荐，经股东会确认职工董事 1 人，经董事会选举第一届董事会董事长由中国石油天然气股份有限公司委派人员担任。监事会 3 人，中国石油天然气股份有限公司委派 1 人，四川九洲电器集团有限责任公司委派 1 人。中油北斗通过职工大会选举，经股东会确认职工监事 1 名，经监事会选举第一届监事会主席由四川九洲电器集团有限责任公司人员担任。经营层 4 人，总经理由中国石油天然气股份有限公司委派，副总经理 1 人，财务总监 1 人。部门 7 个，分别是总经理办公室、运营部、市场部、财务部、人力资源部、技术部、驿运部。

中油北斗在岗员工 81 人（股东单位委派人员 16 人，其中中石油方委派 12 人；市场化招聘员工 65 人），其中男员工 51 人，女员工 30 人，员工平均年龄 31 岁。研究生学历 2 人，本科生学历46人，大专及以下33人。

二、经营发展及现状

中油北斗汇聚股东方资源优势，实施跨界合作，创新北斗应用服务于物流，形成“北斗+互联网+能源+物流+金融”的商业模式，打造以智慧物流服务为中心，覆盖油品及物流生产资料配给、物流后市场服务、金融保险及其他增值服务的线上“中油北斗智慧物流服务平台”，同时积极建设以加油站、现代物流园区等线下服务网络，致力于打造线上线下一体化的“中油北斗智慧物流生态圈”，助力物流行业降本增效。

2017年2月，由绵阳市委市政府组织，市长刘超主持，三方股东在成都锦江宾馆举行中油北斗项目《出资协议》签约仪式。3月，中油北斗召开第一次股东会暨第一届第一次董事会，选举公司董事、监事，聘任公司总经理。中油北斗在绵阳市安州区注册成立。4月，完成中油北斗营业证照办理。5月，中油北斗油卡业务管理系统正式上线运行。启动宁夏中油北斗股权合作，受中石油总部要求后委托中石油宁夏销售公司实施。6月，中油北斗召开第二次股东会暨第一届第二次董事会，增选副董事长，聘任公司副总经理、财务总监。经中石油销售总部同意，中油北斗与中国石油绵阳销售公司签订加油站租赁协议，并与中国石油四川销售公司签订油卡协议。6月底，中国石油绵阳销售分公司以总价2150万元竞拍取得安州区宝林加油（气）站建设用地，安州区政府根据与中油北斗签订的《投资协议》和《补充协议》，一次性给予中国石油绵阳销售分公司项目补贴1409.5万元。7月，中油北斗油卡业务开始运行。8月，中油北斗开始油e贷线下业务测试运行。9月，中油北斗办公楼在安州区揭牌，绵阳市市委书记、市长、军分区政委亲临现场。中油北斗参展中国（绵阳）科技城国际科技博览会，成为展会上最年轻的公司。10月，中油北斗开始启动员工的招聘工作，面向社会广泛招聘优秀人才。12月，中油北斗就“智慧物流项目”开始与中石油四川公司、服务商家、合作商家进行工作对接。2017年全年，中油北斗累计实现营业收入8.04亿元、利润8.47万元。

2018年1月，推出中油北斗智慧物流服务平台微信客户端。3月，实施7×24小时全年无休和主卡托管服务。4月起，先后与成都润滑油公司、中粮集团开展广告和电商业务合作。5月，中油北斗以总价3850万元竞拍取得安州区货运大道加油（气）站建设用地，安州区政府根据与中油北斗的《投资协议》和《补充协议》，给予中油北斗扶持资金1591.88万元。中油北斗在启动货运大道加油站相关建设工作的同时，也按照相关要求，与中国石油绵阳销售公司协商开启加油站转让工作，助力中石油低成本取得线下网络。6月，中油北斗智慧物流服务平台被四川省经信委列入“四川省2025行动计划重点扶持项目”。8月，建行总部正式批复实施“中油云贷”纯线上贷款项目，中油北斗线上纯信用贷款产品正式进入系统对接和开发。上线主卡托管系统2.0版。10月，中油北斗取得货运资质，与银河集团签订承运合同，正式启动驿运线下业务。11月，中油北斗驿运平台“中运宝”物流管理与运费结算产品正式进入产品研发期，并上线主卡托管2.0系统优化版。12月，推出中油北斗智慧物流服务平台手机APP客户端。2018年全年，公司累计实现营业收入34.34亿元、利润455.01万元。

2019年1月，中油北斗驿运平台“中运宝”物流管理与运费结算产品上线试运行。3月，公司启动“中油北斗”平台架构优化设计工作。5月，推出互动营销平台业务，帮助中石油进行银行、保险、京东等各类大型企业促销礼品兑换和客户导流。6月，中油北斗与人寿财险四川分公司签订战略合作协议，正式开启保险业务。7月，中油北斗被四川省交通厅正式认定为无车承运人试点企业，中运宝正式上线。截至年底，公司中运宝产品用时仅5个月营业收入突破3亿元。11月，“中运宝”被四川省人民政府口岸与物流办公室认定为“四川省现代物流规划建设项目”。12月31日，中油北斗平台营业收入累计突破100亿元。2019年全年，中油北斗累计实现营业收入80.68亿元、利润1507.99万元。同年，凭借科技创新和卓越服务，中油北斗荣获“四川省优秀服务业企业”称号。

第七节　四川中油元通科技发展有限公司

一、股权结构

四川中油元通科技发展有限公司（以下简称中油元通公司）是中国石油天然气股份有限公司、贵州黔通智联科技产业发展有限公司、贵州正元泰能源投资有限责任公司三方于2019年5月14日正式注册成立的合资公司，注册资本2000万元。其中：中国石油股本860万元，占注册资本的43%，贵州黔通股本760万元，占注册资本的38%，贵州正元泰股本380万元，占注册资本的19%。公司设综合部、财务部、市场部、运营部和技术部5个职能部门。

二、经营发展及现状

2019年，在三方股东的共同努力下，公司上下齐心协力，从无到有不断摸索完善公司内部管理，积极向上级公司争取政策，加速完善发行系统，不断优化业务流程，做好设备配送保障，多层级开展业务培训，全力以赴抓好昆仑ETC卡发行，快速高效圈地获客，取得较好的经营业绩。2019年7月29日，昆仑ETC卡在贵阳首发、川黔试点；8月，确定设备管理业务流程并对全国31个省级行政区域公司的岗位人员进行操作培训，昆仑ETC卡微信公众号首次发布推文；10月，昆仑ETC卡发行数据查询系统正式上线运行，分配系统账号、编制操作手册，实现各省区、地市公司自行查询发卡数据；11月1日，昆仑ETC卡在全国全面推广，并同时开发线上发卡功能，11月22日，第一张线上昆仑ETC卡成功办理；11月28日，累计发卡量突破百万大关。截至12月31日，在全国26家省级行政区域公司的11541座加油站开展发卡业务，累计发卡186.71万张，其中中油渠道发卡81.37万张，公司营业收入总额2675.03万元，利润总额649.88万元，年末资产总额1981.62万元，负债总额997.43万元，所有者权益总额984.19万元。公司全年应缴税费264.88万元，实际缴纳税款61.82万元，实现高速度高质量发展，向股东方交出一份合格答卷。

第三章　二级公司托管股权企业

为强化股权管理职能、提升股权管理效率，按照“抓大放小，统一标准，分级管理，严格考核”的原则，省公司对股权企业实行分级分类管理，以股权企业的站点数量、销售规模、创效质量、发展趋势等为主要指标，根据股权企业现状，分为省公司直管、二级公司托管和二级公司全管等三类股权企业进行差异化管理。

省公司将经营规模较大，经营范围在同一地市的股权企业，沿用“省公司集中统一领导、托管单位具体组织实施、专职董监事和派出管理人员进行督促落实”的管理模式，董监事和高级管理人员由省公司和二级公司共同委派并组织考核。二级公司托管企业有成都中油能源有限公司、四川川油长运油品销售有限责任公司、广元市石油有限公司、宜宾中港能源有限责任公司以及四川省巴中市中运能源有限公司 5 家企业。

第一节　成都中油能源有限公司

2009 年 6 月 19 日，由中国石油天然气股份有限公司和成都市交通投资集团有限公司共同出资组建成都中油能源有限公司，持股比例分别为 51% 和 49%。2016 年 3 月，经双方股东决议通过，成都市交通投资集团有限公司将其所持有 49% 股权变更至成都能源发展股份有限公司。2018 年 10 月，经股东双方决议通过，成都能源发展股份有限公司持股比例由 49% 变更为 51%，中国石油天然气股份有限公司持股比例由 51% 变更为 49%。

公司设有综合管理办公室、经营管理科、投资建设科、财务科、安全环保科 5 个职能部门。

2009 年 6—12 月，营业加油站 7 座，销售汽柴油 0.72 万吨，柴汽比 0.48，实现销售收入 4850 万元。

2010 年，营业加油站 9 座，销售汽柴油 3.32 万吨，柴汽比 0.57，实现销售收入 2.34 亿元，税后利润 317.54 万元。

2011 年，营业加油站 11 座，销售汽柴油 4.84 万吨，柴汽比 0.63，实现销售收入 3.91 亿元，税后利润 546.6 万元。

2012 年，营业加油站 13 座，销售汽柴油 6.85 万吨，柴汽比 0.37，实现销售收入 5.78 亿元，税后利润 1136.84 万元。

2013 年，营业加油站 14 座，销售汽柴油 9.26 万吨，柴汽比 0.4，销售收入 7.77 亿元，其中非油收入 335.19 万元，实现税后利润 1842.09 万元。

2014 年，营业加油站 14 座，销售汽柴油 10.2 万吨，柴汽比 0.42，销售收入 8.41 亿元，其中非油收入 590.42 万元，实现税后利润 2244.37 万元。

2015 年，营业站点 14 座，销售成品油 10.67 万吨，柴汽比 0.26，销售收入 7.3 亿元，其中非油收入 540.48 万元，实现税后利润 3549.37 万元。

2016 年，营业站点 14 座，销售成品油 12.1 万吨，柴汽比 0.23，销售收入 7.97 亿元，其中非油收入 950.28 万元，实现税后利润 4137.65 万元。

2017 年，营业站点 14 座，销售成品油 10.56 万吨，柴汽比 0.22，销售收入 7.87 亿元，其中非油收入 1770.18 万元，实现税后利润 3603.78 万元。

2018 年，营业站点 14 座，销售成品油 8.83 万吨，柴汽比 0.22，销售收入 7.68 亿元，其中非油收入 3825.02 万元，实现税后利润 2953.41 万元。11 月，加油站便利店非油业务交由中国石油四川成都销售分公司经营。

2019 年，首次通过土地竞拍方式，在青白江新增加油站和加气站点位各一个。 营业站点 15 座，销售成品油 8.82 万吨，柴汽比 0.26。销售收入 6.89 亿元，其中非油收入 62.8 万元，实现税后利润 3966.8 万元。

第二节　四川川油长运油品销售有限责任公司

2004 年 12 月，由中国石油天然气股份有限公司（以下简称中国石油）与成都富临长运集团有限责任公司（以下简称富临长运）共同出资组建四川川油长运油品销售有限责任公司，注册资本 2000 万元。其中，中国石油出资 1020 万元（实物、货币），占注册资本的 51%；富临长运出资 980 万元（实物、货币），占注册资本的 49%。

公司设立财务科、业务科、安全环保科、经理办、人事科 5 个职能部门。2016 年 4 月，新增非油经营部。现有在营加油站 5 座、待迁建加油站 1 座。

2005 年销量 3 万吨、利润 593 万元；2006 年利润增加 40%，达到 852 万元；2006—2010 年销量变化幅度不大，年均约 3.6 万吨，利润增幅较小；2010 年销量 3.8 万吨、利润 1125 万元。2011 年利润 1595 万元，增幅 40%。2011—2013 年，利润变化较小，平均约 1600 万元，销量约 5 万吨。

2014 年，完善销售网络，新增代储点 1 处，服务网点达到 16 座（处），基本涵盖城区各方位及重点客户附近；重点开发富临长运集团关联运输单位车辆进站加油，新增生产性车辆 180 台；完成成锦撬装服务店搬迁；调整薪酬结构，优化部分项目进入月度绩效考核，减少年终分配额度。4 月初，彭州加油站原址改扩建项目进入现场施工，9 月 26 日投入试生产。全年销售成品油 5.22 万吨，实现利润 1099.02 万元。

2015 年，开始完善定期报表制度，成立经营活动分析组，制定系统的经营活动分析模板，每月准确、全面反映业务基础数据和经营动态。完成成锦、朗勃两座撬装加油点搬迁工作。紧密联系客户需求，随客户车队搬迁撬装装置。全年销售成品油 5.03 万吨，实现利润 1206.64 万元。

2016 年 4 月，新增非油经营部，在加油站开展非油和润滑油销售业务。成立稽查小组，开展帮扶检查，提升下站效率。采取公司会议、职能部门培训、集中学习等方式，抓好员工培训和反舞弊工作。坚持客户维护与发展，加强重点客户站北运业、龙泉朗勃的联络、沟通，无单位客户流失。全年销售成品油 4.46 万吨，非油收入 137.12 万元，实现利润 1306.17 万元。

2017 年，新增加油站综合业务支撑平台、加油站行业动态监测平台的使用；根据油品销售结构，优化苏坡、城北两座站油枪配置，增加彭州二站 95 号油品销售。全年销售成品油 4.21 万吨，非油收入 230.5 万元，实现利润 1390.45 万元。

2018 年 5—10 月，完成苏坡、洗车场、彭州二站的防渗改造，洗车场加油站增加 98 号汽油。全年销售成品油 3.51 万吨，非油收入 254 万元。

2019 年，彭州一站、城北加油站完成双层罐技改，截至 5 月底，所有在营加油站全部完成双层罐技改。每周不低于两次不定期采集外界加油站信息并表单化，随时跟踪竞争对手营销措施变化。增加服务配套设施，引入车服企业投资洗车设施。针对彭州二站长期低效情况，及时调整管控指标，采取上门营销方式，开展周边车队自用油罐的配送，推进小油车打油销售。全年销售成品油 3.6 万吨，非油收入 385 万元，实现利润 3574.01 万元。

第三节　广元市石油有限公司

按照广元市委、市政府与中国石油四川销售分公司签订的《战略合作框架协议》精神，2010 年 7 月，中国石油四川广元销售分公司以参股方式，与原广元市石油公司组建广元市石油有限公司。

公司注册资本 3000 万元，其中中国石油天然气股份有限公司占 49% 股权，广元市国资委占 51% 股权。2013 年 7 月，按广元市政府相关要求，将广元市国资委 51% 股权变更为四川广元交通旅游投资集团有限公司。2018 年，按照广元市国资委《关于广元市石油有限公司股权划转的告知函》（广国资委函〔2017〕315 号）、四川广元交通旅游投资集团有限公司《关于广元市石油有限公司股权划转的函》（交旅函〔2018〕2 号）意见，该 51% 股权由广元交通旅游投资集团有限公司划转到广元市投资控股集团有限公司。

广元市石油有限公司在营加油站 5 座，在岗员工 57 人，董事 5 人，监事 3 人，机关管理人员 26 人（含高管 6 人，离岗退养 1 人，停薪留职 2 人）。公司委派管理人员 3 名，分别担任副董事长兼总经理、安全副总经理、财务科副科长。截至 2019 年，广元市石油有限公司总资产 7318.66 万元、净资产 5884.4 万元。2019 年销售油品 26214 吨，实现营业收入 19478 万元，利润总额 1735.81 万元。

2010 年，公司正式开始运营，完善财务科、办公室、业务科、项目办、加油站管理制度和岗位职责，在经营中制定完善《加油站油品数量管理规定》，依据章程制定《费用审批权限和报销程序规定》，制定东环加油站灾后恢复迁建、河西加油站恢复使用、利州加油站恢复重建等项目。按照中国石油标准统一规范着装，树立良好的形象。全年公司销售汽柴油总量 8600 吨，其中汽油 4600 吨、柴油 4000 吨，加油站零售汽柴油 8200 吨。

2011 年，改制重组后公司已初具规模。新公司面对成品油市场竞争更加激烈、油品资源偏紧、购销差价减小等恶劣市场环境，坚持以安全生产为前提，以经济效益为中心，以项目建设为重点思路，不断建立健全各项规章制度，对内加强管理，为发展打好基础；对外以质量促发展，积极树立企业形象。全年销售汽柴油 15659 吨，同比增加 7000 吨，增幅 181%；实现汽柴油销售收入 11941 万元，同比增加 6020 万元，增幅 200%；实现利润 43.7 万元，净资产收益率 0.79%。

2012 年，是负重前行的一年，东环、城东两座主要加油站相继因市政道路改造、城市棚户区改造拆除。公司将压力转化为动力，变被动为主动，提出“购、建、租”网建发展思路，成功收购元坝清水、利州金洞加油站，完成东环、城东拆迁工作，租赁河西、九华、曹家河加油站，顺利与朝天羊木镇政府达成橇装加油设施协议。全年销售汽柴油 16567 吨，同比增长 5.8%，实现营业收入 12828 万元，同比增长 7.4%，完成年度利润 52 万元，同比增长 19%。

2013 年，公司克服城东加油站停业困难，围绕“中国梦”活动，狠抓支部基层组织建设，开展经营管理年活动，坚持以安全生产为前提，以经济效益为中心，紧抓项目建设和经营管理工作。全年实现营业收入 12936 万元，完成目标值的 129.35%；实现利润总额 50.38 万元，完成目标值的 104.96%，净资产收益率达 1.04%。

2014 年，面对国际原油市场环境复杂多变、国内经济持续低迷、区域新增项目工程极少、物流运输行业不景气，公司上下狠抓项目建设、经营管理、内部管理、安全管理，扎实开展党的建设，企业实现平稳运行。全年销售汽柴油 15832 吨，其中汽柴油零售 12270 吨，实现营业总收入 1.23 亿元，实现利润 16.45 万元。

2015 年，全面落实依法治企、依规治企、从严治企要求，制定完善《董事会制度》《总经理工作细则》《财务制度》和《月度绩效考核管理办法》。全年销售汽柴油 1.53 万吨，实现营业收入 9763 万元，实现利润 101 万元。

2016 年，公司严格依法经营，印发《财务管理制度》，修订完善《安全制度》《档案调阅管理办法》《差旅费管理办法》《月度绩效奖金考核暂行办法》《劳动人事分配三项制度改革实施方案》《劳动防护用品管理办法》等制度，不断推动完善法人治理结构，规范运作，降低经营风险。全年销售汽柴油 1.73 万吨，完成营业收入 10688 万元，实现利润总额 540 万元，净资产收益率 10.42%。

2017 年，公司推进改革发展，坚持“三重一大”决策制度，审定印发《董事长办公会议议事规则》《劳动用工制度》《员工奖惩实施细则》《员工考勤实施细则》《三项制度改革实施办法》《部门及人员编制设置方案》《总经理办公会议议事规则》等制度，通过强化财务管理、增强风险意识、规范内部定期结算管理、优化商品和资产的配置，提升管理水平。全年销售汽柴油 20114 吨，同比增加 2853 吨，增长 16.53%；实现营业收入 13878 万元，同比增加 3190 万元，增长

29.85%；实现利润1653万元，同比增加1114万元，增长206.36%，净资产收益率28.61%。

2018年，公司执行股东会决议，严格依法合规管理，认真审阅财务报告及会计师事务所出具的审计报告，增强风险意识，完善财务基础工作，规范财务报销流程，降低资金风险，提升企业效益。全年销售汽柴油25364吨，同比增加5250吨，增幅26.1%；实现营业收入19507万元，同比增加5629万元，增幅40.56%；实现利润总额1454万元，同比减少199万元，降幅12.04%。

2019年，公司召集召开股东会议2次、年度会议1次、临时会议1次，提请审议并通过8项议案，有效推动公司持续健康高质量发展。全年销售汽柴油26214吨，同比增长3.35%；实现营业收入19478万元，同比下降0.15 %；实现利润总额1735.81万元，同比增长19.36%，净资产收益率22.43%。

第四节　宜宾中港能源有限责任公司

宜宾中港能源有限责任公司系四川港荣投资发展有限责任公司与中国石油天然气股份有限公司为适应地方经济发展需要，紧紧抓住四川宜宾临港经济开发机遇，充分发挥国资、央企资金和资源优势，按照优势互补、合作双赢原则，共同出资在四川临港区内组建的综合能源公司。公司2010年6月开始磋商，2010年11月15日签订合作协议，2010年12月31日在宜宾市工商行政管理局完成注册。注册资本2000万元，其中：四川港荣投资发展有限责任公司出资1400万元，持股70%；中国石油天然气股份有限公司出资600万元，持股30%。

2011年6月29日，宜宾中港能源有限责任公司组织第一次股东会暨第一届董监事会，公司正式运行。2012年9月、2014年4月，宜宾中港能源有限责任公司经股东会决议两次增资，增资后公司注册资本3938万元，中国石油天然气股份有限公司出资1181.40万元，占注册资本金30%不变。

公司设有综合行政部、投资建设部、人力资源部、财务资产部、安全环保监察部、经营管理部。由于新公司规模小，为减少运行成本，公司将综合行政部、投资建设部合署办公，人力资源部、财务资产部合署办公，安全环保监察部、经营管理部合署办公。2013年7月15日，将经营管理部和安全环保监察部分离，安全环保监察部正式成立。2018年5月14日，公司新设立加油加气站管理部。2018年9月，公司职能部门分离独立办公。

公司成立后积极拓展思路，转变观念，克服站点少、资金短缺的困难，以资源共享理念积极开拓市场，拓展生存空间，采取租赁、合作经营、安装橇装加油设备等经营方式，取得较好的业绩。

公司安全环保形势稳定，2017年被宜宾市临港区评为“先进集体”，被港荣集团评为“安全生产先进单位”，2018年被宜宾市爱卫办评为“市级卫生单位”，2019年被宜宾市评为“经济发展领域先进集体”。

表11-95所示为2011—2019年宜宾中港能源有限责任公司利润情况。

表 11-95　2011—2019 年宜宾中港能源有限责任公司利润情况表

年度	销售油气（万吨）	营业收入（万元）	利润（万元）	净资产收益率（%）	投资回报率（%）
2011	0.15	1136.90	−154.54	−8.37	−3.88
2012	1.07	8508.13	3.78	0.13	0.09
2013	2.19	17310.55	103.31	3.40	2.60
2014	2.82	26066.07	540.00	13.16	13.57
2015	2.77	16150.89	502.32	11.51	12.62
2016	2.87	15921.31	575.85	12.47	14.47
2017	3.57	22285.57	1062.23	20.39	26.69
2018	4.31	31282.36	810.52	14.97	20.36
2019	3.86	34499.82	970.20	6.16	6.95

第五节　四川省巴中市中运能源有限公司

2015 年 8 月 11 日，由四川省巴中运输（集团）有限公司（持股 51%）和中国石油天然气股份有限公司（持股 49%）共同出资成立合资公司——四川省巴中市中运能源有限公司。2016 年 5 月正式营运，主要从事：汽油、柴油、天然气（车用）的零售、运输服务；汽车维护、美容服务；食品、酒类、烟草制品、商品零售。公司在册在岗职工 31 人。公司下辖 5 座加油站，包括巴中草坝街、南江沙河、通江五马桥在营 3 座加油站及通江龙洞沟搬迁置换 2 座在建拟建加油站。

2016 年，公司完成 3 座加油站隐患整改，在营加油站销售成品油 3228.32 吨，实现利润 128.95 万元。

2017 年，公司开展“进站加油，满额送礼”“分品种优惠”等促销活动，提振销量。开通微信支付功能，加油站洗手间对外开放，开水免费供应，方便客户，提升服务质量。完成加管系统上线，满足客户对加油卡的使用需求。推进风险防控建设，启动“开源节流，降本增效”活动。全年销售成品油 5494 吨，实现利润 263.99 万元。

2018 年，公司形成各类制度 24 项。通过开展“加油站优质服务竞赛”“节日促销”“限时促销”“踏青畅游主题促销”“加满送礼促销”等活动。建立“客户微信群”定期发布促销信息，实现促销活动的精准推送。通过协调金融机构、税务部门和中石油，升级税控设备、开票系统和加管系统，提升加油站信息化管理水平。增添非油设施，提升非油销量。至年底，在营加油站实现成品油销售 6801.54 吨，非油销售收入 12.80 万元，实现利润 299.89 万元。

2019 年，公司出台《加油站网点建设奖励办法》，建立网点建设组织机构和激励机制；实现龙洞沟加油站搬迁新建站项目规划落地；对五县区社会加油站点进行拉网式首轮摸排，积极寻求社会加油站项目合作；与通江工旅实业达成 2 座加油站《合作框架协议》；与区成达交投达成许家岭、曾口、梁永加油站项目《合作框架协议》。公司实行“一站一策”“一客一策”的促销政策，新开发定点客户及直销客户。增加烟草专卖零售资质，提升非油创效能力。至 2019 年底，在营加油站共销售成品油 6370 吨，非油收入 20.82 万元，实现利润 189.94 万元。

第四章　二级分公司全管企业

为强化股权管理职能、提升股权管理效率，按照“抓大放小，统一标准，分级管理，严格考核”原则，省公司对股权企业实行分级分类管理，以股权企业的站点数量、销售规模、创效质量、发展趋势等为主要指标，根据股权企业现状，分为省公司直管、二级公司托管和二级公司全管等三类股权企业进行差异化管理。

省公司将规模小、盈利能力一般、网点少且短期无扩张趋势的企业，授权二级公司全权管理，省公司不再参与该类企业的日常行权管理事务，仅对该类企业年度业务发展和投资计划、利润分配、重大资金出借、债务性融资等重大事项进行统一、集中管理。董监事和高级管理人员由属地二级公司委派，省公司不再委派董监事，相关人选由各二级公司推荐，经股权管理办公室审核合格后报公司领导审批，最后按干部管理权限，由省、市两级公司人事部门出具推荐函，考核由二级公司自行组织。

第一节　成都分公司全管企业

一、成都中川天然气有限公司

成都中川天然气有限公司于2000年7月成立，属于四川华油集团有限责任公司（以下简称华油公司）控股企业。

2000年7月至2005年12月，遂宁市川中油田欣中实业集团有限公司（以下简称欣中公司）出资30万元占股60%，廖传发出资20万元占股40%。2005年12月，按财务凭证显示，出资为：欣中公司出资390万元，占股60%；廖传发出资260万元，占股40%，实收资本共计650万元。

2005年12月，成都分公司出资421.7万元收购自然人廖传发40%股份，对方股东遂宁市川中油田欣中实业集团有限公司持股60%，中石油四川销售分公司参股，股权占出资总额的40%。

2007年4月，股份变更为四川兴能燃气集团有限公司（占股60%）和成都分公司（占股40%）共同持有。2007年8月24日，四川兴能燃气集团有限公司更名为华油公司，其原有股份转到华油公司。

2010年增资60万元注册资本，由华油公司（出资36万元，占股60%）和成都分公司（出资24万元，占股40%）共同持有。

公司主营车用压缩天然气。2011年，销售CNG 397万立方米、成品油1852吨，销售收入

2925.08 万元，实现净利润 86.22 万元。

2012 年，对站内 3 台加油机进行油气回收改造，全年销售 CNG 426.92 万立方米、成品油 1335 吨，销售收入 2648.41 万元，实现净利润 161.26 万元。

2013 年，改扩建进气管线，增加明圣公司气源，实行双气源进气；原球形高压储气罐改为卧式双层储气罐；完成石油天然气企业安全标准化达标任务。全年销售 CNG 501.25 万立方米、成品油 1420 吨，销售收入 2982 万元，实现净利润 199.22 万元。

2014 年，销售 CNG 559.35 万立方米、成品油 1631.64 吨，销售收入 3346.41 万元，实现净利润 184.47 万元。

2015 年，启用加气机 IC 卡管理系统。全年销售 CNG 714.38 万立方米、成品油 1906.17 吨，销售收入 3641.62 万元，实现净利润 320.77 万元。

2016 年，销售 CNG 902 万立方米、成品油 1650 吨，销售收入 3479 万元，实现净利润 473.82 万元。

2017 年，将党建工作写入公司章程，并到工商局备案；开展"绿水青山就是金山银山"环保宣传。全年销售 CNG 955.33 万立方米、成品油 1009.18 吨，销售收入 3257.47 万元，实现净利润 421.71 万元。

2018 年 8 月，实行 POS 机刷卡及微信收款业务，减少资金风险。全年销售 CNG 1113.34 万立方米、成品油 215.96 吨（由于双层罐改造，从 3 月 25 日起停止成品油销售），销售收入 3164.26 万元，实现净利润 455.86 万元。

2019 年，适应性改造工程基建部分完工，8 月 1 日起试运行（未完成资产转资）。全年销售 CNG 1109.9 万立方米，销售收入 3485.63 万元，实现净利润 395.32 万元。

二、成都传化石油销售有限公司

2012 年 2 月 9 日，成都传化石油销售有限公司由中国石油天然气股份有限公司（以下简称中国石油）、成都盛丰邦瑞投资有限公司（以下简称盛丰投资）、成都传化公路港物流有限公司（以下简称传化公路港）三家公司共同出资设立，注册资本 3000 万元。其中中国石油出资 900 万元，占注册资本的 30%；盛丰投资出资 900 万元，占注册资本的 30%；传化公路港出资 1200 万元，占注册资本的 40%。

公司设立业务部、财务部、综合管理部等 3 个职能部门，自营燕塘加油站 1 座。公司董事长由传化公路港委派的董事担任，任期同董事任期，董事长为公司法定代表人；公司总经理由盛丰投资推荐人选，由董事会聘任或解聘；公司副总经理由中国石油推荐人选，由董事会聘任或解聘；公司财务经理由传化公路港推荐人选，由董事会聘任或解聘。

2012 年 2 月至 2013 年 10 月，经前期规划初建，燕塘站完成开业前竣工验收。

2013 年 10 月，燕塘站开始试运营。该站主要由中国石油负责日常运营。开业初期，日均销量 54 吨，投运当年实现营业利润 124 万元。

2014 年，成就省内最大单体油站，日均销量破百吨，全年销量 4.79 万吨，实现利润 1641.27

万元。

2015 年，开通加油绿色通道；积极构建批零结合的市场营销模式，紧盯重点物流用油商家，构建燕塘站定制化客户体系。全年销量迈上 5.8 万吨台阶，最高日销量突破 309 吨，实现利润 3169.8 万元，荣膺“全省销量冠军站”称号。

2016 年，打造“人・车・生活”驿站。全年销量冲破 6 万吨，实现利润 4204.94 万元，成为中国石油四川销售发展史上一个重要的里程碑。

2017 年，着力客户商圈开发，紧抓“客户刚需 +”，明确建立“燕塘式刚需服务”思路，提升油站市场竞争力。全年油品销量突破 7 万吨，非油销量破千万元，实现利润 4630.92 万元，成为中国石油最大单体站，被央视超级工程栏目誉为“中国最赚钱加油站”。

2018 年，开展全员劳动竞赛，比服务赛质量，提高员工工作热情。全年油品销量 5.1 万吨，实现利润 3126.91 万元。

2019 年，受市政规划道路施工影响，加油站前主道路封闭施工，大量车辆被分流。公司及时调整发展营销策略，增设物流园区小配车加油服务点，送油送货上门，综合运用消费返利送非油，降价促销保销量等措施，于夹缝中打开油站提质增效新局面。全年油品销量 2.48 万吨，实现利润 1347.23 万元。

三、成都市兰津飞天石化有限责任公司

1991 年 9 月，兰州炼油化工经销有限责任公司出资 69 万元，与成都市经济技术协作有限公司组建联营企业，下辖加油站 1 座，即兰津加油站。1995 年，兰津加油站在成都市新津县花桥镇蔡湾村 3 组建成投运，属于二级加油站，注册资金 138 万元。1999 年 9 月，原兰州化工将所占 50%股权划转移交给成都公司。2004 年 4 月 7 日，成都公司和成都市新津经济技术协作有限公司双方各出资 69 万元，以出资额为限，对该公司承担责任，确立公司营业范围为零售汽油、柴油、润滑油、卷烟及预包装食品等。

2014 年 1 月 22 日，兰津站技改完毕，全年成品油销售 3815 吨，利润 30.7 万元。

2015 年，积极发挥小配优势，深入开发工厂、砂石场等客户。全年销售成品油 5137 吨，实现利润 150.58 万元。

2016 年，销售成品油 5713 吨，非油收入 14.47 万元（4 月 26 日开始非油销售），实现利润 67.18 万元。

2017 年 6 月 20 日至 8 月 27 日，完成双层罐改造，全年无安全环保数质量事故，被成都公司评为股权先进单位。全年销售成品油 4139 吨，非油收入 16.24 万元，实现利润 102 万元。

2018 年，因地铁 10 号线断道施工，微信、支付宝支付业务不能使用，市场表观量整体萎缩，加上环保整顿因素等影响，油品销量有所下滑。全年销售成品油 3899 吨，非油收入 40.33 万元，实现利润 80.19 万元。

2019 年，加油站大件路方向进出口被围，车辆无法顺畅到站加油，多种内外因素发酵，对加油站销量影响甚大。在保证利润的情况下，全年销售成品油 3605 吨，为上一年同期的

92.46%，非油收入 42.6 万元，实现利润 59.11 万元。

四、成都金宏运油品贸易有限公司

2002 年 10 月，成都金宏运油品贸易有限公司由四川川腾天然气汽车设备有限公司和成都市金达燃气汽车加气有限责任公司共同出资组建，注册资本 50 万元。其中：川腾公司出资 27.5 万元，占注册资本的 55%；金达公司出资 22.5 万元，占注册资本的 45%。2004 年 2 月，成都公司出资 385 万元收购四川川腾天然气汽车设备有限公司 55% 股份，对方股东成都市金达燃气汽车加气有限责任公司持股 45%，中油方控股，股权占出资总额的 55%。

公司下属金宏运加油站，2002 年建成营运。2015 年 7 月，金宏运公司上线中国石油加油站管理系统，把中国石油加油卡用户纳入金宏运公司客户范围，日常管理更加符合中国石油规定。全年销售成品油 4243 吨，实现净利润 172.2 万元。

2016 年，金宏运公司开展增量促销活动，关注油价走势，扩大吨油毛利。全年成品油销量突破 5000 吨，达到 5083 吨，实现净利润 239.4 万元。

2017 年 2 月，金宏运公司上线微信收款，为客户提供便利。由于吨油毛利降低，无法有效组织促销活动，全年销售成品油 3714 吨，实现净利润 89.1 万元。

2018 年 12 月，金宏运公司成功进行双层罐改造，加油站环境、数质量安全得到跨越式提升。由于成品油市场竞争加剧、吨油毛利降低、双层罐停业改造影响，全年销售成品油 2615 吨，实现净利润 46.9 万元。

2019 年 6 月，金宏运公司上线加油卡充值系统。全年销售成品油 2467 吨，实现净利润 90 万元。

五、成都市华阳二江寺天山加油站

1993 年 11 月，新疆石油管理局南方公司出资 60 万元，与四川石油输气广汉公司组建集体所有制联营企业，双方各出资 50%。1999 年 8 月，新疆石油管理局南方公司将 50% 股权划转给成都公司。现该项目对方股东为油料公司下属集体企业“四川石油管理局资阳油库”。公司拥有加油站 1 座，2011 年开始进行单独核算。

2011 年，销售汽柴油 0.52 万吨，其中汽油 0.22 万吨、柴油 0.3 万吨，柴汽比 1.36。实现销售收入 0.41 亿元，税后利润 51.8 万元。

2012 年，销售汽柴油 0.67 万吨，其中汽油 0.28 万吨、柴油 0.39 万吨，柴汽比 1.39 。实现销售收入 0.53 亿元，税后利润 72.81 万元。

2013 年，销售汽柴油 0.63 万吨，其中汽油 0.29 万吨、柴油 0.34 万吨，柴汽比 1.17。实现销售收入 0.51 亿元，其中非油收入 11.84 万元；税后利润 99 万元。

2014 年，销售汽柴油 0.78 万吨，其中汽油 0.39 万吨、柴油 0.39 万吨，柴汽比 1。实现销售收入 0.62 亿元，税后利润 185.42 万元。

2015 年，销售成品油 0.85 万吨，其中汽油 0.52 万吨、柴油 0.33 万吨，柴汽比 0.63。实现销售收入 0.55 亿元，税后利润 185.42 万元。

2016 年，销售成品油 0.98 万吨，其中汽油 0.68 万吨、柴油 0.3 万吨，柴汽比 0.44。实现销售收入 0.62 亿元，税后利润 367.63 万元。

2017 年，销售成品油 1.06 万吨，其中汽油 0.73 万吨、柴油 0.33 万吨，柴汽比 0.45。实现销售收入 0.76 亿元，其中非油收入 40.06 万元；税后利润 489.57 万元。

2018 年，销售成品油 0.74 万吨，其中汽油 0.55 万吨、柴油 0.19 万吨，柴汽比 0.34。实现销售收入 0.61 亿元，其中非油收入 28.61 万元；税后利润 251.07 万元。

2019 年，销售成品油 0.82 万吨，其中汽油 0.7 万吨、柴油 0.12 万吨，柴汽比 0.17。实现销售收入 0.66 亿元，其中非油收入 44.2 万元；税后利润 387.77 元。

六、成都交运压缩天然气发展有限公司

2000 年，成都交运压缩天然气发展有限公司由成都金沙运业有限责任公司、成都公交压缩天然气股份有限公司、成都市公用事业房地产开发公司三家公司共同投资成立，分别占 45%、35%和 20%股份。2001 年 1 月，公司与金沙运业签订收购协议，出资 150 万元购买金沙运业所持金沙加气站 45%股份中的 20% 股份，中油方参股，股权占该公司总股本的 20%。

七、成都蒲江朝阳燃油有限责任公司

2004 年 9 月，成都公司出资 658 万元收购蒲江天然气公司 30% 股份、自然人朱世明 30% 股份，对方股东四川华油集团有限责任公司持股 40%，中油方控股，股权占出资总额的 60%。

八、成都高新中油能源有限公司

成都高新中油能源有限公司由成都高新投资集团有限公司、成都天府国际生物城投资开发有限公司与中油三方共同出资组建，分别占 49%、3%、48% 股份，中油方参股，截至 2019 年 12 月 31 日尚未完成工商注册。由成都公司托管。

第二节　成品油分公司全管企业

2008 年，省公司将其与外部公司合作成立的 4 家股权企业交给成品油公司全管。分别为：四川中油公交能源有限公司、成都一〇四库保和加油站、四川川油成运油品有限责任公司、四川中油兴光华能源有限公司。

一、四川中油公交能源有限公司

2008 年，中国石油四川销售分公司与成都市公共交通集团公司共同投资设立四川中油公交能源有限公司，注册资本 6202.88 万元，中石油方持有 51% 股权，对方持有 49% 股权。下

属经营网点2座；现有员工38人，其中中石油方5人、对方4人、市场化27人，劳务派遣2人。

公司由控股公司中石油进行托管，实行董事会领导下的总经理负责制，经营班子设总经理、副总经理、财务总监，下设综合部门、财务部门。自营两座加气（油）站，加气子站高新西区加气站2010年试运行，油气合建站锦江区红砂南加气（油）站2011年试运行。

2015年4月至2016年11月，红砂南加气（油）站办理完成施工许可证、燃气经营证、充装证等相关建设经营证照。

2015年5月，西区站取得工商营业执照、燃气经营许可证、充装证等对外经营手续后对外营业。

2016年底，西区、红砂两站全面恢复经营，全年销售天然气0.19万吨、成品油0.0035万吨，利润–198.95万元。

2017年，销售天然气0.48万吨、成品油0.28万吨，非油收入4.6万元，实现净利润139.75万元。

2018年，顺利开展红砂站双壁罐一体化改造，实现全油品销售。全年销售天然气0.39万吨、成品油0.46万吨，非油收入930.92万元，实现净利润77.53万元。

2019年，实现二次考核分配，调动员工积极性。新增推卡销售，利用微信群、滴滴师傅推广，持续稳定社会车辆加气比达60%。两站增加油品小额配送，便利店实行针对性销售，增加香烟、润滑油、生活用品等。全年销售天然气0.44万吨、成品油0.43万吨，非油收入86.78万元，实现净利润391.17万元。

二、成都一〇四库保和加油站

1993年9月10日，成都市保和企业总公司（甲方）和四川天河石油设备工程部（乙方，系原成都石油站集体企业）合作成立联营企业，企业性质为集体全资经营，注册资金80万元。2002年4月18日，乙方以112万元价格将其60%股权转让给中石油四川销售分公司。现保和站股东为中国石油四川销售分公司和成都市成华区人民政府保和街道办事处，中石油方持有60%股权，对方持有40%股权。按照股东会决议，加油站由中石油承包经营，每年定期支付保和乡政府17.85万元承包费。

三、四川川油成运油品有限责任公司

2005年5月26日，中国石油四川销售分公司与四川省汽车运输成都公司签订《共同投资设立有限公司合同》，合营期限30年，注册资本3060万元，中石油方持有70.6%股权，对方持有29.4%股权。下属经营网点3座：城南加油站，2015年12月租赁花中、好运两座加油站。现有员工32人，其中：中石油方派出人员7人，对方派出人员5人，外聘人员4人，劳务派遣16人。

2005—2009年，长期处于亏损状态，累计亏损323.58万元。

2010年，量、效双增，实现利润36.6万元。

2010—2013 年，实现营业利润 1017.11 万元；弥补前期亏损 323.58 万元，实现利润 693.53 万元，实现净利润 520.14 万元。

2013 年，发展两座撬装加油点。

2014 年，销售汽、柴油 1.32 万吨，实现利润 217 万元。

2015 年，销售汽、柴油 9206 吨，非油收入 54 万元，实现利润 168 万元。

2016 年，租赁两座加油站，扩大经营规模。全年销售成品油 1.2 万吨，非油收入 66.61 万元，实现利润 111.25 万元。

2017 年，销售成品油 1.42 万吨，非油收入 71.3 万元，实现利润 260.8 万元。

2018 年，销售成品油 1.38 万吨，非油收入 118.71 万元，实现利润 199.27 万元。

2019 年，销售油品 1.35 万吨，非油收入 121.2 万元，实现利润 856.3 万元。

四、四川中油兴光华能源有限公司

2009 年，中国石油四川销售分公司和成都市兴光华城市建设有限公司投资设立四川中油兴光华能源有限公司，注册资本 5216 万元，中石油方持有 51% 股权，对方持有 49% 股权。下属经营网点 1 座：苏坡天山加油站。现有员工 23 人，中石油方派出人员 9 人，对方派出人员 1 人（兼职出纳），外聘人员 13 人。

2015 年 2 月，苏坡天山加油站开始营业，全年销量 6209.23 吨，实现利润 129.15 万元。

2016 年，销售汽柴油 1.21 万吨，非油收入 9.86 万元，实现利润 351.76 万元。

2017 年，全面推进制度建设，清查已有制度执行情况，修订不完善的部分。建立车辆自用油管理办法、其他资源车辆用油管理办法等管理规范，提高公司制度建设的质量和水平。开展公司章程的清理和修订，将发行公司债券、资产抵押、出借资金、借贷及其他融资活动、党建工作等事项纳入股权企业章程，为公司合规合法管理夯实基础。11 月，取得苏坡天山加油站二期工程项目建设施工许可证，年底基本完成加油站站房主体修建。全年销售汽柴油 1.06 万吨，非油收入 17.3 万元，实现利润 176.16 万元。

2018 年，协调川烟公司取得烟草专卖零售许可证，7 月 23 日正式销售香烟。全年销售汽柴油 1.13 万吨，非油收入 65.78 万元，实现利润 347.53 万元。

2019 年，销售汽柴油 1.49 万吨，非油收入 155.44 万元，实现利润 1294.64 万元。

五、成都空港中油能源有限公司

2019 年 11 月 5 日，成都空港产城实业有限公司与中油方合资组建成都空港中油能源有限公司，注册资本 3000 万。其中：实业公司出资 1530 万元，占注册资本的 51%；中国石油出资 1470 万元，占注册资本的 49%。各出资人于公司工商注册完成后 60 日内实缴各自首期出资，实业公司首期出资 153 万元，中国石油首期出资 147 万元。其余注册资本实行认缴，将根据公司发展需要于 2024 年 12 月 31 日前完成出资。公司设立综合管理部、业务运营部、财务资产部 3 个职能部门，系统内租赁加油站 1 座。

六、四川兴中油能源有限公司

2019 年 12 月 13 日，成都市兴光华城市建设有限公司与中油方合资组建四川兴中油能源有限公司，中石油方持有 49% 股权，对方持有 51% 股权。

第三节　攀枝花分公司全管企业

四川中油钢城能源有限公司成立于 2015 年 2 月 5 日，由攀枝花钢城集团有限公司与中国石油天然气股份有限公司共同出资组建，注册资本 2000 万元。其中：钢城集团出资 1020 万元，占注册资本的 51%；中石油出资 980 万元，占注册资本的 49%。

2013 年 9 月 23 日，攀枝花钢城集团有限公司与中国石油四川销售分公司签订战略合作框架协议。双方约定成立合资有限公司，合资公司出资比例定为：钢城集团占 51%，中石油占 49%。2014 年 12 月 22 日，攀枝花钢城集团有限公司与中国石油天然气股份有限公司签订共同设立四川中油钢城能源有限公司章程。2015 年 2 月 5 日，在攀枝花市工商行政管理局注册成立四川中油钢城能源有限公司。

公司设立综合管理部和财务资产部两个职能部门，2015—2018 年有正式员工 5 人，2019 年为开展保洁服务和技术服务项目，新增合同工 5 人、劳务工 6 人。

第四节　泸州分公司全管企业

一、泸州江阳区百子图石化有限责任公司

泸州江阳区百子图石化有限责任公司成立于 2003 年 12 月，注册地址泸州市江阳区连江路二段 41 号，占 55% 股份，另一股份方为泸州市硕鑫商贸有限责任公司，占 45% 股份。

公司设董事会、监事，有董事长、职工董事、监事、总经理，其中刘智刚（董事长、总经理）、曾小刚（股东代表、董事）、蔡露生（董事）、王树（监事）、郝雪姣（监事）由中国石油四川销售分公司委派人员任职，何本勤（股东代表、董事）、贾登海（董事）、王章文（监事）由泸州市硕鑫商贸有限责任公司委派人员任职。公司无职能部门，由中国石油四川泸州销售分公司监管，用工总量 15 人。

公司 2019 年度经营情况：销售汽柴油 8739.126 吨，销售收入 7119.49 万元，汽柴油吨油毛利 590.36 元，非油收入 245.01 万元。年末资产总值 1258.43 万元，流动资产 919.07 万元，年末未分配利润 546.72 万元；年度营业收入 7364.50 万元，利润总额为 320.74 万元，净利润 240.34 万元。

二、泸州工投中油能源有限责任公司

泸州工投中油能源有限责任公司成立于2017年7月，注册地址泸州市江阳区连江路二段11号3层2单元301，中国石油天然气股份有限公司占49%股份，另一股份方为泸州工投能源投资有限公司，占51%股份。

公司设董事会、监事和经营班子，有董事长、职工董事、监事、正副总经理、财务负责人，其中向剑涛（董事、总经理），副总经理聂宗超、刘德岗、王树（董事）由中国石油四川销售分公司委派人员任职，刘兴林（董事长）、罗双（董事、副总经理），财务部负责人张巧梅由泸州工投能源投资有限公司委派人员任职。截至2019年12月，公司下设4个职能部门：运行部，人员编制6人；安全与投资部，人员编制3人；财务部，人员编制4人；综合部，人员编制2人。用工总量15人。

公司2019年度经营逐步稳定，总资产12658.52万元，负债合计4004.32万元，所有者权益合计8654.2万元，营业收入15160.97万元，营业成本12977.97万元，税金及附加27.7万元，期间费用2025.17万元，营业外收支净额-0.81万元，利润总额129.09万元，净利润124.57万元。

三、泸州华油压缩天然气有限责任公司

泸州华油压缩天然气有限责任公司，由中国石油天然气股份有限公司于2019年8月17日完成公司收购，100%持股。泸州华油压缩天然气有限责任公司无职能部门，由中国石油四川泸州销售分公司监管，用工总量33人。

公司2019年8—12月经营情况：压缩天然气3693.687吨，销售收入1394.73万元，压缩天然气毛利1565.81元/吨。年末资产总值6992.59万元，流动资产753.30万元，年末未分配利润1066.38万元；年度营业收入1394.73万元，利润总额为189.80万元，净利润161.33万元。

第五节　德阳分公司全管企业

德阳中油德投能源有限公司于2018年8月15日成立，由中国石油天然气股份有限公司与德阳市振兴国有资本投资运营有限公司共同出资组建，注册资本300万元。其中：德阳市振兴国有资本投资运营有限公司出资153万元，占注册资本的51%；中国石油天然气股份有限公司出资147万元，占注册资本的49%。

公司设立综管部、营销部、安全运营部等3个职能部门。在营加油站1座。

2019年，实现汽油销售4883.516吨，销售收入4116.05万元，其中汽油销售收入4036.19万元，非油收入79.86万元；实现毛利926.83万元，其中汽柴油实现毛利915.19万元，非油实现毛利11.64万元；利润总额709.37万元；净利润531.29万元。

第六节 绵阳分公司全管企业

一、盐亭县创新压缩天然气有限责任公司

盐亭县创新压缩天然气有限责任公司（以下简称创新公司），成立于2002年12月9日，由中国石油天然气股份有限公司与盐亭县凤灵丝纺有限责任公司共同出资建立，注册资本460万元，中国石油天然气股份有限公司占51%股权，盐亭县凤灵有限责任公司占49%股权。

2002年12月9日至2007年8月31日，公司由中国石油西南油气田分公司托管。根据中国石油天然气股份有限公司2007年8月20日印发的石油资字〔2007〕251号《关于2007年股权处置与整合方案的通知》精神，创新公司由原托管单位——中国石油西南油气田分公司内部划转给绵阳公司托管，股东持股比例不变。

创新公司现有员工15人，设有2个职能部门，在营加油站1座、CNG加气站1座。

2007年9月，创新公司接受绵阳公司托管，以客户为中心，不断提高市场控制能力。全年销售压缩天然气378万立方米，实现利润总额203万元。

2008年，绵阳公司严格履行托管职责，强化股东双方管理认同，确保创新公司生产经营正常平稳运行，全年销售压缩天然气537万立方米，实现利润总额387万元。

2009年，公司始终将安全工作放在首位，围绕“四无”（无伤害、无污染、无数质量纠纷、无新闻危机事件）开展经营管理。全年销售压缩天然气633万立方米，实现利润总额315万元。

2010年，围绕扩销上量，新建加油站1座，加气站完成全面技改，多项安全隐患得到彻底整改，站容站貌大为改观，现场规范化管理工作不断提升。全年销售成品油564吨，销售压缩天然气756万立方米，实现利润总额386万元。

2011年，针对区域市场新增竞争对手，增加促销手段，稳住老客户，发展新客户，利用技改后加油业务恢复，增加汽柴油销售量。全年销售成品油2341吨，销售压缩天然气552万立方米，实现利润总额385万元。

2012年，在市场竞争加剧情况下，强化“客户是上帝、安全是效益”思想，提升服务水平，改变服务态度，稳住忠诚客户。全年销售成品油2591吨，销售压缩天然气391万立方米，实现利润总额189万元。

2013年，注重中国石油管理理念的学习宣贯，完善股权管理内部制度，加大薪酬和预算考核力度，强化合规管理。全年销售成品油3260吨，销售压缩天然气406万立方米，实现利润总额184万元。

2014年，推动安全管理常态化，列入盐亭县安全管理迎检重点企业。全年销售成品油2276吨，销售压缩天然气442万立方米，实现利润总额264万元。

2015年，加强资金规范化管理，实现资金收支两条线。实施油气回收改造，对加油站地坪和卸油区进行隐患整改。全年销售成品油2215吨，销售压缩天然气410万立方米，实现利润总

额320万元。

2016年，实时开展隐患排查，按季节性易发事件特性，组织开展隐患排查，组织员工进行易发事故应急演练，确保全年生产安全无事故。全年销售成品油1640吨，销售压缩天然气365万立方米，实现利润总额281万元。

2017年，对照国家与上级公司安全管理精神，组织员工开展岗位风险识别，对识别出来的安全风险按规范做好风险防控措施，达到零事故的安全目标。全年销售成品油1695吨，销售压缩天然气346万立方米，实现利润总额271万元。

2018年，加强节前客户走访，强化现场服务，提升现场服务效率，增加“柴油专项促销、促销送礼品”等销售举措，加油站增量效果明显，成品油销售量特别是柴油销售量显著提高。全年销售成品油2078吨，销售压缩天然气379万立方米，实现利润总额190万元。

2019年，深入开展服务提升年活动，持续改进员工的服务水平和技能，顺利完成油罐防渗改造。全年销售成品油993吨，销售压缩天然气341万立方米，实现利润总额107万元。

二、绵阳市绵投中油能源有限公司

绵阳市绵投中油能源有限公司（以下简称绵投中油）成立于2015年4月15日，由四川嘉来建筑工程有限公司（绵阳市投资控股集团有限公司下属全资子公司）和中国石油天然气股份有限公司共同出资设立，注册资本3300万元，其中：四川嘉来建筑工程有限公司出资1683.00万元，占注册资本的51%，中国石油天然气股份有限公司出资1617.00万元，占注册资本的49%。

2017年5月10日，绵阳市投资控股集团有限公司将四川嘉来建筑工程有限公司所持有的绵投中油公司51%股权无偿划转至绵阳金控投资管理有限责任公司。2017年12月，公司实收资本800.00万元，其中：绵阳金控投资管理有限责任公司实际出资408.00万元，中国石油天然气股份有限公司出资392.00万元。

绵投中油现有员工11人，下设2个职能部门，在营加油站1座。

2018年8月，绵投中油对租赁绵阳公司的丰谷加油站进行技术改造，9月7日投入试营业。全年销售成品油958吨，实现利润2.10万元。

2019年，绵投中油全力推进绵阳市二环路加油站项目落地，择机寻求二环路以外优秀项目的开发。截至2019年底，完成一环路东延线前期的现状测绘、文件上报、费用支付等工作，取得绵阳市自然资源和规划局出具的设计条件、征地红线图等前期手续，继续推动土地拍卖工作。加快二环路塘汛立交、凤凰立交土地利用总体规划调整，委托四川一众工程项目管理公司编制完成“总体规划调整方案”，上报四川省自然资源厅待批复。公司始终坚持“安全第一、预防为主、综合治理”的安全管理方针。将安全隐患治理工作放到首位，积极消除人的不安全行为和物的不安全状态。2019年，销售成品油3168.98吨，实现利润142.33万元。

三、四川中油德源能源有限公司

四川中油德源能源有限公司（简称德源公司）成立于2019年1月15日，工商登记注册资金

5600万元，是中国石油天然气股份有限公司和中投华油石化有限公司共同出资成立的一家控股公司，其中：中国石油天然气股份有限公司出资2856万元，占股51%；中投华油石化有限公司出资2744万元，占股49%。

公司主要经营汽柴油销售、化工产品、石油设备、日用百货、预包装食品、烟酒等。公司下设综合办公室，在营加油站3座，员工19人。

2019年，德源公司正式成立后，先后收购位于绵阳市盐亭县的南圳、八角加油站和位于阿坝藏族羌族自治州茂县的锦汇加油站（后更名为静州加油站）。向中国石油财务有限责任公司申请贷款600万元，对3座加油站进行工艺管线及设备改造，以中国石油规范标准进行形象统一包装。依托中国石油品牌优势，公司扩大客户资源，把握销售主动权，明确零售核心地位，向服务要效益，通过增加加油免费洗车服务项目，实行大客户“一客一策”等营销办法，不断提升公司量效水平。全年销售成品油4221.665吨，实现净利润181.3万元。

四、绵阳中油交通能源有限责任公司

绵阳中油交通能源有限责任公司（简称中油交通）成立于1994年4月27日，注册资本180万元，其中：中国石油天然气股份有限公司占50%股权，绵阳交发汽车客运（集团）有限责任公司占50%股权。2007年，中国石油新疆石油管理局驻成都办事处将50%股份划归绵阳公司代管。公司下设综合办公室1个，在营加油站1座，员工23人。截至2019年12月31日，公司资产总值1085万元，负债209万元，资产负债率19%。

2007—2012年，中油交通加油站设备陈旧，外观形象破旧不规范，管理落后。截至2012年6月，企业累计亏损241万元。2012年7月，绵阳公司协助对其加油站进行全面技改，油站设施设备按中国石油标准进行更换，外观形象按中国石油标准进行包装，引入中国石油管理标准，在数质量、安全、财务管理等方面按照中国石油标准制定管理制度。经过6年不断摸索和实践，中油交通在市场营销、财务和安全合规管理等方面取得长足进步。

2013—2019年，公司稳定辐射销售半径内的流动客户，实时推出促销活动，量效水平不断攀升。2013年，公司实现扭亏为盈。2014年销售成品油7167吨，利润总额336万元。2015年销售成品油6876吨，利润总额312万元。2016年销售成品油7322吨，利润总额623万元。2017年销售成品油7185吨，利润总额639万元。2018年销售成品油10139吨，利润总额363万元。2019年销售成品油12670吨，利润总额251万元。

五、北川中油能源责任有限公司

北川中油能源有限责任公司（简称北川中油）成立于2011年8月，由中国石油天然气股份有限公司与北川三元投资发展有限公司共同合资组建，注册地址为北川羌族自治县经济开发区，中国石油天然气股份有限公司现金出资2385万元，占50%股份；北川三元投资发展有限公司出资2385万元，占50%股份。公司下设2个职能部门，用工总量18人，在营加油站2座。

2012年，北川中油密切关注掌握区域内网点建设项目信息，做好项目报建工作。参照中国石油经营方式和管理模式制定公司综合行政、财务、人事薪酬等管理制度。

2013 年，北川中油第一座加油站——园区加油站于 8 月进入试营业。公司加强安全质量教育培训工作，实行财务人员工作周报制度，编制公司《财务基础知识、流程、制度培训》，严肃经营纪律。

2014 年，完善合规管理，加强安全质量教育培训，全面提高加油站员工安全Ỷ范意识和应对突发事件的快速处置能力。公司第二座加油站——东升加油站投入试运营。

2015 年，转变经营观念，狠抓经营管理，努力做好开口营销、微笑服务，开拓站外销售渠道，提高零售出机量，确保各项经营指标任务圆满完成，彻底扭转连续三年亏损局面。全年销售成品油 4907 吨，实现利润 57.3 万元。

2016 年，大力开展促销活动，努力提高零售出机量，成功开发北川县机关事务管理局等多个优质客户。加强绩效考核，薪酬向一线倾斜。坚持“合规”思想，规避财务风险Ỷ控。全年销售成品油 3135 吨，实现利润 338.9 万元。

2017 年，抓住公务车改制契机，成功中标北川县政府公务车用油集中采购，加强中油加油卡的宣传推广，绑定纯枪出机客户。规范用工管理，组织并签订员工劳动和安全生产合同，落实安全环保责任，层层落实隐患动态管理。全年销售成品油 3912 吨，实现利润 370.69 万元。

2018 年，强化全员 HSE 执行。添设电子扫码枪、客户圈存机等基础设备，增进客户消费认同，提高客户进站率。全年销售成品油 4348 吨，实现利润 276 万元。

2019 年，强化全员风险识别，提升隐患排查能力建设。开展“四声”服务、内务管理、现场服务规范等全员性培训活动，克服两站防渗漏技术改造带来的运营天数减少，持续开展柴油满额送非油促销活动。全年销售成品油 4892 吨，实现利润 202 万元。

六、绵阳川盟商贸有限公司

2019 年 2 月 19 日，中国石油天然气股份有限公司收购原绵阳川盟商贸有限公司 50% 股权，公司注册地为绵阳市，工商登记注册资本为人民币 3750 万元。其中：中国石油天然气股份有限公司出资人民币 2750 万元，占 50% 股权；自然人股东蒋平出资人民币 1237.5 万元，占 22.5% 股权；自然人股东宋彬出资人民币 1512.5 万元，占 27.5% 股权。

公司现有员工 24 人，设有 2 个职能部门，现有油、气、电综合能源加注站 1 座。2019 年，公司成立之初，先后完成公司组建、财务并账和建章立制，搭建起基本的组织架构，各项经营管理水平步入正轨，较好地实现股东双方的经营预期。全年油气总销量 8282 吨，其中汽柴油销量 2032 吨、天然气销量 6250 吨，实现利润总额 406.79 万元。

七、四川中油南星能源有限责任公司

四川中油南星能源有限责任公司由中国石油天然气股份公司于 2017 年 9 月出资收购四川省梓潼南星能源有限责任公司 51% 股权，实行控股经营。中国石油天然气股份公司出资 1887 万元，持股比例 51%，杨梓清等 20 位自然人持股比例 49%。

公司经营范围为零售石油制品，销售建筑材料、化工产品、日用百货、针纺织品、五金交电、副食品、烟酒零售等。截至 2019 年 12 月，公司下设 4 个职能部门，员工总数 36 人，在营加油站 6 座。

2017 年，成立之初，企业面临资金短缺、队伍年龄结构偏大、站容站貌较差、机器设备老化等诸多困难。公司着力建章立制，完善治理结构，理顺经营管理机制。从 9 月 21 日到 12 月 31 日，完成汽柴油销售 996 吨，实现净利润 74.2 万元。

2018 年，完成财务并账和建章立制，搭建起公司基本组织架构。开展中国石油加油站管理规范宣贯学习，强化市场导向和效益核心，各项经营管理水平逐步提升。全年销售汽柴油 4838 吨，实现净利润 95.88 万元。

2019 年，完成所属 6 座加油站一体化改造，油站设施设备全面升级，外观形象全部以中国石油加油站标准进行包装。公司坚持安全和营销两手抓、两手硬，全年完成成品油销售 5331 吨，实现净利润 159.00 万元。

第七节　遂宁分公司全管企业

一、遂宁中油鑫兴元能源发展有限公司

遂宁中油鑫兴元能源发展有限公司（以下简称中油鑫兴元公司）系射洪县鸿浩明石化有限公司与中国石油天然气股份有限公司共同出资组建的合资企业。

中油鑫兴元公司成立于 2016 年 2 月，主要从事润滑油、化工产品（不含危险化学品）、汽车装饰用品、建筑材料、日用百货的销售。注册资金为 1836.48 万元，中国石油持股比例为 30%，以现金方式出资人民币 550.94 万元。鸿浩明公司持股比例为 70%，以资产及现金方式出资人民币 1285.54 万元。新设公司成立后，已确定的建设项目为：2014 年 8 月 7 日，通过联合竞拍取得位于射洪县经济开发区小榆工业集中发展区河东加油、加气站。项目占地面积 5004.2 平方米（约 7.51 亩），土地使用年限 40 年，土地成交价格为 60 万元 / 亩，低于当地土地成交价格约 110 万元 / 亩。该项目正在开展前期手续办理，待建成后正式投运。

二、遂宁博傲新能源科技有限公司

2018 年 10 月 8 日，中国石油四川销售公司下达《关于收购遂宁博傲新能源科技有限公司 100% 股权新建向山路 A 加油站项目的批复》（油川销计〔2018〕316 号），批复资金为 3940 万元，该项目正在建设中。

三、遂宁道博新能源科技有限公司

2018 年 10 月 8 日，中国石油四川销售公司《关于收购遂宁道博新能源科技有限公司 100% 股权新建向山路 B 加油站项目的批复》（油川销计〔2018〕309 号），批复金额为 3993 万元，该

项目正在建设中。

第八节　乐山分公司全管企业

乐山中油广生能源有限公司成立于 2016 年 1 月 18 日，由四川三川永利能源投资有限公司（以下简称三川永利公司）和中国石油天然气股份有限公司（以下简称中石油公司）共同出资组建，注册资本 3000 万元。其中：三川永利公司出资 1800 万元，占注册资本的 60%；中石油公司出资 1200 万元，占注册资本的 40%。

公司设立运营部、综合管理部、财务部、投资安全部等 4 个职能部门。公司自 2014 年以来通过竞拍先后取得乐山市肖坝片区斧头山一宗土地（土地面积约 6678.18 平方米）、峨眉山市绥山镇大南村八组一宗土地（土地面积约 2879.2 平方米）、峨眉山市符溪镇天宫村十组一宗土地（土地面积约 2337 平方米）、五通桥区冠英镇荣丰村一宗土地（土地面积约 9941.07 平方米）、夹江县漹城镇薛村 1 社一宗土地（土地面积约 1095.10 平方米）共 5 宗加油站建设用地。其中，中油广生公司自营加油站乐山斧头山加油站于 2019 年 9 月底开始正式试运行，目前其余项目均处于报建中。

第九节　南充分公司全管企业

南充传化石油销售有限公司成立于 2016 年 2 月 5 日，由南充传化公路港物流有限公司与中国石油天然气股份有限公司、南充现代物流园投资建设开发有限责任公司共同出资组建，注册资本 2000 万元。其中：南充传化公路港物流有限公司出资 1100 万元，占注册资本的 55%；中国石油天然气股份有限公司出资 700 万元，占注册资本的 35%；南充现代物流园投资建设开发有限责任公司出资 200 万元，占注册资本的 10% 股权。

南充传化石油销售有限公司设立财务部和综合部 2 个职能部门，自营加油站 1 座，员工 12 人，其中传化方委派管理人员 1 人，中石油方委派管理人员 2 人，物投公司方委派管理人员 1 人，总经理由中石油方委派人员担任。

南充传化石油销售有限公司从 2018 年 1 月 18 日正式运营，2018 年销售汽柴油 5943 吨，实现利润 283.3 万元。2019 年销售汽柴油 8002 吨，实现非油收入 100 万元，利润总额 1629.8 万元。

第十节　宜宾分公司全管企业

宜宾中油地方石油有限公司成立于 1997 年 9 月 8 日，注册资金 600 万元。1998 年宜宾分公司经省公司同意出资地方石油公司，同年与地方石油公司签定协议书，按协议要求以现金形式出资150万元。宜宾地方石油公司总股本为600万元，中国石油天然气股份有限公司股本占总股本的25%。2007年7月，地方石油公司进行股本扩充后注册资本达到3000万元，中国石油天然气股份有限公司出资的150万元仅占总股本的5%，成都市龙鑫石化有限公司出资2850万元占总股本的95%。宜宾中油地方石油有限公司经营范围主要是成品油销售，现一直处于停业状态。

第十一节　广安分公司全管企业

武胜县创新压缩天然气有限责任公司（简称武胜创新公司）成立于2003年5月9日，由中国石油天然气股份有限公司和四川省武胜爱众燃气有限公司共同出资组建，注册资本500万元。其中：中国石油天然气股份有限公司投资350万，占注册资本的70%；四川省武胜爱众燃气有限公司投资出资150万，占注册资本的30%。公司设股东会、董事会、监事会，有正副董事长、董事、监事、经理、副经理、财务负责人，其中董事长、副经理、财务负责人、监事会主席由中国石油天然气股份有限公司四川广安销售分公司委派人员任职，副董事长由武胜县天然气公司委派。

2003—2006年，以“以安全生产为前提，以为客户提供全员、全面、全过程、全心全意的优质服务为准绳，以质量求生存，以提高经济效益为中心、构建和谐社会为载体”为主题，提高企业效益。2006年实现销售收入513万元，实现利润10万元。

2007年，开展以“强三基、反三违、严达标、除隐患”为主题的“安全环保管理基础年”活动，顺利完成董事会下达的各项指标。2007年9月20日完成内部股权划转，中国石油天然气股份有限公司将其持有的70%股权内部划转给四川销售分公司托管，西南油气田分公司不再行使托管职责。

2008—2012年，日销售量由2007年的7000立方米增长到15000立方米；年利润由当初的12万元增长到100万元；固定资产由500万元增长到700万元。2010年完成2万立方米/日压缩天然气扩能技改工作。

2013年，武胜创新公司在省公司和公司董事会的正确领导下，面对CNG市场需求下行、价格波动、成本上升等严峻复杂局面，认真贯彻落实四川销售公司股权管理各项工作部署，把握“稳中求进、高效发展”的总基调，坚持“稳增长、抓发展、强管理、保安全、惠民生、促和谐”的工作方针，大力促销稳量，严格精打细算，守好三条红线，大力开展非气业务。各项指标保持平稳，全面完成全年各项任务。2013年，公司实现CNG销售收入1981.51万元，实现净利润116.99万元，增长10.18%，完成年预算的127.16%。

2014年，面对经济增速放缓、LNG市场冲击、市场竞争加剧的经营环境，武胜创新公司认真贯彻落实省公司股权会议精神，坚持“有质量、有效益、可持续”的发展方针不动摇，攻坚克难、埋头苦干，超额完成预算指标。2014年，武胜创新公司实现CNG销售收入1811.27万元，销售压缩天然气 516 万立方米，实现净利润 101.19 万元，超额完成年度预算任务。

2015 年，武胜创新公司在四川销售公司的领导下，在双方股东的共同努力下，认真贯彻落实四川销售公司股权会议精神，坚持“有质量、有效益、可持续”的治企策略，从容应对逆境，公司上下奋力攻坚克难，超额完成预算指标。2015 年，武胜创新公司实现 CNG 销售收入 1655.29 万元，销售 CNG506.23 万立方米，实现净利润 142.87 万元。

2016 年，面对低油价“寒冬”和 LNG 市场冲击、市场竞争激烈的严峻考验，武胜创新公司在董事会的领导下，紧紧围绕四川销售公司“1234”治企方略，认真贯彻落实各项工作部署，精雕细刻、创新转型，全力完成业绩指标，经营管理受控，队伍和谐稳定。2016 年，武胜创新公司实现 CNG 销售收入 1235.84 万元，销售 CNG 458.55 万立方米，实现净利润 166.83 万元。

2017—2019 年，面对新能源车对市场激烈竞争的严峻考验，武胜创新公司在广安公司和董事会的领导下，认真贯彻落实各项工作部署，精雕细刻，经营管理受控，队伍和谐稳定。直面竞争，营销业务实现新转变。全面开展市场大普查、客户大调查，公司领导带头攻关大客户。坚持“以市场为导向、以客服为中心”，紧扣“效率、效益、品牌”三大主题，稳定固有客户，努力开发新客户。保证 CNG 市场份额。2019 年实现销售收入 1286.46 万元，实现净利润 135.41 万元。

表 11–96 所示为武胜县创新压缩天然气有限责任公司利润统计情况。

表 11–96　武胜县创新压缩天然气有限责任公司利润统计表

单位：万元

项目	2006 年	2013 年	2014 年	2015 年	2016 年	2019 年
销售收入	513	1981.51	1811.27	1655.29	1235.84	1286.46
利润	10	116.99	101.19	142.87	166.83	135.41

第十二节　达州分公司全管企业

中油海华能源有限公司于 2014 年 7 月工商注册登记成立，分别由 2 名股东共同出资设立，公司注册资金为 500 万元。因股权转让，现有公司 2 名股东分别为中国石油天然气股份有限公司、章乾华，中石油占股 60%，对方占股 40%。现经营加油（气）站 1 座，员工 21 名，其中：中石油方派出人员 2 名，对方派出人员 2 名，其余 17 人均采用劳务外包管理方式。

第十三节　雅安分公司全管企业

四川中油洪安能源有限公司成立于 2019 年 11 月，由中国石油四川雅安销售分公司与民营企业宝兴县洪安能源有限公司共同出资组建，注册资本 2000 万元。其中，中国石油四川雅安销售分公司出资1020万元，占注册资本的51%；宝兴县洪安能源有限公司出资980万元，占注册资本的49%。

公司设立执行董事、监事、总经理各1名，下设财务部、办公室两个管理部门，员工8人。截至2019年末，公司开展宝兴河口加油加气站项目建设工作。

第十四节　眉山分公司全管企业

一、四川中油天府视高能源有限公司

四川中油天府视高能源有限公司成立于2017年2月22日，由中国石油四川眉山销售分公司与四川仁寿视高天府投资有限公司共同出资组建，中石油持股51%，对方持股49%。

二、四川中油悟达能源公司

四川中油悟达能源公司成立于2019年9月，由中国石油四川眉山销售分公司与洪雅悟达文化旅游发展投资有限责任公司共同组建，中石油方控股51%，对方参股49%。2019年6月，中国石油四川眉山销售分公司以100%股权收购丹棱县大棱加油有限公司，新建的大雅加油站完工投运。9月3日，洪雅悟达文化旅游发展投资有限责任公司以820万元竞得位于洪雅县八面村在大峨眉西环线一宗26.69亩的土地，用于天宫驿站建设；11月29日，该土地提前过户至四川中油悟达能源公司名下。

第十五节　资阳分公司全管企业

简阳市中油简投能源有限责任公司成立于2018年5月14日，是由中国石油天然气股份有限公司、四川阳安交通投资有限公司、简阳泰成能源投资有限责任公司共同出资组建的合资公司，注册资本3770.62万元，由资阳分公司全权管理。其中：中国石油天然气股份有限公司出资1885.31万元，占注册资本的50%；四川阳安交通投资有限公司出资1131.19万元，占注册资本的30%；简阳泰成能源投资有限责任公司出资754.12万元，占注册资本的20%。公司办公地址设置在成都市简阳市杨柳街道办杨柳村9组。

2019年5月27日，成立资阳中油空港能源有限责任公司，是中国石油天然气股份有限公司和资阳空港投资有限责任公司共同出资组建的合资公司，由资阳分公司全权管理，注册资本166万元。其中：中国石油天然气股份有限公司出资83万元，占注册资本的50%；资阳空港投资有限责任公司出资83万元，占注册资本的50%。公司办公地址设置在资阳市雁江区临江镇半边街35号。10月8日，新建的第一座加油站资阳市临空经济区撬装加油站开业，正式为临空经济区建设供油。截至2019年底，资阳中油空港能源有限责任公司销售油品0.28万吨，实现

利润 1.06 万元。

第十六节　岷江分公司全管企业

一、彭州市中油统建能源有限公司

彭州市中油统建能源有限公司成立于 2013 年 12 月 18 日，由中国石油天然气股份有限公司与彭州市统一建设集团有限公司共同出资组建，注册资本 2400 万元。其中：中国石油天然气股份有限公司出资 1200 万元，占注册资本的 50%；彭州市统一建设集团有限公司出资 1200 万元，占注册资本的 50%。

公司设立综合管理办公室、财务资产部 2 个职能部门，自营加油站 1 座。面对成品油市场逐年竞争加剧，公司结合目标任务及各项部署，克服经济下行、油价波动、销售疲软等困难，积极应对市场变化，优化营销策略，扩销上量，以“夯实基础、提高管理水平、切实增强创效能力”的工作决心，统筹安排各项重点工作，推进基础工作精细化管理，挖潜客户增量，拓宽销售渠道，严守“红线”不放松，强化安全意识，使公司经营质量、管理水平得到稳步提升，确保安全平稳运营。

2016 年 9 月 20 日，公司自营的第一座加油站正式营业，全年累计销售成品油 1256.315 吨，其中：纯枪销售 1234.315 吨，累计完成营业收入 831.34 万元，实现利润总额 49.45 万元。

2017 年，全年累计销售成品油 5561.433 吨，其中：纯枪销售 5513.433 吨，累计完成营业收入 3969.50 万元，非油收入 18.56 万元，实现利润总额 356.28 万元。

2018 年，全年累计销售成品油 6801.468 吨，其中：纯枪销售 6631.468 吨，完成营业收入 5540.85 万元，非油收入 42.75 万元，实现利润总额 375.72 万元。

2019 年，全年累计销售成品油 7211.103 吨，其中：纯枪销售 6956.103 吨，完成营业收入 5684.23 万元，非油收入 85.79 万元，实现利润总额 534.03 万元。

二、四川利达金盆石化有限公司

四川利达金盆石化有限公司成立于 2004 年 9 月 24 日，2019 年 5 月由中国石油天然气股份有限公司注资收购。公司注册资本 198 万元，其中：中国石油天然气股份有限公司出资 100.98 万元，占注册资本的 51%；自然人汪法涛出资 97.02 万元，占注册资本的 49%。

公司由中国石油天然气股份有限公司四川岷江销售公司代为管理，公司不设职能部门，目前有员工 2 人。自营加油站 1 座，员工 9 人。2019 年 5—12 月，累积销售成品油 2213.018 吨，非油销售 13.57 万元，实现利润 189.74 万元。

第十七节 仓储分公司全管企业

成都新成石化有限公司成立于1997年11月14日，由中国石油天然气股份有限公司（以下简称中石油股份公司）与成都铁路石油化工实业有限公司（以下简称成铁石油化工公司）共同出资组建，注册资本3000万元。其中：中石油股份公司出资2950万元，占注册资本的98.33%；成铁石油化工公司出资50万元，占注册资本的1.67%。2008年7月，经成都市工商行政管理局核准，成都铁路油料实业有限公司变更为成都铁路石油化工实业有限公司，持股比例不变。

2013年7月以前，中石油股份公司委托中国石油天然气股份有限公司西北销售分公司（以下简称西北销售公司）管理新成石化公司。2013年7月，中石油股份公司将新成石化的股权从西北销售公司划转给中国石油天然气股份有限公司四川销售分公司管理，四川销售公司委托中国石油天然气股份有限公司四川销售仓储分公司管理，通过派出股东代表和董监事人员保证新成石化经营合规有序。

公司主要从事油品存储业务，拥有油罐7具，铁路专用线150米，铁路栈桥装卸油鹤位14组，公路发油岛付油鹤位4组。2013年，仓储公司按照优化股权单位管理模式，简化机构设置，由公司代管其财务，缩短管理链条，增强管控能力。

2014年，仓储公司推行专业线管理。经股东成铁石油化工公司同意，通过提交议案三会表决方式，成功将中石油的油库生产运行、安全、数质量、工程等管理标准延伸到新成石化。在日常管理过程中，各业务科室将新成石化公司视同其全资油库进行管理，同标准、同部署、同考核，促进股权企业管理水平提高。

2017年，四川销售公司完善公司股权管理机制，对股权企业实施分级分类差异化管理，授权仓储公司全权管理新成石化公司，四川销售公司不再参与新成石化公司的日常行权管理事务。

第十二篇

荣誉及人物

第一章　人物简介与名录

第一节　公司历任党政主要领导简介

李俊岑

1952年9月至1953年2月，任中国石油公司四川省公司经理

1953年2月至1955年1月，任中国石油公司四川省分公司经理

1955年1月至1958年1月，任中国石油公司四川省公司经理、党总支书记

1956年4月至1962年7月，任四川省商业厅燃料贸易局副局长

1962年7月至1968年9月，任中国石油公司四川省公司经理、党总支书记

1971年6月至1973年1月，任中国石油公司四川省公司革命委员会副主任

1973年1月至1975年12月，任中国石油公司四川省公司革命委员会党总支书记、副主任

1975年12月至1978年2月，任中国石油公司四川省公司革命委员会党委书记、副主任

王树香

1958年4月至1962年7月，任四川省商业厅燃料贸易局局长

吴　超

1940年1月至1944年8月，任新四军三旅八团班长

1944年8月至1946年6月，历任新四军警卫团副排长、排长、副连长

1946年6月至1948年2月，任华野警卫团代理连长

1948年2月至1951年3月，历任二野警卫团连长、副营长

1951年3月至1954年9月，任西南军区警卫团营长

1954年9月至1955年6月，任川藏兵站经济管理科科长

1955年6月至1956年11月，任康定兵站站长

1956年11月至1959年3月，任总后第二预备役军官学校副校长

1959年3月至1965年8月，任成都军区931油库主任

1965年8月至1968年8月，任中国石油公司四川省公司副经理

1968年9月至1978年2月，任中国石油公司四川省公司革命委员会主任

1978 年 2—10 月，任中国石油公司四川省公司革命委员会主任、党委书记
1978 年 10 月至 1983 年 10 月，任中国石油公司四川省公司经理、党委书记

段星德

1971 年 6 月至 1973 年 12 月，任中国石油公司四川省公司革命委员会主任

樊亮然

1981 年 11 月至 1983 年 10 月，任中国石油公司四川省公司副经理
1983 年 10 月至 1985 年 7 月，任中国石油公司四川省公司经理
1985 年 7 月至 1988 年 3 月，任中国石化销售公司四川省石油公司经理

赵明辉

1970 年 2 月至 1974 年 11 月，任阿坝州财贸部副组长、办公室主任
1974 年 12 月至 1981 年 5 月，任阿坝州商业局局长、党委书记
1981 年 6—11 月，任阿坝州纪委副主任
1981 年 11 月至 1983 年 9 月，任中国石油公司四川省公司副经理
1983 年 10 月至 1985 年 7 月，任中国石油公司四川省公司党委书记
1985 年 7—10 月，任中国石化销售公司四川省石油公司党委书记

刘世侯

1973 年 10 月至 1983 年 9 月，任四川省煤建公司副经理
1983 年 10 月至 1985 年 10 月，任四川省煤建公司经理
1985 年 10 月至 1988 年 3 月，任中国石化销售公司四川省石油公司党委书记
1988 年 3 月至 1990 年 12 月，任四川省石油公司经理、党委书记
1990 年 12 月至 1992 年 4 月，任四川省石油公司经理
1992 年 4 月至 1994 年 7 月，任四川省石油总公司总经理

宋学忠

1979 年 9 月至 1981 年 10 月，任四川省军区装备库副政委
1981 年 10 月至 1983 年 3 月，任四川省商业厅人事处处长
1983 年 3 月至 1990 年 12 月，任四川省商业厅人事处处长、直属机关党委副书记、纪检组成员
1990 年 12 月至 1992 年 4 月，任四川省石油公司党委书记
1992 年 4 月至 1994 年 9 月，任四川省石油总公司党委书记

杨顺成

1986年8月至1987年2月，任岳池县商业局局长、党委书记

1987年3月至1990年2月，任岳池县人民政府副县长、代县长

1990年3月至1992年2月，任武胜县人民政府县长

1992年3月至1993年8月，任南充地区商业局局长、党委书记

1993年9月至1994年7月，任四川省商业厅副厅长

1994年7月至1997年1月，任四川省石油总公司总经理、党委书记

1997年1月至1999年9月，任四川省石油集团有限公司董事长、党组书记、总经理

1999年9—12月，任中国石油四川销售公司总经理、党委书记

1999年12月至2002年6月，任中国石油四川销售分公司总经理、党委书记

2002年6月至2003年6月，任中国石油四川销售分公司总经理、党委副书记

2003年6月至2007年6月，任中国石油四川销售分公司总经理、党委副书记，四川省石油集团有限公司总经理

2007年6月至2008年7月，任四川省石油集团有限公司总经理

温明友

1991年12月至1993年12月，任四川省石油总公司南充分公司副经理

1993年12月至1994年6月，任四川省石油总公司南充分公司第一副经理

1994年6月至1995年7月，任四川省石油总公司南充分公司经理

1995年7月至1996年1月，任四川省石油总公司南充分公司经理、党委书记

1996年1—12月，任四川省石油总公司成都采购供应站经理

1996年12月，任四川省石油总公司成都采购供应站经理、党委书记

1997年1—4月，任四川省石油集团有限公司副总经理、党组成员兼成都采购供应站经理、党委书记

1997年4—12月，任四川省石油集团有限公司副总经理、党组成员兼成都有限公司经理、党委书记

1997年12月至1999年9月，任四川省石油集团有限公司副总经理、党组成员

1999年9月至2002年6月，任四川省石油集团有限公司总经理、党委书记（原级别不变），四川销售分公司临时党委委员

2002年6月至2011年8月，任四川销售分公司副总经理、党委委员

胡兴东

1984年3月至1995年5月，任四川省石油公司自贡分公司经理、党委书记

1995年5—6月，任四川省石油总公司四川石化房地产综合开发有限责任公司经理

1995年6月至1996年12月，任四川省石油总公司副总经理

1996 年 12 月至 1999 年 9 月，任四川省石油集团有限公司副董事长、副总经理、党组副书记

1999 年 9—12 月，任四川销售分公司副经理、临时党委副书记

1999 年 12 月至 2002 年 6 月，任四川销售分公司副总经理、临时党委副书记

2002 年 6 月至 2011 年 11 月，任四川销售分公司党委书记、副总经理

姚志强

1989 年 8 月至 1990 年 11 月，任兰州炼油化工总厂催化剂厂党委副书记

1990 年 11 月至 1993 年 8 月，任兰州炼油化工总厂党委办公室主任

1993 年 8 月至 1999 年 8 月，任兰州炼油化工总厂设备维修公司经理、党委委员

1999 年 8 月至 2000 年 1 月，任兰州炼油化工总厂企业发展处处长兼三星公司经理

2000 年 1—11 月，任兰州炼化分公司三星公司经理、党总支书记

2000 年 11 月至 2002 年 4 月，任兰州炼油化工总厂副厂长、党委常委兼中石油第二建设公司经理

2002 年 4 月至 2005 年 5 月，任兰州炼油化工总厂厂长、党委副书记

2005 年 5 月至 2007 年 6 月，任兰州石油化工公司总经理、党委副书记

2007 年 6 月至 2008 年 7 月，任四川销售分公司总经理、党委副书记

2008 年 7 月至 2014 年 10 月，任四川销售分公司总经理、党委副书记，四川省石油集团有限公司总经理

田玉军

1993 年 3—5 月，任玉门石油管理局油建分公司党委副书记

1993 年 5 月至 1994 年 7 月，任玉门石油管理局油建分公司党委副书记、副经理

1994 年 7 月至 1995 年 6 月，任玉门石油管理局油建分公司党委书记、副经理

1995 年 6 月至 1999 年 9 月，任玉门石油管理局党委委员、常委、工会主席

1999 年 9 月至 2001 年 3 月，任玉门石油管理局副局长、党委委员

2001 年 3 月至 2005 年 7 月，任玉门石油管理局局长、党委副书记

2005 年 7 月至 2009 年 12 月，任西北销售分公司总经理、党委副书记，中国石油销售西北公司经理

2009 年 12 月至 2011 年 2 月，任华油北京服务总公司总经理、党委副书记，中石油机关服务中心主任，中石油（北京）科技开发有限公司执行董事、总经理、法人代表

2011 年 2—11 月，任华油北京服务总公司党委书记、副总经理、纪委书记、工会主席

2011 年 11 月至 2015 年 9 月，任四川销售分公司党委书记、副总经理

2015 年 9 月至 2017 年 7 月，任四川销售分公司党委书记、工会主席、副总经理

付　斌

1992 年 4 月至 1997 年 5 月，任中国石油天然气总公司销售公司进出口处干部

1997 年 5 月至 1999 年 1 月，任中国石油天然气总公司销售公司市场开发处副处长

1999 年 1 月至 2000 年 1 月，任中国石油销售总公司成品油处处长

2000 年 1 月至 2001 年 3 月，任股份公司炼油与销售分公司销售一处处长

2001 年 3 月至 2003 年 11 月，任股份公司炼油与销售分公司营销处处长

2003 年 11 月至 2004 年 1 月，任中国船舶燃料有限责任公司常务副总经理

2004 年 1—4 月，任中国船舶燃料有限责任公司常务副总经理、党委委员

2004 年 4 月至 2007 年 7 月，任中国船舶燃料有限责任公司常务副总经理、党委委员（副局级）

2007 年 7 月至 2009 年 11 月，任中国船舶燃料有限责任公司总经理

2009 年 11 月至 2014 年 10 月，任股份公司销售分公司副总经理、党委委员

2014 年 10 月至 2017 年 7 月，任四川销售分公司总经理、党委副书记，四川省石油集团有限公司总经理

2017 年 7 月至 2018 年 4 月，任四川销售分公司总经理、党委书记，四川省石油集团有限公司总经理

刘建明

1999 年 12 月至 2000 年 3 月，任滇黔桂石油勘探局办公室主任

2000 年 3 月至 2001 年 8 月，任滇黔桂石油勘探局经理（党委）办公室主任

2001 年 8 月至 2003 年 1 月，任滇黔桂石油勘探局石油天然气销售总公司总经理、党委副书记

2003 年 1 月至 2005 年 5 月，任滇黔桂石油勘探局组织人事处处长

2005 年 5 月至 2008 年 12 月，任西南销售分公司党委书记、副总经理

2008 年 12 月至 2014 年 12 月，任广西销售分公司总经理、党委副书记

2015 年 1 月至 2017 年 11 月，任甘肃销售分公司总经理、党委副书记，甘肃省石油总公司总经理

2017 年 11 月至 2018 年 4 月，任甘肃销售分公司总经理、党委书记，甘肃石油销售有限公司执行董事、总经理

2018 年 4 月至 2019 年 12 月，任四川销售分公司总经理、党委副书记，四川省石油集团有限公司执行董事、总经理

孙晓岗

1995 年 2 月至 1998 年 9 月，任新疆石油管理局重油开发公司经理、党委副书记

1998 年 9 月至 1999 年 12 月，任新疆石油管理局采油一厂厂长、党委书记

1999 年 12 月至 2001 年 6 月，任新疆油田分公司采油一厂厂长、党委书记

2001 年 6 月至 2003 年 10 月，任新疆油田分公司总工程师、党委委员

2003 年 10 月至 2006 年 7 月，任新疆油田分公司副总经理、党委委员

2006 年 7 月至 2009 年 11 月，任新疆油田分公司副总经理、安全总监、党委委员

2009 年 11 月至 2011 年 5 月，任新疆油田分公司副总经理、安全总监、党委常委，克拉玛依市党委常委

2011 年 5 月至 2013 年 12 月，任青海油田分公司党委书记、副总经理

2013 年 12 月至 2015 年 7 月，任中国石油天然气运输公司经理、党委书记

2015 年 7 月至 2017 年 11 月，任中国石油天然气运输公司经理、党委副书记

2017 年 11 月至 2018 年 4 月，任中国石油运输有限公司执行董事、总经理、党委副书记

2018 年 4 月至 2019 年 12 月，任四川销售分公司党委书记、副总经理、工会主席

第二节　劳模名录

中国石油四川销售公司劳模名录汇总情况如表 12-1 ~ 表 12-7 所示。

表 12-1　全国劳动模范名录

姓名及所在单位	荣誉称号	颁奖单位	获奖时间
陈利全（雅安分公司经理、党委书记）	全国劳动模范	国务院	1989 年
刘晓红（德阳分公司广汉片区）	全国劳动模范	国务院	2005 年
陈小玲（泸州分公司龙马连片管理团队党支部书记）	全国劳动模范	国务院	2015 年

表 12-2　全国五一劳动奖章获奖人员名录

姓名及所在单位	荣誉称号	颁奖单位	获奖时间
刘世侯（四川省石油公司经理、党委书记）	全国五一劳动奖章	中华全国总工会	1990 年
李　勇（攀枝花分公司）	全国五一劳动奖章	中华全国总工会	2003 年
蔡向阳（四川销售分公司总经理助理）	全国五一劳动奖章	中华全国总工会	2006 年
三　保（岷江分公司汶川片区副经理）	全国五一劳动奖章	中华全国总工会	2008 年
李　明（广元分公司青川片区党支部书记）	全国五一劳动奖章	中华全国总工会	2009 年
余永明（绵阳分公司董家沟油库党支部副书记）	全国五一劳动奖章	中华全国总工会	2012 年

表 12-3　中央企业劳动模范名录

姓名及所在单位	荣誉称号	颁奖单位	获奖时间
李　明（广元分公司青川片区党支部书记）	中央企业劳动模范	国务院国资委	2009 年

表 12–4　集团公司劳动模范名录

姓名及所在单位	荣誉称号	颁奖单位	获奖时间
宋学忠（四川省石油总公司党委书记） 胡国强（成都分公司普兴油库保卫科副科长） 沈前高（南充分公司燕儿窝油库主任、书记） 王辛春（黔江分公司经理、党委书记）	石化总公司劳动模范	中国石油化工总公司	1995 年
邱厚祥（自贡分公司）	劳动模范	中国石油天然气集团公司	1999 年
刘绍业（成都分公司）	劳动模范	中国石油天然气集团公司	2005 年
余永明（绵阳分公司绵阳片区党支部书记） 孙　宝（岷江分公司总经理） 罗光辉（宜宾分公司党委书记） 黄建国（甘孜分公司北线片区经理） 王巧燕（达州分公司 16 公里加油站加油员） 扎西彭措（甘孜分公司理塘加油站经理） 蒋胡民（四川销售分公司副总经理）	劳动模范	中国石油天然气集团公司	2010 年
陈小玲（四川销售分公司龙马连片加油管理团队经理、党支部书记）	集团公司十大特等劳动模范	中国石油天然气集团公司	2015 年
扎西彭措（甘孜分公司理塘加油站经理） 蒋胡民（四川销售分公司副总经济师）	劳动模范	中国石油天然气集团公司	2015 年

表 12–5　四川省劳动模范名录

姓名及所在单位	荣誉称号	颁奖单位	获奖时间
刘世侯（四川省石油公司经理、党委书记） 陈利权（雅安石油分公司经理、党委书记） 邵兴明（涪陵石油分公司党委书记）	四川省职工劳动模范	四川省人民政府	1989 年
孙敦寿（万县石油站经理、党委书记） 王瑞宣（达川分公司 7101 油库员工）	四川省劳动模范	四川省人民政府	1995 年
陈　蓉（仓储分公司发油班班长）	四川省劳动模范	四川省人民政府	2000 年
杨顺成（四川销售分公司总经理）	四川省劳动模范	四川省人民政府	2005 年
姚志强（四川销售分公司总经理） 刘廷荣（攀枝花分公司副总经理） 魏万成（成品油分公司绕城 AB 加油站经理）	四川省劳动模范	四川省人民政府	2010 年

表 12–6　四川省五一劳动奖章获奖人员名录

姓名及所在单位	荣誉称号	颁奖单位	获奖时间
田明红（绵阳分公司董家沟油库计量化验班班长） 张启红（成都分公司成都片区副经理） 余永明（绵阳分公司安北片区曲山加油站经理） 魏存彬（成都分公司怀远加油站综管员）	四川省五一劳动奖章	四川省总工会	2008 年
席成燕（绵阳分公司园南园北加油站客户经理）	四川省五一劳动奖章	四川省总工会	2009 年
孙　宝（岷江分公司总经理） 王胡丹（成都分公司加油员）	四川省五一劳动奖章	四川省总工会	2010 年
杨志群（巴中分公司西华山加油站经理）	四川省五一劳动奖章	四川省总工会	2011 年
蒋旭东（雅安分公司总经理） 李永芳（雅安分公司宝兴加油站经理）	四川省五一劳动奖章	四川省总工会	2013 年
刘金莲（巴中分公司王家湾加油站经理）	四川省五一劳动奖章	四川省总工会	2014 年
付　斌（四川销售分公司总经理、党委副书记）	四川省五一劳动奖章	四川省总工会	2017 年

表 12-7　享受四川省劳动模范待遇人员名录

姓名及所在单位	荣誉称号	颁奖单位	获奖时间
陈　耿（四川销售分公司财务处副处长）	四川省十大杰出青年岗位能手	中共四川省委四川省人民政府	2001 年
朱　波（绵阳分公司总经理） 徐家瑞（岷江分公司汶川片区经理） 孙　宝（岷江分公司总经理）	四川省抗震救灾模范	中共四川省委四川省人民政府	2008 年
杨万彬（广元分公司总经理）	四川省汶川地震灾后恢复重建先进个人	中共四川省委四川省人民政府	2010 年
杨保平（成都分公司党委书记）	四川省优秀基层党组织书记	中共四川省委	2011 年

第三节　部分先进人物介绍

2005 年“全国劳动模范”——刘晓红

刘晓红，女，汉族，1967 年 8 月出生于四川省广汉市，中共党员，大专学历，曾先后任广汉石油支公司业务科营业员，四川省石油集团广汉分公司业务科科长、销售部副主任，中国石油四川德阳销售分公司广汉片区客户经理、副经理、经理，中国石油四川德阳销售分公司投资工程部部长，中国石油四川德阳销售分公司副总经理。

夏天早上六点，冬天早上七点，她提前上班的习惯雷打不动；不论是半夜，还是凌晨，十年来，接到客户的求助电话，她总是第一时间将油品送到。

自 2002 年担任销售代表以来，她为客户直接配送油品就达十万吨，稳固的大机构客户达 46 家；但十年来，每逢春节，她都没有时间好好与家人团聚，没有时间好好照顾家中的老人。

客户说她服务周到人品好，同事称她是“铁打的超人”工作狂，下属说她不是亲人胜亲人，丈夫更是说一辈子也别指望她能给家里做点啥事情。

她，就是中共党员、全国劳动模范、中国石油股份公司百名先进工作者，德阳公司广汉片区经理刘晓红。

9 月 24 日晚 10 点 25 分，一阵急促的电话打到刘晓红手机上，中铁五局向阳工段追赶工期，大型机械设备油料即将告罄，急需 3 吨柴油和 2 桶润滑油。由于周末，从公司调小额配送车时间肯定来不及，刘晓红立即拨打电话找来一辆货车，从就近加油站找到油桶，半个小时装上油后，带上一名加油员迅速赶往向阳。当工段再次响起机械的轰鸣声时，工段王段长握着刘晓红的手激动地说道：“又给晓红姐添麻烦了，每次送油你们都很及时，从不耽误我们的时间，这 200 元运送费请一定收下。”“为客户提供及时周到的服务是我们的责任，这钱我不能收，就当给辛苦加班的工人加餐吧。”披着星辉，刘晓红回到家已是夜里 12 点半。

像这样送油，刘晓红已记不清送过多少次，为了满足客户急需，她全年 365 天从未关机，无论酷暑严寒、吹风下雨，她总是第一时间将油品送到，客户都亲切地叫她“晓红姐”。凭借着良好的服务，刘晓红与46家大机构客户建立了合作关系，月增加供油1100吨。

同事们最难忘的是，今年11月柴油保供期间，刘晓红一天跑完了片区10座加油站，从早上7点直到晚上12点。一连4天，她在加油站指挥车辆，现场加油，与客户解释沟通。在赶到其他站点的间隙，她就拿着面包见缝插针地吃上两口，嗓子嘶哑了就含颗润喉片，胃痛了就吃点药顶着，实在累了，就在车上躺几分钟。

超人也有累倒的时候。冬季夜晚的寒风让人瑟瑟发抖，大部分人都待在家里取暖，而刘晓红从11月15日连续四个晚上跑加油站，11月18日晚上回到家后就高烧不止……在家躺了三天，病还没好，11月21日，她就又冲到了加油站。

二十九年来，只要是晚上片区给刘晓红打电话，她总是随叫随到。“她接了电话就飞奔过来，简直是个不知疲倦的超人。”党支部副书记李莹形容刘晓红。

刘晓红每月都要对加油站员工、重点帮扶对象以及思想出现波动的员工进行谈心谈话、沟通思想、交流工作。“大部分加油站员工都来自农村，只有切实帮助他们解决实际困难，让他们在加油站工作、生活满意，他们才能带着微笑服务好客户。”刘晓红如是说道。

去年6月20日，三星加油站经理魏琳在回家途中意外发生交通事故，头部严重受伤，经手术抢救后转入重症监护室治疗。面对五六万元医疗费用，急得魏琳全家人天天以泪洗面。得知消息后，刘晓红买上营养品急忙赶往医院，连续几天帮助他办理医保手续，为他担保，使魏琳得到及时治疗。事后，刘晓红组织片区员工向魏琳捐款，一天时间收到片区善款8756元，而她带头捐款800元。同时，刘晓红将此事汇报公司工会，魏琳全家再次收到公司全体员工捐款24195元。魏琳康复后，拉着刘晓红的手激动地说：“在我困难的时候，是晓红姐帮助了我，这辈子我永远也不会忘记您！”

今年6月，刘晓红发现连山加油站员工陈萍整天闷闷不乐，加油时无精打采，没有之前的朝气和活力。“有啥事就给晓红姐说，没有什么大不了的事。”交心后，刘晓红得知陈萍正为女儿读书转学的事犯愁，而想从连山镇小学转入广汉市小学谈何容易，全家人为此事吃不好也睡不好。此后，刘晓红一有时间就到市区小学了解招生情况，拉着校长磨嘴皮子。看着这股认真劲儿，广汉市二小校长被她关心同事的心打动，终于同意让陈萍的女儿入学。9月1日开学时，陈萍一家人来到刘晓红办公室，感激之情溢于言表。

“逢年过节，刘晓红总会买上瓜果慰问加油站员工；员工生病住院，她第一时间去看望；片区节假日值班，她会将自己的值班时间排得最满。”片区员工张友勤说着她眼中的“晓红姐”。

“客户是我们的衣食父母，如果在资源紧张时乘人之危收受礼物，他的行为绝不亚于一个毫无感恩、拦路抢劫的强盗。”这是刘晓红常说的一句话。

刘晓红丈夫说，除了散步，她平时没有任何娱乐活动，每天的生活就是两点一线，三口人在家，生怕有人来送礼。

一位厂矿老板的新厂刚开工，希望在资源紧张时能加到油，保证货运正常，就向刘晓红送来2000元红包，她婉言拒绝了。不甘心的客户又买了礼品找到刘晓红家里，可她说什么也不开门，最后客户只好失望地离开。“只要我们建立长期合作关系，你们的车辆全部在中国石油加油，我会在资源紧张时尽最大努力让你们的车辆加上油。”这位老板在加油站听到刘晓红坦然的话时，立即被刘晓红刚正不阿的性格折服，并保证今后一定在中国石油加油。“与这样的经理合作，我很放心。”厂矿老板说道。

11 月柴油保供期间，一位沙场老板想将沙车加满油，请刘晓红吃饭被拒绝了，就从老家带来一袋山腊肉，说不算是礼品，一定要让刘晓红收下，结果刘晓红也没有收。看见刘晓红在加油站指挥车辆，嗓子都哑了，沙场老板就买来矿泉水给她，她还是没拿。

对这件事，有人说刘晓红不近人情，可她还是那句话：“只要她在岗位上，就不能收客户一分钱，更不能开这个先例。”

在客户眼里，刘晓红是一位服务周到的片区经理，但在家人眼里，他却是不称职的妻子、母亲、女儿……

“结婚二十几年，上有老，下有小，家里的大小事她从来都没有管过，这么多年我都已经麻木了。”丈夫说，“她对老人心里也知道孝敬，可她哪里有时间啊？一到春节，她比平常还要忙。每逢过节，都是我带孩子回去看老人。”

儿子中考时，晚上经常学习到深夜，可几次都是刚睡着，就被客户打来的电话吵醒。儿子后来开玩笑地说：没了半夜的电话“闹铃”，都有点不习惯了。

今年五一期间，刘晓红由于老胃病住进了医院，儿子陪护时说道：“妈妈，趁生病住院期间，你就好好休息下吧。”刘晓红知道，这是儿子希望她能多陪陪自己，内疚的泪水再也制止不住。

刘晓红说，这么多年来，自己一直忙着工作，没时间照顾家里，对家人亏欠得太多太多：“每次回家，心里都不踏实，总是惦记着加油站，生怕出什么事。”“以前每次丈夫跟我说这些事的时候，我还总跟他吵架，现在想想实在对不起他。”

留在刘晓红心中永远的痛是老人病重，她没有多少时间陪在他们身边，但老人都理解她。家人要给刘晓红打电话，老人制止了：“晓红是好孩子，她想回来看我，可她工作忙回不来啊。穿着公家的衣服，吃着公家的饭，让她忙吧，别打扰她了。”

刘晓红说，现在最大的愿望就是等到退休后，夫妻能每天在一起。“买菜、做饭、锻炼，将来照看照看孙子，一家人能够像别人一样享受天伦之乐，弥补一下年轻时留下的缺憾。”刘晓红沉浸在憧憬中。

2015 年“全国劳动模范”——陈小玲

陈小玲，女，汉族，1979 年 7 月生，四川泸州人，1998 年 8 月参加工作，2009 年 9 月加入中国共产党，中央广播电视大学行政管理专业毕业，加油技能高级工。现任中国石油四川泸州销售分公司龙马连片管理团队党支部书记、四川销售经理人学院第二分院院长。先后当选四川省第十次、第十一次党代会代表、中国共产党第十九次全国代表大会代表；曾荣获“全国劳动模范”“全国三八红旗手”、四川省国资委党委“优秀共产党员”、集团公司“十大特等劳动模范”“十大杰出青年”“优秀共产党员”等多项荣誉，是中国石油加油站经理人队伍的杰出代表。

2005 年 7 月，陈小玲第一天到加油站上班，居然对油气过敏。7 月份的泸州，正是最热的季节。加油罩棚下，最高温度有 50 多度，就是站着不动，也会汗水直冒。更何况跑来跑去加油，几趟下来，她的衣服都能拧出一把水来。班没上几天，陈小玲便开始身上长红斑，到后来化脓。有一天晚上，她脱袜子的时候，不小心从脚后跟硬生生撕下一块皮，那真是钻心的痛。

为了这份稳定的工作，陈小玲咬牙坚持。一年后，她有幸参加了后备加油站经理培训，考取了加油站经理资格证。经过多岗位历练，2010 年，她被调到该公司最大的龙马加油站当经理。

刚到龙马加油站，就遇到一个难题：龙马大道要封闭施工 8 个月。“道路封了，我们不就得关门了吗？”“车子进不来，我们的工资怎么办？”“客户一旦离开，恐怕就很难回来了！”听到大家七嘴八舌的议论，初来乍到的陈小玲倍感压力。正当她一筹莫展的时候，一个老客户给加油站打来电话：“只要你们能给一条进站的路，我就是绕道也要过来加油。”

那段时间，她满脑子都是加油站的问题。终于找到了突破口：加油站进口侧面有一条不起眼的小路，与加油站仅有一墙之隔。“开一个口子，它不就是一条路了吗！”凭借着运管、绿化、交警、社区等部门的车辆都在龙马加油的关系，经过多次沟通协商，陈小玲取得了他们的许可，打通了道路。

就这样，施工 8 个月，旁边的竞争对手就停业了 8 个月，而龙马加油站的销量却没有受太大的影响。

坝坝宴，是泸州的民俗。在四川地区，大家把相对宽敞平坦的地方叫作坝，或坝子。坝坝宴，就是快过春节的时候，家家户户邀请街坊邻居、亲戚朋友到自己家的坝子里，摆上几桌饭菜，大家热闹一下。

刚开始，摆坝坝宴是为了让那些不能回家过年的员工在一起聚一聚、聊一聊。有一次，陈小玲和一名老客户聊天时听说，他有许多外地的朋友，在泸州搞工程、跑运输，也不能回老家过年。陈小玲马上对这位老客户提出邀请，让他叫上他的外地朋友们一起来龙马过年。那年春节，一传十、十传百，在龙马加油站的坝坝宴上，许多客户都把他们的朋友带了过来。后来，这些新来的朋友有一大半成了龙马的新客户。

如今，龙马坝坝宴已经连续摆了 6 年，每年都有惊喜。2017 年春节，他们邀请到了 87 名大客户，吸引了将近 200 人到场。大家一起抢红包、砸金蛋、表演节目，在短时间内就成了朋友。后来，听老客户反映，泸州几家最具影响力的物流公司在这里相识、联盟，还达成了资源共享的初步协议。红牛和加多宝的直销商纷纷找到陈小玲，说要在明年的坝坝宴上免费给他们赞助饮料。

服务别人就是服务自己。朋友越来越多，客户就越来越多，销量也就越来越大，这就是现实版的“朋友圈”。

其实，做好服务工作，最重要的还是做好日常的加油服务，这也是加油站最繁重最琐碎的工作。据统计，龙马加油站的员工，每天都要在加油机旁行走 16 公里以上，人均提加油枪 600 多次。大家都戏称，他们的工作就是加油机旁的“马拉松”。

加油服务的基本功是“加油十三部曲”。为了让大家掌握 13 个动作要领，陈小玲将其编成了“加油十三步操”，每天交接班时，她都要带领员工像做广播体操一样练习一遍。在很短的时间内，大家都掌握了这一项服务技能。2016 年，这个操还上了中央电视台的幸福账单栏目。

加油站的服务技巧远不止这些，比如客户沟通、开口营销等。这些年来，陈小玲总结提炼的“三多”服务法——“多笑、多问、多沟通”是龙马加油站吸引客户、促进量效双增的诀窍和独特的名片。与此同时，陈小玲和员工们一起，还以“三多”服务法为基础，延伸出“三个三”（三会：会微笑、会说话、会沟通。三心：讲文明用语要热心、收钱找票要细心、回答询问要耐心。三起来：嘴动起来、腿跑起来、脸笑起来）、“五比五看”（比微笑，看谁更感亲切；比沟通，看谁更有技巧；比效率，看谁服务快捷；比操作，看谁更加标准；比效果，看谁业绩最好）等优质服务秘籍，提升了客户满意度，有力促进了销量和效益的稳步增长。

加油站的工作，没有高深的理论、复杂的技术，有的只是平凡、普通和重复的劳动，但它特别容易消磨人的耐性。十多年来，每一年的除夕夜，陈小玲都是在加油站度过的。她坚信“用心付出就能收获满满”。

她刚到龙马的第一个春节，正好碰上全国油料紧张。那段时间，每天在站外排队加油的车辆超过 3 千米。一天晚上，油罐里的油加完了，路上排队的车还一眼望不到头。有一个驾驶员，因为等的时间比较长，心生怨气地说：“什么没有油了，你们加油站就是有油留着不加。”不一会儿，只见他拿着一把刀冲进加油站，对站上仅有的一名男员工小杨吼道：“我看你今天给不给我加油。”看到这种情况，陈小玲赶紧叫另一名员工将小杨拉到女厕所躲起来，她上前解释：“师傅，我是站经理，今天确实没油了，如果有油，我们会不加吗？您看，我们还有很多老客户都在那儿排着队呢。”

在围观客户的劝解下，那个驾驶员才把刀收了起来，情绪也缓和很多，陈小玲悬着的心也落地了。当人群散去以后，陈小玲才后怕起来，看着身后几个眼泪汪汪的女员工，她一把拉住她们抱头大哭了一场。

因为长期待在站上很少回家，陈小玲的女儿一直对她不理解，经常质问陈小玲“是不是她的后妈”。陈小玲回忆说，女儿会唱的第一首儿歌，竟然唱的是“世上只有奶奶好”。

有一次，她的女儿到龙马加油站时，同事小范给她讲了持刀男子进站闹事的经过。女儿听后，什么也没有说，悄悄地从身后抱住了陈小玲。从那以后，她的女儿变了，陈小玲给她的零用钱，她舍不得花，变成了送到妈妈办公桌上的生日蛋糕。

2016 年，陈小玲的女儿开始上初中，从家到学校比较远，得坐公交车上学。有一天下雨，陈小玲打算给女儿叫一个“滴滴快车”，还特意给她说，很便宜的，就几块钱。没想到她的女儿却说：“妈，还是算了吧，如果下一个星期的雨，那不得花很多钱吗？”说完就打着伞走了。看着女儿的背影，陈小玲的心里涌起了一种酸甜的幸福感。

2015 年 4 月 28 日，陈小玲走进人民大会堂，领取了全国劳模这一沉甸甸的荣誉。2016 年 9 月，以陈小玲先进事迹和“服务 +”工作法为基础的龙马加油站营销服务方法被评为“全国 MBA 教育指导教学案例”。2017 年 5 月 27 日，在中国共产党四川省第十一次代表大会上，陈小玲全票当选中国共产党第十九次全国代表大会代表。怀着感恩的心，带着满满的收获，陈小玲声称，这三件事让她明白了一个道理：加油站空间不大，但是舞台很大。

工作10多年，加油站已经成了陈小玲的家，她对加油站有了一种复杂的、只有家才会有的情感。

在龙马，员工们都认她这个“一姐”，称呼她陈姐。作为“龙马一姐”，陈小玲坦言，没有大家，就没有小玲。

一枝独秀不是春，百花齐放春满园。陈小玲一直想，要把龙马加油站建成“黄埔军校”，让大家从这里走出去。

2014年，加油站连片管理模式在陈小玲所在的龙马“试水”，陈小玲的管理范围从一座站到三座站再到五座站，这为她的“黄埔梦”提供了平台。在五站连体这个硬件安装好之后，陈小玲花着心思，为这个新模式安装“龙马软件”。她充分发挥“一姐”的魅力和高级工的能力，通过资源调配、师带徒等方式，将母站龙马站的管理经验、操作技能、团队精神复制到其他几座站。

老员工杨燕对加油站各个工作流程都很熟悉，操作技术技能也很拔尖，陈小玲指定她为龙马胜利加油站6名年轻员工的师傅，通过师带徒，传精神、传技能、传经验。在6名年轻员工中，杨玉花由于文化程度低、技能技术水平差，在前几年片区举办的几次岗位练兵和技术比武中，成绩均倒数第一或倒数第二。自从加油站来了师傅杨燕后，杨玉花在“理论+实践+关爱”的多重帮扶下，开口技巧和能力不断提升，技术技能水平持续提高，在公司举办的岗位练兵中，杨玉花还代表所在片区进入了前10名。

陈小玲还在连片管理各加油站全面开展全员轮岗和“每日一问、每周一练、每月一考”活动，让流动的员工增加流动的知识，养成学习的职业习惯。在近年来全省举办的加油工操作技术比武中，团队员工表现不凡，团队成员李玥、范之、赵文俊等相继获奖。

目前，龙马连片站48名员工中，已经拥有高中级工21人，一半以上都成了技术标兵和业务骨干。这些天然的师资力量，最终让四川销售经理人学院第二分院落户于此，陈小玲当之无愧地走上了院长的岗位，四川销售更是将学院命名为“小玲学院”。从此，她的“黄埔梦”开启了新时代。

2008年“全国五一劳动奖章”获得者——三保

三保，男，藏族，1978年12月出生于四川省阿坝州黑水县，中共党员，大专学历，曾先后任中国石油四川岷江销售分公司紫坪铺加油站加油员，中国石油四川岷江销售分公司漩口加油站出纳员、保管员，中国石油四川岷江销售分公司石羊加油站站长，中国石油四川岷江销售分公司聚源加油站站长，中国石油四川岷江销售分公司汶川片区副经理。

2008年5月12日14时28分，时间在这一刻仿佛永远凝固。聚源，这个从前并不为人所熟知的川西小镇，从那时那刻起，它的名字便与全国人民的心紧紧地联在了一起。

三保，29岁的藏族小伙，中国石油四川岷江销售分公司聚源加油站经理，正是这场劫难的亲历者。仔细端详守候在灾后残破的加油站、仍在为抢险救援队加油而不停忙碌的三保，他并没有一副先祖给他锻造的伟岸身躯，也没有那粗犷的黝黑皮肤，与印象中的“康巴汉子”形象相去甚远。他长得很文静，也很拙于表达，但从他的布满血丝的眼中，除了失去亲人、失去家园的悲痛与连续工作的疲惫，读到的更多的信息则是身为男子汉的坚毅与身为中油人的责任。

灾难发生前，三保和往常一样，正和两名当班加油员一道为来往的车辆加油。想起即将与相知、相恋多年的女友郭小琴携手步入婚姻殿堂的幸福一刻，三保的嘴角不禁露出一丝甜蜜的微笑。算算婚期，只剩四天了，可婚礼用品还没有筹办整齐，三保不禁心头又涌起一丝愧疚。是啊，婚姻是人生的大事，就在5月11日，他俩已分别向各自单位请了公休假，并准备第二天就到成都购买婚礼用品。可面对当时油品供应紧张的局面，尽管他已经在加油站连轴转了好几天，但三保还是犹豫了。终于，强烈的工作责任感使他满怀歉意地对女友说：“小琴，保障油品供应是我们现在的第一大事，加油站离不开我，我看还是别休假了。”女友嗔怪地说：“那我们的婚期怎么办呢？喜帖都发出去了。”三保紧紧握住了女友的手，说：“婚期照旧，婚礼从简！”看着他那憔悴的脸庞和饱含深情的眼眸，女友已不忍再去责怪他，默默地点了点头。

5月12日14时28分，灾难在这一刻毫无征兆地突然降临了。刹那间，地动山摇，风云突变，伴随着震耳的轰鸣，围墙塌了、罩棚裂了、发电房毁了……震动、震动，剧烈的震动！周围突然变成了灰蒙蒙的世界，凄惨的哭喊声此起彼伏。片刻的惊诧之后，三保突然意识到：“地震了！”来不及多想，他一边大呼“快撤！”，一边跌跌撞撞地奔向了闸阀，按照防自然灾害应急预案要求，迅速关闭闸阀后和加油员一起撤到了开阔地。

情况万分危急，所有通信已经中断！想起地震前几分钟，身为向峨中学教导主任兼英语教师的女友还打来电话说马上要进教室上课了，三保不禁心急如焚，不寒而栗。但看着惊魂未定、同样因不知亲人安危而心急如焚的员工，看着他身后悬挂着宝石花标志的加油站，身为站长、身为党员的他，在确定无油品渗漏的危险后，做出了这样的决定：安排加油站两名员工轮流回家探寻亲人，自己坚守在阵地上。

三保一面守候加油站，一面焦急地拨打片区和亲人的电话，但一遍又一遍地只是传来未知吉凶的“嘟嘟”声，他只好在心里默默祈祷所有亲人平安无恙。

时间在此刻显得格外漫长。不知过了多久，两名加油员相继带来了家人平安的消息，但同时又告诉三保整个都江堰受灾严重，到处都是损毁的房屋，听说有几所学校倒塌……三保再也抑制不住焦急的心情，他叮嘱两名加油员做好加油站守护工作，然后骑着摩托车，往十多公里外的向峨中学奔去。

一路上残垣断壁、满目疮痍，一种不祥的预感笼罩在他的心头。当他冲入学校时，发现教学楼已经倒塌，操场上已经摆放了不少遇难者的尸体……他急切呼喊着女友的名字，直到声音都嘶哑了，仍没有人回应他。他极力控制着自己的情绪，努力不往尸体堆中张望，但还是忍不住一一看去。突然之间，他看到了一个熟悉的身影，郭小琴，他的女友，那个即将成为他新娘的人，再也没有了鲜活的生气，此刻正蜷曲着身体，躺在冰冷的湿地上，右手紧紧攥着一支写了半截的粉笔，左手握着一本英语教材，圆瞪着双眼，嘴也大张着，像是在呼喊着他的名字。她的生命，永远定格在了这一刻。三保忽然觉得整个世界都坍塌了，他瘫坐在地，顿时泪如雨下，撕心裂肺地痛哭。一手触摸着女友冰凉、僵硬的身体，一手拼命地捶打着自己的头，他陷入了巨大的悲痛之中。假如……假如……太多的假如，也许她就能躲过这场浩劫，现在就可以张开双臂向他奔来。他实在无法相信，他深爱着的、深爱着他的她，曾经那样鲜活、那样青春的生命，就这样悄无声息地从世界上消失了。“执子之手，与子偕老”的真爱誓言犹在耳畔，但她已经永远无法穿上她心爱的嫁衣了……

三保黯然回到了加油站。顾不得擦去脸上磅礴的泪水，他与加油员一道加紧恢复加油站的经营。因为他记得，女友生前曾对他说过，她最欣赏的就是他身上那一股康巴汉子的刚毅；因为他知道，他是一名共产党员，他肩负着站长的重任，他必须选择坚强。

但是，屋漏偏逢连夜雨，仿佛老天故意要摧垮这个不幸的人。噩耗接连传来，他最亲近的表姐、最疼爱他的姑妈，已经在这次地震中双双遇难！而他还没有布置好的新房，也在这次地震中化为瓦砾。一连串的打击，几乎就要将他击倒。加油员都劝他还是回去看看吧，三保沉默了。他想起自己5岁失去母亲后，是姑妈含辛茹苦一手把他抚养长大的，教他做人，教他文化；他想起从小一起长大的表姐，总是在自己受到欺负时，挺身把他护在身后。亲人的相继离去，怎不让他悲痛欲绝？但想起加油员疲惫的眼神，想起刻不容缓的灾情，想起在地震中千千万万失去亲人、失去家园的灾民，想起奋战在抗震救灾一线的抢险救援队伍，他必须在亲情与责任之中做出一个抉择！半晌，噙着泪水，三保抬起了头，嗓音嘶哑但无比坚毅地说：“抗震救灾要紧，加紧恢复生产！”因为他知道，距加油站不足一公里的聚源中学，教学楼也出现了坍塌，下面掩埋着数百名师生，生死悬于一线，抢险救援队急需油品保障！因为他知道，抗震救灾指挥中心、医疗救护、电力抢通、通信恢复、工程抢险、公安消防等，每时每刻的运转都离不开这宝贵的救命油！加油站离不开他，灾区离不开他！

灾情就是命令，时间就是生命！三保带领加油站员工一道，把悲痛的泪水化作无穷的力量，在围墙垮塌、罩棚损坏、既无水又断电的聚源加油站里，冒着2000多次持续不断的余震，在短时间内就恢复了对救灾车辆、抢险机械的供油，昼夜坚守在“油品保供”生命通道上。眼睛熬红了，点上眼药；声音嘶哑了，含上润喉片；饿了，啃口干面包；渴了，喝点矿泉水；实在困得不行，就轮班在简易的地震棚里打个盹。忙碌之中，每传来一位学生、老师获救的消息，每传来抢险工程进展顺利的信息，三保总是欣慰地一笑。他期盼着更多的生命奇迹能够在自己坚守岗位、保障供应的执着中不断地出现。

三保，这位悲痛压不垮的康巴汉子，虽然没有能够亲手给他的新娘戴上象征永恒爱情的戒指，也没有来得及见姑妈、表姐最后一面，但他相信，有一种真爱叫作坚强，有一种执着叫作责任。三保相信，对于自己所做的一切，远在另一个世界的她们，一定能够微笑着给他理解和支持。

经历了生死历练的他知道，支撑他一次次站起来的动力，有他对亲人真挚的爱，有他对企业无私的奉献，还有共产党员的忠诚、中油人的社会责任。

2008年6月三保荣获全国“五一劳动奖章”，7月被评为中国石油四川销售公司“先进个人”及“抗震救灾优秀共产党员”、中国石油集团公司“抗震救灾先进个人”、四川省国资委“优秀共产党员”称号。

2009 年“全国五一劳动奖章”获得者——李明

李明，男，1965 年 7 月 18 日出生，1990 年加入中国共产党，现任中国石油四川广元销售分公司青川片区党支部书记。自参加工作以来，李明在政治上坚决拥护党的方针政策，在思想上与党中央保持一致，在是非问题上坚持原则。在工作中，他勤奋敬业、脚踏实地、勇挑重担，积极做好片区经营管理和党支部工作；在实践中，他精益求精、锐意创新，不断探索经营管理和支部工作的新思路和新途径。他 25 年如一日，在平凡的岗位上做出了不平凡的业绩。

青川地处群山之中，是国家重点贫困县，全县无高速公路及国道，地理位置相对偏僻且居民分散。面对席卷全球的金融危机，国际油价大幅下挫、境外低价油不断侵袭的困难局面，李明与员工一道，认真开展“形势、目标、任务、责任”教育活动和“上销量、保增长，强基础、促发展”劳动竞赛活动。为提高片区的油品销量，他积极倡导员工走出去寻找客户，变等客户上门为主动上门推销。为改善服务质量、提高服务水平，在平时工作中，他注重培养员工的服务意识和服务技能，规范服务操作和服务语言，并结合公司企业精神和经营理念，大力提倡“爱岗敬业、诚实守信、服务群众、奉献社会”的良好职业风尚，组织员工进行技术练兵活动，采取“结对子”“一帮一”、建立“党员示范班组”“党员示范岗”等方法，使员工学有榜样、赶有目标，进一步激发了员工工作的积极性和创造性。员工队伍精神面貌焕然一新，服务质量和服务水平不断提高，使得加油站得到了客户的一致好评，也赢得了市场占有率。

“来有迎声，问有答声，走有送声”是李明积极推行的加油站“三声”服务，真情服务每一位客户。努力做到七个一样：闲时忙时一个样、大车小车一个样、加多加少一个样、外地本地一个样、生客熟客一个样、领导在与不在一个样、检查与不检查一个样。积极参与新农村建设，热情为“三农”服务，严把农用油关口，在进入农忙季节前，积极组织油源，让各加油站油罐达到饱和位置，保证农忙季节不断档、不脱销，不因缺油而影响农忙进度，想农户之所想，急农户之所需；在农忙“双抢”时节，开展“送油下乡”活动，将乡亲们急需的柴油送到田间地头。油品限量期间，一方面积极组织油源，增加供给；另一方面精打细算，让有限的资源得到最佳的市场投放，确保重点工程用油，确保不影响居民正常生活秩序，确保市场供应。

面对汶川“5·12”特大地震，李明用实际行动表现出一名石油职工对工作的热爱、一个共产党员对党的忠诚。在片区两位副经理因事不在的情况下，李明拖着胃被切除五分之四的身体，冷静指挥、沉着应对。震后，积极寻找片区职工及其家属，妥善安置受灾员工及家属生活，片区 98 名员工及家属无一伤亡。第一时间抢修加油站设备设施，迅速排除险情，恢复市场供应，保证抗震救灾抢险车辆用油，为抢险救灾赢得了时间。舍小家、顾大家，在抗震救灾的日日夜夜，他无畏频频余震，始终坚守在工作岗位，带领片区干部员工为重灾区青川抢险救灾提供了充足的油品，像钉子一样屹立在废墟上，用生命书写了对党和人民的忠诚。中央电视台喻他为“半条命”的抗震英雄，集团公司称他为“不向重症天灾低头的‘铁人’”。“为祖国加油！为生命加油！为希望加油！”在灾区青川恢复重建的艰难历程中，李明又带领片区干部员工日夜奋战在灾区恢复重建现场，确保重建用油需求。在得知部分对口援建单位没有储油设施的实际情况后，他迅速与上级公司联系，及时申请了120只200升铁桶以解用户燃眉之急，把油品送到灾后恢复重建工地，保障了灾后重建工程项目顺利施工。灾后恢复重建近十个月，灾区每一项恢复重建项目的成品油保供任务几乎都留下了他忙碌的身影，灾区每一处恢复重建项目工地都留下了他匆匆的脚步。“无论地点，无论时间，只要恢复重建工程需要用油，我们就将油送到哪里！”这是“中油人”在灾后恢复重建中的口号，更是“中油人”对灾后恢复重建过程中油品供应的承诺！

2012年“全国五一劳动奖章”获得者——余永明

余永明，男，羌族，1964年出生于四川省绵阳市北川县，中共党员，大专学历，曾先后任中国石油四川绵阳销售分公司北川支公司油库保管员，中国石油四川绵阳销售分公司曲山、茅坝加油站经理，中国石油四川绵阳销售分公司绵阳片区党支部书记、片区副经理，中国石油四川绵阳销售分公司董家沟油库党支部副书记、书记。

在2008年“5・12”汶川特大地震中，余永明所在的北川县是受灾最严重的县区之一。地震发生后，作为曲山加油站经理的余永明强忍失去妻子的悲痛，带领员工噙泪坚守加油站，保障抗震救灾油品补给。这个与北川抗震救灾前线指挥部相距仅百米的加油站，被人们誉为“震中生命补给站”，余永明成为人们敬重的“震中铁人”。中国石油天然气集团公司去灾区指导抗震救灾工作的领导同志在现场得知余永明感人事迹后，紧握他手：“你是中国石油的优秀员工，我们感谢你。”

2008年8月，余永明受命为当时中国石油四川绵阳销售分公司最大的片区——绵阳片区党支部书记、片区副经理。面对14座加油站只有10座正常营业的经营现状（4座恢复重建中），面对百废待兴、管理滑坡、人心浮动、短短几个月的时间先后二十余名员工辞职的管理现状，余永明带领支部一班人，扛起“5・12”特大地震物质和精神两重灾后重建责任，努力让绵阳片区这个主力片区和先进团队焕发新生机，实现新发展。

在公司党组织和领导的关怀下，余永明先后参加“赴中油碧辟对口培训班”“省公司党支部书记培训班”，并进入绵阳市西南科技大学继续学习深造。在中油碧辟培训期间，余永明系统学习了中油碧辟汲取中英两国石油公司管理精华而建立的新型管理模式，结合自己的实际，在片区工作中实践“先有程序后做事，步步有计划，主动完成工作，积极与领导、同事、下属展开沟通”的工作方式，取得极好的工作效果，极大地提高了片区干部员工的执行力和凝聚力，自己的组织、领导能力和管理水平也上了一个新台阶。通过党校培训，余永明更是加深了理论学习，认识到基层党支部思想政治工作的重要性，发现支部工作面临的问题，找到“坚持以人为本，一切从实际出发，坚持教育与管理相结合，加强政工队伍建设”这个解决问题的根本办法。

学无止境。公司安排的学习培训犹如雪中送炭，余永明立足岗位加强学习的劲头也越来越高。围绕“天天有个小目标、天天有个小希望、天天有个小进步”，他为自己制订理论学习规划。

先后研读了《加油站管理规范》《管理心理学》《企业管理法则》等理论书籍20多册，做学习笔记10多本，撰写心得体会2万余字。作为支部书记的余永明还抓紧时间学习《基层党支部书记工作手册》，学习大庆精神铁人精神，学习科学发展观。每当在学习中遇到困难，余永明都会主动向他人请教，身边的领导、工作的同事、油站的下属都成了余永明学习进步的好老师，其业务能力和基层管理水平在较短时间里也有了快速提升。

地震过后，片区不少员工情绪低落、工作积极性不高。余永明把员工的心理重建摆在灾后重建的第一位。他怀着“感恩、团结、明天会更好”的工作热情，穿梭在基层油站，与员工促膝谈心，了解情况，安定人心，稳定队伍。两周多时间，余永明跑遍了片区14座加油站，与片区100多名员工进行面对面交流，了解加油站和员工实际困难。每到一站，余永明反复与大家交流，结合自身经历鼓励员工队伍：“在灾难面前，我们都没有退缩，没有被悲伤击倒，我们思念亲人最好的方式就是好好地活着。既然活下来了，我们就不能总是在悲伤中沉沦，就是要热爱生活，努力工作。”通过细致的工作，余永明帮助重灾区的员工慢慢走出地震留下的阴影，以饱满的热情重新投入到工作中。

2008年9月底的那几天，是继地震和堰塞湖之后不寻常的日子。四川盆地内连降暴雨，导致重灾区原本松弛的山丘开始滑坡。灾民居住的板房严重进水，甚至被泥石流掩埋或者冲走，灾民们再次陷入水深火热之中，绵阳销售片区各站也经历着空前的安全考验。余永明无时不在担心油站的安全，心想“绝对不能发生次生事故，不能给刚经历大地震磨难的员工和家庭再造成新的伤痛”。每天，余永明都下到各加油站不间断巡回检查安全防雨防汛情况，倾盆大雨也不能阻挡余永明的脚步。9月25日下午，绵江加油站。雨势很大，操作井里的水很快就漫过了法兰盘。余永明在巡查过程中考虑到加油站操作井有渗漏现象，为确保油品质量，马上带领该站员工拿起盆子，用碗一碗一碗地将水舀到盆里，又一盆一盆地将水端出操作井。雨停后，余永明又带领各站员工，及时排污清杂。下雨的这几天，余永明就这样地重复着，晚上还分时段分赴各站查探，一旦发现操作井有积水，就马上清理。“累吗？”余永明有时候也会问自己。不，余永明不觉得累，废寝忘食和忘我工作对余永明而言，是一种本分、一种自觉。他只有一个念头，就是千万别让油罐进水，千万不能让任何一位客户加到一滴含水油。

2009年初，面对销售下滑的严峻市场形势，作为党支部书记，余永明心急如焚：“是什么制约了加油站的发展？”他带着思考，带着一定要解决影响销售具体问题的决心，扎在油站，和油站员工们一道摸市场、找问题，分析原因，增添措施。“一座加油站区区几个机构客户，怎么能支撑起销售的发展？”找准了加油站客户开发管理的短板，余永明帮助油站员工进一步梳理销售思路，克服开发市场的畏难情绪，彻底转变坐店经营思想。接下来，余永明和对口帮扶的加油站经理一道走访油站服务半径内的潜在客户群体，从宣讲中国石油的品牌优势到承诺中石油加油站诸多销售便利措施，从分析中国石油数质量优势到帮助客户解决实际问题……许多客户开始认识了中国石油，从了解到进站到成为固定客户，一切似乎变得简单而又水到渠成。

通过对片区20多个加油站的走访和调研，余永明立足翔实的一手资料，一个个管理新办法和工作新思路在油站开枝散叶。在片区成员的集体智慧下，余永明总结提炼出以创新管理模式为目的的“5+1”区域管理模式：设立由区域内龙头加油站经理担任的区域经理制，形成片区、区域及加油站三级管理层次，具体到以绵阳片区即城中区域油非互动管理、高新区域现场管理、绵三区域设施设备管理、绵梓区域客户管理和小站承包管理为特色的“5+1”区域管理模式的管理办法。余永明将每个区域的打造特色与加油站规范管理有机结合，针对每个区域不同特点，制订方案。“5+1”模式的推行，有效促进了油站现场管理日常化、规范化和标准化。

余永明常说，一个支部就是一座堡垒，一个党员就是一面旗帜。围绕片区中心工作，他积极开展争优创先活动，发挥共产党员的先锋模范作用，不断提升基层党组织的创造力、凝聚力、战斗力。

他把“创先争优”活动与加油站经营管理实际紧密结合，开展“党员一帮一’结对子活动，认真做好入党积极分子的培养、发展工作；关心油站，在重大节日期间，具体落实片区管理人员到油站值班和帮扶工作；群团工作亮点突出，进一步发挥了桥梁纽带和助手作用；劳动竞赛形式多样，群众性合理化建议成效显著；以赛促学，以赛促练，群众性岗位技术练兵活动蓬勃开展；切实维护员工合法权利，开展片(站)务公开，民主管理；开展“稳定联络员”和“思想政治工作联络员”，稳定工作呈现平稳态势，未发生越级上访事件；积极开展“送爱心”活动，扶贫济困送温暖工作及时有效，向灾区和困难职工捐款；组织员工健康体检，落实员工带薪休假制度。关心员工在工作、生活中遇到的实际困难，做到及时关心、耐心引导，做好员工思想安慰工作。2011年4月8日，绵阳片区花园站员工杨柳潇被确诊为脑瘤，住院治疗急需巨额的治疗费用，余永明在片区内发出了向杨柳潇捐款献爱心的倡议。在余永明和片区经理的带头捐款下，片区所有干部员工纷纷慷慨解囊、踊跃捐款，短短的一周时间内捐款就达11780元。一系列创先争优活动的蓬勃开展，推动绵阳片区上下团结一心、重振士气、队伍团结，经营管理迈上新台阶。2010年，绵阳片区完成销售量达16万余吨，占到绵阳公司销售总量的一半以上。

从震中来到基层去，从一线来到群众中去，从工作中来到创新中去。作为中国石油抗震救灾的一面旗帜，“震中铁人”余永明始终以行动践行抗震救灾精神，以奋斗鼓舞砥砺前行的四川销售人、百万石油人。2008年7月，先后被四川省国资委授予“抗震救灾优秀共产党员”荣誉称号，被国务院国资委授予“抗震救灾优秀共产党员”荣誉称号、“抗震救灾先进个人”荣誉称号。同年被授予四川省“五一劳动奖章”。2009年4月，先后被授予中国石油天然气集团公司“中国石油榜样好干部”和中国石油天然气集团公司“劳动模范”荣誉称号。2012年4月，被中华全国总工会授予全国“五一劳动奖章”。

2018年“全国五一巾帼标兵”获得者——杨君

杨君，女，汉族，1977年11月出生于四川省盐边县，中共党员，大专学历，曾先后任中国石油四川攀枝花销售分公司和爱、红格加油站加油员，中国石油四川攀枝花销售分公司新九、和爱加油站操作员、综合管理员，中国石油四川攀枝花销售分公司和爱加油站经理。

行“孝悌”之道，乃中华美德；非血亲“孝悌”，堪称人间大美。中国石油攀枝花销售分公司和爱加油站经理杨君与“疯老头”刘正富相邻10年，始终用一颗爱心关照他的生活，温暖他的心灵。大爱超越血缘，温暖人间。

2007年，杨君初到加油站，见到了乡民们口中的“疯老头”。他叫刘正富，1948年生，和爱乡出名的孤寡老人，患有间隙精神疾病，没有朋友，没有直系亲属，由一位住得较远的村里人监护。刘正富老人所居住的山坡紧挨加油站，这位“特殊邻居”举止怪异，胡乱骂人、乱掷石块，有时还跑到加油站“串门”，让杨君异常好奇，又心有余悸。

就在当年7月初，每天都不本分的“疯老头”突然变得安静了，连续三天没听见声响，也不见其人。犯怵的杨君询问其他员工，大家都说没见人。“糟了，可能出事了！”来不及多想，杨君叫上同事鼓起勇气前往探望。来到房前，门没锁，一推就开了，一股酸馊味直钻鼻腔，冲得人发吐，吊锅里的饭菜已经馊掉，老人躺在床上面色蜡黄、嘴唇抽搐……快救人，杨君立即联系丈夫开车赶来，一起将老人送进乡卫生所，办理手续，垫付费用，随即联系乡里通知监护人。

老人是重感冒引发高烧不退，医生说若再晚送来就危险了。监护人得到通知后赶到医院，对杨君感激不已。这次事件让杨君真实地了解到老人的生活状况，联想年迈的父母，以及小时候父亲经常带走错路或吃不上饭的外乡人回家吃住的往事，“以后尽量多帮帮老人”的想法在杨君心里萌生。

从上门帮老人打扫房间、洗衣折被、菜地施肥除草这些小事做起，希望能够赢得老人的信任……一个清晨，含糊不清、骂骂咧咧的声音划破了宁静，隐约听清几个字“苞谷”“贼娃子”。杨君一个翻身下床，披上黄色工作服跑进厨房抓起两根玉米棒子来到老人居住的山坡下：“刘叔，苞谷没掉，是长熟了，你看在我这儿，帮你捡到，煮了给你端过来。”老人骂咧声变小了，一个背影转身离去。她吁了口气，双手麻利剥掉玉米皮，返回厨房下锅煮上。

原来，老人清醒的时候，在屋前房后荒地种了些玉米，可是管理不善，有的玉米株缺肥开了花却不挂果，他以为给人偷了，有时伤心地骂一整天。杨君看在眼里心有不忍，玉米收成的季节，她去集市买菜总会带两根玉米棒子，于是便有了“美丽谎言”。

加油站有好吃的，杨君总记得给老人送上一份；逢年过节，杨君总忘不了给老人添衣送菜；雨季前，杨君总抽出时间把老人房后门前排洪沟清理一遍；下雪天，杨君总会前来为老人清扫门前与小道上的积雪……年复一年，在她的带动下，和爱加油站的员工也渐渐将照顾“疯老头”变成了加油站的事。

在加油站，杨君还有个“不成文”的规定，逢周二就会发动站上员工一起去刘正福老人家中，组织一次“邻里座谈会”。说是聚会，实则是去老人家中帮他做做家务，添置一些食品，送上“亲人”关怀。

一个周二的“家访”日，杨君照例来到老人家中，可这天的刘正富见到“亲人”登门，却没有出现往日的欣喜的神情，而是一个人静静地蹲在门口，紧紧地攥着拳头，嘴里嘀咕着“钱钱……种子”。杨君的直觉告诉她，老人一定有什么困难了，随即快步上前扶起老人，并温柔地打开了老人紧握的拳头。“硬币，姐妹们是几个硬币，老人可能是缺钱买种子了，手里只剩这些钢镚了！”杨君猜测地说道。“杨姐，老人家地里的菜有一大半都烂了，他以前买种子的钱算是白花了”。一个员工看完菜地回复道。“把那些快烂的菜和已经烂掉的都给它拔了，我自掏腰包给他买了”。杨君一边说一边将身上带的一百多元钱塞到老人家上衣兜里，还告知老人家这是他卖菜的收成。老人家貌似理解了杨君的话，微笑地看着和爱站的员工帮他锄地收菜。

现在，每周去老人家中，杨君都会来到菜地除草施肥，收一把蔬菜，送给老人一些卖菜的钱，远大于菜本身价值的“收成”。这是杨君为了让老人在清醒时不再为耕种口粮而烦恼的一个贴心安慰。

慢慢地，老人也有了变化，脾气暴躁的他似乎对中国石油加油站黄灿灿的工作服“情有独钟”了。“平时，乡里村里的人去看他，他总怪异地大声嚷嚷，毫不领情，我们着便装去看也这样。但我们身穿黄色工作服上门，他便能安静，显得十分放心。”杨君十分宽慰地说道。

2015 年一个雷雨交加的夏夜，至今杨君想起仍唏嘘不已。那晚，她冒雨巡检油站设施设备，习惯性地用手电筒照射了老人房屋，突然发现老人哆哆嗦嗦地蹲在家门外屋檐下。此情此景，经不住多考虑，杨君大步朝老人家中跑去。上门一看，原来狂风吹掉了陈旧的瓦片，屋里漏雨了。杨君立即将老人接到站里，帮他擦干花白的头发，换掉湿透的衣裳，递上热腾腾的开水。看着瘦小身板的“刘老头”身穿自己白天刚清洗干净、宽大的工作服，在温暖的站房内，抱着棉被逐渐沉沉睡去，杨君满眼心疼，不忍离去。因为害怕再出事，她整晚都守在老人身边，直到第二天才通知村里的领导把房屋重新修葺。

重新修葺的房屋结实抗雨，可杨君心中始终放心不下，她忘不了那一晚老人看到手电光时欣喜的眼神和来到站房里望着电灯的那双渴望而无奈的眼睛。现在，和爱乡处处通电，而唯独老人家里夜间一片漆黑。杨君明白，老人因患有间隙精神疾病，不通电是乡里出于对老人安全的考虑。于是她贴心地为老人买去了充电电筒，可电量毕竟有限，反复不断地充电使用，电筒很快就损坏了，长此以往并不是个办法。2016 年 5 月，维修人员到和爱加油站维修设备，杨君从他们口中了解到有一种低压的新型 LED 灯，不仅能够提供基本的照明，支持电压还不会使人触电伤亡，很安全。得知这个好“情报”，杨君很快征得乡里同意，购来材料设备，请来电工朋友，将老人屋外的电线经过变压调节连接到了屋内。当月，老人家里第一次点亮了电灯，灯光照亮了老人的眼睛，光明更照进了他的心底。

“老人家，我们的名字都叫杨君！”热闹欢快的声音划破了和爱乡宁静的清晨，穿着鲜艳工装的他们神采奕奕，鲜红的旗帜上刻着他们的名字“杨君志愿帮扶队”。

杨君关怀“疯老头”刘正富的事迹受到宣传后，村里、乡上、公司内外，越来越多的人被她感染，为她点赞，大家从最初的听闻，发展到了如今的加入。2016 年，“杨君志愿帮扶队”应运而生，杨君也不在孤身奋战，而是与志愿帮扶队携手行善，将对刘正富老人的关爱进行到底。

他们帮老人打理菜园，清扫屋内尘垢，修葺灶头，清洁卧室，解决了很多令老人头痛的急难问题。2016 年 7 月 21 日，这一天让杨君毕生难忘。志愿者如期来到“刘老头”家中帮扶，老人这天格外兴奋，时而手舞足蹈，时而又叽里呱啦说上一通听不懂的语言，只是话里勉强能听出一句模糊的“杨君……”。“杨姐，你快来，是不是老人家要对你说点什么？”志愿者们连忙找来杨君“翻译”，却发现此时的她早已泪眼朦胧。时隔九年，老人第一次用含混的口音，叫出了杨君的名字。“不是的，不是的，刘叔这是在感谢大家呢，他在给大家加油鼓劲！他认为我们都叫‘杨君’”杨君激动地说道！

现在，老人依旧每天出门，有时会在加油站外站上一阵儿，也不进去，望着里面叽里呱啦说一通，像是在诉说什么。员工们很难听清几个字，听清时就回他几句，这时老人就会傻傻地笑着离开……

乐于助人是杨君从父亲那接过的接力棒，杨君小时候父亲经常带陌生人回家吃住，这些人不是走错路的，就是走到当地吃不上饭的外乡人。“父亲做的看似一件件小事却透出了人与人之间的温暖，这是‘传家宝’，我要将爱心接力棒一代代传下去。”杨君善良的笑容里透着坚定。

第二章　先进集体与先进个人

第一节　先进集体

中国石油四川销售分公司获得先进集体的单位汇总情况如表 12–8 至表 12–17 所示。

表 12–8　荣获国家级表彰先进集体

获奖单位	荣誉称号（国家级）	颁奖单位	获奖时间
四川销售分公司	全国五一劳动奖状	中华全国总工会	2004 年
成都分公司蜀龙加油站	全国模范职工小家	中华全国总工会	2005 年
绵阳分公司董家沟油库计量化验班	中央企业学习型红旗班组	国务院国资委	2006 年
四川销售分公司	全国抗震救灾英雄集体	中共中央、国务院、中央军委	2008 年
	中央企业抗震救灾先进集体	国务院国资委	2008 年
德阳分公司红白加油站	中央企业抗震救灾先进集体	国务院国资委	2008 年
绵阳分公司党委	中央企业抗震救灾先进基层党组织	国务院国资委	2008 年
成品油分公司城北加油站	全国五一劳动奖状	中华全国总工会	2008 年
成品油分公司城北加油站 广元分公司广元油库 岷江分公司汶川片区	全国工人先锋号	中华全国总工会	2008 年
成品油分公司水碾河加油站 成品油分公司青羊加油站 成都分公司蜀龙加油站	全国青年文明号（2006—2008 年）	共青团中央	2008 年
成品油分公司分工会	全国模范职工小家	中华全国总工会	2010 年
仓储分公司公路发油部	中央企业红旗班组	国务院国资委	2010 年
绵阳分公司董家沟油库计量化验班	全国工人先锋号	中华全国总工会	2011 年
泸州分公司龙马加油站	全国工人先锋号	中华全国总工会	2012 年
仓储分公司 104 油库	全国工人先锋号	中华全国总工会	2013 年
四川销售分公司	全国五一劳动奖状	中华全国总工会	2014 年
雅安分公司沫东加油站	全国工人先锋号	中华全国总工会	2014 年
成品油分公司元华加油站	全国工人先锋号	中华全国总工会	2017 年
攀枝花分公司炳三区加油站	全国巾帼文明岗	全国妇联	2018 年
遂宁分公司机关团支部	2017—2018 年度中央企业五四红旗团支部	中央企业团工委	2018 年

表 12-9 荣获中国石油天然气集团公司表彰先进集体

获奖单位	荣誉称号（集团公司级）	获奖时间
绵阳分公司董家沟油库	先进集体	1999 年
绵阳分公司董家沟油库	先进基层党组织	2000 年
成品油零售分公司水碾河加油站	青年文明号	2002 年
绵阳分公司董家沟油库	中国石油百面红旗单位	2003 年
直属水碾河加油站	2003 年度集团公司青年文明号	2003 年
104 油库内部网站	集团公司青年创新工作法大赛“百优”项目	2003 年
德阳分公司	2005 年度集团公司先进集体	2005 年
	维护稳定工作先进集体	2005 年
零售分公司水碾河加油站 零售分公司青羊加油站	2005 年全国青年文明号	2005 年
川南分公司财务资产部	2005 年度集团公司财务资产工作先进集体	2005 年
四川销售分公司财务处	2005 年度集团公司资本运营工作先进集体	2005 年
四川销售分公司内控项目组	2005 年度集团公司内控管理工作先进集体	2005 年
四川销售分公司党群工作处	宣传工作先进集体	2005 年
四川销售分公司	2006—2007 年度中国石油天然气集团公司环境保护先进企业	2007 年
成品油分公司城北加油站 攀枝花分公司炳草岗加油站	青年文明号	2007 年
成品油分公司城北加油站 攀枝花分公司炳草岗加油站 岷江分公司西羌加油站 自贡分公司汇东加油站 甘孜分公司石棉滨河加油站 凉山分公司长安加油站 德阳分公司八角加油站 绵阳分公司花园加油站	青年文明号	2007 年
宜宾分公司柏杨湾加油站 南充分公司南干道加油站	青年文明号	2007 年
德阳分公司党委 四川销售分公司米易片区党支部	先进基层党组织	2007 年
绵阳分公司董家沟油库计量化验班	中国石油标杆班组	2007 年
仓储分公司发油班 德阳分公司宝峰油库维修发油班 乐山分公司 7102 油库发油班 甘孜分公司汉源乌斯河油库收储班 凉山分公司长安加油站 成都分公司蜀龙加油站 雅安分公司雨城加油站 成品油分公司城北加油站 泸州分公司北郊加油站 宜宾分公司蜀南加油站 攀枝花分公司炳草岗加油站	中国石油先进班组	2007 年

续表

获奖单位	荣誉称号（集团公司级）	获奖时间
四川销售分公司抗震救灾总指挥部油品保供组 四川销售分公司抗震救灾总指挥部抢险救灾组 绵阳分公司　岷江分公司 广元分公司　德阳分公司 岷江分公司汶川片区 绵阳分公司安北片区 广元分公司青川片区	抗震救灾先进集体	2008 年
德阳分公司红白加油站 岷江分公司都江堰片区 广元分公司广元油库 绵阳分公司江油片区 德阳分公司什邡片区 甘孜分公司汉源片区 广元分公司新竹加油站 岷江分公司郭竹铺加油站 绵阳分公司永安加油站 成都分公司崇州片区 成都分公司 甘孜分公司	抗震救灾先进集体	2008 年
宜宾分公司党委 甘孜分公司汉源片区	思想政治工作先进集体	2008 年
绵阳分公司董家沟油库	销售系统“十大标杆油库”	2008 年
宜宾分公司内宜高速公路加油站	中国石油“十大标杆加油站”	2008 年
四川销售分公司总经理办公室	中国石油办公室系统先进集体	2008 年
四川销售分公司内控与审计处	集团公司 2006—2008 年度审计工作先进集体	2008 年
四川销售分公司	“2007—2008 年度财务工作先进单位”三等奖	2008 年
	中国石油 2008 年职业技能竞赛团体奖“加油站操作员第一名”	2008 年
	中国石油 2008 年职业技能竞赛团体奖“油品储运调和操作工第二名”	2008 年
	中国石油 2008 年职业技能竞赛“油品计量工”优秀组织奖	2008 年
	中国石油集团会计知识竞赛优胜奖	2008 年
	2009 年度集团公司信息工作先进单位	2009 年
	2009 年度 HSE 信息系统应用先进集体	2009 年
	2009 年度节能节水型先进企业	2009 年
成都分公司 104 油库 绵阳分公司董家沟油库 宜宾分公司蜀南加油站	2008—2009 年度绿色基层队（站）、车间（装置）	2009 年
广元分公司　仓储分公司 德阳分公司旌阳片区 成都分公司龙泉高速加油站 凉山分公司迎宾加油站	先进集体	2010 年

续表

获奖单位	荣誉称号（集团公司级）	获奖时间
四川销售分公司	2010年度信息化工作先进单位	2010年
	2010年度节能节水型先进企业	2010年
	集团公司保密工作先进单位	2010年
	密码工作先进集体	2010年
成都分公司工会 资阳分公司工会	集团公司先进工会组织	2010年
四川销售分公司	先进职业技能鉴定站	2010年
	中国石油预算信息管理系统项目第一期建设先进集体	2010年
成都分公司党委 广元分公司党委 攀枝花分公司党委 凉山分公司党委 德阳分公司绵竹片区党支部 岷江分公司汶川片区党支部 绵阳分公司安北片区党支部 遂宁分公司蓬溪党支部 仓储分公司公路发油统计计划党支部 四川销售分公司党委办公室党支部	先进基层党组织	2011年
四川销售分公司总经理办公室	办公室系统先进集体	2011年
四川销售分公司	2011年度经营指标评价获奖单位	2011年
	2010—2011年度投资管理先进单位	2011年
	2010—2011年度财务报告工作先进单位	2011年
	2007—2011年度资本运营工作先进单位	2011年
	集团公司推进“三控制一规范”工作先进单位	2011年
	2009—2011年度审计工作先进单位	2011年
	2011年度信息工作先进单位	2011年
四川销售分公司	2011年度集团公司健康安全环境信息系统应用先进集体	2011年
	2011年度集团公司健康安全环保获奖论文优秀组织单位	2011年
	2011年度节能节水型先进企业	2011年
	中国石油安全环保与节能知识竞赛优胜单位（优秀奖）	2011年
四川销售分公司房产管理公司	2011年度离退休职工管理信息系统应用管理和统计工作先进单位	2011年
四川销售分公司人事处（党委组织部）	中国石油天然气集团公司人事系统开展“讲党性、重品行、做表率、带头创先争优”活动先进集体	2011年
四川销售分公司科研设计所	科技工作先进集体	2011年
巴中分公司	庆祝建党90周年“石油工人心向党”红歌比赛优秀节目二等奖（《红军来了不受穷》）	2011年
四川销售公司综合管理办公室	“党史知识竞赛”和“我的入党故事”征文活动优秀组织奖	2011年
成都分公司	创建“四好”领导班子先进集体	2012年

续表

获奖单位	荣誉称号（集团公司级）	获奖时间
成都分公司党委	集团公司创先争优先进基层党委（党总支、党支部）	2012 年
四川销售分公司维稳与新闻办公室 成都分公司	集团公司 2010—2012 年度维稳信访工作先进集体	2012 年
四川销售分公司	2012 年度信息化工作先进单位	2012 年
	新时期党建思想政治工作企业文化建设基层建设群众工作创新实践成果（新时期 60 个特色工作案例：四川销售分公司龙马加油站培育选树工作）	2012 年
	2012 年度安全生产先进企业	2012 年
	2012 年度节能节水先进企业	2012 年
	2012 年度集团公司信息工作先进单位	2012 年
	2012 年度物资统计先进集体	2012 年
	2011—2012 年度财务报告工作先进单位（二等奖）	2012 年
104 油库	2012 年度绿色基层队（站）、车间（装置）	2012 年
四川销售分公司财务处	土地普查先进集体	2012 年
四川销售分公司	2013 年度信息化工作先进单位	2013 年
	2013 年度集团公司信息工作先进单位	2013 年
	中国石油第七届（2012—2013 年度）党建思想政治工作优秀研究成果一等奖（《党员履职“四卡一表”制度的探索与实践》）	2013 年
	中国石油第七届（2012—2013 年度）党建思想政治工作优秀研究成果二等奖（《成品油销售企业“挂、包、帮”管理创新与实践》）	2013 年
	2013 年集团公司健康安全环保论文优秀组织单位	2013 年
	中国石油第七届（2012—2013 年度）党建思想政治工作优秀研究成果优秀奖（《加油站兼职学习宣传员队伍建设与应用》）	2013 年
四川销售分公司麻柳湾加油站	2013 年度节能节水先进基层单位	2013 年
四川销售分公司金牛坝加油站	2013 年度绿色基层队（站）、车间（装置）	2013 年
四川销售分公司团委 乐山分公司团委	2013 年度集团公司五四红旗团委	2013 年
成都分公司新都片区团支部 成品油分公司浣花加油站团支部 雅安分公司金鸡关加油站团支部	2013 年度集团公司五四红旗团支部（总支）	2013 年
四川销售分公司工会委员会 南充分公司工会委员会	集团公司模范职工之家	2013 年
乐山宝石花志愿服务队 广元海之声志愿服务队 雅安阳光青年志愿服务队	青年志愿服务先进集体	2013 年
泸州分公司龙马加油站	基层建设“百个标杆单位”	2013 年

续表

获奖单位	荣誉称号（集团公司级）	获奖时间
四川销售分公司离退休管理中心	2013 年度离退休系统门户网站工作先进集体	2013 年
	离退休体育工作先进集体	2013 年
	2013 年度集团公司离退休工作优秀论文（《新形势下企业离退休服务管理工作研究》）	2013 年
四川销售分公司	质量计量标准化先进企业	2014 年
	管理提升活动先进单位	2014 年
四川销售分公司	2014 年度环境保护先进企业	2014 年
	2014 年度集团公司信息工作先进单位	2014 年
成品油分公司党委	先进基层党组织	2014 年
四川销售分公司团委 乐山分公司团委	集团公司五四红旗团委	2014 年
成都分公司新都片区团支部 成品油分公司浣花加油站团支部 雅安销售分公司金鸡关加油站团支部	集团公司五四红旗团支部	2014 年
四川销售分公司总经理（党委）办公室	集团公司办公室系统先进集体	2014 年
天福服务区加油站（乐山夹江）	2014 年度绿色基层队（站）、车间（装置）	2014 年
自贡分公司贡井加油站	2014 年度节能节水先进基层单位	2014 年
四川销售分公司审计监察处	2012—2014 年度审计工作先进集体	2014 年
四川销售分公司离退休管理中心	《中国石油报·金秋周刊》宣传报道工作先进单位	2014 年
广安分公司机关离退休职工活动中心 南充分公司机关离退休职工活动中心	集团公司优秀离退休职工活动中心（站、室）	2014 年
成都分公司 德阳分公司黄河加油站 仓储分公司 104 油库	先进集体	2015 年
四川销售分公司	规划计划工作先进单位	2015 年
	2015 年度安全生产先进企业	2015 年
	2015 年度财务报告先进单位（一等奖）	2015 年
	中国石油第八届（2014—2015 年度）党建思想政治工作优秀研究成果二等奖（《员工积分绩效管理制度的探索与应用》）	2015 年
	中国石油第八届（2014—2015 年度）党建思想政治工作优秀研究成果三等奖（《实施“细胞”工程激发基层党建活力的研究与实践》）	2015 年
	集团公司信息工作论文征集活动优秀论文一等奖（《“信息爆炸”时代下石油企业信息管理决策支持研究》）	2015 年
	集团公司信息工作论文征集活动优秀论文二等奖（《全媒体时代企业网络舆情信息工作现状及对策分析》）	2015 年
	2015 年集团公司健康安全环保论文优秀组织单位	2015 年

续表

获奖单位	荣誉称号（集团公司级）	获奖时间
四川销售分公司维稳办 巴中分公司	2013—2015年维稳信访工作先进集体	2015年
四川销售分公司财务资产处	2013—2015年财务工作先进集体	2015年
德阳分公司旌阳经营部团支部	2014—2015年集团公司五四红旗团支部	2015年
成都分公司北新加油站 资阳分公司迎宾加油站 宜宾分公司蜀南加油站	青年文明号	2015年
雅安分公司乌斯河油库	2015年度绿色基层队（站）、车间（装置）	2015年
四川销售分公司机关第三退休职工党支部	集团公司先进离退休职工党支部	2015年
南充分公司机关离退休职工党支部	集团公司先进离退休职工党支部	2015年
四川销售分公司离退休职工管理中心	集团公司离退休工作先进集体	2015年
四川销售分公司离退休管理中心	2013—2015年离退休职工管理信息系统应用管理和统计工作优秀单位	2015年
四川销售分公司	集团公司信息化工作先进单位	2016年
	2016年度安全生产先进企业	2016年
	集团公司“十二五”财税价格工作先进单位	2016年
	集团公司质量计量标准化先进企业	2016年
	“十三五”规划工作先进单位	2016年
	2016年信息工作先进单位	2016年
成都销售分公司党委	先进基层党组织	2016年
广元分公司城北加油站	2016年度绿色基层队（站）、车间（装置）	2016年
德阳分公司城西加油站	2016年度节能节水先进基层单位	2016年
仓储分公司104油库	集团公司绿化先进集体	2016年
成都分公司燕塘加油站 自贡分公司仁和加油站	青年文明号	2016年
四川销售分公司企管法规处	法律与合规工作先进集体	2016年
四川销售分公司人事处	“六五”普法先进集体	2016年
四川销售分公司	2017年度安全生产先进企业	2017年
	2017年度质量先进企业	2017年
	2017年度统计工作先进单位	2017年
	组织史资料编纂工作先进单位	2017年
	组织史资料企业卷优秀著作三等奖（中国石油四川销售分公司组织史资料）	2017年
	老年人体育工作先进集体	2017年
	“重家教、传家风”征文活动优秀组织单位	2017年
	第九届（2016—2017年度）党建思想政治工作优秀研究成果优秀组织单位	2017年

续表

获奖单位	荣誉称号（集团公司级）	获奖时间
四川销售分公司	企业年金工作先进单位	2017 年
	2017 年度集团公司健康安全环保获奖论文优秀组织奖	2017 年
	第二届新媒体内容创作大赛优秀组织单位	2017 年
	第九届（2016—2017 年度）党建思想政治工作优秀研究成果二等奖（《党建工作深度融入生产经营的探索与研究》）	2017 年
	第九届（2016—2017 年度）党建思想政治工作优秀研究成果三等奖（《关于川西北藏区企业党建工作的探索与实践》）	2017 年
自贡分公司舒平油库	2017 年度绿色基层队（站）、车间（装置）	2017 年
广安浓洄加油站	2017 年度节能节水先进基层单位	2017 年
四川销售分公司总经理（党委）办公室	办公室系统先进集体	2017 年
四川销售分公司审计监察处	2015—2017 年度审计工作先进集体	2017 年
雅安分公司乌斯河油库	集团公司铁人先锋号	2017 年
广安分公司机关团支部	2016—2017 年集团公司五四红旗团支部（总支）	2017 年
自贡分公司舒平油库生产作业班	2017 年度质量信得过班组	2017 年
四川销售分公司离退休管理中心	离退休系统思想政治宣传工作先进单位	2017 年
	“畅谈十八大以来变化、展望十九大胜利召开”征文活动优秀组织单位	2017 年

表 12–10 荣获中国石油天然气集团有限公司表彰先进集体

获奖单位	荣誉称号（集团公司级）	获奖时间
成品油分公司元华加油站	中国石油成品油销售榜样·十大标杆加油站	2018 年
四川销售分公司审计监察处	纪检监察系统先进集体	2018 年
成都分公司	2017—2018 年度安保防恐工作先进集体	2018 年
成品油成都机场高速路加油加气站	2018 年度节能节水先进基层单位	2018 年
四川销售分公司	2018 年度质量安全环保节能先进企业	2018 年
	2018 年度信息工作先进单位	2018 年
	法律工作先进单位	2018 年
	2018 年度统计工作先进单位	2018 年
	2018 年度优秀信息（四川销售提前建成千万吨级销售企业）	2018 年
	2013—2018 年资本运营工作先进单位（二等奖）	2018 年
经久油库　望王加油站 罗龙北加油站	2018 年度先进 HSE 标准化站（队）	2018 年
高新加油站	2018 年度绿色基层队（站）、车间（装置）	2018 年

续表

获奖单位	荣誉称号（集团公司级）	获奖时间
四川销售分公司离退休管理中心	离退休职工管理信息系统办公平台推广应用工作优秀单位	2018 年
	2018 年集团公司离退休系统宣传思想工作优秀组织单位	2018 年
	“庆祝改革开放 40 周年”征文活动优秀组织单位	2018 年
	2018 年度“重家教、传家风”征文活动优秀组织单位	2018 年
四川销售分公司	2019 年度质量安全环保节能先进企业	2019 年
	2019 年度统计工作先进单位	2019 年
	资金管理先进单位	2019 年
	2019 年度物资采购管理先进单位	2019 年
	2019 年度信息工作先进单位	2019 年
	2015—2019 年度后评价工作先进集体	2019 年
四川销售分公司	2019 年度工程建设项目竣工验收工作先进单位	2019 年
	2015—2019 年度优秀后评价成果（四川销售 2014—2016 年销售网络投资项目自评价）	2019 年
	远程培训网络课件优秀组织单位	2019 年
	2019 年集团公司健康安全环保论文优秀组织单位	2019 年
	集团公司 2019 年度优秀党建研究成果三等奖（《提高基层党支部工作质量探析》）	2019 年
	第十届（2018—2019 年度）党建思想政治工作优秀研究成果二等奖（《新时代成品油销售企业基层党支部建设路径研究》）	2019 年
广元分公司党委 攀枝花分公司党委 成品油分公司高新片区党支部 成都分公司双流片区党支部 内江分公司市中区东兴片区党支部	先进基层党组织	2019 年
成品油分公司党群工作科 泸州分公司党群工作科 南充分公司党群工作科	宣传思想文化工作先进集体	2019 年
广安分公司浓洄加油站 甘孜分公司新都桥加油站	中国石油天然气集团有限公司青年文明号集体	2019 年
四川销售分公司离退休管理中心	“庆祝新中国成立 70 周年”系列主题征文活动优秀组织单位	2019 年
仓储分公司　甘孜分公司	新中国成立 70 周年特别重点阶段中国石油天然气集团有限公司维稳信访安保防恐工作特别贡献集体	2019 年
泸州分公司川大加油站 自贡分公司舒平油库	2019 年度先进 HSE 标准化站（队）	2019 年
资阳分公司柠都大道加油站	2019 年度绿色基层队（站）、车间（装置）	2019 年
成都龙泉驿北干道加油站	2019 年度节能节水先进基层单位	2019 年
泸州分公司古叙片区团支部	2018—2019 年度集团公司五四红旗团支部（总支）	2019 年

表 12-11 荣获中国石油天然气股份有限公司表彰先进集体

获奖单位	荣誉称号（股份公司级）	获奖时间
四川销售分公司财务资产处	2000—2001 年度财务管理先进集体	2001 年
四川销售分公司财务处	财务管理先进单位	2002 年
绵阳分公司董家沟油库	中国石油十座标杆油库	2003 年
四川销售分公司	2000—2003 年度内部审计先进单位	2003 年
四川销售分公司营销处 德阳分公司	中国石油先进销售单位	2004 年
岷江分公司西羌加油站 零售分公司青羊加油站 零售分公司高新加油站 零售分公司水碾河加油站 攀枝花分公司炳草岗加油站 攀枝花分公司河石坝加油站 凉山分公司长安加油站 绵阳分公司花园加油站 南充分公司南干道加油站 川南分公司双苏加油站	中国石油百座红旗加油站	2004 年
四川销售分公司	中国石油企业信息门户优秀组织单位	2004 年
	2005 年度财务会计报告先进单位三等奖	2005 年
	股权管理先进集体	2005 年
	会计集中核算先进集体	2005 年
	股份公司 2005 年度安全生产表扬单位	2005 年
	2006 年度财务会计报告先进单位三等奖	2006 年
	2006 年度安全生产表扬单位	2006 年
四川销售公司党群工作处	宣传工作先进集体	2006 年
四川销售分公司	股份公司 2006—2007 年度财务报告先进单位二等奖	2007 年
四川销售分公司内控管理办公室 成都分公司财务资产部	内控工作先进集体	2007 年
四川销售分公司	股份公司会计一级集中核算先进集体	2008 年
绵阳分公司　岷江分公司 广元分公司　德阳分公司 抗震救灾总指挥部油品保供组 抗震救灾总指挥部抢险救灾组 岷江分公司汶川片区 绵阳分公司安北片区 广元分公司青川片区 德阳分公司红白加油站 岷江分公司都江堰片区 广元分公司广元油库 绵阳分公司江油片区 德阳分公司什邡片区 甘孜分公司汉源片区 广元分公司新竹加油站 岷江分公司郭竹铺加油站 绵阳分公司永安加油站 成都分公司崇州片区 成都分公司　甘孜分公司	抗震救灾先进集体	2008 年

续表

获奖单位	荣誉称号（股份公司级）	获奖时间
四川销售分公司	2010年度财务报告先进单位（二等奖）	2010年
	中国石油“促发展、上规模、增效益”劳动竞赛先进单位（油库人均吞吐量奖、非油业务销售收入增长率奖、非油业务毛利率奖、吨油税前利润奖）	2010年
	中国石油“促发展、上规模、增效益”劳动竞赛一季度先进单位（营销项目先进单位、降本增效项目先进单位）流动红旗	2010年
	中国石油“促发展、上规模、增效益”劳动竞赛三季度先进单位（零售项目先进单位、物流优化项目先进单位、信息化项目先进单位）流动红旗	2010年
乐山中区城西加油站 成品油公司绕城B加油站	中国石油“促发展、上规模、增效益”劳动竞赛先进集体	2010年
德阳八角服务区AB加油站 甘孜滨河加油站 广元利州新安加油站 攀枝花江南炳草岗加油站 自贡汇西加油加气站 达州三里坪加油站 凉山迎宾加油站 泸州北郊加油站 绵阳路水桥加油站 成都龙泉加油站 宜宾蜀南加油站 仓储分公司104油库 成都龙泉加油站便利店	中国石油“促发展、上规模、增效益”劳动竞赛先进集体	2010年
四川销售分公司	资金管理平台建设先进集体	2011年
	中国石油“促发展、上规模、增效益”劳动竞赛先进单位（营销项目、零售项目、降本增效项目、信息化项目）	2011年
	中国石油2011年成品油销售系统“促发展、上规模、增效益”劳动竞赛一季度先进单位（营销项目、零售项目、非油业务项目、降本增效项目、油库管理项目、物流优化项目、信息化项目）	2011年
	中国石油油品销售系统2011年“促发展、上规模、增效益”劳动竞赛先进单位（营销项目、零售项目、节能降耗项目、非油业务项目、油库管理项目、工程建设项目）	2011年
工程建设处施工管理科 乐山分公司营销科 泸州分公司加油站管理科 德阳分公司营销科 仓储安全环保处 营销处　调运处 成都分公司营销科 广元分公司营销科 非油品分公司业务管理科 成都分公司仓储安全环保科 成都分公司金牛坝加油站 成都分公司蜀龙加油站 自贡分公司附西加油站	中国石油油品销售系统2011年“促发展、上规模、增效益”劳动竞赛先进集体	2011年

续表

获奖单位	荣誉称号（股份公司级）	获奖时间
攀枝花分公司银江加油站 泸州分公司龙马加油站 德阳分公司黄河加油站 绵阳分公司花园加油站 广元分公司陵江加油站 南充分公司耀目路加油站 遂宁分公司开善寺加油站 广安分公司万盛加油站 达州分公司十六公里加油站 岷江分公司迎宾加油站 凉山分公司长安加油站 成品油分公司城北加油站 仓储分公司 104 油库 成品油分公司高新天山加油站便利店	中国石油油品销售系统 2011 年“促发展、上规模、增效益”劳动竞赛先进集体	2011 年
营销处　党群处 财务资产处　调度运输处 非油品分公司业务管理科 成都分公司营销管理科 达州分公司 7101 油库技改项目部 广元分公司利州沙河加油站 自贡分公司汇西加油站 泸州分公司成渝隆昌服务区加油站 绵阳分公司花园加油站 南充分公司耀目加油站 广安分公司万盛加油站 德阳分公司交通加油站 遂宁分公司开善寺加油站 成都分公司龙泉高速加油站 攀枝花分公司银江加油站 成品油公司绕城高速东加油站 仓储公司 104 油库 成都分公司白伦加油站便利店	中国石油“促发展、上规模、增效益”劳动竞赛先进集体	2011 年
104 油库	销售系统“十大标杆油库”	2012 年
成都金牛坝加油站	销售系统“十大标杆加油站”	2012 年
四川销售分公司	中国石油油品销售系统 2012 年劳动竞赛先进单位（营销项目、零售项目、节能降耗项目、非油业务项目、降本增效项目、油库管理项目、工程建设项目、网络开发项目、组织工作）	2012 年
德阳分公司成绵高速八角服务区 A、B 加油站 绵阳分公司花园加油站 广元分公司新安加油站 遂宁分公司仁里加油站 内江分公司蓝盾加油站 宜宾分公司内宜高速加油站 广安分公司邻水加油站 雅安分公司雨城加油站 眉山分公司仁寿加油站 资阳分公司迎宾加油站	中国石油油品销售系统 2012 年劳动竞赛先进集体	2012 年

续表

获奖单位	荣誉称号（股份公司级）	获奖时间
岷江分公司马尔康加油站 甘孜分公司跑马山加油站 凉山分公司长安加油站 成品油分公司棕树加油站 油料分公司成都中和加油站 攀枝花分公司炳草岗加油站便利店 泸州分公司龙马加油站便利店	中国石油油品销售系统 2012 年劳动竞赛先进集体	2012 年
104 油库 成都分公司加油站管理科 泸州分公司龙马潭片区 乐山分公司加油站管理科 南充分公司顺庆片区 达州分公司渠县片区 巴中分公司巴州片区 成都分公司营销管理科 攀枝花分公司营销管理科 宜宾分公司营销管理科 巴中分公司营销管理科 广元分公司非油经营部 质量安全环保处 成都分公司人事（组织）科 自贡分公司卡中心 攀枝花分公司卡中心	中国石油油品销售系统 2012 年劳动竞赛先进集体	2012 年
党群工作处群团管理科 南充分公司财务科	中国石油油品销售系统 2012 年劳动竞赛先进集体	2012 年
四川销售分公司	中国石油 2012 年油品销售系统“促发展、上规模、增效益”劳动竞赛一季度先进单位（营销项目、零售项目、非油业务项目、降本增效项目、油库管理项目、物流优化项目）	2012 年
	中国石油 2012 年油品销售系统“促发展、上规模、增效益”劳动竞赛二季度先进单位（营销项目、零售项目、节能降耗项目、非油业务项目、油库管理项目、信息化项目、网络开发项目）	2012 年
	2012 年油品销售系统“促发展、上规模、增效益”劳动竞赛三季度先进单位（营销项目、零售项目、节能降耗项目、非油项目、油库管理项目、物流优化项目、网络开发项目）	2012 年
	中国石油油品销售系统 2013 年劳动竞赛先进单位（营销项目、零售项目、节能降耗项目、降本增效项目、油库管理项目、物流优化项目、加油卡业务项目）	2013 年
成都分公司新都蜀龙加油站 成品油分公司水碾河加油站 自贡分公司汇东加油站 攀枝花分公司炳草岗加油站 泸州分公司龙马加油站 绵阳分公司花园加油站 广元分公司陵江加油站 遂宁分公司太吉桥加油站 乐山分公司双福加油站 南充分公司思德加油站	中国石油油品销售系统 2013 年劳动竞赛先进集体	2013 年

续表

获奖单位	荣誉称号（股份公司级）	获奖时间
宜宾分公司蜀南加油站 广安分公司振兴加油站 巴中分公司王家湾加油站 雅安分公司金鸡关加油站 资阳分公司迎宾加油站 泸州分公司龙马加油站便利店 广元分公司陵江加油站便利店 104 油库 规划计划处规划项目科 成都分公司加油站管理科 自贡分公司加油站管理科 遂宁分公司加油站管理科 南充分公司加油站管理科 巴中分公司加油站管理科 加油站管理处零售管理科 仓储分公司仓储运行科 成都分公司营销管理科 南充分公司营销管理科 雅安分公司营销管理科 甘孜分公司营销管理科 攀枝花分公司财务资产科 攀枝花分公司非油品经营部	中国石油油品销售系统 2013 年劳动竞赛先进集体	2013 年
人事处综合管理科 眉山分公司加油站管理科 营销管理处价格管理科 党群工作处群团管理科	中国石油油品销售系统 2013 年劳动竞赛先进集体	2013 年
四川销售分公司	中国石油油品销售系统 2014 年劳动竞赛先进单位（营销项目、加油卡项目、非油业务项目、信息化项目、劳动效率项目、组织工作、综合评比项目）	2014 年
营销管理处 成都分公司营销管理科 德阳分公司营销管理科 宜宾分公司营销管理科 甘孜分公司营销管理科 泸州分公司加油站管理科 遂宁分公司加油站管理科 广安分公司加油站管理科 绵阳分公司安北片区 南充分公司仪陇片区 成都分公司双流金江加油站 成品油分公司元华加油站 泸州分公司龙马加油站 德阳分公司黄河加油站 绵阳分公司园北加油站 遂宁分公司开善寺加油站 南充分公司兴隆山加油站 宜宾分公司下桥加油站 广安分公司石岭岗加油站 雅安分公司沫东加油站	中国石油油品销售系统 2014 年劳动竞赛先进集体	2014 年

续表

获奖单位	荣誉称号（股份公司级）	获奖时间
资阳分公司南骏加油站 加油站管理处 成品油分公司加油卡管理中心 广元分公司下寺加油站便利店	中国石油油品销售系统 2014 年劳动竞赛先进集体	2014 年
南充分公司非油经营部 104 油库	中国石油油品销售系统 2014 年劳动竞赛先进集体	2014 年
双流油库	中国石油天然气股份有限公司销售系统“十大标杆油库”	2015 年
巴中分公司通江王家湾加油站	中国石油天然气股份有限公司销售系统“十大标杆加油站”	2015 年
四川销售分公司	中国石油油品销售系统 2015 年劳动竞赛先进单位（信息化项目、劳动效率项目、组织工作）	2015 年
成都分公司大件路加油站 成品油分公司浣花加油站 泸州分公司龙马城北加油站 遂宁分公司罗家湾加油站 乐山分公司西坝服务区加油站 广安分公司振兴加油站 资阳分公司城南加油站 凉山分公司长安加油站 油料分公司李家沱加油站 泸州分公司龙马加油站便利店 乌斯河油库　104 油库 营销管理处 成都分公司营销管理科 南充分公司营销管理科 巴中分公司营销管理科 凉山分公司营销管理科 油气零售处 成都分公司油气零售科 成品油分公司油气零售科 遂宁分公司油气零售科 甘孜分公司营销管理科 雅安分公司油气零售科 攀枝花分公司非油品经营部 人事处劳资管理科 德阳公司财务资产部 仓储调运处	中国石油天然气股份有限公司“中国石油油品销售系统 2015 年劳动竞赛先进集体”	2015 年
四川销售分公司	中国石油油品销售系统 2016 年劳动竞赛先进单位（营销项目、零售项目、加油卡项目、非油项目、物流优化项目、信息化项目、综合评比项目、组织工作）	2016 年
攀枝花分公司炳三区加油站 泸州分公司西沿线加油站 德阳分公司黄河加油站 广元分公司北门沟加油站 内江分公司蓝盾加油站 巴中分公司城西加油站 雅安分公司雨城加油站 油料分公司中和加油站	中国石油油品销售系统 2016 年劳动竞赛先进集体	2016 年

续表

获奖单位	荣誉称号（股份公司级）	获奖时间
甘孜分公司瓦斯沟加油站便利店 104 油库 成都分公司营销管理科 成品油分公司营销管理科 岷江分公司营销管理科 凉山分公司营销管理科 油气零售处 成都分公司油气零售科 凉山分公司油气零售科 眉山分公司油气零售科 绵阳分公司油气零售科 非油业务处 信息管理处系统建设科 人事处（党委组织部） 工程建设处 仓储分公司财务科 仓储调运处	中国石油油品销售系统 2016 年劳动竞赛先进集体	2016 年
广元分公司主城区加油站	中国石油油品销售“营销金点子奖”（四川广元销售分公司自助加油推广法）	2016 年
眉山销售分公司东坡快乐加油站 泸州销售分公司龙马加油站 遂宁销售分公司罗家湾加油站 南充销售分公司南干道加油站 甘孜销售分公司瓦斯沟加油站 绵阳销售分公司园北加油站 凉山销售分公司迎宾加油站	中国石油油品销售“百座示范加油站”	2016 年
四川销售分公司	中国石油油品销售“经典营销策略”（四川销售客户开发维护体系、四川销售合理库存研究与应用）	2017 年
四川销售分公司营销处	中国石油油品销售“价值创造梦之队”	2017 年

表 12-12　荣获中国石化销售公司表彰先进集体

获奖单位	荣誉称号（销售公司级）	获奖时间
四川省石油总公司	全国油品销售行业首届工人技术竞赛组织奖	1993 年
	全国油品销售行业首届工人技术竞赛优异成绩团体队（油品储运工项目、油品供销作业工项目）	1993 年
内江分公司滨江水陆加油站 绵阳分公司花园加油站 成都采购供应站城南加油站 自贡分公司关外加油站 攀枝花分公司炳草岗加油站 达川分公司南外加油站 德阳分公司秦密加浦站	中国石化销售系统 1994—1995 年度信得过加油站	1995 年
零售公司水碾河加油站 零售公司城南加油站 攀枝花公司炳草岗加油站	1996—1997 年度中国石化销售系统“信得过加油站”	1997 年

续表

获奖单位	荣誉称号（销售公司级）	获奖时间
遂宁公司蓬溪赤城加油站 绵阳公司磨家加油站 内江公司滨江水陆加油站 达川公司南外加油站 德阳公司秦宓加油站 雅安公司沙湾加油站 乐山公司城北加油站 南充公司滨江加油站 广安公司广福加油站 自贡公司关外加油站 宜宾公司上江北加油站 广元公司普安加油站	1996—1997 年度中国石化销售系统“信得过加油站”	1997 年

表 12-13　荣获中国石油销售总公司表彰先进集体

获奖单位	荣誉称号（销售公司级）	获奖时间
成都公司双流油库	安全先进油库	1999 年
自贡公司财务科	中国石油销售系统 1998—1999 年度财务资产管理先进集体	1999 年

表 12-14　荣获中国石油天然气股份有限公司炼油与销售分公司表彰的先进集体

获奖单位	荣誉称号（销售公司级）	获奖时间
德阳分公司财务科	1999—2000 年财务工作先进集体	2000 年
攀枝花分公司河石坝加油站 德阳分公司秦宓加油站 岷江分公司高科加油站 岷江分公司犀浦加油站 零售分公司城北加油站 零售分公司水碾河加油站 雅安分公司沙湾加油站	炼油与销售分公司“双文明加油站”	2001 年
川南分公司汇东加油站 川南分公司南岸加油站 川南分公司西部加油站 川南分公司泸州小市加油站 绵阳分公司南山加油站 绵阳分公司花园加油站 遂宁分公司开善寺加油站 乐山分公司城北加油站	炼油与销售分公司“双文明加油站”	2001 年
四川销售分公司	安全生产先进单位	2002 年
	2002 年度宣传报道先进单位	2002 年
成都分公司	财务基础工作先进单位	2002 年
四川销售分公司财务处	财务管理先进单位	2002 年
宜宾分公司南岸加油站 宜宾分公司西郊加油站	“双文明加油站”	2002 年

续表

获奖单位	荣誉称号（销售公司级）	获奖时间
四川销售分公司	2003 年度炼油与销售分公司工程建设管理先进单位	2003 年
成都分公司纪委	2000—2003 年度销售企业纪检审计监察工作先进集体	2003 年
四川销售分公司	离退休工作先进集体	2004 年
	炼油与销售分公司 2004 年度销售企业优秀审计项目优秀审计项目三等奖	2005 年
	中国石油销售企业第三届操作人员技能竞赛优秀组织奖	2005 年
	中国石油销售企业第三届操作人员技能竞赛优胜单位团体总分第一名	2005 年
	炼油与销售分公司 2004 年度销售企业优秀审计项目二等奖	2005 年
	炼油与销售分公司 2004 年度销售企业优秀审计项目审计监察优秀论文二等奖（《浅析石油销售企业投资项目管理关键点的确定与控制》）	2005 年
川南分公司　攀枝花分公司 宜宾分公司　四川销售公司党群工作处	党群系统先进集体	2006 年
成都分公司人事科　德阳分公司人事科 泸州分公司人事科　绵阳分公司人事科 乐山分公司人事科	人事工作先进集体	2006 年
甘孜分公司　南充分公司 达州分公司 四川销售分公司综合管理办公室	离退休工作先进集体	2006 年
四川销售分公司零售网点建设办公室 攀枝花分公司	销售网络建设先进集体	2006 年
四川销售分公司	2006 年度石油产品价格管理和价格信息先进单位	2006 年
	二〇〇七年度价格管理与价格信息工作先进单位	2007 年

表 12-15　荣获中国石油天然气股份有限公司销售分公司表彰先进集体

获奖单位	荣誉称号（销售公司级）	获奖时间
四川销售分公司	成品油保供工作先进单位	2008 年
	2013 年油品销售系统“促发展、上规模、增效益”劳动竞赛二季度先进单位（营销项目、零售项目、非油项目、降本增效项目、油库管理项目、物流优化项目、信息化项目）	2013 年
	中国石油 2014 年油品销售系统“调结构、提质量、增效益”劳动竞赛一季度先进单位（零售项目、加油卡项目、非油项目、劳动效率项目）	2014 年
	劳动竞赛二季度先进单位（营销项目、零售项目、加油卡项目、非油项目、信息化项目、劳动效率项目）	2014 年
四川销售分公司	2014 年度销售公司双低站治理工作先进组织单位	2014 年
	2014 年三季度劳动竞赛先进单位（营销项目、零售项目、加油卡项目、非油项目、劳动效率项目）	2014 年
	第一届加油站经理论坛优秀组织奖	2014 年
	双低站治理征文优秀组织单位	2014 年

续表

获奖单位	荣誉称号（销售公司级）	获奖时间
广元分公司 岷江分公司	2014 年度销售公司双低站治理先进地市公司	2014 年
达州分公司北外加油站 德阳分公司旌阳黄许加油站 泸州分公司小市加油站 绵阳分公司石马加油站 南充分公司大垭加油站 攀枝花分公司倮果加油站 凉山分公司礼州加油站 遂宁分公司大石加油站 资阳分公司新城加油站 成品油分公司弥牟加油站	2014 年度销售公司双低站治理先进加油站	2014 年
四川销售分公司	2015 年一季度劳动竞赛先进单位（营销项目、物流优化、信息化项目、劳动效率项目）	2015 年
	2015 年二季度劳动竞赛先进单位（零售项目、加油卡项目、劳动效率项目）	2015 年
	2015 年三季度劳动竞赛先进单位（物流优化项目、劳动效率项目）	2015 年
	油卡非润一体化优秀案例三等奖（《运行管理一体化案例》）	2015 年
	2015 年度昆仑好客创新奖（车用尿素销售、快速换油及全自动洗车中心）	2015 年
	2015 年销售系统“开口营销”服务技能竞赛优秀组织奖	2015 年
	2015 年销售系统“开口营销”服务技能竞赛杰出班组奖（加油站、油库）	2015 年
	2015 年度双低站治理工作先进地区公司	2015 年
成品油分公司 自贡分公司	2015 年度双低站治理工作先进地市公司	2015 年
自贡分公司汇西加油站便利店 旌阳八角加油加气站便利店 龙马加油站便利店 长安加油站便利店 绵阳园北加油站便利店 迎宾加油站便利店 炳三区加油站便利店 广元陵江加油站便利店 江北银江加油站便利店 泸州杨桥加油站便利店 绵竹停车区 B 站便利店	2015 年度昆仑好客收入百强便利店	2015 年
仁和客运中心加油站便利店 宜宾两路桥加油站便利店	2015 年度昆仑好客收入百强便利店	2015 年
四川销售分公司	劳动竞赛一季度先进单位（营销项目、物流优化项目、劳动效率项目）	2016 年
	劳动竞赛二季度先进单位（营销项目、加油卡项目、信息化项目、劳动效率项目）	2016 年
	劳动竞赛三季度先进单位（营销项目、加油卡项目、物流优化项目、降本增效项目、劳动效率项目）	2016 年
	网络开发和工程建设先进单位	2017 年
	2017 年度投资与工程建设工作先进单位	2017 年

续表

获奖单位	荣誉称号（销售公司级）	获奖时间
四川销售分公司规划计划处 乐山分公司	网络开发先进团队	2017 年
成都分公司　达州分公司 仓储分公司	工程建设优秀团队	2017 年
四川销售分公司规划计划处	销售企业优秀工作方法（《创新思路、借力发展、合作开发高速服务区加油站》）	2017 年
南充分公司度门加油站 自贡分公司沿滩加油站	中国石油成品油销售“百名示范加油站”	2018 年
雅安分公司花园加油站 内江分公司蓝盾加油站 宜宾分公司罗龙北加油站 广安分公司浓洄加油站	中国石油成品油销售“百名示范加油站”	2018 年
四川销售分公司	中国石油成品油销售“油卡非润一体化营销话术”一等奖（四川销售公司私家车类营销话术 1 号作品、四川销售公司私家车类营销话术 7 号作品）	2018 年
	中国石油销售公司 2019 年资金管理先进单位	2019 年
	2019 年度市场情报工作先进单位	2019 年

表 12-16　荣获中共四川省委、四川省人民政府表彰先进集体

获奖单位	荣誉称号（省级）	颁奖单位	获奖时间
成都分公司	四川省省级先进企业	四川省人民政府	1989 年
新都支公司　犍为支公司 南充分公司汽车队	省级先进企业	四川省人民政府	1990 年
四川省石油公司	1990 年度安全生产先进单位	四川省人民政府	1990 年
四川省石油公司	安全生产单位	四川省人民政府	1991 年
四川省石油总公司 甘孜州石油公司康定油库	1989—1992 年四川省安全生产先进单位	四川省人民政府	1992 年
四川省石油总公司	1993 年农业抗灾夺丰收先进单位	中共四川省委 四川省人民政府	1993 年
四川省石油总公司	1993 年度全省财贸战线先进单位	四川省人民政府	1993 年
四川省石油总公司	1995 年度安全生产目标管理先进单位	四川省人民政府	1995 年
四川省石油集团有限公司	实现安全生产目标的省级部门	四川省人民政府	1998 年
仓储分公司党支部	四川省先进党组织	中共四川省委	1999 年
绵阳分公司	四川省先进单位	四川省人民政府	2000 年
川南分公司舒平油库党支部	四川省先进基层党组织	中共四川省委	2001 年
四川销售分公司	安全生产先进单位	四川省人民政府	2002 年
四川销售分公司	四川省安全生产先进单位	四川省人民政府	2004 年
四川销售分公司	四川省 2007 年销售收入跨百亿元台阶奖	四川省人民政府	2008 年
四川销售分公司	四川省 2010 年销售收入上（跨）百亿元台阶奖	四川省人民政府	2010 年
四川销售分公司	四川省 2011 年度上（跨）百亿元台阶奖励	四川省人民政府	2011 年
四川销售分公司党委	全省先进基层党组织	中共四川省委	2016 年

表 12–17　荣获省级单位表彰先进集体

获奖单位	荣誉称号（省级）	颁奖单位	获奖时间
四川省石油公司　成都分公司	四川省节约能源先进单位（省一级）	四川省计划经济委员会	1989 年
成都采购供应站　涪陵分公司	四川省商业厅系统先进集体	四川省商业厅 四川省财贸工会	1989 年
成都分公司	四川省省级先进企业	四川省商业厅	1990 年
四川省石油公司　成都分公司 绵阳分公司　自贡分公司	安全工作先进单位	四川省商业厅	1990 年
成都分公司	四川省省级先进企业	四川省商业厅	1990 年
四川省石油公司	省级公司行业安全管理工作先进单位	四川省商业厅	1990 年
成都分公司　绵阳分公司 自贡分公司	商业企业安全工作先进单位	四川省商业厅	1990 年
四川省石油公司安全保卫处	1990 年省级厅、局安全生产先进处（室）	四川省安全生产委员会办公室、四川省劳动厅	1990 年
成都石油站储油所党支部 成都石油站营业部党支部	先进党组织	中共四川省商业厅直属机关委员会	1991 年
四川省石油公司	1991 年度全省冬春防火竞赛达标单位	四川省安全生产委员会	1991 年
	1991 年度安全生产先进单位	四川省安全生产委员会	1991 年
	1991 年商业教育工作先进集体	四川省商业厅	1991 年
四川省石油公司安全生产办公室	1991 年度省级厅、局安全生产先进处（室）	四川省安全生产委员会办公室、四川省劳动厅	1991 年
四川省石油总公司团委	先进团组织	共青团四川省商业厅直属机关委员会	1992 年
绵阳分公司审计科	四川省商业厅系统先进审计工作集体	四川省审计局、四川省商业厅	1992 年
四川省石油总公司仓储基建处	1992 年度省级厅、局安全生产先进处（室）	四川省安全生产委员会	1992 年
四川省石油总公司	省重点森工企业富余工人安置工作先进地区和部门	四川省劳动厅	1993 年
四川省石油总公司工会	1993 年度“职工之家”	四川省直属机关工会	1993 年
四川省石油总公司团委	1994 年度先进团组织	共青团四川省商业厅直属机关委员会	1994 年
四川省石油总公司工会	模范职工之家	四川省直属机关工会	1994 年
四川省石油总公司	1995 年度企业国有资产产权年度检查登记工作先进单位	四川省国有资产管理局	1995 年
四川省石油总公司	1995 年度省级商贸企业财务会计决算优胜单位	四川省财政厅	1995 年
四川省石油总公司	省级商贸企业 1995 年度商贸企业周转金管理先进单位	四川省财政厅	1995 年
四川省石油总公司	迎 1995 世界妇女大会最佳女职工活动竞赛单位（三等奖）	四川省直属机关工会女职工委员会	1995 年
四川省石油总公司	1995 年度省直单位工会女职工工作“四赛四比”达标赛先进单位	四川省直属机关工会女职工委员会	1995 年

续表

获奖单位	荣誉称号（省级）	颁奖单位	获奖时间
四川省石油总公司工会	省直单位开展社会主义劳动竞赛先进单位（“创效益赛”先进单位）	四川省直属机关工会	1995年
四川省石油总公司机关第四党支部 四川省石油总公司机关第八党支部 成都石油采购供应站储油所党支部	四川省贸易厅直属单位1994至1995年度先进党支部	四川省贸易厅直属机关党委	1995年
宜宾采购供应站　绵阳分公司	全省计量工作先进单位	四川省技术监督局	1995年
自贡分公司　宜宾采购供应站	1995—1996年度省级最佳文明单位	四川省精神文明活动办公室	1995年
成都石油站工会	省直单位开展社会主义劳动竞赛先进单位（“优秀服务技能赛”先进单位）	四川省直属机关工会	1995年
成都石油站储油所党支部	先进党组织	四川省直机关工委	1996年
四川省石油总公司工会 成都石油采购供应站工会	创建职工小家活动先进集体	四川省直机关工委	1996年
四川省石油总公司石化工会小组 成都石油站零售部分工会 成都石油站成都储油所分工会	模范职工小家	四川省直机关工委	1996年
四川省石油总公司	1996年度省直单位工会女职工工作“四赛四比”达标赛达标单位	四川省直属机关工会女职工委员会	1996年
	国有资产占有产权登记及1996年度年检登记工作表彰单位	四川省国有资产管理局	1996年
	《中华人民共和国计量法》颁布十周年宣传活先进单位	四川省技术监督局	1996年
四川省石油总公司 四川省石油总公司德阳分公司	四川省贸易厅系统“二五”普法先进单位	四川省贸易厅	1996年
四川省石油集团有限公司	1996年度干部统计年报评比二等奖	四川省贸易厅	1996年
	1996年度商贸企（事）业财务会计决算优胜单位	四川省财政厅	1996年
	1996年度国有资产统计年报先进集体	四川省国有资产管理局	1996年
德阳分公司	1997年度省级文明单位	四川省精神文明活动办公室	1997年
四川省石油集团有限公司工会	四川省直机关1997年度开展社会主义劳动竞赛活动先进单位	四川省直机关工委	1997年
四川省石油集团成都七〇〇五油库工会 四川省石油集团成都采购站工会	四川省直机关1997年度开展社会主义劳动竞赛活动组织奖单位	四川省直机关工委	1997年
四川省石油集团有限公司工会 四川省石油集团成都公司工会	四川省直机关1997年度先进职工之家	四川省直机关工委	1997年
四川省石油集团成都七〇〇五油库工会	四川省直机关1997年度职工之家	四川省直机关工委	1997年
四川省石油集团有限公司工会	1998年度先进职工之家	四川省直机关工委	1998年

续表

获奖单位	荣誉称号（省级）	颁奖单位	获奖时间
四川省石油集团仓储公司党支部 四川省石油集团零售公司党支部 四川省石油集团有限公司政工党支部 四川省石油集团有限公司石化房地产公司党支部	四川省贸易厅直属单位先进党支部	四川省贸易厅	1998 年
四川销售分公司女工委员会	1999 年度四川省女职工工作竞赛优胜单位	四川省总工会	1999 年
雅安公司	四川省女职工双文明建功立业竞赛先进集体	四川省总工会	1999 年
四川销售分公司工会	1999 年度四川省工会财务工作竞赛三等奖	四川省总工会	1999 年
攀枝花公司团委	四川省五四红旗团委创建单位	共青团四川省委	1999 年
攀枝花公司团委 德阳公司宝峰油库团支部	四川省优秀团组织	共青团四川省委	1999 年
四川销售分公司计量室	四川省技术监督系统先进集体	四川省人事厅、四川省技术监督局	1999 年
乐山公司	四川贸易企业铜牌奖	四川省贸易厅	1999 年
达州公司	99 四川批发贸易企业最佳效益	四川省人民政府贸办公室、四川省统计局、四川省社会经济评估中心	1999 年
	99 四川省贸易企业最大规模 100 强		1999 年
	99 四川贸易企业最佳效益 50 强		1999 年
四川销售分公司财务资产处党支部	四川省直机关先进基层党组织	四川省直机关工委	2000 年
成品油零售分公司城北加油站	四川省职业道德建设先进单位	四川省总工会	2000 年
成品油零售分公司分工会	四川省模范职工小家	四川省总工会	2000 年
四川销售分公司	省工会工作竞赛优胜单位三等奖	四川省总工会	2000 年
	2000 年度四川省总工会工会工作竞赛三等奖	四川省总工会	2000 年
	2000 年度四川省直接监督单位安全生产工作先进单位	四川省安全生产监督管理局	2000 年
四川销售分公司女工委员会	2000 年度四川省总工会女职工工作竞赛优胜单位	四川省总工会	2000 年
德阳分公司宝峰油库	四川省青年文明号	共青团四川省委	2000 年
简阳公司团支部 达州分公司团委	四川省优秀团组织	共青团四川省委	2000 年
攀枝花分公司团委	四川五四红旗团委	共青团四川省委	2001 年
攀枝花分公司河石坝加油站	四川省青年文明号	共青团四川省委	2001 年
零售分公司青羊加油站	四川省 2001—2002 年度职业道德建设十佳标兵单位	中共四川省委企业工委	2001 年
川南分公司分工会	四川省模范职工之家	四川省总工会	2001 年
乐山分公司分工会	四川省先进职工之家	四川省总工会	2001 年
仓储分公司分工会	四川省模范职工小家	四川省总工会	2001 年
四川销售分公司工会	四川省 2001 年度工会统计工作先进单位一等奖	四川省总工会	2001 年
四川销售分公司工会女职工委员会	四川省 2001 年度工会女职工工作竞赛综合优胜奖	四川省总工会	2001 年

续表

获奖单位	荣誉称号（省级）	颁奖单位	获奖时间
巴中分公司	四川省商业文明单位	四川省贸易厅	2001 年
雅安分公司	2001 年度省级卫生先进单位	四川省爱国卫生运动委员会	2001 年
雅安分公司	四川省厂务公开先进单位	四川省推行厂务公开制度领导小组	2001 年
青羊加油站	青年文明号	共青团四川省委	2002 年
巴中分公司	计量信得过单位	四川省贸易委、技监局	2002 年
成都分公司	质量达标先进单位	四川省质量调查中心	2002 年
四川销售分公司工会	工会工作竞赛二等奖	四川省总工会	2002 年
	工会干部教育调训工作先进单位	四川省总工会	2002 年
	工会财务工作竞赛评比一等奖	四川省总工会	2002 年
	工会统计工作先进单位一等奖	四川省总工会	2002 年
	工会经审工作考核综合二等奖、单项三等奖	四川省总工会	2002 年
四川销售分公司	2003 年度四川省“守合同重信用企业”	四川省工商局	2003 年
	2003 年度四川省直接监督单位安全生产工作先进单位	四川省安全生产监督管理局	2003 年
	2003 年度党内统计全优报表企业单位	四川省国有资产管理委员会	2003 年
四川销售分公司工会	2003 年度四川省总工会工会财会工作竞赛一等奖	四川省总工会	2003 年
	2003 年度四川省总工会工会统计工作先进单位一等奖	四川省总工会	2003 年
	2003 年度四川省总工会工会工作竞赛优胜单位三等奖	四川省总工会	2003 年
攀枝花分公司炳草岗加油站	四川省共产党员实践“三个代表”示范党小组	中共四川省委组织部	2003 年
凉山分公司长安加油站	四川省第七届（2003 年）职工职业道德建设先进单位	四川省总工会	2003 年
德阳分公司工会	四川省模范职工之家	四川省总工会	2003 年
成品油零售分公司	四川省模范职工小家	四川省总工会	2003 年
广安分公司广福加油站 宜宾分公司南岸加油站 广元分公司凤凰女子加油站 绵阳分公司董家沟南山加油站 资阳分公司西门加油站 攀枝花分公司滨江加油站 攀枝花分公司银江加油站 南充分公司南干道加油站 南充分公司西河加油站 雅安分公司青龙场加油站 甘孜分公司新都桥加油站 川南分公司马吃水加油站	中国石油四川销售分公司 2003 年度青年文明号	四川省企工委团委 四川销售分公司团委	2003 年

续表

获奖单位	荣誉称号（省级）	颁奖单位	获奖时间
川南分公司双苏加油站 眉山分公司胜能加油站 泸州分公司北郊加油站 乐山分公司城西加油站 乐山 7102 油库发油班 遂宁分公司开善寺加油站 巴中分公司江北加油站 岷江分公司高科加油站 岷江分公司李冰加油站 德阳分公司珠江加油站 德阳分公司东城加油站 达州分公司海棠湾加油站 成都分公司蜀龙加油站 凉山分公司长安加油站 零售分公司棕树加油站 仓储分公司发油科	中国石油四川销售分公司 2003 年度青年文明号	四川省企工委团委 四川销售分公司团委	2003 年
乐山分公司	2003 年四川省企业景气调查工作考评结果一等奖	四川省统计局	2003 年
四川销售分公司	AAA 级客户满意单位	中国客户满意度评价中心四川法人代表权益保护中心	2004 年
	合法权益保护单位	中国法人权益保护中心 四川省法人权益保护中心	2004 年
	AAA 级守法诚信单位	中国守法诚信评估中心 四川省法人代表权益保护中心	2004 年
	2004 年度四川省直接监督单位安全生产工作先进单位	四川省安全生产监督管理局	2004 年
	2004 年度四川省总工会工会财务工作综合竞赛特等奖、单项竞赛二等奖	四川省总工会	2004 年
	2004 年度四川省总工会工会女职工工作优胜奖	四川省总工会	2004 年
	2004 年度四川省实施群众性经济技术工程优秀组织奖	四川省总工会	2004 年
	2004 年度四川省总工会工会经审工作考核综合三等奖、单项三等奖	四川省总工会	2004 年
川南分公司史家油库	四川省第八届（2004 年）职业道德建设先进单位	四川省总工会	2004 年
四川销售分公司	2001—2005 年四川省“四五”普法依法治企先进单位	四川省政府国有资产监督管理委员会、四川省法制建设领导小组办公室	2005 年
	四川省工业经济评价考核先进集体一等奖	四川省工业经济评价考核办公室	2005 年
	2005 年度四川省直接监督单位安全生产先进单位	四川省安全生产监督局	2005 年
	诚信单位	四川省保护消费者权益委员会	2005 年

续表

获奖单位	荣誉称号（省级）	颁奖单位	获奖时间
四川销售分公司工会	2005年度工会领导班子考核二等奖	四川省总工会	2005年
	四川省第二届职工职业技能大赛优秀组织奖	四川省总工会	2005年
	全省工会系统“四五”普法先进单位	四川省总工会	2005年
	2005年度四川省工会统计工作先进单位一等奖	四川省总工会	2005年
	2005年度工会财务工作综合竞赛评比特等奖	四川省总工会	2005年
	2005年度四川省工会工作目标考核二等奖	四川省总工会	2005年
泸州分公司北郊加油站	四川省第九届职工职业道德建设先进单位	四川省总工会	2005年
南充分公司分工会	四川省2005年模范职工之家	四川省总工会	2005年
乐山分公司7102油库分工会	四川省2005年模范职工小家	四川省总工会	2005年
成都分公司蜀龙加油站	2005年四川省国资委系统青年文明号	四川省政府国有资产监督管理委员会	2005年
成都分公司	四川省“创建学习型组织，争创知识型技能职工”活动示范单位	四川省创争活动领导小组	2005年
四川销售分公司党委 成都分公司双流油库党支部	先进基层党组织	中共四川省国有资产监督管理委员会	2006年
绵阳分公司董家沟油库	四川省五一劳动奖状	四川省总工会	2006年
成品油分公司棕树加油站 岷江分公司高科加油站 成都分公司蜀都加油站 宜宾分公司南岸加油站 凉山分公司长安加油站 德阳分公司东城加油站 绵阳分公司南山加油站 攀枝花分公司银江加油站 泸州分公司北郊加油站 甘孜分公司石棉滨河加油站 资阳分公司迎宾加油站	四川省青年文明号	共青团四川省委	2006年
成品油分公司城北加油站	四川省五一劳动奖状	四川省总工会	2007年
	四川省工人先锋号	四川省总工会	2007年
雅安分公司工会	四川省模范职工之家	四川省总工会	2007年
资阳分公司简阳油库分工会 泸州分公司北郊加油站工会小组	四川省模范职工小家	四川省总工会	2007年
广元分公司	四川省五一劳动奖状	四川省总工会	2008年
绵阳分公司董家沟油库 攀枝花分公司米易片区	四川省工人先锋号	四川省总工会	2008年
广安分公司机关分工会	四川省模范职工小家	四川省总工会	2008年
广元分公司新安加油站	2008年度四川省国资委系统“青年文明号”	四川省国资委	2008年
绵阳分公司安北片区 广元分公司青川片区 德阳分公司什邡片区	四川省工人先锋号	四川省总工会	2008年

续表

获奖单位	荣誉称号（省级）	颁奖单位	获奖时间
四川销售分公司	2009年度中央在川企业财务与经济信息联系工作先进单位	四川省国有资产监督管理委员会	2009年
凉山分公司　遂宁分公司	四川省五一劳动奖状	四川省总工会	2009年
德阳分公司聚友加油站 宜宾分公司内宜高速AB站 仓储分公司仓储科计量收油二班	四川省工人先锋号	四川省总工会	2009年
德阳分公司	四川省五一劳动奖状	四川省总工会	2010年
岷江分公司	四川省工人先锋号	四川省总工会	2010年
甘孜分公司石棉片区 成都分公司新都片区	四川省工人先锋号	四川省总工会	2010年
巴中分公司乐坝油库分工会	四川省模范职工小家	四川省总工会	2010年
四川销售分公司	四川省2010年“全国安全生产月”活动宣传工作先进单位	四川省政府安全生产委员会	2010年
四川销售分公司	2010年度四川省“安全生产先进单位”	四川省人民政府安全生产委员会	2010年
四川销售分公司	2010年度党报党刊宣传发行优秀单位	四川省国资委	2010年
四川销售分公司	2010年度中央企业财务与经济信息联系工作先进单位	四川省国资委	2010年
达州分公司工会	四川省模范职工之家	四川省总工会	2010年
四川销售分公司党委 德阳分公司绵竹片区党支部	四川省国资委系统先进基层党组织	中共四川省国有资产监督管理委员会	2011年
成都分公司金牛坝加油站 仓储分公司104油库	四川省工人先锋号	四川省总工会	2011年
内江分公司蓝盾加油站 广元分公司新安加油站 乐山分公司城西加油站 泸州分公司龙马加油站	四川省青年文明号	共青团四川省委	2011年
四川销售分公司团委	四川省五四红旗团委	共青团四川省委	2011年
四川销售分公司	四川省2011年度大企业大集团前10强	四川省培育大企业大集团联席会议办公室	2011年
	2011年度“四川省诚信示范单位”	四川省市场经济诚信建设促进会	2011年
	四川省2010年度省级守合同重信用企业	四川省工商局	2011年
成都分公司　自贡分公司	四川省五一劳动奖状	四川省总工会	2012年
雅安分公司碧峰加油站	四川省工人先锋号	四川省总工会	2012年
内江分公司团委	四川省五四红旗团委	共青团四川省委	2012年
四川销售分公司	四川省2012年度大企业大集团前10强	四川省培育大企业大集团联席会议办公室	2012年
雅安分公司	四川省五一劳动奖状	四川省总工会	2013年

续表

获奖单位	荣誉称号（省级）	颁奖单位	获奖时间
雅安分公司 甘孜分公司乌斯河经营部	芦山地震抗震救灾工人先锋号	四川省总工会	2013 年
遂宁分公司党委	四川省抗洪救灾先进基层党组织	中共四川省委组织部	2013 年
绵阳分公司花园加油站	四川省三八红旗集体	四川省妇联	2013 年
泸州分公司龙马加油站	四川省国资委系统先进班组（科室）	四川省国有资产监督管理委员会	2013 年
仓储分公司	四川省五一劳动奖状	四川省总工会	2014 年
南充分公司	四川省五一劳动奖状	四川省总工会	2014 年
	四川省劳动竞赛优胜单位	四川省总工会	2014 年
成品油分公司高新天山加油站	四川省工人先锋号	四川省总工会	2014 年
雅安分公司团委	四川省五四红旗团委	共青团四川省委	2014 年
成都分公司蜀龙加油站	四川省“五化五强班组”	四川省总工会	2014 年
四川销售分公司	四川省 2014 年度大企业大集团前 10 强	四川省培育大企业大集团联席会议办公室	2014 年
四川销售分公司	四川省 2015 年度大企业大集团前 10 强	四川省培育大企业大集团联席会议办公室	2015 年
岷江分公司	四川省五一劳动奖状	四川省总工会	2016 年
成品油分公司元华加油站	四川省工人先锋号	四川省总工会	2016 年
四川销售分公司党委 德阳分公司党委	四川省国资委系统先进基层党组织	中共四川省国有资产监督管理委员会	2016 年
遂宁分公司太吉桥加油站	国资委系统先进集体	四川省国有资产监督管理委员会	2016 年
攀枝花分公司炳三区加油站	四川省工人先锋号	四川省总工会	2017 年
遂宁分公司机关团支部	四川省五四红旗团支部	共青团四川省委	2017 年
成品油分公司　攀枝花分公司	四川省五一劳动奖状	四川省总工会	2018 年
四川销售分公司仁和加油站	四川省工人先锋号	四川省总工会	2018 年
成品油分公司高新片区团支部	四川省五四红旗团支部	共青团四川省委	2018 年
广安分公司	四川省五一劳动奖状	四川省总工会	2019 年
凉山分公司党委 成都分公司党委	国有企业先进党组织	四川省国有资产监督管理委员会	2019 年

第二节　先进个人

中国石油四川销售分公司获得先进个人称号的汇总情况如表 12-18 ~表 12-28 所示。

表 12–18　荣获国家级表彰先进个人

姓名及所在单位	荣誉称号（国家级）	颁奖单位	获奖时间
陈利全（雅安分公司经理、党委书记）	全国劳动模范	国务院	1989 年
刘世侯（四川省石油公司经理、党委书记）	全国五一劳动奖章	中华全国总工会	1990 年
董云嫦（雅安分公司）	全国优秀工会工作者	中华全国总工会	1998 年
管晓梅（绵阳分公司）	在本企业档案工作目标管理国家二级达标中做出突出贡献者	国家档案局	2000 年
岷江分公司：高　尚　孙　宝　王汶远 李卫红　杨永文	在本企业档案工作目标管理国家二级达标中做出突出贡献者	国家档案局	2000 年
李　勇（攀枝花分公司）	全国五一劳动奖章	中华全国总工会	2003 年
叶学胜（四川销售分公司）	全国优秀工会工作者	中华全国总工会	2003 年
刘晓红（德阳分公司广汉片区）	全国劳动模范	国务院	2005 年
省　公　司：徐锦华　陈非之　贺锦世　贾政民 部有贵　曹效质　王竹清 成都分公司：杨作林　宋德一 凉山分公司：方桂兰　田凤美　王喜儿 泸州分公司：孔六庭　程玉祥　亢应祥 乐山分公司：王永庆　储德时　张东亮 资阳分公司：马文跃 川南分公司：孙殿泰　柳洛三　袁忠厚 遂宁分公司：王　珍　石振玉	抗战老战士纪念章	国务院 中央军委	2005 年
广安分公司：杨成全　王芝陞 达州分公司：高均恒　于春一　王玉荣 王振云　梁修桐 岷江分公司：石　岩 广元分公司：谈　天　张友运	抗战老战士纪念章	国务院 中央军委	2005 年
蔡向阳（四川销售分公司总经理助理）	全国五一劳动奖章	中华全国总工会	2006 年
余章华（遂宁分公司）	全国向上向善好青年	共青团中央	2006 年
三　保（岷江分公司汶川片区副经理）	全国五一劳动奖章	中华全国总工会	2008 年
李　明（广元分公司青川片区副经理） 席成燕（绵阳分公司茅坝加油站综管员）	中央企业抗震救灾先进个人	国务院国资委	2008 年
余永明（绵阳分公司安北片区曲山加油站经理）	中央企业抗震救灾优秀共产党员	国务院国资委	2008 年
王丽莎（资阳分公司工会办公室主任）	全国优秀工会工作者	中华全国总工会	2008 年
李　明（广元分公司青川片区党支部书记）	全国五一劳动奖章	中华全国总工会	2009 年
	中央企业劳动模范	国务院国资委	2009 年
杨　莉（遂宁分公司明月桥加油站经理）	中央企业先进职工	国务院国资委	2010 年
张学梁（四川销售分公司团委书记）	中央企业优秀青年工作者	国务院国资委	2012 年
余永明（绵阳分公司董家沟油库党支部副书记）	全国五一劳动奖章	中华全国总工会	2012 年
杨铖浩（内江分公司信息中心副主任）	全国优秀共青团员	共青团中央	2014 年
陈小玲（泸州分公司龙马连片管理团队党支部书记）	全国劳动模范	国务院	2015 年
四川销售分公司：杨　鸿　赵百川　谌宜男	2014—2015 年度优秀理论研究论文一等奖（《关于运用信息化手段开展专项监督检查的实践与思考》）	中国监察学会石油分会	2015 年
程　懿（四川销售分公司）	中央企业法律事务先进工作者	国务院国资委	2015 年
陈小玲（泸州分公司龙马连片管理团队党支部书记）	全国三八红旗手	全国妇联	2018 年
杨　君（攀枝花公司和爱加油站）	全国五一巾帼标兵	全国妇联	2018 年

表 12-19　荣获中国石油化工总公司表彰先进个人

姓名及所在单位	荣誉称号（集团公司级）	获奖时间
张金珠（泸州分公司党总支书记）	石化系统优秀思想政治工作者	1989 年
刘少业（绵阳分公司油库主任）	基层工作者标兵	1991 年
赵永秀（涪陵分公司）	优秀思想政治工作者	1992 年
宋学忠（四川省石油总公司党委书记） 胡国强（成都分公司普兴油库保卫科副科长） 沈前高（南充分公司燕儿窝油库主任、书记） 王辛春（黔江分公司经理、党委书记）	石化总公司劳动模范	1995 年
陈占信（四川省石油总公司）	1991 年至 1995 年度纪检监察系统先进工作者	1995 年
胡兴东（四川省石油总公司） 詹述圣（成都石油采购供应站）	优秀思想政治工作者	1996 年

表 12-20　荣获中国石油天然气集团公司表彰先进个人

姓名及所在单位	荣誉称号（集团公司级）	获奖时间
邱厚祥（自贡分公司）	劳动模范	1999 年
唐胜云（绵阳分公司）	优秀思想政治工作者	1999 年
汪　萍（绵阳分公司）	第二届青年岗位能手	1999 年
王长碧（德阳分公司）	优秀共产党员	2000 年
孙　宝（岷江分公司） 魏　明（绵阳分公司）	优秀党务工作者	2000 年
刘玉琳（104 油库）	集团公司青年创新工作法大赛青年岗位能手	2003 年
刘绍业（成都分公司）	劳动模范	2005 年
汪治江　王金良　杨蜀光	维护稳定工作先进工作者	2005 年
蔡向阳	中国石油办公室系统先进个人	2005 年
程艳丽（省公司） 田全锋（岷江分公司）	2005 年度集团公司财务资产工作先进工作者	2005 年
王怀炳	2005 年度集团公司资本运营工作先进工作者	2005 年
赵蓉斌	2005 年度集团公司内控管理工作先进工作者	2005 年
程　懿	集团公司法律工作先进个人	2005 年
杨泽元	宣传工作先进个人	2005 年
程　懿（四川销售分公司企业管理处）	法律工作先进个人	2006 年
罗光辉（宜宾分公司党委副书记）	优秀党务工作者	2007 年
马中德（凉山分公司总经理、党委副书记）	优秀共产党员	2007 年
姚志强（四川销售公司总经理、党委副书记） 温明友（四川销售公司副总经理、党委委员） 余永明（绵阳分公司曲山加油站经理） 三　保（岷江分公司聚源加油站经理） 李　明（广元分公司青川片区副经理） 席成燕（绵阳分公司茅坝加油站综合管理员） 蒋胡民（四川销售公司副总经济师、营销处处长）	抗震救灾先进个人	2008 年

续表

姓名及所在单位	荣誉称号（集团公司级）	获奖时间
杜庆华（四川销售公司安全副总监、仓储安全环保处处长） 刘星国（四川销售公司总经理助理、成都分公司总经理、党委副书记） 孙　宝（四川销售公司副总经济师、岷江公司总经理、党委副书记） 朱　波（绵阳分公司总经理） 杨万彬（广元分公司总经理、党委副书记） 吕　力（德阳分公司总经理、党委副书记） 赵晓红（德阳分公司红白加油站加油员） 杜清惠（德阳分公司红白加油站加油员） 周乐友（德阳分公司红白加油站综合管理员） 魏存彬（成都分公司怀远加油站综合管理员） 张　平（岷江分公司副总经理） 徐家瑞（岷江分公司汶川片区经理、党支部书记） 何永政（广元分公司党委书记） 黎　鹏（绵阳分公司党委书记） 席春洪（绵阳分公司林家坝加油站经理）	抗震救灾先进个人	2008 年
陈国瑞	模范思想政治工作者	2008 年
杨建军　杨芳兰	优秀思想政治工作者	2008 年
马中德（凉山分公司经理）	销售系统“十大模范经理人”	2008 年
刘纯珂	中国石油办公室系统先进个人	2008 年
钟云环	2006—2008 年度审计工作先进工作者	2008 年
任安民　蒋莉娜　王丽娟　龙春艳　刘智刚	中国石油 2008 年职业技能竞赛金奖（加油站操作员）	2008 年
聂小平　葛鸿珊	中国石油 2008 年职业技能竞赛银奖（加油站操作员）	2008 年
刘　军　王　龙　米才高　杨　旭	中国石油 2008 年职业技能竞赛银奖（油品储运调和操作工）	2008 年
蒙思远	中国石油 2008 年职业技能竞赛银奖（油品计量工）	2008 年
吴雪莲　贺梅杰　邓冬梅	中国石油 2008 年职业技能竞赛铜奖（加油站操作员）	2008 年
张　耘	中国石油集团会计知识竞赛二等奖	2008 年
王文安　段开平　刘世侯　聂勋铭	和谐之家（恩爱夫妻）	2008 年
王　涛	和谐之家（孝敬老人好儿女）	2008 年
陈洪鸣	和谐之家（老年事业热心人）	2008 年
巩　凯（四川销售分公司）	2009 年度集团公司信息工作先进个人	2009 年
杨　勤　徐光丽	2009 年度 HSE 信息系统应用先进个人	2009 年
熊　明（四川销售分公司）	集团公司 HSE 信息系统建设与应用先进个人	2009 年
杜庆华　张希旭　任 源	2009 年度安全生产先进个人	2009 年
邱　洪（凉山分公司纪委副书记、监察科科长）	2007—2009 年度纪检监察先进个人	2009 年
申　瑄（四川销售分公司物资采购处处长）	2007—2009 年度廉洁从业模范干部	2009 年
吕家驹　林　敏	离退休宣传思想工作先进个人	2009 年

续表

姓名及所在单位	荣誉称号（集团公司级）	获奖时间
余永明（绵阳分公司绵阳销售片区党支部书记） 孙　宝（岷江分公司总经理） 罗光辉（宜宾分公司党委书记） 黄建国（甘孜分公司北线片区经理） 王巧燕（达州分公司16公里加油站加油员） 扎西彭措（甘孜分公司理塘加油站经理） 蒋胡民（四川销售分公司副总经理）	劳动模范	2010年
李应该	集团公司保密工作先进个人	2010年
	密码工作优秀个人	2010年
陈晓惠（四川销售分公司工会干事） 邓雅玲（凉山分公司工会副主席）	集团公司优秀工会工作者	2010年
吕　莉	2009—2010年度后评价工作先进个人	2010年
于　蓉	优秀职业技能开发工作者	2010年
程艳丽　王　燕　严　丽	中国石油预算信息管理系统项目第一期建设先进个人	2010年
银　利　陈　媛	集团公司“十一五”税收管理先进工作者	2010年
刘纯珂	《中国石油天然气集团公司年鉴》优秀撰稿人	2010年
朱华锋	2008—2010年度石油工程造价管理工作先进工作者	2010年
余永明（绵阳分公司） 李　瑾（成都分公司） 何群英（遂宁分公司） 张荣光（达州分公司） 李　勇（广元分公司） 陈小玲（泸州分公司） 谭　超（巴中分公司） 刘晓红（德阳分公司）	优秀共产党员	2011年
杨芳兰（攀枝花分公司） 李　明（广元分公司） 冉　茂（岷江分公司） 唐德彬（泸州分公司） 雷月箭（成都分公司） 王金良（内江分公司） 王丽莎（资阳分公司） 郭雪玲（成品油分公司）	优秀党务工作者	2011年
刘　苏　董树元　杨彦艳　唐卫国	2010—2011年度投资管理先进个人	2011年
解晋蓉	2011年度离退休职工管理信息系统应用管理和统计工作先进个人	2011年
张用军　田玉龙	中国石油天然气集团公司人事系统开展“讲党性、重品行、做表率、带头创先争优”活动优秀个人	2011年
程　懿　贾义平　王乐丁	2007—2011年度资本运营工作先进个人	2011年
陈晓瑞　蒋　涛	人事统计先进个人（优秀关键用户）	2011年
张周平　刘　敏	2009—2011年度审计工作先进个人	2011年
周　全	2011年度集团公司信息工作先进个人	2011年

续表

姓名及所在单位	荣誉称号（集团公司级）	获奖时间
薛　亮	2011 年度招标统计先进个人	2011 年
刘　静　汤雪梅	2011 年度集团公司健康安全环境信息系统应用先进个人	2011 年
杜庆华	2011 年度安全生产先进个人	2011 年
林　辉	2011 年度环境保护先进个人	2011 年
曾　伟（四川销售分公司审计监察处主管）	集团公司效能监察先进个人	2011 年
罗　杰　唐钰涵　谭永玲	中国石油安全环保与节能知识竞赛优秀选手	2011 年
刘志成　肖雪梅	“党史知识竞赛”先进个人	2011 年
黄代国	“我的入党故事”优秀征文一等奖（《我的四份入党申请书》）	2011 年
陈德桓	“我的入党故事”优秀征文三等奖（《古稀老人的入党故事》）	2011 年
左许生	离退休工作政策业务知识学习竞赛活动先进个人	2011 年
赵　刚　黄继伟	2011 年度集团公司健康安全环保获奖论文一等奖（《防雷防静电接地阻值变化风险预警管理》）	2011 年
罗　杰　余　力	2011 年度集团公司健康安全环保获奖论文二等奖（《销售企业承包商安全管理分析》）	2011 年
汤雪梅	2011 年度集团公司健康安全环保获奖论文三等奖（《健康安全环境信息系统与日常工作的有机融合》）	2011 年
李　林	2011 年度集团公司健康安全环保获奖论文优秀奖（《销售公司成品油管道泄漏风险评价研究》）	2011 年
张学梁	集团公司优秀青年工作者	2011 年
周文军	2011 年度集团公司健康安全环保获奖论文优秀奖（《企地应急联动协调机制的建立实践》）	2011 年
任政聪	集团公司青年百项优秀“五小”成果（《加油站生活废水循环利用系统》）	2011 年
张玉萍	集团公司青年百项优秀创新工作法（《“双枪一车”加油法》）	2011 年
刘纯珂　赵晓帆　伍　念 唐　飞　张晋松　张和平	集团公司 2010—2012 年度维稳信访工作先进工作者	2012 年
李　海　苏　琴　刘　静	集团公司 HSE 管理体系推进工作先进个人	2012 年
杜庆华（四川销售分公司安全副总监）	安全生产“十大”标兵	2012 年
熊　明	安全管理先进个人	2012 年
	2012 年度环境保护先进个人	2012 年
罗　飚　永　建	安全生产先进个人	2012 年
刘玉琳	2012 年度节能节水先进个人	2012 年
张晋松	2012 年度集团公司信息工作先进个人	2012 年
熊　科	2012 年度物资统计先进个人	2012 年
沈光强　尚光玉	土地普查先进个人	2012 年

续表

姓名及所在单位	荣誉称号（集团公司级）	获奖时间
杨从强	“纪念干部离退休制度建立30周年”征文活动优秀作品三等奖（《关于做好离退休人员管理服务工作的五点思考》）	2012年
王　野	2013年度集团公司信息工作先进个人	2013年
于光明	安全管理先进个人	2013年
廖运祥	2013年度环境保护先进个人	2013年
李秋园	2013年度节能节水先进个人	2013年
罗许红（四川销售分公司党群工作处主办） 闻静珊（内江分公司财务科科员） 熊　强（眉山分公司东坡片区快乐加油站计量安全员）	2013年度集团公司优秀共青团员	2013年
陈小玲（泸州分公司龙马加油站经理）	第七届“十大杰出青年”	2013年
陈柯伊（资阳分公司团委书记） 牟　静（宜宾分公司团委书记）	2013年度集团公司优秀共青团干部	2013年
杨海宁　赵　宇　银　利	保险管理先进个人	2013年
孙　锋（成品油分公司非油品经营部经理）	百佳爱心人物	2013年
彭建轩　周　玫	股权管理系统建设先进个人	2013年
周　柯	招标管理工作先进个人	2013年
邓　佳	密码工作优秀个人	2013年
刘　晋（仓储分公司）	“标准化杯”征文活动优秀征文三等奖（《运维标准强管理》）	2013年
李素萍	离退休体育活动先进个人	2013年
周　黎	2013年度集团公司健康安全环保获奖论文一等奖《承包加油站HSE管理现状与思考》	2013年
廖运祥　刘潮海　刘亚宁	2013年度集团公司健康安全环保获奖论文二等奖（《对加油站输入性风险的认识和应对》）	2013年
陈　斌　苏　毅　刘　谊	2013年度集团公司健康安全环保获奖论文三等奖（《自动化运用在优化消防工艺及改变传统应急模式的探索》）	2013年
蔡孝府　刘玉琳	2013年度集团公司健康安全环保获奖论文三等奖（《健康安全环保信息系统使用现状及改进建议》）	2013年
高令川　刘　跃　潘述良	2013年度集团公司健康安全环保获奖论文优秀奖（《建设加油站施工安全移动监管平台实现施工现场三级监管》）	2013年
李其明（四川销售分公司离退休管理中心）	2013年度离退休系统门户网站工作先进个人	2013年
何尔友　张含浩	石油健康老人	2013年
冯　佳（广元分公司东坝加油站经理） 泽仁彭措（甘孜分公司稻城加油站经理）	优秀共产党员	2014年
徐晓炜（四川销售公司审计监察处处长） 李　洪（攀枝花销售分公司党委书记）	优秀党务工作者	2014年

续表

姓名及所在单位	荣誉称号（集团公司级）	获奖时间
牟　静（宜宾分公司团委书记） 陈柯伊（资阳分公司团委书记）	集团公司优秀共青团干部	2014 年
熊　强（眉山分公司快乐加油站计安员） 闻静珊（内江分公司财务科科员） 罗许红（四川销售公司党群工作处主办）	集团公司优秀共青团员	2014 年
郑婷婷	集团公司办公室系统先进个人	2014 年
刘玉琳	安全管理先进个人	2014 年
李　倩　李　剑	安全监督先进个人	2014 年
喻小东　张　力	安全生产先进个人	2014 年
饶家钰	2014 年度环境保护先进个人	2014 年
周运华	2014 年度集团公司信息工作先进个人	2014 年
周继涛	2014 年度节能节水先进个人	2014 年
范成华　周　静	2012—2014 年度审计工作先进个人	2014 年
熊　力　何谷岩	质量计量标准化管理先进个人	2014 年
陈　耿　帅　虹	管理提升活动先进个人	2014 年
刘玉琳	2013—2014 年度集团公司节能节水统计先进工作者	2014 年
秦　彤　蒋　剑	《中国石油报·金秋周刊》优秀通讯员	2014 年
陈志洪　姚　艳	集团公司离退休职工活动中心优秀工作者	2014 年
李素萍　魏光清	集团公司离退休职工文体活动先进个人	2014 年
姚光玉　赵学文	集团公司优秀老年大学学员	2014 年
陈小玲（四川销售分公司龙马连片加油管理团队经理、党支部书记）	集团公司十大特等劳动模范	2015 年
扎西彭措（甘孜分公司理塘加油站经理） 蒋胡民（四川销售分公司副总经济师）	劳动模范	2015 年
梅学军　卢兴奎　朱　波　黎　鹏 唐德彬　陈乔乔	2013—2015 年维稳信访工作先进工作者	2015 年
苏　莉　黄琳英　陈海强　熊起远　黎　明	2013—2015 年财务工作先进个人	2015 年
陈志奎	2015 年度节能节水先进个人	2015 年
邓琪昌（成品油分公司浣花加油站经理）	优秀青年	2015 年
陈　娟（油料分公司团委书记）	2014—2015 年集团公司优秀共青团干部	2015 年
邓　佳	年鉴工作先进个人	2015 年
李　华　刘海燕　吕　莉	规划计划工作先进个人	2015 年
冯国权	安全管理先进个人	2015 年
赵　刚　李　剑	安全监督先进个人	2015 年
张清远　石小雷	安全生产先进个人	2015 年
于光明	集团公司 2015 年度环境保护先进个人	2015 年
袁淑明　杨德钦　刘德馨　李相文	集团公司优秀离退休职工共产党员	2015 年

续表

姓名及所在单位	荣誉称号（集团公司级）	获奖时间
余玲蓉　肖　羌	集团公司离退休工作先进个人	2015 年
何先美（德阳分公司党委书记）	“三严三实”专题教育优秀党课二等奖	2015 年
丁永和（成都分公司经理）	“三严三实”专题教育优秀党课优秀奖	2015 年
杜庆华　孙永忠　刘　静	2015 年度集团公司健康安全环保获奖论文一等奖（《销售企业运用 HSE 风险管理工具的研究与实践》）	2015 年
熊　力　周继涛	2015 年度集团公司健康安全环保获奖论文二等奖（《地罐交接推进中存在的问题分析与对策》）	2015 年
严莉莎	2015 年度集团公司健康安全环保获奖论文二等奖（《加油站 HSE 信息系统的有效运用情况》）	2015 年
祝秋雨	2015 年度集团公司健康安全环保获奖论文二等奖（《加油站卸油作业关键环节提示板的研究与应用》）	2015 年
扎西彭措（藏族）　余兴武	优秀共产党员	2016 年
韩前灯　陈建林	优秀党务工作者	2016 年
何建华	安全管理先进个人	2016 年
吴明文　谢　鹏	安全监督先进个人	2016 年
王　梅　何　丹	安全生产先进个人	2016 年
杨启慧	2016 年度环境保护先进个人	2016 年
袁　莉	2016 年度节能节水先进个人	2016 年
蒋　涛	集团公司“十二五”员工培训先进工作者	2016 年
曾　怡	集团公司“十二五”优秀专职培训教师	2016 年
赵　刚　刘　静	集团公司 HSE 管理体系推进工作先进个人	2016 年
吴进来　林　辉　贾晋宏　程　懿　付　强　吕　莉	集团公司先进科技工作者	2016 年
余智泉　高令川　李　亮	集团公司信息化工作先进个人	2016 年
何晓东　银　利	集团公司“十二五”财税价格工作先进个人	2016 年
熊　力　罗　飚	集团公司质量计量标准化管理先进个人	2016 年
蒋旭东　吕　莉	“十三五”规划工作先进个人	2016 年
曹　昕	法律与合规工作先进个人	2016 年
付　强	“六五”普法先进个人	2016 年
徐晓莉	2016 年度管理提升信息报送先进个人	2016 年
缪　君　吴冰洁	2016 年信息工作先进个人	2016 年
陈利全	第三届“石油健康老人”	2016 年
朱　斌（岷江分公司郫县片区党支部副书记）	集团公司“两学一做”学习教育党支部书记优秀党课”二等奖（《讲党性融入中心，促转型勇于担当，以实际行动推动企业创新转型发展》）	2016 年
石　磊（绵阳分公司江平片区党支部书记）	集团公司“两学一做”学习教育党支部书记优秀党课”三等奖（《做合格党员永远都是进行时》）	2016 年

续表

姓名及所在单位	荣誉称号（集团公司级）	获奖时间
苏　毅（资阳分公司资阳油库党支部书记）	集团公司“两学一做”学习教育党支部书记优秀党课优秀奖（《“两学”于心，“一做”于行》）	2016 年
王良钰（遂宁分公司船山片区党支部书记）	集团公司“两学一做”学习教育党支部书记优秀党课优秀奖（《夯实党建基础，增强党性修养，在促转型发展中发挥党员先锋模范作用》）	2016 年
王向东（内江分公司史家油库党支部书记）	集团公司“两学一做”学习教育党支部书记优秀党课优秀奖（《“两学一做”要真学真做、常做常新》）	2016 年
付　斌　田玉军　韩前灯　吴　静 何永洪　肖　雯　庞西明　唐德彬	集团公司首届新媒体内容创作大赛微电影作品二等奖（《加油小玲》）	2016 年
石小雷	2017 年度安全管理先进个人	2017 年
羊　柳　郑仕丽	2017 年度安全监督先进个人	2017 年
袁　莉　杨保平　陈　波	2017 年度安全生产先进个人	2017 年
罗　飚	2017 年度环境保护先进个人	2017 年
吕　军　贺泽勇	2017 年度质量管理先进个人	2017 年
冯　建	2017 年度节能节水先进个人	2017 年
周运华	办公室系统先进个人	2017 年
陈建梅	2015—2017 年度审计工作先进工作者	2017 年
宋　洋　任　愿　姚远翔	2016—2017 年度统计工作先进个人	2017 年
任　愿　王俊鸿	2017 年度优秀统计分析（《9 月经营活动分析》）	2017 年
葛鸿珊（德阳分公司龙泉加油站经理）	集团公司优秀青年	2017 年
冷　倩（甘孜分公司党群科科员） 孙冰彬（宜宾分公司珙县片区巡场加油站前庭主管）	2016—2017 年集团公司优秀共青团员	2017 年
薛智科（成品油公司团委书记） 罗佳棋（遂宁分公司团委书记）	2016—2017 年集团公司优秀共青团干部	2017 年
范希晨	2017 年工程建设项目竣工验收工作先进个人	2017 年
黎　兴	组织史资料编纂工作先进个人	2017 年
周武迪　蒋茂湄	企业年金工作先进个人	2017 年
唐兰仪　刘　丽　戴光安　邬奉玲	老年人体育活动先进个人	2017 年
裴悦伶	“重家教、传家风”征文活动优秀作品二等奖（《爸妈“带”我去延安》）	2017 年
钟　丽	孝亲敬老好儿女	2017 年
夏　天（广安分公司前锋油库党支部书记）	集团公司党支部书记优秀党课二等奖（《践行“四合格四诠释”，助推公司稳健发展》）	2017 年
叶华超（内江分公司东兴片区党支部书记）	集团公司党支部书记优秀党课优秀奖（《想在前，干在先，用行动践行“四合格四诠释”》）	2017 年
刘经纬（自贡分公司富顺片区党支部副书记）	集团公司党支部书记优秀党课优秀奖（《以“两学一做”夯基，用“铁人精神”铸魂》）	2017 年
张　平（油料分公司隆昌片区党支部书记）	集团公司党支部书记优秀党课优秀奖（《扎根岗位做奉献，你能做到》）	2017 年

续表

姓名及所在单位	荣誉称号（集团公司级）	获奖时间
吴慧蓉	“畅谈十八大以来变化、展望十九大胜利召开”征文活动优秀作品一等奖（《春风拂煦 党旗飘飘》）	2017 年
李　利	2017 年度集团公司健康安全环保获奖论文一等奖（《加油站环境污染与预防措施》）	2017 年
赵　刚　黄　志	2017 年度集团公司健康安全环保获奖论文二等奖（《岗位员工能力评估在石油销售企业的实践与创新》）	2017 年
陈应龙	2017 年度集团公司健康安全环保获奖论文三等奖（《安全监督“三线”管控模式探索》）	2017 年
赵　刚　毛堂荣	2017 年度集团公司健康安全环保获奖论文三等奖（《培训矩阵在加油站 HSE 培训中的应用与创新》）	2017 年
王羲伟	2017 年度集团公司健康安全环保获奖论文优秀奖（《油隔池环保沟的维护保养措施》）	2017 年
刘　静　石小雷　吕霄汉	2017 年度集团公司健康安全环保获奖论文优秀奖（《HSE 管理负面清单的探索与实践》）	2017 年
李宇杰	2017 年度集团公司健康安全环保获奖论文优秀奖（《铁路装卸区栈桥鹤管发油装置运行风险评价》）	2017 年
周子牛　袁　莉　万春辉	2017 年度集团公司健康安全环保获奖论文优秀奖（《移动式容器加注油品导流筒的设计与应用》）	2017 年
彭昌富　杨启慧　冯国权	2017 年度集团公司健康安全环保获奖论文优秀奖（《从监督检查双闭环“3–2”管理模式到审核追溯在安全管理中的应用》）	2017 年
车贵生　彭　冲	第二届新媒体内容创作大赛微电影作品一等奖（《第一书记》）	2017 年
杜　敏　王小平	第二届新媒体内容创作大赛微电影作品二等奖（《回家的路》）	2017 年
李志鹏　刘　洋	第二届新媒体内容创作大赛微电影作品二等奖（《我的爸爸是小狗》）	2017 年
曾　宇	第二届新媒体内容创作大赛图文作品一等奖（《石油黄》）、二等奖（《30 岁的肩膀》），摄影作品二等奖（《烈日下》）	2017 年
任　希　何　悠	第二届新媒体内容创作大赛漫画作品一等奖（《油优智慧站工作日志》）	2017 年

表 12–21　荣获中国石油天然气集团有限公司表彰先进个人

姓名及所在单位	荣誉称号（集团公司级）	获奖时间
李　维（成都分公司流花加油站经理）	中国石油成品油销售榜样·十大模范加油站经理	2018 年
余兴武（104 油库主任）	中国石油成品油销售榜样·十大模范油库主任	2018 年
曾小刚（泸州分公司经理、党委副书记）	中国石油成品油销售榜样·十大模范经理人	2018 年
何文林（凉山分公司）	中国石油成品油销售榜样·十大模范客户经理	2018 年
四川销售分公司维稳办 遂宁分公司	党的十九大召开期间特别重点阶段中国石油天然气集团有限公司维稳信访安保防恐工作特别贡献集体	2018 年

续表

姓名及所在单位	荣誉称号（集团公司级）	获奖时间
罗绍华　洪琪福　王　梅　李　洪 刘纯珂　申　瑄　赵仕林　杨从强	党的十九大召开期间特别重点阶段中国石油天然气集团有限公司维稳信访安保防恐工作特别贡献个人	2018 年
宛　磊　朱　萸　李晓奇　任　愿　罗　强 刘　钢　伏　林　周枭潇　严　丽　徐晓莉 吴明文　潘晓丹　吴进来　周皓若　曾豪能	2018 年度生产经营优化奖一等奖（《统筹量效、提升份额，率先建成中油千万吨级销售企业》）	2018 年
曾　伟（四川销售分公司审计监察处副处长）	纪检监察系统先进工作者	2018 年
李　弋	物资统计先进个人	2018 年
向正华　曾凡宵	2018 年度质量管理先进个人	2018 年
何　凌　何　丹	安全管理先进个人	2018 年
周荣华　罗　锐	安全监督先进个人	2018 年
万春晖　严　文	安全生产先进个人	2018 年
侯玉民	2018 年度环境保护先进个人	2018 年
张　力	2018 年度节能节水先进个人	2018 年
吴冰洁	2018 年度信息工作先进个人	2018 年
任　愿　王俊鸿	2018 年度优秀统计分析（《2018 年 9 月经济活动分析》）	2018 年
李　勇　夏　伟	2018 年度工程建设项目竣工验收工作先进个人	2018 年
胡纯林　李学科　张周平　于光明　高　博	2017—2018 年度安保防恐工作先进个人	2018 年
敖永东	法律工作先进个人	2018 年
李　弋	物资统计先进个人	2018 年
陈晓瑞　邬奉玲	生活补贴（过渡年金）直发工作先进个人	2018 年
蔡露生　程　思	2013—2018 年资本运营工作先进个人	2018 年
张　真	离退休职工管理信息系统办公平台推广应用工作优秀管理用户	2018 年
秦　彤　赵婷婷　肖雪梅	离退休职工管理信息系统办公平台推广应用工作优秀统计员	2018 年
敖永东（四川销售分公司企管法规处）	集团公司 2018 年基础管理工作会议筹备工作先进个人	2018 年
陈咏梅　陈建梅　张清贤　段　静 刘　荣　谭　鑫　陈典英	2018 年优秀审计项目（投资项目前期实施情况专项审计）	2018 年
张　真　秦　彤	2018 年集团公司离退休系统宣传思想工作优秀通讯员	2018 年
吴俊梅（自贡分公司）	“第十六次“形势、目标、任务、责任”主题教育优秀宣讲课件（《认清形势、坚定信心、为决胜率先建成千万吨级销售企业贡献自贡力量》）	2018 年
胡媛媛	第十六次“形势、目标、任务、责任”主题教育优秀宣讲员	2018 年
车贵生	集团公司第三届新媒体内容创作大赛微电影作品二等奖（《加油向未来》）	2018 年
曾　宇	集团公司第三届新媒体内容创作大赛微电影作品三等奖（《回家之遇见》），摄影作品三等奖（《10 年见证石油力量》）	2018 年

续表

姓名及所在单位	荣誉称号（集团公司级）	获奖时间
郑朝军	庆祝改革开放 40 周年征文活动优秀作品一等奖（《为建设世界一流新零售企业，前进！》）	2018 年
黄代国	庆祝改革开放 40 周年征文活动优秀作品二等奖（《难忘的岁月》）	2018 年
龙念成	庆祝改革开放 40 周年征文活动优秀作品三等奖（《如沐春风》）	2018 年
彭　冲	集团公司“十佳新闻工作者”	2018 年
何明慧	2018 年度“重家教、传家风”征文活动优秀作品一等奖（《服务大家 快乐自己》）	2018 年
黄代国	2018 年度“重家教、传家风”征文活动优秀作品二等奖（《难忘的昨天》）	2018 年
陈乔乔（德阳分公司营销部部长） 万　勇（资阳分公司党群工作科科长） 刘经纬（自贡分公司贡井片区副经理） 陈　亮（油料分公司党群工作科副科长） 何　悠（四川销售分公司党委宣传部记者、编辑） 何　韵（仓储分公司纪委办公室负责人）	宣传思想文化工作先进个人	2019 年
刘纯珂　蒋茂湄　何　璐	远程培训网络课件销售类三等奖（《便利店风险管控》）	2019 年
黎　兴　郭　蓉	人事档案工作先进工作者	2019 年
梁晓婧（岷江分公司迎宾加油站经理）	中国石油天然气集团有限公司优秀青年	2019 年
陈　岚　何晓东　赵媛媛	资金管理先进个人	2019 年
郭祖伟　胡　幸	推广先进个人	2019 年
邓　渝　何文林　张启红　刘文彬　姜　程 鲜　强　周文军　罗军伟　杨能勇	优秀共产党员	2019 年
陈柯伊　黎　明　史　洋　李　春	优秀党务工作者	2019 年
徐　泉	集团物资、招标信息化工作先进个人	2019 年
马润之	第四届“石油健康老人”	2019 年
刘　丽	第二届“孝亲敬老好儿女”	2019 年
徐　泉　杨　爽	2019 年度物资、招标与装备管理先进个人	2019 年
陈　静　陈强飞　郑云姬　祝福刚	党建信息化平台 1.0 项目推广应用先进个人	2019 年
张再辉（四川销售分公司油气零售处）	集团公司 2019 年基础管理工作会议筹备工作先进个人	2019 年
范希晨	“弘扬爱国奋斗精神、建功立业新时代”建功立业模范人物	2019 年
何　俊　何　平　吴家良　何　丹 李斌刚　金婷婷　肖雪兰　凌　莉	新中国成立 70 周年特别重点阶段中国石油天然气集团有限公司维稳信访安保防恐工作特别贡献个人	2019 年
何　帆	集团公司“抓监督、增效益”征文活动优秀作品一等奖（《石油销售企业信息化财务稽查的 SWOT 分析》）	2019 年
江灵曼	集团公司“抓监督、增效益”征文活动优秀作品一等奖（《借力信息化 助推加油站精准稽查》）	2019 年
张　路　周　琴　冯腾博	集团公司“抓监督、增效益”征文活动优秀作品二等奖（《加油站现场全方位远程稽查探索》）	2019 年

续表

姓名及所在单位	荣誉称号（集团公司级）	获奖时间
金媛媛	集团公司“抓监督、增效益”征文活动优秀作品二等奖（《拥抱机遇 创新笃行 赋能非油新业务财务稽查价值创造》）	2019年
刘忠涛	2019年度中国石油天然气集团有限公司一线创新成果三等奖（“忠涛”扫槽器）	2019年
何国峰	2019年度中国石油天然气集团有限公司一线创新成果优秀奖（何国锋移动电动抽油泵）	2019年
王俊鸿 王 佳 宋 洋	2018—2019年度统计工作先进个人	2019年
任 愿	2015—2019年度统计分析能手	2019年
任 愿 王俊鸿	2019年度优秀统计分析报告三等奖（《四川销售分公司2019年8月经营活动分析》）	2019年
李斌刚 任 愿	生产经营管理先进个人	2019年
车贵生、常峻等	第四届新媒体内容创作大赛微电影作品一等奖（《占哇的春天》）	2019年
曾 宇	第四届新媒体内容创作大赛微电影作品二等奖（《泽让求作》），图文作品一等奖（《油站十二时辰》）	2019年
何建华 刘 静 李 利	2019年集团公司健康安全环保论文二等奖（《销售企业安全环保杜绝项管控研究》）	2019年
冷晓亮 罗元军 曾豪能	2019年集团公司健康安全环保论文二等奖（《油库公路付油作业风险分析和安全管控》）	2019年
赵 刚 黄继伟	2019年集团公司健康安全环保论文三等奖（《启动前安全检查工具在加油站的实践与创新》《设备全生命周期安全管理在加油站的实践与创新》）	2019年
周子牛 刘 静	2019年集团公司健康安全环保论文优秀奖（《HSE管理体系量化审核实践中的偏差与对策》）	2019年
赵 刚 康成炜	2019年集团公司健康安全环保论文优秀奖（《安全环保履职能力评估在石油销售企业的实践与创新》）	2019年
赵 刚 黄继伟 付娇娇	2019年集团公司健康安全环保论文优秀奖（《成品油销售企业环境保护风险与对策》）	2019年
梁 文 赵 刚	2019年集团公司健康安全环保论文优秀奖（《加油站HSE标准化建设持续推进实践》）	2019年
龙念成（四川销售分公司离退休管理中心）	“庆祝新中国成立70周年”系列主题征文活动优秀作品一等奖（《我爱锦绣中华》）	2019年
黄代国（四川销售分公司离退休管理中心）	“庆祝新中国成立70周年”系列主题征文活动优秀作品三等奖（《没有强大祖国哪有幸福小家》）	2019年
周子皓 赵康友	2019年度质量管理先进个人	2019年
谭 嘉	2019年度安全生产先进个人	2019年
冷晓亮	2019年度环境保护先进个人	2019年
冯春明 刘 静 卢 炜 孙永忠	2019年度HSE管理体系优秀审核员	2019年
寇明艳 苏 琴 赵 毅	2019年度HSE管理体系先进审核员	2019年

续表

姓名及所在单位	荣誉称号（集团公司级）	获奖时间
常　峻（四川销售分公司党委宣传部视频编辑） 赵小丹（宜宾分公司党群工作科副科长、团委副书记）	宣传思想文化工作优秀工作者	2019 年
吕　莉	2015—2019 年度后评价工作先进个人	2019 年
吴冰洁	2019 年度信息工作先进个人	2019 年
陈　涛（成都分公司剑南加油站副经理） 谢亚洲（乐山分公司天山加油站经理）	2018—2019 年度集团公司优秀共青团员	2019 年
黄　娇（遂宁分公司团委副书记）	2018—2019 年度集团公司优秀共青团干部	2019 年
彭玉婷（仓储分公司团委副书记、质量安全环保科科员）	2018—2019 年度集团公司最美青工	2019 年
刘　晋（仓储分公司运维中心科员）	2019 年度车载应急通信系统先进个人	2019 年
范希晨	2019 年度工程建设项目竣工验收工作先进个人	2019 年

表 12-22　荣获中国石油天然气股份有限公司表彰先进个人

姓名及所在单位	荣誉称号（股份公司级）	获奖时间
刘华治　刘志强　蒋旭东	2000—2001 年度财务管理先进工作者	2001 年
刘志强　王　雪　李　健	财务管理先进个人	2002 年
程　懿	法律管理先进个人	2002 年
王　琦（零售分公司）	中国石油十名模范加油站站长	2003 年
马志男（攀枝花分公司）	中国石油 2003 年度十佳加油状元	2003 年
张永平　周　柯	规划计划管理工作先进个人	2003 年
周　珂	2002—2003 年股份公司电子商务先进工作者	2003 年
沈前高（南充分公司） 郭建民（南充分公司） 刘少业（成都分公司） 何伟毅（泸州分公司） 陈　鸣（甘孜分公司） 刘晓红（德阳分公司）	中国石油百名先进销售工作者	2004 年
列　罗（岷江分公司） 刘　珍（成都分公司） 何云伟（零售分公司） 刘晓莉（遂宁分公司） 杜　玲（凉山分公司） 杨晓丽（绵阳分公司） 叶顶学（泸州分公司） 邱小军（南充分公司）	中国石油百名优秀加油员	2004 年
蔡向阳　李　亮　陈　涛	中国石油企业信息门户先进个人	2004 年
王怀炳	股权管理先进个人	2005 年

续表

姓名及所在单位	荣誉称号（股份公司级）	获奖时间
李　健（省公司） 陈仕英（省公司） 王乐丁（成都分公司） 杨雪林（雅安分公司） 刘金先（广元分公司） 唐　竹（绵阳分公司） 董建勇（乐山分公司）	会计集中核算先进个人	2005 年
张周平	用地管理先进个人	2005 年
刘　迅　周　柯	2004—2005 年度电子商务先进工作者	2005 年
徐晓炜（四川销售分公司营销处副处长）	“十一五”计划编制先进个人	2006 年
赵蓉斌　冯树忠　吴　秋　税成友　陈建梅	2006 年管理层测试先进个人	2006 年
张　涛　何　平　杨光中　朱　凤　张艳萍	2006 年管理层测试表扬人员	2006 年
杨泽元（四川销售公司《中国石油报》四川销售记者站站长）	宣传工作先进个人	2006 年
张周平　王永洪　雷　鸣	内控工作先进工作者	2007 年
姚志强　温明友　余永明　三　保　李　明 席成燕　蒋胡民　杜庆华　刘星国　孙　宝 朱　波　杨万彬　吕　力　赵晓红　杜清惠 周乐友　魏存彬　张　平　徐家瑞　何永政 黎　鹏　席春洪	抗震救灾先进个人	2008 年
黄　胜　熊起远　陈仕英　吕洪伟　王怀炳 龚丽娟	股份公司会计一级集中核算先进工作者	2008 年
谭　超（巴中南江断渠加油站经理） 龙晓琼（德阳黄河加油站经理） 王雪峰（广安镇龙 AB 加油站经理） 李建春（绵阳踏水桥加油站经理）	中国石油“促发展、上规模、增效益”劳动竞赛先进个人	2010 年
宗　英（南充耀目路加油站经理） 贺　玲（遂宁射洪太和加油站经理） 樊　林（资阳成渝高速石桥加油站经理） 成建勇（内江资中片区城南加油站经理） 龚建洪（宜宾金沙加油站经理） 周雪碧（岷江滨河加油站经理） 丁　巧（泸州成渝高速隆昌服务区加油站经理） 蔡振字（成都金牛坝加油站经理） 王成芳（广元青川转嘴子加油站） 陈卫红（达州大竹服务区加油站） 张　霞（岷江迎宾加油站） 廖中海（广安溪加油站） 黄小燕（成都蜀龙加油站） 丁志宏（雅安川藏加油站） 鲜　琼（眉山洪雅城西加油站） 何　兵（乐山红星加油站） 黄　旭（甘孜挖角加油站） 罗　成（凉山迎宾加油站） 袁福荣（攀枝花红格加油站）	中国石油“促发展、上规模、增效益”劳动竞赛先进个人	2010 年

续表

姓名及所在单位	荣誉称号（股份公司级）	获奖时间
李雪梅（油料公司卫坪加油站） 张希旭（达州七一零一油库主任） 田明红（绵阳董家沟油库） 杨立辉（成品油公司高新天山加油站便利店主管） 顾　彬（绵阳花园加油站便利店主管） 魏万成（成品油公司绕城 AB 加油站经理）	中国石油“促发展、上规模、增效益”劳动竞赛先进个人	2010 年
王　雪　黄　胜　代娅婷	资金管理平台建设先进个人	2011 年
陈　清（营销处副处长） 黄奇山（成都分公司营销科科长） 赵　黎（成品油分公司营销科科长） 吴家良（资阳分公司营销科科长） 康越林（凉山分公司营销科科长） 余　洋（内江分公司营销科系统管理员）	中国石油油品销售系统 2011 年“促发展、上规模、增效益”劳动竞赛先进个人	2011 年
刘玉琳（仓储安全环保处主管） 何伟毅（南充分公司副经理） 薛　健（甘孜分公司副经理） 罗　让（岷江分公司营销管理科科长） 王志强（乐山分公司市中区客户经理） 王　琦（加油站管理处规范管理科科长） 李　亮（信息管理处高级主管） 帅　虹（调运处副处长） 梁梦芝（成都分公司燎原加油站经理） 杨　雯（成都分公司金牛坝加油站经理） 陈强飞（攀枝花分公司银江加油站经理） 陈小玲（泸州分公司龙马加油站经理） 雷　鸣（广元分公司井田加油站经理） 董　敏（内江分公司威远竹角冲加油站经理） 李　波（南充分公司阆中环城加油站经理） 张甘云（宜宾分公司两路桥加油站经理） 杨　强（巴中分公司望王加油站经理） 李　辉（资阳分公司迎宾加油站经理） 李　亮（岷江分公司滨河加油站经理） 益西拉姆（甘孜分公司巴塘加油站经理） 罗　艳（成品油分公司城北加油站经理） 杨　进（成都分公司宝马加油站加油员） 刘述高（自贡分公司汇西加油站前庭主管） 江　茜（德阳分公司黄河加油站加油员） 李　珊（绵阳分公司踏水桥加油站综管员） 屈明英（广元分公司白龙湖加油站加油员） 何　兵（乐山分公司红星加油站加油员） 沈　强（宜宾分公司内宜高速路南北加油站前庭主管） 韩敬文（雅安分公司雨城加油站前庭主管） 冯　华（眉山分公司新区加油站计量员） 吕　晓（岷江分公司迎宾加油站加油员）	中国石油油品销售系统 2011 年“促发展、上规模、增效益”劳动竞赛先进个人	2011 年
付秋霞（凉山分公司四公里半加油站加油员） 孙　颖（成品油分公司羊西加油站综管员） 林　建（油料分公司川西南卫坪加油站综管员） 李　玥（泸州分公司龙马加油站便利店主管） 吴玲娟（攀枝花分公司炳草岗加油站便利店主管）	中国石油油品销售系统 2011 年“促发展、上规模、增效益”劳动竞赛先进个人	2011 年

续表

姓名及所在单位	荣誉称号（股份公司级）	获奖时间
刘华治	2011 年度优秀总会计师	2011 年
龚丽娟	2011 年度财务管理先进个人	2011 年
肖　村	2011 年度存续企业财务报表先进个人	2011 年
朱力洋（营销管理处处长） 杨　莉（德阳分公司副经理） 吴家良（资阳分公司营销管理科科长） 肖启福（仓储安全环保处技术检测中心主任） 李　俊（广元分公司新安加油站经理） 龚建洪（宜宾分公司金沙加油站经理） 陈小玲（泸州分公司龙马加油站经理） 梁梦芝（成都分公司燎原加油站经理） 李建春（绵阳分公司踏水桥加油站经理） 吴雪莲（内江分公司双苏加油站经理） 铁　庆（甘孜分公司花园加油站经理） 何文林（凉山分公司四公里半加油站经理） 周崇惠（岷江分公司迎宾加油站经理） 塞梅冉（眉山分公司仁寿加油站经理） 廖　娟（成都分公司龙泉高速加油站前庭主管） 刘清华（巴中分公司西华山加油站前庭主管） 张　霞（达州分公司大竹服务区加油站加油员） 李　辉（资阳分公司迎宾加油站副经理） 李桂容（绵阳分公司白云加油站前庭主管） 桂　蕊（宜宾分公司翠柏大道加油站加油员） 李艳艳（雅安分公司碧峰加油站前庭主管） 曾绍英（乐山分公司井研城南加油站前庭主管）	中国石油“促发展、上规模、增效益”劳动竞赛先进个人	2011 年
范　之（泸州分公司龙马加油站加油员） 程崇乐（油料分公司隆昌城南加油站加油员） 林　辉（仓储公司 104 油库主任） 田玉梅（眉山分公司胜利加油站便利店主管） 林　洪（泸州分公司龙马加油站便利店主管）	中国石油“促发展、上规模、增效益”劳动竞赛先进个人	2011 年
陈小玲（泸州分公司龙马加油站经理）	销售系统“十大模范加油站经理”	2012 年
梁梦芝（成都分公司燎原加油站经理） 杨艳丽（攀枝花分公司凤凰加油站经理） 陈小玲（泸州分公司龙马加油站经理） 许明春（德阳分公司八角油气站经理） 罗小蓉（广元分公司新安加油站经理） 周丽平（乐山分公司城西加油站经理） 李建琴（宜宾分公司翠柏大道加油站经理） 谭　超（巴中分公司南江断渠加油站经理） 余学成（雅安分公司青藏加油站经理） 王　杰（岷江分公司聚源加油站经理） 李建群（甘孜分公司泸定桥加油站经理） 刘　明（凉山分公司经久加油站经理） 罗　锐（成品油分公司羊西加油站经理） 燕小娟（成都分公司金牛坝加油站加油员） 刘先菊（自贡分公司白果加油站计量员） 林　洪（泸州分公司龙马加油站前庭主管） 方先强（德阳分公司广汉城西加油站综合管理员）	中国石油油品销售系统 2012 年劳动竞赛先进个人	2012 年

续表

姓名及所在单位	荣誉称号（股份公司级）	获奖时间
喻　强（绵阳分公司南山加油站加油员） 兰　莉（广元分公司东坝加油站综合管理员） 谭利军（遂宁分公司太和加油站加油员） 卿　利（内江分公司资中城龙加油站加油员） 田　鑫（南充分公司西河加油站加油员） 邱　燕（宜宾分公司七星路加油站计量员） 兰　洋（达州分公司朝阳加油站加油员） 兰贵蓉（岷江分公司小金加油站加油员） 吴宗瑞（成品油分公司水碾河加油站加油员）	中国石油油品销售系统 2012 年劳动竞赛先进个人	2012 年
张　庆（史家油库主任） 韩　莉（青龙油库公路开票发油班班长） 徐亭亭（成都分公司白伦加油站便利店主管） 廖祥梅（自贡分公司汇东加油站便利店主管） 徐东君（乐山分公司龙游加油站便利店主管） 康智军（南充分公司思德加油站便利店主管） 陈　芳（成品油分公司棕树加油站便利店主管） 宁顺英（成都分公司新都片区经理） 李　春（自贡分公司加油站管理科科长） 鲁红妩（攀枝花分公司加油站管理科副科长） 马　成（遂宁分公司加油站管理科副科长） 姚　飚（乐山分公司加油站管理科科长） 罗军伟（南充分公司仪陇片区经理） 蒲祖军（广安分公司加油站管理科科长） 王先华（达州分公司达开片区经理） 赵　防（巴中分公司加油站管理科副科长） 杨　玲（眉山分公司加油站管理科副科长兼卡中心主任） 辜燕彬（甘孜分公司加油站管理科科长） 刘彬兵（油料分公司加油站管理科副科长） 林　辉（仓储分公司总经理） 何伟强（成都分公司营销管理科科长） 陶俊波（自贡分公司营销管理科科长） 钟跃萍（宜宾分公司副经理） 何　凌（巴中分公司副经理） 刘小龙（南充分公司营销管理科科长） 陈　清（营销管理处处长） 蒋胡民（仓储调运处处长） 陈晓瑞（人事处高级主管） 廖粒君（绵阳分公司石塘加油站副经理） 王志强（乐山分公司市中片区业务副经理） 田玉梅（眉山分公司胜利加油站经理）	中国石油油品销售系统 2012 年劳动竞赛先进个人	2012 年
李　辉（资阳分公司迎宾加油站经理） 徐志明（油料分公司卡客户管理员）	中国石油油品销售系统 2012 年劳动竞赛先进个人	2012 年
陈小玲（泸州分公司龙马加油站） 晋　雄（岷江分公司迎宾加油站） 李　俊（广元分公司新安服务区加油站） 邓冬梅（德阳分公司聚友服务区加油站） 梁梦芝（成都分公司燎原加油站） 罗　锐（成品油分公司羊西加油站） 马崇梅（凉山分公司长安加油站）	百名明星加油站经理人	2012 年

续表

姓名及所在单位	荣誉称号（股份公司级）	获奖时间
杨从强	纪念干部离退休制度建立30周年征文活动优秀作品三等奖（《关于做好离退休人员管理服务工作的五点思考》）	2012年
蒋丽娜（成都分公司温江涌泉加油站经理） 王 刚（成品油分公司仁和加油站经理） 刘先菊（自贡分公司白果加油站经理） 许雪梅（攀枝花分公司沙沟加油站经理） 李晓梅（广元分公司增辉加油站经理） 杨 旭（南充分公司松林加油站经理） 李建琴（宜宾分公司翠柏加油站经理） 刘 英（广安分公司振兴加油站经理） 罗 勇（巴中分公司东兴加油站经理） 沈 娟（雅安分公司向阳加油站经理） 李季红（眉山分公司彭山城南加油站经理） 刘 勇（甘孜分公司贡嘎加油站经理） 唐永杰（油料分公司隆昌城南加油站经理） 郭 静（成都分公司金牛坝加油站加油员） 王 凯（自贡分公司汇东加油站加油员） 左元会（攀枝花分公司服务区和谐加油站加油员） 韩雪松（泸州分公司龙马加油站加油员） 沈仁华（广元分公司荣山加油站加油员） 薛梦莹（遂宁分公司开善寺加油站加油员） 范凤华（内江分公司两河口加油站加油员） 田 鑫（南充分公司西河加油站加油员） 夏开莉（广安分公司石岭岗加油站加油员） 吕 琼（达州分公司16公里加油站加油员） 杨海波（巴中分公司雷破石加油站加油员） 段 勉（雅安分公司雨城加油站加油员） 余晓英（眉山分公司仁寿加油站加油员） 张晓山（甘孜分公司乌斯河加油站加油员） 田云淑（油料分公司成都中和加油站加油员） 王 洋（双流油库主任） 谢幼敏（乌斯河油库发油班班长） 卓剑平（成都分公司光华加油站便利店主管） 杨立辉（成品油分公司高新天山加油站便利店主管） 袁素华（遂宁分公司明月桥加油站便利店主管） 寇明艳（南充分公司南门坝加油站便利店主管） 廖祥梅（自贡分公司汇东加油站便利店主管） 张晓宇（成都分公司加油站管理科副科长） 曾 怡（成品油分公司加油站管理科副科长） 吴富强（成品油分公司加油站管理科科员） 刘 丹（绵阳分公司加油站管理科副科长） 曹 波（内江分公司威远片区客户经理） 耿 莎（乐山分公司加油站管理科科员） 付 刚（宜宾分公司营销管理科科长） 姜 程（广安分公司加油站管理科副科长） 汤贤斌（达州分公司万源片区经理） 蒋意文（资阳分公司安岳片区经理）	中国石油油品销售系统2013年劳动竞赛先进个人	2013年

续表

姓名及所在单位	荣誉称号（股份公司级）	获奖时间
杨能勇（岷江分公司郫县片区经理） 杜　玲（凉山分公司加油站管理科副科长） 李　辉（油料分公司隆昌片区副经理） 何伟强（成都分公司营销管理科科长） 罗梓菡（成品油分公司锦龙片区客户经理） 李灿辉（泸州分公司营销管理科副科长） 段　浩（绵阳分公司营销管理科科长） 王　军（乐山分公司营销管理科科长） 廖文军（岷江分公司营销管理科科长） 徐晓莉（财务资产处科员） 张光辉（仓储调运处副处长） 张　勇（雅安分公司人事科科长） 杨海樱（绵阳分公司涪城片区经理） 王向东（内江分公司加油站管理科副科长） 冉　薇（岷江分公司加油站管理科科员） 刘彬兵（油料分公司加油站管理科副科长）	中国石油油品销售系统 2013 年劳动竞赛先进个人	2013 年
任　愿（营销管理处主办） 侯玉民（攀枝花分公司副经理） 付　刚（宜宾分公司营销管理科科长） 代元斌（达州分公司宣汉片区客户经理） 张晓利（巴中分公司巴州片区客户经理） 戴　敏（成都分公司营销管理科副科长） 姜照明（凉山分公司加油站管理科主办） 邹　蓉（自贡分公司加油站管理科主办） 刘　丹（绵阳分公司营销管理科副科长） 李　勇（广元分公司营销管理科科长） 罗　艳（成品油分公司加油站管理科副科长） 申　林（眉山分公司东坡片区经理） 孙　甜（资阳分公司营销管理科副科长） 张　颢（四川交投中油能源公司副经理） 周崇惠（岷江分公司都江堰片区副经理） 赖　祥（乐山分公司营销部副主任） 周兴军（成都分公司新都北新加油站经理） 邓琪昌（成品油分公司浣花加油站经理） 刘　强（自贡分公司富顺宋渡加油站经理） 杨清华（攀枝花分公司瓜子坪加油站经理） 兰　泉（广元分公司利州陵江加油站经理） 罗　燕（内江分公司蓝盾加油站经理） 赵　防（巴中分公司西华山加油站经理） 王　斌（甘孜分公司新都桥加油站经理） 皮自树（凉山分公司盐源四栏椏加油站经理） 陈　旭（油料分公司川中万林加油站经理） 杨　东（四川交投中油能源公司中子加油站经理） 王宇婷（成都分公司川金加油站加油员） 罗　丽（泸州分公司龙马城北加油站综合管理员） 王　凯（自贡分公司汇东加油站加油员） 袁春燕（德阳分公司旌阳东城加油站加油员） 罗　欢（乐山分公司乐宜西坝服务区 AB 加油站加油员）	中国石油油品销售系统 2014 年劳动竞赛先进个人	2014 年

续表

姓名及所在单位	荣誉称号（股份公司级）	获奖时间
彭光英（宜宾分公司七星路加油站加油员） 蔡　强（广安分公司石岭岗加油站加油员） 杨洪旭（雅安分公司金鸡关加油站加油员） 张开艳（岷江分公司郭竹铺加油站加油员） 黄浩祥（达州分公司加油站管理科主办） 李　艳（巴中分公司加油站管理科主办） 胡洄敏（眉山分公司营销管理科主办） 冉　微（岷江分公司加油站管理科主办） 薛劲松（甘孜分公司营销管理科主办） 刘彬兵（油料分公司加油站管理科副科长） 李　达（非油品分公司业务管理科兼服务区管理科科长） 易红琼（成品油分公司元华加油站便利店主管） 李　梅（攀枝花分公司南山加油站便利店主管） 刘　梅（泸州分公司龙马加油站便利店主管） 罗　尹（德阳分公司八角油气加油站便利店主管） 刘　丽（绵阳分公司园北加油站便利店主管） 韩延涛（甘孜分公司信息中心主任） 田玉龙（人事处综合科科长） 罗晓丹（成都分公司经理助理兼人事科科长） 李洪枫（乌斯河油库主任） 许　倍（史家油库生产调度班计量员） 杨　涛（广元分公司人事科科长） 刘淑玲（凉山分公司人事科科长） 肖　雯（党群工作处群团管理科科长）	中国石油油品销售系统 2014 年劳动竞赛先进个人	2014 年
邓琪昌（成品油公司浣花加油站经理）	中国石油天然气股份有限公司销售系统“十大模范加油站经理”	2015 年
郭　燕（绵阳分公司花园加油站加油员）	中国石油天然气股份有限公司销售系统“十大加油明星”	2015 年
丁永和（四川销售分公司总经理助理、成都分公司经理）	中国石油天然气股份有限公司销售系统“十大模范经理人”	2015 年
周兴军（成都分公司北新加油站经理） 段　瑛（成品油分公司元华加油站经理） 龙晓琼（德阳分公司黄河加油站经理） 汤　潇（乐山分公司和平加油站经理） 曾吉蓉（宜宾分公司巡场加油站经理） 曾雍露（资阳分公司城南加油站经理） 扎西彭措（甘孜分公司理塘加油站经理） 陈忠宝（中路能源公司成自泸高速永兴服务区加油站经理） 李　卓（交投中油公司绕东加油站经理） 王宇婷（成都分公司川金加油站加油员） 倪玉荣（成品油分公司羊西加油站加油员） 陈秀英（攀枝花分公司三堆子加油站加油员） 张海阳（绵阳分公司绵江加油站加油员） 李群英（乐山分公司九井加油站加油员） 李茂霞（资阳分公司内遂高速公路服务区加油站加油员） 俄色尼玛（甘孜分公司白玉加油站加油员）	中国石油油品销售系统 2015 年劳动竞赛先进个人	2015 年

续表

姓名及所在单位	荣誉称号（股份公司级）	获奖时间
陈定刚（凉山分公司泸沽湖加油站加油员） 黄　点（油料分公司李家沱加油站加油员） 余兴武（104 油库主任） 胡超逸（青龙油库 HSE 管理员） 徐亭亭（成都分公司白伦加油站便利店主管） 李　英（资阳分公司简阳城西加油站便利店主管） 李小梅（广元分公司陵江加油站便利店主管） 陈　静（雅安分公司金鸡关加油站便利店主管） 苏　萍（内江分公司星桥加油站便利店主管） 文世豪（攀枝花分公司客户经理） 涂小东（宜宾分公司客户经理） 王　景（达州分公司客户经理） 李小红（岷江分公司客户经理） 何文林（凉山分公司客户经理） 朱锐超（德阳分公司绵竹片区经理） 邓海波（广元分公司苍溪片区经理） 王向东（内江分公司油气零售科科长） 邓怀春（南充分公司油气零售科科长） 彭淑英（宜宾分公司油气零售科副科长） 孙　杰（达州分公司油气零售科主办） 钟德军（巴中分公司油气零售科科长） 蒋　新（资阳分公司乐至片区经理） 周崇惠（岷江分公司都江堰片区副经理） 马思翠（凉山分公司油气零售科副科长） 方　钊（自贡分公司油气零售科副科长） 马　腾（泸州分公司油气零售科副科长） 谢　琴（绵阳分公司油气零售科主办） 田莉萍（广安分公司零售管理科主办） 胡洄敏（眉山分公司油气零售科主办） 孙　锋（成品油分公司非油经营部经理） 黄文斌（信息管理处主办） 黎　兴（人事处主管） 罗晓丹（成都分公司总经理助理兼人事科科长） 蔡丽梅（雅安分公司人事科科长） 赵　茜（岷江分公司人事科科长） 李凤伟（岷江分公司财务科科长） 罗　强（仓储调运处主管） 唐建斌（自贡分公司营销科主办）	中国石油油品销售系统 2015 年劳动竞赛先进个人	2015 年
罗利英（自贡分公司南郊加油站经理） 荣建秋（泸州分公司大川加油站经理） 罗兴江（绵阳分公司太平加油站经理） 郭祖会（内江分公司交通和碗厂加油站经理） 陈　松（南充分公司相如加油站经理） 熊　琳（广安分公司浓洄加油站经理） 谭　超（巴中分公司断渠加油站经理） 田玉梅（眉山分公司晶贸加油站经理） 王玉梅（广元分公司青竹加油站加油员） 李　斌（遂宁分公司百萝加油站加油员） 张晓琴（乐山分公司城西加油站加油员） 杨　静（资阳分公司简皇加油站加油员）	中国石油油品销售系统 2016 年劳动竞赛先进个人	2016 年

续表

姓名及所在单位	荣誉称号（股份公司级）	获奖时间
肖志坚（岷江分公司郭竹铺加油站加油员） 王明寿（甘孜分公司色达加油站加油员） 惹格曲子（凉山分公司佑君加油站加油员） 胡　琴（油料分公司明月新城加油站加油员） 余兴武（104 油库主任） 何　化（104 油库维修组组长） 周海波（102 油库生产调度运行班班长） 冯　娟（德阳分公司黄河加油站便利店主管） 张　霞（岷江分公司迎宾加油站便利店主管） 杨丽华（遂宁分公司罗家湾加油站便利店主管） 曾　国（成都分公司营销科副科长） 廖　飚（成品油分公司营销科科长） 胡蓝予（凉山分公司客户经理） 王　蕾（德阳分公司营销部科员） 冯建军（攀枝花分公司客户经理） 王俊鸿（营销管理处主办） 晋　雄（油气零售处主办） 关　惠（成品油分公司高新片区党支部副书记） 陈学斌（自贡分公司油气零售科科长） 李光平（广元分公司油气零售科副科长） 蒲祖军（广安分公司油气零售科科长） 蒋意文（资阳分公司安岳片区经理） 陈　剑（岷江分公司都江堰片区经理） 鲜　强（甘孜分公司油气零售科科员） 刘彬兵（油料分公司油气零售科科长） 庾　凯（德阳分公司营销部科员） 赖　祥（乐山分公司营销部主任） 贺　梅（南充分公司油气零售科科员） 廖　艳（宜宾分公司油气零售科科员） 孙　杰（达州分公司油气零售科科员） 宋　勇（雅安分公司油气零售科科员） 李　达（非油业务处高级主管） 唐中正（攀枝花分公司信息中心主任） 田玉龙［人事处（党委组织部）综合管理科科长］ 邱　能［成都分公司人事（组织）科科长］ 曾　怡［成品油分公司人事（组织）科副科长］ 张　剑［宜宾分公司人事（组织）科科长］ 范希晨（工程建设处主办） 刘　艳（仓储分公司财务科科长） 贾晋宏（仓储调运处处长） 童　颖（仓储调运处主管） 肖　雯（党群工作处群团管理科科长）	中国石油油品销售系统 2016 年劳动竞赛先进个人	2016 年
陈立志（岷江销售分公司华美加油站） 段　瑛（成品油分公司元华加油站） 王洪建（成都分公司双流大件路加油站） 张甘云（宜宾分公司两路桥加油站） 李　俊（广元分公司新安服务区加油站） 邓冬梅（德阳分公司聚友服务区加油站）	中国石油油品销售“百名功勋加油站经理”	2016 年
扎西彭措（甘孜分公司理塘高城加油站经理） 赵雪岭（自贡分公司仁和加油站经理）	中国石油油品销售“十大感动人物”	2016 年

续表

姓名及所在单位	荣誉称号（股份公司级）	获奖时间
汤　潇（乐山分公司峨眉和平加油站经理）	中国石油油品销售“十大治理能手”	2016 年
葛鸿珊（德阳分公司龙泉加油站） 刘金莲（巴中分公司王家湾加油站） 罗　燕（内江分公司蓝盾加油站） 齐永川（达州分公司东南加油站） 张正中（资阳分公司简阳简皇加油站） 王　梅（雅安分公司金鸡关加油站） 付春燕（广安分公司万盛加油站） 兰　泉（广元分公司陵江加油站） 杨朝丽（攀枝花分公司巴斯箐加油站）	中国石油油品销售“百名明星加油站经理”	2016 年
泽仁拉姆	中国石油油品销售“营销金点子奖”（四川甘孜销售分公司泽仁拉姆“藏汉双语十三部曲”服务法）	2016 年
姚　超	中国石油油品销售“营销金点子奖”（四川绵阳销售分公司非油菜单营销法）	2016 年
赵雪岭（自贡分公司仁和加油站经理） 李　玥（泸州分公司龙马连片加油站经理）	第二届加油站经理论坛优秀选手（分论坛最佳人气奖）	2016 年
兰　泉（广元分公司陵江加油站经理）	第二届加油站经理论坛优秀选手（论坛优秀奖）	2016 年
李　玥（泸州分公司龙马连片加油站经理）	第二届加油站经理论坛优秀选手（辩论赛最佳辩手奖）	2016 年
蒋胡民、贾晋宏、李斌刚等	中国石油油品销售“优秀论文”（《以成品油物流链最优为导向的省级销售企业运行模式建立与实践》）	2017 年
蒋胡民、张成斌、丁永和等	中国石油油品销售“优秀论文”（《加油站卸油不停枪研究与实践》）	2017 年
何伟毅（宜宾分公司）	中国石油油品销售“卓越贡献奖”	2017 年
薛晓岚（油气零售处主管） 杜丽媛（成品油分公司营销管理科） 王　佳（仓储调运处）	中国石油油品销售“数据淘金高手”	2017 年
潘晓丹（油气零售处副处长） 胡蓝予（凉山分公司客户经理） 杨　舰（营销管理处副处长） 廖文军（岷江分公司营销科长） 周　全（成都分公司副总经理）	中国石油油品销售“赢销能人”	2017 年
贾晋宏（仓储调运处处长） 任　愿（营销管理处主管） 马朝辉（仓储分公司仓储运行科科长）	中国石油油品销售“运作组织专家”	2017 年

表 12-23　荣获中国石化销售公司表彰先进个人

姓名及所在单位	荣誉称号（销售公司级）	获奖时间
邓致礼　邓本章　王　健　张恒友 邓宁平　江梅秀	1989 年度销售公司系统科技进步奖三等奖：M3 甲醇汽油商品化的研究（参与）天然气内燃机油研制	1989 年
邓本章　邓致礼　王　健　江梅秀 谢景波　闫振华	1989 年度销售公司系统科技进步奖四等奖:（节能内燃机油研制）	1989 年
汪　萍　朱建荣　李卓元	全国油品销售行业首届工人技术竞赛优秀个人（油品供销作业工）	1993 年
李　非　万立民　何谷岩	全国油品销售行业首届工人技术竞赛优秀个人（油品储运工）	1993 年

表 12-24　荣获中国石油销售总公司表彰先进个人

姓名及所在单位	荣誉称号（销售公司级）	获奖时间
刘华治（省公司） 徐慧敏（省公司） 黄景英（达州分公司） 郑井平（雅安分公司） 罗晓春（德阳分公司）	中国石油销售系统 1998—1999 年度财务资产管理先进工作者	1999 年

表 12-25　荣获中国石油天然气股份有限公司炼油与销售分公司表彰先进个人

姓名及所在单位	荣誉称号（销售公司级）	获奖时间
杨雪林（攀枝花分公司）	1999—2000 年财务资产管理先进工作者	2000 年
陈咏梅	先进个人	2002 年
刘志强　王　雪　李　健　谢丽萍	财务管理先进个人	2002 年
杨泽元	2002 年度《炼油与销售动态》优秀通讯员	2002 年
杨　欣	2003 年度统计工作先进个人	2003 年
杜庆华	2003 年度炼油与销售分公司工程建设管理先进个人	2003 年
张永平　周　柯	2003 年度炼油与销售分公司销售网络开发先进个人	2003 年
沈前高	2000—2003 年度销售企业廉洁自律模范干部	2003 年
申　瑄	2000—2003 年度销售企业优秀纪检审计监察干部	2003 年
曾凡吉（省公司） 钱发蓉（省公司） 朱志民（甘孜分公司） 邓怀春（南充分公司） 钟　俊（达州分公司）	先进离退休工作者	2004 年
贺锦世　许道成　刘明英　邱盛林 杨会奎　蒋应孝　何辉伦　张清太 李方荣　李兴义　易代财　李相文 刘云山　邱家洪　张含浩　陈鸿鸣 李德敏　杨清香　朱国儒　孙殿泰 李永成　夏洪银　魏辉莲　斑　鸠 李盛棋　王帮友	优秀离退休职工	2004 年
杨　欣	2004 年度加油站统计工作先进个人	2004 年
陈世雄（成都分公司）	中国石油销售企业第三届操作人员技能竞赛一等奖（计量工）	2005 年
李建华（绵阳分公司） 陈洪祥（仓储分公司）	中国石油销售企业第三届操作人员技能竞赛二等奖（计量工）	2005 年
戴晓云（绵阳分公司） 张　果（南充分公司） 袁　宜（宜宾分公司）	中国石油销售企业第三届操作人员技能竞赛三等奖（计量工）	2005 年
于胜龙（绵阳公司）	中国石油销售企业第三届操作人员技能竞赛一等奖（油品分析工）	2005 年
赵　军（南充分公司） 吕　军（仓储分公司）	中国石油销售企业第三届操作人员技能竞赛二等奖（油品分析工）	2005 年

续表

姓名及所在单位	荣誉称号（销售公司级）	获奖时间
高　平（绵阳分公司） 田明红（绵阳分公司） 周蓉玲（仓储分公司）	中国石油销售企业第三届操作人员技能竞赛三等奖（油品分析工）	2005 年
魏　兴（绵阳分公司）	中国石油销售企业第三届操作人员技能竞赛一等奖（电工）	2005 年
黄继伟（泸州分公司）	中国石油销售企业第三届操作人员技能竞赛二等奖（电工）	2005 年
陈　洪（川南分公司） 罗自玺（巴中分公司） 梁　爽（南充分公司）	中国石油销售企业第三届操作人员技能竞赛三等奖（电工）	2005 年
陈　飞（成都分公司）	中国石油销售企业第三届操作人员技能竞赛一等奖（汽车驾驶员）	2005 年
刘胜龙（岷江分公司）	中国石油销售企业第三届操作人员技能竞赛二等奖（汽车驾驶员）	2005 年
尹　平（德阳分公司） 杨天全（仓储分公司） 王世俊（岷江分公司）	中国石油销售企业第三届操作人员技能竞赛三等奖（汽车驾驶员）	2005 年
雷　阳（川南分公司）	中国石油销售企业第三届操作人员技能竞赛一等奖（加油工）	2005 年
曾　怡（零售分公司） 颜　勇（绵阳分公司）	中国石油销售企业第三届操作人员技能竞赛二等奖（加油工）	2005 年
聂小平（绵阳分公司） 郑　勇（南充分公司） 李　华（广元分公司）	中国石油销售企业第三届操作人员技能竞赛三等奖（加油工）	2005 年
张启红（成都分公司） 蔡振宇（成都分公司）	中国石油销售企业第三届操作人员技能竞赛优秀奖（加油工）	2005 年
张永康　张永平　周　柯　钟云环 马中德（凉山分公司）	炼油与销售分公司销售网络建设先进个人	2005 年
吴庆和（川南分公司）	炼油与销售分公司廉洁自律模范干部	2005 年
钟云环	炼油与销售分公司纪检监察模范干部	2005 年
如莫他　朱宏杰　史树亮	2004—2005 年度工程建设项目管理先进个人	2005 年
张学梁（省公司党群工作处）	党群工作先进个人	2006 年
钟　俊　李　坚　陈　江　唐德彬	优秀党务工作者	2006 年
罗晓春　曾　林　朱志民　刘红梅 何　俊	优秀人事工作者	2006 年
刘星国　王金良　申　瑄　杨蜀光	稳定工作先进个人	2006 年
汪治江　李继舒　肖　勇　肖雪梅 刘　苏　钱发蓉	优秀离退休工作者	2006 年
张永康　张永平　周　柯　钟云环 马中德	销售网络建设先进个人	2006 年

表 12-26　荣获中国石油天然气股份有限公司销售分公司表彰先进个人

姓名及所在单位	荣誉称号（销售公司级）	获奖时间
黄国春（广安分公司万盛加油站）	中国石油微笑服务之星	2008 年
张启红（成都分公司新都蜀龙加油站）	明星加油站经理	2008 年
龚丽娟	财务管理先进个人	2011 年
肖　村	存续企业财务报表先进个人	2011 年
陈小玲（泸州分公司龙马加油站经理） 晋　雄（岷江分公司迎宾加油站经理） 李　俊（广元分公司新安服务区加油站经理） 邓冬梅（德阳分公司聚友服务区加油站经理） 梁梦芝（成都分公司燎原加油站经理） 罗　锐（成品油分公司羊西加油站经理） 马崇梅（凉山分公司长安加油站经理）	百名明星加油站经理人	2012 年
丁永和（四川销售分公司总经理助理兼成都分公司经理） 刘　跃（自贡分公司经理） 王　梅（攀枝花分公司经理） 兰鸣平（南充分公司经理） 陈　鸣（甘孜分公司经理、党委副书记）	优秀地市公司经理人	2013 年
任　平（四川销售分公司安全质量监督总站站长助理兼检验科科长） 于胜龙（绵阳分公司仓储安全环保科主办）	质量管理先进个人	2014 年
陈志奎（自贡分公司仓储安全环保科主办） 何谷岩（乐山分公司仓储安全环保科副科长）	计量管理先进个人	2014 年
邓琪昌（成都分公司浣花加油站经理）	第一届加油站经理论坛最佳辩论团队（第一场反方辩论团队成员）	2014 年
张程斌　吴进来	双低站治理征文优秀作品论文类一等奖（《加油站运营效率指标构建及其评价体系构建》）	2014 年
李　勇	双低站治理征文优秀作品人物类一等奖（《深山小站的恒艳巨变——两名“80 后”女工的小站承包故事》）	2014 年
邹照松	双低站治理征文优秀作品人物类二等奖（《夫妻同台治“双低”》）	2014 年
彭　冲　胡　奉	双低站治理征文优秀作品经验类二等奖（《小站潜力有多大》）	2014 年
孟　平	双低站治理征文优秀作品故事类三等奖（《“明星站经理”点石成金术》）	2014 年
陈　亚（南充分公司西河加油站） 格地任千（甘孜分公司新都桥加油站） 刘青青（资阳分公司南骏加油站） 徐亭亭（成都分公司白伦加油站）	2015 年度昆仑好客优秀员工	2015 年
段　瑛（成品油分公司元华加油站） 方先强（德阳分公司广汉城西加油站） 付春燕（四川销售公司万盛加油站） 向丽莉（凉山分公司长安加油站） 杨丽华（遂宁分公司明月桥加油站）	2015 年度昆仑好客优秀店长	2015 年

续表

姓名及所在单位	荣誉称号（销售公司级）	获奖时间
李灿红（攀枝花分公司） 李永凤（绵阳分公司）	2015年度昆仑好客优秀管理者	2015年
谢晓露（加油站操作员） 胡超逸（油品储运调和操作工） 蒋　婷（油品分析工）	2015年销售系统“开口营销”服务技能竞赛金牌	2015年
杨朝丽（加油站操作员） 黄　静（加油站操作员） 包中飞（加油站操作员） 邱建勋（油品计量工）	2015年销售系统“开口营销”服务技能竞赛银牌	2015年
夏成筱（加油站操作员） 杨　顺（加油站操作员）	2015年销售系统“开口营销”服务技能竞赛优秀奖	2015年
夏成筱	2015年销售系统“开口营销”服务技能竞赛最佳人气奖	2015年
宁顺英（德阳分公司广汉交通加油站） 汤　潇（乐山分公司和平加油站） 杨　强（眉山分公司仁寿慈航加油站） 孙永明（宜宾分公司二二四加油站）	2015年度双低站治理工作先进加油站经理	2015年
吕　莉（四川销售分公司规划计划处）	规划先进工作者	2017年
宋　洋（四川销售分公司规划计划处） 徐　俊（四川销售油料分公司）	计划先进工作者	2017年
蒋旭东（四川销售分公司规划计划处） 杨启慧（乐山分公司） 冯苹苹（南充分公司） 唐卫国（成都分公司） 刘晓红（德阳分公司） 胡国强（成品油分公司）	网络开发先进工作者	2017年
李　勇（四川销售分公司工程建设处） 王怀炳（宜宾分公司） 杨廷富（岷江分公司） 熊　科（四川销售分公司工程建设处）	工程建设先进工作者	2017年
肖建军	网络开发突出成就奖	2017年
董树元	工程建设突出成就奖	2017年
吕　莉（四川销售分公司规划计划处）	2017年度投资与工程建设工作先进个人	2017年
梁晓婧（岷江分公司迎宾加油站经理）	第三届加油站经理论坛主题论坛演讲一等奖	2018年
张启红（成都分公司燕塘加油站经理）	第三届加油站经理论坛主题论坛演讲二等奖	2018年
陈俊杰（成品油分公司元华加油站经理）	第三届加油站经理论坛主题论坛演讲三等奖	2018年
张　庆（资阳分公司帅乡加油站经理）	第三届加油站经理论坛辩论赛最佳辩论团队（第二场辩论赛反方团队成员）	2018年
邹　乐（遂宁分公司广德寺加油站经理） 陈俊杰（成品油分公司元华加油站经理） 李　维（成都分公司流花加油站经理） 陈　亚（南充分公司西河加油站经理） 杨　涛（广元分公司川北加油站经理）	第三届加油站经理论坛现场服务竞赛优胜选手	2018年

续表

姓名及所在单位	荣誉称号（销售公司级）	获奖时间
益西拉姆（甘孜分公司巴塘加油站）	中国石油成品油销售“十大感动人物”	2018年
周兴军（成都分公司北新加油站）	中国石油成品油销售“十大创新标兵”	2018年
张启红（成都分公司燕塘加油站） 荣建秋（泸州分公司大川加油站） 刘　明（凉山分公司迎宾加油站） 张可银（乐山分公司新坪加油站） 何　明（攀枝花分公司炳三区加油站） 刘　英（广安分公司振兴加油站）	中国石油成品油销售“百名功勋加油站经理”	2018年
谢　丽（德阳分公司旌阳滦河加油站） 邹　乐（遂宁分公司大拇山加油站） 梁晓婧（岷江分公司迎宾加油站） 冯　强（巴中分公司城中加油站） 田玉梅（眉山分公司晶贸加油站） 沈　冬（达州分公司朝阳加油站）	中国石油成品油销售“百名明星加油站经理”	2018年
陈　亚（南充分公司西河加油站） 陈娅丽（自贡分公司汇西加油站） 刘晓霞（绵阳分公司花园加油站） 钟熹昀（成品油分公司羊西加油站） 李小梅（广元分公司东坝加油站）	中国石油成品油销售“百名好客之星”	2018年
董建勇　潘述良　肖　雄	2019年销售企业财务管理工作先进个人	2019年
李亚莉　沈丽薇	2019年销售企业资金管理工作先进个人	2019年
何晓东	2019年销售企业资金稽查工作先进个人	2019年
李　丁	2019年度市场情报工作先进个人	2019年

表12-27　荣获中共四川省委、四川省人民政府表彰先进个人

姓名及所在单位	荣誉称号（省级）	颁奖单位	获奖时间
刘世侯（四川省石油公司经理、党委书记） 陈利权（雅安石油分公司经理、党委书记） 邵兴明（涪陵石油分公司党委书记）	四川省职工劳动模范	四川省人民政府	1989年
申太林（四川省石油公司副经理）	1990年度安全生产先进单位及责任人	四川省人民政府	1990年
申太林（四川省石油公司副经理）	安全生产单位及责任人	四川省人民政府	1991年
孙敦寿（万县石油站经理、党委书记） 王瑞宣（达川分公司7101油库员工）	四川省劳动模范	四川省人民政府	1995年
王选全	1995年度安全生产目标管理先进单位及责任人	四川省人民政府	1995年
王选全（四川省石油集团有限公司）	实现安全生产目标的省级部门及责任人	四川省人民政府	1998年
邹学光（绵阳分公司）	优秀共产党员	中共四川省委	1999年
陈　蓉（仓储分公司发油班班长）	四川省第四届劳动模范	四川省人民政府	2000年
陈　耿（四川销售分公司财务处副处长）	四川省十大杰出青年岗位能手	中共四川省委 四川省人民政府	2001年

续表

姓名及所在单位	荣誉称号（省级）	颁奖单位	获奖时间
孙　宝（岷江分公司） 王长碧（德阳分公司）	四川省优秀共产党员	中共四川省委	2001 年
魏　明（绵阳分公司）	四川省优秀党务工作者	中共四川省委	2001 年
刘桂林	安全生产先进个人	四川省人民政府	2002 年
杨顺成（四川销售分公司总经理）	四川省第五届劳动模范	四川省人民政府	2005 年
朱　波（绵阳分公司总经理） 徐家瑞（岷江分公司汶川片区经理） 孙　宝（岷江分公司总经理）	四川省抗震救灾模范	中共四川省委 四川省人民政府	2008 年
姚志强（四川销售分公司总经理） 刘廷荣（攀枝花分公司副总经理） 魏万成（成品油分公司绕城 AB 站经理）	四川省劳动模范	四川省人民政府	2010 年
杨万彬（广元分公司总经理）	四川省汶川地震灾后恢复重建先进个人	中共四川省委 四川省人民政府	2010 年
王洪臣（德阳分公司绵竹片区副经理）	四川省抗击特大山洪泥石流灾害先进个人	中共四川省委 四川省人民政府 四川省军区	2010 年
杨保平（成都分公司党委书记）	四川省优秀基层党组织书记	中共四川省委	2011 年

表 12-28　荣获省级单位表彰先进个人

姓名及所在单位	荣誉称号（省级）	颁奖单位	获奖时间
刘明英	四川省商业厅系统优秀教育工作者	四川省商业厅	1989 年
刘世侯	四川省商业厅系统先进工作者	四川省商业厅、四川省财贸工会	1989 年
王光臣　候立民	职称改革工作先进个人	四川省商业厅	1989 年
鄢秀芳　王　静	1989 年度省直各单位工会财务工作先进个人	四川省总工会	1989 年
喻刚友（大足县石油公司） 谢怀金（自贡市石油分公司） 刘火生（自贡市石油分公司） 金从先（自贡市石油分公司） 刘正滨（自贡市石油分公司） 李全享（自贡市石油分公司） 代正清（自贡市石油分公司） 刘义福（广元石油站） 龙益华（广元石油站） 张志勇（广元石油站） 薛应强（广元石油站） 邓世志（广元石油站） 徐卫成（遂宁市石油分公司） 张虎根（内江石油站汽车队） 马明金（资阳县石油支公司） 张先福（内江石油站汽车队） 兰万良（内江石油站汽车队）	安全行车标兵	四川省商业厅	1989 年

续表

姓名及所在单位	荣誉称号（省级）	颁奖单位	获奖时间
李朝胜（涪陵地区石油分公司） 罗兴联（仪陇县石油支公司） 黄泽学（仪陇县石油支公司） 杜明前（南充石油分公司汽车队） 杜培民（南充石油分公司汽车队） 李天真（南充石油分公司汽车队） 陈远海（南充石油分公司汽车队） 刘宜勇（西充县石油支公司） 浦成标（西充县石油支公司） 陈开元（大竹县石油公司） 周启元（开江县石油煤建公司） 蔡　明（万源县石油煤建公司） 余国学（达县地区石油煤建公司汽车队） 周文洪（达县地区石油煤建公司汽车队） 林　光（邻水县石油煤建公司） 肖福寿（阿坝州石油公司汽车队） 陈志春（阿坝州石油公司汽车队）	安全行车标兵	四川省商业厅	1989年
张　宇（四川省石油公司安全保卫处）	1990年省级厅、局安全生产先进处（室）及其负责人	四川省安全生产委员会办公室、四川省劳动厅	1990年
樊亮然　王　焕　向维龙 于俊良　杜洪玉　申　瑄 程鸣武　邱联品　吴绍文 何光秋　余忠惠　刘亚非 张家富　黄天顺	优秀共产党员	中共四川省商业厅直属机关委员会	1991年
任生全　吕明清	优秀党务工作者	中共四川省商业厅直属机关委员会	1991年
申太林（四川省石油公司副经理）	1991年度安全生产先进单位及责任人	四川省安全生产委员会	1991年
谢前波	四川省省直机关定点帮县工作首批联络组先进工作者	四川省定点帮县工作领导小组	1991年
陈　琸	1991年商业教育工作优秀教育工作者	四川省商业厅	1991年
张　宇（四川省石油公司安全生产办公室）	1991年度省级厅、局安全生产先进处（室）及其负责人	四川省安全生产委员会办公室、四川省劳动厅	1991年
帅　虹　吕　莉　孙红雁	1992年度优秀共青团员	共青团四川省商业厅直属机关委员会	1992年
于丽萍　于光明	1992年度优秀团干部	共青团四川省商业厅直属机关委员会	1992年
刘淑琴（自贡分公司）	四川省商业厅系统先进审计工作者	四川省审计局、四川省商业厅	1992年
张　宇（四川省石油总公司仓储基建处）	1992年度省级厅、局安全生产先进处（室）及其负责人	四川省安全生产委员会	1992年
石朝志（成都采购供应站汽车队） 程鸣武（成都采购供应站汽车队） 方清廉（四川省石油公司） 江向全（七〇〇五库）	全国商业安全行车百万公里标兵	四川省商业厅	1992年

续表

姓名及所在单位	荣誉称号（省级）	颁奖单位	获奖时间
肖光和　冉孟言　李华富　张新建　罗永富 陈崇全　常　斌	四川省商业厅系统安全行车50万公里标兵	四川省商业厅	1992年
吕明清（四川省石油总公司工会） 罗修俊（成都石油采购供应站）	厅直单位先进工会干部	四川省商业厅直属单位工会	1993年
刘世侯（四川省石油总公司） 李有福（成都石油采购供应站）	厅直单位工会之友	四川省商业厅直属单位工会	1993年
张　宇（四川省石油总公司安全办公室）	1993年度省级厅、局安全生产先进处（室）及其负责人	四川省安全生产委员会	1993年
杨顺成（四川省石油总公司） 张　宇（四川省石油总公司） 陈道根（成都石油站） 林茂华（南充分公司） 方正荣（自贡分公司） 代发国（德阳分公司） 赵永秀（涪陵石油分公司） 曾庆华（内江石油站） 周维跃（绵阳石油分公司） 韩　勇（绵阳石油分公司）	1994年度全省商业厅系统安全工作先进个人	四川省商业厅	1994年
胡纯林　余瑞华	1994年度优秀团干部	共青团四川省商业厅直属机关委员	1994年
刘世侯（四川省石油总公司总经理）	省直机关单位工会之友	四川省直属机关工会	1994年
吕明清（四川省石油总公司工会主席）	省直机关单位模范工会干部	四川省直属机关工会	1994年
陈　竹（四川省石油总公司工会女工委主任）	省直机关单位模范工会积极分子	四川省直属机关工会	1994年
刘明英（四川省石油总公司工会副主席）	先进工会干部	四川省商业厅直属单位工会	1994年
宋学忠（四川省石油总公司党委书记）	工会之友	四川省商业厅直属单位工会	1994年
邓　丽（四川省石油总公司工会专职干部）	工会积极分子	四川省商业厅直属单位工会	1994年
陈　瑸（四川省石油总公司）	优秀教育工作者	四川省商业厅	1994年
陈占信（四川省石油总公司安保处）	1994年度省直系统公安保卫工作先进个人	四川省公安厅	1994年
胡兴东　李有福　刘明英	四川省贸易厅直属单位1994—1995年度优秀党务工作者	四川省贸易厅直属机关党委	1995年
马德莉　钱发蓉　蒲培忠　陈占信　杜庆华 庞守国　陈　竹　陈非之　吴金荣　陈道根 余忠惠　许维福　林述通　荣宪章　赵淑玲 朱奎生　陈育伙　刘毅峰　苏定芳　段绍根 李兴和	四川省贸易厅直属单位1994—1995年度优秀共产党员	四川省贸易厅直属机关党委	1995年
洪俊成（南江县石油公司经理、书记）	四川省商业系统先进工作者	四川省商业厅、四川省人事厅	1995年
王能明（内江石油站运销公司） 张崇九（内江石油站运销公司） 吴绍康（内江石油站运销公司）	全国石化系统安全行车百万公里标兵（受中国石油化工总公司授权委托）	四川省商业厅	1995年

续表

姓名及所在单位	荣誉称号（省级）	颁奖单位	获奖时间
钱发蓉 马德莉	优秀共产党员	四川省直机关工委	1996年
钱发荣	1996年度老干部工作先进个人	四川省贸易厅	1996年
刘明英（四川省石油总公司） 杨蜀光（成都采购供应站） 袁光成（攀枝花分公司） 杨洪坤（德阳分公司） 冯家财（南充分公司） 詹朝宣（内江采购供应站） 魏光清（乐山分公司）	四川省贸易厅系统“二五”普法先进个人	四川省贸易厅	1996年
刘文卯（宜宾采购供应站） 龙加林（广安分公司） 赵银解（宜宾采购供应站） 李和贵（万县采购供应站） 石　建（万县采购供应站） 余　林（盐亭支公司） 任建军（盐亭支公司）	四川省贸易厅系统安全行车50万公里标兵	四川省贸易厅	1996年
李茂富（宜宾有限公司）	四川省贸易厅系统安全行车100万公里标兵	四川省贸易厅	1997年
门殿全（内江采购供应站） 李声全（内江采购供应站） 张书华（宜宾有限公司） 邵泽富（宜宾有限公司）	四川省贸易厅系统安全行车50万公里标兵	四川省贸易厅	1997年
王兴朝（内江采购供应站） 邱建书（内江采购供应站）	四川省贸易厅系统安全行车50万公里标兵	四川省贸易厅	1997年
杜树尧 黄　斌 刘　苏 罗富顺 谢前波 范仁模 马德莉 薛　林 涂安宁 江梅秀 吴金荣 李德明 杨成全 周　玲 刘明英 康晋蓉 曾祥瑞 杨海宁 杨昌华	四川省贸易厅直属单位优秀共产党员	四川省贸易厅	1998年
杨蜀光 詹述圣 肖方玖	四川省贸易厅直属单位优秀党务工作者	四川省贸易厅	1998年
詹述圣（成都有限公司）	首届四川省“五好文明家庭”	四川省五好文明家庭创建活动协调小组	1998年
李志鹏（攀枝花公司） 沈雪梅（宜宾分公司） 欧良治（自贡分公司）	四川省优秀团干部	共青团四川省委	1999年
罗　文（达州分公司） 喻朝伟（达州分公司） 曲木说达（凉山分公司） 陈　蓉（仓储分公司） 张宗泼（广元分公司）	四川省优秀共青团员	共青团四川省委	1999年
刘四新（攀枝花分公司）	1999年度四川省文明家庭	四川省总工会	1999年
吕　军（德阳分公司）	1999年度四川省优秀工会小组劳动保护检查员	四川省总工会	1999年
申　瑄	四川省直机关优秀共产党员	四川省直机关工委	2000年

续表

姓名及所在单位	荣誉称号（省级）	颁奖单位	获奖时间
刘　苏	四川省直机关优秀党务工作者	四川省直机关工委	2000 年
沈前高（南充分公司）	四川省依靠职工群众办企业好厂长（经理）	四川省总工会	2000 年
陈丽萍（达州分公司）	四川省女职工双文明建功立业竞赛先进个人	四川省总工会	2000 年
徐可嘉（成品油零售分公司）	2000 年度四川省总工会先进女职工	四川省总工会	2000 年
隋荣利（川南分公司）	2000 年度四川省总工会先进女职工工作者	四川省总工会	2000 年
吕明清	四川省优秀企业党政领导关怀青工工作奖	共青团四川省委	2000 年
陈　勇（简阳分公司）	四川省青年岗位能手	共青团四川省委	2000 年
钟　霞（成品油零售分公司） 谭卫东（达州分公司）	四川省青年营销能手	共青团四川省委	2000 年
刘　庶（德阳分公司） 陈　波（广元分公司） 张学粱（广安分公司）	四川省优秀团干部	共青团四川省委	2000 年
朱　波（省公司） 杨　兰（眉山分公司） 张　勇（南充分公司） 蒋旭东（雅安分公司） 喻小东（绵阳分公司）	四川省优秀团员	共青团四川省委	2000 年
廖风娟（遂宁分公司）	四川省优秀团员	共青团四川省委	2000 年
杨顺成（四川销售分公司总经理）	四川省十佳企业党政领导关怀青工工作奖	共青团四川省委	2001 年
李　亮（川南分公司）	四川省优秀青年技术创新带头人	共青团四川省委	2001 年
刘星国（德阳分公司） 韩前灯（凉山分公司）	四川省优秀青年厂长经理	共青团四川省委	2001 年
张学粱（眉山分公司）	四川省优秀团干部	共青团四川省委	2001 年
李良英（岷江分公司）	四川省第四批优秀青年兴业领头人	共青团四川省委	2001 年
肖春梅（达州分公司）	四川省百家企业、百万青工学习普及计算机网络知识优秀奖	共青团四川省委	2001 年
管晓梅	优秀团干部	共青团四川省委	2002 年
杜晓芳（岷江分公司）	2002 年度四川省青年岗位能手	共青团四川省委	2002 年
杨首秋（乐山分公司）	2002 年度四川省先进女职工工作者	四川省总工会	2002 年
刘晓红（德阳分公司）	2002 年度四川省先进女职工	四川省总工会	2002 年
杨顺成（四川销售分公司） 万剑波（雅安分公司）	四川省依靠职工群众办企业好厂长（经理）	四川省总工会	2003 年
刘俊良（川南分公司）	四川省第七届 (2003 年) 职工职业道德建设先进个人	四川省总工会	2003 年
陈　江（德阳分公司）	四川省优秀工会干部	四川省总工会	2003 年
宋碧琼（凉山分公司）	2003 年度先进女职工	四川省总工会	2003 年
周　键（乐山分公司）	四川省企业景气调查工作考评结果先进个人	四川省统计局	2003 年

续表

姓名及所在单位	荣誉称号（省级）	颁奖单位	获奖时间
钟云环	2002—2003 年度四川省内部审计先进工作者	四川省内部审计师协会	2003 年
陈　剑（岷江分公司）	四川省第八届 (2004 年) 职业道德建设先进个人	四川省总工会	2004 年
赵　倩（岷江分公司）	2004 年度四川省总工会先进女职工工作者	四川省总工会	2004 年
陈晓惠	2004 年度四川省总工会工会财务先进个人	四川省总工会	2004 年
任昌洪（甘孜分公司）	四川省第九届职工职业道德建设先进个人	四川省总工会	2005 年
王世俊（岷江分公司） 蔡振宇（成都分公司） 李建华（绵阳分公司） 周蓉玲（仓储分公司） 陈　洪（川南分公司）	四川省第二届职工职业技能大赛技术能手	四川省总工会	2005 年
冉　军（绵阳分公司） 余胜龙（绵阳分公司） 聂小平（绵阳分公司） 蒋季洪（仓储分公司） 杨志勇（岷江分公司） 陈　飞（成都分公司） 张启红（成都分公司） 方仕刚（乐山分公司） 罗再森（资阳分公司） 曾　怡（零售分公司）	四川省第二届职工职业技能大赛优秀选手	四川省总工会	2005 年
黄　斌（四川销售分公司） 黄宗会（乐山分公司）	全省工会系统“四五”普法先进个人	四川省总工会	2005 年
陈晓惠	2005 年度先进女职工工作者	四川省总工会	2005 年
刘　苏（眉山分公司）	四川省优秀青年企业家	共青团四川省委	2005 年
魏　兴（绵阳分公司董家沟油库）	2005 年四川省国资委系统青年岗位能手	四川省政府国有资产监督管理委员会	2005 年
赵　军（南充分公司）	四川省知识型技能职工标兵	四川省创争活动领导小组	2005 年
戴晓云（绵阳分公司） 康　峰（广元分公司）	四川省知识型技能职工	四川省创争活动领导小组	2005 年
季　诺（乐山分公司 7102 油库主任、党支部书记）	优秀共产党员	中共四川省国有资产监督管理委员会	2006 年
王金良（川南分公司党委副书记）	优秀党务工作者	中共四川省国有资产监督管理委员会	2006 年
张学敏（资阳分公司人力资源部副主任、团委书记）	四川省国资委系统企业优秀共青团干部	共青团四川省企业工作委员会	2006 年
陈　可（成都分公司员工）	四川省国资委系统企业优秀共青团员		
田明红（绵阳分公司董家沟油库计量化验班班长）	四川省五一劳动奖章	四川省总工会	2008 年
张启红（成都分公司成都片区副经理）	四川省五一劳动奖章	四川省总工会	2008 年
余永明（绵阳分公司安北片区曲山加油站经理）	四川省五一劳动奖章	四川省总工会	2008 年

续表

姓名及所在单位	荣誉称号（省级）	颁奖单位	获奖时间
魏存彬（成都分公司怀远加油站综合管理员）	四川省五一劳动奖章	四川省总工会	2008 年
蒋莉娜（成都新都蜀龙加油站计量员）	2008 年度四川省国资委系统“青年岗位能手”	四川省国资委	2008 年
彭学林（仓储分公司工会副主席）	四川省优秀工会工作者	四川省总工会	2008 年
席成燕（绵阳分公司园南园北加油站客户经理）	四川省五一劳动奖章	四川省总工会	2009 年
孙　宝（岷江分公司总经理）	四川省五一劳动奖章	四川省总工会	2010 年
王胡丹（成都分公司加油员）	四川省五一劳动奖章	四川省总工会	2010 年
姚志强（四川销售分公司总经理）	2010 年度四川十大财经风云人物	中共四川省委宣传部、省国有资产监督管理委员会、省经济和信息化委员会、省工商业联合会	2010 年
	四川省 2010 年“全国安全生产月”活动宣传工作先进个人	四川省政府安全生产委员会	2010 年
肖　雯（四川销售分公司党委办公室）	2010 年度党报党刊宣传发行优秀个人	四川省国资委	2010 年
肖　萍（德阳销售分公司投资科科长）	四川省“灾后重建 再立新功”劳动竞赛先进个人	四川省总工会	2010 年
杨志群（巴中分公司西华山加油站经理）	四川省五一劳动奖章	四川省总工会	2011 年
	四川省三八红旗手	四川省妇联	2011 年
李　瑾（成都分公司华阳片区客户经理） 陈小玲（泸州分公司龙马加油站经理）	四川省国资委系统优秀共产党员	中共四川省国有资产监督管理委员会	2011 年
杨芳兰（攀枝花分公司米易片区党支部书记、经理）	四川省国资委系统优秀党务工作者	中共四川省国有资产监督管理委员会	2011 年
陈小玲（泸州分公司龙马加油站经理） 杨运菊（成都分公司蜀龙加油站经理）	四川省三八红旗手	四川省妇联	2012 年
蒋旭东（雅安分公司总经理） 李永芳（雅安分公司宝兴加油站经理）	四川省五一劳动奖章	四川省总工会	2013 年
余永明（绵阳分公司董家沟油库党支部副书记）	四川省国资委系统先进职工	四川省国有资产监督管理委员会	2013 年
刘金莲（巴中分公司王家湾加油站经理）	四川省五一劳动奖章	四川省总工会	2014 年
李　佳（成品油分公司绕城加油站经理）	四川省劳动竞赛标兵	四川省总工会	2014 年
曾雍露（资阳分公司城南加油站经理）	四川省国资委系统优秀共产党员	中共四川省国有资产监督管理委员会	2016 年
卢兴奎（达州分公司党委书记、副总经理、纪委书记、工会主席）	四川省国资委系统优秀党务工作者	中共四川省国有资产监督管理委员会	2016 年
杨　君（攀枝花分公司） 兰　泉（广元分公司）	国资委系统先进个人	四川省国有资产监督管理委员会	2016 年
付　斌（四川销售分公司总经理、党委副书记）	四川省五一劳动奖章	四川省总工会	2017 年
杨　夏（自贡分公司团委书记） 李彩欣（资阳分公司团委副书记）	四川省优秀团干部	共青团四川省委	2017 年
段　瑛（成品油分公司高新片区副经理兼元华加油站经理）	四川省三八红旗手	四川省妇联	2018 年
泽仁娜姆（甘孜分公司）	国有企业优秀共产党员	四川省国有资产监督管理委员会	2019 年
何永洪（四川销售分公司党委宣传部）	国有企业优秀党务工作者	四川省国有资产监督管理委员会	2019 年

附 录

文件辑存

四川省人民政府批转省计经委关于改革我省石油产品经营管理体制报告的通知

川府发〔1985〕58号

各市、州、县人民政府，各地区行政公署，省府各部门：

省人民政府同意省计经委《关于改革我省石油产品经营管理体制的报告》，现批转给你们，请贯彻执行。

一九八五年四月二十日

关于改革我省石油产品经营管理体制的报告

省人民政府：

根据国发〔1984〕142号《国务院批转中国石化总公司关于进一步推行改革，提高经济效益的方案的通知》精神和国务院批准的《关于国内成品油经营业务交接问题的报告》的要求，结合我省实际，现将我省石油产品经营管理体制的改革意见报告如下：

一、关于经营机构的组建、设置和任务

按照国务院文件的要求和政企分开的原则，原省石油公司从省商业厅划出，组建中国石油化工销售公司四川省石油公司（以下简称省公司），各市、地、州、县分别组建分、支公司。省公司受中国石化总公司（以下简称总公司）和省人民政府的双重领导，业务管理、经营政策及有关规章制度以总公司领导为主，财政上交等其他工作仍由省政府管理。省公司是独立的经济实体，主要负责省内成品油的计划分配、市场安排、地方产品收购、省外调入和销售工作；统一管理全省（不含重庆、下同）县及县以上石油经营单位的业务经营和人、财、物。省公司由省政府委托省商业厅代管。

目前，凡石油经营业务由其他部门兼管的要划出来，归石油公司；石油公司兼营其他产品

的要划出去。目前尚不具备条件划出的，要积极创造条件，尽快划出。县以下的经营业务，仍保持现有经营渠道不变。

甘孜、阿坝、凉山的石油经营，维持现行管理体制。

重庆市的石油经营机构不上划省公司，如何设置，请重庆市人民政府确定。

二、上划时间

从一九八五年一月一日起，全省石油产品经营系统的经营业务和人、财、物统一由省公司管理。各市、地、县石油公司，应连同所属企事业单位成建制地上划省公司。本着先上划，后组建、调整的原则，力争今年上半年全部划完。有兼营业务的应尽快划出来再上划。

三、关于财政划转，财产交接

地、市、州、县石油公司的财务关系，一九八五年仍维持现状。企业留利，按第二步利改税核定的比例执行。企业留利、固定资产折旧基金、大修理基金的管理使用办法，由省公司制定。

财产交接，一律以一九八四年度会计决算为准进行，同其他部门共有的财产，应由双方协商，合理解决。

四、关于人事、劳动工资管理

省公司对本系统的人员编制、劳动工资实行统一领导，分级管理。省公司主要领导干部，经省与总公司协商后，由省里任免；分支公司主要领导干部，经上一级公司与当地政府协商后，由上一级公司任免；其余干部，分别由省、分、支三级公司按干部管理权限管理。具体办法由省干部、人事部门和省公司商定下达。

五、实行计划单列，加强储运设施建设

近年来我省石油储运设施欠债过多，业务经营量又逐步扩大，迫切需要加以解决。从一九八六年起，对省石油公司实行计划单列，归口管理所属企业，在生产、基建、技措、维修及业务经营中所需资金，统配部管物资有关指标由商业部门划转。一九八五年的各项计划仍由商业部门编报下达。

六、切实加强领导

省级各有关部门要积极协助省公司的划出、组建工作。各级人民政府要大力支持地、县公司的上划工作。在办理过程中，要防止转移石油公司系统的设备、原材料、资料、资金、基金和调进调出人员。各级商业行政部门仍要加强对石油公司的领导，使石油经营机构的交接、组建和调运供应工作顺利完成。

省计经委

一九八五年二月五日

转发四川省人民政府办公厅《关于转发四川省石油总公司组建四川省石油集团有限公司实施方案的通知》的通知

川石办〔1996〕第 402 号

各石油二级站、分、地、州公司，成都七〇〇五库：

我司组建四川省石油集团有限公司的实施方案已经四川省人民政府办公厅川办发〔1996〕132 号文批准同意并转发各地政府执行，现将此文转发给你们，请各单位认真组织学习，结合自身实际，做好公司制改革的酝酿准备工作；并请及时加强与省总公司联系，在省总公司完成集团公司（母公司）注册登记以及授权经营手续后，按照统一部署，实施改革的各项具体工作。

各单位接文后转发至所属支公司。

四川省石油总公司

1996 年 12 月 2 日

四川省人民政府办公厅转发四川省石油总公司组建四川省石油集团有限公司实施方案的通知

川办法〔1996〕132 号

各市、州、县人民政府，各地区行政公署，省政府各部门：

四川省石油总公司《组建四川省石油集团有限公司的实施方案》已经省政府原则同意，现转发你们，请予执行。

（一）组建四川省石油集团有限公司（以下简称“集团公司”），是按照省委、省政府“抓大、放小”和建立现代企业制度的要求，根据《中华人民共和国公司法》进行的一项重大改革。它对于推进我省石油行业的“两个根本转变”，加快成品油销售企业产业化、集团化、现代化发展步伐具有重要意义。省石油公司企业分布面广，涉及方方面面，各地区、各部门一定要统一认识，加强领导，积极支持和帮助搞好这项改革工作。同时，在集团公司组建过程中及组建以后，要按照《中华人民共和国公司法》规定和现代企业制度要求进行规范化运作，切实转换经营机制，不断深化企业内部改革，充分发挥集团优势。

（二）石油是一种特殊商品，对我省经济发展具有十分重要的战略意义。组建集团公司是对企业组织形式和管理体制的一项改革。改革后集团公司仍是成品油市场流通的主渠道，仍担负着保证工农业生产用油和救灾、战备需要的重要任务，各有关部门要继续认真贯彻执行省政府川府发〔1994〕93号文件精神，对集团公司予以大力支持和帮助。

（三）省政府同意原省石油总公司所有直属企业和控股企业成建制纳入四川省石油集团改组。原省石油总公司改组为国有独资集团有限责任公司后，根据川府函〔1996〕472号文件精神，仍列为国有大一型企业，由省人民政府和中国石化总公司双重领导，行业归口省贸易厅。

原省石油总公司全部国有资产按省国有资产管理局资产核定数转入石油集团国有资产授权经营范围。鉴于原省石油总公司已经过资产评估，省国有资产管理局要迅速组织力量对其账面资产进行核定，完成授权经营工作，尽快下达国有资产授权经营和管理的具体文件。在今后石油集团国有资产资产收益和保值增值的考核中，对原省石油总公司由于受过去计划经济的影响而造成的一些特殊情况要予以充分考虑。

（四）石油集团实行国有资产授权经营后，授权经营范围内（包括持股经营）国有资产效益的收益，可按有关规定，经省财政厅、国有资产管理局核准并在其监督下，由集团公司统一安排用于解决企业潜亏、隐亏损失和增强企业发展后劲等需要。

（五）根据川办发〔1995〕137号文件精神，集团公司可参照执行省委川委发〔1993〕23号、川委发〔1995〕27号文件确定的“三十三条”和“十二条”优惠扶持政策。

附:《组建四川省石油集团有限公司的实施方案》

四川省人民政府办公厅
一九九六年十月三十日

附：

组建四川省石油集团有限公司的实施方案

根据党的十四届五中全会精神和省委、省政府领导的重要指示，为进一步推进“两个转变”，加快企业改革发展的步伐，现按照《中华人民共和国公司法》（以下简称《公司法》）和国家有关规定，结合全省石油行业的实际情况，提出组建四川省石油集团有限公司的实施方案如下。

一、指导思想

按照《公司法》有关规定，结合国有资产管理体制改革和建立现代企业制度改革试点，组建大型企业集团，重组企业结构，提高组织化程度，强化国资管理，搞活资产营运，发展集约化经营，实现规模效益。

（一）经省政府批准，以原四川省石油总公司为主体，组建具有投资、控股性质的国有独资集团有限责任公司，实行国有资产授权经营，兼备资产经营和生产经营双重功能。并根据川办发〔1995〕137号文的精神，接受省政府委托，继续担负四川地区成品油市场的需求预测、资源配置、市场供应、调剂余缺等任务，在省里实行计划单列。集团公司仍按川府函〔1996〕472号文规定列为国有大型一类企业，由四川省政府和中国石化总公司双重领导，行业归口省贸易厅。

（二）以新组建的“四川省石油集团有限公司”为核心，以国家授权和直接投资形成的资产产权为纽带，联结原省石油总公司直属各石油二级站、分公司及其所属各支公司，建立规范的母子公司体制，构成完整的“四川省石油集团”（以下简称“川石集团”）的组织体系。

（三）严格按照《公司法》的有关规定，对子公司及孙公司实行改制、改组和改造工作，在确立投资主体的基础上，强化资产联结纽带，建立母子公司管理体制，完善法人治理结构，形成具有多层次组织结构，符合现代企业制度要求，逐步拥有流通、投资、融资、科技、信息、进出口贸易等多种功能的现代化大型商贸企业集团。

二、组建集团的实施办法和组织框架

经过1985年省政府对全省石油产品经营体制的改革后，全省（不含重庆）大部分县及县以上石油经营单位的经营业务和人、财、物上划归省石油总公司统一管理，并实行计划单列，省石油总公司系统已具备了集团体系的雏形。去年，省石油总公司又全面进行了清产核资，被列为省重点培育的大型商贸企业集团之一，并围绕组建企业集团做了大量工作。经过省财办、体改委、贸易厅、财政厅、国资局等部门的多次指导和论证，拟通过试行国有资产授权经营，建立规范化的集团公司和集团组织体系，具体组建办法如下：

（一）以国家授权经营国有资产的出资方式，将原四川省石油总公司改组设立为国有独资集团有限责任公司。集团公司名称拟定为“四川省石油集团有限公司”（以下简称“集团公司”）；注册资本（包括国家授权经营的全部国有资产权益）以国有资产管理部门核定数额为准；集团公司法定住所地为成都市鼓楼北二街24号。

（二）集团公司严格按照《公司法》的规定，设置集团公司董事会、监事会和内部组织管理机构，制定集团公司章程，办理集团公司各项报批手续和工商登记手续。下属子公司、孙公司的公司制改革待母公司改制后限期进行。

（三）经省人民政府批准，由省国资管理部门具体负责组织实施国有资产授权经营。四川省石油集团有限公司作为国家授权国有资产投资经营机构，统一负责授权范围内国有资产的经营管理和保值增值，依法行使授权范围内的国家出资权。授权经营的范围包括：（1）原省石油总公司占用的国有资产；（2）省石油总公司投资开办的企业及上划直属企业占用的国有资产（不包括划定给重庆的部分）；（3）在其他控股、参股企业中对应的股权和按投资比例所应享有的国有资产；（4）国家法律、法规确定的属于集团公司的其他国有资产；(5) 省政府及其有关部门以其他形式增补的国有资产。

（四）根据新的产权关系，形成以母公司为核心、母子公司为主体的多层次的集团组织结构：

1. 集团母公司是四川省石油集团有限公司。其作为投资主体和经营主体，通过全部或部分持有全资、控股企业的产权、股权，实施垂直控制和管理。集团公司在集团内部处于主导地位，是集团的管理中心、决策中心、投资中心、信息中心，并以对全资、控股子公司的出资额为限承担有限责任。

2. 集团子公司和孙公司，包括集团母公司直接投资开办和经国家授权持有其产权、股权的全资、控股子公司；子公司投资且受子公司控制的全资、控股孙公司。子公司在产权关系上受母公司控制、管理，母公司通过子公司对孙公司实行间接地控制和管理，但在法律关系上子公司、孙公司地位与母公司平等，独立承担民事责任。

3. 集团参股企业包括母公司、子公司、孙公司在境内外的参股企业（持股比例在 10% 以上的，由企业提出申请，经集团公司审查同意后可成为集团成员）。

4. 集团关联企业，包括与母公司及其子公司、孙公司生产经营联系密切的联营、协作企业（由企业提出申请，经集团公司审查同意后可加入集团）。

（五）川石集团作为法人联合体，其成员法人地位不变，按集团化经营管理机制运作，围绕集团整体发展目标自主开展生产经营活动。集团公司对不同层次的集团成员实行以下五种资产产权管理形式：

1. 对于集团公司本部，由集团公司董事会直接进行重大经营决策，聘任总经理负责日常经营管理，并对其分支机构实行经营目标责任制；集团公司依法行使法人财产权，并以全部财产为限对外承担民事责任。

2. 对于全资子公司，由集团公司委派的子公司董事会成员或执行董事，按照集团公司统一决策实施经营管理，并实行资产经营责任制；集团公司依法行使出资权，并以出资额为限对各子公司承担责任。

3. 对于控股子公司和参股企业，由集团公司按所持股份比例委任股权代表或直派董事，参加其股东会或董事会工作，依法行使股东权利，控制或参与其经营决策、经营管理，并以出资额为限分别承担有限责任。

4. 对于全资孙公司，由集团公司向子公司出具授权证书，确立子公司的投资主体地位。集团公司通过子公司，比照上述方式间接控制其经营决策，并按集团公司整体发展需要进行引导；子公司基于集团公司授权对孙公司以其被授权出资额为限承担有限责任。

5. 对于无产权关系的协作企业，则以集团章程和双方签定的、具有法律效力的合同或协议确立管理方式。

（六）集团公司授权范围内国有资产的管辖权和最终处置权属于省人民政府，省政府通过委派的集团公司董事实施授权经营管理，并由政府授权国资部门负责组织实施集团公司的资产经营责任制和保值增值的考核。集团公司严格贯彻执行国家有关法规，接受政府的政策、规划等宏观指导和必要的监督、检查、协调，按规定向政府有关部门报送财务报表和资产经营情况。

三、集团公司的法人治理结构和内部管理制度

集团公司以《公司法》和集团公司章程为法律基础建立法人治理结构和内部管理制度。

（一）集团公司实行董事会制和董事会领导下的总经理负责制。董事会是集团公司最高决策机构，董事会成员暂定为9人，每届任期3年。董事会成员中除一名职工代表由集团公司职代会民主选举产生外，其余成员由政府主管部门委派或更换，其中董事长1名（法定代表人）、副董事长1～2名由省政府在董事会成员中指定。董事会对省政府负责，在授权范围内行使出资者权利和股东权利，决定集团公司和集团的重大事项。董事会职权主要是：（1）拟定和修订章程，经授权方批准后实施；（2）审定集团规划、计划和基本管理制度，决定集团公司重大投资、举债决策和资产经营方式；（3）根据授权方决定的人选和按法定的程序，聘任或解聘集团公司总经理；（4）根据总经理提名聘任或解聘副总经理、集团公司各部门主要负责人；（5）负责对子公司主要管理人员的任免（孙公司主要管理人员由子公司任免，集团公司备案）；（6）审定管理机构设置方案；（7）审查集团公司年度财务预、决算方案和利润分配方案；（8）拟订集团公司增减资本、发行公司债券及合并、分立、解散、清算方案，报政府有关部门批准后执行。

经理层为集团公司的执行机构，设总经理1名、副总经理5～6名，根据工作需要可配备总经理助理和“三总师”等高级管理人员。总经理对董事会负责，依照《公司法》和集团公司章程，统一负责处理日常经营管理工作，通过定期或者不定期的集团公司所属企业经理会议等形式协调母子公司的经营管理活动。主要职权是：（1）组织实施董事会决议、主持集团经营管理工作；（2）制订发展规划、经营计划、投资计划草案；（3）拟定集团基本管理制度，制定公司具体规章制度，提出公司经营模式和管理机构设置方案；（4）提出公司年度财务预、决算方案和利润分配方案；（5）提请董事会聘任或解聘副总经理、总经理助理、“三总师”等高级管理人员以及集团公司各部门主要负责人；（6）聘任或解聘除应由董事会聘任或解聘以外的管理人员；（7）制订公司工资分配方案，审核各类子公司分配方案，并负责下达目标、考核奖惩等。

集团公司监督机构是监事会。集团公司依照《公司法》有关有限责任公司的规定设立内部监事会，其成员暂定为7人（其中包括职工代表1名），每届任期3年，监事连任不超过两届。其主要职权是：（1）检查集团公司及子公司的财务状况；（2）对公司董事、经理人员及派往子公司的国有法人股权行使人执行职务时违反法律、法规或公司章程的行为进行监督，并要求其予以纠正；（3）向政府有关部门报告工作等。

集团公司董事长、副董事长、总经理、副总经理按《公司法》和集团公司章程规定程序产生，由省政府任免。

以上所述集团公司的决策机构、执行机构、监督机构应相互独立、相互制衡、各司其职、各负其责，从而建立行之有效的法人治理结构。

集团公司按照《中国共产党章程》和省委川委发〔1995〕32号、川委发〔1996〕5号文件的有关规定，在报经省委批准后，建立集团公司党组，负责指导全资、控股企业党组织工作并协

调参股企业党组织的工作。集团公司所属跨地区的全资、控股企业党组织，接受集团公司党组和地方党委的双重领导。

集团公司依照国家有关规定，逐步健全重大问题的民主决策程序和职工民主管理制度。

（二）内部管理制度。为切实增强集团公司资产经营、投资开发、综合服务、信息共享、要素调节、规模经营的主导功能，发挥其决策中心、管理中心、信息中心、投资中心的核心作用，集团公司按照“六统一原则”（统一行使出资权利、统一制订发展规划、统一实行资源配置、统一调整组织结构、统一任免领导干部、统一负责资产经营），逐步建立以资产经营管理为中心的内部管理制度。

1. 财务管理：集团母公司的财务部对子公司、控股公司行使集团内部银行、财务结算中心职能（待条件成熟后，成立财务公司），在集团内部发挥融通资金、聚集集团财力等作用。集团内部经济往来及核算严格按市场经济机制运作，并严格遵守《企业会计准则》《企业财务通则》，以效益为中心，控制投资规模，避免重复建设，强化财务管理及成本、费用控制，加强财务分析、财务决策、财务监督，加强对债权债务的监控和对资金周转情况的检查。在批准授权经营后，及时调整母子公司资本账务，按国家规定编制合并会计报表，由集团公司统一清算。按国家税法规定，缴纳所得税。

2. 资产管理：根据川石集团的发展规划以及各个集团成员的实际情况，分层落实资产经营责任制，将以国有资产经营责任和经营效益目标为主的指标体系分解落实到全资、控股企业（孙公司由子公司分解落实目标任务），以资产经营责任制和国有资产保值增值的考核结果作为奖惩、任免依据。并通过建立与母子公司体制相适应的约束、监督机制，强化内审和外审相结合的审计制度。

3. 生产经营管理：在采购上暂实行母公司与子公司两级采购的办法，待条件成熟后再实行统购分销；在兼顾各子公司利益的基础上实行划片区定价，充分发挥集团的集约化群体竞争优势。集团公司按照国家有关政策，结合企业实际情况，带动并鼓励全资、控股子公司、孙公司积极拓展多种经营。

4. 劳动人事及工资管理：继续全面实行劳动合同制和各项社会保障制度。集团公司负责统一编制、审批母公司及全资子公司、孙公司的用工计划，拟制员工的培训、调配管理。对子公司、孙公司主要管理人员的任免，按集团公司章程有关规定进行管理。在工资分配制度上，集团公司根据国家的工资政策和企业的实际，进一步改革、完善。

5. 抓好信息工作和企业文化建设。

四、集团的经营宗旨和发展规划

川石集团的经营宗旨是：按照社会主义市场经济体制和社会化大生产要求，通过建立和完善现代企业管理体制，发挥企业集团的整体优势，开拓国内外市场，以优秀的经营业绩，为四川省的工农业生产和经济发展做出应有的贡献。

川石集团在“九五”期间的发展规划（已扣除划归重庆的二市一地的指标）是：成品油销

售总量到2000年达到187万吨，年均增长5%，零售量年均增长10%；销售收入总额到2000年达到50亿元，5年累计利润总额达到2亿元，利税总额力争达到64950万元；资产负债率逐年下降，职工收入和福利随企业效益的增长而逐年提高；积极慎重发展多种经营，力争有大的突破，部分项目形成一定规模；基建、技改在严格控制非生产经营性项目投资的基础上，以保证成品油储存中转、扩大零售网点为重点，拟规划180余个项目，总投资1.85亿元，新增库容量近2.5万立方米，新建加油站140余座；同时，加大人才培训力度，努力提高整个集团员工的政治、文化、业务等综合素质；精神文明工作到2000年要求集团成员中文明单位达到总数的93%。

四川省石油集团有限公司“九五”规划指标

指标	1996年	1997年	1998年	1999年	2000年
销售量（万吨）	152	157	164	173	187
销售总额（万元）	436000	448000	461000	479000	508000
利润总额（万元）	2600	2900	3350	3900	4500
税金（万元）	7200	7500	7750	8000	8250
利税总额（万元）	9800	10400	11100	11900	12750

四川省石油集团成员名单

全资子公司：

四川石化房地产综合开发有限责任公司、四海石化公司、东贸公司、成都石油站（暂名）、成都石油公司、自贡石油公司、德阳石油公司、绵阳石油公司、广元石油公司、乐山石油公司、遂宁石油公司、南充石油公司、雅安石油公司、内江石油公司、泸州石油公司、达川石油公司、攀枝花石油公司、广安石油公司、宜宾石油公司。

全资事业单位：

设计所、科研所（质检站）。

控股子公司：

劳动服务公司、三川公司。

全资孙公司：

崇州石油公司、邛崃石油公司、彭州石油公司、都江堰石油公司、郫县石油公司、新都石油公司、金堂石油公司、双流石油公司、新津石油公司、温江石油公司、荣县石油公司、富顺石油公司、绵竹石油公司、什邡石油公司、广汉石油公司、中江石油公司、涪城游仙石油公司、三台石油公司、盐亭石油公司、安县石油公司、北川石油公司、江油石油公司、平武石油公司、剑阁石油公司、苍溪石油公司、青川石油公司、旺苍石油公司、仁寿石油公司、井研石油公司、彭山石油公司、青神石油公司、洪雅石油公司、丹棱石油公司、峨眉石油公司、犍为石油公司、五通桥石油公司、射洪石油公司、蓬溪石油公司、遂宁市中区石油公司、西充石油公司、南部石油公司、仪陇石油公司、营山石油公司、蓬安石油公司、阆中石油公司、名山石油公司、荥经石油公司、汉源石油公司、石棉石油公司、天全石油公司、米易石油公司、岳池石油公司、芦山石油公司、武胜石油公司、乐至石油公司、安岳石油公司、资中石油公司、资阳石油公司、隆昌石油公司、简阳石油公司、威远石油公司。

四川省石油集团有限公司筹备组
一九九六年十月二十二日

关于四川省石油集团有限公司党组织关系和干部管理有关问题的通知

川组办〔1998〕109 号

各市、地、州委组织部、省直机关工委、省石油公司党组：

根据国务院国办发〔1998〕14 号文件精神，四川省石油集团有限公司（以下简称省石油公司）划归中国石油天然气集团公司。现就划转后的省石油公司党组织的设置、隶属关系和干部管理等有关问题通知如下：

一、建立中共四川省石油集团公司委员会和中共四川省石油集团公司纪律检查委员会。公司党的组织关系由省委领导。筹建党委和纪委的工作由公司党组负责，待党委和纪委建立后，公司党组和纪检组即行撤销。

二、省石油公司所属市、地、州、县石油公司的党组织关系转由省石油公司党委统一管理。

三、省石油公司领导班子及其成员移交中油集团公司管理，省委协管，干部管理的有关事宜按中共中央组织部组通字〔1991〕35 号文件精神执行。省石油公司所属市、地、州、县石油公司领导班子及其成员由省公司直接管理。

四、省石油公司机关党委转由省直机关工委管理。

中国共产党四川省委员会组织部
1998 年 7 月 1 日

四川省人民政府
关于认真做好我省县以上国有石油公司划转移交工作的通知

川府发〔1998〕44号

各市、州并有关县人民政府，各地区行政公署，省级有关部门：

现将《国务院办公厅关于组建中国石油天然气集团公司和中国石油化工集团公司有关石油公司划转问题的通知》（国办发〔1998〕14号）转发给你们。为了顺利做好我省县以上国有石油公司的划转移交工作，现就有关问题通知如下。

一、认真做好石油公司体制划转工作

国家关于组建石油、石化两大集团公司的决定，是按照社会主义市场经济的要求，加快发展支柱产业的重大举措，是实现石油、石化上下游、内外贸、产销一体化，增强整体实力，同国外大公司竞争的一项重大决策。按照国务院办公厅《关于组建中国石油天然气集团公司和中国石油化工集团公司有关石油公司划转问题的通知》（国办发〔1998〕14号）文件要求，我省石油公司将上划中国石油天然气集团公司，各有关市、地、州、县政府（行署）要按照国务院办公厅通知精神和省政府的安排部署，切实做好县以上石油公司体制划转工作。

二、划转原则、范围

（一）原则

1. 县以上国有石油公司要遵循国办发〔1998〕14号文件规定精神和中国石油天然气集团公司与省政府协商意见；

2. 划转石油公司要有利于市场供应，服务于当地工农业生产和人民生活用油；

3. 县石油公司与煤建、五金、民贸等合为一体的不划转；

4. 对已改变国有独资性质的石油公司以及自然解体或名存实亡的石油公司不划转；

5. 对不划转的县石油公司仍然赋予石油经营权，由省石油集团公司对其实行行业管理和指导。

（二）范围

1. 四川省石油集团有限公司及其直属企业成建制划转；

2. 甘孜、阿坝、凉山州和巴中地区4个地级石油公司；

3. 成建制的国有县石油公司。

三、交接内容

（一）划转单位的全部国有资产、债权、债务；

（二）生产经营和在建工程项目；

（三）对外投资和合作联营项目；

（四）劳动人事关系和人员工资。

四、划转要求

（一）划转单位的国有资产实行无偿划转，不评估、不验资。

（二）对划转单位的机构人员、职工工资、国有资产、财务等内容的划转时间一律按国办发〔1998〕14 号文件规定，以 1997 年 12 月 31 日为界，财务报表、国有资产总额、职工工资总额要经过同级财政、国资、劳动部门确认。

（三）本次划转石油公司的交接工作原则上在 7 月 31 日前完成。正式交接由省石油集团公司与各市、地、州、县政府（行署）签订交接协议书。

（四）省财政厅、贸易厅、国资局等有关部门要积极做好协调、配合、监督等工作，以保证划转工作顺利进行。

（市、地、州电传发出）

四川省人民政府

一九九八年七月九日

国务院办公厅关于组建中国石油天然气集团公司和中国石油化工集团公司有关石油公司划转问题的通知

国办发〔1998〕14 号

各省、自治区、直辖市人民政府，国务院各部委、各直属机构：

国家经贸委《关于组建两个特大型石油石化集团公司有关问题的请示》（以下简称《请示》），已经国务院批准。《请示》根据国务院机构改革方案的有关要求，提出将各省、自治区、直辖市及计划单列市石油公司及其加油站，分别划归新组建的中国石油天然气集团公司和中国石油化工集团公司（以下简称两大集团公司）。为了加快两大集团公司的组建工作，现将组建两大集团公司涉及各省、自治区、直辖市及计划单列市石油公司及其加油站划转等有关问题通知如下：

一、内蒙古、辽宁、吉林、黑龙江、重庆、四川、西藏、陕西、甘肃、宁夏、青海、新疆等 12 个省、自治区、直辖市及大连市石油公司及其下属各级石油公司和加油站，划归中国石油天然气集团公司；吉林省吉化集团公司、吉林石油集团有限公司，划归中国石油天然气集团公司。北京、天津、河北、山西、上海、江苏、浙江、安徽、福建、江西、山东、河南、湖北、湖南、广东、广西、海南、贵州、云南等19个省、自治区、直辖市及宁波、厦门、青岛、深圳市石油公司及其下属各级石油公司和加油站，划归中国石油化工集团公司。

二、上述石油公司及其加油站和有关企业的国有资产无偿划转到两大集团公司。此次划转不再进行资产评估和验资，遗留问题逐步清理，妥善处理。

有关财务关系的划转，由财政部有关部门和地方财政部门按规定办理，财政划转基数及企业有关资产、工资、职工在册人数等财务指标的划转，以财政部门批准的1997年企业决算数为准。

四、自本通知下发之日起，各省、自治区、直辖市及计划单列市人民政府和两大集团公司要紧密配合，抓紧做好交接工作，争取在1998年6月30日前完成。在企业交接过程中，要严格财经纪律和各项规章制度，凡涉及企业资产转移、人员变动、干部提拔等事项均需征得接收单位同意。各有关企业负责同志要坚守工作岗位，深入细致地做好职工的思想政治工作，做到思想不散、秩序不乱、工作不间断、国有资产不流失，确保生产经营正常运转。

五、做好两大集团公司的组建和有关企业的划转工作，关系到维护国有资产完整，维护正常的经济秩序，保持社会稳定的大局。各省、自治区、直辖市及计划单列市人民政府和国务院有关部门要按照国务院的统一部署和要求，指定有关机构，精心组织，审慎处理，认真落实。对在有关企业划转过程中出现的违法违纪行为，要从严查处，并追究有关负责人的责任。

中华人民共和国国务院办公厅

一九九八年五月十二日

关于省石油集团公司所属市、地、州、县公司党群组织关系划转工作的补充通知

川石党组〔1998〕第017号

各市、地、州石油公司党委（总支、支部）：

为了做好各市、地、州、县石油公司党群组织关系的划转工作，现将有关问题补充通知如下：

一、所属各级石油公司党群组织关系的划转工作，由各市、地、州石油公司党委（总支、支部）负责，各单位领导要高度重视，尽快办理。严格按照省委组织部川组办〔1998〕第109号、省总工会川工发〔1998〕16号（见附件1）和团省委川青组复〔1998〕13号（见附件2）的要求，与有关部门联系协调，由县公司将党群组织关系划转到市、地、州有关部门，然后由市、地、州石油公司将其组织关系统一划转到省石油集团公司。此项工作必须在11月15日以前完成。

二、关于党费和团费的收缴，一律截止11月底，即从12月份开始上交省集团公司。工会会费的收缴按省总工会川工发〔1998〕16号文规定办理。

三、各级石油公司党群组织关系划转后，工作量增加，任务重，为适应变化后的情况，各单位要设立相应科室和配备得力人员，以保证这项工作的顺利开展。

附：1. 川工发〔1998〕16号通知

2. 川青组复〔1998〕13号通知

中国共产党四川省石油集团有限公司党组

一九九八年九月二十二日

附件1：关于调整四川省石油集团有限公司工会组织关系的通知

川工发〔1998〕16号

各市、地、州、省产业（局）工会，省石油公司党委：

根据《国务院办公厅关于组建中国石油天然气集团公司和中国石油化工集团公司有关石油公司划转问题的通知》（国办发〔1998〕14号）、《四川省人民政府关于认真做好我省县以上国有石油公司划转移交工作的通知》（川府发〔1998〕44号）以及《关于四川省石油集团有限公司党组织关系和干部管理有关问题的通知》（川组办〔1998〕109号）的精神，经研究，现就划转后的省石油集团有限公司（以下简称省石油公司）工会的组织关系和财务管理通知如下：

一、建立省石油公司工会委员会和经费审查委员会。省石油公司工会属省总工会直接管理的企业集团工会，接受省石油公司党委和省总工会的双重领导，以省石油公司党委领导为主。

二、省石油公司所属市、地、州、县石油公司及省石油公司机关的工会组织关系转由省石油公司工会统一管理。

三、省石油公司工会的财务管理按全国总工会和省总工会的有关规定执行。省石油公司所属基层单位行政方面每月按职工工资总额的2%拨交工会经费，其分成比例如下：上解省总工会30%（含上解全总5%），拨解基层工会所在地方工会5%，公司及基层工会留成65%（65%部分在各级石油公司工会内部如何分配，由省石油公司工会研究决定）。

省石油公司所属基层单位（名单附后）工会的组织关系和财务交接，从一九九九年一月一日起执行。

四川省总工会

1998年9月8日

四川省石油集团公司所属单位

一、集团公司机关　成都七〇〇五库

二、成都公司：本部　新都公司　金堂公司　都江堰公司　彭州公司　双流公司　温江公司　新津公司　郫县公司　崇州公司　邛崃公司　大邑公司

三、德阳公司：本部　广汉公司　中江公司　什邡公司　绵竹公司

四、绵阳公司：本部　三台公司　盐亭公司　江油公司　平武公司　安县公司　北川公司

五、广元公司：本部　青川公司　旺苍公司　苍溪公司　剑阁公司

六、遂宁公司：本部　市中区公司　蓬溪公司　射洪公司

七、南充公司：本部　阆中公司　南部公司　蓬安公司　营山公司　仪陇公司　西充公司

八、广安公司：本部　武胜公司　岳池公司　邻水公司　华蓥公司

九、达川公司：本部　渠县公司　开江公司　万源公司　大竹公司　宣汉公司　达县公司

十、泸州公司：本部　合江公司　古蔺公司

十一、宜宾公司：本部　高县公司　珙县公司　南溪公司

十二、自贡公司：本部　荣县公司　富顺公司

十三、内江公司：本部　简阳公司　资中公司　资阳公司　威远公司　隆昌公司　安岳公司　乐至公司

十四、眉山公司：本部　仁寿公司　彭山公司　洪雅公司　青神公司　丹棱公司

十五、乐山公司：本部　夹江公司　井研公司　峨眉公司　犍为公司　五通桥公司

十六、雅安公司：本部　石棉公司　名山公司　天全公司　芦山公司　荥经公司　汉源公司

十七、攀枝花公司：本部　米易公司

十八、巴中公司：本部　巴中市公司　南江公司　通江公司　平昌公司

十九、凉山公司：本部　雷波公司　美姑公司　盐源公司　木里公司

二十、甘孜公司：本部　甘孜县公司　白玉公司　德格公司　丹巴公司　石渠公司　巴塘公司　色达公司　得荣公司

二十一、阿坝公司：本部　汶川公司　九寨沟公司

附件２：关于同意四川省石油集团有限公司转接团的组织关系的批复

川青组复〔1998〕13 号

共青团四川省石油集团有限公司委员会：

川石团〔1998〕013 号文已收悉。经团省委研究，同意四川省石油集团有限公司团的组织关系转接到团省委，由团省委直属管理。同意你公司所属市、地、州、县石油公司 18 个团委、171 个团支部，共计 2518 名团员的组织关系转由共青团四川省石油集团有限公司委员会统一管理。

此复

共青团四川省委组织部

1998 年 8 月 26 日

关于对四川省石油集团有限公司重组方案的批复

中油办字〔1999〕第 364 号

四川省石油集团有限公司：

你公司《关于“重组改制方案”的报告》（川石办〔1999〕280 号）收悉。经研究，批复如下：

一、同意重组设立中国石油四川销售公司：

1. 四川销售公司机关人员编制 65 人，其中领导职数 5 人。职能部门设经理办公室（党委办公室）、资源配置处、财务资产处、审计监察处、储运安全处（含防火管理）、企业管理处、人事处（组织部）。

2. 销售公司党委对现企业非核心部分党的工作实行统一领导。党委办公室内可设宣传、团委、工会等党群部门。

3. 销售公司下设成都分公司、南充分公司等 19 个分支机构。

4. 销售公司人员总数控制在 7519 人以内。

二、县公司经整顿规范后，分步并入核心业务公司。在过渡期间，其核心业务和整顿工作由地（州、市）级核心业务分公司代行统一组织管理。

三、现企业名称及规格保持不变。非核心业务的机关机构设置，由现企业负责做相应调整。

四、核心业务与非核心业务财务资产的分开与划拨，以经集团公司批准的中介机构评估、审计结果为准。

五、方案中提出的有关问题，待集团公司有关业务部门统一研究后，提出处理意见。

接到批复后，望认真组织实施，并将调整后的重组方案及实施情况上报集团公司。

中国石油天然气集团公司
一九九九年七月十六日

关于对市（地、州）公司进行重组改制的实施意见

川石办〔1999〕第293号

各市（地、州）公司、成都七〇〇五库：

中油集团公司已对四川省石油集团有限公司重组改制方案正式批复（中油办字〔1999〕第364号），同意设立中国石油四川销售公司。根据集团公司的批复精神，现将市（地、州）公司重组改制的意见明确如下：

1. 按照集团公司关于核心业务与非核心业务分开的要求，广元、绵阳、乐山、眉山、雅安、攀枝花、凉山、自贡、宜宾、内江、泸州、遂宁、南充、达川、广安、阿坝、德阳、成都等18个市（地、州）公司以及成都7005库中从事油品批发经营、零售经营、油品储运以及相关的管理机构工作的人员、资产划入核心业务；上述单位中多种经营产业的人员、资产、负债划入非核心业务。

2. 多种经营从现企业剥离必须坚持债权、债务一起划分的原则，多种经营业务划出后与市（地、州）公司彻底脱钩，由存续省公司直接管理。各市（地、州）公司所管理的集体企业在这次重组中，要与市（地、州）公司彻底脱钩，使其真正成为自主经营、自负盈亏的经济实体。

3. 重组后各有关市（地、州）公司名称暂定为中国石油四川销售公司××公司。现暂不注册，对外仍使用现企业名称和印章。

4. 企业重组后，现企业的名称、法律地位、产权关系都不变；对外签订的合同、协议继续有效；今年下达给各市（地、州）公司的目标任务继续执行，必须保证完成。

5. 重组后各有关市（地、州）公司的机构编制：管理机关设立5个科室，即经理办公室（党委办公室）、业务科、财务资产科、人事科、储运安全科。机关管理人员编制见附表。

6. 现企业已办理离退休手续人员按政策规定应享受的各项待遇费用，由重组后的公司按国家有关规定负担。

7. 按照集团公司的要求，重组前已办理下岗、内退、停薪留职、离岗自谋职业等分流人员，不再进入重组后的公司。

8. 根据集团公司的规定，对距法定退休年龄5年以内，或男职工工龄满30年，女职工工龄满25年的，可实行内部退养。退养期间其生活费按照不高于本人档案工资80%的水平发放，各单位可根据自身承受力在此范围内确定标准。亏损企业还可适当放宽内退条件。对自愿有偿解除劳动关系的职工，按照集团公司中油人劳字〔1999〕第337号文件规定给予一次性经济补偿后，

与企业解除劳动关系。

9. 重组前已并入有关市级公司的10个县公司，也要按照集团公司的要求进行重组，精简管理机构，大力压缩管理人员，真正成为市级公司的经营部门。

10. 对于此次重组没有划入中国石油四川销售公司的巴中、甘孜地、州公司和县公司，要加大工作力度，加快整顿步伐，经整顿规范后，再分步并入中国石油四川销售公司。在过渡期间，巴中、甘孜两个公司由中国石油四川销售公司代行管理，巴中、甘孜所属的县公司仍由巴中公司、甘孜公司管理，其余的县公司由所在市（地、州）公司代行管理。

11. 各单位要按照重组实施意见的要求，认真组织实施。务必于7月29日前保质保量完成重组改制工作，并在7月30日前写出工作总结，上报省石油集团公司重组改制工作领导小组办公室。工作总结要将机构、资产、财务、人员划分的情况详细报告。

12. 各单位要一手抓重组改制，一手抓经营管理。年初省公司对各单位下达的经营目标，不能因重组而改变，必须确保重组任务的顺利完成，确保今年目标任务的全面实现。

四川省石油集团有限公司

1999年7月21日

附表　重组后有关市（地、州）公司管理人员编制情况表

单位	管理人员	
	合计	其中：领导干部职数
绵阳公司	35	3
南充公司	35	3
成都公司	35	5
乐山公司	35	4
雅安公司	35	5
内江公司	35	3
自贡公司	35	4
达川公司	35	3
广元公司	35	5
眉山公司	30	3
宜宾公司	30	3
攀枝花公司	30	3
阿坝公司	30	5
泸州公司	30	4
德阳公司	30	4
广安公司	30	5
遂宁公司	30	4
凉山公司	30	4
成都7005库	30	2

关于四川省石油集团有限公司本部重组改制的实施意见

川石办〔1999〕第311号

省公司各部门：

四川省石油集团有限公司重组改制方案已经集团公司正式批准。集团公司同意设立中国石油四川销售公司管理核心业务，设立存续省公司管理非核心业务。根据集团公司的批复精神，省公司领导班子反复研究，现将省石油集团公司本部重组改制的实施意见明确如下：

一、省石油集团公司本部留在存续省公司的单位是设计所、石油设备经营技术服务中心、天河石油设备工程部、石油产品青年经营服务部，上述单位的人员、资产、负债全部留在存续省公司。省石油集团公司派往成都深国贸物业管理有限公司工作的职工全部划归存续省公司。省石油集团公司本部机关管理人员30人划入存续省公司。

除上述划入存续省公司的单位、人员以外，其余的均划入中国石油四川销售公司。

二、中国石油四川销售公司机关人员编制65人，其中领导职数5人。职能部门设经理办公室（党委办公室）、财务资产处、人事处（组织部）、审计监察处、资源配置处、综合业务处、储运安全处（含防火管理）。

存续省公司机关人员编制30人，其中领导职数4人。职能部门设经理办公室、财务资产处、人事劳资处（退离休人员管理办公室、再就业服务中心）、审计监察处、企业发展处、党委办公室。

三、留在存续省公司的资产净值为1765万元。资产构成如下：(1)现金100万元；(2)房屋资产原值1686万元，净值1419万元，含鼓楼北二街24号办公楼、解放路二段285号办公楼、东通顺门面、西安路29号门面、外化城小区门面；(3)小汽车5台，资产原值178万元，净值84万元，它们是别克轿车（川A17777）、公爵王轿车（川A67008）、北京213（川O52897）、丰田面包车（川A57685）、桑塔纳轿车（川A29816）；(4)设计所历年积累61万元；(5)石油设备经营技术服务中心、天河石油设备工程部、石油产品青年服务部三个单位的净资产101万元。

省石油集团公司本部的应付工资余额、应付福利费余额，按照省石油集团公司本部职工人数平均分配后，分别划入中国石油四川销售公司和存续省公司。

除留在存续省公司的上述资产、债务外，其余的资产和债务全部划入中国石油四川销售公司。

四、省石油集团公司本部分开、分离后，四川省石油集团有限公司的法律地位、产权关系保持不变，对外签订的合同、协议继续有效。新设立的中国石油四川销售公司暂不注册，对外仍使用四川省石油集团有限公司的名称和印章。今年下达给各部门的目标任务继续有效，必须确保完成，年终将按此严考核、硬兑现。

五、中国石油四川销售公司和存续省公司分别设立党委，中国石油四川销售公司党委对存续省公司党的工作实行统一领导。

六、重组前，省石油集团公司本部的离退休人员、内退人员、下岗分流人员由存续省公司管理。分开后，中国石油四川销售公司和存续省公司的离退休人员、内退人员、下岗分流人员仍由存续省公司统一管理，其费用由中国石油四川销售公司和存续省公司分摊，具体标准按照集团公司的有关政策规定执行。

七、重组后，省石油集团公司本部的职工宿舍管理、维修由存续省公司负责，并由有关部门制定具体管理办法，统一执行；中国石油四川销售公司和存续省公司办公楼的管理以及水电费、电话费等的解缴由双方各自负责；重组前省石油集团公司本部收取的物业管理费交财会处，分开后收取的物业管理费按资产划分情况分别由存续省公司和中国石油四川销售公司收取。

四川省石油集团有限公司

1999 年 7 月 30 日

关于统一规范中国石油天然气股份有限公司四川销售分公司所属各公司机构名称的通知

川销人〔2000〕第 805 号

所属各公司：

按照国务院办公厅国办发〔1998〕14 号《关于组建中国石油天然气集团公司和中国石油化工集团公司有关石油公司划转问题的通知》以及四川省人民政府川府发〔1998〕44 号文的要求，四川省石油集团有限公司及其下属的各级石油公司和加油站，已于一九九八年七月成建制划转中国石油天然气集团公司。一九九九年十月，中国石油天然气集团公司又实行资产重组，组建成立了中国石油天然气股份有限公司。根据中国石油天然气集团公司中油办字〔1999〕364 号文要求，四川省石油集团有限公司本部部分资产及地（市、州）级石油分公司等分支机构及其加油站又划转中国石油天然气股份有限公司管理，成为中国石油天然气股份有限公司在川的各级分公司。根据四川省工商行政管理局、四川省经济贸易委员会川工商办〔2000〕163 号文《关于中国石油天然气股份有限公司在川分公司登记注册的有关问题的通知》，现将中油四川销售分公司所属各公司的机构名称统一规范如下：

1. 中国石油天然气股份有限公司四川成都销售分公司；

2. 中国石油天然气股份有限公司四川川南销售分公司；

3. 中国石油天然气股份有限公司四川德阳销售分公司；

4. 中国石油天然气股份有限公司四川绵阳销售分公司；

5. 中国石油天然气股份有限公司四川广元销售分公司；
6. 中国石油天然气股份有限公司四川乐山销售分公司；
7. 中国石油天然气股份有限公司四川遂宁销售分公司；
8. 中国石油天然气股份有限公司四川南充销售分公司；
9. 中国石油天然气股份有限公司四川雅安销售分公司；
10. 中国石油天然气股份有限公司四川达州销售分公司；
11. 中国石油天然气股份有限公司四川攀枝花销售分公司；
12. 中国石油天然气股份有限公司四川广安销售分公司；
13. 中国石油天然气股份有限公司四川巴中销售分公司；
14. 中国石油天然气股份有限公司四川眉山销售分公司；
15. 中国石油天然气股份有限公司四川岷江销售分公司；
16. 中国石油天然气股份有限公司四川甘孜销售分公司；
17. 中国石油天然气股份有限公司四川凉山销售分公司；
18. 中国石油天然气股份有限公司四川销售分公司 7005 油库。

中国石油天然气股份有限公司四川销售分公司
二〇〇〇年十月十七日

关于统一规范中国石油天然气股份有限公司四川销售分公司各直属公司机构名称的通知

川销人〔2000〕第 835 号

各直属公司：

按照国务院办公厅国办发〔1998〕14 号《关于组建中国石油天然气集团公司和中国石油化工集团公司有关石油公司划转问题的通知》以及四川省人民政府川府发〔1998〕44 号文的要求，四川省石油集团有限公司及其下属的各级石油公司和加油站，已于一九九八年七月成建制划转中国石油天然气集团公司。一九九九年十月，中国石油天然气集团公司又实行资产重组，组建成立了中国石油天然气股份有限公司。根据中国石油天然气集团公司中油办字〔1999〕364 号文要求，四川省石油集团有限公司本部部分资产及地（市、州）级石油分公司等分支机构及其加油站又划转中国石油天然气股份有限公司管理。根据四川省工商行政管理局、四川省经济贸易委员会川工商办〔2000〕163 号文《关于中国石油天然气股份有限公司在川分公司登记注册的有关问题的通知》，现将中油四川销售分公司各直属公司的机构名称统一规范如下：

1. 中国石油天然气股份有限公司四川销售成品油分公司；

2. 中国石油天然气股份有限公司四川销售石油产品分公司；
3. 中国石油天然气股份有限公司四川销售成品油零售分公司；
4. 中国石油天然气股份有限公司四川销售仓储分公司；
5. 中国石油天然气股份有限公司四川销售自备车运输分公司；
6. 中国石油天然气股份有限公司四川销售润特油分公司。

中国石油天然气股份有限公司四川销售分公司
二〇〇〇年十月十七日

经验交流材料

创新服务塑形象　提升效益稳增长
——集团公司 2016 年工作会议经验交流材料

四川销售公司

四川销售坚决贯彻集团公司新一届党组战略部署，按照销售板块要求，把服务作为塑形象、稳增长的制胜法宝，实施“机制、内涵、功能”多重创新，让服务入心入行，用服务擦亮品牌，靠服务赢得市场。2015 年，公司每天服务客户超过 100 万人次，记名卡客户突破 400 万，忠诚直销客户稳定在 3000 户以上，以客户的增长带动量效逆势上扬，全年销售 883 万吨，实现利润 17.6 亿元，分别同比增长 3.65%、16.9%，平均投资资本回报率达到 33.05%，经济附加值（EVA）突破 7.24 亿元。

一、创新服务机制，着力提升运营效率

我们以机制创新为先导，把服务这条主线贯穿于生产全要素、管理全环节，着力构建运转高效的客户服务体系。一是搭建平台，完善全员服务机制。集成加油站现有信息系统，开发综合业务服务平台，设置的 7 大功能模块、147 个功能点，架起“加油站—市州公司—省公司”的快速通道。加油站所有需求一经提报，平台赓即传输指令、追溯流程、考核效果，倒逼机关全天候响应、全方位保障。平台试运行以来，服务需求传导时间缩短为零，仅检维修处置时间较过去就减少 8 小时以上，让加油站员工能更好地专注于市场、精心于服务。二是出台政策，完善正向激励机制。发挥薪酬杠杆作用，出台增量增费、增效增资等 9 项激励政策，将服务质量作为控制类指标纳入绩效考核，并设置市州公司“零投诉奖”、一线员工“服务委屈奖”，引导全员重视服务、提升服务。全年客户有效投诉率同比下降 71.5%，加油站服务考核有 7 个月位居销售板块首位。三是强化考核，完善过程监督机制。整合内外部监督力量，构建安监总站、95504、神秘顾客访问、新闻舆情“四位一体”的服务监督模式，将监督情况与市州公司班子业绩奖金挂钩兑现。全年扣减服务质量下滑市州公司班子业绩分值 22 分，对 3 名服务总监进行约谈，实现了服务“由软变硬、由虚变实”。

二、创新服务内涵，持续增强创效能力

我们以拓展内涵为抓手，把服务作为精耕市场、攻坚克难的利器，着力培育核心竞争力。一是加密布点，扫除服务盲区。紧盯人流、物流、车流，加快市场开发体系建设。分区负责，落实责任，排查盲点，找准重点，采取自建、合作、购租等方式提高网络覆盖率，通过盘活闲置土地和门面深挖资产潜力，努力拓展服务空间维度。全年新开发加油（气）站73座，新增零售能力42万吨，高速公路网点占有率提升至70%以上，用占全省30%的加油站服务了80%的用油客户。二是量身定制，提升服务精度。运用市场价值分析成果，实施主动配送与物流优化，优先保障价值贡献较大、仓储能力薄弱和少数民族等地区，去年主力库出库率达到97.7%，断档脱销率控制在0.2‰以内，实现资源精准摆布。借助大数据分析，开展客户价值评价，实行客户分级分类，将更多的资源、更好的服务投入到更有价值的客户身上，最大限度节约客户开发维护成本。依托125名客户经理，为客户制订专属服务方案，实施一对一服务、差异化营销。2015年，净增直销与批发客户186个、活跃卡客户56.21万个，全年直销与批发量、纯枪量分别增长16.7%、2.1%。三是丰富载体，突出服务特色。按照“同一类别有标准、不同类别有特色”的思路，制定细节手册，持续开展“一月一主题”服务专项提升活动，确立“笑感动天府”“心灵的沟通”等12个主题，定期集中攻关、月月叠加推进，员工服务技能持续提高，在板块“开口营销”大赛中夺得13个奖项，位居销售系统首位。纵深推进“挂包帮”活动，设立明星经理服务日、优质服务示范队，推广陈小玲“服务+”工作法，凸显典型引领作用。客户满意度达到98%。

三、创新服务功能，加快企业转型发展

我们以服务为立企之本，把满足客户多元化需求作为价值遵循，主动顺应时代潮流，抢占发展先机。一是推行全方位服务。立足于加油站“人·车·生活”驿站定位，着力完善便民设施，提供“一站式”服务。以“车”为载体，用油枪打开“侧盖”，用非油打开“后盖”，同时积极拓展新业务，用汽服打开“前盖”，去年成功打造试点换油中心11个。以“人”为依托，加强与汽车、旅游、商业、银行、保险等相关行业合作，跨界提供多元化服务，开设自助取款、车险购买、水电气缴费等增值服务38项，将甘孜公司瓦斯沟加油站打造成为集加油、购物、餐饮、娱乐、住宿为一体的“康巴情缘驿站”，增加客户黏性。二是实施全产品销售。将非油作为企业转型升级的关键，着力在便利店开店率提升、规模店打造上求突破，致力培育非油业务增长极。2015年，公司便利店达到1212座，开店率突破87%，同比增长35%，实现非油利润1.19亿元，同口径同比增长63.1%。为适应四川以天然气和水电为核心的新能源产业布局，积极参与加气、充电业务。与华气公司合作，计划发展油气合建站60余座，目前已在广元、汶川等地开发LNG项目5个；与地方政府投资平台合作，在泸州率先建成投用充电桩30个。公司在“油气电非”全产品销售方面做出了有益尝试。三是探索全渠道营销。与九洲集团结成战略伙伴，借力“北斗导航”，集石油、运输、金融等多行业优势于一体，实施跨界营销。成立创新实验

室，把自主开发“中油优途”APP和“全路途”服务平台作为孵化项目，构建线上线下互动融合的商业新模式，推动加油站从单一的加油场所向“安全、绿色、快捷、智能、舒心”的综合服务体转变。自去年12月25日“中油优途”上线以来，首发产品“冬季暖心礼包”上架销售，注册用户已达1.7万人。

在瞬息万变的市场，变的是油价，不变的是对卓越服务的不懈追求。我们将牢记销售企业的使命，把服务创新作为适应新常态的长远之策，靠服务提量、提效、提升品牌，力争到“十三五”中期，率先建成中石油千万吨级销售企业，为集团公司建设世界一流综合性国际能源公司做出新贡献！

信息创新搭平台　提质增效促转型
——集团公司2016年科技与信息化创新大会交流材料

四川销售公司

四川销售坚决贯彻集团公司信息化工作“六统一”原则，把信息化作为创新驱动的主攻方向，按照集团公司信息技术总体规划，建成了以ERP系统为核心，以加油站管理系统（B4）、一次物流系统、二次物流系统和油库管理系统为支撑的五大信息系统，实现了信息化与生产经营管理的深度融合，推动企业规模发展、效益提升。“十二五”期间，累计配套投入1.75亿元，确保了系统稳定运行、应用持续深化，年信息化创效超2亿元，日均服务客户超过100万人次，月处理油品销售订单5.3万笔，年均出枪近2亿次，为公司2015年销量突破880万吨、利润超过17亿元提供了有力支撑。

一、用好物流平台，提高运营效率

坚持以业务需求为主导，针对物流这个链接上下游的关键环节，充分运用信息化手段，着力创新物流运作模式。一是发挥集成优势，助推管理扁平化。以一次物流系统、二次物流系统和油库管理系统集成应用为契机，建立覆盖22座油库、1485座加油站的省级营销调度指挥中心，取消二级公司配送岗位，压缩油库管理层级，精减油库用工。与系统集成前相比，在油库吞吐量增加568万吨的情况下，减少配送岗位和油库用工522人，年节约人工成本2600余万元。二是实施动态管理，实现配送高效化。利用二次物流系统优化模块，结合资源、需求、路线变化情况，为每座加油站匹配主力库、次优库和辅助库，建立“一站一库一费”的公路优化配送模式，全面实施主动配送，大幅提升配送效率，有效控制物流成本。“十二五”以来，年配送量由571万吨增加到756万吨，系统自动上车率达到70%以上，车辆日周转率由1.97次提高到2.5次，付费加权运距由75.09公里降低到72.31公里，累计物流创效3.08亿元。

二、搭建支撑平台，畅通业务运行

坚持以ERP系统应用为核心，不断创新管理模式，着力推进精细管理、精准营销、精确服务。一是强化集中管控，推进业务协同。在ERP系统中定义151项岗位互斥权限，突出关键风险点控制，对直销与批发业务的价格、客户、销量实行集中审批，杜绝大单趸售、擅自降价、跨区销售等违规行为。同时，通过ERP系统固化23个主体业务流程，打破职能部门间的条块分割，实现业务、财务一体化高效运行，业务操作直接产生会计凭证，集成凭证率超过90%，财务月结时间由原来的4.5天缩短到现在的2.5天。二是运用数据资源，推动智能运营。围绕指标监控、风险预警、效果评估等业务需求，利用五大系统数据资源，面向销售企业全业务链条，开展主题分析，创新业务决策方式，实现信息及时传输、市场快速应对、营销精准指挥。2015年，通过ERP系统价格管理功能，贴近市场灵活作价，累计实施零售竞争策略1812站次，调整批发与直销策略66次，用占全省34%的加油站抢占了80%的相对市场份额。三是简化业务流程，确保快速响应。利用办公管理与移动应用系统，通过指令下达、需求提报的电子流转，架起"加油站—地市公司—省公司"的双向快速通道。业务指令一经确认，由牵头部门通过系统快速下达，实现指令传递垂直化；基层需求一经提报，系统自动触发，实现流程可追溯、考核可量化，倒逼机关全天候响应、全方位保障。系统上线以来，非油配送及时率提升20%以上，检维修处置时间减少8小时左右。

三、完善服务平台，助推企业转型

坚持把服务作为立企之本，依靠信息系统支持，持续改进客户体验，增强客户黏性，提升品牌价值，重塑企业形象。一是以加油站管理系统为抓手，变革服务模式。统一设备接入标准，整合不同种类加油机和液位仪，创新运用卸油不停枪技术，实现自动化与信息化高度集成，让员工从简单重复的劳动中解放出来，更好地专注于市场、精心于服务。截至2015年底，52.4%的站点实现自助加油，年减少员工劳动工时18.9万小时；累计发行加油卡突破500万张，年节约财务费用1.2亿元以上；净减少加油站员工1166人，年节约人工成本近6000万元；卸油停枪时间由60分钟降低到10分钟以内，年实现纯枪增量12万吨以上，边际贡献超过7500万元；95504有效投诉率同比下降71.5%，客户满意率达到98%。二是以线上线下为渠道，变革商业模式。顺应"互联网+"发展趋势，基于加油站管理系统，建立线上与线下高度融合、虚拟与实体互为支撑的营销体系。拓展线上渠道，开通移动支付功能，自主研发"中油优途"APP，整合加油卡客户数据，与异业合作伙伴实现客户互通、资源共享，促进"油卡非润"一体化营销向线上延伸。丰富线下渠道，以加油站为载体，以信息化为纽带，建立旨在满足客户一站式需求的"全路途"运行模式，推动加油站从单一的加油场所，向"安全、便捷、绿色、智能、温馨"的综合服务体转变。

信息化已渗透到四川销售各业务领域，为公司提质增效注入了强劲动力，成为企业创新发展的重要支撑。下一步，我们将以此次会议为契机，按照集团公司党组要求，加快信息创新步伐，发挥信息引领作用，不断开创信息化工作新局面，率先建成千万吨级销售企业，为集团公司建设世界一流综合性国际能源公司做出更大的贡献！

调准焦距发足力　敢练寒冬强筋骨
——集团公司2017年工作会议经验交流材料

四川销售公司

四川销售坚决把思想和行动统一到集团公司党组的形势判断和决策部署上，视寒冬为机遇、变熬冬为练冬，在开源节流降本增效中找准角度、提升精度、延展深度，助推企业稳健发展。2016年全面超额完成预算，销售油品910万吨，同比增长2.8%；纯枪655万吨，同比增长2.9%；吨油费用同比减少14元，实现考核利润13.4亿元、经济附加值5.5亿元、平均投资资本回报率35%。

一、找准突破角度，确保全员劲头十足

我们以机制创新为切入点，把握重点、抓住关键，凝聚公司上下迎风斗雪战严寒的整体合力。一是创新压力传导机制。念好预算“紧箍咒”，将集团公司、销售板块的目标要求，细化为市场份额、纯枪增量、价格到位率等42项攻关任务、72项考核指标，逐项分解到各专业线、二级公司，形成“任务家家有，指标人人扛”的攻坚氛围。拧紧费用“总阀门”，实施“总额”与“吨油”双向管控，将油库维修费、劳保费等18项费用，加油站水电费、办公费等8项费用，一并纳入费用标准化体系，分级分类开展对标管理，引导全员捂住“钱袋子”、过上“紧日子”，库站可控费用同比下降897万元。二是创新动力转换机制。用内部市场化改革激活每一个单元，加快去行政化进程，配套下放零售定价、小额定期结算等32项权限，为二级公司留足8.2亿元毛差空间，让其有底气参与竞争、有能力快速应变，鼓励基层通过做大规模来摊薄费用、消化成本。用绩效杠杆撬动每一个细胞，将干部员工收入与全产品“量、效、费、服务”相关联，从工资总额中拿出1.5亿元进行挂钩考核，同时挤出600万元，对在降本增效中有突出贡献的给予专项奖励，构筑起责权利共同体。2016年员工收入实现稳中有升，加油员人均工资增幅达到7.8%，“省、市、库站”三级动车效应初步显现。三是创新费用统筹机制。打破专业线条块分割，合并使用安全生产费、维修费、技改资金，将隐患整治与提量改造结合起来，整体设计、同步施工，避免重复投资、反复改造。同时，集中使用2100万元促销费，与销量、网点、卡沉淀资金、非油等净增量挂钩兑现，全年核拨增量促销费1317万元，带动了19家二级公司销量同比增长。

二、提升运营精度，确保量效势头向上

我们树立极致思维，精耕市场、精准营销，从点滴中捕捉机遇、从毫厘中挖掘效益。一是

深挖每一升资源的效益空间。与经研院、规划总院定期会商、研判市场，结合全省 578 个情报点的监测数据，利用综合业务支撑平台，开展大数据分析，找准节点，抢先一步，及时调整油品库存，在涨跌中实现资源运作创效 9000 万元。按照市场规律，建立量价效额分析模型，把市场价值评价从二级公司扩展到片区，延伸到油站，细化到客户，关联到品类，将资源、政策向潜力市场、高效市场、高效品类倾斜。2016 年，销售高标号汽油 104 万吨，同比增长 18.9%，与中石化相对市场份额达到 80.3%，提升 0.5 个百分点，纯枪价格到位率达到 99.45%。二是深挖每一支油枪的效率潜能。升级运用全流程诊断与优化 2.0，将诊断分析精确到枪位布局、油枪配比、单枪效率等指标上来，逐站逐枪制订优化方案，全年优化站点 716 座、优化问题 1.1 万项，单站日均增量 0.5 吨，相当于再造 6 个万吨站。开展运营天数攻关，梳理施工、卸油、交接班、检维修等 42 项关键因素，将管理精度从月、天细化到小时、分钟，最大限度减少单站停业停工时间，全年公司平均运营天数同口径同比增加 2.3 天，贡献纯枪销量 7.4 万吨。三是深挖每一分资产的价值贡献。组织资产大清查，清理出闲置土地 24.7 万平方米、闲置站房 2 万平方米，优先用于非油业务经营，非油开店率由 52% 提高到 90%，2016 年非油收入、利润分别达到 10.4 亿元、1.45 亿元，同比增长 53.2%、21.9%，非油利润贡献率达到 10.8%，同比提高 3.1 个百分点；主动对接政府规划，采取点位补偿置换、资产等价置换等方式盘活闲置资产，全年迁建置换项目 8 个，实现资产经营创效 1.02 亿元。

三、延展管理深度，确保成本箭头朝下

我们坚定“油价能降，成本也能降”的理念，想方设法破解既增量又降本的难题，敢于向关键费用下刀子、出狠手，促使成本硬下降。一是优化用工控成本。建立用工总量与库站外人员比例“双控”机制，实施用工总量与各单位业绩奖金、工资总额“双挂钩”考核，引导二、三线人员向一线分流，摸索推行合资企业分流、加油业务外包、委托承包经营等用工优化举措，持续提升劳动效率，日均十吨纯枪用人 5.3 人、油库月均万吨周转量用人 7.6 人，均位居销售系统前列。全年在消化 64 座新增站刚性需求 448 人的基础上，净减少员工 555 人，节约员工费用 2700 万元。二是优化物流降费用。科学组合库站、资源和运力等要素，推进一、二次物流整体优化，建立“一站一库一路一费”的主动配送模式，全年优化执行率 97.5%，在配送量增加 22 万吨的情况下，付费加权运距同比降低 2.3 千米，节约运费 2500 万元。应用“北斗 + 大数据”、电子铅封等新技术，开发智慧物流 APP，进行多维度监管，严防跑冒滴漏，公路运输损耗率同比下降 0.03 个百分点。三是优化管控节开支。以集中管控为手段，以费用总体受控、均衡列支为目标，以保障最低需求为底线，强化事前审批与计划管理，实施专业线之间、专业线与综合部门之间多重控制、互挂考核，确保不该花的钱一分不乱花。2016 年，五项管理性费用同比下降 19.6%，其中业务招待费降低超过 30%。

面对低油价的漫长冬期，四川销售将坚持量效为先、成本制胜，切实在挣钱上分毫必争、在花钱上锱铢必较，持续强筋骨、练内功，不断增强竞争能力和盈利水平，为集团公司建设世界一流综合性国际能源公司做出应有贡献。

深化三项制度改革　激发企业动力活力
——集团公司2018年人事工作会议交流材料

四川销售公司

四川销售认真贯彻落实集团公司决策部署，坚持以市场化为方向、以效率效益为导向，着力激活力、提效率、增动力，推动企业高质量发展。今年上半年，实现汽柴油销量501.3万吨、利润5.6亿元，实现“时间过半、任务硬过半”。

一、完善干部选拔机制，激发队伍活力

打破干部晋升路上的隐形台阶，切实把好干部选出来、用起来。一是严把“上”的入口。落实好干部标准，突破年龄、身份、专业壁垒，畅通机关与基层之间的选人通道，加大年轻干部选拔任用力度，先后有2名“80后”二级公司科长竞聘到机关副处级岗位。突出业绩导向，在干部选拔任用时，将干部绩效表现权重升至25%，引导干部凭能力、靠实绩晋升，先后选拔4名业绩优秀的机关副处级干部到二级公司担任主要领导。二是疏通“下”的出口。坚持到龄即退，对距退休正处级4年、副处级及科级5年的干部，转任非领导职务从事专项工作，鼓励部分身体原因不宜担任现职的处科级干部提前退出岗位。注重履职测评结果运用，近年来先后对2家业绩下滑单位的3名党政主要领导予以调整，对3名年度测评排名靠后的干部进行岗位调整或免职处理。三是创新“育”的端口。健全储备体系，将136名专业线专家、153名处级后备干部、2000名基层经理，纳入优秀储备人才库管理，为优化干部结构引入源头活水；实施“墩苗”计划，公开选聘20名二级公司“80后”干部，进行实岗实责交叉使用、重点培养；推行“三州”艰苦地区和外州地区公司干部“双挂”机制，每年选拔30名机关干部，实施双向挂职，促进干部全方位成长。

二、创新劳动用工机制，提升用工效率

建立与企业发展相适应的用工机制，促进人工成本、用工总量“硬下降”。一是创新机制控总量。完善“三集中、双挂钩”机制，对二级公司新员工招聘、劳务费及业务外包费管理、劳动合同续签等权限，进行集中审批；将用工总量与二级公司班子业绩奖金挂钩比例由3%提高到10%，将员工收入与人均劳效挂钩，促进控员增效。1—6月，在消化增站、增量刚性需求的基础上，员工减幅达到3%。二是创新模式转增量。按照“四统一、四防控”模式推进业务外包，对承包商统一招标、外包费用统一结算、外包范围统一界定、合同模板统一制定，有效杜绝“假外包、真派遣”。上半年，使用加油外包2195人，节约人工成本13828.5万元。试点推进委托经营，上半年向第三方转移员工681人，节约人工成本4554.3万元。三是创新管理挖存量。推行

以量化模型为基础的弹性排班，实现一线人员精准配置，近 3 年累计挖掘油站后台冗员 196 人。创新油库“大班制”管理，撤销油库股级机构，单库用工人数从 56 人减少到 37 人，油库月均万吨周转量用人 7.5 人，较销售板块平均值低 10.8 人。

三、健全考核分配机制，增强内生动力

鲜明“凭贡献取酬、靠业绩增收”价值导向，发挥考核指挥棒作用，有效激发队伍活力。一是强化绩效奖惩考核。优化业绩考核，将业绩指标从 20 多项压缩到 11 项，将二级公司非油考核权重从 10 分提高到 22 分，促使考核更加科学、更加聚焦。1—6 月，实现非油收入 9.9 亿元，非油利润 1.2 亿元，分别同比增长 26.7%、42.7%，非油利润贡献率达到 21.4%。二是完善工效挂钩机制。强化专项奖励，切块 1.8 亿元对利润、纯枪、店销收入等业绩指标予以硬性挂钩，拿出 1500 万元对数据经营、项目创新等有功人员进行精准激励。1—6 月，实现销售总量 502.4 万吨、店销收入 7.4 亿元，分别同比增长 5.1%、72%。三是优化一线分配机制。完善油非绩效工资制，加油员工资结构从 14 项精简为 3 项，浮动工资挂钩比例达到 60%；推行店销收入百元含量工资与商品毛利挂钩浮动，将百元含量工资标准从 2 元扩大到 2—6 元，员工非油工资占比超过 30%。建立“油卡非润气”一体化销售责任制，引导员工从单一的油品销售向全产品销售转变。上半年，公司人均销量达到 275 吨，油非转换率提高到 9.2%。

下一步，四川销售将以此次会议为契机，加快推进三项制度改革，重点抓好四个方面：

一是突出政治标准，着力选拔年轻干部。严格落实中央《关于适应新时代要求大力发现培养选拔优秀年轻干部的意见》，采取双向挂职、双低站“墩苗”、驻村扶贫等措施，让“80 后”年轻干部在艰苦岗位上磨砺、在强化锻炼中成长。二是优化体制机制，提升组织运行效率。以扁平化管理为遵循，进一步做实专业线，做强二级公司，稳妥推进机构改革，促进机关“瘦身健体”，力争两年内精简管理机构 10%，压缩管理人员 5% 以上。三是严格总量控制，持续提高人均劳效。坚持以“保一线、保主业”为根本，推进“三集中、三挂钩”管理，通过利益驱动引导二、三线人员向一线流动；深化数据运用，建立油站用工量化模型，实现用工高效配置。四是完善考核体系，实现队伍精准激励。提高业绩分值兑现标准，拉开管理人员收入差距，加大基层员工油品销量、非油增收激励力度，全面激发干部员工干事创业热情。

聚焦高质量　跃上千万吨
——销售公司 2019 年工作会议交流材料

四川销售公司

2018 年，面对复杂的经营环境、严峻的市场挑战，四川销售认真贯彻落实集团公司党组的决策部署和销售公司的工作要求，积极践行“决胜千万吨、建功新时代”的如山承诺，着力稳增

长、促改革、补短板、防风险、提效益，油品销售、非油规模取得历史性突破。全年销售汽柴油1008.8万吨，同比增加63.3万吨，增长6.7%；非油收入20.7亿元，同比增加6.2亿元，增长43%；非油利润2.06亿元，同比增加0.39亿元，增长23.3%，率先建成中国石油千万吨级销售企业，为公司转型升级迈出坚实一步。

一、打好思想动员战，凝心聚力奔千万

我们把跨越千万吨作为推动四川销售由大转强的历史责任、疏通炼厂后路的现实担当，引导全体干部员工主动作为、砥砺奋进，汇聚起高质量发展的强劲势能。一是统一思想强定力。公司党委融入中心、服务大局，纵深推进“四个诠释”岗位实践与“形势、目标、任务、责任”主题教育，组织开展“五个一”“大干一百天、打赢攻坚战”系列活动，提升全体干部员工的决胜信心。进入10月后，面对油价急转直下、销售异常艰难的困局，两级公司党政领导提前预判、快速应变，逐级开展绩效面谈，对接指标、传递压力，激发干部员工愈难愈进的攻坚毅力，提振了冲击千万吨的必胜决心。二是握指成拳聚合力。党政工团齐抓共管、同向发力，公司党委开展精准“挂包帮”，组织近千名党员干部定点帮扶双低站，全年到站帮扶3248人次，帮助解决问题1029个，73座站成功摘掉双低“帽子”；公司工会利用“比学赶帮超”对标提升劳动竞赛、激发职工干事创业热情，公司团委组建“发卡别动队”“志愿服务队”实施结对帮扶，全公司上下汇集起众志成城决胜千万吨的磅礴力量。三是优化机制增活力。配套“决胜千万吨”“百日攻坚活动”激励保障，贴近市场完善额外量补贴、增量奖励等机制，让市州公司有底气参与竞争、有能力应变市场，6家市州公司成品油销量创历史新高，6家公司非油收入破亿元大关，10座便利店收入迈上千万元。充分发挥绩效考核导向作用，构建“完成基础量得基本工资，超额量得挂钩奖励”的梯次激励体系，拿出1750万元对纯枪上量、店销增收进行挂钩考核、集中奖励，引导收入向一线倾斜，有效激发一线员工扩销增效积极性，全年纯枪增量8.1万吨、店销增收5.4亿元，一线员工收入增长14.6%，实现企业与员工共同发展。

二、打好终端阵地战，抢滩布点保千万

秉持“渠道为王、终端制胜”理念，构建“1+N”模式，畅通网络开发、品牌输出、油非转换、线上线下等销售泛渠道，拓宽千万吨增量空间，为高质量发展夯基垒台。一是转变思路拓网络。确立“吃尽增量、控制总量、深挖存量”思路，转守为攻、主动出击，制定年均100座网络开发滚动目标，力争到2023年网络份额达到50%。加大网络开发正向激励，全年拿出400万元专项奖金，对立项、落地、投运、达销等环节进行分类考核、精准激励，激发每站必争、寸土不让的决战动力，全年95%的市州公司超额完成网络开发攻坚目标，其中6家公司新开发超过8座。二是四轮驱动强终端。坚持“自主开发、合资合作、资产置换、存量挖潜”齐头并进，全方位拓展零售网络，5000吨以上重点项目、关键网点全部收入囊中，全年新开发加油（气）站105座，其中合资合作35座；主动与具有一定规模、价值观趋同的社会站开展品牌输出，发展特许加盟站20座。全年新投运加油站71座，贡献销量15.2万吨；推广预制化生产、模块化施工，

完成402座站防渗改造，实施进度由年初的29%提高到55%，确保改造与经营两不误。三是跨界合作扩渠道。践行开放、共享等新发展理念，全力撬动海量异业资源，与九洲、传化、ETC等企业集团组建合资公司，共享销售渠道，全年开发企业客户8396家，带动纯枪销量103.7万吨。发挥电子券长尾效应，与银行、保险、电信等单位开通积分互换、分担获客成本，有效提升客户价值，降低营销支出。

三、打好市场攻坚战，提质增效破千万

坚持科学营销，统筹处理量价效关系，全力拓市场、提纯枪、增效益，确保千万吨上得去、有质量。一是深挖客户上规模。完善“全覆盖、网格化、责任制”客户开发维护体系，将全省181个区县细分为130个“责任田”，开展批零客户普查，落实开发维护责任，重点攻关重大工程、大型厂矿、中石油内部施工市场、油站周边等终端用户，全年新开发客户6770家；发挥加油卡锁客功能，组织开展“六进”发卡，销售记名卡182.5万张，同比增长31.1%，新增活跃用户58.5万个，沉淀资金34.6亿元，同比增加3.49亿元。二是精准施策创效益。综合考虑网络、价格、成本、毛利等参数，建立市场竞争指数评价体系，将省内市场划分为“高效增量、保效稳量、低效抢量”区块，实施差异化营销策略；利用综合业务支撑平台搭建量价效评价模型，增设促销分析模块，实时监控点、线、面的销量和价格到位水平，对无效促销自动预警。2018年，公司纯枪增幅较板块平均水平和石化四川公司分别高出3.6和4.5个百分点，综合价格到位率位居销售系统前列。三是创新服务提价值。着眼“人·车·生活”生态圈构建，加快加油站3.0版打造，完善优途、优配、优客APP功能，增设不下车支付、话费充值、电子提油码、昆仑银行贷款等业务模块，着力满足客户多元化、一站式服务需求；开展服务质量提升、厕所革命等专项工作，改善服务环境、增强客户体验，95504有效投诉同比下降50.8%，品牌溢价能力达到0.15元/升。

一切过往，皆为序章。跃上千万吨仅是再出发的新起点。下一步，我们将认真贯彻上级的决策部署和工作要求，聚焦高质量发展，稳准推进改革创新，奋力开创世界一流新零售企业新局面。

管理创新成果及论文获奖汇总

附表 1　2009—2019 年获行业部级奖项管理创新成果

评选单位：石油企协

年度	项目名称	创作人员	等级
2009	《“为生命加油”抗震救灾纪实和画册》	蔡向阳　巩　凯　杨泽元　刘纯珂　常　宁　彭　冲　周运华　王　野　陈振华　曾　宇　李楠楠	优秀著作特别奖
	《成品油公路配送信息化管理》	帅　虹　胡朝晖　李　健　郭　博　张光辉	一等奖
	《成品油配送双向铅封管理》	庞守国　帅　虹　胡朝晖　张光辉　郭　博　欧　松　丁永和　徐启昌　彭昌富　赵　黎　王　霆　胡　腾	二等奖
	《石油销售企业 4W 菜单式管理》	黄　斌　郑井平　周志君　李　洪　李敬华　朱　云　王　迪　王利明　胡永全　彭泽科　陈　伟　周　琴	
	《以零售数据管理系统为中心的加油站“四位一体”财务管理》	刘志强　毛麒麟　龚丽娟　张　路　银　利	三等奖
2010	《油库“七位一体”安全管理模式的探索与实践》	林　辉　陈娅玲　左名宇　陆明全　于光明　杨宪林　樊增洲　刘兴惠　马朝辉　余　力　张惠兰　伍　灏	二等奖
	《石油销售企业体积计量交接综合差量率管理》	杨万彬　饶川安　刘金先　董　健　杜光建　刘　洪	
	《加油站资金商品稽核集成管理》(财务处)	刘华治　刘志强　李　涛	三等奖
	《加油站运营优化管理模式的建立与应用》(加管处)	朱宏杰　王　芳　颜　勇　梁利军　彭　娴　向建涛　姚　飚　李　华	
2011	《四川省成品油应急供应保障体系建立与实践》	蒋胡民　朱力洋　吴明文　陈　清　潘晓丹　杨　舰　唐福宇　宛　磊　代　丽	一等奖
	《石油销售企业管理创新平台的构筑与实施》	刘华治　程　懿　蒋　敏　张周平　敖永东　贾义平　龙逸民　陈　薇　周武迪　杨雅丽	二等奖
	《成品油销售“集中管理、过程受控管理模式构建与实践》	蒋胡民　朱力洋　吴明文　曾令强　陈　清　潘晓丹　杨　舰　唐福宇　宛　磊　代　丽	
	《成品油销售网络高效开发与建设新模式的探索与实践》	刘星国　杨道广　唐卫国	三等奖
	《加油站销售及盈利能力评价模式的研究与应用》	刘华治　钟云环　陈　耿　周　静　梅　兰　洪　梅　尹晓容　郑方敏　叶　辉　郝　敬　陈云川　沈　翔	三等奖
2012	《建设国际水准油品销售企业的组织与实施》	姚志强　刘华治　刘星国　蒋胡民　刘　苏　张用军　刘志强　程　懿　帅　虹　蒋　敏　龙逸民	一等奖
	《成品油销售企业商品集中管控体系及库（站）商品管理优化》	刘华治　刘志强　刘星国　蒋胡民　陈　耿　蒋旭东　赵媛媛　吕洪伟　赵浩江	二等奖
	《整合资源建立精简高效的危机应对体系》	吕　力　陈　玲　殷　悦　付晓兰	

续表

年度	项目名称	创作人员	等级
2012	《基于“数字化三维平台”打造油库“三防合一”安全管理模式》	林　辉　张维新　陆明全　罗元军　陈娅玲　刘海军　刘湘瑜　刘兴惠　任　飞　刘　晋　袁　帅　罗　杰	三等奖
	《加油站“七位一体”油品损耗管理模式的建立与运用》	张学梁　黎仁周　胡朝晖　汤雪梅　王显军　张超男	
	《加油站经营实时管控管理的实践与成效》	徐启昌　张中淋　崔乃茸　王怀炳　曾令强　李　健　朱　维　刘俊良　黄　云　杨铖浩　谢金伯　马怀冬	
	《两种用工体制下成品油销售企业员工和谐劳动关系管理新思路的探索与实践》	刘　柳　孙　宝　张　平　王汶远　田全锋　向　芳　赵　茜　肖　勇	
	《石油销售企业领导人员经济责任审计评价体系的创建与实践》	姚志强　刘华治　杨　侠　徐晓炜　刘志强　张用军　张周平　郭玉林　洪琪福	
	《大型石油销售企业以精细管理为目标的信息化建设》	姚志强　刘华治　刘志强　曾令强　李　健　帅　虹　陈　清　何　迅　李　亮　邓　磊　陈　涛	
2013	《非油品业务“增收增效”营销体系的探索与成效》	姚志强　唐胜云　曹　阳　赵淑玲　杨雪林　杨　杰　郑　斌　谢　刚　赵　然　樊　刚　李　萍　熊起远	一等奖
	《成品油物流配送体系优化管理成果》	刘星国　蒋胡民　林　辉　贾晋宏　陈　清　张光辉　林思维　郭　博　罗　强　马朝辉　刘湘瑜　袁　帅	二等奖
	《以投入产出增效为目的的石油销售企业投资优化管理》	刘华治　刘　苏　周　柯　陈娅玲　吕　莉　薛　亮　高　雁　李鸿霞　周　萌　马　婧　朱　毅　宋　洋	
2014	《四川销售公司提升企业规模与效益的实践与成效》	姚志强　刘星国　蒋胡民　陈　清　杨　舰　周　全　宛　磊	二等奖
	《“大数据”技术在提升加油站管控能力中的应用》	姚志强　刘星国　张用军　张成斌　李　健　梁晓程　付　强　何先美　何　迅　余智泉　晋　雄　张再辉	
2015	《基于IT技术的成品油微信营销模式的构建与实践》	汤雪梅　张超男　谭　宏　王　琦　蒲祖军　张　鸿	一等奖
	《混合所有制开发模式助推零售网络实现低成本优质高效发展》	陈娅玲　薛　亮　蒋旭东　周　柯　吕　莉　肖建军　李鸿霞　宋　洋　冯苹苹　周　萌　马　婧	二等奖
	《加油站“大龙马连片管理”模式的创建与实践》	曾小刚　庞西明　唐德彬　邹照松　魏丽莎	二等奖
	《以成品油物流链最优为导向的省级销售企业运行模式建立与实践》	蒋胡民　贾晋宏　李斌刚　郭　博　林思维　罗　强　童　颖　伏　林　王　佳　赵晓波	
2016	《石油销售企业业务支撑平台的开发与应用》	付　斌　付　强　何先美　何　君　陈　玲　谈　鹏　廖　涛　胡凤琴　伍　娟　肖长江	三等奖
	《加油站汽服业务发展模式的探索与实践》	伍　念　李　非　郑　斌　廖玉蓉　刘小龙　郑　勇　陈志坚　李　欢　冯　彬　张　茜	
	《以资产轻量化为核心的闲置成品油油库盘活探索与实践》	刘小峰　林　辉　赵蓉斌　刘　艳　刘湘瑜	
	《加油站“自主用工”制度的建立与实施》	何永政　杜泽明　鲜　新　董　建　龚新民　章　劲	
2017	《基于“互联网+”的成品油直销平台的打造与管理实践》	付　斌　蒋胡民　程　懿　陈　清　杨　舰　宛　磊　朱　英　何治呈	一等奖
	《成品油销售企业深化内部市场化改革的探索与实践》	付　斌　张学梁　周运华　缪　君	三等奖
	《非油业务超常规发展的实践》	付　斌　蒋胡民　帅　虹　张晋松　郑　斌　李　达　熊起远　李佶阳　阳　敏　杨钦刘　张茁娅　罗星宇	

续表

年度	项目名称	创作人员	等级
2018	《智慧加油站的探索与建设》	付　斌　蒋胡民　李　勇　潘晓丹　梁晓程　杨　浩　徐宇超　徐　泉　范希晨　李　博	二等奖
2018	《国有企业构建良好发展生态的探索与实践》	付　斌　张学粱　周运华　缪　君	三等奖
	《加油站智能巡检新模式建设与运用》	邓成兴　李　波　张　颢　高　雁　张中淋　任　飞　付　圣　刘　洋　周　杰　何　博	
	《基于物联网思路下的加油站设备故障自诊断》	付　斌　刘志强　李　勇　杨　浩　徐宇超　徐　泉　杨铖浩　杨　欣　毛　磊　王　栋	
	《成品油销售企业加油站油品质量监管机制的优化创新》	许钧瑞　范锐敏　刘　静　石小雷　吕霄汉　刘　文　张　洋	
	《成品油销售企业油库设备区域协作管理实践》	罗元军　潘　高　马中德　王　梅　蒋季洪　彭　宇　米才高	
2019	《基于大数据技术的成品油市场监测体系建设与应用实践》	付　斌　蒋胡民　陈　清　杨　舰　宛　磊　朱　荚　王俊鸿	二等奖
	《成品油销售企业数据经营的探索与实践》	刘建明　郑婷婷　周运华　缪　君	三等奖
	《应用标准成本法管控费用实现油库低成本运行》	冷晓亮　王　梅　赵蓉斌　金利歆　刘　艳　刘小峰	
	《基于大数据运用的预警平台的建设与应用》	邓成兴　李　波　张　颢　高　雁　张中淋　任　飞　罗　锐　赵浩江　王　刚	

附表 2　2009—2019 年获行业部级奖项管理创新论文

评选单位：石油企协

年度	项目名称	创作人员	等级
2009	《成品油营销过程中的一些伦理问题》	蒋胡民	一等奖
	《中国石油集团汶川大地震成品油应急供应分析》	蒋胡民	二等奖
	《抗震救灾斗争对基层建设工作的启示》	蔡向阳	
2010	《国有成品油销售企业社会责任研究》	蔡向阳　朱力洋　宛　磊	一等奖
	《我国当前成品油价格改革问题分析》	蒋胡民　吴明文　杨　舰　宛　磊	
	《四川成品油市场研究及预测》	朱力洋　何伟毅　宛　磊　潘晓丹	
	《浅谈“六个法则”在党群工作中的应用》	黎　鹏　张周平　陈柯伊　万　勇	
2010	《国有成品油销售企业社会责任研究》	蔡向阳　朱力洋　宛　磊	一等奖
	《我国当前成品油价格改革问题分析》	蒋胡民　吴明文　杨　舰　宛　磊	
	《四川成品油市场研究及预测》	朱力洋　何伟毅　宛　磊　潘晓丹	
	《浅析金融危机下中国石油销售企业的法律风险防控》	程　懿　张周平　张　鑫	二等奖
	《在应对金融危机中做好企业思想政治工作》	蔡向阳	三等奖
2011	《企业经济增加值管理研究》	张　颢　龙开放	一等奖
	《再论成品油价格机制》	蒋胡民　刘　迅　何伟毅　罗　强	

续表

年度	项目名称	创作人员	等级
2011	《成品油市场差异化竞争的实践与思考》	张成斌	一等奖
	《新石油价格机制下成品油销售企业的营销策略探析》	郭玉林　罗俊刚	
	《对进一步开发四川成品油市场的思考》	许　强	
	《加油站费用标准化管理研究》	刘华治　刘志强　王　燕　严　丽　龙开放	二等奖
	《以内涵式发展为根本 以控制用工总量为重点继续深入推进“三控制一规范”工作》	张用军	三等奖
	《完善我国上市公司治理模式的建议》	程　懿	
	《浅谈基层干部如何构建和谐企业》	刘星国	
	《Wiki 在石油天然气物资企业知识管理中的应用研究》	蒲　忠　任　皓　杨　慧　李文华　颜　英	
	《成品油销售企业投资资本回报率影响因素分析》	张　颢　龙开放	
	《完善成品油销售企业现行预算管理的思考》	赵　健	
2012	《成品油批零影响因素研究及批零互动策略建议》	刘星国　蒋胡民　吴明文　陈　清　杨　舰　宛　磊	一等奖
	《对信息化环境下企业财会工作职能转变的思考》	刘志强　陈　耿　龚丽娟	
	《财务价值管理探索与研究》	刘志强　陈　耿　金利歆	
	《加油站“加油操作十三步骤”优化方案研究》	朱宏杰　王　芳　彭　娴　梁利军　薛晓岚　蒋志宏	二等奖
	《以财务品质助推财务价值创造》	刘华治　刘志强　范　婕	二等奖
	《成品油销售企业物流配送管理研究》	杨文婷	
	《财务分析在石油销售企业的应用探讨》	谢丽萍	
	《石油销售企业员工心理疏导机制的新思路与实践》	蔡　力　江　戈　郭　蓉	三等奖
	《浅谈 ERP 系统与资金管理平台环境下的财务管理工作》	李　苹　洪琪福　余莉萍　王其兵　陈秀梅　付　黎	
	《成品油销售企业加油卡业务风险防控实践与探索》	张颢　周晓梅　寇　兰	
	《川滇交界市场量价效关系探析》	苏　莉　陆建乐	
	《自助加油站建设模式及技术应用研究探索》	付　强　江　敏　赵　宏　赵　黎　薛智科　吴世阳	
	《对提升企业党的建设科学化水平的几点思考》	杨保平	
	《用好财务稽查手段　防范企业商品资金风险》	杜　红　张敦泽	
	《石油销售企业建设项目造价管理存在问题及对策探讨》	张周平　徐晓炜　段　静	
	《浅议石油销售企业如何提高固定资产投资收益》	付　黎　洪琪福　余莉萍　王其兵　李　苹　苏　彬	

续表

年度	项目名称	创作人员	等级
2013	《企业领导干部创新能力建设浅谈》	张用军	一等奖
	《如何完善我国上市公司的治理模式》	程　懿　张　鑫　曹　昕	
	《基于 BP 神经网络的物流企业隐形运输能力评估》	蒲　忠　任　为　任　愿　杨　慧	
	《LNG 新能源对广安成品油市场的影响及思考》	张学梁　李良彬　谭　嘉　张　毓	
	《“零度容忍”才能“防微杜渐”》	杜庆华	二等奖
	《浅谈数字化油库建设》	刘　苏　黄　坤　宋欢欢　林　辉　王　勇	
	《加油站现场促销方式与消费偏好的关系研究》	张成斌　缪　君　潘晓丹　彭　娴　王　芳　马　腾	
	《成品油销售企业非油商品管理优化》	龙开放	
	《浅探信息化条件下会计档案的电子化管理》	孙红雁　邱明东　王樱桦	
	《基于后评价研究对加强成品油销售网络投资项目管理的探讨》	吕　莉	
	《中石油销售企业承包商安全管理分析》	罗　杰	二等奖
2014	《四川销售公司成品油物流配送优化体系建设研究》	蒋胡民　张光辉　罗　强　郭　博	一等奖
	《加油站运营效率指标构建及评价研究》	张成斌　吴进来　潘晓丹	
	《石油企业财务精益管理研究》	龙开放	
	《“最短路”问题在成品油应急供应中的应用研究》	蒋胡民	二等奖
	《关于加油站隐患治理的几点思考》	孙永忠　杨　勤	
	《信息化条件下中石油财务职能转变研究》	孙红雁　邱明东　王樱桦	
	《省级成品油销售公司数据仓库建设思考与探索》	李　健　梁晓程　张中淋　蒋　涛　崔乃茸　杨铖浩	
	《科学管控 提高油库风险管理水平》	刘兴惠　林　辉　于光明　罗元军	
2015	《非油品业务健康持续发展战略研究》	蒋胡民	一等奖
	《四川省 CNG 加气站需求预测研究》	程　懿　袁　帅　杨　爽	
	《智慧型加油站的建设和运用》	李　勇　王怀炳　刘海燕　杨　浩　夏　伟　徐　泉	
	《石油销售企业合同管理存在的问题及对策探讨》	李亚明　曾利华　王　方　裴悦伶	
	《昆仑好客便利店高质量规模化发展分析》	黎　鹏　张周平　李宽之　罗俊刚　丁茂辉　蔡孝府	
	《构建仓储盈利模型提升单库创效能力》	赵蓉斌　刘　艳　王怡娟	
	《基于盈亏平衡理念治理双低站的研究与实践》	何永政　杜泽明	二等奖
	《成品油销售企业闲置油库资产盘活途径探讨》	赵蓉斌　刘艳　刘湘瑜　刘小峰	
	《内部审计增加企业价值的实践探索》	范成华	
	《关于运用信息化手段开展专项监督检查的实践与思考》	杨　鸿　赵百川　谌宜男	
	《成品油销售企业合资公司管理模式的探讨》	丁永和　毛麒麟　程　珂　明　桦	
	《浅析加油站地罐倾斜容积变化规律及校正方法》	张剑峰　周　涛　许钧瑞	
	《内部审计助推全面风险管理，有效促进企业价值增加》	鲁　林	三等奖
	《浅析审计项目审理工作》	周　静	

续表

年度	项目名称	创作人员	等级
2016	《新形势下成品油销售企业运维模式及管理系统创新研究》	李亚明 曾利华 田 艳 顾淳之	一等奖
	《关于智慧加油站的探索与思考》	李 勇 王怀炳 杨 浩 徐 泉	
	《CNG 加气站的危险性分析及安全管理对策》	何 洧	
	《中层领导干部结构模型管理研究》	刘纯珂 何 俊 王 野	二等奖
	《国内成品油销售企业追赶世界水平思考研究》	周运华	
	《四川省高速路网规划与加油站站点布局的关系研究》	王浩庆 高 雁	
	《浅析成品油销售企业资产轻量化发展思路》	程 静 章 劲 杜泽明	
	《加油站便利店物流配送模式的选择与运用》	王 梅 苏 莉 冯高莉	三等奖
	《浅谈“六个法则”在党群工作中的应用》	黎 鹏 张周平 陈柯伊 万 勇	
	《四川销售电子商务建设研究》	余智泉 李 亮 何 迅 李 健	
2017	《浅谈石油销售企业雇佣关系用工风险分析与防控措施》	范成华 廖 涛 黄 敏	二等奖
	《“营改增”对石油销售企业的影响与应对》	潘述良 胡俊文 刘 莹 黄 容	三等奖
	《市场寒冬背景下成品油销售企业成本精细管理途径研究》	范成华 胡凤琴 代 扬 李 越 唐小晰	
	《油库公路付油作业风险分析和安全管控》	曾豪能 罗元军	
	《致力“双满意” 助推“双提升”》	乐雅娟	
	《浅析隐蔽工程现场签证的风险防范与控制措施》	陈建梅 张清贤	
	《浅谈加油站发票风险管理》	曾利华 黄琳英 田 庆	
2018	《石油销售企业法律风险防范与体系建设探析》	侯玉民 苏 莉 陈强飞 谢明华 周贵云	一等奖
	《新常态下加油站单站效益优化研究》	龙开放	二等奖
	《对石油销售企业合规管理的思考》	程 懿 李亚明 王 方 陈 眉	
	《基于油品实测法的成品油库油气回收安全经济效益分析》	林 辉 罗元军 蒋季洪 彭 宇 潘 高 郑 涛	
	《浅谈大数据分析模式下的加油站设备全生命周期管理》	彭昌富 赵学锋 杨启慧 张咏梅 唐钰涵	
	《全力落实“三聚”要求 引领党建管理工作》	黎 鹏 张周平 陈柯伊 万 勇	
	《石油销售企业思想政治保障工作体系建设研究与实践》	洪琪福 凌 莉	三等奖
	《信息化条件下加油站发票稽查构想》	苏 莉 陈 岚 江秀丽 张天翠	
	《基于移动互联网的运维管理新模式探讨》	李亚明 刘锡金 田 艳	
	《成品油销售企业业财融合的探索与研究》	范成华 胡凤琴 廖 涛	
	《建立完善审计整改责任体系助推审计成果有效利用》	刘 敏	

续表

年度	项目名称	创作人员	等级
2019	《成品油销售企业应对新能源汽车冲击的思考与探索》	侯玉民　罗　飚　李泽民　何建军　谢明华　周贵云	一等奖
	《构建销售企业成品油精准计量管理体系实践》	蔡孝府　如莫他　陈崇林　赵媛媛　熊　力　范锐敏	
	《油品销售企业发票风险防控模式探究》	钟云环　龙开放　周　琴	二等奖
	《加油卡金融服务功能初探》	如莫他　赵媛媛　杜　红　肖　雄　刘寅莹	
	《基于大数据的成品油销售企业客户关系研究》	唐　飞　罗俊刚　郭友军　郑　萍　孙　杰　谢　嫄	
	《成品油销售企业供给端优化创效研究》	刘志强　龙开放	三等奖
	《利用大数据提供精准“管家式”服务初探》	唐福宇　孙　甜　林选亚	
	《探索如何开展非现场审计工作＋推动内部审计工作改革创新》	邓　娟	
	《构建审计容错机制，为改革创新护航》	谌宜男	
	《主动融入大监督体系，适应新时代发展要求》	谌宜男　周　静	
	《成品油销售企业联合稽查模式探索与研究》	范成华　胡凤琴　李　越　徐　彤	

附表 3　2011—2019 年获集团公司及其他奖项的成果及论文

年度	项目名称	创作人员	奖项	等级
2011	《国有成品油销售企业社会责任研究》	蔡向阳　朱力洋　宛　磊	全国企业文化建设优秀论文奖	
2012	《省级成品油应急供应保障体系建设》	姚志强　蒋胡民　刘华治　刘星国　刘　苏　程　懿　朱力洋　吴明文　帅　虹　贾晋宏　陈　清　刘纯珂	全国企业管理创新优秀成果	二等奖
2013	《效益型固定资产维修更新管理的运用与实践》	刘华治　刘星国　刘志强　林　辉　陈　耿　张成斌　王　燕　常增军　周　游　田云川　徐晓莉	优秀成果	三等奖
	《成品油销售企业“挂包帮”管理创新与实践》	姚志强　田玉军　杨　侠　韩　前　灯　吴　静　何永洪　周运华	优秀成果	
	《测时写实在“三控制一规范”工作中的实践与运用》	张用军　刘纯珂　吴　静　何　俊　刘　军　田玉龙　陈晓瑞　蒋　涛　黎　兴　蒋茂湄	优秀成果	
	《以服务创造价值为目标的客户服务体系建设》	刘星国　蒋胡民　陈　清　吴明文　周　全　朱　英　任　愿　宛　磊	优秀成果	
	《档案成果转化运用的探索与实践》	杨　侠　张用军　程　懿　刘纯珂　王　梅　郑婷婷　张晋松　李泽民　邓　佳　缪　君　赵丽娜　胡　奉	优秀成果	
	《高速公路服务区“三三一”经营管理模式创建与实施》	何永政　杜泽明　鲜　新　龚新民　章　劲	优秀成果	
	《成品油销售企业一流样板示范加油站的建设与实施》	罗绍华　赵晓帆　雷　鸣　向剑涛　陈小玲　李　玥　袁红兵	优秀成果	
	《改进工作作风的思路与探索》	杨　侠　张用军　彭昌富　郑婷婷　张晋松　杨启会	优秀论文	
	《HSE 管理体系在基层销售企业运行浅析》	林　辉	优秀论文	

续表

年度	项目名称	创作人员	奖项	等级
2013	《成品油销售企业基层库站文化建设路径探讨》	何永洪	优秀论文	三等奖
	《库存运作与销售、供应、效益的思考》	吴明文	优秀论文	
	《EPC 管理模式在日常工程管理中的应用研究》	赵晓姝　罗晓春　张　剑　郑建鸿	优秀论文	
	《成品油销售企业应对土地占用或闲置的探索》	田全锋	优秀论文	
	《浅析企业财务风险管理》	田全锋	优秀论文	
	《石油企业安全文化建设项目的阶段划分及工作重点》	李　爽	优秀论文	
	《试论加油站网点投资中的法律风险防控》	管晓梅	优秀论文	
2014	《成品油损耗考核体系的建立与实践》	姚志强　杜庆华　涂安宁　刘华治　刘星国　张用军　蒋胡民　孙永忠　张成斌　何建华　熊　力	优秀成果	三等奖
	《成品油销售企业以创效增值为目标的价值链管理》	张　颢　龙开放	优秀成果	
	《依托加油站综合管控系统实现加油站经营风险防范》	余智泉　何　迅　李　健	优秀论文	
	《部门负责人经济责任审计内容及评价指标研究——以中国石油四川销售分公司为例》	范成华	优秀论文	
	《石油销售企业经济责任审计中存在的问题及应对措施》	周　静	优秀论文	
	《从价值管理角度对加油站会计核算模式的研究和探索》	章　劲　程　静	优秀论文	
	《承包加油站 HSE 管理现状与思考》	周　黎	优秀论文	
	《加油站发票管理存在的问题及对策》	黎仁周　万晓燕　赵　敏	优秀论文	
	《承包站承包指标确定和财务风险防控》	蔡露生	优秀论文	
	《人力资源开发与管理的措施》	李　非　彭　前　刘　萍　陈　丽　王　静　李　睿	优秀论文	
	《石油销售企业思想政治教育信息化研究》	江　敏　李良英　陈　伟	优秀论文	
	《浅析基于新时期的成品油销售企业竞争策略》	曹　波　吴俊梅	优秀论文	
2015	《加油站卸油不停枪研究与实践》	蒋胡民　张成斌　丁永和　杜庆华　蒋旭东　何建华　王怀炳　肖启福　胡朝晖　吴进来　唐福宇　任政聪	优秀成果	三等奖

续表

年度	项目名称	创作人员	奖项	等级
2015	《油库安全管理“41352”稽查模式的应用与实践》	林辉 马中德 向芳 于光明 张兆克 赵蓉斌 罗元军 刘兴惠 刘湘瑜 彭玉婷	优秀成果	三等奖
	《员工积分绩效管理制度的探索与应用》	张周平 黎鹏 王丽莎 陈柯伊 刘燕 李康强 陈丽	优秀成果	
	《地市公司以零售为核心的大部制运行模式研究与实践》	付强 何先美 江中涛 杨莉 崔乃茸 何君 陈玲 廖涛 刘波 王洪臣 伍娟 付晓兰	优秀成果	
	《信息技术在加油站弹性排班中的应用》	田玉龙 刘纯珂 何俊 刘军 黎兴 郭蓉 蒋茂湄 余智泉	优秀成果	
	《成本管理视域下物资采购“TABN”模式的探索与实践》	张用军 李勇 熊科 杨浩 王怀炳 贺芳 杨欣 刘海燕 徐泉 夏伟 范希晨 李弋	优秀成果	
2016	《基于“互联网+”的成品油微信营销》	付斌 田玉军 蒋胡民 陈清 吴明文 何凌 康泽 王琦 宛磊 吴进来 汤雪梅 张超男	优秀成果	二等奖
	《宝石花·康巴情缘驿站的建设与实践》	田玉军 韩前灯 薛建 李学科 李健 何永洪 梁晓程 杨虎平 冷倩	优秀成果	
	《成品油销售企业管理创新“实验室”模式的研究与实践》	付斌 张用军 蒋胡民 程懿 帅虹 曹阳 蒋敏 敖永东 颜勇 杨爽	优秀成果	
	《非油业务“管营分开”营运模式的构建与实施》	付斌 蒋胡民 刘纯珂 曹阳 吴明文 帅虹 田玉龙 李达	优秀成果	
	《加油站卸油不停枪研究与实践》	蒋胡民 张成斌 杜庆华 丁永和 胡朝晖 肖启福 何建华 唐福宇 吴进来 任政聪	优秀成果	三等奖
	《石油销售企业合同管理存在的问题及对策探讨》	李亚明 曾利华 王方 裴悦伶	优秀论文	一等奖
	《昆仑好客便利店高质量规模化发展分析》	黎鹏 张周平 唐福宇 蔡孝府	优秀论文	三等奖
	《四川省CNG加气站需求预测研究》	程懿 袁帅 杨爽	优秀论文	
	《中国石油销售企业二级公司管理体制机制研究》	兰勇 罗静 田玉龙	优秀论文	三等奖
2017	《加油站员工积分制管理模式的创新与实践》	刘纯珂 付强 何先美 胡朝晖 刘军 蒋涛 王洪臣	优秀成果	一等奖
	《企业形象大使“油优”的创建和使用》	付斌 田玉军 彭冲 曾宇 吴明文 彭娴	优秀成果	三等奖
2018	《加油站模块化建设研究与应用》	付斌 杜庆华 林辉 李勇 羊柳 杨欣 范希晨 刘海燕 夏伟 杜勇	优秀成果	二等奖
2019	《“大数据”在成品油库运行提效中的探索与实践》	房玉林 冷晓亮 贾晋宏 李斌刚 郭博 曾豪能 王梅 于光明	优秀成果	三等奖

说明：2016年,《基于“互联网+”的成品油微信营销》同时获2016年度国家级创新成果二等奖;《非油业务“管营分开”营运模式的构建与实施》同时获2016年石油企协三等奖;《加油站卸油不停枪研究与实践》曾获2015年度石油企协三等奖。

2017年度,《加油站员工积分制管理模式的创新与实践》同时获2017年石油企协三等奖;《企业形象大使“油优”的创建和使用》同时获2017年石油企协三等奖。

附表4　2008—2019年度公司级管理创新优秀成果

年度	项目名称	创作人员	等级
2008	“5·12”汶川大地震成品油应急供应分析与研究	蒋胡民 吴明文 陈 清 杨 舰 潘晓丹 宛 磊	一等奖
	为生命加油——中国石油四川销售公司抗震救灾纪实	蔡向阳 杨泽元 彭 冲 钟跃萍 唐德彬 曾 宇 周运华 王 野 郭 明 杨虎平 肖泽海 张晋松 陈 波 陈乔乔 刘小宁 李 海	
	“为生命加油”抗震救灾宣传画册	巩 凯 刘纯珂 常 宁 陈振华 曾宪刚 赵 茜 李楠楠	
	库存管理系统	刘星国 李其明 刘易麟 张 帆 刘福陵 阎 影	二等奖
	成品油公路运价测算模型	帅 虹 胡朝晖 贾义平 王 燕 李开斌	
	《四川销售报》一报一刊	陈国瑞 杨泽元 张学梁 彭 冲 周运华 曾 宇 郭 明	
	零售数据管理系统	刘志强 毛麒麟 李 健 龚丽娟 张 路 银 利	
	“四定营销管理”模式	张成斌 刘四新 李 勇 王 婷 唐中正	三等奖
	降低业务通讯成本 建设零售公司“统一通信”	朱力洋 欧 松 赵 黎 赵 宏 吴世阳	
	客户管理年	刘星国 黄奇山 周 全 何伟强	
	特色加油站打造	刘星国 胡国强 徐 斌 文旦夕	
	电子油卡管理系统	刘 迅 张 颢 杜寒春 罗 强	
	配送管理系统	吴庆和 朱 维 邱 强 尹相华 张中琳	
	销售企业法律风险的预防与控制	刘华治 程 懿 张周平 陈 薇	
	资金风险专项治理	陈 耿 蒋 敏 敖永东 梅 兰 吴家良 许桂川	
	加油站费用定额管理	刘华治 刘志强 程艳丽 王 燕 金利歆	
	办公室系统建设	巩 凯 刘纯珂 陈振华	
	调整加油站综合管理员管理权限，建立加油站内部牵制机制	吕 力 曾 伟 罗晓春 任惠民 李佶阳	
	推行“一站一率”考核制度	谢丽萍 王天银 王 利 冯 倩 陈 英 李吉久 李晓刚	
	基层党支部工作实用手册	陈国瑞 张学梁 凌启德 李志鹏 何永洪	
	加油站安全文化知识	黄长明 廖运祥 张景双 罗光辉 王 宇	四等奖
	运用微电脑时控开关为加油站节能降费	周兴军 宁顺英	
	接待费、会议费和机关办公费控制管理办法	巩 凯 刘纯珂 李应该 张乃文 李楠楠	
	派驻安全监督制	张成斌 刘廷荣 周荣华	
	LEC风险评价法在金江油库的应用	贺泽勇 罗 飙 伍 华 莫 军	
	四川销售分公司后勤系统管理初探	曹天顺 刘华平 尹显毅 秦 彤	
	加油站弹性工作制管理	林 辉 刘 跃 王正琼 黎 明 江泽文 向剑涛 黄继伟 余汉文 郑 英	
	加油站前庭安全风险识别与预防（教学挂图）	朱 波 刘 跃 张 涛 施建英	
	《安全手册》推动企业安全管理上台阶	粟小平 杜小江 龙 强	
	优化调整低效加油站	付 强 兰鸣平 刘 迅 伍 念 张 颢	
	安全标准化管理创建与研究	陈道根 杨成全 于光明 刘兴惠 马朝辉 王 睿	
	全方位费用定额管理初探	韩前灯 杨雪林 赵媛媛 鄢维清 杜 红	
	设立区域性加油站中心保管员制度	郭玉林 姚松柏 谭 宏 杨清德 王志成	
	自贡红旗加油站搬迁项目	邹心琴 潘述良 胡俊文 何晓东	

续表

年度	项目名称	创作人员	等级
2009	展馆在企业文化建设中的载体应用	叶学胜　陈国瑞	一等奖
	石油销售企业体积计量交接综合差量率管理	饶川安	
	加油站资金商品稽核集成管理	刘华治　刘志强	
	以“七位一体”安全管理模式 打造本质安全型油库	林　辉　左名宇等	
	石油销售企业在基层操作岗位推行 HSE 体系有效运行的“三卡一表”管理	杜庆华　熊　明　何建华	
	加油站应急处置“卡片化”应用	李　坚	二等奖
	成品油销售企业统计指标体系建设	蒋胡民	
	油库业务信息系统应用开发与整合	向景生　江　英	
	电子设备的信息化管理	刘星国	
	石油销售企业基层经理人队伍的培养	刘星国　杨保平	
	销售企业非生产性车辆成本控制管理	吴庆和　邹心琴	
	人本管理思想在销售片区、库、站思想政治工作中的运用	王　梅　李志鹏	
	股权企业财务集中管理	黎仁周　万晓燕	
	加油站综合评价考核管理	胡国强	三等奖
	网络开发模板化管理	杨道广　唐卫国	
	偏远加油站的规范化管理	胡国强	
	基层石油销售企业优化用工管理	张学敏	
	石油销售企业的党员星级、特色示范管理	杨建军　陈　江	
	加油站综合管理员履职激励管理	刘金先　王　英	
	施工 HSE 看板作业管理	梁　文　赵　刚	
	加油站管理网络化电子巡检管理	廖运祥　向剑涛	
	基层石油销售企业办公信息化管理	孙红雁　武爱勤等	
	加油站二次薪酬分配	刘红梅	
	以信息化手段实现加油站货款回笼和商品入库核对高效管理	韩前灯　赵媛媛	
	强化加油站油品升损管理 改进加油站油品损耗考核体系	刘俊良	
	区乡加油站（点）库存商品半罐油管理	柏　刚　姚松柏	
	创新低值易耗品和固定资产的动态管理	罗晓春　王　利	
	实施三大客户战略　构建科学营销管理	黄长明	
	固定标准体积管在管输油计量中的应用	林　辉　左名宇等	
	ERP 在油库设备中的“四化”管理方法	林　辉　陈娅玲等	
	落实岗位说明书制度 推行客户经理精细管理	徐启昌	
	成品油销售企业内部控制体系建设与运行	陈　耿　蒋　敏	
	中国石油四川销售分公司加油站优化调整应用	朱宏杰　王　芳等	

续表

年度	项目名称	创作人员	等级
2010	企业文化手册在企业文化体系建设中的载体应用和探索创新	蔡向阳 陈国瑞	特等奖
	成品油销售审批管理系统在企业的运用	蒋胡民 曾令强 朱力洋 陈 清 吴明文 滘晓丹 宛 磊	一等奖
	基于信息平台的加油站基础工作的高效管理	朱宏杰 王 芳 颜 勇 罗克勤 梁利军 周 劲 王 琦 彭 娴 薛晓岚	
	销售企业干部考核评价自动化体系	张用军 张 真 郑婷婷	
	成品油销售企业股权管理长效机制的建立与应用	程 懿 张周平 彭建轩 贾义平 周 玫 陈 薇	
	加油站盈利能力评价模式的研究及运用	钟云环 周 静 陈 耿 洪 梅 梅 兰 于晓容 沈 翔 郑方敏 郝 敬 叶 辉 陈云川	
	高效市场网络开发与建设的新模式建立应用	刘星国 杨道广 唐卫国 邓 奎	
	加油站信息系统和运行设备的集成管理	付 强 江 敏 吴世阳 赵 宏 龙 疆 王 兴 薛智科	
	液位仪集成系统在加油站商品管理中的应用	张 颢 杜寒春 唐 黎 周文宇	
	以财务分析为基础的新型企业管理决策模式的建立与运用	洪琪福 李志英 彭 前	
	创新应急管理 提升油库安全管理水平	林 辉 张维新 左名宇 陆明全 于光明 陈娅玲 张杨波 刘海军 冷巨昕	二等奖
	景区加油站旅游型便利店推广	曾宪刚 晋 雄 孙 宝 王汶远 田全锋 李良英	
	应用“五步工作法”构建企业稳定大局	杨保平 徐中柱 邱 能	
	油库员工执行力全程受控的标准化绩效考核管理	杨树明 唐 飞 张希旭 黄趾洲 黄卞生 王炳清 肖春梅 杨胜利	
	加油站在岗培训体系的建设与应用	杨 莉 王 芳 石 倩 张宣国	
	城乡加油站经营管理新模式	刘金先 王 英 程 静	
	引入 STP 分析法 全方位推广加油卡	徐启昌 赖 祥 董建勇 周 沁 徐 彬	
	油库目视化管理创新	梁 文 雍 宇 孔 伟	
	内部加油站分级配送管理体系的构建与实践	段 浩 罗元明 黄 勇 刘 丹	
	石油销售企业思想政治工作保障体系建设研究与实践	黎 鹏 刘红梅 杨嘉陵 吴进来	
	信息运维管理新模式建设	蔡 力 王怀炳 张中淋 杨铖浩	
	油库消防泡沫液自动循环和灌装系统技术、经济和管理分析	刘建中 张 勇 孙友民 赵于生 粟小平 李 娜	
	员工价值评价体系在企业人力资源管理中的研究运用	张成斌 田玉龙 缪 君	
	激活企业“细胞” 提升精细管理	胡媛媛 黄长明 江 戈	
	加油站“三位一体”稽查方式	黄 斌 郑井平 王利明 周 琴 王 野 肖 玲	
	创新网络项目开发新机制 打赢生命工程攻坚战	李宽之 程 伟 张灼辉 陈尚武	

续表

年度	项目名称	创作人员	等级
2010	施行内控联络员制度 实现内控体系的有效运行	姚松柏 蒲 川 胡 奉	三等奖
	新进大学生成长机制的探索与应用	林 辉 张维新 左名宇 陆明全 于光明 陈娅玲 范 军 刘湘瑜 杨 浩	
	水平协同营销在成品油销售企业中的应用	胡国强 黄奇山 刘 虹 何伟强 童 颖	三等奖
	升油工资考核在加油站薪酬管理中的运用	兰鸣平 杜丽霞 贾闽川 林 敏	
	石油销售企业特色支部建设与管理	杨建军 陈 江 陈乔乔 陈 亮	
	推行“三维一体”管理，提升加油站综合管理水平	王先华 杨波廖 蓉 萍 宁 辉 蒋 宏	
	模拟故障在油库安全管理中的应用	李 海 冷晓亮	
	纵横联系责任连带制在加油站建设中的应用	王长碧 唐 兴 廖 涛	
	证照的集中管理与统一年检	陈 鸣 肖雪兰 杨虎平 潘晓丽	
	股权企业安全管理模式探讨	王显军 苏 琴	
	制度信息管理平台探索与实践	郭阳秦 王文建 张碧伟 吕恒飞	
	油库输油管线快速带压堵漏研究	林 辉 张维新 左名宇 陆明全 于光明 陈娅玲 张杨波 刘海军 杨 浩	
	创建学习型班组 提升员工队伍素质	罗光辉 杨光洲 牟 静	
	IC 卡营销中的客户管理	朱 凤 高 凤	
	以安全系统提升公司管理水平	林 辉 张维新 左名宇 陆明全 于光明 陈娅玲 刘兴惠 马朝辉 吴迪鹰	
	成品油销售企业经营证照流程管理体系及风险防范机制的探索与成效	刘 跃 梁 文 雷 鸣 郭 璇	
	实施电话演练制度 提升应急管理水平	柳 鹏 刘乐明 任政聪	
	加油站摩托车加油现场安全创新管理	兰鸣平 粟小平 邓怀春 杜小江	
	孔子“仁”学思想在新形势下职工职业道德教育中的运用	李志鹏 邹照松 谢明华	
	探索加油站信息化培训新模式	郭 勇 王桓宇 肖诗伯	
	标准成本体系下的成本费用管理	罗晓春 陈 英 沈光强 张 洁	
	加油站员工绩效考核尝试	何 丹 卢天录	
	创新资产租赁模式 提升资产创效能力	吴庆和 付家良 邹心琴 谢庆淮 胡俊文 宣然春 何晓东	
	职工情感管理的探索与实践	魏修田 王丽莎 李康强	
2011	“为希望加油”——中国石油四川销售公司灾后重建发展纪实	姚志强 胡兴东 叶学胜 蔡向阳 巩 凯 陈国瑞 张学梁 刘纯珂 韩前灯 郑婷婷 何永洪 彭 冲 张晋松 周运华 唐德彬 曾宪刚 杨虎平 杜泽明 李 勇 周 全 陈 亮 陈 娴 陈德桓 胡 奉 伍 娟 杨悦恒 陈新圣 曾 宇	优秀著作奖
	建设国际水准油品销售企业的组织与实施	姚志强 刘华治 刘星国 蒋胡民 刘 苏 张用军 刘志强 程 懿 蒋 敏 龙逸民	一等奖

续表

年度	项目名称	创作人员	等级
2011	以企业领导人员履职表现评价为核心科学构建石油销售企业经济责任审计评价指标体系	姚志强 杨 侠 张周平 徐晓炜 刘志强 张用军 郭玉林 洪琪福	一等奖
	打造信息化企业建立管理数据库	刘华治 曾令强 朱宏杰 李 健 陈 清 师 虹 罗元军 毛麒麟 何 迅 李 亮 邓 磊 陈 涛	
	石油销售企业小站承包经营管理	杨万彬 何永政 张文凯 杜泽明 刘 洪	
	油库"三防合一"监督管理模式的建立	林 辉 张维新 左名宇 陆明全 于光明 陈娅玲 刘湘瑜 刘兴惠 罗 杰	
	三维应急保障系统的建立	林 辉 张维新 左名宇 陆明全 于光明 陈娅玲 刘海军 刘兴惠 刘湘瑜 张杨波 任 飞 刘 晋	
	加强数量精细化管理降低加油站油品损耗	胡朝晖 王显军 汤雪梅	
	审计项目全过程实时集成管理	钟云环 徐晓炜 陈 耿 张周平 杨 鸿 周 静 何 平	二等奖
	以全面风险防控为中心的依法治企管理	程 懿 蒋 敏 敖永东 陈 薇 龙逸民 周武迪 杨雅丽	
	低效加油站经营战略的研究	陈咏梅 胡国强 章 劲 黄奇山 刘 虹 吴 颖	
	成品油销售企业常见危机处置的探索与实践	吕 力 陈 玲 殷 悦 付晓兰	
	建设 DCAS 系统数据共享平台	徐启昌 张中淋 王怀炳 杨铖浩 谢金伯	
	盘活企业人力资源推进用工管理不断提高科学用工水平	刘红梅 庄家泉 杨海樱	
	基于专职董监事制度的股权管理	程 懿 蒋 敏 吴庆和 万剑波 彭健轩 周 玫 贾义平 龙逸民	
	推行整体开发方式实现新形势下的零售网络项目最优化开发	郭玉林 程 伟 张灼晖 罗 浩	
	加油站油品损耗 V20 管理	郭昌伟 朱 舟	
	销售企业中两种用工体制下的和谐劳动关系管理	孙 宝 张 平 王汶远 田全锋 向 芳 赵 茜 肖 勇 刘 柳	
	对标管理推进企业信息化建设	李 健 曾令强 陈 清 邓 磊 陈 涛 何 迅 李 亮 黄文斌 唐福宇 赵学锋	
	国有企业基层班子开展职工队伍建设的实践与运用	魏修田 王丽莎 李康强	
	整合激励促销售，实现上量增效益	杨 莉 刘 庶 廖 涛 刘 莉	
	石油销售企业科学网点布局	杨万彬 何永政 刘金先 董 建 杨彦彦 余东慧 李 琰 刘 洪	
	加油站立体稽查促进规范管理	唐 文 廉 静	
	采用三校准三确认三规范　全面实现自动化地罐交接	丁永和 王新全 冯国权 何谷岩 黄 勇 张剑峰 黄晓红 韩新锋 刘 军	三等奖
	强化对标管理　提高企业效益	洪琪福 彭 前 余莉萍 王其兵 李 苹 苏 彬	
	CNG 加气站商品损耗管理	刘 跃 潘述良 袁 莉 胡俊文 何晓东 李永涛	
	加油站监督检查机制探索与实践	兰鸣平 伍 念 张 颢 何伟毅 邓怀春	
	建立以人均劳效为核心的绩效考核体系	刘星国 杨保平 罗晓丹 余小红 王璐雅	
	加油站库存升损自动化监控	徐启昌 张中淋 王怀炳 刘俊良 杨铖浩 谢金伯 彭明春 雷 峡	

续表

年度	项目名称	创作人员	等级
2011	管输油库运行过程中的安全管理	冷晓亮　许　勇	三等奖
	加油卡自动化监控 有效防范风险	徐启昌　朱　维　王怀炳　张中淋　杨铖浩　余　洋　王向东	
	从提高员工幸福指数来营造和谐幸福企业	钟云环　鄢维清　韦　敏	
	中国石油四川销售分公司视频监控平台	曾令强　朱宏杰　王　芳　李　健　罗元军　刘玉琳　邓　磊	
	油品仓储企业内部培训师制度的建立和实施	林　辉　张维新　左名宇　陆明全　于光明　陈娅玲　朱　斌　刘湘瑜	
	以"五抓一建"推进示范班组建设	林　辉　张维新　左名宇　陆明全　于光明　陈娅玲　聂　凡　刘湘瑜　史　洋	
	基于计算机网络数据库的企业基础数据管理	孙红雁　赵长宏　杨　帆　吴雅静　王豫麟	
	实施基层人才动态评级管理新机制	陈祖洪　陈丽霞	
	实施 HSE 行为预警观察防止人不安全行为	杨树明　唐　飞　何　泉　王炳清　胡雄辉　黄卞生　黄趾洲　杨胜利　肖春梅	
	基于在线监控系统的油库运维管理	林　辉　张维新　左名宇　陆明全　于光明　陈娅玲　刘海军　刘　晋	
	基于加油站管理系统的加油站合并管理模式应用研究	刘　跃　潘述良　袁　莉　高令川　宣然春	
	成品油销售企业财务精益管理研究与实践	兰鸣平　伍　念　张　颢　何伟毅　邓怀春	
	通过土地置换盘活闲置资产维持网络站点	陈咏梅　章　劲　田　劲	
	利用资源紧张时期有效提高市场占有率的营销策略探索与实践	兰鸣平　何伟毅　刘小龙　罗　强	
	HSE 信息系统与日常工作的有机融合	胡朝晖　王显军　汤雪梅	
	站发小额配送过程管理及风险防范	潘晓丹　王　军　周　沁　王　和　徐　彬　付　圣　赖　祥　唐　谊	
	工程项目施工现场"四化"管理	江中涛　肖　萍　李治华	
	基于"速度 质量 政策 受控"的灾后重建项目管理	曾宪刚　周　航　田全锋　莫正敏	
	推行"3322"管理，提升商品质量和防伪管理水平	蒋承斌　魏冰清　张保华　肖　兵　代　璞　张海燕	
	油库整合技改工程质量管理与探索	孔　伟	
	加油站资金管理平台对账功能的优化与应用	江　敏　刘志秋　黄　胜　薛智科　张　艳　胡　曼	
	安全风险识别与评价在基层安全管理工作中的延伸研究	杨晓宾　缪　君　孙　琳	
	标准化加油站建设过程优化管理	董树元　朱华锋　史树亮　杨　欣　刘海燕　夏　伟　杜渝萍	
2012	成品油市场情报信息体系建设	蒋胡民　刘星国　陈　清　宛　磊　王　芳　吴明文　杨　舰　张成斌	一等奖
	高速公路服务区"三三一"经营模式探索与成效	何永政　鲜　新　龚新民　杜泽明	
	"三集中、四统一、六化"油库集中统一管理模式的建立	林　辉　张维新　范　军　黎　莉　刘湘瑜　刘兴惠　陆明全　罗元军　马朝辉　袁　帅　张杨波　朱　斌	

续表

年度	项目名称	创作人员	等级
2012	测时写实在“三控制一规范”工作中的实践与运用	张用军 吴静 陈晓瑞 田玉龙	一等奖
	成品油销售企业工程建设管理信息平台建设与应用	刘华治 董树元 杜渝萍 范希晨 刘海燕 史树亮 王怀炳 夏伟 羊柳 杨欣	
	实现销售企业实时管控的综合业务平台建设与运用	徐启昌 张中淋 崔乃茸 杨铖浩 黄云 谢金伯 马怀冬	
	成品油销售企业“挂、包、帮”管理创新与实践	田玉军 姚志强 韩前灯 何永洪 吴静 杨侠 周运华	
	成品油销售企业一流样板示范加油站的建设与实施	罗绍华 陈小玲 雷鸣 李玥 向剑涛 袁红兵 赵晓帆	
	基于“3+1”发展定位的成品油销售企业快速推进“加气业务”战略举措	刘华治 刘苏 陈娅玲 冯苹苹 高雁 李鸿霞 吕莉 马婧 薛亮 周柯 周萌 朱毅	
	四川销售公司一二次物流优化研究	蒋胡民 刘星国 陈清 郭博 何君 贾晋宏 林思维 罗强 帅虹 吴明文 杨舰 张光辉	
	成品油销售企业市场占有率测算模型构建与应用	刘小龙 胡晓玲 朱光	二等奖
	以服务创造价值为目标的客户服务体系建设	蒋胡民 刘星国 陈清 代丽 任愿 王芳 王琦 吴明文 杨舰 张成斌 朱萸	
	“六级”客户经理责任体系在成品油销售企业的实践与运用	王梅 张成斌 贺泽勇 李泽民 缪君 吕玉龙	
	加油站便利店商品无缝供应链管理	杨莉 林涛 谢鹏	
	后评价助推投资项目管理水平	刘华治 刘苏 陈娅玲 高雁 李鸿霞 吕莉 马婧 肖建军 薛亮 周柯 周萌 朱毅	
	基于精细化理念的油库铁路接卸流程全面优化管理研究	蒋胡民 刘星国 伏林 何君 贾晋宏 林辉 林思维 马朝辉 余兴武 曾豪能	
	流量计交接在成品油油库铁路发油的实践和应用	林辉 张维新 刘湘瑜 陆明全 罗元军 任飞 袁帅 张杨波	
	104油库属地管理“七步法”的实践与运用	林辉 张维新 刘湘瑜 刘兴惠 陆明全 罗杰 罗元军 袁帅	
	优化HSE业绩考核，加强安全执行力	杨道广 马勇 王欣星 杨瑞琴 张殷桂	
	成品油销售企业对标管理机制研究与实践	张颢 龙开放	
	财务核算信息化的优化与应用	龚丽娟 黄胜 张耘	
	以劳动关系为主体的和谐用工模式的构建及运用	蔡力 王灿 付刚 何光荣 刘潮海 罗自学 王军 许俊 严晓钟 杨光洲 张周平	
	以降本增效为核心的投资管控流程优化	刘华治 刘苏 陈娅玲 冯苹苹 高雁 李鸿霞 吕莉 马婧 薛亮 周柯 周萌 朱毅	
	《IC卡业务监管系统》研发与应用	彭昌富 赖祥 彭勇军 徐彬 姚飚 张咏梅 赵学锋	
	督查督办信息系统的开发与成效	程懿 刘纯珂 吴冰洁 张乃文 赵若杉 郑婷婷	
	防雷防静电装置数据变化曲线图风险预警管理	梁文 黄继伟 赵刚	
	石油销售企业基层党支部书记(委员)换届公推直选的实践与成效	柏刚 何凌 贾闽川 谭宏 胡奉 郑仕丽 姚松柏	

续表

年度	项目名称	创作人员	等级
2012	成都公司客户服务体系建设	傅佑明　何伟强　刘　虹	三等奖
	协同营销在中油加油卡销售中的应用研究	杨　莉　廖　涛　刘　庶	
	城区便利店高效进货及配送模式的实践	付维红　张周平　冯　焰　徐　钢	
	加油站非油业绩月评比奖惩制度	陶俊威　贾　红　李晓华　魏　涛　张　茜	
	加油站库存商品盘点方式的创新与实践	邱明东　蒋春华　王樱桦　朱克斌	
	管理系统论在清罐作业中的运用	刘四新　王　梅　刘晓刚　周荣华	
	石油销售企业"六步法"属地管理	张学梁　胡朝晖　黎仁周　汤雪梅	
	实施"1+2"双向监督管理机制，实现HSE全员全过程受控	杨树明　何　泉　黄卞生　黄趾洲　卢兴奎　石小雷　王炳清　杨胜利　郑静波	
	加强区域应急管理体系建设 提升区域应急处置能力	杨道广　马　勇　杨瑞琴　张殷桂	
	基于石油公司信息化平台构筑油品损耗信息管理平台的实践与成效	柏　刚　姚松柏　王　争　张　曙	
	借助信息化手段，实现会计原始凭证电子化传递	田全峰　简　练	
	基于信息化条件下的定期结算管理	赵蓉斌　黄琳英　李亚明　刘锡金　刘　艳　宋　涛　曾　萍	
	预算激励新机制探微及成效分析	刘华治　陈　耿　刘志强　王　燕	
	成品油销售企业非油商品管理优化研究	兰鸣平　龙开放　杜丽霞　张　颢	
	油库定量考核制度的优化和推行	林　辉　张维新　刘湘瑜　陆明全　罗元军　夏燕梅　袁　帅　朱　斌	
	油库员工配置优化的探索与成效	林　辉　张维新　刘湘瑜　陆明全　罗元军　夏燕梅　袁　帅　朱　斌	
	基于测时写实的加油站劳效优化	黎　明　林　莉	
	开展一线员工技能操作远程培训的探索与应用	张用军　于　蓉　周　全　蒋　涛　黎　兴	
	"科技创新"助力石油销售企业管理提升	刘华治　刘　苏　陈娅玲　高　雁　李鸿霞　吕　莉　马　婧　肖建军　薛　亮　周　柯　周　萌　朱　毅	
	KVM集成加油站各系统的探索与应用	郭玉林　洪琪福　赖　鑫　欧阳聿鹏　王玉仙	
	油库信息化建设中的信息系统集成	林　辉　张维新　刘海军　刘湘瑜　陆明全　罗元军　袁　帅　赵云飞	
	点检定修制在石油库的应用	欧良治　胡联章　向泽辉	
	基层油品销售企业法律风险岗位防控体系的构建与实施	朱　波　刘小宁　何宇冰　赵百川	
	以廉洁风险防控为着力点，促进惩防体系与内控体系有机结合	徐晓炜　范成华　何　俊　李　锐　杨　鸿　曾　伟	
	基于PDCA循环工作法构建行政跟踪机制	蔡　力　张周平　郭　蓉　江　戈　王志勇　张　静	
	"同工同酬"分配机制的探索与实践	陈　鸣　吴　曦　杨虎平　钟春香　朱志民	

续表

年度	项目名称	创作人员	等级
2013	加油站以经理人为核心“四位一体”的激励机制探索与思考	刘志强 陈 耿 潘述良 张 颢 王 燕 何晓东 龙开放	一等奖
	创新网络开发模式 合资合作互惠双赢实现高速路网点低成本高质量高效益可持续发展	刘 苏 周 柯 陈娅玲 张 颢 吕 莉 李鸿霞 肖建军 薛 亮 朱 毅 周 萌 马 婧	
	全省油库“一库一策”提效模式的建立与成效	林 辉 张维新 于光明 向 芳 罗元军 赵蓉斌 范 军 马朝辉 刘兴惠 刘湘瑜 袁 帅	
	运用非油辅助管理系统提升非油商品管理水平	曹 阳 杨雪林 郑 斌 熊起远 何垒敏	
	以加油站综合业务管控平台为依托拓展营销指挥中心管理枢钮作用	何先美 何 迅 林 涛 王 蕾 余智泉 庹 凯	
	从四川成品油加油站布局现状探索四川销售加油站网络布局优化	刘 苏 周 柯 陈娅玲 吕 莉 李鸿霞 肖建军 薛 亮 周 萌 朱 毅 马 婧 华之娇	
	成品油销售企业以创效增值为目标的价值链管理	张 颢 龙开放	二等奖
	“大班制”模式油库运行管理中的探索与实践	林 辉 刘纯珂 何 俊 刘 军 田玉龙 朱 斌 沈文豪 蒋 涛 黎 兴 蒋茂涓	
	加油站定员标准与薪酬考核办法的建立与实施	何永政 鲜 新 章 劲 杨 涛 张康明 杜泽明 陈 静	
	四川地区 98 号汽油市场推广与实施	蒋胡民 陈 清 吴明文 杨 舰 周 全 唐福宇 宛 磊 徐 彬	
	公路配送“三集中一预算”管理模式研究	蒋胡民 贾晋宏 张光辉 李斌刚 林思维 何 君 郭 博 蒲晓虎 罗 强 刘 钢	
	HSE 风险管理工具运用	杜庆华 熊 明 于光明 胡国强 刘 静 刘兴惠 杨 伟	
	强力开展投入产出增效攻关 持续促进企业效益稳步提升	刘 苏 周 柯 陈娅玲 吕 莉 李鸿霞 肖建军 薛 亮 周 萌 朱 毅 马 婧 宋 洋	
	成品油销售客户管理系统设计开发及其实施效果	蒋志宏 段 浩 张泰然	
	成品油销售企业实施小站目标经营负责制探索	刘 跃 傅佑明 付家良 潘述良 袁 莉 陈学斌 洪家伟 倪红丽 吴俊梅	
	安全自主管理班组建设	杜庆华 熊 明 梁 文 刘 静 刘德刚 赵 刚	
	“七统一”油库信息管理模式的建立与探索	林 辉 张维新 于光明 向 芳 罗元军 赵蓉斌 刘海军 刘湘瑜 袁 帅 刘 晋	
	物资采购管理信息平台构建与成效	朱宏杰 熊 科 贺 芳 徐 泉 李 弋 唐 姝 李 博	
	基于智能识别技术的加油站服务管理智能系统的开发应用	张成斌 王 芳 潘晓丹 张再辉 晋 雄 王 琦 彭 娴 梁利军 周 劲 薛晓岚 吴进来 周皓若	
	销售企业立足投资创效实现加油站综合达销的研究	张用军 刘 苏 周 柯 陈娅玲 吕 莉 李鸿霞 肖建军 周 萌 薛 亮 朱 毅 马 婧 宋 洋	
	以 HSE 动态指标为核心 科学构建 HSE 绩效管理体系	李良彬 王显均 苏 琴	
	基于集中智能预警平台 打造加油站“三级三防合一”安全管理模式	张中淋 蒋 涛 崔乃茸 朱 维 杨铖浩 谢 伟	
	基于非主导市场的营销策略研究与实施	张学梁 胡朝晖 谭 嘉 夏 天 张 毓 商 亮	
	基于信息化条件下的工作流集成管理与应用	杨保平 江 敏 龚丽娟 吴世阳 丁 军 赵 宏 薛智科	

续表

年度	项目名称	创作人员	等级
2013	石油销售系统基层单位的绩效考核与信息化应用	孙永忠 李 嵋 蒋大庆 樊志强	三等奖
	运用信息技术有效提高员工培训效果	彭昌富 朱 波 王新全 彭勇军 李 锐 龚 强 张咏梅 李 霞 高潇潇 郑 茜	
	加油站运营效率指标构建及评价研究	张成斌 潘晓丹 吴进来	
	加油站不同规格、品种卸油接口改造的探索与实践	彭昌富 冯国权 何谷岩 唐钰涵 张剑锋	
	以量效提升为目标的加油站员工激励机制的探索与实践	杜丽霞 龙开放 何伟毅 张 颢	
	提高非油创效能力的网点建设与布局	张周平 付维红 冯 焰	
	客户分级评价在成品油销售企业中的应用	何伟强 刘 虹	
	远程可视化办法在信息运维管理中的运用与实践	王 梅 苏 莉 唐中正 张馨月	
	加强企业廉洁风险防控，推动内控体系与惩防体系建设	徐晓炜 曾 伟 杨 鸿 谌宜男 苏晓华	
	智能控制系统在电气设备管理中的实践与应用	王 梅 苏 莉 唐中正 黄 玮	
	网络舆情管理机制研究	陈 玲 董丁菱 吕 力 伍 娟	
	HSE 绩效考核的建立与运用	伍 念 粟小平 杜小江 李 娜	
	加油站施工现场安全移动监管平台开发与应用	高令川 刘 跃 傅佑明 潘述良 付家良 袁 莉 宣然春	
	基于“云时代”的绩效考核系统设计与应用	申 瑄 田全锋 刘 柳	
	非生产区域管理机制的研究与实践	蔡 力 张周平 江 戈 杨光洲 张 静 王照东	
	地市销售公司信息系统考核体制的建设与应用	张中淋 蒋 涛 崔乃茸 朱 维 杨铖浩 谢金伯 马怀冬	
	“配送一卡通”系统在公路发油上的管理及应用	林 辉 张维新 于光明 向 芳 罗元军 赵蓉斌 刘海军 刘湘瑜 袁 帅 彭 星	
	基于油库集中管理的“分类、分级”定量考核体系的建立与应用	林 辉 张维新 于光明 向 芳 罗元军 赵蓉斌 朱 斌 刘湘瑜 袁 帅 沈文豪	
	德阳聚友加油站提量增效的措施与成效	陈 玲 董丁菱 吕 力 伍 娟	
	石油销售企业员工关爱体系的构建与实施	张学梁 康 泽 黎仁周 汤雪梅	
	创建青年手机报 打造宣教新平台	李 非 王丽莎 陈柯伊 李彩欣 陈 丽 黄 岱 李 婧 李康强 王玉仙	
	利用 Excel 软件自动分析处理加油站油品进销存数据	李 俊 文 博 杨虎平	
2014	加油站卸油不停枪研究与实践	蒋胡民 杜庆华 丁永和 张成斌 蒋旭东 何建华 王怀炳 肖启福 胡朝晖 吴进来 唐福宇 任政聪	一等奖
	石油销售企业微信营销平台的建立与运用	谭 宏 王 琦 汤雪梅 张超男 蒲相军 张 鸿	
	财务综合信息平台搭建及应用研究	刘志强 丁永和 陈 耿 李 健 毛麒麟 王 燕 陈 珂 吕洪伟 洪翠南	
	HSE 培训矩阵和培训课件标准化建设	涂安宁 杜庆华 刘纯珂 孙永忠 张成斌 于 蓉 于光明 何建华 刘红梅 刘 静 李 海 李 利	

续表

年度	项目名称	创作人员	等级
2014	信息技术在加油站弹性排班中的应用	张用军 刘纯珂 何 俊 刘 军 付 强 何先美 余智泉 田玉龙 王洪臣 黎 兴 蒋茂湄 郭 蓉	一等奖
	“TABN”模式提升物资采购成本管理	李 勇 熊 科 杨 浩 王怀炳 贺 芳 刘海燕 范希晨 李 博	
	加油站和油库检维修业务集中管理模式构建与实施	刘纯珂 李亚明 张 平 刘 军 杨 路 曾利华 王 方 韦章泉 申 涛 梁振宇 张杨波 綦 欢	
	“41352”稽查模式提升油库管理的应用与实践	林 辉 马中德 向 芳 于光明 张兆克 赵蓉斌 罗元军 刘兴惠 刘湘瑜 彭玉婷	
	混合所有制开发模式助推零售网络实现低成本优质高效发展	蒋旭东 周 柯 陈娅玲 薛 亮 吕 莉 冯苹苹 周 萌 肖建军 李鸿霞 宋 洋 马 婧	
	成品油配送损耗管理系统研发与实施	蒋志宏 段 浩 石 磊	
	地市公司以零售为核心的大部制运行模式研究与实践	付 强 陈 玲 廖 涛 伍 娟	二等奖
	油库生产作业全流程诊断与优化管理模式的探索和实践	林 辉 马中德 向 芳 于光明 张兆克 赵蓉斌 罗元军 马朝辉 刘湘瑜 曾豪能	
	“五位一体”油库定额费用管控模式的推广应用	林 辉 马中德 向 芳 于光明 张兆克 赵蓉斌 罗元军 刘 艳 刘湘瑜 刘小峰	
	“快捷自助”产品形象标识研究与设计	张成斌 潘晓丹 胡朝晖 彭 娴 周 劲 张再辉 吴进来 梁利军 晋 雄 陈 扬 薛晓岚 周浩若	
	员工积分绩效管理制度的探索与应用	黎 鹏 张周平 王丽莎 陈柯伊 刘 燕 李康强 陈 丽	
	石油销售企业连片自助加油服务的推广与实施	何永政 鲜 新 董 建 龚新民 章 劲 杜泽明	
	实现远程在线盘存 强化库存管理创效	丁永和 马 勇	
	石油销售企业油库“四小”成果推广的实践及成效	林 辉 马中德 向 芳 于光明 张兆克 赵蓉斌 罗元军 张杨波 蒋季洪 刘湘瑜 彭 宇	
	“五位一体”运行模式在提升效能效率的实践与应用	朱 维 刘 迅 宣然春 吴俊梅	
	思想政治工作优势在藏区公司的运用与体现	薛 建 李 俊 杨虎平	
	专题后评价工作推动项目快速提量增效	蒋旭东 周 柯 陈娅玲 吕 莉 李鸿霞 马 婧 薛 亮 宋 洋 肖建军 周 萌 冯苹苹	
	梯次细化与层次奖励在加油站绩效考核与薪酬激励中的应用	王 梅 李 洪 杨晓宾 黄 英 辛勤梨	
	成品油销售企业资金安全长效机制研究	刘志强 陈 耿 王 雪 刘南蓉 龙开放	
	“倒计时法”证照管理促企业提效	李亚明 张 平 曾利华 王 方 陈 眉 韦章泉 杨 帆 裴悦伶	
	参股企业“物资信三流合一”实时经营管理模式的探索与实践	张 颢 张中淋 董树元 李 健 李亚莉 付 圣 李 晓 罗 锐 张 懋 周鹤鸣	
	库站风险作业点可视化互动管理的探索与应用	何 君 谢 鹏 秦丽华	
	石油仓储企业安全管理“二三一”监控体系的应用	林 辉 马中德 向 芳 于光明 张兆克 赵蓉斌 罗元军 刘海军 刘湘瑜 刘 晋	三等奖
	乐山公司成品油配送管理与风险防控	彭昌富 朱 波 赵学锋 李 锐 赖 祥 姚 飏 张咏梅	

续表

年度	项目名称	创作人员	等级
2014	督查督办工作中 SMART 工作模式的探索与成效	傅佑明　江　戈　王照东	三等奖
	加油站周稽查管理制度的建立与实施	何永政　鲜　新　董　建　龚新民　章　劲　李　琰	
	基于加油站合理订货量的库存探索	陈祖洪　龚丽娟　梁　劼　孙　锋　龙　飞　马长轶	
	成品油销售企业发展混合所有制合资模式的实践与成效	柏　刚　刘小宁　陈　文　何宇冰	
	应用微信创新办会模式	张成斌　李　健　潘晓丹　胡朝晖　梁晓程　梁利军　彭　娴　张再辉　吴进来　晋　雄	
	以“降本增效”为基础的科学节约型成品油销售股权企业管理模式的建立	毛麒麟　刘琪儿	
	加油站商品资金风险预警体系应用	朱　维　潘述良　何晓东　张婷毅　高令川	
	督查督办管理系统建设与运用	王　梅　贺泽勇　李泽民　缪　君　周贵云	
	以优化配送服务为抓手提升客户管理水平	何伟毅　付　刚　姚远翔　周　赟	
	加油站单站效益优化研究与实践	伍　念　廖玉蓉　龙开放	
	租赁加油站评价审计 成果应用促效益提升	杨　侠　徐晓炜　曾　伟　范成华　曾　晖　刘　敏　鲁　林　周　静	
	企业《执行力文化手册》的建设与作用	王　梅　李　洪　周荣华　曹宗宇　谢明华	
	实施优化“八策”　高效治理双低站	蒋志宏　李开斌　刘　丹　卢　蓉　颜　勇	
	基于云技术的可视化客户经理管理平台建设与应用	朱　维　刘　迅　潘述良　袁　莉　陶俊波　高令川　唐建斌　尹恒博　罗　鸣　邱　锐　徐跃龙　何晓东	
	依托信息系统“三级布控”强化油品管理的实施与成效	邓　鹏　饶家钰	
	基于盈亏平衡点理念双低站治理的组织与实施	何永政　鲜　新　章　劲　杜泽明	
	“私车公用”风险防控及其适用	朱　维　刘　迅　潘述良　宣然春　吴俊梅	
	以促销费规范管理促“杠杆”作用发挥	杨　侠　徐晓炜　曾　伟　杨　鸿　阳建平　谌宜男　苏小华　赵百川	
	青年员工社会实践能力培养与提升	谭　宏　康　泽　陈　轶　郭　婷　王群芳　陈德桓	
	吨级加油站合伙承包经营模式的建立与实施	何永政　鲜　新　董　建　龚新民　章　劲　杜泽明	
2015	基于“实验室”模式下的成品油销售企业管理创新工作的探索与实践	付　斌　田玉军　张用军　蒋胡民　程　懿　帅　虹　曹　阳　蒋　敏　敖永东　颜　勇	一等奖
	康巴情缘驿站的探索与实践	杨虎平　肖雪兰　冷　倩　李晋婷	
	四川地区成品油市场及表观需求研究	蒋胡民　陈　清　杨　舰　周　全　宛　磊	
	非油品业务体制机制优化方案与实施	曹　阳　李　达　李佶阳　刘纯珂　田玉龙　吴明文	
	石油销售企业综合业务服务平台的开发与应用	陈　玲　崔乃茸　付　强　何　君　何先美　何　迅　胡凤琴　廖　涛　肖长江　谢　鹏　杨　莉　余智泉	
	销售企业服务体系建设与实践	晋　雄　张成斌	
	四川销售加油站经理人学院建设与实施	张用军　刘纯珂　于　蓉　何　俊　刘　军　张乃文　田玉龙　王　野　陈晓瑞　蒋　涛　宋　魁　黎　兴　蒋茂湄　郭　蓉	
	以整体最优为导向的成品油销售企业物流优化体系建设	蒋胡民　伏　林　刘　钢　王　佳　张光辉　贾晋宏　李斌刚　林思维　郭　博　童　颖　罗　强	
	摩托车专享自助加油的探索与应用	黎　鹏　张周平　田玉军　郑建华　陈秀梅	

续表

<table>
<tr><th>年度</th><th>项目名称</th><th>创作人员</th><th>等级</th></tr>
<tr><td rowspan="27">2015</td><td>加油站用工体系的建立与实施</td><td>杜泽明 何永政 董 建 龚新民 鲜 新 章 劲</td><td rowspan="3">二等奖</td></tr>
<tr><td>四川销售自建信息系统整合研究</td><td>何 迅 李 健 李 亮 余智泉</td></tr>
<tr><td>加油站工期控制标准的建立与运用</td><td>李 勇 刘海燕 夏 伟 熊 科 徐 泉 兰 柳</td></tr>
<tr><td>构建“两横三纵”财务稽查体系，防控加油站经营风险</td><td>毛麒麟 程 珂 罗 熠 张晓梅 王 静</td><td rowspan="11">二等奖</td></tr>
<tr><td>连片管理打造升级版大龙马</td><td>庞西明 唐德彬 魏丽莎 邹照松</td></tr>
<tr><td>盘活闲置成品油油库探索与实践</td><td>林 辉 刘湘瑜 刘晓峰 刘 艳 马中德 王怡娟
杨 磊 赵蓉斌</td></tr>
<tr><td>拓展汽车后市场——论加油站一体化营销模式构建实施</td><td>邓怀春 冯 彬 刘小龙 张 茜 伍 念 郑 斌
郑 勇 李 欢</td></tr>
<tr><td>改革深化考核激励 促进项目实现投资回报最大化</td><td>陈娅玲 冯苹苹 蒋旭东 李鸿霞 吕 莉 马 婧
宋 洋 肖建军 薛 亮 周 柯 周 萌</td></tr>
<tr><td>石油销售企业合资合作经营模式的构建与实践</td><td>侯玉民 李 洪 李泽民 缪 君 王 梅 周贵云</td></tr>
<tr><td>Retail 系统优化模型调整研究与应用</td><td>郭 博 贾晋宏 蒋胡民 李斌刚 林思维 刘 钢
罗 强 唐建斌 王 佳 杨钦刘 周枭潇</td></tr>
<tr><td>成品油销售企业存量土地资产的盘活管理</td><td>徐 婷 高 齐 郭祖伟 胡 腾</td></tr>
<tr><td>建立立体安全监管体系的尝试及构想——库站坐标定位及远程稽查动态数据平台项目</td><td>彭勇军 肖启福 熊 明 杨超逸 张 婷 郑井平</td></tr>
<tr><td>打造加油站强大现场的研究与实践</td><td>陈 玲 崔乃茸 付 强 何 君 林 涛 谯 鹏
杨 莉</td></tr>
<tr><td>加油站检维修工作数据化管理体系的建立和应用</td><td>唐福宇 莫 非 任政聪</td></tr>
<tr><td>加油站损耗考核系统的实践与成效</td><td>李宽之 陈 静 丁茂辉 周继涛</td><td rowspan="13">三等奖</td></tr>
<tr><td>基于新型城镇化背景下县域成品油市场拓展的取向与实践</td><td>李春瑀 刘 迅 潘述良 吴俊梅 宣然春 朱 维</td></tr>
<tr><td>成品油销售企业精益客户开发服务体系的建立与实践</td><td>伍 念 廖玉蓉 龙开放</td></tr>
<tr><td>银行承兑汇票风险管理的实践与运用</td><td>王 梅 苏 莉 陆建乐</td></tr>
<tr><td>提高非油量效双增的一店一策探索实践</td><td>陈 瑜 冯 焰 何伟毅 赵雪茹</td></tr>
<tr><td>充分利用信息化手段实现加油站油品实时监控和远程盘点</td><td>田全锋 申 瑄 李凤伟 何义群 冉 微 蒋 勇
赵康友</td></tr>
<tr><td>网络投资审计促进工程成本节约的探索及成果运用</td><td>陈建梅 陈咏梅 段 静 徐晓炜 杨 侠 张青贤
周 静</td></tr>
<tr><td>设备全生命周期安全管理在加油站的实践与创新</td><td>黄继伟 梁 文 赵 刚</td></tr>
<tr><td>绩效工资管理系统的设计与实施</td><td>孙红雁 唐 竹 王樱桦 杨 柳 赵长宏 庄家泉</td></tr>
<tr><td>加油站移动支付平台的建设与运用</td><td>侯玉民 王 梅 王 迁 王 一</td></tr>
<tr><td>运用全流程诊断进一步提升加油站人均劳效</td><td>陈学斌 刘经纬 王茂元 吴俊梅 朱 维</td></tr>
<tr><td>“四位一体”安全自主管理模式的建立与实践</td><td>林 辉 刘湘瑜 刘兴惠 马中德 彭玉婷 于光明</td></tr>
<tr><td>基于提高发油效率的多仓多品种灌装管理与应用</td><td>林 辉 刘湘瑜 罗元军 马朝辉 马中德 曾豪能</td></tr>
</table>

续表

年度	项目名称	创作人员	等级
2015	基于油库运行提效的业务流程再造管理	林　辉　刘湘瑜　罗元军　马朝辉　马中德　曾豪能	三等奖
	清洁能源发展战略确保企业有质量有效益可持续发展	陈娅玲　冯苹苹　蒋旭东　李鸿霞　吕　莉　马　婧　宋　洋　肖建军　薛　亮　周　柯　周　萌	
	油库防腐“四步法”管理探索和实践	蒋季洪　林　辉　罗元军　马中德　彭　宇　肖文雄　张杨波	
	项目开发效率、质量、成本控制研究	侯佳良　饶正江　姚松柏	
	加油卡预充值模式在定期结算工作中的实践与应用	田　庆　李亚明　曾利华　黄琳英	
	地市公司“六位一体”营销运作模式的研究与实践	陈　玲　崔乃茸　付　强　李　东　廖　涛　林　涛　杨　莉	
	加油站经理“积分制”量化管理模式研究对加油站经理的长效管理模式研究	蒋志宏　李开斌　卢　蓉　唐果林　庄紫薇	
	强化内江公司加油站资金回笼管理的探索与实践	周　游　黄　云　龚金芳	
	推进成品油地罐交接使用的研究与实践	陈志奎　杜庆华　范锐敏　何建华　孙永忠　涂安宁　万春晖　王茂元　熊　力　袁　莉	
2016	川销形象大使“油优”	付　斌　田玉军　刘志强　彭　冲　曾　宇　吴明文　彭　娴	一等奖
	加油站运营天数管理探索与实践	付　斌　杜庆华　蒋胡民　李　勇　王怀炳　杨　浩　徐宇超　胡朝晖　潘晓丹　何建华　郭　博　陈娅玲	
	客户开发与维护体系建设与实践	陈　清　何治呈　蒋胡民　宛　磊　杨　舰	
	中国石油四川销售分公司成品油合理库存研究与实践	付　斌　蒋胡民　贾晋宏　李斌刚　郭　博　林思维　罗　强　童　颖　伏　林　赵晓波　王　佳　刘　虹	
	成品油销售企业深化内部市场化改革的探索与实践	张学梁　周运华　缪　君	二等奖
	大成都区域加油站网络现状分析及规划发展建议	陈娅玲　冯苹苹　蒋旭东　李鸿霞　吕　莉　宋　洋　薛　亮　周　柯　周　萌	
	加油站积分管理	陈　静　范　岐　方先强　付　强　郭　蓉　何先美　蒋　涛　寇　凯　赖　祥　刘纯珂　刘　军　王洪臣	
	建立完善审计整改责任体系实践与成效	付　斌　陈咏梅　程　懿　李雪倩　刘　敏　鲁　林　唐　明　徐　文　张成斌　周　静	
	非油业务超常规发展的实践与探索	帅　虹　李佶阳　李　达	
	小型参股企业会计一级集中核算探讨与实践	刘志强　陈　耿　方　静　黎　明　吕洪伟　王　欣	
	全媒体手段在加油站O2O营销中的应用	解　冬　谭砚译　徐中柱　杨馨岚	
	加油站新材料新设备应用及推广	付　斌　杜庆华　李　勇　羊　柳　夏　伟　徐　泉　杜　勇　杨　欣　熊　科　刘海燕	
	石油销售集体企业转型探索与实践	陈　清　程　懿　李亚明　刘锡金　舒　伊　唐　文　王　方　韦章泉　杨　路　曾利华　张　平	三等奖
	成品油销售企业非油业务线上营销模式的构建与运用	陈　铁　成晓东　郭　婷　何　凌　胡　晓　康　泽　李沅钊　彭　庆　任　希　王　琦　张　毓	
	优化铁路二次装车业务在降本增效管理中的实践	林　辉　刘湘瑜　罗元军　马朝辉　马中德　原　野　赵蓉斌	

续表

年度	项目名称	创作人员	等级
2016	全媒体模式下企业舆情防控体系建设的研究与实施	董　建　龚新民　何　森　刘　迅　王利明　鲜　新	三等奖
	成品油销售企业的闲置资产经营创效实践	陈仕英　田云川　银　利　周　游	
	“一案三制”油库应急管理模式的建立与实践	林　辉　刘湘瑜　刘兴惠　马中德　彭玉婷　于光明	
	以“三化”为目标的油库资产经营管理探索与实践	林　辉　刘湘瑜　刘小峰　刘　艳　马中德　赵蓉斌	
	加油站数据营销的应用探索	柏　刚　何宇冰　刘小宁　赵长宏	
	基于特色加油站平台的“导师制”招募培训法	邓琪昌　巨　晓　李学科	
	以“油卡非润”提成工资为基础的加油站薪酬分配体系研究与实践	付　强　何先美　景　伟　刘　波　王洪臣	
	国有企业电商业务发展的实践与探索	何　璐　黄　点　黄　艳　罗星宇　原　野　潘　越　帅　虹　王　泽　吴卓伦　杨钦刈　杨　爽　张茁娅　郑　斌	
	红细胞行动工程的应用与实践	陈柯伊　郭珍兰　黎　鹏　刘　燕　万　勇　徐　莉　张周平	
	工程项目“五位一体”全流程运行管理实践	付　强　李治华　刘　庶　刘晓红　张　静	
2017	基于综合业务支撑平台建设的成品油销售企业大数据分析与应用实践	付　斌　蒋胡民　程　懿　陈　清　杨　舰　宛　磊	一等奖
	模块化建设研究与应用	付　斌　杜庆华　林　辉　李　勇　羊　柳　胡国强　范希晨　杨　欣　刘海燕　夏　伟　杜　勇　徐　泉　赵文川　王　栋　赵喜乐　李　博	
	国有企业构建良好发展生态的探索与实践	付　斌　张学梁　缪　君　周运华	
	成品油销售企业车用润滑油营销模式研究	帅　虹　付　强　付家良　何　君　樊　刚　赵　然　闵　刚　陈　玲　廖　涛　耿　杰　付晓兰　蒋博文	
	系统灾备与快速恢复方案在加油站站级系统中的部署与应用	丁永和　朱宏杰　毛麒麟　周　全　龙　勇　罗嫣然　陈　娟　王文东　杨祺炜　熊　青　苏俊豪　杨　静　尹华夏　张　帆　楚　田	
	基于物联网思路下的加油站设备故障自诊断	付　斌　刘志强　杜庆华　林　辉　李　勇　胡朝晖　梁晓程　杨　浩　徐宇超　李　博　黄文斌　杨钺浩　熊　科　毛　磊　杨　欣	二等奖
	成品油销售企业构建运营“新零售互联网平台”的探索与实践	付　斌　蒋胡民　帅　虹　张晋松　郑　斌　张茁娅　杨钦刈　罗星宇　王　泽　黄　艳　潘　越　吴亘伦	
	智慧加油站的探索与建设	付　斌　蒋胡民　杜庆华　林　辉　李　勇　吴明文　潘晓丹　胡朝晖　梁晓程　杨　浩　徐宇超　范希晨　徐　泉　王　栋	
	加管站级系统业务数据异地存储和基础环境备份及历史沉淀数据清理的应用与创新	曾小刚　蔡露生　曾　斌　鲁　宇　赵文俊	
	成品油销售企业油库设备区域协作管理实践	罗元军　蒋季洪　彭　宇　米才高　潘　高	
	基于油气回收装置下的油品损耗管理研究与应用	陈志奎　朱　维　钟跃萍　袁　莉　陶俊波　宣然春　陈学斌　洪家伟　方忠义　张清远　万春晖　周子牛	
	强化物流管理，提高收货时效，努力打造智慧物流、智能物流	帅　虹　张晋松　杨　杰　谢　刚　冯　倩　于光忠　张　爽　郭　毅	
	加油站卸油加油作业静电危害性研究报告	杜庆华　孙永忠　何建华　吕霄汉	三等奖

续表

年度	项目名称	创作人员	等级
2017	基于信息化管控的加油站联机开具发票系统的建设与管理实践	陈耿 王燕 田云川 苏涛 陈岚	三等奖
	加油站与道路之间地理位置关系的分析系统	谭一言 杨帆 何迅 胡朝晖 李亮 梁晓程 余智泉	
	以提升量效为目标的香烟优化管理	帅虹 付强 张晋松 何君 熊启远 廖涛 林涛 付晓兰 伍娟 蒋博文 景玮	
	基于薪酬信息系统的 PDCA 绩效闭环管理实践	何俊 刘军 龚丽娟 张耘 曾怡 汪蓉 温婕	
	加油站油品质量监管机制的优化创新	孙永忠 何建华 熊力 许钧瑞 范锐敏	
	单位加油卡业务线上化的探索与实践	丁永和 莫非 陈丽霞 周全	
	石油销售企业促销量效评价机制研究	范成华 胡凤琴 李东 唐小晰	
	加油站智能巡检新模式建设与运用	李波 张颢 何博 江明楷 肖璞 张懋 张中淋 周杰	
	构建“五位一体”信息化体系　引领股权企业创新型升级	李波 张颢 张中淋 程良 付圣 李晓 李亚莉 刘璐 任飞 王刚 张懋 赵浩江	
	利用加油站现有设备进行柴油改 98# 汽油的应用与研究	陈学斌 朱维 钟跃萍 潘述良 袁莉 陶俊波 王茂元 万春晖 吴俊梅 张晓涛 陈洪	
	巡视运行闭环管理机制的建设与实践	杜丽霞 杨虎平	
2018	基于大数据技术的成品油市场监测体系建设与应用实践	蒋胡民 陈清 杨舰 王琦 宛磊 王俊鸿 朱萸	一等奖
	成品油销售企业数据经营的探索与实践	刘建明 张学梁 周运华 缪君	
	“五位一体”防渗改造管理体系	刘建明 房玉林 李勇 杨欣 熊科 范希晨 刘海燕 王栋 夏伟 徐泉 杨浩 李博 赵喜乐 王龙 黎界宏	
	加油站设备管理系统建设与应用	胡朝晖 陈涛 邓磊 梁晓程 李亮 毛磊 黄文斌	二等奖
	非油业务精益零售的探索与实践	帅虹 付强 张晋松 樊志强 何君 谢刚 张婷 代婷 付晓兰 沈翔 王虹 熊起远	
	借力高速大数据　探索合作新业态	蒋旭东 吕莉 周萌 薛亮 宋洋 黄哲 刘腾	
	构建高质量大监督格局的建设与实践	付斌 田凤民 张成斌 陈咏梅 曾伟 杜丽霞 杨虎平 史津源	
	千万吨级资源供应体系建设探索	蒋胡民 林辉 贾晋宏 林思维 罗元军 郭博 李斌刚 罗强 马朝晖 伏林 王佳 赵晓波	
	“大数据”在成品油库运行提效中的探索与实践	房玉林 贾晋宏 郭博 马中德 王梅 罗元军 于光明 全纲 马朝辉 曾豪能 吕婉	
	基于人工智能的加油站视频大数据分析应用平台	丁永和 毛麒麟 龙勇 罗嫣然 陈娟 尹华夏 熊青 杨祺炜 苏俊豪 杨静	
	成品油销售企业资金到账监控实践	陈耿 何晓东 沈丽薇	
	基于大数据运用的预警平台的建设与应用	邓成兴 李波 张颢 高雁 付圣 李卓 任飞 田劲 王刚 徐胜 张中淋 赵浩江	
	全流程诊断工具在油库铁路作业优化管理中的应用与实践	房玉林 贾晋宏 李斌刚 马中德 王梅 罗元军 全纲 舒俊豪 曾豪能 田枚澄 杨静伊	三等奖
	自动订货软件在加油站香烟订货中的运用	侯玉民 苏莉 冯高莉 唐中正 尹晓容 张馨月 郝晓磊	

续表

年度	项目名称	创作人员	等级
2018	关于车用柴油闪点项目的风险防控研究	孙永忠 何建华 熊 力 徐光丽 范瑞敏 许钧瑞 李向前	三等奖
	转资标准化管理在油库在建工程中的推广及应用	马中德 王 梅 王怡娟 金利歆 刘 艳 杨 磊 李 文 刘小峰	
	微信小程序实现销售多元化	丁永和 毛麒麟 龙 勇 罗嫣然 陈 娟 于华夏 熊 青 杨祺炜 苏俊豪 杨 静	
	让“僵尸资源”满血复活的探索与实践	侯玉民 苏 莉 王先华 杨晓宾 王 婷	
	可视化在促进加油站常态化管理中的应用	付 强 江中涛 范成华 樊志强 胡凤琴 谯 鹏 付晓兰 邓 隆 秦丽华 庾 凯	
	员工成长通道研究与运用	黎 鹏 张周平 袁钰华 李思节 陈怡杉	
	销售企业安全环保杜绝项管控研究	孙永忠 何建华 刘 静 吕霄汉 石小雷 李 利	
	成品油零售损耗管理体系的构建与实践	侯玉民 贺泽勇 徐光丽 李向前	
	以“三统一、六化”为核心的加油站运营管理平台研究	钟云环 龙开放 王 迪 王 睿	
	闲置资产分类创效管理的探索与实践	曾丽华 黄琳英 田 庆 杜辰宇	
	石油销售企业以流程为导向的管理制度建设	侯玉民 苏 莉 陈强飞 谢明华 周贵云	
	全域旅游服务型加油站打造	李学科 韩延涛	
	高原牧区面源污染综合处置关键技术的研究与示范	申 瑄 杨廷富 田全锋 邓朝华 黄婕妤 苏畅川	
	油田客户润滑油供应服务转型的探索与实践	李亚明 刘锡金 张跃武 郭 春 李瑞峰	
2019	成品油销售企业商品对账系统的建设与运用	刘建明 刘志强 陈 耿 胡朝晖 张 路 江灵曼 陈钰洁	一等奖
	成品油销售企业特许加油站发展模式探索与应用实践	刘建明 蒋胡民 杜庆华 陈 清 杨 舰 周 全 王 琦 代 丽 宛 磊 邵 鑫 刘经纬	
	成品油销售企业转型新零售的探索与实践	刘建明 周运华 缪 君 郑婷婷	
	成品油销售企业资金到账监控实践	刘志强 陈 耿 苏 莉 何晓东 沈丽薇 王 欣	二等奖
	以四川销售经理人学院为依托的教育培训体系构建与实践	刘建明 孙晓岗 蒋胡民 刘纯珂 吴明文 田玉龙 张乃文 于 蓉 蒋 涛 蒋茂涓 税 冬 胡超逸	
	汛期库站风险防控经验与应用	杜庆华 孙永忠 何建华 吕霄汉 刘 静 范锐敏 许钧瑞 石小雷 严 文 李 鹤 张 洋	
	成品油销售企业探索运营“新零售”线上平台的方式	刘建明 杜庆华 帅 虹 张晋松 郑 斌 郭 佳 张茁娅 杨钦刈 李佶阳 罗星宇	
	成品油销售企业量效平衡决策模型的研究与运用	黎 鹏 张周平 李 达 彭 前 袁钰华 张灼晖 陈 丽 刘燕芳	
	基于新时代国有企业数字监督的探索与实践	刘 彬 张成斌 陈咏梅 曾 伟 杨虎平 成晓东	
	成品油销售企业探索构建“人·车·生活”生态圈	刘建明 杜庆华 帅 虹 张晋松 郑 斌 郭 佳 杨钦刈 张茁娅 李佶阳 杨静伊 罗星宇 王 泽	
	资阳油库智能管控平台的研究与应用	黎 鹏 张周平 陈 斌 赖 鑫 雷 博	
	油品销售企业“六位一体”挖潜增效机制的建立与实施	陈 耿 钟云环 龙开放	
	中国石油四川销售分公司新零售加油站配送服务保障研究	贾晋宏 王 佳 郭 博 李斌刚 林思维 童 颖 罗 强 刘 钢 周枭潇 冉悦潇 聂 源 张 珣	

续表

年度	项目名称	创作人员	等级
2019	成品油销售企业构建运营“社交电商”体系	刘建明　杜庆华　帅　虹　张晋松　郑　斌　郭　佳　张茁娅　杨钦刈　李佶阳　李安南　达彦希　李韦佳	三等奖
	自研信息化系统在财务风险防控工作中的应用实践	毛麒麟　程　珂　李二锋　张云铭	
	云视频数据系统在加油站油品质量管控中的运用	陈　清　张光辉　刘小龙　康　泽　杜小江　颜湛渝　李　娜　李　军	
	加油站卧式地埋油罐校准方法的实践与应用	侯玉民　徐光丽　李向前　罗　飏	
	加油站防渗改造项目直线管理卡的研究与运用	黎　鹏　张周平　陈　斌　雷雨田　王　丰　郑建华	
	基于“云学院”智能安全培训平台的建设与应用	邓成兴　李　波　张　颢　程泓雨　何梦琪　林会民　刘　璐　罗　锐　任　飞　田　劲　张黉立　张中淋	
	康定“全域旅游服务型”油站建设与实践	李学科　刘　波　鲜　强　李　江　罗　婷	
	加油站SF罐区基础预支化生产模块化施工研究与应用	房玉林　李　勇　杜　勇　杜渝萍　范希晨　刘海燕　王　龙　夏　伟　徐　泉　羊　柳　杨　欣　赵喜乐	
	数据在促进加油站油品损耗管理中的应用	付　强　王　栋　邓　军　樊志强　魏长海　曾子昊　吴　刚	
	基于新零售的客户监测与分析系统	龙　勇　罗嫣然　陈　娟　杨祺炜　苏俊豪　熊　青　尹华夏	
	光伏电站在加油站的应用探索与实践	侯玉民　罗　飏　何建军　李泽民　龙廷义	
	卧式油罐容积校准软件开发与应用	黄　云　罗俊刚　张黎明　蒋　涛　欧良治　兰　勇	
	关于优化考核激励机制的探索与实践	刘建明　孙晓岗　刘纯珂　吴明文　田玉龙　陈晓瑞　宋欣文　巨　晓　马　骐	
	基于新零售环境下优宝模式的探索与实践	胡朝晖　杨保平　何　俊　龚丽娟　陈祖洪　廖　涛　余智泉　段　瑛　吴世阳　薛智科　李亚莉　李　超　马长轶	

附表5　2009—2019年度公司级管理创新优秀论文

年度	项目名称	创作人员	等级
2009	突出实践特色，着眼科学发展切实加强一流油品供应服务商建设	姚志强	一等奖
	我国当前成品油价格改革问题分析	蒋胡民等	
	国有成品油销售企业社会责任研究	蔡向阳　朱力洋　宛　磊	
	四川成品油市场研究与预测	朱力洋等	
	中国石油加油站定员定编方案的再设计	李嘉威	
	浅析财务管控在ERP系统中的定位及措施	毛麒麟	二等奖
	用文化塑造青年 用文化发展青年——试论企业共青团工作与青年文化建设	张学梁	
	做好配送“加减法”小型软件搭桥梁	帅　虹	
	股权分置改革对上市公司会计核算的影响	孙红雁	
	浅析金融危机下中国石油销售企业的法律风险防控	程　懿　张周平等	
	我国价格听证实施中存在的问题	牟　静	

续表

年度	项目名称	创作人员	等级
2009	企业社会责任会计信息披露的探讨	张周平	二等奖
	客户关系管理在成品油销售企业中的应用	张景双	
	“非油”与“油”如何互动——浅谈交叉营销在非油业务发展中的作用	廖进科	
	应急状态下思想政治工作初探	蔡向阳	三等奖
	成品油公路配送优化实践与思考	张光辉	
	企业自创商誉确认与计量浅析	张周平	
	发挥财务监督职责 加强加油站资金管理	谌宜男	
	浅谈提高企业内部审计质量	范成华	
	强化石油销售企业内部审计的作用	梅　兰	
	合规合法管理员工节假日加班	曾　林　王　灿	
	创新资产动态管理模式	张景双	
	采用油品标准体积交接计量温度变化应对策略	王　宇　姚建军　李秋园	
	成品油销售企业法律风险防控及控制刍议	吴庆和　宣然春	
	不容忽视加油站冰雪灾后工作	廖运祥	
	改进银行上门收款流程　保障加油站货币资金安全	黎仁周	
	采取多种途径强化资金管理确保销售终端货款安全回笼	黎仁周	
	石油销售企业加油站先进风险剖析及控制	唐　飞	
	浅谈石油化工企业的HSE体系管理与职业病的防治	何　星	
	成品油销售片区管理工作的思考	曾宪刚	
	分析客观实际重建发展	曾宪刚	
	加油站、油库工程建设中的安全管理	冷晓亮	
	从销售货款异常谈加油站的资金安全监管	郑方敏	
	对加油站财务稽查工作的思考	唐道军	
	基于Excel实现内部移库比对工作的优化	赵媛媛	
	浅谈企业招投标工作存在的问题与对策	胡永全	
2010	浅谈信息化在中国石油基层党组织工作中的应用	蔡向阳	一等奖
	加油站费用标准化管理研究	刘华治　刘志强　王　燕　严　丽　龙开放	
	完善我国上市公司治理模式的建议	程　懿	
	浅谈基层干部如何构建和谐企业	刘星国	
	成品油市场差异化竞争的实践与思考	张成斌	
	新石油价格机制下成品油销售企业的营销策略探析	罗俊刚　郭玉林	

续表

年度	项目名称	创作人员	等级
2010	以内涵式发展为根本 以控制用工总量为重点继续深入推进“三控制一规范”工作	张用军	二等奖
	试论企业中青年干部的人文修养	张学梁	
	成品油销售企业投资资本回报率影响因素分析	龙开放　张　颢	
	建立财务风险识别卡 加强财务风险控制	唐　飞	
	浅析服务承诺制在设备维修工作中运用	缪　君　张成斌　李泽民	
	以“6S”管理为切入点深化企业安全文化建设	聂　凡　林　辉　于光明	
	以企业文化为内动力推动成品油销售企业财务风险防范机制建设	程　霞　洪琪福　李志英	
	新会计准则对企业投资决策的影响分析	程　懿	
	加油站便利店多元化发展趋势的思考	黄　哲　刘丽霞	
	加油站新闻危机预防与处理	杨瑞琴	
	石油企业经济增加值管理研究	龙开放　张　颢	二等奖
	浅谈预算管理员在预算费用控制中的作用	唐　飞　杨树明	
	合同风险防范及对策	卿太胜　郭玉林　洪琪福	
	构建四级稽查体系 强化加油站稽查监督	韩前灯　赵媛媛　杜　红	
	加强安全文化建设是企业安全管理实现阶段性跨越的源动力	何建华　熊　明	三等奖
	网络舆情管理成为企业发展的必修课	陈　玲　殷　悦	
	开展设备评级，优化设备管理	何　舜　蔡　力　刘俊良　彭明春　凌义权　雷　涛	
	正确处理财务与业务的关系，充分发挥财务管理的核心作用	唐　飞　杨树明	
	浅谈安全经验分享	粟小平	
	加油站客户开发策略研究	姚远翔　彭淑英	
	石油销售企业供应商分类浅议	申　瑄　熊　科　贺　芳	
	加强和改进反腐倡廉教育，不断增强反腐倡廉教育的针对性	何　俊　刘豫蓉	
	EVA 考核指标实行后对原指标考核体系的影响及其对策	崔乃茸	
	阀门自动化改造可行性的讨论	林　辉　张维新　左名宇　陆明全　于光明　陈娅玲　余兴武　石　祺	
	石油销售企业如何防止人的不安全行为	张希旭	
	加油站投资建设项目风险分析及防范	何先美　任　勇	
	科学网点布局是成品油销售企业生存与发展的基础	李　琰　刘金先　王　英　余东慧	
	加油卡业务风险识别与防范	杨　柳　陈文好	
	透视中油零售企业经营管理中的误区	张　婵	
	油库油品损耗的自动化监管系统设计	雷　霞　蔡　力　刘俊良　王怀炳　彭明春　张　庆　凌义权	

续表

年度	项目名称	创作人员	等级
2010	杜绝加油站习惯性违章之我见	粟小平　刘沧锐	三等奖
	企业职工职业健康管理现状、分析及措施	赖　娴	
	浅谈企业安全环保绿色管理	李秋园　姚建军　王　宇	
	太阳能光伏发电系统在加油站的应用	李　剑	
	多渠道加快货款回笼，有效降低财务费用	刘　艳　赵蓉斌	
	试论成品油销售企业业务拓展的途径	朱　维　邱　强	
2011	成品油批零影响因素研究及批零互动策略建议	刘星国　蒋胡民　朱力洋　吴明文　陈　清　刘　迅　何伟毅　朱　维　杨　舰　代　丽	一等奖
	成品油销售企业物流配送管理研究	杨文婷	
	对信息化环境下企业财会工作职能转变的思考	刘志强　陈　耿　龚丽娟	
	财务价值管理探索与研究	刘志强　陈　耿　金利歆	
	财务分析在石油销售企业的应用探讨	谢丽萍	
	新形势下深化企业反腐倡廉教育的几点思考	何　俊　曾　伟	
	浅谈 ERP 系统与资金管理平台环境下的财务管理工作	李　苹　洪琪福　余莉萍　王其兵　陈秀梅　付　黎	
	成品油销售企业加油卡业务风险防控实践与探索	张　颢　周晓梅　寇　兰	二等奖
	自助加油站建设模式及技术应用研究探索	付　强　江　敏　赵　宏　赵　黎　薛智科　吴世阳	
	川滇交界市场量价效关系探析	苏　莉　陆建乐	
	石油销售企业建设项目造价管理存在问题及对策探讨	张周平　徐晓炜　段　静	
	石油销售企业员工心理疏导机制的新思路与实践	蔡　力　江　戈　郭　蓉	
	浅议石油销售企业如何提高固定资产投资收益	付　黎　洪琪福　余莉萍　王其兵　李　苹　苏　彬　陈秀梅	
	深化加管系统应用，科学评价油站用工	吴　珊　兰　勇	
	浅谈新时期思想政治工作的新观念 新方法 新路子	唐新光	
	用好财务稽查手段防范企业商品资金风险	杜　红　张敦泽	
	对提升企业党的建设科学化水平的几点思考	杨保平	
	加油站“加油操作十三步骤”优化方案研究	朱宏杰　王　芳　彭　娴　梁利军　薛晓岚　蒋志宏　胡国强　陈祖洪	
	探索扁平化加油站信息运维管理新模式	彭昌富　王　强　樊志强	
	基于 EVA 财务理念提升企业价值的研究	程　静　刘金先　母蜀芳	三等奖
	加强石油销售企业廉洁文化建设的思考	杜丽霞　王　芳	
	加油站“巡检式”管理与“异常事件”管理的研究与应用	朱宏杰　王　芳　彭　娴　颜　勇　王　琦	
	加油站油品损耗原因分析与控制措施	杨　兴	
	论如何加强对监理单位的管理工作	张灼晖　程　伟　罗　浩　李彩欣	

续表

年度	项目名称	创作人员	等级
2011	加权平均标准换算密度对公司的影响分析	赵媛媛　赵浩江	三等奖
	信息化背景下财务队伍的建设	张　颢　廖玉蓉　杨　爽	
	浅谈成品油销售企业承包商安全管理	李　利	
	积极探索油库服务外包加快油库管理升级	赵　学	
	浅谈如何提升隐蔽工程质量	谢雨杭　何　建	
	强化合同管理提高资金防范能力	王其兵　洪琪福　余莉萍　李　苹　苏　彬　陈秀梅　付　黎	
	浅析地罐交接运行过程中误差影响因素及对策	李秋园　王宇　姚建军　袁　宜　冯　倩	
	企业筹资阶段的税收筹划策略研究	孙红雁	
	石油销售企业物流配送现代化的思考与实践	彭淑英　钟跃萍	
	集团客户经理在成品油销售企业中的地位和作用浅析	李　爽	
	加强终端用户开发 提高整体市场竞争力	马　成	
	成品油销售企业低成本发展战略探索	罗晓春　王　利　陈　英	
	加油站单轨应用实践	张中淋　王怀炳　杨铖浩	
	运维支持平台在企业信息化中的思考	杨建川	
	加油卡业务风险识别与防范	李良彬	
	加强物流配送 提升市场控制力	彭昌富　胡　腾　何　信	
	有限责任公司股权转让中的法律风险防范与控制	雷　鸣　郭　璇	
	在少数民族地区帮扶维稳工作和促进民族地区经济发展中的几点思考	马中德　蒋　涛　罗永奇　何　平　董建勇　邓雅玲　马明灿　党军跃　窦娅丽　刘淑玲　孙　婉　马　丽	
	浅析如何强化加油卡管理防范经营风险	何　凌　赵　亮	
	以人为本 提高员工对企业的归属感	杨树明　唐　飞　陈莉萍　李胜杰　张　奎　吴　玲　杨　芳　谭磊磊	
	信息化背景下企业精神文明建设的思考与创新	张成斌	
	浅议全员资金管理	金利歆　郑井平　王利明　周　琴	
2012	LNG 新能源对广安成品油市场的影响及思考	张学梁　李良彬　谭　嘉　张　毓	一等奖
	库存运作与销售、供应、效益的思考	吴明文	
	加油站现场促销方式与消费偏好的关系研究	张成斌　缪　君　潘晓丹　彭　娴　王　芳　马　腾	
	HSE 管理体系在基层销售企业运行浅析	林　辉	
	浅探信息化条件下会计档案的电子化管理	孙红雁　邱明东　王樱桦	
	企业领导干部创新能力建设浅谈	张用军	
	四川销售公司基层库站文化建设路径探讨	何永洪	
	如何完善我国上市公司的治理模式	程　懿　张　鑫　曹　昕	
	EPC 管理模式在日常工程管理中的应用研究	赵晓姝　罗晓春　张　剑　郑建鸿	
	小站承包经营的风险与防范	何　凌	二等奖
	加油卡营销管理现状及发展对策探讨	吴家良　郭玉林　孙　甜	

续表

年度	项目名称	创作人员	等级
2012	基于服务质量差距模型的成品油零售服务质量改善方法研究	代　丽　邵　鑫	二等奖
	石油销售企业安全文化应凸显以人为本	李　洪　王　梅　李志鹏　谢明华　邹照松	
	以科学完备的应急演练系统建设提高演练实战性	胡朝晖　苏　琴	
	油库集中管理模式下的费用管理与控制探索	刘　波	
	提升人事队伍执行力之我见	于　蓉	
	新形势下基层国有企业查办案件工作的现状与思考	何　俊	
	关于企业纪检监察部门提高查办案件成案率的探讨	李　锐	
	浅议油品销售企业以精细化管理促进基层党建工作科学化水平	李志鹏　邹照松　谢明华	
	浅淡石油企业如何应对新闻危机	蔡　力　张周平　江　戈　张　静	
	“商品ABC分析法”在非油商品管理中的探索与应用	邹艳莲　崔乃茸	二等奖
	论中国石油非油usmile零售便利店的电商营销模式	郭玉林　洪琪福　黄　岱　赖　鑫　欧阳聿鹏	
	浅谈实物资产信息系统在石油企业的应用	梁晓磊	
	试析少数民族地区石油销售企业实现增销量、促发展的途径	马中德　蒋　涛　董建勇　马明灿　汪也力　杜　玲	三等奖
	浅析加油站“空乘”服务营销模式引入及应用	唐　文	
	中国石油销售企业承包商安全管理分析	罗　杰　余　力	
	可视化元素在施工现场安全管理中的应用	张杨波　刘湘瑜	
	石油企业安全文化建设项目的阶段划分及工作重点	李　爽　陈光玖	
	实施HSE行为预警观察防止人不安全行为	黄趾洲	
	暴雨季节加油站安全防范措施探索	廖运祥	
	基于价值管理的成品油销售企业财务风险管理研究	洪琪福　陈秀梅　付　黎　李　苹　王其兵　余莉萍	
	承包站承包指标确定和财务风险防控	蔡露生	
	加油站资产全寿命周期管理研究	龙开放　刘　杨	
	四川销售公司建立发票自动化监管系统探索与研究	黄　云　崔乃茸	
	建立三位一体监督考评机制全面提升加油站现场管理和服务水平	黄　斌　金利歆　陈　鹏　冯玉荣　胡媛媛	
	关于石油销售企业业绩考核指标体系的思考	黎仁周　万晓燕	
	以科学管理促科学发展	何永洪	
	青年员工思想政治工作创新刍议	鄢维清	

续表

年度	项目名称	创作人员	等级
2012	完善稽查信息系统促进企业现代化管理	张敦泽	三等奖
	成品油销售企业非油品业务存货管理探讨	陆建乐　苏　莉	
	基于细分配送主体的二次物流配送管理	李灿辉　朱　凤　叶俊宇	
	浅谈石油销售企业基建项目投资成本的全过程控制	黎仁周　万晓燕	
	夏季高温酷暑天气环境下加油站安全运营措施探讨	廖运祥	
	非油箱加油安全操作程序与方法探讨	廖运祥	
	浅析行政督办在企业实际工作中的应用	樊志强	
2013	加油站商品辅助管理系统运用与实践	刘志强　陈　耿　蒋旭东　赵媛媛　吕洪伟　张　路　赵浩江	一等奖
	科学管控 提高油库风险管理水平	刘兴惠	
	信息化条件下中石油财务职能转变研究	孙红雁　邱明东　王樱桦	
	省级成品油销售公司数据仓库建设思考与探索	张中淋　崔乃茸　杨铖浩	
	石油销售企业思想政治教育信息化研究	江　敏　李良英　陈　伟	
	成品油销售企业红色营销探索及应用	张学梁　张　毓	二等奖
	基于流程与制度的“双全”绩效管理体系设计与实施	帅　虹　刘　军　蒋　敏　敖永东　陈晓瑞	
	对加油站实施利润考核的实践	刘　跃　潘述良　何晓东　黄　容	
	新形势下离退休服务管理创新探索	江　敏　李良英　陈　伟	
	浅谈加油站管理系统的应用和改进策略	孙红雁　赵长宏　王豫麟　杨鸿铭	
	影响我国成品油定价机制改革的“两只手”因素分析	郭泽晋	
	新时期国有企业的拴心留人机制浅析	王　梅　李　洪　贺泽勇　李泽民　缪　君	
	浅谈巴中公司的后发赶超之路	曾小刚	
	基于价值导向的加油站预算激励机制研究	洪琪福　余丽萍　王其兵　陈秀梅	三等奖
	试论如何解决疑难信访问题	曾　伟　杨　鸿　苏小华	
	淘宝网店与仁和加油站实体店联合营销模式研究应用	高令川　刘　跃　傅佑明　潘述良　付家良　袁　莉　杨　夏　陈　强	
	当前加油卡业务存在的问题及对策研究	张成斌　潘晓丹　余　洋　陈　扬	
	基于 ERP 平台的油库设备统一管理研究	刘　晋	
	浅析员工安全职业化素养的培养与提升	王　梅　周荣华　缪　君	
	人力资源开发与管理的措施	李　非　彭　前　刘　萍　陈　丽　王　静　李　睿	
	推广自助加油的实践与思考	何　凌	
	多元化经营助力中石油开拓“非融”领域	郭泽晋	
	关于新时期下推进国有企业基层党建工作的几点思考	如莫他　吴俊梅	

续表

年度	项目名称	创作人员	等级
2013	两类辛烷值测定仪器在汽油分析中的应用	许钧瑞 陈建霞 吕 军 周子皓	三等奖
	成品油库属地“七步法”管理模式研究	罗 杰	
	利用信息化手段实现非油商品主动配送	邹艳莲 刘俊良 彭明春	
	高速路服务区加油站合资经营的思考	张 颢 龙开放	
	关于建立降本增效长效机制的几点思考	蔡露生	
	企业信息安全管理体系研究	赵媛媛 蒋旭梅 杨 豪	
	加油站网络建设项目的风险分析与控制	袁 琳	
	论实现移动办公的可行性分析	黎 鹏 洪琪福 赖 鑫	
	加油卡在使用过程中的风险防控探索	廖运祥 刘潮海 彭淑英 廖 燕	
	在成渝经济区建设大环境下内江公司加油站网络发展现状与展望	杜 尧	
2014	关于智慧型加油站的探索与思考	李 勇 王怀炳 刘海燕 杨 浩 熊 科 范希晨	一等奖
	浅析加油站地罐倾斜容积变化及其校正措施	张剑峰 周 涛 许钧瑞	
	彭州油库公路全自助提油研究	李 勇 冷晓亮 陈 涛 刘哲萍 谢金伟 毛 磊	
	石油销售企业合同管理存在的问题及对策探讨	李亚明 曾利华 王 方 裴悦伶	
	构建仓储盈利模型提升单库创效能力	赵蓉斌 刘 艳 王怡娟 刘小峰	
	成品油销售企业闲置油库资产盘活途径探讨	赵蓉斌 刘 艳 刘小峰 刘湘瑜 王怡娟	
	关于运用信息化手段开展专项监督检查的实践与思考	杨 鸿 赵百川 谌宜男	
	昆仑好客便利店高质量规模化发展分析	罗俊刚 李宽之 丁茂辉 蔡孝府	
	成品油销售企业合资公司管理模式探讨	丁永和 毛麒麟 程 珂 明 桦	
	基于 JS / VS 实现数据转换、提高项目开发效率的探索和应用	李 亮 李 健 梁晓程 何 迅 余智泉	二等奖
	对车用汽油全项目分析流程优化的探讨	熊 明 肖启福 吕 军 许钧瑞 陈建霞	
	地埋油罐液位仪位移对计量的影响与误差修订	李宽之 任 勇 丁茂辉 蔡孝府	
	浅谈全面深化改革时期成品油销售企业新闻宣传工作面临的形势与对策	谭 宏 张 毓	
	浅析信息化背景下成品油销售企业舆情管控	王 梅 贺泽勇 李泽民 缪 君 吴 双	
	加油站环境风险及应对措施	谭 辉 李 利	
	加油站吨油含量工资激励机制研究与实践	朱 维 刘 迅 曾 妍	
	明晰“责权利”促建加油站职业经理人队伍	何 信 梁 云 乐雅娟	
	加油站经营环节舞弊现象及管控措施探析	王 梅 侯玉民 李泽民 王 一 缪 君	
	三州地区非油业务经营策略研究	李 达 何垒敏 熊起远 张 婷 张雨薇 付 琦	
	打破租赁站的零和博弈	申 瑄	
	油气销售企业信用标准化管理机制的构建	孙红雁 王樱桦 郭泽晋	
	石油销售企业股权管理改革创新研究	帅 虹 王 芳 蒋 敏 袁 帅	
	内部审计增加企业价值的实践探索	范成华	

续表

年度	项目名称	创作人员	等级
2014	关于对实物资产系统资产维修模块搭建及运用的探讨	蔡福春 徐 婷	二等奖
	论企业合规管理体系的建设	帅 虹 蒋 敏 敖永东 曹 昕 袁 帅 舒 伊	
	非油创效攻关探索	龙 斌	三等奖
	“三合一”工作法在基层思想政治工作中的运用	刘 迅 曾小山	
	探索双低站治理新途径	蒋 涛 欧良治 王向东 余 洋	
	关于加油站舆情防控问题的探索	郭泽晋	
	以全面深化改革为指导，加快推进四川销售非油业务改革创新	吴明文	
	浅谈三种风险管理方法在加油站风险管理中的运用	蒋 俊 杨 伟 王 平	
	四川销售领导人员信息管理系统务实研究	刘纯珂 何 俊 王 野 兰 宇	
	成品油销售企业加油站土地置换管理的思考	廖玉蓉 龙开放	
	浅谈构建 CRM 系统在加油站客户管理中的应用	杨 莉 陈 玲 李 东	
	浅议财务管理在成品油销售企业价值链运行中的职能发挥	龚丽娟 张 耘 汪 蓉	
	提高企业闲置资产创效能力的思路与措施	张周平 王丽莎 王玉仙 李康强	
	石油销售企业管理机构费用标准化管理探讨	朱 维 潘述良 何晓东 张化富	
	实现加油站车辆信息数据集成的研究	李 勇 徐 泉 范希晨	
	改进预算考评提高投资回报	金利歆 谭 星	
	小站承包加油站员工薪酬体系建设浅析	蔡露生 王 树 肖俊科	
	汽油烃含量测定两种方法比较	熊 明 肖启福 周子皓 许钧瑞	
	浅谈巴中公司的可持续发展	曾小刚 姚松柏	
	对基层石油销售企业效能监察工作的认识与思考	王瑞华 孙红雁 赵廷伟 郭泽晋	
	如何做好新形势下督查督办工作的思考	郑婷婷 李晓奇	
	提高审计项目审理在内部审计中的作用的对策建议	周 静	
	基于移动技术成品油智能营销体系建立的思考	张中淋 张 颢 肖 璞	
	打造“多面手”提高“含金量”——全能型通讯员培养小谈	王丽莎 李康强	
	以员工价值为基础的薪酬分配体系研究	何先美 刘 波 王洪臣	
	快速换油中心在加油站的推广应用	张 婷 李 达 何垒敏 张雨薇 付 琦 李佶阳	
	石油销售企业节约用地管理方法探索与研究	余莉萍 程 霞	
	新形势下国有企业档案利用研究	薛智科 江 敏 丁 军	
	加油站经营新模式探索	刘 波 郑桂蓉 刘中正	

续表

年度	项目名称	创作人员	等级
2015	中层领导干部结构模型管理研究	刘纯珂 何 俊 王 野	一等奖
	四川销售电子商务建设研究	李 健 余智泉 何 迅	
	浅谈通过多维气相色谱法测定烃类含量的谱图判定化工调和汽油	曾凡宵	
	新形势下成品油销售企业运维模式及管理系统创新研究	李 健 李亚明 曾利华 田 艳 顾淳之	
	国内成品油销售企业追赶世界水平思考研究	周运华	
	浅析成品油销售企业资产轻量化发展思路	章 劲 程 静	二等奖
	浅谈“六个法则”在党群工作中的应用	黎 鹏 张周平 陈柯伊 万 勇	
	CNG 加气站的危险性分析及安全管理对策	何 洧	
	加油站智慧建设工地的探索与思考	张用军 李 勇 王怀炳 杨 浩 羊 柳 刘海燕 夏 伟	
	云技术在智慧加油站建设中的应用	李 勇 李 健 王怀炳 毛 磊 杨 浩 徐 泉	
	“信息爆炸”时代下石油企业信息管理决策支持研究	周运华 伍 娟 吴俊梅	
	四川省高速路网规划与加油站站点布局的关系研究	王浩庆 高 雁	
	中国石油销售企业二级公司管理体制机制研究	兰 勇 刘纯柯 蒋 涛 钟跃萍 田玉龙 罗 静	
	新形势下企业福利费使用管理措施研究	范成华	三等奖
	浅议提升工程效率的方法与实践	鄢维清	
	加油站便利店物流配送模式的选择与运用	冯高莉	
	财务口径与加油站管理口径相结合的损耗分析模式的构建	易小红	
	浅析隐蔽工程现场签证的风险与防范	陈建梅 张清贤 段 静	
	加油站风险管控模式及风险管理工具的研究与应用	朱 维 袁 莉 洪家伟 曾小山 卢 炜	
	成品油库卸油栈桥自动化改造方案及发展前景研究	张用军 李 勇 王怀炳 羊 柳 刘海燕 徐 泉	
	综合管理员职能新定位及成效	张周平 任 勇 彭 前 苏 彬	
	石油销售企业应对网络舆情的对策研究	李亚明 刘锡金 王 方 舒 伊	
	中国石油股权加油站 HSE 管理现状分析及提升	黎 鹏 张周平 李宽之 罗俊刚 丁茂辉 陈秀梅 蔡孝府	
	新形势下油品销售合规体系的建立和应用	张黎妮	
	销售企业加油站夜间服务质量现状与思考	唐 文	
	以市场为配置资源的决定力量，探究成品油市场非线性定价模式	邓雅玲 张光辉 康越林 郭陈琦	
	RFID 技术在加油站智能管理系统中的应用	吴 昊	
	关于成品油销售企业实现增收创效的思考	孙红雁 王樱桦	

续表

年度	项目名称	创作人员	等级
2016	“营改增”对石油销售企业的影响及应对	黄　容	一等奖
	浅谈石油销售企业雇佣关系用工风险分析与防控措施	范成华　廖　涛　黄　敏	
	新常态下加油站员工队伍思想政治工作“四融合”探索与实践	何　俊　关　惠	
	市场寒冬背景下成品油销售企业成本精细管理途径研究	范成华　胡凤琴　代　扬　李　越　唐小晰	二等奖
	油库公路灌装作业风险分析和安全管控	曾豪能	
	浅谈加油站发票风险管理	曾利华　黄琳英　田　庆	
	浅析隐蔽工程现场签证的风险防范与控制措施	陈建梅　张清贤	
	致力“双满意”助推“双提升”	乐雅娟	
	党风建设向基层延伸的途径及方法研究	谌宜男	三等奖
	新形势下加强企业巡视工作的创新与实践	赵百川	
	浅谈 RFID 技术在加油站的应用	徐　泉	
	浅谈承包加油站经营管理风险防范	张婷毅	
	试论基层纪委履行监督责任的途径和方法	黎　鹏　张周平　陈柯伊　刘　燕	
	加油机语音播报标准化方案研究	吴明文　彭　娴　周　劲　蒲祖军　李　曦	
	虚拟化技术在运维管理中的应用	陈　涛　黄文斌　毛　磊	
2017	四川地区加油站零售挂牌价格竞争态势研究	杨　舰　周祚丞　宛　磊	一等奖
	对石油销售企业合规管理的思考与探析	程　懿　李亚明　王　方　陈　眉	
	石油销售企业法律风险防范与体系建设探析	侯玉民　苏　莉　陈强飞　谢明华　周贵云	
	基于油品实测法的成品油库油气回收安全经济效益分析与论证	林　辉　蒋季洪　郑　涛　潘　高	
	新常态下加油站单站效益优化研究	龙开放	二等奖
	信息化条件下加油站发票稽查构想	苏　莉　陈　岚　江秀丽　张天翠	
	浅谈大数据分析模式下的加油站设备全生命周期管理	彭昌富　赵学锋　杨启慧　张咏梅　唐钰涵	
	石油销售企业思想政治保障工作体系建设研究与实践	洪琪福　凌　莉	
	成品油销售企业业财融合的探索与研究	范成华　胡凤琴　廖　涛	
	强化党建引领　实施“三聚”行动	黎　鹏　张周平　陈柯伊　万　勇	
	基于大数据的成品油销售企业客户关系维护及精准营销策略研究	罗俊刚　郑　萍　孙　杰　谢　嬛	
	构建审计容错机制，为改革创新护航	谌宜男	
	浅析加油站便利店营销氛围的打造	罗　浩	
	基于信息化的风险预警平台构建与应用	徐　文	三等奖
	石油销售企业新闻网络危机的应对研究	李亚明　王　方　舒　伊	
	基于移动互联网的运维管理新模式探讨	李亚明　刘锡金　田　艳	
	加油站洗车业务投资模式探讨	杨　路　张　军　唐永林　徐　俊	
	通过车用汽油中总氮含量来监测苯胺类物质方法研究	曾凡宵	

续表

年度	项目名称	创作人员	等级
2017	论如何提高加油站建设项目报建工作效率	唐福宇 周 杰 刘宏生	三等奖
	预制装配技术在加油站施工管理过程中的运用探索	刘晓红 刘 庶 李治华	
	实验室“151”质量管理	周子皓	
	会计集中核算后加强基层财务管理之思考	任 勇 彭 前 马 乐 苏 彬	
	新媒体时代的舆情防控探析	吴俊梅	
	建立完善审计整改责任体系助推审计成果有效利用	刘 敏	
	浅析如何加强工程项目竣工决算审计管理提高经济效益探讨与分析	陈建梅 段 静	
	混合酸溶液在电感耦合高频等离子光谱测定仪日常维护中的应用	方兴和 王凌虹	
	社会加油站营销现状及对策分析	唐福宇 孙 甜 黄露峰	
2018	围绕“四界面、双闭环”构建销售企业成油品精准计量管理体系	如莫他 姚松柏 赵媛媛 蔡孝府 杜 红 蒋旭梅	一等奖
	油品销售企业发票风险防控模式探究	钟云环 龙开放 周 琴	
	加油卡金融服务功能初探	如莫他 姚松柏 赵媛媛 杜 红 肖 雄 刘寅莹	
	利用大数据提供精准“管家式”服务初探	唐福宇 孙 甜 林选亚	
	成品油销售企业应对新能源汽车冲击的思考与探索	侯玉民 苏 莉 贺泽勇 李泽民 陈强飞 谢明华 周贵云	
	基于安全行为的岗位胜任特征模型的研究与构建	王 梅 朱 斌 刘 波 王健芬 夏思雨	二等奖
	主动融入大监督体系适应新时代发展要求	周 静 谌宜男	
	成品油销售企业供给端优化创效研究	龙开放	
	石油行业零售客户关系管理发展分析	黎 鹏 唐福宇 张灼晖 陈 丽	
	成品油销售企业联合稽查模式探索与研究	范成华 胡风琴 徐 彤 李 越	
	现金池模式下石油销售企业财务精细化管理实现途径探析	董建勇 张光辉 杨桂华 陈 珉	
	探索如何开展非现场审计工作 推动内部审计工作改革创新	邓 娟	
	对加油站班组人员动态管理的思考与探析	冉 宇 孙 静	三等奖
	油库收油无油气作业场所工艺改造及安全环保分析	马中德 王 梅 于光明 余兴武 张睿光 令狐径舟	
	拓展加油卡增值服务的探索与研究	侯玉民 苏 莉 陈 岚 昌国琼 江秀丽	
	成品油销售企业体验式营销研究与应用	朱 维 潘述良 唐建斌 张 勇 高令川	
	加油站促销活动评估浅析	黄 堃	
	浅谈石油销售企业员工心理健康管理	朱 波 何 琳 张咏梅 杨 婷	
	中国石油非油业务发展思路的探索	董建勇 张光辉 吉牛曲乐 刘庆茹 尤未莉	
	基于WBS（工作分解结构）的加油站建设施工	陈 斌 周 杰 刘宏生	
	便利店项目孵化运作模式与策略研究	罗 静 杨铖浩	
	浅论如何打造精品审计项目	徐 文	
	当前加油站计量管理难点及对策探讨	马晓月	
	加油站施工管理APP模型探讨	万志坚	
	改进审计访谈方式的探讨	周 静 谌宜男	

续表

年度	项目名称	创作人员	等级
2018	浅谈新形势下成品油销售客户服务	李亚明 刘锡金 刘文彬 韦章泉	三等奖
	承重式油罐操作井安全管理的探索	张清远	
	探讨 BIM 在加油站建设项目中的应用前景	侯玉民 贺泽勇 李泽民 黄　鑫 黄　玮	
	大数据在管理创新中的实践运用	廖玉蓉 颜湛渝 宋　宁 彭文静	
2019	关于新时代塑造国有企业性格的思考	刘建明	一等奖
	四川车用氢加注业务的发展探索及研究	蒋胡民 林　辉 蒋旭东 周　柯 杨保平 龚丽娟 薛　亮 赵　珉 黄　哲 杨　坤 冯苹苹 张　滔	
	石油销售企业建设油电混合站的探索与思考	蒋胡民 林　辉 蒋旭东 周　柯 薛　亮 赵　珉 杨保平 龚丽娟 杨　坤 冯苹苹 吴世阳 罗　希 锁梦泽	
	“机械胶堵密封法”实现加油站地埋油罐带油堵漏	李　勇 杨　浩 范希晨 徐　泉 杜　勇 王　龙	
	探索“新零售”战略背景下的智慧油库建设研究	冷晓亮 王　梅 曾豪能 刘小峰 王碧峤 赵　倩	
	浅析成品油销售企业基层“微腐败”的表现形式及防控措施	阳建平	
	基于可穿戴设备开发的 AR 信息智能交互技术平台在生产及施工管理中的应用研究	王　栋 王　鉴 伍　娟 李治华 董丁菱	二等奖
	探索成品油销售企业“快乐加油”文化构建	刘寅莹	
	探讨自营智能洗车业务在加油站非油品业务的发展前景	侯玉民 王先华 冯高莉 付　饶	
	对强化巡察整改落实促进国有企业高质量发展的思考和探讨	杜丽霞 袁　祺	
	浅谈互联网支付兴起后资金到账监控	侯玉民 陈　岚 江秀丽 柯　燕	
	对股权企业实施一体化建设的思考	龚丽娟 李亚莉 张　敏 刘婧媖	
	制氢加氢加油一体化示范站	姜照明	
	当前加油站危险废物管理难点及对策探讨	谭　辉 马晓月	
	基于人力资源管理创新的降本增效措施研究	付　强 何先美 王洪臣 王　丹 铎佳林 万　巧	
	选优配强“领头雁”提升基层“战斗力”——对加强基层党务工作者队伍建设的策略思考	黎　鹏 张周平 陈柯伊 王玉仙	三等奖
	当前大数据审计面临的风险及对策	徐　文	
	把握服务经营主线 抓牢织好稽查天网——企业稽查工作研究	彭　前 袁钰华 陈治先	
	基层党组织落实党建工作责任制的探索与实践	何先美 石　倩 陈　亮 林　叶	
	RFID 在机房自动化管理中的应用	唐黎婷	
	成品油销售企业团委工作路径探析	侯玉民 李志鹏 谢明华 祝秋雨	
	创新审计工作方法确保防控企业风险	陈建梅	
	员工安全履职能力评估平台建设探索与思考	何伟毅 李　锐 杨启慧 张咏梅 唐钰涵	
	大数据思维在内部控制审计中的实践应用	刘　敏	
	试论财务共享服务模式下审计重点及风险防范	陈建梅	
	成品油销售企业 5G 业务应用的探索与研究	侯玉民 王　迁 何建军 张馨月 谢明华 周贵云	
	销售企业职业危害风险分析及防控措施	李亚明 杨　路 谭　辉 李　利	
	浅析销售企业片区非油运维主管在非油业务发展中作用	朱　维 袁　莉 潘述良 陶俊波 张晓宇 高令川 张　勇 韦　刚 尹恒博 朱家龙 陈　强 邱　强	

编后记

盛世修志，志载盛事。2019 年是中华人民共和国建国七十周年，也是四川销售公司建设新零售销售企业开局之年。2019 年 6 月中旬，四川销售公司开展公司志编纂工作，用志书真实、准确、全面地记载四川销售公司点滴成长之旅，让公司宝贵发展成果和精神财富得到发扬光大，为推动公司加快建设世界一流新零售企业提供历史借鉴。

《关于开展〈中国石油四川销售公司志（1989—2019）〉编纂工作的通知》拉开四川销售公司志编纂工作序幕。2019 年 6 月，四川销售公司正式成立公司志编纂工作委员会，公司党政主要领导任主任，下设办公室在总经理（党委）办公室，同时成立编纂工作组，抽调一批政治素质好、有较高理论水平、较强文字功底的同志，按照“分工撰写、集中统稿”原则，负责公司志编纂工作具体实施，督导并配合各承编部门、二级公司按期完成编纂任务。机关各部门、二级公司成立以部门或单位主要负责人为组长，业务精湛、经验丰富的业务骨干为成员的编纂工作小组，具体负责本区域公司志编纂工作。

7 月 4 日，公司召开公司志编纂工作启动视频会，对公司志编纂工作进行安排部署，并就史志基本理论和具体编纂方法，对机关各部门、二级单位相关人员进行专题培训。7 月中旬，确定公司志篇目设计并印发编纂手册。

7 月中旬至 9 月末，公司志编纂工作组边学边干，完成 220 余万字资料长编编纂；10—12 月，完成 120 余万字的《中国石油四川销售公司志（1989—2019）》初稿；2020 年 1—12 月，先后修改 12 稿，补充完善志书内容并进行章节调整，通过各部门审查。其间，编纂工作组先后查阅档案资料、相关文件及报刊 19.8 万余份，查阅历史照片 4.6 万余张（含电子版）。2021 年 1—6 月，本志经征询公司领导和离退休老领导意见，再次补充完善，并经公司编纂工作委员会审定，正式交付出版印刷。

本志采用横排竖写体例，涵盖述、记、志、传、图、表、录 7 种体裁，主要记述四川销售公司从四川省石油公司、四川省石油总公司、四川省石油集团有限公司，再到如今中国石油天然气股份有限公司四川销售分公司的发展历程，从组织机构、成品油资源、成品油销售、非油品经营、新零售业务、网络开发与建设、质量安全环保管理、企业管理、政治工作、社会责任、二级分公司及股权企业、荣誉及人物等篇章，全面、客观、真实地记述了四川销售公司 31 年来的历史成就，全方位、多层次、宽领域地记述四川销售公司特色文化，忠实地反映企业发展的主要历程、工作措施和亮点成绩，展现川销人艰苦奋斗的创业史、无私奉献的报国史、波澜壮阔的改革史、勇立潮头的开放史。

在编辑出版过程中，我们还得到集团公司办公厅、成都市地方志编纂委员会办公室的支持，得到公司相关离退休老领导的精心点拨，得到省地方志办公室专家的专业指导，在此一并表示感谢。

奋楫扬帆逐高浪，砥砺奋进奏华章。《中国石油四川销售公司志（1989—2019）》的编辑出版给我们以激励鼓舞，让我们更加感恩历史、感恩企业、感恩时代，所有编辑人员将成为四川销售厚重文化的传播者、宣传者和践行者。在编辑过程中，由于时间紧、文字量大、纂写任务繁重，虽经多次勘校审稿，但仍可能存在疏漏和差错，请大家在阅读和使用中提出宝贵意见，以便于我们日后续修工作不断改进完善。

《中国石油四川销售公司志（1989—2019）》编委会

2021 年 6 月